Droit civil
Les obligations

Dans la même collection

Droit privé

Introduction au droit, J.-L. Aubert et É. Savaux
Droit civil. Les obligations :
– vol. 1 : *L'acte juridique*, J. Flour, J.-L. Aubert et É. Savaux
– vol. 2 : *Le fait juridique*, J. Flour, J.-L. Aubert et É. Savaux
– vol. 3 : *Le rapport d'obligation*, J. Flour, J.-L. Aubert et É. Savaux
Droit civil. Introduction. Biens. Personnes. Famille, Y. Buffelan-Lanore et V. Larribau-Terneyre
Droit civil. Les biens, M.-L. Mathieu
Droit civil. Les obligations, Y. Buffelan-Lanore et V. Larribau-Terneyre
Droit commercial et des affaires, D. Legeais
Droit commercial. Actes de commerce. Commerçants. Fonds de commerce. Contrats commerciaux. Concurrence. Instruments de paiement et de crédit, D. Houtcieff
Droit de la concurrence interne et européen, M. Malaurie-Vignal
Droit de la consommation, Y. Picod
Droit des contrats internationaux, M.-É. Ancel, P. Deumier et M. Laazouzi
Droit de la distribution, M. Malaurie-Vignal
Droit des entreprises en difficulté, P.-M. Le Corre et E. Le Corre-Broly
Droit européen des contrats, H. Kötz, B. Fauvarque-Cosson, C. Signat et D. Galbois-Lehalle
Droit de la famille, P. Courbe et A. Gouttenoire
Droit international privé, T. Vignal
Droit pénal spécial, M. Véron
Droit des sûretés, M. Bourassin et V. Brémond
Droit du travail, B. Gauriau et M. Miné
Gestion des ressources humaines, J.-P. Citeau et Y. Barel
Procédure civile, G. Couchez et X. Lagarde
Voies d'exécution, G. Couchez et D. Lebeau

Droit public

Droit administratif, P. Chrétien, N. Chifflot et M. Tourbe
Droit administratif des biens, Ph. Godfrin et M. Degoffe
Droit administratif des obligations, J.-C. Ricci et F. Lombard
Droit constitutionnel, B. Chantebout
Droit constitutionnel, F. Mélin-Soucramanien et P. Pactet
Droit européen des droits de l'Homme, C. Gauthier, S. Platon et D. Szymczak
Droit général de l'Union européenne, M. Blanquet
Les institutions administratives, H. Oberdorff et N. Kada
Libertés publiques et droits de l'Homme, G. Lebreton

Yvaine Buffelan-Lanore
Professeur émérite des Universités
Virginie Larribau-Terneyre
Professeur des Universités

Droit civil
Les obligations

17e édition

par Virginie Larribau-Terneyre

2020-2021

SIREY

DALLOZ

31-35, rue Froidevaux – 75685 PARIS CEDEX 14

ISBN 978-2-247-19917-4
ISBN 978-2-247-20361-1 (Campus)

Sommaire

Une table des matières détaillée figure à la fin de l'ouvrage.

Deuxième partie

Les actes juridiques : les contrats

Troisième partie

Les faits juridiques

Principales abréviations

Actu	Actualité
AJ fam	*Actualité juridique. Famille*
AJDA	*Actualité juridique. Droit administratif*
Ass	Assemblée du contentieux du Conseil d'État
Ass. nat	Assemblée nationale
Ass. plén	Assemblée plénière de la Cour de cassation
Bibl	Bibliographie
BICC	*Bulletin d'information de la Cour de cassation*
BJS	*Bulletin Joly des sociétés*
Bull. civ	*Bulletin des arrêts des chambres civiles de la Cour de cassation*
Bull. crim	*Bulletin des arrêts de la chambre criminelle de la Cour de cassation*
C. civ	Code civil
C. com	Code de commerce
C. consom	Code de la consommation
C. env	Code de l'environnement
CMF	Code des marchés financiers
C. pén	Code pénal
C. pr. civ	Code de procédure civile
C. pr. pén	Code de procédure pénale
C. trav	Code du travail
CAA	Cour administrative d'appel
CCC	*Contrats. Concurrence. Consommation*
CE	Conseil d'État
CEDH	Cour européenne des droits de l'Homme
CEDH, gr. ch	Cour européenne des droits de l'Homme, grande chambre
CGI	Code général des impôts
Ch. mixte	Chambre mixte de la Cour de cassation
Ch. réun	Chambres réunies de la Cour de cassation
Chron	Chronique
Civ. 1re, 2e, 3e	Première, deuxième, troisième chambre civile de la Cour de cassation
Civ	Chambre civile de la Cour de cassation
CJCE	Cour de justice des Communautés européennes (1957 à nov. 2009)
CJUE	Cour de justice de l'Union européenne
Com	Chambre commerciale de la Cour de cassation
Comp	Comparer
Cons. const	Conseil constitutionnel
Const	Constitution
contra	Solution contraire
Conv. EDH	Convention européenne de sauvegarde des droits de l'Homme et des libertés fondamentales
Crim	Chambre criminelle de la Cour de cassation
CSP	Code de la santé publique

CSS	Code de la sécurité sociale
D	*Recueil Dalloz*
DC	*Recueil critique de jurisprudence et de législation Dalloz* (années 1941 à 1944)
DH	*Recueil hebdomadaire de jurisprudence* Dalloz (années antérieures à 1941)
Décis	Décision
Décr	Décret
Décr.-L	Décret-loi
Doc. AN	Documents de l'Assemblée nationale
DP	*Recueil périodique et critique mensuel Dalloz* (années antérieures à 1941)
Dr. et patr	*Droit et patrimoine*
Dr. fam	*Droit de la famille*
Dr. pénal	*Droit pénal*
GAJC	*Les grands arrêts de la jurisprudence civile*
Gaz. Pal	*La Gazette du Palais*
ibid	Au même endroit
J	Jurisprudence
JAF	Juge aux affaires familiales
JCP	*Juris-Classeur périodique (Semaine juridique),* édition générale
JCP E	*Juris-Classeur périodique, édition Entreprise*
JCP N	*Juris-Classeur périodique, édition notariale*
JDI	*Journal de droit international (Clunet)*
JEX	Juge de l'exécution
JO	*Journal officiel*
L	Loi
L. const	Loi constitutionnelle
L. org	Loi organique
LO	Article de la loi organique
LPA	*Les Petites Affiches*
Min	Ministre (ou ministère)
obs	Observation
Ord	Ordonnance
Pan	Panorama
préc	Précité
PUPPA	Presses universitaires de Pau et des pays de l'Adour
QPC	Question prioritaire de constitutionnalité
rapp	Rapport
RCA	*Responsabilité civile et assurances*
réf	Référé
Rép. min	Réponse ministérielle
req	Requête
Rev. crit. DIP	*Revue critique de droit international privé*
Rev. sociétés	*Revue des sociétés*
RDC	*Revue des contrats*
RDI	*Revue de droit immobilier*
RFDA	*Revue française de droit administratif*
RJPF	*Revue juridique personnes et famille*
RLDA	*Revue Lamy droit des affaires*
RLDC	*Revue Lamy droit civil*
RSC	*Revue de science criminelle et de droit comparé*
RTD civ	*Revue trimestrielle de droit civil*

S	*Recueil Sirey*
s	et suivants
ss	sous
SARL	Société à responsabilité limitée
Soc	Chambre sociale de la Cour de cassation
Somm	Sommaires
T. civ	Tribunal, chambre civile
TA	Tribunal administratif
TGI	Tribunal de grande instance
TI	Tribunal d'instance
TUE	Traité sur l'Union européenne

Première partie

Les principes généraux du droit des obligations

1. L'étude du droit des obligations est une étape importante dans la formation d'un juriste.

C'est en effet avec le droit des obligations que se sont formés les concepts et les mécanismes techniques essentiels du droit privé. Le droit des obligations a constitué la cellule de base de la réflexion d'une partie de la science juridique et la notion d'obligation dépasse largement le droit civil. Si la matière suppose un effort d'abstraction particulier, car l'obligation est envisagée de façon abstraite comme un rapport de droit entre deux personnes, un créancier et un débiteur, c'est aussi, paradoxalement, une matière proche du réel et de la vie économique, puisque ses domaines d'élection sont celui des contrats, instruments de la vie économique, et celui de la responsabilité.

L'étude du droit des obligations est indissociable de celle de ses sources. Il existe en effet des différences fondamentales selon cette source. Ainsi, selon que l'obligation naît d'un contrat (acte juridique) ou d'un événement qui produit des effets de droit sans que ceux-ci aient été volontairement recherchés (fait juridique, comme la responsabilité ou les quasi-contrats), les conditions de naissance de l'obligation et son régime sont très différents et imposent une étude séparée.

Étudier le droit des obligations, c'est donc nécessairement étudier distinctement les sources des obligations : contrat, responsabilité civile, quasi-contrats.

Cela n'exclut pas qu'il existe un certain nombre de principes communs, un régime juridique général applicable à toutes les obligations, quelle que soit leur source. Il faut donc s'interroger sur ce qu'il y a de commun à toute obligation, ce qui suppose que l'on s'intéresse d'abord à la notion même d'obligation pour voir ensuite les différentes sortes d'obligations et enfin quels peuvent être les éléments d'un régime commun à toutes les obligations, indépendamment de leur source.

Avant de commencer cette étude, un préalable essentiel s'impose. Il convient en effet de présenter dans ses grandes lignes la réforme qui vient de voir le jour, issue de l'ordonnance n° 2016-131 du 10 février 2016, portant réforme du droit des contrats, du régime général et de la preuve des obligations. Après plus de dix années de travaux, le droit des obligations vient de connaître une réforme d'ampleur, la première depuis le Code civil de 1804. Seule la responsabilité civile est restée en dehors du champ de l'ordonnance. Mais pour autant, ce pan important du droit des obligations, qui avait été mis en chantier en même temps que les autres est toujours en voie d'être réformé. Un avant-projet de réforme de la responsabilité civile émanant de la Chancellerie a été ouvert à la consultation publique le 29 avril 2016, puis a débouché sur le projet de réforme du 13 mars 2017. Il en sera donc aussi question.

Le plan de cette première partie sera le suivant :

Titre préliminaire. La réforme du droit des obligations, du droit des contrats, du régime général et de la preuve des obligations

Titre 1. Notion d'obligation et différentes sortes d'obligations

Titre 2. Les éléments d'un régime commun à toutes les obligations indépendamment de leur source

Titre préliminaire

La réforme du droit des contrats, du régime général et de la preuve des obligations

2. Une réforme fondamentale et d'une ampleur particulière a vu le jour avec l'ordonnance du 10 février 2016, entrée en vigueur le 1er octobre 2016, avant sa ratification : elle concerne en effet l'ensemble du droit des obligations, sauf le droit de la responsabilité civile et comporte donc quatre volets : celui du régime général des obligations (règles communes à toutes les obligations quelle que soit leur source), du contrat, des quasi-contrats et de la preuve. Cette ordonnance a été ratifiée par la loi n° 2018-287 du 20 avril 2018, avec des modifications finalement assez modestes et une entrée en vigueur le 1er octobre 2018[1].

Si le droit de la responsabilité civile extracontractuelle ne fait pas partie de l'ordonnance, le dernier projet, gouvernemental a été ouvert à la consultation publique le 29 avril 2016, synthèse de travaux qui ont débuté en même temps que ceux portant sur les autres volets du droit des obligations, puis un projet de réforme a été établi après cette consultation, le 13 mars 2017. Le chantier de la réforme est donc aussi en voie d'achèvement concernant la responsabilité civile.

Pourquoi une réforme d'une telle envergure ? Quel en a été le contexte ? Telle est le premier point à envisager (Chapitre 1).

Ensuite, il conviendra de présenter l'ordonnance du 10 février 2016 : esprit et objectifs de la réforme et conditions d'application dans le temps (Chapitre 2).

---

1. Sur cette loi, son contenu et ses conditions d'entrée en vigueur, v. ss 101 s.

Chapitre 1

Le contexte historique de la réforme : l'évolution du droit des obligations et de ses sources

Introduction

L'importance théorique et pratique du droit des obligations

Importance théorique

3. Elle est évidente. En effet, le droit des obligations constitue la mise en forme juridique des rapports économiques entre les hommes, dans la vie courante, quotidienne, comme dans la vie des affaires. Le droit des obligations est ainsi, notamment, l'ensemble des règles générales qui s'appliquent par principe à tous les contrats, quels qu'ils soient, par opposition à la réglementation particulière, propre à chaque contrat (que l'on appelle aussi le droit des contrats spéciaux). Mais c'est également le droit des obligations qui règle les questions de responsabilité civile dont on sait combien elles sont importantes aujourd'hui, compte tenu de la revendication de sécurité des individus. C'est aussi, dans un autre domaine, le droit applicable aux rapports familiaux, obligation alimentaire (par ex. contribution aux charges du mariage…). Aucun domaine de la vie courante n'échappe au droit des obligations.

Importance pratique

4. C'est dans le droit des obligations, structuré autour d'une théorie générale (ensemble cohérent de règles organisé autour de principes généraux) qu'ont été forgés les concepts techniques essentiels du droit civil et même au-delà, car la notion d'obligation dépasse évidemment le droit civil, pour concerner aussi le droit des affaires, le droit du travail et même le droit administratif des contrats et de la responsabilité. Le Conseil d'État s'inspire en effet des principes généraux du droit des obligations et le Conseil constitutionnel lui-même se réfère à ces principes, comme, par exemple, le principe de la liberté contractuelle (v. ss 860).

5. Le droit des obligations a réellement constitué la cellule de base de la réflexion d'une partie de la science juridique. Celle qui s'intéresse aux techniques, aux mécanismes juridiques. Il constitue ce que l'on appelle le *droit commun* des obligations en général, du contrat et de la responsabilité civile, c'est-à-dire les règles de référence que l'on applique, à moins qu'il n'existe des règles spéciales.

6. Le droit des obligations est si fondamental que l'on a même pu développer, au début du XXe siècle l'idée de l'*universalisme du droit des obligations*, théorie que l'on doit à Saleilles (1925). Le droit des obligations serait une matière quasi scientifique, fondée sur une logique juridique qui serait toujours la même, en tout temps et en tous lieux. En fait, ce n'est pas exactement la réalité. Il n'y a pas d'universalité dans le temps, car le droit des obligations a connu des évolutions importantes et en connaîtra encore. Par exemple, le droit de la responsabilité a été bouleversé depuis le Code civil, dans ses fondements, dans ses conditions, car les besoins et les idées changent.

Il n'y a pas non plus d'universalité dans l'espace. Ainsi les droits anglo-saxons n'ont pas la même logique que la nôtre en droit des obligations, si bien qu'au sein de l'Union européenne, la commission se préoccupe des différences entre les différents droits du contrat des États membres, car elles sont un obstacle au bon fonctionnement du marché unique. Divers travaux et projets sont donc en cours pour mettre en place un Code européen des contrats ou au moins des principes communs (v. ss 40 s., 890 s.).

7. Toutefois, il y a bien une tendance à l'universalité, car le raisonnement juridique repose sur une logique et des techniques sinon toujours identiques, du moins proches. On les adapte cependant à certaines fins, lesquelles peuvent varier en fonction de l'évolution du contexte économique, politique social des États. Il existe par ailleurs un besoin d'universalisme dès lors que les échanges économiques se mondialisent (ou s'européanisent dans le cadre de l'Union européenne) : il faut en effet des règles communes pour le bon fonctionnement de ces échanges.

§ 1. L'évolution du droit des obligations depuis le Code civil

8. La matière du droit des obligations, telle que mise en place à l'époque du Code civil, a constamment évolué. En effet, le besoin d'adaptation, généré par les évolutions socio-économiques, a été amplifié par la mondialisation des échanges. Les évolutions du droit des obligations ont par ailleurs été favorisées par la multiplication des sources de ce droit.

9. Cependant, cette évolution s'est faite en dehors du Code civil, notamment grâce à la jurisprudence et il est apparu nécessaire de reprendre les textes pour les mettre en adéquation avec leur temps et les adapter aux besoins des différents acteurs économiques. La réforme est aujourd'hui presque entièrement réalisée puisque le droit de la prescription a d'abord été modifié par une loi du 17 juin 2008 (v. ss 732 s.), puis l'ordonnance du 10 février 2016 est intervenue, portant réforme du droit des contrats, du régime et de la preuve des obligations et la réforme de la responsabilité est d'ores et déjà en cours (sur la responsabilité, v. ss 61, 83, 2236 s. ; sur le contrat, v. ss 51 s., 890 s., spéc. v. ss 895 s.).

A. Le droit des obligations à l'époque du Code civil

10. La plupart des articles du Code civil régissant la matière du droit des obligations depuis 1804 n'avaient pas été modifiés jusqu'à l'ordonnance du 10 février 2016 et ont traversé les siècles sans tomber dans la désuétude, alors qu'à l'inverse, les textes concernant le droit de la famille n'ont pratiquement plus rien à voir avec le Code civil de 1804. On pourrait en conclure trop rapidement, qu'il n'y a pas eu d'évolution. Il existait pourtant, déjà inscrits dans le droit positif actuel, avant même la réforme, d'importants changements, même si l'édifice initial du Code civil tenait encore. Ces changements ont touché les principes, l'esprit du droit des obligations et ont amené des interprétations et des applications nouvelles du droit existant, que l'ordonnance de 2016 consacre pour l'essentiel. Il n'est pas question de les décrire ici précisément : on les mesurera en étudiant plus en détail chacune des sources des obligations et particulièrement, le contrat et la responsabilité civile. Mais on peut quand même à ce stade en montrer les principales manifestations.

11. Le Code civil était marqué par la prédominance du contrat, lui-même inspiré par les idées abstraites de liberté et d'égalité et par une conception restrictive de la responsabilité, fondée sur la seule sanction d'une faute cause de dommage, afin de préserver la liberté. L'évolution va se faire dans le sens d'une diminution de la liberté, au détriment de la conception originaire du contrat et dans le sens d'une extension considérable de la responsabilité.

12. Selon le Code civil de 1804, il existe deux sources principales d'obligations : le contrat d'abord et la responsabilité ensuite, qui trouve sa source dans le délit et le quasi-délit. La loi n'est qu'une source résiduelle. La source essentielle, c'est le contrat, placé sous le signe de la liberté et de l'autonomie de la volonté de l'individu (sur l'importance de cette doctrine philosophique de l'autonomie de la volonté, v. ss 855).

13. Le Code civil marque en effet la rupture avec l'ancien régime et le triomphe des idées de liberté et d'égalité, portées par la révolution française de 1789 et exprimées dans la Déclaration des droits de l'Homme et du citoyen. Mais le droit des obligations est aussi le fruit de l'histoire et de l'influence de l'Église catholique qui impose le consensualisme, au lieu du formalisme romain en droit du contrat et une responsabilité fondée sur la faute où prédomine l'idée de sanction.

14. Le contrat, comme la responsabilité, exprime cette idée de liberté. C'est une évidence pour le contrat : le principe est celui de la liberté du commerce, de la liberté d'entreprendre et de réaliser des échanges grâce au contrat. L'État et la loi n'interviennent que pour assurer et protéger cette liberté contractuelle et les règles sont en principe des règles supplétives de la volonté individuelle, toute puissante et libre.

15. C'est également vrai pour la responsabilité qui marque l'importance de la liberté. C'est parce que l'homme est libre qu'il est responsable, car il est conscient de ses actes et de ses fautes, et seule sa faute peut engager sa responsabilité pour ne pas brider sa liberté. La conception de la responsabilité est donc une conception restrictive qui met l'accent sur l'auteur qu'il faut sanctionner et pas sur la victime du dommage.

16. La philosophie du droit des obligations retenue par les auteurs du Code civil va cependant rapidement évoluer. Elle correspondait à l'idéologie de l'époque, (la philosophie des lumières exalte la liberté et la toute-puissance de la volonté individuelle) au contexte économique et politique, c'est-à-dire à la victoire du libéralisme économique (l'activité économique se régule seule et les contrats sont donc passés librement, sans que l'État intervienne) et au libéralisme politique. L'esprit de liberté et cette dominante libérale se sont manifestés pendant la plus grande partie du XIXe siècle. Mais outre que la liberté et l'égalité sont des mythes, ce dont on s'est rapidement rendu compte, l'évolution des idées, des mœurs, des besoins a été considérable en deux siècles d'histoire et a conduit à une évolution de l'esprit du droit des obligations. Les transformations économiques et sociales majeures dues à la révolution industrielle d'abord, puis, pêle-mêle, au développement du capitalisme commercial et industriel, aux guerres, aux progrès scientifiques, à la révolution informatique, à la construction de la Communauté économique européenne, à la mondialisation... ont fait que le droit des obligations n'a pu rester indifférent à ces évolutions.

B. Les mutations après le Code civil

17. Si le contrat est resté un instrument essentiel de la vie économique et sociale, la liberté accordée aux parties a néanmoins reculé sous l'influence des facteurs économiques et politiques, au profit d'un certain dirigisme, inspiré par un souci de contrôle de l'économie d'une part, mais aussi par la recherche d'une égalité réelle des contractants. On le reverra en étudiant le contrat, le libéralisme économique a perdu du terrain et le mythe de l'égalité des contractants, sur lequel les rédacteurs du Code civil avaient largement construit le contrat, a fait place à un souci d'assurer réellement cette égalité en protégeant le contractant le plus faible par des dispositions impératives. L'intervention de l'État s'est manifestée avec le développement de deux aspects de l'ordre public, venant limiter la liberté : un ordre public de direction, destiné à orienter les grandes masses de l'économie, et donc l'activité contractuelle et un ordre public de protection destiné à réduire les déséquilibres entre contractants (sur cette notion d'ordre public, v. ss 1374).

La supériorité du contrat sur toute autre source d'obligation tend à se réduire, du même coup.

18. Parallèlement, l'évolution a été considérable en droit de la responsabilité et elle s'est faite dans le sens d'un élargissement constant. D'une responsabilité fondée sur la faute et l'idée de sanction, on est passé à une politique de réparation des dommages centrée sur la victime, créancière de l'obligation de réparation, avec une extension considérable de la responsabilité, la multiplication de ses fondements et la création de nouveaux régimes par la jurisprudence et le législateur. L'objectif central devient celui de la réparation des dommages.

19. L'émergence progressive d'un droit à la sécurité, au moins corporelle, a conduit le législateur, à créer à côté de la responsabilité traditionnelle, des systèmes d'indemnisation dont la logique est fondamentalement différente. On ne cherche plus un responsable mais un payeur et ce payeur, c'est la collectivité et non plus l'individu auquel on peut imputer le dommage. Le dommage est pris directement en charge par la collectivité, sans recherche préalable de responsabilité, par des fonds d'indemnisation (exemple du fonds d'indemnisation des victimes d'une contamination post-transfusionnelle ou du fonds d'indemnisation des victimes de l'amiante, ou des accidents médicaux...). De la même façon, cet objectif de réparation a conduit à brouiller les frontières de la distinction entre la responsabilité contractuelle et la responsabilité extracontractuelle, qui structurait à l'origine le droit de la responsabilité civile.

Cette évolution de l'esprit du droit des obligations s'est accompagnée d'une évolution de ses sources.

§ 2. L'ÉVOLUTION DES SOURCES DU DROIT DES OBLIGATIONS

20. Il convient ici de ne pas confondre l'évolution des « sources ***du droit*** des obligations » (internes et internationales) et l'évolution des « sources ***des obligations*** » (contrat, quasi-contrat, responsabilité). Ce qui nous intéresse ici, c'est bien l'évolution des sources ***du droit*** des obligations.

A. L'évolution des sources internes

21. À l'époque du Code civil, le droit des obligations trouve pour l'essentiel sa source dans la loi et plus précisément encore dans le Code civil. Ensuite, on va assister à la multiplication des sources.

1) L'impérialisme du Code civil de 1804

22. S'agissant des contrats, les rédacteurs du Code civil ont laissé aux contractants une grande liberté d'action, mais ils ont posé les règles essentielles dans les articles 1101 à 1369 du Code civil, qui représentent le droit commun du contrat. Ces textes rendent compte de l'existence d'une *théorie générale du contrat*, ensemble de règles structurant la formation et l'exécution du contrat, articulées autour de principes directeurs. Certains de ces principes ont été considérés comme des principes fondamentaux par le Conseil constitutionnel, soit à valeur législative (réservés à la loi et exclus du domaine du règlement), comme l'autonomie de la volonté (la volonté individuelle peut créer sa propre loi) soit même à valeur constitutionnelle comme la liberté contractuelle. On retrouvera ces principes que l'on retrouvera lors de l'étude du contrat (v. ss 855, 860).

23. À côté de ce droit commun du contrat, le Code civil réglemente aussi de façon plus précise et spéciale certains contrats, les plus usuels (vente, échange, prêt, bail, contrat d'entreprise, dépôt, mandat...) et cette réglementation va constituer l'amorce de ce que l'on appelle le droit des contrats spéciaux ou le droit spécial des contrats. À l'époque du Code civil, tout ou presque figure dans ces textes. S'agissant de la responsabilité, la situation est la même. Les articles 1382 et 1383 relatifs à la responsabilité pour faute, plus quelques cas particuliers de responsabilité contenus dans les articles 1384 à 1386 du Code civil, devaient suffire à résoudre tous les problèmes.

24. Très vite, cependant, le Code civil a été complété par d'autres sources.

2) La multiplication des sources

25. *Les usages,* deviennent rapidement importants dans la matière commerciale, qui développe des sources professionnelles. La pratique des affaires est d'ailleurs à l'origine de la création de nouveaux contrats inconnus du Code civil (comme, par exemple, la franchise, ou le leasing ou le contrat de déménagement).

26. *La jurisprudence,* surtout, est essentielle en droit des obligations. Elle s'impose en effet comme une source à part entière, en droit de la responsabilité notamment.

C'est à la jurisprudence que l'on doit la construction de tout le droit de la responsabilité civile à partir des articles 1382 et suivants du Code civil. Elle a ainsi créé à côté de la responsabilité pour faute, seule existante à l'origine et fondée sur l'article 1382, une responsabilité générale du fait des choses, indépendante de la faute, dite « objective » sur le fondement de l'article devenu l'article 1242, alinéa 1er, du Code civil dès 1897. Cette œuvre créatrice ne s'est pas interrompue puisqu'en 1991, en se servant à nouveau de ce texte, elle a créé une nouvelle hypothèse de responsabilité, du fait d'autrui cette fois. Elle continue inlassablement à interpréter les textes pour adapter le droit de la responsabilité aux impératifs d'aujourd'hui, ce qui explique en partie l'absence de réforme d'ampleur du droit de la responsabilité jusqu'à aujourd'hui, même s'il y a eu des interventions ponctuelles du législateur.

Ce travail jurisprudentiel s'est aussi manifesté en droit des contrats, mais avec une part créatrice moins importante, compte tenu de l'ampleur du dispositif légal concernant le droit commun du contrat, qui laissait moins de marge de manœuvre. Néanmoins, c'est à la jurisprudence que l'on doit l'adaptation des textes originaires aux nouveaux besoins et aux nouvelles idées, puisque là encore, il n'y a pas eu de réforme d'ampleur du droit commun des contrats jusqu'à aujourd'hui, ainsi qu'on l'a déjà souligné (v. ss 10).

Concernant le contrat, il faut cependant dire que l'évolution du droit des obligations a été accompagnée par le législateur dans le cadre d'un phénomène de grande ampleur : celui de la multiplication de lois spéciales et donc de droits spéciaux, qui n'ont pu rester sans incidence sur le droit commun.

27. *Les lois spéciales en dehors du Code civil.* On a assisté en effet, en droit des contrats essentiellement, à une multiplication des interventions législatives en dehors du Code civil et cette multiplication des lois spéciales a constitué un facteur d'évolution considérable du droit des obligations et notamment du droit commun du contrat.

Au-delà de lois spéciales venant réglementer de plus en plus précisément un certain nombre de contrats particuliers, il faut citer particulièrement ici, compte tenu de son importance, un corps de règles spécifiques, venant s'intercaler entre le droit commun du contrat et le droit spécial : le droit de la consommation.

28. Apparu à partir des années soixante-dix, le *droit de la consommation* représente un corps de règles tendant à la protection des consommateurs et destinées à rétablir l'égalité rompue dans les contrats entre ces derniers et les professionnels. Ces règles viennent parfois en opposition avec les règles issues du droit commun du contrat et infléchissent les principes généraux, au nom de la protection du consommateur (par exemple en imposant un formalisme protecteur, là où le Code civil pose la règle de l'absence de toute forme contraignante, ou encore en permettant au juge d'intervenir dans le contrat, alors que le Code civil le lui interdit). Ces règles, à l'origine éparses édictées dans des lois spéciales (comme la première en 1972, sur le démarchage à domicile, ou en 1973 les lois *Scrivener* sur la protection de l'emprunteur dans le crédit à la consommation) ont finalement été regroupées dans le Code de la consommation, édicté en 1993, alors que dans les autres pays de l'Union européenne, des dispositions analogues ont été insérées dans les codes civils. Ces dispositions, même si elles ne figurent pas dans le Code civil, font évidemment partie du droit des obligations et en constituent une des sources[1].

29. La même remarque pourrait être faite à propos du *droit de la concurrence,* qui régit les rapports entre professionnels ou le droit des *procédures collectives* (droit des entreprises en difficulté) et du *surendettement des particuliers*, qui comportent des règles dérogatoires au droit commun des obligations.

30. En droit de la responsabilité, des lois spéciales qui ne se trouvent pas nécessairement codifiées dans le Code civil, comme la loi du 5 juillet 1985 sur la protection des victimes d'accident de la circulation, sont également intervenues.

31. Tout le droit des obligations ne se trouve donc plus dans le Code civil, loin de là, même si le droit commun s'y trouve encore.

Parallèlement à cette multiplication des sources internes, on a assisté au développement des sources internationales.

B. Le développement des sources internationales : l'importance du droit de l'Union européenne

32. Quasi inexistantes à l'époque du Code civil, les sources internationales sont aujourd'hui essentielles. À côté des conventions internationales qui édictent des règles propres à certains types de contrats (comme, par exemple, la Convention de Vienne sur la vente internationale de marchandises du 11 avril 1980), on relèvera surtout l'investissement progressif du droit des obligations par le droit de l'Union européenne. Au-delà des textes existants, qui restent pour l'instant ponctuels (sous réserve d'une harmonisation de tout le droit la consommation ; v. ss 38, 988), la question d'une harmonisation générale concernant le droit des contrats a été posée. Mais le projet d'un Code européen des contrats, comme celui de l'adoption d'un cadre commun de référence, marquent le pas.

1) La multiplication des textes du droit de l'Union européenne

33. Les normes de l'Union européenne sont issues du traité de Rome de 1957 qui ne comporte pas de dispositions particulières au contrat et à la responsabilité (cf. vol. 1). Le droit dérivé, c'est-à-dire les *règlements* (directement applicables dans l'ordre juridique interne) et les *directives* (qui nécessitent d'être transposés par le législateur mais qui commandent, en attendant cette transposition, l'interprétation par le juge national du droit en vigueur), s'intéresse aux contrats et à la responsabilité civile. Des politiques communes ont par ailleurs été mises en place dans des domaines qui n'avaient pas été prévus à l'origine par le traité de Rome, comme la protection du consommateur et de l'environnement, domaines qui mobilisent aussi le droit des obligations.

---

1. V. Sur cette question : Ph. Stoffel-Munck, « L'autonomie du droit contractuel de la consommation : d'une logique civiliste à une logique de régulation », *RTD com.* n° 4, 2012. 705.

34. C'est ainsi que parmi les premières initiatives, la convention de Rome de 1980, sur la loi applicable aux obligations contractuelles, est devenue aujourd'hui un *règlement* communautaire [1], directement applicable dans tous les États membres.

35. Les *directives* communautaires, de plus en plus nombreuses, participent aussi à l'harmonisation des droits des différents États membres. Elles se sont multipliées depuis une vingtaine d'années en droit des obligations, concernant des contrats spéciaux souvent, comme la vente à distance ou le mandat d'agent d'affaire ou le contrat de courtage matrimonial, mais également des questions plus générales quoique ponctuelles, comme la responsabilité du fait des produits défectueux ou le commerce électronique. Ces directives doivent être transposées en droit français, alors même qu'elles ne seraient pas forcément en harmonie avec les solutions existantes. On peut citer à ce titre, comme un des premiers et parfaits exemples de cette nécessité pour le droit français de se plier à la loi communautaire, la directive du 25 juillet 1985 sur la responsabilité du fait des produits défectueux, qui n'a été transposée en droit français que le 19 mai 1998, après un recours en manquement et la condamnation de la France. Après que la loi du 19 mai 1998 ait été finalement adoptée, inscrivant la responsabilité du fait des produits défectueux dans le Code civil aux articles 1386-1 à 1386-18, (devenu les articles 1245 à 1245-17 du Code civil), la France a de nouveau été condamnée par la Cour de justice des Communautés européennes pour mauvaise transposition et a dû reprendre son texte avec la loi du 9 décembre 2004. L'impact du droit communautaire est donc essentiel.

36. En droit de la responsabilité on peut également mesurer l'impact du droit de l'Union européenne sur l'adoption d'une responsabilité environnementale et la consécration du « préjudice écologique » ou dommage à l'environnement par la loi de transposition d'une directive de 2004 sur la responsabilité environnementale (LRE), adoptée le 1er août 2008, qui impose aux entreprises de prévenir et de réparer les atteintes graves à la nature (v. ss 2291 s.). Depuis cette loi, la loi du 8 août 2016 (n° 2106-1087) pour la reconquête de la biodiversité, de la nature et des paysages est également venue introduire dans le Code civil un chapitre consacré à la réparation du préjudice écologique, dans le droit de la responsabilité civile, aux articles 1246 à 1252 (v. ss 2284 s.).

37. En droit des contrats, des directives importantes ont également conduit le législateur à intervenir pour modifier sensiblement le droit existant. Ainsi, par exemple, la directive du 8 juin 2000 sur le commerce électronique, qui a été transposée par la loi sur la confiance dans l'économie numérique du 21 juin 2004, qui concerne toutes les relations économiques à distance conçues par la voie électronique et l'ordonnance du 16 juin 2005 sur l'accomplissement des formalités contractuelles par voie électronique, qui a conduit à introduire dans le Code civil un chapitre sur le contrat électronique (v. ss 955) ou encore la transposition de la directive sur le crédit à la consommation.

38. Par ailleurs, l'harmonisation européenne du droit des contrats par la voie de directive semblait avoir pris une nouvelle ampleur, avec l'adoption de la proposition de directive-cadre relative aux droits des consommateurs, du 8 octobre 2008

---

1. Règlement CE n° 593/2008 du 17 juin 2008 (*JOUE* 4 juill.), *RLDA* 2008, C. Nourissat, n° 1752.

(nº 2008/0196 [COD]). Cette proposition de directive s'avérait particulièrement importante pour deux raisons[1] : d'une part parce qu'elle proposait pour la première fois des règles transversales pour tous les contrats de vente et de service couvrant ainsi un domaine très étendu du droit des contrats ; d'autre part, parce qu'elle visait à une harmonisation maximale, ce qui signifie que les États n'ont pratiquement aucune marge de manœuvre dans la transposition et qu'ils ne peuvent maintenir ou adopter des dispositions plus favorables aux consommateurs que celles prévues par la directive. L'harmonisation européenne tend alors à une véritable unification des droits des différents États membres. Finalement, c'est à une harmonisation plus limitée qu'a abouti la directive du 25 octobre 2011[2] relative aux droits des consommateurs puisque le texte n'est plus qu'un ensemble de mesures destinées à renforcer la protection des consommateurs dans les contrats conclus à distance, particulièrement par Internet. Seule une obligation précontractuelle d'information est généralisée à tous les contrats de consommation de vente et de prestation de service, au-delà des contrats à distance ou conclus hors établissement ; par ailleurs le caractère contraignant pour les États est moins fort que dans la proposition de directive de 2008 (pour d'autres précisions sur ce texte, v. ss 990). On est donc loin du Code de la consommation communautaire auquel la Commission avait pour ambition d'aboutir[3].

Enfin, la jurisprudence de la Cour de justice de l'Union européenne est de plus en plus prégnante.

39. Au niveau européen, des codifications assez importantes ont également été réalisées sous l'impulsion de certains organismes. Il ne s'agit pas de sources officielles mais elles constituent néanmoins des usages appliqués par les acteurs économiques : c'est ainsi que sous l'égide de l'organisation Unidroit, des « ***Principes relatifs aux contrats du commerce international*** » ont été publiés en 1994 puis après refonte, à nouveau en 2004. Ces principes sont opérationnels auprès des acteurs du commerce international.

En parallèle, d'autres initiatives ont aussi vu le jour, plus ambitieuses, relayées par la Commission européenne elle-même, qui a lancé une consultation sur « la nécessité d'une action communautaire plus étendue en matière de droit des contrats ». Elles tendent à l'élaboration d'un droit des obligations européen.

2) La perspective d'un droit des obligations européen ?

40. Certains souhaitaient aller plus loin et réaliser une unification totale et non pas simplement une harmonisation, en substituant aux droits des obligations propres à chaque État membre, un droit des obligations d'origine européenne, ou, à tout

1. Naissance d'un droit commun de la consommation, C. Aubert de Vincelles, *RDC* 2009. 578 s. ; S. Wittaker, « Clauses abusives et garanties des consommateurs : la proposition de directive relative aux droits des consommateurs et la portée de l'harmonisation complète », *D.* 2009. Chron. 1152.

2. La nouvelle directive (nº 2011/83/UE), qui abroge ou modifie les directives nº 93/13/CEE, nº 1999/44/CE, nº 85/577/CEE et nº 97/7/CE, se limite à l'harmonisation « de certains aspects des contrats de consommation à distance et hors établissement ». Cependant, le chapitre II de la directive comporte un article 5 relatif « aux obligations d'information concernant les contrats autres que les contrats à distance ou hors établissement », est également d'application plus large.

3. Sur l'analyse du texte, v. G. Raymond, *CCC*, févr. 2012, étude nº 3 ; v. aussi E. Poillot et N. Sauphanor-Brouillaud, pan. *Dr. consomm.*, *D.* 2012. 840.

le moins, un droit européen des contrats. Il a ainsi été question depuis plusieurs années de l'élaboration d'un « ***Code civil européen des obligations et des contrats*** ».

On s'est ensuite plutôt dirigé vers l'élaboration d'un ***Cadre commun de référence en matière contractuelle*** avec des principes communs et une terminologie commune. Ce cadre commun « pourrait être utilisé par les législateurs au niveau communautaire pour garantir une plus grande cohérence et une meilleure qualité » des textes adoptés, selon les propres termes du Parlement européen, dans le cadre du programme de Stockholm, programme pluriannuel concernant l'Espace de liberté, de sécurité et de justice (pour 2010-2014), adopté le 10 décembre 2009.

41. Les initiatives ont été à l'origine strictement doctrinales et universitaires. L'Académie des privatistes européens s'est ainsi créée le 9 novembre 1992 à l'issue d'un colloque tenu à Pavie en octobre 1990. Présidée par le professeur Giuseppe Gandolfi, elle a publié, en français, le livre premier d'un « Code européen des contrats. Avant-projet » [1]. Ce livre comporte un ensemble de règles générales sur les contrats, inspiré du Code civil italien de 1942, qui occupe une position médiane entre les « deux grands pôles législatifs, représentés par le Code Napoléon (français) et le BGB (allemand) ». Il a fait l'objet d'un colloque, à Paris, le 28 octobre 2005. Parallèlement, la Commission sur le droit européen du contrat, groupe formé d'universitaires d'États membres a préparé les « ***Principes du droit européen des contrats*** » (PEDC), ou « Principes Lando », sous la direction du professeur Olé Lando [2] et, à partir de ces principes, une commission « Von Bar », sous la direction du professeur Christian Von Bar a rédigé un projet de Code civil européen.

42. ***La Commission européenne*** s'est intéressée à ces travaux et leur a donné de nouvelles impulsions. Elle a ainsi publié une première communication en 2001 dans laquelle elle critiquait l'approche parcellaire qui avait été adoptée jusque-là « en adoptant des directives relatives à des contrats spécifiques (...) alors qu'un besoin d'harmonisation se faisait sentir » et proposé d'améliorer la législation sur la base des meilleures solutions identifiées dans les différents pays européens. En février 2003, elle a publié une nouvelle communication intitulée « Un droit européen des contrats plus cohérent, un plan d'action » [3]. Il ressortait de ce texte qu'en quatre ans environ, devrait être élaboré un ensemble de principes, de clauses types, de règles modèles, dont l'objet serait de gouverner les relations contractuelles transfrontalières dans l'Union européenne : un « Cadre commun de référence ».

43. C'est ainsi que le « Réseau commun pour le droit européen des contrats » a été créé à l'initiative de la Commission européenne, avec pour mission de fournir des matériaux pour l'adoption par l'Union européenne d'un « ***Cadre commun de référence*** ».

– *Un premier groupe* (dirigé par Christian Von Bar) dont les membres sont issus de tous les États membres de l'Union européenne a entrepris la préparation d'un projet

---

1. Publié aux éditions Giuffré, 2e éd., 2004.

2. Pour la version française : « Principes du droit européen des contrats », publication en français, G. Rouhette (dir.), Société de législation comparée, 2003.

3. *JOCE* n° C 63, 15 mars 2003 ; v. aussi D. Staudenmayer, « Le plan d'action de la Commission européenne concernant le droit européen des contrats » *JCP* 2003. I. 127 ; B. Fauvarque-Cosson, « Droit européen des contrats : premières réactions au plan d'action de la Commission », *D.* 2003. Point de vue 1171.

de Cadre commun de référence comprenant les définitions de 127 concepts de droit ainsi que des règles modèles. Il a été publié en 2009 et il est basé, en partie, sur la révision des principes du droit européen des contrats de la commission Lando. Il dépasse cependant le cadre du contrat puisqu'il s'intéresse aussi aux obligations non contractuelles et plus largement au droit patrimonial.

– *Un second groupe*, français, l'Association Henri Capitant et la Société de législation comparée, après avoir adhéré au réseau en mai 2005, a été chargé d'élaborer une « Terminologie commune » et des « Principes contractuels communs ». Dans les principes contractuels communs on trouve deux parties distinctes : dans l'une figure l'étude des trois principes directeurs du droit européen du contrat : *la liberté contractuelle, la sécurité contractuelle et la loyauté contractuelle.* Dans l'autre, se trouvent les « principes révisés du droit européen du contrat ». Le groupe français était aussi chargé de sa propre contribution au projet de révision des principes de droit européen des contrats de la commission Lando, confié au premier groupe. Ces différents travaux du groupe français, coordonnés par les professeurs Denis Mazeaud et Béatrice Fauvarque-Cosson, représentent une œuvre monumentale, qui a été publiée en 2008 [1].

44. Le Parlement européen, très favorable à l'harmonisation du droit civil, a invité en 2009 la Commission européenne à intensifier ses travaux dans le domaine du droit européen des contrats. Il souhaitait l'adoption au niveau politique de ce *Cadre commun de référence* (CCR), contenant des principes fondamentaux, une terminologie commune, des définitions et des règles types concernant les contrats. Ce CCR pourrait ensuite, selon lui, permettre « l'adoption d'un instrument facultatif directement applicable, en vertu duquel les parties pourraient choisir librement le droit européen des contrats comme le droit régissant leur transaction » [2]. La commission elle-même, dans sa communication de 2003, préconisait déjà à cette époque, d'adopter pour le moment un « instrument optionnel et non un code uniforme et obligatoire », orientation confirmée dans une communication au Parlement européen et au Conseil du 11 octobre 2004 [3]. Le 1er juillet 2010, la Commission a diffusé un livre vert relatif aux actions envisageables en vue de la création d'un droit européen des contrats pour les consommateurs et les entreprises (COM (2010) 348/3) dans lequel elle présentait sept options avec différentes combinaisons. L'une des options privilégiées (option 4) était l'adoption d'un règlement instituant un instrument *facultatif* de droit européen des contrats. Après une période de consultation publique, le Parlement européen, le 8 juin 2011, en session plénière et sur l'avis favorable de sa Commission des affaires juridiques, a donné son soutien à un *droit européen des contrats à caractère facultatif.* C'est sur ce fondement qu'est ensuite intervenue, le 11 octobre 2011, une proposition de règlement du Parlement européen et du Conseil relatif à un droit commun européen de la vente, fondée sur l'article 114 du traité. Cette proposition de règlement visait à instaurer « un droit

---

1. « Projet de cadre commun de référence, Terminologie contractuelle commune (vol. 6), et Principes contractuels communs » (vol. 7), Association H. Capitant et Société de législation comparée, coll. « Droit privé comparé et européen », Société de législation comparée, éd. CPI, 2008. Travaux traduits en anglais, Sellier european lauwpublishers, 2008 ; v. aussi : « La contribution française au droit européen du contrat », O. Lando et G. Rouhette, *RDC* 2009. 729.

2. Résolution du Parlement européen sur le programme d'harmonisation du droit civil, session plénière du 25 novembre 2009 (2009/0090).

3. « Droit européen des contrats et révision de l'acquis : la voie à suivre » : COM (2004) 651 final.

commun européen de la vente[1], qu'il conviendrait de considérer comme un second régime de droit contractuel au sein du droit national de chaque État membre »[2], « qui pourrait être utilisé dans les transactions transfrontières en vertu d'une convention valable des parties » (exposé des motifs, 3, Base juridique). Le texte aurait été directement applicable dans les États membres (art. 16) et d'harmonisation totale ; mais son application, facultative, aurait dépendu d'un accord effectif des parties, étant précisé que « dans les contrats entre professionnels et consommateurs, la convention d'application du droit commun européen de la vente n'est valable que si le consentement du consommateur est donné par une disposition expresse et distincte » (art. 8).

45. Ainsi, le projet de droit européen des contrats aurait pu déboucher sur un droit de l'Union optionnel, proposé aux parties en plus des régimes de droit interne et non sur un Code européen des contrats ou des obligations, obligatoire.

Cependant ces projets semblent marquer le pas. En effet, depuis, l'approche en faveur d'un régime optionnel et d'un corps complet de règles a été abandonnée, au profit de règles ciblées et totalement harmonisées, Ainsi, dans le cadre de la « stratégie pour un marché unique numérique », adoptée par la Commission le 6 mai 2015, une proposition de directive est intervenue le 20 juin 2016 concernant certains aspects des contrats de ventes en ligne et de toute autre vente à distance de biens, pour proposer un certain nombre de règles qui seraient applicables à la fourniture de contenus numériques et à la vente en ligne de biens.

Toujours est-il que cette perspective d'un droit commun a inquiété nombre de juristes français attachés au Code civil[3]. Ils ont donc entrepris de prendre les devants pour rénover notre propre droit des obligations, sachant que cette réforme ne pouvait de toute façon pas se faire sans s'inspirer des travaux menés au plan européen, et que, inversement, les réflexions sur la réforme du droit français pouvaient inspirer les travaux européens.

46. C'est dans ce contexte que le chantier de la réforme du droit des obligations a été ouvert. La réforme apparaissait nécessaire.

C. La nécessité d'une réforme

1) Le vieillissement des textes

47. La première raison de la réforme tient dans l'ancienneté des textes figurant dans le Code civil. Et aux inconvénients générés au plan interne. Alors que de nombreux pans, voire tous les pans du Code civil ont fait l'objet de modernisations et même

---

1. « La proposition d'un droit commun de la vente ou l'espéranto contractuel de la Commission européenne », G. Paisant, *JCP E* 2012, étude critique p. 560 ; « Le technocrate et l'imbécile. Essai d'explication du droit commun européen de la vente », V. Heuzé, *JCP* 2012, étude critique, p. 750.

2. V. J.-S. Bergé, « Le droit national des contrats, nouveau complexe du droit européen des contrats ? », in J.-S. Bergé, J.-P. Marguénaud, A. Tenebaum, chron. *Dr. européen* des contrats (CEDH-UE) : *RDC* 2012. 2 ; J. Ghestin, chron. Dr. des contrats, *JCP* 2012. 63.

3. V. notamment, G. Cornu : « Un Code civil n'est pas un instrument communautaire », *D.* 2002. Chron. 351 ; Ph. Malinvaud : « Réponse – hors délai – à la Commission européenne : à propos d'un Code européen des contrats », *D.* 2002. Chron. 2452 ; J. Huet : « Nous faut-il un "euro" droit civil », *D.* 2002. Chron. 261.

de réformes de grande ampleur au cours des vingt dernières années (droit de la famille, droit des successions, droit des sûretés, droit des majeurs protégés, notamment), le droit commun des obligations n'avait pas été modifié depuis plus de deux siècles, sous réserve de rares modifications dues aux directives communautaires et à la nécessité de leur transposition (responsabilité du fait des produits défectueux, conclusion des contrats par voie électronique). Les textes ont vieilli, en la forme, car l'écriture législative a changé, et les tournures de langage sont devenues souvent désuètes ; mais aussi au fond. L'adaptation a certes été faite par la jurisprudence, mais les solutions jurisprudentielles très nombreuses et parfois fluctuantes, ont fini par rendre le droit positif des obligations difficilement accessible et lisible, notamment pour les opérateurs économiques. Il était donc nécessaire de recodifier le droit des obligations.

2) La perte d'attractivité internationale du droit des obligations

48. Au plan international et d'un point de vue politique, d'abord, l'absence d'évolution visible du droit des obligations pénalisait la France. De nombreux pays qui s'étaient inspirés du Code Napoléon pour construire leur propre droit civil, ont réformé depuis leur droit national en s'affranchissant du système français, jugé trop ancien. Redorer le blason du Code civil français passait donc par une réforme et une modernisation.

49. D'un point de vue économique ensuite, la complexité et le manque de lisibilité du droit des obligations et notamment du droit des contrats, dans le contexte d'une économie mondialisée, où les échanges internationaux se multiplient, détournaient du droit français alors que les droits de *common law* apparaissent plus modernes plus flexibles et mieux adaptés à la réalité économique. Il fallait donc tenter de convaincre les acteurs économiques de choisir le droit français en introduisant souplesse et modernité dans le droit des contrats notamment.

DOCUMENTS

BIBLIOGRAPHIE DU CHAPITRE

Les projets de droit européen des contrats

Blanc (D.), « Droit européen des contrats : un processus en voie de dilution ? », *D.* 2008. 564.

Cornu (G.), « Un Code civil n'est pas un instrument communautaire », *D.* 2002. Chron. 351.

Fauvarque-Cosson (B.), « Droit européen des contrats, les offres sont faites, les dés non encore jetés », *D.* 2008. Point de vue 556.

Gridel (J.-P.), « Sur l'hypothèse d'un droit européen des contrats : les propositions de l'Académie des privatistes européens (Pavie) », *Gaz. Pal.* 21-22 févr. 2003, p. 240.

Lando (O.), « L'avenir du droit des contrats », *D.* 2008. Entretien. 904.

Lequette (Y) « Quelques remarques à propos du projet de Code civil européen de M. Von Bar », *D.* 2002. 2202.

Ghestin (J.), « L'élaboration du Cadre commun de référence : méthode et obstacles éventuels », *RDC* 2009. 808 à 813 ; traduction française des trois premiers livres du DCFR (cadre commun de référence), préf. C. Von Bar, *RDC* 2010. 213 s.

Huet (J.), « Nous faut-il un "euro" droit civil ? », *D.* 2002. Chron. 261.

Malaurie (Ph.), *Le Code européen des obligations et des contrats : une question toujours ouverte*, colloque de Leuven, Belgique, 30 nov.-1er déc. 2001, *JCP* 2002. I. 110.

Malinvaud (Ph.), « Réponse - hors délai - à la Commission européenne : à propos d'un Code européen des contrats », *D.* 2002. Chron. 2452.

Mazeaud (D.), « Un droit européen en quête d'identité. Les principes du droit européen du contrat », *D.* 2007. Chron. 2959.

Rémy-Corlay (P.) et Fenouillet (D.) (dir.), *Les concepts contractuels français à l'heure des Principes du droit européen des contrats*, Dalloz, coll. « Thèmes et commentaires », 2003.

Rouhette (G.), de Lamberterie (I.), Tallon (D.) et Witz (C.), *Principes du droit européen des contrats*, SLC 2003 ;

Wicker (G.), « Force obligatoire et contenu du contrat », in *Les concepts contractuels français à l'heure des principes européen des contrats*, 2004.

Colloque-Débats, « Quel droit européen des contrats pour l'Union européenne ? », *RDC* 2009, Débats, p. 767 s.

Ouvrage collectif sous l'égide de l'Association Henri Capitant et de la Société de législation comparée : « Projet de cadre commun de référence, Principes contractuels communs » (vol. 7), et « Terminologie contractuelle commune » (vol. 6), coll. « Droit privé comparé et européen », *Société de législation comparée*, éd. CPI, 2008.

Chapitre 2

Présentation de l'ordonnance du 10 février 2016

50. Quelles ont été les principales étapes ayant conduit à l'ordonnance du 10 février 2016 ? Quelles ont été les objectifs de la réforme ? Enfin, quelles sont les conditions de son application dans le temps ? Telles sont les trois questions qui seront successivement abordés.

Section 1

Les étapes d'élaboration de la réforme

§ 1. L'ÉTAPE DOCTRINALE

51. ***L'avant-projet Catala.*** La première initiative, globale puisque concernant tous les volets du droit des obligations, date de 2005, avec le désormais célèbre *avant-projet de réforme du droit des obligations*, dit « *rapport Catala* »[1]. Proposant la refonte du Livre troisième, titres III et IV, du Code civil il a été présenté au garde des Sceaux le 22 septembre 2005. Dû à l'initiative du professeur Pierre Catala, il représente une œuvre doctrinale collective majeure, remarquable par son ambition, son ampleur et sa qualité technique. Trente-sept universitaires, spécialistes reconnus de la matière y auront participé. Il se divise en deux blocs, l'un consacré aux obligations en général et au contrat, sous la responsabilité des professeurs Pierre Catala et Gérard Cornu ; l'autre consacré à la responsabilité civile, contractuelle et extracontractuelle sous la direction des professeurs Geneviève Viney et Georges Durry. Il reprend l'actuel plan du Code civil, mais en comblant des lacunes, en modernisant, en rectifiant des maladresses de plan et en intégrant les apports jurisprudentiels.

52. Il avait pour objectif de proposer un Code civil adapté à son époque, modernisé, intégrant les acquis de la jurisprudence, tenant compte du droit communautaire et du droit européen en général et capable de satisfaire les différents acteurs économiques (v. ss 63, Documents, Le point sur…) ; il se présentait non pas comme un « code de rupture mais d'ajustement ». Cet avant-projet de réforme était par ailleurs global, portant sur les trois volets en même temps du droit des obligations.

---

1. P. Catala (dir.), *Avant-projet de réforme du droit des obligations et de la prescription*, Doc. fr. 2006.

Il a très largement inspiré la réforme du 12 février 2016, à la fois dans son esprit, mais aussi sur le fond ; même si une synthèse a été réalisée avec les propositions Terré, intervenues postérieurement.

53. ***Les propositions Terré.*** Par la suite, l'avant-projet Catala a été suivi par une autre contribution doctrinale importante, qui lui répondait en quelque sorte. Il s'agit des *propositions du groupe de travail réuni par le professeur François Terré*[1], sous l'égide de l'Académie des sciences morales et politiques. Cet autre « avant-projet », qui s'inscrit davantage en rupture avec la tradition contractuelle française, en intégrant des propositions doctrinales non retenues par la jurisprudence ou en tenant compte de l'analyse économique du droit, a été également remis à la Chancellerie et publié en 2008. À la différence de l'avant-projet *Catala*, il concerne seulement la réforme du droit des contrats et non celle du droit des obligations en général et exclut la responsabilité. Par la suite, cependant, le professeur F. Terré a également remis à la Chancellerie un projet de réforme du droit de la responsabilité[2] qui a fait l'objet d'une consultation publique close en janvier 2012, puis, enfin d'un projet de réforme du régime général des obligations en 2013[3] (sur ces différents projets, v. ss 63, Documents, « Le point sur... »).

§ 2. Les avant-projets gouvernementaux abandonnés

54. ***Dissociation des trois volets : contrat, régime des obligations et responsabilité.*** En 2008, en effet, le gouvernement a repris l'initiative et un premier projet gouvernemental de réforme du ***droit des contrats***, préparé par les services de la Chancellerie, a été rendu public. Ce projet, qui s'inspirait à la fois de l'avant-projet *Catala*, des propositions *Terré* et des projets européens, a été abondamment commenté mais il n'a pas abouti. Dès 2009, une nouvelle version du projet est réalisée, assez différente de la première, car l'influence des propositions Terré y était beaucoup plus sensible. Elle ne fut jamais rendue officiellement publique, mais a circulé et elle est donc connue.

Concernant ***le régime des obligations***, un second projet complémentaire de réforme du régime des obligations et des quasi-contrats très directement inspiré de l'avant-projet *Catala*, a été rendu public en mai 2011 et soumis à consultation publique.

Enfin, concernant ***la responsabilité civile***, un rapport d'information du Sénat a été publié en juillet 2009 pour proposer la rénovation de cette branche du droit des obligations, suivi d'une proposition de loi « *Béteille* » du 9 juillet 2010, qui, sans bouleverser le droit positif, et puisant son inspiration dans l'avant-projet Catala réorganisait et architecturait le droit de la responsabilité en consolidant les principes traditionnels tout en apportant certaines innovations. Cette proposition n'est pas arrivée en débat au Parlement. Malgré un premier projet gouvernemental en 2012 (non plublié) très inspiré lui-aussi de l'avant-projet *Catala,* la réforme de la responsabilité civile n'a pas fait partie du projet qui allait déboucher sur l'ordonnance du 10 février 2016, la procédure législative normale ayant finalement été préférée pour ce dernier volet de la réforme du droit des obligations.

---

1. F. Terré (dir.), *Pour une réforme du droit des contrats*, Dalloz, 2009.
2. F. Terré (dir.), *Pour une réforme du droit de la responsabilité civile*, Dalloz, 2011.
3. F. Terré (dir.), *Pour une réforme du régime général des obligations*, Dalloz, 2013.

§ 3. L'ordonnance du 10 février 2016 portant réforme du droit des contrats, des quasi-contrats, du régime général et de la preuve des obligations

55. Alors que la réforme semblait à nouveau marquer le pas, *un nouveau projet gouvernemental, concernant cette fois l'ensemble des volets du droit des obligations sauf la responsabilité civile* (contrat, quasi-contrats, régime des obligations et de la preuve) a été rédigé par les services de la Chancellerie et rendu public en octobre 2013. Inscrite dans la continuité des précédents, son ambition était toujours de rénover le droit des obligations pour le rendre plus accessible et compréhensible pour le particulier comme pour le praticien, en réécrivant les textes du Code civil dans un style modernisé, en les ré-agençants pour les rendre plus clairs et pertinents. Si le projet contenait des dispositions nouvelles, l'essentiel, cependant, a consisté à inscrire dans le Code civil, les solutions dégagées par la jurisprudence tant en ce qui concerne le régime général des obligations, que le droit des contrats, des quasi-contrats et de la preuve. Ce projet réalisait la synthèse des travaux académiques, des observations émises par les différents observateurs et des projets d'harmonisation européens et proposait une nouvelle fois la synthèse des propositions *Catala* et des propositions *Terré*.

56. L'objectif du gouvernement était d'obtenir en suivant du Parlement l'autorisation de procéder à la réforme du droit des contrats, des quasi-contrats et du régime général des obligations le plus rapidement possible, par voie d'ordonnance, la responsabilité civile restant en dehors car le débat au Parlement sur ce volet du droit des obligations apparaissait indispensable.

57. L'article 8 de la loi du 16 février 2015, relative à la modernisation du droit et des procédures dans le domaine de la justice et des affaires intérieures (n° 2015-177), a ainsi donné au gouvernement l'autorisation d'adopter la réforme par voie d'ordonnance sur la matière du droit des obligations.

58. Le projet d'ordonnance, très proche du texte publié en 2013, a été mis en ligne en février 2015 et parallèlement, une consultation publique a été ouverte qui s'est achevée en avril 2015. Ce fut l'occasion de nouvelles modifications, assez nombreuses. Présenté au Conseil d'État[1] qui fit lui-même certaines propositions de retouches et modifications, puis enfin adopté en Conseil des ministres le 10 février 2016, après de nouvelles modifications, le texte de l'ordonnance fut publié le 11 février 2016.

L'ordonnance n° 2016-131 du 10 février 2016 porte donc le nouveau droit des contrats, du régime général et de la preuve des obligations.

59. Les versions successives du projet témoignent de beaucoup d'hésitations, de beaucoup de modifications, pas toujours de détail, par exemple sur la question du maintien ou de la disparition de la cause, sur la réception de la théorie de l'imprévision, ou encore sur les limites de l'extension des pouvoirs du juge et de la volonté

---

1. V. Jean-Louis Gallet, « Méthode législative et objectifs : la lecture du Conseil d'État », in V. Larribau-Terneyre et S. Pellé (dir.), *Quel renouveau pour le droit des contrats ? Une réforme entre tradition et modernité*, PUPPA, 2016.

unilatérale. Le texte final est plutôt en recul sur un certain nombre de points par rapport à la première version du projet d'ordonnance publiée en 2015 lui-même très proche de la version d'octobre 2013.

Cependant, jamais l'idée n'a été celle d'une révolution du droit des obligations, qu'il s'agisse du régime de l'obligation, des contrats, des quasi-contrats ou de la preuve. L'avant-projet *Catala* faisait état, dans l'exposé des motifs, d'un « projet d'ajustement et non de rupture ». La loi d'habilitation du 16 février 2015 précisait qu'il s'agissait : « d'affirmer les principes généraux du droit des contrats » (...), de « simplifier les règles » (1°) de clarifier (4°), de préciser (6°), de regrouper (7°), de moderniser (8°). Rien de révolutionnaire dans les objectifs proposés et la lettre de mission.

Pour autant, la rénovation est conséquente, sur le plan formel mais aussi au plan substantiel et la modernisation réelle.

60. L'ordonnance du 10 février 2016 a été ensuite ratifiée par une loi n° 2018-287 du 20 avril 2018, et à cette occasion, certaines modifications ont été apportées. Cette loi de ratification sera étudiée avec la question de l'application dans le temps de l'ordonnance de 2016 (v. ss 101 s.).

§ 4. La réforme non encore concrétisée de la responsabilité civile

61. La responsabilité civile, comme nous l'avons souligné, est restée en dehors de la réforme réalisée par l'ordonnance du 10 février 2016, même si la réflexion sur sa réforme a été engagée en même temps que sur les autres volets du droit des obligations (sur les différents projets concernant le droit de la responsabilité, v. ss 2234 s., 2247 [Documents, « Le point sur... »]). et si différentes propositions doctrinales, rapports et même proposition de loi se sont succédé entre 2005 et 2016.

62. L'objectif, comme dans les autres champs du droit des obligations, de rénover sans bouleverser, en codifiant pour l'essentiel les solutions dégagées par la jurisprudence tout en introduisant des solutions novatrices : L'affirmation de l'unité de nature de la responsabilité contractuelle et extracontractuelle avec des dispositions communes aux deux responsabilités ; l'introduction d'exceptions à la règle de l'interdiction de l'option entre la responsabilité contractuelle et extracontractuelle, l'énoncé de règles propres à la réparation du dommage corporel, qui serait ainsi unifiée quel que soit le régime de responsabilité et donc la spécificité serait consacrée, ou encore reconnaissance du dommage écologique et sanction sous forme d'amende de la faute lucrative (dommages et intérêts punitifs mais l'expression n'est pas utilisée). Ces différents projets sont très directement inspirés de l'avant-projet *Catala*, et, dans une moindre mesure, des propositions *Terré*.

63. Depuis l'adoption de l'ordonnance du 10 février 2016, le projet de réforme de la responsabilité civile a été relancé. Un avant-projet intitulé « Réforme de la responsabilité civile » a été ouvert à la consultation publique le 29 avril 2016[1], annonçant une réécriture complète des textes du Code civil en la matière. Cet avant-projet a été soumis à une consultation publique et un projet de réforme a été établi après cette consultation,

---

1. Texte disponible sur Internet.

le 13 mars 2017, comportant certaines modifications. Cette dernière version du projet devait suivre la procédure législative normale et être débattu rapidement au Parlement (sur les éléments essentiels du projet, v. ss 2236 s.). Presque trois années après, tel n'a pas encore été le cas.

Section 2

Les principaux objectifs et l'esprit de la réforme opérée par l'ordonnance du 10 février 2016

§ 1. Les objectifs généraux

64. Tous les projets qui se sont succédé depuis 2005 ont été inscrits dans la même perspective et dans une vraie continuité, malgré les hésitations qui se sont manifestées autour d'un certain nombre d'options, parfois importantes. Dans le dernier projet, qui a abouti à l'ordonnance du 10 février 2016, comme dans les précédents, l'idée a été fondamentalement, celle de rénover le droit des obligations pour le rendre plus accessible et compréhensible tant pour le particulier que pour le praticien en réorganisant les textes du Code civil et en les réécrivant dans un style modernisé, pour les rendre plus clairs et pertinents, mais sans pour autant le bouleverser de fond en comble. L'essentiel, a donc consisté à inscrire dans le Code civil les solutions dégagées au fil des évolutions par la jurisprudence. Les sources d'inspiration sont restées les travaux de la doctrine (avant-projet *Catala* et propositions *Terré*) ainsi que les projets d'harmonisation du droit européen et international. Il a également été tenu compte des observations émises par les différents acteurs économiques.

65. Pour autant, des dispositions nouvelles ont été intégrées, parfois de portée considérable, comme, par exemple, la disparition de la notion de cause du contrat, ou encore l'introduction de l'interdiction des clauses abusives dans les contrats d'adhésion, ou encore la consécration de la cession de dette ; parfois elles l'ont été au tout dernier moment dans le processus d'adoption de l'ordonnance, comme la consécration de la théorie de l'imprévision, qui autorise la révision du contrat par le juge ; parfois, les dispositions nouvelles sont davantage de détail, mais pour autant très novatrices, comme, par exemple, l'introduction d'actions interrogatoires qui visent à lever une incertitude sur la validité d'un contrat. Au-delà des solutions innovantes, somme toute assez nombreuses, l'ordonnance témoigne d'un nouvel esprit du droit des obligations, plus ancré dans le concret et dans la modernité pour une meilleure adéquation avec les préoccupations d'ordre économique.

66. Le rapport remis au président de la République, relatif à l'ordonnance du 10 février 2016[1], est très explicite dans sa partie introductive, sur les objectifs poursuivis et l'on peut s'y référer directement. Ces objectifs ont été confirmés par les

---

1. Rapport remis au président de la République, relatif à l'ordonnance n° 2016-131 du 10 février 2016 (*JO* 11 févr. 2016, p. 25).

rapports de l'Assemblée nationale et du Sénat, établis lors de l'adoption de la loi de ratification n° 2018-287 du 20 avril 2018 [1].

A. L'objectif de sécurité juridique

1) Par la rénovation formelle des textes

67. La sécurité juridique est le premier objectif poursuivi par l'ordonnance qui vise d'abord à rendre plus ***lisible et plus accessible*** le droit des contrats du régime des obligations et de la preuve, le Code civil de 1804 ne reflétant plus dans sa lettre, l'état du droit. L'effort pédagogique accompli est donc évident. D'une part, les textes ont été réécrits dans un vocabulaire plus contemporain avec des formulations plus simples, plus explicites, généralement plus concises. D'autre part, le plan du livre III du Code civil « Des contrats ou des obligations conventionnelles en général », a été entièrement restructuré, selon un plan plus pédagogique : les titres III à IV *bis* de ce livre III ont été ainsi respectivement consacrés aux différentes sources d'obligations (titre III), au régime général des obligations (titre IV) et à la preuve des obligations (titre IV *bis*).

68. À l'intérieur du titre III consacré aux différentes sources d'obligations :
– le sous-titre I est consacré au contrat (art. 1101 à 1231-7),
– le sous-titre II à la responsabilité extracontractuelle, pour l'instant non modifiée, si bien que les dispositions du Code civil sont reprises à droit constant sous réserve d'une renumérotation des articles (art. 1240 à 1245-17),
– le sous-titre III aux « autres sources d'obligations » c'est-à-dire aux quasi-contrats (art. 1300 à 1300-4).

69. De même, dans le sous-titre I consacré au contrat, le contenu est entièrement restructuré, l'exposé du droit commun des contrats suit désormais un plan chronologique, allant de la formation du contrat jusqu'à sa fin ; il encadre par ailleurs la période de conclusion du contrat qui n'était pas prise en compte dans le Code civil en consacrant des notions bien connues de la pratique et de la jurisprudence mais absentes du Code civil actuel, comme les pourparlers, l'offre ou la promesse de contrat, ou encore l'obligation précontractuelle d'information. Le même effort pédagogique de regroupement, de clarification et d'encadrement des notions se manifeste sur bien d'autres questions, par exemple celle des nullités.

2) Par la codification de la jurisprudence

70. Selon le rapport présenté au président de la République, la sécurité juridique imposait la prise en considération de la jurisprudence qui s'est développée au cours des siècles, dans la mesure où, compte tenu de l'importance des interprétations et des constructions développées par les juges, les textes ne permettaient plus d'appréhender de façon claire et complète le droit positif. En outre, le caractère fluctuant de la jurisprudence n'assure pas la même sécurité juridique que le droit écrit. C'est

1. Sur le contenu de la loi de ratification v. ss 101 s.

pourquoi l'objectif de l'ordonnance était de codifier la jurisprudence, à droit constant ou presque, en inscrivant dans le code des solutions bien ancrées, témoignant du travail de développement et d'adaptation progressive par la jurisprudence du droit des obligations.

B. L'objectif de renforcement de l'attractivité et de l'efficacité du droit des obligations

71. Le second objectif poursuivi par l'ordonnance était le *renforcement de l'attractivité* du droit français, au plan politique, culturel et économique. À cet égard, il faut noter que les différents objectifs poursuivis par la réforme sont complémentaires et interfèrent les uns avec les autres ; il est évident que le renforcement de la sécurité juridique participe au renforcement de l'attractivité du droit des obligations, car il ne peut que contribuer à faciliter son application dans les échanges internationaux et inciter les acteurs à y recourir. Au-delà de la rénovation formelle des textes et de la codification de la jurisprudence, cette idée d'accroître la sécurité juridique dans un objectif d'attractivité du droit a présidé au choix de nombreuses options de fond. Par exemple, c'est ce qui a justifié l'abandon de la notion de cause, tout en préservant ses fonctions de contrôle de l'équilibre du contrat par d'autres techniques (v. ss 1288 s.) car cette notion n'est pas reconnue dans les systèmes de Common Law et elle ne se retrouve pas non plus dans les instruments européens. C'est aussi ce qui a conduit à simplifier un certain nombre de dispositifs (comme, par exemple, l'allègement des formalités de la cession de créance) ou à en consacrer d'autres en leur conférant un régime précis (comme la cession de contrat ou la cession de dette).

72. Le renforcement de l'attractivité du droit français passait aussi par un *objectif d'efficacité économique*. Il se manifeste dans l'introduction de solutions novatrices destinées à prévenir les contentieux ou à les résoudre sans recourir nécessairement au juge comme, par exemple, la création d'actions interrogatoires par lesquelles on demande à une partie soit de se déterminer soit de fournir certaines indications pour sécuriser le contrat (v. ss 92) ; ou encore la faculté de résoudre unilatéralement un contrat par voie de notification, ou la faculté d'accepter une prestation imparfaite contre une réduction du prix, ou encore l'extension de l'exception d'inexécution au simple risque d'inexécution du contrat (exception d'inexécution préventive).

73. Enfin, l'attractivité du droit français imposait aussi d'assurer davantage ou mieux la protection des parties et notamment de la partie faible, dans le respect de l'économie de marché, certes, mais en assurant un certain équilibre du contrat et des droits et obligations des parties et par là même, la justice contractuelle. C'est ainsi que le grand principe de la liberté contractuelle et son pendant, celui de la force obligatoire du contrat, sont contrebalancés, dans un chapitre de dispositions liminaires qui les réaffirment comme des principes généraux du droit des contrats, par le principe de bonne foi ; de même des dispositions particulières comme l'abus de dépendance, assimilé à la violence, ou encore l'interdiction des clauses abusives dans des contrats autres que de consommation, viennent renforcer l'équilibre des droits et obligations entre les parties, afin d'aller vers davantage de justice contractuelle, à l'instar des autres droits et projets d'harmonisation européens.

§ 2. L'ESPRIT DE LA RÉFORME

A. La philosophie générale

74. Est-il possible d'identifier précisément la philosophie de la réforme et son esprit, au-delà des objectifs clairement affichés par le gouvernement d'accroître la sécurité juridique et l'efficacité économique du droit des obligations pour augmenter son attractivité ? Quelles sont les valeurs qui la sous-tendent ? La réponse est difficile tant la réforme est une œuvre de compromis qui a voulu conjuguer à la fois la tradition du droit français des obligations et l'objectif de modernité. Il faudra sans doute quelques années d'application des dispositions issues de l'ordonnance pour en faire un bilan net.

75. Il est possible de considérer que le contexte général du droit des obligations et, en particulier du droit des contrats reste en apparence inchangé : le principe de liberté et l'importance du rôle des volontés individuelles dans le contexte d'une économie de marché, restent dominants ; ils sont toujours tempérés par des exigences d'ordre moral (la bonne foi et la loyauté) et d'ordre politico-économique (l'ordre public). Ces tempéraments classiques sont cependant affirmés de façon beaucoup plus nette que dans le Code civil de 1804. Par ailleurs, il s'agit de composer avec la réalité économique, en utilisant des outils plus concrets et plus simples, donc plus efficaces, parfois au détriment d'une certaine perfection technique du droit antérieur des obligations ; il s'agit aussi d'assurer un certain équilibre des relations entre les individus, en se préoccupant davantage de la protection de la partie faible.

76. Ainsi, au-delà des grands principes généraux, qui restent inchangés et ont d'ailleurs été formellement inscrits dans le Code civil dans les dispositions liminaires du sous-titre consacré au contrat, on voit apparaître, non pas expressément posés mais comme source d'inspiration évidente et essentielle du nouveau dispositif, des objectifs contractuels : plus concrets, plus directement opérationnels que les grands principes, ils sous-tendent bon nombre de solutions nouvelles, sans pour autant avoir été érigés au rang de « principes généraux ».

77. ***Quels sont ces objectifs ? L'objectif de justice contractuelle,*** qui incorpore à la fois la notion d'équilibre contractuel et de protection de la partie faible (avec les exigences de cohérence, de proportionnalité, de bonne foi et de loyauté). ***L'objectif d'efficacité économique du contrat,*** mais aussi plus largement ***d'efficacité technique du droit des obligations***, qui implique plusieurs directions : la concrétisation des instruments, la simplification des procédures et, en matière contractuelle, l'objectif de maintien du contrat utile et de la disparition du contrat inutile qui s'accompagne d'un accroissement des pouvoirs du juge mais également du rôle de la volonté unilatérale. L'objectif aussi, ***de sécurisation du contrat*** (réglementation de la période précontractuelle, création d'actions interrogatoires pour lever les incertitudes sur la validité du contrat ou le pouvoir du représentant) (v. ss 916).

Ces objectifs seront soulignés au fur et à mesure de l'étude des différentes dispositions constituant le nouveau droit des contrats, du régime des obligations et de la preuve.

B. Les principaux apports dans les différents champs du droit des obligations

1) Le droit des contrats

78. La synthèse de plus de dix ans de travaux et de débats a été faite par l'ordonnance du 10 février 2016, dans la continuité de l'avant- projet d'octobre 2013 de la Chancellerie, dont les principales options ont été reprises. Le texte de l'ordonnance, qui emprunte à la fois à l'avant-projet *Catala* et aux propositions *Terré,* vise essentiellement à consolider les acquis en codifiant les solutions dégagées par une jurisprudence constante, afin de répondre à l'objectif constitutionnel d'intelligibilité de la loi et de renforcer la sécurité juridique. La matière, comme on l'a déjà souligné, est réécrite dans un style modernisé et simplifié, et agencée selon un plan plus chronologique.

79. Les principes généraux classiques et majeurs du droit des contrats, le principe de la liberté contractuelle, de la force obligatoire du contrat et de l'effet relatif sont réaffirmés et même inscrits, pour les deux premiers, au frontispice du droit des contrats, dans les articles 1102 et 1103 du Code civil. Le principe de bonne foi est également affirmé par l'article 1104 comme un principe général commandant l'ensemble du contrat (négociation, formation, exécution).

La réforme se présente donc, globalement, dans le même esprit que l'avant-projet *Catala*, comme une réforme d'ajustement et non de rupture (pour une présentation plus précise, v. ss 827).

80. Pourtant, il existe aussi des solutions très novatrices (disparition de la cause, révision du contrat par le juge avec l'accord des parties en cas d'imprévision, généralisation à tous les contrats d'adhésion de la sanction des clauses abusives). Elles marquent le souci de proposer un dispositif mieux adapté aux enjeux économiques actuels : la volonté unilatérale des contractants est davantage prise en compte et les pouvoirs du juge sont augmentés, pour mieux assurer l'efficacité économique et l'utilité du contrat ainsi que la protection de la partie faible. Mais il est impossible aujourd'hui de mesurer exactement l'impact des dispositions nouvelles, nombreuses, qui traduisent les objectifs plus modernes de sécurisation du contrat, de justice et d'équilibre contractuel, d'efficacité économique du contrat (v. ss 77, 909 s.). Le rôle du juge ressortira-t-il en définitive renforcé ou au contraire limité par les nouvelles dispositions ? Le rôle plus important reconnu à la volonté unilatérale sera-t-il réellement source d'efficacité ou au contraire, d'insécurité contractuelle ?

2) Le régime général des obligations et de la preuve

81. Comme pour le droit des contrats, l'ambition a été également de moderniser les règles applicables à toutes les obligations quelle que soit leur source (régime général des obligations) afin d'en améliorer l'accessibilité et l'efficacité, en intégrant dans le Code civil certaines solutions acquises en jurisprudence ainsi que des règles déjà connues des autres droits européens et en recherchant la simplification dans la formulation. Le projet s'inspire très directement des propositions de l'avant-projet *Catala.* Le titre IV consacré au « régime général des obligations » est divisé dans le projet en cinq chapitres, consacrés respectivement aux modalités des obligations, aux opérations sur obligations (opération de cession de créance et de dette, novation et délégation) ; aux actions ouvertes au créancier (qui sont ainsi regroupées), à l'extinction des obligations (paiement, compensation, confusion, remise de dette et impossibilité d'exécuter) et aux restitutions. Enfin, un titre IV *bis* est consacré à la preuve des obligations (art. 1353 à 1386-1). La principale innovation consiste dans l'introduction de la cession de dette.

Si l'on ne voit pas apparaître ici de valeurs particulières car la matière est surtout constituée par un ensemble de techniques, l'objectif de clarification et de simplification pour parvenir à l'efficacité économique de ces techniques du droit des obligations est cependant bien visible.

3) Les quasi-contrats

82. Dans le sous-titre III consacré aux « autres sources d'obligations », aux articles 1300 à 1303-4, l'ordonnance reprend les deux quasi-contrats envisagés jusqu'ici par le Code civil, la gestion d'affaires et le paiement de l'indu (répétition de l'indu) mais vient également consacrer l'enrichissement sans cause, création jurisprudentielle qui est désormais dénommée « enrichissement injustifié » ; le changement n'est pas illogique puisque la réforme a supprimé la notion de cause. Pour l'essentiel, le texte consacre les solutions dégagées au fil du temps par la jurisprudence et est très directement inspiré des propositions contenues dans l'avant-projet *Catala*, sans véritable innovation, sous réserve de solutions qui viennent à l'occasion trancher des difficultés jurisprudentielles récurrentes.

4) Le droit de la responsabilité contractuelle

83. ***Absence de prise de position théorique.*** Si la responsabilité civile, est restée en dehors de la réforme, l'ordonnance du 10 février 2016 s'est quand même préoccupé de la responsabilité contractuelle, mais sans prendre parti sur des questions théoriques récurrentes comme celle de l'unité de nature de la responsabilité civile (contractuelle et extracontractuelle), ou celle de l'existence même de la responsabilité contractuelle, au point de ne jamais utiliser le terme de « responsabilité » : Dans le sous-titre consacré au contrat, et plus précisément dans une sous-section consacrée à la « *réparation du préjudice né de l'inexécution contractuelle* », un certain nombre de textes épars ont été rassemblés et des solutions posées par la jurisprudence codifiées, sans que les textes aillent plus loin, dans la perspective de la réforme à venir qui concerne l'ensemble du droit de la responsabilité civile, contractuelle et extracontractuelle.

Le dernier projet de réforme de la responsabilité civile du 17 mars 2017 s'intitule en effet « projet de réforme de la responsabilité civile » et débute par des « dispositions communes à la responsabilité civile contractuelle et extracontractuelle », mettant un terme au débat sur l'existence de la responsabilité contractuelle et prenant parti pour l'unité de nature des deux responsabilités (v. ss 2236 s.). Mais il n'a toujours pas été débattu au parlement.

84. ***Renumérotation des articles du Code civil consacrés à la réparation du préjudice né de l'inexécution du contrat.*** L'ordonnance du 10 février 2016, tout en ne modifiant pas sur le fond les articles du Code civil relatifs à la responsabilité civile extracontractuelle, les a cependant intégralement renumérotés, Les articles 1382 à 1386-18 ont disparu, remplacés par les articles 1240 à 1245-17.

Section 3

L'entrée en vigueur, la ratification et le droit transitoire

§ 1. Position du problème : la cohabitation de plusieurs corps de règles

85. À l'heure actuelle, plusieurs séries de dispositions législatives sont potentiellement applicables et posent la question du droit applicable dans le temps. Trois corps de règles vont en effet cohabiter pendant un certain temps : l'ancien droit des contrats, issu du Code civil de 1804, le droit des contrats issu de l'ordonnance du 10 février 2016 (applicable au 1er octobre 2016) et les dispositions modifiant l'ordonnance de 2016 issues de la loi de ratification du 20 avril 2018 (applicable au 1er octobre 2018).

86. Les conflits d'application de ces lois dans le temps ont été réglés par le législateur : en principe, les textes du Code civil antérieurs à l'ordonnance (ancien droit du contrat), restent applicables aux contrats conclus avant l'entrée en vigueur de l'ordonnance ; les dispositions issues de l'ordonnance du 10 février 2016 ne sont applicables qu'aux contrats conclus à partir de son entrée en vigueur (Ord. du 10 févr. 2016, art. 9) ; quant aux dispositions issues de la loi de ratification de l'ordonnance, intervenue le 11 avril 2018, certaines ne s'appliquent qu'aux actes juridiques conclus ou établis à compter de son entrée en vigueur alors que d'autres sont qualifiées d'interprétatives et s'appliquent aux contrats conclus à compter de l'entrée en vigueur de l'ordonnance de 2016, soit le 1er octobre 2016. La situation reste donc assez complexe ou en tout cas requiert de la vigilance pour déterminer le droit applicable et la question a été beaucoup discutée et explorée par la doctrine [1].

87. La Cour de cassation a par ailleurs, dans une certaine mesure, qui reste raisonnable, déjà contourné les règles légales en développant une méthode d'interprétation du contrat soumis au droit antérieur, « à la lumière des dispositions de l'ordonnance » ; elle considère en effet qu'une « nouvelle interprétation des textes se justifie par l'évolution du droit des obligations résultant de l'ordonnance du 10 février 2016 ». La chambre mixte de la Cour de cassation a inauguré cette méthode d'interprétation dans une décision du 24 février 2017 et est ainsi déjà revenue sur une jurisprudence établie, concernant la nature d'une nullité [2] (v. ss 1487) ; la chambre sociale a procédé de la même manière à propos de la sanction d'une promesse unilatérale de contrat

---

1. V. notamment, S. Gaudemet, « Dits et non dits sur l'application dans le temps de l'ordonnance du 10 février 2016 », *JCP* 2016. 559 ; D. Maingy, « Pour l'entrée en vigueur immédiate des règles nouvelles du droit des contrats », *D.* 2016. 1762 ; G. Chantepie, « L'application dans le temps de la réforme du droit des contrats », *AJ contrat* 2016. 412 ; M. Mekki, Panorama de droit des contrats, *D.* 2018. 371 ; N. Molfessis, « Sur la mise en œuvre de la réforme du droit des contrats », *JCP E* 2016. 1377 ; J.-B. Seube, « Dispositions transitoires : l'ordonnance du 10 février 2016 a-t-elle tout prévu ? », in J.-B. Seube (dir.), *Ce que change la réforme du droit des obligations*, éd. Législatives, 2016, p. 285.

2. V. notamment : H. Barbier, « La loi nouvelle non encore applicable considérée comme du droit souple », obs. sous Soc. 21 sept. 2017, n° 16-20.103 et 16-20.104 et obs. sous Civ. 1re, 20 sept. 2017, n° 16-12.906 ; Com. 5 juill. 2017, n° 16-12. 836, *RTD civ.* 2017-4, p. 837.

(v. ss 1101, et les références). L'objectif est évidemment d'aboutir le plus rapidement possible à une harmonisation de droit[1]. Cependant, le risque attaché à la remise en cause d'une jurisprudence établie au maintien de laquelle les parties pouvaient légitimement croire est de porter atteinte à la sécurité juridique et à la prévisibilité du droit, ce qui pourrait justifier une question prioritaire de constitutionnalité[2] et une censure du Conseil constitutionnel. La Cour de cassation ne fait cependant pas systématiquement jouer cette règle d'interprétation et, notamment, elle a maintenu une jurisprudence contraire à l'ordonnance concernant la sanction de la révocation d'une promesse unilatérale de vente dans une décision du 6 décembre 2018 sans vouloir recourir à l'interprétation à la lumière de l'ordonnance qui aurait été possible (v. ss 1101, et les références).

88. Le législateur a cependant fermement entendu réserver la survie de la loi ancienne concernant les contrats conclus avant l'entrée en vigueur de l'ordonnance et, pour tenter d'éviter une application anticipée de l'ordonnance au prisme de l'interprétation par les juges « à la lumière de l'ordonnance », la loi de ratification a corrigé l'article 9 de l'ordonnance (qui pose le principe de la survie de la loi ancienne pour les contrats en cours) en ajoutant la formule : « y compris pour leurs effets légaux et pour les dispositions d'ordre public ». Toutefois, lorsque la jurisprudence se réfère à une interprétation à la lumière de l'ordonnance, elle agit indépendamment de ces deux notions d'effet légal et d'ordre public, si bien que la correction apportée ne changera pas forcément la donne jurisprudentielle.

§ 2. L'entrée en vigueur de l'ordonnance au 1er octobre 2016 indépendamment de sa ratification

89. Conformément à l'article 38 de la Constitution, l'ordonnance devait être ratifiée dans les six mois par le Parlement sous peine de caducité, cette ratification pouvant être l'occasion de nouvelles modifications, soit à la demande du gouvernement soit par le Parlement, spontanément.

90. Pour autant, il était prévu que l'ordonnance entrait en vigueur le 10 février 2016 (Ord., art. 9, al. 1er), avec application au 1er octobre 2016, sans attendre sa ratification[3].

---

1. En ce sens, v. par ex : Ch. mixte 24 févr. 2017, n° 15-20.411, *D.* 2017. 793, note B. Fauvarque-Cosson, 1149, obs. N. Damas et 2018. 371, obs. M. Mekki ; *AJDI* 2017. 612, obs. M. Thioye, et 2018. 11, étude H. Jégou et J. Quiroga-Galdo ; *AJ contrat* 2017. 175, obs. D. Houtcieff ; *RTD civ.* 2017. 377, obs. H. Barbier ; *JCP* 2017, n° 305, note B. Sturlèse ; Civ. 1re, 20 sept. 2017, n° 16-12. 906, *D.* 2017. 1911 ; *RTD civ.* 2017. 837, obs. H. Barbier ; Soc. 21 sept. 2017, n° 16-20.103 et 16-20.104, *D.* 2017. 2007, note D. Mazeaud, 2289, note B. Bauduin et J. Dubarry, 2018. 371, obs. M. Mekki et 435, obs. S. Karaa ; *AJ contrat* 2017. 480, obs. C.-E. Bucher ; *Dr. soc.* 2018, comm. 238, obs. L. Leveneur ; *Gaz. Pal.* 2017, note M. Latina ; *JCP* 2017. 1238, obs. N. Molfessis.

2. V., sur ce point, M. Mekki, « La loi de ratification de l'ordonnance du 10 février 2016, une réforme de la réforme ? » *D.* 2018. 900, spéc. n° 10.

3. F. Clément, « Application dans le temps et incidence sur la jurisprudence antérieure de l'ordonnance de réforme du droit des contrats », *D.* 2016. 506.

§ 3. Le droit transitoire

A. Application immédiate aux contrats conclus à partir du 1er octobre 2016

91. Conformément aux principes d'application de la loi dans le temps en matière contractuelle, l'ordonnance s'appliquait en effet immédiatement, à compter toutefois du 1er octobre 2016, à tous les contrats conclus à partir de cette date, aux contrats renouvelés ou tacitement reconduits et aux contrats modifiés par un avenant à compter de cette date.

B. Application immédiate aux faits juridiques constitués à partir du 1er octobre 2016

92. Si les circonstances où les agissements donnant naissance à un fait juridique responsabilité extracontractuelle ou quasi-contrat sont antérieurs à cette date du 1er octobre 2016, ce sont les dispositions antérieures à l'ordonnance qui continueront à s'appliquer.

1) Application immédiate des règles relatives à la preuve

93. Concernant les règles relatives à la preuve, leur application est également fixée au 1er octobre 2016, et l'article 9, alinéa 4, exclut qu'elles soient utilisées dans le cadre des instances en cours à cette date.

2) Sort des contrats antérieurs : survie de la loi ancienne

94. Conformément là encore, au principe classique de survie de la loi ancienne en matière contractuelle, l'article 9, alinéa 2 de l'ordonnance a précisé que les contrats conclus avant le 1er octobre 2016 restaient soumis à la loi antérieure. Les dispositions du Code civil d'avant l'ordonnance continueront donc de régir les conditions de formation et les effets de ces contrats conclus avant le 1er octobre 2016, sous deux réserves générales et des réserves plus particulières, prévues par l'ordonnance elle-même.

95. La première réserve tient à la volonté des parties : les contractants pourraient en effet décider eux-mêmes de soumettre aux dispositions de l'ordonnance le contrat conclu avant son entrée en vigueur.

96. La seconde réserve, également classique, concerne les dispositions d'ordre public, mais elle semble bien avoir été remise en question par la loi de ratification de l'ordonnance. En effet, traditionnellement, lorsque la loi nouvelle répond à des exigences impérieuses d'ordre public, il est admis qu'elle peut s'appliquer à certains effets en cours de contrats passés antérieurement. Le rapport de présentation de l'ordonnance remis au président de la République laissait entendre que toute règle non qualifiée expressément d'ordre public devait être considérée comme une règle supplétive ; Au regard de ce critère, il s'avère que les dispositions de l'ordonnance de 2016 sont essentiellement supplétives de volonté et non impératives. Pourtant, cette question de l'intensité des règles issues de l'ordonnance de 2006 a suscité beaucoup d'inquiétudes chez les praticiens et la doctrine elle-même s'est interrogée sur de nombreuses dispositions[1] : notamment sur le caractère supplétif de l'article 1304-4 du Code civil relatif à la renonciation à une condition suspensive ; ou de l'article 1121 qui écarte l'exécution forcée en nature en cas de disproportion manifeste entre le coût économique pour le débiteur et l'intérêt pour le créancier ; ou encore de l'article 1195 relatif à l'imprévision et sur le point de savoir s'il est possible d'écarter le pouvoir de révision du juge. La loi de ratification n'a pas tranché ces différents points, mais les deux rapports du Sénat et de l'Assemblée nationale ont formellement pris parti pour le caractère supplétif de ces trois dispositions.

97. La question se posait aussi concernant les effets légaux du contrat, de savoir s'ils devaient être pris en charge par la loi nouvelle. Une réponse affirmative pouvait éventuellement s'appuyer sur une décision du 17 novembre 2016, dans laquelle la troisième chambre civile de la Cour de cassation, après avoir rappelé que « la loi nouvelle régit immédiatement les effets légaux des situations juridiques ayant pris naissance avant son entrée en vigueur et non définitivement réalisée » a écarté, à propos d'un bail d'habitation passé en 2012, l'application de l'article 22 dans la rédaction que lui donnait la loi du 6 juillet 1989, au profit de la version modifiée par la loi ALLUR du 24 mars 2014, déclarée expressément inapplicable aux contrats en cours. La solution pouvait être transposée à l'application de l'ordonnance de 2016 pour les effets légaux des contrats en cours.

98. En toute hypothèse et ainsi que nous l'avons signalé, la loi de ratification a corrigé l'article 9, al. 2, de l'ordonnance, qui pose le principe de la survie de la loi ancienne en matière contractuelle, en ajoutant la mention : « y compris pour leurs effets légaux et pour les dispositions d'ordre public »[2], ce qui résout la difficulté et exclut toute application de l'ordonnance aux contrats en cours y compris pour des dispositions et des effets légaux qui seraient d'ordre public ; mais cette disposition ne porte pas atteinte à la possibilité d'une application indirecte du droit nouveau, sous couvert de l'interprétation des textes antérieurs à la lumière de ce droit issu de l'ordonnance de 2016[3] (v. ss 85 s., spéc. v. ss 87).

99. Enfin, l'article 9, alinéa 3, de l'ordonnance vient lui-même préciser que certaines dispositions sont applicables immédiatement aux contrats en cours. Il s'agit des dispositions figurant au troisième et quatrième alinéas de l'article 1123 et celles des articles 1158 et 1183 qui concernent les nouvelles actions interrogatoires : possibilité offerte à un acquéreur potentiel d'un immeuble d'interroger le bénéficiaire d'un pacte de préférence pour savoir s'il a l'intention de s'en prévaloir (v. ss 1109) ; possibilité offerte à un tiers qui doute du pouvoir d'un représentant conventionnel de demander au représenté de confirmer que le représentant est bien habilité (v. ss 213) ; possibilité enfin, ouverte à l'une des parties, de demander par écrit à celle qui pourrait se prévaloir d'une nullité, soit de confirmer l'acte, soit d'agir en nullité dans les six mois (v. ss 1499).

---

1. Pour les références citées, v. ss 86.

2. Civ. 3e, 17 nov. 2016, n° 15-24.522, *AJ contrat* 2017. 47, obs. V. Forti ; *RTD civ.* 2017. 118, obs. H. Barbier.

3. En ce sens, v. M. Mekki, *D.* 2019. 280, et les références citées.

3) Sort des actions en justice en cours

100. L'article 9, alinéa 4, de l'ordonnance précise que lorsqu'une instance a été introduite avant son entrée en vigueur, l'action est poursuivie et jugée conformément à la loi ancienne, y compris lorsque l'affaire est en appel ou en cassation.

§ 4. Contenu de la loi de ratification et application dans le temps de ses dispositions

101. La loi de ratification du 20 avril 2018 (n° 2018-287), contrairement à ce qui avait pu être envisagé au cours des discussions [1], n'aura finalement apporté que des modifications plutôt modestes, sans atteinte à la logique et aux orientations fondamentales de la réforme ainsi qu'à ses principales innovations, même si la portée de certaines modifications est réelle et si l'impact de la loi de ratification peut dès lors être discuté et diversement apprécié [2]. Pour l'essentiel, cette loi consolide les dispositions de l'ordonnance de 2016 en apportant quelques précisions ou réécritures minimales des textes aux fins de corrections d'erreurs ou de clarifications nécessaires ; quelques modifications plus substantielles ont aussi été opérées [3].

102. La loi est applicable au 1er octobre 2018 avec la même règle de principe d'application dans le temps que pour l'ordonnance : les dispositions modifiées ne sont applicables qu'aux actes juridiques conclus ou établis à compter de son entrée en vigueur [4], c'est-à-dire à partir du 1er octobre 2018.

103. Toutefois, un certain nombre de modifications ont été expressément qualifiées d'interprétatives, ce qui signifie qu'elles sont applicables aux actes juridiques conclus ou établis à compter de l'entrée en vigueur de l'ordonnance de 2016, puisqu'elles constituent simplement une interprétation des dispositions issues de cette ordonnance [5]. Ainsi, comme l'ordonnance elle-même, elles s'appliqueront aux contrats conclus à partir du 1er octobre 2016, et, exceptionnellement, aux contrats conclus antérieurement dans les hypothèses prévues par l'ordonnance de 2016 : volonté concordante des parties, dispositions déclarées expressément applicables aux contrats en cours par l'ordonnance.

104. Les modifications apportées, qui restent quantitativement assez peu nombreuses si on les rapporte à l'ampleur de l'ordonnance de 2016, peuvent ainsi être assez facilement listées et présentées en suivant ce découpage, opéré par la loi elle-même, entre les modifications jugées substantielles et celles qualifiées d'interprétatives, distinction

---

1. En faveur d'une ratification modeste, v. M. Mekki, « Pour une ratification minimaliste de l'ordonnance », *AJ contrat* 2017, p. 462

2. T. Revet, « Le temps d'après », *RDC* 2018. 1 ; M. Mekki, « La loi de ratification de l'ordonnance du 10 février 2016. Une réforme de la réforme ? », *D.* 2018. 900 ; D. Mazeaud, « Quelques mots sur la réforme de la réforme du droit des contrats », *D.* 2018. 912.

3. Conduisant certains auteurs à poser la question de « la réforme de la réforme » : v. D. Mazeaud, article préc., spéc. n° 2.

4. Il s'agit des modifications apportées aux articles 1110, 1117, 1137, 1145, 1161, 1171, 1223, 1327 et 1343-3 du Code civil.

5. Il s'agit des modifications apportées aux articles 1112, 1143, 1165, 1216-3, 1217, 1221, 1304-4, 1305-5, 1327-1, 1328-1,1347-6 et 1352-4.

qui commande qui commande le moment de l'entrée en vigueur. Les dispositions destinées à s'appliquer seulement à partir de la date d'entrée en vigueur de la loi, fixée au 1er octobre 2018, ont été jugées substantielles du point de vue des modifications opérées au regard des autres dispositions, simplement interprétatives, et applicables rétroactivement dans les mêmes conditions que l'ordonnance de 2016. S'il est possible de mettre en doute le caractère simplement interprétatif de certaines dispositions, dont on peut considérer qu'elles opèrent de vraies modifications, on se tiendra cependant à cette grille de lecture proposée par le législateur, pour effectuer la présentation exhaustive des modifications, sachant qu'elles seront ensuite étudiées plus précisément, au fur et à mesure des développements.

1) Les dispositions interprétatives

105. Elles sont considérées comme non substantielles. Elles viennent simplement interpréter l'ordonnance et sont donc applicables au 1er octobre 2016, dans les mêmes conditions que l'ordonnance. Certaines concernent le droit des contrats, d'autres le régime des obligations.

106. ***Concernant le droit des contrats***, quelques modifications sont relatives à *la formation du contrat* :

– l'exclusion formelle de la prise en compte, dans le cadre de l'action en responsabilité pour rupture fautive des pourparlers, de la ***perte de chance d'obtenir les avantages attendus du contrat***, comme préjudice réparable, dans l'article 1112 (v. ss 1079) ;

– au titre des vices du consentement, et plus précisément de la sanction de la ***violence***, l'article 1143 vise désormais le fait pour un contractant d'abuser de l'état de dépendance dans lequel se trouve l'autre contractant « *à son égard* », ce qui exclut non seulement une dépendance qui tiendrait à une cause interne, propre à la victime (maladie, âge, notamment…) mais également une dépendance à l'égard d'un tiers (v. ss 1207). Ici, sous couvert d'interprétation, une réelle restriction est opérée quant au champ d'application de l'abus de l'état de dépendance ;

– concernant ***l'abus dans la fixation unilatérale du prix*** par le débiteur après la conclusion du contrat dans les contrats de prestation de service, l'article 1165 relatif à la sanction a été modifié afin d'ajouter à la possibilité de saisir le juge pour obtenir des dommages et intérêts, celle d'obtenir la résolution du contrat (v. ss 1348) qui n'avait été prévue que pour les contrats cadre. La différence a donc été corrigée.

D'autres modifications concernent les ***sanctions de l'inexécution*** :

– dans l'énumération des sanctions de l'inexécution contractuelle, qui figure à l'article 1217, et plus précisément à propos de la possibilité pour le créancier d'obtenir une ***réduction du prix***, en cas d'exécution imparfaite de la prestation par le débiteur, le terme « *obtenir* » est substitué au terme « *solliciter* » (v. ss 1859) ;

– de même, l'article 1221 relatif à ***l'exécution forcée***, fait référence expressément à la condition de *bonne foi* du débiteur pour pouvoir y échapper en cas de disproportion manifeste entre son coût (*pour le débiteur de bonne foi*) et son intérêt pour le créancier (v. ss 401, 1206).

Enfin, une dernière modification concerne la ***cession de contrat***, l'article 1216-3 précise désormais que la cession de contrat lorsqu'elle libère le cédant, cocontractant initial, met fin, sauf leur accord, aux sûretés consenties non seulement par des tiers, ce qui était la version initiale du texte, mais aussi *par le cédant* (v. ss 1830).

107. ***Concernant le régime des obligations,*** de la même façon, quelques erreurs ou omissions ont été réparées à la faveur de la ratification de l'ordonnance : concernant le terme (art. 1305-5), la ***déchéance du terme profite désormais à la caution*** et non plus seulement au coobligés (v. ss 311). Il s'agissait ici de réparer un simple oubli ; concernant la ***renonciation à la condition*** (art. 1304-4), possible seulement « tant que celle-ci n'est pas accomplie *ou défaillie* », l'adjonction du terme « défaillie » supprime la discussion qui était née car le texte originaire ne faisait référence qu'à l'*accomplissement* de la condition, ce qui semblait exclure la condition suspensive (v. ss 274). ; dans l'article 1327-1 relatif à la ***cession de dette,*** et plus précisément au moment de son opposabilité, la conjonction « *et* » remplace la conjonction « *ou* », ce qui rétablit la cohérence de la disposition (v. ss 517) ; concernant toujours la cession de dette, l'article 1328-1 précise désormais que la cession de dette, lorsqu'elle libère le cédant, cocontractant initial, met fin, sauf leur accord, aux sûretés consenties non seulement par des tiers (ce qui était la version initiale du texte), mais aussi *par le cédant* (v. ss 516), la même adjonction ayant été faite concernant la cession de contrat (v. ss 1830) ; à propos de *la **compensation***, l'article 1347-6 permet à la caution d'opposer au créancier la compensation intervenue entre ce dernier et le débiteur principal *même si le débiteur, co-débiteur ou créancier ne l'a pas invoquée*, ce qui n'était pas antérieurement prévu et semblait même exclu (v. ss 715) ; enfin, l'article 1352-4 vise désormais les ***restitutions*** dues « *par* » et non « *à* » la personne protégée (correction d'une erreur) et le terme « *à hauteur* » (plus adéquat en effet) remplace celui antérieur de « à proportion ».

2) D'autres modifications ont été jugées plus substantielles et applicables seulement au 1er octobre 2018

108. ***Trois seulement concernent le régime des obligations.*** L'article 1327 exige désormais un ***écrit pour la cession de dette*** (v. ss 514) et fait donc de ce contrat un contrat solennel. Une autre modification concerne le ***paiement en monnaie étrangère***. L'article 1343-3 a été réécrit (v. ss 643). Enfin, si l'admission de la théorie de l'imprévision, permettant la révision du contrat en cas de bouleversement imprévu des circonstances économiques, n'a finalement pas été remise en cause et si l'article 1195 n'a pas été modifié, ***l'inapplicabilité de l'imprévision aux instruments financiers*** a quand-même été posée dans le Code monétaire et financier (CMF, art. L. 112-5-1 et art. L. 211-40-4). Les risques induits par l'application de la théorie de l'imprévision aux contrats sur instruments financiers, ont été jugés plus forts que les gains espérés.

109. ***Les autres modifications concernent le droit des contrats.***

– La modification peut-être la plus importante concerne l'article 1110, qui pose la ***définition du contrat de gré à gré et d'adhésion***. C'était la plus débattue, car elle conditionne la détermination du domaine de la lutte contre les clauses abusives : la nouvelle définition révèle que les contrats d'adhésion ne sont pas limités aux seuls contrats de masse. Le critère de distinction entre les contrats de gré à gré et d'adhésion est désormais celui de la négociabilité des clauses (et non de leur négociation effective dans le contrat considéré). Ainsi le contrat de gré à gré est celui dont les stipulations sont « *négociables* » et non plus « librement négociées entre les parties ». Quant au contrat d'adhésion il est défini non plus comme celui dont les « conditions générales, soustraites à la négociation sont déterminées à l'avance par l'une des parties », mais comme celui « *qui comporte un ensemble de clauses non négociables, déterminées* *à l'avance par l'une des parties* ». L'évocation de la notion de « conditions générales », qui renvoyait précisément aux contrats de masse a disparu (v. ss 968 s.). De la même façon, et dans la logique de cette nouvelle définition, l'article 1171 relatif à la sanction des clauses abusives comporte désormais la référence non plus à « toute clause qui crée un déséquilibre significatif », mais à « toute clause *non négociable déterminée à l'avance par l'une des parties qui crée un déséquilibre significatif* ».

– La ***caducité de l'offre au décès du destinataire*** est désormais posée par l'article 1117, alors que le texte antérieur ne faisait référence qu'à la caducité de l'offre au décès de son auteur (v. ss 1045).

– Au titre des vices du consentement, un alinéa a été ajouté à l'article 1137 concernant ***la réticence dolosive lorsqu'elle porte sur la valeur de la prestation*** : il est désormais expressément prévu que ne constitue pas un dol le fait pour une partie de ne pas révéler à son cocontractant son estimation de la valeur de la prestation (v. ss 1175).

– Concernant la ***capacité et la représentation***, l'article 1145, alinéa 2, a été repris pour supprimer, pour les personnes morales, l'exigence que l'acte accompli soit utile à la réalisation de leur objet social (v. ss 1212) ; de même, l'article 1161 qui concerne l'interdiction de la représentation par le même représentant de plusieurs personnes en conflits d'intérêt, est désormais inapplicable aux personnes morales (v. ss 205 s.).

– Concernant les ***sanctions de l'inexécution***, enfin, l'article 1223 qui a introduit le pouvoir de réduction unilatérale du prix par le créancier a été entièrement réécrit de façon beaucoup plus claire, dans le sens d'une confirmation de la nature unilatérale de cette prérogative, alors que la formulation antérieure avait conduit à des discussions (v. ss 1859 s.).

DOCUMENTS

BIBLIOGRAPHIE DU CHAPITRE

La réforme du droit des obligations

Avant-projets doctrinaux et projets gouvernementaux successifs

CATALA (P.), *Présentation générale de l'avant-projet de réforme du droit des obligations et du droit de la prescription*, Rapport à Monsieur Pascal Clément, garde des Sceaux, ministre de la Justice, 22 sept. 2005 ;

CATALA (P.), *Avant-projet de réforme du droit des obligations et de la prescription*, Doc. fr., 2006.

TERRÉ (F.) (dir.) :

- *Pour une réforme du droit des contrats*, Dalloz, coll. « Thèmes et commentaires », 2009 ;
- *Pour une réforme du droit de la responsabilité civile*, Dalloz, coll. « Thèmes et commentaires », 2011 ;
- *Pour une réforme du régime général des obligations*, Dalloz, 2013.

Rapport d'information du Sénat à propos d'une réforme de la responsabilité civile : « Responsabilité civile : les évolutions nécessaires » (Sénat, n° 558), 2009.

Présentation du premier projet de réforme du droit des contrats (2008), diffusée à l'occasion d'un colloque organisée par la *Revue des contrats, RDC* 2009, n° 1.

Second projet de réforme du droit des contrats, 2009 (non rendu public)

Avant-projet d'ordonnance d'octobre 2015 (troisième version de la réforme), mis en ligne (*internet*).

Projet d'ordonnance mis en ligne en février 2015 et ouvert à la consultation publique (*internet*).

Ouvrages et articles généraux sur les différents projets de réforme du droit des obligations en droit français

AMRANI MEKKI (S.) et FAUVARQUE-COSSON (B.), « Le projet de réforme du droit des contrats », *D.* 2008. Pan. 2965.

CABRILLAC (R.), « Le projet de réforme du droit des contrats. Premières premières impressions », *JCP* 2008. I. 190.

CATALA (P.), « Il est temps de rendre au Code civil son rôle de droit commun des contrats », *JCP* 2005. I. 170, doctrine, entretien.

CHANTEPIE (G.) et LATINA (M.) (dir.), *Projet de réforme du droit des contrats, du régime général et de la preuve des obligations*, Dalloz, 2015.

DISSAUX (N.) et JAMIN (C.), *Projet de réforme du droit des contrats, du régime général et de la preuve des obligations. Commentaire article par article*, Dalloz, 2015.

FABRE-MAGNAN (F.), « Réforme du droit des contrats : “un très bon projet” », *JCP* 2008. I. 199.

GHESTIN (J.) (dir.), « Observations sur le projet de réforme du droit des contrats » (Projet Chancellerie), *LPA* n° 31, 12 févr. 2009, n° spécial ; *JCP* 2009. I. 138.

GHOZI (A.) et LEQUETTE (Y.), « La réforme du droit des contrats : brèves observations sur le projet de la Chancellerie », *D.* 2009. Chron. 2609.

HENRY (X.), « Brèves observations sur le projet de réforme du droit des contrats... et ses commentaires », *D.* 2009, étude 28.

Le Tourneau (Ph.), « Brefs propos critiques sur la “responsabilité contractuelle” dans l’avant-projet de réforme du droit de la responsabilité », *D.* 2007. Chron. 2180.

Mazeaud (D.), « Une nouvelle rhapsodie doctrinale pour une réforme du droit des contrats », *D.* 2009. Chron. 1364 ; « Un nouvel avant-projet de réforme du droit des contrats », *RDC* avr. 2009, p. 471 s.

Meunier (G.), « Droit des contrats, les enjeux d’une réforme », *D.* 2016. 416

Mekki (M.), « Observations sur le projet de réforme du droit des contrats », *LPA* 2009, n° 31, p. 103.

Paisant (G.), « Le Code de la consommation et l’avant-projet de réforme du droit des obligations, quelle influence et quelle harmonisation ? », *JCP* 2006. 1737.

Colloques. Avant l’ordonnance du 10 février 2016

L’avant-projet de réforme du droit de la responsabilité (Avant-projet Catala), Université Panthéon-Sorbonne (Paris I), 12 mai 2006, *RDC* 2007, n° 1, p. 3 à 185.

La réforme du droit français des contrats, organisé par la Revue des contrats, 24 sept. 2008 (projet de la Chancellerie), *RDC* 2009, Débats, p. 265 s.

Ouvrages et articles généraux sur le texte de l’ordonnance du 10 février 2016 et son application dans le temps

Bénabent (A), « Application dans le temps de la loi de ratification de la réforme des contrats », *D.* 2018. 1024.

Chantepie (G.) et Latina (M.), *La réforme du droit des obligations. Commentaire théorique et pratique dans l’ordre du Code civil*, Dalloz, 2016.

Chantepie (G.), « L’application dans le temps de la réforme du droit des contrats », *AJ contrat* 2016. 412.

Champelaune (C.), « Les grands traits de la réforme » in *Réforme du droit des contrats et pratique des affaires*.

Clément (F.), « Application dans le temps et incidence sur la jurisprudence antérieure de l’ordonnance de réforme du droit des contrats », *D.* 2016. 506.

Dissaux (N.) et Jamin (C.), *Réforme du droit des contrats, du régime général et de la preuve des obligations (ordonnance n° 2016-131 du 10 février 2016. Commentaire des articles 1100 à 186-1 du Code civil)*, Dalloz, 2016.

Gallet (J. L.), « Méthode législative et objectifs : la lecture du Conseil d’État », in V. Larribau-Terneyre et S. Pellé (dir.), *Quel renouveau pour le droit des contrats ? Une réforme entre tradition et modernité*, PUPPA, 2016.

Gaudemet (S.), « Dits et non-dits sur l’application dans le temps de l’ordonnance du 10 février 2016 », JCP 2016. 559.

Larribau-Terneyre (V.), « Une nouvelle conception du contrat ? », in V. Larribau-Terneyre et S. Pellé (dir.), *Quel renouveau pour le droit des contrats ? Une réforme entre tradition et modernité*, PUPPA, 2016.

Mainguy (D.), « Réforme du droit des contrats, du régime général et de la preuve des obligations », *JCP E* 2016. 151.

– « Pour l’entrée en vigueur immédiate des règles nouvelles du droit des contrats », *D.* 2016. 1762.

Mekki (M.), « L’ordonnance n° 2016-131 du 10 février 2016 portant réforme du droit des contrats, du régime général et de la preuve des obligations. Le volet droit des contrats : l’art de refaire sans défaire », *D.* 2016. 494.

– « Le volet régime des obligations et de la preuve : parfaire un peu et refaire beaucoup », *D.* 2016. 608.

Molfessis (N.), « Sur la mise en œuvre de la réforme du droit des contrats », *JCP E* 2016. 1377.
Seube (J.-B.), « Dispositions transitoires : l'ordonnance du 10 février 2016 a-t-elle tout prévu ? », in J.-B. Seube (dir.), *Ce que change la réforme du droit des obligations*, éd. Législatives, 2016, p. 285.
Stoffel-Munck (Ph.), « Les enjeux majeurs de la réforme "Attractivité, Sécurité, Justice" », in *Réforme du droit des contrats et pratique des affaires*, *D.* 2015. 18.

Colloques. Après l'ordonnance du 10 février 2016

Quel renouveau pour le droit des contrats ? Une réforme entre tradition et modernité, colloque, Université de Pau et des Pays de l'Adour, 20 mai 2016, PUPPA, 2016.
Le nouveau discours contractuel, G. Chantepie et N. Dissaux (dir.), *RDC* 2016/3, p. 571 s.

Sur la loi de ratification du 20 avril 2018

Benabent (A), « Application dans le temps de la loi de ratification de la réforme des contrats », *D.* 2018. 1024.
Chantepie (G) et Latina (M), « Ratification de la réforme du droit des obligations : analyse de la deuxième lecture du Sénat », *D.* 2018. 309.
Chénedé (F.), « Le nouveau droit des obligations et des contrats. Consolidation, innovations, perspectives », *D.* 2017, n° 21.32.
Houtcieff (D.), « Loi de ratification de l'ordonnance de réforme du droit des contrats de la preuve et du régime des obligations : le droit schizophrène », *Gaz. Pal.* 7 avr. 2018, p. 14.
Mazeaud (D.), Quelques mots sur la réforme de la réforme du droit des contrats, *D.* 2018. 912 s.
Mekki (M.), « La loi de ratification de l'ordonnance du 10 février 2016, une réforme de la réforme, », *D.* 2018. 900 s.
Débat, « Améliorer les textes issus de la réforme du droit des contrats », *RDC* 2017/1, p. 165 s.

BIBLIOGRAPHIE GÉNÉRALE SUR LE DROIT DES OBLIGATIONS

Outre les articles de revue cités dans la bibliographie de chaque chapitre, l'étudiant se référera aux manuels de base de droit civil notamment :

Bacache (M.), *Les obligations. La responsabilité civile extracontractuelle*, 3e éd., Economica, coll. « Corpus ».
Bénabent (A.), *Droit civil. Les obligations*, 16e éd., LGDJ, coll. « Précis Domat », 2017.
Brun (Ph.), *La responsabilité civile extracontractuelle*, 5e éd., Litec, 2018.
Brusorio (M.), *Droit des obligations*, 10e éd., Larcier, « Manuel », 2019.
Cabrillac (R.), *Droit des obligations*, 13e éd., Dalloz, coll. « Cours », 2018.
Carbonnier (J.), *Droit civil*, t. 4 : *Les obligations*, PUF, coll. « Thémis », 2007.
Delebecque (Ph.) et Collart Dutilleul (F.), *Contrats civils et commerciaux*, 11e éd., Dalloz, coll. « Précis », 2019.
Delebecque (Ph.) et Pansier (F.-J.), Litec, coll. « Objectif Droit » :
I. *Droit des obligations. Régime général*, 9e éd., 2018 ;
II. *Droit des obligations. Contrats et quasi-contrats*, 8e éd., 2018 ;
III. *Droit des obligations. Responsabilité civile, délit et quasi-délit*, 8e éd., 2019.
Fabre-Magnan (M.), *Les obligations*, PUF, coll. « Thémis » :

tome 1 : *Contrat et engagement unilatéral*, 5e éd., 2019 ;
tome 2 : *Responsabilité civile et quasi-contrats*, 4e éd., 2019.

Fages (B.), *Manuel de droit des obligations*, 8e éd., LGDJ, 2019.

Flour (J.), Aubert (J.-L.) et Savaux (É.), *Les obligations*, coll. « Université », Sirey :
tome 1 : *L'acte juridique*, 17e éd., 2018 ;
tome 2 : *Le fait juridique*, 15e éd., 2018 ;
tome 3 : *Le rapport d'obligation*, 9e éd., 2015.

François (J.), *Traité de droit civil*, tome 4 : *Les obligations. Régime général*, 5e éd., Economica, « Corpus droit privé », 2020.

Ghestin (J.) (dir.), *Traité de droit civil*, LGDJ :
I. *Les obligations. Le contrat* : tome 1 et tome 2 : *Formation du contrat* : Ghestin (J.), Loiseau (G.), Serinet (Y.-M.), 4e éd., 2013 ;
Les obligations. Le contrat : tome 3 : *Effets du contrat* : Billiau (M.) et Jamin (C.), 3e éd., 2001 ;
II. *Les obligations. La responsabilité* : tome 1 : *Introduction* : Viney (G.), 3e éd., 2008 ; tome 2 : *Responsabilité. Conditions* : Viney (G.), Carval (S.), Jourdain (P.), Ghestin (J.), et 4e éd., 2013 ; vol. 3 : *Responsabilité. Effets* : Viney (G.) Jourdain (P.), 3e éd., 2011 ;
III. *Le régime des créances et des dettes* : Ghestin (J.), Billiau (M.) et Loiseau (G.), 2005.

Huet (J.), Decocq (G.), Lécuyer (H.) et Grimaldi (C.), « Les principaux contrats spéciaux », in *Traité de droit civil*, 3e éd., J. Ghestin (dir.), LGDJ, 2012, n° 11711.

Larroumet (C.) et Bros (S.) *Droit civil*, Economica ; *Les obligations,* tome III : *Le contrat*, 9e éd., 2018.

Malaurie (Ph.), Aynès (L.) et Stoffel-Munck (P.), *Les obligations*, 10e éd., Defrénois, 2018.

Malinvaud (Ph.) et Fenouillet (D.), Mekki (M.) *Droit des obligations*, 15e éd., LexisNexis Litec, 2019.

Porchy-Simon (S.), *Droit civil 2e année. Les obligations,* 12e éd., Dalloz, coll. « Hyper-Cours », 2020.

Poumarède (M.), coll. LMD (dir. B. Beignier), 3e éd. 2014 et 4e éd. A paraître, LGDJ Lextenso, déc. 2020.

Terré (F.), Lequette (Y.) et Simler (Ph.), *Droit civil. Les obligations*, 12e éd., Dalloz, coll. « Précis », 2018.

L'étudiant qui désire approfondir certaines questions pourra lire les articles ou ouvrages spécialement désignés dans la bibliographie de chaque chapitre. En outre, il se référera avec profit aux grands traités et ouvrages classiques tels que :

Aubry et Rau, *Cours de droit civil français*, en 13 volumes, refondu sous la direction de A. Ponsard, Litec, notamment au tome IV : *Les obligations*, par Bartin ; tome VI, par Esmein : *Responsabilité délictuelle*, 8e éd., 1989, par Ponsard (A.) et Fadlallah (I.).

Beudant (C.), *Cours de droit civil français*, en 14 volumes, 2e éd., par Beudant (B.) et Lerebours-Pigeonnière, tome VIII et tome IX : *Les obligations et les contrats*, par Lagarde (G.).

Josserand (L.), *Les mobiles dans les actes juridiques*, CNRS, 1984, *De l'abus des droits*, 1905.

Jourdain (P.), *Les principes de la responsabilité civile*, 9e éd., Dalloz, coll. « Connaissance du droit », 2014.

LAMBERT-FAIVRE (Y.), *Le droit du dommage corporel*, 4e éd., Dalloz, coll. « Précis », 2000.

MARTY (G.) et RAYNAUD (P.), *Droit civil*, Sirey : tome II, *Les obligations*, vol. 1 : *Les sources*, 2e éd., 1987 ; *Les obligations*, vol. 2 : *Le régime*, Jestaz (Ph.), 2e éd., 1989.

MAZEAUD (H.), (L.) et (J.) et CHABAS (F.), *Leçons de droit civil*, Montchrestien ; tome II, vol. 1 : *Les obligations. Théorie générale*, par CHABAS (F.), 6e éd., 1998.

MAZEAUD (H.) et (L.), TUNC (A.) et CHABAS (F.), *Traité théorique et pratique de la responsabilité délictuelle et contractuelle*, Montchrestien, tome III, 6e éd., 1er vol., 1978, 2e vol., 1983.

MAURY (J.), *Essai sur le rôle de la notion d'équivalence en droit civil français*, thèse, Toulouse, 1920.

MOUSSERON (P.), RAYNARD (J.) et SEUBE (J.-B), Technique contractuelle, éd. F. Lefevre, 5e, éd. 2017.

PLANIOL et RIPERT, *Traité pratique de droit civil*, en 14 volumes, 2e éd., tomes VI et VII : *Les obligations*, avec la collaboration d'ESMEIN (B.) et surtout à quelques ouvrages spéciaux tels que :

RIPERT (G.), *La règle morale dans les obligations civiles*, 4e éd., 1949, repr. en facsimilé, 1994, LGDJ.

La responsabilité délictuelle dans la jurisprudence, Recueil systématique de jurisprudence commentée, M. RODIÈRE (R.) (dir.), Librairies techniques, 1978.

STARCK (B.), par ROLLAND (H.) et BOYER (L.), *Droit civil. Les obligations*, Librairies techniques, tome I : *Responsabilité délictuelle*, 1996 ; tome II : *Contrat*, 1998 ; tome III : *Régime général*, 6e éd., 1999.

TERRÉ (F.) et LEQUETTE (Y.), *Les grands arrêts de la jurisprudence civile*, tome 2 : *Obligations, contrats spéciaux, sûretés*, 13e éd., Dalloz, 2015.

Les étudiants pourront aussi consulter avec profit au titre des ouvrages méthodologiques :

LECOURT (A.), *Fiches de droit des obligations. Rappels de cours, exercices corrigés*, 6e éd., Ellipses, 2019, mises à jours sur www.editions.ellipses.fr.

BATTEUR (A.), *Droit civil des obligations. 2017. Méthodologie et sujets corrigés*, Dalloz, coll. « Les Annales du droit », 2017.

DOCUMENTS

LE POINT SUR...

L'avant-projet Catala et les propositions Terré concernant le droit des contrats et de la responsabilité civile

1) Les lignes de force de l'avant-projet Catala

Le projet, parrainé par l'Association Capitant et formé en 2003 a été achevé trente mois plus tard et le « Rapport Catala » a été remis au garde des Sceaux le 22 septembre 2005, après avoir mobilisé au total une équipe de trente-sept personnes spécialistes du droit des obligations, universitaires renommés et hauts magistrats de la Cour de cassation. L'objectif, considérable, était la réfection du titre III du Code civil consacré aux obligations conventionnelles, confiée à un groupe présidé par G. Cornu. La réfection du titre consacré à la responsabilité civile fut placée sous la direction de G. Viney et G. Durry et la question de la prescription fut confiée à Ph. Malaurie.

Selon les propres termes du professeur Catala, « l'avant-projet, ne présente pas un code de rupture mais d'ajustement ». Le dessein était en effet « de passer au crible les titres III et IV du livre III du Code civil pour en détecter les silences et pour distinguer, parmi les dispositions en vigueur, celles qui méritaient de demeurer en l'état, et celles qui appelaient une écriture nouvelle ou un pur et simple abandon ». Sans remettre donc en question le fait que le Code civil de 1804 constitue toujours « un modèle idéal de législation civile », l'avant-projet se proposait de le « rénover sans dégrader sa structure ni sa forme ».

Au titre de ses lignes de force et concernant le droit des contrats, le projet a été guidé par la recherche d'un principe de cohérence et par l'affirmation du pouvoir de la volonté tant en matière contractuelle que dans le droit de la responsabilité et de la prescription. Mais l'idée était que pour servir de modèle, le droit français devait conserver ses bases, c'est ainsi, notamment que l'avant-projet Catala avait conservé la notion de cause, ou encore refusé de consacrer l'imprévision.

Concernant le contrat, le ***principe de la liberté contractuelle***, grand principe directeur du contrat à l'époque du Code civil, a été réaffirmé, mais avec des limites. La liberté et la volonté sont en effet tempérées, en matière contractuelle, par un devoir de loyauté qui pèse sur chaque contractant et un grand rayonnement est donné dans l'avant-projet à la **bonne foi**. Par ailleurs, pour assurer la protection de la partie la plus faible comme pour garantir l'utilité et l'efficacité du contrat, la notion de justice contractuelle (justice commutative qui suppose l'équilibre des prestations réciproques) est davantage prise en compte que dans le Code civil de 1804 qui postulait l'égalité des contractants, censés dotés des mêmes compétences, si bien que le contrat serait nécessairement juste.

Les principes de liberté contractuelle, de justice et de loyauté contractuelle inspirent donc les solutions proposées même s'ils ne sont pas explicitement énoncés dans l'avant-projet comme des principes directeurs. De façon plus générale, l'affirmation d'un esprit de solidarité qui vise à secourir la partie la plus faible par des dispositions qui ne se limitent pas à la protection du consommateur, irrigue tout le projet et pas seulement le droit des contrats, mais aussi le droit de la responsabilité et de la prescription (v. ss 891). En même temps, l'avant-projet fait aussi place à certaines solutions provenant de l'analyse économique du droit, laquelle prône l'efficacité économique du contrat ; pour autant, il reste fidèle à certaines notions traditionnelles, telle que la cause, dont il consacre la dualité correspondant à la dualité de ses fonctions : contrôle de la conformité du contrat à l'ordre public avec la cause subjective et contrôle de la fonction économique et de l'équilibre avec la cause objective ; il ne consacre pas la théorie de l'imprévision qui permet au juge de réviser le contrat devenu déséquilibré par le bouleversement des circonstances économiques, jugé trop contraire à l'irrévocabilité du contrat commandé par le principe de la force obligatoire, pas davantage que les clauses abusives qui assurent de façon plus précise que la théorie de la cause, le rééquilibrage du contrat. Il reste prudent quant à l'extension des pouvoirs du juge dans le contrat.

Concernant le droit de la responsabilité, la même volonté de moderniser et de réformer sans bouleverser est présente ; le pluralisme des régimes de responsabilité est maintenu, avec à côté de la responsabilité fondée sur la faute, des régimes de responsabilité objective. Cependant, de façon novatrice, il affirme l'unité de nature de la responsabilité contractuelle et délictuelle (discutée par une partie de la doctrine) en posant des principes communs et en aménageant leurs rapports avec une certaine souplesse. Il introduit des notions inconnues jusqu'ici du droit français comme les dommages et intérêts punitifs qui sanctionnent l'auteur d'une faute lucrative au-delà de la réparation du dommage, protège de façon spécifique les victimes de dommages corporels et les victimes sans discernement, et de façon générale rappelle la fonction moralisatrice de la responsabilité civile, au-delà de sa fonction réparatrice.

Si, enfin, l'avant-projet Catala a également tenu compte des perspectives ouvertes par les réflexions sur le droit européen du contrat, pour autant, le vocabulaire et les standards européens n'ont pas été directement repris.

Il existe des convergences notables entre les propositions figurant dans l'avant-projet Catala et les principes Lando (Principes européens du droit des contrats) (v. ss 41), notamment en matière de prescription mais aussi en matière contractuelle : les principes européens affirment, comme l'avant-projet Catala, la liberté contractuelle et les mêmes tempéraments, la loyauté contractuelle, la bonne foi et le raisonnable[1] ; mais il existe aussi des divergences importantes, que l'on aura l'occasion de souligner au fur et à mesure, lors de l'étude du contrat, comme, par exemple, la reconnaissance par les principes européens de la possibilité pour le juge de refaire le contrat, ce que le rapport Catala exclut fermement. Après la présentation du projet et à l'issue de débats menés à l'initiative du professeur Catala avec certains représentants influents du monde économique (dont le Medef, ou la banque centrale), certaines des propositions critiquées par ces acteurs ont été rediscutées et des modifications de l'avant-projet ont été adoptées et ont fait l'objet d'un relevé de décisions.

2) Les propositions de réforme du droit des contrats et du droit de la responsabilité du groupe de travail dirigé par François Terré

Les premières propositions de réforme du droit des contrats élaborées par l'équipe du professeur François Terré[2], en réponse à l'avant-projet Catala, ne concernent que le droit des contrats à l'exclusion du régime général des obligations, des quasi-contrats et de la responsabilité. Le texte a été remis officiellement à la Chancellerie en 2008 et s'il ne s'agit pas d'un « projet » au sens strict du terme, il a constitué

---

1. V. notamment sur l'analyse de ces principes : D. Mazeaud, « Un droit européen en quête d'identité. Les Principes du droit européen du contrat », cité dans la bibliographie.

2. F. Terré (dir.), *Pour une réforme du droit des contrats*, Dalloz, coll. « Thèmes et commentaires », 2008 ; D. Mazeaud, « Une nouvelle rhapsodie doctrinale pour une réforme du droit des contrats », *D.* 2009. 1364.

aussi une importante contribution à la réflexion. On notera que le droit des obligations en général et donc, aussi, le droit de la responsabilité n'étaient pas concernés dans ce premier projet, contrairement à l'option, plus globale, prise par l'avant-projet Catala.

Par la suite, un projet de réforme du droit de la responsabilité civile élaboré par l'équipe du professeur Terré est également intervenu[1], ainsi que des propositions de réforme du régime général de l'obligation. Les propositions faites diffèrent de façon assez substantielle, tant sur l'architecture que sur le fond, des propositions de l'avant-projet Catala.

Concernant le droit des contrats (aussi, v. ss 895), si certains considèrent sur le fond, que les propositions Terré s'inscrivent davantage en rupture avec le Code civil actuel et la tradition contractuelle française que les propositions figurant dans l'avant-projet Catala[2], il ne s'agit pas, cependant, d'un bouleversement total.

Comme l'avant-projet Catala, les propositions issues du groupe de F. Terré ont cherché l'équilibre entre le respect des valeurs traditionnelles sur lesquelles reposent le droit français du contrat et l'ouverture à d'autres idées issues, notamment, de l'analyse économique du droit qui prône le principe de l'efficacité économique du contrat. Les solutions s'inscrivent cependant, pour une large part, dans la tradition contractuelle française. Comme dans l'avant-projet Catala, par ailleurs, les solutions jurisprudentielles qui constituaient autant d'adaptations et de modernisations du droit du contrat, sont, pour la plupart, reprises et consacrées. On notera que dans les propositions Terré, le titre consacré au contrat s'ouvre par l'énoncé de **trois « règles fondamentales »**, qui ont vocation à diriger la matière. Deux d'entre elles sont loin d'être en rupture avec la tradition contractuelle française. En effet, la première est la **liberté contractuelle**, principe directeur classique du contrat (v. ss 860 s.), dont l'importance se trouve réaffirmée. La seconde est la **loyauté contractuelle**, principe traditionnel, aussi, mais qui n'est posé par le Code civil qu'en matière d'exécution du contrat, et qui se trouve ici étendu à la formation. Ces deux principes sont contenus dans le projet de Cadre contractuel commun de référence, au niveau européen (v. ss 43) et inspirent également l'avant-projet Catala, même s'ils ne sont pas énoncés en tant que tels. De façon plus originale, la troisième règle fondamentale est le principe de **cohérence contractuelle**, qui n'est pas, il est vrai, un principe contractuel traditionnel (aussi sur ce point, v. ss 895, 1584, et les références jurisprudentielles citées). Une large place est également faite au respect de la parole donnée ou encore à la solidarité, comme dans l'avant-projet Catala, là encore.

Des éléments en rupture plus nette avec la tradition contractuelle sont cependant présents, que l'on ne retrouve pas aussi marqués dans l'avant-projet Catala, et qui s'inscrivent plus directement dans l'esprit du droit européen des contrats et des projets d'harmonisation européenne, comme notamment l'abandon de la notion de cause, tout en en conservant les fonctions. Certaines solutions sont inspirées par l'impératif de justice contractuelle et de solidarité. Elles conduisent à remettre en cause le dogme de l'intangibilité du contrat et de l'impossibilité de sa révision par le juge : c'est ainsi qu'est admise, en tant que règle, la révision ou l'anéantissement du contrat par le juge en cas de déséquilibre contractuel excessif, procédant d'une situation d'inégalité (lésion qualifiée) et la suppression des clauses qui créent un déséquilibre significatif est admise dans tous les contrats (clauses abusives), alors qu'en l'état du droit positif, elles ne concernaient que les contrats de consommation. Surtout, les propositions

---

1. François Terré a remis à la Chancellerie le rapport établi par le groupe de travail qu'il a réuni sous l'égide de l'Académie des sciences morales et politiques : F. Terré (dir.), *Pour une réforme du droit de la responsabilité civile*, Dalloz, coll. « Thèmes et commentaires », 2011.

2. V. notamment D. Mazeaud, « Un nouvel avant-projet de réforme du droit des contrats », *RDC* avr. 2009, p. 471 s.

Terré, suivant en cela les projets d'harmonisation européenne, admettent la révision judiciaire du contrat pour imprévision (bouleversement des données économiques qui rend son exécution très difficile voire impossible), lorsque la renégociation imposée aux contractants n'aboutit pas (art. 92, al. 3). D'autres solutions, également consacrées dans les principes du droit européen du contrat et dans le projet de Cadre commun de référence, en rupture avec les principes contractuels français classiques, proviennent de l'influence de l'analyse économique du droit qui met au premier plan l'impératif d'efficacité économique du droit des contrats, comme, par exemple, la place accordée à la volonté unilatérale (pour déterminer l'objet du contrat ou pour le rompre, par exemple).

L'ordonnance du 10 février a puisé à la fois dans l'avant-projet Catala et dans les propositions Terré, comme au demeurant pour le régime général de l'obligation.

Concernant le droit de la responsabilité civile, les propositions Terré sont sensiblement différentes de l'avant-projet Catala car l'architecture générale qui est proposée ne met pas l'accent sur l'existence de règles communes et de constantes entre la responsabilité contractuelle et extracontractuelle. Par ailleurs, la responsabilité pour faute est particulièrement mise en exergue. Ces propositions ont moins influencé les projets gouvernementaux que l'avant-projet Catala (v. ss 2231 s. ; et sur l'actuel projet du 13 mai 2017, v. ss 2236 s.).

Titre 1

Notion d'obligation et différentes sortes d'obligations

Chapitre préliminaire

Premières vues sur l'obligation

Section 1

Définition

110. Au cours de l'étude des différents droits subjectifs (v. vol. 1, titre 1, chap. 3), nous avons distingué, parmi les droits patrimoniaux, les droits réels et les droits personnels. Ce sont ces derniers qui nous intéressent plus particulièrement ici.

► ***Le droit personnel***, ou droit de créance, est un rapport juridique entre un sujet actif, le créancier, et un sujet passif, le débiteur, faisant naître entre eux des obligations à caractère pécuniaire. En effet, le débiteur s'oblige envers le créancier à donner, à faire ou à ne pas faire une chose.

► ***L'obligation*** est donc un lien de droit par lequel une personne, appelée **débiteur**, est astreinte envers une autre, appelée **créancier** à une prestation ou à une abstention.

Cette définition met l'accent sur l'aspect « passif » de l'obligation, envisagée comme une dette et le débiteur est le sujet passif. On doit également l'envisager du côté du créancier, sujet actif. Pour lui, l'obligation ne constitue plus une *charge*, une *obligation passive* ou une *dette*, mais au contraire un *droit*, une *créance* ou encore une *obligation active*. C'est sous ce double aspect, qui n'a pas changé avec la réforme opérée par l'ordonnance du 10 février 2016, ratifiée par la loi n° 2018-287 du 20 avril 2018, que nous aurons à étudier l'obligation.

Section 2

Caractères

111. Cette définition de l'obligation permet de déterminer les caractères de l'obligation : l'obligation est un lien de droit, de caractère pécuniaire, entre deux personnes.

§ 1. Premier caractère : lien de droit

112. Dire qu'il y a lien de droit implique un premier caractère : l'obligation est assortie d'un élément de contrainte. Nous verrons, en effet, que si l'obligation n'est pas volontairement exécutée, il y aura possibilité d'exécution forcée avec différents moyens de coercition (v. ss 462 s.).

§ 2. Deuxième caractère : caractère pécuniaire

113. Le deuxième caractère, plus discutable, est le caractère pécuniaire de l'obligation. En effet, on a coutume de distinguer les droits patrimoniaux, dont font partie les droits personnels ou droits de créance (donc les obligations), qui sont des droits de nature pécuniaire, évaluables en argent, et les droits extrapatrimoniaux comme les droits de la personnalité, ou les droits familiaux, qui n'ont pas de valeur économique intrinsèque et sont exclusivement attachés à la personne. Une catégorie un peu intermédiaire, mais à fort caractère patrimonial quand même, est représentée par les droits intellectuels (droits de propriété littéraire et artistique, propriété industrielle). Toutefois, cette distinction est un peu arbitraire et moins rigoureuse qu'il n'y paraît. La plupart des droits à caractère extrapatrimonial ont des incidences pécuniaires, soit directes (ex. obligation alimentaire par exemple…), soit indirectes et elles apparaissent, dans ce dernier cas en cas d'atteinte au droit : la réparation du préjudice qui résulte de cette atteinte, se fait, bien souvent, sous une forme monétaire, les dommages et intérêts. En revanche, certaines obligations (qui font partie en principe des droits patrimoniaux) peuvent ne pas avoir d'incidence pécuniaire directe (ex. obligation des parents d'éduquer leur enfant, de le protéger dans sa sécurité et sa moralité) et ont un caractère personnel très marqué.

§ 3. Troisième caractère : lien entre deux ou plusieurs personnes

114. Enfin, troisième caractère, le lien juridique relie deux ou plusieurs personnes, c'est l'élément qui oppose essentiellement le droit personnel au droit réel. Le titulaire d'un droit réel exerce un pouvoir direct sur un bien déterminé. À l'inverse, le créancier titulaire d'un droit personnel n'a de droit qu'à l'égard de la personne de son débiteur, non de ses biens pris individuellement. C'est sur l'ensemble de son patrimoine seulement qu'il dispose de ce qu'on appelle, un peu abusivement, un gage général (C. civ., art. 2285) (v. ss 407).

L'obligation liant deux personnes, le sujet actif et le sujet passif, n'a d'effet qu'à l'égard de ces deux personnages, et entre eux deux : c'est ce qu'on appelle l'effet relatif du droit personnel.

Section 3
Origine historique des obligations

115. Le droit romain a donné des obligations une définition et une analyse encore parfaitement valables aujourd'hui. Les juristes occidentaux se sont beaucoup inspirés des règles posées par le droit romain, qualifié par les rédacteurs du Code civil de « raison ».

La conception originaire de l'obligation en droit romain était une conception subjective, où l'obligation n'était conçue que comme un lien personnel ; elle autorisait en cas d'inexécution, une mainmise sur la personne du débiteur, avec éventuellement le droit de le vendre ou même de le tuer ; mais elle ne comportait aucun pouvoir d'action sur les biens du débiteur. Il en résultait une différence très nette entre les droits personnels (obligations, droits de créance) et les droits réels (prérogatives sur les biens). Cette conception de l'obligation se retrouve dans la doctrine classique.

116. Toutefois, si parfaites qu'aient été les constructions ainsi élaborées par les juristes romains, elles ont évolué au cours des siècles. Les juristes se sont, de tout temps, penchés sur le droit des obligations, notamment Domat et Pothier avant la rédaction du Code civil, puis la plupart des juristes modernes français et étrangers (notamment Savigny en Allemagne). Ainsi sont nées un certain nombre de théories, et l'esprit du droit des obligations, plus que la notion d'obligation elle-même d'ailleurs, a profondément évolué sous l'influence de la doctrine d'une part, de la jurisprudence et de la loi de l'autre, et en fonction des modifications de la morale et des facteurs politiques, économiques et sociaux (v. ss 8 s.).

Chapitre 1. Notion d'obligation
Chapitre 2. Différentes sortes d'obligations et classifications

Sous-titre 1

La naissance des obligations

Chapitre 1

Notion d'obligation

Section 1

Distinction des obligations juridiques et non juridiques

§ 1. Première définition de l'obligation juridique

117. Au-delà de certaines différences d'approche, une notion unitaire d'obligation juridique peut être reconnue : toute obligation juridique peut être définie de la même façon car toute obligation juridique a la même nature. Il s'agit toujours d'un lien de droit entre deux personnes (approche subjective) et d'un lien entre deux patrimoines (approche objective) avec des caractéristiques identiques, tenant au pouvoir de contrainte dont dispose le créancier pour obtenir l'exécution de l'obligation, au besoin en recourant à la justice étatique et à la force publique.

118. L'obligation peut donc être définie comme *un lien de droit en vertu duquel une personne, appelée débiteur est tenue envers une autre personne, appelée créancier, à une prestation dont l'exécution peut être obtenue au besoin avec le concours de la force publique.*

119. L'obligation juridique se distingue ainsi de l'obligation morale d'une part, et, au sein des obligations juridiques d'autre part, il convient de distinguer l'obligation civile de l'obligation naturelle (v. schéma I, en fin de chapitre 2). En effet, si le Code civil ne prévoit pas expressément la notion d'obligation naturelle, il y fait néanmoins deux fois référence, confirmant ainsi son existence : l'article 1235, alinéa 2, devenu l'article 1302 depuis l'ordonnance du 10 février 2016, précise ainsi qu'elle peut avoir un effet juridique atténué et l'article 1100, depuis l'ordonnance du 10 février 2016, y fait également référence au titre des sources d'obligations.

§ 2. Obligations morales et juridiques

120. La première distinction concerne les obligations morales et juridiques ; seules les secondes sont reconnues par la loi et nous intéressent donc ici.

► ***L'obligation morale*** relève du domaine de la morale ; il s'agit d'un pur devoir de conscience ; c'est par exemple le cas de la personne qui fait la charité : elle n'y est pas juridiquement tenue, elle remplit seulement un devoir moral, elle fait une *donation.* Nul ne peut l'y obliger cependant.

▶ ***L'obligation juridique*** est un lien de droit unissant deux personnes, en vertu duquel l'une des parties appelée créancier peut contraindre l'autre, appelée débiteur, à exécuter une prestation, au besoin en recourant à la force publique.

§ 3. Obligations civiles et naturelles

121. Il existe, à la frontière des obligations juridiques et des obligations non juridiques, simplement morales, des obligations spécifiques que l'on appelle *obligations naturelles*. Elles comportent un élément de devoir (le débiteur s'estime tenu), mais il leur manque l'élément de contrainte juridique (sur ces deux éléments, v. ss 127) qui permettrait de leur reconnaître le statut d'obligation juridique. Pour autant, elles ne sont pas complètement infra-juridiques : car d'une part, le pouvoir de contrainte peut leur être adjoint, et dans ce cas, elles deviennent des obligations juridiques : on assiste à la transformation de l'obligation naturelle en obligation juridique, cette hypothèse étant désormais prévue, depuis *l'ordonnance du 10 février 2016*, dans l'article 1100 du Code civil, dans le titre consacré aux sources d'obligations : « [les obligations] peuvent naître de l'exécution volontaire ou de la promesse d'exécution d'un devoir de conscience envers autrui » ; d'autre part, même si le pouvoir de contrainte ne leur est pas adjoint, elles sont quand même juridiquement prises en compte, car si le débiteur de l'obligation naturelle exécute cette obligation, il ne lui sera plus possible de contester l'efficacité de cette exécution. La restitution ou *répétition* sera impossible. Le Code civil prévoyait déjà cette hypothèse dans l'article 1235, alinéa 2 : « *la répétition n'est pas admise à l'égard des obligations naturelles, qui ont été volontairement acquittées* » ; cette disposition a été reprise, à l'identique dans le nouvel article 1302, alinéa 2, issu de l'ordonnance de 2016.

▶ ***L'obligation naturelle***, selon la définition de Pothier, est ainsi celle qui « dans le for de l'honneur et de la conscience, oblige celui qui l'a contractée à l'accomplissement de ce qui y est contenu ». C'est un devoir de conscience, qui est considéré comme obligatoire par celui sur lequel il pèse. Tel est le cas, par exemple, du débiteur qui paie volontairement une dette prescrite, parce que malgré la prescription qui fait disparaître l'obligation juridique, il se considère quand même comme tenu. Ce faisant il ne fait pas une *donation*, mais bien un paiement et ce paiement ne peut plus être remis en cause. En excluant toute remise en cause de son exécution, le droit attache un effet juridique à l'exécution de l'obligation naturelle. Selon Ripert : « l'obligation naturelle est un devoir moral qui monte à la vie civile... il y a, en un mot, obligation naturelle, lorsque la loi attache certains effets juridiques à l'accomplissement du devoir moral ». Toutefois, l'exécution doit avoir été faite volontairement, en toute connaissance de cause pour produire cet effet. Seules les obligations *volontairement acquittées* selon l'article 1235, devenu l'article 1301 du Code civil, ne peuvent faire l'objet d'une action permettant d'obtenir la restitution de la prestation exécutée, au titre de ce que l'on appelle l'action en répétition de l'indu (sur cette action, v. ss 2042 s., les quasi-contrats).

▶ ***L'obligation civile*** est, au contraire, celle dont l'exécution est systématiquement sanctionnée par le droit, au besoin par la contrainte étatique, et dont le créancier peut donc toujours obtenir l'exécution forcée, en justice.

122. L'obligation naturelle se situe donc à un niveau de juridicité intermédiaire entre l'obligation civile, dont l'exécution doit toujours pouvoir être obtenue, au besoin par la contrainte juridique et l'obligation simplement morale, qui n'est pas du tout reconnue par le droit.

123. L'obligation naturelle peut par ailleurs éventuellement *se transformer en obligation civile* et accéder ainsi à une pleine juridicité. Il deviendra alors possible d'en exiger l'exécution, si elle n'intervient pas spontanément. Quelles sont les conditions de cette transformation ? Il faut d'abord qu'il existe à l'origine une obligation naturelle, un devoir de conscience. Il faut ensuite un engagement clair, non équivoque du débiteur de l'exécuter. Il peut s'agir d'un engagement écrit, ou non écrit, mais il faudra en faire la preuve. Bien souvent, cette preuve résulte d'un commencement d'exécution mais il n'est pas toujours exigé. La Cour de cassation a ainsi affirmé que « l'engagement unilatéral, pris en connaissance de cause, d'exécuter une obligation naturelle née d'un legs verbal transforme celle-ci en une obligation civile »[1], sans ajouter la condition supplémentaire d'un commencement d'exécution[2]. Par ailleurs, le nouvel article 1100 du Code civil issu de l'ordonnance de 2016 précise bien que les obligations peuvent naître de l'exécution volontaire *ou* de la promesse d'exécution d'un devoir moral ; les deux hypothèses sont donc bien présentées comme alternatives.

124. Ainsi, si l'on résume les différentes situations, ce qui distingue l'obligation naturelle de l'obligation civile, c'est l'absence de sanction juridique : le débiteur d'une obligation naturelle n'est pas juridiquement tenu et s'il n'exécute pas son obligation, aucune action n'est possible contre lui. En effet, une obligation naturelle, non transformée en obligation civile, ne peut faire l'objet d'une exécution forcée[3]. Toutefois, s'il exécute volontairement son obligation, il ne pourra revenir en arrière. Cette exécution est reconnue par le droit et empêche toute action en répétition, c'est-à-dire en restitution ou en remboursement (art. 1302, al. 2). Enfin, si le débiteur de l'obligation naturelle promet d'exécuter son obligation, sa promesse a alors pour effet, à condition d'en faire la preuve, de transformer son obligation naturelle en obligation civile.

125. L'obligation naturelle fait toujours partie du paysage juridique. Ce n'est pas une notion tombée en désuétude[4] et s'il n'existe pas une liste exhaustive des obligations naturelles, des applications en sont régulièrement faites par la jurisprudence dans un certain nombre de domaines.

Parmi les plus souvent concernés, le premier est celui des *obligations alimentaires*. L'obligation alimentaire est une obligation civile, juridique prévue par le Code civil au sein des rapports de parenté entre les individus. Il s'agit d'une obligation de subvenir aux besoins d'une personne ; elle prend généralement la forme d'une pension alimentaire. Cependant cette obligation alimentaire n'existe pas entre tous les membres de la

---

1. Civ. 1re, 4 janv. 2005, n° 02-18.904, *Juris-Data* n° 2005-026355, *JCP* 2005. II. 10159, note M. Mekki, comm. J. Mestre et B. Fages, *RTD civ.* n° 2, 2005. 397.

2. Pour un autre exemple où la Cour de cassation n'exclut pas qu'un engagement pris verbalement à l'occasion d'une audition par les services de police puisse donner lieu à une transformation en obligation civile d'une obligation naturelle : Civ. 1re, 17 oct. 2012, n° 11-20.124 ; *RTD civ.* 2012. 720, obs. B. Fages ; *RDC* 2013/1, p. 43, note T. Genicon.

3. Civ. 1re, 14 févr. 1978, *Bull. civ.* I, n° 59, p. 50.

4. M. Coudrais, « L'obligation naturelle : une idée moderne ? », *RTD civ.* n° 3, 2011. 453-468.

famille mais seulement entre les plus proches : pères et mères à l'égard de leurs enfants et réciproquement (C. civ., art. 203 s.) ; beaux-fils et belles-filles à l'égard des beaux-parents (C. civ., art. 206), en raison du lien d'alliance créé par le mariage. Il n'existe pas à l'inverse, d'obligation alimentaire légale entre frères et sœurs. La jurisprudence considère toutefois qu'il existe un devoir moral et donc une obligation naturelle de subvenir aux besoins de ses frères et sœurs. De la même façon, la jurisprudence admet l'existence d'une obligation alimentaire naturelle entre un parent et son enfant biologique dans le cas où il n'y a pas eu d'établissement juridique de la filiation, cette circonstance excluant l'existence d'une obligation alimentaire civile [1].

Le second domaine de l'obligation naturelle est celui des *jeux et des paris* : le droit refuse de reconnaître les dettes de jeu (C. civ., art. 1965), sauf lorsqu'il s'agit de jeux encadrés légalement [2] ; mais la jurisprudence admet que la dette de jeu puisse constituer une obligation naturelle. Si elle est volontairement acquittée, il n'y aura pas de possibilité d'en obtenir la restitution.

Enfin le troisième domaine où l'obligation naturelle est utilisée est celui du *concubinage*. Le concubinage n'est pas une situation juridique, organisée par le droit mais une simple situation de fait ; il n'existe donc aucune obligation juridique entre les concubins. Pour pallier ce manque, la jurisprudence, là encore, a parfois recours à la technique de l'obligation naturelle pour admettre, en cours de vie commune, que les concubins doivent contribuer aux dépenses du ménage, ou bien, à la rupture du couple, pour justifier le versement d'une indemnité par l'un des concubins à l'autre [3].

Section 2
Différentes conceptions doctrinales de l'obligation

126. La plupart des juristes se sont penchés sur l'étude de l'obligation et l'on peut classer schématiquement ces opinions en trois grands courants doctrinaux :
- les conceptions moniste ou dualiste ;
- les conceptions objective ou subjective ;
- la conception actuelle.

§ 1. Conception moniste ou dualiste

127. Alors que nous avons l'habitude de considérer l'obligation comme un lien unique unissant le créancier au débiteur, ce qui est une conception moniste, certains auteurs, notamment en Allemagne, décomposent l'obligation en deux rapports juridiques distincts : le *Schuld* et le *Haftung*.

---

1. De même avant la loi du 3 janvier 1972, le père naturel (non marié avec la mère) n'avait pas d'obligation alimentaire civile envers son enfant, même reconnu. Mais lorsque le père naturel subvenait volontairement aux besoins de son enfant naturel, la jurisprudence admettait l'existence d'une obligation naturelle (Civ. 11 mars 1936, *DP* 1936. 1. 16). Depuis la loi de 1972, l'obligation alimentaire est devenue civile.

2. La Cour de cassation a ainsi admis la validité d'un chèque de casino dans la mesure où la tenue de jeux de hasard dans les casinos est autorisée par la loi et réglementée par les pouvoirs publics : Ch. mixte 14 mars 1980, *Bull. civ.* III, p. 57 ; *Gaz. Pal.* 1980. 1. 290, concl. Robin.

3. V. par ex. : Nancy, 11 avr. 2005, *Dr. fam.* 2006, comm. n° 26, obs. V. Larribau-Terneyre.

► ***Le Schuld*** est le devoir juridique d'exécuter l'obligation.

► ***Le Haftung*** est la contrainte étatique permettant au créancier d'obtenir satisfaction, qui apparaît en cas d'inexécution.

Ces deux éléments peuvent se dissocier : il existe des dettes sans contrainte, notamment en cas d'obligation naturelle, et des contraintes sans dette, c'est le cas pour la caution tenue pour la dette d'un autre (v. ss 234 s.). Mais l'élément caractéristique que l'on retrouve dans toute obligation juridique c'est la contrainte étatique en l'absence de laquelle l'obligation naturelle se trouve à mi-chemin entre le droit et l'infra-droit.

En France, les partisans de cette conception dualiste utilisent les termes latins de *debitum* et d'*obligatio*.

§ 2. Conception subjective ou objective

128. Là encore, deux conceptions s'opposent : conception subjective classique et conception objective de *Duguit* et *Saleilles*.

A. Conception subjective classique

129. Selon la conception subjective classique, l'obligation est essentiellement un droit *personnel* qui lie deux personnes : le créancier et le débiteur. Cet aspect, très net en droit romain, lorsque le débiteur était enchaîné et livré à la merci du créancier, s'est atténué, mais le Code civil, en faisant du contrat la source essentielle des obligations, a accusé ce caractère personnel, subjectif. En effet, selon la théorie de l'autonomie de la volonté, c'est l'accord de volonté des parties qui crée entre elles ce lien essentiellement personnel et subjectif. Et si le Code civil admet d'autres sources des obligations, elles sont considérées sous un angle très subjectif.

B. Conception objective

130. Cette conception subjective a été fortement critiquée par le philosophe positiviste *Auguste Comte*, reprise par le sociologue bordelais *Durkheim* en 1887 qui a beaucoup inspiré *Duguit*, lui-même doyen de la faculté de droit de Bordeaux. Ces penseurs refusent d'admettre la supériorité d'une volonté sur une autre et ne veulent considérer que des « situations juridiques » (pour eux la notion de droit subjectif doit être rejetée comme « antisociale », l'homme vivant en société ne disposerait pas de pouvoirs, mais serait seulement investi de fonctions destinées à assurer le bien-être général).

131. Elle a été également critiquée par d'autres auteurs, comme *Saleilles*, qui mettent davantage l'accent sur l'*aspect objectif* du lien de droit créé entre le créancier et le débiteur. Pour eux, si les personnes du créancier et du débiteur comptent, elles ne doivent pas faire oublier l'objet de l'obligation, la *valeur de passif* pour l'un, d'*actif* pour l'autre ; d'ailleurs, ajoutent-ils, l'obligation peut souvent engager n'importe quel débiteur, au profit de n'importe quel créancier, par exemple avec les titres négociables qui circulent par simple endossement.

Les objectivistes voient d'ailleurs le contrat, source des obligations, comme « un fait social », ce qui le rapproche des autres « faits », sources d'obligations comme la responsabilité civile, considérée objectivement (théorie du risque, v. ss 2172 s.) et non plus subjectivement (responsabilité à base de faute, v. ss 2167 s.).

Section 3
Conception actuelle et unicité de la notion d'obligation

132. Le droit civil français est resté assez fidèle à la théorie classique et l'obligation demeure bien un droit personnel et subjectif. Toutefois, sous l'influence des objectivistes, nos conceptions ont évolué et certains aspects objectifs sont apparus, avec une approche plus économique de l'obligation, notamment dans le domaine de la circulation des créances, désormais susceptibles de commerce comme d'autres objets. La réforme opérée par l'ordonnance du 10 février 2016 ne fait que consacrer cette approche moderne, sans apporter de modification dans l'approche de la notion d'obligation.

133. *Toute obligation est aujourd'hui conçue à la fois comme un lien de droit entre deux personnes et comme un lien entre deux patrimoines.* Il y a donc bien unicité de la notion d'obligation puisque toutes les obligations peuvent être définies de cette même façon comme un lien de droit ou un rapport juridique entre deux personnes et deux patrimoines, même si ce lien se dédouble selon que l'on prend en compte l'aspect subjectif de l'obligation (lien entre deux personnes) ou l'aspect objectif (rapport entre deux patrimoines).

§ 1. L'OBLIGATION EST UN LIEN DE DROIT ENTRE DEUX PERSONNES

134. Toute obligation juridique, quelle que soit sa source peut en effet être définie comme un lien de droit unissant le créancier et le débiteur en vertu duquel le premier (créancier) peut obtenir de l'autre l'exécution d'une prestation, si nécessaire par la contrainte et en ayant recours à la force publique.

135. Cette définition de l'obligation qui renvoie à une conception subjective de l'obligation issue du droit romain permet d'identifier dans l'existence d'une contrainte étatique, le critère de l'obligation juridique par rapport à l'obligation morale ou religieuse, mais aussi par rapport à l'obligation naturelle qui reste à la frontière de la juridicité, puisqu'elle est dépourvue de la contrainte. L'obligation juridique, civile, se caractérise donc par la possibilité de saisir les juridictions étatiques pour obtenir la condamnation du débiteur à l'exécution, et le recours à des mesures d'exécution forcée ensuite (v. ss 476 s.). Le doyen Carbonnier identifie d'ailleurs, dans cette contrainte étatique, le critère de la règle juridique en général et de la « juridicité » et pas seulement de l'obligation (cf. *Droit civil*, vol. 1, les caractères de la règle de droit).

136. Ce lien obligatoire, extrêmement efficace, qui unit le créancier au débiteur, subsiste de la naissance jusqu'à l'extinction de l'obligation, qu'elle disparaisse par son exécution normale ou pour d'autres causes et il subsiste même parfois malgré la transmission de l'obligation à un tiers qui n'était pas débiteur initial (v. ss 520 s., la délégation).

§ 2. L'OBLIGATION EST UN LIEN ENTRE DEUX PATRIMOINES

137. Dans cette approche plus moderne de l'obligation mais qui ne fait pas disparaître la précédente, l'obligation représente le cheminement d'une valeur d'un patrimoine vers un autre patrimoine, un transfert économique qui peut être unilatéral ou compensé par un transfert en sens inverse. L'obligation, à ce titre a représenté pendant des siècles l'instrument technique permettant la réalisation des échanges économiques ; elle était ainsi le moyen proposé par le droit pour déplacer une valeur d'un patrimoine à l'autre, qu'il s'agisse de transférer des biens (et des droits sur ces biens) d'un patrimoine à l'autre par l'intermédiaire d'une obligation de donner (v. ss 146) ; ou qu'il s'agisse de la prestation de services par l'intermédiaire d'obligations de faire ou de ne pas faire (v. ss 146). Toutefois, l'ordonnance du 10 février 2016 a fait disparaître l'obligation de donner : d'une part en supprimant de la définition du contrat dans l'article 1101 l'ancienne référence aux trois prestations : donner, faire et ne pas faire sur laquelle était construite la distinction des trois sortes d'obligations ; d'autre part en affirmant à l'article 1196, l'effet translatif du contrat « dans les contrats ayant pour objet l'aliénation de la propriété ou la cession d'un autre droit, le transfert s'opère lors de la conclusion du contrat ». Le transfert de droit est donc devenu un effet direct du contrat ; il ne passe plus par l'obligation de donner.

138. Cette première façon d'appréhender de façon patrimoniale l'obligation semble donc mise à mal par la réforme du droit des obligations et des contrats. Pourtant, en réalité, la technique de l'obligation reste indispensable pour assurer de façon complète l'échange économique. Car si le transfert du droit de propriété sur le bien ne passe plus par l'obligation de donner, il faudra quand même mettre le bien entre les mains de l'acheteur par l'intermédiaire d'une autre obligation (de faire), l'obligation de délivrer le bien.

139. Par ailleurs, la patrimonialisation de l'obligation s'exprime d'une autre façon : le phénomène de « patrimonialisation des créances », dans l'approche moderne, conduit à appréhender l'obligation elle-même comme une valeur économique, indépendamment de la prestation qui en est l'objet. Ce n'est plus en effet la prestation promise que l'on considère, laquelle conduit à analyser l'obligation comme l'instrument du transfert des valeurs économiques, biens ou services. C'est désormais l'obligation en elle-même qui devient l'objet d'échanges, indépendamment de la prestation qu'elle représente (même si sa valeur reste évidemment liée à cette prestation). Il faut alors arriver à dissocier l'obligation de son objet, la prestation promise. C'est ce que nous reverrons dans le cadre de l'étude de la circulation des créances (v. ss 544 s.).

140. Toute obligation peut donc être définie comme un lien, un rapport juridique entre deux personnes et deux patrimoines, ce qui met en évidence l'existence d'une notion unitaire d'obligation. Il existe cependant différentes sortes d'obligations. Elles ont des caractéristiques différentes et font l'objet de classifications. C'est ce que nous allons étudier dans le chapitre qui suit.

DOCUMENTS

BIBLIOGRAPHIE DU CHAPITRE

Coudrais (M.), « L'obligation naturelle : une idée moderne ? », *RTD civ.* n° 3, 2011. 453-468.
Julienne (M.), « Obligation naturelle et obligation civile », *D.* 2009. 1709.
Prigent (S.), « Le dualisme dans l'obligation », *RTD civ.* n° 3, 2008. 401.
Savatier, *La théorie des obligations : vision juridique et économique*, Dalloz, 1967.
Verdot (A.), « Contribution à l'étude de l'obligation légale », *Rev. de la recherche juridique. Droit prospectif* n° 4, 2011. 1627-1672.

MÉTHODES DE TRAVAIL

Méthodes générales

Chaque chapitre de cet ouvrage correspond approximativement au programme d'une semaine de travail. L'étudiant devra tout d'abord se reporter aux articles du Code concernant chaque chapitre, les lire attentivement, lire également les sommaires de jurisprudence cités dans les codes Dalloz sous les principaux articles. Le Code civil doit être le premier instrument de travail de l'étudiant, en quelque sorte son « bréviaire ». Il doit apprendre à s'en servir en recherchant dans la table alphabétique les mots-clés ou en consultant la table chronologique.

Il devra ensuite étudier le texte du chapitre qui lui fournit l'essentiel de ce qu'il faut savoir sur une question, puis il se reportera, aux plans détaillés et aux tableaux ou schémas figurant en fin de chapitre. Il lira également les développements d'une question particulière évoqués dans la rubrique « Le point sur... », à la fin de certains chapitres.

Si nécessaire, pour effectuer un travail écrit ou un exposé oral, il approfondira un sujet en se référant, éventuellement, aux développements exposés dans un ouvrage plus détaillé. Il pourra également rechercher et lire les articles cités dans la bibliographie qui lui permettront d'enrichir ses connaissances sur les points les plus délicats.

Enfin, il rédigera les exercices indiqués à la fin du chapitre : commentaire d'arrêt, développement du plan proposé, solution de cas pratiques, etc.

Commentaire d'arrêt

La méthode du commentaire d'arrêt est supposée connue en deuxième année. On pourra toutefois se reporter à la méthode indiquée dans le *Droit civil. Introduction. Biens. Personnes. Famille* (vol. 1, titre 1, chapitre 3). La consultation des *Annales du droit* Dalloz, présentant les sujets donnés dans diverses universités et leur corrigé par le professeur ayant donné le sujet, est recommandée, elle constitue un excellent instrument de travail.

Fiches de jurisprudence et de doctrine

Il est bon, lorsqu'on lit un arrêt ou un article, d'en consigner les principales idées sur une fiche que l'on conserve. Ces fiches constitueront la documentation personnelle de l'étudiant et lui permettront de conserver un souvenir durable de ses lectures.

– ***Une fiche de jurisprudence*** doit comporter les références de l'arrêt : nature de la juridiction, lieu, date, indication de la référence du recueil, éventuellement nom de l'auteur de la note accompagnant la décision. Ensuite, on indiquera très succinctement les faits, la procédure, le problème juridique posé, les arguments de chacune des parties. Enfin, on relèvera les principaux *attendus* motivant la décision, soit en en résumant l'argumentation, soit en citant textuellement un passage particulièrement important, un *attendu de principe*. Si la décision est annotée, on résumera en quelques mots la position prise par l'annotateur face à cette décision.

– ***Une fiche de doctrine*** doit comporter le nom de l'auteur, le titre de l'œuvre ou de l'article et, dans ce cas, le titre de la revue où elle est publiée avec ses références. Puis, on résumera brièvement l'article en insistant sur les positions prises par l'auteur sur tel ou tel problème. On peut également citer entre guillemets une ou plusieurs phrases particulièrement caractéristiques.

On peut se reporter avec profit à l'ouvrage constitué pédagogiquement sous forme de fiches :

LECOURT (A.), *Fiches de droit des obligations. Rappels de cours, exercices corrigés*, 6e éd., Ellipses, 2019, mises à jour sur www.editions.ellipses.fr.

V. aussi BATTEUR (A.), *Droit civil des obligations. 2017. Méthodologie et sujets corrigés*, Dalloz, coll. « Les Annales du droit », 2017.

Chapitre 2

Différentes sortes d'obligations et classifications

141. Les obligations peuvent être classées de différentes façons selon que l'on s'attache à leur objet, à leurs effets ou à leur source (v. schéma II, en fin de chapitre). L'ordonnance du 10 février 2016 n'a modifié de façon notable que la classification fondée sur l'objet, sans remettre en cause les autres classifications traditionnelles.

Section 1
Classification des obligations d'après leur objet

142. Outre les classifications très générales que nous avons déjà vues, distinguant les obligations morales ou juridiques et les obligations civiles ou naturelles, on peut encore faire quelques autres distinctions selon qu'il s'agit d'obligations patrimoniales ou extrapatrimoniales, d'obligations pécuniaires ou en nature, ou enfin d'obligations de donner, de faire ou de ne pas faire, sachant que cette dernière classification vient d'être remise en question par l'ordonnance de 2016.

§ 1. Obligations patrimoniales ou extrapatrimoniales

143. Toutes les obligations ont un caractère pécuniaire, mais on les qualifie d'extrapatrimoniales lorsqu'elles se rapportent à des droits de la famille ou de la personnalité (ex. obligation alimentaire, obligations résultant d'un contrat de travail, etc.).

Cette distinction permet de faire bénéficier les obligations extrapatrimoniales de réglementations particulières ; par exemple, les obligations alimentaires sont insaisissables par un créancier ; ou encore, de façon générale, les obligations à caractère extrapatrimonial sont intransmissibles, incessibles, contrairement aux autres.

§ 2. Obligations monétaires ou en nature

144. On a coutume de faire une distinction entre les obligations portant sur des sommes d'argent (que l'on peut appeler obligations pécuniaires au sens strict, ou mieux, obligations monétaires) qui peuvent toujours recevoir une exécution en nature, et les obligations imposant une action ou une abstention, pouvant s'exécuter en nature et qui, en cas d'inexécution, ne pouvaient donner lieu, traditionnellement, et en principe, qu'au versement de dommages et intérêts. Cette règle était cependant en déclin et l'ordonnance de 2016 l'a écartée (C. civ., art. 1121) (v. ss 394 s.). Cependant, l'ordonnance de 2016 confirme la spécificité des obligations de somme d'argent en leur consacrant dans le cadre du paiement, une sous-section spécifique (v. ss 640 s.) de dispositions qui leur sont propres.

145. Cette spécificité de l'obligation monétaire a été mise en évidence par le doyen Carbonnier, qui a proposé de mettre à part les obligations de somme d'argent et de les distinguer de toutes les autres obligations dites « obligations en nature ». De fait, l'obligation de somme d'argent a cette particularité de pouvoir remplacer n'importe quelle autre obligation. Elle se caractérise par son interchangeabilité, liée à l'interchangeabilité et la fongibilité de la monnaie : en effet, la monnaie est une unité de mesure qui permet d'évaluer chaque chose mais aussi de remplacer chaque chose par sa valeur en argent : ainsi, si le créancier ne parvient pas à obtenir l'exécution en nature de l'obligation, il y aura toujours *in fine*, la possibilité d'une exécution en argent. Par ailleurs, l'obligation de somme d'argent permet de réaliser la plupart des échanges économiques car elle peut servir de contrepartie ou de contre-prestation en toute hypothèse, puisque l'argent est un équivalent général pour tous les biens en circulation. Enfin, le créancier d'une obligation de somme d'argent est toujours assuré de recevoir exactement ce qui avait été promis, c'est-à-dire la somme numérique exacte qui était prévue, mais avec les inconvénients que cela implique en cas de dépréciation monétaire : c'est ce que l'on appelle la règle du nominalisme monétaire (v. ss 645), conservée par l'ordonnance. Cette spécificité se traduit donc par un régime particulier.

§ 3. Obligations de donner, de faire ou de ne pas faire : disparition ?

146. Cette classification des obligations d'après leur objet, était, jusqu'à la réforme du 10 février 2016, la principale et la plus classique. Elle découlait du Code civil qui en avait fait la base de la réglementation des effets de l'obligation (v. art. 1136 à 1145) ; elle apparaissait à plusieurs reprises notamment dans l'article 1101 définissant le contrat comme une convention par laquelle deux ou plusieurs personnes s'obligent réciproquement à « donner, faire ou ne pas faire » quelque chose et à l'article 1126 relatif à l'objet dans le contrat : « tout contrat a pour objet une chose qu'une partie s'oblige à donner, ou qu'une partie s'oblige à faire ou à ne pas faire ».

Il s'agissait ainsi de distinguer entre, d'une part, l'obligation de donner, c'est-à-dire de transférer un droit sur un bien, notamment la propriété d'une chose (art. 1136), même sans intention libérale, du latin *dare* et non *donare*, et, d'autre part, les obligations de faire ou de ne pas faire. Les obligations de faire ou de ne pas faire sont basées sur un concept de prestation, d'action active ou passive, de la part du débiteur. C'est le cas, par exemple, de l'acteur qui s'engage à jouer dans tel théâtre ou du commerçant qui, en vendant son fonds, s'engage à ne pas se réinstaller dans un certain périmètre ou du constructeur qui s'engage à construire un immeuble.

147. *L'avant-projet Catala,* avait proposé de conserver cette distinction mais d'y ajouter une nouvelle catégorie d'obligation, celle de « l'obligation de donner à usage », pesant sur le détenteur à usage qui reçoit d'autrui « spécifiquement, une chose à restituer à son propriétaire après usage » (avant-projet, art. 1121 et 1127), ce que la doctrine appelait l'obligation de restitution. De fait, une fraction importante de la doctrine critiquait depuis longtemps l'obligation de donner en la jugeant inutile et impossible [1].

148. *L'ordonnance du 10 février 2016, a franchi le pas et a finalement fait disparaître cette classification traditionnelle des obligations de donner, de faire et de ne pas faire.* Elle n'est plus reprise, ni au titre du droit des contrats car l'article 1101 a modifié la définition du contrat pour ne faire référence qu'à un acte créant, modifiant, transmettant, ou éteignant des obligations, sans plus préciser leur objet ; ni au titre du régime des obligations où l'ancien article 1136 du Code civil relatif à l'obligation de donner a disparu. L'ordonnance a fait purement et simplement disparaître l'obligation de donner, devenue inutile, puisque l'article 1196 actuel affirme désormais l'effet translatif direct du contrat. L'obligation de donner, qui servait à opérer le transfert de la propriété ou d'un autre droit s'opère maintenant automatiquement lors de la conclusion du contrat et l'obligation de donner n'a plus de raison d'être : le transfert du droit est devenu un effet direct du contrat.

Dans ce contexte, la distinction des obligations de faire et de ne pas faire, reste-t-elle pertinente, ou utile ? Si l'on se réfère au rapport sur l'ordonnance présenté au président de la République, la réponse semble négative. Il est affirmé en effet que « l'ordonnance abandonne certaines notions présentes dans le code actuel et historiquement très ancrées dans le droit français, mais (...) dont le maintien ne paraît pas nécessaire, telles que les obligations de faire, de ne pas faire, et de donner [2] ». Pour autant, il n'est pas interdit de penser que l'on continuera à s'y référer.

Section 2

Classification des obligations d'après leurs effets

149. Il s'agit de la classification opposant les obligations de moyens et les obligations de résultat.

§ 1. Obligations de résultat

150. Dans la plupart des cas, l'obligation constitue la promesse de fournir un résultat déterminé, auquel s'engage une personne envers une autre. On appelle cette obligation : obligation déterminée ou *obligation de résultat* (ex. obligation du transporteur de livrer la marchandise en bon état, au jour et au lieu fixés).

§ 2. Obligations de moyens

151. Parfois, cependant, la partie qui s'oblige ne peut garantir l'obtention du résultat souhaité, elle peut seulement s'engager à faire son possible pour y parvenir, à agir

---

1. V. notamment, M. Fabre-Magnan, « Le mythe de l'obligation de donner », *RTD civ.* 1996. 85 ; C. Saint Alary-Houin, « Réflexions sur le transfert différé de la propriété immobilière », in *Mélanges P. Raynaud*, Dalloz, 1985, p. 733.

2. Rapport au président de la République relatif à l'ordonnance n° 2016-131 du 10 février 2016, *JO* 11 févr., texte 25 : v. objectifs de la réforme.

avec la plus grande prudence ou diligence : c'est ce qu'on appelle précisément l'obligation de prudence ou de diligence ou *obligation de moyens* ; c'est le cas de l'obligation de conseil du notaire ou de l'avocat, par exemple.

§ 3. Importance de cette classification

152. Cette classification est importante en ce qui concerne la preuve de l'inexécution et a des conséquences notamment pour engager la responsabilité. En effet, lorsque l'obligation est de résultat, le créancier n'a aucune preuve à rapporter à part que le résultat escompté n'est pas atteint : de l'absence de résultat, on déduit l'inexécution ; c'est au débiteur qu'il appartiendra d'essayer de justifier l'inexécution, par la preuve d'un cas de force majeure par exemple, pour échapper à une sanction.

En revanche, en cas d'inexécution d'une obligation de moyens, le créancier devra apporter la preuve d'une imprudence ou d'une négligence de la part du débiteur, à l'origine de l'inexécution.

Il est cependant parfois difficile, en présence d'une obligation, de déterminer s'il s'agit d'une obligation de moyens ou de résultat. On doit se référer à la commune intention des parties, ou, en cas de doute, au caractère déterminé ou aléatoire du résultat cherché.

153. Cette classification, parfois critiquée en doctrine, a toutefois été reçue par la jurisprudence qui a découvert assez tôt, dans certains contrats, des obligations dites « de sécurité », considérées tantôt comme obligation de résultat (en 1911 dans le contrat de transport), tantôt comme des obligations de prudence et de diligence ou encore des « obligations d'information » à la charge d'un médecin, ou de « conseil » à la charge de certains professionnels : notaires, architectes, ingénieurs-conseils, etc. Nous verrons toute l'importance de cette classification en matière de responsabilité contractuelle (v. ss 2952 s.).

154. *L'avant-projet Catala avait* consacré cette distinction entre les obligations de moyen et de résultat dans les dispositions relatives au contrat où étaient envisagées les diverses espèces d'obligations (art. 1149) ainsi que dans les dispositions consacrées à la responsabilité contractuelle, en précisant à cet égard que lorsque le débiteur s'oblige à procurer un résultat, l'inexécution est établie du seul fait que le résultat n'est pas atteint, sauf à prouver une cause étrangère, alors que dans les autres cas, il ne doit réparation que s'il n'a pas effectué toutes les diligences nécessaires.

155. *L'ordonnance de 2016* n'a pas repris les dispositions de l'avant-projet relatives aux diverses espèces d'obligation et ne fait donc pas référence à cette distinction des obligations de moyen et de résultat (de même qu'elle ne fait pas référence à la distinction des obligations de faire et de ne pas faire). Toutefois, l'article 1231-1 du Code civil, issu de l'ordonnance, a repris, inchangée, la formulation de l'ancien article 1147 du Code civil qui servait de base à la notion d'obligation de résultat. De même, la substance de l'ancien article 1137 qui servait de base à la notion d'obligations de moyens se retrouve presque à l'identique dans l'article 1197, relatif à l'obligation de délivrer une chose, qui « emporte obligation de la conserver jusqu'à la délivrance, en y apportant tous les soins d'une personne raisonnable ». La distinction des obligations de moyens et de résultat peut donc normalement rester pertinente.

Section 3

Classification des obligations d'après leurs sources

156. Il existe une dernière sorte de classification, c'est la classification des obligations d'après leurs sources.

§ 1. Classification du Code civil

157. Selon les rédacteurs du Code civil, il y avait cinq sources principales des obligations (art. 1101 et 1370) qui se regroupaient dans les titres III et IV et qui conduisaient à la grande distinction des sources conventionnelles et non conventionnelles.

A. Les sources conventionnelles : le contrat

► ***Le contrat*** est un accord de volonté en vue -principalement mais plus exclusivement depuis l'ordonnance de 2016-, de créer des obligations.

158. Il était défini par le Code civil jusqu'à l'ordonnance de 2016, comme « une convention par laquelle une ou plusieurs personnes s'obligent envers une ou plusieurs autres, à donner à faire ou à ne pas faire quelque chose » (C. civ., art. 1101). Le contrat était donc un mécanisme destiné à créer des obligations, qui constituent la promesse de prestations. À ce titre, il est l'instrument des échanges économiques.

L'ordonnance de 2016, tout en faisant disparaître la référence aux obligations de donner, de faire ou de ne pas faire, continue à définir le contrat comme un accord de volonté destiné à créer (...) *des obligations* (art. 1101). Le contrat reste donc, aujourd'hui comme hier une source d'obligations. Toutefois, sa définition a été modifiée puisqu'il peut aussi modifier, transmettre ou éteindre des obligations et qu'il produit aussi un effet translatif de droit, direct, qui ne passe pas par la technique de l'obligation (v. ss 837).

B. Les sources non conventionnelles

► ***Le quasi-contrat*** : c'est un fait licite qui s'apparente au contrat mais qui s'impose au débiteur en dehors de sa volonté (art. 1371, ex. la gestion d'affaire). L'ordonnance de 2016 a maintenu cette catégorie des quasi-contrats.

► ***Le délit*** : c'est une faute intentionnelle (l'auteur a la volonté de nuire et de causer un dommage) et un fait illicite engageant la responsabilité civile de son auteur (ancien art. 1382).

► ***Le quasi-délit*** : c'est là encore un fait illicite, une faute mais cette fois non intentionnelle, une imprudence ou une négligence, engageant aussi la responsabilité civile de son auteur (ancien art. 1383).

C. La loi

159. La loi fait naître des obligations en dehors de toute volonté privée, ainsi par exemple des obligations alimentaires entre parents et enfants, des obligations à l'égard du tuteur, des obligations entre époux...

D. Valeur de cette classification

160. Les juristes modernes et certains codes étrangers ont voulu ajouter aux sources volontaires une catégorie nouvelle : **l'engagement unilatéral** de volonté où une seule volonté a le pouvoir de se lier en créant des obligations. Cette notion est plus difficilement admise dans notre droit positif français, et l'on préfère souvent expliquer certaines situations sans avoir recours à la notion d'engagement unilatéral (v. ss 1699 s., la stipulation pour autrui). Pourtant, la jurisprudence y a recours[1] et la loi consacre également certains engagements unilatéraux (le testament, la reconnaissance d'enfant).

161. On peut trouver quelques points communs entre ces différentes sources permettant de les regrouper, en tenant compte soit de leur caractère licite (contrat et quasi-contrat) ou illicite (délit et quasi-délit), soit de leur caractère intentionnel (contrat, délit) ou non intentionnel (quasi-contrat, quasi-délit) avec, à côté, la catégorie à part que représente la loi. Il ne faut cependant pas confondre la conception civiliste du mot « délit », très générale, avec la conception pénaliste qui concerne une variété d'infraction entre le crime et la contravention.

À cette classification un peu usée, les juristes modernes ont substitué une nouvelle classification des sources d'obligations : la classification qui oppose les actes et les faits juridiques. C'est cette classification qui a été consacrée par *l'ordonnance de 2016.*

§ 2. Classification moderne : actes et faits juridiques

162. *L'ordonnance de 2016* a introduit, en exergue du titre III consacré aux sources des obligations, trois nouveaux articles, 1100, 1100-1 et 1102, qui viennent définir l'ensemble de ces sources en consacrant la distinction moderne des actes et des faits juridiques. L'article 1370, qui faisait référence aux délits, quasi-délits et quasi-contrats comme sources non conventionnelles d'obligations, opposées aux sources conventionnelles a disparu. L'article 1100 précise ainsi que « les obligations naissent d'actes juridiques, de faits juridiques ou de l'autorité seule de la loi ». On notera que l'ordonnance de 2016 continue à faire une place à part à la loi, et qu'elle réserve désormais aussi une place à l'obligation naturelle, puisqu'il est précisé, dans un alinéa 2, que les obligations « peuvent naître de l'exécution volontaire ou de la promesse d'exécution d'un devoir de conscience envers autrui » (v. ss 121, sur l'obligation naturelle). Pour autant, la distinction essentielle oppose les actes juridiques et les faits juridiques.

A. Les actes juridiques

► ***L'acte juridique*** est une « manifestation intentionnelle de volonté destinée à produire des effets de droits ». Telle est la définition classiquement admise qui a été consacrée par le nouvel article 1100-1. Ces effets de droits peuvent être soit de créer, soit de modifier, de transmettre ou d'éteindre un droit.

163. *L'ordonnance consacre par ailleurs l'acte juridique unilatéral, opposé à l'acte conventionnel.*

---

1. V. par ex. Soc. 25 nov. 2003, *JCP* 2004. I. 163, obs. G. Viney.

Selon l'article 1100-1, en effet, les actes juridiques peuvent être *conventionnels* et nous sommes en présence d'un contrat (ou d'une convention) caractérisé par un échange de consentement entre deux ou plusieurs personnes ; ou bien ils peuvent être *unilatéraux* (ex. le testament). L'article 1100-1 précise par ailleurs que ces actes juridiques obéissent autant que de raison, pour leur validité et leurs effets, aux règles qui gouvernent les contrats. Comme avant la réforme, le contrat reste donc l'acte juridique modèle, celui que le Code civil régit complètement de sa formation à ses effets. Pas davantage que par le passé, la réforme ne met en place une théorie générale pour les actes unilatéraux. Certes, leur reconnaissance comme source d'obligation est désormais une réalité, mais pour autant, certaines incertitudes demeurent. En effet, l'article 1100-1 ne définit pas l'acte unilatéral. On peut donc se demander s'il s'agit exclusivement d'actes qui émanent d'une seule volonté et donc d'une seule personne (déclaration, décision de s'engager) ou bien si cette catégorie englobe également les actes dits « collectifs » (v. ss 166, 847).

Par ailleurs, la distinction entre la convention et le contrat n'est pas non plus clairement faite. La convention est-elle un genre plus large que le contrat ? Ou bien les deux termes sont-ils finalement synonymes (sur ce point, v. ss 844). Les nouveaux articles 1100 à 1100-2 ne permettent pas de répondre précisément à la question.

164. Même si l'article 1100-1 ne le précise pas à ce stade mais seulement plus tard, au titre des différentes classifications des contrats, les actes juridiques peuvent par ailleurs être à titre onéreux (ex. vente) ou à titre gratuit (ex. donation).

165. Cette notion d'acte juridique est plus large que la notion de source conventionnelle, car elle donne naissance non seulement à des obligations, ce qui nous intéresse ici, mais aussi à d'autres effets de droit : constitution de droits réels (ex. acte constitutif d'une servitude) ou création d'un état familial (ex. mariage).

166. *Une incertitude demeure sur la notion d'acte collectif.* Les actes collectifs, qui sont aujourd'hui reconnus par une partie de la doctrine[1] constituent des actes spécifiques, qui font intervenir plusieurs personnes mais pour parvenir à la réalisation d'un but commun et non pour réaliser un échange économique, bilatéral, à la différence des contrats. La doctrine les qualifie *d'actes unilatéraux collectifs* et fait entrer dans cette catégorie les décisions majoritaires prises par exemple par une assemblée de copropriétaires ou d'actionnaires. La question est plus incertaine pour les sociétés, qui sont qualifiées de contrats par le Code civil, mais qui, pourtant, s'apparentent plutôt à des actes collectifs puisque tous les associés poursuivent un but commun et n'entrent pas dans des rapports d'obligations bilatéraux, comme dans un contrat.

Dans le silence de l'ordonnance de 2016, on peut donc se demander si la notion d'acte unilatéral, telle qu'elle est désormais reconnue par l'article 1101-1, englobe ces actes collectifs, qui seraient donc une variété d'actes unilatéraux, ou bien s'ils pourraient être qualifiés de conventions, distinguées du contrat (v. ss 847 s.).

---

1. V. notamment, G. Roujou de Boubée, *Essai sur l'acte juridique collectif*, LGDJ, 1961 ; V. Larribau-Terneyre, *Le domaine de la résolution judiciaire. Recherches sur le contrat synallagmatique*, thèse, Pau, 1988 ; R. Cabrillac, *L'acte juridique conjonctif en droit privé français*, LGDJ, 1990.

B. Les faits juridiques

▶ ***Les faits juridiques*** sont tous les autres agissements ou événements qui entraînent des conséquences juridiques, sans que ces conséquences juridiques aient été volontairement recherchées, alors que cette volonté tournée vers la production d'un effet de droit joue un rôle essentiel dans les actes juridiques. Là encore, cette définition classique des faits juridiques est consacrée dans le nouvel article 1100-2.

167. Les faits juridiques peuvent être :
– *soit des faits volontaires*, mais qui ne constituent pas des actes juridiques, parce que la volonté n'avait pas comme objectif la production d'effets de droit, comme le meurtre, le vol, c'est-à-dire des *délits*, ou même des imprudences ou négligences (ex. conduite d'une voiture à une vitesse excessive) qui constituent des *quasi-délits* et sont source de responsabilité civile ;
– *soit des faits indépendants de la volonté* comme la naissance ou le décès, les cas de force majeure (v. ss 2433), les accidents générateurs de responsabilité civile ; les uns et les autres, entraînent des effets juridiques qui n'étaient pas directement recherchés.

168. Les sources des obligations seront étudiées ici en se référant, d'une part à la notion d'acte juridique (avec les contrats), d'autre part à celle de faits juridiques (avec les quasi-contrats et la responsabilité civile qui regroupe les délits et quasi-délits). On laissera de côté la loi. En effet, les obligations légales, au sens strict, c'est-à-dire celles qui s'imposent aux particuliers sans aucune participation de leur part, sont assez rares. Elles touchent généralement au droit de la famille et des incapacités (par ex. obligation du père de famille, du tuteur) ou aux droits réels (ex. obligations de voisinage) qui n'entrent pas dans le droit des obligations proprement dit mais plutôt dans celui des biens (v. ss 2648 s., responsabilité pour troubles de voisinage).

169. Mais avant de mener cette étude des obligations d'après leur source, il convient préalablement de mettre l'accent sur leur unité de nature, telle que nous l'avons soulignée (v. ss 132 s.) en dégageant les éléments d'un régime juridique commun à toutes les obligations, quels que soient cette source, contrat, fait juridique et même loi.

DOCUMENTS

BIBLIOGRAPHIE DU CHAPITRE

Fabre-Magnan (M.), « Le mythe de l'obligation de donner », *RTD civ.* 1995. 85 s.

Huet (J.), « Des différentes sortes d'obligations et, plus particulièrement, de l'obligation de donner, la mal aimée », in *Études J. Ghestin*, LGDJ, 2001, p. 425.

Leduc (F.), « L'intensité juridique de l'obligation contractuelle », *RRJ* 2011. 1253-1298.

Mazeaud (H.), « Essai de classification des obligations : obligations contractuelles et extracontractuelles, obligations déterminées et obligations générales de prudence et diligence », n° 50, *RTD civ.* 1936. 1 s.

Plancqueel (A.), « Obligations de moyen, obligations de résultat », *RTD civ.* 1972. 334.

Saint Alary-Houin (C.), « Réflexions sur le transfert différé de la propriété immobilière », in *Mélanges P. Raynaud*, Dalloz, 1985, p. 733.

Titre 2

Les éléments d'un régime commun à toutes les obligations indépendamment de leur source

170. Schématiquement et de façon imagée, on peut dire qu'une obligation naît, vit et meurt et si tout se passe bien, avec la satisfaction du créancier, car elle aura été exécutée entièrement et correctement. Cette exécution peut demander un certain temps au cours duquel le rapport d'obligation existe entre le créancier et le débiteur et pendant lequel certains événements peuvent se produire.

171. L'ordonnance du 10 février 2016 intègre pour l'essentiel dans le Code civil certaines solutions acquises en jurisprudence ainsi que des règles déjà connues des autres droits européens. Pour autant, le titre IV consacré au « régime général des obligations », en soi, est une nouveauté. Ce titre n'existait pas antérieurement dans le Code civil et l'ordonnance a fait ici œuvre pédagogique, en regroupant dans ce titre IV des questions qui étaient jusque-là disséminées dans le Code civil, soit dans le droit commun du contrat, soit parfois ailleurs et notamment dans le droit de la vente. Ce titre IV, consacré au régime général des obligations est composé de cinq chapitres consacrés respectivement aux *modalités de l'obligation* (C. civ., art. 1304 à 1320), aux *opérations sur obligations* (art. 1321 à 1340), aux *actions ouvertes aux créanciers* (art. 1341 à 1341-3), à *l'extinction de l'obligation* (art. 1342 à 1351-1) et enfin *aux restitutions* (art. 1352 à 1352-9). Cette question des restitutions était traitée auparavant au titre des sanctions du contrat. Les dispositions sont ici regroupées de façon beaucoup plus cohérente. La matière gagne donc beaucoup en clarté, sur ce point mais également sur beaucoup d'autres. Les solutions sont assez directement inspirées de l'avant-projet *Catala*.

172. La loi de ratification n° 2018-287 du 20 avril 2018 n'a apporté que des modifications minimes, la plupart du temps pour corriger des erreurs ou des omissions, qui seront signalées au fur et à mesure[1].

---

1. Pour une liste complète et analyse rapide de ces modifications, v. ss 107, 108.

173. Sur le fond, si la plupart des solutions, on l'a dit, étaient déjà acquises, l'ordonnance a opéré cependant de vraies innovations [1] : elle reconnaît ainsi la cession de dette, que le droit français avait jusqu'ici du mal à admettre, simplifie considérablement le mécanisme de la cession de créance, réglemente la cession de contrat (qui est traitée cependant au titre du contrat et non au titre du régime général des obligations et sera étudiée dans ce cadre), pour ne signaler que les éléments les plus importants.

174. Le régime général de l'obligation peut être étudié autour de ces trois moments que sont la naissance de l'obligation, la vie de l'obligation et l'extinction de l'obligation. Cependant, et on l'a déjà souligné, la *naissance de l'obligation* et les conditions de son existence, dépendent exclusivement de sa source. Selon que l'obligation naît d'un contrat (ou plus largement d'un acte juridique) ou d'un fait juridique (responsabilité civile ou quasi-contrat), les conditions de sa reconnaissance sont totalement différentes et imposent une étude distincte. Concernant la naissance de l'obligation, il n'existe donc pratiquement pas de principes ou de règles communes, sous réserve cependant, de la détermination des parties au rapport d'obligation et de certaines modalités qui peuvent assortir indifféremment toutes les obligations, quelle que soit leur source. C'est ce que nous étudierons d'abord.

175. Il existe ensuite davantage de principes et de règles communs concernant *la vie de l'obligation*. Puisque l'obligation est un lien de droit entre plusieurs personnes, créancier et débiteur, elle crée des rapports et produit des effets entre ces personnes : on envisagera ainsi d'abord les effets de l'obligation dans les rapports entre le créancier et le débiteur, et notamment la question du droit à l'exécution et des actions ouvertes au créancier. Ensuite, puisque toute obligation une valeur économique, on peut la faire circuler dans son aspect actif de créance, mais aussi désormais dans son aspect passif de dette, tant qu'elle n'a pas encore été exécutée ; on peut aussi parfois la modifier ; ce sont des questions que nous étudierons, en troisième lieu et que l'ordonnance de 2016 envisage sous l'intitulé « opérations sur obligations ».

176. Enfin, on terminera par la question de l'extinction de l'obligation, avec ou sans la satisfaction du créancier.

Sous-titre 1. La naissance de l'obligation
Sous-titre 2. La vie de l'obligation
Sous-titre 3. L'extinction de l'obligation

---

1. A. Lecourt et K. Rodriguez, « *Les principales nouveautés du régime général des obligations* », in V. Larribau-Terneyre et S. Pellé (dir.), *Quel renouveau pour le droit des contrats ? Une réforme entre tradition et modernité*, PUPPA, 2016.

Sous-titre 1

La naissance des obligations

177. Ainsi que nous l'avons relevé plus haut, la naissance des obligations, et donc les conditions de leur existence, sont entièrement dépendantes de leur source. Selon que leur origine est contractuelle, quasi contractuelle, délictuelle ou quasi délictuelle ou qu'elles sont légales, des règles très différentes s'appliquent. Cela explique que l'étude du droit des obligations soit, très largement, sinon exclusivement, l'étude de ses sources.

Étudier la naissance des obligations dans le cadre de l'identification des éléments communs à toutes les obligations sera donc seulement l'occasion de déterminer les acteurs du rapport d'obligation, ce que l'on appellera « les parties au rapport d'obligations », rapport de droit unissant un créancier et un débiteur. Cette question n'est pas abordée spécifiquement par l'ordonnance du 10 février 2016, qui, n'a d'ailleurs pas non plus défini la notion d'obligation mais seulement les sources d'obligations (v. ss 162). Néanmoins, cette détermination des parties au rapport d'obligation présente un certain nombre d'intérêts, ce qui justifie son étude.

Nous envisagerons ensuite, parce qu'elles peuvent aussi assortir toutes sortes d'obligations, indépendamment de leur source, les modalités susceptibles d'affecter les obligations au moment de leur naissance. Elles tiennent soit à l'insertion dans le rapport d'obligation d'un facteur d'ordre temporel : terme ou condition ; soit au fait que le rapport d'obligation est plural, parce qu'il a plusieurs objets ou plusieurs sujets. Le chapitre consacré aux modalités des obligations, issu de l'ordonnance de 2016, ouvre le titre sur « le régime général des obligations » et comprend tous les mécanismes qui figuraient auparavant dans l'ancien chapitre du Code civil consacré aux « diverses espèces d'obligations ».

Chapitre 1. Les parties au rapport d'obligation
Chapitre 2. Les modalités susceptibles d'affecter les obligations lors de leur naissance

Chapitre 1

Les parties au rapport d'obligation

178. Les parties en présence sont généralement le créancier et le débiteur, mais, cependant, un certain nombre d'autres personnes peuvent être mises en cause et exiger l'exécution comme un créancier originaire ou, à l'inverse, être tenues en qualité de débiteur : ce sont les ayants cause ; d'autres personnes seront simplement des tiers au rapport d'obligation. On définira donc d'abord brièvement les notions de parties, d'ayant cause et tiers, avant de voir successivement, qui sont les créanciers et leurs ayants cause (Section 1) et qui sont, pareillement les débiteurs et leurs ayants cause éventuels (Section 2).

Introduction

Notion de parties, d'ayants-cause et de tiers

179. Les obligations, quelle que soit leur source, vont entraîner des effets entre les parties au rapport d'obligation, c'est-à-dire entre le créancier et le débiteur, mais également à l'égard des tiers.

C'est pourquoi nous allons examiner ce que sont les parties, les ayants-cause et les tiers.

§ 1. Les parties

180. Au sens étroit du terme, ce sont les *créanciers*, tout d'abord, c'est-à-dire ceux qui peuvent invoquer une créance, exiger une certaine prestation du ou des débiteurs, et ces *débiteurs* eux-mêmes.

§ 2. Les ayants-cause

181. Les ayants cause sont ceux qui ont acquis un droit du créancier ou du débiteur. On doit distinguer, tout d'abord, entre les *ayants cause universels ou à titre universel*, assimilés aux parties, débiteur ou créancier d'une part, et les *ayants cause à titre particulier qui ont une situation un peu différente*, d'autre part.

A. Les ayants-cause universels ou à titre universel

► ***Les ayants-cause universels ou à titre universel*** tiennent de leur « auteur » des droits sur une universalité, c'est-à-dire un patrimoine ou une fraction de patrimoine (v. *Droit civil*, vol. 1).

182. Ce sont les héritiers et les légataires universels ou à titre universel. L'héritier est un membre de la famille du défunt qui a un droit légal sur sa succession. Le légataire est un parent ou un ami qui n'a pas de droit légal sur la succession mais auquel le testateur a décidé de donner, soit l'ensemble de sa succession s'il n'a pas d'héritiers (ayant-cause universel), soit une fraction de celle-ci, nommée quotité disponible, s'il a des héritiers réservataires (ayant-cause à titre universel). Ces ayants-cause universels ou à titre universel continuent la personne de leur auteur et ses obligations leur sont opposables. Ils sont assimilés aux parties contractantes.

B. Les ayants-cause à titre particulier

► ***Les ayants-cause à titre particulier***, en revanche, ne tiennent de leur auteur qu'un droit considéré à titre particulier (par exemple une créance, la propriété de tel bien déterminé).

183. Ce sont les légataires à titre particulier (qui ont reçu non pas une fraction du patrimoine, mais un ou plusieurs biens ou droits individualisés) ou les acquéreurs. On assimile à cette catégorie des ayant-cause à titre particulier les créanciers ayant une sûreté réelle, mais non, en principe, les créanciers chirographaires, c'est-à-dire ceux dont la créance n'est pas assortie d'une garantie, comme un privilège ou une hypothèque et dont le droit porte sur l'ensemble du patrimoine du débiteur, mais que l'on doit considérer comme une catégorie de tiers un peu à part, *sui generis*.

184. Les ayants cause à titre particulier posent certains problèmes : ils entrent dans la catégorie des tiers, mais avec des nuances à préciser. En effet, une personne qui acquiert la propriété d'un bien acquiert-elle en même temps les droits et obligations relatifs à ce bien qu'avaient pu faire naître les contrats passés par son ancien propriétaire ?

S'il s'agit de transmettre des droits réels, il n'y a pas de difficulté : ces droits faisant corps avec le bien sont transmis avec lui, par exemple une servitude ou une transaction sur les limites de deux fonds.

S'il s'agit, au contraire, de droits personnels, des solutions diverses pourront être données, que nous étudierons par la suite dans le cadre des effets du contrat à l'égard des tiers (v. ss 1685 s.).

§ 3. Les tiers à proprement parler

► ***Les tiers*** sont des personnes qui n'étaient ni présentes ni représentées lors de la naissance de l'obligation et qui ne sont pas les ayants cause des parties : ce sont les *penitus extranei* ou « tiers absolus ».

185. Les obligations des parties ne devraient pas leur être opposables et pourtant il arrive, dans certains cas exceptionnels, que les parties ouvrent leurs conventions vers des tiers qui se retrouveront ainsi, soit créancier et c'est la « stipulation pour autrui » (v. ss 217, 1699 s.), soit débiteur, s'ils y consentent ultérieurement, et c'est la « promesse de porte-fort ». Nous les retrouverons plus complètement lors de l'étude du contrat (v. ss 235, 1741 s.).

186. De plus, des règles de publicité sont instituées pour rendre certains actes opposables aux tiers.

187. Ces quelques indications permettent de saisir la complexité de ces questions. Envisageons maintenant successivement ces différentes catégories de personnes.

Section 1
Les créanciers

188. Les parties au rapport d'obligation, créancier et débiteur, interviennent en principe directement, à la naissance de l'obligation, en échangeant leur consentement s'il s'agit d'un contrat ou par leur participation volontaire ou involontaire au fait juridique générateur de l'obligation : exemple de la victime qui sera indemnisée par l'auteur de l'accident. Toutefois, dans certains cas, ces parties, au lieu d'être présentes, sont représentées. Dans d'autres hypothèses, un tiers est susceptible de devenir créancier, grâce à un mécanisme spécifique mais très réglementé : la stipulation pour autrui.

§ 1. Les créanciers agissant pour leur propre compte par l'intermédiaire d'un tiers : la représentation

189. D'abord considérée avec suspicion, car contraire au caractère strictement personnel de l'obligation, la représentation est apparue tardivement à Rome. Dans notre droit moderne, on est souvent amené à l'utiliser, d'abord au profit des incapables, ensuite pour faciliter la vie des affaires.

190. Notons tout de suite que la représentation peut concerner les débiteurs comme les créanciers, nous n'en reparlerons donc pas à propos des débiteurs.

191. Jusqu'à l'ordonnance du 10 février 2016, cette technique n'était spécialement prévue et réglementée par le Code civil que dans le cadre du contrat de mandat (art. 1984 s.), contrat par lequel une personne donne à une autre le pouvoir d'agir en son nom et pour son compte. Or, la représentation n'est pas toujours conventionnelle. Elle peut aussi être prévue par la loi ou décidée par le juge, et l'on appliquait alors les règles prévues pour le mandat.

192. *L'ordonnance du 10 février 2016* a fait à cet égard œuvre novatrice. Elle a en effet regroupé dans les articles 1153 à 1155 du Code civil, dans un paragraphe consacré à la représentation, les règles qui n'étaient jusque-là édictées que pour le mandat.

193. Ces règles relatives à la représentation figurent cependant, non pas au titre du régime général de l'obligation mais au titre du contrat et elles sont insérées parmi les conditions de validité du contrat, à la suite de la condition de capacité. Pour autant, l'article 1153 précise que le représentant peut être légal, judiciaire ou conventionnel : les différentes sources de la représentation, classiques, sont donc reprises par les textes qui posent, en réalité, les bases d'un droit commun de la représentation, applicable au-delà de la seule hypothèse où l'une des parties est représentée pour passer un contrat. Cela justifie qu'il en soit malgré tout traité ici, au titre du régime général de l'obligation.

A. La notion de représentation : l'extension réalisée par l'ordonnance de 2016

194. Jusqu'à l'ordonnance du 10 février 2016, la représentation était définie comme un procédé juridique par lequel une personne, le représentant, agit ***au nom et pour le compte*** d'une autre, le représenté, si bien que l'acte produit ses effets directement sur la personne et le patrimoine du représenté.

195. L'ordonnance adopte cependant une conception plus large de la représentation, même si elle n'en donne pas une définition générale. En effet, l'article 1154, alinéa 2, énonce que lorsque le ***représentant déclare agir pour le compte d'autrui mais contracte en son propre nom***, il est seul engagé à l'égard du représentant. Un représentant n'est donc pas obligatoirement quelqu'un qui agit « au nom et pour le compte d'autrui ». Il peut simplement déclarer agir pour le compte d'autrui et être alors qualifié de représentant. Mais dans cette hypothèse, la représentation ne produira pas les mêmes effets. Cette situation était déjà connue, mais on considérait généralement qu'il n'y avait qu'une représentation imparfaite, et non une véritable représentation. La distinction classique de la représentation parfaite (la vraie représentation) et imparfaite qui repose sur la différence d'effets peut malgré tout être maintenue. Elle correspondant à la distinction effectuée respectivement par les articles 1154, alinéa 1er, et 1154, alinéa 2.

B. Les conditions de la représentation parfaite (art. 1154, al. 1er)

196. Dans cette hypothèse, le représentant agit au nom et pour le compte du représenté. Pour fonctionner normalement, la représentation exige que soient remplies certaines conditions, mais elle peut, à la limite, aboutir au contrat avec soi-même qui pose certains problèmes, et au contrat apparent.

Ces conditions sont de deux sortes : il s'agit d'une condition d'ordre juridique, le pouvoir, et d'une condition d'ordre psychologique : la volonté de représenter, mais aussi volonté de contracter.

1) Condition d'ordre juridique : le pouvoir

▶ ***Le pouvoir*** est l'élément juridique qui permet à la volonté du représentant de faire naître des droits ou obligations dans le patrimoine du représenté.

197. Le représentant doit agir dans la limite de son pouvoir. L'article 1155, alinéa 1er, précise à cet égard que lorsque le pouvoir du représentant est défini en termes généraux, il ne couvre que les actes conservatoires et d'administration. L'alinéa 2 du même texte ajoute que lorsque le pouvoir est spécialement déterminé, le représentant ne peut accomplir que les actes pour lesquels il est habilité et ceux qui en sont l'accessoire.

198. Ce pouvoir peut émaner de la volonté du représenté dans le cas d'un contrat, le mandat : représentation conventionnelle, comme il peut naître en dehors de sa volonté lorsqu'il émane de la loi : représentation légale, ou des tribunaux : représentation judiciaire.

a) La représentation volontaire ou représentation conventionnelle

199. Elle naît généralement du mandat (art. 1984).

► ***Le mandat*** est un contrat par lequel le *mandant* donne au *mandataire* pouvoir de le représenter pour accomplir un ou plusieurs actes juridiques.

Le pouvoir ou la procuration peut, en effet, être général ou spécial. Le mandat conçu en termes généraux donne seulement un pouvoir d'administration. Pour aliéner, il faut un pouvoir exprès (art. 1988). Le mandat peut être à titre gratuit ou à titre onéreux.

b) La représentation légale

200. Elle est directement organisée par le législateur et, de ce fait, c'est la volonté du représentant qui va être prise en considération et non celle du représenté. C'est le cas de l'administrateur légal ou du tuteur des mineurs (art. 389-3 et 450) et du tuteur des incapables majeurs (art. 495) ou d'un époux dans le cadre des régimes matrimoniaux (art. 1421). C'est également le législateur qui fixe les pouvoirs de représentation des divers organes sociaux dans les sociétés.

c) La représentation judiciaire

201. Elle intervient dans certains cas, quand c'est le tribunal qui désigne un représentant, par exemple, en autorisant un époux à représenter son conjoint (art. 219 et 1429), ou en désignant un administrateur judiciaire pour gérer des biens litigieux. Toutefois, s'agissant ici d'un représentant qui est imposé au représenté, il y a lieu d'assouplir les règles de la représentation et de tenir compte d'une éventuelle responsabilité civile du représentant afin que l'imputabilité de ses actes, s'ils sont dommageables, ne pèse pas sur le représenté qui ne les a pas voulus.

2) Condition d'ordre psychologique : la volonté

202. La volonté du représentant est essentielle : elle s'exerce dans deux directions : volonté de représenter et volonté de contracter.

a) La volonté de représenter

203. Elle implique que le représentant agisse avec la volonté de représenter et qu'il manifeste cette intention. Le cocontractant ne doit pas ignorer qu'il ne traite pas avec le représentant, mais avec le représenté. Toutefois, le cocontractant peut ignorer l'identité du représenté, le représentant agissant toujours pour le compte d'autrui, mais en son propre nom : c'est ce qui se passe dans le contrat de commission, contrat commercial.

b) La volonté de contracter

204. Elle signifie que le représentant joue un rôle dans la conclusion du contrat, sa volonté entre en jeu et son consentement ne doit donc pas être vicié.

Toutefois, en application de l'article 1990 du Code civil, qui permet de donner mandat à un mineur non émancipé, et d'une jurisprudence antérieure à ces dispositions qui datent de la loi du 13 juillet 1965, il est admis que l'incapacité du représentant ne met pas obstacle à la validité du contrat, dès lors que le représenté, lui, est capable. Dans ce sens, on paraît admettre que le représentant ne contracte pas lui-même, qu'il n'est qu'un simple prête-nom.

3) La prévention des conflits d'intérêts : interdiction de la représentation de plusieurs personnes et du contrat avec soi-même

205. L'ordonnance de 2016 a voulu prévenir les conflits d'intérêts. L'article 1161 tel qu'il résultait de l'ordonnance avait ainsi interdit au représentant d'agir pour le compte de deux parties au même contrat ou de contracter pour son propre compte avec le représenté. La sanction était la nullité, à moins que la loi ne l'autorise, ou que le représenté ne l'ait autorisé ou ratifié.

206. Concernant l'interdiction de représenter plusieurs personnes, le texte a soulevé des difficultés d'application et des discussions, spécialement concernant les personnes morales et plus précisément les sociétés[1]. C'est pourquoi, à l'occasion de la ratification de l'ordonnance, par la loi du 20 avril 2018, le législateur a finalement pris le parti de réduire l'interdiction aux seules personnes physiques, en cas de conflit d'intérêts, après avoir hésité avec le maintien de l'interdiction générale tout en l'écartant en l'absence de conflits d'intérêts. L'interdiction ne vise donc plus que les seules personnes physiques et elle peut être écartée en l'absence de conflits d'intérêts.

207. Le contrat avec soi-même correspond à la situation qui se produit lorsque, par suite du jeu de la représentation, la même personne va se trouver à la fois créancier et débiteur : une fois en son nom personnel, l'autre comme représentant d'autrui (par exemple, quand un mandataire désire acheter un immeuble appartenant à son mandant). Bien que techniquement possible, un tel contrat est évidemment dangereux pour le représenté, car le représentant aura tendance à tenir compte de ses propres intérêts avant ceux de celui qu'il représente. C'est pourquoi le législateur, avant l'ordonnance de 2016, avait interdit le contrat avec soi-même en matière de représentation légale, dans tous les cas où un incapable est en cause : ainsi, il est interdit au tuteur d'acheter un bien de la personne protégée ou de le prendre à bail (C. civ., art. 509, 4°, issu de la L. du 5 mars 2007), sauf cas exceptionnel (cf. art. 508). En matière de représentation conventionnelle, le contrat avec soi-même est parfois expressément

---

1. V. par ex. : A. Couret, « Nouveau régime de la représentation et conflits d'intérêts en droit des sociétés », *Rev. sociétés* 2017. 331 ; H. Barbier, « L'emprise du régime contractuel sur la société : ses ressources et ses limites », *Dr. Sociétés*, 2017, n° 2, dossier 3, spéc. n° 31 ; A.-F. Zattara, « Pour l'inapplication aux personnes morales du droit de se prévaloir de la prohibition des conflits d'intérêts contractuels », *JCP N* 2017, n° 39, 1268.

interdit par la loi comme en cas d'adjudication (art. 1596, al. 3) ; De même, l'article 85 du Code de commerce interdit aux ex- « agents de change » ou courtiers d'opérer pour leur propre compte. En dehors de ces cas, la jurisprudence l'admettait, quoiqu'avec beaucoup de prudence, et généralement à la condition que le mandant ait été averti au préalable.

L'article 1161, issu de l'ordonnance, interdit désormais de façon générale le mandat avec soi-même.

C. Les effets de la représentation parfaite

1) Lorsque le représentant a agi dans le cadre de ses pouvoirs

208. Lorsque les conditions de la représentation parfaite sont réunies et que le représentant a agi dans le cadre de ses pouvoirs, le représenté est seul tenu contrat passé en son nom et pour son compte. La solution est désormais posée par l'article 1154, alinéa 1er.

a) Rapports du représentant et du tiers

209. Par-delà la personne du représentant, c'est le représenté qui devient créancier (ou débiteur). C'est avec lui que le rapport d'obligation se forme immédiatement, comme si l'autre personne avait traité directement avec lui. Tout se passe donc comme si le représentant n'était pas intervenu. Il n'y a pas de rapport entre le représentant et le tiers. C'est également le représenté qui sera normalement tenu pour responsable des fautes éventuellement commises par le représentant (art. 1998, al. 1er). Le représentant peut parfois être responsable à l'égard du représenté, soit seul, soit *in solidum* avec le mandant, si c'est sur son ordre qu'il a agi [1] mais la situation est exceptionnelle.

b) Rapports du représentant et du représenté

210. Si le représentant n'est pas, en principe et sauf cas exceptionnel, tenu de ses fautes envers le cocontractant, en revanche, il en répondra à l'égard du représenté. En effet, ce dernier a un recours contre son représentant pour les fautes que celui-ci commet lors de la conclusion ou de l'exécution du contrat (art. 1991 et 1992). Néanmoins, si le représentant avait excédé ses pouvoirs, le représenté n'est tenu que dans la mesure où il a ratifié l'opération (art. 1998, al. 2) ; sinon, le seul recours de la tierce personne serait de se retourner contre le représentant.

211. Toutefois, la responsabilité relative aux fautes est appliquée moins rigoureusement pour le mandataire à titre gratuit (non rémunéré) que pour le mandataire à titre onéreux, mais cela ne concerne que l'appréciation de la faute et non l'étendue de la réparation.

---

1. Ch. mixte 26 mars 1971, *JCP* 1971. II. 16762.

De toute façon, le représenté doit tenir compte au représentant de ses frais et éventuellement de ses salaires (art. 1999) ou même de ses pertes éventuelles s'il n'y a pas eu d'imprudence de sa part (art. 2000) et le représentant est tenu de lui rendre compte (art. 1993).

2) Lorsque le représentant a agi au-delà de ses pouvoirs, sans pouvoir ou a abusé de ses pouvoirs

212. En principe, et selon l'article 1156, l'acte accompli sans pouvoir ou au-delà de ses pouvoirs par le représentant est *inopposable* au représenté.

Par ailleurs, lorsqu'un tiers contractant ignorait que l'acte était accompli par un représentant sans pouvoirs ou au-delà de ses pouvoirs, il peut en invoquer *la nullité*.

Enfin, lorsque le représentant détourne ses pouvoirs au détriment du représenté, ce dernier peut invoquer la *nullité* de l'acte accompli si le tiers avait connaissance du détournement ou ne pouvait l'ignorer (art. 1257).

L'acte accompli au-delà des pouvoirs peut cependant être ratifié par le représenté, ce qui le mettre à l'abri de la nullité ou/et de l'inopposabilité.

a) La création par l'ordonnance du 10 février 2016 d'une action interrogatoire

213. Pour lever l'incertitude sur l'étendue des pouvoirs du représentant, l'ordonnance de 2016 a créé une action originale, *interrogatoire*, destinée à sécuriser l'acte accompli. L'article 1158 prévoit ainsi que le tiers qui doute de l'étendue du pouvoir du représentant conventionnel à l'occasion d'un acte qu'il s'apprête à conclure, peut demander par écrit au représenté de lui confirmer, dans un délai qu'il fixe et qui doit être raisonnable, que le représentant est habilité à conclure cet acte. On voit ici nettement apparaître l'objectif de sécurité juridique poursuivi par l'ordonnance.

b) Les limites de ces solutions : le mandat apparent

214. Le représenté peut parfois se trouver engagé alors que le représentant a agi au-delà de ses pouvoirs ou même sans pouvoir : c'est ce que l'on nomme le « mandat apparent ». D'autre part, la représentation peut faire naître d'autres problèmes que l'on désigne sous le nom de « contrat avec soi-même ».

215. Dans le cas du mandat apparent, Le représenté peut se trouver lié par les agissements d'un représentant agissant sans pouvoir ou au-delà de ses pouvoirs, dès lors que le cocontractant a cru, de bonne foi, à l'existence régulière de ce pouvoir, selon la théorie de l'apparence. Cette solution est reçue par l'article 1165, issu de l'ordonnance de 2016.

Cela exclut, en principe, les cas de représentation légale car les tiers sont censés connaître la loi et donc l'étendue des pouvoirs du représentant légal ; mais aussi les cas de représentation judiciaire où l'étendue des pouvoirs est indiquée dans le jugement.

216. En revanche, le problème se pose en matière conventionnelle, dans le mandat.

Un cas est prévu par le Code civil, celui où le mandat existait mais a disparu soit parce qu'il a été révoqué (il est révocable *ad nutum*, c'est-à-dire : à volonté, art. 2004) soit parce que le mandant est décédé (art. 2003). Dans ce cas, les tiers sont protégés par les articles 2008 et 2009 qui maintiennent ce mandat apparent à leur profit, à la condition que le mandataire ait ignoré la mort du mandant ou toute autre cause de disparition du mandat et que le tiers soit de bonne foi.

Dans tous les autres cas, la jurisprudence a d'abord admis que le représenté apparent n'est engagé selon les règles de la responsabilité civile, que s'il a commis une faute dans le choix de son représentant ou en permettant à cette apparence de naître. Ensuite, la Cour de cassation a admis l'engagement du mandant même sans faute, si la croyance du tiers quant à l'étendue des pouvoirs du mandataire était légitime et que les circonstances l'autorisaient à ne pas vérifier les limites exactes de ces pouvoirs. Toutefois, la Cour de cassation qui contrôle la légitimité de la croyance aux pouvoirs du prétendu mandataire[1] n'a pas précisé quels critères permettent de dire quand l'erreur du tiers est, ou non, « légitime » ou inexcusable et elle tranche au cas par cas[2].

§ 2. Les tiers susceptibles de devenir créanciers : la stipulation pour autrui

217. Un tiers, de façon tout à fait exceptionnelle car le principe de l'effet relatif du lien obligatoire (C. civ., art. 1165) s'y oppose, peut devenir créancier d'une obligation par l'effet d'un contrat auquel il était étranger (art. 1121) : c'est ce qu'on appelle la stipulation pour autrui.

► ***La stipulation pour autrui*** est l'opération par laquelle une personne, appelée *stipulant*, convient avec une autre, appelée *promettant*, que ce dernier exécutera une prestation au profit d'une troisième personne : le *tiers bénéficiaire.*

218. Les conditions de la stipulation pour autrui telles que prévues par le Code civil avant l'ordonnance du 10 février 2016 (art. 1121) étaient très restrictives ; mais la jurisprudence et différentes lois ont ensuite dégagé d'autres applications. C'est ainsi que la donation avec charges peut réaliser une stipulation pour autrui : dans le contrat passé entre le donateur et le donataire, il peut être prévu que le donataire s'oblige à une certaine prestation envers un tiers au contrat : le bénéficiaire de la charge. De même, le mécanisme de l'assurance-vie est un mécanisme de stipulation pour autrui.

219. L'ordonnance du 10 février 2016 a pris acte de ces évolutions et modifié la perspective en validant le principe de la stipulation pour autrui de façon générale, dans l'article 1205 dans la partie consacrée aux effets du contrat à l'égard des tiers.

220. Cette technique est une technique contractuelle analysée comme une exception à l'un des principes directeurs du contrat, le principe de l'effet relatif, en vertu duquel

---

1. Civ. 1re, 29 avr. 1969, *D.* 1970. 23 (deux arrêts), note Calais-Auloy ; *JCP* 1969. II. 15972 (trois arrêts), note R. Lindon ; v. aussi Civ. 3e, 4 mai 1982, *Bull. civ.* III, n° 111, et 20 avr. 1988, *JCP* 1989. II. 21229, note J. Monéger.

2. Sur la distinction de l'erreur légitime et de l'erreur commune dans le mandat apparent, v. note J. Calais-Auloy sous Civ. 1re, 30 nov. 1965, préc.

un contrat ne peut faire naître d'obligation à l'encontre ou au profit du tiers. Elle sera donc étudiée plus en détail dans ce cadre (v. ss 1699 s., l'effet relatif des contrats).

Section 2
Les ayants-cause des créanciers

221. Cette notion d'ayant cause (v. ss 181 s.) implique une *transmission* de droit. En effet, l'ayant cause est précisément celui qui tient son droit d'une autre personne, son « auteur », en l'occurrence le créancier. Cette transmission peut intervenir en raison de la mort du créancier ou bien par transmission entre vifs.

§ 1. Qualité d'ayant-cause du créancier par transmission de la créance à cause de mort

222. Au décès d'une personne, son patrimoine se transmet à différents individus qui peuvent être des ayants-cause universels ou à titre universel ou bien des ayants-cause à titre particulier.

A. La qualité d'ayant-cause universel ou à titre universel

223. Elle concerne les *héritiers* et les *légataires universels ou à titre universel*, les premiers tiennent de la loi leur droit sur le patrimoine du défunt, les seconds et les troisièmes tiennent leur droit sur l'intégralité ou sur une fraction de patrimoine, de la volonté du défunt, exprimée dans son testament.

Les uns comme les autres doivent être assimilés à leur auteur dont ils sont censés « continuer la personne ». Ainsi, toutes les obligations nées dans le patrimoine du défunt, qu'elles soient actives ou passives, se retrouvent-elles intégralement dans le patrimoine de ses ayants-cause universels ou à titre universel. Ils doivent acquitter ses dettes et respecter ses engagements, comme ils peuvent recouvrer ses créances.

B. La qualité d'ayant-cause à titre particulier

224. Les *légataires à titre particulier* tiennent également leur droit du défunt mais ce droit est limité à tel ou tel bien qu'ils recueillent du défunt en vertu de son testament ; le défunt leur ayant fait des legs.

§ 2. Qualité d'ayant-cause à titre particulier du créancier par transmission entre vifs

225. La transmission s'effectue ainsi chaque fois que le droit est transmis de son vivant par l'auteur à son ayant cause à titre particulier, du vendeur à l'acheteur, par exemple. La transmission du patrimoine à titre universel, entre vifs, n'est pas possible, en effet, car une personne n'a qu'un patrimoine et ne peut le transmettre qu'à cause de mort (cependant, pour des nuances, v. ss 504).

Ces ayants cause à titre particulier par transmission entre vifs (comme d'ailleurs à raison du décès), posent un certain nombre de problèmes. L'obligation étant considérée comme un lien personnel (rapport de droit entre deux personnes bien déterminées), sa transmission à une tierce personne ne semble pas imaginable. La transmission à titre universel dans le cas du décès est plus concevable puisque l'héritier continue la personne du défunt ; mais la transmission à titre particulier n'est concevable que si l'on admet que le rapport d'obligation a une valeur patrimoniale propre qui lui permet d'être cédé à un tiers comme le serait un droit réel qui porte sur un bien (sur ce point, v. ss 137).

226. Cette transmission des créances à titre particulier est aujourd'hui admise dans deux éventualités :

– soit par une *opération indépendante* comme la cession de créance ou la subrogation (que l'on étudiera au titre des opérations sur obligations ; pour la cession de créance, v. ss 549 s. ; pour la subrogation, v. ss 672 s.) ;

– soit à l'occasion du *transfert de certains biens dont la créance est l'accessoire,* par exemple un fonds de commerce. On peut cependant se demander si l'acquéreur d'un bien acquiert en même temps les droits et obligations relatifs à ce bien, nés des contrats passés avec son ancien propriétaire. La réponse est différente selon qu'il s'agit de contrats ayant pour objet des droits réels ou des droits personnels. Cette question sera envisagée dans le cadre de l'étude des effets des contrats (v. ss 1685 s.). Il s'agit souvent, plus encore que de transfert de créances, de *transfert de contrats* : la jurisprudence a admis en effet la possibilité de cession de contrats entiers, et l'ordonnance du 10 février 2016 a consacré cette notion de cession de contrat (C. civ., art. 1216 à 1216-3), ce que nous développerons dans le cadre de l'étude des effets des contrats (v. ss 1814 s.).

Section 3
Les débiteurs et leurs ayants-cause

227. Le droit de créance crée un rapport juridique entre sujet actif et sujet passif.

Nous nous sommes demandé, jusqu'ici, quels pouvaient être les sujets actifs, c'est-à-dire les titulaires de la créance, au moment de la formation du contrat ou ultérieurement, à la suite d'une transmission de créance. Le même processus peut être suivi en ce qui concerne les débiteurs, c'est-à-dire les sujets passifs de l'obligation.

228. Les titulaires de la dette peuvent être envisagés, là aussi, à deux stades : ceux qui figurent au contrat en tant que débiteurs au moment de sa formation et ceux qui le deviennent ultérieurement à la suite d'une transmission de dette analogue à la transmission de créance. Toutefois, il est aisé de se rendre compte que le rôle de débiteur est beaucoup moins enviable que celui de créancier et que, de ce fait, les transmissions de dettes sont moins courantes que celles de créances. En revanche, il existe une analogie certaine entre titulaires de la dette et titulaires de la créance, à l'origine du lien obligatoire.

Nous allons donc examiner successivement les titulaires de la dette au moment de la formation du lien obligatoire et les cas de transmission aux ayants-cause.

§ 1. Les titulaires de la dette au moment de la formation du lien obligatoire

229. Au moment de la formation du lien obligatoire, on trouve, en face du ou des créanciers, un ou plusieurs débiteurs ou leurs représentants et, éventuellement, un tiers appelé à payer la dette en cas de défaillance, que l'on nomme caution.

Un autre tiers peut se trouver mis en cause, même en son absence, dans le cas de promesse de porte-fort. Nous allons donc examiner successivement le cas des débiteurs proprement dits, puis celui des tiers susceptibles de devenir débiteurs.

A. Les débiteurs proprement dit

230. Le débiteur peut être présent et agir personnellement, ou être représenté. Il peut être seul, ou s'engager solidairement avec d'autres, en cas de solidarité passive.

1) Le débiteur peut être présent ou représenté

231. Le débiteur s'engage normalement personnellement et pour lui-même selon l'article 1203 (ancien art. 1119) qui dispose : « on ne peut s'engager en son propre nom que pour soi-même ». C'est l'application du principe général de la relativité des contrats.

Toutefois, comme nous l'avons vu pour le créancier (v. ss 189 s.), le débiteur peut fort bien ne pas être présent au moment de la formation du lien obligatoire et être représenté. Dans ce cas, c'est le représentant qui est présent et qui exprime ce consentement, mais c'est quand même le représenté qui est partie à l'acte et non son représentant. En effet, le représentant ne traite pas pour son propre compte mais pour celui d'autrui. Le pouvoir de représentation découle généralement de la loi, du juge ou d'un mandat (v. ss 189 s.).

2) Le débiteur peut être seul ou s'engager solidairement avec d'autres : solidarité passive

232. En effet, de même qu'il peut y avoir plusieurs créanciers solidaires en cas de solidarité active, il peut y avoir plusieurs débiteurs solidaires : c'est la solidarité passive (v. ss 345 s.).

► ***La solidarité passive*** est définie par l'article 1313 (ancien art. 1200) du Code civil : « la solidarité entre les débiteurs oblige chacun d'eux à toute la dette. Le paiement fait par l'un d'eux les libère tous envers le créancier ».

Cette solidarité passive est beaucoup plus fréquente que la solidarité active, car elle présente pour le créancier une sérieuse garantie contre l'insolvabilité d'un de ses débiteurs. Son mécanisme précis et ses effets seront étudiés dans le cadre de l'étude des obligations plurales (v. ss 358 s.).

B. Les tiers susceptibles de devenir débiteurs

233. De même que les tiers peuvent devenir créanciers, indépendamment de toute manifestation de volonté de leur part dans le cadre d'une stipulation pour autrui (v. ss 332 s.), il arrive que des tiers se retrouvent en situation de débiteurs.

Cependant, comme il est beaucoup plus dangereux d'être débiteur que créancier, il n'est pas possible de rendre quelqu'un débiteur sans son consentement.

Ce consentement peut se manifester au moment de la réalisation du lien obligatoire, dans le cas du *cautionnement*, ou postérieurement, dans le cas de la *promesse de porte-fort* (v. ss 235 s.).

1) Les cautions

► ***Le cautionnement*** est l'opération par laquelle une personne appelée *caution* se porte garant du paiement de sa dette par le débiteur et s'engage, en cas d'inexécution par ce dernier, à payer à sa place (C. civ., art. 2288 s.)

234. Le cautionnement, comme tout acte juridique par lequel une seule partie s'engage (C. civ., art. 1326), doit être constaté dans un titre portant, outre sa signature, la mention manuscrite de la somme ou de la quantité en toutes lettres et en chiffres.

La caution est donc bien un tiers par rapport au lien obligatoire existant entre le créancier et le débiteur, et pourtant, elle peut se voir appelée à régler la dette aux lieux et place du débiteur et cette obligation se transmet à ses héritiers[1]. Toutefois, si la dette est née postérieurement au décès de la caution les héritiers peuvent être dégagés ; en effet le créancier doit aviser les héritiers de l'existence du cautionnement pour permettre à ceux-ci de le résilier éventuellement[2].

Nous n'étudierons pas ici en détail le cautionnement car cette notion est habituellement étudiée avec les autres sûretés.

2) La promesse de porte-fort

235. L'article 1203 issu de l'ordonnance de 2016 (ancien art. 1119) pose en principe qu'on ne peut s'engager en son propre nom que pour soi-même mais l'article 1204, aussitôt après, dispose que l'on « peut se porter fort, en promettant le fait d'un tiers ».

► ***La promesse de porte-fort*** est l'engagement pris personnellement par un contractant d'obtenir la ratification ultérieure de l'acte par un tiers.

Par exemple, un impresario signe un contrat d'engagement avec le directeur d'un music-hall en se portant fort que sa vedette acceptera alors que le mandat dont il dispose n'envisageait pas ce cas ; ou, à l'inverse, un théâtre s'engage à faire bénéficier l'artiste d'une priorité de droit sur son rôle pour une éventuelle tournée quel que soit le producteur[3]. Autre exemple : les fondateurs d'une société s'engagent avec un tiers pendant

---

1. Com. 14 nov. 1980, *JCP* 1981. II. 19577, note M. Rèmond-Gouilloud.

2. Com. 29 juin 1982, *JCP* 1984. II. 20148.

3. Cet engagement, selon la Cour de cassation, s'analyse en une promesse de porte-fort rendant le théâtre débiteur d'une obligation de résultat : Soc. 3 mai 2012, nº 11-10.501, *Juris-Data* nº 2012-009084 (rejet).

la période de formation d'une société en se portant fort que la société, une fois constituée et immatriculée au registre du commerce, ratifiera l'engagement (art. 1843).

236. L'article 1204 précise les effets de la promesse de porte-fort. Le promettant est libéré de toute obligation si le tiers accomplit le fait promis. Dans le cas contraire, il peut être condamné à des dommages et intérêts. L'alinéa 3 indique également que lorsque le porte-fort a pour objet la ratification d'un engagement, celui-ci est rétroactivement validé à la date à laquelle le porte-fort a été souscrit.

237. On présente habituellement la promesse de porte-fort comme une exception à la règle de l'article 1203, mais la doctrine moderne le conteste en faisant remarquer que le tiers n'est pas engagé par la promesse du porte-fort, lequel s'engage personnellement. Néanmoins, le fait que la ratification par le tiers de l'acte passé par le porte-fort rétroagisse au jour de l'acte ratifié fait que le tiers se trouve, dès lors, engagé par un acte auquel il n'a pas été initialement partie. Il y a donc deux étapes successives : l'engagement personnel du porte-fort et la ratification par le tiers qui peut alors être considéré comme partie.

238. La promesse de porte-fort est aussi une exception au principe de l'effet relatif des conventions et elle sera étudiée plus en détail à ce titre (v. ss 1743).

§ 2. Les ayants cause des débiteurs

239. Nous avons vu plus haut (v. ss 222) que les créances pouvaient être transmises aux ayants cause du créancier, soit à cause de mort, soit entre vifs, qu'elles pouvaient passer aux ayants cause à titre universel ou à titre particulier, qu'elles pouvaient être transmises accessoirement au transfert d'une chose.

On peut se demander s'il en est de même pour les dettes.

240. Une dette peut-elle se transmettre comme une créance ? La situation est différente car on peut difficilement imposer à un créancier un changement de débiteur. En effet, alors qu'il est généralement indifférent à un débiteur d'avoir tel créancier plutôt que tel autre, la personnalité du débiteur est essentielle, car la créance ne vaut que ce que vaut le débiteur, selon qu'il est solvable ou non, honnête ou non, qu'il s'entend aux affaires ou non, etc. Aussi la transmission des dettes sera-t-elle beaucoup moins aisée que celle des créances. Avant l'ordonnance du 10 février 2016, même si son principe n'était pas admis, elle était cependant possible, dans le cadre de la technique de la délégation notamment, le débiteur, délégué, n'étant plus alors le débiteur initial ou bien n'étant plus seulement celui-là. L'ordonnance du 10 février 2016 a cependant consacré directement le mécanisme de la cession de dette (C. civ., art. 1327 s.). L'étude de ces mécanismes de transmission de dette (cession de dette et délégation) sera faite plus en détail en abordant la question des opérations sur obligations (v. ss 495 s. ; sur la cession de dette, v. ss 507 s. ; sur la délégation, v. ss 520 s.).

DOCUMENTS

BIBLIOGRAPHIE

AUBERT (J.-L.), « À propos d'une distinction renouvelée des parties et des tiers », *RTD civ.* 1993. 269.

LEDUC (F.), « Réflexions sur la convention de prête-nom. Contribution à l'étude de la représentation imparfaite », *RTD civ.* 1999. 283.

LESCOT [à propos du mandat apparent], *JCP* 1964. I. 1826 et 1966. I. 2007.

PICARD (M.), « La stipulation pour autrui et ses principales applications », in *Travaux de l'Association Henri Capitant*, t. VII, p. 267.

SOURIOUX (J.-M.), « À propos de la croyance légitime dans le mandat apparent », *JCP* 1982. I. 3058.

SIMLER (Ph.), « Les solutions de substitution au cautionnement », *JCP* 1990. I. 3427, n°s 12 s.

VERICEL (M.), « Désuétude ou actualité de la promesse de porte-fort ? », *D.* 1988. Chron. 123.

WICKER (G.) et FERRIER (N.), « La représentation », *JCP* 2015, suppl. au n° 21, p. 27.

ARRÊT À COMMENTER

Promesse de porte-fort

Civ. 8 juill. 1964, *D.* 1964. 560

LA COUR. – *Sur le moyen unique pris en ses différentes branches :*

– Attendu qu'il résulte des constatations de l'arrêt confirmatif attaqué (Aix, 12 juin 1962) que dame Baquis était propriétaire d'un immeuble à Nice faisant l'objet d'une substitution au profit de sa fille dame Grange ; que le terrain fut vendu le 1er juillet 1954, un acte notarié ayant été passé les 16 janvier et 27 avril 1959 avec la Société civile immobilière Victor Hugo Verdi ;

– Attendu qu'il est fait grief aux juges d'appel d'avoir déclaré atteinte de forclusion l'action en rescision pour lésion formée par les vendeurs le 25 mars 1960, au motif que la vente avait été définitivement conclue dès le 1er juillet 1954, alors que dame Baquis n'avait pas été représentée à l'acte du 1er juillet 1954, Boisacq, son conseil judiciaire n'ayant qu'une mission d'assistance, et que la clause de porte-fort n'ayant été ratifiée que le 17 avril 1958 par dame Baquis, ce n'est qu'à cette date qu'a pu courir à son encontre le délai de forclusion ;

– Mais attendu que l'arrêt constate que Israel et Boisacq se sont, lors de la vente, le 1er juillet 1954, portés forts pour les venderesses ; que *la ratification de l'acte passé par le porte-fort a un caractère rétroactif et remonte au jour de l'acte ratifié, l'obligation du tiers prenant naissance au jour de l'engagement du porte-fort*, qu'ainsi dame Baquis, par l'effet de sa ratification, s'est trouvée obligée en qualité de venderesse dès le 1er juillet 1954, date à laquelle a commencé à courir le délai de l'article 1676 du Code civil ; d'où il suit que par ces motifs, de pur droit, substitués à ceux de l'arrêt attaqué, le moyen n'est fondé en aucune de ses branches ;

Par ces motifs,

Rejette.

Instructions

Remarquer le principe posé par l'arrêt (en italique) et dégager ses incidences en l'espèce. Se reporter pour cela aux chapitres concernant la représentation et l'action en rescision pour lésion.

La représentation

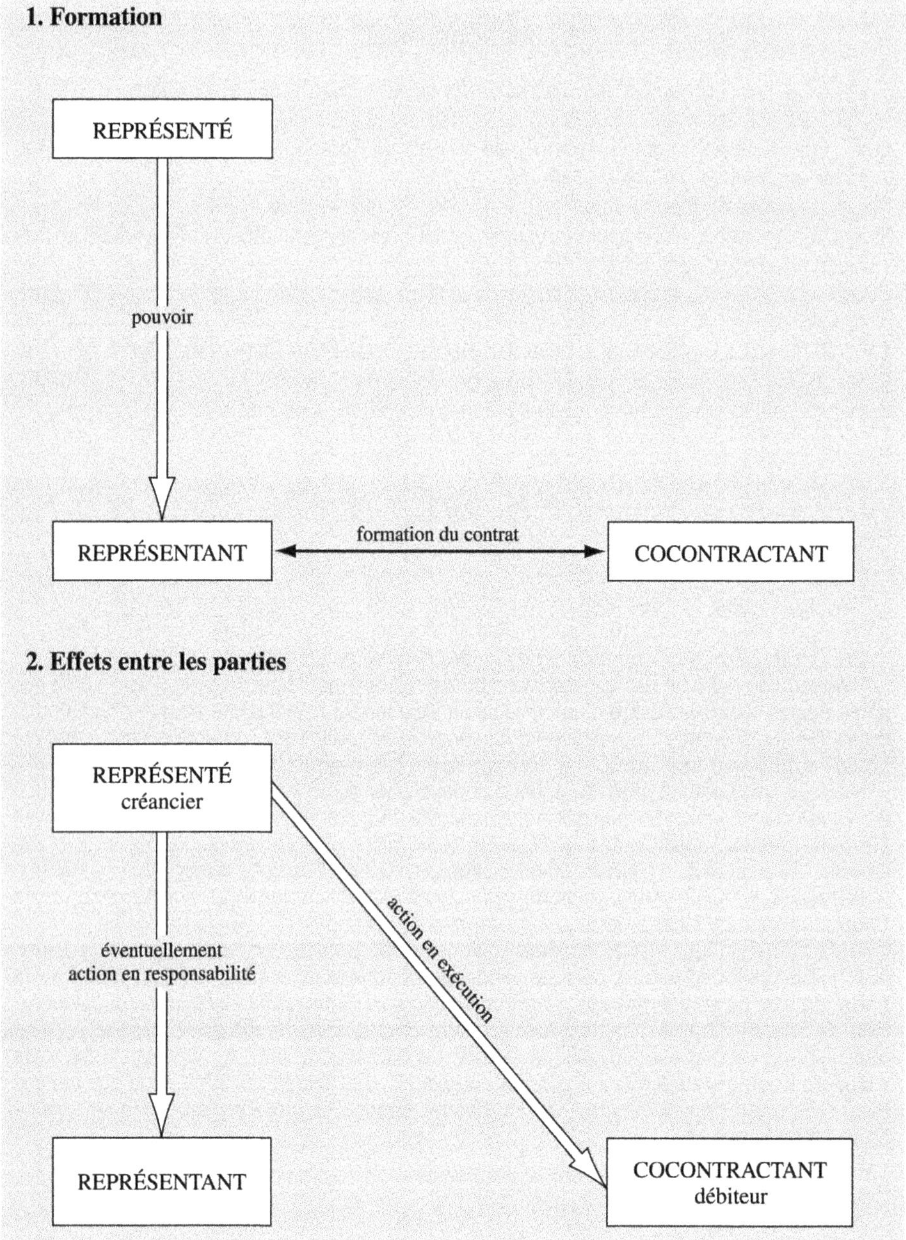

Chapitre 2

Les modalités susceptibles d'affecter les obligations lors de leur naissance

241. Au moment de leur naissance, les obligations peuvent être pures et simples, mais elles peuvent également être qualifiées de complexes, selon qu'elles sont affectées de modalités telles que terme ou condition, ou qu'elles sont plurales, c'est-à-dire qu'elles comportent plusieurs objets ou plusieurs sujets. La première catégorie de modalité fait intervenir le facteur temps, en liant le sort de l'obligation à un événement futur, terme ou condition. La seconde catégorie de modalités porte sur l'aspect quantitatif de l'obligation (pluralité d'objet ou de sujet).

242. Ces différentes modalités susceptibles d'affecter les obligations ont été reprises et rassemblées par l'ordonnance du 10 février 2016 dans un chapitre intitulé « *Les modalités des obligations* » qui remplace l'ancien chapitre intitulé « *Des diverses espèces d'obligations* ». Au-delà des changements terminologiques, qui visent à la simplification, on note quelques modifications de fond, relatives notamment à la condition, dont certaines sont plus substantielles que d'autres.

Nous étudierons successivement ces modalités.

Section 1
Les obligations conditionnelles et à terme

243. En principe, les obligations sont pures et simples : elles se forment immédiatement lors de la conclusion d'un acte juridique ou par l'effet de la loi ou encore lorsque les conditions d'un fait juridique sont réunies et elles prennent fin dès leur complète exécution ; mais il est également possible que la naissance de l'obligation ou l'exécution de l'obligation, ou encore sa durée et donc son extinction, soit modulée dans le temps au moyen de deux modalités qui sont le terme et la condition (cf. tableau I, en fin de chapitre). La plupart du temps, cette modulation concerne des obligations conventionnelles et elle résulte de la volonté des parties au contrat.

▶ ***Le terme*** est un événement *futur* et *certain* dont dépend soit l'exigibilité d'une obligation, c'est-à-dire le moment auquel on peut en exiger l'exécution : c'est le terme suspensif ; soit l'extinction de l'obligation : c'est le terme extinctif.

▶ ***La condition*** est également un événement *futur*, mais cette fois *incertain*, dont dépend soit l'existence d'une obligation, sa naissance : c'est la condition suspensive ; soit sa résolution : c'est la condition résolutoire.

Ces modalités, qui sont désormais régies successivement dans le Code civil, par les articles 1304 à 1304-7 pour la condition et 1305 à 1305-5 pour le terme, présentent un certain nombre de points communs mais diffèrent essentiellement par leurs effets.

244. La caractéristique principale de la condition est son caractère d'*incertitude* qui l'oppose au terme, événement certain. Mais, l'une comme l'autre sont des événements *futurs*.

Après cette définition, nous allons examiner la notion de condition d'une part, et ses effets de l'autre.

§ 1. La condition

245. Alors que le Code civil, avant l'ordonnance du 10 février 2016, consacrait dix-sept articles à l'obligation conditionnelle, le dispositif issu de l'ordonnance ne comporte plus que huit articles (art. 1304 à 1304-7). Toutes les dispositions qui paraissaient inutiles ou superflues ont disparu et l'allègement des textes est très conséquent. Au titre des principaux changements, l'ordonnance a supprimé les distinctions traditionnelles entre les différentes sortes de conditions, potestative, casuelle et mixte, ainsi que les précisions relatives aux différentes modalités d'accomplissement des conditions. Elle maintient cependant la distinction majeure, fondée sur les effets de la condition, entre la condition suspensive et la condition résolutoire, tout en faisant disparaître l'effet rétroactif qui caractérisait la condition suspensive lors de son accomplissement. On étudiera donc d'abord les classifications des conditions puis leurs caractères conditions et leurs effets.

A. Classification des conditions

246. La première classification qui vient à l'esprit, en général, est celle fondée sur les sources, mais elle n'offre guère d'intérêt en ce qui concerne les conditions qui sont pratiquement toujours conventionnelles. On classe traditionnellement les conditions d'après leurs éléments constitutifs, leur validité ou leurs effets (cf. tableau III, en fin de chapitre) ; mais la première classification est remise en cause par l'ordonnance de 2016.

1) Disparition de la classification fondée sur les éléments constitutifs : conditions casuelles, potestatives ou mixtes (art. 1169, 1170, 1171)

247. La typologie disparaît mais pas le seul intérêt qui s'y attachait : la nullité des conditions potestatives est maintenue à l'article 1304-2.

248. On distinguait en effet auparavant, trois sortes de conditions :

– *la condition casuelle,* définie par l'article 1169 du Code civil comme celle qui dépend uniquement du hasard et non de la volonté des parties (ancien art. 1169) (ex. Je peindrai votre portail demain, s'il fait beau) ;

– *la condition potestative* définie comme celle qui dépend de la volonté de l'une ou l'autre des parties (ancien art. 1170), avec une nouvelle distinction entre la *condition purement potestative* qui dépend exclusivement de la volonté de l'une des parties et la *condition simplement potestative* qui dépend, à la fois, de la volonté de l'une des parties et d'une circonstance dont elle n'est pas maîtresse (ex : Je vous donnerai ma maison si vous vous mariez) ;

– *la condition mixte* qui dépend à la fois de la volonté d'une des parties et de la volonté d'un tiers (ou du hasard).

249. Désormais seule la condition purement potestative est prévue par l'article 1304-2 pour être frappée de nullité (comme auparavant dans l'ancien article 1174), dans le cas où « sa réalisation dépend de la seule volonté du débiteur ». Le nouveau texte ajoute toutefois la précision notable que « la nullité ne peut être invoquée lorsque l'obligation a été exécutée en connaissance de cause », ce qui semble faire de la nullité une nullité relative. L'expression en « connaissance de cause » reste cependant ambiguë : concerne-t-elle le débiteur ou le créancier ?

250. Ainsi, *comme par le passé, la condition potestative reste valable si elle dépend de la seule volonté du créancier* (ex. Je vous rendrai ce que je vous ai emprunté si vous le désirez ; je vous vendrai cette maison si vous le voulez : l'acheteur est le créancier, il bénéficie d'une option qu'il peut lever si bon lui semble).

251. En revanche *elle est nulle si elle dépend de la seule volonté du débiteur* (ex. Je vous rembourserai si je le veux bien). Une telle obligation n'en est plus une. Par exemple, la condition figurant dans un prêt selon laquelle le remboursement du prêt ne serait dû que lors de la vente d'un appartement par les emprunteurs est une condition purement potestative dépendant de la seule volonté des emprunteurs, débiteurs et rendant nul le prêt tout entier [1]. Est également purement potestative, la condition selon laquelle la vente est conclue sous condition suspensive que « le promettant obtienne des services compétents une autorisation de changement d'affectation du bien pour que celui-ci puisse être affecté à l'usage d'habitation » dès lors que sa réalisation dépend du seul bon vouloir du vendeur, en l'absence de copropriété instituée préalablement à la signature de la promesse de vente [2]. Toutefois, la jurisprudence admet parfois la validité de telles conventions, en déclarant qu'il s'agit d'un terme incertain et non d'une condition, le débiteur paiera quand il le pourra, quand il en aura les moyens. Cette requalification de la condition en terme permet d'éviter la nullité (v. ss 294).

La Cour de cassation exerce son pouvoir de contrôle sur la qualification de la condition. Il en a été ainsi dans le cas de la cessation des contrats de travail de médecins travaillant dans une clinique privée. Leur contrat de travail comportait une clause prévoyant que si la clinique cessait d'exercer, le contrat prendrait fin sans indemnité. Par la suite, la clinique est fermée et vendue par son propriétaire en raison de « difficultés insurmontables de gestion ». La cour d'appel avait déclaré que cette clause ne constituait pas une condition « potestative au point d'être nulle » et la Cour de cassation approuvant ces constatations souveraines énonce que « la clause litigieuse n'était pas purement potestative et, partant, que sa nullité n'était pas démontrée » d'autant plus que la mise en œuvre de la clause avait été entreprise « sous la pression d'événements économiques irrésistibles ». On constate, ici, qu'il s'agit davantage du contrôle de la potestativité de la mise en œuvre de la clause que celui de la potestativité de la disposition elle-même.

---

1. Paris, 15 mars 1974, *JCP* 1974. II. 17786, note G. Goubeaux.

2. Paris, 17 juin 2004, *Juris-Data* n° 2004-243 362.

252. La validité de la condition purement potestative est cependant parfois admise dans le cas où il s'agit d'une condition résolutoire et non suspensive. C'est le cas, par exemple, pour la vente à réméré prévue par les articles 1659 et suivants.

▶ ***La vente à réméré*** est un contrat par lequel le vendeur se réserve le droit de reprendre la chose vendue, moyennant la restitution du prix payé, s'il en manifeste le désir dans un délai de cinq ans

2) Maintien de la classification fondée sur les effets : distinction de la condition suspensive et résolutoire

253. Ici, ce sont les effets qui distinguent ces deux sortes de conditions.

▶ ***La condition suspensive*** est celle dont dépend la naissance de l'obligation.

▶ ***La condition résolutoire*** est celle dont dépend sa résolution. Elle est sous-entendue dans les contrats, en cas d'inexécution par l'une des parties de ses obligations. Avant l'ordonnance du 10 février 2016, l'article 1184 du Code civil l'exprimait expressément. Depuis l'ordonnance, l'article 1227 indique, en application de cette idée, que la résolution peut, en toute hypothèse être demandée en justice (v. ss 1876 s.).

Nous reverrons ces effets plus en détail lors de l'étude des effets de la condition (v. ss 264 s.).

B. Conditions de validité des conditions

254. La condition doit être licite et elle ne doit pas être purement potestative de la part du débiteur.

255. Sur cette question de la validité des conditions, là encore l'ordonnance de 2016 a allégé le dispositif. En effet l'ancien article 1172 précisait que « toute condition d'une chose impossible, ou contraire aux bonnes mœurs, ou prohibée par la loi, est nulle et rend nulle la convention qui en dépend » (sauf en matière de libéralités où normalement, seule la condition est annulée v. C. civ., art. 900).

256. Depuis la réforme, ***la nullité des conditions impossibles a disparu.*** Qu'il s'agisse d'une impossibilité *matérielle* (exemple donné par le droit romain : si tu touches le ciel du doigt), ou *juridique*. Il est vrai qu'en toute hypothèse, le contrat passé sous une condition suspensive impossible ne se réalisera jamais. Il est donc inexistant et non pas nul, comme l'indiquait l'article 1172. On peut regretter toutefois que cette situation n'ait pas été prise en compte au titre de la sanction de la caducité, introduite dans la Code civil aux articles 1186 et 1187 (sur cette sanction, v. ss 1469 s.). Si la condition impossible concerne par ailleurs une condition résolutoire, elle n'aura aucun effet sur le contrat qui pourra s'exécuter normalement sans risque de remise en cause. Là encore, la nullité n'avait pas d'intérêt.

257. *La nullité des conditions illicites est maintenue.* La condition doit être licite, c'est-à-dire supposer l'accomplissement d'un événement possible et licite, l'événement illicite pouvant être un fait juridique, tel qu'un délit ou un quasi-délit, ou même un acte juridique contraire à une disposition impérative de la loi ou à l'ordre public. L'article 1304-1 issu de l'ordonnance ne fait plus référence par ailleurs à la contrariété aux bonnes mœurs, notion désuète, voire obsolète, qui représente l'aspect moral de l'ordre public. On doit considérer que ce qui reste des bonnes mœurs est intégré dans le concept plus large d'ordre public. La condition illicite peut ainsi être également sanctionnée sur le fondement de l'article 1162 du Code civil qui pose l'exigence de conformité du contenu du contrat à l'ordre public : « le contrat ne peut être contraire à l'ordre public ni par ses stipulations ni par son but ».

À ce titre, on peut donner l'exemple des conditions de non-mariage ou non-remariage : en principe nulles comme portant atteinte à l'ordre public[1], elles sont parfois considérées comme valables si elles sont prises dans l'intérêt de la personne ou de ses enfants[2] : par exemple pour soustraire une personne âgée à des entraînements dangereux.

258. On notera par ailleurs que l'ancien article 1172 prévoyait que la nullité de la condition entraînait la nullité de l'acte qui en dépendait.

259. Le nouvel article 1304-1 limite désormais la nullité à la condition et ne prévoit plus son extension à l'acte. L'article 1184 du Code civil relatif aux conditions de la nullité partielle ou totale des contrats, permettra cependant de maintenir les solutions jurisprudentielles antérieures (v. ss 1516 s.).

C. Caractères des conditions

1) L'événement doit être futur et incertain

260. Pour qu'il s'agisse d'une condition, il faut que l'événement soit incertain, non seulement dans sa date, mais aussi quant à sa réalisation, ce dernier élément d'incertitude excluant la qualification de terme[3].

2) L'événement doit être extrinsèque au rapport de droit

261. C'est-à-dire que la convention doit exister en dehors de la condition. Un élément essentiel du contrat ne peut constituer une condition : ainsi, la vente faite sous la condition du paiement du prix n'est pas une vente conditionnelle[4]. Il ne faut donc pas se fier aux termes employés par les parties, qui ont fort bien pu qualifier de « condition » ce qui n'en était pas une.

---

1. Paris, 30 avr. 1963, *JCP* 1963. II. 13205 *bis*.

2. Civ. 22 déc. 1896, *DP* 1898. I. 537, concl. Desjardins.

3. Civ. 1re, 13 avr. 1999, *JCP* 2000. II. 10309, note A.-S. Barthèz ; *Defrénois* 1999, art. 37041, p. 1001, note D. Mazeaud et, plus récemment, Civ. 1re, 13 juill. 2004, *Juris-Data* n° 2004-024 667, *JCP* 2004. II. 10155, avis J. Sainte-Rose.

4. La Cour de cassation a ainsi précisé, au visa de l'article 1168 ancien du Code civil, que la clause qui prévoit une condition portant sur un élément essentiel à la formation du contrat doit être réputée non écrite : Civ. 2e, 22 oct. 2015, *Légifrance*, n° 14-20. 096.

3) L'événement ne doit pas dépendre de la seule volonté du débiteur

262. On retrouve ici la prohibition de la condition potestative de la part de celui qui s'engage (v. ss 249).

4) L'événement doit être possible, licite et conforme à l'ordre public et aux bonnes mœurs

263. Sinon l'acte tout entier est susceptible d'annulation, comme nous l'avons vu plus haut.

D. Effets de la condition

264. Pour étudier les effets de la condition, il faut faire la distinction entre la condition suspensive et résolutoire.

1) Effets de la condition suspensive

265. Trois situations sont à considérer. La première correspond à une phase d'incertitude, tant que la condition est en suspens, est « pendante » selon l'expression latine, *pendente conditione* ; la deuxième intervient en cas de défaillance de la condition. La troisième concerne le cas de réalisation de la condition.

a) La situation pendente conditione (tant que la condition n'est pas réalisée ou pas défaillie)

266. L'article 1304-5 précise les effets de cette situation en reprenant pour l'essentiel les dispositions antérieures, sous réserve de quelques modifications. La situation est caractérisée par le fait que l'obligation n'existe pas encore, mais que le créancier a un droit éventuel. Les parties sont déjà liées, non pas par un rapport d'obligation, mais par une norme née du contrat qui prévoit que si tel événement se réalise une créance naîtra.

267. À la différence de ce qui se passe avec le terme suspensif, l'obligation n'est pas encore née, le « débiteur » n'est pas encore débiteur et le « créancier » qui n'est pas non plus encore créancier, ne peut pas demander l'exécution de l'obligation (mais la prescription extinctive ne court pas contre lui) (art. 2257, al. 2).

268. Le créancier a cependant déjà, en quelque sorte, un « germe de créance » qui va lui permettre notamment d'exercer des actes conservatoires (art. 1304-5, al. 1er). L'ordonnance innove par ailleurs, en lui permettant d'attaquer les actes que le débiteur accomplit en fraude de ses droits, ce qui n'était pas admis auparavant (action paulienne, v. ss 441).

269. Le débiteur, quant à lui, s'il n'a pas à payer, doit néanmoins s'abstenir de tout acte qui empêcherait la bonne exécution de l'obligation (art. 1304-5, al. 1er). Enfin, s'il paye, l'article 1304-5, alinéa 2, précise qu'il pourra obtenir la répétition (restitution) tant que la condition n'est pas accomplie. En cas de contrat translatif de propriété, tant que la condition est en suspens, le vendeur demeure propriétaire et, dès lors, les risques de la perte de la chose sont à sa charge (v. C. civ., art. 1196) (sur cette question du transfert des risques, v. ss 1562) ; c'est ce que confirme l'article 1304-6, alinéa 2, qui précise (dans le cas où les parties ont prévu la rétroactivité de la condition au jour du contrat, mais il en est de même *a fortiori* en l'absence de rétroactivité), que « la chose objet de l'obligation demeure aux risques du débiteur qui en conserve l'administration et a droit aux fruits jusqu'à l'accomplissement de la condition ».

b) La défaillance de la condition

270. En cas de *défaillance* de la condition suspensive, l'obligation, selon l'article 1304-6, alinéa 3, est réputée n'avoir jamais existé.

271. Quand la condition est-elle considérée comme défaillie ? Si les parties avaient fixé un temps pour l'accomplissement de la condition, elle est censée défaillie lorsque le temps est expiré sans que l'événement soit arrivé. Sinon, « elle n'est censée défaillie que lorsqu'il est devenu certain que l'événement n'arrivera pas ». C'est alors au juge qu'il revient de déterminer si le retard dans la réalisation de la condition est assez long pour être assimilé à sa défaillance [1]. Ces précisions qui figuraient dans le texte antérieur n'ont pas été reprises par l'ordonnance.

272. L'effet de la défaillance de la condition est un effet rétroactif. Cet effet rétroactif a été maintenu par l'ordonnance de 2016. Ainsi, la défaillance de la condition, lorsqu'elle est établie, a pour effet de remettre les choses dans l'état antérieur à l'acte conditionnel. Tout se passe comme si le contrat n'avait pas été conclu, les cautions sont libérées, les garanties réelles disparaissent.

Compte tenu de cette fiction de la rétroactivité de la condition, on doit considérer que le contrat est rétroactivement effacé. Cette idée d'un effacement rétroactif admis par la majorité de la doctrine, n'était pas conforme à la sanction retenue en la matière, pendant longtemps, par la Cour de cassation. Un premier arrêt, controversé, avait en effet retenu la sanction de la caducité du contrat. Or, la caducité fait disparaître le contrat pour l'avenir seulement [2]. La Cour de cassation a maintenu par la suite sa position en réaffirmant que « les conditions convenues ayant défailli, les acquéreurs n'avaient pour seule alternative que de se prévaloir de la caducité de la promesse ou d'y renoncer » [3]. Le projet d'ordonnance rendu public en février 2015 avait consacré cette jurisprudence puisque l'article 1186, relatif à la caducité prévoyait qu'un « contrat valablement formé devient caduc lorsque vient à faire défaut un élément extérieur au contrat mais nécessaire à son efficacité », ce qui visait notamment la défaillance de la condition suspensive. Mais cette solution a disparu dans la version finale de l'ordonnance, la résolution du contrat accompagnant plus logiquement le choix du maintien de l'effet rétroactif de la défaillance de la condition.

---

1. Civ. 3e, 4 mai 2000, inédit, comm. J. Mestre, et B. Fages, *RTD civ.* 2000. 572.

2. Civ. 3e, 13 juill. 1999, *Defrénois* 1999, art. 37079, p. 1331, obs. D. Mazeaud ; *LPA* 1er févr. 2000, p. 16, note J.-L. Courtier ; *JCP* 2000. I. 215, obs. G. Virassamy.

3. Civ. 3e, 31 mars 2005, *JCP* 2005. II. 10157, note H. Kenfack ; v. aussi, approuvant pour sa part cette sanction de la caducité : J.-D. Pellier, « Le sort du contrat en cas de défaillance de la condition suspensive », *LPA* 10 avr. 2008, n° 73, p. 3 s.- Dans le même sens : Civ. 3e, 10 oct. 2012, *Légifrance*, n° 11-15.473 ; Civ. 3e, 12 nov. 2015, *Légifrance*, n° 14-25.084.

c) La renonciation à la condition

273. À cet égard, l'ordonnance est venue consacrer la notion de « *condition unilatérale* », ou encore de renonciation unilatérale à la condition. La jurisprudence, avant l'ordonnance de 2016, tendait en effet à reconnaître cette possibilité de renonciation lorsqu'elle était stipulée dans l'intérêt exclusif de l'une des parties (les bénéficiaires d'une promesse, par exemple). Elle admettait que dans ce cas, cette dernière pouvait y renoncer et donc, dans le cas de la promesse de vente, valablement lever l'option tant que la promesse est maintenue[1]. L'ordonnance a consacré cette possibilité d'une renonciation unilatérale dans l'article 1304-4. Toutefois, le texte subordonnait la possibilité de renoncer au fait que la condition ne soit pas « accomplie » et cette formulation était ambigüe : le terme « accomplie » ne renvoyait qu'à l'hypothèse d'une condition résolutoire et non à celle d'une condition suspensive pour laquelle il aurait fallu utiliser le terme « défaillie ». La formule semblait interdire toute possibilité de renonciation en cas de défaillance d'une condition suspensive, quelle que soit la volonté des parties de confirmer le contrat, les obligeant ainsi à conclure un nouveau contrat.

274. La loi de ratification du 20 avril 2018 est venue corriger l'article 1304-4. Le texte a été complété pour couvrir clairement la condition suspensive. : « une partie est libre de renoncer à une condition stipulée dans son intérêt exclusif tant qu'elle n'est pas accomplie ou n'a pas défailli », ce qui vise désormais toutes les hypothèses.

d) Le « réputé accompli » et le « réputé défailli »

275. Reprenant sur le fond l'ancien article 1178, l'article 1304-3, alinéa 1er, prévoit à titre de sanction que la condition suspensive est réputée accomplie si celui qui y avait intérêt en a empêché l'accomplissement. Mais, la solution est désormais bilatéralisée puisque l'article 1304-3, alinéa 2, ajoute que la condition résolutoire est réputée défaillie si celui qui y avait intérêt a provoqué son accomplissement.

e) La réalisation de la condition : l'abandon du principe de rétroactivité

276. La réalisation de la condition a pour effet de transformer l'obligation conditionnelle en obligation pure et simple (art. 1304-6) mais seulement à compter de l'accomplissement de la condition.

277. Cette solution est nouvelle. En effet, jusqu'à l'ordonnance de février 2016, l'accomplissement de la condition suspensive avait un effet rétroactif (ancien art. 1179). L'obligation était censée avoir été pure et simple dès sa formation et non pas seulement à partir de la réalisation de la condition. Cette rétroactivité produisait certaines conséquences, non négligeables. Ainsi en cas de vente d'immeuble sous condition suspensive, pour savoir si la vente est rescindable pour lésion (sur cette sanction, v. ss 1393 s., spéc. v. ss 1409), la valeur de l'immeuble devait être appréciée au jour de la vente et non au jour de sa réalisation[2]. Le débiteur qui avait payé *pendente conditione*, et qui pouvait alors, exercer l'action en répétition de l'indu ne le pouvait plus,

---

1. Civ. 3e, 13 oct. 1999, *JCP* 2000. I. 237, obs. J. Rochfeld.
2. Civ. 17 oct. 1967, *JCP* 1967. II. 15307.

son paiement se trouvant rétroactivement consolidé ; l'acquéreur conditionnel était censé être devenu propriétaire du jour de la conclusion du contrat. Dès lors, tous les droits que le vendeur conditionnel avait pu consentir à des tiers *pendente conditione* tombaient rétroactivement. On voit tout de suite le danger que cela représentait pour les tiers ; heureusement, ils sont protégés en matière immobilière par la publicité et, en matière mobilière, par l'article 2279 devenu l'article 2276 depuis la loi du 17 juin 2008 sur la prescription (qui considère comme propriétaire, le possesseur de bonne foi).

278. À l'inverse, l'ancien article 1182 donnait une solution qui ne tenait pas compte de la rétroactivité en disposant que c'est le débiteur de la livraison, c'est-à-dire l'aliénateur conditionnel, qui supporte la charge des risques qui peuvent se réaliser *pendente conditione*, alors que, une fois la condition réalisée, l'acquéreur, qui est censé être propriétaire dès la conclusion du contrat, aurait dû voir mettre les risques à sa charge (théorie des risques, v. ss 1562). De même, en dépit de cette rétroactivité, la jurisprudence admettait que les fruits perçus *pendente conditione* par l'aliénateur conditionnel lui restaient acquis.

279. Cette règle de la rétroactivité de la condition avait fait l'objet de certaines discussions doctrinales : certains auteurs contestaient l'existence de cette rétroactivité en raison des exceptions qu'elle comporte ; d'autres auteurs tout en admettant le principe de la rétroactivité, la considéraient, les uns comme une fiction, les autres comme une manifestation de la volonté des parties, d'autres encore comme un moyen technique consacrant des solutions de bonne foi et d'honnêteté.

280. De toute façon, cette règle de la rétroactivité était purement supplétive et la jurisprudence admettait que les parties puissent convenir d'y déroger. Ainsi, une promesse de vente sous condition suspensive peut-elle contenir une clause précisant que le transfert de propriété aura lieu, non au jour de la promesse, mais au jour de la rédaction de l'acte authentique de vente[1] et une telle clause est généralement insérée dans les contrats.

281. *L'avant-projet Catala de réforme du droit des obligations* abandonnant, ici, les travaux de la Commission de réforme du Code civil dont il s'était inspiré en la matière, considérait pour sa part que la rétroactivité « se justifie à la fois sur le plan rationnel et sur un plan pratique »[1]. Le projet de réforme gouvernemental d'octobre 2013 maintenait également le principe de rétroactivité tout en précisant que la rétroactivité n'a pas lieu « si telle est la convention des parties ou si l'économie du contrat le commande ».

282. La question était donc discutée. *L'ordonnance de 2016* a pris le parti de supprimer le principe de la rétroactivité et donc d'inverser les solutions. Selon l'article 1304-6, « l'obligation devient pure et simple à compter de l'accomplissement de la condition. » Le principe est donc celui de la non-rétroactivité. Cependant, l'alinéa 2 prévoit que les parties peuvent prévoir la rétroactivité de la condition au jour du contrat. Le texte règle par ailleurs les difficultés en précisant que dans ce cas, la chose objet de l'obligation demeure aux risques du débiteur qui en conserve l'administration et a droit aux fruits jusqu'à l'accomplissement de la condition, confirmant ainsi la solution jurisprudentielle antérieure.

---

1. Civ. 1re, 30 avr. 1970, *JCP* 1971. II. 16674, note L. Mourgeon.

2) Effets de la condition résolutoire

283. Là aussi, il faut examiner les effets dans trois hypothèses.

a) La situation pendente conditione

284. À la différence de l'obligation sous condition suspensive, l'obligation sous condition résolutoire est immédiatement exigible, mais elle est menacée de résolution ; par exemple, un célibataire donne un immeuble à sa sœur en précisant qu'il lui reviendra au cas où il se marierait. Cette sœur devient immédiatement propriétaire de l'immeuble, mais si, quelques années plus tard, son frère se marie, elle devra alors le lui restituer. L'acquéreur sous condition résolutoire devient aussitôt propriétaire et, dès lors, les risques de la perte de la chose sont à sa charge (v. ss 1562).

b) La défaillance de la condition

285. Si la condition ne se réalise pas, le contrat est rétroactivement consolidé, la menace qui pesait sur lui est dissipée ; par exemple, le célibataire meurt sans s'être marié, sa sœur est définitivement et rétroactivement propriétaire. Toutefois, cette hypothèse de la défaillance de la condition n'est pas prévue par les nouveaux textes.

c) La renonciation à la condition

286. L'article 1304-4, étudié à propos de la renonciation à la condition suspensive, prévoit, on l'a vu (v. ss 273), qu'une partie est libre de renoncer à la condition stipulée dans son intérêt exclusif « tant que celle-ci n'est pas accomplie ». Dans ce cas, le contrat se trouve automatiquement consolidé.

d) La réalisation de la condition

287. Ici la condition va rétroagir. La réalisation de la condition résolutoire va effacer rétroactivement et de plein droit l'obligation qui est censée n'avoir jamais existé (art. 1304-7) ; par exemple, si le donateur se marie, sa sœur devra lui restituer l'immeuble dont elle sera censée n'avoir jamais été propriétaire ; sauf stipulation contraire, une mise en demeure préalable n'est pas nécessaire [1]. Toutefois, quand il s'agit d'un contrat à exécution successive, bail, contrat de travail, la résolution ne peut jouer que pour l'avenir. On parle alors de *résiliation*.

288. Cette rétroactivité de la condition entraîne l'anéantissement de tous les droits consentis par l'acquéreur au profit des tiers, ce qui est évidemment dangereux pour ces derniers. L'article 1304-7 prévoit cependant une limite à cette rétroactivité : les actes conservatoires et d'administration qui ont pu être accomplis *pendente conditione* ne sont pas remis en question. La solution est conforme à la jurisprudence, qui avait apporté des atténuations au principe de rétroactivité, en maintenant la validité des actes d'administration. À la différence de la condition suspensive, cependant, la question des fruits n'est pas réglée par le nouveau texte.

---

1. Civ. 3e, 9 janv. 1980, *Bull. civ.* III, 1980, n° 12, p. 9.

La jurisprudence avait également admis, en application du droit antérieur à l'ordonnance et par exception à la rétroactivité, que l'acquéreur conservait la charge des risques réalisés *pendente conditione*. Or, sur ce point, le nouveau texte est muet alors que la solution est indiquée pour la condition suspensive, à savoir que les risques survenus *pendente conditione* pèsent sur le débiteur-vendeur, par exception à la rétroactivité. Par analogie avec la condition suspensive il faut sans doute considérer que les risques sont pour l'acheteur lorsque la chose a péri avant l'accomplissement de la condition résolutoire, d'autant qu'il s'agit de la solution adoptée par la jurisprudence antérieurement à l'ordonnance.

§ 2. Le terme

289. Il convient de définir la notion et d'en étudier les effets.

A. La notion de terme

1) Définition

► ***Le terme*** est un événement futur et certain dont dépend l'exigibilité ou l'extinction d'une obligation.

290. Contrairement à la condition, le terme ne met jamais en cause l'existence de l'obligation, il affecte seulement son exigibilité ou sa durée.

De plus, une autre différence essentielle avec la condition réside dans le caractère de certitude de la survenance du terme. Mais l'un comme l'autre, nous l'avons vu, sont des événements futurs.

291. L'ordonnance du 10 février 2016 a choisi, finalement, de ne pas regrouper les dispositions éparses consacrées au terme suspensif (traité au titre du régime général des obligations, dans les articles 1305 à 1305-5), au terme extinctif (traité dans le cadre de la durée du contrat) (art. 1210 s.) et au délai de grâce (traité avec le paiement, à l'article 1343-5). Les deux sortes de termes, extinctif et suspensif seront cependant envisagées ici, ensemble.

2) Diverses sortes de termes

292. On peut trouver diverses classifications des termes selon que l'on considère leur nature, leur degré de précision, l'intérêt des contractants ou leurs effets. En ce qui concerne la source, cela ne présente guère d'intérêt, car le terme est pratiquement toujours conventionnel, les cas de termes judiciaires ou légaux étant rares (cf. tableau II, en fin de chapitre).

a) Terme de droit ou terme de grâce

293. Selon sa nature, le terme est un droit, une obligation, ou une faveur.

► ***Le terme de droit*** est celui qui constitue pour le débiteur un droit ; c'est le terme de droit commun, terme conventionnel, par opposition au terme de grâce.

► ***Le terme de grâce***, ou *délai de grâce*, est une faveur accordée par le juge au débiteur pour lui permettre de s'acquitter de son obligation (v. ss 490).

La loi peut également accorder aux contrats des termes de grâce, d'une manière collective, en cas de crise, guerre, grève postale prolongée, par exemple. C'est ce qu'on appelle les *moratoires*.

► ***Le terme légal*** peut constituer une obligation, un devoir, pour le débiteur, car la loi fixe dans certains cas un terme pour l'exécution d'une obligation, par exemple pour faire inventaire après décès (art. 451, art. 795, par ex.).

b) Terme certain ou terme incertain

294. Le terme est toujours, par définition, un événement certain, en ce sens que l'on sait qu'il arrivera, mais on ne sait pas forcément quand. Par exemple, le décès d'une personne est un terme incertain, car si l'on est sûr qu'il se produira, on ne peut savoir quand ce sera. En revanche, lorsqu'une date est fixée, c'est un terme certain.

La jurisprudence, comme la doctrine, ont pendant un temps, abandonné la conception purement objective du terme au profit d'une conception plus subjective. L'adoption de ce critère subjectif (en référence à la volonté des parties de considérer la survenance de l'événement comme certain, malgré l'existence d'un aléa à cet égard ou malgré la potestativité de la condition) a permis de faire passer dans le domaine de l'obligation à terme des obligations objectivement conditionnelles, passibles d'annulation pour potestativité : le juge donnait ainsi pleine efficacité à l'acte en requalifiant la condition en terme et en fixant, lui-même, le terme de l'obligation suspendue, sous la qualification de « terme incertain ». Ceci a favorisé l'essor du terme au détriment de la condition.

Cette conception subjective du terme se fonde, d'une part, sur les articles 1040 et 1041 relatifs au testament et, d'autre part, en matière conventionnelle sur l'article 1901 qui assimile la « clause de retour à une meilleure fortune » à un terme suspensif, en dépit de l'aléa objectif entourant la réalisation de l'événement[1]. Elle entraîne une certaine difficulté à distinguer entre le terme et la condition. Selon un auteur « le même événement objectivement incertain sera qualifié de terme ou de condition selon que les parties, à tort ou à raison, le tenaient ou non pour certain »[2]. La Cour de cassation a semblé toutefois, revenir à une conception plus objective (v. ss 251, les décisions citées).

c) Terme formulé dans l'intérêt du débiteur, du créancier, ou des deux

295. Le terme peut être formulé dans l'intérêt de l'une ou l'autre partie ou même des deux.

– Le terme est généralement consenti dans ***l'intérêt du débiteur***, (art. 1305-3) puisqu'il lui permet de différer son paiement. C'est la solution de principe, qui explique qu'il puisse y renoncer sans le consentement de l'autre comme l'indique l'article 1305-3, et payer par anticipation.

---

1. Com. 12 oct. 2004, n° 02-13.230, *RTD civ.* n° 1, 2005. 131, obs. J. Mestre et B. Fages.

2. J.-J. Taisne, *La notion de condition dans les actes juridiques*, thèse, Lille, 1977, n° 56.

– Il peut se faire que le terme soit stipulé dans l'*intérêt du créancier* : dans ce cas, cela doit être prévu par le contrat ou résulter de la loi ou des circonstances (art. 1305-3) ; par exemple, le dépôt convenu jusqu'à telle date : le déposant, créancier de la restitution, peut l'exiger, même avant l'expiration du terme, supposé consenti dans son intérêt (art. 1944).

– Enfin, le terme peut avoir été inséré dans ***l'intérêt commun des deux contractants*** : par exemple, dans le prêt à intérêt, l'emprunteur a intérêt à conserver la somme le plus longtemps possible, mais le prêteur a lui aussi intérêt à ne pas être remboursé par anticipation lorsque le placement est avantageux.

296. En cas de doute, les tribunaux apprécient souverainement[1].

d) Terme exprès ou tacite

297. L'article 1305-1 précise en effet, ce que ne faisait pas le dispositif antérieur, que le terme peut être exprès ou tacite.

298. Il indique également et il s'agit d'une solution nouvelle, qu'à défaut d'accord (mais en supposant que le principe d'un terme est acquis pour les parties), le juge peut le fixer en considération de la nature de l'obligation et de la situation des parties. Ce pouvoir du juge n'était pas antérieurement reconnu.

e) Terme suspensif ou extinctif

► ***Le terme est suspensif*** lorsqu'il retarde l'exécution de l'obligation.

299. Il en est ainsi, par exemple, si j'achète une voiture aujourd'hui et qu'il est convenu que je la paierai dans six mois : jusque-là le vendeur ne peut rien me réclamer. Le jour fixé pour l'exécution est l'échéance.

► ***Le terme est extinctif*** lorsqu'il éteint l'obligation.

300. Par exemple, si je loue une villa pour trois mois et qu'il est convenu que je l'occupe de suite, mais qu'à l'expiration des trois mois je quitterai les lieux. Ou encore, si j'achète une maison en viager : je serai libéré de ma dette au décès du crédirentier.

B. Les effets du terme

301. Pour étudier ces effets, nous allons examiner d'une part le mécanisme du terme, d'autre part sa disparition.

1) Le mécanisme du terme

302. Il faut, tout de suite, distinguer selon qu'il s'agit d'un terme extinctif ou suspensif.

---

1. Req. 21 avr. 1896, *D.* 1896. I. 484, rapp. Voisin ; Civ. 24 janv. 1934, *DH* 1934. 145.

a) Le terme suspensif

303. Concernant le terme suspensif, l'article 1305 indique son effet principal : il diffère l'exigibilité de l'obligation jusqu'à la survenance de l'événement. À la différence de la condition, il ne suspend donc pas l'existence de l'obligation dont il retarde seulement l'exécution, empêchant le créancier d'exiger le paiement avant l'échéance (art. 1305-2). Il est, cependant, parfois difficile de distinguer un terme incertain d'une condition. Là encore, les tribunaux se livrent à une interprétation de la volonté des parties.

304. *Lorsque le terme est suspensif, l'obligation à terme existe*, ce qui implique :
– que le créancier peut faire des actes conservatoires, comme dans le cas où sa créance est seulement conditionnelle ;
– que le débiteur qui a payé, même par erreur, avant l'expiration du terme a fait un paiement valable, qui ne peut donner lieu à l'action en répétition de l'indu (art. 1305-2) ;
– que l'acheteur d'un corps certain en est immédiatement devenu propriétaire, même si la livraison doit avoir lieu à terme et, de ce fait, les risques de perte par force majeure sont à sa charge.

305. *L'obligation à terme n'est pas exigible* mais il faut distinguer :
– *si le terme est dans l'intérêt du débiteur :* le créancier ne peut exiger le paiement avant l'expiration du terme, ni faire valoir la compensation (v. ss 704 s.) ni exercer les actions oblique et paulienne (v. ss 414 s., 441 s.). En contrepartie, la prescription ne court pas contre le créancier (art. 2257, § 4). En revanche, le débiteur peut renoncer au terme et payer par anticipation surtout si les intérêts sont lourds ;
– *si le terme est dans l'intérêt du créancier*, il peut refuser d'être payé avant l'échéance, sauf cas particuliers ; des décrets-lois des 16 juillet et 30 octobre 1935 ont permis aux débiteurs d'imposer le règlement anticipé de certaines dettes contractées antérieurement, notamment emprunts à des conditions trop onéreuses, mais c'est exceptionnel et généralement dû à une crise économique.

b) Le terme extinctif

306. Dans le cas d'un terme extinctif, l'extinction de l'obligation est liée à l'échéance du terme. À l'échéance, l'obligation cesse, mais sans *rétroactivité*.

2) L'extinction du terme

307. Le terme s'éteint normalement à l'échéance, mais il peut disparaître avant son échéance, soit par suite d'une renonciation, soit par déchéance.

► ***L'échéance*** : elle se situe au jour fixé, lorsqu'il s'agit d'un terme certain. Elle a pour effet de rendre la créance exigible.

308. Le créancier, s'il a un titre exécutoire, peut adresser au débiteur une mise en demeure puis procéder à des mesures d'exécution forcée (v. ss 475 s.).

► ***La renonciation*** *:* elle met fin au terme en rendant l'obligation exigible.

309. Elle doit émaner de celui au profit duquel le terme existait.

► ***La déchéance*** *:* il s'agit d'une sanction qui frappe le débiteur et qui lui fait perdre le bénéfice du terme.

310. Selon l'article 1305-4 (ancien art. 1888) la déchéance du terme survient lorsque le débiteur ne fournit pas les sûretés promises ou s'il diminue celles qui garantissent l'obligation. Pour la jurisprudence antérieurement développée, il est essentiel qu'il y ait eu une sûreté particulière consentie au créancier à terme, et, enfin, que la diminution ou le fait de pas fournir la sûreté soit le fait du débiteur et non le résultat d'un événement indépendant de sa volonté. L'ancien article 1188 prévoyait un autre cas de déchéance de plein droit du terme : la faillite, mais cela a été supprimé par la loi du 25 janvier 1985 réformant le droit de la faillite et instituant le redressement et de liquidation judiciaire des entreprises.

311. La jurisprudence avait décidé, antérieurement à l'ordonnance de 2016, que la déchéance du terme venant frapper un débiteur était inopposable à ses coobligés, même solidaires. L'article 1305-5 a codifié cette règle et la loi de ratification du 20 avril 2005 est venu corriger un oubli en ajoutant *la caution,* aux coobligés.

312. Si l'article 1305-4, qui prévoit la déchéance du terme, ne concerne directement que le terme suspensif, seul régi par les nouveaux articles 1305 et suivants, la règle s'applique aussi, à l'évidence, au terme extinctif.

Section 2

Les obligations plurales

313. La seconde catégorie d'obligations complexes est représentée par les *obligations plurales.* Ici, la modalité affecte l'aspect quantitatif de l'obligation : une obligation est dite plurale en effet, soit parce qu'elle a plusieurs objets, soit parce qu'elle a plusieurs sujets. Cette distinction est utilisée par l'ordonnance du 10 février 2016 qui vient créer une section relative aux obligations plurales (art. 1306 à 1320), auparavant envisagées dans le Code mais de façon moins organisée, et avec des textes souvent embrouillés dans leur formulation.

314. Les choses sont assez simples concernant la pluralité d'objet ; elles sont plus complexes lorsqu'il s'agit de la pluralité de sujets.

§ 1. Les obligations plurales par leur objet

315. *La pluralité d'objets intervient dans trois cas* : lorsqu'il y a obligations cumulatives, obligations alternatives ou obligations facultatives (v. schémas en fin de chapitre). Avant l'ordonnance de 2016, l'obligation alternative était la seule modalité visée par le Code civil. Mais la doctrine et la jurisprudence avaient dégagé également l'obligation conjonctive (cumulative) et l'obligation facultative. Ces deux autres sortes de modalités sont désormais prévues par les dispositions du Code civil issues de l'ordonnance (art. 1306 à 1308).

A. L'obligation cumulative

► ***L'obligation est cumulative*** (l'expression est utilisée par l'ordonnance de 2016 à la place de celle d'obligation conjonctive qui était l'appellation antérieure) lorsque « elle a pour objet plusieurs prestations et que l'exécution de la totalité de celles-ci libère le débiteur » (art. 1306).

316. Par exemple, un artisan peintre doit fournir le papier peint et son travail, un testateur lègue un immeuble et 10 000 euros. Il faut cependant distinguer selon qu'il s'agit d'une obligation unique portant sur plusieurs objets, comme dans le premier exemple, ou plusieurs obligations portant sur des objets distincts : ainsi dans le contrat de leasing il y a combinaison de location de matériel, de mandat et de promesse de vente. Seule la première hypothèse correspond à l'obligation cumulative. Le débiteur ne sera libéré que lorsqu'il aura intégralement exécuté l'obligation ; il ne bénéficie d'aucune option.

B. L'obligation alternative

► ***L'obligation est alternative***, lorsqu'elle a « pour objet plusieurs prestations et l'exécution de l'une d'elles libère le débiteur » (art. 1307). Les deux choses sont dues mais le débiteur se libère en exécutant l'une ou l'autre de ces prestations ; il dispose ici d'une option. Mais il n'est pas libéré s'il exécute une fraction de l'une et une fraction de l'autre.

317. Selon l'article 1307-1, le choix entre les prestations appartient au *débiteur*. L'alinéa 2 du texte précise que ce choix est définitif et fait perdre à l'obligation son caractère alternatif.

318. Les dispositions du Code civil antérieures à l'ordonnance prévoyaient que le choix pouvait cependant être accordé au *créancier* expressément (art. 1190 et 1194, al. 1er) et la jurisprudence avait admis que cela pouvait être tacite : par exemple, un commerçant offre pour une tombola un lot représenté par un vêtement ou un bon d'achat d'une certaine somme, ici c'est au créancier, le titulaire du billet gagnant, qu'appartient le choix. Cela peut aussi dépendre des circonstances, comme dans le cas d'un emprunt émis par une société, remboursable dans telle ou telle monnaie selon la place de paiement choisie, au gré du créancier[1].

Cette possibilité de donner le choix au créancier à la place du débiteur n'a pas été prévue expressément par l'ordonnance. Mais, elle demeure sans aucun doute, car les parties peuvent toujours prévoir une règle différente de la solution de principe, dès lors que l'article 1307-1 n'est pas d'ordre public.

319. L'hypothèse d'un choix effectué par le créancier est cependant visée spécialement dans le cas particulier où le débiteur n'a pas lui-même effectué le choix qui lui appartenait dans le temps convenu ou dans un délai raisonnable. L'autre partie (donc le créancier) peut alors, après mise en demeure, exercer ce choix ou résoudre le contrat (art. 1307-1, al. 2). Les textes antérieurs ne reconnaissaient pas ce pouvoir au créancier.

---

1. Civ. 3 juin 1930, *DH* 1930. 361.

C'est le juge qui devait intervenir pour condamner le débiteur à effectuer ce choix mais sans pouvoir choisir à sa place ni autoriser le créancier à le faire [1]. Si le débiteur s'obstinait dans son inaction, le juge pouvait seulement prononcer la résolution du contrat et le condamner à des dommages et intérêts. ***L'ordonnance apporte donc sur ce point une solution novatrice et efficace.*** Le créancier peut désormais choisir à la place du débiteur, ou résoudre le contrat, si la mise en demeure est restée infructueuse, sans avoir besoin de recourir au juge.

320. Enfin, les articles 1307-2 à 1307-5 envisagent le cas où l'exécution de la prestation devient impossible en distinguant plusieurs hypothèses, de façon plus simple et plus claire que dans les textes antérieurs, selon que le débiteur ou le créancier ont fait connaître ou pas leur choix.

– Si le débiteur a fait connaître son choix, en cas d'impossibilité d'exécuter la prestation choisie, et à condition qu'elle procède d'un cas de force majeure, il est libéré (art. 1307-2).

– Si le débiteur n'a pas fait connaître son choix et si l'une des prestations devient impossible, il devra exécuter l'une des autres.

– Si le créancier n'a pas fait connaître son choix (dans les hypothèses où ce choix lui appartient), et si l'une des prestations devient impossible à exécuter par suite d'un cas de force majeure, il devra se contenter de l'une des autres.

Les articles 1194 et 1195 antérieurs réglaient avec un luxe de détail mais de façon un peu complexe ce qui se passait en cas de perte de la chose, lorsque c'était au créancier qu'appartenait le choix. Le texte actuel propose une solution beaucoup plus simple, identique dans tous les cas.

321. Enfin, l'article 1307-5 prévoit l'hypothèse où toutes les prestations deviennent impossibles. Dans ce cas le débiteur n'est libéré que si l'impossibilité procède, pour chacune, de la force majeure.

C. L'obligation facultative

► ***L'obligation est facultative*** lorsque « elle a pour objet une certaine prestation mais que le débiteur a la faculté, pour se libérer d'en fournir une autre » (art. 1308).

322. À la différence de ce qui se passe pour l'obligation alternative, ici, une seule prestation qui est due, de sorte que si elle est annulée ou si l'objet vient à périr par cas de force majeure, l'obligation s'éteint et le débiteur ne doit pas l'autre prestation qu'il avait la faculté de fournir pour se libérer (art. 1308, al. 2).

§ 2. La pluralité de sujets

323. L'hypothèse de la pluralité de sujets correspond à tous les cas où l'on trouve soit plusieurs débiteurs, soit plusieurs créanciers.

---

1. Civ. 3e, 4 juill. 1968, *Bull. civ.* III, n° 325.

▶ ***L'obligation est, en principe, conjointe***, c'est-à-dire qu'elle se divise entre les plusieurs créanciers ou entre plusieurs débiteurs, chacun étant tenu d'une part de la dette ou créancier d'une part de la créance.

▶ Cependant ***l'obligation peut être solidaire*** ou *in solidum* si un lien unit entre eux les différents créanciers ou les différents débiteurs et les oblige chacun pour le tout (v. schémas en fin de chapitre).

▶ ***L'obligation peut être « à prestation indivisible »***. Toute obligation n'est pas susceptible de division : l'obligation peut être indivisible si son objet n'est pas susceptible, par nature, de division ou si les parties par contrat ont prévu cette indivisibilité de la prestation.

324. L'ordonnance du 10 février 2016 a fait, ici encore, œuvre pédagogique, en posant clairement dans un texte ouvrant la sous-section consacrée aux obligations plurales, l'article 1309, le principe selon lequel l'obligation est conjointe, ainsi que les deux exceptions à ce principe : celle de l'obligation solidaire et de l'obligation à prestation indivisible La matière a été simplifiée, les textes ont été considérablement allégés et les deux exceptions regroupées dans deux paragraphes distincts ; mais l'ordonnance n'opère pas, sur le fond, d'importants changements.

A. Le principe : l'obligation conjointe

325. « L'obligation qui lie plusieurs créanciers ou débiteurs se divise de plein droit entre eux (...) Chacun des créanciers n'a droit qu'à sa part dans la créance commune ; chacun des débiteurs n'est tenu que de sa part de la dette commune ».

Tel est le principe posé par le nouvel article 1309. Ce principe, bien acquis antérieurement en droit positif, implique que toute créance ou dette se divise de plein droit entre les divers créanciers ou les divers débiteurs, en principe par parts égales ou « parts viriles », à moins qu'un pourcentage différent n'ait été prévu. Elle se fractionne alors en plusieurs obligations autonomes, dont chacun est soit débiteur, soit créancier.

326. Bien entendu, la première condition pour que ce principe de divisibilité puisse jouer est que la prestation, objet de l'obligation soit divisible par nature. L'alinéa 2 de l'article 1309 prévoit d'ailleurs cette hypothèse de l'obligation à prestation indivisible, comme l'une des deux exceptions au caractère conjoint de l'obligation (la seconde étant celle de la solidarité) : « il n'en va autrement dans les rapports entre les créanciers et les débiteurs, que si l'obligation est solidaire ou si la prestation due est indivisible ».

327. En pratique, il est rare que le créancier s'engage envers plusieurs débiteurs sans exiger leur solidarité qui intervient de plein droit en matière commerciale (idée de crédit) mais doit être expressément prévue en matière civile (v. ss 351).

C'est surtout lorsqu'une obligation, née entre un seul créancier et un seul débiteur, est transmise activement ou passivement à plusieurs personnes que l'obligation sera conjointe. Ainsi, notamment en cas de décès. Lorsqu'une personne qui a emprunté 2 000 euros à un prêteur vient à mourir en laissant deux fils pour héritiers, le créancier ne pourra réclamer que 1 000 euros à chacun d'entre eux.

328. En matière successorale, les cohéritiers sont donc toujours conjoints : créanciers conjoints ou débiteurs conjoints. La solution, qui figurait dans les textes antérieurs (art. 1220), est reprise par l'article 1309. Cette règle de la division entre les successeurs s'applique d'ailleurs également aux obligations solidaires, comme le précise l'article 1309 nouveau.

329. Avant l'ordonnance du 10 février 2016, l'ancien article 1221 du Code civil précisait que ce principe de divisibilité souffrait des exceptions à l'égard des héritiers du débiteur dans quelques cas qu'il énumérait. Ces cas spécifiques n'ont pas été repris par les nouveaux textes.

B. L'exception de l'obligation à prestation indivisible

330. Les obligations à prestation indivisible sont celles dont l'objet n'est pas susceptible de division entre ses divers sujets actifs ou passifs ; elles ne seront donc jamais conjointes. Cette expression d'obligation à « prestation indivisible » remplace, depuis l'ordonnance du 10 février 2016, l'ancienne expression « d'obligation indivisible » mais sans que des changements substantiels soient par ailleurs apportés.

331. La règle existe de la même façon dans le cas d'un créancier unique et d'un débiteur unique dans la mesure où le créancier peut refuser tout paiement partiel, mais l'indivisibilité ne produit d'effet spécifique que dans le cas où il y a dès l'origine pluralité de sujets ou si le décès du débiteur ou du créancier unique entraîne le transfert de l'obligation à plusieurs héritiers. Ainsi, chaque codébiteur indivisible est-il tenu d'exécuter le tout, non pas parce qu'il représente les autres ni parce qu'il doit le tout, mais parce que l'objet de l'obligation ne peut être fractionné.

332. La question a toujours semblé assez complexe et malgré les efforts de Dumoulin et de Pothier pour la clarifier, les articles du Code qui en traitaient étaient encore assez obscurs. L'ordonnance du 10 février 2016, dans l'article 1320 (au lieu des neuf articles antérieurs), précise désormais de façon concise, les sources de l'indivisibilité et les effets de celle-ci.

1) Sources de l'indivisibilité

333. L'indivisibilité est fondée soit sur la nature de son objet, c'est l'*indivisibilité naturelle*, soit sur la volonté des parties : *indivisibilité conventionnelle*. Cette distinction classique est confirmée par l'ordonnance.

a) Indivisibilité naturelle ou absolue

334. Il s'agit des obligations portant sur un objet qui ne peut être fractionné, par exemple l'obligation de livrer un animal vivant, ou celle de ne pas faire quelque chose.

b) Indivisibilité conventionnelle

335. Ici, il s'agit d'une obligation dont l'objet est parfaitement divisible, comme une obligation de livrer une somme d'argent, mais que les parties ont volontairement et fictivement considéré comme indivisible. On peut se demander quel est l'intérêt de cette disposition, puisque le créancier pourrait convenir que l'obligation sera solidaire, ce qui, on va le voir, aura le même effet : chacun sera tenu pour le tout. En pratique, d'ailleurs, les créanciers stipulent souvent que leurs débiteurs s'engagent « solidairement et indivisiblement ».

L'avantage apparaît au cas de décès d'un des contractants : si l'obligation est seulement solidaire, elle se divise entre ses héritiers, alors que si elle est indivisible, elle ne se divise point entre eux.

Cette indivisibilité conventionnelle est généralement expresse mais elle peut également être tacite, selon l'interprétation généralement donnée.

336. L'ancien article 1218, envisageait une autre hypothèse d'indivisibilité dans le cas où « l'obligation est indivisible quoique la chose ou le fait qui en est l'objet soit divisible par sa nature, si le rapport sous lequel elle est considérée dans l'obligation ne la rend pas susceptible d'exécution partielle ». Il s'agit, par exemple, de l'obligation contractée ensemble par plusieurs entrepreneurs de construire un immeuble : bien que l'exécution divisée par chaque corps de métiers soit concevable, ce n'est pas ce que recherche le créancier qui considère l'exécution de l'immeuble comme un tout. Cette indivisibilité était généralement qualifiée d'indivisibilité « relative », liée non pas à la nature de la prestation mais au but poursuivi par les parties et distinguée de l'indivisibilité conventionnelle. L'ordonnance n'a pas repris distinctement cette hypothèse qui devrait cependant entrer dans l'hypothèse d'indivisibilité conventionnelle (éventuellement tacite).

2) Effets de l'indivisibilité

337. Il faut faire une distinction selon qu'il y a pluralité de créanciers : *indivisibilité active*, ou pluralité de débiteurs : *indivisibilité passive*.

a) Effets de l'indivisibilité active

338. Dans ce cas, chacun des créanciers d'une obligation à prestation indivisible pourra exiger et recevoir le paiement intégral, sauf à rendre compte aux autres. Toutefois, il ne peut disposer seul de la créance ni recevoir le prix au lieu de la chose (art. 1320, al. 1er). Un créancier indivisible ne pourra donc pas, par exemple, consentir seul une remise de dette, ou s'il le fait, ce ne peut être que pour sa part. En revanche, si l'un des créanciers interrompt la prescription ou met le débiteur en demeure, les autres créanciers en profitent tous.

Si chaque créancier peut ainsi réclamer la totalité de la créance au débiteur, il devra cependant la mettre en commun, sinon les autres créanciers auront un recours contre lui. En effet, chacun d'entre eux a la prestation indivisible.

339. L'indivisibilité active est assez rare, car elle n'offre guère d'intérêt pour les créanciers qui courent le risque de ne pouvoir recourir contre celui qui aura reçu le paiement intégral. Il s'agira donc, généralement, d'une indivisibilité naturelle apparaissant au décès d'un créancier d'une obligation non susceptible de division : s'il a plusieurs héritiers, ceux-ci deviendront créanciers indivisibles.

b) Effets normaux de l'indivisibilité passive

340. L'indivisibilité passive peut découler d'une obligation contractée simultanément par plusieurs débiteurs ou de la transmission de la dette aux héritiers d'un débiteur indivisible. Dans ce cas, et selon l'article 1320, alinéa 2, chacun des débiteurs est tenu pour le tout envers le créancier, sous réserve des recours en contribution contre les autres.

Un cohéritier indivisible, assigné pour la totalité de la dette, ne peut donc opposer le bénéfice de division.

Le codébiteur, qui a payé le tout, aura un recours contre les autres pour ce qui excède sa part, puisqu'ensuite, dans les rapports entre codébiteurs, la dette est plurale et chaque codébiteur en est tenu. Il y aura donc division tout au moins lorsque cette division sera possible notamment en cas d'indivisibilité conventionnelle, lorsque la prestation est susceptible par nature d'être fractionnée.

c) À côté de ces effets indiscutables, il en est d'autres qui prêtent à discussion

341. Ainsi, les causes de libération, dont bénéficie l'un des codébiteurs, profitent-elles aux autres par exemple ? La jurisprudence, avant l'ordonnance du 10 février 2016 avait répondu affirmativement. De son côté, l'article 2249, alinéa 2, admet que l'interruption de la prescription, faite à l'égard de l'un des cohéritiers du débiteur lorsque l'obligation est indivisible, vaut à l'égard de tous. La jurisprudence est plus incertaine en ce qui concerne la portée des jugements rendus contre l'un des débiteurs. En effet, elle hésite à étendre à l'indivisibilité la théorie admise pour la solidarité (v. *infra*) ; celle de la représentation des codébiteurs par l'un d'entre eux, et l'on préfère généralement provoquer la mise en cause de tous les débiteurs pour éviter toute discussion. La jurisprudence admet également, contrairement à ce qui se passe pour la solidarité, qu'une voie de recours exercée par l'un des codébiteurs, en cas d'indivisibilité, profite aux autres.

d) Extension de la notion de prestation indivisible aux ensembles indivisibles

342. Il existe certaines situations composées de plusieurs éléments formant un tout de sorte qu'elles ne peuvent être classées, non pas dans telle ou telle catégorie juridique déterminée, mais dans celle des « ensembles indivisibles », par exemple, l'obligation de fourniture de carburant et l'obligation de fourniture de lubrifiants dans un contrat entre une compagnie pétrolière et une station-service [1] ou encore le contrat de vente d'un véhicule neuf et le contrat de reprise du véhicule usagé de l'acquéreur [2]. Les rédacteurs du Code civil, pour leur part, n'avaient envisagé que *l'indivisibilité de l'exécution de l'obligation*. Il s'agit ici d'une indivisibilité envisagée plus largement et essentiellement subjective.

En cas de litige, c'est aux juges du fond d'apprécier le caractère divisible ou indivisible des différents éléments. Et, pour cela, ils vont tenir compte de l'existence d'un but commun qui réunit tous les éléments dans une même opération, d'un objet commun qui n'est pas susceptible d'exécution partielle, en d'autres termes tous les éléments de l'ensemble doivent avoir été considérés par les parties comme « autant de conditions, non seulement de sa validité, mais également de son exécution ».

---

1. Paris, 21 nov. 1991, *JCP E* 1992. Pan. 40.

2. Civ. 1re, 9 mars 1964, *Bull. civ.* I, n° 134.

343. L'indivisibilité liant les différents éléments explique notamment que la disparition de l'un entraîne la caducité des autres [1] (art. 1186, issu de l'ordonnance) (sur cette question, v. ss 1782 s., Les groupes de contrats et ensembles contractuels).

344. Les effets de l'indivisibilité se rapprochant de ceux de la solidarité et les complétant, il n'est pas surprenant de constater que les créanciers demandent le plus souvent aux débiteurs de s'engager « solidairement et indivisiblement ».

Nous allons examiner, maintenant, les règles relatives aux obligations solidaires caractérisées cette fois, non plus par la nature de leur objet, mais par celle du lien unissant les différents sujets, actifs ou passifs, qui constituent la seconde exception au principe de l'obligation conjointe.

C. L'exception de l'obligation solidaire

345. ***Les obligations solidaires*** sont celles qui, bien que parfaitement divisibles par leur objet, ne se divisent pas entre leurs différents sujets actifs ou passifs, qui sont liés par un lien spécifique, de solidarité : On parle alors de solidarité active ou passive.

► ***La solidarité active*** est la solidarité entre les créanciers, permet à l'un des créanciers d'obtenir du débiteur le paiement intégral de la créance.

► ***La solidarité passive*** ou solidarité entre débiteurs, permet au créancier d'obtenir le paiement intégral de sa créance de n'importe lequel des débiteurs ; c'est donc une sécurité pour lui, puisqu'il pourra s'adresser au débiteur le plus solvable.

346. L'article 1310, issu de l'ordonnance du 10 février 2016 indique que « la solidarité est légale ou conventionnelle » et, reprenant la règle antérieurement posée par l'article 1202, ajoute : « elle ne se présume pas ».

347. Les rédacteurs de l'avant-projet *Catala* de réforme du droit des obligations s'étaient interrogés sur le point de savoir s'il convenait ou non d'aligner le droit civil sur le droit commercial et de décider que la solidarité devait devenir le principe en matière civile, sauf convention contraire, entre les codébiteurs tenus d'une obligation commune (et, de même, activement entre créanciers). Mais, la majorité d'entre eux « a estimé que le maintien de la présomption actuelle poserait moins de problèmes que son inversion » (Rapport de présentation par Pierre Catala, p. 54). C'est cette solution qui a été confirmée par l'ordonnance de 2016.

348. La solidarité ne se présumant pas, la jurisprudence et la doctrine ont été amenées, cependant, à suppléer cette solidarité par une notion très voisine : la *solidarité imparfaite* ou *obligation in solidum*. Nous examinerons donc successivement l'obligation solidaire au sens strict, seule prévue par les articles 1310 à 1319 du Code civil, l'obligation *in solidum*.

---

1. Paris, 21 nov. 1991, préc. : la nullité fondée sur les articles 1129 et 1591 frappant le contrat de fourniture de lubrifiants entraîne l'annulation de l'ensemble du contrat d'approvisionnement

1) L'obligation solidaire *stricto sensu*

a) Les sources de la solidarité

349. Selon l'article 1310 du Code civil « la solidarité est légale ou conventionnelle. Elle ne se présume pas ».

350. Si la *soldarité est conventionnelle*, cela signifie qu'elle doit être expressément prévue par une clause du contrat pour être admise, et ce, qu'il s'agisse de solidarité active ou de solidarité passive. Cette solidarité *conventionnelle* suppose, par ailleurs, ainsi qu'on l'a vu plus haut, que l'obligation soit divisible par nature (v. ss 326).

Toutefois, la règle selon laquelle la solidarité ne se présume pas, ne joue pas de la même façon en matière civile et en matière commerciale.

En matière civile, la solidarité, active comme passive, ne se présume jamais. On relèvera cependant un intéressant arrêt de la troisième chambre civile du 11 juillet 2012, admettant, concernant la solidarité passive, que la preuve d'un engagement solidaire peut résulter de « l'économie générale de l'opération » et donc qu'elle peut n'avoir pas été expressément prévue [1]. Cette décision s'inscrit dans la tendance jurisprudentielle actuelle à l'élargissement des conditions de preuve de la solidarité passive.

En matière commerciale, à l'inverse *la solidarité passive* (codébiteurs solidaires) *est présumée*. La solidarité est fondée sur l'idée de crédit et la règle de l'article 1202 est écartée, en effet, par un très ancien usage commercial reconnu par la jurisprudence. La Cour de cassation a posé depuis longtemps que l'article 1202 (ancien) est « sans application en matière commerciale », où, à défaut de convention contraire, la solidarité est de règle entre codébiteurs d'une obligation de nature commerciale [2]. Toutefois, cette présomption de solidarité découlant de cette exclusion de principe n'est que simple et elle peut donc être écartée devant la preuve contraire d'engagements manifestement conjoints [3].

Toutefois, *la solution n'a pas été étendue par la jurisprudence commerciale à la solidarité active* qui présente un réel danger pour les créanciers. Elle ne se présume donc pas, comme en matière civile [4].

351. *La solidarité peut aussi être légale* et elle est dans ce cas expressément prévue par un texte spécial.

La solidarité est par exemple prévue par la loi dans certaines hypothèses où il y a *communauté d'intérêt entre les codébiteurs* : par exemple, dettes contractées par les associés en matière de société en nom collectif (L. du 24 juill. 1966, art. 10), par les mandants (art. 2002) ou par les mandataires (art. 1995) en matière de mandat, par les différentes cautions en matière de cautionnement (art. 2025) ; mais également dans des hypothèses où il existe une *communauté de vie* : ainsi, les dettes contractées par l'un ou l'autre époux pour « l'entretien du ménage ou l'éducation des enfants » sont des dettes solidaires (art. 220) de même que les dettes contractées par les pacsés « pour les besoins de la vie

---

1. Civ. 3e, 11 juill. 2012, n° 10-28535, *RDC* 2013. I. 123, obs. J. Klein.

2. *V.* Req. 20 oct. 1920, *S.* 1922. I. 201 ; Civ. 18 juill. 1929 : *DH* 1929. 556 ; Com. 21 avr. 1980, *Bull. civ.* IV, n° 158 ; Com. 16 janv. 1990 : *JCP* 1991. II. 21748, note C. Hanoun ; Com. 5 juin 2012, n° 09-14.501, *D.* 2012. 2580, note A. Hontebeyrie.

3. Paris, 3e ch. B, 29 oct. 1999, *BJS* 2000. 298, note P. Le Cannu.

4. Com. 26 sept. 2018, n° 16-28.133 (F-P+B), *X c/ Sté SC Conseil*, *Juris-Data* n° 2018-016448, *CCC* 2019, comm. 198, obs. L. Leveneur ; *RDC* 2019/1, p. 50, note R. Lichaber.

courante » (art. 515-4, al. 2) ; ou encore, les parents sont responsables solidairement des dommages causés par leurs enfants mineurs habitant avec eux (art. 1242, al. 4, ancien art. 1384, al. 4).

b) Les conséquences de la solidarité active

352. Il convient en effet faire une première distinction entre les effets de la solidarité active et ceux de la solidarité passive.

353. Comme nous l'avons dit, la solidarité entre créanciers (solidarité active) « permet à chacun d'eux d'exiger et de recevoir le paiement de toute la créance » (art. 1311). Le paiement fait à l'un d'eux, qui en doit en rendre compte aux autres, libère le créancier à l'égard de tous. C'est un effet fondé sur l'idée de représentation : chacun peut recouvrer la créance au nom des autres, mais non l'altérer.

♦ ***Chaque créancier solidaire peut recouvrer l'intégralité de la créance et le débiteur qui a payé est libéré à l'égard de tous.***

354. Le débiteur, tant qu'il n'est pas poursuivi, a d'ailleurs le droit de choisir celui des créanciers solidaires auquel il entend effectuer le paiement, tant qu'il n'est pas poursuivi par l'un d'eux, précise l'article 1311, alinéa 2. Le créancier, une fois payé, devra évidemment rembourser leur part à chacun des autres créanciers.

♦ ***Les actes accomplis par un créancier solidaire profitent aux autres mais ne sauraient leur nuire.***

355. À ce titre, tout acte qui interrompt ou suspend la prescription à l'égard de l'un des créanciers solidaires profite aux autres créanciers. L'ordonnance de 2016 a maintenu dans l'article 1312 cette règle déjà posée dans l'ancien article 1199.

356. En revanche, certaines précisions qui étaient apportées par les textes antérieurs, ont disparu. Ainsi n'est-il plus précisé que la remise de dette « faite par l'un des créanciers solidaires ne libère le débiteur que pour la part de ce créancier » (art. 1198, al. 2 ancien) ; ni que le serment décisoire (v. vol. 1) déféré par l'un des créanciers solidaires, au cours des poursuites, au débiteur, ne libère ce dernier que pour la part de ce créancier (art. 1365, al. 2) mais non à l'égard des autres.

357. Une discussion née antérieurement à l'ordonnance oppose par ailleurs deux tendances de la doctrine sur le point de savoir si un jugement rendu en présence d'un seul créancier serait ou non opposable aux autres : les uns estiment qu'il ne serait opposable que s'il leur est favorable, les autres, qu'en vertu de la représentation, il leur serait opposable dans tous les cas. Les cas de solidarité active sont si rares que la jurisprudence n'a pas eu à trancher de tels problèmes et la discussion reste ouverte.

c) Les conséquences de la solidarité passive

358. Au contraire de la solidarité active, la solidarité passive, légale ou conventionnelle, est très utilisée car elle constitue, nous l'avons vu, une sûreté pour le créancier qui peut réclamer à n'importe quel débiteur, donc au plus solvable, le paiement de l'intégralité de la créance ; la technique se rapproche du cautionnement, autre sûreté personnelle.

359. La solidarité passive produit deux sortes d'effets : des effets dans les rapports du créancier et des débiteurs (*obligation à la dette*) et des effets dans les rapports des codébiteurs entre eux (*contribution à la dette*).

360. Des fondements différents ont été donnés par la doctrine pour expliquer ces effets, qui renvoient à des différences de conception de la solidarité, sur le plan théorique, en opposant des conceptions monistes et des conceptions dualistes. Selon la thèse classique, héritée du droit romain, ce qui caractériserait l'obligation solidaire, c'est l'*unité d'objet* (chacun doit l'intégralité, la dette est unique) et la *pluralité de liens obligatoires* (l'obligation de chaque débiteur doit être considérée individuellement, l'une peut être conditionnelle, une autre pure et simple, etc.). Pour d'autres, au contraire, au-delà de l'unité de la dette, l'obligation solidaire resterait elle-même unique, entière, malgré la pluralité des sujets de droits. Il n'y aurait qu'une seule obligation et un seul lien obligatoire, malgré la pluralité de sujets. La théorie de la représentation permettrait d'expliquer les effets de la solidarité passive, les débiteurs se représentant mutuellement.

Enfin, avant l'ordonnance, une conception dualiste de l'obligation solidaire, plus récente, a été développée [1] : il y aurait plusieurs obligations portant sur la même dette, si bien que les codébiteurs solidaires ne seraient pas tenus de la même chose. La solidarité aurait pour effet d'ajouter aux obligations distinctes de chaque codébiteur, consistant à payer une part divise de la dette, celle de garantir le paiement des autres. Chaque codébiteur solidaire aurait donc deux obligations.

L'ordonnance du 10 février 2016 a choisi de ne pas prendre parti dans les débats doctrinaux, et de ne pas se prononcer sur la qualification théorique de la solidarité, privilégiant ainsi volontairement les solutions concrètes et la simplicité, sans qu'il soit certain que la simplicité et la cohérence recherchées soient vraiment au rendez-vous.

361. Quelle que soit l'explication que l'on veut en donner, la solidarité passive produit des effets principaux dans les rapports du créancier et des codébiteurs et des effets principaux dans les rapports entre codébiteurs.

1. Les effets principaux dans les rapports du créancier et des codébiteurs : l'obligation à la dette

362. Selon l'article 1313, « la solidarité entre les débiteurs oblige chacun d'eux à toute la dette. Le paiement fait par l'un d'eux les libère tous envers le créancier ».

♦ *Les prérogatives du créancier*

363. Le premier effet principal de la solidarité passive réside dans les prérogatives données au créancier : il peut demander le paiement intégral de la créance à l'un

---

1. M. Mignot, *Les obligations solidaires et les obligations* in solidum *en droit privé français*, Dalloz, 2002 ; M. Mignot, « Sortir du droit romain : l'obligation solidaire et la réforme du régime de l'obligation », in *La réforme du régime général de l'obligation*, L. Andreu (dir.), Dalloz 2011, p. 6 ; D. R. Martin, « L'obligation solidaire », *RDC* 2015. 799.

quelconque des débiteurs. L'article 1313, alinéa 2, indique que « le créancier peut demander paiement au débiteur de son choix ». C'est évidemment une solution très intéressante pour ce créancier, qui s'adressera en priorité au débiteur le plus solvable. La solidarité fonctionne ainsi comme une garantie de paiement. Par ailleurs, les poursuites exercées contre l'un des codébiteurs solidaires, n'empêche pas le créancier d'en exercer de pareilles contre les autres (art. 1313, al. 2) et il peut le faire simultanément. Enfin, la demande d'intérêt formée contre l'un des autres débiteurs solidaires fait courir les intérêts à l'égard de tous (art. 1314).

♦ ***La situation des codébiteurs envers le créancier : obligation à la totalité de la dette et exceptions opposables***

364. Le second effet principal de la solidarité concerne les codébiteurs : ils sont tous obligés envers le créancier pour la totalité de la dette et ne peuvent évidemment pas lui opposer le principe de division. Mais, dès lors que l'un des codébiteurs a intégralement payé, la dette est éteinte à l'égard du créancier et donc tous les codébiteurs solidaires seront libérés. En revanche, un paiement partiel ne libère que partiellement.

365. Les codébiteurs peuvent cependant opposer au créancier un certain nombre d'***exceptions***. À cet égard, l'ordonnance reprend dans l'article 1315, avec l'intention de les clarifier, les exceptions qui étaient prévues par l'article 1208 du Code civil, en opposant désormais les *exceptions communes à tous les codébiteurs et les exceptions qui lui sont personnelles,* là où l'article 1208 utilisait une formule beaucoup plus embrouillée : « le codébiteur solidaire peut opposer toutes les exceptions qui résultent de la nature de l'obligation (visant ainsi des exceptions inhérentes à la dette) et toutes celles qui lui sont personnelles, ainsi que celles qui sont communes à tous les codébiteurs. Il ne peut opposer les exceptions qui sont purement personnelles à quelques-uns des autres codébiteurs ».

366. La notion d'exception résultant de la nature de l'obligation (inhérente à la dette) distinguée des exceptions personnelles, qui était jusqu'ici retenue, a donc disparu au profit de cette distinction entre exceptions *communes* et exceptions *personnelles* (on notera qu'elle a au contraire été consacrée concernant la cession de créance pour le jeu de l'opposabilité des exceptions) (v. ss 570) et également à propos de la cession de contrat (v. ss 1828). Si la formule retenue par l'article 1315 est plus simple, la distinction ne sera pas nécessairement plus facile à manier [1].

367. ***Il existe donc des exceptions communes à tous les débiteurs*** : elles touchent à l'objet même de l'obligation. Elles peuvent être opposées au créancier par tout débiteur et paralyser son action : l'article 1315 actuel en donne deux exemples : la nullité ou la résolution. Cependant, le texte ne fait pas la distinction entre les nullités absolues, qui peuvent être opposées par tout intéressé et les nullités relatives qui ne concernent que celui qui est protégé par la nullité et qui ne devraient donc pas être considérées comme des exceptions communes. Par ailleurs, il ne s'agit que d'exemples et non

1. Pour une analyse et une critique, v. G. Chantepie et M. Latina, *La réforme du droit des obligations. Commentaire théorique et pratique dans l'ordre du Code civil*, Dalloz, 2016, n° 840, p. 718.

d'une liste exhaustive. On peut ainsi envisager aussi au titre des exceptions communes certaines hypothèses d'extinction de la dette, qui ont nécessairement effet à l'égard de tous ; mais ces hypothèses sont souvent prévues par ailleurs.

368. Les dispositions du Code civil antérieures à l'ordonnance prévoyaient ainsi expressément que la novation (art. 1281, al. 1er) faite entre le créancier et l'un des débiteurs solidaires libérait les autres débiteurs ; cette solution est reprise dans l'article 1335 actuel, même si la novation n'est plus considérée comme un mode d'extinction de l'obligation mais comme une opération sur créance (v. ss 580 s.). De même, l'exception d'extinction de la dette par prescription extinctive ou encore cas de perte de la chose due par force majeure fait sans doute partie des exceptions communes. La même solution doit être admise en cas de remise de dette par le créancier, si elle n'a pas été réservée à un seul des codébiteurs solidaires. À l'inverse, d'autres hypothèses d'extinction de la dette que sont la remise de dette, si elle a été faite à un seul débiteur, à titre personnel, la confusion et la compensation ne sont pas des exceptions communes mais des exceptions personnelles et elles n'ont pas le même effet (v. ss 374).

369. ***À côté de ces exceptions communes, il existe des exceptions personnelles à l'un des codébiteurs,*** qui ne pourront donc pas être opposées par l'ensemble des codébiteurs solidaires ou, en tout cas, pas avec le même effet libératoire que lorsqu'elles sont opposées par ce dernier. En effet, rappelons-le, le créancier dispose de plusieurs actions : il peut s'adresser successivement ou simultanément à plusieurs débiteurs ; il peut même renoncer à son action contre l'un des débiteurs, sans perdre celles dont il dispose contre les autres. Or, quelle que soit l'analyse théorique que l'on fait de la solidarité, il reste qu'en droit positif, le lien d'obligation qui unit chaque débiteur au créancier peut présenter des caractères différents de celui des autres. Ainsi, la validité, de l'obligation peut-elle être différente selon chaque débiteur, par exemple si l'un d'entre eux est incapable ou a été victime d'un vice de consentement : son obligation peut être nulle sans que cela nuise à la validité de celles des autres. De même, certaines obligations peuvent être assorties de modalités, terme ou condition, au bénéfice d'un seul des codébiteurs, alors que pour les autres elles seront pures et simples. Enfin, la compensation ou la remise de dette faite à titre personnel peut éteindre l'obligation de l'un des débiteurs, sans nuire à celles des autres.

370. Ces exceptions personnelles ne sont pas énumérées par l'article 1315, qui se contente d'indiquer que « le débiteur solidaire ne peut opposer les exceptions qui sans personnelles à d'autres codébiteurs » en donnant le seul exemple du terme.

371. Avant l'ordonnance de 2016, doctrine et jurisprudence, à l'appui de l'article 1208 ancien, distinguaient les exceptions *purement personnelles*, comme le vice du consentement, l'incapacité ou la compensation qui ne pouvaient être invoquées que par l'intéressé (si bien que les autres restaient tenus de l'intégralité de la dette) et les exceptions *simplement personnelles* qui pouvaient être invoquées par les autres débiteurs mais avec un effet limité : ils pouvaient simplement faire déduire du total de la dette, la part du débiteur libéré, ainsi exemple en cas de remise de dette à l'un des codébiteurs (ancien art. 1285) ou encore en cas de confusion (ancien art. 1301, al. 3).

372. *L'ordonnance ne reprend pas cette distinction des exceptions purement personnelles et simplement personnelles* et généralise l'effet qui résultait des exceptions simplement personnelles : l'article 1315, alinéa 1er, précise en effet que « le débiteur solidaire ne peut opposer les exceptions personnelles à d'autres codébiteurs, tel que l'octroi d'un terme » mais que « toutefois, lorsqu'une exception personnelle à un autre codébiteur éteint la part divise de celui-ci, notamment en cas de compensation ou de remise de dette, il peut s'en prévaloir pour la faire déduire du total de la dette ».

373. *En cas d'exception personnelle, quelle qu'elle soit, il est donc possible de faire déduire du total de la dette, la part du débiteur libéré lorsque cette part est éteinte.*
Ainsi, concernant la ***remise de dette***, selon l'article 1350-1 : « la remise de dette consentie à l'un des codébiteurs solidaires libère les autres à concurrence de sa part ». L'exception de remise de dette, exception personnelle, permet donc de faire déduire du total de la dette, la remise consentie à l'un des codébiteurs.

374. La même solution est posée expressément par l'article 1349-1 pour la ***confusion*** (hypothèse de réunion en la même personne des qualités de débiteur et de créancier, v. ss 770 s.) et par l'article 1347-6 pour la ***compensation***, De même, l'article 1328-1, alinéa 2, prévoit aussi cette même règle en cas de ***cession de dette***, mécanisme consacré désormais dans le Code civil (v. ss 507 s.).

375. Enfin, l'article 1316 issu de l'ordonnance prévoit spécifiquement, le cas de *la **remise de solidarité*** faite par le créancier à l'un des codébiteurs solidaires ; il précise que lorsque le créancier reçoit paiement de l'un des codébiteurs solidaires et lui consent une remise de solidarité, il conserve sa créance contre les autres, déduction faite de la part du débiteur qu'il a déchargé. La formulation, ici a changé car dans l'ancien article 1210, le texte ne faisait pas référence à un paiement et précisait simplement que « le créancier qui consent à la division de la dette à l'égard d'un des codébiteurs, conserve son action solidaire contre les autres, mais sous la déduction de la part du débiteur qu'il a déchargé de la solidarité… ». Il est clair désormais que pour que la remise de solidarité décharge les autres débiteurs de la part du débiteur libéré, il faut que le créancier ait reçu paiement de la part de ce débiteur. En l'absence de paiement, une remise de solidarité consentie à l'un des codébiteurs solidaires ne décharge pas les autres qui restent obligés à l'intégralité de la dette. Même si le texte antérieur était interprété en ce sens, la formule actuelle supprime toute ambiguïté.

2. Les effets principaux dans les rapports des codébiteurs entre eux : la contribution à la dette

376. Une fois que l'un des codébiteurs a payé, l'obligation se divise, de plein droit, entre les codébiteurs et le *solvens* (celui qui a payé) dispose contre chacun d'eux d'un recours.

♦ *Division de la dette*

377. Aux termes de l'article 1317 nouveau, entre eux, les codébiteurs solidaires ne contribuent à la dette que chacun pour sa part. La règle était déjà posée antérieurement par l'article 1213, autrement formulé. Cette répartition de la dette entre les codébiteurs se fait, en principe, par parts égales, mais une répartition différente peut être prévue conventionnellement, si les différents débiteurs avaient des intérêts différents dans l'affaire. Il est même possible qu'un des débiteurs soit tenu pour le tout, si l'affaire ne concerne que lui et, dans ce cas, les codébiteurs sont considérés comme ses cautions. S'il a payé, il ne dispose d'aucun recours contre ses codébiteurs. Si ceux-ci l'ont payée, ils disposent d'un recours contre lui (art. 1318, et ancien art. 1216).

En cas d'insolvabilité d'un des codébiteurs, la perte ainsi occasionnée se répartit entre tous les autres codébiteurs solvables, y compris celui qui a fait le paiement et celui qui a bénéficié d'une remise de solidarité (art. 1317, al. 3, ancien, art. 1214, al. 2).

♦ ***Recours du débiteur qui a payé contre ses codébiteurs***

378. Le débiteur qui a payé tout ou partie de la dette va disposer, dans la mesure où ce paiement excédait sa part contributive, de diverses actions à l'égard de ses codébiteurs.

Il dispose, tout d'abord, de l'action personnelle, née du mandat ou de la gestion d'affaires par laquelle, en payant, il a agi dans l'intérêt de tous, mais il s'agit d'une action purement chirographaire, sans sûreté. Et, ensuite, il peut exercer l'action du créancier lui-même puisqu'il jouit du bénéfice de la subrogation légale, prévue par l'article 1346 (ancien art. 1251, 3) ; ainsi, il profite de toutes les garanties attachées à la créance à laquelle il est subrogé. Toutefois, il n'est pas subrogé dans la solidarité elle-même, c'est-à-dire que ses codébiteurs ne sont pas solidaires à son égard : il devra les poursuivre individuellement et chacun pour sa part (art. 1317, ancien art. 1214, al. 1er).

2) L'obligation *in solidum*

379. Le droit romain avait prévu, à côté des obligations solidaires (ou corréales), des obligations *in solidum* en cas de faute commune : les coauteurs fautifs d'un dommage étaient tenus pour le tout, chaque fois qu'il était impossible de distinguer le préjudice causé par chacun d'eux.

Bien que le Code civil ne fasse pas cette distinction et que l'article 1310 (ancien art. 1202) dispose que « la solidarité ne se présume pas », la jurisprudence a été amenée à ressusciter cette notion d'obligation *in solidum,* notamment dans le cadre de la responsabilité civile.

380. En fait, la situation est un peu différente : il n'y a pas une seule dette commune à plusieurs débiteurs, mais plusieurs dettes identiques, c'est-à-dire *pluralité d'objets et pluralité de liens*, et ce qui empêche le créancier payé par l'un d'eux de réclamer le paiement aux autres, c'est qu'il n'aurait, alors, plus d'intérêt à agir. Dans l'obligation solidaire plusieurs débiteurs s'entendent pour mettre leurs dettes en commun et s'engagent chacun pour le tout ; Pierre doit 100 euros, Paul doit 100 euros mais l'un ou l'autre pourra être amené à payer 200 euros. Dans l'obligation *in solidum,* au contraire, il n'y a pas addition de dettes, chacun des débiteurs était tenu pour le tout, dès le début, mais pour des causes différentes : par exemple l'assureur d'un automobiliste auteur d'un accident doit indemniser la victime en raison du contrat qui les lie, et l'auteur de l'accident doit également l'indemniser en application des règles de la responsabilité civile. Chaque débiteur doit une chose identique à ce que doit l'autre (réparation du dommage subi par la victime) mais ces obligations ne peuvent être exécutées qu'une fois : Pierre doit 500 euros, Paul doit 500 euros mais le créancier ne percevra que 500 euros et non 1 000 euros.

► Il y a ***obligation in solidum*** chaque fois que plusieurs personnes se trouvent tenues envers une autre de prestations identiques, soit par l'effet du hasard, soit pour d'autres raisons et que le créancier n'a le droit d'obtenir qu'une seule de ces prestations.

a) Domaine des obligations in solidum

381. C'est essentiellement dans le domaine de la responsabilité civile et dans le domaine des obligations alimentaires que la jurisprudence a mis en application cette notion d'obligation *in solidum.*

382. *Concernant les obligations alimentaires*, en cas de pluralité de débiteurs alimentaires, la jurisprudence considère qu'ils sont tenus *in solidum,* à subvenir à l'intégralité des besoins du créancier d'aliments et que la personne tenue à une obligation alimentaire dispose d'un recours contre ses coobligés pour les sommes qu'elle a payées excédant sa part contributive, compte tenu des facultés respectives des débiteurs [1].

383. L'obligation *in solidum* est également la technique consacrée en r*esponsabilité civile* : en se fondant sur l'ancien article 55 du Code pénal (abrogé depuis) qui prévoyait la solidarité entre coauteurs d'un délit, à la condition qu'ils aient fait l'objet d'une condamnation pénale, la Cour de cassation a étendu ce principe à toutes les hypothèses de coresponsabilité, qu'il s'agisse de plusieurs auteurs d'un délit ou d'un quasi-délit, ou de l'auteur et de la personne qui en répond civilement (par exemple le préposé et le commettant), ou qu'il s'agisse des codébiteurs contractuels liés au créancier par des contrats différents ; ex. : un architecte et un entrepreneur qui, par leurs fautes, ont causé un même préjudice au maître de l'ouvrage. Tous les co-responsables sont tenus *in solidum* envers la victime du dommage.

b) Effets des obligations in solidum

384. Les effets sont assez semblables à ceux de l'obligation solidaire en ce qui concerne les effets principaux, avec quelques aménagements.

♦ ***Chaque codébiteur est tenu pour le tout***

385. Le créancier peut donc, en principe, s'adresser, comme pour les obligations solidaires, à n'importe lequel des codébiteurs, et le paiement effectué par ce dernier libère les autres. L'effet libératoire qui s'attache au paiement s'étendait pareillement à cette modalité particulière de règlement simplifié qu'est la compensation alors qu'avant l'ordonnance de 2016, l'article 1294, alinéa 3, excluait que le débiteur solidaire puisse opposer la compensation de ce que le créancier doit à son débiteur. La Cour de cassation déclarait en effet, inapplicable aux obligations *in solidum* l'article 1294, alinéa 3, prévu pour l'obligation solidaire et qui est dérogatoire au droit

---

1. Civ. 29 mai 1974, *D.* 1975. 482, note Magnin.

commun[1]. L'ordonnance de 2016 a introduit cependant dans l'article 1347-6 la règle selon laquelle le codébiteur solidaire peut se prévaloir de la compensation pour faire déduire la part divise du codébiteur ayant bénéficié de celle-ci, du total de la dette.

Toutefois, en ce qui concerne l'obligation *in solidum,* le total de ce qui est dû n'est pas forcément la même somme pour chaque codébiteur ; ainsi, concernant les obligations alimentaires, chaque débiteur d'aliments doit subvenir aux besoins du créancier, mais dans la limite de ses propres ressources, de son propre train de vie. Au contraire, en matière de responsabilité civile, ce qui est dû par chaque responsable est toujours la réparation de l'entier dommage de la victime.

♦ ***Entre les codébiteurs, celui qui a payé a un recours contre les autres***

386. Il bénéficie de la subrogation légale en application de l'article 1346 (ancien art. 1251, 3°). Mais, d'une part, le recours aux codébiteurs *in solidum,* se trouve parfois exclu (par exemple, l'assureur qui a payé l'intégralité du dommage ne peut se retourner contre l'assuré ; le coauteur d'un accident du travail ne peut se retourner contre l'employeur) et, d'autre part, alors qu'entre débiteurs solidaires le partage se fait par tête, entre les codébiteurs *in solidum* la jurisprudence opère le partage proportionnellement à la gravité de leurs fautes ou de leurs engagements respectifs[2].

387. *Disparition programmée des obligations in solidum au profit d'une solidarité légale dans le projet de réforme de la responsabilité. L'actuel projet de réforme* du droit de la responsabilité (du 13 mars 2017[3]) reprenant une proposition de l'avant-projet Catala, prévoit que « lorsque plusieurs personnes sont responsables d'un même dommage, elles sont solidairement tenues à réparation envers la victime » (art. 1265). Un nouveau cas de solidarité légale serait ainsi créé.

---

1. Civ. 1re, 29 nov. 1966, *Bull. civ.* I, n° 351, *JCP* 1968. II. 15355, note A. Plancqueel.
2. Civ. 2e, 8 mai 1978, *JCP* 1981. II. 19506, note L. Perallat.
3. Sur ce projet, v. ss 2236 s.

DOCUMENTS

BIBLIOGRAPHIE

Sur les obligations à terme et conditionnelles

AYNES (L.), « Terme et condition : simplification du régime de la condition et consolidation de celui du terme », *Dr. et patr.* juill.-août 2015, n° 249, p. 37 s.
BARTHEZ (A.-S.), « Régime général de l'obligation : condition et terme », *LPA* 4 sept. 2015, n° 177, p. 102.
BONNET (D.), *Cause et condition dans les actes juridiques*, LGDJ, 2005.
BOURASSIN (M.), « Les causes de la déchéance du terme », in M. Latina et G. Chantepie (dir.), *Projet de réforme du droit des contrats, du régime général et de la preuve des obligations. Analyses et* propositions, Dalloz, 2015, p. 88.
DEROUIN (Ph.), « Pour une analyse "fonctionnelle" de la condition », *RTD civ.* 1978. 1 s.
DONDERO (B.), « De la condition potestative licite », *RTD civ.* 2007. 677 s.
DROSS (W.), « L'introuvable nullité des conditions potestatives », *RTD civ.* 2007. 701 s.
GHESTIN (J.), « La notion de condition potestative au sens de l'article 1174 du Code civil », in *Mélanges A. Weill,* 1983, p. 243.
LATINA (M.), *Essai sur la condition en droit des contrats*, LGDJ, 2009, préf. D. Mazeaud.
– « Articles 1304 à 1304-7 : contribution relative aux conditions suspensives et résolutoires », *RDC* 2015. 796.
MEKKI (M.), « La condition suspensive », *Gaz. Pal.* 4 juin 2015, n° 155, p. 4 s.
MILHAC (O.), *La notion de condition dans la vente*, thèse, Paris I, 1996.
ROCHFELD (J.), « Les droits potestatifs accordés par le contrat », in *Études offertes à J. Ghestin*, LGDJ, 2001, p. 747.
TAISNE (J.-J.), *La notion de condition dans les actes juridiques. Contribution à l'étude de l'obligation conditionnelle*, thèse, Lille, 1977.

Sur les obligations plurales

BINEAU (L.), « Les obligations alternatives en droit privé », *LPA* 6 juin 2002, n° 113, p. 9.
BORÉ (J.) (sur l'obligation *in solidum*), *JCP* 1967. I. 2126.
BOULANGER (J.), « Usage et abus de la notion d'indivisibilité », *RTD civ.* 1950. 1 s.
BRÉMOND (V.), « L'obligation solidaire : emplacement et statut commun et règles particulières », in M. Latina et G. Chantepie (dir.), *Projet de réforme du droit des contrats, du régime général et de la preuve des obligations. Analyses et propositions*, Dalloz, 2015, p. 88.
CHABAS (F.), « Remarques sur l'obligation *in solidum* », *RTD civ.* 1967. 310.
GEBLER (M.-J.), « Les obligations alternatives », *RTD civ.* 1969. 1 s.
HONTEBEYRIE (A.), « Pluralité d'objets : consécrations et rénovation », *Dr. et patr.* 2015, n° 249, p. 41 ;
– « Pluralité de sujets : altération et complications », *Dr. et patr.* 2015, n° 249, p. 46.
JULIENNE (M.), « Pour un réexamen du principe de division des dettes conjointes », *D.* 2012. 1201.
LÉCUYER (H.), « Observations sur les donations alternatives ou facultatives », *Dr. fam.* 1999. Chron. n° 6.
MARTIN (D. R.), « Art. 1310 : l'obligation solidaire », *RDC* 2015. 799.
MARTIN (D.) et LEBLOND (L.), « L'obligation alternative » in M. Latina et G. Chantepie (dir.), *Projet de réforme du droit des contrats, du régime général et de la preuve des obligations. Analyses et propositions*, Dalloz, 2015, p. 88.
MEURISSE, « Le déclin de l'obligation *in solidum* », *D.* 1962. Chron. I, p. 242.

ARRÊT À COMMENTER

La condition potestative

Civ. 25 nov. 1896, *DP* 1897. 1. 34, concl. M. l'avocat général Desjardins

Arrêt

LA COUR. – Sur le moyen unique de pourvoi :

– Vu les articles 1103, 1134 et 1174 du Code civil ;

– Attendu que la condition potestative n'est une cause de nullité que quand elle est potestative de la part de celui qui s'oblige et non de la part de celui envers qui l'obligation est contractée ; qu'une promesse d'achat dont il a été régulièrement pris acte oblige celui qui l'a faite, alors même que la partie envers laquelle elle est contractée ne s'est point engagée à vendre et que la réalisation du contrat est subordonnée à sa volonté ; qu'en ce cas, l'auteur de la promesse est lié par celle-ci et ne peut la rétracter ;

– Attendu qu'il est constaté par le jugement attaqué que le 27 avril 1892, le placier de la maison Hollier-Larousse et comp. a fait régulièrement souscrire le défendeur à un exemplaire du grand dictionnaire de cette librairie au prix de 750 F, payables par trimestre ; que le 5 mai suivant, le défendeur a écrit à la maison Hollier-Larousse pour lui demander d'annuler sa souscription, ce que celle-ci a refusé ;

– Qu'il résulte de ces constatations qu'il existait de la part du défendeur un engagement unilatéral qu'il n'était plus en son pouvoir de rétracter ;

– Qu'en décidant le contraire, le jugement attaqué a violé les textes de loi susvisés ;

Par ces motifs, casse.

Directives

Cet arrêt est intéressant à un double point de vue : application de l'article 1174 à propos de la condition potestative, mais également différence entre promesse et pollicitation (à ce propos, v. ss 1034, 1096).

EXERCICES

Les obligations conditionnelles ou à terme

1) Pierre loue une maison pour six mois.

2) Jacques s'engage à donner 1 000 euros à son neveu s'il se marie.

3) Paul vend son appartement à Pierre, mais comme la villa qu'il se fait construire n'est pas tout à fait terminée, ils conviennent que Pierre ne pourra prendre possession de l'appartement que dans trois mois.

4) Denis, qui a perdu son chien, promet de donner une récompense à celui qui le retrouvera.

5) Marc loue un appartement à Daniel, en se réservant le droit de le reprendre au cas où son fils viendrait à se marier et aurait besoin de ce logement.

Indiquez, dans chacun de ces exemples, s'il s'agit d'un terme ou d'une condition, et quelle est sa nature.

PLAN

Comparaison des effets du terme suspensif et de la condition suspensive

Introduction

Définition des termes. Indiquer les différences essentielles (*condition*, événement incertain alors que le *terme* est un événement certain).

Effet rétroactif pour la condition et non pour le terme.

Pour effectuer la comparaison, nécessité d'envisager ces modalités en deux phases : avant et après la survenance de l'événement.

A. Avant la survenance de l'événement : la situation est encore provisoire

1) La condition suspensive

a) *L'obligation n'existe pas encore*, action en répétition de l'indu possible.

b) *Mais le créancier a déjà en germe un droit*, que l'on peut qualifier d'éventuel : exercice des actes conservatoires, transmissibilité du droit conditionnel.

2) Le terme

a) *L'obligation existe déjà :* exercice des actes conservatoires, l'action en répétition de l'indu est impossible, les risques sont à la charge de l'acquéreur d'un corps certain.

b) *Mais l'obligation n'est pas exigible :* le créancier ne peut exiger le paiement, ni le débiteur le forcer à le recevoir.

B. Après la survenance de l'événement : la situation devient définitive

1) La condition suspensive

a) *La condition défaille :* l'obligation est rétroactivement effacée ; toutes les sûretés disparaissent.

b) *La condition se réalise :* l'obligation devient une obligation pure et simple, avec toutes les conséquences que cela implique et sans rétroactivité depuis l'ordonnance du 10 février 2016.

2) Le terme

a) *La déchéance du terme* fait perdre le bénéfice du terme et rend la créance exigible avant la survenance de l'événement, généralement à titre de sanction.

b) *La renonciation*, par celui au profit duquel le terme existait, rend la créance exigible par anticipation.

c) *L'échéance du terme* rend la créance exigible.

I. Terme et condition

NATURE DE LA MODALITÉ	ÉVÉNEMENT FUTUR ET CERTAIN	ÉVÉNEMENT FUTUR ET INCERTAIN
Modalité retardant l'exigibilité de l'obligation	Terme suspensif	Condition suspensive
Modalité provoquant l'extinction de l'obligation	Terme extinctif	Condition résolutoire

II. Classification des termes

SELON LEUR NATURE	*Droit :* terme conventionnel *Faveur* — du juge : terme de grâce ; du législateur : moratoire *Obligation :* du législateur : terme légal
SELON LEUR DEGRÉ DE PRÉCISION	*Terme certain :* la date est fixée *Terme incertain :* l'événement surviendra mais on ne sait pas quand
SELON L'INTÉRÊT DES CONTRACTANTS	*Du débiteur :* cas le plus courant *Du créancier :* cas plus rare, doit être expressément précisé *Des deux parties :* doit également être exprès pour le créancier
SELON LEURS EFFETS	*Terme suspensif :* retarde l'exigibilité de l'obligation *Terme extinctif :* provoque l'extinction de l'obligation

I. Pluralité d'objets

1. Obligation conjonctive

①

2. Obligation alternative

②

3. Obligation facultative

③

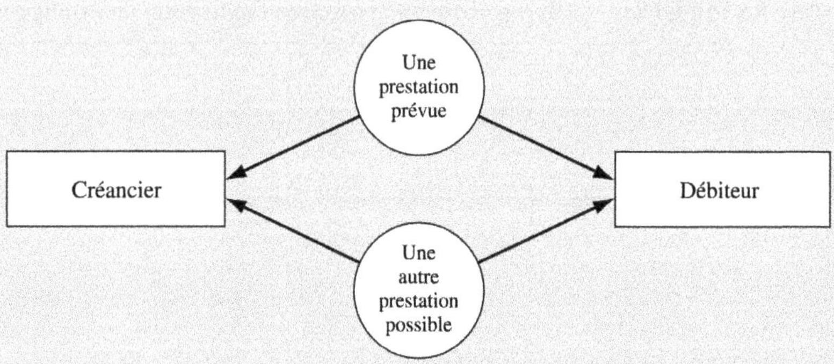

une seule prestation est prévue
mais le débiteur **a la faculté**
de se libérer par une autre prestation

II. Pluralité de sujets

1. Obligations conjointes

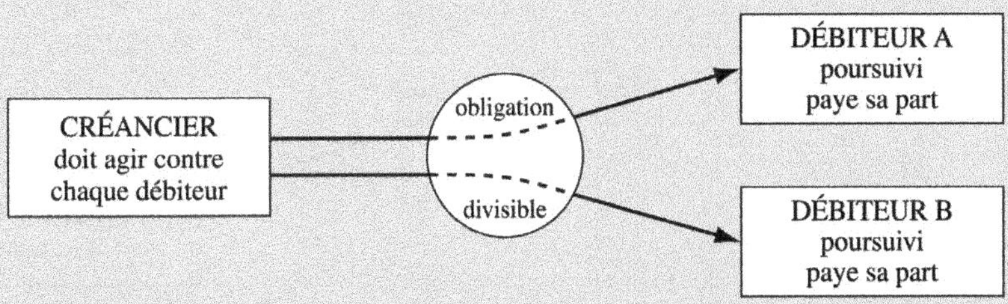

2. Obligations indivisibles

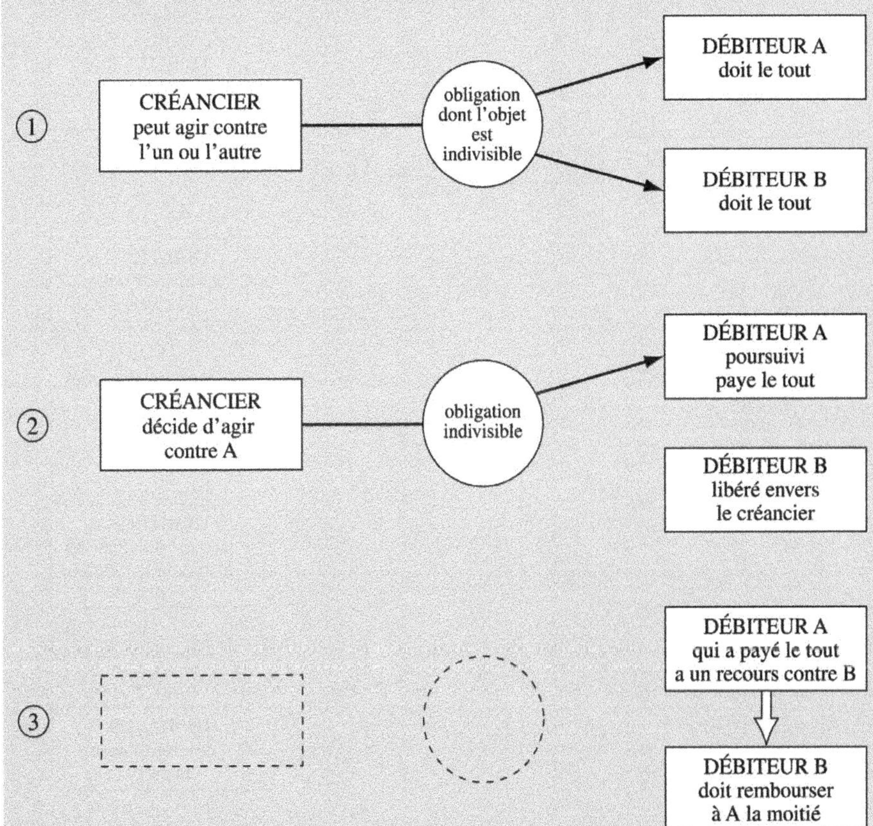

3. Obligations solidaires

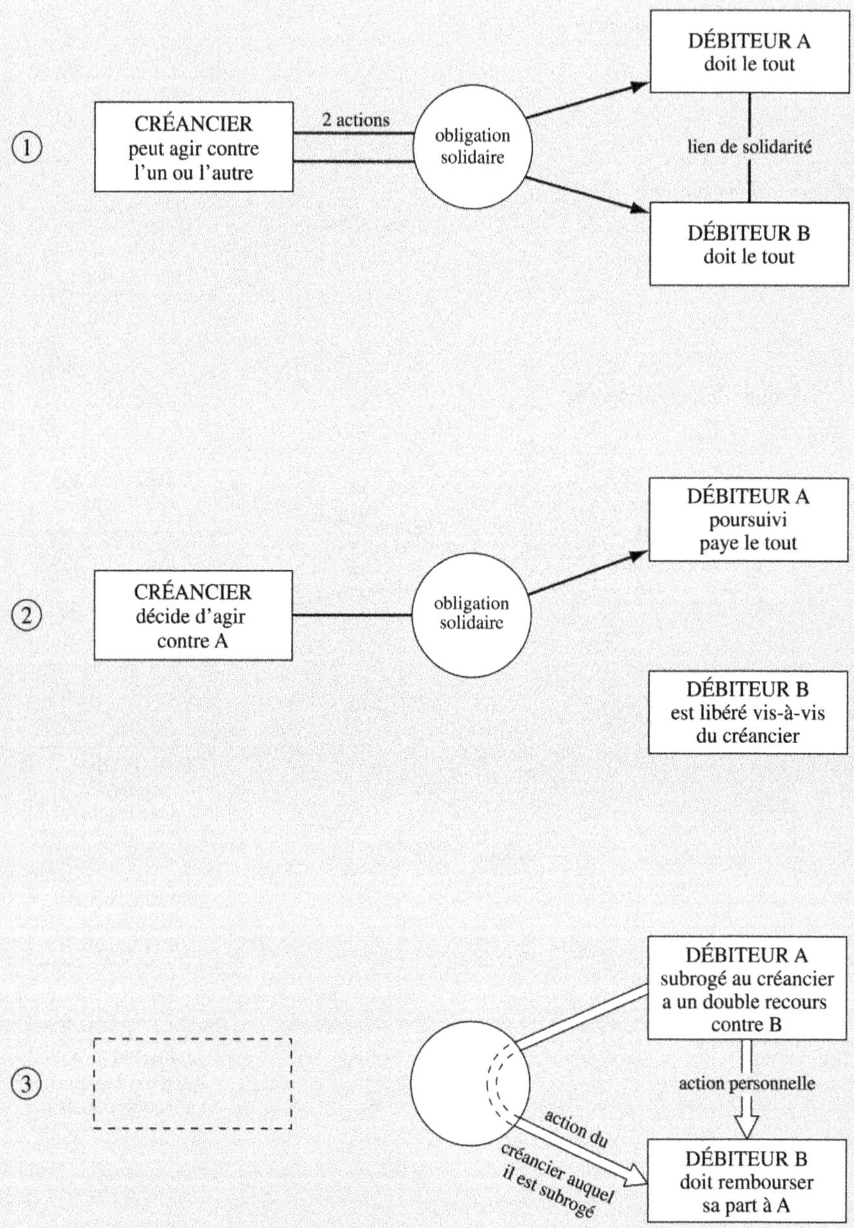

4. Obligations « in solidum »

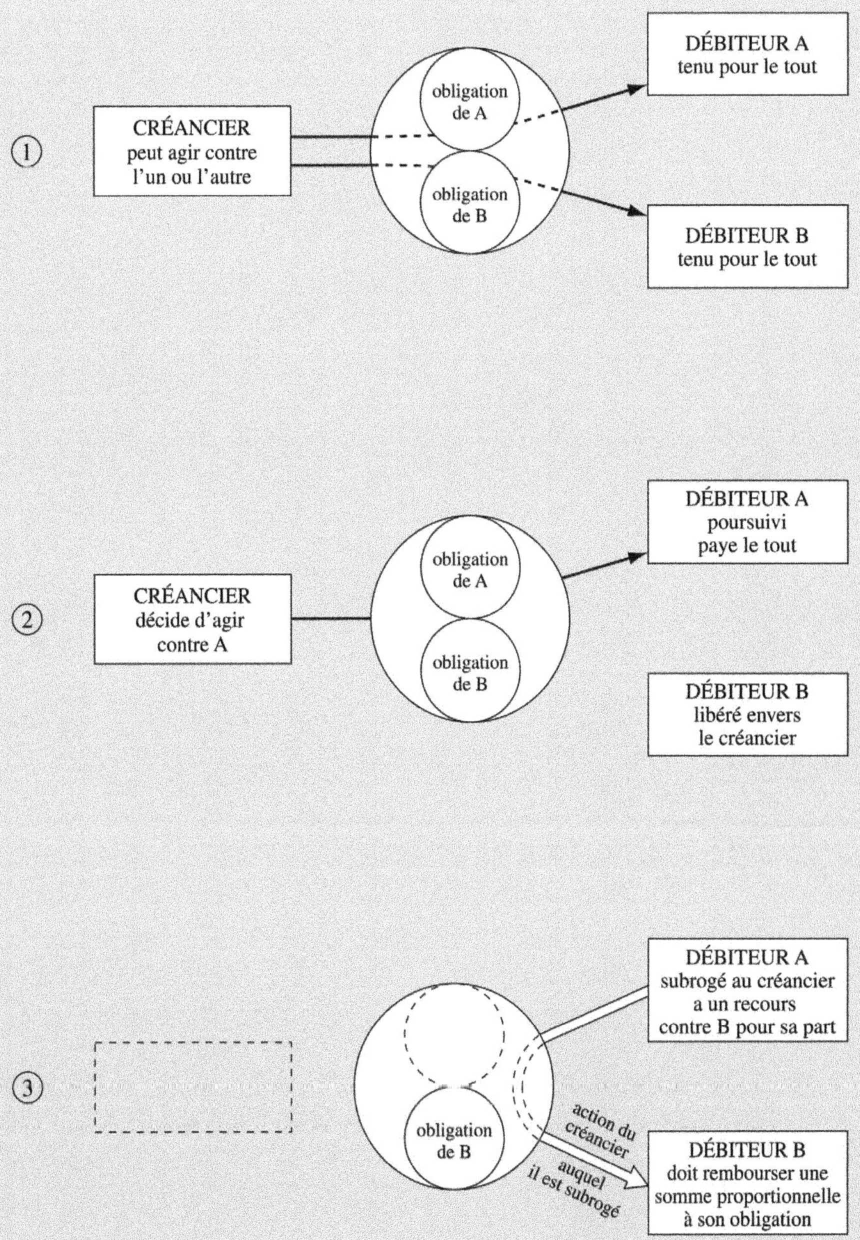

Sous-titre 2

La vie de l'obligation

388. Entre le moment où elle naît et celui où elle est exécutée ou éteinte, l'obligation produit certains effets car, dès sa naissance, le lien de droit existe (Chapitre 1). Elle peut aussi circuler, et donc être transmise (Chapitre 2).

Chapitre 1

Les effets de l'obligation dans les rapports du débiteur et du créancier : le droit à l'exécution

389. Quelle que soit la source ou les caractéristiques de l'obligation, le créancier a droit à l'exécution. Ce droit à l'exécution est un droit fondamental, garanti par le droit positif. L'obligation est caractérisée, on l'a vu, à la fois par la notion de devoir et par celle de contrainte (v. ss 127). Dès lors, si le débiteur n'exécute pas spontanément la prestation promise, il pourra y être contraint, au besoin par la force.

390. Ce droit à l'exécution existe dès la naissance de l'obligation, avant même son exigibilité : il est contenu dans le rapport d'obligation, il est de son essence. Mais, entre le moment où l'obligation naît et le moment où elle s'exécute, il peut s'écouler un temps plus ou moins long : l'obligation peut être à terme ou conditionnelle ou alors, le débiteur peut tarder à s'exécuter. Pendant tout ce temps, le rapport d'obligation confère au créancier des prérogatives particulières, pour assurer la conservation de son droit.

391. Un certain nombre de moyens et d'actions sont ainsi mis à la disposition du créancier lorsqu'il existe un risque de ne pas obtenir l'exécution ou, tout simplement, pour se prémunir de ce risque, tant que l'obligation n'est pas exigible (Section 2). À l'échéance, et en cas d'inexécution volontaire, il dispose là encore de différents moyens pour mettre en œuvre son droit à l'exécution et obtenir la prestation promise, au besoin par la force (Section 3).

Avant d'étudier ces différents moyens, il convient de préciser les principes gouvernant le droit à l'exécution (Section 1).

Section 1
Les principes gouvernant le droit à l'exécution

392. Le créancier a le droit d'obtenir l'exécution de l'obligation en nature ou, à défaut d'exécution en nature, une exécution par équivalent.

§ 1. L'affirmation du droit à l'exécution

393. Le créancier a droit à l'exécution de l'obligation. Ce droit fondamental est exprimé directement dans l'article premier de la loi du 9 juillet 1991 sur le droit des procédures civiles d'exécution. Selon ce texte, « tout créancier peut, dans les conditions prévues par la loi, contraindre son débiteur défaillant à exécuter ses obligations à son égard ». L'article 2 précise que « le créancier muni d'un titre exécutoire, constatant une créance liquide et exigible peut en poursuivre l'exécution forcée sur les biens de son débiteur ». C'est aussi un droit fondamental reconnu et protégé par la Cour européenne des droits de l'Homme, sur le fondement de l'article 6, § 1, de la Convention européenne des droits de l'Homme d'une part[1], mais aussi sur celui du droit au respect des biens contenu dans l'article 1er du protocole additionnel n° 1[2].

Enfin, depuis l'ordonnance du 10 février 2016, ce droit à l'exécution est directement affirmé par l'article 1341, dans le cadre d'un chapitre consacré aux actions ouvertes au créancier (C. civ., art. 1341 à 1341-3).

Ainsi ce droit à exécution est garanti concrètement par la possibilité de contraindre le débiteur, au besoin par la force, à exécuter ses obligations, grâce à des mesures dites « d'exécution forcée » (v. ss 476 s.).

§ 2. Le principe de l'exécution en nature

394. L'obligation constitue la promesse d'une prestation. Le créancier a droit, en principe à l'échéance, à l'exécution de l'obligation et donc à la prestation promise, telle qu'elle était prévue, c'est-à-dire, en nature.

395. Jusqu'à l'ordonnance du 10 février 2016, ce principe de l'exécution en nature avait été posé à partir de l'article 1142 du Code civil qui l'écartait pour les obligations de faire et de ne pas faire. Ce texte disposait, que « toute obligation de faire ou de ne pas faire se résout en dommages et intérêts, en cas d'inexécution de la part du débiteur ». Ce principe d'exécution par équivalent, sous forme monétaire, s'expliquait par l'impossibilité à laquelle on est souvent confronté d'obliger quelqu'un à faire ce qu'il ne veut pas faire, sans recourir aux travaux forcés, lorsqu'il s'agit d'une obligation présentant un caractère personnel. Exemple : le peintre qui refuse de livrer un portrait qu'il a été chargé d'exécuter, ne peut être condamné qu'à en rembourser le prix et à payer des dommages et intérêts, mais il ne peut pas être obligé par voie d'astreinte à se dessaisir de son œuvre sur la revendication de son client[3]. On en déduisait *a contrario*, que toutes les autres obligations étaient susceptibles d'exécution en nature et qu'il s'agissait du principe.

396. L'ordonnance de 2016, prenant acte des évolutions, a radicalement modifié les termes du débat. D'une part, elle a fait disparaître la distinction classique des obligations de donner, de faire ou de ne pas faire et surtout, au-delà, supprimé purement et simplement l'obligation de donner (v. ss 146 s.) ; d'autre part, dans les dispositions consacrées à l'exécution du contrat et dans une sous-section consacrée à l'exécution forcée en nature, elle a posé, dans l'article 1221 le principe de l'exécution en nature sans distinguer selon les obligations : « le créancier d'une obligation peut, après mise

---

1. CEDH 19 mars 1997, *Hornsby c/ Grèce*, *D.* 1998. 74, note N. Fricero.

2. *Immobiliare Safi*, 28 juill. 1999, *D.* 2000. Somm. 186, obs. N. Fricero, 11 janv. 2001, *Lunari et Tanganelli c/ Italie.*

3. Paris, 2 déc. 1897, *DP* 1898. 2. 465, note Planiol et, sur pourvoi, Civ. 4 mars 1900, rapport cons. Rau, et concl. av. gén. Desjardins, *DP* 1900. 1. 497.

en demeure, en poursuivre l'exécution en nature sauf si cette exécution est impossible ou s'il existe une disproportion manifeste entre son coût pour le débiteur [« de bonne foi » précision apportée par la loi de ratification de l'ordonnance, du 20 avril 2018] et son intérêt pour le créancier ».

397. L'ordonnance consacre ainsi les solutions que la jurisprudence avait développées à l'encontre des termes de l'ancien article 1142. En effet, même avant l'intervention de l'ordonnance, l'exclusion de l'exécution en nature pour les obligations de faire et de ne pas faire n'était déjà plus la solution de principe.

D'abord, le Code civil prévoyait déjà deux cas où l'exécution en nature était possible : d'une part, le créancier avait le droit de demander que ce qui aurait été fait par contravention à l'engagement soit détruit, et la destruction se fera aux dépens du débiteur, sans préjudice de dommages et intérêts éventuels (ancien art. 1143). D'autre part, il était également possible pour le créancier, en cas d'inexécution, de « faire exécuter lui-même l'obligation aux dépens du débiteur » (ancien art. 1144). Et la loi du 9 juillet 1991 avait ajouté à l'article 1144 les dispositions suivantes : « celui-ci [le débiteur] peut être condamné à faire l'avance des sommes nécessaires à cette exécution ».

Ces deux dispositions ont été reprises dans l'article 1222, issus de l'ordonnance, sous réserve de quelques modifications : ainsi « le créancier après mise en demeure, peut dans un délai et à coût raisonnable, faire exécuter lui-même l'obligation ». Il n'a donc plus besoin de recourir au juge. Sur autorisation du juge, il peut aussi détruire ce qui a été fait en violation de l'obligation et il peut demander au débiteur (ce n'est plus automatique), de rembourser les sommes engagées à cette fin. Il peut enfin demander en justice que le débiteur avance les sommes nécessaires à l'exécution ou à la destruction (art. 1122, al. 2).

398. Ensuite, la jurisprudence elle-même avait tendance à renverser la règle posée par l'article 1142. C'est ainsi que lorsque l'obligation ne présentait pas un caractère personnel trop accusé, l'exécution en nature pouvait être obtenue, parfois même en référé avec une condamnation sous astreinte, consistant dans le paiement d'une amende par jour de retard (sur ce mécanisme de l'astreinte, v. ss 919) et la Cour de cassation a ainsi eu l'occasion de réaffirmer à propos d'une obligation de ne pas faire (ne pas publier un ouvrage dont le droit d'exploitation avait été cédé) que « la partie envers laquelle l'engagement n'a pas été exécuté peut forcer l'autre à l'exécution (...) lorsqu'elle est possible »[1]. De même, l'obligation de livrer un corps certain, qui est une obligation de faire s'exécute toujours en nature. Ainsi, dans la vente d'immeuble, le créancier a le droit d'être mis par la force en possession du bien et en matière mobilière, il existe une procédure spéciale, la saisie-revendication, qui permet de la même façon d'être mis en possession du bien qui devait être livré et ne l'a pas été.

399. Enfin, concernant le choix de recevoir l'exécution en nature ou par équivalent, la Cour de cassation considérait que le créancier peut parfois être obligé de recevoir l'exécution en nature lorsqu'elle est offerte par le débiteur. Pour autant, le juge n'est pas obligé de retenir cette réparation en nature, tout dépendant de son appréciation

---

1. Civ. 1re, 16 janv. 2007, n° 06.13893, *D.* 2007. 1119, note O. Gout ; *RTD civ.* 2007. 342, obs. J. Mestre et B. Fages ; *RDC* 2007. 719, obs. D. Mazeaud ; *JCP* 2007. I. 61, obs. M. Mekki ; *D.* 2007. Pan. 2973, obs. B. Fauvarque-Cosson.

et du cas considéré. La primauté de la réparation en nature, semblait donc réaffirmée, quel que soit le type d'obligation, sans être cependant absolue [1].

400. Le principe, dès avant l'ordonnance de 2016, tendait donc déjà à devenir plutôt celui d'une exécution forcée en nature, y compris pour les obligations de faire et de ne pas faire. Les articles 1221 et 1222 ne font ainsi que tirer les conséquences de cette évolution (sur cette question, v. ss 1840 s.).

401. La loi du 20 avril 2018, de ratification de l'ordonnance [2], a apporté ici une petite adjonction au texte en ajoutant l'exigence que le débiteur soit de « bonne foi » pour pouvoir échapper à l'exécution en nature en cas de disproportion manifeste entre le coût de l'exécution pour le débiteur et son intérêt pour le créancier. Cet ajout n'était pas indispensable puisque la bonne foi est un principe général du droit des contrats, inscrit à l'article 1104 du Code civil, mais la mention expresse a été faite pour rassurer ceux qui s'inquiétaient de l'introduction du contrôle de proportionnalité pour faire échec à l'exécution en nature (v. ss 1843).

§ 3. L'exécution par équivalent : les dommages et intérêts

402. En dehors des cas où l'exécution forcée en nature est possible, en cas d'inexécution, c'est à l'exécution par équivalent que l'on aura recours, c'est-à-dire à la condamnation à des dommages et intérêts.

▶ ***Les dommages et intérêts*** sont constitués par une somme d'argent versée au créancier pour compenser le préjudice qu'il subit du fait de l'inexécution ou du retard dans l'exécution (art. 1231-1, ancien art. 1147).

403. On a coutume de distinguer les dommages et intérêts *compensatoires*, qui sont alloués en réparation du préjudice subi par le créancier, c'est-à-dire de la perte qu'il a faite et du gain dont il a été privé, et les dommages et intérêts *moratoires* qui réparent le préjudice causé par le simple fait du retard dans l'exécution. Cette distinction est confirmée par l'ordonnance de 2016 dans les articles 1231-2 pour les dommages et intérêts compensatoires et 1231-6 pour les dommages et intérêts moratoires (v. ss 1970, 3007).

On peut, d'ailleurs, se demander, si cette condamnation à des dommages et intérêts répond à l'idée d'une réparation du dommage causé par l'inexécution, ce qui justifie le recours à la notion de responsabilité contractuelle, ou s'il s'agit vraiment d'une exécution « par équivalent » de l'obligation initiale, ce qui n'impliquerait pas la nécessité d'un dommage. Nous reverrons cette question plus en détail ultérieurement, lors de l'étude de la responsabilité contractuelle.

---

1. Civ. 3e, 27 mars 2013, n° 12-13734, *RDC* 2013. 890, note T. Genicon ; 903, note G. Viney ; 974, note J.-B. Seube, où la réparation en nature est imposée au créancier ; *contra* : Civ. 3e, 28 sept. 2005, n° 04-14586, *RDC* 2006. 818, note G. Viney ; *RTD civ.* 2006. 311, obs. J. Mestre et B. Fages ; *Defrénois* 2006. 1507, obs. H. Périnet-Marquet ; l'arrêt admet que le débiteur ne peut imposer à la victime la réparation en nature.

2. Sur cette loi, son contenu et ses conditions d'application dans le temps, v. ss 101.

404. Pour obtenir l'exécution de l'obligation, et avant d'être amenés à réclamer l'exécution forcée, en nature ou par équivalent, les créanciers disposent cependant de certaines garanties qui vont jouer un rôle préventif.

Section 2
Les garanties préventives offertes aux créanciers chirographaires

405. Ce chapitre sera consacré à l'étude des différents moyens qui sont donnés aux créanciers chirographaires pour maintenir l'intégrité du patrimoine de leur débiteur qui constitue leur seul « gage » en cas d'inexécution et pour espérer obtenir, sinon l'exécution en nature, du moins, dans le pire des cas, l'exécution par équivalent. Il convient cependant, au préalable, de préciser cette notion de créancier chirographaire.

§ 1. Définition des créanciers chirographaires et distinction avec les créanciers privilégiés

406. Les articles 2284 et suivants du Code civil (mod. par Ord. n° 2006-346 du 23 mars 2006 portant réforme du droit des sûretés) déterminent quels sont les pouvoirs des créanciers sur le patrimoine de leur débiteur. Une première distinction doit être faite entre les créanciers chirographaires d'une part, les créanciers privilégiés et hypothécaires, d'autre part. Seuls ces derniers bénéficient d'un droit de préférence (art. 2323).

Ces privilèges et hypothèques, que l'on appelle également sûretés réelles, prémunissent le débiteur de façon efficace contre le risque d'inexécution. Si ce risque se réalise, le créancier pourra faire vendre le bien grevé d'une hypothèque ou d'un privilège et se faire payer sur le prix, par préférence aux autres créanciers. Il se trouve donc dans une situation de force.

Mais, l'étude des privilèges et de l'hypothèque faisant partie du programme d'une autre année, nous examinerons seulement le cas des créanciers chirographaires, c'est-à-dire, précisément, ceux qui ne bénéficient pas de garanties particulières, les créanciers ordinaires, pourrait-on dire.

407. Selon l'article 2284 du Code civil, celui qui s'est obligé personnellement « est tenu de remplir son engagement sur tous ses biens mobiliers et immobiliers, présents et à venir » et l'article 2285 ajoute que « les biens du débiteur sont le gage commun de ses créanciers ». Ce texte exprime le principe selon lequel les créanciers sont titulaires d'un droit de « gage général » sur l'ensemble du patrimoine du débiteur.

Il faut cependant noter que ce terme de gage est impropre ; en tout cas, il ne doit pas être confondu avec le « gage » de l'article 2333, droit réel de garantie portant sur un meuble déterminé. Il signifie simplement que les créanciers chirographaires ont des pouvoirs sur l'ensemble du patrimoine de leur débiteur, sans aucune préférence entre eux et qu'en cas d'inexécution de l'obligation, ils pourront saisir les biens, les faire vendre et se payer sur le prix de vente, sans ordre de priorité avec une répartition entre eux à proportion égale, compte tenu du montant de leur créance.

408. Ces pouvoirs se manifestent donc *en cas d'inexécution* puisque les créanciers pourront faire saisir ces biens et que le prix en sera distribué entre eux par contribution (art. 2285). C'est ce qu'on appelle l'exécution forcée (v. ss 475 s.).

409. Mais les créanciers peuvent également se manifester préventivement et ils disposent alors de plusieurs sortes de moyens d'action d'ordre préventif.

410. En effet, le droit de gage général des créanciers est assez imparfait, il ne comporte ni droit de préférence, ni droit de suite, contrairement aux droits réels. De ce fait, les créanciers chirographaires subissent toutes les modifications apportées au patrimoine du débiteur. S'il s'enrichit, leur gage s'accroît, s'il s'appauvrit, leur gage diminue. Dès lors, les créanciers chirographaires ont le plus grand intérêt à éviter tout appauvrissement, volontaire ou involontaire, de leur débiteur en assurant préventivement la conservation de son patrimoine dans la perspective ensuite, en cas d'inexécution de son obligation par le débiteur de pouvoir exercer une voie d'exécution forcée et s'il le fait de se payer par équivalent sur la vente des biens du débiteur.

411. Ils parviennent à ce résultat par une immixtion dans les affaires du débiteur.

– Ils peuvent ainsi procéder à sa place à certaines ***mesures conservatoires*** comme l'apposition des scellés, l'intervention à un partage, l'inscription d'une sûreté judiciaire provisoire (hypothèque ou nantissement judiciaire dont l'inscription est demandée au juge à titre conservatoire), ou encore le recours à une saisie conservatoire. Cette dernière, qui ne doit pas être confondue avec les saisies d'exécution (v. ss 485 s.), est une procédure rapide et simple, permettant de rendre indisponible les biens meubles du débiteur en cas de risque imminent d'insolvabilité ; ces mesures conservatoires ne nécessitent pas forcément une intervention judiciaire.

– Ils peuvent aussi exercer certaines ***actions conservatoires***, destinées à éviter la soustraction du patrimoine de certains éléments d'actifs. Ce sont ces dernières actions que nous allons examiner.

412. Ces actions conservatoires ont été regroupées par l'ordonnance du 10 février 2016, au titre du régime général de l'obligation, dans un chapitre nouveau, spécifiquement consacré aux « actions ouvertes au créancier » qui débute, comme on l'a vu, par l'affirmation du droit du créancier à l'exécution de l'obligation et du droit à l'exécution forcée (art. 1341). Trois sortes d'actions sont ici regroupées, qui étaient déjà reconnues mais qui se trouvaient éparpillées à plusieurs endroits. Certaines de ces actions sont justifiées par la négligence ou l'inaction du débiteur : il s'agit de l'action oblique et des actions directes ; une autre action vise à pallier les conséquences de la fraude ou du mensonge du débiteur, il s'agit de l'action paulienne.

§ 2. Actions ouvertes en cas d'inaction du débiteur

413. Le débiteur, qui se sait sous la menace de mesures d'exécution, peut fort bien se désintéresser de ses affaires et, notamment, des créances qu'il peut avoir contre des tiers, puisqu'il sait que le profit ne lui en reviendra pas. Dans ce cas, le créancier pourra agir à la place de son débiteur, au moyen de l'action oblique (art. 1341-1) ; ou alors, il pourra exiger du débiteur de son débiteur l'exécution d'une obligation : c'est l'action directe (art. 1341-3).

A. L'action oblique (ou indirecte) (art. 1341, ancien art. 1166)

► ***L'action oblique***, d'origine obscure, n'est pas une action propre au créancier mais une action appartenant au débiteur, qui est exercée au nom de ce dernier par son créancier.

414. C'est une action *individuelle* car elle appartient à chaque créancier individuellement. Quant à sa nature juridique, elle est *mixte*, en ce sens qu'il s'agit à la fois d'une mesure conservatoire et d'un début d'exécution. Cette dualité se retrouve dans ses conditions (v. schéma en fin de chapitre).

415. Alors que l'ordonnance du 10 février 2016, en opérant la réforme du régime général des obligations, a généralement allégé les textes antérieurs, ici, au contraire, l'article 1341-1 est plus complet et précis que l'ancien article 1166 qui prévoyait l'action oblique. Le nouveau texte fait en effet référence à « la carence du débiteur dans l'exercice de ses droits à caractère patrimonial, qui compromet les droits de son créancier », comme fondement du droit qui lui est reconnu « de les exercer pour le compte du débiteur, à l'exception de ceux qui sont exclusivement attachés à la personne ». L'ancien texte indiquait simplement que « les créanciers peuvent exercer tous les droits et actions de leur débiteur, à l'exception de ceux qui sont exclusivement attachés à la personne ». Pour autant, l'ordonnance ne fait que confirmer les solutions jurisprudentielles dégagées sur le fondement de l'ancien article 1166.

1) Conditions de l'action oblique

416. On peut étudier ces conditions d'un triple point de vue : celui des droits et actions qui peuvent ainsi être exercés ; celui du créancier ; celui du débiteur.

a) Droits et actions qui peuvent être exercés par la voie oblique

417. L'article 1341-1 autorise les créanciers à exercer « tous les droits et actions de leur débiteur, à l'exception de ceux qui sont exclusivement attachés à la personne ». Cela signifie qu'il peut non seulement exercer ses actions mais aussi user de ses droits, même d'une façon extrajudiciaire.

Cela suppose d'une part que le débiteur est déjà titulaire du droit et d'autre part qu'il ne s'agit pas d'un droit attaché à sa personne.

♦ ***Le débiteur doit déjà être titulaire du droit qu'il néglige d'exercer***

418. Par exemple, il doit être titulaire d'une créance dont il a négligé de procéder au recouvrement ou être propriétaire d'un bien actuellement sous l'emprise d'un possesseur. Le créancier pourra alors exercer à sa place l'action qui lui aurait permis de faire respecter son droit. Il pourra également exercer, par la voie oblique, des voies d'exécution. Toutefois, cette carence du débiteur doit compromettre les droits de ses créanciers pour que l'action oblique soit applicable.

En revanche, le créancier ne peut contracter à la place de son débiteur, faire naître dans son patrimoine des droits nouveaux, ni lui apporter aucune modification ni même, semble-t-il, exercer à sa place certaines options telles qu'accepter ou renoncer à une succession, à une offre d'achat. Il ne peut non plus demander l'autorisation de disposer d'un bien que le gratifié a accepté de recevoir frappé d'inaliénabilité, si l'intérêt du bénéficiaire à demander la levée de cette inaliénabilité n'est pas supérieur à celui du donateur ayant inséré cette clause d'inaliénabilité. L'action oblique ne serait donc possible que si la levée d'inaliénabilité est demandée dans l'intérêt du débiteur et non dans celui de ses créanciers[1].

♦ ***Le créancier ne peut exercer les droits attachés à la personne de son débiteur***

419. Il s'agit des droits qui impliquent une décision rigoureusement personnelle de leur auteur.

– On classe dans cette catégorie, d'une part, les *actions extrapatrimoniales* et notamment les actions d'état, par exemple, demander le divorce ou exercer une action en contestation de paternité à la place du débiteur ; il est exceptionnellement possible aux créanciers, s'ils y ont intérêt, d'exercer une action en nullité absolue du mariage de leur débiteur mais en ce cas, ils n'agissent pas par la voie oblique mais en leur nom personnel.

– On y classe, d'autre part, *certaines actions patrimoniales* qui impliquent l'appréciation d'un intérêt moral. Il en est ainsi, notamment, l'action en réparation du préjudice moral, en matière de responsabilité civile, de l'action en révocation d'une donation pour cause d'ingratitude, de l'action en séparation de biens judiciaires (art. 1446) ou encore, de l'action tendant à la levée d'une inaliénabilité conventionnelle[2], fût-ce à la demande du Trésor, créancier du donataire[3].

– Enfin, on considère, également, que ne peuvent être exercées par le créancier les *actions concernant des biens insaisissables*. En effet, s'ils y étaient autorisés, cela n'offrirait aucun intérêt pour eux puisqu'ils ne pourraient pas ensuite saisir les biens qu'ils auraient ainsi contribué à réintégrer dans le patrimoine du débiteur.

Il n'est donc pas possible d'exercer l'action oblique pour obtenir le montant d'une pension alimentaire, d'une pension de retraite, d'une indemnité pour accident du travail, etc.

b) Conditions relatives au créancier

420. Le créancier doit avoir intérêt à agir, mais peu importe que sa créance soit antérieure ou non au droit qu'il exerce ou qu'elle soit inférieure à la somme qu'il va ainsi faire rentrer dans le patrimoine de son débiteur.

Il peut d'ailleurs s'agir aussi bien d'un créancier muni d'une sûreté que d'un créancier chirographaire.

421. Toutefois, la jurisprudence exige que sa créance soit certaine, liquide et exigible comme pour une *action exécutoire*. Ainsi, une créance conditionnelle ou à terme (v. ss 243 s.) ou dont le montant ne serait pas encore chiffré (par ex., dommages et intérêts), serait inopérante.

---

1. Civ. 1re, 11 janv. 2000, *JCP* 2000. I. 215, obs. G. Loiseau ; *RTD civ.* 2000. 332, obs. J. Mestre et B. Fages.

2. Civ. 1re, 3 juin 1998, *JCP* 1998. I. 177, obs. G. Loiseau ; *RTD civ.* 1998. 677, obs. J. Mestre et B. Fages.

3. Civ. 1re, 8 mars 2005 (deux arrêts), *RJPF* 2005. 6/49, obs. Ph. Delmas St-Hilaire et J. Casey.

En revanche, les tribunaux n'exigent pas du créancier qu'il dispose du titre exécutoire nécessaire pour exercer une voie d'exécution forcée (v. ss 482), considérant cette fois l'action oblique comme une mesure simplement *conservatoire* et non exécutoire. Ainsi apparaît la nature mixte de l'action oblique, qui est une mesure conservatoire mais qui, en même temps, prépare l'exécution ultérieure.

c) Conditions relatives au débiteur

422. Le débiteur, pour sa part, doit être *négligent :* il n'exerce pas un droit en son pouvoir, qui pourrait accroître son patrimoine, alors qu'il n'est pas « dessaisi », privé du droit de s'occuper de ses affaires. C'est ce qu'on appelle la « carence du débiteur », notion effectivement consacrée par l'article 1341-1 ; elle n'est définie par aucun texte et l'article 1341-1 ne la définit pas davantage ; elle est rarement précisée par la jurisprudence. Toutefois, un arrêt de la Cour de cassation du 28 mai 2002 précise que « la carence du débiteur de la partie exerçant l'action oblique se trouve établie lorsqu'il ne justifie d'aucune diligence dans la réclamation de son dû »[1]. Cela implique que le créancier poursuivant n'a aucune autre preuve à rapporter : ni inaction délibérée, ni refus intentionnel, ni carence coupable, ni inertie prolongée, ni, à plus forte raison, collusion frauduleuse.

En outre, le débiteur doit être *insolvable* (même si le nouveau texte ne le précise pas), car, sans cela et selon l'adage « pas d'intérêt, pas d'action », le créancier n'aurait aucun intérêt à agir par la voie de l'action oblique puisqu'il pourrait être normalement remboursé.

Si le tribunal constate l'absence d'une de ces conditions l'action doit être rejetée.

Enfin, le débiteur pourrait, en principe, ne jouer aucun rôle dans l'instance engagée en son nom. Cependant, le créancier aura intérêt à le « mettre en cause » pour rendre opposable à son égard la décision obtenue et, surtout, pour pouvoir exiger le paiement de ce qui lui est dû[2] au cours de la même instance (v. schéma en fin de chapitre).

2) Effets de l'action oblique

L'action oblique, parce qu'elle n'est pas une action propre aux créanciers mais seulement l'exercice, par voie indirecte, d'une action du débiteur, se caractérise par deux points : l'opposabilité des exceptions et le fait que l'action, si elle aboutit, profite à tous les créanciers.

a) L'opposabilité des exceptions

423. Le tiers contre lequel est dirigée l'action (c'est-à-dire le débiteur du débiteur) peut opposer au demandeur toutes les exceptions qu'il aurait pu invoquer contre son propre créancier. C'est ainsi qu'il pourrait opposer au créancier la compensation (v. ss 703 s.) ou une transaction survenue même au cours du procès (car le débiteur n'étant pas dessaisi a le droit d'exercer lui-même son action ou de transiger), à moins qu'il n'y ait eu dol, auquel cas il resterait au créancier à exercer l'action paulienne (v. ss 441 s.).

---

1. Civ. 1re, 28 mai 2002, *RTD civ.* n° 3, 2003. 513, obs. J. Mestre et B. Fages.

2. Civ. 1re, 27 mai 1970, *JCP* 1971. II. 16675, note G. Poulain, et Com. 15 oct. 1991, *JCP* 1992. II. 21905, 2e esp., note G. Bolard.

b) L'action oblique profite à tous les créanciers

424. En effet, si l'action oblique aboutit, tout se passe comme si le débiteur avait agi lui-même et les biens qui rentreront dans son patrimoine viendront accroître le gage commun à tous ses créanciers, sans que celui qui a pris l'initiative d'exercer l'action oblique puisse bénéficier de la moindre préférence. L'article 1341-1 fait précisément référence à cet effet de l'action oblique lorsqu'il indique que le créancier exerce les droits et actions du débiteur « pour le compte de celui-ci ». Il n'agit pas directement pour son compte personnel.

Ceci explique que l'action oblique soit assez peu usitée : un créancier redoutera de s'exposer à des frais sans être assuré de rentrer dans ses fonds, puisqu'il sera en concours avec les autres créanciers pour lesquels il aura seulement « tiré les marrons du feu ».

425. Lorsque le droit négligé est un droit de créance, le créancier aura intérêt, au lieu d'exercer l'action oblique, à recourir à une saisie attribution (v. ss 487).

Le créancier peut également échapper aux inconvénients de l'action oblique chaque fois qu'il peut exercer une action directe.

426. On notera que l'avant-projet *Catala* de réforme du droit des obligations reprenait les acquis jurisprudentiels en la matière, mais innovait en remédiant à l'inconvénient ci-dessus évoqué de la relative inefficacité de l'action oblique ; il permettait aux créanciers qui ont exercé l'action, d'être « payés par prélèvement (donc par préférence) sur les sommes qui, par l'effet de leur recours, rentrent dans le patrimoine du débiteur négligent » (avant-projet, art. 1167-1, al. 1er). L'ordonnance du 10 février 2016 n'a pas repris cette solution.

B. L'action directe

427. Dans le cadre de l'action directe, le créancier va également poursuivre le débiteur de son débiteur, mais, cette fois, en vertu d'un droit propre et non plus en exerçant l'action de son débiteur (v. schéma en fin de chapitre).

L'article 1341-3 du Code civil fait désormais référence, dans le droit commun des obligations, à cette notion d'action directe : « dans les cas déterminés par la loi, le créancier peut agir directement en paiement de sa créance contre un débiteur de son débiteur. »

Dans une telle hypothèse, il se fait alors payer directement, sans passer par le patrimoine de son débiteur. On dit qu'il a un droit direct. Ce droit est strictement d'origine légale : il doit lui avoir été conféré par la loi, ainsi que le précise l'article 1341-3. Nous avons déjà fait référence à cette idée d'un droit direct avec la stipulation pour autrui (v. ss 217 s.), mais il s'agissait alors d'un droit né conventionnellement. Il ne faut pas confondre non plus l'*action directe en paiement* dont il est ici question qui est essentiellement d'origine légale et l'*action directe en garantie* qui est d'origine doctrinale et jurisprudentielle qui s'applique en matière de responsabilité contractuelle.

428. On a essayé d'assimiler l'action directe à d'autres procédés, tels que saisie attribution ou cession de créance. Il s'agit cependant d'une institution originale.

Les conditions d'exercice de l'action directe ne sont pas précisées par l'article 1341-3 du Code civil, ce qui est logique puisque le texte renvoie à la loi, comme seule source des actions directes. Les conditions sont donc prévues par la loi chaque fois qu'elle reconnaît le bénéfice d'une action directe. Cependant, le mécanisme de l'action directe peut être évoqué ici. Il est assez comparable à celui de l'action oblique ; avant de l'examiner, il convient d'abord de déterminer les cas les plus fréquents où elle s'applique.

1) Cas d'action directe

a) Les cas d'ouverture de l'action directe

429. L'action directe n'est possible que dans les cas autorisés par la loi On en trouve quelques hypothèses dans le Code civil ; les autres sont dus à des lois postérieures.

♦ ***Dans le Code civil***

430. Il y a trois cas où le créancier a un droit direct contre le débiteur de son débiteur.

– *L'article 1753* accorde au bailleur un droit direct contre le sous-locataire, dans la mesure du montant du loyer qui est dû par le sous-locataire au locataire principal.

– *L'article 1798*, relatif au contrat d'entreprise, accorde pour le paiement de leur salaire, une action directe aux ouvriers de l'entrepreneur contre le maître de l'ouvrage, dans la mesure des sommes dues par ce dernier à l'entrepreneur.

– *L'article 1994, alinéa 2,* accorde au mandant une action directe contre celui que le mandataire s'est substitué dans la gestion, c'est-à-dire le sous-mandataire ; et, inversement, la jurisprudence accorde également une action directe à ce dernier contre le mandant[1].

♦ ***Le législateur***

431. Il a postérieurement admis d'autres cas d'action directe.

– *La loi du 13 juillet 1930* sur l'assurance terrestre, en étendant les dispositions de la loi du 18 février 1889 sur l'incendie et celle de la loi du 28 mai 1913 en matière d'accidents (art. 2102, 8°), a prévu dans son article 53 (devenu C. assur., art. L. 124-3, sous C. civ., art. 1983) un droit direct au profit de la victime d'un dommage contre l'assureur de responsabilité de l'auteur du dommage. Ceci évite que d'autres créanciers puissent venir en concours sur la somme versée par l'assureur à son assuré.

– *L'ordonnance du 12 octobre 1945* (C. rur., art. 801), d'après l'interprétation de son article 11 par la Cour de cassation, accorde à l'acquéreur d'un fonds rural un droit direct contre le preneur qui l'a évincé en exerçant son droit de préemption, pour les « frais et loyaux coûts du contrat ».

– *La loi du 31 décembre 1975* relative à la sous-traitance accorde au sous-traitant une action directe contre le maître de l'ouvrage si l'entrepreneur ne paie pas, un mois après en avoir été mis en demeure, les sommes qui sont dues en vertu du contrat de sous-traitance.

---

1. Civ. 27 déc. 1960, *D.* 1961. 491, note J. Bigot.

► ***La sous-traitance*** est l'opération par laquelle un entrepreneur confie par un sous-traité, et sous sa responsabilité à une autre personne, appelée sous-traitant, tout ou partie de l'exécution du contrat d'entreprise ou du marché public conclu avec le maître de l'ouvrage.

b) Les conditions d'exercice de l'action directe

432. Elles sont assez voisines de celles de l'action oblique, mais en diffèrent cependant sur certains points.

– *Le créancier poursuivant doit avoir une créance exigible*, mais il n'est pas nécessaire qu'elle soit liquide ni qu'il ait un titre exécutoire.

– *Le débiteur doit, lui-même, être créancier du tiers poursuivi.* De plus, il doit en principe, comme dans l'action oblique, *être négligent et insolvable* (C. trav., art. 30, c, Livre I, pour l'action des ouvriers de l'entreprise contre le maître de l'ouvrage). Toutefois, ces deux conditions ne sont pas nécessaires dans le cadre de l'action du Code des assurances, car ici l'indemnité est bloquée entre les mains de l'assureur tant que la victime n'a pas été désintéressée.

La présence du débiteur assuré n'est pas nécessaire, mais il est prudent de le mettre en cause. En matière d'assurance de responsabilité, la Cour de cassation avait à l'origine posé la règle selon laquelle « l'exercice de l'action directe exige nécessairement, en l'absence de texte contraire, la présence de l'assuré aux débats... ». Elle a ensuite effectué un revirement remarqué en affirmant que : « la recevabilité de l'action directe n'est pas subordonnée à l'appel en la cause de l'assuré par la victime ». Cette solution a le mérite d'aligner le régime de l'action directe en matière d'assurance de responsabilité sur celui des actions directes en général, pour lesquelles la mise en cause du débiteur n'est généralement pas exigée. Cependant il faut noter, sur un plan pratique, que si la mise en cause de l'assuré n'est plus nécessaire à la recevabilité de l'action directe contre l'assureur, elle demeure possible et souhaitable car sans cela la décision serait inopposable à l'assuré [1].

2) Mécanisme de l'action directe

433. La loi, en donnant au créancier un droit direct, lui permet d'agir contre le débiteur de son débiteur mais sans lui faire perdre son droit contre son débiteur. En exerçant l'action directe, le créancier agit en vertu du droit de son débiteur, mais il exerce en même temps son droit propre (v. schéma en fin de chapitre).

a) Le créancier agit en vertu du droit de son débiteur

434. Cela implique, d'une part, que le créancier poursuivant ne peut agir que dans la mesure des droits de son débiteur (cf. art. 1798 et art. 1753) et, d'autre part, qu'il pourra bénéficier des sûretés attachées à la créance de son débiteur.

En contrepartie, le défendeur pourra lui opposer les exceptions qu'il aurait pu faire valoir contre son propre créancier avant la poursuite (mais non celles survenues après), par exemple la nullité de la dette, sauf en ce qui concerne l'action directe de la victime contre l'assureur du responsable.

---

1. Civ. 1re, 7 nov. 2000, *JCP* 2001. II. 10456 ; *JCP* 2001. I. 340, obs. G. Viney, et aperçu rapide J. Bigot « Assurance de responsabilité. Action directe : feu la mise en cause de l'assuré », *JCP* 2001, Act. nº 3.

b) Le créancier exerce un droit propre

435. C'est la différence essentielle avec l'action oblique. Ce caractère apparaît surtout à deux points de vue.

♦ ***L'inopposabilité de certaines exceptions***

436. Le défendeur ne peut opposer au créancier poursuivant les exceptions nées postérieurement à l'exercice de l'action directe, par exemple, par suite d'une compensation légale. C'est en ce sens que l'on a pu comparer l'exercice de l'action directe à une saisie attribution, car elle produit une immobilisation de la créance du débiteur intermédiaire. La jurisprudence va plus loin en matière d'assurance, en déclarant l'indemnité d'assurance immobilisée au profit de la victime dès le moment de l'accident.

♦ ***Un droit de préférence***

437. Les sommes obtenues par la voie de l'action directe bénéficient directement au créancier poursuivant, sans tomber dans le patrimoine du débiteur, contrairement à ce qui se passe avec l'action oblique. Ainsi, le créancier ne risque-t-il pas de se trouver en concours avec les autres créanciers de son débiteur. C'est un grand avantage de l'action directe.

438. En conclusion on soulignera que l'avant-projet *Catala* de réforme du droit des obligations avait opté pour la confirmation du principe de la nécessité d'une assise légale de l'action directe mais proposait d'étendre le domaine de cette action « lorsqu'elle permet seule d'éviter l'appauvrissement injuste du créancier, compte tenu du lien qui unit les contrats » (art. 1168, al. 1er et 2). Cet élargissement de l'action directe n'a pas été consacré par la réforme de 2016.

§ 3. Actions offertes aux créanciers en cas de fraude

439. L'action oblique et l'action directe sont rendues nécessaires par l'inaction du débiteur, mais il peut arriver que le débiteur, loin de rester inactif, agisse et mette en péril les droits de ses créanciers par sa fraude ou son mensonge.

► ***La notion de fraude*** a été analysée comme un procédé, en lui-même efficace, tendant à éluder l'application d'une règle impérative [1].

Au-delà de ce principe général selon lequel « la fraude corrompt tout » et donne donc un pouvoir d'action général, une action spécifique fondée sur la fraude, l'action paulienne, existe depuis l'origine dans le Code civil et a été confirmée par l'ordonnance du 10 février 2016.

---

1. V. article J. Vidal, dans la bibliographie.

A. La sanction générale de la fraude : *fraus omnia corrumpit*

440. De façon générale, le droit n'admet pas la fraude et la sanctionne, ce qu'exprime l'ancien adage *fraus omnia corrumpit* (la fraude corrompt tout). Elle consiste à utiliser des moyens légaux, par exemple à passer un contrat apparemment tout à fait valable, mais dans un but anormal, en contournant l'esprit de la règle ou en portant atteinte en connaissance de cause aux droits des tiers, souvent dans le but de leur nuire.

L'existence d'une fraude permet ainsi, en toute circonstance, de remettre en cause une décision de justice alors même qu'elle serait devenue définitive, par la voie d'un ***recours en révision***.

En droit des obligations, l'adage *fraus omnia corrumpit* trouve aussi un certain nombre d'applications. Il peut parfois être invoqué pour obtenir la nullité d'un acte frauduleux (v. ss 1479). Au contraire, il peut être invoqué pour empêcher une personne de se prévaloir d'un acte frauduleux [1].

Cependant, il existe aussi des applications à la fois plus générales et plus spécifiques : ainsi, par exemple, il se peut que le débiteur ait menti en simulant un acte (l'acte ostensible), alors qu'il en réalisait en réalité un autre (acte secret ou contre-lettre), éventuellement dans le but de frauder les droits de ses créanciers ; dans ce cas, le créancier pourra, si tel est son intérêt, invoquer l'acte caché ou « contre-lettre » en intentant une *action en déclaration de simulation* (c'est la question de la simulation en matière contractuelle, v. ss 1438 s.).

De même, lorsque le débiteur a agi en fraude des droits de ses créanciers, ceux-ci vont pouvoir intervenir par la voie de l'*action paulienne*...

B. L'action paulienne (ou révocatoire) (art. 1341-2, art. 1167 ancien)

▶ ***L'action paulienne***, prévue désormais par l'article 1341-2 du Code civil, permet au créancier agissant en son nom personnel de « faire déclarer inopposables à son égard les actes faits par son débiteur en fraude de ses droits, à charge d'établir, s'il s'agit d'un acte onéreux, que le tiers cocontractant avait connaissance de la fraude ».

441. Cette action spécifique est un héritage du droit romain (d'où son nom, dû soit au prêteur Paul qui l'aurait créée, soit au jurisconsulte Paul qui traite de cette action, soit aux Byzantins, le nom de l'action découlant d'une erreur d'interprétation des textes, selon les derniers travaux de certains auteurs) [2]. À Rome, cependant, il s'agissait d'une action collective exercée au nom de tous les créanciers, au cours d'une procédure collective de liquidation des biens d'un débiteur insolvable.

À l'heure actuelle, l'action paulienne est devenue une action individuelle [3]. L'article 1341-2 du Code civil issu de l'ordonnance, comme en matière d'action oblique,

---

1. Civ. 3e, 1er avr. 2009, *RDC* 2009. 1317, obs. C. Pérès.

2. À ce sujet, v. P. Collinet, « L'origine byzantine du nom de la Paulienne », *Nouvelle revue historique de droit français et étranger*, 1919. 187, idée reprise par J.-Ph. Lévy et A. Castaldo, *Histoire du droit civil*, 1re éd., Dalloz, 2002, no 630, p. 903.

3. Elle demeure cependant collective en droit commercial et en matière de procédure collective où il a été jugé le 13 novembre 2001, par la Cour de cassation, qu'elle pouvait être exercée par le représentant des commerçants et, même, en vertu de l'article L. 621-68 du Code de commerce, par le commissaire à l'exécution du plan (Com. 13 nov. 2001, *RTD. civ.* 2002, no 1, obs. J. Mestre et B. Fages). Cependant, la Cour de cassation considère que l'ouverture d'une procédure collective « ne fait pas

est plus précis que le texte antérieur. Pour autant, il reste encore laconique et on peut supposer que les solutions jurisprudentielles antérieures concernant les conditions et les effets de cette action seront maintenues.

Nous allons examiner successivement les conditions et les effets de cette action (v. schéma, en fin de chapitre).

1) Conditions de l'action paulienne

442. Ces conditions rappellent, dans une certaine mesure, celles de l'action oblique, mais certaines sont particulières.

a) Conditions semblables à celles de l'action oblique

443. Ce sont celles qui concernent les actes attaquables, le créancier et le débiteur.

♦ ***Quant aux actes susceptibles d'être attaqués***

444. Ce sont tous les actes juridiques patrimoniaux, à l'exception des jugements, pour lesquels existe une action spéciale nommée « tierce opposition ». Sont exclus cependant du domaine de l'action paulienne les actes, même patrimoniaux, relatifs à des droits extrapatrimoniaux ou mettant en jeu des droits exclusivement attachés à la personne du débiteur (malgré une jurisprudence parfois divergente), ainsi que ceux relatifs à des droits insaisissables.

Par ailleurs, les paiements échappent à l'empire de l'action paulienne, même si le débiteur a ainsi favorisé l'un de ses créanciers au détriment des autres. En effet, en droit civil, la règle est que le paiement est le « prix de la course ». En revanche une dation en paiement (v. ss 632) est attaquable par la voie de l'action paulienne.

L'action paulienne est également recevable lorsque l'acte attaqué a été passé par deux époux communs en biens et concerne des biens communs, en l'occurrence une donation consentie aux enfants, en fraude des droits du créancier du mari, débiteur. Les biens communs des époux font en effet partie du gage général des créanciers[1].

♦ ***Quant au créancier***

445. Sa créance, là aussi, doit être certaine, et exigible, ce qui exclut les créanciers à terme ou conditionnels, mais un titre exécutoire (v. ss 482) n'est pas exigé. La liquidité de la créance ne constitue une des conditions de recevabilité de l'action paulienne que lorsqu'elle a pour objet une somme d'argent.

♦ ***Quant au débiteur***

446. Il doit être insolvable, sans quoi cette immixtion dans ses affaires serait inadmissible, ou il doit compromettre les sûretés de son créancier, ou rendre impossible l'exercice du droit spécial dont disposait le créancier sur la chose

---

obstacle à ce qu'un créancier exerce l'action de l'article 1167 du Code civil » en dépit de la passivité du représentant des créanciers contre un acte par lequel son débiteur a fraudé ses droits.

1. Civ. 1re, 6 févr. 2008, *Bull. civ.* I, n° 35 ; *RTD civ.* n° 4, 2008. 677, obs. B. Fages.

aliénée : par exemple, une parcelle devenue trop petite pour permettre le renouvellement d'un bail à la suite d'une donation-partage [1].

L'action paulienne peut, d'ailleurs, être dirigée contre le débiteur lui-même ou, s'il est déjà insolvable, contre ses cautions si elles se sont fictivement dépouillées de leurs biens afin de ne pas avoir à payer le créancier. Citons ainsi le cas de deux frères, cautions d'une SCI, qui avaient fait donation à leurs enfants respectifs de biens immobiliers qu'ils avaient eux-mêmes reçus en vertu d'une donation-partage de leurs parents, intervenue le même jour [2].

447. En cas de partage, l'action paulienne n'est pas possible ; mais les créanciers peuvent se défendre préventivement en s'opposant à ce qu'il y soit procédé hors de leur présence (art. 882). De même, en cas de séparation de biens, ils peuvent sommer les époux de leur communiquer la demande et les pièces justificatives (art. 1447).

b) Conditions propres à l'action paulienne

448. L'action paulienne n'est possible qu'à une double condition : que l'acte ait causé un préjudice au créancier et que cet acte soit frauduleux.

♦ *Le préjudice causé au créancier*

449. Le créancier doit pouvoir justifier d'un préjudice. Cela exclut les créanciers dont la créance est postérieure à l'acte litigieux puisqu'ils ne peuvent invoquer une diminution de leur gage, à moins que l'insolvabilité n'ait été organisée en vue d'une créance future, mais il faut alors en faire la preuve. Dès lors, les créanciers doivent produire des actes ayant date certaine [3]. L'arrêt rappelle par une triple censure comment les diverses conditions de l'action paulienne doivent être entendues.

La première chambre civile précise que « c'est à la date à laquelle le débiteur se dépouille de certains éléments de son patrimoine qu'il convient de se placer » [4].

450. Ce préjudice doit être constitué par un appauvrissement du débiteur, ce qui provoque ou augmente son insolvabilité, et non par un refus de s'enrichir, par exemple le refus, même frauduleux, d'une donation. Il y a cependant deux exceptions à cette règle, mais elles ne sont qu'apparentes : ainsi, si l'article 788 autorise l'exercice de l'action paulienne aux créanciers de l'héritier qui renonce à une succession, c'est que celui-ci étant devenu de plein droit propriétaire des biens de son auteur, du jour du décès, sa renonciation constitue bien un appauvrissement et les créanciers lésés peuvent donc accepter la succession du chef de leur débiteur, en ses lieu et place.

De même, l'article 2225 accorde l'action paulienne aux créanciers de la personne qui renonce à invoquer une prescription ayant joué en sa faveur. Or, la renonciation étant rétroactive, on ne saurait dire qu'elle s'est appauvrie, mais cette rétroactivité n'est qu'une fiction.

---

1. Civ. 1re, 10 déc. 1974, *Gaz. Pal.* 1975. I. 363, note A. Plancqueel.

2. Civ. 1re, 17 févr. 2004, *Gaz. Pal.* 27-28 oct. 2004, p. 7.

3. Pour une définition de l'action paulienne et l'exigence d'un « principe certain de créance » antérieur à l'acte litigieux, v. Civ. 1re, 13 janv. 1993, *JCP* 1993. II. 22027, note J. Ghestin.

4. Civ. 1re, 17 déc. 1996, *Bull. civ.* I, n° 448, *Defrénois* 1997. 733, obs. Ph. Delebecque ; *RTD civ.* 1997. 941, obs. J. Mestre.

451. L'appauvrissement peut d'ailleurs être constitué de différentes façons. Il peut s'agir : soit d'un acte faisant sortir un bien du patrimoine sans contrepartie (donation ou partage simulé réalisant une donation déguisée [1], ou contre une contrepartie insuffisante : vente à vil prix) ; soit d'un acte ayant pour effet de remplacer des biens aisément saisissables par des biens faciles à dissimuler, ce qui produit pour les créanciers un appauvrissement apparent ; soit d'un acte amoindrissant la valeur vénale du bien : premier bail rural ou premier bail commercial consenti sur un bien, par exemple [2], et pour des biens hypothéqués donnés à bail pour douze ans ce qui diminuait considérablement leur valeur « au point de rendre la sûreté illusoire » [3].

On peut, toutefois, constater que, depuis un certain temps, la Cour de cassation a tendance à élargir le domaine de l'action paulienne en n'exigeant plus cette condition d'insolvabilité du débiteur [4]. Un arrêt intéressant a repris cette position dans une situation croisant le régime général des obligations et les avant-contrats. En l'espèce la cour d'appel avait refusé la voie de cette action en faisant valoir que le conflit n'opposait pas un créancier à un débiteur mais qu'il avait trait à la propriété d'un bien ayant fait l'objet de deux mutations successives de la part de son propriétaire initial et qu'il devait se résoudre par application des règles régissant la publicité foncière. Pourtant, la décision est cassée au motif que « l'action paulienne est recevable, même si le débiteur n'est pas insolvable, dès lors que l'acte frauduleux a eu pour effet de rendre impossible l'exercice du droit spécial dont disposait le créancier sur la chose aliénée ». Qu'entend-on, ici, par ce « droit spécial » ? Les intéressés avaient bénéficié douze ans auparavant d'une promesse synallagmatique de vente d'un immeuble, mais la réitération de la promesse de vente par acte notarié n'étant jamais intervenue, les vendeurs avaient fait donation de cet immeuble à leur fils. Doit-on considérer que la promesse de vente vaut vente et que les acquéreurs étaient bien devenus propriétaires du bien, ce qui les amenait à agir en vertu d'un droit réel ? Cela conférerait alors à l'action paulienne un caractère tout à fait nouveau d'action réelle [5]. Ou bien faut-il considérer qu'ils étaient toujours créanciers, mais d'une obligation de faire, l'obligation de délivrance, l'existence d'une créance justifiant alors le jeu de l'action paulienne destinée à protéger un droit personnel. C'est la seconde solution qui semble la plus exacte [6].

---

1. Civ. 1re, 6 mars 1996, *Bull. civ.* I, n° 125 ; *Defrénois* 1996. 1438, obs. G. Champenois ; *RTD civ.* 1997. 940, obs. J. Mestre.

2. Civ. 15 oct. 1980, *Bull. civ.* I, n° 257, p. 205.

3. Civ. 1re, 18 juill. 1995, *Bull. civ.* I, n° 324 ; *D.* 1996. 391, note E. Agostini ; *RTD civ.* 1997. 940, obs. J. Mestre.

4. Civ. 1re, 18 juill. 1995, *Bull. civ.* I, n° 234.

5. L'action paulienne a toujours été considérée comme une action personnelle et non réelle malgré la possibilité de restituer le bien, objet de l'acte litigieux, car le créancier exerce, par hypothèse, un droit de créance, droit personnel. Une partie de la doctrine classique avait admis toutefois, que l'action paulienne pouvait être qualifiée d'action mixte, à la fois réelle et personnelle, mais la majorité de la doctrine et la jurisprudence récente (v. ss 462) dénient tout caractère réel à l'action paulienne et maintiennent qu'il ne s'agit que d'une action personnelle.

6. Civ. 3e, 6 oct. 2004, *Gaz. Pal.* 3 avr. 2005, p. 12, note B. Roman ; *Defrénois* 2005, art. 38109, p. 329, note Y. Dagorne-Labbé : *Defrénois* 2005, art. 38142, p. 612, note R. Libchaber ; *Defrénois,* 2005, art. 38133, p. 526, note S. Piedelièvre ; *D.* 2004. 3098, note G. Kessler ; *RTD civ.* 2005, n° 1, p. 121, obs. J. Mestre et B. Fages ; *RJDA* 2005, n° 194 ; *JCP* 2005. I. 191 ; v. A.-G. Robert, chron. citée dans la bibliographie.

♦ *Le caractère frauduleux de l'acte*

452. Le caractère frauduleux de l'acte doit être envisagé à un double point de vue : vis-à-vis du débiteur et vis-à-vis du tiers avec lequel il a contracté. En effet, la Cour de cassation affirme que « l'action paulienne présentant un caractère personnel ne peut atteindre que l'auteur et les complices de la fraude »[1], du moins s'ils ont acquis à titre onéreux.

453. Le débiteur doit avoir eu une *intention frauduleuse* (*consilium fraudis*). Mais on s'est demandé si la conscience de son insolvabilité suffisait à constituer la fraude, ou s'il fallait l'intention de causer un préjudice aux créanciers. On peut répondre en envisageant les deux sortes d'actes d'appauvrissement.

– *Quand il s'agit de remplacer un bien par un autre, plus facile à dissimuler*, mais de même valeur, comme ceci ne modifie en rien l'insolvabilité du débiteur, on exige qu'il l'ait fait sciemment pour pouvoir soustraire une partie de ses biens aux poursuites de ses créanciers.

– *En revanche, quand il s'agit d'un acte effectif d'appauvrissement* : don d'un bien ou son aliénation à vil prix, la simple connaissance de son insolvabilité suffit alors à constituer la fraude. Cette position est affirmée par la Cour de cassation[2] qui considère que « la fraude prévue à l'article 1167 résulte de la seule connaissance qu'a eue le débiteur du préjudice qu'il causait au créancier en se rendant insolvable ou en augmentant son insolvabilité ».

454. À l'origine, les Romains exigeaient que le tiers ait été complice de la fraude (*conscius fraudis*), mais, peu à peu, ils furent amenés à faire une distinction selon que l'acte était à titre gratuit ou onéreux, et bien que le Code civil n'ait pas mentionné cette distinction, la jurisprudence continue à l'appliquer. L'ordonnance du 10 février 2016 a confirmé cette distinction, en imposant dans le cas d'un acte onéreux, non pas la preuve que le tiers cocontractant a été complice mais qu'il a eu connaissance de la fraude. Cette indication ne figurait pas dans l'ancien article 1166.

– *Si l'acte est à titre onéreux, le tiers doit donc avoir eu connaissance de la fraude :* il va subir un préjudice si l'action paulienne aboutit et on estime qu'il faut lui éviter ce dommage s'il est de bonne foi. Avant l'ordonnance, la jurisprudence exigeait que le créancier qui exerce l'action paulienne prouve la complicité de fraude du tiers acquéreur[3]. Cette complicité consistait cependant, non seulement dans l'intention de nuire aux créanciers[4] (le tiers qui a seulement cherché à sauvegarder ses intérêts légitimes n'étant pas complice), mais aussi, simplement dans la simple connaissance de l'insolvabilité du débiteur ; c'est cette seconde conception plus extensive qui prévalait en jurisprudence[5], avant l'intervention de la réforme et qui a été consacrée par l'article 1342-2 issu de l'ordonnance. La simple connaissance de la fraude suffit donc.

---

1. Civ. 3e, 25 janv. 1983, *Bull. civ.* III, n° 25 ; *RTD civ.* 1983. 720, obs. J. Mestre ; Civ. 3e, 9 mars 1994, *JCP* 1994. IV. 1225, et 1994. I. 3781, p. 355, obs. C. Jamin.

2. Civ. 1re, 13 mars 1973, *Bull. civ.* I, n° 92, p. 86, et Civ. 1re, 14 févr. 1995, *D.* 1996. 391, note E. Agostini ; *RTD civ.* 1997. 940, obs. J. Mestre.

3. Civ. 1re, 27 juin 1984, *Bull. civ.* I, n° 211.

4. Civ. 18 févr. 1971, *D.* 1972. 56, note E. Agostini.

5. Civ. 29 mai 1985, *Defrénois* 1986, art. 33694, obs. J.-L. Aubert ; *RTD civ.* 1986. 601, obs. J. Mestre.

– *Si l'acte est à titre gratuit, au contraire, la connaissance de la fraude par le tiers n'est pas nécessaire :* il s'agit pour lui d'un avantage sans contrepartie, donc il est beaucoup moins grave de l'en priver et l'action paulienne est possible, même si le tiers ignorait l'insolvabilité du débiteur [1].

L'action doit être dirigée contre le tiers acquéreur et la Cour de cassation estime que le fait d'invoquer au cours de l'instance que le tiers acquéreur n'ait pas été assigné, ne constitue pas une simple exception de procédure mais une fin de non-recevoir qui peut être opposée en tout état de cause [2].

455. Au cas où le tiers, à son tour, a cédé le bien acquis du débiteur à un *sous-acquéreur,* si le premier acquéreur n'est pas susceptible d'être poursuivi, le sous-acquéreur ne le sera pas, car le bien était définitivement sorti du patrimoine du débiteur. En revanche, si le premier acquéreur peut faire l'objet de l'action paulienne, on appliquera au sous-acquéreur les mêmes distinctions qu'au premier acquéreur pour déterminer si l'action est possible contre lui.

À la limite, quand l'action paulienne n'est pas possible, on peut encore attaquer certains actes, soit en demandant des dommages et intérêts, soit en invoquant directement l'adage *fraus omnia corrumpit,* pour obtenir la nullité de l'acte (v. ss 440).

2) Effets de l'action paulienne : l'inopposabilité de l'acte frauduleux

456. Cette sanction particulière est prévue par l'article 1341-2. Elle a pour particularité de maintenir les effets de l'acte à l'égard de certains, tout en produisant un effet révocatoire à l'égard d'autres. Cela nécessite que l'on examine les effets de l'action paulienne sous l'angle des rapports entre les différents acteurs (v. schéma, en fin de chapitre).

a) Rapports du créancier et du débiteur

457. L'action paulienne a essentiellement pour effet de révoquer l'acte litigieux afin de reconstituer le patrimoine du débiteur frauduleusement amoindri. Le débiteur ne peut opposer cet acte au créancier. À son égard l'acte est considéré comme nul ou encore inexistant.

On notera que lorsque l'acte a été consenti par des époux communs en biens, l'inopposabilité concerne les deux époux et l'acte tout entier, même si seul l'un des époux s'est engagé à l'égard du créancier qui exerce l'action paulienne, ainsi que l'a rappelé la Cour de cassation à propos de deux conjoints qui avaient consenti une donation sur des biens communs à leurs enfants, en fraude des droits du créancier du mari. L'épouse non débitrice, ne pouvait soutenir, qu'à son égard, l'acte resterait opposable [3].

b) Rapports du créancier et du tiers acquéreur

458. Le tiers ne peut opposer l'acte litigieux au créancier, il devra subir les poursuites du créancier ou le désintéresser. L'action paulienne aboutit donc, la plupart du temps, à une obligation de restitution mais non à des dommages et intérêts. Le tiers devra

---

1. Civ. 1re, 23 avr. 1981, *D.* 1981. 395.

2. Civ. 6 nov. 1990, *JCP* 1992. II. 21905, 1re esp., note G. Bolard.

3. Civ. 1re, 6 févr. 2008, *Bull. civ.* I, n° 35 ; *RTD civ.* 2008. 677, obs. B. Fages.

restituer l'objet de l'acte frauduleux ou sa valeur actuelle, compte tenu de sa propre prestation. Toutefois, la restitution n'est due que dans la limite de la créance, pour le surplus, l'acte demeure opposable à tous. De plus, en application de l'article 549 du Code civil, le tiers de mauvaise foi doit également restituer les fruits. Il s'agit d'une inopposabilité de l'acte et non d'une nullité, si bien que les sommes ou le bien litigieux n'ont pas à faire retour dans le patrimoine du débiteur, ainsi que l'a rappelé la Cour de cassation [1].

c) Rapports du débiteur et du tiers

459. L'acte frauduleux reste valable entre eux et le tiers évincé pourrait se retourner contre le débiteur et lui réclamer une indemnité d'éviction, mais ce recours est assez illusoire en raison de l'insolvabilité de ce dernier.

d) Rapports du créancier avec les autres créanciers

460. Contrairement à ce qui se passe pour l'action oblique, le créancier qui exerce l'action paulienne agit en vertu d'un droit propre et pour son propre compte. Dès lors, le jugement qu'il obtient ne produit d'effet qu'à son profit. Cependant, les autres créanciers pourront en profiter en intervenant à l'action.

C. Prescription de l'action

461. L'avant-projet *Catala* de réforme du droit des obligations proposait d'enfermer l'action paulienne, soumise au délai de droit commun de cinq ans, dans un délai plus court, de trois ans suivant la connaissance que les créanciers ont de la fraude. L'ordonnance de 2016 n'a pas posé de règle concernant la prescription de l'action qui obéit donc au délai de droit commun de cinq ans.

Section 3
Les moyens destinés à obtenir l'exécution

462. Lorsque l'obligation est exigible et que le débiteur ne s'exécute pas, le créancier va disposer d'un certain nombre de procédés pour obtenir cette exécution, soit directement en recourant à l'exécution forcée (§ 2), c'est-à-dire à des mesures coercitives, soit, préalablement, en recourant à des moyens de pression (§ 1).

§ 1. Les moyens de pression

463. Le créancier peut recourir au système de l'astreinte ; il peut envisager une saisie conservatoire qu'il pourra ensuite éventuellement transformer en mesure d'exécution

---

1. Civ. 1re, 23 juin 2011, no 10-16.602, *RTD civ.* no 3, 2011. 534, no 5, obs. B. Fages ; Civ. 1re, 30 juill. 2006, *Bull. civ.* I, no 268, *Defrénois* 2006. 1863, obs. R. Libchabder.

forcée ; il peut aussi se défendre en utilisant le *droit de rétention*[1] *et* l'*exceptio non adimpleti contractus* mais il s'agit dans ce dernier cas d'une sanction purement contractuelle. Nous la citerons ici juste pour mémoire.

A. L'astreinte

464. Elle est traitée aux articles 33 à 37 de la loi du 9 juillet 1991, sur les procédures civiles d'exécution (v. C. pr. civ.).

► ***L'astreinte*** est une condamnation pécuniaire, par jour ou par semaine, ou par infraction constatée s'il s'agit d'une obligation de ne pas faire, jusqu'à l'exécution de l'obligation, qu'il s'agisse d'obligation de donner, de faire ou de ne pas faire. Le montant de l'astreinte augmente donc au fur et à mesure de l'écoulement du temps d'inexécution.

465. Elle suppose l'intervention du juge puisque la condamnation à une astreinte assortit toujours une décision de justice, qui constate le droit à l'exécution de l'obligation ; elle est destinée à obtenir l'exécution de cette décision de condamnation et donc, par là même, l'exécution de l'obligation.

L'astreinte peut être prononcée par tout juge, même d'office, et le juge de l'exécution peut assortir d'une astreinte une décision rendue par un autre juge, s'il l'estime nécessaire. Elle ne doit pas être confondue avec les dommages et intérêts moratoires, qui doivent indemniser le préjudice causé par le retard. L'astreinte, au contraire, est un moyen de pression, elle est donc *arbitraire*, fixée généralement à un taux très élevé, correspondant aux ressources du débiteur et à sa capacité de résistance, mais non en fonction du préjudice subi[2]. De plus, elle est *comminatoire*, c'est-à-dire qu'elle vise à intimider le débiteur, mais, une fois que ce dernier s'est exécuté, si l'astreinte est provisoire et non définitive, il peut demander, et doit obtenir, la réduction des sommes ainsi mises à sa charge qui seront réévaluées en fonction de la gravité de la perte initiale et de la résistance mise à exécuter, mais non du préjudice moratoire.

466. L'astreinte est *provisoire* ou *définitive*. Si le juge n'a pas précisé son caractère définitif elle doit être considérée comme provisoire (L. du 9 juill. 1991, art. 34). La différence entre les deux sortes d'astreinte réside dans la liberté plus ou moins grande dont dispose le juge au moment de la liquidation de l'astreinte, c'est-à-dire lorsqu'il en fixe le montant définitif et condamne le débiteur à verser ce montant. L'une comme l'autre sont liquidées par le juge de l'exécution (juge unique spécialisé dans les procédures civiles d'exécution) « sauf si le juge qui l'a ordonnée reste saisi de l'affaire ou s'en est expressément réservé le pouvoir » (art. 35).

467. Lorsque le montant de l'*astreinte provisoire* est liquidé, parce que le débiteur s'est exécuté ou qu'il est définitivement certain qu'il ne s'exécutera pas, cette liquidation (fixation du montant de l'astreinte effectivement due par le débiteur) est effectuée « en tenant compte du comportement de celui à qui l'injonction a été adressée et des difficultés qu'il a rencontrées pour l'exécuter » (art. 36, al. 1er).

---

1. Note Rodière, sous Civ. 22 mai 1962, *D.* 1965. 58, et sous Civ. 23 juin 1964, *D.* 1965. 79.
2. Civ. 1re, 20 oct. 1959, *D.* 1959. 537, note G. Holleaux.

En revanche, le taux de l'*astreinte définitive* ne peut jamais être modifié lors de sa liquidation.

468. L'astreinte, provisoire ou définitive, peut être supprimée, totalement ou partiellement, « s'il est établi que l'inexécution ou le retard dans l'exécution de l'injonction du juge provient en tout ou partie d'une cause étrangère » (art. 36, al. 3).

469. Les astreintes posaient un double problème :
– *celui de leur validité*, en dehors de tout texte légal, a été réglé par la loi du 5 juillet 1972 qui en a consacré l'existence ;
– *celui de leur nature juridique*, selon qu'on les assimilait à des dommages et intérêts, qu'on y voyait une mesure de contrainte, ou qu'on distinguait la phase comminatoire où l'astreinte est un procédé de contrainte, et la phase de liquidation où elle se résout en une condamnation à des dommages et intérêts. Ici encore, la loi du 5 juillet 1972 a résolu le problème en affirmant que l'astreinte est indépendante des dommages et intérêts, mais qu'elle peut être provisoire ou définitive et la loi du 9 juillet 1991 n'a fait que reprendre ces dispositions en les précisant et en faisant intervenir le juge de l'exécution.

B. *L'exceptio non adimpleti contractus*

▶ ***L'exceptio non adimpleti contractus*** ou exception d'inexécution est un moyen de défense, par lequel le créancier refuse d'exécuter sa prestation tant que le débiteur n'a pas exécuté la sienne.

470. Comme on peut le comprendre immédiatement, cela suppose que le créancier de l'obligation inexécutée soit lui-même débiteur d'une obligation envers son débiteur, ce qui caractérise un contrat synallagmatique (v. ss 934).

471. L'exception d'inexécution est en effet un moyen de pression propre aux contrats synallagmatiques et qui ne joue que dans ce contexte. Ce n'est donc pas un élément du régime général des obligations et elle sera étudiée plus en détail dans le cadre des effets du contrat (v. ss 1845 s.).

C. Le droit de rétention

472. Souvent confondu avec l'*exceptio non adimpleti contractus*, le droit de rétention a pourtant un domaine différent.

▶ ***Le droit de rétention*** est le droit reconnu au créancier, qui détient un bien appartenant à son débiteur, de le retenir jusqu'à ce que ce dernier ait exécuté sa prestation (par ex. article 1948 en ce qui concerne le dépôt, article 571 pour le travail à façon, article 862 en matière de partage successoral, articles 1612 et 1613 dans la vente, article 1673 dans la vente à réméré, article 2391 à propos de l'antichrèse, article 2280, alinéa 1er, en matière de restitution de meubles perdus ou volés).

Il ne s'applique pas uniquement aux contrats synallagmatiques mais dans tous les cas où le créancier détient un bien de débiteur. En revanche, et contrairement à l'exception d'inexécution, le droit de rétention est inapplicable lorsque le créancier ne détient aucun bien du débiteur ou lorsqu'il n'y a aucun rapport entre la créance à recouvrer et l'objet qu'il détient. Par exemple, un garagiste détient la voiture d'un client qui ne lui a pas payé de précédentes réparations sur cette voiture : il va pouvoir exercer son droit de rétention. Mais si la créance concerne une livraison d'essence ou des réparations à un autre véhicule, il ne peut exercer ce droit de rétention. Il faut en effet qu'il y ait un lien entre la dette et la chose retenue : on dit qu'il y a *debitum cum re junctum*, qu'il y a connexité réelle.

Le créancier qui a exercé le droit de rétention n'a que des pouvoirs très limités sur le bien retenu. En effet, s'il peut le conserver, il ne peut pas en disposer et, notamment, il ne peut pas le vendre, car il devrait alors en partager le prix avec tous les autres créanciers. Ce droit n'est donc intéressant que si le créancier est privilégié, créancier gagiste par exemple. De plus, il perd son droit s'il s'est volontairement dessaisi du bien en question.

473. La réforme du droit des sûretés, telle qu'elle résulte de l'ordonnance n° 2006-346 du 23 mars 2006, refondant le livre IV du Code civil, entièrement consacré aux sûretés, marque une étape importante dans la réforme de notre droit des obligations. En ce qui concerne le droit de rétention, le législateur l'a consacré dans le nouvel article 2268, mais il n'a pas entendu modifier le droit antérieur, aboutissement d'une évolution jurisprudentielle. Le législateur a repris les trois fondements de ce droit qui réside non dans la détention mais dans la connexité, c'est-à-dire le rapport existant entre la créance et le bien détenu : cette connexité peut être volontaire, ou juridique, ou matérielle ; il a maintenu le relatif effacement de la dépossession matérielle et l'un des éléments de son régime juridique : sa disparition par suite d'un dessaisissement volontaire. Le nouvel article 2286 dispose désormais que : peut se prévaloir d'un droit de rétention sur la chose :

« 1° celui à qui la chose a été remise jusqu'au paiement de sa créance ; 2° celui dont la créance impayée résulte du contrat qui l'oblige à la livrer ; 3° celui dont la créance impayée est née à l'occasion de la détention de la chose. Le droit de rétention se perd par le dessaisissement volontaire. » Il en serait de même en cas d'extinction de la créance garantie.

L'ordonnance du 23 mars 2006 n'a pas davantage précisé le régime juridique du droit de rétention. Toutefois, elle a mis fin à la primauté, jusqu'ici absolue, du rétenteur sur les autres créanciers. En effet, si le bien a successivement fait l'objet d'un gage sans dépossession, puis d'un gage avec dépossession, le nouvel article 2340 dispose que le droit de préférence du premier créancier gagiste (dépourvu du droit de rétention) est opposable au second « nonobstant le droit de rétention de ce dernier ».

Le droit de rétention exerce son influence sur toutes les sûretés réelles même s'il ne constitue pas lui-même une sûreté.

474. À côté de ces procédés défensifs, le créancier a des moyens plus actifs d'obtenir l'exécution. Mais, ici, il faut faire une nouvelle distinction selon que l'inexécution est volontaire, ce qui entraîne l'exécution forcée, ou qu'elle est due à la force majeure, ce qui donne lieu à un cas particulier de résolution du contrat et à l'application de la théorie des risques. Seule nous intéresse ici la première hypothèse. La seconde concerne la question de l'extinction de l'obligation (v. ss 1935 s.).

§ 2. Les mesures coercitives

475. Rappelons que l'article 1341 du Code civil, issu de l'ordonnance du 10 février 2016, affirme désormais expressément, au titre des actions ouvertes au créancier, le droit à l'exécution de l'obligation et la possibilité « d'y contraindre le débiteur dans les conditions prévues par la loi ». Ainsi, au cas où le débiteur refuse de s'exécuter, le créancier va pouvoir recourir à l'exécution forcée, à moins que le débiteur n'obtienne un délai de grâce ou ne demande à bénéficier de la procédure de surendettement des particuliers.

A. L'exécution forcée

476. L'exécution forcée suppose que le créancier recoure à des saisies appelées saisies d'exécution, qui consistent à faire appréhender les biens du débiteur par un huissier, au besoin avec le concours de la force publique, afin de les faire vendre aux enchères (ou à l'amiable) et de se faire payer sur le prix, en concours avec les autres créanciers, en vertu du droit de gage général des créanciers chirographaires (v. ss 407). Ces saisies d'exécution ne doivent pas être confondues avec les saisies conservatoires, qui rendent simplement indisponibles les biens du débiteur pour préserver le gage général du créancier, qui sont des mesures conservatoires et provisoires (v. ss 411).

L'exécution forcée n'est pas toujours possible cependant et il existe des conditions préalables avant de recourir aux saisies.

1) Le domaine de l'exécution forcée

477. L'exécution forcée directe en nature, n'était originairement le principe, que si l'obligation était une obligation de somme d'argent. On a vu, en effet, que pour les obligations de faire ou de ne pas faire, l'exécution était souvent une exécution par équivalent car on ne peut pas obliger le débiteur, sauf cas particulier, à s'exécuter s'il le refuse et l'ancien article 1142 écartait l'exécution en nature pour ce type d'obligation (v. ss 395) ; il en était de même pour les obligations de donner portant sur un corps certain et non sur une somme d'argent ; le seul moyen d'obtenir une exécution en nature était le recours à une astreinte (v. ss 464). La contrainte par corps qui permettait de faire mettre en prison le débiteur pour le contraindre à l'exécution n'existe plus aujourd'hui. L'article 1221 posant désormais, sans distinction aucune, le principe de l'exécution en nature pour toutes les obligations et l'obligation de donner ayant disparu, l'exécution en nature n'a donc plus les mêmes limites. Toutefois, elle ne sera pas toujours possible.

478. Si l'astreinte ne fonctionne pas, ou si le créancier ne veut pas y recourir, il faudra alors faire transformer par un juge l'obligation initiale de faire ou de ne pas faire en une condamnation à des dommages et intérêts (pour obtenir une condamnation sous forme de somme d'argent, par équivalent) et le créancier disposera alors cette fois d'une obligation de somme d'argent, susceptible d'exécution forcée directe.

479. Il existe cependant une voie d'exécution forcée spécifique, sur la personne du débiteur et non sur ses biens qui permet d'obtenir l'exécution forcée d'une obligation de faire : quitter les lieux. C'est l'expulsion. Il existe aussi une saisie particulière, la saisie appréhension qui permet d'obtenir par la force l'exécution d'une obligation de livrer un corps certain.

2) Les conditions préalables à l'exercice d'une mesure d'exécution forcée

a) La mise en demeure d'exécuter préalable

480. L'ordonnance du 10 février 2016 a procédé, concernant la mise en demeure, à une refonte considérable des textes antérieurs. Alors qu'il existait à ce propos des dispositions éparses dans le Code civil, elle a regroupé le traitement de la question dans un chapitre consacré à l'extinction de l'obligation, dans une sous-section 3 exclusivement consacrée à la mise en demeure (art. 1344 à 1345-3).

Par ailleurs, elle a distingué dans deux paragraphes successifs deux sortes de mise en demeure : la mise en demeure du débiteur par le créancier, d'une part et, d'autre part, une autre sorte de mise en demeure, qui n'était pas connue sous cette appellation, la mise en demeure du créancier par le débiteur. Cette deuxième sorte de mise en demeure représente, en somme, un avertissement donné au créancier par le débiteur de ne pas faire obstruction à l'exécution du contrat [1]. Le paragraphe consacré à la mise en demeure du créancier, constitué par les articles 1345 à 1345-3, vise en réalité à rénover, sous cette appellation, l'ancien mécanisme des offres réelles et de la conciliation. Il ne s'agit pas d'un mécanisme préalable à l'exercice d'une mesure d'exécution forcée, contrairement à la mise en demeure du débiteur par le créancier. Les deux sortes de mise en demeure sont par ailleurs envisagées au titre du paiement, mode d'extinction de l'obligation et nous les étudierons donc précisément à ce titre (v. ss 663 s.).

481. Il suffira ici d'indiquer que le créancier, avant de pouvoir recourir à l'exécution forcée doit en principe avoir d'abord mis le débiteur en demeure de payer (d'exécuter son obligation). Cette mise en demeure peut être effectuée de façon différente :

– par une *sommation*, qui est un acte signifié par huissier de justice, invitant le débiteur à payer,

– par un *commandement,* délivré par huissier, qui est un acte plus énergique, car il implique que le créancier possède déjà un titre exécutoire, et qui constitue généralement le préliminaire d'une saisie,

– par une *assignation*, également délivrée par un huissier, et qui représente le premier acte d'un procès,

– mais également par « tout acte portant interpellation suffisante ». Il peut s'agir d'une simple lettre missive, suffisante depuis la loi n° 91-650 du 9 juillet 1991.

L'ordonnance confirme que ces différents procédés peuvent être utilisés et indique que la mise en demeure peut même résulter de la seule exigibilité de l'opération si le contrat le prévoit (art. 1344).

b) L'obtention d'un titre exécutoire constatant une créance liquide et exigible

482. Cette fois, c'est une condition absolument indispensable pour pratiquer une saisie-exécution. Une saisie conservatoire, qui met simplement à l'abri les biens du débiteur en les rendant indisponibles, peut être effectuée sans titre exécutoire ; il suffit d'une autorisation du juge de l'exécution qui doit constater que la créance paraît fondée dans son principe et qu'il y a des menaces qui pèsent sur son recouvrement, sans qu'il

---

1. V. G. Chantepie et M. Latina, *La réforme du droit des obligations. Commentaire théorique et pratique dans l'ordre du Code civil*, Dalloz, 2016, n° 975 s.

soit nécessaire que la créance soit certaine, liquide et exigible. Les saisies d'exécution sont des procédures beaucoup plus graves puisqu'elles vont entraîner l'expropriation du débiteur. Il faut donc un titre particulier pour les exercer, qu'on appelle « titre exécutoire ». Ce titre exécutoire qui doit préciser la nature de la créance et son montant, contient notamment la « formule exécutoire » qui autorise le recours à la force publique. La loi de 1991 a défini de façon limitative cinq sortes de titres exécutoires. Ce sont essentiellement les décisions de justice exécutoires, mais il peut aussi s'agir d'un acte notarié s'il est revêtu de la formule exécutoire.

483. Si le créancier n'a pas de titre exécutoire, il ne pourra pas pratiquer de saisie et il devra saisir le juge pour en obtenir un en justifiant de sa créance et de l'inexécution par le débiteur de son obligation.

Lorsque la créance est une créance de somme d'argent, mais qu'elle n'a pas été constatée par une décision de justice, il existe une procédure spéciale pour obtenir un titre exécutoire, la procédure d'*injonction de payer* (C. pr. civ., art. 1405 à 1425).

► ***L'injonction de payer*** est une procédure simplifiée et rapide constituée par une requête du créancier qui doit justifier sa créance au greffe du tribunal d'instance du domicile du débiteur (ou au président du tribunal de commerce en matière commerciale).

484. S'il constate que la créance est liquide et exigible, le juge rend alors une ordonnance portant injonction de payer et, en l'absence d'opposition dans le mois de sa signification au débiteur, le créancier peut demander l'apposition sur l'ordonnance de la formule exécutoire. L'ordonnance produit alors tous les effets d'un jugement contradictoire et n'est pas susceptible d'appel.

3) L'exercice d'une mesure d'exécution forcée

a) Les saisies

485. Les saisies peuvent être immobilières ou mobilières. Elles peuvent porter en principe sur tous les biens du débiteur, sauf les biens insaisissables, définis par la loi du 9 juillet 1991 de façon limitative. Ce sont notamment une liste de biens qui sont jugés indispensables à la vie du débiteur (une liste exhaustive et limitative est établie par la loi de 1991 ; on y trouve notamment l'indication qui doit être laissée au débiteur : une table, des chaises, des vêtements, de quoi cuisiner, une machine à laver le linge…) et les biens indispensables à son travail.

Les saisies doivent être effectuées par des huissiers de justice qui pourront éventuellement recourir, sur autorisation du préfet, à la force publique pour pénétrer dans les lieux et exercer leur mission.

486. Il existe différentes sortes de saisies, très rigoureusement réglementées. La saisie-exécution porte sur les biens meubles corporels, la saisie attribution permet de saisir des créances, de même que la saisie des rémunérations qui permet de saisir des créances de salaire. Il existe aussi des procédures plus particulières pour le recouvrement des créances alimentaires : les procédures de paiement direct des pensions alimentaires et de recouvrement public, ou pour la saisie des rémunérations… etc. On signalera aussi la saisie appréhension qui, ainsi que souligné plus haut, permet d'obtenir l'exécution d'une obligation de faire spécifique : livrer un corps certain. Le créancier peut ainsi entrer en possession du bien (pour plus détails, v. la loi du 9 juillet 1991 portant réforme des procédures civiles d'exécution au nouveau Code de procédure civile).

487. La saisie attribution, qui permet à un créancier, à condition qu'il soit muni d'un titre exécutoire et que la créance soit liquide et exigible, de pouvoir saisir entre les mains d'un tiers les créances de son débiteur a un intérêt particulier. Elle a un « effet attributif qui transfère immédiatement la propriété de la créance du patrimoine du saisi à celui du saisissant où elle est cependant indisponible et qui exclut donc logiquement toute possibilité de concours avec les créanciers agissant postérieurement »[1]. Le premier créancier qui fait la saisie est donc sûr de passer avant les autres : c'est ce que l'on a appelé le « prix de la course » ; alors que dans les autres saisies, il faudra faire vendre le bien et subir le concours avec les autres créanciers pour le partage du prix de vente.

b) L'expulsion

488. C'est la seule mesure d'exécution forcée sur la personne du débiteur qui subsiste. L'obligation de quitter un local est une obligation de faire, mais l'on voit immédiatement qu'elle ne peut se résoudre en dommages et intérêts : le créancier doit obtenir que les lieux soient vidés. S'il dispose d'un titre exécutoire le créancier peut faire procéder à l'expulsion « en vertu d'une décision de justice ou d'un procès-verbal de conciliation exécutoire » à l'expiration d'un délai de deux mois qui suit le commandement d'avoir à libérer les locaux. L'huissier, dès le commandement, doit informer le préfet en vue de la prise en compte d'une éventuelle demande de relogement (L. du 9 juill. 1991, art. 61 et 62).

B. Les moyens de défense du débiteur

489. En contrepartie de ces différents moyens de coercition, le débiteur défaillant peut s'adresser au juge pour obtenir des délais de paiement appelés « délais de grâce » tant par la doctrine que par le Code de procédure civile (art. 510 à 513).

Lorsque sa situation est dramatique et qu'il se trouve en situation de surendettement, il peut également recourir à une procédure spécifique, la procédure de surendettement des particuliers.

1) Les délais de grâce concernant les obligations monétaires

490. C'est ici en application de la loi, que ces délais sont accordés au débiteur au détriment du créancier. Ils étaient prévus dès le Code civil de 1804 et ont fait l'objet de plusieurs remaniements, le dernier datant de la loi du 9 juillet 1991 portant réforme des procédures civiles d'exécution.

Les textes permettant d'accorder des délais de grâce dans de nombreux domaines se sont multipliés, mais, jusqu'à l'ordonnance du 10 février 2016, ils renvoyaient aux dispositions des articles 1244-1 à 1244-3 du Code civil où la matière se trouvait concentrée depuis la loi du 9 juillet 1991. L'ordonnance a repris sans changements

---

1. H. Croze, commentaire de la loi du 9 juillet 1991 au *JCP* 1992. I. 3585.

autres que minimes, de pure rédaction, les dispositions antérieures, dans un article unique, l'article 1343-5, qui se trouve dans une sous-section consacrée aux « dispositions particulières aux obligations de somme d'argent ».

491. Sauf prohibition légale expresse, par exemple en matière de dette d'aliment (art. 1343-5, al. 6) ou d'expropriation (C. expropr., art. 15-1), n'importe quel débiteur peut demander au juge des délais de grâce à condition que l'obligation soit une obligation monétaire. Les dispositions relatives au délai de grâce sont par ailleurs d'ordre public, l'article 1343-5, alinéa 5 : « toute stipulation contraire est réputée non écrite ». le texte reprend, à cet égard également, les dispositions antérieures.

492. Le juge peut ainsi, « compte tenu de la situation du débiteur et en considération des besoins du créancier », reporter la dette ou échelonner le paiement dans la limite de deux ans. Il peut également « par décision spéciale et motivée » prescrire que les sommes qui correspondent aux échéances reportées porteront intérêt à un taux réduit mais qui ne peut être inférieur au taux légal. Il peut aussi prévoir que les paiements s'imputeront d'abord sur le capital. Le juge peut subordonner ces mesures à l'accomplissement par le débiteur d'actes destinés à garantir le paiement de la dette (art. 1343-5, al. 1er à 3). Les juges disposent donc d'un pouvoir souverain pour apprécier l'opportunité d'accorder un délai de grâce, sans avoir l'obligation de motiver leur décision et tiennent compte, non seulement de la situation objective mais aussi de la bonne foi du débiteur.

Cependant, la Cour de cassation considère que « le juge qui accorde au débiteur des délais de paiement doit impérativement fixer la durée des délais accordés »[1]. En effet, le délai de grâce est une faveur qui doit être strictement calculée d'après les motifs qui la justifient.

493. L'octroi d'un délai de grâce par le juge a pour effet de suspendre les procédures d'exécution éventuellement déjà engagées par le créancier. Il met également fin, pendant le délai fixé, à l'exigibilité de toute majoration d'intérêts ou pénalités de retard (art. 1343-5, al. 4).

Ces différentes possibilités offertes au juge lui donnent le pouvoir d'intervenir notamment dans l'économie du contrat, de « modifier le contrat », ce qui, on le verra, est contraire aux principes traditionnels de la force obligatoire et de l'intangibilité du contrat (v. ss 1603, 1617 s.) et il s'agit là de « prérogatives d'autant plus exorbitantes qu'elles ne se justifient pas par un souci d'équité mais par un simple sentiment de pitié par définition beaucoup plus subjectif », comme le relève A. Sériaux[2].

2) Les procédures spécifiques de surendettement des particuliers

494. La prise en compte de la situation de surendettement des particuliers qui ne peuvent plus faire face à leurs dettes non professionnelles date d'une loi du 31 décembre 1989 qui a mis en place la première procédure de surendettement des ménages. Elle a été plusieurs fois réformée et de nouvelles dispositions ont été à nouveau adoptées

---

1. Civ. 2e, 7 janv. 1998, *JCP* 1998. I. 129, obs. G. Loiseau.

2. A. Sériaux, « Réflexions sur les délais de grâce », *RTD civ.* 1993. 789. V. aussi, C. Gavalda, « Le délai de grâce judiciaire de l'article 1244 du Code civil », *Dr. et patr.* 4/1997. 63.

dans le cadre de la loi n° 2010-737 du 1er juillet 2010, sur le crédit à la consommation qui transpose en droit interne la directive n° 2008-48/CE du 23 avril 2008 concernant les contrats de crédit aux consommateurs. En toute hypothèse, et le nouveau texte ne change rien à cette procédure, le débiteur qui ne peut plus faire face à ses dettes non professionnelles va saisir une commission administrative départementale dite de Commission de surendettement qui, après avoir dressé son état d'endettement et étudié sa situation, peut le diriger vers trois sortes de procédures.

– Elle peut décider d'une procédure de droit commun, au cours de laquelle la commission tentera une conciliation avec les créanciers, et où, en cas d'échec, elle fera des recommandations pour un report partiel ou un rééchelonnement des dettes, auxquelles le juge de l'exécution donnera force exécutoire. Le nouveau texte permet à la commission d'imposer certaines mesures et pas seulement de faire des recommandations.

– Ou bien alors, elle pourra décider de mettre en place une procédure de traitement de l'insolvabilité durable (avec suspension dans un premier temps de l'exigibilité de toutes les dettes et ensuite, préconisation de mesures d'effacement partiel des dettes).

– Ou enfin, s'il est impossible de régler la situation et que le débiteur se trouve dans une « situation irrémédiablement compromise », elle ouvrira une procédure de rétablissement personnel qui aboutira à la vente des biens du débiteur pour désintéresser les créanciers ; là encore le nouveau texte introduit dans ce dernier cas une seconde procédure sans liquidation des biens, lorsque le débiteur n'a que des biens meubles nécessaires à la vie courante.

Ces procédures se déroulent sous le contrôle du juge de l'exécution et leur déclenchement permettra au débiteur d'obtenir une suspension des poursuites exercées par les créanciers, qui n'est cependant pas automatique.

DOCUMENTS

BIBLIOGRAPHIE

DELEBECQUE (Ph.), « L'action oblique et l'action paulienne : *Nihil novi sub sole* », *Dr. et patr.* 2015, n° 249, p. 65.

HEBRAUD, « L'action directe de la victime d'un dommage contre l'assureur », *Rev. crit. législ. et jur.* 1931.

LATINA (M.) et CHANTEPIE (G.), « Les actions du créancier », in *Projet de réforme du droit des contrats, du régime général et de la preuve des obligations. Analyses et propositions*, Dalloz, 2015, p. 112.

ROBERT (A.-G.), « Action paulienne et conflits de propriété. À propos de Civ. 3e, 6 oct. 2004 », *JCP* 2005. I. 191.

SAUTONIE-LAGUIONIE (L.), *La fraude paulienne*, thèse, LGDJ, 2008.

SEIFERT (E.), *L'action oblique ou la responsabilité du débiteur inactif*, thèse, Paris I, G. Loiseau (dir.), 2010.

VIDAL (J.), *Essai d'une théorie générale de la fraude en droit français*, 1957, p. 341 s.

WICKER (G.) et SAUTONIE-LAGUIONIE (L.), « Les actions ouvertes au créancier », *JCP* 2015, suppl. au n° 21, p. 68.

Sur le surendettement

JULIEN (J.), « L'évolution des procédures de surendettement », *Rev. de droit bancaire et financier* mai 2012, dossier.

LAGARDE (X.), « Prévenir le surendettement des particuliers », *JCP* 2002. I. 163.

PIGNARRE (G.), « Droit du surendettement et dettes d'aliment », *JCP* 1998. I. 150.

REYGROBELLET (A.), « Caractère collectif de la procédure et traitements du surendettement des particuliers », *Revue des procédures collectives* n° 3, mai 2012, dossier 20.

Dossier, *Le surendettement des particuliers : un régime juridique en quête d'équilibre, RD banc. fin.*, mai 2012.

CAS PRATIQUE

La fraude et la négligence du débiteur

M. Pernet se trouve dans une situation pécuniaire très précaire. Il a de nombreux créanciers et redoute de les voir saisir les derniers biens qui lui restent. Aussi a-t-il décidé de vendre à vil prix un immeuble à son ami Barnaud, avec lequel il convient secrètement qu'il s'agit d'une vente fictive. D'autre part, il décide de donner à sa fille et à son gendre au moment de leur mariage les derniers titres qui lui restaient en portefeuille.

Après avoir effectué ces opérations, M. Pernet est victime d'un accident de la circulation et obtient la condamnation de l'automobiliste qui l'a renversé à d'importants dommages et intérêts. Mais, découragé par les attaques de ses créanciers, il ne fait rien pour se faire payer.

Indiquez les actions que ses créanciers vont pouvoir exercer pour se faire payer et à quelles conditions.

Les différentes actions ouvertes au créancier

1. Personnages en présence

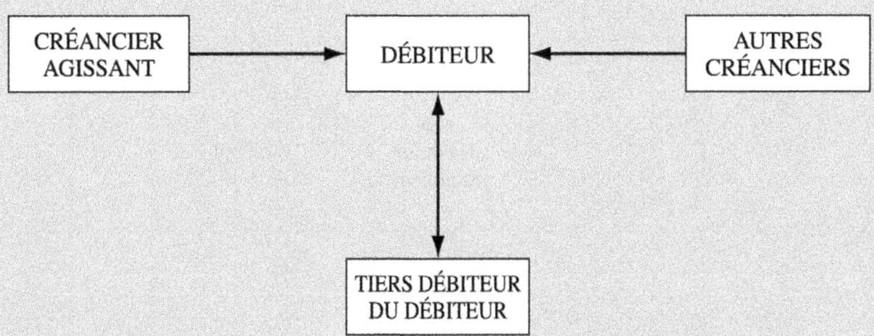

2. Action oblique

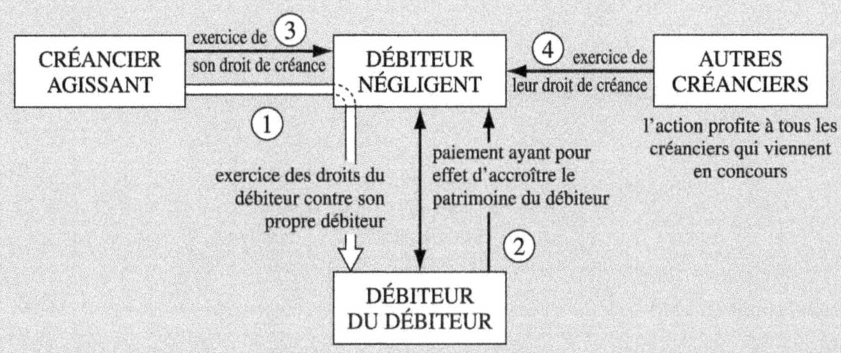

3. Action directe

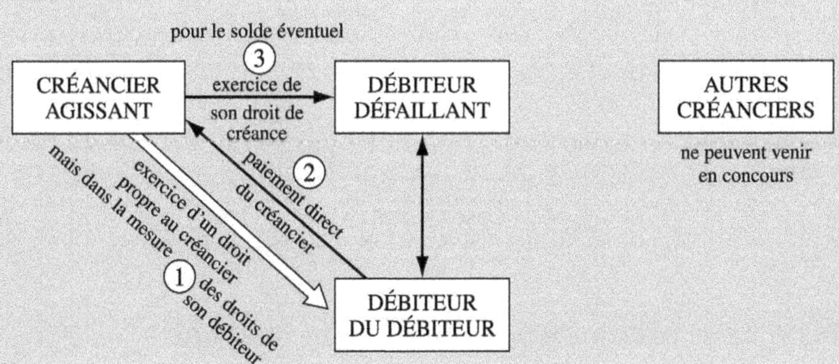

4. Action paulienne

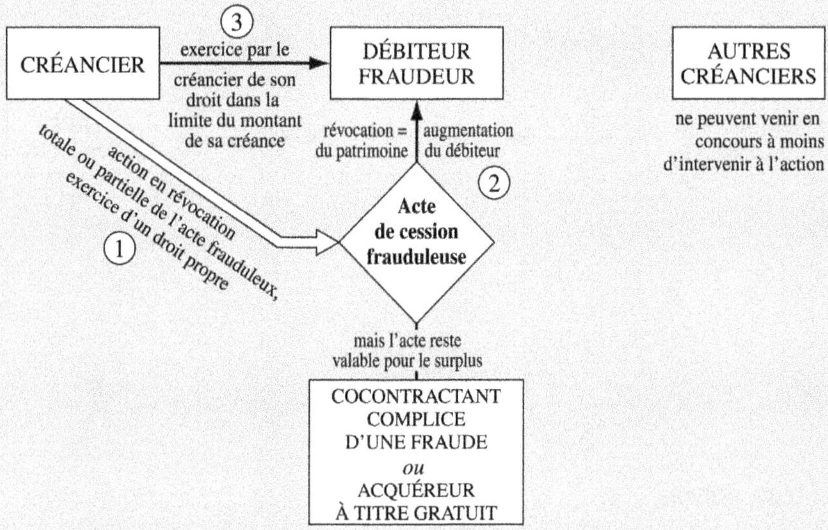

5. Action en déclaration de simulation

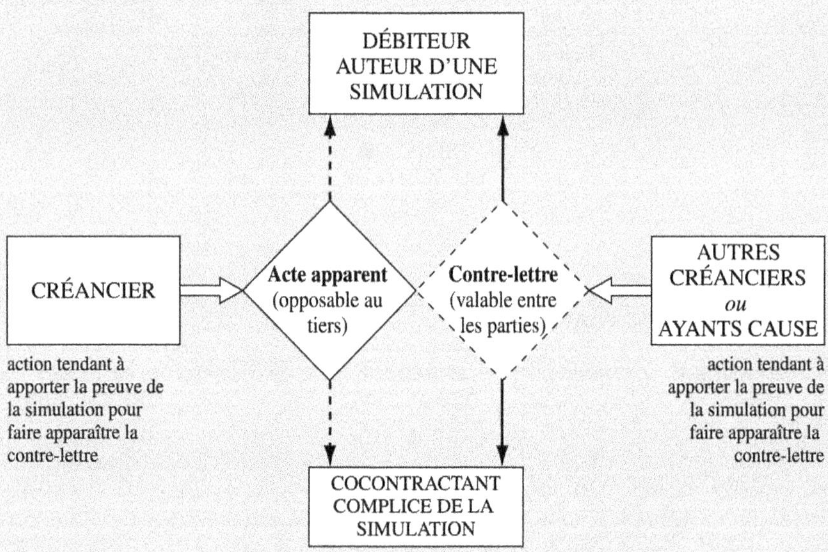

Note. Les chiffres indiquent le sens dans lequel il faut lire les tableaux.

Chapitre 2

Les opérations sur obligations

495. L'ordonnance du 10 février 2016 fait ici œuvre novatrice. Elle crée dans le Code civil en l'insérant au titre du régime général des obligations, un chapitre spécifique consacré « aux opérations sur obligations », qui regroupe diverses techniques auparavant dispersées : la cession de créance (art. 1321 s.), jusqu'ici rattachée au droit de la vente, la cession de dette qui fait son entrée dans le Code civil (art. 1327 s.), la novation (art. 1329 s.) qui était jusqu'ici considérée comme un mode d'extinction de l'obligation et la délégation (art. 1336 s.).

Ces différentes opérations sur obligations rendent compte de l'aptitude de l'obligation à circuler, à être transmise, avec ou sans transformation, sous son aspect actif de créance, voire passif de dette. Par exemple, pour désintéresser un créancier, le débiteur peut lui céder la créance qu'il a lui-même contre un tiers (cession de créance). On peut aussi imaginer qu'il prenne en charge une dette dont son créancier est lui-même tenu, vis-à-vis d'un tiers (cession de dette et délégation).

496. L'idée de patrimonialisation des créances (v. ss 137) conduit en effet à admettre que l'obligation est en elle-même une valeur économique ; cette valeur d'actif, envisagée du côté du créancier peut circuler et constituer l'objet d'échanges économiques. Le droit des affaires l'a bien compris et a développé des techniques de cession des créances professionnelles rapides et sûres (v. ss 579).

497. La question de la circulation des obligations rejoint celle de leur transmission, d'un créancier initial ou d'un débiteur initial à un autre ou à d'autres, question que nous avons déjà envisagée lors de l'étude des parties au rapport d'obligation et, parmi elles, des ayants cause (v. ss 221, 239). Ce phénomène de transmission peut se produire de différentes manières et, notamment, de plein droit, par l'effet du décès du débiteur ou du créancier, la créance ou la dette se transmettant automatiquement aux héritiers, sans que cette transmission ait été voulue. Mais la transmission peut aussi être voulue et constituer l'objet même de l'opération ; elle n'est plus alors la conséquence d'un événement comme le décès ni la conséquence d'une autre opération comme la vente d'un bien avec les créances qui en constituent l'accessoire et se transmettent avec lui. Tel est le cas dans l'hypothèse d'une cession de créance, d'une cession de dette, d'une délégation ou d'une novation par changement de créancier ou par changement de débiteur, qui ont directement pour objectif cette transmission.

498. Cette idée de circulation des obligations en tant que valeur économique avait été prise en compte dans l'avant-projet *Catala* de réforme du droit des obligations qui regroupait, dans un chapitre intitulé « Des opérations sur créances » : la cession de créance, la subrogation personnelle, la délégation et la novation. L'avant-projet entendait ainsi attirer l'attention sur les liens de parenté existant entre ces diverses opérations envisagées sous l'angle économique : la créance est considérée « comme un élément d'actif appelé à circuler ou à constituer la base de la création de nouveaux rapports d'obligation » ; c'est ce qui constitue « le commerce juridique des créances »[1]. L'avant-projet n'envisageait pas cependant la cession de dette, restant fidèle à cet égard à la tradition du droit français qui n'admettait pas cette technique : il est difficile, en effet, d'admettre qu'un débiteur solvable puisse se substituer quelqu'un d'autre qui ne le serait pas ou qui le serait moins.

499. L'ordonnance du 10 février 2016, s'est largement inspirée de l'avant-projet *Catala*, mais a cependant consacré aussi des options différentes : la plus novatrice est sans doute celle de l'introduction dans le Code civil du mécanisme de la cession de dette, ce qui explique d'ailleurs que l'intitulé « opérations sur *obligations* » a été substitué à celui « d'opérations sur *créances* ». L'obligation peut circuler dans son double aspect de créance ou de dette.

500. Par ailleurs, contrairement à l'avant-projet *Catala*, l'ordonnance de 2016 a maintenu la subrogation dans le cadre du paiement, avec lequel elle entretient effectivement un lien indissociable. Enfin, alors qu'il avait été envisagé d'inscrire la cession de contrat dans ce chapitre consacré aux opérations sur obligations, elle en traite finalement au titre du contrat et plus particulièrement, des effets du contrat. (v. ss 1814 s.).

501. Ces opérations sur obligations que nous allons successivement étudier et qui ont, pour la plupart, été largement modernisées par l'ordonnance de 2106, révèlent l'aptitude de l'obligation à circuler, à être transmise, voire transformée dans le cas de la novation, dans l'intervalle compris entre sa naissance et son extinction.

502. ***La loi du 20 avril 2018, ratifiant l'ordonnance,*** n'a apporté, concernant ces différentes opérations, que trois modifications[2] qui concernent la cession de dette. La plus importante consiste à exiger un écrit pour la cession de dette (v. ss 514) ; l'autre répare une omission, concernant le sort des sûretés garantissant le cédant en cas de cession de dette (v. ss 516). La troisième est la correction d'une erreur concernant l'article 1327-1 (v. ss 517) et le moment de l'opposabilité de la cession de dette.

On distinguera ici la circulation des dettes, puis la circulation des créances et, enfin, ce procédé plus général qu'est la novation, qui est une opération plus complexe et un mode de transformation des obligations : elle permet de substituer à une obligation qu'elle éteint, une obligation nouvelle qu'elle crée.

---

1. V. Rapport de présentation de cette partie de l'avant-projet par H. Synvet.

2. Pour une liste exhaustive et une première analyse rapide des modifications apportées par la loi de ratification, v. ss 101 s.

Section 1
La circulation des dettes

503. ***Position du problème.*** La transmission des dettes est beaucoup moins aisée que celle des créances et jusqu'à l'ordonnance du 10 février 2016, la cession de dette, comme procédé direct, n'était pas admise, dans notre droit.

504. Divers mécanismes de transmission de dettes, ont toujours existé, soit à cause de mort, soit même entre vifs, lesquels subsistent évidemment après l'ordonnance, mais aucun ne peut être véritablement analysé comme une cession directe de dette.

– *La transmission des dettes, à cause de mort, aux ayants-cause universels ou à titre universel*, s'effectue ainsi sans difficulté. En effet, c'est le patrimoine tout entier qui est transmis et les dettes constituent les éléments passifs du patrimoine (déjà, à propos de la détermination des parties au rapport d'obligation et de la situation des ayants cause, v. ss 225, 239). Les héritiers qui recueillent l'actif au décès de leur auteur sont également tenus du passif, et ce, même au-delà de l'actif. S'il y a trop de dettes, ils devront les régler sur leur propre patrimoine. C'est pourquoi il est préférable d'accepter la succession à concurrence de l'actif net (anciennement acceptation sous bénéfice d'inventaire), car, dans ce cas, si le passif dépasse l'actif, l'héritier pourra refuser le tout.

– *La transmission des dettes entre vifs s'opère également dans le cas de transmission entre vifs d'une universalité* de droit (fusion absorption d'une société) ou d'une universalité de fait (transmission d'une entreprise) ; là encore le patrimoine est transféré avec son actif mais aussi son passif. Dans ces hypothèses, cependant, c'est une universalité, un patrimoine tout entier qui est transféré et non une ou plusieurs dettes, considérées en tant que telles.

– Il existe ensuite *diverses hypothèses de transmission ponctuelle de dettes*, à l'occasion du transfert d'un bien dont la dette est l'accessoire (ainsi par exemple l'acquéreur d'un bien est-il tenu de respecter le bail passé par son auteur, ou bien dans le cadre de la vente d'un fonds de commerce, la transmission passive des clauses d'approvisionnement d'un fonds de commerce, ou des clauses d'exclusivité ou des clauses de non-concurrence est opérée). Cependant, dans ces hypothèses, d'une part la cession de dette n'est pas le but de l'opération, elle n'en est que la conséquence ; d'autre part, la cession et imparfaite, car si le créancier acquiert une action contre l'acquéreur, il ne perd pas pour autant celle qu'il avait contre le vendeur.

Aucun de ces procédés ne peut être analysé comme une opération principale de transmission de dette.

505. Si l'on s'intéresse aux procédés destinés à titre principal à réaliser une transmission de dette, il n'en existait qu'un seul, avant l'ordonnance du 10 février 2016 *: la délégation*, technique par laquelle une personne obtient d'une autre qui est son propre débiteur acquitte la dette à sa place. Mais si le but ici est bien le transfert de la dette du débiteur originaire vers un débiteur secondaire, le procédé, qui figure désormais dans les articles 1336 à 1340, n'est là encore qu'un procédé indirect de cession de dette car, on le verra, plutôt que de transmettre véritablement la dette, la délégation en crée une nouvelle (délégation parfaite) ou en ajoute une autre à la dette préexistante (délégation imparfaite).

506. Depuis l'ordonnance de 2106, la cession de dette figure dans le Code civil, aux articles 1327 à 1328-1. Elle est présentée comme une innovation fondamentale, destinée à permettre la réalisation d'une véritable cession directe de dette [1]. Toutefois, on peut se demander dans quelle mesure il s'agit véritablement de cela, dès lors qu'elle ne peut se réaliser entre le débiteur originaire et le débiteur cessionnaire sans l'accord du créancier [2].

Nous étudierons donc d'abord cette nouvelle technique introduite par l'ordonnance qu'est la cession de dette, avant de voir la technique particulière de la délégation.

§ 1. La cession de dette introduite par l'ordonnance du 10 février 2016

507. Une véritable cession de dette, directe, qui produirait ses effets sans l'accord des créanciers et des cautions, n'a jamais encore été admise en droit positif français et a toujours été jusqu'ici considérée comme impossible. On met en avant la difficulté d'assurer les droits du créancier et l'impossibilité de lui imposer un changement de débiteur, alors qu'à l'inverse, dans la cession de créance, la qualité du créancier importe peu au débiteur.

Le mécanisme de la cession de dette peut cependant être admis à condition que l'on accepte qu'elle reste subordonnée à l'accord du créancier. C'est dans cette direction, suivie par d'autres pays et par les principes d'Unidroit, que s'inscrivait un arrêt de la première chambre civile de la Cour de cassation du 30 avril 2009. La Cour y rappelait, qu'une cession de dettes, stipulée dans le cadre d'une cession de fonds de commerce, « ne pouvait avoir effet à l'égard du créancier qui n'y avait pas consenti ». Elle soulignait ainsi les limites de la technique de la cession de dette, en l'absence de consentement du créancier. Toutefois, la décision pouvait aussi être interprétée, et certains auteurs l'ont fait, comme entrouvrant la porte à la cession de dette : la haute juridiction ne requalifiait pas l'opération et ne l'invalidait pas ; elle déclarait simplement l'opération, qualifiée de « cession », inopposable au créancier à défaut de son accord [3].

508. Cette analyse de la cession de dette a été consacrée par l'ordonnance du 10 février 2016, qui a créé dans les articles 1327 à 1328-1 du Code civil, une section dédiée à « la cession de dette », laquelle suppose toujours l'accord du créancier pour produire un effet translatif. Pour cette raison, certains auteurs s'interrogent sur le qualificatif de « cession de dette » et se montrent plutôt critiques sur le dispositif, dont les failles et les incomplétudes sont soulignées ; il n'apporterait, somme toute, pas grand-chose par rapport à la délégation [4]. Toujours est-il que le qualificatif de cession de dette est employé et que la section entièrement nouvelle consacrée par l'ordonnance à ce mécanisme en précise les conditions et les effets.

---

1. V. Rapport de présentation de l'ordonnance (*JO* 11 févr. 2016).

2. En ce sens et pour une analyse critique, v. G. Chantepie et M. Latina, *La réforme du droit des obligations. Commentaire théorique et pratique dans l'ordre du Code civil,* Dalloz, 2016, n° 877. V. aussi dans le même sens, N. Dissaux et C. Jamin, *Projet de réforme du droit des contrats, du régime général et de la preuve des obligations*, Dalloz, 2015, p. 213.

3. Civ. 1re, 30 avr. 2009, *Defrénois* 2009. 1289, obs. R. Libchaber ; *RDC* n° 4, 2009. 1363, obs. D. Mazeaud ; *RTD civ.* 2009. 321, obs. B. Fages ; *JCP* 2009, n° 73, note J.-J. Ansault ; *JCP* 2009. 228, n° 37, obs. M. Billiau.

4. V. notamment, G. Chantepie et M. Latina, *op. cit.*, n° 877 s.

A. Condition de la cession de dette

1) La condition du consentement du créancier

509. Les conditions de la cession de dette semblent fixées par un seul article, l'article 1327 et de façon particulièrement laconique : « un débiteur peut, avec l'accord du créancier, céder sa dette ». La cession de dette suppose donc, en toute hypothèse l'accord du créancier. Elle s'analyse comme une opération à trois personnes : entre le débiteur originaire qui cède sa dette, le créancier cédé et le débiteur cessionnaire. Ce contrat ne suppose aucune forme particulière pour sa validité.

2) Les modalités du consentement du créancier et la distinction de deux sortes de cession, parfaite et imparfaite

510. Pour avoir une vision complète du mécanisme et des conditions de la cession de dette, il ne faut pas s'en tenir à l'article 1327 mais considérer aussi les articles 1327-1 et 1327-2 pour constater, qu'en réalité, il existe deux types de cession de dette qui obéissent à des conditions différentes, concernant le consentement du créancier et qui se distinguent aussi fondamentalement par leurs effets : l'une est translative, la *cession est parfaite et libératoire,* car la dette est bien transférée au débiteur cessionnaire et le débiteur originaire, cédant ne sera plus débiteur ; l'autre est non translative elle est *imparfaite* et non libératoire et n'a de cession de dette que le nom, car le débiteur originaire, cédant, reste tenu.

511. Pour que la cession de dette soit parfaite, il faut un ***double consentement du créancier*** : consentement à la cession d'une part, et consentement à la libération du débiteur d'autre part. En effet, l'article 1327-2, précise que « si le créancier y consent expressément, le débiteur originaire est libéré pour l'avenir. À défaut, et sauf clause contraire, il est tenu solidairement au paiement de la dette ». Ainsi, si le créancier se contente de donner son accord à la cession de dette mais sans indiquer expressément que le débiteur originaire est libéré, la cession de dette ne produit pas d'effet translatif. Le débiteur originaire reste tenu solidairement à la dette : la dette ne passe pas du débiteur originaire au débiteur secondaire. Il y a simplement adjonction d'un rapport d'obligation supplémentaire et donc une garantie de paiement offerte au créancier. Au contraire, si le créancier consent expressément à libérer le débiteur pour l'avenir, l'effet translatif se produit effectivement avec substitution pure et simple du débiteur cessionnaire au débiteur originaire, cédant.

512. L'article 1327-1 prévoit par ailleurs que le créancier peut avoir par avance donné son accord à la cession. Peut-il cependant donner également par avance son consentement express à la libération du débiteur ? Le texte n'est pas explicite à cet égard. La jurisprudence devra le préciser.

513. Le mécanisme de la cession de dette, institué par l'ordonnance semble dès lors bien proche de la délégation (v. ss 520 s.) où l'on distingue la délégation parfaite (avec effet translatif) subordonnée à l'accord express du créancier et la délégation imparfaite (sans effet translatif), en l'absence d'accord du créancier. Sans le dire, l'ordonnance instaure aussi deux sortes de cession, « parfaite » et « imparfaite ». La délégation, par rapport à la cession de dette serait alors simplement une opération à objectif plus large, car elle ne supposerait pas nécessairement l'existence d'un rapport de créancier à débiteur préexistant entre les parties et ne serait donc pas simplement un mode de transfert d'une dette préexistante (v. ss 521, 527).

3) La condition de forme : l'exigence d'un écrit

514. Cette exigence n'avait pas été posée dans l'ordonnance du 10 février 2016. Elle résulte de la loi de ratification du 20 avril 2018 et a été considérée par le législateur comme une modification substantielle. À ce titre, l'article 1327 modifié, qui exige désormais un écrit pour la validité de la cession de dette, n'est applicable qu'à compter du 1er octobre 2018 (date d'entrée en vigueur de l'ordonnance) et non antérieurement, comme pour les dispositions simplement interprétatives de l'ordonnance [1]. La cession de dette est désormais un contrat solennel : l'écrit est exigé à peine de nullité.

B. Les effets de la cession de dette

515. L'effet principal attendu de la cession de dette, ***l'effet translatif***, dépend, on l'a vu de la nature du consentement donné par le créancier : cet effet translatif suppose non seulement le consentement à la cession, mais aussi le consentement express à la libération du débiteur. À défaut, le débiteur originaire reste tenu solidairement de la dette. L'article 1327-2 ajoute cependant : « … sauf clause contraire ». Cela signifie qu'au moment de l'acte de cession, les parties pourraient décider que le débiteur originaire sera seulement garant de la dette en cas de non-paiement par le débiteur cédé et non pas qu'il pourrait être poursuivi prioritairement, ainsi que la solidarité le permet normalement.

516. ***Concernant le sort des sûretés***, l'article 1328-1 distingue selon que la cession est parfaite (libératoire) ou imparfaite. Ainsi lorsque le débiteur originaire n'est pas déchargé par le créancier (cession imparfaite), les sûretés subsistent ; dans le cas contraire, le principe est inverse et les sûretés disparaissent. Le texte réserve cependant l'hypothèse d'un accord en sens contraire, qui permet le maintien des sûretés. Toutefois, tel qu'il résultait de l'ordonnance, l'article 1328-1 ne visait que l'hypothèse de sûretés garanties par des tiers sans faire référence aux sûretés consenties par le débiteur originaire. La loi de ratification du 20 avril 2018 a apporté ici la correction qui s'imposait, en ajoutant la référence aux sûretés garanties par le « cédant » (débiteur originaire). Le nouvel article 1328-1, alinéa 1er, qualifié d'interprétatif, est applicable à ce titre au 1er octobre 2016, comme l'ordonnance [2].

517. Concernant *le **moment de l'opposabilité de la cession de dette*** au créancier, l'article 1327-1, issu de l'ordonnance, indiquait que « si le créancier a donné par avance son accord à la cession **ou** n'y est pas intervenu, elle ne lui sera opposable ou il ne pourra s'en prévaloir que du jour où elle lui aura été notifiée ou dès qu'il en aura pris

---

1. Sur cette distinction entre les deux sortes de modifications, leur identification et l'incidence sur l'application dans le temps, v. ss 101 s.

2. Sur cette distinction entre les deux sortes de modifications, leur identification et l'incidence sur l'application dans le temps, v. ss 101 s.

acte ». Le texte contenait une erreur qui le rendait difficilement intelligible et avait soulevé des difficultés d'interprétation. L'erreur a été corrigée par la loi de ratification du 20 avril 2018. La conjonction « **ou** » a été remplacée par la conjonction « **et** ». Il n'y a donc pas deux hypothèses à distinguer selon que le créancier a donné par avance son accord ou qu'il ne l'a pas donné mais est intervenu à l'acte : les deux conditions sont cumulatives. La correction a été faite à titre interprétatif, si bien que le nouveau texte « interprété » est applicable au 1er octobre 2016, comme l'ordonnance qu'il interprète[1].

518. Rien n'est prévu cependant concernant l'opposabilité de l'opération aux tiers.

519. L'article 1328 traite ensuite des *moyens de défense* que le débiteur substitué ou le débiteur originaire peut opposer au créancier cédé, sans distinguer clairement cependant entre les deux hypothèses de cession, parfaite ou imparfaite. Il précise ainsi que le débiteur substitué et le débiteur originaire s'il reste tenu, peuvent opposer au créancier les exceptions inhérentes à la dette, telles que la nullité, l'exception d'inexécution, la résolution ou la compensation de dettes connexes. Chacun peut aussi opposer les exceptions qui lui sont personnelles (sur cette notion d'exceptions personnelles, v. ss 369 s.).

§ 2. La cession indirecte : la délégation

► ***La délégation*** est une opération juridique par laquelle une personne, nommée *délégant*, obtient d'une autre personne appelée *délégué*, qu'elle s'engage envers une troisième, le *délégataire,* qui l'accepte comme débiteur.

520. Cette définition de la délégation résulte désormais de l'article 1336 du Code civil, issu de l'ordonnance, qui a donné à cette technique une place plus importante qu'auparavant. Elle ne figurait en effet jusqu'ici que dans deux articles 1275 et 1276, parmi les dispositions consacrées à la novation. Désormais, une section entière (art. 1336 à 1340) lui est consacrée et reconnait son autonomie par rapport à la novation. La réforme confirme les solutions qui avaient été développées par la jurisprudence et vient combler certains manques ou répondre à certaines interrogations.

L'opération est complexe et mérite d'être analysée, avant d'en préciser les conditions et les effets.

A. Analyse de la délégation

521. En pratique, la délégation est une institution qui permet essentiellement de régler deux dettes par un seul mouvement de fonds. A est débiteur de B et B est débiteur de C. Au lieu que A, qui sera le délégué, s'acquitte de sa dette envers B qui sera le délégant puis que B s'acquitte à son tour de sa dette envers C, le créancier délégataire, A (délégué) paiera directement C (créancier délégataire). La délégation peut donc être vue comme un *mode de paiement*, tout étant aussi un *mode de cession de dette* puisque le délégant (B) va transmettre sa dette au délégué (v ; schémas, en fin de chapitre).

1. Sur l'application dans le temps de la loi de ratification, v. ss 101 s.

Pour autant, la délégation ne correspond pas toujours à ce cas de figure classique car il n'est pas indispensable pour y recourir, que le délégant soit débiteur du délégataire (ni d'ailleurs que le délégué soit débiteur du délégant) : l'existence d'un rapport préexistant d'obligation entre les parties à la délégation n'est pas une condition de la délégation (v. ss 527). Ainsi, la délégation peut-elle être, par exemple, l'instrument d'une donation indirecte.

522. Elle ne peut pas non plus être analysée simplement comme un procédé de cession de dette car juridiquement, et même si le délégant est bien débiteur à l'égard du délégataire, elle ne produit pas une cession directe au délégué de la dette, mais seulement indirecte. En effet, « la délégation opère création d'un rapport de droit en vue de l'extinction des obligations primitives et non translation d'une obligation primitive » [1] (v. ss 535). Elle s'apparente ainsi techniquement à une novation par changement de débiteur, raison pour laquelle, jusqu'à l'ordonnance, elle était inscrite à ce titre dans le Code civil. *La novation* est en effet une opération par laquelle les parties décident d'éteindre une obligation pour la remplacer par une obligation nouvelle, avec changement de l'un des éléments de l'obligation primitive : le créancier, le débiteur ou l'objet de l'obligation (art. 1329, ancien art. 1271) (v. ss 580 s.).

523. Pour autant, elle n'est pas non plus toujours assimilable à une novation car elle ne produit pas toujours un effet novatoire. Il faut en effet distinguer ce que l'on appelle traditionnellement la *délégation parfaite*, novatoire, qui a pour effet d'éteindre la dette primitive à la charge du délégant et d'en créer une nouvelle à la charge du délégué, et la *délégation imparfaite* qui ajoute le délégué comme second débiteur à côté du délégant sans éteindre le rapport primitif (v. schémas, en fin de chapitre). L'ordonnance de 2016 a conservé cette dualité d'effets, sans pour autant utiliser les expressions de délégation parfaite et imparfaite.

524. La délégation est donc une opération originale, qui peut être le moyen d'opérer une cession de dette et c'est à ce titre qu'elle nous intéresse particulièrement ici, mais qui peut aussi avoir d'autres objectifs. On envisagera ses conditions puis ses effets.

B. Les conditions de la délégation

1) Conditions générales

525. La délégation, comme la cession de dette, est une opération à trois personnes. Le ***consentement*** de ces trois personnes est en effet nécessaire à l'acte, ainsi que le précise l'article 1336 qui définit la délégation. Le délégué accepte de s'obliger envers le délégataire à la demande du délégant et le délégataire accepte le délégué comme débiteur.

526. Aucune condition particulière de forme n'est requise.

527. Aucune condition relative à l'existence d'un ***rapport d'obligation préexistant*** entre les parties n'est par ailleurs posée par les nouvelles dispositions (elle n'était pas

---

1. M. Billiau, *JCP* 1992. II. 21922, note sous Civ. 1re, 17 mars 1992.

non plus posée expressément par les anciens articles 1274 et 1275 du Code civil, mais l'article 1275 faisait cependant référence à une créance du délégataire sur le délégant). Certes, le plus souvent, un double rapport préexiste. C'est parce que le délégué est débiteur du délégant qu'il accepte de s'engager envers le délégataire. Et c'est parce que le délégant est lui-même débiteur du délégataire qu'il envisage par la délégation de se substituer un autre débiteur. Mais la délégation est possible en l'absence de ce double rapport d'obligation préexistant, sachant qu'elle pourrait avoir, en ce cas, d'autres finalités que de transférer une dette d'un débiteur originaire vers un débiteur secondaire qui l'acquitterait pour lui parce qu'il serait lui-même son débiteur comme par exemple de réaliser une donation indirecte (déjà, v. ss 521).

Cette question de la nécessité ou pas d'un double rapport préexistant, dit « rapport fondamental » divisait la doctrine avant la réforme. Certains auteurs ont soutenu qu'il s'agissait d'une condition de la délégation, mais dans sa grande majorité, la doctrine concluait cependant à son inutilité. L'ordonnance confirme cette dernière position : d'une part car cette condition n'entre pas dans la définition de la délégation ; d'autre part, et surtout, parce que les textes n'envisagent la qualité de débiteur du délégant envers le délégataire (art. 1337) et de créancier du délégant envers le délégué (art. 1339) que comme des possibilités, pour préciser alors les effets de la délégation et pas comme une condition de celle-ci. Cependant, en toute hypothèse, pour que se produise un effet novatoire, et pour qu'il puisse y avoir délégation parfaite, l'existence d'un rapport de créancier à débiteur entre le délégataire et le délégant préexistant à la délégation, est évidemment nécessaire, puisque la novation produit précisément l'extinction d'un rapport d'obligation préexistant pour le remplacer par un nouveau rapport d'obligation. Il faut donc qu'il y ait quelque chose à éteindre.

2) Conditions de la délégation parfaite à effet novatoire

528. Cette hypothèse est prévue par l'article 1337 issu de l'ordonnance de 2016 (ancien art. 1275) (v. schéma en fin de chapitre).

529. Pour que se produise un effet novatoire, selon l'article 1337, il faut d'une part que le délégant soit débiteur du délégataire : comme nous l'avons déjà souligné (v. ss 527) car s'il n'existe pas de rapport préexistant entre eux, la novation n'a pas lieu d'être puisqu'elle vise à éteindre un rapport préexistant ; il faut d'autre part que la volonté du délégataire de décharger le délégant résulte expressément de l'acte. Dans ce cas, la délégation opère novation, c'est-à-dire qu'en principe le rapport préexistant entre le délégant et le délégataire va disparaître.

Le ***consentement exprès du délégataire*** est donc indispensable (comme au demeurant dans la cession de dette, v. ss 509). Pour que le débiteur originaire soit définitivement déchargé, il faut que le créancier ait entendu renoncer à sa première créance. En raison du danger de l'opération, cette renonciation ne peut pas se présumer. Avant l'ordonnance, l'article 1275 posait simplement l'exigence du consentement du créancier mais la jurisprudence exigeait que le créancier délégataire ait exprimé de *façon expresse* qu'il a entendu libérer le débiteur délégant, sinon on se trouve devant une délégation imparfaite [1]. Ainsi, une simple signature du créancier

1. Paris, 6 mai 2003, *Gaz. Pal.* 10-11 oct. 2003, note H. Vray ; Com. 28 sept. 2010 (n° 09-70.174, inédit), *JCP* 2011. 1030, chron. « Régime de l'obligation », M. Billiau et G. Loiseau.

au regard d'une mention du contrat de prêt indiquant le changement de débiteur est-elle insuffisante pour décharger le débiteur initial [1].

L'article 1337 pose désormais directement cette exigence d'un consentement express.

L'article 1340 précise par ailleurs que la simple indication faite par le débiteur d'une personne désignée pour payer à sa place n'emporte ni novation ni délégation. Il en est de même de la simple indication faite par le créancier, d'une personne désignée pour recevoir le paiement pour lui.

3) Conditions de la délégation imparfaite (sans effet novatoire)

530. Ici, il n'y a pas de condition particulière, au-delà des conditions générales, c'est-à-dire de l'exigence d'un consentement à l'acte des trois parties intéressées : le délégant, le délégué et le délégataire.

C. Les effets de la délégation

531. Il faut là encore distinguer des effets généraux et des effets spécifiques selon que la délégation produit un effet novatoire, ou pas.

1) Effets généraux

a) Dans les rapports du délégué et du délégataire

532. L'effet principal de la délégation se produit ici : la délégation qu'elle soit parfaite ou imparfaite oblige le délégué (nouveau débiteur) envers le créancier délégataire. ***Un rapport d'obligation nouveau se crée entre délégué et délégataire.***

L'obligation créée par la délégation, qu'il s'agisse d'une délégation parfaite ou imparfaite, est une nouvelle obligation, indépendante de celle qui peut préexister dans les rapports des parties. L'article 1336, alinéa 2, pose ainsi la règle de *l'inopposabilité des exceptions tirées des rapports personnels que le délégué avait avec le délégant ou des rapports personnels entre ce dernier et le délégataire.* Cet article clarifie cette question de l'inopposabilité des exceptions et devrait mettre un terme aux débats doctrinaux et aux incertitudes de la jurisprudence. En effet, avant la réforme, si la jurisprudence considérait effectivement que le délégué ne pouvait pas opposer les exceptions tirées de ses propres rapports avec le délégant, certaines décisions lui avaient permis d'opposer des exceptions tirées des rapports du délégant avec le créancier délégataire [2].

---

1. Civ. 1re, 4 nov. 1982, *Bull. civ.* I, n° 317.

2. Par exemple, selon la chambre commerciale de la Cour de cassation, la nullité de l'obligation du délégant envers le délégataire n'affecterait pas la validité de l'obligation du délégué envers le délégataire et « le délégué ne peut, sauf clause contraire, opposer au délégataire les exceptions dont le délégant pouvait se prévaloir à l'égard de celui-ci », en l'espèce, la compensation (Com. 25 févr. 1992, *JCP* 1992. II. 21922, 2e esp., note M. Billiau). À l'inverse, la première chambre civile de la Cour de cassation, pratiquement dans le même temps statuait en sens inverse en affirmant que « sauf convention contraire, le délégué est seulement obligé au paiement de la dette du délégant contre le délégataire et se trouve déchargé de son obligation lorsque la créance de ce dernier est atteinte par la prescription » (Civ. 1re, 17 mars 1992, 1re esp., même référence).

b) Dans les rapports du délégant et du délégataire

533. La délégation ne produit des effets dans les rapports délégant/délégataire que dans l'hypothèse où il existait un rapport d'obligation entre eux avant la délégation, donc si le délégant était débiteur du délégataire, lui-même créancier de ce dernier. Or nous avons vu que cette situation n'était pas inévitable. Ces effets varient alors selon que la délégation emporte ou pas novation et ils seront donc précisés dans ce cadre (v. ss 535, 540).

c) Dans les rapports du délégant et du délégué

534. La situation est la même concernant les rapports délégant et délégué : pour que la délégation produise des effets entre eux, cela suppose l'existence d'un rapport de créancier à débiteur antérieur à la délégation et les effets varieront là encore selon que la délégation emporte ou pas novation.

2) Effets de la délégation parfaite

a) Dans les rapports du délégant (débiteur originaire) et du créancier délégataire

535. *La délégation parfaite, produit la libération du débiteur originaire, délégant,* par l'extinction de l'obligation primitive qui existait entre le délégant et le créancier délégataire. Ce rapport d'obligation est remplacé par un nouveau rapport d'obligation entre le délégué et le délégataire, ce mécanisme constituant alors une novation (v. ss 580 s.). Le créancier délégataire n'a donc plus aucun recours contre le délégant, qui n'a pas à répondre de l'insolvabilité du délégué.

536. Cette situation est si dangereuse pour le délégataire que l'article 1276 ancien prévoyait *deux atténuations à ce principe* qui sont reprises par l'article 1337, alinéa 2, issu de l'ordonnance.

– Le délégataire est, de plein droit, garanti contre l'*insolvabilité actuelle* du délégué : lorsqu'une procédure collective est ouverte contre ce dernier (liquidation judiciaire ouverte, redressement judiciaire prononcé).

– Le délégataire peut subordonner l'extinction de sa créance contre le délégant à la condition de *solvabilité future* du délégué. Le délégant doit alors, selon l'article 1337 actuel, s'être *engagé expressément* en ce sens. La délégation consentie sous cette réserve se rapproche beaucoup de la délégation imparfaite, mais elle en diffère en ce que le délégataire doit poursuivre en premier le délégué ; cela fournit au délégant le *bénéfice de discussion.*

537. *Lorsque l'une de ces deux exceptions joue, le délégataire bénéficie d'une action contre le délégant,* mais la doctrine classique était en désaccord, avant la réforme de 2016, sur le caractère de cette action : pour certains auteurs (G. Marty et P. Raynaud), c'était une action nouvelle *dépourvue de toute sûreté*, car l'effet novatoire de la délégation parfaite a définitivement éteint la créance primitive. Pour d'autres, au contraire, l'action dont le délégataire disposait primitivement contre le délégant serait maintenue *avec toutes les sûretés* qui y étaient attachées (H., L. et J. Mazeaud et M. de Juglart). Ces derniers auteurs considéraient, en effet, que la solvabilité du débiteur est un élément de validité de la délégation : si le délégué est actuellement insolvable, la délégation est nulle et l'état de droit antérieur subsiste ; si le débiteur devient insolvable par la suite, la clause expresse joue comme une condition résolutoire et là aussi c'est l'état de droit antérieur qui survit. Cette seconde théorie semblait beaucoup plus proche de la réalité et répondait mieux au désir des rédacteurs du Code civil, qui, en prévoyant les dérogations de l'ancien article 1276, avaient sûrement voulu fournir au créancier une action efficace, donc assortie des sûretés primitives. D'autre part, si, selon la première théorie, la délégation avait éteint l'action primitive, on pouvait se demander quel serait le fondement juridique de la nouvelle action du délégataire.

Le nouvel article 1337, alinéa 2, en énonçant que le délégant « demeure » tenu s'il a garanti la solvabilité future ou en cas de procédure d'apurement du passif, indique que la novation n'a pas pu jouer en ce cas et que le délégant reste tenu de la même façon, donc avec les garanties accordées au délégataire, dont celui-ci pourrait donc se prévaloir.

b) Dans les rapports du délégué (nouveau débiteur) et du créancier délégataire

538. Le délégué (nouveau débiteur) est tenu envers le créancier délégataire. L'obligation qu'il a contractée à son égard par l'effet de la délégation est nouvelle, on l'a vu (v. ss 535) et, de ce fait, il ne saurait opposer à ce dernier les exceptions qu'il avait à l'encontre du délégant, pas plus que celles que le délégant avait à l'encontre du délégataire. L'article 1336, alinéa 2, est désormais très explicite à cet égard. Tant les exceptions du délégant contre le délégataire que les exceptions du délégant contre le délégant sont exclues.

c) Dans les rapports du délégué (nouveau débiteur) et du délégant (débiteur originaire)

539. Lorsque la délégation est novatoire et que le délégant était donc créancier du délégué, l'article 1339, alinéa 4, précise que le délégué, par l'effet de la délégation est déchargé à l'égard du délégant. Toutefois, cette décharge n'est totale que si la créance du délégué envers le délégant était identique dans son montant à celle que le délégataire avait envers le délégant. Lorsque les montants diffèrent, la dette du délégué envers le délégant n'est réduite qu'à concurrence du montant de l'engagement envers le délégataire.

3) Effets de la délégation imparfaite

540. ***La délégation imparfaite*** n'opère pas novation. Elle crée un nouveau rapport de droit entre le délégué et le délégataire mais sans faire disparaître celui qui existait entre le délégant et le délégataire. Il y a deux débiteurs au lieu d'un, et c'est là la différence essentielle avec la délégation parfaite (v. schéma en fin de chapitre)[1].

541. Ainsi, la délégation n'affecte pas l'existence de la créance du créancier délégataire sur le délégant : l'article 1338 précise ainsi que lorsque le délégant est débiteur du délégataire mais que celui-ci ne l'a pas déchargé de sa dette, la délégation donne

1. J. Denis Pellier, « La nature de la délégation imparfaite », *D.* 2014. 92 s.

au délégataire un nouveau débiteur et indique également dans son alinéa 2, que le paiement fait par l'un des deux débiteurs libère l'autre à due concurrence.

542. De même, la délégation n'affecte pas l'existence de la créance du délégant sur le délégué. Selon l'article 1339, lorsque le délégant est créancier du délégué, sa créance ne s'éteint que par l'exécution de l'obligation du délégué envers le délégataire et à due concurrence. L'alinéa 2 précise par ailleurs, que jusque-là, le délégant ne peut en exiger ou en recevoir le paiement que pour la part qui excéderait l'engagement du délégué et qu'il ne recouvre ses droits à l'encontre du délégué qu'en exécutant sa propre obligation envers le délégataire.

543. La délégation imparfaite est donc très avantageuse pour le délégataire, puisqu'elle joue un rôle voisin du cautionnement, sans cependant pouvoir être confondue avec lui. En effet, le délégué est tenu à côté et avec le délégant mais sans jouir d'un bénéfice de discussion qui permet à la caution de demander au créancier de se tourner d'abord vers le débiteur principal avant de lui réclamer paiement à elle.

Section 2
La circulation des créances : la cession de créance

544. Il existe deux modes principaux de cession des créances. Le premier est la *cession de créance* proprement dite, qui est un mode direct de cession. Le second est la *subrogation* personnelle qui est un mode indirect de cession. Cependant l'ordonnance du 10 février 2016 a envisagé la subrogation non pas au titre des « opérations sur obligations », mais au titre de l'extinction des obligations, comme un mode de paiement et non comme une opération translative, contrairement aux propositions qui figuraient dans l'avant-projet *Catala*. Nous en traiterons donc dans ce cadre (v. ss 672 s.).

On pourrait aussi identifier un troisième mode de transmission : la *stipulation pour autrui* dont nous avons déjà parlé au titre des développements sur les parties au rapport d'obligation (v. ss 217 s.). Mais outre qu'il s'agit plutôt de faire naître une obligation au profit d'un tiers que de transmettre une obligation existante, ce mécanisme est spécifiquement contractuel et il sera étudié dans le cadre de l'étude du contrat (v. ss 1699 s.).

Enfin, il existe d'autres hypothèses où la transmission des créances n'est pas l'objet de l'opération mais où elle s'opère pourtant : soit à l'occasion d'un décès et de la transmission du patrimoine ; soit à l'occasion d'un transfert de biens ou de la cession de contrats (sur ces différentes hypothèses, v. ss 225 s. ; sur la cession de contrat, v. ss 1680 s.).

545. ***Seule nous intéresse finalement, ici, la cession de créance***. Avant l'ordonnance de 2016, le Code civil réglementait la cession de créance dans les articles 1689 et suivants du Code civil, c'est-à-dire dans le cadre du droit spécial de la vente, sous le nom de transport de créances. Il s'agissait d'un mécanisme par ailleurs assez lourd et formel.

546. L'ordonnance du 10 février 2016 a profondément renouvelé l'opération de cession de créance en lui conférant une totale autonomie. Il ne s'agit plus d'une forme de vente, mais d'un nouveau contrat, spécifique, solennel (comme la cession de dette depuis la loi de ratification, v. ss 514), qui prend place dans le régime général des obligations, dans le chapitre consacré aux opérations sur obligations, où il occupe toute une section, constituée des articles 1321 à 1326 du Code civil. L'ordonnance a également profondément modifié les conditions d'opposabilité de la cession de créance, en supprimant les lourdes formalités qui l'accompagnaient. *La loi de ratification de l'ordonnance du 20 avril 2018* n'a apporté ici aucune modification (sur cette loi et les modifications, v. ss 101 s.). À côté de cette cession de créance de droit commun, il existe aussi, notamment en matière commerciale, certaines formes spéciales de cession de créance, dont il conviendra de dire quelques mots en conclusion.

§ 1. La définition de la cession de créance

547. Les articles 1321 à 1326 du Code civil, issus de l'ordonnance du 10 février 2016 précisent, successivement la définition de la cession de créance, ses conditions de fond, ses conditions de forme, puis ses effets.

▶ ***La cession de créance*** « est un contrat par lequel le créancier cédant transmet, à titre onéreux ou gratuit, tout ou partie de sa créance contre le débiteur cédé à un tiers, appelé le cessionnaire ». Telle est la définition qui résulte désormais de l'article 1321 du Code civil, conforme à l'approche antérieure de la cession de créance (v. schéma en fin de chapitre).

548. Cette institution, a eu historiquement de la difficulté à s'implanter et, en droit romain comme dans l'ancien droit, on avait recours à divers procédés indirects tels que la novation (v. ss 580 s.), la délégation (v. ss 520 s.), ou le mandat avec dispense de rendre compte pour le mandataire, pour la réaliser.

La cession de créance a acquis aujourd'hui son autonomie et elle diffère d'autres procédés, aboutissant à des résultats analogues, tels que la subrogation qui n'opère qu'au moment du paiement, ou la novation par changement de créancier qui éteint la créance primitive et en fait naître une seconde, tout à fait différente. On distingue la cession de créance de droit commun de certaines cessions spéciales comme celle des titres négociables.

549. La cession de créance est une opération qui présente de multiples intérêts. Elle peut être réalisée à titre gratuit ou onéreux, mais elle est généralement utilisée pour accomplir une opération à titre onéreux. En effet, le créancier cédant peut avoir intérêt à céder une créance à terme (sur le terme, v. ss 289) pour obtenir des disponibilités immédiates : il vend alors sa créance pour un montant inférieur à sa valeur nominale. C'est cette différence qui rend l'opération intéressante pour le cessionnaire.

Cette cession de créance met en présence, d'une part les parties à la convention : cédant et cessionnaire ; et, d'autre part, des tiers, le débiteur cédé principalement mais aussi les créanciers du cédant et les cessionnaires successifs de la créance.

Nous allons donc examiner les conditions et les effets de la cession de créance, tant à l'égard des parties qu'à celui des tiers.

§ 2. Les conditions de la cession de créance

550. *La cession de créance est un contrat entre deux personnes*, le cédant et le cessionnaire, même si elle concerne trois personnes, et à ce titre, le cédé. Toutefois, le cédé n'est pas partie à ce contrat, et son consentement n'est donc pas une condition de validité, sauf dans le cas où la cession porte sur une créance stipulée incessible (v. ss 557).

En tant que contrat, elle obéit à des conditions de validité entre le cédant et le cessionnaire. Il existe également des conditions de fond concernant les créances, objet de la cession. Enfin, il existe aussi des conditions d'opposabilité car si la cession de créance se présente comme un contrat entre cédant et cessionnaire, il doit être porté à la connaissance du débiteur cédé et des tiers en général pour leur être opposable et produire ses effets à leur égard. Or, l'ordonnance a profondément modifié les conditions d'opposabilité de ce contrat aux tiers, et notamment, au débiteur cédé.

A. Conditions de validité entre cédant et cessionnaire

551. La cession de créance, en tant que contrat, obéit aux conditions générales de validité posées pour tout contrat (C. civ., art. 1128). Il existe cependant aussi désormais, une condition particulière de forme. De même, la condition de détermination du prix, lorsque la cession de créance est à titre onéreux soulève une question particulière.

1) Condition particulière de forme

552. Jusqu'à l'ordonnance du 10 février 2016, la cession de créance était un contrat consensuel. Il fallait donc, comme pour tout contrat, que les deux contractants soient capables et que leur consentement soit exempt de vices ; mais aucune forme n'était nécessaire pour la cession de créance à titre onéreux : elle s'opérait par la simple remise du titre (C. civ., ancien art. 1689). En revanche, la cession à titre gratuit était soumise aux conditions de forme des donations, c'est-à-dire à l'exigence de la solennité, imposant, en l'occurrence, de passer l'acte par-devant notaire (C. civ., art. 901).

553. L'ordonnance du 10 février 2016 a fait de la cession de créance, en toute hypothèse un ***contrat solennel*** : l'article 1322 exige que la cession de créance soit constatée par écrit, à peine de nullité. La forme notariée n'est cependant pas exigée. Elle continuera à l'être, toutefois, lorsque la cession sera à titre gratuit, puisqu'une telle cession obéit toujours aux règles de forme des donations.

Cette solution nouvelle de la solennité de l'acte s'explique par le fait que l'ordonnance a abandonné les lourdes formalités de la signification qui conditionnaient l'opposabilité de la cession aux tiers. L'écrit représente dès lors une sécurité.

2) Condition relative à la détermination du prix

554. Avant l'ordonnance de 2016, la cession de créance à titre onéreux étant une forme de vente, l'accord des parties devait par ailleurs, comme pour toute vente, porter sur le prix (art. 1583). Or, en général, le prix de cession est inférieur au montant nominal de la créance, en raison du caractère aléatoire de cette opération.

L'exigence de détermination du prix, posée expressément en matière de vente par l'article 1591 du Code civil, s'appliquait par ailleurs à la cession de créance, même si c'est avec quelque souplesse. La Cour de cassation admettait en effet, lorsque la cession portait en bloc sur plusieurs créances, que la cession soit conclue moyennant un prix global, évitant d'avoir à attribuer un prix à chacune des créances [1].

La cession de créance n'étant plus aujourd'hui une forme de contrat de vente, cette exigence de détermination du prix demeure-t-elle ? L'ordonnance a consacré, dans les articles 1164 et 1165, la possibilité, admise par la jurisprudence de ne pas fixer le prix lors de la conclusion des contrats-cadres et des contrats de prestation de service et celle de sa fixation ultérieurement par le seul débiteur, sous réserve d'un contrôle de l'abus par le juge. Cependant, la cession de créance, si elle n'est plus strictement qualifiée de vente, n'est pas un contrat-cadre, ni un contrat de prestation de service. La solution antérieure de la nécessité d'un prix déterminé devrait donc continuer à prévaloir.

555. Lorsque la cession de créance est faite à titre gratuit, la question du prix ne se pose évidemment pas.

556. Enfin la question reste soulevée de savoir si la cession de créance pourrait être faite à titre de garantie. Dans cette hypothèse, le cédant cède la créance qu'il possède sur son propre débiteur à son créancier, comme garantie de paiement, la créance devant revenir ensuite dans le patrimoine du cédant, dès lors qu'il aura désintéressé son créancier. La Cour de cassation, avant l'ordonnance, avait écarté cette solution en considérant que dans un tel cas, l'opération consistait non en une cession de créance mais en un nantissement de créance [2]. La proposition figurait dans l'avant-projet *Catala* de réforme du droit des obligations d'accueillir cette nouvelle conception de la cession de créance qui existe déjà dans plusieurs législations européennes, la cession à titre de garantie. Une disposition spécifique la prévoyait. Cette disposition spécifique n'a pas été reprise par l'ordonnance de 2016. L'incertitude demeure donc, car la définition de la cession de créance donnée par l'article 1321 n'écarte pas non plus absolument cette utilisation du mécanisme.

B. Conditions de fond tenant aux créances cédées

557. La cession de créance pouvait traditionnellement concerner toutes sortes de créances, présentes ou futures, même éventuelles [3] ou conditionnelles, déterminées ou déterminables, à l'exception toutefois des créances incessibles, notamment les créances alimentaires et quelques autres créances dont la loi interdit la cession pour des raisons d'ordre public (dommages de guerre, baux d'habitation…).

558. L'article 1321, alinéa 2, confirme la plupart de ces solutions traditionnelles en indiquant que la cession « peut porter sur une ou plusieurs créances présentes ou futures, déterminées ou déterminables ». La cession peut d'ailleurs porter sur la totalité ou sur une partie seulement de la ou des créances si l'on se réfère à l'article 1321,

---

1. Com. 7 avr. 2009, n° 07-18.907, *RTD civ.* 2009-2. 321, obs. B. Fages.

2. Com. 19 déc. 2006, *Légifrance*, n° 05-16.395, *Bull. civ.* IV, n° 250 ; Com. 26 mai 2010, *Légifrance*, n° 09-13.388 ; *Bull. civ.* IV, n° 94.

3. Civ. 1re, 20 mars 2001, *JCP* 2002. II. 10124, note I. Goaziou.

alinéa 1er, qui définit la cession de créance comme la transmission de « tout ou partie » d'une créance. L'article 1321, alinéa 3, précise par ailleurs que la cession s'étend aux accessoires de la créance.

559. Concernant cependant les *créances incessibles*, l'article 1321, alinéa 4, vient poser une solution particulière. Il admet la cession d'une créance stipulée incessible, avec l'accord du débiteur. C'est la seule hypothèse où le consentement du débiteur cédé est exigé.

Cette disposition n'ouvre évidemment pas la possibilité de céder toutes les créances incessibles, car si l'incessibilité résulte de la loi, comme pour les obligations alimentaires, la cession restera impossible, comme par le passé. L'article 1321, alinéa 4, en visant les créances « stipulées » incessibles, ne fait référence qu'à l'incessibilité conventionnelle, prévue par les parties.

560. Le cédant peut également désirer céder une *créance litigieuse* dont l'existence même est contestée et dont le recouvrement s'avère difficile. Il la cède alors à un professionnel, qui se chargera des poursuites pour son propre compte, moyennant une somme inférieure à sa valeur. Toutefois, dans ce cas, le débiteur cédé, pour se protéger contre la dureté du créancier cessionnaire, est autorisé à se libérer en versant uniquement le prix de la cession (ainsi que les frais et les intérêts) : c'est le *retrait litigieux,* mécanisme qui a été conservé par l'ordonnance, dans un chapitre distinct de la cession de créance, ré-intitulé « du transport de certains droits incorporels, des droits successifs et des droits litigieux », aux articles 1699 à 1701.

561. Enfin, une question se pose concernant la nature des créances cédées, S'agit-il uniquement de créances de sommes d'argent ou bien aussi des créances ayant pour objet une prestation de faire ou de ne pas faire ? Dans le silence du texte, rien n'interdit d'admettre la cession d'une créance portant sur une telle prestation, sauf pour les parties à l'avoir stipulée incessible. Par exemple, une personne qui a commandé une cuisine tout équipée à un installateur doit pouvoir céder sa créance au profit d'un tiers et l'installateur devra exécuter la prestation au profit de ce tiers.

C. Conditions d'opposabilité aux tiers

562. Selon les dispositions du Code civil antérieures à l'ordonnance de 2016, la cession de créance, parfaite entre le cédant et le cessionnaire, n'avait aucune efficacité à l'égard des tiers, y compris à l'égard du débiteur cédé qui n'est pas partie à l'acte de cession, si ce débiteur cédé n'avait pas été informé. Il faut bien remarquer que ce n'était pas le *consentement* du débiteur qui était nécessaire. Son accord est inutile, il change de créancier en dehors de sa volonté, mais il est néanmoins indispensable qu'il soit *informé* de ce changement.

L'article 1690 ancien prévoyait donc des formalités de publicité lourdes : la « signification du transport faite au débiteur » ou « l'acceptation du transport faite par le débiteur dans un acte authentique ».

– La signification pouvait être faite par le cédant ou par le cessionnaire, mais devait l'être obligatoirement par un exploit d'huissier, c'est-à-dire, par un acte authentique.

– La seconde formalité possible consistait pour le débiteur cédé, non pas tellement à « accepter » la cession, car son consentement est inutile, mais plutôt à affirmer qu'il avait eu connaissance de la cession. C'est ce procédé qui était utilisé lorsque la cession avait lieu par acte notarié : il suffisait alors de faire intervenir le débiteur à l'acte.

Ces deux formalités étant faites par acte authentique, cela permettait de prouver sans contestation possible l'information du débiteur et la date de cette information, très importante puisque c'était le point de départ de l'opposabilité de la cession aux tiers.

Toutefois, ce formalisme alourdissait l'opération et la rendait assez difficile à utiliser ; c'est pourquoi le droit commercial a imaginé le procédé de « l'endos » pour faciliter les cessions de créance (v. ss 579).

La jurisprudence atténuait par ailleurs ce formalisme en reconnaissant la validité d'une acceptation sous seing privé, et même dans certains cas, d'une acceptation tacite, pour admettre l'opposabilité de la cession au débiteur cédé, notamment quand la réclamation de l'exécution au débiteur cédé par le créancier cessionnaire ne pouvait porter atteinte à aucun droit advenu depuis la naissance de la créance, ni au débiteur cédé, ni à toute autre personne étrangère à la cession.

563. *L'ordonnance du 10 février 2016 a modifié complètement ces solutions en supprimant les formalités de la signification.* Les articles 1323 et 1324 distinguent cependant l'opposabilité aux tiers (opposabilité générale) et l'opposabilité au débiteur cédé.

564. *Concernant les tiers ordinaires*, et selon l'article 1323, le transfert de la créance par l'effet de la cession de créance leur est opposable, dès la date de l'acte. En cas de contestation, la preuve de la date de la cession incombe au cessionnaire, qui peut la rapporter par tout moyen. Plus aucune formalité n'est donc nécessaire.

565. *Concernant le débiteur cédé,* l'article 1324 prévoit que la cession ne lui est opposable que si elle lui a été notifiée ou s'il en a pris acte, à moins qu'il n'y ait déjà consenti, ce qu'il a pu faire en intervenant à l'acte ou même postérieurement (bien que ce ne soit pas une condition de la cession). Il faut être certain que le débiteur cédé a eu connaissance de la cession.

§ 3. Les effets de la cession de créance

566. La cession de créance va donc produire des effets entre les parties et, à l'égard des tiers.

A. Effets de la cession de créance entre le cédant et le cessionnaire

567. La cession de créance produit entre l'effet principal recherché, la transmission de la créance mais également la création d'une obligation de garantie. L'ordonnance s'est également préoccupée de la question des concours éventuels entre cessionnaires.

1) Transmission de la créance à la date de l'acte

568. La créance est transmise au cessionnaire dès la date de l'acte (art. 1323). L'article 123, alinéa 3, prévoit cependant une disposition spécifique pour la cession de créance future, qui n'opère qu'au jour de la naissance de la créance, tant entre les parties que vis-à-vis des tiers.

Par ailleurs, le transfert n'est véritablement complet et les effets de la cession de créance ne s'accomplissent intégralement que si la cession ait été notifiée au débiteur cédé ou s'il en a pris acte, si bien qu'elle lui est devenue opposable (v. ss 565). Dans ce cas, le créancier cessionnaire prend la place du créancier cédé, peut exiger paiement du débiteur cédé et ce dernier ne peut plus payer le cédant (v. ss 575).

569. La créance est transmise pour le prix fixé, même s'il est inférieur au montant nominal de la créance, avec ses accessoires, dont les garanties de paiement, mais aussi avec tous ses vices.

En effet, d'une part, concernant les garanties de paiement, si la créance était assortie de sûretés, telles que « caution, privilège et hypothèque » (art. 1692), celles-ci sont transmises en même temps que la créance. On peut dire que le cessionnaire est « subrogé » dans les droits du cédant, c'est-à-dire mis à sa place, la créance est transmise telle qu'elle existait, produit les mêmes intérêts, conserve la même nature civile ou commerciale, est accompagnée des mêmes actions. Ainsi, un banquier cessionnaire d'une créance née d'un contrat international est-il soumis à la clause compromissoire stipulée dans ce contrat [1].

D'autre part, si la créance était entachée d'un vice, incapacité du cédant par exemple, le transfert ne purge pas ce vice. La question se pose alors de savoir si le débiteur cédé peut opposer ce vice au cessionnaire à titre d'exception. De même, peut-il invoquer les exceptions nées de ses rapports personnels avec le cédant, comme, par exemple, la prescription acquise contre le cédant, la compensation légale intervenue avec ce dernier, etc. (sur ces mécanismes, v. ss 731, 703 s.) ? C'est la question de l'opposabilité des exceptions.

570. Cette question de *l'opposabilité des exceptions* a toujours été complexe et l'ordonnance du 10 février 2016 a tenté de la préciser dans l'article 1324, de la façon suivante : « le débiteur peut opposer au cessionnaire les exceptions inhérentes à la dette, telles que la nullité, l'exception d'inexécution, ou la compensation des dettes connexes. Il peut également opposer les exceptions nées de ses rapports avec le cédant avant que la cession ne soit devenue opposable, telles que l'octroi d'un terme, la remise de dette ou la compensation de dettes non connexes ». Ainsi la distinction traditionnelle entre les exceptions « inhérentes à la dette » et les exceptions « personnelles » est-elle ici reprise, comme d'ailleurs concernant la cession de contrat (v. ss 1828) alors qu'elle ne l'a pas été pour la solidarité puisque les textes distinguent en ce cas entre les exceptions « communes » et les exceptions « personnelles » (sur ce point et sur le sens de ces expressions, v. ss 365 s.).

2) Création d'une obligation de garantie

571. La cession de créance à titre onéreux fait naître des obligations normales, celle de payer le prix pour le cessionnaire et, pour le cédant, celle de délivrer la chose, c'est-à-dire, en l'occurrence, remettre le titre de créance ; mais le cédant, dans le droit antérieur et parce que la cession de créance était une variété de vente, était également tenu d'une obligation de garantie prévue par les articles 1693 et 1694 du Code

---

1. Civ. 1re, 5 janv. 1999, *Bull. civ.* I, n° 1, *D.* 1999. IR 31.

civil concernant la vente. Quelle est désormais l'étendue de cette garantie ? L'ordonnance a repris les solutions antérieures dans l'article 1326.

572. Il faut faire une distinction entre la garantie de droit et la garantie de fait ou conventionnelle.

– ***La garantie de droit,*** à laquelle le cédant est tenu par la loi en l'absence de toute clause particulière porte sur *l'existence de la créance :* le cédant doit garantir l'existence de la créance et de ses accessoires (art. 1326, al. 1er), mais *il n'est pas garant de la solvabilité* du débiteur, ni actuelle, ni future. L'article 1326 réserve cependant l'hypothèse où le cessionnaire a acquis la créance à ses risques et périls et celle où il a connu le caractère incertain de la créance. Dans ces deux hypothèses, le cédant ne garantira même pas l'existence de la créance. Cette garantie de l'existence de la créance ne concerne par ailleurs que les cessions de créances à titre onéreux.

– ***La garantie conventionnelle,*** organisée par les parties en incluant des clauses à leur convention porte sur la *solvabilité* du débiteur. L'article 1326, alinéa 2, prévoit ainsi que le cédant « répond de la solvabilité du débiteur lorsqu'il s'y est engagé et jusqu'à concurrence du prix qu'il a pu retirer de la cession de créance ». Cette garantie de solvabilité ne s'entend par ailleurs, précise le texte, que de la solvabilité actuelle. Pour qu'elle s'étende à la solvabilité à l'échéance, il faut que le cédant l'ait expressément spécifié.

Pourrait-on admettre, par ailleurs, comme sous l'empire du droit antérieur et dans le silence du texte actuel, l'existence de *clauses supprimant la garantie ?* Sans doute, dans la mesure où ces clauses de non-garantie concernent l'existence de la créance, mais ne dispensent pas le cédant de la restitution du prix (art. 1628 et 1629), elles lui évitent seulement les dommages et intérêts, au cas où la créance se révélerait inexistante.

3) Concours entre cessionnaires successifs

573. L'article 1325 prévoit spécifiquement cette hypothèse d'une créance qui aurait été transmise successivement à plusieurs cessionnaires. Selon les dispositions antérieures à l'ordonnance, celui qui était préféré était non pas le premier d'entre eux, mais celui qui avait le premier signifié la cession au débiteur [1]. Désormais, et la solution est donc nouvelle, le concours entre cessionnaires se résout alors en faveur du premier en date : il dispose d'un recours contre celui auquel le débiteur aurait fait un paiement.

B. Effets de la cession de créance à l'égard des tiers

574. La cession de créance, produit des effets à l'égard du débiteur cédé d'abord ; à l'égard des créanciers du cédant, ensuite.

1) À l'égard du débiteur cédé

575. Les formalités de l'article 1690 ayant disparu, la cession de créance produit ses effets à l'égard du débiteur cédé au moment auquel elle lui devient opposable c'est-à-dire soit au moment où elle lui est notifiée, soit au moment où il en a pris acte,

---

1. Com. 19 mars 1980, *Bull. civ.* IV, n° 137.

soit au moment où il y a consenti, par exemple lorsqu'il est intervenu à l'acte de cession (v. ss 563 s.). Il faut donc distinguer les effets de la cession avant l'opposabilité et à partir de l'opposabilité.

576. Tant que la cession de créance ne lui est pas opposable, le débiteur cédé n'a aucun lien avec le cessionnaire qu'il ignore juridiquement ; il peut donc parfaitement se libérer en payant le créancier cédant et il peut refuser de payer le cessionnaire. Il n'a pas non plus le droit d'invoquer la cession pour refuser de payer le cédant ; il n'est qu'un tiers par rapport à la cession : elle ne peut lui être opposée mais il ne peut pas, non plus, s'en prévaloir.

577. Dès que la cession devient opposable au débiteur, la situation est renversée : le débiteur n'a plus aucun lien avec le cédant, il devient définitivement débiteur du cessionnaire.

2) À l'égard des créanciers chirographaires du cédant

578. Eux aussi sont des tiers par rapport à la cession de créance. Depuis l'ordonnance du 16 février 2016, la cession leur est opposable dès la date de l'acte, indépendamment de la notification au tiers saisi (v. ss 564). La créance cédée sort donc du patrimoine du cédant, et les créanciers ne pourront plus exiger paiement de ce dernier, ni la saisir au moyen d'une *saisie attribution* (v. ss 487).

Conclusion : les cessions de créances spéciales

579. La complication du procédé de la cession de créance avant l'ordonnance du 10 février 2016, avait conduit le droit commercial a organiser des modes spéciaux de transmission de créance beaucoup plus simples et rapides : différents systèmes de cession de titres négociables sont ainsi consacrés, comme le transfert des titres nominatifs [1], la tradition des titres au porteur[2], l'endossement des titres à ordre[3] ou encore la cession de créances professionnelles par « bordereau Dailly »[4].

L'avantage essentiel de ces différents procédés, outre leur simplicité, est l'inopposabilité des exceptions aux cessionnaires, contrairement à ce qui se passe pour la cession de créance.

---

1. C'est la forme obligatoire depuis la loi du 30 décembre 1981 pour les actions non cotées en Bourse, c'est-à-dire les titres émis par l'immense majorité des sociétés.

2. La créance est non seulement constatée, mais encore incorporée au titre qui est considéré comme un meuble corporel et se négocie par simple *tradition manuelle*, c'est-à-dire remise du titre d'un porteur à un autre.

3. La créance se transmet par *voie d'endossement*, c'est-à-dire que le cédant mentionne la cession ou tout simplement signe au dos du titre qu'il remet au cessionnaire. Il peut y avoir ainsi une série d'endossements successifs. Ce procédé est très simple et n'entraîne aucun frais.

4. La loi du 2 janvier 1981 facilitant le crédit aux entreprises et son décret d'application du 9 septembre 1981 (mod. par Décr. du 3 déc. 1985), ont organisé un système très simple de transmission de créance par simple bordereau avec notification de la cession au débiteur cédé. Ce procédé, réservé aux professionnels, leur permet de mobiliser leurs créances en les transmettant à une banque qui paye immédiatement le créancier et se charge de leur recouvrement à l'échéance. Moins formaliste que la cession de créance, ce procédé est plus commode que l'endossement d'une lettre de change car il se prête mieux à une gestion informatique.

Section 3

La novation : mode d'extinction d'une obligation avec naissance d'une autre obligation

▶ ***La novation*** est une technique permettant de substituer une nouvelle obligation qu'elle crée, à une autre qu'elle éteint, en modifiant l'un des éléments de l'obligation primitive : le créancier, le débiteur, ou la dette elle-même. Considérant la novation davantage comme une technique de transformation de l'obligation que comme un mode d'extinction d'une obligation, auquel elle ne saurait en effet être réduite, l'ordonnance du 10 février 2016 a inscrit la novation, non pas dans les modes d'extinction de l'obligation comme auparavant (v. C. civ., ancien art. 1234) mais dans les « opérations sur obligations », au même titre que les opérations translatives que sont la cession de créance, la cession de dette et la délégation. La novation figure ainsi désormais dans une section 3 du chapitre II du régime général des obligations, consacré aux opérations sur obligations, dans les articles 1329 à 1335 du Code civil.

580. D'origine romaine, la novation fut très utilisée tant que la cession de créance n'était pas admise. Aujourd'hui, elle a perdu beaucoup de son intérêt, car la cession de créance (v. ss 547 s.) remplace avantageusement la novation par changement de créancier. De même, la cession de dette n'étant pratiquement pas possible jusqu'à l'ordonnance du 10 février 2016 (v. ss 507 s.), on avait parfois recours à la novation par changement de débiteur, plutôt qu'à la délégation qui est aussi un mode indirect de transfert de dettes (et qui s'accompagne d'ailleurs d'un effet novatoire, lorsqu'il s'agit d'une délégation parfaite) (v. ss 535). Enfin, la novation permet aussi le changement de la nature de l'obligation.

581. Les nouveaux textes issus de l'ordonnance n'ont pas profondément modifié la novation, mais ils sont plus clairs et ils intègrent les solutions jurisprudentielles et les clarifications apportées par la doctrine. Désormais, la novation est définie et les différents types de novation sont précisés (§ 1) ainsi que les conditions (§ 2) et les effets de la novation (§ 3).

§ 1. Définition et nature de la novation

A. Définition de la novation

582. L'article 1329, alinéa 1er, définit la novation comme un « contrat qui a pour objet de substituer à une obligation, qu'elle éteint, une obligation nouvelle, qu'elle crée ». La novation produit donc à la fois un effet extinctif d'obligation et créateur d'obligation, conformément à la nouvelle définition du contrat qui n'a plus seulement pour objet de créer des obligations mais aussi de les modifier, de les transmettre ou de les éteindre (art. 1101) (v. ss 833).

B. Différentes sortes de novation

583. L'article 1329, alinéa 2, précise les trois sortes de novation possibles, en reprenant l'ancien article 1271.

La novation peut avoir lieu :
- par substitution d'obligation entre les mêmes parties,
- par changement de débiteur,
- par changement de créancier.

§ 2. Conditions de la novation

584. Pour que la novation se réalise, il faut, d'une part, la succession de deux obligations valables, d'autre part, un élément nouveau qui fait de la nouvelle obligation une obligation réellement différente de l'ancienne, et enfin, il faut une intention de nover.

A. Succession de deux obligations valables (art. 1331)

585. L'obligation ancienne à éteindre doit être valable, c'est-à-dire qu'elle ne doit être ni nulle, ni annulable. Toutefois, s'il s'agit d'une nullité relative, on admet que la novation est possible si le motif de nullité a disparu, car il y aurait alors confirmation tacite. L'article 1331 réserve par ailleurs l'hypothèse où la novation a pour objet déclaré de substituer un engagement valable à un engagement entaché d'un vice.

586. L'obligation nouvelle doit également être valable, puisque c'est sa création qui provoque l'extinction de l'ancienne. Si elle est annulée ou résolue, le jeu de la rétroactivité fait revivre l'ancienne obligation et la novation ne peut avoir lieu.

B. Nécessité d'un élément nouveau (art. 1329, al. 1er)

587. Cette condition résulte de la définition même de la novation posée par l'article 1329, alinéa 1er, qui fait référence à une « nouvelle » obligation. La novation suppose que la nouvelle obligation soit effectivement différente de l'ancienne, qu'il y ait *aliquid novi*, c'est-à-dire quelque chose de nouveau. Cet élément de nouveauté peut être *subjectif*, s'il concerne les parties, ou *objectif*, s'il concerne la dette elle-même.

1) Novation subjective

588. Elle se produit lorsqu'il y a changement de créancier ou de débiteur.

a) Novation par changement de créancier (art. 1329, al. 2, et art. 1333)

589. La novation permet ici d'éteindre l'obligation initiale et de lui en substituer une nouvelle désignant un autre créancier (v. schéma en fin de chapitre). Très utilisée autrefois, elle ne l'est plus guère depuis que la cession de créance permet d'obtenir ce même résultat, sans effet novatoire. Il ne faut pourtant pas confondre ces deux procédés : en effet, dans la cession de créance, le consentement du débiteur n'est pas nécessaire, il suffit qu'il soit informé de la cession. Au contraire, le *consentement du débiteur* est une condition de la novation. Cette condition, qui n'était pas posée expressément dans les anciens textes mais qui va de soi puisque le débiteur contracte une obligation entièrement nouvelle par l'effet de la novation (il faut donc qu'il soit d'accord), est désormais posée expressément par l'article 1133. Par ailleurs, la cession de créance permet de transférer au nouveau créancier la créance originaire avec tous ses accessoires, alors que dans la novation, c'est une nouvelle créance qui apparaît et les garanties de l'ancienne disparaissent, à moins qu'elles n'aient été réservées avec le consentement express des tiers garants (art. 1334, ancien art. 1278).

Il ne faut pas non plus confondre la novation par changement de créancier avec la désignation d'un mandataire chargé de recevoir le paiement, ce que précisait l'ancien article 1277, alinéa 2. La solution n'est pas reprise par les nouveaux textes, mais elle va de soi.

b) Novation par changement de débiteur (art. 1239, al. 2, et art. 1332)

590. Ici, la novation substitue un nouveau débiteur à l'ancien (v. schéma en fin de chapitre). À l'inverse de la précédente, cette novation peut s'opérer sans le concours du premier débiteur (art. 1332). Cela ressemble à une cession de dette, si ce n'est qu'il ne faut pas confondre là encore les deux mécanismes : comme dans la novation par changement de créancier, c'est une nouvelle dette qui prend naissance, sans aucun des caractères de l'ancienne, notamment les privilèges et hypothèques primitifs de la créance qui ne peuvent pas passer sur les biens du nouveau débiteur (ce que précisait l'ancien article 1279, alinéa 1er, et qui est repris par l'article 1334 : « l'extinction de l'obligation ancienne s'étend à tous ses accessoires ») ; ces garanties de paiements peuvent cependant être conservées, comme dans le cas de la novation par changement de créancier, pour garantir l'exécution de l'engagement du nouveau débit mais il faut alors *le consentement exprès des tiers garants* (art. 1334, ancien art. 1279, al. 2).

591. Ce type de novation se trouve rarement isolé, il se rencontre plutôt à l'occasion d'une *délégation* (v. ss 528 s.), lorsque le nouveau débiteur s'oblige, à la demande de l'ancien ; mais pour que l'ancien débiteur soit libéré (délégation parfaite) il faudra, rappelons-le, l'accord exprès du créancier.

2) Novation objective

592. Ici, c'est l'obligation elle-même qui subit une modification. L'article 1329, alinéa 2, précise en effet que la novation peut avoir lieu par « substitution d'obligation entre les mêmes parties ». Cependant, les nouveaux textes n'ont pas précisé, en ce cas, en quoi devait constituer la nouveauté, alors pourtant que cela avait soulevé des difficultés dans le cadre du droit antérieur. On considérait cependant qu'il pouvait y avoir trois sortes de novation.

a) Novation par changement d'objet

593. Il faut qu'il y ait une modification de la nature de l'objet de l'obligation, par exemple obligation de livrer une somme d'argent au lieu d'une marchandise ou inversement. Mais il ne faut pas confondre la novation par changement d'objet avec la dation en paiement qui consiste à fournir en paiement au créancier, une autre chose que celle qui était prévue (v. ss 632), car, dans ce dernier cas, il n'y a pas substitution d'une obligation à une autre mais simplement d'une prestation à une autre, au moment où l'obligation devient exigible.

b) Novation par changement de cause

594. Ici, ce sont toujours le même créancier, le même débiteur, le même objet de l'obligation, mais c'est sa cause qui diffère : par exemple, les parties conviennent que l'acheteur d'un immeuble en conservera le prix à titre de prêt au lieu de payer immédiatement. Il est toujours débiteur, mais en tant qu'emprunteur et non plus en tant qu'acquéreur, ce qui implique la disparition des sûretés qui accompagnaient la créance primitive, telle que le privilège du vendeur, par exemple, à moins que le créancier ne les ait expressément réservées

595. L'ordonnance de 2016 ayant fait disparaître la notion de cause, l'expression est sans doute désormais impropre, même si les hypothèses qu'elle recouvrait restent certainement pertinentes.

c) Novation par changement de modalités de l'obligation

596. Il s'agit ici de modifier la substance même de l'obligation en y insérant ou en en retranchant une modalité, une condition, par exemple, mais non un terme car cela ne concernerait que l'exécution de l'obligation et non sa substance. Pourtant, certaines décisions, adoptant une conception plus large l'ont admis, de même qu'il a pu être admis que la simple augmentation ou diminution du montant de la dette, pouvait suffire si l'intention des parties avait bien été de nover[1].

597. Si la jurisprudence n'était pas très claire avant la réforme, l'ordonnance n'a pas apporté de clarification sur ce point.

C. Intention de nover

598. La novation ne se présume pas : il faut que l'intention de nover résulte clairement de l'acte. Cette exigence qui figurait dans l'ancien article 1273 est reprise par l'article 1330 actuel. En effet, la création d'une nouvelle obligation n'éteint pas forcément l'ancienne, elle pourrait venir s'y ajouter. Aussi faut-il que l'intention d'éteindre une obligation pour lui en substituer une nouvelle soit évidente. Il n'y a pas de forme particulière, l'intention de nover peut être implicite, à condition qu'elle soit certaine, mais on peut en faire la preuve par tous moyens. À l'inverse, la preuve du contrat de novation doit être faite par écrit (tout au moins lorsqu'elle porte sur une somme supérieure à 1 500 euros) et la Cour de cassation a bien rappelé qu'il ne fallait pas absorber la preuve du contrat dans la preuve de l'intention de nover[2].

---

1. Pour l'admission : Req. 8 nov. 1875, *DP* 1876. I. 438 ; pour l'exclusion : Civ. 1re, 20 nov. 1967, *D.* 1969. 321, note N. Gomaa ; Civ. 1re, 23 janv. 2001, *Légifrance*, n° 98-17.414.

2. Com. 19 oct. 2017, n° 16-22608, *RDC* 2018. 46, note M. Latina.

Il ne faut donc pas confondre les cas où les parties ont seulement voulu *aménager* leur obligation mais non opérer une novation, par exemple en instituant un terme, en désignant un mandataire pour le paiement, etc.

§ 3. Effets de la novation

A. Effet général

599. La novation produit deux effets essentiels : la disparition de l'ancien rapport d'obligation (effet extinctif) et la naissance d'un rapport d'obligation nouveau (effet créateur).

600. Ces effets se produisent dès la conclusion du contrat entre les parties. Concernant les tiers, la solution est identique, l'article 1333, alinéa 2, précisant que la novation par changement de créancier est *opposable aux tiers dès la date de l'acte* (art. 1333, al. 2).

Le contrat de novation n'étant pas soumis à une forme particulière, une contestation pourrait survenir sur la date de la novation. L'article 1333 précise que dans ce cas, la preuve incombe au nouveau créancier qui peut l'apporter par tout moyen.

B. Disparition des garanties et des exceptions

601. L'extinction de l'obligation ancienne s'étend à tous ses accessoires (art. 1334). Ainsi, la novation produit la disparition des sûretés qui l'accompagnaient l'obligation éteinte, à moins qu'elles n'aient été réservées avec l'accord express des tiers garants (sur ce point, v. ss 590).

De la même façon, elle produit la *disparition des exceptions* que le débiteur pouvait opposer au créancier. Tous les vices de l'obligation disparaissent avec elle, et l'obligation nouvelle naît avec ses caractères propres sous la réserve, notable, prévue par l'article 1331 des exceptions mettant en cause la validité de l'obligation originaire. L'article 1331 fait en effet de la validité de l'obligation ancienne, comme de l'obligation nouvelle, une condition de validité de la novation elle-même. Toutefois, la jurisprudence, sous l'empire des dispositions antérieures a pu considérer que l'étendue de l'effet extinctif de la novation dépendait étroitement de la volonté des parties et que, dans le silence de celles-ci, il y avait survie des clauses antérieures non expressément incompatibles avec la relation contractuelle nouvelle[1]. Cette position est cependant dangereuse dans la mesure où il risque d'y avoir incertitude concernant les clauses qui peuvent, ou non, avoir survécu.

602. Enfin, si le contrat de novation devait se trouver ultérieurement annulé, par exemple en raison d'un vice de consentement, la rétroactivité de la nullité aurait pour conséquence de faire revivre la convention ancienne à laquelle elle s'était substituée[2]. La Cour de cassation considérait initialement que cette renaissance de l'ancienne obligation pouvait être écartée en cas de mauvaise foi du créancier, à titre de sanction,

---

1. Com. 3 juill. 2001, *Bull. civ.* IV, n° 131, *JCP* 2002. I. 134, obs. G. Virassamy.

2. Civ. 3e, 12 févr. 1986, *Bull. civ.* III, n° 9 ; et plus récemment, Com. 14 mai 1996, *JCP* 1997. II. 22895, note F. Jacob ; *Bull. civ.* IV, n° 138, *JCP* 1997. I. 4002, obs. G. Virassamy.

s'il avait entendu « en connaissance de cause, substituer à l'obligation antérieure une obligation nouvelle qu'il savait annulable de son propre fait »[1]. Dans un arrêt ultérieur[2], la Cour de cassation est cependant expressément revenue sur cette solution pour faire application du droit commun des nullités. La victime ne peut que demander une indemnisation en faisant jouer la responsabilité civile.

C. Libération des codébiteurs solidaires

603. L'article 1335 précise enfin que la novation convenue entre le créancier et l'un de ses codébiteurs solidaires libère les autres. À l'inverse, la novation convenue entre le créancier et une caution ne libère pas le débiteur principal, mais elle libère les autres cautions à concurrence de la part contributive de celle dont l'obligation a fait l'objet de la novation.

---

1. Civ. 3ᵉ, 5 mai 1970, *Bull. civ.* III, nº 311.
2. Com. 14 mai 1996, préc.

DOCUMENTS

BIBLIOGRAPHIE

Sur les opérations sur obligations

ANDREU (L.), *Du changement de débiteur*, Dalloz, coll. « Nouvelle Bibliothèque de Thèses », 2010.

AYNÈS (L.), « La circulation du contrat », contribution au colloque *Le contrat : questions d'actualité*, Paris, 1er févr. 2000, *LPA* n° spécial, 5 mai 2000, n° 90.

BERLIOZ (P.), « La cession de dette », *RDC* 2015, 803.

BOFFA (R.), « Les opérations translatives dans le projet d'ordonnance », *Gaz. Pal.* 2015, n° 155, p. 8.

CHANTEPIE (G.) et LATINA (M.), *La réforme du droit des obligations, commentaire théorique et pratique dans l'ordre du Code civil,* Dalloz, 2016.

CHAUVIRÉ (Ph.), « La délégation dans le projet d'ordonnance portant réforme du droit des obligations », *Gaz. Pal.* 2015, n° 155, p. 11.

CHAUMETTE, « La subrogation personnelle sans paiement ? », *RTD civ.* 1986. 33.

DAGOT (M.), « La novation par changement de débiteur et le droit hypothécaire », *JCP* 1975. I. 2693.

DANIS-FATÔME (A.) « La délégation : place, définition », in Latina (M.) et Chatepie (G.) (dir.), *Projet de réforme du droit des contrats, du régime général et de la preuve des obligations*, Dalloz, 2015, p. 120.

DISSAUX (N.) et JAMIN (C.), *Projet de réforme du droit des contrats, du régime général et de la preuve des obligations. Commentaire, article par article*, Dalloz, 2015.

FERNANDEZ (J.-M.), « La subrogation : nature et régime d'une fiction juridique », *LPA* 16 juill. 1997, n° 85, p. 4.

FRANÇOIS (J.), « Les opérations sur dette », *RDC* 2016, 45.

GOUËZEL (A.), « Les opérations translatives », *AJCA* mars 201, n° 135

HOUTCIEFF (D.), « Cession de dette ou délégation : transport de dette ou nouveau débiteur », *Dr. et patr.* 2015, n° 249, p. 75.

JULIENNE (M.), « Cession de créance : transfert d'un bien ou changement de créancier », *Dr. et patr.* 2015, n° 249, p. 69 s.

– « La situation du créancier dans la cession de dette », *RDC* 2015, 801.

PACTET (C.), « De la réalisation de la novation », *RTD civ.* 1975. 397, 435 et 631.

PELLIER (J.-D.), « La nature de la délégation imparfaite », *D.* 2014. 92.

THIBIERGE (L.), « La cession de dette », in Latina (M.) et Chatepie (G.) (dir.), *Projet de réforme du droit des contrats, du régime général et de la preuve des obligations*, Dalloz, 2015, p. 120.

Délégation parfaite ou imparfaite

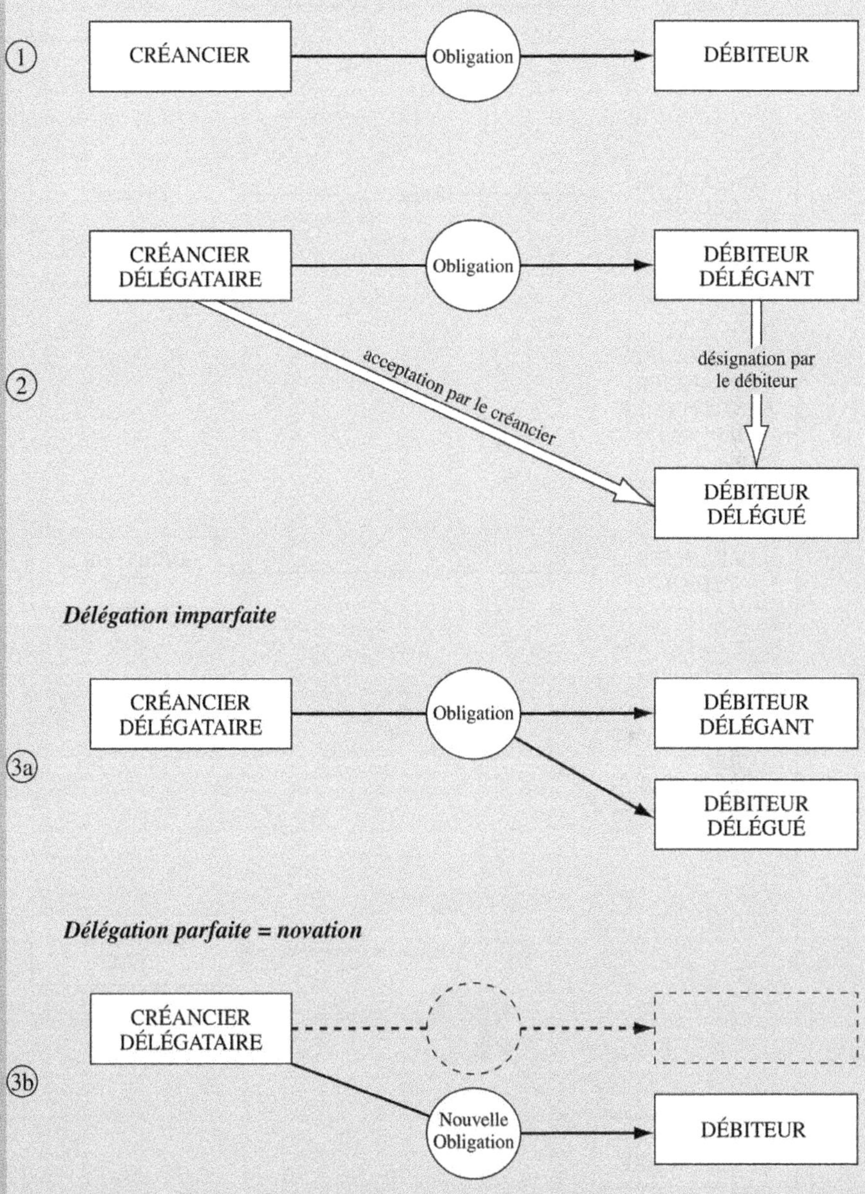

Note. Comparer avec la novation par changement de débiteur

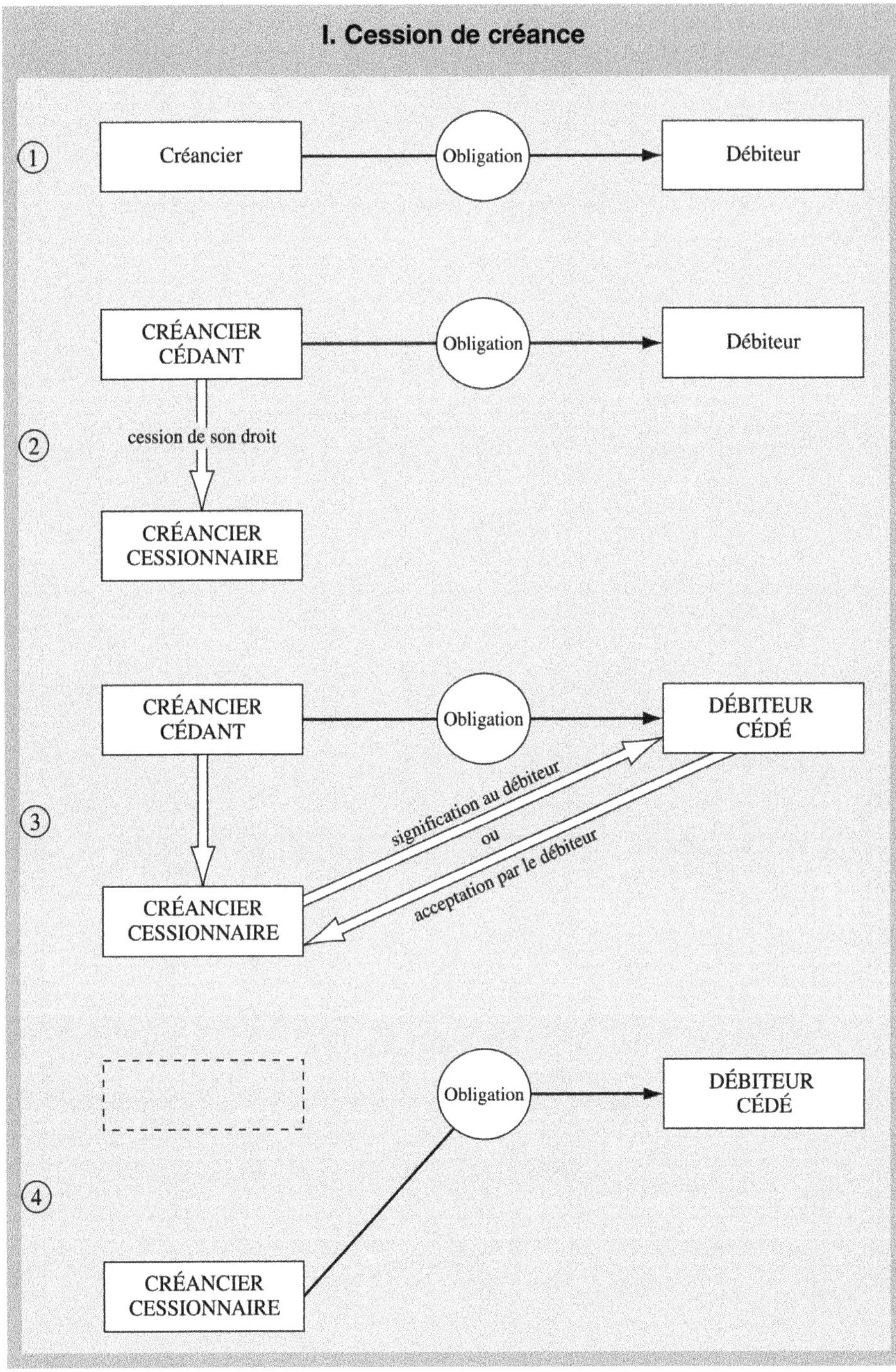
I. Cession de créance
①
Créancier
Obligation
Débiteur
②
CRÉANCIER CÉDANT
Obligation
Débiteur
cession de son droit
CRÉANCIER CESSIONNAIRE
③
CRÉANCIER CÉDANT
Obligation
DÉBITEUR CÉDÉ
signification au débiteur
ou
acceptation par le débiteur
CRÉANCIER CESSIONNAIRE
④
Obligation
DÉBITEUR CÉDÉ
CRÉANCIER CESSIONNAIRE

II. Novation

1. Novation par changement de créancier

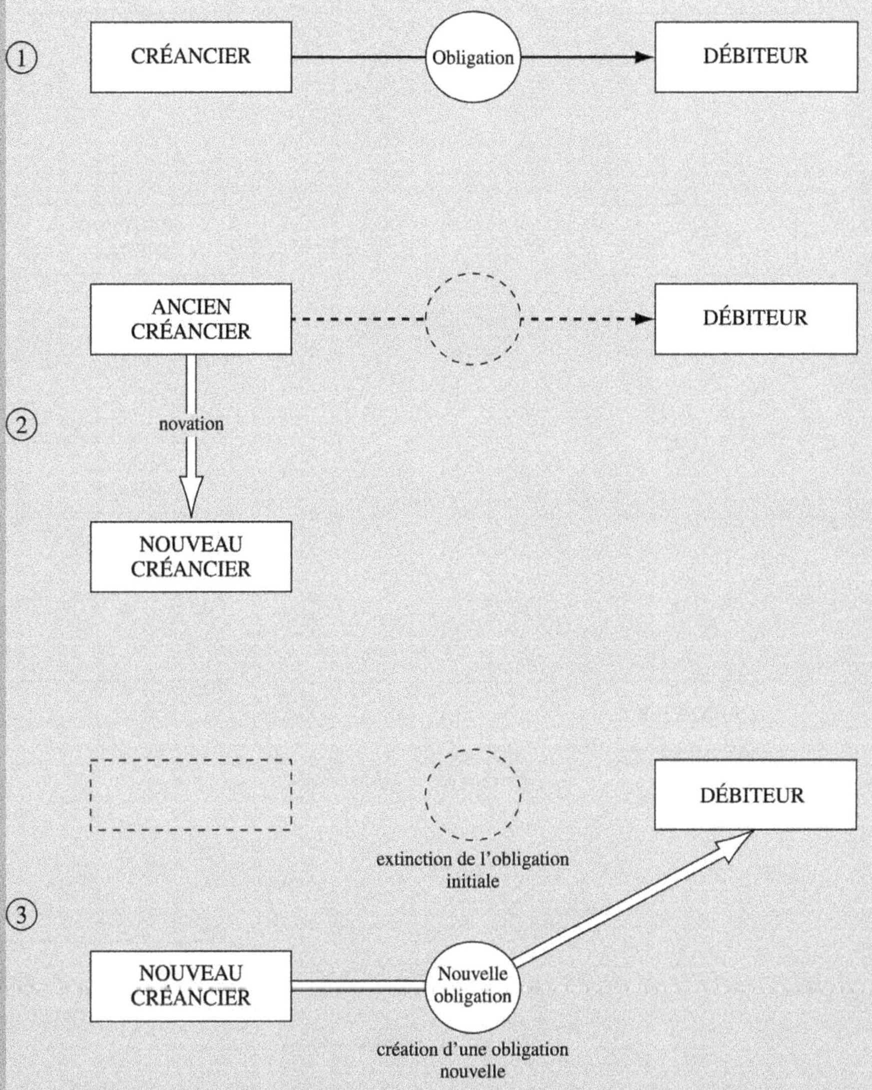

Note. Comparer avec la cession de créance (v. ss 544 s., et schéma en fin de chapitre).

2. Novation par changement de débiteur

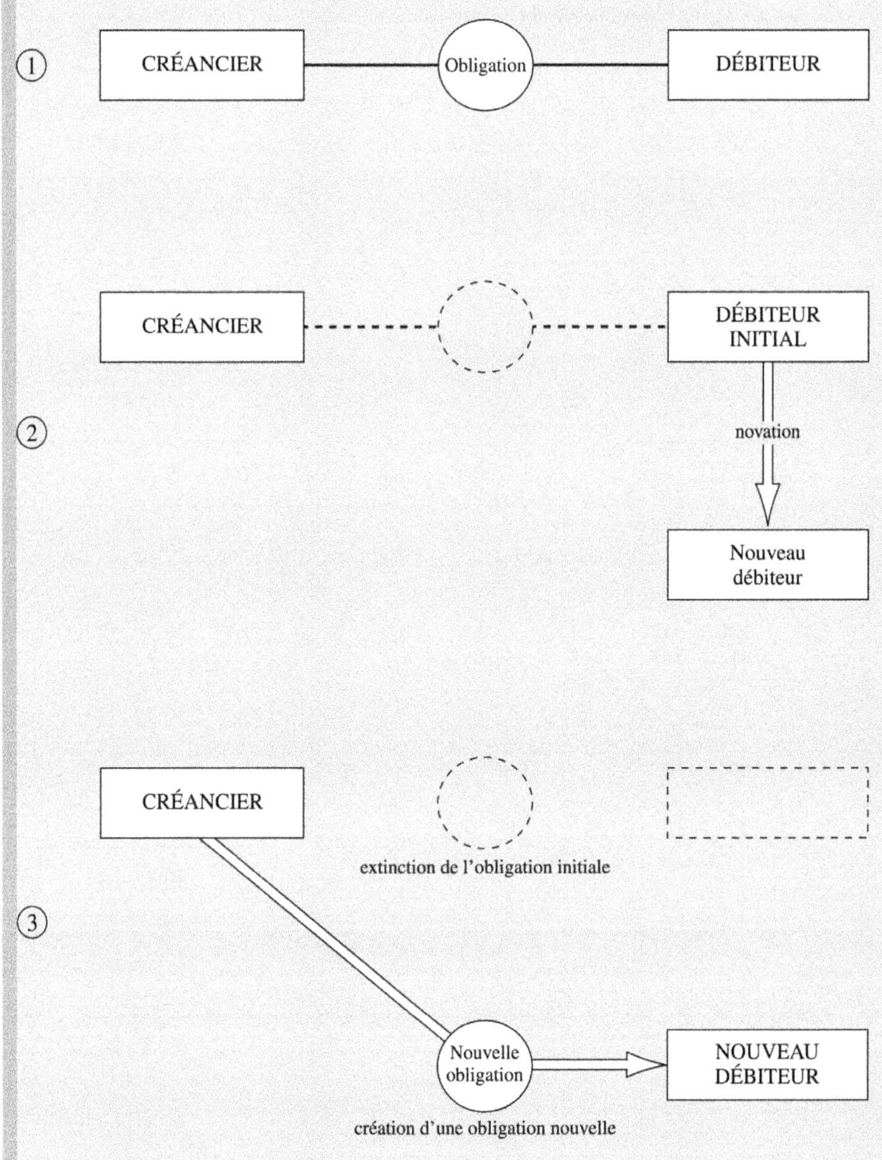

Note. Comparer avec la délégation parfaite (v. ss 528 s., 535 s., schéma en fin de chapitre).

Sous-titre 3

L'extinction de l'obligation

604. L'obligation n'est pas faite pour durer indéfiniment à l'état de promesse de prestation. Elle doit procurer au créancier la satisfaction attendue, donc être exécutée et disparaître ainsi de sa « belle mort ». Toutefois, il n'en est pas toujours ainsi et l'obligation peut disparaître sans que le créancier obtienne ce qui était promis.

Antérieurement à la réforme opérée par l'ordonnance du 10 février 2016, l'article 1234 à titre d'annonce, énumérait successivement neuf modes d'extinction des obligations et traitait à ce titre à la fois du paiement, qui est un mode d'exécution de l'obligation et d'autres procédés qui vont éteindre l'obligation sans qu'elle ait été exécutée : la novation, la remise de dette, la compensation, la confusion, la perte de la chose, la nullité ou la rescision, l'effet d'une condition résolutoire, la prescription. Cette énumération disparate a désormais disparu.

Dans un chapitre IV consacré à l'extinction des obligations, et dans une section 1, il a d'abord traité du paiement et, à ce titre de la subrogation, analysée, comme auparavant, comme une forme de paiement. Ensuite dans quatre sections successives, sont envisagés les autres modes d'extinction de l'obligation que sont la compensation, la confusion, la remise de dette et l'impossibilité d'exécuter. Il n'est plus fait référence à la nullité, à la rescision, et à la condition résolutoire qui concernent spécifiquement le contrat. La prescription extinctive traitée aux articles 2219 et suivants du Code civil n'est plus visée. Enfin la novation n'est plus considérée comme un mode d'extinction des obligations mais comme une opération sur obligations (v. ss 580 s.).

Si la nullité, la rescision et la résolution sont des modes d'extinction propres au contrat et ne nous intéressent pas véritablement ici, il conviendra cependant d'envisager la prescription.

605. On étudiera donc ces différentes causes d'extinction de l'obligation en les regroupant autour des deux façons de s'éteindre, si on les envisage du côté du créancier : avec la satisfaction de celui-ci, donc par l'exécution de l'obligation, ou bien alors sans la satisfaction de celui-ci.

Chapitre 1. L'extinction de l'obligation avec la satisfaction du créancier
Chapitre 2. L'extinction de l'obligation sans la satisfaction du créancier
Chapitre 3. Les restitutions

Chapitre 1

L'extinction de l'obligation avec la satisfaction du créancier

606. Les obligations s'éteignent normalement par leur exécution volontaire qui va procurer au créancier la prestation promise et la satisfaction attendue. Concernant cette exécution volontaire, à laquelle ce chapitre est consacré, le procédé le plus normal est le paiement, mais il existe également un autre procédé équivalant au paiement car il éteint l'obligation avec la satisfaction du créancier, la compensation.

Nous examinerons donc successivement le paiement (pur et simple) (Section 1), le paiement avec subrogation (Section 2) et cet autre procédé équivalant au paiement qu'est la compensation (Section 3).

Section 1
Le paiement pur et simple

607. ***Le paiement***, dans le langage juridique, a un sens plus large que dans le langage courant où il ne concerne que l'exécution d'une obligation de somme d'argent. Le mot « payer » vient du latin « *pacare* » : apaiser, c'est-à-dire donner satisfaction. Le débiteur peut ainsi satisfaire le créancier et donc payer, en exécutant son obligation, quelle qu'elle soit : livrer une somme d'argent, un bien ou bien exécuter un travail, une prestation quelconque.

608. L'ordonnance du 10 février 2016, dans la section consacrée au paiement et constituée des articles 1342 à 1346-5, n'a pas apporté de modifications fondamentales à la matière. Cependant, au titre des changements les plus visibles, elle traite désormais soigneusement, au titre du paiement, de la procédure de mise en demeure. Par ailleurs elle a simplifié certaines solutions et changé parfois subtilement certaines d'entre elles.

Elle continue de distinguer le paiement « ordinaire », direct et le paiement avec subrogation, alors qu'il avait été un temps envisagé de traiter de la subrogation au titre des opérations sur obligations. La subrogation pourrait en effet être considérée comme une opération sur obligation car elle va permettre de transférer à quelqu'un qui n'était pas créancier originaire, tous les droits du créancier originaire envers le débiteur. Elle peut donc être analysée comme un procédé indirect de cession de créance. Elle a été finalement maintenue dans le cadre du paiement, mais comme une exception à l'effet extinctif de celui-ci : selon l'article 1342, alinéa 3, « le paiement libère le débiteur à l'égard du créancier et éteint la dette, sauf lorsque la loi ou le contrat prévoit une subrogation dans les droits du créancier ».

Le paiement avec subrogation apparaît donc, selon la formule adoptée par l'ordonnance de 2016, à la fois comme un mécanisme particulier de paiement, mais aussi comme une exception à son effet extinctif.

609. Pour le reste, les nouveaux textes adoptent une présentation beaucoup plus claire et didactique du paiement qu'auparavant. Alors que les articles 1235 à 1248 antérieurs du Code civil n'étaient pas structurés, désormais, une sous-section 1 (art. 1342 à 1342-10) traite des dispositions générales, une sous-section 2 (art. 1343 à 1343-5) est réservée aux dispositions particulières aux obligations de sommes d'argent, une sous-section 3 (art. 1344 à 1345-3) à la mise en demeure de payer et une sous-section 4 (art. 1346 à 1346-5) au paiement avec subrogation.

610. *La loi de ratification de l'ordonnance du 20 avril 2018*[1] n'a apporté qu'une une seule modification, concernant le paiement, l'article 1343-3 relatif au paiement en monnaie étrangère, qui a fait l'objet d'une réécriture complète (v. ss 643).

611. Nous étudierons successivement la question de la définition de la nature et de la preuve du paiement (§ 1), puis celle des conditions de paiement (§ 2) et enfin celle du mécanisme du paiement en distinguant, dans ce cadre, le paiement pur et simple et le paiement avec subrogation (§ 3).

§ 1. Définition, nature et preuve du paiement

A. Définition du paiement

612. L'ordonnance du 10 février 2016 confirme la définition générique et large du paiement dans l'article 1342 nouveau du Code civil : le ***paiement*** « est l'exécution volontaire de la prestation due ». Il ne s'agit donc pas seulement de l'exécution d'une somme d'argent, mais de l'exécution de toute obligation.

B. Nature juridique du paiement

613. Implicitement l'ordonnance a pris parti sur une question qui divisait la doctrine, celle de la nature juridique du paiement en précisant, à l'article 1342-8, que « le paiement se prouve par tout moyen » : en effet, la preuve des actes juridiques n'est pas libre, contrairement au principe posé en matière de preuve des faits juridiques. La doctrine s'est longtemps opposée, en effet, sur l'analyse du paiement, acte juridique pour les uns, fait juridique pour les autres, ou même, mélange des deux si l'on fait une distinction entre l'*exécution* de l'obligation et l'*extinction* de l'obligation[2]. C'est cette dernière analyse que la jurisprudence la plus récente avait consacrée. La Cour de cassation s'était en effet prononcée pour l'analyse du paiement

---

1. Sur cette loi et les dispositions modifiées de l'ordonnance, v. ss 101 s.

2. V. pour l'analyse en un fait juridique : N. Catala, *La nature juridique du paiement*, LGDJ, 1961 ; *contra* : G. Loiseau, « Réflexion sur la nature juridique du paiement », *JCP* 2006. I. 171. L'avant-projet de réforme du droit des obligations prend parti nettement sur la qualification de fait juridique du paiement.

en un fait juridique, tout au moins s'il s'agit d'établir le versement de la somme d'argent et donc l'exécution de la prestation, qui peut ainsi être prouvée par tout moyen [1]. Toutefois, la valeur libératoire de ce versement, qui suppose la preuve de la volonté du créancier de tenir ce paiement pour tel, resterait un acte juridique, nécessitant comme tel une preuve écrite [2]. L'ordonnance n'a pas répondu directement à la question de la nature juridique du paiement mais en posant le principe de la preuve par tous moyens, elle va dans le sens de l'analyse du paiement en un fait juridique.

C. Preuve du paiement

614. Liée à la question de la nature du paiement, celle de sa preuve avait donné lieu évidemment aux mêmes discussions doctrinales.

615. La question de la *charge de la preuve* du paiement reste régie, s'agissant de la solution de principe par les dispositions spéciales relatives à la preuve, en l'occurrence par l'article 1353 du Code civil, issu de l'ordonnance, qui est la reprise de l'ancien article 1315 : ce texte met, comme auparavant, la charge de la preuve du paiement sur la tête de celui qui se prétend libéré.

616. Toutefois, l'article 1342-9 modifie la répartition de la charge de la preuve dans une hypothèse particulière, qui se trouvait auparavant inscrite dans le cadre de la remise de dette : celle où il y a eu remise volontaire par le créancier au débiteur de l'original sous signatures privées ou de la copie exécutoire du titre de sa créance. Cette remise vaut en effet présomption simple de libération, qui pourra donc être renversée par la preuve contraire, sans qu'il soit désormais fait de différence selon qu'il s'agit d'un original sous seing privé (présomption irréfragable auparavant) ou d'une copie exécutoire (présomption simple). La charge de la preuve pèse donc dans ce cas sur le créancier.

617. Concernant les *modes de preuve*, l'article 1342-8 pose le principe de la preuve libre, par tout moyen. Il n'est donc pas nécessaire de produire un écrit, même si l'écrit reste, en toute hypothèse la meilleure des preuves.

§ 2. Conditions relatives au paiement

618. Il faut ici faire la distinction entre les conditions communes au paiement de toutes les obligations et celles propres au paiement des obligations de sommes d'argent, ou paiement monétaire.

---

1. Civ. 1re, 6 juill. 2004, *Bull. civ.* I, n° 202 ; Civ. 2e, 17 sept. 2009, *Bull. civ.* I, n° 173 ; Civ. 1re, 16 sept. 2010, n° 09-13.947 ; *CCC* 2010, comm. 266, obs. L. Leveneur.
2. Civ. 1re, 4 nov. 2011, n° 10-27.035, *D.* 2012, n° 63, note J. François ; *RTD civ.* 2012. 118, n° 6, obs. B. Fages.

A. Conditions communes à tout paiement

619. Le paiement, accomplissement parfait de l'obligation, présente un double aspect : un aspect subjectif, psychologique, avec les manifestations de volonté du *solvens* (celui qui doit payer) et de l'*accipiens* (celui qui reçoit le paiement), et un aspect objectif, matériel, qui conduira à distinguer l'objet du paiement puis les circonstances du paiement.

1) Conditions subjectives

620. Ces conditions sont relatives aux personnes : or ici, deux personnes sont en présence : le *solvens,* c'est-à-dire celui qui exécute l'obligation, qui est l'auteur du paiement et l'*accipiens*, celui qui en bénéficie. Pour l'essentiel, sous réserve de divers allègements et reformulations, l'ordonnance du 10 février 2016 confirme les solutions antérieures.

a) L'auteur du paiement (solvens)

♦ ***Qui peut payer ?***

621. Il existe plusieurs possibilités qui résultent des articles 1342 et 1342-1, sans changement de fond par rapport au droit antérieur.

– En principe, c'est le *débiteur* lui-même, ce qui ressort implicitement de la lecture combinée des articles 1342 et 1342-1.

– Il peut s'agir également *d'un tiers qui y est tenu,* par exemple un codébiteur ou une caution, ce qui ressort également implicitement de l'article 1342-1 *a contrario*

– *Ce peut, enfin, être un tiers qui n'est pas tenu au paiement*, la solution étant ici explicitement prévue par l'article 1342-1. Il peut s'agir ainsi de l'acquéreur d'un immeuble hypothéqué qui a intérêt à désintéresser le créancier hypothécaire pour éviter d'être évincé par lui ou d'un salarié qui désintéresse les créanciers de son employeur pour préserver son emploi.

On notera que dans les hypothèses de paiement par un tiers, alors que le Code civil, antérieurement à l'ordonnance, faisait référence au critère de l'intérêt du tiers au paiement (art. 1236 ancien), les nouvelles dispositions (art. 1342-1) se réfèrent aux personnes « tenues au paiement », mais cela ne modifie pas les solutions sur le fond.

622. *Le paiement au nom d'autrui est donc possible*, qu'il s'agisse d'un mandat, d'une gestion d'affaires ou d'une libéralité : par exemple, une association caritative qui paie les factures d'électricité d'un indigent ou les parents qui prennent en charge les dettes de leur enfant majeur.

Il faut souligner cependant que si le tiers, qui n'était pas tenu, a payé en son nom propre, il ne pourra pas ensuite se voir subrogé dans les droits du créancier (sur la subrogation, v. ss 672 s.). La jurisprudence, un temps, avait relevé que le tiers qui sans y être tenu, a payé la dette d'autrui de ses propres deniers, bien que non subrogé aux droits du créancier, disposait cependant d'un recours contre le débiteur, dont la cause résidait dans le seul fait du paiement, générateur d'une obligation nouvelle distincte de celle éteinte par le paiement[1]. Mais la première chambre civile est revenue sur cette position qui était en effet critiquable dans la mesure où elle constituait un droit d'immixtion dans les affaires d'autrui et où elle était contraire au principe de l'effet relatif des contrats, en obligeant le débiteur au paiement d'une dette nouvelle envers le *solvens* qu'il n'avait pas voulue. C'est pourquoi la première chambre civile a précisé qu'« il incombe à celui qui a sciemment acquitté la dette d'autrui, sans être subrogé dans les droits du créancier, de démontrer que la cause dont procédait ce paiement impliquait, pour le débiteur, l'obligation de lui rembourser les sommes ainsi versées »[2]. Cela revient pratiquement à prouver l'absence d'intention libérale.

623. Le créancier est, en principe, tenu d'accepter le paiement de qui qu'il provienne mais il a aussi le droit de le refuser. L'ancien article 1237 admettait ce refus si l'obligation était une obligation de faire conclue *intuitu personae,* par exemple, commande faite à tel peintre ou tel architecte en raison de sa notoriété (art. 1237) et la jurisprudence admettait aussi un tel refus si le créancier justifiait d'un préjudice[3]. L'article 1342-1 pose désormais la condition d'un « refus légitime du créancier », ce qui devrait recouvrir les mêmes hypothèses.

b) Le bénéficiaire du paiement (accipiens)

1. Le paiement doit être fait au créancier ou à la personne désignée pour le recevoir (art. 1342-2, al. 1er).

624. S'il est fait au créancier, lui-même, il est valable à condition que le créancier soit capable de recevoir ce paiement. En cas d'incapacité du créancier, le paiement est nul, de nullité relative, sauf si le créancier le ratifie ou s'il en a profité (art. 1342-2, al. 3). La règle est reprise de l'ancien article 1241).

Le créancier est celui qui a cette qualité au moment du paiement, peu importe qu'il soit le créancier initial ou qu'il le soit devenu à la suite d'une transmission de créance (héritier, ou cession de créance, notamment).

625. Le paiement est également valable s'il est fait au représentant légal du créancier ou à un mandataire conventionnel, mais également s'il est fait aux ayants-cause universels du créancier, qui continent la personne du défunt, ou à un ayant-cause particulier, cessionnaire de la créance, dès lors que le débiteur cédé a été informé de la cession.

2. Exceptionnellement, le paiement fait à une personne qui n'avait pas qualité pour le recevoir peut être validé.

626. Les anciens articles du Code civil prévoyaient ainsi trois hypothèses :
– lorsque le créancier ratifie le paiement fait à un accipiens sans pouvoir (ancien art. 1239, al. 2) ;

---

1. Civ. 1re, 15 mai 1990, *JCP* 1991. II. 21628, note B. Petit.

2. Civ. 1re, 2 juin 1992, *JCP* 1992. IV, n° 2215 ; *D.* 1992. 407, obs. Ph. Delebecque ; *JCP* 1992. I. 3632, n° 6, obs. M. Billiau.

3. Civ. 29 mai 1953, *D.* 1953. 516 ; v. aussi Civ. 3e, 23 févr. 1972, *Bull. civ.* III, n° 126.

– lorsque le créancier a profité de ce paiement (ancien art. 1239, al. 2) ; par exemple, si le *solvens* a payé, non pas au créancier, mais au créancier de ce dernier, il a ainsi éteint une dette de son créancier, lequel a donc profité de ce paiement irrégulier.

– enfin, lorsque le paiement a été fait de bonne foi au possesseur de la créance (ancien art. 1240), c'est-à-dire à un créancier apparent, par exemple un héritier apparent ; même si ce dernier est évincé par la suite, le débiteur est valablement libéré et le véritable créancier ne pourrait que se retourner contre l'*accipiens*. Toutefois, la jurisprudence appréciait strictement cette condition de bonne foi du *solvens* et ne l'admettait qu'exceptionnellement, lorsqu'il n'avait aucun moyen de déjouer cette apparence [1].

627. Ces hypothèses sont reprises avec des formules simplifiées par les articles 1342-2, alinéa 2, et 1342-3 : concernant les deux premières, l'article 1342-2, alinéa 2, indique en effet que « le paiement fait à une personne qui n'avait pas qualité pour le recevoir est néanmoins valable si le créancier *le ratifie ou en a profité* ». Concernant la troisième hypothèse, elle est également reprise et modernisée par l'article 1342-3, avec l'abandon de la notion de possession de la créance et le recours explicite, désormais, à la théorie de l'apparence sur laquelle s'appuyait déjà la jurisprudence : « le paiement fait de bonne foi à un créancier apparent est valable ».

3. En revanche, un paiement fait au créancier peut ne pas libérer le débiteur.

628. C'est ce qui se passe lorsque la créance a fait l'objet d'une saisie-arrêt : le débiteur qui a, malgré cela, payé son créancier, devra payer une deuxième fois au créancier saisissant, quitte à se retourner ensuite contre l'*accipiens*. La règle, prévue par l'ancien article 1242 n'est pas reprise dans les nouvelles dispositions mais la solution devrait se maintenir.

2) Conditions objectives

a) L'objet du paiement

629. Le débiteur doit payer exactement ce qui est dû, ni plus ni moins, ce qui dépend évidemment de la nature de l'obligation. S'il s'agit d'une obligation de ne pas faire, le débiteur doit s'abstenir d'agir. S'il s'agit d'une obligation de faire, qui implique une action positive, cette action devra être accomplie (construire, réparer, conseiller, etc.). Cependant quand l'obligation de faire concerne la livraison d'une chose, cela soulève des questions particulières.

Cette question de la détermination de l'objet, jusqu'à la réforme, était traitée par les articles 1245 et 1246 anciens du Code civil. Si les solutions antérieures sont majoritairement reprises, les nouvelles formulations retenues apportent néanmoins certains changements.

1. Les principes : indivisibilité et immutabilité du paiement

630. L'article 1342-4 pose la règle de *l'indivisibilité du paiement*, reprise de l'ancien article 1244, mais dont la formulation est modifiée. Il indique que « le créancier peut

---

1. Civ. 1re, 20 mars 1989, *Bull. civ.* I, n° 134.

refuser un paiement partiel, même si la prestation est divisible ». Le créancier peut donc refuser d'être payé par fraction, de recevoir des acomptes et même de refuser le paiement séparé du capital et des intérêts. La formulation retenue par l'article 1342-4 implique de distinguer deux situations : ou bien la prestation est indivisible (sur cette notion, v. ss 330 s.) et dans ce cas, le paiement ne peut pas être partiel. Ou bien la prestation est divisible : en principe, là encore, le paiement ne peut être divisé, sauf si le créancier accepte de recevoir un paiement partiel, qui ne sera donc pas intégralement libératoire.

Ce principe de l'indivisibilité était déjà posé par l'ancien article 1244. Mais il souffrait un certain nombre d'exceptions, conventionnelles, légales ou judiciaires :

– ***exception conventionnelle*** d'abord, dans la mesure où le créancier pouvait consentir à des paiements fractionnés.

– ***exception légale***, ensuite, car la dette se divise entre ses héritiers à la mort du débiteur (art. 1220) (v. ss 327) ; elle se divise aussi en cas de compensation (v. ss 703 s., sur ce mécanisme) si l'une des créances était supérieure à l'autre, ou, en cas d'imputation de paiement, si la somme payée est insuffisante à couvrir la créance à laquelle on l'a imputée ;

– ***exception judiciaire, enfin.*** En effet, le juge peut accorder au débiteur, à sa demande, des délais ou terme de grâce (v. ss 490) qui lui permettent de reporter ou d'échelonner le paiement des sommes dues, dans la limite de deux années. Le juge peut prescrire que les sommes correspondant aux échéances reportées porteront intérêt à un taux réduit, qui ne peut être inférieur au taux légal, ou que les paiements s'imputeront d'abord sur le capital. Diverses dispositions peuvent aussi être prises dans le cadre de la procédure de surendettement (v. ss 494).

Même si l'article 1342-4 ne fait plus référence qu'à l'exception conventionnelle à l'indivisibilité, il est évident que les autres exceptions se maintiendront également.

631. L'ancien article 1243 posait aussi la règle de *l'immutabilité du paiement* en énonçant que le créancier « ne peut être contraint de recevoir une autre chose que celle qui lui est due, quoique la valeur de la chose offerte soit égale ou même plus grande ». Toutefois, il était admis qu'un pareil paiement était valable si le créancier y consentait : c'était la *dation en paiement.*

L'article 1342-4, alinéa 2, vient inverser la formule, en précisant que le créancier « peut recevoir en paiement autre chose que ce qui lui est dû ». Sur le fond, cela ne change pas grand-chose : le principe de l'immutabilité est maintenu : le créancier ne peut se voir imposer une autre prestation que celle qui était prévue. Néanmoins, le changement de rédaction permet de faire directement une place à la technique de la dation en paiement, même si le terme n'est pas utilisé.

2. Consécration de la dation en paiement

632. En admettant que le créancier peut recevoir en paiement autre chose que ce qui lui est dû, l'article 1342-4 donne à la dation en paiement le support textuel qui lui manquait jusqu'ici.

► ***La dation en paiement*** est donc l'opération par laquelle le débiteur se libère de son obligation en transférant la propriété d'un bien lui appartenant à son créancier, qui l'accepte, à la place du paiement dû. Le créancier n'est pas obligé d'accepter et la dation ne peut lui être imposée.

Le Code civil n'en traitait pas directement mais simplement par allusion et la jurisprudence a depuis toujours consacré son existence en se référant aux règles admises dans l'ancien droit pour déterminer ses conditions et ses effets. Quant à sa nature juridique, elle est discutée car l'opération tient du paiement, de la vente et même de la novation. Elle est parfois considérée comme un mode anormal de paiement et ne pourra avoir d'effet. Ainsi en est-il lorsqu'une dation en paiement intervient pendant la « période suspecte », période précédant l'ouverture d'une procédure collective d'apurement du passif professionnel à l'encontre d'un débiteur en difficultés (droit commercial et des sociétés). Pendant cette période, celui-ci peut en effet tenter des actes destinés à avantager certains créanciers par rapport à d'autres, avant que ne se mette en place la discipline de la procédure collective. Ainsi, la cour d'appel de Nîmes a-t-elle eu à connaître de la reprise par un créancier vendeur de différents matériels livrés au débiteur et demeurés impayés. En reprenant le matériel et en renonçant à sa créance portant sur le prix de vente, le vendeur créancier cherchait ainsi à éviter ultérieurement d'être en concours avec les autres créanciers dans le cadre de la procédure collective Or cette restitution effectuée pendant la période suspecte est qualifiée de dation en paiement au sens de l'ancien art. L. 621-107, 4° du Code de commerce, et considérée comme un mode anormal de paiement [1].

3. Détermination de l'objet en qualité

633. Cette question concerne spécifiquement l'hypothèse où la prestation consiste dans la délivrance d'une chose.

Les anciens articles 1245 et 1246 posaient à cet égard deux principes.

– ***S'il s'agissait d'un corps certain***, il devait être remis dans l'état où il se trouvait lors de la livraison et le débiteur ne répondait pas des détériorations qui y avaient été faites sauf si elles l'avaient été par sa faute ou par celles des personnes dont il est responsable (art. 1245). L'article 1245 ajoutait que le débiteur était également responsable de toute détérioration survenue, même sans sa faute, mais après sa mise en demeure, sauf si « la chose fut également périe chez le créancier si elle lui eût été livrée » (art. 1302, § 2). Cette dernière hypothèse correspond en fait à un cas particulier d'inexécution réglé par ce qu'on appelle la « théorie des risques dans le contrat » (v. ss 1935 s.).

L'article 1342-5 reprend ces solutions, relatives en réalité à la question du transfert des risques, mais avec une formule très simplifiée : « le débiteur d'une obligation de remettre un corps certain est libéré par sa remise au créancier en l'état, sauf à prouver, en cas de détérioration, que celle-ci n'est pas due à son fait ou à celui de personnes dont il doit répondre ». La condition de la faute a par ailleurs été remplacée par celle plus large de « fait », un fait n'étant pas nécessairement fautif.

– ***S'il s'agissait d'une chose de genre***, l'ancien article 1246 disposait que le débiteur devait livrer une qualité moyenne car il n'est pas tenu « de la donner de la meilleure

---

1. Nîmes, Civ. 1re, sect. B, 19 mars 2009, n° 07/02689, *Juris-Data* n° 2009-009747 ; *Rev. pr. coll.* 2010, comm. n° 23, note G. Blanc. Comme le remarque l'auteur (G. Blanc), « cette décision souligne l'intérêt pratique qu'il peut y avoir pour le vendeur de stipuler une clause de réserve de propriété pour éviter de voir l'opération de restitution annulée ». D'autant que la Cour de cassation avait déjà précisé qu'en l'absence d'une clause de réserve de propriété une telle restitution « n'est pas un mode de paiement communément admis dans les relations d'affaires » (Com. 12 juill. 1994, n° 92-10.761, *Bull. civ.* 1994, IV, n° 268 ; *D.* 1996. Somm. 212, obs. F. Dérochons).

espèce, mais il ne pourra l'offrir de la plus mauvaise ». Cette règle demeure, mais reformulée et surtout elle a été déplacée vers le contrat, dans la sous-section relative au contenu du contrat, à l'article 1166, qui précise « lorsque la qualité de la prestation n'est pas déterminée ou déterminable en vertu du contrat, le débiteur doit offrir une prestation de qualité conforme aux attentes légitimes des parties, en considération de sa nature, des usages et du montant de la contrepartie ».

L'ancien article 1243 prévoyait par ailleurs l'hypothèse où la délivrance portait sur des sommes d'argent : dans ce cas, le contrat devait être strictement respecté ; ainsi un débiteur qui devait payer à New York en monnaie américaine et qui avait remboursé au Brésil en monnaie locale devant être considéré comme défaillant, son paiement n'étant pas libératoire aux termes du contrat, ce qui permet d'actionner valablement sa caution française [1]. Désormais, les règles propres aux obligations de sommes d'argent ont été regroupées par l'ordonnance dans une sous-section spécifique que nous verrons plus bas (v. ss 641).

b) Les circonstances du paiement

634. Il s'agit, ici de déterminer le lieu et la date où le paiement doit se faire ainsi que la charge des frais du paiement.

1. Le lieu du paiement

Il est important en matière internationale, car il détermine la monnaie du paiement.

635. Le principe, maintenu par les nouvelles dispositions (art. 1342-6), est que le paiement doit avoir lieu au domicile du débiteur. Les dettes sont « quérables et non portables » (ancien art. 1247, al. 3). Mais les parties peuvent convenir d'un lieu de paiement différent, par exemple en élisant domicile chez un notaire, dans une banque, ou à la poste ; ou bien le lieu du paiement aura pu être désigné par la loi ou le juge (art. 1342-6).

636. L'ancien article 1247 prévoyait des dérogations lorsque l'obligation avait pour objet un corps certain (elle s'exécutait au lieu où se trouvait ce corps au moment de la convention) et lorsqu'il s'agissait d'une dette d'aliment. Le nouveau texte ne prévoit plus ces dérogations à la suite de l'énoncé du principe selon lequel les dettes sont quérables. Cependant, concernant les obligations monétaires, l'article 1343-4, au titre des règles spécifiques aux obligations de somme d'argent, pose la règle inverse : le paiement se fait, en principe (sauf solution contraire prévue par la loi, le juge où les parties) au domicile du créancier. La solution posée par l'article 1247 ancien pour les pensions alimentaires, qui sont des obligations de somme d'argent, sera donc maintenue.

2. Le moment du paiement

637. ***À l'échéance.*** Ce moment est en effet indiqué par l'article 1342, alinéa 2 : « il doit être fait sitôt que la dette devient exigible ». En principe, les obligations sont à exécution immédiate (exemple, vente au comptant), mais les parties peuvent en différer

1. Com. 18 avr. 1989, *Bull. civ.* I, n° 116, p. 78.

l'exécution au moyen d'un terme (v. ss 289 s.). En général, la date est fixée par les parties, sinon le juge la fixe selon les usages ou l'équité.

Toutefois, certaines créances ne peuvent être immédiatement exigibles, faute d'être *liquides* ; exemple, en matière de responsabilité civile, quand l'obligation n'est pas certaine quant à son existence ni quant à son *quantum* (son montant).

638. ***Sauf octroi d'un délai de grâce.*** En effet, les juges, nous l'avons vu (v. ss 490 s.), peuvent toujours retarder l'exécution de l'obligation en accordant des délais de grâce. Les règles relatives au délai de grâce sont désormais intégrées au titre des dispositions spécifiques aux obligations de somme d'argent (art. 1343-5) et ne concernent donc que ces obligations, ce qui était déjà admis auparavant.

Sauf paiement par anticipation. Le paiement peut avoir lieu par anticipation, lorsque le débiteur a intérêt à ne pas attendre l'échéance du terme et que le créancier y consent, à moins que le terme n'ait été établi dans le seul intérêt du débiteur, ce qui est présumé en cas de doute (art. 1305-3, ancien art. 1187). Mais, en matière de prêt, le remboursement anticipé, s'il est possible, est généralement pénalisé puisqu'une indemnité sera alors due au prêteur pour compenser le préjudice qu'il subit du fait de la cessation de versement des intérêts [1]. Une telle indemnité qui peut prendre différents noms selon les types de contrat : (prix, honoraire, prime, salaire, loyer, redevance...) ne fait que corriger les modifications financières provoquées par la sortie anticipée du cadre contractuel de l'emprunteur. On peut la considérer comme la rémunération d'un avantage particulier : l'exercice d'une faculté contractuelle exceptionnelle [2].

3. Les frais du paiement

639. Reprenant l'ancien article 1248 du Code civil, l'article 1342-7 précise que les frais du paiement sont à la charge du débiteur mais il est toujours possible de prévoir une règle différente.

B. Conditions propres au paiement monétaire : les dispositions particulières aux obligations de somme d'argent

640. Le principal apport de l'ordonnance du 10 février 2016 sur cette question est d'avoir regroupé dans le cadre du paiement, et au sein d'une sous-section spécifique constituée par les articles 1343 à 1343-5, les dispositions particulières aux obligations de somme d'argent qui rendent compte de la spécificité de ce type d'obligation (v. ss 144). Ces dispositions étaient auparavant dispersées, soit dans le Code civil, soit même en dehors, notamment dans le Code monétaire et financier et n'étaient donc pas intégrées véritablement dans le droit commun des obligations. L'ordonnance vient à cette occasion consacrer expressément un principe traditionnel en droit français mais qui n'était pas formulé de façon générale, le principe du *nominalisme monétaire*. Pour le reste, on ne relèvera pas de changement vraiment substantiel par rapport aux solutions antérieures.

---

1. Civ. 1re, 20 mars 1989, *Bull. civ.* I, n° 138.

2. Civ. 1re, 14 janv. 2000, *Bull. civ.* I, n° 184 ; *RTD civ.* 2000. 830, obs. J. Mestre et B. Fages.

Il existe en la matière, deux principes, le principe du paiement en monnaie légale et le principe du nominalisme monétaire, qui connaissent l'un comme l'autre, un certain nombre de dérogations. Nous les verrons successivement.

1) Le principe du paiement en monnaie légale

a) L'énoncé du principe

641. La monnaie de paiement est la monnaie légale : en France, il s'agit de l'euro. L'article 1343-3, alinéa 1er, tel qu'issu de l'ordonnance pose ainsi la règle selon laquelle « le paiement, en France, d'une obligation de somme d'argent s'effectue en euros ». Cette règle classique, issue du Code monétaire et financier (art. L. 111-1) et qui n'a pas été modifiée par la loi de ratification, est donc désormais intégrée dans le droit commun, au titre du régime général des obligations. Cette obligation de payer en monnaie légale relève de l'ordre public économique et des exigences de protection de la monnaie.

Le paiement peut avoir lieu en espèces ou en monnaie scripturale, c'est-à-dire au moyen d'effets, de chèques ou de virements. L'inconvénient du chèque est que le compte du débiteur peut ne pas être provisionné, c'est pourquoi la remise du chèque ne libère pas le débiteur, il ne l'est que lors de l'encaissement[1]. Le législateur a, d'ailleurs, prévu un certain nombre de domaines où le paiement par chèque est obligatoire.

b) Les exceptions : opérations internationales, jugement étranger, volonté des contractants professionnels

642. L'article 1343-3 tel qu'issu de l'ordonnance posait immédiatement deux exceptions au principe du paiement en monnaie légale en indiquant que « le paiement peut avoir lieu dans une autre devise si l'obligation ainsi libellée procède *d'un contrat international* ou d'un *jugement étranger* ». Le choix d'une monnaie étrangère dans un contrat international peut correspondre à deux hypothèses : ou bien la monnaie étrangère est simplement une *monnaie de compte* et non de paiement et dans ce cas, même si la dette est stipulée en monnaie étrangère elle sera payée en euros. Ou bien la monnaie étrangère est également la *monnaie de paiement*. Les termes très généraux de l'article 1343-3 validaient les deux possibilités.

643. Ce texte a été modifié par la ***loi de ratification du 20 avril 2018***[2]. En effet, alors qu'il était destiné à consacrer la jurisprudence antérieure, opérant la distinction entre paiement interne et paiement international, il venait au contraire la contredire, en raison du terme utilisé de « contrat international », trop restrictif : une opération à caractère international peut donner lieu à un paiement international, sans pour autant s'inscrire dans un contrat international et dès lors, elle se trouvait exclue du champ d'application de l'article 1343-3, dans sa version initiale[3]. C'est pourquoi, à l'occasion de la ratification

---

1. Civ. 17 déc. 1924, *DP* 1925. 1. 71.

2. Sur cette loi et les dispositions modifiées, v. ss 101 s.

3. Exemple donné par M. Mekki (« La loi de ratification du 20 avril 2018 : une réforme de la réforme ? », *D.* 2018. 901, n° 36) d'un prêt conclu en France entre personnes de nationalité française : il ne s'agit pas d'un contrat international ; mais ce prêt est destiné à financer un projet immobilier en Argentine : il s'inscrit dans une opération internationale.

de l'ordonnance par la loi du 20 avril 2018, le texte a été réécrit. Il fait désormais référence non plus au contrat international mais à une « *opération à caractère international* ».

644. Par ailleurs, la loi a ajouté un également à l'article 1343-3 une autre exception : « Les parties peuvent convenir que le paiement aura lieu en devise s'il intervient entre professionnels, lorsque l'usage d'une monnaie étrangère est communément admis pour l'opération concernée ». Enfin, un article a été ajouté au sein du Code monétaire et financier qui prévoit que le paiement peut avoir lieu en monnaie étrangère si l'obligation libellée procède d'un instrument financier à terme ou d'une opération de change au comptant (CMF, art. L. 112-5-1).

2) Le principe du nominalisme monétaire

a) L'énoncé du principe

645. Le principe traditionnel en droit français, mais qui n'était jusqu'ici posé qu'au titre du contrat de prêt par l'article 1895, alinéa 1er, du Code civil est que la somme due, en matière contractuelle, est celle qui est numériquement fixée au contrat (art. 1895, al. 1er), même s'il y a eu, depuis, des variations du coût de la vie et une instabilité monétaire. Ce principe dit du « nominalisme monétaire », posé à propos du prêt a été étendu par la jurisprudence à tous les contrats comportant obligation de payer une somme d'argent.

646. Ce principe figure désormais, expressément, dans l'article 1343 et est applicable à toutes les obligations libellées en monnaie : « le débiteur d'une somme d'argent se libère par le versement de son montant nominal ».

Cependant, le principe du nominalisme monétaire ne fait obstacle, ni à l'indexation (art. 1343, al. 2), ni à la dette de valeur (art. 1343, al. 3), ni à la production d'intérêts (art. 1343-1) et à leur éventuelle capitalisation (art. 1343-2). Ces différentes techniques, depuis longtemps admises, constituent autant d'atténuations au principe.

b) Les atténuations au principe

647. La situation du créancier est précaire en période d'instabilité économique, puisqu'il ne lui sera remboursé que « la somme numérique énoncée au contrat ». Peut-il échapper à cette règle et par quels moyens ? Les créanciers ont depuis toujours essayé d'obtenir du juge la revalorisation de leurs créances, mais les tribunaux s'y étaient jusqu'ici toujours refusés : c'est le problème classique de *l'imprévision* en matière contractuelle (v. ss 1649 s.) qui, jusqu'à l'ordonnance du 10 février 2016, interdisait au juge de réviser le contrat malgré un bouleversement des circonstances économiques. Le législateur n'intervient pour sa part que rarement, en période de crise grave (après les guerres de 14-18 et 39-45, par ex.) et dans des domaines limités (loyers, salaires, rentes viagères...). Dans ce contexte, les contractants ont eu recours à certaines clauses conventionnelles. On a imaginé de nombreuses clauses, mais elles ne sont pas toutes valables.

648. Plusieurs types de clauses ont ainsi été utilisés qui sont validées par l'ordonnance : les clauses d'indexation, le système de la dette de valeur, les clauses prévoyant un taux d'intérêt.

1. Les clauses d'indexation

► ***La clause d'indexation***, ou clause d'échelle mobile permet d'indexer le montant nominal de l'obligation sur le coût de la vie, ou sur un autre indice qui va varier dans le temps et qui va permettre de revaloriser en proportion le montant de l'obligation.

649. La jurisprudence, antérieurement à l'ordonnance du 10 février 2016, avait distingué en la matière les paiements internationaux et les paiements internes.

650. *Dans les paiements internationaux*, les clauses d'indexation sont, en principe, admises, depuis un arrêt de la Cour de cassation du 3 juin 1930, de même que d'autres clauses, dites d'option de change et d'option de place, mais sous réserve de l'application des règles du contrôle des changes.

651. *Dans les paiements internes*, la jurisprudence, s'est d'abord montrée très hostile à ces clauses, puis a assoupli sa position en admettant les clauses d'indexation, sauf en matière de prêt (où l'article 1895 posant le principe du nominalisme monétaire était considéré comme d'ordre public) à condition qu'elles soient destinées à protéger le créancier contre les fluctuations *économiques ;* elle continuait à considérer comme nulles les clauses destinées à se prémunir contre les fluctuations *monétaires*. Cette distinction était bien subtile ! Le législateur, de son côté, ayant à plusieurs reprises eu recours à l'or ou aux denrées comme étalon de paiement, la Cour de cassation a finalement admis, dans des arrêts célèbres, en 1957 et 1958, la validité des clauses d'échelle mobile ou clauses d'indexation et, également en 1962 et 1963, celle des clauses de valeur-or. Les clauses valeur-or (ou valeur étrangère, ou en denrée, sont des clauses qui prévoient que le débiteur paiera tant, en or ou en valeur étrangère ou en denrée) mais en fait il versera au jour du paiement la contre-valeur de ce qui avait été prévu au jour du contrat.

652. Le législateur a ensuite partiellement réagi par l'*ordonnance du 30 décembre 1958* [1].

Il a encadré très strictement la validité des clauses d'échelle mobile en posant certaines conditions :

– de façon générale, est interdite toute clause prévoyant des indexations fondées sur le salaire minimum de croissance ou sur le niveau général des prix ou des salaires.

– est également prohibée toute clause prévoyant une indexation sur le prix de biens, produits ou service *n'ayant pas de relation directe avec l'objet du statut ou de la convention ou avec l'activité de l'une des parties*. Ces dispositions figurent actuellement dans le Code monétaire et financier (art. L. 112-1 à L. 112-4). Ainsi, le prix d'une convention relative à un immeuble bâti peut-il être indexé sur l'indice national du coût de la construction publié par l'INSEE, mais non sur le prix du blé ; par contre, le prêt consenti à un agriculteur pourra valablement être indexé sur le prix du blé ou du vin, selon ce qu'il produit.

Des exceptions sont cependant prévues : c'est ainsi que l'article L. 112-3 du Code monétaire et financier prévoit l'indexation sur le niveau général des prix, de certains

---

1. Modifiée par l'ordonnance du 4 février 1959, une loi du 9 juillet 1970, une loi du 29 décembre 1977, une loi du 2 juillet 1996 et une loi du 2 juillet 1998.

comptes d'épargne populaire ou logement, ou de certains loyers ; à l'inverse, l'article L. 112-1 interdit l'indexation d'une convention portant sur un local d'habitation sur l'indice « loyers et charges » servant à la détermination des indices généraux des prix de détail, malgré la relation avec l'objet de la convention.

Par un arrêt de principe du 9 janvier 1974[1], la Cour de cassation a affirmé que « l'objet de la convention » devait être entendu dans son acception la plus large, en recherchant, au-delà des termes du contrat, le but économique qu'il permettra d'atteindre : c'est ainsi que cet arrêt admet la validité de l'indexation sur le coût de la construction d'un emprunt, parce qu'il avait été contracté en vue de la construction d'un immeuble (v. ss 727, arrêt à commenter, Documents). On notera aussi cette décision dans laquelle la Cour de cassation a estimé que la fixation de la créance en monnaie étrangère (yen) dans une ouverture de crédit était en relation directe avec l'activité de banquier de l'un des contractants, de sorte que la clause d'indexation était valable, alors même que le contrat était purement interne[2]. De même, l'indexation est libre pour les dettes d'aliment et les rentes viagères. Enfin, en matière de rentes allouées, soit conventionnellement, soit judiciairement, en réparation du préjudice causé par un accident de la circulation, la majoration a lieu de plein droit, selon les coefficients de revalorisation prévus par Code de la sécurité sociale, alors que l'indexation automatique des prix de biens ou de service est par principe interdite par l'article L. 112-1.

653. Devant la grande complexité de la question, la jurisprudence se réservait par ailleurs le droit de substituer un indice valable à un autre nul pour pouvoir maintenir le contrat[3] et, notamment, par la substitution d'un indice licite à un indice illicite. Cette substitution était considérée comme conforme à la volonté des parties, dans la mesure où l'indice retenu avait été proposé par une des parties, lors de la conclusion du contrat, comme un indice de substitution[4]. Mais il y avait encore beaucoup d'hésitations sur ce point : les clauses ont, parfois, été seulement annulées et non remplacées[5]. Toutefois, les tribunaux restaient prudents et préféraient, parfois, constater la caducité du contrat lorsque l'indice prévu ne peut être remplacé par un autre qui n'avait pas été prévu par les parties[6]. D'une façon générale, on tenait compte de la volonté des parties pour n'annuler que la clause illicite, ou bien le contrat tout entier, selon que le choix de l'indice illicite avait, ou non, été déterminant pour les parties. Mais il n'était pas possible d'admettre la confirmation du choix d'un indice illicite[7]. En effet, la nullité qui frappe l'utilisation d'une indexation prohibée par la loi est une nullité absolue et non relative[8].

654. L'ordonnance de 2016 a apporté sur la question des clauses d'indexation des solutions qui brillent par leur concision : d'abord, l'article 1343, alinéa 2, pose le principe de la validité des clauses d'indexation en prévoyant que « le montant de la

1. *JCP* 1974. II. 17806, note J.-Ph. Levy.
2. Com. 22 mai 2001, *Bull. civ.* IV, n° 98, p. 91 ; *Defrénois* 2001. 1068, obs. R. Libchaber.
3. Civ. 3e, 15 févr. 1972, *D.* 1973. J. 417, note Ghestin et *JCP* 1972. II. 17084, note J.-Ph. Levy.
4. Civ. 1re, 9 nov. 1981, *Bull. civ.* I, n° 332, et obs. F. Chabas à la *RTD civ.* 1982. 601.
5. Civ. 3e, 13 déc. 1978, et 12 juin 1979, *JCP* 1981. II. 19494, note L. Boyer.
6. Com. 30 juin 1980, *Bull. civ.* IV, p. 227 et *RTD civ.* 1982. 142.
7. Obs. Ph. Malaurie, sous Amiens, 9 déc. 1974, *Defrénois* 1975, art. 31021.
8. Com. 3 nov. 1988, *Bull. civ.* IV, n° 287.

somme due peut varier par le jeu de l'indexation ». Mais aucune précision n'a été apportée concernant la validité de ces clauses qui restent donc régies par le Code monétaire et financier et la jurisprudence qui s'est développée sur ce fondement.

La question de la substitution d'un indice à un autre a été prévue, mais dans le cadre des règles applicables au contrat et plus précisément, au contenu du contrat, à l'article 1167 ; le texte ne concerne cependant pas directement la question de la substitution d'un indice licite à un indice illicite ; il envisage seulement la circonstance où l'indice n'existe pas ou à cesser d'exister ou d'être accessible. Dans ce cas, le juge procède à la substitution.

Enfin les conditions de la sanction de l'indice illicite par une nullité partielle ou une nullité totale sont prévues également au titre de la nullité du contrat, par l'article 1184 qui retient le critère de l'importance de la clause par rapport à la volonté des parties. Si la clause illicite était un élément déterminant de l'engagement des parties ou de l'une d'elles, la nullité de cette clause entraîne la nullité du contrat tout entier.

2. La technique des dettes de valeur

655. L'ordonnance prévoit ensuite la technique des dettes de valeur comme seconde exception au principe du nominalisme monétaire mais de façon également très générale et évasive. L'article 1343, alinéa 3, du Code civil se contente ainsi d'indiquer que le débiteur d'une dette de valeur se libère par le versement de la somme d'argent résultant de sa liquidation. Mais la notion de dette de valeur n'est pas définie.

La technique de la dette de valeur consiste à prévoir une obligation, non pas en la faisant porter sur un montant nominal mais sur une valeur qui n'est pas fixée au jour de la naissance de l'obligation. Cette valeur s'appréciera au jour de l'échéance (ex des dettes de réparation : l'évaluation du préjudice se fait au jour du jugement qui le fixe et non au jour du dommage).

3. La fixation d'un intérêt

656. L'ordonnance du 10 février 2016 a également consacré deux articles à la question des intérêts qui peuvent aussi être un moyen de se prémunir contre les effets du nominalisme monétaire.

657. L'article 1343-1, alinéa 2, intègre ainsi dans le régime général des obligations une règle qui ne figurait jusqu'ici qu'au titre du prêt dans l'article 1907 du Code civil : il précise que l'intérêt est accordé par la loi ou stipulé dans le contrat et que le taux de l'intérêt conventionnel doit être fixé par écrit. Il est réputé annuel par défaut.

658. L'article 1343-2 reprend par ailleurs la règle de la capitalisation des intérêts (anatocisme) qui figurait dans l'ancien article 1154 au titre du contrat : « les intérêts échus dus au moins pour une année entière produisent eux-mêmes intérêt si le contrat l'a prévu ou si une décision de justice le précise ». Cette capitalisation des intérêts dangereuse car elle peut alourdir notablement le poids de la dette sur une longue période et elle reste strictement encadrée. L'article 1343-2 exclut ainsi une capitalisation trimestrielle ou semestrielle.

§ 3. Le mécanisme du paiement pur et simple

659. Il concerne l'exécution de la prestation, avec la question particulière de l'imputation des paiements mais surtout les incidents qui peuvent se produire.

A. Exécution de la prestation et imputation des paiements

1) Exécution de la prestation

660. Le paiement consiste, nous l'avons vu (v. ss 629 s.), s'il s'agit d'une obligation de faire, à exécuter la prestation ; s'il s'agit, au contraire, d'une obligation de ne pas faire, à s'abstenir ; s'il s'agit d'une obligation de délivrer une chose, à délivrer exactement ce qui avait été convenu (sur l'obligation de délivrance v. ss 1558).

2) Imputation des paiements

661. L'article 1342-10 issu de l'ordonnance règle par ailleurs de façon beaucoup plus simple qu'auparavant la question particulière de ***l'imputation des paiements***.

Lorsqu'il y a plusieurs dettes, en effet, à l'égard du même créancier et à même échéance, la question est de savoir comment elles se règlent, et surtout, dans quel ordre. En effet, savoir quelle est la dette éteinte par ce paiement peut présenter un intérêt dans la mesure où toutes les dettes ne sont pas forcément productrices du même intérêt ou assorties des mêmes sûretés. Ce problème qui était réglé en détail par les articles 1253 à 1256 anciens du Code civil a été simplifié dans la formulation par l'ordonnance de 2016, qui y consacre un seul article, l'article 1342-10. Le débiteur de plusieurs dettes peut indiquer lorsqu'il paie, celle qu'il entend acquitter ; il a donc la priorité ; s'il ne le fait pas, la situation est réglée par le texte : « l'imputation se fait d'abord sur les dettes échues ; parmi celles-ci, sur les dettes que le débiteur avait le plus d'intérêt d'acquitter. À égalité d'intérêt l'imputation se fait sur la plus ancienne ; toutes choses égales, elle se fait proportionnellement ». Sur le fond, il n'y a pas cependant de changement notable.

Par ailleurs l'article 1343-1 précise, lorsqu'il s'agit d'une obligation de somme d'argent portant intérêt et que le débiteur fait un paiement partiel, que ce paiement s'impute d'abord sur les intérêts. La solution n'est pas nouvelle.

B. Les incidents du paiement

662. Un incident peut survenir en effet, soit parce que le débiteur ne s'exécute pas à l'échéance, soit à l'inverse parce que le débiteur désireux de s'acquitter ne rencontre pas la volonté du créancier : celui-ci est inconnu ou indéterminé (par exemple, le créancier originaire est décédé et sa succession est litigieuse, les héritiers ne sont pas encore déterminés) ; ou bien le créancier refuse le paiement car il est en désaccord avec le débiteur et craint que le fait d'accepter le paiement ne lui nuise.

Dans les deux cas, l'ordonnance du 10 février 2016 a prévu une procédure spécifique, la mise en demeure. Un autre incident peut également intervenir : l'opposition au paiement.

1) La mise en demeure

663. L'ordonnance a traité de la mise en demeure de façon complète en envisageant non seulement la mise en demeure du débiteur mais aussi celle du créancier.

a) La mise en demeure du débiteur

664. Ici, le débiteur ne paie pas alors pourtant que l'obligation est à échéance. Le créancier devra alors mettre celui-ci en demeure de payer.

665. Cette mise en demeure présente plusieurs intérêts : d'une part, elle permet de faire courir les dommages et intérêts moratoires, au taux légal, sans que le créancier ait à justifier d'un préjudice (sur cette notion de dommages et intérêts moratoires, v. ss 1970). D'autre part elle met les risques à la charge du débiteur, s'ils n'y étaient pas déjà.

Elle est aussi le préalable nécessaire à une mesure d'exécution forcée (v. ss 481). La question s'est par ailleurs posée de savoir si la mise en demeure était un préalable nécessaire pour obtenir des dommages et intérêts compensatoires, en matière contractuelle. La jurisprudence a évolué sur cette question à laquelle l'ordonnance du 10 février 2016 a précisément répondu dans l'article 1231, en posant le principe de la nécessité de la mise en demeure, à moins que l'inexécution ne soit définitive, mais nous aborderons cette question au titre du contrat (v. ss 1970, 3012).

666. Concernant les formes de la mise en demeure et comme nous l'avons déjà indiqué (v. ss 481) il n'est plus indispensable de recourir à des formes lourdes. Elle peut résulter d'une sommation par huissier, mais également de tout acte portant une interpellation suffisante (par exemple une lettre simple si ses termes sont sans ambiguïté) et même, si le contrat le prévoit, de la seule exigibilité de l'obligation (art. 1344).

b) La mise en demeure du créancier

667. Dans certains cas, c'est le créancier qui refuse le paiement bien que l'obligation soit arrivée à échéance. Avant la réforme, le débiteur pouvait alors se libérer au moyen de la procédure des offres réelles et de la consignation (C. civ., art. 1257 s., et C. pr. civ., art. 1426 s.). L'ordonnance de 2016 a remplacé cette procédure par une procédure plus simple, de mise en demeure, qui ne nécessite plus l'intervention du juge.

668. *Les offres réelles* étaient faites au créancier par le débiteur, par l'intermédiaire d'un officier public, huissier ou notaire. Elles étaient dites réelles car les instruments monétaires étaient effectivement présentés au créancier, selon les formalités prévues par l'article 1258 du Code civil. Si le créancier persistait à refuser le paiement, la somme était déposée, après un dernier avertissement, entre les mains d'un tiers, le plus souvent la Caisse des dépôts et consignations, et l'officier public en dressait procès-verbal (C. pr. civ., art. 1426 s.). Mais le créancier, obstiné, pouvait encore refuser la consignation ! Pour libérer le débiteur, la consignation devait alors être judiciairement déclarée régulière [1]. Le débiteur était alors libéré comme par un paiement.

---

1. Civ. 3e, 2 févr. 2000, *RTD civ.* 2000. 333, obs. J. Mestre et B. Fages.

669. L'ordonnance a simplifié considérablement ce mécanisme : l'article 1345 prévoit ainsi que lorsque le créancier, à l'échéance et sans motif légitime, refuse de recevoir le paiement ou l'empêche par son fait, le débiteur peut le mettre en demeure d'accepter ou d'en permettre l'exécution. Le texte ne prévoit pas de forme particulière mais il faut supposer que les formes prévues pour la mise en demeure du débiteur s'appliquent à la mise en demeure du créancier (v. ss 666). Cette mise en demeure arrête le cours des intérêts dus par le débiteur et mets les risques de la chose à la charge du créancier (sauf faute lourde ou dolosive du débiteur) mais n'interrompt pas la prescription.

670. Après cette mise en demeure, que l'obligation porte sur la livraison d'une chose ou sur une somme d'argent, si l'obstruction n'a pas pris fin dans les deux mois, le débiteur peut consigner, séquestrer ou déposer l'objet de la prestation auprès d'un gardien professionnel. Cette opération libère le débiteur à compter de sa notification au créancier. Le texte prévoit également que si cette solution est impossible ou s'avère trop onéreuse, le juge peut en autoriser la vente amiable ou aux enchères publiques et le prix est alors consigné ou mis sous séquestre (art. 1345-1). Les frais de la mise en demeure et de la consignation sont par ailleurs aux frais du créancier (art. 1345-3).

2) L'opposition au paiement

671. Un autre incident peut être constitué par une opposition au paiement émanant de l'intéressé lui-même ou d'un tiers.

– *L'opposition peut émaner du créancier lui-même*, en cas de perte du titre de créance, titre au porteur par exemple.

– *Elle peut émaner des autres créanciers du débiteur*, dans le cas où ce dernier est décédé et sa succession acceptée sous bénéfice d'inventaire. Dans ce cas, les créanciers sont normalement payés dans leur ordre d'arrivée (c'est « le prix de la course »), mais s'ils font opposition entre les mains de l'héritier, l'actif devra alors être réparti entre les créanciers opposants.

– *Toutefois, le plus souvent, l'opposition émanera des créanciers du créancier* : c'est le système de la saisie attribution (saisie de créances). La première saisie rend toute la créance indisponible au profit du créancier saisissant qui se voit attribuer immédiatement la créance (v. ss 487), ce qui interdit le paiement par le débiteur à son créancier saisi.

Section 2
Le paiement avec subrogation

672. Il s'agit ici de subrogation *personnelle*, qu'il faut distinguer de la subrogation *réelle* où un bien est substitué à un autre dont il prend la place dans le patrimoine (ex. : capital versé par une compagnie d'assurances à la suite de l'incendie d'un immeuble. Ce capital est subrogé à l'immeuble). Ici, c'est une personne qui est substituée à une autre.

▶ ***La subrogation personnelle*** constitue un transfert de créance du créancier originaire au créancier subrogé avec tous ses accessoires et ses sûretés. Mais, à la différence de la cession de créance, *ce transfert s'effectue obligatoirement à l'occasion du paiement* et il s'effectue uniquement pour le montant versé au créancier originaire. C'est donc bien une opération de paiement (v. schéma en fin de chapitre) et l'ordonnance du 10 février 2016 l'a maintenu délibérément dans la section consacrée au paiement, dans une sous-section 4 intitulée : « Le paiement avec subrogation » (art. 1346 à 1346-5). Même si elle produit incontestablement un effet translatif, elle ne constitue donc pas une opération translative autonome, comme la cession de créance, mais est d'abord conçue comme une modalité de paiement.

673. À l'occasion de la réforme opérée par l'ordonnance du 10 février 2016, la subrogation a fait l'objet d'une importante rénovation. Son champ d'application a été largement étendu. En effet, la subrogation légale, qui ne faisait l'objet jusqu'ici l'objet que d'hypothèses spécifiques dans le Code civil et d'autres, figurant dans des textes spéciaux [1], a été généralisée par les nouvelles dispositions. La subrogation conventionnelle, qu'il avait un temps été envisagé de supprimer compte tenu de l'extension de la subrogation légale, a finalement été maintenue en s'inspirant très largement du droit antérieur. Enfin, le régime de la subrogation, s'il s'inspire des solutions classiques, a été clarifié sur certains points.

On envisagera successivement les conditions de la subrogation puis ses effets.

§ 1. Les conditions de la subrogation

674. On distingue deux sortes de subrogations, selon leur source : subrogation légale (art. 1346) ou subrogation conventionnelle (art. 1346-1).

A. Les conditions de la subrogation légale

675. La subrogation, avant l'intervention de l'ordonnance du 10 février 2016 était imposée par la loi dans des cas bien précis, et ce, en dehors de la volonté et du créancier et du débiteur. Le Code civil énumérait ainsi quatre cas de subrogation légale dans l'article 1251. Certaines lois spéciales en avaient par ailleurs ajouté d'autres. L'ordonnance a véritablement simplifié la question en généralisant la subrogation légale et en supprimant l'énumération.

---

1. Un certain nombre de textes spéciaux prévoient en effet une subrogation ; mais il s'agit souvent, plutôt que d'une véritable subrogation, d'une simple cession d'action, le créancier subrogé ayant payé non pas la dette d'autrui, mais la sienne propre. On peut citer quelques exemples non limitatifs : - le cas de *l'article 36 de la loi du 13 juillet 1930* sur l'assurance (C. assur., art. L. 121-12) qui subroge l'assureur, ayant payé l'assuré, dans les droits de ce dernier contre le responsable du dommage. Il en est de même pour les articles 397 et 398 du Code de la sécurité sociale qui subrogent les caisses de Sécurité sociale qui ont versé des prestations aux assurés, victimes d'accident, dans les droits de ces derniers, contre l'auteur de l'accident ; - le cas de *l'ordonnance du 7 janvier 1969* qui subroge l'État qui a versé des prestations à un de ses fonctionnaires accidenté, malade ou mort par la faute d'un tiers, dans les droits de ce fonctionnaire contre le tiers ; le cas de *l'article 5 de la loi du 3 janvier 1975* relative au paiement des chèques sans provision a créé un nouveau cas de subrogation légale au profit du banquier qui a payé le montant du chèque.

1) Les cas de subrogation légale antérieurs de l'ancien article 1251

676. La subrogation avait lieu de plein droit au profit :

– D'un créancier qui « paie un autre créancier, qui lui est préférable à raison de ses privilèges ou hypothèques », afin d'éviter, par exemple, que ce dernier ne fasse vendre l'immeuble à un moment inopportun où son prix de vente ne permettrait pas d'indemniser les deux créanciers, alors qu'en attendant un peu le créancier subrogé peut espérer être remboursé intégralement.

– De l'acquéreur d'un immeuble qui emploie le prix de son acquisition au paiement des créanciers auxquels cet héritage était hypothéqué, afin d'éviter la saisie et la vente de cet immeuble.

– De celui « qui, étant tenu avec d'autres ou pour d'autres au paiement de la dette, avait intérêt à l'acquitter ». C'est le cas d'un codébiteur solidaire ou tenu *in solidum* (pour la solidarité passive, v. ss 345, 358 s., et pour l'obligation *in solidum,* v. ss 379 s.) auquel le créancier pouvait réclamer l'intégralité de la créance mais qui pourra se retourner contre ses codébiteurs pour se faire partiellement rembourser. C'est également le cas de la caution (v. ss 234) qui est tenue à la place du débiteur, mais qui peut se retourner contre lui, après avoir payé le créancier. La Cour de cassation a précisé que ce cas de subrogation ne suppose pas nécessairement que le *solvens* ait été tenu d'une obligation indivisible ou solidaire ou *in solidum* et qu'elle s'opère également dans le cas d'obligations dont la cause est distincte [1].

– De « l'héritier bénéficiaire qui a payé de ses deniers les dettes de la succession ». C'est un héritier qui n'a pas encore accepté définitivement la succession et qui n'est donc pas tenu de payer les créanciers sur ses propres biens mais sur ceux de la succession. Il sera incité à le faire rapidement, même sur ses propres biens, s'il sait qu'il est subrogé aux droits des créanciers contre la succession et qu'il pourra, une fois celle-ci liquidée, se faire rembourser.

677. La jurisprudence avait cependant interprété de façon extensive le cas prévu à l'ancien article 1251, 3° où une personne tenue avec d'autres ou pour d'autres au paiement de la dette a intérêt à l'acquitter et ce cas était considéré comme un cas général de subrogation. C'est à partir de ce texte et de son interprétation large que l'ordonnance de 2016 a construit la définition de la subrogation légale.

2) La définition de la subrogation légale dans l'article 1346 nouveau du Code civil

678. L'article 1346 du Code civil indique désormais : « la subrogation a lieu par le seul effet de la loi au profit de celui qui, y ayant un intérêt légitime, paie dès lors que son paiement libère envers le créancier celui sur qui doit peser la charge définitive de tout ou partie de la dette ». Cette formule, qui généralise la subrogation légale à la condition d'un intérêt légitime au paiement, rejoint la jurisprudence antérieure, qui s'était montrée très libérale dans l'interprétation des textes.

679. L'exigence d'un intérêt légitime au paiement permet néanmoins, comme cela est souligné dans le rapport de présentation de l'ordonnance au président de la République, « d'encadrer la subrogation légale et d'éviter qu'un tiers totalement étranger

---

1. Civ. 1re, 25 nov. 2009, *D.* 2010. 802, note A. Hontebeyrie.

à la dette et qui serait mal intentionné (dans les relations de concurrence par exemple) puisse bénéficier de la subrogation légale ». Toutefois, cette notion d'intérêt légitime reste très large. Il n'est plus fait référence, notamment, à la condition qui était posée par l'article 1251, 3, ancien, que celui qui paie soit lui-même tenu.

B. Les conditions de la subrogation conventionnelle

680. Alors que le Code civil antérieurement à l'ordonnance commençait par envisager la subrogation conventionnelle, dans l'ancien article 1250, avant la subrogation légale, la démarche est désormais inversée. La subrogation conventionnelle suit désormais la subrogation légale, compte tenu de la définition générale dont cette dernière fait désormais l'objet.

681. Cette subrogation conventionnelle se rapproche beaucoup de la cession de créance ; mais elle diffère de celle-ci du fait qu'elle peut être consentie, soit par le créancier, soit par le débiteur (comparer les schémas en fin de chapitre). Cette dualité a été maintenue dans l'article 1346-1, qui est consacré à la subrogation conventionnelle à l'initiative du créancier et dans l'article 1346-2 consacré à la subrogation conventionnelle à l'initiative du débiteur.

1) La subrogation conventionnelle consentie par le créancier

682. Aux termes du nouvel article 1346-1, la subrogation conventionnelle s'opère à l'initiative du créancier « lorsque celui-ci recevant son paiement d'une tierce personne, la subroge dans ses droits contre le débiteur ». Il s'agit ici de la reprise de l'hypothèse prévue par l'ancien article 1250, 1°. Le créancier est le *subrogeant*, le tiers *solvens* (c'est-à-dire qui a payé la dette) est le *subrogé* (c'est un procédé utilisé en matière commerciale, notamment dans le contrat de *factoring*).

Deux conditions sont exigées pour la validité de cette opération, reprises des anciens textes : l'une de forme, la seconde de temps.

a) Condition de forme

683. Selon l'article 1346-1, alinéa 2, qui reprend à cet égard les anciennes dispositions, la subrogation doit être « expresse » et non tacite. Aucune formalité n'est exigée et elle peut être exprimée dans un acte sous seing privé, à condition qu'il n'y ait aucune ambiguïté. Cependant, il peut se faire que le débiteur ne soit pas informé et le paiement qu'il ferait entre les mains de son ancien créancier, serait libératoire, indépendamment désormais de sa bonne ou mauvaise foi [1] car la règle concernant l'opposabilité de la subrogation a été modifiée concernant les rapports entre le débiteur et le subrogeant : la subrogation ne sera opposable au débiteur, selon l'article 1346-5, que « si elle lui a été notifiée ou s'il en a pris acte » (v. ss 697). Il devient donc presque indispensable désormais d'informer le débiteur

---

1. Avant l'ordonnance de 2016, la chambre commerciale de la Cour de cassation considérait que le débiteur ne pouvait opposer au subrogé le paiement qu'il effectuerait, postérieurement à la subrogation, entre les mains du subrogeant que *s'il était ignorant de la subrogation intervenue, donc s'il était t de bonne foi* (Com. 15 oct. 1996, *Bull. civ.* IV, n° 230, *RTD civ.* 1997. 939 obs. J. Mestre).

et de lui notifier la subrogation, bien que ni son consentement, ni son concours à l'acte de subrogation ne soient nécessaires à la validité de cet acte[1]. À l'inverse, il peut se prévaloir de la subrogation dès qu'il en a connaissance.

b) Condition de temps : concomitance de la subrogation et du paiement

684. La subrogation doit être consentie au *moment* du paiement[2] : avant, l'opération serait considérée comme une cession de créance ; après, elle est impossible, la créance initiale ayant été éteinte par le paiement[3]. Toutefois, la jurisprudence avait tendance à admettre la validité d'une subrogation anticipée dès lors que le subrogeant a expressément manifesté sa volonté dans un document antérieur[4]. Prenant acte de cette solution, l'article 1346-1, alinéa 3, consacre en effet cette possibilité, d'un acte antérieur, dans lequel le subrogeant aurait manifesté la volonté que son cocontractant lui soit subrogé lors du paiement.

Quant à la preuve de la concomitance de la subrogation et du paiement, l'article 1346-1, alinéa 3, prévoit désormais qu'elle peut se faire par tout moyen. Le plus souvent, la subrogation est constatée dans la quittance remise au tiers *solvens* et qu'on appelle *quittance subrogatoire, mais la preuve pourra aussi se faire par présomptions.*

685. La jurisprudence exigeait à l'origine une quatrième condition, qui était que le paiement ait été effectué par le *solvens* lui-même et non par le débiteur avec l'argent remis par le tiers, sans quoi elle considérait qu'il s'agissait d'une subrogation consentie par le débiteur. Pour éviter ce formalisme excessif, elle a ensuite admis que si c'est le débiteur qui a effectué lui-même le paiement, il a agi en tant que mandataire du tiers et non en son nom propre.

2) La subrogation conventionnelle consentie par le débiteur

686. Cette opération est désormais prévue par l'article 1346-1 (art. 1250, 2°, antérieurement). Elle permet au débiteur *d'imposer* la subrogation au créancier pour obtenir du crédit. En effet, le créancier, sans cela, pourrait refuser d'accorder la subrogation. Le débiteur subroge ainsi lui-même dans les droits de son créancier, le tiers *solvens* qui lui aura avancé les fonds nécessaires au paiement. Le créancier initial verra ainsi sa créance éteinte par le paiement sans que l'opération ait requis son consentement.

687. Cette opération a une origine historique : au cours des guerres de religion, le loyer de l'argent était élevé et, comme le prêt à intérêt était interdit, une pratique était apparue : le prêteur cédait un capital moyennant une rente perpétuelle dont le taux correspondait à 8 ⅓ %. Avec le retour à la prospérité, sous le règne d'Henri IV, le loyer de l'argent baissa jusqu'à 6 ¼ %. Le débiteur avait donc intérêt à rembourser le capital sur lequel il versait 8 /3 % d'intérêt en empruntant de l'argent à 6 ¼ %, mais le nouveau prêteur exigeait des garanties et le créancier initial aurait refusé de le subroger dans ses

---

1. Civ. 1re, 23 oct. 1984, *Bull. civ.* I, n° 276.

2. Com. 14 déc. 1965, *Gaz. Pal.* 1966. I. 278.

3. Civ. 1re, 28 mai 2008, n° 07-13.437, *RTD civ.* n° 3, 2008. 481, obs. B. Fages.

4. Civ. 29 janv. 1991, *JCP* 1991. IV. 120, à propos de la pratique de l'affacturage et Com. 2 févr. 1993, *JCP* 1993. IV. 850, dans un cadre plus large.

propres garanties. C'est pourquoi Henri IV décida que le débiteur pourrait consentir lui-même cette subrogation moyennant quelques formalités destinées à éviter les fraudes.

688. Cette subrogation par le débiteur obéit d'abord à une ***condition de fond***, celle d'un emprunt effectué par celui-ci : elle est consentie, en effet, par le débiteur qui « emprunte une somme d'argent à l'effet de payer sa dette » (art. 1346-2).

689. Ensuite, alors que l'article 1250, 2° ne distinguait pas et qu'il était admis que la subrogation se faisait sans le concours du créancier, et même contre sa volonté, les nouveaux textes distinguent deux hypothèses : la subrogation peut se faire désormais avec le concours du créancier ou sans le concours du créancier. Dans ce dernier cas cependant, les conditions sont plus strictes encore qu'antérieurement à la réforme.

– ***La subrogation avec le concours du créancier*** est introduite expressément à l'article 1346-2, alinéa 1er : « il y a subrogation lorsque le débiteur empruntant une somme à l'effet de payer sa dette subroge le prêteur dans les droits du créancier avec le concours de celui-ci ». La subrogation s'opère alors avec le consentement de toutes les parties et dès lors, les formalités sont réduites. Cependant, la subrogation doit quand même être expresse et la quittance donnée par le créancier doit indiquer l'origine des fonds.

– ***La subrogation sans le concours du créancier*** est prévue par l'article 1346-2, alinéa 2 (ancien art. 1250, 2°) « à la condition que la dette soit échue ou que le terme soit en faveur du débiteur ». Cette condition restrictive n'était pas posée par l'ancien texte.

Par ailleurs, l'article 1346-2, alinéa 2, reprenant ici les dispositions antérieures, exige que l'acte d'emprunt et la quittance soient passés devant notaire ; que dans l'acte d'emprunt il soit déclaré que la somme a été empruntée pour faire le paiement et que dans la quittance, il soit déclaré que le paiement a été fait des sommes versées à cet effet par le nouveau créancier. Alors que dans l'avant-projet *Catala*, il n'était plus exigé que l'acte d'emprunt et la quittance soient passés devant notaire car il suffisait qu'ils soient « constatés par un acte ayant date certaine », l'article 1346-2, alinéa 2, a maintenu cette exigence de l'acte notarié.

§ 2. Les effets de la subrogation

690. Ces effets sont les mêmes, qu'il s'agisse de subrogation légale ou conventionnelle, de subrogation consentie par le créancier ou par le débiteur. Même si le législateur a délibérément maintenu la subrogation dans le cadre du paiement en la considérant comme une forme de paiement, il n'en reste pas moins vrai que la subrogation a pour effet de transmettre la créance et ses accessoires et que cet effet est d'ailleurs recherché par les parties. C'est ce qu'on appelle l'*effet translatif de la subrogation, qui la rapproche de l'opération de cession de créance.* Cependant, cette transmission est subordonnée au paiement et elle est donc limitée au montant du paiement : elle peut donc n'être que partielle.

A. Effet translatif de la subrogation

1) Transmission des droits et actions

691. Selon une conception aujourd'hui abandonnée, la subrogation ne transmettait que les sûretés ; la créance initiale était éteinte par le paiement et remplacée par une nouvelle créance. L'effet translatif, défendu par les auteurs classiques Aubry et Rau a finalement prévalu, et a été posé par l'ancien article 1250, 1°, du Code civil : la subrogation transmet au subrogé « tous les droits et actions » du subrogeant. Cela signifie qu'il bénéficie non seulement des *sûretés* qui garantissaient la créance : hypothèque, gage, privilège, caution, etc., mais encore, des *actions* que cette créance donnait à son titulaire : action en résolution, par exemple, et, si le titre originel était exécutoire, le subrogé n'avait pas à recourir aux tribunaux en cas d'inexécution.

692. L'actuel article 1346-4, alinéa 1er, confirme cet effet translatif sous la seule réserve de la transmission des droits exclusivement attachés à la personne : « la subrogation transmet à son bénéficiaire, dans la limite de ce qu'il a payé, la créance et ses accessoires, sous réserve des droits exclusivement attachés à la personne ».

693. L'article 1346-4, aliéna 2, vient par ailleurs apporter une précision sur une question qui avait soulevé des difficultés, celle des intérêts conventionnels. Le subrogé a-t-il droit à ces intérêts conventionnels ? Conformément à la réponse négative donnée par la jurisprudence [1], il indique que le subrogé n'a droit qu'à l'intérêt au taux légal, à moins qu'il n'ait convenu avec le débiteur d'un nouvel intérêt ; mais alors que la jurisprudence admettait que les intérêts couraient de plein droit, à partir du paiement de la dette par le subrogé, le texte subordonne le point de départ des intérêts à une mise en demeure.

694. La subrogation produit son effet translatif quelle que soit la nature de la dette payée. Ainsi, la Cour de cassation confirme-t-elle que la priorité de paiement, dont bénéficient les créances super-privilégiées de salaires, profite à l'Assedic subrogée dans les droits des créanciers super-privilégiés [2] ; de même, pour une banque qui a payé des salaires contre quittance subrogative [3].

695. Enfin, la subrogation se produit au moment où le subrogé paie le subrogeant, « à la date du paiement qu'elle implique » [4]. La créance sort alors du patrimoine du subrogeant pour entrer dans celui du subrogé, de sorte que le subrogé n'a pas à souffrir des actes accomplis postérieurement par le subrogeant [5]. Toutefois, cette règle doit être tempérée au regard de la question de l'opposabilité de la subrogation, qui est subordonnée à sa notification au débiteur ou au fait qu'il en a pris acte (v. ss 697).

2) Opposabilité des exceptions

696. Si le subrogé bénéficie des droits et actions attachés à la créance, inversement, il peut se voir opposer par le débiteur les moyens de défense opposables au créancier initial [6].

---

1. Civ. 1re, 29 oct. 2002, *Bull. civ.* I, n° 257 ; *RTD civ.* 2003. 298, obs. J. Mestre et B. Fages ; Civ. 15 févr. 2005, *Bull. civ.* I, n° 87 ; *Légifrance*, n° 03-11.141

2. Com. 6 juill. 1993, *Bull. civ.* IV, n° 285.

3. Com. 3 juin 1982, *D.* 1982. 481, note A. Honorat.

4. Civ. 1re, 11 juin 2008, *RTD civ.* n° 3, 2008. 480, obs. B. Fages.

5. Civ. 1re, 13 janv. 1993, *Bull. civ.* I, n° 6.

6. Civ. 1re, 4 avr. 1984, *Bull. civ.* I, n° 131.

L'article 1346-5 prévoit ainsi que le subrogé peut se voir opposer « les exceptions *inhérentes à la dette*, telles que la nullité, l'exception d'inexécution, la résolution ou la compensation de dettes connexes, ce qui est en conformité avec les solutions antérieures »[1]. Il peut également lui opposer les exceptions personnelles, nées de ses rapports avec le subrogeant, telles que l'octroi d'un terme, la remise de dette ou la compensation de dettes non connexe, mais le texte ajoute la précision que ces exceptions doivent être nées de ses relations avec le subrogeant « avant que la subrogation lui soit devenue opposable ». Cette indication résulte de la modification opérée par les nouveaux textes concernant le moment de l'opposabilité de la subrogation (v. ss 697).

3) Opposabilité de la subrogation

697. Le principe posé par l'article 1346-5, alinéa 2, est que la subrogation, prend effet à la date du paiement, car elle se produit automatiquement, ce qui la rend opposable aux tiers dès ce moment. Toutefois, le texte modifie la règle applicable aux rapports entre le débiteur et le tiers subrogé. En effet, le débiteur peut invoquer la subrogation dès qu'il en a connaissance, notamment à l'égard du créancier, à l'inverse, elle ne peut lui être opposée que si elle lui a été notifiée ou s'il en a pris acte (art. 1346-5, al. 1er). Le tiers subrogé ne pourra donc réclamer paiement au débiteur qu'après cette notification ou prise d'acte, alors qu'auparavant, la subrogation était opposable dès le paiement au débiteur et seule sa bonne foi lui permettait d'opposer au subrogé son paiement entre les mains du créancier subrogeant.

698. En définitive, par l'effet de la subrogation, le subrogé est mis exactement à la place juridique du créancier originaire et ceci rapproche beaucoup la subrogation de la cession de créance. Le subrogé n'a pas plus de droits que son subrogeant aux lieux et place duquel il agit[2] et il ne peut agir que contre les personnes que le subrogeant pouvait lui-même poursuivre[3]. Pourtant, il existe des différences avec la cession de créance qui se manifestent au regard de certaines limites à l'effet translatif.

B. Limites à l'effet translatif

699. La subrogation diffère de la cession de créance en ce qu'elle est moins complète sur un certain nombre de points, notamment dans l'hypothèse d'un paiement seulement partiel de la dette, mais pas uniquement.

1) Le créancier originaire n'est pas tenu à garantie envers le subrogé

700. Dans la cession de créance, le créancier cédant garantit au moins l'existence de la créance (v. ss 571). Cette garantie légale n'existe pas dans la subrogation. Si la créance

---

1. Le subrogé s'expose à l'opposabilité des exceptions dont le débiteur pouvait précédemment se prévaloir à l'encontre du subrogeant (Com. 4 juin 1996, *Bull. civ.* IV, n° 163 ; *RTD civ.* 1997. 134) et notamment, le subrogé peut se voir oppose la compensation que celui-ci aurait pu oppose au créancier subrogeant à raison d'une dette connexe (Com. 5 déc. 1989, *Bull. civ.* IV, n° 308).

2. Com. 27 juin 1989, *Bull. civ.* IV, n° 205 ; Com. 26 avr. 2000, *Bull. civ.* IV, n° 89, p. 78 ; *RJDA* n° 799, 2000. 636.

3. Com. 3 janv. 1989, inédit, *RTD civ.* 1990. 76, obs. J. Mestre.

n'existait pas, le subrogé pourrait se retourner contre le subrogeant, mais sur le fondement de l'action en répétition de l'indu (v. ss 2024 s.) et non en vertu d'une garantie liée à la subrogation.

2) Le subrogé ne prend la place du créancier que dans la mesure du paiement effectué

701. Ceci distingue, également, la subrogation de la cession de créance, qui permet au cessionnaire de se faire payer le montant nominal de la créance, même s'il l'a payée une somme inférieure à sa valeur.

3) En cas de paiement partiel, le créancier originaire conserve ses sûretés jusqu'à complet paiement

702. Un paiement partiel va diviser la créance entre le créancier primitif et le créancier subrogé. Mais, dans ce cas, l'article 1346-3 reprenant ici la règle posée par l'ancien article 1252 prévoit que le créancier primitif « lorsqu'il n'a été payé qu'en partie peut exercer ses droits pour ce qui lui reste dû, par préférence à celui dont il n'a reçu qu'un paiement partiel ». En effet, la subrogation ne doit pas nuire au créancier, selon l'adage *nemo contra se subrogasse censetur* (nul n'est censé avoir subrogé contre lui-même) ; il pourrait cependant renoncer à cet avantage, à condition que ce soit expressément. On peut donc dire que la subrogation est à la mesure du paiement.

Au contraire, en cas de cession de créance partielle, cédant et cessionnaire sont sur un pied d'égalité.

Cependant, il existe certaines exceptions à ce principe, notamment lorsque le *solvens* est un prêteur qui a remis les fonds au débiteur pour régler une dette hypothécaire (Décr.-L. du 31 août 1937). En effet, pour inciter ce prêteur, qui accepte un taux d'intérêt inférieur à celui du créancier originaire, à avancer cette somme au débiteur, il faut, au moins, qu'il soit sûr de bénéficier de la sûreté existante, même si le créancier originaire n'est pas entièrement remboursé.

Section 3
La compensation

703. Parmi les différents modes d'extinction des obligations, il en est un qui équivaut véritablement au paiement : c'est la compensation (v. schéma en fin de chapitre).

► ***La compensation*** est l'extinction simultanée de deux obligations de même nature, généralement de sommes d'argent, existant réciproquement entre deux personnes.

704. Si les deux obligations sont de la même somme, l'extinction est totale, sinon elle est partielle, jusqu'à concurrence de la plus faible. Par exemple : Pierre doit 1 000 euros à Paul et Paul doit 700 euros à Pierre ; par l'effet de la compensation, la dette de Paul est éteinte, et Pierre ne doit plus que 300 euros à Paul. Outre ce rôle de paiement, la compensation constitue également une garantie pour chacun des créanciers.

705. Antérieurement à la réforme opérée par l'ordonnance du 10 février 2016, le Code civil ne traitait que de la compensation légale et ignorait les deux autres sortes de compensation, judiciaire et conventionnelle. L'ordonnance refond donc les règles de la compensation en la définissant, d'abord, et en reconnaissant ensuite les trois sources possibles de la compensation (légale, judiciaire et conventionnelle) : une première sous-section 1 est consacrée aux règles générales (art. 1347-1 à 1347-7) qui s'appliquent à la compensation légale ; une seconde sous-section comprend les règles particulières qui concernent la compensation judiciaire et la compensation conventionnelle (art. 1348 à 1348-2).

§ 1. Les règles générales

706. L'article 1347 définit désormais la compensation comme « l'extinction simultanée d'obligations réciproques entre deux personnes. Elle s'opère, sous réserve d'être invoquée, à due concurrence, à la date où ses conditions se trouvent réunies ».

La compensation est donc un double paiement. Jusqu'à l'ordonnance, ce double paiement était un paiement forcé, opérant de plein droit, même à l'insu des parties, et constituant une situation préférentielle. L'ordonnance introduit la règle selon laquelle pour pouvoir jouer, elle doit être invoquée. Elle ne s'opère donc plus à l'insu des parties.

Pour que la compensation puisse jouer, il faut par ailleurs que certaines conditions soient réunies et que certains obstacles soient évités, qui sont précisés par les textes.

A. Conditions de la compensation

1) Qualités des obligations

707. Les anciens textes (art. 1289 s.) prévoyaient que les obligations devaient présenter certaines qualités : réciprocité, fongibilité, liquidité et exigibilité. Cette triple condition est reprise dans l'article 1347-1.

– ***Réciprocité***. L'existence concomitante de deux créances et de deux dettes entre deux personnes est la condition essentielle et évidente mais qui est parfois difficile à établir. Cette condition figure dans la définition de la compensation donnée par l'article 1347.

– ***Fongibilité***. Les deux obligations doivent porter sur des choses fongibles, c'est-à-dire interchangeables, pour pouvoir procéder à une soustraction. L'article 1347-1 fournit désormais une définition de la fongibilité qui n'existait pas auparavant : sont fongibles les obligations de somme d'argent, même en différentes devises pourvu qu'elles soient convertibles, ou celles qui ont pour objet une quantité de choses du même genre. L'ancien article 1291, alinéa 2, visait le cas des « prestations en grains ou denrées » compensables avec des sommes d'argent. Cette précision n'est plus nécessaire compte tenu de la définition donnée de la fongibilité. En pratique, la compensation porte essentiellement sur des obligations de somme d'argent.

– ***Liquidité***. Une dette n'est liquide que lorsque son existence et son montant sont certains et qu'elle peut être chiffrée. Sans cela, la compensation légale est impossible et l'on ne peut recourir qu'à la compensation judiciaire.

– ***Exigibilité***. Une créance, pour être exigible, ne doit pas être assortie d'un terme ou d'une condition. Une obligation naturelle ne peut pas, non plus, faire l'objet d'une compensation légale, car elle ne sera jamais exigible (v. ss 121 s.). L'article 1347-3 précise par ailleurs que l'octroi d'un délai de grâce ne fait pas obstacle à la compensation.

2) Compensation entre créances connexes

708. Les deux dernières exigences de liquidité et d'exigibilité des créances peuvent être écartées quand les dettes sont « connexes » [1]. Mais il s'agira alors de compensation judiciaire et non plus légale (v. ss 721).

En dehors de cette hypothèse, la connexité n'est pas une condition de la compensation légale et elle n'est pas posée par les nouveaux textes. Régulièrement la Cour de cassation rappelle qu'elle s'opère de plein droit, même en l'absence de lien de connexité entre les dettes réciproques des parties. La compensation va jouer même en cas de procédure collective de l'une ou l'autre des parties, peu important le moment où elle est invoquée, dès lors que les dettes réciproques sont liquides et exigibles avant le prononcé du jugement d'ouverture de la procédure collective [2].

3) Obstacles à la compensation

709. Le législateur a également prévu des cas où la compensation ne peut avoir lieu sans le consentement du créancier. Les textes antérieurs excluaient la compensation purement et simplement, sans faire référence à cette possibilité de compenser avec l'accord du créancier.

– ***Les créances insaisissables.*** L'ancien article 1293, 3°, excluait de la compensation les obligations alimentaires qui sont insaisissables. En effet, la compensation aurait pour effet de priver le créancier d'aliments de ce qui lui est nécessaire pour vivre ; en revanche il peut lui-même invoquer la compensation [3]. En droit du travail, la compensation est pareillement interdite entre employeur et salariés. L'article 1347-2 exclut désormais la compensation sans le consentement du créancier, de façon beaucoup plus générale, en visant les créances insaisissables.

– ***L'impossibilité de compenser due à l'objet.*** L'article 1347-2 reformule à cet égard l'ancien article 1293 mais sans en modifier la substance. La compensation est impossible sans le consentement du créancier pour « les obligations de restitution d'un dépôt, d'un prêt à usage ou d'une chose dont le propriétaire a été injustement privé ».

– ***L'impossibilité de compenser en cas de cession de créance.*** L'article 1347-5 énonce que le débiteur qui a pris acte sans réserve de la cession de créance ne peut opposer au cessionnaire la compensation qu'il aurait pu opposer au cédant. En effet, lorsque le débiteur a pris acte de la cession de créance ou qu'elle lui a été notifiée, elle lui est opposable et il ne peut plus opposer au cessionnaire les exceptions inhérentes à la dette, telle que la compensation de dettes connexes. Quant aux dettes non connexes elles ne peuvent être opposées au cessionnaire que si ses conditions objectives étaient réunies avant la notification ou la prise d'acte. La solution est logique. En prenant acte de la cession le débiteur renonce à tous ces moyens de défense.

---

1. Civ. 18 janv. 1967, *D.* 1967. 358, note J. Mazeaud, *RTD civ.* 1967. 812, obs. J. Chevallier ; *Grands arrêts*, p. 672 ; en ce qui concerne les deux caractères de réciprocité et de connexité, v. rapport J.-P. Remery à propos de Com. 9 mai 1995, *JCP* 1995. II. 29448.

2. Com. 27 sept. 2011, n° 10-24.793, *RTD civ.* 2011. 765, n° 8, obs. B. Fages.

3. Civ. 1re, 30 nov. 1965, *D.* 1966. 82, *JCP* 1966. II. 14534, note P. L.

– ***L'indisponibilité d'une des créances.*** Cette règle n'est pas posée par les nouveaux textes mais néanmoins, lorsque l'une des créances a fait l'objet d'une saisie attribution au profit d'un tiers, elle devient indisponible et la compensation n'est plus possible.

C'est la même idée qui a conduit la jurisprudence à considérer la compensation comme impossible en cas de liquidation judiciaire, car compenser c'est payer, et, désormais, un paiement individuel n'est plus possible. Cette solution est pourtant, là aussi, écartée par la jurisprudence en cas de dettes connexes.

B. Effets de la compensation

1) Effet extinctif d'un paiement

710. La compensation est un double paiement ; aussi, à la date même où les conditions que nous venons de voir sont réunies, les deux dettes s'éteignent, à due concurrence (art. 1347), c'est-à-dire jusqu'à concurrence de la plus faible (art. 1290), avec tous leurs accessoires et leurs sûretés. La Cour de cassation a eu l'occasion de préciser que la compensation produit un double effet : effet extinctif, d'une part, à concurrence du montant de la créance la plus faible, effet interruptif pour le surplus non compensé contre lequel la prescription continue à courir [1].

711. Dans le cas où plusieurs dettes sont compensables, l'article 1347-4 reprend la solution antérieurement posée par l'article 1297 : les règles de l'imputation des paiements s'appliquent (art. 1342-10) (v. ss 661).

Mais, ce qui est le plus caractéristique dans la compensation légale, c'est son automatisme, sous les limites qui y sont apportées.

2) Automatisme de la compensation

712. L'article 1347 en disposant que la compensation s'opère à la date où ses conditions sont réunies « sous réserve d'être invoquée », ne change pas substantiellement la solution antérieure, pas davantage qu'elle ne remet en cause l'automatisme de la compensation, au sens où il doit être compris.

L'ancien article 1290 disposait en effet « que la compensation s'opère de plein droit par la seule force de la loi, même à l'insu des débiteurs » et semblait conférer à la compensation un automatisme beaucoup plus important. En réalité, cette disposition provenait d'une mauvaise interprétation d'un texte latin : la compensation ne pouvait primitivement être invoquée qu'à titre d'exception ; par la suite, elle a pu être invoquée en tout état de cause, et plus uniquement à titre d'exception, mais l'expression fut traduite en français par « de plein droit ». La compensation, en droit français, a donc pu être comprise comme un « double paiement *automatique et forcé* », alors que dans les législations étrangères et notamment en droit allemand, la compensation ne joue que si elle est invoquée.

---

1. Com. 30 mars 2005, *Juris-Data* n° 2005-027 815 ; *D.* 2005. 1024, obs. É. Chevrier ; *JCP* 2005. I. 172, obs. A.-S. Barthez.

713. Cependant, la jurisprudence, malgré les termes de l'article 1290, exigeait que la compensation soit invoquée par l'un des débiteurs pour pouvoir prendre effet. L'article 1290, alinéa 3 précisait par ailleurs que le juge ne pouvait soulever d'office le moyen tiré de la compensation si l'une des parties ne le faisait pas. La compensation n'était donc pas d'ordre public et il était admis que l'on pouvait renoncer à la compensation. Cette renonciation tacite était présumée si le débiteur n'invoquait pas la compensation. D'où la règle jurisprudentielle selon laquelle pour que la compensation puisse jouer, il fallait qu'elle soit invoquée.

714. L'article 1347, alinéa 2, consacre donc cette interprétation jurisprudentielle, d'un texte mal formulé.

Mais, en toute hypothèse, et c'est ce qui caractérise son automaticité, la compensation, sous cette seule réserve d'être invoquée par l'un des débiteurs, joue *nécessairement*, même si l'autre débiteur s'y oppose et opère *rétroactivement* au jour où les créances réciproques ont commencé à coexister dans des conditions permettant la compensation.

C. Effets à l'égard des tiers tenus à la dette

1) Opposabilité de la compensation par la caution

715. Reformulant l'ancien article 1294, l'article 1347-6, alinéa 1er, prévoit que la caution peut opposer au créancier la compensation intervenue entre ce dernier et le débiteur principal, ce qui est la conséquence du caractère accessoire du cautionnement. La formulation du texte, tel qu'il résultait de l'ordonnance de 2016, semblait cependant imposer que la compensation soit intervenue et donc que le débiteur l'ait invoquée. La loi de ratification du 20 avril 2018 a posé expressément la solution contraire en ajoutant la précision « même si le débiteur, codébiteur ou créancier ne l'a pas invoquée »[1].

2) Opposabilité par le codébiteur solidaire

716. L'article 1347-6, alinéa 2, adopte ici une solution contraire à l'ancien article 1294 qui ne permettait pas au débiteur solidaire d'invoquer la compensation. Il est désormais admis que le codébiteur solidaire peut se prévaloir de la compensation intervenue entre le créancier et l'un de ses coobligés pour faire déduire la part divise de celui-ci du total de la dette.

D. Effets à l'égard des tiers

717. L'article 1347-7 indique que la compensation ne préjudicie pas aux droits acquis par des tiers.

---

1. Disposition interprétative, applicable aux contrats conclus à partir du 1er octobre 2016. Sur le contenu de la loi de ratification et l'application dans le temps, v. ss 101 s.

§ 2. Les règles particulières applicables à la compensation conventionnelle et judiciaire

A. La compensation conventionnelle

718. La compensation conventionnelle n'était pas prévue par les textes antérieurs, mais elle était admise, en vertu du principe de la liberté contractuelle. Elle est désormais prévue par l'article 1348-2.

719. Lorsque les conditions de la compensation légale telles que posées par les articles 1347 à 1347-3 du Code civil ne sont pas réunies, l'article 1348-2 indique que « les parties peuvent librement convenir d'éteindre toutes obligations réciproques, présentes ou futures par une compensation ». La seule condition posée est donc la réciprocité des obligations, ce qui parait en effet logique.

720. Toutefois, et à la différence de la compensation légale, cette compensation conventionnelle n'opère pas rétroactivement mais la solution là aussi est logique. Elle prend effet à la date de leur accord, ou s'il s'agit d'obligations futures à celle de leur coexistence (art. 1348-2).

B. La compensation judiciaire

721. Elle n'était pas prévue par le Code civil jusqu'à l'ordonnance du 10 février 2016, mais le Code de procédure civile y faisait allusion et elle a toujours été admise. Elle était également appelée compensation reconventionnelle, car généralement demandée à titre reconventionnel par le débiteur dans un cas où les conditions requises pour la compensation légale n'étaient pas réunies (par exemple parce que l'une des créances n'est pas liquide). Dans ce cas, le tribunal pouvait décider de liquider la créance et de faire jouer la compensation [1].

La nature juridique de la compensation judiciaire et son autonomie par rapport à la compensation légale ont été controversées. Le rôle du juge se limite-t-il à rendre liquide une créance qui ne l'était pas pour permettre le jeu de la compensation légale ou a-t-il le pouvoir d'apprécier l'opportunité de la compensation sans être lié par les restrictions apportées par les textes à la compensation légale ? C'est cette seconde solution qu'avait consacré la première chambre civile de la Cour de cassation dans un arrêt du 12 juillet 1956 et qui fut réaffirmée en 1973 [2]. La chambre sociale, en revanche, n'admettait pas que le juge puisse écarter les interdictions légales [3].

Toutefois, il était admis qu'il ne pouvait écarter l'obstacle de la non-fongibilité de l'ancien article 1291 [4].

722. Le nouvel article 1348-1 du Code civil vient désormais encadrer la compensation judiciaire sur la base des solutions antérieurement admises, en distinguant l'hypothèse où les dettes sont connexes et celle où elles ne le sont pas et où il est davantage lié.

---

1. Civ. 12 juill. 1956, *Gaz. Pal.* 1956. 2. 149.
2. Civ. 12 juill. 1956, préc. ; Civ. 1re, 10 avr. 1973, *JCP* 1974. II. 17605, note J. Ghestin.
3. Soc. 2 déc. 1970, *Bull. civ.* V, n° 681, p. 555.
4. Civ. 1re, 24 févr. 1993, *Bull. civ.* I, n° 82, *D.* 1994. Somm. 19, obs. F. Lasserre-Jeannin.

1) Conditions de la compensation des dettes non connexes

723. La connexité des dettes n'est pas une condition de la compensation légale (v. ss 708). Néanmoins pour que cette compensation puisse se produire, il faut que les dettes présentent un certain nombre de caractères, dont la liquidité et l'exigibilité. La compensation judiciaire permet précisément dans le cas de dettes non connexes, de pallier l'absence de ces deux exigences. Selon l'article 1348, « la compensation peut être prononcée en justice même si l'une des obligations, quoique certaine, n'est pas encore liquide ou exigible ». Ainsi, le juge peut prononcer la compensation dans ces hypothèses où une compensation légale ne serait pas possible, à condition cependant que les autres conditions posées par l'article 1347-1 au titre des règles générales, soient réunies : la réciprocité des dettes mais également leur fongibilité, conformément sur ce point aux solutions antérieurement posées par la jurisprudence [1]. Il n'est pas lié cependant et il peut aussi en refuser le bénéfice.

2) Conditions de la compensation des dettes connexes

724. Lorsque les dettes sont connexes, les pouvoirs du juge sont plus strictement bornés.

a) Condition de connexité des dettes

725. Cette notion de connexité n'est pas définie par le nouveau texte. Elle suppose l'existence d'un lien étroit entre les dettes ; mais quelle est la nature de ce lien ? Cette notion de connexité a donné lieu à une importante jurisprudence, notamment dans les relations commerciales où existe fréquemment une globalisation des relations des parties dans ce qu'on appelle des *conventions-cadre* ou *contrats-cadre,* qui déterminent les conditions des futurs contrats, dits « d'application ». La Cour de cassation s'est orientée progressivement dans le sens de l'admission de la compensation dans ces contrats, dans la mesure où « les obligations réciproques des parties résultaient de l'exécution d'une convention ayant défini entre elles le cadre du développement de leurs relations d'affaires » [2]. De façon générale, le lien de connexité existe notamment quand les obligations sont issues d'un même contrat, y compris quand l'une d'elle naît de l'exécution du contrat et l'autre d'une inexécution (dommages et intérêts contractuels). À l'inverse, la connexité n'est pas admise si les obligations sont de source différente, l'une procédant d'un contrat et l'autre de la loi.

b) Pouvoirs du juge

726. Lorsque les dettes sont connexes, la jurisprudence antérieure à l'ordonnance [3] interdisait au juge de refuser la compensation au motif que l'une des obligations ne serait pas liquide ou exigible. Il semblait donc obligé de constater le principe de la

---

1. Civ. 1re, 24 févr. 1993, *Bull. civ.* I, n° 82, *D.* 1994. Somm. 19, obs. F. Lasserre-Jeannin.

2. Com. 12 déc. 1995, *JCP* 1996. IV. 302, *Bull. civ.* IV, n° 293, *JCP* 1996. I. 3958, obs. G. Virassamy.

3. Civ. 3e, 30 mars 1989, *Bull. civ.* III, n° 77 ; Civ. 3e, 20 nov. 2002, *Bull. civ.* III, n° 230, *Légifrance*, n° 00-14.423

compensation, même si les deux caractères de liquidité et d'exigibilité font défaut, ainsi que l'a rappelé la chambre commerciale de la Cour de cassation dans deux décisions du 28 avril et 30 juin 2009 [1]. L'article 1348-1 reprend presque mot pour mot la formule jurisprudentielle mais il la modifie légèrement en précisant que l'absence de liquidité et d'exigibilité ne peuvent être *le seul motif de refus*. Le juge pourrait donc exercer son pouvoir d'appréciation pour refuser la compensation mais au regard d'autres éléments, qui viendraient s'ajouter à cette absence de liquidité ou d'exigibilité.

3) Effets de la compensation judiciaire

727. En principe, elle produit ses effets à la date de la décision (art. 1348), sauf si les dettes sont connexes : dans ce cas la compensation est réputée s'être produite au jour où la première d'entre elles devient exigible (art. 1348-1, al. 2).

---

1. Com. 28 avr. 2009, et Com. 30 juin 2009, *JCP* 2009. 228, n° 8, obs. G. Loiseau *;* *RTD civ.* 2009-4, p. 721, obs. B. Fages.

DOCUMENTS

BIBLIOGRAPHIE

CATALA (N.), *La nature juridique du paiement*, thèse, Paris, 1960.
CHABAS (S.-J.), (sur la compensation judiciaire), *JCP* 1966. I. 2026.
CHANTEPIE (G.) et LATINA (G.), *La réforme du droit des obligations. Commentaire théorique et pratique dans l'ordre du Code civil*, Dalloz, 2016, p. 794 s.
DISSAUX (N.) et JAMIN (C.), *Projet de réforme du droit des contrats, du régime général et de la preuve des obligations. Commentaire article par article*, Dalloz, 2015, p. 176 s.
FAGES (B.), « Le paiement extinctif : légèrement rénové, classiquement défini », *Dr. et patr.* juill.-août 2015, p. 51.
JAPY, « Les effets limités de la compensation selon l'article 1298 du Code civil », *Gaz. Pal.* 1977. I. 303.
LE GUIDEC, *Rép. civ.*, Dalloz, v° *Dation en paiement.*
LEOTY (D.), « La nature juridique de la dation en paiement : la dation en paiement, paiement pathologique », *RTD civ.* 1975. 12.
MARNIERE DE LA (E.S.), « Observations sur l'indexation comme mesure de valeur ». *RTD civ.* 1977. 54 s.
NDOKO (N.C.), « Les mystères de la compensation », *RTD civ.* 1991. 661.
PAPULIN-DESCHAMPS (C.), *La cause du paiement : une analyse innovante du paiement et des modes de paiement*, thèse, Nancy 2, préf. A. Prün, Larcier, 2010.
PERRUCHOT-TRIBOULET (V.), « Le droit de payer pour autrui », *LPA* 2001, n° 166, p. 12.
ROBINE (D.), « Consolidation des règles générales et consécration des règles particulières de la compensation : un projet de réforme à parfaire », *Dr. et patr.* juill.-août 2015, p. 59.
STOEFFEL-MUNCK (Ph.), « La subrogation : tenons compte de la volonté du créancier », *Dr. et patr.* juill.-août 2015, p. 55.
SAVATIER (R.), « La nouvelle législation des indexations », *D.* 1959. I. 63.
SIGUOIRT (L), *La preuve du paiement des obligations monétaires*, thèse, Paris 1, préf. G. Loiseau, LGDJ, 2010.
TOLEDO (A.-M.), « La compensation conventionnelle », *RTD civ.* 2000. 265.

ARRÊT À COMMENTER

Conditions de validité des clauses d'indexation

Civ. 1re, 9 janv. 1974, *Époux Faure-Brac c/ Société civile immobilière, 13-15, avenue d'Italie*, *JCP* 1974. II. 17806, note J.-Ph. Lévy

LA COUR. – *Sur le moyen unique, pris en ses diverses branches :*
– Attendu qu'il résulte des énonciations de l'arrêt confirmatif attaqué que les époux Faure-Brac ont, par acte notarié des 21 novembre et 21 décembre 1961, emprunté une somme de 160 000 F à la Société civile immobilière des 13 et 15, avenue d'Italie, qu'il était stipulé que lors du remboursement il serait tenu compte du coût des constructions sur la base 145 au 3e trimestre 1961, qu'il était enfin précisé que

le prêt était destiné pour partie au paiement d'un terrain que les emprunteurs se disposaient à acquérir, la société créancière devant être subrogée dans les droits du vendeur, et pour partie au financement des constructions sur ce terrain ; que la SCI devenue SARL des 13 et 15, avenue d'Italie, ayant seulement obtenu le remboursement de la somme de 160 000 F a assigné les époux Faure-Brac en paiement de 194 000 F représentant la somme due en raison de l'indexation et des intérêts ;

– Attendu que les époux Faure-Brac font grief à la cour d'appel d'avoir, pour faire droit à cette demande, déclaré valable la clause d'indexation, alors que « l'objet d'une convention désigne la prestation à propos de laquelle l'accord des parties est intervenu et autour de laquelle s'ordonne l'économie du contrat », qu'en l'espèce tant le contrat que la disposition de l'acte d'obligation qui aurait été dénaturé prouvent que la prestation, en l'absence de laquelle les parties n'auraient pas songé à former le contrat, était pour les époux Faure-Brac la somme d'argent qu'ils empruntaient et pour la SCI cette même somme d'argent dont elle devait être remboursée, et nullement la promesse d'emploi insérée *in fine* dans l'acte litigieux, si bien qu'aucun rapport direct n'existait entre l'objet du contrat liant les parties et l'indice du coût de la construction, alors qu'au surplus les termes de l'article 79 de l'ordonnance du 30 décembre 1958, modifié par l'article unique de celle du 4 février 1959 pour élargir le champ de la prohibition déjà édictée, ne permettaient pas à la Cour d'assimiler à l'objet de la convention, seul mentionné, l'élément subjectif qu'est le mobile qui a pu déterminer les parties à contracter, alors qu'enfin la SCI avait pour objet social, aux termes de l'article 2 de ses statuts, l'acquisition d'une maison de rapport sise à Paris et l'exploitation de cet immeuble, à l'exclusion de toutes opérations qui seraient de nature spéculative, de sorte que la cour d'appel aurait dénaturé lesdits statuts en affirmant l'existence d'une relation directe entre l'activité de cette société et le coût de la construction ;

– Mais attendu que la cour d'appel décide à bon droit *que l'objet de la convention, au sens de l'article 79* de l'ordonnance du 30 décembre 1958, modifié par l'article 14 de l'ordonnance du 4 février 1959, *doit s'entendre dans son acception la plus large et que notamment l'objet d'un prêt peut être de permettre à l'acquéreur (sic ; lire l'emprunteur) de construire ou d'acheter un immeuble* ; que sans dénaturer l'acte de prêt, la cour d'appel a souverainement apprécié qu'en l'espèce il existait une relation directe entre l'objet de la convention et l'indice choisi et a pu en déduire la licéité de la clause litigieuse ; qu'elle a ainsi justifié sa décision, indépendamment du motif tiré de la relation entre l'indice adopté et l'activité de la Société civile immobilière, qui est surabondant. – D'où il suit que le moyen n'est pas fondé ;

Par ces motifs ;

Rejette le pourvoi formé contre l'arrêt rendu le 23 mai 1972, par la cour d'appel de Douai.

OBSERVATIONS

Lire, ci-après quelques extraits de la note de J.-Ph. Lévy, accompagnant cet arrêt qui en indique bien l'intérêt.

« **Cet arrêt est important. Il marque une étape décisive vers une interprétation libérale de l'article 79 de l'ordonnance du 30 décembre 1958** (*JCP* 1959. III. 23859) et donne la signification – trop longtemps attendue – d'un des termes clés de ce texte. »

« La solution était annoncée dans l'arrêt rendu le 12 avril 1972 par la même formation de notre Cour suprême (*JCP* 1972. II. 17235). Certes, cet arrêt ne statuait à la lettre que sur l'autre sorte d'indices autorisés, ceux qui sont en relation avec l'activité d'une des parties. Mais il admettait, au moins implicitement, qu'il est licite d'indexer sur l'indice du coût de la construction un prêt d'argent consenti en vue d'une opération de construction. Cette fois, la décision est formelle, et elle se situe sur le terrain des indices en relation avec l'« objet » de la convention, c'est-à-dire là où longtemps la jurisprudence avait paru la plus rigoriste, au point qu'on en arrivait à désespérer de découvrir un indice répondant à cette exigence... »

« ... Il ne faudrait toutefois pas se méprendre sur la portée exacte de notre arrêt : l'emploi de l'argent, pour constituer l'"objet" du contrat, ne doit pas simplement avoir existé en fait, ou avoir été plus ou moins nettement projeté au moment de sa conclusion. Le lien entre le prêt et la destination des fonds doit être clairement convenu. Dans le contrat en cause ici, une promesse d'emploi figurait expressément... ».

« ... En optant pour le sens le plus large de l'"objet", la Cour de cassation n'hésite pas à adopter une position de principe. Il s'agit d'une orientation récente ; trop longtemps, elle évitait de se prononcer, disant que c'était une question de fait échappant à son contrôle, que d'apprécier soit le caractère direct de la relation existant entre l'indice et l'objet (ou l'activité des parties) ; soit, plus généralement, cette relation elle-même. Plus nettement que celui du 12 avril 1972, l'arrêt ci-dessus abandonne enfin cette attitude décevante... ». (J.-Ph. Lévy, *Professeur à l'Université de droit, d'économie et de sciences sociales de Paris*).

Qu'adviendra-t-il de cette interprétation avec la réforme opérée par l'ordonnance du 10 février 2015 qui ne reçoit pas cette notion d'objet du contrat ? Il semble que cela n'affectera pas les solutions dès lors que la conception large adoptée par la jurisprudence renvoie à la fois la notion d'objet des obligations qui a été conservée mais aussi à la notion de but poursuivi par les parties, ou encore de finalité économique, lesquelles sont incluses dans la nouvelle notion de « contenu du contrat » auquel se réfère désormais le Code civil (v. C. civ., art. 1162).

CAS PRATIQUES

L'exécution volontaire des obligations

1) Un commerçant en vins souhaite emprunter de l'argent à un ami métallurgiste pour acheter une villa voisine de son commerce. Il convient avec son futur prêteur que le remboursement sera indexé, mais se demande s'il est préférable que ce soit sur le prix du vin ou sur le salaire d'un ouvrier maçon. Il vous consulte pour savoir si c'est possible.

Orientez son choix en motivant votre réponse.

2) Une personne qui doit 1 000 euros à un créancier ne peut pas le payer à l'échéance et lui propose, à la place, un bijou estimé 1 300 euros.

Le créancier est-il obligé d'accepter ? S'il accepte, que se passera-t-il ? Motivez votre réponse (solutions en fin d'ouvrage).

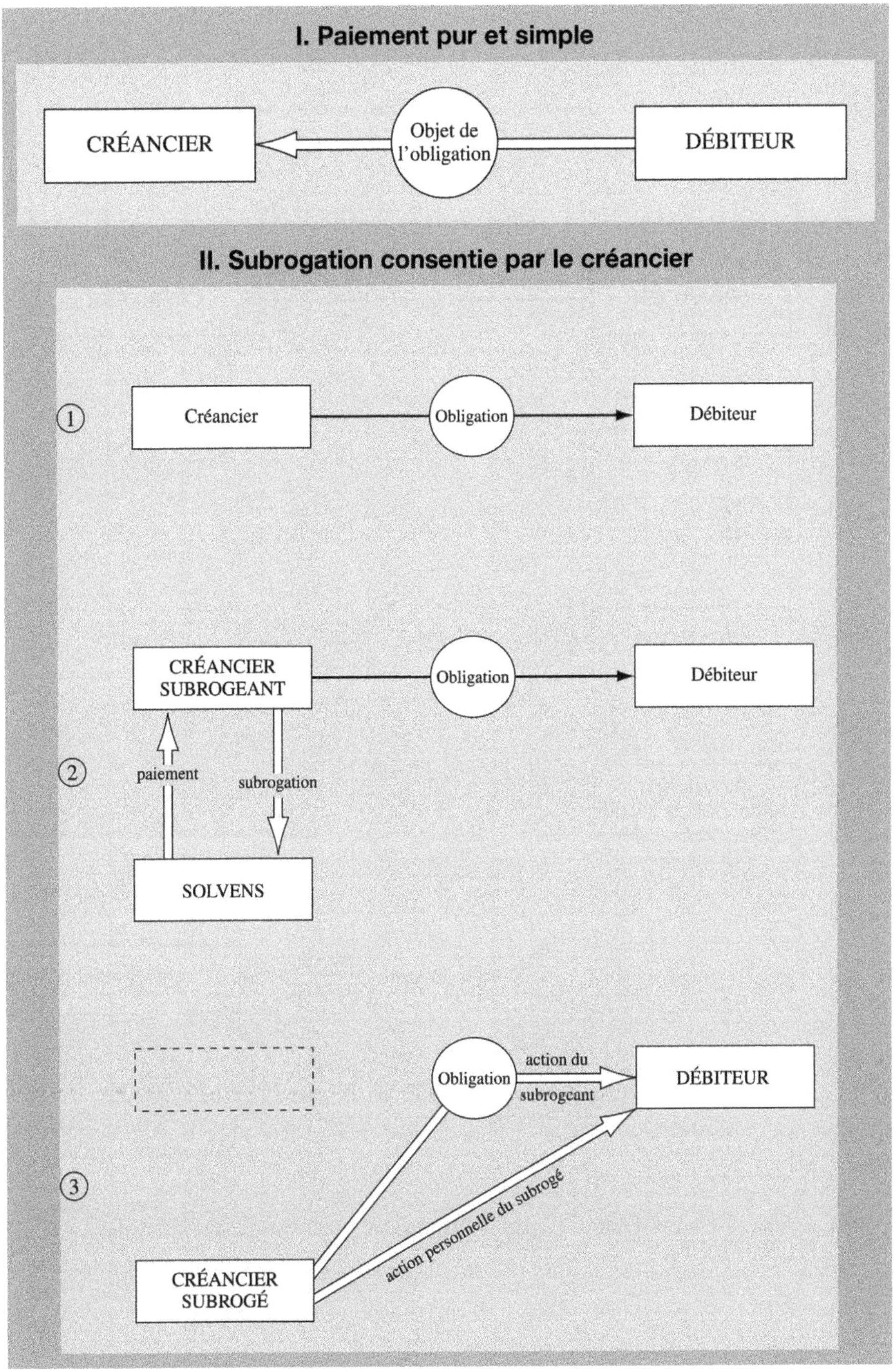
I. Paiement pur et simple
CRÉANCIER
Objet de l'obligation
DÉBITEUR
II. Subrogation consentie par le créancier
1
Créancier
Obligation
Débiteur
2
CRÉANCIER SUBROGEANT
Obligation
Débiteur
paiement
subrogation
SOLVENS
3
Obligation
action du subrogeant
DÉBITEUR
CRÉANCIER SUBROGÉ
action personnelle du subrogé

III. Subrogation consentie par le débiteur

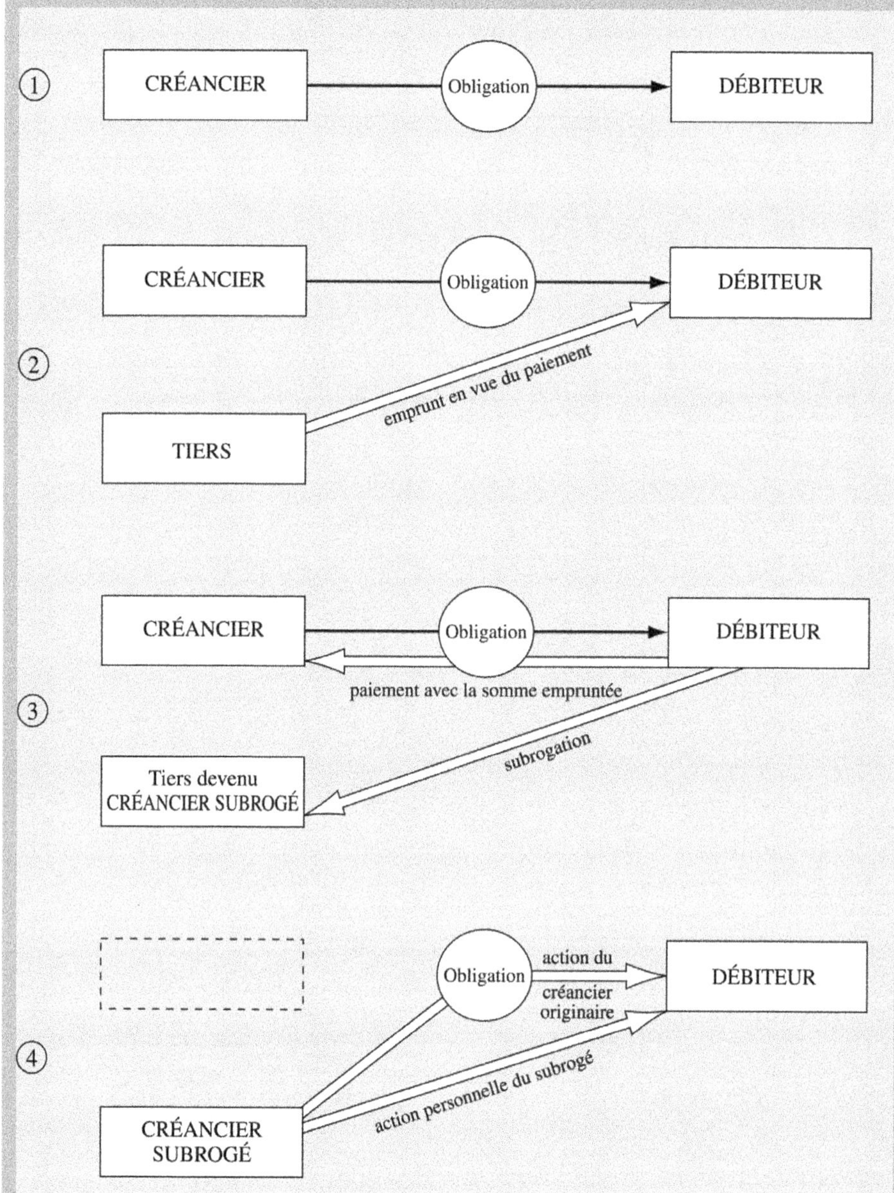

Note. En cas de paiement partiel, le droit du créancier originaire subsiste partiellement.

IV. Compensation

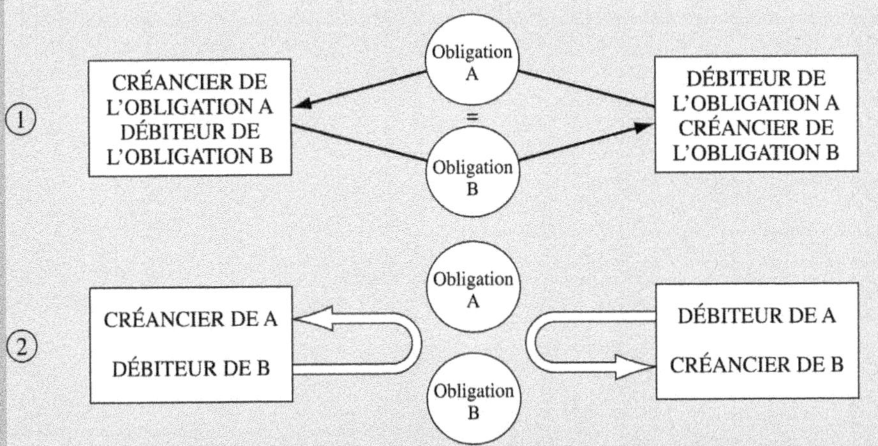

Si les deux dettes sont égales, sinon la compensation ne joue que partiellement, à concurrence de la plus faible.

V. Dation en paiement

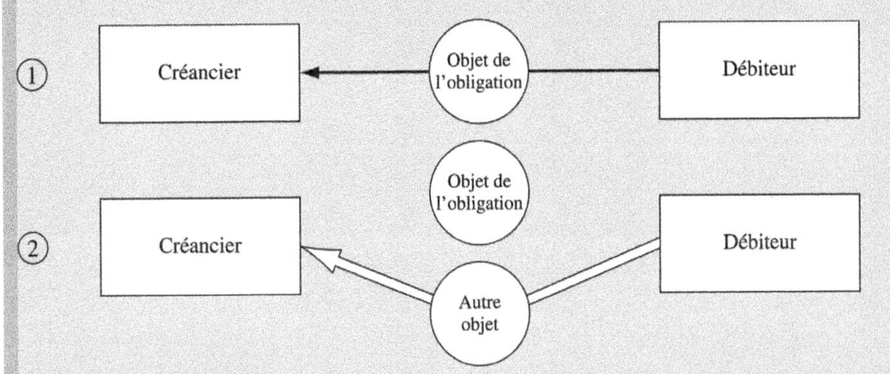

Chapitre 2

L'extinction de l'obligation sans la satisfaction du créancier

Introduction

Les différentes causes d'extinction sans la satisfaction du créancier

728. Avant l'ordonnance du 10 février 2016, l'ancien article 1234, dans son énumération des causes d'extinction des obligations, mélangeait des hypothèses très différentes. Certaines qui sont reprises par l'ordonnance ne nous intéressent pas ici car elles ont été étudiées au titre de l'extinction de l'obligation avec la satisfaction du créancier : il s'agit des cas où l'obligation s'éteint parce qu'elle a été exécutée, soit volontairement, comme dans le cas de paiement ou de compensation (v. ss 704 s.), soit sous l'effet d'une contrainte extérieure, comme dans les cas d'exécution forcée (v. ss 476 s.).

D'autres hypothèses concernent bien l'extinction de l'obligation sans la satisfaction du créancier mais n'ont pas été reprises par l'ordonnance au titre du régime général de l'obligation parce qu'elles concernent essentiellement le contrat et sont traitées dans ce cadre : il s'agit d'abord du cas où l'obligation s'éteint rétroactivement, à titre de sanction, car elle n'a pas été exécutée par le débiteur, comme dans le cas de la résolution du contrat (v. ss 1869 s.). Il s'agit ensuite de causes qui peuvent être considérées comme de pseudo-causes d'extinctions. On les signalera simplement rapidement ici mais elles seront également étudiées au titre du contrat : il s'agit de la *nullité* (v. ss 1464 s.), où l'obligation s'éteint rétroactivement, comme si elle n'avait jamais existé et de la *caducité*, où l'obligation s'éteint mais sans rétroactivité, parce qu'elle est atteinte d'une cause d'inefficacité (v. ss 1469 s.).

729. L'ordonnance du 10 février 2016 n'a retenu finalement au titre de l'extinction de l'obligation sans la satisfaction du créancier et à juste titre, que trois hypothèses où une obligation parfaitement valable et dont l'efficacité n'est pas en cause s'éteint sans avoir été exécutée : il s'agit de *la confusion* qui est un mode légal d'extinction des obligations (art. 1349 et 1349-1) ; de la *remise de dette* qui est un mode conventionnel d'extinction des obligations (art. 1350 à 1350-2) ; et, enfin, *de l'impossibilité d'exécuter* lorsqu'elle procède d'un cas de force majeure et qu'elle est irrémédiable (art. 1351 et 1351-1).

730. Enfin, deux autres causes d'extinction de l'obligation sans la satisfaction du créancier ne sont pas envisagées par les nouvelles dispositions dans le chapitre consacré aux causes d'extinction de l'obligation mais ce choix est logique : il s'agit d'abord de *la* *prescription extinctive,* car il s'agit d'une institution autonome régie par les articles 2219 et suivants du Code civil issus de la loi du 17 juin 2008 portant réforme de la prescription en matière civile. La prescription dépasse en effet largement le domaine de l'extinction des obligations. Ce n'est pas seulement un mode d'extinction des obligations mais plus largement un mode d'extinction des droits et c'est aussi un mode d'acquisition des droits (prescription acquisitive). Pour autant, elle est aussi un mode d'extinction des obligations et compte tenu de son importance pratique, nous l'étudierons ici.

Il s'agit, ensuite de *la novation.* Contrairement à l'option prise par le Code civil de 1804 qui l'envisageait comme un mode d'extinction de l'obligation, elle a été déplacée dans le chapitre consacré aux opérations sur obligations et nous l'avons étudiée à ce titre (v. ss 580 s.). Dans le cas de la novation, en effet, l'obligation ne s'éteint sans avoir été exécutée que pour être remplacée par une nouvelle obligation.

Nous étudierons donc successivement la prescription extinctive, puis les trois hypothèses envisagées par l'ordonnance, la confusion, la remise de dette et l'impossibilité d'exécution.

Section 1
La prescription extinctive

731. *La prescription* est l'écoulement d'un certain laps de temps qui produit des effets juridiques. L'article 1234 ancien la citait parmi les causes d'extinction des obligations mais renvoyait, pour son étude, au titre qui lui est consacré dans le Code civil. L'ordonnance, ayant supprimé la liste exhaustive des causes d'extinction de l'obligation éditée par l'article 1234, ne l'envisage plus au titre du régime général de l'obligation. Mais il n'en demeure pas moins que même si elle déborde ce cadre, il s'agit bien d'un mode d'extinction de l'obligation lorsqu'il est question de la prescription extinctive.

732. Il convient tout d'abord de préciser que la matière de la prescription a été réformée par une loi du 17 juin 2008 « portant réforme de la prescription en matière civile » (L. nº 2008-561, *JO* 18 juin), qui constituait le premier volet de la réforme du droit des obligations et de la prescription. Avec cette réforme, la prescription extinctive est désormais distinguée très nettement de la prescription acquisitive, alors qu'auparavant, au dernier titre du code étaient étudiés ensemble deux types de prescription très différents : prescription acquisitive et prescription extinctive. Le titre XX du Code civil qui s'intitulait : « De la prescription et de la possession » s'intitule désormais « De la prescription extinctive ».

► ***La prescription acquisitive*** est étudiée avec les droits réels puisqu'elle permet à une personne d'acquérir, par une possession prolongée, un droit réel, la propriété par exemple, que perd une autre personne (v. *Droit civil*, vol. 1). C'est la seconde forme de prescription qui nous intéresse ici, désormais clairement bien distinguée de la première dans le Code civil.

► ***La prescription extinctive*** est désormais définie par l'article 2219 tel qu'il résulte de la loi du 17 juin 2008 comme « un mode d'extinction d'un droit résultant de l'inaction de son titulaire pendant un certain laps de temps ». L'ancien texte définissait la prescription comme un moyen « d'acquérir ou de se libérer » par un certain laps de temps, dans les conditions prévues par la loi, ce qui englobait dans la même définition la prescription comme mode d'acquisition d'un droit et comme mode d'extinction d'un droit.

733. L'analyse de la prescription a soulevé une querelle doctrinale que la loi de 2008 semble avoir implicitement tranchée : pour certains en effet, partisans de la conception dite « processualiste », la prescription extinctive n'éteint pas à proprement parler l'obligation, mais uniquement le droit d'en exiger l'exécution, c'est-à-dire la possibilité d'agir en justice, l'*action*. La prescription laisserait donc subsister une obligation naturelle (v. ss 121 s.), dénuée d'action, mais dont l'exécution resterait possible, sans que le débiteur puisse ensuite demander la répétition (restitution) de ce qui aurait été exécuté malgré la prescription. Pour d'autres, tenants de la conception dite « substantialiste », la prescription « éteint le droit en sus de l'action » ; elle éteint donc totalement le droit, donc l'obligation. Si l'article 2219 nouveau du Code civil, en définissant la prescription comme un « mode d'extinction d'un droit résultant de l'inaction de son titulaire » semble apporter plutôt de l'eau au moulin des partisans de la conception substantialiste, en réalité, l'article 2249 vient confirmer la théorie processualiste. Il précise en effet que « le paiement effectué pour éteindre une dette ne peut être répété au seul motif que le délai de prescription était expiré ». En excluant la répétition, il confirme la thèse de la survie d'une obligation naturelle après la prescription.

734. Il faut également distinguer le délai de prescription du *délai préfix* (par exemple, le délai d'exercice des actions en contestation de filiation ; v. *Droit civil*, vol. 1), qui est caractérisé par sa grande rigueur, son automatisme, l'impossibilité de suspendre ou d'interrompre ce délai ; mais ces caractères ne sont pas toujours aussi nets et il est parfois difficile d'opérer une distinction parfaite entre ces deux sortes de délais.

Avant d'étudier les conditions et les effets de la prescription extinctive, quelles sont les principales idées qui ont animé la réforme ?

§ 1. Les principaux objectifs de la réforme de la prescription

735. Constatant que le délai de droit commun de la prescription extinctive fixé à trente ans se révélait inadapté au nombre et à la rapidité des transactions juridiques actuelles, alors que de nombreux États européens retiennent par ailleurs des durées de prescription plus courtes [1], la réforme a reposé sur trois objectifs essentiels : la réduction du nombre et de la durée des délais de la prescription extinctive ; la simplification de la leur décompte et l'autorisation de leur aménagement conventionnel par les parties au rapport d'obligation [2].

A. Réduction du nombre et de la durée des délais de prescription

736. Malgré une apparente simplicité, puisque l'article 2262 du Code civil ancien énonçait le principe selon lequel la prescription de droit commun, qu'elle soit acquisitive ou extinctive, est de trente ans, les délais de prescription étaient multiples et complexes.

1. Par ex. : dix ans en Finlande, Italie, Suède et Suisse ; six ans au Royaume-Uni ; trois ans en Allemagne.

2. V. Rapport Ass. nat., fait par M. Émile Blessing, n° 847, enregistré le 30 avril 2008.

En 2004 un groupe de travail, avait recensé plus de deux cent cinquante délais de prescription différents, allant de un mois à trente ans, avec des points de départs différents et de nombreuses causes d'interruption et de suspension [1].

La loi a donc simplifié la situation antérieure. Elle a posé comme délai de prescription de droit commun, un délai de cinq ans au lieu de trente ans. Pour autant, tous les délais n'ont pas été unifiés. Ainsi, par exemple, si le délai de prescription de droit commun vaut pour toutes les actions personnelles et mobilières, en matière immobilière, pour l'exercice des actions réelles, il est resté fixé à trente ans et des durées de prescription plus courtes ont été maintenues, quoique parfois simplifiées.

737. Par ailleurs, la loi a défini le *point de départ du délai* alors qu'auparavant une telle définition n'existait pas. Désormais, en effet, il est précisé par l'article 2224 nouveau que le délai part « du jour où le titulaire d'un droit a connu ou aurait dû connaître les faits lui permettant de l'exercer ». La formule n'est cependant pas des plus précises et elle laisse une marge d'appréciation importante au juge qui devra déterminer, selon la nature du cas, quel peut être ce jour auquel le titulaire d'un droit « aurait dû connaître les faits » [2].

B. Simplification des règles relatives au cours de la prescription

738. Un nouveau chapitre a été créé dans le Code civil, spécifiquement consacré au cours de la prescription extinctive. À cet égard, sont envisagées les causes de suspension et d'interruption de la prescription. Au titre des causes de suspension, ou de report du point de départ de la prescription, certaines sont introduites, comme la médiation ou la conciliation, d'autres consacrées alors que la jurisprudence les avait déjà mises en place, comme la règle selon laquelle la prescription ne joue pas tant que le créancier ignore l'existence ou l'étendue de la créance ou la règle dite *contra non valentem*, selon laquelle « la prescription ne court pas ou est suspendue contre celui qui est dans l'impossibilité d'agir par suite d'un empêchement résultant de la loi, de la convention ou de la force majeure » (C. civ., art. 2234). D'autres sont maintenues, comme la règle de la suspension à l'égard des mineurs ou majeurs en tutelle (art. 2235, quoiqu'avec des exceptions) ainsi que la règle selon laquelle l'effet suspensif joue non seulement entre époux, mais aussi entre partenaires d'un Pacs (art. 2236).

739. Mais l'une des innovations les plus importantes consiste dans la création d'un *délai butoir*, au-delà duquel on ne peut plus agir et qui conduit à la déchéance du droit : « le report du point de départ, la suspension ou l'interruption de la prescription ne peut avoir pour effet de porter le délai de prescription extinctive au-delà du délai de vingt ans à compter du jour de la naissance du droit », selon l'article 2232 nouveau. Ce délai est cependant écarté pour certaines actions comme en cas de dommage corporel et pour les actions relatives à l'état des personnes.

---

1. Groupe de travail présidé par J. F. Weber, président de la troisième chambre civile de la Cour de cassation.

2. La réforme s'inspire ici des Principes d'Unidroit, relatifs aux contrats du commerce international. L'article 10.2 de ces Principes précise que le délai de prescription court « à partir du lendemain du jour où le créancier a connu ou devait connaître les faits lui permettant d'exercer son droit ».

C. Possibilité d'un aménagement conventionnel de la prescription extinctive

740. Ces aménagements étaient déjà tolérés par la jurisprudence. En effet, si l'article 2220 ancien prohibait la renonciation à une prescription par anticipation, les clauses contractuelles abrégeant un délai pouvaient être valables.

La loi de 2008 a consacré cette possibilité d'aménagement à l'article 2254, qu'il s'agisse d'abréger ou d'allonger la durée de la prescription avec cependant deux limites temporelles : pas moins d'un an et pas plus de dix ans.

741. Le texte permet aussi aux parties « d'ajouter aux causes de suspension ou d'interruption de la prescription telles que prévues par la loi ».

742. Toutefois, compte tenu du danger de cette liberté dans certains domaines, l'article 2254 exclut toute possibilité d'aménagement conventionnel dans un certain nombre de cas où l'inégalité des parties au rapport d'obligation ne permet pas de s'assurer que l'un n'aura pas abusé de l'autre : ainsi tout aménagement conventionnel est exclu concernant les actions en paiement ou en répétition de salaires, en paiement de rentes, loyers et charges locatives afférents à des baux d'habitation et fermages, en matière de contrat conclu entre un professionnel et un consommateur, et en matière de contrat d'assurance, également.

743. L'article 2250 maintient par ailleurs l'interdiction de la renonciation à une prescription qui n'est pas encore acquise.

744. Ce sont surtout le fondement, les variétés et le délai qui importent.

§ 2. Le fondement de la prescription extinctive

745. La prescription extinctive était fondée et reste fondée sur deux idées essentielles : d'abord la protection de l'ordre public, ensuite une présomption de paiement.

– ***Protection de l'ordre public***. Il est évident qu'on ne peut pas laisser indéfiniment planer un doute sur l'exigibilité d'une obligation. Au bout d'un certain délai, il faut que le débiteur n'ait plus à redouter de poursuites, sans avoir à conserver indéfiniment ses quittances. Tant pis si, de temps en temps, cela équivaut à faire perdre au créancier la possibilité de faire respecter son droit, sa négligence doit être punie.

– ***Présomption légale de paiement***. Une autre idée est que, si le créancier n'a pas réclamé, c'est qu'il a déjà obtenu satisfaction, et de tels délais sont brefs. Mais, s'agissant d'une présomption de paiement, elle peut tomber devant la preuve contraire.

§ 3. Les différentes sortes de prescription

746. Il existe plusieurs types de prescription, en fonction de leur durée, que la loi de 2008 a assez largement remodelés.

A. La prescription de droit commun réduite à cinq ans

747. ***La prescription trentenaire*** de droit commun, qui caractérisait toutes les actions en nullité absolue (art. 2262, ancien) a disparu, on l'a dit, pour être remplacée par une prescription *quinquennale,* qui concerne toutes les actions personnelles et mobilières (art. 2224). Ce délai de cinq ans constitue un délai intermédiaire entre le délai de dix ans qui avait été préconisé par la Cour de cassation et le délai de trois ans qui avait été proposé par l'*avant-projet Catala de réforme du droit des* obligations et de la prescription. La grande distinction entre les nullités relatives prescrites par cinq ans et les nullités absolues prescrites par trente ans en matière contractuelle disparaît donc.

748. Par ailleurs, la loi de 2008 a supprimé un certain nombre de prescriptions extinctives spéciales qui figuraient dans les articles 2271 à 2277 du Code civil, supérieures ou non à cinq ans. La réforme procède donc à une généralisation du délai de droit commun.

749. C'est ainsi que la prescription quinquennale concerne désormais toutes les obligations *nées entre commerçants à l'occasion de leur commerce ou entre commerçants et non-commerçants* alors qu'auparavant elles étaient soumises à une prescription décennale (C. com., mod. art. L. 110-4).

750. Mais elle concerne aussi désormais toutes les actions en responsabilité sans qu'il y ait lieu de distinguer entre la responsabilité contractuelle et extracontractuelle (sous réserve de la réparation des dommages corporels pour lesquels il existe un délai plus important) (v. ss 753) ; elle concerne aussi les actions en responsabilité dirigées contre les personnes ayant représenté ou assisté les parties en justice (avocat, avoués) y compris à raison de la destruction ou de la perte des pièces qui leur ont été confiées (art. 2225) qui étaient soumises auparavant à une prescription décennale (art. 2277-1, ancien).

751. Dans d'autres hypothèses, l'application du délai de droit commun n'entraîne pas de changement ou alors il conduit à un allongement du délai de prescription. Ainsi par exemple, la *prescription de droit commun* concerne toutes les obligations payables « par année ou à des termes périodiques plus courts » c'est-à-dire les salaires, les arrérages des rentes perpétuelles et viagères ou des pensions alimentaires, les loyers, fermages, intérêts de sommes prêtées, etc. C'était déjà le cas auparavant, mais par application d'une disposition prévoyant une prescription spéciale (art. 2277, ancien), alors qu'il s'agit maintenant d'une prescription de droit commun.

B. Des prescriptions particulières figurant dans les dispositions générales consacrées à la prescription

752. Un certain nombre de prescriptions extinctives plus longues ou au contraire plus brèves que ce délai de droit commun sont cependant maintenues ou instaurées par la loi de 2008. Elles figurent pour certaines d'entre elles dans les dispositions générales consacrées à la prescription et donc dans le titre XX du Code civil, aux articles 2225 à 2227 et pour d'autres dans des dispositions spéciales.

753. Elles se trouvent dans une section intitulée : « De quelques délais et points de départ particuliers » et concernent essentiellement des actions en responsabilité et les actions réelles immobilières : la conservation ou l'instauration de délais supérieurs au délai de droit commun a pour objectif de sauvegarder les intérêts des créanciers au regard de la spécificité des intérêts en cause.

♦ ***Concernant les actions en responsabilité pour la réparation des dommages corporels***

– *la prescription vicennale* (vingt ans) a été maintenue (C. civ., art. 2226, al. 2) lorsque le dommage est causé par des tortures et des actes de barbarie, des violences ou des agressions sexuelles commises contre un mineur (art. 2270-1, al. 2, depuis L. du 17 juin 1998 : art. 2270-1, al. 1er, ancien) ;

– *la prescription décennale* (dix ans) a été maintenue pour toutes les autres actions en responsabilité nées à raison d'un événement ayant entraîné un *dommage corporel*, engagées par la victime *directe ou indirecte* (art. 2226) ;

– *le point de départ de la prescription* est le jour de la consolidation du dommage initial ou aggravé (art. 2226, al. 1er), y compris s'agissant des victimes par ricochet[1] (v. ss 2506).

Avant la loi de 2008, ce délai de dix ans ne concernait que les actions en responsabilité civile extracontractuelle et pas les actions en responsabilité contractuelle pour lesquelles jouait le délai de prescription de droit commun de trente ans ; par ailleurs la prescription décennale n'était pas limitée à la réparation des dommages corporels.

Les prescriptions des actions en responsabilité civile sont donc unifiées par la loi, concernant la responsabilité contractuelle et extracontractuelle et le critère est celui du dommage corporel. S'il y a dommage corporel, sans violence, toutes les actions en responsabilité se prescrivent par dix ans. Et s'il ne s'agit pas de dommages corporels, la prescription pour toutes les actions est de cinq ans (prescription de droit commun désormais) sauf texte spécial. Les dommages résultant des accidents de la circulation sont également soumis à cette prescription.

Par ailleurs, lorsque des poursuites pénales sont engagées, lorsque l'action civile est exercée devant la juridiction répressive, elle se prescrit selon les règles de l'action civile et si elle est exercée devant une juridiction civile, elle se prescrit selon les règles du Code civil. On évite ainsi à une action civile d'être prescrite avant l'action pénale.

♦ ***Concernant les dommages causés à l'environnement,*** un délai de prescription exceptionnel de trente ans a également été prévu pour les obligations financières liées à la réparation de ces dommages.

♦ ***Pour les actions réelles immobilières,*** la prescription est également trentenaire, l'article 222 précise que le droit de propriété est imprescriptible mais que sous cette réserve, les actions réelles immobilières se prescrivent par trente ans à compter du jour où le titulaire d'un droit a connu ou aurait dû connaître les faits lui permettant de l'exercer.

---

1. Civ. 2e, 3 nov. 2011, n° 10-16.036, *RCA* 2102, comm. 6, obs. S. Hoquet-Berg ; *Gaz. Pal.* 8-9 févr. 2012, obs. M. Mekki, *RTD civ.* n° 1, 2012. 122, n° 3, obs. P. Jourdain ; *JCP* 2012. 530, n° 2, obs. P. Stoffel-Munck ; *LPA* 26 janv. 2012, p. 10, note A. Thurillet-Bersolle.

C. Des prescriptions spéciales prévues par des textes particuliers

754. La loi de 2008 a laissé subsister des prescriptions spéciales prévues par des textes particuliers, qu'elle a parfois modifiés et parfois laissés intacts. Ces prescriptions peuvent être plus longues, égales, ou plus courtes que le délai de droit commun de cinq ans.

♦ ***Prescriptions plus longues (dix ans)***

– le délai de dix ans concerne désormais, en vertu d'un article 1792-4-3 inséré dans le Code civil, les actions en responsabilité « ordinaires » engagées contre les constructeurs visés aux articles 1792 et suivants, et article 1792-1 (architectes et entrepreneurs…) et leurs sous-traitants, distinguées des actions spéciales relevant des articles 1792-3 (garantie de bon fonctionnement soumise à un délai de deux ans) ; des articles 1792-4-1 (art. 2270, ancien) concernant la garantie décennale, et 1792-4-2 (art. 2270-2, ancien), concernant la responsabilité biennale qui se prescrit par deux ans. Ces actions ordinaires se prescrivaient auparavant par trente ans ;
– le délai de dix ans concerne aussi l'action en garantie des vices cachés contre le vendeur d'immeuble (art. 1646-1 et 2270) ;
– les actions relatives à la filiation (art. 321).

♦ ***Prescriptions égales à la prescription de droit commun de cinq ans (qui n'ont pas été modifiées par la loi)***

– actions intentées par un mineur (art. 475) ;
– action en contestation de filiation, lorsque la possession d'état est conforme au titre (art. 333) ;
– action en nullité du mariage pour vice du consentement (art. 181).

♦ ***Prescriptions plus brèves***

– prescription de deux ans pour les actions mobilières en garantie des vices cachés (art. 1648, al. 1er). Ce délai de deux ans a remplacé le « bref délai » existant antérieurement, qui posait des problèmes d'interprétation depuis l'ordonnance du 17 février 2005 ;
– prescription de deux ans pour les actions en réparation d'un accident du travail (L. du 30 oct. 1946, art. 78, mod. par L. du 12 juill. 1956) ;
– prescription de deux ans pour les actions en garantie de bon fonctionnement pour les architectes, entrepreneurs et vendeurs d'immeubles en ce qui concerne certains éléments d'équipement (art. 1792-3) ;
– enfin, on trouve des délais encore plus brefs, comme le délai d'une année qui a été maintenu par exemple pour l'action en garantie des vices cachés, dans le cas particulier de l'article 1642-1, c'est-à-dire, pour le vendeur d'un immeuble à construire : l'action doit être introduite « dans l'année qui suit la date à laquelle le vendeur peut être déchargé des vices apparents » (art. 1648, al. 2).

755. On notera pour finir que certaines actions se sont trouvées ramenées au délai de droit commun de cinq ans, soit parce que le délai de prescription a été rallongé soit au contraire parce qu'il a été réduit par la loi de 2008.

Ainsi au titre des *délais de prescription allongés*, peut-on noter que l'action en recouvrement de leurs créances d'honoraires pour les membres des professions médicales et paramédicales, l'action en recouvrement de leurs créances par les commerçants pour les marchandises vendues à des particuliers non marchands (art. 2272, al. 4, ancien), l'action en recouvrement de leurs frais et salaires pour les avocats (art. 2273, al. 1er, ancien), notaires, avoués, huissiers, qui étaient soumis au délai de deux ans sont désormais soumises au délai de droit commun de cinq ans ; alors que le délai permettant aux huissiers de justice d'être déchargés des pièces après commissions ou significations des actes dont ils étaient chargés (art. 2276, al. 2, ancien) reste à deux ans.

Au titre des *délais raccourcis*, on rappellera que les actions en responsabilité dirigée contre les personnes légalement habilitées à représenter ou à assister les parties en justice (avocat, avoués) y compris à raison de la destruction ou de la perte des pièces qui leur ont été confiées, sont désormais soumises à la prescription quinquennale de droit commun (art. 2225), au lieu de dix ans antérieurement ; mais ce même délai de cinq ans s'applique à l'action en responsabilité contre l'expert judiciaire ou contre l'huissier, qui se prescrivait auparavant par dix ans (art. 2277-1, ancien). Cependant, concernant l'huissier, on notera que l'action en responsabilité pour perte ou destruction des pièces reste soumise à une prescription de deux ans (article 2 *bis,* inséré dans l'ordonnance du 2 novembre 1945 relative au statut des huissiers). Tout n'est donc pas unifié.

§ 4. Questions concernant le calcul des délais de prescription

A. Le point de départ du délai

▶ ***Computation des délais***. C'est le calcul de la durée d'un délai.

756. En ce qui concerne le *point de départ du délai,* on a vu que la loi du 17 juin 2008 a prévu l'édiction d'une règle générale concernant le point de départ du délai de prescription : selon l'article 2224 en effet, le délai de prescription commence à courir du jour le titulaire d'un droit a connu ou aurait dû connaître les faits lui permettant de l'exercer. Ainsi sera-t-il possible de sanctionner l'éventuelle négligence du créancier, comme on a pu le faire valoir lors des débats parlementaires. La formule, on l'a déjà souligné, laissera au juge une marge d'appréciation importante puisque selon les types de contentieux, le jour où le titulaire d'un droit aurait dû connaître les faits lui permettant d'exercer l'action ne sera pas le même.

757. L'instauration de cette règle générale concernant le point de départ de la prescription n'empêche pas que subsistent des points de départ spécifiques. Ainsi par exemple, l'action en responsabilité née à raison d'un événement ayant entraîné un dommage corporel se prescrit par dix ans à compter de la date de la consolidation du dommage initial ou aggravé (C. civ., art. 2226) ; ou encore, l'action en réparation du préjudice résultant d'une discrimination se prescrit par cinq ans à compter de la révélation de la discrimination (C. trav., art. L. 1134-5) ; ou encore, l'action en nullité du mariage pour défaut de consentement ou bigamie se prescrit par trente ans à compter de la célébration du mariage (C. civ., art. 184)...

758. Le délai se compte par jours et non par heures (art. 2228). Le jour du point de départ n'est pas pris en compte. La prescription est acquise lorsque le dernier jour du terme est accompli (art. 2229). Ces solutions ne sont pas nouvelles.

B. La suspension ou le report du point de départ du délai de prescription

► ***Suspension du délai.*** La loi de 2008 définit désormais la suspension du délai : « la suspension de la prescription en arrête le cours sans effacer le délai déjà couru » (art. 2230). C'est donc un simple temps d'arrêt dans l'écoulement du délai. Une fois la cause de suspension disparue, le délai continue de courir, compte tenu du temps passé avant la suspension.

► En cas de ***report du point de départ*** de la prescription, la prescription ne commence tout simplement pas à courir.

759. Les causes de suspension du délai de prescription sont expressément prévues par la loi pour éviter tout abus d'interprétation des tribunaux ; elles figurent désormais dans les articles 2233 à 2239. Certaines étaient déjà prévues.

– *La prescription ne court pas contre les incapables,* mineurs non émancipés, ou majeurs en tutelle (art. 2234, art. 321, *in fine*), afin d'éviter tout risque de négligence de la part de leur représentant légal, sauf pour les prescriptions spéciales brèves.

– *Elle ne court pas ou est suspendue entre époux* pour ne pas troubler la paix des ménages et la loi de 2008 a ajouté aux époux les partenaires liés par un pacte civil de solidarité (art. 2236).

– *Elle ne court pas ou est suspendue contre l'héritier* acceptant à concurrence de l'actif net, à l'égard des créances qu'il a contre la succession (art. 2237), afin qu'il ne soit pas enclin à procéder au plus vite au recouvrement de ses créances.

– *Elle ne court pas à l'égard d'une créance qui dépend d'une condition* jusqu'à ce que la condition arrive ; d'une action en garantie, jusqu'à ce que l'éviction ait lieu ; d'une créance à terme, jusqu'à ce que le terme soit arrivé (art. 2233), ce que l'article 2257 ancien du Code civil prévoyait presque à l'identique.

760. À ces cas, déjà admis par les textes antérieurs, la loi de 2008 en a ajouté d'autres.

– La prescription ne court pas ou est suspendue contre « celui qui est dans l'impossibilité d'agir par suite d'un empêchement résultant de la loi, de la convention ou de la force majeure » (art. 2234). Cette cause de suspension avait déjà été admise par la jurisprudence[1]. L'assemblée plénière avait admis que selon l'adage *contra non valentem agere non currit praescriptio,* la prescription est, de droit, suspendue dès lors que l'on a manifesté son intention d'agir mais que l'on s'est heurté à un obstacle résultant de la loi elle-même[2]. Cette solution est destinée à introduire « de l'équité et de la souplesse dans la mise en œuvre de la législation » selon le rapporteur de la commission des lois du Sénat.

– Au titre des solutions très novatrices, la loi de 2008 a prévu que la prescription était suspendue à compter du jour où après la survenance d'un litige, les parties conviennent de recourir à la médiation ou à la conciliation (art. 2238).

---

1. Civ. 22 déc. 1959, *JCP* 1960. II. 11494, note P. E.

2. Ass. nat. 23 déc. 1999.

– Elle est suspendue, enfin, lorsque le juge fait droit à une demande de mesure d'instruction présentée avant tout procès (art. 2239).

761. Des textes spéciaux interviennent parfois en temps de guerre (1914-1918, 1939-1945, guerre d'Algérie), ou de troubles graves (événements de mai-juin 1968), pour prononcer une suspension des délais de prescription. C'est ce qu'on appelle un *moratoire*.

En revanche, il faut aussi tenir compte de certains délais préfix qui ne peuvent être suspendus, même pour cause d'incapacité, par exemple le délai de deux ans pendant lequel la rescision pour lésion d'une vente d'immeuble peut être introduite (art. 1676, al. 2). La jurisprudence a également parfois admis, souvent en l'absence de tout texte, l'existence de tels « délais préfix », il en est, notamment, ainsi pour le délai de trois ans pendant lequel peut être revendiqué un meuble perdu ou volé [1].

C. Les causes d'interruption du délai

► ***Interruption du délai.*** Désormais définie précisément par l'article 2231 du Code civil, l'interruption « efface le délai de prescription acquis. Elle fait courir un nouveau délai de même durée que l'ancien ». C'est donc un événement qui anéantit rétroactivement le temps déjà écoulé : si la cause d'interruption disparaît, le délai de prescription peut recommencer à courir, mais en repartant à zéro.

762. La loi de 2008 reprend assez largement les causes d'interruption antérieures.

– L'interruption peut intervenir du fait de la reconnaissance par le débiteur de sa dette (art. 2240). Ces dispositions s'appliquent aussi bien aux obligations qui naissent d'un délit ou quasi-délit qu'à celles qui naissent des contrats ou quasi-contrats. Il peut s'agir, par exemple, du paiement des intérêts par le débiteur, ou d'un engagement de payer ou d'une demande de remise de dette. Le cas était déjà prévu par l'ancien article 2248.

– Elle peut résulter d'une demande en justice, même en référé, même si la juridiction était incompétente et même si l'acte de saisine de la juridiction est annulé par l'effet d'un vice de procédure. L'effet interruptif se prolonge jusqu'à ce que le litige trouve sa solution, c'est-à-dire jusqu'à l'extinction de l'instance. L'article 2241 reprend là encore en substance l'ancien article 2244. L'interruption est non avenue cependant si le demandeur se désiste de sa demande ou laisse périmer l'instance ou si sa demande est définitivement rejetée (art. 2243).

– Elle peut résulter d'une exécution forcée et l'article 2244 nouveau reprend, là encore, assez largement les dispositions antérieures.

– Elle peut résulter de l'interpellation d'un débiteur solidaire (art. 2245 et 2246).

D. Les aménagements conventionnels et le délai butoir

763. La Cour de cassation a récemment admis que l'énumération légale des causes d'interruption de la prescription n'était pas d'ordre public et que les parties peuvent y déroger [2]. La loi de 2008 a confirmé cette possibilité d'aménagement conventionnel

1. Crim. 30 oct. 1969, *JCP* 1970. II. 16333, note G. Goubeaux.
2. Civ. 1re, 25 juin 2002, *Bull. civ.* I, n° 214 ; *D.* 2003. 195, note crit. Ph. Stoffel-Munck.

des causes de suspension ou d'interruption de la prescription, sous réserve de certaines exclusions déjà signalées (art. 2254, al. 2 et 3) (v. ss 742).

764. Enfin, rappelons que l'une des innovations de la loi a consisté à introduire dans l'article 2232, alinéa 1er, du Code civil, un délai butoir qui interdit que le report du point de départ, la suspension ou l'interruption de la prescription puisse avoir pour effet de porter le délai de la prescription extinctive au-delà de vingt ans à compter du jour de la naissance du droit. Toutefois, ce délai butoir est cependant lui-même écarté dans toute une série d'hypothèses, prévues par l'article 2232, alinéa 2, nouveau, du Code civil, et notamment lorsqu'il s'agit de l'action en réparation d'un dommage corporel de l'article 2226, nouveau, ou des actions réelles immobilières (art. 2227) ou encore des actions relatives à l'état des personnes.

§ 5. Les effets de la prescription extinctive

765. La prescription a, selon les cas, trois effets différents : en général, elle a un effet extinctif ; dans les courtes prescriptions, elle dispense de faire la preuve du paiement ; vis-à-vis du fisc, elle n'a qu'un effet translatif. Seul nous retiendra ici l'effet extinctif.

766. La prescription, si elle éteint l'action, laisse subsister l'obligation à l'état d'obligation naturelle. Le créancier, bien qu'il n'ait pas obtenu satisfaction, ne peut exiger l'exécution de l'obligation ; mais, si le débiteur s'exécute spontanément, son paiement est valable et ne peut pas être répété. C'est ce que confirme l'article 2249 issu de la loi du 17 juin 2008 qui précise que le paiement effectué pour éteindre une dette ne peut être répété au seul motif que le délai de prescription était expiré.

767. Cet effet extinctif n'est cependant pas automatique, il faut que le débiteur l'invoque quand il est poursuivi (art. 2247) et il ne faut pas qu'il y ait renoncé. En effet, s'il n'a pas le droit de refuser par anticipation le bénéfice de la prescription, il peut au contraire y renoncer expressément ou tacitement quand le délai est écoulé (art. 2250), à condition qu'il soit en état d'exercer ses droits (art. 2252). Il peut opposer cette prescription en tout état de cause, même devant la cour d'appel (art. 2248).

768. Les créanciers eux-mêmes peuvent opposer la prescription ou l'invoquer et ils peuvent le faire alors même que le débiteur y renonce (art. 2253).

769. Enfin, la prescription d'une action *en nullité* n'éteint pas le droit d'opposer celle-ci comme exception en défense à une action principale selon l'adage : *quæ temporalia sunt ad agendum, perpetua sunt ad exipiendum*[1]. Toutefois, la Cour de cassation exige pour qu'elle puisse être invoquée que l'acte juridique n'ait *pas encore été exécuté*[2]. Elle a par ailleurs apporté d'autres précisions destinées à encadrer cette exception (v. ss 1506).

---

1. Civ. 1re, 12 juill. 1982. *D.* 1982. 540.
2. Civ. 1re, 9 nov. 1999, *JCP* 2000. II. 1035, note C. Seraglini.

Section 2
La confusion

770. Un second mode légal d'extinction qui ne donne pas à proprement parler satisfaction au créancier est la confusion. Il figure désormais dans les articles 1349 et 1349-1 du Code civil, issus de l'ordonnance du 10 février 2016. Les règles du Code Napoléon (art. 1300 et 1301 anciens) sur la confusion ont été réécrites dans un objectif de clarification mais les solutions du droit positif sont inchangées.

§ 1. Définition et mécanisme de la confusion

771. L'article 1349 propose une définition de la confusion qui s'inspire de la définition antérieure mais qui met en évidence son effet extinctif, sous la réserve de la distinction entre les droits acquis par ou contre des tiers.

▶ « ***La confusion*** résulte de la réunion des qualités de créancier et de débiteur d'une même obligation dans la même personne. Elle éteint la créance et ses accessoires, sous réserve des droits acquis par ou contre des tiers ».

772. Il en est ainsi, notamment si le débiteur hérite du créancier. La Cour de cassation a notamment admis une application de la confusion en cas de cumul sur une même tête des qualités de preneur et de propriétaire, dans l'hypothèse où le premier hérite du second : « la confusion des droits locatifs et de propriété éteint le droit au bail sur les parcelles dont le preneur devient propriétaire » [1].

Toutefois, les droits du créancier et du débiteur doivent être confondus, ce qui exclut la possibilité de confusion dans le cas de l'acceptation d'une succession à concurrence de l'actif net puisque les deux patrimoines – patrimoine successoral et patrimoine de l'héritier bénéficiaire – restent bien distincts dans ce cas, contrairement à l'acceptation pure et simple (C. civ., art. 791).

D'autre part, si la créance a été cédée ou si la dette a fait l'objet d'une saisie-arrêt, la confusion n'est plus possible.

Enfin, la confusion suppose que la même personne soit à la fois propriétaire de la créance et débitrice, si elle n'est qu'usufruitière de la créance, la confusion ne peut jouer.

§ 2. Effets de la confusion

773. L'effet normal de la confusion est l'extinction de l'obligation, mais il y a des limites à cet effet extinctif et l'on a pu se demander si l'obligation était bien éteinte ou seulement paralysée.

---

1. Civ. 3e, 24 juin 2009, *JCP* 2009. 228, n° 9, obs. G. Loiseau ; *RTD civ.* 2009. 722.

A. L'effet extinctif de la confusion

774. Les dispositions issues de l'ordonnance de 2016 reprennent ici les solutions antérieures sous réserve de leur reformulation.

775. La confusion éteint l'obligation car elle rend son exécution impossible. Elle entraîne également la disparition des accessoires de la créance ainsi que l'indique l'article 1349, et notamment des sûretés qui pouvaient l'accompagner. Ainsi, la caution, même solidaire, se trouve-t-elle libérée (art. 1349-1, al. 2).

776. En cas de pluralité de créanciers ou de débiteurs solidaires, la confusion n'éteint l'obligation que pour la part de celui des créanciers qui devient débiteur, ou de celui des débiteurs qui devient créancier. Pour les autres, ils restent débiteurs ou créanciers sous réserve la déduction de la part de celui qui a été libérée (art. 1349-1) (art. 1301, al. 3).

777. Dans le cas particulier où la confusion concerne une obligation cautionnée par plusieurs cautions solidaires et où l'une d'entre elles bénéficie de la confusion, l'article 1349-1, alinéa 2, précise que le débiteur principal n'est pas libéré et que les autres cautions solidaires sont libérées seulement à concurrence de la part de la caution concernée par la confusion.

B. Les limites à l'effet extinctif de la confusion

778. L'article 1349 pose à cet égard la réserve « des droits acquis pour ou contre des tiers ». Les dispositions antérieures n'y faisaient pas référence mais la jurisprudence avait admis cette limite.

779. Pour la jurisprudence, l'effet de la confusion n'était pas total, et il n'était pas opposable aux ayants-cause particuliers qui auraient acquis leurs droits avant la confusion. Par exemple, un locataire bénéficie d'un droit de prorogation légale du bail qui est opposable à un tiers auquel le propriétaire a consenti un bail qui doit prendre effet dès la fin de la prorogation. Entre-temps, le locataire prorogé devient propriétaire, la confusion ne l'empêche pas d'opposer au tiers le respect du délai de prorogation

Section 3
La remise de dette

780. Les obligations peuvent s'éteindre d'un commun accord des parties bien qu'elles n'aient pas été exécutées ; c'est ce qui se passe en cas de remise de dette qui est donc un mode conventionnel d'extinction de l'obligation.

781. La remise de dette faisait l'objet de longs développements dans le Code civil de 1804, qui ne la définissait cependant pas. Les articles 1350 à 1350-2 du Code civil issus de l'ordonnance de 2016 proposent cette définition. Par ailleurs, les nouvelles règles proposent des reformulations plus claires et innovent concernant la portée de la remise de dette à l'égard des autres coobligés et cautions, en prenant notamment le contre-pied de l'ancien article 1283.

§ 1. Définition et mécanisme de la remise de dette

A. Nature juridique de la remise de dette

► ***La remise de dette*** est le contrat par lequel le créancier libère le débiteur de son obligation. Telle est la définition issue de l'article 1350 du Code civil.

782. Dans la mesure où la remise de dette est un contrat, cela implique que l'accord du débiteur est nécessaire. La remise de dette n'est pas un acte unilatéral.

783. On pourrait considérer la remise de dette comme une renonciation à un droit, mais c'est inexact, car la renonciation est un acte unilatéral, alors que nous sommes ici en présence d'un contrat.

Il s'agit généralement d'un acte à titre gratuit, d'une donation indirecte, mais elle pourrait également avoir une contrepartie dans un autre abandon consenti par le débiteur, ce qui constituerait les éléments d'une transaction (art. 2044), donc un acte à titre onéreux.

B. Conditions de fond de la remise de dette

784. La remise de dette exige réunies les conditions de validité d'un contrat, c'est-à-dire, notamment, le consentement des deux parties qui doit exister et être exempt de vices (v. ss 1008 s.). Toutefois, il est admis que le consentement du débiteur soit tacite ; son silence vaut acceptation s'il est au courant de l'offre du créancier. Il faut, aussi, respecter les conditions des libéralités, si la remise de dette est faite à titre gratuit, c'est-à-dire l'intention libérale, la capacité de faire ou de recevoir une libéralité, et la remise de dette est soumise aux règles du rapport et de la réduction.

En revanche, on n'exige pas les formes habituellement requises pour les libéralités, car la remise de dette est considérée comme une donation indirecte pour laquelle aucune forme n'est requise. Mais si elle est contenue dans un testament, elle obéit aux règles des libéralités testamentaires.

§ 2. Effets de la remise de dette

785. L'effet essentiel est un effet extinctif. La créance est éteinte et les sûretés qui la garantissaient disparaissent aussi, même si l'article 1350 ne le précise pas expressément.

786. Lorsqu'il y a plusieurs codébiteurs solidaires, l'article 1350-1, alinéa 1er, qui envisage cette hypothèse, modifie la règle antérieurement posée par l'ancien article 1285, lequel prévoyait que la remise de dette faite à l'un des codébiteurs solidaires libérait tous les autres, à moins que le créancier n'ait expressément réservé ses droits contre ces derniers. Le nouvel article 1350-1 suppose à l'inverse, que le créancier n'entend pas *a priori* faire bénéficier tous les codébiteurs solidaires de la remise consentie à l'un d'eux. C'est pourquoi il est prévu que la remise de dette consentie à un codébiteur solidaire ne libère les autres qu'à concurrence de sa part.

787. De la même façon, en cas de solidarité active (plusieurs créanciers solidaires), la remise de dette faite par l'un seulement des créanciers solidaires ne libère le débiteur que pour la part de ce créancier (art. 1350-1, al. 2).

788. Les règles antérieures concernant les cautions sont clarifiées : ainsi, la remise de dette accordée au débiteur principal libère les cautions, même solidaires (art. 1350-2, al. 1er) ; la remise consentie à l'une des cautions solidaires ne libère pas le débiteur principal mais libère les autres cautions à concurrence de sa part, selon l'article 1350-2, alinéa 2, alors que l'article 1287 ancien indiquait que la remise, accordée à l'une des cautions, ne libérait pas les autres.

789. Enfin l'article 1350, alinéa 3, qui concerne l'hypothèse où la remise a été consentie à l'une des cautions moyennant une contrepartie, est plus précis que l'ancien article 1288 sur les effets de cette remise : « ce que le créancier a reçu d'une caution pour la décharge de son cautionnement doit être imputé sur la dette et décharger le débiteur principal à proportion ». Le nouveau texte ajoute, là où l'ancien ne distinguait pas par rapport à la situation du débiteur principal que « les autres cautions ne restent tenues que déduction faite de la part de la caution libérée ou de la valeur fournie si elle excède cette part ». Ainsi, les autres cautions profiteront du paiement réalisé par la caution au créancier, en tant qu'elle s'imputera sur la part du débiteur principal. Cette interprétation de l'ancien article 1288 avait déjà été faite par la jurisprudence [1].

§ 3. Preuve de la remise de dette

A. Preuve normale

790. Dans le dispositif antérieur à l'ordonnance du 10 février 2016, trois articles (1282) 1284 étaient consacrés à la question de la preuve de la remise de dette. Ces dispositions particulières ont disparu.

La remise de dette, étant un acte juridique, doit donc être prouvée par les moyens admis pour les actes juridiques c'est-à-dire par écrit au-dessus de 1 500 euros, par témoignage ou présomption au-dessous de cette somme ou s'il y a un commencement de preuve par écrit (v. ss 1453 s.).

B. Présomption légale

791. Pour faciliter la preuve de la libération du débiteur, le Code civil de 1804 avait établi une présomption légale dispensant le débiteur de faire la preuve du paiement ou de la remise de dette, chaque fois que la remise du *titre* constatant la créance lui a été faite volontairement par le créancier (ancien art. 1282-1283).

Il faut bien remarquer qu'il ne s'agissait pas exclusivement d'une présomption de remise de dette, mais d'une présomption de libération par paiement ou par remise de dette. Cependant, c'est à la section consacrée à la remise de dette que se trouvait cette disposition.

---

1. Civ. 1re, 11 juill. 1984, *Bull. civ.* I, n° 229 ; *RTD civ.* 1935. 409, obs. Ph. Rémy ; Civ. 1re, 4 janv. 2005, *Légifrance*, n° 02-11.307.

L'ordonnance du 10 février 2016 l'a conservée, mais l'a déplacée dans les règles relatives au paiement (C. civ., art. 1342-9) (v. ss 616).

Section 4
L'impossibilité d'exécuter par cas de force majeure

792. Un débiteur peut être empêché d'exécuter son obligation par suite d'un événement indépendant de sa volonté, un cas de force majeure (sur cette notion, v. ss 1933 s., 2438). Dans un tel cas, l'impossibilité d'exécution met fin à l'obligation sans donner lieu à dommages et intérêts. La question soulève des difficultés particulières dans le cas où l'obligation ou les obligations considérées sont inscrites dans un contrat synallagmatique, dans lequel, on le verra (v. ss 1935), les obligations des parties sont réciproques et interdépendantes. On peut se demander dans un tel contexte, si l'extinction des obligations de l'un en vertu de la force majeure, met fin ou pas aux obligations de l'autre. Cette question est traitée cependant non pas dans les dispositions relatives au régime général des obligations mais au titre du contrat et, plus précisément, au titre des conséquences de l'inexécution contractuelle (v. ss 1935 s.).

793. L'ordonnance du 10 février 2016 s'est préoccupée aussi de cette question de l'impossibilité d'exécution dans le cadre du régime général des obligations, dans le chapitre consacré aux causes d'extinction de l'obligation, dans la section 5, intitulée « L'impossibilité d'exécuter », constituée par les articles 1351 et 1351-1. La question n'est pas nouvelle et les dispositions issues de l'ordonnance reprennent assez largement celles qui figuraient dans les anciens articles 1302 et 1303 du Code civil, consacrés à la question de « la perte de la chose due ».

794. L'article 1351 pose des règles générales qu'il faut ensuite compléter par deux séries de règles qui concernent le contrat : les unes posées au titre de la résolution du contrat par cas de force majeure (art. 1218, al. 2 ; v. ss 1946) ; les autres, posées au titre de l'effet translatif du contrat et de la question du transfert des risques de la chose en cas de transfert de propriété (art. 1196, al. 3) (v. ss 1562).

L'article 1351 pose le principe selon lequel l'impossibilité d'exécuter « libère le débiteur à due concurrence lorsqu'elle procède d'un cas de force majeure et qu'elle est *définitive*, à moins qu'il n'ait convenu de s'en charger ou qu'il n'ait été préalablement mis en demeure ». Lorsque l'empêchement n'est que *temporaire*, la réponse est fournie par l'article 1218, alinéa 2, inscrit au titre du contrat, qui précise que l'obligation est simplement suspendue. Les deux dispositifs se complètent par conséquent (v. ss 1946).

On notera l'importance attachée à la mise en demeure qui empêche le débiteur d'invoquer postérieurement la force majeure. L'idée est que s'il avait exécuté dès l'exigibilité de l'obligation, il n'aurait pas été confronté à la force majeure ; il s'agit donc d'une forme de sanction. Il peut aussi avoir accepté de prendre en charge le risque de force majeure, la plupart du temps, en matière contractuelle, par le biais d'une clause de garantie.

La question représente par ailleurs un enjeu important lorsque le contrat a pour objet le transfert de la propriété d'un bien susceptible d'être détruit, ce qui créera une impossibilité d'exécution : la question de la charge des risques est alors réglée par l'article 1196, alinéa 3, au titre de l'effet translatif du contrat (v. ss 1562 s.) ; les deux dispositifs, là encore, se complètent.

795. La force majeure n'avait jusqu'ici jamais été définie par les textes. Elle a fait l'objet d'une très abondante jurisprudence et de certains débats (v. ss 1938 s.). Une définition de la force majeure en matière contractuelle est désormais fournie par l'article 1218, alinéa 1er, qui servira de référence, en tant que de besoin, en dehors du cadre du contrat : il s'agit d'un « événement échappant au contrôle du débiteur, qui ne pouvait être raisonnablement prévu lors de la conclusion d contrat et dont les effets ne peuvent être évités par des mesures appropriées », ce que l'on traduisait classiquement par l'exigence de la réunion de trois conditions cumulatives : les conditions d'imprévisibilité, d'irrésistibilité et d'extériorité de l'événement.

796. L'article 1351-1 ajoute une autre hypothèse de libération du débiteur, dans le cas de la perte de la chose, et dans ce cas, les effets d'une mise en demeure préalable peuvent être annihilés : « lorsque l'impossibilité d'exécuter résulte de la perte de la chose due, le débiteur mis en demeure est néanmoins libéré s'il prouve que la perte se serait pareillement produite si l'obligation avait été exécutée. Il est cependant tenu de céder à son créancier les droits et actions attachées à la chose ».

Comparaison des principaux modes d'extinction des obligations

MODES D'EXTINCTION	ORIGINE	DATE D'EFFET	CARACTÈRE DE L'EXTINCTION	NATURE DE L'EXÉCUTION	SORT DE L'OBLIGATION
PAIEMENT	Conventionnelle	Immédiat sauf délais de grâce	A titre onéreux	Satisfactoire	Extinction volontaire de l'obligation
COMPENSATION	Conventionnelle, légale ou judiciaire	Immédiat	A titre onéreux	Par équivalent	Extinction simultanée de deux obligations
DATION EN PAIEMENT	Conventionnelle	Immédiat	A titre onéreux	Par équivalent	Extinction de l'obligation et transfert de propriété
EXÉCUTION FORCÉE	Judiciaire	Immédiat sauf délais de grâce	A titre onéreux	Satisfactoire ou par équivalent	Extinction forcée de l'obligation
RÉSOLUTION	Judiciaire ou conventionnelle (pacte commissoire)	Rétroactif		Pas d'exécution (faute, force majeure)	Anéantissement rétroactif de l'obligation
RÉSILIATION	Conventionnelle, légale ou judiciaire	Immédiat		Satisfactoire pour le passé, pas d'exécution pour l'avenir	Anéantissement de l'obligation pour l'avenir
CADUCITÉ	Situation de fait à effets juridiques	Immédiat		Pas d'exécution	Anéantissement sans rétroactivité de l'obligation avant production des effets
PRESCRIPTION EXTINCTIVE	Légale	Immédiat		Pas d'exécution	Extinction de l'obligation civile, l'obligation naturelle subsiste
CONFUSION	Légale	Immédiat		Pas d'exécution	Extinction ou paralysie de l'obligation
REMISE DE DETTE	Conventionnelle	Immédiat	A titre gratuit	Pas d'exécution	Extinction de l'obligation
NOVATION	Conventionnelle	Immédiat	A titre onéreux	Partiellement satisfactoire	Extinction de l'obligation ancienne. Création d'une obligation nouvelle

DOCUMENTS

BIBLIOGRAPHIE

BANDRAC (M.), *La nature juridique de la prescription extinctive en matière civile*, thèse, 1983.

BUY (M.), « Prescription de courte durée et suspension de la prescription », *JCP* 1977. I. 2833.

CARBONNIER (J.), « Prescription extinctive », *RTD civ.* 1952. 171.

CARIO (R.), « Modifications conventionnelles de la prescription extinctive », *LPA* 6 nov. 1998.

CHANTEPIE (G.) et LATINA (G.), *La réforme du droit des obligations. Commentaire théorique et pratique dans l'ordre du Code civil*, Dalloz, 2015, p. 878 s.

DISSAUX (N.) et JAMIN (C.), *Projet de réforme du droit des contrats, du régime général et de la preuve des obligations. Commentaire article par article*, Dalloz, 2015, p. 197 s.

CHARDEAU (A.) et DUQUET (G.), « La réforme de la prescription civile : un enjeu juridique et économique », *LPA* 22 févr. 2008.

MALAURIE (Ph.), « La réforme de la prescription civile », *LPA* 22 févr. 2008, n° 39, p. 3.

MEKKI (M.), « La prescription extinctive trentenaire de l'article 2262 du Code civil n'est pas applicable à l'action en nullité pour dol », *JCP* 2006. II. 10036.

THIBIERGE (L.), « L'impossibilité d'exécuter », in Chantepie (G.) et Latina (G.) (dir.), *Projet de réforme du droit des contrats, du régime général et de la preuve des obligations. Analyses et propositions*, Dalloz, 2015, p. 109.

VASSEUR (M.), « Délais préfix, délais de prescription, délais de procédure », *RTD civ.* 1950. 439.

VIALATTE (T.), « L'effet extinctif de la réunion sur une même tête de qualités contraires et ses limites », *RTD civ.* 1978. 567.

Chapitre 3

Les restitutions

797. La question des restitutions est généralement liée à l'extinction d'une obligation. En effet, elle se pose le plus souvent après l'anéantissement d'un contrat, soit parce qu'il est annulé (art. 1178, al. 3) et que cette sanction rétroactive implique que tout soit remis en l'état antérieur, comme s'il n'y avait jamais eu d'acte ; soit parce qu'il est résolu (en cas d'inexécution), avec le même effet rétroactif et la même nécessité d'effacement de l'acte (art. 1229, al. 2). Si des obligations avaient été exécutées dans l'intervalle et des prestations effectuées, il faut donc les restituer, tel est le principe. Cependant, la question des restitutions peut aussi se poser, au-delà de l'hypothèse d'un contrat annulé ou résolu (ou plus largement d'un acte juridique), en cas de paiement de l'indu, quasi-contrat qui fait naître une obligation de restitution (art. 1302 s.) (v. ss 1512 s.).

798. Jusqu'à la réforme de 2016, le Code civil ne consacrait aucune disposition propre à la question des restitutions et ne contenait que des règles dispersées concernant le mécanisme, notamment posées dans le cadre de la répétition de l'indu, et sur lesquelles la jurisprudence s'était appuyée pour régler la question des restitutions en matière contractuelle.

799. L'ordonnance du 10 février 2016 a donc innové, en consacrant, dans le cadre du régime général de l'obligation un chapitre entier, le chapitre V, aux restitutions. La matière est désormais regroupée dans les articles 1352 à 1352-9 du Code civil et la question des restitutions est traitée de façon absolument générale, sans distinguer selon la cause de la restitution, anéantissement, résolution d'un contrat ou répétition de l'indu.

Un certain nombre des dispositions antérieures qui figuraient au titre de la répétition de l'indu ont été reprises, enrichies des solutions dégagées par la jurisprudence, mais l'ordonnance a aussi contredit parfois les solutions jurisprudentielles, et donc introduit des solutions innovantes. De façon générale, elle a tenté de clarifier la matière, qui reste cependant complexe.

800. Après avoir envisagé les principes posés par les textes, nous envisagerons la situation selon qu'il s'agit de restitutions portant sur une chose autre qu'une somme d'argent, sur une somme d'argent, ou sur une prestation de service, la distinction étant en effet faite par les articles 1352 à 1352-8.

§ 1. Les principes

A. Le principe de la restitution en nature

801. Ce principe est posé par l'article 1352 mais en réalité, il est immédiatement exclu pour les restitutions de sommes d'argent : « la restitution d'une chose autre que d'une somme d'argent a lieu en nature (…) ». La restitution en nature concerne donc bien seulement les choses autres que de l'argent, lorsque l'objet de la prestation était un bien particulier, chose de genre ou chose individualisée, meuble ou immeuble. Le principe de la restitution en nature suppose que c'est la chose même objet de la prestation qui doit être restituée et pas une autre. Concernant les sommes d'argent, bien fongible par excellence, la restitution en nature n'a pas de sens.

802. Le principe de la restitution en nature ne joue pas non plus pour la restitution des prestations de service. L'article 1352-8 précise en effet que « la restitution d'une prestation de service a lieu en valeur ». Ce principe de la restitution en nature est finalement assez circonscrit. Il confirme l'idée de remise en l'état antérieur mais qui n'est évidemment pas toujours possible, ni même concevable s'agissant d'une prestation de service. Concernant les choses autres que les sommes d'argent, cela suppose évidemment déjà que la chose à restituer se retrouve dans le patrimoine de celui qui est tenu à la restitution. Par ailleurs, elle peut avoir été détériorée, ou à l'inverse avoir augmenté de valeur et il faudra tenir compte de tous ces éléments.

B. La restitution en valeur

803. Elle joue pour les obligations de sommes d'argent (art. 1352) et également pour les prestations de service (art. 1352-8). Mais elle peut aussi intervenir pour la restitution de choses autre que de l'argent. L'article 1352 indique en effet que lorsque la restitution d'une chose autre que d'une somme d'argent est impossible, elle a lieu « en valeur, estimée au jour de la restitution ». Toutefois, la question est loin d'être résolue par ce seul texte. D'autres règles, plus complexes viennent compléter cette première règle d'évaluation.

§ 2. Les règles particulières

804. Il faut ici distinguer selon que la restitution a lieu en nature, pour les choses autres que de l'argent, lorsqu'elle est possible, ou en valeur

A. Si la restitution a lieu en nature (pour les choses autres qu'une somme d'argent)

805. Il faut évidemment restituer la chose, mais l'article 1352-3 indique qu'il faut également restituer les fruits et la valeur de la jouissance que la chose a procurée.

1) Restitution des fruits

806. S'agissant des fruits, l'article 1352-3, alinéa 3, indique que s'ils ne se retrouvent pas en nature, la restitution a lieu selon une valeur estimée à la date du remboursement, suivant l'état de la chose au jour du paiement (de l'exécution) de l'obligation. Cependant une clause contraire est possible.

807. Le texte ne distingue pas selon que le débiteur de l'obligation de restitution est de bonne ou de mauvaise foi. Avant la réforme, il était admis, par la jurisprudence, en application du droit des biens (art. 549-550) qu'il conservait les fruits s'il était de bonne foi. Cette solution est désormais écartée par l'article 1352-3 qui ne distingue plus et ne prend en compte le rôle de la bonne foi que pour la détermination du moment auquel les fruits sont dus, la même solution étant d'ailleurs retenue pour l'indemnité due au titre de la jouissance.

2) Indemnité de jouissance

808. Cette question de savoir si le débiteur devait la valeur de la jouissance dont il a profité était marquée par les hésitations de la jurisprudence [1] mais en dernier lieu, un arrêt rendu en chambre mixte avait tranché dans le sens de l'exclusion [2]. L'article 1352-3, alinéa 1er, prend donc le contre-pied de cette jurisprudence en accordant la compensation de la jouissance que la chose a procurée dans le calcul des répétitions. L'article 1352-3, alinéa 2, indique que la valeur de cette jouissance est estimée par le juge au jour où il se prononce.

3) Incidence de la bonne ou de la mauvaise foi sur le moment auquel sont dus les fruits et la valeur de la jouissance

809. On a vu que contrairement à la solution admise par la jurisprudence, la bonne foi ou la mauvaise foi n'ont plus d'incidence sur la restitution des fruits. Toutefois, leur incidence se manifeste lorsqu'il s'agit de déterminer à quel moment sont dus les fruits ou la valeur de la jouissance.

810. Si le débiteur est de mauvaise foi, il doit restituer les fruits et également la valeur de la jouissance de la chose *à compter du jour du paiement* (art. 1352-7). Si, à l'inverse, il est de bonne foi, il ne doit les fruits et la valeur de jouissance qu'à *compter du jour de la demande* (art. 1352-7).

4) Dégradation de la chose

811. L'article 1352-2 règle également la question des éventuelles dégradations et détériorations subies par la chose. Le débiteur de l'obligation de restitution en répond, à moins qu'il soit de bonne foi et que celles-ci ne soient pas dues à sa faute.

5) Dépenses nécessaires à la conservation de la chose ou ayant augmenté sa valeur

812. Cette hypothèse est prévue par l'article 1352-5. Pour fixer le montant des restitutions il est tenu compte des dépenses faites par le débiteur de l'obligation de restitution qui étaient nécessaires à la conservation de la chose et de celles qui en ont augmenté la valeur, dans la limite de la plus-value estimée au jour de la restitution.

---

1. L'admettant : Civ. 3e, 12 mars 2003, *Bull. civ.* III, n° 63 ; *D.* 2003. 2522, note Y. M. Serinet : *contra* : Civ. 2e, juin 1987, *Bull. civ.* I, n° 183, n° 84-16.624.

2. Ch. mixte 9 juill. 2004, *RTD civ.* 2005. 125, obs. J. Mestre et B. Fages ; *Defrénois* 2004. 1402, obs. R. Libchaber ; *RLDC* nov. 2004, n° 396, obs. Ph. Malaurie.

B. Si la restitution a lieu en valeur

813. Le principe posé par l'article 1352 est celui de la restitution selon la valeur estimée au jour de la restitution. Mais ce principe doit être décliné ensuite différemment selon l'objet de la restitution : chose, somme d'argent ou prestation de service.

1) Restitution d'une chose en valeur

814. Si la restitution est celle d'une chose (autre que de l'argent ou une prestation de service) : on retrouve les règles précédentes relatives à la nécessité de restituer les fruits et de la valeur en jouissance (v. ss 806 s.). Si les fruits ne se retrouvent pas en nature, la restitution a lieu selon une valeur estimée à la date du remboursement, suivant l'état de la chose au jour du paiement de l'obligation sujette à répétition. La valeur en jouissance est toujours évaluée par le juge au moment où il se prononce. On retrouve aussi l'incidence de la bonne ou de la mauvaise foi.

815. Concernant la restitution de la valeur de la chose elle-même, l'article 1352-2 traite du cas particulier où la chose a été vendue. Dans ce cas, si le débiteur est de bonne foi, il ne doit restituer que le prix de la vente. S'il est de mauvaise foi, il doit restituer sa valeur au jour de la restitution lorsqu'elle est supérieure au prix (art. 1352-2). La question de la perte par force majeure n'est pas envisagée. Par application des règles posées en cas d'impossibilité d'exécution par force majeure (v. ss 792 s.), il faut normalement en déduire que le débiteur est libéré.

2) Restitution d'une somme d'argent

816. La restitution d'une somme d'argent, on l'a vu, se fait toujours en valeur (art. 1352). L'article 1352-6 indique ensuite que la restitution d'une somme d'argent inclut les intérêts au taux légal et les taxes et confirme donc, implicitement, la règle du nominalisme monétaire. La somme d'argent elle-même n'est pas réévaluée, mais simplement augmentée des intérêts. L'article 1352-7 précise ensuite l'incidence de la bonne ou de la mauvaise foi : si le débiteur est de bonne foi il ne doit les intérêts qu'à compter du jour de la demande et s'il est de mauvaise foi, les intérêts courent de plein droit, sans mise en demeure, à compter du paiement.

3) Restitution d'une prestation de service

817. L'article 1352-8 pose à leur égard une règle propre. Elle a toujours lieu en valeur (art. 1352-8) et son évaluation se fait à la date à laquelle elle a été fournie. Cette solution est contraire à celle posée par la jurisprudence qui écartait ici l'effet rétroactif de l'annulation, par principe, et se servait de la théorie de l'enrichissement sans cause avait recours à l'enrichissement sans cause (sur cette notion, v. ss 2062 s.) pour aboutir à une indemnisation du prestataire de service.

4) Règle particulière concernant les incapables et sort des sûretés

818. L'article 1352-4 reprend en le simplifiant l'ancien article 1312 sur les restitutions dues à un mineur ou un majeur protégé. En effet, l'acte accompli par un mineur ou majeur protégé au mépris de l'incapacité encourt la nullité. Il en est de même si l'acte pouvait être accompli par le mineur ou le majeur mais s'il est lésionnaire (objectivement déséquilibré au détriment de la personne protégée). Dans ce cas, l'article 1352-4 précisait que les restitutions dues « *à* » un mineur ou « *à* » un majeur protégé sont réduites *à proportion* du profit que le mineur ou le majeur protégé a retiré de l'acte annulé. Ce texte était entaché de deux erreurs matérielles, qui ont été corrigées par la loi de ratification du 20 avril 2016. D'une part, il s'agit évidemment des restitutions dues « *par* » un mineur ou « *par* » un majeur protégé et non « *à* » ceux-ci. Par ailleurs, les indemnités sont réduites à « *hauteur* » du profit et non « *à proportion* » du profit. Interprétative de l'article 1352-4, la modification est applicable à compter du 1er octobre 2016, date d'entrée en vigueur de l'ordonnance de 2016[1].

819. L'article 1352-9 concerne le sort des sûretés constituées pour le paiement de l'obligation sujette à répétition. Elles sont reportées de plein droit sur l'obligation de restituer, sans toutefois que la caution soit privée du bénéfice du terme.

C. Les questions en suspens : jeu de l'adage « *nemo auditur...* » et question des droits des tiers

1) L'adage *nemo auditur*

820. Traditionnellement, l'adage « *nemo auditur propriam turpitudinem allégans* » (nul ne peut être entendu [en justice] qui invoque sa propre turpitude), était utilisé par la jurisprudence à propos des restitutions consécutives à l'annulation d'un contrat pour immoralité (ou plus largement même, illicéité) de l'objet ou de la cause. Les restitutions pouvaient ainsi être parfois refusées au demandeur en raison de son indignité. La règle *nemo auditur...* devrait empêcher purement et simplement le cocontractant indigne d'agir en nullité. Or la jurisprudence écarte parfois la nullité en vertu de l'adage, mais pas toujours ; lorsqu'elle prononce la nullité, elle paralyse alors dans certains cas, en vertu du même adage, la possibilité pour le demandeur d'obtenir la restitution de ce qu'il a fourni, à titre de sanction (sur ce point, v. ss 1512).

821. Lorsque les deux contractants ont été animés de motifs illicites ou immoraux, la jurisprudence fait plutôt application de la règle *in pari causa turpitudinis cessat repetitio* (à turpitude égale, la répétition cesse). La Cour de cassation estime alors qu'« en présence des turpitudes réciproques des parties », la demande d'une des parties dirigée contre l'autre doit être d'office déclarée irrecevable[2].

822. Ces règles ne sont pas consacrées par l'ordonnance du 10 février 2016, ni expressément ni même implicitement (cependant, pour une interprétation de l'article 1184, alinéa 2, qui pourrait ménager une place à l'adage, v. ss 1541). Parallèlement, la référence aux bonnes mœurs, aspect moral de l'ordre public a été supprimée, marquant ainsi sans doute le recul de la morale. Mais en même temps, la morale peut

---

1. Sur la loi de ratification du 20 avril 2018, et la date d'entrée en vigueur des modifications, différente selon qu'elles sont substantielles ou interprétatives, v. ss 101 s.
2. Com. 27 avr. 1981, *Bull. civ.* IV, n° 187, p. 149, et *D.* 1982. 51, note Ph. le Tourneau.

toujours faire partie de l'ordre public, dans une conception large qu'il appartient au juge de maintenir ou pas. La jurisprudence n'a donc pas à renoncer nécessairement au jeu de l'adage [1].

2) La situation des tiers

823. Concernant la situation des tiers, l'ordonnance ne dit pas un mot. Or la question peut se poser, lorsque la restitution porte sur une chose, des actes accomplis par le débiteur de l'obligation. Implicitement, cependant, l'article 1352-2 répond à la question centrale puisqu'il envisage le cas où la chose a été vendue. La validité de cette vente n'est pas remise en cause, puisque le texte prévoit que le débiteur de la restitution ne doit restituer que le prix s'il est de bonne foi ou la valeur au jour de la restitution si elle est supérieure au prix s'il est de mauvaise foi.

---

1. V. notamment, Civ. 1re, 26 sept. 2018, n° 16-25.184, *AJ contrat* 2018, n° 1056, p. 946, obs. Y. Dagorne-Labbe, *D.* 2019. 292, obs. M. Mekki, qui relève que « le caractère illicite, mais non immoral du versement ne privait pas l'agent immobilier de son droit à restitution » (l'adage se limite en effet au cas d'immoralité et non d'illicéité. V. aussi, G B. Freleteau : « La maxime *nemo auditur* a-t-elle survécu à la réforme du droit des contrats ? », *D.* 2020. 1052 ; J.- B. Seube, Le juge et les restitutions, in : M. Mekki (dir), « Le juge et la réforme du droit des contrats », *RDC* 2016. 410.

Deuxième partie

Les actes juridiques : les contrats

824. Après avoir étudié les différents mécanismes et techniques qui relèvent du régime général de l'obligation, nous allons reprendre plus en détail l'étude des sources des obligations, selon la classification moderne confirmée par l'ordonnance du 10 février 2016 qui distingue les actes juridiques et les faits juridiques (art. 1100) (v. ss 162 s.). Les actes juridiques feront l'objet de cette seconde partie, tandis que les faits juridiques seront étudiés dans la troisième partie.

Cette seconde partie est donc consacrée aux actes juridiques et plus particulièrement au *contrat*, principal acte juridique autour duquel s'est bâtie la théorie générale des obligations inscrite dans le Code civil en 1804. Il s'y retrouve encore aujourd'hui, après la réforme réalisée par l'ordonnance du 12 février 2016, en tant que représentant principal des actes juridiques, pour lequel sont posées les règles les plus complètes et auquel il convient toujours de se référer pour les autres actes juridiques, c'est à dire *l'acte unilatéral* et - sous réserve que la différence puisse encore être établie au regard de la nouvelle définition du contrat donnée par l'ordonnance-, les *conventions* qui ne seraient pas des contrats.

Après un chapitre préliminaire consacré à une approche générale des actes juridiques avec la figure centrale du contrat, seront exposés successivement :

Titre 1. La formation du contrat
Titre 2. Les effets du contrat

Titre préliminaire

Approche générale des actes juridiques : la figure centrale du contrat

Introduction

825. Comme nous l'avons vu lors de l'étude de la classification des obligations d'après leurs sources, (v. ss 157 s.) les actes juridiques constituent l'une des sources des obligations, celles qui sont dites volontaires, c'est-à-dire essentiellement les obligations contractuelles et les obligations nées d'un engagement unilatéral. En effet, les actes juridiques, qui sont des manifestations intentionnelles de volonté destinées à produire des effets de droit (art. 1100-1, al. 1er) peuvent être soit des actes conventionnels, soit des actes unilatéraux, ce que l'article 1100-1, alinéa 1er, du Code civil, issu de l'ordonnance du 12 février 2016, nous indique désormais expressément dans une suite d'articles consacrés à la présentation et à la définition des sources d'obligations. Mais ce qui nous intéressera essentiellement dans la suite de cette partie consacrée aux actes juridiques, ce sont les actes bilatéraux ou plurilatéraux ou encore, selon les termes de l'ordonnance du 10 février 2016, conventionnels, c'est-à-dire les contrats, modèles pour les autres actes juridique et catégorie la plus importante, dont il est désormais traité dans un sous-titre I du Titre III consacré aux sources des obligations, aux articles 1101 à 1231-7 du Code civil.

A. Importance historique du contrat au sein des actes juridiques

826. *Le contrat représente* la catégorie la plus importante des actes juridiques, celle à partir de laquelle s'est construit historiquement tout le droit des obligations. Il constitue un instrument essentiel, tant sur le plan juridique qu'économique.

Sur le plan économique, le contrat constitue l'instrument des échanges économiques ; il suffit de prendre l'exemple du contrat de vente ou du contrat de bail, pour comprendre son importance.

Juridiquement, il constitue la source principale des obligations, un mode privilégié de création et de transfert des droits. C'est un outil très perfectionné. Au cours des siècles et jusqu'au Code civil, une « théorie générale du contrat » a été élaborée. Le Code civil, qui l'a mise en forme, contenait ainsi, pratiquement inchangé depuis 1804, dans les articles 1101 à 1369 (soit plus de deux cent cinquante articles) l'ensemble des règles générales gouvernant le contrat. Cet ensemble de règles formant un tout cohérent, structuré par des principes directeurs, était constitué de règles générales applicables à tout contrat quel qu'il soit et concernant sa formation et ses effets. Cette théorie générale s'appliquait aussi aux autres actes juridiques, sous réserve de certaines adaptations nécessaires. Cette approche du contrat n'est pas remise en cause par l'ordonnance du 12 février 2016, mais bien au contraire, confirmée.

B. Le contrat, figure centrale dans la réforme du droit des contrats

827. Cette importance du contrat et le fait qu'il reste encore aujourd'hui, la principale figure d'acte juridique n'est pas remise en cause par l'ordonnance du 10 février 2016, portant réforme du droit des contrats, du régime général et de la preuve des obligations, ratifiée par la loi n° 2018-287 du 20 avril 2018 (sur cette réforme, son historique, sa nécessité et ses objectifs, v. ss 47 s.) et sur la loi de ratification (v. ss 101 s.). En effet, s'il n'est pas seul de sa catégorie, il est présenté comme le modèle pour les autres actes juridiques. Par ailleurs, il est le seul à faire l'objet d'une réglementation à la fois complète et cohérente.

1) Le contrat, modèle pour les autres actes juridiques

828. Au-delà de l'intitulé même de l'ordonnance qui vise le droit des contrats et non le droit des actes juridiques, la fonction de modèle du contrat et sa place prépondérante sont clairement réaffirmées.

Certes, deux catégories d'actes juridiques sont désormais expressément visées dans le Code civil dans les dispositions d'ouverture, inscrites au tout début du titre III consacré aux « sources d'obligations » : celle des *actes conventionnels* (dont fait partie le contrat) et celle des *actes unilatéraux* (art. 1100-1, al. 1er).

Cependant, à l'évidence, la catégorie essentielle demeure le contrat puisque l'article 1100-1, alinéa 2, ajoute, aussitôt après et de façon particulièrement significative, que « les actes juridiques obéissent, en tant que de raison, pour leur validité et leurs effets, aux règles qui gouvernent les contrats ». Pour le confirmer, le sous-titre I qui suit, est intitulé « Le contrat » et précise successivement les conditions de formation, de validité et les effets du contrat, sans plus faire référence aux autres actes juridiques. Dans la suite de ce titre III consacré aux sources d'obligations, le sous-titre II est consacré à la responsabilité extracontractuelle et le sous-titre III aux « autres sources d'obligations », c'est-à-dire aux quasi-contrats. Plus un article ne concerne donc les actes unilatéraux, ni d'ailleurs l'hypothèse d'actes conventionnels distincts du contrat.

2) Un droit commun du contrat utilisable pour les autres actes juridiques : l'architecture des nouvelles dispositions

829. Le sous-titre I du Titre III consacré aux sources des obligations est exclusivement consacré au contrat, sans qu'aucune règle ne soit posée pour les autres actes juridiques. Le droit commun du contrat figure donc désormais aux articles 1101 à 1231-7 du Code civil.

*Dans un chapitre Ier* intitulé « *Dispositions liminaires* » (art. 1101 à 1111-1) sont énoncés non seulement les définitions du contrat et des différentes catégories de contrats mais aussi les principes généraux qui commandent le nouveau droit des contrats et qui ne figuraient pas jusqu'ici en tant que tels dans le Code civil : la liberté contractuelle, principe directeur classique dont l'importance majeure est ainsi réaffirmée (avec ses limites : l'ordre public, mais aussi la bonne foi, dont il est précisé qu'elle s'impose désormais au stade de la formation comme de l'exécution du contrat).

Dans un chapitre II (art. 1112 à 1127-6), le processus de *formation du contrat* est ensuite envisagé : il comprend désormais les règles relatives à la *conclusion du contrat*, jusqu'ici inexistantes dans le Code civil (négociation, rencontre de l'offre et de l'acceptation, avant-contrats et contrat conclu par voie électronique) et les règles relatives à la *validité du contrat*. Les conditions de validité du contrat sont modernisées (art. 1128 à 1177) : consentement, capacité et contenu du contrat sont affirmés comme les trois éléments clés de la validité du contrat et sont réglementés dans trois premières sous-sections. La disparition de la cause, notion jugée imprécise et source d'insécurité juridique est acquise : elle ne fait plus partie des conditions essentielles à la validité du contrat, même si les principales fonctions qu'elle remplit sont sauvegardées par d'autres dispositifs qui figurent dans les règles relatives au « contenu du contrat ». La nouvelle notion de contenu du contrat absorbe donc désormais l'objet et l'ancienne notion de cause. L'ordonnance consacre notamment la possibilité reconnue par la jurisprudence de fixer unilatéralement le prix dans un certain nombre de contrats (contrats-cadres, contrats à exécution successive et contrats de prestation de service), généralise la sanction des clauses abusives dans les contrats d'adhésion, frappe le contrat de nullité lorsque la contrepartie convenue est illusoire ou dérisoire ou encore, répute non écrite, la clause qui prive de sa substance une obligation essentielle. *La forme du contrat* fait ensuite l'objet d'une section 3 (art. 1172 à 1177) spécifique et le chapitre se clôt par une section 4 (art. 1178 à 1187) consacrée aux *sanctions de la formation du contrat* (comportant notamment une définition de la caducité).

Le chapitre III est consacré aux règles *d'interprétation du contrat*

Le chapitre IV s'intéresse aux *effets du contrat*. La première section est consacrée aux *effets entre les parties* (art. 1193 à 1198) et la seconde (art. 1199 à 1209) aux *effets à l'égard des tiers*. Le principe de la force obligatoire du contrat entre les parties est rappelé ainsi que celui de l'effet relatif à l'égard des tiers. Cependant, des solutions nouvelles sont également inscrites. Ainsi, l'effet translatif direct du contrat, lorsqu'il a pour objet l'aliénation de la propriété ou d'un autre droit est affirmé au titre des effets du contrat entre les parties. De même, pour assurer une meilleure prise en compte des circonstances économiques, et à l'encontre du principe d'intangibilité du contrat lié à sa force obligatoire, la théorie de l'imprévision est accueillie pour permettre aux parties d'adapter leur contrat en cas de changement imprévisible des circonstances rendant son exécution excessivement onéreuse. Des règles relatives à la *durée du contrat* sont également posées et la *cession de contrat* est introduite dans le Code civil. Une dernière section 4 regroupe les *règles applicables en cas d'inexécution contractuelle*. Après avoir exposé pédagogiquement les différentes sanctions possibles de l'inexécution, et défini la force majeure en matière contractuelle, ces sanctions successivement envisagées : l'exception d'inexécution (qui peut même être utilisée par anticipation), l'exécution forcée en nature, la réduction du prix par le créancier (sanction nouvelle), la résolution, puis la question de la réparation du préjudice résultant de l'inexécution du contrat.

830. La loi de ratification de l'ordonnance du 10 février 2016, en date du 20 avril 2018, n'a apporté que des modifications peu nombreuses aux dispositions issues de l'ordonnance[1], souvent pour corriger des erreurs ou pour clarifier des formules ambigües qui soulevaient déjà des difficultés d'interprétation[2]. Toutefois, quelques modifications sont plus substantielles, nous les soulignerons au fur et à mesure de l'étude, mais, en toute hypothèse, les options fondamentales de la réforme ne sont pas remises en question[3], même si certains auteurs s'interrogent sur une « réforme de la réforme » ou considèrent, à tout le moins, que certaines dispositions révèlent un tournant plus libéral[4]. Il est vrai que l'on trouve différentes modifications en ce sens : ainsi notamment, l'imprévision a été écartée pour les contrats relatifs aux instruments financiers (CMF, art. 1195 et 211-40-1) ; de même, l'interdiction de la représentation de plusieurs parties au contrat par un même représentant, destinée à prévenir les conflits d'intérêt a été écartée pour les personnes morales (donc pour les sociétés). Plus gravement peut-être, l'exclusion d'une obligation d'information sur l'estimation de la valeur de la prestation a été confortée par l'exclusion expresse, dans ce contexte, du dol par réticence ; de même le domaine d'application de la violence économique (abus de dépendance) a été réduit, ce qui marque un recul de la justice contractuelle et des moyens d'assurer l'équilibre contractuel. Ces modifications sont révélatrices du poids des lobbies économiques[5]. Cependant, parallèlement, la confirmation que les contrats d'adhésion débordent la catégorie des contrats « de masse », s'accompagne d'un élargissement du domaine des clauses abusives, ce qui va dans le sens d'un renforcement du contrôle de l'équilibre contractuel ; de même, le législateur a renoncé à revenir sur le pouvoir de révision du contrat par le juge en cas d'imprévision. Au regard des modifications et des reculs qui ont pu être envisagés au cours des débats, le résultat reste finalement plutôt modeste.

831. Au lendemain de la réforme, la place essentielle du contrat au sein de la catégorie des actes juridiques est incontestablement confirmée. De même l'existence de règles générales et complètes organisées autour de principes généraux qui expriment l'esprit du droit des contrats est toujours conforme à la réalité du droit positif, peut-être encore plus nettement, puisque désormais, les principes généraux du droit des contrats sont expressément formulés dans le Code civil.

832. Une première approche générale du contrat, avant d'entrer dans le détail de ses règles, suppose sans doute d'abord de le définir précisément et de le distinguer des autres actes juridiques (Section 1).

---

1. Contrairement à ce qui avait pu être envisagé, avant l'adoption du texte et au cours des débats parlementaires. Sur les propositions doctrinales de modification, v. not. : « Améliorer les textes issus de la réforme du droit des contrats », Débats, *RDC* 2017/1, p. 165 s.

2. Pour une présentation exhaustive des modifications apportées par la loi de ratification, v. ss 101 s.

3. En ce sens, T. Revet, « Le temps d'après », *RDC* 2018. 1.

4. M. Mekki, « La loi de ratification de l'ordonnance du 10 février 2016. Une réforme de la réforme ? », *D.* 2018. 900, spéc. n° 6 ; D. Mazeaud, « Quelques mots sur la réforme de la réforme du droit des contrats », *D.* 2018. 912, spéc. n° 2.

5. G. Wicker, « La modification de l'article 1161 du Code civil par le Sénat. La réglementation des conflits d'intérêts victime du lobbying », *JCP E* 2017, n° 49, 1664.

Il faudra ensuite s'intéresser à l'évolution de la conception du contrat (Section 2). En effet, si la réforme du 10 février 2016, reprend pour l'essentiel les solutions jurisprudentielles acquises, tout en les intégrant dans une architecture nouvelle plus complète mais aussi plus pédagogique, un certain nombre de solutions nouvelles sont consacrées, qui rendent compte de l'évolution du droit des contrats et de ses idées directrices depuis le Code civil de 1804 qui était resté pratiquement inchangé.

Enfin, il conviendra d'envisager les différentes catégories de contrats définies par le Code civil (Section 3) avant de rentrer dans l'étude des règles générales applicables à tout contrat, qui forment le droit commun du contrat et qui feront l'objet des deux chapitres de cette seconde partie.

Section 1
Définition du contrat et distinction avec les autres actes juridiques

833. Dans le langage courant, l'idée de contrat est synonyme d'engagement pris par une personne envers une autre. Cette idée d'engagement se retrouve bien sûr, sur le plan juridique. Mais l'engagement contractuel présente un certain nombre de caractéristiques qui le distinguent d'autres formes d'engagements juridiques.

§ 1. Le contrat variété d'acte juridique

834. Depuis l'ordonnance du 10 février 2016 figurent dans le Code civil, au début du Titre III consacré aux sources d'obligations, trois articles d'ouverture qui précèdent le sous-titre I consacré au contrat. Ces articles, 1100, 1100-1 et 1100-2, identifient désormais les différentes sources d'obligation : les actes juridiques, les faits juridiques, la loi et la promesse d'exécution d'un devoir moral (obligation naturelle) ; ils définissent par ailleurs ces deux sources que sont l'acte juridique et le fait juridique.

A. La définition des actes juridiques (art. 1100-1, al. 1er)

835. Les actes juridiques sont définis, par l'article 1100-1 issu de l'ordonnance, comme des « *manifestations de volonté destinée à produire des effets de droit* » Les faits juridiques, selon l'article 1100-2, « *sont des agissements ou des événements auxquels la loi attache des effets de droit* ». Ces définitions sont conformes à l'analyse commune, mais elles ne figuraient pas jusqu'ici dans le Code civil.

836. Ce qui différencie, ainsi qu'on l'a déjà vu précédemment (v. ss 163), l'acte juridique et le fait juridique, est le rôle spécifique de la volonté dans l'acte juridique. Non seulement cette volonté est tournée vers la production d'effets de droits, mais encore cette volonté suffit à les faire naître : la volonté est la source de l'obligation ou, plus largement de l'effet de droit.

Dans les faits juridiques, même si la volonté peut jouer un rôle (l'article 1100-1 vise des « agissements », ce qui renvoie à l'idée d'un acte volontaire), elle ne poursuit pas cet objectif de la création d'un effet de droit, et l'obligation ou l'effet de droit ne se produit que parce que la loi l'a prévu au regard de l'agissement ou de l'événement déterminé (ex. : je mets volontairement et délibérément le feu à la maison du voisin pour me venger de lui mais je ne recherche pas l'effet juridique qui va se produire : l'obligation que je vais avoir de réparer le dommage causé, sur le fondement de la responsabilité civile).

B. La nouvelle définition du contrat

837. Selon l'ancien article 1101, le contrat était « *une convention par laquelle une ou plusieurs personnes s'obligent, envers deux ou plusieurs personnes à donner, à faire ou à ne pas faire quelque chose* ». De cette définition, il résultait que le contrat était exclusivement un mécanisme créateur d'obligation. Strictement, il n'avait pour effet que de créer des obligations. Le contrat apparaissait ainsi comme un acte juridique bilatéral, créant entre deux ou plusieurs personnes un rapport bilatéral d'obligation correspondant à sa fonction économique : celle d'être l'instrument des échanges économiques entre les individus, des transferts de valeurs (biens ou services), transferts simples, en l'absence de contrepartie, ou transferts réciproques.

838. Il suffit alors de confronter cette définition à celle qui est donnée désormais par le nouvel article 1101 que la loi de ratification n'a pas touchée, pour voir l'importance du changement : le contrat est défini par ce texte comme « *un accord de volontés entre deux ou plusieurs personnes, destiné à créer, modifier, transmettre ou éteindre des obligations* ».

Si l'accord de volontés entre deux ou plusieurs personnes constitue toujours le critère du contrat, le périmètre du contrat s'est cependant considérablement élargi : l'article 1101 ne fait plus seulement référence à l'effet créateur d'obligations ; le contrat peut aussi modifier, transmettre ou éteindre des obligations. Par exemple la remise de dette, qui ne fait qu'éteindre une obligation, est un contrat et elle est d'ailleurs définie comme telle par l'article 1350 du Code civil, issu de l'ordonnance (v. ss 780).

Par ailleurs, si au vu de la définition donnée par l'article 1101, le contrat apparaît toujours comme un mécanisme « obligationnel », c'est-à-dire impliquant nécessairement des obligations, il n'est plus seulement cela. En effet, l'article 1110 fait disparaître la référence aux trois sortes d'obligation de donner, de faire ou de ne pas faire. Cette disparition n'est pas de pure forme ; elle accompagne la suppression de la notion d'obligation de donner qui est devenue inutile, puisqu'elle avait pour objet de transférer un droit, généralement le droit de propriété ; or l'article 1196 prévoit désormais que « dans les contrats qui ont pour objet l'aliénation de la propriété ou la cession d'un autre droit, le transfert s'opère lors de la conclusion du contrat ». Cette suppression de l'obligation de donner n'est pas neutre au regard de l'analyse du contrat.

La reconnaissance de *l'effet translatif direct du contrat* sans passer par la création d'une obligation de donner conduit à aller au-delà de la définition donnée par l'article 1101 pour constater que le contrat n'est pas seulement un mécanisme obligationnel : il peut aussi créer un effet de droit indépendamment du recours au mécanisme de l'obligation. Reste à savoir s'il peut se passer de toute obligation, alors que la définition de l'article 1110 semble indiquer le contraire ? La question peut se poser, car, jusqu'à la version finale de l'ordonnance, c'est une autre définition du contrat qui avait été retenue dans le projet ouvert à la consultation publique en février 2015. Il était défini comme « un accord de volontés en vue de créer un effet de droit ». Cette définition allait donc encore plus loin, puisqu'elle conduisait à dissocier le contrat de la technique de l'obligation, et à supprimer la distinction entre le contrat et la convention.

En définitive, telle n'a pas été l'option retenue mais une option intermédiaire qui consiste à maintenir dans la définition du contrat le lien avec le mécanisme de l'obligation tout en admettant qu'il puisse avoir aussi un effet créateur de droit sans passer par la technique de l'obligation. Cette extension de la notion de contrat, n'a cependant pas été du tout prise en compte, par la suite, dans les différentes classifications des contrats : les différentes catégories contractuelles continuent à être appréhendées par référence aux obligations qui les structurent, et les hésitations qui se sont manifestées sur la définition du contrat, laissent à penser que toutes les conséquences découlant de la nouvelle définition n'ont pas été complètement ni précisément mesurées.

En toute hypothèse, cela pose la question de la distinction entre le contrat et la convention, avec laquelle il est souvent confondu et plus largement, avec les autres actes juridiques.

§ 2. La distinction du contrat et des autres actes juridiques (art. 1100-1, al. 1er, et art. 1101)

839. L'article 1110-1, alinéa 1er, après avoir défini les actes juridiques comme des manifestations de volonté en vue de produire des effets de droit, ajoute qu'ils peuvent être conventionnels ou unilatéraux. L'effort de définition s'arrête là : ni la convention, ni l'acte unilatéral ne sont définis.

840. Or, si le contrat se distingue assez facilement de l'acte unilatéral, il n'en est pas de même lorsqu'il s'agit de le distinguer de la convention. Par ailleurs la notion d'acte collectif n'a pas été abordée par l'ordonnance.

A. Le contrat se distingue de l'acte unilatéral

841. L'acte juridique unilatéral est aussi une variété d'acte juridique. Comme le contrat, il fait intervenir la volonté. Comme le contrat, il peut faire naître des obligations à la charge d'un individu et au profit d'un autre, mais aussi les modifier, les transférer (le legs contenu dans un testament) ou les éteindre (actes abdicatifs comme, par exemple, la renonciation à un droit). Mais, alors que dans le contrat, la naissance des obligations suppose un accord de plusieurs volontés (selon la définition de l'article 1110), par déduction et bien que les textes ne l'aient pas précisé, dans un acte unilatéral, l'obligation naît d'une seule volonté.

842. Le droit français jusqu'à l'ordonnance de 2016, reconnaissait certaines applications de l'acte unilatéral mais n'avait jamais admis de façon générale que la volonté unilatérale puisse produire un effet obligatoire et que la force obligatoire puisse découler d'une seule volonté. La jurisprudence, en dehors des cas spécifiques prévus par la loi (par ex. le legs contenu dans un testament ou encore la renonciation à un droit) admettait parfois, elle aussi, l'existence d'engagements unilatéraux : par exemple l'engagement unilatéral qui transforme une obligation naturelle en obligation civile (v. ss 122) mais également d'autres types d'engagements [1]. En l'absence d'un régime propre, l'acte unilatéral obéissait aux règles gouvernant le contrat, sous réserve des adaptations nécessaires.

843. L'ordonnance du 10 février 2016 a fait entrer officiellement l'acte unilatéral dans la catégorie des actes juridiques. Pour autant, on l'a vu (v. ss 828), elle ne lui reconnaît pas un régime propre et continue à renvoyer aux règles gouvernant le contrat. L'acte unilatéral demeure donc une catégorie résiduelle par rapport au contrat.

B. Le contrat se distingue-t-il de la convention ?

844. Selon la définition des auteurs classiques Aubry et Rau, la convention serait « un accord de deux ou plusieurs volontés sur un objet d'intérêt juridique » qui aurait pour effet de modifier une situation juridique en créant, modifiant, transmettant ou éteignant un droit. En pratique, jusqu'à l'ordonnance de 2016, il y avait souvent confusion entre les termes de contrat et de convention et le Code civil lui-même les employait souvent l'un pour l'autre. Cependant, strictement, la convention avait un objet plus large que le contrat, puisque le contrat ne faisait que créer des obligations (selon la définition même de l'ancien article 1101), alors que la convention pouvait les éteindre, les transmettre les modifier, voire produire des effets de droit indépendamment du mécanisme de l'obligation. Le contrat n'était donc qu'une espèce particulière de convention qui créait des obligations (de donner, de faire ou de ne pas faire).

845. Qu'elle est alors l'incidence de la nouvelle définition du contrat sur la distinction du contrat et de la convention ?

Désormais, selon cette nouvelle définition de l'article 1101, le contrat ne fait pas que créer des obligations. Il peut aussi les modifier les éteindre, les transmettre ; il produit également des effets de droit sans passer par le mécanisme de l'obligation (effet translatif du contrat).

Le contrat peut donc avoir exactement le même objet et le même périmètre que la convention, au regard de la définition classique de celle-ci, si bien que l'on peut s'interroger sur l'intérêt d'avoir maintenu la distinction entre les deux en continuant à envisager le contrat comme une variété de convention.

Le critère de distinction résiderait-il dans le fait que le contrat impliquerait nécessairement l'existence d'obligations, contrairement à la convention ? Si le contrat peut désormais produire un effet de droit indépendamment du recours au mécanisme de l'obligation (transfert du droit de propriété par le seul effet de l'accord des volontés admis par l'article 1196), il faudrait cependant que le transfert de droit s'accompagne d'obligations ? À l'inverse, la convention pourrait produire des effets de droit sans produire aucun effet « obligationnel », alors même paradoxalement qu'elle est envisagée au titre des sources d'obligation ? Les exemples restent difficiles à trouver… Un acte constitutif d'un droit réel, par exemple une création de servitude à titre gratuit au profit

---

1. Pour des exemples v : Civ. 3e, 12 févr. 2013, n° 11-21314, *RDC* 2013/III, p. 865, obs. T. Genicon : « ayant relevé que par courrier le gérant de la SCI s'était engagé personnellement à effectuer les travaux de reprise, la cour d'appel a pu retenir, sans dénaturation, que le gérant avait souscrit un engagement unilatéral… et que le client pouvait demander son exécution ». Et auparavant : Civ. 1re, 17 oct. 2012, n° 11-2°124, *RDC* 2013. 43 ; Civ. 1re, 28 nov. 2013, n° 11-20674, *RDC* 2013/2, p. 505.

d'une personne, par accord de volonté entre le constituant et le bénéficiaire, serait-il une convention et non un contrat ? Mais un tel acte, même s'il a pour effet principal la création d'un droit réel n'implique-t-il pas aussi la création d'obligations : à tout le moins celle de ne pas perturber l'usage de la servitude ? De la même façon un acte de constitution d'usufruit au profit d'un tiers, serait une convention ?

Rappelons, dans le sens de cette interprétation qu'avant de prendre définitivement parti pour la définition actuelle du contrat dans l'article 1101, une autre définition avait été choisie par les auteurs de l'ordonnance : le contrat était défini comme un « accord de volontés en vue de produire des effets de droit ». Cette définition réalisait de façon certaine la fusion de la convention et du contrat et l'absorption de la convention par le contrat, si bien que la question ne se posait plus. La réintroduction de la référence à l'effet « obligationnel » du contrat, et le maintien de la distinction entre contrat et convention puisque le contrat fait partie des actes conventionnels, corroborerait donc cette analyse. Elle semble effectivement faite dans le rapport de présentation de l'ordonnance au président de la République.

L'incertitude demeure néanmoins sur la distinction entre convention et contrat, même si l'enjeu est faible puisque les conventions obéissent en tant que de besoin aux règles du contrat.

846. Un autre intérêt de la distinction entre contrat et convention pourrait cependant être éventuellement identifié. En maintenant la distinction entre le contrat et la convention, les auteurs de l'ordonnance n'auraient pas ainsi ménagé implicitement une place à l'acte collectif ?

§ 3. La question de l'acte collectif : actes unilatéraux collectifs ou conventions ?

847. L'acte collectif, n'est pas une catégorie d'acte juridique réellement reconnue en droit positif et l'absence de toute référence explicite à un tel acte dans l'ordonnance le confirme. Pourtant, la notion est admise par une partie de la doctrine[1] et la jurisprudence y fait quelquefois référence.

848. Comme le contrat, l'acte collectif suppose la rencontre de deux ou plusieurs volontés, Cependant, à l'inverse du contrat, dans l'acte collectif, il ne se produit pas un échange économique au sens où une prestation quelconque est fournie par l'une des parties à l'autre, ce qui fait du contrat un acte bilatéral. Dans un acte collectif, les volontés concourent toutes vers un même but, commun, partagé par toutes les parties. Il ne se crée donc jamais un rapport bilatéral d'obligation, alors même que toutes les parties à l'acte collectif seraient obligées par cet acte. Ainsi par exemple, une délibération d'assemblée générale de copropriétaires ou d'association est un acte collectif. Les volontés, exprimées par un vote, vont faire naître des obligations à l'égard de tous pour concourir à un but commun : repeindre les parties communes de l'immeuble

---

1. V. notamment, G. Roujou de Boubée, *Essai sur l'acte juridique collectif*, LGDJ, 1961 ; V. Larribau-Terneyre, *Le domaine de la résolution judiciaire. Recherches sur le contrat synallagmatique*, thèse, Pau, 1988 ; R. Cabrillac, *L'acte juridique conjonctif en droit privé français*, LGDJ 1990.

par exemple. Mais aucun des membres n'est engagé envers un autre et réciproquement, ce qui caractériserait un rapport bilatéral d'obligation.

849. Certains auteurs ont aussi proposé d'analyser la société non pas comme un contrat, car il ne s'agit pas d'opérer un échange et un transfert de valeur d'un patrimoine à l'autre comme dans un contrat, mais comme un acte collectif ; les associés unissent leurs volontés dans la poursuite d'un objectif commun, et prennent des décisions collectives, pour réaliser l'objet social[1]. Cette analyse n'a pas été cependant véritablement relayée par la doctrine majoritaire qui se contente de l'analyse contractuelle.

850. L'existence de plusieurs volontés pour créer un acte collectif semble par ailleurs exclure la qualification d'acte unilatéral. Pourtant, certains auteurs qualifient l'acte collectif d'acte unilatéral en prenant en compte la spécificité de ces volontés qui finalement, parce qu'elles poursuivent le même but, n'en ferait plus qu'une.

851. L'avant-projet *Catala* de réforme du droit des obligations proposait pour sa part de distinguer trois formes d'actes juridiques au lieu de deux : l'acte juridique conventionnel ou convention, l'acte juridique unilatéral et l'acte juridique collectif qui est « la décision prise collégialement par les membres d'une collectivité » (art. 1101-1). Malgré son intérêt, cette proposition n'a pas été reprise.

852. L'ordonnance de 2016 n'envisage pas l'acte collectif. Compte tenu du maintien de la distinction entre le contrat et la convention, serait-il possible de qualifier l'acte collectif d'acte conventionnel, acte émanant de plusieurs volontés et créateur d'effets de droit distinct du contrat par ses objectifs ? La question est posée.

Section 2
Les différentes conceptions du contrat : les principes directeurs du contrat d'hier à aujourd'hui

853. La conception du contrat dépend essentiellement des idées dominantes d'une époque : philosophiques, morales ou économiques. À l'époque du Code civil, ces idées dominantes ont conduit les rédacteurs du code à construire une théorie générale du contrat structurée autour de principes directeurs, inspirés de ces idées. Il est important de connaître ces principes qui n'ont pas été inscrits formellement dans le code mais qui sous-tendaient les règles gouvernant le contrat jusqu'à l'ordonnance du 10 février 2016, pour mieux les comprendre. Or, la conception du contrat a profondément changé depuis le Code civil. Une évolution s'est faite insensiblement et si les textes relatifs à la théorie générale du contrat sont restés pour l'essentiel, jusqu'à l'ordonnance, les textes originaires de 1804, les principes directeurs se sont trouvés infléchis ou renouvelés par l'évolution. Sur la scène européenne, le projet de « Cadre commun de référence » a mis en avant certains grands « principes » communs (déjà sur cette question, v. ss 43), alors qu'au plan interne, les différents avant-projets de réforme ont été également bâtis autour de principes ou « règles fondamentales » qui s'inscrivent dans la

1. G. Roujou de Boubée, *op. cit.* ; V. Larribau-Terneyre, *op. cit.*

tradition du contrat tout y intégrant l'évolution et la modernité. L'ordonnance du 10 février 2016 a pris acte de ces évolutions. Il faut donc envisager la conception du contrat et les principes directeurs à l'époque du Code civil pour prendre ensuite la mesure de l'évolution postérieure et de la situation actuelle, à l'heure où la réforme du droit des contrats a été adoptée.

§ 1. La conception du contrat et les principes directeurs à l'époque du Code civil

854. La théorie générale du contrat, mise en forme par les rédacteurs du Code civil, reflète directement les choix théoriques, philosophiques et politiques de ces derniers. La conception du contrat, instrument de liberté et expression de la toute-puissance de la volonté repose sur des fondements théoriques, qui ont reçu une traduction juridique sous forme de principes directeurs du contrat.

A. Les fondements théoriques

1) La théorie de l'autonomie de la volonté, idée philosophique

855. Cette théorie de philosophie juridique apparaît tout d'abord chez Grotius (XVIIe siècle) et ses successeurs, mais elle se développe surtout sous l'influence du libéralisme politique des philosophes du XVIIIe siècle (Rousseau et le « contrat social ») et du libéralisme économique du XIXe (Kant), elle repose essentiellement sur l'idée de liberté individuelle. La liberté de l'individu ne peut être restreinte que par sa propre volonté ; l'obligation ne peut venir que de lui-même et non d'une autorité extérieure et supérieure. Au sens étymologique, l'autonomie de la volonté signifie que la volonté humaine a le pouvoir de créer sa propre loi, alors que l'hétéronomie de la volonté signifie au contraire que la volonté se voit imposer la loi d'un autre. C'est donc la volonté des parties qui va donner sa force au contrat et le libre jeu de la volonté doit conduire au maximum de productivité.

856. Cette théorie s'est développée en réaction contre l'autoritarisme de l'ancien régime. La société impose des lois, mais elle est bâtie sur le fondement d'un contrat, le « contrat social » de J.-J. Rousseau : le concept de contrat est donc explicatif de la société elle-même.

2) Le libéralisme économique : principe politique et économique

857. La doctrine du libéralisme économique va venir relayer la philosophie de l'autonomie de la volonté pour dessiner la conception du contrat : l'idée a été soutenue que le contrat est l'instrument privilégié des échanges économiques entre les hommes et que ces derniers doivent être maîtres d'organiser comme ils le veulent les échanges économiques, sans que l'État intervienne dans ces échanges. En effet, puisque l'obligation a été librement consentie, en vertu du principe de l'autonomie de la volonté, elle est forcément juste. De là découlent certaines conséquences : puisque tout ce qui est contractuel est juste, le législateur doit laisser à la volonté autonome des parties toute liberté d'expression et n'intervenir que dans des cas exceptionnels, notamment quand l'ordre public est en jeu, c'est pourquoi la plupart des lois sont supplétives et interprétatives et les lois dites « d'ordre public » beaucoup plus rares. Le contrat est l'instrument du libéralisme économique (sur la notion d'ordre public économique, v. ss 873 ; sur le contenu et les différents aspects de l'ordre public, v. ss 1374).

858. Ces deux idées philosophiques de l'autonomie de la volonté et économique du libéralisme vont inspirer directement une conception du contrat dominé par le rôle de la volonté individuelle et par le principe de liberté en même temps que par le respect de la parole donnée, ce qui se traduit sur le plan juridique par un certain nombre de principes directeurs.

B. Les principes directeurs du contrat

859. Sans formuler ouvertement le principe de l'autonomie de la volonté, le Code civil s'en est fortement inspiré, bien qu'il subordonne la liberté contractuelle au respect de l'ordre public, des bonnes mœurs (art. 6), de la justice et de l'utilité publique, de l'équité ou de l'usage et bien sûr de la loi (art. 1135) (v. lecture, en fin de chapitre) et l'on peut dire qu'il manifeste l'appartenance de ses rédacteurs à l'École individualiste et libérale. Toutefois, la liberté contractuelle n'est qu'un principe directeur parmi d'autres, également important. On peut identifier quatre grands principes : deux d'entre eux concernent plus particulièrement la formation du contrat et deux autres l'exécution du contrat.

1) Principes gouvernant la formation du contrat

a) La liberté contractuelle

860. La liberté contractuelle, directement déduite de l'autonomie de la volonté et du libéralisme est un principe tout à fait essentiel, auquel le Conseil constitutionnel a reconnu valeur constitutionnelle en le rattachant à l'article 4 de la Déclaration des droits de l'Homme et du citoyen [1]. Elle permet aux contractants de former leur contrat comme ils l'entendent.

861. La liberté contractuelle se manifeste d'abord dans la catégorie des contrats innomés. Le Code civil ne présente pas aux parties un éventail de contrats parmi lesquels elles devraient obligatoirement choisir. Elles sont libres d'imaginer et de créer des contrats dits *sui generis*.

862. Elle se manifeste ensuite par la *liberté de contracter ou de ne pas contracter*. Il n'existe pas à l'époque du Code civil de contrat forcé. C'est une conséquence directe de l'autonomie de la volonté.

La liberté contractuelle s'exprime en troisième lieu dans la *liberté de choisir son contractant.*

---

1. V. Cons. const. 30 nov. 2006, n° 2006-543 DC (*JO* 8 déc. 2006, p. 18544, n° 29).

C'est enfin et surtout la liberté de *déterminer le contenu du contrat* librement et d'un commun accord, sous réserve de respecter l'ordre public et les bonnes mœurs, exigence minimale contenue dans l'article 6 du Code civil « On ne peut déroger par des conventions particulières aux lois qui intéressent l'ordre public et les bonnes mœurs ». Cependant, la loi impérative est l'exception. À l'époque du Code civil, l'ordre public est très résiduel.

863. La valeur constitutionnelle de la liberté de choix du cocontractant d'une part et du contenu du contrat d'autre part, a été directement affirmée pour la première fois par le Conseil constitutionnel dans une décision du 13 juin 2013 à propos du contrôle de la loi sur la sécurisation de l'emploi du 16 juin 2013, même s'il y avait déjà fait référence plusieurs fois auparavant. Il s'agissait d'une hypothèse de contrat lié c'est-à-dire de subordination de la conclusion d'un contrat à celle d'un autre. Le Conseil a énoncé, que « si le législateur peut porter atteinte à la liberté d'entreprendre et à la liberté contractuelle dans un but de mutualisation des risques… il ne saurait porter à ces libertés une atteinte d'une nature telle que l'entreprise soit liée avec un cocontractant déjà désigné par un contrat négocié au niveau de la branche et au contenu totalement prédéfini [1] ».

b) Le consensualisme

864. Il est parfois présenté comme un aspect de la liberté contractuelle. Il doit cependant en être dissocié, car il a un sens bien particulier et emporte des conséquences spécifiques. Il est lui aussi directement lié à l'autonomie de la volonté : il traduit la prééminence donnée à la volonté dite « interne », ou volonté réelle, sur la volonté « déclarée » (volonté extériorisée et exprimée dans un langage juridique prédéterminé comme, par exemple, un écrit). Il manifeste une réaction face au droit romain, formaliste.

865. Ce qui engage, c'est la volonté réelle et pas la volonté déclarée. Ce principe emporte des conséquences.

– ***Quant à la forme***. C'est la volonté des parties, leur consentement seul qui importe et non telle ou telle forme imposée par la loi. En principe, tous les contrats sont consensuels et les contrats solennels sont l'exception (v. ss 950 s.).

– ***Quant au fond***. Une fois que les volontés se sont rencontrées le contrat est formé irrévocablement (v. ss 1065).

– ***Quant à l'interprétation des contrats***. Selon l'article 1156 ancien (devenu art. 1188, al. 1er), « on doit dans les conventions, rechercher quelle a été la commune intention des parties contractantes, plutôt que de s'arrêter au sens littéral des termes » (v. ss 1623).

866. Cette prééminence accordée à la volonté interne se manifeste encore à bien d'autres points de vue. Ainsi, par exemple, dans l'admission par les rédacteurs du Code civil de la notion d'équivalence *subjective* des prestations ou encore dans le contrôle de la cause illicite ou immorale qui conduit à sonder l'intention des parties pour rechercher les mobiles de leurs actes.

---

1. Cons. const. 19 déc. 2000, n° 2000-437 DC 137 ; Cons. const. 13 juin 2013, n° 2013-672 DC, *JCP* 2013. 929, note J. Ghestin ; *RTD civ.* 2013. IV. 832, obs. H. Barbier ; *RDC* 2013. 1285, obs. C. Pérès ; déjà auparavant : Cons. const. 19 déc. 2000, n° 2000-437 DC 437 ; Cons. const. 30 nov. 2006, préc.

2) Principes gouvernant l'exécution du contrat

a) Le principe de la force obligatoire

867. C'est un principe essentiel qui était exprimé directement par l'article 1134 du Code civil (et qui est repris par l'art. 1103) : « Les conventions légalement formées tiennent lieu de loi à ceux qui les ont faites ». Là encore on retrouve l'influence directe de l'autonomie de la volonté : la volonté des parties a créé leur loi. L'obligation ainsi créée doit nécessairement être exécutée. Le principe de la liberté contractuelle ne signifie pas que les contractants sont libres d'exécuter le contrat ou pas. Elles doivent exécuter le contrat, sous peine de sanctions. Mais ce contrat s'impose aussi au juge qui doit le respecter et respecter la volonté des parties. Du principe de la force obligatoire découle donc le principe de l'irrévocabilité et de l'intangibilité du contrat.

b) Le principe de l'effet relatif

868. Il était également posé directement par l'article 1165 du Code civil : « Les conventions n'ont d'effet qu'entre les parties contractantes ; elles ne nuisent point aux tiers, et elles ne lui profitent que dans le cas prévu à l'article 1121 » (stipulation pour autrui ; v. ss 1699). Le principe de l'effet relatif exprime l'idée que le contrat est un « monde clos », refermé autour des parties contractantes. Il n'intéresse qu'elles et ne peut avoir aucun effet ni positif ni négatif à l'égard des tiers, même s'il leur est opposable en tant que fait. Ces dispositions sont reprises en substance par les actuels articles 1199 et 1200.

869. ***Ces principes directeurs qui se retrouvent encore aujourd'hui,*** ont cependant évolué, en même temps que la conception du contrat.

§ 2. Évolution de la conception du contrat dans notre droit civil

870. L'évolution a sans aucun doute été marquée par le déclin de l'autonomie de la volonté et du libéralisme économique. Avec ce déclin, on a assisté au recul des principes directeurs classiques fondés sur ces idées de liberté contractuelle et de force obligatoire du contrat, notamment. Pour autant, ils n'ont pas disparu, même s'ils ont été renouvelés et soutenus par de nouvelles idées directrices ; à tel point que tous les avant-projets et projets de réforme précédant l'ordonnance du 10 février 2016 les conservaient en réalisant la synthèse entre les principes classiques et de nouvelles idées directrices. L'ordonnance du 10 février 2016 elle-même a consacré cette synthèse.

A. Le recul des principes directeurs classiques

1) L'affaiblissement des principes théoriques

a) Recul de la doctrine de l'autonomie de la volonté

871. Elle a été assez fortement critiquée car on lui a reproché d'une part, d'être *inexacte* : tout le droit ne peut être régi par la volonté, il est des domaines où la loi doit intervenir (famille, succession...) et d'autre part, d'être *utopique* en ce qu'elle suppose des contractants égaux ; or, ce qui est contractuel n'est pas forcément juste, et le contractant le plus faible économiquement, socialement ou intellectuellement risque de se voir brimé par l'autre (par exemple dans les contrats d'adhésion).

Toutefois, malgré ces critiques, et bien que la socialisation du droit lui ait apporté de nombreuses restrictions avec le développement d'autres sources, l'accroissement des lois impératives (ordre public économique) et une certaine recrudescence du formalisme (l'écrit n'étant plus exigé seulement *ad probationem,* c'est-à-dire comme mode de preuve, mais *ad solemnitatem,* c'est-à-dire comme élément de validité), le principe de l'autonomie de la volonté n'en demeure pas moins valable.

b) Recul du libéralisme économique et développement de l'ordre public économique

872. Les relations contractuelles ont beaucoup évolué en raison, d'une part de l'inégalité des parties (employeurs et salariés ; producteurs, distributeurs et consommateurs ; professionnels et profanes...), d'autre part de la tendance à la standardisation des contrats : contrats types et contrats d'adhésion, enfin en raison de l'interventionnisme de l'État. À partir de la Première Guerre mondiale, le législateur est intervenu massivement.

873. ***Le libéralisme économique*** a donc reculé et fait place à un certain dirigisme économique qui s'est traduit, au plan juridique par le gonflement de l'ordre public et la multiplication des lois impératives réglementant tel ou tel type de contrat ou tel ou tel aspect du contrat (les prix, par exemple). La volonté de l'État d'intervenir dans l'organisation des échanges se manifeste avec ***le développement d'un ordre public économique*** qui prend deux visages différents : celui du dirigisme pur et simple et celui de la protection du plus faible.

– ***L'ordre public économique de direction*** manifeste ainsi la volonté de l'État d'intervenir dans le mécanisme de l'offre et de la demande (par exemple en matière de prix, ou de logement). D'où la multiplication des lois impératives au nom de l'intérêt général.

– ***L'ordre public économique de protection*** est la marque de la volonté de l'État de limiter les conséquences de l'inégalité économique des contractants en multipliant les règles impératives protectrices du contractant jugé le plus faible. Le premier exemple est celui du droit du travail qui fait échapper le contrat de travail au droit commun du contrat pour développer des règles protectrices du salarié. Le second exemple est celui du droit de la consommation qui soumet les contrats de consommation, passés entre un professionnel et un consommateur, à un ensemble de règles dérogatoires au droit commun, impératives et protectrices (v. ss 982 s.).

2) L'affaiblissement corrélatif des principes directeurs

874. Compte tenu du recul de l'autonomie de la volonté et des interventions législatives incessantes dans le contrat, sous le double couvert de la protection du faible et de la nécessaire orientation de l'économie, le principe de la liberté contractuelle et du consensualisme ont nécessairement reculé. La loi et la jurisprudence ont porté atteinte à ces principes et l'on a pu, dans le même temps, assister au recul de la force obligatoire du contrat et de l'effet relatif.

875. ***Les atteintes à la liberté contractuelle*** se sont manifestées surtout avec l'apparition d'une réglementation impérative de plus en plus importante et d'un dirigisme étatique incompatible avec le libéralisme : certains contrats ou certaines clauses sont interdits pour des raisons d'ordre public (protection des consommateurs par exemple), inversement, certains contrats sont imposés (ex. assurances) ou leur contenu est fixé autoritairement par la loi.

876. ***Les atteintes au consensualisme*** ont trouvé leur expression la plus évidente dans le développement du droit de la consommation (sur la naissance et l'impact de ce droit sur la théorie générale du contrat, déjà, v. ss 28 ; aussi v. ss 981 s.). Dans un souci de protection de la partie faible, le consommateur, le droit de la consommation multiplie les exigences formelles et porte également atteinte au principe consensualiste selon lequel l'accord des parties marque la formation irrévocable du contrat. Il a ménagé en effet au consommateur des facultés de rétractation, alors même que le consentement au contrat a été donné ; or cette faculté de rétractation a ensuite été étendue par la loi en dehors même d'une relation entre un professionnel et un consommateur, pour atteindre des contrats entre particuliers : depuis la loi LRU, loi sur le renouvellement urbain du 13 septembre 2000 (L. n° 2000-1208), l'acheteur d'un immeuble peut ainsi se rétracter pendant sept jours, alors même qu'il a signé une promesse de vente et la loi Macron du 6 août 2015 a porté ce délai de rétractation à dix jours. (v. ss 1067).

877. D'autre part, des atteintes ont également été portées à la *force obligatoire des contrats* pour restreindre les obligations du débiteur : par exemple, avec la loi du 31 décembre 1989 (plusieurs fois modifiée depuis) relative au surendettement des ménages qui prévoit un règlement amiable et un redressement judiciaire civil et qui permet par exemple l'effacement de certaines obligations (v. ss 494), ou encore avec les moratoires (c'est-à-dire des délais qui suspendent ou interrompent les poursuites contre les débiteurs, ou certains d'entre eux, en cas de circonstances graves : guerre par exemple). Mais on a également admis des hypothèses de révision judiciaire du contrat, l'octroi de délais de grâce par le juge, ou encore la police des clauses abusives qui créent un déséquilibre significatif dans les droits et obligations des parties, dans les contrats de consommation ; en somme on a admis l'intervention de plus en plus grande du juge dans le contrat, remettant en cause l'intangibilité de ce contrat.

878. S'agissant enfin du principe de *l'effet relatif*, il a également été sérieusement écorné par la théorie des groupes de contrats ou des ensembles contractuels et par l'utilisation de la responsabilité contractuelle par la jurisprudence, pour en faire bénéficier une victime, tiers au contrat, à l'aide de différents stratagèmes (v. ss 3105 s.), même si l'assemblée plénière y a mis un frein, un temps (v. ss 1782 s.).

B. L'évolution de la conception du contrat et l'apparition de nouvelles idées directrices

879. Bien que le droit commun des contrats (par opposition au droit spécial, s'ajoutant au droit commun pour régir des contrats déterminés) ait subi un certain recul, l'expérience des législations étrangères (Russie, par ex.) montre que même dans un régime essentiellement dirigiste, la place du contrat reste grande. Il est donc certain que les contrats continueront à exister et à évoluer, en s'adaptant sociologiquement et économiquement. Il n'est pas acquis, par ailleurs, que les deux grands principes de la liberté contractuelle et de la force obligatoire du contrat, qui traduisent l'importance du rôle de la volonté et l'utilité sociale du contrat, soient véritablement menacés aujourd'hui. Car si la conception traditionnelle et individualiste du contrat a cédé la place à une conception plus objective et économique du contrat et à de nouvelles idées directrices, on verra que l'ordonnance du 10 février 2016 portant réforme du droit des contrats, continue à asseoir le contrat sur la liberté des contractants et sur sa force obligatoire, même si ces principes sont atténués au nom de la justice contractuelle et de l'utilité du contrat.

1) Une conception plus objective du contrat et la recherche de l'équilibre contractuel

880. Avec l'évolution, le contrat n'a pas réellement perdu du terrain et il reste l'instrument privilégié des échanges. Mais il est devenu moins individualiste : une conception plus concrète, objective et économique du contrat s'est développée, dont la jurisprudence rend compte et que l'ordonnance de 2016 a largement consacrée, comme nous pourrons le constater au fur et à mesure.

881. À ce propos, et à titre d'exemple, la théorie de la cession de contrat qui s'est développée en France depuis le début des années cinquante (v. Vilar, cité en bibliographie) rend bien compte de deux conceptions opposées du contrat : la première admet l'objectivation du contrat, sa patrimonialisation qui permet de le distinguer des personnes qui l'ont conclu et de le faire circuler comme n'importe quel bien, la seconde réfute cette possibilité en maintenant le caractère personnel du contrat né de l'échange des consentements de deux ou plusieurs personnes. La jurisprudence avait admis la validité de certaines cessions de contrats à la condition que le cédé y ait consenti, comme en matière de cession de créance, bien que cela implique également la cession des dettes, ce que notre droit n'admettait pas isolément, en principe, jusqu'à la réforme de 2016. L'ordonnance du 10 février 2016 portant réforme du droit des contrats, du régime général et de la preuve des obligations, a introduit dans le Code civil la cession de dette (v. ss 507) et la cession de contrat (art. 1216 à 1216-3) (v. ss 1814 s.) ; elle a donc pris acte de ces évolutions d'autant qu'elle consacre une conception unitaire de la cession de contrat, qui s'inscrit dans la conception objective puisqu'il ne s'agit pas de céder distinctement des obligations, mais bien le contrat tout entier.

882. Dans cette conception plus objective du contrat, l'autonomie de la volonté, si elle n'a pas disparu en tant que principe fondateur, ne suffit plus aujourd'hui à fonder la force obligatoire du contrat. Cette force obligatoire s'explique aussi parce que le contrat est socialement utile et qu'à ce titre, il doit être exécuté.

L'analyse économique du droit qui s'est développée aux États-Unis à partir des années soixante, développe une conception utilitaire du droit qui va encore plus loin. Elle conduit à admettre que le contrat est obligatoire parce qu'il est indispensable à la circulation et à la création des richesses. Dès lors, l'inexécution du contrat peut être justifiée dès lors qu'il ne produit plus suffisamment de richesse. C'est la théorie de la « violation efficace ». Cette analyse économique du droit produit aussi ses effets en France ; elle a inspiré les différents projets de réforme du droit des contrats en droit interne, jusqu'à l'ordonnance du 10 février 2016 et elle est également reçue au niveau européen.

883. Dans le cadre de cette conception plus économique et objective du contrat, un nouveau *principe d'équilibre contractuel* s'est développé. À l'idée d'égalité qui traduit une relation entre des personnes et une conception individualiste du contrat, on voit se substituer aujourd'hui cette idée d'équilibre. Elle marque la prise en compte du contrat lui-même en tant qu'opération économique, afin d'apprécier l'équilibre de cette opération. Le principe de *l'équilibre contractuel*, ou encore le principe de *proportionnalité* et d'interdiction de l'excès sont autant de notions qui se sont développées pour lutter contre les contrats injustes, de sorte que l'idée d'équilibre s'inscrit en définitive dans un principe plus large qui est celui de justice contractuelle (v. ss 886). Ce principe d'équilibre est apparu par exemple directement dans la loi de 1989 sur le bail d'habitation ; l'article premier de cette loi prévoit ainsi que « les droits et obligations des parties bailleurs et locataires doivent être équilibrés ». Il apparaît encore dans la définition des clauses abusives, insérées dans un contrat par un professionnel qui profite de la faiblesse du consommateur. Ces clauses sont éliminées du contrat par le juge qui dispose ainsi du pouvoir d'intervenir dans le contrat et d'y faire la police à l'encontre du principe de la force obligatoire et au nom de l'équilibre contractuel. Le Code de la consommation précise en effet que la clause abusive est celle « qui crée un *déséquilibre significatif* dans les droits et obligations des parties ». Ce mécanisme a été introduit dans le Code civil par l'ordonnance du 10 février 2016, et concerne désormais tous les contrats d'adhésion (v. ss 1361 s.).

Le garant de cet équilibre contractuel est le juge, qui accroît sensiblement son pouvoir d'intervention dans le contrat [1].

2) Un principe d'équilibre confirmé par le Conseil constitutionnel : la « fondamentalisation du droit des contrats »

884. Avec l'introduction en droit français du nouveau contrôle de constitutionnalité *a posteriori* créé par la loi organique du 10 décembre 2009, qui a mis en place le mécanisme de la question prioritaire de constitutionnalité, effectif depuis le 1er mars 2010, le mouvement de « fondamentalisation [2] » ou de « constitutionnalisation » du droit des obligations en général et des contrats en particuliers s'accentue.

885. Dans ce cadre, l'importance de l'exigence d'équilibre contractuel n'a pas été démentie par le Conseil constitutionnel qui a déjà rendu une importante décision, le 13 janvier 2011 à propos de l'article L. 442-6 du Code de commerce. Ce texte a introduit dans les relations entre commerçants le système de lutte contre les déséquilibres significatifs, déjà mis en place pour les consommateurs avec l'interdiction des clauses abusives (v. ss 1423 s.). Or, à l'occasion de la question prioritaire de constitutionnalité

1. « Le juge et le contrat : variations optimistes sur un couple illégitime », in *Mélanges offerts à J.-L. Aubert*, Dalloz, 2005, p. 235.

2. En référence aux droits fondamentaux qui sont inscrits dans le bloc de constitutionnalité ; v. J.-P. Gridel, « Les droits fondamentaux du contractant au quotidien », in *Liber amicorum C. Larroumet*, Economica, 2009.

portant sur ce texte critiqué parce que la notion de déséquilibre significatif serait insuffisamment précise, le Conseil constitutionnel a affirmé l'unicité de la notion de déséquilibre significatif, identique en droit de la consommation et en droit de la concurrence (deux droits spéciaux du contrat) ; il a considéré en effet que la notion de déséquilibre significatif prévue par l'article L. 442-6 du Code de commerce était suffisamment précise pour ne pas encourir le grief d'inconstitutionnalité, en raison de l'interprétation jurisprudentielle déjà largement donnée à propos des clauses abusives concernant les consommateurs ; il a aussi reconnu que l'équilibre des rapports entre partenaires commerciaux constituait un objectif d'ordre public poursuivi par le législateur [1].

3) Le développement d'une nouvelle morale contractuelle : la recherche de la justice contractuelle

886. Le contrat n'oppose plus deux individus qui sont dans une « collaboration antagoniste » parce qu'ils poursuivent la satisfaction d'intérêts opposés. L'idée d'une collaboration entre les parties est apparue, avec la théorie du solidarisme contractuel. Les contractants sont ainsi censés avoir un devoir de collaboration et de coopération, dont la jurisprudence fait en effet parfois application.

887. Dans ce contexte, la *loyauté contractuelle* et la *bonne foi* deviennent des notions essentielles. Les contractants ont un devoir de loyauté et de bonne foi non seulement au stade de l'exécution du contrat, ce que reconnaît déjà l'article 1134, alinéa 2, après avoir énoncé le principe de la force obligatoire du contrat : « les conventions doivent être exécutées de bonne foi », mais aussi au stade de la formation du contrat. Ces devoirs se manifestent lors de la négociation du contrat, et imposent notamment une obligation d'information envers le cocontractant, afin de parvenir à un contrat équilibré et donc juste. Ils imposent également un *principe de cohérence* qui interdit au contractant de se contredire au détriment de son partenaire (v. ss 895).

888. Cette nouvelle morale contractuelle peut aussi justifier que le contrat soit modifié ou qu'il y soit mis fin dans des conditions que n'admettait pas la théorie classique, puisque, en vertu du principe de la force obligatoire du contrat, son intangibilité et son irrévocabilité étaient imposées. Si l'équilibre est rompu dans des proportions intolérables, la justice contractuelle peut justifier un recul de cette intangibilité. Le contrat est obligatoire parce que le créancier a un droit légitime à l'exécution de l'obligation et à la prestation promise. Mais ce même créancier doit aider son débiteur partenaire à exécuter le contrat en cas de difficultés. D'où l'idée aussi, que l'on pourrait aller jusqu'à imposer au contractant une obligation de renégocier le contrat, toujours au nom de la justice contractuelle et toujours à l'encontre de l'intangibilité du contrat, lorsque son exécution devient impossible pour le débiteur en raison d'un bouleversement des données économiques initiales (sur cette question, v. ss 1611 s.). L'ordonnance du 10 février 2016 est allée encore plus loin en consacrant la théorie de l'imprévision,

---

1. Cons. const. 13 janv. 2011, n° 2010-85, QPC (*JO* 14 janv. 2011, p. 813), *RTD civ.* n° 1, 2011. 121, obs. B. Fages ; J.-L. Fourgoux, « Déséquilibre significatif : une validation par le Conseil constitutionnel qui marie droit de la concurrence et droit de la consommation en matière de clauses abusives », *CCC* 2011, étude n° 5.

c'est-à-dire le pouvoir du juge de modifier le contrat dont l'équilibre est détruit par un bouleversement des circonstances économiques (v. ss 1649 s.).

889. Ces nouvelles idées directrices ne remettent cependant pas fondamentalement en cause les principes directeurs classiques pas davantage que l'ordonnance du 10 février 2016 ne les a fait disparaître, même s'ils ne sont pas qualifiés de « principes directeurs » mais de « principes généraux d'interprétation ». C'est à la synthèse de ces principes directeurs classiques et des nouvelles idées directrices que l'on assiste plutôt dans l'ordonnance du 10 février 2016, mais qui était déjà présente dans tous les projets de réforme du droit des contrats, antérieurs, européens ou internes, d'initiative doctrinale comme gouvernementale.

C. La synthèse des principes directeurs classiques et des nouvelles idées directrices dans les projets de réforme du droit des contrats

1) La confirmation de la liberté contractuelle comme principe fondamental

890. Même si le dogme de l'autonomie de la volonté est en perte de vitesse (notons la décision du Conseil constitutionnel du 20 mars 1997 qui constate « que ne résulte ni de l'article 4 de la Déclaration des droits de l'Homme et du citoyen, ni d'aucune autre norme de valeur constitutionnelle, un principe constitutionnel dit de l'autonomie de la volonté »), sa projection majeure en droit des contrats, le principe de la liberté contractuelle, subsiste encore aujourd'hui, et, mieux encore, se trouve confirmée en tant que valeur contractuelle essentielle. La liberté contractuelle était affirmée comme principe fondamental ou règle fondamentale, non seulement dans l'avant-projet de réforme du Code civil en droit des obligations (rapport *Catala ;* déjà pour la présentation de cet avant-projet, v. ss 53, 63 [Le point sur...]) mais aussi dans les propositions de la commission *Terré* (v. ss 53, 63 [Le point sur...]) et également dans les projets de réforme de la Chancellerie qui se sont succédés jusqu'à l'ordonnance du 10 février 2016 (v. ss 895 s.).

En parallèle, dans la sphère européenne, on retrouve le principe de la liberté contractuelle, à la fois dans les Principes européens de droit des contrats dits « Principes Lando » et dans « les principes contractuels communs » contenus dans le projet de Cadre commun de référence, élaboré à l'initiative de la Commission européenne (sur ces principes et les différentes initiatives européennes, v. ss 40 s.).

Enfin, la liberté contractuelle est également reconnue en droit français comme un principe à valeur constitutionnelle (v. ss 860).

2) La justice contractuelle et l'utilité sociale en contrepoids à la liberté contractuelle et à la force obligatoire

891. La liberté contractuelle, si elle subsiste, doit désormais tenir compte de l'*utilité sociale* et de la *justice contractuelle,* qualifiées aussi par certains de « principes directeurs du droit des contrats »[1]. Selon Jacques Ghestin, « Le contrat est un accord

1. J. Ghestin, *Traité de droit civil*, « Le contrat-formation », 2e éd., 1988, LGDJ, p. 160.

de volontés qui sont exprimées en vue de produire des effets de droit et auxquels le droit objectif fait produire de tels effets[1] ». Si l'accord des volontés reste essentiel, l'autonomie des parties « ne s'exerce que dans les limites plus ou moins étroites des compétences qui leur sont reconnues par le droit objectif ».

892. L'utilité sociale et la justice contractuelle viennent donc servir de contrepoids à la liberté contractuelle et aux conséquences trop rigoureuses de la force obligatoire du contrat.

3) Une synthèse réalisée dans les projets européens

893. Cette synthèse de la liberté et de la volonté d'une part et de la justice contractuelle d'autre part, se retrouve dans les projets européens (v. ss 40 s.).

894. Rappelons qu'avec le soutien financier de la Commission, un « réseau commun pour le droit européen des contrats » a été créé, avec pour mission de fournir des matériaux pour l'adoption par l'Union européenne d'un « Cadre commun de référence » auquel le Parlement européen s'est montré particulièrement favorable (v. ss 43 s.). Or, dans ce projet de Cadre commun de référence qui, pour l'instant, serait un instrument simplement optionnel, à la disposition des parties contractantes, figurent des principes contractuels communs. Ils sont au nombre de trois : il s'agit de la *liberté contractuelle*, de la *sécurité contractuelle,* qui repose sur la force obligatoire du contrat, et de *la loyauté contractuelle.* La synthèse de la liberté contractuelle et de la force obligatoire du contrat, valeurs traditionnelles en droit français et de la loyauté, principe plus moderne, notamment dans les applications qui en sont faites en droit français, est donc ici consacrée.

4) Une synthèse réalisée dans les avant-projets doctrinaux et gouvernementaux de réforme du droit français des contrats

895. En ce qui concerne le droit interne, on rappellera que jusqu'à l'ordonnance du 10 février 2016, qui a mis le point final à la réforme du droit des contrats, à côté des deux initiatives doctrinales représentées par « l'avant-projet *Catala* de réforme du droit des obligations », qui fut la première, puis par les « propositions Terré de réforme du droit du contrat » qui ont suivi (pour une analyse plus générale et détaillée de ces avant-projets, v. ss 49, 63, [« Le point sur… »], plusieurs projets *gouvernementaux* émanant de la Chancellerie ont été élaborés, publiés, discutés par la doctrine, ouverts à la consultation publique et plusieurs fois modifié concernant le droit des contrats) (v. ss 54 s.).

896. Si les options prises par les différents projets n'ont pas toujours été exactement les mêmes, il reste que l'idée d'un droit des contrats structuré par des principes directeurs ou des règles fondamentales se retrouvait dans tous les cas. Ces principes étaient parfois formulés directement (dans le projet gouvernemental de 2008 notamment) ou bien ils inspiraient les solutions proposées sans apparaître explicitement (avant-

---

1. V. chron. citée dans la bibliographie.

projet *Catala*) ou encore, ils ont été qualifiés de « règles fondamentales » et non de principes directeurs (propositions *Terré*). Cependant, on y retrouvait toujours, l'affirmation selon laquelle la liberté contractuelle et la force obligatoire du contrat sont des valeurs contractuelles primordiales mais qu'elles doivent être encadrées par l'ordre public et tempérées notamment par l'impératif de bonne foi nécessaire à la justice contractuelle, à l'équilibre du contrat et, partant à son efficacité économique.

897. L'avant-projet *Catala* maintenait le contrat comme la « figure centrale » du droit des obligations. Tout en reconnaissant que l'article 1134 et donc le principe de la force obligatoire, reste le pilier du droit des contrats, les auteurs de l'avant-projet de réforme précisaient que « la liberté contractuelle et la force obligatoire du contrat doivent compter avec les aspirations de la justice contractuelle » sans négliger, toutefois, la sécurité juridique. Ils préconisent également un « plus grand rayonnement donné à la bonne foi » étendu à la formation même du contrat et non plus simplement à son exécution. Toutefois, l'avant-projet ne consacrait pas de subdivision à l'énoncé de principes directeurs, même s'ils inspiraient en filigrane les options techniques et s'ils figurent dans l'exposé des motifs (pour une présentation plus détaillée de ce projet, v. ss 49, 63, [Documents, Le point sur…]).

898. Les propositions *Terré*, quant à elles, prenaient le parti d'ouvrir le titre consacré au contrat par l'énoncé de trois règles fondamentales ayant vocation à diriger la matière : la *liberté contractuelle,* la *loyauté contractuelle* et, de façon plus inattendue, la *cohérence contractuelle*, que la Cour de cassation semblait effectivement, depuis quelque temps, vouloir faire émerger en tant que nouveau principe contractuel [1]. On notera que ce principe de cohérence figure déjà dans les principes relatifs aux contrats du commerce international (principes Unidroit, v. ss 39). Impliquant l'obligation de ne pas se contredire, il est susceptible d'emporter de nombreuses conséquences, au stade de la formation du contrat (sanction de la rupture brutale de négociations avancées de façon brutale et imprévisible par exemple) ou de l'interprétation du contrat (v. ss 1626), comme au stade de l'exécution et de la cessation du contrat (pour limiter la faculté de rupture unilatérale, par exemple). Il peut se rattacher cependant assez largement au principe de bonne foi et son autonomie n'est donc pas assurée par rapport à la loyauté contractuelle (pour d'autres développements, v. ss 1584). Le principe de la force obligatoire ne figurait donc pas dans les propositions Terré, au titre des règles fondamentales.

899. Enfin, concernant les *projets gouvernementaux* qui se sont succédé jusqu'à l'ordonnance de 2016, (sur leur historique, v. ss 54 s.), plusieurs options ont été alternativement choisies quant à l'affichage des principes directeurs mais leur présence s'affirmait toujours. Ainsi, dans le premier projet de 2008, figurait de façon explicite un chapitre I intitulé « Principes directeurs du contrat » où se trouvaient énoncés trois principes : de liberté contractuelle, de force obligatoire et de bonne foi (art. 15 à 17). Ensuite, dans le projet de 2009, ce chapitre spécifique avait disparu, mais les principes étaient cependant expressément posés au fil des articles. Enfin, il était réapparu dans l'avant-projet d'octobre 2013, où

---

1. Civ. 3e, 28 janv. 2009, *RDC* 2009. 999, note D. Mazeaud ; *RDC* 2009. 1018, note G. Viney ; *RTD civ.* 2009. 317, obs. B. Fages ; et pour un arrêt antérieur déjà très remarqué : Com. 8 mars 2005, *D.* 2005. Pan. 2843, obs. B. Fauvarque-Cosson, *RDC* 2005. 1015, obs. D. Mazeaud ; *RTD civ.* 2005. 391, obs. J. Mestre et B. Fages ; aussi pour d'autres références, plus récentes et d'autres développements, v. ss 1584.

figurait un chapitre de « Dispositions liminaires » avec l'énoncé de deux « principes directeurs » : la *liberté contractuelle* (limitée par l'ordre public et le respect des droits fondamentaux)[1], ainsi que la bonne foi. Le principe de la *force obligatoire du contrat* ne figurait pas dans ce chapitre, mais il était toujours affirmé dans les dispositions relatives à l'exécution du contrat dans un article qui reprenait, mot pour mot, l'ancien article 1134. De même le principe de l'effet relatif et du consensualisme étaient également posés.

D. Les options de l'ordonnance du 10 février 2016 : tradition et modernité

1) L'affirmation de principes généraux du droit des contrats ancrés dans la tradition

900. Le choix a été fait, finalement, d'un chapitre de dispositions liminaires dans lesquelles figurent, outre la définition du contrat et celle des principales catégories contractuelles, les principes généraux concernant le contrat. Bien sûr on ne les qualifie pas de principes directeurs (à l'encontre de certaines versions antérieures comme le projet de la chancellerie de 2008, où figurait un chapitre intitulé « principes directeurs »). Mais dans ces dispositions liminaires figurent les lignes directrices et des annonces essentielles, auxquelles la loi de ratification du 20 avril 2018 n'a pas touché.

Certes, le rapport précise que « ces règles générales, bien qu'elles soient destinées à donner des lignes directrices au droit des contrats, ne constituent pas pour autant des règles de niveau supérieur à celles qui suivent et sur lesquelles les juges pourraient se fonder pour justifier un interventionnisme accru... Il s'agit bien plutôt de principes destinés à faciliter l'interprétation des règles applicables au contrat et au besoin à en combler les lacunes ». Mais n'est-il pas question justement, lorsque l'on se réfère aux principes directeurs du droit du contrat, de règles générales qui rendent intelligibles, les règles techniques posées ? L'affirmation contenue dans le rapport concernant la portée de ces lignes directrices n'atténue en aucune manière, par ailleurs, leur force normative : il s'agit de principes qui restent comme auparavant des principes d'interprétation, certes posés par la loi mais qui, pour certains d'entre eux ont quand même valeur constitutionnelle[2], ainsi le principe de liberté contractuelle.

Quels sont ces principes figurant au titre des dispositions liminaires ? Il s'agit des trois principes de liberté contractuelle, de force obligatoire du contrat et de bonne foi. Cette place révèle leur importance particulière. Cependant, même s'ils ne sont pas énoncés dans les dispositions liminaires, le principe du consensualisme et le principe de l'effet relatif, sont également toujours présents.

a) Le principe de liberté contractuelle

901. Il est consacré formellement par l'article 1102, avec les trois éléments qui le composent traditionnellement, dégagés par la doctrine et la jurisprudence : liberté

---

1. « La liberté contractuelle ne permet pas de déroger aux règles qui intéressent l'ordre public, ou de porter atteinte aux droits et libertés fondamentaux reconnus dans un texte applicable aux relations entre personnes privées, à moins que cette atteinte soit indispensable à la protection d'intérêts légitimes et proportionnée au but recherché » (article 2 du sous-titre consacré au contrat).

2. Ainsi le Conseil constitutionnel a reconnu la valeur constitutionnelle de la liberté contractuelle v. ss 860.

de contracter, liberté de choisir son cocontractant et liberté de déterminer le contenu et la forme du contrat. Cette version de la liberté contractuelle est conforme à la version classique, sous réserve de la référence à la forme du contrat, qui renvoie à la fois au principe consensualiste (le contrat n'a pas besoin d'obéir à des formes particulières) mais aussi à la possibilité qu'ont les parties de décider d'une forme particulière pour sa validité (par exemple un acte authentique). On soulignera au passage le maintien de la catégorie des contrats innommés dans l'article 1105, qui représentait dans le Code civil de 1804, la seule expression visible du principe de liberté contractuelle : la possibilité de créer librement des contrats.

Cette affirmation du principe de liberté contractuelle n'est donc pas une innovation, mais elle est importante car elle confirme l'ancrage du contrat dans ses fondements traditionnels, dans le contexte d'une économie de marché qui s'accompagne de la liberté du commerce, de la liberté d'entreprendre et de la libre concurrence.

Le principe de liberté contractuelle est donc consacré, en conformité avec les options prises dans les instruments européens et notamment au Cadre commun de référence qui place la liberté contractuelle au premier rang des trois principes contractuels communs avec la sécurité contractuelle et la loyauté contractuelle… mais aussi en conformité avec notre tradition contractuelle.

902. Cette liberté contractuelle est cependant limitée par ***l'ordre public***. La barrière de l'ordre public est désormais expressément dressée au frontispice du droit des contrats, alors qu'elle figurait seulement jusqu'ici en tant que formule générale, dans l'article 6 du Code civil : « on ne peut déroger par des conventions particulières aux lois qui intéressent l'ordre public et les bonnes mœurs ». La solution là encore, n'est pas nouvelle. Dans le projet d'ordonnance ouvert à la consultation publique en février 2015, la liberté contractuelle comportait une autre limite : celle de ne pas porter « atteinte aux droits et libertés fondamentaux reconnus dans un texte applicable aux relations entre personnes privées, à moins que cette atteinte ne soit indispensable à la protection d'intérêts légitimes et proportionnée au but recherché ». Certes, les droits et libertés fondamentaux sont inclus dans le concept d'ordre public (tous les principes et les règles d'intérêt supérieur, auxquelles on ne peut déroger) mais la formule invitait à un contrôle différent du respect de ces principes, dans l'esprit du contrôle exercé par les juridictions européennes, celui de la balance des intérêts, qui permet de tolérer une atteinte aux droits fondamentaux lorsqu'elle est justifiée et proportionnée. Finalement, la référence au respect des droits et libertés fondamentaux n'a pas été maintenue dans le texte définitif, mais, néanmoins, le contrôle de l'atteinte à ces droits et libertés, intégrés dans la notion classique d'ordre public, se fait déjà par les juridictions internes selon cette méthode de la balance des intérêts [1] et continuera certainement à se développer dans le contentieux contractuel [2]. On notera

---

1. Cette notion de balance des intérêts renvoie à un débat actuel plus large sur les méthodes de raisonnement des juges et notamment de la Cour de cassation, opposant les partisans du contrôle de proportionnalité et de la technique de la balance des intérêts pratiqués par la Cour européenne des droits de l'Homme, taux partisans du maintien du raisonnement syllogistique : v. par ex. C. Jamin « Juger et motiver, introduction comparative à la question du contrôle de proportionnalité en matière de droits fondamentaux », *RTD civ.* 2015. 263.

2. J.-P. Gridel, « Les droits fondamentaux du contractant au quotidien », in *Liber amicorum C. Larroumet*, Economica, 2009, p. 189 ; C. Jamin, « Le droit des contrats saisi par les droits fondamentaux », in *Repenser le contrat*, G. Lewlowicz et M. Xifaras (dir.), Dalloz, 2009, p. 175 ; J.-P. Marguénaud,

enfin, l'abandon de la référence aux bonnes mœurs, aspect originairement spécialement identifié de l'ordre public, renvoyant à la morale traditionnelle, mais tellement en recul qu'il ne s'agissait plus d'une notion efficiente. Il était donc logique de la supprimer. Mais, là encore, la morale demeure un élément de l'ordre public [1] que je juge peut réactiver si besoin en est.

b) La force obligatoire du contrat (art. 1103)

903. L'article 1103 est la reprise pure et simple de l'article 1134, sous réserve de ce que le terme « contrat » remplace désormais celui de « convention » : « les contrats légalement formés tiennent lieu de loi à ceux qui les ont faits ».

Le principe n'était inscrit jusqu'ici qu'au titre de l'exécution du contrat. Il arrive désormais là encore au frontispice, ce qui marque formellement et dans la perspective pédagogique qui est celle de la réforme, l'importance qui lui a toujours été reconnue, comme corollaire de la liberté contractuelle.

Cependant, seule l'affirmation de cette force obligatoire figure dans les dispositions liminaires et non ses conséquences : les principes d'irrévocabilité et d'intangibilité du contrat ainsi que l'affirmation que les contrats obligent non seulement à ce qui y est exprimé mais encore à toutes les suites que leur donne l'équité, l'usage ou la loi qui figuraient dans les anciens articles 1134, alinéa 3, et 1135 du Code civil, restent inscrits dans les effets du contrat, dans les articles 1193 et 1194.

c) Le principe du consensualisme

904. Il n'est pas posé au titre des dispositions liminaires mais il figure explicitement dans l'article 1172 (les contrats sont par principes consensuels) pour marquer ainsi, dans la continuité du Code de 1804, la force de la volonté réelle et sa supériorité sur la volonté exprimée et l'on peut constater que toutes les solutions fondées sur le principe consensualiste sont maintenues (comme notamment le principe de l'irrévocabilité du contrat dès lors qu'il y a eu rencontre des consentements, ou la règle d'interprétation faisant obligation au juge de rechercher la volonté des contractants au-delà des termes du contrat) (art. 1188).

d) Le principe de l'effet relatif

905. Il n'est pas non plus posé dans les dispositions liminaires mais se retrouve dans les dispositions relatives aux effets du contrat (art. 1199 et 1200) mieux précisé et formulé qu'auparavant mais le contenu reste identique.

Liberté contractuelle et force obligatoire restent donc les principales clés de lecture du contrat. Aurait-on alors inscrit de nouveaux principes ou règles générales directrices, tout en conservant les anciens ?

« L'assujettissement du contrat à la Convention EDH », *RTD civ.* 2009. 281. L. Abadie, « Convention EDH et contentieux contractuel », *Dr. et patr.* juill.-août 2019, p. 73.

1. G. Ripert, *La règle morale dans les obligations civiles*, 4e éd., LGDJ, 1949.

e) La bonne foi, nouveau principe général du droit des contrats ?

906. L'exigence de bonne foi est inscrite parmi les principes généraux gouvernant la formation et l'exécution du contrat, à l'article 1104, alors qu'elle ne figurait dans le Code de 1804 que dans l'article 1134 où elle constituait une règle d'exécution du contrat. Cette valorisation de la bonne foi intervient en conformité avec les instruments européens, puisque le principe de loyauté contractuelle fait partie des principes figurant dans le Cadre commun de référence. C'était déjà depuis longtemps un principe général du droit des contrats, bien au-delà de son inscription formelle dans le seul cadre de l'exécution du contrat. Il y a longtemps en effet, que la jurisprudence tient compte de la bonne ou de la mauvaise foi contractuelle. La bonne foi, avec son cortège de notions associées, loyauté, collaboration, coopération, devoir de cohérence est en effet devenue, on l'a déjà souligné, l'expression d'une « nouvelle morale contractuelle », fondée sur la coopération des parties et la loyauté, afin que le contrat puisse remplir au mieux ses finalités, pour chacune des deux parties : collaboration et non plus collaboration antagoniste. L'ordonnance consacre donc cette évolution.

f) L'absence d'autres principes généraux (cohérence, proportionnalité, justice et équilibre contractuel)

907. Au-delà de cette affirmation de la bonne foi, comme principe général de la formation et de l'exécution du contrat, on ne trouve formulés directement ni un principe de proportionnalité, ni un principe de cohérence contractuelle, ni un principe de justice contractuelle ou d'équilibre contractuel. Pourtant, ces principes ou ces règles paraissent omniprésents dans le droit contemporain du contrat ; certains sont posés dans instruments contractuels européens (par exemple le principe de justice contractuelle dans le projet de cadre commun de référence) ; d'autres ont été proposés comme principes directeurs par la doctrine (par exemple le principe de cohérence contractuelle, érigé en règle fondamentale dans les propositions Terré). Cependant, ils ne sont pas affirmés comme des règles générales dans les dispositions liminaires du nouveau droit des contrats.

908. Le contexte général paraît donc inchangé, la tradition sauvegardée. Néanmoins, le contrat a fait un bond dans la modernité. Par un certain nombre de dispositions nouvelles (qu'il s'agisse de codifier la jurisprudence ou de véritables innovations), l'ordonnance a assuré la réception de nouveaux objectifs contractuels, dont au premier rang sans doute la justice et l'équilibre contractuels, mais pas seulement, qui rendent bien compte d'une nouvelle conception du contrat

2) L'existence de nouveaux objectifs contractuels inscrivant le contrat dans la modernité

909. La réforme procède de façon évidente, à un ancrage du contrat dans la modernité, dans une conception plus économique, plus concrète et plus conforme à la réalité économique. Elle a intégré les apports de l'analyse économique du droit, les acquis du droit européen des contrats et les évolutions jurisprudentielles, pour que les principes classiques ne ferment pas la porte à des solutions nouvelles, proposées comme plus conformes aux attentes des acteurs économiques. En effet, les règles applicables au contrat ne reposent plus seulement sur des principes théoriques statiques, mais également sur des objectifs contractuels, plus nouveaux, qui consacrent une vision plus dynamique du contrat. Ils viennent renouveler la lecture des principes directeurs classiques et, au-delà, du contrat lui-même. Ces objectifs ne sont pas formellement inscrits dans les textes (contrairement aux principes généraux du droit des contrats) ; ils ne sont pas visibles en tant que tel, mais ils inspirent les nouvelles règles et commandent un certain nombre de solutions novatrices et de directions nouvelles.

Quels sont ces objectifs ?

a) L'objectif de justice contractuelle

910. Il incorpore à la fois la notion d'équilibre contractuel et de protection de la partie faible (avec les exigences de cohérence, de proportionnalité, de loyauté). L'ordonnance reçoit et consacre toutes les solutions jurisprudentielles qui ont été développées en ce sens : consécration d'abord des mécanismes préventifs : information du contractant, délais de rétractation et de réflexion prévus par la loi ou par les parties (art. 1122) ; consécration ensuite des mécanismes curatifs, en assurant la protection du consentement par la codification de tous les élargissements jurisprudentiels en matière de vices du consentement, qu'il s'agisse du dol, de l'erreur ou de la violence : la violence économique, qui permet à un cocontractant abusant de l'état de dépendance de l'autre d'obtenir un engagement et en tire un avantage manifestement excessif, est désormais expressément prévue (art. 1143) ; consécration, enfin des mécanismes de contrôle de l'équilibre développés par la jurisprudence sur le terrain de l'objet et de la cause, dans les dispositions désormais consacrées au « contenu du contrat » : l'ordonnance supprime la notion de cause mais préserve ses fonctions par une série de dispositions, par exemple la nullité du contrat si la contrepartie convenue est illusoire ou dérisoire (art. 1169), ou encore avec l'entrée dans le Code civil des clauses abusives qui étaient jusqu'ici cantonnées au droit de la consommation et de la concurrence, qui permettent de sanctionner un déséquilibre significatif entre les droits et obligations des parties (art. 1171).

b) L'objectif d'efficacité économique du contrat

911. Cette efficacité économique implique d'abord ***l'efficacité technique*** de l'instrument qu'est le contrat : si le contrat reste, au vu de sa définition par l'article 1101, un mécanisme « obligationnel », un composé d'obligations, hiérarchisées, ordonnées en vue de la réalisation d'un objectif contractuel, de nombreux indices manifestent les atteintes portées à la lecture classique du contrat, à la rigueur de la structure et de la mécanique « obligationnelle », afin de rendre l'instrument plus efficace techniquement. Ainsi, par exemple, l'obligation de donner disparaît au profit de l'effet translatif direct du contrat (on le verra). La cause, jugée trop abstraite et complexe disparaît, au profit d'une nouvelle notion ou d'un nouveau concept, le contenu du contrat, beaucoup plus flou, mais destiné à assurer plus efficacement le contrôle de sa fonction d'échange.

912. Quant aux solutions de fond, cette recherche d'efficacité économique met en œuvre deux idées importantes : ***le maintien du contrat utile*** et à l'inverse, la ***disparition du contrat inutile***. La constatation que le contrat présente toujours une utilité pour les parties, alors même qu'il serait atteint d'un vice ou d'une imperfection, qu'elle soit structurelle au stade de la formation ou bien conjoncturelle, dans la phase d'exécution, implique désormais, plus fréquemment qu'auparavant, qu'il peut être maintenu, au prix de certaines corrections voire même d'atteintes aux principes classiques, notamment d'intangibilité du contrat. Si, de ce point de vue, le texte définitif consacre un certain nombre de reculs par rapport à certaines versions antérieures, l'objectif de maintien du contrat utile, éventuellement après avoir restauré cette utilité, est quand même bien présent dans de nombreuses solutions : ainsi le système de la nullité partielle ou la clause réputée non écrite qui permet de maintenir le contrat après éradication du vice qui l'affectait (art. 1184), ou encore, la suppression de l'exigence de détermination du prix dans les contrats-cadres et de prestation de service (art. 1164 et 1165), avec la substitution à la sanction de la nullité, du maintien du contrat sous réserve du contrôle judiciaire de l'abus dans la fixation ultérieure du prix (on notera ici, cependant, le recul du pouvoir de révision du juge qui, dans la version antérieure du texte, pouvait en effet réviser le prix) ; mais aussi la possibilité pour le créancier d'accepter une exécution imparfaite du contrat et de solliciter une réduction proportionnelle du prix (art. 1223) ; enfin, et surtout, la faculté pour le juge de réviser le contrat en cas de bouleversement des circonstances économiques, ce qui consacre la théorie de l'imprévision (art. 1195).

913. À l'inverse, on favorise par un certain nombre de dispositions la disparition du contrat inutile ou qui perd son utilité : par exemple en consacrant la faculté de résiliation unilatérale du contrat par l'un des contractants à ses risques et périls (art. 1226 : résolution par voie de notification).

914. Ces objectifs s'accompagnent d'un accroissement du rôle de la volonté unilatérale et d'une augmentation des pouvoirs du juge bien que là encore la version définitive de l'ordonnance manifeste un certain nombre de reculs (par exemple, le pouvoir du juge de réviser le prix en cas d'abus dans la fixation unilatérale du prix a été supprimé).

c) L'objectif de sécurisation du contrat

915. La sécurité juridique était l'un des objectifs de la réforme et, même, à suivre le rapport de présentation, le premier objectif de la réforme. Elle passait par l'objectif général de lisibilité et d'accessibilité du droit des contrats, du régime des obligations et de la preuve : style, construction, éclaircissement des notions. Il s'agit ici d'une rénovation formelle à laquelle l'ordonnance a procédé dans un souci très pédagogique concernant le droit des contrats.

Au-delà de cet aspect formel, il s'agissait aussi de codifier les solutions jurisprudentielles acquises, pour procurer la sécurité du droit écrit, ce qui a été très largement fait puisque l'ordonnance, pour l'essentiel, codifie la jurisprudence ainsi que certaines solutions issues de la pratique comme, par exemple, la cession de contrat.

916. Mais cet objectif de sécurisation du droit du contrat, ne se confond pas avec un autre objectif, contractuel celui-ci : *la sécurisation du contrat lui-même.*

Si cet objectif est moins cardinal, il se traduit quand même par de véritables innovations ou même par des solutions en contrepoint de la jurisprudence et il devait donc à ce titre être cité. La réglementation de la période précontractuelle s'inscrit dans cette perspective et plus particulièrement la règle de la sanction du non-respect de la promesse unilatérale par la formation du contrat (art. 1124). Mais on peut également citer à ce titre la création des actions interrogatoires[1], qui permettent de lever l'incertitude sur l'attitude du bénéficiaire d'un pacte de préférence (art. 1123) ou encore de lever l'incertitude que laisse planer sur le contrat la menace d'une action en nullité (art. 1183) ou enfin l'incertitude relative à la représentation (art. 1158), lorsque l'on doute du pouvoir du représentant conventionnel et que l'on demande au représenté de confirmer que le représentant est habilité à conclure cet acte.

917. La réforme opérée le 12 février 2016, après plus de dix années de travaux, s'est donc inscrite dans la continuité, en tentant de ménager la tradition du droit français en matière contractuelle, tout en modernisant le droit des contrats dans une version formellement très pédagogique et rénovée du Code civil (sur l'architecture du titre consacré au contrat, v. ss 829).

Cette volonté de tenir compte des évolutions et de moderniser sans bouleverser, transparaît dans les différentes classifications des contrats proposées par les nouveaux articles 1105 à 1111-1 du Code civil.

Section 3
Les classifications des contrats

918. Si le *droit commun des contrats*, tel qu'il figure désormais dans les articles 1101 à 1231-7 du Code civil concerne tous les contrats, il reste qu'il n'existe pas un seul type de contrat. La liberté contractuelle aidant, il existe au contraire une très grande variété de contrats.

Certains contrats sont visés spécialement dans le Code civil qui les définit et pose à leur propos un certain nombre de règles particulières, s'ajoutant au droit commun : par exemple le contrat de vente, le contrat de bail, le contrat d'entreprise, de mandat, de dépôt, de donation… Ces règles particulières qui sont distinctes des règles générales (droit commun des contrats), forment *le droit spécial des contrats ou le droit des contrats spéciaux.*

Le Code civil, n'aborde pas ces espèces particulières de contrats au titre du droit commun, mais il n'aborde pas non plus le contrat en général, sans distinction. Il distingue plusieurs types de contrats, et propose des classifications. En effet, même dans le cadre du droit commun, les règles peuvent parfois différer selon le type de contrat considéré. C'est pourquoi, dans l'énoncé des dispositions liminaires concernant le contrat, et plus précisément dans les articles 1105 à 1111-1 du Code civil, on trouve les principales classifications des contrats, qui regroupent différents types de contrats en fonction de critères déterminés, comme, par exemple, leur fonction économique, leurs conditions de formation, leur contenu, leur mode d'exécution…

919. À chaque catégorie identifiée par le droit commun des contrats correspondent des règles dont la spécificité est plus ou moins importante, et qui justifient la classification opérée. Par ailleurs, ces différentes classifications ne s'excluent pas forcément et peuvent se superposer. Un même contrat peut appartenir à plusieurs catégories. En présence d'un contrat donné, il faut donc pour connaître l'ensemble de ses caractéristiques et des règles

---

1. M. de Fontmichel, « Les nouvelles actions interrogatoires », *D.* 2016. 1665.

générales auxquelles il est soumis, le qualifier, c'est-à-dire se demander à quelles catégories juridiques il appartient, sachant qu'au bout de l'opération de qualification, il y aura la qualification spéciale, contrat de vente ou de prêt ou de bail, etc., qui peut commander l'application de dispositions encore plus particulières ; mais cette dernière qualification, spéciale, ne sera pas envisagée ici puisqu'elle ne relève pas du droit commun des contrats.

920. Dans le Code civil de 1804, certaines classifications étaient explicitement formulées aux anciens articles 1103 à 1107, sans doute les plus importantes. D'autres étaient sous-entendues par le Code civil. Ces classifications avaient cependant été complétées par la doctrine et la jurisprudence qui avaient pris en compte les évolutions depuis le Code civil de 1804 et l'émergence de nouveaux types de contrats.

921. L'ordonnance du 10 février 2016 a repris, dans les dispositions liminaires concernant le contrat, toutes les classifications traditionnelles expressément prévues par le Code civil de 1804 ainsi que celles qui étaient sous-entendues mais a également codifié la plupart des classifications plus récentes, fruit de l'évolution des contrats.

On envisagera donc les différentes classifications des contrats dans cet ordre, sous réserve de l'une d'entre elles, la distinction des contrats nommés et innommés ; elle reste plus implicite dans l'ordonnance, comme elle l'était dans le Code civil de 1804, mais elle existe, et a une autre finalité que distinguer entre ces deux catégories de contrat : celle d'éclairer sur les rapports entre le droit commun des contrats et le droit dit « spécial » des contrats. Elle sera envisagée en premier lieu

§ 1. La distinction des contrats nommés et innommés et l'articulation du droit commun des contrats et du droit spécial

922. Cette distinction des contrats nommés ou innommés vient du droit romain et le Code civil de 1804 y faisait une simple allusion dans l'ancien article 1107, alinéa 1er.
L'ordonnance du 10 février 2016, a conservé la même formule allusive au regard de la classification opposant les contrats nommés et innommés, en conservant l'intérêt pédagogique de la distinction, au regard de l'articulation entre le droit commun (les règles générales) et le droit spécial (les règles particulières).

Selon l'article 1105 :

« Les contrats, qu'ils aient ou non une *dénomination propre*, sont soumis à des règles générales qui font l'objet du présent titre (consacré au contrat).

Les règles particulières à certains contrats sont établies dans les dispositions propres à chacun d'eux.

Les règles générales s'appliquent sous réserve de ces règles particulières ».

A. Distinction des contrats nommés et innommés

923. À l'origine, en 1804, les contrats dits « nommés », « qui ont reçu une dénomination propre » sont les contrats « de confection », préétablis par le Code civil qui leur a donné une dénomination particulière. Ils font l'objet d'une réglementation spéciale dans le Code civil, qui s'ajoute à la réglementation générale à laquelle ils sont soumis comme tous les autres contrats. Ce sont les grands contrats de l'époque du Code civil : la vente (1582-1701), l'échange (1702-1707), le louage (1708-1831), la société (1832-1873), ainsi que les trois contrats de services d'ami à l'origine essentiellement gratuits : le dépôt, le prêt et le mandat, et enfin, le cautionnement et le contrat d'assurance. Il faut y ajouter aussi la donation, régie au titre des libéralités (art. 893 s.).

924. Les contrats innommés au contraire, constituent des contrats « sur mesure » que les particuliers adaptent à leurs propres besoins, qu'ils créent parfois en mélangeant les règles de plusieurs contrats nommés (ex. le contrat de wagon-lit est à la fois contrat de transport et contrat d'hôtellerie), en vertu du principe de la liberté contractuelle. Certains sont devenus si pratiqués qu'ils ont finalement reçu une dénomination en dehors du Code civil et font l'objet de réglementation particulière en dehors du Code civil, comme par exemple le contrat de transport, ou même ont été inscrits dans le Code civil comme le contrat de promotion immobilière.

925. Les contrats nommés, aujourd'hui, ne sont donc plus seulement les contrats nommés dans le Code civil, mais tous les contrats qui ont reçu une dénomination légale parce qu'ils ont attiré l'attention du législateur et ont été, à un titre ou à un autre, réglementés spécialement.

B. L'intérêt de la distinction : l'articulation des règles générales et particulières

1) L'application du droit commun des contrats à tous les contrats nommés ou innommés

926. L'article 1105, alinéa 1er, reprenant presque à l'identique la formule antérieure de l'article 1107 indique que tous les contrats, nommés ou pas, sont soumis à des règles générales, qui figurent dans le titre consacré au contrat (c'est-à-dire dans les articles 1101 à 1231-7 du Code civil). Tous les contrats, quelle que soit leur qualification, sont donc régis par un certain nombre de règles communes concernant leur conclusion, leurs conditions de validité et leurs effets. Ce droit commun des contrats renvoie à l'idée d'une théorie générale du contrat, permettant d'appréhender tous les contrats à travers cette notion générique de contrat. L'article 1105 réaffirme donc cette vocation générale du droit commun des contrats dans un contexte où les droits spéciaux des contrats se sont multipliés et pourraient la remettre en cause.

2) Sous réserve des règles particulières établies dans les dispositions propres à chacun d'eux

927. La formule retenue par l'article 1105 conduit à distinguer les « règles particulières » et les « dispositions propres à chaque contrat ». Une articulation différente avec le droit commun est à faire selon que l'on est en présence de l'une ou de l'autre :

Les dispositions propres à chaque contrat n'ont *a priori* aucune incompatibilité avec le droit commun du contrat. Au contraire, elles viennent le compléter, le préciser, l'adapter au cas particulier du contrat considéré. Elles forment ce que l'on appelle aussi le droit spécial des contrats. Soit elles figurent dans le Code civil, parce qu'il traite du contrat considéré (v. ss 918), soit dans des lois postérieures non codifiées ou même, elles peuvent résulter de conventions internationales (par ex. la Convention de Vienne sur la vente internationale de marchandise). Toutefois, et même si l'on admet une compatibilité de principe des dispositions propres à chaque contrat et du droit commun, il peut aussi exister, au sein de ce droit spécial des contrats, des règles particulières qui, dérogent au droit commun, et à ce titre, vont écarter le droit commun[1]. L'alinéa 3 de l'article 1105 pose directement cette règle de conflit, qui ne figurait pas dans l'ancien article 1107 : « les règles générales s'appliquent sous réserve de ces règles particulières ». Selon la jurisprudence de la Cour de cassation, antérieure à l'ordonnance, c'est l'incompatibilité entre les dispositions particulières et le droit commun et la différence de finalité poursuivie par la règle particulière qui justifie la mise à l'écart du droit commun.

928. Toutefois, l'article 1105 a soulevé plusieurs difficultés d'interprétation. Toute ambiguïté n'est pas absente du texte et elle a été soulignée par la doctrine[2], tant en ce qui concerne la notion de règles particulières que l'articulation proprement dite des règles particulières et du droit commun.

929. D'abord, les règles particulières renvoient-elles seulement au droit des contrats spéciaux ou bien aussi au droit spécial de la concurrence, de la distribution, de la consommation ? Le droit de la consommation, qui concerne une catégorie particulière de contrats, les contrats de consommation passés entre un professionnel et un consommateur est-il un droit spécial, un ensemble de dispositions propres à un contrat spécifique : le contrat de consommation ? Ou bien le droit de la consommation doit-il être pris en compte en tant qu'il édicterait des règles particulières dérogatoires au droit commun des contrats ? En effet, la catégorie des contrats de consommation est une catégorie vraiment spécifique car transversale, si bien que le droit de la consommation a aussi une certaine vocation générale, comme le droit commun (v. ss 981 s.). La même question peut se poser à propos du droit de la distribution (applicable aux contrats de distribution).

930. Ensuite, concernant l'articulation proprement dite des règles, est-ce que seule l'incompatibilité entre le droit commun et les dispositions propres ainsi que la différence de finalité poursuivie par les textes justifie l'application du droit spécial (ce qui est la position de la Cour de cassation) ? Ou bien le droit spécial peut-il être applicable alors même qu'il y aurait compatibilité et peut-on admettre en ce cas un cumul de fondements ? Par exemple, l'article 1171 relative aux clauses abusives doit-il être évincé lorsque l'article L. 212-1 du Code de la consommation ou l'article L. 442-6 du Code de commerce, qui sanctionnent également les clauses abusives, sont applicables ? Peut-on agir sur les deux fondements ?

931. La question d'une reprise du texte à l'occasion de la ratification s'est donc posée et le rapport du Sénat et de l'Assemblée nationale révélait à cet égard une divergence assez forte : Le rapport du Séant prônait l'éviction du droit commun en présence

---

1. N. Balat, « Réforme du droit des contrats et conflits entre droit commun et droit spécial ? », *D.* 2015. 699.

2. N. Balat, article préc. ; F. Chénedé, « Le nouveau droit des obligations et des contrats, Consolidation, innovations, perspectives », *D.* 2017, n° 21.32 ; v. aussi sur cette question, M. Mekki, « La loi de ratification de l'ordonnance du 10 février 2016… », article préc., p. 904, spéc. n° 15.

d'une disposition particulière, alors même qu'il n'y aurait pas incompatibilité, tandis que l'Assemblée nationale adoptait la position de la Cour de cassation. Finalement, la loi de ratification du 20 avril 2018 n'a pas corrigé le texte, qui reste en l'état et sera donc précisé par la jurisprudence.

932. Enfin, on notera que dans le premier projet de réforme de la Chancellerie (2008), la notion de contrat innommé figurait dans les classifications proposées : ce « sont ceux que la loi ne réglemente pas sous une dénomination propre ». Reprenant à cet égard les termes de l'*avant-projet Catala*, le projet gouvernemental ajoutait : « ils sont soumis par analogie aux règles applicables à des contrats comparables, dans la mesure où leur spécificité n'y met pas obstacle ». La précision n'a pas été reprise par l'ordonnance. Pourtant elle n'était pas inutile car une difficulté particulière apparaît concernant les contrats innommés lorsque le juge doit interpréter ces contrats à défaut de précisions suffisantes fournies par les parties. Normalement, dans un contrat nommé, il applique le droit commun et les dispositions propres prévues par le législateur pour ce type de contrat. Lorsqu'il s'agit d'un contrat innommé, il doit *a fortiori* se tourner vers le droit commun mais il doit aussi, par analogie, pouvoir se référer aux dispositions propres à un contrat nommé proche du contrat innommé auquel il est confronté. Lorsqu'il y a mélange de plusieurs sortes de contrats, la solution est plus délicate et les tribunaux doivent parfois d'abord qualifier le contrat[1], ce qui les conduit parfois à les ramener dans le giron d'un contrat nommé. Par exemple, un contrat entraînant la remise d'une chose aux fins de réparation doit-il recevoir une qualification mixte : contrat de dépôt + contrat d'entreprise ou une qualification unitaire : contrat d'entreprise seulement ? Dans un tel cas de figure, la Cour de cassation a précisé que la responsabilité de la société était engagée « non au titre d'un contrat de dépôt mais à l'occasion de l'exécution du contrat d'entreprise qu'elle avait consenti »[2].

§ 2. La reprise par l'ordonnance de 2016 des classifications expressément prévues par le Code civil de 1804 (art. 1105 à 1108)

933. La première classification qui figurait expressément dans le Code civil de 1804, dès les tout premiers articles consacrés au contrat, était celle opposant les contrats synallagmatiques et unilatéraux (art. 1102 ancien). Cette classification est reprise par l'article 1106. Venait ensuite celle opposant les contrats à titre onéreux et à titre gratuit (art. 1105 et 1106 anciens), reprise également par l'article 1107 actuel ; enfin celle des contrats commutatifs et aléatoires (art. 1104 ancien), reprise dans l'article 1108. On tient compte ici, d'une part de la réciprocité des engagements : contrats *synallagmatiques* ou *unilatéraux*, ou du but poursuivi, selon qu'il s'agit d'un contrat à *titre gratuit* ou à *titre onéreux* et, dans ce dernier cas, selon qu'il s'agit d'un contrat *commutatif* ou *aléatoire*. Ces trois grandes classifications, avec les mêmes oppositions des contrats deux à deux sont donc reconduites, sous réserve de légères reformulations qui suppriment quelques maladresses et inexactitudes antérieures et dans un ordre un peu différent, mais plus logique.

1. Par ex. Crim. 10 déc. 1969, *Gaz. Pal.* 1970. 1. 90.
2. Civ. 1re, 26 janv. 1999, *Bull. civ.* I, n° 28, *RGDA* 1999. 437, note L. Fonlladosa.

A. La réciprocité des engagements et l'interdépendance des engagements : distinction des contrats synallagmatiques et unilatéraux

1) Contrats synallagmatiques

934. ***Le contrat est synallagmatique ou bilatéral*** « lorsque les contractants s'obligent réciproquement les uns envers les autres » : telle était la définition du contrat synallagmatique donnée par l'ancien article 1102 du Code civil. L'article 1106 reprend exactement la même formule sous réserve de la suppression du terme bilatéral.

Dans le contrat synallagmatique, il y a donc réciprocité des obligations (ex. le vendeur doit livrer la chose, l'acheteur doit payer le prix) et donc des prestations. Le contrat synallagmatique est ainsi l'instrument des échanges économiques et il est à ce titre aussi un contrat à titre onéreux (v. ss 938) : les prestations sont prévues en contrepartie d'une de l'autre, ce dont rendait compte la notion de cause, supprimée par l'ordonnance de 2016, puisqu'elle permettait d'identifier dans l'existence de l'obligation de l'une des parties, la cause, la raison d'être de l'obligation de l'autre et réciproquement. Les deux obligations se servaient mutuellement de cause. La cause, dans le contrat synallagmatique était donc la contrepartie.

Malgré la disparition de la cause, cette réciprocité et cette interdépendance des obligations n'est pas remise en cause et elle entraîne un certain nombre de conséquences spécifiques, comme, par exemple, la nullité du contrat si la contrepartie convenue est illusoire ou dérisoire (art. 1169) ou encore la possibilité de recourir à l'exception d'inexécution qui consiste à ne pas exécuter ses propres obligations si le cocontractant n'exécute pas les siennes (art. 1219).

2) Contrats unilatéraux

935. ***Le contrat est unilatéral***, au contraire, « lorsqu'une ou plusieurs personnes s'obligent envers une ou plusieurs autres sans qu'il y ait d'engagement réciproque de celles-ci ». La formule de l'article 1006, alinéa 2, est à peine modifiée par rapport à la définition donnée antérieurement par l'article 1103 et le changement est de pure forme. Ici donc c'est l'absence de réciprocité des obligations et donc des prestations qui distingue le contrat unilatéral. Il n'opère pas un échange économique au sens d'un transfert réciproque de biens ou de services effectués en contrepartie et en équivalence. La plupart du temps le contrat unilatéral est aussi un contrat à titre gratuit (v. ss 939 s.).

Il ne faut pas confondre le *contrat unilatéral* avec l'*acte unilatéral*. L'acte unilatéral (v. ss 841) s'oppose précisément au contrat car la volonté d'une seule personne produit un effet juridique (ex. le testament) alors que dans le contrat, il faut nécessairement l'accord de volonté de deux ou plusieurs personnes. Un contrat peut être unilatéral s'il ne crée d'obligation qu'à la charge d'un seul des contractants (ex. la donation, le prêt, où seul l'emprunteur est tenu : il doit rendre la chose). On en distingue plusieurs sortes : contrats de restitution (ex. prêt, dépôt), promesse de payer (il y a contrat dès que le bénéficiaire a accepté), promesse de contracter (ex. promesse unilatérale de vente, v. ss 1096 s.).

3) Contrats synallagmatiques imparfaits

936. À côté de ces deux catégories, une partie de la doctrine classique distinguait les contrats synallagmatiques imparfaits qui se distinguent des contrats unilatéraux car il existe des obligations à la charge de chacune des parties, mais qui se distinguent aussi des contrats synallagmatiques parfaits parce que les obligations réciproques ne sont pas interdépendantes.

Le contrat est dit « synallagmatique imparfait » dans le cas par exemple, où, dans un contrat initialement unilatéral, apparaît par la suite une deuxième obligation à la charge du cocontractant qui n'était pas initialement obligé (ex. dans un contrat de dépôt, le déposant se trouve, postérieurement au dépôt, obligé d'indemniser le dépositaire, débiteur de restitution qui a fait des frais pour la conservation de la chose et devient ainsi créancier) mais il n'y a pas interdépendance des obligations. Ou bien un contrat comporte dès l'origine des obligations réciproques mais elles ne constituent pas la contrepartie l'une de l'autre et leur interdépendance est douteuse ; c'est le cas de la donation avec charges, qui reste un contrat difficile à qualifier (v. ss 938, en note).

B. Le but économique poursuivi : distinction des contrats à titre gratuit et à titre onéreux

937. Cette distinction complète celle des contrats synallagmatiques et unilatéraux, car il y a la plupart du temps et avec une certaine logique une correspondance entre le contrat synallagmatique et le contrat à titre onéreux, d'une part ; entre le contrat unilatéral et le contrat à titre gratuit d'autre part.

1) Contrats à titre gratuit ou à titre onéreux

938. ***Dans le contrat à titre onéreux,*** chacune des parties recherche un avantage (par exemple pour l'acheteur, se procurer ce qu'il désire ; pour le vendeur : faire un bénéfice). Selon l'ancien article 1106 du Code civil, il était défini comme le contrat « qui assujettit chacune des parties à donner ou à faire quelque chose ». Cette définition qui était critiquée par la doctrine car elle prêtait à confusion avec celle du contrat synallagmatique a été corrigée par l'ordonnance de 2016. Selon l'article 1107, alinéa 1er, « le contrat à est titre onéreux lorsque chacune des parties reçoit de l'autre un avantage en contrepartie de celui qu'elle procure ». Il vaut mieux en effet tenir compte de la réciprocité d'*avantages* que de la réciprocité d'*obligations*.

Pour autant, ***la réciprocité d'obligation qui caractérise le contrat synallagmatique correspond à une réciprocité d'avantages*** qui caractérise le contrat à titre onéreux : le contrat synallagmatique est donc toujours un contrat à titre onéreux, sauf une exception discutée, celle du contrat de donation avec charges que l'on ne sait pas trop comment qualifier[1].

---

1. La donation se caractérise en effet par l'intention libérale, c'est-à-dire la volonté de procurer un avantage sans recevoir de contrepartie, par générosité, esprit de bienfaisance, c'est donc normalement un contrat unilatéral. Dans le cas de la donation avec charge, le bénéficiaire de la donation assume cependant une obligation, mais sans que cela remette en cause la qualification de donation ni l'intention libérale, car la charge peut ne représenter qu'une satisfaction d'ordre moral pour le donateur.

939. ***Dans le contrat à titre gratuit***, en revanche, le contractant ne recherche aucun avantage personnel, il est animé d'une intention libérale. Il « procure à l'autre un avantage purement gratuit » disait l'ancien article 1105.

Là encore, la définition a été corrigée par l'article 1107 qui précise que « le contrat est à titre gratuit lorsque l'un des parties procure à l'autre un avantage sans attendre ni recevoir de contrepartie ».

940. Les contrats à titre gratuit sont de deux sortes : les donations, lorsqu'un bien passe d'un patrimoine dans un autre ; les contrats désintéressés lorsqu'il s'agit d'un service rendu gratuitement. Certains contrats sont essentiellement à titre onéreux (ex. vente), d'autres toujours à titre gratuit (ex. donation), mais il en existe qui peuvent être classés dans l'une ou l'autre catégorie selon l'intention des parties (ex. mandat gratuit ou salarié).

941. Dans tous les cas, et très logiquement *l'absence d'obligation à la charge de l'un des cocontractants correspond à une absence d'avantage attendu du contrat pour l'autre partie.*

Cependant il existe de rares exceptions. L'une concerne le contrat de prêt d'argent à intérêt mais elle tient au fait qu'il s'agit par ailleurs d'un contrat réel (lorsqu'il n'est pas consenti par un professionnel du crédit, toutefois), qui, de ce fait, est un contrat unilatéral (v. ss 960) : en effet seul l'emprunteur s'engage : à restituer les fonds prêtés, mais également au versement d'intérêts. Même si le contrat est unilatéral, chaque partie reçoit un avantage, si bien que le contrat est à titre onéreux : l'emprunteur bénéficie du service rendu par le prêteur, la mise à disposition d'une somme pendant un certain temps ; le prêteur reçoit un avantage en contrepartie de ce service : le versement d'un intérêt qui est la rémunération de ce service.

942. ***L'intérêt de la distinction*** des deux catégories de contrats est certain : les actes à titre gratuit, s'ils constituent une libéralité, c'est-à-dire s'ils font sortir un bien du patrimoine, sont plus sévèrement réglementés que les actes à titre onéreux car plus dangereux dans la mesure où ils produisent un appauvrissement sans contrepartie ; ils sont généralement conclus *intuitu personae* (en fonction de la personne du bénéficiaire) et sont donc annulables pour erreur sur la personne ; les conditions de certaines actions, enfin, diffèrent selon qu'il s'agit d'un contrat de l'une ou l'autre sorte (ex. action paulienne ; v. ss 441 ; action en responsabilité, etc.).

2) Contrats commutatifs ou aléatoires

943. La distinction des contrats commutatifs et aléatoires est une sous-distinction des contrats à titre onéreux.

944. ***Le contrat est commutatif, selon l'article 1108***, lorsque chacune des parties s'engage à procurer à l'autre un avantage qui est regardé comme équivalent de celui qu'elle reçoit. La définition n'est que peu modifiée par rapport à celle qui était donnée par l'ancien article 1104, alinéa 1er, sous réserve de la disparition de la référence à la prestation consistant à donner ou à faire, logique puisque l'obligation de donner

---

Il s'agirait donc toujours d'un contrat à titre gratuit mais néanmoins synallagmatique ? D'un contrat synallagmatique imparfait ?

à disparu remplacée par l'effet translatif du contrat, ainsi que la référence dans la définition du contrat aux trois sortes d'obligations : donner faire et ne pas faire.

945. L'essentiel de la définition, c'est-à-dire la référence à un avantage « regardé comme équivalent » a été maintenu. Cela signifie que l'équivalence des prestations, qui caractérise le contrat commutatif, est une ***équivalence subjective***, appréciée par les parties, et non une équivalence objective, qu'il faudrait alors peut-être strictement contrôler. Cette référence à une conception subjective de l'équivalence, qui renvoie à la liberté des parties d'apprécier comme elles le veulent l'équilibre de l'opération et l'intérêt que chacune d'elle trouve au contrat, est essentielle. Elle marque une nouvelle fois la continuité du droit des contrats, issu de l'ordonnance du 10 février 2016, avec le droit antérieur.

Dans le contrat commutatif, l'avantage recherché par chacune des parties est donc équivalent selon la conception qu'elles se font de l'équivalence et cet avantage peut être évalué au moment de la conclusion de l'acte.

946. ***Le contrat est aléatoire,*** selon l'article 1108, alinéa 2, « lorsque les parties acceptent de faire dépendre les effets du contrat, quant aux avantages et aux pertes qui en résulteront, d'un événement incertain ».

Ici, la définition antérieure fournie par l'article 1104, alinéa 2, est davantage modifiée formellement, mais pas substantiellement. Dans le contrat aléatoire, l'avantage que chaque partie retirera de l'exécution du contrat ne peut être évalué au moment de sa formation, car cet avantage (qu'il s'agisse de son existence ou de son importance) dépend d'un événement incertain (par ex. le pari, le contrat de rente viagère, le contrat d'assurance). On ne sait pas si l'opération sera équilibrée ou pas, ni dans quelle proportion il y aura déséquilibre, ni au bénéfice de qui, mais l'aléa doit concerner les deux prestations : c'est pourquoi l'ancien article 1104 définissait le contrat aléatoire au regard de la notion d'équivalent : « lorsque l'équivalent consiste dans une chance de gain ou de perte, pour chacune des parties, le contrat est aléatoire ».

947. ***L'intérêt de la distinction***apparaît en cas d'action en rescision pour lésion : celle-ci est possible, dans des cas exceptionnels, pour un contrat commutatif, elle ne l'est pas s'il est aléatoire (v. ss 1402). De même un contrat aléatoire pourra être annulé pour défaut d'aléa.

§ 3. Classifications sous-entendues par le Code civil de 1804 et codifiées par l'ordonnance du 10 février 2016

948. Elles sont plus nombreuses et tiennent compte du mode de formation du contrat, de la qualité des parties, des effets du contrat, de son mode d'exécution et enfin de sa réglementation. Elles figurent expressément dans les dispositions du Code civil issues de l'ordonnance de 2016.

A. Classification des contrats selon leur mode de formation

949. Cette classification fondée sur le mode de formation oppose trois sortes de contrats : les contrats consensuels, solennels, réels. Elle n'était pas prévue par le Code civil de 1804 au titre des classifications des contrats. C'est désormais chose faite puisque le nouvel article 1109 définit et distingue le contrat consensuel, le contrat solennel et le contrat réel.

1) Contrats consensuels

950. Le contrat consensuel est la règle de principe. Elle est commandée par le principe de l'autonomie de la volonté et le principe consensualiste qui en découle. Ce principe consensualiste, en vertu duquel le contrat se forme par la seule rencontre des volontés et irrévocablement sans qu'il y ait besoin de formes particulières n'était pas posé par le Code civil de 1804, de même que la distinction des contrats consensuels, solennels et réels ne figurait pas non plus dans l'énoncé des classifications contractuelles, au sein des dispositions préliminaires.

L'ordonnance du 10 février 2016, non seulement intègre la distinction des contrats consensuels, solennels et réels dans les dispositions liminaires à l'article 1109, mais encore formule expressément le principe consensualiste dans l'article 1172 : « Les contrats sont par principe consensuels ».

Le contrat consensuel est donc un « contrat qui se forme par le seul échange des consentements quel qu'en soit le mode d'expression », Il peut être écrit, mais aussi verbal et les manifestations de volonté peuvent même être tacites.

2) Contrats solennels

a) L'existence d'une forme particulière comme condition de validité du contrat

951. L'ordonnance du 10 février 2016, dans le cadre du chapitre sur la formation du contrat, a consacré une section à la question de sa forme. Le premier paragraphe comporte, au titre de « dispositions générales », le rappel du principe consensualiste, les exceptions admises (contrat solennel et réel) et la précision que les formes exigées aux fins de preuve ou d'opposabilité sont sans effets sur la validité des contrats. Le second paragraphe est constitué par les dispositions propres aux contrats conclus par voie électronique.

952. Le contrat solennel est une des deux exceptions au principe consensualiste posées par l'article 1172 dans la section spécifiquement consacrée à la forme du contrat.

« ***Le contrat est solennel*** lorsque sa validité est subordonnée à des formes déterminées par la loi », précise l'article 1109, alinéa 2. Il nécessite donc, à peine de « nullité, sauf possible régularisation », ainsi que l'indique désormais l'article 1112, alinéa 2, outre l'échange des consentements, le respect de cette forme déterminée par la loi, requise *ad solemnitatem* qui peut consister dans la rédaction d'un acte notarié mais pas nécessairement.

Quatre cas de contrats solennels étaient initialement prévus par le Code civil : le contrat de mariage (art. 1394, à ne pas confondre avec le mariage lui-même), la donation (art. 931), la constitution d'hypothèque (art. 2127) et la subrogation conventionnelle consentie par le débiteur (art. 1250, 2°).

À ces quatre cas, le législateur a eu tendance à en ajouter d'autres (par exemple, depuis la loi du 3 janvier 1967, la vente d'immeuble à construire) (art. 1601-2) ou, depuis l'ordonnance n° 2006-2346 du 23 mars 2006, le nantissement de créances (art. 2356), ce qui participe au mouvement de *renaissance du formalisme.* Le nombre des contrats solennels a ainsi augmenté et la formalité exigée est la rédaction d'un écrit qui peut fort bien, dans certains cas, n'être qu'un acte sous seing privé et non pas un acte authentique, par exemple : contrat d'apprentissage ou contrat d'édition, contrat de société en nom collectif[1], etc.

953. Dans le but de protéger le contractant le plus faible, la formalité requise *ad validitatem* peut être également une mention manuscrite de sa part. Par exemple, pour l'acceptation de l'offre de contrat de jouissance d'immeuble à temps partagé le Code de la consommation exige que la date et le lieu soit écrits de la main du contractant à peine de nullité.

954. Enfin, en dehors des hypothèses où la solennité est prévue par la loi, les parties peuvent aussi décider de faire de l'écrit sous la forme authentique une condition de validité du contrat, un élément constitutif de leur consentement. Par exemple, en matière de vente immobilière (qui est un contrat consensuel) les parties lors de la signature d'un acte sous-seing privé constatant leur accord sur la chose et le prix qui devrait normalement rendre la vente parfaite, peuvent décider que la réitération de l'acte en la forme authentique est un élément constitutif de leur consentement et rendre ainsi le contrat solennel[2].

b) L'adaptation de la condition de solennité au cas particulier des contrats électroniques

955. L'ordonnance du 10 février 2016 n'a pas modifié sur le fond les règles antérieures qui avaient été posées assez récemment. En effet, le développement du commerce électronique avait fait apparaître un certain nombre de difficultés dans la mesure où les directives européennes en la matière étaient souvent incompatibles avec notre droit. C'est ainsi que le législateur avait dû modifier le droit de la preuve pour y introduire la signature électronique (art. 1316 à 1316-4, antérieurs à l'ordonnance ajoutés par L. n° 2000-230 du 13 mars 2000 ; v. *Droit civil*, vol. 1). Mais cela ne concernait que le domaine de la preuve, or l'article 9 de la directive « commerce électronique » du 8 juin 2000 exigeait que « Les États membres veillent notamment à ce que le régime juridique applicable au processus contractuel ne fasse pas obstacle à l'utilisation des contrats électroniques ni ne conduise à priver d'effet et de validité juridique de tels contrats pour le motif qu'ils sont passés par voie électronique ».

Le législateur avait donc dû intervenir à nouveau, sur le fond cette fois, par la loi n° 2004-575 du 21 juin 2004, pour la confiance dans l'économie numérique (loi LCEN) introduisant, au Titre 3 du Livre III du Code civil, c'est-à-dire tout à la fin du titre consacré aux contrats, un chapitre VII relatif aux « contrats sous forme électronique ». Les articles qui composaient ce chapitre ne concernaient pas seulement la conclusion du contrat sous forme électronique et les exigences particulières de forme (art. 1369-10 et 1369-11) mais aussi là la question de l'échange d'informations en cas de contrat sous forme électronique depuis une ordonnance du 16 juin 2005 (n° 2005-674) et celle de l'envoi ou de la remise d'un écrit par voie électronique (art. 1369-7 à 1369-9).

---

1. L. du 24 juill. 1966, art. 361.

2. Rappelé notamment par : Civ. 3e, 19 juin 2012, n° 10-22906 et 10-24222, *RDC* 2013/1, p. 53, note É. Savaux.

956. Désormais, les dispositions relatives à la forme du contrat conclu par voie électronique sont rassemblées dans une sous-section spécifique, dans la section consacrée à la forme du contrat (art. 1174 à 1177).

Ainsi, lorsqu'un écrit est exigé pour la validité d'un contrat, « il peut être établi et conservé sous forme électronique dans les conditions prévues aux articles 1366 et 1367 et, lorsqu'un acte authentique est requis, au second alinéa de l'article 1369 », c'est-à-dire dans le cadre des dispositions relatives à la preuve. D'autre part, lorsqu'est exigée une mention manuscrite de la main même de celui qui s'oblige, ce dernier peut l'apposer sous forme électronique si les conditions de cette apposition sont de nature à garantir qu'elle ne peut être effectuée que par lui-même (art. 1174, al. 2). Les mêmes exceptions que celles qui étaient posées par l'article 1108-2 sont reprises. Elles concernent les actes sous signature privée relatifs au droit de la famille et des successions et les actes sous signature privée relatifs à des sûretés personnelles ou réelles, de nature civile ou commerciale, sauf s'ils sont passés par une personne pour les besoins de sa profession.

Par ailleurs, lorsque les écrits sur papier sont soumis à des exigences formelles spécifiques, exigeant des « conditions particulières de lisibilité et de présentation » il faut, pour chaque texte, que l'écrit électronique réponde « à des exigences équivalentes » (art. 1176).

Enfin l'exigence d'un envoi en plusieurs exemplaires est réputée satisfaite par voie électronique si l'écrit peut être imprimé par le destinataire (art. 1177).

c) Une forme peut aussi être requise sans être une condition de validité

957. Certains contrats nécessitent des formalités sans pour autant que ces formalités soient nécessaires à la validité du contrat. Ainsi, une forme particulière peut être requise pour constituer une *preuve :* ce sont les formalités *ad probationem,* par exemple la rédaction d'un écrit dans la vente d'immeuble, la formalité de l'enregistrement (v. ss 1453) ; certaines formalités peuvent aussi être nécessaires pour habiliter le représentant d'un incapable à agir (ex. autorisation du conseil de famille ou du juge des tutelles) ou encore pour constituer la publicité d'un acte constitutif ou translatif de droit réel (formalité nécessaire pour rendre l'acte opposable aux tiers : ex. inscription à la Conservation des hypothèques, transcription, etc.). Il faut bien noter, à cet égard, qu'un contrat passé devant notaire uniquement pour se constituer une preuve ou en assurer la publicité, ne devient pas, de ce seul fait, un contrat solennel ; il demeure un contrat consensuel et la jurisprudence décide même qu'il s'est valablement formé dès l'échange des consentements, sans attendre la rédaction de l'écrit ; cet écrit le rend simplement opposable aux tiers.

3) Contrats réels

958. ***Le contrat réel*** constitue, selon le nouvel article 1172 la seconde exception au principe selon lequel les contrats sont consensuels. L'article 1109, qui l'oppose aux contrats consensuels et aux contrats solennels, le définit ainsi : « le contrat est réel lorsque sa formation est subordonnée à la remise d'une chose ».

Dans certains cas, en effet, l'accord des parties est insuffisant à former le contrat, il faut encore que s'y ajoute la « tradition », c'est-à-dire la remise d'une chose (réel vient de *res*, la chose). Cette catégorie des contrats réels est, en réalité, assez résiduelle. Pour le Code civil quatre contrats étaient ainsi qualifiés ; le prêt à usage (art. 1875) ; le prêt de consommation (art. 1892), le dépôt (art. 1915) et le contrat de gage. La jurisprudence y a ajouté depuis fort longtemps, le don manuel. Il s'agit dans ce dernier cas d'une exception au principe posé par l'article 901 du Code civil, selon lequel la donation est toujours un contrat solennel, nécessitant pour sa formation un acte authentique passé devant notaire. Pour les biens mobiliers représentant une valeur raisonnable ou les petites sommes d'argent, la jurisprudence contourne cette exigence et admet la formation et la validité du don dès lors qu'il y a eu remise effective au donataire de la chose donnée.

Deux évolutions ont cependant affecté récemment la catégorie dans le sens d'un rétrécissement : La première concerne le contrat de gage et la seconde le contrat de prêt d'argent consenti par un professionnel du crédit.

959. ***Le contrat de gage*** était jusqu'ici considéré comme un contrat réel mais l'ordonnance n° 2006-346 du 23 mars 2006, relatif au droit des sûretés, en a fait un contrat solennel en exigeant la rédaction d'un écrit dans l'article 2336 du Code civil. Qu'il y ait eu remise du bien gagé au créancier ne suffit plus désormais à la formation du contrat, s'il n'y a pas eu d'écrit.

960. Concernant ***le contrat de prêt*** *régi par le Code de la consommation* : prêt d'argent consenti à un particulier par un professionnel du crédit, la Cour de cassation, depuis une décision du 27 mai 1998 [1] a également écarté la qualification de contrat réel et elle a réaffirmé depuis cette solution en se référant de manière générale à la qualité de prêteur professionnel : « le prêt consenti par un professionnel du crédit n'est pas un contrat réel » [2]. Le changement de qualification est d'une importance considérable : dès lors qu'il ne s'agit plus d'un contrat réel, l'accord de volonté intervenu entre les parties forme le contrat de prêt et fait naître des obligations à la charge de chacune des parties : obligation de prêter la somme pour le prêteur et obligation de verser les intérêts et rembourser le capital aux échéances prévues pour l'emprunteur. Le banquier prêteur se trouve donc obligé par ce contrat de verser la somme promise et peut y être contraint. Si, au contraire, le contrat était resté un contrat réel, tant que l'établissement de crédit n'aurait pas remis volontairement et spontanément la somme objet du prêt, le contrat ne serait pas formé. En cas de refus, alors même que l'établissement de crédit aurait signé une offre écrite de prêt, il ne pourrait jamais être contraint à verser la somme et en cas d'inexécution, il ne serait tenu que de simples dommages et intérêts. [3]. On voit donc l'intérêt de la solution consistant à écarter la qualification de contrat réel pour l'emprunteur.

Ce changement de nature du contrat ne concerne cependant que les *contrats de prêt consentis par un professionnel du crédit à un consommateur.* L'objectif est, en effet, la protection de celui-ci, en faisant peser sur l'établissement de crédit, dès l'échange des consentements, une obligation de verser la somme promise. Dans une décision du 19 juin 2008, la première chambre civile a de nouveau confirmé la solution et en a tiré les conséquences sur l'analyse de la cause du contrat, en relevant que l'obligation

---

1. Civ. 27 mai 1998, *D.* 1999. 194, note M. Bruschi, *Defrénois* 1998. 1054, obs. Ph. Delebecque.

2. Civ. 1re, 28 mars 2000, *JCP* 2000. II. 10296, concl. J. Sainte-Rose.

3. V. chronique L. Leveneur, « Le rétrécissement de la catégorie des contrats réels est engagé », *JCP* 2000. Actu. 1531

de l'emprunteur trouve sa cause dans l'obligation souscrite par le prêteur[1]. La chambre commerciale de la Cour de cassation a repris exactement la même analyse dans une décision du 7 avril 2009[2].

Concernant les prêts ordinaires passés entre deux particuliers ou *entre deux professionnels*, la première chambre civile de la Cour de cassation, dans un arrêt rendu en 2006, a confirmé qu'il s'agissait toujours de contrats réels[3]. En 2008, elle a ajouté que dans ce cas, la remise de la chose est la cause de l'obligation de l'emprunteur[4].

B. Classification des contrats selon leur mode d'exécution

961. De nouvelles classifications apparaissent si l'on considère cette fois l'exécution des contrats, notamment en ce qui concerne leur durée, avec les *contrats à exécution successive ou immédiate* d'une part, et les *contrats à durée déterminée ou indéterminée* d'autre part. L'ordonnance du 10 février 2016, n'a cependant pris en compte au titre des classifications que la première, tandis que la seconde n'apparaît que dans la section nouvelle spécifiquement consacrée à la question de la durée du contrat et placée dans le chapitre traitant des effets du contrat (art. 1211 à 2015). Ces deux catégories de contrats, à durée déterminée ou indéterminée ne sont pas donc envisagées qu'au titre de leurs effets spécifiques et non en tant que catégorie. On en dira cependant quelques mots.

1) Contrat à exécution instantanée ou successive

962. ***Le contrat à exécution immédiate ou instantanée*** est défini désormais par le Code civil, à l'article 1111-1, alinéa 1er, comme « celui dont les obligations peuvent s'exécuter en une prestation unique ». Cette prestation unique peut être exécutée immédiatement (ex. dans la vente au comptant : transfert de propriété et paiement du prix), même si cette exécution est susceptible d'être différée ou la prestation fractionnée (ex. de la vente à tempérament ou le prix est fractionné et payable en plusieurs échéances). Ce fractionnement de la prestation, qui reste unique, n'entraîne pas le changement de qualification du contrat.

Le contrat à exécution successive, au contraire, est défini par l'article 1111-1 comme celui « dont les obligations d'au moins une partie s'exécutent en plusieurs prestations, échelonnées dans le temps » (ex. contrat de travail, contrat de bail). Ce contrat implique nécessairement la durée.

L'intérêt de la distinction se manifeste surtout en cas d'inexécution, beaucoup plus facile à constater pour les contrats à exécution immédiate que pour ceux à exécution successive. De même, la sanction sera différente, résolution ou annulation rétroactive pour les premiers, résiliation, c'est-à-dire anéantissement pour l'avenir seulement, pour les seconds, en cas d'inexécution en effet, on ne peut généralement pas anéantir

---

1. Civ. 1re, 7 mars 2006, *Bull. civ.* I, n° 138.

2. Civ. 1re, 19 juin 2008, n° 19056, *RDC* n° 1, 2009. 183, note P. Puig ; AJ 1825, obs. X. Delpech et 2369, obs. C. Breton ; *JCP* 2008. II. 10150, note A. Constantin, *JCP E* 2008. 1964, note D. Legeais ; F. Chénedé, « La cause de l'obligation dans le contrat de prêt réel et dans le contrat de prêt consensuel », *D.* 2008. 2555.

3. Com. 7 avr. 2009, *D.* 2009. 2080, note J. Ghestin.

4. Civ. 1re, 19 juin 2008, n° 19753, *RDC* n° 1, 2009. 182, note P. Puig ; F. Chénedé, « La cause de l'obligation dans le contrat de prêt réel et dans le contrat de prêt consensuel », *D.* 2008. 2555.

le passé, faire qu'un local n'ait pas été habité, qu'une personne n'ait pas effectué de travail, etc. (v. ss 1889, 1890). De même les contrats à exécution successive, s'ils sont à durée indéterminée peuvent être rompus unilatéralement à tout moment (v. ss 1795 s.).

2) Les contrats à durée déterminée ou indéterminée

963. ***Les contrats à durée déterminée ou indéterminée*** constituent une subdivision des contrats à exécution successive, selon que leur durée a été fixée ou non lors de la conclusion du contrat. L'ordonnance, on l'a dit, ne les a pas inscrits dans les classifications des contrats mais les a cependant distingués par leurs effets dans les dispositions consacrées à la durée du contrat, distinction claire et pédagogique qui n'était pas faite par le Code civil de 1804 (v. ss 1785 s.).

L'intérêt de la distinction apparaît lors de la cessation du contrat : pour les premiers (CDD) ils cessent automatiquement à l'arrivée du terme et ne sauraient prendre fin avant, sauf commun accord des parties ; elles ne peuvent pas par ailleurs exiger le renouvellement du contrat (art. 1212) ; les autres (CDI) sont résiliables unilatéralement, à tout moment (art. 1211), c'est-à-dire qu'ils peuvent prendre fin par la volonté d'une des parties contractantes, ce qui est très important, pour les contrats de travail, par exemple. D'autres dispositions ont également été prévues qui traitent des différentes hypothèses de renouvellement du contrat (prorogation, renouvellement, tacite reconduction) (v. ss 1803 s.).

§ 4. Les classifications postérieures au Code civil de 1804 consacrées par l'ordonnance du 10 février 2016

964. Elles tiennent compte de l'évolution du contrat, de ses transformations dues aux transformations économiques. C'est ainsi que l'ordonnance a intégré dans les dispositions liminaires consacrées aux classifications des contrats, la distinction des contrats de gré à gré et des contrats d'adhésion, et celle des contrats-cadres et des contrats d'application. Elle n'a pas fait état de la catégorie des contrats de consommation ni de la distinction des contrats individuels et des contrats collectifs, pas plus que de celle des contrats simples et des contrats complexes que nous verrons donc plus loin, au titre des classifications non intégrées dans le Code civil par l'ordonnance de 2016.

A. La distinction des contrats de gré à gré et d'adhésion

965. Historiquement, la distinction entre les contrats d'adhésion et les contrats de gré à gré est apparue avec le développement de contrats standardisés, prérédigés, induits par l'évolution des systèmes et circuits de distribution. Alors que le contrat repose classiquement et essentiellement sur la volonté et la liberté de définir le contenu du contrat, donc sur la négociation entre les contractants, le contrat standardisé n'est pas ouvert à la négociation. Le contenu du contrat est accepté « en bloc ».

Le principe de la liberté contractuelle implique que les contrats sont normalement conclus de *gré à gré*, c'est-à-dire à la suite de l'accord des deux parties traitant à égalité. Or, dans la pratique, il existe aujourd'hui de nombreux contrats où l'une des parties n'a pas la possibilité de discuter le prix (ex. achat d'un billet de chemin de fer) ni même les clauses du contrat (ex. souscription d'une police d'assurance, ventes à la consommation). L'appellation de *contrats d'adhésion*[1] leur avait donc été donnée. Il s'agit quand même de contrats, car l'intéressé reste libre de ne pas contracter s'il ne veut pas accepter les conditions qui lui sont proposées.

966. L'ordonnance du 10 février 2016, suivant en cela l'*avant-projet Catala*, a intégré dans la classification des contrats, cette distinction des contrats de gré à gré et d'adhésion qui ne figurait pas jusqu'ici dans le Code civil. Toutefois, la définition du contrat d'adhésion donnée à l'article 1110 par l'ordonnance, a été ***modifiée par la loi de ratification du 20 avril 2018***[2]. Il s'agit de l'une des modifications les plus importantes, sans doute, compte tenu de l'impact de la définition du contrat d'adhésion sur le domaine d'application des clauses abusives. En effet, l'ordonnance a introduit la sanction des clauses abusives dans le droit commun du contrat (alors qu'elle n'existait jusque-là que dans le cadre des contrats de consommation, soumis au droit de la consommation), mais sans l'ouvrir à tous les contrats, puisqu'elle ne concerne que les contrats d'adhésion (v. ss 1361 s., 1423 s.).

Cette modification dans la définition du contrat d'adhésion a conduit également à modifier légèrement la définition du contrat de gré à gré.

967. Dans la version initiale, issue de l'ordonnance, l'article 1110 définissait *le* ***contrat de gré à gré*** comme celui « dont les stipulations sont librement négociées entre les parties ». Cette définition a été légèrement rectifiée par la loi ratification du 20 avril 2018. Ainsi le contrat de gré à gré est celui dont les stipulations sont « négociables » et non plus « librement négociées entre les parties ». Le critère est donc celui de la possibilité de négocier et non celui de la négociation effective dans le contrat considéré.

968. ***Le contrat d'adhésion*** était défini, dans la version initiale de l'article 1110 comme *« celui dont les conditions générales, soustraites à la négociation, sont déterminées à l'avance par l'une des parties »*. C'est le cas notamment des contrats de consommation (v. ss 981 s.).

Or cette définition restait ambigüe car, ainsi défini, le contrat d'adhésion semblait reposer sur la concomitance de deux éléments : l'existence de conditions générales d'une part et le rôle de la volonté de l'une des parties d'autre part. Selon le texte, les conditions générales doivent en effet avoir été déterminées à l'avance par l'une des parties et donc imposées à l'autre, à la différence d'un contrat type ou les termes du contrat sont également déterminées à l'avance et imposés mais par un tiers au contrat[3]. Cependant, la notion de « ***conditions générales*** » n'a pas été définie par l'ordonnance et par ailleurs ce terme a été substitué au dernier moment à celui de « stipulations essentielles » qui figurait dans la version de l'ordonnance ouverte à la consultation publique en février 2015. Certes, la doctrine définit généralement les conditions générales comme les clauses contractuelles types pré rédigées pour un type de contrat et qui sont ensuite intégrées dans chaque contrat individuel (sur cette notion de conditions générales, v. ss 1050 s.). Elles font donc référence à des contrats de masse, qui s'intègrent dans un processus de grande distribution, entre professionnels (contrat

---

1. V. T. Revet, « Les critères du contrat d'adhésion », *D.* 2016. 1771.
2. Sur cette loi, v. ss 101 s.
3. G. Chantepie, « De la nature contractuelle des contrats types », *RDC* 2009. 1233.

de franchise par exemple) ou entre professionnel et particulier (contrats de consommation). Mais quel pourrait être leur domaine lorsqu'un particulier est concerné, en dehors des contrats de consommation, sauf à considérer que tout contrat passé entre deux particuliers pourrait être d'adhésion si un contractant propose un contrat tout fait auquel l'autre ne peut qu'adhérer sans pouvoir négocier ? Un contrat de vente immobilière ou de bail pré rédigé et non négociable, pourrait-il être alors qualifié de contrat d'adhésion ? La notion de contrat d'adhésion ne paraissait donc pas clairement circonscrite. Or, rappelons-le, la mise en œuvre du système des clauses abusives, dépend de l'identification d'un contrat d'adhésion.

969. La question de la modification de la définition du contrat d'adhésion et de la conception à retenir a donc été très discutée en doctrine[1] à l'occasion de la ratification de l'ordonnance par la loi du 20 avril 2018 et elle a également opposé le Sénat et l'Assemblé nationale. Cette dernière proposait en effet une nouvelle définition qui limitait la catégorie des contrats d'adhésion à une partie seulement des contrats non négociables, à savoir les contrats dits « de masse », standardisés et comportant des « conditions générales »[2]. Au contraire, le Sénat préconisait une conception infiniment plus large en proposant de définir le contrat d'adhésion comme celui qui « contient des clauses non négociables » sans plus faire référence aux conditions générales. Sous l'impulsion du gouvernement, c'est une voie moyenne qui a finalement prévalu.

Le contrat d'adhésion est désormais défini par l'article 1110 comme celui « qui comporte un ensemble de clauses non négociables, déterminées à l'avance par l'une des parties ». La référence aux conditions générales a disparu. Le contrat d'adhésion ne concerne donc pas que la catégorie des contrats dits « de masse » et peut recouvrir des contrats conclus entre deux particuliers, en principe, par leur nature même, ouverts à la négociation mais pas dans le cas considéré. En même temps, la référence à un « *ensemble* » de clauses négociables a pour objectif d'éviter qu'un contrat comportant un petit nombre de clauses non négociables, mais restant pour l'essentiel négociable, ne soit qualifié de contrat d'adhésion.

Cette modification de la définition du contrat d'adhésion, considérée comme une modification substantielle est applicable à compter du 1er octobre 2018, aux contrats conclus après cette date[3].

970. Le critère du contrat d'adhésion est donc finalement celui de la négociabilité (et non de la négociation effective dans le contrat considéré), auquel s'ajoute une appréciation relative à l'ampleur des clauses non négociables au regard de l'ensemble du contrat. Pour autant, cette définition est loin de résoudre toutes les difficultés. Il reste à savoir, par exemple, si cette notion d'« ensemble de clauses » se réfère à la quantité ou à

---

1. V. not. pour une conception restrictive, réduisant les contrats d'adhésion aux contrats de masse : F. Chénedé, « La réforme du droit des contrats et le dialogue des chambres », *AJ contrat* 2018. 25 ; et pour une conception élargie : T. Revet, « Les critères du contrat d'adhésion », *D.* 2016. 1771 ; D. Fenouillet, « Le juge et les clauses abusives », in M. Mekki (dir.), *Le juge auteur et acteur de la réforme du droit des contrats*, *RDC* 2016. 358 ; M. Mekki, « Fiche pratique sur le contrat d'adhésion », *Gaz. Pal.* 22 mars 2016, p. 16 ; G. Chantepie et M. Latina, « Ratification de la réforme du droit des obligations, analyse de la deuxième lecture du Sénat », *D.* 2018. 309.

2. V. T. Revet, « L'incohérent cantonnement, par l'Assemblée nationale du domaine du contrat d'adhésion aux contrats de masse », *D.* 2018. 124.

3. Sur cette différence d'application dans le temps de la loi de ratification selon que les modifications apportées sont substantielles ou interprétatives, v. ss 102 s.

l'importance des clauses dans l'économie du contrat ; sur qui pèsera par ailleurs la charge de la preuve ?[1] L'article 1110 reste donc ouvert à l'interprétation de la jurisprudence et en toute hypothèse, l'identification d'un contrat d'adhésion dépendra au cas par cas de l'appréciation du juge, ce qui n'est pas forcément un gage de sécurité juridique.

B. La distinction des contrats-cadres et des contrats d'application

971. Cette catégorie est bien connue de la doctrine et de la jurisprudence mais ne figurait pas jusqu'ici dans le Code civil. L'ordonnance du 10 février 2016, reprenant à cet égard l'avant-projet *Catala*, l'y a introduite, à l'article 1111.

Conformément à l'analyse qui en est faite, notamment par la jurisprudence, le contrat-cadre est défini par l'article 1111 comme « un accord par lequel les parties conviennent des caractéristiques générales de leurs relations contractuelles futures. Des contrats d'application en précisent les modalités d'exécution ».

Ces modalités d'exécution peuvent notamment porter sur la date, la quantité, la qualité et le prix des prestations. Ces contrats ont soulevé des difficultés particulières précisément à propos de la question de la fixation du prix et les solutions particulières qui avaient été dégagées par la jurisprudence sur cette question ont été codifiées par l'ordonnance. Les parties peuvent ainsi ne pas déterminer le prix au moment de la conclusion du contrat-cadre, mais le fixer ultérieurement de façon unilatérale, sous réserve d'un contrôle judiciaire de l'abus (art. 1164) (v. ss 1338 s.).

§ 5. Classifications non codifiées par l'ordonnance du 10 février 2016

A. La classification des contrats fondée sur la qualité du cocontractant

972. Certains contrats s'adressent plus particulièrement à certains cocontractants, ce sont des contrats conclus *intuitu personae* ; d'autres s'adressent à n'importe qui, au public en général. Cette distinction n'a pas été formalisée par l'ordonnance du 10 février 2016, au titre des principales classifications des contrats, bien que certaines conséquences puissent en être tirées. Elle est traditionnelle et efficiente, aussi convient-il d'en dire quelques mots.

1) Contrats conclus « *intuitu personae* »

973. Le contrat conclu *intuitu personae* a été formé en fonction de la personnalité du cocontractant et de personne d'autre : il s'agit, par exemple, d'une donation à un bénéficiaire déterminé, d'une commande d'un tableau à un peintre connu, du contrat de société en nom collectif liant des personnes qui se connaissent et s'estiment… Seuls ces contrats peuvent être annulés en cas d'erreur sur la personne (art. 1110, al. 2) (v. ss 1145). De même, le décès du contractant met fin nécessairement au contrat.

---

1. Sur ces difficultés, v. not., M. Mekki, « La loi de ratification de l'ordonnance… », article préc., *D.* 2018. 909 s, spéc. n° 31.

2) Contrats conclus « *non intuitu personae* »

974. Ce sont tous les autres contrats où la considération de la personnalité du cocontractant n'est pas déterminante : par exemple dans le cadre d'un contrat de vente de produits de consommation, la personnalité des parties n'est généralement pas une considération importante pour ceux qui s'engagent dans le contrat.

B. La classification des contrats selon leurs effets

975. Elle conduit à distinguer les contrats abdicatifs, translatifs et non. Ces distinctions n'ont pas non plus été prises en compte par l'ordonnance de 2016.

1) Contrats abdicatifs

976. Certains contrats ont pour effet essentiel non de créer des obligations comme la plupart des contrats mais d'en éteindre, par exemple la *remise de dette* par laquelle le créancier renonce à réclamer sa créance (art. 1350). La nouvelle définition du contrat prend en compte cet effet puisque selon l'article 1101, le contrat est un accord de volonté en vue de créer mais aussi transmettre, modifier ou éteindre des obligations.

On peut aussi citer l'exemple de la *transaction*, contrat qui emporte l'extinction du droit d'agir en justice. Elle met, certes, à la charge des parties l'obligation d'accomplir certaines prestations, telles que paiement d'une somme d'argent en contrepartie de l'abandon par l'autre contractant du surplus de ses prétentions, mais l'effet essentiel est de mettre fin au litige en interdisant à chacune des parties d'avoir recours au juge (art. 2052 : autorité de la chose jugée de la transaction). Les parties ont elles-mêmes convenu de la solution de leur litige et sont liées par cet engagement du fait de la force obligatoire du contrat qui s'impose aux parties mais également au juge.

2) Contrats translatifs et non translatifs

977. Les contrats translatifs sont des contrats qui ont pour objet de transférer un droit réel, c'est-à-dire un droit sur un bien. Ils se caractérisaient, avant que l'ordonnance du 10 février 2016 ne la fasse disparaître au profit de l'effet translatif direct du contrat, par une obligation principale de donner. Le droit concerné est principalement le droit de propriété, transféré par contrat de vente ou d'échange ; mais il peut s'agir aussi d'un droit démembré de la propriété, par exemple un droit d'usufruit, qui peut faire l'objet d'une cession. Dans le contrat *de vente*, l'effet translatif est immédiat, il se produit en principe par le simple échange des consentements, ce que traduit l'article 1583 du Code civil : « la vente est parfaite et la propriété est acquise de droit à l'acheteur à l'égard du vendeur dès qu'on est convenu de la chose et du prix... ». C'est pourquoi, un certain nombre d'auteurs soutenait que le transfert de propriété étant un effet automatique du contrat, le contrat de vente ne ferait pas naître d'obligation de donner (obligation de transférer la propriété) à la charge du vendeur[1]. Ces critiques faites à l'encontre de l'obligation de donner, jugée inutile ont été entendues puisqu'elle a désormais disparu.

---

1. Pour une thèse récente, v. M. Waterlot, *L'effet réel du contrat*, thèse dactyl., Bordeaux, nov. 2015.

978. Dans les contrats non translatifs, l'obligation principale est une obligation de faire ou de ne pas faire. Ce sont des contrats de prestation de service, à titre gratuit ou onéreux [1].

C. La distinction des contrats individuels et collectifs

979. Elle repose à la fois sur l'origine du consentement et les effets de ce consentement.

980. La règle générale veut que les contrats soient individuels, c'est-à-dire qu'ils ne lient que les personnes ayant donné directement leur consentement. Au contraire, on nomme contrats collectifs ceux où des personnes se trouvent liées sans avoir eu à manifester leur consentement (par ex. une convention collective de travail). Le contrat naît bien de la rencontre des volontés entre plusieurs personnes, mais il va produire des effets à l'égard de personnes qui n'auront pas participé à sa formation.

D. La distinction des contrats « égalitaires » et de consommation

981. Cette distinction est liée à la naissance et au développement du droit de la consommation qui a conduit à l'émergence de cette catégorie nouvelle. Elle repose sur la qualité des parties au contrat.

1) Développement et esprit du droit de la consommation

982. Le constat du déséquilibre des contrats passés entre des professionnels en situation de supériorité par leurs connaissances techniques et leur force économique avec des consommateurs par définition plus faibles qui se voient imposer des contrats pré rédigés, d'adhésion (v. ss 968), a donné naissance, à partir des années soixante-dix, au mouvement dit « consumériste ». Ce mouvement né aux États-Unis est ensuite arrivé en France et a donné lieu à une série de lois spéciales, mettant en place dans les contrats passés entre professionnels et consommateurs, des mesures de protection du plus faible consommateur. Ainsi la loi de 1972 sur le démarchage à domicile est intervenue, puis les lois *Scrivener* en 1973 sur le crédit à la consommation auxquelles se sont ajoutés d'autres textes comme la loi du 10 janvier 1978 sur la protection et l'information des consommateurs, pour aboutir à un corps de règles particulières s'intercalant entre la théorie générale des articles 1110 et suivants du Code civil et le droit spécial des contrats. C'est ce que l'on a appelé droit de la consommation (déjà sur l'émergence de ce droit et son caractère perturbateur, v. ss 28, 876).

983. Par une loi du 26 juillet 1993, toutes les dispositions issues de ces lois spéciales ont été codifiées dans le Code de la consommation.

984. *L'objectif du droit de la consommation* est de rétablir l'équilibre dans la relation contractuelle en introduisant un ensemble de règles favorables qui ne s'adressent qu'au consommateur.

---

1. Cette distinction des contrats translatifs et non translatifs a été proposée par J.-F. Overstake, *Essai de classification des contrats spéciaux*, thèse, Bordeaux, LGDJ, 1969.

985. Ces règles visent d'une part à assurer la *protection du consentement* :
– en informant le consommateur pour qu'il puisse donner un consentement éclairé, en toute connaissance de cause ; une obligation d'information pèse donc sur les professionnels ;
– en multipliant les exigences formelles, toujours pour le protéger ;
– en lui donnant un droit de rétractation pour revenir sur le consentement donné dans un certain nombre de contrats agressifs comme le démarchage à domicile ou par téléphone.

986. Elles visent d'autre part à assurer l'*équilibre du contrat* : notamment en interdisant et en sanctionnant les *clauses abusives* qui visent à créer un déséquilibre significatif entre les parties (v. ss 1423 s.). Elles tendent aussi à assurer la *sécurité du consommateur* en organisant par des mesures préventives et répressives, le contrôle des produits qui leur sont destinées. Le droit de la consommation ne fait d'ailleurs pas seulement appel au droit civil mais aussi au droit pénal.

987. Les règles du droit de la consommation *se trouvent parfois en* contradiction avec le droit commun du contrat issu de la théorie générale. Ainsi, le droit de rétractation s'oppose au caractère irrévocable du contrat dès lors qu'il y a eu rencontre des consentements (v. ss 1066). De même la recherche et la sanction des clauses abusives permettent au juge d'intervenir dans le contrat pour le modifier, alors qu'il doit en principe rester neutre et respecter le principe de la force obligatoire (v. ss 1423 s.). Ces clauses ont toutefois été aussi introduites en droit commun des contrats par l'ordonnance du 10 février 2016 (v. ss 1361 s.).

988. On soulignera aussi l'importance, en la matière, du droit communautaire. Le 8 octobre 2008, une proposition de directive-cadre relative aux droits des consommateurs, proposait pour la première fois des règles transversales couvrant tous les contrats de vente et de service et visait à une harmonisation maximale des droits des États membres de l'Union européenne (v. ss 38). Finalement, c'est à une harmonisation limitée qu'aboutit la directive, intervenue le 25 octobre 2011 sur les droits des consommateurs (n° 2011/83/UE), qui abroge et remplace plusieurs directives antérieures [1]. Les limites concernent tant sa force contraignante et le niveau d'harmonisation – puisque les États peuvent parfois s'en écarter [2] –, que son champ d'application : elle ne vise, en principe, que les contrats de vente et de prestation de service conclus à distance, spécialement par Internet et hors établissement [3]. Le texte comporte un ensemble de mesures destinées à renforcer spécifiquement la protection du consommateur, par exemple en doublant le délai de rétractation porté à quatorze jours, ou encore

1. Elle abroge les directives n° 85/577/CEE du 20 décembre 1985 et n° 97/7/CE du 20 mai 1997.

2. Plusieurs dispositions qui permettent aux États de s'affranchir des seuils de protection fixés par la directive : par exemple, l'article 3, § 4, permet aux États de ne pas appliquer la directive pour les contrats hors établissement dont la valeur n'excède pas 50 euros ; l'article 3, § 6, permet aux professionnels d'aller au-delà des mesures prévues par la directive ; l'article 5, § 4 autorise les États à adopter des exigences supplémentaires en matière d'information précontractuelle ; l'article 24 qui laisse aux États la liberté de déterminer les sanctions.

3. Un contrat « hors établissement » est un contrat conclu en présence des deux parties en un lieu qui n'est pas l'établissement commercial du professionnel ou alors qui est conclu dans l'établissement du professionnel mais immédiatement après que le consommateur ait fait l'objet d'une offre en dehors de cet établissement.

en créant une transparence accrue des prix, ou en interdisant les cases pré-cochées sur les sites internet. Si on reste encore loin, du véritable Code de la consommation communautaire auquel la Commission européenne avait pour ambition d'aboutir[1], la directive introduit quand même, pour la première fois en matière européenne, une obligation précontractuelle d'information commune à tous les contrats de vente et de services conclus entre professionnels et consommateurs et pas seulement à ceux qui sont conclus à distance ou hors établissement (sur cette directive, v. ss 38). Ces dispositions ont été reprises et intégrées dans le Code de la consommation par la loi n° 2014-344 du 17 mars 2014 relative à la consommation.

2) Notion de consommateur et critère du contrat de consommation

989. Les contrats de consommation s'opposent donc aux contrats conclus entre deux consommateurs ou particuliers ou entre deux professionnels, qui sont soumis à la théorie générale et éventuellement au droit spécial du contrat considéré, sans être soumis à ce corps de règles intermédiaires qu'est le droit de la consommation. Mais encore faut-il savoir exactement quels sont les critères du contrat de consommation.

990. Jusqu'à la loi n° 2014-344 du 17 mars 2014 relative à la consommation[2], la notion de contrat de consommation n'était pas forcément facile à cerner car la notion de consommateur elle-même n'était pas définie par le Code de la consommation.

Deux conceptions étaient concevables : ou bien le consommateur est un particulier qui conclut un contrat pour la satisfaction de ses besoins personnels : conception stricte ; ou bien le consommateur peut également être un professionnel qui, tout en concluant un contrat pour la satisfaction de ses besoins professionnels, n'a pas de compétence dans le domaine considéré. La Cour de cassation s'est d'abord prononcée pour la conception stricte[3] puis pour la conception extensive, à propos d'un agent immobilier ayant acquis un système d'alarme[4]. Elle est revenue aujourd'hui à une conception stricte en écartant la qualification de consommateur dès lors que la personne a agi dans le cadre de son activité professionnelle[5]. Cette définition restrictive est également celle qui a été retenue par le droit communautaire. La première chambre civile de la Cour de cassation avait par ailleurs admis que le non professionnel, au sens du Code de la consommation, pouvait être une personne morale[6], à l'encontre de la position

---

1. Sur le contenu de ce texte, v. G. Paisant, « La directive du 25 octobre 2011 relative aux droits des consommateurs », *JCP* 2012. 62 ; G. Raymond « Directive consommateurs n° 2011/83 UE du 25 octobre 2011 », *CCC* févr. 2012, étude 3 ; N. Sauphanor-Brouillaud, *JCP* 2012, chron. Droit des contrats p. 63.

2. C. Aubert de Vincelles et N. Sauphanor-Brouillaud, « Loi du 17 mars 2014, nouvelles mesures protectrices du consommateur », *D.* 2014. 879 ; D. Ferrier, « Pour un encadrement renforcé des relations entre professionnels », *D.* 2014. 889.

3. Civ. 1re, 15 avr. 1986, *RTD civ.* 1987. 86, obs. J. Mestre.

4. Civ. 1re, 25 mai 1995, *D.* 1993. 87, note G. Nicoleau.

5. Civ. 1re, 17 nov. 1998, *CCC* 1999, n° 21, obs. L. Leveneur. Dans une décision postérieure, la première chambre civile de la Cour de cassation a rappelé que n'est pas un consommateur protégé celui qui conclut un contrat ayant un rapport direct avec son activité professionnelle, mais elle a renvoyé au juge du fond l'appréciation de ce rapport direct, ce qui favorise l'insécurité juridique en permettant des solutions contradictoires : Civ. 1re, 5 mars 2002, *JCP* 2002. II. 10123, obs. G. Paisant.

6. Civ. 15 mars 2005, *D.* 2005. 887, obs. C. Rondey ; *RTD civ.* n° 2, 2005. 393, obs. J. Mestre et B. Fages.

adoptée par la CJUE. Cette dernière a en effet exclu de la protection les personnes morales : « la notion de consommateur doit être interprétée en ce sens qu'elle vise exclusivement les personnes physiques et non les personnes morales ». Cette position du droit européen est confirmée par les derniers textes, dont la directive relative aux droits des consommateurs du 25 octobre 2011 n° 2011/83/UE (v. ss 988). Le consommateur y est défini, en effet, comme une personne physique. Si la première chambre civile de la Cour de cassation a maintenu sa position en réaffirmant que « les personnes morales ne sont pas exclues de la catégorie des non-professionnels »[1], la chambre commerciale a cependant précisé que les sociétés commerciales ne pouvaient être assimilées à un non-professionnel même si elles contractent en dehors de leur compétence[2].

Désormais et depuis la loi n° 2014-344 du 17 mars 2014 relative à la consommation, les discussions n'auront plus cours puisque le consommateur est défini par le Code de la consommation. La loi a introduit un article qui prend nettement parti pour la définition restrictive : « au sens du présent code, est considéré comme un consommateur toute personne physique qui agit à des fins qui n'entrent pas dans le cadre de son activité commerciale, industrielle, artisanale ou libérale ». Cette définition confirme par ailleurs qu'une personne morale ne peut pas être un consommateur.

991. Enfin, on notera que le Code de la consommation a ouvert aux associations de consommateurs le droit d'agir en justice pour « faire cesser ou interdire tout agissement illicite » et obtenir « la suppression d'une clause illicite ou abusive dans tout contrat ou type de contrat proposé ou destiné au consommateur ». Ces actions présentent un triple caractère : préventif, puisqu'elles visent à la suppression matérielle des clauses avant leur utilisation ; collectif en ce qu'elles s'attaquent au type de contrat proposé à une collectivité de consommateurs et abstrait, c'est-à-dire sans égard à l'utilisation faite auprès de chaque contractant[3].

E. La distinction des contrats simples, des contrats complexes et des groupes de contrats ou ensembles contractuels

992. L'ordonnance de 2016 n'a pas repris directement cette notion de contrats complexe ni de groupe de contrat et, contrairement à l'avant-projet *Catala*, n'a pas envisagé non plus parmi les différentes catégories de contrats qu'elle définit, celle des contrats interdépendants. Toutefois, elle reconnaît par des dispositions particulières, l'interdépendance qui peut exister entre des contrats qui ont été conclus en vue d'une opération d'ensemble : ainsi, spécialement lorsqu'elle prévoit la sanction de la caducité d'un contrat valablement conclu avec d'autres contrats en vue d'une opération d'ensemble, si la disparition de l'un des contrats rend sans intérêt ou impossible son exécution (art. 1186, al. 2 et 3) (v. ss 1474 s.).

---

1. Civ. 1re, 23 juin 2011, n° 10-30.645, *Juris-Data* n° 2011-012279 ; *JCP* 2011. Doctr. 1141, n° 3, obs. J. Ghestin ; *JCP* 2011. 1080, note G. Paisant.

2. Com. 6 sept. 2011, n° 10-21.583, *Juris-Data* n° 2011-018285 ; *JCP* 2011. 1203, note G. Paisant ; *JCP* 2012, chron. Droit des contrats, obs. J. Ghestin.

3. Civ. 1re, 1er févr. 2005, trois espèces commentées au *JCP* 2005. I. 141, par J. Rochfeld.

993. ***Le contrat simple*** réalise une opération économique traditionnelle et simple en ce sens qu'il est possible d'identifier une seule prestation essentielle qui est fournie par l'exécution d'une seule obligation essentielle, même si elle est accompagnée d'obligations accessoires pour parfaire sa réalisation. Le contrat peut être unilatéral comme un contrat de donation, ou bien il est synallagmatique mais dans ce cas à l'obligation essentielle de l'une des parties, par exemple transférer la propriété dans un contrat de vente, correspond l'obligation essentielle de l'autre partie de fournir une contre-prestation, le paiement du prix dans la vente.

994. ***Le contrat complexe*** au contraire, associe plusieurs prestations essentielles dans un même contrat, de sorte que l'on peut penser à la combinaison de plusieurs contrats ; en réalité, il ne s'agit pas d'une simple juxtaposition, mais d'une opération véritablement originale. Ainsi, par exemple, le contrat de crédit-bail ou leasing associe une location et une vente mais pour former une opération qui n'est ni seulement une location, ni seulement une vente ; ou alors le contrat de fourniture d'un système informatique comporte la vente d'un système et son installation (prestation de service) ; autre exemple le contrat de vente d'immeuble à construire, associe une construction (prestation de service et contrat d'entreprise) et une vente.

995. Ces contrats *sui generis* (qui constituent à eux seuls une catégorie contractuelle) ont été le plus souvent imaginés par la pratique ; ce sont des contrats innomés, fruits de la liberté contractuelle, qui ne sont pas la somme de plusieurs contrats mais un seul contrat spécifique avec un régime propre qui peut être défini par la loi comme dans le contrat de vente d'immeuble à construire spécialement réglementé ou par les parties, sous réserve de respecter les règles générales gouvernant le contrat.

996. La question essentielle qui se pose à leur propos est de savoir s'il s'agit véritablement d'un seul contrat complexe, ou de plusieurs contrats distincts mais liés, soit un groupe de contrats.

997. Dans ***les groupes de contrats***, plusieurs contrats sont liés, soit par l'identité d'objet, soit par l'identité de but, en ce sens que tous les contrats participent à une opération économique globale. Dans le premier cas, on parle plutôt de ***chaînes de contrats***, comme dans les ventes successives du fabricant au distributeur grossiste puis au détaillant puis au consommateur (v. ss 1763). Dans le second cas, où les parties ont pour objectif la réalisation d'une opération globale à l'aide de plusieurs contrats, on parle plutôt ***d'ensembles contractuels*** : on peut prendre l'exemple simple de l'achat d'un bien qui va être financé par un contrat de prêt. Le lien entre les contrats est plus ou moins fort, il peut aller jusqu'à l'indivisibilité, de sorte que la nullité ou la résolution d'un des contrats du groupe entraînera celle des autres contrats, ou alors l'action en responsabilité dans les chaînes de contrats homogènes constituée de ventes successives sera transmise aux différents partenaires. Toutefois, l'expression d'ensemble contractuel tend à devenir l'expression générique qui renvoie à l'ensemble des cas de figure.

998. Ces ensembles contractuels constituent aujourd'hui une réalité dont la jurisprudence tient compte, d'autant plus que l'approche du contrat devient plus économique, mais ils posent néanmoins des problèmes, notamment du point de vue de l'effet relatif du contrat (v. ss 1759 s.). L'ordonnance du 10 février 2016 est restée en retrait, concernant leur reconnaissance. Toutefois, elle reconnait leur existence en prévoyant à leur propos la sanction spécifique de la caducité (v. ss 1474) et en les visant spécifiquement au titre de l'interprétation des contrats (art. 1189, al. 2) (v. ss 1625). On peut regretter qu'ils n'aient pas été reconnus en tant que tels, alors que l'avant-projet *Catala* les consacrait en tant que nouvelle catégorie contractuelle, ainsi d'ailleurs que le premier projet gouvernemental de réforme du droit des contrats de 2008 qui en donnait une définition : « contrats concomitants et successifs dont l'exécution est nécessaire à l'opération d'ensemble à laquelle ils appartiennent » (sur la notion d'ensemble contractuels et les évolutions v. ss 1759 s.).

*

999. ***Conclusion.*** Cette classification des contrats intéresse essentiellement la théorie générale et elle a des incidences sur le régime du contrat du point de vue des règles générales qui lui sont applicables. Il ne faut pas oublier cependant qu'il existe des dispositions spéciales applicables à tel ou tel contrat. Ce droit spécial des contrats peut être plus ou moins développé et contraignant selon le contrat considéré, lorsqu'il a reçu sa qualification spéciale de vente, ou de prêt ou de transport, interne ou international de marchandises ou de personnes... Il ne faut pas négliger non plus l'influence croissante du droit communautaire (règlements et directives européennes). La réglementation européenne du droit des contrats est aujourd'hui incontournable ainsi que la connaissance des projets d'harmonisation actuels (v. 32 s.).

1000. Cette classification des contrats montre la complexité et la variété des figures contractuelles, mais ne répond pas à la question de savoir, par-delà cette diversité, quels sont les éléments constitutifs de tout contrat et à quelles conditions il est valablement formé. Le Code civil répond à ces questions. Ce sont ces éléments que nous allons étudier maintenant dans un titre premier consacré à la formation du contrat.

DOCUMENTS

BIBLIOGRAPHIE

ABADIE (L.), « Convention EDH et contentieux contractuel », in *L'utilisation de la Convention EDH dans la pratique des affaires, Dr. et patr.* juill.-août 2010, spéc. p. 73 s.

ANCEL (P.), « Force obligatoire et contenu obligationnel du contrat », *RTD civ.* 1999. 771.

AUBERT DE VINCELLES (C.) et SAUPHANOR-BROUILLAUD (N.), « Loi du 17 mars 2014, nouvelles mesures protectrices du consommateur », *D.* 2014. 87.

BALAT (N.), « Réforme du droit des contrats et conflits entre droit commun et droit spécial ? », *D.* 2015. 699.

BATIFFOL (H.), *La crise du contrat et sa portée*, Archives de philosophie du droit, 1968.

BEHAR-TOUCHAIS (M.) (dir.), *L'interdiction de se contredire au détriment d'autrui*, Economica, 2001.

– Rapport introductif, in « Existe-t-il un principe de proportionnalité en droit privé ? », *LPA* 30 sept. 1998, n° 117.

BLANC (C.), « Dispositions préliminaires. Analyse des articles 1101 à 1110 du projet d'ordonnance portant réforme du droit des obligations », *Gaz. Pal.* 29 avr. 2015, p. 3.

BOFFA (R.), « Article 1108 : le contrat d'adhésion », *RDC* 2015. 736.

BROS (S.), *L'interdépendance contractuelle*, thèse, Paris II, 2001.

CACHARD (O.), « Le contrat électronique dans la loi pour la confiance dans l'économie numérique », *RLDC* n° 8, sept. 2004.

CHÉNEDÉ (F.) « Le contrat d'adhésion dans le projet de réforme », *D.* 2015. 1226.

DEROUSSIN (D.) « Art. 1107 : les contrats réels », *RDC* 2015. 734.

GADHOUN (P.-Y.), *La liberté contractuelle dans la jurisprudence du Conseil constitutionnel*, Dalloz, coll. « Nouvelle Bibliothèque de Thèses », 2008.

GHESTIN (J.), « La notion de contrat », *D.* 1990. Chron. XXVII.

GUERLIN (G.), « Contrat et convention », in M. Latina et G. Chantepie (dir.), *Projet de réforme du droit des contrats, du régime général et de la preuve des obligaions. Analyses et propositions*, Dalloz, 2015, p. 1.

GOUNOT (E.), *Le principe de l'autonomie de la volonté en droit privé : contribution à l'étude critique de l'individualisme*, thèse, Dijon, 1912.

GRIDEL (J.-P.), « Sur l'hypothèse d'un Code européen des contrats : les propositions de l'Académie des privatistes européens (Pavie) », *Gaz. Pal.* 21-22 févr. 2003, p. 3.

HOUTCIEFF (D.), *Le principe de cohérence en matière contractuelle*, PUAM, 2002.

HUET (J.), « Les sources communautaires du droit des contrats », *LPA* 21 mars 1997, n° 35, p. 8.

– « Encore une modification du Code civil pour adapter le droit des contrats à l'électronique », *JCP* 2004. I. 178.

JAMIN (C.), « Plaidoyer pour le solidarisme contractuel », *in Mélanges J. Ghestin*, 2001, p. 441 s.

Jobard-Bachellier (M.-N.), « Existe-t-il encore des contrats réels en droit français ? », *RTD civ.* 1984. 1 s.
Lagarde (X.), « Observations critiques sur la renaissance du formalisme », *JCP* 1999. I. 170.
Lardeux (G.), « Le contrat de prestation de service dans les nouvelles dispositions du Code civil », *D.* 2016. 1659.
Larribau-Terneyre (V.), « Une nouvelle conception du contrat » ?, in *Quel renouveau pour le droit des contrats. Une réforme entre tradition et modernité* (dir. V. Larribau-Terneyre et S. Pellé), PUPA, 2016.
Lequette (Y.), « Y aura-t-il encore en France, l'an prochain, un droit commun des contrats », *RDC* 2015. 616, n° 4.
– « Bilan des solidarismes contractuels », in *Mélanges Paul Didier*, Economica, 2008, p. 247.
Leveneur (L.), « Classification des contrats : le rétrécissement de la catégorie des contrats réels est engagé », *JCP* 2000. Actu. 1531.
Mainguy (D.), « Le contractant, personne de bonne foi ? », in C. Albigès et E. Négron (dir.), *La réforme du droit des contrats et des obligations*, Publication de la faculté de droit de Montpellier, 2015, p. 83.
Mazeaud (D.), « Loyauté, solidarité, fraternité, la nouvelle devise contractuellle ? » in *Mélanges F. Terré,* Dalloz, 1999, p. 603.
Marguénaud (J.-P.), « L'assujettissement du contrat à la Convention EDH », *RTD civ.* 2009. 281.
Mekki (M.), « Les principes généraux du droit des contrats au sein du projet d'ordonnance », *D.* 2015. 816.
– « La réforme au milieu du gué. Les notions absentes ? Les principes généraux du droit des contrats – aspects substantiels », *RDC* 2015. 651.
Morin (G.), *La désagrégation de la théorie contractuelle du code*, Archives de philosophie du droit, 1940.
Pellé (S.), *La notion d'interdépendance contractuelle, Contribution à l'étude des ensembles de contrats,* Dalloz, 2007.
Pérez (C.), « Observations sur "l'absence" de principes directeurs à la lumière du projet d'ordonnance », *RDC* 2015. 647.
Poumarède (M.), « Article 1110 : contrat à exécution instantanée et contrat à exécution successive », *RDC* 2015. 738.
Rémy-Corlay (P.) et Fenouillet (D.) (dir.), *Les concepts contractuels français à l'heure des Principes du droit européen des contrats*, Dalloz, coll. « Thèmes et commentaires », 2003.
Savatier (R.), « L'ordre public économique », *D.* 1965. I. 37.
Stoffel-Munck (Ph.), « L'autonomie du droit contractuel de la consommation : d'une logique civiliste à une logique de régulation » ; *RTD com.* 2012/4, p. 705 s.
Thibierge-Guelfucci (C.), « Libres propos sur la transformation du droit des contrats », *RTD civ.* 1997. 357 s.
Vasseur, « Un nouvel essor de concept contractuel. Les aspects juridiques de l'économie concertée contractuelle », *RTD civ.* 1964. 5.
Vilar, *La cession de contrat en droit français*, thèse, Montpellier, 1968.
Journées franco-italiennes de l'Association Henri Capitant, « Les principes directeurs du droit des contrats », *RDC* 2013. I. 311 s.

On se reportera aussi concernant les projets de réforme (droit européen, avant-projet Catala, propositions Terré et projet de la Chancellerie) et la réforme réalisée par l'ordonnance du 10 février 2016, à la bibliographie du chapitre 2 du titre I de la première partie, consacré à la réforme du droit des contrats du régime et de la preuve des obligations (v. ss 84).

EXERCICES

Un contrat donné appartient forcément à plusieurs classifications différentes, par exemple la vente d'un immeuble moyennant versement d'une rente viagère constitue un contrat consensuel, de gré à gré, synallagmatique, à titre onéreux, aléatoire, à exécution successive, enfin c'est un contrat nommé (art. 1968 s.)

De la même façon, déterminez à quelles catégories appartiennent les contrats suivants :

1) Mme F., en partant en vacances, confie son chat à une de ses amies, Mme B. qui le lui garde gratuitement. Comment classer ce contrat ? Le cas est-il le même si Mme F. remet à son amie une certaine somme d'argent en échange de ce service ? ou si, au cours des vacances, le chat est renversé par une voiture et que Mme B. doive appeler le vétérinaire et assumer des frais pour le faire soigner ?

2) M. R., célibataire, loue un appartement. Il y fait effectuer divers travaux d'embellissement par un décorateur qu'il choisit et s'entend directement avec les entreprises de peinture, pose de moquette, etc.

3) M. et Mme R. achètent un pavillon. L'acte est passé devant un notaire. Ils ont contracté une assurance. Ils font installer une salle de bains et le chauffage central par une entreprise spécialisée qui se procure elle-même les appareils, en assure la pose et se charge de l'entretien moyennant une somme annuelle forfaitaire.

Pendant leurs vacances, ils prêtent gracieusement le pavillon à un ami ; ce dernier y fait plusieurs réparations urgentes.

LECTURE

Le principe de la liberté des conventions et de la force obligatoire du consentement, selon Portalis

« En général, les hommes doivent pouvoir traiter librement sur tout ce qui les intéresse. Leurs besoins les rapprochent, leurs contrats se multiplient autant que leurs besoins. Il n'y a point de législation dans le monde qui ait pu déterminer le nombre et fixer la diversité des conventions dont les affaires humaines sont susceptibles... La liberté de contracter ne peut être limitée que par la justice, par les bonnes mœurs, par l'utilité publique... L'office de la loi est de nous protéger contre la fraude d'autrui, mais non pas de nous dispenser de faire usage de notre propre raison. S'il en était autrement, la vie des hommes, sous la surveillance des lois, ne serait qu'une longue et honteuse minorité, et cette surveillance dégénérerait elle-même en inquisition... Sans doute, il ne faut pas que les hommes puissent se tromper mutuellement en traitant ensemble ; mais il faut laisser quelque latitude à la confiance et à la bonne foi. Des formes inquiétantes et indiscrètes perdent le crédit, sans éteindre les fraudes ; elles accablent sans protéger... » (*Discours préliminaire de présentation du projet de Code civil au Conseil d'État*, Fennet, t. 1, p. 463).

Les classifications des contrats

- SELON LEUR FORMATION
  - *Forme*
    - c. consensuels (ex. vente)
    - c. solennels (ex. donation)
    - c. réels (ex. dépôt)
  - *Fond*
    - Liberté du consentement
      - c. de gré à gré (ex. vente)
      - c. d'adhésion (ex. achat billet ch. fer)
    - Origine du consentement
      - c. individuels (ex. vente)
      - c. collectifs (ex. convention collective)
- SELON LEUR CONTENU
  - *Réciprocité ou non des engagements*
    - c. synallagmatiques (ex. vente)
    - c. unilatéraux (ex. donation, dépôt)
    - c. synallagmatiques imparfaits (ex. dépôt ayant entraîné des frais)
  - *Qualité du contractant*
    - c. conclu *intuitu personae* (ex. c. de société en nom collectif, donation)
    - c. conclu *non intuitu personae* (ex. c. de vente de consommation)
  - *But poursuivi*
    - c. à titre gratuit (ex. donation)
    - c. à titre onéreux
      - c. commutatifs (ex. vente)
      - c. aléatoires (ex. constitution de rente viagère)
- SELON LEUR EXÉCUTION
  - *Durée*
    - c. à exécution instantanée (ex. vente au comptant)
    - c. à exécution successive (ex. contrat de travail)
      - c. à durée déterminée (ex. bail de 3 ans, c. de travail de 6 ans)
      - c. à durée indéterminée (ex. c. de travail sans fixation de durée)
  - *Réglementation de l'exécution*
    - c. nommés (ex. vente)
    - c. innommés (ex. contrat de wagon-lit)

Note. On remarquera que l'exemple de la vente figure dans toutes les classifications. En effet, celles-ci se superposent selon le point de vue auquel on se place et le même contrat peut figurer dans chacune d'elles.

Chapitre préliminaire

Les principes gouvernant la formation du contrat : la liberté contractuelle et ses limites

1001. Selon l'article 1104 nouveau, qui reprend quasiment à l'identique l'article 1334 du Code civil (sous réserve de la substitution du terme de « contrats » à celui de « conventions »), « les contrats légalement formés tiennent lieu de loi à ceux qui les ont faits ». Cependant et comme le souligne le texte, pour devenir la loi des parties, le contrat doit d'abord avoir été conclu, ce qui suppose la rencontre des volontés des parties ; il doit ensuite s'être formé valablement, c'est-à-dire respecter les conditions de validité inscrites désormais à l'article à l'article 1128 du Code civil.

1002. Dans cette étape de la formation du contrat, la ***liberté contractuelle*** reste aujourd'hui comme hier, un principe essentiel. Selon l'article 1102, « chacun est libre de contracter ou de ne pas contracter, de choisir son cocontractant et de déterminer le contenu et la forme du contrat dans les limites fixées par la loi » (art. 2). Toutefois, l'alinéa 2 ajoute : « la liberté contractuelle ne permet pas de déroger aux règles qui intéressent l'ordre public ». Cette limite générale de l'ordre public n'est pas nouvelle, mais elle est désormais posée dans les dispositions liminaires consacrées au contrat alors qu'elle ne figurait auparavant que dans l'article 6 du Code civil selon lequel « on ne peut déroger par des conventions particulières aux lois qui intéressent l'ordre public et les bonnes mœurs ». Elle est également reprise au titre des dispositions consacrées plus spécifiquement au « contenu du contrat, » dans l'article 1162 : « le contrat ne peut déroger à l'ordre public, ni par ses stipulations, ni par son but [...] ».

L'affirmation que la liberté contractuelle constitue une valeur contractuelle primordiale est donc immédiatement tempérée par la nécessité de son ***encadrement par l'ordre public***, afin que puissent aussi être préservées d'autres valeurs essentielles et assurés d'autres objectifs contractuels plus contemporains, comme la ***justice contractuelle***, qui postule un équilibre minimal du contrat. À ce titre, ***l'exigence de bonne foi*** qui assure la moralisation du contrat et favorise son équilibre est imposée désormais au stade de la formation du contrat et non plus seulement au stade de l'exécution, par l'article 1104, alinéa 1er. La bonne foi, constitue aussi, sans doute, même si elle n'est pas posée expressément comme telle, une limite à la liberté.

1003. Cet équilibre entre la liberté et le respect d'autres valeurs contractuelles essentielles a toujours été un objectif poursuivi par la jurisprudence, avec les instruments fournis par le Code civil mais aussi, dans le cadre de l'entreprise contemporaine de moralisation du contrat et de promotion de justice contractuelle, avec l'aide de standards juridiques comme la bonne foi, la loyauté, l'équilibre contractuel, la proportionnalité ou encore la notion de délai raisonnable. Ces principes de bonne foi et d'équilibre contractuels ont été consacrés par la réforme du droit des contrats, soit formellement, puisque la bonne foi est désormais un principe général posé dans les dispositions préliminaires, soit dans le cadre de dispositions particulières, qui consacrent pour l'essentiel les solutions qui avaient été développées par la jurisprudence en vue d'assurer l'équilibre du contrat et la protection de la partie faible.

1004. Cette recherche d'équilibre se manifeste tant à propos de la question de la conclusion du contrat que de ses conditions de validité, les deux questions étant nettement distinguées dans la nouvelle architecture du Code civil.

1005. ***La période de conclusion du contrat***, que les rédacteurs du Code civil avaient complètement négligée puisqu'il n'y avait aucune disposition légale sur le processus de formation du contrat, est désormais réglementée précisément dans une section 1, entièrement consacrée à la conclusion du contrat (art. 1112 à 1112-2). Dans ce processus de conclusion du contrat, qui va de la négociation contractuelle à l'échange des consentements, matérialisé par la rencontre d'une offre et d'une acceptation, l'objectif de la jurisprudence, dans le silence du Code civil, a été d'assurer l'équilibre entre la liberté de contracter ou de ne pas contracter et la sécurité juridique ; cet objectif de sécurité impose au contractant qui s'engage dans un processus contractuel ou même qui a déjà consenti, de ne pas s'échapper sous des prétextes fallacieux, ce qui impose une certaine loyauté. Ces objectifs sont toujours actuels : l'ordonnance du 10 février 2016 inscrit la conclusion du contrat sous le double signe de la liberté et de la bonne foi (Chapitre 1).

1006. ***Les conditions de validité du contrat*** sont ensuite posées par l'article 1128 du Code civil : trois conditions et non plus quatre, comme auparavant, sont nécessaires à la validité d'un contrat : – le consentement des parties ; – leur capacité de contracter ; – un contenu licite et certain.

1007. Le premier élément constitutif du contrat, incontesté, reste donc le consentement. Il renvoie à la volonté, élément essentiel, et source des obligations, en vertu du principe philosophique de l'autonomie de la volonté et de sa traduction juridique, la liberté contractuelle, dont nous avons déjà largement souligné l'importance et la pérennité (v. ss 855 s.). Pour l'école libérale, la volonté individuelle, expression de la liberté, est la source essentielle des obligations. Et si, à l'opposé, les écoles sociales affirmèrent que la volonté devait être contrôlée car seule la société, et non l'individu, est susceptible de créer le droit, cette volonté reste néanmoins fondamentale dans l'analyse contemporaine du contrat.

Compte tenu de l'importance du consentement, les rédacteurs du Code civil avaient voulu s'assurer de son existence et de son intégrité. Ce double contrôle n'est pas remis en cause par l'ordonnance du 10 février 2016. Au contraire, elle a enrichi le dispositif en codifiant les évolutions jurisprudentielles qui ont conduit à l'élargissement des vices du consentement dans le souci de préserver la volonté, certes mais en y intégrant aussi des objectifs plus modernes de justice contractuelle et de protection de la partie faible.

1008. Les conditions relatives au contenu du contrat marquent à l'inverse un véritable changement. La notion de « contenu du contrat » remplace en effet, la double exigence posée antérieurement par l'article 1108, d'un objet certain qui forme la matière de l'engagement et d'une cause licite dans l'obligation. Devant les difficultés de définir de façon précise la cause pour en englober tous les aspects et les fonctions, et compte tenu des critiques dont elle faisait l'objet, le choix a été fait de la faire disparaître sans pour autant abandonner les fonctions que la jurisprudence lui avait assignées, ce qui explique le recours à la notion de « contenu du contrat ». Malgré la disparition de cette notion emblématique de cause, le contrôle social qui s'exerce sur le contrat par l'intermédiaire de la nouvelle notion de contenu du contrat reste donc de même nature et poursuit les mêmes finalités, avec des instruments renouvelés et modernisés : contrôler la conformité du contrat à l'ordre public d'une part ; vérifier la conformité du contrat à sa finalité économique et aux attentes légitimes des parties en préservant un équilibre minimal (v. ss 1241 s.). Les conditions posées au titre du contenu du contrat n'empêchent pas, malgré la disparition de la cause, de continuer à assurer ce double contrôle, en conformité avec les solutions dégagées par la jurisprudence.

L'ordonnance du 10 février 2016 ne remet finalement pas fondamentalement en question l'analyse classique du contrat, construit en vertu du principe de l'autonomie de la volonté et la liberté contractuelle sur le consentement des parties contractantes, capables de s'engager, sur un contenu certain et licite. Ces trois éléments que sont le consentement, le contenu du contrat et la capacité constituent la structure minimale, incontournable, quel que soit le contrat conclu. Si l'un de ces éléments pêche, au regard des conditions qui sont posées, le contrat sera sanctionné, en principe par la nullité, ce qui entraînera sa disparition pure et simple, comme s'il n'avait jamais existé.

1009. ***La loi de ratification du 20 avril 2016*** n'a apporté que quelques modifications aux dispositions de l'ordonnance concernant la formation du contrat[1]. Nous les envisagerons au fur et à mesure. Certaines sont de simples corrections ou clarifications et ces modifications, considérées comme interprétatives de l'ordonnance, sont applicables dans le temps dans les mêmes conditions que l'ordonnance donc en principe aux contrats conclus après le 1er octobre 2016. D'autres sont plus substantielles et sont applicables seulement à partir du 1er octobre 2018, aux contrats conclus à partir de cette date[2].

1010. Suivant l'ordre adopté par l'ordonnance, la phase de conclusion du contrat où les consentements sont échangés par les parties, sera donc d'abord étudiée, puis ensuite, successivement, les trois conditions de validité posées par l'article 1128 : conditions relatives au consentement, à la capacité (à laquelle il peut être suppléé par la représentation), puis au contenu du contrat.

1011. Toutefois, au-delà de ces conditions de validité incontournables qui sont posées pour tout contrat, il existe d'autres conditions, susceptibles d'affecter la validité du contrat, quoique de façon moins systématique, comme, par exemple, pour certains contrats, des exigences de forme, mais aussi parfois l'exigence d'une équivalence économique objective des prestations (sanction de la lésion).

---

1. Pour une présentation exhaustive de ces modifications, v. ss 106 s.
2. Sur cette loi de ratification, son contenu et ses conditions d'application dans le temps, v. ss 101 s.

Bien qu'elles ne soient pas envisagées distinctement par l'ordonnance dans la section consacrée à la validité du contrat, ces autres conditions susceptibles d'affecter la validité d'un contrat seront également envisagées.

La question des sanctions du contrat irrégulièrement formé nous retiendra pour finir.

Chapitre 1. La conclusion du contrat
Chapitre 2. Les conditions de validité relatives au consentement
Chapitre 3. La condition de capacité et la représentation
Chapitre 4. Les conditions de validité relatives au contenu du contrat
Chapitre 5. Les autres éléments susceptibles d'affecter la validité du contrat
Chapitre 6. La sanction des conditions de validité du contrat

Chapitre 1

La conclusion du contrat

1012. Jusqu'à l'ordonnance du 10 février 2016, aucune disposition légale n'était consacrée à l'étape pourtant primordiale de la conclusion du contrat. Les rédacteurs du Code civil, obnubilés par la protection du consentement et par la question des vices susceptibles de l'affecter, développées dans les anciens articles 1110 à 1131, n'avaient pas envisagé spécifiquement la question de la rencontre proprement dite des volontés. Le consentement des parties, élément clé de la conclusion du contrat, n'était envisagé que comme condition de validité du contrat. Les solutions étaient donc purement prétoriennes, avec un certain nombre d'incertitudes qui subsistaient.

1013. L'ordonnance du 10 février 2016 est venue combler cette lacune, dans un objectif de sécurité juridique, en codifiant pour l'essentiel les solutions jurisprudentielles établies, mais en tranchant aussi certaines questions discutées et en prenant même parfois le contre-pied de la jurisprudence (sur la sanction de la violation de la promesse de contrat, par exemple). Une section entière, contenue dans le chapitre II relatif à la formation du contrat est désormais consacrée à ce processus de conclusion du contrat. Les articles 1112 à 1127-6, traitent ainsi successivement des négociations (art. 1112 à 1112-2), de l'offre et de l'acceptation, dont la rencontre forme le contrat (art. 1113 à 1122), du pacte de préférence et de la promesse unilatérale (art. 1123 à 1124), au titre des avant-contrats, et du cas particulier du contrat conclu sous forme électronique (art. 1125 à 1127-6).

1014. Considérer l'étape de la conclusion du contrat implique cependant que l'on s'intéresse d'abord à la notion de consentement, c'est-à-dire à l'expression de la volonté de s'engager de chacune des parties, avant d'étudier le processus d'accord de ces volontés par la rencontre d'une offre et d'une acceptation. Selon l'article 1113 du Code civil, en effet, « le contrat est formé par la rencontre d'une offre et d'une acceptation par lesquelles les parties manifestent leur intention de s'engager ». Concernant ce mécanisme de formation du contrat, il faut cependant distinguer deux cas de figure : le contrat peut se former en un trait de temps, par la rencontre d'une offre et d'une acceptation, c'est le schéma le plus simple ; mais il peut aussi exister des schémas plus complexes, où la formation du contrat est plus progressive, comporte une phase de négociation précontractuelle (Section 3) et, éventuellement, des avant-contrats (Section 4). Bien que les dispositions issues de l'ordonnance envisagent dans une perspective chronologique, d'abord les négociations, puis la question de l'offre et de l'acceptation et enfin celle des avant-contrats, nous conserverons l'approche qui, partant de l'analyse de l'expression de la volonté de conclure le contrat (Section 1), distingue le schéma simple de la rencontre d'une offre et d'une acceptation et le schéma plus complexe de la formation progressive du contrat (Section 2).

Section 1
L'expression de la volonté de conclure le contrat

1015. La volonté de contracter est indispensable à la conclusion du contrat. Certes, l'ordonnance de 2016 l'envisage plus particulièrement au titre de la validité du contrat, en posant l'exigence de l'existence du consentement, mais dans la mesure où ce consentement s'exprime au moment de la conclusion du contrat, dans le mécanisme de rencontre d'une offre et d'une acceptation, il convient d'en dire ici quelques mots. Cette volonté de contracter est avant tout un acte psychologique mais cependant, elle n'acquiert de valeur juridique que par sa manifestation. Elle se décompose donc en deux éléments : l'opération intellectuelle et son extériorisation.

§ 1. L'opération intellectuelle ou volonté réelle

1016. L'opération intellectuelle ou volonté réelle nécessite, d'une part, la *conscience* de ce que l'on va faire et, d'autre part, l'*intention* de le réaliser. Cela explique la nécessité de cette autre condition de validité des contrats qu'est la capacité. En effet, la volonté doit émaner d'une personne consciente, ce qui exclut l'enfant en bas âge, l'aliéné et même toute personne sous l'empire d'un trouble mental, même temporaire, comme en cas d'ivresse ou d'hypnose (art. 414-1). L'ordonnance du 10 février 2016 a d'ailleurs entendu faire référence à cette volonté consciente, au titre des conditions de validité relative au consentement : « conformément à l'article 414-1, il faut être sain d'esprit pour consentir valablement à un contrat » (v. ss 1115).

1017. En outre, la volonté, doit être effective, réelle, sérieuse. La personne doit avoir réellement voulu contracter et non agir par plaisanterie. C'est ainsi que lorsque les parties ont conclu un acte apparent destiné à déguiser un autre acte, seul ce dernier, l'acte véritable, a valeur juridique entre les parties, toutefois, pour ne pas nuire aux tiers, il leur est inopposable (c'est l'hypothèse de la simulation, v. ss 1436 s.).

§ 2. L'extériorisation de la volonté ou volonté exprimée

1018. Bien que considérant comme essentielle la volonté réelle, interne, la doctrine française est unanime à admettre que cette volonté doit être exprimée pour produire des effets juridiques. L'élément d'extériorisation est indispensable.

Mais, en raison du principe consensualisme qui régit le droit des contrats, aucune forme n'est exigée de la déclaration de volonté (sauf pour les contrats solennels, v. ss 951). La manifestation de volonté peut ainsi être expresse, mais elle peut aussi être tacite. C'est ce qu'indique désormais l'article 1113, alinéa 2 : « cette volonté [de s'engager] peut résulter d'une déclaration ou d'un comportement non équivoque de son auteur ».

A. La manifestation expresse de volonté

1019. C'est ce que l'article 1113, alinéa 2, désigne sous le terme de « déclaration ». Elle résulte d'une parole ou d'un écrit. Le plus souvent ce sera un écrit, acte authentique ou sous seing privé, sur support papier ou sur support électronique (rappelons qu'ils constituent des modes de preuve, preuves parfaites, v. ss 1455, v. *Droit civil*, vol. 1) mais aussi bien une lettre, un télégramme, une annonce dans un journal, une affiche, etc. (preuves imparfaites).

La manifestation expresse de volonté lorsqu'elle s'exprime dans un écrit est concrétisée par l'apposition des signatures des cocontractants. À cet égard, l'article 1367, issu de l'ordonnance du 10 février 2016, qui reprend l'ancien article 1316-4 (découlant de la loi n° 2000-230 du 13 mars 2000), précise que « la signature nécessaire à la perfection d'un acte juridique identifie son auteur. Elle manifeste son consentement aux obligations qui découlent de cet acte. Quand elle est apposée par un officier public, elle confère l'authenticité à l'acte. Lorsqu'elle est électronique, elle consiste en l'usage d'un procédé fiable d'identification garantissant son lien avec l'acte auquel elle s'attache... » (v. ss 955).

B. La manifestation tacite de volonté

1020. L'ordonnance du 10 février 2016 a consacré aussi cette volonté tacite en indiquant que la volonté peut résulter d'un comportement non équivoque de son auteur (art. 1113, al. 2).

1021. La manifestation de volonté doit alors découler d'un acte qui implique sans aucun doute possible l'existence de la volonté. C'est le cas par exemple de la tacite reconduction du bail : le locataire demeure dans les lieux, manifestant ainsi sa volonté de prolonger le bail. C'est encore le cas du commerçant qui expose des marchandises dans son magasin et qui est ainsi en état d'offre permanente. Ou du taxi arrêté à une borne de taxi. Des difficultés de preuve peuvent éventuellement se poser : une manifestation tacite de volonté a la même valeur juridique qu'une manifestation expresse, mais elle est souvent plus difficile à prouver.

C. La valeur du silence

1022. Avant l'ordonnance du 10 février 2016, qui a pris position, un problème se posait en cas de silence. Quelle est la *valeur du silence* ? Constitue-t-il une manifestation tacite de la volonté ? La question était discutée, mais la doctrine et la jurisprudence s'entendaient quand même pour refuser en principe au silence la valeur d'un consentement.

Toutefois, le silence pouvait valoir expression du consentement dans quelques cas exceptionnels : d'abord quand la loi l'a prévu, en matière de reconduction ou de modification de certains contrats déjà conclus (baux, assurances) ; ensuite, dans les cas où les usages commerciaux ou les relations d'affaires préexistants entre les parties semblent le justifier, ainsi par exemple lorsque l'offrant s'est réservé « d'accepter ou de refuser dans la quinzaine de celle-ci, la levée d'option et qu'il a laissé passer plus d'un mois sans réagir »[1] (arrêt à lire).

Il en est de même pour les contrats conclus avec une période d'essai où le silence observé par le contractant bénéficiaire de l'essai, à la fin de cette période, sur le sort du contrat, rend celui-ci parfait[2]. Enfin, dans des cas dits de « silence éloquent » où l'offre est dans l'intérêt exclusif de celui à qui elle est faite, il n'a aucune raison

---

1. Civ. 1re, 12 janv. 1988, *Bull. civ.* I, n° 8, p. 6 ; *RTD civ.* 1988. J. 520, obs. J. Mestre.
2. Civ. 1re, 13 oct. 1998, *Bull. civ.* I, n° 304 ; *RTD civ.* 1999. 376, obs. J. Mestre.

de refuser et on considère que le silence vaut accord (cas des remises de loyers, des conventions d'assistance au profit d'un blessé, etc.)[1].

La Cour de cassation se réservait jusqu'ici le droit d'ajouter de nouvelles exceptions à ce principe qu'elle continue à affirmer en tant que tel, tout en retenant que les circonstances permettent parfois de donner au silence la signification d'une acceptation[2].

1023. L'actuel article 1120 issu de l'ordonnance du 10 février 2016, suivant en cela *l'avant-projet Catala* confirme ces solutions. Il consacre en effet le principe selon lequel « le silence ne vaut pas acceptation », tout en conservant les exceptions classiques, tirées de « la loi, des usages, des relations d'affaires ou de circonstances particulières ».

§ 3. Les rapports entre la volonté réelle et la volonté exprimée

1024. Il arrive parfois qu'il y ait une divergence entre la volonté réelle et la volonté exprimée et la question se pose alors de savoir laquelle donne naissance au contrat. La doctrine allemande tient compte de la *volonté déclarée*, c'est la doctrine de la déclaration de volonté, alors que la doctrine française préfère se référer à la volonté réelle, plus conforme à la doctrine de l'autonomie de la volonté et rechercher ce que le contractant a voulu véritablement, dans son for interne. L'ordonnance confirme cette importance de la volonté interne, mais pas directement au stade de la conclusion du contrat ; seulement lorsqu'il s'agit de lui donner effet, en consacrant diverses solutions qui révèlent la préférence toujours donnée à l'intention des parties plutôt qu'à un écrit qui pourrait être contraire, tout au moins dans les rapports entre ces parties, ainsi par exemple, en admettant la simulation et en donnant effet, entre les parties, à l'acte occulte qui correspond à leur vraie volonté et non à l'acte apparent (art. 1201) (v. ss 1438 s.) ; ou encore, au titre des règles d'interprétation du contrat, en demandant au juge de rechercher la commune intention des parties plutôt que de s'arrêter au sens littéral des termes du contrat (art. 1188) (v. ss 1622).

Toutefois, de même que la doctrine allemande ne peut complètement repousser la volonté interne, en droit français on doit parfois tenir compte de la volonté apparente, telle qu'elle est exprimée. S'agissant par exemple de l'interprétation du contrat, elle est exclue en cas de clauses claires et précises. L'écrit clair et dépourvu d'ambiguïté ne pourra donc pas être interprété à l'aune de la volonté réelle. D'autre part, la preuve de l'intention réelle ne pourra pas toujours être faite, notamment lorsque l'acte contesté a été constaté par écrit ; on ne peut prouver une discordance entre volontés réelle et exprimée que par un autre écrit, selon l'article 1359, alinéa 2 (ancien art. 1341).

---

1. Civ. 1re, 1er déc. 1969, *JCP* 1970. II. 16445, note J.-L. Aubert.

2. Civ. 1re, 24 mai 2005, *Bull. civ.* I, n° 223, *JCP* 2005. I. 194, chron. C. Pérès-Dourdou ; *RTD civ.* 2005. 588, obs. J. Mestre et B. Fages ; *D.* 2006. 1025, note A. Bensamoun ; Civ. 1re, 28 févr. 2008, *RDC* 2008. 709, obs. T. Genicon. Pour une application plus ambiguë car la Cour de cassation retient que le silence valait acceptation, alors qu'en réalité, il y avait plutôt une acceptation tacite établie par un commencement d'exécution d'un contrat, dans le cadre d'une reconduction de celui-ci : Civ. 1re, 4 juin 2009, pourvoi n° 08-14481, *D.* 2009. 2137, note F. Labarthe ; *RDC* 2009. 1331, note T. Genicon ; *D.* 2009. 1684, obs. I. Gallmeister ; *RTD civ.* 2009. 530, obs. B. Fages. Pour une appréciation très compréhensive du silence valant acceptation : Com. 18 janv. 2011, n° 09 69.831 ; *Sté Clinique la Bastide, Rev. sociétés* 2011. 717, note F. Pasqualini ; *RDC* 2011. 789, obs. Y.-M. Laithier ; BJS 2011, n° 6, p. 50, note G. Helleringer ; *D.* 2012, panorama de droit des contrats 459 ; *CCC* 2011, comm. 88, obs. L. Leveneur.

Section 2

Le schéma simple de l'accord des volontés : la rencontre d'une offre et d'une acceptation

1025. C'est l'accord des volontés qui va marquer le moment de la conclusion du contrat. Ce concours des volontés se produit concrètement lors de la rencontre de deux éléments : une offre et une acceptation.

Le Code civil n'avait rien dit de cette rencontre des volontés. Il ne définissait pas l'offre ni l'acceptation et n'y faisait même pas référence. C'est donc à la jurisprudence que l'on doit toute la construction autour de la rencontre de l'offre et de l'acceptation que l'ordonnance du 10 février 2016 a très largement codifiée dans la sous-section 2 du chapitre sur la formation du contrat, qui est consacrée à l'offre et l'acceptation.

1026. Les articles 1113 à 1122 issus de l'ordonnance contiennent des développements spécifiquement consacrés à cette rencontre des volontés, matérialisée dans une offre et une acceptation, qui forme le contrat. Ils définissent l'offre et l'acceptation en donnant une assise légale aux solutions dégagées par la jurisprudence. Ils fournissent des solutions nettes aux questions qui restaient discutées ou controversées, comme la question de la valeur juridique de l'offre et prévoient des solutions particulières lorsque les parties se réfèrent à des conditions générales, concernant les contrats d'adhésion (§ 1). La question, importante, du moment et du lieu de la rencontre des volontés est également clarifiée, dans l'hypothèse où les contractants ne sont pas en présence l'un de l'autre (§ 2). Les articles 1125 à 1127-6 concernent le cas particulier de la conclusion des contrats électroniques, sans apporter ici d'élément véritablement novateur (§ 3). Il faudra enfin envisager les effets de la rencontre de l'offre et de l'acceptation (§ 4).

1027. La loi de ratification du 20 avril 2018 n'a apporté, concernant l'ensemble de ces dispositions, qu'une seule modification [1], notable cependant : elle concerne le sort de l'offre en cas de décès du destinataire (v. ss 1045).

§ 1. L'offre et l'acceptation : manifestations de la volonté de s'engager

1028. Selon l'article 1113 : « le contrat est formé par la rencontre d'une offre et d'une acceptation par lesquelles les parties manifestent leur volonté de s'engager ». Cette volonté peut résulter d'une déclaration ou d'un comportement non équivoque de son auteur ». La solution n'est pas nouvelle, mais elle est posée pour la première fois dans les textes, et comme on l'a vu précédemment (v. ss 1018 s.) en étudiant la notion de consentement et la question de l'extériorisation de la volonté de s'engager, l'ordonnance confirme la possibilité d'une manifestation seulement tacite de s'engager, conformément au principe du consensualisme, lui-même relié à la liberté contractuelle, qui n'impose aucune forme particulière pour la formation du contrat.

---

1. Sur cette loi et les modifications apportées ainsi que les conditions d'application dans le temps, v. ss 101 s.

A. L'offre

1029. Les articles 1114 à 1417 concernent l'offre. Ils en donnent la définition et les conditions ; ils règlent la question de sa rétractation et celle de la sanction d'une rétractation abusive, mettant ainsi fin à une difficulté récurrente en jurisprudence ; de même, ils tranchent la difficulté liée à l'hypothèse du décès ou de l'incapacité de l'offrant avant l'acceptation de l'offre.

1) Définition et caractères

► ***L'offre ou pollicitation*** est une proposition de contracter. L'article 1114 la définit de la façon suivante : « l'offre, faite à personne déterminée ou indéterminée, comprend les éléments essentiels du contrat envisagé et exprime la volonté de son auteur d'être lié en cas d'acceptation. À défaut, il y a seulement invitation à entrer en négociation ».

1030. Si cette définition ne reprend pas trait pour trait tous les caractères classiquement exigés par la jurisprudence, d'une offre, ferme, non équivoque, précise et complète, il reste que pour exprimer la volonté de son auteur d'être lié en cas d'acceptation, il faut sans doute, qu'elle présente tous ces caractères.

1031. Conformément aux solutions dégagées par la jurisprudence, l'offre peut être faite à une personne déterminée ou indéterminée. Dans le second cas, on parle aussi d'offre faite au public, qui engage à l'égard du premier acceptant.

1032. Elle peut être expresse, « résulter d'une déclaration », selon l'article 1113, alinéa 2, ou tacite, « résulter d'un comportement non équivoque de son auteur », toujours selon l'article 1113, alinéa 2.

1033. En toute hypothèse, et l'article 1114 l'indique expressément, l'offre doit contenir les éléments essentiels du contrat de telle manière que l'acceptation puisse suffire ensuite à former le contrat [1]. À cet égard, si un contrat comporte des éléments objectivement essentiels, par exemple dans le contrat de vente, la détermination de la chose vendue et son prix, la jurisprudence admet que les parties peuvent aussi faire d'éléments ordinairement accessoires, des éléments essentiels (subjectivement essentiels), auxquels leur consentement au contrat est subordonné, par exemple le délai de livraison. Il faudra alors l'établir spécialement [2].

2) Valeur juridique de l'offre

1034. Bien qu'elle exprime la volonté de l'auteur de s'engager dans un contrat, on considérait généralement, jusqu'à l'ordonnance du 10 février 2016, que tant qu'elle

---

1. Il suffit que l'offre comporte les seuls éléments essentiels à la réalisation de l'objet du contrat. La Cour de cassation censure une décision qui avait exigé d'une offre de bail qu'elle comporte non seulement les précisions relatives à la chose et au prix mais aussi la date de prise d'effet du bail, alors que ce dernier élément n'était pas un élément essentiel : Civ. 3e, 28 oct. 2009, n° 08-20.224 : *JCP* 2009, n° 51.574, obs. G. Loiseau.

2. Civ. 3e, 2 mai 1978, *D.* 1979. 317, M. Schmidt-Szalevski et *JCP* 1980. II. 19465, M. Fieschi-Vivet.

n'était pas acceptée, et parce qu'elle n'était pas analysée comme un engagement unilatéral de volonté, l'offre ne liait pas le pollicitant qui pouvait donc toujours la révoquer, à moins qu'il n'ait fixé un délai d'acceptation, auquel cas il ne pouvait la retirer qu'après l'expiration de ce délai. La valeur juridique de l'offre, ou tout au moins sa valeur obligatoire était donc contestée. Par ailleurs, dans le cas d'une offre avec délai, la question se posait de la sanction de la rétractation de l'offre, toujours liée à celle de la valeur juridique de l'offre. Pouvait-elle aboutir à la formation du contrat ? La jurisprudence n'était pas parvenue à des solutions parfaitement claires sur cette question. L'avant-projet *Catala* proposait, pour sa part, de définir l'offre comme « ... *un acte unilatéral* déterminant les éléments essentiels du contrat, que son auteur propose à personne déterminée ou indéterminée, et par lequel il exprime sa volonté d'être lié en cas d'acceptation » (art. 1105-1) ; il en tirait la conséquence de la force obligatoire de l'offre assortie d'un délai d'acceptation, si bien qu'en cas de rétractation pendant le délai, la réalisation forcée du contrat pouvait être exigée. L'ordonnance a écarté l'analyse de l'offre en un acte unilatéral et la réalisation forcée du contrat n'est donc pas l'option qui a été retenue.

1035. La question de la valeur juridique de l'offre et de son éventuelle force obligatoire se dédouble en réalité, selon qu'il s'agit de savoir d'une part si l'offrant peut ou non rétracter librement son offre et d'autre part, comment doit être sanctionnée une rétractation abusive. Par ailleurs, il faut distinguer la question de la rétractation de l'offre de l'hypothèse du décès ou de l'incapacité de l'offrant. Sur l'ensemble de ces questions, l'ordonnance du 10 février 2016 est venue apporter des réponses nettes, supprimant les hésitations jurisprudentielles antérieures.

a) Question de la rétractation de l'offre : un principe de libre rétractation très limité

1036. Faute de texte en la matière, la jurisprudence avait posé le *principe de libre révocation de l'offre*, refusant ainsi l'analyse de l'offre en un engagement unilatéral de volonté qui engagerait son auteur et ferait naître une obligation de conclure le contrat proposé en cas d'acceptation de l'offre.

1037. Cependant, en même temps, elle avait très largement amendé ce principe, de telle sorte que l'on pouvait se demander dans quelle mesure elle ne consacrait pas, en réalité, un principe de force obligatoire de l'offre. Elle considérait, en effet, d'une part que le principe de libre rétractation s'effaçait lorsque l'offrant avait prévu un délai « explicite ou implicite d'acceptation » et d'autre part, que toute offre contenait tacitement un délai raisonnable d'acceptation, variable selon le contrat considéré ou les usages de la profession et pendant lequel l'offrant était obligé de maintenir son offre.

La solution posée dès 1958 dans un arrêt de principe (v. arrêt *Isler et Puy c/ Chastan*, à commenter en fin de chapitre) a été réaffirmée ensuite régulièrement par la Cour de cassation et, dans un arrêt de principe du 20 mai 2009, elle a par ailleurs *imposé* aux juges du fond de « rechercher si l'acceptation était intervenue dans le délai raisonnable nécessairement contenu dans toute offre de vente non assortie d'un délai précis [1] ».

---

1. Civ. 3e, 20 mai 2009, pourvoi n° 08-13230, *RDC* 2009. 1325, note Y.-M. Laithier ; *CCC* 2009, comm. 214, note L. Leveneur ; *RTD civ.* n° 3, 2009. 524, obs. B. Fages.

La formule est donc très claire, posant l'existence d'un délai raisonnable dans toutes les offres de vente, sans aucune restriction.

1038. L'ordonnance du 10 février 2016 est venue confirmer cet amenuisement du principe de libre rétractation et même réduire encore davantage sa portée : il ne s'exprime plus, en effet, que dans une limite temporelle très étroite, l'article 1115 indiquant que « l'offre peut être librement rétractée tant qu'elle n'est pas parvenue à son destinataire ». Une fois qu'elle est parvenue à son destinataire, « elle ne peut être rétractée avant l'expiration du délai fixé par son auteur ou, à défaut, l'issue d'un délai raisonnable ».

Toute offre est donc désormais assortie d'un *délai, soit un délai fixé par l'offrant, soit à défaut, un délai raisonnable,* ce qui prive, en toute hypothèse, l'offrant de la possibilité de rétracter l'offre avant l'expiration du délai.

La détermination de la durée de ce délai raisonnable, auquel faisait déjà référence la jurisprudence antérieure, relève comme auparavant, en l'absence d'autre précision fournie par les textes, de la jurisprudence. Or cette question a pu soulever des difficultés : la Cour de cassation a ainsi approuvé une cour d'appel qui, ayant constaté que l'offre de vente d'un immeuble mentionnait seulement « réponse immédiate souhaitée », a estimé que l'offre avait été faite sans stipulation de terme et que, compte tenu de la nature du bien : un immeuble et de la qualité de l'acquéreur : une personne morale tenue de consulter son conseil d'administration pour obtenir le consentement à l'acquisition, le délai de cinq semaines dans lequel était intervenu le consentement de la société n'était pas déraisonnable[1]. Dans l'arrêt précité du 20 mai 2009, l'acceptation, dont la cour d'appel aurait dû rechercher si elle était intervenue dans un délai raisonnable, avait été donnée au bout de cinq ans... Il faut en réalité, au cas par cas, trouver le juste équilibre entre la protection du destinataire de l'offre, qui doit disposer d'un délai suffisant pour prendre connaissance de l'offre et réfléchir correctement et la protection de l'offrant qui ne doit pas se trouver lié par une offre pendant un délai anormalement long. Les éléments de décision peuvent tenir au contenu de l'offre (en cas de volonté exprimée d'aller vite par exemple, ou si le contrat concerne un bien périssable, de nature mobilière ou immobilière) ; ils peuvent aussi tenir à des éléments extérieurs, tels que les usages ou les pratiques entre les parties déjà en relations d'affaires.

b) Question de la sanction de la rétractation abusive de l'offre : l'exclusion de la conclusion forcée du contrat

1039. Si l'offrant n'a pas la possibilité de rétracter l'offre avant l'expiration du délai express ou du délai raisonnable d'acceptation, quelle est alors la sanction d'une rétractation intervenue pendant ce délai ? L'ordonnance a également pris clairement position sur cette question discutée. Fallait-il en effet sanctionner la rétractation de l'offre par la réalisation forcée du contrat ? Ou bien seulement admettre la responsabilité extracontractuelle de l'offrant et sa condamnation au paiement de dommages et intérêts ? Admettre la formation du contrat en dépit de la rétractation de l'offre aurait consacré implicitement l'analyse de l'offre en un engagement unilatéral de volonté et sa force obligatoire. Pourtant, malgré des hésitations jurisprudentielles, c'est vers cette solution

---

1. Civ. 3e, 25 mai 2005, *Juris-Data* no 2005-19.411, *JCP* 2005 I. 172, chron. P. Grosser ; *LPA* 31 janv. 2006, p. 13, 1re esp., note R. Martin.

que semblait se diriger la Cour de cassation, avant la réforme. Dans, l'arrêt précité du 20 mai 2009 (v. ss 1037), elle l'admettait implicitement. Elle reprochait certes, à la cour d'appel d'avoir admis la réalisation forcée de la vente mais seulement parce que celle-ci n'avait pas recherché si l'acceptation était intervenue dans un délai raisonnable (cinq ans en l'occurrence). À supposer que le délai d'acceptation ait été raisonnable, il semble donc que la cour d'appel aurait pu prononcer la réalisation forcée de la vente en dépit de la rétractation de l'offre. Déjà, dans une décision précédente du 7 mai 2008, la troisième chambre civile semblait s'engager dans cette direction en précisant que la rétractation de l'offre avec délai (en l'occurrence il y avait un délai expressément fixé) était privée de toute efficacité. L'arrêt étant rendu par ailleurs au visa lors l'article 1134, relatif à la force obligatoire du contrat, la Cour de cassation laissait ainsi à penser, quoiqu'elle n'ait pas directement répondu sur ce point, qu'elle admettait la formation du contrat par l'effet de l'acceptation, compte tenu de l'inefficacité du retrait de l'offre[1]. On relèvera que cette solution aurait cependant été en contradiction avec celle retenue dans le cas du retrait par le promettant d'une promesse unilatérale de vente, sanctionné seulement par des dommages et intérêts et non par la formation du contrat, alors que la force obligatoire d'une promesse est bien moins contestable que celle de l'offre. Toutefois, sur cette question également, la troisième chambre civile était en train d'évoluer, puisqu'une décision du 28 novembre 2011 avait modifié la solution traditionnelle et admis la formation du contrat, conformément à la solution retenue par l'ordonnance sur cette question de sanction de la violation d'une promesse (v. ss 1099, et les références de la décision).

1040. L'article 1116, alinéa 2, issu de l'ordonnance coupe court à cette évolution jurisprudentielle dans le sens de la réalisation forcée du contrat. Il dispose que « la rétractation de l'offre en violation de cette interdiction [de la rétracter avant l'expiration du délai] empêche la conclusion du contrat », et l'alinéa 3 ajoute : « elle engage la responsabilité extracontractuelle de son auteur dans les conditions du droit commun, sans l'obliger à compenser la perte des avantages attendus du contrat ».

L'affaire est donc entendue. L'ordonnance a repoussé l'analyse de l'offre en un engagement unilatéral de volonté, prenant en compte cette idée, soutenue par les milieux économiques, qu'il serait totalement contreproductif d'obliger une personne à exécuter un contrat dont elle ne veut pas.

L'étendue du dommage réparable est par ailleurs limitée, la même limitation étant posée, au demeurant, dans le cas de la sanction de la faute commise dans les négociations précontractuelles, conformément à la position de la Cour de cassation (v. ss 1079).

c) Le sort de l'offre à l'expiration du délai d'acceptation

1041. Concernant la question du sort de l'offre à l'expiration du délai fixé par son auteur ou du délai raisonnable, il est également fixé par l'article 1117 : l'offre est caduque. Elle tombe et son auteur est donc libéré.

---

1. Civ. 3e, 7 mai 2008, n° 07-11. 690, *D.* 2008. AJ 1480, obs. G. Forest ; *RTD civ.* 2008. 474, obs. B. Fages ; *JCP* 2008. I. 179, n° 1 s., obs. Y.-M. Serinet ; *D.* 2008. Pan. 2969, obs. S. Amrani-Mekki.

d) Question de l'incapacité ou de décès de l'offrant avant l'acceptation : la caducité de l'offre

1042. Là encore, la question était discutée et la jurisprudence n'était pas des plus claires, oscillant entre la solution de la caducité de l'offre quand l'offrant meurt ou est frappé d'incapacité avant l'acceptation et celle de son maintien.

1043. Un arrêt contesté de la troisième chambre civile [1] avait refusé de considérer une offre de vente comme caduque au décès de l'offrant, mais la troisième chambre civile était revenue sur sa position et avait opté clairement pour la caducité de l'offre au décès de son auteur [2]. Toutefois, un nouvel arrêt avait ensuite été analysé comme un nouveau revirement : il précisait que la stipulation d'un délai d'acceptation de l'offre par le pollicitant l'obligeait à la maintenir pendant ce délai : elle survivait donc au décès de son auteur et passait à la charge de ses héritiers. Il est à noter que l'arrêt était rendu au visa de l'article 1134 et considérait donc cette obligation de maintenir l'offre comme analogue à celle résultant d'un contrat [3]. Toutefois l'arrêt restait ambigu dans la mesure où l'on se trouvait dans le cas particulier où l'offre avait été assortie d'un délai express par l'offrant. Le doute demeurait donc.

1044. L'ordonnance a tranché là encore en faveur de la caducité de l'offre (art. 1117, al. 2).

e) Question de la caducité de l'offre en cas de décès du destinataire

1045. Cette question n'avait pas du tout été abordée par l'ordonnance de 2016. Pour autant, à l'occasion de la loi de ratification du 20 avril 2018, l'indication que l'offre est caduque en cas de décès du destinataire (comme en cas de décès de l'offrant donc) a été ajoutée à l'article 1117, alinéa 2. La modification peut être critiquée [4], car dès lors que l'offrant est toujours vivant, rien ne s'oppose, juridiquement tout au moins, au maintien de l'offre en faveur des héritiers (sauf s'il s'agit d'un contrat *intuitu-personae*). La solution ne s'imposait donc nullement. La modification, jugée substantielle, est applicable seulement à compter du 1er octobre 2018 [5].

B. L'acceptation

1) Définition et caractères de l'acceptation

1046. L'acceptation est la réponse à l'offre, elle doit donc concorder avec elle pour que le contrat puisse être formé. C'est ce qu'indique en substance, l'article 1118,

---

1. Civ. 3e, 9 nov. 1983, *Bull. civ.* III, n° 222, *Defrénois* 1984, art. 33368, n° 78, obs. J.-L. Aubert.

2. Civ. 3e, 10 mai 1989, *Bull. civ.* III, n° 109 et *RTD civ.* 1990. 70, obs. J. Mestre.

3. Civ. 3e, 10 déc. 1997, *LPA* 1998, n° 140, p. 15, note Y. Dagorne-Labbé.

4. Pour une appréciation très critique, v. M. Mekki, « La loi de ratification de l'ordonnance de 2016… » article préc. *D.* 2018. 907, spéc. n° 27 ; D. Mazeaud, « Quelques mots sur la réforme de la réforme… » article préc., *D.* 2018. 914, spéc. n° 10.

5. Sur l'application dans le temps de la loi de ratification et la distinction entre les modifications substantielles et interprétatives, v. ss 101 s.

consacré à l'acceptation : « L'acceptation est la manifestation de volonté de son auteur d'être lié dans les termes de l'offre » (art. 1118, al. 1er).

– Comme pour l'offre, peu importe la forme de sa manifestation. Elle peut être expresse ou tacite, à condition d'être explicite et non équivoque. On rappellera qu'en principe, le simple silence, non circonstancié ne vaut pas acceptation (sur cette question, v. ss 1022).

– Elle doit être pure et simple. L'article 1118, alinéa 3, indique en effet que « l'acceptation non conforme à l'offre est dépourvue d'effet, sauf à constituer une offre nouvelle » ; ainsi, si elle est assortie de réserves, le contrat ne se forme pas encore, il s'agit seulement de pourparlers dont le déroulement et la rupture sont libres ou bien d'accords de principe ou partiels, ce qui pose la question de la formation progressive du contrat et de la négociation contractuelle (v. ss 1073 s.). Si elle ne concorde pas exactement avec les termes de l'offre, il s'agit d'une contreproposition, c'est-à-dire que l'acceptant potentiel devient offrant à son tour et cette nouvelle offre devra être acceptée pour former le contrat.

1047. En toute hypothèse, pour que le contrat soit valablement conclu, il faut que les parties se soient mises d'accord sur tous les éléments essentiels du contrat et la Cour de cassation laisse un grand pouvoir d'appréciation aux juges du fond pour déterminer si l'accord est bien intervenu sur tous les éléments considérés par chaque partie comme essentiels et « constitutifs du consentement » ; par exemple, un désaccord sur des modalités ordinairement considérées comme accessoires comme la date du paiement du solde du prix peut empêcher la formation du contrat parce que cet élément avait clairement été élevé par les parties au rang d'élément essentiel du contrat, constitutif du consentement[1] (v. ss 1033).

2) Rétractation de l'acceptation

1048. En vertu du principe consensualiste, dès que l'acceptation rencontre l'offre, le contrat est formé. L'acceptant ne devrait donc pas pouvoir revenir sur son acceptation. Toutefois, l'article 1118, alinéa 2, dispose que « tant que l'acceptation n'est pas parvenue à l'offrant, elle peut être librement rétractée, pourvu que la rétractation parvienne à l'offrant avant l'acceptation ». La solution est en miroir de celle posée par l'article 1115 qui prévoit que l'offre peut être librement rétractée tant qu'elle n'est pas parvenue à son destinataire. La marge de manœuvre est donc très limitée et, par ailleurs un problème de preuve pourra se poser si l'offrant soutient (de mauvaise foi) avoir reçu l'acceptation avant la rétractation.

1049. L'ordonnance consacre ici, concernant le moment de la rencontre de l'offre et de l'acceptation, le système dit de la « réception » : ce n'est pas le moment auquel la volonté est émise qui est pris en compte, mais le moment auquel cette volonté parvient à son destinataire. Cette question du moment mais également du lieu de la rencontre de l'offre et de l'acceptation ne se pose cependant véritablement que dans le cas particulier où les contractants ne sont pas en présence l'un de l'autre (v. ss 1053 s.).

1. Civ. 3e, 2 mai 1978, *D.* 1979. 317, M. Schmidt-Szalevski et *JCP* 1980. II. 19465, M. Fieschi-Vivet.

C. Cas particulier de l'existence de conditions générales

1050. Compte tenu de leur importance pratique, puisqu'elles existent dans la plupart des contrats d'adhésion, même si, selon la nouvelle définition du contrat d'adhésion, tous les contrats d'adhésion ne se caractérisent pas par l'existence de condition générales (v. ss 968), un texte, l'article 1119, a été consacré au cas particulier des conditions générales, pour codifier les solutions jurisprudentielles relatives à cette question. L'ordonnance n'a pas donné de définition des conditions générales, mais elles correspondent, selon la doctrine et la jurisprudence, à des clauses contractuelles types, standardisées et pré rédigées pour un type donné de contrat, qui sont ensuite intégrées dans chaque contrat individuel, lequel est complété, éventuellement, par des conditions particulières. Elles renvoient à la notion de contrat dit « de masse »[1], de la grande distribution. Or, une offre de contrat peut se référer à ces conditions générales sans pour autant les contenir et ne préciser que les conditions particulières.

1051. Pour pallier d'éventuelles difficultés, l'article 1119 indique que les conditions générales invoquées par une partie n'ont effet à l'égard de l'autre que si elles ont été portées à la connaissance de celle-ci et si elle les a acceptées. Mais quelle est précisément la sanction : nullité ou inopposabilité ?

En principe, les conditions générales portent, non pas sur les éléments essentiels à la formation du contrat (par exemple la chose et le prix dans la vente), mais sur des éléments secondaires (objectivement) au regard des conditions de formation du contrat (par exemple, les conditions de livraison, les garanties, les conditions de résolution du contrat ou de résiliation, etc.). C'est pourquoi la jurisprudence a pu considérer que le défaut d'acceptation des conditions générales emportait leur inopposabilité au contractant et non la nullité du contrat[2]. Toutefois, il est possible qu'au sein des conditions générales se trouvent des éléments essentiels à la formation du contrat, tout au moins pour les parties, auquel cas, la sanction peut être la nullité du contrat. C'est ce que la Cour de cassation a admis, à propos d'un contrat de cession de droits d'auteur, à défaut d'accord sur les conditions générales destinées à définir *la portée de cette cession*[3].

1052. Par ailleurs, le texte règle la question des éventuels conflits entre conditions générales et conditions particulières. Ainsi en cas de discordance entre des conditions générales invoquées par l'une et l'autre des parties, le conflit se résout par la neutralisation des clauses incompatibles : elles sont « sans effet » (art. 1119, al. 2). En cas de discordance entre des conditions générales et des conditions particulières, les secondes l'emportent sur les premières (art. 1119, al. 3).

---

1. Il reste quand même à se demander, à l'instar de M. Mekki (*D.* 2018. Pan. 376) à partir de quel nombre il devient possible de parler de contrats de « masse » ? Plus de trois contrats, comme en droit allemand, pourrait constituer une multitude ?

2. Civ. 3e, 20 avr. 2017, n° 16-10.696 ; *RDI* 2017. 307, obs. P. Dessuet ; *RTD civ.* 2017/3. 635, n° 4, obs. H. Barbier ; *JCP E* 2017. 1393, note S. Le Gach-Pech ; *D.* 2018. 376, obs. M. Mekki.

3. Civ. 1re, 4 oct. 2017, n° 16-10.411, *RTD com.* 2017. 906, obs. F. Pollaud-Dulian, *RDC* 2017. 17, note Y.-M. Laithier ; *RTD civ.* 2018. 100, n° 2, obs. H. Barbier.

§ 2. Le moment et le lieu de la rencontre de l'offre et de l'acceptation

1053. Cette question ne soulève aucune difficulté lorsque les contractants sont physiquement en présence l'un de l'autre. Mais elle peut être plus difficile à résoudre lorsque le contrat est conclu à distance. À cet égard, le développement des techniques modernes de communication qui dématérialisent les échanges a renouvelé la question traditionnelle des contrats entre absents. On distinguera la situation générale des contrats entre absents et le cas particulier des contrats conclus par voie électronique, pour lesquels existent des règles spécifiques.

1054. Où et quand se rencontrent précisément l'offre et l'acceptation en cas de contrat passé entre des personnes qui ne sont pas en présence l'une de l'autre et qui communiquent par téléphone, par lettre envoyée par la poste ou acheminée par un service de messagerie privée, par télécopie ? Des questions d'intérêt pratique s'attachent à la solution. En effet, la capacité des contractants, l'application d'une loi nouvelle ou encore la charge des risques en cas de perte de la chose objet du contrat, s'apprécient au jour où s'est formé le contrat. La loi applicable à la forme d'un contrat, si l'un des contractants est étranger, dépend, sauf convention contraire, du lieu de formation du contrat. L'un des intérêts essentiels de la question, qui était de déterminer le tribunal compétent, en cas de litige, par référence au lieu de formation du contrat, a disparu toutefois avec la réforme du Code de procédure civile. En effet, l'article 46 du Code de procédure civile écarte expressément le lieu de formation du contrat des critères de compétence, au profit du lieu de son exécution.

1055. Avant l'ordonnance du 10 février 2016, le Code civil était muet sur cette question. Différentes théories doctrinales avaient été élaborées : certains auteurs estiment le contrat formé au moment et au lieu où l'acceptation a été émise ; c'est la *théorie de la déclaration de volonté*, qui situe le moment de la rencontre de l'offre et de l'acceptation soit au moment même de l'*émission* de la volonté, solution la plus conforme à l'autonomie de la volonté qui s'attache à la volonté réelle plutôt qu'à la volonté déclarée ; soit au moment de l'*expédition* de l'acceptation (moment de l'extériorisation de la volonté). Il est plus facile, en effet, de prouver à quel moment l'acceptation a été expédiée (cachet de la poste) que de prouver le moment où l'acceptant a décidé d'accepter l'offre.

D'autres le situent au jour et au lieu où l'acceptation est parvenue à la connaissance de l'offrant, c'est la *théorie de l'information* ou encore *de la réception* car il est plus facile, là aussi, de prouver le moment où l'acceptation a été reçue (recommandé avec avis de réception par ex.) que celui où l'offrant en a effectivement pris connaissance.

L'avantage de la seconde théorie est qu'elle est plus sûre, l'offre ne peut plus être révoquée, alors qu'elle aurait pu l'être après l'émission de l'acceptation mais avant sa réception. En revanche, l'avantage de la première est d'être plus rapide, c'est pourquoi la jurisprudence admettait généralement la théorie de l'émission.

1056. Concernant les solutions du droit positif, la Cour de cassation reconnaissait jusqu'ici aux juges du fond un pouvoir souverain d'appréciation mais elle avait cependant pris parti pour la théorie de *l'émission matérialisée par l'expédition*, dans un arrêt de la chambre commerciale du 7 janvier 1981[1], tout en affirmant que la solution était seulement supplétive de volonté (« sauf stipulation contraire »). On signalera toutefois une décision de la troisième chambre civile de la Cour de cassation du 16 juin 2011, qui consacrait la théorie de la réception en relevant que « la formation du contrat était subordonnée à la connaissance de l'acceptation de l'offre par le pollicitant et qu'à la date de la notification des offres rectificatives, la réponse du preneur sur les offres initiales n'était pas parvenue au propriétaire ». Il s'agissait cependant d'un arrêt d'espèce, concernant le cas particulier de l'exercice d'un droit de préemption[2].

Dans le commerce international, la question est généralement réglée par des ententes entre organismes professionnels. On notera cependant que la convention de Vienne sur la vente internationale de marchandises consacre le système de *la réception.*

La théorie de la réception et non celle de l'émission est également retenue par *les Principes du droit européen du contrat*, de même qu'elle était proposée par *l'avant-projet Catala* et figurait déjà dans le premier projet gouvernemental de réforme du droit des contrats de 2008.

1057. Assez logiquement, compte tenu des options du droit européen mais aussi de l'objectif de sécurité juridique, l'ordonnance du 10 février 2016 confirme la solution de la réception. L'article 1121 précise que « le contrat est conclu dès que l'acceptation parvient à l'offrant ». Le nouveau texte précise en même temps le lieu où le contrat est réputé conclu : « il est réputé l'être au lieu où l'acceptation est parvenue ».

C'est une solution qui privilégie la sécurité pour l'offrant qui ne peut se trouver engagé sans le savoir. Par ailleurs, de la même façon que l'offrant a un pouvoir de révocation de l'offre tant qu'elle n'est pas parvenue à son destinataire (art. 1115, v. ss 1038) l'acceptant peut rétracter son acceptation tant qu'elle n'est pas parvenue à l'offrant et pourvu que cette rétractation parvienne à l'offrant avant l'acceptation (art. 1118, al. 2).

§ 3. La rencontre de l'offre et de l'acceptation dans le cas particulier des contrats électroniques

1058. En matière de contrat électronique, la loi n° 2004-575 du 21 juin 2004 sur la confiance dans l'économie numérique, était venue poser en la matière des règles particulières (anciens art. 1369-4 à 1369-6) (v. ss 955, à propos des règles de forme). Ces règles ont été reprises, pratiquement à l'identique, aux articles 1125 à 1127-6 issus de l'ordonnance du 10 février 2016, dans une sous-section consacrée aux dispositions propres au contrat conclu par voie électronique.

1059. L'article 1127-1 dispose à titre liminaire que « quiconque propose à titre professionnel, par voie électronique, la fourniture de biens ou la prestation de services, met à disposition les stipulations contractuelles applicables d'une manière qui permette leur conservation et leur reproduction ».

---

1. Com. 7 janv. 1981, *Bull. civ.* IV, n° 14, p. 11, et *RTD civ.* 1981. 849, obs. F. Chabas. Solution déjà posée par Req. 21 mars 1932, *DP* 1933. 1. 65.

2. Civ. 3e, 16 juin 2011, n° 09-72.679, *D.* 2011. 2260, note N. Dissaux ; *D.* 2011. 1016, n° 39, note Y. Sérinet ; *D.* 2012, Pan. droit des contrats, 460.

1060. *L'offre* faite par contrat électronique obéit ensuite à un formalisme assez exigeant. L'article 1127-1, reprenant les dispositions antérieures, indique à cet égard les énonciations que doit contenir l'offre, notamment les différentes étapes à suivre pour conclure le contrat par voie électronique et les moyens techniques permettant au destinataire de l'offre, avant la conclusion du contrat, d'identifier d'éventuelles erreurs commises dans la saisie des données et de les modifier ; mais elle doit aussi préciser les langues proposées pour la conclusion du contrat, au titre desquelles doit figurer la langue française, les modalités d'archivage du contrat et les conditions d'accès au contrat archivé, ainsi que les moyens de consulter par voie électronique les règles professionnelles et commerciales auxquelles l'auteur de l'offre entend, le cas échéant, se soumettre. Toutes ces énonciations étaient déjà exigées par l'ancien article 1369-4, sous réserve de la nécessité, ajoutée par l'ordonnance de 2016 de faire obligatoirement figurer la langue française parmi les langues proposées pour la conclusion du contrat.

1061. Concernant la délicate question de la *rétractation de l'offre*, et alors que les textes antérieurs ne prévoyaient rien, l'article 1127-1 vient préciser que l'auteur d'une offre reste engagé par elle tant qu'elle est accessible par voie électronique.

1062. Enfin, concernant *l'acceptation*, et pour que le contrat soit valablement conclu, le destinataire de l'offre doit avoir eu la possibilité de vérifier le détail de sa commande et son prix total, et de corriger d'éventuelles erreurs, avant de confirmer celle-ci pour exprimer son acceptation (C. civ., art. 1127-2, ancien art. 1369-5). Si l'auteur de l'offre doit encore « accuser réception sans délai injustifié, par voie électronique, de la commande qui lui a été ainsi adressée », il s'agit, sans doute là, d'une simple obligation d'information *a posteriori* et non d'une dernière étape de la formation du contrat : conformément à la règle générale posée par l'article 1121, le contrat est conclu dès que la confirmation de l'acceptation de l'offre parvient à l'offrant. En l'absence de solution contraire prévue pour les contrats électroniques, il faut donc considérer que le contrat est conclu dès ce moment. L'article 1127-2 précise à cet égard que « la commande, la confirmation de l'acceptation de l'offre et l'accusé de réception sont considérés comme reçus lorsque les parties auxquelles ils sont adressés peuvent y avoir accès ».

1063. *La preuve de la formation du contrat électronique* risque également de poser un problème lorsqu'il a été conclu directement sur le site internet de l'offrant. C'est pourquoi, dans les contrats de consommation dont le montant dépasse un seuil fixé par décret, le législateur a prévu dans le Code de la consommation que le « professionnel assure la conservation de l'écrit (...) et en garantit à tout moment l'accès à son cocontractant si celui-ci en fait la demande ». L'article 1127-1 impose aussi pour cette raison à l'auteur d'une offre de contrat électronique d'indiquer dans l'offre les modalités d'archivage du contrat et les conditions d'accès au contrat archivé.

1064. On notera enfin, que selon l'article 1127-3, alinéa 1er (ancien art. 1369-6), ces formalités particulières relatives à la formation du contrat sont écartées non seulement dans les conventions conclues entre professionnels mais également pour les contrats de fourniture de biens ou de prestations de services conclus par des particuliers par échange de courriers électroniques (mails). Dans le cas en effet où le consommateur contracte par courrier électronique, la démarche est volontaire et il ne risque pas d'accepter par inadvertance une offre intempestive. La question de la preuve se trouve par ailleurs réglée puisque l'acceptant peut conserver la trace de l'échange de courriers électroniques.

§ 4. Les effets de la rencontre de l'offre et de l'acceptation

A. Le principe de la formation irrévocable du contrat

1065. En principe, en vertu du principe consensualiste, la rencontre de l'offre et de l'acceptation quelle que soit leur forme, suffit à former le contrat. C'est ce qu'indique expressément l'article 1113 du Code civil. Par ailleurs, en principe, le contrat est formé irrévocablement, sans possibilité de retour en arrière. Le principe de la force obligatoire du contrat s'applique dès la rencontre de l'offre et de l'acceptation. Les parties sont définitivement liées.

Ce principe de la formation irrévocable du contrat comporte cependant deux séries d'exceptions traditionnelles, qui ne sont pas remises en question par l'ordonnance, mais au contraire, confirmées. La première porte atteinte au principe selon le contrat est formé par la seule rencontre de l'offre et de l'acceptation : il s'agit des contrats formalistes. La seconde, plus récente, porte atteinte au principe selon lequel la rencontre de l'offre et de l'acceptation entraîne la formation irrévocable du contrat : elle consiste dans le développement, dans certains contrats, d'une faculté de rétractation postérieure à la rencontre de l'offre et de l'acceptation.

B. L'exception des contrats formalistes

1066. Parfois, la rencontre des volontés ne suffit pas à former le contrat parce qu'une forme ou une formalité particulière est requise. Il en est ainsi dans le cas des contrats solennels et des contrats réels.

– S'agissant des *contrats solennels*, les volontés doivent être exprimées dans une forme particulière, un écrit authentique, en principe, qui est une condition de la validité et donc de la formation du contrat (v. ss 951). Dans ce cas, la rencontre d'une offre et d'une acceptation verbales ou même écrites mais sous-seing privé seulement, ne suffira pas à former le contrat.

– S'agissant des *contrats réels*, on rappellera (v. ss 958) que, là encore, la rencontre des volontés ne suffit pas et que la formation du contrat n'intervient que par l'effet de la remise de la chose objet du contrat (chose prêtée, déposée, donnée).

C. L'exception des contrats comportant une faculté de rétractation

1067. Ici, la rencontre de l'offre et de l'acceptation marque bien le moment de la formation du contrat, mais pas de façon irrévocable. Il s'agit d'une exception frontale au principe de la force obligatoire du contrat qui, dans la théorie classique, postule l'irrévocabilité du contrat régulièrement formé, dès la rencontre des volontés. On notera d'ailleurs que cette exception ne provient pas à l'origine du droit commun du contrat mais du *droit de la consommation*, dont on a déjà souligné la vocation à contredire parfois la théorie générale du contrat au nom de la protection du consommateur (v. ss 987).

1068. L'importance prise par cette faculté de rétractation en droit contemporain a conduit les auteurs de l'ordonnance (suivant en cela l'*avant-projet Catala*) à en rappeler la possibilité dans le cadre du droit commun du contrat. L'actuel article 1122 prévoit en effet que « la loi ou le contrat peuvent prévoir un *délai de réflexion*, qui est le délai avant l'expiration duquel le destinataire de l'offre ne peut manifester son acceptation *ou un délai de rétractation*, qui est le délai avant l'expiration duquel son bénéficiaire peut rétracter son consentement ».

Il ne s'agit donc pas, on le voit, d'une faculté générale de rétractation qui serait offerte à tout contractant pour tout contrat mais d'une exception encadrée, par le contrat lui-même ou par la loi en vue de contribuer à la protection du consentement.

On notera par ailleurs qu'à côté du délai de rétractation, l'article 1122 introduit aussi la possibilité d'un *délai de réflexion* : l'acceptation du contrat ne peut intervenir avant l'expiration d'un certain délai, ce qui doit permettre de donner un consentement réfléchi et éclairé ; mais il ne s'agit pas dans ce cas d'une exception au principe de la formation irrévocable du contrat par la rencontre de l'offre et de l'acceptation. Dans ce cas, en effet, la rencontre de l'offre et de l'acceptation et donc la formation même du contrat sont différées jusqu'à l'expiration du délai.

1069. Concernant *la faculté contractuelle de rétractation*, la possibilité, pour les parties, de prévoir une faculté de rétractation est une solution classique, admise depuis toujours, en vertu du principe de la liberté contractuelle. Il s'agit de la technique des clauses de dédit, qui permettent au cocontractant de renoncer au contrat dans un délai généralement fixé par le contrat et parfois moyennant une indemnité.

1070. Concernant *la faculté légale de rétractation*, elle a d'abord été inscrite en droit de la consommation. Afin de donner au consommateur le temps de la réflexion, le législateur a introduit une faculté de rétractation de sept jours au profit du consommateur dans les contrats de vente passés dans le cadre d'un démarchage à domicile, technique jugée particulièrement agressive et de nature à surprendre le consentement du particulier démarché chez lui. Cette faculté de rétractation de sept jours a été étendue ensuite à tous les contrats de vente et de prestation de service conclus à distance, par téléphone, télé achat, internet y compris s'agissant de services financiers, ainsi que dans les contrats de crédit à la consommation, au bénéfice de l'emprunteur. Concernant le contrat de crédit, la loi du 1er juillet 2010 sur le crédit à la consommation a étendu ce délai de rétractation à quatorze jours calendaires résolus à compter de l'acceptation de l'offre et la dernière loi n° 2014-344 du 17 mars 2014 « relative à la consommation » a généralisé ce délai de quatorze jours à tous les contrats précédemment soumis au délai de sept jours (conclus à distance) ainsi qu'aux contrats conclus hors établissement[1]. Elle est venue préciser également les différents points de départ du délai : le délai part de la conclusion du contrat pour les contrats de prestations de service ; de la réception du bien pour les contrats de vente de biens et de prestation de services incluant la livraison de biens et en cas de commande de plusieurs biens, le délai court à compter de la réception du dernier

---

1. Conformément à la directive communautaire du 23 juin 2011 sur les droits des consommateurs qui a défini le contrat hors établissement comme un contrat conclu entre un professionnel et un consommateur dans un lieu qui n'est pas celui où le professionnel exerce son activité en permanence ou de manière habituelle.

bien (art. L. 121-21). Elle a également précisé que toute clause par laquelle le consommateur abandonne son droit de rétractation est nulle.

1071. Plus récemment, la faculté de rétractation a quitté le champ du droit de la consommation et de la relation contractuelle entre consommateur et professionnel pour s'étendre au-delà. En effet, un délai de rétractation de sept jours a été instauré au profit du particulier acquéreur d'un bien immobilier (même contractant avec un autre particulier), par la loi du 13 décembre 2000 relative à la solidarité et au renouvellement urbain, qui a modifié le régime des transactions immobilières. Ce délai de rétractation a ensuite été porté à dix jours par la Macron du 6 août 2015. Les ventes immobilières font l'objet en principe de deux actes : un acte sous seing privé ou promesse synallagmatique de vente (v. ss 1100 s.) et un acte authentique de vente ensuite, qui n'est pas une condition de validité du contrat mais est destiné à la publication de la vente et à son opposabilité aux tiers (v. ss 957). L'acquéreur non professionnel peut se rétracter dans le délai de dix jours après avoir signé l'acte sous seing privé (CCH, art. L. 271-1). S'il n'est prévu qu'un acte authentique, la loi impose cependant un projet d'acte et un délai impératif de réflexion de dix jours entre ce projet d'acte et la signature de l'acte authentique.

1072. L'analyse du délai de rétractation en une exception au principe de la force obligatoire du contrat et à son irrévocabilité ne fait pas l'unanimité. Pour certains, en effet, dans une seconde approche, le délai de rétractation n'anéantirait pas un contrat valablement formé mais suspendrait la formation du contrat jusqu'à l'expiration de ce délai. La rencontre des consentements ne serait qu'une étape dans la perfection de l'acte. C'est plutôt la première analyse qui est consacrée dans la dernière loi « relative à la consommation » du 17 mars 2014 puisqu'elle précise que « l'exercice du droit de rétractation emporte *résolution* de plein droit du contrat de vente ou de prestation de service ». On notera que c'est également cette approche qu'a semblé vouloir consacrer la Cour de cassation dans une décision du 13 mars 2012, où elle relevait que l'exercice du droit de rétractation avait entraîné *l'anéantissement du contrat*[1]. De même, l'actuel article 1122, en indiquant que le délai de rétractation est le délai à l'expiration duquel son bénéficiaire peut « rétracter son consentement » renvoie aussi à cette analyse en une exception au principe de la force obligatoire du contrat.

Section 3
Le schéma plus complexe de l'accord des volontés : négociation contractuelle et formation progressive du contrat

1073. Le contrat ne se forme pas toujours instantanément par la simple rencontre d'une offre suivie d'une acceptation, comme dans un contrat d'adhésion où la négociation n'est pas possible (v. ss 965 s.). Les parties peuvent entrer en pourparlers et, avant la conclusion du contrat définitif, des contrats préparatoires ou avant-contrats peuvent être passés. Ici encore, dans le silence du Code civil, c'est à la jurisprudence que l'on

1. Civ. 3e, 13 mars 2012, nº 11-12.232, *Juris-Data* nº 2012-004388, *JCP* 2012. 561, chron. Droit des contrats, obs. G. Loiseau.

doit l'analyse des différents mécanismes de formation progressive du contrat, allant de l'entrée en pourparlers jusqu'au contrat définitif en passant par des « avant-contrats » divers : accords de principe, accords partiels, promesses unilatérales ou synallagmatiques de contrat, pacte de préférence.

L'ordonnance du 10 février 2016 s'est préoccupée de cette phase de négociation précontractuelle (ou pourparlers) qui constitue une sous-section 1, entièrement nouvelle (art. 1112 à 1112-2) et également de la question des avant-contrats dans une sous-section 3, également nouvelle (art. 1123 et 1124). Si elle a pour l'essentiel intégré les solutions jurisprudentielles, elle a cependant pris parti de façon nette sur un certain nombre de questions qui restaient discutées ou pas entièrement nettes, notamment concernant les deux avant-contrats qu'elle envisage : pacte de préférence et promesse unilatérale. Elle n'a pas intégré dans les avant-contrats, la promesse synallagmatique, sans doute parce qu'elle équivaut au contrat définitif ni les accords de principe et les accords partiels, dont on dira cependant quelques mots.

De façon générale, l'ordonnance a tenté de réaliser l'équilibre entre le principe de la liberté, qui s'exprime dans la liberté de rompre les négociations, avec le principe de sécurité juridique et de bonne foi, qui implique la sanction d'une rupture fautive des négociations et la conclusion du contrat définitif lorsque l'on s'est engagé dans un avant-contrat.

La loi de ratification du 20 avril 2018 n'a apporté qu'une seule modification concernant ces dispositions. Elle concerne la sanction de la rupture abusive des pourparlers et apporte une précision concernant l'étendue du préjudice réparable (v. ss 1079). Qualifiée d'interprétative de l'ordonnance de 2016, cette modification est applicable dans les mêmes conditions que l'ordonnance, à partir du 1er octobre 2016, aux contrats conclus à partir de cette date [1].

§ 1. La négociation précontractuelle

1074. L'ordonnance encadre la période de négociation précontractuelle et la place sous le double signe de *la liberté* (car les négociateurs doivent être libres d'entrer en pourparlers, de mener des négociations en vue de la conclusion du contrat et de mettre fin à ces négociations librement) et de l'exigence de *bonne foi*, car la négociation contractuelle s'inscrit souvent dans la durée lorsqu'il s'agit de contrats importants et implique des investissements financiers. La bonne foi doit donc jouer son rôle, lors des pourparlers, pour sanctionner celui qui y manque.

1075. Au-delà de la consécration des solutions classiques dégagées par la jurisprudence l'ordonnance a par ailleurs innové, en intégrant au titre de la négociation, l'exigence d'un *devoir général d'information*, d'ordre public, nécessaire à l'équilibre des relations contractuelles et participant du devoir de *bonne foi*. Certes, l'existence d'une obligation précontractuelle d'information avait déjà été dégagée par la jurisprudence, mais elle est désormais généralisée, et ses caractéristiques essentielles ont été fixées (art. 1112-1 et 1112-2). Elles n'ont pas été modifiées par la loi de ratification du 20 avril 2018.

---

1. Sur cette loi et les modifications apportées ainsi que les conditions d'application dans le temps, v. ss 101 s.

A. La liberté des négociations tempérée par l'obligation de bonne foi

1076. ***Le principe,*** réaffirmé par l'ordonnance est celui de la ***liberté des négociations contractuelles,*** fondé sur le principe de liberté contractuelle mais sous réserve du respect de la bonne foi.

1077. L'article 1112 dispose que « l'initiative, le déroulement et la rupture des négociations précontractuelles sont libres ». Il ne faut pas en effet porter atteinte à la liberté contractuelle entendue comme la liberté de contracter, mais aussi de ne pas contracter. Cependant, le texte ajoute : « Ils doivent impérativement satisfaire aux exigences de la bonne foi ».

La formule utilisée rappelle que la bonne foi, érigée en principe général du droit des contrats par l'article 1104, est, au stade précontractuel, un impératif catégorique, d'ordre public. C'est aussi la seule limite à la liberté, et notamment à la liberté de rompre les négociations sans avoir jamais l'obligation de parvenir à la conclusion du contrat.

1078. ***La sanction de la faute dans la rupture.*** La sanction de la faute commise dans l'initiative, le déroulement ou la rupture des pourparlers est également précisée par l'article 1112, alinéa 2 : « en cas de faute commise dans les négociations, la réparation du préjudice qui en résulte ne peut avoir pour objet de compenser la perte des avantages attendus du contrat non conclu ».

La double référence à la faute et au préjudice renvoie à la responsabilité civile. Puisque la seule limite à la liberté est la bonne foi, seule une faute caractérisée par un manquement aux exigences de la bonne foi peut être sanctionnée par une responsabilité de droit commun, fondée sur l'ancien article 1382 du Code civil (devenu art. 1240). Cette responsabilité est logiquement extracontractuelle puisque le contrat n'est pas encore conclu, à moins que les partenaires à la négociation n'aient aménagé contractuellement cette phase de négociation avec un accord de principe, non envisagé par l'ordonnance dans le cadre des avant-contrats, mais auquel fait référence le rapport de présentation de l'ordonnance au président de la République.

On soulignera que cette faute n'est pas seulement une faute commise dans le contexte d'une rupture des pourparlers, même s'il s'agit de la question centrale concernant la phase de négociation. Le texte envisage plus largement la « faute commise dans les négociations » ; elle peut donc concerner le déroulement des négociations[1] et pas seulement la rupture et ainsi, ne pas être nécessairement le fait de l'auteur de la rupture. Le manquement à l'obligation de bonne foi du partenaire peut au contraire conduire l'autre partie à rompre les négociations, légitimement, sans encourir lui-même de sanction.

Concernant la question centrale de la faute dans la rupture des négociations, la jurisprudence antérieure s'appuyait déjà sur le principe de la liberté de rompre les négociations pour n'admettre la sanction qu'en cas de rupture fautive, contraire à la bonne foi. Les solutions peuvent donc être maintenues, sans difficulté[2]. La faute

---

1. Responsabilité d'un dirigeant social qui au cours des pourparlers n'informe pas ses cocontractants associés de l'eixstence de négociations parallèles et manque ainsi à son devoir de loyauté : Com. 17 janv. 2018, n° 16-14.914, *Rev. sociétés* 2018. 446, note J.-F. Barbiéri, *RTD com.* 2018. 715, obs. J. Moury, *D.* 2019. 282, obs. M. Mekki.

2. Par ex : pour une rupture alors que les pourparlers avaient duré un long temps : Civ. 3e, 22 nov. 2018, n° 17-22.773.

peut ainsi consister, par exemple et souvent, dans le fait de rompre brutalement, sans raison valable, des discussions qui ont duré un certain temps. La jurisprudence adopte cependant en la matière une position rigoureuse. En principe, l'absence de motif légitime de rupture n'est pas en soi une faute [1]. À titre d'exemple de rupture fautive, dans une décision du 18 janvier 2011, la chambre commerciale a sanctionné la rupture des pourparlers concernant un projet de cession d'actions, alors qu'une promesse synallagmatique avait été passée et était devenue caduque : « le cédant avait rompu sans raison légitime, brutalement et unilatéralement, les pourparlers avancés qu'il entretenait avec son partenaire qui avait déjà, à sa connaissance, engagé des frais et qu'il avait maintenu volontairement dans une incertitude prolongée en lui laissant croire que l'affaire allait être conclue à son profit ». Il avait donc « manqué aux règles de la bonne foi dans les relations commerciales et engagé sa responsabilité délictuelle » [2].

1079. L'ordonnance a pris également position sur une question discutée entre les juges du fond, ***concernant l'étendue du préjudice réparable***. Elle consacre la position de la Cour de cassation qui exclut du préjudice réparable, les avantages que permettait d'espérer la conclusion du contrat, y compris la perte des gains attendus du contrat, reproduisant ainsi une limite identique à celle posée dans le cas de la sanction de la rétractation abusive d'une offre (v. ss 1040). Seule la perte effectivement subie est prise en considération (perte de temps et frais par exemple) [3] (également, v. ss 2939). La loi de ratification du 20 avril 2018 [4] a apporté une précision supplémentaire au texte originaire en ajoutant à « la perte des avantages attendus du contrats », « la perte de chance ». Cette perte de chance d'obtenir les avantages attendus du contrat n'est donc pas non plus un préjudice réparable. La solution était consacrée par la jurisprudence antérieure mais avait été omise dans le texte originaire.

B. Le devoir précontractuel d'information

1080. L'ordonnance du 10 février 2016 introduit dans le Code civil, dans le cadre des dispositions consacrées à la négociation précontractuelle, un devoir général d'information [5] (art. 1112-1), qui se fonde sur l'exigence générale de bonne foi posée par l'article 1104.

---

1. Tout au moins si les pourparlers n'en sont pas à un stade avancé : Civ. 1re, 20 déc. 2012, n° 11-27340, *RTD civ.* n° 2, 2013. 545, note O. Deshayes. Mais, en ce cas, la Cour de cassation semble vouloir faire peser sur la victime la charge de la preuve de l'absence de motif légitime pour engager la responsabilité : Civ. 3e, 25 oct. 2018, n° 17-24.024, *D.* 2019. 282, obs. M. Mekki.

2. Com. 18 janv. 2011, n° 09-14.617, *RTD civ.* n° 2, 2011. 345, obs. B. Fages.

3. En dernier lieu : Com. 18 sept. 2012, n° 11-19.629, *RTD civ.* n° 4, 2012. 721, obs. B. Fages ; *JCP* oct. 2012, chron. Droit des contrats, p. 1151 obs. G. Loiseau et Civ. 3e, 19 sept. 2012, n° 11-10. 532, *RTD civ.* n° 4, 2012. 721, obs. B. Fages ; *RDC* 2013/1, p. 98, obs. O. Deshayes. Déjà, auparavant : Civ. 3e, 7 janv. 2009, *RDC* 2009. 480, obs. P.-M. Laithier ; *RTD civ.* n° 1, 2009. 113, obs. B. Fages ; Civ. 3e, 28 juin 2006, *JCP* 2006. II. 10130, note O. Deshayes ; *CCC* 2006, n° 223, note L. Leveneur ; *D.* 2006. Pan. 2619, obs. S. Amrani-Mekki, *RDC* 2006. 1069, obs. D. Mazeaud ; *JCP* 2006. 1. 166, n° 6, obs. Ph. Stoffel-Munck ; *RTD civ.* 2006. 754, obs. J. Mestre et B. Fages et *ibid.* 2006. 770, obs. P. Jourdain ; *ibid.* 2009. 113, obs. B. Fages ; v. aussi l'arrêt fondateur : Com. 26 nov. 2003, *Manoukian, GAJC*, t. 2, 12e éd., Dalloz, 2008, n° 142, par F. Terré et Y. Lequette.

4. Sur cette loi, v. ss 101 s.

5. L. Abadie, « Information précontractuelle et conclusion du contrat », in V. Larribau-Terneyre et S. Pellé (dir.), *Quel renouveau pour le droit des contrats. Une réforme entre tradition et modernité*, PUPPA, 2016.

L'existence d'une obligation précontractuelle d'information ou de renseignement, dont le respect est susceptible d'éviter ou de restreindre les vices du consentement, était déjà largement utilisée dans le droit de la consommation. Elle a aussi été développée par la jurisprudence civile qui s'en sert depuis un certain temps pour sanctionner le dol par réticence, vice du consentement entraînant la nullité du contrat (v. ss 1173) mais qui sanctionne aussi de façon autonome, indépendamment d'un vice du consentement, le manquement à cette obligation. Par ailleurs, la directive européenne du 25 octobre 2011 sur les droits des consommateurs, a rendu commune à tous les contrats de vente et de prestation de service conclus entre un professionnel et un consommateur, cette obligation précontractuelle d'information, incontournable, qui se rattache aux obligations modernes de loyauté et de bonne foi et à l'exigence de collaboration et de coopération qui irrigue la matière contractuelle. La loi n° 2014-344 du 17 mars 2014 relative à la consommation a inscrit cette obligation générale dans le Code de la consommation (v. ss 988).

1081. L'ordonnance du 10 février 2016 vient donc prolonger ces solutions et leur donner davantage de prévisibilité en traçant de façon assez précise le cadre de ce devoir d'information, dans l'article 1112-1. Le texte, qui reproduit largement les solutions jurisprudentielles établies, vient en effet non seulement affirmer l'existence d'un devoir général d'information, d'ordre public, mais encore en préciser les conditions, régler la question de la preuve et celle des sanctions. Rien n'est dit cependant sur l'articulation entre le devoir général d'information et la réticence dolosive (c'est-à-dire le fait de ne pas informer le cocontractant sur un élément déterminant de son consentement), qui constitue un vice du consentement susceptible d'entrainer la nullité du contrat, selon l'article 1137. Pourtant la question d'une déconnexion possible entre l'article 1112-1 et l'article 1137 a soulevé des difficultés (sur cette question, v. ss 1084, 1278).

1) L'affirmation d'un devoir général d'information, d'ordre public

1082. L'ordonnance du 10 février 2016 suivant en cela l'avant-projet *Catala* et les propositions *Terré* a ainsi jugé opportun d'introduire dans le Code civil, un devoir d'information précontractuel, de manière autonome, indépendamment du devoir général de bonne foi, bien qu'il s'y rattache directement. Considéré comme un principe essentiel à l'équilibre des relations contractuelles, il est ainsi posé comme un devoir général, concernant tous les contrats et tous les contractants : selon l'article 1112-1, « celle des parties qui connaît une information dont l'importance est déterminante pour le consentement de l'autre doit l'en informer dès lors que, légitimement, cette dernière ignore cette information ou fait confiance à son cocontractant ».

1083. Il est affirmé par ailleurs comme un principe d'ordre public par l'article 1112, alinéa 5 : « les parties ne peuvent ni limiter, ni exclure ce devoir ».

1084. Néanmoins, pour ne pas susciter une insécurité juridique et répondre aux inquiétudes des entreprises (ainsi que le souligne le rapport de présentation de l'ordonnance au président de la République), l'article 1112-1, alinéa 2, indique que ce devoir d'information ne porte pas sur l'estimation de la valeur de la prestation, conformément à la jurisprudence de la Cour de cassation. Cette exclusion d'un devoir d'information concernant la valeur de la prestation a soulevé des interrogations sur l'articulation entre l'article 1112-1, alinéa 2, et l'article 1137 du Code civil, relatif à la réticence dolosive (dissimulation intentionnelle à son cocontractant d'un élément déterminant du consentement de celui-ci, entraînant un vice du consentement et la nullité du contrat). La question se pose, en effet, de savoir si la réticence dolosive pourrait être admise et entraîner la nullité du contrat sans que soit établie, au préalable, l'existence d'une obligation d'information, à laquelle, au demeurant, l'article 1137 ne fait pas référence : ainsi, à supposer même l'inexistence d'un devoir précontractuel d'information, le fait d'avoir effectivement connaissance d'un élément déterminant du consentement (comme la valeur de la prestation et de le dissimuler volontairement à son cocontractant pourrait constituer une réticence dolosive). Le dol serait alors davantage la sanction de la malhonnêteté et de l'intention de tromper que celle du manquement à une obligation d'information (sur cette idée d'un découplage entre le devoir d'information et la réticence dolosive, v. ss 1175, et les références citées). À l'inverse, si l'on considère qu'une obligation d'information est nécessaire pour fonder le dol par réticence, alors, dans la mesure où l'article 1112-1, alinéa 2, exclut une telle obligation concernant la valeur de la prestation, cela signifie que la dissimulation d'une information sur la valeur n'est jamais susceptible de constituer un dol et d'entraîner la nullité du contrat.

Pour mettre fin aux discussions, sans pour autant répondre directement à la question du lien entre le devoir d'information et la réticence dolosive, ***la loi de ratification du 20 avril 2018***, a ajouté un alinéa à l'article 1137, qui exclut effectivement la réticence dolosive en cas de silence gardé sur l'estimation de la valeur de la prestation (v. ss 1175). Cette solution a pu être vigoureusement critiquée[1].

2) Les conditions d'existence du devoir d'information

1085. L'article 1112-1 fait référence à plusieurs conditions : d'une part celle de l'importance déterminante de l'information pour le consentement de l'autre partie ; d'autre part l'ignorance de l'information par l'autre partie, cette ignorance devant par ailleurs être légitime et pouvant tenir aux relations de confiance entre contractants. Cette référence à une ignorance légitime renvoie implicitement au devoir de s'informer qui pèse également, selon la jurisprudence sur les cocontractants.

1086. L'article 1112-1, alinéa 3, précise par ailleurs la notion d'information d'importance déterminante : « ont une importance déterminante les informations qui ont un lien direct et nécessaire avec le contenu du contrat ou la qualité des parties ».

3) La preuve du devoir d'information et du défaut d'information

1087. Cette question est réglée par l'article 1112, alinéa 4, en conformité avec la solution jurisprudentielle : c'est à celui qui prétend qu'une information lui était due de prouver que l'autre partie la lui devait, à charge pour cette partie de prouver qu'elle l'a fournie.

---

1. V. D. Mazeaud, « Quelques mots sur la réforme de la réforme du droit des contrats », *D.* 2018. 912., spéc. n° 13.

4) La sanction du manquement au devoir d'information

1088. L'article 1112, alinéa 5, précise enfin les sanctions du manquement au devoir d'information. Le texte fait référence à la responsabilité civile mais également à la nullité du contrat. Dans la mesure où le devoir d'information est affirmé comme un devoir général et autonome, le manquement à ce devoir engage la responsabilité pour faute du débiteur sur le fondement de l'ancien article 1382 du Code civil, devenu l'article 1240. Il s'agit en effet du manquement à une obligation précontractuelle, qui engage donc la responsabilité extracontractuelle. Il peut donc être sanctionné sur ce fondement de la responsabilité extracontractuelle et conduire à l'attribution de dommages et intérêts sans que le demandeur invoque la nullité du contrat [1]. Mais si le manquement a provoqué un vice du consentement, erreur ou dol, le contrat pourra par ailleurs être annulé (v. ss 1171 s.). L'article 1112-1, alinéa 5, fait donc ici le lien avec les vices du consentement, et en particulier la réticence dolosive consacrée à l'article 1137. La question inverse reste cependant posée, celle de savoir si l'on peut sanctionner une réticence dolosive par la nullité du contrat, sans avoir démontré l'existence d'une obligation précontractuelle d'information, en dehors du cas de l'information sur la valeur de la prestation expressément réglé par la loi de ratification du 20 avril 2017 (sur cette question de l'articulation du devoir d'information et de la réticence dolosive, v. ss 1084, 1175).

5) La sanction du non-respect de la confidentialité des informations obtenues

1089. En l'abordant sous l'angle de la sanction du non-respect de la confidentialité, l'article 1112-2 pose en réalité une obligation de confidentialité qui pèse sur les parties négociatrices, en s'inspirant ainsi des projets d'harmonisation européens. L'information confidentielle reçue au cours des négociations (en vertu du devoir d'information) ne doit pas ensuite être utilisée ou divulguée sans autorisation, sous peine d'engager sa responsabilité dans les conditions du droit commun.

1090. ***En conclusion,*** on soulignera que le champ de ce devoir d'information a été réduit dans la version définitive de l'ordonnance puisque figurait à un moment donné dans le texte la formule selon laquelle le devoir d'information pesait sur « celle des parties qui connaît ou *devait connaître* » une information déterminante ; dans la version finale de l'ordonnance, la connaissance effective est exigée : « celle des parties *qui connaît* une information déterminante ». Par ailleurs la place donnée à ce devoir d'information a également changé. Dans la version de l'ordonnance ouverte à la consultation publique en février 2015, le devoir d'information figurait en effet dans les conditions de validité du contrat, dans la partie consacrée au consentement, ce qui lui conférait une autre finalité, celle d'assurer une protection préventive du consentement (v. ss 1119).

1091. La généralisation de l'obligation (du devoir) d'information et l'importance qui lui est donné puisqu'il s'agit d'un devoir d'ordre public, est en tout cas une marque

---

1. Civ. 3e, 18 déc. 2012, inédit, pourvoi n° 11-195502, *Légifrance* ; Civ. 1re, 28 mai 2008, pourvoi n° 07-13.487, *RTD civ.* n° 4, 2008. 476, obs. B. Fages : pour la dissimulation d'un projet de construction dissimulant la vue depuis l'appartement objet du contrat alors que l'acquéreur ne demandait pas la nullité mais la réduction du prix et des dommages et intérêts.

désormais bien visible de cette exigence de loyauté et de bonne foi dont témoigne aujourd'hui l'évolution du droit du contrat (v. ss 886 s., 906) ; elle se rattache au devoir de collaboration que l'on tend aujourd'hui à imposer aux cocontractants l'un envers l'autre, dans l'intérêt de tous. On retrouvera cette obligation dans le cadre de l'étude des vices du consentement, qu'il s'agisse de l'erreur ou du dol.

§ 2. Les avant-contrats ou contrats préparatoires

1092. Jusqu'à l'ordonnance du 10 février 2016, le Code civil ne comportait que très peu de dispositions consacrées aux contrats préparatoires. Pour mettre fin aux hésitations jurisprudentielles, sur des questions importantes en pratique et fréquentes, comme celle des conséquences de la révocation d'une promesse de contrat, des dispositions ont été introduites concernant spécifiquement deux avant-contrats, parce qu'ils soulevaient justement des difficultés, la promesse unilatérale de vente et le pacte de préférence, dans les articles 1123 et 1124, dispositions qui n'ont pas été touchées par la loi de ratification du 20 avril 2018 [1]. Cependant d'autres contrats préparatoires sont possibles : ainsi en est-il des contrats qui donnent une base contractuelle à la poursuite des négociations et font naître une obligation contractuelle de négocier : accords de principe et accords partiels. Ils relèvent de la liberté contractuelle et n'ont pas été codifiés ; mais également des promesses synallagmatiques de contrats, qui équivalent en réalité au contrat définitif et qui, pour cette raison sans doute, n'ont pas non plus été envisagées au titre des contrats préparatoires.

A. Les accords organisant l'obligation de poursuivre les négociations : accords de principe et les accords partiels

1) Les accords de principe

1093. Les pourparlers peuvent acquérir davantage de force contraignante si les parties passent un accord sur le principe d'un contrat car, dans ce cas, elles s'engagent, non pas à conclure le contrat envisagé (obligation de résultat) mais à négocier de bonne foi pour y parvenir (obligation de moyens). L'accord de principe étant un contrat, l'obligation de poursuivre les négociations existe donc et elle est de nature contractuelle. La jurisprudence a eu à se prononcer sur la valeur contractuelle de l'« accord de principe », notamment dans des relations avec des banques à propos de l'octroi de prêts. La Cour de cassation ne reconnaît qu'un effet limité à cet accord de principe qui oblige seulement les parties à négocier, mais elle admet qu'une partie ne peut rompre brutalement et unilatéralement des négociations très avancées sans manquer aux règles de la bonne foi en matière commerciale, ce qui engage sa responsabilité contractuelle [2].

---

1. Sur cette loi, v. ss 101 s.

2. Com. 22 avr. 1997, *D.* 1998. 45, note P. Chauvel ; Com. 2 juill. 2002, *RTD civ.* 2003. 76, obs. J. Mestre et B. Fages ; Paris, première chambre, 7 nov. 2002, inédit, *RTD civ.* 2003. 76, obs. J. Mestre et B. Fages.

2) Les accords partiels

1094. Les parties peuvent aussi, pendant la négociation, se mettre d'accord sur certains points non essentiels du contrat et consigner cet accord dans des accords partiels qui sont aussi des contrats préparatoires, ou avant-contrats. Ils ne seront plus discutables ensuite.

1095. Cependant dès lors qu'au cours de la négociation, les parties se mettent d'accord sur tous les éléments essentiels du contrat, on n'est plus dans le domaine des accords de principe ou des accords partiels mais déjà face au contrat définitif ou, en tout cas, à une promesse de contrat. La négociation entre les parties peut en effet aboutir, au-delà d'un accord de principe ou d'un accord partiel, à une promesse de contrat, synallagmatique ou unilatérale, qui est aussi un avant-contrat, mais qui peut lier davantage par rapport à la conclusion du contrat définitif.

B. Les promesses de contrat

1096. ***La promesse de contrat*** est un accord par lequel une partie (promesse unilatérale) ou les deux parties (promesse synallagmatique), *s'engage(nt) à* passer un contrat définitif à l'expiration d'un certain délai.

À la différence de l'offre, la promesse de contrat, comme l'accord de principe ou l'accord partiel, est un véritable contrat ayant pour objet la conclusion du contrat définitif.

1) La promesse unilatérale

1097. Alors qu'il se voit proposer une offre de contrat, le contractant potentiel ne l'accepte pas immédiatement mais pour s'assurer la possibilité de contracter ultérieurement, il demande à l'autre de lui consentir une « option », c'est-à-dire de lui accorder un délai pour décider de passer ou non le contrat définitif projeté. En cas d'accord, un contrat est formé, le contrat de promesse unilatérale. Si l'option, enfermée dans un délai déterminé, est ensuite levée par le bénéficiaire, le contrat définitif sera conclu. Seul le promettant s'engage, le bénéficiaire reste libre de contracter ou non à l'issue du délai déterminé.

1098. L'article 1124, alinéa 1er, issu de l'ordonnance définit désormais la promesse unilatérale comme « le contrat par lequel une partie, accorde à l'autre, le bénéficiaire, le droit d'opter pour la conclusion d'un contrat dont les éléments essentiels sont déterminés et pour la formation duquel ne manque que le consentement du bénéficiaire ». La promesse unilatérale, contient donc déjà l'offre de contrat définitif.

1099. L'apport essentiel des nouvelles dispositions ne réside cependant pas dans cette définition, qui n'est qu'une confirmation, mais bien dans la solution apportée en cas de révocation de la promesse, qui est celle de la formation du contrat promis (art. 1124, al. 2).

En effet, les caractères d'une telle promesse ont fait depuis longtemps l'objet de discussions doctrinales sur la nature du droit du bénéficiaire. Il ne s'agit pas d'un droit né et actuel, ni d'un droit conditionnel, il s'agit plutôt d'un droit éventuel. Que se passe-t-il alors lorsque le promettant rétracte sa promesse avant l'expiration du délai laissé au bénéficiaire et refuse de passer le contrat définitif malgré la levée de l'option par le bénéficiaire ?

La jurisprudence n'était pas des plus claires sur cette question de la *sanction du non-respect de la promesse unilatérale*. Logiquement, le promettant devrait être obligé de conclure le contrat car la promesse unilatérale de vente contient tous les éléments du contrat définitif y compris le consentement de l'offrant au contrat définitif ; la levée de l'option par le bénéficiaire devrait donc former le contrat. Or la jurisprudence considérait plutôt, jusqu'ici, que si le promettant refusait de passer le contrat définitif, le bénéficiaire ne pouvait obtenir que des dommages et intérêts et non la conclusion du contrat définitif. L'obligation de passer le contrat, né de la promesse, se résolvait donc en dommages et intérêts.

– Par un arrêt remarqué du 15 décembre 1993 (*consorts Cruz*), la troisième chambre civile de la Cour de cassation avait ainsi posé que dans une promesse de vente (unilatérale), l'obligation du promettant constitue simplement une obligation de faire dont l'inexécution se résout en dommages et intérêts et que la levée de l'option postérieure à la rétractation de la promesse par le promettant « excluait toute rencontre des volontés »[1]. Cette décision, bien que vivement critiquée par une partie de la doctrine, n'avait jamais été réellement remise en question depuis.

– La troisième chambre avait certes rendu une nouvelle décision qui à, première lecture, semblait opérer un revirement, puisqu'elle considérait, alors que la promettante invoquait dans son pourvoi la rétractation de sa promesse avant la levée de l'option, que la cour d'appel, dont la décision était frappée de pourvoi, avait pu déduire que la vente était parfaite par la levée de l'option pendant le délai. En réalité, il ne s'agissait pas d'un revirement car la question de la rétractation n'avait pas été soulevée devant la cour d'appel, si bien qu'elle n'avait pas à être sanctionnée pour n'en avoir tenu compte. Il n'était donc pas possible de déduire de cet arrêt que la troisième chambre civile avait modifié sa jurisprudence[2].

– Plusieurs arrêts de la même troisième chambre civile, étaient ensuite venus confirmer, malgré les critiques de la doctrine, qu'il n'y avait pas eu de changement dans sa jurisprudence[3]. Seule une clause expresse contenue dans la promesse peut permettre la réalisation forcée du contrat à titre de sanction. La position a de nouveau été réaffirmée dans une

---

1. Civ. 3e, 15 déc. 1993, *D.* 1994. II. 507, note F. Benac-Schmidt, *D.* 1994. Somm. 230, obs. O. Tournafond ; *JCP* 1995. II. 22366, note D. Mazeaud.

2. Civ. 3e, 26 juin 1996, *RJDA* 7/96, rapport D. Pronier ; *Bull. civ.* III, n° 165 ; *Defrénois* 1996. I, art. 36434, p. 1371 ; *LPA* 30 mai 1997, n° 65, p. 25, note B. Bevière ; *Quot. jur.* 1er sept. 1996, n° 73, p. 6.

3. Dans un arrêt du 25 mars 2009 (Civ. 3e, 25 mars 2009, pourvoi n° 08-12237, *Defrénois* 2009. 1270, obs. R. Lichaber ; *RDC* 2009. 995, obs. P.-Y. Laithier et p. 1089, obs. S. Pimont), alors que la cour d'appel avait ordonné la réalisation forcée de la vente, malgré la rétractation du promettant, la Cour de cassation la censure en lui reprochant de ne pas avoir recherché « si le retrait par le promettant n'avait pas été notifié au bénéficiaire avant que celui-ci ne déclare l'accepter ». Elle admettait donc la possibilité du retrait de la promesse avant la levée de l'option, sans même qu'il soit nécessaire de mettre le bénéficiaire en demeure de lever l'option. Cette décision confirmait que la réalisation forcée de la vente à titre de sanction du retrait restait exclue, à moins, comme l'avait suggéré la troisième chambre civile, elle-même, dans une décision un peu antérieure, que « les parties à la promesse unilatérale aient convenu que le défaut d'exécution par le promettant de son engagement de vendre se résoudrait en nature, par la constatation judiciaire de la vente » (Civ. 3e, 27 mars 2008, *D.* 2008. 2497, note G. Forest ; *RLDC* nov. 2008, n° 3170, p. 10-11. *RDC* 2008. 734, obs. D. Mazeaud ; et *ibid.* 2239, obs. F. Collart Dutilleul, *JCP* 2008. II. 10147, note G. Pillet ; *LPA* 13 oct. 2008, n° 205, p. 13, note A. Lebois ; *RDC* 2009. 143, obs. Ph. Brun).

décision du 11 mai 2011[1], malgré la critique quasi unanime de la doctrine[2]. Cet entêtement de la Cour de cassation interpellait d'autant plus qu'elle tendait à admettre, à l'inverse, que la violation d'un pacte de préférence pouvait être sanctionnée par la formation du contrat (v. ss 1106), et, surtout, qu'en matière d'offre, dont la force obligatoire est plus fragile, elle semblait vouloir admettre aussi la formation du contrat comme sanction du retrait abusif de l'offre (v. ss 1039).

Enfin, une lueur d'espoir était quand même intervenue avec une décision du 28 novembre 2011[3] qui semblait introduire un « discret revirement »[4]. Toutefois, dans le même temps, la chambre commerciale de la Cour de cassation, le 13 septembre 2011[5], avait réaffirmé la solution classique de la troisième chambre civile : « la levée de l'option par le bénéficiaire de la promesse postérieurement à la rétractation du promettant excluant toute rencontre des volontés réciproques de vendre et d'acquérir, la réalisation forcée de la vente ne pouvait être ordonnée ».

1100. L'ordonnance est venue trancher la difficulté. Elle a choisi d'assurer la protection du bénéficiaire de l'exclusivité consentie par le promettant et, à l'encontre de la solution jurisprudentielle, l'article 1124, alinéa 2, sanctionne la révocation de la promesse pendant le temps laissé au bénéficiaire pour opter, par la formation du contrat définitif. Le texte définitif substitue la nullité à l'inopposabilité qui avait été retenue initialement dans le premier projet de 2008. Cette sanction est conforme aux projets européens d'harmonisation. Par ailleurs, l'article 1124, alinéa 3, codifiant sur ce point la jurisprudence, précise que le contrat conclu avec un tiers en violation de la promesse unilatérale avec un tiers de mauvaise foi (« qui en connaissait l'existence »), est nul.

1101. On sait que les dispositions de l'ordonnance s'appliquent seulement aux contrats conclus à partir de son entrée en vigueur, c'est à dire après le 1er octobre 2016[6]. La solution jurisprudentielle antérieure devait donc logiquement continuer à s'appliquer pour les contrats antérieurs. Néanmoins, l'ordonnance de 2016 aurait pu avoir une incidence sur les solutions. En effet, la chambre mixte de la Cour de cassation, dans une décision du 24 février 2016, a initié une méthode (certes contraires aux principes de droit transitoire posés par l'ordonnance et confirmés par la loi de ratification du 20 avril 2018) qui consiste à interpréter le droit ancien à la lumière de l'ordonnance pour faire évoluer les solutions jurisprudentielles antérieures et, en l'occurrence, elle a pu ainsi opérer un important revirement[7] (v. ss 1487). La

---

1. Civ. 3e, 11 mai 2011, n° 10-12.875, *Juris-Data* n° 2011-008034, *D.* 2011. 1457, note D. Mazeaud, 1460, note D. Mainguy et 2679, chron. I. Goanvic ; *RTD civ.* 2011. 532, obs. B. Fages et ; *JCP N* 2011. 1163, n° 20 ; *CCC* 2011, comm. 186, obs. L. Leveneur ; *Defrénois* 2011. 1023, obs. L. Aynès.

2. *Contra,* cependant, défendant cette jurisprudence : D. Mainguy, « L'efficacité de la promesse de contracter », *RTD civ.* 2004. 1.

3. Civ. 3e, 6 sept. 2011, n° 10-20.362, *JCP* 2011. 1316, note L. Perdrix, « Un revirement à petits pas feutrés », *D.* 2012. 2838, note C. Grimaldi.

4. Selon l'expression de L. Perdrix, note préc., *supra.*

5. Com. 13 sept. 2011, n° 10-19.726, arrêt inédit.

6. Sur l'application dans le temps des dispositions de l'ordonnance du 10 février 2016 et de la loi de ratification du 20 avril 2018, v. ss 101 s.

7. Ch. mixte 27 févr. 2017, n° 15-20.411, *D.* 2017. 793, note B. Fauvarque-Cosson, 1149, obs. N. Damas et 2018. 371, obs. M. Mekki ; *AJ contrat* 2017, 175, obs. D. Houtcieff ; *RTD civ.* 2017. 377, obs. H. Barbier : décision rendue à propos de la nature de la nullité sanctionnant l'irrégularité de forme du mandat de l'agent immobilier.

Cour de cassation aurait donc pu faire évoluer sa jurisprudence sur la sanction de la révocation de la promesse unilatérale mais elle a choisi de ne pas le faire : la troisième chambre civile s'est en effet prononcée dans un arrêt du 13 juillet 2017 [1] puis, et surtout, dans un arrêt particulièrement net, du 6 décembre 2018, pour réitérer la solution traditionnelle (jurisprudence *Cruz*) : « la levée de l'option par le bénéficiaire de la promesse unilatérale postérieurement à la rétractation du promettant excluant toute rencontre des volontés réciproques de vendre et d'acquérir, la réalisation forcée de la vente ne peut être ordonnée [2] ». Il est vrai que la sécurité juridique s'oppose sans doute à la modification d'une solution jurisprudentielle établie, au maintien de laquelle les cocontractants ont pu croire légitimement au jour de la conclusion du contrat mais la Cour de cassation, en maintenant sa position traditionnelle a sans doute voulu insister sur son attachement à une solution qu'elle estimait parfaitement justifiée.

Depuis, cependant, elle a refusé de transmettre au Conseil constitutionnel une question prioritaire portant sur la constitutionnalité de l'article 1124, alinéa 1er, du Code civil en considérant qu'elle était dépourvue de caractère sérieux [3], ce qui montre qu'elle s'incline, malgré tout, devant la prise de position du législateur, bien qu'elle aille à l'encontre de son opinion et de celle de certains auteurs [4].

2) La promesse synallagmatique

1102. L'ordonnance ne consacre pas de disposition spécifique à la promesse synallagmatique, visée cependant dans le Code civil à l'article 1589 qui concerne la promesse synallagmatique de vente. Le texte précise que « la promesse de vente vaut vente, lorsqu'il y a consentement réciproque des deux parties sur la chose et sur le prix ». La promesse synallagmatique équivaut donc au contrat définitif. Dans ce cas, en effet, les deux parties s'engagent réciproquement à conclure le contrat. Cette promesse synallagmatique est surtout employée en matière de vente immobilière où elle précède, sous le nom de *compromis*, le contrat de vente (ce terme est d'ailleurs impropre car le compromis concerne une autre notion juridique : la convention par laquelle les parties conviennent de soumettre un litige à l'arbitrage). Outre cette référence à la promesse synallagmatique de vente, dans l'article 1589, le contrat préliminaire dans la vente d'immeubles à construire est également un avant-contrat réglementé par la loi, la loi du 3 janvier 1967 (CCH, art. L. 261-15).

1103. Si les deux parties s'engagent à conclure le contrat définitif, on peut se demander ce qui distingue la promesse synallagmatique de contrat du contrat lui-même et certains auteurs ne considèrent pas la promesse synallagmatique comme un avant-contrat mais comme le contrat lui-même. C'est sans doute pourquoi l'ordonnance n'a pas inscrit la promesse synallagmatique dans les avant-contrats.

---

1. Civ. 3e, 13 juill. 2017, n° 16-17.625, *RDC* 2017/4, p. 619, obs. Ph. Chauviré.

2. Civ. 3e, 6 déc. 2018, n° 17-21.170 et 17-21.171 (FS-D), *X c/ Y*, *Juris-Data* n° 2018-022522 ; *CCC* 2019, comm. 39, obs. L. Leveneur ; *AJ contrat* 2018. 477, obs. G. Chantepie ; *RDC* 2019/1, p. 22, note Y.-M. Laithier.

3. Civ. 3e, 17 oct. 2019, n° 19-40.028 QPC, *D.* 2019. 20371, *RTD civ.* 2019. 851, obs. H. Barbier.

4. V. M. Fabre-Magnan, « De l'inconstitutionnalité de l'exécution forcée des promesses unilatérales de vente », *D.* 2015. 826 ; D. Mainguy, « L'efficacité de la rétractation de la promesse de contracter », *RTD civ.* 2004. 1.

Le système de la promesse synallagmatique de vente, souvent passée par acte sous-seing privé suivi, ensuite, de la vente définitive passée devant notaire, est néanmoins un système très généralement utilisé et qui présente des intérêts certains. Il permet aux parties de concrétiser leur accord sur le contrat définitif, tout en se donnant le temps d'effectuer certaines vérifications, d'obtenir les renseignements d'urbanisme nécessaires et, éventuellement, d'obtenir le prêt destiné à financer l'achat. Des conditions suspensives d'obtention du prêt ou d'absence de servitudes d'urbanisme, insérées dans la promesse, sécurisent par ailleurs le contrat. Le notaire, après la réitération de la vente par acte authentique publie ensuite cet acte à la conservation des hypothèques, ce qui rend la vente opposable aux tiers. On peut noter que la pratique utilise, en matière de vente immobilière ou de cession de droits sociaux, ce que la doctrine a baptisé une « vente latente » ou une « période de transition » ou encore une « période d'attente ». Quel que soit le nom choisi, il s'agit du mécanisme par lequel « les parties retardent, dans la promesse synallagmatique, non pas la formation du contrat, mais la prise d'effet du contrat de vente et, spécialement, le transfert de propriété », ce qui a pour intérêt de retarder aussi le transfert des risques, et cela se traduit généralement par l'introduction dans le contrat d'une « clause de réserve de propriété ». En application de l'article 1589, la vente s'est bien formée dès la conclusion de la promesse synallagmatique, il n'y a pas de retour en arrière possible et seul l'effet translatif du contrat est retardé. Cette situation est à distinguer de celle où les parties ont, au contraire, fait du transfert de propriété un élément essentiel de leur consentement au contrat définitif. En retardant ce transfert de propriété à la signature de l'acte authentique, c'est alors la formation même du contrat de vente que l'on retarde. Cette distinction entre les deux situations a une incidence sur la sanction, en cas de refus par l'une des parties de passer l'acte authentique de vente.

1104. ***En cas de violation de la promesse*** la solution, ici, n'a jamais soulevé de difficultés, contrairement à l'hypothèse de la violation de la promesse unilatérale (v. ss 1099) : puisque la promesse synallagmatique de contrat contient déjà le consentement au contrat définitif, l'exécution forcée en nature du contrat définitif peut être prononcée, à moins que la rétractation n'ait été prévue dans la promesse, avec l'insertion par les parties d'une clause de dédit. Le contractant peut donc obtenir un jugement constatant la réalisation forcée du contrat et, en matière de vente immobilière, ce jugement sera publié à la conservation des hypothèques pour rendre la vente opposable aux tiers. La Cour de cassation admet cette réalisation forcée de la promesse, spécialement en matière de vente immobilière, dès lors qu'il n'est pas établi que « les parties avaient fait de la réitération par acte notarié, un élément constitutif de leur consentement[1] ». Tel n'est pas le cas dans la vente « latente » où ce n'est pas la formation du contrat qui est retardée, mais seulement l'effet principal de la vente, le transfert de propriété (sur la distinction des deux hypothèses, v. ss 1103).

1105. Enfin, on soulignera que la promesse unilatérale de vente est parfois difficile à distinguer d'une promesse synallagmatique[2]. La question s'est ainsi posée de savoir si deux promesses unilatérales croisées pouvaient ou non valoir promesse synallagmatique.

---

1. Civ. 3e, 20 déc. 1994, *JCP* 1995. II. 22491, note C. Larroumet.

2. Pour une comparaison entre promesse unilatérale et promesse synallagmatique, v. C. Larroumet, note sous Civ. 3e, 20 déc. 1994, *JCP* 1995. II. 22491.

La Cour de cassation est prudente sur ce point et, si elle l'a parfois admis[1], la plupart du temps elle rejette la prétention des demandeurs en faisant valoir que les promesses litigieuses étaient soumises « à des conditions différentes » ne permettant pas de les assimiler à une promesse synallagmatique[2]. De même, la question s'est posée de savoir si l'importance de l'indemnité d'immobilisation (presque égale au prix de vente) ne pourrait pas rendre synallagmatique une promesse unilatérale[3].

La cour d'appel de Paris pour sa part, a précisé que l'avant-contrat contenant une clause de substitution (c'est-à-dire une clause par laquelle l'acquéreur se réserve la possibilité de se substituer un autre acquéreur) ne contenant aucun engagement de la part de l'acquéreur et notamment pas celui de régler le prix de vente, ne constitue qu'une simple promesse unilatérale de vente et non un compromis (promesse synallagmatique) de vente[4].

3) Le pacte de préférence

1106. ***Le pacte de préférence*** est désormais défini par l'article 1123 qui lui est consacré, comme « le contrat par lequel une partie s'engage à proposer prioritairement à son bénéficiaire de traiter avec lui pour le cas où elle déciderait de contracter. ». Il crée donc une priorité.

Le pacte de préférence est beaucoup plus contraignant que la promesse unilatérale de vente : il ne s'éteint pas par la prescription et la priorité est maintenue tant que le promettant n'a pas manifesté son intention de vendre ou que le bénéficiaire n'a pas refusé l'offre de vente, à moins que des délais n'aient été prévus. De plus, le promettant a l'obligation de négocier de *bonne foi* avec le bénéficiaire du pacte. La validité d'un pacte n'est pas subordonnée par ailleurs à une prédétermination du prix du contrat envisagé, qui ne sera conclu, ultérieurement, que s'il advient que le promettant en décide ainsi. La stipulation d'un délai n'est pas non plus une condition de validité du pacte de préférence[5]. Ces solutions jurisprudentielles ne sont pas remises en cause par l'ordonnance.

1107. ***En cas de violation du pacte***, l'article 1123, alinéa 2, vient confirmer la solution jurisprudentielle qui avait fini par prévaloir après beaucoup d'hésitations. En

---

1. Com. 16 janv. 1990, *RTD civ.* 1990. 462.

2. Civ. 3e, 26 juin 2002, *Defrénois* 2002. 1231, note É. Savaux ; *RTD civ.* 2003. 77, obs. J. Mestre et B. Fages ; v. aussi Com. 18 juill. 1989, *Bull. mens. Joly* 1989. 82, note C. Bacrot et P. Berger. Il s'agissait d'une série de promesses unilatérales de vente d'actions, juxtaposées à une série de promesses unilatérales d'achat portant sur des parts de SARL, réciproques et échelonnées dans le temps. Pouvait-on dire que cela constituait des promesses synallagmatiques de vente ? La Cour de cassation ne va pas jusque-là et parle seulement d'un engagement synallagmatique car, comme le disent les annotateurs, « chacun est certes, ici, engagé à vendre et à acheter, mais les engagements correspondants étant inclus dans des promesses unilatérales, ceux-ci ne seront mis en œuvre qu'à la condition que le bénéficiaire lève l'option le concernant, l'absence de levée d'option dans les délais convenus rendant les engagements caducs ». Il n'y a pas ici le double engagement définitif, et par lui-même suffisant, caractérisant la promesse synallagmatique.

3. Semblant l'admettre car si l'indemnité est trop importante, elle prive le bénéficiaire de sa liberté d'acheter ou de ne pas acheter : Civ. 3e, 26 sept. 2012, n° 10-23.912, *RTD civ.* n° 4, 2012/4. 723, obs. B. Fages.

4. Paris, 7 sept. 2000, *JCP* 2001. II. 10632.

5. Civ. 1re, 6 juin 2001, *Bull. civ.* I, n° 166 ; *RTD civ.* 2002, n° 1, obs. J. Mestre et B. Fages ; *JCP* 2002. I. 134, obs. F. Labarthe.

effet, jusqu'à une époque récente, le bénéficiaire devait le plus souvent, comme en matière de promesse unilatérale, se contenter de dommages et intérêts. Cependant, dans des décisions qui ont pu être qualifiées de « spectaculaire revirement » la Cour de cassation a décidé qu'il en allait autrement si le bénéficiaire du pacte peut apporter la preuve que « le tiers, de mauvaise foi, connaissait, d'une part, l'existence du pacte de préférence et, d'autre part, l'intention de son bénéficiaire de s'en prévaloir ». Dans ce cas, le bénéficiaire du pacte « est en droit d'exiger l'annulation du contrat passé avec le tiers et d'obtenir sa substitution à l'acquéreur ». La solution initiée par la chambre mixte le 26 mai 2006[1] a ensuite été posée à l'identique par la troisième chambre civile de la Cour de cassation, dans une décision du 14 février 2007[2]. La majorité des auteurs a vu dans cette jurisprudence, une avancée théorique considérable. La troisième chambre civile de la Cour de cassation était venue préciser toutefois, dans une décision du 25 mars 2009, que lorsque le vendeur a, avant la conclusion du contrat définitif, conclu une promesse synallagmatique de vente en violation du pacte, la mauvaise foi s'appréciait au jour de la promesse de vente qui vaut vente et non à celle de sa réitération par acte authentique (sauf, selon la formule consacrée [v. ss 1104], si les parties avaient entendu faire de celle-ci un élément constitutif de leur engagement)[3]. Dans une décision postérieure du 3 novembre 2011, la même troisième chambre civile de la Cour de cassation a ensuite semblé vouloir infléchir cette dernière solution. Elle approuvait en effet la cour d'appel d'avoir apprécié la mauvaise foi à la date de la réitération par acte authentique de la vente qui avait antérieurement donné lieu à la conclusion d'une promesse synallagmatique de vente. La solution s'était donc inversée par rapport à la décision rendue en 2009. En l'occurrence, la preuve ayant été faite, la substitution avait été admise[4].

1108. L'article 1123, alinéa 2, confirme ces solutions, mais en posant d'abord le principe d'une sanction sous forme de réparation du préjudice subi, donc en termes de responsabilité. Cependant lorsque le tiers, connaissait l'existence du pacte et l'intention du bénéficiaire de s'en prévaloir, le bénéficiaire peut également agir en nullité ou demander au juge de le substituer au tiers dans le contrat conclu.

1109. Dans le but de renforcer la sécurité juridique, l'article 1123, alinéas 3 et 4, vient par ailleurs créer une ***action spéciale interrogatoire***, qui représente une véritable innovation (sur ces nouvelles actions, v. ss 916). Il prévoit en effet, si le tiers présume l'existence d'un pacte de préférence, qu'il peut « demander par écrit au bénéficiaire de lui confirmer dans un délai qu'il fixe et qui doit être raisonnable, l'existence d'un pacte de préférence et s'il entend s'en prévaloir. L'écrit mentionne qu'à défaut de réponse dans ce délai, le bénéficiaire du pacte ne pourra plus solliciter sa substitution

---

1. Ch. mixte 26 mai 2006, *D.* 2006. 1861, note D. Mainguy et P.-Y. Gautier et Pan. 2638, obs. S. Amrani-Mekki et B. Fauvarque-Cosson ; *RTD civ.* 2006. 550, obs. J. Mestre et B. Fages ; *RDC* 2006, note F. Collart Dutilleul ; *JCP E* 2006. 2378, note P. Delebecque ; *JCP N* 2006. 1278, obs. S. Piedelièvre et 1256, note B. Thuillier ; *ibid.* I. 176, obs. F. Labarthe ; *ibid.* II. 10142, note L. Leveneur ; *RLCD* sept. 2006, p. 5, note H. Kenfack ; *Rev. sociétés* 2006. 808, note J.-F. Barbièri.

2. Civ. 3e, 14 févr. 2007, *D.* 2007. 2444, note J. Théron ; *RDC* no 3, 2007. 701, obs. D. Mazeaud ; et v. déjà Civ. 3e, 31 janv. 2007, *D.* 2007. 1698, note D. Mainguy, mais en l'espèce, la preuve de la mauvaise foi n'avait pu être faite et la Cour de cassation avait rejeté le pourvoi.

3. Civ. 3e, 25 mars 2009, *Defrénois* 2009. 1276, obs. É. Savaux ; *RTD civ.* 2009. 524, obs. B. Fages.

4. Civ. 3e, 3 nov. 2011, no 10-20.936, *Juris-Data* no 2011-023709, *JCP* 2012, chron. Droit des contrats, 63, obs. G. Loiseau.

au contrat conclu avec le tiers ou la nullité du contrat ». On notera que les actions interrogatoires sont d'application immédiate aux contrats en cours (v. ss 92).

1110. D'une façon générale, pendant longtemps, si le droit français admettait la nature contractuelle des avant-contrats, il leur refusait l'exécution en nature : la liberté de ne pas contracter du débiteur était considérée comme une norme supérieure aux intérêts du créancier[1]. La situation a cependant évolué et la réforme du droit des contrats, opérée par l'ordonnance du 10 février 2016, a intégré ces évolutions.

1. V. article J. Schmidt-Szalewski, cité dans la bibliographie.

DOCUMENTS

BIBLIOGRAPHIE

ABADIE (L.), « Information précontractuelle et conclusion du contrat », in V. Larribau-Terneyre et S. Pellé (dir.), *Quel renouveau pour le droit des contrats ? Une réforme entre tradition et modernité*, PUPPA, 2016.

ATTARD (J.), « Contrats et environnement : quand l'obligation d'information devient instrument de développement durable », *LPA* 26 janv. 2006, p. 7.

AUGAGNEUR (L.-M.), « Le projet de réforme du droit des contrats : le destin manqué de la transformation numérique », *RLDI* 2015. 117.

DESHAYES (O.), « La rupture des pourparlers », *LPA* 9 oct. 2008, n° 203. 4.

DISSAUX (N.) et JAMIN (C.), *Projet de réforme du droit des contrats, du régime général et de la preuve des obligations. Commentaire article par article*, Dalloz, 2015, p. 9 s.

CHANTEPIE (G.), « Le pacte de préférence », in M. Latina et G. Chantepie (dir.), *Projet de réforme du droit des contrats, du régime général et de la preuve des obligations, Analyses et propositions*, Dalloz, 2015, p. 17.

CHANTEPIE (G.) et LATINA (M.), *La réforme du droit des obligations. Commentaire théorique et pratique dans l'ordre du Code civil*, Dalloz, 2016, p. 139 à 235.

FAGES (B.), « Le processus de formation du contrat », in *La réforme du droit des obligations en France, 5e journée franco-allemande*, vol. 20, *SLC* 2015. 41.

FORRAY (V.), « L'offre et l'acceptation dans les projets de réforme du droit français des contrats », *RTD civ.* n° 2, 2012. 231 s.

GENICON (T.), « Articles 1115, 1118 et 1119, 1122 : à propos de la date de la rétractation et de la caducité des manifestations de volonté (offre et acceptation) », *RDC* 2015. 740.

GRYNBAUM (L.), « Contrats entre absents : les charmes évanescents de la théorie de l'émission de l'acceptation », *D.* 2003. 1707.

HAFTEL (B.), « La conclusion du contrat dans le projet d'ordonnance portant réforme du droit des obligations », *Gaz. Pal.* 30 avr. 2015, n° 120, p. 8.

HUET (J.), « Encore une modification du Code civil pour adapter le droit des contrats à l'électronique (loi LCEN n° 2004-575 du 21 juin 2004) », *JCP* 2004. I. 178.

LATINA (M.), « Le régime de l'offre », in M. Latina et G. Chantepie (dir.), *Projet de réforme du droit des contrats, du régime général et de la preuve des obligations, Analyses et propositions*, Dalloz, 2015, p. 11.

LEBOIS (A.), « L'intangibilité de la jurisprudence en matière de promesse unilatérale de vente », *LPA* 13 oct. 2008, n° 205. 13.

LEQUETTE (S.), « Réflexions sur la durée du pacte de préférence », *RTD civ.* n° 3, 2013. 491 s.

MAINGUY (D.), « L'efficacité de la rétractation de la promesse de contracter », *RTD civ.* 2004.

– « Promesse unilatérale et pacte de préférence : des définitions inopérantes », *Dr. et patr.* n° 240, oct. 2014, p. 44.

MARTIN (R.), « Offre, promesse, préférence et préemption », note sous quatre arrêts, *LPA* 31 janv. 2006, p. 13.

MESSAÏ-BAHRI (S.), « La sanction de l'inexécution des avant-contrats au lendemain de l'avant-projet de réforme du droit des obligations », *LPA* 24 juill. 2006, n° 146, p. 12 s.

Molfessis (N.), « La formation du contrat », *JCP* 2015, suppl. au n° 21, p. 6.
Pimont (S.), « Article 1117 : la révocation de l'offre. *A New French Touch* », *RDC* 2015. 743.
Rieg, *Le rôle de la volonté dans les actes juridiques en droit civil français et allemand*, 1961.
Ringler (S.), « La promesse unilatérale de contrat », in M. Latina et G. Chantepie (dir.), *Projet de réforme du droit des contrats, du régime général et de la preuve des obligations, Analyses et propositions*, Dalloz, 2015, p. 17.
Schmidt (J.), « La sanction de la faute précontractuelle », *RTD civ.* 1974. 46.
Schmidt-Szalewski (J.), « La force obligatoire à l'épreuve des avant-contrats », *RTD civ.* 2000. 25.
Tisseyre (S.), « Négociation, promesses et pacte de préférence », in V. Larribau-Terneyre et S. Pellé (dir.), *Quel renouveau pour le droit des contrats ? Une réforme entre tradition et modernité*, PUPPA, 2016.
Pour une bibliographie générale concernant le droit des obligations, v. ss 84.

ARRÊT À COMMENTER

La valeur juridique de l'offre

Civ. 1re, 17 déc. 1958, *D.* 1959. 33, *Isler et Puy c/ Chastan*

Arrêt

LA COUR. – *Sur le moyen unique.*

– Attendu qu'il ressort des énonciations de l'arrêt attaqué (Montpellier, 12 oct. 1955) que, par lettre du 11 août 1954, Isler a fait savoir à Chastan qu'il était prêt à lui vendre un chalet dont il était propriétaire, moyennant le prix de 2 millions 500 000 F ; qu'ayant visité le chalet quatre jours plus tard, Chastan a télégraphiquement avisé Isler le lendemain qu'il acceptait cette offre ; que, le 17 du même mois, il lui a confirmé par lettre cette acceptation, en se déclarant prêt à payer le prix comptant lors de la passation de l'acte ; que, sur action intentée par Chastan, après mise en demeure de recevoir le prix et de remettre les clefs vainement signifiée le 6 septembre 1954 à Isler, celui-ci a prétendu qu'il n'avait pu vendre au réclamant le chalet le 16 août précédent, pour la raison qu'à cette date il l'avait déjà vendu à Puy, lequel intervenant en cause, a « précisé que cette vente avait été conclue au début d'août et normalisée sous la forme d'un acte sous seing privé le 14 août 1954 » avec versement d'un acompte d'un million.

– Attendu que ledit arrêt, infirmatif, déclare non pertinents les faits articulés par Isler comme constitutifs d'une rétractation, antérieure à l'acceptation de Chastan, de l'offre du 11 août 1954, « dit et juge qu'il est d'ores et déjà établi par les éléments de la cause que l'offre de vente faite par Isler à Chastan, personnellement, n'a pas été révoquée avant le 17 août 1954, date à laquelle Isler a eu connaissance de l'acceptation expresse de cette offre par Chastan » refuse, en conséquence « d'autoriser Isler à rapporter la preuve des faits par lui allégués » et décide « que la vente proposée par Isler et acceptée par Chastan est devenue parfaite... en application de l'article 1583 du Code civil » ; qu'il est fait grief à la cour d'appel d'avoir, par contradiction de motifs, reconnu *que l'offre du 11 août 1954 constituait une simple pollicitation, non une promesse unilatérale au sens de l'article 1589* du même code, et donné néanmoins à cette proposition les effets légaux de la promesse de vente, en décidant à tort que l'acceptation de l'acquéreur avec qui les rapports d'Isler n'auraient pas dépassé le stade des simples pourparlers, avait rendu la vente parfaite ;

– Mais attendu *que si une offre peut en principe être rétractée tant qu'elle n'a pas été acceptée, il en est autrement au cas où celui de qui elle émane s'est expressément ou implicitement engagé à ne pas la retirer avant une certaine époque* ; qu'en l'espèce, après avoir admis que la lettre du 11 août 1954 constituait « simplement une offre de vente » pouvant « en principe être retirée tant qu'elle n'avait pas été acceptée », l'arrêt relève que « cependant, sachant par lettre de Chastan du 9 août, que celui-ci se proposait de venir visiter le chalet les 15 et 16 août et, l'y ayant autorisé dans sa réponse du 11 août, Isler s'était tacitement obligé à maintenir son offre pendant le temps ainsi prévu, c'est-à-dire jusqu'après la visite annoncée », et qu'il n'aurait donc pu se rétracter le 14 août sans commettre « une faute de nature à engager sa responsabilité » ; qu'analysant ensuite les circonstances de la cause, notamment la production tardive de l'unique exemplaire d'un acte sous seing privé, non enregistré, consistant en une déclaration « d'Isler seul, datée du 14 août... d'après laquelle il vend son chalet à Puy, lequel a apposé son acquiescement à une date qui n'est point indiquée » et qui ne mentionne pas le versement d'un acompte d'un million, la cour d'appel constate que « de tous ces éléments résulte un ensemble de présomptions suffisamment graves précises et concordantes pour déterminer l'absolue conviction que l'acte de vente dont se prévaut Puy n'a pas été signé le 14 août » ; que, n'ayant pas vendu son chalet à Puy, Isler n'avait aucune raison de révoquer l'offre formelle qu'il avait faite à Chastan ; qu'il n'a donc pas pu manifester le 14 août une volonté de révocation qu'il n'avait pas encore et qui, même dans sa lettre du 20 août, ne se « trouvait pas nettement exprimée » et que « la mauvaise foi de Puy et d'Isler et leur collusion résultent manifestement desdites circonstances » ; que de ces constatations les juges du second degré déduisent, par une appréciation souveraine de l'intention des contractants et sans se contredire, que l'offre ayant été maintenue, « *le contrat est devenu parfait dès cette notification* » et la vente est acquise de « droit à l'acheteur... par suite de l'accord des parties sur les éléments essentiels, la chose et le prix » ; d'où il suit que l'arrêt attaqué n'a pas violé les textes visés au moyen et se trouve légalement justifié ;

Par ces motifs,

Rejette.

Questions

Quels sont les principes qui se dégagent de cet arrêt ?

À quelle date la vente a-t-elle finalement été conclue ?

(NB. Les caractères italiques ont été ajoutés pour insister sur les passages importants de l'arrêt.)

ARRÊT À LIRE

Le silence vaut-il acceptation ?

Civ. 1re, 12 janv. 1988, *Bull. civ.* I, n° 8, p. 6, *RTD civ.* 1988. 520, obs. Mestre

Sur le moyen unique,

– Attendu, selon l'arrêt attaqué (Limoges, 15 oct. 1985), que par acte sous seing privé du 11 février 1981, les époux Czernik ont promis de vendre aux époux Maillard, pendant un délai de dix-huit mois, une attraction foraine, pour un prix à déterminer d'un commun accord ou, à défaut, par un arbitre ; que, par acte d'huissier du 22 avril 1981, M. Czernik a confirmé aux époux Maillard cette offre de vente, leur rappelant le délai dans lequel devait intervenir la « levée d'option chiffrée » qu'il se réservait d'accepter ou de refuser dans la quinzaine de celle-ci, et leur laissait, pour saisir l'arbitre, un délai supplémentaire de quinze jours à l'expiration duquel il serait délié de la promesse ; que le 5 janvier 1982, les époux Maillard ont informé les époux Czernik qu'ils levaient l'option au prix de 100 000 francs ; que le 11 février 1982, les époux Czernik ont notifié aux époux Maillard leur refus d'accepter le prix offert et leur intention de saisir l'arbitre ; que les époux Maillard ont assigné les époux Czernik pour faire juger que la vente de l'attraction foraine pour un prix de 100 000 francs était parfaite ;

– Attendu que les époux Czernik font grief à l'arrêt d'avoir fait droit à cette demande alors, que, selon le moyen, la convention faisait obligation aux parties de déterminer le prix d'un commun accord et à défaut d'accord, de saisir un arbitre ; que la cour d'appel, en l'absence d'un accord manifeste sur le prix qui ne pouvait se déduire d'un silence des époux Czernik pendant un délai de quinze jours, a méconnu la convention des parties qui prévoyait le recours à une procédure d'arbitrage, d'ailleurs mise en mouvement mais qui n'a pu aboutir par suite d'un refus de l'arbitre de remplir sa mission, ce qui ne pouvait qu'entraîner la nullité de la vente ; qu'ainsi, la cour d'appel a violé les articles 1134 et 1592 du Code civil ;

– Mais attendu qu'après avoir justement énoncé que le silence de celui qu'on prétend obligé ne peut suffire en l'absence de toute autre circonstance à faire la preuve contre lui de l'obligation alléguée, la cour d'appel, par une appréciation souveraine des circonstances de la cause et de l'intention des parties, retient qu'en s'imposant un délai pour accepter ou refuser le prix offert par les époux Maillard, les époux Czernik s'étaient obligés à manifester expressément leur désaccord si le prix proposé ne leur convenait pas, et que le silence par eux gardé pendant ce délai valait l'acceptation du prix ; que la cour d'appel en a justement déduit, sans violer les textes visés au moyen, que la vente était parfaite ; que le moyen ne peut donc être accueilli.

Par ces motifs,

Rejette...

Chapitre 2

Les conditions de validité relatives au consentement

1111. Avant l'ordonnance du 10 février 2016, le Code civil traitait du consentement sous l'angle exclusif des vices susceptibles de l'affecter. Dans les anciens articles 1109 à 1117, il s'intéressait successivement à l'erreur, au dol et à la violence, les trois vices de nature à porter atteinte à l'intégrité du consentement et à entraîner l'annulation du contrat.

L'ordonnance du 10 février 2016 reprend pour l'essentiel, le droit positif tel qu'il résultait non seulement du Code civil mais également de son interprétation par la jurisprudence. Cette dernière avait en effet considérablement élargi les vices du consentement afin d'assurer de façon plus fine la protection du consentement et, indirectement aussi, l'équilibre du contrat et la protection de la partie faible.

1112. Mais elle pose aussi, préalablement, l'exigence, minimale, il est vrai, de l'existence du consentement.

La sous-section relative au consentement est subdivisée en effet en deux paragraphes : le premier est consacré à « l'existence du consentement » (art. 1129) et le second aux « vices du consentement » (art. 1130 à 1144). Nous aborderons successivement ces deux questions.

1113. ***La loi du 20 avril 2018, ratifiant l'ordonnance,*** a apporté ici deux modifications : l'une qualifiée de substantielle, concerne le dol par réticence prévu par l'article 1137, et exclut expressément cette qualification en cas de silence gardé par le contractant sur l'estimation de la valeur de la prestation (v. ss 1175) ; l'autre, qualifiée d'interprétative de l'article 1143, est relative à l'abus de dépendance constitutif du vice de violence et apporte une précision qui vient réduire le domaine d'application de ce vice spécifique (v. ss 1207).

Section 1

L'existence du consentement

1114. L'existence du consentement renvoie à la question de l'existence d'une volonté de s'engager. Cette question a été déjà abordée lors de l'étude du processus de conclusion du contrat, où la notion de consentement a été étudiée en tant qu'opération intellectuelle, ou volonté réelle, qui doit nécessairement s'extérioriser pour que le contrat soit formé. La volonté réelle nécessite la *conscience* de ce que l'on va faire d'une part, et d'autre part, l'*intention* de le réaliser (v. ss 1016 s.).

1115. Pour que cette volonté réelle puisse être admise et avec elle l'existence du consentement, il faut donc que la personne soit en possession de ses facultés intellectuelles, saine d'esprit. L'article 1129 ne fait que marquer pédagogiquement cette exigence minimale de la possibilité d'exprimer un consentement pour que le contrat soit valablement formé. Il indique que « conformément à l'article 414-1, il faut être sain d'esprit pour consentir valablement à un contrat ». L'insanité d'esprit n'est pas définie par les textes mais elle constitue une altération des facultés mentales telle qu'elle conduit à priver le contractant de volonté. Il ne s'agit donc pas d'une simple altération de la volonté, comme dans le cas d'un vice du consentement, mais bien d'une absence de volonté de s'engager. Cette insanité d'esprit doit être démontrée pour obtenir la nullité de l'acte et elle est appréciée au jour de l'acte définitif (de vente par exemple) [1]. Elle peut fonder une action en responsabilité contre des professionnels du droit, comme le notaire, qui n'auraient pas été suffisamment vigilants alors qu'il existait des éléments susceptibles de faire présumer une insanité d'esprit au moment de l'acte [2].

L'article 1129 introduit ainsi en droit commun des contrats un principe qui figure depuis toujours dans le Code civil, non pas au titre du contrat mais dans une disposition plus générale, l'article 414-1. Cette exigence est également posée, plus spécifiquement, concernant les libéralités (actes à titre gratuit), dans l'article 901 du Code civil.

1116. La question de l'existence du consentement rejoint par ailleurs celle de la capacité, même si cette dernière est une condition de validité autonome et distincte prévue par l'article 1128, comme elle l'était auparavant par l'article 1108 (sur cette condition, v. ss 1211 s.). La capacité renvoie en effet à l'aptitude intellectuelle d'une personne à s'engager dans les liens d'un contrat et à la possibilité, de suppléer l'insuffisance de ses facultés par des mesures de protection (assistance de la personne, ou représentation) pour lui permettre, malgré tout, de contracter. Les deux hypothèses d'insanité d'esprit et d'incapacité doivent cependant être clairement distinguées : l'incapacité est juridiquement établie préalablement à l'acte litigieux (qu'elle soit légale, en cas de minorité ou constatée judiciairement, dans le cas d'un majeur), alors que l'insanité d'esprit peut être suspectée au moment de l'acte mais n'est établie que postérieurement, lorsque l'acte est attaqué.

Section 2
L'intégrité du consentement

1117. La rencontre des volontés des parties contractantes ne suffit pas à assurer que le contrat s'est valablement formé. Encore faut-il que le consentement ait été exprimé en toute connaissance de cause et librement, afin que son intégrité soit assurée. Trois vices sont susceptibles de l'affecter, aujourd'hui comme hier : l'erreur, le dol ou la

---

1. Civ. 3e, 20 févr. 2017, n° 16-10.185, *AJDI* 2017. 378, *D.* 2018. 377, obs. M. Mekki.

2. Civ. 1re, 8 févr. 2017, n° 16-12.858, *D.* 2017. 1490, obs. J.-J. Lemouland ; *D.* 2018. 377, obs. M. Mekki.

violence. Les deux premiers portent atteinte au caractère éclairé du consentement ; le troisième, la violence porte atteinte au consentement dans son élément de liberté. Ils figurent désormais dans les articles 1130 à 1144 du Code civil.

1118. Comme sous l'empire des anciennes dispositions, la question de la protection du consentement, n'est donc abordée que sous *un aspect curatif et non pas préventif*. Les vices du consentement constituent une sanction *a posteriori* du consentement. Ce n'est pas illogique, puisqu'il s'agit d'envisager le consentement au regard de ce qui porte atteinte à sa validité et non sous l'angle général de sa protection : l'existence d'un vice entraînera en effet l'annulation du contrat.

1119. On soulignera cependant que dans la version du projet d'ordonnance soumis à la consultation publique en février 2015, il était proposé d'introduire dans le Code civil, au titre de la protection du consentement, une mesure préventive de protection : *le devoir précontractuel d'information*, ainsi que des techniques destinées à différer la formation du contrat pour favoriser la possibilité de réflexion du contractant et donc mieux assurer l'intégrité de son consentement : les *délais de réflexion et de repentir* (v. ss 1067 s.). Finalement, dans le texte adopté, le devoir précontractuel d'information a été inscrit dans le cadre des négociations précontractuelles (v. ss 1080). Le choix a été fait de l'affirmer comme un devoir général, autonome, dont la portée dépasse le seul cadre des vices du consentement. Le manquement à un tel devoir n'est pas seulement sanctionné dans ce cadre, et par la nullité du contrat ; il peut en effet conduire à l'engagement de la responsabilité de l'auteur du manquement sans que la validité du contrat soit mise en cause. Pour autant, son rôle n'est pas négligeable dans la sanction des vices du consentement et notamment dans la sanction du dol par réticence, ainsi qu'on le verra. De la même façon, les délais de réflexion et de rétractation sont inscrits au titre de la négociation du contrat. Pourtant, ils représentent incontestablement, comme le devoir d'information, des moyens d'assurer la protection préventive et l'intégrité du consentement, même si cette idée d'une protection préventive n'a pas été mise en évidence.

1120. Il faut noter enfin qu'à ces vices, que sont l'erreur, le dol et la violence, on ajoute parfois *la lésion*, déséquilibre objectif des prestations au détriment de l'une des parties. Le Code civil envisageait en effet cette hypothèse de la lésion dans l'article 1118, qui suivait immédiatement l'erreur, la violence et le dol, pour préciser qu'elle ne viciait les conventions que dans certains contrats et à l'égard de certaines personnes. D'où l'idée qu'elle pourrait constituer un vice du consentement, dans les hypothèses où elle est admise. Mais outre que la lésion n'est, toujours, à l'heure actuelle, et même après la réforme, qu'exceptionnellement sanctionnée car l'équivalence objective des prestations n'est pas une exigence de validité du contrat à titre onéreux (v. ss 1368), il ne s'agit pas, à proprement parler, d'un vice du consentement. Le déséquilibre des prestations est sanctionné, en effet, en l'absence de toute erreur commise par le contractant ou de toute pression. Nous en parlerons à propos des autres conditions susceptibles d'affecter la validité d'un contrat et de l'exigence exceptionnelle de l'équivalence objective des prestations (v. ss 1395 s.).

1121. La validité du contrat au regard de l'intégrité du consentement reste donc concentrée autour des trois vices susceptibles de l'affecter : erreur, dol et violence.

Ils sont repris dans les articles 1130 à 1144 du Code civil, qui consacrent les solutions jurisprudentielles établies et n'apportent que peu de nouveautés au plan substantiel. Les nouvelles dispositions confirment, toutefois, l'évolution très importante qu'a connue la théorie des vices du consentement, grâce à la jurisprudence, dans le sens d'un élargissement constant et mettent en évidence les éléments d'un régime commun des vices du consentement. Les trois vices sont par ailleurs abordés dans un ordre plus logique puisque, la violence vient après l'erreur et le dol, alors qu'elle se trouvait auparavant intercalée entre eux. On va ainsi du vice le moins grave au plus grave ; de même, cet ordre permet de mieux mettre en évidence le lien qui existe entre l'erreur (spontanée) et le dol qui est une erreur provoquée par le cocontractant. Nous les étudierons successivement dans cet ordre : erreur (§ 3), dol (§ 4) et violence (§ 5), après avoir mis en évidence l'évolution de la théorie des vices du consentement (§ 1) puis les éléments de régime commun posés par l'ordonnance dans les articles 1130 et 1131 (§ 2).

§ 1. L'ÉVOLUTION DE LA THÉORIE DES VICES DU CONSENTEMENT ET DE SES FONCTIONS

1122. Le Code civil de 1804 a recueilli, en matière de vice du consentement, la tradition romaine tout en la conciliant avec le système consensualiste. En effet, en droit romain, formaliste, le contrat était valable dès que les formes juridiques prescrites avaient été respectées. Ce n'est pas le consentement qui créait l'obligation, mais la forme. Celle-ci respectée, peu importait pour la validité du contrat que le consentement ait été donné à la suite d'un dol ou sous l'emprise de la violence. Cependant, par la suite, le dol (*dolus*) et la violence (*metus*) ont été sanctionnés mais en tant que délit. La victime pouvait refuser l'exécution du contrat ou obtenir des indemnités si le contrat avait été exécuté, mais pour autant le contrat n'était pas annulé.

1123. Le Code civil a tenu compte du rôle essentiel reconnu à la volonté dans la formation du contrat. Il a donc changé d'optique et s'est chargé, avec les vices du consentement, de la protection de cette volonté : l'erreur, le dol et la violence sont sanctionnés à raison de l'impact qu'ils ont sur cette volonté et ils entraînent la nullité du contrat.

1124. Toutefois, la dimension délictuelle du dol et de la violence dégagée en droit romain ne disparaît pas et si le dol et la violence en tant que vices du consentement entraînent la nullité du contrat, ils sont en même temps un délit civil qui peut être sanctionné par l'attribution de dommages et intérêts et une responsabilité délictuelle.

1125. Les rédacteurs du Code civil avaient cependant limité les vices pour concilier à la fois le respect du principe de l'autonomie et de la volonté et l'impératif de sécurité juridique et de stabilité contractuelle. Ainsi seule l'erreur la plus grave et la plus objective pouvait être prise en considération : l'erreur sur la substance. Seules les manœuvres constituaient un dol. Toute erreur, toute pression exercée contre un contractant, toute tentative de faire une « bonne affaire » n'était pas sanctionnée. Par ailleurs, la sanction des vices n'était pas directement liée à un impératif de justice commutative et d'équilibre du contrat. La protection de la volonté est alors le seul objectif visible. On notera que la lésion qui est le déséquilibre objectif du contrat n'est pas un vice du consentement.

1126. Cependant, la théorie des vices a évolué. Avec la montée en puissance des principes de justice contractuelle, de loyauté, de morale contractuelle, la fonction des vices du consentement s'est élargie. L'évolution traduit à la fois l'importance toujours actuelle de la volonté dans la formation du contrat mais aussi la prise en compte des exigences du droit positif quant à la justice dans les relations contractuelles (v. ss 910). En élargissant progressivement les différents vices du consentement que sont l'erreur, le dol et la violence, la jurisprudence a fait de la théorie des vices, non seulement un instrument de protection de la volonté, mais également un moyen indirect de correction de certains déséquilibres induits par l'inégalité économique des contractants ou par des comportements malhonnêtes ou contraires à la bonne foi. L'élargissement des vices du consentement permet de mieux lutter contre l'injustice contractuelle.

1127. L'ordonnance du 10 février 2016 consacre cette évolution des vices du consentement, réalisée par la jurisprudence. Elle a réécrit et modernisé les textes consacrés à l'erreur, le dol et la violence et y inscrit de façon très précise toutes les solutions jurisprudentielles, qui ont été dégagées, ainsi qu'on le verra en étudiant successivement chacun des trois vices du consentement.

1128. Elle a également eu un autre apport : fournir dans l'article 1130, les éléments d'un régime commun aux trois vices du consentement,

§ 2. Les éléments de régime communs aux trois vices du consentement

1129. L'ancien article 1109 du Code civil, indiquait : « il n'y a point de consentement valable si le consentement n'a été donné que par erreur ou s'il a été extorqué par violence ou surpris par dol ». Dans une formule différente, l'actuel article 1130 définit les vices du consentement de la façon suivante : « l'erreur, le dol et la violence vicient le consentement lorsqu'ils sont de telle nature que sans eux, l'une des parties n'aurait pas contracté ou aurait contracté à des conditions substantiellement différentes. Leur caractère déterminant s'apprécie eu égard aux personnes et aux circonstances dans lesquelles le consentement a été donné ».

1130. Le changement est donc notable. Alors que l'ancien article 1110 ne constituait qu'un texte d'annonce, l'article 1130 ne se contente plus d'indiquer quel sont les trois vices susceptibles d'affecter le consentement, l'erreur, le dol et la violence. Il fournit en même temps les éléments d'un régime commun puisque les vices du consentement sont abordés de façon générale et l'accent mis sur leurs caractéristiques communes. Ce régime commun défini par l'article 1130 est complété par l'article 1131, qui est relatif à la sanction des vices du consentement. L'unité des trois vices du consentement est ainsi mise en évidence.

A. Le caractère commun : caractère déterminant

1) L'exigence du caractère déterminant

1131. Pour vicier le consentement, l'erreur, le dol et la violence doivent être déterminants, c'est-à-dire, selon l'article 1130, alinéa 1er, qu'ils doivent être « de telle nature, que sans eux, l'un des parties n'aurait pas contracté ou aurait contracté à des conditions substantiellement différentes ». Cette exigence du caractère déterminant, bien qu'elle ne soit pas nouvelle, établit le trait d'union entre les trois vices du consentement, en caractérisant la nature de l'impact du vice sur le consentement. Au nom de la sécurité juridique, il n'est pas admissible qu'un cocontractant invoque un vice qui n'aurait pas eu d'influence significative sur sa décision pour se défaire d'un contrat dont il ne voudrait plus. La limite du vice susceptible d'infecter le consentement au point d'entraîner la nullité du contrat réside dans son caractère déterminant. Dans le cas de l'erreur et de la violence, ce caractère déterminant n'est pas apprécié de façon véritablement autonome car il se déduit des conditions d'existence propres à chacun de ces vices. Par exemple, l'erreur doit porter sur une qualité essentielle et ce caractère essentiel démontrera le caractère déterminant de l'erreur ou, à l'inverse, le caractère déterminant établira le caractère essentiel de qualité sur laquelle le contractant s'est trompé. Au contraire, en matière de dol, le caractère déterminant s'établit distinctement car la réunion des autres éléments constitutifs du dol, on le verra, ne sont pas en rapport avec l'impact de celui-ci sur le consentement ; seule l'exigence du caractère déterminant du dol permet d'établir le lien avec le consentement.

2) La caractérisation de l'impact sur le consentement

1132. L'article 1130, alinéa 1er, définit le vice déterminant comme celui en l'absence duquel l'une des parties n'aurait pas contracté ou *aurait contracté à des conditions substantiellement différentes*. Il distingue, donc les deux situations mais pour admettre dans les deux cas l'existence d'un vice affectant la validité du contrat. Cette indication présente un intérêt non négligeable et tout à fait novateur qui s'inscrit dans le sens d'un nouvel élargissement des vices du consentement.

En effet, jusqu'ici, il était admis concernant l'erreur et la violence que le vice devait avoir déterminé le contractant à contracter. Le caractère déterminant était donc exclu lorsqu'en l'absence de vice, le contractant aurait quand même conclu le contrat. La question se posait cependant en matière de dol, au regard d'une évolution concernant la distinction entre le dol principal et le dol incident. Classiquement en effet, au dol *principal*, qui porte sur un point déterminant du consentement et en l'absence duquel le contractant n'aurait pas conclu le contrat, une partie de la doctrine et la jurisprudence opposaient le dol *incident*, qui porte sur un point secondaire et en l'absence duquel le cocontractant n'aurait pas renoncé au contrat, mais simplement aurait négocié des conditions différentes. Ce dol, dit incident, n'entrainait pas la nullité du contrat mais seulement l'attribution de dommages et intérêts en raison de la faute commise Toutefois, cette distinction était contestée et dans une décision du 22 mai 2005, la troisième chambre civile de la Cour de cassation, se démarquant des autres chambres, avait fait prévaloir la notion de bonne foi et l'obligation d'information pour admettre qu'un dol « incident » pouvait entraîner la nullité du contrat. Elle avait ainsi approuvé une cour d'appel qui avait annulé pour réticence dolosive une promesse de vente, alors que l'acquéreur aurait quand même acquis l'immeuble mais « l'aurait à tout le moins acquis à un prix inférieur s'il avait connu la situation exacte », ceci afin de sanctionner la déloyauté du contractant auteur du dol[1]. Cependant les autres chambres de la Cour

1. Civ. 3e, 22 juin 2005, *LPA* no 17, 24 janv. 2006, p. 9, note J. Théron ; *JCP N* 2006, 1143, note H. Kenfack. V. aussi, pour une décision qui semble être une réaffirmation car la troisième chambre

de cassation continuaient de distinguer dol principal et incident et d'affirmer que le dol incident ne pouvait justifier que l'allocation de dommages-intérêts [1].

1133. L'article 1131, prenant le contrepied de la jurisprudence traditionnelle et dans la ligne de la jurisprudence de la troisième chambre civile, confirme la remise en cause de la distinction classique du dol principal et incident, mais sans cantonner la solution au domaine du dol, puisqu'il définit de façon générale le vice du consentement comme celui en l'absence duquel l'une des parties n'aurait pas contracté ou *aurait contracté à des conditions substantiellement différentes.* L'interprétation du terme « substantiellement » permettra sans doute de maintenir la distinction entre le dol principal et le dol incident, dans la limite de la distinction entre conditions substantiellement et non substantiellement différentes ; mais, au-delà, le texte ouvre la possibilité d'admettre que l'erreur et la violence peuvent entraîner la nullité du contrat même lorsqu'en leur absence, le contrat aurait été formé, mais à des conditions substantiellement différentes.

3) L'appréciation *in concreto* du caractère déterminant

1134. L'article 1130, alinéa 2, conformément à la solution classique, précise que le caractère déterminant du vice « s'apprécie eu égard aux personnes et aux circonstances dans lesquelles le consentement a été donné », c'est-à-dire au cas par cas, *in concreto*. Il généralise donc cette appréciation *in concreto* qui ne soulevait pas de difficulté particulière en matière d'erreur et de dol mais qui, compte tenu de la contradiction des textes concernant la violence, était plus complexe à mettre en œuvre.

B. Sanction commune : la nullité relative

1135. L'article 1131 indique que « les vices du consentement sont une cause de nullité relative du contrat ». La nature de la sanction est donc désormais posée dans un texte commun. Il confirme d'une part, que l'on ne saurait retenir la qualification de vice du consentement si ce vice n'est pas de nature à entraîner la nullité ; il confirme d'autre part, que la nullité est ici une nullité de protection, donc une nullité relative. Seule la victime du vice, bénéficiaire de la protection peut demander la nullité du contrat.

1136. On notera que le texte définitif de l'ordonnance n'a pas retenu l'option qui figurait dans le projet d'ordonnance ouvert à la consultation publique en février 2015. Dans ce projet, en effet, était introduit un mécanisme de correction du contrat, dans l'objectif de maintien du contrat utile : le contractant pouvait en effet proposer à la victime de l'erreur « d'opter pour l'exécution du contrat dans les termes qu'elle avait compris lors de sa conclusion et le silence gardé pendant six mois sur cette proposition pouvait valoir modification automatique du contrat ». Cette option n'a pas été maintenue.

---

civile de la Cour de cassation admet l'existence d'une « réticence dolosive » mais qui reste quand-même ambigüe car les contractants ne demandaient pas la nullité du contrat mais seulement des dommages intérêts : Civ. 3e, 16 mars 2011, *D.* 2011. 946 ; *JCP N* 2011. Actu. 339, nº 13 ; *D.* 2012. Pan. 464, obs. S. Amrani-Mekki et M. Mekki.

1. Civ. 1re, 28 mai 2008, *LPA* 5 août 2008, nº 156, note J. Andréani, p. 21.

1137. Il reste que la nullité n'est pas la seule sanction possible d'un vice du consentement. Il peut s'y ajouter une condamnation au paiement de dommages et intérêts sur le fondement de la responsabilité (extra contractuelle puisque le contrat étant annulé est censé n'avoir jamais existé). Cette possibilité est prévue dans la section 4 relatives aux sanctions. L'article 1178, alinéa 4, indique en effet qu'indépendamment de la nullité du contrat, la partie lésée peut toujours demander réparation du dommage subi dans les conditions du droit commun de la responsabilité extra contractuelle. Cependant, cette responsabilité n'est pas systématiquement engagée pour tous les vices et notamment dans le cas de l'erreur ; l'erreur peut être commise par la victime, indépendamment de toute faute du cocontractant ; il en va différemment concernant le dol et la violence, qui sont des comportements toujours fautifs et intentionnellement fautifs.

§ 3. L'erreur

1138. Le premier vice du consentement est l'erreur, dont traitent désormais les articles 1132 à 1136 du Code civil.

► ***L'erreur*** est une représentation inexacte de la réalité du contrat qui consiste à croire vrai ce qui est faux, ou faux ce qui est vrai.

Toute erreur n'est cependant pas prise en considération. Le Code civil de 1804 ne prévoyait que deux types d'erreur : *l'erreur sur la substance* de la chose qui est l'objet de la convention et *l'erreur sur la personne*, admise dans les seuls contrats conclus en considération de la personne (ancien art. 1110). Ces deux erreurs entraînent la nullité du contrat.

Cependant, l'évolution a conduit à un net élargissement du domaine de l'erreur sur la substance, le principal facteur étant le passage de l'erreur sur la substance à l'erreur sur les qualités substantielles. La jurisprudence avait par ailleurs distingué entre l'erreur de droit et de fait pour les retenir également, défini un certain nombre d'erreurs indifférentes à la validité du contrat et posé l'exigence du caractère excusable de l'erreur.

Un autre type d'erreur avait par ailleurs toujours été admis bien qu'il ne soit pas prévu par le Code civil : il s'agit de *l'erreur obstacle,* plus grave que la précédente, qui, comme son nom l'indique, fait obstacle à la formation même du contrat.

1139. L'ordonnance du 10 février 2016 ne dit rien de l'erreur obstacle. L'article 1132 reprend l'erreur sur les qualités essentielles de la prestation ou du cocontractant dans une définition générale qui fait aussi référence à la nécessité du caractère excusable de l'erreur : « l'erreur de droit ou de fait, à moins qu'elle ne soit inexcusable est une cause de nullité du contrat si elle porte sur les qualités essentielles de la prestation due ou sur celles du cocontractant et si elle est excusable ».

1140. L'article 1134 envisage également l'erreur sur les qualités essentielles du contractant, qui n'est une cause de nullité que dans les contrats conclus en considération de la personne.

1141. Pour l'essentiel l'ordonnance se contente de transcrire, avec une assez grande minutie, les règles qui étaient jusque-là en vigueur concernant l'erreur et n'introduit pas de réelle innovation. Elle apporte cependant des précisions sur des questions qui restaient discutées en doctrine, notamment au regard de la notion de qualités essentielles et du caractère convenu de celles-ci ou encore concernant le rôle de l'aléa.

On envisagera successivement, le cas de l'erreur-obstacle (A), bien qu'elle ne soit pas visée précisément par les nouveaux textes, car elle n'est pas pour autant condamnée, puis de l'erreur sur les qualités essentielles, de la personne d'une part (B), et de la prestation, d'autre part (C) ; les questions de la preuve de l'erreur, de ses caractères et de sa sanction seront ensuite traitées (D), pour terminer par l'étude des erreurs indifférentes à la validité du contrat (E).

A. L'erreur-obstacle

1142. ***L'erreur-obstacle*** empêche le contrat de se former, le rend « inexistant ». Elle est définie généralement comme une erreur d'une telle gravité qu'elle empêche la rencontre des volontés. Non prévue par le Code civil (et pas davantage intégrée dans l'ordonnance du 10 février 2016), elle a fait l'objet de discussion quant à son domaine, à ses sanctions (nullité du contrat ou inexistence ?), quant à la question, aussi, de savoir si le caractère inexcusable de l'erreur peut faire obstacle à la sanction.

1143. Si l'ordonnance ne l'intègre pas, c'est sans doute parce qu'il ne s'agit pas à proprement parler d'un vice du consentement puisque précisément, elle exclut le consentement. Elle pourrait donc continuer à trouver sa place, au titre de la condition d'existence du consentement, qui est désormais envisagée spécifiquement par l'article 1129.

1144. Toujours est-il que la jurisprudence en fait certaines applications et la Cour de cassation a récemment précisé, en confirmant ainsi que ce type d'erreur avait bien sa place, que le caractère inexcusable de l'erreur-obstacle ne devait pas être pris en considération et empêcher la nullité [1], alors qu'en matière d'erreur sur la substance, l'erreur inexcusable est, au contraire, un obstacle au prononcé de la nullité (v. ss 1157).

Plusieurs sortes d'erreurs-obstacle sont ainsi reconnues.

♦ ***L'erreur sur la nature du contrat.*** L'un croit vendre un bien, l'autre croit qu'il s'agit d'une donation ; par exemple l'illettrisme du contractant a permis d'annuler une promesse de vente conclue alors que la personne croyait avoir conclu un pacte de préférence [2].

♦ ***L'erreur sur l'objet du contrat.*** Par exemple une erreur sur l'identification du bien vendu : l'un croit vendre le terrain A, l'autre acheter le terrain B ; quelqu'un cède ses droits sur une succession ouverte en sa faveur car il pensait n'avoir que la nue-propriété alors qu'il succédait en pleine propriété ; un vendeur soutient qu'il n'a pas voulu céder un des lots compris dans la vente [3].

♦ ***L'erreur sur la cause du contrat.*** Une personne fait une donation à quelqu'un qu'elle croit être son fils naturel alors qu'il ne l'est pas : la cause de son engagement

---

1. Civ. 3e, 21 mai 2008, préc., note 342.

2. Paris, 30 nov. 2006, *JCP* 2007. II. 10069, note H. Kenfack ; *D.* 2007. Pan. 2967, obs. S. Amrani-Mekki.

3. Civ. 3e, 21 mai 2008, *D.* 2008. AJ 1693 et Pan. 2970, obs. S. Amrani-Mekki ; *RDC* 2008. 716, obs. T. Genicon ; Civ. 3e, 4 juill. 2007, *D.* 2007. 2847, note N. Rias et Pan. 2966. obs. S. Amrani-Mekki.

(au sens classique de la notion de cause, que l'ordonnance à fait disparaître) est l'existence d'une obligation naturelle qui, en réalité, n'existe pas. Ou encore, une personne s'engage à réparer un dommage parce qu'elle croit en être responsable, alors que les conditions de sa responsabilité ne sont pas remplies : il s'agit d'une erreur sur la cause de son obligation de réparation [1]. Il y avait jusqu'ici, dans un tel cas erreur sur la cause ou encore « fausse cause » au sens de l'ancien article 1131. La cause considérée était cependant la cause objective ou cause de l'obligation (toujours au sens classique v. ss 1257). Plutôt que de se placer sur le terrain de l'erreur obstacle, le contractant invoquait parfois la fausse cause (v. ss 1270) et la distinction n'était pas toujours aisée. La disparition de la cause dans l'ordonnance du 10 février 2016 met un terme à ces difficultés de distinction mais soulève un problème plus fondamental : qu'adviendra-t-il de l'erreur sur la cause du contrat, puisque la cause du contrat n'existe plus ? On pourrait l'analyser en une erreur sur les motifs, mais l'erreur sur les motifs est en principe indifférente à la validité du contrat et il faut des conditions particulières pour qu'elle puisse être admise dans les contrats à titre onéreux (v. ss 1163 s.). L'ordonnance l'a cependant directement consacrée concernant les contrats à titre gratuit, pour pallier ainsi la disparition de la cause (v. ss 1165).

B. L'erreur sur les qualités essentielles de la personne

1145. L'erreur sur la personne n'est qu'exceptionnellement une cause de nullité, ce que confirme l'article 1134 : elle ne peut être invoquée que dans les contrats conclus en considération de la personne (*intuitu personae*), c'est-à-dire conclus en fonction de la personnalité du cocontractant (j'ai cru m'adresser à M. X. architecte célèbre, j'ai eu affaire à son homonyme, architecte inconnu) et elle porte sur les qualités essentielles de ce cocontractant. Plus fréquente dans les contrats à titre gratuit que dans les contrats à titre onéreux, ce type d'erreur pouvait porter sur l'identité physique ou même civile et sur les qualités du cocontractant (son honorabilité, dans un contrat de société, notamment pour une société en nom collectif, par exemple), à la seule condition que la considération de la personne ait été déterminante. Il en est ainsi, par exemple, lorsque l'intention de l'une des parties a été de contracter avec une agence commerciale d'expérience pour la création et la rédaction d'un magazine et non avec une personne physique non commerçante et débutante [2].

Cependant, alors que l'ancien article 1110 faisait référence à l'erreur sur la personne, ce qui impliquait la prise en compte de l'erreur sur l'identité de celle-ci, sans faire référence à l'erreur sur les qualités essentielles, admise cependant par la jurisprudence, l'article 1134, inverse la formule : il ne fait plus référence à l'erreur sur la personne mais seulement à l'erreur sur les qualités essentielles de la personne. L'erreur sur l'identité doit-elle continuer à être prise en compte au titre de l'article 1134 ? Ou bien devrait-on considérer qu'il s'agit d'une erreur obstacle [3] car plus qu'un vice du consentement, il y a un véritable malentendu qui exclut le consentement ?

---

1. Req. 1er juill. 1924, DH 1924. 509.

2. Saint-Denis-de-la-Réunion, 6 oct. 1989, *JCP* 1990. II. 21504, note E. Putman.

3. S'interrogeant en ce sens, v ; G. Chantepie et M. Latina, *La réforme du droit des obligations. Commentaire théorique et pratique dans l'ordre du Code civil*, Dalloz, 2016, p. 252.

1146. L'erreur sur les qualités essentielles de la personne reste en toute hypothèse assez résiduelle, même s'il existe un contentieux récurrent concernant un contrat bien particulier et *intuitu personae* par excellence, le mariage. Cependant, le mariage n'est pas seulement un contrat civil ordinaire, il est aussi une institution et le texte applicable n'est pas l'article 1110 du Code civil mais l'article 180, alinéa 2, du Code civil, qui prévoit spécifiquement la nullité du mariage pour erreur sur les qualités essentielles de la personne (v. *Droit civil*, vol. 1).

C. L'erreur sur les qualités essentielles de la prestation

1) La notion d'erreur sur les qualités essentielles de la prestation

1147. L'article 1133 vient ici consacrer toutes les solutions jurisprudentielles concernant la notion d'erreur, qu'il s'agisse du passage de la substance de la chose aux qualités essentielles de la prestation, de l'exigence du caractère convenu de ces qualités, du rapport entre la qualité essentielle et la prestation fournie ou reçue, ou enfin du rôle de l'aléa.

a) Évolution historique : de la substance aux qualités essentielles

1148. Initialement ***la substance est la matière de la chose***. Dans la conception originaire du Code civil, l'erreur sur la substance s'entend seulement au sens étroit, matériel, d'erreur sur la *matière dont est faite la chose, objet du contrat* (c'est l'exemple type des chandeliers en métal doré que l'on croit en or).

Aujourd'hui ***la substance est devenue la qualité substantielle (ou essentielle) de la prestation***. La conception s'est progressivement élargie et la Cour de cassation a consacré une conception subjective de la substance. Il s'agit donc de rechercher la volonté interne du contractant, ce qu'il a considéré comme essentiel et qui l'a déterminé à contracter, pour identifier dans ces qualités déterminantes, les qualités substantielles de l'objet de la prestation. Il faudra alors les confronter à la réalité contractuelle, pour apprécier l'existence ou non d'une erreur.

La conception subjective de l'erreur conduit à admettre que ces qualités substantielles ou essentielles ne sont pas seulement les qualités objectivement essentielles de la chose, celles qui le seraient pour tout contractant placé devant le même contrat, comme par exemple la constructibilité d'un terrain[1] ou encore l'impropriété à la course d'une jument achetée pour la course et non pour la reproduction[2] ou la superficie d'un lot[3] ou l'authenticité d'un tableau[4]. Il peut s'agir aussi de qualités subjectivement essentielles, qui ne le sont éventuellement que pour le contractant considéré. Si la prise en compte des qualités subjectivement essentielles, qui conduit à une appréciation *in concreto* de l'erreur, contribue évidemment à en élargir le domaine, elle rend en même temps sa preuve plus difficile (v. ss 1153) et surtout, il faudra établir qu'elle était convenue entre les parties.

---

1. Civ. 1re, 1er juin 1983, *JCP N* 1983. II. 289, note M. Bouyssou.

2. Civ. 1re, 5 févr. 2002, *JCP* 2003. II. 10175, note Lièvremont.

3. Civ. 3e, 21 mai 2008, *JCP N* 2008. 508 ; *CCC* 2008, n° 224, obs. L. Leveneur ; *Dr. et patr.* 2/2009. 124, obs. L. Aynès et P. Stoffel-Munck.

4. Paris, 28 juin 2001, *Gaz. Pal.* 2002. Somm. 565, obs. Vray : l'erreur sur l'authenticité est bien une erreur sur la substance et non une simple erreur sur la valeur.

b) La nécessité d'une qualité convenue entre les parties

1149. Compte tenu de la subjectivisation de la notion de qualités essentielles, la qualité doit en effet avoir été « convenue » ou « entrée dans le champ contractuel » : cela signifie que l'autre contractant devait avoir connaissance du caractère essentiel de la qualité sur laquelle a porté l'erreur. L'expression de « qualité entrée dans le champ contractuel » est fréquemment utilisée par la jurisprudence pour faire référence au caractère convenu entre les parties de la qualité essentielle, soit parce qu'elle a été expressément reconnue comme essentielle par le contrat, soit parce qu'elle a été tacitement considérée comme telle, ce qui peut être facilement admis si la qualité est une qualité objectivement essentielle, mais sera plus compliqué à établir s'il s'agit d'une qualité subjectivement essentielle.

Ces solutions sont consacrées par l'article 1133 qui précise que l'erreur sur les « qualités essentielles de la prestation sont celles qui ont été expressément ou tacitement convenues et en considération desquelles les parties ont contracté ».

c) Une qualité de la prestation elle-même

1150. Cette exigence ressort nettement de la formule utilisée dans l'article 1133 qui vise « les qualités essentielles de la prestation ». En effet, si la qualité essentielle se confond assez facilement avec la qualité déterminante du consentement, il reste nécessaire qu'elle soit en rapport avec la chose ou, plus largement, la prestation : l'élément déterminant doit être une qualité de la prestation elle-même et non être en rapport simplement avec *les motifs* de l'engagement, seraient-ils déterminants (par exemple la rentabilité économique de l'opération ou plus largement l'aptitude de l'objet à remplir la finalité recherchée). La jurisprudence est constante sur ce point [1], excluant l'erreur sur un motif, à moins, dit la Cour de cassation, « qu'une stipulation expresse ne l'ait fait entrer dans le champ contractuel en l'érigeant en condition du contrat » [2] (v. ss 1163 s.). Il devient alors un élément substantiel du contrat et justifie l'admission de l'erreur sur la substance. Toutefois, la question reste complexe et plusieurs décisions ont admis qu'un motif pouvait constituer un élément substantiel malgré l'absence d'une stipulation expresse, en considérant qu'il était (implicitement) entré « dans le champ contractuel » ; notamment, la chambre commerciale a admis cette solution à propos d'une erreur sur la rentabilité d'un contrat de franchise, contrat dans lequel l'espérance de gain est un élément essentiel (sur cette question, v. ss 1164).

On notera aussi qu'en matière de vente, l'erreur sur les qualités substantielles peut se rapprocher du *vice caché*, sanction spécifique prévue par l'article 1641 du Code civil, au titre du contrat de vente. En effet, « le vice caché rendant la chose impropre

---

1. Civ. 1re, 13 févr. 2001, *Bull. civ.* 2001, I, n° 31 ; *Juris-Data* n° 2001-008272 ; Civ. 3e, 24 avr. 2003, *Bull. civ.* III, n° 82 ; Com. 30 mai 2006, n° 04-15.356 ; *Juris-Data* n° 2006-033836.

2. Com. 11 avr. 2012, n° 11-15. 429, *Juris-Data* n° 2012-006968 ; *JCP* 2012. 1151, chron. Droit des contrats, obs. Y.-M. Sérinet : le demandeur, faisait valoir que les équipements litigieux ne correspondaient pas à ses besoins dans son activité d'infirmière en milieu rural. La cour de cassation considère que l'erreur ne portait pas sur les qualités substantielles de l'équipement mais sur les motifs de leur acquisition. Pourtant, comme le relève M. Sérinet, il est admis que l'erreur puisse aussi porter indirectement sur l'objet lorsque celui-ci n'est pas apte à réaliser la fin poursuivie par la victime de l'erreur. Cette décision restreint donc les possibilités d'annulation en exigeant une stipulation expresse du contrat pour que l'adéquation des matériels à l'activité professionnelle puisse constituer une qualité substantielle.

à sa destination, peut, par l'ignorance qu'en a l'acheteur, susciter une erreur sur l'une des qualités qu'il attend de cette chose : un chevauchement de ces deux causes d'anéantissement du contrat est inévitable »[1].

d) L'absence d'acceptation d'un aléa

1151. L'article 1133, alinéa 3, indique que « l'acceptation d'un aléa sur une qualité de la prestation exclut l'erreur relative à cette qualité. Lorsqu'une qualité de la prestation est incertaine et que les parties ont accepté cette incertitude, elles ne peuvent ensuite, exciper d'une erreur lorsque la certitude s'établit dans un sens qui ne leur convient pas ». Le texte vient ici généraliser une solution qui avait été posée initialement dans le contexte du marché des œuvres d'art, qui constitue, en effet, un terrain privilégié de l'erreur sur les qualités essentielles et des difficultés qui sont soulevées par cette notion d'erreur.

2) Illustration : les difficultés de mise en œuvre de l'erreur sur les qualités essentielles dans le contexte du marché des œuvres d'art

1152. L'erreur sur les qualités essentielles a toujours trouvé un terrain d'application privilégié en matière de vente d'œuvre d'art et notamment de tableaux. La célèbre affaire *Poussin* est révélatrice, à cet égard, de la complexité que peut revêtir parfois la notion de qualité essentielle.

– ***En matière d'œuvre d'art***, la qualité objectivement essentielle, c'est évidemment l'authenticité de l'œuvre. Il y a donc erreur si l'on croit à l'authenticité de l'œuvre et que l'œuvre se révèle ensuite non authentique ; à l'inverse, il y aura erreur si l'on croit à l'absence d'authenticité (le vendeur en général qui vend de ce fait à bas prix), alors que l'œuvre est en réalité authentique.

– Parfois, cependant, la qualité essentielle n'est pas l'authenticité ou la non-authenticité, mais l'existence d'un doute ou, à l'inverse, l'absence de doute sur l'authenticité. C'était le cas dans la fameuse ***affaire Poussin***, concernant la vente d'un tableau, au Louvre, en 1968, vente consentie par les époux Saint-Arroman, dans la conviction qu'*il ne pouvait pas s'agir d'une œuvre de Poussin,* sur la foi d'une expertise en ce sens. Pourtant, une expertise ultérieure l'attribua à ce peintre[2], et, finalement après d'autres expertises, il s'avéra qu'il y avait à tout le moins un doute sur l'authenticité. Les vendeurs avaient donc contracté dans la conviction erronée qu'il n'y avait aucun doute. L'affaire, après un premier pourvoi en cassation, fut renvoyée devant la cour d'Amiens[3] puis sur nouveau pourvoi, il y eut un nouvel arrêt de la Cour de cassation[4] et enfin, la cour de Versailles mit un point final à cette affaire[5] en admettant la nullité du contrat pour erreur substantielle car la qualité essentielle, sur laquelle il y avait eu erreur, était

1. G. Loiseau, obs. sous Civ. 1re, 12 juill. 2001, *JCP* 2001. I. 370 ; et note L. Maupas, *JCP* 2002. II. 10143.

2. Civ. 1re, 22 févr. 1978, *D.* 1978. 601, note Ph. Malinvaud, *RTD civ.* 1979. 126, obs. Y. Loussouarn ; Paris, 2 févr. 1976, *D.* 1976. 325, concl. Cabannes, réformant TGI Paris, 3 déc. 1972, *D.* 1973. 7410, J. Ghestin et Ph. Malinvaud.

3. 1er févr. 1982, *Defrénois* 1982, art. 32885.

4. Civ. 1re, 13 déc. 1983, *D.* 1984. 340, note J.-L. Aubert.

5. 7 janv. 1987, *D.* 1987. 485, note J.-L. Aubert.

l'absence de doute sur l'authenticité quand la réalité était marquée par le doute. La Cour de cassation admit également que la réalité, en l'occurrence l'existence d'un doute sur l'authenticité, pouvait être établie à l'aide d'éléments postérieurs, en l'occurrence les expertises postérieures. Vingt ans après le début de cette histoire, en 1988, le tableau a finalement été vendu à une galerie suisse, sans nouvelle préemption du musée du Louvre pour le prix de 7 400 000 francs [112 812 euros] ! Cette affaire montre bien la conception de l'erreur : la croyance du contractant ne doit pas avoir été conforme à la réalité et peu importe que la réalité soit elle-même entachée d'incertitude.

Cette situation de doute n'existait pas dans ce que l'on a appelé la « *seconde affaire Poussin* » où un tableau intitulé *La Fuite en Égypte*, déclaré lors de la vente publique comme « de l'atelier de Nicolas Poussin », s'est ensuite révélé comme étant bien un tableau authentique du peintre, avec une évaluation trois cents fois supérieure à l'estimation initiale ! L'ancienne propriétaire a donc demandé et obtenu l'annulation de la vente sur le fondement de l'article 1110 et la Cour de cassation approuva l'annulation dès lors que la cour d'appel avait précisé que la venderesse « avait acquis la certitude que le tableau n'était pas de l'artiste »[1]. Il y avait donc, là encore, contradiction entre la réalité (l'authenticité) et la croyance du vendeur (non-authenticité) établie sur la foi du catalogue.

En revanche, dans une affaire plus récente, un tableau de van Gogh, *Le Jardin à Anvers*, dont l'authenticité avait été attestée sur le catalogue par deux experts, fut vendu 55 millions de francs. Par la suite, des rumeurs consécutives à la révélation de technique de faux, mirent en cause cette authenticité. Les héritiers de l'acquéreur demandèrent alors l'annulation de cette acquisition, mais sans succès car la Cour de cassation relève que « la cour d'appel a souverainement retenu que l'examen des différents éléments invoqués par les consorts V (les héritiers de l'acquéreur), confrontés à l'analyse scientifique et historique du tableau ne permettait pas d'établir que l'attribution de l'œuvre à Vincent van Gogh était douteuse »[2]. Ici, l'absence de doute sur l'authenticité de l'œuvre a donc conduit à écarter l'erreur[3] : les acquéreurs avaient contracté dans la croyance de son authenticité et cette croyance était conforme à la réalité.

– Il apparaît que les informations du catalogue de vente sont importantes en la matière : sans réserves, elles garantissent l'acheteur. En cas de doute naissant *a posteriori,* ou d'attribution certaine contraire aux indications du catalogue, cet acheteur est protégé : le catalogue établit l'erreur et la nullité peut être obtenue[4] ; toute erreur devient par ailleurs excusable, l'acheteur serait-il un spécialiste[5].

– ***La vente aux enchères de meubles d'époque*** suscite aussi un important contentieux. Il peut être illustré par l'affaire désormais célèbre de la « table Boulle », où la question a été posée de savoir s'il y a erreur sur l'authenticité lorsque l'objet n'a pas été seulement restauré (comme l'indiquait le catalogue) mais véritablement, transformé puisque des marqueteries « Boulle » avaient été ajoutées qui n'existait pas dans le meuble d'époque. Dans un premier arrêt rendu le 30 octobre 2008[6], la Cour de cassation

---

1. Civ. 1re, 17 sept. 2003, *Bull. civ.* I, n° 183, *JCP* 2004. I. 123, obs. Y.-M. Serinet.

2. Civ. 1re, 25 mai 2004, *Gaz. Pal.* 20-21 oct. 2004, p. 7, concl. J. Sainte-Rose.

3. V. J. Mestre, chron. citée dans la bibliographie.

4. Civ. 1re, 27 févr. 2007, *D.* 2007. 1632, note P.-Y. Gautier, *CCC* juin 2007, obs. L. Leveneur, n° 146, *D.* 2007. Pan. 2968, obs. S. Amrani-Mekki.

5. Civ. 3e, 31 mai 2007, *D.* 2007. Pan. 2969, obs. S. Amrani-Mekki.

6. Civ. 1re, 30 oct. 2008, *D.* 2009. 990, note L. Mauger-Vielpeau ; *RTD com.* 2009. 143, obs. F. Pollaud-Dulian.

avait considéré que le défaut d'authenticité était établi en se référant aux mentions du catalogue, lesquelles avaient entraîné la conviction erronée que, bien que réparé, ce meuble n'avait subi aucune transformation depuis l'époque Louis XVI ; mais dans le dernier épisode de l'affaire, concrétisé par un arrêt du 20 octobre 2011 [1], la Cour de cassation ne reprend pas la solution de 2008 : se référant au pouvoir souverain des juges du fond, elle relève que « l'installation de la marqueterie incontestée Boulle sur ce meuble d'époque Louis XVI constituait son originalité » et que les adjudicataires s'étaient portés acquéreurs en considération de ces éléments, de sorte qu'il n'y avait pas d'erreur sur l'authenticité. Elle réaffirme ici la conception subjective de l'erreur, appréciée au regard des intentions réelles des contractants, et non en se référant aux seules mentions du catalogue.

– Toutefois, lorsqu'il existe un ***aléa***, un doute, par exemple dans le cas d'œuvres « attribuées à » un peintre ou une école, et lorsque cet *aléa contractuel* a été accepté par les parties, toute possibilité d'erreur est alors en principe écartée, même si, ensuite, il s'avère que l'œuvre est authentique ou fausse, ainsi que l'a posé la Cour de cassation dans l'arrêt du *Verrou de Fragonard* [2]. Toutefois, dans une décision plus récente, la Cour de cassation a marqué certaines nuances et invité à une grande précision sur l'objet exact de l'aléa accepté [3].

Concernant cette question de l'incidence d'un aléa, on rappellera que l'article 1133 l'a généralisée au-delà du marché des œuvres d'art.

D. La preuve, les caractères et la sanction de l'erreur

1) Preuve de l'erreur

1153. L'erreur est un fait juridique qui se prouve par tout moyen et s'apprécie *in concreto*. Il appartient donc à celui qui invoque l'erreur de la prouver. La victime de l'erreur doit donc établir le caractère essentiel de l'élément sur lequel elle s'est trompée et dans la mesure où cette qualité peut être une qualité subjectivement essentielle, elle doit par ailleurs établir que cette qualité substantielle est entrée « dans le champ contractuel » : elle doit prouver que l'erreur est « commune ». L'expression, impropre, ne signifie pas que les deux contractants ont commis tous les deux une erreur mais que la qualité considérée comme essentielle par le contractant victime de l'erreur était bien connue de l'autre, qu'il s'agissait d'une « qualité convenue » (v. ss 1149).

---

1. Civ. 20 oct. 2011, *JCP* 2011, note 1350, Y.-M. Serinet ; *D.* 2012. 76, note F. Labarthe et pan. 463, obs. S. Amrani-Mekki et M. Mekki.

2. Civ. 1re, 24 mars 1987, *D.* 1987. 489, note J.-L. Aubert.

3. Civ. 1re, 28 mars 2008, *D.* 2008. Pan. 2971, obs. S. Amrani-Mekki et Jur. 1866, note E. Treppoz ; *JCP* 2008. II. 10101, note Y. Serinet ; *RDC* 2008. 727, obs. Y.-M. Laithier : il s'agissait d'une espèce où des experts avaient admis qu'une œuvre (un portrait de Claude Monet) censée avoir été réalisée par John Z. *pouvait* en fait avoir été réalisée par un peintre de *moindre notoriété*. Or, depuis la vente, le tableau avait ensuite été attribué à Monet lui-même et inscrit dans le catalogue de ses œuvres. La venderesse avait donc demandé la nullité de la vente pour erreur et la cour d'appel l'avait écartée, au motif que les parties avaient accepté l'aléa sur l'attribution de l'œuvre. Or la Cour de cassation censure la décision. En fait, accepter que l'œuvre puisse éventuellement être celle d'un peintre de moindre notoriété, n'est pas accepter l'aléa consistant dans le fait que l'œuvre pourrait être d'une peintre d'une beaucoup plus grande notoriété.

Il faut ensuite établir que cette qualité substantielle attendue ne correspond pas à la réalité contractuelle au moment de la conclusion du contrat.

L'erreur s'apprécie en effet au moment de la conclusion du contrat, par confrontation de la conviction du contractant au jour de la conclusion du contrat à la réalité contractuelle. Toutefois, la Cour de cassation, à l'occasion de l'affaire *Poussin-Saint Arroman* (v. ss 1152) a précisé que la réalité de l'erreur peut s'établir à l'aide d'éléments postérieurs, en l'occurrence, la seconde expertise postérieure à la vente qui a permis d'établir une réalité concernant l'œuvre en contradiction avec la conviction des vendeurs au moment de la vente.

2) Caractères de l'erreur

a) Caractère déterminant

1154. L'erreur est un vice du consentement. Pour entraîner la nullité du contrat, elle doit donc, en toute logique, avoir déterminé ce consentement. L'erreur insignifiante n'est donc pas prise en considération. On rappellera que cette condition est posée désormais de façon générale pour tous les vices du consentement par l'article 1130 et que concernant l'erreur, ce caractère déterminant est cependant totalement lié à la notion de qualité essentielle puisque la qualité essentielle est nécessairement déterminante du consentement : c'est « en considération [d'elle] que les parties ont contracté » (art. 1133, al. 1er).

b) Erreur de droit ou erreur de fait

1155. L'erreur peut être de droit ou de fait. L'article 1132 issu de l'ordonnance a confirmé sur ce point cette solution admis classiquement par la jurisprudence ; ainsi par exemple, il y a erreur de droit dans le cas où une personne vend son immeuble à un de ses locataires car le notaire pensait par erreur qu'il bénéficiait d'un droit de préemption, alors que ce droit était exclu si l'immeuble était vendu dans sa totalité[1] ou encore quand une société, profane en matière immobilière, croit à tort que l'immeuble acheté pouvait être mis en location[2].

c) Erreur portant sur la prestation fournie ou reçue

1156. Là encore, l'article 1133, alinéa 2, vient supprimer toute hésitation : « l'erreur est une cause de nullité qu'elle porte sur la prestation de l'une ou de l'autre partie ». La solution était admise, cependant, depuis un arrêt de la Cour de cassation du 17 novembre 1930[3] : l'erreur peut être invoquée indifféremment par l'une ou l'autre des parties au contrat, le vendeur ou l'acquéreur, dans un contrat de vente. En matière

---

1. La cour d'appel avait accueilli la demande en réalisation de la vente faite par le locataire au motif qu'il importait peu que l'offre de préemption ait été faite par erreur, sans incidence sur sa validité dès lors que l'offre avait été acceptée aux conditions de la vente projetée. La cour de cassation, casse en rappelant qu'il n'y a pas de consentement valable s'il n'a été donné que par erreur (Civ. 3e, 24 mai 2000, *JCP* 2001. II. 10494, note C. Duvert ; *RTD civ.* 2000. 825, obs. J. Mestre et B. Fages).

2. Civ. 3e, 3 mai 2018, n° 17-11.132, *Juris-Data* n° 2018-007524 ; *CCC* 2018, comm. 147, obs. L. Leveneur.

3. Civ. 1re, 17 nov. 1930, *S.* 1932. I. 17.

de vente d'œuvre d'art, c'est souvent le vendeur qui invoque une erreur, ce qui était le cas dans l'affaire *Poussin – Saint Arroman* (v. ss 1152).

d) Caractère excusable de l'erreur

1157. L'erreur doit être excusable. Ce caractère classiquement exigé de l'erreur est également confirmé par l'article 1132. Le caractère inexcusable de l'erreur d'un contractant lui interdit d'obtenir l'annulation du contrat [1].

Ce caractère inexcusable s'apprécie *in concreto* donc au cas par cas et, à cet égard, la seule constatation de la qualité de professionnel du demandeur ne suffit pas à le priver du droit d'invoquer la nullité. Tout va dépendre des circonstances. L'erreur inexcusable a ainsi été évoquée mais non retenue dans une affaire de vente d'œuvre d'art : Henri Claudel, neveu de Camille Claudel, avait acheté une toile signée C. Claudel, désignée sous le nom de « l'amie anglaise », présentée comme une œuvre de la célèbre artiste au catalogue raisonné de ses œuvres, dressé par Mme Paris, sa petite-nièce en 1990. Il confia cette toile à M. Gilles Perrault avec mission de la restaurer et de la conserver en dépôt-vente au prix de 600 000 F. Celui-ci s'en porta acquéreur pour cette somme et la revendit, quelques jours plus tard pour un million de francs. Mais, en 1996, un autre catalogue dressé par d'autres auteurs attribua la toile à Charles-Antoine Claudel. M. Gilles Perrault remboursa alors spontanément son acquéreur et se retourna contre Henri Claudel, son vendeur, en annulation de cette vente. La cour d'appel de Versailles [2] le débouta en retenant le « caractère inexcusable de l'erreur » commise, en soulignant ses titres de restaurateur d'œuvres d'art, expert agréé, spécialisé dans le dépistage des faux et des contrefaçons artistiques mentionnés sur ses documents professionnels et le travail effectué sur la toile reçue en dépôt-vente. La Cour de cassation a cependant cassé cette décision au visa de l'article 1110 car l'expert n'était pas intervenu pour une certification de la toile litigieuse, déjà formellement reconnue comme étant de Camille Claudel par un expert spécialiste de ses œuvres, et que cette authenticité n'était en rien démentie à l'époque de la vente [3]. De même, dans une décision du 13 mars 2012, la chambre commerciale de la Cour de cassation a admis qu'un professionnel des travaux agricoles qui avait acquis d'une société une moissonneuse-batteuse de marque *Massey-Ferguson* et une barre de coupe repliable de marque *Geringhoff* pour une somme globale et avait ultérieurement constaté l'incompatibilité des deux matériels avait pu invoquer l'erreur sur les qualités substantielles de la chose vendue. Au vu des circonstances, la cour d'appel avait relevé que ce professionnel, normalement diligent et compétent, ne pouvait que penser que l'engin agricole ne rendrait le service escompté que muni de la barre de coupe repliable *Geringhoff*. La Cour de cassation approuve les juges du fond d'avoir ainsi « fait ressortir les circonstances de fait rendant excusable l'erreur commise par l'acheteur professionnel [4] ».

---

1. Soc. 3 juill. 1990, *D.* 1991. 507 (2e esp.), note J. Mouly.

2. Versailles, 19 janv. 2001.

3. Civ. 1re, 14 déc. 2004, comm. J. Mestre et B. Fages, *RTD civ.* n° 1, 2005. 123 ; *JCP* 2005. I. 141, chron. Y.-M. Serinet.

4. Com. 13 mars 2012, n° 11-13.077, *Juris-Data* n° 2012-004404, *JCP* 2012. 561, chron. Y. M. Sérinet.

L'erreur est cependant toujours excusable lorsqu'elle a été *provoquée par une réticence dolosive* du cocontractant. C'est ce qu'a admis la Cour de cassation [1] et qu'indique aussi expressément l'actuel article 1139. Ainsi, lorsqu'un contractant a une obligation d'information et qu'il garde volontairement le silence sur une qualité essentielle de la chose et induit l'autre en erreur, cette erreur est toujours excusable, même si le cocontractant induit en erreur est un professionnel. La sanction intervient cependant généralement dans ce cas sur le fondement du dol et non de l'erreur. Lorsque le silence n'est pas volontairement gardé pour induire l'autre en erreur mais par simple négligence, la question du caractère inexcusable de l'erreur peut être discutée.

3) Sanction de l'erreur

1158. L'erreur sur la substance est une *erreur-nullité* : elle empêche le contrat de se former valablement et celui-ci doit donc être annulé. Il s'agit d'une nullité de protection, relative et l'article 1130 du Code civil pose désormais la règle comme une règle générale pour tous les vices du consentement. L'action n'est donc ouverte qu'à la victime de l'erreur, pendant cinq ans à compter de la découverte du vice. Des dommages et intérêts peuvent éventuellement être obtenus s'il y a eu une faute, même non intentionnelle, qui a provoqué un préjudice, par exemple le manquement à un devoir d'information. La responsabilité n'est pas, alors, contractuelle puisque le contrat est nul : elle est fondée sur l'article 1240 du Code civil.

E. Les erreurs indifférentes à la validité du contrat

1159. Il existe plusieurs types d'erreurs insignifiantes, n'atteignant pas la validité de l'acte et n'entraînant aucune sanction.

1) L'erreur sur une qualité non essentielle

1160. Les erreurs sur des qualités de la chose mais non essentielles, ne peuvent raisonnablement pas avoir déterminé le consentement. Cela, même en admettant qu'il ne soit pas indispensable que la qualité ait déterminé à conclure le contrat mais qu'elle ait pu simplement déterminer à le conclure à ces conditions, si bien qu'en l'absence d'erreur, il aurait été conclu à des conditions substantiellement différentes (v. ss 1132).

2) L'erreur sur la valeur de la prestation

1161. On rejoint ici la question de la lésion (déséquilibre objectif du contrat), dont on a déjà souligné qu'elle n'était pas, sauf cas exceptionnels, une cause de nullité du contrat (v. ss 1120). Admettre l'erreur sur la valeur reviendrait, en somme, à généraliser la sanction de la lésion. Aussi, même si elle est déterminante l'erreur sur la valeur n'est en principe pas admise, à moins que cette erreur sur la valeur ne soit une conséquence d'une erreur sur une qualité essentielle, auquel cas l'acte sera annulable mais à ce titre, et non au titre d'une erreur sur la valeur.

---

1. Civ. 3e, 21 févr. 2001, *JCP* 2001. I. 330, obs. A. Constantin.

C'est ce que confirme, très clairement, l'article 1136 : « l'erreur sur la valeur par laquelle, sans se tromper sur les qualités essentielles de la prestation, un contractant fait seulement de celle-ci une appréciation économique inexacte, n'est pas une cause de nullité ».

Toutefois, l'erreur sur le prix peut être cause de nullité lorsqu'elle résulte d'une confusion entre les francs anciens et les francs actuels [1], ou plus récemment entre les francs et les euros. Il peut s'agir également de l'indication par inadvertance d'un prix erroné [2] ou d'un malentendu fondamental sur le prix à l'unité [3]. La Cour de cassation a cependant considéré que l'erreur sur le prix du vendeur immobilier, résultant d'une conversion erronée du prix de francs en euros était une erreur inexcusable de la part d'un professionnel de la vente et ne pouvait donc être prise en considération [4].

1162. ***L'erreur sur la rentabilité économique de l'opération*** n'est pas considérée comme une erreur sur la valeur, même si elle n'est pas sans lien avec elle. Sa prise en compte n'est pas exclue, mais elle soulève d'autres difficultés, car elle conduit à admettre qu'une erreur sur les motifs puisse être prise en compte et assimilée à une erreur sur la substance (v. ss 1163).

3) L'erreur sur les motifs

1163. Avant l'ordonnance du 10 février 2016 qui a fait disparaître la cause, d'une façon générale, l'*erreur sur les motifs* d'un contrat n'était pas prise en considération, au contraire, de l'erreur sur la cause (déjà sur ce point, v. ss 1144). En effet, les motifs sont subjectifs, individuels, propres à un cocontractant et inconnus de l'autre, *à moins qu'ils n'aient fait l'objet d'une clause expresse*, alors que l'erreur sur la cause concernait la cause objective ou cause de l'obligation, qui est toujours un motif extériorisé, et connu du contractant. C'est ainsi qu'en principe une erreur sur la *rentabilité économique* d'une opération immobilière, ne peut être invoquée, car il s'agit soit d'une erreur sur la valeur, soit d'une erreur sur les motifs et la troisième chambre civile de la Cour de cassation l'avait rappelé dans une décision du 31 mars 2005 [5]. L'exclusion de la prise en compte de l'erreur sur les motifs en l'absence d'une stipulation expresse du contrat érigeant le motif considéré en élément essentiel et déterminant du consentement avait été également réaffirmée par la chambre commerciale dans une décision du 11 avril 2012 [6] ; mais *a contrario,* cela signifiait qu'en présence d'une telle stipulation l'erreur sur le motif déterminant peut devenir une cause de nullité.

1164. *Là encore, l'ordonnance de 2016 confirme ces solutions* dans l'article 1135 : « l'erreur sur un simple motif, étranger aux qualités essentielles de la prestation due

1. Com. 14 janv. 1969, *D.* 1970. 458, note M. Pédamon.

2. Civ. 3e, 23 janv. 1970, *Gaz. Pal.* 1970. 1. 210 ; comp. Paris, 15 sept. 1995, *RTD civ.* 1996. 148, obs. J. Mestre, pour une erreur matérielle dans l'indication du prix.

3. Civ. 1re, 28 nov. 1973, *D.* 1975. 21, note R. Rodière.

4. Civ. 3e, 4 juill. 2007, *D.* 2007. 2847, note N. Rias, *D.* 2007. Pan. 2967, obs. S. Amrani-Mekki.

5. Civ. 3e, 31 mars 2005, *Bull. civ.* III, n° 81 ; *Juris-Data* n° 2005-027809 ; *D.* 2006. 2082, note C. Boulogne-Yang-Ting ; *D.* 2012. Pan. 462, obs. S. Amrani-Mekki et M. Mekki.

6. Com. 11 avr. 2012, n° 11-15. 429, *Juris-Data* n° 2012-006968 ; *JCP* 2012. 1151, chron. Droit des contrats, obs. Y.-M. Sérinet : décision analysée en note, v. ss 1150.

ou du cocontractant, n'est pas une cause de nullité, à moins que les parties n'en aient fait expressément un élément déterminant de leur consentement ». L'existence d'une stipulation expresse permet donc d'ériger un motif, comme par exemple la rentabilité économique de l'opération, en élément déterminant et d'invoquer ensuite une erreur sur ce motif pour obtenir la nullité du contrat[1].

Cependant, *même en l'absence d'une clause expresse*, dans une décision du 4 octobre 2011, la chambre commerciale a admis qu'une *erreur sur la rentabilité* pouvait constituer une erreur sur la substance[2] ; il s'agissait cependant d'un contrat bien particulier, un contrat de franchise, dans lequel la rentabilité peut être considérée comme un élément objectivement essentiel. La même solution a néanmoins été retenue par la troisième chambre civile qui a admis que la situation de non-concurrence dans un centre commercial était « entrée dans le champ contractuel », en l'absence d'une clause expresse[3]. Le motif devient ici une qualité essentielle *implicitement* convenue.

Cette dernière solution semble cependant condamnée par l'article 1135, qui impose que les parties aient fait *expressément* du motif étranger aux qualités essentielles un élément déterminant de leur consentement. Pourtant, depuis, la chambre commerciale a confirmé cette solution, toujours à propos d'une erreur sur la *rentabilité économique* dans un contrat de franchise où l'espérance de gain est un élément essentiel, mais elle statuait en application du droit antérieur à l'ordonnance[4].

Avant la suppression de la cause par l'ordonnance de 2016, l'erreur sur la rentabilité de l'opération contractuelle pouvait être sanctionnée sur le fondement de l'absence de cause et l'on en trouve encore des applications depuis l'ordonnance mais les décisions sont rendues sur le fondement du droit antérieur[5]. La disparition de la notion de cause conduira peut être la jurisprudence à admettre plus facilement l'erreur sur les motifs assimilée à une erreur sur la substance, notamment dans ce cas particulier de l'erreur sur la rentabilité.

---

1. Pour une application : Civ. 3e, 13 févr. 2020, n° 18-26.486. *Légifrance*. La Cour relève que les acquéreurs n'avaient pas fait de l'obtention d'un permis de construire une « condition formelle » du contrat, mais semble admettre que, même en l'absence de clause expresse, il serait possible de démontrer que la condition est entrée dans le champ contractuel, ce qui, en l'espèce, n'avait pas été établi.

2. Com. 4 oct. 2011, *D*. 2011. 3052, note N. Dissaux ; *JCP* 2011. 1350, n° 49, note Y.-M. Serinet ; *RDC* 2012-1, obs. T. Genicon ; *D*. 2012. Pan. 463, obs. S. Amrani-Mekki et M. Mekki ; *JCP* 2012. 135, note J. Ghestin. La solution a été retenue à nouveau le 12 juin 2012 : Com. 12 juin 2012, n° 11619.047, *D*. 2012. 2079, note N. Dissaux ; *JCP* 2012, chron. Droit des contrats, p. 1151, obs. Y.-M. Serinet ; *RTD civ.* n° 4, 2012. 724, obs. B. Fages.

3. Civ. 3e, 2 oct. 2013, n° 12-13.302, inédit ; *JCP* 2014, chron. Droit des contrats, p. 115, obs. G. Loiseau : « ayant retenu que la société Marionnaud justifiait de la matérialité de son erreur en démontrant avoir conclu le bail dans la croyance erronée qu'il permettait l'exercice de son activité sans concurrence dans le centre commercial et que la perspective d'une situation avantageuse, qui avait été prise en compte dans la détermination du prix du bail constituait une qualité substantielle de la chose louée, comprise dans le champ contractuel et exempte d'aléa, la cour d'appel en a justement déduit qu'il y avait lieu de prononcer la nullité du bail ».

4. Com. 10 juin 2020, n° 18-21536, *Légifrance*.

5. V. par ex : Civ. 3e, 18 avr. 2019, n° 18-10.693, *Légifrance* : « ayant souverainement retenu que la réalisation d'un investissement locatif et l'avantage fiscal pour lesquels Mme I... avait contracté étaient entrés dans le champ contractuel, que la médiocrité de la rentabilité locative préexistait à la vente et que la surévaluation du bien effaçait tout avantage fiscal, la cour d'appel, qui ne s'est pas fondée sur l'erreur, a pu en déduire que Mme I... était fondée à obtenir l'annulation de la vente pour absence de cause ».

4) Le cas particulier de l'erreur sur les motifs d'une libéralité

1165. L'article 1135, alinéa 2, réserve cependant le cas de « l'erreur sur le motif d'une libéralité, en l'absence duquel son auteur n'aurait pas disposé », pour en faire une cause de nullité. Cette admission de l'erreur sur les motifs concernant les libéralités est destinée à pallier, concernant ces actes à titre gratuit, la disparition de la notion de cause, qui servait auparavant à annuler l'acte sur le fondement de l'erreur sur la cause, considérée comme une erreur obstacle (v. ss 1142).

§ 4. Le dol

1166. Il est désormais traité par les articles 1137 à 1139 du Code civil, qui confirment et codifient, comme en matière d'erreur, les solutions jurisprudentielles qui avaient été développées sur la base de l'ancien article 1116.

A. Définition du dol et rapports du dol et de l'erreur

1167. *Le dol* est une tromperie qui a pour effet de provoquer dans l'esprit du contractant une erreur qui le détermine à contracter. Le dol est donc une erreur provoquée et c'est cette erreur qui vicie le consentement ; en même temps, le dol est une malhonnêteté, un délit civil.

L'article 1137, prenant acte des évolutions jurisprudentielles le définit comme « le fait pour un cocontractant d'obtenir le consentement de l'autre par des manœuvres des mensonges ou des mensonges. Constitue également un dol la dissimulation intentionnelle par l'un des contractants, d'une information dont il sait le caractère déterminant pour l'autre partie ».

S'il n'est pas fait expressément référence, dans cette définition, à l'erreur comme une conséquence nécessaire du dol, cette nécessité d'une erreur apparaît clairement dans un autre article l'article 1139 : « *l'erreur qui résulte du dol* est toujours excusable ; elle est une cause de nullité alors même qu'elle porterait sur la valeur ou sur un simple motif du contrat ».

On voit donc tout de suite le rapprochement comme les différences avec l'erreur de l'article 1132 ; de fait, il est parfois difficile de délimiter le domaine de l'un et de l'autre. Le domaine du dol, toutefois, est plus large que celui de l'erreur, et les sanctions peuvent être plus sévères.

1) Le dol a un domaine plus large que l'erreur

1168. Les domaines du dol et de l'erreur peuvent coïncider. En effet, à part une décision isolée de la cour d'appel de Colmar du 30 janvier 1970 qui a autrefois admis un dol sans erreur[1], la jurisprudence a toujours exigé toujours que le comportement dolosif ait provoqué une erreur. Par ailleurs, cette erreur peut porter sur les qualités essentielles de la chose et dans ce cas, le domaine du dol et de l'erreur se recoupent exactement et la victime pourra agir indifféremment sur les deux fondements.

---

1. *D.* 1970· 297, note E. Alfandari.

1169. Cependant, il peut aussi y avoir nullité pour dol alors que les conditions de la nullité pour erreur ne seraient pas réunies :

– Le dol peut ainsi être admis ***même si l'erreur ne porte pas sur une qualité essentielle***. Cette solution était constante en jurisprudence avant l'intervention de l'ordonnance du 10 février 2016. Ainsi, dans un arrêt du 13 février 1967, la Cour de cassation a précisé que « l'erreur provoquée par un dol peut être prise en considération, même lorsqu'elle ne porte pas sur la substance de la chose, dès lors qu'elle a déterminé le consentement du cocontractant »[1]. L'erreur provoquée par le dol peut donc être une *erreur sur la valeur* (par exemple une erreur du cessionnaire sur la valeur des titres sociaux)[2] ou sur un *motif* étranger aux qualités de la chose et un contrat qui n'aurait pu être annulé pour erreur sur le fondement de l'article 1110, le sera s'il est prouvé que l'erreur a été provoquée par un dol.

Ces solutions sont confirmées par l'article 1139, puisqu'il dispose que l'erreur qui résulte d'un dol est une cause de nullité alors même qu'elle porterait sur la valeur de la prestation ou sur un simple motif du contrat.

– De même, le dol peut être admis ***même en cas d'erreur inexcusable***. La Cour de cassation affirmait déjà, avant la réforme qu'une « réticence dolosive… rend toujours excusable l'erreur provoquée »[3] (v. ss 1157). L'erreur provoquée par le dol serait donc toujours excusable, au contraire de l'erreur spontanée. L'article 1139, l'indique expressément : « l'erreur provoquée par le dol est toujours excusable ».

En définitive, le domaine du dol apparaît plus large que celui de l'erreur. Au-delà de l'erreur, il s'agit en effet de sanctionner la malhonnêteté du cocontractant, une faute dont l'intentionnalité a été confirmée par l'ordonnance, ce qui appelle par ailleurs des sanctions plus sévère.

2) Le dol peut être plus sévèrement sanctionné que l'erreur

1170. En tant que vice du consentement, le dol entraîne, comme l'erreur sur les qualités substantielles, la nullité relative du contrat, ouverte à la seule victime du vice dans un délai de cinq ans à compter de la découverte de ce vice, c'est-à-dire à partir du moment où le cocontractant découvre l'erreur qu'il allègue[4] (art. 1131).

Mais le dol est aussi une faute intentionnelle, un délit civil, car le cocontractant, on le verra, doit avoir une intention de tromper (v. ss 1179). C'est pourquoi, indépendamment de la nullité du contrat, le dol peut toujours être sanctionné sur le fondement de l'article 1240 du Code civil (ancien art. 1382), par la responsabilité extracontractuelle pour faute, alors que cette sanction n'est pas toujours possible en cas d'erreur spontanée, qui n'implique pas nécessairement une faute de l'autre cocontractant.

---

1. *D.* 1967. Somm. 74, *Bull. civ.* I, n° 58.

2. Com. 17 juin 2008, *RTD civ.* 2008. 671, obs. B. Fages.

3. Civ. 3e, 21 févr. 2001, *JCP* 2002. II. 10027, note C. Jamin., *D.* 2001. 2702, note D. Mazeaud, et Somm. 3236, obs. L. Aynès ; *D.* 2003. Chron. 2023, J. Mouly ; *RTD civ.* 2001. 353, obs. J. Mestre et B. Fages.

4. « Peu important que cette découverte intervienne près de trente ans après la conclusion de l'acte litigieux » : Civ. 1re, 11 sept. 2013, n° 12-20. 816 ; *Juris-Data* n° 2013-018927, *JCP* nov. 2013, p. 1236, note N. Guerrero ; *D.* 2014. Pan. 636, obs. S. Amrani-Mekki et M. Mekki ; *RTD civ.* 2013. 856, note P.-Y. Gautier.

B. Éléments constitutifs du dol

1) Élément matériel : des manœuvres dolosives à la simple réticence dolosive

a) L'élargissement jurisprudentiel du domaine du dol

1171. À l'origine du Code civil, le dol supposait des *manœuvres dolosives*, c'est-à-dire un ensemble d'actes extérieurs destinés à tromper et portant en eux-mêmes la preuve de cette intention de tromper. Il était défini par l'article 1116 comme « une cause de nullité de la convention lorsque les manœuvres pratiquées par l'une des parties sont telles, qu'il est évident que sans ces manœuvres, l'autre partie n'aurait pas contracté ». Le dol est en effet un délit, une faute intentionnelle. Cependant, interprétant extensivement le texte, la jurisprudence va progressivement élargir le domaine du dol.

– *Le simple mensonge* a été d'abord assimilé à des manœuvres dolosives au sens de l'article 1116 du Code civil, tout en distinguant le petit mensonge normal, le *dolus bonus*, du mensonge véritablement malhonnête, *dolus malus,* seul susceptible d'entraîner la nullité du contrat. Le mensonge est un comportement positif, qui ne laisse pas de doute sur l'intention de tromper.

– Ensuite, *le silence* gardé intentionnellement, la *réticence*, a été considéré comme susceptible de constituer un dol. La jurisprudence a assimilé à des manœuvres dolosives le fait de garder le silence sur un élément déterminant du consentement du contractant, intentionnellement, ce que l'on a appelé la *réticence dolosive :* « le dol peut être constitué par le silence de l'une des parties dissimulant à son cocontractant un fait qui, s'il avait été connu de lui, l'aurait empêché de contracter » [1]. Par exemple, la dissimulation du kilométrage réel d'un véhicule [2], ou l'absence d'information de la caution sur la situation irrémédiablement compromise du débiteur principal, ou encore le silence gardé sur l'installation prochaine d'une porcherie à proximité de la maison vendue [3], constituent des hypothèses classiques de réticence dolosive. Citons également une espèce assez rare de « vente à réclamer » (consistant en l'acquisition d'un cheval de course après le déroulement d'une course), annulée du fait que le vendeur avait commis un dol par réticence en n'informant pas les éventuels acquéreurs qui souhaitaient une pouliche de course et non une jument de reproduction, de l'état de gestation de la pouliche [4].

Si le simple silence a pu être assimilé à des manœuvres dolosives, donc à une faute intentionnelle, c'est parce que la jurisprudence a eu recours à l'obligation précontractuelle d'information.

b) Le fondement de l'assimilation du silence gardé à un dol dans la jurisprudence : l'obligation précontractuelle de renseignement

1172. La jurisprudence sanctionne la réticence chaque fois qu'il lui paraît que par son silence volontaire, un contractant a manqué à la bonne foi sur laquelle l'autre

---

1. Civ. 3e, 15 janv. 1971, *Bull. civ.*, n° 38 ; *RTD civ.* 1971. 839, note Y. Loussouarn.

2. Civ. 1re, 19 janv. 1977, *Kerrouche, Gaz. Pal.* 1974. 2. 184 ; *Bull. civ.* I, n° 186 : « le garagiste professionnel ne pouvait ignorer que le compteur indiquait un kilométrage inférieur à celui parcouru en réalité par le véhicule » dit la Cour de cassation pour retenir la réticence dolosive.

3. Civ. 3e, 2 oct. 1974, *GAJC*, 11e éd., n° 150.

4. Civ. 1re, 5 févr. 2002, *JCP* 2003. II. 10175, note C. Lièvremont.

partie était en droit de compter, en faisant peser sur lui une obligation d'information ou de renseignement qu'elle a eu tendance à développer, en dehors de tout texte spécial la prévoyant.

L'existence d'une obligation préalable de renseigner l'autre parait nécessaire, en effet, dès lors que le dol est une faute car il faut pouvoir la caractériser : la faute consiste dans le manquement à une obligation, en l'occurrence ici, l'obligation précontractuelle de renseignement, ou désormais, le devoir d'information. C'est ainsi, à nouveau, l'exigence de loyauté et de bonne foi qui se trouvait consacrée avec cette sanction du silence gardé intentionnellement pour induire le cocontractant en erreur et obtenir son consentement au contrat.

1173. *Le développement de l'obligation précontractuelle d'information*, a en effet permis, à partir des années soixante-dix, de fonder la sanction de la réticence dolosive et elle a été généralisée par la jurisprudence à l'encontre des *professionnels* contractant avec des particuliers profanes [1], avant même d'être inscrite dans le Code de la consommation. Toutefois, la jurisprudence a admis aussi que le *particulier* qui détient une information importante a en principe, l'obligation de renseigner son cocontractant sur les éléments importants qu'il connaît et qu'il sait susceptibles de conditionner le consentement au contrat. L'obligation d'information peut donc aussi concerner des particuliers contractant avec d'autres particuliers. L'article 1112-1 du Code civil, qui généralise le devoir d'information, fait désormais référence, indistinctement, à « celle des parties qui connaît une information… » (v. ss 1080 s.). Tous les contractants et tous les contrats sont concernés. Toutefois, l'existence d'un devoir d'information sur l'estimation de la valeur de la prestation a été expressément écarté par l'ordonnance et la possibilité, en cas de dissimulation d'une information déterminante sur le prix, de retenir un dol par réticence a été exclue expressément par la loi de ratification de l'ordonnance du 20 avril 2018 (v. ss 1084, 1072 s.).

c) La consécration de l'évolution jurisprudentielle par l'ordonnance du 10 février 2016 et la question du lien entre le dol et le devoir d'information

1174. L'ordonnance du 10 février 2016 a consacré cette évolution du dol puisque l'article 1137, alinéa 2, indique expressément que : « constitue également un dol la dissimulation intentionnelle par l'un des contractants d'une information dont il sait le caractère déterminant par l'autre partie ».

La réticence dolosive est donc désormais directement reconnue.

1175. Toutefois, il faut relever que l'article 1137 n'a pas expressément subordonné la réticence dolosive à l'existence d'une obligation précontractuelle d'information. Ce choix était réfléchi, ainsi que l'indique le rapport de présentation de l'ordonnance au président de la République, car il s'agissait de mettre l'accent sur l'intention de tromper, qui caractérise le dol, davantage que sur le manquement au devoir d'information. L'ordonnance aurait ainsi opéré une déconnexion ou un « découplage » entre le devoir d'information et le dol par réticence, ce qui devrait permettre de retenir

---

1. V. not., Civ. 3e, 3 févr. 1981, *D.* 1984. 457.

un dol par réticence, alors même qu'un devoir d'information ne serait pas établi[1] (sur ce point, aussi, v. ss 1084). Cependant, l'article 1112-1, dans la sous-section consacrée aux négociations contractuelles, est venu poser et généraliser un devoir d'information qui pèse sur « celle des parties qui connaît une information dont l'importance est déterminante pour le consentement de l'autre ; il doit l'en informer dès lors que légitimement, cette dernière ignore cette information ou fait confiance à son cocontractant » (sur ce devoir, v. ss 1080 s.).

Dès lors, dans la mesure où le dol par réticence suppose la dissimulation d'une information dont le titulaire sait le caractère déterminant pour l'autre partie, et où le devoir d'information pèse sur toute partie qui connait une information dont l'importance est déterminante pour l'autre, on voit mal comment on pourrait déconnecter le dol par réticence du devoir d'information.

Malgré tout, l'articulation entre l'article 1137 et l'article 1112-1 a soulevé de sérieuses difficultés en raison de l'exclusion, par l'article 1112-1, alinéa 2, de tout devoir d'information concernant l'estimation de la valeur de la prestation (sur ce point, v. ss 1084). La question s'est alors posée de savoir si cela excluait, dans cette hypothèse particulière, toute possibilité de retenir un dol par réticence, alors même que l'intention de tromper serait établie. Pour lever l'ambiguïté, la loi du 20 avril 2018 de ratification de l'ordonnance, sans toucher à l'article 1112-1 a répondu par l'affirmative en ajoutant un alinéa à l'article 1137 : « Le dol par réticence est exclu en cas de silence gardé sur la valeur de la prestation ». L'exclusion du dol, dans cette hypothèse consolide ainsi la jurisprudence *Baldus,* dans laquelle la Cour de cassation a refusé de sanctionner l'acquéreur qui n'avait pas informé le vendeur sur la valeur de l'objet vendu (v. ss 1176). Concernant la question de la valeur de la prestation, la connexion entre le devoir d'information et le dol par réticence est opérée mais la solution a pu être fortement critiquée[2] (également, v. ss 1084) car elle consacre, concernant cette question essentielle de la valeur, le sacrifice de l'obligation de bonne foi.

1176. L'article 1137, par la généralité des termes employés, dissimulation par « l'un des contractants » d'une information essentielle pour « l'autre partie », lève par ailleurs toute incertitude sur le point de savoir si cette obligation d'information pèse sur les deux contractants également. En effet, des doutes avaient pu apparaître en jurisprudence sur ce point. Ainsi, en matière de vente, la jurisprudence l'a toujours fait peser sur le vendeur sans aucune difficulté ni discussions mais dans un arrêt *Baldus*[3] qui a fait beaucoup de bruit, la Cour de cassation a écarté l'obligation d'information *à la charge de l'acheteur.* Elle a ainsi cassé un arrêt de la cour d'appel de Versailles qui avait relevé qu'un photographe qui avait acheté à un prix dérisoire des photos de Baldus à une dame alors qu'il en connaissait parfaitement la valeur sur le marché de l'art pour en avoir déjà

---

1. Soutenant cette idée d'un « découplage » entre l'obligation d'information et la réticence dolosive, au motif que le centre de gravité du dol est la mauvaise foi qui anime son auteur : O. Deshayes, « La formation des contrats », *RDC* 2016. 21 s., spéc. 26 ; G. Chantepie et M. Latina, *La réforme du droit des obligations*, Dalloz 2016, spéc. n° 327 ; N. Dissaux et C. Jamin, *Réforme du droit des contrats, du régime général et de la preuve des obligations*, Dalloz 2016, spéc. p. 43. *Contra*, en faveur de la reconnexion entre les deux : C. Grimaldi, « Proposition de modification de l'article 1137, alinéa 2, du Code civil relatif à la réticence dolosive », *RDC* 2017/1, p. 175 s.

2. V. not. D. Mazeaud, « Quelques mots sur la réforme de la réforme du droit des contrats », *D.* 2018. 912 s. spéc. n° 14.

3. Civ. 1re, 3 mai 2000, *Defrénois* 2000, art. 37237, n° 64, p. 1110 s., obs. D. Mazeaud ; *JCP* 2000. I. 272, obs. G. Loiseau ; *JCP* 2001. II. 10510, note C. Jamin.

vendu d'autres séries dix fois plus cher, avait manqué « à l'obligation de contracter de bonne foi qui pèse sur tout contractant et que par sa réticence à lui faire connaître la valeur exacte des photographies »... il avait incité le vendeur à conclure une vente qu'il n'aurait pas envisagée dans ces conditions. Or, la Cour de cassation a cassé cette décision au motif « qu'aucune obligation d'information ne pesait sur l'acheteur » ! Cette décision a été dénoncée par la doctrine comme « une amère défaite de l'obligation de contracter de bonne foi » [1]. Dans une nouvelle affaire où les plaignants faisaient valoir une réticence dolosive de la part de dirigeants sociaux commise en leur dissimulant une information déterminante de leur consentement, la chambre commerciale reprend la même position que dans l'arrêt *Baldus*, liant encore l'existence d'une réticence dolosive à la seule obligation d'information, sans tenir compte de l'obligation des contractants de se comporter de bonne foi, en affirmant que « le cessionnaire n'est tenu d'informer le cédant ni des négociations tendant à l'acquisition par un tiers d'autres titres de la même société ni de celles qu'il conduit lui-même avec ce tiers en vue de lui céder ou de lui apporter les titres faisant l'objet de la cession » [2].

Enfin, dans la ligne de l'arrêt *Baldus*, on peut noter une décision de la troisième chambre civile, du 17 janvier 2007 dans laquelle elle affirme que « l'acquéreur, *même professionnel* n'est pas tenu d'informer le vendeur de la valeur du bien acquis » [3] Ainsi, la troisième chambre civile montrait clairement qu'elle voulait rompre avec le mouvement d'alourdissement des obligations pesant sur les professionnels. Désormais, sur cette question de la valeur, l'ordonnance du 10 février 2016, on l'a vu, a pris clairement position dans le sens de la solution adoptée par la Cour de cassation (art. 1112-1, al. 2) et la loi de ratification a écarté expressément le dol par réticence en cas de silence gardé sur la valeur de la prestation. Comme on l'a déjà souligné, c'est donc bien à la défaite de l'obligation de bonne foi que l'on assiste car la solution légale ne concerne pas que l'acquéreur : l'absence de devoir d'information sur la valeur et l'exclusion de la sanction du dol par réticence en cas de silence gardé sur l'estimation de la valeur, concernent tous les contractants, quelle que soit leur position dans le contrat.

De façon générale, il faut aussi relever que la jurisprudence a, aujourd'hui, mis un frein au développement inconsidéré l'obligation d'information. Dans cette ligne plus restrictive, elle a ainsi précisé qu'il n'existait pas à la charge des parties (en l'occurrence un bailleur), une obligation légale d'information sur le sens et la portée de la loi (en l'espèce un article du Code civil applicable au contrat de bail) pour écarter la réticence dolosive. Elle a par ailleurs relevé, dans cette même décision, qu'un preneur normalement diligent aurait dû s'informer sur la clause de renvoi à la loi figurant dans le contrat, rappelant ainsi que si l'un des contractants peut avoir une obligation d'information, l'autre peut avoir aussi un devoir se renseigner [4].

---

1. D. Mazeaud, obs. sous Civ. 1re, 3 mai 2000, *Defrénois* 2000, art. 37237, n° 64, p. 1110 s. ; *JCP* 2000. I. 272, obs. G. Loiseau ; *JCP* 2001. II. 10510, note C. Jamin.

2. Com. 12 mai 2004, *JCP* 2004. I. 173, chron. J. Constantin.

3. Civ. 3e, 17 janv. 2007, *CCC* 2007, n° 117, note L. Leveneur ; *D.* 2007. 1051, note D. Mazeaud et *ibid.* 1054, note Ph. Stoffel-Munck et Pan. 2968, S. Amrani-Mekki ; *Defrénois* 2007. 443, obs. É. Savaux, *JCP* 2007. II. 10042, note C. Jamin ; *RDC* n° 3, 2007. 703, note Y.-M. Laithier.

4. Civ. 1re, 4 juin 2009, *Bull. civ.* I, n° 119 ; *RTD civ.* 2009. 506, obs. J. Hauser ; *D.* 2010. Pan. 230, obs. S. Amrani-Mekki.

1177. En toute hypothèse, la définition qui est donnée désormais du devoir d'information par l'article 1112-1 du Code civil devrait permettre de lever un certain nombre d'incertitudes liées aux évolutions et fluctuations de la jurisprudence sur cette question. Le devoir d'information est en effet assez précisément circonscrit par l'article 1112-1, dans son domaine et son étendue.

1178. On rappellera que le critère légal de l'admission d'une obligation d'information, est aujourd'hui, clairement, selon l'article 1112-1, celui de la ***connaissance*** par une partie, ***d'une information dont l'importance est déterminante pour le consentement*** de l'autre, à condition que cette dernière l'ignore légitimement (v. ss 1080 s.). Cette nécessité d'une ignorance légitime renvoie à l'existence, parfois, d'un devoir de se renseigner, qui constitue la limite du devoir d'information, ce que la jurisprudence admet déjà. Quant à l'appréciation de l'importance déterminante des informations, elle sera évidemment le fait du juge, mais il reste que l'article 1112-1 lui fournit un cadre précis : « ont une importance déterminante, les informations qui ont un lien direct et nécessaire avec le contenu du contrat ou la qualité des parties ». Enfin, on rappellera que le devoir d'informer connait aujourd'hui une limite assez considérable puisqu'il ne porte pas sur l'estimation de la valeur de la prestation.

2) Élément intentionnel : l'exigence du caractère intentionnel du dol, confirmée par l'ordonnance

1179. Concernant les manœuvres et le mensonge, la preuve du caractère intentionnel du dol ne soulève pas de difficultés. Ils portent en eux-mêmes cette preuve de l'intention de tromper. Il n'en va pas de même en cas de réticence car le silence est neutre et l'intention doit donc être spécialement établie. La jurisprudence, en se fondant directement sur le devoir de loyauté et l'exigence de bonne foi, ne retient donc le dol par réticence que lorsqu'une information déterminante du consentement est *volontairement* tue par un cocontractant dans le but de tromper l'autre [1].

1180. Cette exigence du caractère intentionnel est désormais expressément posée par l'article 1137 qui fait référence à la « dissimulation intentionnelle » par le contractant, d'une information dont il « sait » le caractère déterminant pour l'autre et l'on a vu, qu'en effet, les rédacteurs du texte avaient voulu mettre l'accent sur cet élément intentionnel qui caractérise le dol (v. ss 1175).

Cette confirmation est bienvenue. Il faut noter en effet que la preuve de ce caractère intentionnel (nécessaire pour que le dol reste un délit et une malhonnêteté) a été, un temps, facilitée par la jurisprudence, qui avait établi à l'égard des professionnels

---

1. Civ. 3ᵉ, 16 mars 2011, *D.* 2011. 946 ; *JCP N* 2011. Actu. 339, nº 13 ; *D.* 2012. Pan. 464, obs. S. Amrani-Mekki et M. Mekki : le vendeur avait en l'espèce gardé intentionnellement le silence lors d'une vente du 13 février 2002, avant l'entrée en vigueur, le 3 septembre 2002, du décret du 5 mai 2002 introduisant l'obligation d'informer l'acquéreur en matière d'amiante. Elle a statué sur le fondement du « devoir général » de loyauté et en relevant les conditions de la sanction, de droit commun, d'une réticence dolosive. Elle a jugé ainsi, que la cour d'appel avait « exactement retenu que si aucune obligation légale spécifique ne pesait sur les consorts X concernant la présence d'amiante dans l'immeuble vendu, le vendeur, tenu à un devoir général de loyauté, ne pouvait néanmoins dissimuler à son cocontractant un fait dont il avait connaissance et qui aurait empêché l'acquéreur, s'il l'avait connu, de contracter aux conditions prévues. Elle a ajouté que la cour d'appel avait souverainement constaté le caractère intentionnel de cette dissimulation caractérisant la réticence dolosive ».

une présomption de mauvaise foi à caractère irréfragable. Le professionnel en effet, est censé connaître le renseignement déterminant du consentement de son cocontractant et aurait donc, en toute hypothèse, l'obligation de se renseigner pour pouvoir renseigner le contractant. S'il ne dit rien, il est en faute : soit parce qu'il n'a rien dit intentionnellement alors qu'il savait, soit parce qu'il aurait dû savoir et donner l'information [1].

Ainsi, dans une décision du 13 mai 2003, à l'occasion d'un contrat de cautionnement conclu entre une banque créancière et une caution, la Cour de cassation avait jugé que le silence gardé par la banque sur la situation irrémédiablement compromise du débiteur était constitutif d'une réticence dolosive, sans avoir à établir le caractère intentionnel [2]. Si cette solution pouvait se comprendre dans la perspective de la protection du profane, face au professionnel, elle portait cependant atteinte à la dimension délictuelle du dol et à sa nature de comportement malhonnête.

Dans une décision postérieure du 28 juin 2005 [3], la chambre commerciale de la Cour de cassation avait cependant contredit cette solution. Elle avait rappelé, en effet, que « le manquement à une obligation précontractuelle d'information, à le supposer établi, ne peut suffire à caractériser le dol par réticence, si ne s'y ajoute la constatation du caractère intentionnel de ce manquement et d'une erreur déterminante provoquée par celui-ci (...) » le pourvoi contre la décision qui avait refusé de retenir le dol est rejeté car il n'alléguait pas que les manquements du contractant « auraient été commis sciemment ».

Cette décision rétablissait donc l'intégrité du dol, délit intentionnel et rappelait que la sanction se justifie par le manquement à un devoir de loyauté qui suppose effectivement l'intention de tromper pour pouvoir être constitué.

La réalité d'une intention de tromper a été de nouveau clairement exigée dans des arrêts postérieurs et la solution ne faisait plus de doute [4]. Inscrite désormais dans les textes, elle n'autorisera plus de retour en arrière jurisprudentiel.

1181. Cette preuve de l'intention de tromper est donc essentielle pour retenir le dol, comme le confirmait la jurisprudence la plus récente antérieure à l'ordonnance ;

---

1. Civ. 1re, 19 janv. 1977, *Kerrouche, Gaz. Pal.* 1974. 2. 184 ; *Bull. civ.* I, n° 186 : « le garagiste professionnel ne pouvait ignorer que le compteur indiquait un kilométrage inférieur à celui parcouru en réalité par le véhicule » dit la Cour de cassation pour retenir la réticence dolosive.

2. V. not. Civ. 1re, 13 mai 2003, *D.* 2003. AJ 2308, obs. V. Avena-Robardet ; *D.* 2004. 262, note E. Mazuer ; *RTD civ.* 2003. 700, obs. J. Mestre et B. Fages, *JCP* 2003. I. 170, n° 1, obs. G. Loiseau.

3. Com. 28 juin 2005, *RTD civ.* 2005. 591, obs. J. Mestre, *D.* 2005. Pan. 2. 28, obs. S. Amrani-Mekki et B. Fauvarque-Cosson.

4. V. notamment : Civ. 3e, 15 janv. 2013, *Légifrance*, n° 11-25.325, 29 : qui relève « qu'en statuant ainsi, sans constater le *caractère intentionnel* de cette réticence, la cour d'appel n'a pas donné de base légale à sa décision au regard de l'article 1116 du Code civil » ; Civ. 3e, 16 mars 2011, *D.* 2011. 946 ; *JCP N* 2011. Actu. 339, n° 13 ; *D.* 2012. Pan. 464, obs. S. Amrani-Mekki et M. Mekki ; Com. 27 janv. 2009, *RTD com.* 2009. 371, obs. C. Champaud et D. Danet ; *D.* 2010. Pan. 231, obs. S. Amrani-Mekki : la décision rappelle la nécessité de rechercher si les cocontractants, cessionnaires de parts d'un fonds de commerce de boissons, « n'avaient pas agi *sciemmen*t en vue de tromper leur contractant », alors que la cour d'appel avait retenu le dol en considérant que les cédants auraient dû s'informer pour informer l'acquéreur en connaissance de cause ; Com. 7 juin 2011, *RDC* 2011. 1148, obs. P.-M. Laithier ; *RTD civ.* 2011. 533, obs. B. Fages ; *Dr. et patr.* 2012, n° 211, obs. Ph. Stoffel-Munck. : « ni l'intention de tromper... ni le caractère déterminant pour la victime, de l'information litigieuse...n'étant établis,... la demande fondée exclusivement sur le dol devait être rejetée ». *Contra*, retenant le caractère volontaire du silence gardé pour prononcer la nullité : Civ. 1re, 11 sept. 2012, pourvoi n° 11-22389, *RDC* 2013/1, p. 62, obs. É. Savaux.

de même, la tendance à ne plus vouloir alourdir systématiquement la situation des professionnels se remarquait aussi dans l'exigence renouvelée, même à leur égard, de la preuve de l'intention de tromper et dans le choix de ne plus faire peser sur eux une présomption irréfragable de mauvaise foi.

Toutefois, il semble que certains arrêts de la Cour de cassation marquent une tendance à alléger le fardeau probatoire au profit de la victime du dol et à revenir à un système de présomption. En effet, en principe, faire la preuve de l'intention de tromper suppose de faire la preuve que le cocontractant connaissait l'information et pas seulement qu'il devait la connaître et, en outre, qu'il l'a cachée volontairement. Or, la chambre commerciale, dans une décision du 9 janvier 2019 a considéré d'une part, que la volonté de tromper pouvait se déduire de la connaissance du caractère déterminant par l'autre partie de l'information dissimulée (première présomption) et, d'autre part, que cette connaissance pouvait elle-même se déduire du caractère déterminant de l'information « dont il ne pouvait ignorer l'importance » (seconde présomption)[1]. Cependant, ces présomptions ne sont pas irréfragables. La Cour de cassation ne fait que renverser la charge de la preuve. Il appartiendra au cocontractant suspect de dol de prouver qu'il ne connaissait pas l'information et/ ou qu'il ne connaissait pas son caractère déterminant.

1182. On soulignera pour finir que la sanction *du manquement au devoir d'information peut aussi intervenir à titre autonome,* alors même que son caractère intentionnel n'est pas établi. Certes, en l'absence de preuve du caractère intentionnel du silence gardé sur un élément déterminant du consentement, le dol ne peut être retenu et la nullité du contrat ne peut être prononcée. Toutefois le manquement au devoir d'information (qui constitue une faute même en l'absence de caractère intentionnel) peut parfaitement être sanctionné sur le fondement de la responsabilité extracontractuelle et l'auteur du manquement peut être condamné au paiement de dommages et intérêts. C'était la solution déjà posée par la jurisprudence[2] et elle est consacrée par l'article 1112-1, alinéa 6 (v. ss 1088). Il en va de même, au demeurant, en cas de dol incident (v. ss 1185), lorsque la réticence ne porte pas sur un élément déterminant du consentement. Dans ce cas la nullité pour dol ne peut être prononcée. La jurisprudence peut néanmoins sanctionner le manquement à l'obligation d'information par l'allocation de dommages et intérêts qui viennent ici, en quelque sorte, rééquilibrer le contrat (v. ss 1188).

---

1. Com. 9 janv. 2019, n° 17-28.725, *Rev. sociétés* 2019. 179, note T. Allain ; *ibid.* 2019. 337, obs. H. Barbier ; pour une décision plus ancienne déduisant aussi l'intention dolosive du caractère déterminant de l'information : Civ. 3e, 11 mai 2005, n° 03-17.682, *RTD civ.* 2005. 590, obs. J. Mestre et B. Fages.

2. Pour un cas où le caractère intentionnel de la réticence n'avait pas été établi et où, en l'absence de demande en annulation, l'attribution des dommages et intérêts est admise : Civ. 3e, 18 déc. 2012, inédit, pourvoi n° 11-19550, *Légifrance* : « Ayant relevé que les vendeurs n'avaient pas informé les acquéreurs de l'état réel du mur de soutènement... La cour d'appel, qui n'était pas saisie d'une demande d'annulation de la vente a pu, par ces seuls motifs et sans avoir à se prononcer expressément sur le caractère intentionnel de la réticence, allouer des dommages-intérêts aux acquéreurs ». La même motivation figurait déjà dans un arrêt antérieur où le dol n'était pas déterminant ; il s'agissait d'un dol incident qui ne pouvait à ce titre entraîner la nullité du contrat : Civ. 1re, 28 mai 2008, n° 07-13.487 (F P+B), *SCI Le Parc des Renardières c/ SCI Audrey* : *Juris-Data* n° 2008-044118.

C. Caractères exigés du dol

1) L'erreur provoquée par le dol est toujours excusable

1183. On rappellera en effet que pour la jurisprudence, la « réticence dolosive... rend toujours excusable l'erreur provoquée »[1], solution que confirme expressément l'article 1139 (déjà, v. ss 1169). Ce texte confirme par ailleurs que le dol suppose toujours la preuve d'une erreur, car c'est cette erreur qui vicie directement le consentement (v. ss 1166).

2) Le dol doit émaner du contractant ou de son représentant

1184. Avant l'ordonnance du 10 février 2016, et dans la mesure où l'article 1116 se référait aux « manœuvres pratiquées par l'une des parties », la jurisprudence écartait le dol s'il émanait d'un tiers, à moins cependant que l'on ne puisse prouver qu'il y avait complicité avec le cocontractant, et sauf pour les actes unilatéraux comme un testament. Toutefois, elle assimilait le dol du représentant à celui d'une partie[2].

L'article 1138 codifie ces solutions. Le dol est également constitué, précise le texte, s'il émane du représentant et il ajoute, « du gérant d'affaires, préposé ou porte-fort du contractant ».

Il prévoit également l'hypothèse d'un dol « s'il émane d'un tiers de connivence », en supprimant toutefois l'exigence, qui figurait dans le projet d'ordonnance de février 2015, que le cocontractant en ait tiré avantage.

3) Le dol doit avoir été déterminant : retour sur la distinction du dol principal et incident ?

1185. Cette exigence a déjà été vue dans le cadre des éléments de régime commun posés désormais par l'article 1130 (v. ss 1132). Les manœuvres, mensonge ou réticence dolosive doivent avoir conduit la personne à contracter de telle sorte qu'en l'absence de dol, elle n'aurait pas conclu le contrat. La gravité du dol est par ailleurs appréciée *in concreto,* c'est-à-dire par rapport à la victime, à sa plus ou moins grande naïveté, à sa plus ou moins grande expérience, etc. et également, toujours selon l'article 1130, eu égard aux circonstances. En l'absence de dol, la victime n'aurait pas conclu le contrat. C'est ce que l'on traduisait traditionnellement par la notion de dol *principal,* sanctionné par la nullité du contrat. À l'inverse, si, en l'absence dol, la victime aurait quand même contracté, mais à des conditions différentes, il s'agissait d'un dol *inciden*t, et on considérait que la nullité du contrat ne pouvait être encourue. Cependant la jurisprudence tendait à remettre en cause cette distinction dans le cas où, certes, le contractant aurait quand- même conclu le contrat, mais à des conditions substantiellement différentes (v. ss 1132).

---

1. Civ. 3e, 21 févr. 2001, *JCP* 2002. II. 10027, note C. Jamin., *D.* 2001. 2702, note D. Mazeaud, et Somm. 3236, obs. L. Aynès ; *D.* 2003. Chron. 2023, J. Mouly ; *RTD civ.* 2001. 353, obs. J. Mestre et B. Fages ; Civ. 3e, 9 juill. 2013, n° 12-13.327, inédit, *JCP* 2014, chron. Droit des contrats, p. 11, n° 6, obs. Y.-M. Sérinet.

2. Com. 13 juin 1995, *Bull. civ.* IV, n° 175 ; *LPA* 12 juill. 1996, note Y. Daggorne-Labbe ; Civ. 3e, 29 avr. 1998, *RTD civ.* 1998. 930, obs. P. Gautier.

1186. L'article 1130 au titre des éléments de régime communs aux trois vices du consentement (v. ss 1132), vient confirmer cette position jurisprudentielle. Il consacre, en effet, de façon générale, pour les trois vices du consentement, cette notion de « conditions substantiellement différentes ». Le vice du consentement est constitué non seulement lorsque, sans lui, l'une des parties n'aurait pas contracté, mais également lorsqu'elle aurait contracté à des conditions substantiellement différentes. Dans ces deux hypothèses, le caractère déterminant du vice et la nullité du contrat sont admis. L'article 1130 remet donc bien en question, dans le cas particulier du dol, la distinction traditionnelle du dol principal et dol incident. Toutefois, cette distinction pourrait quand même se maintenir, au prisme de la distinction entre les conditions *substantiellement* différentes entraînant la nullité du contrat et *non substantiellement* différentes, sans effet sur la validité du contrat. L'interprétation du terme « substantiellement » permettrait de maintenir le dol incident dans cette limite de conditions qui ne seraient pas substantiellement différentes (v. ss 1132).

D. Preuve du dol

1187. L'ancien article 1116, alinéa 2, prévoyait que « le dol ne se présume pas et doit être prouvé ». Les dispositions issues de l'ordonnance de 2016 ne font plus référence à cette nécessité de la preuve, mais elle demeure, à l'évidence. Cette preuve, comme en matière d'erreur, peut se faire par tous moyens. Il s'agit d'un fait juridique et l'existence matérielle des manœuvres dolosives facilite la preuve de l'erreur sous-jacente. La preuve du dol peut être déduite de simples présomptions de l'homme et, par exemple, être tirée de témoignages non réguliers[1]. Sur la preuve du caractère intentionnel du silence gardé on renverra aux développements faits dans ce cadre (v. ss 1179 s.).

E. Sanction du dol

1188. ***La nullité… ou les dommages et intérêts… ou le cumul des deux.*** Dès lors que le dol est caractérisé par des manœuvres ou un mensonge ou une réticence dolosive déterminant le consentement au contrat, il constitue un vice du consentement qui justifie la nullité du contrat (v. ss 1135, 1170). Cette nullité est une nullité relative qui protège la victime du vice et l'action en nullité ne peut donc être exercée que par elle. Elle peut en parallèle demander des dommages et intérêts en réparation du dommage causé par le dol, faute intentionnelle (v. ss 1135 s.) Toutefois, et conformément au caractère de la nullité relative, le cocontractant peut renoncer à demander l'annulation du contrat et se contenter d'une allocation de dommages et intérêts en réparation du préjudice subi, toujours possible puisque le dol est une faute intentionnelle engageant à ce titre la responsabilité de son auteur. La question est alors de savoir quel est le préjudice et comment l'évaluer. Dans une décision de 2010, la première chambre civile de la Cour de cassation a indiqué que la réparation du dol ne saurait placer le demandeur dans une situation plus favorable que celle qu'il aurait obtenue si le dol n'avait pas été commis et le préjudice admis n'est donc que la perte d'une chance *de ne pas contracter ou de contracter à des conditions plus avantageuses*, et non la perte de chance d'obtenir les gains attendus[2]. La

1. Civ. 4 janv. 1949, *D.* 1949. 135, et note Mimin au *DP* 1938. I. 84.
2. Civ. 1re, 25 mars 2010, *RTD civ.* 2010. 322, obs. B. Fages.

chambre commerciale, dans une décision de 2012, a confirmé cette solution tout en la restreignant : le préjudice réparable correspond seulement à « la perte de chance d'avoir pu contracter à des conditions plus avantageuses » [1], l'arrêt ne faisant plus référence à la perte de chance de ne pas contracter. Depuis, elle a réaffirmé cette position [2]. Enfin, peu importe que la victime ait elle-même agi dans le but de réaliser un profit substantiel non justifié : la Cour de cassation a précisé que le principe selon lequel « nul ne peut se prévaloir de sa propre turpitude » était inapplicable [3] (sur ce principe, v. ss 1491).

Certains auteurs ont soutenu que le cocontractant pourrait demander au juge la réduction du prix au lieu de l'annulation du contrat [4]. Cependant la jurisprudence la plus récente avant l'ordonnance de 2016 ne faisait pas état d'une action en réduction du prix comme alternative à l'annulation. Elle parlait de « réparation » [5], ce qui renvoie à l'action en responsabilité. Certes, l'allocation des dommages et intérêts sur le fondement de la responsabilité civile permet en quelque sorte d'aboutir au même résultat, dans la mesure où les dommages et intérêts peuvent représenter l'équivalent du prix qui a été payé ou d'une partie du prix ; mais l'action ne s'analyse pas de la même manière. Admettre directement une action en réduction du prix en cas de dol consacrerait un cas de révision du contrat irrégulier par le juge, ce que la Cour de cassation n'avait pas voulu autoriser jusqu'ici (comparer par exemple avec la sanction de la contrepartie dérisoire où la Cour de cassation n'a pas admis non plus que le juge puisse rééquilibrer les prestations, v. ss 1266).

L'ordonnance du 10 février 2016 ne l'admet pas davantage : en cas de dol, comme en cas de contrepartie dérisoire, seule l'annulation du contrat est prévue par les textes.

Enfin, on rappellera (déjà, v. ss 1182) l'autonomie de l'obligation précontractuelle d'information (devoir d'information) par rapport au dol. En effet, dans le cas où le cocontractant a gardé le silence sur une information déterminante du consentement mais où la nullité pour dol ne peut être admise parce que la preuve du caractère intentionnel de la réticence n'est pas rapportée, une condamnation à des dommages et intérêts est néanmoins possible sur la base du manquement au devoir d'information. Le défaut d'information constitue alors une faute simple, qui engage la responsabilité, et non une faute intentionnelle qui seule permet de retenir un dol, vice du consentement et cause de nullité du contrat. La même solution s'applique si la nullité pour dol ne peut être admise, parce que le dol n'était pas déterminant : en ce cas, ou bien la réticence était intentionnelle ou bien elle ne l'était pas ; mais dans les deux cas, la responsabilité extracontractuelle pour faute peut être retenue.

---

1. Com. 10 juill. 2012, BJS 2012, note Ph. Stoffel-Munck ; *Rev. sociétés* 2012. 686, note B. Fages ; *RTD civ.* n° 4, 2012. 725, obs. B. Fages ; *RDC* 2013/I, p. 91, obs. O. Deshayes ; *LPA* 11 oct. 2012, p. 17, obs. D. Houtcieff ; *JCP* 2012. I. 1151, n° 9, obs. J. Ghestin ; *D.* 2012. 2772, note M. Caffin-Moi.

2. Com. 5 juin 2019, n° 16-10.391, *D.* 2020. 118, obs. E. Lazerolles ; *AJ contrat* 2019. 402, obs. T. de Ravel d'Esclapon ; *RTD civ.* 2019. 576, obs. Barbier, *D.* 2020. 359, obs. M. Mekki.

3. Civ. 1re, 22 juin 2004, *JCP* 2005. II. 10006, note A.-F. Eyraud.

4. V. notamment, J. Ghestin, G. Loiseau et Y. M. Sérinet, *La formation du contrat*, t. 1, LGDJ, 2013, n° 1003, 1483 s. Cette possibilité serait admise depuis un arrêt de la chambre commerciale du 14 mars 1972 : *Bull. civ.* 1972, IV, n° 90 ; *D.* 1972. 653, note J. Ghestin ; *Defrénois* 1973, art. 30293, n° 3, p. 446, obs. J.- L Aubert ; *contra*, cependant, v. notamment, T. Genicon, *RDC* 2012. 1180.

5. V. par ex. : Com 13 nov. 2013, n° 12-18.016, inédit, *JCP* 2014. Doctr. 115, chron. Droit des contrats, n° 8, obs. J. Ghestin.

§ 5. La violence

1189. Les articles 1140 à 1144, issus de l'ordonnance du 10 février 2016, désormais consacrés à la violence, reprennent l'essentiel des dispositions antérieures du Code civil, sous réserve d'une innovation importante, qui consiste à assimiler à la violence l'abus de dépendance dans laquelle se trouve un contractant. Cette solution que la Cour de cassation avait elle-même consacrée en cas d'abus de dépendance économique (violence économique), est spécialement prévue dans l'article 1143, qui va cependant au-delà de cette simplc hypothèse de dépendance économique. Ce texte révèle une certaine autonomie de cette forme de violence qui provient des circonstances, par rapport à l'hypothèse classique de violence, où la violence émane directement d'une personne, (art. 1240 à 1242). Toutefois, ***la loi du 20 avril 2018, de ratification de l'ordonnance***[1] est venue rajouter quelques mots à l'article 1143, qui ont pour résultat de réduire le domaine d'application de l'abus de dépendance, ce que l'on peut regretter (v. ss 1206).

A. L'hypothèse générale : la violence exercée par une personne

1190. Elle figure dans les articles 1140 à 1142.

1) Définition de la violence

1191. « Il y a violence lorsqu'une partie s'engage sous la pression d'une contrainte qui lui inspire la crainte d'exposer sa personne, sa fortune ou celle de ses proches à un mal considérable ».

Cette définition de la violence donnée par l'article 1140 n'apparaît pas substantiellement différente de celle qu'en donnait l'ancien article 1112. La formulation est cependant plus concise et plus moderne. Par ailleurs, dans ce seul article 1140 sont concentrés des éléments qu'il fallait aller chercher auparavant, non seulement dans l'article 1112 mais aussi dans l'article 1113 (référence à la violence exercée contre les proches) et l'article 1114 (concernant la crainte révérencielle envers les parents). La référence à l'âge, au sexe et à la condition des personnes, qui servait à apprécier la violence a été supprimée, de même que la précision que la seule crainte révérencielle envers le père, la mère ou autre ascendant ne suffisait pas à annuler le contrat. Pour le reste, les éléments fondamentaux qui caractérisaient jusqu'ici la violence classique, les notions de crainte et de contrainte, demeurent, même si elles ne sont pas forcément complètement éclaircies.

1192. Dans le cas de la violence, le vice du consentement provient de la contrainte exercée sur le contractant victime, qui atteint le consentement dans son élément de liberté. Le consentement est donné en toute connaissance de cause, mais il est forcé. On pourrait penser que cette contrainte résulte de la *crainte* que la personne ressent, mais l'article 1140 ne semble pas confirmer ce rapport chronologique entre la contrainte et la crainte, ainsi qu'on le verra (v. ss 1199). Il faut aussi déterminer ce

---

1. Sur cette loi, son contenu, et son application dans le temps, fondée sur la distinction entre les dispositions substantielles et interprétatives, v. ss 101 s.

qui peut provoquer cette crainte et cette contrainte : l'exercice de violences, la menace de violences, des violences physiques, morale ? Les éléments constitutifs de la violence restent quelque peu rebelles à l'analyse, en l'état des nouveaux textes, même si les solutions jurisprudentielles antérieures ne devraient pas être remises en question.

2) Les éléments constitutifs de la violence

1193. Malgré la réécriture du Code civil par l'ordonnance du 10 février 2016, la violence reste une notion complexe, alors même que concrètement, on voit bien ce que peut être la violence de nature à vicier le consentement : un comportement propre à entraîner une telle crainte que la victime est contrainte de passer le contrat. Effectivement, dans les textes, ces deux éléments constitutifs que sont la contrainte et la crainte apparaissent nettement : ce sont des éléments d'ordre psychologique, envisagés au regard de la victime de la violence. Cependant, les articles 1140 à 1142 n'établissent pas très nettement le rapport d'ordre logique ni même chronologique qui existe entre ces deux éléments ; par ailleurs, s'il est fait référence à la notion de menace, ce n'est qu'à propos de la menace d'exercer une voie de droit, dont l'article 1141 indique qu'elle ne constitue pas une violence. *A contrario*, cela signifie que toute autre menace est susceptible de constituer une violence. Cette notion de menace renvoie sans doute à un comportement de nature à générer cette crainte et cette contrainte. Ce comportement, qui représente l'élément matériel de la violence n'est cependant pas envisagé spécifiquement par les textes et ne se devine que par référence à son effet sur la victime, ce qui démontre son caractère mineur au regard des éléments d'ordre psychologique.

a) Les éléments d'ordre psychologique

1. Une contrainte

1194. Le texte antérieur ne faisait pas expressément référence à cette notion de contrainte mais seulement à la crainte générée par la violence : « il y a violence lorsqu'elle est de nature à faire impression sur une personne raisonnable et qu'elle peut lui inspirer la crainte d'exposer sa personne ou sa fortune à un mal considérable et présent ». Pourtant, cette notion de contrainte figurait dans toutes les définitions doctrinales classiques de la violence. L'avoir introduit dans la définition légale de la violence en indiquant qu'il y a violence lorsqu'une partie s'engage sous la pression d'une contrainte (art. 1140) permet de révéler, ce que ne faisait pas l'ancien article 1112, en quoi la violence est bien un vice du consentement. Ce n'est pas la violence en elle-même (en tant que comportement de nature à générer la crainte) qui porte atteinte à l'intégrité du consentement mais son effet induit : l'effet de contrainte.

1195. Cet effet de contrainte émane-t-il exclusivement d'une personne, ou bien peut-il provenir des circonstances ? C'est poser la question de savoir si l'abus de dépendance, hypothèse nouvellement intégrée à la violence, relève aussi de l'article 1140, qui poserait alors une définition générale de la violence, ou s'il s'agit véritablement d'un cas spécifique. À l'appui de l'analyse en un cas spécifique, l'article 1142 précise que la violence est une cause de nullité, « qu'elle ait été exercée *par une partie ou par un tiers* ». Le texte ne faisant référence qu'à des personnes, on pourrait en déduire que la violence visée aux articles 1140 à 1142 ne concernerait que les hypothèses de violence classique, celles où elle résulte des agissements d'une personne [1] et non celle qui résulte de circonstances extérieures, que la personne ne fait qu'exploiter. La question reste posée.

2. Une crainte

1196. Selon l'article 1140, la crainte est celle « d'exposer sa personne, sa fortune ou celles de ses proches à un mal considérable ». L'ancienne précision que le mal devait être non seulement considérable, mais aussi « présent » qui figurait dans l'ancien article 1112 ; a disparu ; de même il n'est plus question des époux ou épouse, descendants ou ascendants visés par l'ancien article 1113 mais de façon plus extensive et conforme aux solutions jurisprudentielles, « des proches ». Pour le reste, la crainte est toujours la même : celle d'un mal considérable, qui concerne aussi bien le contractant lui-même que ses proches : et aussi bien leur personne que leur fortune.

1197. L'intensité de la crainte à laquelle renvoie l'expression « considérable » renvoie à l'exigence d'un vice déterminant. On rappellera que cette condition d'un caractère déterminant du vice est posée de façon générale pour tous les vices du consentement par l'article 1130 du Code civil qui a défini les éléments de régime commun aux trois vices d'erreur, de dol et de violence (v. ss 1131 s.). Quant à l'appréciation du caractère considérable, il doit se faire « *in concreto* » eu égard aux personnes et aux circonstances, ainsi que l'indique le même article 1130. Ce texte supprime la contradiction des articles antérieurs du Code civil qui faisaient référence à la fois à une appréciation *in abstracto* puisque la violence devait être de nature à faire impression sur une « personne raisonnable » et à une appréciation *in concreto*, en indiquant qu'il fallait avoir égard à l'âge, au sexe et à la condition des personnes. Ces éléments de référence par ailleurs désuets sont écartés au profit d'une appréciation qui se fait véritablement au cas par cas.

1198. La notion de crainte renvoie par ailleurs à l'idée d'une menace concernant la personne ou sa fortune (terme par ailleurs utilisé par l'article 1141 lorsqu'il indique que la menace d'une voie de droit ne constitue pas une violence). Effectivement, puisque la victime de la violence craint ce mal, c'est qu'elle ne le subit pas encore immédiatement. La crainte doit être actuelle, mais pas le mal, ce qui explique la disparition de la référence à un mal « présent » maladroitement posée par l'ancien texte. Mais cette notion de menace renvoie également au comportement de celui qui par son comportement va générer la crainte.

1199. Enfin, comme nous l'avons déjà relevé, la formulation de l'article 1140 soulève une autre question, non négligeable, relative au rapport entre la crainte et la contrainte. En effet, dans l'ancien article 1112, il apparaissait clairement que c'était la violence (en tant que comportement) qui inspirait la crainte : « il y a violence lorsqu'elle est de nature (...) à inspirer la crainte (...) » Et c'est cette crainte qui amenait

---

1. En ce sens, v. G. Chantepie et M. Latina, *La réforme du droit des obligations. Commentaire théorique et pratique dans l'ordre du Code civil*, Dalloz, 2016, p. 271, n° 332.

la victime de la violence à s'engager. Ainsi et même si le texte ne faisait pas référence expressément à la notion de contrainte, il apparaissait que la crainte générait la contrainte constitutive du vice du consentement.

Or, l'article 1140 indique désormais qu'il y a violence « lorsqu'une partie s'engage sous la pression d'une contrainte « **qui** » lui inspire la crainte… » et non pas « **que** » lui inspire la crainte. Ce serait donc désormais la contrainte qui inspirerait la crainte et non l'inverse. Le texte se comprend toutefois, si la notion de contrainte, renvoie non seulement à l'impact qu'elle a sur le consentement, mais aussi, en même temps, au comportement de celui qui exerce cette contrainte, c'est-à-dire à l'élément matériel.

Reste à déterminer quel peut être ce comportement.

b) L'élément matériel : un comportement de nature à générer la contrainte

1200. Il peut s'agir de ***violences physiques*** (coups, tortures, privation de nourriture…), auquel cas le mal considérable est déjà présent, mais il peut s'agir aussi, et plus fréquemment, de ***violences morales*** qui prennent la forme de menaces diverses : menaces de mort ou tout autres pressions diverses exercées sur la personne pour lui faire peur et l'amener à contracter.

1201. Finalement, ce n'est pas tant le comportement en lui-même qui est important, mais l'effet qu'il produit sur le contractant. C'est pourquoi sans doute, le texte ne le qualifie pas, comme il n'était pas qualifié auparavant. La référence à la notion de menace qui apparaît dans l'article 1141, traduit parfaitement ce lien entre l'élément matériel et l'élément psychologique et la primauté de l'élément psychologique sur l'élément matériel : la menace fait référence en effet non seulement à l'action de celui qui menace mais aussi au but poursuivi et à l'impact sur celui qui est menacé : lui faire peur.

3) Caractères de la violence

1202. La violence peut être ***exercée par le cocontractant ou par un tiers***. Alors que le dol doit émaner du contractant pour être sanctionné (ou de son représentant), la violence, parce qu'elle traduit un comportement beaucoup plus grave est également sanctionnée lorsqu'elle provient d'un tiers au contrat.

1203. Elle doit ***être déterminante du consentement***. C'est la condition générale exigée par l'article 1130, pour tous les vices du consentement. L'article 1140 y fait aussi directement référence en indiquant que la victime « s'engage sous la pression d'une contrainte ». On a vu par ailleurs à cet égard que la condition d'une « crainte d'un mal considérable » renvoie également à l'appréciation de ce caractère déterminant (v. ss 1197).

1204. Il doit s'agir, enfin d'une violence ***injuste, illégitime***. C'est ainsi que conformément à la position jurisprudentielle, l'article 1141 indique que « la menace d'une voie de droit ne constitue pas une violence ». Ce principe s'efface, cependant, conformément encore à la solution admis par la jurisprudence, lorsqu'il y a abus de droit, s'est à dire, selon l'article 1141 « lorsque la voie de droit est détournée de son but ou lorsqu'elle est invoquée ou exercée pour obtenir un avantage manifestement excessif ».

B. L'élargissement du domaine de la violence : de la prise en compte de la contrainte économique à l'abus de dépendance de l'article 1143

1205. Dans l'hypothèse classique, on l'a vu, la violence émane du cocontractant ou d'un tiers qui crée directement par son comportement l'état de crainte de contrainte qui va forcer le consentement.

Cependant, l'évolution a conduit la jurisprudence à retenir la violence dans des situations où l'auteur de la violence ne fait que profiter d'une situation de contrainte qu'il n'a pas lui-même créée mais qui provient des circonstances et dont il va profiter pour forcer le consentement de l'autre partie, qui craint sinon de s'exposer à un mal considérable et présent. La jurisprudence a d'abord eu recours à la notion « *d'état de nécessité* », (dans lequel se trouvait la victime) puis à la notion de « *dépendance économique,* pour considérer que le fait de profiter de ces situations équivalait à une violence morale constitutive d'un vice du consentement » ; ainsi, en est-il, par exemple, dans le cas d'un commerçant en très étroite dépendance avec son fournisseur depuis vingt-cinq ans qui lui avait imposé un changement de produit malgré ses protestations : bouteilles de plongée fabriquées en acier au lieu d'aluminium [1]. On peut également citer le cas d'un contrat de cession de droits d'auteur par un auteur, salariée de l'éditeur, qui n'a pu discuter les termes de ce contrat comme elle aurait pu le faire si elle n'avait craint la perte de son emploi [2].

De façon encore plus nette, enfin, dans une espèce où un garagiste avait accepté une transaction désavantageuse avec son assureur incendie, la Cour de cassation avait rendu un arrêt de principe qui reconnaissait la notion de « violence économique » : *la contrainte économique se rattache à la violence et non à la lésion* [3]. La notion de « violence économique » était donc admise et la Cour de cassation en précisa ensuite les conditions en indiquant que « seule l'exploitation abusive d'une situation de dépendance économique, faite pour tirer profit d'un mal menaçant directement les intérêts légitimes de la personne, peut vicier de violence son consentement » [4].

Ainsi là encore, et comme en matière d'erreur et de dol, l'élargissement du vice de violence constitue un moyen indirect de sanctionner le déséquilibre du contrat au détriment de la partie faible, au nom de la protection du consentement.

1206. L'ordonnance du 10 février 2016 est venue consacrer cette évolution de la notion de violence, dans l'article 1143 mais en lui donnant une assise plus large que la seule notion d'abus de dépendance économique. Toutefois, la loi de ratification du 20 avril 2018 est venue restreindre le champ d'application de l'abus de dépendance.

Le texte d'origine disposait : « il y a également violence lorsqu'une partie, abusant de l'état de dépendance dans lequel se trouve son cocontractant, obtient de lui un engagement qu'il n'aurait pas souscrit en l'absence d'une telle contrainte et en tire un avantage manifestement excessif ».

Si la formulation du texte a varié entre les différentes versions du projet d'ordonnance, la formule définitive révélait d'une part, qu'il n'était pas circonscrit à la

---

1. Aix, 8e ch., 19 févr. 1988, *Bull. civ.* 1988, n° 24, *RTD civ.* 1989. 535, obs. J. Mestre.

2. Paris, 12 janv. 2000, *JCP* 2000. II. 10433, note Ph. Pierre. *RTD civ.* 2003. 502, obs. J. Mestre et B. Fages.

3. Civ. 3e, 21 févr. 2001, *Bull. civ.* III, n° 20 ; *JCP* 2002, note C. Jamin.

4. V. dans ce sens Civ. 1re, 3 avr. 2002, *D.* 2002. 1860, note J.-P. Gridel et *ibid.* 1862, note J.-P. Chazal et Somm. 2844, obs. D. Mazeaud ; *RTD civ.* 2003. 502, obs. J. Mestre et B. Fages ; *JCP* 2003. I. 184, obs. G. Virassamy.

dépendance économique : il rendait donc possible un protection contre toutes les formes de vulnérabilité, pas seulement d'ordre économique ; et d'autre part, qu'un critère objectif avait été introduit pour circonscrire l'application de la notion, tenant à l'avantage manifestement excessif que doit avoir tiré le cocontractant de l'abus de dépendance. Dans la première version du projet d'ordonnance, cette condition, révélatrice de l'objectif d'assurer, aussi, dans le cadre de la théorie moderne des vices du consentement, un contrôle de l'équilibre du contrat, une forme de sanction de la lésion (déséquilibre économique objectif du contrat) ne figurait pas.

1207. À l'occasion de la ratification de l'ordonnance par la loi du 20 avril 2018, avec seulement trois petits mots rajoutés à l'article 1143 (la modification ayant été qualifiée de simplement interprétative)[1], la physionomie de la violence économique a été modifiée : la violence suppose désormais qu'une partie, abuse de l'état de dépendance dans lequel se trouve son cocontractant « à son égard »... ». Cette mention expresse d'une dépendance *à l'égard du cocontractant* implique, à l'évidence une volonté de restreindre l'abus de dépendance. Pour le Sénat, il s'agissait effectivement de le réduire à une dépendance relationnelle entre les contractants, en excluant ainsi une dépendance propre à la « victime » de l'abus, telle que la maladie, l'infirmité, l'âge... Pour l'Assemblée nationale, il s'agissait surtout d'exclure que la dépendance à *l'égard d'un tiers* puisse être prise en considération. En toute hypothèse, le champ d'application de l'abus de dépendance est réduit, dans une mesure qu'il appartiendra à la jurisprudence de préciser. L'exclusion de la dépendance à l'égard d'un tiers est d'autant plus regrettable que dans la violence classique, l'hypothèse d'une violence provenant d'un tiers a toujours été admise. Cette modification du texte initial par la loi de ratification a été vivement critiquée[2] car elle constitue une régression de la justice contractuelle au profit du libéralisme.

Dès lors qu'elle est interprétative, la modification est devenue applicable, non pas au 1er octobre 2018, date d'entrée en vigueur de la loi, mais au 1er octobre 2016, date d'entrée en vigueur de l'ordonnance.

1208. Cette exclusion de la violence provenant d'un tiers tend aussi à accréditer davantage l'idée que la violence par abus de dépendance est une hypothèse distincte de la violence « ordinaire », définie à l'article 1140 du Code civil. La jurisprudence, tout en ayant reconnu cette hypothèse spécifique, ne l'admet généralement pas, soit que l'état de dépendance ne soit pas suffisamment caractérisé[3], soit que l'abus ne soit pas constitué[4].

---

1. Sur cette loi, son contenu, la distinction entre les dispositions substantielles et interprétatives et son application dans le temps, v. ss 101 s.

2. V. M. Mekki, « La loi de ratification de l'ordonnance... » article préc. 908, n° 29 ; et plus violemment encore, D. Mazeaud, Quelques mots sur la réforme de la réforme, *D.* 2018. 916, n° 15.

3. Com. 3 oct. 2006, n° 04-13.987, *D.* 2006. 2735, obs. A. Lienhard ; *CCC* 2007, comm. 27, obs. M. Malaurie-Vignal ; Civ. 1re, 18 févr. 2015, n° 13-28.278, *D.* 2016. 566, obs. M. Mekki ; *RTD civ.* 2015. 371, obs. H. Barbier ; pour un cas, en application de l'ordonnance de 2016, où la méthode du faisceau d'indices est utilisée pour apprécier la dépendance au regard des conséquences économiques qu'aurait eu le défaut de conclusion du contrat mais où la violence n'est pas admise : Com. 9 juill. 2019, *RTD civ.* 2019. 854, obs. H. Barbier.

4. Civ. 1re, 3 avr. 2002, n° 00-12.932, *Defrénois* 2002, obs. É. Savaux ; Com. 16 oct. 2007, n° 05-19.069 ; Com. 7 juill. 2009, n° 08-14.362.

C. La preuve de la violence

1209. La violence est un fait juridique qui, en l'absence de disposition contraire (art. 1358) peut se prouver par tous moyens y compris par des présomptions de fait, c'est-à-dire par des indices matériels.

Dans des cas de violence morale exercée par une secte pour amener un membre vulnérable à vendre un de ses biens à une société dont les dirigeants de la communauté étaient associés, la Cour de cassation admet même que l'on peut « se fonder sur des éléments d'appréciation postérieurs à la date de formation du contrat »[1]. L'arrêt invite simplement à la souplesse dans l'appréciation de la preuve de la violence.

D. La sanction de la violence

1210. La sanction de la violence, comme des autres vices du consentement et selon l'article 1131, est la nullité relative du contrat (art. 1131), ouverte à la seule victime de la violence. Elle peut être couverte lorsque la violence a cessé, par la confirmation du contrat. Elle peut s'accompagner de dommages et intérêts (v. ss 1137).

L'action en nullité se prescrit par cinq ans, mais le point de départ du délai de prescription est ici différent par rapport au dol et à l'erreur. Alors, selon l'article 1144, que pour ces deux vices le point de départ est fixé au jour de la découverte du vice, concernant la violence, il est fixé au jour où la violence a cessé, ce qui est logique.

---

1. Civ. 3e, 13 janv. 1999, inédit, *RTD civ.* 1999. 381, obs. J. Mestre, *JCP* 1999. I. 143, obs. G. Loiseau.

DOCUMENTS

BIBLIOGRAPHIE

ANCEL (P.), « Article 1142 ; violence économique », *RDC* 2015. 747

BARBIER (H.), « Le vice du consentement pour cause de violence économique », *Dr. et patr.* 2014. 50.

BOFA (R.), « La validité du contrat », *Gaz. Pal.* 30 avr. 2015, n° 120, p. 18.

DECOTTIGNIES, « L'erreur de droit », *RTD civ.* 1951. 309.

DISSAUX (N.) et JAMIN (C.), *Projet de réforme du droit des contrats, du régime général et de la preuve des obligations. Commentaire article par article*, Dalloz, 2015, p. 32 s.

CHAGNY (M.), « Les contrats d'affaires à l'épreuve des nouvelles règles sur l'abus de l'état de dépendance et le déséquilibre significatif », *AJCA* 2016. 115.

CHANTEPIE (G.) et LATINA (M.), *La réforme du droit des obligations. Commentaire théorique et pratique dans l'ordre du Code civil*, Dalloz, 2016, p. 235 à 283.

CHAZAL (J.-P.), « La violence économique : violence économique ou abus de faiblesse », *Dr. et patr.* 2014, n° 240, p. 47.

EDELMAN, « Violence économique », *D.* 2001. Chron. 2315.

GHESTIN (J.), « La réticence, le dol et l'erreur sur les qualités substantielles », *D.* 1971. Chron. 247 ;

– « L'authenticité, l'erreur et le doute » ; « Le droit privé à la fin du XXe siècle », in *Études offertes à P. Catala*, Litec, 2001.

– « Observations générales, » (sur la réforme), *LPA* 4 sept. 2015, n° 176, p. 17.

GUERLIN (G.), « Vers une définition du dol », *AJCA* 2015. 363.

HAMELIN (J.-F.), « L'erreur sur les motifs », in M. Latina et G. Chantepie (dir.), *Projet de réforme du droit des contrats, du régime général et de la preuve des obligations. Analyses et propositions*, Dalloz, 2015, p. 17.

KLEIN (J.) « La validité du contrat », *JCP* 2015, suppl. au n° 21, p. 14.

LABARTHE (F.), « La valeur contractuelle du catalogue dans les ventes volontaires de meubles aux enchères publiques », *D.* 2011. 1779.

MALINVAUD (Ph.), « De l'erreur sur la substance », *D.* 1972. Chron. 215.

MOULY (J.), « Une règle de nature à induire en erreur : la réticence dolosive rend toujours excusable l'erreur provoquée », *D.* 2012. 1347

OUERDANE-AUBERT DE VINCELLES (C.), *Altération du consentement et efficacité des sanctions contractuelles*, Dalloz, 2002, coll. « Nouvelle Bibliothèque de Thèses », préf. Y. Lequette

TRIGEAUD (J.-M.), « L'erreur de l'acheteur, l'authenticité du bien d'art (étude critique) », *RTD civ.* 1982. 55.

Débats : « L'absorption du dol par la responsabilité civile, pour ou contre ? », *RDC* 2013/3, p. 1155 s.

Chapitre 3

La capacité et la représentation

1211. Suivant immédiatement la condition du consentement, l'article 1128, comme l'ancien article 1108, exige aussi pour la validité d'une convention, la capacité de contracter. Sous l'empire des anciennes dispositions, cette condition n'était pas ensuite véritablement développée, les anciens articles 1123 à 1125 ne posant que quelques principes de base et renvoyant aux règles ordinaires concernant la capacité (v. volume 1), qui intéresse en réalité, au-delà du droit des contrats, le droit des personnes. Désormais, une sous-section entière du Code civil, composée des articles 1145 à 1161 est consacrée à la capacité et à la représentation, dont la place, au sein des dispositions relatives au contrat a été au demeurant discutée [1].

La capacité de contracter constitue donc une exigence générale et systématique de validité des contrats qui complète celle relative au consentement car la capacité concerne aussi l'aptitude à consentir valablement. Si le principe posé par l'article 1145, conformément au principe plus général en droit des personnes, est celui de la capacité de contracter qui renvoie au principe de liberté contractuelle, la possibilité de conclure des contrats est cependant écartée à des degrés divers à l'égard des personnes protégées par la loi, et des sanctions sont prévues lorsque l'acte est conclu au mépris de l'incapacité, ou porte atteinte au patrimoine de l'incapable (Section 1).

Il est cependant possible de suppléer cette incapacité grâce aux techniques de ***représentation*** (Section 2).

Section 1
La capacité : une exigence générale de validité

§ 1. Principe de la capacité de contracter

1212. Selon l'article 1145, qui reprend, en substance, l'ancien article 1123, la capacité est le principe et l'incapacité l'exception. Toute personne peut donc contracter, sauf en cas d'incapacité prévue par la loi. L'article 1145 fait cependant la différence, qui n'était pas faite auparavant, entre les ***personnes physiques*** et les ***personnes morales*** (sociétés, groupements dotés de la personnalité morale). L'alinéa 2 du texte tel qu'il résultait de l'ordonnance du 10 février 2016 précisait en effet que la capacité des personnes morales était limitée « aux actes utiles à la réalisation de leur objet tel que défini par leurs statuts et aux

---

1. Sur ces discussions, G. Chantepie et M. Latina, *La réforme du droit des obligations. Commentaire théorique et pratique dans l'ordre du Code civil*, Dalloz, 2016, n° 348, p. 285.

actes qui leur sont accessoires, dans le respect des règles applicables à chacune d'entre elles ». Cette exigence d'un acte utile à la réalisation de l'objet social a été supprimée par la loi de ratification de l'ordonnance du 20 avril 2018 car sa mise en œuvre s'avérait particulièrement difficile [1]. La modification a été jugée substantielle et applicable à ce titre au 1er octobre 2018 et non au 1er octobre 2016 comme pour les modifications simplement interprétatives [2]. La capacité des personnes morales est donc *in fine* seulement limitée par les règles applicables à chacune d'entre elles.

1213. Malgré le principe de capacité, il faut rappeler qu'il est toujours possible de demander la nullité d'un contrat passé par une personne physique sous l'empire d'un trouble mental, même si ce trouble n'avait pas encore été constaté et n'avait pas encore conduit à la mise en place d'un régime de protection et à une incapacité de contracter. Selon l'article 414-1 du Code civil, pour faire un acte valable, il faut être sain d'esprit et cette exigence est reprise par l'article 1129 qui pose de façon distincte l'exigence de l'existence du consentement et la condition que la personne soit saine d'esprit (v. ss 1114 s.). La preuve de l'insanité permettra donc d'obtenir la nullité du contrat, mais au titre de l'inexistence du consentement et non au titre de l'exigence de capacité.

1214. La capacité n'est pas définie par les nouveaux textes, pas davantage qu'elle n'était auparavant définie. L'article 1146 se contente, comme l'ancien article 1124, de désigner les personnes frappées d'incapacité. Il faut alors ici distinguer la capacité de jouissance et d'exercice, pour constater que les articles 1145 et suivants ne se préoccupent que de la capacité d'exercice, en codifiant des règles déjà établies par la jurisprudence, mais en posant aussi quelques règles nouvelles qui s'articulent avec le droit commun des incapacités.

§ 2. Personnes physiques frappées d'incapacité

1215. L'article 1146, reprenant l'ancien article 1124, énumère les personnes incapables de contracter, qui sont : « les mineurs non émancipés et les majeurs protégés au sens de l'article 425 ». Ce dernier texte est relatif aux mesures de protection juridique des majeurs et l'article 1146 articule donc les règles posées au titre de la capacité de conclure un contrat, avec le droit des incapables mineurs et majeurs.

1216. ***Les mineurs*** sont les personnes de moins de 18 ans qui sont frappés d'une incapacité générale d'exercice si bien qu'elles doivent être représentées par leurs parents ou, à défaut de parents, par un tuteur.

1217. ***Les majeurs protégés,*** depuis la réforme opérée par la loi du 5 mars 2007, sont nécessairement des personnes atteintes dans leurs facultés intellectuelles, plus ou moins gravement. Leur état justifie la mise en place de mesures de protection, plus ou moins lourdes : *la sauvegarde de justice* qui maintient la capacité du majeur mais le protège

---

1. V. sur ce point, M. Mekki, « la loi de ratification de l'ordonnance », article préc., *D.* 2018. 908, n° 28.

2. Sur cette loi, son contenu, et son application dans le temps, différente selon qu'il s'agit d'une modification substantielle ou interprétative, v. ss 101 s.

contre ses actes lésionnaires ; la curatelle qui implique l'assistance du majeur et *la tutelle* pour les cas les plus graves, où le majeur est représenté. Le majeur en curatelle ou en tutelle peut cependant se voir reconnaître par le juge qui le place sous protection une marge de capacité, l'autorisant à passer seul certains actes.

Les mesures de protection des majeurs et le régime de leurs actes font l'objet d'une étude approfondie dans *Droit civil* (vol. 1), et nous y renvoyons. Toutefois, ces dispositions générales doivent s'articuler avec les dispositions intégrées dans l'ordonnance au titre du contrat. Si ces nouvelles dispositions renvoient, pour les actes accomplis par les majeurs protégés, aux articles 435, 465 et 494-9, elles réservent cependant, certaines solutions spécifiques posées par les articles 1148, relatif à la possibilité d'accomplir des actes courants (v. *infra*) et par les articles 1151 et 1152 et 1352-4 relatifs aux sanctions.

§ 3. Distinction de l'incapacité de jouissance et de l'incapacité d'exercice

1218. Il convient de rappeler qu'il existe une différence entre deux sortes d'incapacité : *l'incapacité d'exercice*, qui interdit à la personne mineure ou atteinte dans ses facultés mentales d'exercer ses droits et donc de contracter seule, ce qui n'exclut pas une assistance (en cas de curatelle du majeur) ou une représentation (tutelle des majeurs, administration légale ou tutelle du mineur) ; *l'incapacité de jouissance*, qui exclut le droit même de contracter.

Ces incapacités de jouissance sont très rares et ne concernent que certains contrats spécialement visés. Il n'existe pas d'incapacité de jouissance générale.

La loi du 3 janvier 1968 a ainsi institué une nouvelle incapacité spéciale de contracter qui frappe les personnes exerçant une fonction ou occupant un emploi dans un établissement hébergeant des personnes âgées ou dispensant des soins psychiatriques, et les empêche de contracter avec les personnes admises dans l'établissement. Cette incapacité spéciale de jouissance figurait dans l'ancien article 1125-1 du Code civil. L'ordonnance du 10 février 2016 l'a déplacée vers le Code de l'action sociale et des familles.

D'autres textes spéciaux prévoient de rares cas d'incapacité de jouissance, qui interdisent la conclusion de contrats en raison des risques qu'ils feraient peser sur le patrimoine d'un des contractants, ou des risques d'influence que l'un des contractants pourraient exercer sur l'autre : article 909 du Code civil qui interdit les libéralités consenties en faveur de certains personnels de santé, au cours de la maladie dont la personne est décédée ; article 1596 du Code civil qui fait notamment interdiction aux mandataires, d'acheter les biens qu'ils sont chargés de vendre, aux tuteurs d'acheter les biens de la personne protégée (cette dernière interdiction étant reprise à l'article 509, 4°, du Code civil) ; ou encore l'article 1597 du Code civil qui interdit aux juges, à leurs suppléants, aux magistrats remplissant le ministère public, aux greffiers, huissiers, avocats et notaires, de devenir cessionnaires des droits et actions litigieux dans le ressort du tribunal compétent où ils exercent leurs fonctions...

1219. Les articles 1145 à 1152 issus de l'ordonnance, ne concernent cependant que la capacité d'exercice. Ils posent quelques règles particulières qui ne figuraient pas dans les textes antérieurs, et notamment la possibilité d'accomplir les actes courants, malgré l'incapacité.

§ 4. Possibilité d'accomplir les actes courants malgré l'incapacité

1220. Même lorsque la personne est frappée d'une incapacité générale d'exercice, qui l'empêche normalement de contracter, l'article 1148, qui vient codifier une solution jurisprudentielle établie, ménage une sphère de capacité « naturelle » qui concerne les mineurs comme les majeurs. Le texte réserve en effet la possibilité pour toute personne incapable de contracter, « d'accomplir seule les actes courants autorisés par la loi ou l'usage, pourvu qu'ils soient conclus à des conditions normales ». Cette limite de la capacité pour les actes courants était déjà admise par la jurisprudence, à l'égard des mineurs et des majeurs protégés : elle est désormais expressément posée.

1221. L'article 1148 ne donne cependant aucune précision sur la notion « d'actes courants », que la jurisprudence manie cependant depuis longtemps. Il s'agit d'actes qui ne présentent pas de danger particulier, tels que l'achat de denrées, de vêtements ou de biens de consommation de faible valeur, mais qui ne sauraient cependant recouvrir l'intégralité des actes d'administration du patrimoine. L'article 496 du Code civil renvoie ainsi à une liste d'actes regardés comme « des actes d'administration relatifs à la gestion courante du patrimoine » opposés aux actes de disposition, plus graves (cette liste est établie par un décret du 22 décembre 2008 [n° 2008-1484]), certains de ces actes ne semblent cependant pas pouvoir entrer dans le cadre des actes courants, comme par exemple la conclusion d'un contrat de jouissance précaire, ou le renouvellement d'un bail de neuf ans, ou même l'exercice de toute action en justice relative à un droit patrimonial. Certaines dispositions légales qui posent différents seuils d'âge, autorisent expressément les mineurs à effectuer certains actes, comme constituer une association, ou se faire ouvrir un livret A, exercer certaines professions. Le domaine des actes courants reste incertain, déterminé au cas par cas. Le danger est cependant limité, car ces actes peuvent toujours être contrôlés a *posteriori* et éventuellement annulés (v. ss 1225 s.).

Section 2
Sanction de l'incapacité de contracter

1222. Si l'incapacité est cause de nullité des contrats passés par l'incapable au mépris de l'incapacité, les textes envisagent aussi la nullité des actes accomplis dans les zones de capacité reconnue aux incapables, s'ils sont lésionnaires, en distinguant toutefois le cas des mineurs et des majeurs quant aux conditions de la nullité de ces actes. Par ailleurs le régime de la nullité fait l'objet de règles spécifiques.

§ 1. La sanction de principe : la nullité de l'acte irrégulier

1223. La sanction d'une incapacité d'exercice de contracter est en principe la ***nullité relative du contrat***, qui ne peut être invoquée que par l'intéressé. La solution ne faisait pas de doute, mais l'article 1147 le confirme expressément. Cette nullité peut donc intervenir dans tous les cas où le mineur ou bien la personne majeure protégée, ne pouvait pas passer l'acte ou ne pouvait le passer seul, sans assistance, ce qui dépend pour les majeurs de la nature de la mesure de protection dont il fait l'objet.

1224. Les textes spéciaux du droit des majeurs protégés, auxquels renvoient, au demeurant, l'article 1150, font cependant la différence, concernant les conditions de la nullité, selon que la personne devait être représentée ou simplement assistée. L'article 465, relatif aux actes accomplis par les personnes en curatelle ou en tutelle, prévoit en effet que si l'acte exigeait une assistance, il ne peut être annulé que si la personne protégée a subi un préjudice. Au contraire, si l'acte exigeait une représentation, il peut être annulé sans justification d'un préjudice.

§ 2. La nullité des actes réguliers lésionnaires : distinction entre les majeurs et les mineurs

1225. Dans un certain nombre de cas, le majeur même protégé ou le mineur peuvent agir seuls. Il existe donc un certain nombre d'actes qui peuvent avoir été régulièrement passés :

– pour le mineur comme pour le majeur, il s'agit d'abord, on l'a vu, de tous les actes de la vie courante, en vertu de l'article 1148. Certains actes sont par ailleurs expressément ouverts, par des dispositions légales spéciales au mineur ;

– pour les majeurs, au-delà de ces actes de la vie courante, tout dépend de la nature de la protection : concernant le majeur en sauvegarde de justice, il s'agit, de tous les actes, puisque sa capacité *a priori*, reste entière reste entière. (C. civ., art. 435, al. 1er) ; quant au majeur en tutelle ou en curatelle, il peut s'agir de certains actes qui auront été listés par le juge, en considération de l'état du majeur.

Si ces actes sont *a priori* réguliers, la nullité peut cependant parfois être demandée lorsqu'il y a lésion, c'est-à-dire si le contrat est déséquilibré économiquement au détriment de la personne protégée, sans qu'un seuil relatif à l'importance de la lésion soit posé (également sur ce point, v. ss 1407).

1226. Les articles 1149 et 1150 font cependant la distinction au regard de cette action en nullité pour lésion, entre la situation du mineur et celle du majeur.

A. L'action en nullité des actes de la vie courante lésionnaires ouverte au mineur sur le fondement de l'article 1149

1227. Concernant les mineurs, l'article 1149 prévoit la possibilité de demander la nullité pour lésion des actes courants, accomplis par le mineur. La solution était acquise en jurisprudence, le texte ne fait que la codifier. Cependant, il innove en précisant que la nullité n'est pas encourue, si la lésion résulte d'un événement imprévisible.

1228. Par ailleurs, l'article 1149, alinéa 3, reprenant ici la règle formulée antérieurement à l'article 1308, précise que « le mineur ne peut se soustraire aux engagements qu'il a pris dans l'exercice de sa profession ». On sait notamment que le mineur même non émancipé peut désormais être entrepreneur individuel à responsabilité limitée (v. vol. 1, n° 1087).

1229. Enfin, le texte ne prévoit expressément que l'annulation de l'acte lésionnaire et non la possibilité d'une action en réduction, permettant de le rééquilibrer en le faisant échapper à la nullité (v. ss 1413).

B. L'action en nullité ou en réduction des actes lésionnaires ouverte aux majeurs protégés par les dispositions spéciales du droit des majeurs protégés

1230. Concernant les majeurs, il résulte des termes de l'article 1149, que la possibilité de demander la nullité pour lésion des actes de la vie courante, ne leur est pas ouverte sur ce fondement, puisque seul le mineur est visé. Pour autant, elle est possible, mais sur le fondement des dispositions spéciales du droit des majeurs protégés. En effet, l'article 1150 renvoie, pour les actes qu'ils ont accomplis, aux dispositions spéciales du droit des incapacités, les articles 435, 465 et 494-9.

– L'article 435 concerne les actes passés par le majeur *sous sauvegarde de justice*, qui conserve en principe sa capacité : ils peuvent être rescindés pour simple lésion ou réduits en cas d'excès, alors même qu'ils pourraient être annulés sur le fondement de l'article 414-4 (insanité d'esprit). Il revient dans ce cas au juge de prendre en considération l'utilité ou l'inutilité de l'opération pour décider de la sanction. Ainsi, en toute hypothèse, et même s'il s'agit d'actes réguliers le majeur pourra bénéficier de l'action en nullité pour lésion.

– L'article 465 concerne actes accomplis par la personne en *curatelle* (régime d'assistance) ou en tutelle (régime de représentation). Il prévoit également la possibilité d'exercer une action en rescision ou en réduction de l'acte lésionnaire s'il s'agit d'un acte que la personne a accompli seule et qu'elle pouvait faire sans assistance ou représentation. Là encore, on le voit, l'acte régulier peut toujours être annulé pour lésion.

– Enfin l'article 494-9 concerne le nouveau *régime d'habilitation familiale* mis en place par l'ordonnance du 15 octobre 2015 portant simplification et modernisation du droit de la famille, qui prévoit de la même façon la possibilité d'exercer une action en rescision ou réduction de l'acte lésionnaire.

1231. L'action en nullité des actes réguliers lésionnaires est donc également ouverte aux majeurs, mais sur le fondement de ces dispositions spéciales. Par ailleurs, dans le cadre de ces dispositions spéciales relatives aux majeurs protégés, une option est toujours possible entre la nullité ou la réduction de l'acte lésionnaire, sans que cette possibilité d'une action en réduction soit prévue, on l'a vu, concernant les actes de la vie courante accomplis par le mineur.

§ 3. Le régime de la nullité

1232. L'action, on l'a dit (v. ss 1223), est une action en nullité relative ouverte à la seule personne incapable. Il s'agit d'une nullité de protection (art. 1147). La solution n'est pas nouvelle mais l'ordonnance ajoute, ici, par rapport aux dispositions antérieures contenues dans le Code civil quelques précisions et solutions intéressantes.

1233. L'article 1149, alinéa 2, indique que la simple déclaration de majorité faite par le mineur ne fait pas obstacle à la nullité.

1234. Concernant les moyens de défense à l'action, l'article 1151 précise que le contractant capable peut faire obstacle à l'action en nullité engagée contre lui en montrant que l'acte était utile à la personne protégée et exempt de lésion ou qu'il a tourné au profit de celle-ci. Il peut aussi opposer à l'action en nullité, la confirmation de l'acte par son cocontractant devenu ou redevenu capable (sur la confirmation des actes nuls, v. ss 1495 s.).

1235. L'article 1152 apporte également des précisions concernant la prescription (de cinq ans) ; il indique en effet précisément le point de départ du délai qui court, pour les mineurs, du jour de la majorité ou de l'émancipation ; pour le majeur protégés, du jours où il a eu connaissance de l'acte, alors qu'il était en situation de les refaire valablement et enfin, à l'égard des héritiers de la personne en tutelle ou en curatelle ou de la personne faisant l'objet d'une habilitation familiale, du jour du décès si elle n'a pas commencé à courir auparavant.

1236. Enfin, concernant les restitutions consécutives à l'annulation du contrat, l'article 1150 renvoie expressément à l'article 1352-4 lequel prévoit que les restitutions dues à un mineur ou un majeur en cas de prononcé de la nullité de l'acte sont réduites à proportion du profit retiré de l'acte.

Section 3
La représentation

1237. Lorsqu'une personne est frappée d'une incapacité de contracter, il est possible de pallier cette incapacité qui lui interdit de contracter, en ayant recours à un représentant qui agit en son nom et pour son compte.

Mais la représentation peut aussi être une technique utilisée pour une personne capable, qui pour des raisons diverses, ne va pas contracter elle-même mais par l'intermédiaire d'une représentant.

La représentation n'est donc pas nécessairement liée à l'incapacité, et ce n'est pas ainsi, ou en tout cas pas seulement ainsi qu'elle est abordée dans le cadre des nouvelles dispositions issues de l'ordonnance de 2016.

1238. Les articles 1153 à 1161, consacrés à la représentation sont entièrement nouveaux. L'ordonnance du 10 février 2016 a en effet regroupé dans ce paragraphe consacré à la représentation, un certain nombre de règles qui figuraient auparavant dans le seul cadre du mandat (hypothèse de représentation conventionnelle), mais qui sont étendues pour constituer un droit commun de la représentation, applicable en matière contractuelle mais aussi aux autres actes juridiques et où toutes les sources de la représentation sont envisagées : légale, conventionnelle ou judiciaire. Par ailleurs les règles posées intègrent non seulement les hypothèses de représentation classiquement nommée « parfaite », où le représentant agit au nom et pour le compte du représenté, mais aussi les hypothèses de représentation « imparfaite », où le représentant agit pour le compte du représente, mais en son nom propre.

1239. La représentation est ainsi intégrée dans une sous-section consacrée à « la capacité et la représentation », dans le chapitre consacré à la validité du contrat. On pourrait penser que cette place se justifie par le fait que lorsque le contrat est conclu par un représentant, une condition supplémentaire de validité est exigée, celle du pouvoir d'agir au nom et pour le compte d'autrui. C'est d'ailleurs ainsi que la représentation était envisagée dans l'avant-projet *Catala* et, à ce titre, l'hypothèse de la représentation figurait parmi l'énoncé des conditions de validité des contrats. Or, dans l'article 1128 issu de l'ordonnance, qui pose les conditions de validité du contrat, aucune référence n'est faite à la représentation, et, de fait, le défaut de pouvoir ou le dépassement de pouvoir ne sont pas toujours sanctionnés par la nullité (v. art. 1156).

C'est pourquoi, malgré le fait que l'ordonnance du 10 février 2016 envisage la représentation au titre du contrat, nous en avons traité au titre du régime général des obligations cat elle met en place un véritable droit commun de la représentation, et nous y renvoyons (v. ss 189 s.).

DOCUMENTS

BIBLIOGRAPHIE

Chantepie (G.) et Latina (M.), *La réforme du droit des obligations. Commentaire théorique et pratique dans l'ordre du Code civil*, Dalloz, 2016, p. 284 s.

Dissaux (N.) et Jamin (C.), *Projet de réforme du droit des contrats, du régime général et de la preuve des obligations. Commentaire article par article*, Dalloz, 2015, p. 48 s.

Lemouland (J.-J.), « Confirmation du rôle de la volonté : consentement, capacité et représentation », in V. Larribau-Terneyre et S. Pellé (dir.), *Quel renouveau pour le droit des contrats ? Une réforme entre tradition et modernité*, PUPPA, 2016.

Wicker (G.) et Ferrier (N.), « La représentation », *JCP* 2015, suppl. au n° 21, p. 27.

Chapitre 4

Le contenu du contrat

1240. Le postulat du libéralisme et celui de l'autonomie de la volonté dominants à l'époque du Code civil impliquent que chaque partie doit s'assurer de l'équilibre et de l'utilité du contrat, pour ce qui la concerne. Le Code civil, postulant des contractants égaux et tout-puissants, qui évoluent dans une économie libérale (v. ss 855 s.), imposait peu de contraintes relativement au contenu de l'échange contractuel qui s'insérait librement et naturellement dans l'économie globale. Il ne s'immisçait pas dans cet échange interindividuel, pour imposer et contrôler, par exemple, l'équivalence objective des prestations. Il consacrait d'ailleurs l'équivalence subjective des prestations en définissant le contrat commutatif comme celui dans lequel les prestations sont « regardées » comme équivalentes. Si le consentement est exempt de vices, c'est que chacune des parties trouve son compte à l'opération.

1241. Le Code civil de 1804 imposait cependant certaines exigences minimales et opérait un double contrôle sur le contenu du contrat, par l'intermédiaire de deux notions : la notion d'objet et la notion de cause : le contrat concerne au premier chef les parties contractantes mais en même temps il s'insère dans la société globale. Dès lors, certaines exigences étaient posées qui dépassaient la seule protection des contractants, afin d'assurer le respect d'un certain ordre social d'une part et d'un certain équilibre économique d'autre part.

– *Au titre de l'ordre social,* le contrat ne devait pas contrevenir à certains principes d'ordre public et remettre en cause l'ordre imposé par l'État : c'est l'exigence générale de conformité du contrat à l'ordre public et aux bonnes mœurs posée par l'article 6 du Code civil. Elle était reprise par l'article 1128, relatif à l'objet, et par l'article 1133, relatif à la cause.

– *Au titre de l'équilibre économique du contrat,* en second lieu, le contrôle de l'existence de l'objet et de la cause était organisé afin de réaliser une vérification minimale concernant les parties : celle de la *conformité du contrat à son objectif économique.* Il peut s'agir de la réalisation d'un échange économique dans les contrats synallagmatiques, qui supposent donc des prestations réciproques constituant la cause et la contrepartie l'une de l'autre ; mais il peut s'agir aussi de réaliser un transfert de bien ou de rendre un service sans contrepartie, s'il s'agit d'une opération de bienfaisance, contrat unilatéral à titre gratuit.

1242. L'évolution (déclin du libéralisme, inégalité de puissance économique des parties, notamment) a conduit d'une part à amplifier le rôle de l'ordre public, marquant ainsi le recul de la liberté contractuelle, même si elle reste une valeur fondamentale, et d'autre part à faire accéder sur le devant de la scène juridique contractuelle et au rang des valeurs contractuelles fondamentales, l'exigence de justice contractuelle et d'équilibre du contrat. La justice contractuelle, est en effet une justice commutative, qui, dans les contrats synallagmatiques repose sur l'équivalence des prestations et qui permet à chaque partie de trouver son intérêt dans le contrat.

De plus en plus, le droit des contrats contemporain en est venu à poser une exigence générale d'équilibre, sinon d'équivalence et à développer des mécanismes correcteurs des déséquilibres contractuels. Si l'objectif, à l'origine, était simplement de sanctionner un déséquilibre absolu, caractérisé par l'absence totale de contrepartie, sur le terrain de l'objet ou de la cause, l'évolution contemporaine a ensuite conduit à affiner l'analyse et à amplifier le contrôle de l'équilibre. L'analyse moderne de la cause, y contribuait largement. De même, à côté de la lésion, qui demeure exceptionnellement admise, des mécanismes dérivés de la lésion se sont développés pour sanctionner certains déséquilibres économiques de l'opération contractuelle, dont la lutte contre les clauses abusives en droit de la consommation.

1243. Les différents avant-projets et projets de réforme du droit des obligations qui se sont succédés, comme le texte final de l'ordonnance du 10 février 2016, ont tous pris en compte les aspirations de la justice contractuelle, tant au stade de la formation que de l'exécution du contrat et se sont inscris à ce titre dans la mouvance du droit européen des contrats (v. ss 883 s., 893 s.). Certes, ni dans l'avant-projet *Catala,* ni dans les propositions *Terré,* ni dans les dispositions issues de l'ordonnance du 10 février 2016, l'équivalence des prestations dans les contrats synallagmatiques n'est érigée en condition de validité du contrat. Au contraire, l'article 1168, issu de l'ordonnance, affirme comme le faisait l'avant-projet *Catala,* que « dans les contrats synallagmatiques, le défaut d'équivalence entre les prestations n'est pas une cause de nullité du contrat, à moins que la loi n'en dispose autrement ». Le principe de la liberté contractuelle, reconnu comme principe gouvernant le contrat, doit en effet pouvoir s'accommoder d'un certain déséquilibre des prestations, qui peut avoir été accepté en toute connaissance de cause par les parties. Cependant, l'évolution s'est faite dans le sens d'un contrôle accru de l'équilibre du contrat, qui doit correspondre aux attentes légitimes des parties et l'ordonnance de 2016 a introduit, ou consacré, à ce titre, un certain nombre de mécanismes destinés à empêcher un déséquilibre manifeste du contrat.

1244. Ces mécanismes interviennent cependant dans un contexte renouvelé. En effet, l'ordonnance du 10 février 2016 a modifié la perspective car elle a fait disparaître la notion de cause et a substitué dans l'article 1128, aux conditions antérieures concernant distinctement l'objet et la cause, des conditions concernant « le contenu du contrat ». La validité du contrat est ainsi subordonnée non plus à un objet licite et certain et à une cause licite dans l'obligation mais simplement à « un contenu licite et certain ». Pour autant, le bouleversement n'est pas aussi important qu'on pourrait le croire. En effet, cette notion de contenu du contrat est plus large que celle d'objet et elle permet en réalité tout, en maintenant les dispositions actuelles concernant l'objet, d'y intégrer aussi les principales fonctions qui étaient dévolues à la cause grâce, notamment, à la notion de contrepartie.

Le contrôle de l'existence d'une contrepartie ou encore la police des clauses du contrat lorsqu'elles sont susceptibles de vider de sa substance une obligation essentielle permettent ainsi de maintenir la fonction de contrôle de la conformité du contrat à sa finalité économique en vérifiant son équilibre structurel. L'ordonnance ajoute par ailleurs dans certains contrats, les contrats d'adhésion, la sanction des clauses abusives qui ne concernait jusqu'ici que les contrats de consommation, intensifiant ainsi le contrôle de l'équilibre contractuel

Quant au contrôle de la licéité de la cause, il continuera à se faire par le contrôle de la conformité du but du contrat à l'ordre public, qui s'inscrit dans l'exigence générale de conformité à l'ordre public : elle est posée à l'article 1162, dans les dispositions concernant le contenu du contrat : « le contrat ne peut déroger à l'ordre public ni par son contenu ni par son but » mais également dans les dispositions liminaires consacrées au contrat, à l'article 1102, alinéa 2, au titre des limites au principe de liberté contractuelle.

1245. Le double contrôle, de la conformité du contrat à l'ordre public d'une part et de sa conformité à son objectif économique et aux attentes légitimes des parties d'autre part, reste donc assuré en conformité avec les solutions qui avaient été dégagées par la jurisprudence sur le fondement des textes antérieurs, qui distinguaient objet et cause pour vérifier leur existence et leur licéité.

La loi de ratification de l'ordonnance du 10 février 2016, intervenue le 20 avril 2018 n'a pas apporté de réelles modifications aux dispositions issues de l'ordonnance concernant le contenu du contrat. Aucune des options fondamentales n'a été remise en question. On relève simplement une modification de l'article 1165 pour ajouter à la sanction des dommages et intérêts, en cas de fixation unilatérale d'un prix abusif en matière de contrat de prestation de service, celle de la résolution du contrat (v. ss 1348).

1246. Il convient donc d'étudier d'abord les éléments constitutifs du contenu du contrat avant l'ordonnance et après l'ordonnance qui l'a érigé en notion autonome, afin de mesurer les changements intervenus (Section 1) puis d'envisager le maintien, dans le dispositif actuel, issu de l'ordonnance de la double fonction de contrôle opérée par l'intermédiaire des conditions relatives au contenu du contrat : le contrôle de la conformité du contrat du contrat à sa finalité économique, spécialement la finalité d'échange économique dans les contrats synallagmatiques, et le contrôle de la conformité du contrat à l'ordre public (Section 2).

Section 1
Les éléments constitutifs du contenu du contrat

§ 1. Les notions d'objet et de cause et leurs fonctions avant l'ordonnance du 10 février 2016

1247. Envisager les notions d'objet et de cause avant l'ordonnance de 2016 reste d'autant plus pertinent que le droit antérieur est encore applicable, rappelons-le, à tous les contrats conclus avant le 1er octobre 2016, date d'entrée en vigueur de l'ordonnance[1] et que la jurisprudence fait donc toujours application des anciens textes.

---

1. Sur l'application dans le temps du nouveau droit des contrats (ordonnance du 10 février 2016 et loi de ratification du 20 avril 2018), v. ss 85 s.

A. L'objet

1248. Les rédacteurs du Code civil, dans les articles 1126 à 1130 consacrés à l'objet, parlaient tantôt de l'objet du contrat, tantôt de l'objet de l'obligation. Une discussion doctrinale était donc née : certains auteurs estimaient que l'expression *objet du contrat* recouvrait deux notions distinctes : l'*objet de l'obligation*, qui est la prestation elle-même et l'*objet de la prestation*, qui est la chose sur laquelle porte la prestation. D'autres auteurs, au contraire, faisaient une distinction entre l'*objet du contrat*, qui est l'opération recherchée (vente, location, louage de service, etc.) et l'*objet de l'obligation*, qui est la prestation promise : donner, faire ou ne pas faire quelque chose, à laquelle ils assimilaient cette chose elle-même.

1249. Toutefois, il reste que l'objet pris en compte par Code civil au titre des conditions posées concernant sa validité était l'objet était *l'objet de l'obligation, c'est-à-dire la prestation fournie.* On peut l'indiquer d'ores et déjà : l'ordonnance du 10 février 2016 reprend et confirme cette acception de l'objet.

1) L'analyse de l'objet comme la prestation promise

a) Distinction entre objet du contrat, objet de l'obligation et objet de la prestation

1250. ***L'objet du contrat*** est l'opération juridique à réaliser. Ces opérations sont en nombre illimité puisque, avec le principe de la liberté contractuelle, les parties peuvent varier à leur gré l'objet de leur contrat (v. ss 924, les contrats innomés), sous la limite du respect de l'ordre public.

1251. ***L'objet de l'obligation*** est constitué par la prestation promise. Selon la classification traditionnelle, qui était établie par les anciens articles 1101 et 1126 (mais que l'ordonnance n'a pas reprise puisque l'obligation de donner a été supprimée), il pouvait s'agir d'une obligation de *donner*, c'est-à-dire non pas de faire une libéralité (du latin : *donare*) mais simplement de transférer un droit de propriété ou un autre droit réel sur un bien (du latin : *dare*), ou d'une obligation de *faire* ou de *ne pas faire*.

L'article 1127 précisait d'ailleurs que le simple usage ou la simple possession d'une chose peut constituer, comme la chose elle-même, l'objet du contrat. Cela peut également être étendu à la simple détention de l'objet.

1252. ***L'objet de la prestation*** est le bien sur lequel porte la prestation ou le service particulier promis. Il s'agit, par exemple, de l'immeuble dont la propriété est transmise, du prix sous forme du versement d'une somme d'argent, etc.

1253. Normalement, l'objet de l'obligation est simple, il s'agit d'une prestation unique : un transfert de droit réel, une action ou une abstention. Il peut arriver, exceptionnellement, que l'objet de l'obligation soit complexe, c'est-à-dire qu'il s'agisse d'obligations *conjonctives :* par exemple, deux biens sont vendus pour un prix unique, ou *alternatives :* le débiteur doit l'une ou l'autre chose (v. ss 317).

b) Caractères exigés de l'objet/prestation

1254. L'objet, déterminé comme étant l'objet de chaque obligation prévue au contrat, c'est-à-dire la prestation promise, devait être « certain » (art. 1108), donc exister, ensuite présenter certains caractères : déterminé ou déterminable, possible, et ensuite, licite. L'assemblée plénière de la Cour de cassation avait cependant décidé que l'exigence de détermination de l'objet, posée par l'ancien article 1128, ne s'appliquait pas au prix dans les contrats cadres (v. ss 1340).

2) La double fonction de l'objet

1255. Les différents caractères, exigés de l'objet, devaient permettre deux sortes de vérifications : celle de l'existence de l'objet, par l'intermédiaire de l'exigence d'un objet certain (où l'on vérifiait que la prestation promise avait bien une réalité) ; celle de la licéité l'objet et donc de la conformité du contrat à l'ordre public.

B. La cause

1) L'identification d'une double notion de cause correspondant à la double fonction de la cause

1256. Les articles 1131, 1132 et 1133 relatifs à la cause, ne la définissaient pas. Alors que le droit canonique faisait déjà une distinction entre la cause abstraite et la cause concrète ou mobile, les rédacteurs du Code civil ont négligé cette distinction pour ne tenir compte que de la cause abstraite ou *cause de l'obligation* : c'est ce qu'on appelle la *théorie classique* de la cause. Depuis, la doctrine et, surtout, la jurisprudence, sont revenues à la distinction du droit canonique entre la *cause de l'obligation*, abstraite, et la *cause du contrat*, concrète, qui réintroduit la règle morale dans le droit. Si la terminologie varie selon les auteurs, certains opposant la théorie subjective de la cause à la théorie objective, les autres parlant de la cause abstraite opposée à la cause concrète, d'autres, enfin, préférant parler de cause du contrat (subjective, concrète) par opposition à la cause de l'obligation (objective, abstraite), en toute hypothèse, la notion de cause se présentait sous un double aspect : le premier, objectif, abstrait, général, suffisant pour constater l'*existence* de la cause ; le second, subjectif, concret, propre à chaque cas particulier, permettant de vérifier la *licéité* de la cause. On peut signaler un arrêt de la première chambre civile de la Cour de cassation du 12 juillet 1989 qui distingue bien les deux notions : cause du contrat et cause de l'obligation[1] (v. arrêt à lire en fin de chapitre).

Ensuite, la théorie de la cause a connu en jurisprudence de nouveaux développements dans une vision plus économique et renouvelée du contrat où elle est devenue un instrument de contrôle de l'utilité économique et d'un équilibre plus exigeant qu'à l'époque du Code civil, qui ne s'apprécie plus seulement au moment de la formation du contrat.

a) La cause objective ou cause de l'obligation : instrument de contrôle de l'existence de la cause

1. La théorie classique de la cause selon les causalistes

1257. Pour les « causalistes » et notamment Domat, la cause qui doit être recherchée est celle de chaque obligation née du contrat, indépendamment du reste de l'opération

---

1. *JCP* 1990. II. 21546, note critique Y. Dagorne-Labbé.

(c'est pourquoi on parle de cause abstraite ou objective). Si l'une des obligations essentielles du contrat n'a pas de cause, le contrat est nul :

– ainsi, dans *les contrats synallagmatiques*, la cause de l'obligation de l'une des parties est l'engagement pris par l'autre d'exécuter sa propre prestation : c'est la cause-contrepartie, qui correspond à la fonction d'échange économique du contrat ;

– dans *les contrats réels unilatéraux*, comme le prêt ou le gage, la cause de l'obligation est la remise de la chose : en effet, pourquoi l'emprunteur s'engage-t-il, par exemple, à restituer la chose empruntée ? Parce que cette chose lui a été remise ;

– dans *les contrats à titre gratuit*, enfin, la cause de l'obligation est l'intention libérale, l'*animus donandi*, et ce, sans rechercher les mobiles (propres au disposant considéré).

1258. On a reproché à la théorie de Domat d'être *incomplète* car elle n'envisage pas les contrats unilatéraux à titre onéreux. Mais, surtout, les anti-causalistes, à la suite de Planiol, ont dénoncé cette théorie comme fausse et inutile. *Elle est fausse selon eux*, car, dans les contrats synallagmatiques, les deux obligations naissant en même temps ne peuvent se servir mutuellement de cause ; dans les contrats réels, la remise de la chose est plus que la cause de l'obligation, elle est la formalité donnant vie au contrat ; et, dans les contrats à titre gratuit, il est impossible d'envisager l'intention libérale sans connaître en même temps les mobiles qui ont poussé le donateur. *Elle est également inutile*, car l'annulation d'un contrat pour absence de cause, ou fausse cause, ou cause illicite, se confond alors avec l'annulation pour défaut de consentement ou illicéité de l'objet. En réalité, la théorie classique de la cause ne mérite « ni cet excès d'honneur, ni cette indignité » et si elle a survécu longtemps à ces critiques, c'est qu'elle présentait quand même un certain intérêt, surtout en ce qui concerne les contrats synallagmatiques.

2. L'utilité de la théorie classique pour expliquer certains mécanismes juridiques

1259. L'essence même du contrat synallagmatique, commutatif, à titre onéreux est l'existence d'une contre-prestation : chaque partie ne s'engage qu'en raison de la contrepartie qu'elle recherche. C'est l'aspect économique qui est envisagé ici et le recours à la notion classique de cause permet de comprendre certains mécanismes juridiques.

1260. Effectivement, si l'équilibre ainsi réalisé entre les prestations et contre-prestations vient à être rompu, on pourra envisager l'annulation du contrat pour absence de cause. Il faut cependant que le déséquilibre soit suffisamment important pour remettre en cause l'existence d'une contrepartie et que la nullité du contrat soit encourue.

1261. De la même façon, on pouvait justifier par le recours à la théorie de la cause la notion de résolution, qui permet d'anéantir un contrat en cas d'inexécution, par l'une des parties, de son obligation (ancien art. 1184). Ceci permet d'éviter que l'autre partie ne soit forcée d'exécuter sa propre prestation alors qu'elle ne reçoit plus la contre-prestation attendue (v. ss 1876 s.).

1262. C'est la même idée que l'on retrouve également dans la notion d'enrichissement sans cause qui fonde l'obligation d'indemniser celui qui s'est appauvri au bénéfice d'autrui sans cause juridique (v. ss 2046 s.).

3. L'utilisation par la jurisprudence : le contrôle de l'existence de la cause pour vérifier l'aptitude du contrat à remplir sa finalité économique

1263. Ce que l'on cherchait essentiellement ici, par l'intermédiaire de cette notion objective de cause, ou cause de l'obligation, c'était à vérifier l'*existence de la cause :* les obligations sans cause, ou fondées sur une fausse cause, étaient en effet annulables (art. 1131) parce qu'à défaut de cause, l'engagement n'a aucun sens. La cause permettait donc de vérifier l'existence d'une contrepartie dans les contrats à titre onéreux, justifiant l'engagement ; mais elle permettait aussi de vérifier l'existence d'une intention libérale dans les contrats à titre gratuit, expliquant que le débiteur s'engage en l'absence de toute contrepartie. Ainsi pouvait être vérifiée dans tous les cas l'aptitude du contrat à la réalisation de sa finalité économique : opération d'échange économique pour les contrats à titre onéreux ou acte de « bienfaisance » pour les contrats à titre gratuit.

1264. La cause objective ou cause de l'obligation, dépendait donc du type de contrat, mais en même temps elle était stéréotypée par type de contrat, d'où le qualificatif également retenu pour la désigner de « cause abstraite ».

1265. *Dans le contrat synallagmatique commutatif,* qui réalise une opération d'échange économique, la cause de l'obligation de l'une des parties était l'obligation de l'autre et inversement. En somme, la cause est la contrepartie, appréciée au regard des obligations réciproques des parties. Chacune des parties s'oblige envers l'autre à une prestation. Si l'une des obligations ne comporte pas de prestation, elle est nulle pour défaut d'objet mais l'autre est nulle également pour absence de cause. Il y a donc correspondance entre les deux notions d'objet et de cause.

Comme le souligne Denis Mazeaud, la cause est une notion abstraite et dans les contrats synallagmatiques, le déséquilibre qu'elle permet de combattre est exclusivement un déséquilibre structurel qui se traduit par l'absence totale de contrepartie à laquelle est assimilée la contrepartie dérisoire. Mais la contrepartie existe dès lors qu'un engagement réciproque valable répond à celui souscrit par un des cocontractants.

1266. *En l'absence de cause, le contrat était donc nul,* sans aucune possibilité de révision ou de correction. La jurisprudence la plus récente refusait en effet tout pouvoir de réfaction du contrat au juge : « si une contrepartie financière dérisoire à la clause de non-concurrence équivaut à une absence de contrepartie rendant la clause nulle, le juge ne peut, sous couvert de l'appréciation du caractère dérisoire de la contrepartie pécuniaire invoquée, substituer son appréciation du montant de cette contrepartie à celle fixée par les parties et… accorder au salarié la contrepartie qu'il estime justifiée [1] ».

L'absence de cause entraînait par ailleurs classiquement une *nullité absolue.* Cependant, la première chambre civile de la Cour de cassation avait rendu une décision qualifiant l'absence de cause de « nullité relative » et lui appliquant la prescription abrégée de cinq ans, qui depuis la loi du 17 juin 2008 portant réforme de la prescription civile est d'ailleurs devenue le délai de droit commun, applicable aussi désormais aux nullités

1. Soc. 16 mai 2012, n° 11-10760, *RDC* 2013/1, p. 75, obs. T. Genicon ; *Gaz. Pal.* 2012, n° 201, p. 14, note S. Le Gac-Pech et n° 85, obs. D. Houtcieff. V. aussi, D. Mazeaud, « La révision du contrat », *LPA* 30 juin 2005, p. 4.

absolues (sur la prescription, v. ss 731 s., et sur les conséquences en matière d'action en nullité, v. ss 1500). Cette décision se justifiait cependant, selon la théorie moderne des nullités « qui conçoit la nullité comme une sanction qui doit s'adapter au but de la règle dont elle tend à assurer le respect et dont la nature, absolue ou relative, doit dépendre des intérêts, généraux ou particuliers, protégée par la norme méconnue ». En l'espèce, il s'agissait de la défense d'un intérêt particulier qui aurait pareillement pu être assurée par le recours aux notions d'erreur ou de dol : causes de nullité relative[1]. La première chambre civile avait ensuite réaffirmé le caractère absolu de la nullité pour absence de cause pour revenir ensuite à la nullité relative (action en nullité, v. ss 1480 s, et les références).

1267. *Dans les contrats aléatoires*, l'annulation pour absence de cause était encourue dès qu'il n'y avait pas d'aléa, car la cause, pour chacune des parties, c'est l'aléa, chacun espérant gagner et non perdre. Ainsi pour les contrats de rentes viagères, l'article 1974 prévoit la nullité en cas d'absence complète d'aléa et l'article 1975, en cas de présomption, d'ailleurs irréfragable, d'absence d'aléa si le débirentier avait connaissance de l'imminence du décès du crédirentier (dans les quatre-vingt-dix jours du contrat). La nullité pouvait être encourue même au-delà du délai fixé par l'article 1975, si l'absence d'aléa pouvait être établie[2]. Ainsi a été annulée pour défaut d'aléa, bien que le décès du vendeur soit survenu plus de quinze mois après, la vente d'un immeuble en viager du fait que le vendeur, médecin, était informé du caractère inéluctable de sa maladie et que les acquéreurs très liés avec lui ne pouvaient ignorer la gravité de l'affection[3].

1268. Dans les *contrats à titre gratuit*, la cause était toujours l'intention libérale, définie comme la volonté d'avantager sans recevoir de contrepartie. C'est donc l'absence d'*animus donandi* avec tout ce que cela présente de difficulté de preuve qui caractérisait l'absence de cause.

1269. Dans les *contrats réels,* enfin, la cause de l'obligation de restitution, dans ces contrats qui se forment par la remise de la chose qui en est l'objet (chose prêtée, chose remise en dépôt, c'est la remise antérieure de la chose à titre de prêt ou de dépôt). C'est ce que la Cour de cassation a récemment rappelé à propos du prêt, lorsqu'il est passé entre particuliers et qu'il reste donc un contrat réel[4]. On rappellera que lorsqu'il est consenti par un professionnel du crédit, la jurisprudence a écarté la qualification de contrat réel qui conduit à faire du prêt un contrat unilatéral. Il devient en ce cas synallagmatique, la cause de l'obligation de restitution étant alors l'obligation de remettre la somme prêtée, ce que la Cour de cassation a également rappelé par un arrêt du même jour que le précédent[5] (v. ss 960).

---

1. Civ. 3e, 29 mars 2006, *Juris-Data* n° 2006-032919 ; *JCP* 2006. I. 153, comm. A. Constantin.

2. Com. 4 nov. 1980, *Bull. civ.* IV, n° 169, p. 127.

3. Civ. 3e, 2 févr. 2000, *JCP* 2000. II. 10289, note J.-F. Weber.

4. Civ. 1re, 19 juin 2008, *D.* 2008. AJ 1825, obs. X. Delpech et 2369 obs. C. Breton ; *JCP* 2008. II. 10150, note A. Constantin, *JCP E* 2008. 1964, note D. Legeais ; F. Chénedé, « La cause de l'obligation dans le contrat de prêt réel et dans le contrat de prêt consensuel », *D.* 2008. 2555 ; *RDC* 2009. 182, note P. Puig.

5. Com. 7 avr. 2009, pourvoi n° 08-12.192, *JCP* 2009. 273, n° 13, *D.* 2009. 2080, note J. Ghestin ; *JCP* 2009. 77, n° 27, note J. Lasserre Capdeville.

1270. À côté de ces hypothèses d'absence de cause, le Code civil distinguait par ailleurs la ***fausse cause et l'erreur sur la cause***. La fausse cause était en réalité une erreur portant sur l'existence de la cause. Cette notion, très utile quand on avait encore une conception étroite de l'erreur sur la substance, ne l'était plus guère avec le développement de la notion d'erreur substantielle (v. ss 1150 s.). Néanmoins la jurisprudence continuait à utiliser parfois cette notion et l'a encore utilisée depuis l'entrée en vigueur de l'ordonnance, le droit antérieur étant toujours applicable aux contrats conclus avant cette date [1].

1271. La jurisprudence avait même fait application de la notion de fausseté partielle de la cause, pour l'assortir d'une sanction spécifique : *la réduction*. Dans une décision rendue en 2003, la première chambre civile de la Cour de cassation l'avait utilisée à propos d'une reconnaissance de dette (acte unilatéral et non contrat), pour admettre que la fausseté partielle de la cause « n'entraînait pas l'annulation de l'obligation mais sa réduction à la mesure de la fraction subsistante » [2]. Toutefois, dans une décision plus récente du 31 mai 2007, elle avait précisé que cette solution ne pouvait être étendue aux contrats synallagmatiques : « dans un contrat synallagmatique, la fausseté partielle de la cause ne peut entraîner la réduction de l'obligation » [3].

1272. Enfin, l'obligation était valable même si la cause n'était pas exprimée (art. 1132), mais c'est un problème de *preuve* qui se posait ; en effet, c'est à la partie qui entendait faire annuler le contrat qu'il incombait de faire la preuve de la fausseté ou de l'inexistence de la cause.

b) La cause subjective ou cause du contrat : instrument de contrôle de la licéité de la cause

1. La notion de cause subjective

1273. ***La cause du contrat***, distinguée de la cause de l'obligation, était constituée par les ***mobiles, concrets, personnels, du contractant***, ce qu'on a appelé la « cause impulsive et déterminante » du contrat. À l'inverse de la cause objective, la cause subjective n'était pas stéréotypée, elle était potentiellement différente pour chaque contrat considéré puisqu'elle dépendait des raisons d'ordre psychologique qui avaient déterminé le contractant à s'engager dans les liens du contrat.

2. Le contrôle de la licéité de la cause subjective pour vérifier la conformité du contrat à l'ordre public

1274. Il s'agissait, en effet, d'aller plus loin dans le contrôle et de rechercher quels avaient été les mobiles profonds ayant amené chacune des parties à contracter. Cette

---

1. Civ. 1re, 6 sept. 2017, n° 16-15. 331, *D.* 2017. 1756 ; *AJ contrat* 2017. 496, note F. Jacomino ; *D.* 2018. 380, obs. M. Mekki.

2. Civ. 1re, 11 mars 2003, *Bull. civ.* I, n° 67, *RTD civ.* 2003. 287, obs. J. Mestre et B. Fages ; *RLDC* n° 40, 2007. 12, obs. S. Doireau.

3. Civ. 1re, 31 mai 2007, *D.* 2007. 2574, note J. Ghestin ; *RLDC* 2007. 12, obs. S. Doireau ; *RTD civ.* 2007, obs. B. Fages ; *Dr. et patr.* 2007. 86, obs. L. Aynès et P. Stoffel-Munck ; *D.* 2007. Pan. 2971, obs. S. Amrani-Mekki.

recherche permettait de contrôler la licéité de la cause, et d'annuler le contrat pour cause illicite (art. 1131, *in fine*) ce qui n'était pas possible avec la cause objective ; en effet celle-ci ne varie pas selon la personnalité et la psychologie des contractants est toujours identique par catégorie de contrats, abstraite et ne donnant donc pas prise à l'illicéité. On peut prendre l'exemple d'un contrat de vente d'immeuble (contrat synallagmatique) : La cause objective de l'obligation du vendeur ne soulève pas de difficulté : c'est l'obligation assumée par l'acheteur de payer le prix et inversement. On peut prendre aussi l'exemple d'un contrat de prêt (contrat réel) : la cause objective de l'obligation de restitution est la remise antérieure de la somme. Cependant, sur le terrain de la cause subjective, en scrutant les mobiles des contractants, on peut voir apparaître l'illicéité ou l'immoralité du contrat. L'immeuble est acheté pour y exploiter une maison de tolérance ou de jeux ; l'argent est emprunté pour jouer, ou pour permettre à une femme mariée de fuir avec son amant[1].

1275. À l'origine et pendant longtemps, dans les contrats à titre onéreux, pour qu'un motif, propre à l'une des parties, puisse être considéré, il fallait qu'il soit connu de l'autre, qu'il soit entré dans le « champ contractuel » en ayant été érigé en « condition » du contrat et, ce, par une « stipulation expresse »[2]. La cause subjective était donc le motif impulsif et déterminant connu par toutes les parties. À l'inverse, dans les contrats à titre gratuit, la jurisprudence n'a jamais exigé cette connaissance de l'immoralité ou de l'illicéité par les deux contractants.

1276. L'exigence posée dans les contrats à titre onéreux pouvait cependant être source d'injustice envers le demandeur à l'action en nullité (la nullité pour cause illicite ou immorale est une nullité absolue qui peut donc être demandée par tout intéressé) : s'il était de bonne foi, ignorait le mobile illicite et qu'il avait intérêt à la nullité, il ne pouvait la demander. La Cour de cassation par un revirement remarqué a finalement supprimé l'exigence de la connaissance du motif connu par les deux parties et a précisé « qu'un contrat peut être annulé pour cause illicite ou immorale, même lorsque l'une des parties n'a pas eu connaissance du caractère illicite ou immoral du motif déterminant de la conclusion du contrat »[3].

1277. Ce contrôle de la cause du contrat permettait d'assurer, au même titre que par le contrôle de l'objet (v. ss 1255), la conformité du contrat aux lois impératives, à l'ordre public et aux bonnes mœurs (sur ces notions, v. ss 1374), c'est-à-dire, en somme, sa conformité à certaines exigences sociales. Dans les contrats à titre gratuit, la recherche de la cause impulsive et déterminante a longtemps servi à « moraliser » les contrats, mais les exigences de moralité se sont aujourd'hui relâchées (v. ss 1389).

---

1. Req. 17 avr. 1923, *D.* 1923. I. 172.

2. Civ. 1re, 4 déc. 1956, *JCP* 1957. II. 10008, note J. Mazeaud ; Civ. 1re, 13 févr. 2001, *JCP* 2001. IV. 1641 et *JCP* 2001. I. 330, obs. J. Rochfeld.

3. Civ. 7 oct. 1998, *D.* 1998, jurispr. 653, concl. J. Sainte Rose ; *Gaz. Pal.* 2000. I. 643, note F. Chabas ; *Defrénois* 1998. 1408, obs. D. Mazeaud ; *JCP* 1998. II. 10202, note M.-H. Malleville ; *JCP* 1999. I. 114, obs. C. Jamin ; *Bull. civ.* I, n° 285 ; *JCP* 1998. I. 10202, note M.-H. Malleville ; *RTD civ.* 1999. 387, obs. J. Mestre.

2) Le renouvellement de la cause par la jurisprudence

1278. Une utilisation plus moderne de la cause, dans une perspective plus concrète et économique, a ensuite été consacrée par la jurisprudence, approuvée par une partie de la doctrine. Une conception plus souple de la cause objective classique a ainsi été développée, plus conforme aux évolutions économiques. Elle a conduit à élargir cette notion de cause objective et à ne plus se cantonner à une analyse purement abstraite de la cause-contrepartie dans les contrats synallagmatiques commutatifs pour en apprécier l'existence. L'objectif était de sanctionner des déséquilibres contractuels majeurs, structurels, mais qui ne caractériseraient pas pour autant par l'absence de contrepartie, au sens de la cause objective classique. Cette évolution s'est inscrite dans l'objectif de recherche et de contrôle de l'équilibre contractuel.

Cette notion plus souple et unitaire de la cause avait été présentée par le professeur Jacques Ghestin sous le terme de « cause de l'engagement » et avait été reprise par l'avant-projet *Catala* de réforme du Code civil qui préconisait de maintenir cette notion fondamentale caractéristique du système français (v. ss 1288 s.). Mais la jurisprudence en faisait déjà application depuis quelques années.

a) Élargissement de la notion de cause objective et recours à la notion d'économie du contrat

1279. ***Le recours à la notion d'économie du contrat.*** La jurisprudence, dans la perspective de mieux contrôler l'équilibre de l'opération, a selon certains auteurs, procédé à une « subjectivisation » de la cause objective (ou abstraite) pour prendre en compte, sur le fondement du contrôle de l'existence de la cause, autre chose que la simple existence de la contrepartie, matérialisée lors de la formation du contrat par une obligation dotée d'un objet certain (prestation déterminée ou déterminable et possible). Pour cela, elle a eu recours à plusieurs reprises à la notion « d'économie du contrat », pour apprécier l'existence de la contrepartie. Elle a pu ainsi découvrir la contrepartie réelle d'une obligation contractuelle, non pas sous la forme d'une obligation contenue dans le contrat, mais en dehors du contrat lui-même, parce que cette contrepartie extérieure relevait de *l'économie générale de l'opération*. Ainsi, pour reprendre l'exemple de la cession d'un terrain pour le prix d'1 euro, elle aura une cause, au sens de contrepartie, si dans le cadre de l'économie générale d'une opération plus large, il est possible de lui trouver une contrepartie réelle, en l'espèce l'apurement des dettes et la poursuite de l'activité de la société du vendeur[1].

1280. Le recours à la notion d'économie du contrat amène donc à prendre en compte, au-delà du contenu du contrat lui-même, son environnement, pour apprécier l'existence de la contrepartie. Elle permet une analyse plus réaliste, concrète et globale de l'opération économique envisagée.

La contrepartie peut ainsi se trouver en dehors du seul contrat considéré, parce que celui-ci fait partie d'un ***ensemble contractuel*** et que l'économie de l'opération s'apprécie dans ce cadre élargi de plusieurs contrats liés, participant à la même opération économique globale : « l'existence de la cause d'un contrat doit être appréciée à l'aune de l'ensemble contractuel indivisible dont il fait partie » a ainsi affirmé la première

---

1. Civ. 3e, 3 mars 1993, *Bull. civ.* III, n° 28 et *JCP* 1994. I. 3744, 1°, obs. M. Fabre-Magnan.

1282. Dans les célèbres arrêts dits *Chronopost*[1], la Cour de cassation a également écarté, sur le fondement de l'article 1131 et donc pour absence de cause, une clause limitative de responsabilité de Chronopost en cas de retard de livraison, au motif que cette clause contredisait la portée de l'engagement de Chronopost, vidait de sa substance son obligation essentielle et privait le contrat de cause (v. ss 3065 s., pour une analyse de cette jurisprudence). La décision innove parce que l'absence de cause n'aboutit pas ici, comme habituellement à l'anéantissement du contrat mais, au contraire, à la restauration de son efficacité, puisque seule est annulée la clause limitative de responsabilité. La technique utilisée était donc la même que dans le cas des clauses abusives, retirées du contrat pour rétablir son équilibre (v. ss 1433). Par ailleurs, du point de vue de la théorie classique de la cause, celle-ci existait bien puisque, en contrepartie de l'obligation existante et valable de Chronopost de transporter dans les 24 heures, le client s'engageait à verser un prix. Mais une analyse plus fine du contrat fait apparaître, qu'en cas d'inexécution de celui-ci, la clause limitative de responsabilité rend finalement inopérante l'obligation essentielle du contrat, qui consiste à livrer dans les 24 heures, en rendant sa sanction dérisoire : la clause limitative contredit l'obligation essentielle. L'absence de cause n'apparaît donc ici que si l'on se projette vers l'inexécution potentielle du contrat, d'une part ; elle s'apprécie d'autre part en référence à ce qu'attend véritablement le cocontractant du contrat, au motif impulsif et déterminant (livraison dans les 24 heures) et c'est en cela que l'on peut parler d'une subjectivisation de la cause, même si ce motif n'est pas en réalité purement subjectif, et s'apprécie au regard de l'économie du contrat, de la finalité objective du contrat. Cette utilisation de la cause a pu être critiquée[2], mais aussi saluée[3] parce qu'elle servait l'ambition d'élimination des clauses pervertissant la cohérence ou l'équilibre entre les droits et les obligations des parties.

1283. Il est possible d'identifier une dernière application, de la notion contemporaine de cause, dans *les ensembles contractuels* (sur cette notion, v. ss 1759 s.) comme fondement de leur indivisibilité. L'interdépendance entre différents contrats qui poursuivent le même but et n'ont aucun sens indépendamment les uns des autres, justifie en effet, pour la Cour de cassation, que l'anéantissement d'un des contrats emporte celui des autres[4]. Bien que la Cour de cassation ne fasse pas ici directement référence à la cause pour fonder la solution, cette indivisibilité pouvait s'expliquer par la notion de cause. « La raison d'être d'un contrat, son utilité et son intérêt économique reposent nécessairement sur l'existence et la pérennité d'un autre contrat »[5]. Cette analyse,

---

1. Com. 22 oct. 1996, *D.* 1997. 121, note A. Sériaux ; *D.* 1997. Somm. 175, obs. Ph. Delebecque ; *JCP* I. 4002, n° 1, obs. M. Fabre-Magnan ; *GAJC*, 11e éd., tome 2, n° 156 ; *JCP* 1997. I. 4025, obs. G. Viney ; *RTD civ.* 1997. 418, obs. J. Mestre et B. Fages : *CCC* 1997, n° 24, obs. L. Leveneur ; *JCP* 1998. I. 152, chron. J.-P. Chazal ; et, pour des décisions élargissant la solution au-delà du contrat de transport : Com. 30 mai 2006, *RCA* nov. 2006, p. 14, à propos de montres perdues et Com. 13 févr. 2007, *RLDC* 2007, n° 2511, note G. Loiseau.

2. A. Sériaux, *D.* 1997. 121, note sous Com. 22 oct. 1996, préc.

3. G. Loiseau, « Le crépuscule des clauses limitatives de réparation », *RLDC* 2007, n° 2511.

4. Com. 13 févr. 2007, *D.* 2007. 654, obs. X. Delpech ; *RDC* 2007. 707, obs. D. Mazeaud.

5. D. Mazeaud, obs. préc.

partagée par certains auteurs[1], ne faisait pas cependant l'unanimité[2] et par ailleurs, la jurisprudence retenait aussi parfois la sanction de la caducité.

On notera que l'ordonnance du 10 février 2016 prévoit désormais, dans cette hypothèse, la caducité (et non la nullité mais le résultat est le même) des contrats interdépendants (art. 1186, al. 2).

c) Le sort de la cause dans le contexte de l'intervention de l'ordonnance

1284. Avant l'intervention de l'ordonnance, et alors que le débat continuait en doctrine sur l'opportunité de maintenir ou faire disparaître la cause, plusieurs décisions rendues par la chambre commerciale de la Cour de cassation ont amené à se demander si elle n'amorçait pas un retour en arrière vers la réaffirmation d'une conception objective de cause. En effet, dans une décision rendue le 9 juin 2009, la chambre commerciale était amenée à se prononcer à nouveau sur un contrat de location d'un lot de cassettes vidéo dont le preneur demandait la nullité pour absence de cause. Le premier juge avait admis la nullité, exactement comme dans la première affaire qui avait suscité l'intervention de la Cour de cassation (v. ss 1281), et en reprenant la motivation alors validée par la Cour de cassation. Il relevait que « le produit attendu des locations ne pouvait en aucun cas permettre d'assurer l'équilibre financier de l'opération et que le contrat, en l'absence de contrepartie réelle, ne pouvait être exécuté selon l'économie voulue par les parties ». Or, la chambre commerciale casse l'arrêt au visa de l'article 1131, au motif que « la cause de l'obligation d'une partie à un contrat synallagmatique réside dans l'obligation contractée par l'autre ». Il s'agit donc d'un retour pur et simple à la conception objective et abstraite de la cause.

1285. On rapprochera cette décision, d'une autre, rendue le 7 avril 2009 par la même chambre commerciale, qui avait relevé à propos d'un contrat de prêt consenti par un professionnel du crédit, (ces contrats n'étant plus aujourd'hui des contrats réels mais des contrats synallagmatiques consensuels) que « c'est dans l'obligation souscrite par le prêteur que l'obligation de l'emprunteur trouve sa cause, dont l'existence, comme l'exactitude doit être appréciée au moment de la conclusion du contrat ». C'est encore un rappel de la notion objective de cause[3]. Elle reprend mot pour mot les termes d'une décision de la première chambre civile rendue un an auparavant, le 19 juin 2008[4]. S'agissait-il, simplement, pour la Cour de cassation de manifester sa volonté de ne pas voir disparaître la notion de cause ?

1286. Pourtant, la substitution de la notion de contrepartie à celle de cause dans l'objectif de favoriser le contrôle de l'équilibre contractuel, clairement marqué par l'ordonnance, ne remet pas en cause l'évolution jurisprudentielle dans le sens de l'extension de la notion

---

1. « La cause est alors sous-jacente à la notion d'indivisibilité ou d'interdépendance (...) » : F. Terré, Ph. Simler et Y. Lequette, *Droit civil. Les obligations*, Dalloz, 2002, n° 348.

2. J. Ghestin, *Cause de l'engagement et validité du contrat*, LGDJ, 2006.

3. Com. 7 avr. 2009, pourvoi n° 08-12.192, *JCP* 2009. 273, n° 13, *D.* 2009. 2080, note J. Ghestin ; *JCP* 2009. 77, n° 27, note J. Lasserre-Capdeville.

4. Civ. 1re, 19 juin 2008, *D.* 2008. AJ 1825, obs. X. Delpech et *D.* 2008. 2369, obs. C. Breton ; *JCP* 2008. II. 10150, note A. Constantin, *JCP E* 2008. 1964, note D. Legeais ; F. Chénedé, « La cause de l'obligation dans le contrat de prêt réel et dans le contrat de prêt consensuel », *D.* 2008. 2555 ; *RDC* 2009. 182, note P. Puig.

de cause. Bien au contraire, les dispositions de l'ordonnance permettent de conserver, au titre de la sanction de la contrepartie illusoire ou dérisoire (art. 1169) et de la sanction de la clause qui prive de sa substance l'obligation essentielle (art. 1170), toutes les solutions dégagées jusque-là, dont l'opportunité n'est donc pas en cause.

Le contrôle de l'existence d'une cause de l'obligation contractuelle au regard des textes du Code civil de 1804 va continuer par ailleurs à nourrir le contentieux pendant quelque temps, malgré l'entrée en vigueur de l'ordonnance de 2016, puisqu'elle ne s'applique qu'aux contrats conclus après son entrée en vigueur et il n'est pas imaginable que la Cour de cassation revienne en arrière, ce qui irait à l'encontre de l'objectif d'harmonisation du droit contractuel et même de la justice contractuelle.

Il est certain au demeurant, au vu des décisions rendues depuis l'entrée en vigueur de l'ordonnance en application du droit antérieur (et même si la première chambre civile de la Cour de cassation continue parfois de raisonner en recherchant pour chaque prestation sa contrepartie [1]), que la Cour de cassation, et notamment la chambre commerciale, continue à se référer à la « contrepartie de l'obligation », recherchée au regard de « l'ensemble du contrat », en s'appuyant sur la notion « d'équilibre général du contrat » [2] ; elle apprécie de manière souple l'équilibre contractuel, expression qu'elle utilise de plus en plus fréquemment et cet objectif est essentiel : ainsi par exemple, lorsqu'elle contrôle le prix d'un contrat de cession de parts sociales de SCI non seulement au regard de la valeur vénale de la société mais aussi au regard l'ensemble contractuel dans lequel s'inscrivait la cession (opération de cessions croisées) mis en place antérieurement [3] ; ou encore à propos d'une vente au prix symbolique de 1 euro (cession de droits sociaux) sans rien obtenir directement en contrepartie, lorsqu'elle considère que l'évitement d'une procédure collective et le maintien de la rémunération du dirigeant qui en découle, permettent de considérer que la transaction est équilibrée [4].

Le mot de « cause » vit ses derniers moments et la « contrepartie convenue » prendra ensuite le relais, sans que cela implique nécessairement un infléchissement des solutions dégagées jusqu'ici [5].

§ 2. Les éléments constitutifs du contenu du contrat depuis l'ordonnance du 10 février 2016

1287. Comme le relève le rapport de présentation de l'ordonnance au président de la République, le « contenu du contrat », terme adopté par plusieurs instruments européens d'harmonisation du droit des contrats, réunit ce qui relevait auparavant de l'objet et de la cause. La sous-section consacrée au contenu du contrat, reprend donc en les modernisant en les adaptant à l'évolution de la vie économique, les dispositions qui relevaient dans le Code civil de l'objet du contrat, ainsi que les solutions jurisprudentielles établies sur cette base et elle codifie d'autres solutions jurisprudentielles « qui avaient été – plus ou moins artificiellement rattachées à la cause ». Les contours de la notion de contenu,

---

1. Civ. 1re, 12 mai 2016, n° 15-12.360, *D.* 2016. 1076 ; *RTD civ.* 206. 617, obs. H. Barbier.

2. Com. 7 juin 2016, n° 14-17.978, *D.* 2016. 1309 ; *RTD civ.* 2016. 614, obs. H. Barbier.

3. Com. 25 oct. 2017, n° 15-24.219, *D.* 2017. 2206, *RTD civ.* 2018. 104, obs. H. Barbier.

4. Com. 5 juill ; 2017, *RTD civ.* 2018. 105, obs. H. Barbier.

5. Pour une analyse de décisions rendues sur le fondement du droit antérieur depuis 2017, v. M. Mekki, Panorama de droit des contrats, *D.* 2018. 379 s.

est-il ajouté, « sont donc précisément délimités par l'ensemble des règles énoncées dans cette sous-section (les articles 1162 à 1171, relatifs au contenu du contrat) ».

La cause a donc disparu, tandis que la notion d'objet du contrat a été conservée. Cependant, le « contenu du contrat » ne se réduit pas à cette notion d'objet. Il est plus large mais aussi plus souple et indéterminé, pour répondre d'une façon modernisée, plus simple, mais moins rigoureuse au regard de la mécanique contractuelle antérieure, aux fonctions traditionnelles que remplissaient les notions antérieures d'objet et de cause.

A. L'option de la disparition de la cause mais du maintien de ses fonctions

1288. Le consensus ne s'est pas fait sur la cause dans les différents avant-projets et projets, et les partisans de la suppression de la cause et de son maintien ont débattu jusqu'au bout de l'opportunité de la maintenir[1]. L'ordonnance a pris parti pour sa disparition, dans la ligne du droit européen qui ignore cette notion.

1289. Prenant en compte l'ensemble des considérations, le groupe de travail constitué à la Cour de cassation pour étudier le rapport *Catala* qui a émis un avis le 15 juin 2007 sur ce rapport, a finalement considéré qu'il apparaissait « discutable de maintenir le concept de cause, incompréhensible pour la plupart des États de l'Union européenne et qui ne vaut sans doute pas un combat d'arrière-garde, perdu d'avance »[2]...

1290. Le premier projet de réforme de la Chancellerie, dans sa version d'origine, publiée en juillet 2008, adoptait une voie intermédiaire. Il faisait disparaître la cause et, notamment, l'appréciation de la licéité du contrat, posée comme condition de validité autonome (art. 88 et 89) était dissociée de toute notion de cause. Néanmoins, il exigeait que « chaque partie ait un *intérêt* au contrat qui justifie son engagement » (art. 85) et précisait qu'un « contrat à titre onéreux est nul, faute d'intérêt, lorsque dès l'origine la contrepartie convenue est illusoire ou dérisoire ». La cause disparaissait donc, mais était remplacée par la notion d'intérêt, elle-même incomplètement dissociée de l'idée de cause contrepartie.

---

1. *L'avant-projet Catala* de réforme du droit des obligations, avait souhaité affirmer qu'une « cause réelle et licite » devait rester une condition de validité des contrats, les deux exigences d'existence et de licéité correspondant aux deux fonctions traditionnelles de la cause, (art. 1124) ; mais il proposait d'introduire dans le Code civil une notion unitaire de cause avec la référence à la « cause de l'engagement » substituée aux deux notions antérieures de « cause de l'obligation » et de « cause du contrat ». Il maintenait donc l'exception française en Europe de la cause en tant que condition de validité des contrats. En effet, la plupart des pays européens l'ignorent et les différents *projets de droit européen des contrats* également (sur ces projets, v. ss 40 s.). Les exigences de justice contractuelle et d'équilibre du contrat, sont servies par d'autres techniques comme par exemple, la suppression des clauses abusives qui créent un déséquilibre significatif (avant-projet de Code européen des contrats, art. 30), ou encore par le principe de bonne foi qui implique la loyauté et la solidarité ou par le principe de proportionnalité. Le concept de cause apparaît en définitive comme un concept vague, générateur d'insécurité juridique, ce dont la Commission et le Parlement européen cherchent à se prémunir. C'est à cette opinion que se sont ralliées les *propositions de la Commission européenne.* La cause a disparu et les exigences d'équilibre contractuel et de contrôle de la licéité du contrat sont prises en compte par l'introduction de la lésion qualifiée, le contrôle et la suppression des clauses abusives, et plus généralement, l'affirmation des principes de cohérence et de bonne foi.

2. P. Sargos, « Aperçu sur la réforme du droit des obligations et de la responsabilité dans le projet Catala », *RJEP*, oct. 2007, p. 319.

1291. Dans l'ordonnance du 10 février 2016, la cause a disparu. On ne trouve plus le terme mais comme on le verra, ses principales fonctions sont sauvegardées par des dispositions particulières, qui, comme le souligne le rapport de présentation de l'ordonnance, constituent la codification de solutions jurisprudentielles établies. L'exigence d'une contrepartie et la sanction de la contrepartie illusoire ou dérisoire révèlent que l'objectif de contrôle de l'équilibre contractuel, tel que l'a construit la jurisprudence sur la base d'une conception élargie de la cause de l'obligation, est consacré. Il est même amplifié par d'autres dispositions nouvelles, comme la sanction des clauses abusives dans les contrats d'adhésion, ainsi que nous le verrons (v. ss 1323 s.).

B. La permanence de l'objet des obligations

1) Au sens classique d'objet de l'obligation/ prestation

1292. L'article 1163 précise en effet que l'obligation a pour objet une prestation présente ou future. C'est donc bien l'ancienne notion d'objet de l'obligation qui se trouve reprise par l'ordonnance (v. ss 1251).

2) Avec les mêmes caractères

1293. Selon l'article 1163, alinéas 1er et 2, « la prestation peut être présente ou future. Celle-ci doit être possible, déterminée ou déterminable ». Les caractères exigés de la prestation/objet de l'obligation sont donc strictement identiques, à ceux qui étaient posés par le Code civil de 1804[1] (v. ss 1254).

C. L'élargissement de la notion de contenu au-delà du seul objet

1294. La notion d'objet telle qu'elle reste définie, c'est-à-dire au sens d'objet de l'obligation et donc de prestation ne suffirait pas, cependant, à l'exercice des contrôles que l'on a entendu maintenir sur le contrat : contrôle de la licéité, et contrôle de l'équilibre ou en tout cas d'un certain équilibre contractuel. Les exigences posées au titre du « contenu du contrat », dans les articles 1162 à 1171, ne se réduisent donc pas à vérifier les différentes obligations nées du contrat au regard de leur objet, c'est à dire des prestations promises. Au demeurant, alors que le contrat, avant la réforme, était défini exclusivement comme un acte créateur d'obligations, il peut désormais aussi les éteindre, les modifier ou les transmettre, et surtout, il produit des effets indépendants de la technique obligatoire, spécialement, un effet translatif de droit. C'est la raison pour laquelle l'ordonnance a fait

---

1. La question a été cependant posée de savoir si la prestation, au sens de l'article 1165, renvoyait seulement à la « chose » ou incluait aussi le prix (par référence à la distinction classique, en matière de vente, notamment, entre la chose et le prix) et par voie de conséquence, si l'exigence de détermination de l'objet prévue par l'alinéa 2 intégrait ou pas la question du prix. En faveur de l'intégration du prix, qui semble en effet l'interprétation la plus cohérente puisque les articles 1164 et 1165 posent ensuite des solutions particulières qui écartent le principe de détermination du prix pour certains contrats seulement (les autres sont donc concernés par l'exigence) : v. not. F. Chénedé, « Le nouveau droit des contrats et des obligations, consolidations, innovations et perspectives », *D.* 2017. 386 s., spéc. n° 61 s. ; *contra* : J. Moury, « Retour sur le prix : le champ de l'article 1163, alinéa 2, du Code civil », *D.* 2017. 1209 ; C. Grimaldi, « La fixation du prix », in *Le prix dans les contrats après la réforme*, *RDC* 2017. 558.

disparaître l'obligation de donner et du même coup, la référence à la classification traditionnelle des obligations en obligations de donner, de faire et de ne pas faire, qui permettait d'identifier trois types de prestations.

On voit ainsi apparaître, désormais, à côté de dispositions consacrées à l'objet de l'obligation au sens classique, renvoyant à la prestation, des dispositions qui font référence aux *« clauses »* du contrat, ou encore aux « *stipulations* », du contrat et même au *but*. Le contenu du contrat ne s'apprécie plus simplement à l'aune des seules obligations. Pour autant, la notion n'est pas clairement déterminée. Si le rapport de présentation de l'ordonnance indique que « les contours de la notion de contenu se trouvent précisément délimitées par l'ensemble des règles énoncées dans la sous-section », il n'est pas sûr que la délimitation soit si précise que cela, surtout si l'on considère que le renvoi à un ensemble de règles pour délimiter une notion, traduit quelque part l'incapacité à définir précisément cette notion.

1295. Il apparaît que le contenu du contrat se définit surtout par référence à ses fonctions et qu'en écartant la cause et en faisant apparaître à côté des obligations dotées d'un objet (puisque l'on conserve cet outil contractuel qu'est l'objet de l'obligation), les clauses et les stipulations du contrat ou encore son but, comme autant d'éléments destinés à permettre le contrôle du contenu, le nouveau droit du contrat marque clairement l'avènement d'une nouvelle lecture du contrat.

D. La détermination du contenu du contrat

1296. Le contenu du contrat n'est donc plus seulement un ensemble d'obligations, mais un ensemble de clauses, de stipulations, destinées à permettre aux contractants de parvenir à un résultat économique : c'est ce résultat économique et l'utilité de ce résultat pour chacune des parties qui doit être observé et vérifié et non pas seulement un mécanisme obligatoire abstrait, alors par ailleurs, que le contrat peut avoir aussi un contenu non « obligationnel ». Cependant pour pouvoir vérifier ce contenu, il doit préalablement être déterminé. Or si, à cet égard, la détermination du contenu du contrat est normalement, le fait des parties, un certain nombre d'éléments peuvent aussi être imposés par la loi ou par le juge et inscrits dans le contenu du contrat, au-delà, et parfois même, à l'encontre de la volonté des parties.

1) Un contenu déterminé en principe par les parties

1297. Quels sont les devoirs et obligations nés du contrat ? Il s'agit bien sûr, tout d'abord, de ceux qui, en vertu du principe de liberté contractuelle, découlent de la volonté commune des parties, librement exprimée dans le contrat par l'intermédiaire des différentes stipulations contractuelles. Le juge s'y référera en premier lieu en cas de litige sur la détermination du contenu du contrat, selon le principe exprimé par l'article 1194 (ancien art. 1135) selon lequel « les contrats obligent à ce qui y est exprimé ».

1298. Toutefois, le contrat n'est pas toujours rédigé sous forme d'un écrit et les juges doivent alors rechercher la commune intention des parties pour déterminer le contenu du contrat. La question rejoint alors celle de l'interprétation du contrat, pour laquelle des règles sont posées par le Code civil (v. ss 1620 s.).

1299. Cependant, en toute hypothèse, le contenu du contrat peut aussi être déterminé indépendamment de la convention des parties. En effet, l'article 1194 du Code civil précise que les contrats obligent non seulement à ce qui y est exprimé mais encore « à toutes les suites que leur donnent l'équité, l'usage ou la loi ». Outre l'équité et les usages dont le juge tient compte, d'où le rôle important de la jurisprudence en la matière, de nombreux textes législatifs et réglementaires déterminant les obligations ou certaines obligations dans tel ou tel type de contrat s'imposeront donc, pour modeler le contenu du contrat, parfois à l'encontre de la volonté des parties.

2) Les suites données par la loi : règles impératives et supplétives

1300. Les textes qui prévoient telle ou telle obligation dans tel ou tel type de contrat sont aujourd'hui très nombreux et figurent soit dans les différents codes, soit dans textes non codifiés.

1301. Certaines des dispositions qu'ils contiennent sont seulement *supplétives*, c'est-à-dire qu'elles décrivent les obligations qui découlent normalement de tel ou tel type de contrat, mais ne sont pas obligatoires ; si les parties ne les ont pas prévues expressément dans le contrat, elles ne seront pas considérées comme applicables.

D'autres sont *impératives*, c'est-à-dire imposées aux parties au nom de l'ordre public contractuel (v. ss 887 s). Dès lors, même en cas de silence du contrat, les parties seront tenues de les respecter et le juge considèrera qu'elles font partie du contenu du contrat.

a) Les textes supplétifs

1302. Il s'agit, essentiellement, pour le législateur de fournir aux contractants des modèles, des contrats standards pour chaque type de contrat nommé, auxquels ils sont libres de se référer.

1303. La jurisprudence a pu étendre le domaine d'application de ces textes, d'une part, en les appliquant aux contrats innomés grâce aux techniques de qualification, d'autre part, en limitant la faculté qu'ont les parties d'écarter ces textes, même s'ils ne sont pas, normalement, d'ordre public.

♦ *Application de ces textes même aux contrats innomés*

1304. Lorsque le juge a à examiner un contrat non qualifié ou mal qualifié, il a tendance à le rattacher à un ou plusieurs types de contrat déjà nommé : par exemple : contrat de wagon-lit = contrat d'hôtellerie + contrat de transport. Ainsi, la Cour de cassation a-t-elle approuvé une cour d'appel d'avoir admis qu'une convention complexe par laquelle une société s'était engagée à l'égard d'une autre à construire une centrale thermique sur le terrain de cette dernière comportait à la fois un louage d'ouvrage et une vente de fournitures [1]. La détermination du contenu du contrat considéré peut dès lors se faire aussi à l'aune de ces différents contrats.

---

1. Civ. 3e, 16 mars 1977, *JCP* 1978. II. 18913, note T. Hassler.

1305. Ce n'est qu'exceptionnellement que la jurisprudence accepte de reconnaître qu'un contrat mérite une qualification et des obligations « *sui generis* »et dans ce cas le législateur est souvent rapidement appelé à combler ce vide (par exemple le *leasing* réglementé par la loi du 2 juillet 1966 sous le nom de crédit-bail désormais codifié).

♦ *Limitation de la faculté d'écarter ces textes*

1306. De même, les juges parviennent à limiter parfois le droit qu'ont les contractants d'écarter des textes qui ne sont pourtant pas considérés comme d'ordre public.

1307. ***L'obligation de respecter la « norme fondamentale du contrat »*** est ainsi parfois invoquée, ce qui signifie qu'il existe un « minimum contractuel » que l'on ne peut réduire et qui est l'obligation nécessaire à la réalisation de l'objectif économique recherché, par exemple : l'obligation de délivrance pour la vente, l'obligation d'assurer la jouissance des lieux loués pour le bail… l'amputation par les parties d'une obligation essentielle entraînera alors, soit la disqualification du contrat, quand il est possible de la qualifier autrement, soit la nullité de la clause, soit la nullité du contrat lui-même (v. infra, le contrôle de l'aptitude du contrat à réaliser sa finalité économique).

1308. ***Le recours à la notion de « bonne foi »*** permet aussi de limiter l'efficacité des clauses écartant des dispositions légales pour alléger les obligations de l'une des parties par rapport à l'autre en supprimant, par exemple, une obligation nécessaire à la protection de l'un des contractants ou en frappant d'indétermination l'objet du contrat ou son délai d'exécution. Elles pourront être annulées si l'on établit la mauvaise foi du contractant pour réintégrer l'obligation nécessaire (v. *infra*, le contrôle du contenu du contrat ; aussi, sur l'obligation d'exécuter le contrat de bonne foi).

b) Les textes impératifs, imposant des obligations au nom de l'ordre public

1309. Au XIXe siècle on considérait plutôt les dispositions d'ordre public comme des normes interdisant aux contractants d'agir, comme un obstacle à la possibilité de créer ou de transmettre par contrat certaines obligations (art. 6) mais, depuis longtemps, la notion d'ordre public est aussi devenue un moyen d'imposer des obligations aux contractants, de modeler le contenu de certains contrats. C'est la dimension contemporaine de l'ordre public économique et social par opposition à l'ordre public politique ou moral classique, qui doit alors être considérée pour déterminer le contenu contrat et les stipulations qui doivent ou ne doivent pas y figurer (v. ss 1373 s.).

3) Les suites imposées par l'équité : rôle de la jurisprudence et technique de « forçage » du contrat

1310. La jurisprudence a, depuis longtemps, joué un rôle non négligeable dans l'interprétation des contrats en y découvrant des obligations tacites de plusieurs sortes (v. ss 1637). Toutefois, la justification de ce rôle de la jurisprudence est, aujourd'hui encore, assez discutée.

Les tribunaux ont eu, en matière contractuelle, une activité créatrice importante avec la théorie dite des « intentions tacites » et la « découverte », dans les contrats, de toutes sortes d'obligations non exprimées : *obligation de non-concurrence* dans les ventes de fonds de commerce notamment.

1311. La jurisprudence a, de même, découvert dans les contrats d'autres obligations telles que *l'obligation de respecter les usages professionnels*, *l'obligation accessoire de garde des vêtements* des clients des restaurateurs, coiffeurs, organisateurs de spectacle, etc., *l'obligation de surveillance de certains professionnels* mais surtout *les obligations de sécurité et de renseignement.*

1312. Cette technique qui consiste à faire produire au contrat, les suites que commande l'équité, en s'appuyant sur l'article 1190 est dite de « forçage du contrat » (aussi, v. ss 1638).

a) L'exemple des obligations de sécurité

1313. Apparue dès 1911 [1] dans le contrat de transport de personnes, l'obligation de sécurité a été ensuite considérée comme sous-entendue dans de nombreux contrats, dans les domaines les plus variés, comme dans les contrats liant une personne à un organisateur de réunions sportives ou attractives (exploitant de jeux, manèges forains, remonte-pente, etc.), dans le contrat médical ou le contrat liant une personne à un établissement de soins, dans les contrats comportant une obligation de surveillance (établissement d'enseignement ou colonie de vacances) parfois, d'une façon un peu arbitraire.

1314. Fréquemment en liaison avec une prestation de service (restaurant, coiffeur, café, voire laboratoire d'analyses médicales), ces obligations ont été introduites dans des contrats où elles ne semblent pas nécessairement justifiées et faisaient emploi avec la garantie des vices cachés, comme dans les contrats de vente : par exemple responsabilité de la « grande surface » quand un client est blessé par un produit vendu. Certains de ces contrats n'ont qu'un rapport lointain avec la sécurité des personnes et ne concernent parfois que la sécurité des biens.

1315. Devant cette multitude de cas si divers, on a pu se demander quel était le critère retenu pour admettre l'existence d'une telle obligation.

– Une partie de la doctrine considère qu'il y a obligation de sécurité chaque fois qu'un des contractants livre à l'autre sa propre sécurité physique à charge d'exécuter certaines prestations : soins médicaux, logement, distraction, transport, mais l'analyse de la jurisprudence montre que ce n'est pas toujours le cas.

– Un autre critère a été avancé, celui liant l'obligation de sécurité à « un local, un engin ou une enceinte dépendant plus ou moins des pouvoirs du débiteur ».

1316. Les deux critères sont utilisés concurremment par les juges.

1317. Il semble cependant que l'on assiste depuis quelque temps à un recul de l'utilisation de la notion d'obligation de sécurité qui s'était, il est vrai, un peu trop développé.

---

1. Civ. 21 nov. 1911, *S.* 1912. 1. 73, note Lyon-Caen. *D.* 1913. 1. 249, note Sarrut.

b) L'obligation contractuelle de sécurité, une obligation en recul

1318. D'abord, la tendance jurisprudentielle n'est plus aujourd'hui à l'extension du domaine des obligations de sécurité. En effet, après une période de développement exponentiel, un courant jurisprudentiel favorable au retrait des obligations contractuelles de sécurité s'est manifesté, dans des contrats où elle avait été admise initialement mais où elle apparaissait comme véritablement accessoire. Cette tendance, amorcée avec l'arrêt *Valverde* en 1989 (v. *supra*), s'est ensuite poursuivie. Ainsi, après avoir imposé une obligation de sécurité aux commerçants pour les dommages subis par les clients circulant dans l'enceinte du magasin, la Cour de cassation a « décontractualisé » cette obligation en indiquant que « la responsabilité d'un commerçant à l'égard de ses clients quant à l'organisation et au fonctionnement d'un établissement dont l'entrée est libre est de *nature quasi délictuelle* »[1]. De la même façon, la Cour de cassation a écarté l'existence d'une obligation de sécurité de nature contractuelle pour un accident survenu dans le hall d'accueil d'un centre médical où une patiente venue pour un rendez-vous, avait heurté une marche. La Cour de cassation considère qu'il s'agit d'une responsabilité délictuelle basée sur l'article 1384, alinéa 1er (devenu l'art. 1242, al. 1er), car « le contrat passé entre le centre médical et le patient se limite à la consultation et aux soins »[2].Cette tendance, que l'on a retrouvé dans d'autres décisions, consistant à détacher l'obligation de sécurité du contrat a été généralement approuvée par la doctrine qui considère qu'une obligation de sécurité, souvent considérée comme une obligation de moyens, est finalement beaucoup moins protectrice pour la victime, que la responsabilité objective du fait des choses de l'article 1242, alinéa 1er.

1319. Au-delà de ces évolutions jurisprudentielles qui marquent une tendance à la réduction du domaine de l'obligation de sécurité, *l'existence même de cette obligation est aujourd'hui menacée.* En effet, l'actuel projet de réforme de la responsabilité du 13 mars 2017 envisage d'extraire les dommages corporels du domaine de la responsabilité contractuelle pour les soumettre obligatoirement aux règles de la responsabilité extracontractuelle (v. ss 3139). Une telle solution, si elle devait voir le jour, marquerait la fin de l'obligation de sécurité puisqu'elle a précisément pour objet de garantir contractuellement la sécurité corporelle. Le projet de 2017 prévoit, certes, une exception : la victime pourrait se prévaloir des « stipulations expresses du contrat » si elles lui sont plus favorables que les règles de la responsabilité extracontractuelle (art. 1233-1, al. 2). Toutefois, l'option de la victime est limitée au cas de « stipulations expresses » du contrat. Or l'obligation de sécurité est une création jurisprudentielle et elle n'est généralement pas inscrite dans le contrat. L'obligation de sécurité semblerait donc condamnée si le projet de réforme était adopté en l'état.

c) L'exemple des obligations d'information, de renseignement ou de conseil

1320. Avant que le droit de la consommation n'inscrive dans la loi l'obligation d'information du *professionnel,* encore renforcée par la loi n° 2014-344 du 17 mars 2014 relative à la consommation (et avant que l'ordonnance du 10 février 2016 n'inscrive dans le Code civil le devoir d'information précontractuel) (v. ss 1080 s.),

---

1. Civ. 2e, 5 juin 1991, *Bull. civ.* II, n° 76 ; *JCP* 1992. I. 3572, p. 157, obs. G. Viney.
2. Civ. 2e, 10 janv. 1990, *RCA* 1990, comm. n° 102 ; *RTD civ.* 1990. 481, obs. P. Jourdain.

la jurisprudence a également « découvert », dans certains contrats, des obligations contractuelles d'information ou de conseil à la charge de certaines personnes dotées de compétences techniques particulières face à un cocontractant non initié, qui se manifestent successivement : au moment de la formation du contrat et au cours de son exécution : ce sont ces dernières, seules, qui nous intéressent ici et non celles existant au cours de la période précontractuelle.

1321. L'intensité de ces obligations peut cependant varier en fonction de la compétence du cocontractant et de sa plus ou moins grande aptitude à apprécier le contenu du service fourni, elle peut aller jusqu'à disparaître dans les relations entre professionnels. Mais, le devoir de conseil survit dans le cas où le cocontractant est assisté d'un intermédiaire compétent.

♦ ***L'obligation d'information ou de conseil apparaît souvent comme l'accessoire d'une prestation de services***

– *C'est le cas dans les rapports entre le notaire et son client* où cette obligation est apparue en premier dès 1872, ou entre *l'avocat et le sien.* La Cour de cassation a précisé que « l'avocat est tenu d'informer préalablement son client des conditions de fixation de sa rémunération » [1]. Il s'agit, surtout, pour l'avocat de prévenir son client des chances extrêmement ténues de succès de l'action qu'il souhaite engager, mais le risque le plus grave pour l'avocat est celui du revirement de jurisprudence. Il faut déterminer si c'est la violation de l'obligation d'information de l'avocat sur un revirement inattendu en une matière apparemment fixée qui se trouve à l'origine du dommage : dans ce cas on ne peut pas plus retenir la responsabilité de l'avocat que celle du médecin en cas d'aléa thérapeutique. En revanche, s'il s'agit d'un revirement possible en raison du caractère incertain de la matière, on peut considérer que c'est le défaut d'information sur la nature controversée du problème qui a causé le dommage. La jurisprudence invoquait en la matière la théorie de la « perte d'une chance », mais rien ne dit que le client, même informé du risque de revirement, n'aurait pas décidé de tenter, quand même l'action, il vaut donc mieux se fonder, comme en matière médicale [2], sur la notion de « consentement éclairé » de l'intéressé. Une appréciation *in concreto* sur la psychologie du patient, permettrait de mieux vérifier le lien de causalité entre la faute et le dommage [3].

– *La même obligation d'information existe dans les rapports entre l'architecte et le maître de l'ouvrage,* non seulement sur le plan technique, mais aussi sur le plan juridique. Elle existe aussi à la charge de l'*entrepreneur*, ou à celle de l'*agent immobilier* qui a négligé d'informer les acheteurs d'une maison d'une possible infestation par le champignon mérule, cette contamination parasitaire due à l'humidité étant courante dans la région et ne pouvant être directement décelée par des profanes des techniques de la construction [4].

– *Cette obligation d'information incombe aussi de façon générale à tous les membres du corps médical.* Toutefois, depuis le revirement de jurisprudence opéré par la Cour de cassation par une décision du 3 juin 2010, le fondement de cette obligation n'est

---

1. Civ. 1re, 18 juill. 2000, *D.* 2000. IR 247 ; *RTD civ.* 2000. 828, obs. J. Mestre et B. Fages.

2. Civ. 1re, 20 juin 2000, *Gaz. Pal.* 2001. Somm. 584, note F. Chabas.

3. V. article Nahon, cité dans la bibliographie.

4. Rennes, 4 déc. 2003, *Gaz. Pal.* 29 févr.-2 mars 2004, p. 24.

plus le contrat médical. Elle est devenue extra contractuelle et la responsabilité du médecin pour manquement à l'obligation d'information est désormais fondée sur l'article 1240 du Code civil.

– *Elle existe, d'une façon générale, à la charge de tous les fournisseurs de service* : banquier, avoué, garagiste, teinturier, etc. Elle existe aussi à la charge des organisateurs de compétitions sportives qui doivent informer les participants de l'existence d'une assurance et de ses limites [1].

♦ ***L'obligation d'information apparaît, également, dans les contrats comportant le transfert de droits réels ou personnels relatifs à la jouissance d'une chose.***

1322. Il en est ainsi dans le *louage de chose* où elle peut se confondre avec la garantie des vices sauf quand il s'agit de choses très particulières comme du matériel informatique par exemple, dans la *vente* où elle apparaît comme un des éléments de la responsabilité des fabricants et des vendeurs professionnels.

D'une façon générale, on peut dire qu'une telle obligation apparaît chaque fois que, dans un contrat, l'une des parties se fie à la compétence de l'autre. Mais, même dans les contrats entre professionnels, l'obligation de renseignement existe pour assurer la « transparence dans les relations contractuelles » [2].

Section 2

Le double contrôle opéré par l'intermédiaire du contenu du contrat

1323. L'ordonnance a modifié la perspective théorique en faisant disparaître la notion de cause et en substituant aux deux notions techniques d'objet et de cause, une notion de *« contenu »*, plus floue mais plus souple qui doit permettre de mieux répondre aux objectifs de contrôle qui sont poursuivis.

L'idée des rédacteurs de l'ordonnance était de maintenir, grâce à ce nouveau référent qu'est le contenu du contrat, des objectifs qui restent exactement les mêmes qu'avant la réforme -vérifier la conformité du contrat à l'ordre public et son aptitude à remplir sa finalité économique-, mais avec l'ambition d'y parvenir de façon plus efficace.

La lecture essentiellement abstraite et technique du contrat laisse donc place à une lecture plus dynamique, davantage projetée vers l'avenir et vers la phase d'exécution, où le contrat n'est plus refermé sur les seules obligations qui le composent, même si l'on n'a pas abandonné toute référence aux notions classiques et notamment à la notion d'objet des obligations.

1324. Ainsi, dans les articles 1162 à 1171, issus de l'ordonnance et relatifs au « contenu du contrat », on retrouve les dispositions concernant l'ancien objet, qui permettaient de vérifier son existence et sa licéité ; mais au-delà, un certain nombre de solutions sont introduites, qui tendent à préserver la double fonction de l'ancienne cause : vérifier la licéité du but poursuivi, au-delà de la licéité des prestations elles-mêmes ; vérifier,

1. Civ. 1re, 25 oct. 1989, *JCP* 1990. II. 21458, note J. Hauser.
2. Civ. 1re, 4 juill. 1989, *Ste-Karin*, inédit, *RTD civ.* 1990. 737, obs. J. Mestre.

dans les contrats synallagmatiques commutatifs tout au moins, qu'ils correspondent à leur finalité d'échange économique d'échange, ce qui suppose la vérification de l'existence d'une contrepartie ainsi que d'un certain équilibre des prestations.

Plusieurs mécanismes, sont ainsi introduits, pour certains déjà dégagés par la jurisprudence sur le fondement de la théorie de la cause. Sans imposer l'équilibre strict du contrat car l'équivalence des prestations n'est pas une condition de validité du contrat, et la lésion n'est pas sanctionnée, sauf si la loi le prévoit (v. ss 1394 s.), ces mécanismes vont permettre au juge de sanctionner le contrat atteint structurellement d'un déséquilibre absolu ou trop important pour être admis, soit en le faisant disparaître avec la nullité, soit en le rééquilibrant. Quant aux applications de la cause illicite, qui permettaient de sonder la psychologie des cocontractants pour découvrir un motif impulsif et déterminant contraire à l'ordre public ou aux bonnes mœurs, elles se retrouvent dans le cadre du contrôle de la licéité du but poursuivi : « le contrat ne peut déroger à l'ordre public ni par son contenu, ni par son but » (art. 1162).

1325. Par l'intermédiaire des conditions de validité tenant au contenu du contrat, les articles 1662 à 1671 du Code civil, issus de l'ordonnance du 10 février 2016 organisent donc comme antérieurement, une double vérification : celle de l'aptitude du contrat à réaliser sa finalité économique d'une part (§ 1) ; celle de la conformité du contrat à l'ordre public, d'autre part (§ 2).

§ 1. Le contrôle de l'aptitude du contrat à réaliser sa finalité économique

1326. Qu'il s'agisse d'un contrat à titre onéreux ou d'un contrat à titre gratuit, dont les finalités économiques ne sont pas les mêmes, la validité du contrat au regard de son contenu, suppose avant tout que les obligations qui le composent aient pour objet des prestations dont l'existence soit assurée au moment de la conclusion du contrat et qui présente certains caractères, attestant de cette existence. À cet égard, les exigences antérieures relatives à l'objet des obligations, qui permettaient cette vérification, sont reprises par l'article 1163, pratiquement à l'identique.

Cependant, le contrôle de l'aptitude du contrat à réaliser sa finalité économique, qui conditionne sa validité, suppose une autre vérification, qui diffère, cette fois, selon qu'il s'agit d'un contrat à titre onéreux ou à titre gratuit.

Les contrats à titre onéreux, dans lesquels « chacune des parties reçoit de l'autre un avantage en contrepartie de celui qu'elle procure » (art. 1107, al. 1er) tendent à la réalisation d'un échange économique. Il faut donc vérifier l'aptitude minimale du contrat à réaliser cette opération d'échange, ce qui suppose la vérification de l'existence d'une contrepartie, voire d'un certain équilibre du contrat. Cette vérification se faisait, avant la réforme, par le contrôle de l'existence de la cause des obligations, qui était combiné au contrôle de l'existence de l'objet.

Dans les contrats à titre gratuit, au contraire, « l'une des parties procure à l'autre un avantage sans attendre ni recevoir de contrepartie » (art. 1107, al. 2). Il faut donc logiquement vérifier que l'absence de contrepartie correspond bien à la finalité poursuivie par le contrat, c'est-à-dire que cette absence de contrepartie est voulue. Jusqu'à l'ordonnance, cette vérification passait par la recherche de l'intention libérale, cause de l'engagement dépourvu de contrepartie.

1327. Malgré la disparition de la cause, le résultat auquel les nouveaux textes parviennent se traduit par une absence de véritable changement par rapport aux solutions développées par la jurisprudence.

Il s'agit toujours, en premier lieu, de vérifier l'existence de l'objet des obligations, c'est-à-dire l'existence de la prestation promise (A). Ensuite, dans les contrats à titre onéreux, la vérification de l'existence de la contrepartie est assurée par des dispositions spécifiques qui permettent de sanctionner les déséquilibres structurels majeurs du contrat contredisant sa fonction d'échange soit par la nullité du contrat, soit de façon plus originale par l'éradication de la clause problématique et le rétablissement de l'équilibre du contrat (B). L'ordonnance est même allée plus loin que ne l'avait fait la jurisprudence, dans le contrôle et le rétablissement de l'équilibre contractuel, en instaurant dans le droit commun des contrats, la prohibition des clauses abusives, sans pour autant aller jusqu'à imposer l'équivalence objective des prestations (C).

Le contrôle du respect de la finalité économique dans les contrats à titre gratuit est peut-être préservé de façon plus problématique du fait de la disparition de la cause (D).

A. La vérification de l'existence de la prestation

1328. Avant la réforme, l'objet, entendu comme l'objet des obligations nées du contrat, qui permettait la vérification des éléments matériels et objectifs du contrat, était aussi nécessaire à la validité de celui-ci que le consentement, élément psychologique. Le contrat était nul si l'objet d'une obligation essentielle dans le cadre de l'opération envisagée, à savoir la prestation promise était inexistante, par exemple parce que la chose avait péri avant la conclusion du contrat, à l'insu des parties. L'objet devait donc être certain (art. 1108). Cette condition concernait évidemment, les contrats à titre onéreux, puisque l'inexistence d'une des prestations met en cause irrémédiablement la fonction d'échange du contrat et révèle déjà l'inexistence de la contrepartie. Ainsi, par exemple dans le cas d'une vente, lorsque le prix est dérisoire. Dans l'analyse classique au demeurant, au défaut d'objet de l'une des obligations correspondait le défaut de cause de l'obligation réciproque correspondante. Le contrat était nul pour défaut d'objet, mais aussi pour défaut de cause.

La condition d'existence concernait aussi les contrats à titre gratuit, car l'inexistence de la prestation promise, prive le contrat de tout intérêt et de toute réalité.

1329. L'ordonnance a substitué à l'exigence de l'existence d'un objet certain, la condition générale d'un contenu certain. Cependant, cette condition de certitude s'apprécie toujours par référence à l'objet des obligations, entendu, comme auparavant, comme la prestation promise. De même, les caractères qui étaient exigés de la prestation, objet des obligations, sont identiques : selon l'article 1163, alinéa 1er, l'obligation a pour objet une prestation présente ou future. Celle-ci doit être déterminée ou déterminable. Si la condition de l'existence de la prestation n'est pas directement posée, elle se déduit de l'exigence d'un contenu certain, comme de l'exigence d'une prestation présente. Les caractères de possibilité, de détermination ou de déterminabilité permettent de la vérifier plus précisément.

1) La prestation peut être présente ou future

1330. Selon l'article 1163, alinéa 1er, la prestation doit être présente, c'est-à-dire exister, au moment de la conclusion du contrat, mais, comme auparavant, le contrat peut valablement porter sur une prestation *future* (art. 1130, al. 1er, ancien), par exemple la vente d'une future récolte ou la vente d'un immeuble à construire (art. 1601-1 à 1601-4). La solution traditionnelle est donc reprise. Une exception était cependant prévue, qui concernait la matière successorale : la prohibition des pactes sur succession future (art. 1130, al. 2), qui interdit la cession de droits successoraux pour une succession non encore ouverte, même faite avec le consentement de celui de la succession duquel il s'agit. La prohibition ne figure plus désormais au titre du contrat, mais demeure posée dans le droit des libéralités, par l'article 740 du Code civil. Au cas où la chose, future, objet du contrat, ne parvient pas à l'existence, le contrat sera annulé.

1331. Les cas de nullité du contrat pour absence d'objet ont toujours été rares en jurisprudence. On peut signaler une décision rendue le 26 mai 2009 par la chambre commerciale de la Cour de cassation, qui admet cette nullité pour défaut d'objet dans le cas de conventions portant sur la cession d'actions d'une société absorbée. La chambre commerciale affirme qu'il n'y avait pas à établir un vice du consentement pour prononcer la nullité[1].. Elle marque ainsi que l'absence d'objet, et désormais, l'absence de prestation, est une réalité objective, qui s'impose et qui n'est pas liée à la protection du consentement.

1332. L'absence d'objet correspond souvent à l'hypothèse d'un ***prix inexistant*** ou extrêmement bas (vil prix ou prix dérisoire) dans un contrat de vente. Toutefois, l'existence d'une prestation réelle qui va s'opposer à la nullité du contrat ou à sa disqualification d'acte onéreux en acte gratuit peut parfois se trouver en dehors du contrat lui-même. C'est ainsi par exemple qu'une vente à un prix symbolique d'un euro ou à un prix très inférieur à la valeur du bien vendu devrait normalement être annulée pour défaut d'objet, ou requalifiée en donation ; pourtant, la jurisprudence admettait, en application du droit antérieur à l'ordonnance, qu'il puisse exister une contrepartie qui n'est pas forcément incorporée au contrat et qui peut être appréciée dans le cadre de ce que la Cour de cassation appelle « l'économie du contrat »[2] (v. ss 1279). C'est cependant davantage sur le fondement de la cause et non de l'objet que le contrat est alors validé, l'existence d'une contrepartie s'appréciant dans le cadre de l'utilisation moderne de la notion de cause, plus compréhensive que la notion classique (v. ss 1278 s.).

En application du droit issu de l'ordonnance de 2016, le même contrôle pourra être opéré, soit par l'intermédiaire de l'article 1163 et du défaut d'objet, soit par l'intermédiaire de l'article 1163 qui sanctionne par la nullité d'un contrat dans lequel la contrepartie est illusoire ou dérisoire (sur la nature de la nullité, relative ou absolue, v. ss 1485).

2) La prestation doit être possible

1333. L'article 1163, alinéa 2, indique que la prestation « doit être possible », Il reprend ainsi l'exigence antérieure qui était posée non pas au titre de l'objet mais dans les dispositions consacrées à la condition : « toute condition d'une chose impossible (...) est

---

1. Com. 26 mai 2009, pourvoi n° 08-12691, *RDC* n° 4, 2009. 1341, Y.-M. Laithier ; *RTD civ.* n° 3, 2009. 527, obs. B. Fages.

2. Pour une décision rendue après l'ordonnance du 10 février 2016, en application du droit antérieur : Com. 5 juill. 2017, n° 15-22.220, *RDC* 2018/1. 103, n° 4 obs. H. Barbier.

nulle et rendu nulle la convention qui en dépend » (ancien art. 1172). L'impossibilité de la prestation démontre que le débiteur ne s'engageait à rien et le contrat, dans ce cas, est nul. Classiquement, on distinguait l'impossibilité absolue et relative (propre à la personne du débiteur), pour exiger en principe une impossibilité absolue.

Ces cas d'impossibilité absolue restent rares.

– *Dans le cas d'une obligation de donner*, avant l'ordonnance, il pouvait s'agir, soit d'impossibilité juridique (ex. : livraison d'une marchandise étrangère qui ne peut être importée), soit d'impossibilité matérielle (ex. : l'objet a péri, ou il s'agit d'un objet qui ne se fabrique plus). Cette impossibilité peut toujours concerner l'obligation de délivrer la chose, depuis que l'obligation de donner a disparu.

– *Dans le cas d'une prestation de faire ou de ne pas faire*, c'est encore plus rare : par exemple organiser un voyage touristique dans la lune (encore qu'il existe déjà des voyages touristiques dans l'espace et même des tentatives de vente de parcelles de la lune !).

1334. Cette impossibilité absolue d'exécuter l'obligation doit être distinguée des cas *d'impossibilité relative,* résultant de ce que le débiteur s'est engagé à une prestation excessive et impossible à réaliser pour lui, mais qui ne le serait pas forcément pour un autre. En l'état de la jurisprudence antérieure à l'ordonnance, cette impossibilité relative ne pouvait remettre en cause la validité du contrat. Cependant, à cet égard, la « théorie de la proportionnalité », dont la jurisprudence contemporaine réalise certaines applications, pourrait être utilisée pour élargir la notion d'impossibilité.

1335. ***Le principe de proportionnalité*** milite, en effet, en faveur de la rectification, dans un but économique, des déséquilibres excessifs entre les prestations respectives des parties, même si leur consentement apparaît libre et éclairé ce qui interdit le recours aux vices du consentement. C'est notamment le cas des clauses abusives qui peuvent être éradiquées du contrat parce qu'elles créent un déséquilibre excessif (v. ss 1361 s., 1423 s.). Rattacher à la théorie de la proportionnalité la notion de prestation impossible pourrait ainsi permettre d'annuler un contrat, non seulement, dans les cas où l'objet est atteint d'une impossibilité absolue, comme c'est le cas actuellement, mais aussi dans le cas d'une impossibilité relative, lorsque le créancier a consciemment laissé son cocontractant « assumer une obligation visiblement excessive pour lui » et ce, dans des hypothèses où la théorie des clauses abusives, que l'ordonnance a introduite en droit commun des contrats, ne pourrait pas être utilisée, c'est-à-dire dans des contrats qui ne sont pas des contrats d'adhésion (v. ss 1364). Il s'agirait alors de proportionnalité, non entre les obligations échangées par les parties, mais entre l'engagement du débiteur et ses facultés.

La jurisprudence a déjà utilisé cette théorie dans un certain nombre de relations contractuelles : entre banquier et caution, entre employeur et salarié à propos d'une clause de non-concurrence ou entre fournisseur et détaillant à propos d'une clause d'approvisionnement[1], relevant que la clause litigieuse ne présentait pas « un caractère raisonnable » et que « l'obligation ainsi imposée était disproportionnée » par rapport aux possibilités du cocontractant. Mais, pour l'instant, cette disproportion conduit essentiellement à retenir la responsabilité du cocontractant qui n'aurait pas dû laisser

---

1. Com. 13 mai 1997, *Sté Estée Lauder/Sté parfumerie Jerbo, JCP* 1999. I. 114, obs. M. Fabre-Magnan.

assumer à l'autre une obligation au-dessus de ses moyens : ainsi dans le cas d'un établissement de crédit qui a consenti un prêt avec des mensualités de remboursement trop élevées pour l'emprunteur[1] ; ou bien dans le cas d'un créancier qui accepte d'une caution un engagement totalement disproportionné par rapport aux ressources de celle-ci[2] (sur la proportionnalité, v. ss 1843, 1891).

3) La prestation doit être déterminée ou déterminable

1336. L'article 1163, alinéa 2, exige que la prestation soit « déterminée ou déterminable », reprenant ainsi plus clairement l'exigence posée par l'ancien article 1129 qui posait : « il faut que l'obligation ait pour objet une chose, au moins déterminée quant à son espèce »). L'objet de la prestation peut être un corps certain : dans ce cas, sa détermination ne pose pas de problème ; mais s'il s'agit d'une chose de genre, certaines précisions doivent être données, notamment concernant sa quantité et la qualité. De même s'il s'agit d'une prestation de service, elle devra être déterminée ou déterminable.

De façon générale, l'article 1163 précise que la prestation est déterminable lorsqu'elle peut être déduite du contrat ou par référence aux usages ou aux relations antérieures des parties, sans qu'un nouvel accord des parties soit nécessaire.

Cependant des solutions particulières sont fournies concernant la qualité (a) ; par ailleurs, l'ordonnance codifie les solutions jurisprudentielles qui avaient été développées concernant la question particulière de la détermination du prix (b) ; elle fournit enfin la solution lorsqu'un élément du contrat doit être déterminé par rapport à un indice qui n'existe pas ou a cessé d'exister (c).

a) La question de la qualité

1337. *La qualité*, doit être déterminée ou déterminable ; si elle n'est pas déterminable en vertu du contrat, l'article 1166 précise désormais que le débiteur doit offrir une prestation de qualité conforme aux attentes légitimes des parties en considération de sa nature, des usages et du montant de la contrepartie. L'ancien article 1246 précisait qu'en cas de doute, « on présumera qu'il s'agissait d'une qualité moyenne ». La référence au montant de la contrepartie, comme élément de référence, est significative de l'objectif d'équilibre contractuel.

b) Les solutions particulières concernant le prix : indétermination du prix dans les contrats-cadres et de prestation de service et contrôle de l'abus dans la fixation ultérieure du prix

1338. Le prix, comme toute prestation doit aussi en principe être déterminé[3]. Or cette question de la détermination a conduit à une construction jurisprudentielle et à

---

1. Civ. 1re, 27 juin 1995, *D.* 1995. 621, note S. Piedelièvre ; *Defrénois* 1995. 1416, obs. D. Mazeaud.

2. Paris, 27 nov. 1998, *JCP* 1999. I. 114, note J. Casey.

3. Cependant, v. ss 1293, concernant la discussion sur le point de savoir si la prestation, au sens de l'article 1163 s'entend seulement de la chose ou inclut aussi le prix et si l'exigence de détermination de la prestation posée par l'alinéa 2 de ce texte concerne aussi le prix ou l'exclut.

une exception à l'exigence de détermination ou de déterminabilité du prix dans les contrats-cadres et de prestation de service, que l'ordonnance de 2016 est venue codifier.

1. La construction jurisprudentielle antérieure à l'ordonnance

1339. Dans le cas particulier *du contrat de vente*, l'article 1591 reprend de façon spécifique, l'exigence générale qui était posée par l'article 1129 : le prix de la vente doit être déterminé et désigné par les parties. Il a toujours été admis cependant par la jurisprudence, que le prix dans le contrat de vente pouvait ne pas être précisément déterminé au moment de la conclusion du contrat, à condition qu'il soit déterminable c'est-à-dire qu'il puisse être ensuite déterminé à l'aide d'éléments objectifs indépendants de la volonté des parties, de sorte qu'il n'y ait plus besoin de leur intervention ultérieure [1].

Dans cette hypothèse du contrat de vente, l'article 1591 empêche cependant de prendre davantage de liberté, même si la chambre commerciale de la Cour de cassation a fait preuve de souplesse dans l'interprétation de la condition de détermination ou de déterminabilité du prix, en admettant que le prix de cession de titres puisse être un prix global, alors que la cession portait sur des titres appartenant à plusieurs sociétés et que la ventilation du prix entre chaque société n'était pas faite [2].

1340. La Cour de cassation est cependant allée beaucoup plus loin concernant l'hypothèse des contrats-cadres, puisqu'elle a supprimé purement et simplement la condition de détermination et de déterminabilité du prix, posée par l'article 1129, au terme d'une évolution jurisprudentielle, marquée par l'intervention de l'Assemblée plénière.

Le contrat-cadre, rappelons-le, est une convention dont l'objet est de fixer les normes régissant les contrats d'application que les parties passeront, ou pourront passer, ultérieurement entre elles (v. ss 968). Il a la force obligatoire d'un véritable contrat puisqu'il n'est pas nécessaire que les parties se remettent d'accord sur ces conditions à chaque application, ni qu'elles les incorporent à leurs nouveaux contrats pour que ces stipulations s'appliquent. « Le contrat-cadre a force obligatoire en ce sens que la situation juridique qu'il a créée (fixation des normes conventionnelles applicables aux contrats d'application) s'impose aux parties et au juge » [3].

1341. Pendant longtemps, l'indétermination du prix dans les contrats-cadres a été considérée comme une cause de nullité du contrat, pour violation de l'article 1129. Depuis 1971, la Cour de cassation avait en effet déclenché une véritable chasse à l'indétermination du prix dans ces contrats, notamment en ce qui concerne les contrats d'exclusivité

---

1. Par exemple, la clause de « prix en vigueur au jour de la livraison » est valable dès lors qu'elle fait référence au prix du constructeur, si bien que le prix est déterminé indépendamment de la volonté du vendeur : Civ. 1re, 2 déc. 1997, *JCP* 1998. I. 129, obs. C. Jamin ; *RTD civ.* 1998. 898, obs. J. Mestre ; ou encore le prix fixé par référence aux cotations officielles significatives du marché de la pomme de terre est déterminable à l'aide d'éléments ne dépendant pas de la seule volonté des parties : Civ. 1re, 14 déc. 2004 ; *Bull. civ.* I, n° 327 ; *CCC* 2006. 64, note L. Leveneur. La troisième chambre civile de la Cour de cassation a indiqué dans une décision du 12 septembre 2006, que la vente n'était parfaite que sous réserve de cette détermination ultérieure du prix. Si la procédure prévue par les parties lors de la conclusion du contrat pour parvenir à cette détermination du prix n'a pas été engagée, il n'est pas possible de soutenir que la vente est parfaite (Civ. 3e, 12 sept. 2006, *LPA* 2006, n° 223, p. 9, note C. Boismain).

2. Com. 8 avr. 2008, n° 06-18.042 ; *Bull. civ.* 2008, IV, n° 84.

3. V. P. Ancel, chron. citée dans la bibliographie.

chambre civile de la Cour de cassation dans une décision du 13 juin 2006, à propos de trois contrats passés par un artiste compositeur avec des éditeurs : un contrat d'édition musicale, un contrat d'adaptation audiovisuelle et un contrat d'achat de bandes sonores. La Cour de cassation reproche aux juges du fond d'avoir annulé le contrat d'achat de bandes sonores pour absence de contrepartie, donc de cause, « sans rechercher, si le contrat de cession ne s'inscrivait pas dans le cadre d'une opération économique constituant un ensemble contractuel indivisible, de sorte qu'il ne pouvait être annulé pour absence de cause »[1].

L'appréciation de la contrepartie exige aussi parfois, de se transporter vers la phase d'exécution du contrat. Dans une vision dynamique et économique du contrat, le juge n'apprécie plus seulement l'existence de la cause-contrepartie en se plaçant au moment de la formation du contrat, mais aussi en se projetant dans l'avenir de l'exécution du contrat pour évaluer l'opération et sanctionner sur le fondement de l'ancien article 1131 un contrat déséquilibré, insusceptible de procurer au créancier l'utilité qu'il est censé en retirer (v. ss 1281).

Ainsi, la cause ne se contente plus « d'assurer la promotion d'un équilibre contractuel minimal, en protégeant chaque contractant contre l'absence ou l'apparence d'un engagement réciproque. Elle est exploitée pour contrôler l'intérêt du contrat, au jour de sa formation ou de son exécution et dans cette perspective, elle est appréhendée comme le but contractuel commun poursuivi par les parties au contrat, comme l'intérêt qui les a amenées à conclure le contrat litigieux »[2].

b) Premières applications jurisprudentielles de la notion moderne de cause avant l'ordonnance de 2016

1281. Dans une décision du 3 juillet 1996, qui constitue l'une des premières applications de la notion « d'économie du contrat » et qui concernait un contrat de location de cassettes vidéo par l'exploitant d'un commerce, dans un village au nombre trop réduit d'habitants, la première chambre civile de la Cour de cassation a considéré que « l'exécution du contrat *selon l'économie voulue par les parties* était impossible » et elle a admis que le contrat devait être sanctionné pour défaut de cause[3]. Le défaut de rentabilité du contrat, apprécié grâce à une projection dans la phase d'exécution du contrat, est ici révélateur de l'absence de contrepartie, alors même que le contrat comportait des obligations valables qui se servaient « abstraitement » de cause (elles avaient pour objet des prestations qui constituaient la contrepartie l'une de l'autre).

Dans une autre décision, *Point Vidéo*, du 27 mars 2007, elle a également considéré que le but de rentabilité de l'opération commerciale faisait partie intégrante de *l'économie du contrat*. Mais la nullité pour défaut de cause n'avait pas à être prononcée car le défaut de viabilité de l'opération n'était pas suffisamment caractérisé[4].

---

1. Civ. 1re, 13 juin 2006, n° 04-15.456, *Bull. civ.* I, n° 306.

2. D. Mazeaud, obs. sous Com. 13 févr. 2007, *RDC* 2007. 710.

3. Civ. 1re, 3 juill. 1996, *D.* 1997, note P. Reigné, *Defrénois* 1997. 19, obs. Ph. Delebecque, *RTD civ.* 1996. 903, obs. J. Mestre.

4. Com. 27 mars 2007, *JCP* 2007. II. 10119, note Y.-M. Serinet ; *D.* 2007. Pan. 2970, obs. S. Amrani-Mekki.

en matière de distribution avec « les pompistes de marque » et les « contrats de bière ». Il avait été objecté par la doctrine que l'article 1591, spécial à la vente, ne pouvait s'appliquer aux contrats-cadres, mais la Cour de cassation avait riposté en appliquant l'article 1129, texte beaucoup plus général. Cette jurisprudence avait entraîné une insécurité juridique permanente dans presque tous les contrats de distribution, notamment les contrats de franchise.

1342. Finalement, un important revirement jurisprudentiel s'est produit.
– *Dans un premier temps*, la première chambre civile a continué à retenir que la déterminabilité du prix constituait une condition de validité, mais en précisant que cette condition était satisfaite si le prix était fixé « par référence à un tarif » et le contrat exécuté de bonne foi [1].
– *Dans un second temps*, la Cour de cassation est allée beaucoup plus loin. Par cinq arrêts rendus en assemblée plénière le 1er décembre 1995, elle a précisé que « l'article 1129 n'est pas applicable à la détermination du prix ». Ainsi, dans les contrats-cadres : « lorsqu'une convention prévoit la conclusion de contrats ultérieurs, l'indétermination du prix de ces contrats dans la convention initiale n'affecte pas, sauf dispositions légales particulières, la validité de celle-ci, l'abus dans la fixation du prix ne donnant lieu qu'à résiliation ou indemnisation » [2]. Il n'était donc plus question de nullité et la sanction ne se faisait plus sur le terrain de la formation du contrat, mais dans le cadre de l'exécution du contrat, avec ce contrôle judiciaire *a posteriori* de l'abus dans la fixation du prix, sanctionné par l'attribution de dommages et intérêts.

1343. *En matière de vente*, cette solution d'un contrôle judiciaire *a posteriori* du prix est restée cependant exclue, compte tenu des termes de l'article 1591. Si une décision des juges du fond l'avait étendue à un contrat de vente immobilière, postérieurement au revirement de jurisprudence concernant les contrats-cadre, elle a été censurée par la Cour de cassation ; cette dernière a rappelé dans un attendu de principe que, selon l'article 1591, « le prix de vente doit être déterminé et désigné par les parties », précisant en outre que « le juge ne peut modifier le prix de vente déterminé par les parties et que le préjudice résultant de l'inexécution partielle par le vendeur de son obligation de délivrance ne peut être réparé que par l'allocation de dommages et intérêts » c'est-à-dire dans le cadre d'une responsabilité contractuelle, mais non d'une réfaction du contrat [3].

1344. En dehors de l'hypothèse des contrats-cadres, la Cour de cassation a néanmoins admis aussi, dans *les contrats de prestation de service*, la possibilité de ne pas déterminer le prix au moment de la conclusion et que le prix soit fixé postérieurement par le créancier, sous réserve d'un contrôle postérieur du juge.

1345. Cette évolution jurisprudentielle mettait donc en avant, au-delà d'un assouplissement des conditions de formation du contrat, la mise en place d'un contrôle judiciaire

---

1. Civ. 1re, 29 nov. 1994, *JCP* 1995. II. 22371 (deux arrêts), note J. Ghestin ; *D.* 1995. 122, note L. Aynès.
2. Ass. plén. 1er déc. 1995, *JCP* 1996. II. 22565, 1re et 3e esp., concl. M. Jéol et note J. Ghestin ; *D.* 1996. 13, concl. M. Jéol et note L. Aynès ; *Defrénois* 1996. 747, obs. Ph. Delebecque.
3. Civ. 3e, 29 janv. 2003, *Bull. civ.* III, no 23 ; *JCP* 2003. I. 186, obs. F. Labarthe ; *Defrénois* 2003, art. 37767, no 53, obs. É. Savaux.

de l'équilibre du contrat, sanctionné indirectement par l'attribution de dommages et intérêts et non directement par la révision du prix (v. ss 1393 s., 1434).

2. La codification de la jurisprudence par l'ordonnance du 10 février 2016

1346. Les articles 1164 et 1165 confirment pour l'essentiel les solutions jurisprudentielles, en distinguant deux hypothèses : celle de la détermination unilatérale du prix dans les contrats-cadres et dans les contrats de prestation de service.

1347. L'article 1164 confirme la jurisprudence de l'assemblée plénière de la Cour de cassation en matière de *contrat-cadre :* « Dans les contrats-cadre, il peut être convenu que le prix de la prestation sera fixé unilatéralement par l'une des parties, à charge pour elle d'en motiver le montant en cas de contestation. En cas d'abus dans la fixation du prix, le juge peut être saisi d'une demande tendant à obtenir des dommages et intérêts et le cas échéant la résolution du contrat ». Le Conseil constitutionnel a validé depuis le mécanisme de contrôle judiciaire du prix [1].

On notera que le texte définitif de l'ordonnance a opéré un double recul par rapport à la version du projet d'ordonnance de février 2015 : d'une part, parce que dans la version antérieure du projet, la solution était étendue à tous les contrats à exécution successive ; d'autre part parce qu'une option était offerte au juge, entre les dommages et intérêts, qui constituent certes une forme de rééquilibrage du contrat, mais indirecte, et la révision du prix, en considération notamment des usages, des prix du marché ou des attentes légitimes des parties. Le rééquilibrage était donc dans ce cas, direct et consacrait une extension des pouvoirs du juge à laquelle il a été finalement renoncé.

1348. Concernant les *contrats de prestation de service*, l'article 1165 admet également que le prix ne soit pas déterminé au moment de la conclusion de ces contrats en précisant « qu'à défaut d'accord des parties avant leur exécution, le prix peut être fixé *par le créancier* à charge pour lui d'en justifier le montant en cas de contestation. En cas d'abus dans la fixation du prix. le juge peut être saisi d'une demande de dommages et intérêts ». On notera qu'à la différence des contrats cadres, le texte issu de l'ordonnance ne prévoyait pas la possibilité de demander au juge la résolution du contrat. Cette différence (erreur ou omission ?) a été corrigée par la loi de ratification du 20 avril 2018 qui a ajouté cette possibilité par une disposition qualifiée d'interprétative, applicable donc à compter du 1er octobre 2016 [2]. Là encore on note un recul identique par rapport à la version antérieure du projet d'ordonnance : en effet il avait été envisagé initialement qu'à défaut d'accord, le débiteur pouvait saisir le juge afin qu'il fixe le prix, en considération notamment des usages, des prix du marché ou des attentes légitimes des parties ».

Le pouvoir de rééquilibrage du contrat par le juge a donc finalement été limité dans le texte définitif, après que la version du projet d'ordonnance ait été ré-ouvert à la consultation publique en février 2015.

---

1. Cons. const. 30 nov. 2018, n° 2018-749 QPC, *CCC* 2019, comm. 23, note N. Mathey.

2. Sur la loi de ratification du 20 avril 2016 et son application dans le temps, v. ss 101 s.

c) Le cas particulier de l'utilisation d'un indice inexistant

1349. L'article 1167 vient ici confirmer une solution que la jurisprudence avait déjà posée mais qui suscitait toujours des discussions[1]. Inspiré par les principes du droit européen des contrats, il envisage le cas où le prix ou tout autre élément du contrat doit être déterminé par référence à un indice qui n'existe pas ou a cessé d'exister ou d'être accessible. Il prévoit que dans ce cas, cet indice est remplacé par celui qui s'en rapproche le plus.

B. La vérification de l'existence de la contrepartie dans les contrats à titre onéreux

1350. Le contrôle de l'existence de la contrepartie se faisait, avant la réforme, par le prisme combiné de la vérification de l'existence de l'objet et de la cause (objective). Le mécanisme, rappelons-le, ne permettait à l'origine que de contrôler les déséquilibres majeurs constatés au regard de la seule structure « obligationnelle » du contrat mais la montée en puissance de l'équilibre contractuel a conduit la jurisprudence, à développer des solutions plus fines au prix d'une extension de la notion de cause et d'une subjectivisation de la cause : d'où la prise en considération d'éléments extérieurs aux seules obligations contenues dans le contrat pour apprécier la contrepartie, grâce à l'émergence de la notion « d'économie du contrat » qui permet la référence aux objectifs économiques concrets poursuivis par les contractants, pour vérifier l'aptitude du contrat à les réaliser (v. ss 1278 s.).

1351. Le contexte général demeure le même avec la réforme, malgré la disparition de la cause : l'exigence de la contrepartie est directement reprise par l'article 1169, pour consacrer exactement le même objectif de contrôle : la sanction de la contrepartie illusoire ou dérisoire par la nullité du contrat permet d'assurer le contrôle du déséquilibre structurel majeur qui ne permet pas au contrat d'assurer sa fonction économique d'échange, si bien que l'engagement n'a pas de raison d'être. Cette fonction de contrôle est assurée par cet article 1169.

1352. Le contrôle se fait aussi grâce à l'article 1165 qui répute non écrite toute clause qui prive de sa substance l'obligation essentielle du débiteur, solution à laquelle la jurisprudence était là encore parvenue sur le fondement de la cause. La règle vise aussi à sanctionner un déséquilibre structurel majeur, mais avec la particularité qu'elle fait échapper le contrat à la nullité et permet d'en restaurer l'équilibre.

1) La nullité du contrat en cas de contrepartie illusoire ou dérisoire

1353. Il s'agit ici de compléter le contrôle de la fonction d'échange du contrat, que les conditions posées au regard de l'existence de la prestation permettent déjà d'opérer mais incomplètement. En effet, le contrôle de l'existence de la prestation ne renvoie qu'aux seules obligations prévues au contrat, puisque la prestation est

---

1. Civ. 3ᵉ, 22 juill. 1987, n° 84-10.548 ; *contra* : Com. 16 nov. 2004, *RTD civ.* 2006. 117, obs. J. Mestre et B. Fages.

toujours définie comme l'objet des obligations. Or la notion de contrepartie est plus large et permet d'aller au-delà de la seule analyse de ces obligations. C'est ce contrôle que la jurisprudence avait mis en place avant la réforme en faisant évoluer la notion de cause, pour apprécier la cause/contrepartie, au regard de « l'économie du contrat » (v. ss 1278 s.).

Le contrôle demeure, malgré la disparition de la notion de cause, grâce à l'article 1169 qui dispose :

« Un contrat à titre onéreux est nul lorsque, au moment de sa formation, la contrepartie convenue au profit de celui qui s'engage est illusoire ou dérisoire ».

1354. Cette notion de contrepartie renvoie indirectement à l'ancienne notion de cause mais libérée de la seule référence aux obligations inscrites dans le contrat. Dans le contexte de la réforme en effet, la notion de contrepartie peut être appréciée en considération de l'ensemble des relations entre les parties, sans rester enfermé dans une appréciation abstraite et statique de la structure des obligations. La contrepartie ne se vérifie plus seulement au regard de la seule correspondance des obligations essentielles[1].

1355. La contrepartie c'est ainsi l'avantage attendu du contrat apprécié au regard de l'ensemble du contrat et de l'intention des contractants, voire même en dehors du seul contrat pour appréhender son économie globale. L'appréciation du caractère illusoire ou dérisoire de cette contrepartie peut également devenir plus concrète et permettre un contrôle plus fin de l'équilibre et de l'utilité de l'opération.

1356. On devrait ainsi pouvoir retrouver toutes les solutions développées par la jurisprudence sur le fondement de la conception élargie de la cause (v. ss 1279 s., et les références citées). La notion d'économie du contrat, mise en évidence par la jurisprudence (v. ss 1279), qui permet d'apprécier la contrepartie au regard de l'opération économique envisagée par les parties, de façon concrète et globale, reste pertinente.

La réalité de la contrepartie peut ainsi être appréciée non pas seulement au regard des prestations prévues au contrat et objectivement considérées, mais aussi en fonction du *résultat économique* concret auquel le contrat est destiné à parvenir, et à ce titre, notamment, de l'objectif de rentabilité. La solution avait été inaugurée en 2007 par la jurisprudence *« Point vidéo »*, à propos d'un contrat où chaque obligation essentielle trouvait sa contrepartie dans une autre obligation, où les prestations n'étaient ni illusoires, ni dérisoires, mais où l'objectif de rentabilité du contrat était impossible à atteindre, ce qui avait justifié sa nullité pour absence de cause. Il s'agissait, en l'occurrence, d'un contrat de location de cassettes vidéo pour exploiter un service de location de cassettes dans un village où le nombre limité d'habitants ne pouvait permettre de rentabiliser l'opération (v. ss 1281, et les références).

La contrepartie peut aussi consister dans des *avantages qui ne seraient pas exclusivement ou directement d'ordre économique*. Ainsi la chambre commerciale de la Cour de cassation a-t-elle pu considérer qu'un engagement d'approvisionnement exclusif n'était pas dépourvu de contrepartie, en dépit de la faible importance des engagements souscrits par le fournisseur, puisqu'en échange de son approvisionnement en boissons,

---

1. G. Wicker, « La suppression de la cause dans le projet d'ordonnance : la chose sans le mot ? », *D.* 2015. 1557.

le revendeur se voyait mettre à disposition du mobilier de terrasse, si bien que l'avantage procuré ne s'évaluait pas seulement au travers de considérations quantitatives mais également qualitatives [1].

Enfin, la contrepartie peut aussi se trouver *en dehors même du contrat*, ainsi que la jurisprudence l'avait antérieurement admis. C'est le cas, déjà cité (v. ss 1279), par exemple, de la cession d'un terrain pour le prix d'1 euro qui trouve sa contrepartie réelle dans l'apurement des dettes et la poursuite de l'activité de la société du vendeur : la contrepartie existe au regard de l'économie générale de l'opération ; C'est aussi le cas lorsque le contrat fait partie d'un ensemble contractuel : la contrepartie s'apprécie dans là encore au regard de l'économie générale de l'opération d'ensemble.

1357. Le juge doit donc apprécier la contrepartie dans une lecture dynamique et économique du contrat en se projetant dans l'avenir de l'exécution du contrat pour évaluer l'opération et vérifier si le contrat, *tel qu'il est construit*, présente une aptitude à fournir l'avantage escompté. On ne se contente plus d'assurer la promotion d'un équilibre contractuel minimal en protégeant le contractant contre l'absence ou l'apparence d'un engagement réciproque matérialisé par les obligations réciproques.

1358. Par ailleurs, l'avantage attendu à titre de contrepartie ne se détermine pas invariablement de façon abstraite et objective, mais peut résulter d'une interprétation de la volonté des parties [2]. Le contrôle de l'intérêt au contrat est plus approfondi et en même temps le contrôle de l'équilibre plus poussé.

1359. Enfin, la référence à la contrepartie illusoire doit permettre de sanctionner, comme auparavant, dans les contrats aléatoires, l'absence d'aléa (v. ss 1267).

2) L'éviction de la clause privant de sa substance l'obligation essentielle

1360. L'article 1170 prévoit désormais expressément la règle selon laquelle « toute clause qui prive de sa substance l'obligation essentielle du débiteur est réputée non écrite ».

Il est bien question, là encore, de vérifier l'existence de la contrepartie et de sanctionner un déséquilibre majeur du contrat, mais ce déséquilibre n'apparaît pas au regard de l'examen des obligations essentielles du contrat ; il est révélé par une clause particulière, qui vient, en quelque sorte par ricochet, détruire l'intérêt au contrat pour l'une des parties.

Il s'agit ici de la codification de la jurisprudence « *Chronopost* », qui se fondait sur l'ancien article 1131 et l'absence de cause. Dans ces arrêts célèbres la Cour de cassation a écarté sur le fondement de l'article 1131 et donc de l'absence de cause, une clause limitative de la responsabilité de Chronopost en cas de retard de livraison au motif que cette clause privait de sa substance l'obligation essentielle et donc, privait le contrat de cause (v. ss 1282). Dans les arrêts *Chronopost*, l'appréciation du défaut de contrepartie impose de ne pas s'arrêter à la structure du contrat et aux obligations essentielles, car de ce point de vue, la contrepartie existe bien (un service de transport

---

1. Com. 11 mars 2014, *D.* 2014. 1915, note D. Mazeaud et 2015. 943, obs. D. Ferrier ; *RTD civ.* 2014. 884, obs. H. Barbier.

2. G. Wicker, article préc.

en 24 heures contre un prix) mais d'envisager la phase d'exécution : l'absence potentielle de contrepartie ne se révèle que dans l'hypothèse d'une inexécution du contrat car, au stade de la formation du contrat il y a bien une contrepartie convenue et elle n'est ni illusoire, ni dérisoire ; mais, au stade de l'exécution, la clause de limitation de responsabilité (en toute hypothèse et quel que soit le préjudice, l'indemnisation ne sera que du montant de l'affranchissement) fait, qu'en définitive, le contrat sera privé de tout intérêt pour la partie victime de l'inexécution. La décision était également particulièrement originale et innovante dans la mesure où la sanction n'était pas l'anéantissement du contrat, mais la seule éviction de la clause de limitation de responsabilité faisant échec à la contrepartie, de façon à restaurer l'utilité du contrat. Cette jurisprudence a ensuite été reprise dans les arrêts *Faurecia* [1] réputant non écrite la clause limitative de responsabilité qui contredit la portée de l'obligation essentielle et qui vide de sa substance cette obligation (sur cette jurisprudence, v. ss 3067). L'éviction de la clause litigieuse permet ainsi la restauration de la contrepartie et de la fonction d'échange du contrat.

L'article 1170 est la codification directe de cette jurisprudence.

Depuis, toutefois, la Cour de cassation a admis que les clauses de non recours ayant un effet exonératoire de responsabilité, ne privaient pas nécessairement l'obligation essentielle de sa substance. En l'espèce, les clauses étaient réciproques et le caractère équilibré de la relation a joué en faveur de la clause [2]. Cette décision postérieure à l'ordonnance mais rendue sur le fondement du droit antérieur, montre qu'il peut exister des difficultés pour identifier le seuil à partir duquel une clause limitant la responsabilité est de nature à vider de sa substance l'obligation essentielle.

C. L'éradication des clauses abusives

1361. Si le contrôle de l'existence des prestations, joint au contrôle de l'existence de la contrepartie, permet de sanctionner, dans les contrats à titre onéreux, des déséquilibres majeurs qui privent le contrat de toute utilité, faut-il cependant aller plus loin dans la police du contenu du contrat, pour imposer un équilibre plus important ? C'est ce que l'ordonnance du 10 février 2016 a entrepris de faire, en introduisant dans le droit commun des contrats un mécanisme repris du droit de la consommation, la sanction des clauses abusives, réservé toutefois à une catégorie de contrats, celle des contrats d'adhésion.

L'article 1171, issu de l'ordonnance dispose : « Dans un contrat d'adhésion, toute clause non négociable, déterminée à l'avance par l'une des parties, qui crée un déséquilibre significatif dans les droits et obligations des parties au contrat est réputée non écrite ».

« L'appréciation du déséquilibre significatif ne porte ni sur l'objet principal du contrat ni sur l'adéquation du prix à la prestation ».

---

1. Com. 29 juin 2010, *D.* 2010. Actu. 1707 ; *JCP* 2010. I. 787, obs. D. Houtcieff ; *D.* 2010. 1832, obs. D. Mazeaud ; L. Bloch, « L'ère post-Chronopost ; le retour aux sources », *RCA* 2010, étude, n° 11.

2. Com. 26 avr. 2017, n° 15-23239, *RDC* 2017/3, 431, note J. Knetsch ; *RTD civ.* 2017/4. 851, obs. H. Barbier ; *D.* 2018. 371, obs. M. Mekki ; *CCC* 2017, comm. 140, obs. L. Leveneur. La clause de renonciation à recours a été ici validée car elle s'inscrivait dans le cadre de relations contractuelles habituelles et équilibrées et prévoyait une répartition entre les deux parties des risques nés d'un contrat de stockage, si bien qu'elle ne vidait pas de toute substance l'obligation essentielle.

1362. Avec la sanction des clauses abusives introduite par l'article 1171 dans le Code civil, il ne s'agit plus de se contenter de la vérification de l'existence de la contrepartie. On quitte la logique contractuelle classique fondée sur l'appréciation de *l'équivalence* des prestations (et des obligations) pour entrer dans la logique de *l'équilibre,* notion plus large et plus moderne, qui renvoie ici à l'objectif de la protection de la partie faible. Il ne s'agit plus simplement de confronter les obligations et à travers elles les prestations dans une perspective quantitative mais plus largement, les « relations entre les parties ». L'équivalence renvoie en effet à la seule comparaison des prestations, alors que l'équilibre renvoie sans doute à l'équilibre des prestations mais aussi des rapports entre les parties. La formule large, « toute clause qui crée un déséquilibre significatif entre les droits et obligations des parties », empruntée au droit de la consommation pour caractériser la clause abusive est significative. Puisqu'il s'agit de rétablir l'équilibre dans les relations contractuelles, il convient d'aller plus loin dans le contrôle du contenu du contrat.

1363. Si le nouvel article 1171 inscrit dans le Code civil un mécanisme issu du droit de la consommation (v. ss 1423), il ne le généralise pas, pour autant, à tous les contrats. *L'exigence d'équilibre contractuel* que traduit le mécanisme de la sanction des clauses abusives n'est donc pas une exigence générale de validité posée pour tous les contrats, ce qui explique que nous l'envisagerons aussi au titre des conditions *susceptibles* d'entraîner la nullité de certains contrats (v. ss 1423 s.). Ce mécanisme limité et transposé du droit de la consommation vers le Code civil (1), soulève par ailleurs certaines interrogations (2).

1) Un mécanisme transposé du droit de la consommation et limité aux contrats d'adhésion

1364. La sanction des clauses abusives initialement prévue par le seul droit de la consommation dans les contrats de consommation passés entre un professionnel et un simple particulier avait pour but le rétablissement de l'équilibre rompu au détriment de la partie faible, dans un contrat marqué par définition par l'inégalité des parties. Généraliser le système à tous les contrats en aurait fondamentalement modifié le sens, en donnant au juge, systématiquement, le pouvoir de vérifier l'équilibre de tous les contrats. Finalement, L'ordonnance a limité le contrôle des clauses abusives aux seuls contrats d'adhésion dans lesquels un contractant impose à l'autre le contenu du contrat. Ce n'était pas l'option qui avait été prévue dans le projet d'ordonnance mais après la réouverture de la consultation publique en février 2015, le texte a été modifié compte tenu de la réaction des milieux économiques. Si la solution peut être contestée, elle respecte finalement la logique qui anime le droit de la consommation : la protection de celle des deux parties qui n'a pu négocier le contrat.

1365. L'alinéa 2 de l'article 1171 transpose par ailleurs une autre solution reprise à l'identique du droit de la consommation, selon laquelle le contrôle du déséquilibre significatif entre les droits et obligation des parties ne peut porter ni sur l'objet principal du contrat, ni sur l'adéquation du prix à la prestation. Il n'est pas question, en effet, d'imposer directement l'équivalence objective des prestations et d'introduire la sanction systématique de la lésion sous couvert de ce contrôle de l'abus.

1366. Enfin, et toujours par transposition de la solution posée en droit de la consommation, l'existence d'une clause abusive n'entraîne pas la nullité du contrat. La clause est simplement réputée non écrite ainsi que l'indique l'article 1171, alinéa 1er, or, selon l'article 1184, « le contrat est maintenu lorsque la loi répute la clause non écrite ».

L'éradication de la clause non écrite conduit donc au rééquilibrage du contrat. Mais, en même temps, cela démontre qu'une clause abusive n'est jamais, dans l'économie du contrat, qu'une clause secondaire, en ce sens qu'elle ne représente pas l'un des termes de l'échange et qu'elle peut donc être éradiquée pour rééquilibrer le contrat, lequel conserve son utilité sans la clause. C'est sans doute en ce sens qu'il faut comprendre l'article 1171, alinéa 2, lorsqu'il indique que l'appréciation du déséquilibre significatif ne porte pas sur l'objet principal du contrat, ni sur l'adéquation du prix à la prestation. Si le déséquilibre atteint l'objet principal du contrat, c'est alors l'article 1169, qui sanctionne l'absence de contrepartie, ou l'article 1170, qui pose la règle de la nullité de la clause qui prive de sa substance l'obligation essentielle, qui devrait être appliqué.

2) Un mécanisme non exempt d'incertitudes

1367. On a vu en effet apparaitre plusieurs incertitudes[1].

– *La première portait sur les contrats visés* car la notion de contrat d'adhésion, malgré le nouvel article 1110 qui le définissait comme un contrat dont les conditions générales, soustraites à la négociation, sont déterminées à l'avance par l'une des parties, n'était pas si claire (sur ce point, et sur la notion de conditions générales, v. ss 968). Tout contrat non négociable, parce qu'une offre précise et ferme a été émise et que l'offrant n'entend pas discuter doit-il être qualifié de contrat d'adhésion ? Auquel cas, par exemple, une vente immobilière ordinaire consentie à un particulier par un autre particulier pourrait être qualifiée de contrat d'adhésion ? Rien ne s'y oppose *a priori* si ce n'est la référence à des « conditions générales » qui visent des contrats stéréotypés, pré rédigés.

L'ambiguïté a été en grande partie levée par l*a loi de ratification du 20 avril 2018 qui a modifié la définition des contrats d'adhésion* : elle a fait de *la négociabilité* le critère de ces contrats et a supprimé la référence aux « conditions générales ». La catégorie des contrats d'adhésion n'est donc pas limitée aux contrats dits « de masse ». Pour être qualifié de contrat d'adhésion il suffit qu'un contrat comporte un « ensemble de clauses non négociables déterminées unilatéralement par l'une des parties », ainsi que l'indique le nouvel article 1110, applicable au 1er octobre 2018, aux contrats conclus à partir de cette date. Toute incertitude n'est cependant pas levée car il faudra encore que la jurisprudence interprète cette notion « d'ensemble de clauses » (v. ss 970).

– *La seconde porte sur la notion d'objet principal du contrat* sur lequel l'appréciation du déséquilibre significatif ne peut porter, selon l'article 1171, alinéa 2 qui reprend à cet égard textuellement l'article L. 212-1 du Code de la consommation. Qu'est-ce que l'objet principal du contrat, alors que les dispositions du Code civil consacrées au contenu du contrat ne visent que l'objet des obligations ? S'agit-il de la référence à l'objet de l'obligation essentielle, si bien que cela exclut notamment tout contrôle de l'adéquation du prix à la prestation ? Sans aucun doute, car dans le cas contraire, ce

1. V. par ex. : X. Lagarde, « Questions autour de l'article 1171 du Code civil », *D.* 2016. 2174 ; A. Hontebeyrie, « 1171 contre L. 442-6, 1, 2° : la prescription dans la balance », *D.* 2016. 2180.

serait généraliser la sanction de la lésion, ce qui n'est évidemment pas été l'objectif, puisque l'article 1168 réaffirme le principe de l'indifférence de la lésion (v. *infra*).

– *La dernière porte sur le rôle du juge :* Qui appréciera le caractère de clause abusive ? le juge librement ? Cela parait douteux, car il n'a pas cette possibilité dans les contrats de consommation, la liste des clauses abusives étant fixées par décret (v. ss 1425 s.). Cette liste sera-t-elle applicable aux contrats d'adhésion ?

L'innovation laisse donc subsister quelques zones d'ombre et des interrogations.

Sur ces deux dernières questions, la loi de ratification de l'ordonnance n'a pas apporté de précision.

D. La limite du contrôle de l'équilibre contractuel : le refus de la sanction systématique de la lésion

1368. L'objectif de contrôle du déséquilibre trouve sa limite dans la conception même de l'équilibre contractuel : celui commandé par la notion de justice commutative, qui implique l'équivalence des prestations dans les contrats à titre onéreux commutatifs, certes, mais une équivalence subjective et non objective (prix du marché), parce que l'on reste dans le contexte de l'autonomie de la volonté, de la liberté contractuelle et du libéralisme : le contrat commutatif est toujours défini comme celui dans lequel les avantages réciproques sont « regardées » comme équivalents par les parties. La définition donnée par le nouvel article 1108 n'a pas changé. Il ne s'agit donc pas d'imposer coûte que coûte l'équivalence des prestations ou des « avantages reçu du contrat » au prisme du regard du juge donc d'une équivalence objective.

1369. C'est la raison pour laquelle l'ordonnance précise, dans l'article 1168, que « le défaut d'équivalence des prestations n'est pas une cause de nullité du contrat », à moins que la loi n'en dispose autrement.

Le refus de sanction systématique de la lésion (déséquilibre économique objectif du contrat) est donc clairement affiché, à l'encontre des propositions Terré qui proposaient de généraliser la lésion qualifiée. La lésion reste une sanction exceptionnelle (v. ss 1395 s.), dans certains contrats (vente d'immeuble, partage, droits de propriété littéraire et artistique) ou, au profit de certaines personnes (les incapables qui bénéficient d'une protection particulière).

E. Le contrôle de la finalité économique dans les contrats à titre gratuit et dans les actes abstraits

1370. On pourrait dire que les contrats à titre gratuit sont les grands oubliés ou les grands absents de la sous-section consacrée au contenu du contrat. Aucun des articles de la sous-section sur le contenu d'y contrat n'y fait référence. Il n'est question, explicitement que des contrats synallagmatiques et des contrats à titre onéreux.

Au-delà du contrôle de l'existence de l'objet des obligations qui, dans un contrat à titre gratuit ne pèsent que sur l'une des parties au contrat, comme s'opèrera le contrôle de la conformité du contrat à sa finalité économique, qui se réalisait par la recherche de l'intention libérale ? L'absence de contrepartie, justifiée par l'intention libérale identifiée comme la cause de l'obligation permettait ainsi, par exemple, la requalification d'un contrat ayant les apparences d'un contrat synallagmatique à titre onéreux mais en réalité dépourvu de contrepartie, en libéralité indirecte. Sur quel fondement cette requalification interviendra-t-elle désormais ? De même, l'erreur sur la cause ou la fausse cause permettait de sanctionner par la nullité les libéralités consenties lorsque l'auteur de la libéralité avait bien une intention libérale mais fondée sur une erreur. L'appréciation de la cause passait ici par une appréciation plus subjective, conduisant à rechercher le motif impulsif et déterminant du consentement. Sur quel fondement ce contrôle s'effectuera-t-il ?

1371. Le contrôle de l'erreur commise sur la cause de l'engagement est en fait indirectement maintenu, mais, en raison de la disparition de la cause, il est renvoyé vers le contrôle du consentement et la sanction de l'erreur sur les motifs : l'article 1135, alinéa 2, dispose, en effet, que « l'erreur sur le motif d'une libéralité, en l'absence duquel on n'aurait pas disposé est une cause de nullité » (v. ss 1142). Le motif déterminant reste donc une justification de l'engagement du disposant. La recherche du motif déterminant permettra donc toujours de vérifier l'intention libérale ; mais en supprimant cet élément causal objectif qu'était l'intention libérale, la démarche est quand même appauvrie. On signalera par ailleurs que la notion d'intention libérale n'a pas complètement disparu puisqu'on la retrouve à l'article 1303-1, dans le contexte de l'enrichissement injustifié (qui remplace l'enrichissement sans cause) où elle peut constituer une justification de l'enrichissement d'une personne et de l'appauvrissement corrélatif d'une autre (v. ss 2022).

1372. Comment appréhender par ailleurs, dans le droit des contrats issus de l'ordonnance, les *actes abstraits*, qui ne portent pas de façon évidente la marque d'un caractère gratuit ou onéreux, comme le cautionnement ou la reconnaissance de dette ? Le débat pourrait être relancé par un arrêt de la chambre commerciale de la Cour de cassation du 17 mai 2017 qui, statuant sous l'empire du droit antérieur à l'ordonnance (laquelle n'est applicable, rappelons-le, qu'aux contrats conclus à compter du 1er octobre 2016), annule un cautionnement sur le fondement de l'absence de cause. La Cour de cassation relève que « la cour d'appel s'est déterminée par des motifs impropres à caractériser, en l'absence d'un avantage consenti par le créancier, la « cause » de l'engagement souscrit par la caution après le prononcé de la liquidation judiciaire du débiteur principal en garantie d'une dette antérieure à l'ouverture de la procédure collective »[1]. Ainsi que s'interroge, Y.-M. Laithier, un contrôle du même type aurait-il vocation à être exercé sous l'empire des nouvelles dispositions, compte tenu de la disparition de la cause ? Il faut souligner que l'article 1169 ne limite pas aux contrats synallagmatiques la sanction de l'absence de contrepartie puisqu'il se réfère aux « contrats à titre onéreux ». Il est donc possible d'étendre le texte aux contrats unilatéraux à titre onéreux ou « intéressés », et dès lors, au cautionnement ; en effet, la jurisprudence le qualifie d'acte à titre onéreux dans lequel la contrepartie de l'engagement de la caution réside dans l'avantage procuré au débiteur principal. Mais, au-delà du cas du cautionnement, comment déterminer la nature onéreuse ou gratuite d'un acte abstrait sans rechercher la « cause » de l'engagement du débiteur (intention libérale ou recherche d'un avantage en contrepartie) ?

1. Com. 17 mai 2017, n° 15-15746, *RDC* 2017/3. 421, obs. Y.-M. Laithier, 457, note D. Houtcieff.

§ 2. Le contrôle de la conformité du contrat à l'ordre public

1373. L'exigence de licéité découlait avant la réforme du droit des contrats, du rapprochement de plusieurs articles : l'article 6 du Code civil, selon lequel « on ne peut déroger par des conventions particulières aux lois qui intéressent l'ordre public et les bonnes mœurs » ; l'article 1128, selon lequel « il n'y a que les choses dans le commerce qui puissent être l'objet de conventions » ; l'article 1598, concernant la vente, selon lequel « tout ce qui est dans le commerce peut être vendu lorsque des lois particulières n'en ont pas prohibé l'aliénation » ; et, enfin des articles 1108, qui posait directement l'exigence de licéité de la cause et 1133, qui précisait que « la cause est illicite quand elle est prohibée par la loi contraire à l'ordre public ou aux bonnes mœurs ».

On déduisait de ces textes l'exigence d'une conformité du contrat à l'ordre public et aux bonnes mœurs, qui s'appréciait donc par référence à l'objet des obligations mais aussi, par rapport à la cause : il s'agissait d'un double contrôle complémentaire, ainsi qu'on l'a précédemment souligné. La démarche consistait à s'interroger sur l'objet de chaque obligation (prestation promise) pour vérifier qu'il n'était pas illicite, contraire à l'ordre public ou aux bonnes mœurs ; puis sur la cause subjective, qui supposait la recherche du mobile du contractant (motif impulsif et déterminant), c'est-à-dire des raisons propres l'ayant conduit à contracter ; il était alors possible, sur ce fondement de la cause, de sonder les motivations pour découvrir une illicéité ou immoralité que ne pouvait pas révéler l'examen de l'objet.

Il n'existe aucune différence fondamentale entre l'approche moderne à vocation européenne portée par l'ordonnance du 10 février 2016 et cette approche classique, sinon l'abandon de la référence à la notion technique d'objet et de cause.

Désormais, l'exigence de conformité à l'ordre public (toujours posée par l'article 6) est énoncée de façon très claire au titre du contrat, à la fois dans les dispositions liminaires par l'article 1102, où la conformité à l'ordre public est présentée comme une limite à la liberté contractuelle et à l'article 1162 : « le contrat ne peut déroger à l'ordre public ni par ses stipulations, ni par son but, que ce dernier ait été connu ou non par toutes les parties ».

Les changements sont liés à la souplesse des nouveaux éléments de référence qu'autorise la notion de contenu du contrat : La conformité du contrat à l'ordre public est appréciée au regard des stipulations du contrat au lieu de l'objet des obligations (démarche plus ouverte) d'une part ; mais ce sont toujours des données objectives qui sont prises en considération ; et d'autre part, au regard du but du contrat, ce qui renvoie à des données subjectives (B). La considération du résultat (but poursuivi) plutôt que des motifs de l'engagement (la cause subjective) ne traduit pas une différence fondamentale : la référence au but poursuivi inclut nécessairement la recherche des motifs qui ont déterminé à contracter. Le but renvoie donc assez directement à la notion de cause finale.

Avant d'envisager successivement le contrôle de la conformité à l'ordre public des stipulations du contrat (B) puis du but du contrat (C), il convient de dire quelques mots de la notion d'ordre public (A).

A. La notion d'ordre public

1374. L'ordre public est une notion protéiforme, dont les contours et le contenu sont variables dans le temps et relativement incertains. Au-delà des textes qui contribuent à en tracer le domaine parce qu'ils se déclarent eux-mêmes expressément d'ordre public, le juge participe largement à la détermination de ce qui relève ou pas de l'ordre public : il s'appuie ainsi sur des principes généraux à valeur législative ou supra législative, notamment les sources constitutionnelles ou européennes, soit pour décider qu'un texte qui n'est pas déclaré expressément comme tel est d'ordre public, soit même, en l'absence de texte, pour décider du contenu de l'ordre public : on oppose ainsi classiquement l'ordre public ***textuel*** et l'ordre public ***virtuel***.

L'ordre public, d'une façon très schématique, représente tout ce qui est nécessaire à la bonne marche de la société protégée par l'État contre les initiatives personnelles des individus.

– ***Historiquement,*** l'ordre public est d'abord ***d'ordre politique*** ; il s'agit de protéger le bon fonctionnement de l'État, les relations familiales et l'intégrité de l'individu.

– À cet ordre public politique, on rattachait traditionnellement les ***bonnes mœurs*** qui sont l'expression des coutumes et de la morale d'une société à un moment donné. Elles évoluent et varient selon les époques. Aujourd'hui, cependant, les bonnes mœurs ont tendance à régresser (notamment avec le recul de la morale sexuelle) et à s'effacer derrière la montée en puissance de l'éthique, plus moderne et qui met en avant d'autres valeurs, comme la dignité de la personne. L'ordonnance du 10 février 2016 a d'ailleurs disparaître cette notion de bonnes mœurs et l'article 1162 ne vise plus désormais que l'ordre public. S'il a été un temps envisagé de réintégrer la notion de bonnes mœurs à la faveur de la ratification de l'ordonnance, la loi du 20 avril 2018 [1], qui a procédé à cette ratification n'a finalement pas cédé à cette tentation.

– Par la suite, à l'ordre public politique s'est adjointe une nouvelle acception de ***l'ordre public, économique*** cette fois, soit qu'il s'agisse de protéger certaines catégories de citoyens (ouvriers, fermiers, locataires, consommateurs, etc.), soit qu'il convienne de diriger l'économie nationale (législation des prix, clauses d'indexation, etc.) ; c'est ce que l'on appelle « l'ordre public économique », qui est soit un ***ordre public de protection***, soit ***un ordre public de direction*** (v. ss 873). Le développement de cet ordre public économique, avec son cortège de textes impératifs peut évidemment conduire à l'illicéité de l'objet, si les parties ne respectent pas la réglementation qui intervient dans de nombreux domaines, par exemple concernant le prix qui concerne un aspect particulier de l'ordre public économique, l'ordre public monétaire (v. ss 1383).

– Aujourd'hui, les ***droits fondamentaux*** s'ajoutent à l'ordre public au sens classique pour limiter la liberté contractuelle. À cet égard, l'ordonnance du 10 février 2016 a supprimé la référence spécifique qui était faite aux droits fondamentaux dans la première version de l'article 1102, alinéa 2, et qui semblait marquer une différence de nature entre les droits fondamentaux et l'ordre public. L'article 1102, alinéa 2 (inscrit au titre des dispositions liminaires concernant le contrat) prévoyait en effet, à l'origine, une autre limite à la liberté contractuelle que celle de l'ordre public : celle de ne pas porter atteinte aux droits fondamentaux reconnus dans un texte applicable aux relations entre personnes privées, à moins que cette atteinte ne soit indispensable à la protection d'intérêts légitimes et proportionnée au but recherché (v. ss 902). La suppression de cette référence dans la version finale du texte réintègre donc les droits fondamentaux dans le

1. Sur cette loi, v. ss 101 s.

concept d'ordre public, ce que l'on peut regretter, malgré tout, compte tenu des spécificités que présente le contrôle exercé au titre des droits fondamentaux [1].

B. Le contrôle de la conformité des stipulations du contrat à l'ordre public

1375. La notion de « stipulations » du contrat, à laquelle l'article 1162 renvoie pour apprécier la conformité à l'ordre public, n'est pas définie. Il s'agit d'une notion volontairement large et concrète et en même temps objective. Elle renvoie sans doute à tout ce qui figure dans le contrat : obligations, clauses, c'est-à-dire à tout ce qui y est exprimé et a été convenu entre les parties. Les stipulations peuvent donc faire l'objet d'une appréciation objective, concrète, qui conduit à rapprocher le contrôle de leur conformité à l'ordre public du contrôle de la licéité de l'objet des obligations tel qu'il était pratiqué avant la réforme.

Quant à l'ordre public, selon les articles 1128 et 1598 antérieurs à l'ordonnance, il apparaissait qu'il recouvrait d'abord spécifiquement la notion de *choses hors du commerce juridique*, qui ne pouvaient faire l'objet d'aucune convention, sous peine de nullité. Il faut d'ailleurs distinguer à cet égard, les choses hors du commerce juridique et les *choses hors du marché,* cette dernière expression ne désignant que les opérations « commerciales » : ainsi une chose hors du marché, qui ne peut faire l'objet d'une convention à titre onéreux, n'est pas forcément hors du commerce juridique, si elle peut faire l'objet de conventions à titre gratuit : par exemple, don du sang, don d'organes. Si l'article 1128 n'a pas été repris par l'ordonnance, la catégorie des choses hors du commerce juridique n'a pas pour autant disparu et le contrôle se fera toujours au regard de cette notion.

Au-delà des choses hors du commerce juridique (1), la licéité ou, à l'inverse, l'illicéité de l'objet, s'appréciait, de façon plus générale, par référence à un ordre public (avec sa composante particulière des bonnes mœurs) qui pouvait être textuel mais aussi virtuel (2). L'ensemble des solutions dégagées restera certainement valable.

1) Illicéité de la prestation portant sur une chose hors du commerce juridique

1376. Sont considérés comme hors du commerce juridique un certain nombre de biens qui ne pourront ainsi faire l'objet d'un contrat. Toutefois, la loi, ou parfois la jurisprudence limitent dans certains cas cette interdiction aux contrats à titre onéreux et admettent des assouplissements concernant les contrats à titre gratuit, par exemple, concernant les sépultures [2], ou concernant les éléments et produits du corps humain. Sont ainsi hors du commerce juridique :

a) La personne humaine et le corps humain

1377. Il a toujours été admis que le *corps humain* était hors du commerce juridique. L'affaire célèbre de la « rose tatouée », où fut annulée une convention relative à l'exécution

---

1. En ce sens, v. F. Marchadier, « Le contrôle du contrat au regard des droits fondamentaux : une question qui ne se pose pas et dont la réponse est évidente ? », *RDC* 2016/3. 458 s.

2. Civ. 1re, 2 mars 1999, *Pers. et fam.* 1999. 26, obs. J. Casey ; *JCP* 1999. I. 191, obs. G. Loiseau.

d'un tatouage qui devait ensuite être prélevé par exérèse[1] (ablation de la peau) pour être vendu, illustre parfaitement cette idée d'indisponibilité du corps, au même titre que l'illicéité des conventions de mères-porteuses.

Toutefois, il faut faire une distinction, ici, entre les contrats à titre gratuit portant sur des éléments et produits du corps humain, qui sont parfois autorisés et les contrats à titre onéreux qui ne le sont jamais en vertu du principe de non patrimonialité du corps humain, inscrit dans le Code civil depuis les lois de bioéthique (n° 94-653) du 29 juillet 1994. Ces lois ont introduit dans les articles 16 à 16-9 du Code civil, une série de principes relatifs à la personne, dont le principe de primauté, de dignité de la personne humaine et de respect de l'être humain et des principes relatifs au corps humain : le droit au respect du corps, l'inviolabilité du corps et la non patrimonialité du corps (C. civ., art. 16-1, al. 12). L'article 16-5 précise par ailleurs que : « les conventions ayant pour effet de conférer une valeur patrimoniale au corps humain, à ses éléments ou à ses produits sont nulles ». Si les textes datent de 1994, les principes qu'ils posent étaient déjà admis auparavant. Les lois de 1994 organisent cependant, en parallèle, une certaine disponibilité des éléments et produits du corps humain, notamment dans la perspective de dons d'organes, ou plus largement à des fins thérapeutiques. Ainsi, certaines opérations sont-elles exceptionnellement autorisées par le législateur (telles que legs de cornée, le don du sang, mais aussi le don de certains organes dans des conditions très strictes prévues par le Code de la santé publique).

1378. *L'état de la personne*, reflet juridique de la personne physique (v. *Droit civil*, vol. 1, n°s 799 s.), est également hors du commerce juridique ; ainsi en est-il, par exemple, du nom qui ne peut être cédé (hors certaines utilisations commerciales).

b) Les choses inappropriables

1379. Il est possible d'en citer quelques-unes, telles que :

– *les choses communes*, comme l'air, l'eau, sauf exceptions (air comprimé, air liquide, ou eaux minérales ou thermales) ;

– *les clientèles civiles*, jusqu'à ce que, dans un arrêt remarqué, la Cour de cassation ait finalement admis la cession de clientèle civile : « la cession de la clientèle médicale, à l'occasion de la constitution ou de la cession d'un fonds libéral de l'exercice de la profession, n'est pas illicite » à condition que soit « sauvegardée la liberté de choix du patient ». Toutefois, on ne peut que constater la difficulté de faire coïncider le principe posé et sa condition et « la profonde ambiguïté de la solution adoptée »[2]. La question de la licéité a rebondi avec une autre pratique assortissant parfois la cession de clientèle, celle des clauses de garantie de clientèle[3], dont la Cour de cassation a admis également la validité si elles ne remettent pas en cause la liberté de choix des clients[4].

---

1. TGI Paris, 3 juin 1969, *D.* 1970. 186, note J. P., et dans la même affaire, Civ. 1re, 23 févr. 1972, *JCP* 1972. II. 17135, la nullité de la convention n'étant plus discutée.

2. Civ. 1re, 7 nov. 2000, *JCP* 2001. I. 301, obs. J. Rochfeld.

3. Il s'agit d'insérer dans un contrat de cession ou de présentation de clientèle une clause précisant que si la clientèle transmise suit le cédant ou disparaît, celui-ci doit indemniser le cessionnaire.

4. Civ. 1re, 10 avr. 2013, n° 12-15. 168, *RTD civ.* n° 2, 2013/2. 369, obs. H. Barbier ; *D.* 2014. Pan. 633, obs. S. Amrani-Mekki et M. Mekki.

c) Les choses hors du commerce se rattachant à l'État ou à des collectivités publiques

1380. Il s'agit des biens du domaine public ; des fonctions publiques ; des fonctions politiques électives[1] ; des offices ministériels dont le titulaire ne dispose, en principe, que d'un droit de présentation du successeur ; des attributs de la souveraineté (le droit de vote).

d) Les choses dangereuses

1381. Il s'agit notamment des animaux contagieux et des substances vénéneuses, dans un souci de protection de la santé publique ; des remèdes secrets, des drogues, ainsi qu'un certain nombre de biens et services qui ne présentent pas la sécurité à laquelle on peut légitimement s'attendre, déterminés par voie réglementaire.

Dans tous ces cas, il y a souvent, à côté du principe, des exceptions ainsi qu'on l'a vu à propos du corps humain.

La catégorie des choses hors du commerce s'est par ailleurs enrichie depuis d'une autre hypothèse : les fichiers de clientèle non déclarés à la CNIL, dont la vente est donc nulle pour illicéité de l'objet[2].

2) La contrariété de la prestation à l'ordre public textuel et de l'ordre public virtuel

1382. Une stipulation peut être contraire à l'ordre public même si elle ne concerna pas une prestation portant sur une chose hors du commerce juridique, dès lors qu'elle est contraire à une disposition d'ordre public.

1383. *Elle peut être contraire à l'ordre public textuel* : dans ce cas, elle est directement prohibée par une loi ou un texte particulier, d'ordre public : il s'agit alors d'illicéité au sens strict, c'est-à-dire de contrariété à un texte législatif ou réglementaire. C'est à cette illicéité au sens strict que renvoie l'article 6 du Code civil en précisant que les conventions ne doivent pas déroger aux « lois qui intéressent l'ordre public et les bonnes mœurs », et l'article 1598 selon lequel « tout ce qui est dans le commerce peut être vendu lorsque des lois particulières n'en ont pas prohibé l'aliénation ». Ainsi, par exemple, un contrat ne saurait comporter une prestation contraire aux lois pénales et une convention par laquelle on s'engagerait à blesser ou tuer quelqu'un serait évidemment illicite. C'est également pour « objet illicite » qu'ont été dissoutes deux associations destinées à défendre « l'organisation de la chasse à la tourterelle, en mai, en Gironde » alors que la pratique de cette chasse avait été déclarée illégale depuis plus de douze ans[3]. La chambre commerciale a également annulé un contrat qui avait pour objet de permettre à une personne d'exercer une activité de gestion de portefeuille, alors qu'elle ne disposait pas de l'agrément requis, sur le fondement de l'illicéité de l'objet[4].

---

1. Civ. 1re, 3 nov. 2004, *RLDC* déc. 2004, n° 436 ; *RTD civ.* n° 1, 2005. 125, obs. Mestre et B. Fages.

2. Com. 25 juin 2013, n° 12-17.037 ; *Juris-Data* n° 2013-013225 ; *JCP* 2013. 930, note A. Debet ; *RTD civ.* n° 3, 2013. 595, obs. H. Barbier ; *RDC* 2014. 119, note J. Rochfeld.

3. Civ. 1re, 16 oct. 2001, *JCP* 2002. II. 10022, note Y. Chartier.

4. Com. 4 nov. 2008, *RTD civ.* n° 1, 2009. 115, obs. B. Fages.

La question de la licéité du prix, qui se rattache à un aspect particulier de l'ordre public économique, *l'ordre public monétaire,* pose aussi des problèmes particuliers, concernant tant la monnaie utilisée (v. ss 640) que la question du montant du prix, notamment dans les périodes de blocage des prix. Lorsqu'un prix est taxé, la stipulation d'un prix supérieur est donc illicite. On est revenu cependant aujourd'hui, depuis l'ordonnance du 1er décembre 1986 relative à la « liberté des prix et à la concurrence », et sauf pour un certain nombre de produits ou services (loyers, médicaments), à un principe de liberté. De la même façon, la question du paiement et de ses modalités peut ainsi faire l'objet de dispositions d'ordre public : les clauses d'indexation, qui permettent de faire varier le montant nominal d'une obligation de somme d'argent sont ainsi réglementées et l'indice choisi par les parties peut être illicite (v. ss 653 s.).

1384. Quand une loi est impérative, d'ordre public, il n'est donc pas possible d'y déroger par une stipulation contraire. Toutefois, le législateur ne précise pas toujours expressément que telle ou telle disposition est d'ordre public. C'est alors au juge à déterminer le caractère impératif ou supplétif de la disposition considérée.

La Cour de cassation a ainsi validé la clause de renonciation anticipée à la résolution du contrat en retenant que l'article 1184 du Code civil, qui prévoit la résolution judiciaire du contrat pour inexécution, n'est pas d'ordre public et qu'un contractant peut renoncer par avance au droit de demander la résolution judiciaire du contrat[1] (sur ce point, v. ss 1883).

À l'inverse, elle a condamné la « clause résolutoire en cas de divorce » ou « clause de non-divorce », insérée dans un contrat de donation entre époux. Le contrat prévoyait qu'en cas « de divorce ou de séparation de corps ou si une telle instance était en cours au jour du décès du donateur, la présente donation serait résolue de plein droit et anéantie ». Or cette clause vient contredire frontalement l'article 265 du Code civil, lequel prévoit expressément que le divorce n'a aucun effet sur les donations de biens présents entre époux. La cour d'appel avait jugé que ce texte était une règle supplétive, pouvant faire l'objet d'une stipulation expresse contraire et elle avait fait produire ses effets à la clause résolutoire. L'arrêt est cassé. La Cour de cassation dans cette décision du 14 mars 2012[2] qualifie pour la première fois l'article 265, alinéa 1er, du Code civil de règle impérative et remet ainsi en question la jurisprudence antérieure qui avait validé de telles clauses résolutoires, sous réserve de l'intention de nuire[3]. La clause de non-divorce est donc annulée mais le contrat subsiste car l'illicéité de la cause ne rejaillit pas toujours sur le contrat tout entier. Tout dépend de l'importance de la clause dans l'économie du contrat (aussi sur ce point et la sanction de la nullité partielle, v. ss 1516 s.). Si l'illicéité de l'objet n'affecte pas une obligation essentielle, le contrat peut subsister, après l'éradication de la clause illicite. L'objectif de sanction est parfois mieux atteint par la suppression de la seule clause illicite, comme ici, où la donation entre époux va être consolidée.

---

1. Civ. 3e, 3 nov. 2011, *Juris-Data* n° 2011-023715, *CCC* févr. 2011, comm. n° 36, note L. Leveneur.

2. Civ. 1re, 14 mars 2012, n° 11-13.791, *Juris-Data* n° 2012-004171 ; *JCP N* 2012, n° 12, act. 350, obs. H. Bosse-Platière ; *JCP N* 2012, n° 15, 1182, note C. Brenner ; *JCP* 2012. 561, chron. Droit des contrats, obs. M. Mekki.

3. V. not. Civ. 1re, 13 déc. 2005, n° 02-14.135, *Juris-Data* n° 2005-031260 ; *Bull. civ.* I, n° 491 ; *JCP* 2006. II. 10136, note Ph. Simler.

1385. *La stipulation peut aussi être contraire à « l'ordre public virtuel »*, à la détermination duquel participe le juge. Dans ce cas, il n'existe pas de texte précis que le contrat contredirait. Cependant, en s'appuyant sur des principes généraux, à valeur législative ou *supra* législative, constitutionnelle, mais aussi issus de la Convention européenne des droits de l'Homme, le juge peut déclarer telle ou telle prestation contraire à l'ordre public. Ainsi, c'est en se fondant sur le principe d'indisponibilité du corps que la jurisprudence, avant que l'article 16-7 du Code civil ne vienne directement les interdire (ordre public textuel), a condamné les conventions de procréation et de gestation pour autrui [1]. De la même manière, une clause de célibat insérée dans un contrat a été jugée contraire à l'ordre public [2], parce que portant atteinte au principe (à valeur constitutionnelle) de la liberté du mariage, composante de la liberté individuelle.

C. Le contrôle de la conformité du but du contrat à l'ordre public

1) L'absence de définition du but du contrat

1386. La notion de but du contrat est une notion nouvelle, introduite par l'ordonnance dans l'article 1162, mais sans qu'aucune définition n'en soit donnée. Elle n'était utilisée jusqu'ici que par la doctrine, pour expliciter la notion de cause subjective, motifs d'ordre psychologique qui ont conduit le contractant à s'engager dans les liens du contrat. La notion de but renvoie sans doute à cette notion de motifs et donc à l'ancienne notion de cause subjective au sens où l'entendait la jurisprudence, le motif impulsif et déterminant (v. ss 1273). Par rapport aux stipulations du contrat, qui renvoient à ce qui est exprimé par le contrat et convenu par les parties, le but renvoie donc à l'objectif personnel poursuivi par chacune des parties et qui n'est pas forcément connu de l'autre. L'article 1162 précise en effet, que le contrat ne peut déroger à l'ordre public ni par ses stipulations ni par son but « que ce dernier ait été ou non connu par toutes les parties », conformément là encore à la solution que la jurisprudence avait admis sur le fondement de la sanction de la contrariété à l'ordre public de la cause subjective (v. ss 1276).

Ainsi, la reprise des solutions établies sur le fondement de la cause illicite par la jurisprudence, est-elle probable.

2) La reprise probable des solutions jurisprudentielles antérieures dégagées sur le fondement de la cause

1387. Comme l'ancien article 1133 y invitait en distinguant la cause « contraire aux bonnes mœurs ou à l'ordre public », la jurisprudence distinguait la cause illicite et la cause immorale. Rien ne lui interdit de le faire encore (a). Elle paralysait aussi parfois, soit la nullité, soit les restitutions consécutives à l'annulation en application d'anciens adages qui devraient encore pouvoir jouer (b).

---

1. *Bull. civ.* I, n° 387, p. 260.
2. Cf. Paris, 30 avr. 1963, *JCP* 1963. II. 13205 *bis*, rapporté au *Droit civil*, vol. I, chapitre 1.

a) Reprise probable des solutions dégagées sur le fondement de la cause illicite

1388. La cause illicite au sens de motif impulsif et déterminant, que l'on peut relier à la notion actuelle de but, était celle qui était contraire à la loi ou à l'ordre public virtuel dégagé par le juge. Elle était assez difficile à isoler, car faisant généralement double emploi avec un objet illicite ou avec une cause immorale : par exemple, dans l'affaire de la « rose tatouée », la convention, dont l'objet était le tatouage d'une rose, qui devait ensuite être prélevé sur le corps de la personne, à des fins mercantiles (v. ss 1377, pour les références de la décision), a été considérée comme à la fois illicite, immorale et contraire à l'ordre public par son objet et par sa cause. Toutefois, on relève, sanctionnés au titre de la seule cause illicite, des cas de corruption de fonctionnaires ou des clauses tendant au partage entre un officier public et son client, du gain du procès ou encore le courtage d'adoption : toute convention ayant pour objet de déterminer la somme à verser en rémunération des services d'un intermédiaire en vue d'une adoption, a une cause illicite et ne peut avoir aucun effet[1].

De même, une contre lettre, prévoyant le versement d'une somme supplémentaire par le bénéficiaire d'une promesse de vente, hors déclaration fiscale, pour faire échapper une partie du prix de vente aux droits de mutation du fisc, est nulle, par application du Code général des impôts car elle a pour but de frauder le fisc (sur cette pratique de la simulation, v. ss 1438 s.). Le vendeur doit donc restituer la somme perçue en supplément à l'acquéreur et la Cour de cassation lui a interdit de « se prévaloir de la cause illicite de la remise pour se soustraire à sa restitution »[2]. Autre exemple, l''exception de jeu de l'article 1965 du Code civil peut être efficacement opposée à la demande de remboursement d'un prêteur, dès lors que, pour des prêts entre particuliers, il est établi, à partir de simples présomptions, que le prêteur « ne pouvait prétendre avoir ignoré la destination des sommes litigieuses », ce qui est un élément constitutif de l'illicéité[3]. Comme dernier exemple d'une cause illicite, dans un arrêt du 15 mars 2011[4] la chambre commerciale de la Cour de cassation a rappelé les conditions de validité d'une clause de non-concurrence. En se fondant à la fois sur le « principe fondamental de libre exercice d'une activité professionnelle et l'article 1131 du Code civil », elle rappelle le principe selon lequel « lorsqu'elle a pour effet d'entraver la liberté de se rétablir d'un salarié, actionnaire ou associé de la société qui l'emploie, la clause de non-concurrence signée par lui, n'est licite que si elle est indispensable à la protection des intérêts légitimes de l'entreprise, limitée dans le temps et dans l'espace, qu'elle tient compte des spécificités de l'emploi du salarié et comporte l'obligation pour la société de verser à ce dernier une contrepartie financière, ces conditions étant cumulatives ». Dans le cas contraire, sa cause est illicite.

---

1. Civ. 1re, 22 juill. 1987, *D.* 1988. 172, note J. Massip.

2. Civ. 3e, 25 févr. 2004, *Juris-Data* n° 2004-022472 ; *JCP* 2004. IV. 1808 ; *JCP* 2004. I. 149, obs. F. Labarthe.

3. Civ. 1re, 4 nov. 2011, n° 10-24.007, *Juris-Data* n° 2011-024372 ; *JCP* 2012. 63 s., n° 13, obs. M. Mekki.

4. Com. 15 mars 2011, n° 10-13.824, *Juris-Data* n° 2011-003902 ; *JCP* mai 2011. 566, chron. Droit des contrats, obs. J. Ghestin. Pour une autre application de la cause illicite, v. Civ. 1re, 26 sept. 2012, n° 11-12. 941, *RDC* 2013. 70, note Y.-M. Laithier.

b) Reprise probable des solutions dégagées sur le fondement de la cause immorale : le déclin des bonnes mœurs

1389. La cause immorale connaissait des applications variables selon la nature du contrat (contrat à titre onéreux ou contrat à titre gratuit). Pendant longtemps, ses applications les plus significatives ont concerné les contrats à titre gratuit. Cependant, la morale au sens traditionnel (morale sexuelle essentiellement) est en perte de sens et le contentieux de l'annulation a considérablement régressé [1].

L'annulation pour cause immorale intervenait essentiellement dans *les contrats à titre gratuit* et plus particulièrement dans le cas de libéralité à un enfant adultérin ou à une concubine. Mais, la jurisprudence faisait de subtiles distinctions : quant à la *preuve* d'abord, qui devait être intrinsèque (c'est-à-dire émaner de l'acte lui-même) lorsqu'il s'agissait d'une libéralité à un enfant adultérin, alors qu'elle pouvait être extrinsèque (c'est-à-dire faite en dehors de l'acte) dans les autres cas. Cette distinction avait pour but de protéger l'enfant qui n'est pas responsable de son état irrégulier. Elle n'a évidemment plus aucun sens aujourd'hui compte tenu de l'égalité de tous les enfants.

Une autre distinction était faite en ce qui concerne les libéralités faites à un concubin ou une concubine : si la libéralité avait pour objectif de s'attirer les bonnes grâces d'une personne, ou de les conserver, la cause était jugée immorale ; si, au contraire, il s'agissait d'un cadeau de rupture, elle était considérée comme valable [2]. Cependant, cette jurisprudence n'a plus cours. Par un arrêt de principe très critiqué, la première chambre civile de la Cour de cassation a finalement décidé que « n'est pas contraire aux bonnes mœurs la cause de la libéralité dont l'auteur entend maintenir la relation adultère qu'il entretient avec le bénéficiaire » !... Les mœurs ont évolué ! [3] (v. arrêt à commenter). Cette jurisprudence a été confirmée à plusieurs reprises [4] et surtout, par l'assemblée plénière de la Cour de cassation, le 29 octobre 2004 [5]. Le recul des bonnes mœurs traditionnelles est donc patent. Dans un arrêt plus récent, la Cour de cassation a rappelé que « chaque époux peut librement disposer de ses gains et salaires après s'être acquitté des charges du mariage » ; en d'autres termes, on ne peut limiter la liberté d'une personne de disposer de ses biens au profit de sa concubine, dans la mesure où cela ne porte pas préjudice à l'épouse légitime dans sa vie quotidienne [6].

Une des dernières illustrations du recul des bonnes mœurs concerne un *contrat à titre onéreux*, le contrat de courtage matrimonial. La Cour de cassation, dans une décision de novembre 2011 [7], a admis en effet qu'un contrat de courtage matrimonial pouvait

---

1. V. D. Fenouillet, « Les bonnes mœurs sont mortes ! Vive l'ordre public philanthropique ! », in *Le droit privé français à la fin du XXe siècle. Études offertes à P. Catala*, LexisNexis, 2001, p. 487.

2. Civ. 2e, 10 janv. 1979, *Bull. civ.* II, n° 10 ; *JCP* 1979. IV. 89.

3. Civ. 1re, 3 févr. 1999, *JCP* 1999. II. 10083, note M. Billiau et G. Loiseau ; *JCP* 1999. II. 1143, obs. F. Labarthe, *RTD civ.* 1999. 388, obs. J. Mestre ; *RJPF* 1999. 2152, note J. Casey, et *Dr. fam.* 1999, n° 54, note B.B., pleine d'humour !

4. Civ. 1re, 16 mai 2000, *Defrénois* 2000. 1049, obs. J. Massip ; *Dr. fam.* 2000, n° 102, note B. Beignier, et Toulouse, 29 mars 2000, *Dr. fam.* 2000, n° 100, note B. Beignier ; v. aussi Civ. 1re, 29 janv. 2002, 1re esp., *LPA* 24 juin 2002, n° 125, p. 16, note J. Massip.

5. Plén. 29 oct. 2004, parmi les très nombreux commentaires : *D.* 2004. 3175, note D. Vigneau ; *JCP* 2005. II. 10011, note F. Chabas ; *ibid.* I. 187, note R. Le Guidec, *RTD civ.* 2005. 368, obs. J. Hauser.

6. Civ. 1re, 25 janv. 2005, *Gaz. Pal.* 16-18 oct. 2005, p. 2.

7. Civ. 1re, 4 nov. 2011, n° 10-20.114, *Juris-Data* n° 2011-024371 ; *JCP* 2012, note 9, D. Bakouche, *Droit de la famille* 2012, comm. 21, note D. Vigneau ; *JCP* 2012. 63 s., obs. M. Mekki.

être valablement conclu par une personne mariée. La cour d'appel, conformément à la position classique des juges du fond sur la question[1] avait annulé le contrat sur le fondement de la cause immorale et illicite. L'arrêt est cassé pour violation de la loi, au visa de l'article 1133 du Code civil, aux motifs que « le contrat proposé par un professionnel, relatif à l'offre de rencontres en vue de la réalisation d'un mariage ou d'une union stable, qui ne se confond pas avec une telle réalisation, n'est pas nul, comme ayant une cause contraire à l'ordre public et aux bonnes mœurs, du fait qu'il est conclu par une personne mariée ».

L'immoralité de la cause était donc devenue une notion résiduelle, au même titre que les bonnes mœurs. Et l'on rappellera à cet égard que l'article 1162 issu de l'ordonnance du 10 février 2016 ne fait plus référence qu'à l'ordre public et a supprimé la mention distincte des bonnes mœurs. Rien n'interdit cependant à la jurisprudence de sanctionner l'immoralité du but du contrat, dès lors que les bonnes mœurs, la morale ou de façon plus moderne, l'éthique, continuent à constituer un aspect de l'ordre public.

c) L'adage « nemo auditur... » en cas de nullité pour illicéité ou immoralité

1390. L'adage *nemo auditur propriam turpitudinem allegans* (la personne qui invoque sa propre turpitude ne peut être entendue en justice) devrait empêcher purement et simplement le cocontractant indigne d'agir en nullité. Si cette solution a parfois été admise, notamment en cas d'immoralité de la cause la jurisprudence a pu aussi admettre la nullité mais paralyser les *restitution*s consécutives à cette annulation, à titre de sanction (sur ce point, v. ss 820 s., 1512, 1541).

Lorsque les deux contractants ont été animés de motifs illicites ou immoraux, la jurisprudence faisait plutôt application de la règle *in pari causa turpitudinis cessat repetitio* (à turpitude égale, la répétition cesse). En présence des turpitudes réciproques des parties, la demande d'une des parties, dirigée contre l'autre, a ainsi pu être d'office déclarée irrecevable[2]. L'ordonnance du 10 février 2016, qui a consacré un chapitre entier à la question des restitutions, ne fait cependant aucune référence à ces adages et à l'incidence d'une éventuelle immoralité ou illicéité sur la nullité ou les restitutions, sous réserve de l'article 1184, alinéa 2, qui pourrait implicitement lui ménager une place. Le texte, inscrit au titre de la nullité du contrat, précise que le contrat est maintenu (si bien que la nullité, qui devrait être prononcée, est écartée) « lorsque la finalité de la règle méconnue exige son maintien ». Il pourrait ainsi être fait échec à la nullité à titre de sanction d'un comportement illicite et la jurisprudence pourrait maintenir les solutions fondées sur les adages traditionnels (v. ss 1541).

3) Le but contraire à l'ordre public n'a pas à être connu par toutes les parties

1391. La jurisprudence a pendant longtemps exigé dans les contrats à titre onéreux, non pas que tous les contractants aient participé à l'illicéité ou à l'immoralité, mais qu'ils aient eu connaissance du motif impulsif et déterminant immoral ou illicite propre à l'un d'entre eux. Cette exigence que le motif impulsif et déterminant soit « entré

---

1. Dijon, 1re ch., 2e sect., 22 mars 1996, *Juris-Data* n° 1996-042020 ; *RTD civ.* 1996. 880, obs. J. Hauser ; *RTD civ.* 1997. 115, obs. J. Mestre ; *JCP* 1997. II. 22774, note M. Douchy ; Paris, 1er déc. 1999, *D.* 2000. 415, obs. J.-J. Lemouland ; *RTD civ.* 2000. 296, obs. J. Hauser.

2. Com. 27 avr. 1981, *Bull. civ.* IV, n° 187, p. 149, et *D.* 1982. 51, note Ph. le Tourneau.

dans le champ contractuel » n'était cependant pas posée pour les contrats à titre gratuit. Finalement, la Cour de cassation par un revirement remarqué a supprimé cette nécessité de la connaissance du motif par tous les contractants. Elle a précisé qu'un contrat « peut être annulé pour cause illicite ou immorale, même lorsque l'une des parties n'a pas eu connaissance du caractère illicite ou immoral du motif déterminant de la conclusion du contrat »[1] (v. ss 1275, 1276).

L'article 1162 confirme cette solution en la transposant au but contrat. Il indique de façon particulièrement nette que « le contrat ne peut déroger à l'ordre public (...) par son but, *que ce dernier ait été connu ou non par toutes les parties* ».

1. Civ. 7 oct. 1998, *D.* 1998, jurispr. 653, concl. J. Sainte Rose ; *Gaz. Pal.* 2000. I. 643, note F. Chabas ; *Defrénois* 1998. 1408, obs. D. Mazeaud ; *JCP* 1998. II. 10202, note M.-H. Malleville ; *JCP* 1999. I. 114, obs. C. Jamin ; *Bull. civ.* I, n° 285 ; *JCP* 1998. I. 10202, note M.-H. Malleville ; *RTD civ.* 1999. 387, obs. J. Mestre.

DOCUMENTS

BIBLIOGRAPHIE

AUBERT DE VINCELLES (C.), « La fixation unilatérale du prix : art. 1163 », *RDC* 2015. 752.

AUBRY (H.), « Art. 1166 : la qualité de la prestation », *RDC* 2015. 755.

AYNES (L.), « La cause, inutile et dangereuse », *Dr. et patr.*, oct. 2014, p. 40.

BICHERON (F.), « N'abusons pas de la clause abusive », *Gaz. Pal.* 30 avr. 2015, p. 24.

BOFFA (R.), « La validité du contrat », *Gaz. Pal.* 29 avr. 2015, p. 18.

– « Juste cause (et injuste clause). Brèves remarques sur le projet de réforme du droit des contrats », *D.* 2015. 335.

CHAGNY (M.), « Les contrats d'affaires à l'épreuve des nouvelles règles sur l'abus de l'état de dépendance et le déséquilibre significatifs », *AJCA* 2016. 115.

CAPITANT (H.), *De la cause des obligations*, 1927.

CHAZAL (J.-P.), « Théorie de la cause et justice contractuelle », *JCP* 1998. I. 152.

CHANTEPIE (G.) et LATINA (M.), *La réforme du droit des obligations. Commentaire théorique et pratique dans l'ordre du Code civil*, Dalloz, 2016, p. 326 à 372.

CHANTEPIE (G.),

– « Obligation essentielle et clauses abusives », in M. Latina et G. Chantepie (dir.), *Projet de réforme du droit des contrats, du régime général et de la preuve des obligations. Analyses et propositions*, Dalloz, 2015.

– « Les clauses abusives et leur sanction en droit commun des contrats », *AJCA* 2015. 121

DISSAUX (N.) et JAMIN (C.), *Projet de réforme du droit des contrats, du régime général et de la preuve des obligations. Commentaire article par article*, Dalloz, 2015.

– *Réforme du droit des contrats, du régime général et de la preuve des obligations, Commentaire des articles 1100 à 1386-1 du Code civil*, Dalloz, 2016.

DORAT DES MONTS, *La cause immorale*, Paris, 1955.

FABRE-MAGNAN (M.), « Critique de la notion de contenu du contrat », *RDC* 2015. 639.

FENOUILLET (D.), « Les bonnes mœurs sont mortes ! Vive l'ordre public philanthropique ! », *in Le droit privé français à la fin du XXe siècle. Études offertes à P. Catala*, LexisNexis, 2001, p. 487

GENICON (T.), « Défense et illustration de la cause en droit des contrats. À propos du projet de réforme », *D.* 2015. 1551.

GHESTIN (J.), *Cause de l'engagement et validité du contrat*, LGDJ, 2006.

GRIMALDI, « L'article 908-1 du Code civil : l'incapacité de recevoir à titre gratuit des enfants adultérins de fait », *JCP* 1981. I. 3035.

GRIMALDI (C.), « Les maux de la cause ne sont plus qu'une affaire de mots. À propos du projet d'ordonnance », *D.* 2015. 814.

JOSSERAND (L.), *Les mobiles dans les actes juridiques du droit privé*, Paris, Dalloz, 1928.

KLEIN (C.), « Aléa et équilibre contractuel dans la formation du contrat de vente d'immeuble en viager », *RTD civ.* 1979. 13, n° 1.

LAGARDE (X.), « L'objet et la cause du contrat, entre actualités et principes », *LPA* 6 avr. 2007, n° 70, p. 6.

LARRIBAU-TERNEYRE (V.), « Le contenu du contrat : le renouvellement de l'objet et de la cause », in *Quel renouveau pour le droit des contrats ? Une réforme entre tradition et modernité*, coll. « Le droit en mouvement », Presses universitaires paloises, 2016.

Latina (M.), « La détermination du prix », in M. Latina et G. Chantepie (dir.), *Projet de réforme du droit des contrats, du régime général et de la preuve des obligations. Analyses et propositions*, Dalloz, 2015, p. 44.

Le Gac-Pech (S.), *La proportionnalité en droit privé des contrats,* LGDJ, 2000, préf. H. Muir Watt.

– « Le contrôle de l'équilibre contractuel : législation schizophrène ou dispositif équililbré ? », *LPA* 24 sept. 2015, p. 4.

Loiseau (G.), « Typologie des choses hors du commerce », *RTD civ.* 2000. 47.

Lucas de Leyssac (C.) et Chagny (M.), « Le droit des contrats, instrument d'une forme nouvelle de régulation économique », *RDC* 2009-3. 1269.

Marchadier (F.), « Le contrôle du contrat au regard des droits fondamentaux : une question qui ne se pose pas et dont la réponse est évidente ? », *RDC* 2016. 458.

Mazeaud (D.), « Pour que survive la cause, en dépit de la réforme », *Dr. et patr.* 2014, p. 38.

Moury (J.), « La fixation unilatérale du prix dans les contrats-cadre », *AJCA* 2016. 123.

Revet (T.), « le projet de réforme et les contrats structurellement déséquilibrés », *D.* 2015. 1217.

Rochfeld (J.), *Cause et type de contrat*, thèse, LGDJ, 1999, préf. J. Ghestin.

Savaux (É.), « Le contenu du contrat – Articles 1127, 1161 à 1170 », *JCP* 2015, suppl. au n° 21, p. 20.

Tournafond (O.), « Motif illicite ou immoral », *D.* 1999. Chron. 237.

Wicker (G.), « La suppression de la cause par le projet d'ordonnance : la chose sans le mot ? », *D.* 2015. 1557.

Zelcevic-Duhamel (A.), « La notion d'économie du contrat en droit privé », *JCP* 2001. I. 300.

ARRÊTS À LIRE

Illicéité de l'objet : l'objet hors du commerce juridique

Com. 25 juin 2013, n° 12-17.037, *JCP* 2013, 930, note A. Debet

Vu l'article 1128 du Code civil, ensemble l'article 22 de la loi n° 78-17 du 6 janvier 1978 ;

– Attendu, selon l'arrêt attaqué, que M. X a fait assigner la société Bout-Chard en nullité de la vente d'un fichier de clients informatisé ;

– Attendu que pour rejeter cette demande, l'arrêt, après avoir constaté que le fichier de clientèle tenu par la société Bout-Chard qui aurait dû être déclaré à la Commission nationale informatique et libertés (la CNIL) ne l'avait pas été, retient que la loi n'a pas prévu que l'absence d'une telle déclaration soit sanctionnée par la nullité ;

– Attendu qu'en statuant ainsi, alors que tout fichier informatisé contenant des données à caractère personnel doit faire l'objet d'une déclaration auprès de la CNIL et que la vente par la société Bout-Chard d'un tel fichier qui, n'ayant pas été déclaré, n'était pas dans le commerce, avait un objet illicite, la cour d'appel a violé les textes susvisés ;

Par ces motifs, et sans qu'il y ait lieu de statuer sur les autres griefs :

Casse et annule en toutes ses dispositions, l'arrêt rendu le 17 janvier 2012, entre les parties, par la cour d'appel de Rennes ; remet, en conséquence, la cause et les parties dans l'état où elles se trouvaient avant ledit arrêt et, pour être fait droit, les renvoie devant la cour d'appel de Rennes, autrement composée.

Le déclin des bonnes mœurs

1) Libéralités à la concubine et bonnes mœurs

Civ. 1re, 3 févr. 1999, *Mme V. c/ H.*, *JCP* 1999. II. 10083, note Billiau et Loiseau

LA COUR. – (...) *Sur le moyen unique* : Vu les articles 1131 et 1133 du Code civil ;

– *Attendu que n'est pas contraire aux bonnes mœurs la cause de la libéralité dont l'auteur entend maintenir la relation adultère qu'il entretient avec le bénéficiaire* ;

– Attendu que le 26 octobre 1989, Roger H. est décédé en laissant à sa succession son épouse et M. Christian H. qu'il avait adopté ; que par testament authentique du 17 mars 1989, il a, d'une part, révoqué toute donation entre époux et exhérédé son épouse, et, d'autre part, gratifié Mme V. d'une somme de 500 000 F ; que M. Christian H. a soutenu que la cause de cette disposition était contraire aux bonnes mœurs ;

– Attendu que pour prononcer la nullité de la libéralité consentie à Mme V., la cour d'appel a retenu que la disposition testamentaire n'avait été prise que pour poursuivre et maintenir une liaison encore très récente ;

– En quoi, la cour d'appel a violé les textes susvisés.

Par ces motifs :

Casse et annule, dans toutes ses dispositions, l'arrêt rendu le 20 novembre 1995, entre les parties, par la cour d'appel de Paris ; remet, en conséquence, la cause et les parties dans l'état où elles se trouvaient avant ledit arrêt et, pour être fait droit, les renvoie devant la cour d'appel de Paris, autrement composée ; Condamne M. H. aux dépens ; Vu l'article 700 du Nouveau Code de procédure civile, rejette la demande de M. H. ; (...).

2) La validité du contrat de courtage matrimonial passé par un homme marié

Civ. 1re, 4 nov. 2011, n° 10-20.114, *Juris-Data* n° 2011-024371 ; *Dr. fam.* févr. 2012, comm. 21, note D. Vigneau

(...) *Sur le premier moyen* : Vu l'article 1133 du Code civil ;

– Attendu, selon l'arrêt attaqué, que M. F. a souscrit le 10 mai 2007 un contrat de courtage matrimonial, prévoyant des frais d'adhésion de 8 100 euros TTC, auprès de la société Centre national de recherches en relations humaines, exerçant sous l'enseigne Eurochallenges (la société) ; que celle-ci l'a assigné en paiement puis a soulevé la nullité de la convention ;

– Attendu que pour annuler le contrat litigieux « aux torts » de M. F. et condamner ce dernier à verser des dommages-intérêts à la société, l'arrêt retient qu'il s'est présenté, lors de la signature de la convention, comme divorcé en cochant dans l'acte la case correspondante, bien qu'il ait été alors toujours engagé dans les liens du mariage puisque le jugement de divorce le concernant n'a été prononcé que le 22 avril 2008, soit près d'une année plus tard, ajoute que s'il avait avisé la société de sa situation, elle n'aurait pas manqué de l'informer de l'impossibilité de rechercher un nouveau conjoint en étant toujours marié, puis énonce que le contrat du 10 mai 2007 doit donc être annulé pour cause illicite comme contraire à l'ordre public de protection de la personne ainsi qu'aux bonnes mœurs, « un homme encore marié ne pouvant légitimement convoler en une nouvelle union » ;

Qu'en statuant ainsi alors que le contrat proposé par un professionnel, relatif à l'offre de rencontres en vue de la réalisation d'un mariage ou d'une union stable, qui ne se confond pas avec une telle réalisation, n'est pas nul, comme ayant une cause contraire à l'ordre public et aux bonnes mœurs, du fait qu'il est conclu par une personne mariée, la cour d'appel a violé le texte susvisé ;

Par ces motifs et sans qu'il y ait lieu de statuer sur les autres moyens : *casse et annule* (...).

Chapitre 5

Les autres éléments susceptibles d'affecter la validité du contrat

1392. Ce qui fait l'objet de ce chapitre, ce sont des conditions, qui ne sont pas, de façon absolument générale et systématique, pour tous les contrats, des conditions de validité. Elles ne sont donc pas posées par l'article 1128, qui ne vise que les conditions générales « essentielles », pour la validité de tout contrat.

Cependant elles peuvent parfois affecter la validité du contrat. Elles ont trait, soit au contenu du contrat, en relation avec l'exigence d'équilibre contractuel qui conduit parfois à imposer l'équivalence stricte des prestations, ce qui pose la question de la sanction exceptionnelle de la lésion ; soit à l'exigence de loyauté, qui soulève la question de la simulation, mensonge concerté entre les contractants ; soit à des exigences de forme, parfois conditions de validité, parfois simplement conditions d'opposabilité ou nécessaires à la preuve du contrat.

Section 1

L'exigence exceptionnelle d'équivalence des prestations : la sanction de la lésion

1393. En ce qui concerne leur *contenu*, an a vu que les contrats doivent respecter l'ordre public, mais qu'ils sont aussi censés respecter la justice contractuelle, c'est-à-dire que s'agissant des contrats à titre onéreux, les plus nombreux, ils devraient assurer l'équilibre, sinon l'équivalence des prestations respectives des deux parties. Les rédacteurs du Code civil, rappelons-le, n'avaient pas prévu de mécanismes de contrôle spécifique de cet équilibre, alors même que le contrat synallagmatique commutatif repose sur l'idée d'équivalence des prestations. Cette équivalence, dans l'optique des rédacteurs du Code, restait appréciée par les parties et, sous réserve de l'existence d'un vice du consentement, souverainement et librement jaugée par elles. Ce n'est qu'exceptionnellement qu'une sanction était prévue par le Code civil : l'annulation pour défaut de cause ou défaut d'objet, lorsque le déséquilibre était « absolu » et conduisait alors à absence pure et simple de contre-prestation (v. ss 1242, 1265). L'ordonnance du 10 février 2016 a renouvelé cette analyse en faisant disparaître la notion de cause mais le contexte général et les objectifs sont restés identiques, on l'a vu (v. ss 1323 s.), même si le contrôle de l'équilibre s'est amplifié.

1394. Dans certains cas, cependant, le Code civil, antérieurement à l'ordonnance, prévoyait que l'équilibre économique objectif du contrat, traduit par l'équivalence des prestations pouvait être exigé, en ayant recours à la notion de lésion. Cette exception de la lésion a également été prévue par l'ordonnance. Le contrat peut donc parfois, en raison d'un déséquilibre économique objectif, être frappé de nullité ou parfois sauvé grâce à la réduction, c'est-à-dire, le réajustement de la prestation excessive en vue de rétablir l'équilibre et de maintenir le contrat.

§ 1. La sanction directe de la lésion : la lésion comme cause de nullité du contrat

A. Une sanction exceptionnelle

1) La lésion dans le Code civil

1395. ***Définition de la lésion.*** La lésion peut être définie comme le préjudice pécuniaire que cause à l'une des parties l'inégalité *objective* de valeur entre la prestation qu'elle fournit et celle qu'elle reçoit. Elle concerne donc les contrats synallagmatiques commutatifs, précisément fondés sur l'équivalence des prestations réciproques et sur la justice commutative selon laquelle chacun doit recevoir l'équivalent de ce qu'il donne. Le contrat lésionnaire est donc un contrat injuste pour l'une des parties.

Toutefois, le *Code civil de 1804* n'imposait pas l'équivalence objective des prestations dans les contrats synallagmatiques. Selon le postulat de l'autonomie de la volonté et du libéralisme, cet équivalent doit être apprécié librement par chacune des parties et la lésion n'est sanctionnée que de façon exceptionnelle. Il est donc normal que la lésion ne soit pas systématiquement recherchée et sanctionnée. L'article 1118 du Code civil antérieur à l'ordonnance précisait ainsi que la lésion ne vicie les conventions que dans certains contrats où à l'égard de certaines personnes.

1396. ***L'ordonnance de 2016 n'a pas modifié les solutions.*** L'actuel article 1168, inscrit désormais au titre des exigences relatives au contenu du contrat et non plus dans les dispositions relatives aux vices du consentement, indique que « dans les contrats synallagmatiques, le défaut d'équivalence des prestations n'est pas une cause de nullité du contrat, à moins que la loi n'en dispose autrement » (déjà, sur ce point, v. ss 1368).

La lésion demeure donc une sanction exceptionnelle.

2) Évolution historique

1397. À Rome, la lésion était seulement applicable au contrat de vente. Elle a ensuite été étendue par les canonistes qui faisaient du « juste prix » ou du « juste salaire » un élément de validité du contrat, à d'autres contrats dans un but de moralisation. Puis, elle a été ramenée par le Code civil, dans un but de stabilité des conventions, à des cas précis et limités : vente d'immeuble, partage, mineurs, transaction, contrats léonins.

Elle a ensuite été élargie à nouveau au cours des années : soit par l'apparition de nouveaux cas légaux comme la vente d'engrais (L. du 8 juill. 1907), la vente de fonds de commerce (L. du 29 juin 1935), la cession de droits de propriété littéraire et artistique (L. du 11 mars 1957), le prêt à intérêt (L. du 8 déc. 1966), l'assistance ou sauvetage maritime (L. du 7 juill. 1967) ; soit par des cas jurisprudentiels : cession d'offices ministériels et, honoraires des mandataires, mais également par l'extension aux majeurs incapables des causes de rescision prévues à l'origine seulement pour les mineurs ; article 435 du Code civil pour les majeurs en sauvegarde de justice ; article 465, 1°, pour les majeurs en curatelle et en tutelle ; article 499-4 dans le cas de la nouvelle procédure d'habilitation familiale introduite par l'ordonnance du 15 octobre 2015 portant simplification et modernisation du droit de la famille (v. ss 1230).

En revanche la loi du 3 juillet 1971 a supprimé l'action en rescision contre les partages d'ascendants (art. 1075-1).

3) Fondement

1398. Deux théories s'opposent. ***La théorie subjective,*** selon laquelle la lésion est un vice de consentement ou plutôt un indice de l'existence d'un de ces vices. La rescision devrait être admise dans tous les contrats. ***La théorie objective,*** selon laquelle la lésion est un déséquilibre économique objectif entre les prestations.

1399. Le Code civil de 1804 s'inspirait de l'une et l'autre théorie, mais la deuxième est plus généralement admise aujourd'hui et confirmée par l'ordonnance qui pose le principe de l'exclusion de la lésion dans le cadre des exigences relatives au contenu du contrat et non plus dans celui des vices du consentement.

B. Les conditions de la lésion

1) Le domaine de la lésion

1400. D'abord, le défaut d'équivalence des prestations n'a de sens que par rapport à un contrat à titre onéreux, synallagmatique et commutatif. Ce qui exclut par définition tous les contrats à titre gratuit et les contrats synallagmatiques aléatoires.

Mais même dans les contrats commutatifs la sanction de la lésion n'est pas généralisée. L'équilibre objectif du contrat est imposé soit à l'égard de certaines personnes qui méritent une protection particulière, soit à l'égard de certains contrats.

a) L'objectif de protection des incapables

1401. Il s'agit de personnes que l'on va protéger de la lésion, quelle que soit la nature du contrat passé. Ce sont les incapables mineurs et les incapables majeurs (v. ss 1225 s.).

b) La lésion sanctionnée dans certains contrats

1402. Il doit s'agir d'un contrat commutatif (art. 1104), puisque rappelons-le, la lésion est exclue dans les contrats aléatoires, sauf pour les ventes en viager « lorsque les circonstances donnent au juge le moyen de déterminer la valeur des obligations soumises à l'aléa »[1] et sauf pour les contrats à titre gratuit, selon la jurisprudence.

---

1. Req. 22 nov. 1937, sous Civ. 27 déc. 1938 ; *DP* 1939. I. 81 ; Civ. 3 oct. 1968, *Bull. civ.* III, n° 363, p. 278.

1403. Le Code civil prévoit expressément deux cas seulement : celui de la vente immobilière où la lésion n'est sanctionnée que lorsque c'est le vendeur qui en est victime et qu'il a été lésé de plus des 7/12e du prix de l'immeuble ; celui du partage : l'article 887, alinéa 2, admet la sanction en cas de lésion de plus du quart, au détriment de l'un des copartageants. Le partage concerne des héritiers entre lesquels doit régner l'égalité.

1404. Un certain nombre de cas de lésion sont par ailleurs admis en dehors du Code civil : ainsi en matière de vente d'engrais et de semences, lorsque l'acheteur est lésé de plus du quart (L. du 8 juill. 1907 et L. du 10 mars 1937) ; en matière de convention de sauvetage maritime, lorsque la rémunération est excessive par rapport au service rendu (L. du 7 juill. 1987) ; en matière de construction et plus précisément de société d'attribution, en cas de lésion de plus du quart de l'associé (L. du 16 juill. 1971) ; en matière de cession du droit d'exploitation d'œuvres littéraires ou artistiques en cas de lésion de plus des 7/12e de l'auteur (L. du 11 mars 1957).

1405. Par ailleurs, la jurisprudence s'est toujours reconnu la possibilité de contrôler, même en l'absence de texte, les contrats d'entreprise passés avec des professions libérales pour réduire le montant des honoraires s'ils paraissent trop importants par rapport au service rendu.

2) Les conditions de prise en compte de la lésion

a) Nature du préjudice

1406. Le déséquilibre doit résulter d'un *prix* insuffisant ou excessif. Toutefois, il faut distinguer la lésion du « vil prix » ou du « prix dérisoire » assimilé à l'absence de prix et entraînant la nullité pour absence d'objet ou absence de contrepartie (v. ss 1350 s.). Le prix lésionnaire est également distinct du prix non conforme aux prescriptions légales d'ordre public, qui entraîne la nullité absolue du contrat pour illicéité et même des sanctions pénales.

b) Montant du préjudice

1407. Pour les incapables, si minime soit-il, il entraîne la sanction, sans qu'un seuil de lésion soit exigé (v. ss 1225 s.)

1408. Pour les différents contrats dans lesquels la lésion est sanctionnée même si les personnes sont capables, la proportion est fixée par la loi : plus des 7/12e (vente d'immeuble, propriété littéraire ou artistique), plus de 1/2 (prêt à intérêt), plus du 1/4 (partages, ventes d'engrais).

c) Date d'appréciation de la lésion

1409. Au moment de la formation du contrat, sinon il y a « imprévision » et non lésion ; ou au jour de la levée de l'option en cas de promesse de contrat (art. 1675, al. 2), sauf pour les droits d'auteur : au jour de l'action en révision du prix.

d) Preuve à rapporter

1410. La lésion n'est pas un vice du consentement. Le demandeur n'a donc pas à prouver une erreur, un dol ou une violence ; le défendeur peut tenter de prouver l'intention libérale pour justifier le déséquilibre du contrat.

3) La nature de la sanction, l'action en rescision : nullité ou réduction

1411. La rescision pour lésion est une action en nullité relative, nullité de protection (v. ss 1485 s.) mais avec des délais différents suivant les cas : dans les deux ans qui suivent la vente (art. 1676) ou les cinq ans qui suivent le décès (partage) ; dans les cinq ans pour les incapables mais avec un point de départ différent selon qu'il s'agit d'un mineur ou d'un majeur ou des héritiers, v. ss 1235).

1412. Le défendeur peut cependant parfois éviter la nullité en offrant le supplément du juste prix moins 1/10e du prix total dans le cas de la vente (art. 1681), ce qui pose des problèmes de date d'évaluation du juste prix ; ou du supplément de la part héréditaire due (art. 891) dans le cas du partage, du moins tant que la rescision du partage n'a pas encore été prononcée par une décision devenue irrévocable (selon la jurisprudence).

1413. Dans le cas où la lésion concerne un incapable, au lieu de la nullité, la victime de la lésion, s'il s'agit d'un *incapable majeur* peut opter pour la révision ou la réduction du prix, la solution étant prévue par les textes spéciaux relatifs aux majeurs protégés. Concernant *les mineurs*, cette possibilité n'a pas été ouverte par l'ordonnance, l'article 1149 ne prévoyant que l'annulation. Dans une version intermédiaire du projet d'ordonnance il était prévu que celui qui a bénéficié du contrat peut toujours proposer la revalorisation de sa prestation pour éviter la nullité du contrat pour lésion, mais cette possibilité n'a pas été maintenue dans le texte définitif.

1414. Enfin, les renonciations à se prévaloir de la lésion si elles sont concomitantes au contrat sont nulles mais les renonciations postérieures sont valables puisqu'il s'agit d'une nullité relative, ce que confirme l'ordonnance concernant les incapables en admettant la confirmation de l'acte par le cocontractant devenu ou redevenu capable.

1415. Le domaine de la lésion reste donc limité. Malgré l'importance de l'idée de justice contractuelle, l'ordonnance n'a pas remis en cause le fait qu'il puisse exister des contrats lésionnaires, qui demeurent sans sanction.

La lutte contre les déséquilibres contractuels prend toutefois d'autres formes. De nouvelles formes dérivées de la lésion se sont développées pour assurer la moralisation des contrats et l'équilibre contractuel, au stade de la formation du contrat.

§ 2. Les formes dérivées de la lésion

1416. Certaines sont traditionnelles, d'autres plus récentes, et liées au développement du droit de la consommation et de la concurrence, à la transformation des rapports de force entre cocontractants, au développement de l'exigence d'équilibre contractuel.

A. Les formes classiques

1) La sanction des contrats usuraires

1417. L'usure est un intérêt excessif donc injuste, imposé au débiteur d'une somme d'argent. L'intérêt peut être défini comme le prix que l'on est disposé à payer en contrepartie de l'usage d'une somme d'argent. L'application de l'usure se trouve dans le pret à intérêt (C. civ., art. 1905 s.), auquel est assimilée la vente à tempérament (prix de vente payable en plusieurs fractions échelonnées).

1418. L'injustice résulte ici de la comparaison entre le taux d'intérêt prévu au contrat (taux annuel effectif global : TAEG, pour les crédits à la consommation) et un taux d'intérêt normal qui est le taux de référence défini par les textes : le taux effectif moyen, calculé par trimestre. Si le taux effectif global excède, au moment où il est consenti, de plus du tiers le taux effectif moyen pratiqué, au cours du trimestre précédent, par les établissements de crédit pour des opérations de même nature comportant des risques analogues, il s'agit d'un taux usuraire.

1419. Concernant le mode de calcul de l'usure, le dernier texte en date est une loi du 1er juillet 2010 (loi Lagarde) qui a modifié le système mis en place antérieurement, qui réprimait l'usure en fonction de taux différents et de plafonds différents selon la nature du prêt consenti. Or la situation se caractérisait par des disparités considérables dans les taux d'usure. La loi de 2010 ne fait plus qu'une seule distinction par niveau de montant emprunté (jusqu'à 3 000, entre 3 000 et 6 000 et enfin au-delà de 6 000 euros). Le seuil de l'usure est donc identique pour un même montant emprunté, quelle que soit la forme du prêt et il est fixé régulièrement par la Banque de France. L'application des nouvelles règles s'est faite progressivement entre 2011 et mars 2013. Selon l'article 1907, alinéa 2, du Code civil, « le taux de l'intérêt conventionnel doit être fixé par écrit ».

1420. Les sanctions de l'usure sont prévues par le Code de la consommation qui a repris la législation antérieure. La sanction civile n'est pas la nullité du contrat, mais la *réduction des intérêts*. Il existe également des sanctions pénales, si le délit a été commis sciemment à l'encontre d'une particulier (consommateur) : emprisonnement jusqu'à deux ans et amende. Depuis 2003, le délit pénal d'usure a été supprimé lorsque le crédit concerne une personne morale (entreprise).

2) La sanction des contrats léonins

1421. C'est ici une forme exacerbée de l'abus, assez rare. Il s'agit de contrats organisés de telle manière que tous les profits ou toutes les pertes sont pour un seul des contractants. C'est dans le contrat de société que le Code civil a spécialement interdit cette pratique (art. 1844-1) en réputant la clause léonine non écrite.

1422. La jurisprudence emploie aussi parfois la sanction et prononce alors la nullité du contrat ou de la clause. Par exemple lorsqu'une clause d'indexation (sur ces clauses, v. ss 648 s.) est prévue unilatéralement en cas de hausse de l'indice et non en cas de baisse.

B. Les formes plus récentes

1) La sanction des clauses abusives

a) Dans les contrats de consommation

1423. C'était le cadre initial. Dès les débuts du développement du droit de la consommation, la loi du 10 janvier 1978 sur la protection et l'information des consommateurs de produits ou de services, véritable loi-cadre applicable à l'ensemble des contrats dits « de consommation » avait dégagé une nouvelle notion où l'on retrouvait les traces de la lésion et de l'impératif de justice contractuelle : « l'abus de puissance économique en vue d'obtenir un avantage excessif ». Il permettait de sanctionner le déséquilibre du contrat de vente ou de prestation de service passé entre un professionnel et un consommateur (sur les contrats de consommation et le droit de la consommation, v. ss 876, 982 s.).

1424. Cela impliquait la nécessité de dégager clairement les critères de la clause abusive, sous le contrôle de la Cour de cassation, éventuellement[1] qui a confirmé son droit de contrôle sur la qualification des clauses dites « abusives » par les juridictions inférieures, dans un arrêt du 26 mai 1993[2].

1425. La loi du 10 janvier 1978 avait, de plus, confié à l'autorité administrative et non judiciaire le soin de déclarer « abusives » telle ou telle clause ; le décret du 24 mars 1978 avait posé un certain nombre de règles notamment en ce qui concerne les obligations des vendeurs professionnels. Toutefois, devant l'inertie du pouvoir réglementaire, la Cour de cassation s'était reconnu, à plusieurs reprises, le droit de s'appuyer directement sur les termes de l'article 35 de la loi du 10 janvier 1978 pour priver d'effet une clause lui semblant abusive[3]. Dans un arrêt du 14 mai 1991[4], elle a confirmé le pouvoir judiciaire de contrôle de ces clauses (même *contra legem*).

1426. La transposition de la directive CEE du 5 avril 1993 (n° 93/13 CEE) dans notre droit devait être l'occasion d'une réforme consacrant ces acquis jurisprudentiels. La loi du 1er février 1995, venue harmoniser le droit français avec la directive européenne, visait cette fois l'existence d'un « déséquilibre significatif » entre les droits et obligations des parties. ***La définition des clauses abusives inscrite dans le Code de la consommation*** est alors devenue la suivante : dans les contrats entre professionnels et non-professionnels ou consommateurs [...] ce sont « les clauses qui ont pour objet ou pour effet de créer au détriment du non-professionnel ou du consommateur, un *déséquilibre significatif* entre les droits et obligations des parties au contrat ».

1427. En annexe au Code de la consommation, la loi de 1995 avait publié une longue *liste indicative* de clauses qui pouvaient être regardées comme abusives. Cette liste avait

---

1. Civ. 1re, 6 déc. 1989, et TGI Paris, 17 janv. 1990, comm. J. Ghestin, in *D.* 1990. 289.

2. Civ. 1re, 26 mai 1993, *D.* 1992. 568, note G. Paisant, *JCP* 1993. I. 3709, n° 10, obs. Marchessaux, *JCP* 1993. II. 22158, note E. Bazin.

3. Civ. 16 juill. 1987, *RTD civ.* 1988. 114 et 6 déc. 1989, *RTD civ.* 1990. 277.

4. *JCP* 1991. II. 21763, note G. Paisant, *D.* 1991. 449, note J. Ghestin.

été établie grâce à la Commission des clauses abusive, le gouvernement pouvant ensuite la suivre en déclarant telle ou telle clause abusive. Cette liste n'était cependant qu'indicative, la Commission ne faisant que des recommandations, le juge devait donc décider en dernier ressort et il appartenait au consommateur de faire la preuve du caractère abusif.

1428. À côté de cette liste indicative, il y avait une liste, très réduite, en réalité, comportant les clauses que le pouvoir réglementaire, après avis de la Commission des clauses abusives, avait déclarées abusives et donc interdites. Était ainsi interdite, comme abusive « la clause ayant pour objet ou pour effet de supprimer ou de réduire le droit à réparation du non-professionnel ou du consommateur, en cas de manquement par le professionnel à l'une quelconque de ses obligations »[1] ou encore la clause permettant au professionnel de « modifier unilatéralement les caractéristiques du bien à livrer ou du service à rendre ». La loi n° 2005-67 du 28 janvier 2005 avait ensuite ajouté à l'article L. 132-1 que « peut être regardée comme abusive une clause ayant pour objet ou pour effet de supprimer ou d'entraver l'exercice d'actions en justice ou des voies de recours par le consommateur en l'obligeant à passer exclusivement par un mode alternatif de règlement des litiges ».

1429. Cependant, certaines lacunes du dispositif étaient soulignées. D'abord, le sort des clauses dépendait dans une très large mesure de l'intervention du juge (concernant la liste des clauses potentiellement abusives établie par la Commission), ce qui était un facteur d'insécurité pour les professionnels qui ne pouvaient savoir à l'avance s'il y avait risque d'abus dans les contrats proposés aux consommateurs. Cela d'autant plus qu'en dehors de tout texte, le juge s'était reconnu le pouvoir de déclarer des clauses abusives dès lors qu'elles répondent au critère posé par le Code de la consommation. Ensuite, la charge de la preuve du caractère abusif de la clause pesait sur le consommateur, sauf pour la liste très limitée des clauses déclarées abusives et interdites par le pouvoir réglementaire.

1430. ***Le dispositif actuel issu de la loi de modernisation de l'économie du 4 août 2008*** a voulu améliorer le système. Cette loi, qui comporte un volet important de dispositions destinées à renforcer la protection des consommateurs, est donc venue reprendre le Code de la consommation en simplifiant le dispositif de détermination des clauses présumées abusives[2]. Désormais, le texte précise « qu'un décret en Conseil d'État, pris après avis de la Commission des clauses abusives, détermine une liste des clauses présumées abusives et en cas de litige, *le professionnel doit apporter la preuve du caractère non abusif de la clause litigieuse* ». L'alinéa 3 ajoute qu'un « décret pris dans les mêmes conditions détermine des types de clauses qui, *eu égard à la gravité des atteintes qu'elles portent à l'équilibre du contrat*, doivent être regardées de manière *irréfragable, comme abusives* au sens du premier alinéa ». Ce décret est intervenu le 18 mars 2009.

Il existe donc désormais deux listes de clauses, dites « ***clauses noires et clauses grises*** : les *clauses noires* sont des clauses regardées comme irréfragablement abusives et le décret en énonce douze. Tout pouvoir d'appréciation du juge est exclu concernant

1. Textuellement repris dans l'article R. 132-1 du décret du 27 mars 1997.
2. D. Mazeaud et T. Revet, « Attention une réforme attendue peut en cacher une autre », *RDC* 2009. 449 ; *Clauses abusives* : panorama d'actualité, Débats, *RDC* n° 4, 2009. 1601 s.

ces clauses. Parmi elles on peut citer celle qui a pour objet de constater l'adhésion du non-professionnel ou du consommateur à des clauses qui ne figurent pas dans l'écrit qu'il accepte ou qui sont reprises dans un autre document auquel il n'est pas fait expressément référence lors de la conclusion du contrat et dont il n'a pas eu connaissance avant cette conclusion ». On peut également citer celles qui permettent au professionnel de « modifier la durée, l'objet ou le prix du contrat », et enfin celles qui ont pour objet ou effet de « supprimer ou réduire le droit à réparation du préjudice subi par le non professionnel ou consommateur en cas de manquement par le professionnel à l'une quelconque de ses obligations ». Dans l'ancien dispositif, ces dernières clauses n'étaient interdites que dans le contrat de vente. *Les clauses grises*, qui sont présumées abusives sous réserve de preuve contraire, sont au nombre de dix. Elles avantagent désormais le consommateur en le dispensant d'avoir à prouver le caractère abusif de la clause [1]. Parmi ces clauses, on peut citer celles qui ont pour objet d'imposer au non-professionnel ou au consommateur qui n'exécute pas ses obligations, une indemnité « d'un montant manifestement disproportionné ou celles qui reconnaissent au professionnel la faculté de résilier le contrat sans préavis d'une "durée raisonnable" ».

Les ***sanctions des clauses abusives*** ont été par ailleurs renforcées par la loi n° 2014-344 du 17 mars 2014 relative à la consommation. À l'éviction de la clause, réputée non écrite, une peine d'amende a été ajoutée, dont le montant ne peut excéder 3 000 euros pour une personne physique et 15 000 euros pour une personne morale, à l'encontre du professionnel qui a procédé à l'insertion d'une clause noire. Surtout, le pouvoir du juge de relever d'office une clause abusive devient une obligation et non plus une faculté. Enfin, la suppression des clauses abusives dans les modèles de contrats, du fait des actions engagées par les associations de consommateurs ou par la DGCCRF, produit un effet général, si bien que le juge pourra réputer non écrite cette clause dans tous les contrats identiques conclus par le même professionnel avec des consommateurs, y compris ceux qui ne sont plus proposés. Dans toutes ces hypothèses, le juge pourra substituer à la clause éradiquée une disposition de nature supplétive, comme l'a rappelé la Cour de justice dans la décision *Kásler* [2].

b) L'extension aux rapports entre professionnels par la loi du 4 août 2009

1431. Elle a innové de façon considérable en ouvrant aux professionnels la possibilité d'être protégés contre ces clauses qui créent un déséquilibre significatif. L'article L. 442-6, 1, 2° du Code de commerce prévoit en effet qu'« engage la responsabilité de son auteur et l'oblige à causer le préjudice causé, le fait de soumettre ou de tenter de soumettre un partenaire commercial à des obligations créant un déséquilibre significatif dans les droits et obligations des parties » [3]. La protection contre les clauses abusives en entrant dans le Code de commerce, a fait dire à certains que le droit des contrats pouvait devenir l'instrument d'une forme nouvelle de régulation économique [4].

---

1. Pour une liste complète et une analyse de ces clauses, v. O. Deshayes, « Les réformes récentes et attendues en 2009 (le décret du 18 mars 2009) », *RDC* n° 4, 2009. 1606.

2. CJUE, 30 avr. 2014, aff. C-26/13, *Árpád Kásler*, point n° 82.

3. « La protection des professionnels contre les déséquilibres professionnels significatifs », Débats, *RDC* n° 3, 2009. 1257 s.

4. C. Lucas de Leyssac et M. Chagny, « Le droit des contrats, instrument d'une forme nouvelle de régulation économique », *RDC* n° 3, 2009. 1269.

Concernant cette notion de déséquilibre significatif, on relèvera que le Conseil constitutionnel, à l'occasion d'une question prioritaire de constitutionnalité, s'est prononcé par une décision du 13 janvier 2011 (n° 2010-85, QPC) pour son identité en droit de la concurrence et en droit de la consommation. Il a ainsi retenu la constitutionnalité du dispositif répressif (sanction du professionnel qui engage sa responsabilité) parce qu'il repose sur une notion qui a déjà été précisée par une abondante jurisprudence concernant les clauses abusives dans les contrats conclus avec les consommateurs[1] (v. ss 884, et les références citées).

c) L'extension aux contrats d'adhésion par l'ordonnance du 10 février 2016

1432. Cette solution nouvelle, que nous avons déjà développée (v. ss 1361), est d'une particulière importance, car elle donne au juge le pouvoir d'assurer la police des clauses du contrat en vue d'assurer son équilibre économique, sans qu'il soit *a priori* tenu par le dispositif de la loi du 4 août 2008 qui ne concerne que les consommateurs.

d) La sanction des clauses abusives : le réputé non écrit

1433. *Quant à leur sanction.* Les clauses abusives, sont réputées non écrites (art. 1370). Il n'y a donc pas nullité du contrat mais éradication de la clause et donc rétablissement de l'équilibre du contrat (sur le réputé non écrit, v. ss 1526 s.).

2) La sanction de l'abus dans la fixation du prix

1434. Il s'agit là encore d'un moyen de contrôler et de rétablir l'équilibre économique du contrat, découvert par la jurisprudence, dans le cadre de l'assouplissement, des exigences de détermination de l'objet (en l'occurrence le prix) posées par le Code civil et que l'ordonnance a consacré dans les articles 1164 et 1165 du Code civil (v. ss 1338 s., à propos de la détermination du prix). Ainsi, dans les contrats-cadre et dans les contrats de prestation de service, si le prix est indéterminé au moment de la conclusion du contrat et est fixé par la suite unilatéralement, l'abus dans la fixation du prix est cependant contrôlé ensuite par le juge, dans le cadre de l'exécution du contrat et peut donner à des dommages et intérêts[2] et, le cas échéant, à la résolution du contrat. Si le contrat n'est pas résolu (la résolution étant désormais prévue non seulement pour les contrats cadres, mais aussi, depuis la loi de ratification du 20 avril 2018, pour les contrats de prestation de service), les dommages et intérêts compensent l'abus et permettent un rééquilibrage indirect du contrat. L'ordonnance, rappelons-le, n'a pas admis un pouvoir de révision direct du juge.

Le contrôle de l'équilibre économique du contrat, est alors transporté au stade de l'exécution du contrat et sanctionné sur le terrain de l'exécution. Il n'y a pas nullité mais dommages et intérêts compensant le préjudice, si bien que la solution préserve à la fois l'équilibre dans les relations entre les parties et la survie du contrat.

---

1. V. aussi : Versailles, 12ᵉ ch., 27 oct. 2011, *Juris-Data* n° 2011-030371 ; *RCA* 2012, comm. n° 42, obs. N. Mathey ; v. aussi T. com. Lille, 7 sept. 2011, *CCC* 2011, comm. 234, note N. M.

2. Civ. 30 juin 2004, *Bull. civ.* I, n° 190 ; *RTD civ.* n° 1, 2005. 126-127, obs. J. Mestre et B. Fages, *RTD civ.* n° 4, 2004. 749-752 ; *D.* 2005. 1828 ; Com. 23 juin 2004, *Juris-Data* n° 2004-4441 ; et déjà, antérieurement : Com. 21 janv. 1997, *D.* 1997. 414, note C. Jamin.

3) La reprise des solutions antérieurement fondées sur la cause par l'ordonnance du 10 février 2016

1435. On rappellera pour mémoire (développements à ce propos, v. ss 1278 s.) ce nouveau rôle donné à la cause, par la jurisprudence pour sanctionner le déséquilibre économique du contrat au regard d'une analyse plus économique de celui-ci, mettant en œuvre le concept « d'économie du contrat ». Il ne s'agissait plus de faire une analyse abstraite et juridique de la contrepartie, mais de s'interroger sur ce qui est le « cœur du contrat » et l'intérêt du contrat pour les parties afin de vérifier s'il se trouve bien préservé par les stipulations contractuelles. À défaut, l'engagement était privé de cause. Si l'ordonnance du 10 février 2016 a fait disparaître la cause, on a vu qu'elle consacrait en parallèle des solutions permettant de pallier cette disparition et de maintenir dans un contexte rénové les solutions jurisprudentielles établies : sanction par la nullité du contrat de la contrepartie illusoire ou dérisoire (v. ss 1353) ; mais également sauvegarde de la contrepartie par la suppression de la clause qui prive de sa substance l'obligation essentielle du débiteur (v. ss 1360) ; et, enfin, rétablissement de l'équilibre des droits et obligation des parties par la suppression des clauses abusives dans les contrats d'adhésion (v. ss 1361 s.). Il ne s'agit pas cependant véritablement ici, de sanctionner la lésion, mais plutôt d'éviter des déséquilibres majeurs du contrat.

Section 2
L'exigence de sincérité et de bonne foi : la question de la simulation

1436. Les contrats devraient être sincères et contractés de bonne foi. Cette exigence de bonne foi, qui est devenue depuis l'ordonnance du 10 février 2016 un principe général applicable de la formation à l'exécution du contrat (art. 1104), s'impose essentiellement entre contractants et inspire nombre de solutions. On a vu notamment qu'elle fondait la sanction de la rupture des pourparlers ou encore celle du dol par réticence. Elle n'interdit pas cependant en principe la simulation. En effet ce procédé est concerté entre les parties et le manque de loyauté qu'il traduit n'est pas un manque de loyauté contractuelle, puisqu'il est dirigé vers les tiers au contrat. C'est d'ailleurs pour cette raison que l'ordonnance du 10 février 2016 inscrit la simulation au titre des effets du contrat à l'égard des tiers, aux articles 1201 et 1202.

1437. Toutefois, ce procédé est parfois sanctionné par la nullité du contrat.

▶ ***La simulation*** est un mensonge concerté entre les parties (à la différence du dol qui est le mensonge d'une seule des parties).

1438. Les contractants réalisent en même temps deux actes distincts : l'un est ostensible, mais fictif, il est appelé *acte apparent* et sert à dissimuler l'autre, secret, mais qui exprime leur volonté réelle : la *contre-lettre* (v. schéma en fin de chapitre).

La simulation peut se présenter sous trois formes.

► ***Acte fictif*** : dissimulation de l'existence de l'acte ; exemple : un débiteur, pour échapper à la saisie de ses biens par ses créanciers, vend ostensiblement un immeuble à un ami complaisant, qui reconnaît dans une contre-lettre le caractère fictif de cette vente.

► ***Acte déguisé*** : dissimulation de la nature de l'acte ; exemple : donation déguisée en vente, ou dissimulation d'un élément de l'acte comme la vente à un prix inférieur au prix réel (pratique du « dessous-de-table »).

► ***Interposition de personne*** : dissimulation du véritable bénéficiaire de l'acte : pour pouvoir faire une donation à une personne incapable de recevoir cette libéralité (médecin, pharmacien, ministre du Culte...), le donateur faisait la donation à un « prête-nom » qui s'engageait dans la contre-lettre à restituer le don au véritable bénéficiaire (art. 909 et 911).

1439. Le mobile de la simulation peut être licite ou illicite. La simulation est le plus souvent motivée par une idée de fraude : fraude à la loi en évitant des formalités exigées, par exemple, pour les donations, fraude aux droits des créanciers ou des héritiers, fraude fiscale, et l'on peut citer à ce propos une définition donnée par le Conseil d'État selon laquelle la simulation « est un acte consistant dans une fraude à la loi ou dissimulant la portée véritable d'une convention aux fins d'échapper à l'impôt »[1], etc., mais elle peut aussi avoir un mobile plus légitime : cacher les libéralités d'une personne charitable, éviter la concurrence commerciale, etc. C'est pourquoi la simulation n'est pas, en principe, illicite (la fraude ne se présume pas), sauf dans quelques cas particuliers où la loi l'interdit (v. art. 911, par ex.). Mais il faut appliquer la distinction faite par l'article 1201 selon lequel la contre-lettre produit effet entre les parties mais n'est pas opposable aux tiers, qui peuvent néanmoins s'en prévaloir.

§ 1. Le principe de l'effet de la contre-lettre entre les parties

1440. Dans notre régime d'autonomie de la volonté, on conçoit très aisément que c'est la volonté réelle des parties, telle qu'elle est exprimée dans la contre-lettre qui compte, à condition qu'elle soit elle-même valable, et non la volonté fictive. En cas de contestation, il pourra devenir nécessaire pour les parties de faire apparaître la contre-lettre au moyen de l'*action en déclaration de simulation*. Ainsi, par exemple, un auteur avait-il été engagé par un éditeur pour réécrire en tant que « nègre » des biographies de personnages célèbres moyennant une rémunération mensuelle et un pourcentage sur les ventes. Il demanda un réajustement de sa rémunération et, sur refus de l'éditeur, il fit constater l'interposition de personnes et obtint gain de cause[2].

1441. Si l'acte ostensible avait été constaté dans un écrit, il ne sera possible d'apporter la preuve de la simulation qu'au moyen d'un autre écrit, en application de l'article 1359, alinéa 2 (ancien art. 1341), à moins que la simulation n'ait un caractère frauduleux ou qu'un commencement de preuve par écrit permette l'audition de témoins.

---

1. Ass. plén. 10 juin 1981, *Dr. fisc.* 1981, comm. n° 2187 ; *RJF* 1981, n° 787.
2. Paris, 10 juin 1986, *D.* 1987. Somm. 153, note C. Colombet ; v. obs. J. Mestre, *RTD civ.* 1989. J. 530 s.

§ 2. L'exception de la nullité

1442. Dans certains cas, la nullité de la contre-lettre est encourue. Parfois plus simplement, elle entraîne des sanctions mais laisse subsister l'acte apparent civilement valable

Ainsi, selon l'article 1202, alinéa 1er, qui inscrit la solution dans le Code civil, alors qu'elle ne figurait auparavant que dans le Code général des impôts, « est nulle toute contre-lettre ayant pour objet une augmentation du prix stipulé dans le traité de cession d'un office ministériel ».

De même, l'article 1202, alinéa 2, annule également la contre-lettre lorsqu'il y a dissimulation du prix constituant une fraude fiscale dans les ventes d'immeubles, cession de fonds de commerce ou de clientèle, cession d'un droit à bail, dissimulation de la soulte dans un échange ou un partage comprenant des biens immeubles, un fonds de commerce ou une clientèle.

1443. Dans ces deux cas, la sanction est grave puisque la jurisprudence (l'ordonnance n'a rien précisé à cet égard) considère que la loi, outre des sanctions fiscales, annule seulement la contre-lettre et contraint les parties à exécuter l'acte apparent qu'elles n'avaient pourtant pas « voulu »[1]. Le danger est d'autant plus important par ailleurs, que la preuve de la simulation peut être apportée par tout moyen : la fraude permet ici à la Cour de cassation d'admettre la mise à l'écart des règles de preuve qui imposent en principe un écrit pour prouver contre un écrit (l'acte de vente écrit, ostensible, indiquant un certain prix[2]).

§ 3. L'inopposabilité de la contre-lettre à l'égard des tiers et, notamment, des créanciers chirographaires

1444. Ici, on est plus directement dans le contexte des effets du contrat à l'égard des tiers. L'article 1201 du Code civil indique que le contrat occulte n'est pas opposable aux tiers, qui peuvent néanmoins s'en prévaloir.

A. Les tiers, et en particulier les créanciers chirographaires, ne peuvent se voir opposer la contre-lettre

1445. En effet, ils sont présumés avoir ignoré l'acte secret et ne doivent pas en souffrir. Cette disposition de l'article 1201 (ancien art. 1321) a un domaine plus large que la simple règle de la relativité des contrats de l'article 1165. Ici, la contre-lettre est vraiment et complètement inopposable aux tiers, à moins qu'il ne soit établi qu'ils en connaissaient l'existence. C'est le cas si un acheteur apparent d'un immeuble le voit saisi par ses créanciers ou encore s'il revend l'immeuble dont il n'était que le propriétaire apparent : cette vente est valable et la contre-lettre est inopposable au sous-acquéreur[3].

---

1. Pour des applications, où le paiement avait été fait par chèque et où le chèque a été annulé car sa cause était illicite : Civ. 3e, 10 janv. 2012, n° 10-18.881, *JCP* n° 18.561, obs. Y.-M. Serinet ; Civ. 3e, 4 oct. 2018, n° 17-23.235, *Juris-Data* n° 2018-017585, *CCC* 2019, comm. 2, note L. Leveneur.

2. Civ. 1re, 17 déc. 2009, *Juris-Data* n° 2009-050770, *JCP* 2010. 315, note L. Leveneur.

3. Civ. 1re, 14 juin 1966, *Bull. civ.* I, 1966, n° 326, p. 278.

B. Les tiers peuvent, au contraire, se prévaloir de la contre-lettre valable, s'ils y ont intérêt, au moyen de l'action en déclaration de simulation

1446. Cette action peut être intentée par tout intéressé : l'une des parties, nous l'avons vu, ou les tiers, sans qu'il soit nécessaire d'établir une intention de nuire aux créanciers et sans avoir, en ce qui concerne les créanciers, à justifier de l'existence d'une créance antérieure à l'acte attaqué [1].

Mais, en ce qui concerne la preuve de la simulation, alors que les parties doivent prouver par un écrit « contre » l'acte ostensible, pour les tiers il s'agit de prouver un fait juridique : la simulation, et la preuve est libre et peut s'effectuer par tous moyens, y compris les présomptions. Il y a même des cas de présomption légale de simulation, notamment en cas d'interposition de personnes (C. civ., art. 911, al. 2), qui entraînent la nullité de la contre-lettre et de l'acte apparent à la fois [2].

1447. Mais il peut arriver qu'il y ait *conflit entre les tiers*, certains, désirant voir appliquer la contre-lettre, les autres l'acte ostensible ; par exemple, dans le cas d'une donation déguisée en vente, les héritiers réservataires invoqueront la contre-lettre (donation) pour pouvoir exercer l'action en réduction, alors que les créanciers auront intérêt à s'en tenir à l'acte ostensible (vente) pour éviter d'être en concours avec les héritiers réservataires. Dans ces cas-là, c'est au juge qu'il appartient de trancher. Il donnera généralement la préférence à ceux qui invoquent l'acte ostensible car, en vertu de la *théorie de l'apparence*, ceux qui ont ajouté foi à l'acte apparent ne doivent pas être lésés (v. schéma) [3].

Section 3
Exigences de forme

1448. La forme est absente de la liste des conditions de validité de l'article 1128, comme elle était absente de l'ancien article 1108. En principe en effet, les contrats sont consensuels, c'est-à-dire valablement conclus en l'absence de toute forme, par le seul échange des consentements. C'est le principe du consensualisme, toujours valable aujourd'hui (v. ss 864). Cependant, ce principe est tempéré. Soit parce que parfois, la forme est nécessaire à la validité du contrat (forme ou solennité *ad validitatem*). Soit la forme est nécessaire pour que le contrat soit opposable aux tiers, ce sont alors des exigences de publicité qui sont posées, sans être une condition de validité ; enfin parfois, la forme est nécessaire pour faire la preuve du contrat.

1449. L'ordonnance du 10 février 2016 s'est spécifiquement préoccupée de la question de la forme du contrat dans une section spécifique (section 3) constituée par les articles 1172 à 1177 du Code civil. Les articles 1172 à 1173 s'inscrivent au titre des « dispositions générales », tandis que les articles 1174 à 1177 concernent le cas

1. Paris, 13 déc. 2001, *RTD civ.* n° 2, 2002. 301, obs. J. Mestre et B. Fages.
2. V. aussi art. 1099, en cas de donation entre époux.
3. Civ. 25 avr. 1939, *DC* 1940. 1. 12, note G. L. ; Soc. 14 déc. 1944, *S.* 1946. I. 105.

particulier des contrats conclus sous forme électronique, que nous avons déjà étudié (v. ss 955). Seules les dispositions générales nous intéresseront donc ici.

L'article 1175 rappelle le grand principe du consensualisme avant de préciser que parfois la forme est exceptionnellement une condition de validité du contrat. Pédagogiquement, l'article 1173 distingue ensuite cette hypothèse de celles où la forme est seulement exigée aux fins de preuve ou d'opposabilité du contrat, sans qu'il y ait d'effet sur la validité du contrat.

Il prévoit également la règle du parallélisme des formes qui veut que les contrats qui ont pour objet de modifier un contrat antérieur ou d'y mettre fin sont soumis sauf dispositions contraires (légales ou conventionnelles) aux mêmes règles de forme.

§ 1. La forme comme condition de validité du contrat

1450. On rappellera ici pour mémoire, que malgré le principe consensualiste dérivé de l'autonomie de la volonté, pour certains contrats, des formes sont exigées. Ce sont les contrats formalistes qui sont essentiellement les contrats solennels, comme le contrat de mariage ou la donation (v. ss 951 s.) et les contrats réels, pour lesquels la formalité particulière, qui conditionne la formation du contrat, est la remise de la chose (v. ss 955 s.).

L'écrit exigé n'est pas obligatoirement un acte authentique. De plus, le Code civil admet qu'un tel écrit peut être établi et conservé sous forme électronique aux conditions prévues tant pour les actes sous seing privé que pour les actes authentiques (v. ss 956 s.).

1451. Il faut noter aussi que le droit de la consommation développe des exigences formelles qui ne sont pas forcément sanctionnées par la nullité de l'acte parce que l'objectif est la protection du consommateur et que celui-ci n'y a pas forcément intérêt. Ainsi l'établissement de crédit qui fait une offre de prêt doit le faire par écrit ou sur un autre support durable et le Code de la consommation réglemente cette offre écrite de prêt en imposant un certain nombre de mentions obligatoires. Mais la sanction n'est pas la nullité du contrat.

§ 2. La forme comme condition d'opposabilité du contrat au tiers

1452. Même s'il n'y a pas de forme exigée, les contrats doivent cependant respecter certaines formalités de publicité ou d'enregistrement pour faciliter leur preuve ou leur opposabilité aux tiers, sans toutefois que l'absence de ces formalités mette en péril la validité du contrat, ainsi que l'article 1173, issu de l'ordonnance, le précise désormais très clairement. En effet, un contrat qui ne respecte pas ces formalités n'est généralement pas nul, mais il est sanctionné par son inopposabilité aux tiers. Ainsi en est-il du contrat de vente immobilière qui n'est pas un contrat solennel, et qui ne nécessite donc pas un acte écrit pour sa validité, mais qui doit être publiée à la conservation des hypothèques pour être opposable aux tiers, ce qui impose, en réalité, que la vente soit constatée par un acte authentique, même s'il ne s'agit pas d'une condition de validité du contrat.

§ 3. La forme requise pour la preuve du contrat

1453. Pour les tiers, comme pour les parties, il est nécessaire que le contenu du contrat soit clair et fermement établi. C'est pourquoi, malgré le principe consensualiste, le Code civil puis des lois postérieures ont exigé la pré-constitution d'une preuve par écrit pour les conventions jugées les plus importantes en valeur. Cet écrit était exigé *ad probationem* et non *ad solemnitatem* comme condition d'existence.

1454. Cette exigence de preuve introduit donc un formalisme indirect. Le principe est celui de l'exigence d'une preuve littérale (par écrit), même si ce principe connaît des exceptions. Ce principe de la preuve par écrit et ses différentes exceptions ont été repris par l'ordonnance du 10 février 2016 qui a également réformé le droit de la preuve et qui consacre tout un titre (le titre IV *bis* qui fait suite au titre IV sur « le régime général des obligations » à la « Preuve de l'obligation », en consacrant les solutions acquises et en présentant la matière de façon très pédagogique. On rappellera rapidement et seulement pour mémoire ces différentes solutions qui font l'objet d'une étude détaillée dans le volume 1).

A. Le principe de la preuve littérale préconstituée

1455. Ce principe est posé désormais par l'article 1359, alinéa 1er (ancien art. 1341 du C. civ.) : « l'acte juridique portant sur une somme ou une valeur excédant un montant fixé par décret (1 500 euros depuis le 1er avril 2005) doit être prouvé par écrit sous signature privée ou authentique ». L'alinéa 3 ajoute que celui dont la créance excède le seuil mentionné ne peut pas être dispensé de la preuve par écrit en restreignant sa demande. Et selon l'alinéa 4, il en est de même de celui dont la demande, même inférieure à ce montant, porte sur le solde ou sur une partie d'une créance supérieure à ce montant ». La règle est donc posée de façon rigoureuse. En dessous de cette valeur, tous modes de preuve sont admissibles (écrits ne constituant pas des preuves parfaites, témoignages, indices, présomptions, aveu extrajudiciaire).

On rappellera à cet égard que la question de l'admissibilité des modes de preuve (qui fait désormais l'objet d'un chapitre constitué par les articles 1358 à 1352) se distingue de la question de la valeur (force probante) des différents modes de preuve. Une hiérarchie est établie concernant cette force probante qui conduit à distinguer entre les preuves parfaites qui lient le juge et établissent la preuve sans qu'il puisse juger le contraire (écrit authentique ou sous seing privé ; aveu judiciaire, serment décisoire) et les preuves imparfaites qui lui laissent tout pouvoir d'appréciation. Ces différentes modes de preuve sont envisagés dans un chapitre constitué par les articles 1363 à 1386-1 du Code civil.

1456. Depuis la loi du 13 mars 2000, l'écrit sous forme électronique est admis comme mode de preuve au même titre que l'écrit sur support papier, « sous réserve que l'on puisse identifier la personne dont il émane et qu'il soit établi et conservé dans des conditions de nature à en garantir l'intégrité ». Cette règle est reprise par l'article 1366, issu de l'ordonnance qui précise qu'il a la même force probante que l'écrit sur support papier. L'article 1174, au titre des dispositions propres à la forme des contrats conclus par voie électronique prévoit que l'acte authentique lui-même peut être dressé sur support électronique à condition d'être établi et conservé dans les conditions fixées par l'article 1369 qui renvoie lui-même à des conditions fixées par décret. Enfin, selon l'article 1367, alinéa 2, la signature elle-même peut être électronique à condition qu'elle consiste dans l'usage d'un procédé fiable d'identification garantissant son lien avec l'acte auquel elle s'attache (les procédures de certification sont prévues par décret).

1457. Par ailleurs, avec la loi de modernisation des professions judiciaires ou juridiques du 28 mars 2011, une nouvelle sorte d'acte sous signature privée a été introduite avec une force probante particulière : l'acte sous seing privé contresigné par avocat. Il est expressément visé à l'article 1374 du Code civil. L'acte ainsi contresigné fait pleine foi de l'écriture et de la signature des parties et il n'est plus possible de remettre en cause la force probante de l'acte par la procédure de contestation de signature. Toutefois, le contreseing ne fait pas pleine foi de la date de l'acte. Par ailleurs, l'acte contresigné par avocat est dispensé de toute mention manuscrite exige par la loi, de même *a fortiori* que l'acte reçu en la forme authentique par un notaire.

Enfin, à l'écrit peut se substituer l'aveu judiciaire ou le serment décisoire qui sont aussi des preuves parfaites.

B. Les atténuations

1458. Il existe plusieurs cas, prévus par l'article 1360 où, en matière civile (car en matière commerciale, la preuve est libre), et au-dessus de 1 500 euros, la preuve littérale ne sera pas exigée. Ces exceptions étaient déjà consacrées antérieurement :

– en cas d'impossibilité matérielle ou morale de se procurer un écrit (ancien art. 1348) ;
– s'il est d'usage de ne pas se procurer un écrit ;
– en cas de perte de l'écrit par force majeure (ancien art. 1348).

L'hypothèse de la fraude, qui était prévue par l'ancien article 1353 n'est pas reprise par l'ordonnance.

Dans ces hypothèses, prévues par l'article 1360, la preuve pourra alors être faite par tout moyen : preuves imparfaites (témoignages, présomptions de fait, écrits ne présentant pas les caractéristiques d'un écrit sous-seing privé, aveu extra-judiciaire, serment déféré d'office) et bien sûr, preuves parfaites autres qu'écrites (aveu judiciaire, serment décisoire).

1459. L'article 1361 précise par ailleurs qu'il peut être suppléé à l'écrit par l'aveu judiciaire, le serment décisoire mais également par un commencement de preuve par écrit corroboré par un autre moyen de preuve, le commencement de preuve par écrit étant lui-même précisé par l'article 1362. Il est notamment défini comme « tout écrit qui, émanant de celui qui conteste un acte ou de celui qu'il représente, rend vraisemblable ce qui est allégué ». Cette définition reprend la définition antérieure.

1460. Enfin, l'article 1379, reprenant là encore, en substance, les dispositions antérieures, prévoit que la copie fiable a la même force probante que l'original et le texte fournit des indications sur cette notion de copie fiable. En principe, cette fiabilité est appréciée par le juge, mais est néanmoins réputée fiable la copie exécutoire ou authentique d'un écrit authentique. Ainsi que toute copie résultant d'une reproduction à l'identique de la forme et du contenu de l'acte et dont l'intégrité est garantie dans le temps par un procédé conforme à des conditions fixées par décret en Conseil d'État.

DOCUMENTS

BIBLIOGRAPHIE

Bredin (J.-D.), « Remarques sur la conception juridique de l'acte simulé », *RTD civ.* 1956. 261 s.

Chantepie (G.), « Article 1170 : la lésion », *RDC* 2015. 763.

Chantepie (G.) et Latina (M.), *La réforme du droit des obligations. Commentaire théorique et pratique dans l'ordre du Code civil*, Dalloz, 2016.

Dissaux (N.) et Jamin (C.), *Réforme du droit des contrats, du régime général et de la preuve des obligations, Commentaire des articles 1100 à 1386-1 du Code civil*, Dalloz, 2016.

Gijsbers (C.), « La preuve par écrit : une ambition modeste servie par des textes perfectibles », *Dr et patr.* 2015, n° 250, p. 55.

Honteberie (A.), L'admissibilité des modes de preuve : un dispositif clair et concis dont l'organisation pourrait être améliorée, *Dr. et patr.* 2015, n° 250, p. 49.

Lucas de Leyssac (C.) et Chagny (M.), « Le droit des contrats, instrument d'une forme nouvelle de régulation économique », *RDC* 2009-3. 1269.

Mekki (M.), « Charge de la preuve et présomptions légales. L'art de clarifier sans innover », *Dr. et patr.* 2015, n° 250, p. 36.

Mestre (J.), « Vingt ans de lutte contre les clauses abusives », in *Mélanges F. Terré*, Dalloz, PUF-Juris-Classeur, 1999, p. 677.

Sabirau-Pérez (M.-A.), « La notion fiscale de simulation à l'épreuve du droit civil », *Gaz. Pal.* 2-4 oct. 2005.

Vidal (J.), *Essai d'une théorie générale de la fraude en droit français*, 1957, p. 341 s.

Vergez (E.), « La réforme du droit de la preuve civile, enjeux et écueils d'une occasion à ne pas manquer », *D.* 2014. 2017.

Wuiton (X.), « Réforme cosmétique des preuves imparfaites », *Dr. et patr.* 2015, n° 250, p. 61.

Débats : « La protection des professionnels contre les déséquilibres professionnels significatifs », *RDC* n° 3, 2009, Débats, p. 1257 s. (pour un panel d'articles).

Débats : « Clauses abusives : panorama d'actualité 2009 », *RDC* n° 4, 2009, Débats, p. 1601 s. (pour un panel d'articles).

Chapitre 6

La sanction des conditions de validité du contrat

1461. Lorsque l'une des conditions posées par l'article 1128 du Code civil manque ou est imparfaite, le contrat est annulable. La nullité du contrat s'exerce en principe contre le contrat tout entier et le fait disparaître rétroactivement ; cependant le contrat peut parfois être maintenu et atteint d'une nullité partielle ou bien l'une de ses clauses, qui le rend irrégulier, est « réputée non écrite ».

1462. L'ordonnance a codifié la plupart des solutions dégagées antérieurement, de façon très pédagogique et très claire dans les articles 1178 à 1185 du Code civil, mais elle a aussi introduit des solutions nouvelles. Au titre des principales innovations, elle rend facultative l'intervention du juge pour prononcer la nullité dans le cas où les parties la constatent d'un commun accord (art. 1178) et elle crée une action interrogatoire destinée à sécuriser le contrat, qui permet de demander par écrit à la partie qui pourrait se prévaloir de la nullité si elle a l'intention d'exercer l'action (art. 1183). Elle pose également le principe, évidemment déjà admis, selon lequel la partie lésée par la nullité peut demander réparation du dommage subi sur le fondement de la responsabilité extracontractuelle (art. 1178, al. 4).

Par ailleurs, l'ordonnance a également défini la caducité, qui est une autre sanction de la formation du contrat et prévoit cette sanction en cas de contrats interdépendants.

1463. Nous allons tout d'abord examiner la nullité dirigée contre le contrat tout entier, et la façon dont elle s'exerce (Section 1), puis nous envisagerons le cas de la nullité partielle et des clauses réputées non écrites (Section 2).

Section 1
Les sanctions atteignant le contrat tout entier

1464. ***Introduction. Distinction de la nullité et des autres mécanismes d'anéantissement du contrat.*** La sanction de la nullité était jusqu'à l'ordonnance du 10 février 2016, la seule sanction prévue par le Code civil, au titre de la formation irrégulière du contrat.

1465. L'ordonnance a évidemment repris cette sanction de la nullité, en précisant dans l'article 1178 : « un contrat qui ne remplit pas les conditions requises pour sa validité est nul (…) ». Cependant la nullité n'est pas la seule sanction de la formation incorrecte du contrat.

1466. La nullité se distingue de plusieurs autres sanctions parfois utilisées au stade de la formation du contrat : la première, *l'inopposabilité*, est aussi une sanction de la formation du contrat mais elle n'entraîne pas son anéantissement. Le contrat reste valable entre les parties, mais son irrégularité empêche qu'il puisse produire effet à l'égard des tiers. Deux autres sanctions sont caractérisées, comme la nullité, par l'anéantissement de l'acte : *l'inexistence et la caducité* (v. aussi le tableau des causes d'anéantissement du contrat, documents en fin de chapitre).

1467. L'ordonnance du 10 février 2016 prévoit désormais la caducité et la définit. Mais ni l'inopposabilité ni l'inexistence ne sont intégrées dans la section consacrée aux sanctions de la formation du contrat.

A. Nullité et inexistence

1468. La théorie de l'inexistence comme sanction spécifique de la formation du contrat n'est pas unanimement admise : tant la jurisprudence qu'une partie de la doctrine préfèrent voir, dans les prétendus cas d'inexistence, des cas de nullité absolue. *Les cas d'inexistence* seraient ceux où il manque un élément essentiel à la formation de l'acte (l'absence de consentement, l'absence d'objet, l'absence de cause et l'absence de forme pour les contrats solennels) *mais de telle sorte que l'acte n'ait aucune apparence formelle* car, sans cela, il faudrait annuler cette apparence. Les *cas de nullité* seraient alors ceux où l'acte contient apparemment tous ses éléments essentiels, mais où l'un d'eux manque en fait ou est atteint d'un vice, plus ou moins grave, nécessitant la protection de plus ou moins de personnes, ce qui entraînera une nullité absolue s'il s'agit de protéger l'intérêt général ou l'ordre public ou une nullité relative s'il s'agit de protéger un intérêt particulier de l'un des contractants.

Les cas d'inexistence, ainsi définis, sont tout à fait exceptionnels [1].

La Cour de cassation utilise néanmoins parfois cette notion lorsqu'un élément essentiel du contrat fait défaut, comme l'absence totale de consentement, dans la mesure où le recours à la notion d'inexistence permet d'échapper à la prescription de l'action en nullité [2], ce qui est d'autant plus important que la réforme de la prescription par la loi du 17 juin 2008 (v. ss 731 s.) a fait disparaître l'un des critères antérieurs de la distinction entre nullité relative et absolue, fondé sur la durée du délai de prescription : trente ans pour les nullités absolues et cinq ans pour les nullités relatives. Désormais le délai de droit commun est un délai de cinq ans sauf cas particuliers.

B. Nullité et caducité

1469. Comme la nullité, la caducité sanctionne les conditions de formation du contrat et entraîne son anéantissement. Cependant, à la différence de la nullité, elle atteint un acte valablement formé et dont les conditions de formation ont été correctement remplies mais qui perd ensuite un élément de sa validité par suite d'un événement postérieur. Elle a déjà été signalée au titre des causes d'extinction des obligations (v. ss 728) ainsi qu'à propos

---

1. Par ex. Civ. 1re, 18 juill. 1967, *Bull. civ.* I, n° 268, p. 199.

2. Com. 30 nov. 1983, *Bull. civ.* IV, n° 333 ; Civ. 1re, 5 mars 1991, *D.* 1993. 508, note Collet ; Civ. 3e, 15 déc. 1999, *JCP* 2000. II. 10236, concl. J.-F. Weber, relatives à la notion d'inexistence.

du sort de l'offre en cas de décès ou d'incapacité de l'offrant (v. ss 1042). Selon l'analyse classique, la disparition de l'acte se produit donc en principe seulement pour l'avenir, sans rétroactivité, contrairement à nullité qui est rétroactive.

1470. Avant l'ordonnance, aucune disposition du Code civil consacrée au contrat n'envisageait la caducité comme une sanction de la formation du contrat. Pourtant, la jurisprudence en faisait un certain nombre d'applications. Ainsi par exemple avait-elle admis la caducité d'un acte pour disparition de sa cause. Il s'agissait cependant d'un engagement unilatéral et non d'un contrat synallagmatique : une reconnaissance de dette consentie par un ex-mari au titre du paiement d'une pension alimentaire destinée à assurer l'entretien et l'éducation de l'enfant qui était à la charge de la mère (l'obligation alimentaire du père constituant la cause de l'engagement). Les juges ont considéré que l'engagement à exécution successive s'était trouvé dépourvu de cause à partir du moment où l'enfant s'était trouvé ensuite à la charge exclusive de son père et ont prononcé sa caducité [1]. Surtout, elle utilisait la sanction de la caducité dans le contexte de contrats interdépendants, lorsque par suite de la disparition de l'un des contrats d'un ensemble contractuel, les autres, n'avaient plus de raison d'être.

1471. L'ordonnance consacre cette sanction de la caducité, dans deux articles intégrés dans une sous-section spécifique, les articles 1186 et 1187. Les nouvelles dispositions confirment la définition de la caducité, mais introduisent des solutions nuancées concernant ses effets, en contrepoint de l'analyse doctrinale classique.

1) Définition de la caducité

1472. La définition donnée par l'article 1186, alinéa 1er, est conforme à l'acception classique de la caducité [2] : « un contrat valablement formé devient caduc si l'un de ses éléments essentiels disparaît », ainsi, par exemple, en cas de disparition de l'objet postérieurement à la conclusion du contrat [3].

2) Les effets : l'option entre la disparition rétroactive ou non rétroactive

1473. L'ordonnance marque ici un changement par rapport à l'analyse traditionnelle des effets de la caducité selon laquelle, à l'inverse de la nullité, la caducité n'a pas d'effet rétroactif. En effet, selon l'article 1187, alinéa 1er : « la caducité met fin au contrat ». Aucune référence à la rétroactivité n'est faite et il semble donc que conformément à l'analyse dominante, elle ne mette fin au contrat que pour l'avenir. Toutefois, l'alinéa 2 du même texte précise qu'elle peut donner lieu à des restitutions selon les règles désormais posées de façon générale par les articles 1352 à 1352-9. Or les restitutions supposent qu'un acte a disparu de façon rétroactive, si bien que cela implique

---

1. Civ. 1re, 30 oct. 2008, *RLDC* 2008-57, n° 3282, note A. Cermolacce ; *RTD civ.* n° 1, 2009. 118, obs. B. Fages.

2. Classiquement, il était admis que « le contrat valablement formé devient caduc si l'un de ses éléments constitutifs disparaît. Il en va de même lorsque vient à faire défaut un élément extérieur au contrat mais nécessaire à son efficacité ».

3. Civ. 1re, 7 nov. 2018, n° 16-26.354, *X c/ Sté Procourtage*, *Juris-Data* n° 2018-021015, *CCC* 2019, comm. 20, note L. Leveneur.

un effacement total et une remise en l'état antérieur. Il semble donc que l'alinéa 2 ouvre la possibilité au juge d'assortir la sanction de la caducité de la rétroactivité ou pas. C'est d'ailleurs en faveur de la rétroactivité que la jurisprudence s'est prononcée dans le cas des contrats interdépendants, dont l'ordonnance confirme qu'ils sont effectivement soumis à cette sanction. C'est aussi dans ce sens d'une option possible que s'étaient prononcés l'avant-projet *Catala* et les propositions *Terré*. Une construction jurisprudentielle devrait donc intervenir sur cette question pour déterminer dans quels cas il doit y avoir rétroactivité.

3) La caducité comme sanction des contrats interdépendants

1474. Les contrats interdépendants, dont le Code civil ne disait mot jusqu'ici, ont donné lieu à un contentieux nourri depuis un certain nombre d'années et à une construction jurisprudentielle dans laquelle les solutions ne sont pas fixées de façon unifiée, même si la jurisprudence s'orientait vers la sanction de la caducité. La notion d'indivisibilité a ainsi été utilisée pour expliquer que le sort de ces contrats, constitutifs d'un ensemble, soit lié, mais l'indivisibilité est tantôt une indivisibilité subjective, qui tient à la volonté des parties, et tantôt une indivisibilité objective qui tient à l'unité de l'opération économique réalisée. Dans la première conception, subjective, la connaissance par le cocontractant des autres contrats de l'ensemble est nécessaire (sur les contrats interdépendants, v. ss 1759 s.).

1475. L'ordonnance reconnaît et même consacre cette notion de contrats interdépendants dans l'article 1186, alinéa 2, qui prévoit, à leur propos, la sanction de la caducité : « lorsque l'exécution de plusieurs contrats est nécessaire à la réalisation d'une même opération et que l'un d'eux disparaît, sont caducs les contrats dont l'exécution est rendue impossible par cette disparition et ceux pour lesquels l'exécution du contrat disparu était une condition déterminante du consentement d'une partie ».

Cependant, selon le texte, cette sanction n'intervient qu'à la condition que le contractant contre lequel elle est invoquée ait connu l'existence de l'opération d'ensemble au moment où il a donné son consentement. Cette précision semble, sinon confirmer la conception subjective, du moins exclure une conception purement objective de la notion d'ensemble contractuel.

§ 1. Les différentes sortes de nullité : nullité relative et absolue

1476. Il a toujours été acquis que la nullité d'un contrat peut être relative ou absolue. Traditionnellement, les nullités relatives sont des nullités de protection, intervenant lorsque la règle violée a pour objet la sauvegarde d'un intérêt privé, alors que les nullités absolues ont pour objet la sauvegarde d'un intérêt général et sanctionnent des atteintes à l'ordre public. Ces dernières peuvent donc être invoquées par tout intéressé et ne peuvent être confirmées par qui que ce soit. Jusqu'à la loi du 17 juin 2008 relative la prescription, l'un des principaux enjeux de la distinction résidait dans le délai de prescription : les actions en nullité absolue se prescrivaient par les délais de droit commun, c'est-à-dire trente ans et les nullités relatives par cinq ans. Cette règle a disparu, et le délai de droit commun applicable par principe (sauf texte particulier) est le délai quinquennal (C. civ., art. 2224).

1477. Ces deux sortes de nullités ont été reprises par l'ordonnance de 2016, avec leurs caractéristiques essentielles et les solutions établies par la jurisprudence ont été largement confirmées.

A. La définition des nullités absolues et relatives

1478. L'article 1179 dispose que la nullité est absolue « lorsque la règle violée a pour objet la sauvegarde de l'intérêt général » et relative « lorsque la règle violée a pour seul objet la sauvegarde d'un intérêt particulier ». Cependant, aucune autre précision n'est donnée sur ce critère de l'intérêt général ou particulier, qui a pourtant toujours soulevé des difficultés. La nature de la nullité est parfois indiquée par les textes ; par exemple pour les vices du consentement, l'article 1131 précise qu'ils sont des causes de nullité relative et l'article 1147 apporte la même précision concernant l'incapacité ; mais ce n'est pas le cas pour toutes les causes de nullité. Ainsi, l'article 1169, qui prévoit la nullité du contrat lorsque la contrepartie convenue est illusoire ou dérisoire, ne précise pas la nature de la nullité.

1479. Par ailleurs, il peut exister, à côté des nullités textuelles, des nullités virtuelles. La nullité est *textuelle*, lorsque la sanction est expressément prévue dans les textes. Mais le juge peut parfaitement prononcer la nullité d'une convention même en l'absence d'une disposition légale le prévoyant expressément en se fondant sur le fait que la règle violée est d'ordre public (sur l'ordre public et ce pouvoir du juge, v. ss 1374). La Cour de cassation a ainsi rappelé que le principe « pas de nullité sans texte » n'était pas d'une application générale et que la violation d'une obligation d'ordre public (en l'occurrence dans le cadre d'un bail rural) est sanctionnée par la nullité du bail même si elle n'est pas prévue par le texte [1].

B. Le domaine respectif des nullités relatives et absolues

1480. Si la question est résolue pour les vices du consentement et les incapacités, puisque la nullité est expressément qualifiée de nullité relative, dans les autres cas, il faut supposer que les solutions jurisprudentielles antérieures se maintiendront. Or, elles n'étaient pas toutes sûres. Le domaine des nullités relatives et nullité absolues n'est donc pas précisément délimité [2].

1481. Jusqu'ici, et hors les cas où la solution était prévue par les textes, c'est au cas par cas, en fonction de l'intérêt à protéger que la Cour de cassation, à défaut de précision du législateur, choisissait la sanction qui lui semblait la plus adéquate [3] mais avec un certain nombre de questions qui restaient discutées, et une évolution jurisprudentielle non exempte d'incertitudes.

---

1. Civ. 3e, 10 juin 2009, n° 08-15. 553 ; *Juris-Data* n° 2009-048519, *JCP* 2009. 574, n° 16, obs. P. Grosser.

2. J.-B. Seube, « Le critère de distinction entre les nullités absolues et relatives », in dossier "Les nullités absolues, quel avenir ?", *RDC*, sept. 2019, p. 137.

3. V. en ce sens Civ. 1re, 7 déc. 2004, *JCP* 2005. IV. 1155 ; *JCP* 2005. I. 141, obs. A. Constantin, et Civ. 3e, 16 mars 2005, *RTD civ.* 2005. 389, obs. J. Mestre et B. Fages.

1) Les cas indiscutés de la nullité relative

1482. La nullité relative, concerne en principe les nullités qui visent la protection d'intérêts privés. Sans discussion, elle était la sanction d'un vice du consentement ou d'un défaut de capacité ou d'une lésion. Elle le sera encore puisque la nature de la nullité est indiquée expressément par les textes issus de l'ordonnance dans l'hypothèse d'un vice du consentement (art. 1137) et de l'incapacité (art. 1147, al. 1er). Il n'existe donc pas de difficultés sur ce point.

2) Les zones d'incertitude et l'évolution du critère de distinction

1483. Classiquement, la nullité absolue était la sanction des causes de nullités les plus graves, d'ordre public, assurant une protection générale au-delà de la protection des simples intérêts particuliers des contractants et les causes de nullité absolue étaient assez clairement circonscrites. La nullité absolue couvrait ainsi l'hypothèse de ***l'absence de consentement***, c'est-à-dire du défaut total de volonté (l'article 1129 pose expressément désormais l'exigence de l'existence du consentement) auquel on assimilait celle de l'erreur-obstacle[1] (qui n'est pas prévue expressément par l'ordonnance mais devrait continuer à être admise par la jurisprudence (v. ss 1142) ; mais également l'hypothèse du ***défaut d'objet*** (objet inexistant, objet impossible ou objet indéterminable) et ***du défaut de cause*** ainsi que ***de l'absence de forme dans les contrats solennels*** ; et, enfin, l'hypothèse ***de la contrariété de l'objet ou de la cause à l'ordre public*** (ce qui correspondait à un objet illicite ou immoral et à une cause illicite ou immorale[2]). Sur ce dernier point les solutions devraient être transposées, depuis la substitution de la notion de contenu du contrat aux notions antérieures d'objet et de cause, à l'hypothèse de la contrariété des stipulations du contrat ou de son but à l'ordre public (art. 1162).

1484. Toutefois, la délimitation des types de nullité était devenue plus incertaine, avant l'intervention de l'ordonnance, en raison de fluctuations jurisprudentielles, concernant notamment la sanction de l'absence d'objet et de cause, mais également celle des exigences de forme. La doctrine dominante et la jurisprudence[3] tendaient en effet à opérer une distinction, même dans le cas de nullités considérées classiquement comme d'ordre public entre l'ordre public de direction, sanctionné par une nullité absolue, et l'ordre public de protection, assurant la protection de certains intérêts particuliers et justifiant, à ce titre, une nullité simplement relative.

1485. Ces incertitudes se sont clairement manifestées à propos de la nullité pour absence de prix réel et sérieux dans la vente (vil prix ou prix dérisoire, v. ss 1332), qui pouvait intervenir sous l'empire des anciens textes, soit sur le fondement du défaut d'objet, soit sur celui du défaut de cause, compte tenu de la corrélation existant entre les deux notions dans les contrats commutatifs (sur cette question, v. ss 1265). La nullité était originairement, qualifiée, sur les deux fondements, de nullité d'ordre public. Or, si la chambre commerciale de la Cour de cassation a longtemps considéré que

---

1. Civ. 3e, 15 avr. 1980, *Bull. civ.* III, n° 73, p. 53.

2. Civ. 3e, 27 juin 2007, *RLDC sept.* 2007, n° 41, p. 12.

3. V. le soulignant : S. Amrani Mekki et M. Mekki, *D.* 2014. Pan. 630 et spéc. 635 et citant à ce titre : Civ. 1re, 20 nov. 2013, n° 12-27. 041, *D.* 2013. 2846.

la vente consentie sans prix sérieux était affectée d'une nullité absolue parce que fondée sur « l'absence d'un élément essentiel de ce contrat » [1], à l'inverse les chambres civiles de la Cour de cassation ont commencé à admettre que la nullité de la vente pour défaut de prix sérieux ou prix dérisoire était une nullité relative [2] et la solution a été plusieurs fois réaffirmée, mais avec cependant quelques hésitations. [3]. En effet, dans une décision du 29 mars 2006, notamment, la troisième chambre civile de la Cour de cassation avait qualifié de nullité relative une nullité pour absence de cause (v. ss 1266), dans la mesure où l'intérêt en jeu était un intérêt particulier et non l'intérêt général [4]. Mais, dans une décision postérieure du 27 juin 2007, la même troisième chambre civile avait ensuite énoncé dans une formule générale que « l'obligation sans cause, ou sur une fausse cause ou sur une cause illicite ne peut avoir aucun effet et est sanctionnée par une nullité absolue » [5], avant de réaffirmer postérieurement la solution de la nullité relative.

Pour finir, la chambre commerciale s'est alignée sur la position des chambres civiles et a admis, elle aussi, que la nullité pour vil prix était une nullité relative, dans un arrêt de revirement du 22 mars 2016 où elle a relevé qu'en l'espèce, l'action en nullité des cessions de parts pour prix indéterminé ou vil ne tendait qu'à la *protection des intérêts privés* des cédants [6].

L'enjeu de la qualification est réel, car même si la réforme de la prescription, en unifiant le délai pour exercer l'action à cinq ans (C. civ., art. 2224), a atténué l'impact de la distinction entre nullité relative et nullité absolue, il existe encore des différences importantes tenant notamment à la possibilité de confirmer ou non l'acte nul ou à la détermination des personnes qui peuvent agir en nullité.

1486. Il apparaissait donc, à la veille de l'ordonnance du 10 février 2016, que la nullité pouvait être soit une nullité absolue, soit une nullité relative, selon la nature des intérêts en cause dans le contrat considéré. Même si la jurisprudence n'a pas toujours été d'une parfaite lisibilité sur cette question, le critère de la nature de l'intérêt en cause, apprécié dans chaque contrat considéré, est celui qui se dégage progressivement de l'évolution jurisprudentielle. Il est au demeurant repris dans l'article 1179 issu de l'ordonnance du 10 février 2016 : « la nullité est absolue lorsque la règle violée a pour objet la sauvegarde de l'intérêt général. Elle est relative lorsque la règle violée a pour objet la sauvegarde d'un intérêt privé ».

---

1. Com. 23 oct. 2007, *D.* 2008. 954, note G. Chantepie ; *Defrénois* 2007. 1729, obs. R. Libchaber ; *JCP E* 2008. 35, obs. H. Lécuyer, *CCC* 2008, n° 65, p. 19, obs. L. Leveneur, *RDC* n° 2, 2008. 234, obs. T. Genicon.

2. Civ. 1re, 9 nov. 1999, *D.* 2000. 507, note A. Cristau ; *RTD civ.* 2000. 568, note B. Fages ; Civ. 3e, 29 mars 2006, *D.* 2007. 477, note J. Ghestin et *D.* 2006. 2638, obs. S. Amrani Mekki.

3. Civ. 3e, 21 sept. 2011, *D.* 2011. 2711, note D. Mazeaud ; *RDI* 2011. 623, obs. M. Poumarède ; *JCP* 2011. 1276, n° 47, note J. Ghestin, et 2012, n° 13, obs. Y.-M. Serinet, *D.* 2012. 446, Pan. Droit des contrats, obs. S. Amrani Mekki et M. Mekki.

4. Civ. 3e, 29 mars 2006, préc., *Juris-Data* n° 2006-032919 ; *JCP* 2006. I. 153, comm. A. Constantin.

5. Civ. 3e, 27 juin 2007, *RLDC* sept. 2007, n° 41, p. 12.

6. Com. 22 mars 2016, n° 14-14218, *RDC* 2016/3.435, note Y.-M. Laithier ; *CCC* 2016, comm. 136, obs. L. Leveneur ; *JCP* 2016. Doctr. 797, n° 6, obs. Y. Sérinet ; *JCP E* 2016, 1251, note N. Dissaux ; *Gaz. Pal.* 10 mai 2016, p. 23, n° 264, note D. Houtcieff ; *RTD civ.* 2016. 343, obs. H. Barbier.

1487. Ce critère a été confirmé par la Cour de cassation, statuant en chambre mixte dans une importante décision du 24 février 2017 [1], où elle s'est par ailleurs référée au nouveau droit des contrats, bien qu'il ne soit pas applicable à l'espèce. Elle inaugure, ainsi que cela a été relevé par la doctrine, une méthode d'interprétation du droit antérieur « à la lumière de l'ordonnance du 10 février 2016 » [2], en précisant « que l'évolution du droit des obligations, résultant de l'ordonnance du 10 février 2016, conduit à apprécier différemment l'objectif poursuivi par les dispositions relatives aux prescriptions formelles que doit respecter le mandat, lesquelles visent la seule protection du mandant dans ses rapports avec le mandataire ». Il s'agissait, en l'espèce, d'une nullité pour non-respect des exigences de formes imposées par la loi *Hoguet* du 20 juillet 1972 pour la validité du contrat de mandat d'agent immobilier que jusqu'ici, la Cour de cassation jugeait d'ordre public et absolue [3]. La chambre mixte opère dans cette décision un retentissant revirement de jurisprudence en décidant que la nullité pour non-respect des formes, ici en cause, est une nullité relative. Elle indique que « la nullité est absolue lorsque la règle violée a pour objet la sauvegarde d'un intérêt général, tandis que la nullité est relative lorsque la règle violée a pour objet la sauvegarde d'un intérêt privé », s'appuyant ainsi sur les termes mêmes de l'article 1179 issu de l'ordonnance de 2016 ; puis elle considère que les prescriptions formelles que doit respecter le mandat ayant pour finalité la seule protection du propriétaire, la méconnaissance de ces règles doit être sanctionnée par une nullité relative.

1488. La décision de la chambre mixte du 24 février 2017 confirme certainement une évolution de la théorie des nullités [4] qui ne permettrait plus une qualification systématique de la nullité absolue ou relative en fonction de la cause de nullité, mais qui conduirait à rechercher, dans chaque contrat considéré, la finalité de la règle, à l'aune de cette distinction entre intérêt général et intérêt privé [5]. Cette distinction, qui reste elle-même relativement incertaine [6], autorise, en toute hypothèse, une recherche plus concrète, au cas par cas, avec des éléments d'appréciation variables selon le contexte contractuel considéré.

1489. La cause ayant disparu, la question ne se pose plus à son propos mais elle se pose toujours concernant le défaut de prix et au-delà, plus largement, le défaut d'objet et le défaut de contrepartie : l'article 1169, qui prévoit la nullité du contrat à titre onéreux si la contrepartie convenue est illusoire ou dérisoire, permet de pallier la disparition de la cause et de sanctionner, comme auparavant, le déséquilibre absolu du contrat. Dans la mesure où le contrat ne correspond pas à sa finalité économique

---

1. Cass. mixte 24 févr. 2017, n° 15-20411, *RDC* 2017/3. 415, note T. Genicon ; *D.* 2017. 793, note B. Fauvarque-Cosson, 1149, obs. N. Damas ; *D.* 2018. 371, obs. M. Mekki ; *AJ contrat* 2017. 175, obs. D. Houtcieff ; *RTD civ.* 2017. 377, obs. H. Barbier ; *AJDI* 2017. 612, obs. M. Thioye et 2018. 11, étude H. Jégou et J. Quiroga-Galdo.

2. Sur ce point, v. ss 87.

3. Civ. 1re, 25 févr. 2003, n° 01-00461 ; Civ. 3e, 8 avr. 2009, n° 07-21610.

4. En ce sens et sur ce point, v. not. T. Genicon, note préc.

5. Confirmant l'utilisation du critère de l'intérêt pour décider que : « la nullité d'ordre public encourue pour le non-respect des règles impératives régissant la vente d'immeuble à construire est relative, l'objet étant d'assurer la seule protection de l'acquéreur » : Civ. 3e, 4 oct. 2018, n° 16-22.095, *Defrénois* 2019. 34, note H. Lécuyer.

6. V. en ce sens, H. Lécuyer, note sous Civ. 1re, 18 oct. 2017, *Defrénois* 2018. 33.

d'échange, la nullité devrait logiquement être une nullité absolue, parce que la règle imposant l'existence d'une contrepartie dans un contrat commutatif semble avoir pour objet la sauvegarde de l'intérêt général au-delà de l'intérêt privé des cocontractants, mais il appartiendra à la jurisprudence de répondre à ces questions.

§ 2. L'EXERCICE DES ACTIONS EN NULLITÉ

1490. C'est surtout dans l'exercice de ces actions que se manifestent les différences entre les nullités absolues et relatives, qu'il s'agisse des titulaires de l'action (A), de ses causes d'extinction (C) avec la création, par l'ordonnance d'une nouvelle action, dite interrogatoire, qui permet de ne pas laisser planer l'incertitude sur le sort du contrat, ou de ses effets (B).

L'action en nullité peut être une action principale. Mais la nullité d'un contrat peut aussi être invoquée pour refuser son exécution, c'est l'*exception* de nullité qui a été reconduite par l'ordonnance (v. ss 1506) et, reprenant la proposition de l'avant-projet *Catala* (art. 1130-1) elle a introduit dans l'article 1178, alinéa 1er, la possibilité d'éviter de recourir au juge pour qu'il prononce la nullité si les parties la constatent d'un commun accord.

A. Les titulaires de l'action en nullité

1) La nullité absolue peut être invoquée par tout intéressé

1491. Elle peut être invoquée par toute personne justifiant d'un intérêt, ainsi que l'indique désormais l'article 1180 : les contractants eux-mêmes, leurs héritiers, leurs ayants cause à titre particulier, leurs créanciers chirographaires, mais non pas n'importe quel tiers. Elle peut d'ailleurs être intentée indifféremment par l'auteur de l'irrégularité ou sa victime, car ce que l'on recherche avant tout ici, c'est l'anéantissement de ce contrat irrégulier.

Toutefois, l'auteur de l'irrégularité pourrait éventuellement se voir opposer la règle ***nemo auditur*** (selon laquelle, textuellement, « nul ne peut être entendu (en justice) qui invoque sa propre turpitude »), que nous avons déjà rencontrée à propos des restitutions (v. ss 820) ; une incertitude subsiste car l'ordonnance n'y fait pas de référence expresse mais elle semble ménager la possibilité de l'utiliser dans l'article 1184, alinéa 2 (v. ss 1541). L'application de l'adage peut entraîner le refus de prononcer la nullité, à titre de sanction, ou éventuellement, le refus des restitutions qui pourraient lui être dues (v. ss 1512).

Elle peut aussi être demandée par le ministère public, la règle est désormais expressément posée par l'article 1180. Elle résulte aussi du Code de procédure civile : le ministère public peut intervenir comme partie principale pour faire annuler un contrat pour « la défense de l'ordre public » (C. pr. civ., art. 423).

1492. Le premier projet de réforme du droit des obligations de 2008 proposait de préciser que « la nullité absolue pouvait aussi être relevée d'office par le juge » (art. 1129-2). Cette solution n'a pas été reprise par l'ordonnance du 10 février 2016, mais ce pouvoir doit être admis.

2) L'action en nullité relative ne peut être intentée que par certaines personnes

1493. « La nullité relative ne peut être demandée que par la partie que la loi entend protéger » précise l'article 1181. L'autre contractant ne peut donc jamais s'en prévaloir. Il faut cependant assimiler à celle des parties contractantes qui est protégée par la nullité ses représentants légaux, ses ayants cause universels, tels que ses héritiers après sa mort, ou ayant cause à titre particulier, notamment l'acquéreur d'un bien au sujet duquel la nullité est invoquée, ses créanciers chirographaires (au moyen de l'action oblique de l'article 1341-1), sauf lorsqu'il s'agit de droits exclusivement attachés à la personne.

B. Extinction de l'action en nullité

1494. Les actions en nullité peuvent s'éteindre de trois façons : par la confirmation, par l'effet d'une action interrogatoire, qui ne concerne que les nullités relatives, ou par la prescription, qui concerne toutes les nullités, relatives et absolues.

1) La confirmation

1495. Elle n'est possible que pour les nullités relatives, car il s'agit d'une renonciation à l'action en nullité et cette renonciation n'est pas possible lorsque l'ordre public est en jeu.

La confirmation a toujours été analysée comme un acte juridique unilatéral qui doit émaner de l'auteur de l'acte, titulaire de l'action en nullité.

L'ordonnance consacre cette analyse en définissant la confirmation dans l'article 1182, alinéa 1er, comme « l'acte par lequel celui qui pourrait se prévaloir de la nullité y renonce ».

L'alinéa 2 interdit que la confirmation intervienne avant la conclusion du contrat donc par anticipation.

L'article 1182, alinéa 3, précise par ailleurs « qu'en cas de violence, la confirmation ne peut intervenir qu'après que la violence a cessé ».

1496. Elle est en principe *expresse*, et, dans ce cas, l'article 1182, alinéa 1er, exige que l'acte mentionne l'objet de l'obligation et le vice affectant le contrat, ce qui établit l'intention d'effacer le vice. Ces conditions étaient déjà posées antérieurement et la jurisprudence les appliquait strictement[1] ; mais elle peut aussi être *tacite* en cas d'exécution volontaire du contrat annulable, cette hypothèse étant désormais expressément prévue par l'article 1182, alinéa 3, qui exige que cette exécution volontaire ait eu lieu en connaissance de la cause de nullité.

1497. La confirmation consolide rétroactivement le contrat à l'égard des parties, elle éteint l'action en nullité et emporte renonciation aux moyens et exceptions qui pouvaient être opposés (art. 1182, al. 4). Toutefois, elle est inopposable aux tiers, c'est-à-dire aux ayants cause à titre particulier à qui elle pourrait nuire et aux créanciers chirographaires en cas de fraude (action paulienne de l'article 1341-2, ancien art. 1167).

---

1. Com. 17 juin 2008, Civ. 3e, 2 juill. 2008, *RTD civ.* n° 4, 2008. 675, obs. B. Fages ; v. aussi, M.-E. Pancrazi, « La couverture de l'invalidité », *RLDC* n° 266-37, et les références citées.

1498. Enfin, l'ordonnance a déplacé les anciens articles 1339 et 1340, concernant la confirmation des donations, vers un nouvel article 931-1 introduit dans le titre relatif aux libéralités. Le texte dispose qu'en cas de vice de forme, une donation entre vifs ne peut faire l'objet d'une confirmation. Elle doit être refaite en la forme légale. Après le décès du donateur, la confirmation ou exécution volontaire d'une donation par les héritiers ou ayant cause du donateur emporte leur renonciation à opposer les vices de forme ou tout autre cause de nullité. Il est donc exclu de contourner l'exigence de solennité des donations par une confirmation.

2) L'action interrogatoire

1499. Cette action interrogatoire est une innovation de l'ordonnance, qui figure dans l'article 1183. Elle permet d'interroger la partie qui pourrait se prévaloir de la nullité pour lui demander soit de confirmer le contrat, soit d'agir en nullité dans le délai de six mois à peine de forclusion. Elle ne concerne donc que les nullités relatives. Cette interrogation doit se faire par écrit, ainsi que le précise l'article 1183 et l'écrit doit mentionner qu'à défaut d'action en nullité exercée dans le délai de six mois, le contrat sera réputé confirmé.

Par ailleurs, pour que l'action interrogatoire puisse être exercée, il faut, toujours selon l'article 1183, que la cause de nullité ait cessé. Cette condition peut paraître curieuse car, s'agissant de la confirmation de l'acte, l'article 1182 ne pose cette condition qu'en cas de violence. Cette exigence se concilie cependant avec les solutions en matière de confirmation : en effet, dans l'hypothèse d'un dol ou d'une erreur, la confirmation, qui n'est possible qu'après la conclusion du contrat, implique que le vice est connu, révélé, ce qui d'une certaine façon le fait disparaître à partir de ce moment, tout en ne purgeant pas la cause de nullité, puisque le vice du consentement s'apprécie au moment de la formation du contrat et de l'échange des consentements. De même, en cas de nullité pour incapacité, l'article 1151, alinéa 2, postule que la confirmation de l'acte ne peut intervenir que lorsque le contractant est devenu ou redevenu capable. Là encore, la condition de la cessation du vice est posée pour que la confirmation de l'acte puisse intervenir. La question peut cependant se poser dans le cas de la nullité pour lésion, car en ce cas, on voit mal comment le vice pourrait avoir cessé. Les conditions de l'action interrogatoire seraient donc plus restrictives que celles posées pour la confirmation. Cette action interrogatoire rejoint d'autres actions du même type, introduites dans un but de sécurisation du contrat pour ne pas laisser planer l'incertitude sur son sort (v. ss 916).

3) La prescription

1500. Toutes les actions en nullité sont prescriptibles, mais les délais de prescription ont varié.

1501. La loi du 17 juin 2008 (n° 2008-561), portant réforme de la prescription (v. ss 731 s., pour l'étude de cette loi) a sensiblement modifié les solutions en réduisant de trente ans à cinq ans le délai de prescription de droit commun, qui concerne désormais toutes les actions personnelles et mobilières (les actions réelles immobilières continuant à se prescrire par trente ans), donc les actions contractuelles (art. 2224). Ce délai de droit commun concerne en effet aussi les nullités absolues qui se trouvent donc directement affectées par la réforme, alors que pour les nullités relatives, le délai de cinq ans reste inchangé.

1502. Quant au point de départ de la prescription, la loi précise qu'il court « du jour où le titulaire d'un droit a connu ou aurait dû connaître les faits lui permettant de l'exercer » (art. 2224).

1503. Ces règles générales relatives au délai de prescription peuvent cependant être écartées par des règles particulières. C'est ainsi que concernant les vices du consentement, le point de départ du délai est fixé différemment s'il s'agit du dol ou de l'erreur : selon l'article 1144, le délai de l'action en nullité ne court que du jour où ils ont été découverts et, en cas de violence, du jour où elle a cessé. De même, concernant les incapables, le point de départ du délai varie selon qu'il s'agit d'un mineur, d'un majeur ou d'un héritier (art. 1152) (v. ss 1235).

1504. Enfin, il existe des exceptions, que la loi de 2008 n'a pas remises en cause, où la prescription est abrégée davantage, par exemple trois ans en matière de société qu'il s'agisse de nullité absolue ou relative (art. 1844-14) ; deux ans en matière de lésion pour les cas où elle est cause de nullité du contrat.

1505. On signalera que l'avant-projet *Catala* de réforme du droit des obligations proposait de ramener le délai de prescription des nullités relatives de cinq à trois ans. Cette proposition n'a pas été retenue par le législateur

4) L'exception de nullité

1506. L'écoulement du délai de prescription met fin à la possibilité d'exercer l'action en nullité ; toutefois, la règle issue de l'adage *quae temporalia sunt ad agendum, perpetua sunt ad excipidiendum*, selon laquelle ce qui est prescriptible par voie d'action ne l'est pas par voie d'exception, conduit à admettre que si la nullité n'est pas demandée à titre principal mais seulement invoquée comme exception, la prescription ne joue jamais. L'exception de nullité serait donc imprescriptible. L'ordonnance du 10 février 2016 a consacré cette règle, appliquée effectivement par la jurisprudence, avec une formule très claire, dans l'article 1185 : « l'exception de nullité ne se prescrit pas si elle se rapporte à un contrat qui n'a reçu aucune exécution ». La jurisprudence considérait déjà avant l'ordonnance que la nullité peut toujours être invoquée à titre d'*exception*, comme moyen de défense[1] ; mais il doit s'agir d'une véritable exception de nullité, c'est-à-dire destinée uniquement à paralyser l'exécution sollicitée de l'acte nul. C'est pourquoi elle « peut seulement jouer pour faire échec à la demande d'exécution d'un acte juridique qui n'a pas encore été exécuté »[2]. Dans une décision du 20 mai 2009, la Cour de cassation semblait avoir limité la condition de l'absence de commencement d'exécution à l'exception de nullité relative[3]

---

1. Civ. 3e, 2 déc. 1998, *Bull. civ.* III, n° 226, p. 151, *RTD civ.* 1999. 617, obs. J. Mestre.

2. Civ. 1re, 1er déc. 1998, *Bull. civ.* I, n° 338 ; *D. Affaires* 1999. 68, obs. J.-P. ; *JCP* 1999. I. 171, obs. Fabre-Magnan ; *RTD civ.* 1999. 621, obs. J. Mestre ; Civ. 1re, 9 nov. 1999, *JCP* 2000. II. 10335, note C. Seraglini.

3. Civ. 1re, 20 mai 2009, LEDC 2009. 6, obs. G. Pillet, *CCC* 2009, comm. 213, note L. Leveneur ; *JCP* 2009. 273, obs. Y.-M. Serinet ; *RDC* n° 4, 2009. 1348, obs. T. Genicon ; *D.* 2010. Pan. 232, obs. B. Fauvarque-Cosson.

(v. ss 769) ; mais elle a ensuite clarifié sa position et précisé que la neutralisation de l'exception de nullité en cas de commencement d'exécution jouait sans qu'il y ait lieu de distinguer entre nullité relative et absolue [1]. L'article 1185 ne distingue pas, non plus, selon qu'il s'agit d'un cas de nullité relative ou absolue.

La Cour de cassation a par ailleurs apporté des précisions sur ce commencement d'exécution. Ainsi, l'ignorance, durant le commencement de l'exécution de l'acte, du vice à la source de la nullité n'a aucune incidence et n'empêche pas l'effet prescriptif du commencement d'exécution [2]. À l'inverse la connaissance du vice, source de nullité, n'empêche pas d'invoquer l'exception en l'absence de commencement d'exécution [3]. Peu importe que le commencement d'exécution ait porté sur d'autres obligations que celle atteinte d'une cause de nullité. Toutes les obligations d'un acte peuvent donc être l'objet d'une exécution qui privera le débiteur de la possibilité d'invoquer l'exception de nullité passé le délai de prescription de l'action en nullité [4]. Enfin, dès lors que le contrat n'a pas commencé à être exécuté, l'exception peut être soulevée, peu importe que la demande d'exécution du contrat ait été faite avant l'expiration de la prescription [5].

C. Effets du jugement d'annulation

1507. La nullité, dès lors qu'elle est constatée, est encourue de plein droit, c'est-à-dire que les juges doivent annuler le contrat.

1) Principe de la rétroactivité de l'annulation

1508. L'annulation, qu'il s'agisse d'une nullité absolue ou relative, est toujours rétroactive. Cet effet rétroactif est affirmé par l'article 1178, alinéa 2 : « Le contrat annulé est censé n'avoir jamais existé ».

1509. Le contrat est donc complètement anéanti, il est considéré comme n'ayant jamais existé et les parties doivent être remises dans l'état où elles se trouvaient avant sa conclusion, ce qui entraîne deux conséquences : la nécessité d'opérer les restitutions et l'exclusion du fondement contractuel pour retenir la responsabilité éventuelle de l'une des parties.

---

1. Civ. 1re, 24 avr. 2013, n° 11-27082 ; *CCC* 2013, comm. 154, obs. L. Leveneur ; *Gaz. Pal.* 4 juill. 2013, obs. D. Houtcieff ; *RDC* 2013/4, p. 1310, obs. Y.-M. Laithier, *RTD civ.* n° 3, 2013. 596, obs. H. Barbier.

2. Civ. 1re, 15 janv. 2015, *D.* 2015. 208 ; *ibid.* 1569, obs. J.-J. Lemouland, D. Noguéro et J.-M. Plazy ; *AJ fam.* 2015. 169, obs. J. Casey ; *RTD civ.* 2015. 609..

3. Civ. 1re, 14 janv. 2015, *D.* 2015. 208 ; *ibid.* 1569, obs. J.-J. Lemouland, D. Noguéro et J.-M. Plazy ; *AJ fam.* 2015. 169, obs. J. Casey ; *RTD civ.* 2015. 609, obs.

4. Com. 13 mai 2014, *JCP* 2014. 699, n° 9, obs. J. Ghestin ; *Gaz. Pal.* juill. 2014. 16, obs. D. Houtcieff ; *RTD civ.* 2014. 646. Com. 8 avr. 2015, *D.* 2015. 860 ; *RTD civ.* 2015. 432, obs. P. Crocq ; *ibid.* 609.

5. Com. 31 janv. 2017, n° 14-29474, *RDC* 2017/2. 260, note M. Latina ; v. aussi, M. Mekki, pour un florilège sur le “commencement d'exécution” obstacle à l'exception de nullité, *D.* 2018. Pan. 381.

2) Restitutions

a) L'application du droit commun des restitutions

1510. L'article 1178, alinéa 3, précise que les prestations exécutées donnent lieu à restitution dans les conditions prévues aux articles 1352 à 1352-9 du Code civil, qui constituent désormais le droit commun des restitutions, mis en place par l'ordonnance (v. ss 797 s.).

1511. En effet, l'annulation rétroactive du contrat va entraîner l'obligation, pour chaque partie, de restituer la prestation perçue de l'autre. Cependant la restitution en nature n'est pas toujours possible. Notamment, elle est écartée pour les prestations de service, dont le juge devra évaluer la valeur. Elle est écartée aussi pour les obligations de somme d'argent. La restitution se fera également par équivalent si le bien, objet du contrat, a été aliéné entre-temps. Il faudra aussi régler la question des fruits, celle des impenses, des réparations dues en cas de dégradations, etc. Avant l'ordonnance, il n'y avait pas lieu à indemnisation en contrepartie de la jouissance de la chose objet du contrat, antérieurement à sa restitution[1] mais l'ordonnance est venue contredire cette position jurisprudentielle. Toutes les solutions figurent désormais dans les articles 1352 à 1358-9 du Code civil (v. ss 797 s.).

b) L'application de l'adage « nemo auditur... » pour paralyser les restitutions ?

1512. On rappellera que lorsque le contrat était annulé pour cause ou objet immoraux et même parfois illicites, avant l'intervention de la réforme, la jurisprudence faisait parfois jouer l'adage *nemo auditur propriam turpitudinem allegans,* pour repousser la demande de restitution formée par le cocontractant à l'origine de l'immoralité (v. ss 1390). Cette maxime, selon laquelle nul ne peut invoquer (en justice) sa propre turpitude, ne conduisait pas systématiquement à exclure la possibilité de demander la nullité, mais à titre de sanction, à repousser la demande de restitution si le contractant avait trempé dans la « turpitude » en question, à moins que le cocontractant y ait également participé, grâce au second adage complémentaire : « *in pari causa...* » (à turpitude égale, la répétition cesse) ; mais une certaine incertitude règne quand même en la matière où les tribunaux décident selon chaque cas d'espèce[2].

1513. L'ordonnance de 2016, dans le chapitre consacré aux restitutions ne fait jamais référence à cet adage, ni expressément, ni même implicitement (v. ss 820). Toutefois, l'article 1184, alinéa 2, pourrait bien implicitement lui ménager une place, en précisant que le contrat est maintenu, si bien que la nullité qui devrait être prononcée, est écartée « lorsque la finalité de la règle méconnue exige son maintien ». Il pourrait ainsi être fait

---

1. Civ. 1re, 2 juin 1987, *Bull. civ.* I, n° 183.

2. V. Ph. le Tourneau, thèse citée dans la bibliographie. La maxime a été invoquée par exemple en cas d'annulation d'une vente pour dol. En l'espèce l'acheteur avait été victime de manœuvres dolosives exercées de façon concertée, par les défendeurs, dans le seul but de lui soutirer une somme d'argent importante, ce dont il s'ensuivait que la vente était nulle et que le principe précité ne pouvait recevoir application, peu important que l'intéressé ait lui-même agi en croyant réaliser un profit substantiel non justifié (Civ. 1re, 22 juin 2004, *Juris-Data* n° 2004-024259 ; *JCP* II. 10006, note A.-F. Eyraud).

échec à la nullité, à titre de sanction d'un comportement illicite (v. ss 1541). Pourquoi, dès lors, ne pas en faire également application à propos des restitutions ? la question reste donc posée de savoir si la jurisprudence continuera à faire application des adages, dans le cadre des restitutions. La notion de bonnes-mœurs et la morale traditionnelle ont, non seulement reculé mais encore disparu des textes depuis l'ordonnance ; mais l'illicéité et la contrariété à l'ordre public demeurent, et elles peuvent évidemment intégrer le respect de la morale et de l'éthique.

c) Irresponsabilité contractuelle et responsabilité précontractuelle

1514. La rétroactivité de l'anéantissement du contrat a pour conséquence qu'aucune des parties ne peut être condamnée à des dommages et intérêts pour inexécution d'un contrat qui est censé n'avoir jamais existé ; il n'y a donc pas lieu à responsabilité contractuelle, mais uniquement à une responsabilité extracontractuelle, dans les conditions du droit commun. C'est cette solution qui a été codifiée dans l'article 1178, alinéa 4 : « indépendamment de la nullité, la partie lésée peut demander la réparation du dommage subi dans les conditions du droit commun de la responsabilité extracontractuelle ». La solution était déjà appliquée par la jurisprudence [1].

1515. L'action en nullité peut donc être accompagnée d'une action en responsabilité civile extracontractuelle. Il en est ainsi notamment, en cas de dol ou de violence commis par un contractant, dans la mesure où le dol et la violence sont des fautes intentionnelles qui, à ce titre, engagent la responsabilité pour faute de leur auteur.

Section 2
Le maintien du contrat malgré l'irrégularité

1516. Le contrat, atteint d'une irrégularité qui affecte l'une ou même plusieurs de ses obligations, de ses clauses ou de ses stipulations, n'est pas toujours frappé d'une nullité totale. À côté de la nullité totale, il a toujours été admis par la jurisprudence l'hypothèse d'une nullité partielle qui conduit seulement à la disparition d'une partie du contrat et le laisse subsister pour le surplus, parce qu'il présente encore, même amputé, une utilité pour les parties. Cette nullité partielle est reconnue par l'ordonnance, dans l'article 1184, alinéa 1er (§ 1) et elle est distinguée de l'hypothèse prévue par l'article 1184, alinéa 2, où une clause du contrat est réputée non écrite (§ 2). En effet, dans le cas où une clause est atteinte de nullité, une option existe, à certaines conditions, entre le maintien du contrat assorti de la nullité de la clause (ou des clauses viciées) et la nullité totale. Dans le cas où la clause est réputée non écrite, le contrat est maintenu et la clause éradiquée. Enfin, le contrat est également maintenu lorsque les fins de la règle méconnue exigent son maintien (§ 3). Ces solutions s'inscrivent à l'évidence dans l'objectif

---

1. Par ex., reconnaissant que le droit de demander la nullité d'un contrat par application des articles 1116 et 1117 du Code civil n'exclut pas l'exercice, par la victime des manœuvres dolosives, d'une action en responsabilité délictuelle pour obtenir de leur auteur réparation du préjudice qu'elle a subi : Com. 18 oct. 1994, *D.* 1995. 180, note C. Atias ; *JCP* 1995. I. 3853, n° 3, obs. Viney ; v. aussi : Civ. 3e, 18 mai 2011, *JCP* 2011, n° 1141, n° 22, obs. Y.-M. Sérinet.

de maintien du contrat utile toutes les fois que ce maintien s'avère possible, qui était l'un des objectifs de l'ordonnance du 10 février 2016 (v. ss 912).

§ 1. La nullité partielle

1517. Selon l'article 1184, alinéa 1er, qui prévoit désormais explicitement l'hypothèse de la nullité partielle, « lorsque la cause de nullité n'affecte qu'une ou plusieurs clauses du contrat, elle n'emporte nullité de l'acte tout entier que si cette ou ces clauses ont constitué un élément déterminant de l'engagement des parties ou de l'une d'elle ». La formule est très claire et le critère de la nullité partielle également, celui du caractère déterminant de la clause. L'option de la nullité partielle est donc soumise à cette condition de l'absence du caractère déterminant de la clause. Toutefois, avant d'étudier les conditions de cette option (B), on notera que la nullité du contrat peut aussi parfois être écartée en cas de requalification (A).

A. Requalification ou nullité partielle

1518. Il arrive qu'un acte nul soit reconnu valable avec une qualification différente. Ainsi, un acte authentique nul en tant que tel, peut valoir comme acte sous seing privé (v. art. 1370) ; c'est ce qu'on appelle la conversion par réduction. De même, une vente nulle pour défaut de prix ou prix dérisoire pourra éventuellement être requalifiée en libéralité (acte à titre gratuit) et ne pas être annulée.

B. L'option entre la nullité partielle et la nullité totale en fonction de l'impact de la clause nulle

1) Une solution admise par la jurisprudence

1519. Si la requalification n'est pas possible, la jurisprudence, à partir de l'ancien article 1172 et de l'article 900 relatif aux libéralités, textes apparemment contradictoires, avait dégagé une solution uniforme applicable au-delà des actes à titre gratuit. L'article 900 disposait que « dans toute dispositions entre vifs ou testamentaire, les conditions impossibles, celles qui sont contraires aux lois ou aux mœurs, seront réputées non écrites ». Au contraire, l'article 1172 prévoyait que toute condition d'une chose impossible, ou contraire aux bonnes mœurs ou prohibée par la loi est nulle et rend nulle la convention qui en dépend ; contrairement à l'article 900, le texte prévoyait donc la nullité du contrat tout entier. Partant de ces textes et considérant que l'article 1172 posait un principe général et l'article 900, une règle spéciale, la jurisprudence avait fondu les deux règles pour limiter dans tous les cas la nullité à la seule clause irrégulière, ou pour étendre la nullité à l'ensemble de l'acte en fonction de son importance. Elle estimait que le contrat ne devait être anéanti que si la clause nulle était déterminante de l'engagement ; sinon seule la clause viciée était annulée, la nullité étant alors *partielle*[1].

---

1. V. par ex. Civ. 1re, 17 oct. 2007, *Bull. civ.* I, n° 322.

1520. La nullité partielle était également utilisée dans le cas d'un *contrat complexe* (v. ss 995), dont une partie seulement est annulable, lorsque le maintien des autres parties du contrat reste possible sans que cela porte atteinte à l'économie du contrat.

1521. Enfin cette nullité partielle était aussi utilisée par la jurisprudence dans le cas *d'ensembles contractuels,* lorsque l'un des contrats est atteint de nullité mais que les autres se sont formés valablement et peuvent subsister. Toutefois, l'indivisibilité qui unit ces contrats pouvait conduire à une solution différente : s'ils participent à une opération d'ensemble et si la disparition du contrat annulé rend impossible ou sans intérêt l'exécution des autres, ceux-ci seront également annulés. L'ordonnance, dans cette dernière hypothèse, a cependant condamné cette solution en prévoyant, non pas l'extension de la nullité de l'un des contrats aux autres contrats de l'ensemble, mais la *caducité* de ceux-ci (v. ss 1474, 1769 s.).

2) Une solution confirmée par l'ordonnance

1522. L'ordonnance a consacré cette jurisprudence dans l'article 1184, alinéa 1er, qui reprend expressément le critère du « caractère déterminant de la clause dans l'engagement des parties ou de l'une d'elles ».

On notera que le caractère déterminant ne s'apprécie pas nécessairement au regard des deux parties. Il suffit qu'il soit déterminant pour l'une d'entre elles. Toutefois, ce caractère déterminant s'apprécie-t-il subjectivement ou bien objectivement au regard de l'économie du contrat voire de la nature du contrat ? La jurisprudence s'est plutôt appuyée jusqu'ici sur le critère subjectif. Cependant, si, par exemple, l'une des obligations essentielles du contrat est dépourvue d'objet, pourrait-on admettre une nullité simplement partielle ? Certainement pas, sauf à requalifier l'acte. De même, l'article 1169 précise qu'un contrat à titre onéreux est nul lorsque, au moment de sa formation, la contrepartie convenue au profit de celui qui s'engage est illusoire ou dérisoire. Là encore, l'option de la nullité partielle est fermée par le texte, sans que l'on ait à se poser de question, sauf celle de la requalification de l'acte (requalification d'une vente en donation indirecte en cas de prix dérisoire par exemple). De la même façon, en cas de vice du consentement, la nullité est nécessairement totale, puisque, pour que le vice soit admis il faut qu'il soit déterminant du consentement au contrat. Là encore, le contrat en entier est nécessairement annulé. Dès lors, il apparaît que lorsque la cause de nullité affecte le consentement au contrat ou une obligation essentielle, la nullité partielle ne peut être admise. Cependant, à l'inverse, les parties peuvent avoir convenu qu'un élément objectivement accessoire, était dans leur esprit essentiel et donc déterminant de l'engagement[1].

L'article 1169 ne distingue pas, par ailleurs, selon que la cause de nullité renvoie à une nullité absolue ou relative. Le critère ne réside donc pas dans la nature de la nullité.

1523. Cette question de la nullité partielle se rapproche de celle des « clauses réputées non écrites » pour lesquelles certains auteurs ont proposé, plutôt que la qualification d'annulation partielle, une sanction spécifique, l'*effacement* (v. ss 1537).

Mais, il existe entre les deux situations une différence essentielle : lorsqu'une clause du contrat est frappée de nullité, l'option existe toujours entre la nullité partielle et la

---

1. V. par ex. Com. 27 mars 1990, *D.* 1991. 289, note X. Testu ; *RTD civ.* 1991. 112, obs. J. Mestre.

nullité totale, en fonction du caractère déterminant ou pas de la clause ; ce qui n'est pas le cas lorsque la clause est réputée non écrite car en ce cas, la nullité du contrat n'est pas prononcée (v. ss 1529).

1524. On ajoutera qu'à cette nullité partielle s'ajoute parfois une *modification positive du contrat* par la loi elle-même ou le juge, lorsqu'il peut trouver dans le contrat des dispositions susceptibles de se substituer à celles qu'il vient d'annuler, par exemple, en matière de clauses d'indexation irrégulières, lorsque les parties ont choisi un indice illicite[1] (v. ss 653, 654). L'ordonnance consacre également cette solution dans l'article 1167 : « lorsque le prix ou tout autre élément du contrat doit être déterminé par référence à un indice qui n'existe pas ou a cessé d'exister ou d'être accessible, il est remplacé par l'indice qui s'en rapproche le plus ». La nullité du contrat pour indétermination du prix, qui conduirait d'ailleurs à une nullité totale et non partielle compte tenu du caractère nécessairement déterminant du prix, est donc évitée. Le texte ne se prononce pas cependant sur le cas de l'indice illicite.

1525. On pourrait également rattacher à cette hypothèse de modification positive du contrat, celle, admise par la jurisprudence où une clause, jugée disproportionnée parce qu'elle porte atteinte aux droits fondamentaux du débiteur et qui, à ce titre, peut être annulée pour contrariété à l'ordre public, fasse l'objet d'une réduction qui corrige son caractère disproportionné. C'est le cas, notamment, en matière de clause de non concurrence. L'article 1184 qui ne prévoit que la nullité partielle, exclut-il désormais cette solution[2] ?

§ 2. Les clauses réputées non écrites

1526. Il existait un certain nombre de cas, avant la réforme du droit des contrats où le *législateur* avait prévu à l'avance que certaines clauses insérées dans un contrat seront « réputées non écrites » c'est-à-dire considérées comme n'ayant jamais été stipulées, par exemple en matière de libéralités pour les conditions impossibles, contraires aux lois ou aux mœurs (art. 900), de cautionnement (art. 2037), de clause pénale (ancien art. 1152, devenu art. 1231-5), pour les clauses contraires aux dispositions légales de construction (art. 1792-5), pour des clauses limitatives de responsabilité... De telles dispositions figurent aussi en droit des assurances, de la consommation, de la copropriété, du travail, en droit rural ou commercial, etc.

1527. De son côté, le juge déclarait non écrites les clauses abusives dans les contrats de consommation (v. ss 1423 s., la condamnation des clauses abusives) ou parfois qualifiait d'autorité de « non écrite » toute clause procurant un avantage excessif à l'un des contractants ou diminuant abusivement les garanties de l'autre, ce qui revient à rompre l'équilibre contractuel. La jurisprudence est abondante en la matière[3].

---

1. Civ. 1re, 4 déc. 1967, *Bull. civ.* I, n° 351, p. 265 ; Civ. 3e, 15 févr. 1972, *D.* 1973. 417, note J. Ghestin ; Civ. 16 juill. 1974, *D.* 1974. 681, note M. Malaurie.

2. Sur la question et les références citées, v. N. Dissaux et C. Jamin, *Réforme du droit des contrats, du régime général et de la preuve des obligations. Commentaire des articles 1100 à 1386-1 du Code civil*, Dalloz, 2016, p. 84.

3. V. Cottereau, « La clause réputée non écrite », *JCP* 1993. I. 3691.

1528. L'ordonnance du 10 février 2016 inscrit dans les textes cette hypothèse de la clause réputée non écrite dans l'article 1184, alinéa 2, en distinguant bien cette hypothèse de l'hypothèse de la clause nulle (A). Elle prévoit par ailleurs elle-même un certain nombre de cas où une clause est réputée non écrite (B).

A. La distinction des clauses réputées non écrites et des clauses nulles (art. 1184, al. 1er)

1529. Selon l'article 1184, alinéa 2, qui concerne les clauses réputées non écrites, « le contrat est maintenu lorsque la loi répute la clause non écrite ».

Ici, donc, il n'y a pas d'option ouverte en fonction du caractère déterminant ou pas de la clause irrégulière. Le texte est clair : le contrat est maintenu. Le réputé non écrit est donc bien une sanction distincte de la nullité [1].

1530. Le réputé non écrit est par ailleurs, à la différence des clauses nulles, circonscrit par la loi. En effet, l'article 1184 est clair : seule la loi est à l'origine du réputé non écrit. Tel est le cas des articles 1170 et 1171 du Code civil qui prévoient respectivement que toute clause qui prive de sa substance l'obligation essentielle du débiteur est réputée non écrite (v. ss 1360) et que dans un contrat d'adhésion, toute clause qui crée un déséquilibre significatif entre les droits et obligations des parties est réputée non écrite (sanction des clauses abusives inscrite dans le droit commun par l'ordonnance, v. ss 1361 s.). À l'inverse, on l'a vu, lorsque la contrepartie est illusoire ou dérisoire, le contrat est nul. Autre exemple : concernant les actes à titre gratuit, l'article 900, déjà cité, prévoit que la condition impossible ou contraire aux bonnes mœurs ou illicite est réputée non écrite.

1531. Ainsi, il apparaît d'une part, que la clause non écrite est toujours qualifiée par la loi (le juge ne pourrait donc de lui-même utiliser cette qualification dans le silence des textes) et d'autre part, que la clause non écrite, parce qu'elle s'accompagne toujours de son éradication et du maintien du contrat, est nécessairement une clause secondaire au regard des éléments objectifs du contrat, alors même qu'elle aurait pu être jugée déterminante par l'une des parties.

B. La qualification de la sanction

1532. Réputer une clause « non écrite » revient à la faire disparaître d'un trait de plume, à l'effacer, mais à quel type de sanction peut-on rattacher ce procédé ?

1533. *Il ne s'agit pas d'une inexistence* car il s'agit alors d'effacer un acte tout entier parce qu'il lui manque un élément de validité (ex. mariage inexistant faute de célébration) (v. *Droit civil*, vol. 1, n° 430 ; v. ss 234) alors qu'ici l'acte demeure, seule une clause disparaît.

---

1. V. M. Azavant, « Clarification et modernisation des sanctions : nullité, caducité et réputé non écrit », in V. Larribau-Terneyre et S. Pellé (dir.), *Quel renouveau pour le droit des contrats : une réforme entre tradition et modernité*, PUPPA, 2016.

1534. *Il ne s'agit pas non plus d'une inopposabilité* car elle a pour effet de rendre l'acte inefficace à l'égard des tiers que l'on veut protéger mais valable entre les parties, alors qu'ici, la clause est réputée non écrite à l'égard des deux parties, pour protéger l'une d'entre elles.

1535. *La caducité doit également être écartée* car elle prive d'effet un acte valable lors de sa formation par la survenance d'un événement postérieur à celle-ci, alors qu'ici, la clause réputée non écrite étant intégrée au contrat, est née avec lui.

1536. Il pourrait s'agir *d'une nullité partielle*, mais l'expression de « clause réputée non écrite » marque, on l'a vu une différence.

1537. Certains auteurs [1] ont proposé, une nouvelle sanction, originale et autonome, l'*effacement* de la clause illicite.

La théorie de l'effacement n'est encore qu'ébauchée, mais on peut relever un certain nombre de points intéressants : – L'action en retrait d'une clause interdite est ouverte à la personne protégée ou à un tiers lésé, dès lors qu'il a intérêt à agir. – La durée de l'action pose un problème : doit-on tenir compte des délais de prescriptions spéciales attachées à tel ou tel cas particulier ou admettre l'imprescriptibilité ? Cette solution semble la meilleure dans la mesure où la finalité de l'imprescriptibilité est, selon J. Mestre [2] de « permettre au néant d'échapper à l'emprise du temps » or, « une clause réputée non écrite constitue par excellence une illustration du néant juridique puisqu'elle est par avance vouée à disparaître » [3]. – L'effet rétroactif de l'effacement pose cependant un nouveau problème, il ne permet généralement pas d'anéantir tous les effets passés de la clause interdite mais se traduit par des dommages et intérêts réparant le préjudice subi par le demandeur. – La sanction reste limitée à la clause interdite sans s'étendre à l'acte tout entier à défaut de dispositions spécifiques du législateur étendant l'effacement à l'acte en entier. C'est d'ailleurs en effaçant uniquement la clause interdite (ou la clause nulle) que l'on assure le plus efficacement la protection de l'intéressé.

1538. L'ordonnance du 10 février 2016 n'a pas retenu cette qualification d'effacement et ne répond pas précisément à ces questions.

1539. La première chambre civile de la Cour de cassation, dans une décision du 13 mars 2019, a indiqué pour sa part que l'action en réputé non écrit n'était pas une action en nullité et n'était donc pas soumise à la prescription quinquennale [4]. Si elle ne dit pas expressément que l'action est imprescriptible, la solution semble pourtant implicite. La cour d'appel de Paris, s'était pour sa part prononcée pour l'application

---

1. Y. Buffelan-Lanore, *Essai sur la notion de caducité des actes juridiques en droit civil*, thèse, Toulouse, 1961, LGDJ, 1963.

2. *RTD civ.* 1987. 535.

3. V. Cottereau, chron. préc., p. 319.

4. Civ. 1re, 13 mars 2019, n° 17-23.169, *D.* 2019. 1033, note A. Etienney-de-Sainte Marie ; *RTD civ.* 2019. 334, obs. H. Barbier.

de la prescription quinquennale de droit commun, posée par l'article 2224 du Code civil[1]. La question reste donc ouverte et débattue[2].

§ 3. Le maintien du contrat lorsque les fins de la règle méconnue l'exigent

A. Une solution expressément posée par l'ordonnance

1540. Dernier correctif à la nullité totale, destiné à la repousser dans des hypothèses où logiquement elle devrait être prononcée : celui prévu par l'article 1184, alinéa 2 : l'hypothèse où « la finalité de la règle méconnue exige son maintien ». La formule est large.

On peut imaginer ainsi que la nullité du contrat soit écartée à titre de sanction, alors même que la clause viciée serait une clause déterminante de l'engagement de l'une des parties, voire des deux, ce qui normalement ne devrait conduire qu'à la nullité partielle. N'est-ce pas alors réserver une place au jeu de l'adage *nemo auditur* (déjà à propos des restitutions, v. ss 820, 1513) ?

B. Une place pour le maintien de l'adage « *nemo auditur...* »

1541. Le maintien de l'acte, alors même que la clause était déterminante pour l'une des parties contredit ainsi l'intention du cocontractant qui aurait connu l'illicéité, voire, en aurait même fait un élément déterminant de son consentement pour éviter la nullité totale et dont les intentions se trouvent ainsi déjouées. La même solution peut être admise, lorsque l'illicéité de la clause était connue des deux parties et qu'il y a eu entente pour en faire un élément déterminant du contrat. L'adage *nemo auditur* ne servirait donc pas seulement à paralyser les restitutions lorsque le contrat est annulé (v. ss 1512), mais aussi, dans le contexte de l'article 1184, alinéa 2, à paralyser la nullité du contrat.

---

1. Paris, 19 déc. 2018, n° 16/25325 ; *RTD civ.* 2019. 334, obs. H. Barbier.

2. V. notamment, contre l'imprescriptibilité car l'action en réputé non écrit demeure une action personnelle au sens de l'article 2244 du Code civil, siège du délai de prescription de droit commun : H. Barbier, obs. sous Civ. 1re, 13 mars 2019, *RTD civ.* 2019. 334.

DOCUMENTS

BIBLIOGRAPHIE

AZAVANT (M.), « Clarification et modernisation des sanctions : nullité, caducité et réputé non écrit », in V. Larribau-Terneyre et S. Pellé (dir.), *Quel renouveau pour le droit des contrats ? Une réforme entre tradition et modernité*, PUPPA, 2016.
BUFFELAN-LANORE (Y.), *Essai sur la notion de caducité des actes juridiques en droit civil*, thèse, Toulouse, 1961, LGDJ, 1963.
BOFFA (R.) « La validité du contrat », *Gaz. Pal.* 30 avr. 2015, n° 120, p. 18.
CHANTEPIE (G.) et LATINA (M.), *La réforme du droit des obligations. Commentaire théorique et pratique dans l'ordre du Code civil,* Dalloz, 2016, p. 385 s.
COTTEREAU (V.), « La clause réputée non écrite », *JCP* 1993. I. 3691.
COUTURIER (G.), « L'ordre public de protection, heurs et malheurs d'une vieille notion neuve », in *Mélanges Flour*, Defrénois, 1979, p. 95.
DISSAUX (N.) et JAMIN (C.), *Réforme du droit des contrats, du régime général et de la preuve des obligations, Commentaire des articles 1100 à 1386-1 du Code civil*, Dalloz, 2016, p. 76 s.
HAMELIN (F.), « La nullité judiciaire », in M. Latina et G. Chantepie (dir.), *Projet de réforme du droit des contrats, du régime général et de la preuve des obligations*, Dalloz, 2015, p. 54.
LE TOURNEAU (Ph.), *La règle « nemo auditur »*, thèse, Paris, 1969, LGDJ.
ROUVIÈRE (F.), « L'évaluation des restitutions après annulation ou résolution de la vente », *RTD civ.* 2009. 617.
SCHMIDT-SZALEWSKI (J.), « Les conséquences de l'annulation d'un contrat », *JCP* 1989. I. 3397.
SIMLER (Ph.), *La nullité partielle des actes juridiques*, thèse, Strasbourg, 1968, LGDJ.
WICKER (G.) et BOUCARD (H.), « Les sanctions relatives à la formation du contrat », *JCP* 2015, suppl. au n° 21, p. 32.
colloque : « Les nullités absolues, quel avenir ? », dossier, *RDC*, n° 3, sept. 2019.

DÉFINITIONS

Les différentes causes d'anéantissement des contrats

► ***Caducité*** : c'est une cause d'inefficacité qui atteint un acte juridique, pleinement valable à sa formation, privé, avant d'avoir pu produire ses effets juridiques, d'un élément essentiel à sa validité, par la survenance d'un événement postérieur à sa formation et indépendant de la volonté de son auteur (par ex. caducité de l'offre de contrat par suite du prédécès du pollicitant). La caducité opère de plein droit et sans rétroactivité[1]. Il existe toutefois des causes diverses de caducité dont les effets sont variables puisqu'elle est parfois rétroactive (v. ss 1473).

► ***Effacement*** : sanction originale permettant de déclarer « non écrite » une clause illicite ou abusive d'un contrat sans anéantir celui-ci. Cette sanction n'a pas été cependant consacrée par l'ordonnance de 2016 (v. ss 1537).

1. Pour cette définition, v. thèse Y. Buffelan-Lanore, citée dans la bibliographie et v. art. 1186 du Code civil.

▶ ***Inexistence*** : un contrat est inexistant quand il manque, à sa formation, un de ses éléments constitutifs essentiels : consentement, objet, cause, et qu'il n'a aucune apparence formelle (notion discutée, très peu différente de la nullité absolue) (v. ss 1468).

▶ ***Inopposabilité*** : un contrat est inopposable lorsqu'il est valable entre les parties mais inefficace à l'égard des tiers, car il était soumis au moment de sa formation et pour produire ses effets à l'égard des tiers, à certaines conditions qui n'ont pas été respectées (ex. défaut des formalités de publicité).

▶ ***Inutilité*** : un contrat est inutile quand il ne peut produire d'effet par la volonté des parties ou la nature des choses (ex. vente dont l'objet n'a jamais existé) ; très peu différent de l'inexistence.

▶ ***Nullité*** : un contrat est annulable quand il ne peut produire d'effet par la volonté du législateur, en raison d'un vice *contemporain de sa formation*. La nullité est rétroactive. C'est la sanction d'une irrégularité intervenue lors de la formation du contrat.

– Il s'agit de *nullité absolue* lorsqu'il y a atteinte à un intérêt général car le contrat a été passé en violation d'une prescription de la loi, quant au fond ou quant à la forme (ex. contrat contraire aux bonnes mœurs ou à l'ordre public, contrat solennel passé en la forme de sous seing privé) ; à ces cas, on ajoute souvent les cas dits d'inexistence.

– Il s'agit de *nullité relative* lorsqu'il faut protéger l'un des contractants, soit parce que la manifestation de sa volonté est imparfaite (vices du consentement), soit parce qu'il est incapable (mineur, personne atteinte d'insanité d'esprit).

▶ ***Rescision*** : un contrat est rescindable, c'est-à-dire qu'il peut être rescindé, anéanti, s'il y a eu lésion, c'est-à-dire un déséquilibre économique entre les prestations des parties au moment de sa formation (ex. lésion de plus des 7/12e dans la vente d'immeuble) (très peu différent de la nullité).

▶ ***Résolution*** : un contrat, parfaitement valable lors de sa formation, peut être anéanti à la demande de l'une des parties, si l'autre n'exécute pas son obligation. La résolution est soit conventionnelle (clause résolutoire, art. 1225), soit unilatérale, aux risques et périls du créancier victime d'une grave inexécution (art. 1226), soit judiciaire (art. 1227). Elle est rétroactive et fait disparaître le contrat pour l'avenir mais aussi pour le passé.

▶ ***Résiliation*** : toujours en cas d'inexécution, lorsque la résolution prend l'appellation de résiliation lorsque l'effet rétroactif est écarté (art. 1229).

▶ ***Révocation*** : un contrat est révocable lorsque, né viable, il perd ultérieurement son efficacité par la volonté du disposant (ex. donation révocable pour survenance d'enfant, ou pour ingratitude). La révocation peut être de plein droit, judiciaire ou volontaire.

Titre 2

Les effets du contrat

1542. Nous venons de voir ce qui se passe quand le contrat n'est pas régulier. Voyons maintenant quels sont les effets d'un contrat régulier, à l'aune des changements apportés par l'ordonnance du 10 février 2016.

§ 1. Les principes traditionnels gouvernant les effets du contrat avant l'ordonnance du 10 février 2016

1543. Les effets du contrat étaient principalement réglés jusqu'à la réforme par deux articles du Code civil : l'article 1134 et l'article 1165

Selon l'article 1134, « Les conventions légalement formées tiennent lieu de loi à ceux qui les ont faites. Elles ne peuvent être révoquées que de leur consentement mutuel ou pour les causes que la loi autorise. Elles doivent être exécutées de bonne foi ».

Selon l'article 1165, « Les conventions n'ont d'effet qu'entre les parties contractantes ; elles ne nuisent pas au tiers et elles ne lui profitent que dans le cas prévu par l'article 1121 » (stipulation pour autrui).

1544. Deux principes se dégageaient de ces textes, qui étaient considérés comme des principes directeurs du contrat (sur cette question et sur l'évolution, v. ss 859 s.) : celui de la force obligatoire du contrat entre les parties (mais aussi à l'égard du juge) qui impliquait l'irrévocabilité et l'intangibilité du contrat d'une part et celui de l'effet relatif du contrat à l'égard des tiers, d'autre part.

§ 2. Une apparente continuité dans l'ordonnance du 10 février 2016

1545. L'ordonnance du 10 février 2016, en apparence, n'a pas bouleversé la matière.

1546. *Concernant les effets du contrat entre les parties*, le principe traditionnel de la *force obligatoire* n'est pas remis en cause. L'ancien article 1134, alinéa 1er, qui posait ce principe, se retrouve quasiment à l'identique mais dans l'article 1103, c'est-à-dire qu'il est désormais inscrit au frontispice du droit du contrat, dans le chapitre consacré aux dispositions liminaires : « les contrats légalement formés tiennent lieu de loi à ceux qui les ont faits ». Un seul mot a changé : « contrat », remplace « convention ». On retrouve par ailleurs également le contenu de l'ancien article 1134, alinéa 2, qui, tirait les conséquences du principe de la force obligatoire du contrat en posant le principe de son irrévocabilité et de son intangibilité, dans l'article 1193 : « Les contrats ne peuvent être modifiés ou révoqués que du consentement mutuel des parties ou pour les causes que la loi autorise » ; enfin, l'article 1194 dispose : « les contrats obligent non seulement à ce qui y est exprimé, mais encore à toutes les suites que leur donnent l'équité, l'usage ou la loi », ce qui est la reprise exacte de l'ancien article 1135.

Quant au principe d'exécution *de bonne foi,* qui figurait dans l'article 1134, alinéa 3, on le retrouve également, mais déplacé au début du titre sur les contrats, dans les mêmes dispositions liminaires que le principe de la force obligatoire, à l'article 1104 : il irrigue désormais tout le contrat, de la négociation jusqu'à l'exécution. Ainsi, rien ne paraît changé, mis à part le nouvel emplacement des principes de la force obligatoire et de l'exécution de bonne foi. Cependant, la modification n'est pas purement formelle : elle marque l'importance attachée à ces deux principes qui sont ainsi désignés, avec la liberté contractuelle, comme des principes généraux du droit des contrats.

1547. S'agissant des *effets du contrat à l'égard des tiers*, le contenu de l'article 1165, clarifié à vrai dire, s'exprime toujours, dans les articles 1199 et 1200, qui confirment le principe de l'effet relatif : « Le contrat ne crée d'obligations qu'entre les parties. Les tiers ne peuvent ni demander l'exécution du contrat ni se voir contraints de l'exécuter sous réserve des dispositions de la présente section et de celles du chapitre III du titre IV ».

§ 3. Des changements notables

1548. Si la force obligatoire du contrat à l'égard des parties et l'effet relatif à l'égard des tiers sont nettement confirmés dans leur statut de principes cardinaux des effets du contrat, cela ne signifie pas, cependant, que l'ordonnance du 10 février 2016 n'a apporté aucun changement.

1549. Le principe de bonne foi, a été d'abord incontestablement renforcé par sa nouvelle place, et le fait qu'il est devenu l'un des trois principes généraux du droit des contrats, avec la liberté contractuelle et la force obligatoire.

1550. De façon plus indirecte, ensuite, parce qu'ils ne sont pas posés expressément comme des principes nouveaux du droit des contrats, d'autres principes ou objectifs (v. ss 909 s.) inspirent les règles gouvernant l'exécution du contrat, pour en renouveler l'approche et fonder des solutions novatrices, comme le principe de justice contractuelle et d'utilité sociale et économique du contrat (ou, selon le droit européen, le concept d'attente raisonnable ou légitime des contractants). Ces principes, qui avaient été reçus largement dans les différents projets de réforme du droit des contrats, qu'il s'agisse des projets en droit interne ou du droit européen des contrats (v. ss 892 s.), ont également inspiré les rédacteurs de l'ordonnance du 10 février 2016. Ils contribuent à assouplir le principe de la force obligatoire en ce qu'il implique l'intangibilité et l'irrévocabilité du contrat et sont à l'origine de solutions très novatrices introduites par l'ordonnance, inspirées par l'évolution de la jurisprudence. Comme le relèvent certains auteurs, « les juges aujourd'hui s'efforcent de concilier principes traditionnels du droit français des contrats (au premier rang desquels celui de la force obligatoire, garant de l'efficacité des clauses) et considérations tirées des circonstances économiques ainsi que de la personne du cocontractant. (...) En attestent certaines décisions fondées sur les principes de bonne foi, de cohérence, d'attentes légitimes. La proportionnalité et l'équilibre contractuel sont au cœur des préoccupations judiciaires, sans pour autant que soient bouleversés les principes traditionnels les plus solidement ancrés en droit civil »[1]. L'ordonnance a intégré ces évolutions. Elle consacre ainsi des solutions qui donnent davantage de pouvoir à la volonté unilatérale pour se défaire du contrat, par exemple, mais aussi plus de pouvoir au juge pour intervenir dans l'équilibre économique du contrat. Elle reste cependant attachée à la recherche d'une juste mesure et ne remet pas fondamentalement en cause les principes traditionnels, ainsi que nous le verrons au fur et à mesure de l'étude.

1551. D'autres changements sont encore intervenus. Le premier essentiel, est l'affirmation, entièrement nouvelle, du *principe de l'effet translatif* du contrat. En effet, l'ordonnance a modifié la définition traditionnelle du contrat, qui n'est plus aujourd'hui refermé sur les seules obligations qu'il fait naître. Non seulement il peut aussi modifier, transmettre ou éteindre des obligations, mais aussi, et surtout, il peut produire des effets indépendamment de ce mécanisme obligatoire, et plus particulièrement, un effet translatif de droit. Cet effet nouveau du contrat est inscrit dans les articles 1196 à 1198, dans la section consacrée aux effets du contrat entre les parties, à côté du principe de la force obligatoire, prévu aux articles 1193 à 1195. Ainsi, au titre des effets du contrat entre les parties, faut-il désormais inclure cette donnée entièrement nouvelle, l'effet translatif du contrat.

1552. Ensuite, au titre des innovations, l'ordonnance s'est également préoccupée de la question, non traitée jusque-là dans le Code civil, de *la durée du contrat*, dans une section nouvelle constituée des articles 1210 à 1215 et elle a également introduit dans le droit commun du contrat, le mécanisme de *la cession de contrat*, également envisagée au titre des effets du contrat, dans une section spécifique, aux articles 1216 à 1216-3.

1553. Enfin, l'ordonnance règle, également dans une section spécifique, la dernière de *la question de l'inexécution du contrat*. La principale conséquence du principe de la force obligatoire du contrat qui impose son exécution est que toute inexécution, doit normalement être sanctionnée. Or, dans les dispositions du Code civil antérieures à l'ordonnance, cette question, pourtant centrale n'était envisagée que de manière dispersée, souvent suggérée et par ailleurs comportait des lacunes. L'ordonnance a rassemblé ces sanctions, en a prévu de nouvelles et a rationnalisé la présentation de la matière.

1554. ***La loi de ratification du 20 avril 2018***[2] n'a pas apporté de modifications considérables aux dispositions de l'ordonnance concernant les effets du contrat. Seuls trois textes ont été modifiés et une seule modification a été considérée comme substantielle et applicable, à ce titre, au 1er octobre 2018 : la réécriture de l'article 1223, concernant la réduction unilatérale du prix, qui vise à clarifier cette sanction. Les deux autres modifications sont simplement interprétatives : la condition de bonne foi du créancier a

1. B. Fauvarque-Cosson, *D.* 2012. 480, in Pan. droit des contrats.
2. Sur le contenu de cette loi et sa date d'application dans le temps, différente selon que la modification apportée est substantielle ou simplement interprétative, v. ss 101 s.

été ajoutée expressément dans l'article 112 relatif à l'exécution forcée (v. ss 1843) et une petite adjonction a été opérée dans l'article 1216-3, concernant le sort des sûretés en cas de cession de contrat (v. ss 1830).

1555. Ainsi, en conclusion, les deux principes de la force obligatoire, entre les parties (Chapitre 2) et de l'effet relatif, à l'égard des tiers (Chapitre 3), expriment, aujourd'hui encore, les principaux effets du contrat. Mais un troisième effet doit être aussi envisagé au titre des effets du contrat entre les parties, l'effet translatif, que nous envisagerons en premier (Chapitre 1). Il faudra ensuite s'intéresser aux questions nouvellement inscrites dans le Code civil, toujours au titre des effets du contrat, celle de la durée des contrats (Chapitre 4) et de la cession de contrat (Chapitre 5). Enfin, pour prendre la mesure complète de la force du lien contractuel, on s'interrogera sur les conséquences de l'inexécution du contrat (Chapitre 6).

Chapitre 1. L'effet translatif
Chapitre 2. La force obligatoire
Chapitre 3. L'effet relatif du contrat
Chapitre 4. La durée du contrat
Chapitre 5. La cession de contrat
Chapitre 6. Les sanctions de l'inexécution contractuelle

Chapitre 1

L'effet translatif du contrat

1556. L'article 1196 du Code civil affirme désormais, en supprimant le mécanisme de l'obligation de donner, que le contrat produit directement un effet translatif de droit : « Dans les contrats ayant pour objet l'aliénation de la propriété ou la cession d'un autre droit, le transfert s'opère dès la conclusion du contrat ». Ce texte pourrait sembler retranscrire tout simplement l'ancien article 1138 du Code civil qui affirmait, en substance, le principe du transfert de propriété *solo consensu*, c'est-à-dire par le seul échange des consentements. Pourtant le changement est patent. Le transfert de droit est devenu dans l'article 1196 un effet direct du contrat, totalement dissocié de l'exécution d'une obligation, alors que l'article 1138 rattachait ce transfert de droit à une obligation, l'obligation de livrer, qui était elle-même intégrée dans l'obligation de donner, si bien qu'en définitive le transfert de droit résultait bien de l'obligation de donner : « l'obligation de donner emporte celle de livrer la chose et de la conserver jusqu'à la livraison » (art. 1136, ancien) ; « l'obligation de livrer la chose est parfaite par le seul consentement des parties contractantes » (art. 1138, ancien). L'obligation de donner était donc traditionnellement définie comme l'obligation de transférer un droit portant sur une chose, principalement le droit de propriété.

Le transfert de droit s'opère désormais *solo consensu* et l'obligation de donner a été supprimée du Code civil ce qui emporte des conséquences au regard du transfert des risques (Section 1). L'ordonnance règle par ailleurs la question la question des droits des tiers (art. 1196, al. 3).

Section 1

Le transfert solo consensu

1557. Si la solution de principe posée par l'article 1196, alinéa 1er, est celle du transfert (automatique) du droit au moment de la conclusion du contrat, il existe cependant des exceptions, auxquelles se réfère l'article 1196, alinéa 2.

§ 1. Le principe du transfert *solo consensu*

A. La disparition de l'obligation de donner et la définition de l'obligation de délivrance

1558. L'article 1196, alinéa 1er, précise que « dans les contrats ayant pour objet l'aliénation de la propriété ou la cession d'un autre droit, le transfert s'opère lors de la conclusion du contrat », en le détachant du mécanisme de l'obligation de donner, contrairement aux anciens articles 1136 et 1137 qui envisageaient la question du transfert de droit dans une section consacrée à l'obligation de donner. Il répond ainsi aux critiques nombreuses qui s'étaient élevées à l'encontre de cette obligation, à laquelle on reprochait d'être impossible et inutile puisque le transfert de droit s'opérait en réalité instantanément, dès l'échange des consentements. La naissance de l'obligation de donner, par l'effet de la conclusion du contrat et son extinction étaient donc concomitantes [1]. L'obligation ne naissait que pour s'éteindre immédiatement. Par ailleurs, compte tenu de l'automaticité de l'exécution de l'obligation de donner, l'obligation était insusceptible d'inexécution. Enfin, même dans les cas où le transfert de droit était différé dans le temps par les parties ou par la loi (v. *infra*), il se produisait automatiquement, dès l'accomplissement de l'acte auquel il était subordonné et l'obligation de donner n'avait donc pas de réelle matérialité. Certains auteurs soutenaient donc l'idée d'un effet réel direct du contrat [2].

Les rédacteurs de l'ordonnance ont pris le parti de faire disparaître purement et simplement cette obligation de donner, en supprimant en même temps l'ancienne classification des obligations en obligations de donner, de faire et de ne pas faire (v. ss 146 s.). Le contrat produit donc désormais des effets indépendants de la technique de l'obligation, ce qui représente une innovation fondamentale.

L'ancien article 1136 prévoyait que l'obligation de donner emportait celle de *livrer* la chose et de la conserver jusqu'à la livraison, à peine de dommages et intérêts. L'article 1197 ayant fait disparaître l'obligation de donner, ne fait plus apparaître que *l'obligation de délivrer*, restituant ainsi son exacte qualification à cette obligation, alors que les rédacteurs du Code civil confondaient l'obligation de livrer (transporter la chose chez le créancier) avec l'obligation de délivrer (mettre la chose à la disposition du créancier, ce qui peut implique en effet une livraison, mais pas nécessairement). L'obligation de délivrer la chose emporte, selon l'article 1197, « obligation de la conserver jusqu'à la délivrance, en y apportant tous les soins d'une personne raisonnable ».

B. Transfert *solo consensu* ou à la conclusion du contrat

1559. Si nous utilisons ici l'expression de transfert *solo consensu*, il faut souligner que l'article 1196 ne fait pas découler le transfert de droit du « seul échange des consentements », mais de « la conclusion du contrat ». La différence n'est pas fortuite et la formule est certainement plus juste. En effet, si, en principe, le contrat est conclu par le seul échange des consentements compte tenu du principe consensualiste, par exception, cet échange des consentements ne suffit pas toujours à former le contrat. Il en est ainsi si le contrat est réel et est subordonné à la remise de la chose ou s'il est solennel et se trouve soumis à une exigence supplémentaire de forme indispensable à sa formation et sa à validité. Le transfert de droit ne s'effectuera dans ce cas qu'à ce moment-là.

---

1. V. J. Carbonier, *Droit civil. 2. Les biens, les obligations*, PUF, 2004, n° 925, p. 1927 ; J. Ghestin, « Réflexions d'un civiliste sur la clause de réserve de propriété », *D.* 1981, chron. n° 1, p. 13.

2. Pour une thèse récente, v. M. Waterlot, *L'effet réel du contrat*, thèse dactyl., Bordeaux, 2015.

C. L'objet du transfert : le droit de propriété mais pas seulement

1560. Quel est l'objet du transfert ? l'article 1196 vise les contrats ayant pour objet l'aliénation de la propriété ou la cession d'un autre droit, alors que l'ancien article 1138 n'évoquait que le transfert de propriété. Les contrats de ventes sont donc concernés au premier chef, et l'objet du transfert est ici le droit de propriété. Même chose dans le contrat d'échange. Mais la règle jouera dans les mêmes conditions pour une cession d'un autre droit que le droit de propriété, comme une cession d'usufruit par exemple. Le droit transféré ne concerna pas seulement, par ailleurs, les choses corporelles. Ainsi une cession de créance peut entrer dans le champ d'application de l'article 1196. Il n'y a pas de raison de l'exclure, sachant que dans ce cas, le transfert est subordonné à la rédaction d'un écrit et que le transfert s'opèrera donc à la date de l'acte (art. 1322 et 1323).

§ 2. Les exceptions (art. 1196, al. 2)

1561. L'article 1196, alinéa 2 indique que « le transfert peut être différé par la volonté des parties, la nature des choses ou l'effet de la loi ». Ces exceptions au transfert *« solo consensu »* sont bien connues.

La volonté des parties s'exprime fréquemment, en effet, dans la technique courante, dans les ventes immobilières, du report du transfert de propriété au jour de la réitération de la promesse synallagmatique de vente à la signature de l'acte authentique de vente (v. ss 1103) ; mais également dans la technique des clauses de réserve de propriété qui retardent le transfert de propriété jusqu'au paiement complet du prix.

La nature des choses concerne particulièrement l'hypothèse des choses de genre meubles en série, par exemple, qui doivent être individualisées pour que le transfert de propriété s'opère

Enfin, la loi prévoit parfois elle-même que le transfert de propriété est retardé, par exemple dans la vente à terme (art. 1601-2).

Section 2

Le transfert des risques

1562. Cette question concerne exclusivement le transfert de droits réels, spécialement le transfert de propriété sur un bien susceptible d'être détruit ou détérioré. Sur qui, en effet, pèsent les risques de la perte ou de la détérioration de la chose, lesquels peuvent se produire entre le moment de la conclusion du contrat et le moment de la délivrance c'est-à-dire de la mise de la chose à la disposition de l'acquéreur ? À cette question, l'article 1196, alinéa 3, répond en retranscrivant la règle classique qui était déjà posée dans des termes un peu différents par l'ancien article 1138, alinéa 2, et selon laquelle : « le transfert de propriété emporte transfert des risques de la chose », Elle est exprimée par l'adage « *res perit domino* », les risques de la chose sont pour le propriétaire. Il réserve cependant le cas prévu par l'article 1344-2, relatif à l'impossibilité d'exécution, qui se trouve inscrit dans le régime général des obligations et aux termes duquel « la mise en demeure du débiteur de délivrer une chose, met les risques à la charge du débiteur s'ils n'y sont déjà », ce qu'exprime l'adage « *res perit debitori* ». Ainsi, même si le transfert de propriété a eu lieu au profit du créancier, les risques de la chose seront pour le débiteur. À l'inverse, si la mise en demeure n'a pas été faite, les risques sont pour le propriétaire. Enfin, même dans le cas où la mise en demeure a été faite, l'article 1196, alinéa 3, réserve une exception à la règle *res perit debitori*. En effet, il renvoie à l'article 1351-1 selon lequel « le débiteur mis en demeure est néanmoins libéré s'il prouve que la perte se serait pareillement produite si l'obligation avait été exécutée » (v. ss 794). Cette question est liée à l'impossibilité d'exécuter par cas de force ce qui explique les renvois fait par l'article 1196, alinéa 3, à ces deux articles, 1344-2 et 1351-1 (v. ss 792 s.).

1563. Pour éviter ces difficultés, les parties peuvent toutefois dissocier le transfert des risques du transfert de propriété par une clause spéciale, insérée dans le contrat.

Section 3
Conflits entre acquéreurs

§ 1. Conflits entre acquéreurs successifs d'un même meuble

1564. Lorsque deux acquéreurs successifs d'un même meuble corporel tiennent leur droit d'une même personne, celui qui a pris possession de ce meuble en premier est préféré, même si son droit est postérieur, à condition qu'il soit de bonne foi. L'article 1198, alinéa 1er, reprend ici la substance de l'ancien article 1141 et la règle constitue une application particulière de l'article 2276, alinéa 1er : « en fait de meuble, possession vaut titre [sous-entendu, « de propriété »] ». La règle ne joue que pour les meubles corporels.

§ 2. Conflits entre acquéreurs successifs d'un même immeuble

1565. Le changement apporté par l'article 1198, alinéa 2, est ici important, au regard de la position antérieure de la jurisprudence. Le droit de la publicité foncière, afin de sécuriser les transactions immobilières donne, en effet, priorité au premier publiant. Faisant prévaloir cette règle et après avoir, dans un premier temps, écarté la règle de l'antériorité de la publication du titre d'acquisition en cas de mauvaise foi du publiant, second acquéreur du bien, la Cour de cassation avait ensuite affirmé que la mauvaise foi du second acquéreur était sans influence sur la validité de l'acte publié et sa position semblait acquise[1]. L'article 1198, alinéa 2, vient contredire cette solution en subordonnant le jeu de la règle de l'antériorité du titre à la condition de bonne foi.

---

1. Civ. 3e, 10 févr. 2010, *Bull. civ.* III, n° 41 ; *Defrénois* 2010, art. 39123-1, obs. S. Piedelièvre ; *RDC* 2010. 895, obs. S. Pimont. La solution a été réaffirmée régulièrement. V. notamment, Civ. 3e, 15 déc. 2010,, *RTD civ.* 2011. 369, obs. T. Revet : *D.* 2011. 2954, note V. Bertier-Lestrade ; Civ. 3e, 19 juin 2012, n° 11-17. 105 ; *AJDI* 2013. 302, obs. F. Cohet-Cordey.

DOCUMENTS

BIBLIOGRAPHIE

ARDOY (P.-Y.), « L'effet translatif du contrat : la fin de l'obligation de donner », in V. Larribau-Terneyre et S. Pellé (dir.), *Quel renouveau pour le droit des contrats. Une réforme entre tradition et modernité*, PUPPA, 2016.

CHANTEPIE (G.) et LATINA (M.), *La réforme du droit des obligations. Commentaire théorique et pratique dans l'ordre du Code civil,* Dalloz, 2016, p. 451 s.

CHAUVIRÉ (Ph.), « Article 1197 : le transfert conventionnel de propriété », *RDC* 2015. 773.

DISSAUX (N.) et JAMIN (C.), *Réforme du droit des contrats, du régime général et de la preuve des obligations, Commentaire des articles 1100 à 1386-1 du Code civil*, Dalloz, 2016, p. 96 s.

WATERLOT (M.), *L'effet réel du contrat*, thèse dactyl., Bordeaux, 2015.

Chapitre 2

La force obligatoire du contrat

1566. Le contrat est la loi des parties. Par l'assimilation du contrat à la loi, dans l'ancien article 1134, les rédacteurs du Code civil avaient voulu marquer la force des obligations nées d'un accord de volonté dès lors que cet accord respecte les conditions de validité posées par la loi. Une fois formé valablement, le contrat doit être exécuté, de bonne foi, tel que les parties l'ont voulu, sans aucune modification possible, à moins d'un nouvel accord. Le principe de la force obligatoire s'impose d'abord et essentiellement aux parties. L'ordonnance du 10 février 2016 l'a réaffirmé avec force puisque le principe de la force obligatoire est inscrit dans les dispositions liminaires, à l'article 1103, au titre des principes généraux du droit des contrats, avec la liberté contractuelle et la bonne foi (Section 1). Cependant, il s'impose aussi au juge, lorsqu'il est appelé à arbitrer un contentieux contractuel, en lui interdisant en principe de modifier ou de réviser le contrat et également lorsqu'il est amené à interpréter le contrat (Section 2).

Section 1

La force obligatoire du contrat entre les parties

1567. Historiquement, le principe de la force obligatoire du contrat est une conséquence directe de la théorie de l'autonomie de la volonté et de la liberté contractuelle. Le contrat librement conclu par les parties doit être exécuté, conformément à leur volonté. L'article 1134 posait ainsi le principe selon lequel « les conventions légalement formées tiennent lieu de loi à ceux qui les ont faites ». Ce principe est repris à l'identique, sous réserve du remplacement du terme convention par celui de contrat, par l'article 1103, au titre des principes généraux du droit des contrats.

1568. Il était cependant complété par des principes complémentaires : deux d'entre eux étaient formulés de façon positive : le contrat doit être exécuté de bonne foi. Cette exigence de bonne foi, qui figurait auparavant dans l'article 1134, alinéa 3, est désormais élevé au rang de principe général, d'ordre public, gouvernant la négociation, la conclusion et l'exécution du contrat, et elle est posée dans les mêmes termes à l'article 1104. La seconde règle positive, posée par l'ancien article 1135, était que « les contrats obligent non seulement à ce qui y est exprimé, mais encore à toutes les suites que leur donnent l'équité, l'usage ou la loi ». L'article 1194 formule désormais cette règle, là encore pratiquement à l'identique.

1569. Deux autres principes tout aussi essentiels étaient posés négativement, sous forme d'interdiction : L'interdiction de modifier le contrat et celle de le révoquer unilatéralement. L'ancien article 1134, alinéa 2, ne posait expressément que le principe d'irrévocabilité (« les conventions ne peuvent être révoqués que de leur consentement mutuel ou pour les causes que la loi autorise ») mais le principe d'intangibilité était déduit directement du principe de la force obligatoire selon lequel le contrat est la loi des parties, donc non modifiable par la volonté d'une seule d'entre elles. L'article 1193 pose désormais expressément ce double principe d'irrévocabilité et d'intangibilité du contrat.

1570. En somme, rien ne parait changé. L'ordonnance du 10 février 2016 réaffirme expressément tous les principes classiques commandant les effets du contrat entre les parties dans des termes identiques ou quasiment identiques. Pourtant, des changements importants se sont produits. Le principe de la force obligatoire a subi une certaine érosion qui se manifeste essentiellement dans des reculs manifestes des principes d'irrévocabilité et d'intangibilité, que la jurisprudence avaient déjà consacrés au nom des impératifs économiques, de la recherche de l'efficacité du contrat et de l'objectif de maintien du contrat utile, au prix éventuellement de sa modification, En contrepoint, le principe de l'exécution de bonne foi a pris une ampleur nouvelle, parce qu'il favorise aussi, au-delà de la morale contractuelle, l'efficacité du contrat. Nous le constaterons en étudiant successivement l'obligation d'exécuter le contrat de bonne foi, puis le principe de l'irrévocabilité du contrat et celui de l'intangibilité du contrat.

1571. La règle posée par l'article 1194, selon laquelle les contrats obligent au-delà de ce qui y est exprimé, intéresse surtout le juge, car c'est lui qui est investi du pouvoir de la mettre en œuvre. Elle sera donc simplement évoquée ici et sera étudiée plus précisément au dans le cadre de la force obligatoire du contrat confrontée aux pouvoirs du juge dans la section 2.

§ 1. L'obligation d'exécuter le contrat de bonne foi

A. Sens général du principe et évolution

1572. À l'origine, le principe de l'exécution de bonne foi prévu par l'article 1134 n'était qu'une règle d'interprétation des contrats obscurs. Il est ensuite devenu un principe plus général, sur le fondement duquel on a admis que le contrat n'était pas seulement une « collaboration antagoniste », mais une petite société où chacun doit travailler dans un but commun, de façon loyale. Telle était déjà l'analyse de Demogue (*Traité des obligations en général*, 1932). Puis, cette exigence de bonne foi a fait naître l'idée qu'au-delà de fournir loyalement sa prestation, les cocontractants étaient tenus d'un devoir de coopération, qui devaient les conduire à aider l'autre à exécuter ses obligations, et que ce devoir pouvait être sanctionné par le juge. Même si certains auteurs ont été réservés devant cette idée d'une police de la loyauté et de la coopération à laquelle pourrait se livrer le juge [1], il reste que l'essor contemporain de ces obligations de loyauté et de coopération, portées par l'exigence de bonne foi, est incontestable.

---

1. V. not. J. Flour et J.-L. Aubert, É. Savaux, *Droit civil. Les obligations*, vol. 1, *L'acte juridique*, 13ᵉ éd., Sirey, 2008, nᵒˢ 321 s., et nᵒ 119.

1573. On peut noter aussi, que dans les différentes initiatives européennes et projets concernant un *droit européen des contrats*, la bonne foi a été érigée en principe directeur du droit des contrats. On la retrouve parmi les principes généraux, incontournables, dans les Principes *Lando* du droit européen des contrats (sur ces principes, v. ss 41) qui énoncent que « chaque partie est tenue d'agir conformément aux exigences de la bonne foi » et « elles ne peuvent exclure ce droit ni le limiter ». De même, « chaque partie doit à l'autre une collaboration qui permette au contrat de produire son plein effet » ; mais également dans les principes d'*Unidroit* (sur ces principes, v. ss 39) et également dans le projet du Parlement européen de Cadre commun de référence en matière contractuelle où le principe de loyauté constitue l'un des trois piliers avec la liberté contractuelle et la sécurité contractuelle (v. ss 894).

1574. Dans l'avant-projet *Catala* de réforme du droit des obligations, l'exigence de bonne foi était reliée à la justice contractuelle et dans l'exposé des motifs, son expansion est relevée, à la mesure des avancées de la justice contractuelle. Elle vient tempérer la liberté contractuelle. Les propositions *Terré* avaient choisi de mettre en exergue la « loyauté » et le devoir de cohérence, plutôt que la bonne foi.

1575. Rien d'étonnant donc dans le fait que l'ordonnance du 10 février 2016, confirme la bonne foi comme l'une des valeurs contractuelles dominantes et l'inscrive à l'article 1104 du Code civil, dans les dispositions liminaires, comme l'un des trois principes généraux du droit des contrats, après la liberté contractuelle et la force obligatoire. La bonne foi est un principe structurant le contrat, qui s'impose non seulement au moment de l'exécution du contrat mais aussi au moment de sa formation [1].

1576. L'exigence de la bonne foi au stade de l'exécution du contrat n'est pas une notion nouvelle ; elle a toujours existé. Mais elle joue sans doute un rôle plus important qu'autrefois [2]. Surtout, elle a pris une dimension nouvelle avec ce devoir de coopération qui impose, au nom de la loyauté, d'aider son cocontractant. Il reste qu'il s'agit malgré tout d'une notion particulièrement floue, que l'ordonnance n'a pas définie, laissant à la jurisprudence le soin de continuer à le faire, comme par le passé.

B. Les applications modernes du principe

1) L'obligation de bonne foi exprimée par le devoir de loyauté

1577. Les deux termes de bonne foi et de loyauté sont parfois employés de façon indifférenciée. Faut-il les distinguer ? Pour certains la bonne foi est plus large que la loyauté car elle engloberait toutes les exigences actuelles qui peuvent s'y rattacher (sincérité, devoir de coopération, devoir de cohérence contractuels). La loyauté serait

---

1. Sur l'article 1104 comme fondement d'un principe directeur irradiant l'ensemble des dispositions du droit des contrats et sur les derniers arrêts de la Cour de cassation confirmant cette analyse, v. M. Mekki, Panorama de droit des contrats 2018. 375.

2. Pour le commentaire d'une décision qui semble cependant cantonner la bonne foi dans des limites plus étroites que par le passé : v. T. Genicon, note sous Com. 13 sept. 2016, *RDC* 2017/1. 14. L'arrêt retient qu'un fournisseur d'eau qui ne signale pas à son abonné une consommation nettement anormale due à une fuite ne manque pas à son devoir de loyauté dans l'exécution du contrat.

alors, plus strictement, l'obligation de fournir une exécution fidèle de sa prestation, en personne raisonnable et de s'abstenir de tout comportement abusif dans l'exécution du contrat. Cependant, il s'agit toujours de l'exigence de bonne foi, sanctionnée de différentes façons.

– La bonne foi est incontestablement encouragée. Ainsi, de façon positive, en permettant au débiteur malheureux d'obtenir un délai de grâce, sur le fondement de l'article 1345-5 (v. ss 491) ou de bénéficier des procédures de surendettement (v. ss 494) ; ou encore en écartant sa responsabilité, si ce dernier était seulement tenu d'une obligation de moyens et qu'il a tenté de bonne foi de l'exécuter. Mais la bonne foi sera sans effet en cas d'inexécution d'une obligation de résultat.

– À l'inverse, de façon négative, le juge sanctionne la mauvaise foi du débiteur en retenant sa responsabilité ou encore en le privant de la possibilité de se prévaloir de clauses limitatives ou exonératoires de responsabilité (v. ss 3063 s.) ; en lui interdisant le jeu de clauses résolutoires qui auraient été prévues par le contrat (v. ss 1896 s.).

Quoi qu'il en soit, les applications sont nombreuses.

1578. ***Le devoir de loyauté s'impose aussi au créancier*** qui ne doit pas rendre plus difficile, par sa déloyauté ou ses manœuvres, l'exécution du contrat par le débiteur. Le chauffeur de taxi doit prendre le trajet le moins onéreux, par exemple.

1579. ***L'exigence de loyauté inspire aussi le juge et l'extension de son contrôle de l'exécution du contrat.***

1580. Il s'est reconnu ainsi, au nom du nécessaire respect par les cocontractants de l'exigence de bonne foi et de loyauté contractuelles, de nouvelles possibilités de contrôle des abus contraires à la bonne foi : outre le contrôle de l'interprétation qui lui permet de rectifier certains comportements contractuels en orientant l'interprétation du contrat dans le sens conforme à la bonne foi et à la cohérence (v. ss 1620 s.), la jurisprudence, avant que l'ordonnance du 10 février 2016 ne vienne consacrer cette possibilité, a sanctionné l'abus dans la fixation du prix dans les contrats-cadres sur le terrain de l'exécution du contrat (v. ss 1338 s.).

1581. Toutefois, des limites restent posées par la Cour de cassation : celles de l'interdiction de réviser ou de modifier le contrat en portant atteinte à la substance des droits et obligations convenus entre les parties. La troisième chambre civile de la Cour de cassation a ainsi rappelé dans une décision du 26 mars 2013 [1], la jurisprudence *Les Maréchaux,* établie en 2007 par la chambre commerciale [2], qui déterminait les limites de ce que le juge peut faire au nom de l'article 1134, alinéa 3, du Code civil (principe de bonne foi, repris dans l'actuel article 1104) en distinguant la substance des droits et les prérogatives contractuelles : une cour d'appel « qui modifie la clause fixant en termes clairs la répartition des charges entre les parties » viole l'article 1134 du Code civil car « si la règle selon laquelle les conventions doivent être exécutées de bonne foi permet au juge de sanctionner l'usage déloyal d'une *prérogative contractuelle*, elle ne l'autorise pas à porter atteinte à la *substance des droits et obligations* légalement

1. Civ. 3e, 26 mars 2013, n° 12-14.870. ; *RDC* 2013. 888, note Y.-M. Laithier.

2. Com. 10 juill. 2007, n° 06-14. 768, *GAJC*, t. II, par F. Terré et Y. Lequette, Dalloz, 12e éd., n° 164.

convenus entre les parties ». Le juge peut donc contrôler et sanctionner les comportements des cocontractants contraires à la bonne foi mais il ne peut sanctionner le contrat en le modifiant (y compris sous couvert d'interprétation du contrat, v. ss 1628).

Au-delà de la bonne foi, au sens de loyauté, la jurisprudence impose aussi aux cocontractants un devoir de coopération.

2) La bonne foi, jusqu'au devoir de coopération

1582. De façon générale, dans le cadre d'une collaboration qui n'est plus antagoniste mais qui impose un devoir de coopération, chaque partie, qui a de toute façon intérêt à collaborer, a l'obligation d'avertir l'autre, en cours d'exécution, des événements qu'il a intérêt à connaître pour l'exécution du contrat. Cette obligation contractuelle (et non plus précontractuelle) d'information peut être prévue par les textes ; ainsi, en matière de contrat d'assurance, l'assuré doit informer l'assureur des événements de nature à aggraver les risques ; la loi sur le bail d'habitation fixant les rapports entre bailleurs et locataires (L. du 6 juill. 1989) oblige le bailleur à porter à la connaissance du locataire des renseignements divers pendant le temps du contrat. En l'absence de texte, l'obligation d'information a été développée par la jurisprudence qui a souvent reconnu l'existence d'une obligation de renseignement et parfois même, un devoir de conseil, y compris dans les contrats où il n'en constitue pas l'essence (v. ss 1320 s.). Dans certains contrats, le contractant doit encore plus activement faciliter l'exécution du contrat à son partenaire. Par exemple, en matière de contrat d'édition, l'auteur doit corriger les fautes ; le client qui demande la création d'un site internet à un prestataire de service informatique doit également participer activement à sa constitution, etc.

1583. Le devoir de coopération a aussi été à l'origine de la reconnaissance d'une obligation pour les parties de *renégocier le contrat de bonne foi*, pour tenter de l'adapter, lorsque son exécution devient trop difficile ou impossible pour l'un des contractants, en raison d'événements imprévus. Ainsi dans l'arrêt *Huard*, la chambre commerciale, en 1992, a retenu à l'encontre d'une compagnie pétrolière et qui avait refusé de faire bénéficier son distributeur des tarifs inférieurs d'approvisionnement qu'elle pratiquait à l'égard de ses pompistes de marque, un manquement à l'obligation d'exécuter le contrat de bonne foi, qui aurait impliqué son adaptation à l'évolution de l'environnement économique[1]. Dans une décision rendue en 1998, la chambre commerciale a retenu la même analyse d'un manquement à l'obligation d'exécuter le contrat de bonne foi en raison d'un refus du créancier d'adapter le contrat, ce qui a justifié la résiliation de ce contrat[2]. Mais on rejoint alors la question de l'intangibilité du contrat et de l'imprévision et cette implication de la notion de bonne foi sera envisagée plus complètement dans ce cadre (v. ss 1649 s.).

3) Bonne foi et devoir de cohérence

1584. Enfin, l'exigence de bonne foi peut justifier ou fonder un *devoir de cohérence contractuelle*, dont la jurisprudence fait un certain nombre d'applications. Les propositions

---

1. Com. 3 nov. 1992, *JCP* 1993. II. 22164, note G. Virassamy ; *RTD civ.* 1993. 124, obs. J. Mestre.
2. Com. 24 nov. 1998, *JCP* 1999. II. 10210, note Y. Picod.

Terré l'avaient même inscrite comme règle fondamentale du droit des contrats, en la dissociant de la loyauté contractuelle, autre règle fondamentale. Il est issu du mécanisme ou de la doctrine de *l'estoppel* qui donne lieu à plusieurs déclinaisons reposant toutes sur l'interdiction de se contredire au détriment d'autrui [1].

La Cour de cassation semble effectivement, depuis quelque temps, vouloir faire émerger le devoir de cohérence en tant que nouveau principe contractuel. Déjà dans une décision du 28 janvier 2009, la troisième chambre civile en avait fait application pour valider l'engagement de la responsabilité d'un assureur qui s'était prévalu dans un premier temps de la nature décennale de désordres pour obtenir le versement de primes plus importantes liées à la garantie décennale de ces désordres, pour ensuite contester la mise en œuvre de cette garantie. Or la décision se fonde sur l'article 1134, alinéa 3 [2], qui posait l'obligation d'exécuter le contrat de bonne foi, avant que l'ordonnance n'inscrive le principe à l'article 1104. Dans une décision du 20 septembre 2011, la chambre commerciale de la Cour de cassation l'a depuis véritablement consacré, en rendant un arrêt de principe particulièrement net : « vu le principe selon lequel nul ne peut se contredire au détriment d'autrui » [3] … Le devoir de cohérence peut cependant avoir des limites tenant à la liberté qu'il faut reconnaître au contractant de défendre au mieux ses intérêts ainsi que le souligne B. Fages. On notera que ce devoir de cohérence figure dans les principes relatifs aux contrats du commerce international (sur ces principes *Unidroit*, v. ss 39). Impliquant l'obligation de ne pas se contredire, il est susceptible d'emporter de nombreuses conséquences au stade de la formation du contrat (où il justifie, par exemple, la sanction de la rupture brutale de négociations avancées de façon brutale et imprévisible) comme au stade de l'exécution et de la cessation du contrat, où il peut venir limiter la faculté de rupture unilatérale et fonder la sanction, par la responsabilité, des comportements contraires à ce devoir de cohérence contractuelle.

Même si les applications jurisprudentielles semblent se multiplier, ses contours exacts restent cependant encore à tracer. Comme le relevait D. Houtcieff [4] « parce qu'il repose sur la logique plutôt que sur le sentiment et l'équité, le principe de cohérence a cet avantage d'être moins subjectif que d'autres notions, telles que la bonne foi ou l'équité. Sa formulation abstraite n'en demeure pas moins tout aussi riche de potentialités que de dangers. À raisonner sur le seul terrain procédural (…) il ne faudrait pas que, par le biais du principe de cohérence, un plaideur ne puisse changer d'argumentation juridique, ou invoquer un moyen qu'il n'a découvert que tardivement. N'a-t-on pas le droit de se tromper ou de modifier sa stratégie procédurale ? (…). La cohérence n'équivaut pas à la fixité ».

L'ordonnance du 10 février 2016 n'a pas inscrit le principe de cohérence le Code civil. Cependant il fait son apparition dans les dispositions consacrées à l'interprétation du contrat, en tant que consigne d'interprétation, le et nous le retrouverons à ce titre (v. ss 1626).

---

1. B. Fauvarque-Cosson, « L'estoppel, concept étrange et pénétrant », *RDC* 2006. 1729 ; M. Behar-Touchais (dir.), *L'interdiction de se contredire au détriment d'autrui*, Economica, coll. « Études juridiques », 2001.

2. Civ. 3e, 28 janv. 2009, *RDC* 2009. 999, note D. Mazeaud ; *ibid.* 1018, note G. Viney ; *RTD civ.* 2009. 317, obs. B. Fages ; *D.* 2009. 2008, note D. Houtcieff et *D.* 2010. Pan. 222, obs. B. Fauvarque-Cosson ; pour un arrêt antérieur déjà très remarqué : Com. 8 mars 2005, *D.* 2005. Pan. 2843, obs. B. Fauvarque-Cosson, *RDC* 2005. 1015, obs. D. Mazeaud ; *RTD civ.* 2005. 391, obs. J. Mestre et B. Fages.

3. Com. 20 sept. 2011, n° 10-22.888, *Juris-Data* n° 2011-019424, *JCP* 2011. 1250, note D. Houtcieff.

4. V. note précédente.

§ 2. L'obligation d'exécuter le contrat avec les suites prévues par l'article 1194 : la justice contractuelle

1585. Le contrat oblige les parties à exécuter le contrat tel qu'elles l'ont prévu : « les contrats obligent non seulement à ce qui y est exprimé, mais encore à toutes les suites que leur donnent l'équité, l'usage ou la loi ». Telle est la formule énoncée par l'article 1194, qui reprend ici le contenu de l'ancien article 1135.

1586. Le projet de réforme du droit des contrats, dans sa version d'origine (2008), n'avait pas repris ces références à l'équité, l'usage ou la loi qui figuraient dans l'article 1135, mais avait distingué dans le contrat les obligations explicites et les obligations implicites. Toutefois, dans la mesure où c'est au juge qu'il appartient de dégager ces obligations implicites, la proposition n'était finalement pas très éloignée du message porté par l'article 1135, dont l'article 1194 a finalement repris la formule.

1587. Cette référence à l'équité est plus qu'un rappel de la bonne foi. Elle renvoie, non plus au comportement d'une partie par rapport à l'autre, mais plus largement au fait que le contrat doit être conforme à la justice contractuelle, c'est-à-dire à l'idée contemporaine d'équilibre contractuel. Cette référence permet en réalité au juge, alors même que les parties ne l'auraient pas prévu, de faire produire au contrat certains effets qui paraissent justes, phénomène déjà relevé dans le cadre de l'étude du contenu du contrat (v. ss 1310 s.).

1588. Il en est ainsi avec la découverte, dans certains contrats, d'obligations d'information et de sécurité(v. ss 1313 s., 2978 s.). D'une certaine façon, c'est aussi le recours à l'équité qui fonde le pouvoir reconnu au juge de contrôler l'abus dans la fixation du prix (v. ss 1434) ou d'éliminer du contrat une clause abusive (v. ss 1361).

1589. De même que la bonne foi, l'équité devient donc un instrument privilégié de l'intervention du juge dans le contrat, ce qui justifie qu'elle soit étudiée plus précisément dans ce cadre (v. ss 1632 s.).

1590. Pour en rester aux rapports entre les parties, la force obligatoire du contrat impose aussi son irrévocabilité et son intangibilité.

§ 3. L'irrévocabilité du contrat

A. Le principe : l'impossibilité de mettre fin unilatéralement au contrat

1) Sens du principe

1591. Le principe de la force obligatoire du contrat entre les parties signifie en effet que le contrat ne peut, selon l'article 1193, « être révoqué que du consentement mutuel des parties ou pour les causes que la loi autorise ». Ainsi, la volonté unilatérale d'une des parties ne peut-elle mettre fin au contrat, ni directement, ni indirectement, par exemple par une remise de dette ; il faudra une convention entre le créancier et le débiteur (v. ss 782). Ce que le consentement a fait, seul le consentement peut le défaire. Un accord des parties est donc nécessaire. Toutefois, cette impossibilité de mettre fin unilatéralement au contrat comporte des exceptions (v. ss 1594 s.).

2) Moment de l'irrévocabilité

1592. En principe, l'irrévocabilité du contrat est acquise dès la rencontre des consentements, en vertu du principe consensualiste.

1593. Par exception, il arrive que le contrat ne soit pas irrévocablement formé après l'échange des consentements, soit parce qu'il s'agit d'un contrat formaliste, soit parce que la loi ou le contrat ont prévu un délai de réflexion ou de rétractation (sur ces différentes hypothèses, v. ss 1066 s.). Cependant, même lorsque le principe de l'irrévocabilité est appelé à jouer, il existe certaines exceptions qui conduisent à envisager la portée du principe.

B. La portée du principe

1) Les exceptions traditionnellement admises

1594. D'abord, dans certains contrats, la loi autorise une révocation unilatérale : c'est le cas du dépôt (art. 1944), du mandat (art. 2003 s.), des contrats à durée indéterminée comme le bail (art. 1736), du contrat de travail (art. 1780), du contrat de société (art. 1869), etc.

1595. Ensuite, les parties peuvent avoir inscrit dans le contrat une faculté de révocation unilatérale, par exemple une clause de dédit, fréquente dans les contrats de vente ; mais dans ce cas, un accord des parties fonde ce pouvoir. Ce n'est pas une véritable exception.

1596. Dans les contrats à durée indéterminée et à exécution successive, la résiliation unilatérale est admise, parce que dans le cas contraire, il faudrait admettre que le contrat puisse durer indéfiniment, sans qu'il y ait une possibilité de s'en libérer en l'absence d'accord de l'autre partie ; le respect de la liberté individuelle justifie alors la solution. La règle est désormais posée par l'article 1211, car l'ordonnance a réglé la question de la durée des contrats (v. ss 1785 s.). La même faculté est admise dans les contrats conclus *intuitu personae* qui reposent sur une relation de confiance particulière et c'est ici la confiance, base de la relation contractuelle qui justifie l'exception (par exemple dans le contrat de mandat).

1597. Le contrat à durée déterminée, à l'inverse, ne peut en principe prendre fin qu'à l'arrivée du terme extinctif fixé par les parties (v. ss 1800 s.). Des événements imprévus rendant l'exécution du contrat plus difficile ne peuvent justifier la révocation unilatérale du contrat par celui qui en subit les conséquences et rencontre des difficultés à l'exécuter.

1598. Toutefois, le contrat à durée déterminée peut prendre fin avant l'arrivée du terme, pour « *certaines causes que la loi autorise* », ainsi que l'indique l'article 1193. Ces causes, qui concernent aussi, d'ailleurs, les contrats à durée indéterminée, empêchent l'exécution normale du contrat et justifient qu'il y soit mis un terme car il ne répond plus aux attentes légitimes du créancier et à sa finalité. Il en est ainsi en cas d'inexécution, soit qu'il y ait impossibilité d'exécution par cas de force majeure, et le contrat sera alors résolu de plein droit (v. ss 1935 s.) ; soit que l'inexécution soit imputable au débiteur. Le contrat sera alors résolu (ou résilié). Jusqu'à une époque récente, il ne pouvait l'être, en cas d'inexécution imputable au débiteur, que par le juge ou par le jeu d'une clause résolutoire prévue par le contrat. Toutefois, et cela marque incontestablement un recul contemporain du principe d'irrévocabilité, la jurisprudence a admis une faculté de révocation unilatérale du contrat par le créancier, en cas de grave inexécution, que l'ordonnance du 10 février 2016 est venue consacrer à l'article 1226 (sur ces différents cas de résolution, v. ss 1874 s.).

2) Le nouveau pouvoir de résolution ou de résiliation unilatérale à ses risques et périls

1599. La Cour de cassation a admis pour la première fois dans une décision du 13 octobre 1998 [1], à titre de sanction de l'inexécution du contrat et de la gravité de la faute, que le cocontractant victime de l'inexécution puisse décider unilatéralement de mettre fin au contrat, mais à ses risques et périls s'il apparaît ensuite qu'il a exercé intempestivement cette faculté.

1600. Ce pouvoir de résiliation unilatérale, en dehors de tout contrôle *a priori* du juge est évidemment contraire au principe de l'irrévocabilité du contrat, même s'il se manifeste en réaction à une violation du contrat par l'autre partie. Il fait partie de ces solutions réalistes que la jurisprudence contemporaine a dégagées, au nom de l'utilité économique du contrat et de la rationalité économique. Le maintien du contrat, pourrait causer au contractant un préjudice important, compte tenu des délais d'exercice d'une action en résolution ou en résiliation judiciaire. On lui permet donc, de mettre fin au contrat, en supposant qu'il est de bonne foi. Le contrôle interviendra éventuellement, mais *a posteriori.*

1601. L'ordonnance du 10 février 2016 a consacré cette solution jurisprudentielle qui avait été réaffirmée à plusieurs reprises et a inscrit ce pouvoir de révocation unilatérale, la résolution par notification, aux risques et périls du créancier, dans l'article 1226 du Code civil

1602. On la retrouvera dans le cadre de l'étude des conséquences de l'inexécution du contrat (v. ss 1902 s.).

§ 4. L'intangibilité du contrat

1603. Le fait que le contrat doit être exécuté tel qu'il a été prévu conduit à postuler son intangibilité, c'est-à-dire l'impossibilité de le réviser, ou en tout cas d'obliger l'une des parties à accepter la révision.

---

1. Civ. 1re, 13 oct. 1998, *D.* 1999. 197 ; *JCP* 1999. II. 10133, note N. Rzepecki ; *Defrénois* 1999. 374, obs. D. Mazeaud ; *RTD civ.* 1999. 394, obs. J. Mestre.

1604. Or, cette intangibilité peut soulever de graves difficultés, lorsque l'exécution d'un contrat s'étale sur un certain laps de temps. Les circonstances économiques ont pu évoluer entre le jour de la formation du contrat et le jour de l'exécution : les prix ont pu changer et la charge de l'une des parties a pu devenir beaucoup plus lourde que celle de l'autre. C'est ce que l'on appelle le *problème de l'imprévision dans les contrats*. La partie au contrat ainsi défavorisée pourrait-elle demander la réévaluation des conditions du contrat ? Pourrait-elle en obtenir la révision alors qu'il s'agit précisément de clauses « claires et précises » ?

1605. Il peut y avoir des remèdes à ce problème si les parties l'ont anticipé dans leur contrat. Cependant, hormis cette hypothèse d'anticipation contractuelle, et jusqu'à l'ordonnance du 10 février 2016, la jurisprudence s'était toujours refusée à admettre l'imprévision, en ce qu'elle permettrait au juge de réviser le contrat, mais elle semblait se diriger vers l'admission d'une obligation pour les parties de renégocier le contrat déséquilibré. Cette obligation a été consacrée par l'ordonnance dans l'article 1195, alinéa 1er, du Code civil, qui est allée encore plus loin et a reconnu la possibilité pour les parties – et même pour une seule d'entre elles –, de demander au juge la révision du contrat.

A. L'anticipation contractuelle et l'adaptation du contrat

1606. Lors de la conclusion du contrat, les parties ont pu en effet prendre des précautions pour se prémunir contre les changements découlant des circonstances économiques futures. Elles peuvent à cette fin librement insérer dans leur contrat des clauses diverses qui vont permettre d'assurer une adaptation du contrat. Ces clauses sont essentiellement les clauses d'indexation (1) et de *hardship* (2). Mais il peut aussi s'agir de clauses de révision prévoyant, par exemple, le recours à un expert.

1) Clauses d'indexation ou clauses d'échelle mobile

1607. Les clauses d'*échelle mobile* ou *clauses d'indexation* sont des clauses de variation automatique qui ont pour but de parer à la dépréciation monétaire si le contrat dure plusieurs années. Une clause contractuelle prévoit que le montant de l'obligation de somme d'argent prévu au contrat évoluera automatiquement en fonction de la variation d'un indice de référence choisi par les parties et publié par un organisme public ou privé. Mais de telles clauses ne sont admises que dans des cas particuliers et à des conditions bien précises. Elles manifestent en effet une défiance des parties à l'égard de la monnaie et elles constituent une atteinte au principe du nominalisme monétaire, posé par l'article 1895 à propos du prêt et étendu par la jurisprudence à toutes sortes de contrats. Elles sont donc étroitement encadrées (v. ss 648 s.).

2) Clauses de « *hardship* » et de « force majeure »

1608. Outre les clauses d'indexation, les parties peuvent insérer dans le contrat toute une série de clauses dites clauses d'adaptation telles que : clause de révision de prix, clause de suspension, de *hardship, de sauvegarde, d'équité*, de stop-prix…

permettant d'adapter le contrat aux modifications qui peuvent entraîner un déséquilibre entre les parties, et d'éviter sa résiliation.

Elles se trouvent généralement dans les contrats internationaux de longue durée ; elles permettent à l'une ou l'autre des parties de demander un réaménagement du contrat si un changement intervenu dans les données initiales, au regard desquelles les parties se sont engagées, modifie l'équilibre du contrat au point de faire subir à l'une d'elles une rigueur (*hardship*) injuste.

À côté de ces clauses de *hardship*, on trouve aussi des clauses dites de « force majeure » ; normalement la force majeure qui empêche l'exécution du contrat (impossibilité fortuite d'exécution) conduit à la fin du contrat (v. ss 1945 s.). Pour éviter cette solution, la clause de force majeure prévoit que des négociations doivent se dérouler entre les parties pour adapter la convention à la survenance de cet événement fortuit.

1609. Les deux types de clause, *hardship* ou force majeure font naître à la charge des parties une double obligation : l'obligation d'entrer en discussion et il s'agit d'une obligation de résultat et l'obligation de négocier de bonne foi en vue d'aboutir, qui est seulement une obligation de moyens. Dans ce dernier cas, si la négociation n'aboutit pas le contrat initial continue, à moins qu'il n'y ait une demande de résiliation pour inexécution ou une impossibilité d'exécution pour cas de force majeure.

1610. En l'absence de clause de renégociation conventionnelle, le principe de l'intangibilité du contrat devrait s'opposer à toute modification du contrat. Or, l'obligation de renégocier le contrat est désormais admise en droit positif, en dehors de toute clause contractuelle. Alors même que les parties ne l'auraient pas conventionnellement prévu, l'une d'entre elles peut exiger de l'autre cette renégociation, ce qui marque, à l'évidence un net recul du principe d'intangibilité du contrat.

B. La bonne foi et la justice contractuelle comme fondement d'une obligation de renégocier le contrat déséquilibré

1611. Avant même que ne se concrétisent les différents avant-projets et projet de réforme du droit des contrats, une partie de la doctrine, proposait d'adopter le principe d'une obligation de renégociation du contrat pour cause d'imprévision qui constituerait une solution intermédiaire nuancée entre le « mode autogestionnaire » (la révision conventionnelle) et le « mode dirigiste » (la révision judiciaire). Elle constituerait donc « une méthode souple de règlement des difficultés d'exécution de la convention ».

1612. En effet, jusqu'à l'ordonnance du 10 février 2016, la Cour de cassation avait toujours refusé d'admettre que le juge puisse réviser le contrat en cas de bouleversement des prévisions initiales des parties. Depuis le célèbre arrêt du *Canal de Craponne* rendu en 1876[1] (v. Documents, arrêt à commenter) où la Cour de cassation avait refusé de réévaluer le montant d'une redevance due pour l'entretien d'un canal d'arrosage qui avait été contractuellement fixée au XVIe siècle, la jurisprudence civile est restée absolument constante et a toujours refusé d'autoriser la révision judiciaire des contrats.

---

1. *D.* 1876. 1. 193 ; *S.* 1876. 1. 161.

1613. Toutefois, elle semblait se diriger vers la solution intermédiaire proposée par la doctrine. En effet, si la Cour de cassation n'a pas directement admis l'obligation de renégociation, elle a rendu, avant que n'intervienne l'ordonnance du 10 février 2016, une décision qui, bien qu'elle ne soit pas parfaitement nette, a pu laisser penser légitimement à certains auteurs[1] qu'elle n'écartait pas la possibilité de condamner un contractant pour refus de renégociation du contrat. Dans la décision concernée, elle n'a pas admis « une obligation de renégocier sur le fondement d'une obligation de loyauté et d'exécution de bonne foi » parce que « les difficultés du cocontractant étaient dues à un déséquilibre financier existant dès la conclusion du contrat et non à une modification imprévue des circonstances économiques »[2]. Le déséquilibre du contrat n'était donc pas conjoncturel mais structurel et ne relevait pas de l'imprévision. On ne peut préjuger de ce qu'elle aurait fait si les difficultés avaient bien été dues à une véritable situation d'imprévision, mais il est certain, en tout cas, qu'elle ne fermait pas la porte dans cette décision, même si elle a été diversement analysée par la doctrine, à la reconnaissance d'une telle obligation, dont le fondement pourrait être en effet la bonne foi et la justice contractuelle qui impose la révision d'un contrat devenu totalement déséquilibré.

1614. L'ordonnance du 10 février 2016 a inscrit cette obligation de renégociation dans l'article 1195, alinéa 1er : lorsqu'une situation d'imprévision est caractérisée, ce qui suppose trois conditions : un changement de circonstances imprévisible lors de la conclusion du contrat (1°), qui rend l'exécution excessivement onéreuse pour une partie (2°), laquelle n'avait pas accepté d'en assumer le risque (3°), celle-ci peut demander une renégociation du contrat à son cocontractant (sur ces trois conditions, v. ss 1649 s.).

1615. Le texte prévoit simplement que la partie confrontée à la situation d'imprévision « peut » demander la renégociation, sans indiquer expressément que le cocontractant a l'obligation de renégocier. L'obligation de renégocier n'est donc pas directement posée, mais le refus de renégociation sera cependant sanctionné et lourdement. En effet, l'article 1195, alinéa 2, précise qu'en cas d'échec ou de refus de la renégociation, le juge pourra réviser le contrat à la demande de celui qui s'est heurté à ce refus. L'ordonnance admet donc le droit pour les parties et même pour une seule d'entre elle de demander au juge la révision du contrat et cette révision peut donc être imposée à celui qui ne la voulait pas. La remise en cause de ce pouvoir de révision du juge a été envisagée à l'occasion de la ratification de l'ordonnance par la loi du 20 avril 2018[3] mais, en définitive, le texte est demeuré inchangé.

C. L'admission par l'ordonnance du 10 février 2016 du droit pour les parties de demander la révision du contrat

1616. L'article 1195, alinéa 2, prévoit en effet qu'en cas d'échec de la renégociation, les parties peuvent (...) demander d'un commun accord au juge de procéder à son adaptation, mais également qu'à défaut d'accord dans un délai raisonnable,

---

1. D. Mazeaud, note sous Civ. 1re, 15 mars 2004, *D.* 2004. 1754 ; *contra* : J. Ghestin, « L'interprétation d'un arrêt de la Cour de cassation », *D.* 2004. 2239.

2. Civ. 1re, 15 mars 2004, *D.* 2004. 1754, note D. Mazeaud.

3. Sur cette loi, son contenu et ses conditions d'application dans le temps, v. ss 101 s.

le juge peut, à la demande d'une des parties, réviser le contrat ou y mettre fin. Ainsi, le pouvoir unilatéral est reconnu à l'une des parties, à l'encontre du principe de l'intangibilité du contrat, de demander au juge la révision, lorsque les conditions de l'imprévision sont réunies, les mêmes que celles qui font naître une obligation de renégociation. La révision du contrat en cas d'imprévision révèle donc à la fois le recul du principe d'intangibilité à l'égard des parties, mais également à l'égard du juge, qui se voit ainsi reconnaître le droit de s'immiscer dans le contrat, pour modifier les prévisions initiales des parties. De ce point de vue, la révision pour imprévision, doit être envisagée aussi, et peut-être surtout, au regard de la portée du principe d'intangibilité à l'égard du juge (v. ss 1649 s.).

Section 2
La force obligatoire du contrat confrontée aux pouvoirs du juge

1617. Si le contrat s'impose aux parties, tel qu'elles l'ont conclu, il s'impose aussi au juge. Ce dernier doit lui aussi appliquer le contrat tel qu'il a été conclu par les parties : la norme posée lui sert de référence : « On ne peut rien contre l'effet du contrat, produit automatique et instantané de l'accord des volontés... »[1]. Traditionnellement, donc, le juge était considéré comme le serviteur et l'arbitre de la volonté des parties, il devait rester neutre et, sous réserve des sanctions qu'il peut prononcer à l'encontre d'un contrat inexécuté, le principe d'irrévocabilité, comme le principe d'intangibilité, s'imposaient à lui de façon absolue.

1618. Or, l'évolution se caractérise par une extension des pouvoirs du juge dans le contrat, au détriment de son intangibilité. Ce dernier a trouvé, petit à petit, les moyens d'intervenir, au nom de l'équité et de la justice contractuelle et en s'appuyant aussi sur le fondement de l'intention présumée des parties.

1619. L'ordonnance a largement consacré cette évolution. Dans le cadre d'un objectif de maintien du contrat utile[2] et de recherche de son efficacité, au besoin par sa correction[3], les textes ont augmenté non seulement le pouvoir de la volonté unilatérale des parties mais également les pouvoirs du juge. Le juge, aujourd'hui, est loin d'être dans une posture de stricte neutralité. Pourtant, jusqu'à l'ordonnance du 10 février 2016, le pouvoir du juge d'intervenir dans le contrat pour corriger des déséquilibres trouvait sa limite dans l'impossibilité d'une révision directe, puisque la jurisprudence avait toujours refusé de consacrer la théorie de l'imprévision. Or l'ordonnance est allée jusque-là. Qu'il s'agisse donc de l'interprétation du contrat (§ 1) ou de sa révision (§ 2), l'extension des pouvoirs du juge est une réalité.

---

1. H. Lécuyer, « Le contrat, acte de prévision », cité dans la bibliographie.

2. Sur cet objectif poursuivi par l'ordonnance, v. ss 912.

3. V. G. Piette, *La correction du contrat*, thèse, PUPPA, 2002 ; v. aussi, « La correction du contrat », in V. Larribau-Terneyre et S. Pellé (dir.), *Quel renouveau pour le droit des contrats. Une réforme entre tradition et modernité*, PUPPA, 2016.

§ 1. Le pouvoir d'interpréter le contrat

1620. Si le contrat est la loi des parties, il peut s'élever des difficultés quant à son application.

L'exécution des contrats peut parfois nécessiter une intervention du juge pour concilier les parties. Il est aussi appelé à trancher les contentieux irréductibles. Or, il peut s'élever des difficultés quant à la détermination exacte du contenu du contrat, soit parce que les parties n'ont pas fait d'écrit soit parce que l'écrit n'est pas clair ou est incomplet.

Les contrats peuvent alors exiger une *interprétation* de la volonté des contractants. Le respect du contrat et de l'intention des parties s'impose alors au juge lorsqu'il est amené à interpréter le contrat. La première consigne d'interprétation donnée au juge par l'article 1188 inscrit au début du chapitre consacré à l'interprétation du contrat et qui se substitue à l'ancien article 1156, est symboliquement forte et elle rappelle ce principe de la force obligatoire et du nécessaire respect de la volonté des parties : « le contrat s'interprète d'après la commune intention des parties (...) ». Les articles 1188, alinéa 2, à 1191 précisent ensuite à la fois les modalités de cette interprétation et sa limite, la dénaturation du contrat.

Si ce pouvoir d'interpréter le contrat a toujours été, non seulement reconnu, mais aussi encadré pour assurer le respect de la volonté contractuelle, le juge a néanmoins aussi toujours développé une marge d'interprétation créatrice, sur le fondement de l'ancien article 1135, devenu l'article 1194, qui précise que les contrats obligent non seulement à ce qui y exprimé, mais encore à toutes les suites que leur donnent, l'équité, l'usage ou la loi ». Ce texte lui a permis de sortir de sa position de stricte neutralité et de respect au regard du contenu du contrat.

1621. Nous examinerons successivement, les consignes et méthodes d'interprétation des contrats, puis l'interprétation créatrice du juge et enfin les règles de contrôle de ce pouvoir d'interprétation.

A. Les méthodes et les consignes d'interprétation des contrats fondées sur la recherche de l'intention des parties

1622. Quelques règles d'ordre général étaient posées par les articles 1156 à 1164 du Code civil ; elles le sont désormais par les articles 1188 à 1191. L'idée directrice est que « l'intention » des parties doit l'emporter sur le « sens littéral des termes » mais sans que cela autorise le juge à déterminer lui-même un élément sur lequel les parties n'avaient pu se mettre d'accord. Tout en reprenant les principes d'interprétation classiques du Code civil, basées sur cette recherche de l'intention des parties, l'ordonnance introduit cependant des consignes plus novatrices.

1) Les principes : recherche de la volonté réelle et référence à la personne raisonnable

1623. Notre droit français est axé sur le principe de l'autonomie de la volonté : en cas de doute, c'est la recherche de l'intention réelle des parties qui est censé être le but des juges. L'ordonnance du 10 février 2016 n'a pas remis en cause cette idée directrice.

L'article 1188, alinéa 1er, pose en effet un principe d'interprétation identique : « le contrat s'interprète d'après la commune intention des parties plutôt que d'après le sens littéral des termes ». Il faudra donc rechercher cette volonté, et, à cet égard, le texte ne prévoit pas de consignes particulières pour découvrir cette volonté réelle, si bien que les solutions jurisprudentielles antérieures restent certainement valables (v. ss 1625).

1624. Toutefois, l'article 1188, alinéa 2, introduit une innovation qui ne figurait pas dans les textes antérieurs. Il ajoute que lorsque la commune intention des parties ne peut être décelée, le contrat s'interprète selon le sens que lui donnerait une « personne raisonnable placée dans les mêmes conditions ». Ce standard de la personne raisonnable, qui a remplacé le « bon père de famille », n'est cependant qu'une consigne subsidiaire, qui reste difficile à utiliser, car elle renvoie à une appréciation objective, dans laquelle le contrat, chose des parties, se laisse difficilement enfermer.

2) Les consignes d'interprétation

1625. En présence d'un texte obscur ou ambigu, les juges devront avant tout essayer de déterminer l'intention réelle des parties, et sans doute, l'éclaireront-il d'abord, comme avant la réforme, par le contexte général du contrat et notamment en se référant à « l'économie du contrat » (sur cette notion, v. ss 1279).

L'article 1189 consacre également ici, après l'avoir déjà fait à propos de la sanction de la caducité (v. ss 1474, 1769 s.), la notion *d'ensemble contractuel* : il précise que lorsque dans l'intention commune des parties, plusieurs contrats concourent à une même opération, ils s'interprètent en fonction de celle-ci.

1626. L'article 1189 précise, en outre, comme l'ancien article 1161 que toutes les clauses d'un contrat s'interprètent les unes par rapport aux autres ; mais alors que l'article 1161 indiquait qu'il fallait donner à chacune le sens qui respecte l'acte entier, l'article 1189 introduit ici le principe de cohérence contractuelle où l'on peut voir l'influence de la doctrine de *l'estoppel* (v. ss 1584) : il convient de donner à chacune le sens qui respecte la cohérence de l'acte tout entier.

1627. Deux règles se dégagent par ailleurs : d'abord, selon l'article 1190, lorsque deux interprétations sont possibles, on préférera la plus favorable au débiteur (dans le contrat de vente, l'article 1602 précise d'ailleurs que toute ambiguïté s'interprète contre le vendeur) ; la règle était déjà posée par l'ancien article 1162. Ensuite, et l'article 1190 introduit à cet égard une règle nouvelle, dans les contrats d'adhésion, le contrat s'interprète contre celui qui l'a proposé. Le Code de la consommation prévoit lui-même que dans les contrats proposés par les professionnels aux consommateurs, les clauses litigieuses s'interprètent « dans le sens le plus favorable au consommateur ou au non professionnel »[1].

Enfin, l'interprétation qui permet de maintenir le contrat doit être préférée à celle qui ne lui permet pas de produire d'effets, selon l'article 1191, qui reprend la règle posée à l'ancien article 1157.

---

1. Civ. 1re, 23 janv. 2003, *D.* 2003. 693, obs. V. Avéna-Robardet.

3) Domaine du pouvoir d'interprétation des tribunaux

a) Clauses obscures ou ambiguës

1628. Le pouvoir d'interprétation du juge ne concerne que les clauses obscures ou douteuses, mais non des clauses claires et précises, ce que confirme expressément l'article 1192. Il pourrait en être autrement si ces clauses apparaissent abusives, mais dans ce cas, il faut préciser en quoi pour fonder le pouvoir d'interprétation (ce qui n'était pas le cas, par exemple, à propos d'une clause obligeant un contractant à payer dans son entier une année scolaire à peine commencée, que le juge avait qualifiée d'abusive sans autre précision[1]) ; ou si elle apparaissent contraires au but poursuivi par les contractants ou si elles risquent, par leur caractère illicite, d'entraîner la nullité de tout le contrat. Mais dans ce cas, le juge doit seulement les interpréter dans un sens favorable à la survie du contrat. Il ne peut, sous couvert d'interprétation, faire la « police du contrat » et le modifier ou le réviser de façon substantielle. C'est ce qui découle de la jurisprudence *Les Maréchaux*, établie par la chambre commerciale de la Cour de cassation dans une décision du 10 juillet 2007 et qu'a rappelé la troisième chambre civile dans une décision du 26 mars 2013 (v. ss 1581, et les références).

b) Qualification du contrat

1629. Le juge n'est pas lié par la qualification donnée par les parties et il dispose d'un certain nombre de possibilités ; toutefois, dans ce cas, on se situe davantage au stade de la formation du contrat que de ses effets.

1630. Il peut notamment redresser une fausse qualification. Ainsi, par exemple à propos de distinction souvent difficile entre un contrat de vente et un contrat d'entreprise[2].

1631. De la même façon il peut requalifier un contrat pour éviter de prononcer la nullité ; ainsi un contrat de vente déséquilibré, avec un prix dérisoire sera éventuellement requalifié en acte à titre gratuit.

B. Comblement des lacunes du contrat et interprétation créatrice : les pouvoirs conférés par l'article 1194, issus de l'équité, l'usage ou la loi

1632. Que faire lorsque le contrat ne dit rien sur la difficulté qui oppose les parties ? L'ancien article 1160 précisait que « l'on doit suppléer dans le contrat les clauses qui y sont d'usage, quoiqu'elles n'y soient pas exprimées ». Cette référence aux usages figurait aussi dans l'article 1135, qui invitait le juge à combler les lacunes du contrat en se servant de « l'équité, l'usage ou la loi ». Ce texte a constitué un véritable tremplin pour l'interprétation créatrice du juge (déjà sur ce point, v. ss 1585 s. ; également v. ss 1310 s.).

---

1. Civ. 1re, 6 déc. 1989, *JCP* 1990. II. 21534, note Ph. Delebecque.
2. Com. 17 mars 1998, *LPA* 1998, n° 138, p. 26, note F. Lehmann.

1633. Si l'article 1160 n'a pas été repris par l'ordonnance, à l'inverse, le contenu de l'article 1135 se retrouve, quasiment inchangé, dans l'article 1194 : « Les contrats obligent non seulement à ce qui y est exprimé, mais encore à toutes les suites que lui donnent l'équité, l'usage ou la loi ».

1634. ***La référence à la loi.*** S'agissant de la loi, le texte fait référence aux règles supplétives de volonté qui sont prévues par la loi pour les contrats les plus usuels et que les parties peuvent écarter. En cas de silence du contrat, elles seront réutilisées par le juge. Ici, sa démarche n'est pas réellement créatrice.

1635. ***La référence aux usages.*** Les usages viendront de la même façon compléter le contrat, s'ils existent. Mais il n'y a pas à proprement parler de pouvoir créateur.

1636. ***La référence à l'équité.*** C'est là qu'apparaît véritablement la part créatrice du juge. Car lorsque le juge fait référence à l'équité (ou à la bonne foi), il peut s'inspirer, au nom de ces standards généraux que sont l'équité ou la bonne foi, de sa propre analyse de la justice contractuelle. Il n'a plus, en tout cas, à se référer directement à l'intention des parties et il substitue alors à l'analyse subjective, une analyse plus objective du contrat.

1637. C'est ainsi qu'en se servant de l'équité, la jurisprudence est arrivée à attacher à de nombreux contrats des suites diverses et à imposer aux parties des obligations auxquelles elles n'ont pas consenti et parfois même pas songé. C'est ce que nous avons déjà souligné, au titre de la détermination du contenu du contrat et que la doctrine a appelé la technique de « ***forçage du contrat*** » (v. ss 1310 s.).

1638. La première illustration de ce pouvoir de créer des obligations est constituée par la découverte et le développement des obligations de sécurité. Elle a été, à l'origine, introduite par la jurisprudence dans le contrat de transport de personnes en 1911 [1] : le transporteur assure depuis lors l'obligation de transporter le voyageur sain et sauf. Il garantit sa sécurité et l'obligation est de résultat.

Ensuite cette obligation a été introduite dans de nombreux contrats mettant en jeu, directement ou pas, la sécurité corporelle des personnes (v. ss 1314 s.). On reverra cette question en étudiant la responsabilité contractuelle (v. ss 2982 s., 3101 s.).

1639. La deuxième illustration concerne l'obligation d'information. S'agissant des effets du contrat, la jurisprudence a découvert dans des contrats de plus en plus nombreux, l'obligation pour l'une des parties de donner à son partenaire des informations nécessaires à la bonne exécution du contrat (vente d'appareils complexes, architecte, notaire, etc. ; v. ss 1320 s.). On a vu que la jurisprudence s'appuyait pour ce faire sur l'ancien article 1134, alinéa 3, relatif à l'exécution des contrats de bonne foi, dont le contenu est repris dans l'article 1104 (v. ss 1572 s.). Mais l'article 1135, repris dans l'actuel article 1194 lui a servi aussi directement de fondement (sur ces obligations, v. ss 1321 s., 2977 s.).

---

1. Civ. 21 nov. 1911, *DP* 1913. 1. 249.

1640. Comment expliquer ces « découvertes » ? Comme une simple interprétation de la volonté implicite des parties au contrat ou bien comme une véritable création fondée sur l'équité et la bonne foi ? En étudiant les différents cas où elles apparaissent, on doit constater que ce sont bien des considérations d'équité objective qui ont conduit la jurisprudence à une œuvre véritablement créatrice et non la volonté implicite des parties.

1641. Dès lors, il est logique de penser que de telles obligations ne peuvent être écartées par les parties même par une clause expresse.

1642. Malgré l'existence d'une marge de manœuvre non négligeable, le pouvoir d'interprétation du juge reste cependant encadré par les textes et il est également contrôlé par la Cour de cassation, qui veille au respect de la volonté contractuelle, lorsque toutefois, elle ne cautionne pas le pouvoir créateur du juge, ce qu'elle a fait pour les obligations de sécurité et d'information.

C. Le contrôle de la Cour de cassation

1643. Le contrôle de la Cour de cassation sur l'interprétation des contrats par les juges du fond est un contrôle minimum, certes, mais qui n'est pas pour autant inexistant. Depuis un arrêt de 1808, l'arrêt *Lubert*[1], la Cour de cassation a constamment affirmé que l'interprétation des clauses d'un contrat relevait du pouvoir souverain des juges du fond. Juge du droit et non du fait, elle ne se reconnaît pas le droit de contrôler l'interprétation que les juges du fond donnent des contrats, les dispositions des articles 1188 à 1191 étant elles-mêmes simplement supplétives. Toutefois, il existe des tempéraments.

1) Le contrôle de la dénaturation des clauses claires et précises

1644. Le contrôle de la dénaturation des clauses claires et précises, qui a toujours été pratiqué par la Cour de cassation, a été confirmé par l'ordonnance du 10 février 2016 dans l'article 1195, alinéa 2. Dans le cadre de ce contrôle de la dénaturation, la Cour de cassation vérifie qu'il y avait bien matière à interprétation, c'est-à-dire qu'il y avait bien un doute sur la signification du contrat. Si la lettre du contrat est jugée « claire et précise », cela signifie qu'en interprétant le contrat, les juges ont violé la volonté des parties et le principe de la force obligatoire. La Cour de cassation a ainsi le moyen d'empêcher les juges de refaire le contrat sous couvert d'interprétation. L'interdiction de la dénaturation est contenue expressément dans l'article 1192.

2) Le contrôle de la qualification

1645. La Cour de cassation contrôle également la qualification donnée aux contrats par les juges du fond et l'introduction de « clauses tacites ». Lorsque le juge s'appuie sur l'équité ou sur la bonne foi pour justifier une interprétation créatrice du contrat, la Cour de cassation intervient pour préciser l'étendue des obligations résultant de certains contrats. Ainsi si les obligations d'information ou de sécurité ont pu se développer,

---

1. Sect. réun., 2 févr. 1808, *GAJC*, n° 159.

c'est parce que la Cour de cassation l'a admis. De même intervient-elle pour contrôler la qualification des obligations de moyens ou de résultat selon les contrats considérés (v. ss 2969 s.).

1646. En revanche, elle ne contrôle ni la constatation de l'existence d'un usage, ni l'interprétation de cet usage par les juges du fond.

3) L'interprétation uniforme des contrats types

1647. En présence de contrats types, standardisés, contenant des formules identiques, la Cour de cassation intervient dans un but d'unification car des interprétations différentes de certaines clauses sont possibles, notamment dans les contrats d'assurance, ou encore dans les conventions collectives de travail.

1648. Pour finir, on peut dire que la méthode d'interprétation subjective, directement inspirée par la théorie de l'autonomie de la volonté, fait du juge le serviteur de la volonté des parties. Dans la réalité de son intervention, il teinte souvent son interprétation d'une nuance plus objective, notamment lorsqu'il fait référence à « l'économie du contrat ». Ces méthodes d'interprétation ne sont pas bouleversées on l'a vu par l'ordonnance du 10 février 2016, qui confirme le principe de l'interprétation d'après la commune intention des parties et ne propose des méthodes complémentaires qu'à titre subsidiaire.

§ 2. Les reculs de l'intangibilité du contrat à l'égard du juge

A. L'admission de la théorie de l'imprévision

1649. Le contrat étant intangible, comme nous l'avons vu, il est interdit au juge en principe, de modifier son contenu sous prétexte de révision ou d'adaptation. Jusqu'à l'ordonnance du 10 février 2016, la Cour de cassation s'est montrée inflexible en refusant d'admettre un quelconque pouvoir du juge de modifier directement le contrat en cas d'imprévision. L'ordonnance est venue bouleverser cette position séculaire.

1) Le refus jurisprudentiel antérieur à l'ordonnance d'admettre la révision du contrat par le juge en cas d'imprévision

1650. Un contrat devenu gravement déséquilibré par l'effet d'un changement des circonstances économiques imprévisible lors de la conclusion du contrat ne peut pas être révisé et adapté par le juge. Telle était la position de la jurisprudence. La solution est constante depuis 1876, où dans l'arrêt du *Canal de Craponne*[1] (v. arrêt à commenter), déjà signalé v. ss 1612), la Cour de cassation avait refusé de réévaluer le montant d'une redevance due pour l'entretien d'un canal d'arrosage qui avait été contractuellement fixée au XVIe siècle.

1. Civ. 6 mars 1876, *DP* 1876. 1. 195, note Giboulot ; *S.* 1876. 1. 161.

1651. En effet, la Cour de cassation estime que réviser un contrat reviendrait à le modifier, ce qu'interdit le principe de la force obligatoire, qui s'applique tant aux parties qu'au juge. Assez récemment encore, la chambre commerciale avait cassé un arrêt qui avait admis « en raison de circonstances économiques nouvelles », que le tarif actuel d'un contrat devait être « fixé en fonction d'un juste prix ». La chambre commerciale a rappelé, au visa de l'ancien article 1134 qu'« en application de ce texte, les juges ne peuvent, sous prétexte d'équité ou pour tout autre motif, modifier les conventions légalement formées entre les parties »[1]. Même les problèmes du passage à l'informatique de l'an 2000 ne justifiaient pas une révision[2]. Elle a de nouveau réaffirmé cette impossibilité de la révision par le juge dans une décision du 18 mars 2009. Dans une espèce où les juges du fond avaient modifié un contrat de bail car, selon eux, le respect de l'équilibre contractuel l'imposait, la troisième chambre civile les a censurés, au visa de l'article 1134 du Code civil, au motif que le bail ne comportait aucune clause prévoyant la modification des modalités d'exécution du contrat[3].

1652. D'autre part, elle se refusait également à permettre l'inexécution de son obligation par l'une des parties, car il n'y a là ni cas de force majeure, ni lésion, mais seulement *imprévision*, puisque le contrat était parfaitement équilibré lors de sa formation et que le déséquilibre ne résulte que « d'un événement casuel et imprévu ». Enfin, elle n'autorisait même pas la résiliation unilatérale du contrat

1653. Sa position était donc plus intransigeante que le Conseil d'État qui, dans des cas semblables, accorde une indemnité au contractant défavorisé afin d'éviter l'interruption du service public (affaire du *Gaz de Bordeaux*)[4]. La jurisprudence administrative a reçu la théorie de l'imprévision et tient compte de la notion d'imprévisibilité de l'événement empêchant la bonne exécution du contrat, qui dépasse la notion d'aléa ordinaire : ainsi, la pollution d'une source conduisant à sa fermeture pendant deux cents ans et contraignant la société liée par un contrat de fourniture d'eau à une commune de s'approvisionner à une autre source à un coût deux fois supérieur à celui originaire, relève-t-elle de l'imprévision. Cette augmentation consécutive du prix constitue bien un bouleversement de l'économie du contrat entraînant l'existence d'un déficit grave pour le cocontractant. L'imprévisibilité est bien constituée, mais, comme la situation est définitive, l'imprévision se transforme en « force majeure administrative » et justifie la résiliation du contrat et l'octroi d'une indemnité d'imprévision par la commune à la société[5].

1654. Un courant doctrinal très favorable se fondait pourtant sur divers arguments pour admettre la révision du contrat en cas de bouleversement économique : l'existence d'une clause tacite selon laquelle le contrat ne serait pas révisable sous réserve que les choses restent en l'état (*rebus sic stantibus*), l'obligation d'exécution des contrats de bonne foi et conformément à l'équité, la théorie de l'abus des droits, l'appel à la

---

1. Com. 18 déc. 1979, *Gaz. Pal.* 1980. I. 232.

2. Dijon, 4 févr. 1999, *RTD civ.* 1999. 396, obs. J. Mestre.

3. Civ. 3e, 18 mars 2009, *LEDC* mai 2009.7, obs. A.-C. Muller ; *RDC* n° 3, 2009. 1358, obs. D. Mazeaud ; *RTD civ.* n° 3, 2010. 528, obs. B. Fages ; *D.* 2010. Pan. 234, obs. B. Fauvarque-Cosson.

4. CE 30 mars 1916, *D.* 1916. 3. 25, *S.* 1916. 3. 17, note M. Hauriou.

5. CE 14 juin 2000, *LPA* n° 245, 8 déc. 2000, p. 14, note L. Jégouzo-Viénot.

notion d'enrichissement sans cause, la théorie de la force majeure, et plus récemment, l'objectif de justice contractuelle et la recherche à la fois de l'efficacité du contrat et du maintien du contrat utile.

2) L'admission de l'imprévision par l'ordonnance du 10 février 2016 : la possibilité pour le juge de réviser le contrat à la demande d'une seule des parties

1655. Non seulement l'article 1195 consacre un pouvoir d'adaptation ou de révision du contrat par le juge, mais encore il admet que cette révision s'exercer à la demande d'une seule des parties, et soit imposée à l'autre, comme suite de l'échec de la renégociation d'un contrat dont l'équilibre a été détruit par des circonstances extérieures. Cette solution a été introduite au tout dernier moment dans le processus d'adoption de l'ordonnance.

1656. La solution est particulièrement audacieuse et elle est présentée dans le rapport de présentation de l'ordonnance au président de la République comme l'une des principales innovations de la réforme. En effet, dans le cadre des différents projets de réforme du droit des contrats qui se sont succédés jusqu'à l'ordonnance du 10 février 2016, seules les propositions Terré étaient allées jusqu'à préconiser l'introduction de la faculté pour le juge de réviser le contrat et la réception pleine et entière de la théorie de l'imprévision. L'avant-projet *Catala* n'avait admis qu'une obligation de renégocier le contrat de bonne foi. Les différents avant-projets de la Chancellerie n'étaient pas non plus allés si loin. Ils prévoyaient l'introduction d'une obligation de renégociation, pesant sur les parties, et comme corollaire, ils avaient certes admis la possibilité pour le juge, au cas où la renégociation échouerait, de procéder à l'adaptation du contrat mais seulement *avec l'accord des parties,* ou alors d'y mettre fin à la date et aux conditions qu'il fixe.

1657. Or le texte final de l'ordonnance a non seulement conservé ces solutions, mais dans l'article 1195, alinéa 2, a également introduit, en cas d'échec de la renégociation la possibilité pour le juge de réviser le contrat à la demande d'une seule partie. Le principe d'intangibilité du contrat est donc ici sérieusement ébranlé.

1658. Ce pouvoir de révision est cependant encadré. Il faut d'abord qu'il y ait une situation d'imprévision. La révision du contrat n'est alors qu'une des possibilités offertes.

a) La nécessité d'une situation d'imprévision

1659. Trois conditions sont posées par l'article 1195, alinéa 1er. Il faut d'abord un ***changement de circonstances imprévisibles lors de la conclusion du contrat***. La proximité de cette condition avec l'hypothèse de la force majeure est évidente. Pour autant les deux notions ne se confondent pas nécessairement et la jurisprudence devra préciser le domaine respectif de l'article 1195 et de l'article 1218 (sur l'impossibilité d'exécution en raison de la force majeure, v. ss 1935 s.). Il faut ensuite que ce changement de circonstances ***rende l'exécution du contrat excessivement onéreuse***. Il n'est donc pas nécessaire, comme dans la force majeure que l'exécution soit impossible, mais il ne suffit pas non plus que l'exécution du contrat soit seulement plus difficile.

Enfin, il faut qu'il s'agisse d'un ***changement dont le contractant*** (celui qui est confronté à la difficulté d'exécution) ***n'avait pas souhaité assumer le risque***. En effet, les parties insèrent parfois dans le contrat des clauses de garantie, indiquant que le contractant a pris à sa charge l'aléa résultant d'une éventuelle force majeure. Là encore, il faudra distinguer force majeure et imprévision et la rédaction de telles clauses devra être bien réfléchie.

b) Les effets de l'imprévision : la renégociation avant la révision ou la disparition du contrat

1660. La situation d'imprévision fait naître une ***obligation de proposer la renégociation***. En effet, selon l'article 1195, alinéa 1er, la partie qui subit l'imprévision en ce sens que l'exécution du contrat est devenue pour elle excessivement onéreuse peut demander une renégociation du contrat à son cocontractant. Elle n'y est pas obligée, mais la renégociation ou, en tout cas, la demande de renégociation est une condition préalable à la révision ou à la disparition du contrat.

1661. De même, le contractant n'a pas l'obligation d'accepter de renégocier le contrat. Mais s'il refuse, ou, autre cas de figure, si la renégociation échoue (de bonne foi), le contrat pourra être adapté, révisé ou arrêté.

1662. ***L'imprévision n'est pas une cause de suspension du contrat*** alors que la force majeure peut entraîner la suspension si elle n'est pas définitive, v. ss 1947). L'article 1195, alinéa 1er, précise en effet que la partie (qui subit l'imprévision) continue à exécuter son obligation pendant la renégociation.

1663. Enfin, en cas de refus de renégociation ou d'échec de la négociation, une ***option*** est ouverte par l'article 1195, alinéa 2, ***entre l'adaptation ou la révision du contrat*** d'un côté, ***ou la disparition du contrat*** de l'autre, l'option appartenant soit aux parties, soit à défaut d'accord, au juge.

– Ainsi *d'un commun accord*, les parties peuvent « convenir de la résolution du contrat à la date où aux conditions qu'elles fixent » ; On notera que c'est la résolution qui est prévue dans ce cas, c'est-à-dire, *a priori*, la disparition rétroactive du contrat (sur les effets de la résolution et la distinction entre résolution et résiliation, v. ss 1931).

Elles peuvent aussi choisir de « demander d'un commun accord au juge de procéder à l'adaptation du contrat ».

– « *À défaut d'accord* dans un délai raisonnable, le juge peut, à la demande d'une partie, réviser le contenu du contrat ou y mettre fin, à la date et aux conditions qu'il fixe ». Si le juge ne révise pas le contrat et décide d'y mettre fin, la sanction, ici, n'est pas nécessairement la résolution. Le texte laisse au juge le choix de faire disparaître le contrat rétroactivement ou sans rétroactivité en modulant, la date et les conditions.

Le juge est donc bien investi désormais d'un pouvoir direct de révision du contrat, alors même que l'un des parties s'y opposerait.

B. L'utilisation et le développement de mécanismes correcteurs ponctuels

1664. Nous avons déjà fait référence, à ces mécanismes correcteurs. Il s'agit ici de les rappeler en les regroupant plus systématiquement.

1) Diversité des mécanismes

1665. D'abord, le juge intervient parfois parce que le législateur l'y autorise. Ainsi a-t-il prévu quelques cas où la révision est possible, notamment par la loi du 30 septembre 1953 sur les baux commerciaux et des lois sur les loyers, les salaires, les rentes viagères... mais c'est assez rare et doit être expressément prévu. Ce sont généralement de simples palliatifs admis en cas de crise (guerre, crise économique) qui ne suffisent pas à résoudre le problème. Néanmoins, sur ce fondement, le juge peut réviser le contrat, sans porter atteinte au principe de la force obligatoire.

1666. Cependant, le juge a également multiplié ses pouvoirs d'intervention dans le contrat sans que le législateur ne l'y invite.

Ainsi, rappelons que dans le cadre du pouvoir d'interprétation du contrat et sur le fondement de l'article 1135 devenu l'article 1194 du Code civil, le juge s'est reconnu une certaine marge de pouvoir créateur pour introduire dans le contrat, au nom de l'équité, des clauses ou des obligations (sécurité, information) que les parties n'y avaient pas inscrites (v. ss 1585, 1632).

Par ailleurs, sur le fondement de l'obligation de bonne foi, il s'est autorisé certaines immixtions dans le contrat aux fins de rétablissement de l'équilibre contractuel ; or non seulement l'ordonnance du 10 février 2016 les a directement consacrées, mais elle est parfois allée encore plus loin que le juge ne l'avait fait. Ainsi en est-il :

– du développement d'une notion renouvelée de la cause pour sanctionner plus finement le défaut de contrepartie dans les contrats à titre onéreux et pour écarter des clauses qui déséquilibrent le contrat en privant de sa substance l'obligation essentielle (arrêt *Chronopost*, v. ss 1282) : ces solutions sont codifiées par l'ordonnance, qui a supprimé la cause mais fourni les solutions de substitutions : la nullité du contrat en cas de contrepartie illusoire ou dérisoire (art. 1169) (v. ss 1353) ; la sanction de la clause qui prive de sa substance l'obligation essentielle, en la réputant non écrite (art. 1170) (v. ss 1360) ; la police des clauses abusives, introduite dans les contrats d'adhésion à l'article 1171 (v. ss 1361 s.) ;

– de la révision des honoraires excessifs[1] (v. ss 1344) : l'ordonnance a introduit la technique de la réduction du prix à l'initiative du créancier, à l'article 1223 (v. ss 1858) ;

– du contrôle de l'abus dans la fixation du prix dans les contrats cadres : l'ordonnance l'a consacré dans l'article 1164 (v. ss 1338 s.) et étendu aux contrats à exécution successive ;

– de la sanction du contractant qui a refusé abusivement l'adaptation du contrat (arrêt *Huard*, v. ss 1584) : l'ordonnance autorise en ce cas la révision du contrat sans son accord (v. ss 1663).

Il s'agit d'autant de procédés qui ont été développés directement au nom de la bonne foi et implicitement, au nom de la justice contractuelle, valeurs contractuelles dominantes aujourd'hui, qui militent pour le rééquilibrage du contrat à l'encontre du principe de la force obligatoire : car parallèlement, elles modifient nécessairement le contenu du contrat, même si l'utilisation des différents procédés s'inscrit dans le respect de « l'économie du contrat » telle qu'elle a été conçue par les parties (sur cette notion, v. ss 1279).

---

1. Pour une application récente dans un contrat de généalogiste : Civ. 1re, 23 nov. 2011, n° 10-16.770, *D.* 2011. 2932.

2) Limites

1667. L'exigence de bonne foi dans l'exécution du contrat « si elle permet de sanctionner l'usage déloyal d'une prérogative contractuelle » n'autorise pas le juge à « porter atteinte à la substance même des droits et obligations légalement convenus entre les parties » a réaffirmé la chambre commerciale de la Cour de cassation dans l'arrêt *Les Maréchaux*[1] (v. ss 1581).

La Cour de cassation entend donc contenir l'usage de la bonne foi dans l'exécution du contrat et rappeler que le juge doit rester le « serviteur respectueux du contrat ».

1668. Par ailleurs, l'ordonnance du 10 février 2016 a certes consacré les évolutions jurisprudentielles dans le sens d'un pouvoir d'intervention accru du juge dans le contrat, mais, elle a aussi encadré ce pouvoir par des dispositions légales précises qui ont pour résultat, sinon pour objectif, de limiter le juge dans l'exercice de ses pouvoirs et de l'empêcher de prendre trop de libertés.

---

1. Com. 10 juill. 2007, *D.* 2007. AJ 1955, note X. Delpech ; *ibid.* Pan. 2973, obs. B. Fauvarque-Cosson ; *ibid.* Jur. 2839, note P. Stoffel-Munck, Jur. 2844, note P.-Y. Gautier et chron. Cass. 2770, obs. R. Salomon ; *JCP* 2007. II. 10154, note D. Houtcieff ; *JCP* 2007. Act. 340, note F. Chabas.

DOCUMENTS

BIBLIOGRAPHIE

Le rôle du juge dans l'interprétation des contrats, Travaux de l'Association Henri Capitant, 1949.

Ancel (P.), « Force obligatoire et contenu obligationnel du contrat », *RTD civ.* 1999. 771.

Boré (J.), « Un centenaire : le contrôle par la Cour de cassation de la dénaturation des actes », *RTD civ.* 1972. 249.

Cachard (O.), « L'ombre de la révision judiciaire du contrat », *RLDC*, n° 49, 2008. 6 s.

Chauviré (Ph.), « Les effets du contrat dans le projet d'ordonnance portant réforme du droit des obligations », *Gaz. Pal.* 30 avr. 2015, n° 120, p. 29.

Chantepie (G.), « Interprétation du contrat », in M. Latina et G. Chantepie (dir.), *Projet de réforme du droit des contrats, du régime général et de la preuve des obligations. Analyses et propositions*, Dalloz, 2015, p. 57 et p. 60.

Chantepie (G.) et Latina (M.), *La réforme du droit des obligations. Commentaire théorique et pratique dans l'ordre du Code civil*, Dalloz, 2016, p. 434 s.

Desayes (O.), « Les effets du contrat », *JCP* 2015, suppl. au n° 21, p. 43.

– « L'interprétation des contrats, Articles 1188 à 1193 », *JCP* 2015, suppl. au n° 21, p. 39.

Dissaux (N.) et Jamin (C.), *Réforme du droit des contrats, du régime général et de la preuve des obligations, Commentaire des articles 1100 à 1386-1 du Code civil*, Dalloz, 2016, p. 91 s.

Deffains (B.) et Ferey (S.), « Pour une théorie économique de l'imprévision en droit des contrats », *RTD civ.* 2010. 719.

Fabre (R.), « Les clauses d'adaptation dans les contrats », *RTD civ.* 1983. 1.

Fages (B.), *Le comportement du contractant*, préf. J. Mestre, PUAM, 1997, n°s 644 s.

Grinbaum (L.) et Nicod (M.), *Le solidarisme contractuel*, Economica, 2004.

Houtcieff (D.), *Le principe de cohérence en matière contractuelle*, préf. H. Muir Watt, PUAM, 2000, 2 vol. ; « Essai de maïeutique juridique : la mise au jour du principe de cohérence », étude, *JCP* 2009. Doctr. 463.

Lecuyer (M.), « Le contrat, acte de prévision », in *Mélanges en hommage à F. Terré, L'avenir du droit*, Dalloz, PUF, Litec, 1999.

– « L'interprétation du contrat », *Journ. Soc.*, avr. 2014, p. 28.

Mazeaud (D.), « Loyauté, solidarité, fraternité : la nouvelle devise contractuelle », in *Mélanges en hommage à F. Terré, L'avenir du droit*, Dalloz, PUF, Litec, 1999, p. 603.

– « La révision du contrat », *LPA* 30 juin 2005, p. 4.

Molfessis (N.) « Le rôle du juge en cas d'imprévision dans la réforme du droit des contrats », *JCP* 2015. 1415.

Piette (G.), *La correction du contrat*, thèse, UPPA, 2002.

– « La correction du contrat », in V. Larribau-Terneyre et S. Pellé, *Quel renouveau pour le droit des contrats. Une réforme entre tradition et modernité*, PUPPA, 2016.

Picod (Y.), « L'obligation de coopération dans l'exécution du contrat », *JCP* 1998. I. 3318.

STOFFEL-MUNCK (Ph.), « L'imprévision et la réforme des effets du contrat », *RDC* 2016. 30.
VOIRIN, *De l'imprévision dans les rapports de droit privé*, thèse, Nancy, 1922.
WITZ (C.), « L'interprétation du contrat dans le projet de réforme du droit des contrats », *D.* 2015. 2020.
ZELCEVIC-DUHAMEL (A.), « La notion d'économie du contrat en droit privé », *JCP* 2001. I. 300

ARRÊT À COMMENTER

L'imprévision

Civ. 6 mars 1876, *D.* 1876. 1. 193 ou *S.* 1876. 1. 161, *Canal de Craponne*

Mais, *sur le premier moyen du pourvoi* : – Vu l'article 1134 du Code civil.

– Attendu que la disposition de cet article n'étant que la reproduction des anciens principes constamment suivis en matière d'obligations conventionnelles, la circonstance que les contrats dont l'exécution donne lieu au litige sont antérieurs à la promulgation du Code civil ne saurait être, dans l'espèce, un obstacle à l'application dudit article ;

– Attendu que la règle qu'il consacre est générale, absolue, et régit les contrats dont l'exécution s'étend à des époques successives de même qu'à ceux de toute autre nature ; – que, dans aucun cas, il n'appartient aux tribunaux, quelque équitable que puisse leur paraître leur décision, de prendre en considération le temps et les circonstances pour modifier les conventions des parties et substituer des clauses nouvelles à celles qui ont été librement acceptées par les contractants ; – Qu'en décidant le contraire et en élevant à 30 centimes de 1834 à 1874, puis à 60 centimes à partir de 1874, la redevance d'arrosage, fixée à 3 sols par les conventions de 1560 et 1567, sous prétexte que cette redevance n'était plus en rapport avec les frais d'entretien du canal de Craponne, l'arrêt attaqué a formellement violé l'article 1134 ci-dessus visé ;

Par ces motifs, casse, dans la disposition relative à l'augmentation du prix de la redevance d'arrosage, l'arrêt rendu entre les parties par la cour d'appel d'Aix le 31 décembre 1873.

Directives

Dégager le principe posé par la Cour de cassation.

Cette position est-elle suivie en jurisprudence civile ? (comparer avec Civ. 3e, 20 févr. 1974, *Bull. civ.* I, 1974, n° 85, p. 65) *et administrative ?*

Chapitre 3

L'effet relatif du contrat

1669. Le contrat produit ses effets entre les parties, mais il peut également mettre en présence les parties et des tiers et il convient d'examiner quelle portée il peut avoir à l'égard de ces derniers.

1670. L'ancien article 1165 du Code civil posait le principe de *l'effet relatif* du contrat à l'égard des tiers en énonçant que « les conventions n'ont d'effet qu'entre les parties contractantes ; elles ne nuisent point au tiers et elles ne lui profitent que dans le cas prévu par l'article 1121 » (c'est-à-dire la stipulation pour autrui, v. ss 1699 s.).

1671. Ce principe est repris par les articles 1199 et 1200, issus de l'ordonnance, dans des termes plus précis mais la substance reste la même. Il est dit que « le contrat ne crée d'obligations qu'entre les parties ; les tiers ne peuvent ni demander l'exécution du contrat, ni se voir contraints de l'exécuter (...) » (art. 1200). Mais le texte, *in fine*, prévoit l'existence de certaines atténuations, les mêmes qu'antérieurement. L'article 1200 pose par ailleurs deux règles acquises mais qui ne figuraient pas explicitement dans le Code civil : celle de l'obligation pour les tiers de respecter la situation juridique créée par le contrat et la possibilité de s'en prévaloir pour apporter la preuve d'un fait, ce que l'on traduit classiquement par la règle de *l'opposabilité du contrat* au tiers et par les tiers.

Le principe de la relativité des contrats, ou principe de l'effet relatif, qui doit être distingué de l'opposabilité du contrat au tiers, est donc réaffirmé par l'article 1199 (Section 1). Il connait cependant quelques exceptions (Section 2)

Section 1

Le sens du principe

1672. Le contrat n'a d'effet obligatoire qu'entre les parties, mais il reste à déterminer qui sont les parties et qui sont les tiers. Cette question a déjà été abordée lors de l'étude des principes généraux communs à toutes les obligations (v. ss 178 s.) et nous n'y reviendrons que rapidement.

1673. Le principe de l'effet relatif ne concerne que les véritables tiers. S'il signifie alors que le contrat ne peut faire naître directement des obligations à leur égard, il reste que les tiers sont parfois amenés à apprendre son existence et à le respecter ; de même, ils peuvent s'en prévaloir : le contrat est opposable aux tiers et par les tiers.

§ 1. Le principe de l'effet relatif et les faux tiers

1674. Entre les parties proprement dites et les véritables tiers, il existe des catégories intermédiaires de personnes à l'égard desquelles un contrat, auquel elles n'ont pas été parties, peut avoir des effets plus ou moins importants. Plusieurs situations sont à distinguer, selon qu'il s'agit des parties lors de la formation du contrat, ou de personnes qui vont être obligées postérieurement par le contrat soit en qualité d'ayant-cause universel ou à titre universel soit en raison de la cession du contrat ou enfin selon qu'il s'agit d'ayants cause à titre particulier ou de créanciers chirographaires qui ne sont pas de véritables tiers mais qui ne sont pas non plus des parties au contrat (pour l'examen plus complet de ces différentes situations, v. ss 179 s., les parties au rapport d'obligation).

A. Les parties lors de la formation du contrat

1675. Ce sont les personnes qui ont conclu le contrat, qui ont donné leur consentement au contrat, soit par elles-mêmes, soit par l'intermédiaire d'un représentant (sur la représentation, v. ss 189 s.).

B. Les personnes assimilées aux parties postérieurement à la formation du contrat

1676. Il s'agit des ayants-cause universels ou à titre universel et des cessionnaires du contrat.

1) L'ayant-cause universel ou à titre universel

1677. Il devient partie au contrat par l'effet du décès de l'un des contractants. En effet, l'*ayant-cause universel* a vocation à recevoir tout le patrimoine de son auteur, c'est le cas de l'héritier légal et du légataire universel désigné par testament.

1678. L'ayant-cause à titre universel est un légataire qui a vocation à recueillir une fraction de la succession, mais pas un ou plusieurs droits déterminés par avance.

1679. Ils seront traités comme des parties.

2) Le cessionnaire du contrat

1680. L'ordonnance du 10 février 2016 a introduit dans le Code civil, au titre des effets du contrat, le mécanisme de la cession du contrat tout entier, dont la jurisprudence antérieure admettait déjà la possibilité (v. ss 1814 s.).

1681. Toutefois, cette cession de contrat qui est elle-même un contrat passé entre le contractant cédant et le cessionnaire, suppose le consentement de l'autre partie au contrat cédé pour produire tous ses effets (v. ss 1818).

1682. Le cessionnaire du contrat est alors substitué au cédant. Il recueille ses droits et obligations et perd complètement sa qualité de tiers pour devenir partie au contrat à la place du cédant.

3) La situation des ayants-cause à titre particulier et des créanciers : ni tiers, ni parties

a) L'ayant-cause à titre particulier

1683. On rappellera qu'il s'agit de celui qui tient un ou plusieurs droits déterminés d'une autre personne en vertu d'un contrat (déjà, v. ss 181 s.) : il est l'ayant-cause de cette personne. Exemple : l'acheteur est l'ayant cause du vendeur ; le donataire, l'ayant cause du vendeur relativement à la transmission par le contrat du droit de propriété. On peut se demander si l'acquéreur d'un bien acquiert, en même temps, les droits et obligations relatifs à ce bien, nés des contrats passés par son ancien propriétaire. La réponse est différente selon qu'il s'agit de contrats ayant pour objet des droits réels ou des droits personnels.

1684. *S'il s'agit de contrats ayant pour objet des droits réels,* ces droits réels, comme par exemple la constitution d'une servitude, sont transmis sans difficulté, en même temps que le bien sur lequel ils portent, en qualité d'accessoires, à l'ayant-cause à titre particulier.

1685. *S'il s'agit, au contraire, de contrats ayant pour objet des droits personnels*, la réponse est plus nuancée : En principe, l'article 1199 fait obstacle à ce que des rapports nés entre le créancier et le débiteur puissent s'étendre à des ayants cause à titre particulier qui n'ont pas été parties au contrat. Toutefois, en pratique, il est des cas où cette transmission doit avoir lieu.

Citons, par exemple, le cas du commerçant qui, en vendant son fonds, a signé une clause de non-concurrence, c'est-à-dire qu'il s'est engagé à ne pas se réinstaller dans un rayon donné pendant une durée déterminée pour éviter que sa clientèle ne soit tentée de le suivre en abandonnant le fonds vendu. Si le fonds de commerce est revendu à un nouvel acquéreur, ce dernier aura intérêt à ce que cette clause de non-concurrence, à l'égard de laquelle il n'est qu'un tiers, lui soit transmise en même temps que le fonds ; on peut citer une situation inverse où, lors de la vente d'un immeuble, les vendeurs ont fait insérer dans le contrat une clause par laquelle les acquéreurs initiaux et tout acquéreur éventuel s'interdisaient d'exercer dans cet immeuble un commerce similaire à celui des vendeurs [1]. La jurisprudence admet la validité d'une telle transmission, qu'elle soit expresse ou tacite, sauf volonté contraire des parties [2].

La même solution doit être admise en matière d'obligation de garantie décennale assumée par les architectes et entrepreneurs. Cette obligation, qui est une obligation légale cette fois, est transmise aux ayants cause du maître de l'ouvrage sans qu'il puisse s'y opposer et la jurisprudence justifie cette transmission par le recours à l'idée que l'obligation de garantie est un « accessoire de la chose » transmissible avec elle [3].

---

1. Com. 18 juill. 1989, *Bull. civ.* IV, n° 222.

2. Com. 15 oct. 1968, *Gaz. Pal.* 1968. 2. 395.

3. Civ. 3e, 23 mars 1968, *Bull. civ.* III, n° 131, p. 104, et. *Defrénois* 1971, art. 29787, p. 117.

1686. La doctrine justifie cette transmission tacite de façon différente, soit en supposant que le contrat initial comportait une *stipulation pour autrui tacite* dont les bénéficiaires seraient les acquéreurs successifs du fonds ; soit en admettant qu'une créance, qui est l'*accessoire* d'un bien réel, perd en quelque sorte son caractère personnel pour devenir une créance à caractère réel dont le sort est lié au bien et qui se transmet avec lui à tous ses acquéreurs successifs.

1687. Le législateur, lui-même, a d'ailleurs parfois donné cette solution fondée sur la notion d'accessoire.

Ainsi, l'industriel qui vend son entreprise transmet à l'acquéreur les contrats précédemment passés avec les ouvriers ou les employés qui sont considérés comme l'accessoire de la chose, ici de l'entreprise.

De même, en matière d'assurances, en cas d'aliénation de la chose assurée, l'assurance est transmise de plein droit au nouvel acquéreur, en raison de son caractère accessoire, sauf en ce qui concerne les véhicules terrestres à moteur.

Enfin, selon l'article 1646-1, alinéa 2, également, le vendeur d'un immeuble à construire est tenu des vices cachés et « ces garanties bénéficient aux propriétaires successifs de l'immeuble ».

Toutefois, il convient de ne pas étendre indéfiniment cette notion d'accessoire.

b) Les créanciers chirographaires

1688. Les créanciers chirographaires qui ont un droit de gage général sur le patrimoine de leur débiteur, sont plutôt considérés comme des tiers par rapport aux contrats conclus par leur débiteur. Cependant, ils disposent de certaines prérogatives qui leur permettent en réalité d'intervenir dans un contrat auquel ils n'ont pas été parties. Ces prérogatives sont essentiellement constituées de l'action oblique (v. ss 414 s.) qui leur permet d'exercer les droits du débiteur négligent à sa place et de l'action paulienne qui leur permet d'obtenir la révocation du contrat passé en fraude de leur droit (v. ss 441 s.).

§ 2. Le principe de l'effet relatif à l'égard des vrais tiers

1689. Les vrais tiers ou *penitus extranei* sont ceux qui ne sont tenus par aucun lien avec les contractants.

A. Le contrat n'a pas d'effet obligatoire à l'égard des tiers

1690. La règle de l'effet relatif qui joue à leur égard signifie que les effets du contrat ne peuvent se produire ni à leur profit, ni contre eux : ils ne peuvent être créanciers des obligations nées du contrat. Ils ne peuvent pas davantage se voir imposer des obligations nées du contrat. Cependant, le contrat existe aussi à l'égard des tiers ; c'est pourquoi les parties peuvent opposer le contrat aux tiers et ceux-ci, inversement, peuvent aussi opposer l'existence du contrat aux parties.

B. Le contrat est opposable aux tiers

1691. Sans faire obstacle au principe de la relativité des effets du contrat, on est obligé de constater que les tiers ne peuvent ignorer l'existence du contrat qui pourra parfois leur être opposé. C'est ce qu'exprime désormais l'article 1200 en indiquant que les tiers doivent respecter la situation juridique créée par le contrat.

1692. Le contrat produit en effet une modification du patrimoine des contractants et cette modification est opposable aux tiers à un certain nombre de conditions : date certaine de l'acte s'il est sous seing privé, absence de simulation, absence de fraude et publicité (par ex. propriété foncière, vente de fonds de commerce, cession de créance...).

1693. Mais la responsabilité du tiers pourra aussi être engagée s'il se rend complice de la violation par le créancier de son obligation contractuelle, par exemple, notamment, concernant la protection des réseaux de distribution sélective [1], ou encore en cas de dol.

C. Le contrat est opposable par les tiers

1694. Le contrat constitue également un fait que les tiers peuvent invoquer comme un fait juridique. La chambre commerciale de la Cour de cassation a ainsi posé que « si les conventions n'ont d'effet qu'entre les parties contractantes », les tiers « peuvent invoquer à leur profit, comme un fait juridique, la situation créée par le contrat » [2].

1695. L'article 1200, alinéa 2, consacre cette règle en indiquant que les tiers peuvent se prévaloir du contrat, notamment pour rapporter la preuve d'un fait. Un contrat passé entre d'autres personnes pourra être invoqué comme présomption ou opposé comme « juste titre » en cas d'usucapion ; ou bien encore il pourra donner naissance à une responsabilité extracontractuelle par exemple l'inexécution ou l'exécution défectueuse d'un contrat qui cause un préjudice à la fois au cocontractant et à un tiers, donne lieu à réparation sur le fondement de la responsabilité contractuelle à l'égard du premier et de la responsabilité extracontractuelle à l'égard du second [3].

Section 2
Les exceptions au principe

1696. Il existe des exceptions prévues par le Code civil, qui admet limitativement certaines hypothèses de « contrats pour autrui » [4]. Il existe aussi une autre sorte d'atténuation qui tient à l'utilisation par la jurisprudence de la théorie des « groupes de contrats » ou « ensembles contractuels ».

---

1. Obs. Viney au *JCP* 1993. I. 3664. 145.

2. Com. 22 oct. 1991, *Bull. civ.* IV, n° 302 ; *D.* 1993. 181, note J. Ghestin.

3. Com. 22 oct. 1991, *Bull. civ.* IV, n° 302 ; *D.* 1993. 181, note J. Ghestin ; *JCP* 1992. I. 3570, obs. M. Billiau ; *Defrénois* 1992. 321, obs. J.-L. Aubert ; v. aussi Civ. 1re, 15 déc. 1998, *Bull. civ.* I, n° 368 ; *CCC* 1999, n° 37, obs. L. Leveneur ; *RTD civ.* 1999. 623, obs. J. Mestre.

4. L. Grynbaum, *Droit civil. Les obligations*, HU droit, Hachette, 2005.

§ 1. Les exceptions à l'effet relatif prévues par le Code civil

1697. Il s'agit de deux techniques contractuelles auxquelles il a déjà été fait rapidement référence lors de l'étude du régime général des obligations (v. ss 217 s., 235 s.) que sont la stipulation pour autrui (v. ss 217 s.) et la promesse de porte-fort (v. ss 235 s.). Ces deux exceptions ont été conservées et peu modifiées par l'ordonnance du 10 février 2016

A. La stipulation pour autrui

1698. En exception au principe de l'autorité relative du lien obligatoire, un tiers peut devenir créancier par l'effet d'un contrat à la conclusion duquel il était étranger : c'est ce qu'on appelle la stipulation pour autrui. Alors qu'elle ne faisait l'objet, avant l'ordonnance de 2016, que de deux textes, les articles 1120 et 1121 du Code civil qui l'admettaient très restrictivement, elle représente aujourd'hui cinq articles du Code civil, les articles 1205 à 1209 qui l'admettent beaucoup plus largement.

► ***La stipulation pour autrui***, que l'on a déjà rencontrée est l'opération par laquelle une personne, appelée *stipulant*, convient avec une autre, appelée *promettant*, que ce dernier exécutera une prestation au profit d'une troisième personne : le *tiers bénéficiaire*. Il s'agit d'un contrat entre deux personnes, le stipulant et le promettant, mais d'une opération à trois personnes puisque le contrat produit effet à l'égard d'un tiers, le bénéficiaire.

1699. Il convient, tout d'abord, de faire un rapide historique de la stipulation pour autrui.

À Rome, la stipulation pour autrui était déjà connue, mais elle était dépourvue d'effet, le tiers, pas plus que le disposant, n'ayant d'action pour contraindre le promettant à exécuter sa prestation. Toutefois, la pratique l'admettait, exceptionnellement, lorsque le stipulant avait un intérêt personnel, pécuniaire, à l'exécution au profit du tiers et disposait, de ce fait, d'une action. On l'admettait également dans deux cas précis : donation avec charge et constitution de dot où cette fois, le tiers bénéficiaire avait une action. Dans l'ancien droit, on constate une certaine tendance à étendre les cas exceptionnels où la stipulation pour autrui est permise, mais les rédacteurs du Code civil, sont revenus à une conception très restrictive de la stipulation pour autrui telle qu'elle ressortait de la formulation et des conditions posées par l'article 1121. La jurisprudence et le législateur ont par la suite beaucoup élargi l'emploi de la technique pour des libéralités (donation avec charge, assurance-vie, par ex.) ou pour des actes à titre onéreux (par ex. transport de personnes), le voyageur étant censé avoir stipulé pour le compte de ses proches parents ou pour l'hôpital qui passe une convention avec un centre de transfusion sanguine est présumé avoir stipulé pour ses malades.

1700. L'ordonnance du 10 février 2016, prenant acte de cette évolution, a posé, à l'encontre du dispositif antérieur, un principe général de validité de la stipulation pour autrui. L'article 1205, alinéa 1er, dispose de façon générale : « on peut stipuler pour autrui » ; au contraire, l'ancien article 1121 enfermait la stipulation pour autrui dans un cadre strict : « on peut stipuler au profit d'un tiers lorsque telle et la condition d'une stipulation que l'on fait pour soi-même ou d'une donation que l'on fait à un autre ». Le domaine de la stipulation pour autrui est ainsi considérablement élargi, conformément aux solutions jurisprudentielles qui avaient été développées sur la base d'une interprétation extensive de l'ancien article 1121. Quatre autres articles, au lieu d'un seul antérieurement, les articles 1206 à 1209 précisent ensuite le régime de la stipulation pour autrui, principalement ses effets.

Nous allons étudier, successivement, le domaine, les conditions de validité et les effets de la stipulation pour autrui.

1) Le domaine de la stipulation pour autrui

a) L'élargissement opéré par l'ordonnance du 10 février 2016

1701. Aux termes de l'ancien article 1121, la stipulation pour autrui n'était possible que dans deux cas : « lorsque telle est la condition d'une stipulation que l'on fait pour soi-même ou d'une donation que l'on fait à un autre ». Dans les deux cas, la stipulation était l'accessoire d'une autre opération. Le rôle de la stipulation pour autrui a cependant considérablement augmenté en droit moderne, notamment avec le développement du domaine des assurances, mais également en matière de convention du travail ou dans le domaine des transports et dans quelques autres cas. Aux deux cas du Code civil se sont donc adjointes de nouvelles hypothèses d'application, soit prévues par des textes spéciaux, soit par la jurisprudence, qui a élargi le domaine de la stipulation pour autrui à toutes les hypothèses où l'on pouvait identifier au moins un intérêt moral à l'opération.

1702. L'ordonnance consolide donc cette jurisprudence en ne limitant plus le domaine de la stipulation pour autrui.

Les restrictions posées par l'ancien article 1121 sont supprimées par l'article 1205 qui après avoir posé le principe de la validité de la stipulation pour autrui poursuit : « l'un des contractants, le stipulant, peut faire promettre à l'autre, le promettant, d'accomplir une prestation au profit d'un tiers, le bénéficiaire. Ce dernier peut être une personne future mais doit être précisément désigné ou pouvoir être déterminé lors de l'exécution de la promesse ».

1703. Le domaine est désormais défini de façon très large, tant au regard de la prestation à accomplir qu'au regard du bénéficiaire. Il n'est même pas nécessaire qu'il soit désigné précisément dans le contrat puisqu'il suffit qu'il soit déterminable, lors de l'exécution de la promesse. Il peut aussi s'agir d'une personne future.

1704. Toutes ces solutions ne constituent que la codification de solutions jurisprudentielles qui avaient été posées sous l'empire des anciens textes. La jurisprudence admettait déjà que le tiers bénéficiaire puisse être seulement déterminable. Elle validait ainsi la stipulation au profit d'une personne dont la détermination serait postérieure à l'opération, le futur conjoint, par exemple : la désignation du bénéficiaire, quand elle a lieu, rétroagissant. Cette solution a d'ailleurs été confirmée par le législateur dans l'article 63, alinéa 2, de la loi du 13 juillet 1930 sur l'assurance-vie, devenu l'article L. 132-8 du Code des assurances[1]. Suivie par la loi du 13 juillet 1930 et le Code des assurances, la jurisprudence admettait aussi la validité des stipulations faites au profit d'une personne future : enfants « nés et à naître » par exemple. Dans l'assurance « pour le compte de qui il appartiendra », le bénéficiaire sera le propriétaire de la chose assurée, lors du règlement de l'indemnité.

b) Consolidation par la nouvelle définition des principales hypothèses de stipulation pour autrui dégagées par la jurisprudence

1705. La jurisprudence avait en effet développé la stipulation pour autrui en interprétant largement les deux hypothèses prévues par l'ancien article 1121, et en supprimant le caractère accessoire de la stipulation pour autrui qui semblait y être sous-entendu. De façon, plus contestable, elle a eu recours aussi à la stipulation pour autrui implicite, généralement dans un but d'équité pour faire bénéficier des victimes de dommages d'une obligation contractuelle alors qu'elles sont des tiers au contrat. Ce mécanisme de la stipulation pour autrui implicite n'est pas condamné par l'ordonnance.

1. Élargissement de la stipulation à partir du premier cas autorisé par l'ancien article 1121 : la stipulation peut être la condition d'une stipulation que l'on fait pour soi-même selon l'article 1121

1706. La formule n'était pas très claire et avait fait l'objet d'interprétations diverses mais dans tous les cas ; l'idée était que le stipulant qui faisait promettre à l'autre l'accomplissement d'une prestation au profit d'un tiers, devait également profiter lui-même financièrement du contrat, de sorte que la stipulation pour autrui était toujours une opération accessoire d'une autre opération (par exemple, dans le cas d'un contrat de vente), l'acheteur de l'immeuble (promettant) paye un capital au vendeur (stipulant) et une rente viagère à un tiers (tiers bénéficiaire). Devant la trop grande rigidité de ce texte, la jurisprudence a réagi en validant toute stipulation pour autrui, dès lors que le stipulant y avait un intérêt, fut-ce en tant que débiteur : par exemple dans l'assurance-vie l'assuré (stipulant) est seulement débiteur des primes dues par l'assureur (promettant) dont profitera le tiers bénéficiaire. La stipulation pour autrui devient ainsi l'opération principale et c'est la stipulation pour soi-même qui devient l'accessoire. La jurisprudence a même été plus loin, en admettant qu'il peut s'agir, pour le stipulant, d'un intérêt purement moral (v. arrêt à commenter).

2. Élargissement à partir du second cas : la stipulation pour autrui est la condition d'une donation que l'on fait à un autre

1707. Il s'agissait du second cas prévu par l'article 1121. C'est le cas de la donation avec charge ou de la rente viagère au profit d'un tiers (art. 1973). Là aussi, la jurisprudence a élargi le champ de la stipulation pour autrui en admettant sa validité, non seulement pour les libéralités proprement dites, mais aussi chaque fois qu'il y a transfert de propriété du stipulant au promettant, c'est le procédé utilisé

---

1. V. le texte de la loi, sous l'article 1983 du Code civil Dalloz.

pour réaliser une fondation : la stipulation étant faite au profit d'un établissement non encore doté de la personnalité juridique[1].

1708. C'est ainsi que le caractère *accessoire* de la stipulation pour autrui a progressivement disparu. Désormais, la stipulation pour autrui, considérée comme un mécanisme pratique, est parfaitement valable par elle-même, ce que confirment les nouvelles dispositions.

3. Utilisation de la stipulation pour autrui dans le domaine des assurances

1709. *L'assurance-vie* est le procédé qui permet à une personne (stipulant) de convenir avec une compagnie d'assurances (promettant) qu'à son décès, un certain capital sera versé à un ou des tiers bénéficiaires. Elle est fréquemment utilisée au sein de la famille ou dans le contexte d'un couple, pour sécuriser la situation du survivant.

1710. C'est là, surtout, que se sont manifestés les aménagements apportés à la stipulation par la jurisprudence : existence d'un intérêt simplement moral, possibilité de désigner comme tiers bénéficiaires des personnes futures : le père par exemple stipulera au nom de sa femme et de ses enfants *nés ou à naître*. Et ces innovations ont été confirmées par le législateur dans la loi du 13 juillet 1930 et reprises dans le Code des assurances (Décr. du 16 juill. 1976).

Il faut cependant signaler cette jurisprudence qui requalifie un contrat d'assurance-vie en « contrat de capitalisation » pour écarter les règles de la stipulation pour autrui et affirmer que le capital assuré doit être rapporté à la succession[2].

1711. Mais ce n'est pas le seul cas où joue la stipulation pour autrui dans le domaine des assurances. On notera aussi :

– *l'assurance pour compte* ou pour le compte de qui il appartiendra (L. 13 juill. 1930, art. 6, devenu C. assur., art. L. 112-1) ;

– *l'assurance de groupe*, c'est une assurance collective contractée au profit d'un certain nombre de personnes, par exemple tous les salariés d'une entreprise et couvrant plusieurs risques (maladie, maternité, invalidité, vieillesse, décès...) c'est une promesse d'assurance qui prend corps quand tous les membres du groupe acceptent qu'elle porte sur leur tête. Dans un arrêt du 7 juin 1989[3], la première chambre civile de la Cour de cassation précise que l'adhésion au contrat d'assurance de groupe, conséquence d'une stipulation pour autrui, « n'en crée pas moins un lien contractuel direct entre l'adhérent et l'assureur, mais ce droit est personnel et l'assureur ne peut opposer à l'un des adhérents le non-paiement des primes des autres par voie de compensation » ;

– *l'assurance responsabilité* des accidents automobiles qui couvre la responsabilité de toute personne tenant le volant pourvu qu'elle ait un permis de conduire.

---

1. Civ. 26 avr. 1869, *D.* 1871. I. 97.

2. Arrêt *Leroux*, Civ. 1re, 18 juill. 2000, *JCP* 2000. IV. 2575 ; v. E. Ergan, chron. citée dans la bibliographie.

3. *Bull. civ.* I, n° 233 et *Defrénois* 1989. 1057, obs. J.-L. Aubert.

4. La stipulation pour autrui dans les conventions collectives de travail

1712. Elles constituaient une autre application de la stipulation pour autrui en droit contemporain. En effet, ces conventions sont signées par les représentants des employeurs et ceux des employés ou ouvriers, mais leurs dispositions vont s'appliquer à des tiers : tous les employés ou ouvriers qui n'ont pas été parties à l'acte mais qui vont bénéficier des dispositions de la convention collective, même s'ils sont embauchés postérieurement à sa signature. Toutefois, cette justification n'est plus guère admise aujourd'hui où l'on préfère avoir recours à la notion de représentation.

5. La stipulation pour autrui implicite

1713. La jurisprudence a en effet recours à cette notion de stipulation pour autrui implicite dans un certain nombre d'hypothèses, pour satisfaire à l'équité, essentiellement et parce que d'autres solutions ne sont pas disponibles.

1714. Ainsi, en droit des *transports de personnes*, la stipulation pour autrui existe dans le transport de marchandises où l'expéditeur traite avec le transporteur au profit du destinataire. Mais la jurisprudence a réussi à l'introduire, au moins tacitement, dans le transport des voyageurs. Sous l'influence de la jurisprudence, il a été admis que tout voyageur, en prenant son billet, est censé stipuler pour ses proches parents (v. ss 3105 s.). Si un accident survient et que le voyageur est tué, ses proches pourront invoquer cette stipulation pour se faire indemniser. Ils se placent dans le cadre de la responsabilité contractuelle et ont l'avantage de ne pas avoir à prouver la faute du transporteur (l'inexécution du contrat suffisant à entraîner sa responsabilité car il s'agit d'une obligation de sécurité de résultat).

Toutefois, la stipulation pour autrui tacite dans le cas de transport de passagers n'offre plus guère d'intérêt depuis que les nouvelles lois sur le transport maritime et aérien ont introduit des forfaits de responsabilité opposables, non seulement aux transportés mais aussi à toute personne agissant de leur chef comme victime par ricochet (sur les préjudices par ricochet, v. ss 2362 s.).

En revanche, elle est toujours utile dans le transport terrestre.

1715. Elle est également utilisée en *droit de la construction*. Un entrepreneur qui traite avec un sous-entrepreneur demeure responsable envers le maître de l'ouvrage, les ouvriers et les tiers. Les fournisseurs ayant traité avec le sous-entrepreneur sont les tiers bénéficiaires de cette stipulation dans l'intérêt de l'entreprise et peuvent poursuivre l'entrepreneur[1].

1716. Enfin, elle a été utilisée en droit de la responsabilité et notamment, à propos des *contaminations post transfusionnelles*. Déjà au début du siècle la jurisprudence avait fait usage de cette notion de stipulation pour autrui implicite dans le cas d'une convention passée entre l'Assistance publique et le Centre national de transfusion sanguine, jugée accompagnée d'une stipulation pour autrui au profit des malades bénéficiant d'une transfusion à propos d'une contamination par la syphilis[2]. Une nouvelle

---

1. Civ. 3e, 28 mars 1968, *Bull. civ.* III, n° 114, n° 45.

2. Civ. 2e, 17 déc. 1954, *D.* 1955. 269, note R. Rodière ; *JCP* 1955. II. 8490, note R. Savatier.

décision reprenant le même principe à propos du sida a été rendue par le TGI de Paris, le 1er juillet 1991[1] car « la fourniture et l'injection de sang à un malade transfusé s'inscrivent dans le cadre des relations contractuelles qui unissent le patient non seulement à la clinique et au chirurgien, mais encore à l'organisme fournisseur du sang, la clinique stipulant cette fourniture au profit du malade »[2]. Cette thèse a été consacrée par la Cour de cassation[3] ; il s'agissait là encore de faire bénéficier le malade tiers au contrat passé entre le fournisseur de sang et la clinique d'une obligation de sécurité de résultat.

De même, une convention passée entre un constructeur demandant l'alimentation d'un groupe d'habitations et l'EDF est-elle censée comporter une stipulation implicite au profit des acquéreurs éventuels de ces pavillons[4].

2) Les conditions de validité de la stipulation pour autrui

1717. Ces conditions n'étaient pas posées par les textes antérieurs. Elles ne le sont pas beaucoup plus par les textes actuels : il s'agit en effet, des conditions de validité posées pour tout contrat, simplement adaptées par la jurisprudence en considération de la nature triangulaire des relations qu'implique la stipulation pour autrui. Certaines précisions ont cependant été apportées par l'article 1308 concernant l'acceptation du bénéficiaire qui n'est d'ailleurs pas une condition de validité de la stipulation. Pour le reste, les conditions de la stipulation recoupent celles qui la définissent et donc la question de son domaine, ce que l'on a vu précédemment.

a) Des conditions liées à la nature triangulaire de l'opération

1718. La stipulation pour autrui, selon Josserand, est une opération bilatérale dans sa formation « et triangulaire dans ses effets » puisqu'ils concernent non seulement les deux parties à l'acte : stipulant et promettant mais aussi le tiers bénéficiaire qui, lui, n'est pas partie à l'acte. La stipulation pour autrui est donc tout d'abord, soumise aux *conditions normales de validité des contrats* : le consentement ne doit pas être vicié, les conditions relatives au contenu du contrat doivent être respectées et notamment la conformité à l'ordre public. L'objet et la cause doivent exister et n'être ni illicites, ni immoraux. La stipulation pour autrui peut constituer un acte à titre onéreux ou un acte à titre gratuit ; dans ce cas, contrairement à ce qui se passe pour les libéralités, elle n'est soumise à aucune forme particulière (cf. art. 1973, al. 2).

1719. Il existe ensuite des conditions spécifiques. D'abord, l*e stipulant doit avoir l'intention de stipuler pour autrui.* C'est-à-dire qu'il doit avoir stipulé pour un véritable tiers et non, par exemple, pour une personne qu'il représente. La question s'est posée de savoir si stipuler pour ses héritiers constituait ou non une stipulation pour autrui (art. 1122). Elle en constitue une si les héritiers bénéficient de la prestation, indépendamment de leur acceptation de la succession. Sinon, c'est en tant qu'héritiers qu'ils bénéficieront des créances de leur auteur, de même qu'ils sont tenus de ses dettes. La Cour de cassation a décidé, à propos d'une rente viagère avec réserve du droit d'usage

---

1. *JCP* 1991. II. 21762, note M. Harichaux.
2. V. aussi Paris, 28 nov. 1991 ; v. ss 1975.
3. Civ. 1re, 14 nov. 1995, *Bull. civ.* I, n° 414.
4. TGI Lisieux, 24 févr. 1971, *Gaz. Pal.* 1971. 2. 481.

et d'habitation, qu'une héritière « qui se trouvait investie de tous les droits et actions de la défunte était recevable à agir en restitution des loyers indûment perçus » par le débirentier, antérieurement au décès de la venderesse[1]. À défaut de précision contraire, la clause de réserve de jouissance a été censée avoir été stipulée non seulement en sa faveur mais également au profit de son héritière. Toutefois, cette volonté de stipuler n'est pas forcément expresse, elle peut être tacite et la jurisprudence admet assez facilement une stipulation pour autrui implicite.

1720. Enfin, la stipulation devait être en principe, l'*accessoire d'une autre opération*. C'était le cas dans la conception antérieure du Code civil. Mais cette conception a beaucoup évolué on l'a vu, et la jurisprudence n'exigeait plus cette condition de validité, qui a disparu *a fortiori* avec les nouveaux textes, qui définissent très largement la stipulation pour autrui. (v. ss 1195).

b) Conditions relatives à l'acceptation du bénéficiaire

1721. L'acceptation du tiers bénéficiaire n'est pas une condition de la validité de la stipulation pour autrui. Elle ne fait que consolider le droit de ce tiers bénéficiaire, puisque, on le verra, le stipulant peut révoquer la stipulation tant qu'elle n'a pas été acceptée. Dès que le tiers bénéficiaire a accepté la stipulation, le stipulant ne peut plus révoquer le bénéfice de la stipulation pour se l'appliquer à lui-même ou en faire bénéficier une autre personne. Cependant, l'acceptation par le tiers bénéficiaire n'est pas nécessaire pour lui faire acquérir son droit de créance à l'encontre du promettant, puisqu'il est titulaire de ce droit depuis le jour de la stipulation, ainsi que l'indique l'article 1206. Ces indications n'étaient pas fournies par l'ancien article 1121 qui précisait simplement que la révocation n'était plus possible si le tiers avait déclaré vouloir profiter de la stipulation. Elles avaient cependant été données par la jurisprudence et par le Code des assurances. Elles sont reprises par l'article 1208 qui consacre les solutions jurisprudentielles établies concernant le rôle de l'acceptation du tiers bénéficiaire.

1722. Le texte fournit par ailleurs des précisions concernant cette acceptation : l'acceptation peut émaner du bénéficiaire ou après son décès de ses héritiers et elle peut même intervenir après le décès du stipulant et du promettant.

1723. Concernant sa forme, l'article 1208 confirme, à l'instar de la jurisprudence, que la stipulation pour autrui peut être expresse ou tacite.

1724. Toutefois, si la stipulation a été faite avec plusieurs bénéficiaires subsidiaires, la question est plus délicate. Une femme avait, ainsi, souscrit une assurance accident au profit de son second mari « à défaut leurs enfants, à défaut leurs ascendants, à défaut aux héritiers ». Elle fut victime d'un accident en même temps que son mari mais décéda trente minutes avant son conjoint. Un litige naquit alors entre les enfants du premier lit du mari, héritiers du bénéficiaire et les enfants du couple, qui en se fondant sur le défaut d'acceptation du bénéfice de l'assurance par le mari, réclamaient le capital comme bénéficiaires subsidiaires. La Cour de cassation considère que c'est à bon droit que la cour d'appel a considéré que le capital devait revenir aux bénéficiaires du deuxième rang car

---

1. Civ. 3e, 13 juill. 1999, inédit, *RTD civ.* 1999. 835, obs. J. Mestre.

« si le bénéficiaire *à titre gratuit*… décède avant d'avoir accepté, la prestation garantie revient, non à ses héritiers, mais aux personnes désignées à titre subsidiaire »[1]. Signalons que cette décision semble remettre en cause le principe, jusqu'ici bien acquis, selon lequel l'acceptation ne fait pas naître le droit, mais empêche seulement sa révocation. Elle se justifie sans doute par référence à l'article 1039 qui exige pour les dispositions testamentaires que le bénéficiaire de la libéralité ait survécu au testateur.

1725. Enfin, l'acceptation de la stipulation par le tiers bénéficiaire peut être accompagnée d'une convention accessoire ayant pour objet de donner naissance à des obligations à sa charge qu'il accepte spécialement. Cette possibilité n'est pas inscrite dans les nouveaux textes, et même, l'article 1205, alinéa 2, en évoquant dans la définition de la stipulation « une prestation au profit d'un tiers », semblerait même l'exclure. Cependant, la question s'était posée antérieurement et la Cour de cassation avait clairement répondu par l'affirmative à propos d'une promesse de donation consentie par l'acquéreur d'un bien à une SAFER, à son fils, à charge de ne pas lotir et d'exploiter le terrain : « l'existence à la charge du bénéficiaire d'une contrepartie à l'avantage qui lui est fait, contrepartie convenue accessoirement, n'est pas exclusive d'une stipulation pour autrui »[2]. La même solution a été admise pour un contrat de transport de marchandises à charge pour le tiers de payer les factures[3]. La solution pourrait donc être maintenue.

3) Les effets de la stipulation pour autrui

1726. Cette stipulation pour autrui, ainsi constituée, va produire des effets entre les trois personnages intéressés (v. schéma, en fin de chapitre).

S'agissant d'une opération triangulaire, il y aura des effets entre le stipulant et le promettant, entre le promettant et le tiers bénéficiaire et entre le tiers bénéficiaire et le stipulant, que les nouveaux articles 1206, 1207 et 1209 viennent préciser, en confirmant largement, là encore, les solutions jurisprudentielles.

a) Rapports entre le stipulant et le promettant

1727. ***Action en exécution au profit du tiers.*** Les rapports entre le stipulant et le promettant sont ceux qui naissent de tout contrat et ce, même après l'acceptation par le bénéficiaire. Le stipulant demeure créancier, mais il est créancier de l'exécution au profit du tiers. Cela implique qu'il dispose d'une action lui permettant de contraindre le promettant à s'exécuter envers le tiers. En effet, il a toujours un intérêt, au moins moral, à l'exécution de cette prestation. Cette action est désormais prévue par l'article 1209.

1728. ***Action en résolution avec dommages et intérêts.*** De même, en cas d'inexécution du promettant, le stipulant dispose-t-il d'une action en résolution avec dommages et intérêts, ce qui lui permettra de reprendre ses propres prestations (ex. primes

---

1. Civ. 1re, 10 juin 1992, *D.* 1992. 493, note J.-L. Aubert, *JCP* 1993. II. 22142, note Maury.

2. Civ. 1re, 8 déc. 1987, *RTD civ.* 1988. 532, obs. J. Mestre ; *D.* 1989. 233, obs. J.-.L. Aubert ; *JCP* 1989. I. 3391.

3. Civ. 1re, 21 nov. 1978, *JCP* 1980. II. 19315, note Rodière ; *Defrénois*, 1979, art. 32077, n° 50, obs. J.-L. Aubert.

d'assurances) et de voir indemniser par des dommages et intérêts le préjudice que lui cause cette inexécution, mais non, précisons-le, celui que subit, du même fait, le tiers bénéficiaire.

1729. ***Action en exécution à son profit.*** De plus, la stipulation peut contenir, outre la stipulation au profit d'un tiers, une stipulation au profit du stipulant. Dans ce cas, il dispose également d'une action pour en obtenir l'exécution. En matière d'assurance-vie, cette stipulation subsidiaire est toujours incluse dans le contrat et si, pour une raison quelconque, il n'y a pas de tiers bénéficiaire, le capital retombe dans la succession du stipulant. Cette disposition, obligatoire en matière d'assurance-vie [1] est supposée exister également dans les autres cas de stipulation, mais, semble-t-il, sans caractère impératif.

b) Rapports entre le promettant et le tiers bénéficiaire : la notion de droit direct

1730. La stipulation pour autrui étant, selon l'article 1199, alinéa 2, du Code civil, une exception à l'effet relatif des contrats, cela implique que le contrat produit des effets à l'égard du tiers bénéficiaire, lequel bénéficie, de ce fait, d'un droit à l'exécution de la prestation, droit qu'il va exercer directement à l'encontre du promettant puisqu'il est devenu son créancier sans, toutefois, avoir été partie au contrat originaire. C'est ce qu'on appelle le *droit direct* du tiers bénéficiaire contre le promettant.

1. Un droit direct non subordonné à l'acceptation du tiers bénéficiaire

1731. Ce droit naît *directement* dans le patrimoine du tiers, sans passer par celui du stipulant. Il naît également *immédiatement*, dès le jour de la conclusion du contrat originaire entre le stipulant et le promettant, même avant son acceptation. La jurisprudence avait dégagé cette notion de droit direct (v. arrêt à commenter) qui avait été confirmée par la loi du 13 juillet 1930 (art. 67 s., devenus C. assur., art. L. 132-12 s.).

L'article 1206, alinéa 1er, l'indique désormais expressément : « le bénéficiaire est investi d'un droit direct à la prestation contre le promettant dès la stipulation ».

1732. La créance du tiers bénéficiaire étant née directement dans son propre patrimoine, sans passer par celui du stipulant, cela implique plusieurs conséquences : d'une part la créance ne peut être saisie par les créanciers de ce dernier, ni réclamée par ses héritiers.

D'autre part, le tiers bénéficiaire dispose d'une action contre le promettant pour le contraindre à exécuter sa prestation ou obtenir des dommages et intérêts, mais il ne peut demander la résolution du contrat originaire à l'égard duquel il n'est qu'un tiers.

Toutefois, le tiers bénéficiaire est également, en quelque sorte, l'ayant-cause du stipulant, puisque c'est de lui qu'il tient son droit. Dès lors, le promettant peut lui opposer toutes les exceptions qu'il pourrait opposer au stipulant lui-même : nullité du contrat originaire ou inexécution des prestations du stipulant : par exemple, si l'assuré n'a pas régulièrement versé les primes, l'assureur peut refuser de payer le capital au tiers bénéficiaire.

Enfin, si le tiers décède avant l'exécution de la créance, elle passe à ses propres héritiers et ce, même s'il n'avait pas encore accepté la stipulation. C'est ce que confirme

---

1. L. du 13 juill. 1930, art. 66, devenu C. assur., art. L. 132-11.

l'article 1208 puisqu'il précise, on l'a vu à propos de l'acceptation, que cette acceptation peut émaner des héritiers du bénéficiaire après son décès et même après le décès du stipulant et du promettant. Cependant, si la stipulation avait été faite au tiers à titre de libéralité *intuitu personae,* c'est-à-dire en fonction de sa personnalité, elle peut devenir caduque au cas où il décède avant le stipulant, mais cette présomption tombe si l'on peut établir que le stipulant a souhaité voir les héritiers du tiers bénéficier de cette libéralité.

2. Un droit irrévocable après l'acceptation

1733. Si le droit direct du bénéficiaire naît dès la stipulation avant même l'acceptation, il reste cependant fragile, car la stipulation peut être révoquée. Mais lorsque l'acceptation intervient, elle consolide les droits du tiers bénéficiaire. C'est ce qu'indique désormais l'article 1206, alinéa 3 : « La stipulation devient irrévocable au moment où l'acceptation parvient au stipulant ou au promettant ».

3. Un droit révocable jusqu'à l'acceptation

1734. L'article 1207 vient ici sécuriser l'opération de révocation de la stipulation, comme l'article 1206 l'a fait pour celle de l'acceptation, en précisant les modalités de la révocation.

1735. La révocation ne peut émaner que du stipulant, ou, après son décès de ses héritiers, mais avec des limitations en ce qui concerne ces derniers qui ne peuvent y procéder qu'à l'expiration d'un délai de trois mois à compter du jour où ils ont mis le bénéficiaire en demeure de l'accepter (art. 1207, al. 1er). La solution était déjà prévue par le Code des assurances [1] et est donc généralisée. Le stipulant peut, en effet, révoquer la stipulation pour s'en attribuer à lui-même le bénéfice ou pour le transférer à une autre personne. Mais, de son vivant, ni ses créanciers par la voie de l'action oblique (v. ss 414 s.), ni ses représentants légaux, ne peuvent exercer ce droit de révocation à sa place.

1736. Elle produit effet dès que le tiers bénéficiaire ou le promettant en ont eu connaissance (art. 1207, al. 3) et dans le cas particulier où elle est faite par testament, elle prend effet au moment du décès (art. 1207, al. 4). Le tiers désigné est censé n'avoir jamais bénéficié de la stipulation (art. 1207, al. 5). La révocation produit donc un effet rétroactif.

1737. Enfin, si elle n'est pas assortie d'un nouveau bénéficiaire, la révocation profite, selon le cas, au stipulant ou à ses héritiers (art. 1207, al. 2).

c) Rapports entre le tiers bénéficiaire et le stipulant

1738. La stipulation peut avoir le caractère d'un acte à titre onéreux (ex. transport de marchandises à livrer à un tiers) ou d'un acte à titre gratuit (ex. assurance-vie).

---

1. L. du 13 juill. 1930, art. 64, al. 2 et 3, devenu C. assur., art. L. 132-9.

1739. Au moment de l'exécution, le tiers bénéficiaire n'a aucun rapport à avoir avec le stipulant puisque son droit ne passe pas par le patrimoine de ce dernier. Cependant, il peut se heurter aux créanciers ou aux héritiers du stipulant.

Les créanciers du stipulant n'ont, en principe, aucun droit sur la prestation due par le promettant, à moins qu'il n'y ait une fraude manifeste permettant l'exercice de l'action paulienne (v. ss 441 s.).

Les héritiers du stipulant n'ont pas plus de droit sur cette prestation. Ils ne peuvent prétendre que cela constitue une atteinte à leur *réserve* (part du patrimoine qu'une personne doit obligatoirement laisser à ses héritiers les plus proches) et en demander la réduction, de même qu'ils ne peuvent en demander le rapport à la succession si elle a le caractère d'une libéralité, car cette somme n'a jamais figuré dans le patrimoine de leur auteur [1]. Cette solution avait déjà été dégagée par un arrêt du 29 juin 1896 [2]. En revanche, les sommes qui ont été versées par le stipulant au promettant (par exemple les primes d'assurances) sont bien sorties de son patrimoine, c'est pourquoi le Code des assurances, dispose qu'elles peuvent être soumises à réduction ou à rapport si elles sont « manifestement exagérées » (art. L. 132-13, al. 2).

1740. La stipulation pour autrui se caractérise également, nous l'avons vu, par sa *révocabilité*, tant qu'elle n'a pas été acceptée par le tiers bénéficiaire, de droit de révocation appartenant au seul stipulant.

On rappellera également que l'acceptation de la stipulation par le tiers bénéficiaire ne fait pas naître son droit, puisqu'il est né le jour de la stipulation, elle fait seulement obstacle au droit de révocation du stipulant, rendant la stipulation irrévocable.

B. La promesse de porte-fort

1741. Deux articles étaient consacrés à la promesse de porte-fort avant la réforme : L'article 1119 posait qu'on ne peut, en général, s'engager [ou stipuler] que pour soi-même et l'article 1120, aussitôt après, disposait que « néanmoins on peut se porter fort pour un tiers, en promettant le fait de celui-ci ». Deux articles traitent toujours de la promesse de porte-fort depuis l'ordonnance du 10 février, les articles 1203 et 1204, qui n'en changent pas fondamentalement la physionomie.

L'article 1203 reproduit presque mot pour mot l'ancien article 1119 : « on ne peut s'engager en son propre nom que pour soi-même » et l'article 1204 indique toujours « on peut se porter fort en promettant le fait d'un tiers ». Les changements paraissent minimes, même si le rapport de présentation de l'ordonnance indique que la définition « ouverte », permet de faire une place aux trois manifestations possibles de la promesse de porte-fort : le *porte-fort « de ratification »*, le *porte-fort « de conclusion »*, très proche du précédent et *le porte-fort « d'exécution »*. Cependant, si les textes antérieurs étaient peut-être moins nets, ces deux figures n'étaient pas exclues et elles avaient été consacrées par la jurisprudence. Les changements ne sont donc pas conséquents.

1742. Toutefois, il faut noter que l'article 1203 a supprimé la mention qui figurait dans l'ancien texte, selon laquelle on ne peut « en général » s'engager que pour soi-même, ce qui semble condamner tout autre possibilité que celles prévues par les textes,

---

1. L. du 13 juill. 1930, art. 68, devenu C. assur., art. L. 132-13.
2. Civ. 29 juin 1896. *S.* 1896. I. 361.

stipulation pour autrui et promesse de porte fort et notamment la convention de *prête-nom,* admise par la jurisprudence, dans laquelle une personne accepte de contracter elle-même dans un premier temps et de rétrocéder ensuite sa position contractuelle (d'acquéreur d'un bien par exemple) au représenté jusque-là resté dans l'ombre[1].

1743. Quant au contrat de commission, il n'est pas menacé car l'article 1105 indique que les règles générales du droit des contrats s'appliquent sous réserve des règles particulières à certains contrats ; or le contrat de commission est prévu par le droit commercial.

1744. ***La promesse de porte-fort*** est donc l'engagement pris personnellement par un contractant d'obtenir la ratification ultérieure par un tiers d'un acte déjà négocié et conclu (porte-fort de ratification), ou d'obtenir d'un tiers la conclusion d'un autre acte juridique, postérieur (porte-fort de conclusion) ou d'obtenir l'exécution par un tiers du contrat conclu avec le bénéficiaire, à titre de garantie (porte-fort d'exécution). Elle n'est soumise à aucune formalité particulière.

1745. Déjà abordée (v. ss 235), la promesse de porte-fort est un contrat est passé entre deux personnes, le porte-fort et son contractant, mais elle constitue, comme la stipulation pour autrui, une opération à trois personnes puisqu'elle implique un toujours un tiers.

1746. Il ne s'agit pas d'une vraie exception au principe de l'effet relatif, car en réalité, le tiers n'est pas engagé par la promesse du porte-fort qui s'engage lui, personnellement. Néanmoins, le fait que la ratification par le tiers de l'acte passé par le porte-fort rétroagisse au jour de l'acte ratifié dans le cas du porte-fort de ratification (art. 1204, al. 2), fait que le tiers se trouve engagé par un acte auquel il n'a pas été initialement partie. Par l'effet de la ratification, il sera considéré comme partie au contrat et c'est en tant que partie au contrat qu'il est obligé et non en qualité de tiers.

1) Le porte-fort de ratification (et de conclusion)

1747. Le porte-fort « de ratification » est la figure traditionnelle dans laquelle le promettant se fait fort de convaincre le tiers de ratifier l'acte conclu ou, dans une variante, celle du « porte-fort de conclusion », de conclure avec le bénéficiaire, un contrat déterminé.

a) La promesse personnelle du porte-fort

1748. Le porte-fort promet un fait, qui peut être soit un fait matériel (c'est le cas de l'entraîneur qui se porte fort que tel boxeur participera à un match), soit plus souvent, un acte juridique (ratification d'une obligation ou conclusion d'un contrat). Le porte-fort s'engage personnellement à obtenir ultérieurement l'accord du tiers, mais il n'engage pas le tiers.

---

1. Paris, 2e ch. B, 6 déc. 1989, inédit, *RTD civ.* 1990. 268 s., obs. J. Mestre.

1749. Celui qui se porte fort pour un tiers en promettant la ratification par ce dernier d'un engagement est donc tenu d'une obligation dont il se trouve déchargé dès la ratification par le tiers, ce que l'article 1204 exprime par la formule : « le promettant est libéré de toute obligation si le tiers accomplit le fait promis ».

1750. Cette obligation est obligation autonome : la Cour de cassation a affirmé ce caractère autonome et souligné à ce titre que l'engagement de porte-fort est détaché en droit de tous les rapports préexistants pouvant unir le bénéficiaire de cet engagement à la personne dont la ratification a été promise [1].

1751. Si le tiers ne ratifie pas l'acte ou ne conclut pas le contrat projeté, le porte-fort sera seul responsable contractuellement [2] et devra des dommages et intérêts à son contractant (art. 1204, al. 2, et ancien art. 1120, *in fine*). La jurisprudence considérait jusqu'ici qu'il s'agissait d'une obligation de résultat et non de moyens, comme dans la promesse de bons offices [3]. Si le résultat recherché n'est pas atteint, la responsabilité contractuelle est donc mise en jeu, automatiquement et ce, même si, par ailleurs, la validité de l'engagement du tiers est contestée [4]. Toutefois, la Cour de cassation a considéré, dans le cas d'un mari qui avait signé seul un acte de vente du pavillon constituant le logement de la famille en se portant fort de la ratification de l'acte par sa femme, que l'acte de vente étant nul en application de l'article 215 qui prévoit que le mari ne peut disposer seul des droits par lesquels est assuré le logement de la famille, la promesse de porte-fort était également nulle. Elle a donc écarté la responsabilité du mari et jugé que l'acquéreur pouvait seulement se retourner contre l'agence immobilière tenue d'une obligation de conseil [5].

L'article 1204, alinéa 2, précise cependant que le promettant « peut » être condamné à des dommages-intérêts, ce qui signifie que la responsabilité n'est peut-être pas si systématique.

1752. Enfin, le promettant s'engage à obtenir l'engagement du tiers mais il ne s'engage en tout cas pas lui-même à l'exécution de cet engagement, contrairement à la caution.

1753. Ce procédé est utile quand on ne peut obtenir immédiatement l'accord d'un tiers. Il était utilisé avant la loi du 14 décembre 1964 pour pouvoir procéder à un partage amiable lorsque l'un des copartageants était mineur. En effet, en présence d'un incapable, il fallait, en principe, procéder à un partage judiciaire. On tournait cette obligation lorsque le représentant du mineur se portait fort de sa ratification ultérieure, à sa majorité. Ce n'est plus utile aujourd'hui puisque le partage amiable est possible, même en présence d'un mineur, à la condition d'avoir l'autorisation du juge des tutelles ou du conseil de famille (C. civ., art. 507).

---

1. Civ. 1re, 25 janv. 2005, *JCP* 2006. II. 10021, note Ph. Simler ; *RTD civ.* n° 2, 2005, chron. n° 5, J. Mestre et B. Fages.

2. Civ. 1re, 10 mars 1954, *Bull. civ.* I, p. 76, n° 91 ; v. aussi Com. 25 janv. 1994, *Bull. civ.* IV, n° 34 ; *Defrénois* 1994. 792, obs. Ph. Delebecque.

3. Civ. 3e, 7 mars 1978, *Bull. civ.* III, n° 108.

4. Com. 13 déc. 2005, *Juris-Data* n° 2005-031 318 ; *JCP* 2006. I. 10021, note Ph. Simler.

5. Civ. 1re, 11 oct. 1989, *JCP* 1990. II. 21549, note M. Henry.

b) La ratification ultérieure par le tiers

1754. Le tiers, on l'a vu, n'est pas engagé par la promesse du porte-fort et il peut parfaitement refuser de s'engager. Par contre, s'il accepte de ratifier, il est censé l'avoir fait du jour de la conclusion de l'engagement, car la ratification est un acte juridique unilatéral qui a pour effet de libérer de son engagement celui qui s'est porté fort et qui opère rétroactivement et produit effet du jour de la promesse. Cet effet rétroactif de la ratification est expressément posé par l'article 1204, alinéa 3, ce qui n'était pas le cas dans les textes antérieurs. Dès lors, par cette manifestation de volonté il devient partie au contrat ratifié. S'il s'agit d'un porte-fort de « conclusion », l'effet rétroactif sera évidemment exclu.

2) Le porte-fort d'exécution

1755. Le porte-fort peut aussi s'engager à obtenir l'exécution par le tiers d'un engagement déjà souscrit, c'est ce qu'on appelle le « porte-fort d'exécution ». Cette variante s'est développée en pratique et constitue pour le créancier une véritable garantie autonome, avec beaucoup moins de contraintes que dans le cas d'un cautionnement.

1756. La question s'était posée de la validité d'une telle utilisation du porte-fort car les textes antérieurs n'étaient pas très clairs, envisageant la promesse portant sur le « fait d'un tiers » mais faisant aussi mention de la promesse « de faire ratifier ». Le nouvel article 1204 n'est pas beaucoup plus net puisqu'il n'envisage pas expressément les différentes hypothèses de porte-fort. Néanmoins, l'alinéa 2 du texte indique : « lorsque le porte-fort a pour objet la ratification d'un engagement (...) » ; la formule établit qu'il n'a pas toujours cet objet, ce qui ouvre la possibilité du porte-fort d'exécution, dont la Cour de cassation a depuis longtemps admis la validité.

1757. La situation est la même ensuite que dans le porte-fort de ratification, concernant la nature de l'engagement du promettant et de la même façon, s'il n'obtient pas l'exécution de cette obligation, sa responsabilité peut être engagée, ainsi que le précise l'article 1204, alinéa 3. Toutefois, une question reste posée concernant le caractère autonome de l'obligation du promettant : si la Cour de cassation a affirmé que l'obligation du porte-fort « de ratification » était autonome (v. ss 1750), elle a considéré d'abord qu'elle était accessoire dans le porte-fort « d'exécution »[1]. Cependant, par la suite, elle a modifié la solution et qualifié d'autonome, l'obligation du promettant dans un porte-fort d'exécution[2].

1758. Enfin, comme dans le porte-fort de ratification, le tiers n'est jamais engagé par la promesse. Il peut donc ne pas exécuter l'engagement, sans engager sa responsabilité.

---

1. Com. 13 déc. 2005, *D.* 2006. AJ 298, obs. X. Delpech ; *ibid.* Pan. 2856, obs. P. Crocq ; *JCP* 2006. II, 10021, note Ph. Simler ; *JCP E* 2006. 1342, note P. Grosser, *Defrénois* 2006. 414, note É. Savaux ; *CCC* 2006, n° 63, obs. L. Leveneur ; *RTD civ.* 2006. 305, obs. J. Mestre et B. Fages.

2. Com. 1er avr. 2014, *D.* 2014. 1185, note B. Dondero ; *ibid.* 1610, obs. P. Crocq : *AJCA* 2014. 128, obs. Y. Picod ; *RTD com.* 2014. 309, note B. Saintourens ; *CCC* 2014, n° 150, obs. L. Leveneur ; *RDC* 2014. 347, obs. T. Genicon et 625, obs. J. Klein.

§ 2. Les aménagements résultant de la théorie des groupes de contrats

A. La notion de groupe de contrats ou d'ensemble contractuel

1759. Comme nous l'avons déjà souligné lors de l'étude des différentes classifications des contrats (v. ss 997), et également à propos de la caducité (v. ss 1474) l'évolution contemporaine a mis en évidence une nouvelle figure contractuelle, celle des groupes de contrats, ou ensembles contractuels, liés entre eux soit parce qu'ils portent sur le même objet, soit parce qu'ils concourent à la même opération économique.

1760. Étudiés par la doctrine qui a produit sur la question une réflexion théorique importante[1] on peut les envisager autour de la *distinction des chaînes de contrats et des ensembles contractuels, renvoyant à la notion générique de groupes de contrats.* Toutefois, la terminologie n'est pas toujours d'une très grande rigueur, et l'expression d'ensembles contractuels ou de théorie des ensembles contractuels prend aujourd'hui un peu le pas sur celle de groupe de contrats et tend à devenir la notion générique.

1761. Ces chaînes de contrat et ces ensembles contractuels, constitués de plusieurs contrats dont l'interdépendance – si toutefois on l'admet –, soulève un certain nombre de questions et peut emporter certaines conséquences, n'ont pas été consacrés en tant que catégorie contractuelle par l'ordonnance de 2016 qui ne les fait pas figurer au titre de la classification des contrats.

Ils figuraient pourtant dans le premier projet de la Chancellerie de 2008, où ils étaient définis comme des « contrats concomitants et successifs dont l'exécution est nécessaire à l'opération d'ensemble à laquelle ils appartiennent ». La théorie des ensembles contractuels n'est donc pas directement reçue par la réforme.

Cependant, ils sont pris en considération, malgré tout, dans certaines dispositions issues de l'ordonnance, notamment à propos de la caducité, qui est présentée comme la sanction des contrats interdépendants (lorsque plusieurs contrats sont nécessaires à la réalisation d'une opération juridique) et l'on peut y voir une forme de consécration des ensembles contractuels, quoiqu'elle reste timide (v. ss 1474 s.). De la même façon, l'idée d'une opération globale dans laquelle s'inscrivent certains contrats qui ne peuvent dès lors être envisagés séparément est reçue dans les dispositions consacrées à l'interprétation du contrat (v. ss 1625). Il est prévu, en effet, que « lorsque, dans l'intention des parties, plusieurs contrats concourent à une même opération, ils s'interprètent en fonction de celle-ci » (art. 1189, al. 2). Ces dispositions attestent de la réalité de la notion.

1762. La jurisprudence consacre aussi depuis longtemps un certain nombre d'applications de cette notion d'ensemble contractuel ou de groupe de contrats, en faisant appel soit à la notion d'économie du contrat, soit à la notion d'indivisibilité (ensemble contractuel indivisible) pour en tirer un certain nombre de conséquences.

---

1. V. notamment, S. Pellé, *La notion d'interdépendance contractuelle, Contribution à l'étude des ensembles de contrats,* Dalloz 2007 ; S. Bros, *L'interdépendance contractuelle*, thèse dactyl., Paris II, 2001 ; B. Seube, *L'indivisibilité et les actes juridiques,* Litec 1999.

1) Les chaînes de contrats

1763. Elles réunissent un certain nombre de contrats autour d'un *même objet.*
On distingue cependant dans les chaînes de contrats, les chaînes homogènes et les chaînes hétérogènes.

1764. ***Dans la chaîne de contrat homogène,*** un même bien va faire l'objet d'une série de transmissions par l'intermédiaire de contrats identiques, de vente, principalement. Ainsi, le fabriquant ou producteur vend au grossiste, qui vend au détaillant, qui vend au consommateur, acheteur final.

1765. ***Dans la chaîne hétérogène,*** le bien circule mais par l'intermédiaire de contrats de différente nature, par exemple une vente, puis une prestation de service. Le vendeur de matériaux vend au constructeur, qui passe ensuite avec le maître d'ouvrage (client qui fait construire), un contrat d'entreprise et qui sous-traite ensuite les travaux à différentes entreprises : l'objet est toujours le même, la maison à construire mais les contrats sont différents. Ils sont néanmoins liés, dans une mesure qui reste à déterminer, par l'identité de l'objet.

2) Les ensembles contractuels

1766. Il se peut aussi qu'aucun transfert de propriété d'une chose ne se produise, par exemple dans le cas d'une sous-traitance de marché de construction, lorsque l'entrepreneur principal contracte avec un client puis avec un entrepreneur sous-traitant pour effectuer certains travaux et qu'aucun des deux ne fournit de matériaux mais simplement son travail. Ici, c'est l'opération de construction qui crée le lien entre les contrats, et pas tel ou tel bien. Les contrats forment un ensemble parce qu'ils *concourent à la même opération économique.* Il en est de même du contrat de vente financé par un contrat de prêt, ou du contrat de prêt garanti par un cautionnement ou une sûreté réelle ou encore du contrat de vente d'un véhicule neuf et du contrat de reprise du véhicule usagé de l'acquéreur [1].

B. Les enjeux attachés à la notion de groupe de contrat ou d'ensemble contractuel au regard des contrats eux-mêmes

1767. Les enjeux attachés à cette question sont multiples ; la question principale est celle de l'incidence du lien existant entre les contrats sur ces contrats eux-mêmes. L'interdépendance des contrats est concevable, voire même leur indivisibilité, ce qui induit un certain nombre de questions : par exemple, la nullité de l'un des contrats groupe doit-elle ou non rejaillir sur tous les contrats du groupe ? La résolution ou la résiliation de l'un des contrats a-t-elle une incidence sur les autres ?

---

1. Civ. 1re, 9 mars 1964, *Bull. civ.* I, n° 134.

1) Conséquences de l'interdépendance ou de l'indivisibilité des contrats

a) Les solutions jurisprudentielles

1768. Il est certain que la jurisprudence contemporaine se sert de la notion d'ensemble contractuel et qu'elle tire certaines conséquences du lien qui unit plusieurs contrats participant à une opération économique globale, qu'elle qualifie de lien d'indivisibilité ou d'interdépendance, selon les cas :

– ainsi, lorsqu'elle appréciait l'existence de la cause (et de la contrepartie) dans un contrat considéré, par référence à l'opération économique globale dans laquelle il s'inscrit et à laquelle participent d'autres contrats (v. ss 1279 s.), le sauvant ainsi de la nullité ;

– ou à l'inverse, lorsqu'elle considérait que l'indivisibilité unissant plusieurs contrats justifie que la nullité de l'un entraîne l'annulation des autres [1] (v. ss 1279) ;

– ou (depuis qu'elle a opté pour la sanction de la caducité avant que l'ordonnance ne vienne la confirmer), lorsqu'elle décide que l'anéantissement d'un contrat (nullité, résolution…) entraîne la caducité des contrats qui lui sont liés [2]. Elle a admis, aussi, plus récemment, qu'en cas d'anéantissement du contrat imputable à une partie, celle-ci devra répondre du préjudice causé par la caducité des autres contrats de l'ensemble [3], ce qui conduit à s'interroger sur l'opportunité mais aussi la validité de clauses qui viendraient prévoir une indemnisation conventionnelle dans cette hypothèse de caducité imputable à un des cocontractants du groupe [4] ;

– ou lorsqu'elle admet que l'on puisse utiliser l'exception d'inexécution au sein d'un ensemble contractuel : « l'inexécution d'une convention peut être justifiée si le cocontractant n'a lui-même pas satisfait à une obligation contractuelle découlant d'une convention distincte, dès lors que l'exécution de cette dernière est liée à celle de la première » [5] (v. ss 1847).

b) Les conséquences attachées par l'ordonnance du 10 février 2016 à la notion d'ensemble contractuel : la sanction de la caducité

1769. Concernant cette question de l'incidence de la disparition d'un contrat sur les autres contrats faisant partie d'un même ensemble, l'ordonnance du 10 février 2016 a cependant fourni la réponse, reconnaissant ainsi cette interdépendance ou indivisibilité qui unit parfois certains contrats. L'article 1198, alinéa 2, du Code civil, qui codifie

---

1. Paris, 21 nov. 1991, *JCP* 1992. Pan. 40 : la nullité fondée sur les articles 1129 et 1591 frappant le contrat de fourniture de lubrifiants entraîne l'annulation de l'ensemble du contrat d'approvisionnement.

2. V. not. Civ. 1re, 4 avr. 2006, *D.* 2006. 2656, note R. Boffa, *ibid.* 2638, obs. S. Amrani-Mekki ; *RTD civ.* 2007. 105, obs. J. Mestre et B. Fages ; *RDC* 2006. 700, obs. D. Mazeaud ; Com. 5 juin 2007, *D.* 2007. 1723, obs. X. Delpech ; *RTD civ.* 2007. 569, obs. B. Fages ; *RTD com.* 2008. 173 ; obs. B. Bouloc ; *JCP* 2007. II. 10184, obs. Y.-M. Sérinet ; *Dr. et patr.* sept 2007. 89, obs. Ph. Stoffel-Munck ; Com. 4 nov. 2014, *D.* 2015. 529, obs. S. Amrani-Mekki et M. Mekki ; *RTD civ.* 2015. 127, obs. H. Barbier ; *RDC* 2015. 268, obs. J.-B. Seube ; *JCP* 2015. 54, obs. J.-J. Barbièri.

3. Com. 12 juill. 2017, n° 15-23.552 et 15-27.703, *D.* 2017. 1467, chron. S. Barbot, 2176, obs. D. R. Martin et H. Synvet, et 2328, chron. F. Jollec ; *D.* 2018. Pan. 382, obs. M. Mekki ; *AJ contrat* 2017. 429, obs. S. Bros ; *RTD civ.* 2017. 846, obs. H. Barbier ; *RTD com.* 2017. 671, obs. D. Legeais ; *Gaz. Pal.* 2017, n° 32, p. 34, obs. D. Houtcieff.

4. Sur ce point, v. H. Barbier, obs sous Com. 6 déc. 23017, *RTD civ.* 2018. 109, n° 6.

5. Com. 12 juill. 2005, *BRDA* 19/05, n° 8 ; *JCP* 2005. I. 194, comm. A. Constantin.

la sanction de la caducité, en fait la sanction des contrats interdépendants : « lorsque l'exécution de plusieurs contrats est nécessaire à la réalisation d'une même opération et que l'un d'eux disparaît, sont caducs les contrats dont l'exécution est rendue impossible par cette disparition et ceux pour lesquels l'exécution du contrat disparu était une condition déterminante du consentement d'une partie » (v. ss 1474, 1769 s.). Bien que l'article 1186 soit placé dans une section relative à la sanction des conditions de validité du contrat, son champ s'étend au-delà. L'expression « disparition du contrat » ne fait pas de différence, en effet selon la cause de la disparition qui peut être la nullité, mais aussi la résolution.

1770. C'est donc bien à une forme de consécration de la notion d'ensemble contractuel que l'on assiste avec l'article 1198, alinéa 2, même si elle reste discrète. Le texte fournit par ailleurs des indications importantes sur les critères de l'ensemble contractuel, sans pour autant se référer directement à la notion d'indivisibilité ou d'interdépendance.

2) Fondement et critères de l'ensemble contractuel

a) Le critère de l'indivisibilité ou de l'interdépendance utilisé par la jurisprudence

1771. En cas de litige, il appartient aux juges du fond d'apprécier le caractère divisible ou indivisible des conventions, ou leur interdépendance. En effet, il a toujours été admis que l'indivisibilité ne se présume pas. À cet égard, la déclaration expresse d'indivisibilité des différents éléments de l'ensemble dans la ou les conventions, peut suffire, sauf en cas de fraude évidemment, à faire produire effet à l'indivisibilité. Ainsi, dans le cas d'une promesse de vente liée à une location-gérance préalable, la Cour de cassation a-t-elle estimé que la constatation par la cour d'appel de la commune intention des parties de lier de manière indivisible les deux contrats, la dispensait d'avoir « dès lors à s'interroger sur leurs causes respectives »[1]. La situation est plus délicate en cas de silence des parties et les juges devront trancher. Pour cela, ils vont tenir compte d'éléments divers : existence d'une cause commune du complexe contractuel envisagé ; d'un objet commun qui ne soit pas susceptible d'exécution partielle ; du fait que tous les éléments de l'ensemble doivent avoir été considérés par les parties comme « autant de conditions, non seulement de sa validité, mais également de son exécution » (sur la notion d'indivisibilité, aussi, v. ss 330 s.).

1772. *Le fondement et la nature de cette indivisibilité ou interdépendance* restent cependant débattus : la *conception subjective* qui met en avant le critère de la volonté des parties[2] s'oppose à une *conception objective*, qui se fondait jusqu'ici sur la théorie de la cause[3]. En réalité, il semble que les deux analyses doivent être conjuguées.

La chambre commerciale de la Cour de cassation dans une décision rendue en 2007, semblait s'être rattachée à la conception objective en écartant une clause contractuelle

---

1. Com. 15 juin 1999, 1re esp., *RJDA* 10/99, n° 1039 ; v. aussi 2e esp., *Juris-Data* n° 002561 ; *CCC* déc. 1999, p. 8, obs. Leveneur et *JCP* 2000. I. 215, obs. A. Constantin.

2. En ce sens, J. Ghestin, *Cause de l'engagement et validité du contrat*, LGDJ, 2006, spéc. n° 927 ; S. Amrani-Mekki, « Indivisibilité et ensembles contractuels : l'anéantissement en cascade des contrats », *Defrénois* 2002. 355, spéc. n° 24 s.

3. En ce sens, D. Mazeaud, « La cause », in *1804-2004, Le Code civil, un passé, un présent, un avenir*, Dalloz, 2004, p. 451.

affirmant l'indépendance des contrats (*clause de divisibilité*) dans la mesure où elle était en contradiction avec l'économie générale de l'opération : « au regard de l'économie générale de l'opération établissant une indivisibilité, la clause qui affirme l'indépendance de ces contrats, en contradiction avec la finalité de l'opération, ne peut produire d'effet »[1]. Postérieurement cependant, dans une décision du 12 juillet 2011, elle s'est nettement référée à la conception subjective, en soulignant « l'intention commune des parties de rendre leurs conventions indivisibles »[2]. Si l'on fait la synthèse de ces solutions, il apparaît que le critère de l'intention des parties est essentiel, mais qu'il ne peut contredire la réalité économique, lorsque l'analyse objective de l'opération fait apparaître de façon évidente l'interdépendance des différents contrats.

La chambre mixte est ensuite intervenue en 2013 pour confirmer l'approche objective en excluant la *clause de divisibilité* dans les ensembles contractuels comportant un contrat de location financière. Elle reconnaît d'abord *l'interdépendance des contrats concomitants et successifs s'inscrivant dans une opération globale intégrant une location financière.* Puis, dans ce contexte, elle admet que l'on puisse réputer non écrites les clauses de ces contrats, qui seraient inconciliables avec cette interdépendance[3]. La volonté des parties peut donc se trouver contrariée par l'interdépendance objective des différents contrats qui va s'imposer à elles ; toutefois, il reste à déterminer dans quelle mesure exacte car les décisions restent jusqu'ici circonscrites aux ensembles comportant un contrat de location financière où l'indivisibilité est donc considérée comme d'ordre public[4] ; la jurisprudence ne s'est pas prononcée dans d'autres hypothèses.

b) Les précisions apportées par l'ordonnance du 10 février 2016

1773. L'apport du nouvel article 1186 ne réside pas seulement dans la reconnaissance de la notion d'ensemble contractuel à travers la sanction de la caducité qui consacre le lien existant entre les contrats. Le texte fournit également un certain nombre de précisions sur le critère de l'ensemble contractuel.

1774. Il fait d'abord référence à *l'unité de l'opération économique* à laquelle concourent tous les contrats. C'est cette unité de l'opération économique, malgré son fractionnement en plusieurs contrats qui caractérise l'ensemble contractuel. Il s'agit donc d'un premier critère, objectif.

1775. Il faut ensuite (pour que la caducité soit admise) que l'exécution des contrats soit rendue impossible par la disparition de l'un d'entre eux, *ou* que l'exécution du contrat disparu ait été une *condition déterminante du consentement d'une partie* et il faut enfin que le contractant (contre lequel on invoque la caducité) ait eu *connaissance de l'existence de l'opération d'ensemble* lorsqu'il a donné son consentement.

---

1. Com. 24 avr. 2007, *RDC* n° 2, 2008. 276, note D. Mazeaud.

2. Com. 12 juill. 2011, n° 10-22.930, *Sté Prodim, LEDC* 3 oct. 2011, n° 9, obs. C. Zolynski ; *D.* 2012. 465, obs. S. Amrani Mekki et M. Mekki.

3. Ch. mixte 17 mai 2013, n° 11622768 et 11-22. 927 ; *RDC* 2013. 849, *Avis, L/ Le Mesle, avocat général* ; *RDC* 2014. 64, note J.-B. Seube ; *RTD civ.* 2013. 597, obs. H. Barbier ; *D.* 2013. 1658, obs. D. Mazeaud.

4. V. M. Mekki, *D.* 2018. 382 ; H. Barbier, *RTD civ.* 2017/4. 846, n° 3.

1776. La dernière condition renvoie donc aussi à la nécessité d'un critère subjectif, qui s'ajoute au premier et qui tient dans la connaissance de l'opération d'ensemble par les parties. Cet élément subjectif peut ensuite devenir déterminant, car si l'exécution des autres contrats du groupe n'est pas rendue impossible (objectivement) par la disparition de l'un d'entre eux, la caducité pourra quand même intervenir si l'exécution du contrat disparu était une condition déterminante pour l'une des parties, ce qui renvoie également au critère subjectif. On notera d'ailleurs, qu'elle ne doit pas être déterminante pour toutes les parties : l'unité de l'opération économique globale (critère objectif) suffisant à fonder l'indivisibilité sur la volonté d'une seule des parties.

1777. Ainsi, il semble que le critère objectif, celui de l'unité de l'opération économique, soit un critère prépondérant ou, en tout cas préalable, et que l'indivisibilité ne puisse tenir à la seule volonté des parties ; dans ce cas, et à l'inverse, la divisibilité ne pourrait pas non plus tenir à la seule volonté des parties, ce qui condamne les clauses de divisibilité [1], question à laquelle la Cour de cassation n'a pas encore répondu de façon définitive (v. ss 1772).

1778. Néanmoins, ce critère objectif ne suffit pas et doit être complété, *in fine*, par un critère subjectif : la connaissance par les parties de l'opération d'ensemble. Ces précisions apportées par l'article 1186, qui vont dans le sens de l'analyse faite par la jurisprudence, sont importantes ; mais elles ne sauraient cependant résoudre définitivement la question, ne serait-ce que parce qu'elles s'inscrivent dans le seul cadre de la sanction par la caducité de la disparition de l'un des contrats de l'ensemble.

1779. D'autres questions restent cependant ouvertes, comme celle, par exemple du jeu de l'exception d'inexécution dans un ensemble contractuel (v. ss 1849) ou encore, celle de l'incidence d'un ensemble contractuel sur les relations entre les parties aux contrats constitutifs de l'ensemble, c'est à dire d'un éventuel recul de l'effet relatif.

C. Les enjeux attachés à la notion de groupe de contrats au regard des contractants : le recul de l'effet relatif ?

1780. Au-delà de l'incidence sur les contrats, la question s'est aussi posée de la nature des liens qui existent entre les contractants. En effet, si l'indivisibilité concerne plusieurs contrats formant un ensemble mais ne comportant pas forcément les mêmes parties, elle risque de porter atteinte directement au principe de l'effet relatif des contrats. Quels sont les liens entre les contractants situés aux deux bouts de la chaîne ou du groupe ? par exemple entre le fabricant et le consommateur final ou entre l'entrepreneur sous-traitant et le maître de l'ouvrage ? Ces personnes font partie du même groupe de contrats, mais ces contrats restent distincts et elles ne sont pas en relation contractuelle directe. Pour autant, sont-ils des tiers véritables les uns par rapport aux autres ?

---

1. En ce sens, v. S. Bros, « Les contrats interdépendants dans l'ordonnance du 10 février 2016 », *JCP* 2016. Act. 975 ; toutefois, ce point est discuté : *contra*, en faveur de la validité des clauses de divisibilité, v. Ph. Malaurie, L. Aynès et P. Stoffel-Munck, *Droit des obligations*, 9ᵉ éd., LGDJ 2017, n° 222 ; B. Fages, *Droit des obligations*, 7ᵉ éd., 2017, n° 222 ; H. Barbier, *RTD civ.* 2017/3. 846, n° 3.

1781. Notamment, l'action en responsabilité engagée par un des membres du groupe à l'égard d'un autre avec lequel il n'a pas directement contracté est-elle contractuelle ou délictuelle ? À cette question, la jurisprudence a répondu d'une manière telle qu'elle a remis en cause l'effet relatif du contrat, avant que la Cour de cassation ne donne un coup d'arrêt à cette jurisprudence.

1782. L'effet relatif des contrats a été, en effet, pendant un temps, assez largement remis en cause entre parties à un groupe de contrats, dans le cadre des « chaînes de contrat », c'est-à-dire de contrats unis par l'identité d'objet. La jurisprudence a retenu en effet une responsabilité de nature contractuelle dans le cas des actions exercées entre les membres d'une même chaîne de contrat, alors même qu'il ne s'agirait pas d'une chaîne homogène de contrats (vente suivie d'une vente suivie d'une vente par exemple) où un même bien est transmis tout au long de la chaîne, avec ses accessoires. Dans cette hypothèse, on peut considérer que l'action en responsabilité originaire dont dispose le premier acquéreur à l'égard de son cocontractant s'est transmise au dernier acquéreur avec la chose elle-même. Mais cette analyse échoue dans le cas où la chaîne homogène de contrats de même nature ne porte pas sur un même bien et dans le cas des chaînes hétérogènes où ce ne sont pas des contrats de même nature qui composent le groupe de contrats.

1783. On a donc assisté, un temps, à une « contractualisation » de la responsabilité encourue au sein d'un « groupe de contrats ». Selon la jurisprudence et une partie de la doctrine, la responsabilité contractuelle régissait la demande en réparation « de tous ceux qui n'ont souffert du dommage que parce qu'ils avaient un lien avec le contrat initial » même s'il n'y a pas de contrat entre la victime, dernier maillon de cette chaîne et le débiteur initial[1].

Toutefois, l'assemblée plénière de la Cour de cassation, en 1991 dans l'arrêt *Besse*, a porté un coup d'arrêt à cette théorie en réaffirmant solennellement que « les conventions n'ont d'effet qu'entre les parties contractantes » et en précisant que « le sous-traitant n'est pas contractuellement lié au maître de l'ouvrage »[2] (pour plus de détails, v. ss 3108 s.).

1784. Les formations ordinaires de la Cour de cassation ont cependant tenté de sauvegarder l'analyse contractuelle dans le cas de chaînes de contrats homogènes comportant transfert de propriété d'un bien (ventes successives) en considérant que l'action contractuelle se transmettait avec la chose mais une position diamétralement opposée a été prise par la décision rendue le 17 juin 1992[3] par la Cour de justice des Communautés européennes qui déclare qu'il n'existe aucun lien contractuel entre le sous-acquéreur et le fabricant, celui-ci n'ayant assumé aucune obligation de nature contractuelle envers le sous-acquéreur.

Depuis, malgré tout, la Cour de cassation a persisté, renouvelant l'analyse contractuelle de l'action en responsabilité dans une décision du 27 mars 2013[4] et, plus récemment,

---

1. Civ. 1re, 21 juin 1988, *Bull. civ.* I, n° 202. ; Com. 12 juill. 2011, n° 10-22.930, *Sté Prodim, LEDC* 3 oct. 2011, n° 9, obs. C. Zolynski ; *D.* 2012. 465, obs. S. Amrani-Mekki et M. Mekki.

2. Ass. plén. 12 juill. 1991, *D.* 1991. 549, note J. Ghestin ; *JCP* 1991. II. 21743, note G. Viney ; *RTD civ.* 1991. 750, obs. P. Jourdain et 1992. 593, obs. F. Zénati.

3. CJCE 17 juin 1992, *JCP* 1992. II. 21927, note C. Larroumet.

4. Civ. 3e, 27 mars 2013, *RDC* 2013/3, p. 911, note S. Carval.

dans une décision du 8 mars 2017 (aussi, v. ss 3114 [1]). Sans doute, l'analyse contractuelle était devenue moins importante depuis que la Cour de cassation avait admis l'identité des fautes contractuelle et délictuelle. En effet, cette solution permet à un tiers au contrat d'invoquer un manquement contractuel sur le fondement de la responsabilité extracontractuelle, sans avoir à rapporter d'autre preuve. Toutefois, le projet de réforme de la responsabilité civile du 17 mars 2017 confirme l'exclusion de cette solution de l'identité des fautes et la jurisprudence elle-même semble remettre en question sa position (sur cette question, v. ss 3129 s.). L'enjeu reste donc bien réel.

---

1. Com. 8 mars 2017, n° 15-15132, *RDC* 2017/4. 451, note Ph. Chauviré.

DOCUMENTS

BIBLIOGRAPHIE

AUBERT (J.-L.), « À propos d'une distinction renouvelée des parties et des tiers », *RTD civ.* 1993. 269.

BORÉ (L.) et DE SALVE DE BRUNETON (J.), « Les effets du contrat à l'égard des tiers », *LPA* 2015, n° 177, p. 75.

BROS (S.), *L'interdépendance contractuelle*, thèse, Paris II, 2001, dactyl.

– « Les contrats interdépendants dans l'ordonnance du 10 février 2016 », *JCP* 2016, Act. 975.

CABRILLAC (R.), *L'acte juridique conjonctif*, thèse, Montpellier, 1990, préf. P. Catala.

CHANTEPIE (G.) et LATINA (M.), *La réforme du droit des obligations. Commentaire théorique et pratique dans l'ordre du Code civil,* Dalloz, 2016, p. 462 s.

DISSAUX (N.) et JAMIN (C.), *Réforme du droit des contrats, du régime général et de la preuve des obligations, Commentaire des articles 1100 à 1386-1 du Code civil*, Dalloz, 2016, p. 100 s.

ERGAN (E.), « La qualification libérale de l'attribution à titre gratuit du bénéfice du contrat d'assurance-vie », *RJPF* 2001. 7-8/12.

GHESTIN (J.), « La distinction des parties et des tiers au contrat », *JCP* 1992. I. 3628, étude extraite du volume *Les effets du contrat*, LGDJ, 1992, par J. Ghestin, avec le concours de M. Billiau.

– « Nouvelles propositions pour un renouvellement de la distinction des parties et des tiers », *RTD civ.* 1994. 777.

– (à propos de la stipulation pour autrui), *JCP* 1995. I. 3881.

GOUGET, *Théorie générale du contrat avec soi-même*, thèse, Caen, 1903.

GUELFUCCI-THIBIERGE (C.), « De l'élargissement de la notion de partie au contrat... à l'élargissement de la portée du principe de l'effet relatif », *RTD civ.* 1994. 275.

LESCOT, (à propos du mandat apparent), *JCP* 1964. I. 1826 et 1966. I. 2007.

NERET (J.), *Le sous-contrat*, thèse, Paris II, 1979, préf. P. Catala.

PELLÉ (S.), *La notion d'interdépendance contractuelle, Contribution à l'étude des ensembles de contrats,* Dalloz, 2007.

PICARD (M.), « La stipulation pour autrui et ses principales applications », in *Travaux de l'Association Henri Capitant*, t. VII, p. 267.

SEUBE (B.), *L'indivisibilité et les actes juridiques,* Litec, 1999.

TEYSSIÉ (B.), *Les groupes de contrats*, thèse, Montpellier, 1975.

VENANDET (G.), « La stipulation pour autrui avec obligation acceptée par le tiers bénéficiaire », *JCP* 1989. I. 3391, *JCP N* 1990. Doctr. 11.

La stipulation pour autrui

1. Formation

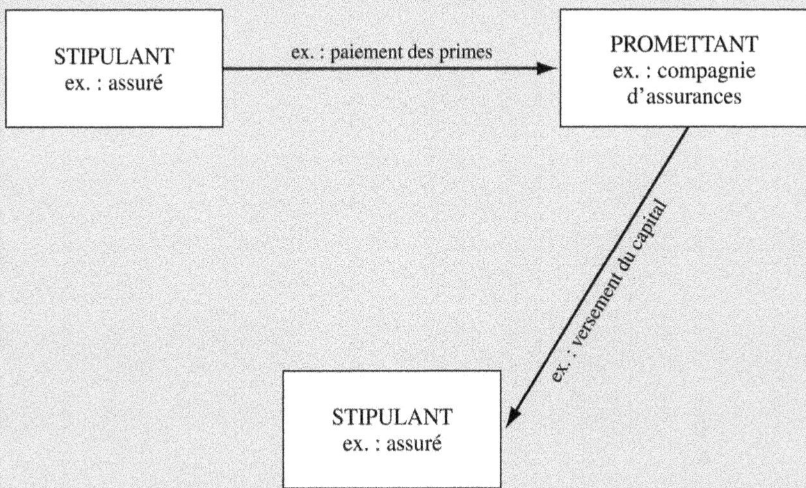

2. Effets entre les trois parties

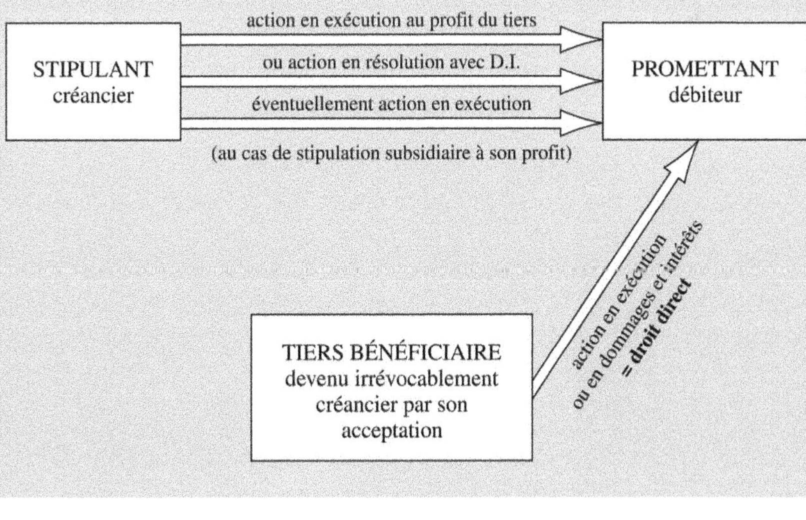

Chapitre 4

La durée du contrat

1785. La section III du Code civil issue de l'ordonnance du 10 février 2016 consacrée à la durée du contrat et inscrite au titre des effets du contrat est une innovation qui répond à la loi d'habilitation du 16 février 2015 (n° 2015-177), autorisant le gouvernement à clarifier les règles relatives à la durée du contrat (L., art. 8, 7°).

1786. Le Code civil ne comportait, en effet, aucune disposition générale relative à la durée des contrats. Il n'envisageait la question du facteur temps qu'à propos du terme et de la condition ; pour le reste, la question de la durée était réglée par la jurisprudence à partir du droit des contrats spéciaux, notamment du contrat de vente.

1787. Les articles 1210 à 1215 intègrent donc dans le droit commun des contrats les règles relatives à la durée. Ils posent les principes généraux concernant la durée des contrats en distinguant les contrats à durée déterminée et indéterminée (Section 1) et prévoient ensuite les différentes hypothèses de prolongation d'un contrat à durée déterminée : prorogation, renouvellement et tacite reconduction (Section 2).

Section 1
Les principes généraux

1788. Les articles 1210 à 1212 posent d'abord le principe de la prohibition des engagements perpétuels puis les règles générales concernant la durée des contrats à durée déterminée et des contrats à durée indéterminée.

§ 1. La prohibition des engagements perpétuels

1789. Cette règle de la prohibition des engagements perpétuels n'avait jamais été posée aussi clairement que par l'article 1210 issu de l'ordonnance qui dispose : « les engagements perpétuels sont prohibés ». Elle était fondée traditionnellement sur l'article 1780 du Code civil selon lequel « on ne peut engager ses services qu'à temps, ou pour une entreprise déterminée » ou encore sur l'article 1838 interdisant les sociétés de plus de 99 ans, et sur l'article 1944, prohibant les baux à durée illimitée. Cependant sa portée était discutée[1], certains considérant qu'il n'existerait pas

1. V. J. Ghestin, « Existe-t-il en droit positif français un principe général de prohibitions des contrats perpétuels ? », in *Mélanges D. Tallon*, SLC 1999. 251.

un principe général et que la perpétuité ne serait prohibée que pour certains contrats déterminés. La jurisprudence n'avait en tout cas jamais expressément consacré un principe général de prohibition des engagements perpétuels, même si elle en retenait des applications [1]. Le principe est désormais formulé de façon absolument générale.

1790. La perpétuité désigne en réalité généralement une durée excédant la vie humaine [2]. C'est ainsi que les baux de longue durée (bail emphytéotique ou à construction) sont des baux d'une durée de 99 ans. Cependant, faut-il apprécier la perpétuité de la même façon pour un contractant âgé de 25 ans et un contractant âgé de 70 ans ? Le critère pourrait être aussi, mais de façon plus contestable, la durée de l'activité économique du contractant [3]. Les incertitudes persistent donc sur cette qualification d'engagement perpétuel [4].

1791. La sanction de la conclusion d'un contrat perpétuel n'est pas la nullité du contrat, mais sa continuation avec application, concernant sa rupture, de la règle posée pour les contrats indéterminés : celle de la possibilité de rompre le contrat unilatéralement à tout moment (art. 1210, al. 2). Cette solution avait déjà été retenue par la Cour de cassation [5], mais sur ce point également il y avait des hésitations, qui sont ici tranchées par le texte. Le maintien du contrat utile est donc assuré, mais avec la possibilité de rompre librement, comme dans un contrat à durée indéterminée (v. ss 1795).

§ 2. Les règles concernant les contrats à durée indéterminée et à durée déterminée

1792. Ces règles ne concernent que les contrats à exécution successive, où les obligations d'au moins une des parties s'exécutent en plusieurs prestations échelonnées dans le temps (sur cette qualification posée par l'article 1111-1) (v. ss 962). Ils peuvent en effet être à durée déterminée, car un terme extinctif a été prévu, ce qu'indique désormais l'article 1212 en faisant référence à l'obligation de l'exécuter jusqu'à son terme ; ou à durée indéterminée, en l'absence de terme extinctif, conventionnel ou légal. Les articles 1211 et 1212 codifient cette distinction traditionnelle et consacrent les solutions jurisprudentielles classiques en la matière.

---

1. Par ex. : Civ. 1re, 19 mars 2002, *RTD civ.* 2002. 510, obs. J. Mestre et B. Fages.

2. Civ. 1re, 19 mars 2002, n° 99-21. 209 ; *JCP* 2003.I. 122, n° 15, obs. A. Constantin, *RTD civ.* 2002. 510, obs. J. Mestre.

3. Civ. 1re, 27 avr. 1978, n° 76-14. 071 ; Civ. 1re, 18 janv. 2000, n° 98-10.378, pour une durée de cinquante ans, supérieure à la durée moyenne de l'activité professionnelle.

4. V. A. Étienney, « Le contrat à exécution successive, le contrat à durée indéterminée et l'engagement perpétuel : de quelques incertitudes persistantes, avant et après la réforme », *D.* 2017. 678 ; v. aussi, M. Mekki, Panorama de droit des contrats, *D.* 2018. 384 et les décisions analysées.

5. Civ. 3e, 30 nov. 1983, *Bull. civ.* III, n° 249. V. aussi, Civ. 1re, 19 mars 2002, préc. Pour l'application de cette sanction dans le cas d'une clause prévoyant un terme illicite. La clause est annulée mais le contrat est maintenu, avec application du régime du contrat à durée indéterminée.

A. Les contrats à durée indéterminée

1793. Le contrat à durée indéterminée est donc un contrat à exécution successive, pour lequel aucun terme n'a été prévu. Il pourrait donc continuer indéfiniment, sous réserve de la prohibition des engagements perpétuels.

1794. Toutefois, l'article 1211 codifie ici une règle bien acquise, celle de la possibilité de mettre fin unilatéralement au contrat, à tout moment. Cette règle est assortie d'une atténuation, classique là encore : la nécessité de respecter un délai de préavis.

1) Le principe de la liberté de rompre à tout moment

1795. Ce principe s'impose, compte tenu du nécessaire respect de la liberté individuelle et il a d'ailleurs été posé par le Conseil constitutionnel lui-même à l'occasion du contrôle de conformité à la constitution de la loi de 1999 sur le pacte civil de solidarité : « Si le contrat est la loi commune des parties, la liberté qui découle de l'article 4 de la déclaration des droits de l'Homme et du citoyen de 1789 justifie qu'un contrat de droit privé à durée indéterminée puisse être rompu unilatéralement par l'un ou l'autre des contractants (…) ». Le principe était acquis en jurisprudence[1].

1796. Cette prérogative consistant à pouvoir mettre fin au contrat à tout moment est reconnue à chaque partie et elle conduit à la cessation du contrat pour l'avenir, sans effet rétroactif. L'article 1211 utilise l'expression « mettre fin » au contrat et non pas celle de « résiliation » qui concerne seulement désormais, l'hypothèse d'une résolution pour inexécution, sans effet rétroactif, d'un contrat, généralement à durée indéterminée et à exécution successive, mais pas nécessairement (v. ss 1931 s.).

2) L'encadrement de la liberté : l'exigence du respect d'un préavis

1797. Le Conseil constitutionnel dans la décision rendue à propos du pacte civil de solidarité, avait également fait référence à ce nécessaire encadrement qui vient atténuer le principe de la liberté de rupture « (…) l'information du cocontractant, ainsi que la réparation du préjudice éventuel résultant des conditions de la rupture, [doivent] toutefois être garanties »[2].

1798. L'article 1211 pose ainsi l'exigence du respect du « délai de préavis contractuellement prévu, ou, à défaut, d'un délai raisonnable ». Le juge devra donc apprécier ce délai raisonnable, qui peut certes parfois être prévu par des textes spéciaux, mais qui risque cependant, compte tenu de l'imprécision du standard, d'alimenter le contentieux[3].

---

1. Com. 5 oct. 2004, *D.* 2005. Pan. 2844, obs. B. Fauvarque-Cosson ; *ibid.* 2006. Pan. 516, obs. D. Ferrier, *CCC* 2005, n° 1, obs. L. Leveneur.

2. Cons. const. 9 nov. 1999, n° 99-419 DC.

3. Sur cette question et les références citées, v. notamment. N. Dissaux et C. Jamin, *Réforme du droit des contrats, du régime général et de la preuve des obligations. Commentaire des articles 1100 à 1386-1 du Code civil*, Dalloz, 2016, p. 141.

3) La sanction du non-respect du préavis

1799. Elle n'est pas prévue par l'article 1211, ce qui soulève plusieurs questions.

L'auteur de la rupture engage sans doute sa responsabilité en cas de rupture sans respecter le délai de préavis contractuel. Il s'agit alors d'une responsabilité contractuelle. Il engage aussi sans doute sa responsabilité s'il rompt sans respecter un délai raisonnable. Toutefois, dans ce cas, s'agit-il d'une responsabilité extracontractuelle puisque l'exigence du délai raisonnable provient de loi ? Ou bien doit-on considérer qu'il s'agit toujours d'une inexécution du contrat ?

De même le texte ne répond pas à la question de savoir si la responsabilité peut être engagée à raison de la rupture unilatérale en dehors de l'hypothèse d'un non-respect du préavis ou s'il s'agit de la seule limite à la liberté. À cet égard, on notera que dans une des versions du projet d'ordonnance, un alinéa 2 était prévu concernant l'article 1211, précisant que la responsabilité du contractant qui met fin unilatéralement au contrat ne peut être engagée qu'en cas d'abus, ce qui pouvait couvrir d'autres hypothèses que le non-respect d'un délai de préavis. Cet alinéa a disparu, ce qui laisse la question ouverte.

Enfin, pourrait-on admettre à titre de sanction et de réparation en nature le maintien du contrat, ce que la jurisprudence a déjà pu admettre, en application du droit antérieur à l'ordonnance [1] ?

B. Les contrats à durée déterminée

1800. L'article 1212 ne définit pas le contrat à durée déterminée autrement que par la référence à un terme, qui met fin au contrat et qui permet de le distinguer du contrat à durée indéterminée. Ce terme, qui n'est pas non plus défini par l'article 1212 est nécessairement un terme extinctif. On notera que cette notion de terme extinctif n'est pas non plus définie par les articles 1305 à 1305-5 lorsqu'ils qui envisagent la notion de terme, au titre du régime général des obligations. Le terme envisagé par ces articles est uniquement en effet, le terme suspensif, qui suspend l'exigibilité des obligations.

L'article 1212 ne se préoccupe, en réalité, que de la question de la durée de ces contrats à durée déterminée en posant deux principes : « lorsque le contrat est conclu pour une durée déterminée, chaque partie doit l'exécuter jusqu'à son terme. Nul ne peut exiger le renouvellement du contrat ».

1) L'exécution du contrat jusqu'à son terme

1801. L'arrivée du terme (extinctif), qui doit être compris comme un événement futur et certain même si sa date elle-même est indéterminée (v. ss 299 s.) met fin au contrat. Ce terme peut être légal ou contractuel. Jusqu'à l'arrivée du terme, le contractant est tenu d'exécuter le contrat, ce qui n'est, somme toute, qu'une application du principe de la force obligatoire du contrat posée par l'article 1103 (ancien art. 1134). Il ne peut donc y mettre fin, unilatéralement avant l'arrivée du terme, contrairement à l'hypothèse d'un contrat à durée indéterminée. Il pourrait cependant, y mettre fin pour les causes que la loi autorise ainsi que le prévoit l'article 1193 et notamment,

---

1. Com 27 sept 2017, n° 16-13.112, *RTD civ.* 2017. 859, H. Barbier ; Com. 10 nov. 2009, n° 08-18.337 ; Com. 3 mai 2012, n° 10-28.36.

utiliser la résolution unilatérale par voie de notification, dans l'hypothèse d'une inexécution imputable à l'autre contractant (v. ss 1902 s.).

2) L'absence de droit au renouvellement du contrat

1802. À l'expiration du terme, le renouvellement du contrat ne peut pas être exigé. Le droit au renouvellement du contrat à durée déterminée n'est pas reconnu. Le contractant qui refuserait d'y procéder ne doit donc pas, en principe, engager sa responsabilité ou encourir aucune sanction[1], sous réserve de l'hypothèse d'un abus[2]. Pour autant, cela ne signifie pas que le renouvellement du contrat n'est pas possible : l'hypothèse est prévue par l'article 1214, dans le cadre des différentes hypothèses de prolongation des contrats à durée déterminée.

Section 2
La prolongation des contrats à durée déterminée

1803. Seuls les contrats à durée déterminée, par définition, sont concernés par l'éventualité d'une prolongation au-delà du terme prévu. Trois modalités distinctes sont alors possibles pour prolonger un contrat : la *prorogation*, le *renouvellement* et la *tacite reconduction*. Ces modalités sont classiques mais n'étaient pas codifiées dans le droit commun du contrat. L'ordonnance les distingue et les encadre, mais sans beaucoup de précisions cependant, et en codifiant les solutions jurisprudentielles établies.

§ 1. La distinction de la prorogation, du renouvellement et de la tacite reconduction

A. La prorogation

1804. La prorogation intervient *avant l'expiration du contrat*. Elle consiste pour les parties à décider que celui-ci continuera malgré l'arrivée du terme. L'article 1213 précise en effet que « le contrat peut être prorogé si les contractants en manifestent la volonté avant son expiration ». Le texte n'en dit pas plus. Conformément aux solutions du droit positif, antérieures à l'ordonnance, la prorogation peut intervenir au moment même de la conclusion du contrat, en insérant une clause de prorogation, ou bien en cours d'exécution, les parties se mettant d'accord pour repousser l'arrivée du terme.

B. Le renouvellement et la tacite reconduction

1805. Le renouvellement et la tacite reconduction diffèrent de la prorogation car elles interviennent *après l'arrivée du terme* et donc à l'expiration du contrat. Ainsi, dans ces deux hypothèses, le contrat initial disparaît et c'est un nouveau contrat,

---

1. Civ. 3e, 14 févr. 2007, n° 06-14.716 ; *Bull. civ.* III, n° 27.
2. Com. 15 janv. 2008, n° 06-14.698 ; *JCP* 2008. II. 10105, note N. Dissaux.

identique au précédent, toutefois, qui va prendre sa place. La différence entre le renouvellement ou la tacite reconduction d'une part, et la prorogation d'autre part, tient au fait que le contrat est un nouveau contrat dans les deux premiers cas alors que le contrat originaire est prolongé dans le cas de la prorogation. Cette différence se manifestera donc aussi au niveau des effets (v. *infra*).

1806. L'article 1214 précise ainsi que le contrat à durée déterminée peut être *renouvelé* par l'effet de la loi ou par l'accord des parties et que « le renouvellement donne naissance à un nouveau contrat, identique au précédent mais à durée indéterminée ». À défaut de renouvellement prévu par la loi, comme pour le contrat de bail d'habitation où la loi consacre le droit au renouvellement du bail pour le locataire, il faudra donc un accord express des parties pour que le contrat soit renouvelé.

1807. La *tacite reconduction* consiste pour les contractants, à l'expiration du terme, à poursuivre l'exécution du contrat. La tacite reconduction produit les mêmes effets que le renouvellement (art. 1215). Ici donc, l'accord express des parties est écarté. Tacitement, la poursuite de l'exécution établit la volonté de poursuivre le contrat, ce qui aboutit, dans les effets, à un renouvellement.

§ 2. Les effets

A. La naissance d'un nouveau contrat identique au précédent : renouvellement et tacite reconduction

1808. Il résulte des articles 1214, alinéa 2, et 1215 ensemble que le renouvellement ou la tacite reconduction produisent les mêmes effets, c'est-à-dire donnent naissance à un nouveau contrat dont le contenu est identique[1] au précédent, mais dont la durée est indéterminée. Ces solutions sont conformes à celles qui étaient admises jusqu'ici.

1) Les conséquences induites par l'existence d'un nouveau contrat

1809. Le fait que le renouvellement ou la tacite reconduction entraîne la constitution d'un nouveau contrat emporte un certain nombre de conséquences.

Le nouveau contrat se trouve notamment soumis à la loi en vigueur au jour de la reconduction et non au jour du contrat originaire. C'est ainsi que les contrats passés antérieurement à l'entrée en vigueur de l'ordonnance du 10 février 2016 et qui sont renouvelés après son entrée en vigueur sont en principe soumis à ces dispositions (sauf clause contraire, lors du renouvellement).

La naissance d'un nouveau contrat implique aussi une nouvelle appréciation de la validité du contrat et notamment de la capacité contractuelle, un nouveau point de départ des délais de prescription, la caducité des pactes adjoints au contrat initial. Il faut donc bien préciser, à cet égard, dans le contrat initial, ou lors du renouvellement s'il est exprès, la question de l'indivisibilité des dispositions qu'il renferme.

---

1. Sur les limites, v. H. Barbier, « Le contrat renouvelé, transmis ou encore continué, l'est-il toujours dans son intégralité » obs. sous Civ. 3e, 25 mars 2015, n° 14-11.978, *RTD civ.* 2015. 614.

Bien que les nouveaux textes ne le précisent pas l'une des principales conséquences de la disparition du contrat originaire, remplacé par un nouveau contrat, est la perte des sûretés qui garantissaient le contrat initial. Ainsi, par exemple la caution est-elle déchargée, solution admise depuis longtemps par la jurisprudence[1].

Toutefois, il est possible, par une clause du nouveau contrat de contredire ces effets. Il est ainsi concevable d'écarter l'application de la loi nouvelle (sauf pour ses dispositions d'ordre public) ou de prévoir le maintien des sûretés, la caution, par exemple acceptant le renouvellement de son engagement au moment du renouvellement du contrat[2]. Il est aussi possible dès la conclusion du contrat, d'y insérer une clause de renouvellement tacite, qui jouera automatiquement sans être conditionnée, comme dans la reconduction tacite du contrat, à une poursuite de l'exécution.

Compte tenu de l'importance des conséquences attachées à la naissance d'un nouveau contrat, la loi n° 2005-67 du 28 janvier 2005, dite « loi Chatel », tendant à conforter la confiance et la protection du consommateur, a prévu des dispositions destinées à « faciliter la résiliation des contrats tacitement reconductibles ». Dans ce but, elle a, notamment, introduit dans le Code de la consommation un chapitre intitulé « reconduction des contrats » qui impose au professionnel prestataire de services l'obligation d'informer « le consommateur par écrit, au plus tôt trois mois et au plus tard un mois avant le terme de la période autorisant le rejet de la reconduction, de la possibilité de ne pas reconduire le contrat qu'il a conclu avec une clause de reconduction tacite ». Des dispositions similaires ont également été introduites dans le Code des assurances, celui de la mutualité, celui de la sécurité sociale.

2) Les conséquences de la transformation en un contrat à durée indéterminée

1810. L'article 1214, en précisant que le contrat renouvelé (et par extension, en application de l'article 1215, le contrat tacitement reconduit) devient un contrat à durée indéterminée, met fin sur ce point à une discussion portant sur la durée du contrat renouvelé ou tacitement reconduit : en effet, dans la mesure où le contrat renouvelé ou tacitement reconduit est identique au précédent la clause relative à la durée du contrat devrait également se retrouver dans le nouveau contrat, d'où la controverse. L'article 1214 écarte l'argument tenant à l'identité du nouveau contrat par rapport au précédent et tranche clairement en faveur de la durée indéterminée.

Cependant, le texte soulève aussi une question. Quelle est la solution, en effet, lorsque le contrat comporte, une durée légale impérative ? Par exemple, dans un contrat de bail d'habitation, la durée minimale est de trois ans, ou encore le mandat de l'agent immobilier a une durée maximale de trois mois. Dans ce cas, logiquement, la loi spéciale doit l'emporte sur le texte général. Ainsi, en matière de bail d'habitation, la loi prévoit d'une part que le contrat doit être renouvelé en vertu du droit au renouvellement du bail reconnu au preneur (qui est d'ordre public) et que la durée du contrat renouvelé est aux moins égale à trois ou six ans. Le renouvellement du contrat ne saurait l'être que pour la même durée. On peut également admettre qu'une clause particulière peut être insérée pour les parties pour éviter que le contrat ne devienne à durée déterminée et qu'elle fixe un nouveau terme.

---

1. V. par ex. Com. 11 févr. 1997 (1re espèce), *JCP* 1997. I. 4033, obs. Ph. Simler ; *D.* 1998. 552, note D. Boccara ; Com. 6 févr. 2001, *JCP* 2001. I. 370, obs. Constantin.

2. Com. 11 juin 2003, *Bull. civ.* IV, n° 94.

1811. La principale conséquence du fait que le contrat devient à durée indéterminée réside dans la possibilité pour chacune des parties d'y mettre fin à tout moment, sous réserve du respect du préavis, prévu par l'article 1211, mais là encore, sous réserve de dispositions contraires, d'ordre public.

B. La continuation du contrat initial : la prorogation

1812. Cette solution n'est pas posée directement par l'article 1215 relatif à la prorogation du contrat, mais, outre qu'elle est conforme à la position de la jurisprudence [1], elle se déduit de la confrontation avec la solution donnée par l'article 1214, pour les contrats renouvelés, qui prévoit que le renouvellement donne naissance à un nouveau contrat identique au précédent. À l'inverse, donc, lorsqu'il y a prorogation, c'est le contrat originaire qui est poursuivi, avec son contenu initial. Cependant, rien n'empêche les parties, en vertu de la liberté contractuelle, de modifier le contenu du contrat initial.

1813. Puisque le contrat initial continue, les solutions posées pour le renouvellement ou la tacite reconduction sont donc inversées : le contrat reste soumis à la loi en vigueur au jour de sa conclusion, sauf dispositions d'ordre public ; la validité du contrat n'a pas à être vérifiée et les sûretés ne sont, en principe, pas affectées. Toutefois, l'article 1212 vient réduire cette différence entre le renouvellement et la prorogation, en énonçant que la prorogation « ne peut porter atteinte aux droits des tiers ». En effet, les créanciers de l'une des parties, ou les garants du débiteur peuvent être affectés par la prorogation qui repousse le terme du contrat : ainsi, par exemple et contrairement à la solution admise en matière de renouvellement, le cautionnement des obligations nées du contrat se maintient, de même que les autres sûretés. Mais si la prorogation ne doit pas porter atteinte aux droits des tiers, cela pourrait signifier que la caution peut se prévaloir du terme pour payer immédiatement, malgré la prorogation ou alors être libérée. Cependant, le principe du respect des droits des tiers, posé de façon très générale par l'article 1213, doit être mis en relation avec les textes spéciaux et notamment le droit des sûretés qui peuvent prévoir des solutions particulières. C'est ainsi, que l'article 2316 du Code civil indique que la simple prorogation du terme, ne décharge pas la caution, si bien que le créancier, malgré la prorogation ne perd pas son recours contre la caution. Toutefois, et la solution peut s'appuyer désormais sur l'article 1213 qui préserve les droits des tiers, la caution qui a garanti l'exécution du contrat initial, ne saurait garantir les obligations nouvelles que les parties auraient éventuellement prévu dans le contrat prorogé, faute de s'y être engagée lors de la prorogation [2].

---

1. Com. 11 févr. 1997, préc.
2. Com. 15 oct. 1991, *Bull. civ.* IV, n° 285.

DOCUMENTS

BIBLIOGRAPHIE

Chantepie (G.) et Latina (M.), *La réforme du droit des obligations. Commentaire théorique et pratique dans l'ordre du Code civil*, Dalloz, 2016, p. 494 s.

Dissaux (N.) et Jamin (C.), *Réforme du droit des contrats, du régime général et de la preuve des obligations, Commentaire des articles 1100 à 1386-1 du Code civil*, Dalloz, 2016, p. 110 s.

Etienney de Sainte Marie (A.), *La durée de la prestation. Essai sur le temps dans l'obligation*, LGDJ, 2008.

– « La durée du contrat et la réforme du droit des obligations », *D.* 2011. 2672.

Ghestin (J.), « Existe-t-il en droit positif français un principe de prohibition des engagements perpétuels ? », in *Mélanges D. Tallon*, SLC, 1999, p. 250.

Latina (M.), « Les mesures du temps », in *Le temps et le droit, Journée nationale de l'Association Henri Capitant*, t. 8, Dalloz 2014, p. 87.

Chapitre 5

La cession de contrat

1814. La cession de contrat n'avait pas fait l'objet, jusqu'ici, d'une systématisation. Si le mécanisme est prévu pour un certain nombre de contrats par des dispositions légales spéciales (cession du contrat de bail, cession du contrat de travail notamment), et si elle était admise par la jurisprudence en dehors même de ces hypothèses légales, le Code civil ne la prévoyait pas en tant que telle. Les articles 1216 à 1216-3 du Code civil, issus de l'ordonnance du 10 février 2016, sont donc venus consacrer la cession de contrat dans le droit commun des contrats et en préciser le régime juridique. Selon l'article 1216, « un contractant, le cédant, peut céder sa qualité de partie au contrat à un tiers, le cessionnaire, avec l'accord de son cocontractant, le cédé ».

Cette introduction dans le Code civil de la cession de contrat, bien connue de la pratique, correspond à l'objectif de modernisation du droit des contrats. Elle consacre, comme le relève le rapport de présentation de l'ordonnance au président de la République, « une conception unitaire de la cession de contrat, qui n'est pas la seule adjonction d'une cession de dette et d'une cession de créance, mais qui a pour objet de permettre le remplacement de l'une des parties au contrat par un tiers, sans rupture du lien contractuel ».

Le rapport explique aussi la place donnée à la cession de contrat, dans la section consacrée aux effets du contrat, entre les dispositions relatives à sa durée et celles relatives à son inexécution : elle a précisément pour objet de maintenir le contrat, voire d'en prévenir l'inexécution. On voit donc qu'elle s'inscrit encore dans cet objectif de maintien du contrat utile, favorisé par l'ordonnance, que nous avons déjà souligné à plusieurs reprises (sur cet objectif, v. ss 912).

La loi de ratification de l'ordonnance, intervenue le 20 avril 2018[1], n'a pas apporté de modification au mécanisme de la cession de contrat, mais à simplement réalisé une petite adjonction à l'article 1216-3, pour réparer une omission concernant le sort des sûretés (v. ss 1830).

Section 1
Analyse et conditions de l'opération de cession

§ 1. Une opération unitaire

1815. Avant l'intervention de la réforme du droit des contrats et la consécration de la cession de contrat, la *théorie de la cession de contrat* était encore discutée en doctrine car,

1. Sur cette loi, v. ss 101 s.

si on l'admet en tant que telle, elle consacre la théorie objective du contrat, considéré comme un bien transmissible qui s'oppose à la conception subjective classique du contrat conçu essentiellement comme un rapport entre deux ou plusieurs personnes (v. ss 881). Aussi certains contestaient la notion même de cession de contrat, en considérant que ce n'est pas le contrat lui-même qui est transmis, mais les obligations qu'il contient. Une autre conception défendait la cession du contrat en tant qu'opération unitaire. Ainsi, L. Aynès avait qualifié cette cession de contrat de « transfert unitaire et intégral de la qualité de contractant, laquelle est un ensemble complexe de droits et d'obligations »[1]. Dans la même ligne, P. Ancel considérait que le seul moyen d'expliquer le mécanisme de la cession de contrat est de dissocier la source (la norme dotée de force obligatoire) et le contenu (les obligations nées du contrat) : la cession de contrat concerne la norme contractuelle elle-même, le changement de créancier ou de débiteur des obligations n'étant alors qu'une des conséquences possibles de cette modification de la norme.

La chambre commerciale de la Cour de cassation était allée dans le sens de ces analyses, en admettant la cession de contrat et en déclarant que « la cession d'un contrat synallagmatique permet au cédé de poursuivre directement le cessionnaire qui est tenu envers lui en vertu du contrat transmis »[2] et que réciproquement, le cédé est tenu envers le cessionnaire en vertu d'un contrat dont la transmission est considérée comme valable bien qu'il ait été conclu en considération de la personne du cédant[3]. Le lien personnel et *intuitu personae* entre le cédant et le cédé n'est donc pas un obstacle à la transmission.

Une autre analyse de la cession de contrat, intermédiaire, consistait à considérer que la volonté exprimée par le cédé lorsqu'il consent à la cession, engendre « un nouveau contrat dont l'objet et la cause sont identiques au contrat initial[4] » ; cette analyse implique alors nécessairement le consentement du cédé à l'opération de cession, question qui était un des enjeux de la controverse (v. ss 1818).

1816. L'ordonnance tranche le débat en prenant parti pour la conception unitaire : la cession porte sur le contrat et non sur les obligations qu'il engendre. Les termes de l'article 1216 sont tout à fait explicites : c'est la qualité de partie au contrat que le cédant, cède à un tiers, le cessionnaire.

1817. Pour autant, la conception objective du contrat, considéré comme un bien et faisant abstraction des liens entre parties, n'est pas consacrée jusqu'au bout, puisque la cession reste subordonnée à l'accord du cédant. C'est, en effet, la principale condition de la cession de contrat et de son efficacité totale.

§ 2. Une opération subordonnée au consentement du cessionnaire : une véritable cession de contrat ?

1818. Une autre controverse doctrinale, liée à la précédente portait sur la place à faire à la volonté du cessionnaire. Pour les partisans de la conception unitaire et objective

---

1. L. Aynès, note sous Com. 14 déc. 1982, *D.* 1983. 416 ; v. aussi, L. Aynès, *La cession de contrat*, Economica, 1984.

2. Com. 14 déc. 1982, *D.* 1983. 416, note L. Aynès.

3. Com. 7 janv. 1992, *JCP* 1992. IV. 692 et *JCP* 1992. I. 3591, n° 17, obs. C. Jamin.

4. C. Jamin, note sous Com. 7 janv. 1992, préc. ; v. aussi, J. Ghestin, C. Jamin et M. Billiau, *Les effets du contrat*, LGDJ, 3e éd., 2001, n° 1046 s.

du contrat, considéré comme un bien, la cession de contrat pourrait se réaliser sans l'accord du cessionnaire. Alors que pour les partisans de la conception classique, où le contrat est envisagé d'abord comme un lien entre des personnes, il est inconcevable d'imposer à un contractant un changement d'interlocuteur. La solution se justifie aussi par le principe de la force obligatoire du contrat qui exclut qu'un contractant puisse se voir imposer un nouveau contractant sans y avoir consenti [1].

1819. La Cour de cassation avait pour sa part pris parti dans cette controverse en subordonnant la cession de contrat au consentement du cédé, que le contrat cédé ait été conclu *intuitu personae* (en considération de la personne du cocontractant) ou pas [2].

1820. Là aussi l'ordonnance a tranché, en imposant le consentement du cessionnaire à la cession, ce qui a pu faire dire à certains, qu'il ne s'agirait pas d'une véritable cession de contrat [3], comme la cession de dette ne serait pas une véritable cession de dette puisqu'elle implique aussi l'accord du cédé. Suivant en cela *l'avant-projet Catala*, l'article 1216 écarte l'hypothèse d'une véritable cession de contrat, au sens où elle serait passée entre les seuls cédant et cessionnaire sans qu'il y ait besoin de l'intervention du cédé pour produire tous ses effets : le consentement du contractant cédé reste toujours nécessaire et la cession ne libère le cédant que si le cédé l'a expressément déclaré, ainsi que nous le verrons au titre des effets de la cession de contrat.

1821. On notera que la même position a été adoptée par l'ordonnance concernant le mécanisme de la cession de dette, dont la validité est consacrée mais qui reste toujours subordonnée pour produire son plein effet au consentement du cédant (v. ss 509 s.).

§ 3. Les conditions de forme de la cession

1822. L'article 1216, alinéa 3, impose que la cession soit constatée par écrit, à peine de nullité. Il s'agit donc d'un contrat solennel puisque la sanction du non-respect de la condition de forme est la nullité du contrat de cession.

Avant l'ordonnance du 10 février 2016, la jurisprudence soumettait la cession de contrat à la formalité de la signification au débiteur cédé prévue par l'ancien article 1690 pour la cession de créance, car la cession de contrat comporte nécessairement une cession de créance. La solution posée désormais par l'article 1216 consacre véritablement l'unité de la cession de contrat qui ne doit pas être décomposée en une succession de cession de créances et de dettes.

1823. Concernant l'accord du cédé, l'article 1216 prévoit qu'il « peut être donné par avance, notamment dans le contrat conclu entre les futurs cédant et cédé, auquel

---

1. J. Ghestin, C. Jamin et M. Billiau, *op. cit.*, n° 1045.

2. Com. 6 mai 1997 (deux arrêts), *Bull. civ.* IV, n° 118 ; *D.* 1997. 588, note M. Billiau et C. Jamin ; *Defrénois* 1997. 977, note D. Mazeaud ; v. aussi, pour des contrats *intuitu personae* : Com. 13 déc. 2005, *RTD civ.* 2006. 310, obs. J. Mestre et B. Fages ; *JCP* 2006. II. 10103, obs. J. Hovasse ; Com. 3 juin 2008, *Rev. sociétés* 2009. 339, note L. Amiel-Cosme ; *RTD com.* 2009. 385, obs. B. Dondero et P. Le Cannu ; *D.* 2008. AJ 1623, obs. A. Lienhard ; *RTD civ.* 2008. 478, obs. B. Fages ; et pour des contrats non *intuitu-personae* : Com. 6 mai 1997, préc.

3. N. Dissaux et C. Jamin, *Réforme du droit des contrats, du régime général et de la preuve des obligations. Commentaire des articles 1100 à 1386-1 du Code civil*, Dalloz, 2016, p. 121.

cas la cession produira effet à l'égard du cédé lorsque le contrat conclu entre le cédant et le cessionnaire lui est notifié ou lorsqu'il en prend acte ». Si l'accord du cédé est donné par avance, dans un acte distinct du contrat de cession, le texte impose donc la notification de ce contrat de cession, lorsqu'il intervient, au tiers cédé, pour qu'il puisse produire effet. Par ailleurs, des termes de l'article 1216, il ressort que l'accord du cédé peut aussi être donné au moment où la cession est réalisée et qu'il peut alors donner cet accord dans le contrat de cession, en intervenant à l'acte.

Section 2
Les effets de la cession de contrat

1824. Ils vont être différents selon que le cédé a donné ou pas son accord à la cession. En effet, les articles 1216 et suivants n'interdisent pas la cession en l'absence de l'accord du cédé. Simplement, si le cédé n'a pas donné son accord, la cession sera imparfaite et le cédant ne sera pas libéré.

§ 1. La libération du cédant en cas d'accord express du cédé

1825. L'article 1216-1 prévoit les effets de la cession parfaite, à laquelle le cédé a consenti : « Si le cédé y a expressément consenti, la cession de contrat libère le cédant pour l'avenir ». Toutefois, l'expression utilisé par le texte « si le cédé y a expressément consenti », révèle que l'accord du cédé à la cession, ne suffira pas à lui faire produire à l'égard du cédant, son effet libératoire. Outre cet accord à la cession elle-même, le cédé devra donner son accord express à la libération du débiteur. En l'absence de cette mention expresse, l'accord simple ne suffira pas.

§ 2. La cession imparfaite en l'absence d'accord express du cédé : la solidarité du cédant

1826. Si le cédé n'a pas donné son accord express à la libération du cédant, et « sauf clause contraire » indique l'article 1216-2, alinéa 2, celui-ci reste tenu solidairement à l'exécution du contrat, solution que la jurisprudence avait déjà posée. La référence à l'existence d'une clause contraire peut susciter des interrogations. Le rapport de présentation de l'ordonnance, permet cependant de penser que cette clause contraire vise le contrat initial, passé entre le cédant et le cédé, et le cas, prévu par l'article 1216-1, où le cédé a donné par avance son consentement à la cession et à la libération du cédant. Mais la formule reste très ambiguë.

§ 3. Opposabilité des exceptions

1827. L'article 1216-2 traite de la question des exceptions susceptibles d'être opposées par le cessionnaire au cédé d'une part et de celles susceptibles d'être opposées par le cédé au cessionnaire.

1828. Concernant les exceptions opposables par le cessionnaire, le texte reprend une distinction déjà faite à propos de la cession de créance (v. ss 570) entre les exceptions « inhérentes à la dette », telle que la nullité, l'exception d'inexécution, la résolution ou la compensation des dettes connexes qui peuvent être opposées et les exceptions « personnelles » au cédant qui ne peuvent être opposées, telles que l'octroi d'un terme, la remise de dette ou la compensation de dettes non connexes.

1829. Quant au cédé, il peut opposer au cessionnaire toutes les exceptions qu'il aurait pu opposer au cédant.

§ 4. Sort des garanties de paiement

1830. L'article 1216-3, aliéna 1er, qui concerne le sort des sûretés, distingue selon que le cédant a été libéré par l'accord express du cédé ou pas. Dans le premier cas, les sûretés consenties par les tiers disparaissent sauf s'ils donnent leur accord pour qu'elles subsistent. Dans le second cas les sûretés subsistent, ce qui est logique. Le texte, tel qu'il résultait de l'ordonnance du 10 février 2016, ne faisait référence qu'aux sûretés consenties par des tiers et non aux sûretés garanties par le cédant. Cette omission a été réparée par la loi de ratification de l'ordonnance du 20 avril 2018 [1] : l'article 1216-3 précise désormais que la cession de contrat lorsqu'elle libère le cédant, cocontractant initial, met fin, sauf leur accord, aux sûretés consenties non seulement par des tiers, ce qui était la version initiale du texte, mais aussi *par le cédant.* La même adjonction a été faite concernant la cession de dette, à l'article 1328-1 (v. ss 516).

1831. Enfin, l'article 1216-3, alinéa 2, prévoit spécifiquement l'hypothèse où le cédant avait des codébiteurs solidaires. S'il est libéré, ses codébiteurs solidaires restent tenus, déduction faite de sa part dans la dette, ce qui reprend les règles prévues en matière de solidarité passive (v. ss 372).

---

1. Sur cette loi, son contenu et ses conditions d'application dans le temps, v. ss 101 s.

DOCUMENTS

BIBLIOGRAPHIE

AYNES (L.), *La cession de contrat*, Economica, 1984.

BARILLON (C.), « La cession de contrat en voie de consécration », *Gaz. Pal.* 9 juin 2015, p. 15.

BOFFA (R.), « Les opérations translatives », *Gaz. Pal.* 4 juin 2015, p. 8.

CHANTEPIE (G.) et LATINA (M.), *La réforme du droit des obligations. Commentaire théorique et pratique dans l'ordre du Code civil,* Dalloz, 2016, p. 512 s.

DISSAUX (N.) et JAMIN (C.), *Réforme du droit des contrats, du régime général et de la preuve des obligations, Commentaire des articles 1100 à 1386-1 du Code civil*, Dalloz, 2016, p. 117 s.

Chapitre 6

Les conséquences de l'inexécution contractuelle : remèdes et sanctions

Introduction

Les différentes options offertes au créancier

1832. Puisque le contrat est obligatoire, son inexécution est contraire au droit. Plusieurs possibilités existent alors.

1833. Avant l'ordonnance du 10 février 2016, le Code civil abordait la question des sanctions de façon très dispersée. Ainsi, seul l'article 1184 pouvait être considéré comme un texte général concernant les sanctions de l'inexécution mais il était inscrit dans un paragraphe consacré à la condition suspensive. L'article 1184, alinéa 1er, précisait ainsi que la condition résolutoire est toujours sous-entendue dans les contrats synallagmatiques pour le cas où l'une des parties ne satisferait point à son engagement. L'alinéa 2 indiquait ensuite que le contrat en ce cas n'est pas résolu de plein droit : le créancier dont l'obligation n'est pas exécutée a le choix entre l'exécution forcée et la résolution du contrat avec dommages et intérêts. Le texte faisait donc référence à une option entre l'exécution forcée et la résolution judiciaire du contrat pour inexécution, sanction phare de l'inexécution (mais réservée aux contrats synallagmatiques) et aussi, implicitement, à la responsabilité contractuelle en envisageant les dommages intérêts, dont il était question plus directement aux articles 1147 et suivants. Mais la résolution conventionnelle n'était pas directement prévue, pas davantage bien sûr que la résolution unilatérale par le créancier à ses risques et périls, consacrée par la jurisprudence. De même, l'exception d'inexécution, possibilité également reconnue par la jurisprudence au créancier de l'obligation inexécutée, de refuser d'exécuter ses obligations tant que l'autre partie n'exécute pas les siennes, n'était pas non plus inscrite dans les textes.

L'ordonnance du 10 février 2016 a adopté une toute autre méthode et opéré une vraie clarification de forme comme des changements de fond. Les sanctions de l'inexécution du contrat sont en effet regroupées et présentées de façon pédagogique, dans une section intégralement dédiée à l'inexécution du contrat et une énumération exhaustive des sanctions précèdent les règles qui leur sont ensuite successivement consacrées. Par ailleurs, si l'on retrouve les sanctions traditionnelles, elles sont non seulement présentées différemment, mais aussi pour certaines assorties de nouvelles modalités (exception d'inexécution par anticipation, résolution unilatérale aux risques et périls du créanciers) et l'ordonnance ajoute de façon novatrice, la possibilité pour le créancier de solliciter une réduction du prix.

1834. ***Diversité et organisation des sanctions.*** L'ordonnance inscrit donc dans une section 5 constituée par les articles 1217 à 1231-7 et dans cinq sous-sections successives, ces différentes conséquences auxquelles peut conduire l'inexécution du contrat, totale ou partielle. L'article 1217, établit, à titre liminaire, la liste de ces différentes sanctions :

« La partie envers laquelle l'engagement n'a pas été exécuté, ou l'a été imparfaitement peut :

– refuser d'exécuter ou suspendre l'exécution de sa propre obligation ;

– poursuivre l'exécution forcée en nature de l'obligation ;

– solliciter une réduction du prix (la loi de ratification du 20 avril 2018 [1] a cependant substitué le terme « obtenir » au terme « solliciter ») ;

– provoquer la résolution du contrat ;

– demander réparation des conséquences de l'inexécution » (on notera, à cet égard, que le terme de responsabilité contractuelle n'est pas utilisé. Dans l'attente de la réforme générale du droit de la responsabilité civile, l'ordonnance a simplement envisagé « la réparation des conséquences de l'inexécution »).

Le changement de perspective est net. On assiste, en effet à un élargissement des sanctions [2] et sans doute aussi de leur domaine puisque aucune référence au contrat synallagmatique n'apparaît plus, comme dans l'ancien article 1184 ; par ailleurs, il apparait que l'objectif n'est pas systématiquement de sanctionner l'inexécution en faisant disparaître le contrat. Significativement, les mesures qui ont pour objectif le maintien du contrat, se trouvent en tête de liste. On retrouve, inscrite dans les nouvelles dispositions, cette idée déjà plusieurs fois soulignée, qu'il faut essayer de maintenir le contrat utile en donnant, dans cette perspective, davantage de pouvoir à la volonté unilatérale. C'est à cet objectif de maintien du contrat que se rattachent non seulement la poursuite de l'exécution forcée en nature, mais aussi l'exception d'inexécution et la possibilité de solliciter une réduction du prix, qui marquent toutes les deux l'extension du pouvoir de la volonté unilatérale, même si, au bout du compte, il faudra en venir à la résolution du contrat. Significativement, dans une des versions du projet d'ordonnance, il était question non pas des « sanctions de l'inexécution », mais des « remèdes » à l'inexécution. Même si l'expression de remèdes n'a pas été conservée, et si l'on est revenu au terme classique de sanctions, l'esprit demeure.

1835. ***Articulation des sanctions.*** L'article 1217, alinéa 2, contient aussi la précision, qui ne figurait pas dans les textes antérieurs, que les sanctions qui ne sont pas incompatibles peuvent être cumulées et que des dommages et intérêts (réparation des conséquences de l'inexécution) peuvent toujours s'y ajouter. Plusieurs possibilités sont donc offertes, qui peuvent être utilisées successivement, dans la perspective d'abord de tenter de maintenir le contrat.

1836. ***La loi de ratification de l'ordonnance,*** intervenue le 20 avril 2018 [3], n'a pas apporté de grandes modifications sur cette question des sanctions de l'inexécution.

---

1. Sur cette loi, son contenu et ses conditions d'application dans le temps, v. ss 101 s.

2. S. Tisseyre, « La fin du contrat : l'éventail élargi des sanctions », in V. Larribau-Terneyre et S. Pellé (dir.), *Quel renouveau pour le droit des contrats ? Une réforme entre tradition et modernité*, PUPPA, 2016.

3. Sur cette loi du 20 avril 2018 et ses conditions d'application dans le temps qui dépendent de la qualification de modification substantielle ou interprétative, v. ss 101 s.

Toutefois, le texte de l'article 1221 relatif à l'exécution forcée fait désormais expressément référence à la condition de bonne foi du débiteur pour que cette sanction puisse être écartée en cas de disproportion manifeste entre son coût pour ce dernier et son intérêt pour le créancier. La modification est ici simplement interprétative du texte et donc applicable, comme l'ordonnance, aux contrats conclus à compter du 1er octobre 2016 ; par ailleurs, et ici la modification est plus substantielle, l'article 1223 relatif au pouvoir de réduction unilatérale du prix par le créancier a été réécrit pour clarifier les conditions de mise en œuvre de cette sanction (v. ss 1856 s.).

1837. Il apparaît donc, pour finir, que l'inexécution peut conduire à la recherche d'une exécution en nature du contrat, soit par le recours à l'exécution forcée, soit préalablement par le recours à un moyen de pression, l'exception d'inexécution (Section 1) ; mais aussi à une correction du contrat par la réduction du prix qui permettra son maintien (Section 2) ; et quand même toujours, aussi, à la disparition du contrat : c'est la résolution ou la résiliation du contrat pour inexécution (Section 3) ; ces sanctions ne sont pas exclusives d'une autre sanction qui atteint cette fois le cocontractant lui-même : la condamnation du débiteur à des dommages et intérêts en réparation du préjudice résultant de l'inexécution du contrat (Section 4). Il existe une dernière hypothèse, que nous isolerons, celle d'une résolution du contrat en cas de force majeure (théorie des risques), qui va faire disparaître le contrat, mais sans que le débiteur engage sa responsabilité parce que l'exécution du contrat était impossible en raison de la force majeure (Section 5).

Section 1
La recherche de l'exécution en nature

1838. Confronté à une inexécution, le créancier peut malgré tout vouloir obtenir une exécution en nature, qu'il peut trouver préférable à la disparition du contrat, compte tenu de l'utilité que ce contrat représente pour lui. Il peut toujours, à cet effet, poursuivre l'exécution forcée en nature. Mais il peut aussi recourir à une autre sanction, qui constitue un moyen de pression, destiné à obtenir une exécution spontanée, l'exception d'inexécution.

§ 1. L'exécution forcée en nature

A. Le principe de l'exécution en nature pour toutes les obligations

1839. L'ordonnance du 10 février 2016 consacre désormais ce principe de l'exécution en nature pour toutes les obligations (déjà, sur cette question, v. ss 394 s.).

1840. Le créancier de l'obligation inexécutée a en effet toujours la possibilité d'exercer une action en justice pour demander que le débiteur soit condamné à exécuter son obligation (sur le droit à l'exécution et l'exécution forcée, v. ss 476 s.). Avant la réforme, cette exécution forcée en nature pouvait être obtenue sans difficulté s'il s'agissait d'une obligation de donner, plus difficilement s'il s'agissait d'une obligation de faire ou de ne pas faire, mais la jurisprudence avait cependant posé clairement le principe de l'exécution en nature, même pour les obligations de faire ou de ne pas faire et ce, malgré les termes de l'ancien article 1142, selon lequel toute obligation de faire ou de ne pas faire se résout en dommages et intérêts [1] (v. ss 398).

1841. Depuis la réforme, l'obligation de donner a disparu, au profit de l'effet translatif direct du contrat (v. ss 1556). La question ne se pose donc plus à son propos. Concernant les obligations nées du contrat, qui ne sont plus envisagées en référence à la distinction des obligations de faire ou de ne pas faire, le principe posé par l'article 1221 est parfaitement clair : il dispose que « le créancier d'une obligation peut, après mise en demeure, en poursuivre l'exécution en nature (...) ». Plus aucune distinction n'est faite selon les obligations. Par ailleurs, on rappellera que le contrat ne fait plus seulement naître des obligations mais qu'il peut aussi les modifier, les transmettre les éteindre et qu'il peut aussi produire des effets au-delà des seules obligations. Cependant l'article 1221 envisage bien l'exécution forcée en nature à propos des obligations : « le créancier d'une obligation peut (...) en poursuivre l'exécution en nature ».

1842. Cependant des limites à l'exécution en nature sont posées, et l'ordonnance précise aussi certaines modalités d'exécution en nature qui n'étaient pas prévues explicitement par les anciens textes, même si la jurisprudence les avait admises.

B. La limite de l'exécution en nature

1843. Les principes du droit européen du contrat et les principes d'Unidroit, tempèrent le principe de l'exécution en nature, par des exceptions importantes, notamment si le coût de l'exécution en nature est déraisonnable, faisant ainsi application du ***principe de proportionnalité***. C'est une solution inspirée de ces principes qui figure dans l'ordonnance du 10 février 2016, à l'article 1221, alinéa 1er. Suivant en cela les propositions Terré, et alors que le premier projet gouvernemental de 2013 prévoyait que « le créancier peut poursuivre l'exécution en nature, après mise en demeure, sauf si cette exécution est impossible ou si son coût est manifestement déraisonnable », l'article 1121 va encore plus loin dans la prise en compte de l'impératif d'efficacité économique, en faisant de la proportionnalité entre le coût de l'exécution en nature et l'intérêt qu'en retire le créancier, une condition de l'exécution en nature : Le créancier d'une obligation, peut, après mise en demeure, en poursuivre l'exécution en nature, « sauf si cette exécution est impossible ou s'il existe une disproportion manifeste entre son coût pour le débiteur et son intérêt pour le créancier » [2].

---

1. V. en dernier lieu : Civ. 1re, 16 janv. 2007, *D.* 2007. 1119, note O. Gout ; *RTD civ.* 2007. 342, obs. J. Mestre et B. Fages ; *CCC* juin 2007. I. 161, obs. L. Leveneur ; *RDC* 2007. 719, obs. D. Mazeaud ; *JCP* 2007. I. 161, obs. M. Mekki, *D.* 2007. Pan. 2973, obs. B. Fauvarque-Cosson.

2. Pour un cas, jugé en application du droit antérieur à l'ordonnance, où les vices étaient tels que l'ouvrage menaçait de s'écrouler et où l'exécution forcée a été ordonnée compte tenu de la seule gravité du vice, sans autre considération : Civ. 3e, 13 juill. 2017, n° 16-11.968, *D.* 2018. 385, obs. M. Mekki, selon lequel la gravité du vice évincerait toute disproportion.

Cette exception à l'exécution en nature a cependant pu être contestée [1] et la loi de ratification du 20 avril 2018 [2], sans la remettre en question, a apporté au texte une petite modification en rajoutant la condition de « bonne foi » du débiteur. Cette précision n'apparaissait pas indispensable dans la mesure où la bonne foi est un principe général qui commande toute l'exécution du contrat (comme, au demeurant sa formation), en vertu de l'article 1104 du Code civil. Cependant, des inquiétudes s'étaient élevées devant cette possibilité d'écarter l'exécution en nature en vertu du principe de proportionnalité : au-delà de l'atteinte à la force obligatoire du contrat qu'elle consacre, et que l'on peut juger contestable, les risques de mauvaise foi du débiteur étaient soulignés. Devant ces réticences, le législateur a décidé d'ajouter expressément cette condition de bonne foi. Interprétative, la modification est applicable, comme l'ordonnance du 10 février 2016, à compter du 1er octobre 2016, aux contrats conclus après cette date.

La question se pose, cependant, de savoir si cette exception à l'exécution forcée est une règle supplétive ou impérative et si, par voie de conséquence, les contractants pourraient ou non l'écarter [3].

C. Les options offertes au créancier en matière d'exécution forcée

1844. L'article 1222 reprend une solution déjà prévue par les anciens articles 1143 et 1144, selon laquelle, après mise en demeure, le créancier a une autre option : celle de faire exécuter lui-même l'obligation ou, sur autorisation préalable du juge, de détruire ce qui a été fait en violation de celle-ci. Il peut demander au débiteur le remboursement des sommes engagées à cette fin. Il peut aussi demander en justice que le débiteur avance les sommes nécessaires à cette exécution ou à cette destruction [4]. Cette possibilité de demander l'avance au débiteur avait été ajoutée à l'article 1144 par la loi du 9 juillet 1991(n° 91-650). L'ordonnance ajoute aux textes antérieurs, la mention de la nécessité d'une mise en demeure préalable.

§ 2. L'exception d'inexécution

1845. Dans les contrats synallagmatiques, la jurisprudence avait généralisé la légitimité du recours par le cocontractant victime d'une inexécution à un moyen de pression spécifique : l'exception d'inexécution, permettant à un cocontractant de suspendre l'exécution de ses propres obligations jusqu'à ce que l'autre exécute les siennes. L'exception d'inexécution n'était jusqu'ici pas codifiée. C'est désormais chose faite puisque l'ordonnance de 2016 a consacré une sous-section à l'exception d'inexécution, envisagée d'ailleurs en premier dans les sanctions de l'inexécution, avant l'exécution forcée en nature, dans les articles 1219 et 1220, ce qui est somme toute logique : l'exception d'inexécution étant destinée à obtenir, par la pression, une exécution spontanée du débiteur, le créancier ne recourt que dans un second temps à l'exécution forcée.

---

1. T. Genicon, « Contre l'introduction du « coût manifestement déraisonnable », comme exception à l'exécution forcée en nature », *Dr. et patr.* 2014, n° 240, p. 63.

2. Sur cette loi, son contenu et ses conditions d'application dans le temps, v. ss 101 s.

3. V. M. Mekki, soulignant le manque de clarté du rapport de la commission des lois du Sénat, qui conclut qu'il s'agit d'une règle supplétive : « La loi de ratification de l'ordonnance du 10 février 2016... », article préc., p. 905, n° 18.

4. M. Faure-Abbad, « Article 1222 : la faculté de remplacement », *RDC* 2015. 784.

1846. L'ordonnance ne se contente pas de codifier les solutions jurisprudentielles établies. En effet, elle innove, en introduisant à côté de la possibilité de ne pas exécuter son obligation, quoiqu'elle soit exigible, parce que l'autre n'exécute pas la sienne, une autre possibilité : celle de suspendre l'exécution de son obligation (exigible) alors même que l'obligation du contractant n'est pas encore inexécutée parce qu'elle n'est pas encore arrivée à exigibilité. C'est l'exception d'inexécution par anticipation.

A. L'exception d'inexécution classique

1847. ▶ ***L'exceptio non adimpleti contractus*** ou exception d'inexécution, est un moyen de défense, par lequel l'une des parties refuse d'exécuter sa prestation tant que l'autre partie n'a pas exécuté la sienne.

Lorsque l'une des parties a déjà exécuté sa prestation, en cas d'inexécution de son cocontractant, elle peut obtenir la résolution du contrat ; aussi est-il logique de lui permettre de refuser de s'exécuter si elle ne l'a pas encore fait.

Comme son nom l'indique, il s'agit d'un procédé issu du droit romain mais qui n'avait pas été expressément repris par le Code civil, qui y faisait seulement parfois allusion à propos de certains contrats synallagmatiques, la vente (art. 1612, 1653) et l'échange (art. 1704, 1749). À partir des exemples fournis par le code, la jurisprudence avait cependant généralisé l'exception dans tous les contrats synallagmatiques. Ce qui caractérise, en effet, les contrats synallagmatiques, c'est l'interdépendance des obligations des parties qui doivent s'exécuter simultanément, « trait pour trait ». Dès lors, si l'une des parties n'exécute pas son obligation, l'autre ne sera plus tenue d'exécuter la sienne : elle pourra opposer au cocontractant qui exigerait l'exécution de sa prestation, une exception (c'est-à-dire un moyen de défense qui met obstacle à l'exercice de l'action) de contrat non accompli ou *exceptio non adimpleti contractus*.

1848. Cette exception a été codifiée par l'ordonnance du 10 février 2016 dans un article, l'article 1219, qui indique « Une partie peut refuser d'exécuter son obligation, alors même que celle-ci est exigible, si l'autre n'exécute pas la sienne et si cette inexécution est suffisamment grave ».

1849. Si les contrats synallagmatiques constituent le domaine d'élection de l'exception d'inexécution, il n'est pas exclu pour autant qu'elle puisse s'appliquer au-delà.

En effet, l'ordonnance n'a pas limité l'exception d'inexécution aux contrats synallagmatiques, alors que les avant-projets *Catala* et *Terré* le préconisaient et que le projet de la Chancellerie de 2008 contenait aussi cette limite. Elle fait seulement référence à l'existence de deux obligations réciproques mais sans exiger leur interdépendance au sein d'un même contrat.

La jurisprudence elle-même avait déjà consacré cet élargissement au-delà des seuls contrats synallagmatiques. Elle avait ainsi admis l'application de l'exception dans le cas de contrats synallagmatiques imparfaits où l'interdépendance entre les obligations est moins évidente que dans les contrats synallagmatiques parfaits, la connexité intellectuelle remplaçant alors l'interdépendance[1].

---

1. Soc. 10 avr. 1959, *D.* 1960. 61.

Cependant, jusqu'à une époque récente, elle exigeait, pour que l'exception puisse être invoquée, que les deux obligations soient nées du même contrat ; cette exigence a par la suite été écartée par la Cour de cassation qui a admis, comme une conséquence de la réception de la notion d'ensemble contractuel (v. ss 1768), que « l'inexécution d'une convention peut être justifiée si le cocontractant n'a lui-même pas satisfait à une obligation contractuelle mais découlant d'une convention distincte, dès lors que l'exécution de cette dernière est liée à celle de la première »[1]. Le domaine de l'exception d'inexécution pourrait donc s'étendre au-delà des seuls contrats synallagmatiques et, notamment, à cette hypothèse d'un ensemble contractuel : l'interdépendance entre les contrats pourrait la justifier, en créant entre les obligations, sinon une interdépendance comme dans un contrat synallagmatique, du moins une connexité suffisante.

1850. Pour que l'exception d'inexécution puisse être utilisée, il faut cependant que l'inexécution soit suffisamment importante. La solution avait été posée par la jurisprudence et elle est confirmée par l'article 1219 qui exige que l'inexécution soit « suffisamment grave ».

1851. L'exception d'inexécution diffère de la résolution sur deux points essentiels : c'est, tout d'abord, un simple *moyen de défense* du débiteur qui refuse d'exécuter sa prestation tant que celle du contractant ne l'a pas été ; c'est, ensuite, un *moyen temporaire* : le contrat existe toujours, mais son exécution est suspendue jusqu'à ce que le contractant soit prêt à exécuter sa propre prestation.

1852. Elle constitue ainsi un procédé indirect d'exécution. Bien qu'il s'agisse d'une « exception », en pratique, le recours au juge est inutile. C'est une voie de justice privée et il a été jugé qu'elle pouvait être invoquée même sans mise en demeure préalable[2]. Toutefois, le cocontractant peut saisir le juge pour faire constater, soit qu'il avait exécuté sa prestation, soit qu'il disposait d'un terme, soit que l'inexécution était minime, notamment, à propos d'une coupure de courant pour un défaut de paiement de 20 francs[3]. Souvent, cependant, il est impossible d'obliger à l'exécution, soit parce que l'inexécution est définitive, la chose à livrer a péri, par exemple ; soit parce qu'il s'agit d'une obligation trop personnelle ; ou bien alors le créancier ne le souhaite pas et préfère mettre fin au contrat par la résolution

B. L'exception d'inexécution par anticipation

1853. L'article 1220 issu de l'ordonnance de 2016, constitue une véritable innovation. Le texte permet en effet à une partie de « suspendre l'exécution de son obligation dès lors qu'il est manifeste que le cocontractant ne s'exécutera pas à l'échéance et que les conséquences de cette inexécution sont suffisamment graves pour elle ». Cette suspension doit être notifiée dans les meilleurs délais, ainsi que le précise également l'article 1220. Cette formalité de la notification, destinée à prévenir le contractant, n'est exigée que dans le cas de l'exception d'inexécution par anticipation.

---

1. Com. 12 juill. 2005, *BRDA* 19/05, n° 8 ; *JCP* 2005. I. 194, comm. A. Constantin.
2. Com. 27 janv. 1970, *JCP* 1970. II. 16554, note J. Huet.
3. Civ. 1er déc. 1897, *D.* 1898. 289.

1854. Ce pouvoir unilatéral reconnu au créancier qui n'a pas été encore été victime d'une inexécution est destiné à éviter que sa situation ne se dégrade encore plus, en cas d'inexécution. S'il exécutait sa prestation, il s'exposerait, en effet, au risque de ne pas pouvoir récupérer sa prestation, en plus de ne pas recevoir celle qui lui était due. Toutefois, on peut regretter que le créancier ait seulement à notifier et pas à expliquer les raisons de l'utilisation de l'exception, même s'il sera évidemment tenu de le faire si le contractant saisit le juge pour contester la pertinence du moyen de pression utilisé.

Un peu comme en matière de résolution unilatérale par voie de notification (v. ss 1902 s.), on peut donc considérer que le créancier agit à ses risques et périls.

Section 2
La réduction du prix

1855. En cas d'inexécution partielle des obligations du débiteur, la réfaction du contrat, qui consiste dans la réduction du prix[1] ou du loyer[2] (ainsi que l'avait déjà admis la jurisprudence antérieurement à l'ordonnance du 10 février 2016), évite la résolution et constitue une mesure de rééquilibrage du contrat, qui se distingue des dommages et intérêts attribués au titre de la réparation du préjudice.

1856. L'ordonnance du 10 février 2016 a introduit dans le Code civil cette possibilité de réduction du prix, dans la perspective du maintien du contrat lorsqu'il conserve son utilité pour le créancier. Cependant les textes initiaux, c'est à dire l'article 1217 (énumérant les sanctions de l'inexécution) et surtout l'article 1223, tels qu'ils résultaient de l'ordonnance de 2016, ont été repris à l'occasion de la ratification de l'ordonnance par la loi du 20 avril 2018, aux fins de clarification. Les textes définitifs confirment l'existence d'un pouvoir de réduction unilatérale du prix par le créancier d'une prestation imparfaitement exécutée ; néanmoins, ce pouvoir ne s'exerce véritablement que dans l'hypothèse où le prix n'a pas été intégralement acquitté par le créancier de la prestation imparfaite (§ 1). Les conditions de mise en œuvre de ce pouvoir sont également clarifiées (§ 2). Le texte distingue désormais clairement cette hypothèse de celle où le prix a été intégralement payé et où le créancier de la prestation imparfaite devra s'adresser au juge (§ 3).

§ 1. Un pouvoir unilatéral conditionné à l'absence de paiement intégral du prix

1857. L'innovation consistant à accorder une possibilité de réduction du prix au créancier d'une prestation imparfaitement exécutée traduit l'importance nouvelle accordée par l'ordonnance à la volonté unilatérale, dans l'objectif du maintien du contrat utile ; mais on pouvait quand même se demander dans quelle mesure la volonté unilatérale du créancier était effectivement consacrée, compte tenu de la relative ambiguïté

1. Civ. 1re, 5 févr. 2009, *JCP* 2009. I. 138, n° 30.
2. Civ. 3e, 16 sept. 2009, *Juris-Data* n° 2009-049443.

des textes, qui précisaient imparfaitement les contours de cette nouvelle possibilité. En effet, l'article 1217 du Code civil qui énumère les conséquences de l'inexécution du contrat, indiquait dans la version donnée par l'ordonnance de 2016, que « la partie envers laquelle l'engagement n'a pas été exécuté, ou l'a été imparfaitement peut : (...) « *solliciter* » une réduction du prix ». L'article 1223, inscrit dans une sous-section 3 intitulée : « La réduction du prix », prévoyait ensuite que « le créancier peut, après mise en demeure, accepter une exécution imparfaite du contrat et « *solliciter* » une réduction proportionnelle du prix. S'il n'a pas encore été payé, le créancier notifie sa décision de réduire le prix, dans les meilleurs délais ».

Certes, donner au créancier un pouvoir unilatéral de réduction du prix semblait bien avoir été l'intention des auteurs de l'ordonnance. En effet, le rapport de présentation de l'ordonnance énonce que « l'article 1223 offre la possibilité au créancier d'une obligation imparfaitement exécutée d'accepter cette réduction sans devoir saisir le juge en diminution du prix ». Mais la formule initiale utilisée tant dans l'article 1217 que dans l'article 1223, alinéa 1er, selon laquelle le créancier pouvait « solliciter » une réduction proportionnelle du prix, contredisait cette idée d'un pouvoir unilatéral et conduisait à se demander auprès de qui il devait solliciter cette réduction (le débiteur ou le juge ?), même si la référence faite ensuite à la notification de « *sa décision* » de réduire le prix, confirmait l'idée d'un pouvoir unilatéral qui ne nécessite pas l'assentiment préalable du juge. Les textes restaient néanmoins ambigus.

1858. L'ambiguïté pouvait certes être résolue si l'on considérait que l'article 1223, alinéa 1er, faisait référence à la sollicitation d'une réduction du prix dans le cas précis où cette sollicitation s'impose : lorsque le créancier de la prestation imparfaite a lui-même déjà payé. Dans ce cas, il ne pourra pas réduire le prix par notification comme dans le cas, prévu par l'article 1223, alinéa 2, où il n'a pas encore payé et il devra donc nécessairement solliciter la réduction du prix auprès du débiteur, quitte à saisir ensuite le juge en cas de refus. Le pouvoir unilatéral du créancier ne pourrait donc s'exprimer réellement que dans l'hypothèse où il n'a pas encore payé.

1859. C'est bien en ce sens que la loi de ***la loi de ratification de l'ordonnance du 20 avril 2018*** a modifié les textes : une modification purement terminologique a été opérée à l'article 1217 pour substituer au mot « solliciter » une réduction du prix, le mot « obtenir » ; Quant à l'article 1223, il a été entièrement réécrit, pour apporter les clarifications nécessaires. Les textes distinguent désormais clairement deux hypothèses : « En cas d'exécution imparfaite de la prestation, le créancier peut, après mise en demeure *et s'il n'a pas encore payé tout ou partie de la prestation,* notifier dans les meilleurs délais au débiteur sa décision d'en réduire de manière proportionnelle le prix ».

L'acceptation par le débiteur de la décision de réduction du prix du créancier doit être rédigée par écrit.

« *Si le créancier a déjà payé*, à défaut d'accord entre les parties, il peut demander au juge la réduction du prix ».

Le pouvoir unilatéral de réduction ne s'exerce donc véritablement que dans le premier cas, lorsque la totalité du prix n'a pas été payée par le créancier ; dans le second cas, où le prix a été intégralement payé, le créancier sera obligé de saisir le juge pour obtenir une réduction du prix, si le débiteur de la prestation imparfaite refuse de restituer une partie du prix.

§ 2. La mise en œuvre du pouvoir unilatéral de réduction en l'absence de paiement intégral du prix

1860. Pour que le pouvoir unilatéral de réduction puisse s'exercer véritablement, quatre conditions sont nécessaires, aux termes de l'article 1223 dans sa version définitive : deux conditions de fond préalables, l'exécution imparfaite et l'absence de paiement intégral par le créancier de la prestation imparfaite ; deux conditions procédurales, la mise en demeure préalable et une notification. La question de l'objet de la réduction se pose également.

A. Les conditions de fond préalables

1) Une exécution imparfaite

1861. La réduction du prix ne se conçoit que si le contrat n'est pas totalement inexécuté. Il s'agit de maintenir un contrat qui a été partiellement exécuté à la convenance du créancier. Ce dernier peut donc se satisfaire d'une simple réduction du prix pour ne pas anéantir un contrat qui lui a quand même procuré une satisfaction suffisante. L'exemple a été donné dans le compte rendu du conseil des ministres du 10 février 2016, de la cuisine installée dans l'appartement d'un particulier qui pourra se contenter d'un plan de travail de moindre qualité, installé par erreur, en refusant de payer la totalité du prix initialement convenu.

2) L'absence d'un paiement intégral par le créancier

1862. S'il n'a pas encore payé tout ou partie de la prestation, le créancier peut notifier dans les meilleurs délais au débiteur sa décision de réduire le prix proportionnellement le prix. On a vu précédemment que c'est dans cette seule hypothèse où le créancier n'a pas encore payé, ou pas intégralement payé, que le pouvoir unilatéral de réduction du prix se manifeste véritablement. Si le créancier de la prestation imparfaite a déjà intégralement payé, il ne pourra pas décider unilatéralement de la réduction du prix. Il pourra la proposer au débiteur de la prestation imparfaite, mais si ce dernier refuse, il devra saisir le juge (v. ss 1867 s.).

B. Les conditions procédurales

1) La nécessité d'une mise en demeure préalable

1863. Le créancier ne pourra solliciter la réduction du prix sans avoir procédé à une mise en demeure d'exécuter faite au débiteur (sur la mise en demeure, v. ss 663 s.) qui permet de constater l'inexécution imparfaite et d'avertir le débiteur.

2) La notification

1864. La décision de réduire le prix est portée à la connaissance du débiteur par une notification. La loi de ratification de l'ordonnance a apporté la précision, qui ne figurait pas dans le texte originaire de l'article 1223, qu'elle doit intervenir « dans les meilleurs délais ».

1865. La réduction du prix est donc une décision unilatérale du créancier de la prestation imparfaite. Toutefois, dans quelle mesure s'impose-t-elle au débiteur, créancier du prix ? Celui-ci peut accepter cette décision, mais il peut aussi ne pas être d'accord et la contester. La loi de ratification a introduit dans l'article 1223, alinéa 2, une référence à cette acceptation qui ne figurait pas dans le texte originaire : « l'acceptation par le débiteur de la décision de réduction du prix du créancier doit être rédigée par écrit ». Cette exigence d'une acceptation écrite est destinée à exclure par la suite toute contestation de la part du débiteur et donc toute saisine du juge (ainsi que l'indique le rapport de l'Assemblée nationale). Toutefois, même en cas d'acceptation écrite, on peut se demander dans quelle mesure l'acceptation écrite vaut renonciation à tout recours[1] ? En toute hypothèse, en l'absence d'acceptation écrite, cela signifie que le débiteur de la prestation imparfaite, créancier du prix, pourra contester en justice la décision de réduction (sur le recours au juge, v. ss 1868).

C. L'objet de la réduction : le prix ou une autre prestation ?

1866. L'article 1223 ne vise que le prix, qui renvoie à une prestation d'ordre monétaire. Si la prestation est non monétaire, la réduction de cette prestation ne doit pas pouvoir être admise. Sauf si la jurisprudence décidait de l'étendre au cas de prestations non monétaires mais divisibles[2].

§ 3. L'intervention du juge

A. L'intervention *a priori* : quand le prix a été déjà intégralement payé

1867. L'article 1223 dans sa version définitive est tout à fait clair : si le créancier de l'obligation imparfaitement inexécutée, débiteur du prix, s'en est déjà entièrement acquitté, il ne pourra que solliciter une réduction du prix. D'abord sans doute auprès de son cocontractant et en cas de refus de ce dernier auprès du juge qui aura dans ce cas un pouvoir d'appréciation. Le texte précise, en effet, que si le créancier a déjà payé, il peut demander au juge la réduction du prix « à défaut d'accord entre les parties ». Le juge sera donc le dernier recours.

B. La question du contrôle *a posteriori* : en cas de contestation de la décision unilatérale du créancier

1868. Si le créancier n'a pas encore acquitté le prix, il peut procéder, on l'a vu, à la réduction du prix par notification. Le débiteur peut-il en ce cas élever une contestation et saisir le juge ? La nouvelle rédaction de l'article 1123 invite à distinguer deux cas selon que le débiteur a accepté ou pas la décision de réduction du prix.

– S'il a accepté, l'alinéa 2 de l'article 1223, qui prévoit désormais cette hypothèse, indique, on l'a vu, que cette acceptation doit se faire par écrit. Cette exigence

---

1. V. sur ce point, et sur les hésitations, M. Mekki, « la loi de ratification de l'ordonnance du 10 février 2016… », préc., *D.* 2018. 910, n° 33.

2. En ce sens, v. G. Chantepie et M. Latina, *La réforme du droit des obligations, op. cit.*, p. 558 (référence en bibliographie du chapitre).

d'une acceptation par écrit, posée par la loi de ratification, a pour objectif d'éviter que le débiteur n'élève ensuite une contestation (v. ss 1865). Reste à savoir si telle sera bien la solution retenue par la jurisprudence.

– S'il n'accepte pas, le juge pourra alors être saisi et arbitrer, en décidant ou pas de réduire le prix, alors qu'il ne peut pas procéder à cette révision du prix dans l'hypothèse où le prix est fixé unilatéralement après la conclusion du contrat par le débiteur : dans cette dernière hypothèse, il ne peut sanctionner l'abus dans la fixation du prix que par des dommages-intérêts ou la résolution du contrat (art. 1164) (v. ss 1343). Il pourrait aussi sans doute refuser la réduction du prix et prononcer la résolution du contrat.

Section 3
La résolution ou la résiliation du contrat pour inexécution

► ***La résolution*** est la sanction la plus définitive de l'inexécution d'un contrat. Elle conduit à l'anéantissement de celui-ci, en principe avec effet rétroactif ; parfois sans effet rétroactif et le terme de *résiliation* est alors utilisé.

1869. Lorsque l'une des parties manque à ses obligations, l'autre, au lieu de poursuivre l'exécution forcée ou de demander une réduction du prix, peut en effet préférer faire disparaître définitivement et rétroactivement ce contrat au moyen de la résolution, qui apparaît donc toujours comme une sanction de l'inexécution à laquelle peuvent s'ajouter des dommages et intérêt en réparation du préjudice subi. La question de la résolution est désormais régie par les articles 1224 à 1230, issus de l'ordonnance du 10 février 2016.

1870. La résolution peut prendre plusieurs formes :

– Elle peut avoir été expressément prévue par les parties dans le contrat : c'est la *résolution conventionnelle* ou pacte *commissoire ou clause résolutoire* qui doit être invoquée de bonne foi.

– Elle peut être unilatérale, lorsque l'inexécution est gravement fautive.

– Elle peut être demandée en justice, c'est la résolution judiciaire.

– Elle peut aussi intervenir lorsque l'inexécution est fortuite et est due à la force majeure. Cette hypothèse sera envisagée au titre de l'inexécution du contrat par cas de force majeure (v. ss 1935 s.).

1871. L'ordonnance du 10 février 2016, ne remet pas en question, pour l'essentiel, les solutions jurisprudentielles établies sur la base des textes antérieurs. Cependant, elle modifie assez considérablement l'approche de la question et traduit un net changement de perspective concernant la résolution.

1872. La résolution ne faisait auparavant l'objet que d'un seul texte, l'article 1184. Ce texte posait le principe selon lequel « la condition résolutoire est toujours sous entendue dans les contrats synallagmatiques pour le cas où l'une des parties ne satisfera point à son engagement » (al. 1er). Dans ce cas, ajoutait-il « le contrat n'est pas résolu de plein droit. La partie envers laquelle l'engagement n'a point été exécuté, a le choix ou de forcer l'autre à l'exécution de la convention lorsqu'elle est possible, ou d'en demander la résolution avec dommages-intérêts… (al. 2). La résolution doit être demandée en justice… (al. 3) ».

L'article 1184 faisait donc incontestablement de la résolution judiciaire, prononcée par le juge, le pivot des sanctions de l'inexécution et la sanction de principe de cette inexécution. L'option de l'exécution forcée n'apparaissait qu'à travers son prisme, et si par ailleurs, le texte faisait une place, en se référant à la « condition résolutoire toujours sous-entendue », à la possibilité pour les parties d'insérer dans le contrat une condition (clause) résolutoire expresse évitant le recours au juge, ce n'était que de façon allusive et indirecte. Les contrats synallagmatiques apparaissaient par ailleurs comme le domaine d'application, sinon exclusif du moins « naturel » de la résolution judiciaire et la résolution conventionnelle comme un mode subsidiaire de résolution du contrat.

La jurisprudence, à partir de ce texte, avait non seulement précisé les conditions et le mécanisme de la résolution judiciaire, mais également développé des solutions concernant la résolution conventionnelle et, surtout, avait admis plus récemment une autre modalité possible de la résolution : la résolution unilatérale exercée aux risques et périls du créancier victime d'une grave inexécution, sans intervention préalable du juge, faisant ainsi monter en puissance les modes non judiciaires de résolution du contrat.

1873. L'ordonnance n'a pas remis en question le principe posé par l'ancien article 1184 selon lequel la résolution peut toujours être demandée en justice en cas d'inexécution[1]. Ce principe est repris à l'article 1227 : « la résolution peut, en toute hypothèse, être demandée en justice ». Mais d'une part, la résolution n'est plus qu'une option parmi un éventail élargi de sanctions de l'inexécution listées par l'article 1217, avec l'exception d'inexécution, l'exécution forcée en nature, la réduction du prix et la réparation du préjudice né de l'inexécution (v. ss 1834) ; d'autre part, la référence aux contrats synallagmatiques a disparu, ouvrant ainsi potentiellement le domaine de la résolution ; enfin, la résolution judiciaire n'est plus envisagée qu'en troisième position par l'article 1224, après la résolution conventionnelle et la résolution par notification (aux risques et périls du cocontractant) qui se trouve officiellement consacrée. Ces deux dernières modalités n'impliquant pas le recours préalable au juge, la résolution judiciaire n'apparaît donc plus comme la sanction phare de l'inexécution contractuelle, la volonté conjuguée ou même unilatérale des parties de mettre fin au contrat prenant en quelque sorte l'avantage sur la résolution prononcée par le juge.

1874. La résolution est donc présentée dans les articles 1124 à 1127 à travers trois modalités, qui étaient déjà connues et encadrées, la résolution conventionnelle, la résolution unilatérale et la résolution judiciaire, sans hiérarchie particulière, en réalité, autre que celle découlant de l'ordre dans lequel elles sont énoncées. Au-delà du pluralisme de ses formes, l'unité de la sanction est cependant révélée par l'architecture des textes. C'est ainsi que le rôle et les pouvoirs du juge sont ensuite envisagés de façon globale et indistinctement dans le même article 1128 car, même lorsque la résolution n'implique pas la saisine préalable du juge, celui-ci pourra toujours être saisi, *a posteriori*, pour exercer un contrôle. De même, les articles 1129 et 1130 règlent, de façon unitaire, les effets de la résolution. Nous envisagerons donc successivement les conditions de la résolution à travers ses trois modalités (§ 1), puis les pouvoirs du juge (§ 2), et enfin les effets de la résolution (§ 3).

---

1. Ce qui ne coulait pas de source car la résolution judiciaire est en recul : elle est désormais écartée par les nouveaux codes civils québécois et néerlandais et les Principes européens de droit des contrats fixés par la Commission Lando.

§ 1. Les différentes modalités de la résolution

1875. Trois modes de résolution sont donc possibles, dont les conditions sont différentes. Parce qu'elle est historiquement la plus importante, mais aussi parce qu'elle est la plus générale, nous aborderons d'abord la résolution judiciaire avant de voir la résolution conventionnelle puis la résolution unilatérale par notification.

A. La résolution judiciaire (art. 1227)

1876. L'ordonnance du 10 février 2016 n'a pas fondamentalement modifié la physionomie de la résolution judiciaire, si ce n'est, on l'a vu, qu'elle est présentée en dernier, comme une sanction presque subsidiaire par rapport à la résolution conventionnelle et à la résolution unilatérale. Pour autant, elle reste une sanction de principe, générale, puisqu'il est toujours possible d'y recourir, et donc même en présence d'une clause résolutoire. L'ordonnance a supprimé par ailleurs, la référence à la notion de contrat synallagmatique, ce qui semble *a priori* élargir son domaine et conduit à s'interroger sur son fondement. Elle précise les caractères de la résolution judiciaire, sous réserve du caractère d'ordre public de la résolution judiciaire, sur lequel elle ne se prononce pas expressément et indique la condition essentielle de son prononcé.

1) Le fondement de la résolution judiciaire

1877. Le fondement de la résolution judiciaire a été longtemps discuté.

Certains auteurs considèrent qu'il s'agit de l'intention présumée des parties. La notion de « condition résolutoire » toujours sous-entendue dans les contrats synallagmatiques, de l'ancien article 1184, alinéa 1er, renvoyait en effet à cette intention présumée des parties. Dans ce sens de l'intention présumée des parties comme fondement de la résolution, on peut aussi noter cette importante décision de la Cour de cassation du 3 novembre 2011 [1], qui s'est prononcée pour le caractère supplétif de l'article 1184 du Code civil. Elle admet qu'un contractant peut renoncer par avance, dans une clause de renonciation contenue dans le contrat, au droit de demander la résolution judiciaire du contrat, alors que cette question de la validité de la renonciation anticipée à la résolution a longtemps été discutée [2]. Cependant, la référence aux contrats synallagmatiques, mettait aussi en évidence un autre fondement, celui de la théorie de la cause : si l'une des parties n'exécute pas son obligation, l'autre n'a plus de cause, de contrepartie, ce qui justifie la résolution du contrat. La théorie de la cause avait par ailleurs été modernisée par le recours à la notion plus objective de sanction du déséquilibre économique, le déséquilibre de l'échange réalisé par le contrat synallagmatique [3]. La résolution est liée intimement au contrat synallagmatique parce qu'il constitue l'instrument d'un échange économique et dès lors que cet échange ne peut se réaliser, le contrat doit disparaître

---

1. Civ. 3e, 3 nov. 2011, *Juris-Data* n° 2011-023715, *CCC* févr. 2011, comm. n° 36, note L. Leveneur ; *D.* 2011. 2795 ; *JCP E* 2011. 1272, n° 47, obs. C. Desobel ; *JCP* 2012. 63, chron. Droit des contrats, n° 17, obs. P. Grosser ; *D.* 2012. Pan. 469, obs. S. Amrani-Mekki et M. Mekki.

2. V. T. Genicon, *La résolution du contrat pour inexécution*, LGDJ, 2007, n° 334-I. ; *JCP* 2012. 63, chron. Droit des contrats.

3. V. Larribau-Terneyre, *Le domaine de l'action résolutoire. Recherches sur le contrat synallagmatique*, thèse, Pau, 1988.

rétroactivement. La résolution judiciaire enfin, est aussi une conséquence du principe de la force obligatoire du contrat qui impose son exécution : s'il n'est pas exécuté, il doit disparaître.

La théorie de la cause et la fonction d'échange du contrat, justifient cependant parfaitement que la sanction ait été circonscrite par l'article 1184 aux contrats synallagmatiques et lui donne toute sa cohérence. La disparition de la référence aux contrats synallagmatiques, et celle de la cause, au demeurant, remettent-elles en question cette cohérence ? Sans doute pas, car la notion d'échange reste pertinente pour expliquer le domaine de la résolution judiciaire.

2) Le domaine de la résolution judiciaire :

a) Les contrats synallagmatiques mais pas exclusivement

1878. L'ancien article 1184 disposait que la « condition résolutoire est toujours sous entendue dans les contrats synallagmatiques pour le cas où l'une des parties ne satisferait pas à son engagement ». Le domaine d'application de la résolution judiciaire apparaissait donc circonscrit aux seuls contrats synallagmatiques. Désormais, l'article 1227 n'y fait plus référence et semble élargir potentiellement le domaine de la résolution [1].

En réalité, des exceptions ont toujours été admises, dans les deux sens. Ainsi, certains contrats unilatéraux peuvent être résolus, par exemple le contrat de rente perpétuelle (art. 1912), ou encore, selon la jurisprudence, le prêt à intérêt, qui est un contrat unilatéral parce que réel lorsqu'il n'est pas consenti par un professionnel du crédit à un particulier (v. ss 958, 960). Mais précisément, l'application de la résolution judiciaire au contrat de prêt à intérêt, présentée comme une exception au jeu de la résolution judiciaire dans les seuls contrats synallagmatiques, illustre bien la pertinence du critère de l'échange économique, comme justification de la résolution. Car le prêt à intérêt représente l'échange d'un service contre un prix (la mise à disposition d'une somme d'argent moyennant un intérêt). Si l'intérêt n'est plus versé, le contrat ne remplit plus sa fonction d'échange et doit disparaître.

À l'inverse, certains contrats synallagmatiques ne peuvent être résolus. Ainsi, la jurisprudence refuse-t-elle la résolution en cas de partage, sauf clause expresse, car cela met en jeu l'intérêt des familles, et l'article 1978 l'exclut également dans le contrat de rente viagère en raison de son caractère aléatoire et des difficultés techniques de restitution. Elle est de même exclue pour les ventes d'offices ministériels en raison de l'investiture par l'autorité publique.

Mais les contrats synallagmatiques restent malgré tout le domaine naturel de la résolution judiciaire. En effet, quel intérêt aurait un contractant à demander la résolution d'un contrat unilatéral à titre gratuit, dès lors qu'il n'est pas lui-même assujetti à des obligations et à des prestations ? L'intérêt de la résolution du contrat consiste en effet, en cas d'inexécution à se libérer de ses engagements et à ne pas fournir une prestation qui s'avèrera sans contrepartie.

---

1. En faveur de l'application de la résolution judiciaire au-delà des contrats synallagmatiques, v. : T. Genicon, *La résolution du contrat pour inexécution*, LGDJ, n° 2006, n° 260 s.

b) Les groupes de contrats : une solution jurisprudentielle contredite par l'ordonnance du 10 février 2016

1879. Selon la jurisprudence, avant la réforme, l'indivisibilité ou tout au moins l'interdépendance unissant plusieurs contrats constitutifs d'un ensemble contractuel, pouvait justifier que la résolution (ou la résiliation) de l'un des contrats entraîne la résolution (ou résiliation) des autres contrats de l'ensemble[1]. L'ordonnance a cependant écarté cette solution en prévoyant, dans une telle hypothèse, la sanction de la caducité (v. ss 1474, 1769 s.).

3) Les caractères de la résolution judiciaire

a) Caractère judiciaire

1880. La résolution est prononcée par le juge qui doit donc être saisi pour apprécier si les conditions de la résolution sont réunies.

1881. La *mise en demeure* préalable à la saisine du juge est inutile, puisque l'assignation en justice peut en tenir lieu. Contrairement aux deux autres sortes de résolution, conventionnelle et unilatérale, les textes ne prévoient pas cette nécessité d'une mise en demeure.

1882. On notera que l'action en résolution peut être intentée non seulement par le créancier mais aussi par le sous-acquéreur, en cas de ventes successives du bien, par les créanciers des parties, par le biais de l'action oblique, et même par la caution[2].

b) Caractère supplétif : la résolution judiciaire n'est pas d'ordre public

1883. La Cour de cassation a pris parti sur cette question demeurée longtemps incertaine en décidant dans une décision du 3 novembre 2011 que l'article 1184 n'était pas d'ordre public (v. ss 1877, et les références de la décision). Il est donc possible d'insérer dans le contrat une clause de renonciation au bénéfice de la résolution judiciaire. Les nouvelles dispositions ne contiennent pas d'indication déterminante sur ce point, mais le rapport de présentation de l'ordonnance est clairement en ce sens. Néanmoins l'article 1127 disposant que la « résolution peut, en toute hypothèse, être demandée en justice », pourrait toujours être interprété dans un sens contraire, comme imposant de laisser ouverte cette faculté.

c) Caractère optionnel

1884. En cas d'inexécution, la résolution judiciaire ne s'impose jamais, ainsi que l'exprime l'article 1227. La résolution *peut*, en toute hypothèse, être demandée en justice. Le créancier peut donc opter pour une autre sanction et si plusieurs sanctions ne sont pas incompatibles, un cumul est possible, ainsi que le précise l'article 1217, alinéa 2.

---

1. Aix-en-Provence, 13 févr. 1998, *JCP* 1998. II. 10213, note Renault-Brohinsky.
2. Civ. 1re, 20 déc. 1988, *D.* 1989. 166, note L. Aynès.

1885. Concernant les *options*, il a d'abord le choix de demander la condamnation du débiteur à l'exécution en nature (éventuellement sous astreinte) plutôt que la résolution. Et il a la faculté de modifier son option tant qu'il n'a pas été statué sur sa demande initiale par un jugement passé en force de chose jugée [1]. Le débiteur peut, pour sa part, tenter d'éviter la résolution en offrant d'exécuter, à tout moment du procès.

La question s'est posée, cependant, de savoir si le créancier qui a d'abord choisi la voie de l'exécution forcée mais qui, malgré le jugement obtenu, se heurte à l'inertie de son débiteur conserve le droit de demander ultérieurement la résolution judiciaire du contrat. La jurisprudence est hésitante : après l'avoir longtemps admis sans difficulté [2], la Cour de cassation avait durci sa position en invoquant l'article 1351 et l'autorité de la chose jugée de la première décision obtenue [3].

Par un nouvel arrêt, la troisième chambre civile semble être revenue à une position plus souple [4]. Elle autorise l'action en résolution malgré une première décision passée en force de chose jugée, condamnant les débiteurs, dans la mesure où « en n'exécutant pas les travaux de remise en état des lieux loués auxquels ils avaient été condamnés » ils étaient responsables de la résiliation du bail. Il y a donc là une nouvelle inexécution qui permet d'écarter l'article 1351.

1886. Il peut aussi, si les conditions en sont remplies, procéder à la résolution par voie de notification ou faire jouer une clause résolutoire prévue au contrat. À l'inverse, il peut aussi demander la résolution judiciaire plutôt que de choisir la voie de la résolution par notification. La question s'est posée de savoir si en présence d'une clause résolutoire, le créancier peut quand même choisir la voie de la résolution judiciaire. Il peut évidemment le faire si l'inexécution constatée ne remplit pas les conditions de la clause résolutoire, mais il peut aussi prendre cette voie parce que sa mauvaise foi lui interdit de se prévaloir de la clause résolutoire (v. ss 1896). La jurisprudence paralyse la clause résolutoire en cas de mauvaise foi, mais admet l'action en résolution judiciaire.

1887. Il peut aussi utiliser *successivement* plusieurs sanctions avant de demander la résolution judiciaire, par exemple l'exception d'inexécution ou bien il peut procéder à une réduction du prix et, se heurtant à une contestation du débiteur, opter pour la résolution judiciaire. Il peut aussi recourir à la résolution judiciaire après avoir tenté d'obtenir l'exécution forcée (v. ss 1885).

1888. Concernant les véritables *cumuls*, c'est-à-dire la possibilité d'invoquer ou d'utiliser en même temps plusieurs sanctions, il peut évidemment demander la résolution judiciaire et des dommages et intérêts ce cumul étant expressément admis par l'article 1217, alinéa 2.

1889. Enfin la question s'est posée de savoir si la résolution judiciaire peut être demandée lorsque l'inexécution n'est pas imputable au débiteur et résulte de la force majeure ou si le contrat est dans ce cas résolu de plein droit, ce qui exclurait la résolution judiciaire. La jurisprudence dans l'arrêt *Ceccaldi* du 14 avril 1891, avait considéré

---

1. Civ. 3e, 25 mars 2009, *Bull. civ.* III, n° 67 ; *D.* 2010. Pan. 2333 obs. B. Fauvarque-Cosson.
2. Civ. 1re, 5 oct. 1954, *Bull. civ.* I, n° 265.
3. Com. 4 janv. 1982, *Bull. civ.* IV, n° 1.
4. Civ. 3e, 24 nov. 1993, *Bull. civ.* III, n° 151 ; *RTD civ.* 1994. 354, obs. J. Mestre.

comme recevable l'action en résolution « quel que soit le motif, même de force majeure, qui a empêché l'autre partie de remplir ses engagements »[1]. Cette solution, très critiquée a ensuite été réaffirmée clairement dans une décision du 6 mai 2009, de la troisième chambre civile, précisant « qu'il résulte de l'article 1184 du Code civil, que la résolution d'un contrat synallagmatique peut être prononcée en cas d'inexécution par l'une des parties de ses obligations, quel que soit le motif qui a empêché cette partie de remplir ses engagements, alors même que cet engagement résulterait de la force majeure »[2]. L'ordonnance du 10 février 2016 a posé dans l'article 1218, alinéa 2, la solution de la résolution de plein droit en cas d'empêchement définitif (v. ss 1948). Mais rien n'empêche le créancier de demander la résolution judiciaire, et si le juge constate la force majeure, il se contentera de constater la résolution, sans avoir à la prononcer (v. ss 1925, pouvoirs du juge).

4) Condition du prononcé de la résolution : une inexécution suffisamment grave appréciée par le juge

1890. L'article 1124, qui présente les trois modes de résolution, indique que « la résolution résulte (....) en cas d'inexécution suffisamment grave, (...) d'une décision de justice » ; cette référence à la gravité de l'inexécution ne figurait pas dans l'ancien article 1184, alinéa 1er.

1891. L'existence d'une inexécution suffisamment grave est donc la condition du prononcé de la résolution. Elle est d'ailleurs également posée par l'article 1124 en matière de résolution unilatérale.

Cette preuve d'une inexécution suffisamment grave doit donc être faite et suppose que l'on se réfère au contenu du contrat, ce qui soulève parfois des difficultés. Par exemple, la question s'est posée de savoir si le juge peut résoudre un contrat pour manquement général à l'obligation de bonne foi ou pour manquement au devoir de coopération[3]. La Cour de cassation a par ailleurs eu l'occasion de rappeler à une cour d'appel qu'elle ne pouvait, sans violer les articles 1134 et 1184 du Code civil, prononcer la résolution d'un bail commercial pour défaut d'exploitation des locaux, lorsqu'aucune « stipulation expresse du contrat ne fait obligation au preneur d'exploiter son fonds de commerce dans les lieux loués[4] ». Pour autant, l'obligation contractuelle ne doit pas nécessairement être expresse. La résolution peut sanctionner des obligations implicites, comme par exemple, la violation par le vendeur de son obligation contractuelle d'information sur les conditions d'utilisation de la chose vendue[5].

Peu importe que l'inexécution soit totale ou partielle, principale ou secondaire, mais évidemment, en cas d'inexécution partielle ou secondaire, le tribunal aura un large pouvoir d'appréciation. S'il estime que, tel quel, le contrat conserve son intérêt pour le créancier, il peut décider de le maintenir en lui attribuant simplement des dommages et intérêts.

---

1. Civ. 14 avr. 1891, *DP* 1891. 1. 329, note Planiol ; Civ. 1er-2 juin 1982, *Bull. civ.* I, n° 178.
2. Civ. 3e, 6 mai 2009, *JCP* 2009. 273, n° 39 obs. P. Grosser.
3. V. T. Genicon, *La résolution du contrat pour inexécution*, LGDJ, 2007, spéc. nos 274 s.
4. Civ. 3e, 10 juin 2009 n° 07-18, 618, *RTD civ.* n° 4, 2009. 720, obs. B. Fages.
5. Civ. 3e, 10 juin 2009 n° 08-14.422, *RTD civ.* n° 4, 2009. 720, obs. B. Fages ; Civ. 1re, 28 mai 2009, *JCP* 2009. 273, n° 39, obs. P. Grosser ; Com. 3 févr. 2009 ; *JCP* 2009. I. 138, obs. P. Grosser.

La jurisprudence fait par ailleurs aujourd'hui application du ***principe de proportionnalité***, qui conduit à envisager le caractère « raisonnable » de l'engagement d'un contractant, notamment vis-à-vis d'un cocontractant économiquement plus fort, ce qui rend l'inexécution excusable (sur ce principe de proportionnalité, v. ss 883, 910).

La jurisprudence est abondante sur la question et la Cour de cassation invite les juges à prendre en compte toutes les circonstances intervenues jusqu'au jour de la décision pour apprécier si les manquements de l'acquéreur à ses obligations sont suffisamment graves pour justifier la *résolution du contrat*. Il s'agit d'une obligation pour le juge qui peut se justifier par le souci d'éviter les actions à répétition [1].

1892. En revanche, peu importe que le débiteur ait été de bonne ou de mauvaise foi. Dès lors que l'inexécution lui est imputable, la résolution est possible, mais en pratique les tribunaux tiennent compte de sa bonne ou de sa mauvaise foi.

1893. Faut-il cependant nécessairement que l'inexécution soit imputable au débiteur ? L'action en résolution judiciaire peut être admise, en effet, en cas de force majeure (v. ss 1889). Cependant, dans ce cas, il ne s'agit pas véritablement d'une résolution judiciaire, car le juge dans un tel cas ne prononcera pas la résolution il se contentera de la constater (v. ss 1925). Il n'empêche qu'il contrôlera à cette occasion l'importance de l'inexécution ainsi que sa cause.

B. La résolution conventionnelle : la clause résolutoire

► ***La clause commissoire***, appelée également, dans la pratique, *clause résolutoire,* est une clause par laquelle les parties peuvent convenir dans le contrat que la résolution aura lieu de plein droit en cas d'inexécution. Elle est présentée comme la première hypothèse de résolution par l'article 1224, issu de l'ordonnance du 10 février 2016.

1) Conditions

a) Nécessité d'une mise en demeure préalable

1894. La question s'est posée, avant la réforme, de savoir si la mise en demeure du débiteur était ou non obligatoire en présence d'une clause résolutoire. La jurisprudence considérait qu'elle restait obligatoire [2] et, à plus forte raison, quand cela avait été expressément prévu par les parties, le formalisme ainsi convenu devant être respecté [3] [4].

1895. L'article 1225 résout la question dans un sens conforme à la position adoptée par la jurisprudence : il précise que la résolution est subordonnée à une mise en demeure infructueuse. Toutefois, il réserve l'hypothèse où il aurait été convenu que cette mise en demeure résulterait du seul fait de l'inexécution. Par ailleurs, il indique que cette mise en demeure ne produit effet que si elle mentionne expressément

---

1. Civ. 3e, 5 mai 1993, *CCC* 1993, no 173, obs. L. Leveneur.

2. Com. 30 juin 1966, *Bull. civ.* III, no 332.

3. Civ. 17 mars 1992, *JCP* 1992. IV. 1494, et *JCP* 1992. I. 3608, obs. G. Virassamy.

4. Civ. 1re, 15 juin 1994, *JCP* 1994. IV. 2076 ; *Bull. civ.* I, no 217 et Civ. 3e, 12 oct. 1994, *JCP* 1994. IV. 2509 ; les deux arrêts sont commentés par C. Jamin au *JCP* 1994. I. 3828.

la clause résolutoire. La mise en demeure est donc un acte important, qui permet, comme en matière d'exécution forcée en nature, de réduction du prix et de résolution par notification, non seulement de faire le constat de l'inexécution, mais également d'avertir le débiteur de ce que des sanctions vont intervenir et de la nature de la sanction envisagée. Elle est aussi une condition, non seulement de l'obtention de dommages-intérêts moratoires mais également compensatoires, dans les conditions prévues désormais par l'article 1231 (v. ss 1965 s.).

b) Nécessité de la bonne foi du contractant créancier

1896. Pour mettre en œuvre la clause résolutoire, le contractant doit cependant être de bonne foi. Cette exigence n'est pas posée par l'article 1225, mais elle a toujours été posée par la jurisprudence et l'article 1104, du Code civil, qui pose le principe général de bonne foi dans la négociation, la formation et l'exécution du contrat, permet au juge d'exercer un contrôle sur l'usage de la prérogative et de sanctionner la déloyauté. C'est ainsi que la troisième chambre civile a jugé que dans un contrat de bail, la mise en œuvre de la clause résolutoire nécessite la bonne foi du bailleur [1]. Cette exigence est régulièrement réaffirmée [2].

c) Indifférence de la bonne foi du débiteur

1897. Au contraire, la bonne foi du débiteur est indifférente. Il arrive que, malgré l'existence de la clause, le débiteur résiste et que le recours au tribunal soit nécessaire, mais, dans ce cas, le juge n'a aucun pouvoir d'appréciation et ne peut accorder de délais (art. 1656, en matière de vente d'immeuble) : il doit se contenter de constater l'inexécution et de prononcer la résolution. La première chambre civile avait semblé admettre dans une décision isolée que la bonne foi du débiteur pouvait paralyser le jeu d'une clause résolutoire contenue dans un contrat [3], mais la troisième chambre civile est revenue sur cette position et a réaffirmé que la clause résolutoire doit être appliquée telle quelle, sous peine de violation de l'article 1134 (ancien) [4], posant le principe de la force obligatoire du contrat, dont le contenu est désormais repris par l'article 1103. La Cour de cassation semble toutefois avoir tenu compte de la suggestion d'un auteur [5] qui proposait que l'on permette, le cas échéant, au juge des référés d'ordonner le maintien du contrat jusqu'au prononcé de sa résolution par le juge du fond. Il semble que ce soit la solution retenue par la première chambre dans un litige opposant un médecin à une clinique [6].

La Cour de cassation a réitéré sa position en déclarant que la bonne foi du débiteur ne permet pas au juge d'écarter le jeu d'une clause résolutoire de plein droit, mettant ainsi un frein à la dérive tendant à octroyer au juge un pouvoir d'immixtion dans les contrats,

---

1. Civ. 3e, 10 nov. 2010, n° 09-15.937, *D.* 2010. 2769, obs. Y. Rouquet, *D.* 2011. Pan. 480, obs. B. Fauvarque-Cosson.

2. Le rappelant : Com. 15 mai 2012, n° 10-26. 391, *RTD civ.* 2012. 727, obs. B. Fages.

3. Civ. 22 juill. 1986, *RTD civ.* 1988. 122, obs. J. Mestre.

4. Civ. 3e, 10 mars 1993, *D.* 1993. 357, note Ph. Bihr.

5. C. Jamin, note sous Civ. 20 févr. 2001, *D.* 2001. 1568.

6. Civ. 1re, 29 mai 2001, *RTD civ.* 2001. 590, obs. J. Mestre et B. Fages.

sous couvert du respect de la bonne foi[1]. L'équilibre est en fait difficile à établir entre le respect de la force obligatoire et l'exigence de bonne foi. La Cour de cassation a d'ailleurs posé une formule destinée à marquer les limites des pouvoirs des juges, mais elle n'est pas des plus explicite : « si la règle selon laquelle les conventions doivent être exécutées de bonne foi permet au juge de sanctionner l'usage déloyal d'une prérogative contractuelle, elle ne l'autorise pas à porter atteinte à la substance même des droits et obligations légalement convenus entre les parties[2] ».

2) Caractères

a) Liberté

1898. En vertu du principe de la liberté contractuelle, les parties sont libres d'insérer dans leur contrat une clause résolutoire et de déterminer son contenu. En consacrant expressément la clause résolutoire dans l'article 1225, alinéa 1er, les rédacteurs de l'ordonnance ont directement reconnu cette liberté des parties de décider des modalités de la résolution de leur contrat. Le créancier peut d'ailleurs ne pas invoquer la clause, alors même que l'inexécution serait réalisée et choisir une autre sanction comme par exemple la réduction du prix, ou demander l'exécution en nature. Les mêmes principes d'option s'appliquent que pour la résolution judiciaire (v. ss 1884 s.)

1899. La clause résolutoire peut aussi être accompagnée d'une *clause pénale.*

La clause pénale a pour but de fixer à l'avance, conventionnellement et forfaitairement, les dommages et intérêts qui seront dus en cas d'inexécution afin d'éviter les difficultés d'évaluation judiciaire et d'agir comme moyen de pression sur le débiteur (sur cette notion et son régime, v. ss 1975, 3081 s.). Cette sanction est classique. Par exemple dans le cas de vente avec arrhes, si l'une des parties n'exécute pas son obligation, la vente est résolue de plein droit et les arrhes conservées par le vendeur ou restituées en double à l'acheteur selon que l'inexécution est due à l'un ou à l'autre.

Toutefois, l'instauration d'une clause pénale dans un contrat ne saurait dispenser le débiteur défaillant de payer des dommages et intérêts supplémentaires réparant un préjudice distinct de celui réparé forfaitairement par la clause pénale[3].

En cas d'extinction rétroactive du contrat, le sort de la clause pénale est discuté en raison de son double caractère : moratoire et compensatoire.

En tant que clause compensatoire, c'est une clause subsidiaire du contrat. Elle doit survivre car elle tend à réparer l'inexécution définitive. La Cour de cassation a admis la compatibilité de la survie de la clause pénale compensatoire avec l'effet rétroactif de la résolution[4] et l'article 1230 semble aller en ce sens (aussi, v. ss 1930).

---

1. Civ. 3e, 24 sept. 2003, *Defrénois* 2004, art. 37894, n° 25, obs. J.-L. Aubert ; *CCC* 2003, n° 174, note L. Leveneur ; *Dr. et patr.* 2004, n° 128, comm. L. Aynès.

2. Civ. 3e, 9 déc. 2009, *D.* 2010. 87, obs. Y. Rouquet, 476, note J. Billemont ; *RTD civ.* 2010. 563, obs. B. Fages ; *RDC* 2010. 563, obs. Y. M. Laithier, 565, obs. D. Mazeaud. La troisième chambre civile reprenait une formule déjà initiée par la chambre commerciale : Com. 10 juill. 2007, *D.* 2007. 2839, obs. X. Delpech et note Ph. Stoffel-Munck ; *GAJC*, 12e éd., Dalloz, 2008, n° 164 ; *RTD civ.* 2007. 773, obs. B. Fages ; *CCC* 2007, comm. 294, obs. L. Leveneur ; *Defrénois* 2007. 1454 obs. É. Savaux ; *JCP* 2007. II. 10154, obs. D. Houtcieff ; *RDC* 2007. 1107, obs. L. Aynès et D. Mazeaud.

3. Com. 20 mai 1997, *JCP* 1998. II. 10125, note J.-F. Kamdem.

4. En dernier lieu : Com. 7 févr. 2018, *D.* 2018. 537, note D. Mazeaud (v. ss 1930).

Il est cependant parfois difficile de distinguer une clause de résiliation unilatérale d'un contrat à durée indéterminée, avec versement d'une indemnité, qui ne compense pas l'inexécution du contrat mais représente simplement le prix de la faculté de mettre fin au contrat, d'une clause pénale, qui compense le préjudice subi du fait de l'inexécution du contrat et de sa résolution subséquente. L'enjeu est réel cependant car la clause pénale peut être réduite si elle est manifestement excessive, ainsi que le prévoit l'article 1231-5 du Code civil, alors que l'indemnité de résiliation ne peut pas l'être (sur la révision des clauses pénales v. ss 1975). Ainsi par exemple la question s'est-elle posée dans le cas de deux sociétés qui avaient conclu un contrat de mandat de gestion stipulant que le mandant pourrait mettre fin au mandat à tout moment moyennant le versement d'une indemnité compensatrice égale au montant des rémunérations qui auraient dû être perçues si le mandat était allé jusqu'à son terme. Condamnée à payer cette indemnité après avoir mis fin au contrat, la mandante chercha à en obtenir la réduction sur le fondement de l'article 1152, alinéa 2, c'est-à-dire la réduction judiciaire d'une clause pénale abusive. La cour d'appel la lui refusa et elle est approuvée en ces termes par la Cour de cassation : « la cour d'appel a exactement jugé que l'indemnité contractuelle de résiliation litigieuse aménageait simplement les conditions de la rupture du contrat et ne représentait que le prix de la faculté de résiliation unilatérale, en dehors de toute notion d'inexécution, de sorte qu'elle n'avait pas le caractère de clause pénale »[1].

1900. Toutefois cette liberté est encadrée par l'article 1225, alinéa 1er, qui dispose que « la clause résolutoire précise les engagements dont l'inexécution entraînera la résolution du contrat ». L'encadrement n'est donc pas très important. Il s'agit simplement d'imposer aux contractants une précision suffisante dans la rédaction de la clause pour qu'il n'y ait pas d'ambiguïté. On a pu souligner également, que l'utilisation du terme « engagement », permettait de couvrir un champ plus vaste que les seules obligations, ce qui s'inscrit dans la logique de la réforme[2]. Le contrat n'est plus réduit, en effet, à être seulement un mécanisme permettant la création d'obligations puisqu'il peut aussi les modifier les transmettre et les éteindre et qu'il produit des effets indépendants de la technique de l'obligation, notamment l'effet translatif.

b) Automaticité

1901. Le juge, en présence d'une clause résolutoire ne dispose pas de pouvoir d'appréciation. Si les conditions de l'application de la clause, telle que les parties les ont prévues sont réunies, il peut seulement constater la résolution.

C. La résolution unilatérale à ses risques et périls : résolution par notification

1902. Cette possibilité nouvelle de mettre fin unilatéralement au contrat en cas d'inexécution gravement fautive a déjà été envisagée à propos des effets du contrat entre les parties et du principe de la force obligatoire qui postule l'irrévocabilité du contrat sauf accord des parties et sauf les cas où la loi l'autorise (v. ss 1591 s., 1599, spéc.).

---

1. Civ. 1re, 6 mars 2001, *RTD civ.* 2001. 589, obs. J. Mestre et B. Fages.

2. M. Latina et G. Chantepie, *La réforme du droit des obligations. Commentaire théorique et pratique dans l'ordre du Code civil*, Dalloz, 2016, p. 562, n° 649.

1903. Cette faculté, d'abord admise par la jurisprudence a été confirmée par l'ordonnance du 10 février 2016. Elle est encadrée par l'article 1226, qui confirme les solutions jurisprudentielles.

1) Reconnaissance jurisprudentielle de cette faculté de résolution unilatérale

1904. La Cour de cassation, depuis un arrêt remarqué du 13 octobre 1998 admet que « la gravité du comportement d'une partie à un contrat peut justifier que l'autre y mette fin de façon unilatérale, à ses risques et périls », c'est-à-dire sans recourir au juge, contrairement à la lettre de l'article 1184 [1].

1905. La doctrine s'est interrogée sur cette solution qui constituait une nouvelle attaque contre le principe de résolution judiciaire de l'ancien article 1184.

1906. Elle a cependant été confirmée par la Cour de cassation qui a repris le 20 février 2001 (v. arrêt à commenter) exactement les termes de l'arrêt du 13 octobre 1998 en précisant même que peu importe « que le contrat soit à durée déterminée ou non ». Cette précision est très importante dans la mesure où la résiliation unilatérale « libre » d'un contrat à durée déterminée est impossible (v. ss 1801), contrairement au contrat à durée indéterminée auquel il peut toujours être mis fin unilatéralement (v. ss 1795). Sa résolution unilatérale sera désormais possible en cas d'inexécution [2]. La chambre commerciale de la Cour de cassation a également consacré cette faculté de résolution unilatérale dans une série de décisions rendues en 2009 [3].

1907. La résolution unilatérale s'installait donc « doucement dans le paysage juridique français » (J. Mestre et B. Fages, obs. préc.) au moment où elle a été consacrée par l'ordonnance du 10 février 2016.

2) La codification par l'ordonnance

a) La condition de fond : une « inexécution suffisamment grave »

1908. L'article 1224 pose expressément, comme pour la résolution judiciaire, la condition d'une « inexécution suffisamment grave ». Si cette condition de gravité avait été posée la jurisprudence, elle semblait cependant vouloir marquer une différence par rapport à la condition de gravité posée pour la résolution judiciaire, en appréciant cette gravité au regard du « comportement » du débiteur et pas seulement au regard de l'importance objective de l'inexécution [4]. L'article 1224 indique que la gravité de l'inexécution n'est pas différente dans la résolution unilatérale et dans la résolution judiciaire.

---

1. Civ. 1re, 13 oct. 1998, *JCP* 1999. II. 10133, note N. Rzepecki ; *D.* 1999. 197, note C. Jamin ; *Defrénois* 1999. 374, n° 17, obs. D. Mazeaud ; *D.* 1999. Somm. 155, obs. Ph. Delebecque ; *RTD civ.* 1999. 506, n° 8, obs. J. Raynard et, depuis, Douai, 6 juill. 1999, *JCP* 1999. I. 191, note C. Jamin.

2. Civ. 1re, 20 févr. 2001, *D.* 2001. 1568, note C. Jamin ; *Defrénois* 2001, art. 37365, n° 41, obs. É. Savaux ; *RTD civ.* 2001. 363, n° 9, obs. J. Mestre et B. Fages.

3. Com. 30 juin 2009, n° 08-14.944 et Com. 31 mars 2009, n° 07-20. 991, *JCP* 2009. 273 s., n° 33, obs. P. Grosser ; *RTD civ.* 2009. 320, obs. B. Fages ; *D.* 2010. Pan. 233, obs. B. Fauvarque-Cosson ; Com. 10 févr. 2009, n° 08-12. 415, *CCC* 2009. 1223, obs. L. Leveneur, *JCP* 2009. 273, n° 33, obs. P. Grosser.

4. V. par ex. Civ. 3e, 15 sept. 2015, n° 13-24. 726.

1909. Par ailleurs la jurisprudence avait aussi semblé vouloir cantonner cette faculté de résolution en posant une condition d'urgence. Ainsi, la cour d'appel de Nancy dans une décision du 20 novembre 2000 avait affirmé que « même en cas de manquement grave à l'exécution des obligations de son cocontractant, une partie ne peut être admise à rompre unilatéralement un contrat avant d'avoir obtenu une décision de justice, que si elle établit que l'urgence imposait la résolution immédiate des relations contractuelles »[1]. L'urgence était donc posée comme condition de la résolution en plus de la gravité de l'inexécution. La chambre commerciale, pour sa part, dans une décision du 4 février 2004, avait aussi fait référence à la fois à la gravité de l'inexécution et à l'urgence d'y mettre fin[2]. Mais la première chambre civile de la Cour de cassation a admis à plusieurs reprises la résolution ou la résiliation unilatérale, sans reprendre le critère de l'urgence, en faisant simplement référence à la gravité de l'inexécution[3].

1910. L'article 1124 écarte cette condition d'urgence en ne faisant référence qu'à la gravité de l'inexécution, sauf à considérer qu'il pourrait s'agit d'un élément d'appréciation de la gravité de cette inexécution, au regard, notamment de ses conséquences. La référence à l'urgence apparaît seulement à propos de la mise en demeure.

b) Les conditions de mise en œuvre

1. Condition d'une mise en demeure préalable

1911. Comme pour la clause résolutoire et à l'inverse de la résolution judiciaire, l'article 1226 impose une mise en demeure préalable du débiteur, qui est cependant, dans ce cas particulier de la résolution unilatérale, écartée en cas d'urgence. Par ailleurs, le texte impose que la mise en demeure mentionne expressément qu'à défaut pour le débiteur de satisfaire à son obligation, le créancier sera en droit de résoudre le contrat.

2. Exigence d'une notification et d'une motivation

1912. Cette notification est prévue à la fois par l'article 1224 qui, en énumérant les modes de résolution, indique que « la résolution résulte (...) d'une notification du créancier au débiteur », et par l'article 1226, alinéa 3, qui prévoit que « si l'inexécution persiste après la mise en demeure, le créancier notifie au débiteur la résolution du contrat et les raisons qui la motivent ». Cette exigence de motivation, qui s'inscrit dans le respect du principe de bonne foi, permet aussi au débiteur, informé de ce qu'on lui reproche, de réagir éventuellement, en contestant la résolution devant le juge et au juge de disposer d'éléments utiles à l'exercice de son contrôle.

---

1. Nancy, 20 nov. 2000, *JCP* 2002. II. 10113, obs. C. Jamin.

2. Com. 4 févr. 2004, *JCP* 2004. I. 149, n° 15, obs. J. Rochfeld ; *RTD civ.* 2004. 731, obs. J. Mestre et B. Fages.

3. Civ. 1re, 28 oct. 2003, *JCP* 2004. II. 10108, note C. Lachièze ; *Defrénois* 2004. 378, obs. R. Libchaber, *ibid.* 381, obs. J.-L. Aubert ; *CCC* 2004, n° 4, note L. Leveneur ; *RTD civ.* 2004. 89, obs. J. Mestre et B. Fages ; *Dr. et patr.* 1/2004. 89, obs. Chauvel, *RDC* 2004. 273, obs. L. Aynès ; *ibid.* 277, obs. D. Mazeaud. Civ. 1re, 13 mars 2007, *JCP* 2007. I. 161, n° 12, obs. P. Grosser.

c) Une résolution aux risques et périls du créancier : le contrôle a posteriori du juge

1913. L'article 1226, alinéa 1er, précise bien que le créancier « peut à ses risques et périls, résoudre le contrat par voie de notification ». L'alinéa 3 indique également que le débiteur peut à tout moment saisir le juge pour contester la résolution. Le créancier doit alors prouver la gravité de l'inexécution ». Il s'agit là de la reprise des solutions jurisprudentielles établies.

1914. Dans une décision du 20 février 2001 (v. *Documents*, arrêt à commenter), la première chambre civile avait ainsi précisé que le contractant qui prend l'initiative de la résolution unilatérale agit « à ses risques et périls », ce qui implique que si l'autre partie saisit le juge pour contester la résolution, l'auteur de celle-ci devra apporter la preuve que la gravité du comportement de l'autre partie justifiait la résolution du contrat, sinon il engagerait sa responsabilité pour rupture unilatérale du contrat. La Cour de cassation reprochait, ici, aux juges du fond d'avoir privé leur décision de base légale en n'indiquant pas en quoi le comportement du débiteur était suffisamment grave pour justifier la résolution unilatérale du contrat. Autrement dit, la Cour de cassation laisse aux juges du fond la charge d'apprécier la gravité du manquement reproché et se limite à un contrôle minimum sur la motivation de la décision.

1915. Il n'y a ici qu'un contrôle judiciaire *a posteriori* et non un contrôle préalable comme dans la résolution judiciaire : même s'il ne trouve pas le manquement invoqué assez grave pour justifier la résolution, le juge pourra difficilement ordonner la poursuite du contrat ainsi rompu et ne pourra guère ordonner que le versement d'une indemnité et l'effet dissuasif des dommages et intérêts semble insuffisant... Certains auteurs préconisent, dans ce cas, le recours au juge des référés qui pourrait, notamment pour éviter un dommage imminent, ordonner le maintien du contrat à titre conservatoire. Le créancier insatisfait devrait alors saisir le juge du fond et l'on reviendrait au système de la résolution judiciaire [1].

d) Les options entre la résolution unilatérale et les autres sanctions

1916. Plutôt que de recourir à la résolution unilatérale, qui présente des risques pour le créancier car il peut ensuite être désavoué par le juge, celui-ci peut évidemment choisir de demander la résolution judiciaire, comme il peut aussi préférer une autre sanction (sur ces options, v. ss 1884 s.). Cependant, une question spécifique s'est posée de savoir si, lorsqu'une clause résolutoire a été inscrite dans le contrat, il peut quand même procéder à la résolution par voie de notification pour échapper aux contraintes des clauses résolutoires, procédurales ou financières. La chambre commerciale de la Cour de cassation, dans une décision du 1er octobre 2013 [2], a admis cette possibilité de résolution unilatérale « peu importants les modalités de la résiliation contractuelle » (la clause résolutoire prévoyait en l'espèce

---

1. V. note C. Jamin, sous Civ. 1re, 13 oct. 1998, arrêt fondateur ; pour les références, v. ss 1904.

2. Com. 1er oct. 2013, n° 12-20. 830, *JCP* 2014. Doctr. 115, chron. Droit des contrats, n° 16, obs. P. Grosser.

des contraintes procédurales et notamment le respect d'un certain délai après la mise en demeure). Dans une décision du 9 octobre 2013 [1], la troisième chambre civile l'a, au contraire exclu (dans un cas où la clause résolutoire prévoyait des contraintes financières). Il semble donc qu'il y ait une opposition entre les deux formations sur cette question de l'option, que ne tranche pas l'ordonnance.

§ 2. Le rôle et les pouvoirs du juge dans la résolution du contrat pour inexécution

1917. Selon que la résolution est judiciaire, conventionnelle ou unilatérale, le juge n'a pas le même rôle, ni les mêmes pouvoirs. Cependant quelle que soit la modalité de la résolution son intervention est prévue, que ce soit *a priori*, comme dans la résolution judiciaire, ou *a posteriori*, comme dans la résolution conventionnelle et la résolution unilatérale. C'est pourquoi, ce rôle n'est pas précisé par les différents articles qui envisagent ces trois modalités distinctes, mais envisagé dans le même article 1128, ce qui traduit bien l'unité de la résolution par-delà ses différentes manifestations.

1918. Le juge peut ainsi, « selon les circonstances, constater ou prononcer la résolution ou ordonner l'exécution du contrat, en accordant éventuellement un délai de grâce au débiteur, ou allouer seulement des dommages et intérêts ».

1919. L'office du juge est donc différent selon qu'il s'agit d'une résolution judiciaire, où il va prononcer la résolution, ou une résolution conventionnelle ou unilatérale où il va seulement constater la résolution. Mais il peut être saisi dans toutes les hypothèses. Il dispose par ailleurs, dans chaque cas de figure d'options au regard de la condamnation à l'exécution et au paiement de dommages et intérêts.

A. La constatation de la résolution

1) Constatation de la résolution en cas de clause résolutoire

1920. En présence d'une clause résolutoire, l'automaticité de la clause n'impose pas le recours au juge. La résolution intervient automatiquement. Cependant, le débiteur peut toujours contester l'application de la clause. Dans ce cas, le juge devra vérifier que les conditions de son application sont réunies et que le créancier est de bonne foi. Il exerce donc dans ce contexte un contrôle sur les conditions de la résolution. Si ces conditions sont réunies, il n'a aucun pouvoir d'appréciation et il ne fait que constater la résolution. L'effet résolutoire ne provient pas de la décision du juge, mais de la clause contractuelle.

---

1. Civ. 3e, 9 oct. 2013, n° 12-23. 379, *Juris-Data* n° 2013-022096 ; *JCP* 2014. Doctr. 115, chron. Droit des contrats, n° 16, obs. P. Grosser.

2) Constatation de la résolution en cas de résolution unilatérale

1921. Ici aussi, le juge peut aussi être appelé à intervenir, puisque l'article 1226, alinéa 4, indique que le débiteur peut à tout moment saisir le juge pour contester la résolution. Il peut donc le faire soit après la mise en demeure, soit après la notification de la résolution par le créancier.

1922. Le contrôle exercé par le juge n'est pas le même que dans l'hypothèse précédente de la clause résolutoire, puisqu'il va ici contrôler la gravité de l'inexécution, dans les mêmes conditions que s'il s'agissait d'une résolution judiciaire ; en effet, la condition d'une inexécution d'une gravité suffisante est posée de façon identique pour les deux cas par l'article 1224.

1923. S'il admet le bienfondé de la résolution unilatérale, il ne fera, là encore, que constater la résolution car c'est la décision unilatérale du créancier qui produit l'effet résolutoire et non la décision du juge.

1924. Si la gravité de l'inexécution n'est pas admise, il ne pourra pas prononcer la résolution judiciaire puisqu'elle obéit à la même condition de gravité de l'inexécution, mais, comme dans l'hypothèse précédente il pourra condamner le débiteur à l'exécution, en accordant éventuellement un délai, et à des dommages et intérêts si l'inexécution est fautive.

3) Constatation de la résolution en cas de force majeure

1925. Dans ce cas aussi, le juge normalement doit seulement constater la résolution puisque la force majeure entraîne de plein droit la résolution du contrat (v. ss 1889).

B. Le prononcé de la résolution en cas de résolution judiciaire

1926. Le prononcé de la résolution intervient lorsque le juge est saisi par le créancier d'une demande de résolution judiciaire. Il intervient ici *a priori* et doit vérifier que l'inexécution est suffisante pour justifier la résolution. Si tel est le cas, il prononcera la résolution, avec des dommages et intérêts si la résolution est fautive et sans dommages et intérêts s'il y a des torts réciproques. L'effet résolutoire est directement attaché à sa décision.

1927. Dans le cas contraire où l'inexécution n'est pas suffisamment grave pour justifier le prononcé de la résolution on retrouve les hypothèses précédentes de la condamnation à l'exécution, en accordant éventuellement un délai au débiteur et la possibilité d'une condamnation cumulée à des dommages-intérêts.

§ 3. Les effets de la résolution

1928. Les anciens textes étaient muets sur cette question. Les articles 1229 et 1230 du Code civil, abordant la question dans une perspective unitaire, sans distinction selon la modalité de la résolution, précisent la date d'effet de la résolution, son étendue au regard de certaines clauses du contrat et enfin la question des restitutions à propos desquelles ils posent la distinction entre la résolution et la résiliation.

A. La date d'effet de la résolution

1929. Elle varie selon la modalité de la résolution. Soit en effet la résolution prend effet dans les conditions prévues par la clause résolutoire ; soit à la date de la réception de la notification faite par le créancier, soit à la date fixée par le juge ou, à défaut à la date de l'assignation dans le cas de la résolution judiciaire

B. L'étendue de la résolution : le maintien de certaines clauses

1930. L'article 1230 prend soin de préciser que la résolution n'affecte ni les clauses relatives au règlement des différends [1] ni les clauses destinées à produire effet même en cas de résolution, ni les clauses de non confidentialité et de non concurrence, que l'article 1230 cite expressément. Les Principes du droit européen du contrat prévoient à cet égard que « la résolution n'a point d'effet sur les stipulations du contrat relatives au règlement des différends non plus que sur toutes autres clauses appelées à produire effet, même en cas de résolution ». Dans le silence du texte, qui n'établit pas, cependant, une liste limitative, la question se pose de savoir si les clauses de responsabilité et notamment les clauses limitatives de réparation, entrent dans le champ d'application du texte ; la solution serait assez logique puisqu'elles ont précisément pour but de régir les conséquences d'une inexécution, source de responsabilité, mais, souvent aussi, source de résolution [2]. Dans une décision rendue en application du droit antérieur, le 7 février 2018 la Cour de cassation a affirmé, dans un attendu très net mais sans se référer à une interprétation « à la lumière de l'ordonnance du 10 février 2016 » (sur cette méthode, v. ss 87), que les clauses limitatives de réparation des conséquences de l'inexécution demeuraient applicables, malgré la résolution de la vente [3]. La solution devrait être la même en application du droit actuel.

C. L'effet de la résolution dans le temps : la distinction entre la résolution et la résiliation

1931. Traditionnellement il est de principe que le contrat est anéanti rétroactivement par l'effet de la résolution. Cet anéantissement joue évidemment *entre les parties*. Les parties doivent être remises dans l'état où elles se trouvaient avant le contrat. C'est le retour au *statu quo ante*, sans appauvrissement, ni enrichissement, ce qui entraîne la

---

1. Tant celles qui ont pour but d'aménager le règlement des litiges par le juge que celles qui ont pour but de soustraire le litige au juge étatique (clauses de conciliation, de médiation, clauses prévoyant un arbitrage, notamment).

2. En faveur de l'application du texte aux clauses limitatives de réparation, v. notamment, F. Chénedé, *Le nouveau droit des obligations et des contrats, Consolidations, innovations. Perspectives*, Dalloz 2016, spéc. n° 28.224 ; O. Deshayes, T. Genicon et Y.- M. Laithier, *Réforme du droit des contrats, du régime général et de la preuve des obligations,* LexisNexis 2016, p. 516 ; et de façon moins certaine, G. Chantepie et M. Latina, *La réforme du droit des obligations*, Dalloz 2016, p. 577 s.

3. Com. 7 févr. 2018, *D.* 2018. 539, note D. Mazeaud, posant la question de savoir si la solution serait la même si la Cour avait interprété le droit applicable à la lumière de l'ordonnance de 2016 et répondant par l'affirmative.

restitution des prestations déjà versées et évite au créancier le concours avec d'autres créanciers. Cet effet rétroactif se produit également *à l'égard des tiers*, ce qui est plus grave et explique la nécessité de soumettre à publicité les demandes de résolution en matière immobilière. Par contre, les actes d'administration sont maintenus.

Traditionnellement aussi ce principe de l'effet rétroactif était écarté lorsque le contrat était un contrat à exécution successive et le terme de résiliation, substitué au terme de résolution.

L'article 1229, alinéa 3, du Code civil vient modifier quelque peu la perspective, mais en suivant en cela une jurisprudence qui se développait sur la question.

1932. L'article 1229, alinéa 3, ne pose pas le principe de l'anéantissement rétroactif du contrat : il fournit un critère qui permet de déterminer s'il y a matière ou pas à opérer des restitutions. Or les restitutions sont liées au caractère rétroactif de la disparition du contrat. Par l'intermédiaire des restitutions, le texte propose donc le critère de l'anéantissement rétroactif (résolution) ou non rétroactif (résiliation) du contrat.

1933. L'anéantissement est rétroactif si « les prestations échangées ne pouvaient trouver leur utilité que par l'exécution complète du contrat résolu ». Dans ce cas, « les parties doivent restituer l'intégralité de ce qu'elles se sont procuré l'une à l'autre ». Si, au contraire, « les prestations échangées ont trouvé leur utilité au fur et à mesure de l'exécution réciproque du contrat, il n'y a pas lieu à restitution pour la période antérieure à la dernière prestation n'ayant pas reçu sa contrepartie ; dans ce cas, la résolution est qualifiée de résiliation ». Cette hypothèse recouvre celle des contrats à exécution successive, comme le bail par exemple, dans lesquels la remise en l'état antérieur est impossible. La résolution n'aboutit alors qu'à une dissolution anticipée du contrat qui prend le nom de *résiliation* et qui opère sans rétroactivité.

L'article 1229 s'inscrit ainsi dans la ligne de l'évolution de la jurisprudence. En effet la troisième chambre civile avait indiqué que la « résiliation judiciaire n'opère pas pour le temps où le contrat a été régulièrement exécuté », et, suivant en cela l'opinion d'un auteur, Thomas Genicon[1], avait considéré que la date à prendre en compte n'était pas nécessairement celle de l'inexécution mais plutôt celle de la dernière prestation n'ayant pas reçu sa contrepartie[2].

Un arrêt de la première chambre civile avait toutefois suscité de vives critiques dans la mesure où il semblait admettre la rétroactivité de la résiliation, en affirmant que « la résiliation d'un contrat a pour effet, comme pour la résolution, d'anéantir le contrat et de remettre les parties dans l'état où elles se trouvaient antérieurement, sous la seule réserve de l'impossibilité pratique »[3]. Depuis, la troisième chambre de la Cour de cassation était cependant venue expliciter cette position en précisant que « si, dans un contrat synallagmatique à exécution successive, la résiliation judiciaire n'opère pas pour le temps où le contrat a été régulièrement exécuté, [et n'est donc pas rétroactive] la résolution judiciaire pour absence d'exécution ou exécution imparfaite, *dès l'origine* entraîne l'anéantissement rétroactif du contrat »[4].

1. *RDC* 2009. 65.
2. Com. 17 mars 2009, *JCP* 2009. 273, obs. P. Grosser.
3. Civ. 1re, 7 juin 1995, *JCP* 1996. II. 22581, note A. Françon ; *D.* 1995. 494 ; *Bull. civ.* I, n° 244, *JCP* 1996. I. 3914, obs. C. Jamin ; *RTD civ.* 1996. 908, n° 12, obs. J. Mestre.
4. Civ. 3e, 30 avr. 2003, *JCP* 2003. I. 170, obs. A. Constantin, *JCP* 2004. II. 10031, note C. Jamin.

1934. Si la distinction entre l'effet rétroactif et non rétroactif devrait continuer à recouvrir encore largement la distinction des contrats à exécution instantanée et successive, il reste qu'elle ne repose plus sur ce critère. Certains contrats à exécution successive pourraient faire l'objet d'une résolution au lieu de la classique résiliation, le critère résidant alors dans le moment où survient l'inexécution (dès la conclusion du contrat ou au bout d'un certain temps) et dans l'intensité de cette inexécution : s'il y a eu « absence d'exécution » ou « exécution imparfaite dès l'origine », on parle de résolution, rétroactive ; s'il y a eu une période d'exécution régulière avant que n'intervienne l'inexécution, on continue de parler de résiliation, non rétroactive.

Section 4
Inexécution fortuite : la résolution du contrat en cas de force majeure

1935. Nous avons examiné, jusqu'ici, ce qui se passe quand l'inexécution est volontaire, mais il peut se faire qu'elle soit fortuite. Une des parties au contrat peut être empêchée d'exécuter son obligation par suite d'un événement indépendant de sa volonté : un cas de force majeure (aussi, v. ss 3032 s.). Dans ce cas, qu'advient-il du contrat ?

1936. S'il s'agit d'un contrat unilatéral il n'y a pas de problème, l'extinction de l'obligation unique met fin au contrat ; mais s'il s'agit d'un contrat synallagmatique, la question est plus complexe. Les deux obligations dans un tel contrat étant interdépendantes, l'extinction de l'une d'elles entraîne-t-elle l'extinction corrélative de l'autre, ou bien la laisse-t-elle subsister ? En effet, si le débiteur est libéré et si l'autre reste tenu par ses obligations, les risques sont pour lui, on dit qu'ils sont pour le créancier : *res perit creditori* car il était créancier de l'obligation inexécutée. En revanche, si l'on admet que la libération fortuite de l'un des contractants entraîne la libération corrélative de l'autre, c'est le premier qui y perd, on dit que les risques sont pour le débiteur : *res perit debitori.* C'est ce que l'on appelle *la théorie des risques* qu'il ne faut pas confondre avec la notion de risque, fondement de la responsabilité civile (v. ss 2172 s.). Cette question présente une importance particulière si le contrat porte sur le transfert de propriété d'une chose mobilière ou immobilière.

1937. Le Code civil avait donné sur ces questions quelques éléments de réponse. L'ordonnance du 10 février 2016 a, pour sa part, traité de cette hypothèse de l'impossibilité d'exécution par suite d'un cas de force majeure, à la fois au titre du régime général des obligations, dans le chapitre consacré à l'extinction des obligations (art. 1351 et 1351-1) (v. ss 792) et au titre de l'inexécution du contrat lorsque cette inexécution est due à la force majeure (art. 1218).

Cependant les deux dispositifs se complètent et il faut articuler le dispositif général et le dispositif prévu en matière contractuelle. Toutefois, avant de voir les effets de la force majeure sur le contrat et l'articulation des règles (§ 2), il faut préciser en quoi consiste la force majeure, dont la définition est désormais codifiée et figure dans l'article 1218, alinéa 1er (§ 1).

§ 1. La définition de la force majeure

1938. L'ordonnance a d'abord supprimé toute référence aux anciennes notions de cas fortuit et de cause étrangère que l'on trouvait dans les textes, mais sans que l'on n'ait jamais véritablement établi une différence avec la notion de force majeure, qui constitue désormais le seul référent. Par ailleurs, mettant fin aux hésitations jurisprudentielles antérieures (v. ss 2434), une définition de la force majeure en matière contractuelle est donnée par l'article 1218. Il s'agit d'un « événement échappant au contrôle du débiteur, qui ne pouvait être raisonnablement prévu lors de la conclusion du contrat et dont les effets ne peuvent être évités par des mesures appropriées ».

A. Définition jurisprudentielle et controverses antérieures

1939. Traditionnellement, la force majeure, était définie par la jurisprudence, dans le silence du Code civil à cet égard, comme un événement présentant trois caractères cumulatifs : imprévisible, irrésistible et extérieur à celui qui l'invoque. Cette définition avait été construite à propos de la question de l'exonération totale de responsabilité civile, admise en cas de force majeure, et elle était identique qu'il s'agisse de la responsabilité contractuelle ou délictuelle. Cependant, la Cour de cassation s'était ensuite divisée sur la définition de la force majeure en matière contractuelle. La première chambre civile, en effet, avait semblé se contenter, à partir de décisions rendues en 1997, du seul critère de l'irrésistibilité, et elle avait été suivie par la chambre commerciale. La seconde chambre civile, pour sa part, restait attachée au maintien des deux caractères d'imprévisibilité et d'irrésistibilité. Quant au caractère d'extériorité, il semblait aussi susciter quelques hésitations, et il semblait même quelque peu abandonné.

1940. L'assemblée plénière de la Cour de cassation était intervenue par une décision du 14 avril 2006 pour trancher la controverse et avait confirmé les critères d'imprévisibilité et d'irrésistibilité et le communiqué de presse suivant cette décision avait par ailleurs confirmé l'attachement de la Cour de cassation au critère d'extériorité. Finalement, dans une décision du 30 octobre 2008, la première chambre civile, revenant sur sa jurisprudence avait confirmé la nécessité du double caractère d'imprévisibilité et d'irrésistibilité (sur la définition classique de la force majeure et les fluctuations jurisprudentielles et les références des décisions, v. ss 2434 s.).

B. Définition fournie par l'ordonnance en référence aux critères d'imprévisibilité et irrésistibilité

1941. L'article 1218, alinéa 1er, par la précision de ses termes devrait mettre fin aux controverses, sous réserve, cependant, d'une hésitation qui demeure sur l'exigence de la condition d'extériorité. Rappelons la définition donnée de la force majeure par l'article 1218 : « événement échappant au contrôle du débiteur, qui ne pouvait être raisonnablement prévu lors de la conclusion du contrat et dont les effets ne peuvent être évités par des mesures appropriées ».

Cette définition fait nettement référence aux deux caractères classiques d'imprévisibilité et d'irrésistibilité, même si elle n'en emploie pas les termes et elle les caractérise assez précisément, confirmant à cet égard les solutions jurisprudentielles antérieures ; mais elle semble également faire référence au critère de l'extériorité.

1942. L'imprévisibilité est une imprévisibilité relative (événement qui ne pouvait être *raisonnablement* prévu) ; elle s'apprécie par ailleurs au moment de la conclusion du contrat.

1943. L'irrésistibilité est également une irrésistibilité relative, appréciée au regard de la référence à des « mesures appropriées » qui n'auraient pas permis de faire face à l'événement et de permettre l'exécution.

1944. Enfin la définition pourrait faire également référence à la condition d'extériorité avec cette précision, nouvelle, que l'événement doit échapper au contrôle du débiteur. Pourtant, le rapport de présentation de l'ordonnance au président de la République affirme au contraire que l'article 1218 reprend la définition prétorienne de la force majeure en matière contractuelle, délaissant le traditionnel critère d'extériorité ». Outre que le délaissement jurisprudentiel du critère d'extériorité n'apparaissait pas absolument certain, il appartiendra à la jurisprudence d'interpréter cette condition d'un événement échappant au contrôle du débiteur, qui semble pourtant bien faire référence à l'extériorité, au sens où la jurisprudence l'entendait jusqu'ici, c'est-à-dire un événement qui n'est pas imputable au débiteur.

§ 2. Les effets de la force majeure : suspension ou résolution de plein droit

1945. À supposer la force majeure établie, quels sont ses effets sur le contrat ?

Les solutions antérieures données à la question par la jurisprudence s'appuyaient uniquement sur des textes spéciaux : l'article 1722 qui se réfère à l'hypothèse de la destruction de la chose louée, par cas fortuit qui entraîne la résiliation du bail et sur les articles 1788 et 1790 qui prévoient des solutions semblables dans le cas de perte de la matière à façonner. La jurisprudence en avait tiré une règle générale, celle de la résolution du contrat, libérant le créancier de l'obligation inexécutée de sa propre prestation et traduite par l'adage « *res perit debitori* » qui se justifiait soit par le recours à la théorie de la cause (l'obligation de l'un disparaissant, l'obligation de l'autre n'ayant plus de cause disparaît aussi), soit par la notion d'interdépendance des obligations dans le contrat synallagmatique, soit enfin par volonté présumée des parties.

Cela supposait cependant que l'inexécution soit totale, car dans le cas contraire, le créancier de l'obligation inexécutée devait quand même une fraction de sa propre obligation.

Par ailleurs, il existait une exception à cette règle dans le cas d'un contrat translatif de droit portant sur un corps certain, en vertu de l'adage *res perit domino* : la chose est aux risques du propriétaire. En effet, l'article 1138 rendait le créancier propriétaire et mettait la chose aux risques de ce dernier « dès l'instant où elle a dû être livrée, encore que la tradition n'en ait pas été faite ni le prix payé, à moins que le débiteur ne soit en demeure de la livrer, auquel cas la chose reste aux risques de ce dernier ». Donc à défaut d'une mise en demeure, si la chose était perdue par cas de force majeure avant sa délivrance, le créancier propriétaire de la chose mais victime de l'inexécution de l'obligation de délivrance en raison de la force majeure, demeurait débiteur du prix, sans avoir la chose.

1946. L'ordonnance ne modifie pas fondamentalement les solutions. Mais elle leur donne un fondement textuel général et en même temps précis, avec l'article 1218 qui distingue deux hypothèses : celle de la suspension de l'exécution et celle de la résolution du contrat. La question des risques attachés au transfert de la propriété est par ailleurs résolue, non pas dans ce cadre, mais au titre des dispositions consacrées à l'effet translatif du contrat (art. 1196) (v. ss 1562). Toutefois, le dispositif prévu par l'article 1218 au titre du contrat est complété par le dispositif plus général de l'article 1351 (concernant le régime général des obligations), auquel il renvoie expressément (sur ce dispositif, v. 772 s.). La question reste donc complexe du fait des différents renvois.

A. La suspension du contrat

1947. Selon l'article 1218, alinéa 2, « si l'empêchement est temporaire, l'exécution de l'obligation est suspendue, à moins que le retard qui en résulterait ne justifie la résolution du contrat ».

En principe donc, lorsque l'inexécution n'est pas définitivement empêchée par la force majeure, le contrat subsiste. Cette solution était admise par la jurisprudence ; elle avait été posée dès 1888 [1] par la Cour de cassation : « si l'empêchement n'est que momentané, le débiteur n'est pas libéré (...) l'exécution de l'obligation est seulement suspendue jusqu'au moment où la force majeure vient à cesser ».

Mais par exception, le contrat peut être résolu, même en cas d'empêchement temporaire, s'il ne devait plus présenter d'utilité pour le créancier, à raison du retard dans l'exécution. On retrouve ici cet objectif de suppression du contrat inutile, que l'ordonnance a poursuivi en même temps que celui, complémentaire, de maintien du contrat utile (v. ss 912).

B. La résolution du contrat

1948. « Si l'empêchement est définitif, le contrat est résolu de plein droit et les parties sont libérées de leurs obligations dans les conditions prévues aux articles 1351 et 1351-1 » indique l'article 1218, alinéa 2.

1) Principe de la résolution de plein droit

1949. L'article 1218 résout ici une difficulté qui s'était posée antérieurement dans le silence des textes et qui conduisait précisément à déterminer si la résolution opérait de plein droit ou bien s'il fallait recourir au juge. Le texte est clair : la résolution a lieu de plein droit. Il n'est donc pas nécessaire de saisir le juge, sauf bien sûr en cas de contestation de la force majeure. Rien n'empêche non plus de saisir le juge qui se contentera alors de constater la force majeure et la résolution (v. ss 1925, 1889). La

---

1. Civ. 15 févr. 1888, *DP* 1888.1. 203.

question cependant demeure de savoir s'il faut que le créancier de l'obligation inexécutée se prévale de cette résolution de plein droit pour qu'elle se produise ou si elle se produit indépendamment de la volonté des parties.

2) Libération des parties dans les conditions des articles 1351 et 1351-1

1950. Les articles 1351 et 1351-1 viennent ici compléter l'article 1218, alinéa 2, qui y renvoie lui-même.

1951. L'article 1351 précise d'abord que la libération du débiteur n'a lieu qu'à due concurrence. Ainsi et conformément à la jurisprudence antérieure, si la prestation est divisible, le débiteur n'est libéré que pour la fraction qui a été effectivement atteinte par l'impossibilité d'exécuter.

Dans la mesure où l'article 1218 prévoit que si l'empêchement est définitif le contrat est résolu de plein droit, il faut admettre, pour résoudre la contradiction entre les deux textes que cette solution de la résolution du contrat n'intervient que quand l'empêchement est d'une part, définitif et d'autre part, total.

1952. L'article 1351 précise ensuite que l'impossibilité d'exécuter la prestation libère le débiteur lorsqu'elle procède d'un cas de force majeure et qu'elle est définitive, à moins qu'il n'ait convenu de s'en charger ou qu'il ait été préalablement mis en demeure. L'article 1351 confirme ainsi le rôle qui était déjà reconnu auparavant à la mise en demeure. En cas de mise en demeure intervenue avant que la force majeure ne se manifeste, il n'est pas libéré et il encourt des sanctions pour son inexécution. Il en est de même si le débiteur, par une clause de garantie, a pris à sa charge l'aléa résultant d'une éventuelle force majeure.

1953. Dans le cas d'un contrat translatif, opérant transfert de la propriété d'un bien, l'effet de la mise en demeure, qui était prévu antérieurement par l'article 1138, est particulièrement important. Alors que normalement c'est l'acheteur qui supporte le risque de perte alors même que la chose ne lui a pas été délivrée, dès lors que le transfert de propriété s'est produit (*res perit domino*), la mise en demeure permet de refaire passer les risques sur la tête du vendeur : l'acheteur ne devra donc pas le prix. L'article 1196, confirme bien cette solution, en prévoyant, au titre de l'effet translatif du contrat que si le transfert de propriété emporte le transfert des risques de la chose, toutefois, le débiteur de l'obligation de délivrer en retrouve la charge à compter de sa mise en demeure, sous réserve des règles prévues à l'article 1351-1 ».

Il faut en effet concilier cette solution avec l'article 1351-1 qui prévoit ce cas particulier où l'impossibilité d'exécuter résulte de la perte de la chose due : le débiteur mis en demeure est néanmoins libéré s'il prouve que la perte se serait pareillement produite si l'obligation avait été exécutée.

1954. La force majeure permet de faire échapper le débiteur d'une obligation inexécutée à toute responsabilité. Elle constitue en effet une cause d'exonération totale. Aucune référence n'est faite à cet effet exonératoire dans l'article 1218 qui envisage en effet l'effet de la force majeure sur le sort du contrat. Mais cet effet apparaît ensuite dans l'article 1231-1 du Code civil qui traite de la réparation du préjudice résultant de l'inexécution du contrat.

Section 5

La réparation du préjudice résultant de l'inexécution

1955. La réparation du préjudice résultant de l'inexécution du contrat, soulève, en réalité, la question de la responsabilité contractuelle. Ce n'est pourtant pas l'étude de la responsabilité contractuelle qui sera menée ici. Elle prendra place, en tant que telle, dans la partie consacrée à la responsabilité civile (v. ss 2142, 2252, 2932). En effet, l'ordonnance du 10 février 2016 n'a pas pris parti sur cette question de la responsabilité contractuelle et s'est contentée de recodifier à droit constant, dans une section intitulée « la réparation du préjudice résultant de l'inexécution » (C. civ., art. 1231 à 1231-7), les dispositions déjà existantes dans le Code civil sur cette question, dans l'attente de la réforme à venir de la responsabilité civile. En effet, l'actuel projet de réforme du droit de la responsabilité civile, suivant la jurisprudence et la doctrine majoritaire, propose d'affirmer l'unité de nature de la responsabilité contractuelle et extracontractuelle et de les traiter ensemble (§ 1). Nous évoquerons donc seulement ici, sans les développer, les règles concernant la réparation du préjudice posées par l'ordonnance de 2016 (§ 2), en renvoyant à des développements ultérieurs la question des conditions de la responsabilité contractuelle et l'étude des spécificités de la responsabilité contractuelle (v. ss 2932 s.).

§ 1. Position d'attente de l'ordonnance du 10 février 2016 au regard de la question de la responsabilité contractuelle

1956. L'ordonnance du 10 février 2016 a pris sur cette question une position d'attente, compte tenu de l'actuel projet de réforme de la responsabilité civile du 13 mars 2017[1] (v. ss 2236 s.).

1957. Sans entrer ici dans le détail de l'analyse de la responsabilité contractuelle ni dans le débat sur son existence, car certains considèrent que la responsabilité contractuelle n'existe pas et qu'il ne s'agit jamais que d'une exécution du contrat par équivalent, sous forme de dommages et intérêts (sur ce débat, v. ss 2143 s.), il convient de relever que parmi les projets et travaux qui ont précédé l'actuel projet gouvernemental de réforme de la responsabilité civile l'avant-projet *Catala*, les recommandations du Sénat et la proposition de loi *Béteille*, avaient pris parti très nettement pour l'identité de nature de ces deux formes de responsabilité (v. ss 2231 s.). C'est également la position adoptée dans le projet de réforme de la responsabilité civile.

Le projet de réforme du droit de la responsabilité, porté par la Chancellerie *(du 13 mars 2017)* ***consacre l'unité de nature*** de la responsabilité contractuelle et extracontractuelle (v. ss 2239). Ainsi, dans le projet, figurent des dispositions communes à la responsabilité contractuelle et extracontractuelle et les actuels articles 1231-1 à 1231-7, issus de l'ordonnance du 10 février 2016, et relatifs à la réparation du préjudice né d'une inexécution du contrat devraient être abrogés et rapatriés dans le sous-titre II

---

1. Texte disponible sur Internet.

consacré à la responsabilité civile. L'article 1231, modifié, annoncerait ce renvoi : « le créancier d'une obligation issue d'un contrat valablement formé peut, en cas d'inexécution, demander au débiteur la réparation de son préjudice dans les conditions prévues au sous-titre II » (consacré à la responsabilité civile). Néanmoins, les dispositions qui figurent dans les actuels articles 1231 à 1231-7, seraient, dans l'ensemble, reprises au titre des conditions propres à la responsabilité contractuelle.

1958. ***L'ordonnance du 10 février 2016, dans l'attente de la réforme de la responsabilité civile, ne prend pas parti sur la responsabilité contractuelle.*** Les textes issus de l'ordonnance du 10 février 2016 représentent seulement une codification pratiquement à droit constant des quelques textes qui figuraient dans le Code civil sur la question de la responsabilité contractuelle, sans en employer jamais le terme. Il n'est question que des dommages et intérêts auquel le débiteur est condamné, s'il y a lieu, en raison d'une inexécution du contrat. L'ordonnance codifie également les principales solutions jurisprudentielles posées sur le fondement de ces textes. Elle procède à une réorganisation, à quelques clarifications, mais elle n'aborde pas les questions de fond, et significativement, d'ailleurs, la sous-section 5, composée des articles 1231 à 1231-7, est intitulée « réparation du préjudice résultant de l'inexécution contractuelle » et non « responsabilité contractuelle ».

Les textes ne vont pas plus loin et il n'était pas question de prendre parti sur des questions théoriques qui relèvent de la réforme d'ensemble du droit de la responsabilité, comme le souligne le rapport de présentation de l'ordonnance au président de la République. Les termes de l'habilitation qui donnaient mission à l'ordonnance de « rassembler les textes concernant les effets du contrat » ne permettaient d'ailleurs pas de le faire.

1959. ***Renvoi de l'étude des conditions de la responsabilité contractuelle à l'étude du droit de la responsabilité.*** Parce que cette démarche est logique et correspond à la réalité de la jurisprudence, comme à l'option affichée dans le projet de réforme gouvernemental du 13 mars 2017 du droit de la responsabilité, la responsabilité contractuelle sera donc étudiée plus tard, comme faisant partie intégrante de la responsabilité civile (v. ss 2142 s.) et obéissant à ce titre à un certain nombre de constantes (v. ss 2252 s.). Cela ne signifie pas qu'il y ait identité pure et simple. La responsabilité contractuelle comporte ses propres principes et certaines spécificités (v. ss 2932 s.) qui maintiennent un principe de division entre les deux formes de responsabilités, lequel n'est pas remis en question par l'actuel projet de réforme de la Chancellerie. Les rapports entre les deux formes de responsabilité restent compliqués car ce principe de séparation, qui s'accompagne de l'interdiction du cumul et de l'option entre les deux responsabilités et oblige la victime d'une inexécution contractuelle à agir sur le fondement contractuel, n'exclut pas des interférences et des contournements (v. ss 3084 s.).

1960. Certes, la responsabilité contractuelle nous intéresse aussi, au stade de l'étude du contrat, en tant qu'elle constitue une conséquence de l'inexécution du contrat et qu'elle vient sanctionner le contractant qui n'a pas exécuté le contrat, qui l'a mal exécuté ou qui a exécuté avec retard.

Mais, en suivant l'option prise par l'ordonnance de 2016, nous n'aborderons ici la responsabilité contractuelle que sous l'angle de la réparation du préjudice.

§ 2. Recodification des règles concernant la réparation du préjudice né de l'inexécution

1961. Jusqu'à l'ordonnance du 10 février 2016, le texte de base en la matière était l'article 1147 du Code civil qui précisait : « le débiteur est condamné, s'il y a lieu, au payement de dommages et intérêts, soit à raison de l'inexécution de l'obligation, soit à raison du retard dans l'exécution, toutes les fois qu'il ne justifie pas que l'inexécution provient d'une cause étrangère qui ne peut lui être imputée, encore qu'il n'y ait aucune mauvaise foi de sa part ». Il existait ensuite un certain nombre de dispositions éparses relatives à la réparation que l'ordonnance de 2016 a rassemblées et rationalisées, dans les articles 1231 à 1231-7.

L'ancien article 1147 est repris, presque à l'identique, par l'article 1231-1 issu de l'ordonnance du 10 février 2016 : « le débiteur est condamné s'il y a lieu au paiement de dommages et intérêts soit à raison de l'inexécution de l'obligation, soit à raison du retard dans l'exécution, s'il ne justifie pas que l'exécution a été empêchée par la force majeure… ».

1962. L'article 1231-1 contient toutefois quelques petites modifications par rapport à l'article 1147. Il fait disparaître la référence à la mauvaise foi, qui avait entraîné des débats sur la preuve à apporter concernant l'inexécution d'une part, et il substitue, d'autre part, la « force majeure » à l'ancienne référence à la « cause étrangère » pour qualifier l'hypothèse d'une exonération totale de responsabilité » (dont nous ne traiterons pas ici, mais dans le cadre de l'étude de la responsabilité civile, au titre des causes d'exonération, v. ss 2424 s., spéc. v. ss 2433 s.). On soulignera, par ailleurs, qu'une définition de la force majeure en matière contractuelle a été donnée par l'article 1218. Il s'agit d'un « événement échappant au contrôle du débiteur, qui ne pouvait être raisonnablement prévu lors de la conclusion du contrat et dont les effets ne peuvent être évités par des mesures appropriées » (v. ss 1941 s.).

Il résulte de ce texte que la réparation du préjudice suppose une inexécution préalable du contrat (A). Cette inexécution admise, les articles 1231-2 et suivants. fixent un certain nombre de règles concernant les modalités de cette réparation (B).

A. La condition préalable de l'inexécution d'une obligation

1963. L'inexécution d'une obligation contractuelle, qui englobe l'inexécution totale ou partielle, l'exécution totale mais incorrecte et l'exécution tardive, est donc la condition posée pour l'octroi de dommages intérêts en réparation du préjudice subi. Elle correspond, en droit de la responsabilité civile, au fait générateur de la responsabilité. Pour apprécier cette condition, la jurisprudence se réfère depuis fort longtemps à la distinction centrale entre les obligations de moyens et de résultat, que l'ordonnance de 2016 ne confirme ni n'infirme et qui devrait donc continuer à être utilisée, même si la détermination de ces obligations n'est pas exempte de toute difficulté (v. ss 2948 s.).

1964. Lorsque l'inexécution d'une obligation contractuelle est établie, qu'elle soit de moyen ou de résultat, et qu'elle est en relation de causalité avec le dommage, soit que cette relation soit présumée, dans le cas d'une obligation de résultat, soit qu'elle ait été prouvée dans le cas d'une obligation de moyens, la responsabilité contractuelle est engagée et le créancier pourra obtenir la réparation du préjudice subi… à moins que le débiteur n'établisse l'existence d'une cause d'exonération (v. ss 3029 s.) ou qu'il n'y ait une clause limitative ou exonératoire de responsabilité conventionnellement prévue (v. ss 1979, 3056 s.).

B. La réparation du préjudice

1) La nécessité d'une mise en demeure préalable

1965. Cette question de la nécessité d'une mise en demeure préalable avait fait l'objet de divergence en jurisprudence. Une décision remarquée, du 6 juillet 2007, de la chambre mixte, était venue trancher l'opposition entre la troisième chambre civile et la chambre commerciale quant à la nécessité ou pas d'une mise en demeure préalable pour obtenir une condamnation à des dommages et intérêts compensatoires (sur cette notion, v. ss 1970). La chambre mixte avait admis que « l'absence de mise en demeure ne rendait pas irréparable le préjudice né d'une inexécution contractuelle *certaine*[1] » (sur cette décision, v. ss 3012).

1966. L'ordonnance, dans l'article 1231, résoud la question : « à moins que l'inexécution ne soit définitive, les dommages et intérêts ne sont dus que si le débiteur a préalablement été mis en demeure de s'exécuter dans un délai raisonnable ». Le principe de la nécessité de la mise en demeure est donc confirmé, sans distinguer selon qu'il s'agit de dommages et intérêts compensatoires ou moratoires.

L'atténuation apportée à cette nécessité de la mise en demeure est très proche de la solution retenue par la chambre mixte, sous réserve de ce que le terme inexécution « certaine » est remplacé par le terme « définitive ». Certes l'idée est la même, selon laquelle il est inutile d'imposer une mise en demeure si l'exécution est devenue impossible. Toutefois, inexécution certaine et inexécution définitive n'ont pas tout à fait le même sens. Une inexécution certaine peut tout à fait ne pas être définitive. La jurisprudence devra répondre sur ce point.

1967. La mise en demeure est par ailleurs indispensable selon l'article 1231-6, pour faire courir les intérêts moratoires, qui sanctionnent de plein droit à compter de cette mise en demeure, le simple retard dans l'exécution (v. ss 1383, 1970).

2) La condamnation à des dommages et intérêts compensatoires et/ou moratoires

a) Les dommages et intérêts réparent le préjudice causé par l'inexécution

1968. *Les dommages et intérêts* sont constitués par une somme d'argent versée au créancier pour *réparer le préjudice* qu'il subit du fait de l'inexécution ou du retard dans l'exécution.

L'ancien article 1147 (devenu art. 1231-1) ne faisait pas référence à la nécessité d'un préjudice. L'ordonnance du 10 février 2016 se garde bien de prendre parti sur les

---

1. Ch. mixte 6 juill. 2007, *RLDC* nov. 2007, n° 43, note E. Garaud ; *D.* 2007. 2642, note G. Viney ; *ibid.* Pan. 2975, obs. B. Fauvarque-Cosson.

options du droit de la responsabilité qui dépendront de la future réforme. Elle ne dit rien non plus du préjudice, dans les articles 1230 et suivants. Toutefois, significativement la sous-section est intitulée : « La réparation du *préjudice résultant de l'inexécution* du contrat ».

1969. La jurisprudence exige ainsi que le créancier victime de l'inexécution établisse l'existence d'un préjudice distinct de cette inexécution pour obtenir des dommages et intérêts [1] et la chambre commerciale de la Cour de cassation a réaffirmé cette exigence [2]. Il est vrai que la première chambre civile a affirmé à deux reprises, en 2005, puis en 2007 à nouveau que lorsque l'obligation inexécutée est une obligation de ne pas faire, celui qui y contrevient doit des dommages et intérêts par le seul fait de la contravention sans donc qu'il soit nécessaire d'établir un préjudice [3]. Mais la solution peut se justifier, par la nature particulière de l'obligation et les termes de l'article 1142 qui prévoyaient qu'en cas d'inexécution elle se résolvait en dommages et intérêts. La jurisprudence réaffirme régulièrement cette exigence d'un préjudice distinct de l'inexécution (sur ce débat, et les références jurisprudentielles, v. ss 2995 s.).

b) La distinction des dommages et intérêts moratoires et compensatoires

1970. On distingue les dommages et intérêts *compensatoires*, qui sont alloués en réparation du préjudice constitué par la perte que le créancier a faite (*lucrum cessans*) et le gain dont il a été privé (*damnum emergens*) qui étaient prévus par l'ancien article 1149), et les dommages et intérêts *moratoires* qui réparent le préjudice constitué par le retard. En effet le simple retard d'exécution dans le paiement d'une somme d'argent entraîne automatiquement le versement de dommages et intérêts qui consistent dans l'intérêt au taux légal. Ces intérêts courent à compter de la mise en demeure. Mais le retard (qui est une hypothèse de mauvaise exécution de l'obligation), peut aussi avoir causé un préjudice particulier, supplémentaire, qui sera distinctement réparé.

1971. Cette distinction des dommages intérêts compensatoires et des dommages et intérêts moratoires, est confirmée par l'ordonnance qui n'apporte que des modifications mineures aux anciens textes :

– l'article 1231-2 reprend mot pour mot, concernant les *dommages et intérêts compensatoires*, les termes de l'ancien article 1149 distinguant la perte faite et le gain dont (le créancier) a été privé ;

– l'article 1231-6, alinéa 3, traite des *intérêts moratoires*, c'est-à-dire des dommages-intérêts dus à raison du retard dans le paiement d'une obligation de somme d'argent. Ils consistent dans l'intérêt au taux légal, dû à compter de la mise en demeure qui est

---

1. Civ. 3e, 3 déc. 2003, *Bull. civ.* III, n° 221, *RDC* 2004. 359, obs. J.-B. Seube.

2. Com. 13 mars 2007, *LPA* 11 sept. 2007, p. 7, note M.-L. Lanthiez.

3. Civ. 1re, 31 mai 2007, *D.* 2007. AJ 1725, obs. I. Gallmeister et Jur. 2784, note C. Lisanti ; *RTD civ.* 2007. 568, obs. B. Fages ; *JCP* 2007. I. 185, obs. P. Stoffel-Munck. Et déjà, 10 mai 2005, *RTD civ.* 2005. 594, obs. J. Mestre et B. Fages ; *JCP* 2006. I. 111, obs. P. Stoffel-Munck ; *Defrénois* 2005. 1247, obs. J.-L. Aubert ; *CCC* 2005, n° 184, note L. Leveneur ; *RDC* 2006. 326, obs. D. Mazeaud. Et, déjà auparavant, Civ. 1re, 10 mai 2005, *RTD civ.* 2005. 594, obs. J. Mestre et B. Fages ; *ibid.* 60, obs. P. Jourdain ; *JCP* 2006. I. 111, obs. P. Stotffel-Munck ; *Defrénois* 2005. 1247, obs. J.-L. Aubert ; *CCC* 2005, n° 184, note L. Leveneur ; *RDC* 2006. 326, obs. D. Mazeaud.

une condition indispensable. L'article 1231-6, alinéa 2, précise que l'intérêt moratoire est dû, sans que le créancier justifie d'aucune perte, confirmant ainsi l'idée d'une présomption irréfragable d'un préjudice nécessairement causé au créancier par ce simple retard, et qui appelle une réparation forfaitaire. Cependant, le créancier pourra toujours démontrer l'existence d'un préjudice supplémentaire et spécifique lié au retard : « le créancier auquel son débiteur en retard a causé, par sa mauvaise foi, un préjudice indépendant de ce retard peut obtenir des dommages et intérêts distinct de l'intérêt moratoire ». La réparation du préjudice spécifique causé par le retard, suppose, d'une part qu'il soit prouvé et d'autre part, la preuve de la mauvaise foi du débiteur.

3) Limitation de la réparation au dommage prévisible en matière contractuelle

1972. Selon l'ancien article 1150, « le débiteur n'est tenu que des dommages et intérêts qui ont été prévus ou qu'on a pu prévoir lors du contrat, lorsque ce n'est point par son dol que l'obligation n'est point exécutée... ». Cette limite n'est pas applicable en matière délictuelle ou quasi délictuelle ; mais, en matière contractuelle, le débiteur ne sera tenu d'indemniser que le dommage dont la cause et la quotité pouvaient être prévues au moment du contrat par un homme prudent et avisé ; ainsi a-t-il été jugé que, n'est pas prévisible, la possession d'un manteau de vison et de robes de grand couturier par la cliente d'un hôtel « 1 étoile » [1]. Par contre, si le débiteur a commis un dol, il n'y a plus de limitation à sa responsabilité et la jurisprudence avait assimilé au dol l'hypothèse de la faute lourde (v. ss 3063). L'exigence d'un dommage prévisible et la nécessité pour les juges du fond de préciser en quoi consiste cette prévisibilité avaient encore été rappelés récemment par la Cour de cassation.

1973. L'ordonnance du 10 février 2016 reprend cette règle, qui marque l'une des spécificités de la responsabilité contractuelle par rapport à la responsabilité extracontractuelle, dans l'article 1231-3 : « le débiteur n'est tenu que des dommages et intérêts qui ont été prévus ou qui pouvaient être prévus lors de la conclusion du contrat, sauf lorsque l'inexécution est due à une faute lourde ou dolosive ». Elle consacre donc l'assimilation à la faute dolosive, seule prévue par l'ancien texte, de la faute lourde. Pour autant, elle n'en donne pas de définition, renvoyant à cet égard à la jurisprudence qui s'est développé sur ces notions (v. ss 3016 s.).

C. Incidence des aménagements conventionnels de la responsabilité contractuelle sur la réparation du préjudice

1974. Les parties à un contrat peuvent convenir entre elles d'un certain nombre de dispositions, applicables dans le cas où l'inexécution du contrat pourrait engager leur responsabilité contractuelle. Elles peuvent ainsi insérer des clauses pénales, qui jouent sur le montant des dommages et intérêts, mais aussi des clauses limitatives ou exonératoires de responsabilité.

---

1. Nîmes, 23 nov. 1961, *JCP* 1962. II. 12641.

1) Les clauses pénales

1975. La clause pénale consiste dans une clause contractuelle par laquelle les contractants prévoient par avance les conséquences d'une inexécution du contrat en fixant forfaitairement le montant des dommages et intérêts. La clause pénale a cette particularité de constituer une peine privée qui vient sanctionner l'inexécution sans qu'il soit nécessaire de prouver un préjudice. La Cour de cassation a ainsi rappelé que « la clause pénale, sanction contractuelle du manquement d'une partie à son obligation » s'applique du seul fait de l'inexécution, sans que le créancier ait à apporter la preuve d'un dommage quelconque[1] et, même en l'absence de dommage, le juge peut maintenir la clause pénale, dont le caractère exclusivement punitif est alors évident. Elle ne peut pas non plus s'ajouter à la réparation du préjudice. Elle se substitue à cette réparation et ne peut être mise en œuvre qu'après que le débiteur ait été mis en demeure d'exécuter son obligation.

1976. La validité de cette technique de la clause pénale est confirmée par l'ordonnance, avec ses caractéristiques antérieures, dans l'article 1231-5, qui vient remplacer les articles 1152 et 1226 à 1233 anciens du Code civil, qui fournissaient les solutions.

La question est désormais traitée dans un seul article, qui pose dans son alinéa 1er le principe selon lequel « lorsque le contrat stipule que celui qui manquera de l'exécuter paiera une certaine somme à titre de dommages et intérêts, il ne peut être alloué à l'autre partie une somme plus forte ou moindre ». Le texte rappelle le caractère forfaitaire de la clause pénale qui exclut en principe toute modification par le juge. Toutefois, ce principe est ensuite assorti d'exceptions.

1977. En vertu de l'ancien article 1152 du Code civil, le juge pouvait modérer ou au contraire augmenter une clause pénale si elle était « manifestement excessive ou dérisoire ». C'était l'une des exceptions légales au principe selon lequel le juge ne peut modifier la convention des parties, dont le contenu s'impose à lui, comme il s'impose à elles, en vertu du principe de la force obligatoire (v. ss 1617 s.).

L'article 1231-5 reprend cette possibilité offerte au juge de modérer ou augmenter la clause pénale, étant en outre précisé que cette règle est d'ordre public (art. 1231-5, al. 4).

L'alinéa 3 du texte prévoit par ailleurs que lorsque l'engagement a été exécuté en partie, la pénalité convenue peut être diminuée par le juge, même d'office, à proportion de l'intérêt que l'exécution partielle a procuré au créancier, sans préjudice de l'application de la possibilité offerte par ailleurs par l'alinéa 2 de réduire ou augmenter la pénalité. On voit ici apparaître une autre application du principe de proportionnalité (également sur les clauses pénales v. ss 1899, 3081).

1978. Il est enfin nécessaire, là encore, de mettre le débiteur en demeure, préalablement au jeu de la pénalité, sauf si l'inexécution est définitive (art. 1231-5, al. 5).

---

1. Civ. 3e, 12 janv. 1994, *Bull. civ.* III, n° 5 ; *JCP* 1994. I. 3809, obs. G. Viney.

2) Les clauses limitatives ou exonératoires de responsabilité

a) La clause limitative

1979. Comme son nom l'indique, la clause limitative de responsabilité permet de limiter, non pas seulement le montant des dommages et intérêts, comme la clause pénale, mais la responsabilité contractuelle des parties au contrat. Ces clauses sont valables y compris, en principe en matière de dommages corporels[1] sous réserve d'un certain nombre d'exceptions (v. ss 3077 s.). L'ordonnance de 2016 ne les a pas intégrées dans le chapitre sur la réparation du dommage né de l'inexécution du contrat. Elles sont inscrites dans le cadre de l'actuel projet de réforme de la responsabilité civile (v. ss 3076).

b) La clause exonératoire de responsabilité

1980. Elle supprime toute responsabilité alors même que les conditions en sont réunies. Elles également valables selon la jurisprudence, sauf en matière de dommage corporel.

3) La paralysie des clauses limitatives ou exonératoires de responsabilité

1981. Au-delà d'un certain nombre d'exceptions particulières, prévues par les textes (par exemple, les clauses d'exonération totale de responsabilité comme les clauses limitatives sont désormais interdites dans les *contrats de consommation*, depuis le décret du 18 mars 2009, pris en application de la loi de modernisation de l'économie du 4 août 2008, comme irréfragablement abusives), ces clauses sont écartées en cas de faute lourde ou de faute intentionnelle, qualifiée de dol, dans l'exécution du contrat (pour plus de détail, v. ss 3063 s.).

---

1. Civ. 1re, 8 nov. 1983, *Gaz. Pal.* 1984. I. 384.

DOCUMENTS

BIBLIOGRAPHIE

Aynès (L.), « Les remèdes unilatéraux (résolution unilatérale, réduction du prix) », in Ph. Stoffel-Munck (dir.), *Réforme du droit des contrats et pratique de la vie des affaires*, Dalloz, 2015, p. 113.

Boucard (H.), « Article 1218 : la force majeure contractuelle », *RDC* 2015. 779.

Carval (S.), « Article 1231-3 : limitation de la responsabilité contractuelle au dommage prévisible », *RDC* 2015. 790.

Chantepie (G.), « La gestion contractuelle de la rupture », *AJCA* 2016. 130.

Chantepie (G.) et Latina (M.), *La réforme du droit des obligations. Commentaire théorique et pratique dans l'ordre du Code civil,* Dalloz, 2016, p. 525 s.

Delebecque (Ph.), « Les aménagements contractuels de l'exécution du contrat », contribution au colloque : « Le contrat : questions d'actualité », Paris, 1er févr. 2000, *LPA* n° spécial 5 mai 2000, n° 90.

Dissaux (N.) et Jamin (C.), *Réforme du droit des contrats, du régime général et de la preuve des obligations, Commentaire des articles 1100 à 1386-1 du Code civil*, Dalloz, 2016, p. 121 s.

Dumas (J.-P.), « La loi du 24 décembre 1973 relative à la responsabilité des hôteliers », *D.* 1974. Chron. 104.

Faure-Abbad (M.), « La présentation de l'inexécution contractuelle dans l'avant-projet Catala », *D.* 2007. Chron. 165.

Fauvarque-Cosson (B.), « Regards comparatistes sur l'exécution forcée en nature », *RDC* 2006. 529.

Gauthier (P.-Y.), « La hiérarchie inversée des modes de résolution du contrat », *Dr. et patr.* oct. 2014, p. 70.

Gabet-Sabatier (C.), « Le rôle de la connexité dans l'évolution du droit des obligations », *RTD civ.* 1980. 39 s.

Genicon (T.) « "Résolution" et "résiliation" dans le projet d'ordonnance portant réforme du droit des contrats », *JCP* 2015. 131.

– *La résolution du contrat pour inexécution*, LGDJ, 2006.

Grosser (P.), « La résolution pour inexécution du contrat », *AJCA* 2014. 26.

– « L'exécution forcée en nature », *AJCA* 2016. 119.

Hugon (C.), « Le sort de la clause pénale en cas d'extinction du contrat » *JCP* 1994. I. 3790.

Jamin (C.), « L'émergence contestée d'un principe de résolution unilatérale du contrat », *JCP* 2002. II. 10113.

Lagarde (X.), « Remarques sur l'actualité de la mise en demeure », *JCP* 1996. I. 3974.

Larribau-Terneyre (V.), *Le domaine de l'action résolutoire, Recherches sur le contrat synallagmatique*, thèse, Pau, 1988.

Laithier (Y.-M.), « Les règles relatives à l'inexécution des obligations contractuelles. Articles 1217 à 1231-7 », *JCP* 2015, suppl. au n° 21, p. 47.

Lemay (P.), « L'inexécution du contrat : la réduction du prix », in M. Latina et G. Chantepie (dir.), *Projet de réforme du droit des contrats, du régime général et de la preuve des obligations. Analyses et propositions*, Dalloz, 2015, p. 78.

Mainguy (D.), « Du “coût manifestement déraisonnable” à la reconnaissance d’un “droit d’option” », *Dr. et patr.* 2014, n° 240, p. 60.
Mekki (M.), « L’inexécution dans l’avant-projet de réforme du droit des obligations », *Jour. Soc.* avr. 2014, p. 42.
– « Les remèdes à l’inexécution dans le projet d’ordonnance portant réforme du droit des obligations », *Gaz. Pal.* 29 avr. 2015, p. 37.
Pelletier (C.), « Article 1126 : les conditions d’exercice de la résolution unilatérale aux risques et périls du créancier », *RDC* 2015. 788.
Picod (Y.), « La clause résolutoire et la règle morale », *JCP* 1990. I. 3447.
Pillebout (J.-P.), *Recherches sur l’exception d’inexécution*, thèse, Paris, 1969.
Rémy (P.), « La responsabilité contractuelle : histoire d’un faux concept », *RTD civ.* 1997. 323.
Sabard (O.), « Les sanctions de l’inexécution du contrat : exception d’inexécution/exécution forcée », *LEDC* 206/3.
Sanz (S.), « La consécration du pouvoir judiciaire par la loi du 9 juillet 1975 et ses incidences sur la théorie générale de la clause pénale », *RTD civ.* 1977. 268 s.
Savaux (É.), « La fin de la responsabilité contractuelle ? », *RTD civ.* 1999. 1.
– « Brèves observations sur la responsabilité contractuelle dans l’avant-projet de réforme du droit de la responsabilité », *RDC* 2007. 1.
– « Article 1223 : la réduction du prix », *RDC* 2015. 788.
Stoffel-Munck (Ph.), « La résolution par notification : questions en suspens », *Dr. et patr.* oct. 2014, p. 67.
Tallon (D.), « L’inexécution du contrat : pour une autre présentation », *RTD civ.* 1994. 223.
Viney (G.), « Après la réforme du droit des contrat, la nécessaire réforme des textes du Code civil relatifs à la responsabilité », *JCP* 2016, doctr. 99.

ARRÊT À COMMENTER

La résolution unilatérale du contrat

Civ. 1re, 20 févr. 2001, *M. Fanara c/ Sté Europe expertise, D.* 2001. 1568, note C. Jamin ; *Defrénois*, 2001, art. 37365, n° 41, obs. É. Savaux ; *RTD civ.* 2001. 363, n° 9, obs. J. Mestre et J. Fages

Faits et procédure

La société Europe expertise avait conclu avec un certain M. Fanara un contrat confiant à celui-ci, pour une période de trois ans à compter du 25 septembre 1995, la réalisation d’expertises sur des véhicules automobiles. Un mois plus tard, la société Europe expertise a résilié unilatéralement le contrat, en reprochant semble-t-il à l’expert des manquements dans l’exécution du contrat.

La cour d’appel de Bastia a rejeté la demande de M. Fanara en indemnisation du préjudice que lui avait causé la rupture unilatérale du contrat, en décidant que le manquement de celui-ci à ses obligations contractuelles pouvait justifier cette rupture prématurée et unilatérale de ce contrat. M. Fanara forme alors un pourvoi en cassation.

Arrêt

Sur pourvoi en cassation :

LA COUR. – *Sur le moyen unique, pris en sa première branche* : Vu les articles 1134 et 1184 du Code civil ;

– Attendu que la gravité du comportement d'une partie à un contrat peut justifier que l'autre partie y mette fin de façon unilatérale à ses risques et périls, peu important que le contrat soit à durée indéterminée ou non ;

– Attendu que la société Europe expertise (la société) a confié, pour une période de trois ans à compter du 25 septembre 1995, à M. Fanara, expert en automobiles, la réalisation d'expertises préalables à la reprise par le constructeur de tous véhicules sur lesquels avait été consentie une vente avec faculté de rachat à un loueur professionnel ; que la société a résilié leur convention le 25 octobre 1995 ;

– Attendu que pour rejeter la demande de M. Fanara en indemnisation des conséquences de la rupture unilatérale du contrat par la société, l'arrêt attaqué retient par motifs propres et adoptés que le manquement de M. Fanara à ses obligations contractuelles pouvait entraîner la rupture prématurée des relations contractuelles ;

– Attendu qu'en statuant ainsi sans rechercher si le comportement de M. Fanara revêtait une gravité suffisante pour justifier cette rupture, la cour d'appel n'a pas donné de base légale à sa décision ;

Par ces motifs, et sans qu'il y ait lieu de statuer sur les autres branches du moyen :

Casse et annule, dans toutes ses dispositions, l'arrêt rendu le 8 mars 1999, entre les parties, par la cour d'appel de Bastia ; remet, en conséquence, la cause et les parties dans l'état où elles se trouvaient avant ledit arrêt et, pour être fait droit, les renvoie devant la cour d'appel de Montpellier.

Remarques

Il s'agit d'une décision de principe qui affirme un principe de résolution unilatérale du contrat et prévoit la possibilité d'un contrôle judiciaire *a posteriori.* La cassation pour manque de base légale indique que la Cour suprême se contente d'un contrôle minimum de la décision attaquée qui se limite à exiger des juges du fond qu'ils motivent suffisamment leur décision laissée, pour le fond, à leur pouvoir d'appréciation.

Notez également l'extension de la résolution unilatérale aux contrats à durée déterminée.

CAS PRATIQUES

Les remèdes à l'inexécution des obligations

1) Les époux B. avaient commandé à R. une machine agricole neuve. Ce dernier leur livre une machine qui présentait bien les caractéristiques techniques demandées, mais qui était en réalité une machine entièrement reconstituée avec des pièces d'occasion.

Les époux B. peuvent-ils demander la résolution de la vente ? Le tribunal leur donnera-t-il gain de cause ?

2) Madame D. a acheté un appareil ménager qu'elle s'est engagée à payer en douze mensualités. Après avoir effectué neuf versements, elle ne paie plus.

Que peut faire le commerçant ?

3) Jacques B., chanteur célèbre, s'est engagé à chanter sur la scène d'un théâtre. La veille de son tour de chant, il doit s'aliter avec une forte grippe. Les spectateurs, avertis, réclament le remboursement de leur billet.

Peuvent-ils l'obtenir ? Motivez votre réponse.

4) Monsieur B. a acheté un cheval nommé « Éclair » aux époux F. Mais comme il n'a pas encore d'écurie, il leur a demandé de conserver Éclair pendant quelques jours. Or ce dernier, effrayé par un violent orage, se casse une jambe et on doit l'abattre. Les époux F. réclament le prix de la vente à Monsieur B. qui refuse de payer.

Rédigez les consultations que vous feriez au profit de Monsieur B. et au profit des époux F. s'ils venaient vous consulter chacun à leur tour.

Troisième partie

Les faits juridiques

1982. À côté des actes juridiques, on distingue une deuxième catégorie de sources des obligations : les faits juridiques.

De certains événements ou comportements, le droit fait naître, sous certaines conditions, des obligations qui n'ont pas été voulues ou acceptées par avance, comme en matière contractuelle, par leur débiteur. Ces événements ou comportements sont des faits juridiques car ils sont à l'origine d'effets de droit, de la création d'obligations, sans que cet effet juridique ait été volontairement recherché, même si l'acte lui-même était volontaire (sur ce critère de distinction des actes et des faits juridiques tiré du rôle de la volonté, v. ss 163 s.).

1983. Certains faits sont à l'origine d'un profit indu : ils vont faire naître une *obligation de restitution,* de remboursement, à la charge de celui qui a réalisé le profit. C'est le domaine des *quasi-contrats* : gestion d'affaire, répétition de l'indu, enrichissement sans cause, loteries publicitaires.

1984. D'autres sont à l'origine d'un dommage (et de préjudices). Ils vont faire naître une *obligation de réparation* qui caractérise la *responsabilité civile.*

1985. Deux titres seront donc consacrés, respectivement, l'un aux quasi-contrats, et l'autre à la responsabilité civile.

Titre 1
Les quasi-contrats

Introduction
Définition des quasi-contrats

1986. Parmi les faits juridiques, les *quasi-contrats*, ont été ainsi nommés par l'empereur Justinien (527-565), car ils se rapprochent des contrats, en ce qu'ils font naître des obligations, mais en diffèrent parce qu'ils ne reposent pas sur un accord de volonté.
Jusqu'à l'ordonnance du 10 février 2016, les quasi-contrats, faisaient l'objet d'un chapitre dans le Code civil (art. 1371 à 1381), dans le titre IV consacré « aux engagements qui se forment sans convention ». Ils étaient définis comme des « *faits* purement volontaires de l'homme, dont il résulte un engagement quelconque envers un tiers, et quelquefois un engagement réciproque des deux parties » (art. 1371). Deux quasi-contrats étaient ainsi réglementés : la gestion d'affaires et la restitution (répétition) de l'indu. La jurisprudence y avait ajouté depuis très longtemps l'enrichissement sans cause et, plus récemment une autre figure plus spécifique et n'ayant pas exactement la même logique : le quasi-contrat de loterie publicitaire.

1987. L'ordonnance du 10 février 2016 consacre, pour sa part, un sous-titre entier aux quasi-contrats, (art. 1300 à 1303-4), sous l'intitulé « aux autres sources d'obligations » (sous-entendu : que le contrat et la responsabilité civile, sources principales des obligations). Si le terme de quasi-contrat ne figure pas dans cet intitulé, la notion de quasi-contrat, pourtant contestée et dont la nature juridique est discutée (v. ss 1991) a été maintenue et même *renforcée. La loi de ratification de l'ordonnance,* intervenue le 20 avril 2018 n'a apporté aucune modification aux dispositions consacrées aux quasi-contrats.

1988. L'article 1300, alinéa 1er, utilise toujours le terme de quasi-contrats dans la définition qu'il en donne, tout en la modernisant et en la rendant plus éclairante quant à leur fondement : « les quasi-contrats sont des faits purement volontaires dont il résulte un engagement de celui qui en profite sans y avoir droit, et parfois un engagement de leur auteur envers autrui ». L'accent est donc mis sur l'existence d'un « ***fait*** », source de *profit injustifié,* qui fait naître une obligation. Le quasi-contrat est donc bien une source d'obligation.
L'ordonnance maintient la gestion d'affaires et la restitution de l'indu, en reprenant pour l'essentiel les solutions posées par les textes antérieurs et la jurisprudence qui

s'était constituée sur la base de ces textes. Mais, elle introduit aussi quelques solutions en contrepoint et éclaircit certaines questions qui avaient soulevé des discussions.

Elle fait par ailleurs entrer dans le Code civil l'enrichissement sans cause ; mais elle n'a pas consacré le quasi-contrat de loterie publicitaire, préservant ainsi l'unité et la logique des quasi-contrats, que le dernier né de la catégorie remet un peu en cause, il est vrai, mais sans pour autant le condamner.

En effet, l'alinéa 2 de l'article 1300 qui annonce les trois quasi-contrats, régis successivement dans trois chapitres : la gestion d'affaires, le paiement de l'indu et l'enrichissement injustifié, laisse entendre qu'il peut y en avoir d'autres, « des quasi-contrats innommés », selon les termes du rapport de présentation de l'ordonnance au président de la République. Le rapport ajoute que la définition donnée est suffisamment souple pour permettre au juge, le cas échéant, d'appréhender des comportements qui devraient entraîner des obligations d'indemnisation à la charge de leurs auteurs, en dépit du silence de la loi.

1989. La liste des quasi-contrats donnée par l'article 1300 n'est donc pas limitative et la notion de quasi-contrat apparaît donc comme un instrument d'équité, dont le juge peut se servir dans le silence de la loi, ce qu'il a effectivement déjà fait par le passé, d'une part en consacrant l'enrichissement injustifié (enrichissement sans cause, qui n'était pas prévu par le Code civil) et d'autre part, plus récemment en découvrant le quasi-contrat de loterie publicitaire et ce qu'il pourrait continuer à faire.

A. Fondement des quasi-contrats

1990. Les quasi-contrats inscrits dans le Code civil procèdent de la même idée : compenser l'avantage reçu de quelqu'un sans justification suffisante (profit reçu sans y avoir droit, comme l'indique désormais l'article 1300). Ils consacrent cette idée plus générale selon laquelle le droit n'admet pas l'enrichissement injuste.

C'est d'ailleurs pourquoi la jurisprudence, à partir de différents articles du Code civil qui visaient à récréer un équilibre rompu entre deux patrimoines, a dégagé l'existence d'un quasi-contrat non prévu dans les textes originaires, l'enrichissement sans cause, à vocation plus large puisqu'il est sous-tendu par un principe général de compensation en cas d'enrichissement sans cause.

B. Autonomie de la notion

1991. La notion de quasi-contrat s'est vue reprocher par la doctrine d'être une notion hybride et peu satisfaisante qui ne pouvait s'expliquer que par son origine historique, mais n'avait pas de fondement logique. En effet, selon certains auteurs dont Planiol, ou bien une obligation est consentie explicitement ou implicitement et elle est contractuelle, ou bien elle est imposée et alors elle est légale : on ne saurait concevoir l'existence d'obligations « presque contractuelles ».

1992. Toutefois, l'autonomie de la notion a été ensuite confirmée. Certains auteurs estimaient même qu'il fallait étendre la notion de quasi-contrat à d'autres situations de fait. C'est ce qu'a fait la jurisprudence en qualifiant de quasi-contrat de loterie publicitaire, le fait d'annoncer pseudo-gain, depuis un arrêt rendu le 6 septembre 2002 par la chambre mixte de la Cour de cassation (v. ss 2081 s.). C'est aussi ce que l'ordonnance reconnaît puisque la liste fournie par l'article 1300, alinéa 2, n'est pas une liste fermée (v. ss 1989).

1993. En définitive, les quasi-contrats ont leur utilité. En tant que faits juridiques, ils se distinguent nettement du contrat ; mais ils se distinguent aussi nettement de la responsabilité civile.

C. Distinction du quasi-contrat et du contrat

1994. Malgré l'expression qui les désigne, les quasi-contrats se distinguent fondamentalement du contrat. En effet, la volonté de créer des obligations est totalement absente du mécanisme. Alors que le contrat repose sur un accord de volontés, un tel accord fait ici défaut. Il ne s'agit pas non plus d'un acte unilatéral car la volonté qui s'exprime éventuellement dans les actes accomplis n'a jamais pour but la création d'obligations qui sont prévues par la loi lorsque certaines conditions sont réunies qui caractérisent le quasi-contrat considéré.

1995. Le terme quasi-contrat renvoie en réalité, non pas à la nature mais aux effets de la situation. L'expression vient en effet d'une expression latine *quasi ex contractu nasci videntur* qui fait référence aux obligations qui « semblent être nées comme d'un contrat ».

D. Distinction du quasi-contrat et des délits et quasi-délits, faits générateurs de responsabilité civile

1996. Comme les délits et quasi-délits, qui donnent matière à la responsabilité civile, les quasi-contrats ont leur source dans un fait juridique. Mais la responsabilité civile implique pour son déclenchement un dommage causé à autrui. Elle consiste en une obligation de réparer un dommage. Dans les quasi-contrats, ce qui va entraîner la naissance de l'obligation, ce n'est pas un dommage, mais au contraire, un avantage procuré à autrui : le gérant d'affaires procure un avantage au géré ; celui qui a payé indûment procure un avantage au bénéficiaire du payement, ou une personne s'enrichit sans cause. Les quasi-contrats vont remédier à cet enrichissement injuste.

1997. Contrairement à la responsabilité, le comportement qui est à l'origine du quasi-contrat n'est jamais contestable ou répréhensible. S'il était fautif, il empêcherait la naissance des obligations de l'enrichi envers l'appauvri.

1998. Il faut cependant noter que la cohérence donnée à la catégorie des quasi-contrats par cette explication est un peu écornée par la reconnaissance jurisprudentielle d'un nouveau quasi-contrat de loterie publicitaire. Dans ce cas, on le verra, c'est un comportement répréhensible qui est sanctionné et l'on ne peut pas dire que la victime s'est appauvrie.

1999. L'exposé des motifs de l'avant-projet *Catala* de réforme du droit des obligations relevait que c'est la théorie de la cause qui « unit la trilogie » des quasi-contrats.

« La présence de la cause dans le contrat répond à l'absence de cause dans le quasi-contrat ». Quant au projet *Terré* de réforme du régime des obligations (présenté par la Chancellerie à la consultation publique en 2011) (v. ss 53, 63 [Documents, Le point sur…]), il organisait les quasi-contrats que sont la gestion d'affaire, le paiement de l'indu et l'enrichissement sans cause, en reprenant les solutions de la jurisprudence. L'enrichissement sans cause était appelé « enrichissement injustifié » pour tenir compte de l'éventuelle suppression de la notion de cause. Le quasi-contrat de loterie publicitaire n'était pas consacré. Ce sont plutôt ces dernières propositions qui ont été reprises par l'ordonnance du 10 février 2016.

2000. Nous étudierons tout d'abord les quasi-contrats prévus par le Code civil (gestion d'affaire, répétition de l'indu et enrichissement injustifié) puis le quasi-contrat jurisprudentiel de loterie publicitaire.

Chapitre 1

La gestion d'affaires

2001. ***La gestion d'affaires*** est le fait pour une personne, nommée *gérant d'affaires*, de s'immiscer spontanément, en cas de nécessité, dans les affaires d'une autre personne : le *maître de l'affaire*, ou *géré*.

2002. Le problème posé par cette situation consiste dans l'équilibre à maintenir entre la nécessité de protéger les individus contre le risque d'ingérence inopportune dans leurs affaires, et celle d'indemniser la personne qui a bénévolement rendu service.

2003. Les articles 1301 à 1301-5 du Code civil, issus de l'ordonnance, qui organisent la gestion d'affaire ne comportent pas de réelles nouveautés, sinon la modernisation des anciennes dispositions, améliorées par la prise en compte des solutions jurisprudentielles établies sur la base des articles originaires du Code civil.

En ce qui concerne la nature juridique de la gestion d'affaires, elle est discutée. Des rapprochements peuvent être faits avec le *mandat* (v. ss 199) et quelques autres institutions, mais ses conditions et ses effets lui sont propres et en font une notion autonome.

Section 1
Les conditions de la gestion d'affaires

2004. Elles sont énoncées dans l'article 1301 qui définit la gestion d'affaire d'une façon beaucoup plus claire et précise qu'auparavant et qui, en même temps, en indique les effets : « celui qui, sans y être tenu, gère sciemment et utilement l'affaire d'autrui, à l'insu ou sans opposition du maître dans cette affaire, est soumis, dans l'accomplissement des actes juridiques et matériels de sa gestion, à toutes les obligations d'un mandataire ».

2005. Les conditions de la gestion d'affaires peuvent ainsi être envisagées au regard du gérant d'affaires, du maître de l'affaire, et de l'affaire elle-même.

§ 1. Conditions concernant le gérant d'affaires

2006. Son intervention doit être spontanée, désintéressée et par ailleurs, même si les textes n'y font pas référence, il doit être juridiquement capable.

A. Intervention spontanée

2007. Il faut que le gérant ait agi de sa propre initiative et sans y être tenu, ni conventionnellement (car il y aurait mandat), ni légalement ; en effet, le représentant légal qui agit au nom d'un incapable n'est pas gérant d'affaires. Cette condition de spontanéité est de jurisprudence constante : la gestion d'affaires « est incompatible avec l'exécution d'une obligation légale, telle que la suppléance d'un avocat empêché [...] »[1]. Toutefois, il faut signaler que la loi prévoit l'application des règles de la gestion d'affaires dans le cas où une personne s'immisce dans les affaires d'un majeur sous sauvegarde de justice, car si ce dernier conserve sa capacité juridique et n'a pas de représentant légal, il est malgré tout susceptible de négliger ses affaires (C. civ., art. 436).

De plus, il n'y a pas gestion d'affaires si le gérant avait la possibilité de solliciter des instructions du maître de l'affaire ; cependant, le fait que l'intervention du gérant ait été sollicitée par un tiers ne lui enlève pas son caractère de spontanéité : ainsi un plaisancier, sollicité par la Société nationale de sauvetage en mer de surveiller bénévolement des régates, a été considéré comme le gérant d'affaires de la Société organisatrice des régates[2].

B. Intervention désintéressée

2008. Pour que l'on puisse parler de gestion d'affaires, et même si cette condition n'est pas expressément posée par l'article 1301, il faut également que le gérant ait agi d'une façon désintéressée, « dans l'intérêt et pour le compte d'autrui »[3]. Si, en gérant ses propres affaires, une personne procure un avantage à autrui, elle peut éventuellement se fonder sur un autre quasi-contrat pour obtenir une indemnisation, *l'enrichissement injustifié* (v. ss 2046 s.), mais non exercer l'action fondée sur la gestion d'affaires.

2009. Toutefois, la jurisprudence admet le recours à la gestion d'affaires lorsque le gérant a agi à la fois dans son intérêt et dans celui d'autrui ; par exemple dans le cas d'un copropriétaire ou d'un indivisaire qui agit dans l'intérêt de tous les copropriétaires ou coindivisaires et pas seulement dans son intérêt. L'article 1301-4 issu de l'ordonnance confirme cette solution jurisprudentielle en indiquant que l'intérêt personnel du gérant à se charger de l'affaire d'autrui n'exclut pas la gestion d'affaires. Mais il ne doit pas agir dans son intérêt exclusif, ce qui exclurait la gestion de l'affaire d'autrui.

Si cette solution est généralement admise, un arrêt, d'ailleurs critiqué, a cependant repoussé l'application de la gestion d'affaires dans le cas d'une personne qui avait été blessée en essayant d'arrêter un voleur à la sortie d'un grand magasin, sur les cris de « arrêtez-le ! », poussés par un employé du magasin, au motif qu'il aurait ainsi accompli un acte dans l'intérêt général et non dans l'intérêt du prétendu maître de l'affaire[4].

Dans une affaire similaire, où le client d'un grand magasin avait été blessé en poursuivant deux malfaiteurs qui avaient dérobé la recette qu'il était parvenu à récupérer, la Cour de cassation a admis la gestion d'affaires malgré l'opposition du propriétaire du magasin qui avait interdit de poursuivre les malfaiteurs. Comme

1. Civ. 1re, 17 juill. 1996, *JCP* 1997. I. 4015.
2. Civ. 1re, 14 nov. 1978, *JCP* 1978. II. 19379, note Bout.
3. Civ. 3e, 13 janv. 1999, *RJDA* 1999, nº 384.
4. Civ. 1re, 7 janv. 1971, *JCP* 1971. II. 16670.

le souligne l'annotateur de la décision, il aurait été plus judicieux d'invoquer l'action *de in rem verso* puisque le propriétaire s'était enrichi grâce à la victime en récupérant sa recette [1]. En l'espèce, l'assureur de responsabilité du grand magasin, après avoir indemnisé le client blessé par le malfaiteur s'est retourné contre l'État sur le fondement de la réparation due au *collaborateur bénévole d'un service public*, la police en l'occurrence, et il a triomphé devant le tribunal administratif de Marseille et la cour administrative d'appel de Lyon [2]. On soulignera que pour les juridictions administratives saisies, les qualités de gérant d'affaires d'une personne privée et de collaborateur bénévole du service public ne sont pas incompatibles.

C. Capacité du gérant d'affaires

2010. Cette condition n'est pas expressément posée par le Code, mais normalement, il faut que le gérant son capable juridiquement car, dans le cas contraire, son incapacité entraînerait la nullité des actes juridiques qu'il passerait avec des tiers pour le compte du géré. Toutefois, ce dernier pourrait confirmer l'acte nul et les tiers qui se verraient opposer la nullité de l'acte pourraient agir contre le géré sur le fondement de l'enrichissement sans cause. Une partie de la doctrine considère donc que la capacité du gérant importe peu, comme en matière de mandat (v. ss 204).

§ 2. Conditions concernant le maître de l'affaire

2011. Peu importe sa capacité, par contre il ne doit pas avoir consenti à l'acte.

A. Capacité du maître de l'affaire

2012. La personne du géré importe peu, la gestion d'affaires peut même intervenir entre époux. Sa capacité n'est pas requise non plus, puisque sa volonté n'entre pas en ligne de compte et que la gestion ne lui sera opposable que dans la mesure où elle lui aura été profitable.

B. Absence de consentement

2013. En revanche, il est nécessaire que la gestion se soit faite à l'insu du maître de l'affaire, ou en tout cas sans opposition de sa part. Mais cette absence d'opposition ne saurait équivaloir à un consentement : dans le cas contraire, on pourrait en déduire l'existence d'un contrat de mandat. En revanche, si le maître a connaissance de la gestion et s'y oppose, la personne qui s'immisce dans ses affaires commet une faute engageant sa responsabilité délictuelle.

---

1. Civ. 1re, 26 janv. 1988, *JCP* 1989. II. 21217, note Y. Dagorne-Labbé.

2. 4e ch., 22 sept. 1993, *Ministère de l'Intérieur c/ Société d'assurance Winterthur*, cité dans *RTD civ.* 1994. 101, obs. J. Mestre.

§ 3. Conditions concernant l'affaire

2014. L'affaire est constituée par l'acte de gestion effectué par le gérant : peu importe qu'il s'agisse d'un acte juridique ou matériel, mais celui-ci doit avoir été utile et n'avoir pas dépassé les limites d'un acte d'administration.

A. L'acte effectué peut consister en un acte juridique ou un acte matériel

2015. Par exemple, au titre de l'accomplissement *d'actes matériels*, le gérant peut avoir replacé lui-même les tuiles tombées du toit ou avoir arrêté un cheval emballé, ou encore avoir porté secours aux victimes d'un accident de la route ; cependant, dans ce dernier cas, la jurisprudence qualifie parfois une telle intervention de « contrat d'assistance » ou « convention d'assistance bénévole » [1], écartant donc le quasi contrat au profit d'une qualification contractuelle. En cas d'actes matériels, la gestion d'affaires se distingue alors clairement du mandat, qui ne concerne que des actes juridiques. Cependant, le gérant peut aussi accomplir des *actes juridiques*, notamment si, au lieu de remplacer les tuiles lui-même, il fait intervenir un couvreur pour effectuer la réparation ou s'il emmène un animal blessé chez le vétérinaire pour le faire soigner et engage des frais.

En ce qui concerne le géré, qu'il s'agisse d'un acte matériel ou d'un acte juridique, la preuve peut se faire par tous moyens, car il ne pourrait fournir une preuve écrite, étant étranger à l'acte. Mais le gérant devra, lui, prouver l'acte juridique par des preuves parfaites.

B. L'acte doit être utile

2016. En effet, il faut éviter les immixtions abusives dans les affaires d'autrui. Aussi la jurisprudence et la doctrine exigent-elles que l'acte ait été, sinon nécessaire, du moins *utile*, c'est-à-dire opportun, raisonnable. L'article 1301 pose précisément désormais cette condition. L'opportunité de l'acte doit s'apprécier au moment où la gestion est entreprise, même si, par la suite, la situation s'est à nouveau détériorée (par exemple si l'immeuble réparé par le gérant d'affaires est ensuite incendié ou si l'animal conduit par le gérant chez le vétérinaire et opéré par ce dernier, ne survit pas).

C. L'acte juridique est en principe un acte d'administration

2017. Compte tenu de l'impact sur le patrimoine des actes de disposition, l'acte relevant de la gestion d'affaire ne devrait être qu'un acte d'administration.

Cependant, l'article 1301 ne le précise pas et ne fait pas de distinction. Par ailleurs, en raison, d'une part, de la distinction parfois difficile à établir entre les actes d'administration et les actes de disposition et, d'autre part, de l'urgence de certaines opérations, la jurisprudence a tendance à élargir le domaine de la gestion d'affaires dès lors que « l'initiative est justifiée » (par ex., vente de valeurs mobilières en cas d'urgence).

---

1. Civ. 1re, 1er déc. 1969, *JCP* 1970. II. 16445, note J.-L. Aubert ; dans le même sens, v. Paris, 25 janv. 1995, *JCP* 1995. I. 3867, obs. M. Fabre-Magnan.

Section 2
Les effets de la gestion d'affaires

2018. La gestion d'affaires est une source d'obligations. Ces obligations pèsent sur le gérant, mais aussi sur le géré.

§ 1. Les obligations du gérant

A. À l'égard du maître de l'affaire

2019. Si toutes les conditions requises pour qu'il y ait gestion d'affaires sont remplies, le gérant est assujetti à toutes les obligations qui résulteraient d'un mandat que lui aurait donné le propriétaire (art. 1301, al. 2). De ce principe découlent un certain nombre d'obligations dont certaines diffèrent cependant un peu de celles nées du mandat.

– *Le gérant* « est tenu d'apporter à la gestion de l'affaire tous les soins d'une personne raisonnable » (art. 1301-1, al. 1er) ; il est responsable de toute faute, même légère, même d'une simple imprudence ou d'une négligence (art. 1301-1, al. 2) ; mais le texte reconnait, comme auparavant, au juge un pouvoir de modération de l'indemnité due au maître de l'affaire, en fonction des circonstances Sa responsabilité s'apprécie *in abstracto* et non *in concreto,* comme celle du mandataire à titre gratuit (art. 1992, al. 2). Il s'agit ici d'une responsabilité particulière, autonome.

– *Le gérant doit poursuivre la gestion qu'il a commencée* jusqu'à ce que le maître ou ses héritiers puissent y pourvoir eux-mêmes (art. 1301-1, al. 1er). Cette obligation est plus sévère que pour le mandataire qui peut, quant à lui, renoncer à son mandat (art. 2007) et n'est tenu de le poursuivre après le décès du mandant que s'il y a « péril en la demeure » (art. 1991, al. 2). Cela se justifie par son engagement en tant que personne raisonnable.

– *Enfin*, bien que l'article 1301-1 ne le précise pas 1e gérant doit *rendre compte* de sa gestion, comme le fait le mandataire (art. 1993).

B. À l'égard des tiers

2020. Ces effets ne sont pas prévus par les textes relatifs à la gestion d'affaire. Néanmoins le gérant est obligé envers les tiers avec lesquels il a traité personnellement et ce, même si la gestion n'a pas été considérée comme utile. En revanche, si le gérant a traité au nom du géré, même implicitement, il n'est pas engagé envers les tiers qui doivent s'adresser au géré [1]. Mais, s'il n'a pas indiqué l'identité du maître de l'affaire et ne peut justifier d'un mandat, le gérant reste seul tenu à l'égard des tiers qui ne peuvent agir que contre lui [2].

---

1. Civ. 1re, 14 janv. 1959, *D.* 1959. 106.

2. Civ. 1re, 10 févr. 1982, *Bull. civ.* I, n° 67.

§ 2. Les obligations du maître de l'affaire

A. À l'égard du gérant

2021. Selon l'article 1301-2, le maître de l'affaire a deux sortes d'obligations à l'égard du gérant.

– *Le géré doit rembourser au gérant* toutes les dépenses « faites dans son intérêt » et qui ont nécessairement été utiles puisque la gestion d'affaires a été admise. Il doit aussi l'indemniser des dommages qu'il a subis en raison de sa gestion. Mais il n'a pas à rembourser les dépenses excessives ou de luxe. Le critère reste toujours à cet égard celui de l'utilité de la gestion (alors que le mandataire est indemnisé dans tous les cas) (art. 2000). C'est pourquoi le gérant a intérêt à ce que le maître de l'affaire *ratifie* expressément ou tacitement sa gestion, ce qui a pour effet de la transformer rétroactivement en mandat et de lui permettre d'être indemnisé, même si sa gestion n'a pas été utile (art. 1301-3).

Il faut, par ailleurs préciser que l'utilité de la gestion doit être appréciée au moment de l'acte, peu important qu'il n'en demeure aucun profit pour le maître (par exemple, le toit réparé par le gérant d'affaires a été, à nouveau, endommagé par une nouvelle tempête) ; c'est ce qui distingue la gestion d'affaires de l'action *de in rem verso* qui joue seulement dans la mesure de l'enrichissement de l'intéressé.

Enfin le gérant, s'il a droit au remboursement de ses dépenses « utiles ou nécessaires », n'a en revanche droit à aucune rémunération fut-ce sous forme de dédommagements [1].

– *Le géré peut, enfin, nous l'avons vu, ratifier la gestion.* Cette ratification peut être expresse ou tacite. Elle a pour effet, selon la doctrine avant l'ordonnance du 10 février 2016, et selon l'article 1301-3 désormais, de transformer rétroactivement la gestion en mandat. Dès lors, le maître de l'affaire est tenu de tous les actes du gérant sans pouvoir en discuter l'utilité.

B. À l'égard des tiers

2022. Le géré, selon l'article 1301-2, est tenu de remplir les engagements contractés dans son intérêt par le gérant « car celui-ci est censé l'avoir représenté, mais dans la mesure où la gestion a été utile ou en cas de ratification » (art. 1375).

C. Cas où l'action du gérant ne répondait pas aux règles de la gestion d'affaires

2023. L'article 1301-5 prévoit spécifiquement cette hypothèse, reprenant en cela les propositions de l'avant-projet *Catala*. Si l'action du géré a profité néanmoins au maître de l'affaire, celui-ci doit indemniser le gérant selon les règles de l'enrichissement injustifié, autre quasi-contrat, dont le domaine est plus large. Il s'agit donc d'une solution nouvelle, introduite par l'ordonnance.

1. Com. 15 déc. 1992, *RJDA* n° 300, 1993. 262.

DOCUMENTS

BIBLIOGRAPHIE

ALIBERT (J.-L.), « Définition juridique de la notion de gestion », *LPA* 26 févr. 1997.

CHANTEPIE (G.) et LATINA (M.), *La réforme du droit des obligations. Commentaire théorique et pratique dans l'ordre du Code civil,* Dalloz, 2016, p. 629 s., et spécialement sur la gestion d'affaires, p. 611 s.

CHÉNEDÉ (F.), « Les quasi-contrats. Articles 1300 à 130-4 », *JCP* 2015, suppl. au n° 21, p. 60.

DISSAUX (N.) et JAMIN (C.), *Réforme du droit des contrats, du régime général et de la preuve des obligations, Commentaire des articles 1100 à 1386-1 du Code civil*, Dalloz, 2016, p. 150 s.

DOUCHY (M.), *La notion de quasi-contrat en droit positif français*, Economica, 1997, préf. A. Sériaux.

GORE, « Le fondement de la gestion d'affaires, source autonome et générale d'obligation », *D.* 1953. I. 39.

HOCQUET-BERG (S.), « Remarques sur la prétendue convention d'assistance », *Gaz. Pal.* 7-9 janv. 1996.

HONORAT, « Rôle effectif et rôle concevable des quasi-contrats en droit actuel », *RTD civ.* 1969. 653.

LECENE-MARÉNAUD (M.), « Le rôle de la faute dans les quasi-contrats », *RTD civ.* 1994. 515.

PEIS-HITTER (M.-P.), « De la croyance légitime, co-critère de définition des quasi-contrats », *LPA*, n° 18, 28 janv. 2006, p. 8.

ARRÊT À COMMENTER

La gestion d'affaires

Com. 8 juin 1968, *JCP* 1969. II. 15724, note Prieur, *Neuilly-Poids Lourds*

LA COUR

Sur le premier moyen :

– Attendu que selon les énonciations de l'arrêt attaqué (*Paris, 18 novembre 1965*), Gougeul, qui avait acquis d'occasion un car Chausson modèle 1953, le confia en 1959 à la Société Neuilly Poids Lourds qui le lui avait vendu, pour le réparer après qu'il eût subi un accident ; que le véhicule ne lui fut rendu qu'en mai 1961, sur une action judiciaire et moyennant le paiement, sous réserves, de 1 700 F après estimation d'expert, mais que, Gougeul ayant assigné la société en paiement de dommages et intérêts pour le retard apporté par elle à lui restituer le camion, celle-ci lui demanda reconventionnellement la somme de 6 805 F représentant le coût de la transformation qu'elle avait cru devoir effectuer spontanément du véhicule en un car du modèle 1956 ;

– Attendu que la cour d'appel ayant confirmé la décision des premiers juges qui l'avait condamnée à payer 11 500 F de dommages et intérêts en rejetant sa demande en paiement de la facture de transformation du car, la Société Neuilly Poids Lourds lui fait grief de l'avoir ainsi déboutée au motif que les travaux litigieux n'étaient pas prévus au contrat et que ladite société ne pouvait se prévaloir des principes de la gestion d'affaires, car il n'était pas établi que les travaux en question aient présenté pour son client un avantage quelconque ; alors que s'agissant de le rendre conforme à un type plus récent, ces travaux avaient nécessairement un intérêt pour lui, et que, d'autre part, le fait qu'elle n'ait pas sollicité d'instructions n'est pas un motif d'exclure la notion de gestion d'affaires ;

– Mais attendu que la cour d'appel, estimant, par une appréciation souveraine, que *n'était pas établie l'utilité de la transformation* dont le coût était réclamé, et que la société qui était chargée d'effectuer des réparations au véhicule, l'ayant conservé pendant 22 mois, *pouvait*, avant de l'entreprendre, *solliciter les instructions de son client*, en a déduit à bon droit que *la demande* de la Société Neuilly Poids Lourds *n'était pas justifiée par la gestion d'affaires* ; que le moyen ne saurait donc être accueilli ;

Sur le second moyen :

– Attendu que la Société Neuilly Poids Lourds reproche encore à l'arrêt attaqué d'avoir refusé de faire droit à sa demande fondée sur le principe de l'enrichissement sans cause, au motif que l'enrichissement de Gougeul ne pouvait être considéré comme démontré, et qu'au surplus elle ne pouvait faire abstraction de la convention qui la liait au propriétaire, alors que le fait de rendre le véhicule conforme à un modèle plus récent ne pouvait qu'augmenter la valeur de ce véhicule et par suite enrichir le maître de l'œuvre, et que, d'autre part, le fait que la Société Neuilly Poids Lourds n'en ait pas référé à ce dernier n'était pas de nature à rendre l'action irrecevable ;

– Mais attendu que les juges d'appel retiennent à bon droit que le garagiste ne pouvait se prévaloir d'un enrichissement sans cause, en faisant abstraction de la convention qui le liait à Gougeul, pour exiger de ce dernier le paiement de travaux non prévus, dont il a pris intempestivement l'initiative ; que le moyen n'est donc pas non plus fondé ;

Par ces motifs,

Rejette le pourvoi formé contre l'arrêt rendu le 18 novembre 1965 par la cour d'appel de Paris.

Chapitre 2

La restitution de l'indu

► ***La restitution de l'indu ou paiement de l'indu*** consiste, dans le cas où une personne appelée *solvens,* a exécuté une prestation à laquelle elle n'était pas tenue, à faire naître à l'encontre de celui qui a ainsi reçu ce qui ne lui était pas dû, appelé *accipiens,* l'obligation de le « répéter », c'est-à-dire de le restituer, au moyen de l'action en répétition (ou réclamation) de l'indu. Antérieurement régi par les articles 1235, 1376 et 1377du Code civil, le paiement de l'indu figure désormais à la suite de la gestion d'affaires dans les articles 1302 et 1303 du Code civil. Là encore, l'obligation nait de certaines circonstances de fait.

2024. Selon l'article 1302, « tout paiement suppose une dette ; ce qui a été reçu sans être dû est sujet à restitution. La restitution n'est pas admise à l'égard des obligations naturelles qui ont été volontairement acquittées ». Ce texte de base posant le principe de la restitution de l'indu est pratiquement identique à l'ancien texte, l'article 1235 du Code civil, sous réserve de la référence à « ce qui a été reçu », à la place de la référence de « ce qui a été payé » sans être dû. L'article 1235, qui fondait la répétition de l'indu, trouvait en effet sa place en tête des dispositions relatives au paiement et l'on parlait classiquement du paiement de l'indu. La restitution de l'indu, substituée au paiement de l'indu, se trouve donc désormais à son juste emplacement, avec les autres quasi-contrats.

2025. Les solutions antérieures sont largement reprises mais il existe cependant quelques modifications, concernant tant les conditions que les effets de l'action en restitution. Quelles sont alors ces conditions et ses effets ?

Section 1

Les conditions de la restitution de l'indu

2026. Pour qu'il y ait matière à restitution, il faut un paiement indu de la part d'une personne le *solvens*, au profit d'une autre personne, l'*accipiens*, ce qui suppose que deux conditions soient réunies : une remise à titre de paiement d'une part ; l'absence de dette, d'autre part, question qui soulève le plus de développements dans les textes. La question se pose également de savoir si l'erreur du *solvens* est une condition de la restitution de l'indu.

§ 1. La remise d'un bien à titre de paiement

2027. Il peut s'agir de la remise d'une chose ou d'une somme d'argent, mais non de l'exécution d'une obligation de faire qui *pourrait* seulement donner lieu à l'octroi de dommages et intérêts. Cette remise doit bien avoir été faite à titre de paiement et non à un autre titre : prêt ou donation, par exemple.

§ 2. L'absence de dette

2028. Les articles 1302-1 et 1302-2 conduisent à distinguer trois hypothèses différentes qui correspondent à la distinction antérieure entre indu objectif, apprécié au regard de la dette et indu subjectif, apprécié au regard des personnes, *l'accipiens* ou le *solvens*.

L'article 1302-1, selon lequel : « celui qui reçoit par erreur ou sciemment ce qui ne lui est pas dû doit le restituer à celui de qui il l'a indûment reçu », renvoie en réalité à deux de ces trois hypothèses : celle de l'indu objectif, où la dette n'existe pas ; mais aussi, parmi les deux hypothèses d'indu subjectif, à celle où la dette existe mais où l'*accipiens* n'est pas le créancier.

L'article 1302-2, qui précise « celui qui par erreur ou sous la contrainte a acquitté la dette d'autrui peut agir en restitution contre le créancier », renvoie à la seconde hypothèse d'indu subjectif, celle où le *solvens* paye alors qu'il n'était pas débiteur de l'*accipiens*.

On distinguera donc l'hypothèse d'indu objectif et les hypothèses d'indu subjectif.

A. La dette n'existe pas ou n'existe plus : indu objectif

2029. C'est le *cas* de l'*indu objectif* prévu par l'article 1302-1 où la dette est inexistante.

Plusieurs situations peuvent se présenter.

– *Le solvens* peut avoir payé *une dette inexistante* ou partiellement inexistante (le *solvens* a acquitté un montant supérieur au montant de la dette). L'action est donc exclue en cas de paiement anticipé, car la dette existe bien ; simplement elle n'était pas exigible ; l'action est également exclue, selon l'article 1302, alinéa 2, en cas de paiement *volontaire* d'une obligation naturelle (sur cette question, v. ss 121 s.). Il peut s'agit aussi de la réclamation d'un *trop-perçu*.

– *Le solvens* peut également bénéficier de l'action en répétition s'il a payé une *dette qui n'existait plus*, par exemple : une *obligation nulle*. En vertu de la rétroactivité de l'annulation, les choses doivent être remises en état et les prestations restituées. Il y a toutefois deux exceptions :

– s'il s'agit d'un incapable, il n'est tenu de restituer que ce qui a tourné à son profit (art. 1352-4) ;

– avant l'ordonnance du 10 février 2016, si la nullité était prononcée pour immoralité, le *solvens* pouvait se voir opposer la règle *nemo auditur propriam turpitudinem allegans* (nul ne peut être entendu en justice s'il invoque sa propre turpitude), ce qui n'évitait pas l'annulation mais empêchait les restitutions consécutives à la nullité. L'ordonnance ne fait pas référence à cette exception d'immoralité et a, par ailleurs, supprimé la notion de bonnes mœurs qui représentait l'aspect moral de l'ordre public. La jurisprudence peut certainement continuer à en faire application mais l'on peut néanmoins s'interroger sur la survie de cet adage (v. ss 820, 1390, 1512).

B. Le *solvens* peut avoir payé une dette existant bien, mais non entre l'*accipiens* et lui : indu subjectif

2030. C'est l'*indu subjectif* qui *recouvre* deux hypothèses, dont l'une, on l'a dit, est prévue par l'article 1302-1 et l'autre par l'article 1302-2. Dans ces hypothèses, *l'accipiens* n'est pas créancier ou bien il est créancier mais pas du *solvens*.

2031. La première *hypothèse* correspond au cas où le *solvens* est bien débiteur mais l'*accipiens* n'est pas créancier et ce dernier reçoit par erreur ou sciemment le paiement (art. 1302-1). On notera que l'erreur de l'*accipiens* est indifférente car il peut tout aussi bien avoir reçu sciemment ou par erreur mais que l'article 1302-1, pas plus que l'ancien texte, ne prévoit l'incidence d'une erreur du *solvens* (sur ce point, v. ss 2033*)*.

2032. La seconde *hypothèse* correspond au cas où le *solvens* n'est pas débiteur de l'*accipiens* et où il acquitte par erreur ou sous la contrainte, la dette d'autrui (art. 1302-2). Ici, la condition d'une erreur du *solvens* est bien posée (ou celle de la contrainte).

§ 3. L'erreur du *solvens*

A. L'erreur du *solvens* n'est pas une condition nécessaire dans les hypothèses d'indu objectif et d'indu subjectif posées par l'article 1302-1

2033. Il s'agit des deux cas, prévus par l'article 1302-1, où *l'accipiens* n'était pas créancier ; le *solvens* a donc soit réglé une dette inexistante[1] (indu objectif), soit une dette dont il était bien débiteur mais pas au bon créancier (indu subjectif, v. ss 2031). Dans le silence des textes antérieurs, la jurisprudence avait écarté la condition d'une erreur du *solvens* pour que ce dernier puisse obtenir la répétition de l'indu. La solution avait été confirmée par un arrêt de principe rendu en assemblée plénière le 2 avril 1993[2], selon lequel, dès lors que les sommes versées n'étaient pas dues, le *solvens* est en droit, sans être tenu à aucune preuve (notamment celle d'une erreur), d'en obtenir la restitution. Cette position a été suivie ensuite tant par la chambre commerciale que par la chambre sociale. L'article 1302-1 ne pose pas la condition d'une erreur et il faut donc en déduire que la solution jurisprudentielle antérieure reste valable.

2034. À l'inverse, l'article 1302-2, concernant la seconde hypothèse d'indu subjectif (où le solvens a payé une dette dont il n'était pas débiteur, v. ss 2032), pose expressément la condition de l'erreur du *solvens* (ou de la contrainte) concernant l'indu subjectif.

---

1. Civ. 17 juill. 1984, *D.* 1985. 298, note P. Chauvel et obs. J. Mestre, *RTD civ.* 1990. I. 744.
2. *RTD civ.* 1993. 820, obs. J. Mestre ; *D.* 1993. 373, concl. M. Jeol, *JCP* 1993. II. 22051.

B. L'erreur du *solvens* nécessaire dans l'indu subjectif de l'article 1302-2

2035. ***Principe d'une erreur.*** Sans erreur, en effet, le paiement de la dette d'autrui aurait une justification (par exemple l'intention libérale à l'égard du véritable débiteur, justifiant le paiement fait à la place de celui-ci [1]) et ne serait pas susceptible de restitution. Cette nécessité d'une erreur est prévue par l'article 1302-2, qui assimile à l'erreur le paiement fait sous la contrainte.

2036. ***Assimilation à l'erreur du paiement sous la contrainte.*** La jurisprudence avait assimilé le dol et la violence à l'erreur pour accorder l'action en répétition au *solvens* qui a payé sous la contrainte. L'article 1302-2 consacre cette solution *jurisprudentielle.* La preuve de l'erreur ou de la violence incombe au *solvens* et peut se faire par tous moyens.

2037. ***Exception jurisprudentielle de la répétition du paiement délibéré de l'indu.*** La jurisprudence a admis, depuis 1986, qu'un paiement indu soit répétible bien qu'accompli sans erreur : c'est l'hypothèse du paiement délibéré de l'indu. En l'espèce, il s'agissait de l'achat d'un terrain sous condition suspensive du paiement avant une certaine date. Une partie du prix devait être payée par des lettres de change dont certaines n'arrivaient à échéance qu'après cette date. Par précaution et pour éviter la « caducité » de la vente, l'acheteur avait versé une somme supplémentaire. De ce fait, une fois toutes les lettres de change payées, le vendeur avait reçu une somme supérieure au prix de vente. Il n'y avait certes pas ici intention libérale, mais il n'y avait pas non plus erreur : le paiement avait été fait volontairement mais par précaution. La répétition est accordée sur le fondement de l'article 1235 [2].

2038. Un autre moyen de rendre répétible le paiement de l'indu pourrait être de l'assortir de réserves chaque fois qu'il y a un doute sur *l'existence* de la dette, ce qui permet d'exclure l'intention libérale [3] même cela établit en même temps l'absence d'erreur [4].

Cette hypothèse, ainsi que la précédente du paiement délibéré de l'indu, ne sont pas prévues cependant par les dispositions issues de l'ordonnance du 10 février 2016.

2039. ***La question s'est posée aussi de savoir contre qui l'action en répétition devait être dirigée.*** Dans un arrêt de principe rendu le 6 mai 1993, la Cour de cassation avait précisé que « l'action en répétition de l'indu peut être engagée soit contre *celui* qui a reçu le paiement, soit contre celui pour le compte duquel il a été reçu, mais, elle ne peut être dirigée contre celui pour le compte duquel le paiement a été effectué ».

Depuis, cependant, la Cour de cassation a rendu un arrêt différent, le 13 octobre 1998 [5]. Il s'agissait d'une SCP notariale qui avait payé de ses deniers le prix d'achat d'un immeuble pour le compte de son client. Celui-ci ne l'ayant pas remboursé, la SCP l'avait poursuivi, dès lors, qu'il était apparu que c'était par erreur que la SCP avait payé.

---

1. Pour l'intention libérale, v. Com. 24 févr. 1987, *D.* 1987. 244, note A. Bénabent, *RTD civ.* 1987. 543, obs. J. Mestre.

2. Civ. 3e, 19 mars 1986, *Bull. civ.* III, n° 36, *RTD civ.* 1987. 543, obs. J. Mestre.

3. Req. 4 janv. 1897, *DP* 1997. I. 126.

4. Soc. 24 mai 1973, *D.* 1974. 365, note J. Ghestin.

5. Civ. 1re, *JCP* 1999. I. 1143, obs. G. Virassamy.

Condamné à rembourser, l'acheteur forme un pourvoi qui est rejeté au motif « que le tiers qui, par erreur, a payé la dette d'autrui de ses propres deniers, a, bien que non subrogé aux droits du créancier, un recours contre le débiteur ».

L'ordonnance a confirmé cette dernière solution puisque si l'article 1302-2, alinéa 1er, précise que le *solvens* peut agir en restitution contre le créancier, l'alinéa 2 du texte prévoit qu'il peut aussi demander la restitution à celui dont la dette a été acquittée par erreur.

§ 4. La nécessité de la conservation par l'*accipiens* de son titre de créance dans l'hypothèse d'indu subjectif de l'article 1302-2

2040. L'action en restitution n'est plus *possible* « dans le cas où le créancier, par suite du paiement, a détruit son titre ou supprimé les sûretés qui garantissaient sa créance ». Il s'agit donc ici du cas où le *solvens* a payé, par erreur, la dette d'autrui, mais où l'*accipiens* est bien créancier. Celui-ci, une fois payé, a, de bonne foi, détruit son titre de créance et n'aurait donc plus aucun moyen d'agir contre son véritable débiteur si l'on accordait au *solvens* l'action en répétition. La jurisprudence avait ajouté à cette hypothèse, celle où le créancier a perdu les sûretés garantissant son remboursement et elle a été ajoutée par l'ordonnance. C'est pourquoi le *solvens* n'a, dans ce cas, qu'un recours contre le véritable débiteur sur le fondement de l'enrichissement sans cause (v. ss 2051 s.).

On devrait étendre cette solution au cas où l'*accipiens*, persuadé d'avoir été régulièrement payé, a laissé prescrire son droit ; mais la jurisprudence ne l'admet pas toujours.

§ 5. La prescription de l'action en répétition

2041. Faute de dispositions légales particulières, on considérait jusqu'ici que l'action en répétition se prescrivait par les trente ans de droit commun de l'article 2262, même si la prescription de l'action en paiement était plus courte. Mais la chambre sociale de la Cour de cassation a, dans deux arrêts de 1999, aligné le délai de prescription de l'action en *répétition* sur celui de l'action en paiement et, s'agissant de « sommes payables par années ou à des termes périodiques plus courts » soumises au délai de prescription quinquennale de l'article 2277, elle a affirmé que ce délai s'appliquait également à l'action en répétition[1]. La réforme de la prescription du 17 juin 2008 (sur cette loi, v. ss 731 s.) a ramené à cinq ans le délai de prescription de droit commun. Depuis ces décisions de la chambre sociale, la seconde chambre civile de la Cour de cassation a contredit la solution. Quelle que soit la cause du paiement indu, l'action en répétition se prescrit selon le délai de droit commun, applicable aux quasi-contrats à défaut de dispositions contraires[2].

---

1. Soc., *Bull. inf. rap. Cass.* 1999, n° 459 et n° 460 ; *JCP* 1999. IV. 1423-1426 ; *JCP* 1999. I. 171, note M. Billiau.

2. Civ. 2e, 4 juill. 2013, n° 12-17.427, *RDC* 2014. 47, note M. Latina.

Section 2
Effets du paiement de l'indu

§ 1. L'*ACCIPIENS* : OBLIGATION DE RESTITUTION

2042. *L'accipiens* est tenu à restitution de ce qu'il a reçu indûment. L'article 1302-3 renvoie concernant le régime de la restitution aux règles générales désormais posées aux articles 1352 à 1352-9, inscrits au titre du régime général de l'obligation qui traitent des restitutions (v. ss 797 s.).

2043. On se contentera ici d'indiquer que la situation diffère selon que la restitution porte sur une somme d'argent ; sur une chose autre qu'une somme d'argent, le principe étant alors celui de la restitution en nature et en cas d'impossibilité, en valeur ; ou sur une prestation de service, la restitution se faisant alors toujours en valeur.

2044. Les nouveaux textes consacrées aux restitutions prévoient des règles pour chacune de ces hypothèses, concernant la question des intérêts, des fruits et de la valeur de la jouissance que la chose a procurée, avec quelques différences selon que l'accipiens est de bonne ou de mauvaise foi (v. ss 797 s.).

§ 2. LE *SOLVENS* : REMBOURSEMENT DES DÉPENSES ET INCIDENCE D'UNE FAUTE

2045. Le *solvens* doit rembourser « les dépenses nécessaires à la conservation de la chose et celles qui en ont augmenté la valeur, dans la limite de la plus-value estimée au jour de la restitution » (art. 1352-5) même si l'*accipiens* était de mauvaise foi[1].

De plus, si le paiement fait par erreur procédait d'une faute, le *solvens* n'est pas privé de son droit à répétition mais il peut voir engager sa responsabilité sur le fondement de l'article 1240 (ancien art. 1382) si cette faute a causé un préjudice à l'*accipiens*. Dans ce cas, « le remboursement mis à la charge de l'*accipiens* doit alors être diminué du montant de ce préjudice »[2]. Cette solution jurisprudentielle a été confirmée par l'ordonnance dans l'article 1302-3, alinéa 2, lequel prévoit expressément que « la restitution peut être réduite si le paiement fait par erreur procède d'une faute ».

---

1. Civ. 3e, 12 mars 1985, *Bull. civ.* III, n° 50.
2. Civ. 1re, 5 juill. 1989, *Bull. civ.* I, n° 278.

DOCUMENTS

BIBLIOGRAPHIE

Chantepie (G.) et Latina (M.), *La réforme du droit des obligations. Commentaire théorique et pratique dans l'ordre du Code civil*, Dalloz, 2016, p. 629 s.

Chénedé (F.), « Les quasi-contrats. Articles 1300 à 130-4 », *JCP* 2015, suppl. au n° 21, p. 60.

Defrenois-Souleau (I.), « La répétition de l'indu objectif. Pour une application sans erreur de l'article 1376 du Code civil », *RTD civ.* 1989. 243.

Derouin (Ph.), « Le paiement de la dette d'autrui : répétition de l'indu et enrichissement sans cause », *D.* 1980. Chron. 199.

Dissaux (N.) et Jamin (C.), *Réforme du droit des contrats, du régime général et de la preuve des obligations, Commentaire des articles 1100 à 1386-1 du Code civil*, Dalloz, 2016, p. 157 s.

Douchy (M.), *La notion de quasi-contrat en droit positif français*, Economica, 1997, préf. A. Sériaux.

Ghestin (J.), « L'erreur du solvens, condition de la répétition de l'indu », *D.* 1972. Chron. 277.

Lecene-Marénaud (M.), « Le rôle de la faute dans les quasi-contrats », *RTD civ.* 1994. 515.

Loussouarn (Y.), « La condition d'erreur du solvens dans la répétition de l'indu », *RTD civ.* 1949. 212.

Martin (D.), « De la répétition de l'indu », *D.* 1993. Chron. 167.

Peis-Hitter (M.-P.), « De la croyance légitime, co-critère de définition des quasi-contrats », *LPA* n° 18, 28 janv. 2006, p. 8.

Romani (A.-M.), « La faute de l'appauvri dans l'enrichissement sans cause et dans la répétition de l'indu », *D.* 1983. Chron. 127.

Tadros (A.), « Article 1302 : paiement de l'indu », *RDC* 2015. 794.

CAS PRATIQUE

M. Raymond avait versé par erreur des cotisations trop importantes à la caisse primaire de Sécurité sociale. S'en étant aperçu, il réclame le remboursement des sommes versées en trop ; mais la caisse, invoquant sa bonne foi, refuse de payer.

Sa position est-elle bonne ou mauvaise ? Pourquoi ?

Chapitre 3

L'enrichissement injustifié

2046. Au titre de la principale innovation concernant les quasi-contrats, l'ordonnance inscrit dans le Code civil l'enrichissement injustifié, quasi-contrat connu sous l'appellation « d'enrichissement sans cause », dont le principe fut posé par la Cour de cassation depuis fort longtemps dans l'arrêt *Boudier* du 15 juin 1892. Sur la base de cette décision, la jurisprudence avait ensuite construit le régime de l'action dite « *de in rem verso* », autre nom donné à l'action fondée sur l'enrichissement sans cause, qui permet la compensation d'un enrichissement dépourvu de toute justification juridique lorsqu'il n'existe pas d'autre action possible. L'obligation qui naît des circonstances caractérisant l'enrichissement injustifié est ici une obligation d'indemnisation de l'appauvri par l'enrichi.

2047. Comme suite logique de la disparition de la cause en droit des contrats, l'ordonnance modifie l'appellation de ce quasi-contrat, désormais intitulé « enrichissement injustifié » et l'inscrit dans les articles 1303 à 1303-4 du Code civil, dans un chapitre qui lui est consacré. Le texte de base, l'article 1303, reprend dans la définition de l'enrichissement injustifié tous les éléments essentiels que la jurisprudence avait précédemment dégagés : « en dehors des cas de gestion d'affaires et de paiement de l'indu, celui qui bénéficie d'un enrichissement injustifié au détriment d'autrui doit, à celui qui s'en trouve appauvri, une indemnité égale à la moindre des deux valeurs de l'enrichissement et de l'appauvrissement ». Les autres articles précisent la notion d'enrichissement injustifié, ainsi que celle d'appauvrissement, le caractère subsidiaire de l'action et les modalités d'évaluation de l'indemnité.

Si l'essentiel a consisté dans la codification des solutions jurisprudentielles, tant en ce qui concerne les conditions de l'enrichissement injustifié que ses effets, un changement est cependant apporté concernant la détermination du montant de l'indemnisation.

Avant de voir les conditions (Section 2) puis les effets de l'enrichissement sans cause (Section 3), il convient de dire quelques mots de son origine historique (Section 1).

Section 1
Origine historique

2048. En droit romain, la notion d'enrichissement sans cause était déjà connue et elle donnait lieu à l'octroi d'une action en réclamation (ou *condictio*) à l'encontre des personnes dont le patrimoine s'était accru aux dépens d'un autre, sans cause valable. Ces *condictiones* portaient des noms différents selon les circonstances qui les justifiaient. Celle concernant l'enrichissement procuré par l'intermédiaire d'un fils de famille ou d'un esclave s'appelait l'action de reversement (ou *de in rem verso*). C'est ce terme latin qui a été retenu et qui est utilisé de nos jours dans tous les cas d'enrichissement sans cause.

Cette idée réapparaît, d'une façon sous-jacente, dans le Code civil qui n'a formulé, à propos de l'enrichissement sans cause, aucune règle générale, mais qui pose un certain nombre de règles destinées à l'éviter : en matière d'accession et de plantations ou constructions sur le terrain d'autrui (art. 554 et 555), en matière d'impenses pour les possesseurs évincés ou les propriétaires en cas de résolution et en matière de récompenses entre les patrimoines propres et la communauté (art. 1412 s.), ainsi qu'en matière de nullité des actes des incapables (art. 1312) et, surtout, de réclamation de l'indu (art. 1376-1381).

2049. Au cours du XIXe siècle, on s'est demandé si cette notion d'enrichissement sans cause ne pouvait pas être étendue à d'autres cas que ceux expressément prévus par le code. Une partie de la doctrine essaya d'étendre la notion de gestion d'affaires à des cas où l'appauvri n'avait cependant pas eu l'intention de gérer l'affaire d'autrui ; d'autres auteurs, comme Aubry et Rau, estimaient que l'action *de in rem verso* devait être accordée dans tous les cas où un patrimoine s'enrichit aux dépens d'un autre.

2050. C'est alors que la Cour de cassation, après quelques hésitations, consacra l'action *de in rem verso* que la chambre des requêtes présenta le 15 juin 1892[1] (arrêt *Boudier*, dite « *affaire des engrais* ») comme une « action dérivant du principe d'équité qui défend de s'enrichir au détriment d'autrui ». Cette position fit jurisprudence, mais les décisions postérieures ont posé certaines conditions pour que l'exercice de cette action ne se généralise pas abusivement. L'ordonnance, on l'a dit a pour l'essentiel repris les solutions jurisprudentielles.

Les deux fondements le plus souvent invoqués de l'action *de in rem verso* sont la recherche du rétablissement de l'équilibre des deux patrimoines et la réparation d'une injustice tenant compte du comportement de l'appauvri.

Section 2
Les conditions de l'enrichissement injustifié

2051. L'arrêt *Boudier* du 15 juin 1892 (v. ss 2050) avait admis l'action *de in rem verso* sans la soumettre à aucune condition pour en permettre l'exercice ; la jurisprudence postérieure a donc dû peu à peu cerner les contours de l'enrichissement sans cause et poser un certain nombre de solutions qui sont reprises dans les dispositions issues de l'ordonnance du 10 février 2016.

Il existe un certain nombre de conditions, d'ordre matériel d'abord, d'ordre juridique ensuite.

§ 1. Conditions d'ordre matériel

2052. Pour qu'il y ait enrichissement sans cause, il faut : un appauvrissement subi par une personne, un enrichissement procuré à une autre personne qui devient débitrice et un lien de corrélation entre l'enrichissement et l'appauvrissement. L'article 1303 fait

1. Req. 15 juin 1892, *D.* 1892. I. 596 ; *S.* 1893. I. 281, note X. Labbé.

référence directement à ces conditions : celui qui bénéficie d'un *enrichissement* (injustifié) *au détriment d'autrui*, doit à celui qui s'est *appauvri*, une indemnité...

A. Un appauvrissement subi par une personne

1) L'appauvrissement peut intervenir sous forme de dépense ou d'un manque à gagner

2053. Il peut s'agir d'un travail fourni sans rémunération. Ainsi, par exemple, une femme séparée de biens ayant aidé, sans rémunération, son mari dans son commerce pendant de nombreuses années, en devient-elle créancière. Selon une jurisprudence déjà ancienne, les tribunaux lui reconnaissent le droit à une indemnité d'enrichissement sans cause sauf « lorsqu'il ressort du jugement de divorce qu'il prend en compte cet appauvrissement en vue de l'évaluation de la prestation compensatoire ». Il y a alors lieu de déclarer irrecevable l'action *de in rem verso* qui tend à l'indemnisation d'un appauvrissement déjà réparé [1]. »

De même, l'obligation alimentaire et le devoir moral d'assistance qui existent à la charge d'un enfant envers ses parents n'excluent pas que l'enfant puisse obtenir une indemnité pour l'aide et l'assistance apportées, lorsqu'elles ont excédé les exigences de la piété filiale [2] et l'indemnité est mise à la charge de la succession [3].

2) L'appauvri ne doit pas avoir eu un intérêt quelconque à s'appauvrir

2054. Cette condition est désormais expressément posée par l'article 1302-1 qui dispose : « il n'y a pas lieu à indemnisation si l'appauvrissement procède d'un acte accompli par l'appauvri en vue d'un profit personnel ». Par exemple, le locataire qui fait des travaux dans son immeuble ne peut attaquer les autres locataires qui se sont enrichis grâce à lui, car ses travaux lui ont personnellement profité. Il en est de même pour celui qui a procédé à ses frais au prolongement d'une ligne électrique sur laquelle un de ses voisins s'est branché [4] [5]. Il a également été jugé que si l'enrichi et l'appauvri étaient des amis et ont agi d'un commun accord, cet appauvrissement délibéré ne peut fonder un droit ultérieur à indemnité [6]. De même, les travaux effectués par un concubin sur l'immeuble de sa concubine ne sont pas pris en considération si cet appauvrissement « avait une cause constituée par son hébergement pendant dix-huit ans dans la maison de sa concubine » [7] [8].

2055. Depuis quelques années, la jurisprudence utilise l'enrichissement sans cause dans les *rapports de concubinage* pour pallier l'absence de tout statut matrimonial

---

1. Civ. 1re, 5 avr. 1993, *Gaz. Pal.* 10-12 avr. 1994, note J. Massip.

2. Civ. 1re, 12 juill. 1994, *D.* 1995. 623, note M. Tchendjou ; *JCP* 1995. II. 22425, note A. Sériaux.

3. Civ. 1re, 5 janv. 1999, *JCP N* 1999. 722, note J.-F. Pillebout ; dans le même sens, v. aussi Paris, 12 mars 2004, *Juris-Data* n° 2004-240 940.

4. Civ. 1re, 19 oct. 1976, *Bull. civ.* I, n° 300.

5. Dans le même sens, v. aussi Civ. 1re, 3 nov. 2004, *JCP* 2005. II. 10024, note F. Boulanger.

6. Civ. 3e, 1er mars 1989, *Bull. civ.* III, n° 49.

7. Civ. 1re, 12 nov. 1998, *Dr. fam.* 1999, comm. n° 12, H. Lécuyer.

8. V. aussi Versailles, 30 janv. 2004, *Gaz. Pal.* 29-30 oct. 2004, p. 11, ou encore Civ. 1re, 28 juin 2005, *Juris-Data* n° 2005-029 208, pour l'usage d'une voiture après rupture d'un concubinage.

et permettre, en cas de rupture, l'octroi d'une compensation à l'un des concubins pour l'aide apportée à l'autre ou pour fonder des financements ou aides financières en cours de vie commune. Toutefois, la Cour de cassation exclut que l'enrichissement sans cause puisse servir à contourner de façon systématique l'absence de toute règle légale de contribution aux charges de la vie commune, semblable à celle posée par l'article 215 du Code civil dans le cadre du mariage, qui oblige les deux époux à participer aux charges à proportion de leurs facultés. Elle admet donc l'application de l'enrichissement sans cause entre concubins mais au cas par cas, lorsque toutes les conditions sont réunies. C'est ainsi qu'elle l'exclut quand l'intention libérale est établie, ce qui donne une cause à l'enrichissement ou encore s'il existe une contrepartie dans des avantages tirés du concubinage (comme par exemple le logement gratuit)[1] et, enfin, quand l'aide apportée par le concubin ou la concubine n'est qu'une aide normale, qui n'excède pas la simple entraide, normale dans le cadre de la vie en commun[2]. Mais si l'aide apporté par le concubin excède la contribution normale aux charges du ménage due à raison de la vie commune, par exemple en cas de participation importante et gratuite du concubin à l'exploitation du fonds de commerce de sa concubine, alors une indemnité est due[3] (également sur l'action *de in rem verso* en cas de concubinage, v. ss 2074).

3) La condition de l'absence de faute

2056. Le rôle de la faute de l'appauvri, qui avait pu susciter quelques difficultés, est expressément fixé par l'article 1302, alinéa 2 : « l'indemnisation peut être modérée par le juge si l'appauvrissement procède d'une faute de l'appauvri ». C'est par exemple le cas du garagiste qui entreprend intempestivement des travaux non prévus ; de l'entrepreneur qui fait des travaux chez un locataire sans s'être renseigné sur la véritable qualité du donneur d'ordres ; de la grand-mère qui entretient ses petits-enfants malgré un jugement qui avait confié la garde au père[4].

2057. Le texte est clair : la faute de l'appauvri ne ferme pas l'action en répétition ; elle est simplement une cause de diminution de l'indemnité à laquelle il peut prétendre, comme peut l'être en matière de répétition de l'indu, la faute du *solvens* (art. 1302-3, al. 2) (v. ss 2045) ; autrement dit, l'absence de faute de l'appauvri n'est pas une condition de l'action en répétition.

2058. Cette solution est de nature à supprimer toutes les discussions qui avaient pu naître sur le rôle de la faute de l'appauvri, et elle n'est pas exactement conforme à la jurisprudence dominante sur la question. En effet, majoritairement, la jurisprudence

---

1. Illustrant ces deux hypothèses : Civ. 1re, 20 janv. 2010, n° 08-13.400, *Dr. fam.* 2010, comm. 35, note V. Larribau-Terneyre ; *AJ fam.* 2010. 132, S. Milleville, F. Chénedé, « Pour un affinement de la théorie des quasi-contrats au service de la liquidation patrimoniale du concubinage », *D.* 2010, étude 708.

2. Civ. 1re, 20 janv. 2010, n° 08-16.105, *Dr. fam.* 2010, comm. 35, note V. Larribau-Terneyre.

3. Civ. 1re, 24 sept. 2008 (deux arrêts), *Dr. fam.* 2008, comm. 152, note J.-L. Gracia et *D.* 2009. 140, note J.-J. Lemouland (v. arrêt en fin de chapitre) ; Pau, 29 janv. 2008, *Juris-Data* n° 2008-358034, *Dr. fam.* juill. 2008, à noter n° 96 ; *contra,* excluant l'enrichissement : Civ. 1re, 8 juin 2004, *Dr. fam.* 2004, comm. 169, note V. Larribau-Terneyre.

4. Civ. 1re, 6 mai 1953, *D.* 1953. 609.

avait tendance à considérer que la faute de l'appauvri constituait un obstacle général à l'exercice de l'action *de in rem verso*[1] (contrairement à ce qu'elle admettait en matière de répétition de l'indu, où elle entraînait seulement une diminution de la restitution) (v. ss 2045).

Cependant, la Cour de cassation avait cantonné ce rôle de la faute en indiquant : que « le fait d'avoir commis une imprudence ou une négligence ne prive pas celui qui, en s'appauvrissant a enrichi autrui, de son recours fondé sur l'enrichissement sans cause »[2]. La faute simple, de négligence ou d'imprudence, n'était donc pas une fin de non-recevoir à l'action fondée sur l'enrichissement sans cause. En revanche, le *dol* commis par l'appauvri lors de la formation du contrat le privait de l'action *de in rem verso*[3]. Il en était de même en cas de *faute professionnelle inexcusable*[4] ou tout simplement de *faute délibérée*, volontaire, distincte d'une simple négligence : le fait pour une entreprise d'effectuer une réparation sans avoir fourni le devis préalable qui lui avait été expressément demandé par le client[5].

L'ordonnance, en alignant la solution de l'incidence de la faute de l'appauvri sur la solution retenue en matière de répétition de l'indu semble donc condamner cette jurisprudence. Toutefois, si la faute de l'appauvri n'est qu'une cause de modération de l'indemnité, il reste possible d'admettre que cette diminution de l'indemnité aille jusqu'à la suppression pure et simple, en fonction de la nature et de la gravité de la faute, ce qui permettrait, en fonction des circonstances et non plus par principe, en cas de faute lourde ou dolosive, de maintenir la solution jurisprudentielle sur le fondement de l'article 1302-2, alinéa 2. Au demeurant, dans une décision postérieure à l'ordonnance, du 5 avril 2018, la Cour de cassation a réaffirmé que l'action ne peut aboutir lorsque l'appauvrissement est dû à la faute lourde ou intentionnelle de l'appauvri[6].

B. Un enrichissement procuré à une autre personne qui devient débitrice

2059. L'enrichi doit donc avoir bénéficié d'un avantage qui peut être matériel, ou même moral, par exemple le fait d'avoir augmenté son « bagage intellectuel » en profitant de leçons particulières non payées, ou qui peut être tout simplement une perte évitée par l'appauvri ; par exemple dans le cas de la collaboration d'un époux à l'activité de l'autre[7] ou encore lorsque les aliments versés par un fournisseur à une personne dans le besoin constituent un enrichissement pour les débiteurs alimentaires de cette dernière.

---

1. Civ. 1re, 22 oct. 1974, *JCP* 1976. II. 18331, note H. Thuillier ; Civ. 1re, 15 déc. 1998, inédit ; *LPA* 1999, n° 35, p. 5, note A.-M. L. ; pour des fautes commises par des établissements bancaires : Com. 16 juill. 1985, *D.* 1986. 393, note J.-L. A., et Com. 24 févr. 1987, *Bull. civ.* IV, n° 50.

2. Civ. 1re, 3 juin 1997, *JCP* 1998. II. 10102 note G. Viney ; *RTD civ.* 1997. 657, obs. J. Mestre ; Civ. 2e, 2 déc. 1998 ; *LPA* 18 févr. 1999, n° 35, p. 7, note A.-M. L.

3. Com. 19 mai 1998, *JCP* 1999. I. 1114, obs. G. Virassamy.

4. Rennes, 26 févr. 1998, *JCP* 1998. IV. 3433 ; *JCP* 1999. I. 1114, obs. G. Virassamy.

5. Civ. 1re, 15 déc. 1998, inédit, préc. ; *RTD civ.* 1999. 400, obs. J. Mestre.

6. Civ. 1re, 5 avr. 2018, n° 17-12.595, *D.* 2018. 799.

7. Civ. 1re, 9 janv. 1979, *D.* 1981. 241, 1re esp., note Breton.

C. Un lien de cause à effet entre l'enrichissement et l'appauvrissement

2060. L'un doit être la conséquence de l'autre, mais peu importe que ce soit directement ou, comme dans l'arrêt fondateur *Boudier* (précité), par l'intermédiaire du patrimoine d'un tiers.

Toutefois, certaines décisions ont montré qu'une décision de justice, en annulant rétroactivement un contrat, peut priver de justification l'appauvrissement d'un ex-contractant et permettre ainsi l'exercice de l'action *de in rem verso*. Il en est ainsi pour les frais de restauration assumés par l'acquéreur du tableau de Fragonard, *Le Verrou,* après annulation de la vente pour erreur (sur cette erreur, v. ss 1152)[1]. Inversement, en fondant définitivement un droit, une décision de justice peut conférer une justification à un enrichissement et donc mettre un obstacle à l'exercice de l'action *de in rem verso*[2].

§ 2. Conditions d'ordre juridique

2061. Apparues plus tardivement dans la jurisprudence (1914-1915, pour l'absence de cause, et 1939, pour la subsidiarité de l'action), elles ont profondément modifié, lorsqu'elles ont été posées, l'exercice de l'action *de in rem verso*. Ces deux conditions, d'un enrichissement injustifié (substitué à l'enrichissement sans cause) et de l'absence de toute autre action qui pourrait procurer le même résultat (subsidiarité de l'action) sont reprises respectivement par l'article 1303-1 et par l'article 1303-3 du Code civil.

A. L'absence de justification de l'enrichissement (art. 1303-1)

2062. Avant l'intervention de la réforme, l'enrichissement ne devait pas avoir de cause, c'est-à-dire qu'il ne devait avoir aucune justification juridique.

2063. Cette condition n'était pas formulée dans l'arrêt fondateur, l'arrêt *Boudier* de 1892, mais la jurisprudence avait été amenée à l'exiger pour limiter le domaine de l'action aux seuls cas où l'enrichissement n'a pas de motif *juridique* valable : le commerçant qui s'enrichit aux dépens de ses clients ne peut être poursuivi, son enrichissement a une cause juridique. Cette cause, était assez proche de celle de l'ancien article 1131, c'est à dire de la notion de cause de l'engagement ou cause objective et dans deux arrêts de 1939, la Cour de cassation avait fait référence à la notion de *titre justificatif*, pour exclure l'enrichissement sans cause.

2064. Ce *titre justificatif*, d'ordre juridique, pouvait ainsi consister :

– dans une *obligation résultant d'un contrat* passé entre l'enrichi et l'appauvri, entre le bailleur et le fermier, et même passé par l'enrichi avec un tiers[3]. Le contrat de fermage, par exemple, est une cause d'enrichissement valable qui empêche l'ouvrier agricole non payé par le fermier de se retourner contre le propriétaire ; il en est de même

---

1. Civ. 1re, 25 mai 1992 ; *JCP* 1992. I. 3608, p. 370, obs. M. Billiau, *Defrénois* 1993. 312, obs. J.-L. Aubert.

2. Civ. 2e, 14 oct. 1992, *Bull. civ.* II, no 242, p. 120.

3. Civ. 3e, 28 mai 1986, *Bull. civ.* III, no 83, *RTD civ.* 1987. 545, obs. J. Massip.

pour le contrat de gérance par lequel une société convient que le matériel et les marchandises devaient bien être restituées par le gérant en fin de contrat. Ce contrat empêche le fournisseur du gérant de se retourner contre la société propriétaire du fonds mis en gérance (v. affaire de la société *Lutetia*) [1] ;

– dans *l'intention libérale* de l'appauvri, qui s'appauvrit ainsi volontairement et par esprit de bienfaisance, sans recevoir de contre-prestation [2] ;

– dans une *obligation résultant d'un fait juridique*, par exemple l'obligation de réparer un dommage ;

– dans une *obligation naturelle*, justifiant pareillement l'appauvrissement. Par exemple, en matière de concubinage, l'obligation naturelle de contribuer aux charges du ménage justifie l'appauvrissement de la concubine qui ne peut demander une indemnisation à son concubin sur le fondement de l'enrichissement sans cause, à moins que sa participation aux charges du ménage ait dépassé le seuil normal [3] ;

– enfin, il pouvait s'agir d'une *disposition de la loi*. Par exemple, la prescription qui rend le possesseur propriétaire, ou l'obligation alimentaire, en vertu de laquelle le créancier d'aliments ne s'est pas enrichi sans cause.

2065. Prenant acte de la disparition de la cause en droit des contrats, l'ordonnance a substitué à la condition d'absence de cause la notion d'enrichissement injustifié, qui semble pouvoir recouvrir les hypothèses antérieures, même si, *a priori* on pourrait penser qu'elle est susceptible de s'avérer plus étroite que la notion antérieure d'enrichissement sans cause. En effet, l'article 1303-1 limite la notion d'enrichissement injustifié en apportant cette précision : « l'enrichissement est injustifié lorsqu'il ne procède ni de l'accomplissement par l'appauvri d'une obligation, ni de son intention libérale ».

2066. On retrouve dans la formule de l'article 1303-1 l'essentiel des applications jurisprudentielles concernant l'absence de cause de l'enrichissement. Ainsi l'hypothèse de *l'intention libérale* retenue par la jurisprudence est expressément visée. On remarquera que l'on voit apparaître, au détour de cet article 1301-3, cette notion d'intention libérale, qui constituait dans les contrats à titre gratuits, la cause de l'engagement, avant que l'ordonnance du 10 février 2016 ne fasse disparaître la cause. Elle n'apparaît jamais dans les dispositions, issues de l'ordonnance, consacrées au droit des contrats ! Toutes les réminiscences de la notion de cause, n'ont donc pas disparu et, en toute hypothèse, cela correspond bien à l'un des titres justificatifs admis par la jurisprudence.

L'accomplissement d'une obligation visé ensuite par l'article 1303-1, englobe certainement les hypothèses d'obligation procédant d'un acte juridique, d'un fait juridique et le cas des obligations naturelles, considérés également par la jurisprudence comme des titres juridiques justifiant l'enrichissement.

Cependant, on l'a vu, la jurisprudence admettait, au-delà, de ces hypothèses de l'intention libérale et d'une obligation accomplie par l'appauvri, des causes d'enrichissement qui ne relevaient ni de l'intention libérale, ni d'une obligation accomplie par l'appauvri, dans le cas de dispositions légales et notamment, dans le cas de la prescription.

La jurisprudence aura donc à répondre à cette question des limites de la notion d'enrichissement injustifié mais il apparait néanmoins, que le recours à l'enrichissement

---

1. Civ. 28 févr. 1939, *D.* 1940. 1. 5, note G. Ripert.

2. V. par ex : Civ. 1re, 20 janv. 2010, *Bull. civ.* I, n° 14, *Légifrance,* n° 08-13. 400.

3. Civ. 1re, 20 janv. 2010, n° 08-16.105, *Dr. fam.* 2010, comm. 35, note V. Larribau-Terneyre.

sans cause en cas de prescription et plus généralement en cas d'obstacle de droit bute sur la seconde exigence, celle du caractère subsidiaire de l'action, l'article 1303-3, qui précise ce caractère, envisageant d'ailleurs, à ce titre, le cas de la prescription.

B. La subsidiarité de l'action

2067. L'action *de in rem verso* ne peut être intentée qu'à défaut de toute autre action. Cette condition, traditionnelle est reprise par l'ordonnance d'abord dans l'article 1303 qui précise qu'en dehors des cas de gestion d'affaires et de paiement de l'indu, l'action fondée sur l'enrichissement sans cause peut être exercée. Elle ne le sera donc qu'à défaut d'une action concevable sur le fondement de la gestion d'affaires ou sur la restitution de l'indu ; mais ensuite et de de façon beaucoup plus générale dans l'article 1303-3 qui dispose : « L'appauvri n'a pas d'action sur ce fondement (de l'enrichissement injustifié), lorsqu'une autre action lui est ouverte ou se heurte à un obstacle de droit, tel que la prescription » Cette formule confirme les solutions jurisprudentielles établies, mais ne répond pas pour autant à la question qui s'est posée, de savoir si l'action fondée sur l'enrichissement sans cause est possible lorsqu'une autre action existait mais a échoué sur le fond. Sur cette question, la cohérence des solutions jurisprudentielles n'est pas évidente, car tantôt la Cour de cassation autorise le recours à l'enrichissement sans cause, tantôt le refuse.

1) L'action est irrecevable s'il existe un autre fondement concevable

2068. Dans un arrêt du 2 mars 1915, la Cour de cassation avait décidé qu'elle ne pouvait être exercée que si l'appauvri « ne jouissait, pour obtenir ce qui lui est dû, d'aucune action naissant d'un contrat, d'un quasi-contrat, d'un délit ou d'un quasi-délit »[1]. L'action suppose donc, comme le confirme l'article 1303-3, l'absence totale d'autre fondement concevable. Si une autre action est envisageable, c'est celle-là qui devra être exercée et non l'action fondée sur l'enrichissement sans cause.

2) L'impossibilité d'exercer l'action fondée sur l'enrichissement sans cause s'il existait une autre action se heurtant à un obstacle de droit

2069. Là encore, la règle posée par l'article 1303-3 est conforme à la solution jurisprudentielle : La Cour de cassation avait en effet précisé que l'action fondée sur l'enrichissement sans cause ne pouvait être admise pour suppléer « à une autre action que le demandeur ne peut intenter par suite d'une prescription, d'une déchéance ou forclusion ou par l'effet de l'autorité de la chose jugée ou parce qu'il ne peut apporter les preuves qu'elle exige ou par suite de tout autre obstacle de droit »[2]. Cette règle traditionnelle, avait été plusieurs fois reprise[3] et est confirmée par l'article 1303-3, qui donne d'ailleurs l'exemple de la prescription.

---

1. Civ. 2e, mars 1915, *DP* 1920. I. 102.

2. Civ. 3e, 29 avr. 1971, *Bull. civ.* III, n° 277 ; *RTD civ.* 1971. 842, obs. Y. Loussouarn.

3. Civ. 2e, 2 nov. 2005, *Bull. civ.* I, n° 398 ; Civ. 1re, 2 avr. 2009, *RTD civ.* n° 2, 2009. 321, obs. B. Fages, pour une impossibilité d'apporter la preuve du contrat de prêt qui aurait dû constituer le fondement de l'action. Même situation avec : Civ. 1re, 31 mars 2011, *Juris-Data* n° 2011-0048 77, *RCA* 2011, comm. 136, obs. L. Leveneur.

3) L'action est-elle recevable si une autre action a été exercée et s'est avérée inefficace ou non fondée ?

2070. L'article 1303-3 ne répond pas directement à cette question qui a pourtant soulevé des difficultés et à laquelle la Cour de cassation ne répond pas de façon très claire.

2071. Quand il apparaît qu'une action est possible sur *un autre fondement* mais est ou serait *inefficace* en raison de l'insolvabilité de la personne contre laquelle cette action pourrait être exercée, la jurisprudence autorise le recours à l'action « *de in rem verso* ». Ainsi un entrepreneur fait des travaux pour l'acheteur d'un immeuble ; celui-ci, insolvable, ne paie ni l'entrepreneur, ni le vendeur qui exerce alors l'action en résolution de la vente et récupère l'immeuble. L'entrepreneur disposait bien d'une action contre l'acheteur, mais son insolvabilité la rendait inefficace. La Cour de cassation a admis, dans ce cas, la recevabilité de l'action « *de in rem verso* » contre le vendeur que les travaux avaient enrichi. Dans un autre cas, d'insolvabilité la Cour de cassation a admis l'action : celui où une action en contestation de paternité avait fait disparaître rétroactivement l'obligation d'entretien du premier mari envers l'enfant et l'autorisait à exercer l'action *de in rem verso* contre le second mari de la mère, elle-même insolvable si bien qu'une action en répétition de l'indu n'aurait pas prospéré contre elle [1].

Dans une autre affaire, la Cour de cassation avait cassé une décision ayant refusé l'action « *de in rem verso* », alors que l'action normalement exercée par l'appauvri contre une société en liquidation judiciaire « était rendue inopérante » et « que l'enrichissement des époux (...) ne pouvait plus avoir pour cause légitime ce compromis de vente ». L'existence d'un débiteur direct, dès lors qu'il est insolvable n'empêche pas l'exercice de l'action « *de in rem verso* » [2].

2072. Quand il existe une action mais que *l'appauvri ne remplit pas les conditions requises* pour qu'elle soit reconnue fondée, la question s'est avérée un peu plus complexe.

2073. La Cour de cassation a dans un premier temps considéré que lorsque le législateur a posé des conditions pour limiter strictement l'exercice d'une action, et que le demandeur ne remplit pas ces conditions, l'action fondée sur l'enrichissement sans cause ne peut être exercée par défaut. C'est le cas, par exemple, du vendeur lésé de moins des 7/12e. Généralement, la jurisprudence refuse, dans ce cas, la possibilité de recourir à l'action « *de in rem verso* », car le législateur a posé cette condition d'une lésion de plus des 7/12e du prix de vente pour limiter strictement l'exercice de l'action en rescision pour lésion dans une vente d'immeuble (v. ss 1400 s., spéc. v. ss 1403).

2074. De même, dans un premier temps, la Cour de cassation a considéré que le principe de subsidiarité faisait obstacle à ce qu'un concubin, ayant échoué sur le terrain principal de la société créée de fait, puisse, à titre subsidiaire, réclamer une indemnité en enrichissement sans cause à son ex-concubine [3]. Cette position a été critiquée dans la

---

1. Civ. 1re, 1er févr. 1984, *D.* 1984. 388, note J. Massip.
2. Civ. 1re, 14 janv. 2003, *RTD civ.* avr.-juin 2003, obs. J. Mestre et B. Fages.
3. Civ. 1re, 8 déc. 1987, *RTD civ.* 1988. 745, obs. J. Mestre.

mesure où l'action fondée sur l'existence d'une société créée de fait n'est qu'un palliatif exceptionnel et non une action de droit commun dont il faudrait éviter le contournement par l'action « *de in rem verso* ». Dans un cas similaire, la cour d'appel de Riom avait postérieurement accepté l'action[1] et dans une décision du 15 octobre 1996, la Cour de cassation a effectué un revirement et a confirmé depuis cette solution plus libérale[2].

2075. Par la suite, la Cour de cassation tout en écartant une action en responsabilité pour absence de faute, a admis l'action « *de in rem verso* »[3].

2076. L'article 1303-3, en limitant la recevabilité de l'action fondée sur l'enrichissement sans cause à l'absence d'une autre action ou d'une action qui se heurte à un obstacle de droit, ne vient pas répondre de façon déterminante à la question.

Section 3
Les effets de l'enrichissement injustifié : l'action de in rem verso

2077. L'appauvri qui exerce l'action *de in rem verso* va obtenir une indemnité, destinée à compenser l'appauvrissement et dont la fixation pose deux problèmes relatifs pour l'un à son montant, pour l'autre à sa date d'évaluation. Ils sont réglés par les articles 1303 et 1304-4.

§ 1. La détermination du montant de l'indemnité

2078. S'il remplit les conditions de l'action, l'appauvri obtiendra une indemnité « égale à la moindre des deux valeurs de l'enrichissement et de l'appauvrissement ». Cette règle, posée par l'article 1303 correspond à la solution retenue par la jurisprudence : « l'appauvri ne peut réclamer à l'enrichi que la plus faible des deux sommes correspondant au montant de l'enrichissement et au montant de l'appauvrissement s'ils ne coïncident pas »[4]. La solution diffère de la gestion d'affaires où sont remboursables toutes les dépenses utiles, même si elles n'ont pas enrichi le maître de l'affaire (v. ss 2021).

2079. Toutefois, l'article 1304-2 introduit deux exceptions à cette règle : d'une part, ainsi qu'on l'a déjà souligné, en cas de faute de l'appauvri, le juge peut modérer l'indemnité (v. ss 2056) ; d'autre part, et il s'agit ici d'une innovation, car la jurisprudence n'avait

---

1. Riom, 5 mai 1988, *RTD civ.* 1989. 541, obs. J. Mestre.

2. Civ. 1re, 15 oct. 1996, *D.* 1997. 177, obs. R. Libchabber ; *RTD civ.* 1997. 102 et 636, obs. J. Hauser et 657, obs. J. Mestre. Et pour des réaffirmations, v. par ex : Civ. 1re, 4 mai 2017, relevant que « le rejet de la demande principale fondée sur l'existence d'un contrat de société ne faisait pas échec à l'action subsidiaire fondée sur l'enrichissement sans cause », *D.* 2018. 1591, note A. Gouëzel ; déjà auparavant : Civ. 1re, 11 févr. 2014, *Légifrance*, n° 12-23. 322 ; Civ. 1re, 5 mars 2008, *Juris-Data* n° 2008-043028, *Dr. fam.* juill. 2008, à noter n° 95, obs. V. Larribau-Terneyre.

3. Civ. 1re, 3 juin 1997, préc.

4. Civ. 1re, 19 janv. 1953, *D.* 1953. 234.

pas consacré cette solution, « en cas de mauvaise foi de l'enrichi, l'indemnité due est égale à la plus forte des deux sommes ». Il s'agit ici de sanctionner la faute de l'enrichi, dans une logique de responsabilité civile.

§ 2. La date d'évaluation de l'indemnité

2080. Sur cette question, l'article 1303-4 vient désavouer la jurisprudence, laquelle admettait traditionnellement que l'enrichissement s'appréciait *au jour de la demande* [1] et l'appauvrissement *au jour de la dépense* [2]. En période de dépréciation monétaire, l'indemnisation risque d'être dérisoire. L'article 1304-4 modifie la règle en indiquant que « l'appauvrissement constaté au jour de la dépense, et l'enrichissement, tel qu'il subsiste au jour de la demande, sont évalués *au jour du jugement* ».

---

1. Civ. 18 juin. 1960, *D.* 1960. 753, note P. Esmein.
2. Civ. 1re, 18 mai 1982, n° 80-10.299 ; *Bull. civ.* III, n° 122.

DOCUMENTS

BIBLIOGRAPHIE

BONNET (G.), « La condition d'absence d'intérêt personnel et de faute chez l'appauvri pour le succès de l'action *de in rem verso* », in *Mélanges Hébraud*, p. 59.

CONTE (Ph.), « Faute de l'appauvri et cause de l'appauvrissement : réflexions hétérodoxes sur un aspect controversé de la théorie de l'enrichissement sans cause », *RTD civ.* 1987. 223.

CHANTEPIE (G.) et LATINA (M.), *La réforme du droit des obligations. Commentaire théorique et pratique dans l'ordre du Code civil,* Dalloz, 2016, p. 629 s. et spécialement sur l'enrichissement sans cause, p. 642 s.

CHÉNEDÉ (F.), « Les quasi-contrats. Articles 1300 à 130-4 », *JCP* 2015, suppl. au n° 21, p. 60.

– « Pour un affinement de la théorie des quasi-contrats au service de la liquidation patrimoniale du concubinage », *D.* 2010. 718.

DISSAUX (N.) et JAMIN (C.), *Réforme du droit des contrats, du régime général et de la preuve des obligations, Commentaire des articles 1100 à 1386-1 du Code civil*, Dalloz, 2016, p. 160 s.

FLOUR (J.) et AUBERT (J.-L.), « Les effets de l'action *de in rem verso* », *Defrénois* 1983. 286.

HONORAT, « Rôle effectif et rôle concevable des quasi-contrats en droit actuel », *RTD civ.* 1969. 653.

LECENE-MARÉNAUD (M.), « Le rôle de la faute dans les quasi-contrats », *RTD civ.* 1994. 515.

LE TOURNEAU (Ph.) et ZABALZA (A.), « Le réveil des quasi-contrats », *CCC* 2002, chron. n° 22.

MOLIÈRE (A.), « La consécration de l'enrichissement injustifié : premiers regards sur le projet d'ordonnance et premières propositions de remaniement », *LPA* 15 mai 2015, p. 6.

PEIS-HITTER (M.-P.), « De la croyance légitime, co-critère de définition des quasi-contrats », *LPA*, n° 18, 28 janv. 2006, p. 8.

PERINET-MARQUET (H.), « Le sort de l'action *de rem verso* en cas de faute de l'appauvri », *JCP* 1982. I. 3075.

ROMANI (A.-M.), « La faute de l'appauvri dans l'enrichissement sans cause et dans la répétition de l'indu », *D.* 1983. Chron. 127.

SINAY-CYTERMANN (A.), « Enrichissement sans cause et communauté de vie », *D.* 1983. Chron. 159.

ARRÊT À LIRE

L'enrichissement sans cause à la rupture du concubinage

Civ. 1re, 24 sept. 2008, n° 06-11.294, *Juris-Data* n° 2008-045071, *Dr. fam.*, nov. 2008, comm. 152, note J.-L. Gracia, *D.* 2009. 140, note J.-J. Lemouland

Sur le moyen unique, pris en ses quatre branches :

– Attendu que M. X. a vécu en concubinage avec Mme Y. de 1989 à 1999 ; qu'ils ont eu ensemble deux enfants nés en 1992 et 1997 ; qu'après leur rupture, M. X. a assigné Mme Y. en remboursement des sommes exposées pour financer les travaux de rénovation d'une maison appartenant à celle-ci ;

– Attendu que Mme Y. fait grief à l'arrêt attaqué (Versailles, 28 oct. 2005) de l'avoir condamnée à payer une somme de 45 000 euros à M. X., alors, selon le moyen :

Que pour allouer à M. X., sur le fondement de l'enrichissement sans cause, une somme de 45 000 euros, correspondant à la valeur de matériaux utilisés pour la réalisation de travaux dans la maison appartenant à Mme Y., la cour d'appel a énoncé que ces travaux ne peuvent, par leur importance et leur qualité, être considérés comme des travaux ordinaires et que, par leur envergure, ils ne peuvent constituer une contrepartie équitable des avantages dont M. X. a profité pendant la période de concubinage ; qu'en statuant ainsi, tout en relevant que, pendant la période de concubinage, la maison dont la rénovation a été entreprise aux frais de M. X. constituait le logement du ménage, où vivaient les deux concubins et leurs deux enfants, ainsi que la domiciliation de la société dont M. X. assurait la gestion de fait, et en indiquant en outre que ces dépenses répondaient notamment au souci de ce dernier d'améliorer son propre cadre de vie pendant la poursuite de la vie commune, ce dont il résultait que l'appauvrissement lié à l'exécution et au financement des travaux litigieux n'était pas dépourvu de contrepartie, peu important à cet égard qu'elle fût ou non équivalente à la dépense engagée, la cour d'appel, qui n'a pas tiré les conséquences légales de ses propres constatations, a violé, par fausse application, l'article 1371 du Code civil ; [...]

– Mais attendu qu'après avoir justement retenu qu'aucune disposition légale ne règle la contribution des concubins aux charges de la vie commune de sorte que chacun d'eux doit, en l'absence de volonté exprimée à cet égard, supporter les dépenses de la vie courante qu'il a engagées, l'arrêt estime, par une appréciation souveraine, que les travaux litigieux réalisés et les frais exceptionnels engagés par M. X. dans l'immeuble appartenant à Mme Y. excédaient, par leur ampleur, sa participation normale à ces dépenses et ne pouvaient être considérés comme une contrepartie des avantages dont M. X. avait profité pendant la période du concubinage, de sorte qu'il n'avait pas, sur ce point, agi dans une intention libérale ; que la cour d'appel a pu en déduire que l'enrichissement de Mme Y. et l'appauvrissement corrélatif de M. X. étaient dépourvus de cause et a, par ces seuls motifs, légalement justifié sa décision ;

Par ces motifs,

Rejette le pourvoi.

Chapitre 4

Le quasi-contrat de loterie publicitaire

2081. Jusqu'à une décision récente rendue en 2002, la jurisprudence n'avait admis, en plus des deux hypothèses expressément prévues par le Code civil, qu'un seul autre quasi-contrat, au domaine d'application potentiellement très vaste : *l'enrichissement sans cause*. Puis elle en a découvert un nouveau, ou plus exactement, elle a utilisé l'analyse en termes de quasi-contrat pour sanctionner une pratique qui lui paraissait contestable et qu'elle avait des difficultés à sanctionner correctement, la pratique des *loteries publicitaires* avec tirage de numéros gagnants. Son domaine est, à l'évidence, beaucoup plus limité que celui de l'enrichissement sans cause et il perturbe quelque peu la catégorie jusque-là assez homogène des quasi-contrats.

2082. Ce quasi-contrat n'a pas été consacré par l'ordonnance du 10 février 2016, ce qui ne signifie pas qu'il a été condamné, car, on l'a vu, l'article 1300 ne fournit pas une liste limitative des quasi-contrats et en autorise potentiellement d'autres figures (v. ss 1988).

2083. Le système des loteries publicitaires dans la vente par correspondance a d'ailleurs posé à la jurisprudence quelques difficultés, avant de trouver le fondement du quasi-contrat pour le sanctionner.

2084. Le système est le suivant : certaines sociétés adressent par publipostage à leurs clients ou même non clients, des imprimés qui leur font croire qu'ils ont reçu par tirage publicitaire un numéro gagnant leur donnant droit à un lot très important. Certains consommateurs trompés et qui n'ont, en fait, rien gagné, réclament l'attribution du lot qui leur était semble-t-il promis et se heurtent évidemment à un refus. Saisis par les victimes, les tribunaux les indemnisent mais sans grande harmonie. Certaines décisions leur avaient reconnu le droit d'obtenir le montant intégral du lot annoncé [1], par contre, un arrêt considère qu'il s'agit d'une responsabilité délictuelle en repoussant le fondement invoqué par les victimes d'un « engagement par volonté unilatérale » de la société de vente par correspondance, et n'indemnise que le dommage éprouvé par le client c'est-à-dire un « dommage moral résultant d'une déception » [2]. Plus tard, la Cour de cassation a rejeté un pourvoi contre une décision d'une cour d'appel qui avait invoqué, pour donner satisfaction au client, une responsabilité contractuelle et non plus délictuelle [3].

---

1. Par ex. Civ. 1re, 28 mars 1995, *Bull. civ.* I, n° 150 ; Civ. 2e, 11 févr. 1998, *Bull. civ.* II, n° 55.
2. Civ. 1re, 19 oct. 1999, *JCP* 2000. II. 10347, note F. Mehrez, et *JCP* 2000. I. 241, obs. G. Viney.
3. Civ. 1re, 12 juin 2001, *JCP* 2002. II. 10104, note D. Houtcieff.

2085. On constate ainsi un mouvement d'hésitation de la Cour de cassation entre les deux types de responsabilité, délictuelle ou contractuelle. C'est pourquoi la doctrine, soucieuse de voir cesser ces agissements des sociétés de vente par correspondance qui continuent à défier les tribunaux, a proposé divers fondements permettant d'avoir recours à une responsabilité contractuelle et non plus délictuelle et, partant, d'obtenir la réparation intégrale du dommage c'est-à-dire une indemnisation équivalente à la valeur du lot promis. Ces fondements font appel soit à la « théorie de l'apparence »[1], ou encore à « l'effet obligatoire de l'information » permettant de créer *a posteriori* un lien contractuel entre la société de vente par correspondance et le consommateur[2] ; on a également eu recours au principe de « cohérence », principe dont la jurisprudence fait certaines applications en matière contractuelle (v. ss 887). Ce principe interdit de se contredire, comme le font ces sociétés avec des documents caractérisés par « l'obscurité volontaire de leur libellé »[3].

2086. Finalement, après avoir d'abord utilisé le fondement de l'acte juridique, puis celui de la responsabilité, la Cour de cassation a eu recours au quasi-contrat.

Section 1

Le fondement initial de l'acte juridique

2087. La Cour de cassation a d'abord analysé le mécanisme en un engagement unilatéral de payer la somme promise[4]. Mais on connaît les réticences à admettre cette notion d'engagement unilatéral de volonté (v. ss 841). Aussi l'analyse n'a pas été longtemps maintenue.

2088. L'explication contractuelle a ensuite été utilisée. L'annonce du gain était considérée comme une offre de contracter, la réponse positive du client valait acceptation et formait le contrat[5] ; mais l'offre ne devrait pas comporter de réserves, ce qui est généralement le cas, même si c'est en tout petits caractères !

2089. L'intérêt de cette solution, elle est que si l'on admet que l'obligation de la société naît d'un acte juridique, le consommateur a droit au paiement intégral du gain.

Toutefois, il n'y a évidemment pas intention de s'engager de la part de la société. L'analyse de l'opération en un acte juridique n'est donc pas très convaincante.

2090. Le fondement de la responsabilité contractuelle encourt le même reproche puisqu'il suppose que l'opération a été préalablement qualifiée de contrat. Il a pourtant été validé une fois par la Cour de cassation[6].

---

1. B. Lecourt, G. Viney.

2. M. Fabre-Magnan, citée dans la bibliographie.

3. Note D. Houtcieff, préc.

4. Civ. 1re, 28 mars 1995, *D.* 1996. 180 ; *RTD civ.* 1995. 886, obs. J. Mestre ; Civ. 1re, 19 oct. 1999, *JCP* 2000. II. 10347, note F. Mehrez ; *JCP* 2000. I. 241, obs. G. Viney.

5. Civ. 1re, 26 nov. 1991, *Bull. civ.* I, n° 232 ; 12 juin 2001, *D.* 2002. Somm. 1316, obs. D. Mazeaud.

6. Civ. 1re, 12 juin 2001, *JCP* 2002. II. 10104, note D. Houtcieff.

Section 2

Le fondement de la responsabilité délictuelle

2091. La responsabilité fondée sur l'analyse contractuelle étant très contestable, la jurisprudence a retenu ensuite la responsabilité extracontractuelle pour faute. En faisant croire à un gain, la société commet une faute qui engage sa responsabilité sur le fondement de l'article 1240 du Code civil. Mais la responsabilité civile répare un dommage. Or quel est le dommage en l'occurrence ? La déception, c'est-à-dire un préjudice moral (v. ss 2299 s.) ? Certaines décisions l'ont admis[1]. Or la déception vaut-elle la valeur du lot promis ? Certaines juridictions l'ont admis aussi. Sinon, les dommages et intérêts peuvent être symboliques et c'est ce que d'autres décisions ont consacré.

2092. Une autre difficulté vient de ce que dans une décision du 11 juillet 2002, la Cour de justice des Communautés européennes a décidé que l'action exercée était de nature contractuelle[2]. D'où une difficulté pour admettre une responsabilité fondée sur l'article 1240 du Code civil.

Section 3

Le fondement actuel du quasi-contrat

2093. C'est sous le visa de l'article 1371 – texte qui avait déjà permis de découvrir le quasi-contrat de l'enrichissement sans cause – que la chambre mixte de la Cour de cassation a adopté la qualification de quasi-contrat dans deux décisions rendues le même jour.

2094. Elle déclare dans un premier arrêt du 6 septembre 2002[3], dans un moyen de pur droit relevé d'office, que « les quasi-contrats sont les faits purement volontaires de l'homme dont il résulte un engagement quelconque envers les tiers » et que « l'organisateur d'une loterie qui annonce un gain à une personne dénommée sans mettre en évidence l'existence d'un aléa s'oblige, par ce fait purement volontaire, à le délivrer ». Il ne s'agit pas de simples dommages et intérêts consécutifs à une faute délictuelle, inférieurs au prix annoncé comme l'avait décidé la cour d'appel, mais le prix annoncé.

2095. Dans le premier arrêt (*Marchewka*) rendu le même jour, mais moins intéressant car de rejet, la chambre mixte rendait un autre arrêt dans une affaire tout à fait similaire mais en rejetant le pourvoi du consommateur, l'intéressé ayant fait preuve de mauvaise foi, « attendu que la cour d'appel, ayant relevé que M. Marchewka avait cherché à tirer profit d'un pseudo-gain qu'il savait n'être pas le sien, a pu en déduire que son action était abusive ».

---

1. Civ. 2e, 28 juin 1995, *Bull. civ.* II, n° 225 ; 26 oct. 2001, *Defrénois* 2001. 693, obs. É. Savaux.

2. CJCE 11 juill. 2002, *JCP* 2003. II. 10055, note H. Claret.

3. Ch. mixte 6 sept. 2002 (deux arrêts, l'un de rejet, l'autre de cassation) ; *JCP* 2002, arrêts et jugement, n° 389 ; *JCP* 2002. II. 10173, note St. Reifegerste.

2096. Depuis, la première chambre civile a également utilisé, à plusieurs reprises, ce fondement du quasi-contrat [1].

2097. Ce nouveau quasi-contrat n'a ni nom, ni régime bien défini et il se démarque des autres quasi-contrats connus car il n'y est pas question d'un enrichissement injustifié venu d'autrui. Il suppose un préjudice, davantage que l'enrichissement indu qui caractérisait jusqu'ici tous les quasi-contrats.

2098. Certains éléments de régime ont cependant été posés. Dans une décision du 7 juin 2006, la Cour de cassation a tiré une première conséquence de l'analyse en quasi-contrat. Les options de compétence juridictionnelles qui sont ouvertes en matière contractuelle par l'article 46 du Code de procédure civile (qui donne compétence au tribunal du domicile du créancier demandeur) sont d'interprétation stricte et ne s'appliquent pas aux actions fondées sur un quasi-contrat. Dès lors la juridiction compétente est, selon la règle normale, celle du lieu du domicile du défendeur (siège de la société ayant organisé le tirage) et non le domicile du demandeur exerçant son action en délivrance du gain prétendu [2] !

Ensuite, la Cour de cassation, confirmant à la fois ce fondement du quasi-contrat et sa sévérité à l'égard des loteries publicitaires, a également précisé que l'organisateur de loterie devait « mettre en évidence à première lecture », l'existence d'un aléa ; dans le cas contraire, il s'obligeait par ce fait, purement volontaire, à délivrer le gain annoncé [3].

2099. Il est finalement assez logique que l'ordonnance du 10 février 2016 n'ait pas intégré ce quasi-contrat dans le Code civil. Car il n'a pas vocation à la pérennité. Il est voué à disparaître avec les loteries publicitaires trompeuses qu'il vise tout simplement à éradiquer… s'il y parvient.

---

1. Civ. 18 mars 2003, *D.* 2003. 1009.

2. Civ. 2e, 7 juin 2006, *Bull. civ.* II, n° 149, *RDC* 2007. II. 319, obs. A. Bénabent.

3. Civ. 1re, 19 mars 2015, n° 13-27. 414 : *D.* 2015. 733.

DOCUMENTS

BIBLIOGRAPHIE

CHANTEPIE (G.) et LATINA (M.), *La réforme du droit des obligations. Commentaire théorique et pratique dans l'ordre du Code civil*, Dalloz, 2016, p. 629 s.

CHÉNEDÉ (F.), « Les quasi-contrats. Articles 1300 à 130-4 », *JCP* 2015, suppl. au n° 21, p. 60.

DISSAUX (N.) et JAMIN (C.), *Réforme du droit des contrats, du régime général et de la preuve des obligations, Commentaire des articles 1100 à 1386-1 du Code civil*, Dalloz, 2016, p. 157 s.

DOUCHY (M.), *La notion de quasi-contrat en droit positif français*, Economica, 1997, préf. A. Sériaux.

Titre 2

La responsabilité civile

2100. La responsabilité civile constitue, avec le contrat, l'une des deux sources principales d'obligations, les quasi-contrats représentant une source plus secondaire.

Constituée de la responsabilité civile contractuelle, qui naît à l'occasion de l'exécution d'un contrat et de la responsabilité civile extracontractuelle, elle fait actuellement l'objet d'un projet de réforme, émanant de la Chancellerie, qui devrait être débattu au Parlement et suivre la procédure législative normale, contrairement à la réforme du droit des contrats et du régime des obligations qui résulte d'une ordonnance.

Ce projet de réforme gouvernemental s'inscrit dans le prolongement d'un certain nombre de travaux d'origine doctrinale (l'avant-projet *Catala* et les propositions *Terré*), d'un rapport de la Cour de cassation, d'un rapport du Sénat et même d'une proposition de loi déposée en 2010 (la proposition *Béteille*). Tous ces travaux et propositions sont intervenus dans le cadre d'une réflexion intense menée depuis 2005 dans la perspective d'une réforme d'ensemble du droit des obligations (sur les différents travaux, v. ss 51 s. et sur le droit de la responsabilité, v. ss 83, et « Le point sur... », v. ss 109, 2247).

Après que l'ordonnance du 10 février 2016 est venue réformer le droit des contrats, du régime général et de la preuve des obligations, il reste donc le dernier volet, celui du droit de la responsabilité, pour lequel il a été exclu de recourir au système de l'ordonnance et d'éviter le débat au parlement.

Peu après la publication de l'ordonnance du 10 février 2016, réformant le droit des contrats, le gouvernement a remis à l'ordre du jour la question de cette réforme du droit de la responsabilité civile et un avant-projet de loi, émanant de la Chancellerie, qui constituait la synthèse des travaux, réflexions et projets précédents, a été ouvert à la consultation publique, le 29 avril 2016. À la suite de cette consultation, le texte comportant certaines modifications et intitulé *projet de réforme de la responsabilité civile* a été rendu public le 13 mars 2017 et doit suivre maintenant la voie législative. S'il réarchitecture la matière, augmente considérablement le volume des textes dans le Code civil, il ne bouleverse pas de fond en comble notre droit de la responsabilité. Il tend essentiellement à le rendre plus accessible et plus lisible en codifiant les constructions jurisprudentielles qui se sont progressivement édifiées depuis le Code Napoléon sur la base de quelques rares textes concernant la matière ; cependant il comporte aussi un certain nombre de propositions innovantes, notamment concernant le traitement des dommages corporels, dont la spécificité est affirmée (sur les principaux éléments du projet, v. ss 2236 s.).

2101. ***Recodification des textes concernant le droit de la responsabilité.*** Il faut cependant noter, que l'ordonnance du 10 février 2016, réformant le droit des contrats, le régime général et la preuve des obligations, a eu des incidences, certes minimes mais néanmoins réelles, sur la matière.

Au-delà du fait que les options prises concernant le régime général des obligations ou la question des sources, sont susceptible de se manifester, de façon résiduelle, sur certaines questions du droit de la responsabilité, l'ordonnance a eu une conséquence directe, quoique purement formelle, qui consiste dans la renumérotation de tous les articles concernant la responsabilité civile, non seulement contractuelle (parce que celle-ci est abordée au titre du droit des contrats sous l'angle de la réparation du préjudice né de l'inexécution contractuelle), mais également extracontractuelle.

La recodification du droit des contrats a conduit, en effet, à la suppression formelle des articles 1382 à 1386-18 du Code civil et à leur remplacement (à droit constant) par les articles 1240 à 1245-17.

2102. Le concept de responsabilité civile est un concept essentiel qui demande à être défini pour déterminer son domaine. On pourra ensuite montrer que dans tout régime de responsabilité, il existe des éléments invariables qui révèlent une identité de structure et de nature. Ensuite, on pourra étudier le droit commun de la responsabilité civile extracontractuelle (avec la responsabilité du fait personnel, du fait des choses et du fait d'autrui qui sont aujourd'hui les trois grands types de faits générateurs de la responsabilité civile extracontractuelle) ; puis la responsabilité contractuelle, sous l'angle de sa spécificité et de l'organisation complexe de ses rapports avec la responsabilité extracontractuelle. Enfin, nous étudierons les régimes spéciaux de responsabilité et les systèmes d'indemnisation.

Définition, domaine et évolution de la responsabilité civile

2103. Certains faits sont à l'origine d'un dommage. Ils vont faire naître une obligation de réparation : c'est cette obligation de réparation qui caractérise la responsabilité civile.

La responsabilité civile est le domaine du droit qui vise à réparer les lésions, les dommages, subis par un individu dans sa personne (dommage corporel ou moral) et/ou dans ses biens. Mais pour que la responsabilité se déclenche, il faut que l'on puisse rattacher la lésion à une autre personne qui sera condamnée à la réparer, c'est-à-dire à remettre les choses en l'état antérieur, en nature ou en équivalent, sous forme de dommages et intérêts. La responsabilité civile est en effet une obligation, c'est-à-dire un lien de droit entre deux personnes et deux patrimoines.

► ***La responsabilité civile*** est donc toujours l'obligation de réparer un dommage et cette obligation pèse sur une personne, le responsable, envers une autre personne, la victime.

2104. Mais la responsabilité civile n'est pas toute la responsabilité. Il existe différentes sortes de responsabilités qui ne se définissent pas de cette façon et qui ne sont pas des responsabilités civiles. Par ailleurs, il existe aussi différents types de responsabilités civiles. Il faut donc définir succinctement ces différentes sortes de responsabilité. Il conviendra ensuite de circonscrire précisément le domaine de la responsabilité civile, c'est-à-dire le domaine de l'étude, avant de voir quels sont les fondements de la responsabilité et quelle a été l'évolution historique de la matière.

Section 1
La distinction entre les différentes sortes de responsabilité

► ***La responsabilité***, au sens le plus large, est l'obligation qui incombe à quelqu'un de rendre compte de ses actes.

2105. Ainsi définie, comme l'obligation de rendre compte, elle suppose l'imputabilité. L'*imputabilité* est une propriété de l'acte : un acte est imputable à un individu lorsque cet acte doit lui être attribué comme à son auteur. L'imputabilité suppose en principe la liberté de l'individu : ainsi, la morale enseigne qu'un individu est responsable uniquement dans le cas où l'acte qu'il a accompli lui est vraiment imputable, c'est-à-dire seulement s'il a été effectué librement. Il n'en va pas toujours de même en droit, la loi civile désignant d'avance le responsable dans les hypothèses déterminées par elle. Il faut donc, dans un premier temps, distinguer la responsabilité morale et la responsabilité légale, car le plan moral et le plan juridique ne se superposent pas nécessairement.

§ 1. Responsabilité morale et responsabilité légale ou juridique

2106. ***La responsabilité morale*** est l'obligation de répondre de ses actes ou devant un législateur suprême qui peut être Dieu, ou simplement devant soi-même, au regard de sa propre conscience morale. Elle s'opère toujours dans et par la conscience qui approuve ou blâme la conduite du sujet, selon que celle-ci est conforme ou non aux normes posées par la morale. Ses effets sont purement volontaires mais, selon les moralistes, la morale étant fondée sur la distinction du bien et du mal, il n'y a devoir moral de réparer un dommage que s'il a été causé par la *faute* du responsable, faute dont il doit nécessairement avoir conscience.

2107. ***La responsabilité légale ou juridique*** est l'obligation de répondre de ses actes devant le droit et devant le juge, représentant de la société. Elle concerne seulement les actes extérieurs (à l'exclusion de ceux du for interne), achevés ou en cours d'exécution. Cette responsabilité n'existe que dans les conditions déterminées par la loi et interprétées par le juge. Or ces conditions, de même que le fondement et les fonctions de la responsabilité juridique ne sont pas toujours les mêmes et pas toujours calquées sur la morale, ni sur la faute, ce qui amène à distinguer, au sein de la responsabilité juridique, plusieurs sortes de responsabilités.

§ 2. La distinction entre la responsabilité civile et les autres responsabilités juridiques

La responsabilité civile se distingue de deux autres types de responsabilité : la responsabilité pénale d'une part et la responsabilité administrative, d'autre part.

A. Responsabilité pénale et responsabilité civile

2108. ***La responsabilité pénale*** est fondée sur la violation de la loi pénale, considérée comme une atteinte à l'ordre social, même si l'acte illicite ne cause pas un dommage à un individu en particulier. Sa sanction consiste dans le prononcé d'une peine. Le but est d'assurer la sanction du coupable.

2109. ***La responsabilité civile***résulte du dommage causé à autrui et le but, ici, est d'assurer la réparation de ce dommage au profit du particulier lésé. Elle fait naître une obligation civile de réparer le dommage causé.

2110. Il existe donc une *différence fondamentale de nature entre les deux responsabilités*. La responsabilité pénale ne s'analyse pas en une obligation de réparer un dommage causé à une personne. Elle n'a ni le même objet, ni la même fonction que la responsabilité civile. Elle suppose toujours une faute pénale qui consiste dans la violation de la loi pénale. Elle implique une sanction prononcée au nom de l'État contre un individu qui a commis une infraction à la loi pénale et qui a causé de ce fait un trouble à l'ordre public. Les infractions à la loi pénale sont regroupées dans le code pénal (crimes, délits, contraventions), qui les définit et les assortit de leur sanction. Le principe de la légalité des délits et des peines interdit que l'on puisse sanctionner pénalement un individu si les faits qui lui sont reprochés ne correspondent pas à une infraction telle que définie par le Code pénal.

La responsabilité civile fait naître une obligation de réparation qui pèse sur une personne, le responsable, au seul profit de la victime du dommage. Elle repose donc sur une relation interpersonnelle de créancier à débiteur. L'étude de la responsabilité civile permettra de poser les principes et les modalités de cette responsabilité. En effet, si, dans tous les cas, la responsabilité civile est l'obligation pour une personne de réparer le dommage subi par une autre personne, les conditions d'existence de cette obligation ne sont pas toujours les mêmes. Le dommage peut avoir été causé par la faute du responsable et cette faute peut elle-même être intentionnelle et il s'agit alors d'un *délit civil* ou non intentionnelle et il s'agit alors d'un *quasi-délit.* Cependant, le dommage n'est pas toujours causé par une faute et la faute n'est pas toujours une condition de la responsabilité. En effet, la responsabilité légale est parfois obligée de s'écarter de la responsabilité morale car il n'est pas socialement possible de se limiter aux cas où la faute est prouvée. On ne peut pas laisser la victime d'un dommage, ou ses proches, sans aucune réparation au seul motif de l'absence de faute imputable à un tiers. C'est pourquoi, il y a des cas de responsabilité civile sans faute. D'autre part, le développement des assurances a également changé les perspectives morales du problème dans la mesure où ce n'est plus l'auteur du dommage qui en assure lui-même la réparation, mais son assureur. Enfin, ce n'est pas toujours ou pas seulement, l'auteur de l'acte dommageable qui sera civilement responsable : il existe des responsabilités civiles du fait d'autrui, où le responsable doit assumer le dommage causé par un autre personne et également des hypothèses où le dommage n'est pas causé par une personne mais par une chose (et où la responsabilité pèsera sur le gardien de cette chose).

2111. Si la responsabilité pénale et la responsabilité civile diffèrent assez profondément dans leur objet et leur fonction, elles ne sont pas pour autant sans relation. Ne serait-ce que dans la mesure où certains actes dommageables, constituent à la fois une faute civile et une infraction pénale, par exemple le vol ou le meurtre. Dans ce cas, il existe un cumul de responsabilités, pénale et civile. *L'action publique* devant les juridictions pénales aboutira au prononcé d'une sanction pénale contre l'auteur de l'acte, tandis que *l'action civile* visera à la réparation du dommage causé à la victime. Pour accélérer la procédure, la victime a la possibilité de se constituer *partie civile* au procès pénal, ce qui permettra au juge pénal de statuer sur les deux sortes de responsabilité dans une même décision. Les relations entre la responsabilité civile et pénale seront explicitées plus loin (v. ss 2118 s.).

B. Responsabilité civile et responsabilité administrative

2112. La responsabilité administrative est en quelque sorte aussi une responsabilité civile, en ce sens qu'elle a la même fonction réparatrice que la responsabilité civile de droit privé et qu'elle peut être définie exactement de la même façon, comme l'obligation pour une personne de réparer le dommage subi par une autre personne. Simplement, la personne débitrice de l'obligation de réparation est une personne publique : c'est ce qui conduit à la qualification de responsabilité administrative. C'est donc ici la qualité de la personne responsable qui commande la nature de la responsabilité.

Malgré cette identité de nature, cette responsabilité administrative obéit à des règles particulières, depuis le célèbre arrêt *Blanco* du 8 février 1873, rendu par le Tribunal des conflits, qui a exclu l'application des règles de droit privé concernant la responsabilité de l'administration envers des particuliers et posé les bases d'une responsabilité administrative autonome : « la responsabilité qui peut incomber à l'État pour les dommages causés aux particuliers par le fait des personnes qu'il emploie dans le service public ne peut être régie par les principes qui sont établis dans le Code civil pour les rapports de particulier à particulier. Cette responsabilité n'est ni générale ni absolue ; elle a ses règles spéciales qui varient selon les besoins du service et la nécessité de concilier les droits de l'État avec les droits privés [1] ». Depuis cette date, le contentieux de la responsabilité administrative échappe théoriquement dans son intégralité au juge judiciaire et aux règles de droit privé.

Toutefois, en réalité, les choses ne sont pas si simples et la répartition des compétences a dû parfois être précisée, soit par la jurisprudence soit par le législateur. Les solutions retenues consacrent parfois certains empiétements du juge judiciaire. C'est ainsi, par exemple, que le juge judiciaire s'est reconnu compétent pour connaître de la responsabilité d'un agent public lorsqu'il a commis une faute « personnelle, détachable de ses fonctions », et le Tribunal des conflits a validé la solution. S'agissant du législateur, on relèvera les deux exemples les plus connus : la loi du 31 décembre 1957 qui a donné compétence exclusive aux juridictions judiciaires pour connaître des actions en responsabilité en cas de dommages causés par des véhicules de l'administration ; la loi du 5 avril 1937 qui a également donné compétence aux juridictions judiciaires pour connaître des actions en responsabilité des membres de l'enseignement public pour les dommages causés par des élèves ou subis par des élèves, sachant que la responsabilité de l'État est substituée, en ce cas, à celle des enseignants.

Enfin, il faut noter un inconvénient important qui tient à cette distinction des deux contentieux civil et administratif en droit de la responsabilité : parfois, en effet, pour un même type de dommage exactement, la responsabilité peut être civile ou administrative selon une circonstance qui n'appelle pas forcément une différence de règles. Or, si les règles applicables sont vraiment différentes, cela peut se concrétiser par une différence de traitement des victimes ou des auteurs de dommages, qui peut apparaître comme injuste. Cette hypothèse de concours des deux responsabilités, alors que la proximité des situations est très grande se produit notamment dans deux domaines : celui de la responsabilité médicale et celui des dommages causés par des mineurs délinquants placés dans des établissements spécialisés. Dans le premier cas, celui du dommage subi dans le cadre de l'activité médicale, si la victime est dans un hôpital public, la responsabilité sera administrative, alors que si la victime est dans une clinique privée ou dans le cabinet d'un médecin exerçant en libéral, la responsabilité sera civile. Dans le second cas, si le mineur délinquant a été placé par le juge des enfants dans un établissement de droit privé, la responsabilité de cet établissement du fait des dommages causés par l'enfant sera une responsabilité civile, alors que si

1. T. confl. 8 févr. 1873, *D.* 1873. 3. 20, concl. David ; M. Long, P. Weil, G. Braibant, P. Delvolvé et B. Genevois, *GAJA*, n° 1.

l'établissement est un établissement de droit public, la responsabilité de cet établissement sera une responsabilité administrative. On notera toutefois, dans ces deux domaines, que même si des différences demeurent, les solutions jurisprudentielles tendent à se rapprocher, pour tenter d'éviter une rupture d'égalité trop forte. Ou bien elles se rapprochent spontanément parce que la jurisprudence administrative influence la jurisprudence civile ou inversement. Ainsi, concernant la responsabilité du fait des mineurs délinquants, c'est très clairement les solutions du droit administratif qui ont conduit la Cour de cassation à admettre au plan civil, une responsabilité sans faute du fait d'autrui (v. ss 2900). Ou bien parfois, c'est le législateur qui intervient pour imposer, sinon un régime unique, du moins des principes communs. Ainsi, en matière de responsabilité médicale, la loi du 4 mars 2002 sur les droits des malades et l'amélioration du système de santé a posé un certain nombre de principes communs applicables quelle que soit la nature de la responsabilité, dont le principe d'une responsabilité pour faute, assorti de quelques exceptions, notamment concernant les infections nosocomiales (sur cette loi, v. ss 2250, 3350 s.).

§ 3. Les différentes sortes de responsabilité civile

2113. Une première distinction doit être faite au sein de la responsabilité civile entre la responsabilité contractuelle et la responsabilité extracontractuelle. Ensuite, au sein de la responsabilité contractuelle, il existe aussi plusieurs régimes de responsabilités qui n'ont pas le même fondement et qui ne répondent pas aux mêmes conditions de mise en œuvre.

A. La distinction fondamentale entre la responsabilité civile extracontractuelle et la responsabilité civile contractuelle

2114. Cette distinction a été qualifiée de « *suma divisio* », en ce sens qu'elle est la plus importante distinction au sein de la responsabilité civile. Schématiquement, elle oppose la *responsabilité contractuelle,* qui est l'obligation pour un contractant de réparer le dommage causé à un autre contractant par l'inexécution ou la mauvaise exécution d'une obligation née d'un contrat et la *responsabilité extracontractuelle,* qui intervient dès lors que l'on ne se trouve pas dans le schéma précédent. Autrement dit, la question de la responsabilité contractuelle est une question préalable : ce n'est qu'à défaut de relations contractuelles entre la victime et la personne dont la responsabilité est recherchée que la responsabilité extracontractuelle sera utilisable. La question de la distinction de ces deux sortes de responsabilités de leur identité ou pas de nature et de leurs rapports est une question importante, que nous étudierons ultérieurement (v. ss 2142).

B. La distinction entre différents régimes de responsabilité extracontractuelle : responsabilité du fait personnel, du fait d'autrui, du fait des choses

2115. Au sein même de la responsabilité extracontractuelle, il existe plusieurs régimes de responsabilité qui n'ont pas tous le même fondement et où la responsabilité n'est pas mise en œuvre de la même façon. Si l'on s'en tient au droit commun de la responsabilité civile tel qu'il figure dans les articles 1240 à 1244 actuels du Code civil (sachant qu'il existe aussi des régimes spéciaux), la désignation du responsable du dommage s'opère différemment selon les régimes : il peut s'agit de l'auteur du dommage dans la responsabilité du fait personnel (pour faute), mais aussi de la personne qui répond de l'auteur du dommage dans la responsabilité du fait d'autrui, ou de la personne qui a sous sa garde la chose à l'origine du dommage dans la responsabilité du fait des choses. Le « fait générateur » de la responsabilité est en même temps désigné : fait personnel ou faute, fait d'autrui, fait des choses.

2116. Si nous avons circonscrit de façon très générale la responsabilité civile, il convient maintenant d'approfondir cette notion et d'en donner les idées directrices, en dégageant plus précisément son domaine, son fondement et son évolution.

Section 2
La précision du domaine de la responsabilité civile

2117. Pour cerner exactement le domaine de la responsabilité civile, il faut tout d'abord la distinguer, plus précisément que nous ne l'avons fait ci-dessus (v. ss 2108), de la responsabilité pénale, en précisant les relations qui existent entre ces types de responsabilité et les principes gouvernant leurs rapports.

Puis nous verrons ensuite comment la responsabilité civile, elle-même, se scinde en différentes formes responsabilités (contractuelle et extracontractuelle, responsabilité du fait personnel, du fait d'autrui et du fait des choses).

§ 1. La distinction et les rapports entre la responsabilité civile et la responsabilité pénale

2118. On admet aujourd'hui très naturellement que la responsabilité civile qui tend à assurer la réparation d'un dommage par une action civile et la responsabilité pénale qui a pour but de punir les auteurs d'infractions troublant l'ordre social par une action publique, sont deux matières distinctes, mais il n'en a pas toujours été ainsi. Nous allons voir l'évolution historique des rapports entre responsabilité civile et pénale, avant d'indiquer les relations actuelles entre elles.

A. Évolution historique des rapports entre responsabilité civile et responsabilité pénale

1) Le droit romain

2119. La distinction entre les actions pénales et les actions « réipersécutoires » qui étaient l'équivalent de notre action en dommages et intérêts, n'apparut qu'à l'époque classique et ne fut jamais complètement réalisée car ces deux types d'action ont eu tendance à se confondre en « actions mixtes » au Bas Empire romain.

2) L'ancien droit

2120. La tradition germanique ignorait la distinction entre responsabilité civile et pénale, les lois barbares accordaient aux victimes une somme préétablie ou « tarif de composition » pour chaque type d'infraction, le *Wergeld* constituait à la fois une « peine » et une « réparation ».

Cependant, à partir de la deuxième moitié du XIIe siècle, la distinction romaine des actions pénales et réipersécutoires fut connue et orienta différemment le droit coutumier français.

Toutefois, la distinction était encore très imparfaite. C'était la victime qui avait le plus souvent l'initiative de l'action, mais il s'agissait plutôt d'une « action criminelle privée » que d'une action civile, distincte de l'action publique.

3) Le droit révolutionnaire

2121. C'est en 1795 dans le Code des délits et des peines qu'est consacrée la création d'une véritable action civile distincte de l'action publique. Selon son article 5 : « l'action publique a pour objet de *punir les atteintes portées à l'ordre social* » tandis que selon l'article 6 « l'action civile a pour objet la *réparation du dommage* que le délit a causé ».

Cette distinction fut confirmée par les Codes civil (art. 1382 à 1386, devenus art. 1240 à 1244) et pénal (art. 74, devenu art. 69, qui renvoyait aux dispositions du Code civil en cas de demande de réparation du dommage). Ce sont désormais les articles 2, 3 et 4 du Code de procédure pénale qui prévoient que, si ces deux actions sont distinctes, « l'action civile peut être exercée en même temps que l'action publique et devant la même juridiction » (C. pr. pén., art. 3) et que « l'action civile peut être aussi exercée devant une juridiction civile, séparément de l'action publique » (C. pr. pén., art. 4).

B. Différences quant au domaine respectif de ces deux sortes de responsabilité

2122. La distinction entre ces deux sortes de responsabilité est actuellement parfaitement admise aussi bien au niveau des conditions d'exercice de l'action que de sa mise en œuvre ou de ses effets.

1) Conditions d'exercice

a) La responsabilité pénale est encourue chaque fois qu'il y a eu violation de la loi pénale

2123. Il doit s'agir de fautes expressément prévues par la loi pénale (infractions pénales), ce qu'exprime l'adage *nullum crimen sine lege* mais il n'est pas toujours nécessaire qu'un dommage ait été subi par une personne. Ainsi, la loi pénale réprime-t-elle la simple tentative ; par ailleurs, en cas de non-respect de certaines réglementations, comme le Code de la route ou la réglementation du travail dans l'entreprise, la sanction pénale est encourue *même si l'infraction n'a causé aucun dommage*. La responsabilité pénale est en principe une responsabilité subjective, encourue par une personne physique, à la suite d'un fait personnel (C. pén., art. 121-1) prévu et réprimé par la loi pénale (élément légal de l'infraction) et elle repose sur l'imputabilité, c'est-à-dire la conscience de l'auteur de son comportement contraire à la loi pénale (élément moral de l'infraction). Cependant, la responsabilité pénale des personnes morales est également admise (sauf l'État) : elles peuvent être responsables pénalement « des infractions commises, pour leur compte, par leurs organes ou représentants » (C. pén., art. 121-2) : les éléments constitutifs de l'infraction sont alors appréciés en la personne de la personne physique représentant la personne morale. Par ailleurs, si le principe posé par l'article L. 121-1 du Code pénal est que « nul n'est punissable qu'à raison de son fait personnel », il existe cependant certaines hypothèses de responsabilité pénale du fait d'autrui (par exemple la responsabilité pénale du chef d'entreprise pour des infractions commises par ses employés).

b) La responsabilité civile est, au contraire, encourue dès lors qu'il existe un dommage à réparer

2124. Si le dommage a été causé par une faute, la responsabilité est encourue quelle que soit la nature et la gravité de la faute, même s'il s'agit d'une simple imprudence. Cependant, même en l'absence de faute, la responsabilité civile peut être recherchée. La responsabilité civile peut donc être une responsabilité subjective si elle repose sur la faute du responsable, mais elle peut aussi être une responsabilité objective, sans faute et elle repose alors sur d'autres fondements, par exemple, la qualité de gardien d'une chose intervenue dans la réalisation d'un dommage. Elle peut ainsi découler non seulement du fait personnel (de sa propre faute, cause d'un dommage) mais également du fait d'autrui dont on devra répondre dans certaines conditions, ou du fait des choses que l'on a sous sa garde.

2) Mise en œuvre de l'action

a) La responsabilité pénale est mise en jeu par une action publique

2125. Il s'agit d'une action exercée par le ministère public, représentant l'État, devant les juridictions répressives, avec une procédure particulière, la *procédure pénale* obéissant à des règles spécifiques, notamment au niveau de la *prescription* qui, depuis la loi n° 2017-242 du 27 février 2017, est de vingt ans pour les crimes, six ans pour les délits et un an pour les contraventions (années révolues, décomptés à partir du jour où l'infraction a été commise).

b) La responsabilité civile est, au contraire, mise en jeu par une action civile

2126. Il s'agit d'une action exercée en principe devant une juridiction civile obéissant aux règles de *la procédure civile* et soumise aux délais de *prescription* de droit commun, qui ont été modifiés par la loi du 17 juin 2008 portant réforme de la prescription en matière civile (sur cette loi, v. ss 731 s., et sur les délais actuels de prescription en matière d'action en responsabilité civile exercée devant une juridiction civile, v. ss 2496 s.).

3) Effets de l'action

a) La responsabilité pénale va donner lieu au prononcé d'une peine (prison, amende, travaux d'intérêt général, interdiction de certaines activités, confiscations, fermeture d'établissement...)

2127. Cette peine est destinée *à sanctionner* l'auteur de l'infraction. Ces peines sont donc proportionnées à la gravité de la faute, ne touchent que l'auteur de l'infraction, et lui seul, en vertu de l'article 121-1 du Code pénal, qui précise que « nul n'est responsable pénalement que de son propre fait », (sauf l'exception concernant les personnes morales visées par l'article 121-2), ne profitent pas à la victime et concernant les crimes et les délits n'atteignent, en principe, pas la personne ayant agi sous l'empire d'un trouble psychique ou neuropsychique « ayant *aboli* son discernement ou le contrôle de ses actes » (C. pén., art. 122-1, al. 1er), qui n'est pas « pénalement responsable » puisqu'on ne peut lui reprocher une faute. Elle demeure cependant punissable lorsque le trouble psychique ou neuropsychique a seulement « *altéré* son discernement ou *entravé* le contrôle de ses actes ». Toutefois, dans ce cas, il est prévu que la juridiction saisie doit « tenir compte de cette circonstance lorsqu'elle détermine la peine et en fixe le régime » (C. pén., art. 122-1, al. 2).

b) La responsabilité civile va, au contraire, aboutir à la constatation de l'existence d'une dette de réparation envers la victime

2128. Cette réparation est *proportionnée,* non à la gravité de la faute, même si la responsabilité engagée est une responsabilité pour faute, mais à l'ampleur du dommage causé. Elle est destinée à la victime et elle peut être mise à la charge d'une personne ayant agi sous l'empire d'un trouble mental (C. civ., art. 414-3). Mais elle ne reste pas nécessairement à la charge définitive de l'auteur : elle peut être prise en charge par une assurance, par exemple, Enfin, la responsabilité civile peut être mise à la charge d'une personne qui n'a pas personnellement causé le dommage, notamment dans les différents cas de responsabilité du fait d'autrui et de fait des choses.

Malgré ces différences très marquées entre ces deux sortes de responsabilité, il subsiste certains points communs entre elles.

C. Rapports entre responsabilité civile et responsabilité pénale

2129. On peut, tout d'abord, constater un certain rapprochement de ces matières au cours des XIXe et XXe siècles. D'abord, la responsabilité pénale tend à s'objectiver et à se socialiser : responsabilité pénale pour autrui, responsabilité pénale des personnes morales, à l'exclusion de l'État (C. pén., art. 121-2) et même responsabilité pénale collective ; ensuite, la responsabilité pénale n'a plus seulement pour objectif de punir mais aussi de resocialiser l'auteur de l'infraction et elle prend aussi davantage en considération, comme la responsabilité civile, la victime et la notion de réparation ; enfin, la responsabilité civile tend à reculer devant les techniques de socialisation et de collectivisation des risques (régimes d'assurances directes comme en matière d'accident du travail ou de la circulation routière mais aussi, développement de systèmes d'indemnisation qui n'ont pas la même logique que la responsabilité).

2130. Par ailleurs, il faut envisager le cas où le même fait dommageable constitue à la fois une infraction pénale et un fait générateur de responsabilité civile (le fait de donner la mort volontairement à autrui, par exemple, est à la fois une infraction pénale et une faute civile intentionnelle). Dans ce cas, des rapports étroits vont se nouer entre les deux sortes de responsabilité. Prenons le cas, par exemple, d'un automobiliste conduisant sous l'emprise d'un état alcoolique (C. route, art. L. 1) qui provoque un accident et blesse un piéton : il y a là, à la fois, une infraction pénale et un dommage causé au piéton nécessitant une réparation. Cela peut donner lieu à une action publique (pour sanctionner l'infraction à la loi pénale) et à une action civile (pour réparer le dommage causé), mais cette coexistence des deux responsabilités entraîne un certain nombre de conséquences.

2131. En effet, la victime du dommage a une possibilité de choix : elle peut préférer exercer l'action civile devant les juridictions civiles en laissant au ministère public l'exercice de l'action publique, s'il l'estime opportun.

Elle peut, au contraire, porter son affaire directement devant le tribunal répressif en se *constituant « partie civile »,* c'est-à-dire en demandant au tribunal répressif de statuer, à la fois, sur la culpabilité de l'auteur du dommage et sur l'octroi de dommages et intérêts à la victime de ce dommage (C. pr. pén., art. 3).

1) Si la victime saisit le tribunal répressif en se constituant partie civile

2132. Cela présente un certain nombre d'avantages pour la victime.

En premier lieu, elle force la main au ministère public qui est obligé d'engager l'action publique, le principe de « l'opportunité des poursuites » se trouvant alors écarté.

Ensuite, elle bénéficie de la procédure pénale qui est plus rapide et moins coûteuse que la procédure civile.

De plus, elle n'est pas obligée d'attendre : la décision sur la culpabilité de l'auteur et l'octroi des dommages et intérêts se faisant simultanément. Toutefois, parce que l'action civile est accessoire à l'action publique, les tribunaux répressifs ne peuvent se prononcer sur l'action civile qu'autant qu'il a été préalablement statué au fond sur l'action publique, ainsi que l'a rappelé la chambre criminelle de la Cour de cassation dans une décision du 9 septembre 2008[1] (aussi, v. ss 2137).

Enfin, l'action doit être intentée dans les délais de prescription du droit pénal, c'est-à-dire, en principe, vingt ans pour les crimes, sauf les crimes contre l'humanité qui sont imprescriptibles, six ans pour les délits et un an pour les contraventions (C. pén., art. 133-2 à 133-4, mod. par L. n° 2017-242 du 27 févr. 2017).

2133. Par ailleurs, par une interprétation extensive de l'article 418, alinéa 3, du Code de procédure pénale selon lequel « la partie civile *peut,* à l'appui de sa constitution, demander des dommages et intérêts correspondant au préjudice qui lui a été causé », la chambre criminelle de la Cour de cassation admet que la victime peut se constituer partie civile *sans demander de réparation*[2]. Cette solution est utile pour certaines catégories de personnes qui ne pourraient pas obtenir réparation devant la juridiction répressive mais qui peuvent ainsi *provoquer l'action publique* ou *aider le ministère public*

---

1. Crim. 9 sept. 2008, n° 07-87.207, *RCA* 2008, comm. 315.
2. Crim. 8 juin 1971, *D.* 1971. 594, note Maury.

à prouver la culpabilité de l'auteur de l'infraction (par exemple, victime d'une infraction commise par un fonctionnaire ou un agent public, victime d'un accident du travail, victimes d'un accident de transport aérien...).

2134. À l'inverse, *en principe*, le droit à réparation de victimes devant la juridiction pénale est subordonné à l'existence d'une infraction. Si le juge pénal ne reconnait pas l'existence de l'infraction, il ne peut accorder réparation à la victime. De plus, en raison du caractère accessoire de l'action civile par rapport à l'action publique, le juge pénal ne peut en principe faire application que des articles 1240 et 1383 du Code civil, c'est-à-dire de la seule responsabilité pour faute extracontractuelle et non de la responsabilité contractuelle ou de responsabilités sans faute, comme par exemple, la responsabilité du fait des choses de l'article 1383, alinéa 1er, du Code civil.

2135. Toutefois, ces principes connaissent aujourd'hui un certain nombre d'exceptions et tendent à être remis en question. Le Code de procédure pénale (art. 372) permet ainsi à la Cour d'assises d'accorder des dommages et intérêts à la victime malgré un acquittement si une faute distincte du crime est à l'origine du dommage. L'article 470-1 du même code permet aussi au juge correctionnel, dans le cas où il relaxe le prévenu du chef d'infraction non intentionnelle, d'accorder « *en application des règles du droit civil*, réparation de tous les dommages résultant des faits qui ont fondé la poursuite ». La chambre criminelle de la Cour de cassation, sur le fondement de ce texte a admis l'application de la responsabilité contractuelle par le juge pénal dans un cas où une cour d'appel, tout en relaxant un contractant sur le plan pénal, le déclarait *contractuellement* responsable des dommages causés à son cocontractant en application de l'article 470-1 du Code de procédure pénale (mod. par L. du 13 juill. 1983 et L. du 13 mai 1996) [1].

Dans un arrêt ultérieur, la chambre criminelle a encore confirmé l'efficacité de l'article 470-1 du Code de procédure pénale en matière de responsabilité contractuelle médicale. La condition de causalité exigée pour admettre la responsabilité contractuelle du médecin, à savoir le lien de causalité entre la faute médicale et la « perte d'une chance de survie » est différente de celle qui est requise pour condamner pénalement l'auteur d'un homicide volontaire : ainsi le médecin, relaxé pénalement, peut-il être condamné civilement [2].

2) Si la victime préfère agir devant les tribunaux civils

2136. Plusieurs principes ont été dégagés en la matière, mais sont-ils toujours applicables ?

a) Le principe selon lequel « le criminel tient le civil en l'état »

2137. Si l'action civile était déjà en cours au moment où l'action publique est déclenchée devant le tribunal répressif, l'action civile doit être *suspendue*. Si elle n'a pas encore été introduite, elle ne peut l'être tant qu'il n'a pas été statué sur l'action publique, en application de l'adage selon lequel « le criminel tient le civil en état ».

---

1. Crim. 26 mars 1991, *Bull. crim.* n° 142, *JCP* 1991. IV. 260, et Crim. 3 mars 1993, *Bull. crim.* n° 96, obs. G. Viney, *JCP* 1994. I. 3773.

2. Crim. 20 mars 1996, *Bull. crim.* n° 119, obs. G. Viney ; *JCP* 1996. I. 3985.

Cette primauté du criminel ne s'appuie que sur un seul texte formel, l'article 4, alinéa 2, du Code de procédure pénale aux termes duquel il « est sursis au jugement de cette action [action civile] exercée devant la juridiction civile tant qu'il n'a pas été prononcé définitivement sur l'action publique lorsque celle-ci a été mise en mouvement ». En effet, il convient de savoir, tout d'abord, si l'auteur présumé du dommage est ou non coupable avant de pouvoir lui réclamer une indemnisation sur le plan civil, sur le fondement, tout au moins de la responsabilité civile pour faute.

Il convient, toutefois, de noter que la doctrine conteste de plus en plus la pertinence de cet adage qui présente l'inconvénient de retarder le jugement de l'action en responsabilité civile et la possibilité d'indemnisation des victimes et que la jurisprudence interprète avec de plus en plus de souplesse ces manifestations de la subordination du civil au pénal. La première chambre civile de la Cour de cassation a également tenté de cantonner le principe en déclarant qu'il « ne s'applique, dans les rapports internationaux, qu'en vertu d'un traité »[1]. On évite ainsi que les délinquants internationaux n'usent de ce procédé dans un but dilatoire.

Pourtant, la chambre criminelle de la Cour de cassation continue à faire application de la règle « le criminel tient le civil en état » en l'imposant aux juges civils, mais aussi aux juges répressifs lorsqu'ils sont saisis de l'action civile. Dans un arrêt de principe du 9 septembre 2008 (préc.) (v. ss 2132), elle a rappelé en effet que : « les tribunaux répressifs ne sont compétents pour connaître de l'action civile en réparation du dommage né d'une infraction qu'accessoirement à l'action publique ; qu'il en résulte que ces tribunaux ne peuvent se prononcer sur l'action civile qu'autant qu'il a été préalablement statué au fond sur l'action publique ».

b) Le principe d'autorité de la chose jugée au criminel sur le civil et la question de l'identité des fautes civiles et pénales

2138. Une seconde règle découle de la règle précédente, selon laquelle « la décision pénale a autorité de chose jugée à l'égard du tribunal civil ». Elle a pour conséquence majeure que si l'auteur de l'infraction a été pénalement reconnu coupable, le juge civil, comme le juge pénal saisi de l'action civile (qui doivent attendre cette décision au plan pénal pour statuer au civil, en vertu de la règle « le criminel tient le civil en l'état »), ne pourront écarter sa responsabilité civile en niant l'existence d'une infraction ou en considérant que le comportement de l'auteur n'est pas fautif : l'existence d'une faute pénale reconnue par le juge pénal implique l'existence d'une faute civile, soit intentionnelle (art. 1240) soit au moins d'imprudence ou de négligence (art. 1383). Le juge civil pourrait difficilement exclure une faute là où le juge pénal l'a admise, alors qu'au civil, même l'imprudence la plus légère est une faute.

Inversement, si l'accusé a été acquitté (criminel) ou le prévenu relaxé (correctionnel), le juge civil ne pourra pas mettre en jeu sa responsabilité civile *pour faute* : « la relaxe du chef des blessures involontaires implique nécessairement *l'inexistence* d'une faute de conduite à la charge du prévenu[2] ».

C'est le principe dit de *« l'identité des fautes »* ou de l'unité des fautes civiles et pénales, et plus précisément, ici, de l'identité de la faute pénale non intentionnelle et de la faute civile.

Il sera cependant toujours possible de faire jouer une responsabilité sans faute.

---

1. Civ. 1re, 6 mai 2003, *Bull. civ.* I, no 102 ; *JCP* 2004. I. 101, obs. G. Viney.

2. Civ. 2e, 3 mars 1993, *JCP* 1993. IV. 1170.

2139. Ce principe de l'identité des fautes est cependant aujourd'hui affaibli, voire remis en question dans certains cas.

Il continue sans doute à jouer et la règle de l'autorité de la chose jugée au pénal s'impose lorsque le juge pénal a condamné l'auteur de l'infraction et constaté l'existence d'une faute pénale. Le juge civil ou le juge pénal statuant sur l'action civile ne peut pas logiquement écarter la qualification de faute civile. Toutefois, il est admis que la condamnation prononcée par le juge pénal pour une infraction volontaire n'impose pas au juge civil de reconnaître l'existence d'une faute « intentionnelle » (au sens de l'art. 1240 du C. civ.). Dans un cas d'espèce il s'agissait de dégradations et destructions volontaires par incendie de biens meubles et immeubles dans un collège par d'anciens élèves qui avaient été condamnés pénalement. L'assureur de l'institution, après avoir indemnisé son assuré au titre de l'assurance incendie, s'était retourné contre les incendiaires et leurs assureurs. Ces derniers objectèrent alors que selon l'article L. 113-1 du Code des assurances, « l'assureur ne répond pas des fautes et dommages provenant d'une faute intentionnelle ou dolosive de l'assuré ». Cette argumentation semblait valable, mais la Cour de cassation a rejeté ce moyen au motif que la définition de la faute intentionnelle inassurable que vise l'article L. 113-1 ne coïncide pas avec celle de la faute requise par les textes du Code pénal incriminant les infractions pour lesquelles les auteurs de l'incendie volontaire avaient été reconnus coupables et condamnés pénalement[1]. On voit donc que même dans ce cas, la jurisprudence prend quelques libertés avec la règle de l'identité des fautes.

Mais le principe de l'identité des fautes est atteint aujourd'hui de façon beaucoup plus significative dans les cas où le juge pénal ne condamne pas l'agent et n'admet pas la faute pénale.

En effet, à l'occasion de la loi n° 2000-647 du 10 juillet 2000, qui a introduit dans le Code pénal la notion de *faute pénale non intentionnelle* (*ou faute pénale d'imprudence*) le législateur a ajouté un article 4-1 au Code de procédure pénale, selon lequel : « l'absence de faute pénale non intentionnelle au sens de l'article 121-3 du Code pénal, ne fait pas obstacle à l'exercice d'une action devant les juridictions civiles afin d'obtenir la réparation d'un dommage sur le fondement de l'article 1383 (devenu art. 1241 du C. civ.)... ». La Cour de cassation a visé ce texte pour la première fois dans une décision du 30 janvier 2001[2] et a relevé dans une décision postérieure, du 7 mai 2003, que la relaxe prononcée du chef d'incendie involontaire n'empêche pas le juge civil de condamner sur le fondement de l'article 1384, alinéa 2, du Code civil, la personne relaxée[3]. Or, la responsabilité fondée sur l'article 1384, alinéa 2 (devenu l'article 1242, alinéa 2, depuis l'ordonnance du 10 février 2016), ou responsabilité du fait d'un incendie, est une responsabilité pour faute. On peut donc s'interroger sur les contours actuels exacts du principe de l'identité des fautes.

c) Les délais de prescription de l'action

2140. Depuis la modification de l'article 10 du Code de procédure pénale par la loi du 23 décembre 1980 et jusqu'à la réforme de la prescription civile par la loi du 17 juin 2008, il n'y avait plus à se préoccuper de savoir si la prescription pénale était encourue,

---

1. Civ. 1re, 27 mai 2003, *Bull. civ.* I, n° 125, *JCP* 2003. IV. 2281 ; *JCP* 2004. I. 101, obs. G. Viney.
2. Civ. 1re, 30 janv. 2001, *JCP* 2001. I. 338, obs. G. Viney.
3. Civ. 2e, 7 mai 2003, *Bull. civ.* II, n° 140 ; *JCP* 2004. I. 101, obs. G. Viney.

car l'action civile obéissait aux règles du droit commun en matière civile, même si l'action était exercée devant la juridiction pénale. Elle se prescrivait donc par trente ans en matière contractuelle et dix ou vingt ans en matière extracontractuelle (art. 2270-1), et même si le juge pénal constatait la prescription de l'action publique, il pouvait statuer malgré tout sur l'action civile. La loi du 17 juin 2008 portant réforme de la prescription en matière civile (v. ss 731 s.) a ensuite modifié les délais de prescription des actions en responsabilité civile (v. ss 2266 s.) mais, en parallèle, l'article 10 du Code de procédure pénale a été modifié pour résoudre toute difficulté. Il précise en effet que : « lorsque l'action est exercée devant la juridiction répressive, elle se prescrit selon les règles de l'action civile » et « lorsqu'elle est exercée devant une juridiction civile, elle se prescrit selon les règles du Code civil ». Ainsi, l'action pénale ne peut être prescrite avant l'action civile et réciproquement.

2141. Ces interférences entre responsabilité civile et responsabilité pénale ne sont possibles, nous le voyons, que si le dommage est dû à une faute de l'auteur ; si la responsabilité civile repose sur une autre base, les tribunaux répressifs sont incompétents. Ceci nous amènera dans une deuxième section à nous poser la délicate question du fondement de la responsabilité civile.

Avant cela, il convient encore de préciser que le terme de responsabilité civile englobe deux notions différentes, la responsabilité extracontractuelle (« délictuelle et quasi délictuelle ») et la responsabilité contractuelle.

§ 2. La responsabilité civile se compose de la responsabilité extracontractuelle et contractuelle

2142. La responsabilité civile est traditionnellement divisée en responsabilité contractuelle et responsabilité « délictuelle et quasi-délictuelle » selon une expression souvent utilisée mais de façon inappropriée. Il est préférable de parler de responsabilité extracontractuelle car au sens strict, la responsabilité délictuelle et quasi délictuelle ne renvoie qu'à la responsabilité pour faute (faute intentionnelle ou délit civil, de l'article 1240 et faute d'imprudence et de négligence ou quasi-délit, de l'article 1241) ; or il existe aussi des responsabilités extracontractuelles sans faute, comme on l'a déjà souligné (v. ss 2114). L'expression responsabilité « extracontractuelle » distinguée de la responsabilité contractuelle est d'ailleurs consacrée ***dans l'actuel projet de réforme de la responsabilité porté par la Chancellerie***, du 13 mars 2017 (aussi, v. ss 2934). Cette distinction a toujours été présentée comme une distinction fondamentale, et elle s'appuie sur un principe de primauté de la responsabilité contractuelle sur la responsabilité extracontractuelle : les deux formes de responsabilité ne peuvent s'appliquer concurremment ou simultanément : la présence d'un dommage qui se rattache à l'inexécution d'un contrat impose le recours à la responsabilité contractuelle et exclut la responsabilité extracontractuelle (v. ss 2150).

A. La responsabilité contractuelle est-elle une vraie responsabilité ?

2143. Depuis quelques années, une partie de la doctrine a tenté de nier « la pertinence et l'utilité » de la responsabilité contractuelle. Certains auteurs critiquent ce « faux concept » dû à Planiol et considèrent qu'il est inutile d'invoquer une pseudo-responsabilité contractuelle et qu'il suffit de se référer à la notion « d'exécution par équivalent »[1] du contrat (sur l'existence de ce débat, déjà v. ss 1960 s.).

D'autres auteurs, en revanche, refusent d'adhérer à cette théorie et soutiennent la nécessité du maintien de la responsabilité contractuelle, pour obtenir une indemnisation complète : non seulement par l'exécution, éventuellement par équivalent, du contrat inexécuté ou mal exécuté mais aussi par la réparation du dommage causé par cette inexécution[2].

La Cour de cassation, quant à elle, a bien souvent confirmé l'analyse de la responsabilité contractuelle en une vraie responsabilité et, notamment, dans une décision où elle a précisé que « la défaillance de l'installation [matériel de télédétection livré par une société de télésurveillance] qui matérialisait la *mauvaise exécution de l'obligation*, était en relation de *cause à effet* avec le *dommage* » [vol avec effraction], c'est-à-dire avec la perte d'une chance d'éviter le vol[3]. Elle identifie donc bien distinctement *trois conditions* qui sont les *constantes* de la responsabilité civile (v. ss 2252) : le fait générateur de la responsabilité qui est l'inexécution de l'obligation contractuelle (la défaillance de l'installation), le dommage (le vol) et le lien de causalité entre les deux. Face aux détracteurs de la responsabilité contractuelle, elle a rappelé la distinction qui existe « entre le droit à l'exécution de l'obligation contractuelle, qui est un effet direct du contrat et n'est donc nullement subordonné à la preuve d'un préjudice et le droit à réparation du dommage contractuel, qui n'entre en jeu qu'à partir du moment où le créancier constate l'impossibilité d'obtenir l'exécution ou renonce à celle-ci mais qui suppose alors la preuve d'un dommage »[4].

2144. La responsabilité contractuelle obéirait donc, en réalité, aux mêmes conditions de base que les autres régimes de responsabilité : exigence d'un fait générateur de la responsabilité, d'un dommage et d'un lien de causalité entre les deux (v. ss 2252 s.) même s'il existe ensuite des différences.

Le *rapport Catala* avait pris l'option de confirmer cette analyse d'une identité de nature mais d'une différence de régime, car la responsabilité contractuelle reste malgré tout une responsabilité spécifique (v. ss 2232, 2247, « Le point sur… »). *L'ordonnance du 10 février 2016*, portant réforme du droit des contrat, qui a recodifié les dispositions du Code civil relatives à la responsabilité contractuelle (art. 1231 à 1231-7), a pris soin pour sa part de ne pas prendre parti dans le débat, en se référant seulement « à la réparation du préjudice résultant de l'inexécution du contrat », sans employer le terme de responsabilité. Elle a limité ses interventions au strict minimum, mais cette posture ne traduit pas une prise de position dans le débat. L'objectif, confirmé très clairement dans le rapport de présentation de l'ordonnance au président de la République, était de ne pas anticiper sur ce qui relève d'une réforme globale de la responsabilité civile et de codifier *a minima* et à droit constant (v. ss 1958 s.).

L'actuel projet de réforme du droit de la responsabilité du 13 mars 2017 consacre non seulement l'analyse de la réparation du préjudice né de l'inexécution contractuelle en une responsabilité, mais également l'unité de nature de cette responsabilité et de

---

1. V. Ph. Rémy, Ph. le Tourneau, D. Tallon, L. Leturmy, cités dans la bibliographie.

2. V. É. Savaux et P. Jourdain, cités dans la bibliographie.

3. Civ. 1re, *Bull. civ.* I, n° 276 ; *JCP* 1998. IV. 3286.

4. Chron. G. Viney sous Civ. 3e, 3 déc. 2003, et Civ. 1re, 9 juill. 2003, *JCP* 2004. I. 163.

la responsabilité extracontractuelle (pour la présentation du projet, v. ss 2236 s. ; sur la question de la nature de la responsabilité contractuelle et les propositions du projet, v. ss 2932 s.).

B. Les deux sortes de responsabilité obéissent aux mêmes constantes

1) Les conditions de la responsabilité extracontractuelle

2145. Pour qu'il y ait responsabilité, les conditions requises s'expriment de la même façon, bien qu'elles recouvrent des notions un peu différentes.

► Il y a ***responsabilité*** lorsque sont réunis :
• *de façon positive :*
– un dommage qui se traduit par des préjudices réparables,
– un fait générateur,
– un lien de cause à effet entre l'un et l'autre ;
• *de façon négative :*
– l'absence de causes d'exonération.

2146. Il existe ensuite différents types de responsabilité extracontractuelle, si l'on s'en tient au droit commun de la responsabilité en excluant les régimes spéciaux, qui correspondent, en réalité, à autant de faits générateurs distincts, commandant chacun des régimes différents.

Il y a donc trois variétés de responsabilité extracontractuelle :
– responsabilité du fait personnel : articles 1240 et 1241 (anciens art. 1382 et 1383) ;
– la responsabilité du fait d'autrui : article 1242, al. 1er à 8 (anciens art. 1384, al. 1er, et al. 4, 5, 6, 7 et 8) ;
– la responsabilité du fait des choses (animées ou inanimées) : articles 1242 (ancien art. 1384, al. 1er) et 1243 pour la responsabilité des animaux (ancien art. 1385).

Nous les étudierons, successivement, par la suite.

2) Les conditions de la responsabilité contractuelle

► Pour qu'il y ait ***responsabilité contractuelle*** il faut que certaines conditions soient réunies :
• *de façon positive :*
– un dommage,
– un fait générateur,
– un lien de cause à effet,
– l'existence d'un contrat valable entre les deux parties doit, de plus, être établie,
• *de façon négative :*
– l'absence de causes d'exonération.

Le fait générateur est l'inexécution totale, partielle ou la mauvaise exécution du contrat, auquel il faut ajouter le retard dans l'exécution ; en principe, elle est le fait du contractant, même si on admet parfois, comme en responsabilité extracontractuelle, bien qu'elles soient moins organisées, des hypothèses de responsabilité contractuelle du fait d'autrui et du fait des choses.

3) Des conditions qui révèlent l'identité de structure

2147. Il apparaît que dans tous les cas, on retrouve l'existence d'un fait générateur de la responsabilité (inexécution contractuelle d'un côté pour la responsabilité contractuelle ; faute personnelle, fait d'autrui et fait des choses pour la responsabilité extracontractuelle), d'un dommage, d'un lien de causalité et de l'absence de causes d'exonération. La structure des régimes de responsabilité est donc toujours identique, même si, ensuite, il existe des différences qui tiennent au fait générateur ou au régime de la preuve de certains éléments.

C. Le maintien d'une « *summa divisio* » entre les deux sortes de responsabilité

2148. Compte tenu de l'identité de structure des régimes, doit-on parler d'*unité* ou de *dualité de la responsabilité civile ?* Chacune des deux thèses a eu ses ardents défenseurs et notamment, en faveur de l'unité, Planiol, qui soulignait que dans les deux cas, la responsabilité naît de la violation d'une obligation préexistante. Ne faut-il pas plutôt aujourd'hui admettre une troisième thèse, intermédiaire : celle de l'unité de nature entre les deux types de responsabilité civile mais avec une dualité technique de leur régime due à leur origine différente et à l'existence d'un contrat préalable, dans le cas de la responsabilité contractuelle ?

2149. C'est en ce sens que prenait parti l'avant-projet *Catala* de réforme du droit des obligations et ce sont aussi les options inscrites dans *l'actuel projet de réforme* du droit de la responsabilité du 29 avril 2016.

2150. Pourtant, la distinction historique des deux responsabilités repose sur des principes fondamentaux : les principes de primauté de la responsabilité contractuelle et de non-cumul, qui structurent deux ordres différents de responsabilité, au sein de ce que l'on pourrait appeler le droit commun de la responsabilité civile. Ils sont censés maintenir entre les deux une frontière solide. Elle se trouve cependant aujourd'hui franchissable, de différentes manières et l'une des questions les plus actuelles est celle des rapports entre ces deux sortes de responsabilités et notamment d'une option possible pour la victime en faveur de celle qui paraît la plus intéressante. À cette question, la jurisprudence a apporté des réponses et les projets de réforme aussi, mais différentes (v. ss 3096 s.).

D. La responsabilité contractuelle fait partie de la responsabilité civile

2151. La responsabilité contractuelle fait donc partie de la responsabilité civile. On peut même postuler qu'elle fait partie du droit commun de la responsabilité civile, au même titre que la responsabilité extracontractuelle pour faute ou du fait des choses, car il s'agit d'un régime d'application générale, dès lors que le dommage se rattache à l'exécution d'un contrat, et à moins qu'un régime spécial ne vienne en exclure l'application (par exemple la loi du 5 juillet 1985 concernant l'indemnisation des victimes d'accident de la circulation qui exclut la responsabilité contractuelle, comme elle exclut la responsabilité extracontractuelle pour faute ou la responsabilité du fait des choses).

2152. La responsabilité contractuelle constitue-t-elle cependant un fait juridique, au même titre que la responsabilité extracontractuelle ce qui justifie son étude ici ? Ou bien le fait qu'elle soit liée à la présence d'un contrat, acte juridique écarte-t-il cette qualification, si bien que la responsabilité contractuelle devrait plutôt être rattachée à l'étude du contrat ?

2153. En réalité, la question est difficile et marque à nouveau l'ambiguïté de la responsabilité contractuelle. En effet, on ne peut nier que la responsabilité contractuelle trouve son origine dans le manquement à une obligation contractuelle et donc finalement dans un acte juridique, le contrat inexécuté.

2154. Mais, en même temps, la cause immédiate de l'obligation de réparation n'est pas le contrat, mais bien un fait, intentionnel ou non intentionnel selon les circonstances, qui est l'inexécution du contrat. L'obligation inexécutée est contractuelle mais l'obligation de réparer le dommage naît de l'inexécution, est elle-même un fait et non un acte juridique. Néanmoins, l'origine contractuelle de l'obligation inexécutée et l'importance du contrat, qui induit les spécificités de la responsabilité contractuelle, comme par exemple la possibilité de l'aménager contractuellement (clauses pénales ou clauses limitatives ou exonératoires de responsabilité, v. ss 3081 s., 3056 s.) peuvent justifier son étude tout autant dans le cadre du contrat que de la responsabilité civile.

2155. Ainsi, pour conclure, on peut dire que la responsabilité contractuelle est une conséquence de l'inexécution d'un contrat et donc une sanction de l'inexécution du contrat. En ce sens, nous avons pu la rattacher à l'étude des effets du contrat et des sanctions du contrat inexécuté et y consacrer certains développements (v. ss 1956 s.).

2156. Mais c'est aussi une responsabilité parmi les autres, au sein de la responsabilité civile, définie comme l'obligation pour une personne de réparer le dommage causé par elle-même ou par une autre dont elle répond. Elle trouve donc sa place dans une étude de la responsabilité civile en général.

2157. Néanmoins, il est vrai que la responsabilité civile s'est construite historiquement à partir des articles 1240 et suivants du Code civil qui concernent la responsabilité extracontractuelle et que la réflexion sur ses fondements et son évolution au cours des siècles s'est faite aussi largement dans ce cadre.

La responsabilité contractuelle a donc toujours tenu une place spécifique au sein de la responsabilité civile, ce qui justifiera qu'on l'étudie en tenant compte de cette spécificité et par comparaison avec la responsabilité extracontractuelle.

Section 3

Le fondement et les fonctions de la responsabilité civile

2158. Comme nous venons de l'indiquer, historiquement, la question du fondement et des fonctions de la responsabilité civile s'est posée essentiellement à propos de la responsabilité extracontractuelle autour de laquelle s'est opérée toute la construction du droit de la responsabilité civile. Les développements consacrés au fondement et aux fonctions de la responsabilité civile concernent donc essentiellement la responsabilité extracontractuelle, même s'ils peuvent être partiellement transposés au champ de la responsabilité contractuelle.

2159. Une question qui se pose immédiatement quand on parle de responsabilité est celle de son fondement. Pourquoi une personne doit-elle être tenue pour responsable ? En matière contractuelle on peut dire que c'est le principe de la force obligatoire du contrat qui oblige à son exécution et justifie la réparation à hauteur du préjudice subi du fait de l'inexécution ou de la mauvaise exécution des obligations prévues par le contrat. Mais lorsqu'il n'y a pas de contrat ? La réponse traditionnelle et admise depuis toujours fait appel à la notion de *faute*. Il est normal pour tout un chacun que celui qui cause un dommage par sa faute, engage sa responsabilité.

2160. Mais dès la fin du XIXe siècle, en raison de l'évolution socio-économique, notamment de la révolution industrielle et de l'augmentation considérable des dommages causés par des machines sans qu'il y ait de faute humaine, ce fondement sembla insuffisant. On vit alors apparaître des cas de responsabilité sans faute justifiés par la notion de *risque*. Enfin, la doctrine succédant à la jurisprudence a essayé d'élaborer des *théories mixtes* comme la *théorie de la garantie*.

2161. La conception actuelle de la responsabilité, conduit par ailleurs à développer l'idée qu'elle ne serait plus uniquement curative mais préventive de sorte que l'on devrait être responsable, non seulement des dommages déjà réalisés, mais encore de la conservation de « la beauté des paysages, de la pureté de l'air et de l'eau, de la santé des humains… »[1]. Les avancées du principe de précaution contribuent à accréditer l'idée qu'il faut prendre en compte au-delà même du préjudice déjà réalisé ou futur mais certain, le risque de préjudice.

En réalité, on va le voir, la question des fondements est étroitement liée à celle des fonctions de la responsabilité.

§ 1. Le lien entre le fondement et les fonctions de la responsabilité

2162. Le droit de la responsabilité civile met toujours en présence deux personnes : la victime et le responsable du dommage, qui peut être l'auteur direct ou un tiers responsable du fait d'autrui. Or, selon que l'on prend en considération plutôt la victime ou plutôt l'auteur du dommage, la responsabilité peut avoir des fonctions différentes, ce qui n'est pas sans incidence sur ses fondements.

2163. Si l'on prend en considération la victime, c'est la *fonction réparatrice* de la responsabilité qui est la fonction essentielle. La responsabilité assure la satisfaction de cette victime, qui cherche à obtenir la réparation de son préjudice.

Si l'on se place du côté du responsable, celui, auquel le dommage est imputable, (l'imputation consistant dans l'opération de rattachement du dommage au responsable), on fait alors monter au premier plan *la fonction normative* de la responsabilité, sanction d'une règle de conduite et sanction d'un mauvais comportement : mais

---

1. V. C. Thibierge, cité dans la bibliographie.

si la responsabilité constitue une sanction, voire une punition, encore faut-il qu'il y ait matière à sanction, donc logiquement, faute.

2164. Une troisième fonction peut aussi découler de celle-ci : la *fonction préventive* de la responsabilité : pour éviter la sanction, les individus chercheront à éviter les dommages.

2165. Or, les deux fonctions normative et réparatrice sont en partie contradictoires. En effet, si l'on met en avant l'idée de punition, de sanction, on ne retiendra de responsabilité que s'il y a matière à sanctionner un comportement, c'est-à-dire, s'il y a faute. La faute sera alors le fondement de la responsabilité. Mais cela signifie qu'en l'absence de faute, le dommage ne sera pas réparé : la fonction réparatrice ne sera pas correctement assurée dans une conception strictement normative de la responsabilité fondée sur la faute.

2166. À l'inverse, si l'on met en avant la réparation, alors on va élargir la responsabilité pour assurer cet objectif et rechercher des responsables solvables (et pas forcément fautifs). On va donc devoir chercher d'autres fondements que la faute et cette évolution a conduit, on le verra, (v. ss 2172 s.) à mettre en avant la fonction réparatrice au détriment de la fonction sanctionnatrice, ce qui a conduit à un élargissement des fondements.

§ 2. Le fondement traditionnel : la faute

2167. Une des innovations les plus importantes du Code civil a constitué à institutionnaliser la responsabilité civile en posant en principe que tout dommage causé par une faute devait donner lieu à réparation.

Le concept de responsabilité civile s'est dégagé progressivement au cours des siècles, avec la lente distinction de la responsabilité civile et pénale puis l'affirmation d'un principe général de responsabilité que l'on doit essentiellement à Pothier et Grotius[1], puis à Domat[2]. Ce principe est un principe de responsabilité pour faute. Il se décline en plusieurs applications. Reprenant largement les idées de Grotius, Domat dégage la responsabilité délictuelle, contractuelle et quasi délictuelle. Cette responsabilité peut être personnelle, du fait des personnes dont on répond, du fait des animaux que l'on a sous sa garde, et du fait des choses ; mais toutes reposent sur la faute, prouvée ou présumée, qu'elle soit le fait générateur ou le fondement de la responsabilité. La faute pour ces auteurs, a une double nature : il peut s'agir d'une faute intentionnelle (délit) ou d'une faute non intentionnelle, faute d'imprudence et de négligence ou de mauvais choix. Ils reviennent donc à une analyse de la faute déjà faite par les jurisconsultes romains, auxquels on doit d'avoir fait progressivement apparaître la notion de faute et la différence entre le dol, faute intentionnelle (délit) et la faute proprement dite (*culpa*), imprudence, négligence ou ignorance. Entre-temps, en effet, les canonistes, aux XIIe et XIIIe siècles, dans une conception plus moralisatrice et punitive de la responsabilité, avaient opposé le péché (dol) à la faute morale (*culpa*).

---

1. Grotius, *Droit de la guerre et de la paix*, 1625.
2. Domat, *Les lois civiles dans leur ordre naturel*, 1723.

Ce principe de responsabilité fondé sur la faute et ses différentes applications seront repris quasiment à l'identique dans le Code civil. Les rédacteurs du Code civil consacrent en effet le principe d'une responsabilité construite et fondée exclusivement sur la faute en distinguant, comme l'avaient fait Domat, la responsabilité contractuelle et la responsabilité délictuelle et quasi délictuelle. À l'intérieur de la responsabilité délictuelle et quasi délictuelle, ils ont distingué la responsabilité du fait personnel en tant que principe général, assorti de cas particuliers de responsabilité du fait des choses, du fait d'autrui, du fait des animaux et du fait des bâtiments, tous rattachés à la notion de faute.

2168. La responsabilité civile s'affirme donc, à l'origine d'un Code civil qui est aussi l'origine de notre droit moderne, comme une relation interindividuelle liant la victime du dommage au responsable (celui qui va en supporter le poids sur son patrimoine personnel) par un rapport d'obligation : obligation de réparer le dommage causé par sa faute.

Toute l'évolution jusqu'au Code civil a ainsi conduit à l'affirmation d'un principe de responsabilité subjective fondée sur la faute et sur la relation de causalité entre cette faute et le préjudice

2169. Si cette conception de la responsabilité doit beaucoup au passé, (l'héritage de Domat mais aussi la tradition canoniste qui avait développé aux XIIe et XIIIe siècles, une responsabilité civile à fonction sanctionnatrice, fondée sur la distinction de la faute morale et du péché), elle tient aussi très directement aux idées portées par la révolution française et la Déclaration des droits de l'Homme et du citoyen de 1789, notamment à l'idée de liberté. Le fondement de l'article 1382 devenu l'article 1240 se trouve dans la définition de la liberté donnée par l'article 4 de la Déclaration « la liberté est le pouvoir d'agir sans nuire à autrui ». C'est ce que confirmera le Conseil constitutionnel dans la décision rendue en 1999 lors du contrôle de constitutionnalité de la loi sur le PACS ; dans cette décision, il constitutionnalise le contenu de l'article 1382 devenu l'article 1240 du Code civil et le principe de responsabilité pour faute en les rattachant directement à l'article 4 de la Déclaration des droits de l'Homme[1] : « l'affirmation de la faculté d'agir en responsabilité met en œuvre l'exigence constitutionnelle posée par l'article 4 de la Déclaration des droits de l'Homme et du citoyen dont il résulte que tout fait quelconque de l'homme qui cause à autrui un dommage oblige celui par la faute duquel il est arrivé à le réparer » : Si le dommage causé à autrui doit être réparé, seule la faute, acte nuisible, mais libre, parce que l'homme est lui-même libre, engage la responsabilité. La responsabilité pour faute est intimement liée à l'idée de liberté.

Dans cette conception individualiste de la responsabilité, il peut s'agir de faute à prouver ou de faute présumée mais la faute est toujours le fondement de la responsabilité : c'est la théorie classique, dite « subjective ».

2170. Ce sont les articles 1240 et 1241 (art. 1382 et 1383 anciens) qui sont les textes de base.

– *Selon l'article 1240* : « Tout fait quelconque de l'homme qui cause à autrui un dommage, oblige celui par la faute duquel il est arrivé à le réparer ».

---

1. Cons. const. 9 nov. 1999, n° 99-419 DC (*JO* 16 nov. 1999, p. 16962).

– *L'article 1241* le complète en disant : « chacun est responsable du dommage qu'il a causé, non seulement par son fait mais encore par sa négligence ou son imprudence ».

Ici le mot « fait » qui fait allusion à l'article 1240 signifie faute et est considéré comme une faute grave voire intentionnelle (le délit) par opposition aux négligences et imprudences, fautes légères non intentionnelles (les quasi-délits).

Dans un procès en responsabilité civile, la victime aura à prouver la faute de l'auteur du dommage.

2171. À ces deux articles, s'ajoutent les articles 1242, alinéa 2, 1243 et 1244 du Code civil. Ces textes, concernant la responsabilité du fait de l'incendie survenant dans un bâtiment (art. 1242, al. 2) et divers cas de responsabilité du fait d'autrui (art. 1242, al. 4 à 8), la responsabilité du fait des animaux (art. 1243) et la responsabilité des dommages causés par la ruine des bâtiments (art. 1244) reposaient tous sur la faute du responsable, prouvée ou présumée. Selon l'interprétation de ces textes pendant la plus grande partie du XIXe siècle, la présomption légale de faute pouvait tomber devant la preuve contraire et la preuve de l'absence de faute permettait donc d'échapper à la responsabilité (avec l'argument de l'article 1242, alinéa 7, prévoyant l'exonération de la responsabilité des parents du fait des enfants s'ils prouvaient qu'il n'avaient pas pu empêcher le fait qui donnait lieu à responsabilité, ce que la jurisprudence interprétant comme la nécessité de prouver leur absence de faute). L'évolution a fait aujourd'hui de pratiquement toutes ces responsabilités, ainsi qu'on le verra, des responsabilités de plein droit, c'est-à-dire sans faute, notamment en matière de responsabilité du fait d'autrui. La jurisprudence a par ailleurs créé, dès la fin du XIXe siècle, la responsabilité du fait des choses, responsabilité sans faute, à partir de l'article 1384, alinéa 1er, du Code civil (devenu art. 1242, al. 1er), qui ne constituait pour les rédacteurs du Code civil, qu'une simple annonce précédant les cas particuliers de responsabilité visés ensuite.

§ 3. La théorie du risque

2172. Cette théorie classique de la responsabilité fondée sur la faute va trouver ses limites à la fin du XIXe siècle, notamment, avec le développement du machinisme et la révolution industrielle. Des dommages vont être causés pour lesquels il sera de plus en plus difficile de découvrir l'existence d'une faute ou même, si elle existe, d'en faire la preuve…

Aussi, pour éviter l'injustice que cela entraînait puisque, si elle ne pouvait prouver la faute, la victime risquait de ne pas être indemnisée, la doctrine et la jurisprudence ont-elles élaboré la théorie du risque, qui va permettre le développement de responsabilités sans faute.

2173. Cette théorie est apparue dès 1897 avec Saleilles (les accidents du travail et la responsabilité civile) et Josserand (la responsabilité du fait des choses inanimées) à propos surtout des dommages causés par des choses (machines, locomotives, voitures automobiles, aujourd'hui avions, etc.).

▶ ***La théorie du risque*** peut s'énoncer ainsi : toute activité qui crée pour autrui un risque rend son auteur responsable du dommage qu'elle peut causer, sans qu'il y ait à rechercher s'il y a eu faute ou non. Le risque créé est la contrepartie du profit (ou au moins du plaisir).

C'est une *théorie objective*, qui permet l'indemnisation des victimes et ne risque pas de se confondre, comme la responsabilité pour faute, avec la responsabilité pénale. Le développement des assurances n'a d'ailleurs fait qu'affirmer le succès de cette théorie, dont nous allons voir les applications par le législateur et la jurisprudence.

A. Les lois consacrant la théorie du risque

2174. Un certain nombre de lois ont ainsi consacré la théorie du risque dans différents domaines. On peut en citer quelques-unes dont nous reverrons certaines plus tard. Mais il faut d'abord parler de la première, la loi sur les « accidents du travail ».

1) La loi du 9 avril 1898 sur les accidents du travail

2175. Ce texte est bien une application de la théorie du risque, dans la mesure où l'on considère lors de la mise en place du système, que l'accident du travail est un risque professionnel dont les deux parties doivent supporter une part, la plus forte étant assumée par le chef d'entreprise dont la responsabilité était automatique. La réparation était forfaitaire, ne concernait que le préjudice matériel et était exclusive de tout recours au droit commun. La faute de la victime n'était prise en considération que si elle était inexcusable.

Ce système fut remanié à plusieurs reprises avant d'être refondu dans le Code de sécurité sociale par la loi du 30 octobre 1946.

Les caisses de sécurité sociale sont désormais substituées aux employeurs, ce qui fait disparaître le lien de responsabilité entre l'employeur et la victime. Les employeurs sont tenus de verser des cotisations aux caisses. La réparation est toujours forfaitaire mais peut être augmentée ou diminuée s'il y a faute inexcusable ou intentionnelle de l'employeur ou de la victime[1].

2) Différentes autres lois

2176. Différentes lois se sont ainsi succédé pour instituer des responsabilités sans faute, de plein droit, concernant certains types d'activités comportant des risques particuliers. On peut en donner des exemples :

– *La loi du 21 avril 1810* (C. minier, art. 74, al. 1er) qui a été interprétée par la jurisprudence comme obligeant le concessionnaire d'une mine à réparer les dommages causés à la surface, même en l'absence de toute imprudence ou négligence[2].

– *La loi du 19 décembre 1917* quant à la responsabilité des exploitants des établissements dangereux, incommodes ou insalubres, remplacé par la loi du 19 juillet 1976.

– *La loi du 3 mai 1921* pour les accidents aux tiers dans les établissements travaillant pour la Défense nationale.

– *La loi du 8 juillet 1941* sur les téléphériques.

– *Le Code de l'aviation civile du 30 mars 1967* pour les aéronefs.

– *Les lois des 12 novembre 1965 et 29 novembre 1968* pour les exploitants de navires nucléaires.

---

1. V. G. Vachet, chron. citée dans la bibliographie.
2. Ch. réunies 23 juill. 1862, *D.* 1862. 1. 257.

– *Les lois du 30 octobre 1968 et la Convention de Paris du 29 juillet 1960* pour l'énergie nucléaire.

– *Les lois du 7 juillet 1976* pour les immersions par navires et aéronefs et les incinérations.

– *La loi du 26 mai 1977* sur la pollution par les hydrocarbures.

– ou, encore plus récemment, *la loi du 10 juillet 1998* sur la responsabilité du fait des produits défectueux, inscrite dans le Code civil aux articles 1245 à 1245-17.

B. L'application de la théorie du risque par la jurisprudence

2177. La jurisprudence, sans se référer directement à la théorie du risque, en a fait application implicitement, lorsqu'elle a découvert puis développé le principe général d'une responsabilité du fait des choses que l'on a sous sa garde : le gardien est présumé responsable du fait de la chose instrument du dommage et ne peut échapper à cette présomption de responsabilité en prouvant son absence de faute. Nous reverrons donc le rôle de la jurisprudence en la matière en étudiant la responsabilité du fait des choses (v. ss 2669 s.).

De façon générale, le développement continu des responsabilités objectives par la jurisprudence s'appuie sur la théorie du risque (v. ss 2200 s.).

§ 4. Les théories mixtes

2178. Les théories fondant la responsabilité sur la faute ou sur le risque semblent opposées, pourtant certains auteurs ont essayé de les juxtaposer en leur laissant à chacune un secteur limité mais, malheureusement parfois mal déterminé, ce qui entraîne, nous le verrons, des chevauchements. Parmi ces auteurs on peut citer Josserand, Demogue au début du XXe siècle et le doyen Savatier en 1938, qui proposent d'élargir le système en dégageant à côté de la faute et du risque, deux autres sources d'obligation de réparer, la sécurité sociale et l'aide sociale d'une part ; l'assurance d'autre part.

2179. ***La théorie de la garantie.*** Elle est proposée en 1947, par Boris Starck auteur d'une thèse intitulée « la théorie de la garantie. Essai sur la responsabilité civile considérée dans sa double fonction de garantie et de peine privée ». Il reproche à la théorie du risque de se placer du côté des auteurs et, au lieu d'opter pour la faute ou le risque ou de les juxtaposer, il envisage le problème du côté de la victime innocente. Selon lui, chaque personne possède un droit à l'intégrité corporelle, à la vie, à la jouissance paisible de toutes ses libertés. L'atteinte qui peut être portée à ces droits justifie à elle seule l'obligation de réparer. Selon l'auteur, cette théorie devrait s'appliquer avec une force particulière aux dommages corporels, en toute circonstance, de façon objective, indépendamment de toute faute du défendeur. Toutefois, Boris Starck, dans sa construction objective de la responsabilité ne fait pas disparaître complètement la faute et la fonction sanctionnatrice de la responsabilité, ainsi qu'en témoigne le titre de son œuvre : « Essai sur la responsabilité civile dans sa double fonction de garantie et de peine privée », puisque s'il y a une faute à l'origine de l'atteinte à l'intégrité physique, cette faute doit conduire à augmenter les dommages et intérêts.

Cette idée de garantie inspire un peu la loi du 5 juillet 1985 sur les accidents de la circulation qui indemnise la victime pratiquement dans tous les cas sans relever de faute de la part du conducteur du véhicule impliqué, qui n'admet pas le recours aux causes d'exonération de responsabilité classiques telles que la force majeure et le fait d'un tiers et qui n'autorise à invoquer la faute de la victime que dans des cas très limités : par exemple, s'il s'agit d'une faute inexcusable, cause exclusive de l'accident et encore, uniquement pour les victimes non conductrices de plus de 16 ans et de moins de 70 ans. Mais la loi du 5 juillet 1985 n'est pas un régime de responsabilité. Elle est à mi-chemin entre la responsabilité et l'indemnisation (v. ss 3217 s.).

§ 5. Les fondements modernes

2180. Déjà au cours du XIXe siècle, les transformations radicales de la société, liées au développement économique et à la révolution industrielle, en même temps qu'elles ont généré une augmentation des dommages, se sont accompagnées d'un changement idéologique et philosophique. L'homme refuse le malheur et la fatalité, et tout le monde doit obtenir la juste réparation de ses dommages. Le développement de l'assurance et de la sécurité sociale, c'est-à-dire de mécanismes qui assurent la prise en charge collective des risques, vont faire émerger au premier plan, le besoin de sécurité et la revendication de sécurité corporelle et conduire à l'émergence de nouveaux fondements.

A. Développement du besoin de sécurité et émergence d'un droit à la sécurité corporelle

2181. Le besoin de sécurité devient de plus en plus fort, car au cours du XXe siècle, le développement de nouvelles techniques (véhicules automobiles), puis de nouvelles technologies, conduit à augmenter encore le nombre des dommages, alors que parallèlement les progrès de la médecine et de la réanimation font que les dommages sont moins souvent mortels qu'autrefois avec comme conséquence la gravité des séquelles : les dommages sont plus nombreux et plus graves.

L'importance, à cet égard, du développement de la circulation automobile et l'augmentation exponentielle des accidents corporels qu'il a entraînée n'est plus à démontrer.

2182. Aujourd'hui, on assiste à un nouvel essor du besoin de sécurité : les dommages changent de nature. Ils sont ressentis comme encore plus graves car ils deviennent collectifs, planétaires et irréversibles, sanitaires, génétiques, écologiques, nucléaires... Ils peuvent avoir une origine unique, comme par exemple un dommage écologique ou une origine différente comme par exemple les préjudices de contamination post-transfusionnelle et l'on parle alors en ce dernier cas de risques sériels.

Voici venu pour certains le temps des catastrophes [1] (comme s'il n'y avait pas autrefois la peste ou le choléra !) : « en un siècle, nous voilà donc passés des risques individuels, aux risques collectifs du travail, de la circulation ou risque thérapeutique, pour en arriver aux risques écologiques, technologiques, sanitaires, susceptibles d'être des risques planétaires dits risques globaux et risques technologiques

1. F. Ewald, évoque le « retour des catastrophes », in « Philosophie de la précaution », article préc. ; v. aussi, du même auteur, l'expérience de la responsabilité : C. Lienhard, « Pour un droit des catastrophes », *D.* 1995. Chron. 91.

majeurs. Changement dans le temps, illustré par la catégorie nouvelle des dommages irréversibles et changement dans l'espace, avec le risque de dommages transfrontaliers, transnationaux [1] ».

2183. De fait, les événements catastrophiques survenus ces trente dernières années dans le domaine naturel, industriel, technologique ou de la santé publique (contaminations diverses) ont conduit à l'expression d'un besoin de sécurité de plus en plus pressant. Issu du corps social tout entier, il a été relayé très largement par les médias, par les philosophes et par le pouvoir politique. Reçu par la doctrine, il tend à être reconnu comme un droit.

Petit à petit en effet est apparue l'idée d'un droit à la sécurité corporelle avec l'affirmation progressive du principe juridique de l'intégrité du corps humain, qui sera confirmé par les lois dites de bioéthique de 1994, spécialement par l'article 16-1 du Code civil qui pose le principe selon lequel « chacun a droit au respect de son corps, le corps humain est inviolable. » et par l'article 16-2 qui précise qu'il ne peut être porté atteinte à l'intégrité du corps humain qu'en cas de nécessité médicale. Ces deux articles s'inscrivent d'ailleurs dans la perspective plus large du principe de primauté de la personne et du principe de dignité (C. civ., art. 16), lui-même reconnu comme principe à valeur constitutionnelle par le Conseil constitutionnel dans la décision bioéthique (1994).

Cette valorisation juridique du corps humain directement rattaché à la personne favorise la reconnaissance d'un droit à la sécurité corporelle, incluant aujourd'hui la santé et dont le législateur s'est déjà fait l'écho. Ainsi, par exemple, au-delà du droit de la responsabilité, la loi n° 98-553 du 1er juillet 1998 portant renforcement de la veille sanitaire et du contrôle de la sécurité sanitaire des produits destinés à l'homme s'inscrit directement dans ce courant, de même que la loi du 4 mars 2002 relative aux droits des malades et à la qualité du système de santé, qui comporte notamment un chapitre sur les risques sanitaires résultant du fonctionnement du système de santé et crée un nouveau système d'indemnisation des dommages [2].

2184. Dans ce contexte, la proposition de nouveaux fondements a été faite par la doctrine contemporaine, comme le droit à la sûreté, mais surtout, le principe de précaution.

B. Essai d'introduction de nouveaux fondements : le droit à la sûreté et le principe de précaution

2185. Ces nouveaux fondements ne font pas disparaître les fondements antérieurs de la faute et du risque, ils viennent les enrichir. Avec la multiplication des catastrophes écologiques ou sanitaires et des dommages dits « sériels », la « théorie de la garantie » de Boris Starck reprend de l'intérêt (v. ss 2179) et la *Convention européenne des droits de l'Homme* peut apporter l'appui d'une base textuelle, notamment avec l'article 2 : « le droit de toute personne à la vie est protégé par la loi » et l'article 5 : « Toute personne a droit à la liberté et à la sûreté ». Ce texte peut servir d'appui aux nouveaux fondements proposés, le droit à la sûreté, et surtout, le principe de précaution.

---

1. C. Thibierge, « Libres propos sur l'évolution du droit de la responsabilité », article préc.

2. L. du 4 mars 2002 (*JO* 5 mars, p. 4118), et v. *infra*, Deuxième partie.

1) Le droit à la sûreté

2186. La proposition a été faite, par un auteur[1] de fonder la responsabilité sur le « droit à la sûreté », qui existe dans plusieurs textes fondamentaux, et spécialement dans l'article 2 de la déclaration des droits de l'Homme, où il est considéré comme un « droit naturel et imprescriptible de l'homme ». L'auteur propose cependant ce fondement à titre subsidiaire, pour combler les lacunes de la responsabilité pour faute ou pour risque et pour permettre à la victime d'un dommage qui ne serait pas autrement réparable d'obtenir satisfaction tout en restaurant l'intégrité des règles juridiques malmenées dans un souci de protection des victimes. Il en serait ainsi de l'indemnisation des dommages causés par des personnes privées de discernement ; ainsi que pour l'indemnisation de l'aléa thérapeutique (désormais réglée par le législateur dans la loi du 4 mars 2002 sur les droits des malades).

2) Le principe de précaution

► ***Le principe de précaution*** se définit par référence au comportement qu'il induit : « l'absence de certitudes, compte tenu des connaissances scientifiques et techniques du moment, ne doit pas retarder l'adoption de mesures effectives et proportionnées, visant à prévenir un risque de dommages graves et irréversibles à l'environnement, à un coût économiquement acceptable (C. rur., art. L. 200-1) ». La précaution se distingue donc de la prévention qui consiste à prendre certaines mesures en présence d'un risque connu pour éviter des dommages qui sont prévisibles, alors que dans la démarche de précaution, il faut anticiper un risque de dommage qui n'est même pas prévisible. Il n'y a aucune certitude sur l'existence d'un risque, mais il n'y en a pas non plus sur l'inexistence de ce risque.

2187. L'exigence de précaution figure dans de nombreux traités internationaux, dans le droit communautaire (art. 130 R du Titre XVI du Traité de Maastricht, en matière de politique communautaire de l'environnement) et même en droit interne (L. du 2 févr. 1995, art. 1er, « loi Barnier », sur le renforcement de la protection de l'environnement, devenu C. rur., art. L. 200-1).

Introduit dans le droit français, par la loi *Barnier*, en 1995, le principe de précaution a ses origines dans le droit international de l'environnement, puisqu'il constitue l'un des principes fondamentaux du sommet de Rio qui a eu lieu en 1992 et il a été constitutionnalisé dans l'article 5 de la Charte de l'environnement (loi constitutionnelle n° 2005-205 du 1er mars 2005), qui donne valeur constitutionnelle à la protection de l'environnement et précise dans son article 4 que « toute personne doit contribuer à la réparation des dommages qu'elle cause à l'environnement, dans les conditions définies par la loi ».

2188. Il a ensuite débouché sur une tentative doctrinale d'élargir la notion de responsabilité en dépassant la simple obligation de répondre des conséquences dommageables de ses actes, pour créer une obligation d'anticiper le dommage en l'empêchant d'apparaître. Le principe de précaution est ainsi « susceptible d'inclure jusqu'à la sphère planétaire, dans une logique de responsabilisation, centrée à la fois sur les auteurs et sur les victimes actuelles et à venir, tournée vers le passé, les dommages causés et également vers l'avenir, les dommages probables ; avec pour impératifs sous-jacents de ne pas nuire à autrui (sphères individuelle et sociale),

---

1. C. Radé, « Réflexions sur les fondements de la responsabilité civile », article préc., p. 324.

au vivant, à la nature, à l'écosystème (sphère écologique), au patrimoine commun de nation et de l'humanité à la planète (sphère planétaire, biosphère)[1] ».

La responsabilité serait ainsi, à la fois, la source de l'obligation juridique de réparer et la source d'un devoir éthique et juridique d'anticiper la réalisation du dommage.

2189. Cette dimension philosophique et éthique nouvelle reposerait donc sur une obligation de prudence et de prévention beaucoup plus importante que la classique obligation de prudence et de diligence qui pèse sur chacun d'entre nous. Le principe de précaution tend en effet à prévenir, au-delà même du dommage, le simple risque de dommage, et poussé à l'extrême, il impose de ne pas agir si l'on n'est pas certain de l'absence de risque.

2190. Cette fonction de prévention de la responsabilité civile n'est pas nouvelle (v. ss 2164) mais on l'envisage aujourd'hui plus largement : outre son rôle dissuasif fondé sur la menace d'une sanction, on tient compte d'une fonction d'anticipation visant la prévention de dommages et fondée « sur la menace de dommages graves et irréversibles » (Thibierge, *op. cit.*). Cette théorie de la précaution n'est pas admise sans réserve par la totalité de la doctrine ni par la jurisprudence mais outre qu'elle est invoquée par les pouvoirs publics pour justifier certaines mesures préventives (par exemple, la campagne de vaccinations à propos de l'épidémie de grippe A en 2009 ou encore le plan de destruction des constructions en zones inondables après les inondations dues aux intempéries en 2010), elle inspire déjà certaines solutions jurisprudentielles. On peut, déjà, à ce titre, citer cette décision du Conseil d'État estimant que constituait une faute du service public hospitalier le fait d'avoir administré à un patient hémophile des transfusions sanguines alors que les centres de traitement des hémophiles connaissaient l'existence d'un risque de contamination par le VIH et que les transfusions ne présentaient aucun caractère d'urgence, bien que la date des transfusions litigieuses, entre le 18 et le 20 septembre 1984, se situe à une époque où les risques encourus n'étaient pas connus dans toute leur ampleur. Le Conseil d'État avait fait déjà, ici, une intéressante application du « principe de précaution » à l'activité médicale[2]. Ce principe impose de s'abstenir d'agir si l'on n'est pas certain de l'absence de risque ou de l'ampleur de celui-ci.

2191. La jurisprudence civile se réfère également au principe de précaution, de façon implicite ou même parfois explicite. Ainsi, la Cour de Versailles a-t-elle fait une application implicite mais certaine du principe de précaution, pour retenir la responsabilité d'un laboratoire pharmaceutique, dans l'affaire du « *Distilbène* », produit destiné à prévenir les risques d'interruption prématurée de grossesse, administré dans les années cinquante et suspecté d'avoir provoqué des cancers chez des jeunes femmes exposées *in utero* au *Distilbène* ingéré par leur mère. La Cour de Versailles, en 2002, a retenu la responsabilité pour faute du laboratoire pharmaceutique pour manquement à son *devoir de vigilance*, car il avait maintenu la distribution de Distilbène alors que l'efficacité du médicament était douteuse et que le *risque carcinogène n'était pas exclu* compte tenu d'expérimentations animales[3]. Là encore, l'absence

---

1. V. C. Thibierge, dans la bibliographie.
2. CE 10 déc. 2001, *Bull. civ.*, n° 110, janv. 2002, p. 7350 ; *JCP* 2002. I. 146, n° 18, obs. C. Byck.
3. Versailles, 30 avr. 2004, *LPA* 22 juin 2005, n° 123. 22, note P.-L. Niel.

de certitude quant à l'absence de risque impose de ne pas agir et, en l'occurrence, de retirer le médicament du marché.

De façon tout à fait explicite, cette fois, le principe de précaution a été utilisé dans le contentieux judiciaire des antennes-relais de téléphonie mobile. Si la cour d'appel d'Aix-en-Provence a débouté les demandeurs, vivant à proximité d'une antenne relais, au motif qu'il n'existe pas de risque sanitaire établi [1], au contraire, le tribunal de grande instance de Nanterre le 18 septembre 2008, a ordonné le démontage de l'antenne estimant que si la discussion scientifique restait ouverte sur l'innocuité de ces antennes, la société installatrice ne démontrait dans le cas d'espèce, *ni l'absence de risque, ni le respect d'un quelconque « principe de précaution »* [2] et la cour d'appel de Versailles [3] a confirmé cette décision. La même solution a été à nouveau consacrée par la cour de Montpellier dans une décision du 15 septembre 2011 (v. ss 2346, 2650) Toutefois, depuis, le Tribunal des conflits a exclu la possibilité pour les juges judiciaires d'ordonner le démontage de l'antenne (v. ss 2650). La Cour de cassation, pour sa part, confrontée à une action visant à l'indemnisation des préjudices matériels et économiques imputés à une ligne très haute tension et concernant des animaux d'élevage a réaffirmé la nécessité de démontrer une causalité directe et certaine entre le fait invoqué et le préjudice et précisé que la Charte de l'environnement et le principe de précaution ne remettaient pas en cause cette exigence. Elle a rappelé que l'on pouvait à cet égard se contenter de présomptions graves, précises, fiables et concordantes, sans pour autant disposer d'une preuve scientifique. Mais elle a considéré qu'en l'espèce, il existait des « incertitudes notables » sur le lien de causalité et qu'il n'était donc pas suffisamment caractérisé [4]. Ainsi, la simple incertitude sur l'existence ou l'inexistence d'un risque ne suffit pas à engager la responsabilité.

Enfin, la loi n° 2008-757 du 1er août 2008, qui a introduit en droit français une responsabilité environnementale et pris en compte le dommage écologique (*JO* 2 août, p. 12361 ; v. ss 2195, 2291), a introduit une obligation de prévention pesant sur les exploitants dont les activités sont susceptibles de générer des pollutions graves. Incontestablement, donc, le principe de précaution gagne du terrain.

Section 4

L'évolution de la responsabilité civile

2192. Les évolutions que nous venons de constater concernant le rôle et le fondement de la responsabilité civile montrent bien qu'il s'agit là d'un domaine encore en pleine évolution et que les règles du Code civil sont à la fois insuffisantes et inadaptées. Le constat que l'on peut faire, en réalité, est que le droit de la responsabilité a toujours été en évolution. Il n'en finit pas de se construire et de se reconstruire pour s'adapter aux évolutions de la société et aux demandes du corps social.

---

1. Aix-en-Provence, 15 sept. 2008, *Juris-Data* n° 2008-372567.

2. TGI Nanterre, 18 sept. 2008, *JCP* 2008. II. 10208, note J.-V. Borel ; *JCP* 2009. I. 123, n° 4, obs. Ph. Stoffel-Munck ; *D.* 2008. 2916, note M. Boutonnet.

3. Versailles, 4 févr. 2009, *JCP* 2009, act. 83, obs. C. Bloch ; *RCA* 2009, comm. 75, note G. Courtieu.

4. Civ. 3e, 18 mai 2011, *D.* 2011. 1483, obs. I. Gallmeister, et *D.* 2011. 2089, note M. Boutonnet ; *RTD civ.* 2011. 540, obs. P. Jourdain ; *D.* 2011. 2702, obs. F.-G. Trébulle ; *D.* 2012. 49, obs. P. Brun.

2193. La jurisprudence joue ici un rôle majeur, car c'est elle qui a construit pratiquement tout le droit commun de la responsabilité civile, à partir des articles 1384, alinéa 1er, à 1386 du Code civil (devenus les art. 1242, al. 1er, à 1244) pour la responsabilité extracontractuelle et article 1147 (devenu art. 1231-1) pour la responsabilité contractuelle.

2194. Elle continue à le faire, ainsi, par exemple en 1991, avec l'arrêt *Blieck* (v. ss 2894), quand elle crée un nouveau cas de responsabilité du fait d'autrui à partir de l'article 1384, alinéa 1er, devenu l'article 1242, alinéa 1er, après avoir créé, un siècle avant, la responsabilité du fait des choses (v. ss 2669 s.).

2195. Mais le législateur intervient aussi parfois. Certains secteurs de la responsabilité civile ont déjà attiré son attention au fil du temps et il a réformé notamment :

– les accidents du travail ;

– les accidents de transport aérien et maritime ;

– les accidents nucléaires ;

– la responsabilité des constructeurs ;

– la responsabilité du fait des accidents de la circulation… qui est devenu un système hybride entre responsabilité et indemnisation en 1985 ;

– la responsabilité du fait des produits défectueux, en 1998, sous la pression du droit communautaire qui imposait la transposition d'une directive de 1985, sur la responsabilité du fait des produits défectueux ;

– la responsabilité médicale (v. ss 2944 s., 3350 s.) ; elle nécessitait également une intervention du législateur, lequel a rappelé un certain nombre de principes, dont celui de la nécessité d'une faute pour engager la responsabilité du médecin et a organisé à côté de la responsabilité proprement dite, un système d'indemnisation des accidents médicaux avec un fonds d'indemnisation ;

– en dernier lieu, les dommages résultant de la pollution, qui ont provoqué l'élaboration d'une « charte de l'environnement » promulguée le 1er mars 2005, ont également obligé le législateur à intervenir : une *loi sur la responsabilité environnementale* qui transpose une directive de 2004 a été adoptée (L. n° 2008-757 du 1er août 2008, *JO* p. 12361 du 2 août ; v. ss 2291). Le texte consacre la notion de préjudice écologique et le principe du pollueur-payeur : les entreprises seront tenues désormais de réparer les dommages causés à la nature constatés dans les cas de pollution des sols, d'atteinte à la qualité des eaux ou à la survie des espèces et des habitats protégés. Le texte introduit également une obligation de prévention pesant sur les exploitants dont les activités sont susceptibles de générer des pollutions graves. Enfin, *la loi du 8 août 2016 (n° 2106-1087) pour la reconquête de la biodiversité, de la nature et des paysages* est également venue introduire dans le Code civil un chapitre consacré à la réparation du préjudice écologique, dans le droit de la responsabilité civile, aux articles 1246 à 1252 (v. ss 2283 s.).

2196. Mais l'évolution n'est pas achevée, ce dont témoignent d'ailleurs les différents projets de réforme du droit de la responsabilité, depuis les projets d'origine doctrinale comme l'avant-projet *Catala* de réforme du droit des obligations remis au garde des Sceaux en 2005, qui propose une réforme globale du droit de la responsabilité pour lui redonner son statut de droit commun, ou le projet Terré, présenté début 2011, jusqu'à ***l'actuel projet de réforme de la responsabilité civile***, porté par la Chancellerie, rendu public le 13 mars 2017, après qu'un premier avant-projet ait été ouvert à la consultation publique le 29 avril 2016 (sur ces différents projets, v. ss 2231 s.).

Les évolutions sont en effet multiples, complexes, parfois contradictoires. On peut cependant dégager le sens général de l'évolution et les tendances actuelles.

§ 1. Le sens général de l'évolution

2197. Deux lignes de force peuvent être identifiées dans cette évolution permanente de la responsabilité civile : d'abord, l'élargissement continu de la responsabilité civile pour assurer l'objectif de réparation des dommages, et plus spécifiquement des dommages corporels ; ensuite, la distinction progressive du droit de la responsabilité et du droit de l'indemnisation des dommages pour constituer un droit de la réparation des dommages à deux branches complémentaires.

A. L'élargissement continu de la responsabilité civile

2198. La tendance de la jurisprudence et du législateur, depuis le Code civil jusqu'à aujourd'hui, a consisté à élargir le domaine de la responsabilité civile avec comme objectif la réparation du plus grand nombre de dommages, spécialement les dommages corporels, en assouplissant les conditions de la responsabilité, en appréciant avec libéralité les dommages et intérêts et les indemnités, en développant les catégories des préjudices réparables et en relâchant les exigences sociales les concernant (v. ss 2369 s., l'évolution du préjudice par ricochet).

2199. Mais le travail le plus important a consisté à développer le droit de la responsabilité à partir des articles 1240 et suivants du Code civil pour créer de nouveaux régimes objectifs, à côté de la responsabilité pour faute.

Les rédacteurs du Code civil, reprenant largement les principes généraux de la responsabilité civile dégagés par Domat, qui, du principe selon lequel toute faute cause de dommage engage la responsabilité, avait dégagé la responsabilité délictuelle, contractuelle et quasi délictuelle (v. ss 2167) ; ne concevait que la responsabilité pour faute. Le principe général en était posé par l'article 1240 et les autres textes n'étaient que des cas particuliers de responsabilité du fait de choses particulières ou du fait d'autrui, reposant tous sur la faute prouvée ou présumée (v. ss 2170).

À partir de là, et sous la pression des faits, l'évolution du droit de la responsabilité va se faire de façon continue dans le sens d'un élargissement grâce à un mouvement d'objectivation de la responsabilité, sous l'influence conjuguée du législateur et de la jurisprudence, d'une part, et par le développement d'une obligation autonome de sécurité.

1) L'extension de la responsabilité par l'objectivation continue

a) Avec le développement de responsabilités objectives

2200. La première extension du domaine de la responsabilité civile va se produire avec la découverte par la jurisprudence, à partir de 1896 (arrêt dit « du remorqueur », v. ss 2674), d'un principe général de responsabilité du fait des choses où la faute ne joue aucun rôle. Elle n'est ni une condition technique, ni même le fondement de la responsabilité.

Le phénomène d'objectivation ne s'est pas arrêté là et il s'est poursuivi jusqu'à aujourd'hui, avec le phénomène plus récent mais tout aussi continu d'objectivation des régimes de responsabilité du fait d'autrui. Ainsi la responsabilité des parents du fait de leurs enfants est devenue en 1997 une responsabilité totalement objective fondée sur l'autorité parentale (v. ss 2792). Et c'est encore, actuellement, dans le domaine de la responsabilité du fait d'autrui que la jurisprudence opère les plus sérieux remaniements, en donnant à l'article 1242, alinéa 1er (ancien art. 1384, al. 1er), depuis l'arrêt *Blieck* du 29 mars 1991, le même rôle de responsabilité de plein droit, sans faute, qu'en matière de responsabilité du fait des choses, pour des cas différents des cas de responsabilité classique du fait d'autrui de l'article 1242, alinéas 4 à 8 (v. ss 2892 s.).

2201. Enfin en *responsabilité contractuelle*, on constate un même phénomène d'objectivation : d'une part avec le développement d'obligations de résultat, notamment de sécurité-résultat car, contrairement à l'obligation de moyens, l'obligation de résultat n'implique aucune appréciation du comportement du débiteur et engendre une responsabilité présumée, de plein droit ; d'autre part avec la reconnaissance (mais cette solution est-elle appelée à se maintenir ?) d'une responsabilité contractuelle du fait des choses.

b) Avec l'objectivation de la faute

2202. La notion de faute, essentiellement subjective, devient objective et engage la responsabilité de l'auteur de tout comportement anormal.

2203. L'objectivation de la faute tend à retirer à la notion de faute son aspect moral. Une simple erreur de conduite, un comportement anormal seront qualifiés de « faute » dès lors qu'ils entraîneront un préjudice qu'il convient de réparer. Surtout, le discernement, la liberté de l'individu, conscient de ses actes, n'est plus une condition de la faute et donc de la responsabilité pour faute.

2204. C'est d'ailleurs ainsi que l'on peut justifier l'innovation apportée en 1968 par l'*article 489-2* (devenu art. 414-3) selon lequel « celui qui a causé un dommage à autrui alors qu'il était sous l'empire d'un trouble mental n'en est pas moins obligé à réparation ». Ce texte a paru révolutionnaire et a semblé introduire une responsabilité sans faute. Il vaudrait mieux y voir une *objectivation* de la notion de faute dès lors qu'il y a eu dommage, il y a eu une « erreur de conduite » peu importe qu'il ne s'agisse pas d'une faute intentionnelle, subjective, ce qui ne serait pas admissible de la part d'un dément. C'est une erreur de conduite qui s'apprécie *in abstracto* par rapport à la conduite d'un homme normal, diligent et prudent (v. ss 2628 s.).

2205. Par la suite, en 1984, la jurisprudence généralise la faute objective en faisant disparaître la condition du discernement (v. ss 2589 s., spéc. v. ss 2605 s.).

2) L'extension de la responsabilité par le développement progressif d'une obligation de sécurité

a) Source d'extension de la responsabilité

2206. Le développement de cette obligation par la jurisprudence est tout à *fait explicite en matière contractuelle* : la jurisprudence a ainsi utilisé la technique dite du « forçage du contrat » pour découvrir dans certains d'entre eux une obligation de sécurité de moyen ou de résultat (obligation de sécurité découverte pour la première fois en 1911 dans le contrat de transport et étendue ensuite à de multiples contrats ; v. ss 2979 s.). Cette obligation a eu tendance à se généraliser, avec des épisodes jurisprudentiels excessifs où l'introduction de l'obligation de sécurité dans certains contrats était totalement artificielle (sur ce développement et ces excès, v.ci-dessous) ; elle marque en tout cas, le développement du besoin de sécurité corporelle et l'exigence de réparation de cette catégorie spécifique de dommages que sont les dommages corporels.

2207. Elle permet de faire jouer les règles de la responsabilité contractuelle, alors même que les parties contractantes ne l'auraient pas prévue dans le contrat (notamment dans les contrats de transport) et de faciliter l'engagement de la responsabilité par la qualification de l'obligation de sécurité en obligation de résultat, puisque le seul fait de ne pas parvenir au résultat (assurer la sécurité) engage la responsabilité du contractant débiteur de cette obligation. Mais encore faut-il qu'il existe un contrat entre l'auteur du dommage et la victime, ce qui n'est pas toujours le cas, par exemple dans les accidents de circulation.

2208. Aussi la jurisprudence a-t-elle ensuite travaillé à l'extension de l'obligation de sécurité au-delà du champ du contrat par des techniques de « décontractualisation de l'obligation de sécurité » qui ont été une source de confusion entre la responsabilité contractuelle et extracontractuelle.

b) Source aussi de confusion entre les deux ordres de responsabilité extracontractuelle et contractuelle

2209. L'extension de l'obligation de sécurité au-delà du cadre contractuel n'est pas seulement le fait du juge. Elle apparaît ainsi, implicitement mais pourtant clairement avec la loi de 1998 sur la responsabilité du fait des produits défectueux puisque le fait générateur de la responsabilité est la défectuosité d'un produit, c'est-à-dire le fait de ne pas présenter la « sécurité à laquelle on peut légitimement s'attendre ». L'obligation de sécurité (posée par le Code de la consommation comme l'obligation de ne mettre sur le marché que des produits et services qui présentent la sécurité à laquelle on peut légitimement s'attendre) constitue le fondement implicite de cette responsabilité spéciale. Cette obligation de sécurité dépasse le cadre contractuel qui était originairement le sien (puisqu'elle est née de la technique jurisprudentielle de « forçage du contrat » ; v. ss 1637, 1310) pour devenir une obligation générale, autonome, par rapport au contrat. La responsabilité du fait des produits défectueux s'applique en effet quelle que soit la qualité de la victime, contractante ou pas. En supprimant la distinction responsabilité civile contractuelle et extracontractuelle, cette loi témoigne de l'impératif moderne de la réparation dans des conditions identiques de dommages identiques. La distinction de la responsabilité contractuelle et extracontractuelle et le principe de primauté de la responsabilité contractuelle n'autorise pas toujours, en effet, un traitement égalitaire des victimes. C'est précisément ce qui avait conduit la jurisprudence, avant la loi de 1998, à utiliser différents procédés de « décontractualisation » de l'obligation de sécurité pour y parvenir.

2210. Avant la loi de 1998, la jurisprudence avait utilisé différents moyens pour faire bénéficier des victimes, tiers au contrat de l'obligation de sécurité résultat pesant sur un contractant. Le souci d'assurer l'égalité des victimes de dommages corporels et la volonté d'indemnisation expliquent ces tentatives pour faire bénéficier les victimes, tiers au contrat, des avantages de la responsabilité contractuelle : stipulation pour autrui implicite, affirmation directe que l'obligation de sécurité pèse sur le vendeur et fabriquant d'un produit même à l'égard des tiers, puis affirmation identique basée sur l'interprétation des articles 1240 et 1242, alinéa 1er, à la lumière de la directive de 1985 sur la responsabilité des produits défectueux, ou encore identité des fautes délictuelle et contractuelle, enfin, ont été et sont encore des moyens utilisés (v. ss 2565 s., 3104 s.).

2211. On touche, cependant, avec cette question des interférences entre les deux « ordres » de responsabilité contractuelle et extracontractuelle, à la question des désordres et incertitudes générés par l'évolution du droit de la responsabilité. L'extension de l'obligation de sécurité au-delà du champ du contrat, pose à nouveau la question des rapports entre la responsabilité délictuelle et contractuelle, question que nous étudions dans ce cadre (v. ss 3084 s.).

2212. Cette tendance à l'élargissement de la responsabilité civile présente cependant des risques non négligeables : celui de paralyser les initiatives individuelles ; celui d'augmenter le coût de la responsabilité ; et, enfin, celui de dénaturer la responsabilité civile, qui doit malgré tout conserver une fonction normative et sanctionner à bon escient des comportements individuels. Aussi fallait-il songer, sans forcément revenir en arrière, compte tenu de l'impératif de réparation des dommages corporels, à s'orienter différemment, en tenant compte des potentialités offertes par le phénomène de collectivisation des risques, voire, peut-être en organisant un système de « responsabilité sociale » pour les activités nocives, comme la pollution, l'alcoolisme, le tabagisme, avec taxation de ces activités nocives, proposé par certains auteurs[1]. Cette nouvelle orientation a conduit au développement de systèmes d'indemnisation, qui ne sont plus des régimes de responsabilité car ils obéissent à une autre logique, où les risques sont supportés directement par la collectivité sans passer par le détour d'une déclaration individuelle de responsabilité.

B. Le développement d'un droit de la réparation des dommages associant régimes de responsabilité et systèmes d'indemnisation

2213. Il est certain que le droit de la responsabilité civile ne représente plus à lui seul le droit de la réparation des dommages. Celui-ci comporte désormais deux volets : celui de la responsabilité civile d'une part et celui de l'indemnisation des dommages d'autre part. En effet depuis un peu plus de dix ans, on assiste au développement par le législateur de systèmes d'indemnisation qui s'inscrivent en parallèle de la responsabilité et interviennent en complémentarité avec elle[2]. Ils constituent une réponse législative relativement récente à l'impuissance du droit de la responsabilité à dépasser certaines de ses limites et à faire face, dans le cadre de sa fonction réparatrice, à la demande de réparation de certains types de dommages qui, par leur ampleur et leur simultanéité, appellent une réponse plus collective et systématique (dommages sériels notamment, causés par l'innovation technologique).

---

1. M. Caballero et G. Viney.
2. M. Mekki, « Les fonctions de la responsabilité civile à l'épreuve des fonds d'indemnisation des dommages corporels », cité dans la bibliographie.

1) L'indemnisation des dommages, distinguée de la responsabilité civile

a) Une émergence facilitée par le développement de techniques de collectivisation des risques

2214. L'apparition et le développement de systèmes de réparation collective tels que l'assurance, la sécurité sociale, les régimes de garantie étatique ont profondément modifié la question, même s'il convient d'améliorer l'efficacité de ces procédés, ce qui pose cependant des problèmes plus économiques, politiques et sociaux que juridiques.

2215. Avec le *système de l'assurance*, néanmoins, la collectivisation des risques n'est qu'indirecte. Car, il faut d'abord passer par le détour de la responsabilité. L'assureur n'intervient que parce que l'assuré est responsable du dommage.

Par ailleurs, les compagnies d'assurances se montrent assez rétives pour accepter le principe du développement de l'assurance de responsabilité civile et redoutent une intervention du législateur la rendant obligatoire. Ce serait pourtant fort utile pour assurer la protection aussi bien des victimes que des actuels responsables. Toutefois, une telle généralisation de l'assurance encourt un certain nombre de critiques dont, notamment, le risque de faire perdre à l'assuré la conscience de sa propre responsabilité, c'est pourquoi il semble nécessaire de prévoir, parallèlement, une véritable sanction des actes illicites, par exemple, par l'interdiction de l'assurance des fautes graves ou, plutôt, par le recours partiel ouvert à l'assureur contre le responsable en cas de fautes graves, pour ne pas pénaliser les victimes et à condition qu'un contrôle très strict soit exercé sur la rédaction de telles clauses introduites dans un contrat d'assurances.

2216. Avec le système des fonds d'indemnisation, la collectivisation des risques devient directe, sans recours préalable à la responsabilité et à la désignation d'une personne et d'un patrimoine pour supporter la charge du dommage. Les fonds d'indemnisation, alimentés par la collectivité, voire même par l'assurance, vont intervenir directement pour indemniser la victime d'un dommage répondant aux caractéristiques prévues par la loi, avec une tout autre logique donc que la responsabilité. Il ne s'agit plus d'imputer un dommage à un responsable en passant par la recherche d'un fait générateur de la responsabilité et d'un lien de causalité direct et certain avec le dommage considéré. Il s'agit de faire prendre en charge par la collectivité un dommage qui mérite légitimement d'être indemnisé.

2217. On ne retrouve donc pas les constantes de la responsabilité. Par ailleurs, la réparation du dommage peut ne pas être intégrale, alors que le droit de la responsabilité postule la réparation intégrale du dommage, on le verra (v. ss 2510). Enfin, l'indemnisation n'exclut pas nécessairement la responsabilité. La victime peut choisir la voie de son choix. Elle peut choisir de faire reconnaître une responsabilité et désigner un responsable. Mais au cas où un responsable ne serait pas trouvé, elle pourra recourir à l'indemnisation.

b) La multiplication contemporaine des systèmes d'indemnisation

2218. Le premier système d'indemnisation, imparfait cependant, est *la loi du 5 juillet 1985* sur « l'amélioration de la situation des victimes d'accident de la circulation et l'accélération des procédures d'indemnisation » ; mais il est encore hybride, mal dégagé de la logique de la responsabilité, quoiqu'il s'en détache aussi fondamentalement.

2219. Dans ce domaine, des accidents de la circulation, que nous reverrons plus tard plus en détail (v. ss 3217 s.), le législateur est intervenu à la suite des efforts de la doctrine et de la jurisprudence qui appelaient l'instauration de règles spéciales. Le professeur Tunc, notamment a lutté pendant de nombreuses années pour parvenir au vote d'une loi sur les accidents de la circulation véritablement objective, qui assure effectivement la réparation des dommages subis par la victime, sans tenir compte d'une faute éventuelle de sa part, susceptible d'exonérer totalement ou partiellement l'auteur du dommage de sa responsabilité et de permettre en conséquence à l'assureur de ne pas l'indemniser[1]. La jurisprudence s'était ralliée à sa thèse avec le fameux arrêt *Desmares*[2], arrêt provocateur dans lequel la deuxième chambre civile de la Cour de cassation supprimait la possibilité d'un partage de responsabilité entre le gardien de la chose ayant causé le dommage (en l'occurrence un véhicule terrestre à moteur) et la victime qui a elle-même commis une faute ayant concouru à la production de son dommage, mais nous reviendrons ultérieurement sur ce point en étudiant la responsabilité du fait des choses (v. ss 2737).

2220. La loi du 5 juillet 1985 rompt très nettement avec la logique de la responsabilité et des trois conditions caractérisant un régime de responsabilité que sont le fait générateur, le dommage et le lien de causalité pour créer un système spécial, autonome, impossible à cumuler avec une action en responsabilité fondée sur le droit commun et insusceptible d'option, qui place la victime de dommages corporels non conductrice dans une situation extrêmement favorable. On ne recherche plus un responsable, mais un payeur : l'assureur du véhicule automobile impliqué dans l'accident et à défaut d'assurance, c'est un fonds d'indemnisation qui prend en charge l'indemnisation des dommages. Mais on trouve encore des causes de limitations ou d'exclusion d'indemnisation, qui rappellent les causes d'exonération de la responsabilité, quoiqu'elles soient très spécifiques, et la notion d'implication du véhicule à moteur dans l'accident qui est la condition de l'application de la loi, reste mal distinguée de la causalité. Il s'agit donc d'un régime hybride entre la responsabilité et l'indemnisation. On constatera cependant que dans ***l'actuel projet de réforme de la responsabilité civile*** du 13 mars 2017, l'indemnisation des victimes d'accident de la circulation serait codifiée en tant que *régime spécial de responsabilité* où « le fait d'un véhicule terrestre à moteur » constitue le fait générateur de responsabilité (projet, art. 1285 s.).

Après la loi du 5 juillet 1985, on va assister au *développement continu de fonds d'indemnisation*. Parmi les principales interventions législatives on peut ainsi citer :

– *la loi du 9 septembre 1986, puis du 6 juillet 1990* qui a amélioré le système, crée le fonds d'indemnisation des victimes d'acte de terrorisme et autres infractions, dont l'auteur est inconnu ou insolvable (v. ss 3322 s.) ;

---

1. Un premier projet d'André Tunc date de 1966 : « La sécurité routière », v. *RTD civ.* 1967. 82, très critiqué par les assureurs ; un second projet date de 1981 et a inspiré la loi de 1985 : *Pour une loi sur les accidents de la circulation,* Economica.

2. Civ. 2e, 21 juill. 1982, *D.* 1982. 449, concl. av. gén. Charbonnier, note C. Larroumet.

– *la loi du 31 décembre 1991*, crée le fonds d'indemnisation des transfusés et hémophiles contaminés par le virus de l'immunodéficience humaine (VIH) dont les attributions ont depuis été transférées à l'ONIAM (Office nationale d'indemnisation des accidents médicaux) (v. ss 3340 s.) ;

– *la loi du 23 décembre 2000* modifiée par la loi du 20 décembre 2002, crée le fonds d'indemnisation des victimes de l'amiante ;

– *la loi du 4 mars 2002* sur les droits des malades, institue un fonds d'indemnisation géré par un organisme spécialisé : l'ONIAM (v. ss 3340 s.).

2221. Avec les fonds d'indemnisation, l'obligation de réparation qui pèse sur une personne envers une autre se transforme en un devoir de solidarité qui impose à la collectivité l'indemnisation de certains dommages. Ce n'est plus de la responsabilité civile.

Mais les fonds d'indemnisation ne remplacent pas la responsabilité.

2) La permanence de la responsabilité

2222. Contrairement à ce qu'une partie de la doctrine avait pu craindre un temps[1], l'indemnisation ne chasse pas la responsabilité et ne se substitue pas à elle : la réflexion sur l'évolution de la responsabilité ne disparaît donc pas et la question est même renouvelée par le fait que le relais des systèmes d'indemnisation, en allégeant la responsabilité civile et en la débarrassant du fardeau de l'exclusivité de la réparation des dommages, peut favoriser une réflexion plus sereine sur les directions que doit prendre aujourd'hui le droit de la responsabilité.

2223. La preuve de cette absence de disparition de la responsabilité civile est la création par le législateur, depuis la mise en place des premiers fonds d'indemnisation, de nouveaux régimes de responsabilité, dont certains inscrits dans le Code civil, comme la responsabilité du fait des produits défectueux par la loi du 10 juillet 1998, qui figure dans les articles 1245 à 1242-17 (anciens art. 1386 à 1386-18), ou encore la découverte par la jurisprudence depuis 1991 d'un nouveau « principe » de responsabilité du fait d'autrui appuyé sur l'article 1384, alinéa 1er, du Code civil, devenu l'article 1242, alinéa 1er, ou encore la loi du 4 mars 2002 sur la responsabilité médicale qui réaffirme qu'il s'agit d'une responsabilité pour faute.

Les systèmes d'indemnisation constituent donc aujourd'hui une autre branche de l'alternative, qui permet à la responsabilité de se dégager de l'impératif catégorique de la réparation systématique de tous les dommages. La loi du 4 mars 2002 sur les droits des malades est très significative à cet égard de ce nouvel équilibre qui peut s'instaurer entre responsabilité et indemnisation : la loi réaffirme le principe d'une responsabilité médicale pour faute avec quelques atténuations (responsabilité objective du fait des produits défectueux et responsabilité de plein droit du fait des infections nosocomiales) et un principe de réparation intégrale. Lorsqu'il n'y a pas matière à responsabilité, c'est la voie de l'indemnisation par l'ONIAM qui est ouverte et organisée par la loi, avec un système de plancher d'indemnisation (25 % d'incapacité pour avoir droit à l'indemnisation, v. ss 3346 s.).

---

1. V. not. Y. Lambert-Faivre, « L'évolution de la responsabilité civile d'une dette de responsabilité à une créance de réparation », *RTD civ.* 1987. 1 s.

2224. Les tendances actuelles du droit de la responsabilité ne contredisent pas cette constatation d'une permanence de la responsabilité, et même d'un certain retour à la fonction normative de la responsabilité.

§ 2. Les tendances actuelles

A. Concernant les méthodes

2225. Le droit français actuel semblait en proie, jusqu'à récemment à deux tendances contradictoires, l'une consistant à faire du « coup par coup », c'est-à-dire, à laisser le législateur intervenir pour créer des statuts spéciaux de responsabilité civile dans tel ou tel secteur que nous venons de signaler : accidents du travail, accidents nucléaires, accidents de la circulation, produits défectueux par exemple ; l'autre consistant à laisser la jurisprudence adapter aux cas d'espèces, les principes généraux qu'elle-même et la doctrine ont dégagés. Cette tendance est cependant contredite par ***l'actuel projet de réforme du droit de la responsabilité civile*** du 13 mars 2017, porté par la Chancellerie (v. ss 2236 s.).

On reproche à la première méthode de produire une diversification du droit de la responsabilité civile l'éloignant du « droit commun » et nuisant à la cohérence d'un système d'ensemble. Mais, en pratique, on constate qu'en réalité ces statuts spéciaux ne sont pas tellement différents les uns des autres, qu'ils respectent généralement les principes généraux dégagés par la jurisprudence pour l'interprétation du régime de droit commun et, notamment, qu'ils se détachent généralement de la notion de « faute » personnelle de l'auteur du dommage pour tenter de lier la responsabilité aux possibilités de l'assurance, tout en tenant compte des spécificités de chaque type de cas. En effet, on ne peut considérer de la même façon la responsabilité de l'automobiliste, celle du médecin ou celle de l'exploitant d'une industrie polluante.

2226. Toutefois, il semble que l'on soit sur le point d'aboutir à une réforme d'ensemble du droit de la responsabilité. Elle pourrait pour l'essentiel consister dans une codification des solutions jurisprudentielles acquises. Néanmoins toutes ne seraient pas reprises et de nouvelles idées pourraient également être introduites, allant notamment dans le sens d'un traitement spécifique des dommages corporels. Cette perspective de réforme a été initiée par l'avant-projet de réforme du droit des obligations dit *« rapport Catala »*. Depuis, un *rapport d'information du Sénat* a également été établi le 15 juillet 2009, qui formulait vingt-huit recommandations pour rénover le droit de la responsabilité civile (v. ss 2234) ; une *proposition de loi Béteille* émanant du Sénat[1] a suivi et, un *avant-projet Terré* de réforme de la responsabilité, avec des options sensiblement différentes (v. ss 2235), est intervenu. Enfin, un avant-projet de réforme émanant de la Chancellerie, qui a fait la synthèse, a été ouvert à la consultation publique le 29 avril 2016 ; il a débouché sur un ***projet de réforme du droit de la responsabilité*** rendu public le 13 mars 2017. S'il ne révolutionne pas la matière, il porte néanmoins une réelle ambition, propose une clarification des questions et quelques perspectives franchement novatrices (v. ss 2236 s.). On peut se demander à cette occasion s'il convient de rénover l'ensemble de la responsabilité civile et quelles sont les options possibles.

1. Du 9 juill. 2010 ; v. ss 2234.

B. Concernant les options possibles

1) Faut-il réformer l'ensemble de la responsabilité civile ou s'en tenir à certains types de dommages ?

2227. Le temps d'une réforme radicale n'est sans doute pas encore venu, par exemple pour en revenir à une conception restrictive de la responsabilité fondée exclusivement sur la faute, ou, à l'inverse pour faire de la responsabilité objective, sans faute, le principe de la responsabilité. Ce n'est d'ailleurs pas l'option de ***l'actuel projet de réforme de la Chancellerie*** de mars 2017.

Le système de l'assurance et de la collectivisation indirecte des risques fonctionne toujours et continue à valider une conception plus large et plus objective de la responsabilité qui tolère d'autres fondements que la faute (le risque, l'autorité sur autrui). Pour autant, l'idée de responsabilité ne sera sans doute jamais totalement indépendante de la faute (« l'impossible divorce de la faute et de la responsabilité » disait Christophe Radé)[1] ; à tel point, pour ne prendre que cet exemple, que même dans les responsabilités objectives, la faute réapparaît, par exemple dans le cadre des causes d'exonération, pour limiter la réparation du dommage subi par la victime fautive (v. ss 2453 s.).

La question aujourd'hui est davantage celle des équilibres respectifs à établir, préserver, ou modifier entre responsabilité et indemnisation d'une part et entre responsabilités objective et subjective d'autre part, plutôt que celle d'une remise en cause des responsabilités objectives ou pourquoi pas, à l'inverse, de la responsabilité pour faute.

Malgré tous les efforts d'extension de la responsabilité civile par la jurisprudence et le législateur, la responsabilité individuelle ne pourra jamais répondre à la fonction d'indemnisation systématique qu'impliquerait la reconnaissance d'un droit à la sécurité, même en se limitant à la catégorie des dommages corporels. Le développement de politiques d'indemnisation qui ne sont plus des politiques de la responsabilité car elles obéissent à une autre logique ne sont cependant pas synonymes d'un déclin de la responsabilité civile qui reste placée devant une alternative : continuer à se diversifier et à s'élargir, mais jusqu'où ? Ou au contraire se resserrer peut-être autour d'une restauration de sa fonction normative et d'une réintroduction de la faute subjective.

2) Faut-il réserver une place plus importante au principe de précaution ?

2228. Dans cette perspective, qui conduirait à un nouvel élargissement de la responsabilité civile en imposant aux acteurs économiques et sociaux des comportements de précaution plus exigeants que l'actuelle obligation de prudence et de diligence, faut-il admettre l'idée d'une réparation du préjudice dit « écologique », alors même qu'il n'aurait pas de répercussions directes sur la personne ou sur les biens ? Cela remettrait en cause l'analyse classique de l'exigence d'un préjudice personnel (sur cette question, v. ss 2276 s.). De la même façon, pourrait-on aller jusqu'à admettre une responsabilité sans préjudice (parce qu'il ne représenterait qu'une éventualité, un risque à éviter) pour développer la fonction préventive de la responsabilité, alors que jusqu'ici, l'exigence d'un préjudice certain est une condition *sine qua non* de la

1. Cité dans la bibliographie.

responsabilité. C'est bien une voie envisagée dans l'actuel projet de réforme qui crée une action préventive en cessation de l'illicite (v. ss 2245).

3) Faut-il remettre en cause le principe de la réparation intégrale du préjudice, dans ses deux dimensions ?

2229. D'un côté pour limiter la réparation du dommage en considération du comportement de la victime : faute ou absence d'effort pour minimiser son préjudice et, à l'inverse, majoration des dommages et intérêts en considération de la gravité de la faute de l'auteur du dommage (dommages et intérêts punitifs). Là encore il s'agit de solutions proposées dans l'actuel projet de réforme.

4) Ne faudrait-il pas réserver un sort particulier aux préjudices corporels et admettre des entorses aux principes classiques pour favoriser la réparation des victimes ?

On notera dans cette perspective l'amélioration de la typologie des préjudices corporels, par le rapport *Dintillac*[1] dont la nomenclature a été adressée par la Chancellerie à toutes les juridictions pour être utilisée effectivement et se substituer à l'ancienne distinction du préjudice corporel objectif (III, ITP, IPP) et subjectif (v. ss 2308 s.).

– Faut-il suivre alors Boris Starck et créer deux systèmes différents, l'un pour les dommages corporels et matériels, garantis par un système d'indemnisation indépendant de toute faute et l'autre pour les dommages moraux et les pertes de profit, qui pourraient dépendre de la responsabilité pour faute ? Cette tendance à réserver un traitement particulier aux victimes de dommages corporels est en tout cas très nette et l'avant-projet *Catala* de réforme du droit des obligations (rapport *Catala* ; v. ss 2247, « Le point sur… », Les propositions pour une réforme du droit de la responsabilité civile »).

Tout le monde s'accorde ou presque pour admettre que les victimes de dommages corporels doivent bénéficier d'un sort particulier et que le principe d'égalité de ces victimes doit dominer. C'est encore une perspective inscrite dans l'actuel projet de réforme.

– Faut-il suivre André Tunc qui, pour sa part, dissocie d'une part les dommages accidentels pour lesquels il conviendrait de construire un nouveau système et d'autre part, les dommages résultant d'un acte délibéré qui pourraient rester soumis aux principes classiques ?

– Ou faut-il tenir compte d'un troisième critère, celui « d'activité dangereuse », permettant la réparation indépendamment de la faute, par opposition aux autres activités pour lesquelles on aurait recours au droit commun ? C'est une proposition qui figurait dans l'avant-projet *Catala* mais qui n'a pas été reprise dans le projet actuel de la Chancellerie.

2230. L'avant-projet *Catala* de réforme du droit des obligations et de la prescription, dans la partie consacrée au droit de la responsabilité civile, précurseur, avait fait un peu la synthèse de toutes ces idées et de toutes les évolutions consacrées par la jurisprudence et le législateur en droit de la responsabilité. L'actuel projet de réforme de la

1. *LPA* 3 nov. 2005, nº 219, p. 3 et doc. mise à jour 2006-2007, p. 27.

responsabilité civile de mars 2017 reste largement inspiré de l'avant-projet *Catala,* même s'il s'inspire aussi, mais dans une moindre mesure de certaines idées figurant dans les propositions Terré.

C. Les propositions successives et actuelles pour une réforme du droit de la responsabilité

1) L'avant-projet Catala

2231. Cet avant-projet concernant le droit de la responsabilité civile constitue une œuvre majeure, qui a mobilisé une grande partie de la doctrine la plus autorisée pour arriver à un texte particulièrement abouti. D'ailleurs, il a été accueilli sans véritables critiques et les recommandations du Sénat qui sont intervenues en 2009 (Documents, v. ss 2247) pour une rénovation du droit de la responsabilité ont globalement approuvé toutes les options qui ont été prises. Il propose en effet, de restaurer le Code civil dans sa fonction de droit commun de la responsabilité civile. Ainsi, il procède à une ré-architecture complète du Code civil qui met l'accent sur *l'existence de constantes de la responsabilité* (dommage, fait générateur, lien de causalité et causes d'exonération) et sur *l'unité de nature de la responsabilité contractuelle et extracontractuelle*, question centrale sur laquelle il a pris clairement parti. Il renforce par ailleurs *la fonction normative et moralisatrice de la responsabilité* en redonnant vigueur à la faute. Enfin (et pour n'aborder que les options principales), il propose de réserver un *traitement favorable aux victimes de dommages corporels*, et s'efforce de présenter d'une manière claire et complète la réglementation de l'indemnisation du dommage corporel (art. 1379 à 1379-8). (Pour une analyse plus approfondie des propositions de l'avant-projet *Catala* en droit de la responsabilité, et leur la confrontation des dispositions du projet avec l'avant-projet *Catala*, v. ss 2247, Documents, « Le point sur… »).

2) Les propositions Terré

2232. Bien que les propositions figurant dans l'avant-projet *Catala* aient fait très largement consensus, elles n'ont pas été les seules propositions doctrinales. En effet, par la suite, un rapport sur la réforme de la responsabilité a été remis à la Chancellerie par le professeur F. Terré. Établies par le groupe de travail qu'il a réuni sous l'égide de l'Académie des sciences morales et politiques, les propositions Terré [1], sont sensiblement différentes de l'avant-projet *Catala*. La première différence notable réside dans la prise de position concernant la responsabilité contractuelle, le projet Terré renvoyant la responsabilité contractuelle vers le contrat et ne consacrant pas l'unité de nature des deux responsabilités contractuelle et extracontractuelle. Toutefois, une solution très innovante, reprise dans les actuels projets gouvernementaux, a été proposée, qui consiste à imposer un traitement unique et commun de la responsabilité concernant les dommages corporels : elle se traduit par une éviction de la responsabilité contractuelle puisque « les atteintes à l'intégrité physique et psychique de la personne » sont réparées

---

1. François Terré a remis à la Chancellerie le rapport établi par le groupe de travail qu'il a réuni sous l'égide de l'Académie des sciences morales et politiques : F. Terré (dir.), *Pour une réforme du droit de la responsabilité civile*, Dalloz, coll. « Thèmes et commentaires », 2011.

d'après les règles applicables au « délits civils » (responsabilité extracontractuelle), alors même qu'elles seraient causées à l'occasion d'un contrat.

L'architecture générale des textes est d'autant plus différente que les propositions Terré ne mettent pas l'accent sur l'existence de règles communes, de constantes. La responsabilité pour faute est mise particulièrement en exergue puisque le texte oppose en une sorte de *summa divisio*, « le délit civil en général » et les principaux délits spéciaux. La section consacrée au délit civil en général présente en réalité la faute, le dommage et le lien de causalité, soit le « modèle en quelque sorte », fondé sur la faute. La section suivante énumère les principaux délits spéciaux (ou régimes spéciaux de responsabilité ?) avec leurs particularités (fait des choses, des animaux, des bâtiments, des installations classées, des troubles anormaux de voisinage, des produits défectueux, des véhicules terrestres à moteur (art. 21 à 29) et, enfin activité médicale).

Concernant la réparation des dommages, les différences sont moins sensibles par rapport à l'avant-projet *Catala*. Le principe de la réparation intégrale est affirmé, mais tempéré par l'obligation de minimiser son dommage (art. 53) et des dommages et intérêts « substitutifs » (art. 54), viennent sanctionner une faute lucrative. Concernant la réparation des préjudices corporels, le projet *Terré* prévoit également un certain nombre de dispositions pour essayer d'améliorer la réparation dont une réparation poste par poste et une fixation des montants de la réparation en fonction de barème établi par décret.

3) Les initiatives parlementaires : le rapport d'information du Sénat sur la rénovation du droit de la responsabilité civile et la proposition de loi Béteille

a) Le rapport d'information du Sénat

2233. Le 15 juillet 2009, le groupe de travail sur la responsabilité civile, constitué par la commission des lois du Sénat a remis un rapport d'information. Il a formulé vingt-huit recommandations destinées à « consolider, clarifier et rénover le droit de la responsabilité civile, en prenant en compte les évolutions européennes en cours, tant dans les pays voisins qu'au niveau des institutions de l'Union européenne »[1] (pour la liste de ces recommandations, v. Documents, en fin de chapitre).

Il s'inspire en réalité assez largement des grandes options qui figurent dans l'avant-projet *Catala*.

Sur certains points cependant, il s'inscrit en opposition avec le rapport *Catala* : ainsi, par exemple, il recommande d'écarter l'introduction dans le Code civil de la notion de « préjudice collectif », ou encore d'éviter la généralisation d'une responsabilité solidaire des membres d'un groupe pour un dommage causé par un membre indéterminé de ce groupe, solutions préconisées par le rapport *Catala*.

2234. Il se prononçait aussi pour l'introduction d'actions collectives en cas de fautes lucratives commises à l'égard d'une pluralité de victimes (*class-action* du droit américain introduite depuis en droit français, v. ss 2475) : une seule action en responsabilité est menée au profit de toutes les victimes. Cette *action de groupe* a été créée en droit

---

1. Source : Rapport d'information n° 558 (2008-2009) de MM. Alain Anzioni et Laurent Béteille, fait au nom de la commission des lois, déposé le 15 juillet 2009 (disponible sur le site www.senat.fr) ; v. B. Rajot, « Le Sénat favorable à une réforme des règles de responsabilité civile », *RCA* 2009, focus n° 17.

français, depuis, par la loi du 17 mars 2014 relative à la consommation et élargie à de nouvelles hypothèses par la loi du 18 novembre 2016 de modernisation de la justice du XXIe siècle (v. ss 2475).

b) La proposition de loi Béteille du 9 juillet 2010

2235. Après la publication du rapport d'information du Sénat, une proposition de loi *Béteille* (n° 657 du 9 juill. 2010) très proche de l'avant-projet *Catala* a été déposée par le Sénat. Mais elle n'a pas été mise en débat au Parlement.

4) L'actuel projet de réforme de la Chancellerie (13 mars 2017)

2236. Un premier avant-projet avait été ouvert à la consultation publique en avril 2016. À l'issue de cette consultation, le projet de réforme du 13 mars 2017 a été rendu public, qui comporte quelques modifications par rapport à l'avant-projet de 2016. Il représente donc, avec cet avant-projet de 2016 auquel il faut le comparer pour apprécier les changements proposés, le dernier volet de la réforme d'ensemble du droit des obligations (v. ss 55 s. ; et sur la responsabilité, v. ss 94 s.). Ce projet propose la réforme de l'ensemble du droit de la responsabilité civile, contractuelle et extracontractuelle. Il s'inspire très largement de l'avant-projet *Catala*, des recommandations du Sénat et de la loi *Béteille* et ne suit pas les options différentes qui figurent dans que des propositions *Terré*. Nous en soulignerons ici simplement l'essentiel [1].

2237. ***L'architecture générale*** qui figurait déjà dans la loi *Béteille* et dans l'avant-projet *Catala* est conservée, avec un chapitre Ier de « Dispositions préliminaires », un chapitre II sur « Les conditions de la responsabilité » (avec des dispositions communes aux responsabilités contractuelle et extracontractuelle, puis des dispositions propres à chacune d'entre elles) ; un chapitre III sur « Les causes d'exonération ou d'exclusion de la responsabilité », un chapitre IV sur « Les effets de la responsabilité » et, enfin, un chapitre V sur « Les principaux régimes spéciaux de responsabilité » où figurent « La responsabilité du fait des véhicules terrestres à moteur » et « du fait des produits défectueux ».

2238. ***Les constantes de la responsabilité*** sont confirmées dans les dispositions communes qui concernent le préjudice réparable (art. 1235 s.) et le lien de causalité (art. 1239 s.). L'exigence d'un « lien de causalité entre le fait imputé au défendeur et le dommage » est consacrée, au cœur de tout régime de responsabilité (art. 1239), tandis que les causes d'exonération (et d'exclusion) de la responsabilité sont traitées plus loin après l'examen des conditions de la responsabilité, mais elles sont communes à la responsabilité contractuelle et extracontractuelle (art. 1253 s.).

---

1. J.-S. Borghetti, « L'avant-projet de réforme de la responsabilité civile, vue d'ensemble du projet », *D.* 2016. 1387 ; « L'avant-projet de réforme de la responsabilité civile. Commentaire des principales dispositions », *D.* 2016. 1442 ; G. Viney, « L'espoir d'une recodification du droit de la responsabilité civile », *D.* 2016. 1379.

2239. Ces dispositions communes confirment ***l'unité de nature des deux responsabilités contractuelle et extracontractuelle***, qui n'est donc plus discutée, même si la grande distinction traditionnelle reste affirmée.

En effet, au titre des dispositions préliminaires, la règle traditionnelle du non cumul des responsabilités contractuelle et extracontractuelle et de l'interdiction de l'option est confirmée (art. 1233), tant dans l'avant-projet que dans le projet du 13 mars 2017, avec cependant une exception, en cas de dommage corporel. Ainsi, selon l'article 1233 de l'avant-projet : « en cas d'inexécution d'une obligation contractuelle, ni le débiteur ni le créancier ne peuvent se soustraire à l'application des dispositions propres à la responsabilité contractuelle pour opter en faveur des règles spécifiques à la responsabilité extracontractuelle.

Toutefois, le dommage corporel est réparé sur le fondement des règles de la responsabilité extracontractuelle, alors même qu'il serait causé à l'occasion de l'exécution d'un contrat ».

Si le principe de la « décontractualisation » des dommages corporels est admis dans les deux versions successives du projet (2016 et 2017), elles diffèrent cependant de façon sensible. En effet, alors que l'avant-projet de 2016 ne prévoyait pas d'exception à cette « décontractualisation » du dommage corporel, le projet de 2017 introduit une disposition qui vient en réduire la portée car selon l'article 1233-1, alinéa 2 : « la victime peut invoquer les stipulations expresses du contrat qui lui sont plus favorables que l'application des règles de la responsabilité extracontractuelle » : une option lui est donc malgré tout offerte entre responsabilité contractuelle et extracontractuelle.

Enfin, comme dans l'avant-projet de 2016, l'actuel projet de 2017 condamne la règle jurisprudentielle de l'identité des fautes contractuelle et délictuelle qui permettait à un tiers d'invoquer un manquement contractuel sur le fondement de la responsabilité extracontractuelle pour faute (art. 1234) ; toutefois, à l'encontre de la version de 2016, l'actuel projet consacre sur cette question du tiers victime d'une inexécution contractuelle, une exception frontale à la règle de l'interdiction de l'option : le tiers « *ayant un intérêt légitime à la bonne exécution d'un contrat* » pourrait en effet invoquer, sur le fondement de la responsabilité contractuelle, un manquement contractuel dès lors que celui-ci lui a causé un dommage, les conditions et limites de la responsabilité qui s'appliquent dans les rapports entre contractants lui étant alors opposables. Cette option serait par ailleurs d'ordre public, puisque toute clause qui limiterait la responsabilité contractuelle d'un contractant à l'égard des tiers serait réputée non écrite (art. 1234, al. 2).

Le projet de 2017, comme le faisait celui de 2016, met par ailleurs en évidence, à différentes reprises, la distinction entre les deux types de faits générateurs : la faute (extracontractuelle) d'une part et l'inexécution d'une obligation contractuelle d'autre part, pour laquelle le qualificatif de faute n'est jamais utilisé, peut-être pour marquer ainsi, malgré l'unité de nature des deux sortes de responsabilité, la spécificité de la responsabilité contractuelle (v. notamment, art. 1250).

2240. ***En matière extracontractuelle***le ***principe de responsabilité pour faute est maintenu*** et la faute définie, avec des variations dans les deux textes successifs, peu notables mais qui marquent quand même la difficulté d'une définition de la faute ; pour l'avant-projet de 2016, il s'agit d'une « violation d'une règle de conduite imposée par une loi ou un règlement ou le manquement au devoir général de prudence et de diligence » (art. 1242) ; pour le projet de mars 2017, la faute constitue « la violation d'une prescription légale ou le manquement au devoir général de prudence et de diligence ».

Si le principe de responsabilité pour faute demeure, sa coexistence avec des responsabilités de « plein droit » et qualifiées comme telles dans les articles qui les visent est également consacrée. À ce titre, les principales solutions jurisprudentielles sont consacrées en matière de responsabilité du fait des choses et de responsabilité du fait d'autrui, avec dans ce dernier cas, l'affirmation de la nécessité, dans toutes les hypothèses, d'un fait de nature à engager la responsabilité de l'auteur direct du dommage pour pouvoir engager celle de son répondant.

De même les solutions jurisprudentielles en matière de *troubles anormaux de voisinage* sont consacrées (art. 1244 s.).

Suivant les recommandations du Sénat, et comme la proposition de loi *Béteille*, les deux propositions de textes successives écartent la responsabilité de l'exploitant d'une activité anormalement dangereuse qui figurait dans l'avant-projet *Catal*a, mais réintroduisent la « *responsabilité collective* » (proposée par l'avant-projet *Catala*), au titre des dispositions communes à la responsabilité contractuelle et extracontractuelle : « lorsqu'un dommage [corporel] est causé par un membre indéterminé d'un groupe de personnes identifiées agissant de concert ou pour des motifs similaires, chacune en répond pour le tout, sauf à démontrer qu'elle ne peut l'avoir causé » (art. 1240).

2241. ***Au titre des principaux régimes spéciaux de responsabilité***, les deux propositions intègrent la loi du 5 juillet 1985 sur les accidents de la circulation dans le Code civil, en traitant le fait du véhicule terrestre à moteur comme un fait générateur ordinaire de responsabilité, dont « répond de plein droit » le conducteur ou gardien (art. 1285). Largement modifié pour rétablir l'égalité entre les victimes conductrices et non conductrices (avec quelques nuances malgré tout), le régime d'indemnisation des victimes d'accident de la circulation devient donc un régime de responsabilité et non un système d'indemnisation. Le régime de responsabilité du fait des produits défectueux est également intégré dans les régimes spéciaux (art. 1289 s.).

2242. ***D'importantes innovations concernent le préjudice.*** Les deux textes successifs amorcent une distinction entre le dommage (atteinte initiale) et le (ou les) préjudice(s) (conséquences du dommage) qui apparaît dès la définition du préjudice réparable (v. ss 2266).

Ensuite, et peut-être surtout, ils affirment la ***spécificité du dommage corporel*** et visent à clarifier et unifier les règles relatives à la réparation de ce type de dommage, dans l'objectif d'assurer l'égalité de traitement des victimes et de rendre effectif un régime unique, sinon concernant la mise en jeu de la responsabilité, du moins la réparation du préjudice corporel et son évaluation.

Ainsi, *au titre de l'engagement de la responsabilité*, et on l'a déjà souligné, même si le dommage corporel se rattache à l'exécution d'un contrat, ce dommage est réparé sur le fondement des règles de la responsabilité extracontractuelle (art. 1233, al. 2, et art. 1233-1, al. 1er, pour le projet de 2017). La réparation du dommage corporel ne relèverait donc plus du contrat et de la responsabilité contractuelle et ses conditions en seraient donc unifiées, sauf, malgré tout, selon le projet de 2017, si la victime choisit d'invoquer les stipulations expresses plus favorables du contrat.

De façon générale, la faute de la victime privée de discernement n'a pas d'effet exonératoire (art. 1255) mais, en plus, en matière de dommage corporel, seule une faute lourde peut entraîner l'exonération partielle (art. 1254).

Ensuite, *au titre des « effets de la responsabilité »*, le projet prévoit et regroupe des règles particulières à la réparation des préjudices corporels (« règles particulières à la réparation des préjudices résultant d'un dommage corporel » (sous-section 1, art. 1267 à 1277). Un ***statut spécifique du dommage corporel*** est ainsi dessiné et, de façon très innovante, le projet rend ces règles applicables aux décisions des juridictions judiciaires, mais aussi administratives et aux transactions passées entre la victime et le responsable (art. 1267).

Ainsi et pour ne citer que les dispositions principales, la réparation du dommage corporel s'appuie sur la consécration d'une nomenclature des postes de préjudices auquel une valeur réglementaire doit être donnée, sur la base de la nomenclature dite « *Dintilhac* » et d'un barème médical d'invalidité unique.

Enfin, il n'est pas possible de limiter ou d'exclure conventionnellement la réparation d'un dommage corporel, tant en responsabilité contractuelle qu'en responsabilité extracontractuelle où les aménagements conventionnels deviendraient possibles (autre innovation), en dehors de cette hypothèse des dommages corporels.

2243. Le projet reconnait également ***le dommage écologique*** que la Cour de cassation a consacré dans l'arrêt du 25 septembre 2012, dans l'affaire *Érika* : une section de règles particulières à la réparation des préjudices résultant d'un dommage environnemental, a été prévue, non remplie en attente de l'adoption du projet de loi sur la biodiversité. Depuis, la loi du 8 août 2016 (n° 2106-1087) pour la reconquête de la biodiversité, de la nature et des paysages a été adoptée et a introduit dans le Code civil un nouveau chapitre consacré à la réparation du préjudice écologique, dans le droit de la responsabilité civile, aux articles 1246 à 1247 (v. ss 2283 s.).

2244. Au titre de la ***réaffirmation de la fonction normative de la responsabilité pour faute***, un dispositif dissuasif est consacré avec l'obligation pour la victime de minimiser son dommage et la sanction de la faute lucrative, non pas par des dommages et intérêts punitifs mais par une amende civile alimentant soit le Trésor public, soit des fonds dédiés à la réparation de certains dommages.

Toujours au titre de la fonction normative de la responsabilité civile, l'***importance du rôle de la faute*** en droit de la responsabilité civile est confirmée par plusieurs dispositions :

– outre la réaffirmation du principe général de responsabilité pour faute et la sanction de la faute lucrative, on notera le retour de l'exigence de discernement dans le cadre des causes d'exonération avec l'affirmation qui figurait déjà dans l'avant-projet *Catala*, selon laquelle la faute de la victime privée de discernement n'a pas d'effet exonératoire, quel que soit le régime de responsabilité (art. 1255) ;

– si le principe des aménagements conventionnels excluant ou limitant la réparation est admis en matière extracontractuelle comme en matière contractuelle, ce qui est très novateur, en matière extracontractuelle, on ne peut exclure ou limiter la réparation du préjudice que l'on a causé par sa faute (art. 1282) ; en matière contractuelle la solution traditionnelle de l'inefficacité de ces clauses en cas de faute intentionnelle ou de dol du débiteur est confirmée, mais également si elles contredisent la portée de l'obligation essentielle (art. 1283).

2245. Enfin, et l'innovation est assez considérable, l'avant-projet de 2016, comme le projet de mars 2017 prennent directement en compte la fonction préventive de la responsabilité civile et introduisent une ***action en cessation de l'illicite***. La disposition est très novatrice, puisqu'elle tend à consacrer une fonction préventive autonome de la responsabilité civile, distincte de la fonction réparatrice (qui suppose un dommage déjà réalisé) ; mais sa place n'est pas la même dans les deux projets, tant au plan formel que substantiel. Elle est symboliquement très importante dans l'avant-projet de 2016 puisqu'elle figure dans les dispositions préliminaires ; elle est renvoyée au chapitre IV sur les effets de la responsabilité dans le projet de mars 2017 où elle occupe une sous-section 4 (art. 1266). Toutefois, la formulation a également été modifiée et le projet de 2017 lui donne une portée plus grande que l'avant-projet de 2016. L'avant-projet de 2016 (art. 1232) indiquait en effet que : « indépendamment de la réparation du préjudice éventuellement subi, *le juge peut prescrire les mesures raisonnables propres à faire cesser le trouble illicite* auquel est exposé le demandeur [seuls les faits contrevenant à une règle de conduite imposée par la loi ou par le devoir général de prudence ou de diligence pouvant donner lieu à de telles mesures] [1]. Le projet de 2017 (art. 1266) propose un libellé différent qui met davantage l'accent sur la fonction préventive autonome, puisque le juge pourrait prescrire les mesures raisonnables *propres à faire cesser le trouble illicite* mais aussi « *propres à prévenir le dommage* ». En toute hypothèse, l'action en cessation de l'illicite témoigne de la prise en compte de la fonction préventive de la responsabilité et de son développement actuel.

D. Architecture actuelle du droit de la responsabilité civile et plan d'étude de la matière

2246. En droit positif, et en faisant abstraction de tout projet de réforme, le droit de la responsabilité civile s'articule autour de ce que l'on pourrait appeler le droit commun de la responsabilité d'un côté et les régimes spéciaux de responsabilité ou d'indemnisation, de l'autre :

– le droit commun de la responsabilité extracontractuelle figure dans les articles 1245 à 1244 (anciens art. 1382 à 1386) du Code civil avec la responsabilité du fait personnel, du fait des choses et du fait d'autrui ;

– le droit commun de la responsabilité contractuelle figure dans les articles 1231 à 1231-7 (anciens art. 1147 à 1153) du Code civil.

Deux régimes spéciaux de responsabilité ou d'indemnisation peuvent ensuite être identifiés qui ont en commun de résoudre les difficultés liées à la séparation des deux ordres de responsabilité contractuelle et extracontractuelle, en passant par-dessus cette distinction et en prévoyant un régime unique de responsabilité ou d'indemnisation quelle que soit la qualité de la victime : la *responsabilité du fait des produits défectueux,* qui est un vrai régime de responsabilité, intégré dans le Code civil aux articles 1245 à 1245-17 (anciens art. 1386-1 à 1386-18), par la loi du 19 mai 1998, d'une part ; *l'indemnisation des victimes d'accident de la circulation*, régime hybride entre responsabilité et indemnisation créée par la loi du 5 juillet 1985, qui ne se trouve pas pour l'instant dans le Code civil mais que les différentes propositions de réforme proposent d'intégrer dans ce code. Enfin on trouve les systèmes d'indemnisation qui ne sont pas du droit de la responsabilité mais dont le droit de la responsabilité doit tenir compte et dont nous dirons quelques mots.

---

1. Pour la mise en parallèle des dispositions du projet actuel avec l'avant-projet Catala, v. ss 2259 (Documents, « Le point sur… »).

Tous les autres régimes, très spéciaux et non intégrés au Code civil, resteront en dehors de l'étude.

2247. Au regard de cette présentation, nous consacrerons un sous-titre 1 aux principes communs à tous les régimes de responsabilité. Puis un sous-titre 2 sera consacré aux faits générateurs et aux conditions propres à chaque régime de responsabilité extracontractuelle ; les spécificités de la responsabilité contractuelle et ses rapports avec la responsabilité extracontractuelle seront ensuite envisagées dans un sous-titre 3. Enfin le sous-titre 4 traitera des régimes spéciaux et d'indemnisation.

DOCUMENTS

BIBLIOGRAPHIE

BACH (L.), « Réflexions sur le problème du fondement de la responsabilité civile », *RTD civ.* 1977. 13 s., et 221 s.

BERGER (B.), « Du discours au texte : de la méthode d'élaboration de la Charte de l'environnement », *Gaz. Pal.* 18-19 mars 2005, p. 2.

BORGHETTI (J.-S.), « L'avant-projet de réforme de la responsabilité civile. Commentaire des principales dispositions », *D.* 2016. 1442.

CALAIS-AULOY (M.-T.), « La libération du droit de la responsabilité par l'abandon de la notion de faute » *D.* 1998, n° 14, 9 avr. 1998.

CHABAS (F.), « Cent ans de responsabilité civile », *Gaz. Pal.* 2000, n° 236-237, p. 2.

DEUMIER (P.) et GOUT (O.), « La constitutionnalisation de la responsabilité civile » ?, *Nouv. Cah. Cons. const.* 2011, n° 31.

GAFTARNIK (E.), « La responsabilité civile à l'épreuve du principe de précaution », *LPA* n° 51, 13 mars 2006, p. 3.

JOURDAIN (P.), « Faute civile et faute pénale », Journée d'étude sur la responsabilité pour faute, Le Mans, 17 janv. 2003, *RCA* juin 2003.

LAMBERT-FAIVRE (Y.), « L'éthique de la responsabilité » *RTD civ.* 1998. 1.

LETURMY (L.), « La responsabilité délictuelle du contractant », *RTD civ.* 1998. 839 s.

LUCAS (O.), « La Convention européenne des droits de l'Homme et les fondements de la responsabilité civile », *JCP* 2002. I. 111.

MALINVAUD (Ph.) et FENOUILLET (D.), *Droit des obligations*, 11e éd., LexisNexis, Litec, 2010.

MATHIEU (B.), « L'avenir du principe de précaution », *JCP* 2001, aperçu rapide p. 2025.

MEKKI (M.), « Les fonctions de la responsabilité civile à l'épreuve des fonds d'indemnisation des dommages corporels », *LPA* 12 janv. 2005, n° 8, p. 18 s.

MAILLARD (DE) (J. et C.), *La responsabilité juridique*, Flammarion, coll. « Dominos », 1999.

MARCHADIER (F.), « La réparation des dommages à la lumière de la Convention européenne des droits de l'Homme », *RTD civ.* n° 2, 2009. 245 s.

MOURGEON (L.), « Pour la suppression de la responsabilité civile en cas d'accident et son remplacement par l'assurance de dommages », *JCP* 1981. I. 3050.

POUMARÈDE (M.), « Précaution et responsabilité civile : de la règle au principe (et inversement) », *RTD civ.* 2019. 465.

RADÉ (C.), « L'impossible divorce de la faute et de la responsabilité civile », *D.* 1998. Chron. 301.

RADÉ (C.), « Responsabilité et solidarité : propositions pour une nouvelle architecture », *RCA* 2009, Dossier, *Les vingt ans de la revue.*

REMY (Ph.), « La responsabilité contractuelle, histoire d'un faux concept », *RTD civ.* 1997. 323 s.

RÉMY (Ph.), « Réflexions préliminaires sur le chapitre "Des délits" », in *Pour une réforme du droit de la responsabilité civile*, F. Terré (dir.), Dalloz, 2011, spéc. p. 27 à 35.

SARGOS (P.), « Aperçus sur la réforme du droit des obligations et de la responsabilité dans le projet Catala » *Rev. jur. éco. publ.*, Éd. du Juris-Classeur, oct. 2007, p. 319.

SAVAUX (É.), « La fin de la responsabilité contractuelle ? », *RTD civ.* 1999. 1.

Savatier, « Sécurité routière et responsabilité civile : à propos du projet Tunc », *D.* 1967. 1.

Starck, « Les rayons et les ombres d'une esquisse de loi sur les accidents de la circulation », *RTD civ.* 1966. 635.

Truchet (M.), « Les transformations de la notion de responsabilité civile et pénale depuis 40 ans », *Gaz. Pal.* 5-6 juill. 2002, Libres propos, p. 2.

Tapia (M.), « Décadence et fin éventuelle du principe d'identité des fautes pénale et civile », *Gaz. Pal.* 7-8 mars 2003.

Terré (F.), « Propos sur la responsabilité civile », *Arch. Phil. dr.*, tome 22, 1977, p. 37 s.

Terre (F.) (dir.), *Pour une réforme du droit de la responsabilité civile,* Dalloz, coll. « Thèmes & commentaires », 2011.

Thibierge (C.), « Libres propos sur l'évolution du droit de la responsabilité », *RTD civ.* 1999. 561.

Tunc (A.), « Le spectre de la responsabilité civile », *RTD comp.* 1978. 1032 s.

Viney (G.), « Quelques propositions de réforme du droit de la responsabilité civile », *D.* 2009, étude 2944.

– « Cessation de l'illicite et responsabilité civile », in *Mélanges Goubeaux*, Dalloz-LGDJ, 2009.

– « L'espoir d'une recodification du droit de la responsabilité civile », *D.* 2016. 1379.

Colloque : *L'avant-projet de réforme du droit de la responsabilité (Avant-projet Catala)*, Université Panthéon-Sorbonne (Paris I), 12 mai 2006, *RDC* n° 1, 2007, p. 3 à 185.

Pour les ouvrages généraux, manuels et traités consacrés au droit de la responsabilité civile et aux projets de réforme, on se reportera à la bibliographie générale au début de l'ouvrage, v. ss 84, Documents.

LE POINT SUR...

Les propositions pour une réforme du droit de la responsabilité civile

De l'avant-projet Catala de réforme du droit des obligations en matière de responsabilité civile, à l'actuel projet de réforme de la Chancellerie (13 mars 2017)

Le droit de la responsabilité se construisant sans cesse, la situation des différents acteurs n'est pas confortable, la réponse du droit positif sur telle ou telle question étant souvent incertaine ou aléatoire. Néanmoins il apparaît que malgré certains brouillages, désordres ou incertitudes générés par une évolution essentiellement jurisprudentielle donc fluctuante car dépourvue de cadres législatifs précis, si l'on fait aujourd'hui le bilan, on constate que la situation de désordre n'est pas aussi grande que l'on pourrait le craindre. Le désordre n'est que relatif. En effet, il apparaît qu'un certain nombre de principes structurent malgré tout le droit de la responsabilité et qu'ils ne sont pas remis en question par les évolutions jurisprudentielles ; ils donnent au droit de la responsabilité, si on le lit sur toute la période qui va du Code civil à aujourd'hui, une certaine cohérence globale malgré la diversification des fondements et la multiplication des régimes de responsabilité. Néanmoins, ces principes sont souvent écornés, voire menacés et en toute hypothèse, ils n'ont pas été clairement posés par la loi. Un certain nombre d'incertitudes jurisprudentielles demeurent par ailleurs et des questions théoriques continuent à se poser, qui ne sont pas neutres du point de vue de l'évolution de la responsabilité

La double fonction réparatrice mais aussi normative de la responsabilité civile ne peut aujourd'hui être remise en question mais elle doit sans doute être réaffirmée et réaménagée. Par ailleurs, la fonction préventive qui se développe, doit aussi être prise en compte. Sans doute est-il nécessaire aussi d'inscrire dans les textes les solutions jurisprudentielles acquises, pour leur donner davantage de permanence et pour assurer la connaissance et l'accessibilité du droit, sans forcément bousculer le travail jurisprudentiel accompli, aux plus près des évolutions et des besoins exprimés par le corps social.

C'est dans cette perspective de réajustements et non de refondation totale que se situaient déjà les propositions doctrinales issues du rapport Catala dont l'opportunité peut être appréciée notamment à l'aune des remarques qui figurent dans le rapport effectué par un groupe de travail de la Cour de cassation sur les propositions de l'avant-projet et l'avis émis le 15 juin 2007[1], mais également au regard des 26 recommandations émises par le Sénat pour la réforme du droit de la responsabilité.

À la suite de l'avant-projet *Catala,* un rapport a été remis à la Chancellerie par le professeur Terré établi par le groupe de travail qu'il avait réuni sous l'égide de l'Académie des sciences morales et politiques : les propositions Terré, sensiblement différentes de l'avant-projet *Catala*, ont fait l'objet d'une consultation publique ouverte jusqu'au 16 janvier 2012.

Le législateur était appelé à prendre le relais. Une première proposition de loi *Béteille* (n° 657 du 9 juill. 2010), très proche des propositions de l'avant-projet *Catala*, est restée sans suite. Mais finalement, dans le cadre du projet de réforme portant sur l'ensemble du droit des obligations, et après la publication de l'ordonnance du 10 février 2016 portant réforme du droit des contrats, du régime général et de la preuve des obligations, un *avant-projet gouvernemental de réforme émanant de la Chancellerie* a été établi et ouvert à la consultation publique le 29 avril 2016, s'inspire très largement de l'avant-projet *Catala*, des recommandation du Sénat, et de la proposition de loi *Béteille*. Après les résultats de la consultation publique, le projet de réforme de la responsabilité civile a été rendu public le 13 mars 2017 qui comporte quelques inflexions par rapport à l'avant-projet de 2016 et doit maintenant être discuté au parlement. (v. ss 2236 s.).

A. Les propositions du rapport Catala ou la restauration d'un droit commun de la responsabilité civile sans bouleversements fondamentaux : des options largement reprises dans l'actuel projet de réforme de la Chancellerie

L'un des apports essentiels des avant-projets doctrinaux et des projets gouvernementaux consiste sans doute dans la proposition d'une architecture (d'une structuration) du droit de la responsabilité dans le Code civil et d'un enrichissement corrélatif du nombre des textes (soixante-quatre nouveaux articles dans le rapport *Catala* et soixante-douze dans l'actuel projet de réforme de la Chancellerie) qui éclaire les options principales et rend plus lisible un droit de la responsabilité jusque-là inscrit dans les notes de bas de page du code et non dans le corps du code lui-même. Les solutions sont pour une large part celles de la jurisprudence, mais pas toujours, cependant.

---

1. V. l'analyse de P. Sargos, préc., « Aperçu sur la réforme du droit des obligations et de la responsabilité dans le projet Catala », *Rev. jur. éco. publ.* 2007, étude n° 2.

Du vieux et du neuf mélangé : une architecture, nouvelle forcément puisqu'il n'en existait pas auparavant dans les textes, mais qui, en même temps consacre un certain nombre de solutions et de principes existants : en quelque sorte un nouveau contenant et un contenu qui parait largement le même : pourtant, des solutions très novatrices apparaissent aussi : réorganisation des rapports entre la responsabilité contractuelle et délictuelle, dommages-intérêts punitifs (amende civile dans le projet de la Chancellerie), impossibilité d'opposer sa faute à la victime sans discernement (retour par la petite porte de la faute subjective), clauses limitatives de responsabilité désormais possibles même en responsabilité extracontractuelle, obligation pour la victime de minimiser son préjudice sous certaines réserves, victime conductrice traitée comme les victimes non conductrices dans le cadre des accidents de la circulation, autant de solutions citées pêle-mêle qui montrent que, sans avoir jeté au panier les acquis antérieurs, il ne s'agit pas non plus d'une réforme « à droit constant » consistant simplement à codifier les solutions de droit positif et à les présenter de façon rationnelle ; on a procédé à des retouches qui peuvent modifier de façon plus profonde qu'il ne pourrait y paraître le droit de la responsabilité, sans pour autant le bouleverser.

Plusieurs idées forces peuvent néanmoins être dégagées : D'abord, les différents projets, en architecturant le droit de la responsabilité civile prennent parti sur des questions théoriques fondamentales, sur la nature et les mécanismes de base de la responsabilité civile (1) ; ensuite, ils clarifient les rapports entre la responsabilité contractuelle et délictuelle que la jurisprudence a un peu obscurcis (2). Ils redonnent vigueur à la faute et à la fonction normative de la responsabilité (3). Ils prennent parti pour un traitement spécifique des dommages corporels avec des solutions de faveur pour les victimes (4). Ils introduisent, avec des variables, de nouvelles hypothèses de responsabilité et veulent clarifier les responsabilités pour autrui mais sans poser un principe général de responsabilité du fait d'autrui (5). Ils maintiennent, un doit commun de la responsabilité où coexistent la responsabilité pour faute et des régimes de responsabilité de plein droit. Si l'avant-projet *Catala* écartait du Code civil les régimes spéciaux de responsabilité et les systèmes d'indemnisation, à l'exception de la responsabilité du fait des produits défectueux, l'actuel projet de la Chancellerie intègre deux régimes spéciaux de responsabilité qualifiés de « principaux » : le fait des véhicules terrestres à moteur et le fait des produits défectueux (6).

1) L'architecture du droit de la responsabilité civile et les prises de positions théoriques

L'avant-projet *Catala*, par l'architecture qu'il propose révèle d'abord qu'il prenait parti pour l'unité fondamentale de la responsabilité civile, qu'il s'agisse de la responsabilité contractuelle et extracontractuelle ou encore, au sein de la responsabilité extracontractuelle, des différents régimes de responsabilité. L'actuel projet de la Chancellerie s'inscrit, comme avant la proposition de loi *Béteille*, dans ce même mouvement et reprend les mêmes options.

– L'énoncé de règles générales contenues à la fois dans des dispositions préliminaires et dans un chapitre consacré aux conditions de la responsabilité ou figurent en exergue les dispositions communes à la responsabilité contractuelle et extracontractuelle, témoigne de l'unité fondamentale de tous les mécanismes de responsabilité.

– L'affirmation de l'unité de nature de la responsabilité contractuelle et de la responsabilité contractuelle (qui ne serait plus rattachée formellement aux dispositions concernant le contrat, puisque toutes les dispositions sont ramenées au sein du titre sur la responsabilité) est par ailleurs fondamentale : l'avant-projet *Catala* prenait ainsi parti sur la controverse autour de l'existence même d'un concept de responsabilité contractuelle. Certains ont soutenu en effet que la responsabilité contractuelle n'existait pas et qu'il ne s'agissait que d'un mode d'exécution de l'obligation en équivalent. L'actuel projet de la Chancellerie confirme cette architecture et ces propositions.

– L'avant-projet *Catala* consacrait aussi la notion de « constantes de la responsabilité », autour de la condition d'un préjudice, d'un lien de causalité entre le préjudice et le fait générateur et des causes d'exonération : ces éléments sont présentés comme des conditions communes à tous les régimes, le fait générateur variant ensuite selon les régimes et les distinguant, tout en se retrouvant dans chacun. L'actuel projet de la Chancellerie consacre de la même façon cette notion de constantes mais en envisageant les « conditions communes à la responsabilité contractuelle et extracontractuelle », en y incluant seulement le préjudice et le lien de causalité, sans faire référence au fait générateur (parce qu'il est différent selon les régimes de responsabilité et en écartant les causes d'exonération qui sont traitées dans un chapitre spécifique, distinct de celui consacré aux conditions de la responsabilité (art. 1253 à 1257-1). Pour autant elles sont communes à la responsabilité contractuelle et extracontractuelle.

– Le pluralisme des régimes est également réaffirmé, lesquels se distinguent par leur fait générateur (fait personnel (faute pour l'actuel projet), fait des choses, trouble de voisinage, fait d'autrui (qui n'est cependant pas présenté comme un fait générateur par l'actuel projet, qui traite spécifiquement de l'imputation du dommage causé par autrui). Ils s'enrichissent d'une responsabilité à raison des troubles de voisinage, confirmée par l'actuel projet. Tandis que l'avant-projet *Catala* proposait l'introduction d'une responsabilité du fait des activités dangereuses, cette hypothèse est écartée par l'actuel projet.

2) La clarification des rapports entre responsabilité délictuelle et contractuelle

Au-delà de l'affirmation de l'unité de nature de la responsabilité civile délictuelle et contractuelle, le principe de l'identité des fautes contractuelles et extracontractuelle posé par la jurisprudence est condamné : le fait générateur reste distinctement défini : pour la responsabilité extracontractuelle il s'agit de la « faute » (définie de façon identique par l'avant-projet *Catala* et par l'avant-projet d'avril 2016, comme la violation d'une règle de conduite imposée par la loi ou un règlement ou le manquement au devoir général de prudence et de diligence et définie comme « la violation d'une prescription légale ou le manquement au devoir général de prudence et de diligence » selon le projet de mars 2017 ; pour la responsabilité contractuelle il s'agit de l'inexécution contractuelle (art. 1341 de l'avant-projet) ou de « l'inexécution d'une obligation contractuelle » pour l'avant-projet d'avril 2016 ou encore de « l'inexécution du contrat » selon l'actuel projet de 2017 (art. 1250).

Au titre des dispositions préliminaires figurent dans l'avant-projet *Catala*, comme dans l'actuel projet de réforme, la réaffirmation du principe de non-cumul, d'interdiction de l'option et de primauté de la responsabilité contractuelle (art. 1341 de l'avant-projet *Catala* et art. 1233 et 1244 de l'actuel projet). Pourtant, ils sont ensuite aménagés au bénéfice des victimes, mais les solutions sont différentes. Le rapport *Catala* ouvrait en effet un système d'option assez large qui n'a pas été repris par l'avant-projet de 2016, lui-même modifié sur ce point par le projet de 2017. Le consensus fait donc défaut sur cette question.

Dans l'avant-projet *Catala*, le cocontractant victime peut opter en faveur de la responsabilité extracontractuelle si les règles lui sont plus favorables, lorsqu'il est victime d'un dommage corporel.

Dans le sens contraire, le tiers au contrat peut demander la réparation du dommage sur le fondement de la responsabilité contractuelle ou délictuelle lorsque l'inexécution d'une obligation contractuelle est la cause de son dommage. Il a donc une option. Mais – et c'est là que le rapport *Catala* s'inscrit en rupture avec la solution jurisprudentielle actuelle de l'identité des fautes délictuelle et contractuelle – dans ce cas, il doit suivre les règles propres à chaque type de responsabilité et, s'il se place sur le terrain extracontractuel, il devra rapporter la preuve d'un fait générateur de la responsabilité qu'il invoque (art. 1342, al. 2).

L'avant-projet de 2016 consacrait également le principe de l'interdiction de l'option, mais de façon encore plus forte, puisqu'il ne confirmait pas les exceptions admises par l'avant-projet *Catala*.

Il proposait cependant une solution entièrement novatrice, celle de la décontractualisation de l'obligation de sécurité, c'est-à-dire de l'éviction des dommages corporels du champ de la responsabilité contractuelle (art. 1234). Les dommages corporels seraient réparés, impérativement, sur le fondement des règles de la responsabilité extracontractuelle alors même qu'ils seraient causés à l'occasion de l'exécution d'un contrat. Il n'y aurait donc plus d'option mais une obligation qui confirme la mise en place de règles assurant l'unité de la réparation du dommage corporel, compte tenu de sa spécificité et des impératifs de protection des victimes (art. 1233, al. 2) (v. ss 112).

Le projet gouvernemental de mars 2017 est cependant revenu en arrière sur ce point, puisque s'il pose toujours le principe de la décontractualisation de la réparation des dommages corporels, il rouvre une option en faveur de la victime, qui pourrait invoquer « les stipulations expresses du contrat qui lui sont plus favorables que les règles de la responsabilité extracontractuelle (art. 1233, al. 2). La référence à des « stipulations expresses » interdirait toutefois à la jurisprudence de maintenir la construction autour de l'obligation de sécurité qu'elle dégageait elle-même du contrat, même dans le silence de ce dernier.

Par ailleurs, il consacre une exception directe au principe de l'interdiction de l'option, en admettant que le tiers qui a « un intérêt légitime » à la bonne exécution d'un contrat puisse invoquer sur le fondement de la responsabilité contractuelle, un manquement contractuel dès lors que celui-ci lui a causé un dommage. Les conditions et limites de la responsabilité qui s'appliquent dans les relations entre les contractants lui sont opposables. Il confère aussi à cette exception un caractère d'ordre public en réputant non écrite toute clause qui limiterait la responsabilité contractuelle d'un contractant à l'égard des tiers.

3) La réaffirmation de la fonction normative de la responsabilité

À l'évidence, les propositions de réforme redonnent de l'importance à la faute et réaffirment la fonction normative de la responsabilité civile.

Ce retour de la faute et la tendance à un retour à la notion de faute subjective se manifestent à de nombreux points de vue.

– D'abord dans le simple fait que l'on réaffirme le principe de responsabilité pour faute, alors que l'on aurait pu consacrer une responsabilité civile sans faute, dont la fonction serait exclusivement réparatrice.

– Dans les responsabilités du fait d'autrui on introduit un nouveau cas de responsabilité fondée sur une présomption de faute dans lesquels le responsable d'autrui (assumant par contrat à titre professionnel une surveillance d'autrui) ne répond pas du fait de l'auteur direct du dommage s'il démontre qu'il n'a pas commis de faute (projet de mars 2017, art. 1248).

– Surtout, la fonction sanctionnatrice de la responsabilité civile et plus précisément encore, la sanction de la faute, est introduite là où elle ne l'avait encore jamais été : au stade de la réparation du dommage et ***à l'encontre du principe de la réparation intégrale,*** bien qu'il soit explicitement réaffirmé par l'article 1368. C'est ainsi que les « ***dommages-intérêts punitifs*** » seraient introduits en droit français (art. 1371) mais ce terme utilisé dans l'avant-projet *Catala* est écarté par l'actuel projet de réforme qui parle d'***amende civile*** Le plan civil et le plan pénal seraient-ils à nouveau rapprochés ? (v. évolution historique, p. 2).

De la même façon et à l'inverse, la victime peut se voir opposer la réduction de l'indemnisation lorsqu'elle n'a pas pris les mesures raisonnables qui lui auraient permis de réduire l'étendue de son préjudice ou d'en limiter l'aggravation (sauf lorsque les mesures seraient de nature à porter atteinte à son intégrité physique) (art. 1373 de l'avant-projet *Catala*). L'avant-projet de 2016 n'admettait cette solution qu'en matière contractuelle ; l'actuel projet de mars 2017 a supprimé cette restriction mais a exclu l'obligation pour la victime de minimiser son dommage en cas de dommage corporel (art. 1263).

Le retour à une certaine subjectivisation de la faute est également patent. Il apparaît de façon évidente au stade des causes d'exonération. En effet, il apparaît que l'exonération liée à la faute de la victime n'est pas applicable aux personnes privées de discernement (art. 1351-1 de l'avant-projet *Catala*, 1255 de l'avant-projet de 2016 et du projet de 2017), sauf, précise le projet de 2017 si elle revêt les caractères de la force majeure.

On assiste donc à une subjectivisation de la faute de la victime pour que celle-ci puisse avoir systématiquement droit à la réparation du dommage qu'elle a subi. On neutralise ainsi l'effet pervers de la jurisprudence de 1984 qui a consacré la faute objective, sans discernement.

Le retour à un certain subjectivisme se manifeste aussi, quoique plus indirectement dans le cadre de la référence aux faits justificatifs du droit pénal. Après avoir posé que « constitue une faute la violation d'une règle de conduite imposée par la loi ou le manquement au devoir général de prudence et de diligence », l'article 1352 de l'avant-projet *Catala* précisait en effet qu'il « n'y a pas faute lorsque l'auteur se trouve dans l'une des situations prévues aux articles 122-4 à 122-7 du Code pénal », définissant les faits justificatifs. L'avant-projet de 2016 qui reprenait la même définition de la faute faisait également référence à des faits justificatifs, comme cause d'exclusion de la responsabilité à l'article 1257, mais sans renvoyer aux articles du Code pénal (en visant directement un « fait dommageable prescrit par des dispositions législatives ou réglementaires, imposé par l'autorité légitime ou commandé par la nécessité de la légitime défense ou de la sauvegarde d'un intérêt supérieur »). Le projet de mars 2017 réintroduit pour sa part directement la référence au Code pénal dans l'article 1257. Au-delà du fait que l'on mélange à nouveau le plan pénal et le plan civil, l'introduction de faits justificatifs du droit pénal conduit à une appréciation nécessairement subjective de la conduite de l'individu.

4) Le traitement spécifique et favorable des victimes de dommages corporels

Là encore la logique de la réparation et de la protection des victimes l'emporte sur la pure logique de la responsabilité et conduit à des traitements et à des règles différentes lorsque les dommages subis sont une atteinte à l'intégrité physique. La primauté des victimes de dommages corporels a été l'une préoccupations centrales.

D'où plusieurs solutions novatrices, particulièrement poussées dans le cadre de l'actuel projet de réforme.

– D'abord, mais on l'a déjà signalé au titre de l'organisation des rapports entre responsabilité contractuelle et délictuelle (*supra*, n° 2), l'avant-projet *Catala* ouvrait la possibilité d'une option entre la responsabilité contractuelle et délictuelle offerte à la victime à l'encontre de la réaffirmation du principe de non-cumul et d'interdiction de l'option. On a vu que l'avant-projet de réforme de la Chancellerie allait beaucoup plus loin puisqu'il ne proposait pas d'option et imposait que la réparation du dommage corporel se fasse sur le fondement des règles de la responsabilité extracontractuelle (art. 1233 et 1234). Le dommage corporel serait ainsi extrait du contrat et ne sera jamais réparé sur ce fondement, afin d'assurer ainsi l'unité de la réparation du dommage corporel.

Le projet de 2017 a cependant réintroduit une option en permettant à la victime de se prévaloir des stipulations du contrat lorsqu'elles sont plus favorables que l'application des règles de la responsabilité extracontractuelle. Au-delà de l'absence de consensus que révèlent ces variations, l'idée que les dommages corporels impliquent un traitement spécifique est toujours présente.

– Concernant les causes d'exonération, en cas d'atteinte à l'intégrité physique, toute exonération (partielle) en raison de la faute de la victime suppose le *discernement* de celle-ci et l'exonération partielle par la faute de la victime suppose de plus une faute lourde de la victime (art. 1254 et 1255 de l'actuel projet).

– L'impossibilité de limiter ou exclure par le jeu de clauses limitatives ou exonératoires la réparation d'un dommage corporel dont on est responsable est posée (art. 1382-1 de l'avant-projet *Catala* et art. 1281, al. 2, de l'actuel projet).

– L'affirmation d'un *principe d'égalité entre les victimes de dommages corporels* est par ailleurs plus marquée que pour les victimes de dommages matériels : notamment dans le cas des victimes d'accident de la circulation (« fait du véhicule terrestre à moteur » qualifié de régime spécial de responsabilité dans l'actuel projet), puisque la distinction entre les victimes conductrices et non conductrices est abandonnée (ce que le rapport de la Cour de cassation pour 2005 préconisait déjà), de même qu'est abandonnée la distinction entre les victimes privilégiées et « super-privilégiées » (jeunes enfants, personnes âgées et handicapées, sauf s'il s'agit de conducteurs, dans le projet de 2017 (art. 1287, al. 4)). Enfin des règles particulières concernant la réparation des préjudices corporels sont posées, notamment pour imposer leur détermination poste par poste selon une nomenclature à valeur réglementaire, et une évaluation stricte passant par l'établissement de barèmes par décret (v. ss 2545 s.).

5) L'effort de clarification des responsabilités du fait d'autrui – de nouveaux faits générateurs de responsabilité objective et l'admission d'un concept de responsabilité collective

a) Le rapport Catala a tenté de clarifier les responsabilités du fait d'autrui en dégageant à partir des acquis jurisprudentiels deux séries d'hypothèses distinctes de responsabilité du fait d'autrui presque intégralement reprises dans l'actuel projet

– celles où l'on est responsable de plein droit des dommages causés par ceux dont *on règle le mode de vie ou dont on organise, encadre ou contrôle l'activité dans son propre intérêt* : on y trouve la responsabilité des parents, du tuteur, de la personne physique ou morale chargée par décision administrative, judiciaire ou administrative ou par convention de régler le mode de vie du *mineur* ; on y trouve aussi celle de la personne physique ou morale chargée de régler le mode de vie du *majeur* qui a besoin d'une surveillance particulière et en troisième lieu, celle d'autres personnes qui assument une mission de surveillance d'autrui à titre professionnel ; mais alors que les deux premières sont des responsabilités de plein droit, la troisième est une responsabilité pour faute présumée de surveillance à laquelle on peut échapper en prouvant l'absence de faute.

– celles où l'on est responsable parce que l'on encadre ou organise l'activité professionnelle d'une autre personne en vertu d'un lien de préposition (responsabilité du commettant) ou sans lien de préposition mais en tirant un avantage économique (idée de risque profit).

Aucun principe général de responsabilité du fait d'autrui n'est cependant posé. Ces solutions sont reprises avec une présentation et des formules différentes dans l'actuel projet de réforme de la Chancellerie (v. ss 2926 s.), qui n'admet pas, cependant l'hypothèse d'une responsabilité sans lien de préposition (art. 1245 à 1249).

b) Deux nouvelles hypothèses de responsabilité objective avaient été proposées par l'avant-projet Catala et l'une d'entre elles est reprise par l'actuel projet

La responsabilité pour *trouble anormal de voisinage* qui consacre les solutions jurisprudentielles en la matière et la responsabilité à raison des dommages causés par les *activités anormalement dangereuses* même si elles sont licites, qui sont définies comme celles qui créent un risque de dommages graves pouvant affecter un grand nombre de personnes simultanément. On peut voir ici peut-être une incidence discrète du principe de précaution et la prise en compte de ce que l'on a appelé des dommages sériels, fruits de l'innovation technologiques et des dangers qu'elle induit.

L'actuel projet de réforme de la Chancellerie (comme l'avant-projet de 2016) consacre la responsabilité pour trouble anormal de voisinage (art. 1244) mais n'a pas retenu la responsabilité pour activités anormalement dangereuses.

c) Instauration d'une responsabilité collective par le biais du lien de causalité

L'avant-projet *Catala* proposait d'introduire *un régime de responsabilité collective* (art. 1348) en créant une présomption de responsabilité à la charge des membres identifiés d'un groupe lorsqu'un membre indéterminé d'un groupe cause un dommage. Cette proposition est reprise dans l'actuel projet de réforme de la Chancellerie (comme elle l'était dans l'avant-projet de 2016). Il prévoit en effet, dans des termes proches de l'avant-projet *Catala* que « lorsqu'un dommage [corporel] est causé par un membre indéterminé d'un groupe de personnes identifiées agissant de concert ou pour des motifs similaires, chacune en répond pour le tout, sauf à démontrer qu'elle ne peut l'avoir causé (art. 1240).

6) La distinction entre droit commun et régimes spéciaux

On soulignera enfin que le rapport *Catala*, comme les avant-projet et projet actuel confirment le principe d'une distinction entre un droit commun de la responsabilité civile (duquel participent la responsabilité contractuelle et la responsabilité du fait personnel, du fait des choses, du fait d'autrui, des troubles de voisinage) et des régimes spéciaux de responsabilité. Au titre des régimes spéciaux de responsabilité figurent la responsabilité du fait des produits défectueux et la responsabilité du fait des véhicules terrestres à moteur. À cet égard, alors que l'avant-projet *Catala* et l'avant-projet de réforme de 2016 conservait la qualification de régime spécial d'indemnisation, le projet de 2017 opte pour la qualification de régime de responsabilité et présente le fait du VTM comme un fait générateur. Aucun autre régime spécial ne serait intégré dans le Code civil, par exemple, le régime de responsabilité médicale.

B. L'apparition d'une fonction préventive autonome dans l'actuel projet de la Chancellerie

Le projet de mars 2017, comme auparavant l'avant-projet de 2016, introduisent une ***action en cessation de l'illicite***. La disposition est très novatrice car elle témoigne de la montée en puissance de la *fonction **préventive*** de la responsabilité civile. Cette fonction lui a toujours été reconnue, mais pas à titre autonome puisqu'elle était censée découler de la fonction normative et sanctionnatrice de la responsabilité : pour éviter la sanction, l'individu adopte un comportement propre à éviter les dommages. Or ici, cette fonction préventive apparait de façon autonome. Ainsi, il est prévu dans l'avant-projet de 2016 (art. 1232) que, « indépendamment de la réparation du préjudice éventuellement subi, le juge peut prescrire les mesures raisonnables propres à faire ***cesser le trouble illicite*** auquel est exposé le demandeur [seuls les faits contrevenant à une règle de conduite imposée par la loi ou par le devoir général de prudence ou de diligence pouvant donner lieu à de telles mesures][1]. Le projet de 2017 (art. 1266) propose une formule encore plus révélatrice de l'objectif de prévention puisque le juge peut non seulement prescrire les mesures propres à faire cesser le trouble illicite, mais aussi « *propres à prévenir le dommage* ». Ainsi la responsabilité civile se trouverait en quelque sorte déconnectée de l'exigence d'un dommage réalisé, et elle ne serait plus seulement définie comme l'obligation de réparer le dommage, mais aussi de le prévenir.

En définitive, l'effort de clarification et d'architecture opéré par l'avant-projet *Catala* a pu être souligné et salué, en même temps que l'opportunité qu'il y a à rendre plus intelligible et accessible un droit de la responsabilité essentiellement jurisprudentiel et apparenté de ce fait à un droit de *common law,* construit par des précédents (avis émis le 15 juin 2007 par un groupe de travail de la Cour de cassation à propos de l'avant-projet *Catala*. Dans sa globalité, l'avant-projet avait été plutôt bien accueilli, et dans l'actuel projet de la Chancellerie, qui reste très proche de l'avant-projet *Catala*, aucune des options fondamentales n'a été véritablement remise en cause, même concernant l'organisation des rapports entre responsabilité contractuelle et extracontractuelle où le consensus n'est malgré tout pas présent.

Les critiques se sont concentrées en fait sur les innovations en matière de responsabilité du fait d'autrui et sur les nouveaux régimes proposés. Ainsi, de façon générale, les propositions faites pour clarifier les responsabilités du fait d'autrui qui figuraient dans l'avant-projet *Catala* n'ont pas été considérées comme réellement pertinentes. Elles sont cependant reprises sans grand changement dans l'actuel projet de la Chancellerie. De même, dans le cadre de la responsabilité de l'exploitant d'une activité anormalement dangereuse la notion d'activité anormalement dangereuse a paru trop vague et contingente. Elle a été écartée par l'actuel projet, on l'a vu. Enfin, le régime de responsabilité collective a été condamné mais il est néanmoins inscrit dans l'actuel projet.

---

1. Pour la confrontation des dispositions du projet actuel avec l'avant-projet Catala, v. ss 2259, Documents, « Le point sur… ».

C. Focus sur les propositions Terré

Les propositions Terré, sont *sensiblement différentes de l'avant-projet Catala et de l'actuel projet de réforme.* La responsabilité pour faute y est mise au premier plan et sa fonction normative encore plus visible que dans l'avant-projet *Catala* (sans remise en cause, cependant, de la faute objective qui ne suppose pas le discernement de son auteur, sauf lorsqu'il s'agit de l'opposer à la victime elle-même), faisant ainsi des autres hypothèses de responsabilité existant actuellement des « délits spéciaux » opposés au « délit civil en général ». Le texte oppose en effet, en une sorte de *summa divisio*, « le délit civil en général » et les « principaux délits spéciaux ». La section consacrée au délit civil en général présente en réalité la faute, le dommage et le lien de causalité, soit le « modèle en quelque sorte », fondé sur la faute. La section suivante énumère les principaux délits spéciaux (ou régimes spéciaux de responsabilité ?) avec leurs particularités. Il s'agit, successivement : du fait des choses, des animaux, des bâtiments, des installations classées, des troubles anormaux de voisinage, des produits défectueux, des véhicules terrestres à moteur (art. 21 à 29) et, enfin du fait de l'activité médicale (les médecins et établissements de santé sont responsables pour faute et en l'absence de faute ils ne sont responsables que dans les cas et conditions prévues au Code de la santé publique). Ainsi, la responsabilité du fait des choses est ramenée au même niveau que les autres « délits spéciaux » et la responsabilité pour faute affichée comme le seul régime de droit commun.

Si la fonction normative de la responsabilité civile est particulièrement mise en avant, la conception objective de la faute est cependant affirmée expressément : « l'auteur d'un fait illicite qui cause à autrui un dommage alors qu'il était dépourvu de discernement n'en est pas moins obligé à réparation » (art. 6). Cependant (art. 47), comme dans l'avant-projet *Catala*, la victime dépourvue de discernement ne peut se voir opposer sa faute, comme cause d'exonération du responsable.

L'importance de la responsabilité pour faute par rapport aux autres responsabilités est donc manifeste. D'autres règles en attestent comme par exemple, le fait qu'elle peut toujours être invoquée en même temps qu'une autre responsabilité (art. 19) alors que « sauf disposition contraire, il n'est pas possible, pour un même fait dommageable, de cumuler le bénéfice des règles propres aux différents délits spéciaux ».

Par ailleurs, au titre des options de base, la responsabilité contractuelle est renvoyée vers le contrat. [Projet Terré, art. 116 s.], si bien que l'unité de nature des deux responsabilités n'est pas consacrée. Cependant, le projet impose un régime unique de responsabilité pour les dommages corporels : « les atteintes à l'intégrité physique et psychique de la personne sont réparées d'après les règles du présent chapitre alors même qu'elles seraient causées à l'occasion de l'exécution d'un contrat » (art. 3). C'est donc, en quelque sorte l'absorption de la responsabilité contractuelle par la responsabilité extra contractuelle qui est ici réalisée, puisque les « règles du présent chapitre » concernent le « délit civil » (et donc de la responsabilité extra-contractuelle ; pour d'autres précisions, v. *supra*).

Une importante section par le nombre des textes est consacrée à la réparation. Elle reprend le principe de la réparation intégrale mais en introduisant l'obligation de minimiser son dommage (art. 53) et, au lieu des dommages et intérêts punitifs (art. 54), des dommages et intérêts « substitutifs », qui sanctionnent une faute lucrative et qui vont remplacer la réparation du préjudice, si la victime choisit cette option. Concernant la réparation des préjudices, le projet Terré prévoit également un certain nombre de dispositions pour essayer d'améliorer la réparation dont une réparation poste par poste et une fixation des montants de la réparation en fonction de barème établi par décret. Il distingue les atteintes à l'intégrité physique et psychique, les atteintes aux biens et les atteintes à l'intégrité morale et limite la réparation du préjudice par ricochet, dit « préjudice réfléchi ».

Si les propositions Terré n'ont pas autant inspiré l'actuel projet de réforme de la Chancellerie que l'avant-projet *Catala*, on lui doit cependant certaines propositions du projet de réforme et notamment la décontractualisation du dommage corporel.

En conclusion, l'opportunité de l'inscription dans le Code civil de principes généraux structurant et révélant explicitement la cohérence du droit de la responsabilité civile n'est pas contestable. Au-delà, une réforme profonde n'est sans doute pas opportune immédiatement en tout cas, car le système construit au cours des ans par la jurisprudence au plus près des réalités mais en gardant le souci de la cohérence n'est pas aujourd'hui si déficient qu'il nécessite une refondation totale.

On peut quand – même constater que si les innovations proposées par l'actuel projet de réforme du droit de la responsabilité sont réelles elles restent cependant ponctuelles. L'avant-projet, comme l'actuel projet de réforme de la Chancellerie s'inscrivent largement dans un objectif de transposition, dans un cadre clair et surtout, législatif, de la construction jurisprudentielle du droit de la responsabilité. Plus qu'une réforme il s'agit d'une réécriture, même si certaines dispositions restent véritablement innovantes.

LES VINGT-HUIT RECOMMANDATIONS DU SÉNAT

[...] Alain Anziani, sénateur de la Gironde et Laurent Béteille, sénateur de l'Essonne, ont déposé au Sénat, au nom de la commission des lois, le rapport d'information établi par le groupe de travail relatif à la responsabilité civile. Celui-ci formule les vingt-huit recommandations suivantes destinées à consolider, clarifier et rénover le droit de la responsabilité civile.

Les principes de la réforme

1. Supprimer les doublons du régime général existant dans les régimes spéciaux et les remplacer par des renvois, afin d'éviter les risques d'interprétations divergentes des règles communes.

2. Affirmer le principe d'exclusivité d'application des régimes spéciaux par rapport au régime général.

3. Intégrer au Code civil les dispositions de la loi du 5 juillet 1985 tendant à l'amélioration de la situation des victimes d'accidents de la circulation et à l'accélération des procédures d'indemnisation.

4. Privilégier la solution de la codification des autres régimes spéciaux dans les codes spécialisés susceptibles de les accueillir.

5. Traduire, dans le Code civil, l'acquis jurisprudentiel du droit de la responsabilité civile en sélectionnant les solutions qu'il convient de consacrer.

6. Conserver la distinction classique entre responsabilité contractuelle et responsabilité délictuelle, en rapprochant leurs régimes.

7. Consacrer le principe du non-cumul des responsabilités contractuelle et délictuelle, en l'assortissant d'une exception au profit des victimes de dommages corporels.

8. Permettre à un tiers au contrat de demander réparation du dommage causé par l'inexécution d'une obligation contractuelle sur le fondement soit de la responsabilité contractuelle, en se soumettant alors à l'ensemble de ses règles, soit de la responsabilité délictuelle, à la condition d'être en mesure de démontrer la réunion des conditions nécessaires à la mise en jeu de cette responsabilité.

Les conditions de la responsabilité

9. Écarter l'introduction dans le Code civil de la notion de « préjudice collectif ».

10. Écarter l'affirmation d'une possibilité de condamnation immédiate de l'auteur d'un préjudice dépendant d'un événement futur et incertain.

11. Inscrire dans le Code civil les règles jurisprudentielles relatives à l'exonération de la responsabilité de l'auteur d'un dommage du fait de la victime, en supprimant tout effet exonératoire lorsque cette dernière est privée de discernement.

12. Assimiler les accidents de chemin de fer et de tramway aux autres accidents dans lesquels un véhicule terrestre à moteur est impliqué.

13. Assimiler le conducteur aux autres victimes d'un accident de la circulation.

14. Éviter la généralisation d'une responsabilité solidaire des membres identifiés d'un groupe pour un dommage causé par un membre indéterminé de ce groupe.

15. Consacrer le régime général de la responsabilité du fait des choses.

16. Remettre en cause la jurisprudence subordonnant la responsabilité des parents du fait de leur enfant mineur à un simple fait causal de ce dernier, au profit de l'exigence d'une faute.

17. Supprimer l'exigence d'une cohabitation pour permettre la mise en jeu de la responsabilité des parents du fait de leur enfant mineur.

18. Maintenir la règle prétorienne suivant laquelle la responsabilité civile du préposé ne peut être recherchée que s'il a commis un abus de fonction ou certaines infractions pénales.

19. Écarter la consécration de l'existence d'une responsabilité sans faute du fait d'un état de dépendance économique.

Les effets de la responsabilité

20. Instituer l'obligation pour la victime d'un préjudice non corporel de diminuer ou de ne pas aggraver son dommage, cette obligation n'étant qu'une obligation de moyens, appréciée *in concreto* eu égard aux circonstances et à la personnalité de la victime.

21. Clarifier les règles applicables aux clauses relatives à la réparation, en les autorisant par principe en matière de responsabilité délictuelle sans faute et en prévoyant leur révision judiciaire lorsqu'elles remettent en cause l'exécution d'une obligation essentielle du contrat.

22. Favoriser une meilleure indemnisation du préjudice par le juge pénal saisi de l'action civile.

23. Envisager l'introduction d'actions collectives en responsabilité en cas de fautes lucratives commises à l'égard d'une pluralité de victimes et générant des dommages individuels de faible montant.

24. Autoriser les dommages et intérêts punitifs en cas de fautes lucratives dans certains contentieux spécialisés, versés par priorité à la victime et, pour une part définie par le juge, à un fonds d'indemnisation ou, à défaut, au Trésor public, et dont le montant serait fixé en fonction de celui des dommages et intérêts compensatoires.

25. Sauf pour les dommages de plus faible montant, imposer au juge de procéder à une évaluation distincte pour chaque chef de préjudice allégué, et de motiver sa décision s'il rejette la demande.

26. Prévoir l'adoption, par décret, d'un barème national d'invalidité, faisant l'objet d'une révision régulière, qui puisse servir de référence au juge dans son évaluation du dommage.

27. Privilégier le versement de la réparation sous forme de capital pour les dommages de plus faible ampleur.

28. Conforter la possibilité offerte au juge, lorsqu'il décide le versement d'une rente indexée, de déterminer cet indice et de prévoir, le cas échéant, les conditions dans lesquelles la rente sera révisée en cas de diminution ou d'aggravation du dommage.

Source : Rapport d'information n° 558 (2008-2009) de MM. Alain Anzioni et Laurent Béteille, fait au nom de la commission des lois, déposé le 15 juillet 2009 (disponible sur le site www.senat.fr).

Sous-titre 1

Les éléments communs à tous les régimes de responsabilité

2248. Quel que soit le régime de responsabilité considéré, l'objet de la responsabilité est toujours le même : réparer un dommage. Cependant, il ne suffit pas qu'un dommage soit subi pour que naisse l'obligation de réparation : il faut encore que soient réunies deux autres conditions positives : *un fait générateur de la responsabilité et un lien de causalité.* On peut y ajouter une condition négative, *l'absence de cause d'exonération*, qui va écarter la responsabilité du défendeur et que l'on peut rattacher à l'exigence de causalité dans la mesure où elle établit qu'il n'y a pas de rapport de causalité entre le fait générateur invoqué et le dommage.

2249. Cette structure que l'on retrouve dans tous les régimes de responsabilité, des plus anciens (la responsabilité pour faute de l'article 1240 (ancien art. 1382), au plus récents (comme la loi du 10 juillet 1998 sur la responsabilité du fait des produits défectueux) fait au contraire défaut dans les systèmes d'indemnisation qui ne fonctionnent pas selon la même logique (v. ss 2213 s., 3318 s.).

2250. Dès que les conditions de la responsabilité sont réunies, l'obligation de réparation existe. Mais, il est nécessaire pour être effective que cette obligation de réparation soit constatée par le juge, qui va en reconnaître l'existence et la transformer en une obligation précise de réparation, en nature ou en dommages et intérêts. Sans doute les parties peuvent-elles renoncer à l'action en responsabilité et par une transaction, la victime acceptera l'indemnisation proposée et de ne pas saisir le juge. Mais cette solution est rare (à part dans les accidents de la circulation où elle est organisée par la loi de 1985 mais il ne s'agit pas réellement d'un régime de responsabilité) et dangereuse.

2251. S'il n'y a pas transaction sur le montant des dommages et intérêts avec reconnaissance de responsabilité, le recours au juge est nécessaire pour la mise en œuvre de la responsabilité, civile par une action en responsabilité, quel que soit le régime envisagé.

Chapitre 1

Les constantes concernant les conditions de la responsabilité civile

Introduction

A. La structure de base de tout régime de responsabilité

1) Trois conditions positives et une condition négative

2252. Quel que soit le régime, Il faut que soient réunies les trois conditions positives que sont le *fait générateur* de la responsabilité, *le dommage* et le *lien de causalité*. Ces trois conditions sont cumulativement nécessaires pour qu'une responsabilité soit retenue.

2253. On peut y ajouter une condition négative, l'*absence d'une cause d'exonération*, que l'on peut rattacher à l'exigence de causalité car la cause d'exonération joue sur la relation de causalité entre le fait dont on cherche à imputer la responsabilité au défendeur et le dommage : établir une cause d'exonération c'est démontrer que le fait générateur invoqué n'est pas du tout cause du dommage ou que le dommage est dû aussi à une autre cause. Cependant, ces causes ne sont pas toujours opposables à la victime.

2254. Les causes d'exonération peuvent jouer *a priori* pour empêcher la victime du dommage d'établir, à la charge du défendeur, les conditions positives de sa responsabilité, lorsque cette responsabilité est une responsabilité prouvée. Elles peuvent jouer *a posteriori* pour faire échapper le responsable à sa responsabilité lorsque la responsabilité est une responsabilité présumée (sur ces notions de responsabilité prouvée et présumée, v. ss 2261).

2255. On ne retrouve pas cette structure dans les systèmes d'indemnisation, dont la logique n'est pas la même, ni dans la loi du 5 juillet 1985 concernant les victimes d'accidents de la circulation qui n'est plus un régime de responsabilité mais déjà une loi d'indemnisation. Elle est propre aux régimes de responsabilité.

2) Le mécanisme de la mise en jeu de la responsabilité

2256. Il passe toujours par deux temps : en premier lieu, il suppose l'imputation matérielle du dommage à un fait générateur de la responsabilité, ce qui implique la démonstration d'un rapport de causalité entre la survenance du dommage et le fait générateur (à moins que ce rapport de causalité ne soit présumé) ; en second lieu, il suppose une imputation personnelle du fait générateur au responsable, ce qui implique que l'on ait recours à ce qui va permettre de légitimer cette imputation et donc la désignation du responsable : le fondement de la responsabilité. Selon le fait générateur considéré et donc le régime de responsabilité, le fondement de la responsabilité est différent.

2257. Ainsi par exemple, si le dommage est causé par une faute délictuelle ou quasi délictuelle : la faute est le fait générateur de la responsabilité et le responsable est l'auteur de la faute car ce qui justifie la responsabilité, c'est précisément le fait que l'on ait commis une faute : la faute personnelle est le fondement de la responsabilité du fait personnel.

Si le dommage est causé par une chose : le fait générateur de la responsabilité est le fait de la chose. Et le responsable est le gardien car la responsabilité du fait des choses est fondée sur la garde.

Si le dommage est causé par un enfant mineur : le fait générateur est le fait de l'enfant et les responsables sont les parents titulaires de l'autorité parentale car la responsabilité des parents du fait de leurs enfants est fondée sur l'autorité parentale, etc.

B. Les éléments véritablement invariables

2258. Parmi les trois conditions positives, *seul le préjudice est véritablement invariable* et encore présente-t-il quelques spécificités en matière de responsabilité contractuelle (v. ss 2995 s.).

2259. Pour le reste il existe des différences importantes selon les régimes. Ces différences tiennent d'abord dans le fait que *le fait générateur n'est pas identique.* Il y a en réalité autant de régimes que de *faits générateurs distincts.*

2260. Ainsi peut-on identifier parmi les régimes généraux de responsabilité objet de l'étude, neufs faits générateurs différents qui donnent lieu à neuf régimes de responsabilité distincts prévus par le Code civil :

1° *faute délictuelle ou quasi délictuelle* = responsabilité pour faute de l'article 1240 (ancien art. 1382) ;

2° *faute consistant dans l'inexécution d'une obligation contractuelle* = responsabilité contractuelle : art. 1231-1 (ancien art. 1147) ;

3° *fait d'une chose* = responsabilité du fait des choses de l'article 1242, alinéa 1er (ancien art. 1384, al. 1er) ;

4° *fait d'autrui* = responsabilité générale du fait d'autrui de l'article 1242, alinéa 1er (ancien art. 1384, al. 1er) ;

5° *fait d'un enfant* = responsabilité des parents de l'article 1242, alinéas 4 et 7 (ancien art. 1384, al. 4 et 7) ;

6° *fait du préposé* = responsabilité du commettant de l'article 1242, alinéa 5 (ancien art. 1384, al. 5) ;

7° *fait d'un apprenti* = responsabilité de l'artisan de l'article 1242, alinéa 6 (ancien art. 1384, al. 6) ;

8° *fait d'un élève dans un établissement scolaire* = responsabilité des instituteurs de l'article 1242, alinéas 6 et 8 (ancien art. 1384, al. 6 et 8) ;

9° *fait d'un produit défectueux* = responsabilité du producteur de l'article 1245 à 1245-17 (ancien art. 1386-1 à 1386-18).

2261. Les différences tiennent ensuite au fait que *dans certains cas, des présomptions sont utilisées pour alléger la charge de la preuve au profit de la victime* et notamment, des présomptions relatives au lien de causalité.

Il y a donc des régimes de responsabilité *prouvée*, où les trois conditions positives de la responsabilité doivent être établies pour que la responsabilité soit retenue et des régimes de responsabilité *présumée,* où, notamment, le lien de causalité est présumé.

2262. Néanmoins, si le lien de causalité peut être soit prouvé, soit présumé et si cela entraîne des différences notables du point de vue de la mise en œuvre de la responsabilité, il reste que la conception de la causalité et ses conséquences sont les mêmes selon les régimes : le lien de causalité peut donc être considéré comme une constante, au même titre que le dommage.

2263. De la même façon, les causes d'exonération générales qui s'attaquent à la relation de causalité entre le fait générateur invoqué et le dommage sont les mêmes dans tous les régimes et sont également une constante dans tous les régimes de responsabilité.

2264. On peut donc étudier au titre des constantes non seulement la condition du dommage, mais aussi celle du lien de causalité et de l'absence de causes d'exonération. Il restera ensuite à étudier chaque régime du point de vue de son fait générateur et des spécificités qui demeurent.

Section 1
Le dommage ou préjudice

2265. Les termes de dommage et de préjudice sont la plupart du temps utilisés comme des synonymes [1], bien qu'une partie de la doctrine tente de les dissocier [2].

► ***Le dommage*** « désigne à proprement parler la lésion subie qui s'apprécie au siège de cette lésion [...] ».

► ***Le préjudice*** « est la conséquence de la lésion, [elle] apparaît comme l'effet, ou la suite du dommage [...] » [3].

2266. Sans systématiser cette distinction, parce que la jurisprudence ne le fait pas, il apparaît toutefois qu'elle a dans certains cas une réelle pertinence : ainsi, notamment en responsabilité contractuelle pour distinguer le dommage qui résulte de la seule inexécution

---

1. J.-C. Carbonnier, *Droit civil*, t. IV, *Les obligations*, PUF, coll. « Thémis », 1996, § 205, p. 351.

2. V. notamment, J.-L Gracia, *L'atteinte à la propriété : contribution à la distinction du dommage et du préjudice*, thèse, Pau, 2007.

3. Ph. le Tourneau, L. Cadiet, « Droit de la responsabilité », *D.* 1996. 606, p. 174.

de l'obligation, des autres conséquences qui peuvent constituer des chefs de préjudice réparable (déjà sur ce point, v. ss 1969). De même, le dommage corporel qui est constitué par l'atteinte immédiate, génère ensuite toute une série de préjudices distincts[1].

2267. *L'actuel projet de réforme du 13 mars 2017* semble vouloir introduire cette distinction entre le dommage (l'atteinte originaire et immédiate) et le préjudice réparable (les conséquences de cette atteinte prises en charge au titre de la responsabilité civile). En effet, l'article 1235 définit ainsi le préjudice réparable : « Est réparable tout *préjudice* certain *résultant d'un dommage* et consistant en la lésion d'un intérêt licite, patrimonial ou extrapatrimonial, individuel ou collectif ». Cette distinction apparaît également ensuite à plusieurs reprises, notamment dans les dispositions consacrées au dommage corporel où il est question des « règles particulières à la réparation des préjudices résultant d'un dommage corporel (art. 1267 s.) ou encore à propos du dommage environnemental (v. ss 2282).

Le dommage/préjudice est l'élément essentiel de la responsabilité civile. Si une personne commet une infraction sans causer de dommage, par exemple « brûler » un feu rouge sans renverser de piéton, elle peut être responsable pénalement, mais non civilement.

Or, il existe différentes sortes de dommages et la jurisprudence a posé un certain nombre de conditions pour que le préjudice consécutif à ce dommage soit réparable. Nous verrons donc successivement quelles sont les différentes sortes de dommages et quels sont les caractères du préjudice réparable.

§ 1. Les différentes sortes de dommages

2268. Le dommage est une condition essentielle de la responsabilité civile : sans dommage pas de responsabilité civile.(tout au moins jusqu'à présent[2]). C'est aussi, nous l'avons vu (v. ss 2123), une des différences essentielles avec la responsabilité pénale. De plus, en vertu du principe de la réparation intégrale (v. ss 2510 s., 2526), l'importance du préjudice va permettre de déterminer celle de la réparation.

Classiquement, on distinguait deux sortes de dommages : le dommage *matériel* et le dommage *moral.* Cette classification est cependant beaucoup trop sommaire. D'abord parce que, la notion de dommage matériel renvoie essentiellement à l'idée de dommages causés aux biens corporels alors qu'elle est beaucoup plus large et englobe toute lésion d'intérêts pécuniaires, patrimoniaux, toute perte de droits à caractère économique et peut concerner des biens immatériels ; ensuite parce que, depuis longtemps, une troisième catégorie de préjudice a imposé sa spécificité : celle des dommages à l'intégrité

---

1. L'avant-projet Catala de réforme du droit des obligations fait ainsi une distinction entre « le dommage », désignant l'atteinte à la personne ou aux biens de la victime et « le préjudice », désignant la lésion des intérêts patrimoniaux ou extrapatrimoniaux qui en résulte. Il propose une définition du préjudice dans son article 1343, selon lequel « est réparable tout préjudice certain consistant dans la lésion d'un intérêt licite, patrimonial ou extrapatrimonial ou collectif ».

2. Il faut tenir en compte en effet des avancées de la fonction préventive autonome que l'on voudrait faire jouer à la responsabilité civile et de la proposition du projet de réforme de la responsabilité du 13 mars 2017, d'inscrire dans le droit de la responsabilité une « action en cessation de l'illicite » qui permettrait au juge de prendre les mesures propres à faire cesser un trouble illicite et à prévenir le dommage (not. v. ss 2245). La responsabilité civile pourrait ainsi intervenir avant la réalisation d'un dommage et n'aurait plus seulement pour objectif de réparer ce dommage.

physique de la personne ou *dommage corporel.* Il s'agit d'un dommage complexe, qui présente des aspects objectifs aisément constatables (blessures et conséquences pécuniaires qui en découlent) mais aussi des éléments subjectifs, d'ordre moraux (souffrances endurées par exemple) et il peut se décomposer en un grand nombre de « postes de préjudices » ; enfin parce que l'évolution a imposé la réception ou une réflexion sur d'autres sortes de dommages nouveaux et spécialement le dommage écologique, dont la réception a pu soulever un certain nombre de difficultés en droit de la responsabilité civile. La distinction classique des dommages matériels (A) et des dommages moraux (B) sera néanmoins conservée ici pour simplifier la présentation. Deux autres catégories de dommages seront étudiées de façon autonome : le dommage écologique d'une part (C) et le dommage corporel, d'autre part (D), compte tenu de leur importance et de leur spécificité.

A. Les dommages matériels

2269. Les dommages matériels sont toujours des dommages patrimoniaux, avec une incidence économique directe sur le patrimoine de la victime. Ils concernent toute lésion d'un droit ayant une valeur pécuniaire et sont donc très divers.

1) L'atteinte à des biens corporels

2270. Il peut s'agir d'abord d'une *atteinte à des biens corporels*, comme la destruction ou la détérioration d'objets corporels mobiliers (véhicule accidenté par exemple), mais aussi immobiliers (immeuble détruit). Ce type de dommage n'appelle pas de grands développements.

2271. Selon l'article 1231-2 (ancien art. 1149) qui concerne la responsabilité contractuelle « les dommages et intérêts dus au créancier sont, en général, de la perte qu'il a faite et du gain dont il a été privé... », c'est ce que les Romains nommaient *damnum emergens* (perte éprouvée) et *lucrum cessans* (gain manqué). Ces dispositions ont été étendues au domaine de la responsabilité extracontractuelle. Ainsi, en cas d'accident de voiture par exemple, on tiendra non seulement compte des dégâts effectifs du véhicule et donc des frais de réparation mais une indemnité réparant la perte de jouissance du véhicule pendant la durée de la réparation peut s'ajouter. En effet, le propriétaire du véhicule peut subir un préjudice important du fait de cette immobilisation, s'il s'agit, d'un véhicule nécessaire à l'exercice de la profession (voyageur de commerce, infirmière ou médecin effectuant des visites à domicile, etc.).

2) L'atteinte à des biens ou droits incorporels

2272. Le dommage matériel peut aussi consister dans une *atteinte à un bien incorporel* (comme une clientèle, ou à une marque en raison de faits de concurrence déloyale par exemple) et, plus généralement dans la *perte d'un droit de nature pécuniaire ;* un droit de créance, par exemple comme celui d'obtenir de son conjoint une contribution aux charges du mariage prévu par l'article 214, qui pourra être invoqué par une personne à la suite du décès de son conjoint[1] ou encore la perte du droit à une pension alimentaire, pour un enfant qui perd ses parents. Cette perte économique doit être suffisamment certaine pour que le préjudice soit réparable[2], sauf à recourir éventuellement à la notion de perte d'une chance (sur cette notion, v. ss 2343 s.).

Le terme de dommage ou de préjudice « économique » est alors plus souvent utilisé que celui de dommage matériel concernant cette catégorie de dommages.

3) La question du préjudice économique pur : les pertes d'exploitation

2273. Ce préjudice naît spécifiquement de l'atteinte portée à *l'activité économique* d'une personne physique ou morale, c'est-à-dire à l'activité génératrice de revenus qu'elle mène[3]. Il est donc immatériel. Bien connu en droit anglo-saxon sous le terme de *pure economic loss*, ce chef de préjudice est encore mal défini et, surtout, mal réparé dans notre droit malgré son importance dans nos sociétés économiquement développées.

2274. Il est généralement qualifié de « perte d'une chance de réaliser une plus-value ». Il peut découler d'actes de concurrence déloyale ou de parasitisme, par exemple. Sa constatation nécessite une expertise et une consultation. On se base pour l'évaluer sur la comptabilité de l'entreprise, ses comptes annuels notamment, c'est-à-dire le bilan, le compte de résultats et l'annexe qui permettent d'évaluer les « pertes d'exploitation ». L'entrepreneur peut même réclamer une indemnisation se prolongeant jusqu'au rétablissement financier complet de l'entreprise et la reconquête de ses parts de marché.

B. Le dommage écologique

2275. Le *dommage écologique* est-il une nouvelle catégorie de dommage, à l'origine de préjudices susceptibles d'être pris en charge par la responsabilité civile ? C'est à l'évidence un dommage bien plus complexe qu'un simple dommage matériel et d'un nouveau genre. D'abord car il n'est pas seulement d'ordre matériel et économique : au-delà des atteintes aux biens appropriés, il inclut des atteintes à la nature ; au-delà des atteintes immédiates à la santé ou à la vie des personnes, il peut inclure des atteintes à l'espèce humaine, pour les générations futures : ainsi, il ne s'agit plus seulement d'un dommage individuel car il concerne « la rupture de certains équilibres, l'atteinte à des processus écologiques, des écosystèmes, à des espèces et non pas simplement à des individus »[4]. Or la responsabilité civile répare jusqu'ici seulement des dommages subis individuellement par une personne atteinte physiquement, moralement et/ou dans ses biens. Le « préjudice écologique pur correspond-il à cet objectif, dès lors qu'il représente une atteinte aux intérêts collectifs de tous ? »

Le dommage écologique correspond aujourd'hui à une réalité qui impose une démarche de prévention. Elle conduit à prendre en charge non seulement le dommage déjà réalisé mais aussi le risque de dommage. Le développement du principe de précaution correspond à cette démarche.

---

1. Civ. 2e, 4 oct. 1989, *Bull. civ.* II, no 156, arrêts nos 1 et 2.
2. Civ. 2e, 22 févr. 1989, *Bull. civ.* II, no 46.
3. V. F. Bélot, chron. citée dans la bibliographie.
4. C. de Klemm, « Les données des sciences de la nature », in *Rapport Piren.*

Il n'est pas sûr, cependant que la responsabilité civile de droit commun puisse prendre complètement en charge ce préjudice, néanmoins la loi du 8 août 2016 (n° 2106-1087) pour la reconquête de la biodiversité, de la nature et des paysages est venue introduire dans le Code civil un chapitre consacré à la réparation du préjudice écologique par le droit de la responsabilité civile (v. ss 2283 s.), ce qui confirme qu'il peut aussi être pris en charge dans ce cadre.

1) La concrétisation des préoccupations environnementales : reconnaissance du préjudice écologique et nécessité de la prévention

2276. Tout au long du XXe siècle, on a vu s'aggraver les dommages avec des catastrophes collectives technologiques, écologiques, nucléaires, sanitaires (sang contaminé, amiante, vache folle, « poulet à la dioxine », grippe aviaire...) et apparaître un nouveau degré de gravité des dommages : celui des « risques majeurs » ou « risques sériels » qui entraînent des « dommages graves et irréversibles à l'environnement ». Les progrès de la connaissance médicale ont mis par ailleurs en évidence l'impact de l'environnement sur la santé : l'incidence du cancer a augmenté de 63 % en vingt ans notamment du fait de la pollution chimique [1]. La multiplication des drames sanitaires et des crises alimentaires a ainsi favorisé la prise de conscience par les pouvoirs publics des enjeux sanitaires liés à l'environnement : il ne s'agit plus désormais seulement de réparer mais aussi de prévenir et le développement du principe de précaution, issu du droit de l'environnement a joué un rôle important dans cette prise de conscience collective qui a conduit la France à introduire le droit à l'environnement dans la Constitution française par la loi constitutionnelle n° 2005-205 relative à la Charte de l'environnement promulguée le 1er mars 2005.

2277. L'importance *du principe de précaution,* dans ce contexte, ne fait pas de doute. La loi du 2 février 1995 relative au renforcement de la protection de l'environnement prévoyait déjà la nécessité de remédier à ces risques écologiques et invoquait le principe de précaution pour les *prévenir* (v. sur ce principe, v. ss 2277 s., 2187 s.) [2]. Cet objectif de prévention est en effet une nécessité compte tenu du caractère irrémédiable des atteintes à l'environnement et de la gravité des conséquences. L'avant-projet *Catala* de réforme du droit des obligations a proposé, d'ailleurs, d'introduire, au titre du préjudice réparable, « les dépenses exposées pour prévenir la réalisation imminente d'un dommage ou pour éviter son aggravation, ainsi que pour en réduire les conséquences... dès lors qu'elles ont été raisonnablement engagées » (art. 1344) et il prend donc en compte cet objectif de prévention.

2278. Le principe de précaution impose donc une démarche de prévention et, comme on l'a vu (v. ss 2277 s.), il est extrêmement exigeant puisqu'il conduit à tenir compte, lorsque l'on entreprend une activité nouvelle, de risques qui ne sont même pas connus et éventuellement à s'abstenir d'agir si l'on n'est pas sûr de l'absence de risque. Les dispositions à prendre fondées sur le principe de précaution, résultent de la mise

---

1. Plan national santé-environnement, rapport final de la Commission d'orientation 12 févr. 2004, p. 6 et p. 208.

2. V. C. Thibierge, cité dans la bibliographie.

en œuvre du « principe de proportionnalité »[1]. La décision est prise en fonction des bénéfices potentiels, qui sont la contrepartie du risque : la préservation de sites naturels et de la biodiversité ou une agriculture plus efficace, donc plus rentable, par exemple.

2279. Le préjudice écologique correspond donc aujourd'hui à une réalité. L'impératif est d'abord celui de la prévention. La responsabilité peut prendre en charge ces fonctions de prévention et de réparation du préjudice écologique ainsi qu'en témoigne la loi du 8 août 2016 qui inscrit la réparation du préjudice écologique dans le code civil (v. ss 2283), mais il faut aussi faire appel à d'autres sortes de responsabilités, ainsi qu'en témoigne la loi du 1er août 2008 sur la responsabilité environnementale (v. ss 2291 s.).

2) La prise en charge du préjudice écologique, préjudice collectif, par le droit de la responsabilité civile

a) L'évolution jurisprudentielle et les obstacles à la réparation du dommage écologique pur

2280. Le principe de précaution peut influer *a posteriori,* une fois le dommage réalisé sur les conditions de mise en œuvre de la *responsabilité de l'auteur du dommage*. En effet, il provoque un renversement de la charge de la preuve : en cas de réalisation du dommage, la faute est caractérisée par le seul fait de ne pas s'être abstenu de l'activité potentiellement dangereuse. « La violation du principe de précaution serait présumée du fait même de la réalisation d'un dommage », dès lors que l'auteur n'avait pas la certitude de l'absence de risque lié à son activité dommageable. Mais, de façon plus originale, il peut aussi intervenir de façon préventive, et justifier l'intervention de la responsabilité avant la réalisation du dommage, en considérant le simple risque de dommage. Cette fonction préventive de la responsabilité civile serait nouvelle, puisqu'elle permettrait de sanctionner préventivement, par exemple en interdisant l'action à risque et elle n'est pour l'instant pas véritablement admise en tant que telle. Pourtant, la jurisprudence civile commence à aller parfois dans ce sens, en atténuant l'exigence classique de certitude du dommage et en prenant en compte, à certaines occasions, le simple risque de dommage. Ainsi, concernant les antennes-relais de téléphonie mobile dont l'absence de danger pour la santé n'est pas établie, certaines cours d'appel ont pu ordonner la démolition de l'antenne[2], mesure que le Tribunal des conflits a exclue depuis tout en reconnaissant aux juridictions judiciaires la compétence pour accorder des dommages et intérêts en réparation du préjudice subi. Toutefois, la Cour de cassation a elle-même rappelé certaines exigences et notamment celle de la preuve d'une causalité certaine qui peut résulter de présomptions graves, précises et concordantes, mais qui doit en toute hypothèse être faite (v. ss 2191, et les références, et v. ss 2346, 2650).

2281. Néanmoins, il existe des obstacles à la généralisation de la prise en charge, par la responsabilité civile, du dommage écologique, que ce soit à titre préventif mais aussi à titre curatif, qui tiennent aux caractères traditionnels du préjudice réparable, et, notamment, à l'exigence d'un dommage certain, personnel et direct.

---

1. V. Mathieu, préc.
2. Par une décision du 14 mai 2012, v. ss 2650, et les références citées en note.

Il faut distinguer nettement la réparation de *deux sortes de dommages*[1] : d'une part, les dommages qui, même s'ils présentent par ailleurs le caractère d'un dommage écologique, se traduisent par des dommages classiques, individuels, atteignant les personnes dans leur intégrité physique ou mentale ou dans leurs biens et dont elles vont demander réparation individuellement ; d'autre part, le véritable dommage écologique pur, sans répercussion directe sur la personne ou sur les biens.

– *Dans le premier cas*, celui où le dommage écologique se traduit par des préjudices individuels matériels ou corporels, éventuellement en masse, la responsabilité civile a vocation à intervenir sans difficulté pour réparer ces préjudices, éventuellement dans le cadre d'actions de groupe (v. ss 2475) pour parvenir à une meilleure égalité des victimes et traiter de façon plus rationnelle des dommages qui peuvent concerner un grand nombre de personnes en même temps (dommages sériels).

On notera que l'avant-projet *Catala* de réforme du droit des obligations avait proposé à cet égard (art. 1362) d'introduire, à côté des sources classiques de responsabilité que sont le fait personnel, le fait d'autrui et le fait des choses un régime spécial de « responsabilité du fait des activités dangereuses » qui existe, déjà, dans beaucoup de droits étrangers. Il s'agirait en effet d'admettre un nouveau cas de responsabilité de plein droit, qui incomberait à l'exploitant d'une activité anormalement dangereuse pour les dommages *collectifs* consécutifs à cette activité et, notamment, les dommages de masse résultant d'une catastrophe industrielle comme l'accident industriel qui a détruit l'usine AZF de Toulouse. Le projet Terré ne reprenait pas ce « fait des activités dangereuses » mais proposait une responsabilité du « fait des installations classées » où l'exploitant répondrait de plein droit de l'atteinte à l'intégrité physique ou psychique des personnes ou de l'atteinte aux biens causée par son activité, lorsque c'est précisément la réalisation du risque justifiant le classement qui a causé le dommage.

L'actuel projet de réforme (mars 2017) n'a pas repris cette idée d'un régime de responsabilité du fait des activités dangereuses.

Toujours est-il que le dommage écologique peut se traduire par des préjudices individuels, réparables à ce titre classiquement par le droit de la responsabilité civile.

– *Dans le second cas*, il s'agit d'un *préjudice écologique pur*, sans répercussions immédiates sur la personne ou sur ses biens. Ici, l'intervention de la responsabilité civile pose un problème car le préjudice n'est plus du tout individuel sauf à considérer que toute personne a droit à un environnement sain et qu'elle peut réclamer réparation du seul fait que ce droit est atteint, donc en cas de dommage écologique pur, ce qui ne serait pas vraiment raisonnable. C'est ce que le professeur G. Viney appelle une « atteinte au patrimoine commun de la nation » ; il s'agit d'un préjudice collectif dont la réparation, admise dans certains pays, se heurte encore en France à l'exigence du caractère personnel du préjudice. La question s'est posée aussi évidemment de savoir comment financer la réparation de tels dommages en matière civile : par l'assurance de responsabilité qui devrait être obligatoire ou par la technique d'un fonds d'indemnisation comme c'est le cas en matière de dommages liés à l'amiante par exemple ? (sur les systèmes d'indemnisation, v. ss 3318 s.)[2].

– Ce préjudice écologique pur a cependant été réparé pour la première fois à l'occasion du naufrage de l'Erika, indépendamment de toute répercussion sur les intérêts humains, par la cour d'appel de Paris. Elle a eu recours à cet effet à la notion

---

1. Sur la typologie des préjudices environnementaux, v. ss 2298.

2. V. G. Viney, cité dans la bibliographie.

de préjudice moral associatif[1], dans le cas d'un risque réalisé. La Cour de cassation par une série d'arrêts de la chambre criminelle et de la troisième chambre civile a ensuite admis que le simple risque d'atteinte à l'environnement causait nécessairement un préjudice moral aux associations de défense de l'environnement : la non-conformité d'une installation classée à des prescriptions environnementales crée un risque pour l'environnement qui cause nécessairement un préjudice moral aux associations de défense de l'environnement même si l'infraction n'a causé aucune atteinte à l'environnement et a cessé au moment de l'assignation[2].

– Saisie de l'affaire *Érika*, la chambre criminelle de la Cour de cassation n'est pas revenue en arrière : elle a consacré le préjudice écologique pur, défini comme « les atteintes directes ou indirectes portées à l'environnement » et admis les indemnisations allouées à des associations (et non à des particuliers agissant à titre individuel) en réparation de ce préjudice[3].

2282. L'avant-projet *Catala* avait proposé d'introduire la notion de « préjudice collectif » (art. 1343). Mais, comme on l'a vu, cette notion de préjudice collectif peut simplement renvoyer à la notion de dommage de masse causé notamment par une catastrophe écologique : cet événement unique cause une multitude de dommages qui restent des dommages individuels classiques. Le *Sénat,* dans son rapport d'information (v. ss 2234), a exclu pour sa part cette notion de dommage collectif et la *proposition de loi Béteille* (L. n° 2010-657 du 9 juill. 2010) aussi. Les *propositions Terré* sans exclure totalement la notion de préjudice collectif réparable précisent (art. 8) que « l'atteinte à un intérêt collectif, telle l'atteinte à l'environnement, est réparable dans les cas et aux conditions déterminés par la loi », ce qui marque en toute hypothèse le caractère spécial et exceptionnel de cette prise en compte.

b) La réparation du préjudice écologique inscrite dans le Code civil par la loi du 8 août 2016 pour la reconquête de la biodiversité

2283. L'actuel projet de réforme du droit de la responsabilité (13 mars 2017) n'a pas reçu la notion de dommage collectif et ne définit pas non plus le préjudice réparable d'une façon aussi large que dans la première version d'avril 2016 où il était fait référence à la « la lésion d'un intérêt licite, patrimonial ou extrapatrimonial, individuel ou collectif ». La double référence à un « intérêt individuel ou collectif », qui ouvrait la porte à la notion de dommage collectif a disparu. Toutefois, il envisage le « dommage environnemental » dans une sous-section consacrée aux « règles particulières à la

---

1. Paris, 30 mars 2010, *D.* 2010. 967, obs. S. Lavric, 1804, chron. V. Rebeyrol, 2238, chron. L. Neyret et 2648, obs. F. G. Trébulle ; *RTD com.* 2010. 622, obs. P. Delebecque ; v. aussi : L. Neyret, « Naufrage de l'Érika : vers un droit commun de la réparation des atteintes à l'environnement », *D.* 2008. 2681 ; M. Boutonnet et L. Neyret, « Préjudice moral et atteintes à l'environnement », *D.* 2010. 912.

2. Crim. 5 oct. 2010, n° 09-88.748, inédit ; Crim. 3 mai 2011, n° 10-87.679, *Juris-Data* n° 2011-010331 ; Civ. 3e, 9 juin 2010, n° 09-11.738, *Juris-Data* n° 2010-008760 ; *Bull. civ.* III, n° 118 ; *D.* 2010. 2476, chron. F. G. Trébulle et 2614, obs. F. Nési ; v. surtout Civ. 3e, 8 juin 2011, n° 10-15.500, *Juris-Data* n° 2011-011073 ; *Environnement* 2011, comm. 96, note B. Grimonprez ; *D.* 2011. 1691, obs. G. Forest ; *JCP E* 2011. 1762, obs. H. Hovasse ; *D.* 2011. 2635, note B. Parance ; *JCP* 2011. 1333, obs. Ph. Stoffel-Munck.

3. Crim. 25 sept. 2012, n° 10-82.938 ; *Gaz. Pal.* 24-25 oct. 2012, note B. Parance ; *JCP* 2012, n° 1243, note K. Le Couviour ; *D.* 2012. 2711, note Ph. Delebecque ; *RTD civ.* 2013/1, p. 119, obs. P. Jourdain.

réparation des préjudices résultant d'un dommage environnemental » et ces règles sont déjà de droit positif puisque la loi sur la biodiversité du 8 août 2016 est intervenue pour inscrire, dans le Code civil, la prise en charge du préjudice écologique, défini comme un préjudice collectif, par le droit de la responsabilité civile.

2284. *La loi n° 2016-1087 du 8 août 2016, loi « pour la reconquête de la biodiversité, de la nature et des paysages »* a intégré en effet dans le Code civil un ensemble de dispositions consacrées à « La réparation du préjudice écologique » qui prennent place dans les articles 1246 à 1252, dans un dernier chapitre (III), nouveau, qui clôt le sous-titre consacré à la responsabilité civile.

Par ailleurs, après l'article 2226 relatif à la prescription, est inséré un article 2226-1 qui prévoit que l'action en responsabilité tendant à la réparation du préjudice écologique réparable en application des [art. 1386-19 à 1386-25 actuels] se prescrit par dix ans à compter du jour où le titulaire de l'action a connu ou aurait dû connaître la manifestation du préjudice écologique ».

2285. Ces dispositions relatives à la réparation du préjudice écologique, issues de la loi du 8 août 2016, ne concernent pas la question du fondement de la responsabilité, ni ses conditions. Néanmoins, leur inscription dans le Code civil et plus précisément encore dans le sous-titre consacré à la responsabilité civile, témoigne de ce que ce préjudice est bien pris en compte au titre de la responsabilité civile.

2286. L'article 1246 dispose ainsi que « toute personne responsable d'un préjudice écologique est tenue de le réparer ».

Le *préjudice écologique réparable* [dans les conditions prévues par le présent titre], sur le fondement de la responsabilité civile est défini ensuite par l'article 1247 comme celui qui consiste en « une atteinte non négligeable aux éléments ou aux fonctions des écosystèmes ou aux bénéfices collectifs tirés par l'homme de son environnement ». Il s'agit donc d'un *préjudice collectif.* L'article 1386-24 ajoute que les dépenses exposées pour prévenir la réalisation imminente d'un dommage, pour éviter son aggravation ou pour en réduire les conséquences constituent un préjudice réparable.

L'article 1249 pose le principe de la priorité de la *réparation en nature*, sauf impossibilité de droit ou de fait.

L'article 1248 énumère ensuite *les titulaires de l'action en réparation* : l'action en réparation du préjudice écologique est ouverte « à toute personne ayant qualité et intérêt à agir, telle que l'État, l'Agence française pour la biodiversité, les collectivités territoriales et leurs groupement dont le territoire est concerné, ainsi que les établissements publics et les associations agréées ou créées depuis au moins cinq ans à la date de l'introduction de l'instance, qui ont pour objet la protection de la nature et la défense de l'environnement ».

Ainsi on le voit, *l'action n'est pas ouverte aux particuliers*, ce qui est de nature à résoudre les questions qui se posaient précédemment : les particuliers ne pourraient donc pas prétendre à la réparation d'un préjudice écologique « pur » mais seulement à la répercussion des répercussions de l'atteinte à l'environnement (dommage initial) sur son patrimoine ou sur sa personne.

2287. Ces solutions correspondent à celles qui étaient admises jusqu'ici : le préjudice « écologique » n'est réparé par le droit de la responsabilité civile au profit de simples particuliers que dans le cadre des atteintes directes à la personne ou aux biens (biens détruits ou endommagés) voire parfois, d'un simple risque d'atteinte (dans le cas des antennes-relais, v. ss 2191, 2346, 2650). Il est également réparé dans le cadre du préjudice moral des associations de défense de l'environnement.

2288. Pour autant, il existe d'autres types de réponse et notamment la prise compte du dommage écologique dans le cadre d'un régime de responsabilité spécifique, que la loi du 8 août 2016 ne remet pas en cause.

3) La prise en compte du dommage écologique en dehors du droit de la responsabilité civile

2289. Si la loi du 8 août 2016 sur la biodiversité (v. ss 2284 s.) consacre la réparation du dommage écologique sur le fondement de la responsabilité civile, elle n'exclut pas d'autres fondements, dont celui du Code de l'environnement, et prévoit même l'articulation des différents dispositifs.

a) La responsabilité de l'État

2290. La responsabilité de ce dommage écologique peut être envisagée vis-à-vis de l'État. Ainsi la France a introduit le droit à l'environnement dans la Constitution française par la loi constitutionnelle n° 2005-205 relative à la Charte de l'environnement promulguée le 1er mars 2005. La Charte proclame que « les politiques publiques doivent promouvoir un développement durable. À cet effet, elles concilient la protection et la mise en valeur de l'environnement, le développement économique et le progrès social ».

Ainsi, à propos des risques sériels dus à l'amiante, quatre jugements du tribunal administratif de Marseille ont décidé que la responsabilité de l'État pouvait être mise en jeu, soit pour inaction devant un risque connu, soit pour défaut de recherche « pour obtenir des autorités scientifiques une évaluation précise dudit risque ». Ces carences sont constitutives « d'une faute de l'État dès lors qu'il lui appartient de prendre, non seulement des mesures tendant à l'indemnisation des maladies d'origine professionnelle, mais toutes mesures utiles pour prévenir ces maladies » [1]. C'est au Conseil d'État qu'il appartient désormais de confirmer si l'État est bien juridiquement responsable pour manquement à son devoir de veiller sur la santé et la sécurité des citoyens ainsi que sur la sauvegarde de l'environnement.

b) L'instauration d'un régime spécifique de responsabilité environnementale par la loi du 1er août 2008

2291. Dans le cadre de la transposition de la directive communautaire du 21 avril 2004 (n° 2004/35/CE) sur la protection de l'environnement, le législateur français a adopté une loi relative à la responsabilité environnementale : la loi n° 2008-757 du 1er août 2008 « relative à la responsabilité environnementale et à diverses dispositions d'adaptation au droit communautaire dans le domaine de l'environnement » (*JO* 2 août, p. 12361). Cette loi a introduit dans le Code de l'environnement un titre

---

1. TA Marseille, 30 mai 2000 (quatre espèces), *JCP* 2000. I. 280, obs. G. Viney.

consacré à la « prévention et à la réparation de certains dommages causés à l'environnement » où elle consacre la notion de dommage écologique, appelant un régime de responsabilité et de prévention spécifique[1].

2292. La loi définit ainsi les conditions dans lesquelles sont « prévenus ou réparés, en application du principe pollueur-payeur et à un coût raisonnable pour la société, les dommages causés à l'environnement par l'activité d'un exploitant ». L'exploitant lui-même est défini comme « toute personne physique ou morale, publique ou privée, qui exerce ou contrôle effectivement, à titre professionnel, une activité économique lucrative ou non lucrative ».

2293. L'article L. 161-1-I de la loi définit ensuite les dommages causés à l'environnement comme « les détériorations directes ou indirectes mesurables de l'environnement » qui, notamment (une liste de quatre cas est établie) « créent un risque d'atteinte grave à la santé humaine » (...) ou encore, « affectent gravement l'état écologique, chimique ou quantitatif ou le potentiel écologique des eaux (...) ». Le texte prend aussi en compte, « la menace imminente de dommage causé à l'environnement qui est admise dès lors qu'il y a une probabilité suffisante que survienne un tel dommage dans un avenir proche ».

2294. Le texte prévoit enfin des sanctions, dont la « réparation primaire », qui vise à permettre un retour à l'état initial, ce qui ressemble fort à la réparation en nature classique.

2295. Ainsi, le dommage écologique, dommage collectif, appelle des réponses spécifiques en termes de prévention et de réparation, même si cela n'exclut pas que des actions en responsabilité « classiques » soient également exercées, ainsi que le consacre la loi du 8 août 2016 sur la biodiversité (v. ss 2284 s.). Par ailleurs, il faut distinguer le dommage écologique du ou des préjudices réparables, dont la définition dépend du régime de responsabilité concerné.

c) Articulation du dispositif du Code de l'environnement avec le dispositif du Code civil issu de la loi du 8 août 2016

2296. Cette articulation, qui tient compte de la conjugaison possible de plusieurs fondements de la responsabilité a été prévue par la loi du 8 août 2016 qui a introduit dans le Code civil, dans le droit de la responsabilité civile, un chapitre relatif à la réparation du préjudice écologique (v. ss 2284).

2297. Ainsi, l'article 1386-22 du Code civil précise que l'évaluation du préjudice écologique, réparable au titre du dispositif inséré par la loi du 8 août dans les articles 1386 et suivants, tient compte, le cas échéant, des mesures de réparation déjà intervenues, en particulier sans le cadre de la mise en œuvre du titre VI du livre Ier du Code de l'environnement.

---

1. S. Carval « Un intéressant hybride : la “responsabilité environnementale” de la loi n° 2008-757 du 1er août 2008 », *D.* 2009. 1652.

Parallèlement, la loi du 8 août 2016 insère dans le Code de l'environnement un article L. 164-2 qui pose la même solution : les mesures de réparation prises en application du présent titre tiennent compte de celles intervenues, le cas échéant, en application du chapitre III du sous-titre II du titre III du livre III du Code civil [art. 1246 à 1252].

d) Proposition d'une nomenclature des préjudices environnementaux

2298. Constitué autour de la question de la réparation du préjudice écologique, alors que la loi du 1er août 2008 était en cours d'élaboration, et prenant en compte l'extrême complexité du dommage environnemental, un groupe de travail a élaboré une nomenclature des préjudices environnementaux [1], dans le même esprit que la nomenclature *Dintilhac* (sur cette nomenclature *Dintilhac*, v. ss 2306). Il est ainsi proposé de distinguer les préjudices causés à l'environnement et les préjudices causés à l'homme. Concernant les premiers, différents postes sont énumérés en fonction des éléments de l'environnement et de leur utilité respective pour le fonctionnement des écosystèmes (sol, air, eux et milieux aquatiques, espèces). Concernant l'homme elle distingue les préjudices collectifs (atteintes aux services écologiques, c'est-à-dire aux bénéfices collectifs que l'homme retire de l'environnement (la pollinisation par exemple) et les préjudices individuels (économiques moraux et corporels [2].

C. Le dommage moral

2299. Il s'agit ici d'une atteinte à des droits extrapatrimoniaux ou, plus spécifiquement encore à des sentiments. Là encore, l'expression recouvre des notions différentes. Si le principe même de la réparation d'un tel préjudice a pu être controversé, les préjudices moraux sont aujourd'hui sans difficulté pris en compte par le droit de la responsabilité.

1) Différentes sortes de dommages moraux

a) Atteinte à des droits extrapatrimoniaux

2300. En premier lieu, il s'agit des *atteintes à divers droits de la personnalité*, tels que :
– *le droit au nom* : en cas de confusion entre le nom attribué à un personnage de film ou de roman et celui d'une personne existante. Nous avons vu un certain nombre de ces exemples en première année (v. vol. 1, Le nom) ;
– *le droit à l'image* : publication de photos sans l'autorisation de la personne concernée ;
– *le droit à la réputation* : en omettant, par exemple, de citer le nom d'un savant, Branly en l'espèce, dans un ouvrage traitant de la TSF, domaine où Branly avait apporté une contribution capitale [3] ;

1. L. Neyret et G. Martin (dir.), *Nomenclature des préjudices environnementaux*, LGDJ 2012 ; L. Neyret et G. Martin, « De la nomenclature des préjudices environnementaux », *JCP* 2012. 940 s.
2. L. Neyret et G. J. Marin, « Pour une nomenclature des préjudices environnementaux », *D.* 2012. 1256 ; *Nomenclature des préjudices environnementaux*, LGDJ, coll. « Droit des affaires », 2012.
3. Civ. 27 févr. 1951, *D.* 1951. 329, note Desbois et chron. J. Carbonnier, « Le silence et la gloire », *D.* 1951. Chron. 119.

– *le droit au respect de la vie privée,* affirmé par la loi du 17 juillet 1970 (C. civ., art. 9) ;

– *le droit à l'honneur,* par des propos diffamatoires ou injurieux, la réparation est généralement assurée ici par l'octroi du franc symbolique et la condamnation à faire insérer le jugement dans un journal aux frais du responsable. On peut citer le cas de l'émission les « Guignols de l'Info » de Canal + poursuivi par la Sté des automobiles Peugeot et Citroën pour un acte de « dénigrement fautif ». Mais, bien que le Cour de cassation ait relevé l'existence d'une faute au sens de l'article 1240 du fait du « caractère outrancier, provocateur et renouvelé des propos tenus »[1], la Cour de renvoi a refusé de s'incliner et de condamner l'émission incriminée du fait « qu'il n'existe aucun risque de confusion entre la réalité et l'œuvre caricaturale et satirique créée par *les Guignols de l'Info* »[2] ;

– *le droit à la qualité de la vie ou à un environnement sain,* mais c'est ici la question spécifique du dommage écologique qui se pose, déjà envisagée (v. ss 2275 s., spéc. v. ss 2281).

En second lieu, il peut s'agir de ***l'atteinte à divers droits familiaux*** sans incidences patrimoniales : ainsi, notamment, une violation du droit de visite et d'hébergement des enfants, ou encore le refus opposé par le mari à l'accès de sa femme au domicile conjugal ![3] (v. aussi, dans le Code civil l'article 179, alinéa 1er, en cas d'opposition injustifiée au mariage, ou l'article 266 en cas de divorce aux torts exclusifs d'un des époux ou de divorce prononcé pour altération définitive du lien conjugal).

Dans ces différents cas, c'est surtout la faute commise qui est sanctionnée et on a pu dire qu'il s'agissait d'une sorte de peine privée.

b) Atteintes à des sentiments d'affection : préjudice d'affection

2301. Il est ici question de réparer une souffrance morale très spécifique : celle que l'on éprouve à la suite du décès d'un être cher, victime du fait dommageable, ou même, en cas de survie, celle que l'on ressent à la vue des souffrances et infirmités endurées par cette personne proche.

La situation se complique, par ailleurs, car dans cette hypothèse ce n'est pas la victime immédiate (ou directe), de l'accident qui réclame réparation, mais l'un de ses proches, qui apparait donc comme une victime secondaire. C'est ce qu'on a appelé le « *préjudice par ricochet* » que nous étudierons plus loin (v. ss 2362 s.) et dont la jurisprudence admet la réparation aujourd'hui, même en l'absence d'un lien de parenté ou d'alliance. Par exemple, elle a admis, la réparation du préjudice moral dans le cadre d'un concubinage homosexuel, avant même que la loi sur le PACS, en 1999, ne vienne inscrire le concubinage homosexuel dans le Code civil[4].

2302. Ainsi, la perte d'un être cher ou, en cas de survie de ce dernier, la souffrance éprouvée à la vue de ses souffrances ou de ses infirmités sont bien à l'origine d'un préjudice spécifique, le « préjudice d'affection » ou *pretium affectionis*.

---

1. Civ. 2e, 2 avr. 1997, *D.* 1997. 411, note B. Edelman ; *JCP* 1998. II. 10010, note J. Bigot.

2. Reims, 9 févr. 1999, *JCP* 1999. II. 10144, note J. Bigot.

3. Civ. 1re, 9 nov. 1965, *D.* 1966. 80, note J. Mazeaud.

4. TGI Belfort, 25 juill. 1995, *JCP* 1996. II. 22724, note C. Paulin ; v. ss 1591.

Quelques décisions, très critiquées d'ailleurs, ont également accordé la réparation, au titre d'un préjudice d'affection, du préjudice moral subi du fait du décès d'un animal, notamment d'un cheval de course (arrêt *Lunus*)[1] ou d'un chien[2].

2) Le caractère réparable du préjudice moral : une solution acquise

2303. La réparation du préjudice moral a été autrefois très discutée en jurisprudence. Elle a d'ailleurs longtemps été refusée par le *Conseil d'État*, notamment jusqu'en 1961 où un revirement fut opéré et où réparation fut accordée à la veuve, aux enfants et à la grand-mère de la victime directe.

Les juridictions civiles avaient admis pour leur part la réparation du préjudice moral dès 1833[3], même si le principe d'une telle réparation était contesté par une partie de la doctrine qui invoquait :

D'une part, la difficulté de déterminer les personnes pouvant l'invoquer, c'est le problème du dommage par ricochet (v. ss 2362 s.) et celui de l'ouverture de l'action aux héritiers (v. ss 2464 s.).

D'autre part, la difficulté de chiffrer un tel dommage : dans quelle mesure une indemnité pécuniaire peut-elle compenser le chagrin produit par la perte d'un être cher ? N'est-il même pas odieux et méprisable de « battre monnaie » avec ses larmes ?[4] Une telle réparation n'est admissible que si elle est forfaitaire et elle devrait donner lieu à un barème national.

Enfin, le danger que font courir ces réparations s'élevant souvent à des sommes très élevées qui gonflent démesurément les sommes mises à la charge, soit de l'auteur du dommage, soit des compagnies d'assurances ce qui les entraîne à augmenter les primes. D'où la proposition qu'avait faite le Professeur Tunc, auteur d'un projet de loi sur les accidents de la circulation (v. ss 2219), de ne pas couvrir les préjudices moraux, notamment le préjudice d'affection. Ce projet a été remanié et a abouti à la loi du 5 juillet 1985 sur les accidents de la circulation qui fait une distinction entre les dommages à la personne (art. 3) et les dommages aux biens (art. 5) (v. ss 3287 s.), mais la jurisprudence considère que la réparation du préjudice moral est incluse dans celle du préjudice à la personne.

Malgré ces reproches, le principe de la réparation du préjudice moral est bien acquis et on le justifie en faisant valoir que l'indemnité ainsi accordée n'est pas « réparatrice », elle est « satisfactoire ». De plus, on y voit souvent le moyen de sanctionner la faute de l'auteur du dommage, une sorte de survie des « peines privées » et la marque de la fonction normative de la responsabilité civile.

2304. La jurisprudence indemnise également le *préjudice moral des personnes morales*. La chambre criminelle de la Cour de cassation a posé à ce propos un véritable principe à l'occasion de deux affaires d'entraves à l'IVG par des « commandos anti-avortement ». Un hôpital, personne morale de droit public, demandait l'indemnisation du préjudice moral en raison de la perturbation portée à son fonctionnement et de

---

1. Civ. 2e, 16 janv. 1962, *D.* 1962. 199, note Rodière ; *JCP* 1962. II. 12557, note P. Esmein ; *S.* 1962. 281, note J. Foulon-Piganiol.

2. TGI Caen, 30 oct. 1962, *D.* 1963. 92.

3. Ch. réunies 25 juin 1833, *S.* 1833. 1. 458

4. G. Morange, « Battre monnaie de ses larmes est une étrange alchimie… », *D.* 1962. Chron. 15.

l'atteinte à la conscience de son personnel. La chambre criminelle affirme : « Les articles 2 et 3 du Code de procédure pénale ouvrent l'action civile à tous ceux qui ont personnellement souffert du dommage, matériel ou moral, découlant des faits, *sans exclure les personnes morales* »[1]. Ces arrêts sont de véritables arrêts de principe qui ont fait jurisprudence au sein de la chambre criminelle. Les chambres civiles, sans être aussi enthousiastes, approuvent toutefois généralement une telle indemnisation. Quant à la Cour européenne des droits de l'Homme, elle a expressément admis la reconnaissance du préjudice moral des personnes morales à propos du droit à un procès dans un délai raisonnable, dans l'arrêt *Comingersol* du 6 avril 2000[2].

Le préjudice moral, dont la réparation est généralement demandée, est constitué soit par l'atteinte à sa réputation comme dans les affaires des commandos « anti-IVG », soit par une véritable atteinte aux « sentiments » de la personne morale : écoutes téléphoniques illégales, déraisonnables lenteurs de procédure, dégradation de la totalité du travail de la personne morale par un incendie volontaire... Cette tendance est critiquée par une partie de la doctrine qui ne conçoit pas qu'une personne morale puisse subir une atteinte dans « ses sentiments ». La reconnaissance dans le Code pénal de 1992 de la responsabilité pénale des personnes morales avait d'ailleurs déjà suscité de semblables critiques. Pour certains, il serait plus opportun d'indemniser les personnes morales pour l'atteinte à des droits extrapatrimoniaux précis tels que l'atteinte à l'image ou au nom de la personne morale, quitte à les patrimonialiser pour l'occasion, mais non pour une atteinte aux sentiments de ses membres, qui peuvent se défendre eux-mêmes[3].

D. Le dommage corporel, atteinte à l'intégrité physique de la personne

2305. Le dommage corporel est une atteinte à l'intégrité physique d'une personne à la suite d'une maladie, de blessures ou de mort. Or cette atteinte à l'intégrité physique entraîne de multiples conséquences, au-delà des blessures elles-mêmes, comme des frais médicaux et/ou chirurgicaux, des cicatrices, des infirmités, des incapacités de travail, etc., autant de *chefs de préjudice* distincts qui vont faire l'objet d'une évaluation et d'une réparation spécifique. C'est donc un dommage complexe et mixte, en réalité, car il comporte à la fois des chefs de préjudices matériels ou en tout cas qualifiés d'objectifs et des chefs de préjudices moraux, qualifiés de subjectif. Ces chefs de préjudice se traduisent par des postes de préjudices et ont donné lieu à une typologie qui, sans être officialisée par un texte, a été validée par la Cour de cassation. Nous nous y référerons donc, en relevant les principales différences par rapport aux classifications antérieures, après avoir relevé la nécessité de disposer d'une typologie claire des différents chefs de préjudice corporel.

1) La nécessité d'une typologie des préjudices

2306. La distinction classique entre le préjudice corporel objectif (matériel et économique) et le préjudice corporel subjectif (ou moral) avec, à l'intérieur de chaque catégorie, une série de chefs de préjudices indemnisables, définis par la jurisprudence et à peu

---

1. Crim. 27 nov. 1996, *Bull. crim.* n° 431 ; *JCP* 2003. I. 146, obs. G. Viney.
2. CEDH 6 avr. 2000, *Comingersol SA c/ Portugal*, req. n° 00035382/97.
3. V. Wester-Ouisse, chron. citée dans la bibliographie.

près fixés, a fait l'objet d'un remodelage dans le cadre de la typologie des préjudices corporels établie dans un rapport remis au ministre de la Justice, Pascal Clément, le 28 octobre 2005, le *rapport Dintilhac*[1]. Ce rapport avait été précédé par un premier rapport sur « l'indemnisation du préjudice corporel » réalisé par un groupe de travail, présidé par madame le professeur Yvonne Lambert-Faivre et remis au garde des Sceaux, Dominique Perben, le 22 juillet 2003, qui tendait à établir une méthodologie d'indemnisation claire pour ne pas indemniser « plus » mais indemniser « mieux ». Le rapport *Dintilhac*, qui s'appuie sur le rapport Lambert-Faivre, propose une typologie des préjudices réparables assez complexe, puisqu'elle comporte plus d'une vingtaine de postes de préjudices, mais qui est destinée à fixer clairement les différents postes de préjudice corporel. Bien que le texte n'ait pas de valeur normative, la jurisprudence judiciaire s'y est rangée (mais pas la jurisprudence administrative).

a) L'importance des postes de préjudice corporel

2307. La notion de *poste de préjudice* a toujours été importante et, autour de la distinction du préjudice dit « objectif » et du préjudice dit « subjectif », les juges ont toujours pris en compte différents types ou postes de préjudices, chacun faisant l'objet d'une indemnisation distincte. Ces différents postes ou chefs de préjudice ont été définis par les juges et les experts, au fur et à mesure de l'évolution, toujours dans le sens d'un élargissement de la liste des préjudices réparables, mais avec parfois certaines hésitations concernant certains d'entre eux, comme par exemple le préjudice d'agrément ou le préjudice fonctionnel, concernant leur définition ou parfois leur caractère personnel et subjectif ou objectif.

Cette notion de poste de préjudice est devenue encore plus importante avec l'adoption, d'abord d'une loi du 27 décembre 1973, qui a exclu les « préjudices à caractère personnel » de l'assiette du recours subrogatoire de la Sécurité sociale. La Sécurité sociale, appelée à verser des prestations à la victime, est en effet admise à obtenir leur déduction des indemnités allouées à la victime, car celle-ci n'est pas censée obtenir une double indemnisation. Avec la loi du 27 décembre 1973, la victime est assurée que les indemnités allouées au titre du préjudice personnel lui resteront entièrement acquises, en toute hypothèse... À condition toutefois de pouvoir précisément identifier ce qui lui a été alloué à ce titre. Enfin, l'identification claire des postes de préjudice est devenue tout à fait déterminante depuis l'adoption de la loi du 21 décembre 2006 (de financement de la sécurité sociale pour 2007) qui est venue opportunément repréciser l'étendue des recours des tiers payeurs (et pas seulement la Sécurité sociale) sur les indemnités versées à la victime, en modifiant l'article L. 376-1 du Code de la sécurité sociale (v. ss 2316, 2356 s.) : l'article 25 de cette loi (CSS, art. L. 376), énonce, en effet, que les recours des tiers payeurs s'exercent « *poste par poste* sur les seules indemnités qui réparent des préjudices qu'elles ont pris en charge, à l'exclusion des préjudices à caractère personnel ».

Il est donc essentiel, non seulement que les juges statuent poste par poste de préjudice, en évaluant distinctement et précisément chacun d'entre eux, mais aussi de savoir quels sont les préjudices à caractère personnel, sur lesquels le recours des caisses ne peut porter, en principe, cette question ayant jusqu'à présent toujours

1. V. synthèse du rapport du groupe de travail chargé d'établir une nomenclature des préjudices corporels, *LPA* 3 nov. 2005, nº 2199, p. 3.

soulevé des difficultés (notamment, la question du préjudice fonctionnel et d'agrément, v. ss 2328, et sur les recours des organismes sociaux, v. ss 2356 s.).

b) La ventilation des postes de préjudice dans la nomenclature Dintilhac

2308. La nomenclature est très précise. Elle envisage les préjudices corporels de la victime directe et les préjudices de la victime par ricochet (pour cette dernière, v. ss 2377).

Concernant les préjudices de la victime directe, elle distingue entre les préjudices patrimoniaux et extrapatrimoniaux.

• ***Les préjudices patrimoniaux***

La nomenclature distingue entre la période antérieure à la date de consolidation des blessures et la période postérieure :

– *avant consolidation*, il y a en effet des *préjudices patrimoniaux temporaires*, constitués par les dépenses de santé actuelles (DSA) ; les frais divers (FD) ; les pertes de gains professionnels actuels (PGPA) ;

– *après la consolidation,* on trouve des *préjudices patrimoniaux permanents* : les dépenses de santé futures (DSF), les frais de logement adapté (FLA), les frais de véhicule adapté (FVA), l'assistance par tierce personne (ATP), les pertes de gains professionnels futurs (PGPF), l'incidence professionnelle (IP), le préjudice scolaire, universitaire ou de formation (PSU).

• ***Les préjudices extrapatrimoniaux***

On retrouve la distinction des préjudices extrapatrimoniaux temporaires avant la consolidation des blessures et permanents, après la consolidation des blessures, mais s'y ajoute une autre catégorie, celle des préjudices extrapatrimoniaux évolutifs :

– *préjudices temporaires* : le déficit fonctionnel temporaire (DFT) les souffrances endurées (SE) et le préjudice esthétique temporaire (PET) ;

– *préjudices permanents* : le déficit fonctionnel permanent (DFP), le préjudice d'agrément (PA), le préjudice esthétique permanent (PEP), le préjudice sexuel (PS), le préjudice d'établissement (PE), les préjudices permanents exceptionnels (PPE) ;

– *préjudices évolutifs* (hors consolidation) : ce sont les préjudices liés à des pathologies évolutives (comme le VIH ou l'hépatite).

c) L'utilisation de la nomenclature Dintilhac en droit positif

2309. Ce rapport n'a aucune valeur normative[1] et il est regrettable que la loi du 21 décembre 2006 qui a imposé le recours des caisses poste par poste de préjudice, n'ait pas été rapidement suivie d'un texte réglementaire instaurant une nomenclature des chefs de préjudice à laquelle se référer obligatoirement. L'utilisation du rapport *Dintilhac* est pour l'instant subordonnée aux bonnes volontés. Il est vrai qu'une circulaire du ministère de la Justice du 22 février 2007 a invité les magistrats de l'ordre judiciaire à adopter cette nomenclature, mais il ne s'agit que d'une indication sans caractère

---

1. J.-C. Bizot, « Le préjudice indemnisable : les postes de préjudice et leur définition », *RCA* mai 2012, dossier 22 ; *contra* : M. Robineau, « Le statut normatif de la nomenclature Dintilhac », *JCP* 2010. 612.

obligatoire. Une entente s'est faite, néanmoins, autour de la nomenclature *Dintilhac*, qui est utilisée dans les transactions avec les assureurs et devant les juridictions judiciaires. La Cour de cassation elle-même a confirmé son utilisation, notamment dans une décision du 28 mai 2009 [1] où elle a repris les termes exacts du rapport *Dintilhac* à propos de la définition du préjudice fonctionnel (v. ss 2328).

2310. Malgré l'utilisation par les juridictions judiciaires de cette nomenclature, l'adoption d'un texte proposant une typologie officielle reste cependant souhaitable et souhaitée, par exemple par le rapport d'information du Sénat sur la réforme de la responsabilité civile et par la doctrine [2]. En effet, outre que cette typologie *Dintilhac* peut être écartée à tout moment ou modifiée par les juges, les juridictions administratives ne l'ont pas adoptée. Elles ont recours à une nomenclature plus courte, qui ventile les préjudices en six postes (contre plus de vingt dans la nomenclature *Dintilhac*). Ces différents postes de préjudices ont été définis par le Conseil d'État dans un avis du 4 juin 2007 [3]. Si les mêmes grandes distinctions sont retenues, la distinction des préjudices de la victime directe et ceux de la victime par ricochet et, pour la victime directe, la distinction entre les préjudices patrimoniaux et extrapatrimoniaux ou personnels, il existe cependant quelques différences, ne serait-ce que terminologiques, que l'on peut juger regrettables et que l'actuel projet de réforme a pour objectif de supprimer.

2311. ***L'actuel projet de réforme*** (13 mars 2017) prévoit à cet égard que les préjudices patrimoniaux et extra patrimoniaux résultant d'un dommage corporel sont déterminés poste par poste selon une nomenclature non limitative *fixée par décret en Conseil d'État*, ce qui permettra de répondre aux demandes formulées en ce sens (cf. art. 1269). Par ailleurs, pour supprimer toute divergence, l'article 1267 précise que ces dispositions sont applicables aux décisions des juridictions judiciaires et administratives, ainsi qu'aux transactions conclues entre la victime et le défendeur.

2) Les préjudices corporels patrimoniaux

2312. *Les préjudices patrimoniaux* consistent dans les conséquences économiques et pécuniaires, de toute lésion corporelle, blessures, mutilation... Ils prennent en compte les dépenses et les pertes économiques subies et, éventuellement, les gains manqués (*lucrum cessans* et *damnum emergens*) comme pour les préjudices matériels ordinaires.

Il s'agit des frais médicaux et pharmaceutiques, chirurgicaux, voire funéraires, mais aussi la perte de salaire ou de revenu découlant de toute incapacité totale ou partielle, permanente ou temporaire, la diminution éventuelle des capacités de travail pour l'avenir, l'assistance d'une tierce personne, tous postes de préjudice pris en compte dans la nouvelle nomenclature *Dintilhac*, qui distingue, rappelons-le (v. ss 2313), deux périodes distinctes : avant la stabilisation de l'état de la victime et après cette stabilisation (« consolidation des blessures »). Avant la nomenclature *Dintilhac*, la jurisprudence distinguait aussi la période antérieure et postérieure à la consolidation des blessures, mais de façon moins systématique et avec des postes de préjudices un peu différents. On peut

1. Civ. 2e, 28 mai 2009, *EFS c/ Consorts W et autres, RTD civ.* 2009. 534, obs. P. Jourdain ; *RCA* 2009, comm. 202.
2. Proposition de loi « Lefrand » v. P. Sargos, *D.* 2010, études et commentaires p. 273.
3. CE, sect., 4 juin 2007, *Lagier et consorts Guignon, Lebon* 228.

distinguer quatre grands postes de préjudices : les dépenses de santé, les frais liés au handicap, les pertes de revenu et l'incidence professionnelle et scolaire du dommage.

a) Les dépenses de santé

2313. Avant la nomenclature *Dintilhac*, la jurisprudence identifiait déjà ce poste de préjudice. Il correspond aux dépenses actuelles (avant consolidation) ou futures (après consolidation) se rapportant aux divers frais de soins, de médicaments, d'hospitalisation (forfait journalier hospitalier ou frais de séjour en clinique privée), de rééducation, de transport, mais aussi les frais d'appareillage (prothèses, fauteuil), ainsi que leur remplacement éventuel.

b) Les frais liés au handicap

2314. Ils s'apprécient essentiellement après la consolidation des blessures et comprennent l'ensemble des dépenses rendues nécessaires par le handicap mais qui ne sont pas directement liées à des soins. Il s'agit des frais d'adaptation du logement prenant en compte la nature et l'importance de l'invalidité du patient ; des frais d'adaptation du véhicule et des dépenses liées à l'assistance d'une tierce personne, à titre partiel ou permanent. L'assistance d'une tierce personne peut, d'ailleurs, être le fait d'un membre de la famille sans que le caractère bénévole de l'assistance familiale soit pris en compte pour réduire l'indemnisation ; il n'est pas même nécessaire de justifier le paiement des charges sociales pour inclure leur montant dans la somme mise à la charge du responsable et de son assureur[1], et la chambre sociale ajoute « qu'il y a lieu d'indemniser ce poste sous forme d'une rente forfaitaire payable à la victime [...] sans qu'il y ait à justifier des frais exposés »[2]. Geneviève Viney avait suggéré de considérer qu'il s'agit d'un dommage « à caractère personnel » exclu du recours subrogatoire de la Sécurité sociale, mais l'option n'a pas été retenue par la jurisprudence, ni par le rapport *Dintilhac*.

c) Les pertes de gains professionnels

2315. Elles sont appréciées par rapport aux revenus dont disposait la victime au moment de l'accident. Il faut donc distinguer à cet égard, les inactifs et les personnes ayant une activité au moment de l'accident.

Pour les inactifs (enfants, étudiants, retraités, femmes ou homme au foyer), il ne peut y avoir de perte de revenus actuels et seule l'incidence professionnelle et/ou scolaire du dommage peut être prise en compte (perte de chance de trouver un emploi par exemple).

Pour les personnes ayant une activité rémunérée, il faut distinguer la perte de revenus actuels, qui correspond à la perte des revenus tels que perçus au moment de la survenance du dommage, pendant toute la période de consolidation des blessures et la perte de gains professionnels futurs (PGPF), en appréciant la situation selon que la personne reprend ses activités comme avant ou une activité diminuée, et éventuellement l'absence de possibilités de reconversion si le poste antérieur ne peut plus être occupé.

---

1. Civ. 2e, 16 nov. 1994, *Bull. civ.* II, n° 232 ; *JCP* 1995. I. 3853, obs. G. Viney.

2. Soc. 8 févr. 1995, *JCP* 1995. I. 3853, obs. G. Viney.

d) L'incidence professionnelle. Le préjudice scolaire, universitaire ou de formation

2316. *L'incidence professionnelle* (IP) ne se confond pas avec la perte de gains professionnels (PGP), même si elle contribue aussi à mesurer l'incidence du handicap dans la sphère professionnelle. Ce poste de préjudice prend en compte, en effet, au-delà des seules pertes de revenus, qui relèvent du poste « perte de gains professionnels futurs » et, éventuellement, en l'absence de toute perte de revenus (parce que la personne se retrouve exactement son niveau de revenu antérieur à l'accident), les chances perdues de carrière, ou de progression de carrière. Cela concerne essentiellement la victime qui exerçait une profession au jour de l'accident. Dans l'hypothèse d'une telle perte de chance, le cumul d'une indemnisation au titre des PGPF et au titre de l'IP est possible[1].

2317. De même, le *préjudice scolaire*, pour un enfant en âge scolaire au moment de l'accident, ou *universitaire* pour un étudiant, permet de prendre en compte les chances d'études perdues. Pour un étudiant, la perte de chance d'accéder à la profession à laquelle il se destinait peut aussi être mesurable.

Concernant le cas du *très jeune enfant* n'ayant même pas entamé une scolarité (en l'occurrence un bébé de 4 mois, victime du syndrome du « bébé secoué » et gravement handicapé), la Cour de cassation a admis qu'il puisse être indemnisé de ses pertes de gains professionnels futurs (PGPF)et de son préjudice scolaire universitaire et de formation, mais a exclu la prise en compte d'une perte de chance professionnelle[2].

e) Disparition de la référence aux incapacités (ITT, ITP IPP)

2318. Avant la nomenclature *Dintilhac*, la jurisprudence prenait en compte trois postes d'incapacités : deux d'entre elles concernaient la période antérieure à la consolidation : *l'incapacité totale temporaire* (ITT) : qui correspondait à la période d'hospitalisation avec incapacité totale de travail et *l'incapacité partielle temporaire* (ITP), allant jusqu'à la consolidation des blessures, avec éventuellement une reprise d'activité. Pour la période postérieure à la consolidation une troisième incapacité était prise en compte : l'incapacité permanente partielle (IPP) correspondant à un taux d'incapacité établi par expertise et par le calcul d'un point d'incapacité tenant compte de diverses variables, dont l'âge, la profession, et d'autres encore, qui permettait de calculer le montant de l'indemnité.

---

1. Civ. 1re, 11 juill. 2018, n° 17-22.756 ; Civ. 2e, 13 déc. 2018, n° 17-28.019, *RTD civ.* 2019. 353, obs. P. Jourdain ; *RCA* 2019, comm. 69, obs. H. Groutel ; Civ. 2e, 23 mai 2019, n° 18-17.560, *D.* 2019. 1792 ; *ibid* ; 2058, obs. S. Porchy-Simon ; *RCA* 2019, comm. 213, obs. S. Hocquet-Berg ; *RTD civ.* 2019. 881, obs. P. Jourdain. *Contra,* certaines décisions ont refusé le cumul des PGPF et de l'IP car les chances de promotions paraissaient incertaines (Civ. 2e, 18 sept. 2014, n° 13-20.400) ou, plus généralement, lorsque la victime reçoit une rente viagère au titre des PGPF : CIv. 2e, 27 avr. 2017, n° 16-13.360 ; Civ. 2e, 13 sept. 2018, n° 17-26.011, *RTD civ.* 2019. 114, obs. P. Jourdain ; *D.* 2018. 2153, obs. M. Bacache, A. Guégan et S. Porchy-Simon.

2. Civ. 2e, 7 mars 2019, n° 17-255.855, *D.* 2019. 535, obs. M. Bacache, A. Guégan et S. Porchy-Simon ; *RTD civ.* 2019. 344 et 356, obs. P. Jourdain. Le Conseil d'Etat est parvenu à des résultats semblables, sans se réferer à la nomenclature Dintilhac : CE 24 Juill. 2019, n° 408624, *Lebon* ; *AJDA* 2019. 1608 ; *D.* 2019. 2058, M. Bacache, A. Guégan et S. Porchy-Simon, *RTD civ.* 2019. 883, obs. P. Jourdain.

Ces « incapacités » étaient cependant source de difficultés et le rapport Dintilhac a supprimé ces notions pour, d'une part distinguer nettement la perte de gains professionnels (actuels et futurs : PGPA et PGPF), l'incidence professionnelle (IP) et le préjudice fonctionnel (déficits fonctionnels provisoire et permanent) et, d'autre part pour qualifier le préjudice fonctionnel de préjudice personnel. On verra cependant que tout n'est pas parfaitement résolu et que la question reste encore compliquée et sujette à des revirements de la Cour de cassation (v. ss 2328, 2360).

3) Les préjudices extra-patrimoniaux

2319. Il s'agit de préjudices personnels, que l'on appelait auparavant préjudices corporels subjectifs. Ils affectent la personne dans sa chair, son esprit, sa vie quotidienne, mais sans avoir d'incidence patrimoniale directe. Ils ne sont pas d'ordre économique, même s'ils sont réparés par l'attribution d'une somme d'argent et leur évaluation est d'ailleurs souvent difficile et subjective (sur l'action en réparation et la question de l'évaluation, v. ss 2539 s.). On retrouve dans la nomenclature *Dintilhac* les postes de préjudices traditionnels dont le caractère personnel n'était pas discuté : *pretium doloris,* préjudice esthétique, sexuel, d'agrément ; mais également le préjudice physiologique (déficit fonctionnel) qui a soulevé des difficultés en jurisprudence, concernant tant sa définition par rapport au préjudice d'agrément que son caractère personnel. Il n'est pas sûr, au demeurant, que la question soit définitivement réglée.

a) Le pretium doloris

► ***Le pretium doloris,*** ou prix de la douleur, est l'indemnité accordée en considération des souffrances physiques et psychiques consécutives à un accident corporel (souffrances endurées).

2320. Cette réparation de la douleur physique mais aussi morale n'efface pas la souffrance, mais permet de procurer quelques consolations à la victime. Le *pretium doloris* est toujours accordé à la victime, quel que soit le fondement de la responsabilité, sans corrélation avec la faute éventuelle de l'auteur.

b) Le préjudice esthétique

2321. Il peut s'agir, bien sûr, de cicatrices ou de mutilations consécutives aux blessures et, plus largement : de « toute disgrâce physique susceptible de retentir sur l'attrait que la personne blessée avait pu légitimement exercer jusqu'alors » [1].

c) Le préjudice d'agrément et sa distinction avec le déficit fonctionnel

2322. ***Le préjudice d'agrément*** consiste dans la privation du fait de l'accident, de certaines joies de l'existence : pratique d'un sport ou distraction particulière à laquelle la victime s'adonnait avant l'accident.

Le cas des enfants est spécifiquement pris en compte avec la qualification de *préjudice juvénile,* lequel consiste dans la privation des jeux et distractions de leur âge.

---

1. T. civ. Nîmes, 22 déc. 1952, *D.* 1954. Somm. 12.

2323. Le préjudice d'agrément se distingue du ***préjudice ou déficit fonctionnel (DF).*** Ce dernier prend en compte, en fonction du taux d'invalidité de la victime, les répercussions de la diminution de son potentiel physique sur sa vie quotidienne, la « gêne dans les actes de la vie courante » ou le « trouble dans les conditions de vie » ou encore le « trouble dans les conditions d'existence ». Dans la nomenclature *Dintilhac*, ce déficit fonctionnel est réparé au titre des préjudices temporaires pour la période antérieure à la consolidation des blessures (déficit fonctionnel temporaire), puis au titre des préjudices permanents pour la période postérieure à la consolidation des blessures (déficit fonctionnel permanent). Pendant la phase de consolidation, il inclut l'incapacité fonctionnelle totale ou partielle et la perte de qualité de vie et des joies usuelles de la vie courante. Après la consolidation, il inclut les atteintes définitives aux fonctions physiologiques, la perte de la qualité de vie et les troubles ressentis par la victime dans ses conditions d'existence personnelles, familiales et sociales, selon la définition donnée par la Cour de cassation dans une décision du 28 mai 2009 [1] (v. ss 2328).

2324. ***La distinction entre le préjudice fonctionnel et le préjudice d'agrément a cependant été source de difficultés.*** En effet, au cours de la dernière décennie, la conception du préjudice d'agrément a varié : la Cour de cassation est passée d'une conception étroite et subjective à l'origine (perte de la possibilité de se livrer à des activités spécifiques de loisir pratiquées avant l'accident par la victime) à une conception élargie et objective : le préjudice d'agrément a été compris comme l'aptitude abstraite à profiter des « divers agréments de la vie ». Dans cette approche large, le préjudice d'agrément est venu interférer avec le préjudice physiologique ou déficit fonctionnel qui a vocation à prendre en compte la gêne dans les actes de la vie quotidienne et le trouble créé dans les conditions d'existence y compris concernant les agréments de celle-ci.

2325. Ce flottement jurisprudentiel est essentiellement lié à la question de l'étendue du recours des tiers payeurs, notamment la sécurité sociale, sur les sommes versées à la victime par le responsable. Car si le préjudice d'agrément, préjudice personnel et extrapatrimonial a toujours été exclu du recours des tiers payeurs, la situation était plus complexe pour le préjudice fonctionnel, d'autant plus que la la loi du 5 juillet 1985 sur les accidents de la circulation était venue donner une liste limitative des préjudices personnels exclus du recours des caisses ; cette liste comprenait le préjudice d'agrément mais pas le préjudice fonctionnel. Dans ce contexte, le gonflement du préjudice d'agrément, au détriment du préjudice fonctionnel permettait de faire échapper une partie conséquente de l'indemnisation au recours des caisses, dans l'intérêt des victimes. Certaines juridictions, ont ainsi eu recours à la notion de « préjudice fonctionnel d'agrément », ce qui était révélateur de l'objectif : permettre de faire glisser le préjudice fonctionnel (qualifié d'agrément) dans la catégorie des préjudices personnels, sans aller à l'encontre de la loi. La cour d'appel de Paris avait ainsi souligné que les préjudices moraux sont attachés à la personne de la victime et donc exclus du recours des tiers payeurs et qu'ils « sont essentiellement constitués du *pretium doloris,* du préjudice esthétique et du préjudice fonctionnel d'agrément ».

Dans une décision du 19 décembre 2003, l'assemblée plénière de la Cour de cassation, avait voulu mettre fin aux divergences apparues, non seulement entre certaines

---

1. Civ. 2e, 28 mai 2009, n° 08.16-829.

cours d'appel mais même au sein de la Cour de cassation, en précisant que le préjudice fonctionnel d'agrément « corrélatif au déficit fonctionnel de la victime et traduisant l'ensemble des troubles dans les conditions d'existence causés, après la consolidation des blessures, par le handicap dans les actes essentiels de la vie courante, dans les activités affectives et familiales et dans celle des activités de loisirs », représentait une « atteinte objective à l'intégrité physique de la victime » et que les indemnités correspondantes devaient donc faire l'objet du recours subrogatoire du tiers payeur, alors que le préjudice d'agrément est le « préjudice subjectif de caractère personnel résultant des troubles ressentis dans les conditions d'existence ». Elle excluait donc que le préjudice « fonctionnel » puisse être rangé dans les préjudices personnels ; mais, en même temps, elle ne prenait pas clairement parti pour une conception restrictive du préjudice d'agrément qui pouvait encore aller au-delà de la simple privation d'une activité sportive ou de loisir déterminée, compte tenu de la référence au « trouble dans les conditions d'existence ». Cette solution ne clarifiait donc pas vraiment la situation.

2326. Depuis, la réforme du recours des tiers payeurs est intervenue (L. du 21 déc. 2006, v. ss 2356 s.) et a supprimé la liste limitative des préjudices personnels de l'article 31 de la loi du 5 juillet 1985 sur les accidents de la circulation et article L. 376-1 du Code de la sécurité sociale. De plus, le rapport Dintilhac a rangé non seulement le préjudice d'agrément mais également le préjudice fonctionnel dans les préjudices extrapatrimoniaux donc personnels, normalement exclus du recours des caisses (v. ss 2308, nomenclature).

La Cour de cassation est donc revenue à une conception étroite du préjudice d'agrément. Dans une décision du 28 mai 2009, elle a très nettement distingué le préjudice d'agrément et le préjudice fonctionnel et les a définis précisément : « le préjudice d'agrément vise exclusivement à l'indemnisation du préjudice lié à l'impossibilité de pratiquer une activité spécifique sportive ou de loisir »[1]. La conception restrictive qu'elle adopte est ainsi sans ambiguïté. Elle revient à la conception initiale du préjudice d'agrément. Elle précise ensuite que « le déficit fonctionnel temporaire inclut l'incapacité fonctionnelle totale ou partielle ainsi que le temps d'hospitalisation et les pertes de qualité de vie et des joies usuelles de la vie courante durant la maladie traumatique » ; enfin « le déficit fonctionnel permanent inclut, pour la période postérieure à la consolidation, les atteintes aux fonctions physiologiques, la perte de la qualité de la vie et les troubles ressentis par la victime dans ses conditions d'existence personnelles, familiales et sociales ». Cette décision marque par ailleurs l'adoption par la Cour de cassation de la nomenclature Dintilhac. Elle s'est également prononcée en faveur du caractère personnel du préjudice fonctionnel. Pour autant toutes les difficultés ne sont pas résolues concernant ce préjudice fonctionnel car elle a admis dans des décisions postérieures, que le recours des caisses, concernant les rentes accident du travail, pouvait dans certains cas s'étendre à ce poste de préjudice, contredisant donc la loi et, elle est encore revenue à une conception large du préjudice d'agrément dans ce cadre spécifique des accidents du travail, continuant à entretenir des incertitudes regrettables (v. ss 2360, et les références citées).

---

1. Civ. 2e, 28 mai 2009, n° 08.16-829 ; v. aussi Civ. 2e, 29 mars 2018, n° 17.14-499, *D.* 2018 ; 719.

d) Le préjudice sexuel

2327. L'indemnisation du préjudice sexuel consécutif à un accident est un phénomène relativement récent. D'abord considéré comme inclu dans l'incapacité permanente, il a ensuite été considéré comme un élément du préjudice d'agrément. Mais, par un arrêt du 6 janvier 1993 [1], la deuxième chambre civile a clairement affirmé que le préjudice d'agrément n'incluait pas le préjudice sexuel et qu'une demande présentée sur ce second chef demeurait indemnisable alors même que le premier a déjà été indemnisé. Le préjudice sexuel est donc désormais un préjudice autonome [2]. Il a toujours été admis qu'il s'agit d'un préjudice personnel, non soumis au recours des organismes sociaux.

e) Préjudice d'établissement

2328. La Cour de cassation rattachait initialement le préjudice d'établissement au préjudice sexuel (v. ss 2327) puis il est devenu autonome par rapport à celui-ci [3]. Suivant les recommandations de la nomenclature Dintilhac et dans le prolongement de sa jurisprudence, elle a également affirmé l'autonomie du préjudice d'établissement par rapport au préjudice d'agrément [4] puis par rapport au déficit fonctionnel [5]. Il s'agit de prendre en compte, selon les termes de la deuxième chambre civile « la perte d'espoir ou de chance de réaliser un *projet de vie familiale* en raison de la gravité du handicap ». Dès lors que le préjudice d'agrément est redevenu une notion étroite en droit civil et qu'il ne porte que sur la privation d'une activité déterminée, sportive ou de loisir, le préjudice d'établissement s'en dissocie assez facilement. La distinction avec le préjudice fonctionnel peut être plus délicate. Mais la jurisprudence a cependant adopté une approche objective du préjudice fonctionnel en excluant la prise en compte des répercussions du handicap sur les projets de vie de la victime. En principe, la jurisprudence n'admet ce préjudice que si la victime n'avait pas pu encore fonder une famille et a perdu tout espoir de réaliser un projet de vie familiale [6]. Toutefois, il en va différemment si la victime avait déjà pu fonder une famille avant de subir le dommage mais a divorcé ou perdu son conjoint car, dans ce cas, elle perd la possibilité de fonder une seconde famille. Le droit de réaliser un nouveau projet de vie familiale lui est reconnu et se trouve atteint [7].

---

1. Civ. 2e, 6 janv. 1993, *Bull. civ.* II, n° 6, *JCP* 1993. I. 3727, obs. G. Viney ; *RCA*, mars 1997, chron. n° 7, H. Groutel.

2. Civ. 2e, 19 nov. 1998, *RCA* 1999, n° 1 ; Civ. 2e, 17 janv. 2007, n° 05-12. 399, *Juris-Data* n° 2007-037001, indemnisant distinctement le préjudice d'agrément tenant à l'incapacité à s'adonner à ses loisirs favoris et le préjudice sexuel tenant au caractère très réduit de la vie sexuelle et à la nécessité de recourir à la fécondation *in vitro* pour avoir des enfants. V. aussi, L. Carayon, M. Dugué et J. Mattiussi, « Réflexions autour du préjudice sexuel », *D.* 2017. 2257.

3. Civ. 3e, 30 juin 2005, *RTD civ.* 2006. 130, obs. P. Jourdain.

4. Civ. 2e, 12 mai 2011, *D.* 2011. 1411 et 2150, chron. H. Adida-Canac et O. L. Bouvier ; *Gaz. Pal.* 13-16 juill. 2011, p. 34, obs. C. Bernfeld ; *D.* 2012. Pan. 47, note Ph. Brun.

5. Civ. 2e, 13 janv. 2012, n° 11-10. 224, *D.* 2012. Act. 281, obs. V. Da Silva ; *RTD civ.* n° 2, 2012. 316, obs. P. Jourdain.

6. La réparation du préjudice a pu être refusée à une victime qui avait pu adopter un enfant : Civ. 2e, 8 juin 2017, n° 16-19.185, *D.* 2017. 2228, obs. S. Porchy-Simon ; Civ. 1re, 28 nov. 2018, n° 17-26.279.

7. Civ. 1re, 5 juin 2019, n° 18-16.236 ; Civ. 2e, 4 juill. 2019, n° 18-19.592, *D.* 2020. 40, obs. Ph. Brun ; *RTD civ.* 2020. 115, obs. P. Jourdain.

f) Question particulière de la victime en état végétatif

2329. En ce qui concerne les préjudices personnels : *pretium doloris,* esthétique et d'agrément, la question s'est posée de savoir s'ils étaient indemnisables lorsque la victime, dans un état végétatif chronique, ne ressent rien... Après quelques hésitations, la deuxième chambre civile s'est ralliée à la chambre criminelle qui l'avait admis depuis 1978 [1], et, par deux arrêts de principe du 22 février 1995 [2], elle a affirmé que « l'état végétatif d'une personne n'excluant aucun chef d'indemnisation, son préjudice doit être réparé dans tous ses éléments ». C'est une application du principe admis en responsabilité civile de la réparation intégrale du préjudice et, même si cela peut paraître juridiquement discutable, s'agissant d'un préjudice à caractère subjectif, cette position est conforme à l'équité [3]. Toutefois, alors que cette question semblait définitivement réglée, la chambre criminelle elle-même est venue introduire quelque incertitude à nouveau sur le principe de la réparation du préjudice moral des victimes dans le coma, par deux décisions du 5 octobre 2010 [4]. Dans les deux cas, la victime était restée dans le coma, quinze jours dans le premier cas et une heure dans le second et les juges du fond avaient écarté la réparation du préjudice moral parce que rien ne permettait de penser que la victime ait eu une quelconque conscience de la perte de son espérance de vie et ait pu ressentir une douleur morale. Or ces décisions ne sont pas censurées par la chambre criminelle, alors qu'une approche objective du préjudice de la victime en état végétatif, telle que consacrée jusqu'ici, aurait dû conduire à la cassation. Le doute est donc permis sur le sens de ces arrêts. Par ailleurs, certains préjudices particulièrement subjectifs supposent la conscience de son état par la victime, ainsi en cas de préjudice spécial de contamination (v. ss 2330) ou de préjudice de mort imminente (v. ss 2335).

g) Les préjudices évolutifs

2330. ***Il s'agit notamment du préjudice spécifique de contamination.*** Conçu à l'origine pour les victimes contaminées par le VIH à la suite de transfusions sanguines, le « préjudice de contamination » est un préjudice personnel, extrapatrimonial, qui atteint le transfusé mais parfois aussi, par ricochet, son conjoint, son concubin et plus ou moins directement toute sa famille (v. ss 2362 s.).

La Cour de cassation a par la suite précisé que la notion de préjudice spécifique de contamination n'était pas uniquement destinée à l'indemnisation des victimes contaminées par le VIH car elle repose sur les principes du droit commun de la responsabilité civile et non sur la loi du 31 décembre 1991 relative à l'organisation du Fonds de garantie des victimes contaminées par le VIH, désormais pris en charge par l'Office national des accidents médicaux (v. ss 3340 s.). Il s'étend donc à d'autres cas de contamination dont les effets se font sentir ultérieurement comme l'inhalation de poussières d'amiante ou le contact avec des produits cancérigènes, ou l'ingestion d'aliments contaminés ou de médicaments défectueux.

---

1. Crim. 3 avr. 1978.

2. Civ. 2e, *JCP* 1995. I. 3853, obs. G. Viney ; *JCP* 1996. II. 22570, note Y. Dagorne-Labbé ; *D.* 1995. Somm. 233, obs. D. Mazeaud.

3. V. Terrasson de Fougères, article cité dans la bibliographie.

4. Crim. 5 oct. 2010, n° 10-81, 743, *RCA* 2010, comm. 4 ; Crim. 5 oct. 2010, n° 09-87. 385, *RCA* 2010, comm. 41, *RTD civ.* n° 2, 2011. 353, obs. P. Jourdain.

2331. *Concernant sa définition*, il s'agit, selon la Cour de cassation, d'un préjudice exceptionnel extrapatrimonial qui est caractérisé par « l'ensemble des préjudices de caractère personnel tant physiques que psychiques résultant du seul fait de la contamination virale ; il inclut notamment les perturbations et craintes éprouvées, toujours latentes, concernant l'espérance de vie ainsi que la crainte des souffrances ; il comprend aussi le risque de toutes les affections opportunistes consécutives à la découverte de la contamination ; il comprend également les perturbations de la vie sociale, familiale et sexuelle ; il comprend enfin les souffrances, le préjudice esthétique et le préjudice d'agrément provoqués par les soins et traitements subis pour combattre la contamination ou en réduire les effets »[1]. Même si certains auteurs considèrent que cette définition n'est pas en adéquation, par sa globalité, avec la nomenclature *Dintilhac* et qu'il faudrait la revoir[2], la Cour de cassation la répète régulièrement[3].

L'intérêt essentiel de cette « autonomisation du préjudice de contamination » consiste à regrouper un ensemble de chefs de préjudices énumérés dans la définition jurisprudentielle et qualifiés de personnels, ce qui les soustraits à ce titre aux recours des tiers payeurs (sur ce recours, v. ss 2356 s.), permettant ainsi une meilleure indemnisation de la victime.

2332. *La guérison de la victime exclut-elle l'indemnisation ?* La Cour de cassation a admis à plusieurs reprises que le préjudice était réparable même s'il y a guérison, et même guérison totale et définitive[4]. Toutefois, la guérison transforme le préjudice, normalement évolutif et incurable, en un préjudice temporaire. Peut-elle dès lors rester sans aucune incidence ? De fait, dans une décision du 26 septembre 2018, la première chambre civile de la Cour de cassation semble vouloir poser une limite dont les contours restent cependant à préciser. En effet, elle sanctionne une cour d'appel qui, pour fixer l'indemnité réparant le préjudice spécifique de contamination, avait estimé que la crainte de la maladie et des affections opportunistes était destinée à se poursuivre, même si la victime était considérée comme guérie. Elle lui reproche de ne pas avoir caractérisé « l'existence, après la date de la guérison, d'un risque d'altération de l'état de santé lié à la contamination, justifiant la réparation d'un tel préjudice »[5]. La Cour de cassation veut-elle ainsi signifier que la caractérisation de ce risque est une condition d'existence du préjudice de contamination ? Ou bien suffirait-il d'établir que l'angoisse et les troubles dans la vie quotidienne ont existé antérieurement à la guérison pour que ce préjudice soit admis, son caractère temporaire jouant alors non sur son existence, mais seulement sur son évaluation et donc sur le montant de la réparation ? Dans cet ordre d'idées, la deuxième chambre civile

---

1. Civ. 2e, 24 sept. 2009, n° 08-17.241, *RTD civ.* 2010. 117, obs. P. Jourdain ; Civ. 2e, 22 nov. 2012, n° 11-21.031, *D.* 2013. 346, note S. Porchy-Simon et pan. 2665 ; *RCA* 2013, comm. 40, note S. Hoquet-Berg et étude 1 ; *RTD civ.* 2013/1, p. 123, obs. P. Jourdain ; v. déjà pour une définition similaire : Civ. 2e, 2 avr. 1996, *Bull. civ.* II, n° 88 ; *JCP* 1996. I. 3985, n° 12, obs. G. Viney.

2. B. Watz, « Réflexions autour de la notion de préjudice spécifique de contamination », *RCA* 2013, étude 5.

3. V., notamment : Civ. 1re, 28 nov. 2018, n° 17-28.272 ; *RCA* 2019, comm. 481, *RTD civ.* 2019. 117, obs. P. Jourdain.

4. Civ. 2e, 19 nov. 2009, *RCA* 2010, comm. 35 ; *RTD civ.* 2010. 117, obs. P. Jourdain, et plus récemment : Civ. 2e, 4 juill. 2013, n° 12-23.915 ; *RTD civ.* 2013. 846, obs. P. Jourdain ; *D.* 2013. Pan. 2664, obs. S. Porchy-Simon ; L. Morlet-Haïdara, « Le préjudice spécifique de contamination à nouveau sur le métier », *RCA* 2013, étude 11.

5. Civ. 1re, 28 nov. 2018, n° 17-28-272, *RTD civ.* 2019. 117, obs. P. Jourdain.

de la Cour de cassation avait admis une *indemnisation en deux temps*, en approuvant la cour d'appel qui avait accordé une première indemnité à un hémophile, devenu séropositif à la suite d'une transfusion sanguine, mais en subordonnant la liquidation de l'indemnité afférente au sida déclaré, à la constatation médicale ultérieure de la maladie [1].

2333. La Cour de cassation a par ailleurs plus récemment subordonné la réparation du préjudice de contamination à la *conscience de la victime*. Elle a approuvé les juges du fond qui ont relevé que « le caractère exceptionnel de ce préjudice est intrinsèquement associé à la prise de conscience des effets spécifiques de la contamination ». La victime tenue dans l'ignorance de sa contamination par le VIH et par le virus de l'hépatite C n'avait donc pas pu subir ce type de préjudice [2].

2334. Enfin, on notera que la jurisprudence admet également pour les proches de la victime, un *préjudice spécifique d'accompagnement de fin de vie*, qui a pour objet d'indemniser les « troubles et les perturbations dans les conditions d'existence d'un proche » qui partageait habituellement une communauté de vie affective et effective avec la victime (préjudice par ricochet). Mais cette condition de communauté de vie doit être remplie [3].

h) Les préjudices spécifiques : troubles dans les conditions d'existence, préjudice d'anxiété et préjudice d'angoisse de mort imminente

2335. L'expression de *troubles dans les conditions d'existence*, plutôt utilisée à l'origine par la jurisprudence administrative, est désormais admise aussi par la jurisprudence judiciaire.

Cependant, les troubles dans les conditions d'existence ne représentent pas un poste de préjudice autonome : ils sont pris en compte soit comme un élément du préjudice (déficit) fonctionnel (v. ss 2323) ; soit comme un élément du préjudice évolutif de contamination (v. ss 2331). L'expression est alors utilisée pour qualifier le préjudice moral subi par la personne qui se sait exposée à un danger grave dont la réalisation est éminemment probable, à assez brève échéance. Le trouble dans les conditions d'existence rejoint alors aussi, dans cette mesure, la notion de préjudice d'angoisse ou d'anxiété.

2336. *Le préjudice d'angoisse ou d'anxiété est* un chef de préjudice moral plus récemment admis, dont l'autonomie est affirmée par la jurisprudence à partir des années 2000, dans des cas différents [4] mais correspondant à la même réalité d'une angoisse particulière pour la victime. Le préjudice d'angoisse ou d'anxiété résulte « d'une situation

1. Civ. 2e, 20 juill. 1993, *JCP* 1993. IV. 2420 et obs. G. Viney, *JCP* 1993. I. 3727, *D.* 1993. 526, note Y. Chartier.

2. Civ. 2e, 22 nov. 2012, n° 11-21.031, réf. préc., v. ss 2330.

3. Civ. 2e, 21 nov. 2013, n° 12-28.168, *RCA* 2014, comm. n° 39.

4. V. par ex. Civ. 2e, 12 juill. 2007, n° 06-14.606, *RCA* 2007, comm. 298, pour la révélation d'un virus susceptible de provoquer une maladie grave ; Paris, 12 sept. 2008 ; *D.* 2008. 2429 : pose de sondes cardiaques défectueuses nécessitant une explantation ; Soc. 11 mars 2010, n° 09-42.241 à 09-42.257, *D.* 2010. 1358 ; *D.* 2011. 37, obs. O. Gout ; *JCP* 2010. 733, note J. Colonna et V. Renaux-Personnic et 1015, obs. C. Bloch ; *RTD civ.* 2010. 564, obs. P. Jourdain : pour des cas d'exposition au risque de l'amiante.

d'inquiétude permanente face à un risque de déclaration à tout moment d'une maladie[1] ». la Cour de cassation a ainsi reconnu le préjudice d'anxiété subi par les salariés exposés à l'amiante et l'a même élargi[2] ; elle a ensuite eu recours à cette notion concernant des salariés exposés à d'autres risques (inhalation de substances nocives ou toxiques)[3] et a également admis le préjudice d'anxiété d'une victime du Distilbène, consécutif à l'exposition à ce produit et à la nécessité d'un suivi régulier au regard des risques de développer un cancer[4].

2337. Quant au *préjudice d'angoisse de mort imminente*, il correspond au cas de la victime est si gravement atteinte qu'elle ne survivra que peu de temps à ses blessures[5]. La conscience qu'elle a de sa mort imminente est considérée comme un préjudice réparable. Il existe cependant sur cette question une divergence entre la deuxième chambre civile de la Cour de cassation et la chambre criminelle. La chambre criminelle admet que l'on puisse indemniser distinctement le chef de préjudice constitué par les souffrances endurées du fait des blessures (qui réparent à la fois les souffrances physiques et morales) et l'angoisse d'une mort imminente qui représente une douleur morale spécifique[6]. Ce préjudice se distingue en outre du préjudice de vie abrégée ou « perte d'une chance de vie »[7] (sur la perte de chance, v. ss 2343 s.). Bien que la distinction ne soit pas évidente, voire même puisse être contestée, elle réside dans le caractère particulièrement subjectif du préjudice de mort imminente, qui implique, à la différence de la perte d'une chance de vie, la conscience par la victime de l'issue fatale, ce qui génère angoisse et même parfois terreur[8]. Si la victime n'est pas consciente, cette terreur spécifique

---

1. Soc. 25 sept. 2013, n° 12-20.157, *RDC* 2014/1, p. 23, note G. Viney ; *D.* 2013. Pan. 2663, obs. S. Porchy-Simon (expositions à l'amiante) ; et pour la même définition v. Soc. 4 déc. 2012, n° 11-26.294, *D.* 2012. 2973 ; *Gaz. Pal.* 16 févr. 2013, p. 38, note D. Tapinos ; v. aussi, « Amiante et préjudice d'anxiété, toujours plus ! (à propos de l'arrêt de la chambre sociale du 4 décembre 2012) », C. Corgas-Bernard, *RCA* 2013, étude 3.

2. Après avoir limité la réparation du préjudice d'anxiété aux salariés éligibles à l'allocation de cessation anticipée d'activité ayant travaillé dans l'un des étabissements mentionnés à l'article 41 de la loi du 23 décembre 1998 modifiée, elle l'a étendu à tous les salariés : Ass. plén. 5 avr. 2019, n° 18-17.442 : *D.* 2019. 922, note P. Jourdain ; *ibid.* 2058, obs. M. Bacache, A. Guégan et S. Porchy-Simon ; *RTD civ.* 2019. 873, obs. P. Jourdain.

3. Soc. 11 sept. 2019, n° 17-24-879, *D.* 2019. 1765, obs. A. Guéguan ; *JCP* 2019, n° 1024, obs. M. Bacache ; *RTD civ.* 2019. 873, obs. P. Jourdain.

4. Civ. 1re, 5 juin 2019, n° 18-16.236, *Gaz. Pal.* 8 oct. 2019, p. 80, obs. D. Tapinos ; *RCA* 2019, étude 10, par S. Hocquet-Berg, *RTD civ.* 2020. 113, obs. P. Jourdain (La réparation du préjudice d'anxiété a été admise distinctement du *pretium doloris* et du déficit fonctionnel permanent, également réparés).

5. V. C. Pellegrini, « Le préjudice d'angoisse de mort imminente », *RCA* 2015, étude n° 9.

6. Crim. 23 oct. 2012, n° 11-83.770, *RCA* 2013, comm. 2 ; *RTD civ.* 2013/1, p. 125, obs. P. Jourdain ; Crim. 26 mars 2013, n° 12-86. 200, *JCP* 2013, n° 531, obs. J. Bourdoiseau et n° 675, obs. D. Bakouche ; *RCA* 2013, comm. 167, obs. L. Bloch ; *RTD civ.* 2013. 614, obs. P. Jourdain ; *D.* 2013. Pan. 2662, obs. S. Porchy-Simon ; Civ. 2e, 18 avr. 2013, n° 12-18. 199, *RCA* 2013, comm. 167, obs. L. Bloch ; *RTD civ.* 2013/3, p. 614, obs. P. Jourdain.

7. Crim. 26 mars 2013, n° 12-86. 200, réf. préc. : l'arrêt distingue bien le préjudice de mort imminente de la perte d'une chance de vie.

8. V. notamment, relevant la conscience de la victime : Crim. 23 oct. 2012, n° 11-83.770, *RCA* 2013, comm. 2 ; *RTD civ.* 2013/1, p. 125, obs. P. Jourdain ; et *contra*, pour une absence de réparation en raison de l'inconscience de la victime : Crim. 5 oct. 2010, n° 10-81.743, *Juris-Data* n° 2010-0201174 ; *RCA* 2011, comm. 4.

n'existe pas[1]. La chambre criminelle a également précisé que ce préjudice ne pouvait être constitué que pour la période postérieure à l'accident causant les blessures et le décès[2]. Enfin elle a confirmé que ce préjudice était transmissible aux héritiers[3].

La seconde chambre civile de la Cour de cassation, pour sa part, n'admet pas que le préjudice lié à la conscience de sa mort prochaine soit indemnisé séparément. Elle considère en effet que le préjudice moral lié aux souffrances psychiques et aux troubles qui y sont associés est inclus dans le poste de préjudice temporaire des souffrances endurées (*pretium doloris*), quelle que soit l'origine desdites souffrance, y compris donc s'il s'agit d'une angoisse de mort imminente[4]. Or, dans le cadre d'une évaluation globale des souffrances endurées, où le préjudice de mort imminente n'est pas pris en compte comme un chef de préjudice autonome, il est à craindre que les sommes allouées soient moindres que s'il est évalué de façon autonome, ainsi que cela a pu être relevé[5].

Elle a également précisé que « la perte de sa vie ne fait en elle-même naître aucun droit à réparation dans le patrimoine de la victime. Seul est indemnisable le préjudice résultant de la souffrance morale liée à la conscience de sa mort prochaine »[6].

i) La question du préjudice de vie dommageable ou préjudice de wrongful life : le fait de naître handicapé peut-il constituer un préjudice réparable ?

2338. ***Dans le cas où une faute médicale a créé le handicap***, il n'y a jamais eu de véritables difficultés pour admettre la réparation du préjudice des parents et du préjudice de l'enfant, ni dans la jurisprudence judiciaire, ni dans la jurisprudence administrative. Certes, la Cour de cassation[7], comme le Conseil d'État[8] ont exclu que le fait de naître normalement constitué et en bonne santé (même après l'échec d'une IVG) puisse en soi constituer un préjudice réparable mais ils ont admis néanmoins la réparation du préjudice consistant dans le handicap, lorsqu'il a été provoqué par la faute médicale (par exemple l'échec d'une interruption de grossesse, mal pratiquée qui aboutit finalement à la naissance d'un enfant handicapé du fait de l'intervention).

---

1. Réaffirmant la nécessité de cette conscience : Crim. 27 sept. 2016, *Juris-Data* n° 2016-019634 ; *RCA* 2006. 327, note H. Groutel ; Crim. 25 juin 2019, n° 18-82.655, *RTD civ.* 2019. 878, obs. P. Jourdain.

2. La chambre criminelle ne se contente donc pas d'une angoisse reposant sur un simple risque de blessures et de mort, elle exige un accident causant des blessures physiques suivies de la mort : Crim. 14 mai 2019, n° 18-85.616 et crim. 25 juin 2019, n° 18-82.655, *RTD civ.* 2019. 878, obs. crit. P. Jourdain.

3. Crim. 27 sept. 2016, préc.

4. En dernier lieu : Civ. 2e, 29 juin 2017 et 14 sept 2017, *D.* 2017. 224, obs. M. Bacache, 2018. 37, obs. P. Brun ; *RCA* 2017. 312 ; et déjà auparavant : Civ. 2e, 2 févr. 2017, n° 16-11.411, *D.* 2017. 350 et 2242, obs. M. Bacache, 2018. 37, obs. P. Brun ; *Gaz. Pal.* 6 juin 2017, p. 66, obs. C. Bernfeld et L. Witz ; Civ. 2e, 18 févr. 2013. *D.* 2013. 2658, obs. S. Porchy-Simon et 2014. 47, obs. P. Brun ; *RTD civ.* 2013. 614, obs. P. Jourdain.

5. P. Brun, obs. sous Civ. 2e, 2 févr. 2017, 29 juin 2017 et 14 sept. 2017, *RCA* 2017, comm. 127, note H. Groutel ; *D.* 2018. 37.

6. Civ. 2e, 20 oct. 2016, *RCA* 2017, comm. 2, note H. Groutel ; Civ. 2e, 23 nov. 2017, n° 16-13.948, *RCA* 2018, comm. 32, note S. Hoquet-Berg : dans cette espèce, il n'était pas établi que l'enfant de quatre ans, mort par noyade, avait eu cette conscience.

7. Civ. 1re, 25 juin 1991, *D.* 1991. 566, note P. le Tourneau ; *RTD civ.* 1991. 753, obs. P. Jourdain.

8. CE 2 juill. 1982, *D.* 1984. 245, note J.-B. d'Onorio ; *ibid.* IR 21, obs. F. Moderne et P. Bon.

2339. Le débat sur la réparation du préjudice de l'enfant né handicapé n'a donc jamais concerné que ***le cas où la faute médicale n'a pas directement causé le handicap*** et où elle a seulement empêché de le déceler, faisant ainsi perdre aux parents une chance de pratiquer une interruption de grossesse.

Dans ce cas en effet, la question a été plus difficile à résoudre car la faute n'est pas en rapport de causalité directe avec le handicap mais avec le fait de naître. Sans la faute en effet, le handicap aurait existé, mais les parents auraient pu recourir à une interruption thérapeutique de grossesse. C'est donc plus directement ici, le fait de naître qui a été invoqué comme un préjudice réparable, ce qui soulève la question du caractère légitime du préjudice (sur ce point, v. ss 2382). C'est précisément ce cas de figure qui a donné lieu à l'arrêt *Perruche* et c'est à cette occasion que la notion de « préjudice de vie dommageable » a été avancée. Dans ce fameux arrêt, la Cour de cassation, en assemblée plénière, a accordé réparation, non seulement aux parents mais aussi à l'enfant né handicapé des suites d'une rubéole contractée par sa mère, en relevant la faute du médecin, qui n'avait pas créé le handicap, congénital, mais ne l'avait pas décelé, et avait ainsi empêché la mère d'exercer son choix de demander ou non une IVG. La cour d'appel d'Orléans, dont l'arrêt était soumis à l'assemblée plénière [1], avait relevé que « si un être humain est titulaire de droits dès sa conception, il n'en possède pas pour autant celui de naître ou de ne pas naître, de vivre ou de ne pas vivre ; qu'ainsi sa naissance ou la suppression de sa vie, ne peut pas être considérée comme une chance ou une malchance dont il peut tirer des conséquences juridiques ». L'assemblée plénière, en affirmant que l'enfant peut demander réparation de son préjudice, semblait sous-entendre que ce préjudice est, précisément, d'être né et de devoir vivre une vie d'handicapé. C'est ce qu'un auteur a appelé « l'action de vie dommageable », par analogie avec le concept anglo-saxon de *wrongful life*. Ce concept a été utilisé notamment au Canada pour justifier l'euthanasie car, « interdire l'action en *wrongful life,* considérée comme un substitut processuel de l'euthanasie prénatale inaccomplie, créerait une discrimination entre les enfants non euthanasiés et eux qui ont profité de la chance (puisque le mot est utilisé) de l'avoir été »[2]. L'auteur ajoute : « pour fonder en droit cette indemnisation du préjudice de vie dommageable, il faut poser en règle que l'enfant est titulaire, dès sa conception du droit de naître « normal », donc de ne pas naître anormal ». On voit le risque de dérives eugéniques à laquelle cette conception du « préjudice de vie dommageable » peut nous entraîner[3]. En raison de ces risques, le Comité national d'éthique, le 15 juin 2001, a jugé inacceptable la reconnaissance d'un « droit de l'enfant à ne pas naître », mais la Cour de cassation a maintenu sa position dans trois arrêts rendus en assemblée plénière le 13 juillet 2001[4]. Le Conseil d'État pour sa part, n'a pas admis la réparation du préjudice de l'enfant mais, dans l'affaire *Quarez*[5] en 1997, il a admis la réparation du préjudice moral mais aussi matériel des parents.

2340. ***Condamnation de la jurisprudence Perruche par la loi du 4 mars 2002.*** La réparation du préjudice de l'enfant né handicapé dans le cas où la faute médicale n'a pas

1. Orléans, 5 févr. 1999, *RTD civ.* 2000. 80.

2. V. Mémeteau, chron. citée dans la bibliographie.

3. Ass. plén. 17 nov. 2000 (arrêt *Perruche*), *JCP* 2000. II. 10438, rapp. P. Sargos, concl. J. Ste-Rose, note F. Chabas ; v. aussi C. Mémeteau, « L'action de vie dommageable », *JCP* 2000. I. 279.

4. Ass. plén. 13 juill. 2001, *JCP* 2001. II. 10601, concl. J. Sainte-Rose, note F. Chabas, *Dr. fam.* 2001. Chron. 24, obs. P. Murat, *LPA* 2001, n° 232, p. 7, chron. M. Gobert.

5. CE, sect., 14 févr. 1997, *CH Nice c/ Quarez, Lebon* 1997. 44.

créé le handicap mais à seulement empêché les parents de pratiquer un IVG, a été ensuite condamnée par le législateur. La loi du 4 mars 2002, sur les droits des malades et l'amélioration du système de santé a en effet adopté un dispositif « anti-Perruche » qui contredit la position adoptée par la Cour de cassation.

L'article 1er de la loi du 4 mars 2002, inspiré par des considérations éthiques mais également par le souci de préserver les médecins d'une mise en jeu systématique de leur responsabilité, est venu préciser que « nul ne peut se prévaloir d'un préjudice du seul fait de sa naissance ». Il ajoute que la personne née avec un handicap ne peut obtenir réparation de son préjudice que s'il est dû à une faute médicale et si cet « acte fautif a provoqué directement le handicap ou l'a aggravé » (intervention *in utero* par exemple ou erreur de traitement de la mère).

– S'agissant du préjudice de l'enfant, la jurisprudence *Perruche* s'est donc trouvée invalidée : la possibilité pour l'enfant d'obtenir réparation du préjudice consistant à être né handicapé lorsque la faute médicale n'a pas causé ni aggravé le handicap mais a consisté à ne pas le déceler ou à ne pas informer les parents est exclue.

– S'agissant des parents, lorsque la faute médicale n'a pas causé le handicap, mais a consisté à ne pas le déceler, privant ainsi les parents de la possibilité de recourir à une IVG thérapeutique, la loi de 2002 admet, à leur égard la réparation d'un préjudice moral. Mais elle limite les chefs de préjudice invocables par les parents à l'encontre du praticien fautif en déclarant que « ce préjudice ne saurait inclure les charges particulières découlant, tout au long de la vie de l'enfant, de ce handicap. La compensation de ce dernier relève de la solidarité nationale ».

2341. ***Validation du dispositif par le Conseil constitutionnel.*** Le dispositif mis en place par la loi du 4 mars 2002 a ensuite été validé par le Conseil constitutionnel, saisi d'une question prioritaire de constitutionnalité, dans une décision du 11 juin 2010[1]. La question, transmise par le Conseil d'État, portait sur la conformité aux droits et libertés garantis par la constitution, à la fois de l'article 2 de la loi du 11 février 2005 concernant l'application de la loi de 2002 aux instances en cours, mais également de l'article premier de la loi du 4 mars 2002 : tout le dispositif anti-Perruche était donc concerné et le Conseil constitutionnel a répondu dans sa décision à toutes les questions qui ont fait débat et écarté l'inconstitutionnalité du texte concernant la *réparation du préjudice de l'enfant*, en se prononçant tant sur le caractère réparable du préjudice (v. ss 2384) que sur la question du lien de causalité (v. ss 2405), mais également à propos de la réparation du préjudice des parents, limitée au préjudice moral.

Restait la question de l'application de la loi nouvelle aux instances en cours posée par la loi du 4 mars 2002, mais dans une formule ambigüe qui avait déjà suscité l'intervention de la Cour européenne des droits de l'Homme[2]. Le Conseil a rendu

---

1. Cons. const. 11 juin 2010, Décis. n° 2010-2, QPC ; *Dr. fam.* juill. 2010, Repère, V. L.-Terneyre. *D.* 2010. 1557, obs. I. Gallmeister, 1976, note D. Vigneau et 1980, note V. Bernaud et L. Gay ; *Constitutions* 2010. 391, obs. A. Levade ; *RTD civ.* 2012. 517, obs. P. Puig ; *D.* 2012. 2570, obs. A. Laude.

2. Les parents dont les affaires se trouvaient pendantes devant les juridictions administratives, avaient en effet saisi la Cour européenne sur divers fondements, dont l'article 1er de 1er protocole additionnel concernant le droit au respect des biens. Par deux arrêts du 6 octobre 2005 la Cour européenne des droits de l'Homme (CEDH, gr. ch., 6 oct. 2005, *Draon c/ France et Maurice c/ France* ; www.echr.coe.int ; *JCP* 2006. II. 10061, note A. Zollinger ; *Dr. fam.* nov. 2005, comm. C. Radé, p. 44 ; *LPA* 17 mars 2006, n° 55, chron. S. Monnier) a remis en cause l'applicabilité immédiate du système d'indemnisation à des litiges en cours. En effet, la CEDH a estimé que lorsque l'intérêt patrimonial concerné est de l'ordre d'une créance, il peut être considéré comme une valeur patrimoniale « lorsqu'il

sur ce point une décision d'inconstitutionnalité. Il a considéré que l'article 2-1-II de la loi du 11 février 2005, déclarant cette application de la loi nouvelle aux instances non jugées de manière irrévocable, était inconstitutionnel, le législateur ne pouvant « modifier de façon aussi importante les droits des personnes qui avaient engagé une procédure avant l'entrée en vigueur de la loi ». Il a donc abrogé l'article 2. Il a cependant condamné dans les motifs de sa décision, la solution maximale qu'avait adoptée la Cour de cassation[1], consistant à exclure l'application de la loi de 2002 dès lors que l'enfant était avant l'entrée en vigueur de la loi, même si aucune action n'avait été engagée. Des motifs d'intérêt général, précise le Conseil constitutionnel « pouvaient justifier que les nouvelles règles fussent rendues applicables aux instances à venir relatives aux situations juridiques nées antérieurement ».

Malgré la décision du Conseil constitutionnel la *Cour de cassation* a encore fait postérieurement de la résistance et, au prix d'une interprétation de la décision du Conseil constitutionnel contredite par le Conseil d'État[2], elle a considéré que la loi nouvelle ne devait s'appliquer qu'aux faits dommageables postérieurs à son entrée en vigueur, indépendamment de la date de l'introduction de l'instance... La Cour de cassation a ainsi décidé de continuer à faire application de la jurisprudence *Perruche* aux enfants nés avant l'entrée en vigueur de la loi de 2002...[3]. Depuis, cependant, la Cour de cassation a mis en œuvre le « dispositif anti-Perruche » issu de la loi du 4 mars 2002 en lui reconnaissant son efficacité pour l'avenir[4].

Le débat est, en toute hypothèse, définitivement clos.

---

est confirmé par une jurisprudence bien établie des tribunaux » (ce qui était le cas pour la réparation intégrale du préjudice des parents depuis l'affaire Quarez, pour la jurisprudence administrative et pour la jurisprudence judiciaire, depuis l'arrêt Perruche). L'espérance de cette indemnisation intégrale était donc légitime, et cette créance constituait donc un « bien » susceptible d'être protégé. Ces affaires concernaient la jurisprudence administrative.

1. Par plusieurs arrêts du 24 janvier 2006, rendus contre l'avis de l'Avocat général G. Sainte-Rose (Civ. 1re, 24 janv. 2006, *RCA* 2006, comm. 127, C. Radé ; *JCP* 2006. II. 10062, note A. Gouttenoire et S. Porchy-Simon ; *Gaz. Pal.* 12-14 févr. 2006, concl. J. Sainte-Rose ; *LPA* 31 mars 2006, p. 13, note S. Prigent), la Cour de cassation a écarté l'application de l'article 1er de la loi de 2002 aux instances en cours en estimant que le mécanisme de compensation forfaitaire au handicap, instauré par cette loi, était sans rapport raisonnable avec la créance de réparation intégrale à laquelle aurait pu prétendre l'enfant avant l'entrée en vigueur de la loi. Dans une décision du 8 juillet 2008, destinée au rapport de la Cour de cassation, qui ne laissait aucun doute sur sa volonté de contrecarrer l'application de la loi de 2002 (Civ. 1re, 8 juill. 2008, *Juris-Data* n° 2008-044756 ; *JCP* 2008. II. 10166, avis C. Mellotte, note P. Sargos ; *JCP* 2009, chron. n° 10, obs. Ph. Stoffel-Munck ; *RCA* 2008, comm. n° 329, note S. Porchy-Simon), elle a considéré que la créance indemnitaire était acquise au jour de la naissance de l'enfant (jour de la réalisation du préjudice) et donc, que la loi de 2002 ne devait pas s'appliquer aux enfants nés avant son entrée en vigueur, que l'action ait été engagée avant l'entrée en vigueur de la loi ou que les parents n'aient saisi une juridiction que postérieurement. C'est cette dernière solution, trop extensive, a été condamnée par le Conseil constitutionnel dans la décision du 11 juin 2010.

2. CE 13 mai 2011, n° 329290, n° 317808, deux espèces ; *AJDA* 2011. 991, obs. S. Brondel ; *ibid.* 1136, chron. X. Domino et A. Bretonneau ; *Constitutions* 2011. 403, obs. X. Bioy ; *JCP avr.* 2012. 530, obs. C. Bloch ; P. Deumier, « L'après QPC de l'anti-Perruche, épisode 1 », *RTD civ.* n° 2, 2012. 71-75.

3. Civ. 1re, 15 déc. 2011, n° 10-27.473, *JCP* 2012, note 72, concl. P. Chevalier et note approb. P. Sargos ; *D.* 2012. 313, note crit. D. Vigneau ; *JCP avr.* 2012. 530, obs. C. Bloch ; P. Deumier, « L'après QPC de l'anti-Perruche, épisode 1 », *RTD civ.* n° 2, 2012. 71-75.

4. Civ. 1re, 14 nov. 2013, n° 12-21. 576, *Juris-Data* n° 2013-025523, *RCA* 2013, comm. 64 ; S. Hocquet-Berg, « Le dispositif « anti-Perruche » efficacement à l'œuvre », *RCA* févr. 2014, étude 2.

§ 2. Les caractères du préjudice réparable

2342. Pour être réparable, le préjudice doit être certain, actuel et direct, personnel et socialement reconnu, c'est-à-dire constituer une atteinte à un intérêt légitime. Cela suffit à pouvoir exercer une action en responsabilité civile, même s'il existe d'autres voies de droit, l'action en responsabilité civile n'étant pas subsidiaire aux autres voies de droit dont pourrait disposer la victime pour obtenir réparation[1]. Ces caractères sont confirmés par *l'actuel projet de réforme du 13 mars 2017* (cf. art. 1235 et 1236).

A. Le préjudice doit être certain : perte d'une chance ou apparition d'un risque

2343. Cela signifie que le dommage doit être déjà réalisé et pouvoir être prouvé, par opposition à un dommage purement hypothétique ou éventuel, qui ne saurait donner lieu à réparation. Il faut distinguer cette hypothèse de celle du *préjudice futur* mais certain, qui sera envisagé à ce titre (v. ss 2349).

Toutefois, il est parfois assez difficile de faire la différence entre un dommage « virtuel ou potentiel » qui est jugé certain et donc réparable et le dommage « éventuel, hypothétique » qui ne l'est pas. La jurisprudence, n'est plus aussi ferme sur la nécessité du caractère certain du préjudice et tient, désormais, compte, non seulement de la perte d'une chance, mais encore de l'apparition d'un risque.

1) La perte d'une chance

2344. La perte d'une chance se définit comme la perte de l'espoir raisonnable d'un avantage futur : perte de la possibilité de se présenter à un examen ou à un concours, perte de l'espoir d'embrasser une carrière déterminée ou de bénéficier d'une promotion professionnelle[2], disparition des espoirs de remboursement d'un prêt en raison du décès accidentel de l'emprunteur[3]. Les exemples sont nombreux[4]. La perte d'une chance de pouvoir pratiquer une IVG (interruption volontaire de grossesse) lorsque, par suite d'une erreur du laboratoire d'analyses, une enfant atteinte de mongolisme est née[5], ou encore la perte d'une chance pour un enfant ayant dû supporter les conséquences de la rubéole, contractée par sa mère en début de grossesse, du fait du médecin qui n'avait pas demandé la sérologie de la rubéole, à l'occasion du certificat prénatal (examen obligatoire)[6], ont pu être reconnues comme des préjudices réparables, jusqu'à l'affaire *Perruche* et à la loi du 4 mars 2002 qui a mis fin à cette jurisprudence (v. ss 2339 s.). Ni le préjudice final constitué par le fait de naître handicapé, ni la perte d'une chance de ne pas naître handicapé ne sauraient plus être retenus.

---

1. Civ. 1re, 2 oct. 2002, *Bull. civ.* I, n° 226, *RTD civ.* n° 1, 2003. 97, obs. P. Jourdain.

2. Crim. 9 oct. 1975, *Bull. crim.* n° 212, p. 567.

3. Civ. 2e, 25 juin 1975, *D.* 1975. IR 199.

4. Pour un autre exemple où est admise la perte de chance de reprendre avec succès l'activité de forain de ses parents en raison de la cécité de l'œil gauche, interdisant à la victime de passer un permis de conduire poids lourd : Civ. 2e, 16 janv. 2014, n° 13-10.566, *Juris-Data* n° 2014-000221, *RCA* 2014, comm. 102.

5. TGI Montpellier, 15 déc. 1989, *JCP* 1990. II. 21556, note J.-P. Gridel.

6. Civ. 1re, 16 juill. 1991, *JCP* 1992. II. 21947, note A. Dorsner-Jolivet.

– La perte d'une chance est généralement admise par la jurisprudence et donne lieu à réparation chaque fois qu'elle est certaine. Ce *caractère de certitude* n'est cependant pas toujours facile à apprécier. La perte de chance est certaine lorsque les chances ont été courues et que le dommage final s'est réalisé ; à l'inverse la perte de chance n'est pas admise si le dommage final ne s'est pas réalisé ou si des chances existaient encore après le fait générateur et que la victime ne les a pas tentées[1].

– La jurisprudence, à l'origine, exigeait la preuve que les chances perdues soient réelles et sérieuses, solution impliquant de la part des juges une appréciation rigoureuse, destinée à éviter des dérives et une admission trop facile de ce type de préjudice[2]. Cependant, la Cour de cassation a ensuite adopté une attitude beaucoup moins rigoureuse en indiquant, dans une décision de principe du 16 janvier 2013, que « la perte certaine d'une chance, même faible, est indemnisable »[3] et après plusieurs décisions plus incertaines, elle a réaffirmé cette position dans une décision du 12 octobre 2016. Elle y affirme que « toute perte de chance ouvre droit à réparation » et donne raison aux juges du fond d'avoir pris en compte la perte d'une chance « même minime » ; celle, en l'occurrence, pour un justiciable de voir écarter les prétentions de son adversaire dans le contexte d'une action en justice ; l'avocat avait, par sa faute, empêché son client de saisir à temps la cour d'appel après un renvoi de cassation[4].

2345. *L'actuel projet de réforme de la Chancellerie,* pose l'exigence d'un préjudice certain mais admet la réparation de la perte de chance et, reprenant à cet égard les propositions de l'avant-projet *Catala,* définit la « perte d'une chance réparable » comme « la disparition actuelle et certaine d'une éventualité favorable ». Il est précisé par ailleurs que ce préjudice doit être mesuré à la chance perdue et ne peut être égale à l'avantage qu'aurait procuré la chance si elle s'était réalisée » (art. 1238), ce qui est conforme à la solution jurisprudentielle.

2) L'apparition d'un risque

2346. L'identification d'un préjudice réparable peut aussi résulter de la seule apparition d'un risque, mais généralement, ce n'est pas le risque, en tant que tel qui constitue le préjudice réparable : il est *pris en compte soit au titre de la perte de chance, soit au titre d'un préjudice moral d'anxiété ou d'angoisse.* Ainsi, le risque pris en charge au titre de la perte de chance est souvent un risque lié à *l'activité médicale :* Le préjudice consiste alors, non pas dans le décès ou l'aggravation de l'état de santé du patient (préjudice final non réparable car incertain), mais dans une diminution pour le patient des chances d'éviter une détérioration de son état, du fait du risque créé par la décision médicale : risque d'une mort prématurée provoquée par l'ablation d'un organe[5], risque

---

1. Civ. 1re, 21 nov. 2006, *JCP* 2007. I, n° 115, obs. Ph. Stoffel-Munck ; *RDC* 2007. 266, obs. D. Mazeaud ; Civ. 2e, 24 juin 1999, *Bull. civ.* II, n° 126.

2. V. *La perte d'une chance*, colloque Orléans, 12 févr. 2013, *LPA* 2013.

3. Civ. 1re, 16 janv. 2013, n° 1.439, *D.* 2013. 619, note M. Bacache et *ibid.* 243, obs. I. Gallmeister, 2014. 47, obs. Ph. Brun et 169, obs. T. Wickers, *Gaz. Pal.* 10-1-23 avr. 3013, note A. Guégan ; *RCA* 2013, comm. 108, note F. Leduc ; *RTD civ.* 2013/2, p. 380, obs. critiques P. Jourdain ; *JCP* 2013. 98, obs. H. Slim et 1291, obs. P. Stoffel-Munck ; *RCA* 2013. 108, obs. F. Leduc ; *Gaz. Pal.* 23 avr. 2013, p. 14, obs. A. Guégan-Lécuyer.

4. Civ. 1re, 12 oct. 2016, n° 15-23.230, *D.* 2017. 26, obs. P. Brun.

5. Civ. 2e, 13 mars 1967, *D.* 1967. 591.

d'entraîner une évolution particulièrement grave d'une maladie comme une tétraplégie consécutive à une méningite non diagnostiquée [1], ou encore risque de contracter le VIH en raison de multiples transfusions sanguines dues à des fautes du chirurgien [2]. Ce risque est alors pris en compte pour retenir un préjudice constitué par une perte de chance de survie, de guérison ou, tout au moins, de non aggravation de l'état du patient. Il n'est pas question, cependant de charger systématiquement le médecin du « risque thérapeutique », c'est-à-dire de lui faire assumer, sous le couvert de perte d'une chance, la responsabilité de dommages résultant de son activité non fautive [3]. Le médecin n'est pas responsable en effet de « l'aléa thérapeutique », qui affecte tout acte médical (v. ss 2956). La responsabilité n'est encourue par principe que si les médecins ont commis une faute qui doit être prouvée par la victime : par exemple la persistance dans une erreur de diagnostic ayant entraîné la perte d'une chance de subir des séquelles moindres [4]. La doctrine préconisait la mise en place d'un fonds d'indemnisation susceptible de prendre en charge les dommages rattachables à un acte médical sans qu'aucune faute n'ait pu être décelée. La loi du 4 mars 2002 a suivi ces préconisations : un système d'indemnisation géré par l'ONIAM prend aujourd'hui le relais, lorsqu'il n'y a pas matière à responsabilité médicale (accident médical, affections iatrogènes et infections nosocomiales), au-delà d'un certain seuil de gravité cependant (v. ss 3350 s.).

2347. Parfois, cependant, le *seul fait d'être exposé à un risque de dommage* est générateur d'un préjudice réparable. Ainsi, toujours dans le domaine de la santé, le préjudice spécifique de contamination (v. ss 2330) consiste bien dans la prise en considération d'un risque : le risque de déclaration de la maladie, qui génère un préjudice spécifique, complexe.

La Cour de cassation avance cependant avec prudence et dans l'affaire dite « des sondes cardiaques défectueuses », elle a refusé d'assimiler le risque de dommage à un préjudice réparable [5], même sur le fondement de la perte de chance. On retiendra la formule selon laquelle, le risque ne s'étant pas réalisé, le préjudice n'est qu'éventuel.

En dehors de l'activité médicale, le risque de dommage a également pu être parfois considéré comme un préjudice réparable en tant que tel. Ainsi, le propriétaire d'un étang qui en maintenait le niveau d'eau très élevé grâce à un « barrage de fortune », s'est-il vu assigner par un voisin, exploitant d'une pêcherie, au motif que cet état de fait empêchait l'écoulement naturel des eaux et « risquait » de provoquer des inondations. Tant les juges du fond que la Cour de cassation lui ont donné raison [6]. A également été considéré comme préjudice réparable, le risque préjudiciable découlant du stockage de paille, matière éminemment inflammable, à proximité d'une habitation [7].

2348. L'impact contemporain du *principe de précaution* conduit même parfois à aller encore plus loin et à prendre en compte un *risque simplement hypothétique*.

---

1. Civ. 1re, 20 juill. 1988, *Bull. civ.* I, n° 260, *RTD civ.* 1989. 85, obs. P. Jourdain.

2. Versailles, 1re ch., 30 mars 1989, *JCP* 1990. II. 21505, note A. Dorsner-Dolivet et n° 990.

3. Civ. 1re, 17 nov. 1982, *JCP* 1983. II. 20056, note M. Saluden.

4. Civ. 1re, 8 juill. 1997 (deux esp.), 1997. II. 22921, rapp. P. Sargos.

5. Civ. 1re, 19 déc. 2006, *RTD civ.* 2007. 352, obs. P. Jourdain ; *RCA* 2007, comm. n° 64, obs. C. Radé ; *JCP* 2007. II. 10052, note S. Hocquet-Berg.

6. Civ. 3e, 17 déc. 2002, *RDI* 2003. 322, obs. Y. Jégouzo et C. Thébulle ; *JCP* 2004. I. 101, obs. G. Viney.

7. Civ. 2e, 24 févr. 2005, *JCP* 2005. II. 10100, note F.-G. Trébulle.

Ainsi, en imposant le déplacement d'une antenne-relais de téléphonie mobile, en raison du « préjudice moral résultant de l'angoisse créée et subie » par les personnes dont le domicile était situé à proximité immédiate de cette antenne, la cour d'appel de Versailles, dans une décision du 4 février 2009 [1] a pris en compte la « possible réalisation d'un risque hypothétique » [2] pour admettre l'existence d'un préjudice [3]. Ce n'est plus ici la certitude du risque qui justifie la qualification de dommage actuel, mais le fait qu'il n'y a pas de certitude sur l'inexistence du risque. La responsabilité civile acquiert ici une fonction d'anticipation et de prévention et on voit clairement l'incidence du principe de précaution, auquel le tribunal de Nanterre, dont la cour de Versailles confirme la décision, avait, pour sa part, fait référence explicitement, estimant que si la discussion scientifique reste ouverte sur l'innocuité de ces antennes, la société installatrice ne démontrait dans le cas d'espèce, « ni l'absence de risque, ni le respect d'un quelconque principe de précaution » [4] (v. ss 2191). Cette décision a été critiquée et d'autres cours d'appel étaient revenues à une position plus tempérée [5], cependant, une décision plus récente de la cour de Montpellier, du 15 septembre 2011 a repris cette solution (v. ss 2650). La problématique du droit de l'environnement et la question du dommage environnemental mettent actuellement au premier plan cette question de la prise en charge par le droit de la responsabilité d'un simple risque de dommage (sur cette question, v. ss 2280 s.).

B. Le préjudice doit être actuel

2349. Ceci par opposition au préjudice *futur* qui ne devrait, en principe, pas être pris en considération.

Toutefois, un préjudice futur pourra être indemnisé, s'il est lui-même certain, inévitable et déterminable. En effet, il arrive que l'on sache avec certitude qu'un dommage se produira ultérieurement et qu'on puisse le chiffrer. Ainsi, des propriétaires fonciers obligés de supporter sur leur terrain l'installation d'une ligne électrique sollicitaient-ils, non seulement la réparation du préjudice actuel, mais aussi celle du préjudice futur devant résulter dans l'avenir du fonctionnement et de l'entretien de la ligne et, dans un arrêt du 1er juin 1932, la Cour suprême, à laquelle était objecté le caractère aléatoire de ce dommage, répondit « Attendu que s'il n'est pas possible d'allouer des dommages et intérêts en réparation d'un préjudice purement éventuel, il en est autrement lorsque le préjudice, *bien que futur*, apparaît aux juges du fait comme la prolongation *certaine et directe* d'un état de choses actuel et comme étant *susceptible d'estimation immédiate* » [6].

---

1. Versailles, 4 févr. 2009, *JCP* 2009, act. 83, obs. C. Bloch ; *RCA* 2009, comm. 75, note G. Courtieu ; *D.* 2009. 819, note M. Boutonnet ; v. aussi : J.-F. Feldamn, « Le trouble de voisinage du principe de précaution », *D.* 2009. Chron. 1369.

2. M. Boutonnet, note sous Versailles, 4 févr. 2009, *D.* 2009. 819.

3. « Depuis cependant le Tribunal des conflits a exclu que les juges judiciaires puissent ordonner une telle mesure » (v. ss 2280).

4. TGI Nanterre, 18 sept. 2008, *JCP* 2008. II. 10208, note J.-V. Borel ; *JCP* 2009. I. 123, n° 4, obs. Ph. Stoffel-Munck ; *D.* 2008. 2916, note M. Boutonnet.

5. V. par ex. Lyon, 3 févr. 2011, *Besson et alii c/ Bouygues Télécom, CCC* 2011, comm. 35, obs. P. Stoffel-Munck.

6. *S.* 1933. I. 49, note H. Mazeaud, *D.* 1932. I. 102, rapp. Pilon ; *Gaz. Pal.* 1932. II. 363.

2350. La question s'est aussi posée avec l'indemnisation des personnes contaminées par le VIH (virus de l'immunodéficience humaine), notamment à la suite de transfusions sanguines. Il faut distinguer entre un préjudice spécifique de séropositivité, préjudice actuel et le préjudice lié à la déclaration ultérieure de la maladie, préjudice n'ayant pas un caractère certain et dont la réparation est subordonnée à la constatation médicale de la maladie. La loi du 31 décembre 1991 créant un fonds d'indemnisation spécifique avait intitulé ce préjudice : préjudice personnel de contamination, défini comme « l'ensemble des troubles dans les conditions d'existence entraînés par la séropositivité et la maladie déclarée ». La cour d'appel admet ici (avec l'aval de la Cour de cassation) le principe d'une indemnisation conditionnelle, en procédant à l'évaluation immédiate de l'indemnité correspondant au préjudice résultant de la déclaration de la maladie, mais en subordonnant le versement de l'indemnité à la constatation médicale de la maladie et en indexant l'indemnité [1] (v. ss 2330).

L'actuel projet de réforme, reprenant à cet égard l'avant-projet *Catala* précise que « le préjudice futur est réparable lorsqu'il est la prolongation certaine et directe d'un état de chose actuel » (art. 1236).

C. Le préjudice doit être direct

2351. C'est-à-dire qu'il doit découler directement du fait générateur et non être intervenu indirectement, par ricochet. Toutefois, la réparation du préjudice par ricochet est admise dans certaines conditions (2).

La question a par ailleurs été posée, à propos de certains organismes tels que les compagnies d'assurances ou la Sécurité sociale, ceux qu'on appelle « des tiers payeurs » de savoir s'ils pourraient réclamer à l'auteur du dommage le montant des sommes versées à la victime, en invoquant un préjudice indirect : celui qui leur aurait été causé à raison du dommage subi par la victime puisque ce dommage les oblige à verser une indemnisation. En réalité, la question ne se pose pas ainsi. Il ne s'agit pas pour eux de demander réparation d'un préjudice indirect, mais d'exercer un recours en qualité de tiers subrogés dans les droits qu'avait la victime à l'encontre de l'auteur du dommage (1).

1) La question du recours subrogatoire des tiers payeurs

a) Assurances

♦ *S'il s'agit d'assurances de personnes*

2352. Le recours subrogatoire était à l'origine prohibé par l'article 55 de la loi du 13 juillet 1930, devenu l'article L. 131-2 du Code des assurances et la victime pouvait donc obtenir une double indemnisation (de l'assureur et en agissant en responsabilité contre l'auteur du dommage). Mais, ce principe du cumul de réparation était très critiqué et la situation a changé à la suite d'une loi de 1994.

Aujourd'hui l'article L. 131-2 du Code des assurances, tout en conservant le principe de la non subrogation de l'assureur (al. 1er), fait une exception en cas de préjudices

1. Civ. 2e, 20 juill. 1993, préc.

résultant d'une atteinte à la personne (al. 2) : « (...) Toutefois, dans les contrats garantissant l'indemnisation des préjudices résultant d'une atteinte à la personne, l'assureur peut être subrogé dans les droits du contractant ou des ayants droit contre le tiers responsable, pour le remboursement des prestations à caractère indemnitaire prévues au contrat ».

Reste à savoir ce qu'il faut entendre par prestations à caractère indemnitaire.

La jurisprudence a apporté quelques précisions mais la question reste peu claire.

– *Un premier arrêt de la première chambre civile* a admis concernant une assurance-décès que « le caractère prédéterminé de la prestation d'assurance, payable en cas de décès du conducteur assuré, ne fait pas obstacle à ce que les parties lui confèrent, lorsqu'il existe un tiers responsable, la nature d'une avance sur indemnité et la soumettent au recours subrogatoire de l'assureur... » [1]. Mais qu'en est-il pour d'autres assurances de personne : assurance-maladie, assurance prévoyance ?

– *Un arrêt de la deuxième chambre civile* a relevé que « les prestations servies en exécution d'un contrat d'assurance de personne en cas d'accident ou de maladie revêtent un caractère forfaitaire et non indemnitaire... » [2].

Il semble donc qu'il y ait certaines contradictions et il reste encore à à déterminer « dans quels cas pourrait être admise la qualification indemnitaire susceptible d'autoriser une subrogation de l'assureur en application de l'article L. 131-2, alinéa 2, du Code des assurances » [3].

♦ ***En revanche, en matière d'assurances de choses***

2353. L'assureur est subrogé dans les droits de la victime qu'il a indemnisée et peut réclamer, à ce titre, à l'auteur du dommage, la réparation de ce préjudice (L. du 13 juill. 1930, art. 36, devenu C. assur., art. L. 121-12). La victime, elle-même, ne pouvant réclamer que le surplus, si la réparation de l'assurance est inférieure au dommage.

b) La Sécurité sociale

2354. Elle peut obtenir le remboursement des prestations qu'elle verse à son assuré, victime d'un accident. Elle est en effet subrogée dans les droits de la victime et, à ce titre, elle peut exercer un recours récursoire contre le tiers responsable. Ce recours s'exerce sur les indemnités réparant le dommage corporel, « exception faite des préjudices personnels » (v. CSS, art. L. 376-1, al. 3).

2355. La Cour de cassation admet également que l'indemnité entière due au titre de la *perte d'une chance* d'éviter le dommage corporel puisse constituer l'assiette du recours des tiers payeurs [4].

2356. Ce recours de la sécurité sociale a donné lieu à beaucoup de difficultés, tenant notamment à cette exclusion des indemnités à caractère personnel, en l'absence

---

1. Civ. 1re, 15 déc. 1998, *D.* 1999. 523, note P. Fadeuilhe ; *RCA* 1999. Chron. 5, par H. Groutel.

2. Civ. 2e, 23 sept. 1999, *RCA* 1999, comm. 376, par H. Groutel.

3. P. Jourdain, *RTD civ.* 2000. 128, obs. n° 6, commentant ces deux arrêts.

4. Civ. 16 nov. 1983, *Bull. civ.* V, n° 560 ; Civ. 2e, 13 nov. 1985, *Gaz. Pal.* 2 nov. 1986, obs. F. C ; Civ. 1re, 20 juill. 1988, *Bull. civ.* I, n° 260.

de nomenclature fiable des différents chefs de préjudice corporel et des incertitudes sur la qualification de certains d'entre eux (sur ce point, v. ss 2307, 2328). La loi du 21 décembre 2006 (de financement de la sécurité sociale pour 2007) est venue tenter de résoudre les problèmes, ce qui était très attendu [1]. Elle a modifié l'article 31 de la loi du 5 juillet 1985 sur les accidents de la circulation [2] et l'article L. 376-1 du Code de la sécurité sociale. Ces textes sont relatifs à l'étendue du recours du tiers payeur sur les indemnités allouées aux victimes, en fonction de la nature du préjudice que ces indemnités réparent.

2357. Avant la loi de 2006, selon les textes précités, était seule exclue du recours du tiers payeur, « la part d'indemnité de caractère personnel correspondant aux souffrances physiques, ou morales endurées et au préjudice esthétique et d'agrément ». Le recours pouvait donc être exercé sur tout le reste, globalement, donc éventuellement sur la part d'indemnité réparant le préjudice fonctionnel (v. ss 2328) qui n'était pas visé parmi les préjudices à caractère personnel exclus du recours, alors même que la sécurité sociale n'accorde pas d'indemnité à ce titre. L'atteinte aux droits de la victime se manifestait notamment dans le cas d'un partage de responsabilité opposable à la victime : si la part d'indemnité attribuée à la victime au titre des préjudices strictement économiques ne suffisait pas à remplir la caisse de ses droits, en raison du partage de responsabilité, le recours de la caisse pouvait en effet s'étendre aux sommes versées à la victime au titre du préjudice fonctionnel. En outre, les juges ne distinguaient pas toujours dans la somme allouée au titre des différentes incapacités (ITP, IPP ; v. ss 2318), les différents chefs de préjudices (pertes de gains professionnels, incidence professionnelle, préjudice fonctionnel), de sorte que le recours des caisses pouvait porter sur la totalité du montant, globalisé.

2358. La loi de 2006 impose désormais aux tiers payeurs d'exercer les recours subrogatoires « poste par poste, sur les seules indemnités qui réparent des préjudices qu'elles ont pris en charge, à l'exclusion des préjudices à caractère personnel ». Cela à moins que le tiers payeur n'établisse qu'il a effectivement et préalablement versé à la victime une prestation indemnisant de manière incontestable un poste de préjudice personnel, auquel cas son recours peut s'exercer sur ce poste de préjudice.

Par ailleurs, pour protéger la victime des effets de la subrogation, la loi a instauré un principe de priorité : il est prévu que conformément à l'article 1252 du Code civil, la subrogation ne peut nuire à la victime subrogeante, créancière de l'indemnisation, lorsqu'elle n'a été indemnisée qu'en partie. En ce cas, elle peut exercer ses droits contre le responsable, pour ce qui lui reste dû, par préférence et priorité au tiers payeur, dont elle n'a reçu qu'une indemnisation partielle.

---

1. P. Guiomard, « Le recours du tiers payeur sur les indemnités versées à la victime, la réforme, enfin ! », *D.* 2007. 144 ; H. Groutel, « Le recours des tiers payeurs : rapport d'étape (déc. 2006-févr. 2008) », *RCA* févr. 2008, p. 9.

2. L'article 29 de la loi du 5 juillet 1985, en matière d'accident de la circulation, énumère limitativement les prestations versées à la victime résultant d'une atteinte à la personne et ouvrant droit à un recours contre la personne tenue à réparation ou à son assureur (v. ss 2157). L'article 30 précise que ces recours ont un caractère subrogatoire.

2359. Dans un avis du 23 octobre 2007[1], la Cour de cassation a précisé que cette loi s'appliquait aux événements ayant occasionné le dommage survenu antérieurement dès lors que le montant de l'indemnité n'a pas été définitivement fixé et qu'elle s'appliquait aussi en matière d'accident du travail. Le Conseil d'État a lui aussi rendu un avis sur l'application de la loi de 2006[2], prenant parti pour son application immédiate et précisant les critères nouveaux posés par la loi (notion de poste de préjudice, et postes à distinguer en l'absence de dispositions réglementaires, dont on notera qu'il s'agit de ceux prévus par le rapport *Dintilhac*... prise en compte dans les préjudices personnels des indemnités réparant les troubles dans les conditions d'existence, envisagés indépendamment de leurs conséquences pécuniaires...). Pour éviter tout risque de double emploi dans l'indemnisation, la deuxième chambre civile a également précisé que même si la caisse de Sécurité sociale ne réclame pas le remboursement des prestations sociales, le montant des dépenses de cette caisse doit quand même être déterminé et déduit de l'évaluation du préjudice global[3].

2360. La question de l'étendue exacte du recours des caisses n'est cependant pas définitivement fixée et les hésitations demeurent concernant le préjudice fonctionnel et d'agrément. En effet, la loi de 2002 a supprimé la liste des préjudices personnels exclus du recours des caisses qui était donnée antérieurement par l'article L. 376-1 du Code de la sécurité sociale et qui ne comportait pas le préjudice fonctionnel. On rappellera que cela avait conduit la jurisprudence à admettre qu'il s'agissait d'un préjudice objectif, patrimonial, susceptible d'entrer dans l'assiette du recours. Aussi, dans l'intérêt des victimes, la jurisprudence avait alors gonflé le préjudice d'agrément, préjudice personnel exclu du recours, au détriment du préjudice fonctionnel (v. ss 2324.). Avec la suppression de l'énumération des préjudices personnels par le Code de la sécurité sociale et compte tenu aussi de la nomenclature *Dintilhac*, qui classe le préjudice fonctionnel (déficit fonctionnel temporaire et permanent) dans les préjudices extrapatrimoniaux (à caractère personnel), la seconde chambre civile de la Cour de cassation a modifié les solutions. Elle a qualifié le préjudice fonctionnel de préjudice personnel, exclu du recours des caisses et est revenue à une conception stricte du préjudice d'agrément (références, v. ss 2326.). Le préjudice fonctionnel comprend donc les troubles dans les conditions d'existence et le préjudice d'agrément seulement l'impossibilité de pratiquer une activité sportive ou de loisir spécifique.

Toutefois, depuis, un nouveau revirement est intervenu concernant la matière des accidents du travail. La Cour de cassation, en effet, a remis en question, concernant les rentes accidents du travail versées par la sécurité sociale, le principe de la non-imputation sur les préjudices personnels, en admettant le recours des caisses sur les sommes attribuées au titre du préjudice fonctionnel, considérant que la rente accident du travail incluait « nécessairement ce poste de préjudice ». Elle est ensuite revenue à une définition large du préjudice d'agrément, « préjudice subjectif constitué par les troubles ressentis dans les conditions d'existence », pour éviter un recours de la sécurité sociale portant sur ce poste[4]. Ce revirement reste pour l'instant propre au cas des accidents du travail et au préjudice d'agrément tel que défini par le Code de la

---

1. Avis du 23 oct. 2007, *D.* 2007. Actu. 2801, obs. I. Gallmeister.
2. CE, sect., 4 juin 2007, *M. Lagier et autres*, *RFDA* 2007. 912.
3. Civ. 2e, 11 janv. 1995, *JCP* 1995. IV. 629 ; *JCP* 1995. I. 3853, obs. G. Viney.
4. Civ. 2e, 8 avr. 2010, P. Sargos, *D.* 2010, Point de vue, p. 1089.

sécurité sociale en matière d'accident du travail. En dehors de cette hypothèse, le préjudice d'agrément resterait défini de façon stricte. Cette différence est regrettable et les atermoiements et incohérences jurisprudentielles sont critiqués par la doctrine [1].

Le projet de la réforme du droit de la responsabilité (de mars 2017) reprend sur cette question les règles légales actuelles (art. 1274 à 1277).

c) État, collectivités publiques, EDF, SNCF, etc.

2361. Le cas est le même pour l'État qui a versé des prestations à un fonctionnaire, victime d'un accident en service, ou pour les établissements publics [2]. Ils sont concernés par l'article 29, 1°, de la loi du 5 juillet 1985 malgré une jurisprudence divergente critique [3].

2) Le préjudice par ricochet

a) Notion de préjudice par ricochet

2362. En principe, c'est normalement la personne victime de l'accident, qui a subi des atteintes corporelles ou/et des dommages matériels, qui en demande réparation. Toutefois, si elle décède, ses héritiers pourront agir à sa place. Il ne s'agit pas là d'un préjudice par ricochet. En effet, lorsque les héritiers réclament la réparation du préjudice subi par la victime décédée, ils se contentent d'exercer l'action de leur auteur, trouvée dans le patrimoine qui leur est transmis. Les héritiers sont censés « continuer la personne de leur auteur » et peuvent donc réclamer la réparation, non seulement des dommages matériels subis par leur auteur, mais aussi du dommage corporel, pour tous les postes de préjudice, y compris extra patrimoniaux, notamment le *pretium doloris* [4]. Malgré les critiques nombreuses qui se sont élevées dans ce domaine, la Cour de cassation a toujours maintenu sa position [5], même si une divergence est apparue un temps entre la chambre criminelle et la deuxième chambre civile à propos du *pretium doloris*, tranchée par la chambre mixte [6]. Cette question de l'action des héritiers sera étudiée au titre de la mise en œuvre de l'action en réparation (v. ss 2464 s.).

---

1. S. Porchy-Simon, « Le recours des tiers payeurs à l'épreuve de la politique jurisprudentielle de la Cour de cassation », *D.* 2010, étude 593 ; P. Jourdain, « Pour un réexamen du droit des recours en contribution », *RCA* 2009, dossier *Les vingt ans de la revue*, p. 11.

2. Civ. 30 juin 1960, *RTD civ.* 1960. 642, obs. D. Mazeaud, et Civ. 30 avr. 1964, *RTD civ.* 1964. 740, obs. Rodière.

3. Civ. 2e, 28 avr. 1993, *Bull. civ.* II, n° 153.

4. Crim. 22 nov. 1961. *D.* 1962. Somm. 29.

5. Crim. 28 nov. 1992, *JCP* 1993. IV. 429, et obs. G. Viney, *JCP* 1993. I. 3664.

6. La chambre criminelle n'autorisait les héritiers à agir qu'en continuant l'action intentée de son vivant par leur auteur, victime de l'accident, alors que la deuxième chambre civile estimait que le droit à réparation du dommage, résultant de la souffrance physique ou morale de leur auteur, se transmettait aux héritiers sans restriction. Il a fallu attendre deux décisions prises en chambre mixte pour trancher dans le sens de la deuxième chambre civile. Ces décisions affirment que le droit à réparation du dommage résultant de la souffrance physique ou morale se transmet aux héritiers de la victime même si celle-ci n'avait pas commencé à exercer l'action de son vivant (Ch. mixte 30 avr. 1976, *D.* 1977. 185, note Mme Contamine-Raynaud ; *RTD civ.* 1976, obs. G. Durry ; *Bull. civ.*, n° 2, p. 1 et n° 3, p. 2).

2363. *Le préjudice par ricochet* correspond à une hypothèse bien spécifique. Celle où les héritiers d'une personne décédée mais pas seulement eux, car il peut s'agir d'autres personnes, réclament la réparation du préjudice que ce décès leur cause personnellement ; ou même, en l'absence de décès, la réparation du préjudice subi du fait des blessures, des infirmités de la victime directe. Ils se présentent alors comme des victimes secondaires d'un dommage, qu'ils ont certes subi personnellement mais qui n'est intervenu qu'en raison d'un dommage primaire subi par la victime directe : d'où le nom de préjudice « par ricochet ».

Bien qu'il se présente comme une suite, une conséquence d'un dommage primaire, le préjudice par ricochet est, dans une large mesure, un *préjudice autonome* par rapport à ce dommage primaire au moins dans son principe, et ce principe d'autonomie a été affirmé très tôt par la jurisprudence [1]. Il explique, notamment, que si la victime primaire est décédée sur le coup, si bien qu'elle n'a pas subi elle-même de préjudice corporel réparable, les victimes par ricochet pourront quand-même agir en réparation du préjudice que leur cause ce décès (sur cette question du décès concomitant à l'accident, v. ss 2469). Malgré tout, cette autonomie est relative et la jurisprudence (ou le législateur) ont pu y apporter des dérogations, ce dont témoigne notamment la question de l'opposabilité de la faute de la victime directe à la victime par ricochet, qui devra supporter le partage de responsabilité opposé à la victime directe (sur ce point, v. ss 2471).

2364. Le préjudice par ricochet peut être *un **préjudice matériel, économique** : il* consiste alors dans la perte économique, notamment la perte de subsides, que subissent les membres de sa famille ou de son entourage qu'il faisait vivre. Il peut aussi consister dans la perte pécuniaire subie par des personnes en relations d'affaires avec la victime.

2365. Il peut également s'agir d'un ***préjudice moral,*** dit aussi ***préjudice d'affection***, consistant dans le chagrin que ressentent certaines personnes, proches, soit à raison du décès de la victime directe, soit en cas de survie, à la vue des souffrances de celle-ci [2] (déjà sur ce préjudice moral d'affection, v. ss 2301).

2366. La Cour de cassation a par ailleurs admis qu'au-delà du préjudice d'affection, les proches pouvaient obtenir distinctement, au titre du préjudice par ricochet, l'indemnisation des préjudices de souffrances endurées (*pretium doloris*) et de déficit fonctionnel permanent, liés au retentissement pathologique du deuil (dépression) alors que la nomenclature Dintilhac ne mentionne ces préjudices qu'à propos des victimes directes. Selon la deuxième chambre civile, en effet : « parfois les préjudices subis par les proches d'une victime peuvent être de deux ordres, les uns subis dans leur propre corps, les autres résultant du rapport à l'autre, le déficit fonctionne permanent et les souffrances endurées relevant du premier ordre, le préjudice d'affection du second » [3].

2367. Le principe de la réparation du préjudice par ricochet est admis *en cas de décès de la victime directe comme en cas de survie.*

---

1. Req. 4 mars 1872, *D.* 1872. 327.

2. Civ. 1re, 11 janv. 2017, n° 15.16-282, *D.* 2017. 2231, obs. A. Guégan-Lécuyer ; dans le même sens, v. aussi Civ. 2e, 8 juin 2017, n° 16.17-319, *D.* 2017 ; 2231, obs. S. Porchy-Simon.

3. Civ. 2e, 23 mars 2017, n° 16-13.350, *RTD civ.* 2017. 664, obs. P. Jourdain ; et s'alignant sur cette position : Crim. 2 avr. 2019, n° 18-81.917 ; *D.* 2019. 1570, chron. A.-L. Méano ; *Gaz. Pal.* 16 avr. 2019, note M. Dupré, *RCA* 2019, étude 5, obs. Y. Quistrebert, *RTD civ.* 2019. 595, obs. P. Jourdain.

Toutefois, en cas d'accident non mortel, l'indemnisation du préjudice *économique* par ricochet n'est pas évidente. Certes, l'incapacité de la victime directe (perte d'emploi par exemple et impossibilité de retravailler) peut conduire à une perte de revenus atteignant les victimes par ricochet qui dépendaient économiquement d'elle. Mais la perte des revenus est censée être réparée intégralement au titre du préjudice corporel de la victime initiale et dans cette mesure l'indemnité doit normalement (ce qui n'est généralement pas le cas en pratique) compenser également les préjudices subis par les proches qui dépendent économiquement du blessé. La Cour de cassation dans une décision du 12 avril 1994 a ainsi cassé l'arrêt d'une cour d'appel qui avait accordé des indemnités distinctes à l'épouse et aux filles du blessé et à ce dernier [1]. De même, dans une décision du 19 mai 2016, la Cour de cassation a exclu que la perte de l'assistance que procurait la victime directe à son fils handicapé soit un préjudice indemnisable, en considérant qu'il était trop indirect [2]. Toutefois, la Cour de cassation admet l'indemnisation des pertes de revenus lorsque les proches cessent ou réduisent leur activité professionnelle pour assurer une présence auprès de la victime directe [3] et elle a aussi admis l'indemnisation de la perte de collaboration professionnelle du conjoint, ou celle de la perte de l'entretien et de l'éducation dont bénéficiait un enfant, à la suite du décès de sa mère [4]. Les solutions restent donc un peu incertaines mais on notera que la réparation du préjudice économique des proches en cas de survie de la victime est expressément prévue dans la nomenclature *Dintilhac* des postes de préjudices réparables (v. ss 2377).

À l'inverse, s'agissant du préjudice *moral*, la douleur des proches, peut-être aussi grave voire plus grave, devant le délabrement physique ou psychique de l'être aimé, qu'en cas de décès. La réparation dans ce cas ne pose pas de problème et elle est accordée soit pour un *préjudice d'affliction*, soit pour un *préjudice d'accompagnement de fin de vie*, plus lourd (v. ss 2330, à propos des préjudices évolutifs, *in fine*, et les références citées). La chambre criminelle qui déclarait l'indemnisation des proches irrecevables, en cas de survie de la victime immédiate, a abandonné cette position et finalement accepté de les indemniser comme les autres chambres de la Cour de cassation [5].

2368. Si la réparation de ce type de préjudice n'est pas réservée aux héritiers, ni même aux seuls membres de la famille, la question se pose cependant de savoir quel est précisément le cercle des personnes admis à demander réparation.

b) L'évolution jurisprudentielle concernant le cercle des personnes admises à demander réparation

2369. La réparation du préjudice par ricochet a d'abord été admise sans restriction ni exigence particulière. Mais le nombre des personnes qui réclamaient la réparation du « préjudice par ricochet » subi du fait du décès accidentel d'un de leur proche, a

---

1. Crim. 12 avr. 1994, *Bull. crim.* n° 146 ; *JCP* 1994. I. 3809, obs. G. Viney.

2. Civ. 2e, 19 mai 2016, n° 11-22.684, *D.* 2016. 2192, obs. S. Porchy-Simon ; *RCA* 2016, comm. 249 et études 10, par S. Hoquet-Berg ; *JCP* 2016, n° 1117, n° 6, obs. L. Bloch, *RTD civ.* 2016. 866, obs. P. Jourdain.

3. Civ. 2e, 14 avr. 2016, n° 15-16.697, *RTD civ.* 2016. 637, obs. P. Jourdain.

4. Civ. 2e, 15 avr. 1999, n° 97-16.966, *RCA* 1999, comm. 219.

5. Crim. 9 févr. 1989, *D.* 1989. 614, note Bruneau ; *Gaz. Pal.* 1989. I. 392, note J. Doucet ; Crim. 21 mars 1989, *Bull. crim.* n° 137.

été parfois tellement important (seize personnes en 1931 devant la cour d'Amiens !) que la jurisprudence, tout en en admettant le principe, a été conduite, pendant un temps à adopter une position très restrictive, qui a ensuite progressivement été à nouveau élargie.

2370. Dès 1937, la Cour de cassation posa en effet une exigence particulière, celle d'un « intérêt légitime juridiquement protégé », supposant l'existence d'un *lien de droit unissant le demandeur à la victime* [1].

La jurisprudence évolua alors de façon différente, quant à la détermination de ce lien de droit, selon qu'il s'agissait d'un préjudice matériel (économique) ou d'un préjudice moral.

2371. ***Concernant le préjudice économique par ricochet*** : comme il était constitué, le plus souvent, par la perte des subsides versés antérieurement par la victime, les tribunaux ont tout d'abord fondé le droit à réparation sur l'*existence d'un lien* d'*obligation alimentaire* (C. civ., art. 203 à 211). Or ce lien n'existe qu'entre les enfants et leurs pères et mères et autres ascendants. Le cercle était donc très restreint. Très vite cependant, il fut étendu à des cas où il n'existait qu'une créance « naturelle » d'aliments, ceci afin de permettre l'indemnisation du préjudice par ricochet des membres de la famille proche. L'exigence d'un lien de droit et d'une créance d'alimentaire écartait cependant tous les étrangers à la famille, qui n'avaient ni lien de parenté, ni lien d'alliance (par le mariage), et notamment les concubins. La solution était évidemment assez injuste, notamment lorsque cela écartait des personnes liées « de fait » avec la victime, c'est-à-dire des personnes recueillies ou secourues par elle qui subvenait, effectivement, à leurs besoins.

Le recours à la notion d'obligation alimentaire (civile ou naturelle) fut alors progressivement abandonné, d'abord par le Conseil d'État qui y faisait appel depuis 1928 (surtout pour écarter l'action des concubines) et qui abandonna cette position dès 1952 avec l'arrêt *Simon* [2] ; ensuite par la chambre criminelle de la Cour de cassation qui renonça au lien d'obligation alimentaire dès 1954 [3] puis, enfin, de la deuxième chambre civile, plus discrètement et seulement depuis 1964 [4].

2372. ***Concernant le préjudice moral par ricochet*** : l'exigence d'un *lien de parenté ou d'alliance* fut posée dès 1931, sans exigence de la condition plus restrictive d'un lien d'obligation alimentaire. L'action en indemnisation était réservée aux personnes dont l'action en indemnité était fondée sur « un intérêt d'affection né du *lien de parenté ou d'alliance* qui unissait la victime du fait dommageable à celui qui en demande réparation » [5].

Il s'agissait donc, là encore, d'un critère familial et il suscita les mêmes critiques que le lien d'obligation alimentaire en matière de préjudice matériel, en écartant

---

1. Civ. 27 juill. 1937, *D.* 1938. I. 8, 4e esp., note R. Savatier ; *S.* 1938. I. 321, note G. Marty ; *JCP* 1937. II. 466, note Dallant ; *Rev. gén. ass. terr.* 1938. 983, note Picard.

2. CE 25 janv. 1952, *Simon, Lebon* 1952. 60 ; *S.* 1953. III. 56 ; *D.* 1952. 49, note Morange.

3. Crim. 16 déc. 1954, *Bull. crim.* n° 412, p. 707.

4. Civ. 2e, 4 mars 1964, *Gaz. Pal.* 1964. I. 392 ; *Bull. civ.* II, n° 201, p. 149 ; *JCP* 1964. IV. 58.

5. Req. 2 févr. 1931, *DH* 1931. 113 ; *JCP* 1931. 41 ; *S.* 1931. I. 123 ; *DP* 1931. I. 38, rapport Pilon.

des personnes effectivement liées affectivement avec la victime, mais sans liens familiaux, parents nourriciers, par exemple, fiancés, concubins…

C'est pourquoi, ce critère fut également abandonné dès 1956, d'abord par la chambre criminelle toujours en avance, qui n'exigeait plus qu'un lien d'affection[1] et, seulement vers 1964, et encore de façon implicite, par la deuxième chambre civile (arrêt du 4 mars 1964 déjà cité pour le préjudice matériel).

2373. ***L'unification des conditions est désormais acquise*** : l'existence d'un lien de droit n'est plus nécessaire. En effet, pour tenter de clarifier la jurisprudence des différentes chambres, la Cour de cassation réunie en chambre mixte rendit le 27 février 1970 un arrêt de principe, l'arrêt *Dangereux*[2]. Cette décision ne fait aucune distinction entre les préjudices matériel ou moral par ricochet et renonce à trouver un critère satisfaisant de ce rapport de droit en affirmant que « l'article 1382 (devenu art. 1240) du Code civil ordonnant que l'auteur de tout fait ayant causé un dommage à autrui sera tenu de le réparer, *n'exige pas en cas de décès, l'existence d'un lien de droit* entre le défunt et le demandeur en indemnisation ». Il s'agissait en l'espèce d'une concubine mais c'était un concubinage stable et non délictueux.

2374. Un doute restait permis en cas de concubinage adultérin en raison de l'exigence qui demeure, pour être recevable à agir, de l'existence d'un intérêt légitime juridiquement protégé. Le concubinage a longtemps posé un problème à cet égard, spécialement lorsqu'il était adultérin (sur cette condition d'un intérêt légitime socialement reconnu et la situation des concubins, v. ss 2382) ; mais l'hésitation fut ensuite levée par la chambre criminelle le 19 juin 1975[3].

c) L'état actuel des solutions : quelles sont aujourd'hui les victimes par ricochet ?

2375. Il s'agit d'abord des ***proches de la victime***, sans plus d'exigence, rappelons-le d'un lien de droit avec la victime directe.

– *Le conjoint et les enfants sont évidemment concernés.* Ils doivent, évidemment, apporter la preuve du préjudice subi mais, concernant le *préjudice d'affection*, la jurisprudence admet l'existence d'une présomption de fait : la proximité de la parenté et l'alliance, font présumer l'affection, mais la preuve contraire peut être rapportée. Ainsi, s'il s'agit d'un conjoint séparé de fait depuis plusieurs années et ne justifiant, ni de la persistance d'un lien d'affection, ni d'une contribution aux charges du mariage, l'indemnisation n'est pas due[4]. À l'inverse, la *perte de subsides* doit toujours être établie[5] pour prétendre à la réparation du préjudice économique.

La Cour de cassation, opérant un revirement de jurisprudence, a par ailleurs admis dans une décision du 14 décembre 2017, la réparation du préjudice moral de *l'enfant*

---

1. Crim. 5 janv. 1956, *Bull. crim.* n° 15, *D.* 1956. 216 ; *Gaz. Pal.* 1956. I. 230 ; *JCP* 1956. II. 9146.

2. *JCP* 1970. II. 16305, concl. R. Lindon, note Parlange ; *D.* 1970. 201, note Combaldieu ; *Gaz. Pal.* 1970. I. 163 ; *Bull. crim.* p. 183.

3. *D.* 1975. 679, note A. Tunc, et Paris, 10 nov. 1976, *D.* 1978. 458, note J.-B. Bosquet-Denis, *JCP* 1978. II. 18859, note R. Savatier.

4. Sans tenir compte d'une activité rémunérée entreprise après le décès du conjoint : Civ. 2e, 22 févr. 1989, *Bull. civ.*, n° 46.

5. Civ. 2e, 2 nov. 1994, *Bull. civ.* II, n° 217 ; *RTD civ.* 1995. 130, obs. P. Jourdain ; *JCP* 1995. I. 3853, obs. G. Viney, et Crim. 13 déc. 1995, *Bull. crim.* n° 377.

né après le décès de la victime directe d'un accident[1], alors que depuis un certain nombre d'années elle avait exclu dans ce cas la réparation du préjudice moral, même lorsque l'enfant était déjà conçu au moment de l'accident[2].

– *Les autres membres de la famille* par le sang *ou adoptive* : ascendants, descendants, frères, sœurs, neveux, nièces et alliés peuvent prétendre à la réparation du préjudice moral ou/et économique par ricochet, à condition d'en faire la preuve. On signalera une décision du TGI de Reims du 19 juillet 2005[3] qui ressuscitait la fameuse jurisprudence *Perruche* (v. ss 2338 s.) en acceptant d'indemniser le préjudice par ricochet des deux enfants d'un couple pour « la perte de chance de ne pas subir de dommages consécutifs à la naissance dans leur foyer d'un enfant trisomique », leur frère né handicapé. La décision est restée évidemment isolée

– *Les proches sans lien de parenté ou d'alliance avec la victime* : ils sont dans la même situation et s'ils peuvent prouver le préjudice ils pourront en obtenir réparation : il peut s'agir de fiancés, de concubins ou partenaires d'un Pacs (le Pacs crée un lien juridique de couple, mais pas un lien d'alliance qui n'existe qu'en cas de mariage), de parents nourriciers, d'enfants recueillis, d'amis proches, etc. ou par exemple, de l'enfant né hors mariage qui vit à la charge du mari de sa mère, en cas de décès de ce dernier[4].

On relèvera aussi pour l'anecdote, que le juge de proximité d'Orléans a admis la réparation du préjudice moral de « fans » de la pop star Michael Jackson (1 euro symbolique), par le médecin dont la culpabilité avait été reconnue pour avoir administré une dose mortelle d'anesthésique à la star[5].

2376. Il peut s'agir de ***personnes en relation d'affaires avec la victime*** qui prétendent à la réparation d'un préjudice économique. Les préjudices par ricochets invoqués par ces personnes, créanciers, clients, fournisseurs, associé, ou employeur de la victime dont le décès met leurs intérêts en péril, sont rarement considérés comme réparables par les tribunaux. Toutefois, le tribunal de grande instance de Nanterre a admis le 22 octobre 1975 que des salariés, mis en chômage du fait de la fermeture d'un salon de coiffure démoli par un automobiliste, pouvaient s'adresser à l'auteur de l'accident pour obtenir réparation de ce dommage par ricochet[6].

---

1. Civ. 2e, 14 déc. 2017, n° 1626.687, *D.* 2018. 386, note M. Bacache ; *AJ fam.* 2018. 48, obs. M. Sualier ; *RDSS* 2018. 178, obs. T. Tauran ; *JCP* 2018, n° 204, note J.-R. Binet, *ibid.*, n° 262, obs. P. Stoffel-Munck ; *Gaz. Pal.* 2018. 62, obqs. D. Tapinos ; *RTD civ.* 2018. 126, obs. P. Jourdain.

2. Par ex. v. : Civ. 2e, 24 févr. 2005, n° 02-11.999, *RTD civ.* 2005. 404, obs. P. Jourdain ; *JCP* 2005. I. 149, obs. G. Viney ; *D.* 2005. 671, obs. F. Chénedé ; *RCA* 2005, comm. 145, note S. Hoquet-Berg ; Civ. 2e, 24 mai 2006, n° 05-18. 663 ; Civ. 2e, 3 mars 2011, *RCA* 20111, comm. 222 ; et pour le refus de la réparation alors même que l'enfant était déjà conçu au moment de l'accident : Civ. 2e, 4 nov. 2010, *D.* 2011. 632, chron. H. Adida-Canac et S. Grignon-Dumoulin ; *JCP* 2011, n° 435, obs. C. Bloch.

3. TGI Reims, 19 juin 2005, *Dr. fam.* déc. 2005, comm. D. Vigneau ; « L'avènement de l'enfant préjudice » *Dr. fam.* 2005. Repère 10, par P. Murat.

4. Crim. 17 oct. 2000, *RJPF* 2001. 2/59, obs. F. Chabas.

5. J. proximité d'Orléans, 11 févr. 2014, n° 91-13-000432, *RCA* 2014, comm. 140, note S. Hocquet-Berg.

6. *RTD civ.* 1976. 551, obs. G. Durry.

d) La typologie des préjudices des victimes par ricochet établie par le rapport Dintilhac

2377. Le rapport *Dintilhac* (sur ce rapport et sur la nomenclature des préjudices de la victime directe, v. ss 2308 s.) a établi, en effet, une nomenclature concernant la réparation du préjudice corporel en distinguant le préjudice corporel de la victime directe et les préjudices subis par les victimes par ricochet.

Il distingue :

– *les préjudices des victimes indirectes en cas de décès de la victime directe* : avec les préjudices patrimoniaux d'une part, comprenant les frais d'obsèques (FO), les pertes de revenus (PR) et les frais divers (FD) et les préjudices extrapatrimoniaux, d'autre part avec le préjudice d'accompagnement (PAC) et le préjudice d'affection (PAF) ;

– *les préjudices en cas de survie de la victime directe :* avec les préjudices patrimoniaux, d'une part comprenant les pertes de revenus (PR) et les frais divers (FD) et les préjudices extrapatrimoniaux, d'autre part comprenant le préjudice d'affection (PAF) et les préjudices extrapatrimoniaux exceptionnels (PEX).

D. Le préjudice doit être personnel

2378. Cette exigence exclut qu'une autre personne que la victime puisse agir si la victime elle-même ne le fait pas. Ce principe comporte cependant trois sortes de tempéraments classiques. La question du préjudice collectif et de l'action de groupe sera également envisagée.

1) Les tempéraments classiques

2379. ***Les héritiers***, comme on l'a vu (v. ss 2362 ; aussi, au titre de l'exercice de l'action en réparation, v. ss 2464), peuvent agir à la place de la victime décédée car ils recueillent l'action avec le patrimoine de celle-ci.

– ***Les créanciers*** sont admis à agir par la voie oblique, lorsque leur débiteur négligent ne le fait pas (v. ss 414 s., sur l'action oblique) pour obtenir la réparation des préjudices matériels et économiques subis par celui-ci. Mais l'action est exclue pour les dommages moraux et corporels car dans ce cas, l'action en responsabilité est considérée comme exclusivement attachée à la personne.

– ***Certaines personnes morales*** ont reçu le droit d'agir en responsabilité pour tous les préjudices causés à l'intérêt collectif qu'elles représentent. Ainsi, les syndicats professionnels peuvent agir pour la défense des intérêts collectifs de la profession qu'ils représentent. Certaines associations ont reçu également de la loi ce droit d'agir en justice, par exemple les associations de consommateurs ou les associations de défense de l'environnement (v. ss 2474 s.).

2) La question du préjudice collectif

2380. L'admission d'actions en responsabilité au bénéfice de groupements sous-entend déjà, d'une certaine façon, la reconnaissance de la notion de préjudice collectif au sens où l'intérêt lésé n'est ni un intérêt individuel ni la somme des intérêts individuels des membres du groupe concerné. On notera que si l'avant-projet *Catala* avait proposé d'introduire en droit de la responsabilité civile la notion de dommage collectif, le rapport d'information du Sénat sur la réforme du droit de la responsabilité, en a rejeté l'idée, comme la proposition de loi *Béteille* et les propositions *Terré* (v. ss 2234 s.). L'actuel projet de réforme du 13 mars 2017 ne consacre pas non plus cette notion de dommage collectif, et définit le préjudice réparable comme « tout préjudice certain résultant d'un dommage et consistant en la lésion d'un intérêt licite patrimonial ou extra-patrimonial ». La référence a un « intérêt licite [...] individuel ou collectif » qui figurait dans l'avant-projet d'avril 2016 a disparu (également, v. ss 2282).

Cette question du dommage collectif s'est également posée plus directement à propos du préjudice écologique pur invoqué par un particulier. Un individu pourrait-il être éventuellement admis à demander réparation de l'atteinte à l'environnement, indépendamment de toute atteinte directe et immédiate à son intégrité physique ou à ses biens en vertu d'un droit subjectif à un environnement sain (sur ce point, v. ss 2275 s.) ? Cette idée n'est pas consacrée par le droit positif. La réparation du préjudice écologique pur, en tant que préjudice collectif, n'était jusqu'ici admise par la jurisprudence que lorsque la demande émanait d'associations de défense de l'environnement pour lesquels la Cour de cassation admet l'intervention même en cas de simple risque de dommage (v. ss 2281). La loi du 8 août 2016 pour la reconquête de la biodiversité, de la nature et des paysages (n° 2016-1087), qui introduit un chapitre consacré à la réparation du préjudice écologique dans le droit de la responsabilité civile, aux articles 1246 à 1252, en déterminant qui sont les titulaires de l'action en réparation du préjudice écologique, est venue confirmer ces solutions (v. ss 2284 s. ; également sur les options de *l'actuel projet de réforme* de la responsabilité du 13 mars 2017, v. ss 2282).

3) La question de l'action de groupe

2381. L'action de groupe, introduite en droit français par le législateur en 2014, n'aboutit pas à la reconnaissance d'un dommage collectif au sens entendu jusqu'ici. Elle ne fait que rationaliser la prise en charge d'une pluralité de dommages individuels.

Les différents projets de réforme antérieurs à l'actuel projet de la Chancellerie (v. ss 2231) et certains auteurs[1] s'étaient en effet accordés pour admettre l'opportunité d'instaurer *une action de groupe* ou un recours collectif pour la réparation des dommages de masse (G. Viney) ou en cas de fautes lucratives commises à l'égard d'une pluralité de victimes (rapport d'information du Sénat), qu'ils se traduisent par des préjudices insignifiants au niveau individuel ou par des préjudices importants, ce qui est le cas par exemple en cas d'atteinte à l'environnement (catastrophe industrielle ou marée noire).

Cette action de groupe a été effectivement créée en droit français par la loi du 17 mars 2014 relative à la consommation (v. ss 2475). Depuis, la loi du 21 janvier 2016 l'a également introduite en matière de santé et la loi sur la modernisation de la justice du XXIe siècle du 18 novembre 2016 a encore élargi le champ d'application de cette action puisqu'elle est ouverte également en matière d'environnement (dommages écologiques), de protection des données à caractère personnel, et en matière de discrimination en droit du travail. Cette « action collective » n'a rien à voir avec le dommage collectif. Il s'agit d'une somme de dommages individuels et personnels que la rationalisation conduit à regrouper dans le cadre d'une même action en justice (sur cette action, v. ss 2475).

1. G. Viney, « Quelques propositions de réforme du droit de la responsabilité civile », *D.* 2009, étude 2944.

E. Le préjudice doit être socialement reconnu

2382. Un préjudice même certain ne peut être pris en considération s'il présente un caractère immoral ou illicite. La jurisprudence exige qu'il constitue une atteinte à un intérêt légitime juridiquement protégé. Cette condition d'une atteinte à un intérêt licite est reprise *par le projet de réforme de la Chancellerie*, dans l'article 1235.

2383. Cette exigence a servi longtemps, jusqu'à l'arrêt *Dangereux*, en fait (v. ss 2373), à exclure systématiquement la réparation du dommage en cas de relation de ***concubinage***, car le concubinage n'était pas une situation juridiquement reconnue. La situation est restée longtemps bloquée. Le droit à réparation du dommage par ricochet était refusé aux concubins pour immoralité, surtout s'il s'agissait d'un concubinage adultérin. La deuxième chambre civile, notamment, était très sévère lorsque le concubinage était adultérin ; par exemple, la réparation a été refusée à une concubine âgée et aveugle que le décès de son concubin laissait sans ressources [1]. Mais même en l'absence d'adultère, elle repoussait toutes les demandes. L'action fut ainsi rejetée dans un cas où il s'agissait d'ex-époux divorcés qui avaient repris la vie commune sans se remarier [2].

Finalement, l'arrêt de la chambre mixte du 27 février 1970, l'arrêt *Dangereux* (préc.) avait reconnu le droit à réparation de la concubine, en supprimant l'exigence d'un lien de droit entre la victime directe et la victime par ricochet, mais il s'agissait dans le cas d'espèce d'un concubinage non adultérin. La question restait donc ouverte dans l'hypothèse d'un concubinage doublée d'un adultère. La chambre criminelle a ensuite continué à élargir sa position, en acceptant, par exemple, d'indemniser une concubine mariée, mais qui était séparée de son mari depuis plus de trente-cinq ans [3], puis elle l'a finalement admis, de façon très générale [4]. Toutefois, un contrôle de la légitimité de l'intérêt reste malgré tout effectué au cas par cas et la chambre criminelle a pu depuis refuser l'indemnisation de deux maîtresses, au motif que la double liaison ayant un caractère précaire [5]. Au contraire, une indemnisation a pu être accordée simultanément à l'épouse légitime et à la maîtresse de la victime [6]. Tout dépend donc des circonstances.

2384. ***La question de la réparation du préjudice de l'enfant né handicapé*** est ensuite venue illustrer, plus récemment, cette exigence de légitimité du préjudice. Au-delà des arguments techniques, tenant notamment à la question du rapport de causalité entre la faute médicale et le préjudice, cette condition d'un préjudice socialement reconnu et de la légitimité de l'intérêt lésé explique que la jurisprudence *Perruche* n'ait pu prospérer. L'assemblée plénière avait admis la réparation du préjudice de l'enfant lorsque la faute médicale n'avait pas directement causé le handicap mais seulement empêché de le déceler et privé ainsi les parents d'une possibilité de ne pas faire naître l'enfant en procédant à une interruption thérapeutique de grossesse. Indirectement le préjudice réparable consistait donc dans le fait d'être né. Le législateur, dans la loi du 4 mars 2002, a écarté la réparation du préjudice de l'enfant né handicapé lorsque

1. V. aff. *Kredens*, Civ. 2e, 4 mars 1964, *Gaz. Pal.* 1964. I. 392.
2. Civ. 2e, 18 mars 1965, *Bull. civ.* II, n° 290, p. 200.
3. Crim. 14 juin 1973, *D.* 1973. II. 585, note P. M.
4. Crim. 10 juin 1975, préc., v. ss 1588.
5. Crim. 8 janv. 1985, *JCP* 1986. II. 20588, note G. Endréo.
6. Riom, 9 nov. 1978, *JCP* 1979. II. 19107, note Almairac.

la faute médicale n'est pas à l'origine du handicap (sur l'analyse de la jurisprudence *Perruche* et ses suites législatives et constitutionnelles, v. ss 2338 s.) : le fait de naître, même handicapé, ne saurait constituer un préjudice réparable.

Au demeurant, la Cour de cassation elle-même[1], comme le Conseil d'État[2], avait auparavant énoncé clairement que l'existence de l'enfant conçu ne pouvait à elle seule constituer un préjudice réparable.

2385. Dans un arrêt du 24 janvier 2002, qui fait figure d'arrêt de principe, la Cour de cassation a également fait référence à ce caractère à la notion de préjudice socialement reconnu en faisant clairement de l'exigence de légitimité de l'intérêt lésé un instrument de moralisation du droit à réparation. Ainsi, une femme de ménage qui n'était déclarée auprès de l'Urssaf et des autres organismes sociaux que pour une partie de son activité, fut victime d'un accident de la circulation. Une cour d'appel accepta, cependant, de l'indemniser au titre des pertes de revenus, en prenant en compte tous ses revenus antérieurs, y compris ceux que lui procurait son travail non déclaré. L'arrêt est cassé au visa de l'article 1240 avec un attendu de principe : « Attendu qu'une victime ne peut obtenir la réparation de la perte de ses rémunérations que si celles-ci sont licites »[3].

2386. Toutefois, l'atteinte à l'intégrité physique de la personne constitue toujours une atteinte à un intérêt légitime, juridiquement protégé. C'est pourquoi pour la jurisprudence, la situation irrégulière de la victime (par exemple, dans le cas d'un voyageur circulant sans titre de transport SNCF), ne suffit pas à établir l'illégitimité de son intérêt à demander réparation de son préjudice corporel[4]. De même, une personne blessée à la suite d'un accident de circulation dans une voiture qu'elle avait volée ne peut se voir apposer l'adage *nemo auditur,* qui empêche de se prévaloir en justice de sa propre turpitude (sur cet adage, v. ss 820), étranger aux règles de la responsabilité délictuelle[5].

Section 2
Le lien de cause à effet ou lien de causalité entre le dommage et le fait générateur

2387. Pour qu'il y ait responsabilité, il faut que le préjudice subi par la victime soit relié au fait générateur par un lien de causalité. Autrement dit, le fait générateur doit être la cause du dommage. Cette exigence de causalité est essentielle en droit de la responsabilité et joue pour tous les régimes, que le fait générateur soit un fait personnel (faute), le fait d'une chose, le fait d'autrui, le fait d'un produit défectueux… Elle joue même si, dans certains régimes, des présomptions de causalité viennent parfois alléger la charge de la preuve pensant sur la victime. Cependant, la plupart du temps, il appartient à cette victime de faire cette preuve de l'existence du lien de causalité.

---

1. Civ. 1re, 25 juin 1991, *D.* 1991. 566, note P. le Tourneau ; *RTD civ.* 1991. 753, obs. P. Jourdain.

2. CE 2 juill. 1982, *D.* 1984. 245, note J.-B. d'Onorio ; *ibid.* IR 21, obs. F. Moderne et P. Bon.

3. Civ. 2e, 24 janv. 2002, *D.* 2002. Somm. 621 et les obs. ; *JCP* 2002. II. 10118, note C. Boillot ; *RTD civ.* 2002, no 2, obs. P. Jourdain.

4. Civ. 2e, 19 févr. 1992, *JCP* 1993. II. 22170, note Casile-Hugues.

5. Civ. 1re, 17 nov. 1993, *RTD civ.* 1994. 115, obs. P. Jourdain.

Le défendeur à l'action, en matière contractuelle comme extracontractuelle, pourra, pour sa part, toujours tenter d'empêcher la démonstration de ce lien de causalité ou faire échec à la présomption de causalité (lorsqu'elle est admise) en établissant l'existence d'une cause d'exonération totale de responsabilité telle que la force majeure, la faute de la victime ou le fait d'un tiers. Il existe donc un lien entre la question des causes d'exonération et celle de la causalité.

2388. Nous nous concentrerons cependant ici exclusivement sur la notion de causalité et les diverses théories doctrinales auxquelles elle a donné naissance (§ 1) pour envisager ensuite la façon dont elle est reçue en droit positif (§ 2).

La question des causes d'exonération de responsabilité sera examinée ultérieurement, dans une section 3 (v. ss 2426 s.).

§ 1. Les controverses doctrinales sur la notion de causalité

2389. La question de la causalité est particulièrement complexe, qu'il s'agisse de l'aborder sur un plan philosophique ou, plus spécifiquement, au plan juridique et plus particulièrement en droit de la responsabilité. En effet, quel élément permet d'affirmer que tel ou tel fait a été la cause d'un dommage, au sens où il a produit cet effet ? La plupart du temps un événement (dommage ou autre) ne résulte pas d'une cause unique mais d'une succession de causes qui s'enchaînent et s'enchevêtrent pour aboutir à l'effet final.

Une partie de la doctrine, rebutée par la difficulté de donner une définition exacte de cette notion de causalité, a préféré laisser son appréciation au bon sens des juges ou a cherché à trouver des notions de remplacement, par exemple en faisant appel à « l'équité » ou encore en soutenant que l'on pourrait se contenter d'une fin de non-recevoir tirée du caractère éventuellement trop lointain du rapport entre le fait dommageable et le préjudice, sans avoir à répondre catégoriquement à la question de la causalité.

Aucune de ces méthodes n'ayant prévalu, il convient d'exposer les différentes théories doctrinales qui ont été proposées pour définir la notion de causalité dans la responsabilité civile, en notant que *l'actuel projet de réforme de la responsabilité de la Chancellerie* (du 13 mars 2017) qui pose l'exigence du lien de causalité au titre des conditions communes à tous les régimes de responsabilité, ne propose aucune définition de la causalité et indique simplement qu'elle « s' établit par tout moyen » (cf. art. 1239 du projet).

A. Les différentes théories

2390. Ces théories sont généralement d'origine allemande et les auteurs français les ont regroupées en deux grandes théories opposées : la théorie de l'équivalence des conditions et la théorie de la causalité adéquate, avec quelques variantes.

1) La théorie de « l'équivalence des conditions » de l'Allemand Von Buri

2391. Elle traduit une conception assez large et plutôt souple de la causalité, en prenant comme point de départ l'idée qu'il est généralement impossible d'identifier une cause unique pour un dommage déterminé et qu'un dommage résulte la plupart du temps d'une pluralité d'événements. Tous les évènements qui ont été « *condition sine qua non* » du dommage, c'est-à-dire en l'absence desquels le dommage ne serait pas survenu, doivent alors être considérés comme cause du dommage.

Prenons ainsi l'exemple d'une personne renversée par une voiture qui roule trop vite. La chaussée était glissante, la personne qui traversait la route était étourdie et imprudente. Conduite à l'hôpital, elle est soignée avec un léger retard par le médecin et elle décède mais on avait diagnostiqué chez elle une faiblesse cardiaque. Quelle est la cause du décès ?

Selon la théorie de l'équivalence des conditions, tous ces événements sont équivalents et dans notre exemple, l'hôpital pourrait être poursuivi aussi bien que l'automobiliste, car ils ont tous été « *condition sine qua non* »[1] (condition sans laquelle il n'y aurait pas eu dommage).

Cette théorie a souvent été considérée comme exagérée. Elle a, en tout cas, deux conséquences essentielles : d'abord, elle permet de retenir l'idée qu'un dommage peut avoir plusieurs causes, donc plusieurs responsables ; ensuite, elle conduit à admettre que toutes les causes du dommage, prises distinctement, sont réputées être chacune la cause de l'entier dommage, ce qui fonde la technique de l'obligation *in solidum* : la victime pourra réclamer réparation de l'intégralité du dommage (pour le tout) à n'importe lequel des coresponsables (v. ss 379 s., 2403).

2) D'autres théories vont tenter une sélection entre les conditions nécessaires

2392. ***Opérer la sélection entre les conditions nécessaires.*** Parmi de très nombreuses variantes, on peut retenir trois théories principales qui s'attachent, soit à la proximité temporelle, soit au degré d'efficience du fait dommageable, soit au degré de prévisibilité de réalisation du dommage.

2393. *La théorie de la causa proxima* (ou de la proximité de la cause) ne retient, parmi les conditions *sine qua non* du dommage, que celle qui est le plus proche dans le temps. Cette thèse est à peu près partout rejetée. À l'inverse, la théorie de la *causa remota* (cause la plus lointaine), retient la cause la plus éloignée par rapport au dommage, mais première dans la chaîne de la causalité.

2394. *La théorie de la causalité efficiente ou directe* prend en considération l'importance relative de chacun des événements dans la réalisation du dommage. Elle permet de choisir parmi eux la ou les causes du dommage. Plus satisfaisante, cette théorie n'a cependant pas eu le succès de la suivante : la théorie de la causalité adéquate.

3) Théorie de la causalité adéquate

2395. C'est une théorie plus restrictive parce qu'elle va conduire à sélectionner, parmi les conditions *sine qua non* du dommage, certaines d'entre elles, voire, dans la variante la plus rigoureuse, une seule d'entre elles. Cette théorie, œuvre de l'Allemand Von Kries, retient, parmi les différents événements intervenus dans la réalisation du dommage, celui qui devait nécessairement entraîner le dommage, c'est-à-dire celui qui avait objectivement le plus de chance de l'entraîner.

---

1. G. Viney, *op. cit.*, p. 411.

B. Appréciation critique de ces différentes théories

2396. Ce sont finalement la première (théorie de l'équivalence des conditions) et la dernière (théorie de la causalité adéquate) qui sont retenues par la majorité de la doctrine, mais faut-il les opposer l'une à l'autre pour choisir l'une ou l'autre, ou peut-on tenter de les concilier ?

2397. Du point de vue de la logique, chacune de ces théories est valable, mais elle est également discutable, car dans la théorie de l'équivalence des conditions, chacune des conditions *sine qua non* n'aurait généralement pas suffi, seule, à provoquer le dommage et dans la théorie de la causalité adéquate, la « probabilité » de réalisation du dommage ne correspond pas forcément à la réalité ; une circonstance à première vue « inadéquate » a pu, en fait, avoir un rôle décisif.

De plus, si la théorie de la causalité adéquate a le mérite de limiter la responsabilité en écartant les causes trop lointaines, elle risque d'instituer une confusion entre faute et causalité ; ainsi, par exemple, lorsqu'un dommage est causé par la collision de deux bicyclettes, si l'on applique la théorie de l'équivalence des conditions les deux cyclistes sont responsables ; mais si l'on applique la théorie de la causalité adéquate, on ne tiendra sans doute compte que de celui des deux vélos dont la position rendait la collision prévisible, ce qui risque de conduire à désigner comme responsable le cycliste fautif.

2398. En pratique, et si l'on fait la synthèse des solutions en droit positif, on s'aperçoit que chacune de ces théories a son utilité et que la jurisprudence fait en réalité application des deux.

§ 2. Le lien de causalité en droit positif

2399. En droit français, le seul texte auquel on pouvait se référer en la matière était l'ancien article 1151 du Code civil qui disposait, à propos de l'inexécution contractuelle, que « dans les cas même où l'inexécution de la convention résulte du dol du débiteur, les dommages et intérêts ne doivent comprendre, à l'égard de la perte éprouvée par le créancier et du gain dont il a été privé, *que ce qui est une suite immédiate et directe de l'inexécution de la convention* ». Même si ce texte concernait la responsabilité contractuelle, il était couramment admis qu'il s'applique aussi bien en matière délictuelle que contractuelle, aussi bien en matière pénale que civile. Mais l'indication restait mince.

L'étude du lien de causalité en droit positif révèle d'abord que la jurisprudence se réfère aux deux théories de l'équivalence des conditions et de la causalité adéquate d'une part (A) et, d'autre part, qu'elle a posé des règles concernant les caractères du lien de causalité (B) et la preuve de ce lien de causalité (C) dont elle se départit parfois pour parvenir à des solutions plus équitables, dans l'intérêt des victimes.

A. L'utilisation par la jurisprudence des théories de la causalité adéquate et de l'équivalence des conditions

1) Utilisation combinée des deux théories pour déterminer les causes du dommage

2400. Pour déterminer les causes du dommage, la jurisprudence n'a jamais réellement choisi entre ces deux théories et les invoque alternativement et parfois même simultanément.

Les arrêts exigent généralement que l'événement ait joué « un rôle prépondérant dans la réalisation du préjudice », qu'il en soit la « cause génératrice ». Ils ne font qu'occasionnellement référence expresse à la causalité adéquate ou à l'équivalence des conditions. On peut citer cependant, à titre d'exemple, une décision de la cour d'appel de Versailles, où, dans le cas d'une personne morte du sida à la suite de nombreuses transfusions sanguines rendues nécessaires par des fautes du chirurgien qui avait procédé à des interventions inutiles entraînant d'autres interventions, pour admettre un lien de cause à effet entre ces fautes et le décès, la cour retient explicitement l'existence d'un *rapport de causalité adéquate* [1].

En revanche, dans une situation analogue où la contamination par le sida était consécutive à des transfusions nécessitées par un accident de la circulation, transfusions considérées ici comme « cause essentielle et directe du dommage », la cour de Paris retient que la faute du conducteur est la condition *sine qua non* du dommage, ce qui renvoie directement à la théorie de l'*équivalence des conditions* [2].

2401. D'une façon générale, la jurisprudence prend en considération tous les événements qui ont concouru à la réalisation du dommage, même le fait d'un tiers ou la faute de la victime : elle admet donc *qu'un dommage peut avoir plusieurs causes*. Elle applique donc ici plutôt l'équivalence des conditions qui permet effectivement de retenir plusieurs causes du dommage (ou alors la causalité adéquate, mais dans une conception souple car appliquée, strictement, la causalité adéquate conduit à ne retenir qu'une seule cause : celle qui avait le plus de chance de causer le dommage). Elle ne tient en tout cas pas compte de l'ordre d'apparition de chacune de ces causes, c'est le rejet de la théorie de la *causa proxima*. Ainsi, par exemple la Cour de cassation a-t-elle retenu le lien de causalité dans un cas où, à la suite d'un accident de la circulation lui ayant causé des blessures à la colonne vertébrale, la victime avait dû subir une intervention chirurgicale qui a provoqué la cécité d'un œil [3]. Il existe, ici, un rapport *sine qua non*, entre l'événement initial, l'accident de la circulation et le dommage constaté : on peut donc considérer qu'il s'agit d'une application de la théorie de l'équivalence des conditions.

De la même façon, la première chambre de la Cour de cassation a réaffirmé son attachement à la *théorie de l'équivalence des conditions* dans une affaire où, à la suite d'un accident de la circulation, la victime dut subir plusieurs interventions chirurgicales et des transfusions sanguines ; Une contamination par le virus de l'hépatite C fut constatée plusieurs années plus tard. La victime assigna alors le Centre de transfusion sanguine, lequel appela en garantie le conducteur du véhicule à l'origine de l'accident. La cour d'appel ayant rejeté la demande en garantie, la Cour de cassation, sur pourvoi, casse cette décision en observant que « les transfusions sanguines ayant entraîné la contamination avaient été rendues nécessaires

---

1. Versailles, 1re ch., 30 mars 1989, *Gaz. Pal.* 6 août 1989, p. 13 ; *JCP* 1990. II. 21505, note A. Dorsner-Jolivet ; dans le même sens Civ. 1re, 17 févr. 1993 ; *JCP* 1994. II. 22226, note A. Dorsner-Jolivet ; *Gaz. Pal.* 1994. I. 82, note F. Memmi ; *RTD civ.* 1993. 589, obs. P. Jourdain.

2. Paris, 7 juill. 1989, *Gaz. Pal.* 22 sept. 1989, p. 22, concl. Pichot et *RTD civ.* 1990. 185, obs. P. Jourdain ; *JCP* 1990. II. 21505 ; v. aussi Civ. 1re, 17 févr. 1993, *Gaz. Pal.* 2-3 févr. 1994, p. 15, note F. Memmi.

3. Civ. 2e, 27 janv. 2000 ; *JCP* 2000. I. 241, obs. G. Viney ; *RTD civ.* 2000. 325, obs. P. Jourdain.

par l'accident ». Le dommage a donc plusieurs causes : les transfusions (*causa proxima*) mais également l'accident de la circulation (*causa remota*) [1].

Cependant, elle se réfère parfois à la *causalité adéquate* pour opérer un tri entre les conditions *sine qua non* du dommage et en éliminer certaines : ainsi, dans une espèce intéressante, une personne gravement blessée dans un accident de la circulation en 1971 qui en était restée handicapée, décéda en 1981 des suites des brûlures dues à l'incendie du lit où elle était couchée et dont elle n'avait pas pu s'extraire en raison de son état. L'automobiliste, auteur de l'accident initial (déjà condamné comme responsable de l'accident initial, il avait versé une indemnité pour assistance d'une tierce personne, de nature à inclure la prévention des risques inhérents à l'invalidité de la victime), fut poursuivi en responsabilité et la cour d'appel admit que le handicap de la victime, consécutif à l'accident de 1971, était la seule cause qui l'avait empêchée d'échapper à l'incendie, ceci en application de la théorie de l'équivalence des conditions. Mais la Cour suprême cassa cette décision en faisant valoir, fort justement, que la *cause adéquate* du dommage était l'incendie [2].

2402. Dans le cas un peu différent où, au lieu de plusieurs faits ayant concouru au même dommage, on se trouve en présence *d'un seul fait ayant entraîné une cascade de dommages*, la question de la causalité se pose aussi pour pouvoir déterminer quels sont, parmi cette succession de préjudices, ceux qui devront être réparés par l'auteur du fait dommageable. C'est le fameux exemple de Pothier (v. ss 2408). Dans ce cas, la jurisprudence se réfère plutôt ici à la théorie de la *causalité adéquate* pour rechercher, parmi les dommages, ceux qui découlent véritablement directement du fait générateur (v. ss 2408).

2) L'utilisation successive de la théorie de l'équivalence des conditions et de la causalité adéquate en cas de pluralité de causes du dommage

a) L'utilisation de la théorie de l'équivalence des conditions pour retenir l'obligation in solidum des coauteurs envers la victime

2403. En cas de pluralité de causes du dommage, au lieu de retenir l'entière et unique responsabilité du principal auteur, par application de la causalité adéquate, les tribunaux ont tendance à considérer les différents auteurs comme responsables *in solidum* et ce, qu'ils aient ou non une possibilité de recours l'un contre l'autre, depuis l'arrêt de la chambre mixte du 20 décembre 1968 [3] (v. ss 383, 2481 s.).

Il est certain que la jurisprudence utilise la théorie de l'équivalence des conditions : non seulement parce qu'elle admet qu'un dommage peut avoir plusieurs causes mais aussi et surtout, parce qu'elle considère, que dans les rapports entre coauteurs et victime, chaque cause du dommage est réputée cause de l'entier dommage. Or, selon la théorie de l'équivalence des conditions et comme son nom l'indique, chaque cause

---

1. Civ. 2e, 12 juill. 2007, n° 06-14.180, *RCA* 2007, comm. 317, note H. Groutel et déjà dans le même sens : Civ. 1re, 4 déc. 2001, *Gaz. Pal.* 21-23 avr. 2002, note C. Caseau-Roche ; *D.* 2002. IR 139 et les obs. ; *JCP* 2002. II. 10198, note O. Gout ; *RTD civ.* 2001, n° 2, obs. P. Jourdain.

2. Civ. 2e, 8 févr. 1989, *Bull. civ.* II, n° 39, *JCP* 1990. II. 21544, note Dejean de La Bâtie, *RTD civ.* 1989. 556, obs. J. Mestre ; *RTD civ.* 1990. 556, obs. P. Jourdain.

3. *D.* 1969. 45.

est équivalente : chaque condition *sine qua non* du dommage est réputée cause de l'entier dommage. Cette théorie permet donc de justifier la solution retenue, celle de *l'obligation in solidum entre les coauteurs*. La conséquence essentielle est que la victime peut demander réparation pour le tout à n'importe lequel des coauteurs.

La deuxième chambre de la Cour de cassation, a confirmé cette analyse. Elle a repris les termes mêmes utilisés par la doctrine, pour affirmer, dans une affaire où la réalisation du dommage avait été favorisée par plusieurs fautes successives, que « cette pluralité de causes… n'est pas de nature à faire obstacle à l'indemnisation de l'entier dommage par l'auteur initial, *par application du principe de l'équivalence des causes* dans la production du même dommage en matière de responsabilité délictuelle »[1].

b) L'utilisation de la causalité adéquate pour répartir la charge définitive de la réparation dans les partages de responsabilité entre coauteurs

2404. L'application de l'équivalence des conditions qui conduit à faire de chaque coauteur l'entier responsable du dommage ne joue que dans les rapports avec la victime, en permettant à celle-ci de demander réparation de l'intégralité du dommage à n'importe lesquels des coauteurs. Cependant, dans un second temps, la charge de la réparation du dommage doit se répartir entre les coauteurs à proportion d'une part de responsabilité qui est déterminée par le juge. Cette répartition, qui peut être inégalitaire, de la charge définitive du dommage suppose l'application de la causalité adéquate. Au contraire de l'équivalence des conditions (ou chaque cause est cause de l'entier dommage), la causalité adéquate permet de décider qu'un fait générateur a été plus déterminant qu'un autre dans la production du dommage et de répartir inégalement la responsabilité entre les coauteurs (partages de responsabilité entre coauteurs v. ss 2430 s.).

Les règles concernant la contribution entre les coauteurs exerçant des recours récursoires sont actuellement les suivantes.

– Lorsque tous les coauteurs sont responsables pour faute (faute délictuelle ou quasi-délictuelle des articles 1240 et 1241 ou manquement à une obligation contractuelle), il est admis jusqu'ici que la répartition se fait entre eux, en principe, en fonction de la gravité des fautes respectives et pas directement en fonction du degré d'intervention causale de chaque faute[2]. Une décision de la seconde chambre civile, a semblé vouloir abandonner cette exigence et laisser au juge un pouvoir souverain pour apprécier au cas par cas, sans imposer une règle de répartition. Ils pourraient alors tenir compte plus directement de la causalité[3]. Toutefois, dans une décision postérieure, elle a réaffirmé le critère de la gravité des fautes respectives pour fixer les parts de responsabilité[4]. ***L'actuel projet de réforme de la responsabilité civile (13 mars 2017)*** prévoit, pour sa part, que les responsables qui ont commis une faute contribuent « à proportion de la gravité et du rôle causal » de la faute (art. 1265) et propose donc la conciliation des deux critères (alors que l'avant-projet de 2016 ne faisait référence qu'à la « gravité » de la faute).

---

1. Civ. 2e, 27 mars 2003, *JCP* 2004. I. 101, obs. G. Viney.

2. Notamment Civ. 2e, 28 mai 2009, *RCA* 2009, comm. 242 ; ou Civ. Civ. 2e, 14 févr. 2008, *JCP* 2007. II. 10080, note C. Radé ; *RCA* 2008, comm. 157, note H. Groutel.

3. Civ. 2e, 19 nov. 2009, no 08.11-622, *RTD civ.* 2010. 125, no 8, obs. P. Jourdain.

4. Civ. 2e, 30 janv. 2011, no 09-71.196, *RTD civ.* no 2, 2011. 359, obs. P. Jourdain.

– Lorsque tous les coauteurs sont responsables sur le fondement d'une responsabilité de plein droit ou d'une obligation contractuelle de résultat : la répartition se fait à parts égales. L'actuel projet de réforme propose ici une solution un peu différente puisque les coauteurs contribuent « à proportion du rôle causal du fait générateur et, seulement à défaut, par parts égales » (art. 1265).

– Si le coauteur qui a indemnisé la victime n'a pas commis de faute, alors qu'un autre coauteur en a commis une, le recours récursoire se fait pour la totalité. L'avant-projet de 2016 prévoyait spécifiquement cette hypothèse et confirmait la solution jurisprudentielle : « si seules certaines d'entre elles [les personnes responsables du dommage] ont commis une faute, elles supportent seules la charge définitive de la réparation ». L'actuel projet de 2017 n'a pas repris cette formule et n'est pas clair sur ce point, mais semble proposer une répartition en fonction du rôle causal (cf. art. 1265, al. 2).

B. Les caractères du lien de causalité

2405. Dans la pratique, on constate souvent que le problème de causalité se pose surtout dans deux catégories de situations bien distinctes :

– ou bien le dommage unique a été provoqué par plusieurs événements et il faut déterminer, parmi ceux-ci, ceux qui ont un lien de causalité *certain* avec le dommage, ce qui peut conduire à en retenir plusieurs et, éventuellement à faire un tri ;

– ou bien le fait générateur unique a produit une cascade de dommages successifs subis par la même personne ou des dommages distincts subis par plusieurs personnes, directement ou par ricochet et, là encore, il faudra déterminer, parmi ces dommages, ceux qui ont un lien de causalité *direct* avec le fait générateur (v. schémas, en fin de chapitre).

La jurisprudence retient donc la double exigence d'un *rapport certain et direct* existant entre le dommage subi et le fait générateur de ce dommage.

1) Le lien de causalité doit être certain

2406. En principe, on ne retient comme « causes » du dommage que les faits qui ont été *nécessaires* à sa réalisation. C'est l'exigence que le fait ait été condition *sine qua non* du dommage, posée par la théorie de l'équivalence des conditions (v. ss 2391, 2400). On a vu cependant que cette exigence ne conduisait pas à retenir une seule cause du dommage et qu'en vertu de la théorie de l'équivalence des conditions, un même dommage pouvait parfaitement avoir plusieurs causes (v. ss 2401). Les tribunaux rejettent l'action en responsabilité seulement s'il apparaît que le dommage se serait produit, même sans le fait reproché au défendeur. Il n'y a pas de lien de causalité, par exemple, entre l'accident survenu et le fait que le chauffeur était seulement titulaire d'un permis de conduire militaire et n'était pas autorisé à conduire une voiture privée [1] ou, éventuellement, entre le dommage subi par la victime et le « non-bouclage » de sa ceinture de sécurité [2].

Dans le même sens, dans une affaire où un grand fumeur atteint, de ce fait, de plusieurs cancers avait mis en cause la responsabilité la Seita (Service d'exploitation

---

1. Civ. 2e, 28 mai 1975, *D.* 1975. IR 182.

2. Civ. 2e, 7 févr. 1990, *Bull. civ.* II, n° 21.

industrielle des tabacs et allumettes, devenue en 1995 la SA Altadis), la Cour de cassation a rejeté le pourvoi formé par le fumeur et sa famille contre l'arrêt de la cour d'appel qui les avait déboutés de leur demande, en relevant qu'il n'était pas démontré que les fautes reprochées à la Seita « aient joué quelque rôle que ce soit dans l'habitude prise depuis longtemps par leur auteur, ainsi, en l'absence de certitude d'un lien de causalité, [...] la responsabilité de la Seita [...] ne peut être retenue »[1].

L'existence d'un lien de causalité a été également très discutée (en doctrine) dans l'affaire *Perruche* (v. ss 2338 s., 2344, 2384), où le handicap de l'enfant était une séquelle de la rubéole contractée par sa mère et était donc génétique et incurable. Les fautes commises par le médecin et le laboratoire qui n'avaient pas décelé la rubéole avaient seulement empêché les parents d'exercer leur choix : procéder ou non à une IVG. L'enfant, quant à lui, n'avait aucune possibilité de choix et son handicap ne découlait en rien desdites fautes. C'est la raison pour laquelle cet arrêt a été vivement critiqué par une partie de la doctrine : autant il était concevable d'indemniser les parents, autant l'indemnisation de l'enfant devait-elle être rejetée, faute de lien de causalité. Pour autant, cela n'a pas empêché l'assemblée plénière d'admettre la réparation du dommage subi par l'enfant. Depuis on sait que le législateur a mis fin à cette jurisprudence avec l'article premier de la loi du 4 mars 2002, devenu l'article L. 114-5 du Code de l'action sociale et des familles et le Conseil constitutionnel, qui était saisi plus largement du contrôle de la constitutionnalité du dispositif « anti-Perruche », a relevé dans sa décision l'absence de lien de causalité entre la faute médicale et le préjudice de l'enfant (v. ss 2338).

Les tribunaux ont tendance à admettre assez largement le lien de causalité, chaque fois que le fait reproché a concouru à la réalisation du dommage ou en a aggravé les conséquences : par exemple, dans un accident d'automobile où la victime n'avait pas attaché sa ceinture de sécurité (avant la loi de 1985 sur les accidents de la circulation qui les a soustraits au droit commun de la responsabilité), les tribunaux ont reconnu que l'accident se serait produit même sans cela, mais que la blessure aurait été moins grave et décident donc que la faute de la victime peut être considérée comme l'une des causes du dommage[2].

2407. Il existe toutefois, des exceptions à cette recherche du lien de causalité qui peuvent apparaître notamment dans le cas de la responsabilité du fait personnel des articles 1241 et 1242 du Code civil. En effet, lorsque deux faits fautifs ont concouru à la réalisation du dommage, il peut être admis que la faute la plus légère est absorbée par la plus lourde, par exemple dans le cas d'un accident causé par une voiture volée, les tribunaux admettent que seule la faute du voleur est la « cause » de l'accident même si la négligence du propriétaire a facilité le vol[3]. Il faut noter cependant, qu'il y a là une confusion entre l'appréciation de la faute et celle de la causalité.

---

1. Civ. 2e, 20 nov. 2003, *JCP* 2004. II. 10004, note B. Daille-Duclos.

2. Rouen, 21 janv. 1975, *D.* 1975. 637, note Ph. le Tourneau ; attention il s'agit de décisions antérieures à la loi du 5 juillet 1985.

3. Civ. 6 janv. 1943, *JCP* 1943. II. 2195, *D.* 1945. II. 7, note A. Tunc.

2) Le lien de causalité doit être direct

a) La question des dommages en cascade

2408. Il s'agit, ici, de déterminer les dommages qui peuvent donner lieu à réparation parmi une *cascade de dommages*. Dans le fameux exemple de Pothier : un marchand de bestiaux vend une vache malade à un cultivateur ; la vache meurt, elle a contaminé le troupeau entier qui meurt aussi... le cultivateur est ruiné... il se suicide...

La jurisprudence écarte généralement, nous l'avons dit plus haut (v. ss 2391), la théorie de la proximité de la cause pour rechercher intuitivement la cause (ou les causes) impulsive et déterminante du dommage : ainsi, a-t-il été jugé qu'il y avait un lien de causalité directe entre la faute d'un automobiliste ayant provoqué un traumatisme crânien chez la victime et le suicide de cette dernière, survenu quelques mois plus tard[1] ; de même, il y a un lien de causalité entre l'accident dont un homme a été victime et l'avortement subi par sa femme, quelques semaines plus tard, par suite du choc émotionnel ressenti[2]. Par ailleurs, si les « prédispositions pathologiques de la victime » peuvent, parfois, être prises en considération pour apprécier le préjudice, voire même être considérées comme une cause étrangère exonératoire de responsabilité pour le défendeur, il n'en est ainsi que si elles s'étaient révélées avant le fait générateur du dommage (v. ss 2433, 2532). La Cour de cassation a précisé dans ce contexte de prédispositions pathologiques, qu'il n'est pas exigé « un lien de causalité direct et immédiat entre la faute du prévenu et le décès de la victime, qu'il suffit que le lien de causalité soit certain »[3].

Ainsi, la jurisprudence admet-elle assez largement la réparation de différents préjudices différés ou médiats (préjudices en cascade) chaque fois que l'aggravation du dommage primitif, ou l'apparition d'un dommage nouveau, ne se serait pas produit sans le fait initial, même, comme nous venons de le voir[4], si ces suites apparaissent plusieurs années après le fait originel.

Toutefois, il y a des limites. Ainsi dans un arrêt du 24 février 2005[5], la Cour de cassation a écarté le lien de causalité entre l'accident ayant provoqué un handicap et le préjudice moral des enfants de la victime, qui n'avaient été conçus qu'après l'accident. La Cour de cassation considère que le lien de causalité est trop distendu car les enfants, qui invoquaient un préjudice par ricochet (v. ss 2409), étaient tous nés longtemps après l'accident et n'avaient donc pas subi un quelconque bouleversement de leur existence consécutif à cet accident, bien antérieur à leur naissance.

b) Les dommages par ricochet

2409. À côté des dommages dits « en cascade », obéissant à un *processus de propagation* comme dans l'exemple de Pothier, il existe des dommages dits « par ricochet », selon un *processus de réflexion* où ce sont les personnages de l'entourage

---

1. Crim. 14 janv. 1971, *D.* 1971. 164, rapport Cons. Robert ; Civ. 2e, 21 mai 1990, *D.* 1990. IR 156.

2. Civ. 2e, 17 mai 1973, *Gaz. Pal.* 1974. I. 71, note H. M.

3. Crim. 14 févr. 1996, *Bull. crim.* no 78.

4. Civ. 4 déc. 2001, préc.

5. Civ. 2e, *Juris-Data* no 2005-027091 ; *JCP* 2005. I. 149, chron. G. Viney ; *RTD civ.* avr.-juin 2005, chron. P. Jourdain, p. 404.

de la victime qui subissent, à leur tour des dommages : les membres de sa famille, son employeur, ses créanciers, les organismes tenus de verser des prestations, etc. Nous avons vu (v. ss 2362 s.) dans quelles conditions ces préjudices « par ricochet » peuvent être indemnisés.

C. La preuve du rapport de causalité

2410. Le lien de causalité étant un fait juridique peut se prouver par tous moyens, mais outre que cette preuve n'est pas toujours facile, des difficultés peuvent apparaître concernant la charge de la preuve, conduisant parfois à certains allégements.

1) En principe, la preuve incombe au demandeur

2411. La charge de la preuve incombe au demandeur, c'est-à-dire à la victime, selon les règles normales de procédure. Cela implique que, si le demandeur ne peut apporter la preuve de l'existence de ce lien de causalité, sa demande pourra être repoussée. Cela va donner aux tribunaux un véritable *jus moderandi*, leur permettant d'écarter la demande de réparation chaque fois qu'il n'est pas absolument démontré que le fait initial reproché au défendeur est bien à l'origine de certains dommages trop lointains ou hypothétiques. Toutefois, il existe des exceptions et des atténuations à ce principe.

2) Exception : les présomptions de causalité opérant renversement de la charge de la preuve

2412. Pour venir en aide aux victimes, la loi et la jurisprudence ont parfois posé des présomptions de causalité qui constituent de véritables présomptions légales ou « quasi légales » ou encore « de droit », c'est-à-dire qu'elles effectuent un déplacement de la charge de la preuve et dispensent donc le demandeur de cette preuve (C. civ., art. 1352). Sans être toujours irréfragables, ces présomptions de causalité ne sont pas non plus toujours des présomptions simples car le responsable du dommage, dont la responsabilité est ainsi présumée, ne peut pas toujours échapper à cette responsabilité en prouvant l'absence de lien de causalité par tout mode de preuve, mais seulement en établissant l'existence de causes d'exonération, précisément et limitativement définies (v. ss 2424 s.).

À côté de ces véritables présomptions de causalité, les exigences de preuve de la causalité ont aussi été assouplies, on le verra, par le recours à la notion de présomptions graves précises et concordantes, dans le domaine particulier des dommages causés par des produits de santé, mais il ne s'agit pas alors de renversement de la charge de la preuve ; il s'agit de simples présomptions du fait de l'homme ou présomptions de fait (v. ss 2413).

Les présomptions de causalité peuvent être d'origine légale

– La loi du 30 octobre 1968 dans le domaine de l'énergie nucléaire, par exemple, pour certaines maladies survenues dans le voisinage d'un site nucléaire pose une présomption de causalité. La victime n'a pas à prouver le lien de causalité.

– La loi du 4 mars 2002 a également créé aussi une présomption de causalité concernant les infections nosocomiales. La responsabilité des établissements de soins est ainsi engagée du seul fait du caractère nosocomial de l'infection « sauf s'ils rapportent la preuve d'une cause étrangère » (v. ss 3354). Il appartient cependant au malade d'apporter cette preuve préalable du caractère nosocomial de l'infection (sur la définition, v. ss 3355).

Elles peuvent être d'origine jurisprudentielle

– *La responsabilité du fait des choses* est ainsi une responsabilité présumée qui repose sur une présomption de causalité. En effet, dans ce domaine, un arrêt remarqué a affirmé que « pour l'application de l'article 1384, alinéa 1er, devenu l'article 1242, alinéa 1er (responsabilité de plein droit du gardien d'une chose inanimée) la chose inanimée doit être la cause du dommage, mais que, du moment où il est établi qu'elle a contribué à la réalisation du dommage, *elle est présumée en être la cause génératrice*, sauf au gardien à rapporter la preuve contraire »[1], c'est-à-dire son « rôle passif » dans la réalisation du dommage (v. ss 2730), ce qui est évidemment assez difficile à établir, ou encore en prouvant l'existence d'une cause étrangère.

– Également, *en matière contractuelle*, quand l'obligation est une *obligation de résultat*, le lien de causalité entre l'inexécution de l'obligation et le dommage est également présumé : dans ce cas, en effet, l'absence de résultat suffit à engager la responsabilité sans qu'il soit nécessaire de faire la preuve du lien de causalité entre l'inexécution de l'obligation et le dommage (v. ss 3022).

– *Concernant les victimes de transfusions sanguines contaminantes*, avant que le législateur n'intervienne pour confier le contentieux aux juridictions administratives après la réorganisation de la transfusion sanguine et la désignation de l'Établissement du sang comme seul interlocuteur et responsable (v. ss 3340 s.), la jurisprudence avait aussi institué une véritable présomption de droit (quasi légale) concernant les contaminations par le VIH : si la victime démontrait qu'elle avait subi une transfusion et qu'elle ne présentait pas de modes propres de contamination (prise de drogues, comportement sexuel à risque…) on déduisait de ce fait connu à la fois que le sang était contaminé et que la contamination était due à la transfusion et il appartenait au centre de transfusion de prouver que les produits étaient exempts de tout vice. Cette présomption a été reprise par l'article 102 de la loi du 4 mars 2002, dite « loi Kouchner » (art. 102) au profit des victimes de contamination par le virus de l'hépatite C, dans des termes pratiquement similaires. On voit bien le renversement de la charge de la preuve. L'article 102 ajoute que « le doute profite au demandeur » (v. ss 3195).

3) Assouplissements quant aux exigences de preuve

a) Le recours à des présomptions de fait, graves, précises et concordantes en cas d'incertitude sur la causalité

2413. Le recours à des présomptions graves précises et concordantes, ou présomptions de fait (C. civ., art. 1353) ne conduit pas ici à un renversement de la charge de la preuve et n'institue donc pas une présomption de droit (opposée aux présomptions

---

1. Civ. 9 juin 1939, *DH* 1939. 2. 283.

de fait). La réunion de ces éléments, apportés par le demandeur va permettre au juge, qui les apprécie souverainement, d'admettre l'existence du lien de causalité, bien qu'il n'y ait pas, en réalité, de réelle certitude. Il s'agit donc simplement d'admettre un allègement du fardeau de la preuve au profit de la victime qui va se trouver dispensée de faire la preuve de la certitude du lien de causalité. Cet assouplissement s'est concrétisé devant la difficulté d'apporter certaines preuves du fait des incertitudes scientifiques, concernant notamment les *produits de santé défectueux*, et notamment les *vaccins*. La Cour de cassation a ainsi validé le recours *au faisceau de présomptions graves précises et concordantes* par exemple pour admettre « l'imputabilité de la maladie de Creutzfeldt Jacob développée par le demandeur, à l'hormone de croissance fournie par l'association France Hypophyse »[1]. De même, concernant le vaccin de l'hépatite B suspecté d'avoir déclenché une sclérose en plaques, elle a confirmé dans une série d'arrêts rendus le 22 mai 2008, qu'il était possible aux victimes de prouver le lien de causalité en établissant « l'existence de présomptions graves, précises et concordantes[2] ».Toutefois, il ne s'agit que de présomptions de fait et pas de présomptions légales, liant le juge. Il appartient donc aux juges du fond d'apprécier souverainement au cas par cas la valeur et la portée des éléments de preuve qui leur sont soumis et dès lors, la preuve peut tout aussi bien ne pas être admise[3] (sur cette question de l'allègement de la preuve concernant les produits de santé, v. ss 3197 s.). Ce recours au faisceau de présomptions en matière de vaccins a été validé par la Cour de justice de l'Union européenne dans une décision du 21 juin 2017 (v. ss 3201, et les références).

La troisième chambre civile de la Cour de cassation a également admis ce recours à des présomptions graves précises et concordantes à propos d'un autre contentieux actuellement récurrent, celui des *ondes électromagnétiques*. Un exploitant invoquait des préjudices économiques liés à des troubles sanitaires endurés par des animaux d'élevage gardés à proximité d'une ligne à très haute tension ; si la Cour de cassation a admis le recours à des présomptions graves, précises et concordantes, il s'agissait cependant d'écarter en l'occurrence l'idée d'une présomption de droit d'imputabilité des troubles à la ligne THT. Ni la Charte de l'environnement, ni le principe de précaution, a-t-elle précisé, ne remettent en cause la nécessité d'établir que le préjudice était la conséquence directe de la ligne THT ; or en l'espèce l'existence d'un lien de causalité n'était pas suffisamment caractérisée[4].

b) En cas de faute intentionnelle

2414. Les tribunaux se montrent parfois assez larges dans l'appréciation de l'existence du lien de causalité en présence d'une faute intentionnelle ou très grave, notamment en présence d'une *situation objectivement dangereuse* : voiture en stationnement irrégulier, par exemple, ou confiée à un conducteur inexpérimenté, lorsque la loi

1. Civ. 1re, 24 janv. 2006, *D.* 2006. 1273 ; *LPA* n° 45, 3 mars 2006, avis de l'avocat général J.-D. Sarcelet ; *JCP* 2006, aperçu rapide 185, obs. L. Grynbum, *RCA* 2006. 18, notes C. Radé.

2. Civ. 1re, 22 mai 2008 (trois arrêts), *Dr. fam.* 2008, n° 17, J. Julien ; *RCA* 2008, étude 8, C. Radé ; *RDSS* 2008. 578, note J. Peigné : *JCP* 2008. II. 10131, note L. Grynbaum ; *RTD civ.* 2008. 492, obs. Ph. Jourdain, *RDC* 2008. 1186, note J.-S. Borghetti ; *JCP* 2008. I. 186, obs. Ph. Stoffel-Munck.

3. V. par ex., à propos du vaccin contre l'hépatite B, rejet du pourvoi contre l'arrêt d'appel qui n'avait pas admis l'existence de présomptions suffisantes : Civ. 1re, 25 nov. 2010, *D.* 2010. Actu. 2909.

4. Civ. 3e, 18 mai 2011, *D.* 2011. 1483, obs. I. Gallmeister, et *D.* 2011. 2098, note M. Boutonnet ; *RTD civ.* 2011. 540, obs. P. Jourdain ; *D.* 2011. 2702, obs. F.-G. Trébulle ; *D.* 2012. 49, obs. P. Brun.

du 5 juillet 1985 ne s'appliquait pas encore et que les accidents de la circulation étaient régis par le droit commun de la responsabilité, ou encore pour les dommages causés par des personnes soumises à la surveillance d'autrui comme des enfants ou des aliénés. Plus la faute est grave, plus il y a de chance en effet pour qu'elle soit causale et spécialement lorsqu'elle est intentionnelle puisque dans ce cas l'auteur de la faute est animé de l'intention de causer le dommage.

c) Le recours à la notion de perte d'une chance

2415. L'allégement concernant l'exigence de preuve de la causalité se manifeste également avec le *recours à la notion de « perte d'une chance »* (sur cette notion et ses conditions de prise en compte, v. ss 2344), notamment perte d'une chance de guérison en matière médicale ou d'une chance de survie [1]. Lorsque la preuve du lien de causalité entre la faute médicale et le dommage subi par le patient n'est pas établie avec certitude, les tribunaux invoquent cette perte de chance qui est, par hypothèse, reliée à la faute médicale en raison du danger auquel celle-ci expose la santé du malade.

Ce recours à la notion de perte d'une chance n'autorise cependant qu'une indemnisation partielle du dommage final dont se plaint la victime.

4) La preuve en cas d'incertitude quant à l'auteur véritable d'un dommage : les dommages causés par un membre anonyme d'un groupe

2416. Si la victime ne parvient pas à identifier l'auteur du dommage, elle ne peut en principe être indemnisée.

2417. Pour éviter cette injustice, le législateur a prévu dans certains cas des solutions particulières. Il est intervenu notamment avec la création de divers fonds, appelés à indemniser la victime lorsque l'auteur est resté inconnu : Le Fonds national de garantie automobile créé par la loi a loi du 31 décembre 1951, devenu le Fonds des assurances obligatoires de dommages depuis une loi de 2003, intervient pour les accidents dont le responsable ne peut être identifié (v. ss 3319 s.). On peut aussi citer la Commission d'indemnisation des actes de terrorisme et autres infractions qui intervient lorsque l'auteur est inconnu ou introuvable (v. ss 3321 s.). C'est ici le recours l'indemnisation et non plus à la responsabilité qui permet d'assurer la prise en charge collective du dommage (v. ss 2213 s.). Dans un autre registre, l'article 1734 du Code civil prévoit qu'à défaut de preuve positive à l'égard de l'un des locataires, un incendie dont l'origine est inconnue est présumé causé par l'ensemble des locataires responsables vis-à-vis du propriétaire, sauf preuve contraire.

2418. Pour pouvoir assurer la réparation d'un dommage résultant d'un fait dommageable réalisé en commun, mais sans que l'on puisse précisément identifier l'auteur, la jurisprudence, pour sa part, a pu faire appel, exceptionnellement, à la notion de faute collective ou de garde collective. Cette solution n'est pas retenue *par l'actuel projet de réforme de la responsabilité du 13 mars 2017* car il se place sur un autre terrain, en admettant directement une responsabilité collective dans l'hypothèse d'un dommage causé par plusieurs personnes agissant de concert (art. 1240).

---

1. Civ. 1re, 18 mars 1969, *JCP* 1970. II. 16422, note Rabut.

a) Recours exceptionnel à la notion de de « faute collective » ou de « garde collective »

2419. ***Faute collective ou faute connexe.*** L'impossibilité d'identifier l'auteur direct se manifeste souvent lorsque le dommage survient dans le contexte d'activités de groupe, collectives, notamment en matière de sport ou de loisirs, participation à une bagarre [1]. Ainsi, en cas d'accident de chasse organisée en groupe, lorsque plusieurs personnes ont tiré quasi simultanément avec des armes et des munitions semblables, il est parfois impossible de déterminer avec certitude l'auteur de la faute d'imprudence. Dans ce cas la jurisprudence a pu retenir une faute collective des chasseurs. La Cour de cassation a d'abord hésité et cassé de telles décisions [2], mais dès 1957, elle a admis cette solution dans un cas où « la cause réelle de l'accident avait résidé dans l'action concertée de sept défendeurs qui avaient participé à un tir ne constituant pas un acte normal de chasse (il s'agissait d'une salve finale pour clôturer la chasse) dans des conditions d'imprudence et de maladresse qui leur étaient imputables à tous » [3]. Bien que cette jurisprudence soit antérieure à la loi du 11 juillet 1966 qui a étendu aux accidents de chasse le domaine du fonds de garantie, elle a pu s'appliquer encore dans des cas analogues [4]. La faute collective a aussi été invoquée en cas de jeux d'enfants, de dommages résultant d'un organe collégial de gestion d'une Société, d'infractions et de dégâts commis en bande, etc. (sur cette notion de faute collective, et les difficultés soulevées par son admission, v. ss 2646).

2420. ***Garde collective ou garde en commun.*** En matière de responsabilité du fait des choses, que nous reverrons plus loin, il a été également fait appel à la notion de garde collective pour fonder une condamnation *in solidum,* par exemple, en retenant la garde collective des armes des chasseurs, de la salve de plombs, du ballon de football, etc. (v. ss 2715).

2421. Il s'agit là de simples artifices juridiques pour justifier un lien de causalité qui repose sur une simple présomption et permettre une réparation équitable des dommages subis par la victime. C'est à chacun des responsables *in solidum* qu'il appartient alors, s'il le peut, de faire la preuve contraire, en faisant tomber cette présomption, soit en prouvant sa non-participation, soit en prouvant l'identité du véritable auteur du fait dommageable (art. 1734, al. 2 et 3).

b) Le recours au concept de responsabilité collective ?

2422. L'idée de consacrer une responsabilité collective en cas de dommage causé par un membre indéterminé d'un groupe de personnes identifiées figure dans l'avant-projet *Catala* et dans le projet *Terré.* Cette responsabilité solidaire a lieu sauf pour chacun des membres du groupe à démontrer qu'il ne peut pas être l'auteur du dommage. Le

---

1. Civ. 2e, 2 avr. 1997, *Bull. civ.* II, n° 112 ; *JCP* 1997. I. 4068, obs. G. Viney.

2. Civ. 29 sept. 1941, *Gaz. Pal.* 1941. J. 437.

3. Civ. 5 juin 1957, *D.* 1957. 493, note R. Savatier ; *S.* 1957. 430 ; *JCP* 1957. II. 10205, note P. Esmein ; obs. 412, D. Mazeaud à la *RTD civ.* 1957. 695 ou Civ. 2e, 11 févr. 1966, *D.* 1966. 228, note Schmelck, pour une « gerbe unique » de plombs.

4. Civ. 2e, 19 mai 1976, *JCP* 1978. II. 18773 [3e esp.], note Dejean de La Bâtie, *D.* 1976. 629, note D. Mayer.

système repose sur une présomption légale de causalité. La proposition a été très critiquée, notamment par le Sénat dans le rapport d'information (sur ce rapport, v. ss 2234 et les recommandations, v. ss 2234, Documents) car la responsabilité civile est par nature une responsabilité individuelle et non collective.

2423. Malgré les critiques, *l'actuel projet de réforme du 13 mars 2017* reprend cette solution d'une responsabilité solidaire, mais en la limitant à l'hypothèse d'un dommage corporel. Il écarte donc la fiction de la faute collective ou de la garde collective et ouvre la porte, dans les dispositions consacrées au lien de causalité, à cette responsabilité collective : « lorsqu'un dommage corporel est causé par une personne indéterminée parmi des personnes identifiées agissant de concert ou exerçant une activité similaire, chacune en répond pour le tout, sauf à démontrer qu'elle ne peut l'avoir causé » (art. 1240).

Section 3
La question des causes d'exonération

2424. Nous avons vu que la responsabilité était encourue dès que se trouvaient réunis certains éléments : un dommage, un fait générateur, et un lien de causalité. Si ces trois conditions positives sont établies, il n'est pas possible d'invoquer une cause d'exonération pour échapper à la responsabilité. Cependant, ces trois éléments, constantes de la responsabilité (v. ss 2252 s.) ne nécessitent pas toujours d'être prouvés par la victime pour engager la responsabilité. En effet, quand la responsabilité est une responsabilité de plein droit ou présumée, la victime est parfois dispensée de certaines preuves et le lien de causalité, notamment, est parfois présumé. Le responsable peut alors éventuellement « s'exonérer » de sa responsabilité s'il prouve l'existence d'une « cause étrangère qui ne peut lui être imputée ». Cette formule provient de l'article 1147, devenu l'article 1231-1 depuis l'ordonnance du 10 février 2016 réformant le droit des contrats, et concerne la responsabilité contractuelle : elle était précisée ensuite par l'ancien article 1148, qui définissait la cause étrangère comme la « force majeure ou le cas fortuit ». La jurisprudence, par assimilation, a étendu cette règle à la responsabilité extracontractuelle. Cette référence aux causes d'exonération apparaît très nettement dans l'arrêt *Jand'heur* arrêt « historique » concernant la responsabilité du fait des choses (v. ss 2679 s., spéc. v. ss 2682) qui dispose que « la présomption de responsabilité ne peut être détruite que par la preuve d'un cas fortuit ou de force majeure ou, d'une cause étrangère qui ne [...] soit pas imputable » au gardien [1]. Autre exemple, la loi du 4 mars 2002 relative à la réparation des conséquences des risques sanitaires précise, elle aussi, que « les établissements, services et organismes susmentionnés [c'est-à-dire, dans lesquels sont réalisés des actes individuels de prévention, de diagnostic ou de soins] sont responsables des dommages résultant d'infections nosocomiales, sauf s'ils rapportent la preuve d'une *cause étrangère* » (CSP, art. L. 1142-1, al. 2).

L'ordonnance du 10 février 2016 a supprimé l'article 1148 et la notion de cause étrangère pour ne retenir que la notion de force majeure qui a par ailleurs été définie dans l'article 1218 (déjà, v. ss 1938 s.) donc en matière contractuelle, comme « un événement échappant au contrôle du débiteur, qui ne pouvait être raisonnablement prévu lors

1. Ch. réunies 13 févr. 1930, *D.* 1930. I. 57, concl. Matter, note G. Ripert.

de la conclusion du contrat et dont les effets ne peuvent être évités par des mesures *appropriées* ». ***L'actuel projet de réforme de la responsabilité*** renvoie à cette définition pour la force majeure en matière contractuelle mais donne, cependant, dans l'article 1252, alinéa 2, une définition différente de la force majeure en matière extracontractuelle qui fait seulement référence à la condition d'imprévisibilité de l'évènement de force majeure (v. ss 2439).

2425. Toutefois, en pratique, les causes d'exonération peuvent aussi intervenir en amont de la mise en jeu de la responsabilité. Même lorsque la responsabilité suppose la preuve des trois conditions positives (fait générateur, dommage et lien de causalité), le défendeur dont la responsabilité est recherchée, peut tenter d'établir l'existence d'une cause d'exonération de façon préalable et défensive, afin d'empêcher la victime de faire la preuve que les conditions de sa responsabilité sont réunies et notamment celle du lien de causalité.

2426. Ce sont les causes d'exonération communes à tous les types de responsabilité que nous examinerons ici. Avant de les étudier distinctement et successivement, il convient de préciser d'abord les relations existant entre les causes d'exonération et les partages de responsabilité.

§ 1. Causes d'exonération et partages de responsabilité

2427. Les causes d'exonération atteignent soit l'existence même (cause d'exonération totale), soit le caractère exclusif (causes d'exonération partielle) du lien de causalité entre le fait générateur de la responsabilité et le dommage. Elles permettent au défendeur d'échapper à toute responsabilité ou d'échapper seulement à une partie de sa responsabilité. La question des rapports entre cause d'exonération et partage de responsabilité ne peut donc se poser que lorsque la cause d'exonération est partielle, et elle se pose différemment selon que l'on se place du point de vue des *rapports avec la victime ou des rapports entre coauteurs.*

A. La distinction des causes d'exonération partielle et des causes d'exonération totale

1) Causes d'exonération totale : force majeure ou fait du tiers ou de la victime présentant les caractères de la force majeure

2428. Prouver l'existence d'une *cause d'exonération totale* permet d'établir que le fait générateur n'est pas cause du dommage, ni au sens de l'équivalence des conditions, ni au sens de la causalité adéquate, parce que le dommage est dû, en réalité à une cause extérieure, qui n'est pas imputable au défendeur. Le défendeur se débarrasse de toute responsabilité si elle était présumée. Et dans le cas où sa responsabilité doit être prouvée, s'il fait la preuve préalable de l'existence d'une cause d'exonération totale, il empêchera obligatoirement la victime d'établir que les conditions de sa responsabilité sont réunies. Les causes d'exonération totale sont la *force majeure* et deux autres éléments assimilables à la force majeure : *le fait d'un tiers présentant les caractères de la force majeure* ou *le fait de la victime présentant ces mêmes caractères* (v. ss 2446, 2451).

2) Cause d'exonération partielle : faute de la victime exclusivement

2429. Prouver l'existence d'une *cause d'exonération partielle* permet d'établir que le fait générateur n'est pas la seule cause du dommage. On a vu, en effet, qu'un même dommage peut avoir plusieurs causes (v. ss 2400, 2401). Cependant, les autres causes d'un dommage (que le fait générateur considéré) ne sont pas des causes d'exonération partielle, permettant à ce titre au défendeur d'échapper à une partie de sa responsabilité vis-à-vis de la victime. En effet, par faveur pour la victime, l'utilisation de la théorie de l'équivalence des conditions conduit à retenir une responsabilité totale de chaque coauteur dans leurs rapports avec la victime (une responsabilité *in solidum*) et de permettre à celle-ci d'agir contre n'importe lequel d'entre eux, pour le tout, sans se voir opposer une cause d'exonération partielle (sur ce point, v. ss 2403). La seule cause d'exonération partielle, opposable, est la *faute de la victime.*

B. Relations entre causes d'exonération et partages de responsabilité

1) Cause d'exonération partielle et partage de responsabilité opposable à la victime : la faute de la victime

2430. C'est en effet le propre de la cause d'exonération partielle que de dégager le défendeur d'une partie de sa responsabilité à l'égard de la victime qui ne pourra donc pas lui demander réparation de l'entier dommage. La victime elle-même devra supporter la part de responsabilité qui lui revient, ce qui est parfaitement normal : le seul élément que l'on peut lui opposer, on l'a vu, est sa propre faute, cause du dommage, ce qui établit à son encontre toutes les conditions de sa responsabilité personnelle, sur le fondement de l'article 1240 du Code civil. Il est assez logique de lui opposer sa faute causale, sauf à faire un choix politique contraire, pour assurer la réparation intégrale de son dommage ; c'est au demeurant ce que la jurisprudence avait fait, un temps, dans l'arrêt *Desmares* (v. ss 2738 s.) avant que la loi de 1985 ne vienne prendre en charge l'indemnisation des victimes d'accidents de la circulation, en supprimant la possibilité d'une limitation d'indemnisation par la faute de la victime non conductrice (v. ss 3252).

La question s'est aussi posée de l'opposabilité de la faute de la victime directe à la victime par ricochet et on verra que la jurisprudence s'est prononcée en faveur de cette opposabilité (v. ss 2471).

2) Aucune autre cause du dommage n'est une cause d'exonération partielle autorisant un partage de responsabilité opposable à la victime

2431. Ici, l'objectif de réparation l'emporte. Bien que le dommage ait plusieurs causes, chaque cause du dommage, est considérée, *par rapport à la victime* et par application de l'équivalence des conditions, dont la jurisprudence fait application dans ce contexte (v. ss 2400, 2403), comme cause de l'entier dommage. Chaque coauteur du dommage qui engage sa responsabilité à des titres et sur des fondements différents est donc responsable de l'entier dommage dans ses rapports avec la victime et doit l'indemniser intégralement si elle se tourne vers lui plutôt que vers un autre coauteur. C'est le jeu de l'obligation *in solidum* (aussi, v. ss 2403, 2480). Le coauteur, ainsi obligé, ne peut opposer à la victime le fait des autres coauteurs. Le fait des autres coauteurs n'est donc pas une cause d'exonération, ni donc une cause de partage de responsabilité opposable à la victime. Il peut donc y avoir des *cumuls de responsabilités* (que nous signalerons au fur et à mesure de l'étude des différents régimes de responsabilité), sans que pour autant ce cumul de responsabilités et de responsables autorise des partages de responsabilité opposables à la victime. Néanmoins, la logique et l'équité impliquent que celui qui a ainsi indemnisé la victime puisse se retourner vers les autres coauteurs.

3) Mais toutes les autres causes du dommage sont des causes de partage de responsabilité dans les rapports entre coauteurs autorisant entre eux un recours récursoire

2432. Même si le fait des autres coauteurs n'est pas opposable à la victime en raison du jeu de *l'obligation in solidum,* et si chaque coauteur est *obligé à la dette,* cette dette va ensuite se diviser entre eux dans le cadre de la contribution à la dette c'est-à-dire la charge définitive de la dette (v. ss 384 s., sur les effets de *l'obligation in solidum* et sur la distinction de l'obligation et de la contribution à la dette, v. ss 361, 376). Dans les rapports respectifs entre coauteurs, et compte tenu des *cumuls de responsabilité,* la responsabilité va être partagée et l'indemnisation du dommage aussi. Dans les rapports entre coauteurs, il s'agit donc de prendre en compte la pluralité des causes du dommage, lorsqu'elle conduit à une pluralité de responsables entre lesquels on va opérer des partages de responsabilité, la jurisprudence abandonnant, dans ce second temps, la théorie de l'équivalence des conditions. La part revenant à chacun dans la responsabilité et la réparation du dommage devrait logiquement être déterminée en tenant compte exclusivement du degré d'intervention causale de chacun. En réalité, elle tient compte aussi des fondements respectifs de la leur responsabilité, de l'existence ou non de fautes et, parfois de leur gravité respective (v. ss 2404, 2546).

Le recours exercé par un coauteur qui a indemnisé la victime contre les autres coauteurs s'appelle un *recours récursoire*. Le recours récursoire ne concerne cependant pas seulement le coauteur responsable qui se retourne contre les autres à proportion de leur part de responsabilité. Il peut en effet s'agir aussi d'un recours exercé par un tiers payeur, obligé à la dette pour une autre raison que sa responsabilité dans le dommage : organismes sociaux ou assureur par exemple, qui sont alors subrogés dans les droits de la victime pour agir contre les coauteurs (v. ss 2354 s.).

§ 2. La force majeure cause d'exonération totale

A. Définition de la force majeure

1) Définition classique

2433. La notion de force majeure est assez complexe.

► Un événement de force majeure était classiquement défini comme ***un événement extérieur, imprévisible et irrésistible***, ces trois conditions étant cumulatives[1].

1. Théorie de M. Antonmattei, v. ss 1271.

– *L'événement doit être extérieur au responsable et à son milieu, il doit constituer pour lui une cause étrangère.*

Cela exclut donc le cas où il s'agit d'une *défaillance de son matériel ou d'un vice de la chose*, par exemple pour une rupture des freins [1], cela exclut aussi le cas où il s'agit d'un malaise du responsable : l'absence épileptique n'est pas considérée comme constituant la force majeure (arrêt *Trichard*) [2]. Il ne résulte généralement pas de l'activité de l'homme mais d'un phénomène naturel : tremblement de terre, cyclone... mais on peut y ajouter certains cas de violence : émeute, pillage... ou l'intervention de l'autorité publique, qualifiée de fait du prince : réquisition, expropriation, etc.

La question s'est posée, dans certains arrêts, de savoir si la *grève* du personnel, en matière contractuelle devait être considéré comme un phénomène extérieur à l'employeur, en l'occurrence concernant EDF [3] ; mais aussi en matière délictuelle [4] à propos du paquebot France, contraint par son équipage en grève de mouiller dans l'axe du chenal d'accès du port du Havre et empêchant ainsi les autres navires d'y pénétrer ce qui provoqua de graves préjudices dont l'indemnisation était demandée. Contrairement à la position prise pour les arrêts concernant EDF, où la Cour de cassation a admis l'exonération, dans le cas du paquebot France, elle a refusé d'admettre « l'extériorité » de l'intervention du personnel du Paquebot France pour exonérer la Compagnie générale maritime qui était restée gardienne du navire car les officiers n'avaient pas cessé de commander sur le plan technique, certaines manœuvres.

– La question des *prédispositions pathologiques de la victime* (v. ss 2532) a également été invoquée comme « cause étrangère », mais la Cour de cassation rejette cet élément comme cause d'exonération et également comme élément à prendre en compte dans l'évaluation du préjudice (v. ss 2532), dès lors que ces prédispositions pathologiques n'avaient aucune manifestation extérieure au moment de l'accident [5] et que l'affection qui en est issue n'a été provoquée ou révélée que par le fait dommageable. Cette solution est reprise par *l'actuel projet de réforme de la responsabilité* du 13 mars 2017 (art. 1268).

– *Il doit être imprévisible,* c'est-à-dire que l'événement invoqué ne pouvait pas être prévu, à cette époque et en ce lieu ; par exemple, une tempête en hiver n'est pas imprévisible tandis qu'un cyclone peut l'être.

Il suffit que l'événement soit prévisible, même s'il est bien extérieur et irrésistible, pour que la force majeure soit écartée ; ainsi l'imprévisibilité a été exclue à propos d'éboulements dans une carrière creusée par d'autres que par le défendeur et sur laquelle il n'avait aucun contrôle ; mais elle passait sous son terrain et où d'autres accidents s'étaient déjà produits [6].

– *Il doit être irrésistible,* ce qui signifie qu'il doit rendre l'exécution impossible et avoir été insurmontable pour celui qui l'invoque ou en tout cas « normalement » imprévisible et insurmontable, ce qui implique une appréciation *in abstracto.*

---

1. Civ. 11 mars 1940, *Gaz. Pal.* 1940. 2. 15.

2. Civ. 2e, 18 déc. 1964, *D.* 1965. 191, concl. Schmelck, note P. Esmein.

3. La Cour de cassation a admis parfois l'exonération, en relevant que les actions revendicatives du personnel étaient intervenues en raison de décisions prises par le gouvernement, imprévisibles lors de la conclusion du contrat et ayant fait naître pour EDF un état de contrainte : Ch. mixte 4 févr. 1983, *Dr. soc.* 1983, n° 11, note G. Viney ; Civ. 1re, 24 janv. 1995 ; *JCP* 1995. I. 3893, obs. G. Viney.

4. Ch. mixte 4 déc. 1981, *Cie gén. maritime contre Cie F de raffinage, JCP* 1982. II. 190, note D. Mazeaud.

5. Civ. 2e, 28 févr. 1996, *JCP* 1996. IV. 913 ; *JCP* 1996. I. 3985, p. 490, obs. G. Viney.

6. Civ. 2e, 5 févr. 1992, *Gaz. Pal.* 7-9 févr. 1993. Somm. 20, note F. C.

2) Hésitations jurisprudentielles postérieures sur les caractères exigés de la force majeure

a) Les hésitations jurisprudentielles concernant l'exigence d'imprévisibilité

2434. Elles se sont manifestées concernant la force majeure en responsabilité contractuelle.

Deux arrêts de la Cour de cassation intervenus en 1993, l'un en matière délictuelle[1], l'autre en matière contractuelle[2], semblaient établir fermement que les caractères de la force majeure étaient identiques et devaient être appréciés de la même façon dans les deux domaines. Cependant, un arrêt rendu en 1994 par la première chambre civile a semblé considérer qu'en matière contractuelle, l'irrésistibilité de l'événement pouvait, à elle seule, constituer la force majeure[3]. Cette position a ensuite été réitérée par la première chambre civile dans un arrêt du 6 novembre 2002[4]. Il s'agissait d'une société organisatrice de voyages qui avait dû annuler un voyage en Égypte lequel devait être présenté par Mme Desroches-Noblecourt, éminente égyptologue qui dût, au dernier moment, subir une intervention chirurgicale. L'une des personnes inscrites ayant mis en jeu la responsabilité de la société organisatrice, celle-ci opposa la force majeure, mais le tribunal répondit que « la maladie d'une personne âgée n'est pas imprévisible ». C'est cette motivation qui entraîne la cassation, la première chambre civile affirme, en effet, que « qu'en statuant ainsi alors que *la seule irrésistibilité de l'événement caractérise la force majeure* ».

Aussitôt après, la deuxième chambre civile, cette fois, dans deux arrêts des 28 novembre et 12 décembre 2002[5], a repris la définition classique de la force majeure avec les deux conditions d'imprévisibilité et d'irrésistibilité placées sur le même plan, et le 23 janvier 2003[6], elle a cassé l'arrêt d'une cour d'appel qui avait admis « qu'un comportement aberrant ou très dangereux de la victime, même s'il est prévisible dans l'absolu, constitue une cause d'exonération pour le gardien de la chose ».

Il y avait donc une opposition de vue entre la première et la deuxième chambre civile.

Devant ces hésitations de la Cour de cassation, un auteur a proposé de substituer « à la vieille trilogie : extériorité, imprévisibilité, irrésistibilité qui relève désormais plus du mythe que d'une démarche scientifique [...] la trilogie : inévitabilité, irrésistibilité, impossibilité[7] ».

---

1. Civ. 2e, 17 mars 1993, *JCP* 1993. IV. 1314 et obs. G. Viney, 1993. I. 3727.
2. Civ. 3e, *JCP* 1993. IV. 1379, même obs. G. Viney.
3. Civ. 1re, 9 mars 1994, *JCP* 1994. IV. 1227, cité, v. ss 1271.
4. Civ. 1re, 6 nov. 2002, *Bull. civ.* I, n° 258.
5. *RCA* 2003, comm. n° 94 ; *Bull. civ.*, n° 287 ; *JCP* 2003. IV. 1219.
6. Civ. 2e, 23 janv. 2003, préc.
7. L'*inévitabilité* permettrait seulement d'apprécier le comportement du sujet *avant* la réalisation de l'événement perturbateur ; *l'irrésistibilité* permettrait une telle appréciation *pendant* la réalisation de ce dommage. Ainsi, dans l'arrêt du 9 mars 1994 précité, il s'agissait d'un vol à main armée. Lorsqu'il se déroule, le vol à main armée est bien irrésistible comme l'admet la Cour de cassation mais, parce qu'un contrôle strict des entrées de l'hôtel n'avait pas été effectué (le veilleur de nuit ayant lui-même ouvert la porte à l'un des malfaiteurs qui prétendait avoir rendez-vous avec une cliente), l'événement était évitable, comme l'ont relevé la cour d'appel et la Cour de cassation ; *l'impossibilité*, enfin, serait le troisième critère, au sens de l'impossibilité d'éviter le dommage créé par l'événement, ce qui permettrait d'apprécier le comportement de l'intéressé *après* l'intervention de la perturbation. Ainsi dans l'arrêt final de l'affaire du *Port autonome de Rouen* (6 oct. 1993, préc.), la Cour de cassation reproche-t-elle à la cour d'appel de n'avoir pas vérifié si les faits de la grève « n'étaient pas de nature à mettre le Port autonome dans l'impossibilité absolue d'exécuter ses obligations » : Ph. Antonmattei, « Ouragan sur la force majeure », *JCP* 1996. I. 3907.

Cette proposition n'a pas été retenue et l'assemblée plénière de la Cour de cassation est venue confirmer la double exigence classique d'imprévisibilité et d'irrésistibilité.

b) Les hésitations jurisprudentielles concernant l'exigence d'extériorité

2435. Si la Cour de cassation a souvent retenu l'absence d'extériorité de l'évènement pour écarter la force majeure, elle a toutefois aussi pu considérer son absence comme indifférente, ce qui semblait marquer la disparition progressive de ce critère[1], qui se confondrait plus généralement avec l'irrésistibilité. La première chambre civile, dans une décision du 30 octobre 2008 a semblé vouloir confirmer cet abandon de l'exigence d'extériorité dans la définition de la force majeure en ne reprenant à nouveau que les deux conditions d'imprévisibilité et d'extériorité dans la définition de la force majeure[2]. Cependant, la condition d'extériorité a ensuite été mentionnée dans des arrêts postérieurs, notamment une décision du 15 octobre 2013 où la troisième chambre civile a rappelé la nécessité des trois conditions, dont l'extériorité[3]. La jurisprudence reste donc incertaine. En réalité, il semble que l'extériorité soit plus strictement exigée concernant les obligations de résultat que les obligations de moyens. Par ailleurs, la maladie du débiteur, qui n'est pas une cause extérieure à celui-ci, est généralement considérée comme n'étant pas un obstacle à la force majeure (sur ce point, v. ss 3036).

c) Confirmation de la double exigence d'imprévisibilité et d'irrésistibilité par l'assemblée plénière et silence sur l'extériorité

2436. L'opposition entre les deux chambres de la Cour de cassation concernant la question de double condition d'imprévisibilité et d'irrésistibilité a été tranchée par *deux arrêts* de la Cour de cassation, réunie en assemblée plénière du 14 avril 2006.

L'assemblée plénière a réaffirmé la conception classique de la force majeure et jugé que les critères cumulés d'imprévisibilité et d'irrésistibilité conservent toute leur pertinence pour caractériser la force majeure exonératoire, en matière délictuelle, comme en matière contractuelle[4].

– Dans la première affaire, en matière de responsabilité délictuelle, la Cour de cassation approuve la cour d'appel d'avoir exonéré la RATP de sa responsabilité, en qualifiant de force majeure la faute volontaire de la victime, qui s'était jetée sous un train dans une gare, considérée comme, tout à la fois, imprévisible et irrésistible.

– Dans la seconde affaire, en matière de responsabilité contractuelle, la grave maladie qui avait frappé un fabriquant de matériel industriel et l'avait empêché de livrer une machine, est retenue comme un cas de force majeure car cette maladie était imprévisible au moment de la conclusion du contrat et irrésistible lors de son exécution, puisqu'il en est décédé.

---

1. Civ. 3e, 10 févr. 1998, *D.* 1998. 539, note D. Mazeaud ; *JCP* 1998. I. 185, n° 16, obs. G. Viney ; *RTD civ.* 1998. 689, obs. P. Jourdain.

2. Civ. 3e, 30 oct. 2008, *SA Figeac c/ Électricité de France, RCA* 2008, comm. n° 351, note L. Bloch ; *D.* 2008. 2935, obs. I. Gallmeister ; *RTD civ.* 2009. 127, obs. P. Jourdain.

3. V. par ex. Civ. 3e, 15 oct. 2013, *Légifrance,* n° 12-23.126.

4. Ass. plén. 14 avr. 2006, n° 02-11.168 et n° 04-18.902, rapp. J. Petit, avis de Gouttes ; *JCP* 2006. Actu. 194. ; *Gaz. Pal.* 23-25 avr. 2006, p. 5, communiqué de la Cour de cassation ; *JCP* 2006. II. 10087, note P. Grosser ; *D.* 2006. 1131, obs. I. Gallmeister et *D.* 2006. 1577, note P. Jourdain ; *CCC* 2006. 152, obs. L. Leveneur ; *Defrénois* 2006, art. 38433, note É. Savaux ; *JCP* 2006. I, n° 166, spéc. n° 4, note Ph. Stoffel-Munck ; *RDC* 2006. 1207, obs. G. Viney ; L. Bloch, « Force majeure : le calme après l'ouragan ? », *RCA* 2006, étude 8.

L'assemblée plénière pose toutefois ***une distinction quant au moment de l'appréciation de l'imprévisibilité de l'événement.*** En matière de responsabilité contractuelle, l'imprévisibilité doit s'apprécier au moment de la conclusion du contrat, alors qu'en matière extracontractuelle, l'imprévisibilité doit être contemporaine du fait dommageable.

Quant au ***critère d'extériorité***, son abandon n'est pas absolument confirmé. En effet, le communiqué accompagnant l'arrêt de l'assemblée plénière de 2006 rappelait l'attachement de la cour de cassation à ce critère de l'extériorité, et des décisions postérieures l'ont effectivement relevé comme une condition nécessaire, dont une décision du 15 octobre 2013 (v. ss 2435).

2437. Depuis ces décisions, la première chambre civile s'est inclinée et dans une décision du 30 octobre 2008 [1], elle a réaffirmé l'exigence de la double condition d'un événement « *imprévisible*, lors de la conclusion du contrat et *irrésistible* dans son exécution ». Elle a aussi confirmé qu'en matière contractuelle, l'imprévisibilité s'apprécie au moment de la conclusion du contrat. Quant à la seconde chambre civile, elle continue, elle aussi à exiger les deux caractères [2].

3) Définition de la force majeure en matière contractuelle par l'ordonnance du 10 février 2016

2438. Depuis ces décisions, l'ordonnance du 10 février 2016 portant réforme du droit des contrats, du régime général et de la preuve des obligations est venue donner une définition de la force majeure en matière contractuelle (déjà, v. ss 1938 s.). L'article 1218 définit en effet la force majeure comme « *un événement échappant au contrôle du débiteur, qui ne pouvait être raisonnablement prévu lors de la conclusion du contrat et dont les effets ne peuvent être évités par des mesures appropriées » et qui empêche l'exécution de son obligation par le débiteur* ». Cette définition fait donc référence aux deux caractères classiques d'imprévisibilité et d'irrésistibilité (même si les termes ne sont pas utilisés), en les caractérisant. L'imprévisibilité est une imprévisibilité relative, puisqu'elle s'entend de celle qui ne pouvait être r*aisonnablement* prévue. L'irrésistibilité s'apprécie par rapport à la notion de mesures appropriées qui n'auraient pas suffi. Enfin, la définition pourrait faire également référence à la condition d'extériorité, dans la mesure où la précision est donnée que l'événement doit « échapper au contrôle du débiteur ». Pourtant, le rapport de présentation de l'ordonnance au président de la République affirme, au contraire, que l'article 1218 « reprend la définition prétorienne de la force majeure en matière contractuelle, délaissant le traditionnel critère d'extériorité… ». Il appartiendra à la jurisprudence d'interpréter cette condition d'un événement échappant au contrôle du débiteur, qui semble pourtant bien faire référence à l'extériorité.

---

1. Civ. 1re, 30 oct. 2008, *SA Figeac Aero/Électricité de France, RCA* 2008, comm. n° 351, note L. Bloch ; *D.* 2008. 2935, obs. I. Gallmeister ; *JCP* 2008. II. 10198, note P. Grosser ; *RTD civ.* n° 1, 2009. 127, obs. P. Jourdain.

2. V. not. : Civ. 2e, 8 févr. 2018, n° 16-26.198 et 17-10.516, *D.* 2018. 599, note V. Rebeyrol.

4) Définitions de la force majeure en matière extracontractuelle dans l'actuel projet de réforme de la responsabilité : les discordances

2439. L'actuel projet de réforme de la responsabilité de la Chancellerie, du 13 mars 2017, semble bien vouloir consacrer une différence entre la force majeure en matière contractuelle et en matière extracontractuelle, malgré la position affichée par l'assemblée plénière de la Cour de cassation ; en effet, le projet renvoie à l'article 1218 pour la définition de la force majeure en matière contractuelle (réaffirmant la double exigence d'imprévisibilité et d'irrésistibilité, mais retient une définition différence de la force majeure en matière extracontractuelle : il s'agit de « l'événement, échappant au contrôle du défendeur ou de la personne dont il doit répondre, et dont ceux-ci ne pouvaient éviter la réalisation ni les conséquences par des mesures appropriées ». On le voit, cette définition ne fait plus référence à l'imprévisibilité de l'événement mais seulement à l'irrésistibilité et à l'extériorité (avec les hésitations exposées plus haut (v. ss 2438), concernant cette dernière condition) et se démarque donc de la définition de la force majeure contractuelle. Si cette définition devait être adoptée, la notion de force majeure ne serait donc plus unifiée.

B. Rôle de la force majeure

1) La force majeure constitue une cause d'exonération totale

2440. Là encore, c'est la solution classique. La force majeure établit que le dommage n'est pas imputable au défendeur. La force majeure est la seule cause du dommage. Elle fait disparaître tout lien de causalité entre le fait générateur de responsabilité invoqué et le dommage exonère donc totalement le défendeur.

2) Elle ne peut pas constituer une cause d'exonération partielle

2441. La question s'est posée de savoir si la force majeure ne pourrait pas constituer seulement l'une des causes du dommage, de sorte que l'exonération ne serait que partielle.

La réponse était négative jusqu'aux arrêts du *Lamoricière* et des *Houillères du Nord et du Pas-de-Calais* où il avait été admis que des circonstances atmosphériques particulièrement exceptionnelles avaient pu constituer l'une des causes du dommage ce qui entraîna une exonération partielle de la responsabilité de l'auteur. Ces arrêts, isolés, constituaient une entorse au principe de l'obligation *in solidum* qui a, depuis, repris sa place (v. ss 2403, 2448 s., 2480).

On peut encore citer un arrêt de la cour d'appel de Chambéry du 24 novembre 1980 [1] qui, dans une affaire de glissement de terrain ayant détruit un sanatorium, retient 50 % de responsabilité à la charge de la commune gardienne des terrains, la force majeure (circonstances météorologiques exceptionnelles) n'étant retenue que pour 50 % seulement, mais c'est une décision d'une juridiction inférieure

---

1. *JCP* 1982. II. 19777, note J.-C. Detharre.

2442. Mais ces décisions sont restées isolées. La Cour de cassation, pour sa part, n'admet plus d'exonération partielle pour un fait de la nature ne présentant pas les caractères de la force majeure [1].

3) Rôle spécifique de la force majeure en matière contractuelle

2443. La force majeure, a un autre effet que l'exonération de responsabilité. En empêchant une partie d'exécuter son obligation, elle libère l'autre contractant de la sienne. C'est la théorie des risques dans le contrat (v. ss 1935 s.).

4) Absence de rôle dans le cas particulier des accidents de la circulation

2444. Le législateur a expressément exclu la possibilité d'opposer la force majeure à la victime (L. du 5 juill. 1985, art. 2). Mais comme on l'a déjà souligné (v. ss 2218) et comme on le reverra (v. ss 3218), la loi de 1985 n'établit pas un régime de responsabilité de droit commun mais un régime spécial, intermédiaire entre responsabilité et indemnisation.

§ 3. Le fait d'un tiers

2445. La seconde cause d'exonération totale est le fait d'un tiers.

▶ ***Le fait d'un tiers*** est un acte, fautif ou non, émanant d'une personne, autre que le défendeur, connue ou inconnue.

1) Le fait du tiers, cause d'exonération totale

2446. Pour constituer une cause d'exonération totale, le fait du tiers doit présenter les caractères de la force majeure c'est-à-dire un caractère irrésistible et imprévisible, ou tout au moins imprévisible (compte tenu des hésitations actuelles sur les caractères de la force majeure, déjà présentées, v. ss 2434 s.).

Le double caractère d'irrésistibilité et d'imprévisibilité a été exigé par la jurisprudence, notamment à propos d'une chute d'une personne dans un escalator, du fait d'un tiers qui l'a bousculée, la responsabilité du magasin, gardien de l'escalator, est retenue car le fait du tiers n'était pas imprévisible et irrésistible [2].

2) Le fait du tiers n'est pas une cause d'exonération partielle

2447. Il faut supposer ici qu'il ne présente pas les caractères de la force majeure, mais que pourtant il est intervenu dans la réalisation du dommage en même temps que le fait du défendeur. Le dommage a deux causes : l'une imputable au défendeur actionné en responsabilité par la victime, et l'autre au fait du tiers. Ce fait du tiers ne peut alors

---

1. Civ. 2e, 30 juin 1971, *Bull. civ.* II, n° 240, p. 170 ; *D.* 1971. Somm. 135, et Civ. 22 nov. 1978, *Bull. civ.* II, n° 243, p. 187.

2. Civ. 2e, 29 mars 2001, *RCA* 2001. Chron. 14 par H. Groutel ; *Dr. et patr.* juill.-août 2001, p. 106, obs. F. Chabas ; *RTD civ.* 2001. 598, obs. P. Jourdain ; v. aussi, dans le même sens, pour l'escalator d'une gare, Civ. 2e, 13 mars 2003, *D.* 2003. IR 866.

jamais être une cause d'exonération partielle car cela supposerait que la victime serait obligée de diviser ses recours pour obtenir la réparation intégrale de son dommage, ce qui est contraire aux principes dégagés et au jeu de l'obligation *in solidum* (v. ss 2431).

a) Le jeu de l'obligation in solidum lorsque le dommage est dû, à la fois, à la faute du défendeur et au fait d'un tiers

2448. Ils sont tous deux coauteurs du dommage et ils sont tous deux responsables *in solidum,* c'est-à-dire que chacun est tenu au tout à l'égard de la victime, mais que celui qui l'a indemnisée pourra se retourner contre l'autre pour se voir rembourser, par une action récursoire, une partie de ce qu'il a versé.

b) Exclusion de l'exonération partielle dans le cas où la responsabilité du défendeur est présumée

2449. S'il s'agit, par exemple, du gardien d'une chose inanimée, celui-ci ne peut s'exonérer *totalement* de cette présomption qu'en prouvant que le dommage est dû au fait d'un tiers et en établissant le caractère de force majeure de celui-ci. S'il ne pouvait prouver le caractère imprévisible et irrésistible, le gardien, présumé responsable, a pendant un certain temps bénéficié, quand même, d'une exonération partielle de responsabilité [1] mais, cette restriction de l'obligation *in solidum* a été de courte durée et, aujourd'hui, la Cour de cassation depuis des arrêts de 1970 [2], refuse toute exonération partielle. Un présumé responsable, un gardien, est condamné *au tout* vis-à-vis de la victime, même s'il peut prouver que le dommage est également dû à la faute d'un tiers. Ils seront tenus tous les deux *in solidum* mais le gardien ne peut bénéficier d'une exonération partielle.

c) Dans le cas des accidents de la circulation

2450. Là encore, le législateur a exclu l'opposabilité du fait d'un tiers à la victime d'un accident de la circulation (L. du 5 juill. 1985, art. 2).

§ 4. Le fait ou la faute de la victime

▶ ***Le fait de la victime doit être fautif*** ou au moins ***anormal*** (par exemple le piéton allongé sur une route, la nuit, est en position anormale, mais il n'est pas en faute s'il vient d'être renversé par un autre véhicule), il ne doit pas être imputable au défendeur. Il peut être cause d'exonération totale ou d'exonération partielle.

A. L'exonération totale

2451. On retrouve la même solution qu'à propos du fait du tiers : si le fait ou la faute de la victime présente les caractères de la force majeure, l'exonération de responsabilité est totale. La solution vaut pour tous les régimes. En cas de responsabilité pour faute

1. Civ. 2e, 15 janv. 1960, *S.* 1962. 2, note Meurisse, *D.* 1961. 681, note Radouant.
2. Civ. 2e, 4 mars 1970 (quatre arrêts), *Bull. civ.* II, no 76 à 80.

prouvée comme en cas de présomption de responsabilité, où la faute de la victime, si elle présente les caractères de la force majeure, peut entraîner une exonération totale de responsabilité [1]. Toutefois, la première chambre civile de la Cour de cassation a admis dans certaines espèces, que l'indemnisation était exclue dès lors que la faute commise par la victime « constituait la cause exclusive de son dommage », sans rechercher si elle avait été irrésistible et imprévisible [2]. La première chambre civile a, parfois, une position plus souple que la deuxième chambre qui exige toujours, nous l'avons vu (v. ss 2434 s.) les deux caractères d'imprévisibilité et d'irrésistibilité pour admettre la force majeure [3].

B. L'exonération partielle

2452. Contrairement au fait du tiers, qui n'est jamais une cause d'exonération partielle et ne peut qu'être une cause d'exonération totale à condition de présenter les caractères de la force majeure, l'exonération partielle par la faute de la victime est, en principe, toujours possible (v. ss 2430).

1) Lorsque la responsabilité est fondée sur la faute de l'auteur du dommage

2453. Celui-ci, s'il prouve que la faute de la victime a concouru au dommage, peut s'exonérer partiellement de sa responsabilité. C'est le cas de la faute commune. Il est opéré un *partage de responsabilité* [4] qui est opposable, non seulement à la victime elle-même, mais encore à ses héritiers.

Le cas s'est posé, par exemple, dans le cas de la victime d'un vol qui tire sur le voleur, même si *pénalement* la légitime défense n'est pas admise, *civilement* la tendance des tribunaux est de laisser une très large part de responsabilité à la charge du voleur : 19/20e par la chambre criminelle en 1979 [5] et 9/10e, la même année, par la cour d'appel de Toulouse [6]. Mais la Cour de cassation refuse de réduire l'indemnisation de la victime quand la faute n'est pas suffisamment grave [7].

Le partage de responsabilité, s'il est toujours admis, ne s'impose pas cependant comme une règle de droit : le juge du fond est souverain pour déterminer la responsabilité de chacun [8].

2) Lorsque la responsabilité est fondée sur la garde

2454. L'exonération partielle a été exclue pendant l'intervalle de l'arrêt *Desmares* (v. ss 2738 s.) qui était destiné à amener le législateur à légiférer sur les accidents

---

1. Civ. 2e, 21 déc. 1970. *D.* 1971. 381 ; Civ. 4 juill. 1979, *Bull. civ.* II, n° 203, p. 140, qui insiste sur le caractère imprévisible du fait de la victime aussi Civ. 2e, 27 oct. 1982, *JCP* 1984. 20173, note F. C.

2. Civ. 1re, 6 oct. 1998, *LPA* 1999, n° 35 p. 9, note A.-M.-L.

3. V. Civ. 2e, 2 avr. 1997, *RCA* 1997, comm. 255.

4. Pour une réaffirmation récente : Civ. 1re, 1er juill. 2010, *D.* 2010. 1785.

5. Crim. 31 oct. 1979, *Gaz. Pal.* 30 mai 1980.

6. 15 nov. 1979, *Gaz. Pal.* 5 mai 1980 ; *JCP* 1981. II. 19608.

7. V. Civ. 2e, 23 juin 1993, *JCP* 1993. IV. 2199 et 2201 et obs. G. Viney, *JCP* 1993. I. 3727.

8. Civ. 2e, 24 nov. 1999. *Dr. et patr.* 2/2000. 99, obs. F. Chabas.

de la circulation, mais lorsque la loi de 1985 sur l'amélioration des victimes d'accident de la circulation a été adoptée, la solution antérieure de l'exonération partielle a été très rapidement rétablie.

2455. Cependant, dans six arrêts du 6 avril 1987, la deuxième chambre civile est revenue sur la position de l'arrêt *Desmares* en déclarant que « le gardien de la chose instrument du dommage est *partiellement exonéré* de sa responsabilité s'il prouve que la faute de la victime a contribué au dommage ». Il s'agit, pour la plupart, d'arrêts de rejet de la Cour de cassation s'alignant sur les juridictions inférieures, notamment l'arrêt *Mététal*[1]. Les six décisions ont été commentées sous le titre « Desmares est mort »[2] (v. ss 2741).

2456. Notons, toutefois, un arrêt de la deuxième chambre civile du 25 juin 1998 qui a causé une certaine hésitation doctrinale en raison de son ambiguïté. S'agissait-il d'un revirement par rapport aux arrêts de 1987, ou bien d'une conception restrictive de la force majeure, lorsqu'il s'agit d'un dommage corporel ? En effet, un attendu de l'arrêt dispose que « la faute de la victime n'exonère le gardien que si elle constitue une force majeure »[3]. Il faut admettre qu'il fallait lire : n'exonère *totalement* le gardien... comme dans un arrêt du 11 janvier 2001[4]. Une nouvelle hésitation est apparue cependant, ensuite, en matière contractuelle, avant d'être à nouveau levée.

3) Lorsque la responsabilité est contractuelle

2457. Là encore, l'exonération partielle par la preuve d'une faute de la victime est toujours admise. Cependant, une hésitation, est apparue, un temps, à propos de la responsabilité contractuelle du transporteur ferroviaire, et plus précisément concernant l'obligation de sécurité-résultat de la SNCF, lorsque la première chambre civile de la Cour de cassation a affirmé, dans une décision dissidente du 13 mars 2008, que « le transporteur tenu d'une obligation de sécurité résultat envers un voyageur ne peut s'en exonérer partiellement et que la faute de la victime, à condition de présenter le caractère de la force majeure, ne peut jamais emporter qu'exonération totale » [5]. La possibilité d'une exonération partielle était donc supprimée à l'égard du transporteur ferroviaire de personnes dont la responsabilité contractuelle était recherchée. Cette solution s'inscrivait dans la ligne d'une jurisprudence extrêmement sévère de la Cour de cassation sur la force majeure appliquée à la SNCF (sur cette jurisprudence en matière de responsabilité contractuelle de la SNCF, v. ss 3037). On pouvait se demander s'il ne s'agissait pas d'un nouvel appel au législateur comme avec l'arrêt

---

1. Civ. 2e, 6 avr. 1987, *Mettetal c/ Mme Waeterinckx et autre, JCP* 1987. II. 20828, note F. Chabas ; *RTD civ.* 1987. 767, obs. J. Huet.
2. M. Margeat et J. Laudel, *Gaz. Pal.* 13-15 sept. 1989.
3. Civ. 2e, 25 juin 1998, arrêt *Texier* ; *JCP* 1998. II. 10191, note B. Fromion-Hébrard.
4. Civ. 2e, *Bull. civ.* II, no 9 ; *LPA* 2001, no 196, p. 18, note S. Szanes ; v. aussi Civ. 2e, 27 mai 1999, *D. Affaires* 1999. 1108, obs. J.-F.
5. Civ. 1re, 13 mars 2008, *D.* 2008. 920 ; *RTD civ.* 2008. 312, obs. P. Jourdain *;* *RCA* 2008, étude 6 ; S. Hoquet-Berg et comm. 159, note F. Leduc ; *JCP* 2008. II. 10085, note P. Grosser ; *LPA* 6 août 2008, note Guézel-Ambruna ; *RDC* 2008. 743, obs. D. Mazeaud, *ibid.* 763, obs. G. Viney, *ibid.* 2894, note Ph. Brun.

Desmares, pour que soit mise en place une responsabilité spéciale de la SNCF, exclusive de l'application du droit commun de la responsabilité ?

Postérieurement à cette décision, la chambre mixte était intervenue [1]. Elle avait rejeté, elle aussi, l'exonération en cas de faute de la victime ne présentant pas les caractères de la force majeure, dans le même contexte exactement, celui de l'obligation de sécurité résultat de la SNCF : « le transporteur ferroviaire, tenu envers les voyageurs d'une obligation de sécurité de résultat, ne peut s'exonérer de sa responsabilité en invoquant la faute d'imprudence de la victime que si cette faute, quelle qu'en soit la gravité, présente les caractères de la force majeure ». Pour autant, il est impossible d'en déduire qu'elle voulait confirmer la solution de la première chambre et exclure l'exonération partielle, car le pourvoi n'invoquait que l'exonération totale. Il est normal qu'elle ait exclu l'exonération totale dès lors que la faute de la victime ne présentait pas les caractères de la force majeure et il n'est guère possible d'aller beaucoup plus loin dans l'interprétation. En toute hypothèse, la solution ne concernerait que le transporteur ferroviaire, tenu d'une obligation de sécurité-résultat.

2458. La solution dissidente initiée par l'arrêt de 2008 a finalement été abandonnée par un arrêt de la première chambre civile du 11 décembre 2019, qui a restauré la possibilité pour le transporteur ferroviaire de s'exonérer partiellement de sa responsabilité contractuelle en prouvant une faute de la victime [2]. La Cour de cassation est parvenue à cette solution en s'appuyant sur le droit européen et plus particulièrement les articles 11 du règlement n° 1371/2007 du Parlement européen du 23 octobre 2007 et 26 de son annexe I, lequel prévoit une exonération de la responsabilité du transporteur lorsque l'accident est dû à une faute du voyageur.

Cette décision, bienvenue, supprime dont la seule exception au principe de l'exonération partielle de responsabilité par la faute de la victime, qui résultait de la décision de 2008.

Ainsi, que la SNCF soit responsable sur le fondement du contrat ou sur le fondement extracontractuel, l'exonération partielle est possible. En effet, en matière extracontractuelle, l'exonération partielle du transporteur ferroviaire n'avait jamais été remise en cause, ainsi, d'ailleurs, que la seconde chambre civile de la Cour de cassation l'a confirmé dans une décision du 3 mars 2016, où elle a relevé que la cour d'appel ne pouvait déclarer la SNCF totalement responsable de l'accident, alors que la victime avait commis une faute en effectuant une manœuvre interdite et dangereuse (il s'agissait d'un accident survenu alors que la victime tentait de remonter dans un train dont elle était descendue pour récupérer un bagage oublié) [3] (aussi, v. ss 3041, à propos de l'exonération partielle en matière contractuelle).

---

1. Ch. mixte 28 nov. 2008, *SNCF c/ Consorts Bénicourt*, *D.* 2008. 3079, note I. Gallmeister ; *JCP* 2009. II. 10011, note P. Grosser, *RTD civ.* n° 1, 2009. 130, obs. P. Jourdain ; *RCA* 2009, comm. 4, S. Hoquet-Berg ; *RDC* 2009. 487, obs. T. Genicon.

2. Civ. 1re, 11 déc. 2019, n° 18-13.840, *D.* 2020. 188, note C. François ; *AJ contrat* 2020. 27, obs. C.-E. Bucher ; *JCP* 2020, n° 10, obs. Ph. Delebecque ; *RTD civ.* 2020. 119, obs. P. Jourdain ; *RDC* 2020/1, p. 26, note M. Dugué ; *CCC* 2020, comm. 37, obs. L. Leveneur.

3. Civ. 2e, 3 mars 2016, n° 15-12.217, *RCA* 2016, comm. 174, note S. Hoquet-Berg ; *JCP* 2016. 1117, obs. L. Bloch ; *D.* 2016. 766, note N. Rias et 1396, obs. H. Kenfack ; *D.* 2017. 29, obs. O. Gout.

4) En matière pénale

2459. Par dérogation au principe d'exonération de responsabilité en cas de faute du défendeur, la chambre criminelle de la Cour de cassation affirme « qu'aucune disposition de la loi ne permet de réduire en raison d'une *négligence de la victime* le montant des réparations civiles dues à celle-ci par l'*auteur d'une infraction intentionnelle contre les biens*, le délinquant étant tenu à la réparation intégrale du préjudice et ne pouvant être admis à bénéficier, fut-ce moralement, de l'infraction »[1]. Cette dérogation est bien précisée : elle concerne les infractions intentionnelles contre les biens.

C. Les causes d'exonération dans l'actuel projet de réforme

2460. L'actuel projet de réforme de la Chancellerie (du 13 mai 2017) aborde la question des causes d'exonération dans un chapitre III qui fait suite au chapitre II consacré aux conditions de la responsabilité et les dispositions qu'il contient s'appliquent à la responsabilité contractuelle et extracontractuelle. Ces causes d'exonération communes n'excluent pas qu'il existe par ailleurs des causes d'exonération spécifiques ou même dérogatoires pour tel ou tel régime déterminé (par exemple la responsabilité du des produits défectueux ou du fait d'un VTM impliqué dans un accident de la circulation).

– Concernant ***les causes d'exonération totale***, il confirme que « le cas fortuit, le fait du tiers ou de la victime sont totalement exonératoires s'ils remplissent les caractères de la force majeure » (art. 1253), que le projet propose de définir différemment selon que l'on est en matière contractuelle ou extracontractuelle. En matière extracontractuelle, la force majeure est « l'événement dont le défendeur ou la personne dont il doit répondre ne pouvait éviter la réalisation ou les conséquences par des mesures appropriées » (art. 1253, al. 2). En matière contractuelle, le projet renvoie aux dispositions consacrées à l'inexécution du contrat (art. 1218, issu de l'ordonnance du 10 février 2016) qui définit la force majeure comme un « événement échappant au contrôle du débiteur, qui ne pouvait être raisonnablement prévu lors de la conclusion du contrat et dont les effets ne peuvent être évités par des mesures appropriées » (v. ss 1938 s., 2438).

– Concernant *les **causes d'exonération partielle***, « le manquement de la victime à ses obligations contractuelles, sa faute (extracontractuelle), ou celle d'une personne dont elle doit répondre sont partiellement exonératoires lorsqu'ils ont contribué à la réalisation du dommage » (art. 1254). Il est donc proposé de prendre en compte la faute de la personne dont répond la victime, ce qui n'est pas une solution actuellement consacrée. Par ailleurs, d'autres modifications sont proposées concernant le rôle de la faute de la victime. Ainsi, l'effet exonératoire de la faute de la victime serait exclu lorsqu'elle est privé de discernement, contrairement à la solution jurisprudentielle actuelle, sauf si elle présente les caractères de la force majeure (art. 1255) ; elle ne pourrait donc plus avoir d'effet exonératoire partiel. Cet effet exonératoire serait par ailleurs atténué lorsque la victime a subi un dommage corporel ; en effet, « en cas d'atteinte à l'intégrité physique, seule *une faute lourde* peut entraîner l'exonération partielle », ce qui n'est pas le cas actuellement, et représente incontestablement une mesure de faveur notable à l'égard des victimes de dommages corporels (art. 1254, al. 2).

---

1. Crim. 4 oct. 1990, *Bull. crim.* n° 331, *JCP* 1991. IV. 8, et Crim. 16 mai 1991, *Bull. crim.* n° 208, *JCP* 1991. IV. 330, pour les deux arrêts, *JCP* 1992. I. 3572, p. 159, obs. G. Viney.

DOCUMENTS

BIBLIOGRAPHIE

Sur le préjudice

ADIDA-CANAC (H.), « Le contrôle de la nomenclature Dintilhac par la Cour de cassation », *D.* 2011. 1497.

BÉLOT (F.), « Pour une reconnaissance de la notion de préjudice économique en droit français », *LPA* 28 déc. 2005, n° 258, p. 8.

CARAYON (L.), DUGUÉ (M.), MATTIUSSI (J.), « Réflexions autour du préjudice sexuel », *D.* 2017. 2257.

CHONÉ-GRIMALDI (A.-S.) et RASCHEL (L.), « L'action de groupe à la française : tout vient à point à qui sait attendre », *RCA* 2014, étude 4.

CORGAS-BERNARD (C.), « Le préjudice extrapatrimonial à l'épreuve des réformes », *RCA* 2012, étude 7.

GUIOMARD (P.), « Le recours du tiers payeur sur les indemnités versées à la victime : la réforme, enfin ! », *D.* 2007. 144.

GROUTEL (H.), « Le recours des tiers payeurs, rapport d'étape », *RCA* févr. 2008, étude 2, p. 9.

HUGLO (C.), « La prévention et la réparation des dommages à l'environnement après la loi du 1er août 2008 », *LPA* 24 nov. 2008, n° 235, p. 6.

HULST (VER) (C.-C.), « Dommage immatériel : du préjudice résultant des pertes d'exploitation », *LPA* 2001, n° 240.

JOURDAIN (P.), « Pour un réexamen du droit des recours en contribution », *RCA* 2009, Dossier, *Les vingt ans de la revue*, p. 11.

– « La perte d'une chance, une curiosité française », in *Mélanges P. Wessner*, 2011, éd. Guillod et C. Muller, p. 167.

MAZEAUD (H.), « La lésion d'un intérêt juridiquement protégé », *D.* 1954. I. 39.

MURAT (P.), « L'avènement de l'enfant-préjudice », *Dr. fam.* 2005. Repère 10.

NEYRET (L.), « La réparation des atteintes à l'environnement par le juge judiciaire », *D.* 2008. Chron. 170.

NEYRET (L.) et MARTIN (G.-J.), *Nomenclature des préjudices environnementaux*, LGDJ, coll. « Droit des affaires », 2012.

NGUYEN (J.), « L'influence des prédispositions de la victime sur l'obligation à réparation du défendeur à l'action en responsabilité », *RTD civ.* 1976. 1.

PORCHY-SIMON (S.), « Le recours des tiers payeurs à l'épreuve de la politique jurisprudentielle de la Cour de cassation », *D.* 2010, étude 593.

– « Plaidoyer pour une construction rationnelle du droit du dommage corporel », *D.* 2011. 2742.

– « Préjudices d'angoisse et d'attente des victimes d'actes terroristes », *D.* 2017. 2265.

PÉANO (M.-A.), « Victimes en état végétatif : une étape décisive », *RCA* 1995. Chron. 13.

RASCHEL (L.), « La délicate distinction de la perte de chance et du risque de dommage », *JCP* 2010. 413.

VINEY (G.), « L'autonomie du droit à réparation de la victime par ricochet par rapport à celui de la victime initiale », *D.* 1974. Chron. 3.

– « Le préjudice écologique », *RCA* n° 5 *bis*, p. 6, participation au colloque « Préjudice : questions choisies », Paris XII, 12 déc. 1997.

WESTER-OUISSE (V.), « Le préjudice moral des personnes morales », *JCP* 2003. I. 145.

Sur le lien de causalité et les causes d'exonération

Antonmattei (P.-H.), « Ouragan sur la force majeure », *JCP* 1996. I. 3907.
Aubert (J.-L.), « L'arrêt *Desmares* : une provocation à quelles réformes ? », *D.* 1983. I. 1.
Bigot (J.), « L'arrêt *Desmares*, retour au néolithique », *JCP* 1982. I. 3090.
Beaudeu (C.), « La causalité : frontière entre la responsabilité délictuelle et la responsabilité contractuelle », *LPA* 25 avr. 2008, n° 84, p. 8.
Bloch (L.), « Force majeure : le calme après l'ouragan », *RCA*, juin 2006, p. 6.
Esmein (P.), « Le nez de Cléopâtre ou les affres de la causalité », *D.* 1964. I. 205.
Groutel (H.), « Faute et assurance », *RCA*, juin 2003, colloque sur « La responsabilité pour faute », p. 56.
Grua (F.), « La responsabilité civile de celui qui fournit le moyen de causer un dommage », *RTD civ.* 1994. 1.
Hocquet-Berg (S.), « Gardien cherche force majeure... désespérément », *RCA* 2003, chron. n° 12, p. 6.
Lambert-Faivre (Y.), « Aspects juridiques, moraux et économiques de l'indemnisation des victimes fautives », *D.* 1982. Chron. 207.
– « L'évolution de la responsabilité civile d'une dette de responsabilité à une créance d'indemnisation », *RTD civ.* 1987. 1.
Leduc (F.), « Causalité civile et imputation », *RLDC*, juill. 2007, suppl. n° 40, p. 21 s.
Marty (G.), « La relation de cause à effet comme condition de la responsabilité civile », *RTD civ.* 1939. 685.
Radé (C.), « Causalité juridique et causalité scientifique : de la distinction à la dialectique », *D.* 2012. 112.
Stoffel-Munck (Ph.), « Le particularisme de la force majeure en matière contractuelle », *RDC*, oct. 2003, p. 59 s.
Vachet (G.), « L'incidence de la faute de la victime ou d'un tiers en cas de faute inexcusable de l'employeur en matière de risques professionnels », *Gaz. Pal.* 1er-2 mars 2006, p. 3.
Viney (G.), « L'indemnisation des victimes de dommages causés par le fait d'une chose après l'arrêt de la Cour de cassation du 21 juillet 1982 », *D.* 1982. Chron. 201.
– « La faute de la victime d'un accident corporel : le présent et l'avenir », *JCP* 1984. I. 3155.

LECTURE

À propos des « dommages en cascade », et des affres de la causalité, voici un exemple en forme de clin d'œil, plus récent que celui de Pothier (pour cet exemple, v. ss 2408) !

Il s'agit d'un incident survenu aux États-Unis et cité par Claude Sarraute dans le numéro du *Monde* du 15 mars 1984.

Sur le vif : Zip

Elle est devenue bien vertueuse, je vous le disais l'autre jour, bien conformiste, l'Amérique de Reagan [...]. Quand elle voit passer un bonhomme qui n'arrive pas à remonter la fermeture Éclair de sa braguette dans une galerie marchande à Albany, elle pousse des hauts cris par la voix suraiguë d'une vendeuse, alerte les flics et envoie le malheureux au poste de police. Là, on lui prête une épingle de nourrice et on le lâche devant les micros et les caméras immédiatement alertés. Remous dans l'opinion et catastrophes en cascade. Il perd son emploi de conseiller dans un programme de réhabilitation pour drogués.

Complètement traumatisé, il va chez le toubib. Ordonnance *recto verso* de tranquillisants, d'antidépressifs, d'euphorisants. Il se met à croquer des tablettes et à avaler des gélules avant les repas, après les repas, entre les repas. Le voilà complètement drogué à son tour. Et méchant. Et teigneux. Et violent. Du coup – quel coup ! – sa femme le plaque. Alors là, il touche le fond. Il donne un coup de pied. Et il remonte jusqu'au tribunal devant qui il va attaquer le fabricant en dommages et intérêts. Et il va gagner. Savez-vous combien ? 200 000 $. En gros – et ça fait très gros – 1 600 000 F lourds. [...] (Soit l'équivalent de 243 918,43 de nos euros actuels !)

ARRÊT À COMMENTER

Le préjudice socialement reconnu et la concubine

Ch. mixte 26 févr. 1970, *D.* 1970. 201, note Combaldieu, et *JCP* 1970. II. 16305, concl. Lindon, note Parlange (*Veuve Gaudras c/ Dangereux*)

La demanderesse invoque, à l'appui de son pourvoi, le moyen unique de cassation suivant :

« Violation des articles 1382 s. du Code civil et 7 de la loi du 20 avril 1810, pour défaut et contradiction de motifs et manque de base légale, en ce que l'arrêt infirmatif attaqué (Paris, 16 oct. 1967) a débouté l'exposante de son action en indemnité contre M. Dangereux, reconnu comme entièrement responsable de l'accident mortel de son concubin – au motif que le concubinage ne créerait pas de droits entre les concubins ni à leur profit envers les tiers –, alors qu'il résulte d'une jurisprudence constante de la chambre criminelle de la Cour de cassation que le lien existant entre concubins peut donner ouverture à une action en indemnisation dès l'instant qu'il offre des garanties de stabilité et ne présente pas un caractère délictueux, et qu'on ne voit pas pourquoi il en irait différemment lorsque la victime, au lieu de se constituer partie civile devant la juridiction pénale, a intenté une action devant la juridiction civile. »

Arrêt

LA COUR. – *Sur le moyen unique* ; Vu l'article 1382 du Code civil ;

– Attendu que *ce texte* ordonnant que l'auteur de tout fait ayant causé un dommage à autrui sera tenu de le réparer, *n'exige pas, en cas de décès, l'existence d'un lien de droit entre le défunt et le demandeur en indemnisation* ;

– Attendu que l'arrêt attaqué, statuant sur la demande de la dame Gaudras en réparation du préjudice résultant pour elle de la mort de son concubin Paillette, tué dans un accident de la circulation dont Dangereux avait été jugé responsable, a infirmé le jugement de première instance qui avait fait droit à cette demande en retenant que ce concubinage offrait des garanties de stabilité et ne présentait pas de caractère délictueux, et a débouté ladite dame Gaudras de son action, au seul motif que le concubinage ne crée pas de droit entre les concubins ni à leur profit vis-à-vis des tiers ; qu'en subordonnant ainsi l'application de l'article 1382 (1240) à une condition qu'il ne contient pas, la cour d'appel a violé le texte susvisé ;

Par ces motifs, casse..., renvoie devant la cour d'appel de Reims du 27 févr. 1970. – Cass., ch. mixte. – MM. Aydalot, 1er pr. – Drouillat, Ancel, Rolland, Laroque, pr. – Parlange, rap. – Lindon, 1er av. gén. – Jousselin et Galland, av.

Directives

Notez l'allusion faite par la demanderesse à la jurisprudence de la chambre criminelle par opposition à celle des chambres civiles.

Question

Quelle a été l'évolution de la matière depuis cet arrêt ?

Lien de causalité

1. – Pluralité de causes

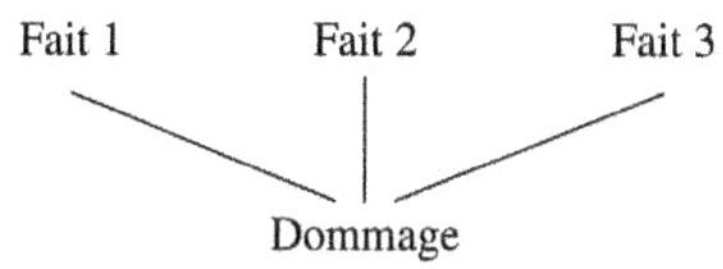

– Plusieurs faits générateurs F1, F2, F3 entraînent le même dommage

2. – Préjudices indirects

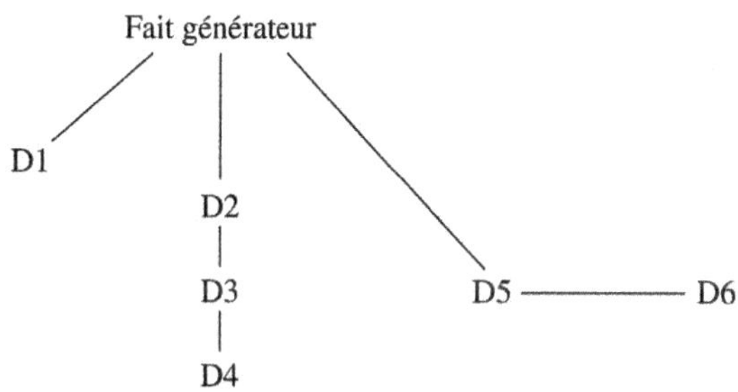

– 1 fait générateur entraîne :
• 3 dommages directs D1-D2-D5
• 2 dommages en cascade D3-D4
• 1 dommage par ricochet D6.

Chapitre 2

Les constantes concernant la mise en œuvre de la responsabilité civile

2461. Il s'agit maintenant de s'intéresser à la façon dont la responsabilité civile, quelle que soit sa nature, est mise en œuvre dans le cadre d'une action en responsabilité et nous envisagerons, d'une part, l'exercice de l'action en responsabilité et, d'autre part, la réparation du dommage.

Bien sûr, le procès en responsabilité peut être évité si les parties ont préféré une solution non juridictionnelle et ont transigé entre elles, ce qui passe généralement par l'intervention de leurs assureurs (dommage ou responsabilité, v. ss 2489). Par ailleurs, des mécanismes de nature transactionnelle sont parfois imposés, comme l'offre d'indemnisation obligatoire de l'assureur à la victime d'un accident de la circulation (v. ss 3290 s.). Toutefois, en cas de contestation, seule l'action en responsabilité permettra de reconnaître les droits de chacun et surtout de déterminer les responsabilités, évaluer les dommages et répartir la charge définitive de la réparation.

Section 1

Les principes gouvernant l'exercice de l'action en responsabilité civile

2462. Quelle que soit la nature de la responsabilité, contractuelle ou extracontractuelle, du fait personnel, du fait d'autrui ou du fait des choses ou régimes spéciaux de responsabilité, l'obligation de réparation suppose que soient vérifiées les conditions d'existence de la responsabilité civile et doit donc être reconnue par le juge dans le cadre d'un procès en responsabilité.

Le fait dommageable a fait naître une obligation de réparation, mais c'est l'exercice de l'action qui va la transformer en une obligation précise de dommages et intérêts. Voyons quels sont les parties en présence et le régime de l'action.

§ 1. Les parties en présence

A. En l'absence de tiers payeur

1) Le demandeur est normalement la victime directe

2463. La victime peut être une personne physique ou une personne morale. La situation n'appelle pas ici de développements particuliers, si ce n'est pour souligner que s'il s'agit d'un enfant mineur, il sera représenté par ses parents ou s'il s'agit d'un incapable majeur qu'il sera représenté par son tuteur ou assisté par son curateur.

2) Le demandeur peut également être l'héritier (ou les héritiers) de la victime

2464. ***Transmissibilité de l'action aux héritiers.*** Les héritiers étant censés « continuer la personne de leur auteur », peuvent parfaitement exercer son action, car ils trouvent cette action, considérée comme un bien, dans le patrimoine de leur auteur (v. ss 2362). Le principe de la transmissibilité de l'action en responsabilité aux héritiers est désormais bien acquis, même s'il a pu être discuté par le passé.

2465. La jurisprudence admet la transmissibilité de l'action, tant en ce qui concerne les préjudices matériels que moraux et corporels et, s'agissant des préjudices corporels, y compris lorsqu'il s'agit d'obtenir réparation des préjudices extrapatrimoniaux et notamment du *pretium doloris*[1]. Pendant un temps, la chambre criminelle n'autorisait, dans ce cas, les héritiers à agir que s'ils continuaient l'action intentée de son vivant par la victime, alors que la deuxième chambre civile estimait que le droit à réparation du dommage résultant de la souffrance physique ou morale de leur auteur se transmettait aux héritiers sans restriction. La chambre mixte de la Cour de cassation a tranché, tant à propos du *pretium doloris* que du *pretium affectionis*, en faveur de cette seconde position par deux arrêts du 30 avril 1976[2]. Il n'est donc pas nécessaire que la victime ait engagé l'action de son vivant pour obtenir réparation des préjudices extrapatrimoniaux.

2466. ***Exercice de l'action devant les juridictions civiles.*** L'action des héritiers en réparation des préjudices subis par leur parent décédé est donc possible, devant les juridictions civiles, pour tous types de préjudices, que l'auteur ait engagé l'action de son vivant ou qu'il soit mort sans l'avoir fait, pourvu qu'il n'y ait pas renoncé. Si la victime est décédée en cours d'instance, les juges ne peuvent réparer le préjudice que si l'instance a été reprise par ses ayants-droits[3].

2467. ***Exercice de l'action devant les juridictions répressives.*** L'action civile des héritiers de la victime d'une infraction, devant les *juridictions répressives* est en principe également recevable, mais à condition toutefois que l'action publique ait été mise en mouvement avant le décès de la victime. L'assemblée plénière de la Cour de cassation par des arrêts du 9 mai 2008 a clairement posé cette condition : « le droit de la partie civile de mettre en mouvement l'action publique [étant] une prérogative de la victime qui a personnellement souffert de l'infraction, si l'action publique n'a pas été mise en mouvement avant le décès de la victime, ni par le ministère public, ni par la victime [grâce à une constitution de partie civile], seule la voie civile [devant les juridictions civiles] est ouverte aux ayants droits pour exercer leur droit à réparation, reçu en qualité d'héritier ». À l'inverse, « lorsque le ministère public a mis en mouvement l'action publique et que la victime n'avait pas renoncé à l'action civile, le droit à réparation des préjudices subis par celle-ci est transmis à ses héritiers, qui sont

---

1. Crim. 22 nov. 1961, *D.* 1962. Somm. 29.

2. *D.* 1977. 185, note Mme Contamine-Raynaud, *RTD civ.* 1976. 556, obs. G. Durry ; *Bull. civ.* 1976, n° 2, p. 1 et n° 3, p. 2.

3. Crim. 18 févr. 2014, n° 13-81.281, *RCA* 2014, comm. 144.

recevables à l'exercer devant la juridiction saisie des seuls intérêts civils, peu important que leur auteur n'ait pas introduit d'action à cette fin avant son décès »[1].

2468. Le Conseil d'État, a admis lui aussi la transmissibilité du droit d'agir en responsabilité aux héritiers et ainsi aligné sa position sur celle de la Cour de cassation. Alors qu'il refusait auparavant la transmission aux héritiers de la créance de réparation des dommages moraux subis par le défunt, il a ensuite affirmé, notamment dans une décision du 28 janvier 1971[2], que « le droit à réparation d'un dommage, quelle que soit sa nature, s'ouvre à la date à laquelle se produit le fait qui en est directement la cause ; que si la victime du dommage décède avant d'avoir elle-même introduit une action en réparation, ce droit entré dans son patrimoine est transmis à ses héritiers »[3].

2469. ***Limite en cas de décès concomitant à l'accident.*** Il existe en effet une limite à la possibilité pour les héritiers d'obtenir la réparation du préjudice subi par leur auteur, qui tient à l'existence même d'un préjudice réparable pour celui-ci. Or si la victime est décédée *« sur le coup »,* elle n'a pu subir de préjudice corporel, sauf peut-être un préjudice « d'angoisse de mort imminente » à condition qu'elle ait été consciente au moins un bref instant (sur ce préjudice, v. ss 2335). Sous cette réserve, il n'existe pas de préjudice corporel réparable du fait même du décès : la réparation du préjudice de mort (*pretium mortis*) n'est pas admise. Comme l'a indiqué la chambre criminelle de la Cour de cassation, « aucun préjudice résultant de son propre décès ne peut naître du vivant de la victime dans son patrimoine et être transmis à ses héritiers »[4] et la solution a été réaffirmée par la seconde chambre civile, le 20 octobre 2016[5]. On soulignera néanmoins qu'une réparation est parfois accordée sur le fondement d'une perte de chance de survie, par exemple, dans le cas du mari qui a tardé à appeler les secours en trouvant son épouse pendue[6] ou en matière médicale[7], ce qui n'est pas d'une logique incontestable.

2470. Néanmoins, dans le cas d'un décès concomitant à l'accident, les héritiers pourront éventuellement agir en tant que *victime par ricochet,* pour demander réparation du préjudice économique ou d'affection que leur cause personnellement ce décès. Si le préjudice par ricochet est analysé comme un préjudice secondaire par rapport au dommage initial, il n'en demeure pas moins appréhendé, dans une large mesure, comme un préjudice autonome et la preuve en est que le préjudice par ricochet subi à raison de la mort de la victime directe est effectivement un préjudice réparable, quel que soit le moment du décès de celle-ci (sur ce préjudice et cette question de l'autonomie, v. ss 2363). Cette autonomie reste cependant relative et des limites existent, ainsi que le démontre la question de l'opposabilité de la faute de la victime directe à la victime par ricochet.

---

1. Ass. plén. 9 mai 2008, *D.* 2008. Actu. 1415, obs. M. Léna.
2. *Lebon* n° 81, *AJDA* 1971. 279, obs. Labetoulle et X. Cabannes.
3. CE 29 mars 2000, *Ass. publ.-Hôpitaux de Paris, JCP* 2000. I. 280, obs. crit. Viney ; *JCP* 2000. II. 10360, note Derrien.
4. Crim. 26 mars 2013, n° 12-86.600
5. Civ. 2e, 20 oct. 2016, n° 14-28.866, *D.* 2016. 2167 ; *D.* 2017. 24, obs. C. Quézel-Ambrunaz.
6. Civ. 1re, 28 sept. 2016, n° 15-17.033, *D.* 2016. 1996.
7. Civ. 1re, 13 juill. 2016, n° 15-18.370.

3) Le demandeur peut être une victime par ricochet : question de l'opposabilité de la faute de la victime directe aux victimes par ricochet

2471. Les héritiers peuvent agir aussi en leur nom personnel pour demander la réparation de leur préjudice par ricochet, moral et éventuellement économique. D'autres personnes que les héritiers peuvent également prétendre à la réparation d'un tel préjudice. Cette question a déjà été étudiée au titre de l'étude du préjudice par ricochet (v. ss 2362 s.) ; il n'y a pas de difficultés pour admettre la recevabilité d'une telle action, sous réserve de pouvoir effectivement prétendre à la qualité de victime par ricochet.

La difficulté concerne ici *la question de l'opposabilité de la faute de la victime directe aux victimes par ricochet,* dans le cas où un partage de responsabilité est opéré entre avec l'auteur du dommage et la victime dont la faute a participé à la réalisation de son propre dommage. Si la victime directe exerce elle-même l'action, ce partage lui est opposable (v. ss 2430 s.). Si l'action est exercée en son nom par les héritiers, de la même façon, ce partage est opposable. Mais en est-il de même quand l'action est exercée par des victimes par ricochet ? D'une part, elles n'ont pas elles-mêmes commis de faute, mais d'autre part, doivent-elles être mieux traités que ne l'aurait été la victime directe ?

La jurisprudence a longtemps hésité et les différentes chambres de la Cour de cassation elles-mêmes étaient divisées sur la solution à donner à ce problème jusqu'à ce que deux arrêts des chambres réunies du 25 novembre 1964 (aff. *Estève*)[1] aient mis fin à cette controverse. Désormais, le partage de responsabilité est opposable aux victimes par ricochet. Le responsable du dommage n'est donc tenu de payer que sa part dans le dommage.

2472. Un arrêt critiqué de la deuxième chambre civile, en 1978, avait paru vouloir revenir sur ce principe qui semblait acquis[2]. Toutefois, un cas semblable a, été soumis postérieurement à la Cour de cassation, en assemblée plénière cette fois en 1981[3]. La Cour a confirmé la position des chambres réunies de 1964, mais en motivant davantage sa position : la faute de la victime est opposable aux héritiers agissant en leur nom personnel car « si l'action de ce tiers est distincte par son objet, même lorsque ce tiers est aussi l'héritier de la victime, de celle que ladite victime aurait pu exercer, elle n'en procède pas moins du même fait originaire, considéré dans toutes ses circonstances ».

4) Le demandeur peut, aussi, être un créancier ou un cessionnaire agissant par voie oblique

2473. Le créancier va agir au nom et pour le compte de la victime directe mais son action n'est admise que pour obtenir la réparation des préjudices matériels, patrimoniaux et non celle des préjudices corporels ou moraux qui sont des préjudices personnels. En effet, les créanciers ne peuvent exercer les droits « exclusivement attachés à la personne », de leur débiteur ou de leur auteur (préjudice personnel, v. ss 2378). Le créancier exerce alors l'action en responsabilité par la voie de l'action oblique (v. ss 414 s.).

---

1. *JCP* 1964, n° 13972, note P. Esmein, *D.* 1964. 733, concl. Aydalot.

2. Civ. 2e, 25 oct. 1978. *D.* 1979. 73, note C. Larroumet ; *JCP* 1979. II. 19193, note F. Chabas et obs. G. Durry à la *RTD civ.* 1980. 112.

3. Ass. plén. 19 juin 1981, *JCP* 1981. II. 19712, rapp. Cons. Ponsard.

5) Le demandeur peut être une association

2474. Il faut distinguer deux cas.

D'une part, les associations à but altruiste constituées pour défendre des intérêts collectifs, distincts de ceux de leurs membres, ce que l'on a appelé « de grandes causes »[1], par exemple, SPA, Association créée pour veiller au souvenir des déportés décédés dans les camps de concentration nazis, « mouvement aide à toute détresse, science et service », association de défense des consommateurs (C. consom., art. L. 421-1)[2], association de défense de l'environnement (C. envir., art. L. 142-2).

D'autre part, les associations de défense de leurs adhérents qui n'ont pour fonction que de regrouper les actions individuelles de leurs membres.

– *Les premières* (associations à but altruiste) disposent d'un droit d'action propre, sachant qu'au cours du temps, la jurisprudence juridique a assoupli les régles pour favoriser ce droit d'agir en justice pour la défense des intérêts collectifs qu'elles représentent : elle a ainsi élargi les contours des habilitations légales pour admettre parfois l'action au profit d'associations non agréées ; elle a ouvert l'action en responsabilité – notamment aux associations de défense de l'environnement –, non seulement devant les juridictions répressives mais aussi devant les juridictions civiles[3] ; elle a enfin admis que hors habilitation de la loi, les associations pouvaient défendre les intérêts collectifs qu'elles défendent dès lors qu'ils rentrent dans leur objet social[4].

– *Les secondes* (associations de défense des droits de leurs adhérents) ne devraient pouvoir agir que pour leurs mandants et dans les limites de leur mandat, même si la jurisprudence n'est pas très bien fixée en la matière (un arrêt de la première chambre civile a relevé que la cour d'appel avait, à bon droit, admis concurremment la demande d'une association de défense et les demandes individuelles de tous ses membres ![5]). Le législateur a, lui-même, admis ponctuellement ces actions associationnelles : ainsi l'article L. 135-4 du Code du travail dispose-t-il : « les organisations ou groupements ayant la capacité d'ester en justice dont les membres sont liés par une convention ou un accord collectif de travail peuvent exercer toutes les actions en justice qui naissent de ce chef en faveur de leurs membres... ». De même, une action en réparation pour le compte des consommateurs mandants est ouverte aux associations de consommateurs agréées et reconnues représentatives sur le plan national... dès lors que « plusieurs consommateurs, personnes physiques identifiées ont subi des préjudices individuels qui ont été causés par le fait d'un même professionnel et qui ont une origine commune... »[6]. Il faut cependant qu'il y ait une habilitation législative. Dans le cas contraire, la Cour de cassation peut être amenée à censurer les initiatives, comme par exemple, celle prise par l'association UFC-Que choisir, qui ne pouvait agir elle-même en introduisant l'instance et qui avait entrepris d'orchestrer l'assignation et des interventions de ses abonnés victimes de dommages

---

1. V. Guinchard, article cité dans la bibliographie.

2. Colmar, 10 févr. 1977, *D.* 1977. 471, note D. Mayer.

3. Civ. 2e, 7 déc. 2006, envir. 2007, comm. 63, note M. Boutonnet

4. Civ. 2e, 27 mai 2004, arrêt de principe, *D.* 2004. 2931, obs. E. Lamazerolles, *RTD com.* 2004. 555, obs. L. Grosclaude ; Civ. 3e, 26 sept. 2007. *D.* 2007. 2535, obs. A. Vincent ; *RTD civ.* 2008. 305, obs. P. Jourdain.

5. Civ. 1re, 14 mai 1992, *JCP* 1992. I. 3625, obs. G. Viney, p. 505.

6. C. consomm., art. L. 422-1 à L. 422-3.

individuels, au mépris des interdictions de démarchage et d'appel au public qui y faisaient obstacle[1]. C'est dans ce contexte que s'est posée la question de l'opportunité de *l'action de groupe* que la loi n° 2014-344 du 17 mars 2014 relative à la consommation a introduit en droit français.

6) L'introduction de l'action de groupe en droit français

2475. Cette action de groupe trouve son origine dans les actions judiciaires collectives du droit anglo-saxon dites « *class actions* ». Il s'agit d'une procédure qui concerne, non pas une personne, mais une catégorie de personnes. Lorsqu'un préjudice est causé, non pas à une personne isolée, mais à un groupe de personnes et procède du même fait générateur, une *class action* peut être intentée contre le ou les responsables. Il peut s'agir des victimes d'un attentat ou d'une catastrophe naturelle. Des groupes de personnes peuvent, également, être affectées par des préjudices liés à l'environnement, comme des pollutions diverses, ou avoir à se plaindre des défaillances de certains services publics, tels que grèves ou mauvais entretien d'infrastructures publiques… L'expérience de ces actions à l'étranger montre que les transactions sont plus nombreuses que les décisions de justice[2], ce qui est certainement un effet positif. L'instauration de l'action de groupe est une proposition qui figurait dans le rapport d'information du Sénat sur la réforme du droit de la responsabilité et dans la proposition de loi *Béteille* ainsi que dans les propositions *Terré* (v. ss 2234, 2378, à propos du caractère personnel du dommage et de la question du dommage collectif). la Cour de cassation ne l'admettait pas[3] et censurait les initiatives en ce sens[4].

2476. La loi n° 2014-344 du 17 mars 2014 relative à la ***consommation***, d'abord, est venue inscrire cette action de groupe dans le Code de la consommation.

Une association de défense des consommateurs représentative au niveau national et agréée peut désormais agir devant une juridiction civile afin d'obtenir la réparation des préjudices individuels subis par des consommateurs placés dans une situation similaire ou identique et ayant pour cause commune un manquement d'un ou des mêmes professionnels à leurs obligations légales ou contractuelles : 1° à l'occasion de la vente de bien ou de la fourniture de services ; 2° ou lorsque ces préjudices résultent de pratiques anticoncurrentielles. Toutefois, la loi limite l'action de groupe à la réparation des préjudices patrimoniaux résultant des dommages matériels subis par les consommateurs.

En substance, le juge saisi doit alors statuer sur la responsabilité au vu des cas individuels présentés et il définit le groupe des consommateurs à l'égard desquels

---

1. Civ. 1re, 26 mai 2011, « La frustration des associations de consommateurs face à l'absence d'action de groupe en droit processuel français », *RDC* janv. 2012. 151, C. Pelletier et Y.- M. Serinet ; *D.* 2011. 1568, obs. X. Delpech et 1884, note N. Dupon ; *CCC* 2011, comm. 201, note G. Raymond.

2. V. Goldnadel, chron. citée dans la bibliographie.

3. Civ. 1re, 26 mai 2011, « La frustration des associations de consommateurs face à l'absence d'action de groupe en droit processuel français », *RDC* janv. 2012. 151, C. Pelletier et Y.-M. Serinet ; *D.* 2011. 1568, obs. X. Delpech et 1884, note N. Dupon ; *CCC* 2011, comm. 201, note G. Raymond.

4. Comme, par exemple, l'orchestration, par l'association UFC-Que choisir qui ne pouvait agir en introduisant l'instance, de l'assignation et des interventions des abonnés victimes de dommages individuels, au mépris des interdictions de démarchage et d'appel au public qui y faisaient obstacle.

la responsabilité du professionnel est engagée. Il détermine les préjudices susceptibles d'être réparés pour chaque consommateur ou chaque catégorie de consommateurs constituant le groupe qu'il a défini ainsi que leur montant ou les éléments permettant l'évaluation. Il ordonne ensuite les mesures adaptées pour informer de cette décision les consommateurs susceptibles d'appartenir au groupe. Ceux-ci ont alors un délai fixé par la même décision (entre deux mois et six mois) pour adhérer au groupe et obtenir la réparation de leur préjudice. L'adhésion au groupe vaut mandat aux fins d'indemnisation au profit de l'association requérante. Les sommes représentant l'indemnisation sont ensuite versées à l'association qui les consigne et les répartit entre les consommateurs lésés.

La loi prévoit par ailleurs *une action de groupe simplifiée*, lorsque l'identité et le nombre des consommateurs lésés sont connus et lorsqu'ils ont subi un préjudice d'un même montant. Dans ce cas, le juge peut condamner le professionnel après avoir statué sur sa responsabilité, à indemniser directement et individuellement les consommateurs, dans un délai et selon des modalités qu'il fixe.

2477. Par la suite, l'action de groupe a été étendue au domaine de la *santé* par la loi du 26 janvier 2016 de modernisation du système de santé.

Enfin, avec la loi n° 2016-1547 du 18 novembre 2016 de modernisation de la justice du XXIe siècle et son décret d'application (n° 2017-888 du 6 mai 2017), la procédure a été étendue aux domaines des *discriminations,* de la *protection des données à caractère personnel* et de *l'environnement.* Un cadre général a été institué pour l'action de groupe, tant devant le juge judiciaire que devant le juge administratif.

2478. Concernant ***l'environnement***, l'action de groupe est ouverte sur le fondement de l'article L. 142-3-1 du Code de l'environnement qui dispose que : « Lorsque plusieurs personnes placées dans une situation similaire subissent des préjudices résultant d'un dommage dans les domaines mentionnés à l'article L. 142-2 du présent code, causé par une même personne, ayant pour cause commune un manquement de même nature à ses obligations légales ou contractuelles, une action de groupe peut être exercée devant une juridiction civile ou administrative. »

L'action ne vise que les préjudices individuels « corporels ou matériels ». La réparation du préjudice moral est donc exclue du processus. Par ailleurs, dans la mesure où l'action ne vise que des préjudices individuels, elle n'est pas ouverte pour la réparation du préjudice écologique défini à l'article 1247 du Code civil comme « une atteinte non négligeable aux éléments ou aux fonctions des écosystèmes ou aux bénéfices collectifs tirés par l'homme de l'environnement », qui est un préjudice collectif (sur ce préjudice et sa définition, v. ss 2283 s.). Comme en matière de consommation, l'action de groupe doit être exercée par une association agréée et suppose la preuve d'un intérêt commun à agir, d'une identité de cause et d'auteur du dommage, ce dommage devant ici résulter d'une faute consistant en une violation d'obligation légale ou contractuelle imposée dans un cadre lié à l'environnement (et défini par l'article L. 142-2 du Code de l'environnement, comme par exemple, la protection de la nature et de l'environnement ; l'amélioration du cadre de vie ; la protection de l'eau, de l'air, des sols, des sites et paysages…). L'objet de l'action peut tendre soit à la cessation du manquement, soit à la réparation des préjudices corporels et matériels résultant du dommage causé à l'environnement, soit à ces deux fins.

B. Le défendeur

1) Cas d'un auteur unique

2479. Même si le dommage a été réalisé par un auteur unique, il faut préciser qui sera le défendeur à l'action.

L'auteur du dommage, ou la personne civilement responsable de la faute d'autrui, ou celle sur laquelle pèse une présomption de responsabilité du fait des choses.

Ses ayants cause en cas de décès de l'auteur du dommage, l'action peut, en effet, être dirigée contre ses ayants cause universels ou à titre universel :

– *lorsque le responsable est un incapable*, un problème se pose alors :

• *en matière contractuelle*, l'incapable ne peut, en principe, être responsable puisque la responsabilité contractuelle implique un contrat valable (v. ss 2938). Il ne le sera donc que si le contrat a été valablement passé par son représentant légal ou s'il a volontairement trompé son cocontractant sur sa capacité (arg. art. 1307) ;

• *en matière extracontractuelle*, la controverse qui existait antérieurement a pris fin en ce qui concerne les aliénés, depuis la loi du 3 janvier 1968. L'article 414-3 du Code civil admet désormais que « celui qui a causé un dommage à autrui sous l'empire d'un trouble mental n'en est pas moins obligé à réparation ». En ce qui concerne, les mineurs, de la même façon, les arrêts de l'assemblée plénière de la Cour de cassation du 9 mai 1984 ont mis fin à l'irresponsabilité de l'*infans*, c'est-à-dire le très jeune enfant, sans discernement (v. ss 2605 s.).

– *les personnes morales* peuvent également être défendeur comme elles peuvent être demandeur.

2) Cas de la pluralité d'auteurs

2480. Dans la mesure où la jurisprudence admet qu'un dommage peut avoir plusieurs causes, la victime peut exercer l'action en responsabilité contre plusieurs personnes, sur des fondements différents. Il peut donc y avoir plusieurs défendeurs assignés en responsabilité qui seront ensuite tenus *in solidum* à l'égard de la victime. Sur cette technique de l'obligation *in solidum,* il convient de se reporter aux explications concernant les obligations *in solidum* en général (v. ss 379) et dans le contexte du droit de la responsabilité (v. ss 2403, 2429, 2448). La question est également abordée dans le cadre de la répartition de la charge de la réparation (v. ss 2546 s.).

2481. L'obligation *in solidum* est la solution traditionnelle fixée depuis un arrêt de principe du 29 février 1836[1]. Il est admis que les coauteurs responsables *in solidum* sont tenus, chacun, à la réparation intégrale, envers la victime, même si le fondement de la responsabilité de chacun d'eux est différent (par exemple : l'un est tenu délictuellement, l'autre contractuellement[2]), dès lors que l'intervention de chaque auteur a été l'une des causes sans lesquelles le dommage ne se serait pas produit. C'est une application de la théorie de l'équivalence des conditions (v. ss 2403).

---

1. Civ. 29 févr. 1836, *S.* 1836. I. 293.

2. Paris, 18 févr. 1957, *JCP* 1957. II. 9944, note P. Esmein.

2482. Une thèse opposée a eu cours un temps, celle de la responsabilité partielle. Selon certains auteurs, comme J. Boré, le partage de responsabilité devrait s'effectuer selon la part de causalité de chacun au moment de la réalisation du dommage. À l'appui de leur théorie ces auteurs citent un certain nombre de décisions dont les *arrêts des chambres réunies du 25 novembre 1964,* rendues en matière de dommage par ricochet (aff. *Estève,* préc.) qui soutiennent qu'une causalité partielle ne saurait entraîner qu'une responsabilité partielle ; ou encore l'arrêt *Pilastre,* qui rejette l'obligation *in solidum* lorsque le défendeur n'a pas d'action récursoire [1].

2483. Dès 1969, cependant, la thèse de l'obligation *in solidum* a de nouveau prévalu. Un certain nombre d'arrêts de la Cour de cassation ont repris des formules telles que : « le coauteur d'un dommage ayant concouru à le causer en entier doit être condamné envers la victime à en assurer l'entière réparation » [2] ou telles que : « chacun des responsables d'un même dommage doit être condamné à le réparer en totalité, le partage auquel le juge peut procéder n'affectant que les rapports réciproques de ces derniers et non l'étendue de leurs obligations envers la partie lésée » [3]. La même position est reprise en 1970-1971 par les diverses chambres de la Cour de cassation et même en chambre mixte [4].

Il y a donc eu retour à l'obligation *in solidum* et abandon de la théorie de la causalité partielle et de l'absence d'action récursoire [5]. La solution est la même en cas de force majeure qui doit être totalement exonératoire ou pas du tout, contrairement aux arrêts *Lamoricière* et *Houillères* (v. ss 2441).

2484. L'actuel projet de la Chancellerie (du 13 mars 2017) retient les solutions dégagées par la jurisprudence, en prévoyant que lorsque plusieurs personnes sont responsables d'un dommage, elles sont « solidairement responsables ». L'obligation *in solidum,* d'origine jurisprudentielle (v. ss 379 s.), serait donc remplacée par une nouvelle hypothèse de solidarité légale (projet, art. 1265).

C. En cas d'auteur non identifié

2485. Automobiliste en fuite, accident de chasse, de sport collectif, etc. S'il n'y a pas d'auteur identifié, il n'y a pas de réparation possible. La solution a paru injuste pour la victime et des palliatifs ont donc été cherchés. Ils ont déjà été exposés au titre du lien de causalité et nous y renvoyons (v. ss 2416 s.). Ils sont simplement rappelés ici pour mémoire.

2486. Certains palliatifs ont été imaginés par la jurisprudence. En cas d'auteur non identifié pour des dommages causés en groupe, par exemple en matière de chasse ou de jeu collectif, elle a eu recours à la notion de *faute collective* (v. ss 2419) ou à la notion de *garde collective* de la gerbe de plombs issue des fusils ou de garde collective d'un ballon [6].

---

1. Civ. 2e, 9 mars 1962, *S.* 1963. 2, note Meurisse.
2. Civ. 2e, 12 févr. 1969, *Bull. civ.* II, n° 46, p. 35.
3. Civ. 2e, 5 mars 1969, *Bull. civ.* II, n° 68, p. 51.
4. Ch. mixte 26 mars 1971, *JCP* 1971. II. 16762, note R. Lindon.
5. Civ. 2e, 7 nov. 1988, *Bull. civ.*, n° 214.
6. Civ. 2e, 20 nov. 1957, *D.* 1958. Somm. 82.

2487. Dans d'autres cas, c'est le législateur qui est intervenu avec la création de divers fonds, appelés à indemniser la victime lorsque l'auteur est resté inconnu (ou non assuré) (v. ss 2417).

2488. *L'actuel projet de réforme* du 13 mars 2017, suivant en cela l'avant-projet *Catala*, propose pour sa part un recours à la notion de responsabilité collective dans ces hypothèses d'actions de groupe où l'auteur du dommage n'est pas identifié (v. ss 2422).

D. En cas d'intervention d'un tiers payeur

2489. On a vu qu'il pouvait s'agir soit d'un assureur, soit de la sécurité sociale et qu'ils pouvaient être amenés à exercer des recours de nature subrogatoire (v. ss 2316, 2352 s., 2356) lorsqu'ils avaient indemnisé la victime. Ils peuvent intervenir au procès en responsabilité à des titres divers.

1) Intervention de l'assureur

2490. L'assureur peut intervenir *en qualité de défendeur.* C'est le cas lorsque la victime dispose d'une action directe contre un assureur-responsabilité qui garantit les conséquences de la mise en œuvre de la responsabilité de son assuré. Au lieu d'exercer l'action contre l'auteur du dommage, la victime exerce l'action contre l'assureur de ce dernier. Le Code des assurances lui a en effet accordé une action directe qui la dispense d'agir contre le responsable assuré. Cette action directe (sur ce mécanisme, v. ss 427) évite que l'indemnité ne transite par le patrimoine du responsable où peuvent se trouver d'autres dettes, de sorte que la victime pourrait être en concurrence avec d'autres créanciers.

2491. L'assureur peut ensuite intervenir *en qualité de demandeur.* Cela suppose que la victime avait contracté une assurance de dommage, couvrant les dommages que l'assuré lui-même subit, même si le responsable est un autre que l'assuré.

Si l'assureur a indemnisé la victime, il peut intervenir au procès en responsabilité en qualité de demandeur par l'effet d'une subrogation dans les droits de la victime indemnisée. En effet l'assureur dommage a indemnisé la victime pour des dommages dont un tiers est responsable. C'est donc ce tiers qui est le véritable débiteur des dommages et intérêts. L'assureur a donc payé à la place du débiteur et il est de ce fait subrogé dans le droit de la victime d'exercer une action en responsabilité contre l'auteur du dommage (cependant pour les limites, v. ss 2352 s.).

2) Intervention de la sécurité sociale

2492. La sécurité sociale est également un tiers payeur car, avant tout procès, elle intervient pour rembourser à la victime qui en a fait l'avance, ou pour payer à sa place, les frais médicaux, pharmaceutiques, d'hospitalisation et pour lui verser des indemnités journalières.

Elle est ensuite subrogée dans les droits de la victime pour obtenir le remboursement des prestations qu'elle a versées.

2493. Là encore cette technique du recours subrogatoire a soulevé des difficultés qu'une loi du 21 décembre 2006 a essayé de résoudre (v. ss 2464 s.).

§ 2. Compétence et délais

A. Compétence

1) La juridiction compétente « *ratione materiae* » (en raison de la matière)

2494. L'action en responsabilité civile relève normalement d'une *juridiction civile,* même si l'action est dirigée contre l'État, substitué à un instituteur public (v. ss 2835) ou contre une personne morale de droit public, du fait d'un dommage causé par un véhicule.

Toutefois, *au cas où l'action civile se double d'une action pénale,* on sait que la victime a, en principe, le droit de porter son action en responsabilité civile devant la *juridiction pénale* saisie de l'action publique, soit par voie d'action, soit par voie d'intervention en se constituant partie civile (v. ss 2132 s.) ; elle peut aussi choisir de saisir les juridictions civiles. On rappellera que dans ce dernier cas, si l'action publique est mise en mouvement avant ou pendant l'exercice de l'action en responsabilité devant le tribunal civil, ce dernier doit surseoir à statuer jusqu'à ce que l'action publique ait abouti et il est lié par la décision prise par la juridiction pénale qui a l'autorité de la chose jugée lorsque le juge pénal a admis l'existence d'une faute. Il ne pourra pas écarter l'existence d'une faute au plan civil (sur ces règles et leurs contours exacts, v. ss 2137 s.).

– *Si l'action est exercée devant les juridictions civiles et qu'il s'agit d'un dommage corporel,* le tribunal judiciaire a compétence exclusive pour connaître de l'action.

– *S'il ne s'agit pas d'un dommage corporel,* en matière extracontractuelle, la compétence appartient, là encore, au tribunal judiciaire. En matière de responsabilité contractuelle, la compétence peut dépendre de la nature du contrat et des relations entre les parties. Ainsi si le contrat est un contrat commercial, c'est le tribunal de commerce qui sera compétent.

2) En matière de compétence « *ratione loci* » (en raison du lieu)

2495. La victime a le choix entre le tribunal du domicile du défendeur (tribunal normalement compétent) et celui du lieu du dommage, s'il est dû à un délit ou un quasi-délit (C. pr. civ., art. 46).

B. Délais d'exercice de l'action exercée devant les juridictions civiles

1) Jusqu'à la loi du 17 juin 2008 portant réforme de la prescription

2496. Jusqu'à la loi du 17 juin 2008, le critère de distinction essentiel concernant le délai de prescription des actions en responsabilité civile exercé devant les juridictions civiles était celui de la nature contractuelle ou extracontractuelle de la responsabilité.

2497. Le délai de prescription de l'action était différent selon que l'action était une action en responsabilité contractuelle ou extracontractuelle et cette différence a longtemps constitué un des enjeux importants de la distinction entre les deux responsabilités. En effet, alors que les actions en responsabilité contractuelle étaient soumises en principe au délai de droit commun de la prescription qui était un délai de trente ans, les actions en responsabilité extracontractuelle étaient soumises à un délai beaucoup plus bref depuis l'intervention de la loi du 5 juillet 1985 sur l'indemnisation des victimes d'accidents de la circulation. Cette loi avait introduit en effet un délai de prescription abrégée (par rapport au délai de droit commun de trente ans) en rajoutant un article 2270-1 au Code civil, disposant que « les *actions en responsabilité civile extracontractuelles* se prescrivent par dix ans à compter de la manifestation du dommage ou de son aggravation » (sauf s'il s'agit de tortures, actes de barbarie, violences ou agression sexuelle contre un mineur où le délai de prescription est de vingt ans). C'est cette différence que la loi du 17 juin 2008 va supprimer.

2498. *Quant au point de départ du délai de prescription*, alors que l'article 2270-1 prévoyait un point de départ *à compter de la manifestation du dommage ou de son aggravation* en cas de préjudices corporels, la jurisprudence, faisait courir le délai de prescription de la *date de consolidation* du dommage prévu à l'article 2270-1 [1]. Cet arrêt avait été critiqué dans la mesure où il s'opposait aux termes du texte, se référant à la « manifestation du dommage ». En pratique, la guérison est le plus souvent progressive, avec parfois des rechutes, la date de consolidation est donc difficile à préciser. C'est pourtant cette solution que va consacrer la réforme de la prescription intervenue le 17 juin 2008.

2) Les principes gouvernant la prescription des actions en responsabilité depuis la loi du 17 juin 2008

2499. la loi du 17 juin 2008 portant réforme de la prescription en matière civile a modifié les solutions (pour une analyse plus complète de la loi, v. ss 731 s.).

2500. Les modifications ne sont pas négligeables : la distinction ne se fait plus désormais selon le critère de la nature contractuelle ou extracontractuelle de la responsabilité, mais en fonction de la nature du dommage, en distinguant selon qu'il s'agit d'actions tendant à la réparation d'un dommage corporel ou d'une autre sorte de dommage.

a) La solution de principe : le délai de prescription unifié à cinq ans pour la responsabilité extracontractuelle et contractuelle

2501. Le délai de prescription de droit commun, sans distinction selon qu'il s'agit d'actions contractuelles ou pas est le délai de cinq ans. Il s'applique donc en principe aux actions en responsabilité, sauf si un délai spécial a été prévu.

2502. Or justement des règles particulières sont posées pour les actions tendant à la réparation d'un dommage corporel

1. Civ. 2e, 4 mai 2000, *JCP* 2000. I. 851, obs. P. Jourdain.

b) Un délai plus long pour la réparation des dommages corporels

2503. ***La prescription de vingt ans*** *(prescription vicennale)* a été maintenue par l'article 2226, alinéa 2, nouveau, « lorsque le dommage est causé par des tortures et des actes de barbarie, des violences ou des agressions sexuelles commises contre un mineur ». Ce délai spécial avait été prévu depuis une loi du 17 juin 1998 (C. civ., art. 2270-1, al. 2, ancien).

2504. ***La prescription décennale*** est applicable pour toutes les autres actions en responsabilité nées à raison d'un événement ayant entraîné un *dommage corporel*, engagées par la victime *directe ou indirecte* (C. civ., art. 2226).

Les prescriptions des actions en responsabilité civile sont donc unifiées par la loi, concernant la responsabilité contractuelle et extracontractuelle et le critère est celui du dommage corporel.

2505. Par ailleurs, les dommages résultant des *accidents de la circulation* sont également soumis à cette prescription.

c) Le point de départ de la prescription

2506. Il est fixé par la loi de 2008 au jour de la *consolidation* du dommage initial ou aggravé, ce qui était déjà, on l'a vu, la solution consacrée par la jurisprudence[1] pour les victimes directes ; la loi de 2008 étend ce point de départ aux victimes par ricochet (C. civ., art. 2226), en raison du lien de dépendance qui unit le préjudice par ricochet au dommage initial. La Cour de cassation a décidé d'appliquer cette solutions aux actions qui restaient soumises au régime de prescription antérieur parce que la date de consolidation du dommage était antérieure à la loi : « Le préjudice par ricochet subi par les proches d'une victime ayant elle-même subi un dommage corporel direct ne se manifeste, dans toute son étendue, comme pour celle-ci, qu'à compter de la consolidation de l'état de la victime directe »[2].

C. Délai de prescription en cas de poursuites pénales

2507. Jusqu'à la loi du 17 juin 2008, le délai de prescription de l'action en responsabilité était le même, que l'action soit exercée devant les juridictions civiles ou bien devant les juridictions pénales (v. ss 2140). Il était donc indépendant du délai de prescription de l'action pénale (différent selon qu'il s'agit d'un crime, d'un délit ou d'une contravention). La loi du 23 décembre 1980, modifiant l'article 10 du Code de procédure pénale, avait en effet soumis l'action civile exercée devant les juridictions pénales aux règles de prescription du Code civil. Ainsi, la prescription de l'action publique, constatée par la juridiction pénale ne l'empêchait pas de statuer sur l'action en responsabilité civile[3].

---

1. Civ. 2e, 4 mai 2000, n° 97-21.731, *Juris-Data* n° 2000-001691 ; *Bull. civ.* II, n° 75 ; *RCA* 2000, comm. 221, obs. H. Groutel ; *RTD civ.* 2000. 851, obs. P. Jourdain ; Civ. 2e, 11 juill. 2002, n° 01-02.182, *Juris-Data* n° 2002-015168, *Bull. civ.* II, n° 177.

2. Civ. 2e, 3 nov. 2011, n° 10-16.036, *Juris-Data* n° 2011-023971 ; *RCA* 2012, comm. 6, note S. Hoquet-Berg ; *LPA* 26 janv. 2012, p. 10, note A. Thurillet-Bersolle ; *JCP* avr. 2012, p. 530, n° 2, obs. P. Stoffel-Munck ; *RTD civ.* n° 1, 2012. 122, n° 3, obs. P. Jourdain.

3. Crim. 20 mai 2008, *D.* 2009. Chron. 51, obs. Degorce.

L'article 13 de la loi du 17 juin 2008 a modifié l'article 10 du Code de procédure pénale qui précise désormais, dans le cas où des poursuites pénales sont engagées, que « lorsque l'action civile est exercée devant la juridiction répressive, elle se prescrit selon les règles de l'action publique. Lorsqu'elle est exercée devant une juridiction civile, elles se prescrivent selon les règles du Code civil ». On évite ainsi à une action pénale d'être prescrite avant l'action civile ou inversement.

Section 2
La réparation du dommage

§ 1. Les principes

2508. La réparation vise à remettre la victime dans l'état où elle se serait trouvée s'il n'y avait pas eu le fait dommageable.

2509. Deux principes en découlent : le principe de la réparation intégrale d'une part et le principe selon lequel le juge appelé à fixer le montant de la réparation doit d'abord rechercher une réparation en nature.

A. Le principe de la réparation intégrale

2510. C'est un principe essentiel du droit de la responsabilité. Il connaît quand – même une atténuation en matière contractuelle, car en principe, on ne répare que le dommage prévisible au moment de la conclusion du contrat (v. ss 1972, 3013). Mais cette règle n'est pas appliquée en matière de dommages corporels.

2511. En vertu de ce principe, la victime a droit à la réparation de l'intégralité de son dommage, mais rien au-delà. « Tout le dommage, rien que le dommage » [1].

1) Le refus des dommages et intérêts punitifs

2512. Au-delà des applications qui en sont faites dans l'évaluation du dommage (v. ss 2526 s.) ce principe de la réparation intégrale explique et justifie que le droit français de la responsabilité n'ait pas admis jusqu'ici les dommages et intérêts punitifs (qui permettraient d'augmenter les dommages et intérêts au-delà de la réparation intégrale du dommage en cas de faute grave du responsable), ni une quelconque obligation pour la victime de minimiser son dommage dans l'intérêt du responsable. Toutefois dans une importante décision du 1er décembre 2010 [2], la Cour de cassation a admis que le principe d'une condamnation à des dommages et intérêts punitifs, appliquée dans un contrat international par un jugement étranger, n'était pas, en soi, contraire à l'ordre public. Elle entrouvre donc la porte. Elle a précisé que la contrariété à l'ordre public international pouvait cependant provenir de leur disproportion au regard du préjudice subi et du

1. Réaffirmé par : Civ. 1re, 22 nov. 2007, *RCA* 2008. 22, note S. Hoquet-Berg.
2. Civ. 1re, 1re déc. 2010, *D.* 2010. 24, obs. I. Gallmeister.

manquement aux obligations contractuelles. Cet arrêt nourrira sans doute la discussion sur l'admission en droit interne des dommages et intérêts punitifs [1].

2) L'absence d'obligation pour la victime de minimiser son dommage : vers une évolution ?

2513. Dans ce second cas de figure, la victime se verrait privée d'une partie de la réparation à titre de sanction de cette obligation, ce qui porterait à nouveau atteinte au principe de réparation intégrale. La Cour de cassation a ainsi eu l'occasion de préciser, dans deux arrêts rendus le 19 juin 2003 [2], qu'en matière délictuelle, « la victime n'est pas tenue de limiter son préjudice dans l'intérêt du responsable ». Dans la première affaire, il s'agissait d'une boulangère et de sa fille qui, à la suite d'un accident de circulation, avaient été atteintes d'incapacité totale puis partielle, les ayant empêchées de continuer à exploiter leur fonds de boulangerie qui perdit toute valeur. Les victimes demandèrent alors la réparation de ce préjudice, ce qui leur fut refusé au motif que la propriétaire aurait eu la possibilité de faire exploiter le fonds par un tiers. Les victimes invoquèrent le principe de la réparation intégrale et la deuxième chambre civile leur donna raison en affirmant que « l'auteur d'un accident doit en réparer toutes les conséquences » et « que la victime n'est pas tenue de limiter son préjudice dans l'intérêt du responsable ».

Dans le second arrêt, il s'agissait de la victime d'un accident de la circulation atteinte de troubles psychiques qui avait négligé de pratiquer une rééducation orthophonique et psychologique qui lui avait été préconisée. La cour d'appel avait considéré que ce refus était fautif et avait concouru à la persistance de ses troubles et justifiait une réduction de l'indemnisation. Là encore, la Cour casse pour le même motif.

Enfin, une troisième décision du 22 janvier 2009 [3] confirme cette position. Elle rappelle que l'auteur d'un accident doit réparer l'intégralité des conséquences dommageables.

– Jusqu'ici, donc, la Cour de cassation refuse fermement de se rallier au principe de la « mitigation », adopté par la plupart des pays, notamment anglo-saxons (*mitigation of damages*) mais aussi par des droits de tradition romano-germanique, selon lequel le juge devrait avoir le pouvoir et même le devoir de restreindre l'indemnisation des dommages en fonction de l'attitude de la victime, lorsque celle-ci n'a pas fait toute diligence pour réduire son préjudice. Cette position de la jurisprudence française s'explique tout d'abord parce que le devoir de mitigation relève du droit de la responsabilité contractuelle et non, comme ici, de la responsabilité délictuelle et en matière de réparation de dommages corporels. Il figure, en effet, dans la Convention de Vienne sur la vente internationale de marchandises, ainsi que dans « les principes relatifs aux contrats du commerce international » (CVIM, art. 77), rédigés sous l'égide d'*Unidroit*, et dans « les principes du droit européen du contrat » (PEDC, art. 9) issus des travaux de la Commission *Lando*. Il est vrai qu'il ne convient pas d'indemniser intégralement une victime qui, par une négligence grossière, a laissé augmenter un dommage

1. Comme le relève I. Gallmeister, note préc.

2. Civ. 2e, 19 juin 2003 (deux arrêts), *JCP* 2003. IV. 2428 ; *D.* 2003. 2326, note J.-P. Chazal ; *JCP* 2003. II. 10171, note C. Castets-Renard ; *Gaz. Pal.* 8-9 oct. 2003, p. 9, note crit. E. Rosenfeld et C. Bouchez ; *JCP* 2004. I. 101, p. 18 s., obs. G. Viney ; *Dr. et patr.* 11/2003, nos 3376 et 3377, obs. F. Chabas ; *LPA* 31 déc. 2003, p. 17, note Y. Dagorne-Labbe ; *RTD civ.* 2003. 716, obs. P. Jourdain.

3. Civ. 2e, 22 janv. 2009, *D.* 2009. 1114, note R. Loir ; *RTD civ.* 2009. 334, obs. P. Jourdain ; *Gaz. Pal.* 25 mars 2009, note S. Saleh et J. Spinelli.

qu'elle pouvait limiter, surtout si l'on considère que, ce faisant, elle a manqué à ce que l'on pourrait considérer comme une obligation de loyauté, mais il convient d'utiliser, pour cela, les moyens du droit français qui existent déjà, tels que l'article 1151 et la possibilité de faire jouer l'effet partiellement exonératoire de la faute de la victime, et ce, d'autant plus facilement que l'évaluation des dommages se fait au jour de la décision judiciaire et non, comme pour les juges anglais ou américains, au jour de la survenance du fait dommageable.

– Une décision de la deuxième chambre civile intervenue postérieurement, a pu être considérée, cependant, de l'aveu même d'un conseiller référendaire à la Cour de cassation, comme « une porte entr'ouverte » à l'introduction, en droit français, d'un devoir de minimiser son dommage [1]. En reprochant aux juges du fond de ne pas avoir caractérisé la faute de la victime ayant provoqué l'aggravation de son préjudice matériel, la Cour de cassation a admis *a contrario* qu'une telle faute puisse exister. Un devoir de ne pas aggraver son propre préjudice matériel semble donc apparaître, et la solution s'inscrit dans la perspective des projets de réforme du droit de la responsabilité.

– Par la suite, cependant, la même deuxième chambre civile a réaffirmé la solution traditionnelle dans un arrêt de principe très net : « l'auteur d'un accident doit en réparer toutes les conséquences dommageables et la victime n'est pas tenue de limiter son préjudice dans l'intérêt du responsable » [2].

2514. ***Les projets de réforme*** du droit de la responsabilité sont tous allés dans le sens de la reconnaissance de cette obligation de minimiser son dommage, comme ils sont favorables à la sanction du responsable, en cas de faute grave ou lucrative, par des dommages et intérêts dépassant la réparation intégrale du préjudice.

2515. Ainsi, concernant les *dommages et intérêts punitifs*, l'avant-projet *Catala*, les recommandations du Sénat et la proposition de loi *Béteille*, tout en réaffirmant le principe de la réparation intégrale, ont proposé de les introduire en cas de faute lucrative pour sanctionner cette faute, en les versant partiellement au Trésor public (et en partie à la victime). Le projet Terré présenté début 2011, a proposé lui aussi en son article 54, d'appréhender les fautes lucratives (les transgressions de la règle de droit qui sont de nature à permettre un enrichissement de leur auteur) par des dommages et intérêts *restitutifs*, qui obligent le fautif à restituer le profit réalisé.

2516. L'actuel projet de réforme de la Chancellerie du 13 mars 2017, pour sa part, n'a pas repris la notion de dommages-intérêts punitifs mais a prévu la condamnation à une « amende civile », en limitant le champ de cette amende civile à la responsabilité extracontractuelle. Ainsi, « en matière extracontractuelle, lorsque l'auteur du dommage a délibérément commis une faute en vue d'obtenir un gain ou une économie, le juge peut le condamner [...] au paiement d'une amende civile » (art. 1266-1). Cette amende, proportionnée à la gravité de la faute, aux facultés contributives de l'auteur et au profit qu'il en aura retirés, est plafonnée et elle est affectée non pas à la victime, mais au financement d'un fonds d'indemnisation en lien avec la nature du dommage subi ou, à défaut, au Trésor public.

---

1. Civ. 2e, 24 nov. 2011, *D.* 2012. 141, note H. Adida-Canac ; *JCP avr.* 2012, p. 531, obs. Ph. Stoffel-Munck.

2. Civ. 2e, 25 oct. 2012, n° 11-25. 511, *Juris-Data* n° 2012-024418 ; *RCA*. 2013, comm. 3.

Cette dernière solution ne constitue pas une entorse au principe de la réparation intégrale puisque la victime ne pourra obtenir davantage que la compensation de son préjudice mais la fonction sanctionnatrice de la responsabilité réapparaîtrait très nettement, au-delà de sa fonction réparatrice

2517. Concernant l'obligation de minimiser son dommage et la réduction de l'indemnisation de la victime, l'avant-projet *Catala,* les recommandations du Sénat et la proposition de loi *Béteill*e ont également proposé de réduire l'indemnisation lorsque la victime n'a pas fait preuve d'une diligence suffisante pour réduire le dommage ou en éviter l'aggravation (art. 1373). Nouvelle entorse au principe de la réparation intégrale, cette fois au détriment de la victime, l'obligation de réduire son dommage ou d'en éviter l'aggravation suppose toutefois qu'elle en ait eu la possibilité par le recours à des « moyens sûrs, raisonnables et proportionnés » ; et par ailleurs cette obligation est exclue lorsque « les mesures seraient de nature à porter atteinte à son intégrité physique ». Les propositions Terré vont dans le même sens sur ce point (art. 53).

L'actuel projet de réforme de la Chancellerie, introduit cette obligation de minimiser son dommage (en supprimant le cantonnement à la matière contractuelle qui était proposé dans l'avant-projet de 2016) mais l'exclut en cas de dommage corporel : « sauf en cas de dommage corporel, les dommages et intérêts sont réduits lorsque la victime n'a pas pris les mesures sûres et raisonnables, notamment au regard de ses facultés contributives, propres à éviter l'aggravation de son préjudice » (art. 1263).

B. Le principe de la réparation en nature

2518. La réparation du dommage peut être effectuée en nature ou par équivalent, mais il faudrait toujours privilégier lorsqu'elle est possible la réparation en nature.

1) La réparation en nature est parfois concevable

2519. C'est le cas pour la réparation d'un objet endommagé, la publication de jugement de condamnation en cas de diffamation, la cessation d'un trouble de jouissance, l'abattage d'arbres, correctement plantés, mais produisant, par la chute des feuilles et les racines, des troubles excédant les inconvénients normaux de voisinage[1], etc. La Cour de cassation a actuellement tendance à considérer que les juges du fond doivent, notamment, accorder la destruction de constructions illicites, à la demande de la victime. En cas d'infraction à un règlement d'urbanisme, la réparation consiste à *supprimer la cause illicite du dommage*[2]. L'arrêt se réfère explicitement à l'article 1143, alignant ainsi la réparation en matière délictuelle à celle admise en matière contractuelle[3].

2520. ***L'actuel projet de réforme du 13 mars 2017*** pose le principe de la réparation intégrale mais n'affirme pas expressément la primauté de la réparation en nature par rapport à la réparation sous forme de dommages et intérêts. Les deux sont également prévues (art. 1259 du projet) et le juge peut d'ailleurs cumuler les deux types de réparation

---

1. Civ. 3e, 4 janv. 1990, *Bull. civ.*, n° 4.
2. Civ. 3e, 7 juin 1979, *JCP* 1979. II. 19415, note J. Ghestin.
3. Civ. 3e, 10 oct. 1978, *Bull. civ.* III, n° 307, p. 238.

(art. 1259) pour assurer la réparation intégrale du préjudice, qui reste l'objectif de l'actuel projet (art. 1258). Toutefois, la règle de l'impossibilité d'imposer à la victime la réparation en nature est posée (art. 1261) ; de même, cette réparation en nature ne peut être imposée en cas de disproportion manifeste entre son coût pour le responsable et son intérêt pour la victime. La réparation en nature doit être « apte à supprimer, réduire ou compenser le dommage » (art. 1260). Le juge peut également autoriser la victime à prendre elle-même les mesures de réparation en nature, aux frais du responsable (art. 1261, al. 3) et ce dernier peut être condamné à faire l'avance des sommes nécessaires.

2) Mais dans la plupart des cas, il s'agira de réparation par équivalent

2521. La réparation en nature s'avère souvent impossible, et c'est notamment le cas en matière de dommage corporel. Il s'agit alors d'évaluer le préjudice pour le compenser par le versement de dommages et intérêts sous forme de capital ou de rente viagère. Cela pose des problèmes de date d'évaluation et de révision de l'indemnité.

Il convient, tout d'abord, d'évaluer le montant de la réparation : c'est le calcul des indemnités, puis de déterminer à qui va finalement en incomber la charge : c'est le problème de la charge de la réparation [1].

§ 2. Le calcul des indemnités

A. Date d'évaluation de la réparation

1) En matière contractuelle

2522. C'est la mise en demeure qui sera, normalement, le point de départ des dommages et intérêts moratoires (sanctionnant le retard dans l'exécution), qui consistent dans une somme forfaitaire, l'intérêt au taux légal. Les dommages et intérêts compensatoires sont, pour leur part, évalués au jour du jugement (sur cette distinction des dommages et intérêts moratoires et compensatoires, v. ss 1970, 3007 s.). Si la mise en demeure est indispensable pour obtenir des dommages et intérêts moratoires (art. 1231-6, al. 1er), on rappellera que les dommages et intérêts compensatoires sont également conditionnés, en principe, par une mise en demeure préalable. L'ordonnance du 10 février 2016 a tranché le débat sur ce point, dans l'article 1231, en précisant que, « à moins que l'inexécution ne soit définitive, les dommages et intérêts ne sont dus que si le débiteur a été préalablement mis en demeure d'exécuter » (aussi sur cette question de la nécessité de la mise en demeure, v. ss 1965, 3012).

2) En matière extracontractuelle

2523. La question est un peu plus complexe. On s'est demandé si le jugement statuant sur la responsabilité était déclaratif ou constitutif de droit. Si le jugement est

1. V. obs. R. Mevoungou Nsana sur la réparation en nature ou par équivalent en matière immobilière à la *RTD civ.* 1995. 733.

constitutif, la créance naît du jugement et l'évaluation doit se faire à ce jour ; au contraire, si le jugement est seulement déclaratif, le droit à réparation est né dès la réalisation du dommage et devrait être évalué à cette date. Certains auteurs combinent les deux idées en soutenant que « le jugement est déclaratif quant au principe du droit à réparation, attributif quant au *quantum* ».

La jurisprudence, quant à elle, tranche la question en datant le droit à réparation du jour du dommage, mais en évaluant les dommages et intérêts à la date du jugement définitif et non à la date de réalisation du dommage, ce qui est plus favorable à la victime en période d'instabilité monétaire[1] et les intérêts légaux de l'indemnité allouée courent de plein droit du jour de la décision, sans mise en demeure[2]. Toutefois, il a été jugé que la perte du salaire et de ses accessoires, éprouvée par la victime d'un accident, durant la période de son incapacité temporaire, totale puis partielle, doit être évaluée en fonction des salaires qu'elle aurait dû percevoir durant ces périodes[3].

2524. *L'actuel projet de réforme du 13 mars 2017* consacre la même solution : le juge évalue les dommages et intérêts au jour du jugement, en tenant compte de toutes les circonstances qui ont pu affecter la consistance et la valeur du préjudice depuis le jour de la manifestation du dommage, ainsi que de son évolution raisonnablement prévisible (art. 1262).

B. Évaluation du montant de la réparation

La réparation doit correspondre, d'aussi près que possible, au préjudice subi.

1) Principe de l'indifférence de la faute de l'auteur du dommage

2525. L'indemnisation doit, en principe, tendre à réparer un dommage et non à sanctionner une faute. On rappellera que pour l'instant, la jurisprudence n'admet pas les dommages et intérêts punitifs, qui sanctionneraient l'auteur de la faute (v. ss 2512). De la même façon elle ne consacre pas l'obligation pour la victime de minimiser son dommage ce qui conduirait à diminuer le montant des dommages et intérêts en considération de sa faute, même si une décision récente semble vouloir s'engager dans cette direction (v. ss 2513). L'importance de la faute de l'auteur du dommage devrait donc être sans effet sur l'évaluation du montant des dommages et intérêts. Toutefois, en pratique, les tribunaux sont toujours influencés par la notion de faute et ont tendance à proportionner la réparation à la gravité de la faute, notamment en ce qui concerne la réparation du préjudice moral, mais ils doivent éviter de le préciser, pour ne pas encourir la cassation.

En matière de responsabilité partagée, si les coauteurs sont tenus *in solidum,* c'est-à-dire chacun pour le tout, vis-à-vis de la victime (v. ss 2481), au contraire, lorsqu'il s'agit de répartir entre eux la charge de la réparation, il sera tenu compte de la gravité de leurs fautes respectives au cours de l'action récursoire pour déterminer la charge finale de la réparation (v. ss 2548).

---

1. Req. 21 mai 1928, *DH* 1928. 366 ; Req. 23 mars 1942, *Gaz. Pal.* 1942. I. 224 ; Civ. 2e, 3 mars 1982, *Gaz. Pal.* 3-4 nov. 1982, note F. C.

2. Civ. 1re, 10 déc. 1980, *JCP* 1980. IV. 18.

3. Civ. 2e, 18 oct. 1989, *Bull. civ.* II, n° 189, p. 96 ; 8 juill. 1992, *Bull. civ.* II, n° 102.

2) Incidences du principe de réparation intégrale

2526. *L'exclusion d'une évaluation globale s'impose.* On rappellera, en effet, que selon ce principe de la réparation intégrale (v. ss 2510), l'indemnisation doit tendre à réparer intégralement le dommage, tout au moins le préjudice direct. La Cour de cassation a donc condamné la pratique judiciaire de l'évaluation globale « toutes causes de préjudice confondues », qui ne lui permet pas d'exercer son pouvoir de contrôle de l'application effective, par les juges du fond, du principe d'équivalence entre dommage et réparation [1].

On a vu par ailleurs, qu'une évaluation *poste par poste* des préjudices s'impose en matière de *préjudice corporel*, d'autant plus que la loi du 21 décembre 2006 relative à l'exercice des recours des tiers payeurs contre les personnes tenues à réparation d'un dommage résultant d'une atteinte à la personne, impose aux caisses d'exercer leurs recours « poste par poste sur les seules indemnités qui réparent des préjudices qu'elles ont pris en charge à l'exclusion des préjudices personnels » (CSS, art. L. 376-1, al. 3). La nouvelle nomenclature *Dintilhac* détaille soigneusement ces postes de préjudices (v. ss 2307 s.).

2527. *L'actuel projet de réforme du 13 mars 2017* propose d'imposer au juge l'obligation d'évaluer distinctement chacun des chefs de préjudice allégués (art. 1262). Il pose cette obligation de façon générale, y compris lorsqu'il ne s'agit pas d'un dommage corporel (art. 1262, al. 3). Concernant les dommages corporels, il propose par ailleurs des règles spécifiques imposant une évaluation poste par poste, suivant une nomenclature non limitative des postes de préjudices fixée par décret en Conseil d'État (art. 1269) (v. ss 2545 s.).

a) Règles concernant la réparation des préjudices résultant d'une atteinte aux biens

2528. Le principe de réparation intégrale est le même. Selon la Cour de cassation, la victime doit être replacée « dans la situation où elle se serait trouvée si l'acte dommageable n'avait pas eu lieu ». Cela implique, soit le coût de la remise en état de la chose endommagée, si cela est possible, soit la valeur de remplacement. Cette formule apparaît, notamment, dans un arrêt du 4 février 1982 [2], qui déclare que la réparation intégrale d'un dommage causé à une chose, n'est assurée que par le remboursement des frais de remise en état de la chose ou par le paiement d'une somme d'argent représentant la valeur de son remplacement et « la victime n'a pas à courir le risque de la vente de l'épave laquelle, sauf accord des parties sur ce point, doit être laissée pour compte au responsable ». Ainsi, pour une voiture de douze ans, parfaitement entretenue, n'ayant que 53 000 km évaluée 1 600 francs (soit 244 euros) alors que le coût des réparations s'élevait à 11 800 francs (soit 1 800 euros), le défendeur a été condamné à effectuer la réparation [3]. Par contre, on en revient à la valeur vénale lorsqu'on ne peut se référer à « la valeur aléatoire d'un matériel d'occasion susceptible de remettre en état

1. Civ. 2e, 20 juill. 1993, *JCP* 1993. IV. 2421 et obs. G. Viney, *JCP* 1993. I. 3727.
2. Civ. 2e, 4 févr. 1982, *JCP* 1982. II. 19894, note J.-F. Barbièri.
3. TGI Créteil, 26 mai 1981, *JCP* 1982. II. 19745, note F. Chabas ; v. aussi Civ. 2e, 9 juill. 1981, *Gaz. Pal.* 8-9 oct. 1982, note G. F. ; Civ. 2e, 31 mars 1993, *Bull. civ.* II, no 130.

de fonctionnement une usine qui ne l'était pas depuis fort longtemps » plus de dix-sept ans en l'espèce [1]. Toutefois, la deuxième chambre civile de la Cour de cassation considère depuis longtemps [2] que le droit au remboursement des frais de remise en état d'une chose endommagée a pour limite sa valeur de remplacement et, dans une décision du 22 septembre 2009, qui constitue un revirement, la chambre criminelle, qui admettait jusque-là une solution contraire, s'est alignée sur cette solution [3].

À propos d'une construction défectueuse, la victime, qui a droit à la démolition et à la reconstruction, ne doit subir aucun abattement motivé par « le supplément de prix [qu'elle aurait payé] si les travaux avaient été correctement effectués » [4].

2529. L'application d'un *coefficient de vétusté* est exclue, ce que confirme l'actuel projet de réforme du 13 mars 2017 (art. 1278) qui écarte également la prise en compte de la plus-value éventuellement inhérente à l'opération. Dans un arrêt du 23 janvier 2003 [5], la Cour de cassation relève à nouveau que « les dommages et intérêts alloués à une victime doivent réparer le préjudice subi sans qu'il en résulte pour elle ni perte ni profit » et qu'il faut s'efforcer de « replacer la victime dans la situation où elle se serait trouvée si l'acte dommageable ne s'était pas produit ». Le principe de réparation intégrale exclut donc tout abattement pour vétusté, ce qu'a encore rappelé la chambre criminelle de la Cour de cassation dans une décision du 24 février 2009 [6]. Cette solution est confirmée dans tous les projets de réforme (par ex. art. 65 pour les *propositions Terré*).

2530. *L'actuel projet de réforme* confirme ces solutions (art. 1278). Par ailleurs, le texte précise que lorsque le bien ne peut être remis en état ni remplacé, l'indemnité est de la valeur qu'aurait eu le bien au jour de la décision dans son état antérieur au dommage. L'article 1279 précise également que, le cas échéant, l'indemnité compense également la perte de jouissance du bien endommagé, les pertes d'exploitation ou tout autre préjudice.

b) Règles concernant l'indemnisation du préjudice corporel

♦ *Rôle de l'expertise*

2531. Le principe de l'indemnisation intégrale joue également en matière de préjudice corporel et son évaluation nécessite la plupart du temps une expertise. Toutefois, les honoraires des experts sont parfois excessifs et l'absence de contrôle à ce sujet fait l'objet de sévères critiques de la part de la doctrine [7].

---

1. Civ. 2e, 14 janv. 1999, *Bull. civ.* II, n° 14 ; *RTD civ.* 1999. 412, obs. P. Jourdain ; *JCP* 2000. I. 199, obs. G. Viney.
2. Civ. 2e, 28 oct. 1954, *JCP* 1955. II. 8765, note R. Savatier ; *RTD civ.* 1955. 324, obs. H. et L. Mazeaud.
3. Crim. 22 sept. 2009, *RCA* 2010, comm. 8, note S. Hoquet-Berg.
4. Civ. 3e, 16 juin 1993, *JCP* 1993. IV. 2093, *Bull. civ.* III, n° 25 et n° 86 et *RDI* 1994. 503, obs. Ph. Malinvaud et Boubli.
5. Civ. 2e, 23 janv. 2003, *JCP* 2003. II. 10110, note J.-F. Barbièri.
6. Crim. 24 févr. 2009, *Juris-Data* n° 2009-047535, *RCA* 2009, comm. 129, note F. Leduc.
7. V. N. Chabrux, chron. citée dans la bibliographie.

♦ ***Prédispositions pathologiques***

2532. Le droit de la victime « d'obtenir l'indemnisation de son préjudice corporel ne saurait être réduit en raison d'une prédisposition pathologique, lorsque l'affection qui en est issue n'a été provoquée ou révélée que du fait de l'infraction »[1]. Cette solution est constante et la deuxième chambre civile l'a réaffirmée dans les mêmes termes dans une décision du 13 juillet 2006[2] puis postérieurement[3].

Cette solution est reprise par *l'actuel projet de réforme* à l'article 1268 : « Les préjudices doivent être appréciés sans qu'il soit tenu compte d'éventuelles prédispositions de la victime lorsque l'affection qui en est issue n'a été provoquée ou révélée que par le fait dommageable ».

3) Révision de l'indemnité

2533. Le préjudice est évalué, nous l'avons vu plus haut, au jour du jugement et l'indemnisation peut être fixée, soit sous forme de capital, soit sous forme de rente viagère ou même des deux à la fois[4]. Mais que se passe-t-il si, postérieurement, il s'avère que la réparation ne correspond plus au préjudice ? En effet, le préjudice a pu augmenter du fait de l'aggravation de l'état du blessé, par exemple, ou la réparation peut être devenue insuffisante du fait de l'augmentation du coût de la vie, ou encore il peut y avoir apparition de préjudice inconnu au moment de la demande initiale[5].

Dans le cas d'accident causé à un mineur, il peut aussi être difficile de déterminer l'étendue du préjudice corporel tant que la croissance n'est pas terminée. Dans ce cas, les juridictions civiles octroient une réparation provisionnelle et sursoient à statuer jusqu'à la majorité[6]. Mais les juridictions répressives interdisent aux juges de surseoir à statuer. Toutefois, l'arrêt de la chambre criminelle de la Cour de cassation du 10 mai 1979[7] semble permettre de surseoir à statuer pour la part évolutive du préjudice, à condition de réparer la part du préjudice déjà constatée.

Dès lors, le montant de l'indemnisation fixé par le jugement peut-il faire l'objet d'une révision sans qu'il y ait atteinte à l'autorité de la chose jugée ?

a) Oui, si la modification est due à l'aggravation de l'état de la victime ou de son dommage

2534. Initialement, il devait s'agir d'une aggravation de l'« état » de la victime pour qu'il soit possible de lui allouer une indemnité complémentaire, mais, par la suite, il fut admis qu'il pouvait s'agir d'un nouveau « dommage » représenté par des frais de soins, de traitement, de séjour… sur lesquels le premier juge n'avait pas statué et à la condition que cette aggravation du préjudice n'ait été révélée que postérieurement à la décision initiale. Une décision est venue préciser très clairement que la victime

1. Crim. 12 avr. 1994, *Bull. crim.* n° 147 ; *JCP* 1994. I. 3809, obs. G. Viney.
2. Civ. 2e, 13 juill. 2006, *RCA* 2006. 12.
3. Civ. 2e, 10 nov. 2009, *Juris-Data* n° 2009-050246, *RCA* 2010, comm. 34 et étude 3.
4. Req. 17 févr. 1972, *JCP* 1979. IV. 79.
5. Civ. 2e, 30 oct. 1989, *Bull. civ.* II, n° 198.
6. Paris, 11 janv. 1980, *Gaz. Pal.* 22 avr. 1980. Somm. 17.
7. *Gaz. Pal.* 28 févr. 1980 ; *RTD civ.* 1980. 579.

peut solliciter une indemnisation complémentaire au titre de l'aggravation de son dommage, même si celle-ci n'est pas liée à une aggravation de son état, dès lors qu'il y a bien relation de causalité avec le fait dommageable initial. En l'espèce, une jeune femme de 18 ans, victime d'un accident de la circulation, était restée atteinte d'une incapacité permanente partielle (IPP) de 75 % pour laquelle elle avait été indemnisée. Mais, quelques années plus tard, elle avait donné naissance à un, puis à un deuxième enfant, ce qui se traduisait pour la mère, qui ne pouvait y faire face elle-même en raison de son handicap, par des besoins accrus d'aide-ménagère impliquant un surcroît de dépense[1].

Dans ce cas, la révision est possible car elle est fondée sur l'indemnisation d'un nouveau préjudice, distinct du premier : « toute victime dispose d'une nouvelle action en réparation contre le responsable en cas d'aggravation de son dommage » ; en l'espèce, la victime était déjà atteinte d'une incapacité permanente à 100 % mais elle avait dû, postérieurement, être placée dans un foyer spécialisé non agréé par la Sécurité sociale, ce qui provoqua des dépenses supplémentaires[2]. Cela est expressément prévu, dans les cinq ans de l'aggravation par l'article L. 211-19 du Code des assurances, depuis la loi du 5 juillet 1985. Toutefois, l'octroi d'une nouvelle indemnité doit correspondre à l'aggravation constatée, mais ne doit pas être l'occasion d'une réévaluation du dommage initial, ce qui méconnaîtrait le principe de l'autorité de la chose jugée[3].

2535. *L'actuel projet de réforme de la Chancellerie* du 13 juin 2017 reçoit ces solutions jurisprudentielles et prévoit, en distinguant le dommage (lésion initiale) et le préjudice (conséquences qui en résultent) que : « en cas d'aggravation du *dommage* postérieurement au jugement, la victime peut demander un complément d'indemnité pour le *préjudice* qui en résulte » (art. 1262, al. 2). En cas de dommage corporel, elle peut par ailleurs réclamer une indemnisation complémentaire pour tout chef de préjudice préexistant non compris dans le demande initiale (art. 1262, al. 3).

2536. À l'inverse, s'il s'agit d'une *amélioration de l'état de la victime*, l'autorité de la chose jugée s'oppose à une diminution de son indemnisation et ce, même s'il y a une situation choquante : veuve qui attend le jugement pour se remarier, victime qui l'attend pour *se faire opérer*, etc. À plus forte raison quand la situation est licite : conjoint de la victime d'un accident mortel indemnisé pour la perte de ressources qu'il lui procurait, qui retrouve, par la suite, du travail : aucune diminution de la condamnation initiale n'est accordée[4].

b) Non, en revanche, si le déséquilibre constaté est dû à une hausse des prix ou une dépréciation de la monnaie

2537. Dans ce cas, la Cour de cassation n'admettait, tout d'abord, pas la possibilité de révision, ni le recours par les tribunaux aux clauses d'échelle mobile (v. ss 648 s.). Cependant, un important revirement de jurisprudence s'est produit avec deux arrêts de la Cour de cassation en chambre mixte du 6 novembre 1974 qui ont rejeté des pourvois

---

1. Civ. 2e, 19 févr. 2004, *RTD civ.* n° 1, 2005. 417, obs. P. Jourdain.
2. Crim. 9 juill. 1996, *Bull. crim.* n° 286 ; *JCP* 1997. I. 4025, obs. G. Viney.
3. Civ. 2e, 7 juill. 1993, *JCP* 1993. IV. 2327, obs. G. Viney, *JCP* 1993. I. 3727.
4. Crim. 3 mars 1993, *JCP* 1993. IV. 1616.

formés contre des arrêts d'appel admettant l'indexation. Désormais, l'indexation judiciaire des rentes indemnitaires est admise par la jurisprudence [1].

Le législateur doit parfois intervenir pour majorer les rentes viagères et les pensions ainsi allouées en réparation d'un préjudice, mais cela s'avérait encore insuffisant. C'est pourquoi, à la suite de ces arrêts du 6 novembre 1974, et à la demande de la Cour de cassation, le législateur est-il intervenu par une loi du 27 décembre 1974, relative à la revalorisation de certaines rentes allouées en réparation du préjudice causé par un véhicule terrestre à moteur (article 1er, remanié par la loi sur l'indemnisation des victimes d'accidents de la circulation) par analogie avec la revalorisation des rentes accidents du travail [2]. Cela a diminué la portée des arrêts du 6 novembre 1974, mais la jurisprudence a tendance à admettre très librement l'indexation en dehors de ces cas [3].

L'indexation de la rente doit être exceptionnelle et utilisée uniquement pour réparer un préjudice appelé à se continuer dans le temps, telle une invalidité subsistante.

c) Possibilité de conversion d'une rente en capital

2538. Enfin, il est toujours possible au crédirentier, si sa situation personnelle le justifie, de demander la conversion totale ou partielle d'une rente en capital (v. notamment l'article 44 de la loi du 5 juillet 1985, en matière d'accident de la circulation).

4) Difficultés d'évaluation

2539. L'évaluation du *pretium doloris* ou d'une *perte de chance* est essentiellement subjective, mais même celle d'un *préjudice corporel patrimonial* est très délicate car il faut tenir compte, aussi bien de l'incapacité physique ou fonctionnelle, que de l'incapacité de travail et de l'incapacité de gain. Elle l'est, également, en raison du manque total d'unité qui entraîne des différences considérables d'appréciation. Plusieurs méthodes sont possibles.

a) Les différentes méthodes

2540. Le calcul peut être fait au « point », sachant que ce point est fixé en tenant compte de la situation sociale, de l'âge, du métier, etc. de la victime et l'indemnité est calculée en multipliant la valeur du point par le pourcentage d'invalidité reconnu à la victime. Cependant, la valeur du point varie selon les juridictions.

2541. Le calcul peut également être fait en fonction de *barèmes établis* à l'intérieur d'une juridiction Mais il y a danger de cassation si cela apparaît dans la décision, en raison de l'interdiction des arrêts de règlement (C. civ., art. 5) [4], même si les juges du fond sont souverains pour apprécier le montant du dommage [5].

---

1. Ch. mixte 6 nov. 1974, *JCP* 1975. II. 1798, concl. Gegout, note R. Savatier.

2. Civ. 12 mai 1976, *JCP* 1976, n° 41 du 30 oct. 1976, note Voulet.

3. Pour des précisions sur cette jurisprudence et la portée de la loi du 27 décembre 1974, v. Crim. 8 juin 1978, *JCP* 1978. IV. 244, *RTD civ.* 1979. 805.

4. Crim. 4 juin 1970, *D.* 1970. 333.

5. Nîmes, 12 janv. 1968, *D.* 1968. 277, note M. Le Roy ; Civ. 2e, 5 avr. 1973, *JCP* 1973. IV. 202, *Bull. civ.* II, n° 136.

2542. C'est pourquoi *l'actuel projet de réforme de la Chancellerie* du 13 mars 2017 prévoit que le déficit fonctionnel est mesuré selon un barème médical unique, indicatif, dont les modalités d'élaboration de révision et de publication doivent être *déterminées par voie règlementaire* (art. 1270) et il envisage même l'établissement d'un référentiel indicatif d'évaluation des préjudices extrapatrimoniaux (art. 1271) (v. ss 2545 s.).

b) En ce qui concerne l'évaluation de la perte d'une chance

2543. Le calcul est, là aussi, très délicat. La cour d'appel de Versailles a dû s'y livrer dans l'affaire suivante : une femme avait présenté, à la suite d'une intervention chirurgicale, une gangrène gazeuse qui avait conduit à l'amputation de la jambe gauche avec désarticulation de la hanche. La victime fut indemnisée par le chirurgien et la clinique du fait des fautes retenues, mais la cour ayant relevé que le préjudice n'était pas l'atteinte à l'intégrité corporelle mais la perte d'une chance de sauvegarde de son intégrité, elle fut saisie d'une demande de la victime en réparation de ce nouveau dommage et dû rendre un second arrêt[1].

L'évaluation de ce dommage dépend de deux éléments : le préjudice final et l'importance des chances perdues : plus la victime avait de chances d'échapper au dommage, plus son préjudice est important, on calcule x % de chances d'éviter le dommage et on applique ce pourcentage à la valeur du dommage effectivement subi pour évaluer l'étendue du préjudice finalement indemnisable.

c) La nécessité d'une ventilation poste par poste des préjudices corporels

2544. On rappellera cette nécessité que les indemnités destinées à réparer les différents chefs du préjudice corporel soient ventilées poste par poste afin de permettre, d'une part le contrôle de l'insuffisance de motifs, d'autre part et surtout, une imputation rationnelle des prestations versées par les tiers payeurs sur les indemnités dues par les responsables pour les préjudices correspondants (v. ss 2525). On l'a vu aussi, la loi du 21 décembre 2006, qui modifie les textes relatifs au recours de la sécurité sociale, tiers payeur, impose désormais aux tiers payeurs d'exercer les recours subrogatoires « poste par poste, sur les seules indemnités qui réparent des préjudices qu'elles ont pris en charge, à l'exclusion des préjudices à caractère personnel » (v. ss 2358). Elle impose donc aussi une évaluation poste par poste des chefs de préjudice corporel qu'une nomenclature officielle devrait faciliter. En l'état c'est une nomenclature « semi-officielle » qui s'applique, le rapport *Dintilhac* (v. ss 2308 s.). Une sorte d'entente semble se faire dans les transactions et devant les juridictions judiciaires pour appliquer le rapport *Dintilhac*, mais il n'a aucune valeur normative et cela repose pour l'instant sur les bonnes volontés.

d) Les propositions d'amélioration

2545. Pour améliorer la situation, les différentes propositions et les projets de réforme successifs (doctrinaux comme gouvernementaux) se sont tous accordés sur la nécessité pour le juge « d'évaluer distinctement chacun des chefs de préjudice allégués qu'il prend en compte ». C'est la solution qui a déjà été retenue dans la loi du 21 décembre 2006,

---

1. Versailles, 21 juill. 1993, *D.* 1993. IR 235 et *RTD civ.* 1994. 120, obs. P. Jourdain.

concernant le recours des tiers payeurs (v. ss 2354 s.). Conformément au vœu général qui s'est exprimé, *l'actuel projet de réforme* du 13 mars 2017, on l'a déjà souligné, prévoit effectivement une nomenclature non limitative des postes de préjudices patrimoniaux et extrapatrimoniaux résultant d'un dommage corporel, déterminée et fixée par décret en Conseil d'État (art. 1269). Elle serait par ailleurs applicable devant les juridictions judiciaires et administratives, puisque les règles relatives à la réparation des préjudices corporels devraient s'appliquer aux décisions rendues par l'ensemble de ces juridictions ainsi qu'aux transactions conclues entre la victime et le responsable (art. 1267).

Cependant, c'est aussi l'évaluation proprement dite qui demande à être améliorée, notamment pour assurer l'égalité des victimes. Le Rapport d'information du Sénat avait proposé à cet égard de prévoir l'adoption par décret, d'un barème national d'invalidité, qui ferait l'objet d'une révision régulière, et qui puisse servir de référence au juge dans son évaluation du dommage. Il proposait également de privilégier le versement de la réparation sous forme de capital et non de rente pour les dommages de plus faible ampleur. Les propositions *Terré* dans les articles 56 et suivants proposent aussi que, sauf disposition particulière, les atteintes à l'intégrité physique ou psychique de la personne soient mesurées selon un barème médical unique dont les modalités d'élaboration et de révision seraient fixées par voie réglementaire ; On notera aussi que le 16 février 2010, une proposition de loi *Lefrand*, visant à améliorer l'indemnisation des victimes de dommages corporels à la suite d'un accident de la circulation, avait prévu d'imposer par voie réglementaire un barème médico-légal unique d'évaluation, une nomenclature des chefs de préjudice réparable commune aux deux ordres de juridictions (civil et administratif) ce qui n'est actuellement pas le cas (v. ss 2309) et une table de capitalisation des rentes. Or cette loi, bien que votée à l'Assemblée nationale, n'a pas été inscrite à l'ordre du jour du Sénat. Une partie de ses dispositions avaient été reprises par l'article 56 de la proposition de loi modifiant la loi HSPT (réforme de l'hôpital) mais ce texte a été censuré par le Conseil constitutionnel car il était sans rapport avec l'objet de la loi. On en est donc toujours au même point, ce que l'on peut regretter. *L'actuel projet de réforme*, propose l'établissement d'un barème médical unique, indicatif, pour évaluer le déficit fonctionnel (v. ss 2542) et l'établissement d'un référentiel indicatif d'indemnisation pour les préjudices extrapatrimoniaux.

§ 3. La répartition de la charge de la réparation[1]

2546. À qui incombe en dernier ressort la charge de la réparation ? En principe, au défendeur à l'action. Mais on a vu qu'il pouvait y avoir plusieurs défendeurs, coresponsables du dommage (v. ss 2480), et parfois, la victime elle-même. Il faut donc distinguer la question de l'obligation à la dette et de la contribution à la dette (déjà sur cette question, v. ss 2432).

2547. ***Concernant l'obligation à la dette***, s'il y a plusieurs coresponsables, chacun est tenu pour le tout à l'égard de la victime, en vertu de l'obligation *in solidum*. La victime peut donc réclamer l'intégralité de la réparation à n'importe lequel des coresponsables. Bien sûr elle ne peut cumuler les indemnisations et elle agit dans les limites et à hauteur de sa créance de responsabilité. Cela à moins qu'elle n'ait elle-même participé

1. Civ. 1re, 23 oct. 2007, *D.* 2007. 28010, obs. I. Gallmeister.

à la réalisation de son propre dommage. En ce cas, un partage de responsabilité lui est opposable car sa faute est une cause d'exonération partielle pour les coauteurs : elle ne pourra prétendre à la réparation pour le tout et devra supporter la limitation tenant à sa part de responsabilité (v. ss 2430, 2452).

2548. ***Concernant la contribution à la dette***, c'est-à-dire la répartition de la charge définitive de la dette de responsabilité, les coresponsables disposent entre eux de recours récursoires. Celui ou ceux qui ont indemnisé la victime peuvent ainsi recourir contre les autres coauteurs à proportion de leur part de responsabilité, voire même pour faire établir cette responsabilité si la victime ne l'avait pas fait, car ils sont subrogés dans ses droits. On rappellera que les règles de répartition dépendent du fondement de la responsabilité et tiennent largement compte de l'existence ou de l'inexistence de fautes. Ces règles ont déjà été exposées (v. ss 2404). On les reprendra cependant ici.

Les solutions jurisprudentielles sont actuellement les suivantes :

– Lorsque tous les coauteurs sont responsables pour faute prouvée (art. 1240 et 1241, ou manquement à une obligation contractuelle), il est admis jusqu'ici que la répartition se fait entre eux, en principe, en fonction de la gravité des fautes respectives et pas directement en fonction du degré d'intervention causale de chaque faute [1].

– L'actuel projet de réforme de la responsabilité civile (mars 2017) [2] prévoit pour sa part que les responsables qui ont commis une faute contribuent « à proportion de la gravité et du rôle causal » de la faute (art. 1265) et propose donc la conciliation des deux critères de gravité et de causalité (alors que l'avant-projet de 2016 ne faisait référence, comme la jurisprudence actuelle qu'à la « gravité » de la faute).

– Lorsque tous les coauteurs sont responsables sur le fondement d'une responsabilité de plein droit ou d'une obligation contractuelle de résultat : la répartition se fait à parts égales. L'actuel projet de réforme propose ici une solution un peu différente puisque les coauteurs contribuent « à proportion du rôle causal du fait générateur » et, par parts égales seulement à défaut (art. 1265).

– Si le coauteur qui a indemnisé la victime n'a pas commis de faute, alors qu'un autre coauteur en a commis une, le recours récursoire se fait pour la totalité. L'actuel projet propose, semble-t-il, une répartition à proportion du rôle causal, mais la formulation du texte manque de clarté (art. 1265, al. 2).

Enfin il faut signaler qu'en pratique, le plus souvent, ce sont les assureurs qui prendront en charge l'indemnisation, et parfois, à défaut d'assurance ou en cas d'assurance insuffisante, différents Fonds de Garantie pourront intervenir, mais, dans ces cas, sur le fondement de la solidarité nationale et non d'une responsabilité directe (v. ss 3318 s.).

2549. Tout en confirmant pour l'essentiel, on l'a vu, les solutions actuellement admises par la jurisprudence, sous réserve d'une place plus importante accordée à la causalité, *l'actuel projet de réforme de la Chancellerie* du 13 mars 2017 pose par ailleurs expressément dans l'article 1265, le principe de la réparation solidaire des coresponsables envers la victime (art. 1265). L'obligation *in solidum* créée par la jurisprudence deviendrait donc une obligation solidaire légale.

---

1. Notamment Civ. 2e, 28 mai 2009, *RCA* 2009, comm. 242 ; ou Civ. 2e, 14 févr. 2008, *JCP* 2007. II. 10080, note C. Radé ; *RCA* 2008. Chron. 157, note H. Groutel.

2. Civ. 2e, 30 janv. 2011, no 09-71.196, *RTD civ.* no 2, 2011. 359, obs. P. Jourdain.

DOCUMENT

BIBLIOGRAPHIE

Sur l'évaluation du préjudice

ADIDA-CANAC (H.), « *Mitigation of damage* : une porte entrouverte ? » note sous Civ. 2e, 24 nov. 2011, *D.* 2012. 141.

CHABRUX (N.), « L'expert judiciaire dans la réparation du dommage corporel des accidentés de la route : dérapages non contrôlés », *Gaz. Pal.* 27-29 nov. 2005, p. 18.

DESHAYES (O.), « L'introduction de l'obligation de modérer son dommage en matière contractuelle : rapport français », *RDC* 2010. 1139.

GENCY-TANDONNET (D.), « L'obligation de modérer le dommage dans la responsabilité extracontractuelle », *Gaz. Pal.* 5-6 mai 2004, p. 27.

GOLDNADEL (J.-M.), « L'introduction des class actions en France », *Gaz. Pal.* 25-27 sept. 2005, p. 3.

GUINCHARD (S.), « L'action de groupe en droit français », *RID comp.* 1990. 599.

JOURDAIN (P.), « Pour un réexamen du droit des recours en contribution », *RCA* 2009, Dossier, *Les vingt ans de la revue*, p. 11

LEROY (M. et J.-D.) et BIBAL (F.), *L'évaluation du préjudice corporel*, 3e éd., Litec, 2018.

LIENHARD (C.), « Réparation intégrale des préjudices en cas de dommage corporel : la nécessité d'un nouvel équilibre indemnitaire », *D.* 2006. Chron. 2485.

MOR (G.) et HERTON (B.), *Évaluation du préjudice corporel 2011-2012, stratégies d'indemnisation*, 1re éd., Delmas, 2010, p. 322 s.

MORLET-HAÏDARA (L.), « Vers la reconnaissance d'un droit spécial du dommage corporel ? », *RCA* 2010, étude 13.

NGUYEN (J.), « L'influence des prédispositions de la victime sur l'obligation à réparation du défendeur à l'action en responsabilité », *RTD civ.* 1976. 1.

PIERRE (Ph.), « L'introduction des dommages et intérêts punitifs en droit des contrats : rapport français », *RDC* 2010. 1117

PIMONT (S.), « Remarques complémentaires sur le devoir de minimiser son propre dommage », 1re et 2e parties, *RLDC* 2004, n° 9 et 10.

Sous-titre 2

Les régimes de droit commun de responsabilité extracontractuelle

Introduction

2550. Après avoir examiné, au titre des éléments communs à tous les régimes de responsabilité civile, le dommage et le lien de causalité, il nous reste à étudier le fait générateur et les spécificités de chaque régime de responsabilité. Ce fait générateur varie selon le type de responsabilité dont il s'agit, et lui imprime ses conditions spécifiques. L'article 1384, alinéa 1er, devenu l'article 1242, alinéa 1er, fait ainsi référence aux trois grandes catégories de faits générateurs de la responsabilité extracontractuelle, le fait personnel, le fait des choses et le fait d'autrui : « on est responsable non seulement du dommage que l'on cause *par son propre fait* mais encore de celui qui est causé *par le fait des personnes dont on doit répondre* ou *des choses que l'on a sous sa garde* ». On notera que *l'actuel projet de réforme de la Chancellerie* du 13 mars 2017 ne remet pas, sur le fond, ce dispositif en question. Toutefois, au titre des faits générateurs, il ajoute les troubles anormaux de voisinage, donnant ainsi à cette hypothèse particulière de responsabilité une autonomie que la jurisprudence lui a déjà reconnue. Par ailleurs, le fait des personnes dont on doit répondre n'est pas présenté comme un fait générateur, au même titre que les autres, mais comme une hypothèse spécifique envisagée sous l'angle de l'imputation : « L'imputation du dommage causé par autrui », art. 1245 s.) (sur cette notion d'imputation, v. ss 2256 ; et dans le projet de réforme, v. ss 2927).

A. La responsabilité du fait personnel

2551. Les articles 1240 et 1241 (anciens art. 1382 et 1383) du Code civil exigent, sans ambiguïté, la présence d'une faute. Le principe général de responsabilité pour faute reste aujourd'hui encore un principe essentiel, même si la faute a changé de nature et même si la responsabilité pour faute est concurrencée par d'autres régimes de responsabilités sans faute. C'est par nature, une responsabilité de droit commun.

B. La responsabilité du fait des choses

2552. Elle est régie dans le Code civil, soit par des textes spéciaux, tels que l'article 1385 devenu l'article 1243, pour les animaux, ou l'article 1244 pour les bâtiments, soit par ce texte de portée très générale qu'est l'article 1242, alinéa 1er (ancien art. 1384, al. 1er).

2553. À l'origine, cette responsabilité était également fondée sur l'idée de faute, mais la multiplication des accidents dus au progrès du machinisme a très vite amené la jurisprudence, désireuse d'assurer l'indemnisation du dommage causé à la victime, de recourir à un autre fondement technique, objectif, celui de la garde que l'on a rattaché à la *théorie du risque* (v. ss 2172 s., 2679 s.). Il s'agit d'une responsabilité objective, sans faute et, comme la responsabilité pour faute, il s'agit d'un régime de droit commun, d'application très générale.

2554. Par opposition, la responsabilité introduite par la loi du 10 juillet 1998 dans les articles 1386-1 à 1386-18 (devenus les art. 1245 à 1245-17) pour les dommages causés par des produits défectueux, n'est pas une responsabilité extracontractuelle de droit commun mais un régime spécial de responsabilité qui transcende la distinction de la responsabilité contractuelle et extracontractuelle. Il sera donc étudié dans les régimes spéciaux (v. ss 3147 s.).

C. La responsabilité du fait d'autrui

2555. Elle était également à l'origine fondée sur une idée de faute ; faute de surveillance envers les personnes que l'on a sous sa dépendance.

Toutefois, le fondement de la responsabilité des maîtres et commettants a toujours été exclusif de la faute et, aujourd'hui, la jurisprudence tend à voir dans les régimes de responsabilité du fait d'autrui des responsabilités de plein droit, exclusive de faute. Cette responsabilité de plein droit a ainsi été étendue aux père et mère et la jurisprudence a ensuite dégagé un principe de responsabilité du fait d'autrui découlant de l'article 1242, alinéa 1er (ancien art. 1384, al. 1er) qui caractérise aussi une responsabilité objective.

2556. Dans ce second sous-titre nous envisagerons donc successivement dans trois chapitres les trois sortes de régimes que sont :

Chapitre 1. La responsabilité du fait personnel ou responsabilité pour faute
Chapitre 2. La responsabilité du fait des choses
Chapitre 3. La responsabilité du fait d'autrui

Chapitre 1

La responsabilité du fait personnel ou responsabilité pour faute

Introduction

Les caractéristiques de la responsabilité du fait personnel

2557. La responsabilité du fait personnel résulte des articles 1240 et 1241 du Code civil. Selon le premier de ces textes, le plus connu sans doute de tout le droit de la responsabilité « tout fait quelconque de l'homme qui cause à autrui un dommage oblige celui par la faute duquel il est arrivé à le réparer ». Selon le suivant (art. 1241) « on est responsable non seulement de son fait, mais aussi de son imprudence ou de sa négligence ».

2558. C'est ainsi que se trouve posé, par le Code civil, le principe de la responsabilité civile pour faute, où la faute est à la fois condition technique de la responsabilité, puisqu'elle en constitue le fait générateur, mais aussi le fondement de la responsabilité.

La responsabilité pour faute, rappelons-le, était à l'origine du Code civil (sur ce point de départ et sur l'évolution, v. ss 2198 s.) un principe général de responsabilité duquel découlaient toutes les autres applications de la responsabilité (figurant dans les articles suivants), qui n'étaient envisagées par les rédacteurs du Code civil que comme des cas particuliers. La responsabilité du fait des choses, comme les cas de responsabilités du fait d'autrui, restaient fondées sur la faute du responsable.

2559. Ce principe, selon lequel chacun est responsable des dommages causés par sa faute, dont le Conseil constitutionnel a reconnu la valeur constitutionnelle (v. ss 2564) est repris dans ***l'actuel projet de la Chancellerie*** (juin 2017), comme il figurait dans toutes les propositions de réforme antérieures : « toute faute oblige son auteur à réparer le préjudice qu'elle a causé », indiquait l'avant-projet d'avril 2016 (art. 1241). « On est responsable du dommage causé par sa faute », expose, encore plus sobrement, le projet du 13 juin 2017 (art. 1241).

§ 1. Une responsabilité reposant sur la faute

A. L'omniprésence de la faute

2560. Le régime de responsabilité pour faute est centré sur la faute : elle constitue en effet à la fois le fait générateur et le fondement de la responsabilité. La faute est une condition technique de la responsabilité, puisqu'elle en est le fait générateur qui devra être prouvé pour engager la responsabilité ; mais elle est aussi le fondement idéologique de cette responsabilité : la liberté de l'homme trouve sa limite dans le dommage causé à autrui par sa faute : il doit en répondre et réparer le dommage causé. Elle est, enfin, le fondement technique de la responsabilité : la responsabilité est indexée sur la faute : c'est elle qui va permettre l'imputation du dommage au responsable et donc sa désignation.

2561. Les articles 1240 et 1241 du Code civil distinguent deux grands types de fautes qui sont susceptibles d'engager la responsabilité : *la faute intentionnelle* (où l'individu a l'intention de nuire, de causer le dommage) c'est le délit de l'article 1240 d'une part ; la *faute d'imprudence et de négligence*, d'autre part, ou quasi-délit, de l'article 1241 (v. ss 2170 s.). D'où l'appellation classique de responsabilité délictuelle et quasi délictuelle, qui était à l'origine réservée à la responsabilité pour faute, mais qui a ensuite été élargie (mais par abus de langage) pour englober dans le quasi-délit, tous les autres faits générateurs (fait de la chose, fait d'autrui).

2562. Néanmoins malgré cette distinction de la faute intentionnelle et non intentionnelle, le principe est celui de l'unité de la faute civile, en ce sens que toute faute, même la plus légère engage la responsabilité, et la gravité de la faute (gradation des fautes, v. ss 2617 s.) n'a aucune incidence directe sur la mise en jeu de la responsabilité.

B. L'évolution dans le sens d'une extension et d'une dénaturation de la faute

1) Avec l'apparition de la faute « objective »

2563. La responsabilité pour faute est intimement liée à la liberté. C'est parce que l'homme est libre et donc libre de commettre des fautes dont il a conscience, qu'il est responsable (v. ss 2169 s.). Selon Ripert, il n'y a de responsabilité véritable que fondée sur la faute subjective, ce qui suppose, pour que l'on admette une faute engageant la responsabilité civile, que l'auteur soit doué d'un discernement suffisant pour avoir une conscience fautive. Aussi, à l'origine la responsabilité des très jeunes enfants (*infans*) ou des personnes atteintes dans leurs facultés mentales ou inconscientes au moment du dommage était exclue, à défaut de pouvoir leur imputer une faute. Cette condition d'imputabilité de la faute a cependant progressivement reculé pour être finalement exclue totalement par l'assemblée plénière de la Cour de cassation, en 1984, dans une série de décisions majeures consacrant la notion de faute objective (déjà, sur cette évolution, v. ss 2202, 2592 s.).

2564. Cette évolution, décriée par beaucoup d'auteurs, s'inscrit dans le mouvement général d'objectivation de la responsabilité, destiné à élargir le champ de la responsabilité dans la perspective de la réparation des dommages (sur cette évolution, v. ss 2197 s.). Elle conduit à une certaine dénaturation de la faute et de la responsabilité subjective, pourtant portée par l'article 1240 du Code civil : le Conseil constitutionnel lui-même, dans la décision sur le Pacs rendue en 1999, a affirmé la valeur constitutionnelle du principe de responsabilité pour faute posé par ce texte et l'a rattaché à l'article 4 de la Déclaration des droits de l'Homme et du citoyen… qui définit la liberté, laquelle suppose la conscience et la volonté.

2) Avec le principe de l'identité de la faute délictuelle et de la faute contractuelle

2565. Ce principe de l'identité des fautes, que la jurisprudence a posé et que l'assemblée plénière a confirmé en 2007 (mais que les avant-projets et l'actuel projet de réforme de la Chancellerie (mars 2017) condamnent, ainsi que nous l'étudierons plus tard à l'occasion de l'étude des rapports entre la responsabilité délictuelle et contractuelle, v. ss 2653 et surtout v. ss 3120 s.), participe aussi de ce mouvement de dénaturation de la faute civile. En effet, lorsque l'obligation contractuelle est une obligation de résultat, où la preuve de l'inexécution n'implique aucune appréciation du comportement de l'auteur, on s'éloigne considérablement là encore, de la conception traditionnelle de la faute délictuelle et quasi délictuelle ; or la victime pourra invoquer sur le fondement de la responsabilité pour faute de l'article 1240 (ancien art. 1382), un manquement contractuel « sans avoir à rapporter d'autre preuve » !

2566. On peut donc considérer aujourd'hui que la responsabilité du fait personnel des articles 1240 et 1241 du Code civil recouvre à la fois des hypothèses de responsabilité pour faute au sens traditionnel et des hypothèses de responsabilité où la faute, dans son sens originaire a été « dénaturée », soit parce qu'elle est devenue purement objective, soit parce que son existence ne requiert aucune appréciation du comportement de l'auteur (manquement à une obligation de sécurité-résultat en matière contractuelle, analysé comme une faute extracontractuelle).

2567. ***L'actuel projet de réforme de la responsabilité*** du 13 mars 2017 ne restaure pas la faute subjective. Il propose de définir la faute comme « la violation d'une prescription légale ou le manquement au devoir général de prudence et de diligence » (art. 1242), ce qui renvoie somme toute assez directement à la définition classique donnée par l'ancien article 1382 (devenu art. 1240) ; il ne fait pas de référence à l'imputabilité de la faute et à l'exigence du discernement. Toutefois, dans le cadre des causes d'exonération, il impose le discernement de la victime pour pouvoir lui reconnaître un effet exonératoire (art. 1244), ce qui marque quand même un recul de la faute objective.

§ 2. Une responsabilité prouvée et non présumée

2568. La responsabilité pour faute est celle qui répond le mieux aux exigences des trois conditions positives posées comme constantes de la responsabilité (v. ss 2252), puisque ces trois conditions doivent être prouvées par la victime pour engager la responsabilité de l'auteur. Elle n'est pas aidée par des présomptions comme elle l'est, par exemple, dans la responsabilité du fait des choses. Lorsque ces trois conditions positives ont été établies, il n'y a pas de place ensuite pour une cause d'exonération totale (v. ss 2667 s.).

§ 3. Un domaine d'application général

2569. La responsabilité civile pour faute représente le droit commun de la responsabilité extracontractuelle par excellence.

L'article 1240 (ancien art. 1382) pose un principe général de responsabilité applicable en principe en toute circonstance, ce que confirme l'actuel projet de réforme de la Chancellerie en indiquant « toute faute oblige son auteur à réparer le préjudice qu'elle a causé » (art. 1241). Par principe donc, la responsabilité pour faute est toujours utilisable, sauf si le dommage se rattache à l'inexécution d'un contrat et que la victime est un cocontractant car, dans ce cas, le principe de primauté de la responsabilité contractuelle conduit à l'exclure. Toutefois, ce principe d'application peut être remis en cause par l'existence d'un régime spécial d'origine légale, d'application obligatoire et exclusive : c'est le cas avec la loi du 5 juillet 1985, d'indemnisation des victimes d'accident de la circulation (v. ss 3218). L'éviction du régime de responsabilité pour faute est cependant tolérable, ici, car l'indemnisation totale des victimes est plus beaucoup plus simple et plus sûre que sur le fondement de la responsabilité pour faute.

2570. Dans l'étude de la responsabilité du fait personnel, la question de la faute, fait générateur, nous retiendra spécialement (section 1). En effet, le dommage ne présente pas de spécificité (v. ss 2265 s.), ni véritablement le rapport de causalité, qui doit être prouvé par la victime (v. ss 2387 s.), ainsi que l'absence des causes d'exonération. Nous envisagerons donc plus rapidement et ensemble ces autres conditions de la responsabilité (section 2).

Section 1
La faute, fait générateur de la responsabilité

2571. Nous allons tout d'abord étudier la notion de faute et sa définition (§ 1), avant de voir les différentes sortes de faute (§ 2) puis les applications particulières de la notion de faute (§ 3) puis enfin la preuve de la faute (§ 4).

§ 1. La notion de faute

2572. ***L'absence de définition légale et jurisprudentielle de la faute.*** La faute, en tant que fait générateur de la responsabilité civile n'est pas définie par le Code civil. L'article 1240 (ancien art. 1382) ne fait référence qu'à un *fait quelconque* de l'homme obligeant celui par la faute duquel il est arrivé à le réparer, et l'article 1241 (ancien art. 1383) distingue ensuite ce « fait » de l'imprudence et de la négligence, qui serait moins grave, mais qui engage toutefois la responsabilité. On a déduit de ces deux textes que le « fait » renvoyait à une faute plus grave que la simple imprudence ou négligence, c'est-à-dire à une faute intentionnelle (intention de nuire). Cependant, au-delà de la distinction entre ces deux catégories de fautes, aucune définition n'est fournie.

2573. La jurisprudence n'a pas davantage défini la faute. La Cour de cassation, depuis un arrêt du 15 avril 1873 [1], considère « que s'il appartient aux juges du fond

---

1. Civ. 15 avr. 1873, *S.* 1873. 174.

de constater souverainement les faits d'où ils déduisent l'existence ou l'absence d'une faute, la qualification juridique de la faute relève du contrôle de la Cour de cassation ». Elle considère donc la faute comme une notion juridique, en tant que telle susceptible de faire l'objet d'un contrôle de qualification et elle exerce un rôle important dans l'exercice de ce contrôle, mais elle n'a pas pour autant posé une définition générale de la faute.

2574. ***Controverses et évolution.*** Définir la faute s'avère d'autant plus délicat qu'en réalité, la notion de faute a toujours fait l'objet de controverses dans la doctrine classique et qu'elle a connu par ailleurs une évolution décisive en 1984.

Par-delà les controverses doctrinales, la majorité de la doctrine classique s'était accordée sur l'idée que deux éléments indispensables concourraient à la définition de la faute civile : la faute était ainsi appréhendée et définie comme un « acte *illicite, imputable à son auteur* ». La notion d'illicéité n'avait pas pour tous les auteurs exactement le même contenu : contrariété à la loi au sens strict pour les uns, ou plus largement devoir violé pour les autres (*Planiol*) ; De même la notion d'imputabilité n'était pas toujours comprise de la même façon, mais pour une très large partie de la doctrine française classique (*Savatier, Esmein, Starck, Carbonnier*), se situant dans la tradition des canonistes, la faute comportait nécessairement un élément subjectif, d'ordre moral, renvoyant à l'idée de culpabilité et de conscience de mal faire, ou tout au moins à un élément d'ordre psychologique. Ainsi, la seule existence d'un acte illicite ne suffisait pas à faire admettre l'existence d'une faute. La condition d'imputabilité de la faute impliquait que l'auteur ait, par ailleurs, une aptitude à avoir conscience du caractère fautif de son acte ou de son comportement.

C'est bien ainsi que la jurisprudence recevait la notion de faute puisqu'elle exigeait cette condition d'imputabilité de la faute, traduite par la condition du discernement de l'auteur de l'acte.

2575. Cette dernière condition de l'imputabilité a cependant disparu depuis une série de décisions rendues par l'assemblée plénière en 1984. La jurisprudence civile a substitué à la faute subjective, depuis ces décisions, une conception objective de la faute qui a été analysée par une partie de la doctrine comme une véritable dénaturation de la responsabilité pour faute, responsabilité subjective qui doit sanctionner seulement le comportement d'un être libre et conscient de ses actes. Il n'est pas exclu cependant, que l'évolution future du droit de la responsabilité réintroduise cette condition d'imputabilité et l'on peut au demeurant en trouver certains indices dans l'actuel projet de réforme de la responsabilité, même s'il définit la faute comme la violation d'une prescription légale ou le manquement au devoir général de prudence et de diligence (art. 1242), sans faire référence à l'exigence du discernement et à la condition d'imputabilité de la faute.

2576. Ainsi, si la faute comprend un élément de définition invariable, en ce sens qu'elle peut toujours être analysée comme un acte objectivement illicite (A), le second élément, la condition d'imputabilité qui renvoyait à la notion de faute subjective a été aujourd'hui écarté, bien que l'on puisse se demander si l'on n'assiste pas à une résurgence de la faute subjective dans le projet de réforme de la responsabilité (C).

A. L'élément intangible : la faute, acte illicite

2577. En tant qu'acte illicite, la faute suppose toujours deux éléments : un élément matériel qui peut être une action ou une omission et un élément légal qui consiste dans le manquement à une obligation préexistante d'origine légale.

1) L'élément matériel : action ou omission

2578. Il faut envisager cet élément matériel dans un sens assez large : il peut s'agir d'une action mais également d'une omission.

a) Faute par action

2579. Selon l'article 1240, la faute est « tout fait quelconque de l'homme », ce qui est très vague et, dès lors, très vaste. Tout acte humain est ainsi susceptible d'être qualifié de faute. On voit bien dès lors que si cet élément matériel est nécessaire, n'est jamais significatif. Il faut que s'y ajoute l'élément légal, déterminant dans la qualification et dans l'appréciation du caractère fautif de l'acte, ainsi que nous le verrons.

L'acte considéré peut être de toute sorte et pas seulement un acte matériel ; il peut s'agir d'une action psychologique, intellectuelle et non physique ; c'est ainsi que les injures, les mensonges, la diffamation... peuvent constituer des fautes civiles, dès lors qu'ils se sont manifestés par des paroles ou par des écrits.

b) Faute par omission

2580. On admet, aujourd'hui, qu'une omission donc finalement une absence d'acte ou d'action, peut constituer une faute dont les conséquences sont aussi graves que s'il y avait eu un acte positif : c'est le cas, par exemple, de l'entrepreneur qui ne signale pas une tranchée sur son chantier, ou du promeneur qui ne porte pas secours à une personne en péril, alors qu'il pouvait le faire sans danger pour lui-même. Ce dernier cas constitue d'ailleurs une faute pénale en même temps que civile. Déjà Loysel disait : « Qui peut et n'empesche, pesche. » !

On peut ainsi concevoir qu'une simple abstention puisse constituer une faute, mais, là encore, seul l'élément légal de la faute permettra d'aboutir à une telle qualification : ou bien la loi imposait précisément d'agir, ou bien l'omission procède d'une intention de nuire) ; par exemple, commet une faute d'abstention la concierge qui refuse de façon malveillante, de donner les bons renseignements qu'elle possède sur un locataire à propos duquel est effectuée une enquête de moralité ; ou l'historien qui omet sciemment de citer le nom de Branly dans une *Histoire de la TSF*[1] ; ou encore le refus par un mari de délivrer une lettre de répudiation ou « gueth » selon la loi mosaïque, ce qui constitue un abus de droit[2].

L'élément légal, on le voit, est donc déterminant.

---

1. Civ. 27 févr. 1951, *Branly c/ Turpain*, *D.* 1951. 329, note Desbois, *Gaz. Pal.* 1951. 1. 23, concl. Av. gén. Rey, *JCP* 1951. II. 6193, note J. Mihura, J. Carbonnier, *D.* 1951. Chron. 119.

2. Civ. 2e, 13 déc. 1972, *D.* 1973. 493, note C. Larroumet ; Civ. 2e, 5 juin 1985, *Gaz. Pal.* 1986. I. 9, note F. Chabas ; *JCP* 1987. II. 20728, note Agostini ; Civ. 2e, 12 déc. 1994, *Bull. civ.* II, n° 262.

2) L'élément légal : un acte illicite caractérisé par le manquement à une obligation préexistante

2581. La faute est un acte illicite.

► ***La faute constitue toujours un acte illicite*** en ce sens qu'elle est la « méconnaissance d'un devoir ou d'une obligation imposée par l'ordre juridique », « un manquement à une obligation préexistante », selon la définition de la faute donnée par *Plagnol.*

L'illicéité doit être entendue au sens large : l'acte est *illicite* lorsque l'auteur du dommage a transgressé une règle de conduite : règle contractuelle, règle légale, règle d'origine réglementaire, voire règle coutumière (usage, bonnes mœurs..). Toutefois, si la règle violée est une règle contractuelle, la faute sera une faute contractuelle relevant de la responsabilité contractuelle. Néanmoins, on voit qu'il existe une réelle proximité entre la définition de la faute extracontractuelle et contractuelle.

2582. On retrouve cette exigence d'illicéité dans tous les projets et propositions de réforme de la responsabilité qui se sont succédés et ont donné une définition générale de la faute en matière extracontractuelle. Ainsi, l'avant-projet *Catala* définissait la faute comme « la violation d'une règle de conduite imposée par la loi ou un règlement ou le manquement au devoir général de prudence ou de diligence » (art. 150). On y retrouve l'idée que la faute est le manquement à une obligation préexistante, un acte illicite. L'avant-projet de réforme de la responsabilité (d'avril 2016) reprenait aussi mot pour mot cette définition (art. 1242).

L'actuel projet du 13 mars 2017 a légèrement modifié la formule. Selon l'article 1242 du projet : « constitue une faute la violation d'une prescription légale ou le manquement au devoir général de prudence et de diligence ».

Malgré des variations terminologiques, l'exigence classique d'un acte illicite est donc confirmée. La définition du projet de 2017 consacre par ailleurs expressément le devoir général de prudence et de diligence qui, actuellement, n'est qu'indirectement posé par l'article 1241 à travers la notion de faute d'imprudence et de négligence.

2583. En définitive, il est possible d'identifier deux catégories d'actes illicites. En effet un acte illicite (action ou abstention) peut toujours être analysé comme un *manquement à une obligation préexistante d'origine légale.* Cependant, cette obligation peut être soit une *obligation précise*, au contenu déterminé par la loi, comme par exemple toutes les obligations posées par la loi pénale, soit un *devoir plus général.* Le fait qu'il n'existe pas une obligation précise imposant d'agir ou de ne pas agir, ou alors, que si elle existe, l'individu n'y ait pas contrevenu, ne conduit pas en effet à exclure nécessairement la faute ; elle peut être constituée au regard de ces devoirs plus généraux que sont le devoir de ne pas nuire intentionnellement à autrui et le devoir de prudence et de diligence.

a) L'acte illicite peut être constitué par la violation de règles légales précises

2584. La transgression d'une règle légale doit être entendue dans un sens large, qu'il s'agisse d'une loi ou d'un règlement (par exemple, la violation d'un article du Code de la route). La règle peut être civile (manquement au devoir de fidélité ou de respect entre époux, refus de contribuer à l'entretien d'un enfant par exemple), pénale, commerciale etc…

Dès lors qu'une telle violation est constatée, une faute est commise : faute pénale si la règle était assortie d'une sanction pénale, faute civile, si un dommage a été commis à l'encontre d'autrui.

2585. Outre la loi, il existe des règles qui sont édictées par la coutume, les usages, et dont la violation peut également constituer une faute : par exemple, violation des usages d'une profession (souvent réunis dans des codes de déontologie), règles du jeu en matière sportive.

b) L'acte illicite peut être constitué par le manquement à un devoir général : distinction de la faute intentionnelle et de la faute d'imprudence ou de négligence

2586. Le manquement découle, ici, des articles 1240 et 1241 eux-mêmes, qui servent de fondement à l'illicéité, sur la base de la distinction entre la faute intentionnelle ou délit.

2587. *La faute intentionnelle* est caractérisée par la volonté de l'auteur de l'acte de causer le dommage. Elle constitue le manquement à une obligation générale de ne pas nuire intentionnellement à autrui qui découle de l'article 1240. Cette volonté de causer le dommage se distingue de la simple volonté d'accomplir l'acte qui caractérise alors une *faute volontaire*, mais pas intentionnelle. En l'absence de tout texte précis qui impose une obligation d'agir ou de ne pas agir, et même dans le cas de l'exercice d'un droit (hypothèse de l'abus de droit, v. ss 2637) un acte ou une abstention sera toujours constitutif d'une faute si l'auteur est animé de l'intention de nuire.

2588. *La faute d'imprudence et de négligence*, constitue un manquement à l'obligation générale de prudence et de diligence qui découle de l'article 1241 du Code civil. La question se pose alors de savoir comment apprécier ce manquement (sur ces fautes, v. ss 2620, pour la faute intentionnelle, et, pour la faute d'imprudence et de négligence, v. ss 2627).

B. L'élément écarté : la condition d'imputabilité de la faute

1) Position du problème la nécessité originaire d'un acte volontaire imputable à son auteur : la condition du discernement

2589. Pour qu'il y ait faute, il faut normalement qu'il y ait eu manifestation de volonté de la part d'un individu et que celui-ci soit conscient de ses actes. La faute est en effet toujours un comportement qui implique une volonté, y compris dans le cas d'une imprudence ou d'une négligence : la faute implique un acte volontaire, cette volonté n'étant pas la volonté de causer le dommage, mais la simple volonté d'accomplir l'acte.

2590. La question est de savoir si cette volonté doit, en outre, avoir des qualités particulières pour que l'acte considéré soit fautif. Or, traditionnellement, il devait s'agir, en effet, d'une volonté, émanant d'une personne consciente, et d'une volonté libre, ce qui se traduisait par l'exigence de *l'imputabilité de la faute elle-même traduite par la condition du discernement de l'auteur de l'acte.* Le comportement de l'auteur, pour constituer une faute au sens des articles 1240 et 1241 devait être apprécié au regard du discernement de celui-ci. Seules les personnes capables de comprendre le caractère fautif de leurs actes pouvaient commettre une faute susceptible d'engager leur responsabilité. L'imputabilité, ainsi appréhendée non pas comme un acte susceptible d'être simplement relié à son auteur (imputation), mais comme un acte susceptible de lui être rattaché comme faute (imputabilité) conduisait à exclure que certaines personnes puissent commettre des fautes engageant leur responsabilité.

2591. La condition de discernement excluait donc que les *infans*, c'est-à-dire les très jeunes enfants n'ayant pas encore atteint l'âge du discernement, puissent commettre des fautes et engager leur responsabilité. Toutefois, il faut relever que le discernement ne se confond pas avec la *capacité*. Les règles de la responsabilité extracontractuelle n'ont jamais interdit qu'un mineur puisse être responsable de ses actes fautifs lorsqu'ils ont causé des dommages[1]. Néanmoins, il fallait qu'ils aient atteint un certain âge, dit âge du discernement, pour que l'acte illicite puisse leur être imputé à faute. Avant cet âge, qui n'a d'ailleurs jamais été fixé par la loi, laquelle précise seulement l'âge de la majorité et de la capacité civile, le mineur est un « *infans* » ; or *l'infans*, enfant en bas âge, sans discernement, ne pouvait commettre de faute et engager sa responsabilité.

2592. De la même façon que les *infans, les personnes atteintes de troubles mentaux* ou même de troubles physiques altérant leur pleine conscience, ne pouvaient pas non plus commettre une faute civile et engager leur responsabilité. Ce principe de l'irresponsabilité était d'ailleurs posé en matière pénale (et l'est toujours) aussi par l'ex-article 64 du Code pénal (devenu, avec une rédaction un peu différente, l'article 122-1 du Code pénal), selon lequel « n'est pas pénalement responsable la personne qui était atteinte au moment des faits d'un trouble psychique ou neuropsychique ayant aboli son discernement ou le contrôle de ses actes ».

2593. Cette exigence d'imputabilité va être progressivement abandonnée par la jurisprudence. Il a paru injuste que la victime soit indemnisée si l'acte dommageable est dû à un être conscient et qu'elle ne le soit pas lorsque cet acte est le fait d'un être dénué de discernement. C'est pour cette raison que la doctrine et la jurisprudence avaient tenté de « tourner » la difficulté, avant que le législateur lui-même n'intervienne en 1968 et que la jurisprudence n'abandonne, pour finir, en 1984, la condition du discernement, c'est-à-dire l'exigence d'imputabilité de la faute.

2) L'évolution des solutions jusqu'aux décisions de l'Assemblée plénière du 4 mai 1984

2594. Les auteurs se trouvaient avant 1968 divisés entre deux tendances. Les uns, fidèles à la notion de faute subjective et s'appuyant sur le principe pénal de non-imputabilité en cas de démence (C. pén., art. 64), se refusaient à admettre la responsabilité civile des êtres privés de discernement. Les autres, frappés de l'iniquité du résultat ainsi atteint, s'appuyaient déjà sur une conception objective de la faute, définie abstraitement comme la

---

1. Le réaffirmant, en tant que de besoin et confirmant que « la minorité de l'enfant ne fait pas obstacle à sa condamnation à indemniser la victime (…) et qu'il doit l'être *in solidum* avec ses parents » : Civ. 2e, 11 sept. 2014, n° 13-16.897, *Juris-Data* n° 2014-020211.

violation d'une règle de conduite (ce courant a été illustré surtout par les professeurs *H. et L. Mazeaud, A. Tunc, G. Marty et P. Raynaud et M. Dejean de La Batie*).

a) Les palliatifs jurisprudentiels

2595. la jurisprudence, consciente du problème, tout en affirmant le principe que l'absence de discernement est, aussi bien pour l'*infans,* que pour le *dément,* une cause de non-imputabilité avait imaginé un certain nombre de palliatifs pour obtenir une réparation.

2596. Les juridictions donnaient, tout d'abord, une définition tellement stricte de l'absence de discernement qu'assez peu de personnes pouvaient s'en prévaloir, si ce n'est les très jeunes enfants ; sans que l'âge du discernement soit nettement établi, il apparaissait généralement qu'un enfant, avant l'âge de sept ans, ne pouvait engager sa responsabilité.

2597. Le seconde palliatif, a consisté dans l'élargissement de la responsabilité des proches de l'enfant ou du dément, en retenant à leur charge une faute de surveillance engageant leur responsabilité personnelle pour faute, où alors, s'agissant des parents, responsables du fait de leur enfant, sur le fondement d'une faute présumée de surveillance et/ ou d'éducation.

2598. Pour retenir une responsabilité personnelle de la personne sans discernement, la jurisprudence a aussi imaginé de se fonder sur une faute personnelle de l'alcoolique ou du drogué, antérieure à l'état d'inconscience : la personne était reconnue responsable en raison de la faute antérieure commise en s'adonnant à la boisson ou à la drogue[1]. De même, la Cour de cassation avait admis qu'un trouble mental passager n'empêchait pas d'invoquer la responsabilité du gardien d'une chose (ou d'un animal) sur le fondement de l'article 1242, alinéa 1er (ancien art. 1384, al. 1er) (arrêt *Trichard*)[2]. Enfin, certains allaient déjà jusqu'à invoquer l'acte « objectivement illicite » assimilé à une faute, d'*infans* ou d'enfants inconscients.

Toutefois ces solutions restaient ponctuelles et largement insatisfaisantes.

b) La réforme opérée par la loi du 3 janvier 1968 : l'admission de la responsabilité des majeurs atteints dans leurs facultés mentales (art. 414-3)

2599. Devant l'attitude de la majorité de la doctrine et de la jurisprudence, le législateur profita de la promulgation de la loi du 3 janvier 1968 sur les incapables majeurs pour consacrer dans un article 489-2 (devenu l'art. 414-3) la règle selon laquelle « celui qui cause un dommage à autrui alors qu'il était sous l'empire d'un trouble mental, n'en est pas moins obligé à réparation ». Ce texte prend, en considération, sans contestation possible, l'intérêt de la victime qui ne doit pas être pénalisée du fait que le dommage a été causé par un dément ; tout aussi incontestablement, il introduit dans le système de responsabilité pour faute subjective, un cas de faute objective.

---

1. Civ. 2e, 15 déc. 1965, *D.* 1966. 397, et obs. Rodière, *RTD civ.* 1966. 533.

2. Civ. 2e, 18 déc. 1964, *D.* 1965. 191, concl. Schmelck, note P. Esmein ; *JCP* 1965. II. 14304, note Dejean de La Bâtie.

2600. ***Controverses doctrinales sur l'interprétation du texte.*** Le texte n'a pas surpris mais il a donné lieu à des controverses doctrinales et à des hésitations jurisprudentielles. Deux courants se sont opposés en doctrine : pour les uns, il fallait interpréter le texte restrictivement. Les auteurs partisans de cette interprétation voyaient dans l'article 489-2 un texte dérogatoire, applicable uniquement au cas où il y a « trouble mental » mais non au cas de *l'infans* (le très jeune enfant, v. ss 2591) ou aux victimes d'un malaise physique (dans ce sens, *B. Starck, G. Durry, J. Massip et J. Carbonnier*). Pour d'autres, le texte devait être interprété extensivement (*Ph. le Tourneau, G. Viney, A. Tunc*). Ces auteurs estimaient que le législateur avait entendu faire valoir une conception « objective » de la faute civile. Cette interprétation large conduisait à étendre le principe de la responsabilité aux différents cas d'absence de discernement : celui de l'*infans* mais aussi celui de la personne causant un dommage à la suite d'un malaise physique.

2601. Devant la division de la doctrine, il appartenait à la jurisprudence de trancher. Cependant, bien que la deuxième chambre civile ait semblé vouloir se rallier à une interprétation extensive de l'article 489-2 en relevant dans une décision du 4 mai 1977 [1], que ce texte « ne prévoit aucune responsabilité particulière et s'applique à toutes les responsabilités prévues aux articles 1240 et suivants du Code civil », admettant ainsi que le texte ne créait pas un mécanisme autonome de responsabilité, on a constaté des hésitations, selon qu'il y avait trouble mental proprement dit, immaturité de l'enfant ou défaillance physique.

2602. ***L'extension de la solution à l'enfant atteint dans ses facultés mentales.*** Dans un arrêt du 20 juillet 1976 [2], la première chambre civile a approuvé une cour d'appel d'avoir retenu que l'obligation à réparation prévue par l'article 489-2 du Code civil concerne tous ceux – *majeurs ou mineurs* – qui sous l'empire d'un trouble mental ont causé un dommage à autrui. Il s'agissait d'un meurtre commis par un mineur de 17 ans en état de démence. Relaxé pénalement, il était poursuivi civilement sur le fondement de l'article 489-2, qu'il prétendait inapplicable en raison de sa minorité.

2603. ***Interprétation restrictive en cas de défaillance physique.*** Il s'agit ici de personnes qui causent un dommage au cours d'une perte temporaire de conscience due à un malaise physique. Peut-on assimiler leur cas à un trouble mental et leur appliquer l'article 489-2 ? Comme avant la réforme de 1968, la responsabilité pour faute reste utilisable si une faute peut leur être reprochée dans la constitution de leur état (addictions diverses. S'il s'agit de sénilité ou de troubles épileptiques, l'assimilation avec le trouble mental, semble encore possible.

En revanche, lorsqu'il s'agit d'une perte de conscience due à un malaise physique, par exemple, si une personne victime d'une crise cardiaque tombe en entraînant un passant qui est blessé, la Cour de cassation a écarté l'application de l'article 489-2 au motif que « pour être obligé à réparation en vertu de l'article 489-2 du Code civil (devenu art. 414-3), il est nécessaire que celui qui a causé un dommage à autrui ait été sous l'empire d'un trouble mental » et que « tel n'est pas le cas de la victime d'un malaise

---

1. *D.* 1978. 393, note R. Legeais, *RTD civ.* 1977. 772, obs. G. Durry.
2. *JCP* 1978. II. 18793, note Dejean de la Bâtie, et obs. G. Durry à la *RTD civ.* 1976. 783.

cardiaque qui, en perdant connaissance, a entraîné un tiers dans sa chute lui occasionnant des blessures »[1]. L'interprétation restrictive est ici évidente.

2604. ***Interprétation restrictive concernant l'infans.*** Pour les *infans*, la jurisprudence ne semblait pas avoir modifié sa position ni même tenté d'assimilation avec le cas de l'aliéné. En effet, par un arrêt du 6 juillet 1978[2], la deuxième chambre civile avait réaffirmé que le mineur ayant dépassé « l'âge de raison » répond de son fait personnel s'il a la *faculté de discerner* les conséquences des actes fautifs qu'il commet « mais, qu'en revanche, l'*infans* » dont le discernement n'est pas démontré ne peut répondre de ses actes sur le fondement de l'article 1240[3], ceci à propos d'un enfant ayant mis le feu à une meule de foin et causé l'incendie d'une ferme.

3) Les arrêts de l'Assemblée plénière du 9 mai 1984 : la disparition de l'exigence du discernement

2605. L'assemblée plénière de la Cour de cassation, par cinq arrêts importants rendus le 9 mai 1984, va supprimer la condition du discernement et imposer (v. ss 2605 s.) la notion de *faute objective* c'est-à-dire de comportement objectivement incorrect, apprécié sans référence à la personne de son auteur. Elle abandonne donc l'exigence d'une *faute subjective*, qui suppose la capacité de l'auteur à avoir conscience du caractère fautif de son comportement. Rendues à propos d'enfants auteurs ou victimes, les décisions concernent non seulement la responsabilité pour faute, mais aussi, par ricochet, la responsabilité du fait des choses et la responsabilité des parents du fait des enfants.

a) L'abandon de la condition du discernement pour retenir la responsabilité pour faute d'un enfant

2606. À la lecture des arrêts (dont trois concernent des enfants auteurs de dommages et deux concernent des enfants victimes de dommages), il apparait que la Cour de cassation avait abandonné « l'idée que l'inconscience de l'agent ou son absence de maturité constitue un obstacle à la reconnaissance d'une faute ou d'un fait générateur de responsabilité ou diminuant son droit à réparation »[4]. Le discernement n'est plus une condition de la responsabilité pour faute de l'enfant qu'il soit auteur du dommage ou victime du dommage.

2607. ***La faute objective de l'enfant auteur d'un dommage : l'arrêt Djouab.*** Fondé sur l'article 1240 (ancien art. 1382), il reconnaît la responsabilité personnelle d'un enfant de 9 ans dans l'incendie d'un camion et de biens immobiliers sans répondre à la question de son discernement. L'indifférence du discernement pour admettre la responsabilité de l'enfant auteur du dommage est donc affirmée.

---

1. Civ. 2e, 4 févr. 1981 ; *JCP* 1981. II. 19656, note Dejean de La Bâtie. *D.* 1983. 1, note Gaudrat, *RTD civ.* 1982. 148, obs. G. Durry ; l'arrêt cassé est Grenoble, 4 déc. 1978 ; *JCP* 1980. II. 19340, note Dejean de La Bâtie ; *D.* 1979. 474, note E. Poisson-Drocourt.

2. *D.* 1979. IR 64.

3. Civ. 2e, 7 déc. 1977, *JCP* 1980. II. 19390, note Wibault.

4. J. Huet, obs. préc.

2608. ***La faute objective de l'enfant victime : Les arrêts Lemaire et Derguini.*** Ils concernent des enfants victimes d'accidents et, là encore, la Cour de cassation déclare nettement qu'il n'y a pas lieu de « vérifier si le mineur était capable de discerner les conséquences » de ses actes. Il est donc possible de retenir une faute de l'enfant victime en relation de causalité avec son dommage et susceptible de constituer pour le responsable, une cause d'exonération. Un partage de responsabilité est donc opéré, qui aboutit à priver l'enfant (ou ses ayants droit s'il est décédé) d'une partie de l'indemnisation. Dans les deux affaires les enfants étaient décédés. Le premier âgé de 13 avait été électrocuté en changeant une ampoule sur une douille dont l'installation était défectueuse sans avoir au préalable coupé le courant (imprudence) et le second, une petite fille, avait traversé la chaussée en courant (imprudence) et avait été renversée par un véhicule automobile. La loi de 1985 n'avait pas encore été adoptée, et l'action en responsabilité contre le conducteur était fondée sur le droit commun de la responsabilité.

b) L'incidence sur la responsabilité de l'enfant gardien et celles de ses parents

2609. ***La responsabilité de l'enfant gardien : l'arrêt Gabillet.*** Il affirme d'une façon très nette la responsabilité d'un enfant de 3 ans, en tant que gardien d'un bâton avec lequel il avait blessé un camarade en tombant d'une balançoire (art. 1384, al. 1er, devenu art. 1242, al. 1er) et il ajoute que les juges du fond n'avaient pas, « malgré le très jeune âge de ce mineur, à rechercher si celui-ci avait un discernement ».

2610. ***La responsabilité des parents du fait de leur enfant : l'arrêt Fullenwarth.*** Rendu en matière de responsabilité du fait d'autrui, il déclare que « pour que soit présumée sur le fondement de l'article 1242, alinéa 4, du Code civil, la responsabilité des père et mère d'un mineur habitant avec eux, il suffit que celui-ci ait commis un acte qui soit la cause directe du dommage ». C'est ce dernier arrêt qui a le plus intrigué la doctrine, qui l'a interprété de diverses manières, mais il ne faut pas oublier qu'ici les parents, responsables du mineur, pouvaient faire tomber cette responsabilité en prouvant que, pour leur part, ils n'avaient pas commis de faute. Toutefois, l'évolution actuelle de la jurisprudence en ce qui concerne la responsabilité des père et mère, ne leur permet plus de s'exonérer que par la preuve d'un cas de force majeure (v. ss 2813 s.).

2611. Cette responsabilité directe et autonome des parents, détachée de celle de l'enfant sera confirmée plus tard, notamment par l'arrêt *Levert* du 10 mai 2001 (v. ss 2805 s.). On relèvera qu'elle est remise en cause par ***l'actuel projet de réforme du droit de la responsabilité*** du 13 mars 2017, qui comme l'avant-projet *Catala* l'avait déjà suggéré, subordonne la responsabilité des parents à l'existence d'un fait générateur de la responsabilité de l'enfant (faute ou fait de la chose dont l'enfant a la garde).

4) La portée des arrêts de l'Assemblée plénière : l'avènement de la faute objective

2612. Les arrêts rendus par l'assemblée plénière de la Cour de cassation ont constitué un véritable revirement : en rejetant l'exigence de l'imputabilité, la Cour de cassation a procédé à l'unification des responsabilités des enfants et des déments. Mais la portée de ces décisions va bien au-delà : l'abandon de l'exigence du discernement met fin à la condition d'imputabilité de la faute et marque une évolution considérable dans la conception de la responsabilité en général et de la responsabilité pour faute en particulier : cette évolution témoigne d'un recul de la fonction sanctionnatrice de la responsabilité au profit de la fonction réparatrice qui a conduit au développement de régimes de responsabilité sans faute, mais qui a finalement atteint aussi la responsabilité pour faute elle-même, en modifiant la conception traditionnelle de la faute. La faute subjective est devenue une faute objective.

2613. Cette conception objective de la faute a suscité l'opposition d'une grande partie de la doctrine. Denis Mazeaud, reprenant l'idée défendue par Ripert selon laquelle il n'y a de vraie responsabilité que fondée sur la faute subjective a ainsi souligné que « faute sans conscience est ruine de la responsabilité » et « ruine de l'équité » [1], et il a stigmatisé le « massacre jurisprudentiel des innocents ».

On a fait aussi valoir que la responsabilité personnelle de l'*infans* n'avait que peu d'intérêt pour la victime, non seulement parce que, dans la plupart des cas, il est insolvable, mais aussi parce que la responsabilité des parents peut être mise en jeu très facilement. Il suffit d'un fait causal de l'enfant. La solution est également injuste pour l'enfant victime d'un dommage, auquel on pourra fréquemment reprocher une faute objective pour aboutir à un partage de responsabilité. Le droit à réparation de la victime est mis en cause.

2614. Depuis ces arrêts, et malgré les critiques doctrinales, la jurisprudence n'a pas remis en cause la disparition de la condition d'imputabilité. Malgré certaines réticences des juges du fond, cette conception objective de la faute a été appliquée assez strictement par la deuxième chambre civile de la Cour de cassation qui a ainsi estimé, après les arrêts de 1984 que « la faute d'un mineur peut être retenue à son encontre même s'il n'est pas capable de discerner les conséquences de son acte », à propos d'une fillette de 8 ans qui se relève brusquement de la table sous laquelle elle jouait et heurte en courant un autre enfant qui portait une casserole d'eau bouillante, ce qui lui a occasionné des brûlures graves [2]. La même sévérité à l'égard de l'enfant victime apparaît dans la jurisprudence de la seconde chambre civile [3]. En revanche, la première chambre civile a fait preuve de beaucoup plus d'indulgence à l'égard de jeunes victimes dont elle relève « le caractère souvent fougueux et impulsif [...] toujours à prévoir » [4].

2615. Cette solution de la faute objective reste cependant admise avec difficultés encore aujourd'hui. On peut d'ailleurs signaler une décision de la cour d'appel de Chambéry, qui affirme, contre la solution de 1984 « qu'il ne peut être reproché une quelconque faute à un enfant de deux ans [5] ». Il s'agissait à nouveau d'un enfant victime d'un dommage, avec comme perspective, en cas de faute, la limitation de l'indemnisation de son dommage.

Aujourd'hui, de plus en plus, la solution de l'indifférence du discernement est remise en question, lorsqu'il s'agit d'opposer sa propre faute à la victime. La loi du 5 juillet 1985 sur l'indemnisation des accidents de la circulation ne permet plus de tels résultats,

---

1. D. Mazeaud, note sous Civ. 2e, 28 févr. 1996, *D.* 1997. Somm. comm.

2. Civ. 2e, 28 févr. 1996, *D.* 1996. 602, obs. Dusquesne ; *JCP* 1996. I. 3985, obs. G. Viney ; *RTD civ.* 1996. 628, obs. P. Jourdain ; *Gaz. Pal.* n° 45-46, 14-15 févr. 1997, note Ph. Jacques.

3. Civ. 2e, 19 févr. 1997, *Bull. civ.* II, n° 54, *JCP* 1997. IV. 833, et *JCP* 1997. I. 4068, obs. G. Viney.

4. Civ. 1re, 6 mars 1996, *D.* 1997. 93, note M.C. Lebreton, et Civ. 1re, 11 mars 1997, *Bull. civ.* I, n° 89 ; *JCP* 1997. IV. 981, et *JCP* 1997. I. 4068, obs. G. Viney, commentant les deux décisions.

5. Chambéry, 12 avr. 2005, *RCA* nov. 2005, n° 314.

tout au moins pour les victimes de moins de 16 ans, particulièrement protégées puisqu'on ne peut les priver d'indemnisation qu'en cas de recherche volontaire du dommage, sans pouvoir jamais la limiter (v. ss 3257). Le projet de réforme du droit de la responsabilité va également en ce sens.

C. Les reculs de la faute objective dans le projet de réforme de la Chancellerie

2616. Sans remettre en question la faute objective et sans poser la condition du discernement pour retenir une faute, l'actuel projet de réforme de la Chancellerie du 13 mars 2017 (comme l'avant-projet d'avril 2016, qui reprenait les propositions de l'avant-projet *Catala*), marque incontestablement le retour à un certain subjectivisme de la faute. Il se manifeste à un double titre : par le recours à la notion de faits justificatifs, d'une part et par la réintroduction de l'exigence de discernement au stade des causes d'exonération, d'autre part :

– ***L'actuel projet de la Chancellerie*** propose une définition « neutre de la faute », comprise comme un acte illicite, sans référence à l'imputabilité (v. ss 2575) ; cependant, comme l'avant-projet *Catala*, il reprend aussi cette idée de faits justificatifs, même si ce n'est plus au titre de la définition de la faute mais au titre des causes d'exclusion de la responsabilité, distinguées ainsi des causes d'exonération (projet, art. 1257). Il procède par renvoi direct aux articles du Code pénal qui définissent les faits justificatifs de l'infraction (C. pén., art. L. 122-4 à 122-7) : existence de dispositions législatives ou réglementaires, imposant d'agir, commandement de l'autorité légitime, nécessité de la légitime défense ou de la sauvegarde d'un intérêt supérieur). Au-delà du fait que l'on mélange le plan pénal et le plan civil, l'introduction de faits justificatifs du droit pénal conduit à une appréciation nécessairement subjective de la conduite de l'individu.

– Ensuite, le projet propose de réintroduire, dans le cadre des dispositions protectrices des victimes de dommages corporels, l'exigence du discernement (projet, art. 1255). En effet, de façon générale et pas seulement dans le cadre des accidents de la circulation, il est proposé que l'exonération totale ou partielle par la faute de la victime (v. ss 2429, 2451, 2452, sur cette cause d'exonération) ne s'applique pas aux victimes privées de discernement. L'avant-projet *Catala*, le rapport d'information du Sénat, la proposition de loi *Béteille* et les propositions Terré, subordonnaient également l'exonération du responsable par la faute de la victime à la condition du discernement de celle-ci.

§ 2. Les différentes catégories de fautes

2617. Si la faute présente une unité puisqu'elle peut toujours être définie comme un acte objectivement illicite, qu'il s'agisse du manquement à une obligation légale précisément déterminée ou du manquement à un devoir général, comme le devoir de prudence et de diligence ou le devoir ne pas nuire intentionnellement à autrui, il existe malgré tout différentes qualifications possibles des fautes civiles, en fonction de leur gravité, ce qui les inscrit dans une sorte de « gradation ». Toutefois, et comme nous l'avons déjà souligné, l'engagement de la responsabilité sur le fondement des articles 1240 et 1241 du Code civil n'est pas conditionné par cette gradation des fautes et notamment, l'existence d'une intention de nuire n'est pas une condition de la responsabilité[1]. En principe, cette gradation des fautes ne joue aucun rôle en responsabilité extracontractuelle où toute faute, même la plus légère suffit à engager la responsabilité, alors qu'elle a des incidences en matière contractuelle (v. ss 2987 s.). Dans certaines hypothèses, cependant, une faute d'une nature particulière est exigée : comme une faute caractérisée ou une faute intentionnelle. Mais il s'agit alors d'applications particulières de la notion de faute, que nous étudierons spécifiquement, v. ss 2633 s.).

2618. ***L'actuel projet de réforme de la responsabilité civile*** du 13 mars 2017, introduit, cependant, et c'est à souligner, des références à la gradation des fautes en exigeant parfois qu'une faute d'une certaine gravité soit caractérisée ou en faisant produire des effets particuliers à une faute spécialement définie. Ainsi, l'existence d'une faute lucrative pourrait entraîner la condamnation à amende civile en sus des dommages et intérêts ; ou encore, pour pouvoir être invoquée par l'auteur du dommage comme une cause d'exonération partielle, la faute de la victime d'un dommage corporel devrait être une faute lourde (outre la réintroduction de l'exigence du discernement de cette victime). Il n'est donc pas inopportun de distinguer les différentes catégories de fautes civiles en suivant ce schéma de gradation des fautes, d'autant que les articles 1240 et 1241 y invitent eux-mêmes, en distinguant la faute intentionnelle et la faute d'imprudence et de négligence, qui sont donc les deux grandes catégories de fautes.

2619. Il faut distinguer, parmi les fautes génératrices de dommages, celles qui sont les plus graves, la *faute intentionnelle,* bien sûr, mais aussi la *faute inexcusable* et la *faute lourde* qui sont plus ou moins assimilées à celle-ci, et celles qui sont les moins graves, les *fautes d'imprudence et de négligence*, voire les *maladresses*.

A. Les fautes les plus graves

2620. On a tendance à les subdiviser en faute intentionnelle, faute inexcusable et faute lourde. La distinction présente un intérêt en matière d'assurance et en matière contractuelle, pour écarter les clauses limitatives de responsabilité. Elle en a moins en matière extracontractuelle, tout au moins tant que le projet de réforme de la responsabilité n'a pas été adopté, sachant qu'il introduit la possibilité d'aménager conventionnellement la responsabilité extracontractuelle, après la réalisation du dommage (sur les propositions qu'il contient à cet égard, v. ss 2618). Il faut aussi envisager la notion de faute caractérisée.

1) La faute intentionnelle ou délit

▶ ***La faute intentionnelle***, c'est la faute délictuelle. Elle est caractérisée par l'intention de produire le dommage. Elle est directement visée par l'article 1240 du Code civil.

2621. L'intention de nuire était, primitivement, l'intention malveillante, essentiellement méchante. Elle doit donc s'apprécier *in concreto,* subjectivement, par rapport

---

1. Civ. 2e, 2 avr. 1997, *Bull. civ.* II, n° 113 ; *D.* 1997. 411, note Edelman ; *D.* 1998. Chron. 183, par J.-P. Gridel ; *JCP* 1998. II. 10010, note J. Bigot.

à l'état d'âme de son auteur. C'est pourquoi un fou ou un *infans* ne devraient pas pouvoir commettre une telle faute, ce qui ne signifie pas pour autant qu'ils ne pourront pas engager leur responsabilité pour faute : d'une part parce qu'il n'est justement pas nécessaire de commettre une faute intentionnelle pour engager sa responsabilité ; d'autre part parce que depuis 1984, le discernement n'est plus un élément de la faute, devenue objective (v. ss 2592 s.).

La conception de la faute intentionnelle est cependant assez délicate et la Cour de cassation, elle-même, oscille un peu entre la conception extensive de l'arrêt de 1969, action délibérée mais pas nécessairement dictée par l'intention de nuire et la conception restrictive, fondée sur l'intention malveillante et la volonté réelle de causer le dommage tel qu'il s'est effectivement produit[1]. Toutefois, la conception large est utilisée essentiellement en matière contractuelle, lorsqu'il s'agit de tenir en échec les limitations de responsabilité, la jurisprudence reprenant à cet égard les mêmes termes : refus délibéré d'exécuter ses obligations contractuelles[2] (v. ss 2988). En matière d'assurances, au contraire, la première chambre a admis, à plusieurs reprises, que n'échappent à l'assurance que les *conséquences voulues* des actes volontairement nuisibles et elle a précisé que si l'acte volontaire a eu des conséquences dommageables qui ont dépassé celles que l'auteur avait recherchées ou atteint une personne autre que celle qui était visée, ces dommages non voulus restent couverts par l'assurance (v. ss 2989).

2) La faute inexcusable

2622. *La faute inexcusable peut être définie comme* « une faute délibérée, impliquant la conscience de la probabilité du dommage et son acceptation téméraire, sans raison valable. ». Cette définition a été donnée par le législateur en matière de transport aérien et maritime et en matière d'accident du travail. Il n'y a pas là, à proprement parler, intention malveillante, mais il y a quand même acceptation de la probabilité du dommage ce qui constitue une faute particulièrement grave (v. ss 2990 s.). Toutefois, cette définition n'est pas invariable.

Reprise par la loi du 5 juillet 1985, sur l'indemnisation des victimes d'accidents de la circulation, cette notion de faute inexcusable est définie un peu différemment par la Cour de cassation et notamment par la deuxième chambre civile dans plusieurs arrêts du 20 juillet 1987 aux termes desquels : « Seule, est inexcusable, au sens de l'article 3 de la loi du 5 juillet 1985, la faute volontaire, d'une exceptionnelle gravité, exposant, sans raison valable, son auteur à un danger dont il aurait dû avoir conscience »[3]. Notons qu'il s'agit, ici, de la définition de la *faute de la victime* et non celle de l'auteur de l'acte, et que, si une telle faute est retenue, cette victime n'est pas indemnisée. C'est pourquoi, la Cour de cassation applique très strictement cette définition et très rares sont les fautes des victimes qui sont qualifiées d'inexcusables : ainsi, le fait de s'allonger, en état d'ébriété, sur la chaussée, alors que la visibilité est réduite, ne constitue-t-il pas, pour la deuxième chambre civile, une faute inexcusable[4] !

---

1. Civ. 1re, 10 et 17 déc. 1991, *RGAT* 1991. 364, note J. Kullmann.
2. Com. 19 janv. 1993, *Bull. civ.* IV, n° 24 et obs. G. Viney, *JCP* 1993. I. 3727.
3. Civ. 2e, (dix arrêts du 20 juill. 1987), *Bull. civ.* II, n° 160.
4. Civ. 2e, 23 janv. 2003, *Jurispr. Auto* 2003. 219.

3) La faute lourde

▶ ***La faute lourde*** : c'est une faute particulièrement grossière, commise généralement par un professionnel et qui là encore, est surtout utilisée en matière contractuelle (v. ss 2992 s.).

2623. Elle peut n'être pas intentionnelle, mais sa gravité est telle que les juristes romains l'assimilaient au dol. Le législateur a parfois retenu cette assimilation.

Cette notion de faute lourde présente un grand intérêt en matière contractuelle, concernant le jeu des clauses de limitations de responsabilité, car ces clauses sont inapplicables en cas de fautes intentionnelle ou lourde (v. ss 3063) ; elle est moins utilisée en matière extracontractuelle.

Notons que la Cour de cassation, à propos de l'affaire *Villemin*, a donné une définition de la faute lourde dans le cadre de la *responsabilité de l'État* du fait du fonctionnement défectueux de la Justice. L'article 781-1 du Code de l'organisation judiciaire dispose que « l'État est tenu de réparer le dommage causé par le fonctionnement défectueux du Service de la justice. Cette responsabilité n'est engagée que par une faute lourde ou un déni de justice » et, selon la Cour suprême : « *Constitue une faute lourde* toute déficience caractérisée par un fait ou une série de faits traduisant l'inaptitude du service public de la justice à remplir la mission dont il est investi »[1].

C'est une définition, à la fois objective et fonctionnelle.

2624. ***L'actuel projet de réforme de la Chancellerie*** (mars 2017) utilise cette notion de faute lourde, préférée à celle de faute grave, à plusieurs reprises, notamment pour subordonner à une faute lourde de la victime d'un dommage corporel, l'exonération partielle du responsable (art. 1254), mais sans la définir.

4) La faute caractérisée

2625. L'article 1er de la loi n° 2002-303 du 4 mars 2002 « relative aux droits des malades et à la qualité du système de santé » dispose que : « Nul ne peut se prévaloir d'un préjudice du seul fait de sa naissance ». Cette affirmation, était destinée à mettre fin à la jurisprudence *Perruche* (v. ss 2338 s., 2344, 2385, 2406). L'alinéa second du même article admet cependant la réparation du préjudice moral des parents s'il est « dû à une faute médicale » et l'alinéa trois précise qu'il doit s'agir d'un « handicap non décelé pendant la grossesse à la suite d'une *faute caractérisée* ».

Mais, qu'est donc une faute caractérisée ? Elle n'a pas été définie par le législateur et la jurisprudence a dû élaborer cette définition.

2626. La définition du juge pénal a précédé celle du juge civil car la notion est également apparue en droit pénal, au titre de la définition de la faute pénale non intentionnelle par la loi du 10 juillet 2000[2]. Cette loi a introduit, dans l'article 121-3 du Code pénal, la notion de « faute caractérisée » et, pour la qualifier, le juge pénal a précisé que cette faute repose sur deux critères : *critère d'intensité* et *critère d'évidence*.

---

1. Ass. plén. 23 févr. 2001, *JCP* 2001. I. 340, obs. G. Viney.

2. P. Mistretta, « La responsabilité pénale médicale à l'aune de la loi du 10 juillet 2000 : évolution ou révolution ? », *JCP* 2002. I. 149.

Ces critères semblaient parfaitement transposables à la faute médicale de l'article 1er de la loi du 4 mars 2002.

La notion de faute caractérisée serait une faute si grave qu'elle justifie la mise en cause des médecins, par exception à la protection que leur donne l'alinéa 1er de l'article 1er. Au cours des débats parlementaires il avait, d'ailleurs, été question de tenir compte d'une « faute lourde » avant qu'elle ne soit qualifiée de « faute caractérisée ». Il s'agirait, également, d'une faute particulièrement évidente. Selon un auteur, « le comportement fautif devient caractérisé lorsqu'il traduit une violation des devoirs les plus élémentaires de tout professionnel de santé »[1]. Il s'agit cependant ici d'une obligation contractuelle.

La jurisprudence civile a effectivement repris les deux critères d'intensité et d'évidence dégagés initialement par le juge pénal. Ils ont été utilisés pour la première fois par les juges du fond pour qualifier la faute caractérisée en matière civile dans une décision de 2003[2].

Toutefois, le Conseil constitutionnel, qui a admis, par une décision du 11 juin 2010, la constitutionnalité du dispositif inscrit dans l'article 1er de la loi, a aussi donné, à cette occasion, une indication importante sur cette notion de faute caractérisée. Elle contredit l'idée d'une faute très grave ou lourde. Le Conseil a précisé, en effet, que la faute caractérisée serait seulement la *faute prouvée* et que cette exigence excluait la faute simplement présumée (v. ss 2338, pour l'analyse et les références de cette décision). Pour autant, la Cour de cassation a ensuite confirmé ces critères d'intensité et d'évidence dans la première décision où elle a rendu effectif le dispositif prévu par la loi de 2002[3] et sa position rejoint celle adoptée par le Conseil d'État sur cette notion de faute caractérisée[4].

Enfin, on notera que cette notion de faute caractérisée se retrouve aussi en matière sportive (v. ss 2645).

B. Les fautes les moins graves : la faute d'imprudence ou de négligence

► ***La faute non intentionnelle*** est essentiellement, en matière de responsabilité extracontractuelle, le quasi-délit, défini par l'article 1241 : « chacun est responsable du dommage qu'il a causé… par sa négligence ou son imprudence ».

2627. Il n'y a plus du tout, ici, d'intention malveillante, tout au plus un mauvais choix, insuffisamment réfléchi au regard de l'acte accompli : le tireur maladroit aurait dû mieux ajuster son tir, ou même éviter d'aller à la chasse ! Il pouvait éviter le dommage, il est donc normal qu'il en soit responsable.

1) Appréciation *in abstracto*

2628. Un problème se pose dans l'appréciation de cette faute : faut-il l'apprécier *in concreto,* par rapport aux capacités de la personne elle-même, ou *in abstracto,* par rapport

---

1. P. Mistretta, « L'indemnisation des parents d'un enfant né handicapé après la loi du 4 mars 2002 », *JCP* 2003. II. 10107, préc.

2. CAA Lyon, 11 févr. 2003, req. n° 00 LY 00919.

3. Civ. 1re, 14 nov. 2013, *RCA* 2014, comm. 64.

4. CE 14 avr. 2010, *RFDA* 2011. 772, concl. J.-P. Thiellay ; *RJDA* 2011. 806, note M. Verpeaux.

à un standard qui a été longtemps le modèle abstrait, du *bon père de famille* ? Ce modèle de comportement, était prévu par de l'ancien article 1137 à propos de l'obligation de donner qui comportait l'obligation de conserver la chose jusqu'à sa livraison en y apportant « tous les soins d'un bon père de famille ». Le « bon père de famille » a été remplacé par la notion de personne raisonnable par la loi du 4 août 2014 pour l'égalité réelle entre les femmes et les hommes[1] et l'article 1137 a également disparu avec *l'ordonnance du 10 février 2016 réformant le droit des contrats*, du régime général et de la preuve des obligations, qui a mis fin à l'obligation de donner. Toutefois, la substance de l'article 1137 se retrouve, à peu de chose près, dans l'article 1197, qui précise, à propos de l'obligation de délivrer la chose, qu'elle emporte l'obligation de la conserver jusqu'à la délivrance en y apportant « tous les soins d'une personne raisonnable ». Il est donc toujours renvoyé au modèle d'une personne raisonnable, normalement prudente et consciencieuse. Le comportement de l'auteur sera comparé et apprécié, par rapport à celui qu'aurait eu, placé dans les mêmes circonstances, la personne raisonnable.

La doctrine et la jurisprudence sont d'accord pour admettre qu'une telle faute doit s'apprécier *in abstracto*. En effet, ce n'est pas parce que l'automobiliste qui roule à une vitesse exagérée estime qu'il conduit bien et prudemment que sa victime ne devra pas être indemnisée, dès lors qu'un autre conducteur, normalement prudent, aurait pu éviter l'accident. Il faut quand même tenir compte de certains éléments concrets : *les circonstances externes* ; pour qu'une comparaison soit possible, il faut imaginer que ce modèle abstrait, cette personne raisonnable se trouve placée dans le même cas que la personne dont on cherche à apprécier la conduite. En revanche, on ne pousse pas plus loin l'assimilation et on ne tient, généralement, pas compte des *circonstances internes :* âge, sexe, caractère, intelligence, émotivité, sens moral… propres à l'auteur du dommage, car cela reviendrait à une appréciation *in concreto*.

2) Degrés de gravité de la faute non intentionnelle

2629. La faute non intentionnelle peut, également, s'apprécier selon sa gravité : faute grave, faute légère, faute très légère. Ici, il faut savoir quel était le contenu de l'obligation de l'auteur du dommage pour déterminer, à partir de quelle gravité la faute va engager sa responsabilité.

2630. L'article 1241 pose le principe d'une obligation de prudence et de diligence, sans en préciser le contenu. Traditionnellement, on admet que même la *faute très légère* engage la responsabilité, mais, en pratique, le juge fait jouer son pouvoir d'appréciation.

3) La notion de maladresse

2631. La simple maladresse constitue-t-elle une faute au sens des articles 1240 et 1241 (anciens art. 1382 et 1383) ? André Tunc avait affirmé que « la maladresse pose en droit

---

1. Ce terme de « bon père de famille » qui figure dans le Code civil à de multiples reprises et notamment à l'article 1137, a en effet disparu avec l'adoption de la loi du 4 août 2014 pour l'égalité entre les femmes et les hommes et il a été remplacé, par les termes de « personne raisonnable » ou de « raisonnablement », ou « raisonnable », selon les dispositions du code concernées. V. J. Huet, « Adieu bon père de famille », *D.* 2014. 505.

français un problème insoluble »[1] et préconisé que la simple maladresse devrait relever, non pas du droit de la responsabilité civile pour faute, mais d'un droit des accidents fondé sur le risque avec réparation par l'assurance du préjudice causé. Son avis n'a pas été suivi et la simple maladresse peut constituer une faute civile.

2632. Dans certains cas, cette maladresse s'analyse en une véritable « faute virtuelle », notion introduite par Josserand. Il s'agit de cas où il suffit de constater un dommage pour en conclure que celui qui l'a causé a commis une maladresse fautive. C'est un expédient qui permet de régler à bon compte une situation où manifestement on ne saurait sinon trouver de responsable et partant, où l'on ne pourrait pas indemniser la victime ! Cette théorie de la faute virtuelle est assez peu utilisée par la jurisprudence et vivement critiquée par la doctrine. On peut relever cependant un arrêt où la deuxième chambre civile de la Cour de cassation admet, en l'absence de toute preuve d'une imprudence ou d'une négligence, que « le fait de provoquer la chute d'un autre grimpeur constitue une faute »[2], ce qui a fait dire à un auteur que la « théorie de la faute virtuelle répare un dommage non indemnisable causé par un fait non fautif »[3]. La Cour de cassation crée, en quelque sorte, une présomption de faute, tout en continuant à se référer à l'article 1240 qui consacre la notion de faute prouvée et cette présomption de l'homme se rapproche d'une présomption légale irréfragable car elle ne laisse au fautif virtuel aucun moyen de s'exonérer de cette responsabilité. En réalité, il ne s'agit pas d'une vraie responsabilité pour faute : on glisse vers une forme de responsabilité objective essentiellement destinée à assurer l'indemnisation des victimes. Notons, d'ailleurs, que revenant sur la jurisprudence précitée, la Cour de cassation a ensuite considéré que l'alpiniste qui déclenche une chute de pierres en prenant appui ne commet pas de faute et n'a pas non plus la qualité de gardien[4].

§ 3. Les applications particulières de la notion de faute

2633. Il s'agit essentiellement d'étudier ici des hypothèses où l'on s'écarte de la conception habituelle de la faute : soit parce que l'on va exiger un degré de gravité particulier, contrairement au principe selon lequel toute faute même la plus légère engage la responsabilité : c'est le cas en matière d'abus de droit mais également en matière de dommages causés au cours d'activités sportives et de loisirs (dans ce second cas, il s'agit d'admettre la responsabilité pour faute de façon plus restrictive qu'habituellement en raison du jeu d'une notion spécifique : l'acceptation des risques) ; soit à l'inverse, parce que l'on va admettre la responsabilité, alors que normalement, la définition de la faute ne devrait pas le permettre : c'est l'hypothèse de la faute collective, mais aussi du cas particulier des troubles de voisinage. Enfin, deux autres questions particulières seront abordées au titre des applications particulières de la

---

1. A. Tunc, « Énigmatique maladresse », in *Jalons* SLC 1991. 177 et 179 ; « L'enfant et la balle », *ibid.*, p. 169 ; v. également n° 1126.

2. Civ. 2e, 18 mai 2000, *Dr. et patr.* n° 89, janv. 2001, p. 85, obs. F. Chabas ; *Gaz. Pal.* 2001. Somm. 610, note F. Chabas ; *Gaz. Pal.* 21-23 avr. 2002, note A. Bolze, préc.

3. V. note Bolze sous Civ. 2e, 18 mai 2000, préc.

4. Civ. 2e, 24 avr. 2003 (deux espèces), *JCP* 2004. II. 10049, note E. Gavin-Millan-Oosterlynck ; v. également n° 1277.

faute : celle de l'identité de la faute contractuelle et de la faute extra contractuelle, d'une part ; celle de la faute des personnes morales, d'autre part.

A. La faute dans l'exercice d'un droit : l'abus de droit

2634. La notion même d'abus de droit a été très contestée, notamment par les auteurs classiques du début du xxe siècle, mais la jurisprudence a rapidement admis la sanction de l'abus de droit sur le fondement de la responsabilité pour faute. Cet abus consiste le plus souvent en un abus dans l'exercice du droit mais, quoique plus rarement, l'abus peut aussi être caractérisé par le non exercice d'un droit. Pour que la responsabilité soit retenue, il faut toutefois que l'exercice ou le non exercice du droit soit considéré comme fautif. L'exercice d'un droit peut en effet causer un préjudice à autrui sans pour autant constituer une faute et dans ce cas il n'y aura pas de responsabilité.

a) L'exercice ou le non exercice d'un droit peut causer un préjudice à autrui sans, pour autant, constituer une faute

2635. Par exemple, le commerçant qui s'installe à proximité d'un concurrent lui cause un préjudice en lui prenant une partie de sa clientèle, mais il n'y a pas faute, c'est une conséquence du principe de libre concurrence. En revanche, si le commerçant vend son fonds à son concurrent et si une obligation de non-concurrence est inscrite dans le contrat, il commet une faute contractuelle en se réinstallant à côté de lui et engagera sa responsabilité contractuelle.

2636. De même, concernant cette fois la liberté d'expression, on peut citer un arrêt intervenu à propos de l'émission télévisée *Les Guignols de l'info* [1]. Cette affaire concernait les sociétés Peugeot et Citroën qui demandaient réparation du préjudice que leur auraient causé les propos de la marionnette de leur directeur général dénigrant la marque. Dans un premier temps, la deuxième chambre civile avait cassé la décision qui avait refusé l'indemnisation en relevant que « le caractère outrancier, provocateur et renouvelé des propos tenus » constituait bien une faute. La Cour de renvoi n'ayant pas voulu s'incliner, sur second pourvoi, la Cour suprême, en Assemblée plénière, a déclaré que « les propos incriminés relevaient de la liberté d'expression, sans créer aucun risque de confusion entre la réalité et l'œuvre satirique… Canal + n'avait commis aucune faute… ». La solution est justifiée par le principe de liberté d'expression qui s'exerçait ici normalement, selon l'Assemblée plénière. Seul un abus de cette liberté d'expression pourrait être fautif, sachant par ailleurs que l'on se trouvait dans le domaine particulier de la satire ou de la caricature, où la faute n'est pas appréciée de la même façon que lorsqu'il s'agit d'information.

b) Mais, il peut y avoir faute s'il y a exercice ou non exercice abusif d'un droit

2637. La « théorie de l'abus des droits » n'a pas fait l'unanimité à l'origine ; La notion d'abus de droit a été très controversée. Certains auteurs ont pensé qu'elle était en elle-même absurde. Il ne peut y avoir abus de droit car, selon la formule de Planiol : « le droit

---

1. Ass. plén. 12 juill. 2000 (deux arrêts), *JCP* 2000. II. 10439, note A. Lepage ; *RCA* 2000, comm. 335 ; *RTD civ.* 2000. 845, obs. P. Jourdain.

cesse où l'abus commence », si bien que les deux notions « d'abus » et de « droit » seraient antinomiques. À l'inverse, Josserand a soutenu que chaque droit subjectif a une fonction, une finalité sociale et qu'il est normal de vérifier la conformité des motifs de celui qui utilise le droit, avec sa fonction sociale.

2638. La jurisprudence a admis, pour sa part, que l'exercice d'un droit peut être sanctionné lorsqu'il dégénère en faute, quel que soit ce droit, sous réserve cependant de l'existence de quelques *droits discrétionnaires,* dont il est admis qu'ils s'exercent sans contrôle car leur exercice ne peut jamais être abusif même en cas d'intention de nuire. Il en est ainsi, notamment de certains droits familiaux : ainsi, le droit d'exhéréder un de ses héritiers, qui s'exerce précisément parfois dans l'intention de nuire à ces derniers, ou encore le droit de demander le partage d'une succession. Cependant les droits discrétionnaires sont rares. Hormis ces hypothèses marginales, l'exercice des droits est contrôlé, même s'il s'agit de droits fondamentaux et, à cet égard, le droit de propriété (cf. art. 544, pour l'abus du droit de propriété et *Droit civil*, vol. 1) et le droit d'agir en justice représentent des domaines de prédilection de l'abus de droit, même si ce ne sont pas les seuls droits dont l'exercice est susceptible de dégénérer en abus.

2639. De la même façon, la jurisprudence admet que l'abus de droit peut résulter d'une abstention, le non exercice du droit devenant alors fautif[1].

2640. Cependant, comment déterminer le moment où l'exercice ou le non exercice d'un droit cesse d'être licite pour devenir abusif ? La jurisprudence reste difficile à systématiser, car l'intention de nuire n'est pas toujours exigée et les critères restent variables.

2641. ***La jurisprudence se fonde généralement sur le but recherché.*** Il y a ainsi abus du droit en cas *d'intention malveillante*, lorsqu'on cherche à nuire à autrui sans intérêt sérieux pour soi-même. L'une des premières applications jurisprudentielles de la théorie de l'abus des droits, concerne le droit de propriété (droit pourtant absolu). Il s'agit de l'affaire *Clément-Bayard* à propos de laquelle la Cour de cassation a sanctionné sur le fondement de l'article 1382 (devenu art. 1240) l'usage abusif du droit de propriété. Dans l'espèce, le propriétaire d'un champ avait érigé dans ce champ de haut pieux acérés, ce qu'il avait théoriquement le droit de faire en tant que propriétaire mais spécialement dans le but d'endommager des dirigeables qui décollaient depuis un hangar voisin. Cette intention de nuire a fait dégénérer l'exercice du droit en abus[2]. De telles applications de l'abus du droit de propriété ont pu être ensuite consacrées par la loi : par exemple par la loi du 1er septembre 1948 sur les baux à loyers (art. 21), qui écarte le droit de reprise des lieux par le propriétaire, lorsque celui-ci « invoque le droit de reprise non pas pour satisfaire un intérêt légitime, mais dans l'intention de nuire au locataire ».

---

1. Civ. 3e, 17 janv. 1978, n° 76-12.896 ; ou, jugeant abusif le refus d'exercice d'un droit d'agrément par un associé : Com. 6 févr. 2019, n° 17-20.112, *D.* 2919. 568, note A. Tadros ; *RTD civ.* 2020. 326, obs. H. Barbier.

2. 3 août 1915, *S.* 1920. I. 300.

2642. *Toutefois, l'intention de nuire n'est pas toujours exigée. Ainsi, en matière d'abus du droit d'agir en justice*, alors qu'à l'origine la Cour de cassation était très rigoureuse car elle exigeait l'intention de nuire ou tout au moins « la malice, la mauvaise foi ou l'erreur équipollente au dol »[1], elle a ensuite assoupli sa position et rappelé dans une décision du 11 septembre 2008 que « toute faute dans l'exercice des voies de droit est susceptible d'engager la responsabilité de son auteur », sans qu'il y ait besoin d'exiger l'intention de nuire, comme l'avaient fait les juges du fond[2]. Il reste que c'est l'appréciation des finalités poursuivies qui commande l'abus : elles sont légitimes si le plaideur cherche simplement à faire reconnaître ses droits ou illégitimes, s'il agit dans une intention dilatoire[3], (spécialement dans le cadre de l'exercice des voies de recours) ou s'il est manifestement de mauvaise foi car il connait l'inanité de ses prétentions[4]. Cependant, la jurisprudence sanctionne l'abus de droit sans exiger l'intention de nuire dans d'autres domaines que celui du droit d'agir en justice[5].

2643. ***La jurisprudence se fonde aussi sur les moyens utilisés.*** Ainsi, le commerçant qui use de *procédés déloyaux* pour gagner la clientèle de son concurrent (débauchage de ses employés, par exemple) commet-il une faute : il s'agit alors de concurrence déloyale. Il en est de même pour un manquement à une obligation de loyauté d'un ancien dirigeant[6].

2644. On pourrait aussi fonder sur l'abus de droit, la sanction des *troubles de voisinage.* Mais la sanction des troubles de voisinage est devenue une responsabilité spécifique, qui n'est rattachée à la responsabilité pour faute par la jurisprudence qu'en l'absence d'autre fondement textuel possible et qui relève plutôt des responsabilités objectives, sans faute (sur cette responsabilité, v. ss 2648 s.). *L'actuel projet de réforme de la Chancellerie* (mars 2017), suivant sur ce point tous les autres projets ou propositions de réforme, inclut expressément les « troubles de voisinage » parmi les faits générateurs de responsabilité extracontractuelle dans un article 1244 (v. ss 2651) mais pour reconnaître leur autonomie et en faire un régime spécifique de responsabilité distingué de la responsabilité pour faute.

B. La faute en matière sportive : le jeu de l'acceptation des risques

2645. En matière sportive et concernant certaines activités de loisir, la faute est moins facilement admise que dans les autres secteurs d'activité. En effet, on considère que dans ces domaines, il y a une sorte de permission légale à accomplir des actes qui, dans la vie courante, seraient constitutifs de faute. Ainsi, en est-il dans les sports de combat mais aussi dans certains jeux collectifs de ballon, comme le

1. Civ. 2e, 11 janv ; 1973, *Gaz. Pal.* 1973. 2. 710.

2. Civ. 2e, 11 sept. 2008, *Juris-Data* no 2008-044 975, *JCP* 2008. I. 123, note Ph. Stoffel-Munck.

3. Civ. 254 sept. 2014, *RTD civ.* 2014. 942, obs. P. Théry.

4. Ch. mixte 6 sept. 2002, *BICC* 15 oct. 2002, Concl. De Gouttes, rapp. Gridel ; *JCP E* 2002. II. 1687, obs. G. Viney, à propos de l'action abusive du demandeur qui a cherché à tirer profit d'un pseudo-gain qu'il savait ne pas être le sien.

5. Civ. 2e, 7 févr. 2019, n° 17-27.223 ; Civ. 2e, 28 mars 2019, n° 18-15.612, *RDC* 2019/3, p. 33, obs. R. Libchaber ; *BJS* 2019. 33, obs. J.-F. Barbiéri.

6. Com. 24 févr. 1998, *Bull. civ.* IV, no 86 ; *D.* 1999. Somm. 100, obs. Picod, *JCP* 1999. II. 10003, note Keita.

rugby ou le football. On ne peut, en effet, tenir compte de tous les manquements peu graves aux règlements, dus au feu de l'action.

Ainsi, en matière sportive, on surélève le niveau de la faute, par rapport au standard de la personne raisonnable (l'ancien « bon père de famille », v. ss 2628), en faisant intervenir une notion spécifique : la notion *d'acceptation des risques* par la victime. Le risque accepté est celui d'un dommage causé par un acte découlant de la pratique normale et régulière d'un sport, par exemple, une balle de tennis reçue dans l'œil en raison d'un service envoyé au mauvais partenaire ou un ballon mal lancé. C'est ainsi que l'on ne retient pas une simple maladresse ; mais on ne retient pas non plus une simple faute d'imprudence ou de négligence du sportif auteur du dommage. Il faut, selon la Cour de cassation, qu'il y ait un « manquement caractérisé aux règles du jeu ». On retrouve donc ici cette notion de faute caractérisée (v. ss 2625) qui devient ici une condition de la responsabilité [1].

L'acceptation des risques ne joue cependant qu'entre participants à la même activité. Si c'est un spectateur qui est blessé, elle est mise à l'écart, en principe, et on reviendra à l'appréciation classique de la faute, simple imprudence ou négligence.

Enfin, on peut noter une tendance de la Cour de cassation à réduire le rôle de l'acceptation des risques en la cantonnant aux compétitions sportives et en l'écartant en cas d'activités pédagogiques, impliquant des enfants [2]. Jusqu'à une décision du 4 novembre 2010, opérant revirement, la jurisprudence faisait également jouer l'acceptation des risques en matière sportive pour écarter purement et simplement le jeu de la responsabilité objective du fait des choses de l'article 1242, alinéa 1er (ancien art. 1384, al. 1er) du Code civil. Cette cause d'exonération spécifique de la responsabilité du gardien est désormais abandonnée (v. ss 2736, et les références de la décision).

C. La faute collective

2646. Le recours à la faute collective intervient dans des cas bien particuliers où le dommage se produit alors que deux ou plusieurs personnes exercent en groupe une activité déterminée. Tous les membres du groupe sont déterminés et il est certain que le dommage a été causé par un ou plusieurs membres du groupe, mais il est impossible de savoir précisément lequel. Il s'agit notamment du cas des accidents de chasse, de violences commises en groupe ou encore de dommage subis au cours de jeux collectifs. Puisque la jurisprudence exige que le rapport entre le fait générateur et le dommage soit certain, la solution la plus logique consisterait à considérer que personne n'est responsable. Mais cette solution a toujours paru choquante. Aussi la jurisprudence s'efforce de l'éviter et de mettre la réparation à la charge de tous les membres du groupe en retenant l'existence d'une faute collective. Au lieu de considérer que la faute en relation de cause à effet avec le dommage est un tir maladroit ou imprudent, en matière d'accident de chasse (puisqu'on ne sait qui est l'auteur du tir), elle considère que la faute consiste dans une mauvaise organisation collective du plan de chasse, ou dans des imprudences commises dans le cadre d'une action commune comportant des actes connexes et inséparables [3]. De façon encore plus artificielle, elle se place parfois sur le

1. Civ. 2e, 16 nov. 2001, *D.* 2001. IR 307.
2. Civ. 2e, 4 juill. 2002, *D.* 2003. 461, n° 7.
3. Civ. 2e, 19 mai 1976, *Foucher*, *D.* 1976. 629, note Mayer.

fondement de l'article 1242, alinéa 1er (ancien art. 1384, al. 1er), et de la responsabilité du fait des choses pour retenir une garde collective (v. ss 2715 s.).

On s'est demandé si ces solutions n'allaient pas être remises en question en 1966, lorsqu'a été créé un fonds de garantie destiné à prendre en charge la réparation des dommages dont l'auteur est resté inconnu. Mais la jurisprudence a continué à recourir à la notion de *faute* collective, montrant ainsi que la solution n'était pas seulement influencée par le souci de protection des victimes mais aussi par la notion toujours vivace de sanction. Il est anormal de ne pas sanctionner des fautes évidentes à l'origine d'un dommage.

Toutefois, la responsabilité solidaire des membres du groupe n'est qu'une solution subsidiaire. Si l'auteur véritable du dommage peut être identifié, elle s'efface[1]. De même si certains membres du groupe peuvent démontrer qu'ils ne sont pas les auteurs du dommage, ils ne sont pas reconnus responsables[2].

2647. On rappellera que l'avant-projet *Catala* avait proposé d'introduire directement pour résoudre la difficulté dans ce cas de figure, la notion de responsabilité collective, sans avoir besoin de passer par l'artifice de la faute collective. Le rapport d'information du Sénat n'avait pas retenu cette proposition dans ses recommandations (v. ss 2233) et la proposition de loi *Béteille* non plus. Elle avait recueilli, de façon générale, un certain nombre de critiques, de la part de la doctrine mais aussi de la Cour de cassation. Pourtant, c'est bien la proposition de l'avant-projet *Catala* qui est reprise dans ***l'actuel projet de réforme de la Chancellerie*** (13 mars 2017), à l'article 1240 : « lorsqu'un dommage corporel est causé par un membre indéterminé parmi des personnes identifiées agissant de concert ou exerçant une activité similaire, chacune en répond pour le tout, sauf à démontrer qu'elle ne peut l'avoir causé » (sur cette question d'un auteur non identifié, également, v. ss 2417 s.).

D. Les troubles de voisinage

2648. La théorie de l'abus des droits dont nous avons déjà parlé (v. *Droit civil*, vol. 1, section 1 ; v. ss 2637) a servi à l'origine de fondement à la sanction des troubles de voisinage. Cette réparation des troubles de voisinage a, en effet, longtemps supposé l'existence d'une faute imputable à l'auteur du trouble. L'abus du droit de propriété constituait cette faute et la responsabilité était fondée sur l'article 1240 du Code civil. Cependant le trouble de voisinage n'est pas toujours causé par un propriétaire. La responsabilité civile pour troubles de voisinage est ensuite devenue progressivement une responsabilité spécifique, aujourd'hui objective. Ce n'est pas simplement la faute qui est devenue objective : l'exigence d'une faute a tout simplement disparu, au profit de la seule considération du trouble subi et de son importance. Ou alors, si l'on considère que la faute n'a pas disparu, elle se trouve incorporée dans la notion de trouble et n'est pas clairement dissociée du dommage : le trouble « anormal » de voisinage, incorpore à la fois la notion de dommage (sans se réduire à cette notion) et l'idée de faute, mais sans que cette double démonstration ait à être faite. En toute hypothèse, la notion de trouble est particulièrement ambigüe.

---

1. Civ. 2e, 10 janv. 1973, *Bull. civ.* II, n° 15 ; *RTD civ.* 1973. 779, obs. G. Durry.
2. Civ. 2e, 19 mai 1976 (deux arrêts), *Bull. civ.* II, n° 166 ; *D.* 1976. 629, note Mayer.

2649. L'importance du trouble suffit à justifier la sanction de celui qui en est l'auteur. On considère, en effet, qu'il y a matière à responsabilité lorsque le trouble dépasse les « inconvénients normaux du voisinage »[1], par exemple la production d'émanations d'odeurs ou de fumées susceptibles de gêner anormalement les voisins constitue un trouble anormal de voisinage, sans qu'il y ait, pour autant, de faute.

Cela signifie que même en cas de respect des dispositions légales, il peut y avoir trouble anormal et sanction. Pour limiter le développement de la théorie des troubles de voisinage, le législateur a cependant posé, dans une loi du 31 décembre 1976, la règle selon laquelle il est impossible d'obtenir réparation des troubles de voisinage causés par une activité licite établie antérieurement à l'installation de la victime. La loi protège les pollueurs lorsque les nuisances sont dues à une « activité agricole, industrielle, artisanale ou commerciale exercée antérieurement à la demande de permis de construire » mais la jurisprudence n'en étend pas l'application à d'autres domaines, notamment pour un aéroport militaire[2].

2650. La théorie des troubles de voisinage est une théorie accueillante et en extension, qui permet de prendre en compte aujourd'hui certaines pollutions, et à travers elles certains dommages environnementaux dès lors tout au moins qu'ils ont des répercussions directes sur les personnes (sur cette question du dommage environnemental, v. ss 2275). Une nouvelle extension de cette théorie a été réalisée avec la prise prendre en charge, au titre des troubles de voisinage, du simple risque de dommage.

– On peut citer à ce titre une décision originale[3] qui condamne l'exploitante d'un haras qui stockait de la paille à proximité de la limite de la propriété voisine, pour « trouble anormal de voisinage », alors même qu'aucun préjudice, si ce n'est esthétique, n'était encore survenu, « compte tenu du risque indéniable » d'incendie que cela faisait courir aux voisins. Cet arrêt est significatif pour ce qui est de la prise en compte d'un risque de dommage, alors que, jusqu'ici, la Cour de cassation affirmait que le préjudice résultant d'un risque, fût-il certain, est purement hypothétique. Désormais, le risque préjudiciable est pleinement pris en compte et l'on constate que la responsabilité civile acquiert ainsi une fonction préventive (sur ces questions, v. ss 2190 s., 2346).

– L'illustration la plus intéressante réside cependant les décisions rendues par le tribunal de grande instance de Nanterre et la cour d'appel de Versailles, à propos du trouble constitué par l'installation *d'antennes-relais* de téléphonie mobile, décisions déjà relevées à propos du développement de la fonction préventive de la responsabilité civile et de l'influence du principe de précaution (v. ss 2191, 2346). L'arrêt *Lagouge*, rendu par la cour d'appel de Versailles, admet que la seule angoisse des riverains devant l'incertitude sur l'innocuité des ondes constitue un trouble anormal de voisinage, justifiant des dommages et intérêts et le démontage de l'antenne. Un nouveau pas a donc été franchi. Non seulement l'activité peut être licite, non seulement il n'est pas nécessaire d'établir une faute, mais en plus le simple risque de dommage est pris en considération. S'agit-il encore de responsabilité, comme se le demandent certains auteurs[4] ? Cette décision a suscité de nombreuses critiques et d'autres décisions postérieures ne se situaient plus sur le

1. Civ. 3e, 24 oct. 1990, *Bull. civ.* III, n° 105.
2. V. Civ. 3e, 8 juill. 1992, *JCP* 1992. IV. 2647, et obs. G. Viney, *JCP* 1993. I. 3664. 149.
3. Civ. 2e, 24 févr. 2005, *Juris-Data* n° 2005-027086 ; *JCP* 2005. II. 10100, note F.-G. Trébulle.
4. Ph. Stoffel-Munck, « La théorie des troubles du voisinage à l'épreuve du principe de précaution », *D.* 2009. 2817.

fondement des troubles de voisinage, ou même le condamnaient[1]. Cependant, dans une décision du 15 septembre 2011, la cour de Montpellier, retenant la compétence du juge judiciaire qui était contestée, a de nouveau utilisé le fondement du trouble de voisinage, dans une espèce opposant un groupe de riverains d'une antenne relais à l'exploitant du domaine public hertzien SFR[2]. En s'appuyant sur de nombreuses études internationales concluant à la nécessité d'abaisser les seuils d'exposition aux ondes électromagnétiques, elle considère que SFR avait fait naître chez les demandeurs ; la crainte légitime de courir un risque sanitaire particulièrement grave, dès lors qu'il n'existait aucune garantie d'absence de risque. Allant plus loin encore que la cour de Versailles, elle s'est référée directement au principe de précaution que SFR se devait de respecter, considérant ainsi que ce principe ne s'imposerait pas seulement aux autorités publiques mais aussi aux personnes privées[3]. Ce fondement du trouble de voisinage reste très discuté[4], de même que l'opportunité de faire jouer la responsabilité au bénéfice de personnes physiques en l'absence de risque prouvé, même si c'est justement l'intérêt du principe de précaution que de permettre d'intervenir dès lors qu'il n'y a pas de certitude sur l'absence de risque. Il en va cependant différemment lorsque l'action est portée par une association de défense de l'environnement (v. ss 2281).

Depuis, le tribunal des conflits est intervenu pour préciser que les juridictions judiciaires étaient incompétentes, quel que soit le fondement de l'action, pour ordonner l'interruption de l'émission, l'interdiction de l'implantation, l'enlèvement ou le déplacement d'une station radioélectrique régulièrement autorisée et implantée sur une propriété privée ou sur le domaine public, au motif que son fonctionnement serait susceptible de compromettre la santé des personnes. Il a en revanche considéré que le juge judiciaire restait compétent pour connaître des actions aux fins d'indemnisation des dommages causés par l'implantation ou le fonctionnement d'une telle station radioélectrique[5].

2651. ***L'autonomie des troubles de voisinage.*** À l'heure actuelle, la réparation des troubles de voisinage, est parfois demandée sur le fondement de l'article 1240 (ancien art. 1382) mais elle l'est parfois aussi sur le fondement de la responsabilité du fait des choses, lorsque l'on peut invoquer la notion de garde d'une chose à l'origine des dégâts : un chantier, du matériel…, dans ce cas, la Cour de cassation estime qu'il y a non-cumul des règles de responsabilité civile quasi délictuelle et des règles de responsabilité pour trouble anormal de voisinage[6]. En réalité, jusqu'en 1986, La Cour de cassation a continué à fonder systématiquement la sanction des troubles de voisinage sur l'article 1240 du Code civil, mais dans une décision du 19 novembre 1986, la seconde chambre civile va finalement poser le principe selon lequel « nul ne doit causer à autrui un trouble anormal de voisinage », sans plus viser aucun texte. La responsabilité pour troubles de voisinage est devenue une responsabilité spécifique, objective, qui ne devrait pas être fondée sur l'article 1240, ce dont tient compte l'actuel projet de réforme.

---

1. Chambery, 4 févr. 2010, *D.* 2010. 707 et 2183, obs. N. Reboul-Maupin ; *JCP* 2010, n° 531, obs. B. Parance ; Lyon, 3 févr. 2011, *CCE* 2011, n° 35, obs. P. Stoffel-Munck.

2. Montpellier, 15 sept. 2012, *D.* 2012. Pan. 54, obs. P. Brun ; *D.* 2012. 267, note B. Parance.

3. V. B. Parance, note préc.

4. V. notamment : P. Brun, *D.* 2012. Pan. 54 ; *Responsabilité civile extracontractuelle*, 2e éd., n° 494, spéc. p. 320.

5. T. confl. 14 mai 2012, *Juris-Data* n° 2012-010164, *RCA* 2012, comm. 224.

6. Civ. 3e, 24 mars 1999, *Bull. civ.* III, n° 74.

2652. Concernant les projets de réforme, suivant en cela l'avant-projet *Catala* de réforme du droit des obligations et les propositions Terré, ***l'actuel projet de réforme de la Chancellerie*** du 13 juin 2017 (art. 1244) introduit expressément les troubles de voisinage, matière jusqu'ici essentiellement jurisprudentielle, parmi les faits générateurs de la responsabilité extracontractuelle, en consacrant les solutions jurisprudentielles et l'idée d'une responsabilité de plein droit. L'autonomie de la responsabilité pour trouble anormal de voisinage serait ainsi reconnue. L'article 1244 (du projet de la Chancellerie), modifiant quelque peu la proposition faite dans l'avant-projet *Catala* (art. 1361), dans la formulation mais pas dans l'esprit, précise que le propriétaire, le locataire, le bénéficiaire d'un titre ayant pour objet principal de l'autoriser à occuper ou à exploiter un fonds, le maître d'ouvrage ou celui qui en exerce les pouvoirs, qui provoque un trouble excédant les inconvénients normaux de voisinage, répond de plein droit dommage résultant de ce trouble « excédant les inconvénients normaux de voisinage ». Il est cependant ajouté que le juge ne peut pas interdire la poursuite d'une activité dommageable si elle a été autorisée par voie administrative. Il peut cependant accorder des dommages et intérêts ou ordonner les mesures raisonnables permettant de faire cesser le trouble.

E. La faute contractuelle assimilée à une faute délictuelle

2653. Ce principe de l'identité des fautes contractuelles et extracontractuelles que la jurisprudence a posé pour contourner l'interdiction d'opter entre la responsabilité contractuelle et extracontractuelle et pour permettre à la victime, tiers au contrat, d'invoquer, sur le fondement des articles 1240 et 1240, un manquement contractuel, a été confirmé par l'assemblée plénière en 2007, ainsi que nous l'avons déjà évoqué (v. ss 2565) : la faute extracontractuelle, comme la faute contractuelle s'analysent en un manquement à une obligation préexistante. Certes, cette obligation n'a pas la même origine : elle est d'origine légale concernant la faute extracontractuelle alors qu'elle est d'origine contractuelle concernant la faute contractuelle ; mais cette différence ne va pas nécessairement à l'encontre d'une unité de nature des deux fautes. Il faut néanmoins relever que même si la faute extracontractuelle est devenue une faute objective, la preuve de cette faute requiert nécessairement une appréciation du comportement de l'auteur, pour vérifier l'écart de ce comportement par rapport à l'obligation imposée ou par rapport au devoir général de prudence et de diligence. Or, lorsque l'obligation contractuelle est une obligation de résultat, le manquement à l'obligation est automatiquement admis si le résultat n'est pas atteint, sans aucune appréciation du comportement du débiteur de l'obligation. Dans cette mesure, il est possible de soutenir que le principe de l'identité des fautes, dénature la faute extracontractuelle, au moins lorsque l'obligation est de résultat, puisque la victime pourra transporter, sur le terrain extracontractuel, ce manquement contractuel, sans avoir à rapporter d'autre preuve. Il semble cependant que la Cour de cassation revienne en arrière sur ce principe d'identité des fautes, alors par ailleurs que le projet de réforme de la responsabilité civile du 13 mars 2017 ne le consacre pas. Cette question sera abordée plus précisément lors de l'étude des rapports entre la responsabilité contractuelle et extracontractuelle (sur le principe, v. ss 3120 s., et sur le recul, v. ss 3129 s., et les références citées).

F. La faute des personnes morales

2654. La question est la suivante : si, par son activité, une personne morale (société, association, syndicat, fondation, peu importe) cause à autrui un dommage, sur quel fondement sera-t-elle tenue de le réparer ? Peut-on parler de « faute » de la personne morale ? Nous n'envisageons pas ici la question de la responsabilité pénale des personnes morales, désormais admise, indépendamment de celle de leurs dirigeants. N'est pas non plus concerné le cas où le dommage est dû à la faute d'un ouvrier ou d'un employé, c'est-à-dire d'un préposé : il y a aura matière à responsabilité du fait d'autrui ; de même, lorsque le dommage est dû à une chose soumise à la garde de la personne morale, la responsabilité du fait des choses de la personne morale ne pose pas de difficulté. Il est question ici de l'engagement d'une responsabilité directe, du fait personnel, de la personne morale.

2655. Dans le cas où le dommage est dû à une décision de l'un des organes de direction de la personne morale (assemblée générale, président-directeur général...) agissant ès qualités, sans qu'on puisse faire jouer sa faute personnelle, est-il possible d'engager l'action contre la personne morale sur le fondement d'une faute personnelle de celle-ci ?

2656. Est-il possible de parler d'une « faute » de la personne morale ?
Les juridictions administratives, pour leur part, se servent de la notion de responsabilité pour « défaut d'organisation ou de fonctionnement de la personne morale » depuis que le principe de la responsabilité de l'Administration vis-à-vis des particuliers a été reconnu.

2657. La Cour de cassation, après une assez longue période d'hésitation, consacre, elle aussi, cette solution en reconnaissant l'existence d'une « faute dans l'organisation » d'une clinique privée, pour retenir sa responsabilité [1]. Cette faute est admise dès lors qu'il existe un écart entre le niveau de qualité ou de sécurité effectivement procuré à l'usager et celui qu'il pouvait normalement attendre du service public ou de l'organisme privé, c'est-à-dire, de son « attente légitime ».

2658. Cette responsabilité pour faute est théoriquement dissociée de celle de « l'organe » de décision et de celle de la personne physique ou des personnes physiques qui se trouvent derrière, si bien que cet organe n'a même pas à être mis en cause dans le cadre de l'action exercé contre la personne morale. Un arrêt de la deuxième chambre civile de la Cour de cassation du 17 juillet 1967 [2], relève ainsi qu'« une personne morale répond des fautes dont elle s'est rendue coupable par ses organes, sans qu'il soit nécessaire de mettre en cause, sur le fondement de l'article 1384, alinéa 5 (devenu art. 1242, al. 5), lesdits organes pris comme préposés » [3]. En même temps, cette dissociation s'opère imparfaitement, dans la mesure où si la personne morale répond d'une faute dans l'organisation ou le fonctionnement, elle répond aussi de la faute de ses organes.

---

1. Civ. 1re, 15 déc. 1999, *Bull. civ.* I, n° 351 ; *JCP* 2000. I. 241, n° 3, obs. G. Viney, et *JCP* 2000. II, note G. Mémeteau.

2. *Bull. civ.* II, n° 261, p. 181.

3. V. dans le même sens, Civ. 2e, 27 avr. 1977, *Bull. civ.* II, n° 108.

2659. La responsabilité de la personne morale n'exclut pas par ailleurs la responsabilité personnelle de l'auteur physique du délit avec laquelle elle peut coexister. Cette responsabilité personnelle peut d'ailleurs intervenir sur un double fondement, puisqu'à côté de la responsabilité de droit commun fondée sur la faute prouvée, existe une responsabilité aggravée visant les seuls dirigeants d'une personne morale en état de redressement ou de liquidation judiciaires.

2660. Concernant les projets de réforme, *l'avant-projet Catala* avait prévu cette hypothèse et considérait d'une part, que la responsabilité de la personne morale est fondée sur la faute en reprenant les termes retenus par la jurisprudence, et précisait d'autre part, la nature de cette faute « qui s'entend non seulement de celle qui est commise par un représentant, mais aussi de celle qui résulte d'un défaut d'organisation ou de fonctionnement » (art. 1353), ***l'avant-projet de réforme de la Chancellerie*** d'avril 2016 restait muet sur la question, ce que l'on pouvait regretter. L'actuel projet du 13 mars 2017, réintègre la question et s'aligne sur les propositions de l'avant-projet *Catala* dans un article 1242-1 mais sans être tout à fait déterminé puisque le contenu de l'article reste entre parenthèses : « la faute de la personne morale résulte de celle de ses organes ou d'un défaut d'organisation ou de fonctionnement ».

§ 4. Preuve de la faute

2661. Il ne suffit pas qu'il y ait eu faute, encore faut-il la prouver et il s'agit donc de savoir à qui incombe la charge de la preuve.

La responsabilité du fait personnel reposant sur les articles 1240 et 1241 a pour fondement, nous l'avons vu, la faute ; mais cette faute doit normalement être *prouvée* par la victime du dommage.

On a voulu, ici encore, faire une distinction entre la responsabilité extracontractuelle, où la victime aurait la charge de la preuve, et la responsabilité contractuelle, où elle en serait dispensée du seul fait de l'inexécution, l'auteur du dommage ayant au contraire à faire la preuve d'une cause exonératoire. En réalité, nous l'avons vu (v. ss 2953 s.), c'est plutôt la nature de l'obligation qui conduit à renverser la charge de la preuve. La victime a toujours à faire la preuve de l'inexécution d'une obligation (légale ou contractuelle), mais s'il s'agit d'une obligation de moyens, prudence ou diligence, elle doit faire, en plus, la preuve d'une négligence, alors que s'il s'agit d'une obligation de résultat, la preuve de l'inexécution, c'est-à-dire de l'absence de résultat suffit.

2662. Cependant, ici, le principe de l'identité des fautes délictuelle et contractuelle confirmé par l'assemblée plénière apporte une perturbation au régime de la charge de la preuve. Ce principe de l'identité des fautes (v. ss 2565, 2653, et surtout, v. ss 3120 s.) permet en effet à la victime qui agit sur le fondement de la responsabilité pour faute de l'article 1240, de se prévaloir d'un manquement contractuel, « sans avoir à rapporter d'autre preuve ».

Lorsque l'obligation contractuelle inexécutée est une obligation de résultat, la victime, même si la responsabilité est fondée sur les articles 1240 et 1241 du Code civil, se trouve donc dispensée de prouver le mauvais comportement du débiteur ; en somme, elle n'a plus à faire la preuve de la faute. On rappellera toutefois que la Cour de cassation semble revenir en arrière sur cette identité des fautes contractuelles et extracontractuelles, que le projet de réforme de la responsabilité ne reçoit pas et qu'elle l'a déjà écarté à plusieurs reprises depuis 2016 (v. ss 3129 s., et les références).

Section 2

Les autres conditions de la responsabilité pour faute

§ 1. Le dommage et la preuve du lien de causalité

2663. *Le dommage* ne présente aucune spécificité. Il sera donc renvoyé aux développements qui concernent cette condition constante de la responsabilité civile (v. ss 2265 s.)

2664. *Le lien de causalité* ne présente pas non plus de réelles particularités, si ce n'est qu'il doit être prouvé et que la charge de la preuve incombe à la victime du dommage.

Sur le fondement des articles 1240 et 1241, la jurisprudence ne retient la faute que si elle est condition *sine qua non* du dommage. Le fait de retenir une faute cause du dommage ne l'empêche pas par ailleurs de retenir d'autres causes du dommage. Les solutions sont classiques (sur cette question du lien de causalité entre le fait générateur et le dommage, v. ss 2399 s.).

La victime doit par ailleurs prouver le lien de causalité entre la faute et le dommage. Il s'agit d'une exigence de preuve positive, car il n'existe pas de présomption de causalité. Elle doit donc convaincre le juge qu'il existe entre la faute et le dommage un rapport de causalité direct et certain. Il existe cependant quelques assouplissements à cette exigence de preuve en cas de faute très grave, intentionnelle, les juges se montrent assez souples quant aux exigences de preuve. En effet, plus la faute est grave et a fortiori si elle est intentionnelle, plus elle a de chances de causer le dommage.

Enfin, on rappellera aussi que la jurisprudence allège parfois la charge de la preuve en recourant à la notion de *perte de chance*. Lorsque la preuve du lien de causalité entre la faute, qui est établie, et le dommage ne peut être faite avec suffisamment de certitude, la jurisprudence se sert de cette notion de perte de chance d'éviter le dommage final pour admettre la responsabilité et accorder une réparation, même si elle n'équivaut jamais à la réparation du dommage final (sur cette notion de perte de chance, v. ss 2344 s.).

§ 2. Les causes d'exonération et les cumuls de responsabilité

A. Cumuls de responsabilité

2665. *À l'encontre de la même personne,* la responsabilité fondée sur les articles 1240 et 1241 du Code civil peut parfaitement se cumuler avec un autre régime de responsabilité extracontractuelle, notamment la responsabilité du fait des choses de l'article 1242, alinéa 1er (ancien art. 1384, al. 1er). Les deux fondements peuvent être invoqués simultanément contre la même personne, pour augmenter les chances d'engager sa responsabilité. Mais la responsabilité contractuelle ne peut être invoquée simultanément compte tenu du principe de non-cumul et d'interdiction de l'option (v. ss 3098 s.).

2666. *À l'encontre de personnes différentes,* il est possible d'exercer simultanément une action fondée sur la faute ou sur tout autre fondement, contractuel ou extracontractuel, sans aucune exclusion. On peut ainsi tenter d'engager la responsabilité d'une personne pour faute et d'une autre personne sur le fondement d'une responsabilité du fait d'autrui, ou d'une responsabilité contractuelle ou sur le fondement de la loi de 1985 sur les accidents de la circulation ou de la loi de 1998 sur la responsabilité du fait des produits défectueux. La technique de l'obligation *in solidum* (v. ss 2403, 2430, 2480 s., 2548) permettra ensuite à la victime de demander réparation pour le tout à n'importe lequel des coresponsables qui exerceront ensuite entre eux des recours récursoires.

B. Causes d'exonération de la responsabilité générales

2667. Ce sont les causes ordinaires, que nous avons étudiées au titre des éléments communs à tout régime de responsabilité (v. ss 2424 s.).

– Toutefois, il faut noter qu'il est un peu impropre en matière de responsabilité pour faute, de parler de *causes d'exonération totale.* En effet, la responsabilité pour faute est une responsabilité dont toutes les conditions doivent être prouvées. Ce n'est pas une responsabilité présumée. Dès lors tant que la victime n'a pas fait la preuve d'une faute, d'un dommage et d'un lien de causalité, la responsabilité du défendeur ne peut être engagée. Et si ces trois conditions sont établies, il sera impossible de prouver qu'il existe un cas de force majeure un fait du tiers ou un fait de la victime présentant les caractères de la force majeure puisque ces circonstances font disparaître toute relation de causalité entre le fait générateur invoqué et le dommage. Les « causes d'exonération totale » ne pourront donc jouer que préventivement, pour empêcher la victime de prouver les conditions de la responsabilité.

– Il est cependant possible d'établir une *cause d'exonération partielle*, alors même que la responsabilité pour faute serait engagée (v. ss 2429). En prouvant que la faute de la victime est également cause du dommage, le défendeur pourra obtenir un partage de responsabilité opposable à la victime, qui le déchargera d'une part de responsabilité et donc d'indemnité.

C. Causes d'exonération propres à la responsabilité fondée sur la faute : vraies ou fausses causes d'exonération ?

2668. Ce sont, essentiellement, l'*exercice d'un droit*, l'*état de nécessité* et le *consentement de la victime*. Mais on pourrait tout aussi bien considérer qu'il ne s'agit pas à proprement parler de causes d'exonération (qui écartent une responsabilité dont les conditions sont remplies) mais de causes qui empêchent de retenir la faute, condition de la responsabilité et non des causes qui font disparaître la responsabilité. Ce serait alors de « fausses » causes d'exonération.

– ***L'exercice d'un droit*** : dès lors qu'il n'y a pas abus du droit, l'exercice d'un droit ôte à l'acte dommageable son caractère illicite. Ainsi, le commerçant qui a causé un préjudice à un concurrent ne peut-il être considéré comme fautif, s'il avait le droit de s'installer à proximité et s'il n'a pas utilisé de procédés de concurrence déloyale.

– ***L'état de nécessité*** suppose que l'on a causé un dommage à autrui pour en éviter un plus grave à soi-même ou à un tiers. Dans le premier cas, la jurisprudence n'est pas très encline à accorder l'exonération de responsabilité. Mais, dans le second cas, s'il s'agissait d'éviter un dommage à autrui, on se trouve en présence d'un acte d'assistance ou de dévouement susceptible d'exonérer le défendeur de sa responsabilité. Dans ces cas-là, cela revient à dire qu'il y a absence de faute.

– ***Le consentement de la victime*** fait également, en principe, disparaître le caractère illicite du fait dommageable. Ainsi, le sportif qui en blesse un autre au cours d'une séance d'entraînement peut-il invoquer le consentement de la victime qui connaissait le risque qu'elle courait : on fait jouer ici la notion d'*acceptation du risque* (sur son rôle dans certains secteurs d'activité, v. ss 2645, 2731 s.).

On voit ici l'influence sur le droit civil des faits justificatifs du droit pénal, que ***l'actuel projet de réforme de la Chancellerie*** (13 mars 2017) vise directement référence au titre des causes d'exclusion de responsabilité (art. 1257) (v. ss 2616).

DOCUMENTS

BIBLIOGRAPHIE

BARBIER (J.-F.), « Inconscience et responsabilité dans la jurisprudence civile : l'incidence de l'article 489-2 du Code civil après une décennie », *JCP* 1982. I. 3057.

BLANC-JOUVAN, « La responsabilité de l'*infans* », *RTD civ.* 1957. 28.

BUEB (R.), « Troubles de voisinage : de la faute à la responsabilité objective », *LPA*, 14 févr. 2000, p. 3.

BURST (J.-J.), « La réforme du droit des incapables majeurs et ses conséquences sur le droit de la responsabilité civile extracontractuelle », *JCP* 1970. I. 2307.

DEJEAN DE LA BATIE, *Appréciation* in abstracto et *appréciation* in concreto, 1965.

DURRY (G.), « Rapport de synthèse », Journée d'étude du 17 janvier 2003 sur « La responsabilité pour faute », *RCA* juin 2003.

GRUA (F.), « La responsabilité civile de celui qui fournit le moyen de causer un dommage », *RTD civ.* 1994. 1.

HUET (G.), « La responsabilité du jeune enfant ; vers l'uniformisation de la notion de faute délictuelle », obs. à la *RTD civ.* 1984. 508 (à propos des arrêts de l'assemblée plénière du 9 mai 1984).

HUET (J.), « Adieu bon père de famille », *D.* 2014. 505.

LAPOYADE-DESCHAMPS, « Les petits responsables (responsabilité civile et responsabilité pénale de l'enfant) », *D.* 1988. Chron. 299.

PUILL (B.), « Les caractères du fait non fautif de la victime », *D.* 1980. Chron. 157.

ROTONDI (M.), « Le rôle de la notion de l'abus de droit », *RTD civ.* 1980. 66 s.

STOFFEL-MUNCK (Ph.), « La théorie des troubles du voisinage à l'épreuve du principe de précaution », *D.* 2009. 2817.

TUNC, « L'enfant et la balle », *JCP* 1966. I. 1983.

VINEY (G.), « La faute de la victime d'un accident corporel : le présent et l'avenir », *JCP* 1984. I. 3155.

– « La réparation des dommages causés sous l'empire d'un état d'inconscience : un transfert nécessaire de la responsabilité vers l'assurance », *JCP* 1985. I. 3189.

WAREMBOURG-AUQUE (F.), « Irresponsabilité ou responsabilité civile de l'*infans* », *RTD civ.* 1982. 329.

Journée d'études du 17 janvier 2003 à la Faculté de droit du Mans : « La responsabilité pour faute », *RCA*, juin 2003.

ARRÊTS À COMMENTER

Ass. plén. 9 mai 1984, aff. *Gabillet* et *Fullenwarth*, *JCP* 1984. II. 20255, note Dejean de La Batie

1) Ass. plén. 9 mai 1984, *Époux Gabillet c/ Noye*

LA COUR. – *Sur le moyen unique :*

– Attendu, selon l'arrêt attaqué (Agen, 12 mai 1980), que le 30 juin 1975, l'enfant Éric Gabillet, alors âgé de 3 ans, en tombant d'une balançoire improvisée constituée par une planche qui se rompit, éborgna son camarade Philippe Noye avec un bâton qu'il tenait à la main ; que M. Lucien Noye, agissant en qualité d'administrateur légal des biens de son fils, assigna ses parents, les époux Gabillet, en tant qu'exerçant leur droit de garde, en responsabilité de l'accident ainsi survenu ;

– Attendu que les époux Gabillet font grief à l'arrêt d'avoir déclaré Éric Gabillet responsable sur le fondement de l'article 1384, alinéa 1er, du Code civil, alors, selon le moyen, que l'imputation d'une responsabilité présumée implique la faculté de discernement ; que la cour d'appel a donc violé par fausse application l'alinéa 1er de l'article 1384 du Code civil ;

– Mais attendu qu'en retenant que le jeune Éric avait l'usage, la direction et le contrôle du bâton, *la cour d'appel qui n'avait pas, malgré le très jeune âge de ce mineur, à rechercher si celui-ci avait un discernement,* a légalement justifié sa décision ;

Par ces motifs,

Rejette le pourvoi formé contre l'arrêt rendu le 12 mai 1980 par la cour d'appel d'Agen. Mme Rozès, prem. prés., MM. Fédou, rapp., Cabannes, prem. av. gén. ; SCP Lemanissier et Roger, SCP Boré et Xavier, av.

2) Ass. plén. 9 mai 1964, *Fullenwarth c/ Felten*

LA COUR. – *Sur le moyen unique :*

– Attendu, selon l'arrêt attaqué (Metz, 25 sept. 1979) que le 4 août 1975, Pascal Fullenwarth, alors âgé de 7 ans, décocha une flèche avec un arc qu'il avait confectionné en direction de son camarade David Felten et l'éborgna ; que M. Guillaume Felten, père de la victime, a assigné en dommages et intérêts M. Raymond Fullenwarth, en sa qualité de civilement responsable de son fils Pascal sur le fondement de l'article 1384, alinéa 4, du Code civil ;

– Attendu que M. Raymond Fullenwarth fait grief à l'arrêt de l'avoir déclaré entièrement responsable des conséquences de l'accident, alors, selon le moyen, que la cour d'appel n'a pas recherché si Pascal Fullenwarth présentait un discernement suffisant pour que l'acte puisse lui être imputé à faute, qu'elle a entaché sa décision d'un défaut de base légale et ainsi violé les articles 1382 et 1384, alinéa 4, du Code civil ;

– Mais attendu que, pour que soit présumée, sur le fondement de l'article 1384, alinéa 4, du Code civil, la responsabilité des père et mère d'un mineur habitant avec eux, *il suffit que celui-ci ait commis un acte qui soit la cause directe du dommage invoqué par la victime ;* que par ce motif de pur droit, substitué à celui critiqué par le moyen, l'arrêt se trouve légalement justifié ;

Par ces motifs,

Rejette le pourvoi formé contre l'arrêt rendu le 25 septembre 1979 par la cour d'appel de Metz ; Mme Rozès, prem. prés., MM. Fédou, rapp., Cabannes, prem. av. gén. ; SCP Lyon-Caen, Fabiani et Liard, av.

Directives

Pour pouvoir commenter ces arrêts reportez-vous aux chapitres consacrés à la responsabilité des parents du fait de leurs enfants mineurs et à la responsabilité du fait des choses.

Insistez tout particulièrement sur la question de l'imputabilité et du discernement chez un jeune enfant : 3 ans et 7 ans.

Chapitre 2

La responsabilité du fait des choses

Introduction

2669. Contrairement à l'article 1240 (ancien art. 1382) qui assied la responsabilité sur la faute, on découvre avec l'article 1242, alinéa 1er (ancien art. 1384, al. 1er), une responsabilité totalement objective entièrement dissociée de la faute et d'application aussi générale que l'article 1240 du Code civil. La responsabilité du fait personnel des articles 1240 et 1241 du Code civil et la responsabilité du fait des choses de l'article 1242, alinéa 1er (ancien art. 1384, al. 1er), sont des régimes de responsabilité de droit commun par excellence puisqu'ils sont applicables par principe à toute situation et qu'ils peuvent même être invoqués simultanément par la victime ; celle-ci a toute liberté de choix et peut multiplier ses chances de succès en se plaçant sur les deux fondements.

2670. Avec la responsabilité du fait des choses que l'on a sous sa garde, le fait générateur est le fait d'une chose et le responsable est son gardien : le fondement technique de la responsabilité, qui va permettre d'imputer le fait de la chose à la personne qui sera alors désignée comme responsable du dommage est le concept de garde, concept objectif qui repose, on le verra sur des pouvoirs objectifs de contrôle et d'usage de la chose qui est intervenue dans la réalisation du dommage. Si le fondement technique est la garde, le fondement idéologique, théorique, de cette responsabilité peut être trouvé dans la théorie du risque (v. ss 2172 s., 2679 s.).

2671. Cette responsabilité, beaucoup plus facile à établir que la responsabilité du fait personnel où toutes les conditions doivent être prouvées, est une responsabilité présumée. C'est ce qui explique qu'il y ait place, alors même que la victime aurait apporté les éléments nécessaires pour engager la responsabilité, pour des causes d'exonération (v. ss 2725). Comme toute responsabilité, la responsabilité du gardien repose sur le triptyque : fait générateur, dommage et lien de causalité entre les deux, mais la victime est aidée par des présomptions.

2672. La responsabilité du fait des choses est d'abord l'histoire d'une découverte par la jurisprudence d'un nouveau principe général de responsabilité à côté de la responsabilité pour faute. En effet, les rédacteurs du Code civil n'avaient jamais voulu faire de l'article 1242, alinéa 1er (ancien art. 1384, al. 1er), un régime de responsabilité autonome. On verra ensuite les caractéristiques de la mise en jeu de la responsabilité du gardien. Puis on dira quelques mots des régimes spéciaux de responsabilité du fait des choses que sont la responsabilité du fait des animaux et des bâtiments, considérés par le Code civil comme des cas particuliers de responsabilité du fait des choses, plus marginaux et que ***l'actuel projet de réforme de la Chancellerie*** du 13 mars 2017 fait d'ailleurs disparaître.

2673. À l'inverse de ces régimes spéciaux, appelés à disparaître, la responsabilité du fait des choses reste consacrée, telle que la jurisprudence l'a construite, dans tous les projets de réforme, l'avant-projet *Catala*, les propositions *Terré*, la proposition de loi *Béteille* mais aussi ***l'actuel projet de réforme de la Chancellerie***, du 13 mars 2017 qui confirme par ailleurs sa nature de responsabilité objective : « on est responsable *de plein droit* des dommages causés par le fait des choses corporelles que l'on a sous sa garde » (projet, art. 1243).

Section 1
Évolution historique de la responsabilité du fait des choses

§ 1. La découverte de l'article 1384, alinéa 1er

2674. Le Code civil n'avait prévu que deux cas de responsabilité du fait des choses : la responsabilité du fait des animaux (art. 1385, devenu l'art. 1243) et la responsabilité du fait des bâtiments (art. 1386, devenu art. 1244) et ces deux textes furent suffisants pendant près d'un siècle. Dans la plupart des cas, c'est à la responsabilité du fait personnel que l'on avait recours. À la fin du XIXe siècle, le développement du machinisme fit apparaître des situations où il était impossible de déterminer qui avait commis la faute génératrice du dommage. Si l'on voulait indemniser la victime, il fallait donc trouver un autre fondement à cette responsabilité, et c'est ainsi que fut « découvert » l'article ancien article 1384, alinéa 1er (devenu l'art. 1242, al. 1er).

L'article 1242, alinéa 1er, dispose : « on est *responsable* non seulement du dommage que l'on cause par son propre fait (rappel des articles 1240 et 1241), mais encore de celui qui est causé par le fait des personnes dont on doit répondre (annonce des alinéas suivants de l'article 1242) ou *des choses que l'on a sous sa garde* » (annonce des articles 1243 et 1244).

2675. C'est en 1896 avec l'arrêt dit « du remorqueur »[1], que la Cour de cassation admet, pour la première fois, que, selon l'article 1242, alinéa 1er (ancien art. 1384, al. 1er), le propriétaire d'une machine est responsable du dommage causé par un *vice de construction*, « mais sans qu'il puisse s'y soustraire en prouvant, soit la faute du constructeur de la machine, soit le caractère occulte du vice incriminé ». Cette idée avait été soulevée dès 1870 en Belgique et avait été soutenue par Laurent mais sans trouver, à cette époque, d'écho dans la doctrine.

Cette solution novatrice fut accueillie avec faveur par la doctrine et développée tout au long du XIXe siècle par la jurisprudence qui a ainsi construit une « théorie de la responsabilité du fait des choses ». Cette responsabilité à caractère objectif car détachée de la faute, fondée sur l'ancien article 1384, alinéa 1er, est devenue le droit commun de la responsabilité du fait des choses et les cas visés aux articles 1385 et 1386 devenus respectivement

---

1. Civ. 16 juin 1896, *S.* 1897. I. 17, note A. Esmein, *D.* 1897. I. 433, note Saleilles et concl. contr. Av. gén. Sarrut.

les articles 1243 et 1244, sont, désormais, considérés comme des cas particuliers, auxquels il convient d'ajouter quelques textes postérieurs qui constituent les régimes spéciaux de responsabilité du fait des choses et, notamment la responsabilité du fait des produits défectueux des articles 1386-1 à 1386-18 (devenus art. 1245 à 1245-17) qui sera traitée au titre des régimes spéciaux de responsabilité (v. ss 3148 s.).

§ 2. La construction d'un régime objectif de responsabilité du fait des choses

2676. Dans ce régime de responsabilité du fait des choses, fondé sur cet alinéa 1er de l'article 1242, une question s'est tout de suite posée, celle du fondement de cette responsabilité. Dire que le propriétaire ou, plutôt, nous le verrons, le gardien d'une chose est responsable des dommages qu'elle provoque, c'est bien, mais encore, faut-il expliquer pourquoi...

2677. Plusieurs fondements ont été successivement avancés par la doctrine et par la jurisprudence qui se sont orientées dans des directions parfois différentes en une sorte de mouvement de flux et de reflux, avec des interprétations plus ou moins rigoureuses de la responsabilité du gardien.

A. L'origine : une présomption de faute

2678. On a, tout d'abord, dans une première phase, considéré qu'il y avait là une responsabilité fondée sur une présomption de faute, mais il fallait prouver l'intervention d'un fait autonome de la chose et la preuve de l'absence de faute n'était pas exonératoire. Ce fut notamment le cas dans un arrêt du 21 janvier 1919 à la suite d'une explosion de locomotive. Seuls les cas fortuits ou la cause étrangère étaient considérés comme exonératoires et non l'absence de faute, ce qui était peu satisfaisant.

Cette première période, avec l'affaire de l'*Incendie de la gare de Brienne*[1] fait apparaître l'inutilité d'un vice propre de la chose car, selon la jurisprudence, l'article 1384, alinéa 1er (devenu art. 1242, al. 1er), rattachait la responsabilité à la *garde* de la chose et non à la chose elle-même. Toutefois, dans un premier arrêt *Jand'heur*[2], la Cour de cassation va exiger, s'il s'agit d'une chose dangereuse, qu'elle soit soumise à une garde constante.

Mais ce fondement semble insuffisant et dès 1930 apparaît une autre notion.

B. Présomption de responsabilité : la théorie du risque

1) Le risque

2679. Avec le deuxième arrêt *Jand'heur*[3] et devant la multiplication des accidents d'automobile, la jurisprudence entame une deuxième phase et substitue à la notion

---

1. 16 nov. 1920, *S.* 1922. I. 197, note Hugueney, *D.* 1920. I. 169, note Savatier.
2. Civ. 21 févr. 1927, *DP* 1927. I. 97, note Ripert, *DH* 1930. 29, chron. Capitant.
3. Ch. réunies 13 févr. 1930, *DP* 1930. I. 57, note G. Ripert, *S.* 1930. I. 121, note P. Esmein.

de présomption de faute celle de *présomption de responsabilité*. En effet, dans ces accidents, le plus souvent la victime ne parvenait pas à faire la preuve de la faute de l'automobiliste, ou celui-ci parvenait à faire tomber la présomption mise à sa charge ; or, les automobilistes étant assurés, il paraissait plus juste de condamner l'automobiliste pour que la victime puisse être indemnisée. La doctrine, notamment Saleilles et Josserand, interprète ces termes de présomption de responsabilité en invoquant l'idée de risque. C'est tout d'abord la théorie du « risque profit » : le responsable doit réparer parce qu'il tire un profit de son activité (cf. pour les entreprises, réparations des accidents du travail) ; puis la théorie du « risque créé » : le risque découlant de toute activité que le profit soit pécuniaire ou simplement moral (joie de conduire…) ; enfin une théorie mixte où faute et risque se mêlent avec un certain chevauchement de leur domaine respectif.

D'autres auteurs classiques ont voulu repousser cette théorie du risque.

2) Mazeaud et de Juglart soutenaient que le seul fondement demeurait la faute, mais une faute rénovée

2680. Il s'agissait, selon eux, d'une faute civile ou d'une faute sociale, car ils objectaient que la théorie du risque est matérialiste, alors que le droit doit sauvegarder les valeurs morales ou spirituelles.

Cependant, pour permettre l'indemnisation de la victime, ils donnent à la faute un sens nouveau : c'est une faute civile et non morale, une conduite opposée à celle de la moyenne des gens dans les mêmes circonstances : faute objective, envisagée *in abstracto* et non faute morale, subjective. Mais, ici, on joue sur les mots en qualifiant de faute une conduite, anormale bien que non blâmable, et, en pratique, la jurisprudence n'attache pas les mêmes conséquences à une faute civile qu'à une faute morale.

3) Starck développa alors la théorie de la garantie

2681. Les théories du risque ou de la faute envisagent le problème du côté de l'auteur du dommage, Boris Starck se place du côté de la victime (v. ss 2179). Chacun, selon lui, a des droits : droits à l'intégrité physique, à la vie, à la sécurité matérielle, etc. et tout dommage qu'il subit est une atteinte à ces droits ; ceux-ci étant nécessairement garantis par le droit, cela justifie une sanction contre l'auteur de cette atteinte (cf. obligation de sécurité en matière contractuelle). Mais, d'autre part, condamner l'auteur du dommage c'est restreindre son droit d'agir… Il y a là un conflit de droits que la théorie de la garantie tente de résoudre en les conciliant.

2682. Ainsi, fondée sur cette idée de risque, la responsabilité du fait des choses, est-elle très lourde pour le gardien qui ne peut pratiquement pas s'exonérer de sa responsabilité, car la Cour de cassation, le 13 février 1930, dans le deuxième arrêt *Jand'heur* (arrêt rendu toutes chambres réunies sur pourvoi contre un arrêt de la cour d'appel qui avait refusé l'application de l'article 1384, alinéa 1er, devenu l'article 1242, alinéa 1er, au double motif que la chose « était actionnée par la main de l'homme » et qu'il n'était pas établi que la chose avait un « vice propre », v. ss 2679, pour les références), a fixé les bases de cette responsabilité ainsi qu'il suit :

« […] Attendu que la présomption de responsabilité établie par l'article 1384, alinéa 1er, du Code civil, à l'encontre de celui qui a sous sa garde la chose inanimée qui a causé un dommage à autrui, ne peut être détruite que par la preuve d'un cas fortuit ou de force majeure ou d'une cause étrangère qui ne lui soit pas imputable ; qu'il ne suffit pas de prouver qu'il n'a commis aucune faute ou que la cause du fait dommageable est demeurée inconnue.

Mais attendu que la loi, pour l'application de la présomption qu'elle édicte, ne distingue pas, suivant que la chose qui a causé le dommage était ou non actionnée par la main de l'homme ; qu'il n'est pas nécessaire qu'elle ait un vice inhérent à sa nature et susceptible de causer le dommage, l'article 1384 rattachant la responsabilité à la garde de la chose, non à la chose elle-même… ».

2683. Même si la jurisprudence a pu autoriser parfois le gardien à s'exonérer de sa responsabilité dans un certain nombre de cas où le lien de causalité ne semble pas évident, si bien que l'on a pu se demander s'il n'y avait pas, de ce fait, un certain retour à la notion de faute, il reste que cette responsabilité est définitivement construite comme une responsabilité objective, fondée idéologiquement sur la théorie du risque et, techniquement, sur la garde, dans la mesure où le gardien de la chose est celui qui crée le risque et doit donc en supporter les conséquences..

C'est ce que nous allons voir en étudiant le mécanisme de la responsabilité du fait des choses que les différents projets de réforme et, notamment, l'actuel projet de la réforme de la Chancellerie du 13 mars 2017 consacrent, telle que la jurisprudence l'a construite en confirmant sa nature de responsabilité objective, dite de « plein droit ».

2684. Une notion nouvelle va ensuite apparaître avec la loi du 5 juillet 1985 sur l'indemnisation des victimes d'accident de circulation qui introduit le terme d'« implication » et que nous verrons ensuite plus en détail (v. ss 3235 s.) ; cette loi, qui prend en compte de façon encore plus spécifique cette idée de risque, automobile, en l'occurrence va retirer à l'article 1384, alinéa 1er, devenu l'article 1242, alinéa 1er, une grosse partie de son domaine d'application puisqu'il s'agit d'une loi instituant un régime autonome d'indemnisation des victimes de dommages causés par des véhicules terrestres à moteur. Elle n'autorise pas la victime à choisir de se placer plutôt sur le fondement de la responsabilité du fait des choses.

Section 2

Mécanisme du régime général de la responsabilité du fait des choses selon l'article 1242, alinéa 1er

2685. Nous verrons, d'une part, les conditions d'exercice de cette responsabilité, puis ses causes d'exonération.

§ 1. Conditions de mise en jeu de la responsabilité du fait des choses

2686. Selon les termes même de l'article 1242, alinéa 1er, (ancien art. 1384, al. 1er) qui indique que l'on est responsable « du fait des choses que l'on a sous sa garde », on peut définir les conditions nécessaires à la mise en jeu de cette responsabilité.

▶ ***La responsabilité du fait des choses*** est encourue dès qu'il y a réunion de trois éléments : présence d'une chose (A), fait de la chose (B), c'est-à-dire lien de causalité entre la chose et le dommage, celui-ci étant la plupart du temps présumé. La responsabilité pèse alors que le gardien de la chose (C).

A. La chose

2687. Ce terme est extrêmement vague, ce qui a permis à la jurisprudence d'étendre le domaine de l'article 1242, alinéa 1er (ancien art. 1384, al. 1er,) à toutes sortes de biens solides, liquides ou gazeux, voire aux ondes sonores ou aux impulsions électriques ou « parasites ». Mais ce sont surtout les biens corporels, depuis les voitures et toutes sortes de véhicules à moteur (jusqu'à la loi du 5 juillet 1985), jusqu'aux biens les plus variés tels qu'instruments de toute nature mais également tuyauterie, dallage, armes, tuiles, etc. Certains biens en sont exclus, mais, en revanche, la jurisprudence a évolué en ce qui concerne les caractéristiques requises de ces biens.

1) Biens qui sont exclus du domaine de l'article 1242, alinéa 1er (ancien art. 1384, al. 1er)

a) Ce sont tout d'abord les biens qui sont visés par d'autres textes

2688. Cela concerne, tout d'abord, les biens visés par le Code civil, qui font l'objet d'un régime spécial de responsabilité du fait des choses : les animaux (art. 1385, devenu art. 1243) et les bâtiments (art. 1386, devenu art. 1244) ; mais il faut noter que, pour ceux-ci, le texte ne vise que les dommages causés par leur ruine. S'il n'y a pas ruine, on se retrouve dans le cadre de l'article 1242, alinéa 1er.

D'autres textes postérieurs visent également les choses incendiées, les aéronefs, les téléphériques et l'énergie nucléaire.

Sont, enfin, également exclus les *véhicules terrestres à moteur* depuis la loi du 5 juillet 1985 (v. ss 3311 s.).

Les « produits défectueux » font eux aussi l'objet d'une responsabilité spéciale régie par les articles 1386-1 à 1386-18 du Code civil depuis la loi du 19 mai 1998 (devenus art. 1245 à 1245-17 depuis l'ordonnance du 10 février 2016), mais dans ce cas l'application de l'article 1242, alinéa 1er, n'est pas exclue. Une option est possible pour la victime entre le régime spécial et le droit commun de la responsabilité.

b) Ce sont ensuite les biens n'appartenant à personne

2689. Il s'agit de choses telles que gibier, chose abandonnée, neige entraînée par une avalanche, c'est-à-dire des *res nullius* à ne pas confondre avec une *res derelicta* (chose abandonnée) susceptible d'être sous la garde de quelqu'un. Ainsi, par exemple, l'enfant qui blesse quelqu'un en donnant un coup de pied dans une bouteille abandonnée est-il considéré comme gardien temporaire de cette bouteille[1].

---

1. Civ. 2e, 10 févr. 1982, *Gaz. Pal.* 3-4 nov. 1982, note F. C. ; *JCP* 1982. Somm. 153 ; *JCP* 1983. II. 20069, note Cœuret.

c) C'est, enfin, le corps humain

2690. Le corps humain, échappe également au domaine de l'article 1242, alinéa 1er. Citons, par exemple, le cas de la chute du passager d'un manège forain sur un spectateur[1].

Toutefois, une partie du corps humain peut donner lieu à l'application de l'article 1242, alinéa 1er, si elle forme un ensemble avec la chose, cause du dommage : coude du motocycliste, main sur la poignée d'une portière malencontreusement ouverte…

2) Caractéristiques de la chose

2691. La doctrine a voulu faire, à l'origine, des distinctions selon que la chose était mobilière ou immobilière, dangereuse ou non, en mouvement ou inerte, en position normale ou anormale, etc. Et la jurisprudence a dû, à l'occasion des cas qui lui étaient soumis, nuancer sa position sur ces différents points.

a) Chose mobilière ou immobilière

2692. L'article 1242, alinéa 1er, est applicable, en principe, à tous les *biens meubles* sauf en cas d'incendie. Le problème soulevé par les navires et les aéronefs que certains voulaient exclure du domaine de l'article 1242, alinéa 1er, a été résolu pour les premiers par des textes spéciaux mais l'article 1242, alinéa 1er, demeure applicable en cas d'abordage aérien. Enfin, on l'a dit, les véhicules terrestres à moteur sont régis par la loi du 5 juillet 1985.

En ce qui concerne les *immeubles*, il n'y a pas de discussion pour les immeubles par destination qui sont en réalité des meubles par nature, un ascenseur, par exemple[2].

Quant aux immeubles par nature, l'article 1242, alinéa 1er, est applicable à tous les immeubles qui ne sont pas des bâtiments, par exemple, la chute d'une palissade, d'un arbre, mais également un glissement de terrain[3], et même aux bâtiments lorsqu'il ne s'agit pas d'un dommage causé par la « ruine » du bâtiment car il existe dans ce cas un régime spécial prévu par l'article 1244.

Il faut noter, toutefois, que les dommages causés par *un incendie, qu'il s'agisse d'une chose mobilière ou immobilière*, ne sont plus du domaine de l'article 1242, alinéa 1er. En effet, à la suite de l'« affaire des résines », incendie qui s'était propagé d'un fût de résine a des immeubles voisins puis à la gare de Brienne et que la Cour de cassation avait imputé au gardien du fût et du bâtiment où il était entreposé[4], les compagnies d'assurances ont obtenu le vote d'une loi spéciale le 7 novembre 1922. Ce texte, qui constitue l'alinéa 2 de l'article 1242, exige la preuve d'une faute du détenteur du bien où l'incendie a pris naissance (v. ss 2760). C'est ce régime qui est applicable dans tous les cas d'incendie et non l'article 1242, alinéa 1er. Or, il est souvent extrêmement difficile de prouver cette faute et les juridictions inférieures, comme la doctrine, souhaitent depuis longtemps voir abroger cet article[5], mais la Cour

1. Civ. 22 juin 1942, *DC* 1944. 16, note Lalou.
2. V. Req. 6 mars 1928. *DP* 1928. I. 97, note Josserand.
3. Civ. 25 juin 1952, *JCP* 1952. II. 7338, note Esmein.
4. Civ. 16 nov. 1920, *D.* 1920. I. 159.
5. V. Szames, chron. citée dans la bibliographie, et n° 1306.

de cassation respectueuse des textes, casse les arrêts qui tentent de l'écarter [1]. L'actuel projet de réforme du 13 mars 2017 le fait disparaître ainsi que la responsabilité des bâtiments menaçant ruine.

b) Chose dangereuse ou non

2693. Certains avaient voulu à l'origine réserver l'article 1242, alinéa 1er, aux choses dangereuses, soit en raison d'un vice de construction (par exemple, une paille dans l'acier de la chaudière en 1896) par assimilation avec l'article 1244, soit par leur nature (arme, véhicule à moteur), soit par leur position (pot de fleurs sur un rebord de fenêtre), mais la jurisprudence, après avoir adopté cette distinction pendant un certain temps et, notamment, dans le premier arrêt *Jand'heur,* y a finalement renoncé dans le second arrêt *Jand'heur,* dès 1930(citation, v. ss 2682).

c) Chose en mouvement ou inerte

2694. Cette distinction n'est pas retenue non plus par la jurisprudence qui leur applique l'article 1242, alinéa 1er, dès lors qu'elles ont causé un dommage (cf. également arrêt *Jand'heur*). En revanche, la jurisprudence actuelle autorise le gardien à « s'exonérer » de sa responsabilité s'il peut prouver que la chose n'a joué qu'un *rôle purement passif* dans la production du dommage : c'est ce qui découle de la distinction suivante. Elle repousse même l'action de la victime qui n'a pu établir que la chose a été la cause génératrice du dommage (par exemple, chute sur le revêtement de sol d'un magasin) [2]. Mais on verra que ces solutions sont guidées par le fait que la responsabilité fondée sur l'article 1242, alinéa 1er, est une présomption de responsabilité, qui repose elle-même sur une présomption de causalité, qui ne joue pas cependant automatiquement. Il ne s'agit donc pas de causes d'exonération au sens strict (v. ss 2728).

La Cour de cassation pose en effet depuis longtemps que pour mettre en œuvre la responsabilité du gardien d'une *chose inerte*, et faire jouer la présomption de causalité, il faut établir son « rôle actif » en prouvant sa « position anormale » ou son « état anormal ayant créé un risque à l'origine de l'accident » [3]. Par un revirement remarqué, la Cour de cassation semblait ne plus exiger qu'une intervention quelconque de la chose, soit un simple contact, sans que son rôle actif soit nécessaire [4] mais elle est revenue depuis à la solution traditionnelle (v. ss 2704).

d) Chose en position normale ou anormale

2695. Cette distinction sert lorsque la chose qui est supposée être la cause du dommage est une chose inerte. Dans ce cas, il faut que la victime prouve le rôle actif de la chose pour engager la responsabilité du gardien et la jurisprudence distingue

---

1. Civ. 2e, 31 janv. 1980, *Bull. civ.* II, no 22.

2. Civ. 19 nov. 1964, *JCP* 1965. II. 14022, note Rodière, *D.* 1965. 93.

3. Civ. 2e, 30 nov. 1994, *Bull. civ.* II, no 249 et 11 janv. 1995, *D.* 1995. IR 39 ; *JCP* 1995. IV. 625, *JCP* 1995. I. 3853, obs. G. Viney.

4. Civ. 2e, 15 juin 2000.

selon qu'elle a joué un *rôle actif par sa position* anormale ou qu'elle était en position normale ce qui ne permet pas d'admettre une présomption de causalité. Mais on touche là à la condition du *fait de la chose*.

B. Le fait de la chose

2696. Pour que la responsabilité du gardien soit engagée, il faut que le dommage soit dû au « fait de la chose ». À l'origine, on a tenté de soutenir que chaque fois que la chose était animée par la main de l'homme, il n'y avait pas fait de la chose, mais fait de l'homme. Mais, depuis 1930 (arrêt *Jandheur*, v. ss 2679), on admet qu'il y a fait de la chose, indépendamment du fait de l'homme. Simplement si la chose est actionnée par la main de l'homme on pourra aussi éventuellement agir sur le fondement de l'article 1240 du Code civil.

1) Le principe d'une présomption de causalité

2697. La victime n'a pas à prouver, pour engager la responsabilité du gardien, que la chose est cause du dommage au sens de l'équivalence des conditions. Il suffit qu'elle établisse le fait de la chose, c'est-à-dire que la chose est intervenue, de quelque manière que ce soit dans la réalisation du dommage, ce que la jurisprudence traduit généralement en relevant que la chose a été « l'instrument du dommage ». De l'intervention simple de la chose dans le dommage on déduit donc (on présume) qu'elle est cause du dommage (sauf ensuite au gardien à établir l'existence d'une cause d'exonération, puisque la causalité n'est que présumée).

2) Un principe fonctionnant pleinement en cas de contact avec une chose en mouvement

2698. Cette preuve de l'intervention simple de la chose est particulièrement facile à faire lorsqu'il y a eu *contact avec une chose en mouvement* : dans ce cas en effet, la victime n'a rien à prouver : le rôle actif est automatiquement établi et la présomption de causalité joue.

3) La nécessité d'une preuve particulière si les deux conditions ne sont pas réunies

2699. Lorsque ces deux conditions cumulatives ne sont pas réunies, la victime devra en effet faire la preuve que la chose a joué un rôle actif, qu'elle a bien été « l'instrument du dommage ». Aujourd'hui, en effet, la jurisprudence se sert de cette expression « instrument du dommage »[1], quoiqu'elle semble moins adéquate que les expressions de « rôle actif » ou « rôle passif » de la chose, utilisées jusqu'aux années quatre-vingt.

---

1. V. par ex : Civ. 2e, 21 mai 2015, *RCA* 2105, comm. 221, à propos d'une personne blessée en plongeant dans une piscine hors sol ; Civ. 2e, 9 juin 2016, *RCA* 2016, comm. 268, à propos du heurt entre deux cyclistes ; Civ. 2e, 8 déc. 2016, n° 16-10.627, écartant l'anormalité d'une marche séparant le bureau de la directrice d'un magasin de la partie magasin ; Civ. 2e, 24 mars 2016, n° 15-13.289, admettant l'anormalité d'une plaque de placo-plâtre qui avait cédé sous le poids d'un ouvrier sur un chantier.

a) La nécessité de prouver l'anormalité de la chose lorsqu'elle est inerte

2700. Dans le cas d'une chose inerte et même s'il y a eu contact avec le siège du dommage, la situation est plus délicate.

À l'origine, la jurisprudence admettait la présomption de causalité en toute hypothèse, même si la chose était inerte et c'était ensuite au gardien à s'exonérer en prouvant le rôle passif : « pour l'application de la présomption de responsabilité qu'il édicte, l'article 1384, alinéa 1er (devenu art. 1242, al. 1er) ne distingue pas suivant que la chose est inerte ou en mouvement. Si elle est présumée être la cause génératrice du dommage, dès lors qu'inerte ou non elle est intervenue dans sa réalisation, le gardien peut détruire cette présomption, en prouvant qu'elle n'a joué qu'un rôle passif » (*Époux Cadé*)[1].

2701. Mais ensuite, cette jurisprudence a été abandonnée. Le rôle actif n'est pas présumé du seul fait qu'il y a eu contact si la chose est inerte et c'est à la victime à établir le rôle actif en prouvant le positionnement ou le comportement anormal de la chose ou son caractère défectueux : « une chose inerte ne peut être l'instrument d'un dommage si la preuve qu'elle occupait une position anormale ou qu'elle était en mauvais état n'est pas rapportée », énonce la Cour de cassation dans un arrêt de principe du 11 janvier 1995[2].

2702. Ainsi, dans l'affaire *Pialet*[3], il s'agissait d'un accident causé par « une chaise pliante gisant à plat sur le sol » à la terrasse d'un café, le soir, ce qui était une position anormale ; dans l'affaire *Cadé*[4], il s'agissait d'un dommage causé à la cliente d'un établissement de bains, qui, prise d'un malaise, était tombée et s'était brûlée sur une tuyauterie de chauffage central. L'établissement de bains, attaqué comme gardien des tuyaux, fut déchargé de sa responsabilité, la tuyauterie « se trouvant installée dans des conditions normales », mais ici la présomption de causalité jouait encore et la victime n'avait pas eu à démontrer l'anormalité de la chose. C'est le gardien qui avait dû démontrer l'absence d'anormalité pour échapper à la présomption de causalité.

On a pu faire remarquer que par ce biais, on réintroduisait indirectement le critère de la faute, dans la mesure où le gardien pouvait éviter ce comportement anormal et ne l'a pas fait, mais ce n'est pas toujours aussi simple.

b) L'absence de remise en cause de cette jurisprudence

2703. On a pu penser un temps que la Cour de cassation allait remettre en question cette exigence de preuve de l'anormalité et réintroduire une présomption générale de causalité applicable même aux choses inertes.

Par une série de décisions rendues à propos de baies vitrées qui s'étaient brisées après avoir été heurtées par la victime, elle a en effet entretenu la perplexité de la doctrine en retenant la responsabilité du gardien sans que la preuve d'une défectuosité ou d'une anormalité quelconque de la vitre ait été faite. Dans la première décision rendue en 1998 qui entamait ce mouvement jurisprudentiel, où un jeune garçon s'était blessé au coude

---

1. Civ. 19 févr. 1941, *GAJC*.
2. Civ. 2e, 11 janv. 1995, *Bull. civ.* II, n° 18, *RCA* 1995, comm. 86.
3. Civ. 24 févr. 1941, *DA* 1941. J. 129.
4. Civ. 19 févr. 1941, *DA* 1941. J. 211, *DC* 1941. 85, note Y. Flour.

en heurtant une porte palière vitrée qui s'était brisée, elle censure la cour d'appel qui n'avait pas retenu la responsabilité à défaut de preuve de l'anormalité [1].

Dans une décision postérieure du 15 juin 2000 elle va encore plus loin puisque non seulement elle n'exige toujours pas l'anormalité, mais encore, elle ne fait même plus référence au rôle actif de la vitre [2]. Il s'agit d'une simple intervention de la vitre et non du « rôle actif » qui était jusqu'ici exigé. Cette jurisprudence semblait par ailleurs devoir s'étendre à d'autres cas qu'aux portes vitrées puisqu'une nouvelle décision relative cette fois à une boîte aux lettres intervenait dans le même sens [3]. Puis cette position a encore été réaffirmée à propos du heurt d'un bloc en béton peint en rouge qui délimitait un passage protégé. Bien que la cour d'appel ait jugé que ce bloc ne constituait ni un obstacle, ni un danger particulier, que sa présence ne pouvait être considérée comme anormale et que son enlèvement après l'accident n'était pas en soi le signe d'une dangerosité particulière et ne démontrait pas son rôle causal, la deuxième chambre casse au seul motif que ce bloc « avait été l'instrument du dommage » [4] !

2704. Mais finalement, dans une décision du 24 février 2005, concernant une baie vitrée, la Cour de cassation a réaffirmé l'exigence de la preuve de l'anormalité de la chose. Néanmoins, elle est progressivement passée de la notion d'anormalité de la position à celle d'anormalité de l'état de la chose. Dans cette affaire où une personne avait heurté une porte vitrée qu'elle croyait ouverte et qui s'était brisée, lui occasionnant des blessures, le fait que la porte ait été fermée bien qu'elle donnât sur une terrasse et que c'était l'été, n'a pas été considéré comme caractérisant une chose en position anormale par la cour d'appel qui en déduit qu'elle n'avait joué aucun rôle actif dans la réalisation du dommage. Sur pourvoi, la Cour de cassation considère que la porte vitrée qui s'était brisée, était fragile, ce dont il résultait que la chose, en raison de son anormalité, avait été l'instrument du dommage. Dans un second arrêt du même jour, concernant un tremplin sur lequel des VTT prenaient leur élan avant de retomber dans l'eau, La Cour de cassation a, de la même façon, rappelé l'exigence d'anormalité [5]. La solution n'a pas été remise en cause depuis. Dans une décision du 19 novembre 2009, la Cour de cassation relève encore, à propos du dommage subi par un baigneur qui avait glissé sur la margelle d'une piscine que selon les juges du fond, souverains dans l'appréciation des faits, « la margelle mouillée de la piscine ne présentait aucun caractère d'anormalité et qu'elle n'avait donc pas été l'instrument du dommage » [6]; la même motivation se retrouve dans une décision du 29 mars 2012 à propos d'un muret de béton, chose inerte qui n'était pas placée dans une position anormale et n'avait joué aucun rôle actif

---

1. Civ. 2e, 29 avr. 1998, *Bull. civ.*, n° 142 ; *RTD civ.* 1998. 912, obs. P. Jourdain.

2. Civ. 2e, 15 juin 2000, *Bull. civ.* II, n° 103 ; *JCP* 2000. IV. 2354 ; *JCP* 2000. I. 280, obs. G. Viney.

3. Civ. 2e, 25 oct. 2001, *JCP* 2002. I. 122, obs. G. Viney ; *D.* 2002. 1450, note C. Prat ; *RTD civ.* 2002. 108, obs. P. Jourdain.

4. Civ. 2e, 18 sept. 2003, *JCP* 2003. IV. 2735 ; *D.* 2003. IR 2412 ; *JCP* 2004. II. 10013, note C. Le Tertre ; *JCP* 2004. I. 101, obs. G. Viney.

5. Civ. 2e, 24 févr. 2005, *Juris-Data* n° 2005-027094 ; *RTD civ.* avr.-juin 2005, obs. P. Jourdain ; *JCP* 2005. I. 149, obs. G. Viney ; *RCA* 2005, obs. H. Groutel ; *LPA* 23 nov. 2005, n° 233, p. 10, note I. Gallmeister.

6. Civ. 2e, 10 nov. 2009, *Juris-Data* n° 2009-050309 ; *RCA* 2010, comm. 39. Ou encore, pour le bris d'un « skydom » sous le poids de la victime : Civ. 2e, 16 oct. 2008, *RCA* 2008, comm. 352, relevant l'absence d'anormalité pour en déduire que la chose n'avait pas été l'instrument du dommage.

dans la production du dommage, si bien qu'il n'avait pas été l'instrument du dommage[1]. Depuis, la solution est constamment réaffirmée[2].

c) La preuve du rôle actif s'il s'agit d'un préjudice causé sans contact matériel

2705. La victime devra prouver l'intervention de la chose dans la réalisation du dommage et l'on se rapproche alors de la preuve de la causalité. C'est le cas par exemple d'une drague dont une pièce métallique s'était détachée, ce qui avait entraîné la fermeture du port. Une société de transports pétroliers qui s'était vu interdire l'entrée du port, réclamait le remboursement des sommes versées pour retard dans le déchargement. La pièce métallique était tombée assez profondément pour ne provoquer aucun dommage direct, le seul dommage était dû au retard consécutif à la fermeture du port, elle-même provoquée par la chute de cette pièce. La compagnie gardienne de la drague et donc de la pièce en question a été considérée comme responsable et a dû indemniser la société de transports pétroliers[3].

Dans le même sens, la Cour de cassation fait une nouvelle application de la notion de « fait de la chose » conditionnant la mise en œuvre de la responsabilité du gardien. Des blocs rocheux étant tombés d'une falaise faisant partie du domaine privé de la commune des Baux-de-Provence, après avoir fait procéder à une étude technique, le maire de la commune décida d'entreprendre des travaux de confortement de la falaise. Il prit alors un arrêté de fermeture d'un hôtel-restaurant situé en contrebas de cette falaise. La SCI propriétaire de l'établissement demanda réparation des préjudices consécutifs à cette fermeture à la commune sur le fondement de l'article 1242, alinéa 1er. La cour d'appel ayant rejeté la demande au motif que c'était la mise en œuvre de l'arrêté municipal et non la falaise qui était à l'origine de la cessation d'exploitation, la Cour de cassation casse au motif que « l'arrêté municipal ne trouvait lui-même sa justification qu'au regard du risque d'éboulement de la falaise, n'en étant que la conséquence, et que ce risque constituait donc la cause de la cessation d'activité de l'établissement[4]. »

On peut voir, aussi, ici, une application des principes « de précaution » et « d'action préventive » du droit de l'environnement. Un auteur s'interroge, toutefois, sur l'opportunité de cette décision, notamment si le gardien de la falaise avait été une personne privée. Selon lui, « la Cour de cassation vient d'inventer la réalisation du dommage avant qu'il ne survienne, du seul fait que les pouvoirs publics ont pris des mesures destinées à empêcher sa réalisation, mais causant un préjudice à certains administrés »[5].

2706. *L'actuel projet de réforme de la Chancellerie* du 13 mars 2017 consacre les solutions établies par la jurisprudence : « le fait de la chose est présumé dès lors

---

1. Civ. 2e, 29 mars 2012, n° 10-27. 553 ; *Juris-Data* n° 2012-005664 ; *Bull. civ.* 2012, II, n° 66 ; *RCA* 2012, comm. 150, note H. Groutel ; v. aussi, A. Vignon-Barrault, « L'anormalité dans la responsabilité du fait des choses inertes : épilogue ? », *RCA* 2012, étude 7.

2. Par ex : Civ. 2e, 21 mai 2015, *RCA* 2015, comm. 221, à propos d'une piscine hors sol dont l'eau était peu limpide et le fond non visible, ce qui ne caractérise pas une anormalité de la chose, si bien que la piscine n'a pas été considérée comme l'instrument du dommage.

3. Civ. 2e, 19 mars 1980, *D.* 1980. IR 414, obs. C. Larroumet ; *JCP* 1980. IV. 216.

4. Civ. 2e, 26 sept. 2002, *D.* 2003, jurispr. 1257, note O. Audic ; *JCP* 2003. I. 154, obs. G. Viney ; *RTD civ.* 2003. 100, obs. P. Jourdain ; *Gaz. Pal.* 10-12 août 2003, note critique J. Liagre.

5. J. Liagre, note sous l'arrêt préc.

que celle-ci, en mouvement, est entrée en contact avec le siège du dommage. Dans les autres cas, il appartient à la victime de prouver le fait de la chose, en établissant soit le vice de celle-ci, soit l'anormalité de sa position, de son état ou de son comportement » (projet, art. 1243).

C. La détermination du gardien responsable

2707. Cette notion est essentielle puisque c'est elle qui va déterminer quelle est la personne responsable du fait des choses.

2708. Là aussi, la notion a évolué. L'article 1242, alinéa 1er, dit seulement : « on est responsable des choses que "l'on" a sous sa garde ». Qui est-ce « on » ? Il s'agit du gardien, mais qui est le gardien ? La réponse dépend du fondement que l'on donne à cette responsabilité : faute présumée, risque, faute dans la garde... La jurisprudence a tenté d'y répondre dans l'intérêt de la victime, mais elle est parfois influencée par une faute commise par l'un des gardiens possibles ou par le fait qu'il vaut mieux désigner celui qui est assuré. La recherche du gardien est donc assez empirique et a donné lieu à des tâtonnements.

1) Définition du gardien

2709. On a pu hésiter à l'origine entre deux théories en matière de garde. Pour certains, c'est la conception juridique de la garde qui devait être admise, désignant comme gardien de la chose le propriétaire. Pour d'autres, il fallait utiliser au contraire la conception matérielle de la garde : le gardien est celui qui utilise la chose.

Le choix a finalement été fait de la conception matérielle de la garde, dans l'arrêt *Franck* rendu en 1941. De la définition du gardien donnée par cette décision on peut par ailleurs déduire d'autres principes de solution concernant la garde.

a) Le choix de la conception matérielle de la garde et définition du gardien par l'arrêt Franck

2710. Après quelques hésitations entre le critère de la direction matérielle ou de la direction intellectuelle, lorsque le propriétaire a transféré la direction à un tiers, la garde est enfin définie. La Cour de cassation a finalement donné une définition du gardien dans un arrêt des chambres réunies du 2 décembre 1941 mettant fin à la célèbre affaire *Franck*[1]. Il s'agissait de la voiture du docteur Franck, laissée en stationnement par son fils, qui avait été volée. Le voleur ayant provoqué un accident mortel, la veuve de la victime, le facteur Connot, avait attaqué le docteur Franck en tant que gardien de la voiture. La Cour de cassation a finalement décidé que le gardien était en réalité le voleur car « Franck, privé de l'usage, de la direction et du contrôle de sa voiture, n'en avait plus la garde ». Il s'agit d'un arrêt de rejet des chambres réunies manifestant un revirement dans une affaire qui durait depuis dix ans, et qui tient compte d'une situation de fait.

---

1. *DC* 1942. 25, note G. Ripert, *S.* 1941. I. 217, note H. Mazeaud, *JCP* 1942. II. 1766, note Mihura.

▶ ***Le gardien*** est donc, selon cette jurisprudence désormais constante, celui qui a l'usage, la direction et le contrôle de la chose.

2711. C'est, a-t-on pu dire, la condamnation du critère de garde juridique au profit de celui de garde matérielle et de direction intellectuelle.

De son côté, mais en 2000 seulement, le Conseil d'État a opéré un revirement de jurisprudence pour s'aligner sur la position civiliste, en décidant que « le propriétaire d'un véhicule volé, dès lors qu'il n'a plus la garde de ce véhicule, ne peut, par suite, être tenu pour l'auteur de la contravention de grande voirie causée par ce véhicule »[1].

Mais la notion de garde est parfois assez élastique. À propos d'une *res nullius* ou plutôt d'une *res derelicta*, la Cour de cassation, dans un arrêt du 10 février 1982[2], avait considéré que la garde est liée à l'usage, si bref et fortuit soit-il. Il s'agissait d'un mineur qui avait donné un coup de pied dans une bouteille abandonnée laquelle vola en éclats. L'un des éclats avait blessé un autre mineur à l'œil, entraînant sa cécité. La cour de Nancy avait rejeté la notion de garde, s'agissant d'une *res nullius* dont la détention avait été « trop précaire et trop brève pour qu'il y ait eu appropriation et que son utilisation par l'auteur de l'accident ne répondait pas à la satisfaction d'un besoin déterminé ». Mais la Cour suprême a cassé cet arrêt car « la responsabilité du dommage causé par une chose est liée à l'usage qui en est fait ainsi qu'au pouvoir de direction et de contrôle exercé sur elle et qui caractérise la garde ».

Cependant, la Cour de cassation est revenue, depuis, sur cette conception un peu trop extensive de la notion de garde. Ainsi, le 24 avril 2003, casse-t-elle une décision d'une cour d'appel condamnant une personne à réparer le préjudice causé à une autre par la chute d'une pierre qui s'était détachée alors qu'elle servait de prise à la défenderesse au cours d'une escalade, en relevant « qu'en statuant ainsi sans préciser en quoi Mme Bergasol, en prenant appui sur cette pierre déterminée, avait acquis sur cette chose un pouvoir d'usage, de contrôle et de direction effectif et indépendant caractérisant la garde, la cour d'appel n'a pas donné de base légale à sa décision »[3].

Dans une affaire similaire, jugée le même jour, à propos de dommages causés par des chutes de pierres lors d'une escalade, la Cour de cassation dégage le défendeur de toute responsabilité, d'une part parce que « le déclenchement de la chute d'une pierre par M. Morris n'était pas fautif » et, d'autre part, parce qu'un « alpiniste posant le pied sur une pierre « ne peut raisonnablement pas diriger et contrôler cette dernière sur laquelle il marche aussi » ; il n'exerce donc pas sur cette pierre les pouvoirs d'usage, de contrôle et de direction qui caractérisent la garde d'une chose »[4]. Cette décision, en ce qu'elle écarte toute faute de l'alpiniste constitue d'ailleurs, heureusement, un revirement de jurisprudence par rapport à un arrêt du 18 mai 2000 qui avait affirmé que « le seul fait de tomber en entraînant un autre grimpeur constitue, indépendamment de toute autre circonstance, une faute »[5] (v. ss 2632).

---

1. CE, sect., 5 juill. 2000, *JCP* 2000. II. 10476, note Mankou.

2. Civ. 2e, 10 févr. 1982, *JCP* 1982, somm. Coeuret, préc., v. ss 2689.

3. Civ. 2e, 24 avr. 2003, 1re esp., *Gaz. Pal.* 5-6 mai 2004. Somm. 41 ; *JCP* 2004. II. 10049, deux espèces, note E. Gavin-Millan-Oosterlynck.

4. Civ. 2e, 24 avr. 2003, 2e espèce, *Gaz. Pal.* 5-6 mai 2004, préc., note A. Bolze.

5. Civ. 2e, *JCP* 2000. IV. 2185 ; *Dr. et patr.* 2001, n° 89, p. 85, obs. F. Chabas.

b) Principes déduits de l'arrêt Franck

2712. Outre l'affirmation de la notion de garde matérielle deux autres principes complémentaires découlent de l'arrêt *Franck.*

– ***Une présomption de garde pèse sur le propriétaire***. Même si le gardien véritable est celui qui a sur la chose les pouvoirs d'usage, contrôle et direction, il reste que, *a priori,* le propriétaire est présumé gardien. La victime doit donc seulement le désigner, et c'est à lui ensuite à démontrer qu'il n'était pas le gardien au moment de la survenance du dommage. La présomption de garde est une présomption simple et le propriétaire peut donc la faire tomber en prouvant qu'il y avait eu transfert de garde (v. ss 2714). La Cour de cassation continue à faire jouer cette présomption et se montre très stricte dans la démonstration du transfert de garde. Ainsi, dans le cas de la vente d'un immeuble, le vendeur n'est plus gardien de l'immeuble, dès la conclusion du contrat, même s'il se trouve encore dans les lieux au moment du dommage, pour déménager ses dernières affaires. Il n'est donc plus gardien d'une échelle de meunier permettant l'accès à l'étage, en tombant de laquelle un tiers s'est blessé ; la garde a été transférée à l'acquéreur, devenu propriétaire. Il appartenait donc à l'acquéreur, présumé gardien car propriétaire, d'établir que le vendeur avait, au moment du dommage, les pouvoirs matériels d'usage, contrôle et direction qui lui en aurait retransféré la garde [1].

– ***La garde est alternative et non-cumulative***. Il ne peut y avoir simultanément deux gardiens d'une même chose. Ce principe connaît aussi quelques atténuations, notamment dans les rares cas, de plus en plus rares, où la jurisprudence admet une garde collective (v. ss 2715).

2) Les applications particulières de la garde et les difficultés de détermination du gardien

2713. La définition de la garde donnée par l'arrêt Franck a permis de résoudre certains problèmes qui se posent en cas de pluralité de gardiens possibles. Parfois, certaines dérogations ont été admises par la jurisprudence.

a) Le transfert de la garde

2714. Plusieurs hypothèses sont à distinguer.

– ***Lorsque la chose n'est au pouvoir de personne***, c'est le propriétaire qui en demeure gardien, s'il y en a un.

– ***Lorsque la chose a été enlevée au propriétaire contre son gré ou à son insu***, il n'en est plus gardien et c'est le voleur, ou le possesseur, ou le préposé infidèle qui en devient gardien, car le propriétaire n'a plus aucun pouvoir sur la chose.

– ***Lorsque le propriétaire confie la chose à un tiers détenteur***, la réponse est différente selon que le propriétaire conserve ou non un pouvoir de direction ou de contrôle sur la chose. S'il les conserve, et c'est ce qui se passe avec un préposé, il demeure gardien. En revanche, s'il a cédé tous ses pouvoirs à un emprunteur, un locataire, un garagiste par exemple, ce sont ces derniers qui sont considérés comme gardiens même si

---

1. Civ. 2e, 13 nov. 2008, *Juris-Data* n° 2008-045848, *RCA* 2009, comm. 7 ; *JCP* 2009. I. 123, n° 9, obs. Ph. Stoffel-Munck.

la chose n'est confiée au tiers que temporairement et pour un trajet déterminé. Ainsi, un garagiste avait-il prêté un véhicule à sa cliente, lui en transférant la garde, mais celle-ci avait passé le volant à une amie pendant qu'elle dormait sur le siège à côté : bien qu'assoupie, la Cour suprême considère qu'elle est demeurée gardienne du véhicule [1]. La Cour de cassation a également admis le transfert de garde du propriétaire d'une plaque de placoplatre qui servait initialement de plafond, vers l'entrepreneur réalisant des travaux dans la maison car celui-ci disposait, en sa qualité d'entrepreneur de construction, des pouvoirs d'usage, de direction et de contrôle sur ce chantier, et donc sur la plaque de placoplatre [2]

La jurisprudence reste assez hésitante en la matière : pour admettre ou refuser le transfert de la garde elle fait intervenir différents critères : *l'intérêt que le propriétaire conservait à l'usage de la chose* [3], ou le *caractère bénévole* de l'aide ou du service apporté qui laissent la garde au propriétaire. *La courte durée de l'utilisation* pour un usage défini empêche le transfert de la garde d'un tracteur potentiellement dangereux [4] mais permet le transfert d'un chariot dans un supermarché, le chariot étant prêté « à l'état inerte et... dépourvu de tout dynamisme propre » [5].

La jurisprudence tient également compte de celui qui a pris l'*initiative* du transfert : ainsi, dans deux arrêts apparemment contradictoires relatifs au prêt d'une échelle, les juges ont, dans le premier cas, attribué la garde de l'échelle à l'ami qui s'était spontanément emparé d'une échelle pour montrer comment peindre à son propriétaire [6], et dans le second cas, laissé la garde au propriétaire qui avait invité son médecin à utiliser l'échelle pour cueillir des cerises ! [7]

De plus, dans un certain nombre d'hypothèses, la jurisprudence subordonne le transfert de garde au fait que le tiers auquel la garde de la chose a été confiée, a « reçu corrélativement toute possibilité de prévenir lui-même le préjudice qu'elle peut causer », par exemple, concernant des risques de fermentation de gravats contenant de l'orge [8]. La présomption de garde qui pèse sur le propriétaire de la chose est en effet renforcée chaque fois que celui-ci conserve la maîtrise de la structure interne de la chose. Il ne doit pas y avoir manquement à une obligation d'information et de mise en garde nécessaire au transfert de la garde qui implique, ne l'oublions pas, « le contrôle de la chose ». Cette même position découle d'un autre arrêt de la Cour suprême et le « rapprochement de ces deux décisions permet d'établir un lien entre le transfert de la garde d'une chose dangereuse entre professionnels et le transfert des informations concernant les dangers de cette chose » [9]. Toutefois, dans ces hypothèses on se trouve à la frontière de la distinction entre garde de la structure et du comportement (v. ss 2720).

Quoi qu'il en soit, le transfert de la garde doit être prouvé. Ainsi, dans le cas où des « mutins grévistes » avaient obligé le commandant du paquebot *France* à mouiller

---

1. Civ. 2e, 8 nov. 1989, *RTD civ.* 1990. 92.
2. Civ. 2e, 24 mars 2016, n° 15-13.289.
3. Civ. 2e, 29 mars 1977 (deux arrêts), *D.* 1977. IR 328.
4. Civ. 2e, 14 janv. 1999, *RCA* 1999, comm. 65.
5. Civ. 2e, 14 janv. 1999, *RCA* 1999, comm. 94 ; *JCP* 2000. II. 10245, note S. Reifegerste.
6. Civ. 2e, 10 juin 1998, *JCP* 1999. II. 10042, note F. Mandin ; *RCA* 1998, comm. 298.
7. Civ. 2e, 11 févr. 1999, *RCA* 1999, comm. 95, obs. H. Groutel (pour l'ensemble de la question, v. obs. P. Jourdain, *RTD civ.* 1999. 631).
8. Civ. 1re, 9 juin 1993. *JCP* 1993. IV. 2026, obs. G. Viney, *JCP* 1993. I. 3727.
9. Obs. G. Viney sous Civ. 2e, 12 oct. 2000, *JCP* 2001. I. 338.

dans l'axe du chenal d'accès au port du Havre, la Cour de cassation approuve-t-elle la cour d'appel d'avoir décidé que la Compagnie générale maritime, armateur du paquebot, n'apportait pas la preuve qu'elle avait perdu les pouvoirs d'usage, de direction et de contrôle qui caractérisent la garde [1].

– ***L'exclusion d'un transfert de garde du commettant au préposé est par ailleurs acquise***. En effet, il y a incompatibilité des fonctions de préposé et de gardien. La dimension intellectuelle de la garde justifie que le commettant reste gardien de la chose utilisée par son préposé et soit responsable du dommage sur ce fondement comme il peut l'être aussi sur le fondement de la responsabilité spéciale du commettant en cas de faute du préposé (v. ss 2849).

b) Les hypothèses de garde commune ou collective

2715. La garde collective, ou en commun ne peut qu'être exceptionnelle puisque la garde est en principe alternative et non-cumulative. Cependant, en pratique, il est des situations où il est impossible de déterminer le gardien, et pendant un certain temps, la jurisprudence a considéré que la garde était commune et les co-gardiens étaient considérés comme tous responsables *in solidum.* La solution de la garde collective a ainsi été utilisée dans le cas de parties de ballons, avec la garde collective du ballon de football ou dans le cas de parties de chasse, avec la garde collective de la gerbe de plomb dans un accident de chasse (v. ss 2418) [2]. La Cour de cassation admettait ainsi le recours à la garde collective « dans le cas d'une action simultanée exécutée dans le cadre d'une activité concertée, notamment lorsqu'une utilisation privative de la chose dissimule un pouvoir de décision partagé ».

2716. On assiste aujourd'hui, de plus en plus, à un recul de cette notion de garde en commun.

Ainsi, elle a été écartée dans le cas où deux enfants jouaient ensemble avec un briquet dans une grange pleine de foin, dans la mesure où il a été établi que le garçon avait le premier fait une démonstration du jeu constituant à faire des ronds de fumée, mais que, lorsque l'embrasement du foin a provoqué l'incendie, c'est la petite fille qui exerçait, seule, les pouvoirs d'usage, de contrôle et de direction caractérisant la garde sur le briquet [3]. Elle l'a été aussi à propos d'une autre affaire où il s'agissait de torches enflammées avec lesquelles des enfants jouaient dans un hangar à foin [4]. On peut citer aussi, le cas d'un avion monomoteur biplace qui avait été confié par son propriétaire à une tierce personne. Une autre personne était montée à bord. Un accident ayant provoqué la mort des deux personnes, celles-ci avaient été considérées comme responsables *in solidum,* étant toutes les deux gardiennes de l'appareil car il s'agissait d'un appareil à double système de commande. Cette décision est cependant cassée car la cour d'appel aurait dû rechercher qui était le commandant de bord [5]. Dans le cas de *tir de neuf coups de canons*, pour rendre hommage à des

1. Ch. mixte 4 déc. 1981, *JCP* 1982. II. 19748.

2. Civ. 7 nov. 1988, *Bull. civ.*, n° 214.

3. Civ. 2e, 11 juill. 2002, *D.* 2002. 3297, note Y. Dagorne-Labbe ; *RCA*, nov. 2002, n° 327, p. 15 ; *Gaz. Pal.* 4-5 juill. 2003, jurispr., note V. Le Blan-Delannoy.

4. Civ. 2e, 19 oct. 20006, *Juris-Data* n° 20006-030672 ; *RCA* 2007, comm. 6.

5. Civ. 3e, 26 sept. 2002, *Gaz. Pal.* 7-8 mars 2003, note C. Lalaut.

mariés, qui avaient causé un dommage auditif à une spectatrice, la Cour de cassation a encore écarte la garde collective des canons en relevant le caractère successif des tirs, de sorte que les gestes distincts ne caractérisaient nullement des actes connexes et inséparables ayant causé un dommage. On voit bien la tendance restrictive adoptée par la Cour de cassation, alors qu'il s'agissait d'une salve de coups et que, dès lors, les coups formaient sans aucun doute un ensemble que l'on aurait pu très bien considérer comme indivisible [1].

La solution a été identique dans une décision rendue en 2016, dans contexte d'un accident de *side-car cross*, qui n'a pas deux pilotes, mais un pilote et un passager appelé « le singe » ; alors même que « le singe » a une action importante puisqu'il doit corriger la trajectoire de l'engin et le rééquilibrer dans les virages, la cour d'appel, approuvée par la Cour de cassation a considéré que l'action du pilote, qui dirige la machine est déterminante [2].

De même, dans le cadre des *jeux collectifs de ballon* (partie de football notamment), la Cour suprême refuse désormais que l'on puisse invoquer la garde en commun du ballon. Mieux encore, elle a exclu que l'on puisse considérer le gardien de but, auteur du coup de pied ayant blessé un autre joueur, comme gardien du ballon car « l'action qui consiste à taper dans le ballon pour le renvoyer à un autre joueur ou dans le but ne fait pas du joueur qui détient le ballon un très bref instant le gardien de celui-ci » [3]. Il y a, donc, là aussi, refus d'appliquer la théorie de la garde en commun (v. ss 2712) mais également de la garde tout court, au profit de la responsabilité des associations sportive (responsabilité du fait d'autrui) ou de la responsabilité pour faute, si tant est qu'elle puisse être prouvée.

2717. S'il est possible de déterminer qui détenait précisément la chose, on en revient à la garde alternative, et elle est systématiquement préférée. Par exemple, dans le cas de deux jeunes filles qui s'exerçaient au basket-ball en prenant possession chacune à son tour du ballon pour le lancer dans le panier [4], les juges ont recherché précisément qui détenait le ballon au moment du dommage ; ou encore, dans le cas d'un dommage causé par un joueur de tennis à un autre, au cours d'une partie de tennis, ils ont recherché qui avait la garde de la raquette [5], au lieu de retenir la garde collective de la balle de tennis.

2718. Si le refus de la garde collective paraît justifié dans la plupart des cas, il présente un inconvénient lorsque le dommage est causé lors d'une activité de groupe et qu'il n'est pas possible d'identifier précisément l'auteur direct du dommage. ***L'actuel projet de réforme de la responsabilité*** du 13 mars 2017 résoudrait cependant cette difficulté en admettant directement dans ce cas une hypothèse de responsabilité collective qui permettrait d'éviter le recours à la notion de garde collective ou de faute collective (sur ce point, v. ss 2418).

---

1. Civ. 2e, 4 déc. 2008, *Juris-Data* n° 2008-046146, *RCA* 2009, comm. 41, obs. H. Groutel.

2. Civ. 2e, 14 avr. 2016, *RCA* 20 17, comm. 4 ; *JCP* 2016. 610, note P. Brun ; *D.* 2017. 27, obs. P. Brun.

3. Civ. 2e, 13 janv. 2005, *RCA* 2005, comm. 78 ; *RTD civ.* avr.-juin 2005, p. 410, obs. P. Jourdain.

4. Civ. 2e, 21 févr. 1979, *Bull. civ.*, n° 58, p. 44.

5. Civ. 2e, 28 mars 2002, *RTD civ.* 2002. 521.

c) La garde sans discernement

2719. De même qu'il peut y avoir désormais faute sans discernement, il peut aussi y avoir, depuis l'arrêt *Gabillet* rendu par l'assemblée plénière de la Cour de cassation, le 9 mai 1984, garde sans discernement : un enfant de trois ans peut être gardien du bâton avec lequel il a blessé un autre enfant (v. ss 2609, et les réf. citées).

Dans l'arrêt *Trichard*, la Cour de cassation avait auparavant déjà admis que l'inconscience passagère du gardien au moment du dommage, n'empêchait pas de retenir sa qualité de gardien[1].

3) Garde de la structure et garde du comportement

2720. Cette subtile distinction entre garde de comportement et garde de *structure est* une *création doctrinale* (*MM. Goldman, Mazeaud, Tunc, Starck, Larroumet…*) destinée, à l'origine, à décharger de leur responsabilité, souvent très lourde, les gardiens du comportement, c'est-à-dire, le plus souvent, les personnes utilisant la chose, pour la faire peser sur le fabriquant, gardien de la structure, s'agissant de choses particulières, dangereuses parce que dotées d'une complexité et d'un dynamisme propre. Après une période d'hésitation, la jurisprudence s'est ralliée à cette distinction dans une décision rendue le 30 juin 1953 (*Oxygène liquide*), à propos du transport de bouteilles d'oxygène comprimé et de l'une d'entre elle qui avait explosé[2].

2721. Ainsi, selon cette distinction, la jurisprudence considère comme gardien, soit le fabriquant (gardien de la structure) soit l'utilisateur (gardien du comportement), selon que le dommage semble dû à un vice de fabrication de la chose ou à une mauvaise utilisation ou manutention. On voit tout de suite l'inconvénient : il va falloir déterminer la cause du dommage et cela ramène souvent à rechercher qui a commis une faute, ce qui risque d'ôter tout intérêt à l'article 1242, alinéa 1er. Ou alors, il faut considérer que les deux gardiens sont responsables *in solidum,* ce qui va à l'encontre du caractère alternatif de la garde, et ce qui n'est pas, de toute façon l'objectif recherché. En effet, la jurisprudence a opéré cette distinction entre les deux types de garde essentiellement pour faciliter la mise en œuvre de la responsabilité du fabricant au profit des victimes qui ne sont pas *contractuellement* liées à lui. Il s'agissait de rapprocher la responsabilité délictuelle de la responsabilité contractuelle pour vices cachés de la chose. Souvent, par ailleurs, c'est la victime elle-même qui est gardien du comportement et donc tout l'intérêt de la distinction est de pouvoir mettre le dommage à la charge du fabricant, gardien de la structure. Cependant, il a exceptionnellement été jugé possible d'effectuer un partage de responsabilité entre gardiens de la structure et du comportement[3].

2722. Lorsque la distinction est utilisée, les arrêts relèvent généralement que la chose dommageable « avait un dynamisme propre capable de se manifester dangereusement »,

---

1. Civ. 2e, 18 déc. 1964, *D.* 1965. 191, concl. Schmelck, note Esmein, *JCP* 1965. II. 14304, note Dejean de La Bâtie.

2. Com. 30 juin 1953, *JCP* 1953. 2. 784 et Civ. 2e, 5 janv. 1956, *Gaz. Pal.* 1956. 1. 184 ; Angers, 15 mai 1957, *D.* 1957. 438 ; Civ. 2e, 10 juin 1960, *D.* 1960. 609, note Rodière, et obs. Tunc, *RTD civ.* 1962. 647 à 650.

3. Civ. 2e, 15 déc. 1986, *D.* 1987. 221, note C. Larroumet.

ainsi à propos d'un quart « Ricqlès », à la charge du gardien de la structure[1], et pour une bouteille aérosol, où il est admis que le gardien est celui qui a créé le risque[2]. De même, un arrêt de la Cour de cassation du 20 juillet 1981[3], semble admettre que chaque fois qu'une explosion se produit d'elle-même, est « spontanée », c'est au gardien de la structure qu'il appartient de rechercher la cause exacte de l'explosion. Cette dissociation entre la garde de comportement et la garde de structure est généralement appliquée à des choses comportant des risques d'explosion ou de fuites dus à des produits liquides ou gazeux contenus dans une bouteille ou un récipient fermé. Selon l'arrêt du 29 avril 1982 (préc.) la société qui avait rempli une bouteille aérosol d'un mélange de produit actif et de gaz « lui avait ainsi conféré un dynamisme propre sans lequel l'explosion ne se serait pas produite ».

Un arrêt de la cour d'appel de Versailles du 27 janvier 1983[4] s'est refusé à admettre cette distinction à propos de pneumatiques ; les pneus, qui sont livrés entièrement inertes et dont le gonflage et le regonflage sont laissés à l'initiative des utilisateurs n'entrent pas dans la catégorie des objets vendus par leur fabricant « animés d'un dynamisme propre et sur lesquels ce dernier conserve des moyens de contrôle et de surveillance ».

Il a, de même été jugé que la dissociation de la garde n'était pas applicable aux cigarettes fumées pendant toute sa vie par un fumeur invétéré, décédé d'un cancer et dont les ayants droit avaient mis en jeu la responsabilité de la Seita. En effet, les cigarettes ne sont pas dotées d'un dynamisme propre ni d'un vice interne puisqu'il « n'est pas démontré que la Seita ait fabriqué ses cigarettes de manière anormale compte tenu des circonstances actuelles ». La Seita ne peut donc pas être qualifiée de gardien de la structure car cela « suppose que le fabricant d'un produit, même dangereux ait le pouvoir de surveiller, de contrôler les éléments de la chose et de prévenir le dommage… le fumeur est le seul gardien »[5].

2723. On peut noter que cette utilisation de la notion de garde de la structure à l'encontre du fabricant est devenue plus résiduelle lorsque la Cour de cassation a admis que le fabriquant d'un produit défectueux était débiteur d'une obligation de sécurité résultat dont un tiers au contrat pouvait se prévaloir et, surtout, depuis que la loi du 19 mai 1998 a introduit dans le Code civil le régime de responsabilité du fait des produits défectueux. Cette responsabilité fait peser la charge du dommage causé par un produit défectueux, c'est-à-dire « n'offrant pas la sécurité à laquelle on peut légitimement s'attendre, sur le producteur, sans distinguer selon que la victime est ou non en relation contractuelle avec lui » (v. ss 3148 s.). Pour autant, la distinction n'a pas disparu et la Cour de cassation continue à y faire référence : par exemple dans une affaire où elle avait été invoquée par le pourvoi, parce que « aucun vice de structure n'étant démontré, la société gardienne du chariot électrique qui lui avait été prêté, était donc entièrement responsable du dommage »[6] ; dans une autre affaire, la responsabilité des propriétaires de climatiseurs à l'origine d'une plaque de verglas

1. Civ. 1re, 12 nov. 1975, et Paris, 5 déc. 1975, *JCP* 1976. II. 18479, note G. Viney.
2. Civ. 29 avr. 1982, *Gaz. Pal.* 3-4 nov. 1982, note F. C.
3. *JCP* 1982. II. 19848, note F. Chabas.
4. *JCP* 1983. II. 20094.
5. Civ. 2e, 20 nov. 2003, *Juris-Data* n° 2003-020985 ; *JCP* 2004. II. 10004, note B. Daille-Duclos.
6. Civ. 1re, 30 sept. 2009, *Juris-Data* n° 2009-049723, *JCP* 2010. 456, n° 10, obs. Ph. Sotffel-Munck ; *RCA* 2009, comm. 352, note H. Groutel.

sur laquelle la victime avait glissé, a été retenue, dans la mesure où « il n'était pas soutenu que les appareils avaient un dynamisme propre et dangereux échappant à leur contrôle », ce qui révèle que l'argument aurait pu être invoqué, sans préjuger du point de savoir s'il aurait été retenu[1].

4) Position de l'actuel projet de réforme

2724. Pour conclure sur cette question de la détermination du gardien, on relèvera que ***l'actuel projet de la Chancellerie*** (mars 2017) reprend les éléments de la définition classique : « le gardien est celui qui a l'usage, le contrôle et la direction de la chose au moment du fait dommageable. Le propriétaire est présumé gardien ». Il confirme donc la conception matérielle de la garde et la présomption pesant sur le propriétaire (art. 1243, al. 4) ; mais il n'envisage pas d'autres hypothèses, notamment la distinction de la garde de la structure et du comportement. Il ne consacre pas non plus la garde collective mais a fourni la solution d'une responsabilité solidaire en cas de dommage causé par une personne indéterminée d'un groupe de personnes identifiées agissant de concert ou pour des motifs similaires, ce qui permettrait de résoudre les difficultés sans recourir à la notion de garde collective (art. 1240).

§ 2. Causes d'exonération de la responsabilité du gardien

2725. Le gardien, pour s'exonérer de sa responsabilité, peut invoquer deux sortes de moyens de défense, soit les causes d'exonération communes à tous les types de responsabilité, soit des causes propres à la responsabilité du fait des choses. Enfin, il peut y avoir partage de responsabilité.

A. Causes d'exonération classiques communes à tous les régimes de droit commun

2726. On rappellera qu'il s'agit de la force majeure, du fait du tiers et de la victime présentant les caractères de la force majeure, pour une exonération totale, et de la faute de la victime pour une exonération partielle qui permet d'opérer un partage de responsabilité. Ces causes d'exonération ont déjà été étudiées au titre des constantes de la responsabilité (v. ss 2429 s., 2447, 2452, 2737 s.). En revanche, la preuve de l'absence de faute du gardien n'est jamais admise comme cause d'exonération. Notamment une obnubilation passagère des facultés au cours de laquelle s'est produit l'accident, qu'elle soit qualifiée au sens de l'article L. 122-1 du Code pénal, ou qu'elle procède d'un quelconque malaise physique, en l'espèce l'absence épileptique, n'est pas un événement susceptible de constituer une cause de dommage extérieure ou étrangère au gardien et n'a pas pour effet d'exonérer l'intéressé de la responsabilité qui pesait sur lui en qualité de gardien (v. ss 2712)[2]. La responsabilité du fait des choses est une responsabilité objective et elle ne repose pas sur une présomption de faute. Car si tel était

1. Civ. 3e, 21 janv. 2016, n° 14-20.308, *RCA* 2016, comm. 106.

2. Civ. 2e, 18 déc. 1964, *D.* 1965. 191, concl. Schmelck, note Esmein, *JCP* 1965. II. 14304, note Dejean de La Bâtie.

le cas, et à moins qu'il s'agisse d'une présomption irréfragable, la présomption de faute devrait tomber devant la preuve de l'absence de faute.

2727. L'avant-projet *Catala*, précisait que « ni le vice de la chose, ni le trouble physique du gardien ne constituent une cause d'exonération » (art. 1354-3). Cette proposition n'a pas été reprise dans ***l'actuel projet de réforme*** de la Chancellerie du 13 mars 2017.

B. Causes spécifiques empêchant l'établissement de la présomption de responsabilité

2728. Il ne s'agit pas en effet de causes d'exonération au sens strict car les causes d'exonération permettent au responsable d'échapper à sa responsabilité alors même que les conditions de cette responsabilité sont réunies. Or, ici, il s'agit plutôt d'empêcher purement et simplement la victime de prouver que les conditions de la responsabilité sont réunies.

2729. Ces causes ont varié selon les périodes et les modifications de la jurisprudence. Ce sont essentiellement : le rôle passif de la chose, toujours admis malgré quelques fluctuations, et l'acceptation des risques par la victime, désormais abandonnée.

1) Le rôle passif de la chose

2730. On a vu plus haut (v. ss 2697 s.) qu'il appartenait à la victime de faire la preuve du rôle actif de la chose dans la réalisation du dommage, ce qui ne signifie pas qu'elle doit nécessairement faire la preuve que la chose est cause du dommage, condition *sine qua non* du dommage. Elle est aidée par des présomptions et s'il y a contact avec une chose en mouvement, le rôle actif est présumé. Si la chose est inerte elle devra prouver son anormalité.

Le gardien de la chose peut alors préventivement tenter d'établir le rôle passif de la chose pour empêcher la victime de mettre en œuvre la présomption de causalité lorsque la chose est inerte. Depuis l'arrêt *Cadé* du 19 février 1941, cette solution est admise (préc., v. ss 2700), à part une décision en sens inverse [1], assez peu caractéristique [2]. Cependant, si une chose en mouvement est entrée en contact avec le siège du dommage, on rappellera qu'elle a de ce seul fait un rôle actif [3] (v. ss 2698 s.), de sorte que dans ce cas, le gardien ne pourra pas échapper à sa responsabilité en prouvant le rôle passif mais seulement en prouvant l'existence d'une cause d'exonération classique (force majeure, fait du tiers ou fait de la victime).

2) L'exclusion de la notion d'acceptation des risques par la victime

2731. ***Une longue période d'admission jurisprudentielle.*** L'acceptation des risques par la victime, autrefois utilisée en matière de transport automobile bénévole, avant que

---

1. Civ. 2e, 11 juill. 1963, *JCP* 1964. II. 13607, note Boré, « Le glas du rôle passif de la chose ».

2. *Gaz. Pal.* 1968. I. 131, et Civ. 2e, 20 mars 1968, *Bull. civ.* II, n° 89.

3. Civ. 2e, 29 mai 1964, *JCP* 1965. II. 14248, 1re esp., note Boré, et Civ. 2e, 1er févr. 1973, *SJ* 1974, note Dejean de La Bâtie ; Civ. 10 oct. 1979, *Bull. civ.* II, n° 236, p. 162 ; Civ. 2e, 28 nov. 1984, *JCP* 1985. II. 20477, note Dejean de La Bâtie.

la loi du 5 juillet 1985 n'ait soustrait au droit commun de la responsabilité, la réparation des dommages causés par un accident de la circulation, a longtemps été invoquée dans d'autres domaines, notamment en matière de dommages subis au cours d'activités sportives.

Dans ce domaine des *activités sportives et de loisirs*, l'acceptation des risques a interdit pendant longtemps de recourir entre participants à une même activité, les uns contre les autres, à l'article 1242, alinéa 1er.

2732. Elle était entendue comme impliquant de la part de la victime renonciation à se prévaloir des facultés probatoires de la responsabilité sans faute, sans aboutir à l'empêcher d'obtenir une réparation intégrale si elle parvenait à prouver la faute de l'auteur du dommage[1], ainsi que l'a énoncé la Cour de cassation à propos d'une espèce où une enfant de 8 ans avait été blessée au cours d'un accident de luge[2]. Autrement dit, l'acceptation des risques interdisait de fonder l'action en responsabilité sur l'article 1242, alinéa 1er, du Code civil et ne laissait que la possibilité d'agir sur le fondement de l'article 1240 et de la responsabilité pour faute.

2733. On rappellera que sur le fondement de l'article 1240, l'acceptation des risques joue également un rôle et qu'en effet, la faute qui est susceptible d'engager la responsabilité, en matière sportive, n'est pas toute imprudence ou négligence, mais un manquement caractérisé aux règles du jeu (v. ss 2645).

2734. La théorie de l'acceptation des risques s'est d'abord appliquée, indifféremment aux compétitions organisées comme aux compétitions informelles, notamment à un match improvisé dont les règles s'apparentent à celles du football américain[3]. Mais, la Cour de cassation est revenue sur sa position pour considérer que la théorie de l'acceptation des risques n'était applicable que « dans le cadre d'une compétition sportive » et non « à l'occasion d'un jeu improvisé »[4]. De plus, il doit s'agir d'un sport plus ou moins violent, susceptible d'entraîner un risque et non « d'un jeu paisible entre deux jeunes filles »[5].

Les risques acceptés n'étaient par ailleurs que les risques normaux et prévisibles. Ainsi, à propos de *courses de chevaux,* l'acceptation des risques a bien été admise, encore qu'il s'agisse plutôt d'une application de l'article 1243, sur la responsabilité du fait des animaux (ancien art. 1385) et la Cour de cassation a reconnu que l'on doit « avoir égard aux risques normaux inhérents à la course à laquelle cette victime participait en connaissance de cause »[6]. À propos de *régates*, elle a rappelé que l'acceptation des risques ne concerne que les risques « normaux et prévisibles » et non le « risque de mort qui, dans les circonstances de la cause, constituait un risque anormal »[7].

---

1. Civ. 1re, 4 mars 1980, *Bull. civ.* I, n° 77.
2. Rouen, 17 mai 1995, *D.* 1997. Somm. 189, obs. Lacabarats.
3. Douai, 3e ch., 16 déc. 1999, *JCP* 2000. II. 10420, note C. Girardin.
4. Civ. 2e, 28 mars 2002, *Bull. civ.* II, n° 67 ; *RTD civ.* 2002, n° 3, obs. P. Jourdain.
5. Civ. 2e, 21 févr. 1979, *Bull. civ.*, n° 58, p. 44, préc., v. ss 2954.
6. Civ. 2e, 8 nov. 1976, *JCP* 1977. II. 18759, note A. Bénabent.
7. Civ. 2e, 8 mars 1995, *JCP* 1995. II. 22499, note Gardach ; *RTD civ.* 1995. 905, obs. P. Jourdain.

2735. ***Le revirement jurisprudentiel excluant le jeu de l'acceptation des risques.*** Après avoir ainsi manifesté l'intention de réduire ou tout au moins de cantonner l'impact de la notion d'acceptation des risques en matière sportive (v. commentaire d'arrêt corrigé, en fin de chapitre) tout en continuant à l'utiliser (par exemple dans le cas de la chute d'un cavalier dont le cheval avait été effrayé par un taureau dans une manade) [1], la dernière étape pour la Cour de cassation a été celle de l'abandon pur et simple du jeu de l'acceptation des risques en matière de responsabilité du fait des choses. Elle continue cependant à jouer en matière de responsabilité pour faute, où elle justifie toujours une appréciation plus restrictive de la faute, caractérisée par une violation des règles du jeu ou de l'activité considérés (v. ss 2645).

2736. Par un revirement du 4 novembre 2010, la deuxième chambre civile de la Cour de cassation a décidé en effet que « la victime d'un dommage causé par une chose peut invoquer la responsabilité résultant de l'article 1242, alinéa 1er, du Code civil, à l'encontre du gardien de la chose, instrument du dommage, sans que puisse lui être opposée son acceptation des risques [2] ». La formule est générale. Elle concerne donc toutes les hypothèses de responsabilité du fait des choses, même si, en l'occurrence, le litige concernait un accident au cours d'une course de motocyclettes sur un circuit fermé, donc la matière sportive. La solution va au-delà et la théorie de l'acceptation des risques, en ce qu'elle paralysait le jeu de l'article 1242, alinéa 1er, est abandonnée. Comme le relève S. Hoquet-Berg [3], la raison profonde, au-delà des incertitudes attachées à l'utilisation de cette théorie est l'évolution de la responsabilité civile dans le sens de la prise en charge la plus large et la plus égalitaire possible des dommages corporels.

L'abandon de l'acceptation des risques, en ouvrant largement l'application de l'article 1242, alinéa 1er, facilite à l'évidence l'engagement de la responsabilité entre participants à une activité sportive et remet en question « l'exception sportive » c'est-à-dire l'idée – qui ne fait pas l'unanimité en doctrine – que la pratique d'une « activité sportive » ne peut être soumise au droit commun. Chaque pratiquant, conscient des risques du sport, doit renoncer à être protégé contre certains dommages subis.

Le législateur, dans l'inquiétude des répercussions de cette jurisprudence sur la pratique du sport, est alors immédiatement venu contrecarrer ce revirement de jurisprudence et rétablir « l'exception sportive », en créant un régime spécial de responsabilité, dérogatoire : la loi no 2012-348 du 12 mars 2012, « tendant à faciliter l'organisation des manifestations sportives et culturelles », adoptée en urgence, est venue en effet exclure la responsabilité du fait des choses entre participants, pour la réparation des dommages matériels. Selon le nouvel article L. 321-3-1 du Code du sport, dans sa rédaction issue de la loi du 12 mars 2012, « les pratiquants ne peuvent être tenus pour responsables des dommages matériels causés à un autre pratiquant par le fait d'une chose qu'ils ont sous leur garde, au sens du premier alinéa de l'article 1384 du Code civil, à l'occasion de l'exercice d'une pratique sportive au cours d'une

1. Civ. 15 avr. 1999, *JCP* 2000. II. 10317, note D. Antoine ; *RCA* 1999, chron. no 16, H. Groutel.

2. Civ. 2e, 4 nov. 2010, *D.* 2010. 2722, obs. I. Gallmeister ; *JCP* 2011, no 12, note D. Bakouche ; *RCA* 2011, comm. 47 ; *RTD civ.* 2011. 137, no 6, obs. P. Jourdain ; J. Mouly, « L'abandon de la théorie de l'acceptation des risques en matière de responsabilité civile du fait des choses. Enjeux et perspectives », *D.* 2011. Chron. 690.

3. S. Hocquet-Berg, « L'acceptation des risques en matière sportive enfin abandonnée », *RCA*, févr. 2011, étude 3.

manifestation sportive ou d'un entraînement en vue de cette manifestation sportive sur un lieu réservé de manière permanente ou temporaire à cette pratique ». L'article 2 de la loi prévoit par ailleurs que, « avant le 1er juillet 2013, le Gouvernement remet au Parlement un rapport, élaboré après concertation avec le Comité national olympique et sportif français et les parties concernées, relatif aux enjeux et perspectives d'évolution du régime de responsabilité civile en matière sportive ».

Cette loi a été diversement accueillie. Certains auteurs, plutôt critiques, ont relevé qu'en adoptant ce texte, « le législateur fragilise les droits des pratiquants en réduisant l'indemnisation de certains préjudices et fait indirectement peser sur la solidarité publique le risque sportif[1] » et que cette loi de circonstances interroge sur la multiplication des régimes spéciaux de responsabilité[2].

Il est clair en tout cas, que pour ce qui concerne les dommages corporels, le revirement de jurisprudence du 4 novembre 2010 se trouve purement et simplement paralysé.

C. Partage de responsabilité

2737. Sans être totalement exonéré, le gardien de la chose peut voir diminuer la charge qui pèse sur lui en cas de partage de responsabilité. Ce partage de responsabilité, opposable à la victime, correspond à l'existence d'une cause d'exonération partielle. Or la seule cause d'exonération partielle permettant d'opposer un tel partage de responsabilité à la victime est la faute de cette victime (v. ss 2430, 2452).

2738. Un temps, à cause de l'arrêt *Desmares* du 21 juillet 1982, cette possibilité a disparu et la loi du tout (toute l'indemnisation) ou rien (cause d'exonération totale) a régné quelques années sur la responsabilité du fait des choses). Cet arrêt *Desmares* avait constitué un véritable revirement[3] et avait été qualifié par la doctrine d'arrêt « provocateur »[4]. Il déclarait que « le comportement de la victime, s'il n'a pas été pour le gardien imprévisible et irrésistible, ne peut l'en exonérer, même partiellement » Cette décision très favorable à la victime n'était que l'aboutissement d'une évolution de la jurisprudence dans le sens d'une restriction des possibilités d'exonération du gardien afin de parvenir à une meilleure indemnisation des victimes de dommages corporels dans le contexte des accidents de la circulation routière, devenus un contentieux de masse en responsabilité civile. En effet, la faute de la victime, qui avait à l'origine pu être totalement exonératoire, même *si elle ne présentait pas les caractères de la force majeure*[5], devint une cause d'exonération seulement partielle lorsqu'elle n'avait pas ces caractères de la force majeure,[6] et, enfin,

---

1. En supposant que ces dommages matériels seront pris en charge par la collectivité dans le cadre d'un fonds d'indemnisation dont il a été effectivement question au cours de l'adoption de la loi, mais qui, pour l'instant, n'a pas été créé.

2. E. Pechillon, « L'exception sportive en question : l'intervention ciblée du législateur en matière de responsabilité », *JCP Adm.* n° 13, 2 avr. 2012, act. 228 ; *contra,* plutôt en faveur de la loi : J. Bolle et A. Boisgrollier, « Le législateur au secours du sport », Libres propos *JCP* avr. 2012, p. 507.

3. Civ. 2e, 21 juill. 1982, *JCP* 1982. II. 19861 et 19875, note F. Chabas, *D.* 1982. 449, concl. Charbonnier, note C. Larroumet, obs. G. Durry à *RTD civ.* 1982. 606, n° 3.

4. Chron. J.-L. Aubert « L'arrêt *Desmares* : une provocation… à quelles réformes ? », *D.* 1983. I. 1.

5. Req. 10 juill. 1923, *S.* 1926. 1. 297, note Esmein.

6. Req. 13 avr. 1934, *DP* 1934. 1.41, rapp. Gageau, note Savatier ; *D.* 1934. 1. 313, note H. Mazeaud.

avec l'arrêt *Desmares,* la Cour de cassation supprima toute possibilité d'exonération partielle. (v., dans le même sens, arrêt *Padirac*)[1].

2739. L'arrêt *Desmares* a été vivement critiqué par une partie de la doctrine[2], même s'il a pu être au moins partiellement approuvée par certains auteurs, au regard de l'objectif poursuivi par la Cour de cassation : protéger les victimes d'accidents de la circulation et inciter le législateur à intervenir[3]. Toutefois, la solution posée en contemplation des victimes d'accidents de la circulation ne pouvait pas leur être réservée ; or si l'exclusion d'une exonération partielle pouvait se justifier dans ce domaine des accidents de la circulation du fait de l'existence de l'assurance automobile obligatoire (permettant au gardien de ne pas répondre du dommage sur son patrimoine propre), elle semblait injuste pour le gardien, dans tous les autres cas de responsabilité du fait des choses où il n'y a pas d'assurance obligatoire. De leur côté, les juridictions inférieures semblaient vouloir résister à la jurisprudence *Desmares*, notamment en cas d'accident entre deux conducteurs, où elles estimaient que la faute de l'un pouvait être partiellement exonératoire pour l'autre[4]. À l'inverse, la deuxième chambre civile maintenait fermement sa position[5], semblant vouloir ainsi forcer la main du législateur dont on attendait une réforme du droit de la circulation routière voire, même, un remaniement plus profond du droit de la responsabilité du fait des choses.

2740. Finalement, le législateur, a consacré cette position favorable à la victime dans la loi sur l'indemnisation des victimes d'accidents de la circulation du 5 juillet 1985 et soustrait le contentieux des accidents de la circulation au droit commun de la responsabilité civile et donc de l'article 1242, alinéa 1er, (v. ss 3217 s.). Il n'est pas possible en effet d'opposer aux victimes non conductrices ni la force majeure, ni le fait d'un tiers, ni leur fait, ni même leur faute, sauf inexcusable et cause exclusive de l'accident lorsqu'il s'agit d'indemniser *des dommages corporels.*

2741. Dès lors, la jurisprudence *Desmares* avait joué son rôle et n'avait plus de raison d'être, c'est pourquoi, par un revirement du 6 avril 1987, la Cour de cassation est revenue à sa jurisprudence antérieure pour tous les domaines autres que les accidents de circulation (arrêts *Mettetal* et *Chauvet*)[6]. Ces arrêts du 6 avril 1987 déclarent que « le gardien de la chose instrument du dommage est partiellement exonéré de sa responsabilité s'il prouve que la faute de la victime a contribué au dommage ». La solution est acquise même si un arrêt postérieur de 1998 avait pu surprendre et laisser supposer un retour à la jurisprudence *Desmare*s. Mais, en réalité, l'arrêt précise « que la faute de la victime n'exonère le gardien que si elle

---

1. Civ. 2e, 14 oct. 82, *Gaz. Pal.* 26-27 nov. 1982, note F. Chabas.

2. V. Bigot, « L'arrêt *Desmares*, retour au néolithique », *JCP* 1982. I. 3090 ; L. Bloch, « Est-ce le glas du partage de responsabilité ? », *JCP* 1982. I. 3091 ; Landraud, « À propos des revirements de jurisprudence », *JCP* 1982. I. 3093 ; Fray et Guerry, « Le point sur l'arrêt *Desmares* », *Gaz. Pal.* 18-19 mars 1983.

3. G. Viney, « L'indemnisation des victimes de dommages causés par le fait d'une chose après l'arrêt de la Cour de cassation du 21 juillet 1982 », *D.* 1982. Chron. 201 ; Y. Lambert-Faivre, « Aspects juridiques, moraux et économiques de l'indemnisation des victimes fautives », *D.* 1982. Chron. 207.

4. Paris, 8 déc. 1982, *Gaz. Pal.* 15-16 déc. 1982.

5. Civ. 2e, 5 janv. 1983, et 12 janv. 1983, *Gaz. Pal.* 13-15 févr. 1983, note F. Chabas.

6. Civ. 2e, (trois espèces), 6 avr. 1987, *D.* 1988. 32, note J. Mouly, *JCP* 1987. II. 20828, note F. Chabas, *Bull. civ.* II, n° 86.

constitue une force majeure » et ne concernait que la possibilité d'exonération totale ;, l'exonération partielle n'était pas envisagée[1].

2742. Dans un autre domaine où des doutes avaient pu surgir, celui de la responsabilité du transporteur de personnes SNCF, lequel peut être responsable contractuellement mais aussi extracontractuellement en qualité de gardien du train, la Cour de cassation a confirmé, *sur le fondement extracontractuel*, la possibilité d'une exonération partielle en raison d'une faute de la victime[2]. La question pouvait se poser car la situation du transporteur SNCF, tout au moins lorsque sa responsabilité est recherchée contractuellement semble se durcir particulièrement, d'une part parce que la force majeure est très rarement admise (v. ss 3037) et d'autre part, parce que la Cour de cassation avait exclu l'exonération partielle du transporteur ferrovière par la faute de la victime *sur le fondement contractuel*, dans une décision rendue en 2008. La solution avait soulevé nombre d'interrogations en doctrine mais a, depuis, été révisée (v. ss 2457, et les références).

Section 3
Les cas particuliers de responsabilité du fait des choses

2743. Ces régimes sont régis par des textes particuliers du Code civil, les articles 1242, alinéa 2, 1243 et 1244, qui concernent la responsabilité du fait des animaux et la responsabilité du fait des bâtiments.

Ces cas particuliers de responsabilité du fait des choses (pour certains très critiqués et par ailleurs marginalisés par la jurisprudence) disparaissent dans le cadre ***de l'actuel projet de réforme de la Chancellerie*** (mars 2017).

Des textes postérieurs non codifiés sont par ailleurs relatifs à la responsabilité du fait des navires, aéronefs, téléphériques, de l'énergie nucléaire. Ils ne seront pas étudiés ici, car il s'agit de régimes très spéciaux.

Quant à la responsabilité du fait des produits défectueux prévue aux articles 1245 à 1245-17 (anciens art. 1386-1 à 1386-18) du Code civil, il ne s'agit pas d'un régime de droit commun de responsabilité extracontractuelle, mais d'un régime spécial qui ne se préoccupe plus de la distinction entre les deux ordres de responsabilité contractuelle et extracontractuelle et qui unifie (ce qui était l'un de ses objectifs) les conditions de la réparation du dommage quelle que soit la situation de la victime, qu'elle soit ou pas en relation contractuelle avec le producteur responsable. Ce régime de responsabilité sera donc traité dans le cadre des régimes spéciaux (v. ss 3217 s.).

§ 1. Responsabilité du fait des animaux

2744. Elle est établie par l'article 1243 (ancien art. 1385) du Code civil qui dispose que « le propriétaire d'un animal ou celui qui s'en sert, pendant qu'il est à son usage, est

---

1. Civ. 2e, 25 juin 1998, aff. *Texier, JCP* 1998. II. 10191, note B. Fromion-Hébrard.

2. Civ. 2e, 3 mars 2016, n° 15-12.217, *RCA* 2016, comm. 174, note S. Hoquet-Berg ; *RCA* 2016 ; *JCP* 2016. 1117, obs. L. Bloch ; *D.* 2016. 766, note N. Rias et 1396, obs. H. Kenfack ; *D.* 2017. 29, obs. O. Gout.

responsable du dommage que l'animal a causé, soit que l'animal fût sous sa garde, soit qu'il fût égaré ou échappé ». Voyons quel est le fondement de cette responsabilité, que l'actuel projet de réforme de la Chancellerie propose de faire disparaître, puis quelles en sont les conditions.

A. Fondement

2745. D'origine romaine, on a longtemps pensé que cette responsabilité de plein droit était fondée sur une faute présumée du gardien de l'animal, qui l'avait mal attaché ou mal surveillé. Mais la jurisprudence et, notamment, la Cour de cassation[1], ayant déclaré que le gardien ne pouvait s'exonérer en prouvant qu'il n'avait pas commis de faute, mais seulement par la preuve d'un cas fortuit, ou de la faute de la victime ou d'un tiers présentant les caractères de la force majeure, on préfère aujourd'hui parler de présomption de responsabilité fondée sur la *notion de risque*. En pratique cette responsabilité est très proche de la responsabilité du fait des choses. C'est actuellement une responsabilité de plein droit.

B. Conditions de mise en œuvre

2746. Ces conditions concernent l'animal, la détermination du gardien, le dommage et la victime.

1) L'animal

a) Il peut s'agir de n'importe quelle catégorie d'animal à condition qu'il soit approprié, c'est-à-dire qu'il ait un propriétaire

2747. Ainsi, un fauve en liberté dans la savane n'est-il pas concerné, mais un fauve dans une ménagerie met en jeu la responsabilité de son propriétaire. Des abeilles, un lapin domestique ou un lapin de garenne (C. civ., art. 524 et 564) sont des animaux « appropriés », un lièvre au contraire est une *res nullius,* il n'appartient à personne.

Toutefois, il a été jugé « qu'une société de chasse sur le territoire de laquelle vit du gibier, classé ou non comme nuisible, est responsable des dommages causés par celui-ci, si ce gibier est en nombre excessif et si la société de chasse a, par sa faute ou sa négligence, soit favorisé sa multiplication, soit omis de prendre les mesures propres à en assurer la destruction »[2].

Il faut bien remarquer que cet arrêt ne s'appuie pas sur l'article 1243, inapplicable aux espèces sauvages, mais sur les articles 1240 et 1241 et sur l'article 393 du Code rural qui prévoit la destruction des nuisibles, ici des blaireaux. En effet, le détenteur du droit de chasse n'est pas gardien, au sens de l'article 1243, du gibier vivant à l'état sauvage[3].

---

1. Civ. 27 oct. 1885, *S.* 1886. I. 33.
2. Civ. 3e, 14 juin 1983, *Gaz. Pal.* 7-8 mars 1984.
3. Civ. 2e, 9 janv. 1991, *Bull. civ.* II, n° 3.

b) Il faut établir le fait de l'animal

2748. Cette condition pose les mêmes questions que lorsqu'il s'agit de la responsabilité générale du fait des choses, à la différence près que l'animal, vivant, est doué d'initiative et de dynamisme propres. D'une façon générale, pour qu'il y ait lieu à responsabilité, il faut qu'il y ait eu intervention active de l'animal, mais la présomption de causalité joue de la même façon que dans la responsabilité du fait des choses. Ainsi, le contact avec l'animal en mouvement suffit (v. ss 2697 s.). En l'absence de contact, il faudra prouver le rôle actif, qui résulte souvent de l'apparition soudaine et inattendue de l'animal. Comme pour les choses, peu importe qu'il y ait eu ou non contact matériel, que l'animal soit ou non dirigé par l'homme, qu'il soit ou non dangereux. Ainsi, par exemple, le rôle actif a été admis dans le cas où deux chiens surgissant d'un porche en aboyant ont terrifié une petite fille qui, en s'enfuyant, a été accidentée [1] ; ou encore, il a été admis dans le cas de chiens qui affolent des chevaux en courant vers eux et provoquent la chute d'une cavalière, même s'ils n'étaient pas agressifs [2].

Si le dommage est survenu à l'occasion de l'action commune de plusieurs animaux, la responsabilité incombe à chacun des propriétaires à moins qu'il ne démontre que le sien n'a pas participé à la réalisation du dommage ou l'existence d'une cause étrangère, d'un fait extérieur, imprévisible et irrésistible. Il en est ainsi, notamment, en cas de batailles de chien provoquant des morsures aux propriétaires qui essaient de les séparer, ou mordant des tiers [3].

2) Le gardien

2749. La personne responsable est alternativement le propriétaire de l'animal ou celui qui s'en sert. Comme en responsabilité générale du fait des choses, la garde est alternative et non-cumulative.

La jurisprudence a étendu par ailleurs au gardien d'un animal les solutions dégagées en matière de responsabilité du fait des choses. Le gardien est celui qui dispose des trois pouvoires matériels : usage, contrôle et direction.

Le propriétaire est présumé gardien, mais il peut s'exonérer de cette responsabilité en prouvant, par tous moyens, qu'il avait transféré la garde de l'animal à un tiers, ce qui n'est pas toujours facile à établir. Ainsi il a été jugé qu'un manadier, dont un taureau s'était échappé au cours d'une fête et avait provoqué une collision avec une voiture, en était toujours responsable car la garde n'avait pas été transférée au maire de la commune, organisateur de la fête [4]. La même solution a été retenue à propos d'une chute de poney, « la cavalière n'étant montée sur ce cheval que durant un court instant, ce qui démontre qu'elle n'en avait nullement le contrôle, ce qui aurait permis de caractériser un transfert de garde » [5]. Comme en matière de responsabilité générale du fait des choses, un préposé n'est pas gardien mais un voleur peut le devenir. Toutefois, la garde n'est pas

---

1. Civ. 30 nov. 1977, *Gaz. Pal.* 10-11 mars 1978 ; v. aussi Civ. 7 juin 1956, *Bull. civ.*, n° 335, p. 217.

2. Civ. 2e, 17 janv. 2019, *RTD civ.* 2019. 351, obs. P. Jourdain.

3. Civ. 2e, 14 déc. 1983, *JCP* 1984. IV. 65 ; *RTD civ.* 1984. 316, obs. Durry. Plus récemment Civ. 2e, 15 mars 2001, *Gaz. Pal.* 21-23 avr. 2002, jurispr. 26, obs. F. Chabas.

4. Nîmes, 1er mars 1980, *Gaz. Pal.* 10 juin 1980, *RTD civ.* 1980. 780.

5. Civ. 2e, 21 mai 2015, *RCA* 205, comm. 2017, note critique H. Groutel.

transférée à celui qui a accepté de garder bénévolement, pendant le temps d'un déjeuner, le chien d'un tiers [1] ou à celui qui a temporairement recueilli un animal abandonné.

2750. La notion de garde implique surtout l'utilisation de l'animal. Ainsi, sera considéré gardien de l'animal celui qui utilise celui-ci, à titre indépendant ou à titre professionnel. C'est le cas, par exemple, du maréchal-ferrant pendant qu'il ferre un cheval ou du vétérinaire, lorsqu'il soigne un animal et ce, même en présence de son propriétaire [2].

3) Le dommage

2751. Il peut s'agir de blessures provoquées par l'animal mais aussi de dégâts causés par lui : cas d'un chien qui en traversant subitement une route occasionne la collision de deux véhicules [3], ou d'une maladie contagieuse communiquée par l'animal ou même du choc nerveux résultant d'une peur éprouvée à la vue d'un taureau échappé [4].

4) La victime

2752. Il ne peut s'agir que d'un tiers et non du gardien, victime de son animal. A été cassé un arrêt de la cour d'appel de Bordeaux qui avait appliqué l'article 1243 dans le cas du conducteur d'une charrette, blessé par son propre cheval, qui poursuivait le père d'un enfant mineur qui aurait effrayé ledit cheval. L'arrêt avait appliqué l'article 1243 et débouté le charretier pour n'avoir pas prouvé que le comportement de l'enfant ait été irrésistible et imprévisible. La Cour suprême casse en rappelant que « la responsabilité édictée par ce texte [art. 1243] à l'encontre du gardien d'un animal l'a été en faveur des tiers, victimes du dommage causé par cet animal [et] qu'ils sont *seuls* recevables à en invoquer le bénéfice » [5].

C. Causes d'exonération de responsabilité

1) L'exclusion d'une exonération par la preuve de l'absence de faute

2753. En effet, comme en matière de responsabilité du fait des choses, et dans les mêmes conditions, le fait de l'animal engage la responsabilité du gardien. La responsabilité est une responsabilité objective de plein droit. Le gardien ne peut s'exonérer par la preuve de son absence de faute

Ainsi, le propriétaire de deux dogues qui avaient égorgé un passant a été condamné, bien qu'il ait été établi qu'ils avaient été enfermés dans un jardin dont ils étaient parvenus à s'enfuir sans qu'il y ait eu de faute de sa part [6]. C'est donc une responsabilité objective, comme celle du gardien de la chose.

---

1. Civ. 2e, 7 juin 1967, *D.* 1967. 694.
2. Civ. 25 oct. 1975, *Gaz. Pal.* 1978. 1. 57.
3. Riom, 14 oct. 1964, *D.* 1965. 15.
4. Req. 2 déc. 1940, *Gaz. Pal.* 1940. 2. 302.
5. Civ. 2e, 2 déc. 1982, *JCP* 1984. II. 20136, note F. Chabas.
6. T. corr. Béziers, 8 avr. 1981, *Gaz. Pal.* 21-22 oct. 1981.

2) L'exonération totale

a) Il peut s'agir d'un cas de force majeure ou d'une faute de la victime présentant les caractères de la force majeure

2754. Pour dégager sa responsabilité, le gardien doit prouver que l'accident provient d'un *cas de force majeure*[1] ou d'une *faute de la victime* présentant les caractères de la force majeure[2]. Dans le cas d'une enfant de 3 ans qui avait échappé à la surveillance de ses parents pour donner, malgré des panneaux d'interdiction, de la paille à manger à un poney qui la mord, Cour de cassation a reproché à la cour d'appel d'avoir exonéré le gardien du poney de sa responsabilité en énonçant que les fautes commises par l'enfant et ses parents ont constitué des faits imprévisibles et irrésistibles alors que ce comportement ne caractérisait pas la force majeure[3].

b) Il peut s'agir également du fait d'un tiers présentant les caractères de la force majeure

2755. Il doit être imprévisible et irrésistible, en l'espèce un acte de malveillance[4] ou le fait d'une personne qui a excité l'animal. On peut discuter toutefois dans ces espèces, de l'imprévisibilité de l'évènement.

3) L'acceptation des risques par la victime

2756. Un arrêt a écarté la responsabilité du gardien d'un animal en invoquant l'acceptation des risques par la victime, blessé au cours d'une promenade équestre. La Cour de cassation relève que l'intéressé « habitué de la manade où il faisait régulièrement des promenades à cheval et où vivaient en liberté des taureaux, avait accepté par avance le risque normal de voir un taureau effrayer sa monture et provoquer sa chute ». Le recours à l'acceptation des risques semble, ici, justifié d'une part parce que l'on se trouvait en matière d'activité de loisir, domaine traditionnel de l'acceptation des risques et d'autre part, par le souci de rétablir un juste équilibre entre les parties[5]. Toutefois, la théorie de l'acceptation des risques, qui paralysait le jeu des responsabilités de plein droit en matière sportive, a été abandonnée depuis un revirement spectaculaire de la Cour de cassation le 4 novembre 2010[6] (v. ss 1968). Elle ne doit donc plus pouvoir non plus jouer ici.

---

1. Civ. 8 janv. 1894, *DP* 1994. I. 403.

2. Civ. 2e, 19 févr. 1992. *Gaz. Pal.* 7-9 févr. 1993. Somm. 20, note F. C. (personne qui se fait mordre par un chien enchaîné qu'elle sait féroce, en essayant de le caresser en passant près de lui dans une cour ouverte).

3. Civ. 2e, 11 avr. 1999, *JCP* 1999. II. 10218, note N. Reboul.

4. Crim. 1er oct. 1997, *Bull. crim.* n° 316 ; *D.* 1997. IR 242.

5. Civ. 2e, 15 avr. 1999, *JCP* 2000. II. 10317, note Antoine ; *RTD civ.* 1999. 633, obs. P. Jourdain.

6. Civ. 2e, 4 nov. 2010, *D.* 2010. 2722, obs. I. Gallmeister ; *JCP* 2011, n° 12, note D. Bakouche ; *RCA* 2011, comm. 47 ; *RTD civ.* 2011. 137, n° 6, obs. P. Jourdain.

4) L'exonération partielle

2757. Comme en matière de responsabilité du fait des choses, il peut éventuellement y avoir exonération partielle et partage de responsabilité en cas de faute de la victime.

2758. ***L'actuel projet de réforme de la Chancellerie*** (mars 2017) prévoit de faire purement et simplement disparaître ce régime. La responsabilité du fait des animaux intègrerait donc la responsabilité générale du fait des choses.

§ 2. Responsabilité du fait des bâtiments

2759. Un bâtiment peut causer des dommages par son incendie (art. 1384, al. 2) ou par sa ruine (art. 1244).On rappellera que ces deux régimes spéciaux disparaissent purement et simplement dans le cadre de ***l'actuel projet de réforme de la Chancellerie***.

A. L'incendie d'un bâtiment

2760. C'est l'article 1242, alinéa 2, qui détermine la responsabilité encourue lorsqu'un incendie prend naissance dans un immeuble et qui en rend responsable le détenteur, « s'il est prouvé qu'il doit être attribué à sa faute ou à la faute des personnes dont il est responsable ».

Il faut, toutefois, préciser que l'article 1242, alinéa 2, qui nous intéresse, ici, à propos des immeubles est également applicable en matière de meubles. Toutefois, en ce qui concerne l'incendie d'un véhicule terrestre à moteur c'est la loi du 5 juillet 1985 qui s'applique[1] (v. ss 2001).

1) Il s'agit donc cette fois d'une responsabilité fondée sur la faute à prouver

2761. Ce texte a été ajouté à l'article 1242 à la suite de plusieurs affaires, par une loi du 7 novembre 1922, promulguée à l'instigation des compagnies d'assurances effrayées par le danger que représentait pour elles une responsabilité fondée sur le risque.

La Cour de cassation, en assemblée plénière, en 1966, a décidé que peu importait l'origine première de l'incendie, l'alinéa 2 s'applique du moment que celui-ci a pris naissance dans la chose du défendeur car l'article 1242, alinéa 2, « ne distingue pas suivant que la cause première de l'incendie a été ou non déterminée et qu'elle se trouve ou non liée à une chose dont le détenteur, à un titre quelconque, du fonds premier incendié serait le gardien ; qu'il est nécessaire et suffisant pour son application que l'incendie ait pris naissance dans l'immeuble ou les biens mobiliers dudit détenteur »[2].

---

1. Civ. 2e, 22 nov. 1995 (trois arrêts), *JCP* 1996. II. 22656, note J. Mouly.

2. Ass. plén. 25 févr. 1966, *D.* 1966. 389, note Esmein.

2) Dans le cas où il y a en même temps incendie et explosion

2762. La détermination de l'origine du dommage n'est pas toujours très facile en cas d'explosion.

Selon François Chabas, il faudrait, notamment, distinguer plusieurs cas :

– si l'incendie cause l'explosion, l'alinéa 2 s'applique ;

– si l'explosion cause l'incendie et que le dommage est dû à l'incendie, l'alinéa 2 s'applique aussi, mais si le dommage est dû à l'explosion on revient à l'utilisation de l'alinéa 1er ;

– si les circonstances sont indéterminées, il est présumé que l'explosion est antérieure à l'incendie et, dans ce cas, on revient aussi à l'alinéa 1er, le pouvoir causal de l'explosion absorbant celui de l'incendie.

Différentes décisions et notamment un arrêt de la deuxième chambre civile du 30 octobre 1989 [1] décidèrent qu'il fallait faire ces distinctions et que l'alinéa 2 ne devait s'appliquer que si l'incendie est la cause première du dommage et non l'explosion car dans ce cas « le pouvoir causal de l'explosion absorberait celui de l'incendie » [2].

Mais un nouvel arrêt de la deuxième chambre civile marque un revirement et revient à la position dégagée par l'assemblée plénière en 1966, en déclarant que l'article 1384, alinéa 2 (actuel art. 1242, al. 1er), ne distingue pas « suivant que la cause première de l'incendie a été ou non déterminée… qu'il suffit que l'incendie soit né dans l'immeuble ou les biens mobiliers » du défendeur, notamment pour différents cas où une explosion ou un court-circuit ont précédé l'incendie et où la cour applique l'article 1242, alinéa 2 [3].

3) Communication de l'incendie

2763. Dans tous les cas, l'alinéa 2 de l'article 1242 n'est pas subordonné à une « communication » de l'incendie [4], mais dans une deuxième espèce [5] la solution de la Cour de cassation est plus critiquable car le lien de causalité entre le dommage et l'incendie semble assez distendu : un incendie dans un hangar agricole provoqua la rupture de fûts contenant des produits toxiques dont l'écoulement contamina un cours d'eau ou s'abreuvaient les bêtes d'un troupeau qui furent intoxiquées… L'incendie était bien une condition nécessaire du dommage mais semblait une cause indirecte de l'intoxication. Il s'applique aussi bien à des dommages causés aux personnes qu'aux biens [6].

Dans une affaire assez curieuse, des émissions de gaz chaud et des crevasses du sol avaient endommagé des installations d'un stade appartenant à une commune. L'enquête révéla que le sinistre avait pour origine un incendie survenu quelques semaines auparavant dans un dépôt de déchets et de sciure entreposé sur le terrain voisin. Il s'agissait d'un phénomène thermique souterrain correspondant à une combustion lente et progressive

---

1. *Bull. civ.* II, n° 197.

2. *RTD civ.* 1990. 90, obs. P. Jourdain.

3. Civ. 2e, 14 févr. 1990, *JCP* 1990. IV. 142, suivi de plusieurs arrêts du 13 février 1991, *Bull. civ.* II, n° 53 et 54 du 13 mars 1991, *Defrénois* 1991. 1270, obs. Aubert ; du 16 avr. 1996, *Bull. civ.* II, n° 93, et du 19 mars 1997, *Bull. civ.* II, n° 84, *RTD civ.* 1997. 951, obs. P. Jourdain.

4. Civ. 2e, 24 juin 1999, *RCA* 1999, comm. 285, obs. H. Groutel ; *JCP* 2001. II. 10483, note J.-Y. Maréchal.

5. Civ. 2e, 27 mai 1999, *RCA* 1999, comm. 245, obs. H. Groutel ; *RTD civ.* 2000. 124, obs. P. Jourdain.

6. Civ. 2e, 19 mars 1997, *RCA* 1997, comm. 185 ; *RTD civ.* 1997. 951, obs. J. Mestre.

du sous-sol constitué de schistes charbonneux qui, selon la cour d'appel, n'était pas une « combustion avec flammes en dehors d'un foyer normal » et « ne peut donc être considéré comme un incendie », le texte applicable étant l'article 1242, alinéa 1er, et non l'article 1242, alinéa 2. La Cour suprême rectifie le fondement de la condamnation car elle constate que « l'incendie né dans l'immeuble de la société « Sobic » s'était propagé dans le sous-sol du fonds voisin et qu'il avait été ainsi la cause directe des dommages » et elle précise que l'article 1384, alinéa 2, « ne distingue pas, pour son application, suivant que la cause première de l'incendie a été ou non déterminée et suivant qu'elle est liée ou non à une chose dont est gardien l'occupant du fonds où l'incendie a pris naissance ; qu'il suffit que l'incendie soit né dans l'immeuble ou les biens mobiliers de celui-ci et soit la cause du dommage[1] ».

2764. Une grande partie de la doctrine s'est montrée hostile au maintien de l'article 1242, alinéa 2, qui institue une responsabilité pour faute à prouver au sein d'une construction jurisprudentielle qui s'en est complètement dissociée[2]. Son domaine s'est d'ailleurs rétréci en matière mobilière, avec la promulgation de la loi du 5 juillet 1985 sur les accidents de la circulation et la loi du 19 mai 1998 relative à la responsabilité du fait des produits défectueux. Mais, tant que ce texte existe (et on a souligné que ***l'actuel projet de réforme de la responsabilité*** le fait disparaître), la Cour de cassation, entend l'appliquer strictement.

B. La ruine d'un bâtiment

2765. L'article 1244 du Code civil dispose que « le propriétaire d'un bâtiment est responsable du dommage causé par sa ruine, lorsqu'elle est arrivée par une suite du défaut d'entretien ou par le vice de sa construction ». Il s'agit d'un cas particulier de responsabilité du fait des choses dont la survie est particulièrement menacée car la Cour de cassation appelle régulièrement de ses vœux son abrogation (rapports annuels, 2000, 2002, 2005). ***L'actuel projet de réforme du 13 mars 2017*** propose de faire disparaître cas spécial de responsabilité qui deviendrait un cas ordinaire de responsabilité du fait des choses. En attendant, la Cour de cassation travaille à réduire son domaine. Elle a imposé, en effet, une interprétation de plus en plus étroite de la notion de ruine et a également porté atteinte au caractère exclusif de la responsabilité des bâtiments en ruine en admettant que l'article 1244 ne s'opposait pas à l'application de l'article 1242, alinéa 1er, contre le gardien non-propriétaire de l'immeuble tel le locataire ou l'usufruitier (v. ss 2775).

Il faut que certaines conditions soient remplies pour que cette responsabilité puisse jouer.

1) Les conditions à remplir

2766. Le responsable est toujours le *propriétaire,* il doit s'agir d'un *bâtiment,* cela ne concerne que sa *ruine*, qui doit être due à un *vice de construction* ou à un *défaut d'entretien*. Enfin la victime doit être *un tiers*.

---

1. Civ. 2e, 13 mars 2003, *RCA* 2003, comm. 159, p. 12.
2. V. Szames, chron. citée dans la bibliographie.

a) Le propriétaire

2767. Ici, il n'est pas fait appel à la notion de gardien. Le propriétaire est donc toujours responsable, même si ce n'est pas lui qui a l'usage du bâtiment, par exemple s'il est loué. Le propriétaire dispose cependant en ce cas d'un recours de nature contractuelle contre le locataire chargé de l'entretien.

C'est une responsabilité très lourde puisqu'elle concerne le propriétaire, même s'il n'est propriétaire que depuis quelques jours, voire quelques heures : citons le cas de la chute d'un plancher au cours d'enchères publiques de meubles, dans un immeuble venant d'être acheté [1]. On pourrait envisager, là encore, un recours de nature contractuelle contre le vendeur de la chose, pour vices cachés.

On a déjà relevé cependant que la Cour de cassation avait admis que la victime pouvait écarter l'article 1244 et agir en responsabilité contre le gardien non-propriétaire de l'immeuble sur le fondement de l'article 1242, alinéa 1er (v. ss 2775, 2765).

b) Le bâtiment

2768. Il peut s'agir d'un bâtiment appartenant aussi bien à l'État, à un département ou à une commune, qu'à un particulier [2].

Avant la découverte de l'article 1384, alinéa 1er, devenu l'article 1242, alinéa 1er, la jurisprudence faisait une interprétation extensive de ce texte. Désormais, au contraire, il ne concerne que les constructions en matériaux durables, élevés par la main de l'homme et reposant sur des fondations. Cela permet d'exclure du domaine de l'article 1244 tous les dommages causés par des palissades, des éboulements de terrain, mais par contre, on applique l'article 1244 à des bâtiments tels qu'un pont, un barrage ou même une cave creusée de main d'homme dans le roc [3].

c) La ruine due à un vice de construction ou à un défaut d'entretien

2769. Le fait générateur, ici, est la ruine du bâtiment, c'est-à-dire la désagrégation spontanée de tout ou partie de ce bâtiment : plancher, balcon, toiture, cheminée, corniche… ou de tout élément, tel qu'une rampe d'escalier [4] ou une grille, qui y est incorporé de façon indissoluble. Par contre, la chute d'une personne consécutive à l'ouverture inopinée d'une porte-fenêtre ne fait pas jouer l'article 1244.

L'article 1244 a expressément prévu deux cas (la ruine peut provenir soit d'un vice de construction, soit d'un défaut d'entretien) et il est admis qu'ils sont alternatifs et non-cumulatifs. Mais cela pose quelques problèmes d'interprétation.

Certains auteurs voient dans le défaut d'entretien une présomption de faute, d'autres, dans le vice de construction une présomption de responsabilité du fait d'autrui, du fait du constructeur, architecte ou entrepreneur (ou même d'une personne qui vend un immeuble qu'elle a fait construire) qui est d'ailleurs tenu à garantie pendant dix ans envers le maître de l'ouvrage ou l'acquéreur.

---

1. Civ. 3 mars 1964, *D.* 1964. 245, note Savatier, *JCP* 1964. II. 13622, note Esmein.
2. Civ. 12 juin 1901, *DP* 1902. 2. 372, concl. proc. gén. Laferrière.
3. T. Saumur, 28 nov. 1935, *S.* 1936. 2. 156.
4. Civ. 19 mai 1953, *JCP* 1953. II. 7879, note Esmein.

2770. Quant à la notion de ruine, la Cour de cassation en donne une interprétation étroite, afin de restreindre au maximum le domaine d'application de l'article 1244, sans pour autant laisser la victime sans recours, puisque l'article 1242, alinéa 1er, devient alors applicable. Ainsi, le basculement d'un bâtiment n'est pas une ruine, mais dans ce cas, les dommages peuvent être réparés sur le fondement de l'article 1242, alinéa 1er, par le gardien du bâtiment[1].

2771. Enfin, la victime doit, en toute hypothèse, pour faire jouer l'article 1244, faire la preuve du vice de construction ou du défaut d'entretien, ce qui n'est pas toujours facile. Or, là encore, la Cour de cassation lui a simplifié la tâche en grignotant encore le domaine d'application exclusive de l'article 1244. En effet, dans une espèce où des pierres s'étaient détachées de la voûte d'un bâtiment et étaient tombées sur un véhicule, elle précise que, sans qu'il soit nécessaire de déterminer le vice dont pouvait être atteinte la voûte, il résulte que c'est de cette voûte que provenaient les pierres et donc que la responsabilité du propriétaire était engagée en qualité de gardien sur le fondement de l'article 1242, alinéa 1er. Ainsi, dès lors que le propriétaire est aussi le gardien de l'immeuble, l'application de l'article 1242, alinéa 1er, devient possible, sans même qu'il soit besoin d'exclure l'application de l'article 1244 parce que la cause du dommage ne serait pas la ruine[2].

d) La victime doit être un tiers et non un locataire

2772. Dans ce cas, en effet, c'est la responsabilité contractuelle qui entre en jeu.

2) Fondement de la responsabilité du fait des bâtiments et causes d'exonération

2773. Elle a d'abord été fondée sur une *présomption de faute* du propriétaire qui aurait dû vérifier la bonne construction du bâtiment puis en assurer correctement l'entretien.

Puis, on a voulu y voir une responsabilité sans faute, fondée sur le *risque* en contrepartie du profit que le propriétaire tire de son bâtiment. Ce ne serait qu'un cas particulier de responsabilité du fait des choses. C'est une « responsabilité de plein droit » comme celle fondée sur l'article 1242, alinéa 1er[3].

2774. Le propriétaire ne peut jamais s'exonérer de cette responsabilité par la preuve d'absence de faute de sa part[4]. Mais les causes d'exonération classiques sont admises dont la force majeure, cause étrangère qui ne peut lui être imputée[5] ou la faute de la victime, cause d'exonération partielle. Le « fait non fautif » de la victime n'est pas exonératoire, notamment le fait pour une personne de s'être assise sur une clôture surplombant un précipice, comportement considéré comme non fautif par les juges, en raison de la solidité apparente de ladite clôture[6].

---

1. Civ. 2e, 16 oct. 2008, *RCA* 2009, comm. 6, note H. Groutel, *RTD civ.* 2009. 128, obs. P. Jourdain.

2. Civ. 2e, 22 oct. 2009, *JCP* 2010. 456, n° 11, obs. C. Bloch ; *RCA* 2010, comm. 37 ; *RTD civ.* 2010. 115, obs. P. Jourdain.

3. Civ. 6 mai 1959, *S.* 1960. 28.

4. Civ. 21 juill. 1930, *Gaz. Pal.* 1930. 2. 337.

5. Civ. 1re, 3 mars 1964, *D.* 1964. 245, note R. Savatier ; *JCP* 1964. II. 13622, note Esmein ; *RTD civ.* 1964. 552, obs. A. Tunc.

6. Civ. 17 juill. 1971, *D.* 1971. 672.

3) Rapports du régime de l'article 1244 et des autres régimes de responsabilité délictuelle

2775. La jurisprudence admet généralement assez largement l'option ou même le cumul entre plusieurs régimes de responsabilité. Toutefois, les responsabilités spéciales du fait des choses sont en principes exclusives de l'application de l'article 1242, alinéa 1er, régime général. Cependant, comme on l'a déjà souligné, la Cour de cassation, favorable à l'abrogation de l'article 1244, a très largement remis en question l'exclusivité de l'application de l'article 1244.

a) L'option et le cumul entre l'article 1244 et l'article 1242, alinéa 1er

2776. Certaines victimes, n'ayant pu apporter la preuve des faits exigée par l'article 1244 pour se faire indemniser, ont eu l'idée de revenir au régime général de responsabilité du fait des choses de l'article 1242, alinéa 1er. Alors que pendant un temps, la Cour de cassation s'y était refusée, ainsi dans l'affaire *Bardinet*[1] mais aussi postérieurement[2], en considérant que l'existence même de l'article 1244 excluait toute possibilité de recours à l'article 1242, alinéa 1er, elle a aujourd'hui complètement modifié cette position. La victime peut désormais agir contre le gardien sur le fondement de l'article 1242, alinéa 1er, s'il n'est pas le propriétaire[3]. Cet arrêt a marqué un véritable revirement de jurisprudence en ouvrant dorénavant un droit d'option à la victime. Elle a ensuite admis que si le propriétaire est resté gardien, la victime peut agir contre lui sur le fondement de l'article 1242, alinéa 1er, sans avoir besoin d'établir que le dommage n'a pas été causé par la ruine du bâtiment. Là encore, c'est une véritable option qui est offerte à la victime[4] (v. ss 2771).

S'il s'agit de dommages imputables à autre chose que la ruine du bâtiment, le recours à l'article 1242, alinéa 1er, est toujours possible puisque l'article 1244 n'est plus applicable.

b) L'option et le cumul entre l'article 1244 et les autres régimes

2777. Ils sont admis sans difficultés. La victime peut ainsi invoquer l'article 1240 ou l'un des cas de responsabilité du fait d'autrui, soit cumulativement contre le propriétaire, soit de façon distincte en dirigeant son action, à la fois contre le propriétaire selon l'article 1244 et contre une tierce personne sur un autre texte, ce qui peut entraîner une condamnation *in solidum* des deux défendeurs.

2778. Enfin, par le jeu des recours, l'article 1386 et un autre régime de responsabilité peuvent aussi s'appliquer *successivement*, par exemple le propriétaire, poursuivi selon l'article 1244, se retourne contre le responsable du défaut d'entretien ou du vice de construction sur le fondement de l'article 1240 ou en invoquant une responsabilité contractuelle, ou la garantie des vices cachés en cas de vente.

---

1. Civ. 4 août 1942, *DC* 1943. 1, note G. Ripert.

2. Civ. 2e, 30 nov. 1988, *Bull. civ.* II, no 239 ; *JCP* 1989. II. 21319, note Giraudel.

3. Civ. 2e, 23 mars 2000, *Bull. civ.* II, no 54 ; *RCA* 2000. Chron. 16 par H. Groutel ; *JCP* 2000. I. 280, obs. G. Viney ; *LPA* 2001, no 145, p. 13, obs. D. Martin ; *JCP* 2000. II. 10379, note Y. Dagorne-Labbé.

4. Civ. 2e, 22 oct. 2009, *JCP* 2010. 456, no 11, obs. C. Bloch ; *RCA* 2010, comm. 37.

DOCUMENTS

BIBLIOGRAPHIE

BLOCH (L.), « La paroi vitrée, la boîte aux lettres, le plot et la victime », *RCA* 2004, études 14.

BORGHETTI (J.-S.), « La responsabilité du fait des choses, un régime qui a fait son temps », *RTD civ.* 2010. 1.

BRUN (Ph.), « De l'intemporalité du principe de responsabilité du fait des choses et de quelques autres considérations sur ses prétendues répercussions négatives en droit des obligations », *RTD civ.* 2010. 487.

CASSON (Ph.), « À propos des articles 1384, alinéa 2, et 1386 du Code civil », *LPA* 2001. 230.

CHABAS (F.), « Cent ans de responsabilité civile », *Gaz. Pal.* n° 236-237, p. 2.

HOQUET-BERG (S.), « L'acceptation des risques en matière sportive enfin abandonnée », *RCA* févr. 2011, étude 3.

HONORAT (J.), « L'idée d'acceptation des risques dans la responsabilité civile », 1969.

LAMBERT-FAIVRE (Y.), « Le transport bénévole », *D.* 1969. I. 91.

LASSALLE (J.-Y.), « La responsabilité civile et pénale des auteurs de violences sportives », *JCP* 2000. I. 277.

PEANO (M.-A.), « Divergences à la Cour de cassation sur la faute personnelle de l'ayant droit », *RCA* 1995, chron. n° 26.

SEIFFERT (E.), « L'article 1386 du Code civil : suppression ou réhabilitation », *RCA* 2009, étude 9.

TUNC, « Garde du comportement et garde de la structure dans la responsabilité du fait des choses inanimées », *JCP* 1957. I. 1384.

– « La détermination du gardien dans la responsabilité du fait des choses inanimées », *JCP* 1960. I. 1592.

Colloque, 27 oct. 1998, « La responsabilité du fait des produits défectueux », *LPA* 1998, n° 155.

ARRÊT COMMENTÉ

Civ. 2e, 8 mars 1995, *Époux Bizouard et a. c/ AGF et a.*

LA COUR. – (...) Attendu, selon l'arrêt attaqué (Lyon, 13 mai 1991), rendu sur renvoi de cassation, qu'au cours d'une régate, un voilier ayant à bord M. Serinelli, propriétaire, et six coéquipiers, a fait naufrage et qu'il n'y a eu aucun survivant ; que les héritiers et ayants droit des équipiers disparus ont demandé la réparation de leur préjudice aux héritiers de M. Serinelli et aux compagnies Assurances générales de France et La Foncière ; que les consorts Serinelli ont appelé en garantie les organisateurs de la course et la compagnie La Concorde ;

Sur le premier moyen du pourvoi incident de la société Assurances générales de France et le premier moyen du pourvoi incident de la compagnie d'assurance Préservatrice foncière IARD, réunis qui sont préalables :

– Attendu qu'il est fait grief à l'arrêt d'avoir retenu la responsabilité de M. Serinelli, sur le fondement de l'article 1384, alinéa 1er, du Code civil, alors que, selon le moyen, d'une part, il appartient au demandeur à l'action en responsabilité fondée sur l'article 1384, alinéa 1er, du Code civil de prouver que la chose a été l'instrument du dommage dont la réparation est recherchée, et que le fait de la chose est causalement lié à ce dommage ; qu'il appartenait d'autant plus en l'espèce aux demandeurs de rapporter la preuve de la cause du naufrage que la loi du 7 juillet 1967 relative aux événements de mer exclut toute présomption de responsabilité en matière d'abordage, qu'en présumant que le navire est intervenu dans la noyade des coéquipiers de M. Serinelli, et en mettant la preuve contraire à la charge des ayants droit de M. Serinelli, la cour d'appel a violé l'article 1384, alinéa 1er, du Code civil ; et alors que, d'autre part, en excluant l'idée que la garde du navire était commune à tous les membres de l'équipage, du fait que leur action commune nécessitait que chacun effectuât des tâches qui étaient les siennes, à la place qui lui avait été affectée dans l'équipe, sous le contrôle et la direction du « skipper », sans prendre en considération la circonstance invoquée dans les conclusions de la compagnie Préservatrice foncière que les six équipiers formaient « un équipage performant, parfaitement homogène, parce que chacun d'entre eux était capable au pied levé de remplacer un autre, car leurs fonctions étaient interchangeables », alors que la garde collective d'une chose suppose des pouvoirs absolument égaux et identiques, et que l'homogénéité et l'interchangeabilité des membres de l'équipage caractérisent bien la garde commune du navire, la cour d'appel n'a pas donné de base légale à sa décision au regard de l'article 1384, alinéa 1er, du Code civil ;

– Mais attendu que l'arrêt retient, d'une part, qu'il est certain que le voilier a sombré en mer corps et biens et que, de ce fait, il est intervenu dans la noyade de ceux qui étaient à bord et se trouve présumé en être la cause génératrice, la preuve contraire n'étant pas rapportée, d'autre part que, les usages et les règles applicables en matière de course en mer donnent au seul « skipper » le commandement du voilier dont il dirige et contrôle les manœuvres et la marche, chacun des coéquipiers effectuant sa tâche à la place qui lui a été affectée dans l'équipe, sous le contrôle et la direction du « skipper », lequel exerce donc seul sur le navire les pouvoirs de contrôle et de direction qui caractérisent la garde de la chose ;

Que de ces énonciations et constatations, la cour d'appel a pu déduire que M. Serinelli était le seul gardien du voilier, instrument du dommage ;

Sur le second moyen du pourvoi incident de la société Assurances générales de France et le second moyen du pourvoi incident de la compagnie d'assurance Préservatrice foncière IARD, réunis.

– Attendu qu'il est fait grief à l'arrêt d'avoir retenu la responsabilité de M. Serinelli, alors que selon le moyen, d'une part, l'acceptation par les équipiers d'un voilier de course du risque « d'une avarie ou d'un naufrage » implique inévitablement l'acceptation d'un risque de noyade, donc de mort ; qu'en refusant de déduire cette conséquence nécessaire de ses propres constatations, au seul motif inopérant que les organisateurs avaient maintenu la course malgré le gros temps, la cour d'appel a encore violé l'article 1384, alinéa 1er, du Code civil, et d'autre part, qu'a été définitivement jugée que la poursuite de la course malgré l'avarie ne pouvait être que le résultat d'un consensus de tout l'équipage ; qu'en méconnaissant l'autorité de ce motif décisoire de l'arrêt de cour d'appel d'Aix-en-Provence du 21 juillet 1988, la cour d'appel a violé l'article 1351 du Code civil ;

– Mais attendu que par motifs propres et adoptés, l'arrêt, après avoir exactement énoncé que l'acceptation des risques s'entend des risques normalement prévisibles, retient que la course se déroulait en vingt-quatre heures, sur un parcours limité à quatre-vingt miles, à proximité des côtes ou dans des eaux protégées, que le départ retardé par de mauvaises conditions météorologiques a été donné par les organisateurs à de nombreux concurrents et que seul le voilier de M. Serinelli, « skipper » expérimenté assisté de l'un des meilleurs équipages de la Société nautique, a coulé tragiquement, corps et biens sans cause certaine prouvée ;

Que de ces énonciations et constatations, la cour d'appel a pu déduire, sans méconnaître l'autorité de la chose jugée, que si les membres de l'équipage avaient accepté les risques normaux et prévisibles d'une compétition en mer de haut niveau, ils n'avaient pas pour autant accepté le risque de mort qui, dans les circonstances de la cause, constituait un risque anormal ;

D'où il suit que le moyen n'est pas fondé ;

Sur le moyen unique du pourvoi principal : (...)

Par ces motifs,

Rejette les pourvois tant principal qu'incident ;

Laisse à chaque partie la charge respective de ses dépens ; (...)

INDICATIONS DE CORRECTION

Introduction

L'introduction d'un commentaire d'arrêt est la partie la plus délicate du devoir, car elle doit annoncer, en une phrase brève, le domaine dans lequel se situe l'arrêt, énoncer rapidement l'exposé des faits, le déroulement de la procédure, le ou les problèmes juridiques posés à la Cour et, d'une façon plus concise, la ou les solutions apportées ainsi que l'intérêt de la décision en la replaçant dans le contexte du droit positif. Or il peut y avoir eu depuis la décision des revirements de jurisprudence ou des textes nouveaux venant contredire ou modifier la solution.

C'est à partir de là que l'étudiant doit choisir un plan lui permettant de traiter son sujet, en faisant preuve de connaissances et d'esprit critique et en évitant les deux écueils classiques en la matière :

– transformer le commentaire en une simple dissertation, en abandonnant l'arrêt ;

– paraphraser la décision sans l'enrichir par un apport de connaissances extérieures.

Ici, la recherche d'un plan était considérablement simplifiée du fait de l'existence de deux problèmes juridiques distincts qui pouvaient être traités successivement.

– L'exposé des faits était simple et ne présentait pas de difficulté particulière.

– Une difficulté pouvait, en revanche, apparaître dans la présentation du déroulement de la procédure puisqu'il s'agissait d'un second pourvoi contre l'arrêt de la cour d'appel de Lyon du 13 mai 1991, mais distinct du premier dirigé contre la décision de la cour d'appel d'Aix-en-Provence du 21 juillet 1988 (citée dans l'arrêt) qui avait donné lieu à un arrêt de cassation en date du 9 mai 1990. Le Code civil étant autorisé, les étudiants pouvaient sans peine retrouver la date et le contenu de cette décision.

Le problème juridique posé était double, ce qui justifiait un plan en deux parties :

– Validité de la garde en commun d'un voilier par son équipage ? Avec l'intérêt de la décision sur ce point qui marque un recul de cette notion de garde en commun.

– Possibilité d'opposer aux victimes, comme cause d'exonération, l'acceptation des risques ? La Cour de cassation répond négativement sur ce point en invoquant la notion de risque anormal, mais cet arrêt est à replacer dans le contexte du droit positif et plus particulièrement, du revirement de jurisprudence intervenu avec une décision de la deuxième chambre civile de la Cour de cassation du 4 novembre 2010

(*D.* 2010. 2722, obs. I. Gallmeister ; *JCP* 2011, n° 12, note D. Bakouche ; *RCA* 2011, comm. 47 ; *RTD civ.* 2011. 137, n° 6, obs. P. Jourdain.) qui a abandonné le jeu de la théorie de l'acceptation des risques. Aujourd'hui donc, la Cour de cassation aurait encore répondu négativement à la seconde question mais pour d'autres raisons.

Première partie

Rejet de la notion de garde en commun d'un voilier par son équipage

En l'espèce, les héritiers des coéquipiers victimes du naufrage ont demandé réparation de leurs dommages aux héritiers du propriétaire/skipper du voilier, M. Serinelli, lui-même décédé dans le naufrage, et à ses assureurs : la Compagnie d'Assurances Générales de France et La Foncière, sur le fondement de l'article 1242, alinéa 1er (ancien art. 1384, al. 1er).

Pour ce faire, deux conditions sont requises : l'existence d'une chose à l'origine du dommage et la détermination du gardien de cette chose. C'est sur ces deux points que les Compagnies d'assurance demanderesses au pourvoi incident articulaient leur premier moyen (le pourvoi principal portant sur des questions d'assurances a volontairement été écarté et son texte non communiqué aux étudiants). La Cour de cassation va rejeter leurs arguments.

A. Le rappel de la présomption de causalité : le rôle causal du voilier

Dans la première branche de ce premier moyen, les assureurs contestaient le rôle causal du voilier dans la réalisation du dommage, en raison des incertitudes ayant entouré les circonstances du naufrage et le décès de l'intégralité de l'équipage. La Cour de cassation va confirmer à cet égard l'existence d'une présomption de causalité.

Depuis le premier arrêt *Jand'heur*[1], il est admis que le fait de la chose puisse intervenir indépendamment du fait de l'homme et il n'est plus exigé, ni un fait autonome de la chose, comme dans les premières décisions ayant appliqué l'article 1384, alinéa 1er[2], devenu l'article 1242, alinéa 1er, ni un vice propre de la chose (définitivement écarté dans le second arrêt *Jand'heur*)[3]. En revanche, il est toujours nécessaire que le fait de la chose soit la cause génératrice du dommage. Mais ce lien de causalité peut-il être présumé ? C'est ce que contestaient les demandeurs en se fondant sur la loi du 7 juillet 1967 relative aux événements de mer qui, selon eux, « exclut toute présomption de responsabilité en matière d'abordage ». Ils prétendaient qu'il appartenait aux héritiers des victimes d'en apporter la preuve et qu'il y avait eu renversement de la charge de cette preuve.

En principe, la charge de la preuve du rapport de causalité incombe aux demandeurs en réparation, mais pour venir en aide aux victimes, la loi et la jurisprudence ont parfois posé de véritables présomptions de causalité : par exemple, la loi du 30 octobre 1968 en matière d'énergie nucléaire ou un arrêt remarqué de la Cour

1. 21 févr. 1927, *D.* 1927. I. 97, note G. Ripert.
2. Civ. 16 juin 1896, *D.* 1897. I. 433.
3. 13 févr. 1930, *D.* 1930. I. 57, concl. Matter, note G. Ripert.

de cassation du 9 juin 1939 selon lequel « pour l'application de l'article 1384, alinéa 1er, devenu l'article 1242, alinéa 1er, la chose inanimée doit être la cause du dommage, mais que, du moment où il est établi qu'elle a contribué à la réalisation du dommage, elle est présumée en être la cause génératrice, sauf au gardien à rapporter la preuve contraire »[1].

C'est bien là le sens de la décision étudiée qui reprend les arguments de la cour d'appel selon laquelle « il est certain que le voilier a sombré en mer corps et biens et que, de ce fait, il est intervenu dans la noyade de ceux qui étaient à bord et se trouve présumé en être la cause génératrice, la preuve contraire n'étant pas rapportée ».

B. Détermination du gardien : le recul de la notion de garde en commun

Une fois établi le rôle causal de la chose, encore faut-il en déterminer le gardien et c'est sur ce point que s'opposaient les parties : les héritiers des équipiers considérant le propriétaire/skipper comme seul gardien, les héritiers de ce dernier soutenant qu'il y avait eu garde commune.

La question se pose chaque fois que les pouvoirs sur la chose sont exercés conjointement et que la chose à l'origine du dommage se trouve manipulée par plusieurs personnes sans qu'il soit possible d'établir laquelle d'entre elles en avait l'usage au moment du fait générateur. Dans ces hypothèses, la jurisprudence a d'abord fait appel, notamment en matière de chasse ou de jeu collectif à la notion de faute collective, puis, en matière de responsabilité du fait des choses, à celle d'action commune ou de garde commune, admettant ainsi la responsabilité collective des membres d'un groupe interdépendant qui ont « participé à une action commune et exécuté des actes connexes et inséparables ayant causé le dommage[2] », ce qui permet de les déclarer responsables *in solidum,* lorsqu'ils sont des tiers par rapport à la victime, mais entraîne leur irresponsabilité les uns à l'égard des autres : un co-gardien ne pouvant se prévaloir, à l'égard des autres, de la présomption de responsabilité de l'article 1384, alinéa 1er, devenu article 1242, alinéa 1er, ce qui était le cas entre les différents coéquipiers formant l'équipage du voilier. Il s'agit toutefois d'une exception au principe suivant lequel la garde est alternative et non-cumulative.

C'est cette position qui avait été prise par les assureurs du propriétaire/skipper qui soutenait que les six équipiers formaient « un équipage performant, parfaitement homogène, parce que chacun d'entre eux était capable, au pied levé, de remplacer un autre car leurs fonctions étaient interchangeables ». Or, la Cour de cassation, lors du premier pourvoi dans la même affaire[3] avait retenu comme seul gardien le skipper « marin particulièrement qualifié » et propriétaire du voilier, le rôle de chacun des coéquipiers au moment de l'accident étant resté totalement ignoré. La Cour de Lyon, cour de renvoi, a donc, à son tour, retenu le skipper comme seul gardien, en excluant la garde commune « du fait que leur action commune nécessitait que chacun effectuât des tâches qui étaient les siennes, à la place qui lui avait été affectée dans l'équipe sous le contrôle et la direction du skipper ».

En rejetant le pourvoi contre cette décision, la Cour de cassation vient ici de marquer un coup d'arrêt de cette jurisprudence admettant la garde collective d'un voilier.

---

1. Civ. 9 juin 1939, *DH* 1939. 2. 283.
2. Civ. 2e, 15 déc. 1980, *D.* 1981. 455, note E. Poisson-Drocourt.
3. Civ. 2e, 9 mai 1990, *D.* 1991. 367, note Y. Dagorne-Labbé.

En effet, l'arrêt analysé va, cette fois, plus loin que celui de 1990 en affirmant que « les usages et les règles applicables en matière de course en mer donnent *au seul skipper* le commandement du voilier dont il dirige et contrôle les manœuvres et la marche, chacun des coéquipiers effectuant sa tâche à la place qui lui a été affectée dans l'équipe sous le contrôle et la direction du skipper, lequel exerce donc seul sur le navire les pouvoirs de contrôle et de direction qui caractérisent la garde de la chose ». Il n'est plus question ici de propriété du voilier, mais uniquement de sa garde caractérisée classiquement, depuis l'arrêt *Franck*[1], par les trois attributs : usage, direction et contrôle.

Ce recul de la garde en commun n'a pas été remis en question depuis.

Seconde partie

Le rejet de la possibilité d'opposer aux victimes comme cause d'exonération, l'acceptation des risques

Le gardien une fois déterminé, il est parfois possible pour lui d'échapper à la condamnation à réparation en invoquant des causes d'exonération, de droit commun ou spécifiques. Ici, c'est l'acceptation des risques par la victime qui était invoquée pour échapper à l'application de la présomption de responsabilité du gardien. La Cour de cassation en écarte le jeu en développant la distinction entre les risques normaux et anormaux, si elle devait statuer aujourd'hui, elle l'écarterait purement et simplement, sans avoir besoin de référer à cette distinction.

A. Le rejet de l'acceptation des risques en considération du caractère anormal du risque

1) La théorie classique de l'acceptation des risques en matière sportive

C'est en matière de transport bénévole que cette théorie a pris naissance. Depuis un arrêt de principe de la première chambre civile de la Cour de cassation du 27 mars 1928[2], il était admis que la personne transportée à titre gratuit ne pouvait invoquer l'article 1384, alinéa 1er, à l'encontre du gardien du véhicule pour une double raison : argument d'équité d'abord : on se refusait à imposer une charge trop lourde à un conducteur qui avait rendu un service gratuit, alors que l'assurance-automobile n'était encore ni généralisée, ni obligatoire ; mais aussi l'idée d'acceptation des risques par la victime. Mais cette théorie avait cessé d'être utilisée dans ce domaine à partir des fameux arrêts en chambre mixte du 20 décembre 1968 (notamment l'arrêt *Landru*, reproduit plus haut)[3] qui, par un véritable revirement de jurisprudence, ont autorisé le passager transporté à titre bénévole à invoquer l'article 1384, alinéa 1er, à l'encontre du gardien du véhicule sans que ce dernier puisse opposer à la victime l'acceptation des risques.

En revanche, la théorie de l'acceptation des risques avait conservé son intérêt en matière d'accidents dus à une activité sportive. Elle impliquait de la part de la victime une renonciation tacite à se prévaloir des facilités probatoires de la responsabilité

1. Ch. réunies 2 déc. 1941, *DC* 1942. 25, note G. Ripert.
2. *DP* 1928. 1. 145.
3. Ch. mixte 20 déc. 1968, *JCP* 1969. II. 15756 et *D.* 1969. 37, concl. Schmelck, quatre espèces.

sans faute, sans aboutir à l'empêcher d'obtenir une réparation intégrale si elle parvient à prouver la faute de l'auteur du dommage[1], un acte déloyal, une violation de la « règle du jeu », par exemple.

La jurisprudence a dégagé un certain nombre de conditions d'application de cette théorie :

– elle nécessite une participation effective de la victime à l'activité sportive en question[2] ;

– il doit s'agir d'un sport plus ou moins violent et non « d'un jeu paisible entre deux jeunes filles » qui s'exerçaient au basket-ball[3] ;

– les risques doivent avoir été parfaitement compris et mesurés, c'est pourquoi la théorie s'applique essentiellement aux sportifs avertis et expérimentés ;

– le dommage est généralement survenu à l'occasion d'une compétition, mais des arrêts ont admis l'application de la théorie dans d'autres cas, par exemple pour des enfants jouant au ballon dans une cour de récréation ;

– il s'agit d'un risque normal dans l'exercice d'un sport.

2) La conception rigoureuse de la Cour de cassation dans cet arrêt

La Cour de cassation rend ici une décision rigoureuse en donnant une nouvelle définition des « risques normaux ». Jusqu'ici, on considérait comme « risque normal » l'accident qui pouvait survenir au cours de l'exercice de tel ou tel sport : ballon dans la figure, chute de cheval, coup trop appuyé dans un match de boxe... ; on pourrait ajouter le naufrage : risque normal pour un voilier.

Il est certain que plus l'activité sportive est dangereuse, plus le risque est grand. En l'espèce, il y avait une course par « gros temps », retardée par « de mauvaises conditions météorologiques », en outre, il y avait déjà eu une avarie, et pourtant il a « été définitivement jugé que la poursuite de la course, malgré l'avarie, ne pouvait être que le résultat d'un *consensus* de tout l'équipage ». Ceci avait été relevé dans l'arrêt de la première cour d'appel en date du 21 juillet 1988 et n'était pas contesté. C'est pourquoi les Compagnies d'assurances soutenaient que « l'acceptation par les équipiers d'un voilier de course du risque « d'une avarie ou d'un naufrage » implique inévitablement l'acceptation d'un risque de noyade, donc de mort ».

C'est sur ce point que la Cour de cassation prend position pour considérer ce risque comme anormal. Elle reprend les constatations de la cour d'appel selon lesquelles, malgré les conditions difficiles de la course, le départ avait été donné « à de nombreux concurrents et que seul le voilier de M. Serinelli, « skipper » expérimenté, assisté de l'un des meilleurs équipages de la Société nautique, a coulé tragiquement, corps et biens sans cause certaine prouvée », pour en déduire que « si les membres de l'équipage avaient accepté les risques normaux et prévisibles d'une compétition en mer de haut niveau, ils n'avaient pas pour autant accepté le risque de mort qui, dans les circonstances de la cause, constituait un risque anormal ».

On peut se demander si, dans le désir d'assurer l'indemnisation des victimes, la Cour de cassation n'a pas confondu ici la normalité du risque avec l'importance du dommage.

En tout cas aujourd'hui, la solution serait la même mais pour d'autres motifs

1. Civ. 1re, 4 mars 1980, *Bull. civ.* I, n° 77.

2. Rennes, 2 févr. 1982, *D.* 1983. IR 509, obs. Alaphilippe et Karaquillo.

3. Civ. 2e, 21 févr. 1979, *Bull. civ.* II, n° 58.

B. Une caractérisation du risque aujourd'hui inutile

En effet, par une décision du 4 novembre 2010 (v. réf. ci-dessus), la deuxième chambre civile a opéré un spectaculaire revirement de jurisprudence et a décidé que « la victime d'un dommage causé par une chose peut invoquer la responsabilité résultant de l'article 1384, alinéa 1er, devenu article 1242, alinéa 1er, du Code civil, à l'encontre du gardien de la chose, instrument du dommage, sans que puisse lui être opposée son acceptation des risques ». La formule est absolument générale. Elle concerne donc toutes les hypothèses de responsabilité du fait des choses, mais en l'occurrence, le litige concernait un accident au cours d'une course de motocyclettes sur un circuit fermé, donc clairement, la matière sportive. Ainsi, la théorie de l'acceptation des risques en ce qu'elle paralysait le jeu de l'article 1384, alinéa 1er, devenu article 1242, alinéa 1er, est-elle abandonnée au bénéfice des victimes de dommages corporels et sans doute pour cette raison. En effet, l'évolution de la responsabilité civile se fait dans le sens de la prise en charge la plus large et la plus égalitaire possible des dommages corporels et il n'y avait plus vraiment de raison, dans ces conditions, et compte tenu de la généralisation de l'assurance, par ailleurs, pour que les sportifs soient privés du bénéfice de cette évolution. Ainsi la distinction entre les risques normaux et anormaux n'a plus lieu d'être. La Cour de cassation n'aurait donc plus besoin aujourd'hui d'y recourir pour rejeter le pourvoi.

On pourra se reporter avec profit sur l'apport de cette décision, à l'étude de Sophie Hocquet-Berg, « L'acceptation des risques en matière sportive enfin abandonnée », *RCA* févr. 2011, étude 3.

Chapitre 3

La responsabilité du fait d'autrui

Introduction

Évolution jurisprudentielle de la responsabilité du fait d'autrui

2779. Après la responsabilité du fait personnel prévue par les articles 1240 et 1241, nous abordons la responsabilité du fait d'autrui, dont le Code civil fait état dans l'article 1242, alinéa 1er, dans une formule générale puis, plus précisément, dans les alinéas 4 à 8.

L'article 1242, alinéa 1er, dispose qu'on est responsable du dommage que l'on cause par son propre fait, mais encore « de celui qui est causé par le fait des personnes dont on doit répondre » ou des choses que l'on a sous sa garde. Les alinéas suivants énoncent divers cas de responsabilité du fait d'autrui qui représentent autant de régimes de responsabilité. L'article 1242, alinéa 1er, à l'origine, n'était que la simple annonce de ces cas, jusqu'à ce que la jurisprudence lui trouve une autre fonction.

A. L'énumération originairement limitative de l'article 1242 des régimes spéciaux de responsabilité du fait d'autrui

2780. Les alinéas 4 à 8 de l'article 1242 énumèrent différents cas de responsabilité du fait d'autrui : responsabilité des parents, des maîtres et commettants, des artisans et des instituteurs.

2781. Avec ces différentes responsabilités du fait d'autrui, nous sommes aujourd'hui en présence, compte tenu de l'évolution de la jurisprudence, et sauf dans le cas des instituteurs, de responsabilités de plein droit, objectives, sans faute du responsable, dont le fondement peut d'ailleurs varier selon les cas.

On peut les regrouper selon la catégorie des personnes dont on doit répondre : il s'agit soit d'enfants ou d'adolescents, soumis à la garde et à la surveillance d'adultes chargés de leur éducation : parents, artisans ou instituteurs, soit de majeurs liés par un lien de subordination : les préposés.

Traditionnellement, on considérait que la responsabilité du fait d'autrui était limitée aux seuls cas énumérés par les alinéas 4 à 8 de l'article 1242 alors, au contraire, que la jurisprudence avait considérablement développé la responsabilité du fait des choses, initialement limitée à des cas particuliers régis par les seuls articles 1242, alinéa 2 (incendie), 1243 (animaux) et 1244 (ruine des bâtiments), en dégageant de l'article 1242, alinéa 1er un principe général de responsabilité du fait des choses. Mais on a finalement assisté à une extension du domaine des responsabilités du fait d'autrui, avec des « créations jurisprudentielles » fondées sur le même article 1242, alinéa 1er.

Ces responsabilités du fait d'autrui prennent par ailleurs une nouvelle physionomie avec les projets de réforme et notamment ***l'actuel projet de réforme de la Chancellerie*** (du 13 mars 2017), qui tend à une clarification et à une simplification de cette responsabilité, sans pour autant parvenir à une véritable unité dans les fondements (v. ss 2925 s.).

B. L'extension jurisprudentielle : l'utilisation de l'article 1242, alinéa 1er, pour de nouveaux cas de responsabilité du fait d'autrui

2782. Par un arrêt de principe du 29 mars 1991 [1], l'arrêt *Blieck,* la Cour de cassation, en assemblée plénière, a admis que d'autres cas de responsabilité du fait d'autrui pouvaient être dégagés, en se fondant sur la formule générale figurant à l'article 1242, alinéa 1er. Elle a ainsi rendu responsable une association recevant des handicapés mentaux, du dommage causé par l'un d'eux. Cette responsabilité du fait d'autrui, inspirée de la jurisprudence administrative, semblait fondée sur l'idée de sanction d'un devoir de surveillance, lié à l'état de la personne surveillée.

Avec cet arrêt nous sommes entrés dans une nouvelle phase du développement de la responsabilité civile extracontractuelle du fait d'autrui qui n'est plus limitée aux cas précis prévus par les alinéas 4 à 8 de l'article 1242, dont le fondement théorique est peut-être le risque, peut-être la garantie, et dont le fondement technique n'est pas la faute mais plutôt la notion d'autorité juridique sur autrui, sans qu'il y ait véritablement un fondement unique et identique qui pourrait conduire à l'affirmation d'un principe général de responsabilité du fait d'autrui.

2783. Si la Cour de cassation n'a pas véritablement posé un principe général de responsabilité du fait d'autrui analogue à celui qu'elle a posé en matière de responsabilité du fait des choses, cette utilisation nouvelle de l'article 1242, alinéa 1er, du Code civil ne peut être ignorée et après l'étude des différents régimes de responsabilité du fait d'autrui prévus expressément par le code, qui subsistent bien évidemment et que nous étudierons successivement (sections 1 à 3), il faut s'intéresser à cette élaboration jurisprudentielle de nouvelles hypothèses de responsabilité du fait d'autrui, fondées sur l'article 1242, alinéa 1er (section 4) ; Cela d'autant plus que *le projet de réforme du droit de la responsabilité* du 13 mars 2017 les prend en compte, au même titre que les hypothèses classiques qui figurent dans les alinéas 4 à 8, en les traitant ensemble dans une sous-section consacrée à « l'imputation du dommage causé par autrui », sans pour autant poser un principe général de responsabilité du fait d'autrui : les cas restent limitativement prévus (art. 1245, al. 1er).

---

1. Arrêt *Blieck, JCP* 1991. II. 21673, concl. Dontenwille, note J. Ghestin, *D.* 1991. 324, note C. Larroumet ; G. Viney, *D.* 1991. Chron. 157.

Section 1

De la responsabilité pour faute présumée à la responsabilité de plein droit : la responsabilité des parents et des artisans

2784. Le législateur a posé en principe que les adultes, normalement chargés de surveiller des jeunes, doivent être responsables des dommages causés par eux. Ces adultes responsables sont, selon les cas ou les circonstances, les père et mère, les artisans ou les instituteurs.

Nous laisserons de côté, pour le moment, le cas de la responsabilité des instituteurs, qui a évolué et dont le fondement s'est modifié (v. ss 2824 s.). Nous allons considérer successivement la responsabilité des parents, puis celle des artisans.

§ 1. La responsabilité des père et mère du fait de leurs enfants mineurs

2785. Avant d'examiner les conditions d'application de cette responsabilité, puis les causes d'exonération et les possibilités de cumul de responsabilité, nous en déterminerons le fondement car la responsabilité des parents a profondément changé en 1997, avec l'arrêt *Bertrand* : d'une responsabilité fondée sur une faute présumée de surveillance et d'éducation, elle est devenue en effet une responsabilité de plein droit, objective, fondée sur l'autorité parentale, ce qui n'a pas été sans incidence sur ses conditions d'application et les causes d'exonération.

A. Le fondement de la responsabilité des père et mère : son évolution

2786. Cette responsabilité était, fondée jusqu'en 1997, avec l'arrêt *Bertrand* sur une présomption de faute des parents, et, selon l'article 1242, alinéa 7, il s'agissait d'une présomption simple qui pouvait tomber devant la preuve contraire. La jurisprudence, poursuivant sa tendance à l'élargissement de la responsabilité par l'objectivation de cette responsabilité (déjà, pour l'avènement de la faute objective dans l'article 1240, v. ss 2593, et de façon plus générale l'évolution globale de la jurisprudence en ce sens, v. ss 2202 s.) en a fait une responsabilité de plein droit, sans faute, comme dans le cas de l'article 1242, alinéa 1er.

1) Une responsabilité fondée à l'origine sur une présomption de faute

2787. Le père et la mère étaient présumés responsables car ils étaient supposés avoir commis une faute présumée de surveillance, qui est la contrepartie de leur droit d'autorité parentale. La victime bénéficiait de cette présomption légale et n'avait pas à faire la preuve de cette faute.

Mais, contrairement à d'autres systèmes juridiques étrangers qui n'envisagent qu'une faute de surveillance, en droit français on tenait compte également d'une faute d'éducation.

Plusieurs arrêts déclaraient expressément que pour se libérer de cette présomption « les parents, doivent apporter la preuve, qu'aucune faute d'éducation ou de surveillance ne pouvait leur être reprochée »[1].

En effet, il s'agissait d'une présomption simple susceptible de tomber devant la preuve contraire.

2) Une présomption simple qui tombe devant la preuve contraire

2788. Il ne s'agissait, jusque-là, que d'une présomption simple : selon l'article 1242, alinéa 7, en effet, la responsabilité des père et mère tombe s'ils « prouvent qu'ils n'ont pu empêcher le fait qui donne lieu à cette responsabilité ». Cette formule était interprétée comme permettant aux parents d'échapper à leur responsabilité en prouvant leur absence de faute, c'est-à-dire en établissant qu'ils avaient normalement éduqué et surveillé leur enfant. La jurisprudence est abondante sur ce point. Les tribunaux avaient tendance à décharger les parents de leur responsabilité chaque fois qu'il était établi que l'activité de l'enfant n'était pas anormalement dangereuse (par exemple, rouler à bicyclette mais non manipuler des armes à feu), et qu'elle était effectuée par d'autres enfants de même âge et de même milieu social, et ceci se trouvait confirmé par la loi du 5 juillet 1974 qui, en abaissant l'âge de la majorité de 21 à 18 ans, avait déchargé du même coup les parents de leur responsabilité de plein droit envers leurs enfants de plus de 18 ans.

Rappelons la jurisprudence antérieurement élaborée, bien qu'elle soit désormais dépassée avec le courant jurisprudentiel actuel.

Les parents essayaient généralement de prouver concernant la *surveillance* :

– soit l'*impossibilité de surveillance,* quand l'enfant était, au moment du dommage, sous la surveillance d'un tiers : instituteur, patron par exemple (art. 1242, al. 5 et 6), ou même sous celle d'un ami, ce qui avait pour effet de déplacer la charge de la responsabilité sur cet ami, mais en faisant la preuve de sa faute selon l'article 1240 ;

– soit l'*impossibilité d'éviter l'acte dommageable,* parce que l'activité dommageable de l'enfant leur avait été cachée, ou parce que l'acte avait été tout à fait imprévisible, mais la jurisprudence acceptait de telles excuses avec beaucoup de réserve ;

– soit l'*exercice correct du pouvoir de surveillance,* et c'est là qu'entraient en jeu, comme nous l'avons dit plus haut, toutes sortes de facteurs relatifs aux usages, à l'âge, au milieu social, etc. et cela se trouvait généralement lié au mode d'éducation.

Concernant l'*absence de faute d'éducation,* cette preuve était finalement assez rarement apportée car le fait dommageable est généralement accidentel, une maladresse, une imprudence. On n'examinait la question de l'éducation que dans les cas plus rares où le dommage semblait dû à une intention malveillante ou à un véritable mépris des intérêts d'autrui, il s'agissait d'hypothèses assez marginales. Mais, dans ce cas, les tribunaux étaient généralement assez sévères dans leur appréciation de l'éducation, notamment en présence d'adolescents caractériels.

---

1. Civ. 12 oct. 1955, *D.* 1956. 301, note Rodière ; Crim. 18 juin 1980, *D.* 1981. IR 322, obs. C. Larroumet, 2e esp.

3) L'évolution jurisprudentielle : une responsabilité de plein droit

a) Les étapes préalables

2789. Déjà dans l'arrêt *Fullenwarth*[1] (qui fait partie de la série des arrêts majeurs rendus par l'assemblée plénière le 9 mai 1984 [v. ss 2610] qui ont fait disparaître la condition du discernement dans la responsabilité pour faute et la responsabilité du gardien), l'assemblée plénière de la Cour de cassation avait réalisé une première extension de la responsabilité des parents : elle la subordonnait simplement, en effet, à un acte de l'enfant cause directe du dommage, sans qu'il soit nécessaire qu'il s'agisse d'un acte objectivement illicite, condition exigée jusque-là (sur l'importance de cette solution, v. ss 2805-2810) et elle avait employé le terme de « présomption de responsabilité » à propos de la responsabilité des parents et plus de « présomption de faute ».

2790. Ensuite, dans un arrêt du 3 mars 1988[2], la Cour de cassation reprochait à une cour d'appel qui avait déchargé des parents de leur responsabilité, de n'avoir pas recherché si le comportement répréhensible de l'enfant n'établissait pas, *par lui-même*, à la charge des parents, un manquement à leur obligation de surveillance et de direction. Cette position était très sévère pour les parents et se rapprochait d'une présomption quasi irréfragable de faute, qui ne tomberait que devant la preuve « qu'ils n'ont pu empêcher le fait dommageable » de l'article 1242, alinéa 7, c'est-à-dire, pratiquement, devant la preuve d'une cause étrangère. Cela se rapprochait de la « présomption de responsabilité » de l'arrêt *Fullenwarth* et la doctrine envisageait, d'ailleurs, une possible évolution de la responsabilité des parents fondée sur une faute présumée, vers une responsabilité de plein droit, assez proche de celle des commettants, qui pourrait s'accompagner d'une assurance responsabilité civile « chef de famille » obligatoire, pour assurer une meilleure couverture des risques des victimes[3].

2791. Puis la décision de l'assemblée plénière du 29 mars 1991 (l'arrêt *Blieck*, préc., v. ss 2782, 2894 s.) a semblé considérer que l'article 1242, alinéa 1er, posait un principe général de responsabilité du fait d'autrui, analogue à celui relatif à la responsabilité du fait des choses, les alinéas suivants de l'article 1242 ne concernant que quelques applications de ce principe, voire des solutions exceptionnelles, ce qui allait dans le sens de l'affirmation du caractère objectif de ces responsabilités.

b) L'aboutissement : l'arrêt Bertrand

2792. C'est à l'affirmation d'une responsabilité objective que procède l'arrêt *Bertrand* de la deuxième chambre civile du 19 février 1997[4]. Désormais, la responsabilité des parents est une *responsabilité de plein droit* qui ne tombe que devant la preuve de la force majeure. L'article 1242, alinéa 7, qui n'exonérait les parents que s'ils prouvaient

---

1. Dans le même sens, v. Civ. 2e, 25 janv. 1989, *Bull. civ.* II, no 21, p. 10.

2. Civ. 2e, 3 mars 1988, *Bull. civ.* II, no 58 ; obs. P. Jourdain à la *RTD civ.* 1988. 772, no 6.

3. V. Puill, chron. citée dans la bibliographie.

4. Arrêt *Bertrand*, Civ. 2e, 19 févr. 1997, *Gaz. Pal.* 1997. 2, Jur. 572, note F. Chabas ; *JCP* 1997. II. 22848, concl. Kessous, note G. Viney ; *D.* 1997. 265, note P. Jourdain.

« qu'ils n'ont pu empêcher le fait » dommageable est donc désormais interprété très restrictivement pour assurer une « garantie d'indemnisation au profit de la victime » [1].

2793. Le *fondement de la responsabilité des parents* n'est donc plus leur faute présumée, mais *l'autorité parentale* qu'ils détiennent sur l'enfant. Ce fondement sera confirmé par la loi du 4 mars 2002 sur l'autorité parentale qui modifie l'article 1384, alinéa 4, pour substituer au terme de « garde » (attribut matériel de l'autorité parentale) le terme « d'autorité parentale » : « les parents, en tant qu'ils exercent "l'autorité parentale" et non plus "la garde", sont solidairement responsables... » énonce désormais l'article 1242, alinéa 4.

2794. C'est donc un changement fondamental dans la nature de la responsabilité des parents, qui s'est produit avec l'arrêt *Bertrand* : elle est devenue une responsabilité objective, de plein droit, ce qui n'a pas été sans incidence sur les conditions de cette responsabilité, et notamment la condition de cohabitation, comme nous allons le voir maintenant (v. ss 2800 s.) et sur les causes d'exonération (v. ss 2813 s.).

B. Les conditions d'application

2795. C'est l'article 1242, alinéa 4 (modifié par la loi du 4 mars 2002) qui pose les règles d'application de cette présomption de responsabilité. Selon ce texte, « le père et la mère, en tant qu'ils exercent l'autorité parentale [anciennement le *droit de garde*], sont solidairement responsables du dommage causé par leurs enfants mineurs habitant avec eux ». Cela ne concerne pas d'autres personnes de la famille et, notamment, pas les grands-parents auxquels les enfants sont aujourd'hui, souvent confiés : leur responsabilité ne peut être mise en jeu qu'en apportant la preuve d'une faute de leur part [2].

On peut déduire de l'article 1242, alinéa 4, que certaines conditions doivent être remplies, quant aux personnes responsables, quant à la communauté d'habitation (ou cohabitation), quant à la minorité de l'enfant et quant au dommage causé par l'enfant mineur.

1) Conditions relatives aux personnes responsables

a) En cas d'exercice conjoint de l'autorité parentale

2796. Cela concerne un enfant dont la filiation est légalement établie à l'égard de chacun de ses auteurs, qu'ils vivent ensemble ou non, que l'enfant soit né du mariage de ses parents ou hors mariage, ou qu'il s'agisse d'un enfant qui a fait l'objet d'une adoption simple ou plénière par un couple. Dans ces différents cas, ce sont le père et la mère, tenus *solidairement*, qui sont responsables, en tant qu'ils exercent l'autorité parentale (sous réserve toutefois de la condition tenant à la fixation de la résidence habituelle de l'enfant, v. *infra*).

---

1. V. Civ. 2e, 2 déc. 1998, *Bull. civ.* II, nº 292 ; *D.* 1999. IR 29 ; *RCA* 1999, comm. 35 ; *JCP* 1999. II. 10165, note Josselin-Gall.

2. Civ. 2e, 18 mars 2004, *JCP* 2004. II. 10123, note S. Moisdon-Chataignier.

b) En cas d'exercice unilatéral de l'autorité parentale

2797. Chaque fois que l'exercice de l'autorité parentale sur l'enfant n'est pas confié aux deux parents, mais à l'un d'eux seul, par une décision du JAF, à la suite d'un divorce, d'une séparation de corps ou d'une séparation de fait entre parents mariés ou non mariés, c'est le parent qui *exerce* cette autorité parentale qui assume cette responsabilité.

2798. Il faut également tenir compte des cas où l'enfant n'a plus qu'un seul de ses parents vivant ou connu. Bien sûr, en cas de décès d'un des parents ou lorsqu'il est « hors d'état de manifester sa volonté, en raison de son incapacité, de son absence ou de toute autre cause » (art. 373), c'est l'autre parent qui exerce l'autorité parentale et assume donc la responsabilité du fait de l'enfant.

Il en est de même en cas d'adoption, simple ou plénière, d'un enfant par une seule personne ou dans celui d'un enfant né hors mariage, dont la filiation n'est légalement établie qu'à l'égard d'un seul de ses auteurs.

Dans tous ces cas, c'est l'unique titulaire de l'autorité parentale qui est toujours responsable. Ainsi, la responsabilité du père naturel a-t-elle pu être écartée car il ne s'était pas vu *légalement* confier l'autorité parentale [1].

2799. Si les deux parents sont décédés, une tutelle est ouverte l'égard de l'enfant mineur. Mais le tuteur ne sera pas responsable sur le fondement de l'article 1242, alinéa 4, car il n'est pas titulaire de l'autorité parentale, qui n'appartient qu'aux parents. L'article 1242, alinéa 4, ne concerne que les pères et mères et non pas une autre personne, un des grands-parents par exemple, même s'il s'est effectivement vu confier l'enfant. Dans ce cas, la victime ne pourra invoquer que l'article 1240, en prouvant une faute de la personne en charge de l'enfant.

Enfin, ces dispositions impliquent une *responsabilité solidaire* des père et mère.

2) Conditions relatives à la communauté d'habitation : évolution de la notion de cohabitation

a) De la conception matérielle de la cohabitation…

2800. Selon le Code civil, la présomption de responsabilité des père et mère ne jouait qu'à l'égard des enfants « habitant avec eux » pour qu'ils puissent assurer effectivement leur surveillance. De sorte que, si cette surveillance pouvait s'effectuer même en l'absence de cohabitation, la présomption de responsabilité subsistait ; c'est ce qu'affirmait la Cour de cassation, selon laquelle la présence d'un enfant dans un établissement scolaire ne suffisait pas, par elle-même, à écarter la présomption de faute pesant sur les parents, dès lors que l'enfant n'était pas pensionnaire [2]. Il en est de même pour l'enfant en vacances chez ses grands-parents, les parents bien que divorcés demeurent solidairement responsables entre eux et *in solidum* avec la mère de l'enfant co-auteur de l'incendie [3].

En revanche, dès que la cohabitation cessait, et que la surveillance n'était plus possible, la présomption de responsabilité tombait, « à moins que l'absence de cohabitation ne

1. V. Crim. 5 nov. 1986, *JCP* 1988. II. 21064, note H. Fulchiron.
2. Civ. 2e, 16 mai 1988, *Gaz. Pal.* 1989. I. Somm. 371, note F. C.
3. Civ. 1re, 11 févr. 1998, *JCP* 1998. II. 10150, note C. Philippe.

résulte pas d'un motif légitime » : c'est le cas, par exemple, lorsque l'enfant a quitté le domicile paternel car il y était victime de mauvais traitements[1]. Mais, désormais, elle ne cesse pas non plus en cas de « départ illégitime ». Ceci fut affirmé par un nouvel arrêt : une jeune fille de 16 ans qui, après le divorce de ses parents avait été confiée à son père, était partie vivre en concubinage. Elle fut condamnée pour vols avec armes au préjudice d'une banque. Son père, poursuivi comme civilement responsable, opposa l'absence de cohabitation mais la Cour objecta que « les père et mère ou celui d'entre eux à qui l'enfant est confié et *dont la cohabitation avec celui-ci n'a pas cessé pour une cause légitime*, ne peuvent s'exonérer de la responsabilité de plein droit pesant sur eux que par la force majeure ou la faute de la victime ». On peut quand même noter, qu'en l'espèce, on avait relevé que le père n'avait rien fait pour amener sa fille à réintégrer son domicile[2].

b) … à la conception juridique de la cohabitation

2801. Ce système basé sur une présomption de faute de surveillance et d'éducation des enfants par leurs parents et qui justifiait leur exonération par la preuve de l'absence de faute a « volé en éclats » avec deux arrêts du 19 février 1997, les arrêts *Bertrand* et *Samda*[3]. Désormais, il n'y a plus de présomption de faute mais une *responsabilité de plein droit* (v. ss 2789 s.). On n'a plus l'obligation de bien élever et surveiller l'enfant. Dès lors, il est indifférent qu'il habite ou non avec ses parents.

2802. Le Code exigeant la « cohabitation », la jurisprudence est donc passé d'une conception matérielle à une *conception juridique* de cette cohabitation : « la cohabitation de l'enfant avec ses père et mère visée par l'article 1242, alinéa 4, du Code civil, résulte de la *résidence habituelle* de l'enfant au domicile des parents ou de l'un d'eux »[4].

La Cour de cassation a ainsi confirmé que « la présence d'un élève dans un établissement scolaire, même en régime d'internat, ne supprime pas la cohabitation de l'enfant avec ses parents » au sens de l'article 1242, alinéa 4, du Code civil[5]. De même, la chambre criminelle, pour justifier l'irresponsabilité d'un centre de vacances, auquel avait été confié pour trois semaines l'enfant auteur de vols avec violence commis dans un camping voisin, et pour accueillir le recours contre la mère, a eu l'occasion de préciser que « la cohabitation de l'enfant avec ses parents, résultant de sa résidence habituelle à leur domicile, ne cesse pas lorsque le mineur est confié *par contrat* à un organisme de vacances *qui n'est pas chargé d'organiser et de contrôler à titre permanent le mode de vie de l'enfant* ». Elle confirme également la jurisprudence *Bertrand* selon laquelle « seule la force majeure ou la faute de la victime peut exonérer les parents de la responsabilité de plein droit qu'ils encourent du fait des dommages causés par leur enfant mineur »[6].

---

1. Crim. 13 juill. 1949, *D.* 1949. 461 ; Crim. 28 oct. 1969, *JCP* 1969. Somm. 291.
2. Crim. 28 juin 2000, *Bull. crim.* n° 256, *JCP* 2000. I. 280, obs. G. Viney.
3. Arrêt *Bertrand*, Civ. 2e, 19 févr. 1997, *Gaz. Pal.* 1997. 2, Jur. 572, note F. Chabas ; *JCP* 1997. II. 22848, concl. Kessous, note G. Viney ; *D.* 1997. 265, note Jourdain.
4. Civ. 2e, 20 janv. 2000 ; *JCP* 2000. I. 241, obs. G. Viney ; *RJPF* 2000. 4/38, note F. Chabas ; *RTD civ.* 2000. 340, obs. P. Jourdain.
5. Civ. 2e, 16 nov. 2000, *JCP* 2001. I. 340, obs. G. Viney ; Civ. 2e, 29 mars 2001, *JCP* 2001. Actu. 798, *LPA* 2001. 223, p. 16, note Laydu.
6. Crim. 29 oct. 2002, *Bull. crim.* n° 197 ; *RTD civ.* 2003. 101, obs. P. Jourdain ; *JCP* 2003. I. 154, obs. G. Viney ; v. aussi Crim. 25 sept. 2002, *Gaz. Pal.* 7-8 mars 2003, p. 37, note F. Chabas.

La chambre criminelle a également cassé une décision qui avait retenu, sur le fondement de l'article 1242, alinéa 1er, la responsabilité des grands-parents auxquels un enfant avait été confié par ses parents depuis l'âge d'un an et qui avaient la charge d'organiser et de contrôler le mode de vie de cet enfant de 13 ans, auteur d'un incendie volontaire. La Cour retient que la circonstance que l'enfant avait été confié par ses parents, qui exerçaient l'autorité parentale, à sa grand-mère et à son mari « n'avait pas fait cesser la cohabitation de l'enfant avec ceux-ci »[1]. Cela traduit « le glas de la cohabitation » (matérielle) comme le signale l'annotateur de cette décision !

Cela permet de distinguer ce cas de ceux où l'enfant est judiciairement confié à un service éducatif. Seule une décision judiciaire de placement peut faire cesser la responsabilité parentale et mettre en jeu la responsabilité de l'établissement d'éducation (sur ce point, v. ss 2914 s.).

Désormais, la responsabilité des parents est une responsabilité liée uniquement à l'exercice de l'autorité parentale, indépendamment de toute cohabitation effective avec le parent au moment du dommage. Un auteur a pu dire que « la notion de cohabitation n'a plus aucun rôle, voire aucun sens » (F. Chabas, note préc.) Toutefois, cela ne devrait pas empêcher d'envisager une responsabilité cumulative des parents et de l'établissement d'éducation, mais la jurisprudence reste fidèle au principe de non-cumul des responsabilités de l'article 1242, alinéa 1er, et de l'article 1242, alinéa 4 (ancien art. 1384, al. 4) (v. ss 2818, 2916).

2803. ***L'actuel projet de réforme de la Chancellerie*** du 13 mars 2017 fait disparaître la condition de cohabitation, qui n'a plus de logique compte tenu du fondement de l'autorité parentale, pour ne plus faire reposer la responsabilité des parents que sur l'autorité parentale (art. 1246).

3) Conditions relatives à la minorité de l'enfant

2804. La responsabilité de l'article 1242, alinéa 1er est liée à la minorité de l'enfant et cesse du jour de sa majorité.

Elle prend fin également, depuis la loi du 14 décembre 1964, au moment de l'émancipation, car « le mineur émancipé cesse d'être sous l'autorité de ses père et mère ».

« Ceux-ci ne sont pas responsables de plein droit, en leur seule qualité de père ou de mère, du dommage qu'il pourra causer à autrui postérieurement à son émancipation » (art. 482).

Cela ne signifie pas, pour autant, que les père et mère échappent à toute responsabilité du fait de leurs enfants majeurs ou émancipés, mais seulement qu'ils ne sont plus responsables sur le fondement de l'article 1242, alinéa 4. Ils peuvent l'être sur le fondement du droit commun de l'article 1240, s'ils ont commis une faute, par exemple s'ils ont négligé d'exercer une surveillance spéciale sur un enfant atteint d'une maladie physique ou mentale la justifiant[2].

La Cour de cassation a rappelé, récemment, que la responsabilité de la mère d'un *majeur handicapé mental* ne pouvait pas être recherchée sur le fondement de l'article 1242, alinéa 4, applicable seulement aux enfants mineurs et, bien qu'elle ne tranche

---

1. Crim. 8 févr. 2005, *JCP* 2005. II. 10049, note M.-F. Steinlé-Feuerbach ; *RJPF* 2005-6/36, note F. Chabas.

2. Civ. 2e, 8 nov. 1976, *D.* 1977. IR 67.

pas sur ce point, la responsabilité de plein droit de l'article 1242, alinéa 1er, ne lui semblait pas non plus applicable, faute d'avoir « accepté d'endosser les conséquences des agissements dommageables de l'enfant[1] » (v. ss 2910).

4) Conditions relatives au dommage causé par l'enfant

a) Le fait de l'enfant et non la faute : l'autonomie de la responsabilité de parents par rapport à celle de l'enfant

2805. À l'origine, on considérait que l'enfant devait avoir commis une faute, ou être gardien de la chose cause du dommage, sans cela, il n'y aurait eu aucune raison d'en rendre responsables ses parents. La victime, si elle n'était pas tenue de prouver la faute des parents, devait, au moins, faire la preuve de la participation de l'enfant au dommage et la responsabilité de l'enfant était une condition préalable de la responsabilité des parents qui n'était pas autonome, mais secondaire. Ainsi dans un arrêt de principe de 1966, la Cour de cassation déclarait : « attendu que, si la responsabilité du père *suppose que celle de l'enfant ait été établie*, la loi ne distingue pas entre les causes qui ont pu donner naissance à la responsabilité de l'enfant »[2].

2806. Mais cette condition de la responsabilité préalable de l'enfant a ensuite été écartée pour des impératifs de réparation des dommages causés par les enfants. En effet, *l'infans* (le très jeune enfant, sans discernement suffisant) a longtemps été considéré comme irresponsable, puisqu'il n'avait pas le discernement nécessaire. Il ne pouvait donc être responsable ni pour faute, ni en qualité de gardien. Pour ne pas laisser les victimes sans réparation, il fallait donc admettre que la responsabilité des parents puisse être retenue, alors même que celle de l'enfant ne pouvait pas l'être.

2807. Aussi, dès 1976, la Cour de cassation va dissocier la responsabilité des parents de celle de l'enfant en considérant que les parents peuvent être responsables, lorsque le fait dommageable constitue un « acte objectivement illicite »[3], c'est-à-dire une faute objective. À l'époque, la faute objective n'était pas consacrée et donc à défaut d'imputabilité, elle ne pouvait engager la responsabilité personnelle de l'enfant, mais elle permettait quand même d'engager celle des parents.

2808. Ensuite, et très logiquement, avec les arrêts de l'assemblée plénière de la Cour de cassation, du 9 mai 1984 (v. ss 2593), et notamment l'arrêt *Fullenwarth* (v. ss 2610), il a été admis qu'il suffisait pour engager la responsabilité des parents, d'un « acte qui soit la cause directe du dommage »[4].

En effet, à partir du moment où, en 1984, l'assemblée plénière consacre la notion de faute objective, qui permet d'engager la responsabilité personnelle pour faute de l'enfant même s'il est privé de discernement, dès lors qu'il a commis « un acte

---

1. Civ. 2e, 1er avr. 1999, *RJPF* 1999. 4/39, note F. Chabas.

2. Civ. 2e, 10 févr. 1966, *D.* 1966. 333, concl. Schmelck ; 23 févr. 1977, *D.* 1977. IR 325, obs. C. Larroumet.

3. Civ. 2e, 13 juin 1974, *Bull. civ.* II, no 198 ; Civ. 2e, 29 avr. 1976, *JCP* 1978. II. 18793, note Dejean de La Bâtie.

4. *Bull. Ass. plén.* no 4, p. 3.

objectivement illicite », il est « normal », dans la logique de l'évolution de la jurisprudence, en tout cas, qu'elle élargisse dans le même temps les conditions de la responsabilité des parents pour qu'elle continue à être admise alors même que celle de l'enfant ne le serait pas : il suffit donc d'un acte cause du dommage de l'enfant pour engager la responsabilité des parents, même s'il n'est pas objectivement illicite.

L'arrêt *Bertrand* va confirmer ensuite que cette responsabilité des parents est vraiment une responsabilité objective dissociée de toute idée de faute, celle de l'enfant comme celle des parents eux-mêmes puisque désormais, ils ne peuvent plus s'exonérer de leur responsabilité en prouvant leur absence de faute comme le prévoit l'article 1242, alinéa 7, et que, seules, la force majeure ou la faute de la victime peuvent être invoquées (v. ss 2813).

Enfin, la jurisprudence *Levert* confirme bien qu'il n'est besoin ni d'une faute subjective, ni d'une faute objective (acte illicite) de l'enfant pour faire jouer la responsabilité des parents. La Cour de cassation déclare « que la responsabilité de plein droit encourue par les père et mère du fait des dommages causés par leur enfant mineur n'est pas subordonnée à l'existence d'une faute de l'enfant ». Il suffit d'un « acte » qui est la « cause directe » du dommage.

2809. Par cet arrêt *Levert* du 10 mai 2001, la Cour de cassation a donc confirmé l'autonomie de la responsabilité des parents par rapport la responsabilité personnelle du mineur. Les parents peuvent être responsables de l'enfant alors même que la responsabilise de celui-ci ne peut être retenue [1]. La responsabilité parentale est une responsabilité directe détachée de celle de l'enfant dans la continuité des arrêts *Fullenwarth* (v. ss 2610) et *Bertrand* (v. ss 2792).

2810. L'assemblée plénière, le 13 décembre 2002, a elle-même approuvé cette position dans deux arrêts où le fait ayant provoqué le dommage ne présentait aucun caractère fautif en précisant que « seule la force majeure ou la faute de la victime peut exonérer les père et mère de cette responsabilité » [2]. La deuxième chambre civile a également réaffirmé la même solution [3].

La Cour de cassation est-elle allée trop loin en ce qui concerne cette responsabilité des parents qui conduit vers la « théorie du risque intégral » ? Un auteur a pu dire que la jurisprudence de la Cour de cassation sur la responsabilité des parents du fait de leurs enfants mineurs engage le droit de la responsabilité « dans une spirale d'objectivation excessive et dévastatrice » [4]. Une partie de la doctrine considère donc qu'il conviendrait de renoncer à cette jurisprudence amorcée avec l'arrêt *Fullenwarth* et confirmée par l'arrêt *Levert,* d'autant que tous les avant-projets et propositions de réforme du droit de la responsabilité subordonnent la responsabilité des parents à un fait générateur de la

---

1. Civ. 2e, 10 mai 2001, *JCP* 2001. II. 10613, note J. Mouly ; *RJPF* 2001. 7-8/40 et 9/41, note F. Chabas ; *JCP* 2001. II. 10613, note critique J. Mouly ; dans le même sens : Civ. 2e, 21 juin 2001, *LPA* 2001, n° 240, p. 10, obs. F. Niboyet.

2. Ass. plén. 13 déc. 2002, *Bull. Ass. plén.* n° 4 ; *JCP* 2003. II. 10010, note A. Hervio-Lelong ; *D.* 2003. 231, note P. Jourdain ; *JCP* 2003. I. 154, obs. G. Viney ; *RCA* 2003. Chron. 4, H. Groutel ; *LPA* 18 avr. 2003, p. 16, note J.-B. Laydu ; *Gaz. Pal.* 31 mars-1er avr. 2003, note J. Icard et F.-G. Pansier ; *Gaz. Pal.* 7-8 mars 2003, note F. Chabas ; *Personnes et famille* mai 2003, p. 20, note M. Saluden. v. aussi l'avis de l'Avocat général R. de Gouttes et le rapport du Conseiller Le Corroller, *BICC* 1er mars 2003, p. 3 s.

3. Civ. 2e, 3 juill. 2003, *JCP* 2004. II. 10010, note R. Desgorces.

4. P. Jourdain, note sous Ass. plén. 13 déc. 2002, *D.* 2003. 231.

responsabilité de l'enfant, y compris l'actuel projet de la Chancellerie du 13 mars 2017. Il n'empêche que la solution a été encore reposée par la deuxième chambre civile dans une décision du 17 février 2011 [1].

b) Cumul possible de la responsabilité de l'enfant et de la responsabilité des parents

2811. Si la responsabilité des parents n'est pas conditionnée par la responsabilité préalable de l'enfant, cela n'exclut pas que la responsabilité de l'enfant puisse être mise en jeu soit sur le fondement de la faute, soit sur celui de la garde d'une chose : par exemple un adolescent qui cause un accident en roulant à bicyclette peut être considéré comme gardien de son véhicule, s'il lui appartient en propre. Les présomptions des articles 1242, alinéa 1er (responsabilité du gardien de la chose) et 1242, alinéa 4, peuvent être invoquées simultanément. Les responsabilités du fait d'autrui ne sont pas cumulatives, mais on peut tout à fait cumuler une responsabilité personnelle et une responsabilité du fait d'autrui et identifier ainsi plusieurs responsables du dommage, tenus *in solidum* (v. ss 2480) à l'égard de la victime, les parents et l'enfant, comme d'ailleurs, les parents et des tiers responsables en qualité de gardien ou pour faute personnelle.

2812. Nous avons vu à cet égard que la Cour de cassation s'est orientée dans une direction très favorable aux victimes, en mettant en jeu la responsabilité des enfants même très jeunes, puisque la condition du discernement n'est plus exigée, ni pour retenir la responsabilité pour faute sur le fondement de l'article 1240 (v. ss 2605) ni pour retenir la qualité de gardien : un enfant de 3 ans peut donc être considéré comme gardien (arrêt *Gabillet*, v. ss 2609, 2719).

Mais l'action est rarement dirigée contre l'enfant seul. La plupart du temps la victime invoquera l'article 1242, alinéa 4, et tentera de faire jouer la responsabilité des parents plus solvables que leur enfant, du fait dommageable de celui-ci dès lors qu'il lui est bien imputable.

Cependant, l'action n'aboutissait pas dans tous les cas puisque les parents, en faisant jouer l'article 1242, alinéa 7, et en prouvant leur absence de faute pouvaient se dégager de cette responsabilité. Cette situation n'est plus possible aujourd'hui, puisque la jurisprudence n'admet plus comme cause d'exonération de la responsabilité des parents que la force majeure ou la faute de la victime, ainsi que nous allons le voir.

C. Causes d'exonération et cumuls de responsabilités

1) Les causes d'exonération de la responsabilité des parents

2813. ***Exonération totale par la force majeure ou partielle par la faute de la victime.*** Depuis l'arrêt *Bertrand* (préc., v. ss 2792), l'absence de faute des parents n'est plus exonératoire et « seule la faute majeure ou la faute de la victime peut exonérer

---

1. Civ. 2e, 17 févr. 2011, *D.* 2011. 1117, note M. Bouteille, *Gaz. Pal.* 4-5 mai 2011, obs. M. Mekki ; *RCA* 2011, comm. 164, note F. Leduc, *D.* 2012. 53, obs. O. Gout.

les père et mère de leur responsabilité de plein droit encourue du fait des dommages causés par leur enfant mineur habitant avec eux »[1].

Alors que la force majeure est totalement exonératoire, la faute de la victime permet une exonération partielle conformément aux conditions générales de l'exonération, ainsi que nous l'avons vu au titre des éléments communs à tous les régimes de responsabilité (v. ss 2426 s.). C'est ce que confirme un arrêt de la deuxième chambre civile du 29 avril 2004[2] où il s'agissait d'un accident survenu à la suite de la collision de deux fillettes courant dans une cour de récréation. La Cour suprême casse la décision qui avait refusé de tenir compte de la faute de la victime et précise qu'il n'est pas exigé par les textes « que la faute de la victime ait un caractère volontaire pour exonérer *partiellement* les parents de l'auteur du dommage de leur responsabilité », une faute simple suffit.

2814. Depuis l'arrêt *Bertrand*, on se demandait aussi à l'égard de qui devait s'apprécier la force majeure : l'enfant, auteur du dommage, ou bien les parents[3] ? La solution a été fournie pour la première fois par une décision de la Cour de cassation du 17 février 2011 : la force majeure s'apprécie au regard des parents, ce qui, comme le relève Patrice Jourdain[4], relève pratiquement des hypothèses d'école. L'arrêt d'appel est cassé pour n'avoir pas constaté que la faute de la victime avait été « pour le responsable » un événement imprévisible et irrésistible[5].

2) Cumul entre plusieurs régimes de responsabilité

2815. L'article 1242, alinéa 4, n'est pas forcément invoqué seul et la jurisprudence admet un certain cumul entre le régime de cet article et tel ou tel autre régime, ainsi :

a) Cumul des articles 1242, alinéa 4, et de la responsabilité pour faute (art. 1240)

2816. Dans le cas où il est possible d'établir une faute des parents la victime peut invoquer aussi la responsabilité pour faute des parents, mais elle n'y a guère d'intérêt. À l'inverse, si *un tiers* a, par sa faute, contribué à la réalisation du dommage, il est possible de poursuivre en même temps les parents sur le fondement de l'article 1242, alinéa 1er, et le tiers sur le fondement de l'article 1240. De la même façon, si *l'enfant*, auteur du dommage, a commis une faute cause du dommage, il engage sa responsabilité pour faute et cette responsabilité peut se cumuler avec celle de ses parents, ce que la Cour de cassation a eu l'occasion de rappeler[6].

---

1. Civ. 2e, 21 juin 2001, *RJPF* 2001. 7/8/41.

2. Civ. 2e, 29 avr. 2004, *RJPF* 2004-11/41, obs. F. Chabas.

3. V. C. Caron, « La force majeure : Talon d'Achille de la responsabilité des père et mère », *Gaz. Pal.* 1998. 1130.

4. P. Jourdain, *RTD civ.* 2011. 544, n° 5.

5. V. Civ. 2e, 17 févr. 2011, *D.* 2011. 1117, note M. Bouteille, *Gaz. Pal.* 4-5 mai 2011, obs. M. Mekki ; *RCA* 2011, comm. 164, note F. Leduc, *D.* 2012. 53, obs. O. Gout.

6. Civ. 2e, 11 sept. 2014, n° 13-16. 897.

b) Cumul des articles 1242, alinéa 4, et de la responsabilité du fait des choses (art. 1242, alinéa 1er)

2817. Nous avons déjà vu que si l'enfant est considéré comme gardien de l'objet ayant provoqué le dommage, il peut y avoir cumul des deux textes [1], il en est de même si ce sont les parents qui en étaient restés gardiens..

c) Cumul exclu de l'article 1242, alinéa 4, et d'autres responsabilités du fait d'autrui

2818. Les *responsabilités du fait d'autrui sont alternatives et non-cumulatives*. En principe donc, la responsabilité des parents ne peut être engagée simultanément avec la responsabilité d'un tiers, responsable du fait d'autrui, au titre, par exemple, de la responsabilité du fait des instituteurs en cas d'accident scolaire. C'est ainsi que la responsabilité de plein droit des parents est retenue, dès lors que l'accident survenu au cours d'une partie amicale de rugby ne peut être imputé, ni au surveillant à l'encontre duquel aucune faute n'est établie, ni à l'État, ni à l'établissement d'enseignement privé car l'organisation de la surveillance n'était pas critiquable, et ce, même sans faute de la part de l'enfant [2] !... De la même façon, le cumul entre la responsabilité d'un établissement d'éducation sur le fondement de l'article 1242, alinéa 1er, et celle des parents au titre de la cohabitation de l'article 1242, alinéa 4, n'est pas admis, bien que cela soit critiqué par une partie de la doctrine (sur la détermination du domaine respectif des deux responsabilités, v. ss 2914).

2819. *L'actuel projet de réforme de la responsabilité* du 13 mars 2017, tenant compte de ces acquis jurisprudentiels, mais néanmoins avec quelques différences, propose de résumer ainsi la responsabilité du fait des enfants mineurs.

Sont responsables de plein droit du fait du mineur :

– ses parents, en tant qu'ils exercent l'autorité parentale ;

– son ou ses tuteurs, en tant qu'ils sont chargés de la personne du mineur ;

– la personne physique ou morale chargée par décision judiciaire ou administrative d'organiser et contrôler à titre permanent le mode de vie du mineur. Dans cette hypothèse, la responsabilité des parents de ce mineur ne peut être engagée.

Deux remarques peuvent être faites concernant ce dernier cas : d'abord, cette responsabilité de plein droit ne concerne pas le cas où la personne physique ou morale aurait été chargée du mineur *par contrat*. Cette hypothèse d'une personne contractuellement chargée de la surveillance d'une autre, à titre professionnel, est prévue à titre spécifique et il s'agirait dans ce cas d'une responsabilité pour faute présumée. Ensuite, la seconde remarque concerne le caractère alternatif de la responsabilité des parents et de la responsabilité de la personne chargée du mineur. Sur ce dernier point, l'avant-projet *Catala* et la proposition *Béteille* envisageait que « la responsabilité de la personne physique et morale chargée de l'enfant *puisse se cumuler avec celle des parents ou du tuteur* » (art. 1356) alors que les propositions Terré réaffirmaient le caractère *alternatif* des responsabilités du fait d'autrui, y compris en ce cas.

---

1. Civ. 4 nov. 1970, *D.* 1971. 205 ; *RTD civ.* 1971. 644, obs. G. Durry.

2. V. par ex. Civ. 2e, 10 mai 2001, préc., v. ss 2812.

L'avant-projet de réforme de la Chancellerie d'avril 2016 ne disait rien à ce sujet. L'actuel projet du 13 mars 2017 a pris clairement parti pour le non cumul.

On soulignera par ailleurs que contrairement, à la position de la jurisprudence, l'actuel projet de réforme (pas davantage que les projets et propositions antérieurs), n'admet que le simple *« fait causal »* de l'enfant puisse suffire à mettre en jeu la responsabilité des parents ; toutes les responsabilités du fait d'autrui exigeraient « la preuve d'un fait de nature à engager la responsabilité de l'auteur direct du dommage » (art. 1245, al. 2), donc une faute ou éventuellement le fait d'une chose dont l'auteur direct du dommage serait le gardien.

Nous allons, maintenant, examiner la responsabilité des artisans, très proche, jusqu'ici, de celle des parents, avant d'envisager, dans la section suivante, celle des instituteurs qui en diffère sérieusement aujourd'hui.

§ 2. La responsabilité des artisans du fait de leurs apprentis

2820. L'apprenti est personnellement responsable de ses fautes, mais comme il est généralement insolvable et qu'il était, du moins autrefois, nourri et logé par l'artisan, celui-ci est présumé responsable des dommages qu'il peut causer (art. 1242, al. 6). Cette responsabilité a toujours été calquée sur celle des parents : initialement, elle devait remplir les mêmes conditions et elle avait le même fondement, jusqu'à ce que l'arrêt *Bertrand* transforme la responsabilité des parents en une responsabilité objective, de plein droit. Depuis, la jurisprudence ne s'est pas prononcée sur une évolution similaire concernant la responsabilité des artisans, qui disparait d'ailleurs en tant que telle *dans **l'actuel projet de réforme de la responsabilité.***

A. Les conditions de cette responsabilité

1) Personne responsable

2821. Le responsable, c'est l'artisan. L'*artisan* est lié à son apprenti soit par un contrat d'apprentissage, soit, en l'absence de contrat, dès lors que sont remplies deux conditions : d'une part, que l'artisan donne un enseignement professionnel à l'apprenti (qui n'est donc pas un préposé) et, d'autre part, qu'il lui fasse exécuter un ouvrage (ce n'est donc pas un élève).

Autrefois, on exigeait également une communauté d'habitation, car l'apprenti était logé et pris en charge par l'artisan ; aujourd'hui, on exige seulement un rapport entre le dommage causé et l'apprentissage car l'apprenti ne passe généralement plus que quelques heures par jour chez l'artisan. Les dispositions du Code du travail imposent, d'ailleurs, à l'artisan l'obligation d'assurer l'assiduité de son apprenti aux cours professionnels obligatoires et il est responsable des accidents causés sur le chemin de l'école [1].

---

1. Crim. 6 janv. 1963, *S.* 1964. I. 9, note Blanc.

2) Dommage résultant d'un fait dommageable de l'apprenti

2822. Ici, on applique les mêmes règles qu'en ce qui concerne la responsabilité des père et mère du fait de leur enfant mineur, à la seule différence que l'apprenti n'est pas toujours mineur.

B. Le fondement de la responsabilité de l'artisan

2823. Là encore, la responsabilité de l'artisan, comme celle des parents, était fondée sur une présomption de faute, il s'agissait essentiellement d'une faute de surveillance.

Il s'agissait aussi d'une présomption simple susceptible de tomber devant la preuve contraire (art. 1242, al. 7).

Cette responsabilité est susceptible d'évoluer dans le même sens que celle des parents bien qu'il n'y ait pas, de jurisprudence en la matière. Il semble que l'arrêt *Bertrand* (v. ss 2792) leur soit également applicable en raison de la généralité de ses termes visant seulement l'article 1242, alinéa 7.

Quoi qu'il en soit, il s'agit ici d'un régime désuet et la doctrine considère que ce texte pourrait être abrogé sans dommage puisque la victime pourrait faire jouer, selon les circonstances et, surtout, le moment du fait dommageable, la responsabilité des parents (art. 1242, al. 4), celle du commettant (art. 1242, al. 5), celle des professeurs d'enseignement professionnel ou de l'État qui lui est substitué (art. 1242, al. 6 et 8).

L'actuel projet de la Chancellerie (du 13 mars 2017) fait disparaître ce régime spécifique (v. ss 2925 s.).

Section 2
La responsabilité pour faute prouvée : la responsabilité des « instituteurs »

2824. Qu'entend-on par « instituteurs » ?

▶ Au sens strict, les ***instituteurs*** sont non seulement les enseignants de l'enseignement primaire, mais également ceux de l'enseignement secondaire et technique, à l'exclusion de ceux du supérieur, car ces derniers n'ont pas à assumer de tâches de surveillance [1].

Toutefois, la Cour de cassation et le Conseil d'État ont admis la responsabilité d'enseignants du supérieur dans des cas exceptionnels, notamment quand l'enseignant procède à une expérience présentant certains risques, il peut être tenu d'une telle obligation, même en présence d'étudiants majeurs [2].

Cela concerne également, au sens large, l'ensemble des personnels dont les obligations statuaires incluent la surveillance des élèves (chefs d'établissement, conseillers d'éducation, surveillants…). Ce type de responsabilité est même, désormais, étendu aux employés de la ville mis à la disposition des écoles : il s'agissait, en l'espèce, d'un

---

1. Angers, 3 mars 1936, *S.* 1937. 2. 49, note Delpech.
2. Civ. 2e, 15 avr. 1961, *Bull. civ.* II, n° 202 ; CE 29 juill. 1950, Merlin, *Lebon* 484.

moniteur d'éducation physique mis à la disposition des écoles de la ville en qualité d'aide pédagogique et qui participait à l'encadrement de la classe [1]. Cette décision suit une décision du Tribunal des conflits, dans le même sens, à propos d'un moniteur d'une classe de neige, simple employé d'une commune. La responsabilité de l'État peut être mise en jeu dès lors qu'il s'agit d'agents publics ayant une mission pédagogique ou de surveillance se développant dans le cadre de l'enseignement [2].

2825. À l'origine, les instituteurs étaient dans le même cas que les parents et les artisans : ils étaient responsables sur le fondement d'une faute présumée de surveillance.

Toutefois, cette responsabilité était très lourde et, à la suite du suicide d'un instituteur après une condamnation (affaire *Le Blanc*) [3], la loi du 29 juillet 1899 substitua la responsabilité de l'État à celle des instituteurs publics. La loi du 5 avril 1937 est venue parfaire cette réforme en modifiant le fondement de la responsabilité qui est désormais une *faute à prouver* (art. 1242, al. 8) qu'il s'agisse, d'ailleurs, d'un instituteur public ou privé. Cela revient, ainsi, à la responsabilité de droit commun fondée sur l'article 1240.

La loi de 1937 avait été fortement critiquée par la doctrine car, si elle protège effectivement l'instituteur, elle risque, par contre, d'entraîner l'impossibilité pour la victime de se faire indemniser ni par l'instituteur, ce qui est normal, ni par l'État, ce qui l'est moins, si elle n'a pas la chance de pouvoir apporter la preuve d'une faute caractérisée de l'instituteur. Cette situation est contraire à la tendance actuelle de restreindre les cas où un préjudice reste sans réparation. C'est pourquoi la doctrine considère ce régime de responsabilité des enseignants et éducateurs comme anachronique à une époque où toutes les autres responsabilités du fait d'autrui sont désormais engagées de plein droit. Il conviendrait d'en faire une responsabilité objective assortie d'une assurance de responsabilité obligatoire.

L'actuel projet de réforme de la Chancellerie propose, d'une façon plus catégorique encore, de supprimer ce cas de responsabilité en tant que régime spécifique ; il pourrait entrer dans le cas de responsabilité pour faute présumée des personnes qui assurent à titre professionnel, par contrat, une mission de surveillance d'autrui ou d'organisation et de contrôle d'autrui (v. ss 2928).

Cependant, actuellement, cette responsabilité existe et il convient de faire une distinction entre les accidents survenus dans l'enseignement public ou privé.

§ 1. Responsabilité de droit commun des instituteurs

2826. Qu'il s'agisse de dommages causés *par* un élève ou *à* un élève, l'instituteur n'est, désormais, responsable, selon le droit commun des articles 1240 ou 1241, que si la victime fait la preuve d'une faute commise par lui dans son éducation ou dans sa surveillance.

---

1. Civ. 2e, 13 déc. 2001, *D.* 2002. 1517, note M. Hunter-Hénin ; *RTD civ.* 2002, n° 2, obs. P. Jourdain.

2. T. confl. 15 févr. 1999, *Bull. T. confl.* n° 2.

3. 31 mai 1892, *DP* 1892. 2. 490.

A. Le dommage

2827. On ne fait aucune distinction selon qu'il s'agit d'un dommage matériel, corporel ou moral ; selon qu'il s'agit d'un dommage *causé par un élève* à un autre élève ou d'un dommage *causé à un élève*, du fait d'un tiers ou même du fait de l'instituteur lui-même[1]. La seule condition requise est que ce soit « pendant le temps qu'ils sont sous leur surveillance », c'est-à-dire, non seulement pendant les cours, mais encore pendant les récréations ou les sorties accompagnées.

B. Exigence d'une faute à prouver

2828. Depuis la loi du 5 avril 1937, l'alinéa 8 de l'article 1242 déclare que « en ce qui concerne les instituteurs, les fautes, imprudences ou négligences invoquées contre eux comme ayant causé le fait dommageable, devront être prouvées, conformément au droit commun par le demandeur à l'instance ».

Il s'agissait, le plus souvent, d'un défaut de surveillance, par exemple pour un enseignant accompagnateur d'une sortie éducative qui s'abstient de soumettre à un examen médical un élève ayant fait une chute grave[2].

2829. C'est, en effet, le retour à la responsabilité de droit commun des articles 1240 et 1241 avec la nécessité pour la victime d'apporter la preuve de la faute invoquée, lorsqu'il s'agit d'un fait personnel. Notamment, la Cour de cassation a estimé qu'un élève âgé de 16 ans qui, au cours d'un « rallye pédestre en montagne, sans chemin obligé », avait délibérément emprunté, sur un terrain détrempé et raviné, un trajet rendu particulièrement risqué par l'instabilité de blocs de rochers, avait commis une faute d'imprudence, car son âge lui permettait de comprendre le danger prévisible auquel il exposait ses camarades, dont l'un fut effectivement blessé par une chute de pierres. En revanche, en raison de la nature de la randonnée et de l'âge des élèves, les professeurs n'étaient pas tenus d'exercer sur chacun d'eux une surveillance constante et l'un de ces professeurs n'avait commis aucune faute en se bornant à remettre l'élève ayant provoqué l'accident dans la bonne direction sans vérifier l'itinéraire sur lequel il allait s'engager[3].

De même, pour des élèves assistant à une partie de tennis, en dehors d'un espace spécialement prévu à cet effet, la Cour de cassation relève que la cour d'appel aurait dû rechercher l'existence d'une faute personnelle à la charge d'un enseignant déterminé[4] et la solution est rappelée régulièrement[5].

2830. Peut-on raisonner de même et appliquer la responsabilité de droit commun du fait des choses de l'article 1242, alinéa 1er, c'est-à-dire, une responsabilité sans faute, ou doit-on dans tous les cas s'en tenir à la nécessité de faire la preuve d'une faute ?

---

1. Civ. 2e, 3 oct. 1984, *Bull. civ.* II, n° 141.
2. Civ. 1re, 12 nov. 1999, *Bull. civ.* I, n° 291.
3. Civ. 1re, 7 mars 1989, *JCP* 1990. II. 21402, note Dejean de La Bâtie.
4. Civ. 2e, 29 mars 2001, *Juris-Data* n° 008899, *JCP* 2001. Actu. 798, *JCP* 2002. II. 10071, note S. Prigent.
5. Par ex. Civ. 2e, 16 janv. 2014, n° 12-22. 619, *RCA*. 2014, comm. n° 106.

Malgré des divergences en doctrine et des hésitations en jurisprudence la question semble tranchée aujourd'hui dans le sens le plus favorable aux instituteurs puisque la Cour de cassation, dans un arrêt du 11 mars 1981 [1], a refusé d'appliquer la responsabilité de plein droit de l'article 1242, alinéa 1er, à l'enseignant en qualité de gardien d'une chose.

Il est, d'ailleurs, rare que l'instituteur soit gardien de la chose ayant causé le dommage.

Il s'agit donc bien d'un régime privilégié et il ne convient pas d'étendre sans limite cette notion d'instituteur.

§ 2. Particularités du régime de responsabilité des membres de l'enseignement public

2831. Depuis la loi du 29 juillet 1899 et la loi du 5 avril 1937, la responsabilité de l'État est substituée à celle des membres de l'enseignement public « qui ne pourront jamais être mis en cause devant les tribunaux civils par la victime ou ses représentants » (L. du 5 avr. 1937, art. 2, al. 2), un arrêt de la Cour de cassation du 24 mai 1973 [2] précise que la loi du 5 avril 1937 est rédigée « en termes généraux qui ne permettent pas d'exclure la réparation du préjudice de quelque origine qu'il soit, causé à l'enfant volontairement ou non par l'instituteur lui-même ». Toutefois, ils pourront éventuellement faire l'objet d'une action récursoire de la part de l'État (art. 2, al. 4) en cas de faute grave.

2832. Le même régime est applicable aux membres de l'enseignement privé pour les établissements ayant conclu avec l'État un contrat d'association, depuis le décret du 22 avril 1960.

2833. La responsabilité de l'État peut, d'ailleurs, être mise en cause de deux façons différentes qu'il est important de bien distinguer l'une de l'autre. Le Tribunal des conflits a eu à trancher en la matière à plusieurs reprises : tout d'abord en 1950, puis en 1978, enfin en 1987 [3].

La responsabilité de l'État peut donc être engagée :

– soit pour un *défaut de surveillance ou* pour *une faute personnelle* même intentionnelle de l'instituteur *ou* pour *une faute de service*, qui devra être prouvée par la victime ; l'action est alors intentée devant les *tribunaux judiciaires* ;

– soit pour un *mauvais fonctionnement du service*, si le dommage causé a pour origine un entretien défectueux des locaux ou un défaut d'organisation du service public de l'enseignement et, notamment, pour défaut d'exercice par le chef d'établissement de sa mission de sécurité des personnes et des biens [4]. La victime doit faire la preuve du mauvais fonctionnement d'un service public ; l'affaire est alors portée devant une *juridiction administrative*.

---

1. Civ. 2e, 11 mars 1981, *Chetouane, JCP* 1981. IV. 191, approuvant un arrêt de Rouen, 9 nov. 1977, *D.* 1981. 320, 1re esp., obs. C. Larroumet.

2. *JCP* 1974. II. 17855, note Dupeyron ; Civ. 2e, 3 oct. 1984, *Bull. civ.* II, no 141.

3. T. confl. 31 mars 1950, *JCP* 1950. 557, note G. Vedel ; *D.* 1950. 331, concl. Dupuich, et plus récemment, Civ. 2e, 28 févr. 1978, *Bull. civ.* II, no 34 et Civ. 3 déc. 1980, *D.* 1981. IR 321, obs. C. Larroumet ; dans le même sens : T. confl. 4 mai 1987, *D.* 1987. IR 157.

4. Article 8-2 du décret du 30 août 1985 modifié relatif au statut des établissements publics locaux d'enseignement.

C'est le retour au droit commun, auquel la loi de 1937 apporte une exception. Ce contentieux de la responsabilité administrative est en pleine expansion[1].

Un observatoire de la sécurité des établissements scolaires a été institué par le décret n° 95-591 du 6 mai 1995. Sa compétence a été étendue aux établissements publics d'enseignement supérieur par le décret n° 96-690 du 5 août 1996.

A. Exigence d'une faute de l'instituteur

2834. La charge de la preuve de la faute de l'instituteur incombe, dans les conditions de droit commun, à la victime. Mais on ne fait aucune différence entre une faute personnelle et une faute de service, contrairement aux règles du droit public, pas plus qu'entre une faute civile et une faute pénale.

Évidemment, l'État dispose éventuellement d'une action récursoire contre l'instituteur mais, dans ce cas, on applique le droit commun du droit administratif, c'est-à-dire que cette action n'est possible qu'en cas de « faute personnelle détachable des fonctions » ce qui concerne un abus de fonctions caractérisé ou une faute d'une gravité exceptionnelle et ne se produit donc que rarement.

En revanche, si l'instituteur n'a pas commis de faute et si l'établissement d'enseignement n'a pas commis non plus de faute dans l'organisation de la surveillance, il n'y a pas lieu à cette responsabilité. C'est là que la jurisprudence se retourne contre les parents, titulaires de l'autorité parentale, en raison de leur responsabilité de plein droit, même en l'absence de toute faute de l'enfant[2] !

B. Action dirigée contre l'État devant les tribunaux judiciaires

2835. La victime doit exercer son action contre l'État, représenté par le préfet du département, mais devant les *tribunaux judiciaires* et non devant les tribunaux administratifs et ce, dans tous les cas, même si la faute de l'instituteur est une faute de service, selon l'arrêt du Tribunal des conflits du 31 mars 1950 précité (v. ss 2833).

2836. Si la faute de l'instituteur est une faute pénale, la victime peut joindre à l'action publique, dirigée contre l'instituteur, une action civile dirigée contre l'État substitué à celui-ci[3].

Cette action bénéficie d'une prescription spéciale de trois ans édictée par l'article 2, alinéa 7, de la loi du 5 avril 1937.

2837. Une responsabilité de même nature existe pour les magistrats : c'est l'État qui est civilement responsable d'éventuels dommages causés à des particuliers, que ce préjudice résulte d'une faute ou d'un risque, sans action récursoire contre le juge. Il s'agit du bon fonctionnement du service public de la Justice : et c'est l'État qui est responsable du recrutement et de la formation des juges. Cette responsabilité est assumée par l'État, en application du Code de l'organisation judiciaire, et non dans le cadre du Code civil, c'est pourquoi nous ne le développerons pas ici.

---

1. CE 10 févr. 1997, *Juris-Data* n° 050204.

2. V. Civ. 2e, 10 mai 2001, cité au n° 1178.

3. Ch. mixte 23 avr. 1975, *D.* 1977. 21, note G. J. Martin ; *Gaz. Pal.* 1976. 2. 638.

La question s'est posée, après l'affaire *d'Outreau* de savoir s'il ne convenait pas de revoir une telle responsabilité, mais la doctrine n'y est pas favorable[1].

Section 3

La responsabilité de plein droit des maîtres et commettants

2838. L'article 1242, alinéa 5 (ancien art. 1384, al. 5), prévoit que « les maîtres et les commettants [sont responsables] du dommage causé par leurs domestiques et préposés dans les fonctions auxquelles ils les ont employés ».

Il s'agit ici, de nouveau, contrairement à la responsabilité des instituteurs, d'une responsabilité objective, en ce sens qu'elle n'a jamais été fondée sur une faute ni prouvée ni même présumée du commettant. Il s'agit également d'une responsabilité indirecte, contrairement à la responsabilité des parents du fait des enfants, car pour engager la responsabilité du commettant, il faut au préalable que soient réunies les conditions de la responsabilité personnelle du préposé, même s'il bénéficie ensuite, dans certaines conditions, d'une immunité. Quelles sont alors les conditions de mise en œuvre de cette responsabilité, qui est maintenue *par **l'actuel projet de réforme de la Chancellerie*** (art. 1249) avec la reprise, pour l'essentiel, des solutions jurisprudentielles établies (v. ss 2928) ? Quels sont ses effets ? Il sera ensuite possible de s'interroger sur son fondement.

§ 1. Les conditions de la responsabilité des maîtres et commettants

2839. La responsabilité des commettants dépend, essentiellement, de deux conditions : existence d'un lien de subordination entre commettant et préposé et fait dommageable du préposé.

2840. Par ailleurs compte tenu du principe de primauté de la responsabilité contractuelle et de non cumul avec la responsabilité extracontractuelle, lorsque la victime est en relation contractuelle avec le commettant et que le préposé à mal exécuté l'obligation contractuelle pesant sur le commettant, ce qui a causé un préjudice au contractant, la responsabilité est nécessairement contractuelle[2].

A. Existence d'un lien de préposition

2841. Il doit exister entre le commettant et le préposé un lien de préposition[3], qui pour la jurisprudence, tient dans la possibilité pour le commettant de donner des ordres au préposé, c'est-à-dire dans l'existence d'un rapport de subordination. Cette subordination expresse ou tacite, peut découler d'un contrat de travail, mais peut également se déduire des circonstances de fait…

---

1. V. Ludet et Guinchard, chron. citées dans la bibliographie.

2. Civ. 1re, 18 janv. 1989, *Bull. civ.* I, n° 32, p. 21, *Légifrance*°n° 87-18.081.

3. L. Leveneur « Le lien de subordination », in *Responsabilité civile : le fait du préposé*, colloque Paris Sud, tenu à la Cour de cassation, 1er févr. 2013, publié : *RCA* mars 2013, dossier, n° 12.

▶ ***Le préposé est une personne qui agit pour le compte de quelqu'un*** et se trouve à un moment donné sous la subordination juridique de cette autre personne, le ***commettant, qui lui donne des ordres***, qui a sur elle un droit de direction, de surveillance et de contrôle.

À la limite, ce peut être le cas d'un ami, d'un enfant, d'une épouse à qui le chef de famille demande de remplir telle tâche déterminée, dans son propre intérêt, en lui donnant des directives ou des instructions : ce sont des préposés occasionnels [1].

1) Lorsqu'il y a contrat de travail

2842. Dans ce cas, l'ouvrier ou l'employé a toujours la qualité de préposé de son employeur. En cas de pluralité d'employeurs, sera responsable celui qui avait la direction effective du préposé au moment où le dommage a été commis : par exemple le cas d'une femme de ménage travaillant à l'heure chez plusieurs employeurs ou celui d'un berger recevant des instructions de vingt personnes ! [2] Sinon, s'il travaille simultanément pour plusieurs employeurs, on admet que ceux-ci soient responsables *in solidum* [3].

2843. La question peut être plus complexe dans le cas d'un salarié mis temporairement à la disposition d'un tiers. Le transfert de la qualité de commettant peut-être admis, notamment lorsque l'employeur a abdiqué tout pouvoir sur son salarié ; dans le cas contraire, on admet que c'est l'employeur habituel qui reste responsable [4]. C'est ce qui se passe en matière d'entraide agricole (L. du 8 août 1962, art. 20). Le transfert du lien de préposition n'est pas lié à la nature du contrat passé entre le commettant habituel et la personne au profit de laquelle le préposé est mis à disposition. Tout dépend des circonstances et de la capacité à donner des ordres concernant la tâche à accomplir, si bien que les solutions restent difficiles à systématiser. Ainsi, le transfert du lien de préposition a été exclu dans le cas d'une panseuse, préposée d'une clinique, travaillant ponctuellement sous les ordres d'un chirurgien lié à la clinique par un contrat d'exercice libéral : la clinique reste commettant [5]. Au contraire, le transfert du lien de préposition a été admis dans le cas d'un chariot élévateur loué avec son chauffeur pour le levage de grumes de bois. Le locataire, blessé par la chute d'une grume a été considéré comme commettant, parce qu'il donnait les ordres nécessaires au préposé chauffeur pour l'accomplissement de son travail [6].

2) En l'absence de contrat de travail : le cas des préposés non-salariés

2844. Il s'agit de situations où le lien de préposition découle, soit d'un contrat autre qu'un contrat de travail, soit d'une situation de fait.

---

1. Crim. 7 nov. 1968, *D.* 1969. Somm. 34.
2. Civ. 9 févr. 1967, *Gaz. Pal.* 29 avr. 1967.
3. Orléans, 21 avr. 1986, *Gaz. Pal.* 1986. 2. 628, note F. Lévy.
4. V. Civ. 1re, 18 janv. 1989, *Bull. civ.* I, n° 33.
5. Civ. 1re, 13 mars 2001, *Bull. civ.* I, n° 72 ; *RTD civ.* 2001. 599, obs. Jourdain.
6. Civ. 2e, 18 mai 2017, n° 16-18.421, *D.* 2018. 39, obs. C. Quézel-Ambrunaz ; *contra*, dans un cas similaire de location d'une grue mais où aucun contrat ne prévoyait expressément l'attribution à la société locataire de la direction des opérations de levage où l'incompétence en matière d'utilisation d'une grue et son absence sur le chantier ont été relevées : Civ. 2e, 18 mai 2017, n° 16-13.491 ; *D.* 2018. 39, obs. C. Quézel-Ambrunaz.

a) Contrat autre qu'un contrat de travail

2845. Il existe certains contrats dans lesquels une personne agit pour le compte d'une autre ou se trouve sous le contrôle d'une autre, mais il est rare que les deux conditions soient réunies.

– ***Le mandataire***, par exemple, agit pour le compte d'autrui, mais généralement sans contrôle du mandant ; il n'y a donc généralement pas de lien de préposition, à moins qu'il n'y ait une véritable surveillance.

– ***Le contrat d'entreprise*** : l'individu qui travaille à son compte n'est pas le préposé de celui qui l'emploie dans la mesure où il dirige seul son activité.

– ***L'artisan***, en revanche, est un travailleur indépendant qui peut devenir préposé s'il reçoit des ordres [1].

b) Situation de fait

2846. Il peut y avoir des relations de préposition sans véritable contrat : quand une personne demande à une autre d'agir pour son compte, elle peut être considérée comme commettant si elle exerce un véritable contrôle sur l'exécution de la prestation demandée. C'est souvent le cas dans des relations familiales, entre amis, entre concubins…

3) Situations marginales

2847. Certaines situations marginales sont difficiles à déterminer, notamment en matière médicale : le médecin n'est généralement pas le préposé de l'hôpital où il exerce, alors que l'infirmier est celui de l'hôpital ou du médecin et que l'anesthésiste peut parfois, être celui du chirurgien.

Toutefois, la chambre criminelle a ensuite affirmé que « l'indépendance professionnelle dont jouit le médecin dans l'exercice même de son art n'est pas incompatible avec l'état de subordination qui résulte d'un contrat de louage de services le liant à un tiers », à propos d'un médecin anesthésiste engagé par contrat par la Croix-Rouge française pour un remplacement [2].

Depuis l'arrêt *Costedoat* instituant une immunité pour le préposé agissant « sans excéder les limites de la mission qui lui a été impartie par son commettant » (v. ss 2868 s.), on avait pu penser qu'il y avait des exceptions pour les médecins et les sages-femmes qui ne pourraient bénéficier de cette immunité en raison de ce fameux principe d'indépendance professionnelle. La Cour de cassation avait à plusieurs reprises refusé de les en faire bénéficier mais la première chambre civile, dans deux arrêts du 9 novembre 2004, a opéré un revirement très net quant à la responsabilité personnelle du médecin et de la sage-femme salariés. Dans les deux cas, la Cour suprême affirme que le médecin salarié ou la sage-femme salariée « qui agit sans excéder les limites de la mission qui lui est impartie par l'établissement de santé privé n'engage pas sa responsabilité à l'égard du patient » [3] (v. ss 2875).

---

1. Crim. 22 mars 1988, *Bull. crim.* n° 142, p. 369.

2. Crim. 5 mars 1992, *JCP* 1993. II. 22013, note F. Chabas ; *RTD civ.* 1993. 137, obs. P. Jourdain.

3. Civ. 1re, 9 nov. 2004, deux espèces, *Juris-Data* n° 2004-025553 et n° 2004-025554 ; *JCP* 2005. II. 10020, rapp. D. Duval-Arnoult, note S. Porchy-Simon ; *D.* 2005. 253, note F. Chabas ; *JCP* 2005. I. 132, obs. G. Viney ; *RTD civ.* 2005, n° 1, p. 143, obs. P. Jourdain.

B. Le fait dommageable du préposé

2848. Ce fait[1], pour entraîner la responsabilité du commettant, doit selon la jurisprudence actuelle, constituer un fait générateur de la responsabilité du préposé, c'est-à-dire, en réalité, une faute du préposé et doit avoir été accompli dans l'exercice des fonctions du préposé.

1) Le fait doit être fautif ou, plutôt, devrait pouvoir entraîner la responsabilité du préposé

2849. Le commettant ne répond que des fautes du préposé. En effet, il est admis par la jurisprudence que pour engager la responsabilité du commettant, le fait du préposé doit être un fait générateur de sa propre responsabilité[2] ; or comme le préposé ne peut être gardien (v. ss 2714), ce fait générateur ne peut être que la faute. La victime doit, donc, faire la preuve de la faute du préposé. Le commettant peut aussi être poursuivi, en effet, comme gardien de la chose qui est à l'origine du dommage, puisque l'incompatibilité des fonctions de préposé et de la qualité de gardien implique que le commettant reste gardien de la chose instrument du dommage. La solution n'est donc pas la même que dans le cas de la responsabilité des parents du fait des enfants, où la jurisprudence se contente d'un fait causal de l'enfant, même non fautif. La Cour de cassation, dans une décision de 2008, postérieure à l'abandon de l'exigence d'une faute de l'enfant a ainsi confirmé la nécessité d'une faute du préposé[3] : au cours d'une partie de football, un joueur est blessé à la suite d'un tacle. Un recours subrogatoire contre le club (OM) est formé par l'assureur sur le fondement de l'ancien 1384, alinéa 5 (art. 1242, al. 5). La cour d'appel admet le recours de la caisse contre le club en jugeant sans importance la question de savoir si le tacle est régulier ou fautif, se contentant donc d'un fait causal du préposé. La décision est cassée pour n'avoir pas recherché si le tacle constituait une faute caractérisée par la violation des règles du jeu.

Le fait dommageable d'un préposé dément a, tout d'abord, été considéré comme n'entraînant pas le jeu de l'article 1242, alinéa 5. On pouvait, tout au plus, poursuivre le commettant sur le fondement de l'article 1240 pour la faute commise en ayant conservé un préposé dément[4]. Cependant, depuis les arrêts de l'assemblée plénière du 9 mai 1984, la faute est un acte objectivement illicite qui n'a plus besoin d'être imputable à son auteur pour pouvoir être qualifiée de faute (v. ss 2593) L'absence de discernement du préposé, n'enlève donc rien au caractère fautif de son acte.

2850. La jurisprudence a plus récemment introduit une solution nouvelle, très perturbatrice, celle de l'immunité personnelle du préposé, qui interdit à la victime de rechercher la responsabilité personnelle du préposé s'il a agi dans les limites de sa mission (v. ss 2868). Cependant cette immunité personnelle du préposé ne supprime pas l'exigence

---

1. Sur cette question, v. *Responsabilité civile : le fait du préposé*, colloque Paris Sud-Cour de cassation, 1er févr. 2013, *RCA* mars 2013, dossiers 11 à 20.

2. D. Bakouche, « Le fait du prépose de nature à engager la responsabilité du commettant », in colloque *Responsabilité civile : le fait du préposé*, préc. ; *RCA mars* 2013, art. n° 13.

3. Civ. 2e, 8 avr. 2004, pourvoi n° 03-11653 ; *Bull. civ.* 2004, n° 94, p. 164.

4. Civ. 15 mars 1956, *JCP* 1956. II. 9297, note Esmein.

d'une faute du préposé pour engager la responsabilité du commettant. Simplement, cette faute n'engage pas la responsabilité personnelle du préposé.

2851. En effet et malgré l'opinion de certains auteurs qui voudraient généraliser la jurisprudence *Levert* qui rend les parents responsables même sans faute de leur enfant (v. ss 2805 s.), il ne peut y avoir de responsabilité du commettant s'il n'y a pas une faute du préposé. La Cour de cassation a ainsi précisé, à propos d'un accident de sport, qu'au cours d'une compétition sportive, le préposé joueur professionnel salarié, qui cause un dommage à un autre participant, n'engage la responsabilité de son employeur que s'il a commis « une faute caractérisée par une violation des règles du jeu » [1].

Jusqu'à ce jour, donc, la responsabilité des commettants du fait des préposés est moins objective et donc moins extensive que celle des parents du fait des enfants, puisque pour les parents, on se contente d'un acte de l'enfant qui soit cause du dommage pour engager leur responsabilité, sans exiger que cet acte soit fautif (v. ss 2805 s.). Il s'agit aussi d'une responsabilité indirecte, puisque la responsabilité du commettant suppose que celle du préposé puisse aussi être retenue au préalable, même si ensuite, ce dernier bénéficie dans certains cas d'une immunité.

2) Le fait dommageable doit avoir été accompli par le préposé dans l'exercice de ses fonctions : l'exclusion de la responsabilité en cas « d'abus de fonction »

2852. Cette condition d'un fait dommageable accompli par le préposé dans l'exercice de ses fonctions résulte des termes mêmes de l'article 1242, alinéa 5, qui prévoit la responsabilité des commettants pour les dommages causés par leurs préposés « dans les fonctions auxquelles ils les ont employés ». Toutefois, la difficulté s'est concentrée en jurisprudence, non pas sur la question de l'exercice des fonctions mais plutôt sur celle, inverse, de l'abus de fonction. Il n'appartient pas, en effet, à la victime de prouver que le dommage a été causé dans l'exercice des fonctions ; elle bénéfice d'une présomption. Le commettant qui veut éviter l'engagement de sa responsabilité doit donc démontrer que le préposé s'est placé hors de ses fonctions, qu'il n'a pas agi dans l'exercice de ses fonctions. C'est la problématique de l'abus de fonction à l'origine d'une longue controverse jurisprudentielle, aujourd'hui largement réglée.

a) Les données du problème

2853. Il existe des hypothèses qui ne soulèvent aucune difficulté : il est certain d'abord que la question ne se pose pas et que cause un dommage dans les fonctions pour lesquelles il est employé, le préposé qui accompli la mission qui lui a été confiée, mais de manière insatisfaisante (maladresse, négligence, ou même faute volontaire dans l'accomplissement de sa tâche, etc.). À l'inverse, la question ne se pose pas non plus si l'acte du préposé n'a aucun rapport avec ses fonctions : il a été commis par le préposé hors du temps de travail, sans se servir d'un moyen mis à sa disposition par le commettant, alors qu'il n'était pas sur le lieu de son travail et pour un motif totalement étranger à ses fonctions (vol, agression ou meurtre d'une personne étrangère à l'entreprise et pour des motifs sans aucun rapport avec l'entreprise, etc.).

---

1. Civ. 2e, 8 avr. 2004, *JCP* 2004. II. 10131, note M. Imbert.

2854. La difficulté apparait dans les situations intermédiaires où le préposé accomplit un acte qui n'est pas totalement étranger à ses fonctions : il est possible de rattacher l'acte aux fonctions soit par un lien de temps, ou de lieu ou de moyens matériels utilisés (ex. assassinat d'un collègue avec une tronçonneuse de l'entreprise). C'est dans le contexte de ces situations intermédiaires que la question de la frontière entre l'acte commis dans le cadre de l'exercice des fonctions et celui qui relève d'un abus de fonction s'est posée et qu'est née la divergence entre la chambre criminelle et la seconde chambre civile de la Cour de cassation. Dès l'origine, dans les années 1950, la chambre criminelle avait pris le parti d'une conception très extensive de la responsabilité du commettant, puisqu'elle considérait que le commettant était responsable dès lors qu'il existait un lien quelconque avec les fonctions (par exemple dans un cas de viol et de meurtre commis pendant l'entracte, par un ouvreur de cinéma[1]). La seconde chambre civile de la Cour de cassation avait au contraire opté pour une conception plus restrictive de la responsabilité du commettant en exigeant que le fait dommageable se rattache aux fonctions par un lien de causalité ou de connexité puis en décidant que la responsabilité du commettant devait être exclue en cas d'abus de fonction[2].

b) La controverse jurisprudentielle autour de la notion d'abus de fonction : critère des moyens ou critère du but ?

2855. Un premier arrêt des chambres réunies de la Cour de cassation du 9 mars 1960[3] était venu préciser que ne pouvaient être considérés comme accomplis « dans l'exercice des fonctions que les dommages causés *dans l'exercice ou à l'occasion de ces fonctions* » mais la formule n'était guère précise et la controverse entre la chambre criminelle et la seconde chambre civile de la Cour de cassation se cristallisa autour des critères permettant de retenir ou d'exclure l'abus de fonction.

2856. En substance, la chambre criminelle, plus sévère pour le commettant et s'appuyant sur la notion de dommage causé « à l'occasion des fonctions », adopta le critère des moyens (entendu au sens large : temps du travail, lieu du travail ou objets mis à disposition dans le cadre du travail) : dès lors que le préposé avait profité d'un moyen mis à sa disposition par le commettant, elle écartait l'abus de fonction, comme par exemple dans le cas d'un commis boucher tirant à la carabine dans la cour du commettant mais pendant la pause du déjeuner et qui avait blessé un voisin : le commettant est considéré comme responsable par la chambre criminelle du seul fait que l'accident s'est passé sur le lieu du travail[4] ; au contraire, les chambres civiles retenaient le critère du but, pour admettre l'abus de fonction ; dès lors que le préposé agissait à des fins étrangères à ses attributions, même s'il profitait d'un moyen mis à sa disposition par le commettant, l'abus de fonction se trouvait caractérisé, ce qui écartait la responsabilité du commettant.

---

1. Crim. 5 nov. 1953, *D.* 1953. 698.
2. Civ. 2e, 14 juin 1957, *D.* 1958. 53, note Savatier.
3. Ch. Réunies, 9 mars 1960, *JCP* 1960. II. 11559, note Rodière et *D.* 1960. 3269, note Savatier.
4. Crim. 28 mars 1973, *D.* 1974, J. 77, note Jaubert.

2857. Cinq interventions successives de l'assemblée plénière de la Cour de cassation seront nécessaires pour rapprocher les positions de la chambre criminelle et de la seconde chambre civile.

c) La détermination des trois conditions de l'abus de fonction au terme de cinq interventions successives de l'assemblée plénière

2858. Par un premier arrêt du 10 juin 1977, l'assemblée plénière de la Cour de cassation va prendre parti dans la controverse en affirmant que « le commettant n'est pas responsable du dommage causé par le préposé qui utilise, *sans autorisation, à des fins personnelles*, le véhicule à lui confié pour l'exercice de ses fonctions »[1]. Alors même que le préposé a utilisé un moyen mis à sa disposition par le commettant, elle considère que l'abus de fonction est constitué. Elle confirme ainsi le nécessité du *critère du but*, utilisé par les chambres civiles, et ajoute une seconde condition : celle de la condition de l'absence d'autorisation du commettant.

2859. Toutefois, cet arrêt n'a pas résolu la difficulté : il restait d'abord un problème de preuve : est-ce au commettant qu'il appartient de prouver qu'il a interdit l'usage de son matériel ? Et, s'il n'y a pas eu d'interdiction expresse, ne doit-on pas admettre qu'il y a une autorisation tacite ? C'est ce qu'avait admis la chambre criminelle dans un arrêt du 13 mai 1980[2]. En second lieu, la chambre criminelle refusait encore de s'incliner devant la position prise en assemblée plénière, d'autant que l'arrêt concernait le domaine précis d'accidents de la circulation ; elle continuait à retenir la responsabilité du commettant chaque fois que le dommage avait été réalisé *grâce aux fonctions* du préposé et « au lieu et temps du travail ». Il en fut ainsi dans un cas où il s'agissait de pollution par un chauffeur livreur qui, s'apercevant qu'il était suivi, était pressé de se débarrasser d'une cargaison de fuel qu'il voulait détourner à son profit[3].

2860. L'assemblée plénière va réaffirmer sa position par un arrêt *du 17 juin 1983*[4] : « les dispositions de l'article 1384, alinéa 5 (devenu art. 1242, al. 5), du Code civil, ne s'appliquent pas au commettant en cas de dommages causés par le préposé qui, agissant *sans autorisation, à des fins étrangères à ses attributions, s'est placé hors des fonctions auxquelles il était employé* » (v. cet arrêt en fin de chapitre). Elle confirme les deux critères de l'abus de fonction énoncés en 1977 : il faut que l'acte ait été accompli sans autorisation du commettant, d'une part ; que le préposé ait agi à des fins (non plus « personnelles » comme dans la décision de 1977), mais « étrangères à ses attributions », d'autre part.

2861. Enfin, l'assemblée plénière, par deux nouveaux arrêts, rendus ***le 15 novembre 1985 et le 19 mai 1988,*** pose une troisième condition, celle d'un *dépassement*

---

1. Ass. plén. 10 juin 1977, *Bull. crim.* n° 213, p. 536 ; *JCP* 1977. II. 18730, concl. Gulphe, *D.* 1977. 465, note C. Larroumet ; *Gaz. Pal.* 1977. 2. 441 ; *Defrénois* 1977. 1517, obs. J.-L. Aubert ; *RTD civ.* 1977. 774, obs. G. Durry.

2. *Bull. crim.* n° 144.

3. Crim. 18 juin 1979, *Gaz. Pal.* 1980. Somm. 72, et Crim. 3 mai 1979 et 16 déc. 1980, obs. G. Durry, *RTD civ.* 1980. 115, *Commune de Chignin.*

4. *Gaz. Pal.* 4-5 nov. 1983, *JCP* 1983. II. 20120, concl. Av. gén. Sadon, note F. Chabas (arrêt à commenter).

objectif des fonctions et affirme le caractère cumulatif des conditions posées pour retenir l'abus de fonction. Selon l'arrêt du 15 novembre 1985, la responsabilité du commettant n'est pas engagée lorsque l'acte du préposé ne relève pas objectivement de ses fonctions, notamment lorsque l'employé d'une société de gardiennage incendie un local confié à sa surveillance[1]. À l'inverse, et selon l'arrêt du 19 mai 1988, la responsabilité du commettant se trouve engagée lorsque le dommage a été causé alors que le préposé accomplissait bien un *acte relevant objectivement de ses fonctions,* notamment lorsque le préposé, employé d'une société d'assurances, chargé de faire souscrire des contrats de capitalisation, détourne des fonds qui lui sont remis par des clients à cette occasion[2]. C'est l'apparence à laquelle s'est fié le tiers qui semble un critère décisif.

2862. Si la deuxième chambre civile a pris immédiatement acte de la position adoptée par l'assemblée plénière[3], on a pu encore constater un temps une certaine mauvaise volonté de la chambre criminelle qui, tout en reproduisant fidèlement l'attendu de principe dégagé par l'arrêt du 19 mai 1988, n'en adoptait pas moins des solutions parfois différentes, en retenant la responsabilité du commettant alors même que le préposé avait commis un *acte manifestement étranger à ses fonctions*, notamment des blessures graves consécutives à un « bon tour » stupide joué par le préposé à l'un de ses camarades, ou des coups infligés à des collègues au cours d'une bagarre, ou encore un vol de marchandises conservées par l'entreprise, etc.[4]. Mais finalement, la chambre criminelle renonce à sa position et affirme, à propos d'un vol commis par un employé de la société ACPS chargée de la surveillance d'un dépôt de colis de la SNCF que « le commettant ne s'exonère de sa responsabilité qu'à la *triple condition* que son préposé ait agi *en dehors des fonctions auxquelles il était employé, sans autorisation et à des fins étrangères à ses attributions* » selon la formule des arrêts des assemblées plénières des 17 juin 1983 et 19 mai 1988[5].

d) Les solutions actuelles : la triple exigence concernant la preuve par le commettant de l'abus de fonction

2863. D'abord, il est acquis que la jurisprudence ne fait pas peser sur la victime la charge de la preuve que le préposé a bien agi dans l'exercice de ses fonctions. Le lien avec les fonctions est présumé. Il appartient donc au commettant de faire tomber cette présomption en établissant l'abus de fonction.

---

1. *JCP* 1986. II. 20568, note crit. G. Viney.
2. *Gaz. Pal.* 1988. 2, concl. Dorwling-Carter ; *D.* 1988. 513, note C. Larroumet, *Defrénois* 1988, art. 34316, obs. J.-L. Aubert.
3. Civ. 2e, 3 juill. 1991, *JCP* 1991. IV. 346, et Civ. 2e, 13 nov. 1991, *JCP* 1992. IV. 188, et pour les deux arrêts, *JCP* 1992. I. 3572. 160, obs. G. Viney ; Civ. 2e, 11 févr. 1992, *JCP* 1992. I. 3625, obs. G. Viney, p. 504 ; Civ. 2e, 11 févr. 1992, *JCP* 1992. I. 3625, obs. G. Viney, p. 504 ; Civ. 2e, 22 mai 1995, *JCP* 1995. I. 3893, obs. G. Viney, *RTD civ.* 1996. 181, obs. P. Jourdain
4. Crim. 23 juin 1988 (neuf arrêts), *Bull. crim.* n° 289, *D.* 1988. IR 243, *RTD civ.* 1989. 94, obs. P. Jourdain.
5. Crim. 16 févr. 1999, *Bull. crim.* n° 23 ; *RTD civ.* 1999. 409, obs. P. Jourdain ; *JCP* 2000. I. 199, n° 4, obs. G. Viney.

2864. Quant aux critères de l'abus de fonction, en définitive, le commettant doit prouver *trois conditions cumulatives* pour établir l'abus de fonction :

– un *dépassement objectif de pouvoir* : le préposé accomplit un acte indépendant des actes normaux d'exécution de la tâche qu'il a pour mission d'accomplir ;

– *l'absence d'autorisation du commettant* : si l'acte a été accompli avec l'autorisation du commettant, il n'y a aucune raison d'écarter sa responsabilité ;

– *la poursuite par le préposé d'une finalité étrangère à ses attributions* : Par exemple, le préposé qui détourne des fonds au détriment d'un client dans son intérêt personnel agit à des fins étrangères à ses attributions, alors que le préposé qui se bat avec un collègue parce que celui-ci avait dénigré l'employeur n'agit pas à des fins étrangères à ses attributions.

2865. Enfin, il faut noter que la jurisprudence tient également compte de la *bonne ou de la mauvaise foi de la victime*. Ainsi, ne peut réclamer d'indemnité au commettant, le tiers qui a accepté de prendre place dans la voiture conduite par le préposé, alors qu'il savait que le commettant l'interdisait [1] ou encore la victime qui a sciemment, notamment en matière bancaire, accepté des risques nés d'opérations étrangères aux attributions du préposé [2].

2866. La triple exigence que le préposé ait agi « hors des fonctions auxquelles il était employé, sans autorisation et à des fins étrangères à ses attributions » a encore été rappelée dans un arrêt rendu par la deuxième chambre civile le 12 mai 2011 [3]. C'est également la formule exacte retenue dans ***l'actuel projet de réforme de la responsabilité*** du 13 mars 2017 (art. 1249, al. 3) qui ajoute par ailleurs que le commettant n'est pas non plus responsable « s'il établit une collusion du préposé et de la victime ».

2867. Toutefois, cette unification de la jurisprudence est-elle définitive ? Une décision rendue par la deuxième chambre civile de la Cour de cassation le 21 mai 2015, concernant un cas de complicité d'un préposé dans un vol de marchandises peut amener à se poser la question. La seconde chambre civile relève en effet que la cour d'appel ne pouvait conclure à l'exonération de responsabilité de l'employeur en se contentant de relever que les faits avaient été commis en dehors de l'activité professionnelle du salarié et dans un intérêt strictement personnel et contraire à celui de son employeur, alors par ailleurs qu'il résultait de ses constatations que le « préposé avait trouvé dans son emploi l'occasion et les conditions de commettre sa faute », laquelle avait consisté, par un détournement d'informations et de matériel, à se rendre complice d'un vol [4]. Alors que les trois conditions actuelles de l'abus de fonction semblaient réunies, la deuxième chambre civile semble venir réintégrer la vieille question des moyens et du dommage commis « à l'occasion des fonctions », critère qu'elle a pourtant longtemps combattu…

La tendance de la jurisprudence est quand même à minimiser au maximum la notion d'abus de fonction pour pouvoir faire jouer, dans la plupart des cas, la responsabilité

---

1. Civ. 2e, 8 févr. 1967, *Bull. civ.* II, n° 46 ; Civ. 2e, 17 juill. 1968, *Bull. civ.* II, n° 216.

2. Civ. 2e, 13 nov. 1992, *RTD civ.* 1993. 371, obs. J. Mestre, et Civ. 2e, 2 avr. 1997, *Bull. civ.* II, n° 111 ; *RTD civ.* 1997. 953, obs. J. Mestre.

3. Civ. 2e, 12 mai 2011, *D.* 2011. 1412, obs. I Gallmeister et 1938, obs. O. Gout ; *D.* 2012. Pan. 51, obs. P. Brun.

4. Civ. 2e, 21 mai 2015, n° 14-14.873, *Juris-Data* n° 2015-011924.

du commettant. En effet, il est certainement assuré alors que le préposé ne l'est généralement pas et peut, en outre, être insolvable. Il s'agit de protéger la victime et d'assurer son indemnisation.

Depuis, la situation du commettant a été encore alourdie, en raison de l'immunité personnelle du préposé, introduite par l'arrêt *Rochas* et confirmée par l'assemblée plénière de la Cour de cassation, dans l'arrêt *Contredot*, qui rend le commettant seul responsable lorsque le préposé a agi dans les limites de sa mission et qui lui interdit tout recours récursoire contre celui-ci.

3) La faute du préposé n'engage plus forcément sa responsabilité personnelle : l'immunité personnelle du préposé agissant dans les limites de sa mission

2868. Cette évolution, particulièrement importante, consiste à exclure la responsabilité personnelle du préposé qui, par sa faute a causé un dommage dès lors qu'il est garanti par la responsabilité du commettant[1]. Cette solution a été initiée par un arrêt *Rochas* de la chambre commerciale du 12 octobre 1993. Elle a été ensuite fixée par l'arrêt *Costedoat* de l'assemblée plénière du 25 février 2000, dont la portée a ensuite été cantonnée par l'arrêt *Cousin*.

a) Une solution initiée par l'arrêt Rochas du 12 octobre 1993

2869. La chambre commerciale, dans cette décision a subordonné la responsabilité du préposé et, de ce fait, l'action récursoire du commettant contre lui, à la preuve d'une « faute personnelle » et précisé qu'une telle faute ne peut être admise lorsque le dommage a été causé dans le cadre de la mission qui lui était impartie par son employeur sans qu'il en ait outrepassé les limites. Cette décision créait donc une « immunité personnelle », du préposé, agissant dans les limites de sa mission. Il s'agissait, dans l'affaire des *Parfums Rochas*[2], d'actes d'utilisation illicite de marque et d'actes de concurrence déloyale effectués par un responsable régional et un VRP d'une société qui avaient, toutefois, agi *dans le cadre de la mission qui leur était impartie.* Bien que la jurisprudence *Rochas* ait été désavouée, en termes très nets, par la deuxième chambre civile[3], la Cour de cassation, le 25 février 2000, en assemblée plénière, a confirmé cette position, qui désormais semble véritablement acquise.

b) Une solution confirmée par l'arrêt Costedoat de l'assemblée plénière

2870. En précisant solennellement, que « n'engage pas sa responsabilité à l'égard des tiers le préposé qui agit sans excéder les limites de la mission qui lui a été impartie par son commettant » même s'il a commis une imprudence, et causé des dommages à la propriété d'un tiers, l'assemblée plénière va confirmer avec éclat la jurisprudence *Rochas*. Il s'agissait en l'occurrence d'épandages d'herbicides sur deux parcelles de rizière, effectués par le pilote d'une société d'hélicoptères auquel il

---

1. P. Jourdain, « L'immunité civile du préposé », in *Responsabilité civile : le fait du préposé*, colloque Paris Sud, Cour de cassation, 1er févr. 2013, *RCA* mars 2013, dossier, n° 14.

2. Com. 12 oct. 1993, *Bull. civ.* IV, n° 338 ; *D.* 1994. 113. 125, note G. Viney ; *RTD civ.* 1994. 125. 113, obs. Jourdain, et note très critique de F. Chabas au *JCP* 1995. II. 22493.

3. Civ. 19 mars 1998, *LPA* 15 mars 2000, n° 53, p. 11, note Rinaldi.

était reproché de ne pas s'être abstenu de cet épandage en raison des conditions météorologiques [1] (arrêt à lire en fin de chapitre).

2871. La responsabilité du commettant devient le moyen « d'imputer à l'entreprise la charge des risques qu'elle crée par son activité » [2]. Cette position se justifie par l'émergence de la notion d'« entreprise » : « le commettant, en tant que représentant de l'entreprise qu'il dirige, doit normalement assumer les risques de l'activité de celle-ci et prendre l'assurance qui couvre ces risques » [3]. En effet, quand les préposés occupent la place qui leur a été assignée et se conforment aux ordres donnés, peu importent les fautes qu'ils peuvent commettre par *négligence ou maladresse* : ce sont des risques de l'entreprise dont les conséquences dommageables doivent être couvertes par l'assurance de l'entreprise.

2872. Il en va autrement cependant si le préposé commet une infraction intentionnelle, c'est ce qui résulte de l'arrêt *Cousin*.

c) Le cantonnement de la jurisprudence Costedoat par l'arrêt Cousin en cas d'infraction pénale intentionnelle

2873. Depuis, l'arrêt *Costedoat*, l'assemblée plénière de la Cour de cassation, dans l'arrêt *Cousin*, a limité les effets de cette jurisprudence, en déclarant que « le préposé condamné pénalement pour avoir *intentionnellement commis, fut-ce sur l'ordre du commettant,* une infraction ayant porté préjudice à un tiers, engage sa responsabilité civile à l'égard de celui-ci » [4].

2874. Il résulte donc de la combinaison des arrêts *Costedoat* et *Cousin* que « si le préposé n'engage pas sa responsabilité lorsqu'il demeure dans les limites de sa mission, il en est autrement s'il commet une infraction intentionnelle, fût-ce sur l'ordre du commettant » [5] (v. ces deux arrêts reproduits en fin de chapitre.)

2875. On a pu croire ensuite, un temps, à l'extension de la jurisprudence *Cousin* au-delà de l'infraction pénale intentionnelle et au grignotage de l'immunité du préposé à coups d'arrêts de la Cour de cassation.

En effet, après l'infraction pénale intentionnelle, la Cour de cassation a semblé vouloir exclure l'immunité lorsque le préposé dispose d'une *indépendance professionnelle* justifiant que l'on maintienne sa responsabilité personnelle à l'égard de la victime. La solution a été posée en effet à propos du médecin salarié, par une décision du 13 novembre 2002. Dans cette décision relative à la responsabilité d'un médecin anesthésiste, salarié d'une clinique [6], la Cour de cassation a retenu la responsabilité personnelle du médecin, alors même que la clinique était responsable en tant que

---

1. Ass. plén. 25 févr. 2000 ; *JCP* 2000. II. 10295, concl. Kessous, note M. Billiau ; *JCP* 2000. I. 241, n° 5, obs. G. Viney.

2. Obs. G. Viney, *JCP* 1994. I. 3773. IV, 2°.

3. G. Viney obs. préc.

4. Ass. plén. 14 déc. 2001, *JCP* 2002. II. 10026, note M. Billiau ; *RTD civ.* 2002. 108, obs. P. Jourdain.

5. Obs. P. Jourdain, *RTD civ.* 2002, n° 1.

6. Civ. 1re, 13 nov. 2002, *JCP* 2003. II. 10096, note M. Billiau.

commettant. En l'espèce, le médecin avait commis une *faute d'imprudence*, puisqu'il est déclaré coupable d'homicide involontaire, mais il n'avait ni excédé les limites de sa mission, ni agi hors de ses fonctions. En application de la jurisprudence *Costedoat*, le préposé était irresponsable et son assureur ne pouvait être tenu d'aucune dette. La clinique condamnée en qualité de commettant et son assureur avaient appelé en garantie l'assureur du médecin et leur demande avait été rejetée par la cour d'appel en raison de cette irresponsabilité du médecin. Saisie d'un pourvoi, la première chambre civile relève que « si l'établissement de santé peut être déclaré responsable des fautes commises par un praticien salarié à l'occasion d'actes médicaux d'investigation et de soins pratiqués sur un patient, ce principe ne fait pas obstacle au recours de l'établissement de santé et de son assureur [contre l'assureur du médecin] *en raison de l'indépendance professionnelle intangible dont bénéficie le médecin, même salarié, dans l'exercice de son art* ».

Cette solution posée par la première chambre civile, devait-elle concerner uniquement les médecins ou bien aussi tous ceux qui, dans l'exercice de leur art, jouissent d'une « indépendance professionnelle intangible » ? On pouvait se le demander car la solution a été appliquée aussi à un agent d'assurances [1].

2876. Mais ensuite, à partir de 2004, la première chambre civile de la Cour de cassation est revenue sur cette solution. Et l'indépendance professionnelle n'est plus un élément qui permet de remettre en cause l'immunité du préposé. La solution a été posée précisément par deux arrêts du même jour propos du médecin salarié et d'une sage-femme [2].

2877. Néanmoins la jurisprudence n'est pas toujours très claire [3], notamment dans le cas où il y a délégation de pouvoir. Deux décisions de la chambre criminelle ont pu continuer à entretenir le doute à cet égard : l'une a retenu la responsabilité personnelle du préposé pour une infraction pénale non intentionnelle (homicide involontaire) parce qu'il bénéficiait d'une délégation de pouvoir de l'employeur [4] ; l'autre ne l'a pas retenue [5].

d) Le cantonnement opéré par l'arrêt Costedoat élargi à la faute intentionnelle en général (civile comme pénale)

2878. La deuxième chambre civile, dans une décision rendue le 20 décembre 2007 (v. ss 2880, 2883) qui concernait directement la question du recours récursoire du commettant à l'égard du préposé, a incidemment fait référence (comme exclusive de l'immunité du préposé), non seulement à une « infraction pénale intentionnelle »,

---

1. Civ. 1re, 10 déc. 2002, *D.* 2003. 510, concl. J. Sainte-Rose ; *RCA* 2003, n° 52, obs. H. Groutel, *RFDA* 2003. 129, note Langé.

2. Civ. 1re, 9 nov. 2004, *D.* 2005. 253, note F. Chabas ; *ibid.* Pan. 406, obs. J. Penneau ; *JCP* 2005. II. 10020, rapp. Duval-Arnould, note S. Porchy-Simon : *ibid.* I. 132, n° 8, obs. G. Viney ; *JCP E* 2005. 625, note Viottolo ; *RTD civ.* 2005. 143, obs. P. Jourdain, *LPA*, déc. 2004, obs. J.-F. Barbièri.

3. Pour une clarification, v. H. Matsopoulou, « La "faute pénale" du préposé », in *Responsabilité civile : le fait du préposé*, colloque Paris Sud, Cour de cassation, 1er févr. 2013, *RCA* mars 2013, dossier, article n° 16.

4. Crim. 28 mars 2006, *RCA* 2006, comm. 2899, note H. Groutel.

5. Crim. 13 mai 2007, *RCA* 2007, étude 13, A. Vialard.

mais aussi, plus largement, à la « faute intentionnelle ». Une nouvelle exclusion de l'immunité est donc admise au-delà de la faute pénale, pour atteindre les fautes civiles intentionnelles. La solution a été réaffirmée ensuite [1].

e) Les conséquences de l'immunité du préposé à l'égard de la victime : l'exclusion du recours récursoire du commettant contre le préposé

2879. Non seulement la victime ne peut plus agir contre le préposé qui a agi dans les limites de sa mission mais seulement contre le commettant, mas encore, quoique l'on se soit posé la question, il apparaît que le commettant qui a indemnisé la victime ne peut plus exercer de recours récursoire contre son préposé. On pouvait penser que ce recours récursoire subsisterait, dans la mesure où l'immunité du préposé ne concernerait que la victime. L'arrêt *Costedoat* ne supprimerait pas purement et simplement la responsabilité pour faute du préposé, dont les conditions sont bien réunies, mais empêcherait seulement la victime d'agir en responsabilité contre lui [2]. On pourrait donc admettre ensuite que le commettant se retourne contre lui

Toutefois, ce recours récursoire, *supposera*it que le commettant se trouve subrogé dans les droits de la victime.

Or, la deuxième chambre civile a exclu cette possibilité dans une décision du 20 décembre 2007 (ce que l'arrêt *Rochas* laissait déjà entendre), dans les termes suivants : « l'employeur commettant qui a indemnisé la victime d'un dommage provoqué par son salarié-préposé, en application des dispositions de l'article 1384, alinéa 5, du Code civil, ne dispose d'aucune action récursoire contre ce salarié devant la juridiction de droit commun, dès lors qu'il ne peut se prévaloir d'une subrogation dans les droits de la victime, laquelle ne dispose d'aucune action contre le préposé qui a agi dans les limites de la mission qui lui est impartie, hors le cas où le préjudice de la victime résulte d'une infraction pénale ou d'une faute intentionnelle [3] ».

L'arrêt, qui rappelle toutes les solutions acquises, de *Costedoat* à *Cousin*, est parfaitement clair.

La solution de l'absence d'action en garantie du préposé contre le commettant a été par la suite, confirmée [4].

f) L'extension de l'immunité du préposé sur le fondement de la loi de 1985 sur les accidents de la circulation

2880. Alors que la loi du 5 juillet 1985 établit un régime spécifique, autonome et exclusif d'indemnisation des victimes d'accident de la circulation, la Cour de cassation a décidé de transposer la solution de l'arrêt *Costedoat* au cas des accidents de la circulation, sur le fondement de la loi de 1985. La victime d'un accident de la circulation ne peut donc agir contre l'assureur du préposé, conducteur du véhicule automobile

---

1. Civ. 2e, 21 févr. 2008, n° 06-21.182, *Juris-Data* n° 2008-042857 ; *JCP* 2008. I. 186, n° 5, obs. Ph. Stoffel-Munck.

2. En ce sens v. P. Jourdain, *RTD civ.* 2008. 109, n° 2.

3. Civ. 2e, 20 déc. 2007, *D.* 2008. 1248, note J. Mouly.

4. Notamment v. Civ. 1re, 6 févr. 2013, n° 12-12. 683, *RCA* 2013, comm. 11, note S. Hocquet-Berg, retenant que le préposé condamné pour avoir volontairement commis des violences sur un tiers, n'a pas qualité pour exercer, sur le fondement de l'article 1384, alinéa 5, une action en garantie contre son commettant.

impliqué dans l'accident, mais doit agir contre l'assureur du commettant, gardien du véhicule. La solution est donc tout à fait remarquable (v. ss 3287).

§ 2. Les effets de cette responsabilité

2881. L'article 1242, alinéa 5, pose une présomption irréfragable de responsabilité qui ne peut tomber devant la preuve de l'absence de faute. Le recours du commettant contre le préposé est désormais largement exclu.

La victime se trouve, elle, dans une position favorable puisqu'elle dispose de plusieurs actions possibles.

A. La présomption irréfragable de responsabilité

2882. Le commettant est responsable, sans que la victime ait à prouver ni faute de sa part, ni lien de causalité entre ses ordres et le dommage.

La seule exonération possible consiste donc à établir, soit que l'on n'était pas ou plus commettant, soit que la *seule* cause du dommage est la force majeure ou le fait de la victime ou d'un tiers présentant les caractères de la force majeure pour une exonération totale. La faute de la victime constitue aussi une cause d'exonération partielle, conformément au droit commun des causes d'exonération (v. ss 2417 s.).

B. Le recours du commettant contre le préposé

2883. On admettait généralement que le commettant avait un recours éventuel contre le préposé, quoiqu'il l'exerce rarement car le préposé est généralement insolvable ou peu solvable.

Ce recours, de toute façon ne serait plus recevable, depuis la jurisprudence *Costedoat*, que si le préposé, sans pour autant abuser de ses fonctions (car en ce cas, il n'y a pas de responsabilité du commettant), a excédé les limites de sa mission ou a commis une infraction pénale intentionnelle. Il a été précisé en effet par la Cour de cassation qu'un préposé peut être sorti des limites de sa mission sans pour autant être entré dans la sphère de « l'abus de fonctions » susceptible d'exonérer le commettant[1]. Dans ce cas donc, ou s'il y a infraction pénale intentionnelle, la responsabilité personnelle du préposé peut être engagée par la victime, en même temps que celle du commettant. Et si le commettant a intégralement indemnisé la victime, il pourra se retourner contre le préposé.

2884. Si le préposé a agi dans les limites de sa mission et bénéficie de l'immunité de l'arrêt *Costedoat*, le recours récursoire du commettant est exclu. La deuxième chambre civile a confirmé, dans une décision du 20 décembre 2007 (v. ss 2880), ce qu'avait déjà dit l'arrêt *Rochas*, relevant que le commettant n'a de recours que si le préposé a commis « une faute personnelle » en agissant hors des limites de sa mission (v. ss 2869). Elle a précisé en effet très clairement que l'employeur commettant n'a pas de recours devant la juridiction de droit commun contre le salarié préposé lorsqu'il a indemnisé la victime, dès lors qu'il ne peut se prévaloir d'une subrogation dans les droits de la victime. Cette subrogation est impossible car la victime elle-même ne

---

1. Civ. 2e, 16 juin 2005, *Juris-Data* n° 2005-028940 ; *JCP* 2006. I. 111, obs. Ph. Stoffel-Munck.

dispose d'aucune action contre le préposé qui a agi dans les limites de la mission qui lui était impartie, hors le cas où le préjudice résulte d'une infraction pénale ou d'une faute intentionnelle. Elle ne peut donc transmettre un droit qu'elle n'a pas [1].

C. Les actions offertes à la victime

2885. En effet, la victime a la possibilité d'exercer diverses actions :
– contre le commettant seul,
– contre le préposé seul,
– contre le préposé en tant que responsable principal sur la base de l'article 1240 et contre le commettant, responsable accessoire, en application de l'article 1242, alinéa 5, ou même en tant que gardien sur le fondement de l'article 1242, alinéa 1er.

Cependant, là encore, ce choix s'est considérablement restreint depuis que l'assemblée plénière a posé le principe de l'immunité personnelle du préposé qui cause un dommage en restant dans les « limites de sa mission ».

► ***Le commettant doit être poursuivi seul*** de façon générale, désormais, toutes les fois que le préposé a agi dans les limites de sa mission (jurisprudence *Rochas* et *Costedoat*) alors même qu'il a commis une faute, dès lors qu'il s'agit d'une faute d'imprudence ou de négligence. C'est la solution normale, en réalité.

► ***Le commettant et le préposé peuvent tous deux être poursuivis*** lorsque l'on ne se trouve pas dans la zone d'immunité du préposé définie par la jurisprudence *Costedoat* et *Cousin*. C'est-à-dire, lorsque le préposé, tout en restant dans les limites de la mission impartie par l'employeur (et donc sans aller jusqu'à commettre un abus de fonction) a commis une infraction pénale intentionnelle (*Cousin*) ou une faute civile intentionnelle. Il a été confirmé par la Cour de cassation qu'un préposé peut être sorti des limites de sa mission sans pour autant être entré dans la sphère de « l'abus de fonctions » susceptible d'exonérer le commettant [2]. Dans ce cas, le commettant et le préposé sont déclarés responsables *in solidum* [3], mais leurs deux responsabilités sont indépendantes l'une de l'autre et l'appel interjeté par l'un ne bénéficie pas à l'autre [4]. Le commettant dans cette hypothèse, s'il indemnise la victime, pourra exercer un recours récursoire contre le préposé : il bénéficie en effet de la subrogation dans les droits de la victime, qui disposait elle-même d'un recours contre le préposé non protégé par l'immunité.

► ***Le préposé sera poursuivi seul*** sur le fondement de l'article 1240 ou 1241 ou même de l'article 1242, alinéa 1er, en qualité de gardien, *s'il a abusé de ses fonctions* ce qui exclut, en effet la responsabilité du commettant. Dans ce cas, il ne peut évidemment pas appeler en garantie son commettant ou bien disposer d'un recours contre lui.

2886. Enfin, on soulignera que les *responsabilités du fait d'autrui sont alternatives et non-cumulatives.* La victime ne peut donc agir simultanément contre une personne

---

1. Civ. 2e, 20 déc. 2007, *D.* 2008. 1248, note J. Mouly.
2. Civ. 2e, 16 juin 2005, *Juris-Data* n° 2005-028940 ; *JCP* 2006. I. 111, obs. Ph. Stoffel-Munck.
3. Civ. 19 avr. 1967, *JCP* 1967. IV. 83, *Bull. civ.* II, n° 150.
4. Civ. 16 mars 1966, *Bull. civ.* II, n° 348, et Crim. 9 juin 1966, *JCP* 1967. II. 14955, rapp. Rollanol.

en qualité de commettant et contre une autre personne en qualité de responsable du fait d'autrui : parents (art. 1242, al. 4) ou associations (art. 1242, al. 1er) (v. ss 2892 s.).

§ 3. Le fondement de cette responsabilité du commettant

2887. La doctrine a, tout d'abord, voulu y voir un cas de responsabilité fondée sur la faute : le commettant aurait commis une faute, soit dans le choix de son préposé, soit par une surveillance insuffisante. Mais on peut objecter, d'une part, que le commettant n'a pas toujours eu la possibilité d'un choix, d'autre part, qu'il n'a pas la possibilité de s'exonérer de cette responsabilité en prouvant l'absence de faute.

Il semble donc impossible de maintenir ce fondement, surtout s'il s'agit d'une faute subjective.

2888. D'autres fondements ont donc été avancés par la doctrine.

– L'idée de *représentation* (Mazeaud et de Juglart), selon laquelle le préposé ne ferait que représenter le commettant, mais cette idée est discutable dans la mesure où il est exigé une faute du préposé et que celle-ci est personnelle.

– L'idée d'*équité* (Rodière, Flour) : le commettant serait une sorte de caution légale du préposé, généralement insolvable. Mais ceci demeure un peu trop vague.

– La *théorie de la garantie* (Starck) : on se place ici du point de vue de la nécessité d'indemniser la victime, mais Boris Starck avance surtout qu'il s'agit là d'une responsabilité *directe* du commettant qui utilise l'activité du préposé comme le gardien utilise une chose, alors que le reste de la doctrine considère que la responsabilité du commettant est une responsabilité indirecte.

Quoi qu'il en soit, nous sommes, là, dans un de ces cas de responsabilité sans faute qui nécessite une justification.

2889. Aussi la doctrine préfère-t-elle, aujourd'hui, admettre que la responsabilité des maîtres et commettants est fondée, selon une idée lancée par Josserand, sur la *notion de risque :* celui qui a profité du travail du préposé doit en supporter les risques, même s'il n'a pas lui-même commis de faute. C'est ce même fondement qui justifie la responsabilité du fait des choses et dans une certaine mesure aussi, la position prise par l'arrêt *Blieck* généralisant le recours à l'article 1242, alinéa 1er, en matière de responsabilité du fait d'autrui (v. ss 2894 s.).

On admet, d'ailleurs, de plus en plus aujourd'hui que la règle de l'article 1242, alinéa 5, ne doit plus être considérée comme s'adressant au commettant en tant qu'individu, mais plutôt en sa qualité de chef d'entreprise, représentant l'unité économique qu'il dirige. Et ceci a pour but de l'inciter à prendre, au nom de l'entreprise, les assurances destinées à protéger les tiers (selon l'opinion de G. Viney).

§ 4. La responsabilité du commettant dans l'actuel projet de réforme de la Chancellerie

2890. L'actuel projet de réforme du 13 mars 2017, suivant en cela l'avant-projet *Catala* reprend, dans une sous-section consacrée à l'imputation du dommage causé par autrui, où sont regroupés tous les cas actuels de responsabilité du fait d'autrui (v. ss 2925 s.), cette hypothèse *de responsabilité de plein* droit du commettant du fait des dommages causés par son préposé (art. 1249). Cette responsabilité conserve ses caractéristiques essentielles telles que la jurisprudence les a construites. Le projet confirme la définition du commettant comme « celui qui a le pouvoir de donner des ordres ou des instructions en relation avec l'accomplissement des fonctions du préposé » ; il prévoit l'hypothèse d'un transfert du lien de préposition, qui reporte la responsabilité sur le nouveau commettant, et cette responsabilité parait donc plutôt fondée sur le lien de dépendance économique. La formule de l'arrêt d'assemblée plénière du 19 mai 1988 est maintenue concernant l'abus de fonction : le commettant ou le bénéficiaire du transfert du lien de préposition, n'est pas responsable s'il prouve que le préposé a agi hors des fonctions auxquelles il était employé, sans autorisation et à des fins étrangères à ses attributions. Il est cependant ajouté que le commettant n'est pas davantage responsable s'il établit une collusion du préposé avec la victime, solution déjà retenue par la jurisprudence.

2891. Contrairement à l'avant-projet *Catala* qui s'écartait de la jurisprudence *Costedoat* du 25 février 2000 en proposant que la responsabilité du préposé fautif mais ayant agi dans le cadre de ses fonctions, ne soit pas purement et simplement écartée mais qu'elle devienne subsidiaire par rapport à celle du commettant, ***l'actuel projet de réforme*** de la Chancellerie du 13 mars 2017 prend parti pour l'immunité et consacre la jurisprudence actuelle : « le préposé n'engage pas sa responsabilité personnelle s'il a agi sans excéder les limites de sa mission, hors le cas où le dommage subi par la victime résulte de sa faute intentionnelle ou d'une infraction pénale » (art. 1249, al. 4) (également, v. ss 2925 s.).

Section 4

L'élaboration jurisprudentielle de régimes de responsabilité du fait d'autrui fondés sur l'article 1242, alinéa 1er

2892. Alors qu'il avait été toujours admis jusqu'à l'arrêt *Blieck* (v. ss 2781) que la liste des cas de responsabilité du fait d'autrui était une liste limitative, l'Assemblé plénière de la Cour de cassation a remis en cause cette solution en 1991, en retenant la responsabilité d'une association s'occupant de handicapés mentaux. À cette occasion, elle énonce une formule qu'elle va ensuite décliner, avec certaines variantes, dans d'autres hypothèses, montrant ainsi que la solution de l'arrêt *Blieck* n'était pas anecdotique ni accidentelle, mais qu'il ne s'agissait pas non plus de poser un principe général de responsabilité du fait d'autrui, à l'instar du principe général de responsabilité du fait des choses, posé à la fin du XIXe siècle, bien qu'elle se soit appuyée sur le même texte, l'article 1242, alinéa 1er.

Les contours de ces nouveaux cas de responsabilité du fait d'autrui ne sont pas nécessairement déterminés de façon définitive mais ils présentent un certain nombre de constantes, dont celle d'être des responsabilités de plein droit, qui ne reposent pas sur la faute présumée du responsable et qui ne cèdent que devant la preuve de la force majeure. Le fondement n'est pas unifié, mais c'est toujours l'idée « d'organisation, de contrôle et de direction de l'activité ou du mode de vie d'une personne », qui justifie l'imputation du fait dommageable, commis par cette personne, au responsable. Ces différentes responsabilités ne peuvent, par ailleurs, se cumuler entre elles, ni, au demeurant avec l'une des responsabilités du fait d'autrui classiques prévues aux alinéas 4 à 8 de l'article 1242. *Les responsabilités du fait d'autrui sont alternatives et non cumulatives.*

Les différents avant-projets et projets de réforme qui se sont succédés ne lui ont a pas davantage donné une réelle unité, même si dans *l'actuel projet de réforme du 13 mars 2017* (comme au demeurant dans l'avant-projet d'avril 2016), ces nouveaux cas sont regroupés avec les cas classiques de responsabilité du fait d'autrui dans une sous-section intitulée « L'imputation du dommage causé par autrui ». Pour preuve de cette absence d'unité, le projet actuel introduit une hypothèse de responsabilité pour faute présumée, qui rompt avec la logique jurisprudentielle de responsabilités objectives et de plein droit, pour admettre l'engagement de la responsabilité de celui qui, « à titre professionnel et par contrat, assume une mission de surveillance d'autrui ou d'organisation et de contrôle de l'activité d'autrui » (v. ss 2924). Contrairement à toutes les autres hypothèses de responsabilité du fait d'autrui, le responsable pourrait ici s'exonérer en prouvant son absence de faute.

2893. En l'absence d'un véritable principe général de responsabilité, il convient d'envisager successivement les différentes hypothèses admises par la jurisprudence en soulignant les points communs et les acquis jurisprudentiels.

§ 1. La responsabilité des associations s'occupant de personnes handicapées : l'arrêt *Blieck*

2894. Par cet arrêt de principe de l'assemblée plénière du 29 mars 1991 [1], la Cour de cassation a pour la première fois utilisé l'article 1242, alinéa 1er, pour fonder un nouveau cas de responsabilité du fait d'autrui et elle s'est ainsi engagée sur la voie déjà empruntée par la jurisprudence administrative en matière de dommages causés par des malades mentaux dans les établissements spécialisés auxquels ils sont confiés. L'influence de cette jurisprudence ne fait pas de doute. Elle est affirmée par l'avocat général Dontenwille lui-même dans ses conclusions (cf. note 1). Dans cet arrêt *Blieck*, l'assemblée plénière considère qu'une association qui s'occupe d'un handicapé mental en milieu protégé « doit répondre de celui-ci et est tenue de réparer les dommages qu'il a causés *car elle avait accepté la charge d'organiser de diriger et de contrôler à titre permanent, le mode de vie de ce handicapé* ». Telle est la formule consacrée par l'arrêt *Blieck*.

2895. Il apparaît donc qu'il s'agit d'une responsabilité objective, qui ne repose pas sur la faute prouvée ou présumée, mais sur le fait que l'association « organise, dirige et contrôle à titre permanent le mode de vie de la personne qui a causé le dommage ».

2896. Certaines hésitations demeuraient en ce qui concernait la portée de l'arrêt *Blieck* [2] et les contours de cette responsabilité. L'arrêt *Blieck* ne se prononçait pas, par exemple, sur la *question des **causes d'exonération***. Il restait donc à confirmer ce caractère de responsabilité objective.

---

1. Arrêt *Blieck, JCP* 1991. II. 21673, concl. Dontenwille, note J. Ghestin, *D.* 1991. 324, note C. Larroumet ; Viney, *D.* 1991. Chron. 157.

2. V. Civ. 2e, 18 sept. 1996 et les réflexions de M.-P. Lebreton, « Vers une interprétation restrictive de la jurisprudence *Blieck* ? », *LPA* 24 févr. 1997, p. 6 s.

2897. ***La question du titre juridique*** sur lequel repose la mission d'organisation, de contrôle et de direction du mode de vie de la personne pouvait également être posée. Dans l'arrêt *Blieck*, il n'en est pas fait mention. Toutefois il semble que ce titre ne puisse pas être un contrat. En effet, dans une décision du 15 décembre 2011, la deuxième chambre civile a écarté la responsabilité d'une maison de retraite qui était recherchée à raison des dommages causés par un de ses pensionnaires, atteint de la maladie d'Alzheimer sur le fondement de l'article 1242, alinéa 1er. Certes, la victime elle-même était un pensionnaire, hébergé par contrat, ce qui justifiait une action en responsabilité contractuelle, fondée sur le manquement à l'obligation de sécurité, mais si la Cour de cassation refuse la responsabilité, c'est parce que *l'auteur du dommage* (des coups mortels) était lui-même hébergé en vertu d'un contrat : La cour d'appel en avait donc conclu à bon droit que la responsabilité de la maison de retraite ne pouvait être fondée sur l'article 1242, alinéa 1er [1], elle ne pouvait être que contractuelle (comme dans l'hypothèse, que nous verrons ensuite, de la responsabilité des établissements qui ont reçu une mission d'organisation, de contrôle et de direction du mode de vie d'un enfant). Même si, dans le cas précédent, la situation de la victime, pensionnaire hébergé par contrat, n'était pas un élément de la décision, il faut néanmoins considérer que dans ce cas, la responsabilité ne pourrait être que contractuelle [2].

2898. On pouvait aussi se demander si l'arrêt *Blieck* allait rester isolé. Or, la Cour de cassation a marqué ensuite son désir de voir appliquer cette nouvelle règle et a confirmé la nature de responsabilité objective, sans faute. En effet, un arrêt de la deuxième chambre civile du 6 janvier 1993 [3], dans un cas tout à fait similaire, où l'action était fondée sur la responsabilité pour faute de l'article 1240, ce qui impliquait la preuve d'une faute de surveillance, a cassé la décision qui avait admis l'existence d'une faute en laissant ainsi entendre aux parties qu'il y avait désormais lieu d'invoquer l'article 1242, alinéa 1er.

2899. Par la suite, la Cour de cassation va dégager de nouveaux cas de responsabilité du fait d'autrui sur la base de l'arrêt *Blieck* et confirmer, à cette occasion, que le responsable du fait d'autrui ne peut s'exonérer que par la preuve de la force majeure. Sa responsabilité ne repose donc en aucun cas sur une présomption de faute, pas davantage que la faute de l'auteur direct du dommage, en l'occurrence la personne handicapée, n'est une condition de la responsabilité de celui qui est chargé d'organiser, de diriger et de contrôler à titre permanent son mode de vie.

---

1. Civ. 1re, 15 déc. 2011, n° 10-25.740, *Juris-Data* n° 2011-028168, *JCP avr.* 2012, p. 530, obs. Ph. Stoffel Munck et n° 205, note D. Bakouche ; *D.* 2012. 539, note M. Develay ; *RTD civ.* 2012. 321, obs. P. Jourdain.

2. La solution a été posée s'agissant d'une association sportive, pour les dommages subis par un de ses membres, qui avait chuté d'un mur d'escalade appartenant à cette dernière : la Cour de cassation rappelle que l'association est tenue à l'égard de ses membres à une obligation de sécurité de prudence et de diligence (obligation de moyens), ce qui exclut l'application de l'article 1242, alinéa 1er (Civ. 1re, 15 déc. 2011, n° 10-23.528, *D.* 2012. 539, note M. Develay). La solution est certainement transposable au cas des personnes handicapées confiées par contrat à un établissement.

3. *Bull. civ.* II, n° 7 ; *JCP* 1993. I. 3727, obs. G. Viney.

§ 2. La responsabilité des personnes physiques ou morales auquel un enfant est confié par décision judiciaire

A. La reconnaissance de cette responsabilité fondée sur l'organisation, la direction et le contrôle du mode de vie du mineur

2900. Dans le prolongement de l'arrêt *Blieck*, la chambre criminelle de la Cour de cassation, la première, a pris parti pour la reconnaissance de ce nouveau cas de responsabilité du fait d'autrui fondée sur l'article 1242, alinéa 1er, dans un arrêt du 10 octobre 1996. Elle retient que « la décision du juge des enfants, confiant à une personne physique ou morale la garde d'un mineur en danger par application des articles 375 et suivants du Code civil, transfère au gardien la responsabilité d'organiser, diriger et contrôler le mode de vie du mineur et donc la responsabilité de ses actes, celle-ci n'étant pas fondée sur l'autorité parentale mais sur la garde ». Si l'on peut être tenté de rapprocher cette notion de garde d'une personne, définie comme « l'organisation et la direction du mode de vie d'une personne », de celle d'une chose définie, on l'a vu comme « l'usage, la direction et le contrôle d'une chose », il faut cependant se garder de toute assimilation. On pouvait cependant, reprocher à cet arrêt de ressusciter la notion de garde qui a disparu des textes. Il eut mieux valu parler de « l'autorité sur autrui ». L'arrêt ne faisait pas non plus référence au caractère permanent de la charge d'organiser, diriger et contrôler le mode de vie, inscrit dans l'arrêt *Blieck*. Des arrêts postérieurs, de la chambre criminelle et des chambres civiles, vont cependant reprendre exactement la formule de l'arrêt *Blieck* et préciser les contours et conditions de cette responsabilité du fait des enfants placés sous la « garde » d'autrui.

B. Les contours et les caractéristiques de cette responsabilité

1) Une responsabilité de plein droit

2901. Par trois nouveaux arrêts du 26 mars 1997, la chambre criminelle a confirmé l'utilisation de l'article 1242, alinéa 1er, en matière de responsabilité civile des services éducatifs auquel un enfant est confié par une décision du juge des enfants. Elle a aussi confirmé qu'il s'agissait d'une responsabilité objective, de plein droit. Elle affirme en effet dans ces décisions que « les personnes tenues de répondre du fait d'autrui au sens de l'article 1384, alinéa 1er (devenu art. 1242, al. 1er), du Code civil *ne peuvent s'exonérer de la responsabilité de plein droit* résultant de ce texte *en démontrant qu'elles n'ont commis aucune faute* »[1]. La responsabilité ne repose donc pas sur une faute présumée de surveillance[2]. Il s'agit, comme dans l'arrêt *Blieck* d'une responsabilité objective dont il n'est possible de s'exonérer qu'en prouvant la force majeure (ou la faute de la victime pour une exonération partielle). La seule condition pour engager cette responsabilité est celle d'un acte de l'enfant cause de dommage, sans que la jurisprudence ait exigé que cet acte soit fautif. Il faut cependant souligner que la solution

1. Crim. 26 mars 1997, n° 95-83956, n° 95-83958 (*Notre Dame des Flots*), n° 95-83606, n° *JCP* 1997. II. 10015, note Huyette ; *JCP* 1997. II. 22868, rapp. Desportes ; *JCP* 1997. I. 4070, note G. Viney.
2. Ce que confirme explicitement l'une des trois décisions : Crim. 26 mars 1997, n° 95-83957.

pourrait être différente dans la perspective d'une réforme de la responsabilité civile puisque *l'actuel projet de réforme* exige que le fait d'autrui soit un fait générateur de responsabilité (donc une faute, ou le fait d'une chose dont l'autrui aurait la garde).

2) Une mission de « garde » résultant nécessairement d'une décision judiciaire

2902. Les responsabilités du fait d'autrui ne pouvant pas se cumuler entre elles, la jurisprudence écarte la responsabilité des parents lorsqu'elle retient la responsabilité fondée sur l'article 1242, alinéa 1er. Lorsque les conditions en sont réunies, la responsabilité de la personne qui a reçu mission d'organiser, de diriger et de contrôler à titre permanent le mode de vie du mineur se substitue à celle des parents, fondée sur l'autorité parentale. Mais, pour autant, il n'y a pas transfert de l'autorité parentale au tiers chargé de l'enfant car l'autorité parentale n'appartient qu'aux parents. L'autorité parentale est indisponible. Les parents ne peuvent pas y renoncer, la céder, même partiellement en dehors des cas et des cadres prévus par la loi (délégation d'autorité parentale) et chaque sanction, aménagement ou restriction de l'autorité parentale ou de son exercice (délégation judiciaire d'autorité parentale, mesures d'assistance éducative, retrait partiel ou total de l'autorité parentale) entre dans un cadre légal et découle, en principe, d'une décision judiciaire. Il est donc logique que la jurisprudence ait admis le principe d'une responsabilité de la personne chargée de l'enfant, fondée sur l'article 1242, alinéa 1er, sur la base d'une décision judiciaire, essentiellement une décision du juge des enfants. La décision judiciaire qui, dans les cas prévus par la loi, donne à une personne la charge d'organiser de diriger et de contrôler à titre permanent le mode de vie du mineur, charge qui revient normalement aux seuls parents, permet de « neutraliser » la responsabilité parentale fondée sur l'autorité parentale.

2903. ***L'exclusion d'un contrat.*** *La* responsabilité fondée sur l'article 1242, alinéa 1er, ne sera pas applicable si l'enfant a été *confié par ses parents* à un établissement ou une association ou à un tiers, personne physique, parent ou non. Lorsque l'enfant a été confié par ses parents par un contrat passé avec l'établissement, ils restent responsables de l'enfant sur le fondement de l'autorité parentale. On a vu lors de l'étude de la responsabilité des parents du fait des enfants, qu'en ce cas, la condition de cohabitation restait remplie (v. ss 2802). La Cour de cassation a ainsi confirmé que « lorsqu'un mineur n'est pas confié à une association par décision de justice, mais par ses représentants légaux, la responsabilité de cette association ne peut être recherchée que sur le fondement contractuel »[1].

2904. ***L'exclusion d'une décision administrative ?*** Dans une décision du 24 mai 2006, la deuxième chambre civile a exclu que la décision puisse être une décision administrative, dans un cas où le mineur avait été placé dans une association par une commission départementale d'éducation spéciale. Elle indique que : « n'ayant pas été confié à l'ADIJ par décision de justice, la responsabilité de cette association ne pouvait être recherchée que sur le fondement contractuel »[2]. On soulignera cependant que l'actuel projet de réforme prévoit la responsabilité de la personne physique ou morale chargée par *décision judiciaire* ou *administrative*, d'organiser et de contrôler à titre

1. Civ. 2e, 13 juill. 2006, n° 05-16045.
2. Civ. 2e, 24 mai 2006, *RCA* 2006. 11.

permanent le mode de vie du mineur. Le contenu de la mission serait finalement plus important que le titre juridique, tout au moins s'il ne s'agit pas d'un contrat, la responsabilité étant dans ce cas exclusivement contractuelle.

2905. ***Le contexte d'intervention de la décision judiciaire : assistance éducative ou enfance délinquante.*** La décision judiciaire de confier l'enfant à un établissement ou à une personne physique intervient essentiellement dans ces deux contextes différents, celui de *l'enfant en danger* d'une part et celui de *l'enfant délinquant*, d'autre part[1]. Il peut cependant s'agir aussi de remettre l'enfant à l'aide sociale à l'enfance en cas d'abandon pour qu'il devienne pupille de l'État.

Dans le premier cas, la décision, prise par le juge des enfants, au civil, est une mesure judiciaire d'assistance éducative (C. civ., art. 375 s.). Les mesures d'assistance éducative sont en effet des mesures civiles prises parce que les parents sont défaillants et que *l'enfant est en danger*. Si la protection de l'enfant l'exige, il peut être retiré à ses parents et confié à un tiers parent ou tout autre personne digne de confiance ; remis à un service départemental de l'aide sociale à l'enfant ou bien placé directement dans un établissement sanitaire ou d'éducation qui peut être privé ou public.

Dans le second cas, il s'agit d'une décision prise en matière pénale, soit par le juge des enfants, soit par un tribunal ou une cour d'assises, sur le fondement de l'ordonnance du 2 février 1945, à l'encontre du *mineur délinquant*. Le mineur peut faire l'objet d'une mesure éducative et de la même façon que dans le cas précédent, être soit confié directement à un établissement social, médico-social soit remis à l'Aide sociale à l'enfance, service du département. Le service d'Aide sociale peut lui-même placer l'enfant dans un établissement ou service du secteur privé ou public qui peut lui-même le placer dans une famille d'accueil.

La situation n'est donc pas simple, ce d'autant moins que selon la personne à qui l'enfant est confié la responsabilité pourra être civile ou administrative : pour que l'article 1242, alinéa 1er, puisse être invoqué, la personne chargée de l'enfant doit être une personne privée.

3) La personne chargée de l'enfant doit être une personne privée

2906. On l'a vu, le juge peut confier l'enfant soit à un établissement public, soit à un établissement privé. Or, si l'établissement ou le service auquel l'enfant est confié est un établissement public, la compétence en matière de dommage causé par les mineurs relève normalement des juridictions administratives (tribunal administratif, cour administrative d'appel et Conseil d'Etat) et la responsabilité sera une responsabilité administrative. Ainsi, si le mineur est pris en charge par les établissements et services de l'aide sociale à l'enfance, la responsabilité ne relèvera pas de l'article 1242, alinéa 1er. À

---

1. Cependant, il existe d'autres situations : le juge aux affaires familiales peut aussi décider à titre exceptionnel et si l'intérêt de l'enfant l'exige de confier l'enfant à un tiers (C. civ., art. 373-3, al. 2), en dehors de toute procédure d'assistance éducative ; le tribunal de grande instance peut également lorsqu'il prononce le retrait de l'autorité parentale, désigner un tiers auquel l'enfant sera provisoirement confié à charge de requérir l'ouverture d'une tutelle, soit le confier au service départemental de l'aide sociale à l'enfance (C. civ., art. 380). Le juge aux affaires familiales peut également déléguer l'autorité parentale en tout ou partie, et le tribunal de grande instance délègue également l'autorité parentale à la personne qui a recueilli l'enfant ou au service de l'aide sociale à l'enfance lorsqu'il déclare un enfant délaissé (abandonné par ses parents depuis plus d'un an). (art. 381-2, al. 5).

l'inverse, si l'établissement ou le service est privé (établissements et services habilités ou autorisés), la responsabilité sera une responsabilité civile, relevant des juridictions de l'ordre judiciaire.

2907. Cette dualité des compétences et des règles applicables a pendant un certain temps été à l'origine d'une différence de traitement entre les victimes des dommages causés par les mineurs. La jurisprudence du Conseil d'État et de la Cour de cassation étaient divergentes, et les chances d'indemnisation des victimes différentes suivant que l'enfant était en danger (C. civ., art. 375), délinquant (Ord. du 2 févr. 1945) ou pupille de l'État, ou suivant qu'il était accueilli dans le service de l'aide sociale à l'enfance, un établissement public ou dans un établissement privé. Cependant, un effort de rapprochement a été fait : le Conseil d'Etat dans une décision du 11 février 2005 [1] a calqué sa jurisprudence sur celle des juridictions civiles en cas de placement dans le cadre d'une mesure assistance éducative, en optant pour un régime de responsabilité sans faute des personnes publiques fondée sur la garde d'un mineur dans le cadre d'une mesure d'assistance éducative, sauf à démontrer la force majeure ou une faute de la victime [2].

2908. Par ailleurs, la responsabilité civile, fondée sur l'article 1242, alinéa 1er, n'était pas applicable non plus dans tous les cas, lorsque la personne chargée de l'enfant était une personne privée. Il fallait distinguer selon que la décision judiciaire de « placement de l'enfant » intervenait au titre de l'assistance éducative ou sur le fondement de l'ordonnance de 1945 (dans le cadre pénal). Jusqu'en 2003, date à laquelle la Cour de cassation a modifié la solution, lorsque la décision était prise sur le fondement le fondement de l'ordonnance de 1945, la responsabilité était nécessairement administrative, même si l'enfant était placé dans un établissement privé. Désormais la victime dispose d'une option (v. ss 2919).

4) La personne à laquelle l'enfant est confié par décision de justice peut être une personne morale ou une personne physique

2909. Dans la première décision du 10 octobre 1996, qui admettait la responsabilité d'un établissement d'éducation du fait des enfants qui lui sont confiés sur le fondement de l'article 1242, alinéa 1er, la chambre criminelle avait déjà indiqué dans son attendu de principe que la responsabilité peut concerner des personnes morales ou physiques. Dans les premiers cas d'espèce il s'agissait d'établissement d'éducation, mais dès lors que l'enfant a été confié à un tiers personne physique par une décision de justice lui donnant une mission générale de direction, organisation et contrôle, à titre permanent, du mode de vie de celui-ci, l'article 1242, alinéa 1er, est évidemment applicable.

2910. La question s'est cependant posée dans d'autres hypothèses et notamment à propos du ***tuteur***. L'article 1242, alinéa 1er, est ici inapplicable. Un arrêt très remarqué,

---

1. CE, sect., 11 févr. 2005: *JCP* II, 10070, concl. C. Devys, note M.-C. Rouault ; *JCP* 2005. I. 149, p. 1225, chronique G. Viney ; *D.* 2005, note F. Lemaire ; *AJ pénal* 2005, obs. C.-S. Enderlin, jp, p. 198.
2. CE, sect., 11 févr. 2005, n° 252169, *Juris-Data* n° 2005-067899 ; *JCP* 2005. II. 10070, concl. C. Devys, comm. gouv. note M.-C. Rouault ; *JCP* 2005. I. 149, obs. G. Viney ; *Dr. fam.* juill.-août 2005, comm. 173, X. Dupré de Boulois.

notamment parce qu'il répondait directement pour la première fois à la question de savoir si l'on pouvait appliquer la jurisprudence *Blieck* à une personne physique, a affirmé explicitement que la responsabilité de plein droit de l'article 1242, alinéa 1er, ne pouvait être imputée au tuteur ou à l'administrateur légal sous contrôle judiciaire d'un majeur incapable pour le fait de celui-ci [1]. Cette décision concernait un majeur et non un enfant et semblait, en outre, vouloir distinguer le cas des professionnels de celui des personnes agissant à titre bénévole. Mais en réalité, ce qui s'oppose dans ce cas à l'application de l'article 1241, alinéa 1er, est que la charge de tuteur ne résulte pas, sauf cas exceptionnels (si la tutelle est vacante), d'une décision judiciaire. Le tuteur est désigné par le conseil de famille. C'est ce qu'a confirmé la chambre criminelle, dans un arrêt du 28 mars 2000, à propos du beau-père, tuteur de l'enfant, en relevant que « le tuteur d'un mineur, *désigné par le conseil de famille,* n'est pas responsable des agissements de la personne protégée sur le fondement de l'article 1384, alinéa 1er, du Code civil » [2].

La deuxième chambre civile a admis la responsabilité d'un tuteur, mais celui-ci avait été désigné par décision de justice : du fait que la tutelle était vacante, le juge des tutelles avait désigné comme tuteur d'une mineure le département du Maine-et-Loire qui l'avait confiée à un foyer d'accueil géré par une association privée. La jeune fille ayant causé des dommages au cours d'une fugue, l'association fut considérée comme responsable mais sur pourvoi, la Cour de cassation cassa la décision en retenant la responsabilité du tuteur. La cour relève qu'il avait été *désigné par décision judiciaire*, qu'il était chargé, à ce titre d'organiser, de diriger et de contrôler à titre permanent le mode de vie du mineur et qu'au moment de l'incendie volontaire provoqué par cette mineure en fugue, aucune décision judiciaire n'avait suspendu ou interrompu cette mission éducative. Le fait que le département tuteur se soit acquitté de sa charge par un placement provisoire en foyer d'accueil n'avait pas d'incidence car le placement s'était effectué dans conditions qu'il avait déterminées et qu'il contrôlait, ce dont il résultait qu'il était de plein droit responsable du fait dommageable imputable à la mineure [3]. On peut s'interroger sur cette décision car le tuteur était en l'espèce le département donc une personne publique, ce qui aurait dû logiquement exclure la responsabilité civile au profit de la responsabilité administrative.

2911. La même exclusion de l'article 1242, alinéa 1er, s'impose pour les ***parents de fait***. La question a pu se poser en effet pour ces personnes qui assurent, pour des raisons diverses, l'éducation et l'entretien de l'enfant : parents nourriciers, grands-parents, beaux-parents, ou cas du « prêt d'enfant » ou *fa'a'amu* tahitien appliqué en Polynésie française. On s'est demandé qui est responsable en cas de dommage causé par cet enfant : les parents juridiques, toujours titulaires de l'autorité parentale, en l'absence d'adoption ou bien les « gardiens de fait » de l'enfant, dans la mesure où ils disposent d'un pouvoir de fait, autonome, d'organisation, de direction et de contrôle de l'activité d'autrui. Dans la mesure où la responsabilité du fait d'autrui fondés sur l'article 1242, alinéa 1er, suppose jusqu'ici une décision

---

1. Civ. 2e, 25 févr. 1998, *JCP* 1998. II. 1049.

2. Crim. 28 mars 2000, *JCP* 2000. I. 241, no 5, obs. G. Viney ; *JCP* 2001. II. 10458, note C. R. Obaczewski.

3. Civ. 2e, 7 oct. 2004, *Juris-Data* no 2004-025077, *JCP* 2005. I. 132, obs. G. Viney.

judiciaire confiant une mission d'organisation, contrôle et direction du mode de vie à titre permanent, pour que puisse être neutralisée l'autorité parentale et donc la responsabilité parentale (exigence d'une décision judiciaire ou administrative confirmée par l'actuel projet de réforme), la responsabilité des parents « de fait », sur le fondement de ce texte, ne parait pas possible. Il faudra prouver leur faute ou bien, si l'enfant a été confié par contrat, leur responsabilité contractuelle pourra être recherchée.

5) La personne doit avoir reçu une mission d'organisation de direction et de contrôle à titre permanent du mode de vie

2912. Pour que la responsabilité de l'établissement soit engagée, il faut qu'il ait reçu effectivement le pouvoir de contrôler à titre permanent le mode de vie du mineur. Or, toutes les mesures d'assistance éducative n'ont pas cette dimension. Ainsi, la seconde chambre civile a écarté la responsabilité d'une association d'éducation à laquelle le juge des enfants avait confié une mesure d'assistance éducative en milieu ouvert, ce même juge ayant ensuite placé l'enfant provisoirement auprès d'une famille d'accueil, pour quelques semaines. Pendant ce laps de temps, le mineur avait provoqué un incendie. La responsabilité de l'association est écartée car elle ne s'était vue confier qu'une mesure d'action éducative en milieu ouvert, dont l'objet et d'apporter aide et conseil à la famille, et de suivre le développement de l'enfant. Une telle mesure ne donnait pas à l'association la charge de contrôler d'organiser et de diriger à titre permanent le mode de vie de ce mineur. Les parents ont donc été reconnus responsables du dommage causé par l'enfant [1].

6) Les victimes peuvent être des tiers ou un autre enfant placé

2913. Dans les premières décisions rendues par la chambre criminelle en 1996 et 1997, il s'agissait de dommages causés par les enfants à des tiers. Par la suite, la jurisprudence a précisé que l'établissement gardien est également responsable des dommages que le mineur cause « aux autres enfants placés dans l'établissement » [2]. Il faut cependant que les enfants concernés aient été également placés dans l'établissement par décision de justice. Si le dommage était causé à un enfant confié à l'établissement par ses représentants légaux, par contrat, la responsabilité ne pourrait alors être recherchée que sur le fondement contractuel [3].

C. Détermination du champ d'application respectif de la responsabilité des parents et des associations : la question de la suspension de la « garde »

2914. ***Les hésitations jurisprudentielles.*** La responsabilité des parents et la responsabilité du tiers auquel l'enfant est confié ne se cumulent pas et l'on vient de voir

---

1. Civ. 2e, 19 juin 2008, *D.* 2008. 2205, note M. Huyette ; *RDSS* 2008. 926, note D. Cristol ; *RCA* 2008, comm. 248 ; *RTD civ.* 2008-4. 682, n° 3, obs. P. Jourdain.

2. Civ. 2e, 20 janv. 2000, *RJPF* 2000. 4/39, obs. F. Chabas ; *JCP* 2000. I. 241, n° 5, obs. G. Viney.

3. Civ. 2e, 13 juill. 2006 ; *JCP* 2006. II. 10169, note M. Brusorio ; *JCP* 2007. I. 115, obs. P. Stoffel-Munck.

dans quelles conditions la responsabilité du tiers peut être engagée : lorsqu'il a reçu par décision judiciaire, une « mission d'organisation de direction et de contrôle, à titre permanent, du mode de vie du mineur ». Cependant, cette mission n'exclut pas des séjours de l'enfant chez ses parents et la question a pu se poser de savoir qui est responsable des parents ou de l'établissement auquel l'enfant é été confié, lorsque le dommage est causé lors d'un tel séjour chez les parents. En effet, la décision judiciaire de « placement » de l'enfant ne fait pas perdre aux parents l'exercice de l'autorité parentale et ils continuent à l'exercer dans la mesure où reste compatible avec la mesure qui a été prise. Leur responsabilité est certes « neutralisée » par la responsabilité du tiers mais elle reste potentiellement envisageable, précisément lorsque l'enfant a causé un dommage pendant un séjour autorisé chez ses parents.

Dans les premières décisions rendues en 1997, la chambre criminelle avait considéré que même si l'enfant était au moment des faits dans sa famille, l'établissement d'éducation demeurait responsable « des mineurs qui lui sont confiés par le juge, *dès lors qu'aucune décision judiciaire n'a suspendu ou interrompu cette mission* ». Toutefois, dans un arrêt postérieur du 25 mars 1998, la même chambre criminelle avait écarté la responsabilité de l'établissement d'éducation basée à l'époque sur l'article 1384, alinéa 1er (devenu art. 1242, al. 1er), car l'infraction avait été commise à l'occasion d'un droit de visite et d'hébergement accordé par le juge à la mère. La chambre criminelle avait alors relevé que la mère exerçait, dans ces circonstances, la plénitude des attributs de l'autorité parentale (art. 375-7). Le fait que le séjour chez la mère avait été régulièrement autorisé par le juge[1] semblait donc suffire pour suspendre la mission de l'établissement et écarter sa responsabilité. Mais elle va ensuite revenir à sa position initiale.

La chambre criminelle semblait donc distinguer deux hypothèses : si le fait dommageable du mineur avait eu lieu à un moment où l'organisme qui en était chargé devait assumer sa mission, il en était responsable même si le dommage se produisait chez un des parents, dès lors que la sortie n'avait pas été autorisée par le juge. Mais s'il avait été autorisé à quitter son lieu de placement par accord du juge ou même par accord entre ses parents et l'établissement, on considérait que la cohabitation était rétablie avec les parents et la responsabilité des parents était retenue[2].

2915. ***La nécessité d'une décision judiciaire suspendant ou interrompant la garde.*** La deuxième chambre civile de la Cour de cassation par trois arrêts du 6 juin 2002, a pour sa part écarté cette distinction selon que le séjour chez les parents a été autorisé ou ne l'a pas été et a fixé la solution. Elle a regroupé trois affaires où il s'agissait de mineurs qui avaient été confiés par décision de justice à une association d'action éducative et qui, alors qu'ils se trouvaient chez leurs parents, soit dans le cadre de l'exercice d'un droit de visite, soit de façon plus durable, avec l'approbation et sous le contrôle de l'association, avaient commis des infractions au détriment de tiers. Les victimes avaient assigné, soit l'association, soit, à la fois, l'association et la mère du mineur. Les solutions données par les trois cours d'appel divergeaient. La Cour de cassation, saisie des trois recours, les a regroupés pour réaffirmer « qu'une association *chargée par décision d'un juge des enfants* d'organiser et de contrôler à titre permanent la vie d'un mineur demeure, en application de l'article 1384,

1. Crim. 25 mars 1998, *JCP* 1998. II. 10162, note Huyette.
2. Crim. 15 juin 2000, *D.* 2000. IR 245.

alinéa 1er (devenu art. 1242, al. 1er), du Code civil, responsable de plein droit du fait dommageable commis par ce mineur, *même lorsque celui-ci habite chez ses parents,* dès lors qu'aucune *décision judiciaire n'a suspendu ou interrompu cette mission éducative* » [1].

La chambre criminelle, dans une décision du 8 janvier 2008 a ensuite repris cette solution, dans les mêmes termes exactement « une association, chargée par décision du juge des enfants d'organiser et de contrôler à titre permanent le mode de vie d'un mineur, demeure, en application de l'article 1384, alinéa 1er, du Code civil, responsable de plein droit du fait dommageable commis par ce mineur, même lorsque celui-ci est hébergé par ses parents, dès lors qu'aucune décision judiciaire n'a suspendu ou interrompu cette mission éducative » [2]. La solution est depuis constante.

D. Cumuls de responsabilités et options

2916. ***Non cumul de la responsabilité des personnes chargées de l'enfant par décision judiciaire et de la responsabilité des parents.*** La responsabilité d'une personne responsable sur le fondement de l'article 1384, alinéa 1er, devenu l'article 1242, alinéa 1er, ne se cumule pas, on l'a vu, avec la responsabilité des parents. Et le transfert de « garde » qui exclut la responsabilité parentale doit résulter d'une *décision de justice.* Peu importe que l'enfant soit chez ses parents au moment du dommage.

2917. Mais on rappellera que si le mineur a été placé dans une association par une décision qui n'est pas une décision de justice, par exemple une décision administrative, la responsabilité de l'association ou de l'établissement ne pouvant pas être recherchée sur le fondement de l'article 1242, alinéa 1er (v. ss 2904), mais seulement sur le fondement de la responsabilité contractuelle pour manquement aux obligations contractuelles de l'association (obligation de surveillance, notamment), en ce cas, un cumul de la responsabilité des parents sur le fondement de l'autorité parentale et de la responsabilité contractuelle de l'association serait possible. La même solution est applicable si l'enfant a été remis par ses parents à une association, une personne physique, par contrat (colonie de vacances, internat...).

2918. ***Cumul entre la responsabilité personnelle de l'enfant et la responsabilité de l'établissement gardien de l'enfant.*** La responsabilité de l'établissement de l'enfant sur le fondement de l'article 1242, alinéa 1er, ne fait pas obstacle à l'engagement de la responsabilité personnelle de l'enfant, pour faute ou en qualité de gardien de la chose instrument du dommage. La responsabilité de l'enfant peut donc se cumuler avec celle de l'établissement, de la même façon qu'un cumul entre la responsabilité des parents et celle de l'enfant est toujours possible [3].

2919. ***Option entre la responsabilité civile et administrative.*** Lorsque le mineur a été confié à un établissement éducatif, non plus dans le cadre de mesures d'assistance

---

1. Civ. 2e, 6 juin 2002 (trois arrêts), *Bull. civ.*, n° 120 ; *JCP* 2003. II. 10068, note A. Gouttenoire et N. Roger ; *JCP* 2003. I. 101 obs. G. Viney ; *D.* 2002. 2750, note M. Huyette ; *JCP* 2003. I. 154, obs. Viney ; *Gaz. Pal.* 2-3 août 2002, flash de jurisprudence, p. 5.

2. Crim. 8 janv. 2008, *RCA* 2008, comm. 88, note H. Groutel.

3. Civ. 2e, 20 oct. 2016, n° 15-25.465 ; Crim. 26 mars 1997, n° 9583606, préc.

éducative, mais à la suite d'une condamnation pénale, sur le fondement de l'ordonnance du 2 février 1945, la victime d'un dommage causé par ce mineur a le choix entre deux voies. En effet, il est admis désormais que la responsabilité des établissements privés chargés, dans ce cadre, d'une mission de « garde » peut être recherchée tant sur le terrain du droit public que sur celui du droit privé, d'où l'intérêt d'une unification de la jurisprudence judiciaire et administrative (v. ss 2907)[1]. Dans un arrêt du 7 mai 2003[2], la deuxième chambre civile a modifié en effet les solutions qui prévalaient jusque-là en matière de responsabilité des établissements accueillant des délinquants et imposaient d'appliquer la responsabilité administrative alors même que l'établissement serait un établissement privé. Considérant que la mission d'un foyer accueillant des mineurs délinquants est bien d'organiser et de contrôler à titre permanent le mode de vie du mineur et qu'en dehors de la spécificité administrative du dossier, le quotidien est identique à celui des mineurs placés au titre de l'assistance éducative, la Cour de cassation a appliqué à un foyer du secteur privé la responsabilité de plein droit de l'article 1242, alinéa 1er, réservée auparavant aux établissements auquel était confié un mineur en danger dans le cadre d'une mesure d'assistance éducative. Le Conseil d'État a ensuite approuvé cette solution, dans une décision du 1er février 2006[3]: « La décision par laquelle une juridiction des mineurs confie la garde d'un mineur, dans le cadre d'une mesure prise en vertu de l'ordonnance du 2 février 1945, à l'une des personnes mentionnées par cette ordonnance, transfère à la personne qui en est chargée la responsabilité d'organiser, diriger et contrôler la vie du mineur ; en raison des pouvoirs dont elle se trouve ainsi investie lorsque le mineur lui est confiée, sa responsabilité peut être engagée, même sans faute, pour les dommages causés aux tiers par ce mineur ; l'action ainsi ouverte ne fait pas obstacle à ce que soit également recherchée devant la juridiction administrative, la responsabilité de l'État en raison du risque spécial crée pour les tiers du fait de la mise en œuvre des mesures de liberté surveillée prévues par l'ordonnance du 2 février 1945 ». La victime peut donc soit exercer devant le juge civil, une action en responsabilité de plein droit contre l'association, fondée sur l'article 1242, alinéa 1er (ancien art. 1384, al. 1er), soit exercer devant le juge administratif, une action en responsabilité sans faute de l'État, fondée sur le risque social créé par les méthodes libérales de rééducation des mineurs délinquants, action que le Conseil d'État a admise à partir des années cinquante[4].

Ce choix est, semble-t-il libre, mais il n'est pas question de cumul. Toutefois, on peut se demander comment chacune de ces juridictions pourrait être au courant d'une éventuelle action intentée devant l'autre ! On rappellera que le Conseil d'État s'est aligné sur la jurisprudence de la Cour de cassation concernant les conditions de mise en jeu de la responsabilité (v. ss 2907).

---

1. V. C. Hugon, « La responsabilité civile délictuelle des services chargés d'une mesure d'assistance éducative », *Dr. fam.* 2004, étude 25.

2. Civ. 7 mai 2003, *Bull. civ.* II, n° 129, p. 109 ; *JCP* n° 12, 2004-01-07, chron. I, 101, p. 22-23, obs. G. Viney ; *JDJ*, oct. 2003, p. 4, note M. Huyette.

3. CE 1er févr. 2006 : *ASH*, 3 mars 2006, n° 2445, p. 16.

4. Civ. 2e, 7 mai 2003, *Bull. civ.*, n° 129 ; *D.* 2003. 2256, note M. Huyette ; *JCP* 2004. I. 101, obs. G. Viney.

§ 3. Responsabilité des organisateurs de manifestations sportives ou de loisirs

A. Responsabilité des organisateurs de manifestations sportives

1) Principe de cette responsabilité fondée sur l'article 1242, alinéa 1er

2920. Dans deux arrêts du 22 mai 1995, la deuxième chambre civile de la Cour de cassation a admis, toujours sur le fondement de l'article 1242, alinéa 1er, du Code civil un troisième cas de responsabilité du fait d'autrui, en rendant responsables des associations sportives ayant pour mission « d'organiser, de diriger et de contrôler l'activité de leurs membres au cours de compétitions sportives », des dommages causés à la suite de brutalités commises entre sportifs à cette occasion[1]. Ici, le fondement de l'arrêt *Blieck* (à savoir la charge d'organiser et de contrôler à titre permanent le mode de vie de la personne) ne se justifiait plus, les joueurs étant en pleine possession de leurs moyens physiques et mentaux. La responsabilité des clubs sportifs se justifie alors parce qu'ils ont « la charge d'organiser, de diriger et de contrôler l'activité des sportifs » membres de l'association. Ce cas de responsabilité semblait donc plus proche de celle des commettants que de celle des parents. On semblait se diriger ainsi vers un accroissement de la responsabilité pour autrui dans tous les cas où il existe des rapports de dépendance économique[2].

La Cour de cassation, dans les applications antérieures des nouveaux cas de responsabilité du fait d'autrui (personnes handicapées mentales et enfant confié à un établissement d'éducation) ne faisait aucune référence à la faute ou au fait illicite de l'auteur du dommage, mais seulement à son rôle causal ; dans les espèces considérées, il est vrai que la faute de l'auteur du dommage ne faisait aucun doute. Mais une partie de la doctrine en avait déduit que la responsabilité des associations sportives pouvait se trouver engagée par le fait, même non fautif, de leurs adhérents. C'est, d'ailleurs, la position confirmée par la Cour suprême en ce qui concerne la responsabilité des parents dans l'arrêt *Levert* de 2001[3], arrêt ensuite confirmé par l'assemblée plénière[4] (v. ss 2809, 2810). Le caractère fautif ou non fautif de l'acte semble donc indifférent. Il en va différemment dans le cas de la responsabilité des associations sportives.

2) Atténuation du caractère objectif de cette responsabilité

2921. La Cour de cassation a rendu une décision le 20 novembre 2003 dans laquelle elle a précisé que la responsabilité civile d'une association sportive, du fait de ses joueurs, pour des dommages causés par ces derniers à l'occasion d'une compétition

---

1. Civ. 2e, 22 mai 1995, deux espèces ; *JCP* 1995. II. 22550, note J. Mouly ; et, plus récemment Civ. 2e, 3 févr. 2000 ; *JCP* 2000. II. 10316, note J. Mouly ; *JCP* 2000. I. 241, n° 5, obs. G. Viney.

2. V. obs. G. Viney, *JCP* 1996. I. 3893.

3. Civ. 2e, 10 mai 2001, *D.* 2001. 2851, note O. Tournafond, rapp. P. Guerder ; *JCP* 2001. II. 10613, note J. Mouly ; *JCP* 2002. I. 124, obs. G. Viney ; *RTD civ.* 2001. 601, obs. P. Jourdain ; *LPA* 3 déc. 2001, p. 10, note F. Niboyet.

4. Ass. plén. 13 déc. 2002, *D.* 2003. 231, note P. Jourdain ; *JCP* 2003. II. 10010, note A. Hervio-Lelong ; *JCP* 2003. I. 154, obs. G. Viney ; *LPA* 18 avr. 2003, p. 16, note J.-B. Laydu.

sportive, est soumise à la *preuve d'une faute*[1]. Ensuite, elle a fixé sa jurisprudence en affirmant qu'il ne peut y avoir de responsabilité à la charge d'une association sportive alors qu'« aucune *faute caractérisée par une violation des règles du jeu* n'avait été commise par un joueur quelconque au cours de la phase d'entraînement durant laquelle le joueur s'était blessé »[2], précisant ensuite que ce joueur peut ne pas être identifié. La Cour de cassation a, d'ailleurs, eu l'occasion de préciser que le juge civil reste libre d'apprécier si le comportement d'un sportif auteur d'un dommage est contraire aux règles du jeu, alors que cette constatation est normalement laissée à l'appréciation de l'arbitre, par les règlements organisant la pratique d'un sport[3].

Cette exigence d'une faute caractérisée semblait logique, dans la mesure où l'on a toujours considéré qu'en matière d'activité sportive de compétition, ou, comme cela vient d'être précisé, au cours d'une phase d'entraînement, une faute qualifiée du sportif est exigée pour que sa responsabilité soit engagée, cette solution étant souvent justifiée par la théorie de l'« acceptation des risques » (v. ss 2645, 2731 s.).

La responsabilité en matière sportive a en effet toujours été plus difficilement engagée que dans d'autres domaines et jusqu'à très récemment, l'acceptation des risques a exclu, par principe, le jeu de l'article 1242, alinéa 1er (responsabilité du fait des choses), et d'une responsabilité présumée. Il n'était donc pas illogique que l'on retrouve trace de cette particularité au stade de la responsabilité de l'association. On notera cependant que par une décision du 4 novembre 2010, la deuxième chambre civile de la Cour de cassation, opérant un revirement de jurisprudence, a écarté l'acceptation des risques entre participants, en matière sportive[4] (v. ss 2736, et les références), ouvrant de nouveau la voie à l'utilisation de l'article 1242, alinéa 1er (responsabilité du fait des choses), mais qu'aussitôt, le législateur est venu contrecarrer cette solution avec une loi du 12 mars 2012 (n° 2012-348) : le texte écarte expressément l'application de l'article 1242, alinéa 1er, entre participants, pour la réparation des dommages corporels (v. ss 2736).

L'assemblée plénière de la Cour de cassation a consacré par la suite la solution de l'exigence d'une faute caractérisée[5] en précisant que « les associations sportives ayant pour mission d'organiser de diriger et de contrôler l'activité de leurs membres, sont responsables des dommages qu'ils causent à cette occasion, dès lors qu'une faute caractérisée par une violation des règles du jeu est imputable à un plusieurs de leurs membres, même non identifiés »[6].

2922. La Cour de cassation a cependant ajouté que si une association sportive est responsable du fait de ses membres elle n'est pas, pour autant, responsable du fait de tous

---

1. Civ. 2e, 20 nov. 2003, *JCP* 2004. II. 10017, note J. Mouly ; *Gaz. Pal.* 9-11 mai 2004, note Y. Dagorne-Labbe ; *JCP* 2004. I. 163, obs. G. Viney.

2. Civ. 2e, 21 oct. 2004, *Gaz. Pal.* 13-14 avr. 2005, p. 9, note P. Polère ; *D.* 2005. 40, note J.-B. Laydu ; *RCA* 2005, comm. n° 9.

3. Civ. 2e, 10 juin 2004, *JCP* 2004. II. 10175, note F. Buy.

4. V. sur cette jurisprudence et les références de la décision, v. ss 2731.

5. Ass. plén. 29 juin 2007, *Juris-Data* n° 2007-039907, *RCA*, nov. 2007, étude 17 ; *D.* 2007. Pan. 2903, Ph. Brun et P. Jourdain ; *D.* 2007. Pan. 2346, obs. Centre du droit et d'économie du sport de Limoges ; Jur. 2455 et Chron. 2408, J. François.

6. V. sur cette question : A. Capello, « La faute civile et la violation des règles régissant une activité sportive ou professionnelle », *RTD civ.* 2013/4, p. 777 s.

ceux qui participent à la compétition qu'elle organise [1]. Elle n'est pas non plus responsable des dommages causés par un membre du club, qui ne participait pas au match joué ce jour-là et avait agressé un des joueurs, car il avait « agi en dehors de toute activité sportive » et avait eu un « comportement personnel » [2]. On notera, ici, le rapprochement avec le cas du préposé qui abuse de ses fonctions, dégageant ainsi le commettant de sa responsabilité [3] (v. ss 2852).

Une solution identique est, sans doute, applicable dans d'autres domaines de la responsabilité du fait d'autrui de l'article 1242, alinéa 1er, qu'il s'agisse d'une association de majorettes [4], ou de l'organisme gérant un camp de scouts [5], comme nous allons le voir, plus loin, à propos de la responsabilité des organisateurs de manifestations de loisirs.

Mais ce qui surprend c'est la différence de traitement entre les associations sportives et les parents tenus pour responsables *du fait, même licite,* de leur enfant mineur, dès lors qu'il a eu un rôle causal dans la réalisation du dommage (v. ss 2805 s.).

B. Responsabilité des organisateurs de manifestations de loisirs

2923. Certaines juridictions de fond, depuis les premiers arrêts du 22 mai 1995, retenant la responsabilité des associations sportives pour les dommages causés par leurs membres, avaient déjà étendu cette forme de responsabilité de plein droit fondée sur l'article 1242, alinéa 1er, à certaines associations, ne répondant pas vraiment au critère d'une association sportive, telle qu'une association de chasse [6], ou une association scoute [7].

La Cour de cassation a ensuite effectivement à nouveau rattaché à la responsabilité de plein droit de l'article 1242, alinéa 1er, la responsabilité de dommages survenus, cette fois, non plus au cours d'une manifestation sportive, mais au cours d'une *activité de loisirs*, en l'occurrence, d'un *défilé de majorettes* [8]. L'une d'elles avait été blessée par le bâton manipulé par une autre. Elle assigna en responsabilité, non seulement celle-ci en qualité de « gardienne » du bâton, mais également l'association organisatrice du défilé. La cour d'appel condamna *in solidum* les défenderesses mais l'association forma un pourvoi en cassation en faisant valoir qu'en tant qu'association communale, elle n'avait ni à organiser le mode de vie des majorettes, ni même à contrôler leur activité, son rôle se bornant à donner des instructions de marche pour le défilé. La Cour de cassation rejette ce pourvoi en approuvant la cour d'appel d'avoir admis la responsabilité de plein droit de l'association « sans avoir à tenir compte de la dangerosité potentielle de l'activité exercée par un de ses membres », dès lors qu'elle « avait pour mission

---

1. Civ. 2e, 22 sept. 2005, *Juris-Data* n° 2005-029775 ; *JCP* 2006. II. 10000, note D. Bakouche ; *JCP* 2006. I. 111, obs. Ph. Stoffel-Munck.

2. Aix, 6 mars 2004, *RCA* 2004, comm. 248, obs. C. Radé.

3. Au demeurant, certains préconisent l'abandon de l'article 1384 alinéa 1er (1242, al. 1er, actuel), pour la responsabilité des groupements sportifs amateurs du fait de leurs membres et l'utilisation de la responsabilité des commettants de l'article 1384, alinéa 5 (art. 1242, al. 5 actuel) : J.-P. Vial, « Plaidoyer pour un retour à l'article 1384, alinéa 5, du Code civil », *D.* 2010. 397.

4. Civ. 2e, 12 déc. 2002, cité *infra.*

5. Paris, 9 juin 2000, cité *infra.*

6. TGI Cusset, 29 févr. 1996, *JCP* 1997. II. 22849, note J. Mouly.

7. Paris, 9 juin 2000, *RCA* 2000, comm. 74, obs. L. Grynbaum.

8. Civ. 2e, 12 déc. 2002, *Bull. civ.* II, n° 289 ; *RCA* 2003. Chron. 4, par H. Groutel ; *D.* 2003. 2541, note F. Lagarde ; *LPA* 7 avr. 2003, p. 11, note Buy, et 30 sept. 2003, p. 9, note Laydu, *JCP* 2003. I. 154, obs. G. Viney ; *RTD civ.* 2003, n° 3, p. 305, obs. P. Jourdain.

d'organiser, de diriger et de contrôler l'activité de ses membres au cours du défilé ». La Cour suprême va, ici, plus loin que dans les arrêts de 1995 puisqu'il n'était pas question de violences volontaires ou de brutalités mais d'une simple maladresse.

La Cour précise, ainsi, que ce type de responsabilité doit s'appliquer même aux activités qui ne présentent pas de danger.

Dans une décision du 11 septembre 2008, la seconde chambre civile de la Cour de cassation a, au contraire exclu l'application de l'article 1242, alinéa 1er, aux associations communales de chasse, au motif qu'elles n'ont pas pour mission d'organiser, de diriger et de contrôler l'activité de leurs membres et n'ont donc pas à répondre de ceux-ci [1]. On voit donc se confirmer à nouveau ce critère de l'organisation, de la direction et du contrôle, de l'activité (ou du mode de vie).

S'il ne s'agit plus des risques liés à l'activité, on peut se demander sur quel fondement repose cette responsabilité… En réalité, cette responsabilité de plein droit de l'article 1242, alinéa 1er, ne serait pas tant fondée sur le risque que sur l'*autorité* et les pouvoirs dont disposent certaines personnes sur les auteurs du dommage.

§ 4. Quelles extensions ? Quel avenir ?

A. Un fondement incertain en jurisprudence

2924. *Le fondement* de cette nouvelle responsabilité du fait d'autrui semble dépasser la notion de garde et pourrait être défini comme « un pouvoir juridique d'organisation et de contrôle du mode de vie [2] ou de l'activité d'une personne », ou encore « un pouvoir d'autorité juridiquement reconnu » [3]. C'est d'ailleurs ce que la loi du 4 mars 2002, relative à l'autorité parentale, a consacré en remplaçant dans l'article 1242, alinéa 4, le mot « garde » par les mots « autorité parentale ».

Toutefois, *le titre juridique* qui permet d'imputer au responsable le dommage causé par un autre n'est pas n'importe quel titre juridique et, notamment, jusqu'à présent, *il ne peut pas s'agir d'un contrat* (v. ss 2897, pour la responsabilité du fait des personnes handicapées ; v. ss 2903, pour la responsabilité des établissements « gardiens » d'un enfant). Toutefois, l'actuel projet de réforme envisage d'élargir cette responsabilité du fait d'autrui au cas où la personne a été chargée par contrat d'une mission de surveillance d'autrui ou d'organisation et de contrôle de l'activité d'autrui, à *titre professionnel* (v. *infra*) ; par ailleurs, il prévoit aussi spécifiquement la responsabilité du tuteur, en tant qu'il est chargé de la personne du mineur et l'on a vu que cette question posait en effet problème actuellement.

Il existe pour l'instant, des limites à l'extension des responsabilités du fait d'autrui fondées sur l'article 1242, alinéa 1er, du Code civil dont les critères mériteraient d'être mieux précisés [4].

Leur avenir dépend des perspectives de réforme concernant la responsabilité du fait d'autrui en général.

---

1. Civ. 2e, 11 sept. 2008, *RCA* 2008, comm. 313, obs. H. Groutel.

2. G. Viney, *JCP* 2003. I. 154. 1407.

3. V. Lasserre-Kiesow, cité dans la bibliographie.

4. V. B. Waltz, « Regard critique sur les critères de désignation du responsable du fait d'autrui », *RCA*, nov. 2012, étude 9.

B. Un avenir lié à l'avenir de la responsabilité du fait d'autrui dans le projet de réforme

2925. *Dans l'actuel projet de réforme* du 13 mars 2017, comme dans les propositions doctrinales antérieures, la question des responsabilités du fait d'autrui construites par la jurisprudence à partir de l'arrêt *Blieck* et sur le fondement de l'article 1242, alinéa 1er, n'est pas dissociée des hypothèses classiques prévues spécialement par les alinéas 4 à 7 de cet article 1242. L'ensemble des cas de responsabilité du fait d'autrui est soumis à reconstruction, sachant que l'objectif est de conserver les hypothèses développées par la jurisprudence à partir de l'article 1242, alinéa 1er, mais de les intégrer dans la construction globale. La simplification n'est cependant pas nécessairement au rendez-vous.

2926. *L'actuel projet de réforme de la Chancellerie* (mars 2017) est très proche des propositions figurant dans l'avant-projet *Catala*. Il a cependant choisi de marquer la spécificité de la responsabilité du fait d'autrui en ne présentant pas le fait d'autrui à la suite des autres faits générateurs, dans la sous-section consacrée au fait générateur, mais dans une sous-section particulière, intitulée « l'imputation du dommage causé par autrui » (art. 1245 à 1249).

2927. Pour le reste, le fait d'autrui doit toujours être un fait de nature à engager la responsabilité de l'auteur direct du dommage (la condition est posée par l'article 1245 du projet). La question se pose de savoir si ce fait générateur peut, en parallèle, engager la responsabilité de l'auteur direct du dommage, qui se cumulerait alors avec la responsabilité pesant sur le « répondant » ou bien s'il y a une véritable substitution de responsabilité et une immunité, comme actuellement pour le préposé ? Le texte ne le précise pas. Toujours est-il que ce « fait de nature à engager la responsabilité » est ici considéré dans son résultat, le dommage, qui est imputé à un tiers désigné comme responsable pour un certain nombre de raisons qui correspondent aux différents cas de responsabilité envisagés par le texte. L'actuel projet marque donc, avec cette notion d'imputation du dommage causé par autrui, la spécificité de cette responsabilité.

2928. Plusieurs hypothèses sont ensuite définies, de façon limitative, ainsi que l'indique clairement l'article 1245, alinéa 1er, qui vise ainsi à éviter l'extension jurisprudentielle de cette responsabilité.

– La première (art. 1246) concerne les ***mineurs*** dont sont responsables *de plein droit*, les parents en tant qu'ils exercent l'autorité parentale, les tuteurs, en tant qu'ils sont chargés de la personne des mineurs et en troisième lieu, la personne physique ou morale chargée par décision judiciaire ou administrative, d'organiser et contrôler à titre permanent le mode de vie du mineur, ce qui inclut donc les hypothèses développées par la jurisprudence. Il n'est pas précisé, cependant, si ces responsabilités sont alternatives ou cumulatives. On notera que la responsabilité des artisans et des instituteurs disparaît en tant que telle.

– La deuxième (art. 1247) concerne les ***majeurs*** : la responsabilité *de plein droit*, là encore, est fondée sur l'organisation et le contrôle permanent du mode de vie (jurisprudence *Blieck*) : « la personne physique ou morale chargée par décision judiciaire ou administrative, d'organiser et contrôler à titre permanent le mode de vie » du majeur est responsable de plein droit du majeur placé sous sa surveillance (art. 174).

– La troisième (art. 1248), qui reprend l'hypothèse prévue *in fine* dans l'avant-projet *Catala*, rompt avec la responsabilité de plein droit puisqu'il s'agit cette fois d'une responsabilité pour faute présumée pesant sur les ***personnes qui par contrat assument à titre professionnel, une mission de surveillance d'autrui ou d'organisation et de contrôle de l'activité d'autrui.*** Cette hypothèse, reprise de l'avant-projet *Catala*, élargit la responsabilité du fait d'autrui au-delà des cas admis jusqu'ici sur le fondement de l'article 1242, alinéa 1er, mais permettrait de prendre en compte, à ce titre, la responsabilité des établissements ou même des personnes physiques auxquels un enfant est confié par ses parents par contrat, dès lors qu'ils agissent à titre professionnel (établissement scolaire, internat, colonie de vacances etc…), sans que la responsabilité s'étende à des tiers, parents ou non auxquels un enfant ne serait confiée à titre professionnel ponctuellement (grands-parents par exemple ou même beaux-parents).

– La dernière, enfin (art. 1249), concerne les ***préposés*** et consacre à nouveau une hypothèse de responsabilité *de plein droit*. Elle est fondée sur le lien de préposition et reprend les solutions actuelles de la jurisprudence concernant la responsabilité des commettants du fait des préposés.

Pas plus que dans l'avant-projet *Catala*, donc, les fondements ne sont unifiés. Cependant, la responsabilité du fait d'autrui serait mieux circonscrite.

Il apparaît pour finir, que la responsabilité du fait d'autrui se cherche encore et hésite, selon les termes de Jean Mouly [1], entre une responsabilité qui serait une simple « garantie de solvabilité » et une véritable responsabilité « à la place d'autrui », c'est-à-dire une « responsabilité de substitution ». Comme le souligne l'auteur, cela supposerait que les conditions de la responsabilité soient toujours réunies en la personne de l'auteur du dommage ce qui maintiendrait la responsabilité du fait d'autrui dans des limites raisonnables, mais cette responsabilité ne pèserait plus sur l'auteur initial ; elle serait transférée au responsable du fait d'autrui. C'est la solution à laquelle est parvenue la jurisprudence concernant le préposé, depuis l'arrêt *Costedoat*, qui a posé le principe d'une immunité. Ce n'est pas la solution retenue actuellement par la jurisprudence concernant les parents puisque leur responsabilité suppose seulement un fait causal de l'enfant, qui n'est pas un fait générateur de la responsabilité de ce dernier. Or, si l'actuel projet de réforme généralise pour tous les cas de responsabilité du fait d'autrui l'exigence d'un fait de nature à engager la responsabilité de l'auteur direct (comme d'ailleurs l'avant-projet *Catala*, art. 1355, al. 2), pour autant, l'immunité à l'égard de l'auteur direct du dommage n'est prévue que pour le préposé, dans les termes de la jurisprudence actuelle. La responsabilité du fait d'autrui, dans les autres cas, pourrait donc n'être que secondaire, sans être subsidiaire pour autant et ne pas exclure la responsabilité de l'auteur direct du dommage.

---

1. J. Mouly, « Peut-il exister une véritable responsabilité civile du fait d'autrui ? », *RCA*, sept. 2008, étude 10.

DOCUMENTS

BIBLIOGRAPHIE

ALT-MAES (F.), « La responsabilité civile et pénale : un outil de socialisation des mineurs ? », *LPA* 2000, n° 127, p. 18.

AMOUROUX, *La responsabilité civile du commettant et l'abus des fonctions*, thèse, Bordeaux, 1975.

AUTEM (D.), « La responsabilité civile du fait d'autrui à l'épreuve de la réforme de la protection de l'enfance », *RDSS* 2012. 134-150.

BENOÎT-RENAUDIN (C.), *La responsabilité du préposé*, préf. Ph. Delebecque, LGDJ, 2010, t. 520.

CARON (C.), « Le force majeure : Talon d'Achille de la responsabilité des père et mère ? », *Gaz. Pal.* 9 sept. 1998.

DECAMPS (J.), « L'effacement de la personne dans la responsabilité parentale », *LPA* 24 sept. 1999, n° 191 p. 4, et 27 sept 1999, n° 192, p. 4.

FIALAIRE (J.), « Le contentieux de la responsabilité dans le domaine de l'enseignement », *JCP* 2000. I. 204.

FRANÇOIS (J.), « Fait générateur de la responsabilité du fait d'autrui : confirmation ou évolution ? », *D.* 2007, étude 2408.

GALLMEISTER (I.), « L'incidence de la faute du préposé sur la responsabilité de son commettant », *Gaz. Pal.* 18-20 sept. 2005.

GUÉRIN (M.-C.), « La faute intentionnelle de celui qui agit pour le compte d'autrui », *LPA* 11 janv. 2006, n° 8, p. 6.

GUICHARD (Ph.), « Le juge des enfants et la responsabilité civile du fait des mineurs placés en assistance éducative », *LPA* 2001, n° 208, p. 6.

HOQUET-BERG (S.), « Essai transformé pour la responsabilité indirecte du fait d'autrui », *RCA* 2007, étude, n° 17, p. 6.

HUGON (C.), « La responsabilité civile délictuelle des services chargés d'une mesure d'assistance éducative », *Dr. fam.* oct. 2004, étude 25, p. 19.

HASSLER (T.), « La responsabilité des commettants », *D.* 1980. Chron. 125.

JOSSELIN-GALL (M.), « La responsabilité du fait d'autrui sur le fondement de l'article 1384, alinéa 1er, une théorie générale est-elle possible ? », *JCP* 2000. I. 268.

JOURDAIN (P.) et LEDUC (F.), « La responsabilité des père et mère : changement de nature », *RCA* 1997. Chron. 9.

JULIEN (J.), « Remarques en contrepoint sur la responsabilité des parents (à propos de Civ. 2e, 10 mai 2001) », *Dr. fam.*, mars 2002. Chron. 7, p. 12.

LASSERRE-KIESOW (V.), « La garde et la responsabilité du fait d'autrui sur le fondement de l'article 1384, alinéas 1er ou 4, du Code civil », *LPA* 2001, n° 203, p. 12.

LARROUMET (C.), *Encyclopédie juridique*, Dalloz, v° *Responsabilité du fait d'autrui.*

LE BRETON (M.-C.), *L'enfant et la responsabilité civile*, thèse, Rouen, 1996, Publication des Universités de Rouen et du Havre.

LEVENEUR (L.), « Les obstacles à la reconnaissance d'un principe général de responsabilité du fait d'autrui », in *Mélanges Chabas*, Bruylant, 2011

MORACHINI-ZEINDENBERG (S.), « Le responsable du fait du mineur », *RCA* 2013, étude 2.

MOULY (J.), « Les paradoxes du droit de la responsabilité civile dans le domaine des activités sportives », *JCP* 2005. I. 134.

Mouly (J.), « Peut-il exister une véritable responsabilité civile du fait d'autrui ? », *RCA* sept. 2008, étude 10.
Perdrix (L.), *La garde d'autrui*, préf. G. Viney, LGDJ, 2010, t. 521.
Puill (B.), « Les fautes du préposé : s'inspirer de certaines solutions du droit administratif ? », *JCP* 1996. I. 3959.
Radé (C.), « Le renouveau de la responsabilité du fait d'autrui » (apologie de l'arrêt *Bertrand* : Civ. 2e), 19 févr. 1997, *D.* 1997. I. 279.
Waltz (B), « Regard critique sur les critères de désignation du responsable du fait d'autrui », *RCA* nov. 2012, étude 9.
Viney (G.), *Le déclin de la responsabilité individuelle*, préf. A. Tunc, LGDJ, 1965.
– « Vers un élargissement de la catégorie des personnes dont on doit répondre : la porte entrouverte sur une nouvelle interprétation de l'article 1384, alinéa 1er, du Code civil », *D.* 1991. Chron. 157.
Colloque (Actes), « Autorité et responsabilité », 18 et 19 oct. 2007, Université du Maine, Lamy, *RLDC* juill.-août 2008, n° spécial.
Colloque (Actes) « Responsabilité civile : le fait du préposé », Paris Sud, colloque tenu à la Cour de cassation, 1er févr. 2013, *RCA* mars 2013, dossier, n° 11 à 20.

ARRÊT À COMMENTER
ARRÊTS À LIRE ET À COMPARER

Responsabilité du commettant du fait du préposé : immunité du préposé

1) Ass. plén. 25 févr. 2000, *Costedoat*, *JCP* 2000. II. 10295, concl. Kessous, note Billiau

Arrêt

LA COUR. – (...)

– Attendu, selon l'arrêt attaqué, que la SCA du Mas de Jacquines et M. Bortino ont demandé à la société Gyrafrance de procéder, par hélicoptère, à un traitement herbicide de leurs rizières ; que, sous l'effet du vent, les produits ont atteint le fonds voisin de M. Girard, y endommageant des végétaux ; que celui-ci a assigné en réparation de son préjudice la SCA du Mas de Jacquines, les époux Reynier, M. Bortino, M. Costedoat, pilote d'hélicoptère, et la société Gyrafrance ;

Sur le moyen unique du pourvoi n° G 97-20152, pris en ses deux branches :

– Attendu que M. Girard fait grief à l'arrêt d'avoir mis hors de cause les époux Reynier, alors, selon le moyen, d'une part, que les prétentions des parties sont fixées par leurs conclusions, si bien qu'en mettant hors de cause M. et Mme Reynier pour une raison qui n'était pas invoquée par ceux-ci, la cour d'appel a excédé ses pouvoirs et violé l'article 4 du nouveau Code de procédure civile ; et, d'autre part, qu'en soulevant d'office le moyen tiré de la qualité de cogérant des époux Reynier de la SCA du Mas de Jacquines pour les mettre hors de cause, la cour d'appel a méconnu les exigences de l'article 16 du nouveau Code de procédure civile ;

– Mais attendu qu'il résulte des énonciations des juges du fond que les époux Reynier ont été assignés en qualité de cogérants de la société civile agricole et qu'aucun agissement ne leur était reproché à titre personnel, que dans ces conditions, l'arrêt a décidé, sans encourir les griefs du moyen, qu'ils n'avaient été attraits dans l'instance qu'en leur qualité de représentants légaux de la société et qu'ils devaient être mis hors de cause ;

Qu'ainsi le moyen n'est pas fondé ;

Mais sur le moyen unique du pourvoi n° T 97-17378, pris en sa première branche :

Vu les articles 1382 et 1384, alinéa 5, du Code civil ;

– Attendu que n'engage pas sa responsabilité à l'égard des tiers le préposé qui agit sans excéder les limites de la mission qui lui a été impartie par son commettant ;

– Attendu que, pour retenir la responsabilité de M. Costedoat, l'arrêt énonce qu'il aurait dû, en raison des conditions météorologiques, s'abstenir de procéder ce jour-là à des épandages de produits toxiques ;

Qu'en statuant ainsi, alors qu'il n'était pas prétendu que M. Costedoat eût excédé les limites de la mission dont l'avait chargé la société Gyrafrance, la cour d'appel a violé les textes susvisés.

Par ces motifs,

Casse et annule, en ses seules dispositions concernant la responsabilité de M. Costedoat, l'arrêt rendu le 26 mars 1997, entre les parties, par la cour d'appel d'Aix-en-Provence ; remet, en conséquence, la cause et les parties dans l'état où elles se trouvaient avant ledit arrêt et, pour être fait droit, les renvoie devant la cour d'appel de Montpellier ; (...).

MM. Canivet, prem. Prés. Beauvois, Lemontey, Gélineau-Larrivet, Gomez, Dumas, Buffet, prés. Mme Ponroy, cons.-rapp., M. Kessous, av. gén. ; SCP Vincent et Ohl, Mes Blondel, Spinosi, SCP Le Bret-Desaché et Laugier, av.

2) Ass. plén. 14 déc. 2001, *Cousin*, *JCP* 2002. II. 10026, note Billiau

LA COUR. – *Sur le moyen unique,*

– Attendu, selon l'arrêt attaqué (Paris, 1er mars 2000), que M. Cousin, comptable salarié de la société Virydis, a été définitivement condamné des chefs de faux, usage de faux et escroqueries, pour avoir fait obtenir frauduleusement à cette société des subventions destinées à financer de faux contrats de qualification ; que, statuant à son égard sur les intérêts civils, l'arrêt l'a condamné à payer des dommages et intérêts aux parties civiles ;

– Attendu que M. Cousin fait grief à l'arrêt d'avoir ainsi statué, alors, selon le moyen, que ne saurait engager sa responsabilité à l'égard des tiers le préposé qui a agi sans excéder les limites de la mission qui lui avait été assignée par son commettant, de sorte que la cour d'appel, qui a ainsi condamné M. Cousin à indemniser les parties civiles du préjudice qu'elles avaient subi à raison d'infractions pour lesquelles sa responsabilité pénale avait été retenue, sans aucunement rechercher, nonobstant les conclusions dont elle était saisie, si ces infractions ne résultaient pas uniquement de l'exécution des instructions qu'il avait reçues et s'inscrivaient par conséquent dans la mission qui lui était impartie par son employeur, la société Virydis, seule bénéficiaire desdites infractions, n'a pas légalement justifié sa décision au regard du principe précité

– Mais attendu que le préposé condamné pénalement pour avoir intentionnellement commis, fût-ce sur l'ordre du commettant, une infraction ayant porté préjudice à un tiers, engage sa responsabilité civile à l'égard de celui-ci ; que dès lors, en statuant comme elle l'a fait, la cour d'appel a légalement justifié sa décision ;

Par ces motifs,

Rejette le pourvoi [...]

CAS PRATIQUES

La responsabilité du commettant du fait du préposé

Le jeune Denis Mathieu, âgé de 17 ans, vit à la ferme Lucas où il a été engagé comme ouvrier agricole. Au cours des moissons, M. Lucas envoie ses ouvriers agricoles aider aux travaux dans une ferme voisine, chez les Bardeau, à titre de réciprocité. Après sa journée de travail, Denis rentre coucher chez les Lucas mais, en cours de route, il se dispute avec un de ses camarades qui lui reprochait son manque d'ardeur au travail et le blesse. Ce dernier veut se faire indemniser.

À qui doit-il s'adresser ? À Denis, à M. Mathieu, à M. Lucas ou à M. Bardeau ?
Justifiez vos réponses.

Sous-titre 3

La responsabilité contractuelle dans ses rapports avec la responsabilité extracontractuelle

2929. La responsabilité contractuelle sera ici envisagée sous l'angle de ses spécificités par rapport à la responsabilité extracontractuelle.

Au-delà du débat sur la véritable nature de la responsabilité contractuelle déjà abordé (v. ss 2143 s.), les spécificités de la responsabilité contractuelle tiennent à l'existence d'une relation contractuelle préalable entre la victime du dommage et celui dont elle recherche la responsabilité. Les contrats sont faits pour être exécutés, selon l'adage *pacta sunt servanda* mais s'ils ne sont pas correctement exécutés, le créancier qui ne peut obtenir la prestation qui lui est due exigera une compensation, c'est-à-dire, dans la plupart des cas, l'octroi de dommages et intérêts, en faisant jouer la responsabilité contractuelle de son cocontractant (v. ss 1956 s.).

2930. L'existence de ce contrat va imposer d'abord de recourir à la responsabilité contractuelle, sans pouvoir choisir de se placer sur un fondement extracontractuel, ce que nous aborderons au titre des rapports entre la responsabilité contractuelle et extracontractuelle (v. ss 3084 s., surtout v. ss 3096 s.). Au-delà de cette règle de la primauté de la responsabilité contractuelle et de l'interdiction de l'option, l'existence du contrat va commander les conditions de la responsabilité contractuelle et, notamment, l'analyse du fait générateur. Elle explique aussi certaines règles particulières gouvernant la réparation du dommage. Or, ces spécificités sont parfois favorables à la victime qui peut se prévaloir d'un contrat.

C'est pourquoi, malgré le principe de la séparation entre les deux ordres de responsabilité contractuelle et extracontractuelle, qui commande l'interdiction du cumul comme de l'option entre les deux, la jurisprudence a toujours ménagé certaines possibilités de contourner cette impossibilité de choix par divers procédés, ce qui amène à se poser la question des rapports actuels entre les deux ordres de responsabilité.

2931. Aussi, nous déterminerons d'abord les principes généraux de la responsabilité contractuelle, puis nous envisagerons la question importante, aujourd'hui, des rapports de la responsabilité contractuelle avec la responsabilité extracontractuelle.

Chapitre 1. Les principes généraux de la responsabilité contractuelle
Chapitre 2. Les rapports de la responsabilité contractuelle et extracontractuelle

Chapitre 1

Les principes généraux de la responsabilité contractuelle

2932. L'ordonnance du 10 février 2016 portant réforme du droit des contrats, du régime général et de la preuve des obligations a repris et regroupé un certain nombre de dispositions qui figuraient dans le Code civil, antérieurement à l'ordonnance, sous l'intitulé « *réparation de l'inexécution du contrat* », donc sans employer le terme de responsabilité, que les anciens articles du Code civil n'employaient pas non plus.

2933. Pour autant, cela ne signifie pas que la responsabilité contractuelle n'est pas admise en tant que concept. En effet, il s'agissait simplement, pour les rédacteurs de l'ordonnance réformant le droit des contrats, et comme on l'a déjà souligné (v. ss 1958), d'éviter de prendre parti et d'intervenir *a minima*, sur cette question, dans l'attente d'une réforme globale du droit de la responsabilité civile, amenée à se prononcer sur la nature de la responsabilité contractuelle et ses rapports avec la responsabilité extracontractuelle. L'ordonnance a donc simplement regroupé et recodifié à droit presque constant, les dispositions qui figuraient de façon plus dispersée dans le Code civil et certaines précisions jurisprudentielles d'application de ces dispositions. Elles figurent pour l'instant dans les articles 1231 à 1231-7 du Code civil.

2934. ***L'actuel projet de réforme de la responsabilité civile***(du 13 mars 2017) envisage de modifier la place de ces textes et de les réécrire et, dans ce contexte, prend très nettement parti, à la fois pour l'existence de la responsabilité contractuelle et également pour l'identité de nature de cette responsabilité et de la responsabilité extracontractuelle. En effet, l'article 1231 actuel, issu de l'ordonnance du 10 février 2016 serait abrogé et remplacé par un article 1231 ainsi rédigé : « Le créancier d'une obligation issue d'un contrat valablement formé, peut, en cas d'inexécution, demander au débiteur réparation de son préjudice, dans les conditions prévues au sous-titre II ». Or le sous-titre II est consacré à la responsabilité civile et comporterait, après un chapitre de « dispositions préliminaires » organisant les rapports de la responsabilité contractuelle et extracontractuelle, un chapitre consacré aux « Conditions de la responsabilité » qui débute par « Les dispositions communes à la responsabilité contractuelle et extracontractuelle ». Les articles 1231-1 à 1247-17 issus de l'ordonnance du 10 février 2016 seraient abrogés et rapatriés (avec la conservation de l'essentiel des solutions posées), dans le sous-titre II consacré à la responsabilité civile. On ne saurait être plus clair sur la nature de la responsabilité contractuelle : une « vraie » responsabilité, de même nature que la responsabilité extracontractuelle.

L'unité de nature des deux responsabilités semble donc acquise, d'autant que cette même analyse figurait déjà dans les projets et propositions antérieures, l'avant-projet

Catala, les recommandations du Sénat, la proposition de loi *Béteille*, et, quoique de façon beaucoup plus mesurée, dans les propositions *Terré* qui maintiennent les règles relatives à la responsabilité contractuelle dans les sanctions de l'inexécution du contrat. La jurisprudence a par ailleurs consacré l'unité de nature des deux responsabilités dans ses applications de la responsabilité contractuelle.

2935. Ainsi, malgré l'option prise dans l'ordonnance de 2016 consistant à ne pas utiliser le terme de responsabilité contractuelle, nous l'envisagerons en tant que telle, parce que la jurisprudence admet cette responsabilité contractuelle et son identité de nature avec la responsabilité extracontractuelle et parce qu'il s'agit d'une donnée du droit positif, que le projet de réforme ne ferait que consacrer dans le Code civil.

2936. Pour que la responsabilité contractuelle, rapidement abordée sous l'angle de la réparation du préjudice né de l'inexécution du contrat, dans le cadre de l'étude des conséquences de l'inexécution du contrat (v. ss 1956 s.) puisse être engagée, il faut, comme dans tous les régimes de responsabilité civile, que les trois conditions, constantes de cette responsabilité, soient réunies : un dommage ou préjudice, un fait générateur et un lien de causalité entre le fait générateur et le dommage, ce que confirme, au demeurant, l'actuel projet de réforme. En matière de responsabilité contractuelle, cependant, le dommage est forcément né de l'inexécution ou de l'exécution tardive, incomplète ou défectueuse d'un contrat valable et l'existence de ce contrat est déterminante : c'est en effet ce contrat préalable qui imprime ses spécificités tant aux conditions de la responsabilité contractuelle (Section 1) qu'au régime de la réparation du dommage (Section 2).

Section 1
Les spécificités dans les conditions de la responsabilité contractuelle

2937. Les spécificités qui s'attachent aux conditions de la responsabilité contractuelle tiennent toutes à l'existence d'un contrat préalable.

La première spécificité tient à l'existence d'une condition préalable qu'on ne retrouve évidemment pas dans les autres régimes de responsabilité de droit commun étudiés jusqu'ici : *l'existence d'un contrat valable* : elle va conduire à écarter les régimes de responsabilité extracontractuelle et à imposer la recherche d'une responsabilité contractuelle, en application des principes de primauté et de non-cumul qui commandent les rapports entre les deux sortes de responsabilité (v. ss 2150, 3097 s.). La question des rapports entre la responsabilité contractuelle et extracontractuelle sera étudiée spécifiquement (v. ss 3084 s.). Seule la question de l'existence du contrat nous intéressera donc ici (§ 1).

La seconde spécificité tient au *fait générateur de la responsabilité* qui peut être soit l'inexécution, soit la mauvaise exécution soit le retard dans l'exécution d'une obligation contractuelle, compte tenu de la distinction essentielle des obligations de moyen et de résultat. Cette distinction commande en pratique, jusqu'ici, la mise en œuvre de la responsabilité et a des incidences non seulement sur la preuve de l'inexécution, mais aussi sur la preuve du lien de causalité (§ 2).

La notion même de *préjudice réparable* connaît aussi des particularités liées à l'existence d'un contrat préalable : c'est précisément l'existence d'un *préjudice* qu'il convient de *réparer* qui permet de distinguer la responsabilité contractuelle du simple droit d'exiger l'exécution de l'obligation contractuelle, à l'encontre de la position de certains auteurs qui contestent l'existence d'une véritable responsabilité contractuelle (sur ce débat, v. ss 2164 s.). Mais si ce préjudice pour être réparable répond aux exigences posées pour tout préjudice, au titre des constantes de la responsabilité, il existe cependant des spécificités qui tiennent à l'existence du contrat préalable et notamment, le fait que le dommage réparable est en principe seulement le dommage prévisible au moment de la conclusion du contrat (§ 3).

Quant à la condition du lien de causalité (§ 4) et aux causes d'exonération (§ 5), les particularités sont moins marquées, même si la preuve du lien de causalité est plus ou moins facile à apporter selon que l'obligation est de moyen ou de résultat.

§ 1. Condition préalable de l'existence d'un contrat valable

2938. La première condition de la responsabilité contractuelle est l'existence d'un contrat entre l'auteur du dommage et la victime. En effet, cette responsabilité contractuelle conduit à l'octroi de dommages et intérêts contractuels, suite logique des relations préexistantes découlant du contrat entre le créancier et le débiteur.

Si la responsabilité contractuelle nécessite l'existence d'un contrat, il faut aussi, évidemment, que ce contrat soit valable. Cela exclut le cas du contrat nul ; en effet, dans ce cas, il est rétroactivement anéanti et on se retrouve dans un cas de responsabilité extracontractuelle.

Toutefois, l'existence d'un contrat de transport entre le conducteur et la victime d'un accident de circulation ne met pas obstacle à l'application de la loi du 5 juillet 1985 (art. 1er de la loi), car il s'agit d'un régime spécial et autonome, exclusif de l'application de tout autre régime de responsabilité (v. ss 3217 s., 3311).

Quelques difficultés se posent néanmoins, plus ou moins faciles à résoudre.

A. La question de la responsabilité en cas de période de négociation précontractuelle

2939. En ce qui concerne la période précontractuelle, le régime de responsabilité applicable est différencié selon que les pourparlers restent simples et donnent lieu à une responsabilité extracontractuelle ou qu'ils atteignent un degré supérieur matérialisé par une convention, un avant-contrat (v. ss 1076 s.), auquel cas il peut s'agir d'une responsabilité déjà contractuelle [1]. La rupture des pourparlers, qu'elle soit sanctionnée sur le terrain de la responsabilité extra contractuelle ou contractuelle, suppose de toute façon toujours qu'elle intervienne de mauvaise foi, qu'elle procède donc d'une faute particulière distincte de la seule rupture. La Cour de cassation écarte, en outre, la possibilité d'obtenir des dommages et intérêts pour compenser la perte de chance d'obtenir l'avantage escompté de la conclusion du contrat avorté. Seule la perte effectivement

1. V. S. Menu, chron. citée dans la bibliographie.

subie est prise en considération (perte de temps et frais par exemple)[1]. Même s'il y a eu un avant-contrat, qui va donner un fondement contractuel à la responsabilité, les parties n'ont jamais l'obligation de parvenir coûte que coûte à la conclusion du contrat ; elles ont simplement l'obligation contractuelle de poursuivre la négociation de bonne foi[2].

2940. Confirmant la solution adoptée par la chambre commerciale depuis 2003[3], la troisième chambre civile de la Cour de cassation a réaffirmé dans un arrêt important (signalé dans le rapport 2006 de la Cour de cassation), le droit qu'ont les partenaires de rompre à tout moment des pourparlers précontractuels[4].

2941. L'ordonnance du 10 février 2016 est venue confirmer ces solutions. L'article 1112 précise ainsi que seule la faute commise dans les négociations peut engager la responsabilité extracontractuelle. Cette question a été traitée au titre du contrat (v. ss 1076 s.).

B. Difficultés en ce qui concerne les actes bénévoles

2942. Certaines hésitations peuvent apparaître en présence d'actes bénévoles, faut-il ou non leur appliquer la responsabilité contractuelle ? La distinction se fait en général en fonction de la personne qui subit le préjudice : bénéficiaire du service gratuit ou au contraire auteur de l'acte bénévole.

– Si le bénéficiaire est la victime, la jurisprudence refuse généralement d'appliquer la responsabilité contractuelle à l'auteur de l'acte bénévole pour ne pas le charger trop lourdement sauf s'il a pris un engagement précis qui permet de parler de contrat à titre gratuit au sens de l'article 1107.

– Au contraire, si l'auteur de l'acte bénévole est victime de sa générosité, les tribunaux ont d'abord été plus hésitants : responsabilité délictuelle ou régime contractuel de la « convention d'assistance » appliquée, d'ailleurs, avec un certain laxisme dans des cas où le bénéficiaire de l'aide bénévole n'avait pas pu donner un consentement valable. Par exemple, dans le cas du sauveteur blessé en portant secours à la victime d'un accident, inconsciente[5].

La doctrine suggérait plutôt, dans ce cas, le recours à la notion de « gestion d'affaire » (v. ss 2001 s.).

2943. Finalement, la jurisprudence s'est fixée pour admettre, en faveur de l'auteur de l'acte bénévole, le principe d'une responsabilité contractuelle découlant d'une « convention

---

1. En dernier lieu : Civ. 3e, 7 janv. 2009, pourvoi n° 07-20783, *RDC* 2009. 480, obs. P.-M. Laithier ; *RTD civ.* 2009. 113, obs. B. Fages. Déjà, auparavant : Civ. 3e, 28 juin 2006, *JCP* 2006. II. 10130, note O. Deshayes ; *CCC* 2006, n° 223, note L. Leveneur ; *D.* 2006. 2619, obs. S. Amrani-Mekki, *RDC* 2006. 1069, obs. D. Mazeaud ; *JCP* 2006-1. 166, n° 6, obs. Ph. Stoffel-Munck ; *RTD civ.* 2006. 754, obs. J. Mestre et B. Fages et p. 770, obs. P. Jourdain. 2009-1. 113, obs. B. Fages.

2. Com. 2 juill. 2002, *RJDA* 2003, n° 52 et Paris, 1re ch., 7 nov. 2002, inédit, *RTD civ.* 2003. 76, obs. J. Mestre et B. Fages.

3. Com. 26 nov. 2003, *Bull. civ.* III, n° 186.

4. Civ. 3e, 28 juin 2006, *RLDC* 2006/30, n° 2183.

5. Civ. 1re, 1er déc. 1969, *Bull. civ.* I, n° 299 ; *Gaz. Pal.* 1970. I. Somm. 18 ; *D.* 1970. 422, note Puech, *JCP* 1970. II. 16445, note J.-L. Aubert.

d'assistance bénévole »[1]. Un arrêt relevait en 1993 que l'existence d'une « convention d'assistance » emporterait nécessairement pour l'assisté « l'obligation de réparer les conséquences des dommages corporels subis par celui auquel il fait appel »[2]. Un an après, la Cour de cassation, dans une situation semblable, à l'occasion d'un service bénévole, constate que c'est « dans l'exercice de son pouvoir souverain d'interpréter la volonté des parties que la cour d'appel a retenu qu'il ne s'était pas noué entre [les intéressés] de relations contractuelles de quelque nature que ce soit et que leurs rapports relevaient d'un pur acte de courtoisie… » d'où elle déduit que « la responsabilité ne pouvait être recherchée que sur le terrain délictuel »[3]. Tout dépend donc des circonstances et de l'opportunité ou pas de recourir à cette notion pour assurer la réparation des dommages subis. La responsabilité délictuelle est éventuellement une solution satisfaisante pour la victime, si elle peut faire jouer la responsabilité de plein droit du fait des choses ; si tel n'est pas le cas et si l'on considère que dans le cadre d'une convention d'assistance, le bénéficiaire du service est tenu non pas d'une simple obligation de sécurité de moyens, mais d'une obligation de sécurité de résultat, l'analyse contractuelle, est tout à fait opportune. Or, précisément, en cas de convention d'assistance bénévole tacite, il est admis qu'elle « fait naître l'obligation pour l'assisté de garantir l'assistant de la responsabilité par lui encourue, sans faute de sa part, à l'égard de la victime d'un accident éventuel que cette victime soit ou non un autre assistant »[4].

La Cour de cassation écarte cependant la qualification de convention d'assistance dans le cas d'une intervention spontanée et inopportune[5] et toute faute de l'assistant peut décharger l'assisté de son obligation, dans la mesure où elle aurait contribué à la réalisation du dommage[6].

La Cour de cassation reste attachée à cette notion de « convention d'assistance » et même si elle reste peu utilisée, on en trouve des exemples récents[7]. Elle reste cependant contestable juridiquement, parce que cette prétendue convention est généralement tout à fait imaginaire. La doctrine a pu suggérer qu'en se fondant sur l'article 1371, on crée un nouveau quasi-contrat d'assistance bénévole « comme l'a fait la Cour de cassation en 1892 pour l'enrichissement sans cause »[8]. Cette suggestion n'a pas été entendue par l'actuel projet de réforme de la Chancellerie, et n'avait pas été non plus prise en compte dans l'avant-projet Catala antérieurement.

---

1. V. Civ. 2e, 21 févr. 1979. *D.* 1979. IR 349, obs. C. Larroumet ; Civ. 1re, 16 déc. 1986, *D.* 1987. IR 25 ; Paris, 21 juin 1987, *D.* 1987. IR 31.

2. Civ. 1re, 27 janv. 1993, *Bull. civ.* I, n° 42, *RCA* 1993, comm. 114, et chron. 11, H. Groutel ; *RTD civ.* 1993. 584, obs. P. Jourdain ; *JCP* 1993. I. 372, n° 5, obs. G. Viney ; Civ. 1re, 17 déc. 1996, *Bull. civ.* I, n° 463 ; *RTD civ.* 1997, obs. P. Jourdain ; dans le même sens : Civ. 1re, 16 juill. 1997, *RTD civ.* 1997. 944, obs. P. Jourdain.

3. Civ. 2e, 26 janv. 1994, *JCP* 1994. I. 3809, obs. G. Viney ; *RTD civ.* 1994. 864, obs. P. Jourdain.

4. Civ. 1re, 17 déc. 1996, *JCP* 1997. IV. 316 ; *RCA* 1997. 78.

5. Civ. 1re, 7 avr. 1998, *Bull. civ.* I, n° 141 ; *JCP* 1998. II. 10203, note Grout.

6. Civ. 1re, 13 janv. 1998, *Bull. civ.* I, n° 15 ; *D.* 1998. 580, note Viala (2e esp.), obs. G. Viney, *JCP* 1998. I. 144, n° 6 s.

7. V. par ex. Civ. 2e, 12 sept. 2013, n° 12-23530, *RDC* 2014/1, p. 16, obs. T. Genicon. Il s'agissait d'une personne très âgée victime d'une chute en pleine nuit et inconsciente, secourue par ses voisins. L'un d'eux perdit connaissance et se blessa gravement. La question de la réparation de son dommage se posait donc dans ce contexte. La Cour de cassation, pour relever l'existence d'une convention d'assistance retint qu'il « était de l'intérêt exclusif de l'assistée que ses voisins viennent à son secours, de sorte qu'elle est présumée avoir accepté l'aide, sans qu'il soit nécessaire qu'elle ait exprimé son consentement, étant rappelé qu'en cette matière, le consentement peut être tacite ».

8. G. Viney, *JCP* 1998. I. 144, préc.

C. Relation contractuelle directe entre l'auteur du dommage et la victime

1) L'exemple de la responsabilité du médecin

a) Un fondement contractuel traditionnel

2944. Il était admis depuis longtemps que le médecin était contractuellement responsable vis-à-vis de son patient. En effet, selon un célèbre arrêt du 20 mai 1936[1], l'arrêt *Mercier*, « il se forme entre le médecin et son client un véritable contrat, comportant pour le praticien l'engagement, sinon évidemment de guérir le malade, du moins de lui donner des soins, non pas quelconques, mais consciencieux, attentifs et, réserve faite de circonstances exceptionnelles, conformes aux données acquises de la science ; la violation, même involontaire, de cette obligation contractuelle est sanctionnée par une responsabilité de même nature, également contractuelle ». Cette analyse contractuelle qui rencontrait cependant des limites lorsque le patient est soigné dans une clinique.

2945. Cette analyse contractuelle a soulevé des difficultés lorsque le patient est traité dans une clinique car la jurisprudence considérait que dans le cas du *médecin salarié* de la clinique, celui-ci, en donnant ses soins aux malades, exécute, non pas une obligation qu'il aurait librement contractée envers ces patients mais la prestation de travail à laquelle il s'est engagé envers l'établissement. Dès lors, il n'existe pas plus de rapport contractuel entre le médecin agissant en qualité de salarié dans le cadre du service organisé de la clinique privée et le patient qu'il traite, qu'il n'en existe entre le médecin hospitalier public et les usagers du service public hospitalier. Or, la jurisprudence administrative écarte toute responsabilité personnelle du médecin, agent public. Ainsi, même avant l'arrêt *Costedoat* de l'assemblée plénière qui a instauré l'immunité du préposé agissant dans les limites de sa mission (v. ss 2868 s.) la Cour de cassation avait déchargé des médecins de la responsabilité mise à leur charge, pour considérer la clinique comme seule responsable[2]. Depuis l'arrêt *Costedoat*, la solution s'impose, en vertu de la règle de l'immunité du préposé. Postérieurement à l'arrêt *Costedoat*, la Cour de cassation avait semblé vouloir exclure l'immunité du médecin, compte tenu de son indépendance dans l'exercice de son travail, mais elle est revenue sur cette solution pour réaffirmer cette immunité du médecin salarié, préposé de la clinique car lié par un contrat de travail (v. ss 2875).

Ce sont donc les cliniques qui sont responsables « en vertu d'un contrat d'hospitalisation et de soins » les liant à leurs patients et consistant à mettre à la disposition des malades des professionnels soignants efficaces, dans des délais pertinents, en fournissant un équipement adapté et en étant tenu d'une obligation d'information à leur égard.

b) La remise en cause de la nature contractuelle de la responsabilité du médecin par la Cour de cassation

2946. La solution de l'arrêt *Mercier* et l'analyse que faisait alors la Cour de cassation du contrat médical et des obligations du médecin ont été remises en cause par deux arrêts de principe de la première chambre civile de la Cour de cassation, rendus

---

1. Civ. 20 mai 1936, *DP* 1936. I. 88, rapport M. le Conseiller Josserand, concl. M. le Procureur général Paul Matter et note signée E.P.

2. Civ. 1re, 4 juin 1991, *JCP* 1991. II. 21730, note J. Savatier.

respectivement le 28 janvier[1] et le 3 juin 2010[2] qui ont ouvert des perspectives nouvelles. Ces décisions ont été confirmées par la suite et la solution est fixée.

La première décision du 28 janvier 2010 a remis très nettement en question le fondement contractuel de la responsabilité médicale, *s'agissant l'obligation de soins* du médecin : en effet, la seconde chambre civile a visé directement l'article L. 1142-1 du Code de la santé publique et l'article 16-3 du Code civil (qui pose le principe de l'intégrité du corps humain sauf en cas de nécessité médicale et de la nécessité du consentement préalable de l'intéressé), au lieu de viser l'article 1147 (devenu art. 1231-1), invoqué par le pourvoi, pour admettre la responsabilité du médecin qui a pratiqué une intervention inutile et inadaptée. La Cour de cassation se réfère au seul fondement de la loi du 4 mars 2002, comme si elle voulait consacrer, en somme, l'idée d'une responsabilité générale pour faute médicale, fondée sur le Code de la santé publique et transcendant la distinction entre responsabilité médicale de droit privé et responsabilité médicale de droit public. En même temps, cette responsabilité n'est pas unitaire puisque dans le second arrêt, du 3 juin, qui concernait cette fois l'obligation d'information médicale, ce n'est plus le Code de la santé publique qui est visé, mais l'article 1240 du Code civil c'est-à-dire la responsabilité extracontractuelle pour faute.

La décision du 3 juin concernait en effet, non plus l'obligation de soins mais *l'obligation d'information* du médecin. Le manquement à l'obligation d'information est ici sanctionné sur le fondement de l'article 1240 du Code civil, donc de la responsabilité extracontractuelle pour faute et non plus de la responsabilité contractuelle. La Cour de cassation appuie, en outre, le manquement à cette obligation de recueillir le consentement éclairé du patient sur le principe de sauvegarde de la dignité de la personne, posé par l'article 16 du Code civil et elle vise également l'article 16-3.

Il semblait donc bien que l'on assiste, avec ces décisions, à la remise en cause de l'analyse traditionnelle de la responsabilité du médecin en une responsabilité contractuelle, ce qui a conduit Pierre Sargos à qualifier ces décisions, « d'historiques », au même titre que l'arrêt *Mercier.* Effectivement, l'abandon du fondement contractuel a été confirmé par la suite et plusieurs décisions, concernant tant l'obligation de soins que l'obligation d'information, ont repris les solutions « historiques » des arrêts du 28 janvier et 3 juin 2010.

2) La question de la nature de la responsabilité dans les groupes de contrats ou ensembles contractuels

2947. Le contrat doit, en principe, lier l'auteur du fait générateur et la victime du dommage. Toutefois, il peut également y avoir, non pas un seul contrat, mais une succession de contrats comme dans le cas d'une chaîne de ventes. Dans ce cas particulier des chaînes de contrats, ou un même bien fait l'objet de contrats successifs et est ainsi plusieurs fois transféré, la jurisprudence considère, bien que cela puisse constituer une atteinte au principe de l'effet relatif des contrats de l'article 1199 du Code civil, que la responsabilité demeure de nature contractuelle lorsque l'action de l'un quelconque des sous-acquéreurs est dirigée contre le vendeur. La question est plus

1. Civ. 1re, 28 janv. 2010, *D.* 2010. 1522, note P. Sargos ; *RDSS* 2010. 375, obs. F. Arhab-Girardin ; *Gaz. Pal.* 17-18 mars 2010. 10, note C. Quézel-Ambrunaz ; *D.* 2011. Pan. 2571, obs. A. Laude.

2. Civ. 1re, 3 juin 2010, *D.* 2010. 1522, note P. Sargos et 1484, obs. I. Gallmeister, 2092, obs. C. Creton ; *D.* 2011. 35, obs. O. Gout ; *AJDA* 2010. 2169, note C Lantero *; RTD civ.* 2010. 571, obs. P. Jourdain ; *RCA* 2010, comm. n° 9, note S. Hocquet-Berg ; *Médecine et droit* 2010. 161, note F. Vialla.

délicate dans les contrats qui réalisent une opération économique d'ensemble sans avoir la même caractéristique que les chaînes de contrats, c'est-à-dire celle de porter sur un même bien. La question relève cependant des rapports entre la responsabilité contractuelle et délictuelle et sera examinée dans ce cadre (v. ss 3084).

§ 2. La spécificité du fait générateur de responsabilité contractuelle : l'inexécution d'une obligation contractuelle

2948. L'article 1231-1 reprend pratiquement à l'identique les termes de l'ancien article 1147, qui faisait référence à l'inexécution d'une obligation ou au retard dans l'exécution comme condition de la condamnation au paiement de dommages et intérêts. Le fait générateur de la responsabilité contractuelle est donc l'inexécution partielle ou totale ou l'exécution tardive ou défectueuse du contrat par le contractant. La responsabilité contractuelle est donc, de ce point de vue, une responsabilité du fait personnel, même si on trouve certaines applications de la responsabilité du fait d'autrui et du fait des choses en matière contractuelle. Mais pour autant, est-ce une responsabilité pour faute ? L'inexécution ou la mauvaise exécution suffisent-elle à engager la responsabilité ou bien faut-il pour cela prouver spécifiquement que cette inexécution présente un caractère fautif ?

A. L'inexécution d'une obligation contractuelle comme fait générateur de responsabilité et la question de l'appellation de « faute contractuelle »

2949. La responsabilité contractuelle doit-elle être considérée comme une responsabilité pour « faute », le pendant, en matière contractuelle, de la responsabilité extracontractuelle pour faute des articles 1240 et 1241 ? Outre que la jurisprudence utilise régulièrement le qualificatif de « faute contractuelle », l'affirmation contemporaine, confirmée encore récemment par l'assemblée plénière de la Cour de cassation, de l'identité des fautes civiles contractuelle et délictuelle (v. ss 3120 s.) va certainement en ce sens. Il est vrai, au demeurant, qu'en toute logique, tout manquement à une obligation préexistante peut être qualifié de faute, que l'obligation soit d'origine contractuelle ou d'origine légale comme dans la responsabilité extracontractuelle.

2950. On notera toutefois, que ***l'actuel projet de réforme de la Chancellerie*** du 13 mars 2017, comme l'avant-projet d'avril 2016 qui l'a précédé, évite de parler de faute, concernant la responsabilité contractuelle. Si la faute est un fait générateur de la responsabilité extracontractuelle : « on est responsable du dommage causé par sa faute » (selon l'article 1241 du projet), en matière contractuelle, il est toujours fait référence à « l'inexécution d'une obligation » et non à une faute : « toute inexécution du contrat ayant causé un dommage au créancier, oblige le débiteur à en répondre » (art. 1250).

Cette différence d'appellation, faute d'un côté et inexécution du contrat de l'autre, marquée dans l'actuel projet, n'est pas neutre. Elle s'explique sans doute en partie par le souci, malgré l'affirmation de l'identité de nature des deux responsabilités, de préserver la spécificité du fait générateur de la responsabilité contractuelle et, au-delà, la spécificité de la responsabilité contractuelle, en excluant une assimilation que laisserait entendre le recours à la même appellation de « faute ». Ce refus d'une notion unitaire de faute s'exprime d'ailleurs clairement dans la condamnation, par le projet, de la solution jurisprudentielle actuelle de l'identité des fautes contractuelle et délictuelle ; elle apparait clairement dans l'article 1234 du projet, inscrit dans les dispositions préliminaires concernant les rapports entre la responsabilité contractuelle et extracontractuelle (sur cette question, v. ss 3120 s.).

2951. Toutefois, que le fait générateur de la responsabilité contractuelle soit qualifié de faute ou non, la question se pose, en toute hypothèse, de savoir comment doit être établie l'inexécution ou la mauvaise exécution de l'obligation ? Une preuve spécifique doit-elle être faite ? Un courant doctrinal attaché à l'idée de faute, déclare que l'inexécution contractuelle doit être fautive pour engager la responsabilité mais, comme l'article 1231-1 du Code civil (reprenant l'ancien art. 1147) prévoit expressément la condamnation à des dommages et intérêts en cas « d'inexécution » sans autre précision, ce courant en déduit que la *faute est présumée.*

En réalité, la « faute » contractuelle, c'est-à-dire de l'inexécution contractuelle en tant que fait générateur de la responsabilité, repose, pour l'instant, et de jurisprudence constante, sur la différence entre deux catégories d'obligations : obligations de moyens ou de résultat. Cette distinction commande en effet jusqu'ici le régime de la preuve de l'inexécution contractuelle en tant que fait générateur de la responsabilité [1] de même qu'elle a une incidence sur la preuve du lien de causalité.

B. L'appréciation de l'inexécution contractuelle en fonction de la nature de l'obligation

2952. La différence fondée sur la nature de l'obligation contractuelle, obligation de moyens ou obligation de résultat, se traduit directement, pour la jurisprudence, sur le terrain de la preuve exigée pour établir l'inexécution contractuelle en tant que fait générateur de responsabilité.

1) La distinction classique entre les obligations de moyens et de résultat dans la preuve de l'inexécution

2953. La distinction entre les obligations de moyens et de résultat est une distinction essentielle opérée depuis 1930. Les conditions de l'engagement de la responsabilité et la plus ou moins grande facilité du créancier à le faire dépendent de cette distinction (aussi, v. ss 2948 s.).

2954. ***L'obligation de résultat*** oblige *le débiteur* à fournir le résultat promis « coûte que coûte ». En présence d'une obligation de résultat, l'inexécution contractuelle en tant que fait générateur de la responsabilité, se constate, sans avoir à être spécialement prouvée : elle se déduit, en effet, de ce que le résultat promis n'a pas été atteint. Le créancier doit seulement prouver l'existence de l'obligation et l'absence de résultat ; dès lors que le résultat promis, par exemple la livraison d'une certaine quantité de marchandises à une date donnée, n'a pas été atteint, la responsabilité est encourue de plein droit.

---

1. Sur la distinction de ces deux sortes d'obligations, v. note Nast sous Civ. 27 juin 1939 et 27 mai 1940, *DC* 1941. J. 53.

L'existence d'une inexécution imputable au débiteur est présumée, de même que le rapport de causalité avec le dommage[1]. Son seul recours consiste à établir l'existence d'une cause d'exonération, c'est-à-dire, selon l'article 1231-1, que « l'exécution a été empêchée par la force majeure » (v. ss 3029 s.).

2955. ***L'obligation de moyens a une intensité bien moindre.*** Ici, le résultat escompté est *souhaité* par le créancier mais il n'est *pas promis* par le débiteur qui s'engage seulement à mettre en œuvre les moyens nécessaires pour y parvenir, à employer une activité diligente, mais sans garantir le résultat.

2956. Le fait que le résultat escompté ne soit pas atteint n'implique donc pas nécessairement une inexécution de nature à engager la responsabilité. Pour engager la responsabilité du débiteur et établir l'inexécution il faudra prouver que les « moyens » promis n'ont pas été mis en œuvre, c'est-à-dire prouver un comportement « fautif » du débiteur. Le manquement s'apprécie alors comme en matière de responsabilité extracontractuelle pour faute, par référence au standard de la personne (ici le cocontractant) normalement prudent et diligent, si bien que l'on peut comprendre, dans ce contexte d'une obligation de moyens, que la jurisprudence ait pu poser un principe d'identité des fautes. À titre d'exemple, le médecin n'était débiteur que d'une obligation de soins, qualifiée d'obligation de moyens, tant que le fondement contractuel de cette responsabilité médicale n'avait pas été remis en question (v. ss 2946).

2957. C'est donc, d'une façon générale, en présence d'une obligation de moyens, à la victime d'établir l'existence d'une faute de la victime, c'est-à-dire d'un manque *de diligence de* son cocontractant, la jurisprudence utilisant effectivement ce terme de faute.

2958. Dans certains cas cependant, et l'on parle alors d'***obligation de moyens renforcée***, cette faute est elle-même expressément présumée. Le législateur permet ainsi parfois au débiteur de renverser cette présomption en prouvant sa diligence, ce qui révèle que le manque de diligence est présumé ; il en est ainsi, par exemple, de l'article 1732 du Code civile, concernant le louage de choses, selon lequel le preneur « répond des dégradations ou des pertes qui arrivent pendant sa jouissance, à moins qu'il ne prouve qu'elles ont eu lieu sans sa faute ». C'est aussi le cas en matière de transport maritime et aérien. On peut aussi citer des exemples jurisprudentiels, par exemple le cas d'un contrat liant le propriétaire d'une pouliche à la personne qui accepte d'assurer, moyennant rétribution, la pension de cet animal et qui s'analyse en un dépôt salarié. La première chambre civile de la Cour de cassation décide que le dépositaire, tenu d'une obligation de moyens, doit néanmoins prouver que les blessures subies par l'animal alors que ce dernier se trouvait sous sa garde, ne lui sont pas imputables à faute[2].

2959. L'obligation de *moyens « renforcée »* ou obligation de *résultat « atténuée »*, ne conduit pas, pour autant, à revenir à l'hypothèse précédente de l'obligation de résultat. En effet, en présence d'une obligation de résultat, seule la preuve de la force majeure permet d'écarter la responsabilité et non la preuve de la diligence. Cette

1. Civ. 1re, 16 févr. 1988, *Bull. civ.* I, n° 42.
2. Civ. 1re, 10 janv. 1990, *Bull. civ.* I, n° 10.

notion d'obligation de moyens renforcée reste cependant critiquée par une partie de la doctrine. Pour autant, la jurisprudence continue de l'utiliser[1].

2960. Cette analyse (présomption de faute pour les obligations de résultat et faute prouvée pour les obligations de moyens) est désormais acquise, après que la contradiction a été résolue entre deux textes du Code civil : l'ancien article 1147 (devenu l'art. 1231-1) et l'article 1137, relatif à l'obligation de conserver la chose jusqu'à sa « livraison » (dont la substance se retrouve aujourd'hui à l'article 1197, à propos de l'obligation de conserver la chose jusqu'à sa « délivrance »).

En effet, *l'article 1147* disposait : « le débiteur est condamné, s'il y a lieu, au paiement de dommages et intérêts, soit à raison de l'inexécution, soit à raison du retard dans l'exécution, toutes les fois qu'il ne justifie pas que l'inexécution provient d'une cause étrangère qui ne peut lui être imputée, *encore qu'il n'y ait aucune mauvaise foi de sa part* ». Cela signifie que le débiteur ne peut invoquer sa bonne foi et ne peut se libérer que par un cas de force majeure, c'est-à-dire un fait extérieur, imprévisible et insurmontable. Certains en déduisaient qu'il n'y aurait pas à prouver l'inexécution fautive pour engager sa responsabilité, sinon il pourrait s'exonérer en prouvant son absence de faute.

Au contraire, *l'article 1137* relatif à l'obligation de conservation de la chose… soumettait dans le même temps, « celui qui en est chargé à y apporter *tous les soins d'un bon père de famille* ». Le conservateur n'était donc tenu que des soins normaux permettant d'éviter la perte ou la détérioration de l'objet et pouvait se libérer en prouvant sa diligence, et l'alinéa 2 de l'article 1137 ajoutait : « cette obligation est plus ou moins étendue relativement à certains contrats… ». D'après ce texte, il semblait donc nécessaire de prouver le mauvais comportement du débiteur pour engager sa responsabilité, au moins concernant certaines obligations contractuelles, d'où une contradiction par rapport à l'article 1147.

2961. Devant cette apparente contradiction, la doctrine avait essayé de trouver une interprétation valable de ces textes, mais c'est l'explication proposée par *Demogue* en 1928 qui a rallié la plupart des auteurs. Selon lui, l'article 1137 s'appliquait aux obligations « de moyens » et l'article 1147 aux obligations « de résultat ».

Ainsi, il n'est pas nécessaire de faire la preuve d'une inexécution fautive, c'est-à-dire d'un mauvais comportement du débiteur dans le cas d'une obligation de résultat car cette faute se déduit de l'absence de résultat ; à l'inverse, cette preuve est nécessaire pour les obligations de moyens. Toutefois, si cette idée est parfaitement admise aujourd'hui, cela n'a quand même pas supprimé toute discussion.

En effet, d'une part, il existe des degrés dans les obligations de moyens comme dans les obligations de résultat et d'autre part, ces deux catégories ne sont pas étanches : on constate que des obligations des deux catégories peuvent figurer dans le même contrat et une obligation peut appartenir tantôt à l'une tantôt à l'autre de ces catégories : par exemple, l'obligation de sécurité en matière de transport de personne par chemin de fer est une obligation de résultat « à partir du moment où le voyageur commence à monter dans le véhicule et jusqu'au moment où il achève d'en descendre »[2], mais

1. Obligation de moyens renforcée de l'entraîneur de lutte : Civ. 1re, 16 mai 2018, n° 17-17.904, *Juris-Data* n° 2018-008269 ; *CCC* 2018, comm. n° 148, obs. L. Leveneur.

2. Civ. 1re, 1er juill. 1969, *D.* 1969. 640, note G. C.-M.

elle a longtemps été considérée comme une simple obligation de moyens lorsque le voyageur est sur le quai ou dans la gare. Toutefois, la Cour de cassation a désormais limité la responsabilité contractuelle au transport proprement dit, rendant les accidents de gare au domaine de la responsabilité extracontractuelle [1] (v. ss 2986).

2) Une distinction toujours pertinente malgré l'absence de consécration légale

2962. ***L'avant-projet Catala*** proposait de consacrer cette distinction entre les obligations de moyen et de résultat dans les dispositions relatives au contrat relatives aux diverses espèces d'obligations (art. 1149), ainsi que dans les dispositions consacrées à la responsabilité contractuelle [2]. La proposition de loi *Béteille* de réforme du droit de la responsabilité avait repris ces propositions (art. 1386-14).

2963. ***L'ordonnance du 10 février 2016*** n'a pas repris les dispositions de l'avant-projet *Catala* relatives aux diverses espèces d'obligation. Elle a fait disparaître l'obligation de donner, ne fait plus référence aux obligations de faire et de ne pas faire (v. ss 146 s.) et pas davantage à cette distinction des obligations de moyens et de résultat.

L'actuel projet de réforme du droit de la responsabilité n'y fait pas référence non plus. Il prévoit dans un article 1231 destiné à remplacer le texte de l'actuel article 1231, que « le créancier d'une obligation issue d'un contrat valablement formé peut, en cas d'inexécution, demander au débiteur réparation de son préjudice dans les conditions prévues au sous-titre II (consacré à la responsabilité civile) ; par ailleurs dans les dispositions propres à la responsabilité contractuelle serait introduit un article 1250 qui indique simplement : « toute inexécution du contrat ayant causé un dommage au créancier, oblige le débiteur à en répondre ».

2964. Même si la distinction des obligations de moyens et de résultats n'a pas été consacrée par le législateur, il est douteux, que la jurisprudence cesse de se référer à cette la distinction classique que les textes ne condamnent pas, de toute façon (également sur cette question, v. ss 151 s.). Comme le relève la doctrine, « elle est si bien ancrée dans la tradition juridique française que les juges continueront à n'en pas douter à s'y référer [3] ». Et tel est bien le cas, pour l'instant.

Pour autant, la détermination des obligations nées du contrat n'est pas toujours simple et cette *summa divisio* entre obligation de moyens et obligation de résultat n'est pas exempte de difficultés de qualification, ce dont rend compte effectivement la jurisprudence.

---

1. Civ. 1re, 7 mars 1989, *D.* 1989. IR 96.

2. L'avant-projet *Catala,* proposait de codifier la jurisprudence en la matière, en distinguant les *obligations contractuelles de résultat* pour lesquelles « l'inexécution est établie du seul fait que le résultat n'est pas atteint, à moins que le débiteur ne justifie d'une cause étrangère » et les *obligations contractuelles de moyens* où le débiteur « ne doit réparation que s'il n'a pas effectué toutes les diligences nécessaires » (art. 1364).

3. O. Gout, obs. sous Civ. 1re, 25 janv. 2017, *D.* 2018. 40 ; v. aussi, P. Jourdain, « Quel avenir pour la distinction des obligations de résultat et de moyens ? », *JCP* 2016. 1557.

C. La question de la détermination de la portée des obligations

2965. Pour déterminer la portée des obligations contractuelles (obligation de moyens ou de résultat), essentielle puisque les conditions de mise en œuvre de la responsabilité reposent sur cette distinction des obligations de moyen et de résultat, la doctrine a cherché sur quel critère on pouvait se fonder afin de fournir des clés à la jurisprudence. Mais la clarté n'est pas toujours au rendez-vous et la jurisprudence reste fluctuante.

1) Recherche d'un critère de qualification de moyens ou de résultat des obligations nées du contrat

2966. ***Propositions doctrinales.*** Ne pouvant parvenir à privilégier une de ces catégories d'obligations, la doctrine a tenté de trouver un critère global de qualification fondé sur l'analyse du contenu de l'obligation.

2967. La thèse la plus généralement admise lie la qualification de l'obligation de moyens à l'*aléa* du résultat escompté, bien que ce critère soit parfois difficile à appliquer. Aussi l'a-t-on combiné avec le *rôle actif ou passif du créancier* et surtout avec la *plus ou moins grande précision de la prestation promise.*

2968. Aucun de ces critères n'est suffisant mais ces recherches ont aidé les tribunaux dans leur tâche de qualification.

2969. ***Position de la jurisprudence.*** Les décisions jurisprudentielles sont généralement peu motivées sur ce point et aucune n'adopte purement et simplement les critères proposés ; toutefois, en les rapprochant, on peut déceler un certain nombre d'éléments sur lesquels les juridictions se fondent pour qualifier l'obligation, sous le contrôle de la Cour de cassation. Il est tenu compte, notamment, tout d'abord, de la *volonté des parties* chaque fois qu'elle est exprimée ou au moins décelable, ensuite, de l'*objet de l'obligation* qui peut, par nature, appartenir à l'une ou l'autre catégorie, enfin, de considérations d'*équité* lorsque ces indications ont été insuffisantes.

2970. Ces considérations d'équité sont très diverses : le tribunal peut tenir compte du caractère gratuit du contrat, ou de son caractère aléatoire, de la plus ou moins grande liberté d'action laissée au créancier face à son débiteur, de la situation sociale de l'un par rapport à l'autre, de leur compétence professionnelle, etc.

2971. Malgré tout, certaines obligations restent particulièrement difficiles à qualifier et la jurisprudence, en réalité, joue de ces difficultés, voire les entretient volontairement.

2) Difficultés irréductibles de qualification de certaines obligations et rôle de la jurisprudence

2972. On a déjà relevé le rôle essentiel de la jurisprudence dans la détermination des obligations nées du contrat (v. ss 1310 s.). Il l'est tout autant dans la qualification de ces obligations en obligations de moyens ou de résultat, dont dépendent les conditions de mise en œuvre de la responsabilité. Ce pouvoir de la jurisprudence s'est manifesté de façon particulièrement importante dans le domaine des obligations qu'elle a elle-même découvertes et inscrites dans les contrats (par la technique dite de forçage du contrat) et notamment concernant les obligations contractuelles de sécurité, tantôt qualifiées d'obligation de moyens, tantôt d'obligation de résultat, sans que la clé de répartition soit toujours parfaitement claire. Mais les difficultés existent aussi concernant d'autres obligations.

a) Exemple des obligations médicales avant l'éviction du fondement contractuel de la responsabilité médicale

2973. Jusqu'à deux décisions « historiques » rendues respectivement le 28 janvier et le 3 juin 2010 par la première chambre civile de la Cour de cassation[1], il était admis que la responsabilité du médecin était une responsabilité contractuelle. Selon la jurisprudence, le médecin contracte envers son patient une obligation de soins qui est en principe une obligation de moyens. Elle avait ainsi écarté la responsabilité du médecin en cas d'aléa thérapeutique en rappelant systématiquement que l'obligation de soins du médecin est de moyens, avant même que la loi du 4 mars 2002 sur les droits des malades ne vienne poser un certain nombre de principes en matière de responsabilité médicale, et notamment le principe d'une responsabilité pour faute, qui s'entend d'une faute prouvée sauf en cas de dommage causé par des produits défectueux et d'infections nosocomiales. En revanche, elle avait admis l'existence d'une obligation de sécurité-résultat en matière d'infections nosocomiales, par trois arrêts du 29 juin 1999[2] et la loi de 2002 a également consacré dans ce cas particulier une responsabilité sans faute. Elle admettait également l'existence d'une obligation de sécurité de résultat en cas de fourniture et/ou utilisation de prothèses, concernant la conception et la confection du matériel lui-même, qu'elle détachait donc de l'obligation de soins proprement dite[3]. Mais cette solution a été remise en cause par une décision de la première chambre civile de la Cour de cassation du 12 juillet 2012[4].

2974. De même, le médecin était contractuellement tenu à une obligation d'information qui aurait pour fondement le principe constitutionnel de sauvegarde de la dignité humaine, obligation qui, de moyens, est devenue progressivement de résultat.

2975. Toutefois, les deux décisions du 28 janvier et 3 juin 2010 ont remis en question ces analyses contractuelles. La décision de la première chambre civile de la Cour de cassation du 3 juin 2010 est venue fonder la responsabilité du médecin pour manquement à l'obligation d'information sur l'article 1240 du Code civil, en écartant ainsi le fondement contractuel. La décision du 28 janvier a également écarté ce fondement contractuel pour fonder l'obligation de soins directement sur le Code de la santé publique. Ces nouveaux fondements ont depuis été confirmés (sur ces décisions, v. ss 2944 s.).

---

1. Civ. 1re, 28 janv. 2010 et 3 juin 2010. *D.* 2010. 1522, note P. Sargos.

2. Civ. 1re, 29 juin 1999, *JCP* 1999. II, rapp. P. Sargos *;* *RTD civ.* 1999. 841, obs. P. Jourdain.

3. V. notamment : Civ. 1re, 9 déc. 2010, *Juris-Data* n° 2010-023463 ; *RCA* 2011, à noter, n° 111.

4. Civ. 1re, 12 juill. 2012, *RCA* 2012, comm. 314 ; *D.* 2012. 2277, note M. Bacache ; *JCP* 2012, note 1036. P. Sargos ; v. aussi S. Hocquet-Berg, « La sécurité des produits de santé dans la tourmente de la jurisprudence judiciaire », *RCA* 2012, étude 8.

b) Obligations d'information ou de conseil

2976. Ce type d'obligation est également délicat à qualifier. En principe, les obligations d'information sont des obligations de résultat. L'information existe, elle doit être donnée et le professionnel doit s'informer pour pouvoir informer. C'était le cas du médecin, avant que la Cour de cassation ne renonce à l'analyse contractuelle (v. ss 2975). C'est le cas aussi du notaire. Ainsi, un notaire est-il rendu responsable de n'avoir pas éclairé les acquéreurs sur le fait que le terrain qu'ils achetaient était inconstructible, lors même que ceux-ci avaient eu connaissance de cette situation par un certificat d'urbanisme négatif délivré à la requête d'un expert-géomètre avant la signature de l'acte [1]. C'est encore le cas du banquier : quelles que soient les relations contractuelles entre un client et une banque, celle-ci a le devoir de l'informer des risques encourus dans les opérations spéculatives sur les marchés à terme, hors le cas où il en a eu connaissance par ailleurs [2].

2977. Lorsque l'on quitte l'information pure pour glisser vers le conseil, de l'avocat, du notaire, ou plus généralement, du professionnel, l'obligation devient le plus souvent de moyens, ce qui n'exclut pas certaines hésitations.

c) Obligations de sécurité

2978. C'est surtout dans le domaine des obligations de sécurité que l'on constate le mieux cette difficulté de qualification. Apparue, comme on l'a précisée plus haut, dans le domaine des transports (v. ss 1313 ; également, v. ss 2986), à une époque où ces termes d'obligation de moyens ou de résultat n'existaient pas, l'obligation de sécurité avait tous les caractères d'une obligation de résultat. Mais, progressivement, les domaines où l'existence d'une obligation de sécurité a été admise par la jurisprudence se sont tellement développés et diversifiés qu'il ne pouvait pas toujours s'agir d'obligations de résultat et la qualification d'obligation de moyens a également été retenue dans de nombreuses hypothèses par la jurisprudence. On rappellera que cette obligation a été inscrite au-delà du transport dans toute sorte de contrats : dans le domaine du ski, puis dans les contrats de jeux forains, les contrats relatifs à l'enseignement du sport ou à l'organisation d'activités sportives ou de loisirs. Les hypothèses de contrats comportant une obligation de sécurité inscrite par la jurisprudence sont si nombreuses qu'il est impossible d'en dresser ici une liste exhaustive. Or, dans les différentes hypothèses où une obligation de sécurité a été reconnue, la jurisprudence n'apprécie pas de la même façon l'intensité de cette obligation et les solutions évoluent parfois dans le temps, concernant le même contrat. Le critère du rôle actif ou passif de la victime, de même que l'existence d'un aléa ou d'un danger plus ou moins important est souvent utilisé pour qualifier l'obligation de moyens ou de résultat, mais sans que la prévisibilité des solutions soit toujours au rendez-vous.

2979. Ce rattachement d'une obligation de sécurité de moyens à un contrat est pourtant finalement défavorable à la victime. En effet, dans la mesure où la victime ne peut pas choisir et où elle est obligée d'invoquer la responsabilité contractuelle, du fait de la règle du non-cumul des responsabilités délictuelle et contractuelle, elle

---

1. V. obs. J. Mestre, *RTD civ.* 1989. 523 ; v. aussi Civ. 1re, 12 juin 1990, *JCP* 1991. II. 21708, note Y. Dagorne-Labbé.

2. Com. 18 mai 1993, *Gaz. Pal.* 2-3 févr. 1994, p. 18, note S. Piédelièvre.

ne peut choisir de bénéficier de la responsabilité de plein droit du fait des choses de l'article 1384, alinéa 1er (devenu art. 1242, al. 1er), plus facile à engager. Elle est obligée, sur le fondement de l'obligation de moyens, de rapporter la preuve d'une faute de son cocontractant.

2980. L'obligation de sécurité peut donc être tantôt de moyens, tantôt de résultat et c'est d'une façon assez empirique que s'opère la démarcation entre ces deux sortes.

2981. Des exemples peuvent ainsi être pris dans le domaine des sports et des loisirs, pour illustrer la variété des qualifications et dans le domaine du contrat de transport, pour illustrer la variabilité des solutions dans le temps.

2982. Ainsi, concernant la responsabilité des *exploitants de station de ski* : leur obligation est tantôt de moyen, tantôt de résultat selon l'activité du skieur au moment du dommage.

– S'il s'agit de ski proprement dit et de l'utilisation des pistes, la Cour de cassation a jugé que l'exploitant d'une piste de ski est tenu d'une obligation de sécurité de moyens, compte tenu du rôle actif du skieur dans le choix de sa vitesse et dans la maîtrise de sa trajectoire et que l'exploitant n'est pas tenu de disposer des filets de protection de chaque côté des pistes sur toute la longueur de celles-ci, mais seulement « dans les passages particulièrement dangereux [1] ».

– S'il s'agit de *l'utilisation des remontées mécaniques*, les solutions sont différentes selon les hypothèses : dans le cas du téléphérique, d'une télécabine ou d'une télébenne où le skieur n'a aucune participation, l'obligation de sécurité est une obligation de résultat ; dans le cas du remonte-pente ou du téléski, la diligence du skieur doit être sans défaillance, ce qui entraîne une simple obligation de moyens, tant pour les opérations d'embarquement ou de débarquement que pendant le trajet [2] ; enfin, dans le cas du télésiège, à mi-chemin entre les deux premiers, l'obligation est de moyens à l'embarquement et au débarquement parce que cela nécessite une participation du skieur et elle est de résultat lors du parcours [3]. On peut citer un arrêt caractéristique de la Cour de cassation qui approuve l'a cour d'appel d'avoir déclaré l'exploitant d'un télésiège entièrement responsable d'un accident, dès lors que celui-ci n'était pas survenu au cours du débarquement, exactement défini comme le moment où l'usager doit quitter le siège sur lequel il est installé, mais à l'occasion d'une phase préliminaire qui consistait à relever le garde-corps conformément aux indications portées sur les panneaux disposés à une trentaine de mètres de l'aire de débarquement. Faute de ce garde-corps, l'usager était tombé sur le sol douze mètres avant celle-ci et avait été grièvement blessé. Il s'agissait encore du parcours et donc d'une obligation de résultat [4].

2983. *Les exploitants de parcs d'attractions* sont généralement traités très sévèrement.

– *Dans le cas de l'entrepreneur de jeux nautiques* : la tendance est à la sévérité et à l'obligation de résultat : la cour de Montpellier a en effet qualifié l'obligation de sécurité

---

1. Civ. 1re, 17 févr. 2011, no 09-71.880, *F-D, SA Allianz IARD et a. c/ B. et a., Juris-Data* no 2011-002330, *RCA* 2011, comm. 189.

2. Civ. 1re, 4 nov. 1992, *JCP* 1993. II. 22058, note P. Sarraz-Bournet.

3. Civ. 1re, 4 nov. 1992, *JCP* 1993. II. 22058, note P. Sarraz-Bournet.

4. Civ. 1re, 11 juin 2002, *Gaz. Pal.* 7-8 mars 2003, note F. Chabas.

d'obligation de moyens tout en renversant la charge de la preuve et en demandant à l'exploitant pour échapper à sa responsabilité, de prouver une faute de la victime[1] ; c'est ce que l'on appelle une obligation de moyens renforcée ; dans une décision postérieure du 3 février 2011, la Cour de cassation, pour sa part, a directement qualifié d'obligation de sécurité résultat l'obligation de l'exploitant d'un parc d'attractions nautique[2].

– De même, *dans les contrats d'exploitation de certains jeux forains* tels les manèges, l'obligation de sécurité est qualifiée d'obligation de résultat, par exemple concernant les manèges de balançoires[3].

2984. Au contraire, s'agissant des moniteurs de sport, la Cour de cassation précise que, d'une façon générale, ce dernier n'est tenu, en ce qui concerne la sécurité des participants, qu'à une obligation de moyens. Toutefois, même quand l'obligation est de moyens, la jurisprudence à tendance à tenir compte de la moindre faute, car si, en matière sportive, le rôle actif de la victime justifie le maintien d'une obligation de moyens, le désir de permettre la réparation incite à mettre en jeu la responsabilité de l'auteur du dommage[4]. La première chambre civile qualifie ainsi d'obligation de sécurité de moyens renforcée, celle d'un moniteur d'un sport dangereux. La cour précise, en effet, « que le moniteur de sports est tenu, en ce qui concerne la sécurité des participants, à une obligation de moyens, cependant appréciée avec plus de rigueur lorsqu'il s'agit d'un sport dangereux » (en l'espèce il s'agissait de vol à voile[5]).

Ainsi, entre autres exemples, la première chambre civile a qualifié l'obligation de sécurité mise à la charge d'un dresseur de chevaux d'obligation de moyens[6]. Elle a également qualifié d'obligation de moyens l'obligation de sécurité de l'organisateur d'un parcours d'aventure dans des arbres[7], mais également l'obligation de sécurité d'une association sportive, pour les dommages subis par un de ses membres, qui avait chuté d'un mur d'escalade appartenant à cette dernière[8] ; la même qualification d'obligation de moyens a été réaffirmée dans un cas où le grimpeur qui venait de descendre la paroi du mur artificiel avait été heurté par un autre grimpeur[9], la Cour de cassation relevant à cette occasion que la pratique de l'escalade implique un rôle actif de chaque participant.

Toutefois, à l'inverse, elle a considéré qu'un sauteur à l'élastique bénéficiait d'une obligation de sécurité de résultat, en mettant en avant le rôle passif du sauteur qui ne dispose d'aucun moyen de se prémunir lui-même du danger qu'il court en sautant et s'en remet totalement à l'organisateur[10].

---

1. Montpellier, 20 janv. 1992, *JCP* 1993. II. 22125, note S. Bories.

2. Civ. 1re, 3 févr. 2011, n° 09-72.325, *SAS Le Paradou c/ SA Generali assurances, Juris-Data* n° 2011-001163 ; *RCA* mai 2011, comm. 165.

3. Civ. 1re, 18 févr. 1986, *Bull. civ.* I, n° 32.

4. Pour un moniteur de ski, v. Civ. 1re, 9 févr. 1994, *JCP* 1994. II, note Veaux, obligation de sécurité pour un vol en parapente ; Civ. 1re, 21 oct. 1997, *Bull. civ.* I, n° 287 ; *JCP* 1998. II. 10103, note Varet.

5. Civ. 1re, 16 oct. 2001, *Bull. civ.* I, n° 260 ; *CCC* 2002, comm. 21, obs. L. Leveneur ; *RTD civ.* 2002, n° 1, obs. P. Jourdain.

6. Civ. 1re, 15 avr. 1980, *JCP* 1980. II. 19402-91, note A. Bénabent.

7. Civ. 1re, 22 janv. 2009, *Juris-Data* n° 20009-046662 ; *RCA* 2009, comm. 93.

8. Civ. 1re, 15 déc. 2011, n° 10-23.528, *D.* 2012. 539, note M. Develay ; *RCA* 2012, comm. 58, obs. L. Leveneur.

9. Civ. 1re, 25 janv. 2017, n° 16-11.953, *D.* 2017. 296 ; *D.* 2018. 40, obs. O. Gout.

10. Civ. 1re, 30 nov. 2016, n° 15-25.249, *D.* 2017. 198, note D. Mazeaud ; *D.* 2018. 41, obs. O. Gout.

2985. L'organisateur d'un spectacle n'est tenu, pour sa part, en ce qui concerne la sécurité des participants, que d'une obligation de moyens [1].

2986. *Concernant le contrat de transport*, l'existence d'une obligation de sécurité a été admise dès 1911 à propos des contrats de transport de personnes : la Cour de cassation a décidé que « le voiturier assume, en vertu du contrat de transport, l'obligation de conduire sain et sauf le voyageur à destination. Par suite, en cas d'accident au cours du transport, il ne peut s'exonérer de sa responsabilité qu'en prouvant l'existence d'une cause étrangère qui ne lui soit pas imputable » [2]. Cependant, en matière de transport, si l'on admet que l'obligation de sécurité est une obligation de résultat, encore faut-il déterminer la durée de cette obligation. Toute une jurisprudence relative aux transports ferroviaires ou de métro avait établi dans les années soixante-dix une règle selon laquelle l'obligation de sécurité était une obligation de résultat « pendant l'exécution du contrat de transport, c'est-à-dire à partir du moment où le voyageur commence à monter dans le véhicule et jusqu'au moment où il achève d'en descendre » et qu'elle n'était plus qu'une obligation de moyens tant que le voyageur circule dans la gare et sur les quais [3]. La Cour de cassation a ensuite porté un coup d'arrêt à cette dualité de l'obligation de sécurité en matière de transport ferroviaire par un arrêt remarqué (arrêt *Valverde*) du 7 mars 1989 [4] (arrêt à lire). Après être descendu d'un train, un voyageur avait glissé sur le quai, selon lui sur une plaque de verglas, il était tombé sur les voies au moment où le train repartait et la dernière voiture lui avait sectionné les deux jambes. La cour d'appel avait rejeté son action en indemnisation contre la SNCF au motif que le transport étant achevé, il n'y avait plus d'obligation de résultat et que, à défaut de pouvoir prouver une faute de la SNCF, on ne pouvait faire jouer une obligation de moyens. Sur pourvoi, la Cour de cassation confirme que l'obligation contractuelle de sécurité n'existe que pendant le transport proprement dit ; puis elle se réfère, non à l'article 1240 mais à l'article 1242, alinéa 1er, en énonçant « qu'en dehors de l'exécution du contrat de transport, la responsabilité du transporteur à l'égard du voyageur est soumise aux règles de la responsabilité délictuelle » et elle rend la SNCF responsable en tant que gardienne du train. Tous les accidents de gare sont donc soumis désormais à la responsabilité extracontractuelle. La cour de Paris s'est montrée récalcitrante pour adopter cette position [5], mais elle a été confirmée et fixée par la Cour de cassation [6].

D. Les différents degrés dans la qualification de la « faute » contractuelle

2987. Alors que la gradation des fautes, c'est-à-dire le niveau de gravité de la faute, ne joue en principe aucun rôle en responsabilité extracontractuelle (v. ss 2617), certaines

---

1. Civ. 2e, 9 oct. 1979, *D.* 1980. IR 260, *Bull. civ.* II, n° 238.

2. Civ. 21 nov. 1911, *S.* 1912. I. 75, note Lyon-Caen ; Civ. 27 janv. et 21 avr. 1913, *DP* 1913. I. 249, note M. Sarrut ; 6 déc. 1932 et 24 mai 1933, *DP* 1933. I. 137, note Josserand ; Civ. 1re, 26 juin 1990, *Bull. civ.* I, n° 181.

3. Civ. 1re, 1er juill. 1969, *D.* 1969. 640, note G. C.-M. ; v. aussi Civ. 1re, 3 oct. 1968 et 28 avr. 1969, *D.* 1969. 650, note G. C. M., et Civ. 1re, 21 juill. 1970, *D.* 1970. 767.

4. *Gaz. Pal.* 23 août 1989, p. 12, obs. G. Paire, *JCP* 1989. IV. 176 ; *RTD civ.* 1989. 548, obs. P. Jourdain ; *D.* 1991. 1, note Ph. Malaurie.

5. V. Paris, 9 juin 1989, *D.* 1989. IR 208.

6. Civ. 1re, 19 févr. 1991, *Bull. civ.* I, n° 72, pour un accident survenu à l'occasion d'une correspondance.

solutions particulières sont attachées, en matière de responsabilité contractuelle, au degré de la « faute ». La notion même de faute contractuelle n'est pas toujours la même ; il faut faire une distinction entre les *fautes intentionnelles ou non* et établir une *gradation* entre elles.

1) La faute dolosive

► Le dol est la ***faute intentionnelle*** du contractant dans l'exécution (et non plus dans la formation) du contrat.

2988. Le dol consiste dans la malhonnêteté du contractant qui tente de se soustraire à ses obligations. La faute dolosive est une faute grave, *volontaire* ; elle suppose que l'on démontre la volonté de ne pas exécuter son obligation. Toutefois, selon la décision dite des « comédiens français »[1], il ne serait pas nécessaire de démontrer que le contractant a agi avec malignité, dans l'intention de nuire à son cocontractant, ce qui était la conception habituelle de la faute dolosive. La faute dolosive en matière contractuelle se démarque ainsi de la faute intentionnelle de l'article 1240, en matière délictuelle, qui suppose l'intention de nuire (v. ss 2621). Toutefois, en matière de contrat d'assurances, la Cour de cassation a admis que n'échappent à l'assurance que les conséquences voulues des actes volontairement nuisibles et elle exerce en la matière un contrôle de la qualification. Après une décision perturbante où elle relevait que « l'appréciation du caractère de la faute, invoquée par l'assureur pour refuser sa garantie, *relève du pouvoir souverain des juges du fond* »[2], décision vivement critiqué par la doctrine[3], elle est revenue à l'affirmation de son pouvoir de contrôle de la « faute intentionnelle inassurable » et a confirmé la définition de cette faute qu'elle avait mise au point avant l'arrêt critiqué du 4 juillet 2000, précité[4]. Elle a ensuite encore réaffirmé, dans un arrêt du 23 septembre 2004[5], son intention de maintenir son contrôle, afin de cantonner dans des limites très étroites la faute intentionnelle qui neutralise l'assurance au détriment de la victime.

2989. Même si la responsabilité contractuelle, selon l'ancien article 1147, qui en constituait la base, était encourue « encore qu'il n'y ait aucune mauvaise foi » de la part du débiteur (l'actuel article 1231-1 ne fait plus référence à la mauvaise foi), il est certain que, les juges ont toujours tenu compte de la gravité de la faute car l'étendue de la réparation peut en dépendre. L'existence d'une faute dolosive permet ainsi de passer outre la règle selon laquelle en matière contractuelle, la réparation est limitée au dommage prévisible lors de la conclusion du contrat (art. 1231-3, ancien art. 1153). Elle permet aussi de faire échec aux clauses limitatives ou exonératoires de responsabilité.

---

1. Civ. 1re, 4 févr. 1969, *Bull. civ.*, n° 60, p. 145.

2. Civ. 1re, 4 juill. 2000, *Bull. civ.* I, n° 203, et Civ. 3e, 9 janv. 2002, deux espèces, *Bull. civ.* III, n° 1 et 2, *RCA* avr. 2002, comm. n° 158.

3. *JCP* 2001. I. 340, obs. G. Viney, et *JCP* 2002. I. 186, obs. G. Viney.

4. Civ. 1re, 27 mai 2003, *Bull. civ.* I, n° 125 ; *JCP* 2003. IV. 2281 ; *JCP* 2004. I. 101, obs. G. Viney.

5. Civ. 2e, *Bull. civ.* II, n° 410 ; *JCP* 2005. I. 132, obs. G. Viney.

2) La faute inexcusable

2990. Du point de vue de sa gravité, elle se situe juste au-dessous de la faute intentionnelle et au-dessus de la faute lourde (v. ss 2992), bien qu'historiquement elle soit apparue la dernière et, précisément, pour créer un degré intermédiaire entre ces deux fautes. Il s'agit d'une initiative du législateur : introduite dans la loi du 9 avril 1898 concernant les accidents du travail, la notion de faute inexcusable n'était pourtant pas définie et la jurisprudence dut donc tenter d'en donner une définition.

Un arrêt des chambres réunies du 15 juillet 1941 [1] en avait donné une définition particulièrement complexe.

► « ***La faute inexcusable*** s'entend d'une faute d'une ***gravité exceptionnelle*** dérivant d'un acte ou d'une omission volontaire, de la conscience du danger que devait en avoir son auteur, de l'absence de toute cause justifiable et se distinguant par le défaut d'un élément intentionnel de la faute visée au § 1 de la loi du 9 avril 1898 ».

2991. La faute inexcusable diffère de la faute lourde par son exceptionnelle gravité et surtout par le fait qu'elle crée un dommage prévisible.

3) La faute lourde

► ***La faute lourde*** est une faute particulièrement grossière commise par un professionnel qui trahit une incurie « poussée à un degré étonnant » ; même s'il n'y a pas intention de nuire ou malhonnêteté. Cette définition est jurisprudentielle [2].

2992. La jurisprudence considère que « la non-exécution d'une obligation prévue par une clause expresse, de sorte qu'elle constituait une condition substantielle du contrat, caractérise la faute lourde » [3].

2993. Les juristes romains assimilaient la faute lourde au dol. Le législateur et la jurisprudence réalisent la même assimilation en la considérant dans certains cas, comme équivalente au dol : ainsi pour écarter le principe de la limitation de la réparation au dommage prévu ou prévisible au jour de la conclusion du contrat, ou encore pour faire échec à une clause limitative ou exonératoire de responsabilité (sur ces clauses, v. ss 3056 s.).

L'ordonnance du 10 février 2016 a directement et distinctement reçu cette notion de faute lourde pour consacrer la solution jurisprudentielle concernant la limitation de la réparation du dommage en matière contractuelle au dommage prévisible (v. ss 3016 s.). *L'actuel projet de réforme de la Chancellerie,* propose aussi de consacrer la faute lourde directement, pour écarter les clauses limitatives ou exonératoires de responsabilité, au même titre que la faute dolosive (v. ss 3063), mais sans donner de définition. Or la jurisprudence s'est divisée sur cette définition (v. ss 3069).

---

1. *Gaz. Pal.* 1941. 2. 254 ; *DC* 1941. 117.

2. Civ. 1re, 15 nov. 1988, *D.* 1989. 349, comme exemple d'une faute lourde d'un banquier.

3. Civ. 1re, 2 déc. 1997, *JCP* 1998. I. 144, n° 10, obs. G. Viney ; *LPA* 24 juill. 1998, note Briton, *Bull. civ.* I, n° 349.

4) Les fautes légères

2994. En matière de responsabilité contractuelle, notre ancien droit avait élaboré la théorie dite « des trois fautes ».

– Lorsque le contrat était établi dans l'intérêt du créancier (exemple : dépôt), seule la faute lourde était exigée.

– Lorsqu'il l'était dans l'intérêt commun des deux contractants (exemple : vente), c'était la faute légère.

– Lorsqu'il l'était dans le seul intérêt du débiteur (exemple, prêt à usage ou commodat), on tenait compte d'une faute même très légère.

Cette théorie n'a pas été reprise par le Code civil. On admet qu'en matière contractuelle, une faute légère peut engager la responsabilité, sauf si un texte ou une disposition du contrat ont limité son obligation de prudence et de diligence (v. ss 3056 s.). C'est dans ce cadre qu'on peut invoquer les *maladresses* dont la jurisprudence a admis qu'elles mettaient en jeu la responsabilité contractuelle médicale, même en l'absence de faute caractérisée, ce qui constitue pour un chirurgien une véritable obligation d'exactitude et de précision du geste technique. Cela implique l'exigence d'une diligence accrue à la charge des médecins [1].

§ 3. Les spécificités du dommage

A. Le dommage comme condition de la responsabilité contractuelle : distinction du dommage et du préjudice ?

2995. Cette question, discutée, a déjà été abordée lors de l'étude des sanctions de l'inexécution contractuelle et lors de l'examen de la nature de la responsabilité contractuelle (v. ss 2143).

1) Le dommage comme condition nécessaire de la responsabilité contractuelle

2996. La responsabilité contractuelle ne peut s'analyser seulement comme un mode d'exécution de l'obligation par équivalent, sous forme de dommages et intérêts, à défaut d'exécution en nature. La condamnation à des dommages et intérêts répond aussi à l'idée d'une réparation du préjudice causé par l'inexécution, ce qui justifie le recours à la notion de responsabilité contractuelle, classiquement admis.

Il suffit pour s'en convaincre de constater que le créancier peut obtenir l'exécution forcée en nature de l'obligation et, en parallèle, obtenir aussi une condamnation à des dommages intérêts. L'article 1217, alinéa 2, du Code civil prévoit d'ailleurs que les dommages-intérêts peuvent toujours être cumulés avec les autres sanctions. La responsabilité contractuelle fait donc davantage qu'assurer une exécution par équivalent de l'obligation.

2997. Il faut donc distinguer en matière contractuelle entre le droit à l'exécution et le droit à la réparation : *le droit à l'exécution* est un effet direct du contrat dont la mise en œuvre n'est pas soumise à la condition de preuve d'un préjudice spécifique et qui

---

1. Civ. 1re, 23 mai 2000, *Bull. civ.* I, n° 153 (deux arrêts).

peut se traduire soit par une exécution en nature soit, à défaut, par une exécution par équivalent, sous forme de dommages et intérêts. *Le droit à réparation des conséquences de l'inexécution*, ce que l'on appelle précisément la responsabilité contractuelle, implique forcément un préjudice, condition de la responsabilité et mesure de la réparation. Mais il est vrai qu'il n'est pas toujours simple de distinguer les deux situations, notamment concernant les obligations de faire et de ne pas faire (v. ss 3000).

2998. La question qui se pose est de savoir s'il faut nécessairement établir l'existence d'un préjudice spécifique, distinct de la seule inexécution pour engager la responsabilité contractuelle ? On rappellera que les partisans de l'inexistence de la responsabilité contractuelle répondent par la négative (v. ss 2143) mais la jurisprudence, malgré quelques décisions ambigües (v. ss 3000), s'est clairement positionnée en faveur de l'exigence de la preuve d'un préjudice distinct et le réaffirme régulièrement (v. ss 3000).

2999. La jurisprudence exige régulièrement, en principe, que la victime de l'inexécution établisse l'existence d'un dommage ou d'un préjudice (sans que les deux notions soient véritablement distinguées) distinct de la seule inexécution, pour obtenir des dommages et intérêts [1]. Cette exigence avait été à nouveau rappelée par la chambre commerciale de la Cour de cassation dans une décision du 13 mars 2007 [2] et par la seconde chambre civile le 11 septembre 2008, laquelle a précisé qu'une faute contractuelle n'implique pas nécessairement, par elle-même l'existence d'un dommage en relation de cause à effet avec cette faute et qu'en l'occurrence, la preuve du préjudice n'avait pas été faite [3].

3000. En contrepoint, la première chambre civile de la Cour de cassation a affirmé à deux reprises, en 2005, puis en 2007, que lorsque l'obligation inexécutée est une obligation de ne pas faire, celui qui y contrevient doit des dommages et intérêts par le seul fait de la contravention sans qu'il soit nécessaire d'établir un préjudice [4]. La solution pouvait cependant se justifier par la nature particulière de l'obligation et les termes même de l'ancien article 1142. En effet, les obligations de faire et de ne pas faire ne sont pas toujours susceptibles d'une exécution forcée en nature, et l'article 1142 imposait d'ailleurs à leur égard une exécution sous forme de dommages et intérêts. Il se produirait alors, il est vrai, dans ce cas, une sorte de confusion entre les dommages et intérêts comme modalité d'exécution par équivalent de l'obligation contractuelle et comme conséquence de la responsabilité.

---

1. Civ. 3e, 3 déc. 2003, *Bull. civ.* III, n° 221, Rev. contrats 2004. 359, obs. J.-B. Seube.
2. Com. 13 mars 2007, *LPA* 11 sept. 2007, n° 182, p. 7, note M.-L. Lanthiez.
3. Civ. 2e, 11 sept. 2008, *RDC* 2009. 77, obs. O. Deshayes.
4. Civ. 1re, 31 mai 2007, *D.* 2007. AJ 1725, obs. I. Gallmeister et Jur. 2784, note C. Lisanti ; *RTD civ.* 2007. 568, obs. B. Fages ; *JCP* 2007. I. 185, obs. Ph. Stoffel-Munck ; *RDC* 2007. 1118, obs. Y-M. Laithier et i 1140, obs. S. Carval. Et déjà, 10 mai 2005, *RTD civ.* 2005. 594, obs. J. Mestre et B. Fages ; *JCP* 2006. I. 111, obs. Ph. Stoffel-Munck ; *Defrénois* 2005. 1247, obs. J.-L. Aubert ; *CCC* 2005, n° 184, note L. Leveneur ; *RDC* 2006. 326, obs. D. Mazeaud. Et, déjà auparavant, Civ. 1re, 10 mai 2005, *RTD civ.* 2005. 594, obs. J. Mestre et B. Fages ; *ibid.* 60, obs. P. Jourdain ; *JCP* 2006. I. 111, obs. Ph. Stoffel-Munck ; *Defrénois* 2005. 1247, obs. J.-L. Aubert ; Cons. const. 2005, n° 184, note L. Leveneur ; *RDC* 2006. 326, obs. D. Mazeaud.

Toutefois, depuis, la chambre commerciale de la Cour de cassation a nettement réaffirmé l'exigence de preuve du préjudice même en cas d'obligation de ne pas faire [1] et la première chambre civile a elle aussi confirmé une nouvelle fois la la nécessité d'établir un préjudice distinct de la seule inexécution [2].

2) La distinction non exploitée entre dommage et préjudice

3001. La distinction du dommage et du préjudice, bien que non exploitée par la jurisprudence, pourrait apporter une réponse à la question de l'exigence d'un préjudice. En effet, si l'on admet que le dommage consiste dans le fait initial, c'est-à-dire le fait de l'inexécution, et le préjudice, dans les conséquences néfastes de cette inexécution pour le cocontractan, il en résulte que le dommage ne serait alors réparable, au titre de la responsabilité que s'il a généré des préjudices présentant les caractères requis pour être eux-mêmes réparables. Si la jurisprudence n'a pas finalisé cette distinction, l'actuel projet de réforme de la responsabilité contient peut-être des éléments en ce sens.

3) La position de l'actuel projet de réforme : des arguments en faveur de la distinction

3002. L'ordonnance du 10 février 2016, si elle n'a pas pris position sur la notion de responsabilité contractuelle, envisage cependant, au stade de l'inexécution du contrat (section 5) dans une sous-section spécifique, la question de « La réparation du préjudice résultant de l'inexécution du contrat ». L'existence d'un préjudice apparaît donc bien comme une condition de la réparation.

3003. *L'actuel projet de réforme* de la Chancellerie, consacre aussi cette analyse. Ainsi l'article 1231 (qui remplacerait l'actuel article 1231) indique « que le créancier d'une obligation issue d'un contrat valablement formé peut, en cas d'inexécution, demander au débiteur la *réparation de son préjudice*... dans les conditions prévues au sous-titre II » [relatif à la responsabilité civile]. Tandis que dans l'article 1250, inscrit au titre des dispositions propres à la responsabilité contractuelle, il est dit que « toute inexécution d'une obligation contractuelle ayant causé un *dommage* au créancier (et il n'est plus question ici de préjudice), oblige le débiteur à en répondre ».

L'utilisation du terme « préjudice » dans l'article 1231 et du terme « dommage » dans l'article 1250 invite à ainsi à se demander quelle distinction le projet a voulu établir entre les deux. Comme on l'a déjà souligné, le projet, dans les dispositions générales concernant les deux responsabilités, contractuelle et délictuelle, semble effectivement vouloir marquer une distinction entre le dommage et le préjudice dans l'article 1235, qui indique : « Est réparable *tout préjudice résultant d'un dommage* [...] ».

Par cette disposition, le texte invite à distinguer le dommage, qui serait l'atteinte originelle initiale et le ou les préjudice(s), qui seraient les conséquences de cette atteinte. En matière contractuelle, le dommage pourrait consister dans l'inexécution de l'obligation et le préjudice réparable, dans les conséquences de cette inexécution.

---

1. Com. 7 mai 2019, n° 18-11.128, *Juris-Data* n° 2019-007721 ; *CCC* 2019, comm. 136, obs. L. Leveneur.

2. V. Civ. 1re, 22 nov. 2017, n° 16-27.551, *Juris-Data* n° 2017-023897 ; *CCC* 2018, comm. 223, obs. L. Leveneur.

Si la distinction faite par le projet n'est pas absolument claire, il reste que ce qui est réparable, au titre de la responsabilité civile, ce n'est pas le dommage, en tant que tel, mais les conséquences qu'il produit, c'est-à-dire le ou les préjudice(s), qui doivent présenter, pour être réparables, un certain nombre de caractères. L'existence d'un préjudice réparable est posée, en effet, avec l'exigence du lien de causalité, comme l'une des deux conditions communes de la responsabilité (art. 1235).

Dès lors, la seule inexécution des obligations nées du contrat si elle constitue un dommage dont le débiteur doit répondre, ne suffirait pas à justifier l'octroi de dommages et intérêts au titre de la responsabilité contractuelle, si ce dommage ne débouche pas sur des préjudices réparables.

3004. Pour conclure, et en l'état du droit positif, qui n'a pas encore consacré la distinction du dommage et du préjudice, on peut dire qu'en principe, la seule inexécution d'une obligation contractuelle ne suffit pas à justifier l'octroi d'une réparation au titre de la responsabilité contractuelle [1]. L'inexécution ou l'exécution tardive ou défectueuse d'un contrat n'est génératrice de responsabilité pour la jurisprudence que si elle a causé un préjudice. Cependant, la preuve du préjudice peut se déduire dans certains cas de la seule inexécution de l'obligation ; ces cas tiennent à la nature de l'obligation et/ou à la nature du dommage invoqué. Dans d'autre cas, il faudra apporter la preuve d'un préjudice spécifique, comme on va le voir en étudiant la nature du préjudice.

B. La nature du préjudice

1) Préjudice matériel, moral, corporel

3005. Comme en matière extracontractuelle, il peut s'agir d'un *dommage matériel*, c'est-à-dire non seulement de la perte éprouvée, mais également, selon l'article 1231-2, du gain dont le contractant a été privé, par exemple du bénéfice qui aurait été fait sur la vente de marchandises arrivées détériorées ; il peut s'agir aussi d'un *dommage corporel* dans les contrats comportant une obligation de sécurité (v. ss 2979) et même d'un *dommage moral* (sur les catégories de préjudices réparables, v. ss 2269 s.).

2) L'exclusion du préjudice corporel par l'actuel projet de réforme du 13 mars 2017

3006. L'article 1233-1, alinéa 1er, dans la formulation proposée dans l'actuel projet de réforme de la Chancellerie, du 13 mars 2017, indique en effet que : « les préjudices résultant d'un dommage corporel sont réparés sur le fondement des règles de la responsabilité extracontractuelle, alors même qu'ils seraient causés à l'occasion de l'exécution d'un contrat ». Ainsi, le dommage corporel échapperait à la responsabilité contractuelle, dans l'objectif de parvenir à un régime unifié de réparation des dommages corporels. Toutefois, et contrairement à l'avant-projet d'avril 2016, une exception est prévue : la victime pourrait invoquer les stipulations expresses du contrat qui sont plus favorables que l'application des règles de la responsabilité extracontractuelle (art. 1233-1, al. 2). La victime disposerait donc ici d'une option (v. ss 3139).

1. Civ. 3e, 3 déc. 2003, *Juris-Data* no 2003-021222 ; *Bull. civ.* 2003. III, no 221 ; *JCP* 2004. I. 163, chron. G. Viney.

3) Inexécution, mauvaise exécution ou retard dans l'exécution : distinction des dommages et intérêts moratoires et compensatoires

3007. L'identification du préjudice dépend ici du fait générateur de la responsabilité. En effet, le préjudice peut provenir d'une exécution tardive et donner lieu à des *dommages et intérêts moratoires* (art. 1231-6) ; par contre, s'il est dû à une inexécution du contrat, il s'agira de *dommages et intérêts compensatoires* (art. 1231-3).

a) Exécution tardive et nécessité d'une mise en demeure

3008. Les dommages et intérêts moratoires ne concernent en réalité que les obligations de somme d'argent (art. 1231-6). En ce cas, l'article 1231-6 précise que les « dommages et intérêts sont dus sans que le créancier soit tenu de justifier d'aucune perte » : le préjudice ici, est présumé car le législateur a estimé que le créancier aurait pu immédiatement placer à intérêts les sommes qui lui étaient dues. Les dommages et intérêts moratoires consistent alors dans la condamnation aux intérêts au taux légal qui commencent à courir du jour de la mise en demeure de payer (art. 1231-6), à moins qu'il ne s'agisse de cas où la loi les fait courir de plein droit. Il peut y avoir, en outre, des dommages et intérêts compensatoires en cas de mauvaise foi du débiteur, si le retard a causé un préjudice indépendant de ce retard (art. 1231-6).

La SNCF a ainsi été sanctionnée pour manquement à son obligation contractuelle de ponctualité pour de nombreux retards sur des lignes de banlieue et elle n'a pu s'exonérer de cette responsabilité en invoquant des « pannes... qui ne sauraient constituer une cause étrangère » ou des intempéries qui « ne peuvent être assimilées à la force majeure »[1].

3009. *La mise en demeure du débiteur* est en tout cas nécessaire pour que le créancier puisse prétendre obtenir des dommages et intérêts moratoires. Cette solution est confirmée par l'article 1231-6, alinéa 1er.

Le retard préjudiciable ne s'appréciera qu'à compter de cette injonction faite au débiteur de s'exécuter.

b) Préjudice résultant de l'inexécution totale, partielle ou de l'exécution défectueuse et nécessité d'une mise en demeure

3010. Le seul défaut d'exécution peut suffire à constituer le préjudice, toutefois ce défaut d'exécution peut n'être que *partiel* et, dans ce cas, il convient d'établir l'importance de l'inexécution et la gravité du préjudice en découlant. C'est une question de preuve.

3011. En cas d'exécution défectueuse, là encore, il conviendra d'établir la gravité du préjudice subi qui peut être comparé à celui découlant d'une inexécution partielle ou totale.

---

1. Paris, 4 oct. 1996, *JCP* 1997. II. 22811, note G. Paisant et Ph. Brun ; *Gaz. Pal.* 15-17 déc. 1996, nos 350 à 352, p. 8, avec concl. min. publ., Melle Gizardin, et note J.-G.M.

3012. Conformément à la position de la doctrine qui considère généralement que la mise en demeure est inutile pour obtenir des dommages et intérêts compensatoires, la première chambre civile de la Cour de cassation n'exigeait plus la mise en demeure[1]. A l'inverse, la chambre commerciale continuait à en faire une condition préalable à l'engagement de la responsabilité[2]. La chambre mixte de la Cour de cassation, dans une décision du 6 juillet 2007, était alors intervenue et avait dispensé de la mise en demeure le créancier de l'obligation inexécutée, qui demandait des dommages et intérêts compensatoires « dès lors que l'inexécution du contrat était certaine et avait causé un préjudice (à celui-ci) »[3]. Elle admettait donc que la mise en demeure n'était pas une condition de l'attribution des dommages et intérêts compensatoires si l'inexécution était certaine.

L'ordonnance du 10 février 2016 a résolu la question dans l'article 1231, qui fait de la mise en demeure le principe et une condition préalable générale pour pouvoir obtenir des dommages-intérêts, « à moins que l'inexécution soit définitive ». La solution reste proche de celle retenue par la chambre mixte, puisque tout en posant le principe de la nécessité de la mise en demeure, le texte admet une exception en cas « d'inexécution définitive ». Toutefois, la chambre mixte utilisait l'expression « d'inexécution certaine », là où l'article 1231 utilise l'expression « inexécution définitive », ce qui n'est pas forcément la même chose (déjà, sur cette question, v. ss 1965).

L'actuel projet de réforme de la responsabilité (13 avr. 2017) propose pour sa part d'abroger l'article 1231, et reprend cette question de la mise en demeure au titre des dispositions propres à la responsabilité contractuelle avec une différence de formulation : la mise en demeure ne serait nécessaire qu'en cas de retard dans l'exécution et ne serait requise « pour la réparation de tout autre préjudice », que « lorsqu'elle est nécessaire pour caractériser l'inexécution » (art. 1252). On voit donc que la question de la nécessité de la mise en demeure n'est pas définitivement résolue.

C. La limite de la réparation du dommage prévisible

3013. Selon l'article 1231-3 issu de l'ordonnance du 10 février 2016, « le débiteur n'est tenu que des dommages et intérêts qui ont été prévus ou qui pouvaient être prévus lors de la conclusion du contrat, sauf lorsque l'inexécution est due à une faute lourde ou dolosive ».

Cet article reprend donc la condition classique de la limitation de la réparation au dommage prévu ou prévisible au moment de la conclusion du contrat, qui était antérieurement posée par l'article 1150 du Code civil (v. ss 1972 s.). Mais cette règle n'est pas absolue et une indemnisation totale des préjudices même imprévisibles est possible en cas de dol ou à la faute lourde du débiteur.

1) Principe : la réparation est limitée aux dommages prévus ou prévisibles au jour de la conclusion du contrat

3014. En matière contractuelle, il existe des préjudices qui n'auront pas à être réparés, *même s'ils constituent une suite directe de l'inexécution*, ce sont les dommages imprévisibles. Cette limite concerne souvent plutôt l'importance du dommage

---

1. Civ. 1re, 6 mai 2003, n° 00-17.383.

2. Com. 4 oct. 2005, *RJDA* 2006, n° 6.

3. Ch. mixte 6 juill. 2007, *D.* 2007. 2642, note G. Viney ; *ibid.* Pan. 2975, obs. B. Fauvarque-Cosson ; *RLDC* nov. 2007, n° 43, n° 2716, p. 6, note E. Garaud.

que sa réalisation et la notion de dommage prévisible est appréciée au cas par cas par les juges : par exemple, des bagages doivent normalement contenir des vêtements et des objets de toilette et non de l'argenterie et des bijoux, ou un manteau de vison et des robes de grand couturier (à propos de bagages d'une cliente d'un hôtel « une étoile »[1]. Si, par exemple, un colis perdu ou volé contenait des objets de valeur mais que le transporteur n'en avait pas été informé, il ne sera pas tenu de rembourser la valeur réelle de ces objets mais celle de ceux qu'il était raisonnable de trouver dans ce type de colis[2]. En revanche, il a été jugé prévisible que « compte tenu du programme de leur voyage, les voyageurs emporteraient dans leurs bagages des objets de valeur » et la société de transport aurait dû « leur imposer d'en déclarer le prix ». Elle est donc condamnée à réparer l'intégralité du préjudice causé par le vol des bijoux dans les bagages à main laissés dans « le car en stationnement sans surveillance sur un parking isolé »[3]. Toutefois, lorsque le contrat offre au client la possibilité de signaler, moyennant une somme supplémentaire, la valeur exceptionnelle qu'il attachait, en l'espèce à des pellicules photographiques, pour obtenir une indemnisation non forfaitaire, et qu'il ne l'a pas fait, il ne peut obtenir une indemnité supérieure audit forfait[4]. En effet, en matière contractuelle on admet qu'une personne ne peut « vouloir s'engager au-delà de ce qu'elle a pu prévoir », mais il faut alors que le contrat lui-même le précise.

Cette limitation de la responsabilité au dommage prévisible est une conséquence du fait qu'en matière contractuelle on ne peut tenir compte que de ce qui est entré « dans le champ des volontés contractuelles ».

– Dans certains contrats, la loi elle-même qui fixe une limite aux dommages et intérêts prévisibles, par exemple, selon l'article 1953, alinéa 3, cent fois le prix de location du logement par jour pour les effets volés dans une chambre d'hôtel et 50 fois le prix du logement par jour pour les objets volés dans des véhicules stationnés dans un lieu privatif (art. 1954, al. 2).

– Dans d'autre cas, le contrat lui-même peut prévoir un plafond de dommages et intérêts, au regard des dommages prévisibles.

3015. Le dommage prévisible est donc celui dont l'éventualité n'a pas pu être ignoré par le débiteur au moment de la formation du contrat et les juges du fond sont tenus de s'expliquer sur ce caractère de prévisibilité pour justifier la réparation. C'est ce que la Cour de cassation a rappelé. Elle a censuré une décision qui avait indemnisé largement des voyageurs transportés par la SNCF qui, à la suite d'une dépose dans une gare différente de celle qui était prévue au départ, avaient raté leurs correspondances d'avion pour Cuba. La Cour de cassation censure car la cour d'appel n'avait pas expliqué en quoi la SNCF pouvait prévoir lors de la conclusion du contrat, que le terme du voyage en train n'était pas la destination finale des voyageurs[5].

1. Nîmes, 23 nov. 1961, *JCP* 1962. II. 12641.

2. V. notamment en matière de bagage, Civ. 29 déc. 1915, *DP* 1916. I. 117.

3. Civ. 1re, 3 juin 1998, *JCP* 1999. II. 10010, note Rzepecki ; *D. Affaires* 1998. 1393, obs. S. P.

4. Civ. 1re, 17 juill. 1990, *JCP* 1990. IV. 351.

5. Civ. 1re, 28 avr. 2011, *D.* 2011. 1280, obs. I. Gallmeister, 1725, note M. Bacache ; *RTD civ.* 2011. 547, obs. P. Jourdain ; *JCP* 2011. Chron. 1333, obs. P. Stoffel-Munck, n° 8 ; *CCC* 2011, comm. 154, obs. L. Leveneur ; *RCA* 2011. 242, obs. S. Hocquet-Berg ; *D.* 2012. Pan. 48, obs. O. Gout.

2) Exception : extension au dommage non prévisible en cas de dol ou de faute lourde du débiteur

3016. Si l'inexécution est due à la mauvaise foi du débiteur, il est normal de ne pas le faire bénéficier de cette limitation de responsabilité prévue désormais par l'article 1231-3 et d'être plus sévère à son égard. On considère que le débiteur commet une faute dolosive lorsque, de propos délibéré, il se refuse à exécuter ses obligations contractuelles, même si ce refus n'est pas dicté par l'intention de nuire à son cocontractant : il s'agit de l'arrêt dit des *comédiens* français[1].

3017. Alors que le texte antérieur à l'ordonnance du 10 février 2016, l'article 1150, ne visait que le dol, la jurisprudence, appliquant l'adage selon lequel « la faute lourde est équivalente au dol », avait étendu l'exception aux cas de fautes lourdes, c'est-à-dire de fautes, non pas intentionnelles comme le dol, mais particulièrement graves (gradation des fautes, v. ss 2987)[2], par exemple, le fait pour une compagnie aérienne d'avoir, sans raison, conservé un colis douze jours avant de l'expédier[3]. Le contractant ne peut pas non plus bénéficier de la limitation de responsabilité quand le dommage est dû au dol de son préposé[4].

Cette hypothèse de la faute lourde est désormais expressément intégrée dans l'article 1231-3 issu de l'ordonnance et assimilée au dol.

3) À condition qu'il soit une suite immédiate et directe de l'inexécution

3018. Même lorsque la limitation de la réparation au dommage prévisible est écartée par la preuve du dol ou de la faute lourde, le dommage réparable reste quand même circonscrit à « ce qui est une suite immédiate et directe de l'inexécution ». L'article 1231-4 issu de l'ordonnance rappelle cette règle qui était posée par l'ancien article 1151. Elle renvoie à l'exigence d'un dommage direct et donc à l'exigence de la causalité, mais elle rappelle aussi que la responsabilité contractuelle trouve ses limites dans le contrat et est précisément circonscrite par celui-ci.

§ 4. La spécificité du lien de causalité : l'incidence de la distinction entre obligation de moyens et de résultat

3019. Il doit y avoir une relation directe entre la faute et le dommage, c'est un principe constant de la responsabilité civile extracontractuelle (que nous avons déjà développé, v. ss 2387 s.) applicable également à la responsabilité contractuelle et que la Cour de cassation continue de rappeler[5]. *L'actuel projet de réforme de la Chancellerie* inclut

---

1. Civ. 1re, 4 févr. 1969, *Société des comédiens français*, *D.* 1969. 601, note J. Mazeaud, *JCP* 1969. II. 16030, note Prieur.

2. Civ. 29 juin 1932, *DP* 1933. I. 49, note Josserand ; Civ. 1re, 22 nov. 1978, *JCP* 1979. II. 19139, note Viney.

3. Ass. plén. 30 juin 1998, *Bull. civ.*, n° 2 ; *BICC* 1er oct. 1998, concl. Joinet, rapp. Apollis ; *JCP* 1998. II. 10146, note Delebecque ; *JCP* 1998. I. 187, nos 28 s., obs. Viney.

4. Com. 17 nov. 1981, *JCP* 1982. II. 19811, note Tardieu-Naudet.

5. Exigence encore rappelée par : Com. 23 oct. 2019, n° 18-15.330 (F-D), *Sté Renault c/ Sté Alliance et a.*, *Juris-Data* n° 2019-018660, *CCC* 2020, comm. n° 2, obs. L. Leveneur.

à ce titre l'exigence de causalité dans les conditions communes aux deux responsabilités et, au titre des dispositions propres à la responsabilité contractuelle, est inscrit un article 1250 qui prévoit que « toute inexécution d'une obligation contractuelle *ayant causé* un dommage au créancier, oblige le débiteur à en répondre ». Mais, en l'état actuel du droit positif, la preuve du lien de causalité est largement influencée par la distinction des obligations de moyens et de résultat.

A. La causalité doit être directe

3020. L'ancien article 1151 du Code civil déclarait qu'on ne doit tenir compte que de « ce qui est une suite immédiate et directe de l'inexécution de la convention ». Il impliquait donc l'existence d'une relation causale directe entre le dommage et l'inexécution du contrat, que la jurisprudence a toujours exigée. La règle est reprise, à l'identique, par l'article 1231-4.

3021. Cependant, il est souvent difficile, lorsque différents préjudices découlent les uns des autres, de déterminer ceux pour lesquels la causalité est directe ou indirecte (exemple de Pothier dans la vache malade, v. ss 2408) ; par exemple, dans le cas de perte d'un colis de vêtements remis à nettoyer par un teinturier à un établissement spécialisé, il a été admis que la perte de clientèle consécutive invoquée par le teinturier n'était pas réparable, le lien de causalité étant incertain et indirect[1]. À propos d'une société de télésurveillance, au contraire, il a été jugé qu'il existait bien un lien de causalité entre la défaillance du système d'alarme posé par l'installateur et le dommage, fût-il une perte de chance de subir un préjudice moindre à la suite d'un cambriolage[2].

Il appartient donc bien à la victime de prouver la relation de causalité entre l'inexécution et le dommage qu'elle prétend avoir subi, en particulier quand le dommage n'apparaît qu'un certain temps après l'exécution.

Toutefois, les juges ont tendance à tenir compte de la gravité de la faute dans leur appréciation du caractère direct du lien de causalité, ce qui ne devrait pourtant pas entrer en ligne de compte. Au contraire, la distinction des obligations de moyen et de résultat joue un rôle important dans le régime de la preuve du lien de causalité.

B. L'incidence de la distinction entre obligation de moyens et de résultat sur la preuve du lien de causalité

3022. De nombreuses décisions jurisprudentielles concernant, notamment, des garagistes ou des réparateurs, ont affirmé, pendant un certain temps, en termes de principe, que « l'obligation de résultat emporte à la fois présomption de faute et présomption de causalité entre la prestation fournie et le dommage invoqué »[3].

Cette position de la jurisprudence a été critiquée, tout d'abord, parce que cette prétendue présomption de faute est pratiquement irréfragable puisqu'elle ne cède que devant la preuve d'une cause étrangère. Elle a également été critiquée dans la mesure où il est

---

1. Civ. 12 nov. 1950, *Gaz. Pal.* 1951. I. 69.

2. Civ. 1re, 6 oct. 1998, *Bull. civ.* I, n° 276 ; *CCC* 1999, n° 4, note L. Leveneur.

3. Civ. 1re, 2 févr. 1994, *JCP* 1994. IV. 892, et *JCP* 1994. II. 22294, note Ph. Delebecque ; Civ. 1re, 16 févr. 1988, *RTD civ.* 1988. 767 ; 20 juin 1995, *Bull. civ.* I, n° 279 ; 21 oct. 1997, *Bull. civ.* I, n° 279 ; *D. Affaires* 1997. 1419

très discutable de voir, dans l'inexécution d'une obligation de résultat, un lien de causalité avec le dommage. Mais d'autres arrêts ont réaffirmé cette solution en précisant cependant son champ d'application avec la distinction, à cet égard, entre obligation de moyens et de résultat en affirmant que « la responsabilité de *plein droit* qui pèse sur le vendeur-installateur (ou sur le garagiste) ne s'étend qu'aux dommages causés par le manquement *à son obligation de résultat* »[1].

3023. Ainsi, la victime créancière d'une obligation de résultat se trouve donc dans une position très favorable puisqu'elle bénéficie de ces présomptions liées à la nature de son obligation ; il lui suffit donc en principe de démontrer l'absence de résultat pour engager la responsabilité du débiteur.

3024. Au contraire si l'obligation n'est que de moyens, la victime devra prouver le mauvais comportement du débiteur et la relation de causalité entre l'inexécution et le dommage qu'elle prétend avoir subi.

3025. La distinction de ces deux sortes d'obligation est donc essentielle.

C. La pluralité de causes

1) Règle de l'obligation *in solidum* et cumuls autorisés

3026. L'inexécution du contrat peut être rattachée à différentes causes. En matière de responsabilité contractuelle, comme extracontractuelle, cette pluralité de causes et admises et il peut y avoir pluralité de responsables pour un même dommage. On appliquera là encore dans les rapports avec la victime la règle de l'obligation *in solidum* (v. ss 2403, 2480 s.) qui oblige tous les coauteurs pour le tout à l'égard de la victime, en autorisant ensuite dans un second temps entre eux des recours récursoires.

3027. Il est parfaitement possible qu'au responsable tenu contractuellement de réparer le dommage, s'adjoignent un ou plusieurs autres responsables tenus *in solidum* sur des fondements extracontractuels. Car si l'on ne peut invoquer cumulativement contre la même personne une responsabilité contractuelle et extracontractuelle, ce cumul de responsabilités est parfaitement possible à l'égard de personnes différentes.

On rappellera que l'actuel projet d'ordonnance en prévoyant la solidarité dans l'hypothèse de plusieurs responsables, substitue à l'obligation *in solidum* une solidarité légale (v. ss 2484).

2) Contribution entre coauteurs dans le cadre de recours récursoires

3028. On rappellera que les règles concernant la contribution entre les coauteurs exerçant des recours récursoires sont actuellement les suivantes :

– lorsque tous les coauteurs sont responsables pour faute prouvée (art. 1240 et 1241, ou manquement à une obligation contractuelle de moyen), la répartition se fait

---

1. Civ. 1re, 16 oct. 2001, *CCC* 2002, comm. 25, obs. L. Leveneur ; *RCA* 2002, comm. 34 ; Com. 22 janv. 2002, *RCA* 2002, comm. 175 ; *RTD civ.* 2002, no 3, p. 514, obs. P. Jourdain.

en principe entre eux en fonction de la gravité des fautes respectives (cependant pour un arrêt récent, perturbateur, v. ss 2404 ; aussi, v. ss 2548) ;

– lorsque tous les coauteurs sont responsables sur le fondement d'une responsabilité de plein droit ou d'une obligation contractuelle de résultat : la répartition se fait à parts égales ;

– si le coauteur qui a indemnisé la victime n'a pas commis de faute, alors qu'un autre coauteur en a commis une, le recours récursoire se fait pour la totalité.

§ 5. Les causes d'exonération de responsabilité

3029. Comme dans tout régime de responsabilité, là encore, le débiteur est libéré lorsqu'il peut justifier de certaines causes exonératoires.

3030. On a déjà vu dans le cadre de l'exposé de la *théorie des risques* dans le contrat (v. ss 1935) que, lorsque le contrat porte sur un *corps certain* qui a péri par cas de force majeure sans que la responsabilité du débiteur soit donc engagée, l'article 1302 souligne la portée absolue de l'effet libératoire : l'obligation est éteinte, aussi bien sous sa forme primitive que sous la forme qu'elle aurait pu prendre, de dommages et intérêts.

3031. Dans le cadre de la responsabilité contractuelle, selon l'article 1231-1, le débiteur n'est pas condamné s'il a été empêché d'exécuter par la force majeure. La force majeure est donc toujours une cause d'exonération totale. Comme dans les autres régimes de responsabilité, on retrouve la même distinction entre les causes d'exonération totale (force majeure, fait du tiers ou fait de la victime présentant les caractères de la force majeure d'une part, et les causes d'exonération partielle, d'autre part, une seule en réalité : la faute de la victime (pour l'étude générale de ces différentes causes d'exonération, v. ss 2426 s.).

A. L'exonération totale

3032. On rappellera que les causes d'exonération de droit commun sont la force majeure, du fait du tiers ou de la victime présentant les caractères de la force majeure (v. ss 2417 s.).

1) Le maintien des caractères traditionnels de la force majeure en matière contractuelle ?

3033. Cette question a déjà fait l'objet d'une étude approfondie au titre des constantes de la responsabilité (v. ss 2433 s.) et nous y renvoyons. Il suffira ici de rappeler qu'un événement ne constitue normalement un cas de force majeure que s'il présente trois caractères.

► ***Le cas de force majeure*** doit être extérieur au responsable et à son milieu, imprévisible et irrésistible.

3034. Ces exigences traditionnelles ont semblé être un moment en voie de disparition en matière contractuelle. Dans deux arrêts du 14 avril 2006, venus trancher une controverse au sein de la Cour de cassation sur les caractères de la force majeure portant sur la nécessité du cumul des conditions d'imprévisibilité et d'irrésistibilité (v. ss 2436, et les références), l'assemblée plénière a confirmé le cumul ; elle n'a pas repris cependant dans ces décisions l'exigence d'extériorité. Concernant cette condition d'extériorité, la jurisprudence reste incertaine (v. ss 2435). L'ordonnance du 10 février 2016, pour sa part a donné une définition de la force majeure en matière contractuelle qui confirme les critères d'imprévisibilité et d'irrésistibilité (v. ss 1938 s., 2438), sans se prononcer clairement sur l'exigence d'extériorité.

3035. L'événement de force majeure ne résulte généralement pas de l'activité de l'homme mais d'un *phénomène naturel* (tremblement de terre, cyclone). On y ajoute également certains cas de violences : émeute, pillage, ou l'intervention de l'autorité publique, qualifiée de « fait du Prince ».

► ***Le fait du prince*** concerne toute mesure des autorités publiques, prises en vue du bien commun, et ayant pour effet de rompre l'équilibre d'un ou de plusieurs contrats administratifs, passés entre un tiers et ces mêmes autorités et qui donne lieu à une indemnisation du cocontractant ainsi empêché de s'exécuter : réquisition, expropriation, etc. [1].

2) Appréciation variable de la force majeure selon la nature de l'obligation et du contrat

3036. La force majeure est appréciée avec la même rigueur qu'en matière extracontractuelle lorsque l'obligation est de résultat. Au contraire, en présence d'une obligation de moyens, le débiteur n'est responsable que de ses fautes qui doivent, en principe, être prouvées par le créancier. Si pour sa défense et pour empêcher le créancier victime de faire la preuve de la faute, il invoque un cas de force majeure, il n'est pas tenu à des règles aussi strictes et l'extériorité, notamment, n'est pas exigée. Ainsi, une maladie qui n'est pas exonératoire lorsque l'obligation est de résultat, peut, au contraire, être admise en matière d'obligation de moyens : par exemple une « rage de dents » est un cas de « force majeure » pour l'écrivain qui n'a pas remis à temps son manuscrit à l'éditeur [2].La Cour de cassation, en assemblée plénière, a admis que la grave maladie d'un fabricant qui n'avait pu livrer du matériel qui lui avait été commandé présente bien les caractères de la force majeure exonératoire, car elle était imprévisible au moment de la conclusion du contrat et irrésistible lors de son exécution puisqu'il en était décédé [3].

3037. S'agissant de transport ferroviaire de personnes et plus particulièrement de la SNCF, qui assume une obligation de sécurité de résultat, la Cour de cassation adopte une position extrêmement rigoureuse, en écartant assez systématiquement la force majeure, au prétexte de l'absence d'imprévisibilité des événements invoqués (présence

---

1. Civ. 1re, 29 nov. 1965, *D.* 1966. 101.

2. Soc. 19 nov. 1970, *JCP* 1970. IV. 321.

3. Ass. plén. 14 avr. 2006, n° 02-11.168 et n° 04-18.902, rapp. Petit, avis de Gouttes ; *JCP* 2006. Actu. 194 ; *Gaz. Pal.* 23-25 avr. 2006, p. 5, communiqué de la Cour de cassation ; *JCP* 2006. II. 10087, note P. Grosser ; *D.* 2006. 1131, obs. I. Gallmeister.

d'un véhicule entre les barrières ou semis barrières autorisant le passage prioritaire du train)[1] ou de l'absence d'irrésistibilité (dans le cas d'une passagère d'un wagon-lit tuée par un passager sans titre de transport[2]). Cependant, alors que l'on avait pensé un temps que cette cause d'exonération était devenue hypothèse d'école, compte tenu de la rigueur de la Cour de cassation[3] (manifeste, au demeurant, même lorsque la responsabilité de la SNCF n'était pas recherchée sur un fondement contractuel mais, par exemple, en qualité de gardien du train, sur un fondement extracontractuel[4]), on relève des décisions qui admettent néanmoins la force majeure, notamment dans le cas d'agression physique des voyageurs dans le train. Ainsi une décision de la première chambre civile du 23 juin 2011[5], accepte le caractère imprévisible et irrésistible de l'agression du passager d'un train, mortellement blessé. Les juges du fond avaient relevé le caractère irrationnel du geste de l'auteur de l'acte criminel qui n'aurait pu être empêché ni par un contrôle à bord du train des titres de transport, ni par la présence permanente d'un contrôleur dans la voiture, ni par une quelconque autre mesure. De la même façon, Peut-être est-ce le signe d'une évolution vers une moindre rigueur à l'égard de ce transporteur, laquelle se manifeste aussi, semble-t-il, lorsque la responsabilité extracontractuelle de la SNCF est recherchée en qualité de gardien[6].

B. L'exonération partielle

1) Exclusion de la force majeure partiellement exonératoire et du fait du tiers

3038. Ni la force majeure ni le fait ou la faute du tiers ne peuvent constituer des causes d'exonération partielle (v. ss 2441, 2447).

2) La faute du créancier

a) Une cause d'exonération partielle traditionnelle

3039. Si le créancier a, lui-même, participé à la réalisation du dommage, cela peut exonérer le débiteur partiellement, s'il n'a pas eu un caractère imprévisible et irrésistible pour le débiteur.

3040. Toutefois, on peut se poser la question de savoir si le fait du créancier peut avoir été non fautif. L'exonération ne semble possible qu'en cas de *faute* du créancier, comme en matière de responsabilité extracontractuelle pour faute (alors qu'un fait non fautif peut suffire dans le cas d'une responsabilité objective comme art. 1384, al. 1er)

---

1. Civ. 2e, 5 avr. 2007, *Juris-Data* n° 2007-038399, *RCA* 2007, n° 178, note H. Groutel.

2. Civ. 1re, 21 nov. 2006, *Juris-Data* n° 2006-036026, *RCA* 2007, comm. n° 43.

3. H. Groutel, La force majeure introuvable, *RCA* 2003. Repère 4.

4. S. Hoquet-Berg, « Gardien cherche force majeure… Désespérément », *RCA* 2003, étude 12.

5. Civ. 1re, 23 juin 2011, *D.* 2011. 1817, obs. I. Gallmeister, 1745, édito F. Rome, 2891, obs. I. Gelbard-Le Dauphin ; *JCP* 2011. Chron. 1333, obs. C. Bloch ; *D.* 2012. Chron. 55, obs. O. Gout.

6. V. not. : Civ. 2e, 8 févr. 2018, n° 16-26.198 et 17-10.516, *D.* 2018. 599, note V. Rebeyrol.

et la tendance de la Cour de cassation est de ne retenir, lorsqu'il y a dommage corporel, qu'une faute « bien caractérisée, sinon même lourde »[1].

b) Un doute désormais levé sur une remise en cause jurisprudentielle concernant les obligations de sécurité résultat du transporteur de personnes

3041. Dans une décision déjà signalée lors de l'étude générale des causes d'exonération (v. ss 2457), la première chambre civile de la Cour de cassation avait rendu le 13 mars 2008 une décision assez étonnante, toujours à propos de la SNCF. Elle écartait, en effet, toute possibilité d'exonération partielle de la SNCF par la faute de la victime. L'attendu de la Cour de cassation ne faisait toutefois pas référence au cas particulier de la SNCF, mais plus largement, au transporteur tenu d'une obligation de sécurité résultat : « le transporteur, tenu d'une obligation de sécurité résultat envers un voyageur ne peut s'en exonérer partiellement et la faute de la victime, à condition de présenter le caractère de la force majeure, ne peut jamais emporter qu'exonération totale[2] ».

3042. Cette décision qui n'était pas anecdotique puisqu'elle était publiée au *Bulletin d'information de la Cour de cassation* amenait donc à s'interroger sur sa portée : la première chambre civile entendait- elle supprimer toute possibilité d'exonération partielle en cas d'obligation de sécurité de résultat, ou alors, s'agissait-il d'un arrêt provocateur, comme l'avait été autrefois l'arrêt *Desmares* (sur cet épisode, v. ss 2738 s.), pour inciter le législateur à intervenir à propos de la responsabilité de la SNCF (sachant que la loi de 1985 sur les accidents de la circulation n'est pas applicable aux chemins de fer). La chambre mixte était ensuite intervenue[3], mais sans vraiment clarifier la situation car si la décision écartait aussi l'exonération en cas de faute de la victime ne présentant pas les caractères de la force majeure, dans le même contexte exactement, celui de l'obligation de sécurité résultat de la SNCF, le pourvoi n'invoquait que l'exonération totale. Il est donc normal que la chambre mixte ait exclu l'exonération totale dès lors que la faute de la victime ne présentait pas les caractères de la force majeure et il n'est guère possible d'aller beaucoup plus loin dans l'interprétation de cette décision (v. ss 2457). La position de la jurisprudence restait donc à confirmer sur cette question

3043. Depuis, par un arrêt du 11 décembre 2019, la première chambre civile est revenue à la solution traditionnelle en restaurant la possibilité pour le transporteur ferroviaire de s'exonérer partiellement de sa responsabilité contractuelle par la preuve d'une faute de la victime[4]. Elle s'est appuyée sur le droit européen (articles 11 du règlement n° 1371/2007 du Parlement européen du 23 octobre 2007 et 26 de son annexe I, qui prévoit une exonération de la responsabilité du transporteur lorsque l'accident est dû à une faute du voyageur.

---

1. G. Viney, obs. sous : Civ. 1re, 4 juill. 1995, *JCP* 1995. I. 3893 ; *JCP* 1996. II. 22620, note G. Paisant et Ph. Brun.

2. Civ. 2e, 13 mars 2008, *D.* 2008. 920 ; *RCA* 2008, comm. 159, note F. Leduc ; S. Hocquet-Berg, « Mauvais remake du scénario *Desmares* en matière contractuelle », *RCA*, étude 6.

3. Ch. mixte 28 nov. 2008, *SNCF c/ Consorts Bénicourt*, *D.* 2008. 3079, note I. Gallmeister ; *JCP* 2009. II ; 10011, note P. Grosser, *RTD civ.* n° 1, 2009. 130, obs. P. Jourdain ; *RCA* 2009, comm. 4, S. Hoquet-Berg ; *RDC* 2009. 487, obs. T. Genicon.

4. Civ. 1re, 11 déc. 2019, n° 18-13.840, *D.* 2020. 188, note C. François ; *AJ contrat* 2020, 27, obs. C.E. Bucher ; *JCP* 2020, n° 10, obs. Ph. Delebecque ; *RTD civ.* 2020. 119, obs. P. Jourdain.

3044. Concernant le rôle de la faute de la victime, *le projet de réforme de la responsabilité* du 13 mars 2017, suivant en cela l'avant-projet *Catala* apporte deux innovations importantes : il propose que la faute de la victime privée de discernement n'ait pas d'effet exonératoire sauf si elle revêt les caractères de la force majeure, (art. 1255) d'une part ; et, d'autre part, qu'en cas de dommage corporel seule une faute lourde puisse entraîner l'exonération partielle (art. 1254, al. 2).

Section 2
Les aménagements contractuels de la réparation du dommage en matière contractuelle

3045. Pour obtenir la réparation de son dommage, le créancier va généralement être obligé de s'adresser au tribunal pour obtenir la condamnation du débiteur à des dommages et intérêts, mais il doit d'abord commencer par adresser au débiteur une mise en demeure, exigée par l'article 1231 du Code civil, ainsi que nous l'avons vu au titre du la réparation du préjudice né de l'inexécution du contrat (v. ss 1965).

Cependant, les parties peuvent avoir convenu d'une *réglementation conventionnelle* de la responsabilité contractuelle par différentes clauses introduites dans le contrat.

Elles portent, soit sur une tentative de conciliation préalable à toute intervention judiciaire, soit sur les intérêts des dettes de sommes d'argent, soit sur les conventions de responsabilité, soit sur les clauses pénales.

§ 1. Les clauses de conciliation ou de médiation obligatoire

A. Principe de la validité de la clause

3046. Les parties peuvent avoir inséré dans leur contrat une clause de conciliation (clause compromissoire) organisant une procédure de conciliation obligatoire et préalable à toute action judiciaire, ou une clause de médiation.

Toutefois, cette organisation conventionnelle du règlement des litiges entre les parties a donné lieu à une abondante réflexion doctrinale, mais aussi à des divergences jurisprudentielles, qui ne semblent pas d'ailleurs totalement terminées. Spécialement, alors que les deuxième et troisième chambres civiles de la Cour de cassation avaient consacré l'efficacité des clauses de conciliation et relevaient « que l'action en justice introduite… sans observation de la procédure prévue par cette clause est irrecevable »[1], la première chambre civile, en revanche, avait statué en sens inverse, en affirmant que « la clause d'un contrat d'exercice professionnel subordonnant une action judiciaire à une conciliation des parties par l'autorité ordinale, qui ne constitue pas une fin de non-recevoir, n'est pas d'ordre public et ne se trouve assortie d'aucune sanction »[2].

---

1. Civ. 2e, 6 juill. 2000, *RTD civ.* 2001. 359, obs. J. Mestre et B. Fages ; *CCC* 2001, comm. n° 2, obs. L. Leveneur ; dans le même sens, v. Com. 28 avr. 1995, *Rev. Arb.* 1996. 613, obs. C. Jarrosson.

2. Civ. 1re, 23 janv. 2001, *RTD civ.* 2001. 359, obs. J. Mestre et B. Fages ; *JCP* 2001. I. 330, n° 15, obs. G. Virassamy. v. aussi Civ. 1re, 6 mars 2001, *Bull. civ.* I, n° 58 ; *JCP* 2001. IV. 1789.

3047. Il convenait de mettre fin à ces divergences, c'est ce qui a été réalisé par une décision de la Cour de cassation rendue en chambre mixte le 14 février 2003[1] qui a imposé la fin de non-recevoir.

3048. À l'heure actuelle, ces clauses de conciliation sont d'autant plus favorisées que, dans le cadre de la politique de développement des modes amiables de résolution des différends, un décret du 11 mars 2015 (2015-282) est venu ancrer encore davantage les modes amiables dans la procédure civile en imposant de préciser dans tout acte de saisine du juge, les diligences entreprises en vue de parvenir à une résolution amiable du litige (C. pr. civ., art. 56, art. 58). Après la loi la loi du 18 novembre 2016 sur la justice du XXIe siècle qui avait renforcé les modes amiables de résolution des différents en les imposant comme un préalable obligatoire à toute saisine du tribunal d'instance par voie de requête, à peine, cette fois, d'irrecevabilité, la loi du 23 mars 2019 de programmation et de réforme pour la justice a encore étendu l'injonction. Elle impose désormais, avant toute saisine du tribunal judiciaire, à peine d'irrecevabilité de la demande si elle porte sur un montant supérieur à 5 000 euros, le recours à un MARD.

3049. Le régime de ces clauses mérite d'être précisé, compte tenu de leur importance actuelle.

B. Régime des clauses de médiation ou de conciliation

3050. ***Conditions d'efficacité de la clause : une efficacité subordonnée à l'existence de stipulations contractuelle précises.*** La Cour de cassation a entendu soumettre ces clauses de conciliation obligatoire à un régime assez rigoureux et dérogatoire par rapport aux autres obligations résultant d'un usage professionnel. Cette position se justifie puisqu'une telle clause, qualifiée de fin de non-recevoir, aboutit à l'éviction du juge de la connaissance d'un litige, même si c'est peut-être simplement provisoire, et à priver une partie de la liberté d'ester en justice, ce qui est considéré comme une liberté publique. Pour autant, les solutions ne sont pas totalement fixées[2].

3051. En 2003, la première chambre civile de la Cour de cassation a ainsi posé qu'un préalable obligatoire de médiation ou de conciliation ne peut résulter que d'une stipulation contractuelle, de nature à s'imposer au juge, et non de simples prévisions ou d'un usage professionnel[3]. Toutefois, dans un arrêt du 29 mars 2017, la première chambre civile a tempéré ses exigences initiales et admis qu'une clause de médiation, qui n'était pas inscrite dans le contrat mais qui était prévue dans un code de déontologie, le code des devoirs professionnels des architectes, devait être sanctionnée par une fin de non-recevoir, dès lors qu'elle n'avait pas été respectée[4]. L'exigence d'une stipulation expresse dans le contrat reste cependant nécessaire en principe.

---

1. Ch. mixte 14 févr. 2003, *JCP* 2003. IV. 1614 ; *JCP* 2003. I. 142, obs. G. Virassamy ; *RTD civ.* avr.-juin 2003, obs. J. Mestre ; Réaffirmé par : Civ. 3e, 16 nov. 2017, n° 16-24.642, *D.* 2018. 451, note K. Mehtiyeva ; *RDI* 2018. 110, obs. Ph. Malinvaud.

2. L. Veyre, « La clause de conciliation, un régime à perfectionner ! », *D.* 2020. 1046.

3. Civ. 1re, 6 mai 2003, *Bull. civ.* I, n° 108 ; *JCP* 2003. IV. 2142 ; *JCP* 2003. I. 186, obs. G. Virassamy ; *JCP* 2004. II. 10021, note R. Colson.

4. Civ. 1re, 29 mars 2017, n° 16-16.585, *AJ contrat* 2017. 292, note N. Dissaux ; *RTD civ.* 2017. 653, obs. H. Barbier.

3052. La chambre commerciale de la Cour de cassation a par ailleurs posé le principe selon lequel, pour que la clause soit effective, il faut qu'elle soit assortie de « conditions particulières de mise en œuvre »[1]. Cette exigence reste cependant appréciée avec une relative souplesse, les juges considérant, par exemple, qu'en cas de participation d'un tiers au processus de négociation, il suffit que celui -ci ou l'organisme auquel il appartient soit désigné, ou bien que des modalités de désignation soient prévues[2]. Toutefois, si certains arrêts avaient pu laisser penser à un recul de ce principe[3], des décisions plus récentes montrent que tel n'est pas le cas[4].

3053. Enfin, la même chambre commerciale a posé un principe d'interprétation stricte du champ d'application de ces clauses afin de ne pas l'étendre au-delà des limites voulues par les parties[5]. Or les parties prévoient souvent leur application de façon vague « pour toute instance judiciaire », « tout litige », « tout différend ». La troisième chambre civile de la Cour de cassation se montre, aussi, au regard de cette interprétation stricte, très rigoureuse[6], davantage que la première chambre civile[7] ce qui, en toute hypothèse, doit inciter les parties à la plus grande rigueur et précision dans la rédaction des clauses.

3054. ***La sanction de la clause : l'irrecevabilité de la demande.*** Lorsque son efficacité est admise, la clause de conciliation constitue un préalable obligatoire en principe

---

1. Com. 29 avr. 2014, n° 12-27004 ; *D.* 2014. 2541, obs. T. Clay, *RTD civ.* 2014. 655, obs. H. Barbier.

2. Com. 30 mai 2018, n° 16-26.403, *AJ contrat* 2018. 339, obs. N. Dissaux ; *RTD civ.* 2018. 642, obs. H. Barbier ; Com. 19 juin 2019, n° 17-28.804, *RTD civ.* 2019. 578, obs. H. Barbier.

3. Civ. 3e, 19 mai 2016, n° 15-14.464, *D.* 2016. 1145 ; *RTD civ.* 2016. 621, obs. H. Barbier La troisième chambre civile avait reconnu pleine efficacité à une clause de conciliation pourtant dépourvue de conditions particulières de mise en œuvre.

4. Com. 3 oct. 2018, n° 17-21089, *RDC* 2019/2, p. 45, note C. Pelletier : La clause de médiation aux termes de laquelle les parties se bornent à prendre l'engagement de résoudre à l'amiable tout différend par la saisine d'un médiateur, faute de désigner celui-ci ou de préciser, au moins, les modalités de sa désignation, ne peut être mise en œuvre et son non-respect ne peut en conséquence fonder une fin de non-recevoir ; Civ. 3e, 11 juill. 2019, n°°18-13.460 ; *RDC* 2019/4, p. 74, note C. Pelletier : la clause prévoyant que « en cas de litige, les parties conviennent préalablement à toute instance judiciaire, de soumettre leur différend au conciliateur qui sera missionné par le président de la chambre des notaires » est une clause de style, rédigée de manière elliptique en termes généraux, qui n'institue donc pas une procédure de conciliation préalable et obligatoire.

5. Une clause de médiation préalable, dont l'application est limitée aux différends portant sur la fin d'un contrat, n'a pas lieu d'être mise en œuvre dans le cadre d'une action fondée sur la rupture brutale de relations commerciales établies (C. com., art. L. 442-6, I, 5°) qui est de nature délictuelle (Com. 12 juin 2012, n° 11-18852). V. aussi pour cette même tendance à l'interprétation stricte : Com. 19 juin 2019, *RTD civ.* 2019. 578, obs. H. Barbier.

6. Civ. 3e, 23 mai 2019, n° 18-15.286, *RDI* 2019. 397, obs. C.-E. Bucher ; *RTD civ.* 2019. 578, obs. H. Barbier ; la clause prévoyait de saisir pour avis le conseil régional de l'ordre des architectes « en cas de différend portant sur le respect des clauses du contrat » ; pour la troisième chambre civile, la cour d'appel aurait dû rechercher si le litige ne portait pas sur la garantie décennale de l'article 1792 du Code civil, ce qui rendait inapplicable la clause (puisque le litige portant sur la garantie décennale légale ne portait pas sur les clauses du contrat).

7. Civ. 2e, 21 mars 2019, n° 18-14.773, *D.* 2019. 1306, obs. A. Leborgne ; *RTD civ.* 2019. 578, obs. H. Barbier : une clause de conciliation ne peut, en l'absence de stipulation expresse en ce sens, faire obstacle à l'accomplissement d'une mesure d'exécution forcée et nonobstant une telle clause un commandement de payer valant saisie immobilière peut-être délivré et le débiteur assigné à comparaître à une audience d'orientation. *Contra* cependant, : Civ. 1re, 1er oct. 2017, n° 13-17.920, D. 20014, 2541, obs. T. Clay, *ibid.* 2015, 287, obs. N. Fricéro.

à « toute instance judiciaire »[1] et, depuis l'arrêt de la chambre mixte du 14 février 2003 (préc., v. ss 3047), qui a mis fin à la controverse, le non-respect de la procédure préalable de conciliation est sanctionné par une fin de non-recevoir et, donc, par l'irrecevabilité de la demande. Cette même sanction s'applique au non-respect d'une clause de médiation[2]. Le juge est tenu de prononcer l'irrecevabilité dès lors que le non-respect de la clause a été invoqué par le défendeur, à condition, toutefois, que le défendeur n'ait pas lui-même refusé la tentative de règlement amiable qui lui était proposée. Son comportement fautif le priverait alors du droit d'invoquer le non-respect de l'obligation de conciliation préalable[3].

Enfin, la procédure n'est pas susceptible d'être régularisée par la mise en œuvre de la clause de conciliation en cours d'instance[4]. Toutefois, rien n'interdit au demandeur de saisir le juge après l'échec de la tentative de règlement amiable s'il n'y a pas prescription.

3055. ***La suspension des délais de prescription en cours de procédure.*** L'un des effets importants de la mise en œuvre d'une procédure de conciliation ou de médiation réside, en effet, dans la suspension des délais de prescription durant toute la durée de la procédure (C. civ., art. 2238). Cependant, dans la mesure où ces procédures sont susceptibles de durer, voire de s'éterniser, certains textes ont limité la durée de la suspension, notamment le Code de la consommation et de l'énergie qui, pour les litiges entre consommateurs et fournisseurs d'électricité, limite la suspension au délai de deux mois, donné au médiateur pour formuler une recommandation. Or, la première chambre civile de la Cour de cassation, a considéré que cette limitation de la suspension était contraire à l'article 6, § 1, de la Convention européenne des droits de l'homme car elle était de nature à priver les parties de leur droit d'accès au juge[5].

---

1. Toutefois cette affirmation est à nuancer : la clause ne s'impose pas en réalité dans toutes les instances et devant tous les juges. Bien que la première chambre civile ait indiqué que : « Lorsque son efficacité est admise, la clause de conciliation "s'impose au juge quelle que soit la nature de celle-ci", notamment le juge de l'exécution, dans le cadre d'une saisie immobilière » (Civ. 1re, 1er oct. 2014, n° 13-17.920, *D.* 2014. 2541, obs. T. Clay, *D.* 2015. 287, obs. N. Fricéro, 1339, obs A. Leborgne), il a été jugé qu'elle ne s'appliquait pas devant le juge des référés en raison de l'urgence le justifie (Civ. 3e, 28 mars 2007, n° 06-13209), ni même devant un juge du fond lorsque l'urgence le justifie, ainsi en cas de péril imminent pour une société demandant la nomination d'un administrateur provisoire (Com. 8 nov. 2016, n° 14-21.481, *D.* 2016. 375, obs. M. Mekki ; 422, obs. N. Fricéro : *RTD civ.* 2017. 147, obs. H. Barbier), ni devant la juridiction prud'homale car il existe un préalable obligatoire de conciliation (Soc. 5 déc. 2012, n° 11-20004) ; ni en matière de saisie immobilière (Civ. 2e, 22 juin 2017, n° 16-11975 ; *RTD civ.* 2017. 653, obs. H. Barbier ; *contra*, cependant : Civ. 1re, 1er oct. 2014, préc.).

2. Civ. 1re, 8 avr ; 2009, n° 08-10866.

3. Com. 3 juin 2014, n° 12-17089.

4. La Chambre mixte a modifié sur ce point la jurisprudence antérieure et considère désormais que « la situation donnant lieu à la fin de non-recevoir tirée du défaut de mise en œuvre d'une clause contractuelle qui institue une procédure obligatoire et préalable à la saisine du juge, favorisant une solution du litige par le recours à un tiers, n'est pas susceptible d'être régularisée par la mise en œuvre de la clause en cours d'instance » : Ch. mixte 12 déc. 2014, n° 13-19684 ; la solution a été réaffirmée ensuite par la deuxième, puis la troisième chambre civile : Civ. 2e, 29 janv. 2015, n° 13-24269 ; Civ. 3e, 6 oct. 2016, n° 15-17.2016 ; *D.* 2017. 375, obs. M. Mekki, 422, obs. N. Fricéro : *AJ contrat* 2016. 545, obs. N. Fricéro, *RTD civ.* 2017. 146, obs. H. Barbier.

5. Civ. 1re, 9 juin 2017, n° 16-12.457, *D.* 2017. 1245 ; *RTD civ.* 2017. 653, obs. H. Barbier.

§ 2. Les clauses limitatives ou exonératoires de responsabilité

3056. Ces clauses, insérées dans le contrat préventivement, sont généralement des *conventions d'irresponsabilité*, totale ou partielle, ou *clauses de non-responsabilité*. Elles sont donc très dangereuses pour la victime qui peut ne pas en avoir vu toutes les conséquences ou qui peut aussi se les voir imposer par un cocontractant économiquement plus fort. En conséquence, la jurisprudence distingue selon qu'il s'agit du domaine délictuel ou contractuel.

3057. *En matière contractuelle*, elles sont en principe possibles.

3058. *En matière délictuelle,* au contraire, ces conventions sont difficilement concevables puisque, *a priori,* l'auteur du dommage et la victime ne se connaissaient pas auparavant ; mais on peut concevoir qu'une personne, sachant qu'elle risque de causer un préjudice à ses voisins (troubles de voisinage, dégâts causés aux récoltes par le gibier, relations entre personnes exerçant une activité en commun sans être liées par un contrat de société ou d'association, etc.) leur propose de telles conventions. La jurisprudence ne les tolère pas et en prononce généralement la nullité [1]. Toutefois, elle les admet parfois, si le dommage causé ne résulte pas d'une faute caractérisée du défendeur mais d'une responsabilité objective : troubles de voisinage par exemple.

Toutefois, *l'actuel projet de réforme de la Chancellerie du 13 mars 2017* adopte une position différente. Suivant en cela l'avant-projet *Catala*, il propose de poser le principe de la validité des clauses exonératoires ou limitatives de responsabilité aussi bien en matière contractuelle qu'en matière extracontractuelle. Toutefois, elles seraient exclues en matière extracontractuelle lorsque la responsabilité est fondée sur la faute (art. 1283, al. 2). Par ailleurs qu'il s'agisse de responsabilité contractuelle ou extracontractuelle, les clauses de limitation ou d'exclusion de responsabilité sont interdites en cas de dommage corporel (art. 1281, al. 2).

A. Principe de la validité en matière contractuelle

3059. En matière contractuelle, contrairement à la solution actuelle en matière extracontractuelle, le principe est celui de la validité des clauses d'exonération totale ou partielle de responsabilité.

3060. En effet, les parties ayant donné leur consentement au contrat, sont libres d'y inclure de telles clauses et cela permet d'atténuer la rigueur de l'inexécution quand il s'agit d'obligations de résultat.

Toutefois, la jurisprudence exige que la clause ait été connue et acceptée par le cocontractant. Ainsi, il a été jugé qu'un hôtelier qui entend s'exonérer conventionnellement de sa responsabilité, doit rapporter *la preuve que la clause dont il se prévaut a été connue et acceptée par son client* « le seul fait de faire figurer une telle clause sur une carte de bienvenue et sur une affiche placée dans la chambre ne saurait suffire à établir que le client, à supposer qu'il en ait eu connaissance, l'ait acceptée » [2].

---

1. Civ. 1re, 17 févr. 1955, *JCP* 1955. II. 891, note Rodière, jurisprudence constante.
2. Paris, 5 janv. 1996, *JCP* 1996. II. 22679, 1re esp., note T. Hassler.

3061. ***Clauses abrégeant le délai de prescription.*** Dans certains cas, ce sont des clauses abrégeant le délai de prescription de l'action en responsabilité qui sont utilisées et qui constituent ainsi l'équivalent d'une clause limitative de responsabilité. Elles sont généralement admises, et même, la chambre commerciale a précisé, le 12 juillet 2004 [1], « que la disposition contractuelle abrégeant le délai de prescription reçoit application même en cas de faute lourde ». Cette décision consacre la validité de telles clauses, mais, surtout, elle admet que lorsque cette clause s'applique à une action en responsabilité, contrairement aux clauses restrictives de responsabilité, elle n'est pas écartée par une faute lourde.

Le principe de la validité de telles clauses est cependant parfois écarté.

B. Exceptions à la validité

3062. L'insertion de telles clauses dans un contrat peut, en effet, présenter des dangers : risque de négligence du débiteur, risque de voir ces clauses imposées à un contractant plus faible (contrat d'adhésion). Aussi sont-elles depuis toujours écartées par la jurisprudence en cas de faute intentionnelle (ou dolosive) à laquelle la jurisprudence a assimilé la faute lourde. Depuis la solution initiée par les arrêts *Chronopost*, la jurisprudence avait également eu recours à la théorie de la cause, pour les déclarer non écrites dans certains cas. Enfin elles ne jouent pas non plus en cas de dommage corporel et le décret du 18 mars 2009 pris en application de la loi du 4 août 2008 de modernisation de l'économie qui a établi une liste des clauses abusives « noires » c'est-à-dire irréfragablement abusives et « grises » éventuellement abusives, les a écartées des contrats de consommation, si elles sont au bénéfice du professionnel.

1) L'éviction des clauses en cas de faute intentionnelle (ou dolosive)

3063. Les clauses ne jouent pas en cas de faute intentionnelle ou dolosive car cela permettrait au contractant de refuser volontairement d'exécuter son obligation, comme si le contrat comportait une condition purement potestative interdite par l'article 1304-2 du Code civil (ancien art. 1174) (v. ss 247). La Cour de cassation assimile par ailleurs la faute lourde à la faute dolosive, pour interdire, le jeu de la clause notamment en cas de transports routiers [2], sauf dans le cas du transport par chemin de fer, où seul le dol est admis par la jurisprudence [3]. Malgré des critiques, la Cour de cassation maintient cette position en matière ferroviaire [4].

L'actuel projet de la Chancellerie reprend cette solution de l'éviction des clauses d'exclusion ou de limitation de réparation en cas de « faute intentionnelle ou de faute lourde » du débiteur (art. 1283). Il consacre donc expressément cette assimilation de la faute lourde à la faute intentionnelle. Il les répute, par ailleurs, non écrites lorsqu'elles privent de sa substance l'obligation essentielle et cette solution est de nature à supprimer le débat qui a eu lieu en jurisprudence sur la notion de faute lourde.

---

1. Com. 12 juill. 2004, *D.* 2004. 2296, note Ph. Delebecque ; *JCP* 2004. I. 132, obs. G Viney.
2. V. Com. 7 mai 1980, *JCP* 1980. II. 19473, note Rodière ; *D.* 1981. 245, note F. Chabas.
3. Civ. 3 août 1932, *D.* 1933. I. 49, note Josserand.
4. Com. 26 juin 1972, *JCP* 1973. II. 17379, note Rabut.

3064. La notion de faute lourde a cependant été débattue en jurisprudence parce qu'elle s'est trouvée liée à l'utilisation d'un autre moyen d'élimination des clauses d'irresponsabilité, développé par la jurisprudence sur le fondement de la théorie de la cause, avant que l'ordonnance du 10 février 2016 ne fasse disparaître cette notion de cause et ne fournisse des solutions de substitution. La conception de la faute lourde a ainsi a un temps oscillé entre une conception objective et une conception subjective (v. ss 3069). Cependant, la conception subjective reste aujourd'hui dominante, la faute lourde étant « caractérisée par une négligence d'une extrême gravité, confinant au dol et dénotant l'inaptitude du débiteur de l'obligation à l'accomplissement de sa mission contractuelle »[1].

2) L'éviction des clauses sur le fondement de la théorie de la cause puis de l'article 1170 issu de l'ordonnance du 10 février 2016

a) L'utilisation de la théorie de la cause antérieurement à l'ordonnance du 10 février 2016 : l'éviction de la clause qui prive de sa substance l'obligation essentielle

3065. Une autre possibilité que la preuve d'une faute lourde ou dolosive avait été ouverte par la jurisprudence pour faire échec aux clauses limitatives de responsabilité, consistant dans le recours à la théorie de la cause et à la notion d'économie du contrat (v. ss 1279) ainsi qu'à celle de manquement à l'obligation essentielle, dans les arrêts *Chronopost.* C'est dans le domaine du transport rapide de colis et plus précisément à propos de la société Chronopost que la Cour de cassation a rendu, en effet, une série de décisions particulièrement importantes, qui ont marqué un nouveau rôle pour la cause.

3066. Dans un premier arrêt, historique, rendu par la chambre commerciale le 22 octobre 1996 et premier en date des arrêts *Chronopost*, la chambre commerciale de la Cour de cassation, pour la première fois, a admis l'éviction de la clause limitative de responsabilité par le recours à la notion d'obligation essentielle du transporteur et à la notion de cause : admettre le jeu de la clause limitative de responsabilité contredirait, dit-elle, la *portée* de cette obligation essentielle et donc de l'engagement de Chronopost, privant ainsi le contrat de cause. La Cour statuait au visa de l'ancien article 1131 du Code civil, indiquant ainsi que c'est sur le fondement de l'absence de cause qu'elle réputait la clause non écrite (sanction des clauses abusives), mais sans pour autant annuler le contrat[2]. Cette solution a ensuite été confirmée dans des arrêts postérieurs par la chambre commerciale, encore à propos de Chronopost (ainsi

---

1. Ch. mixte 22 avr. 2005 (deux arrêts), *Juris-Data* n° 2005-028294 et *Juris-Data* n° 2005-028295 ; *JCP* 2005. II. 10066, note G. Loiseau ; *D.* 2005. 1864, note J.-P. Tosi et *ibid.* 2844, obs. B. Fauvarque-Cosson ; *Dr. et patr.* 2005, n° 141, p. 36, obs. G. Viney ; *RDC* 2005. 753, note Ph. Delebecque ; *RDC* 2005. 673, obs. D. Mazeaud.

2. Com. 22 oct. 1996, *Bull. civ.* IV, n° 261 ; *JCP* 1997. II. 22881, note D. Cohen ; *JCP* 1997. I. 4025, n° 17, obs. G. Viney, et *JCP* 1997. I. 4002, obs. M. Fabre-Magnan ; *D.* 1997. 121, note A. Sériaux, et Somm. 175, obs. Ph. Delebecque ; *CCC* 1997, comm. n° 24, obs. L. Leveneur ; *Gaz. Pal.* 1997. 2. 519, note R. Martin ; J. Ghestin, *Cause de l'engagement et validité du contrat*, LGDJ, 2006, n° 265 s. ; *D.* 1997. Somm. 175, obs. Ph. Delebecque ; *Defrénois* 1997, art. 36516, note D. Mazeaud.

dans une décision du 30 mai 2006, à propos de montres perdues (donc dans un cas où ce n'est plus le délai d'acheminement qui était concerné [1]).

Plus important encore, dans une décision du 13 février 2007, elle avait étendu l'analyse du manquement à l'obligation essentielle (privant le contrat de cause et conduisant à réputer la clause limitative de responsabilité non écrite) en dehors du contrat de transport, montrant ainsi que cette jurisprudence avait une portée générale. La clause limitative de responsabilité affectait en l'espèce l'obligation de fournir un certain type de logiciel, alors que cet engagement « constituait l'objectif final des contrats passés entre les parties ».

3067. La chambre mixte est ensuite intervenue dans la décision du 25 avril 2005 [2] et elle était allée encore plus loin en affirmant qu'une « clause limitant le montant de la réparation est réputée non écrite en cas de manquement du transporteur à son obligation essentielle ». La formule impliquait que systématiquement, la clause devait être écartée en cas de manquement à l'obligation essentielle, sans même en apprécier la teneur pour voir si elle contredisait ou non la portée de l'engagement pris, comme dans le premier arrêt *Chronopost*. Mais elle précisait aussi que cette solution ne valait que lorsqu'il n'existait pas de contrat type spécifique, comportant un plafond « légal » d'indemnisation. La chambre commerciale s'était dans un premier temps ralliée à cette position extensive, qui sonnait le glas des clauses d'irresponsabilité [3], mais ensuite, était revenue à l'esprit de sa solution initiale (c'est-à-dire le premier arrêt *Chronopost*) en refusant d'annuler une clause limitative de réparation au seul motif de l'inexécution d'une obligation essentielle, dès lors que *cette clause n'avait pas pour effet de vider de toute substance l'obligation, caractérisant ainsi l'absence de contrariété entre la clause et l'engagement souscrit* [4]. Elle avait ensuite confirmé cette orientation dans un arrêt du 9 juin 2009 [5], alors que parallèlement, la cour d'appel de Paris, dans l'affaire *Faurecia*, avait également adopté la même orientation en validant une clause limitative de réparation *dès lors qu'elle ne privait pas le contractant de toute contrepartie et n'avait pas pour effet de vider de toute substance l'obligation essentielle* [6]. La solution de la cour de Paris (*Faurecia*) avait été confirmée par la chambre commerciale dans une décision du 29 juin 2010 [7].

À l'issue de cette évolution jurisprudentielle, il apparaissait donc que sur le fondement de la cause, pour que la clause limitative de responsabilité soit condamnée, il fallait rechercher la teneur de la clause : seule la clause vidant de toute substance l'obligation essentielle devait être déclarée non écrite.

---

1. Com. 30 mai 2006, *D.* 2006. 1599, obs. X. Delpech ; *ibid.* 2646, obs. B. Fauvarque-Cosson ; *RDC* 2006. 1075, note Y.-M. Laithier ; *ibid.* 1244, obs. S. Carval ; *RTD civ.* 2006. 773, obs. P. Jourdain, *CCC* 2006, comm. 183, note L. Leveneur.

2. Décision préc.

3. Com. 13 févr. 2007, *Defrénois* 2007. 1042, obs. R. Libchaber ; *JCP* 2007. I. 185 ; *RDC* 2007. 707, obs. D. Houtcieff ; *RDC* 2007. 1121, obs. D. Mazeaud et 1144, obs. S. Carval.

4. Com. 18 déc. 2007, *D.* 2007. 154, obs. X. Deplpech ; *JCP* 2008. I. 125, obs. Ph. Stoffel-Munck ; *RDC* 2008. 262, obs. T. Genicon ; *RDC* 2008. 287, obs. G. Viney.

5. Com. 9 juin 2009, *RDC* 2009. 1359, obs. D. Mazeaud ; *JCP* 2009. 273, n° 14, obs. J. Ghestin.

6. Paris, 26 nov. 2008, *JCP* 2009. I. 133, obs. Ph. Stoffel-Munck.

7. Com. 29 juin 2010, *D.* 2010. Actu. 1707 ; *JCP* 2010. I. 787, obs. D. Houtcieff ; *D.* 2010. 1832, obs. D. Mazeaud ; L. Bloch, « L'ère post-Chronopost ; le retour aux sources », *RCA* 2010, étude, n° 11.

b) La solution posée par l'article 1170 du Code civil

3068. L'ordonnance de 2016 a fait disparaître la cause. L'éviction de la clause limitative ne peut donc plus intervenir sur ce fondement mais l'ordonnance a prévu une solution de substitution qui consacre la solution jurisprudentielle établie sur le fondement de la cause. En effet, selon l'article 1170, « toute clause qui prive de sa substance l'obligation essentielle est réputée non écrite ». Cette solution impose donc en toute hypothèse, de s'interroger sur la teneur de la clause.

2) Le débat sur la conception de la faute lourde en relation avec les utilisations de la théorie de la cause

3069. La question de la définition de la faute lourde s'est trouvée posée en raison des solutions dégagées sur le fondement de la théorie de la cause, parce qu'elles n'étaient pas toujours utilisables et que l'idée de les transposer sur le terrain de la faute lourde a pu être développée.

Le droit des transports intérieurs de marchandises par voie terrestre repose en effet sur des contrats-types, établis par décret, qui sont appliqués automatiquement à défaut de convention écrite des parties. Or, certains de ces contrats prévoient eux-mêmes que l'indemnisation pour retard à la livraison ne peut excéder le prix du transport. La limitation de responsabilité est donc ici d'origine légale.

Ainsi lorsque la clause limitative de responsabilité est d'origine réglementaire parce qu'elle résulte d'un contrat type (réglementé et établi par décret, comme c'est le cas d'ailleurs pour certains contrats faisant intervenir Chronopost) il est difficile de déclarer la clause non écrite sur le fondement de l'absence de cause. Dans un arrêt *Chronopost* postérieur au premier arrêt historique (v. ss 3066), la chambre commerciale avait effectivement exclu cette possibilité et considéré que lorsqu'un tel contrat type est applicable, *seule une faute lourde* du transporteur pouvait faire échec à la clause limitative de responsabilité d'origine légale, mais sans définir cette faute lourde [1].

3070. La question s'est donc posée de savoir en quoi devait consister la faute lourde et notamment, s'il fallait admettre une *conception objective* de la faute lourde. Dans l'affirmative, le simple fait du retard, constitutif d'un *manquement à une obligation essentielle*, pourrait constituer une telle faute. Admettre une telle conception, objective, serait une façon détournée de se référer à la notion de cause et la même référence à l'obligation essentielle permettrait de paralyser la clause, non plus sur le fondement de l'ancien article 1131, mais sur celui de la faute lourde.

3071. Or, s'agissant de la conception de la faute lourde, la chambre commerciale s'était jusqu'alors déclarée en faveur d'une *conception subjective de la faute lourde* impliquant une appréciation du comportement du débiteur, puisqu'elle la définissait comme « caractérisée par une négligence d'une extrême gravité confinant au dol et dénotant l'inaptitude du débiteur de l'obligation à l'exécution de sa mission contractuelle » [2].

---

1. Com. 9 juill. 2002, *D.* 2002. 2329, obs. É. Chevrier, et Somm. 2836, obs. Ph. Delebecque ; *JCP* 2002. II. 10176, note G. Loiseau et M. Billiau.

2. Com. 26 févr. 1985, *RTD civ.* 1986. 773, obs. J. Huet ; Com. 17 nov. 1991, *RCA* comm. 4.

3072. La chambre civile avait au contraire affirmé une conception objective de la faute lourde, résultant du seul manquement à l'obligation essentielle : ainsi, si l'on ne pouvait se placer directement sur le fondement de l'article 1131 et de l'absence de cause, on pouvait toujours, pratiquement aux mêmes conditions, écarter la clause sur le fondement de la faute lourde, ainsi définie.

3073. C'est dans le contexte d'un contrat type applicable à l'espèce, que la chambre mixte s'est alors prononcée le 25 avril 2005, pour prendre parti sur la controverse [1]. Elle confirmait alors d'une part l'impossibilité de recourir à la théorie de la cause dans les contrats types réglementaires, et d'autre part, la conception subjective de la faute lourde, adoptée par la chambre commerciale en précisant que la faute lourde ne peut résulter du seul retard de livraison ; dans les deux arrêts du 25 avril 2005, elle imposait qu'elle soit « caractérisée par une négligence d'une extrême gravité, confinant au dol et dénotant l'inaptitude du débiteur de l'obligation à l'accomplissement de sa mission contractuelle ».

3074. Depuis les arrêts de la chambre mixte, la chambre commerciale a confirmé sa conception subjective de la faute lourde et le fait qu'il était nécessaire d'y recourir en présence d'un contrat type pour pouvoir faire échec à la clause limitative d'origine réglementaire [2]. La première chambre civile quant à elle a semblé vouloir maintenir la conception objective qui déduit la faute lourde du manquement à l'obligation essentielle [3]. Mais la troisième chambre civile a suivi la chambre commerciale [4].

3075. La solution consacrée par l'ordonnance du 10 février 2016, qui dans l'article 1170 répute non écrite la clause qui prive de sa substance l'obligation essentielle ne résout pas le problème d'une clause d'irresponsabilité à valeur réglementaire et ne change donc pas les données du problème concernant la notion de faute lourde. Or, on l'a vu, la conception subjective de la faute lourde ne permet pas d'aboutir aux mêmes résultats.

3076. *L'actuel projet de réforme de la responsabilité* du 13 mars 2017, propose pour sa part, comme l'avant-projet *Catala*, de consacrer expressément, en matière contractuelle, la solution de l'éviction des clauses limitatives ou exonératoires de responsabilité en cas « de faute *intentionnelle* ou de faute *lourde* du débiteur *ou lorsqu'elles privent de sa substance l'obligation essentielle du débiteur* » (art. 1282). Les solutions jurisprudentielles développées sur le fondement de la cause sont donc directement sauvegardées, mais la faute lourde n'est pas davantage définie.

---

1. Ch. mixte 22 avr. 2005 (deux arrêts), *Juris-Data* n° 2005-028294 et *Juris-Data* n° 2005-028295 ; *JCP* 2005. II. 10066, note G. Loiseau ; *D.* 2005. 1864, note J.-P. Tosi et *ibid.* 2844, obs. B. Fauvarque-Cosson ; *Dr. et patr.* 2005, n° 141, p. 36, obs. G. Viney ; *RDC* 2005. 753, note Ph. Delebecque ; *RDC* 2005. 673, obs. D. Mazeaud.

2. Com. 10 mars 2009, *RDC* 2009. 1044, obs. S. Carval ; Com. 9 déc. 2008, *Bull. civ.* IV, n° 204 ; *RDC* 2009. 1044, obs. S. Carval ; Com. 13 juin 2006 ; 21 mars 2006, *JCP* 2006. II. 10090, note G. Loiseau.

3. Civ. 1re, 14 avr. 2006, inédit n° 04-11.848 ; 18 oct. 2005, inédit, n° 03-03.376.

4. Civ. 3e, 21 janv. 2009, *RDC* 2009. 1044, obs. S. Carval.

3) L'éviction des clauses en cas de dommage à la personne

3077. Les clauses d'irresponsabilité ne sont généralement pas non plus admises en cas de dommage à la personne, que ce soit à son intégrité corporelle ou aux droits de la personnalité, car elles seraient contraires à l'ordre public, la personne humaine étant hors du commerce. Cette théorie est critiquée par la doctrine mais permet à la jurisprudence d'annuler les clauses inopportunes. Et, notamment, dans tous les contrats de transport de personnes, seules sont admises les limitations de responsabilité prévues par le législateur, mais non celles insérées dans des clauses conventionnelles. Même quand la limitation de responsabilité est admise, elle est écartée en cas de faute inexcusable.

3078. *L'actuel projet de réforme de la Chancellerie*, consacre aussi cette exclusion en cas de dommages corporels (art. 1281, al. 2).

4) L'interdiction des clauses d'exonération totale dans certains contrats déterminés

3079. Les clauses d'exonération totale de responsabilité comme les clauses limitatives sont désormais interdites dans les *contrats de consommation*, depuis le décret du 18 mars 2009, pris en application de la loi de modernisation de l'économie du 4 août 2008. Ce décret a fixé la liste des clauses abusives « noires », qui sont irréfragablement abusives et « grises », c'est-à-dire éventuellement abusives. Les clauses élusives et limitatives de responsabilité sont interdites lorsqu'elles sont stipulées au profit du contractant professionnel[1].

3080. Les clauses d'exonération totale sont également interdites par la loi dans certains contrats déterminés, notamment les contrats d'adhésion, en matière de transport terrestre de marchandises (art. 103, C. com., devenu art. L. 133-1). La loi prévoit des limites à la responsabilité, mais interdit les clauses conventionnelles d'exonération totale de responsabilité. Dans les contrats de transport aériens ou maritimes, la loi fixe un maximum aux dommages et intérêts et interdit toute clause contraire qu'il s'agisse d'exonération totale, ou limitée à un taux inférieur au taux légal, toutefois une réparation intégrale peut être obtenue en établissant qu'il y a eu dol ou faute inexcusable[2].

§ 3. Les clauses pénales

3081. Ces clauses sont admises en matière contractuelle. Cette question des clauses pénales a déjà été abordée dans le cadre de l'étude du contrat, au titre de la réparation du préjudice résultant de l'inexécution du contrat (v. ss 1975 s.).

On rappellera qu'il s'agit de clauses conventionnelles dont l'objet consiste à fixer par avance dans le contrat un montant forfaitaire de dommages et intérêts en cas d'inexécution et que l'article 1235-1, issu de l'ordonnance du 10 février 2016, reprenant

---

1. V. Y.-M. Laithier, « Les clauses de responsabilité (clauses limitatives de réparation et clauses pénales »), *RDC* 2009. 1650.

2. Loi du 2 mars 1957 reprenant la Convention de Varsovie de 1929 en matière aérienne et loi du 18 juin 1966 d'après la Convention de Bruxelles du 29 avril 1961 en matière maritime.

les dispositions antérieures, et faisant application *du principe de proportionnalité*, prévoit la possibilité pour le juge de modérer ou d'augmenter, même d'office, la pénalité convenue si elle est manifestement excessive ou dérisoire.

3082. La Cour de cassation exige que les juges du fond précisent en quoi la peine est manifestement excessive ou dérisoire[1] et s'ils sont libres de réduire plus ou moins l'indemnité, ils ne peuvent allouer une somme inférieure au dommage[2]. Toutefois, la réduction des obligations résultant d'une clause pénale n'est qu'une simple faculté pour le juge qui n'a pas à motiver spécialement sa décision lorsque, faisant application pure et simple de la convention, il refuse de modifier le montant de la « peine » forfaitairement prévu[3]. Ainsi, dans le cas d'un contrat de location de véhicule automobile à durée déterminée où avait été prévue une clause pénale à titre d'indemnité compensatrice en cas de résiliation, la cour d'appel de Paris a-t-elle jugé qu'il n'y avait pas lieu de diminuer la clause pénale et qu'il ne s'agissait pas non plus d'une clause abusive[4].

3083. Elle a également rappelé que « la clause pénale, sanction contractuelle du manquement d'une partie à son obligation » s'applique du seul fait de l'inexécution, sans que le créancier ait à apporter la preuve d'un dommage quelconque[5] et, même en l'absence de dommage, le juge peut maintenir la clause pénale dont le caractère exclusivement punitif est alors évident.

---

1. Ch. mixte 20 janv. 1978, *Bull. ch. mixte* 78, n° 1, p. 5 ; *D.* 1978. IR 229, obs. Vasseur.

2. Civ. 1re, 24 juill. 1978, *D.* 1979. IR 151, *Bull. civ.* I, n° 280, p. 219 ; *RTD civ.* 1979. 150, obs. Cornu.

3. Civ. 1re, 23 févr. 1982, *Bull. civ.* I, n° 85 ; dans le même sens Civ. 3e, 12 janv. 1994, *Defrénois* 1994. 804, obs. D. Mazeaud.

4. Paris, 8e ch., 20 sept. 1991, *JCP* 1992. II. 21866, note H. Sinay-Cytermann.

5. Civ. 3e, 12 janv. 1994, *Bull. civ.* III, n° 5 ; *JCP* 1994. I. 3809, obs. G. Viney.

DOCUMENTS

BIBLIOGRAPHIE

ANTONMATTEI (Ph.), *Contribution à l'étude de la force majeure*, Bibl. de droit privé, LGDJ, t. 220, préf. Teyssié.

– « Ouragan sur la force majeure », *JCP* 1996. I. 3907.

BACACHE (M.), LEDUC (F.) et PIERRE (P.), « Feu l'arrêt *Mercier* ?, débat », *RDC* 2011. 335.

BLOCH (L.), « L'ère post-Chronopost : le retour aux sources », *RCA* 2010, étude, n° 11.

BOCCARA (B.), « La réforme de la clause pénale », *JCP* 1975. I. 2742.

BRIERE DE L'ISLE, « La faute dolosive : tentative de clarification », *D.* 1980. Chron. 133.

CADIET (L.), « Solution judiciaire et règlement amiable des litiges : de la contradiction à la conciliation », in *Le droit de l'entreprise dans ses relations externes à la fin du XXe siècle. Mélanges en l'honneur de C. Champaud,* Dalloz, 1997, p. 123 s.

CHABAS (F.), « La révision judiciaire des clauses pénales », *JCP* 1978. 2913.

GROSSER (P.), « Bref retour sur les effets de la responsabilité contractuelle », in *Leçons du droit civil. Mélanges F. Chabas,* Bruylant, 2011.

GROUTEL (H.), « Vers un chambardement de l'obligation de sécurité dans les contrats ? », *RCA* mai 1989, comm. n° 16.

HOCQUET-BERG (S.), « Remarques sur la prétendue convention d'assistance », *Gaz. Pal.* 1996. I. 32.

JOURDAIN (P.), « Quel avenir pour la distinction des obligations de résultat et de moyens ? », *JCP* 2016, 1557.

– « Mauvais remake du scénario Desmares en matière contractuelle », *RCA* 2008, étude 6.

LAITHIER (Y.-M.), « Les clauses de responsabilité (clauses limitatives de réparation et clauses pénales) », *RDC* 2009. 1650

MENU (S.), « Réflexions sur le préjudice précontractuel », *LPA* 1er févr. 2006, n° 23, p. 6.

MORANÇAIS-DEMEESTER (M.-L.), « La responsabilité des personnes obligées à restitution », *RTD civ.* 1993. 757.

NGUYEN THANT-BOURGEAIS (D.), « Contribution à l'étude de la faute contractuelle : la faute dolosive et sa place actuelle dans la gamme des fautes », *RTD civ.* 1973. 496.

PELLETIER (C.), « Aperçu rapide. Les clauses de conciliation et de médiation dans les contrats de consommation », *JCP* 2005. Act. 133.

RÉMY (P.), « "La responsabilité contractuelle" : histoire d'un faux concept », *RTD civ.* 1997. 323.

STARCK (B.), « Observations sur le régime juridique des clauses de non-responsabilité, ou limitatives de responsabilité », *D.* 1974. Chron. 157.

TCHENDJOU (M.), « L'alourdissement du devoir d'information et de conseil du professionnel », *JCP* 2003. I. 141.

VINEY (G.), « Remarques sur la distinction entre faute intentionnelle, faute inexcusable et faute lourde », *D.* 1975. Chron. 263.

VEYRE (L.), « La clause de conciliation, un régime à perfectionner ! », *D.* 2020. 1046.

ARRÊT À COMMENTER

Aménagements conventionnels de la responsabilité et faute dolosive

Civ. 1re, 4 févr. 1969, *Bull. civ.* I, n° 68, p. 145

Sur le premier moyen :
Vu l'article 1150 du Code civil :
– Attendu qu'il résulte des énonciations de l'arrêt attaqué que Giraud, pensionnaire de la Comédie française, accepta de jouer un rôle dans un film tourné par la société des films Jean Giono, malgré la défense qui lui en avait été faite par l'administrateur de la société des Comédiens français, et dont la société productrice avait été avisée : que la société des Comédiens français réclama à Giraud le montant de l'indemnité prévue par la clause pénale du contrat par lequel il avait été engagé, ainsi que des dommages et intérêts supplémentaires en raison de la faute dolosive commise par lui ; qu'elle demande la condamnation *in solidum* de la société des films Jean Giono au payement des dommages et intérêts supplémentaires réclamés à Giraud ;
– Attendu qu'après avoir rappelé que l'effet de la clause pénale ne peut être écarté que par le dol ou la faute lourde d'un des contractants, l'arrêt énonce que, pour obtenir des dommages et intérêts supérieurs au montant de la clause pénale, la société des Comédiens français devait démontrer « *non seulement que Giraud a eu la volonté de ne pas exécuter ses obligations mais encore qu'il a agi avec malignité dans l'intention de nuire à son cocontractant* » ; qu'ainsi la cour d'appel a violé le texte susvisé ;
Par ces motifs et sans qu'il soit besoin de statuer sur le second moyen.
Casse et annule l'arrêt rendu entre les parties par la cour d'appel de Paris, le 25 mai 1966 ; remet en conséquence la cause et les parties au même et semblable état où elles étaient avant ledit arrêt, pour être fait droit, les renvoie devant la cour d'appel de Rouen.

Directives

Cet arrêt reproche à la cour d'appel d'avoir donné de la faute intentionnelle la définition habituelle ; *a contrario* on en déduit que la Cour de cassation entend modifier sa définition de la faute intentionnelle.
V. aussi ici le jeu de la clause pénale.

ARRÊT À LIRE

L'accident de quai

Civ. 1re, 7 mars 1989, *Bull. civ.* I, n° 118, *JCP* 1989. IV. 176

Cassation.
– Attendu que le 17 janvier 1982, M. Valverde a été trouvé sur la voie bornant un quai de la gare de Pierrefitte, les jambes sectionnées par les roues d'un train ; que, soutenant qu'après être descendu d'une voiture, il avait glissé sur le quai verglacé, M. Valverde a assigné la SNCF en responsabilité et réparation de son préjudice, en invoquant un manquement aux obligations contractuelles du transporteur, qui aurait laissé subsister une plaque de verglas ;

Sur le premier moyen :

– Attendu que M. Valverde fait grief à la cour d'appel d'avoir rejeté sa demande au motif, notamment, qu'il ne peut être contesté que l'accident s'est produit après que le voyageur eut achevé de descendre du train et que, dès lors, le transporteur n'était pas tenu à l'obligation de résultat de sécurité, alors, selon le moyen, que le contrat de transport par chemin de fer et l'obligation de sécurité y attachée, commencent au moment où le voyageur, ayant composté son billet, pénètre sur le quai de la gare de départ, et s'achève à la sortie de la gare d'arrivée lorsque le contrôle ne peut plus se faire ; qu'ainsi, en décidant que l'obligation de sécurité accessoire au contrat de transport avait disparu après la descente du train, à un moment où M. Valverde marchait encore sur le quai d'arrivée, l'arrêt attaqué a violé l'article 1147 du Code civil ;

– Mais attendu que, contrairement à ce que soutient le pourvoi, l'obligation de sécurité consistant à conduire le voyageur sain et sauf à destination, résultant de l'article 1147 du Code civil, n'existe à la charge du transporteur que pendant l'exécution du contrat de transport, c'est-à-dire à partir du moment où le voyageur commence à monter dans le véhicule et jusqu'au moment où il achève d'en descendre, que le moyen n'est donc pas fondé.

Mais sur le deuxième moyen qui est de pur droit :

Vu l'article 1384, alinéa 1er, du Code civil ;

– Attendu qu'en dehors de l'exécution du contrat de transport, la responsabilité du transporteur à l'égard du voyageur est soumise aux règles de la responsabilité délictuelle ;

– Attendu que, pour rejeter la demande, l'arrêt attaqué énonce aussi, « qu'il incombe à M. Valverde de démontrer que la SNCF a, en commettant une faute, en l'occurrence en négligeant d'éliminer des plaques de verglas sur le quai, failli à son obligation de moyens », et qu'en l'espèce, M. Valverde n'a pas rapporté la preuve qu'il était tombé sur la voie après avoir glissé sur une plaque de verglas que le transporteur aurait laissé subsister sur le quai ; qu'aucune faute en relation avec l'accident n'est donc établie à l'encontre de la SNCF ;

– Attendu qu'en se déterminant ainsi, alors que l'accident s'est produit au moment où a démarré le train d'où le voyageur était descendu et dont la SNCF avait la garde, la cour d'appel a violé le texte susvisé ;

Par ces motifs, et sans qu'il y ait lieu de statuer sur le troisième moyen ;

Casse et annule, dans toutes ses dispositions, l'arrêt rendu le 4 novembre 1986, entre les parties, par la cour d'appel de Paris ; remet, en conséquence, la cause et les parties dans l'état où elles se trouvaient avant ledit arrêt et, pour être fait droit, les renvoie devant la cour d'appel de Versailles.

Chapitre 2

Les rapports de la responsabilité contractuelle et extracontractuelle

3084. La différence essentielle entre la responsabilité contractuelle et la responsabilité extracontractuelle tient dans le fait que l'une des responsabilités se rattache à un contrat et qu'à partir de cette distinction, qui n'implique pas forcément des différences fondamentales de régime, la jurisprudence a bâti deux systèmes indépendants et censés n'entretenir aucun rapport l'un avec l'autre : des principes fondamentaux ont été posés pour structurer cette distinction et maintenir une frontière étanche (Section 1).

3085. Pourtant, malgré cette distinction, la jurisprudence a toujours admis certains empiétements dont elle a elle-même créé les conditions, généralement pour permettre à la victime de bénéficier de certains « avantages » de la responsabilité contractuelle : délai de prescription avant la réforme de la prescription, et surtout bénéfice de certaines obligations contractuelles, dont l'obligation de sécurité. L'impératif de protection des victimes et de réparation des dommages, ainsi que la recherche de l'égalité de traitement ont pu justifier ces empiétements qui continuent aujourd'hui de se produire. La jurisprudence découvre de nouveaux moyens et le législateur lui-même cherche à neutraliser cette distinction en créant des régimes spéciaux qui ne tiennent pas compte de la qualité de la victime. L'actuel projet de réforme de la responsabilité civile a pris position sur cette question de l'interférence des deux responsabilités (Section 2).

Section 1

Une distinction organisée autour de principes structurant deux ordres de responsabilité

3086. C'est la considération du contrat (et la primauté du contrat) au regard duquel va s'apprécier le fait générateur de la responsabilité, qui a conduit la jurisprudence à postuler une distinction entre les deux responsabilités et à la structurer à l'aide de grands principes qui maintiennent la frontière et créent en quelque sorte une *summa divisio*. Car, finalement, les différences qui existent entre ces deux formes de responsabilité ne sont pas beaucoup plus grandes que celles qui, au sein de la responsabilité extracontractuelle, existent entre la responsabilité pour faute et la responsabilité du fait d'autrui ou du fait des choses : chaque régime de responsabilité extracontractuelle a sa logique propre et il existe des différences de régime et de fondement, parfois plus importantes qu'en responsabilité contractuelle sans pour autant qu'il existe le même cloisonnement.

§ 1. Des différences plus apparentes que réelles

A. La tendance au recul des distinctions

3087. On a déjà pu le constater en étudiant les différentes responsabilités. On a souvent opposé ces deux variétés de responsabilité, en ce qui concerne la *charge de la preuve*, car, disait-on, dans la *responsabilité extracontractuelle*, la charge de la preuve incombe à la victime alors que, dans la *responsabilité contractuelle*, la victime bénéficie d'une présomption de faute. Mais ce qui est vrai si l'on compare la responsabilité contractuelle et la responsabilité délictuelle, au sens strict du terme (c'est-à-dire la responsabilité pour faute fondée sur l'article 1240), ne l'est plus si on compare la responsabilité contractuelle aux responsabilités dites de plein droit, comme la responsabilité du gardien ou des parents du fait des enfants qui n'imposent pas à la victime de prouver une faute. Par ailleurs, et on l'a déjà relevé en étudiant la responsabilité contractuelle comme sanction du contrat inexécuté (v. ss 2953), la victime doit prouver la faute, même en matière contractuelle, lorsqu'elle invoque l'inexécution d'une obligation de moyens, sauf dans les rares cas où elle est présumée.

3088. De même, les *délais de prescription* qui distinguaient les deux actions en responsabilité (trente ans pour la responsabilité contractuelle et dix ans pour la responsabilité extracontractuelle) ont été considérablement unifiés par la loi du 17 juin 2008 sur la prescription puisque le délai de prescription de droit commun est désormais de cinq ans quelle que soit la nature de la responsabilité, et lorsque l'action en responsabilité a pour objet la réparation d'un préjudice corporel, dans cette dernière hypothèse, il passe à dix ans et à vingt ans en cas de violences (C. civ., art. 2226, nouv.) (v. ss 731, pour la réforme de la prescription en général, et v. ss 2499 s., pour les actions en responsabilité).

B. Des différences qui demeurent encore

3089. Il reste quand même, certaines différences, que les projets de réforme de la responsabilité remettent cependant partiellement en question.

1) La possibilité d'aménager conventionnellement la responsabilité

3090. En matière contractuelle, les parties peuvent fixer forfaitairement le montant des dommages et intérêts (clause pénale), prévoir des clauses limitant la responsabilité ou la faisant totalement disparaître (v. ss 3056 s.). Cette possibilité est pour l'instant exclue en matière extracontractuelle mais l'actuel projet de réforme propose de poser le principe de la validité de ces clauses en matière contractuelle comme extracontractuelle (v. ss 3058).

2) La capacité de l'auteur du dommage n'a pas la même incidence

3091. En matière extracontractuelle, un incapable mineur ou majeur engage sa responsabilité comme un majeur capable depuis que la jurisprudence a consacré la faute objective et supprimé la condition du discernement. Il peut donc être responsable pour faute, comme en qualité de gardien. En *matière contractuelle, au contraire,* un incapable mineur ou majeur peut opposer son incapacité et obtenir l'annulation du contrat qu'il aurait irrégulièrement conclu, ce qui lui permet d'échapper à la responsabilité contractuelle. Ceci étant, il sera alors responsable éventuellement sur un fondement extracontractuel.

3) Le spécificités du préjudice réparable

3092. En *matière extracontractuelle*, les préjudices sont intégralement réparés, sans autre limite que celle tenant à l'existence du préjudice lui-même. La responsabilité contractuelle, en revanche, ne garantit en général que l'indemnisation des dommages prévus ou prévisibles lors du contrat (art. 1231-3), c'est-à-dire, essentiellement, le dommage matériel subi par le contractant et constitué de la perte qu'il a faite et du gain dont il a été *privé* (art. 1231-2) (v. ss 3013), même si les autres catégories de dommages, moral et corporel ne sont pas exclues, tout au moins jusqu'ici, puisque *l'actuel projet de réforme de la Chancellerie* (du 13 mars 2017), propose de sortir le dommage corporel du champ du contrat, pour le soumettre systématiquement et obligatoirement aux règles de la responsabilité extracontractuelle (sur cette option, v. ss 3139).

C. L'existence du contrat justifiant une responsabilité spécifique

3093. On rappellera que l'existence d'un contrat est essentielle puisque le fait générateur de la responsabilité, l'inexécution du contrat s'apprécie nécessairement en fonction de son contenu. Il définit les obligations dont l'inexécution pourra donner lieu à responsabilité. Par ailleurs, la prévisibilité attachée à ce contrat, permet de mesurer à l'avance les risques et potentialités de dommages résultant de l'inexécution des obligations qu'il prévoit. Cette analyse est par définition impossible dans la responsabilité extracontractuelle où le dommage est accidentel et, comme tel, impossible à prévoir et impossible à aménager à l'avance. Ainsi, la prééminence du contrat a conduit la jurisprudence à postuler l'existence de deux « ordres » de responsabilité et à bâtir une frontière entre les deux. Cela d'autant plus facilement qu'un principe général de responsabilité pour faute était posé dans le Code civil dans l'article 1240 (ancien art. 1382), mais que l'ancien article 1142 du Code civil (devenu art. 1231-1) semblait soumettre l'inexécution contractuelle à un régime particulier exclusif de l'application de l'article 1240 en prévoyant la condamnation du débiteur au paiement de dommages et intérêts en cas d'inexécution ou de retard dans l'exécution. C'est à partir de ce texte que la jurisprudence a raisonné, pour sanctionner l'inexécution contractuelle, comme un pendant de l'article 1240, mais dans le domaine contractuel.

3094. Comme ni l'ancien article 1147 ni aucun autre texte consacré au contrat n'utilisait le terme de responsabilité, on a aussi pu s'interroger sur la nature de la responsabilité contractuelle, parfois analysée comme un mode d'exécution par équivalent des obligations contractuelles et non comme une vraie responsabilité (sur ce débat, v. ss 2143).

3095. À partir de ce constat, de la différence des textes, et de l'attraction du contrat, la jurisprudence a posé des principes pour distinguer la réparation d'un dommage née de l'inexécution d'un contrat de la réparation de tous les autres dommages.

§ 2. Les principes de primauté de la responsabilité contractuelle et de non-cumul des deux responsabilités

3096. La distinction entre la responsabilité contractuelle et extracontractuelle a été construite structurellement grâce à l'énoncé de deux principes complémentaires et quasiment absolus à l'origine, le principe de primauté de la responsabilité contractuelle sur la responsabilité extracontractuelle, d'une part, et le principe de non-cumul et d'interdiction de l'option, d'autre part.

A. Le principe de primauté

3097. Le principe de primauté signifie que lorsque le dommage est causé par l'inexécution d'une obligation contractuelle, la responsabilité contractuelle s'applique avant toute autre. Ce principe est complété par le principe de non-cumul.

B. Le principe de non-cumul (et d'interdiction de l'option)

3098. Si l'on suppose que la victime d'un dommage aurait tantôt intérêt à invoquer l'une, tantôt à invoquer l'autre. A-t-elle cette possibilité ? Peut-elle opter entre les deux sortes de responsabilité ? Si l'on parle fréquemment de principe de non cumul, le terme est mal choisi, car, il ne s'agit pas de cumuler les deux responsabilités, mais d'opter pour l'une d'entre elles.

3099. Le principe de non-cumul signifie que la responsabilité contractuelle s'applique à l'exclusion de toute autre. Ainsi, le cocontractant victime ne peut se placer sur un autre fondement que le fondement contractuel pour exercer l'action en responsabilité. Il ne peut choisir un régime de responsabilité extracontractuelle (responsabilité du fait des choses par exemple).

3100. Au contraire, lorsque la responsabilité est extracontractuelle, même si la jurisprudence n'admet pas tous les cumuls il est possible de se placer indifféremment sur le fondement de la responsabilité du fait personnel, pour faute, ou bien sur celui de la responsabilité du fait des choses, ou d'invoquer les deux fondements en même temps à l'encontre de la même personne.

3101. La Cour de cassation, après avoir hésité, a fini par poser la règle du *non-cumul :* chaque fois que les conditions de la responsabilité contractuelle sont remplies, c'est cette dernière seulement qui doit être invoquée ; ainsi, il a été décidé qu'un client qui s'était blessé en heurtant la barre de seuil d'un restaurant et qui invoquait à la fois la responsabilité contractuelle et délictuelle du restaurateur devait être débouté : sur le plan contractuel car l'obligation tacite de sécurité était une obligation « de moyens » et qu'il n'avait pas été établi de faute ; sur le plan délictuel car l'existence d'un contrat empêchait de faire jouer la responsabilité délictuelle [1] (v. arrêt à commenter en fin de chapitre).

---

1. Civ. 1re, 9 mars 1970, *JCP* 1970. IV. 121.

3102. Malgré le principe de primauté et de non-cumul, les différences dans les conditions de réparation des dommages corporels selon que la victime est liée par contrat ou non avec l'auteur du dommage et l'impératif de réparation de ces dommages en respectant l'égalité entre les victimes, ont conduit les deux sortes de responsabilité à se rapprocher. C'est ainsi que l'on a assisté à des contournements divers et de plus en plus importants du principe de non-cumul, qui montrent que la frontière n'est plus infranchissable.

3103. Dans ce contexte, l'*actuel projet de réforme de la Chancellerie* a choisi de poser fermement le principe de non cumul et celui de l'interdiction de l'option, tout en admettant des exceptions notables : d'abord, il permet à un tiers au contrat de se placer sur le fondement de la responsabilité contractuelle lorsqu'il a « un intérêt légitime à la bonne exécution d'un contrat » (art. 1234, al. 2) ; ensuite, il consacre la spécificité du dommage corporel, en fondant sa réparation sur les règles de la responsabilité extracontractuelle, en toutes circonstances, sauf si la victime peut invoquer des stipulations expresses du contrat qui seraient plus favorables (art. 1233-1, al. 1er) ; cette dernière solution aurait pour conséquence de faire sortir ce type de dommage du champ du contrat et d'unifier ainsi le régime de sa réparation, sous réserve de l'exception consacrée en cas de stipulations expresses du contrat, plus favorables (v. ss 3136 s.).

Section 2
Les interférences entre les deux responsabilités

3104. Pour faire bénéficier la victime des avantages attachés à la responsabilité contractuelle et, notamment à l'existence d'une obligation de résultat, ou pour assurer l'égalité de traitement des victimes de *dommage corporel*, la jurisprudence, depuis toujours, a cherché des moyens de contourner l'interdiction du non-cumul et d'interdiction de l'option, sans remettre en question la valeur de ces principes. À côté des aménagements classiques (§ 1), elle a développé un procédé plus récent, qui consiste dans l'affirmation de l'identité des fautes délictuelle et contractuelle mais dont la pérennité n'est plus acquise (§ 2). Le législateur lui-même a pris certaines options pour tenter de mieux assurer la prise en charge des dommages sans tenir compte de la situation de la victime, contractante ou non (§ 3) et la question des rapports entre les deux responsabilités et des aménagements possibles est encore renouvelée dans l'actuel projet de réforme de la responsabilité (§ 4).

§ 1. Les aménagements jurisprudentiels classiques

A. Le recours à la stipulation pour autrui tacite

3105. La jurisprudence admet depuis toujours que la responsabilité contractuelle peut être invoquée, non seulement par le contractant victime du dommage, mais aussi par son entourage, par le jeu de la stipulation pour autrui implicite (sur le mécanisme de la stipulation pour autrui, v. ss 1698, et sur la stipulation pour autrui implicite, v. ss 1713). Les héritiers bénéficient de cette analyse. La Cour de cassation a admis, notamment, dans les contrats de transport de personnes, que le voyageur, en prenant son billet, est censé avoir stipulé non seulement pour lui, mais encore pour ses parents ou, tout au moins, « pour ceux à l'égard desquels il peut être tenu d'une obligation alimentaire ». Lorsqu'un accident se produit, si le voyageur est encore en vie, il peut faire jouer la responsabilité contractuelle du transporteur qui n'a pas exécuté son obligation de résultat : le transporter sain et sauf à bon port. Mais s'il est décédé, ses parents, qui sont des tiers par rapport à ce contrat, devraient normalement agir sur le plan de la responsabilité délictuelle. Pourtant la jurisprudence les autorise, en invoquant cette stipulation pour autrui, même tacite, à invoquer, eux aussi, la responsabilité contractuelle.

3106. La Cour de cassation a ensuite étendu cette possibilité, notamment en cas de responsabilité médicale. Ainsi, une personne victime d'un dommage à la suite d'une transfusion sanguine a pu faire jouer la responsabilité contractuelle du Centre de transfusion sanguine par le biais de la stipulation pour autrui qui la faisait bénéficier du contrat intervenu entre le donneur et le Centre de transfusion sanguine [1].

3107. Toutefois, ce recours à la stipulation pour autrui, utile quand la responsabilité délictuelle était essentiellement fondée sur l'idée de faute, et donc difficile à établir, est devenu beaucoup moins pertinent aujourd'hui, où les cas de responsabilité sans faute sont beaucoup plus nombreux d'une part et où, d'autre part, le recours à la responsabilité contractuelle n'est plus aussi favorable compte tenu de l'élargissement de la responsabilité extracontractuelle ou de l'existence, dans certains contrats, de clauses limitatives ou exonératoires de responsabilité. Le procédé est finalement assez peu utilisé.

B. L'utilisation de la théorie des groupes de contrats ou ensembles contractuels

3108. ***Contractualisation de la responsabilité entre participants à un ensemble contractuel.*** Pour faire bénéficier les victimes de l'action en responsabilité contractuelle, la première chambre civile a procédé un temps, dans le cadre des groupes de contrats (sur cette notion, v. ss 1759 s.) à une contractualisation de la responsabilité entre tous les participants à une chaîne de contrats : elle faisait en effet jouer une responsabilité contractuelle entre le premier et le dernier maillon de la chaîne, même s'il n'y avait aucun rapport contractuel direct entre eux [2]. Cette contractualisation jouait au profit de la victime chaque fois qu'il y avait *sous-contrat* [3].

3109. ***Le coup d'arrêt de l'assemblée plénière.*** Mais la Cour de cassation réunie en assemblée plénière, le 12 juillet 1991 [4], dans l'arrêt *Besse,* a porté un coup d'arrêt à cette notion de groupe de contrat en réaffirmant solennellement que « les conventions

---

1. Civ. 2e, 17 déc. 1954, *D.* 1955. 269, note Rodière.
2. Civ. 1re, 21 juin 1988, et Civ. 3e, 22 juin 1988, *JCP* 1988. II. 21125, note P. Jourdain.
3. Civ. 1re, 8 mars 1988, *JCP* 1988. II. 21070, note P. Jourdain.
4. *JCP* 1991. II. 21743, note G. Viney, et chron. C. Larroumet au *JCP* 1991. I. 3531, citée dans la bibliographie.

n'ont d'effet qu'entre les parties contractantes » et en précisant que « le sous-traitant n'est pas contractuellement lié au maître de l'ouvrage »[1].

3110. Toutefois, la doctrine (G. Viney, C. Larroumet, C. Jamin) a relevé qu'il convenait de faire une distinction entre le cas du *sous-acquéreur* qui s'est vu transmettre les droits et actions de son auteur comme accessoire de la chose vendue, pour lequel la responsabilité peut rester contractuelle et celui du *sous-traitant* qui correspond au cas soumis à l'assemblée plénière, où il s'agit d'une prestation de services et où l'action en responsabilité demeure délictuelle[2]. Il faut donc distinguer entre les chaînes homogènes de contrats constitués de ventes successives et les chaînes hétérogènes, où il y a des prestations de service.

3111. ***Maintien partiel de la solution par la jurisprudence.*** Depuis l'arrêt du 12 juillet 1991, la Cour de cassation a, à plusieurs reprises, estimé que le maître de l'ouvrage peut agir contre le sous-traitant, mais seulement selon les règles de la responsabilité délictuelle[3] et en apportant la preuve d'une faute du sous-traitant dans les termes de l'article 1240[4].

3112. Au contraire, dans le cas de chaîne de contrats emportant transfert d'une chose, la Cour de cassation a maintenu sa position traditionnelle, en affirmant que le sous-acquéreur dispose d'une action « nécessairement contractuelle » contre l'un ou l'autre des maillons de la chaîne de distribution[5]. Cette position est fondée sur la notion d'obligation *propter rem* transmise par accessoire avec la chose et elle n'est pas exclue par l'arrêt *Besse*.

3113. ***Condamnation de la Cour de justice de l'Union européenne.*** Il faut noter cependant qu'une position diamétralement opposée a été prise par la décision rendue le 17 juin 1992[6] par la Cour de justice de l'Union européenne, qui a déclaré qu'il n'existe aucun lien contractuel entre le sous-acquéreur et le fabricant, celui-ci n'ayant assumé aucune obligation de nature contractuelle envers le sous-acquéreur. Cette position a été critiquée par la doctrine. La seule possibilité d'agir sur le plan contractuel resterait, si l'on devait suivre cet avis, le cas où il existe une stipulation pour autrui expresse ou même tacite : transport de marchandises, transfusion sanguine[7].

3114. ***Résistance de la Cour de cassation et intérêt renouvelé de la solution.*** Malgré cette position de la Cour de justice de l'Union européenne, la Cour de cassation a persisté, en retenant, par exemple, dans une décision du 27 mars 2013, que l'action fondée sur la faute dolosive du constructeur était de nature contractuelle et qu'elle était

---

1. Ass. plén. 12 juill. 1991, *D.* 1991. 549, note J. Ghestin ; *JCP* 1991. II. 21743, note G. Viney, *RJDA* 1991. 583 ; v. aussi C. Jamin, *D.* 1991. Chron. 257, et Larroumet, *JCP* 1991. I. 3531.

2. Civ. 3e, 11 déc. 1991, *Bull. civ.* III, n° 319.

3. Civ. 23 juin 1992, *JCP* 1992. IV. 2445.

4. Civ. 3e, 18 nov. 1992, *JCP* 1993. IV. 240.

5. Ass. plén. 7 févr. 1986, *D.* 1986. 293, note A. Bénabent, *JCP* 1986. II. 20616, note Ph. Malinvaud.

6. CJCE 17 juin 1992, *JCP* 1992. II. 21927, note C. Larroumet.

7. G. Viney, *JCP* 1993. I. 3664.

transmise à l'acquéreur de l'immeuble[1]. et, plus récemment, dans une décision du 8 mars 2017, elle a réaffirmé la solution[2]. Cette réaffirmation n'est pas dénuée d'intérêt dans le contexte actuel. En effet, et comme nous l'avons déjà souligné (v. ss 1784), le maintien de l'analyse contractuelle de la responsabilité entre participants à un ensemble contractuel était devenu peut-être moins important depuis que la Cour de cassation avait posé le principe de l'identité des fautes contractuelle et délictuelle. En effet, sur la base de cette solution, qui consacre un contournement du principe de non cumul et d'interdiction de l'option, le tiers au contrat peut invoquer un manquement contractuel sur le fondement de la responsabilité extracontractuelle, sans avoir à rapporter d'autre preuve (v. ss 3119 s.). Toutefois, l'actuel projet de réforme de la responsabilité civile du 17 mars 2017 a pris d'autres options et condamne cette solution de l'identité des fautes. La Cour de cassation, elle-même, semble revenir sur cette solution, en anticipant, peut-être, la prochaine réforme du droit de la responsabilité (v. ss 3129 s.). L'enjeu reste donc bien réel.

C. La multiplication des obligations contractuelles de sécurité pour étendre le champ de la responsabilité contractuelle

1) Un mouvement un temps généralisé

3115. Le développement contemporain des obligations accessoires d'information et de sécurité a déjà été plusieurs fois souligné (v. ss 2978 s.). Il constitue un moyen d'assurer la justice contractuelle (v. ss 1585 s.) mais aussi le moyen d'élargir le domaine de la responsabilité contractuelle et de faciliter l'indemnisation des dommages corporels par le jeu de la qualification des obligations ainsi dégagées en obligations de résultat.

C'est ainsi que jusqu'en 1989 environ, on a assisté au développement de l'obligation de sécurité-résultat dans les contrats, au détriment d'une responsabilité extracontractuelle, non seulement dans des contrats où les parties ne les avaient pas insérées, mais encore dans des hypothèses où l'on peut se demander, si elle n'était pas réellement artificielle. Ainsi dans le transport ferroviaire, lorsque l'obligation de sécurité était prévue en dehors du transport proprement dit (accidents de quai, v. ss 2986) ou dans les magasins à entrée libre, lorsque le client glisse par exemple sur le sol du magasin.

2) Un mouvement actuellement freiné, voire condamné

3116. D'abord, depuis l'arrêt *Valverde* du 7 mars 1989 (préc., v. ss 2986), la tendance semble s'inverser. La Cour de cassation semble, aujourd'hui, disposée à ne voir une responsabilité contractuelle que lorsque le dommage est vraiment en rapport avec l'inexécution des obligations essentielles du contrat (sur ce recul, v. ss 1318).

3117. Il restait, cependant, jusqu'à récemment, un domaine dans lequel l'obligation de sécurité-résultat jouait encore un rôle important, celui des dommages causés par des produits défectueux Toutefois, l'existence du régime spécial de responsabilité du fait des produits défectueux et de la position de la Cour de justice de l'Union européenne

1. Civ. 3e, 27 mars 2013, *RDC* 2013/3, p. 911, note S. Carval.
2. Com. 8 mars 2017, n° 15-15132, *RDC* 2017. 451, note Ph. Chauviré.

concernant l'articulation de ce régime et le droit commun de la responsabilité, remettent en cause le recours à l'obligation de sécurité. En effet, dans une décision rendue en 2002, la CJUE a condamné le système d'option de responsabilité admis par la loi de 1998[1]. Selon la Cour de justice en effet, la directive ne saurait être interprétée comme « laissant aux États-membres la possibilité de maintenir un régime général de responsabilité du fait des produits défectueux différent de celui prévu par la directive (...) à moins qu'il ne repose sur des fondements différents, comme la garantie des vices cachés ou la faute ». La Cour de justice condamne ainsi le maintien d'une responsabilité contractuelle fondée sur une obligation de sécurité résultat, qui correspond, de fait, à une responsabilité de plein droit puisque la victime est dispensée de faire la preuve d'un défaut de comportement. Le fondement est le même que celui de la directive : le défaut de sécurité.

La Cour de cassation s'est rangée, depuis, à la position de la Cour de justice de l'Union européenne concernant les options de responsabilité (sur ces décisions et leurs conséquences, v. ss 3170 s.).

3118. Enfin, la disparition de l'obligation de sécurité pourrait bien être programmée si le projet de réforme de la responsabilité civile était adopté en l'état. En effet, le projet de réforme de la responsabilité civile condamne la construction jurisprudentielle à un double titre : d'abord, en proposant de faire sortir la réparation des dommages corporels du champ du contrat pour les soumettre aux règles de la responsabilité extracontractuelle, il condamne l'obligation contractuelle de sécurité construite par la jurisprudence ; dès lors que cette obligation vise à garantir la sécurité corporelle du créancier, elle n'aurait donc plus d'objet, ni de sens, inscrite dans le contrat.

Ensuite, en exigeant que le tiers victime d'une inexécution contractuelle agisse sur le fondement extracontractuel et fasse la preuve d'un fait générateur de la responsabilité extracontractuelle, l'actuel projet condamne le principe de l'identité des fautes contractuelle et extracontractuelle (v. ss 3136 s.) qui présente un intérêt particulièrement net pour la victime lorsque l'obligation contractuelle inexécutée, invoquée sur le fondement extracontractuel, est une obligation de sécurité-résultat.

La décontractualisation de l'obligation de sécurité conduirait donc sans doute à sa disparition, sauf à imaginer qu'elle puisse se maintenir si elle était prévue expressément dans le contrat (sur ce point, v. ss 3139).

§ 2. Le principe de l'identité des fautes délictuelle et contractuelle

3119. La Cour de cassation a forgé un autre instrument pour contourner l'interdiction du non-cumul des responsabilités contractuelle et extracontractuelle et justifier une « décontractualisation » de l'obligation de sécurité-résultat, afin d'en faire bénéficier la victime, tiers au contrat : le principe de l'identité des fautes contractuelle et extracontractuelle. Cette solution consacrée par l'assemblée plénière en 2006, bien que remise en question postérieurement par certaines formations de la Cour de cassation, a été réaffirmée en 2020 par l'assemblée plénière.

---

1. CJCE 25 avr. 2002, *D.* 2002. 2462, note C. Larroumet et les autres références, v. ss 3170.

A. L'affirmation jurisprudentielle du principe

3120. Ce principe a été posé par la première chambre civile de la Cour de cassation, à l'origine pour assurer la réparation des dommages corporels et permettre à la victime de se prévaloir d'une obligation de sécurité-résultat contractuelle, alors même qu'elle serait tiers au contrat ; mais il a ensuite débordé ce cadre. Une controverse existait, cependant, entre la première chambre civile et la chambre commerciale de la Cour de cassation, moins disposée à admettre ce principe d'identité des fautes ; l'assemblée plénière est intervenue pour consacrer ce principe d'identité.

1) Un principe posé à l'origine pour fonder une décontractualisation de l'obligation de sécurité-résultat en matière de produits défectueux

3121. Pour justifier sur le terrain du droit commun de la responsabilité l'extension à de l'obligation de sécurité-résultat à la victime qui n'est pas en relation contractuelle avec le fabriquant ou le fournisseur d'un produit défectueux, la Cour de cassation après l'entrée en vigueur de la loi de 1998 sur la responsabilité du fait des produits défectueux, a commencé à utiliser une autre technique que celle de l'interprétation du droit français à la lumière de la directive de 1985. Cette technique, qui est tout autant facteur de confusion entre les deux ordres de responsabilités que la précédente, consiste dans l'affirmation de l'identité des fautes délictuelle et contractuelle.

3122. Dans une décision du 18 juillet 2001 [1], qui n'était pas la première [2], ni la dernière [3], mais qui est un arrêt de principe très clair, visant les articles 1165 et 1240 du Code civil, la première chambre civile de la Cour de cassation a énoncé en effet que « les tiers à un contrat sont fondés à invoquer tout manquement du débiteur contractuel lorsque ce manquement leur a causé un dommage, sans avoir à rapporter d'autre preuve ». Il s'agissait en l'occurrence de retenir la responsabilité d'un centre de transfusion sanguine envers une victime par ricochet, fille de la victime directe qui était décédée après sa contamination post-transfusionnelle par le VIH.

3123. Cette explication préserve formellement le principe de non-cumul entre la responsabilité contractuelle et extracontractuelle : en effet, la victime qui n'est pas en relation contractuelle avec le défendeur agit bien sur le fondement extra-contractuel, en invoquant la responsabilité pour faute fondée sur l'article 1240. Mais sur ce fondement, elle peut invoquer le manquement contractuel du défendeur, sans avoir à démontrer que ce manquement contractuel constitue aussi, une faute délictuelle.

Cette analyse ne remet pas véritablement en cause la notion de faute délictuelle et quasi délictuelle lorsque l'obligation contractuelle inexécutée est une obligation de moyens parce qu'en toute hypothèse, lorsque l'obligation est de moyen, il faut prouver le mauvais comportement du débiteur, comme en matière de faute délictuelle (v. ss 2961).

---

1. Civ. 1re, 13 févr. 2001, *Bull. civ.* I, n° 35, *RTD civ.* 2001. 367, obs. P. Jourdain, *D.* 2001. Somm. 2234, obs. Ph. Delebecque.

2. Civ. 1re, 18 juill. 2000, *CCC* 2000, n° 275, obs. L. Leveneur ; *RTD civ.* 2001. 146, obs. P. Jourdain.

3. Civ. 1re, 18 mai 2004, *D.* 2005. Pan. 194, obs. D. Mazeaud ; *RTD civ.* 2004. 516, obs. P. Jourdain.

À l'inverse, lorsque l'obligation est de résultat, la situation est différente et l'atteinte est consacrée, puisque dans l'obligation de résultat, le manquement n'a pas à être établi, il se déduit de l'absence de résultat.

Or la première chambre civile a posé un principe tout à fait général et, dans l'arrêt du 13 février 2001, il s'agissait bien de faire bénéficier la victime par ricochet, tiers au contrat, d'une obligation de sécurité-résultat.

Cette solution n'a cependant pas été suivie par la chambre commerciale.

3124. La chambre commerciale ne semblait pas vouloir admettre aussi largement que la première chambre civile, le principe de l'identité des fautes. Dans un arrêt du 8 octobre 2002 [1], déjà précédé par un arrêt du 17 juin 1997 en ce sens [2], elle soulignait en effet, que pour obtenir réparation du débiteur contractuel sur le fondement de l'article 1240, le tiers « doit prouver que celui-ci lui a causé un dommage en manquant à son égard au devoir général de ne pas nuire à autrui sanctionné par ce texte ». C'était signifier qu'il doit établir une faute délictuelle ou quasi-délictuelle. Il ne peut se contenter d'invoquer le manquement contractuel « sans avoir à apporter d'autre preuve », contrairement à ce qu'admet la première chambre civile. On peut en effet admettre que l'autonomie de la faute délictuelle soit atténuée en cas de manquement à une obligation de sécurité lorsque le tiers demandeur est une « victime par ricochet », un tiers « intéressé à l'exécution » du contrat. Mais on peut soutenir, en revanche, qu'il paraît dangereux d'aller plus loin sous peine de conférer au tiers une situation meilleure qu'au créancier partie au contrat [3] ; il faut alors exiger du tiers qui demande réparation d'un dommage causé par l'inexécution d'un contrat qu'il démontre que ce manquement contractuel présente aussi les caractères d'une faute délictuelle.

2) La consécration du principe par l'arrêt d'assemblée plénière en 2006 mais l'amorce d'une distinction entre différentes catégories d'obligations

3125. Compte tenu de la divergence opposant la première chambre civile et la chambre commerciale, l'assemblée plénière est intervenue.

3126. Par une décision du 6 octobre 2006, l'arrêt *Myr'ho* (ou *Bootshop*), sans doute l'un des arrêts les plus marquants de l'année 2006 si l'on en croit P. Jourdain [4], l'assemblée plénière a tranché la controverse en allant dans le sens de l'affirmation de l'identité des fautes délictuelle et contractuelle [5].

3127. Toutefois, à lire rapport de la Cour de cassation pour 2006 [6], il semble que la haute juridiction ait envisagé d'opérer une *distinction selon la nature de l'obligation inexécutée.*

---

1. Com. 8 oct. 2002, *JCP* 2003. I. 152, obs. G. Viney, *RCA* 2005, obs. H. Groutel.

2. Com. 17 juin 1997, *Bull. civ.* 1997. IV, n° 187.

3. V. Com. 18 oct. 1994, cité *supra.*

4. P. Jourdain, *D.* 2007. Pan. 2900.

5. Ass. plén. 6 oct. 2006, *JCP* 2006. II. 10181, obs. M. Billiau ; *D.* 2006. 2825, note G. Viney ; *D.* 2007. Pan. 2900, obs. P. Jourdain ; *RDC* n° 1, 2007, obs. D. Mazeaud ; L. Bloch, « Relative relativité de la faute contractuelle ou absolue généralité de la faute délictuelle », *RCA* 2007, étude n° 17.

6. Rapport de la Cour de cassation 2006 – responsabilité : v. analyse in *RLDC* mai 2007, n° 38.

Le rapport, indique, en effet, qu'il existerait trois sortes d'obligations :

– des obligations (strictement contractuelles) souscrites au profit du seul contractant dont le tiers n'a pas vocation à bénéficier ;

– des obligations souscrites au profit du seul contractant et dont le tiers, *a priori*, n'a pas vocation à bénéficier mais qui peuvent, dans certains cas particuliers, concerner un tiers qui devient ainsi « tiers intéressé » ;

– des obligations qui, en raison de leur objet, dépassent le seul enjeu contractuel et qui, en tant que telles, sont susceptibles d'intéresser tous les tiers, dès lors qu'ils ont eu à souffrir de leur.

In fine, « Il en résulte donc que la portée de l'obligation transgressée conditionne l'existence du fait générateur de responsabilité à l'égard des tiers ». Le principe d'identité des fautes ne concernerait que les deux dernières catégories d'obligations. Le rapport précisait aussi qu'il n'y a pas dualité de fautes car c'est toujours la même faute ou le même manquement qui est susceptible d'être invoqué par le contractant ou par un tiers, mais « lorsque le manquement est invoqué par un tiers, il prend de ce seul fait une coloration délictuelle, de sorte que le principe de l'effet relatif des conventions posé par l'article 1165 du Code civil se trouve ainsi préservé ».

3128. Le principe de l'identité des fautes semblait donc acquis. Depuis la décision de l'Assemblé plénière, les différentes chambres de la Cour de cassation, y compris la chambre commerciale, avaient repris le principe de l'identité des fautes, sans même, faire de distinction entre le « tiers intéressé » et les autres tiers, comme le suggérait le rapport de la Cour de cassation [1]. Ce principe d'identité des fautes, par ailleurs, ne concerne pas seulement l'obligation de sécurité et peut concerner toutes sortes d'obligations.

Cette solution consacrait, à l'évidence, une très réelle et très directe interférence de la responsabilité contractuelle dans la responsabilité délictuelle, dès lors que le fait générateur de la responsabilité contractuelle est transporté, tel quel, dans la responsabilité extracontractuelle. C'est pourquoi, bien que l'objectif soit toujours celui de la protection des victimes et de l'amélioration de leur situation, la consécration du principe de l'identité des fautes n'avait pas été unanimement approuvée par la doctrine [2].

Toutefois, la Cour de cassation a ensuite évolué sur cette question pour revenir sur la généralité du principe, avant que l'assemblée plénière ne vienne le réaffirmer dans les termes exacts de l'arrêt *Bootshop*.

---

1. Com. 21 oct. 2008, *Juris-Data* n° 2008-045511 ; *RCA* 2008, comm. 350 ; *RDC* 2009. 506, obs. J.-S. Borghetti ; Com. 16 janv. 2007, n° 05616.482 ; Civ. 2e, 18 janv. 2007, n° 05-21.291 pour la faute commise par un bureau d'études dans l'évaluation du coût de travaux ; Civ. 2e, 25 janv. 2007, *D.* 2007. AJ 443, obs. I. Gallmeister ; *RTD civ.* 2007. 362, obs. P. Jourdain ; *JCP* 2007. II. 10035, note C. Radé, et I. 185, obs. Ph. Stoffel-Munck, pour le manquement à l'obligation de fournir un sang exempt de vice ; Com. 6 mars 2007, *D.* 2007. AJ 1502 ; *JCP* 2007. I. 185, obs. Ph. Stoffel-Munck ; Civ. 3e, 4 juill. 2007, *D.* 2007. AJ 2102, pour le refus d'un vendeur de signer l'acte de vente ; Civ. 1re, 17 oct. 2012, n° 11-25.252 ; Civ. 2e, 6 févr. 2014, 13-10.540, *JCP* 2014. 336, note N. Dissaux, 1323, obs. M. Bacache ; *RDC* 2014. 365, obs. S. Carval.

2. V. notamment, les différents articles des différents auteurs publiés dans la *Revue des contrats* 2007/1, « Débats, Contrat sans frontières », p. 537 s.

B. Du recul à la réaffirmation du principe

3129. Il faut d'abord signaler, au titre du recul du principe, l'existence d'une première décision de la troisième chambre civile du 22 octobre 2008, qui a été interprétée comme marquant ce recul par la doctrine [1]. En effet, la Cour de cassation a cassé la décision qui lui était soumise au visa de l'article 1240 du Code civil car la Cour d'appel n'avait pas recherché *si le manquement contractuel qu'elle relevait constituait une faute quasi délictuelle.* L'automaticité de l'identité des fautes civiles contractuelles et délictuelles semblait remise en question.

3130. La marque d'un véritable recul de la Cour de cassation sur la question de l'identité des fautes, résultait plus nettement encore de plusieurs décisions rendues en 2016 et 2017. Deux décisions concernaient une obligation d'information qui n'intéressait pas directement les tiers, si bien que la notion de tiers intéressé à laquelle l'assemblée plénière avait fait référence en 2006 ne pouvait être retenue, ce qui pouvait expliquer la solution. Dans le premier arrêt, du 28 septembre 2016, la première chambre civile de la Cour de cassation a jugé que les tiers ne pouvaient agir contre une agence de voyage « que sur le fondement de la responsabilité délictuelle consécutive à un manquement contractuel, *exigeant la preuve d'une faute du voyagiste* » [2]. L'obligation contractuelle d'information de l'agence de voyage envers son client, médecin décédé d'un œdème pulmonaire lors d'une excursion sur un volcan de haute altitude, reconnue par la première chambre civile, n'a donc pas bénéficié à l'épouse et à la fille de celui-ci, victimes par ricochet, puisqu'elles sont invitées, sur le fondement délictuel, à faire la preuve d'une faute. Ensuite, la chambre commerciale de la Cour de cassation, dans une décision du 18 janvier 2017, et toujours à propos de l'inexécution d'une obligation contractuelle d'information dans un contrat de cession de parts, exige la preuve d'une faute quasi-délictuelle [3].

Ces arrêts, bien qu'écartant clairement le principe de l'identité des fautes, pouvaient néanmoins être considérés comme des arrêts d'espèce. Or, un nouvel arrêt est intervenu le 18 mai 2017 [4], destiné à figurer dans le rapport de la Cour de cassation ce qui montre son importance. Cette décision, qui émane de la troisième chambre civile de la Cour de cassation, concernait cette fois l'obligation contractuelle de résultat de l'entrepreneur de fournir un ouvrage exempt de vice, dont l'inexécution était invoquée par des tiers au contrat, un copropriétaire et son locataire. La Cour de cassation relève que « *les motifs de la cour d'appel, tirés du seul manquement à une obligation contractuelle de résultat de livrer un ouvrage exempt de vices, sont impropres à caractériser une faute délictuelle* ». La formule est dénuée de toute ambiguïté.

---

1. Civ. 3e, 22 oct. 2008, *RTD civ.* 2009. 123, obs. P. Jourdain.

2. Civ. 1re, 28 sept. 2016, n° 15-17033 et 15-17516, *RCA* 2017. 39, obs. O. Deshayes.

3. Com. 18 janv. 2017, n° 14-16.442, *D.* 2017. 1036, note D. Mazeaud ; *AJ contrat* 2017. 191, obs. A. Lecourt. La chambre commerciale a jugé que « saisie d'une demande de la société (tiers au contrat) fondée sur la responsabilité délictuelle des cédants en raison d'un manquement aux engagements souscrits par eux envers les cessionnaires dans l'acte de cession et du dommage qui en était résulté pour elle, *sans qu'il soit établi ni même allégué que ce manquement contractuel constituait une faute quasi-délictuelle à son égard*, c'est à bon droit que la cour d'appel a retenu que la société n'était pas fondée à se prévaloir d'une violation des stipulations contractuelles de l'acte de cession ».

4. Civ. 3e, 18 mai 2017, n° 16-11.203 (FS-P+B+R+I), *D.* 2017. 1225, note D. Houtcieff ; *RDI* 2017. 349, obs. Ph. Malinvaud ; *RTD civ.* 2017. 651, obs. H. Barbier et 666, obs. P. Jourdain.

Sans abandonner complètement le principe, la Cour de cassation semblait vouloir mettre en œuvre la distinction entre les différentes sortes d'obligations qui avait été suggérée dans le rapport de la Cour de cassation après l'arrêt *Bootshop* de l'assemblée plénière : en présence d'une obligation strictement contractuelle, comme un devoir d'information ou de conseil ou une obligation de conformité, l'identité des fautes serait exclue.

En toute hypothèse, ces décisions marquaient un recul manifeste, qui s'explique sans doute aussi par les propositions figurant *dans le projet de réforme de la responsabilité civile de mars 2017,* qui condamne le principe de l'identité des fautes tout en permettant à un tiers, ayant « un intérêt légitime à la bonne exécution d'une contrat », d'invoquer à son profit la responsabilité contractuelle. Il ouvre ainsi une exception directe et frontale au principe d'interdiction de l'option (v. ss 3139).

3131. Toutefois, depuis, l'assemblée plénière a réaffirmé très nettement le principe de l'identité des fautes. Dans une décision du 13 janvier 2020[1] elle a en effet réitéré la solution qu'elle avait posée 15 ans auparavant dans l'arrêt *Bootshop*, en reprenant la même formule très générale et alors même qu'il s'agissait en l'espèce d'une obligation de résultat : « le tiers à un contrat peut invoquer, sur le fondement de la responsabilité délictuelle, un manquement contractuel dès lors que ce manquement lui a causé un dommage ». La généralité de la formule exclut par ailleurs toute distinction fondée sur la nature de l'obligation.

§ 3. Les solutions législatives ponctuelles : la création de régimes spéciaux dépassant la distinction entre les deux responsabilité

3132. Le législateur est lui aussi intervenu pour tenter de résoudre les difficultés liées à la différence de traitement des victimes selon qu'elles sont ou non en relation contractuelle avec l'auteur du dommage. Cependant, il l'a fait jusqu'ici de façon ponctuelle pour prendre en compte des dommages spécifiques : les dommages causés par les produits défectueux et les dommages résultant d'un accident de la circulation. La voie choisie a été celle de la création de régimes spéciaux de responsabilité, supprimant la distinction fondée sur la qualité de la victime (contractant ou tiers au contrat).

1) La responsabilité du fait des produits défectueux

3133. La responsabilité spéciale du fait des produits défectueux réalise directement l'unité de traitement des victimes de produits défectueux puisque le régime issu de la loi du 10 mai 1998, inscrit dans les articles 1245 à 1245-17 du Code civil (v. ss 3148 s.), ne distingue pas selon que la victime est en relation contractuelle ou pas avec le défendeur et impose un régime unique de réparation des dommages causés par des produits défectueux. L'extension de l'obligation de sécurité-résultat au-delà du cadre contractuel s'affirme donc ici grâce au législateur : le fait générateur

---

1. Cass., ass. plén., 13 janv. 2020, n° 17-19.963, *D.* 2020. 78 ; et 364, obs. M. Mekki.

de la responsabilité est la défectuosité d'un produit, c'est-à-dire le fait de ne pas présenter la *sécurité à laquelle on peut légitimement s'attendre.* L'obligation de sécurité (définie par le Code de la consommation comme l'obligation de ne mettre sur le marché que des produits et services qui « dans des conditions normales d'utilisation ou dans d'autres conditions raisonnablement prévisible par le professionnel doivent présenter la sécurité à laquelle on peut légitimement s'attendre et ne pas porter atteinte à la santé des personnes ») constitue le fondement de cette responsabilité et elle devient une obligation générale, autonome, par rapport au contrat. En supprimant la distinction responsabilité civile contractuelle et extracontractuelle, cette loi témoigne de l'impératif moderne de la réparation, dans des conditions identiques, de dommages identiques que la distinction de la responsabilité contractuelle et extracontractuelle n'autorise pas toujours.

2) La loi du 5 juillet 1985 sur les accidents de la circulation

3134. La loi de 1985, quoiqu'antérieure, témoigne du même souci, puisque déjà elle instituait un système autonome d'indemnisation des dommages causés par les accidents de la circulation, sans distinguer selon que la victime est transportée ou non en vertu d'un contrat (sur cette loi, v. ss 3217 s.).

§ 4. Les options de l'actuel projet de réforme (13 mars 2017)

3135. Le projet de réforme du 13 mars 2017 ne reprend exactement, ni les propositions qui figuraient dans l'avant-projet *Catala*, ni même celles qui figuraient dans l'avant-projet de réforme du 23 avril 2016. À l'issue de la consultation publique, certaines solutions ont été modifiées. Comme tous les projets et propositions de réforme antérieurs, il confirme les principes traditionnels structurant les rapports entre la responsabilité contractuelle, en proposant d'inscrire dans le Code civil, les principes de non cumul et d'interdiction de l'option, mais il pose aussi un certain nombre de solutions qui constituent tantôt une exception directe à ces principes, tantôt une véritable mise à l'écart des règles de répartition entre les deux responsabilités.

A. La confirmation des principes traditionnels

1) La réaffirmation et la codification des principes de non cumul et d'interdiction de l'option

3136. Tout en prenant parti pour l'identité de nature de la responsabilité contractuelle et extracontractuelle, soumises à des conditions communes et à des effets communs, l'actuel projet de la Chancellerie du 13 mars 2017, maintient la distinction entre les deux ordres de responsabilité. Il propose en effet d'inscrire expressément dans le Code civil le principe de non cumul et d'interdiction de l'option entre la responsabilité contractuelle et extracontractuelle : « En cas d'inexécution d'une obligation contractuelle, ni le débiteur ni le créancier ne peuvent se soustraire à l'application des dispositions propres à la responsabilité contractuelle pour opter en faveur des règles spécifiques à la responsabilité extracontractuelle » (art. 1232).

2) Le renforcement par la condamnation de l'identité des fautes délictuelle et contractuelle

3137. La règle jurisprudentielle de l'identité des fautes délictuelle et contractuelle est clairement écartée. Ainsi, selon l'article 1234, « lorsque l'inexécution du contrat cause un dommage à un tiers, celui-ci ne peut en demander réparation au débiteur que sur le fondement de la responsabilité extracontractuelle, *à charge pour lui de rapporter la preuve de l'un des faits générateurs visés à la section II du chapitre II* (faits générateurs de la responsabilité extracontractuelle) ». L'autonomie des deux responsabilités est donc réaffirmée de façon très forte et la jurisprudence sur l'identité des fautes est fermement condamnée.

3138. Tels sont les principes. Cependant, des entorses considérables aux solutions traditionnelles sont également proposées, qui viennent en réduire la portée.

B. Les innovations

1) L'extraction du dommage corporel de la sphère de la responsabilité contractuelle

3139. ***Un principe.*** L'objectif est très clairement de prendre en compte la spécificité des dommages corporels. Le projet (art. 1233-1) ne propose cependant pas la solution préconisée dans l'avant-projet *Catala*, qui consistait à ouvrir une option à la victime d'un dommage corporel, entre la responsabilité contractuelle et extracontractuelle, à titre d'exception à la règle de l'interdiction de l'option. Il y substitue une règle impérative : « les préjudices résultant d'un dommage corporel sont réparés sur le fondement des règles de la responsabilité extracontractuelle, alors même qu'il serait causé à l'occasion de l'exécution d'un contrat ». Il s'agirait donc, ici d'instaurer une véritable unification des règles relatives à la réparation du dommage corporel. Le dommage corporel serait écarté de la responsabilité contractuelle pour être absorbé dans la responsabilité extracontractuelle. La solution proposée ne s'analyse pas en une exception au principe de non cumul et d'interdiction de l'option mais, de façon encore plus novatrice, en une exception aux règles traditionnelles de répartition des domaines de la responsabilité contractuelle extracontractuelle. Par ailleurs, cette solution condamne toute la construction jurisprudentielle autour de l'obligation contractuelle de sécurité, ainsi que nous l'avons déjà relevé (sur cette utilisation de l'obligation de sécurité, notamment en matière de dommages causés par des produits défectueux et sur ses reculs, v. ss 3115 s.). L'obligation de sécurité est « décontractualisée » ; elle n'a plus d'objet, en effet, dès lors que les dommages corporels ne relèvent plus de la responsabilité contractuelle.

3140. ***Une exception.*** Toutefois, cette règle de l'impossibilité de demander la réparation d'un dommage corporel sur le fondement de la responsabilité contractuelle est assortie d'une exception, qui ne figurait pas dans l'avant-projet d'avril 2016. En effet, l'article 1233-1, alinéa 2, permettrait à la victime « d'invoquer les stipulations expresses du contrat qui lui sont plus favorables que l'application des règles de la responsabilité extracontractuelle ». Une option est donc ici ouverte, qui vient rompre la logique de l'unité de la réparation du dommage corporel mais qui reste cependant limitée par l'exigence d'une « stipulation expresse du contrat ». Ainsi, la jurisprudence ne pourrait sans doute pas s'appuyer sur cette exception pour faire survivre la construction qu'elle a édifiée autour d'une obligation de sécurité qu'elle a elle-même dégagé comme une suite logique de l'équité, dans des contrats où elle n'était pas stipulée. C'est donc bien une condamnation de cette construction qui serait signée, si les textes proposés étaient adoptés en l'état. Il reste cependant à savoir si les parties pourraient inscrire dans leur contrat une obligation de sécurité corporelle (de moyens ou de résultat), à l'encontre de la règle générale posée par l'article 1233-1, alinéa 1er, qui postule l'éviction de la sécurité corporelle du champ du contrat.

2) L'option en faveur de la responsabilité contractuelle au bénéfice de certains tiers au contrat

3141. Une exception directe au principe de l'interdiction de l'option entre la responsabilité contractuelle et la responsabilité extracontractuelle serait ici consacrée. Le projet s'inspire à cet égard de l'avant-projet *Catala*, qui faisait référence à la notion de « tiers intéressé au contrat », sans pour autant reprendre cette formule. L'article 1234, alinéa 2, vient en effet réduire la portée du principe posé à l'alinéa 1er, en vertu duquel le tiers au contrat ne peut demander réparation que sur le fondement de la responsabilité extracontractuelle, en rapportant la preuve d'un fait générateur de cette responsabilité, en ouvrant une option à une catégorie de tiers : ceux qui ont un « intérêt légitime à la bonne exécution d'un contrat ». La formule est plus précise que celle de « tiers intéressé ». Ces tiers, peuvent en effet invoquer, directement sur le fondement de la responsabilité contractuelle, un manquement contractuel dès lors que celui-ci leur a causé un dommage. Le texte prévoit que les conditions et les limites de la responsabilité qui s'appliquent dans les relations entre les contractants lui sont opposables.

Enfin, cette option serait d'ordre public puisque l'article 1234, *in fine*, prévoit que toute clause qui limite la responsabilité contractuelle d'un contractant à l'égard des tiers est réputée non écrite.

3142. Ainsi, d'un côté, la règle de l'identité des fautes contractuelle et extracontractuelle serait condamnée par l'article 1234, alinéa 1er : elle tendait à faire bénéficier le tiers des obligations nées du contrat, mais sur le fondement de la responsabilité extracontractuelle, donc sans heurter directement la règle du non cumul et de l'interdiction de l'option ; de l'autre côté, une exception frontale au principe de l'interdiction de l'option serait consacrée, mais au profit de certains tiers seulement, les tiers ayant un intérêt légitime à la bonne exécution d'un contrat.

DOCUMENTS

BIBLIOGRAPHIE

BLOCH (L.), « Relative relativité de la faute contractuelle ou absolue généralité de la faute délictuelle », *RCA* 2007, étude, n° 17.

DELEBECQUE (Ph.), « Responsabilité contractuelle et responsabilité délictuelle : brèves remarques » *RDC* 2007/2, Débats, contrat sans frontières, p. 556.

DESHAYES (O.), « La nouvelle mouture de l'avant-projet de loi de réforme de la responsabilité civile : retour sur la responsabilité des parties à l'égard des tiers », *RCA* 2017, p. 238.

GROSSER (P.), « Bref retour sur les effets de la responsabilité contractuelle », in *Leçons du droit civil, Mélanges F. Chabas*, Bruylant, 2011.

JOURDAIN (P.), « La nature de la responsabilité civile dans les chaînes de contrats après l'arrêt d'assemblée plénière du 12 juillet 1991 », *D.* 1992. Chron. 149.

LISANTI-KALCZYNSKI (C.), « L'action directe dans les chaînes de contrats ? Plus de dix ans après l'arrêt *Besse* », *JCP* 2003. I. 102.

MAZEAUD (D.), *Les groupes de contrat*, contribution au colloque « Le contrat : questions d'actualité », Paris, 1er févr. 2000, *LPA*, n° spécial, 5 mai 2000, n° 90.

OPHÈLE (C.), « Faute délictuelle et faute contractuelle », *RCA*, juin 2003. 78, n° 21.

ARRÊT À LIRE

Le principe de non-cumul des responsabilités contractuelle et extracontractuelle

Civ. 1re, 11 janv. 1989

LA COUR. – *Sur le premier moyen, pris en sa deuxième branche :*

– Vu les articles 1134 du Code civil et L. 114-1 du Code des assurances ;

– Attendu que le créancier d'une obligation contractuelle ne peut se prévaloir contre le débiteur de cette obligation, quand bien même il y aurait intérêt, des règles de la responsabilité délictuelle ;

– Attendu que, n'ayant pu obtenir, après deux accidents corporels, les indemnités auxquelles lui donnaient droit les contrats d'assurance « vie et invalidité » qu'il avait souscrits auprès de la compagnie La Protectrice, M. Béjottes a assigné cet assureur, mais aussi son agent local, M. Loustau, auquel il était reproché de n'avoir pas reversé à l'assuré les sommes qu'il avait reçues à cette fin de la compagnie ;

– Attendu que, pour condamner La Protectrice à payer les sommes réclamées par M. Béjottes, tout en déclarant atteinte par la prescription prévue à l'article L. 114-1 du Code des assurances l'action en paiement exercée par celui-ci contre la compagnie sur le fondement des contrats d'assurance, l'arrêt attaqué relève que « l'argument » relatif au non-cumul des responsabilités contractuelle et délictuelle est « inadéquat en l'espèce » dès lors que la demande à l'encontre de l'assureur trouve également son fondement dans le délit commis par M. Loustau, considéré comme un préposé de la compagnie, dont la responsabilité est ainsi retenue par application de l'article 1384, alinéa 5, du Code civil ;

– Attendu qu'en se déterminant ainsi, alors que la faute reprochée à M. Loustau ne pouvait permettre à M. Béjottes d'exercer une action contre La Protectrice, dans d'autres conditions que celles que lui ouvrait le contrat d'assurance, la cour d'appel a violé les textes susvisés ;

Par ces motifs,

Casse et annule, en ce qu'il a condamné la compagnie La Protectrice, solidairement avec M. Loustau à payer à M. Béjottes la somme principale de 50 160 francs et celle de 5 000 francs par application de l'article 700 du nouveau Code de procédure civile, l'arrêt rendu le 18 juin 1986, entre les parties, par la cour d'appel de Pau, et, pour être fait droit, les renvoie devant la cour d'appel de Bordeaux. MM. Ponsard, prés., Fouret, rapp., Charbonnier, av. gén. ; SCP Lyon-Caen, Fabiani et Liard, Me Foussard, av.

Sous-titre 4

Les régimes spéciaux de responsabilité et les systèmes d'indemnisation

3143. Il s'agit ici d'envisager les réponses du législateur pour prendre en compte l'impératif de réparation de certaines catégories de dommages, en les soustrayant plus ou moins complètement au droit commun de la responsabilité (sur cette évolution, v. ss 2213 s.).

3144. Certains de ces régimes restent des régimes de responsabilité : c'est le cas de la *loi du 19 mai 1998* sur la responsabilité des dommages causés par les produits défectueux, inscrite dans le Code civil aux articles 1245 à 1245-17. Prise sous la pression du droit communautaire, elle a cette particularité de passer outre la distinction de la responsabilité contractuelle et délictuelle car elle concerne indifféremment toutes les victimes, qu'elles soient unies par contrat ou pas au producteur, fabriquant ou revendeur. Cela l'exclut du droit commun de la responsabilité civile qui repose sur la distinction entre la responsabilité contractuelle et extracontractuelle et l'interdiction du cumul et de l'option entre les deux (v. ss 3096 s.). Alors que la jurisprudence a beaucoup malmené la distinction entre les deux sortes de responsabilités justement pour permettre à la victime de bénéficier des avantages de la responsabilité contractuelle (v. ss 3104 s.), cette loi vise à résoudre les difficultés liées à l'absence d'unité des conditions des deux responsabilités, en créant un régime spécial et uniforme.

On retrouve cependant dans ce régime de responsabilité toutes les constantes d'un régime de responsabilité (sur ces constantes, v. ss 2252 s.).

C'est le cas aussi pour d'autres régimes très spéciaux qui ne sont pas intégrés dans le Code civil et que nous n'étudierons pas ici : responsabilité du fait des aéronefs, de l'énergie nucléaire, de la pollution par les hydrocarbures de l'abordage maritime ou fluvial ou encore, depuis la loi du 21 juin 2004 pour la confiance dans l'économie numérique (*JO* 24 juin, p. 11168), le régime spécial de responsabilité des prestataires de l'internet. La loi n° 2004-575 du 21 juin 2004 prévoit, dans son article 15-I, un principe de responsabilité de plein droit de l'opérateur du commerce électronique, tant dans les contrats entre professionnels que dans les contrats de consommation, « que ces obligations soient à exécuter par [lui-même] ou par d'autres prestataires de services ». Cela revient à imposer une obligation légale de résultat à l'opérateur du commerce électronique qui ne pourra s'exonérer que par la preuve du fait de l'acheteur, du fait imprévisible et insurmontable d'un tiers étranger ou d'un cas de force majeure.

3145. D'autres régimes sont à la frontière entre la responsabilité et l'indemnisation : c'est le cas de la loi du 5 juillet 1985 sur les accidents de la circulation qui prend en compte les dommages résultant d'un accident de la circulation, là encore sans distinguer selon que la victime est transportée ou pas en vertu d'un contrat, pour les soumettre à un régime d'indemnisation spécifique, exclusif, là encore, de l'application du droit commun de la responsabilité. Il est cependant question dans tous les projets de réforme, de modifier ce régime de façon assez importante, spécialement pour rétablir l'égalité de traitement entre toutes les victimes de dommage corporel, qui sont considérées différemment par la loi de 1985 selon qu'elles sont ou non conductrices. *L'actuel projet de réforme de la Chancellerie* (du 13 mars 2017), le qualifie par ailleurs de régime spécial de responsabilité, en présentant le fait du véhicule terrestre à moteur comme un fait générateur de responsabilité et propose de modifier les conditions de l'indemnisation pour assurer une plus grande égalité de traitement des victimes, y compris conductrices.

3146. Dans une certaine mesure, la *loi du 4 mars 2002 sur les droits des malades et l'amélioration du système de santé* pourrait aussi être étudiée dans les régimes spéciaux, même si elle n'a pas été analysée jusqu'ici comme créant un régime spécial de responsabilité médicale. La responsabilité médicale a continué, après la loi de 2002, à être régie par le droit de la responsabilité civile qui analysait la relation patient-médecin en un contrat médical et déclenchait donc une responsabilité contractuelle lorsque le malade est soigné dans le cadre du secteur privé de la médecine dite « libérale ». Cela, tout au moins, jusqu'à deux décisions de la seconde chambre civile de la Cour de cassation rendues le 28 janvier et le 3 juin 2010, qui ont écarté le fondement contractuel de la responsabilité du médecin (v. ss 3354 s.). Elle reste régie par le droit public et la responsabilité est administrative lorsque le patient est soigné dans un établissement public de soins. Néanmoins, la loi du 4 mars 2002 a posé des principes généraux concernant la responsabilité médicale, qui doivent s'appliquer quelle que soit la nature de la responsabilité ; elle a rappelé notamment le principe d'une responsabilité pour faute, sauf lorsqu'un produit défectueux est en cause (elle réserve ainsi l'application du régime spécial de responsabilité du fait des produits) et en matière d'infections nosocomiales, où la responsabilité est de plein droit (v. ss 3350 s.).

Mais surtout, cette loi est particulièrement révélatrice de la tendance actuelle du droit de la réparation des dommages de conjuguer la responsabilité d'une part et l'indemnisation d'autre part (sur cette évolution, v. ss 2213 s.). Elle prévoit en effet un système reposant sur des commissions départementales, destiné à orienter la victime soit vers l'action en responsabilité, s'il apparaît qu'il y a effectivement matière à responsabilité, soit vers l'indemnisation du dommage, par un fonds d'indemnisation (géré par l'ONIAM), lorsqu'il n'y a pas responsabilité, mais accident médical.

Cette responsabilité médicale, ainsi que l'apport de la loi du 4 mars 2002 ne seront pas étudiés à titre autonome ici, même s'il en sera souvent question (sur la responsabilité médicale, également, v. ss 2944 s., 3350 s.).

3147. Enfin, il existe un certain nombre de systèmes d'indemnisation, qui ne font plus partie du droit de la responsabilité, mais plus largement, du droit de la réparation des dommages. Nous signalerons les plus importants.

Chapitre 1. La responsabilité du fait des produits défectueux

Chapitre 2. La loi du 5 juillet 1985 sur l'indemnisation des victimes d'accidents de la circulation

Chapitre 3. Les systèmes d'indemnisation

Chapitre 1

La responsabilité du fait des produits défectueux (C. civ., art. 1245 à 1245-17)

Introduction

Historique de ce régime de responsabilité

§ 1. L'origine du texte : la directive communautaire du 25 juillet 1985

3148. Déjà, en droit français, après deux lois du 10 janvier 1978 sur la protection des consommateurs, la loi du 21 juillet 1983 sur la sécurité des consommateurs, dans son article 1er, était venue poser un principe général de protection des consommateurs contre les produits dangereux et imposé une « obligation générale de sécurité » en distinguant les moyens d'éviter les accidents et l'atteinte à la santé des personnes.

Puis, une directive communautaire n° 85-374 du 25 juillet 1985 est intervenue pour imposer un droit uniforme en matière de responsabilité du fait des produits défectueux afin de protéger les consommateurs, sans que l'on ait à tenir compte de l'origine du produit défectueux ayant causé le dommage. Cette directive n'ayant pas été transposée dans le délai prévu par le législateur français, la France a été condamnée par la Cour de justice des Communautés européennes le 15 janvier 1993 [1], pour non-transposition de la directive.

3149. Il a fallu attendre la loi n° 98-389 du 19 mai 1998 « relative à la responsabilité du fait des produits défectueux » pour que soient insérés dans le Code civil, sous un titre IV *bis,* les articles 1386-1 à 1386-18, devenus, avec l'ordonnance du 10 février 2016 portant réforme du droit des contrats du régime général et de la preuve des obligations, les articles 1245 à 1245-17 du Code civil.

La loi n° 98-535 du 1er juillet 1998 « relative au renforcement de la veille sanitaire et du contrôle de la sécurité sanitaire des produits destinés à l'homme » est venue compléter cet arsenal législatif, notamment en ce qui concerne les médicaments « produits à finalité sanitaire » définis par l'article 6 de la loi du 1er juillet 1998 (CSP, art. L. 793-1) qui institue une « Agence française de sécurité sanitaire des produits de santé ».

§ 2. La condamnation pour mauvaise transposition

3150. La Commission des Communautés européennes en janvier 2000 a introduit contre l'État français, devant la Cour de justice des Communautés européennes, un recours

1. CJCE 13 janv. 1993, *D.* 1993. 566, note J.-L. Clergerie.

pour mauvaise transposition de la directive du 25 juillet 1985. Il était reproché à la France d'avoir donné au système imposé par la directive un champ d'application plus large que celui qui était obligatoire pour les États, en ayant amélioré, par rapport à la directive, la protection des consommateurs contre les défauts de sécurité des produits mis sur le marché [1].

3151. Le 25 avril 2002, la CJUE [2], a donc condamné la France pour manquement à ses obligations communautaires, car, dans sa transposition de la directive CEE du Conseil du 25 juillet 1985, elle n'aurait pas effectué une transcription stricte de la directive, bien que les libertés prises avec la lettre du texte communautaire l'aient été par faveur pour les victimes et pour assurer ou maintenir un niveau élevé de protection des consommateurs. La CJUE a précisé que la transposition de la directive devait réaliser une *harmonisation totale* des législations des États, et non une harmonisation minimale, ce qui réduit pratiquement à néant la liberté des États, contraints de procéder à une transposition quasi littérale de ses termes.

§ 3. La reprise du texte par la loi du 9 décembre 2004

3152. Cette condamnation de la France n'a pas eu pour effet l'invalidation immédiate des dispositions légales critiquées par la cour, puisqu'il s'agit d'une directive et non d'un règlement [3], mais, en vertu du principe de primauté du droit communautaire sur le droit national, le refus de s'y soumettre a entraîné la responsabilité de l'État. La France a été à nouveau condamnée deux fois par la CJUE et a été contrainte de modifier les dispositions législatives litigieuses pour éviter le renouvellement des sanctions pécuniaires.

Le législateur a finalement introduit dans la loi n° 2004-1343 sur la simplification du droit, votée le 9 décembre 2004, un article 29 visant à la mise en conformité du droit français sur la responsabilité des produits défectueux avec la directive, dans le sens imposé par la CJUE.

§ 4. L'application de la loi dans le temps : application aux produits mis en circulation après l'entrée en vigueur de la loi et interprétation du droit à la lumière de la directive

3153. Pour que la loi s'applique il faut que le produit ait été mis en circulation avant son entrée en vigueur, cette mise en circulation du produit impliquant le dessaisissement volontaire du producteur (sur cette condition, v. ss 3182).

---

1. Autrement dit, comme l'a observé Geneviève Viney, « la Commission reproche à la France d'avoir assigné une place excessive dans son propre droit aux principes européens » : G. Viney, *JCP* 2000. I. 280.

2. CJCE 25 avr. 2002, *Comm. des Comm. eur. c/ France*, *D.* 2002. 1670, obs. C. Rondey ; *CCC* 2002, comm. 117, obs. G. Raymond ; *RTD civ.* 2002, n° 3 obs. P. Jourdain ; *JCP* 2002. I. 177, étude G. Viney.

3. V. hiérarchie des normes communautaires au volume 1.

Les premières décisions à avoir appliqué les articles 1245 et suivants du Code civil datent de 2006[1], mais la jurisprudence a aussi continué à appliquer le droit commun, lorsque la loi n'était pas applicable.

Toutefois, les solutions dégagées sur le fondement des articles 1240, 1242, alinéa 1er, comme sur celui de la responsabilité contractuelle se sont inspirées du régime spécial de responsabilité du fait des produits, car, si le juge ne peut appliquer directement les articles 1245 à 1245-17 du Code civil il est tenu d'interpréter le droit commun « à la lumière de la directive de 1985 »[2]. Les décisions rendues en application du droit antérieur ont donc fourni à la jurisprudence l'occasion de se prononcer indirectement sur la responsabilité spéciale du fait des produits défectueux.

§ 5. Devenir de ce régime de responsabilité à la lumière de l'actuel projet de réforme de la responsabilité

3154. *L'actuel projet de réforme de la Chancellerie (13 mars 2017)* intègre la responsabilité du fait des produits défectueux dans un Chapitre VI intitulé « Les principaux régimes spéciaux de responsabilité », où elle prend place avec le régime de responsabilité du fait des véhicules terrestres à moteur. Il propose de reprendre intégralement à l'identique le contenu des dispositions du Code civil concernant la responsabilité du fait des produits défectueux, à l'exception toutefois de l'article 1245-17 relatif aux options de responsabilité, qui serait modifié.

Section 1
Les caractéristiques de ce régime de responsabilité

3155. Ce régime général figure désormais dans les articles 1245 à 1245-17 du Code civil. Il présente un certain nombre de caractéristiques notables.

§ 1. L'absence de distinction entre responsabilité contractuelle et extracontractuelle

3156. Ce régime ne fait pas de distinction entre responsabilité délictuelle ou contractuelle : le producteur est responsable « qu'il soit ou non lié par un contrat avec la victime » (art. 1245).

Il n'établit aucune discrimination entre les victimes : la victime peut donc être l'acquéreur du produit, un utilisateur ou simplement un tiers, et peut être une victime directe ou une victime par ricochet.

---

1. Pour la première application : Civ. 1re, 3 mai 2006, *RDC* 2006. 1239 ; pour la seconde application : Civ. 1re, 7 nov. 2006, *RDC* 2007. 312, note J.-S. Borghetti, où la responsabilité du producteur est retenue pour insuffisance de l'information délivrée par le producteur.

2. V. en premier lieu, l'affirmant : Civ. 1re, 28 avr. 1998, *JCP* 1998. II. 10088, concl. P. Sargos ; *JCP* 1998. I. 185, n° 19, obs. G. Viney, *RTD civ.* 1998. 684, obs. P. Jourdain ; *RCA* 1998, comm. n° 246.

Dans un arrêt du 28 avril 1998[1], rendu, il est vrai avant la loi du 19 mai 1998, mais visant les articles 1147 (devenu art. 1231-1) et 1384 (devenu art. 1242) du Code civil interprétés à la lumière de la directive « produits défectueux », la Cour de cassation, à propos de la transmission d'un sida transfusionnel, a admis la réparation du préjudice moral des membres de la famille en déclarant que « tout producteur est responsable des dommages causés par un défaut de son produit, tant à l'égard des victimes immédiates que des victimes par ricochet, sans qu'il y ait lieu de distinguer selon qu'elles ont la qualité de partie contractante ou de tiers ».

Cette interprétation « à la lumière de la directive » a fait partie, en effet, des moyens déployés par la jurisprudence pour faire bénéficier les victimes qui n'étaient pas en relation contractuelle avec le producteur, de l'obligation de sécurité de résultat d'origine contractuelle avant de développer le principe de l'identité des fautes délictuelle et contractuelle (v. ss 3113 s.). Toutefois, l'utilisation de ces procédés est aujourd'hui remise en cause, compte tenu des positions prises par la Cour de justice de l'Union européenne et la Cour de cassation sur la question des cumuls et options possibles avec les autres régimes de responsabilité.

§ 2. Une responsabilité objective qualifiée de responsabilité de plein droit

3157. Ce régime a été qualifié par les auteurs de régime de responsabilité objective, de plein droit. Le Code civil lui-même affirme que le producteur est responsable « de plein droit » (art. 1245-10).

Il s'agit d'une responsabilité objective dans la mesure où il n'est pas nécessaire de prouver une faute : elle repose sur le risque créé par le défaut de sécurité du produit.

Cependant, comme souvent, la notion de faute reste sous-jacente, notamment si l'on s'interroge sur le fondement de cette responsabilité. Si le producteur est responsable de la défectuosité du produit n'est-ce pas, en effet, parce qu'il a l'obligation de ne mettre sur le marché que des produits « qui présentent la sécurité à laquelle on peut légitimement s'attendre » ? Le Code de la consommation, depuis la loi du 21 juillet 1983 ne prévoit-il pas à la charge des producteurs une obligation de sécurité définie de cette façon : « les produits et les services, doivent, dans des conditions normales d'utilisation ou dans d'autres conditions normalement prévisibles par le professionnel, présenter la sécurité à laquelle on peut légitimement s'attendre et ne pas porter atteinte à la santé des personnes » ? On peut donc se demander dans quelle mesure le fondement de la responsabilité n'est pas malgré tout le manquement à une obligation légale préexistante, ce qui est la définition de la faute ?

3158. Par ailleurs, l'expression *responsabilité de plein droit* fait référence habituellement à des responsabilités présumées, où la victime est aidée dans sa démarche de mise en œuvre de la responsabilité par des présomptions. Or ici, rien de tel. La responsabilité repose sur les trois constantes habituelles : un fait générateur, le produit défectueux, un dommage et un lien de causalité entre les deux et la victime doit faire la preuve des trois éléments. Cette preuve est souvent particulièrement lourde et difficile à faire (v. ss 3192 s.).

---

1. Civ. 1re, 28 avr. 1998, *JCP* 1998. II. 10088 ; *LPA* 1999, n° 9, p. 17, É. Fouassier, « La responsabilité du fait des produits défectueux s'étend-elle au préjudice moral ? »

§ 3. Une responsabilité reposant sur le producteur

3159. Dans tous les cas, « le producteur reste responsable des conséquences de sa faute et de celles des personnes dont il répond ».

C'est donc, à la fois, une responsabilité du fait personnel et du fait d'autrui.

3160. C'est par ailleurs une responsabilité en principe *exclusive* du producteur. La responsabilité du fournisseur n'est que très subsidiaire.

1) Une responsabilité en principe exclusive du producteur

3161. Il est défini par l'article 1245-5 du Code civil comme le fabriquant à titre professionnel d'un produit fini, le producteur d'une matière première ou encore le fabricant d'une partie composante. Les constructeurs (architectes, maîtres d'œuvre, entrepreneurs de construction) ne sont pas assimilés à des producteurs. Mais la loi du 19 mai 1998 assimile au producteur un certain nombre de personnes agissant à titre professionnel :

– celui qui appose sur un produit son nom, sa marque ou un autre signe distinctif ;

– l'importateur d'un produit dans le cadre de la Communauté européenne, que ce soit dans le but d'une vente, d'une location, avec ou sans promesse de vente, ou de toute autre forme de distribution (à l'exclusion des constructeurs ou vendeurs d'immeubles soumis à la responsabilité des articles 1792 à 1792-6 et 1646-1).

2) Une responsabilité très subsidiaire du fournisseur et l'exclusion d'une responsabilité solidaire

3162. *Le fournisseur* est défini par l'article 1245-6 comme :

– le vendeur du produit,

– le loueur (à l'exclusion du cadre du crédit-bail),

– tout autre fournisseur professionnel.

3163. Le fournisseur, dans la première version, celle de la loi de 1998, était responsable du défaut de sécurité du produit « dans les mêmes conditions que le producteur », mais il disposait d'un recours contre le producteur obéissant aux mêmes règles que la demande de la victime directe du défaut, à condition d'agir dans l'année suivant la date de sa citation en justice.

La France avait donc étendu le régime de responsabilité prévu pour le producteur, dans les mêmes conditions, à tous les autres intervenants dans la chaîne de distribution, vendeur loueur ou tout fournisseur professionnel, à l'exception du crédit-bailleur, conformément aux solutions jurisprudentielles acquises sur le terrain du droit commun de la responsabilité contractuelle.

La jurisprudence avait également admis que tous pouvaient dans certains cas, être tenus *in solidum.*

3164. Or après la condamnation par la CJUE, la loi de 2004 a modifié l'article 1245-6 du Code civil pour affirmer le caractère subsidiaire de la responsabilité des autres personnes intervenant dans la chaîne de distribution du produit. En effet, c'est également sur ce point que la France a été condamnée, le 25 avril 2002 par la CJUE, qui lui reprochait de considérer que le distributeur d'un produit défectueux était responsable dans tous les cas et au même titre que le producteur ; cette solution a pour effet négatif de multiplier les mises en cause, ce que veut éviter la directive. C'est pourquoi le législateur a corrigé son texte une première fois par l'article 29 de la loi du 9 décembre 2004 et le décret du 11 février 2005, mais c'était encore insuffisant, ce qui a entraîné une deuxième condamnation de la France par la CJUE le 10 janvier 2006 [1] et une troisième le 14 mars 2006 [2]. Finalement, depuis la loi n° 2006-406 du 5 avril 2006, relative à la garantie de conformité du bien au contrat due par le vendeur au consommateur et à la responsabilité du fait des produits défectueux, l'article 1245-6 est, désormais, très semblable à l'article 3-3 de la directive.

En conclusion, le fournisseur n'est responsable du défaut de sécurité du produit qu'à la double condition que le producteur demeure inconnu et que le fournisseur n'indique pas dans un délai de trois mois son propre fournisseur ou le producteur. Il s'agit donc bien d'une responsabilité *subsidiaire* et non d'une responsabilité principale ou *in solidum*. Le cas où le fournisseur est connu mais étranger n'est pas résolu : dans ce cas il semblerait opportun de pouvoir actionner l'importateur (C. civ., art. 1245-5) ou le vendeur (art. 1245-6).

3165. D'autres textes figurant dans d'autres codes, notamment le Code de la santé publique, sont également concernés par l'articulation avec la loi de 1998. Ainsi les professionnels de santé et les établissements de santé peuvent être parfois considérés comme des producteurs au sens de la directive de 1985, et doivent répondre à ce titre des dommages causés par la défectuosité de matériels ou produits de santé ; s'ils sont considérés comme des fournisseurs, on rappellera que la CJUE dans une décision du 21 décembre 2011 a précisé que leur responsabilité ne peut être fondée que sur le régime de responsabilité du fait des produits défectueux et que leur responsabilité est subsidiaire, de sorte qu'il faut d'abord rechercher la responsabilité du fournisseur. Toutefois, la Cour de cassation, prolongeant la décision de la CJUE dans une décision du 12 juillet 2012, a exclu qu'un établissement ou un professionnel de santé puisse être considéré comme un fournisseur *lorsqu'il utilise un produit ou un matériel dans le cadre d'une prestation de soin.* Il est toujours utilisateur et donc exclu du champ d'application de la loi de 1998, à moins qu'il ne soit producteur (hypothèse résiduelle). Sa responsabilité peut donc être recherchée sur un autre fondement mais en ce cas il s'agit d'une responsabilité pour faute prouvée même si l'on invoque la responsabilité contractuelle (v. ss 3176, et les références citées).

§ 4. Des cumuls et options possibles avec les autres régimes de responsabilité

A. Une option maintenue par la loi du 19 mai 1998 sur la responsabilité du fait des produits défectueux

3166. Le régime spécial de responsabilité du fait des produits défectueux n'est pas exclusif de l'application d'autres régimes de responsabilité, comme l'est, au contraire,

1. CJCE 10 janv. 2006, aff. C-402/03, *Skov Aeg*, préc.
2. CJCE 14 mars 2006, *Comm. c/ France*, aff. C-177/04 ; *Gaz. Pal.* 9-10 juin 2006, p. 55, note J. Peigné.

la loi du 5 juillet 1985 sur les accidents de la circulation. Selon l'article 1245-17 : « les dispositions du présent chapitre [les articles 1245 à 1245-17] ne portent pas atteinte aux droits dont la victime d'un dommage peut se prévaloir au titre du droit de la responsabilité contractuelle ou extracontractuelle ou au titre d'un régime spécial de responsabilité. Le producteur reste responsable des conséquences de sa faute ou de celle des personnes dont il répond ». Cette possibilité d'option était prévue (quoique dans des termes un peu différents) par l'article 13 de la directive communautaire elle-même.

Cela signifie que la victime peut à son choix se placer sur le fondement de la loi du 19 mai 1998 ou sur la responsabilité contractuelle, parce qu'elle peut bénéficier d'une obligation contractuelle de sécurité résultat, sans se voir opposer des causes d'exonération spécifiques, dont le fameux risque de développement, ou encore une action fondée sur la garantie des vices cachés dans la vente (v. ss 3084 s.) ou encore sur l'article 1240 ou l'article 1242, alinéa 1er, du Code civil.

3167. Il peut en effet être intéressant pour les victimes de ne pas se placer sur le fondement des articles 1245 à 1245-17, et d'invoquer selon le cas, la responsabilité contractuelle (victime-partie au contrat) ou extracontractuelle (victime-tiers au contrat). Sur le fondement contractuel, la jurisprudence avait développé une obligation de sécurité-résultat du fabricant (du fournisseur et du vendeur), définie, à partir de 1989[1], comme « l'obligation de livrer un produit exempt de tout vice ou de tout défaut de nature à créer un danger pour les personnes ou pour les biens ». L'automaticité de la responsabilité fondée sur l'obligation de résultat présente en effet de grands avantages. Si la victime est un tiers au contrat, le principe de l'identité des fautes délictuelles et contractuelles, également posé par la jurisprudence, lui permettait également d'invoquer le manquement à l'obligation de sécurité-résultat sur le terrain de la responsabilité extracontractuelle pour faute, sans avoir à rapporter d'autre preuve (sur ce principe d'identité des fautes, v. ss 3120 s.).

3168. Si ces différentes possibilités avaient été admises par la jurisprudence, elles sont actuellement remises en question.

B. Un avenir compromis : le caractère exclusif de la responsabilité spéciale

3169. En effet, la CJUE a marqué sa volonté de supprimer certaines options de responsabilité ouvertes par les textes actuels. La Cour de cassation semble lui emboiter le pas sur ce point et *l'actuel projet de réforme de la responsabilité* qui, par ailleurs, propose de reprendre sans changement les autres articles du Code civil concernant la responsabilité du fait des produits défectueux, prend acte de ces solutions en modifiant les termes de l'actuel article 1245-17 (v. ss 2925). Enfin, la Cour de cassation a largement condamné l'obligation de sécurité-résultat du fournisseur et elle semble également revenir sur le principe de l'identité des fautes, si bien que de nombreuses portes semblent aujourd'hui se fermer.

---

1. Civ. 1re, 20 mars 1989, *D.* 1989. 381, note Ph. Malaurie ; *Bull. civ.* I, n° 30, ou encore Civ. 1re, 27 janv. 1993, *Bull. civ.* I, n° 44.

3170. ***L'interprétation restrictive de la directive par la CJUE.*** Dans une décision du 25 avril 2002[1], la CJUE est venue préciser son interprétation de l'article 13 de la directive, qui dispose : « la présente directive ne porte pas atteinte aux droits dont la victime d'un dommage peut se prévaloir au titre du droit de la responsabilité contractuelle ou extracontractuelle ou au titre d'un régime spécial de responsabilité existant au moment de la notification de la présente directive ». Contrairement à ce que l'on aurait pu penser, la Cour précise que « l'article 13 ne saurait être interprété comme laissant aux États membres la possibilité de maintenir un régime général de responsabilité du fait des produits défectueux différent de celui prévu par la directive » et elle conclut que « s'il n'exclut pas l'application d'autres régimes de responsabilité contractuelle ou extracontractuelle reposant sur *des fondements différents, tels que la garantie des vices cachés ou la faute* », l'article 13 ne saurait être invoqué lorsqu'il s'agit d'un régime de responsabilité du producteur reposant *sur le même fondement* que celui mis en place par la directive, même pour justifier le maintien de dispositions nationales plus protectrices que celles de la directive.

3171. Ce que recherche la directive, c'est à éviter les différences dans le niveau de protection des consommateurs, d'un pays à l'autre, et non d'assurer le meilleur niveau de protection. Comme le souligne Geneviève Viney, « il s'agit d'un objectif purement économique consistant à favoriser l'égalité entre concurrents sur le marché intérieur et qui ne laisse aucune place, selon les juges, à l'objectif social de protection des consommateurs, considéré comme totalement étranger aux préoccupations des rédacteurs de la directive de 1985 ».

3172. Que faut-il cependant comprendre par fondement différent ? À l'occasion d'une réponse préjudicielle donnée le 10 janvier 2006 dans une affaire *Skov Aeg*, la Cour de justice de l'Union européenne a précisé à nouveau que la directive « n'exclut pas l'application d'autres régimes de responsabilité contractuelle ou extracontractuelle pour autant que ceux-ci reposent sur des fondements différents, tels que la garantie des vices cachés ou la faute [...] et ajouté qu'une règle nationale selon laquelle le fournisseur est tenu de répondre sans restriction de la responsabilité pour faute du producteur » peut être maintenue ou adoptée[2].

3173. ***Les hésitations sur le sens de la directive.*** Si la responsabilité extracontractuelle pour faute des articles 1240 et 1241, reste une option possible, on pouvait se demander si les victimes pourraient continuer à se placer sur le fondement de la responsabilité contractuelle du fabricant et du vendeur, pour manquement à l'obligation de sécurité-résultat de livrer un produit exempt de tout vice ou de tout défaut de nature à créer un danger pour les personnes ou pour les biens », telle que l'avait définie la première chambre de la Cour de cassation, à partir de 1989[3]. En effet, le défaut du produit, visé par l'obligation de sécurité-résultat, est précisément

---

1. CJCE 25 avr. 2002, *D.* 2002. 2462, note C. Larroumet ; *D.* 2002. Chron. 2458, J. Calais-Aulois ; *RTD civ.* 2002. 523, obs. P. Jourdain ; *JCP* 2002. I. 177, G. Viney ; *RDC* 2003. 107, obs. P. Brun.

2. CJCE, aff. C-402/03, 10 janv. 2006, *RTD civ.* 2006. 265, obs. P. Rémy-Corlay et 333 obs. P. Jourdain ; *D.* 2006. 1261, obs. C. Nourissat et 1936, obs. P. Brun ; *JCP* 2006. I. 166, n° 12, obs. P. Stoffel-Munck, *RTD com.* 2006. 515, obs. M. Luby.

3. Civ. 1re, 20 mars 1989, *D.* 1989. 381, note Ph. Malaurie ; *Bull. civ.* I, n° 30, ou encore Civ. 1re, 27 janv. 1993, *Bull. civ.* I, n° 44.

le fondement de la responsabilité du fait des produits défectueux. Cependant, si l'on analyse le manquement à l'obligation de sécurité du fabricant en une faute (qui est même qualifiée de faute inexcusable par la chambre sociale, quand il s'agit du manquement à l'obligation de sécurité de l'employeur [1]), il reste possible de soutenir que l'option demeure puisque la Cour de justice autorise l'option de la responsabilité pour faute. L'analyse de la responsabilité contractuelle en une responsabilité pour faute, que confirmait la solution de l'identité des fautes délictuelles et contractuelles posée par la Cour de cassation (v. ss 3120 s.) pouvait ainsi permettre à la Cour de cassation de maintenir la jurisprudence développée en matière de produits défectueux sur le fondement d'une obligation de sécurité étendue au-delà du contrat grâce au principe d'identité des fautes délictuelle et contractuelle. Néanmoins, l'opinion inverse a pu être soutenue par une importante partie de la doctrine, qui considère que l'obligation de sécurité-résultat participe du même fondement que la directive de 1985 [2]. Elle aurait été forgée par la jurisprudence, à la lumière de la directive non encore transposée, pour offrir aux victimes ses deux principaux avantages : la définition du produit défectueux comme le produit qui n'offre pas la sécurité à laquelle on peut légitimement s'attendre, et la possibilité d'étendre cette sécurité aux tiers pour assurer l'égalité des victimes, comme le faisait la directive. Par ailleurs, même si le manquement à l'obligation de sécurité-résultat constitue une faute au sens large, la responsabilité qui en découle reste objective, puisqu'elle se déduit automatiquement de l'absence de résultat, sans aucune appréciation du comportement du débiteur, contrairement à ce qui se passe si l'obligation de moyen ou s'il s'agit d'une faute extracontractuelle [3]. Il en résulte que « l'obligation de sécurité-résultat devrait être évincée au profit exclusif de la loi de 1998, pour les produits mis en circulation après son entrée en vigueur ».

3174. ***L'éviction par la Cour de cassation de la responsabilité contractuelle fondée sur l'obligation de sécurité au profit du régime spécial.*** C'est bien, en effet, dans le sens de l'éviction de la responsabilité contractuelle fondée sur l'obligation de sécurité résultat que s'est inscrite la Cour de cassation. En effet, dès 2007, la première chambre civile a jugé que les victimes du défaut de sécurité d'un produit ne pouvaient se prévaloir, contre un fournisseur, de l'obligation de sécurité de résultat que la jurisprudence faisait peser sur le vendeur professionnel, y compris pour des produits mis en circulation avant son entrée en vigueur [4] ; la chambre commerciale a ensuite précisé que le fournisseur d'un produit défectueux ne peut être responsable selon le droit commun que s'il a commis une faute distincte du défaut de sécurité du produit [5]. La chambre commerciale s'est prononcée dans le cadre d'un pourvoi qui tentait de faire admettre que le défaut de sécurité des matériels livrés constituait une faute délictuelle à l'égard de la victime. Le contournement n'est pas accepté par la chambre commerciale. Comme le remarque le professeur Patrice Jourdain, si l'on comprend bien la volonté de la Cour de cassation de respecter le droit

---

1. Soc. 28 févr. 2002 (sept arrêts) ; *JCP* 2002. II. 10053, sur cinq arrêts, concl. A. Benmakhlouf.

2. V. notamment, M. Baccache, « La loi n° 98-389 du 19 mai 1998, 10 ans après », *RCA*, juin 2008, étude, n° 7 ; D. Mazeaud, *D.* 2003. 464 ; J.-P. Pizzio, *D.* 2002. 2937.

3. V. not. M. Bacache, note sous Ch. mixte 7 juill. 2017. 1803, spéc., n° 10.

4. Civ. 1re, 15 mai 2007, *RTD civ.* 2007. 580, obs. P. Jourdain.

5. Com. 26 mai 2010, n° 08-18.545, *Bull. civ.* IV, n° 99 ; *CCC* 2010, comm. 198, obs. L. Leveneur ; *RTD civ.* 2010. 790, n° 3, obs. P. Jourdain.

communautaire, on ne peut s'empêcher de constater le recul des droits des victimes qui résulte de son application [1]. Depuis, la Cour de cassation a de nouveau expressément exclu dans de nouvelles décisions, la possibilité d'invoquer la responsabilité objective résultant de la violation de l'obligation de sécurité-résultat [2]. Enfin, la chambre mixte de la Cour de cassation dans une décision du 21 septembre est venue confirmer cette éviction du droit commun au profit du régime spécial de responsabilité du fait des produits défectueux en renforçant à cet égard les pouvoirs du juge. Elle a affirmé en effet que « si le juge n'a pas, sauf règles particulières, l'obligation de changer le fondement juridique des demandes, il est tenu, lorsque les faits dont il est saisi le justifient, de faire application des règles d'ordre public issues du droit de l'Union européenne, telle la responsabilité du fait des produits défectueux, même si le demandeur ne les a pas invoquées ». En l'espèce, la victime, tiers au contrat, avait recherché la responsabilité de la société Monsanto sur le fondement de l'article 1240 du Code civil, en se invoquant comme faute, non pas le manquement à l'obligation de sécurité, mais le manquement à l'obligation d'information sur les risques du produit. La chambre mixte considère qu'à partir du moment où il n'était pas exclu que la société Monsanto soit le producteur du produit et où la victime imputait l'origine de son dommage à l'insuffisance des mentions portées sur l'étiquetage et l'emballage du produit, la cour d'appel était tenue d'examiner d'office l'applicabilité au litige de la responsabilité du fait des produits [3].

3175. ***La condamnation du système d'option par le projet de réforme de la responsabilité.*** C'est une autre menace qui plane sur l'utilisation de l'obligation de sécurité résultat en matière de responsabilité des produits défectueux, comme, d'ailleurs, au-delà.

– D'abord, le principe de l'identité des fautes délictuelle et contractuelle (v. ss 3119 s.), qui permettait d'étendre à une victime, tiers au contrat, l'obligation contractuelle de sécurité-résultat, est clairement exclu dans l'actuel projet de réforme de la Chancellerie du 13 mars 2017 (v. ss 3137 s.).

– Ensuite, au-delà du fait que l'obligation contractuelle de sécurité en matière de produits ne peut plus être utilisée pour faire échec au régime spécial de responsabilité du fait des produits défectueux, c'est plus largement l'obligation contractuelle de sécurité, en général, que le projet de réforme remet en cause en proposant de soumettre les dommages corporels à la responsabilité extracontractuelle, alors même qu'ils se rattacheraient à l'inexécution du contrat (v. ss 3131).

– Enfin, le projet propose de modifier la formulation actuelle de l'article 1245-17, qui permet d'opter en faveur du droit de la responsabilité contractuelle ou extracontractuelle ou d'un régime spécial de responsabilité [autre que le régime de responsabilité du fait des produits défectueux] en excluant la référence aux autres régimes spéciaux de responsabilité et surtout, en ajoutant la précision suivante : « dès lors que ceux-ci reposent sur un fondement autre que le défaut de sécurité du produit ».

---

1. Note préc.

2. Civ. 1re, 17 mars 2016, n° 13-18.876, *D.* 2016. 705 et 2017. 24, obs. P. Brun ; *RTD civ.* 2016. 646, obs. P. Jourdain ; 11 janv. 2017, n° 16-11.726, *D.* 2017. 626, note J.-S. Borghetti ; *RTD civ.* 2017. 415, obs. P. Jourdain ; Com. 18 mai 2016, n° 14-16.234, *D.* 2016. 1131.

3. Ch. mixte 7 juill. 2017, n° 15-25.651, *D.* 2017. 1800, note M. Bacache.

3176. Enfin, concernant le ***cas particulier du défaut d'un matériel ou produit de santé***, la CJUE et la Cour de cassation ont apporté des précisions particulièrement importantes.

– *La Cour de justice de l'Union* a apporté une première précision importante concernant le *champ d'application* de la directive et le *caractère exclusif du régime de responsabilité du fait des produits défectueux* dans une décision du 21 décembre 2011 [1]. En effet, elle appelle à distinguer selon qu'est recherchée la responsabilité du fournisseur (à titre subsidiaire, le producteur étant le responsable principal) ou celle du prestataire de services, utilisateur du produit défectueux. Cette distinction a une incidence particulière en matière de responsabilité médicale, où la responsabilité est en principe une responsabilité pour faute prouvée (depuis la loi du 4 mars 2002) mais où le cas du défaut d'un matériel ou d'un produit de santé est prévu par l'article L. 1142-1, I du Code de la santé publique, qui ménage en ce cas une responsabilité sans faute de l'établissement ou du professionnel de santé. L'arrêt de la CJUE précise que si le professionnel ou l'établissement est *fournisseur*, il entre dans le champ d'application de la directive et le principe d'exclusivité joue. Aucun autre régime de responsabilité que celui fondé sur le défaut du produit n'est utilisable et la responsabilité du fournisseur n'est que subsidiaire par rapport à celle du producteur dont il faudra rechercher la responsabilité en premier (v. ss 3164). Au contraire, *l'utilisateur* du produit n'est pas visé par la directive et sa responsabilité à raison du défaut du produit peut être recherchée sur un autre fondement.

– *La Cour de cassation*, prolongeant la décision de la CJUE dans une décision du 12 juillet 2012 [2], a apporté à son tour d'importantes précisions. Elle a d'abord exclu qu'un établissement ou un professionnel de santé puisse être considéré comme un fournisseur lorsqu'il utilise un produit ou un matériel dans le cadre d'une prestation de soin. Il est toujours utilisateur et donc exclu du champ d'application de la loi de 1998 (à moins qu'il ne soit producteur, ce qui est une hypothèse très résiduelle). Sa responsabilité en tant qu'utilisateur peut donc être recherchée sur un autre fondement que la loi de 1998. Cependant, elle a ensuite précisé, qu'en qualité d'utilisateur, sa responsabilité à raison du dommage causé par la défectuosité du produit ne pouvait être engagée (sur le fondement de la responsabilité contractuelle parce que la loi de 2002 sur la responsabilité médicale n'était pas encore applicable au litige) que pour *faute prouvée*. Elle semble donc bien vouloir abandonner l'obligation de sécurité de résultat qu'elle avait admise pourtant jusqu'ici en matière de dommages causés par des matériels ou produits de santé défectueux. Cette décision est donc particulièrement importante.

§ 5. Une prescription spéciale

3177. La loi du 19 mai 1998 envisage deux sortes de prescription : celle de la responsabilité du producteur et celle de l'action en réparation offerte à la victime.

---

1. CJUE 21 déc. 2001, C-495/10, *D.* 2012. 926, note J.-S. Borghetti ; *JCP A* 12 mars 2012, p. 2078, obs. H. Oberdoff ; *AJDA* 2012. 306, chron. M. Aubert, E. Broussy et F. Donnat ; *D.* 2012, Point de vue 1558, P. Véron et F. Vialla ; *RTD civ.* 2012. 329, obs. P. Jourdain.

2. Civ. 1re, 12 juill. 2012, *RCA* 2012 ; comm. 314 ; *D.* 2012. 2277, note M. Bacache ; *JCP* 2012, note 1036. P. Sargos ; *RDC* 2013/1, p. 111, note G. Viney ; *RTD civ.* 2013/3, p. 928, obs. P. Jourdain ; v. aussi : S. Hocquet-Berg, « La sécurité des produits de santé dans la tourmente de la jurisprudence judiciaire », *RCA* 2012, étude 8.

1) Prescription de la responsabilité du producteur

3178. Sauf en cas de faute de sa part, la responsabilité du producteur s'éteint dix ans après la mise en circulation du produit défectueux, telle qu'elle a été définie par la CJUE (v. ss 3180) « à moins que durant cette période la victime n'ait engagé une action en justice » (art. 1245-15).

2) Prescription de l'action en réparation du dommage

3179. L'action en réparation se prescrit par trois ans à compter « de la date à laquelle le demandeur a eu ou aurait dû avoir connaissance du dommage, du défaut et de l'identité du producteur » (art. 1245-16).

Section 2
Les conditions de la responsabilité

3180. Comme dans tout système de responsabilité, il faut donc remplir les conditions suivantes.

– *Un dommage :* qui peut consister en une atteinte à la personne ou aux biens de la victime, à l'exclusion du produit défectueux lui-même.

– *Un fait générateur :* qui est la mise en circulation d'un produit défectueux. Il faut bien distinguer le dommage et le défaut, certes le défaut est un risque de dommage, mais ce sont *des concepts distincts.*

– *Un lien de causalité* entre le défaut et le dommage (art. 1245-8).

– *L'absence de causes d'exonération.*

Sur chacun de ces points, il existe des spécificités.

§ 1. Conditions tenant au produit

A. La notion de produit

3181. Un *produit* est tout bien meuble. L'article 1245-2 précise qu'il peut s'agir d'un meuble incorporé à un immeuble et que cela englobe « les produits du sol, de l'élevage, de la chasse et de la pêche » et il ajoute que « l'électricité est considérée comme un produit ». Cela englobe aussi les produits à finalité sanitaire y compris les médicaments et les éléments et produits de corps humain.

Deux arrêts, antérieurs à la loi du 19 mai 98 mais appliquant la directive européenne, l'un du 3 mars 1998 [1] et l'autre du 28 avril 1998 [2] ont interprété le droit français dans ce sens.

---

1. *Bull. civ.* I, n° 94, *JCP* 1998. II. 10049, rapp. P. Sargos.
2. *Bull. civ.* I, n° 158, *JCP* 1998. II. 10088, rapp. P. Sargos.

B. La mise en circulation du produit

3182. La loi du 19 mai 1998 a défini la mise en circulation en ces termes.

► « ***Un produit est mis en circulation*** lorsque le producteur s'en est dessaisi volontairement ». Il est précisé qu'un produit ne peut faire l'objet que d'une seule mise en circulation (art. 1245-4).

3183. La Cour de cassation a précisé que la sécurité du produit (vaccin contre l'hépatite B) s'apprécie « au moment où il [le producteur] l'a mis en circulation pour être vendu ou distribué »[1] et la CJUE a conforté cette solution. Elle a précisé que l'article 11 de la directive du 25 juillet 1985 doit être interprété en ce sens : « un produit doit être considéré comme ayant été mis en circulation lorsqu'il est sorti du processus de fabrication mis en œuvre par le producteur et qu'il est entré dans un processus de commercialisation dans lequel il se trouve, en l'état, offert au public aux fins d'être utilisé ou consommé ». Toutefois, la notion de producteur peut englober une filiale distributrice « si les liens entre le producteur et une autre entité sont à ce point étroits que la notion de producteur englobe cette dernière et que le transfert du produit de l'une à l'autre de ces entités n'emporte pas mise en circulation de celui-ci »[2].

3184. Malgré ces indications, la détermination de la date de mise en circulation a donné lieu à des hésitations dans le cas des *produits fabriqués en série*. La date de dessaisissement du producteur est-elle la date de la première mise en circulation, c'est-à-dire la date d'autorisation de mise sur le marché ou alors la date de mise sur le marché du lot précis acheté par la victime ? La Chambre mixte, dans une décision du 7 juillet 2017[3], a donné une première indication, en rejetant la référence à la date d'autorisation de mise sur le marché. La première chambre civile, dans une décision du 20 septembre 2017, rendue à propos du Médiator, a fourni une réponse précise en indiquant que « la date de mise en circulation du produit qui a causé le dommage s'entend, dans le cas de produits fabriqués en série, de la date de commercialisation du lot dont il faisait partie »[4].

C. La défectuosité du produit comme fait générateur de la responsabilité

► ***Un produit est défectueux*** « lorsqu'il n'offre pas la sécurité à laquelle on peut légitimement s'attendre ». Cette définition figure dans l'article 1245-3, alinéa 1er.

---

1. Civ. 1re, 24 janv. 2006, *Juris-Data* n° 2006-031778 ; *JCP* 2006. II. 10082, note L. Grynbaum, sous cinq arrêts, préc.

2. CJCE, 1re ch., 9 févr. 2006, aff. C-127/04, *Declan O'Byrne c/ Sanofi Pasteur MSD Ltd, Dépêches* J.-Cl., *LexisNexis*, 10 févr. 2006 ; *JCP* 2006. II. 100892, note L. Grynbaum ; *JCP* 2006. II. 10 083, note J.-C. Zarka.

3. Ch. mixte 7 juill. 2017, n° 15-25.651, *RTD civ.* 2017. 872, obs. P. Jourdain.

4. Civ. 1re, 20 sept. 2017, n° 16-19.643, *D.* 2017. 2279, avis. J.-P. Sudre ; *ibid.* 2284, note G. Viney ; *ibid.* 2018. 35, obs. P. Brun ; *RDSS* 2017. 1132, obs. J. Peigné : *JCP* 2017, n° 1186, note J.-S. Borghetti ; *RCA* 2017, étude 12, L. Bloch ; *RTD civ.* 2018. 143, obs. P. Jourdain. La question est importante car le Médiator a été mis pour la première fois sur le marché en 1976 (et si cette date est la date de mise en circulation à retenir, l'application de la loi de 1998 est exclue, alors que les produits achetés par les victimes, en l'espèce, l'avaient été entre 2006 et 2009, ce qui rendait la loi de 1998 applicable).

3185. Pour apprécier cette notion de sécurité il devra « être tenu compte de toutes les circonstances et, notamment, de la présentation du produit, de l'usage qui peut en être raisonnablement attendu et du moment de sa mise en circulation » (art. 1245-3, al. 1er et 2). Autrement dit, la défectuosité ne s'apprécie pas seulement par rapport au produit lui-même.

3186. *L'information donnée sur le produit* est à cet égard essentielle et elle doit être appréciée au moment de la mise en circulation du produit[1].

En ce qui concerne notamment les *médicaments*, l'information peut porter sur ses indications, contre-indications, posologies, précautions d'emploi précisées dans l'étiquetage et les notices. La qualité et l'exhaustivité de ces notices constituent l'une des rares possibilités de réduction ou de suppression de la responsabilité du producteur de médicaments.

Dans le cadre d'une décision fondée sur les articles 1245 et suivants du Code civil, la première chambre civile, rappelant qu'aux termes de l'article 1245-3, alinéa 2, le défaut d'un produit, au sens de ses articles 1245 et suivants, s'apprécie en tenant compte de toutes les circonstances et notamment de sa *présentation,* a considéré que le fait que la notice d'utilisation d'un produit destiné au traitement d'effacement de rides et imperfections cutanées remise aux médecins ait mentionné le risque d'effets indésirables, alors que la plaquette communiquée à la victime n'en faisait pas état, caractérise la défectuosité de ce produit (le « *Dermalive* »)[2]. Dans une décision antérieure du 7 novembre 2006, elle avait déjà considéré que l'insuffisance de l'information délivrée au client[3] (il s'agissait alors de béton et non d'un produit de santé) caractérisait la défectuosité du produit.

De même, la Cour de cassation a validé la première condamnation d'un laboratoire à propos du vaccin contre l'hépatite B en considérant que le produit était défectueux en raison d'un défaut d'information sur ses effets indésirables[4]. Compte tenu de la gravité de ces effets, puisque le médicament est suspecté d'induire un syndrome de *Guillain Baré* (maladie de la sclérose en plaques v. ss 3199 s.), on peut cependant se demander si une information aurait suffi.

L'information donnée sur les risques ne suffit pas, en effet, à écarter systématiquement la défectuosité d'un produit de santé (auquel cas, les laboratoires pourraient assez facilement échapper à une éventuelle responsabilité), spécialement en cas d'effets nocifs graves[5]. Il faut alors se demander, dans ce cas, si les bénéfices attendus l'emportent

1. Civ. 1re, 24 janv. 2006, préc., *LPA* n° 45, 3 mars 2006, avis de l'avocat général J.-D. Sarcelet ; *D.* 2006. 1273 ; *JCP* 2006, aperçu rapide 185, obs. L. Grynbaum.

2. Civ. 1re, 22 nov. 2007, *Juris-Data* n° 2007-041471, *RCA* 2008. 22, comm. n° 30, note S. Hoquet-Berg.

3. Civ. 1re, 7 nov. 2006, *RDC* 2007. 312, note J.-S. Borghetti.

4. Civ. 1re, 9 juill. 2009, *RTD civ.* 2009-4. 735, obs. P. Jourdain ; – Pour une décision retenant le défaut d'information sur les risques graves (de malformations fœtales) caractérisant la défectuosité de la Dépakine (médicament contre l'épilepsie° : Civ. 1re, 27 nov. 2019, n° 18-16.537, *RCA* 2020, comm. 15, obs. L. Bloch, *JCP* 2020, n° 53, obs. G. Viney ; *RTD civ.* 2020. 124, obs. P. Jourdain.

5. Civ. 1re, 26 sept. 2018, n° 17-21.271, *D.* 2019. 61, note J.-P. Storck ; *JCP* 2018, n° 1337, obs. J.-S. Borghetti ; *RCA* 2018, comm. 307, note L. Bloch ; *RTD civ.* 2019. 124, obs. P. Jourdain. Dans cet arrêt, la Cour de cassation reproche aux juges de ne pas avoir recherché si, nonobstant les mentions figurant dans la notice, la gravité du risque thromboembolique encouru et la fréquence de sa réalisation n'excédaient pas les bénéfices attendus du contraceptif en cause et si par suite, les effets nocifs constatées n'étaient pas de nature à caractériser un défaut du produit. Se livrant à une même

sur les risques et/ou si le produit n'aurait pas pu être conçu d'une autre façon, en le comparant notamment à d'autres de la même gamme (v. ss 3187).

3187. Toutefois, *produit défectueux ne signifie pas produit dangereux*. La constatation d'un danger quelconque ne suffit pas à établir le défaut. Pour rendre le produit défectueux, le danger doit dépasser celui auquel le public peut légitimement s'attendre, c'est-à-dire qu'il doit être anormal, excessif eu égard à la nature de l'objet en cause.

En ce qui concerne les *médicaments*, les simples « effets indésirables » n'établissent le « défaut » que s'ils apparaissent trop importants au regard des avantages que présente le médicament pour la santé publique : les juges doivent tenir compte de « la gravité des effets nocifs constatés »[1]. Les exemples abondent en ce domaine : du *distilbène*, à l'origine de cancers utérins chez les femmes exposées *in utero* au médicament administré à leur mère, au vaccin contre l'hépatite B suspecté d'induire des scléroses en plaques, en passant par l'isoméride (affaire du *Médiator*) médicament coupe-faim qui peut être cause d'hypertension grave. Toutes ces hypothèses ont donné lieu à un contentieux nourri et à l'admission par la Cour de cassation, de ce que la preuve de la défectuosité du produit pouvait résulter de présomptions graves précises et concordantes, en l'absence de certitude scientifique, allégeant ainsi le fardeau de la preuve qui pèse sur la victime. Toutefois la preuve de la défectuosité du produit est étroitement liée à la preuve de la causalité et nous renvoyons donc à cette question pour d'autres développements (v. ss 3192 s.).

§ 2. Condition tenant au dommage

3188. Il n'est pas défini de façon spécifique. C'est donc le dommage selon le droit commun de la responsabilité (v. ss 2265 s.).

A. La réparation intégrale du dommage corporel

3189. Selon le nouvel article 1245-1, consécutif à l'article 29 de la loi du 9 décembre 2004, « les dispositions du présent titre s'appliquent à la réparation du dommage qui résulte d'une atteinte à la personne ».

B. La réparation des dommages matériels

1) L'instauration d'un seuil

3190. La loi s'applique à la réparation du dommage supérieur à un montant déterminé par décret, qui résulte d'une atteinte à un bien autre que le produit défectueux lui-même.

C'est sur ce premier point que la France avait été condamnée par la CJUE car la directive a institué une franchise de 500 euros, destinée à restreindre le nombre des litiges, que le législateur français avait supprimée. Le décret n° 2005-113 du 11 février 2005 a

---

comparaison entre le bénéfice thérapeutique escompté et les risques encourus pour apprécier la défectuosité, à propos du Médiator : Civ. 1re, 25 févr. 2016, *RTD civ.* 2016. 386, obs. P. Jourdain.

1. Civ. 1re, 5 avr. 2005, *JCP* 2005. II. 10085, note L. Grynbaum ; *JCP* 2005. I. 140, obs. G. Viney.

donc rétabli la situation en fixant à 500 euros le montant visé à l'article 1245-1. En dessous de ce seuil, la victime pourrait utiliser les voies classiques du droit de la responsabilité. Il n'empêche que ce texte consacre une atteinte au principe de la réparation intégrale du dommage, principe essentiel du droit de la responsabilité (sur ce principe, v. ss 2510 s.) qu'aucun régime de responsabilité n'avait jusqu'ici transgressé.

2) La possibilité de prendre en compte des biens à usage professionnel

3191. La Cour de justice des Communautés européennes a confirmé cette possibilité dans une décision du 4 juin 2009[1], rendue sur question préjudicielle posée par la Cour de cassation, le 24 juin 2008. Dans la mesure où la directive, conçue dans un cadre de protection des consommateurs, ne prévoit pas la réparation des dommages causés aux objets destinés à un usage professionnels et utilisés comme tels, et compte tenu, par ailleurs, de l'objectif d'harmonisation totale poursuivi par la directive, la solution donnée par la Cour de justice des Communautés européenne aurait pu être différente.

§ 3. Le lien de causalité

A. Une preuve nécessaire

3192. La loi du 19 mai 1998 n'a pas dispensé la victime de faire la preuve du lien de causalité entre la défectuosité du produit et le dommage. Selon une jurisprudence constante et en application des principes de sécurité juridique et de prévisibilité, le lien de causalité devrait être certain, direct et immédiat. Comme le relève un auteur, « le contraste est saisissant entre la générosité de l'obligation de sécurité, dégagée à la fin des années quatre-vingt, et la sévérité des textes en vigueur depuis 1998 (...). L'obligation de sécurité se contentait d'un lien de causalité entre le dommage et le produit, là où la loi de 1998 exige la preuve d'une défectuosité et de l'imputabilité du dommage à ce défaut du produit »[2]. La victime a donc en la matière un fardeau de la preuve particulièrement lourd et la jurisprudence a tenté de l'alléger.

B. Les assouplissements jurisprudentiels concernant les exigences de preuve de la causalité

1) L'impossibilité de maintenir une présomption de droit d'imputabilité du dommage au produit

3193. La jurisprudence, en application du droit commun, la loi de 1998 n'étant pas encore applicable, avait considérablement allégé le fardeau de la preuve en fondant la responsabilité sur une obligation de sécurité-résultat et en la décontractualisant pour la rendre applicable aussi à la victime, tiers au contrat, par faveur pour les victimes et souci d'égalité (v. ss 3121 s.). Il suffisait, en effet, pour engager la responsabilité, de faire

1. CJCE 4 juin 2009 ; *Moteurs Leroy Somer*, aff. C.-285/08, *RDC* n° 4, 2009. 1448, obs. C. Aubert de Vincelles.
2. L. Bloch, « Pour une autre présentation de la responsabilité du fait des produits de santé », *RCA*, déc. 2009, étude 16.

la preuve de l'imputabilité du dommage au produit, sans avoir à prouve sa défectuosité. Or, la Cour de cassation, dans un arrêt du 9 mai 2001 [1], avait posé une présomption à cet égard, à propos des contaminations post-transfusionnelles par le virus du sida, qui s'apparentait à une véritable présomption de droit, opérant renversement de la charge de la preuve : de l'absence d'autre mode de contamination envisageable, elle déduisait une *présomption d'imputabilité du dommage au produit, qui suffisait pour engager la responsabilité.* Cette technique avait conduit certains auteurs à parler une présomption quasi légale, opérant renversement de la charge de la preuve.

3194. Cette jurisprudence avait été développée en matière de contamination post-transfusionnelle par le virus du sida avant que la réforme de l'organisation administrative de la transfusion sanguine ne transfère le contentieux de la responsabilité liée aux contaminations post-transfusionnelles aux seules juridictions administratives, après la désignation de l'Établissement français du sang comme opérateur unique, et donc unique défendeur et responsable depuis le 1er janvier 2000, et que, en parallèle le système d'indemnisation en cas de contamination par le VIH, étendu à l'hépatite C, ne soit pris en charge par l'ONIAM (Office national d'indemnisation des accidents médicaux, v. ss 3340 s.).

3195. On notera, au demeurant, que cette présomption est devenue une présomption légale pure et simple concernant les victimes de contaminations par transfusion par le virus de l'hépatite C puisque l'article 102 de la loi du 4 mars 2002, dite « loi Kouchner » (art. 102) l'a posée pour ces victimes, dans des termes à peu près similaires. Selon l'article 102, si « la victime apporte des éléments qui permettent de présumer que cette contamination a pour origine une transfusion de produits sanguins ou une injection de médicaments dérivés du sang, il incombe à la partie défenderesse de prouver que cette transfusion ou cette injection n'est pas à l'origine de la contamination ». L'article 102 ajoute que « le doute profite au demandeur ». Un arrêt de la Cour de cassation du 5 mars 2009 consacre à cet égard une interprétation large, favorable à la victime, puisqu'il est venu préciser que dès lors qu'il existe une possibilité de contamination par les produits sanguins, même s'il existe d'autres causes possibles de contamination, il existe un doute qui doit bénéficier au demandeur [2] (aussi sur l'indemnisation, v. ss 3347).

3196. Toutefois, en dehors le cas où la loi l'a expressément prévue, cette présomption de droit ne peut se maintenir sur le fondement de la loi de 1998 puisque l'article 1245 impose expressément de faire la preuve que le produit est défectueux et que cette défectuosité est la cause du dommage (art. 1245). Cette exigence interdit le recours à des présomptions « de droit » qui opèrent un renversement de la charge de la preuve et dispensent la victime de cette preuve.

Cependant, la jurisprudence a continué à favoriser la preuve du lien de causalité, en recourant à la notion de présomptions (de fait) graves précises et concordantes et la Cour de justice de l'Union européenne a validé cette solution.

---

1. Civ. 1re, 9 mai 2001, *D.* 2001. 2149 ; v. également Civ. 1re, 17 juin 2001 (deux arrêts), *JCP* 2001. IV. 2731 et 2732 ; *La tribune de l'assurance*, 2001, n° 114, p. V.

2. Civ. 5 mars 2009, *Juris-Data* n° 2009-0472413, *RCA* 2009, comm. 102, note C. Radé.

2) L'admission du recours aux présomptions de fait, graves, précises et concordantes pour suppléer la preuve scientifique concernant les produits de santé

3197. Dans ce domaine particulier des produits de santé, et spécialement des vaccins, il est particulièrement difficile de rapporter les preuves exigées. Il s'agit donc, en l'absence de preuve scientifique certaine, de se contenter de probabilités, non seulement pour établir le lien de causalité entre le défaut du produit et le dommage, mais aussi pour établir la défectuosité du produit. L'exigence de preuve du lien de causalité, a ainsi « volé en éclats », dans un premier temps, à l'occasion de trois affaires retentissantes mettant en cause notamment le vaccin contre l'hépatite B, avant que la Cour de cassation réintroduise une solution plus rigoureuse pour finalement admettre, à l'instar du juge administratif, que la preuve peut résulter de simples présomptions [1].

Le recours à ces présomptions graves, précises et concordantes permet d'alléger le fardeau de la preuve de la causalité soit en les utilisant *à l'appui de la démonstration du caractère défectueux du produit*, ce qui touche en réalité plutôt à la preuve du fait générateur de la responsabilité, *soit à l'appui de la démonstration de l'imputabilité du dommage à la défectuosité du produit*, soit les deux à la fois.

a) Le refus initial de la Cour de cassation

3198. La première chambre civile de la Cour de cassation réagissant aux premières décisions des juges du fond [2] qui avaient admis la preuve par présomptions a d'abord été négative. Dans une décision du 23 septembre 2003 [3], après avoir textuellement repris les termes de l'article 1245-8, elle a cassé l'arrêt de la cour d'appel de Versailles du 2 mai 2001, qui se basait sur de fortes présomptions, à propos du vaccin contre l'hépatite B, en affirmant que la cour d'appel « en se déterminant ainsi, sans tirer les conséquences légales de ses constatations desquelles il résultait que le défaut du vaccin comme le lien

---

1. Les décisions étaient souvent rendues sur le fondement du droit antérieur, soit les articles 1147 et 1282 fanciens du Code civil mais interprétés à la lumière de la directive du 25 juillet 1985 sur la responsabilité du fait des produits défectueux, la solution étant la même sur le fondement de la loi de 1998 transposant cette directive.

2. TGI Nanterre, 22 décembre 2000 (*Gaz. Pal.* 15-16 févr. 2002, p. 61, note H. Vray) à propos d'un *coupe-faim* argué d'avoir provoqué une hypertension artérielle pulmonaire, (décision confirmée par la cour d'appel de Versailles le 10 mai 2002) ; Versailles, 2 mai 2001 (*RTD civ.* 2001. 891, obs. P. Jourdain) à propos d'un *vaccin contre l'hépatite B* soupçonné d'avoir provoqué une sclérose en plaques ; Paris, 23 mars 2001 (*Gaz. Pal.* 15-16 févr. 2002, p. 59), à propos d'une transfusion sanguine suspectée d'avoir entraîné une hépatite C. Dans ces trois affaires des condamnations ont été prononcées sur la base d'une *forte probabilité* (TGI Nanterre), ou de *présomptions*, qualifiées de graves, précises et concordantes (cour de Paris et cour de Versailles). Cet assouplissement des exigences de preuve n'était cependant pas admis par toutes les juridictions. Contra, TGI de Lyon du 28 avril 2003 (*JCP* 2003. II. 10166, note P. Mistretta) ; Paris, 2 juin 2006 (*RCA* 2006, comm. 306, note C. Radé, *D.* 2007. Pan. 2899, obs. P. Brun), la cour d'appel écarte le lien de causalité entre la vaccination contre l'hépatite B et la maladie de la sclérose en plaques, en relevant « qu'il n'existe pas de consensus scientifique reconnaissant un lien de causalité certain entre la vaccination et la sclérose en plaques ».

3. Civ. 1re, 23 sept. 2003 (deux arrêts), *Juris-Data* n° 2003-020 386 ; *JCP* 2003. II. 10179, note N. Jonquet, A.-C. Maillols, D. Mainguy, E. Terrier ; *JCP* 2004. I. 101, chron. G. Viney ; *Gaz. Pal.* 14-16 déc. 2003, p. 11, « Janus ou la double responsabilité : sclérose en plaques imputable à la vaccination contre l'hépatite C (à propos de TA Marseille, 5 nov. 2002 et Civ. 1re, 23 sept. 2003) », chron. J. Bonneau et *Gaz. Pal.* 4-6 avr. 2004, « Responsabilité du fait des produits : sagesse et force du lien de causalité », chron. L. Pitet.

de causalité entre la vaccination et la maladie ne *pouvaient* être établis…, a violé les textes susvisés ». Elle exigeait donc la preuve de la causalité scientifique.

Au contraire, dès le départ, le Conseil d'État a adopté une solution plus souple que la première chambre civile à propos du contentieux des vaccinations et notamment du vaccin de l'hépatite B ainsi qu'en témoignent quatre arrêts rendus le 9 mars 2007 [1]. Pour le Conseil d'État, s'il appartient bien à la victime de prouver l'imputabilité directe de son préjudice au produit, (vaccin contre l'hépatite B), cette imputabilité peut se déduire de circonstances propres à l'accréditer. Il a admis que cette preuve était faite « eu égard d'une part au bref délai ayant séparé l'injection de l'apparition du premier symptôme cliniquement constaté de la sclérose en plaques ultérieurement diagnostiquée, et d'autre part, à la bonne santé de l'intéressé et à l'absence de tout antécédent à cette pathologie antérieurement à sa vaccination ». Dans une décision postérieure, le Conseil d'État a par ailleurs précisé que l'absence de certitude scientifique ne pouvait faire obstacle à la reconnaissance du lien entre la vaccination et le préjudice subi [2].

b) L'assouplissement des exigences : l'admission de la preuve par présomptions de l'imputabilité du dommage au produit et de la défectuosité du produit

3199. Cet assouplissement a d'abord été le fait de la ***Cour de cassation*** et a concerné initialement des produits de santé qui n'étaient pas des vaccins. Dans deux décisions rendues le 24 janvier 2006 (où néanmoins les articles 1245 et suivants n'étaient pas applicables et où il s'agissait de statuer par application du droit commun), la première chambre civile de la Cour de cassation a admis, concernant l'imputabilité, c'est-à-dire le fait que l'administration du produit est la cause du dommage subi, la preuve par des présomptions. Ainsi dans le premier arrêt elle a considéré « qu'il existait des présomptions graves précises et concordantes d'imputabilité de la maladie de Creutzfeldt Jacob à l'hormone de croissance fournie par l'association France Hypophyse [3] » et dans le second arrêt, des « présomptions graves précises et concordantes d'imputabilité de l'hypertension artérielle pulmonaire primitive à l'administration d'Isoméride » [4], un médicament coupe-faim destiné à faire perdre du poids.

Concernant des vaccins, elle a pareillement admis le recours à ce faisceau de présomptions pour établir, non seulement le *fait que l'administration du produit était la cause du dommage* (imputabilité du dommage au produit) *mais également la défectuosité du produit.* Ainsi, dans une série d'arrêts rendus le 22 mai 2008, la première chambre a confirmé qu'il était possible aux victimes de prouver le lien de causalité en établissant « l'existence de présomptions graves, précises et concordantes » ; elle statuait alors à propos du lien entre vaccination contre l'hépatite B et la sclérose

---

1. CE 9 mars 2007, *D.* 2007. AJ 943, obs. E. Pahlawan-Sentilhes, et Jur. 2204, note L. Neyret ; *AJDA* 2007. 861, concl. T. Olson ; RTDSS 2007. 543, obs. D. Cristol ; *JCP* 2007. II. 10142, note A. Laude ; *JCP* 2007. I. 2108, obs. D. Jean-Pierre ; *D.* 2007. Pan. 2899, obs. Ph. Brun.

2. CE 24 oct. 2008, *M*[me] *M.*, n° 305622.

3. Civ. 1re, 24 janv. 2006, *D.* 2006. 1273 ; *LPA* n° 45, 3 mars 2006, avis de l'avocat général J.-D. Sarcelet ; *JCP* 2006, aperçu rapide, 185, obs. L. Grynbum, *RCA* 2006. 18, notes C. Radé.

4. Ces arrêts et deux arrêts de la CJCE sont commentés par le professeur L. Grynbaum : note L. Grynbaum sous trois arrêts de la Cour de cassation du 24 janvier 2006 et deux arrêts de la CJCE du 10 janvier 2006, aff. C-402/03, et du 9 février 2006, aff. C-127/04, *JCP* 2006. II. 10082.

en plaques[1]. Elle a encore confirmé cet allègement de l'exigence de preuve dans une décision du 25 juin 2009, à propos d'injection d'un vaccin ORL (*S allergènes* MRV) à un enfant et de la survenance d'une affection neurologique presque immédiate[2]. En 2009, la Cour de cassation a également admis la preuve par présomptions en faveur des victimes du *Distilbène* (médicament administré dans les années cinquante pour prévenir les risques d'interruption prématurée de grossesse et pouvant être à l'origine de cancers utérins chez des femmes exposées *in utero* au médicament). La preuve de l'imputabilité de l'affection à ce médicament peut être particulièrement difficile notamment parce que compte tenu du temps écoulé, les femmes atteintes ne peuvent pas toujours disposer de la preuve matérielle que leur mère a reçu ce médicament.

À l'inverse, dans une autre décision du même jour, elle a validé la décision qui écartait la preuve de l'imputabilité du dommage au produit[3] en considérant que dans la mesure où le *Distilbène* n'était pas la seule cause possible de l'affection, la victime devait donc prouver qu'elle avait été exposée *in utero* à ce produit, chose impossible puisque le dossier médical de la mère avait été détruit et que son témoignage avait été jugé comme de faible valeur probante.

3200. Dans des décisions postérieures, la première chambre civile a confirmé les solutions dégagées par les décisions précédentes : d'une part, l'impossibilité de prouver scientifiquement tant le lien de causalité qu'à l'inverse, l'absence de lien de causalité entre l'administration du produit et le dommage laisse place à une appréciation au cas par cas, par présomptions, de ce lien de causalité ; d'autre part les présomptions établissant le lien de causalité entre l'administration du produit et le dommage permettent en même temps, par ricochet en quelque sorte, d'établir la défectuosité du produit. Au lieu d'exiger la preuve de la causalité entre la défectuosité du produit et le dommage, comme le demande la loi (C. civ., art. 1245-8), la Cour de cassation se contente donc de la preuve de la causalité (par un faisceau de présomptions) entre l'administration du produit et le dommage, à partir de laquelle se déduit la défectuosité. Cette solution apparaissait déjà dans la série de décisions rendues en 2008 (v. ss 3199). Elle apparaît encore plus nettement dans une décision du 26 septembre 2012[4] et dans une décision du 10 juillet 2013 (références, v. ss 3200)[5] où la Cour de cassation reproche à la cour d'appel de n'avoir pas recherché si les présomptions retenues pour établir la causalité ne pourraient pas l'être également pour établir le défaut.

---

1. Civ. 1re, 22 mai 2008 (trois arrêts), *Dr. fam.* 2008, n° 17, J. Julien ; *RCA* 2008, étude 8, C. Radé ; *RDSS* 2008. 578, note J. Peigné : *JCP* 2008. II. 10131, note L. Grynbaum ; *RTD civ.* 2008. 492, obs. Ph. Jourdain, *RDC* 2008. 1186, note J.-S. Borghetti ; *JCP* 2008. I. 186, obs. Ph. Stoffel-Munck.

2. Civ. 1re, 25 juin 2009, n° 08-12.781, *D.* 2009. AJ 1895 ; *Gaz. Pal.* 13 août 2009, n° 225, p. 9, avis A. Legoux ; *RCA* 2009, étude 13, C. Radé.

3. Civ. 1re, 24 sept. 2009, *RCA* 2009, comm. 327, note C. Radé et cette revue, *Les filles du Distilbène victimes de discriminations*, étude 15.

4. Civ. 1re, 26 sept. 2012, *D.* 2012. 2304, obs. I. Gallmeister ; 2376, note C. Radé ; 2853, note J.-S. Borghetti ; *JCP* 2012, n° 1061, obs. P. Mistretta ; *JCP* 2012, n° 1199, note C. Quezel-Ambrunaz ; *RCA* 2012 ; comm. 350, obs. S. Hocquet-Berg ; *CCC* 2012, comm. 273, obs. L. Leveneur ; *D.* 2013. 49, obs. Ph. Brun.

5. Civ. 1re, 10 juill. 2013, n° 12-21.314, *D.* 2013. 2306, avis C. Melottée, 312, note P. Brun, 2315, note J.-S. Borghetti ; *D.* 2014. 47, obs. O. Gout et 2021, obs. A. Laude ; *RDSS* 2013. 938, obs. J. Peigné ; *RTD civ.* 2013. 852, obs. P. Jourdain ; *RDC* 2014. 37, obs. G. Viney ; Civ. 1re, 18 oct. 2017, n° 14-18. 118, *D.* 2017. 2096. V. égal. C. Radé, Vaccination anti-hépatite B et sclérose en plaques : première condamnation d'un laboratoire, *RCA* 2009, étude 13 ; D. Bakouche, « Les présomptions de la responsabilité du fait des produits de santé », *RCA* 2013, étude 6.

3201. Depuis, les solutions ont été validées par la ***Cour de Justice de l'Union européenne*** dans une importante décision du 21 juin 2017 (*Sanofi Pasteur*)[1], rendue à la suite d'une question préjudicielle posée par la Cour de cassation, le 12 novembre 2015[2]. Selon la CJUE, l'article 4 de la directive ne s'oppose pas à un régime probatoire national en vertu duquel, lorsque la recherche médicale n'établit ni n'infirme l'existence d'un lien entre l'administration d'un vaccin et la survenance de la maladie dont est atteinte la victime le juge, peut, en vertu de son pouvoir souverain d'appréciation, conclure à l'existence *d'un défaut du vaccin et à celle d'un lien de causalité entre ce défaut et ladite maladie, en présence d'indices graves, précis et concordants*. Toutefois, la CJUE a précisé que l'article 4 de la directive s'opposait à un régime probatoire reposant sur des présomptions, selon lequel l'existence d'un lien de causalité entre le défaut attribué à un vaccin et le dommage subi par la victime serait toujours considérée comme établie lorsque certains indices factuels prédéterminés sont réunis. La CJUE renvoie donc à une appréciation au cas par cas.

3202. Tout dépend donc, malgré le recours au système des présomptions, des circonstances de l'affaire, car il appartient aux juges du fond d'apprécier ces présomptions pour en déduire la preuve de la causalité ou pas. C'est ainsi que depuis, la Cour de cassation a validé deux décisions de cours d'appel écartant la preuve que les vaccins contre *l'hépatite B* administrés aux victimes étaient affectés d'un défaut, en considérant que dans les cas considérés, les présomptions n'étaient pas suffisantes[3]. À l'inverse, concernant le cas du *Médiator*, dans une décision du 20 septembre 2017[4], la cour d'appel a validé la condamnation du laboratoire car la cour d'appel avait pu déduire de l'ensemble des éléments concrets qui lui étaient soumis, l'existence de présomptions graves, précises et concordantes permettant de retenir l'imputabilité au *Médiator* de l'insuffisance aortique de la victime.

Cette solution du recours à des présomptions, qui va à l'encontre de la loi, laquelle exige bien la preuve du lien de causalité entre le défaut du produit et le dommage, montre que l'objectif, malgré les exigences de preuve de la causalité, est d'alléger ce fardeau de la preuve au bénéfice des victimes.

§ 4. Les causes d'exonération

3203. *La responsabilité du producteur est une responsabilité de plein droit, objective, fondée sur le risque* et non une responsabilité pour faute. L'article 1245-10 affirme : « le producteur est responsable de plein droit… à moins qu'il ne prouve… » l'une des diverses causes d'exonération énumérées dans la suite du texte.

---

1. CJUE 21 juin 2017, *AJDA* 2017. 1709, chron. P. Bonneville, E. Broussy, H. Catagnabère et C. Gänser ; *D.* 2017. 1807, note J.-S. Borghetti ; *JCP* 2017, n°° 908, note G. Viney ; *RCA* 2017. Focus 19, L. Bloch ; *RTD civ.* 2017. 877, obs. P. Jourdain ; *RDC* 2017. 662, note E. Brosset et E. Supiot.

2. Civ. 1re, 12 nov. 2015, n° 14-18.118, *D.* 2015. 2602, note J. S. Borghetti et 2016. 2535, obs. J.-D. Bretzner et A. Aynès ; *RCA* 2016, comm. 60, note S. Hoquet-Berg ; *JCP* 2016. 8, note G. Viney.

3. Civ. 1re, 18 oct. 2017 (deux arrêts), n° 14-18.118 et n° 15-20.791, *D.* 2018. 35, obs. O. Gout et 490, note J.-S. Borghetti ; *JCP* 2017. 1220, note G. Viney ; *JCP* 2018. 262, obs. M. Bacache ; *RCA* 2017, comm. 319, obs. L. Bloch ; *RTD civ.* 2018. 140, obs. P. Jourdain.

4. Civ. 1re, 20 sept. 2017, n° 16-19.643, *D.* 2017. 2279, avis. J.-P. Sudre ; *ibid.* 2284, note G. Viney ; *ibid.* 2018. 35, obs. P. Brun ; *RDSS* 2017. 1132, obs. J. Peigné : *JCP* 2017, n° 1186, note J.-S. Borghetti ; *RCA* 2017, étude 12, L. Bloch ; *RTD civ.* 2018. 143, obs. P. Jourdain.

A. La place limitée des causes d'exonération de droit commun

3204. La loi du 19 mai 1998 n'en envisage que deux : la *faute de la victime* et le *fait d'un tiers*. Il n'est pas question de la force majeure car on voit mal comment elle pourrait intervenir ici. Elle retient la faute de la victime, mais écarte, en principe, le fait d'un tiers.

Ainsi est-il possible de réduire ou de supprimer la responsabilité du producteur « lorsque le dommage est causé conjointement par un défaut du produit et par la faute de la victime ».

On peut également tenir compte d'une faute « de la personne dont la victime est responsable » (art. 1245-12).

En revanche, la responsabilité du producteur n'est pas réduite « par le fait d'un tiers ayant concouru à la réalisation du dommage » (art. 1245-13). Dans ce cas, il y aura responsabilité *in solidum,* ce qui ouvrira droit à un recours du fabricant contre le tiers, selon le droit commun, une fois la victime indemnisée.

Notons, toutefois, le cas prévu par l'article 1245-10, *in fine*, où le producteur d'une partie composante n'est pas responsable s'il établit que le défaut « est imputable à la conception du produit dans lequel cette partie a été incorporée ou aux instructions données par le producteur de ce produit », c'est le seul cas d'exonération par le fait d'un tiers.

B. Les causes d'exonération spécifiques

3205. La loi du 19 mai 1998 énumère, dans l'article 1245-10 des situations qui peuvent exonérer le producteur de sa responsabilité à condition qu'il puisse prouver :

1° qu'il n'avait pas mis le produit en circulation ;

2° que le défaut n'existait pas au moment de la mise en circulation ou qu'il est né postérieurement ;

3° que le produit n'était pas destiné à la vente ou à toute autre forme de distribution ;

4° que l'état des connaissances scientifiques et techniques au moment de la mise en circulation n'a pas permis de déceler l'existence du défaut (c'est ce qu'on appelle le « risque de développement ») ;

5° que le défaut est dû à la conformité du produit avec des règles impératives d'ordre législatif ou réglementaire.

Une cause d'exonération supplémentaire est applicable au cas du produit incorporé dans un autre pour le producteur de la partie composante lorsque, comme nous l'avons vu plus haut, le défaut est imputable à la conception du produit dans lequel cette partie a été incorporée ou aux instructions données par le producteur de ce produit (art. 1245-10, *in fine*).

1) Le risque de développement

3206. Cette cause d'exonération, transposée de l'article 7 de la directive qui directive précisait que le producteur pouvait s'exonérer de sa responsabilité en prouvant que le produit estimé défectueux était conforme à l'état des connaissances techniques lors de sa distribution, a donné lieu à d'importantes discussions. La Cour de cassation avait estimé que la directive laissait aux États membres la possibilité d'écarter l'effet exonératoire du « risque de développement » pour le producteur[1], mais le législateur, dans la loi du 19 mai 1998 n'a pas suivi cette jurisprudence et a maintenu cette cause d'exonération malgré l'avis défavorable des associations de consommateurs qui rappelaient le drame récent du sang contaminé, sous la pression des Assemblées et du patronat. C'est ce qu'on a appelé le « risque de développement ».

Toutefois, l'article 1245-11, alinéa 1er, écarte cette cause d'exonération pour tout dommage « causé par un élément du corps humain ou par les produits issus de celui-ci » (v. ss 3212).

► ***Le risque de développement*** est « le vice que l'état des connaissances scientifiques et techniques au moment de la mise en circulation du produit ne permettait pas de déceler ».

La date de mise en circulation du produit est importante car l'article 1245-3, alinéa 3, précise qu'un produit ne peut être considéré comme défectueux simplement « parce qu'un autre, plus perfectionné, a été mis postérieurement en circulation. » (sur cette date, v. ss 3182 s.).

Dans une décision du 29 mai 1997, la Cour de justice de l'Union européenne (à l'époque Cour de Justice des communautés européennes) a donné des consignes sur l'interprétation de cette notion. Elle a indiqué que l'état des connaissances scientifiques et techniques « n'est pas seulement celui du secteur industriel dans lequel opère le producteur », qu'il s'agit du « niveau *le plus avancé*, tel qu'il existait au moment de la mise en circulation du produit en cause » et que l'appréciation doit se fonder sur « l'état *objectif* des connaissances scientifiques et techniques dont le producteur est présumé être informé », à condition que ces connaissances aient été *accessibles* au moment de la mise ne circulation du produit[2].

3207. Compte tenu de cette cause d'exonération spécifique, les victimes peuvent avoir un intérêt certain à se placer sur le fondement du droit commun de la responsabilité, dans la mesure où cette option reste possible (sur ce point, v. ss 3166 s.).C'est ce dont a pu témoigner une décision de la première chambre civile du 15 mai 2007[3] qui avait retenu la responsabilité du fabriquant pour manquement à « son obligation de fournir un produit exempt de tout défaut de nature à créer un danger pour les personnes ou les biens, c'est-à-dire un produit qui offrait la sécurité à laquelle on peut légitimement s'attendre, *sans faculté d'exonération pour risque de développement* ». Toutefois, on a vu que depuis, la Cour de cassation a écarté cette possibilité de se placer sur le fondement contractuel pour invoquer le manquement à l'obligation de sécurité-résultat car la responsabilité repose dans ce cas sur le même fondement que le régime spécial de la loi de 1998, ce qui conduit à écarter obligatoirement le droit commun au profit du droit spécial, v. ss 3174). Néanmoins, sur le fondement de la responsabilité extracontractuelle pour faute, qui relève des options toujours possibles, l'intérêt demeure, puisque sur le fondement du droit commun, la jurisprudence refuse jusqu'ici de considérer le vice interne d'un produit de santé, même indécelable lors de la mise en circulation, comme un cas de force majeure, exonératoire pour le fabricant.

---

1. Civ. 1re, *D.* 1996. IR 211, obs. G. Viney ; *JCP* 1996. I. 3985.

2. CJCE 29 mai 1997, aff. C.300/95, *CEE c/ Rouyaume Uni*, *D.* 1998. 488, note A. Penneau ; *RTD civ.* 1998. 524, obs. J. Raynaud *; RTD com.* 1998. 735, obs. M. Luby ; *JCP* 1997. I. 4070, obs. J. Viney.

3. Civ. 1re, 15 mai 2007, *Juris-Data* n° 2007-038868, *RCA* 2007. 20, comm. 219, note C. Radé.

3208. La Cour de cassation a eu l'occasion d'appliquer l'article 1245-10, 4° du Code civil, pour la première fois, dans une décision du 20 septembre 2017 concernant l'affaire du *Médiator* (décision déjà citée, v. ss 3202, et les références). Elle a écarté l'exonération pour risque de développement en relevant divers éléments et, notamment, parce que la similitude du Médiator avec d'autres médicaments jugés dangereux dès 1997 aurait dû conduire le producteur à procéder à des investigations sur la réalité du risque signalé et à tout le moins, à en informer les médecins et les patients ; et, également parce que les indices relevés par la cour d'appel auraient dû attirer l'attention du laboratoire sur les risques du Médiator lui-même, comme par exemple le signalement de cas d'hypertension artérielle pulmonaire.

3209. On signalera enfin que cette question du risque de développement a été de nouveau évoquée à l'occasion des *projets de réforme de la responsabilité civile.* Cependant, alors que la version de l'avant-projet d'avril 2016 proposait de supprimer purement et simplement la cause d'exonération pour risque de développement, elle a été réintégrée, dans la formulation actuelle par le projet de réforme du 13 mars 2017 (art. 1298, 4°).

2) Le respect des normes

3210. L'article 1245-9 dispose que le « producteur peut être responsable du défaut alors même que le produit a été fabriqué dans le respect des règles de l'art ou de normes existantes ou qu'il a fait l'objet d'une autorisation administrative. » C'est une responsabilité très rigoureuse puisque le producteur semblait avoir agi selon les règles de sa profession et d'une façon tout à fait régulière. Mais, il pourra s'exonérer de sa responsabilité en prouvant que le défaut est dû à la conformité du produit avec une règle impérative (une loi ou un règlement) en invoquant l'article 1245-10, 5°.

3) Cas du produit incorporé dans un autre

3211. Selon l'article 1245-7, si le dommage est dû au défaut « d'un produit incorporé dans un autre », il y a lieu à une responsabilité solidaire entre « le producteur de la partie composante et celui qui a réalisé l'incorporation. »

4) Les cas où ces causes d'exonération ne peuvent pas être invoquées

3212. Certaines causes d'exonération ne peuvent pas être invoquées dans certains cas.

La quatrième cause relative aux connaissances scientifiques et techniques est inapplicable « lorsque le dommage a été causé par un élément du corps humain ou par les produits issus de celui-ci » (art. 1245-11). Cette exclusion est conforme à la jurisprudence consécutive à l'affaire du sang contaminé qui précisait « que le vice interne du sang, *même indécelable*, pas plus que des fautes imputées aux pouvoirs publics en raison d'une information insuffisante, ne constituent une cause exonératoire » de la responsabilité des centres de transfusion sanguine [1]. Cela aboutit à introduire ici une responsabilité sans faute dans un domaine très particulier relatif à des biens considérés,

---

1. Civ. 1re, 9 juill. 1996, *D.* 1996. 610, note Y. Lambert-Faivre.

par ailleurs, comme hors commerce par l'article 16-1 du Code civil et par l'article 611-17 du Code de la propriété industrielle qui interdit de les breveter et qui ne sont pas des produits faisant l'objet d'une production industrielle, ce qui est, toutefois, très contestable et risque de freiner les recherches en matière de thérapie génique.

Les quatrième et cinquième causes étaient *également inapplicables* selon la première rédaction de l'article 1245-11, alinéa 2, si, un défaut s'étant révélé dans les dix ans de la mise en circulation, le producteur n'avait pas pris de « dispositions propres à en prévenir les conséquences dommageables ». Il s'agissait de « l'obligation de suivi », déjà admise en Allemagne. Curieusement, c'est également sur ce point que la CJUE a condamné la France, le 25 avril 2002, alors même que cette obligation de suivi des produits vient d'être intégrée au droit communautaire par une directive du 3 décembre 2001 ! C'est pourquoi le législateur a dû, purement et simplement, abroger ce deuxième alinéa de l'article 1245-11 par l'article 29 de la loi du 9 décembre 2004.

La jurisprudence applique strictement ces causes d'exonération et a écarté notamment celle dite du « risque de développement » dans une affaire de viande de cheval contaminée, du fait qu'une étude scientifique avait établi que le risque était connu, ainsi que le moyen de le détecter, depuis 1975 [1].

3213. Par ailleurs, *les clauses visant à écarter ou à limiter la responsabilité du fait des produits défectueux sont interdites* et réputées non écrites. Ce qui, dans un cadre contractuel, permet d'écarter la clause sans annuler le contrat.

En revanche, les clauses stipulées entre professionnels sont valables mais uniquement « pour les dommages causés aux biens qui ne sont pas utilisés par la victime principalement pour son usage ou sa consommation privée » (art. 1245-14). Cette exonération conventionnelle est prévue entre toutes sortes de professionnels et non entre professionnels de même spécialité, comme c'est généralement le cas.

3214. En dehors de cette responsabilité fondée sur les dispositions de ce nouveau titre IV du Code civil pour défaut de sécurité, et des actions en responsabilité classiques extracontractuelle ou contractuelle et fondée alors sur l'obligation générale de sécurité, deux autres actions sont également possibles : pour défaut de conformité ou pour vices cachés avec des délais différents (v. ss 3167) ; c'est à cette garantie des vices cachés qu'a pu être rattachée la responsabilité des centres de transfusion sanguine, hôpitaux et cliniques ayant fourni ou utilisé du sang contaminé par le VIH, avant que la jurisprudence ne fasse application de l'obligation de sécurité de résultat [2], étendue aux victimes non contractuelles, d'abord sur le fondement d'une stipulation pour autrui tacite, puis sur le fondement de l'identité des fautes civiles délictuelle et contractuelle.

Le Conseil d'État avait alors mis, par trois arrêts de principe, sa jurisprudence en harmonie avec celle de la Cour de cassation en admettant, pour la première fois, que les centres de transfusion sanguine sont responsables des dommages causés par la mauvaise qualité des produits sanguins qu'ils fournissent, même en l'absence de faute de leur part [3].

---

1. Toulouse, 22 févr. 2000, *JCP* 2000. II. 10429, note Ph. le Tourneau.

2. TGI Paris, 1er juill. 1991, *JCP* 1991. II. 21762, note Harichaux ; Paris, 28 nov. 1991, *JCP* 1992. II. 21762, note Harichaux, *D.* 1992. 85, note A. Dorsner-Dolivet.

3. CE, ass., 26 mai 1995 (trois arrêts), et Civ. 1re, 12 avr. 1995 (deux arrêts), *JCP* 1995, n° 23 et *JCP* 1995. II. 22467, 1re esp., note P. Jourdain.

3215. Ce contentieux des produits sanguins contaminés, pose plus largement la question de la responsabilité du fait des produits défectueux en matière médicale. La responsabilité du fait d'un dommage causé par un produit défectueux se pose en effet souvent dans le cadre de l'activité médicale, le produit défectueux ou suspecté de l'être étant souvent un produit de santé. Or l'articulation de la responsabilité du fait des produits, sur le fondement du droit commun ou sur le fondement de la loi de 1998 avec les règles posées en matière de responsabilité médicale est prévue par la loi du 4 mars 2002 sur les droits des malades et l'amélioration du système de santé. L'article L. 1141-1 du Code de la santé publique réserve, en effet, l'application d'un régime de responsabilité de plein droit, ne reposant pas sur la preuve d'une faute médicale, dans le cas de dommages causés par les produits défectueux, contrairement au principe posé par la loi de 2002 d'une responsabilité pour faute ; mais encore faut-il que ce régime (c'est-à-dire la loi de 1998) soit applicable, et si tel n'est pas le cas, la Cour de cassation a réintroduit récemment l'exigence d'une faute prouvée (v. sur cette question, du champ d'application de la loi et de la réintroduction de la faute si on est hors de ce champ, v. ss 3176). Il existe, par ailleurs, en matière de contamination par transfusion, des règles spécifiques et le contentieux de la responsabilité échappe désormais aux juridictions judiciaires et est confié aux juridictions administratives (v. ss 3345 s.).

3216. Enfin, on rappellera que *le projet de réforme de la responsabilité de mars 2017* reprend la responsabilité du fait des produits défectueux au titre des principaux régimes spéciaux, sans autre changement de fond que la réécriture de l'article 1245-17 concernant l'option ouverte au profit d'autres régimes de responsabilité (sur cette question de l'option, v. ss 3170 s. ; et spéc. pour la réécriture de l'article 1245-17, v. ss 3175).

DOCUMENTS

BIBLIOGRAPHIE

BACACHE (M.), « La loi n° 98-389 du 19 mai 1998, dix ans après », *RCA*, juin 2008, étude n° 7.

BERAUDO (J.-P.), « L'application internationale des nouvelles dispositions du Code civil sur la responsabilité du fait des produits défectueux », *JCP* 1999. I. 140.

BERG (O.), « La notion de risque de développement en matière de responsabilité du fait des produits défectueux », *JCP* 1996. II. 3945.

BERGÈS (N.), « La sécurité des produits sanguins labiles », *Gaz. Pal.* 9-10 juin 2006, p. 14.

BLOCH (L.), « Pour une autre présentation de la responsabilité du fait des produits de santé », *RCA*, déc. 2009, étude n° 16.

– « Produits de santé défectueux : désordre au sommet des ordres », *RCA* 2014, étude 1.

GHESTIN (J.), « La directive communautaire du 25 juillet 1985 », *D.* 1986. Chron. 135.

– « Le nouveau titre IV *bis* du Livre III du Code civil, "De la responsabilité du fait des produits défectueux". L'application en France de la directive sur la responsabilité des produits défectueux après l'adoption de la loi n° 98-389 du 19 mai 1998 », *JCP* 1998. I. 148.

LARRIBAU-TERNEYRE (V.), « Risques et responsabilité de l'entreprise », *Rev. sociétés* 2001. 271 s.

– « La responsabilité du fait des produits et services défectueux », *Cahiers de jurisprudence d'Aquitaine et Midi Pyrénées*, 2002, étude n° 16, p. 576.

LAPORTE (C.), « La responsabilité du fait des produits défectueux : la France à nouveau épinglée », *CCC* juill. 2000, chron. n° 11.

LARROUMET (C.), « La notion de risque de développement, risque du XXIe siècle », in *Clés pour le siècle*, Paris, Dalloz, 2000.

MANAOUIL (C.) et CALLIES (I.), « Les différentes voies de recours après un accident vaccinal : étude juridique de la vaccination contre l'hépatite B », *LPA* n° 39, 23 févr. 2006, chronique de droit médical.

RADÉ (C.), « Les « filles du Distilbène » victimes de discriminations », *RCA*, nov. 2009, étude n° 15.

– « Vaccination anti-hépatite B et sclérose en plaques : première condamnation d'un laboratoire », *RCA*, nov. 2009, étude n° 15.

VINEY (G.), « L'interprétation par la CJCE de la directive du 25 juillet 1985 sur la responsabilité des produits défectueux », *JCP* 2002. I. 177.

VINEY (G.), « Principe de précaution et responsabilité civile des personnes privées », *D.* 2007, dossier, *Principe de précaution*, p. 1542.

La responsabilité du fait des produits défectueux, colloque du 27 octobre 1998, *LPA* 1998, n° 155.

Chapitre 2

La loi du 5 juillet 1985 sur l'indemnisation des victimes d'accidents de la circulation

3217. Selon son titre complet, la loi du 5 juillet 1985, tend à « l'amélioration de la situation des victimes d'accidents de la circulation et à l'accélération des procédures d'indemnisation ». C'est une loi essentiellement axée sur la question de l'indemnisation et le rôle des assurances. Elle est intervenue à la suite de très longues études et réflexions, notamment un projet de réforme en matière d'accident de la circulation, élaboré par le professeur André Tunc (v. ss 2219, et les références citées).

L'avant-projet de loi a fait l'objet de nombreuses études doctrinales[1] et d'un sondage SOFRES[2]. C'est dans ce contexte qu'a été votée la loi du 5 juillet 1985 sur l'indemnisation des victimes d'accidents de la circulation dite « loi Badinter ».

Le but de la loi du 5 juillet 1985 a été d'améliorer la situation des victimes d'accident mais, surtout, d'accélérer les procédures d'indemnisation : L'assureur du véhicule impliqué est ainsi placé au centre de cette procédure.

3218. ***Nature exacte de ce régime.*** On peut s'interroger sur la nature exacte de ce régime. S'agit-il vraiment d'un régime de responsabilité ou bien plutôt d'un régime hybride, intermédiaire entre la logique de la responsabilité et celle des systèmes d'indemnisation ? On ne retrouve pas, en effet, dans le mécanisme mis en place par la loi de 1985, la structure et le mécanisme caractéristique des régimes de responsabilité (v. ss 2252 s.). Un régime de responsabilité repose toujours sur l'existence d'un lien de causalité entre un fait générateur et un dommage et désigne, en fonction du fait générateur, un responsable qui répond du dommage sur son patrimoine propre. Or, la loi de 1985 rompt avec l'exigence de causalité sur laquelle repose le droit de la responsabilité, car, d'une part, elle se contente d'une *implication* d'un véhicule terrestre à moteur dans un *accident de la circulation* et non dans le dommage précisément subi par la victime ; d'autre part, elle admet une indemnisation intégrale de la victime alors même que celle-ci aurait commis une faute qui serait la cause exclusive de son dommage (et l'on voit bien ici la rupture avec la causalité), dans le but d'indemniser les victimes les plus faibles (enfants de moins de seize ans, personnes âgées de plus de 70 ans, personnes handicapées à plus de 80 %).

Par ailleurs, elle ne désigne pas un responsable, au sens de la responsabilité civile, mais un payeur : ce payeur, c'est l'assureur du conducteur du véhicule terrestre à moteur impliqué dans l'accident.

---

1. V. notamment l'ouvrage collectif sous la direction de M. Tunc, *Pour une loi sur les accidents de la circulation*, Economica, 1981.

2. Bigot, « Les réactions des Français au projet de loi relatif à l'indemnisation des victimes d'accident de la circulation », déc. 1983, *Gaz. Pal.* 18-19 janv. 1984.

On notera également que si le conducteur du véhicule est inconnu ou n'est pas assuré ou si son assureur est partiellement ou totalement insolvable, l'indemnisation des dommages corporels (les dommages aux biens sont indemnisés dans des conditions plus restrictives et à condition que le conducteur soit identifié) est assurée par un Fonds d'indemnisation, le Fonds de garantie des assurances obligatoires (v. ss 3320 s., sur son rôle et la procédure applicable).

3219. Le principe qui commande tout le système est qu'il faut protéger particulièrement une catégorie de victime d'accident de la circulation, les victimes non conductrices, confrontées au risque automobile. Il ne faut pas permettre que l'indemnisation de leur dommage puisse être réduite par des partages de responsabilité. La loi de 1985 soustrait donc ces dommages au droit commun de la responsabilité et aux causes d'exonération classiques. Dans le régime spécifique établi par la loi de 1985, la victime non conductrice peut seulement se voir privée de toute indemnisation, dans des cas exceptionnels (v. ss 3286 s.) mais elle ne peut jamais subir une limitation de cette indemnisation.

3220. ***Caractère obligatoire et exclusif de ce régime.*** Il faut traiter de façon identique ces victimes, sans que puisse leur être opposée la distinction traditionnelle entre responsabilité contractuelle et extracontractuelle. Le régime mis en place par la loi de 1985 est donc aussi un régime spécial à ce titre : comme la loi de 1998 sur la responsabilité du fait des produits défectueux, il transcende cette distinction entre les deux responsabilités et soumet toutes les victimes aux mêmes dispositions, mais ici de façon exclusive, car il n'y a pas d'option possible pour les victimes. Elles ne peuvent pas choisir de se placer sur le fondement du droit commun de la responsabilité civile.

3221. ***Un régime actuellement non codifié.*** La loi du 5 juillet 1985, contrairement à tous les régimes de responsabilité étudiés jusqu'ici, n'est pas intégrée dans le Code civil. Elle reste pour l'instant en dehors, ce qui est aussi une marque de l'autonomie et de la spécificité du régime.

3222. La prochaine réforme du droit de la responsabilité l'intègrera sans doute dans le Code civil, en la modifiant de façon sensible, principalement afin de rétablir une égalité de traitement entre toutes les victimes de dommage corporel, considérées différemment, pour l'instant, selon qu'elles sont ou non conductrices (v. ss 3317). Cette inégalité fondamentale est aujourd'hui très contestée. Telle est bien, en effet, l'option de ***l'actuel projet de réforme de la responsabilité civile du 13 mars 2017,*** sans pour autant qu'une égalité totale soit proposée (v. ss 3259).

Par ailleurs, la loi du 5 juillet 1985 serait intégrée dans le code civil au titre des « principaux régimes spéciaux de responsabilité », l'autre étant la responsabilité du fait des produits défectueux (v. ss 3317). À la qualification de « régime de responsabilité » répond une présentation plus conforme à la structure habituelle d'un régime de responsabilité : le fait du véhicule terrestre à moteur est présenté comme un *fait générateur* de la responsabilité et le *responsable désigné : «* Le conducteur ou gardien d'un véhicule terrestre à moteur répond *de plein droit* du dommage causé par un accident de la circulation dans lequel son véhicule est impliqué » (art. 1285 s.).

Dans l'attente de cette réforme, nous examinerons successivement les conditions d'application de la loi, qui sont aussi les conditions de l'ouverture du droit à indemnisation (Section 1), puis l'étendue de ce droit à indemnisation qui varie selon la qualité des victimes (Section 2). Nous aborderons ensuite la question de la charge de l'indemnisation (Section 3) et de la procédure d'indemnisation (Section 4) puis la question des recours récursoires (Section 5) et enfin celle des relations entre la loi de 1985 et le droit commun de la responsabilité (Section 6).

Section 1

Les conditions d'ouverture du droit à indemnisation

3223. Selon l'article 1er de la loi « Les dispositions [qui déterminent l'indemnisation] s'appliquent, même lorsqu'elles sont transportées en vertu d'un contrat aux victimes d'un accident de la circulation dans lequel est impliqué un véhicule terrestre à moteur ainsi que ses remorques et semi-remorques, à l'exception des chemins de fer et des tramways circulant sur des voies qui leur sont propres ».

L'article 1er pose ainsi les conditions dans lesquelles le droit à indemnisation est ouvert au profit des victimes, (tandis que les articles 2, 3 et 4 préciseront ensuite l'étendue et les limites de l'indemnisation selon les différentes catégories de victimes). Nous étudierons successivement la condition d'un accident de la circulation (§ 1), puis les conditions qui se rapportent aux victimes (§ 2) et celles qui se rapportent au véhicule, et notamment la condition d'implication (§ 3). On déterminera ensuite les personnes qui vont supporter la charge de l'indemnisation (§ 4).

§ 1. La condition d'un accident de la circulation

3224. La notion « ***d'accident*** », fait soudain, imprévu, fortuit, devrait exclure en principe l'application de la loi lorsque l'accident trouve son origine dans *un événement volontaire, notamment une infraction pénale volontaire*[1] (altercation entre automobilistes, automobiliste écrasant volontairement un piéton...) ; dans ce cas, le dispositif applicable aux victimes d'infraction s'appliquera (v. ss 3321 s.). Toutefois, la jurisprudence a adopté une conception souple de la notion d'accident. Ainsi, une victime blessée alors qu'elle relevait un scooter est bien victime d'un accident de la circulation et le caractère volontaire de son geste n'exclut pas l'accident[2].

Quant à la notion de « circulation », il ne s'agit pas d'une notion véritablement autonome, car elle s'apprécie largement en rapport avec des considérations concernant le véhicule, que l'on verra plus loin. En principe, l'accident est un accident de la circulation s'il est survenu sur une voie ouverte à la circulation publique. Cependant, la loi de 1985 a été aussi reconnue applicable alors que l'accident était survenu dans des lieux privés par exemple des champs agricoles, s'agissant d'un tracteur[3] ou des pistes de ski, ou des parkings d'immeubles, dès lors que le véhicule était

---

1. Civ. 2e, 30 nov. 1994, *Bull. civ.* II, n° 243 ; *RTD civ.* 1995. 132, obs. P. Jourdain (incendie causé par un tracto-pelle utilisé par des voleurs pour défoncer un mur) ; Civ. 2e, 12 déc. 2002, *D.* 2003. IR 468 ; *RCA* 2003, comm. 66, obs. H. Groutel (poursuite de piétons par une voiture) ; Civ. 2e, 23 janv. 2003, *RCA* 2003, comm. 105, obs. H. Groutel ; *D.* 2003. IR 605 (véhicule volontairement percuté par l'arrière par un autre véhicule).

2. Civ. 2e, 24 oct. 2019, n° 18-20.910, *D.* 2020. 322, note G. Frédez ; ibid., 47, obs. Ph. Brun.

3. Civ. 2e, 5 mars 1986, *Bull. civ.* II, n° 28.

« en circulation » (en mouvement). Elle est également applicable si le véhicule n'est pas en mouvement (en circulation), mais à condition cette fois, qu'il se soit trouvé au moment de l'accident sur une voie ouverte à la circulation publique (v. ss 3232). Le 22 novembre 1995, à propos d'un incendie concernant des véhicules en stationnement, la deuxième chambre civile a ainsi précisé « que le stationnement d'un véhicule sur la voie publique est un *fait de circulation* au sens de l'article 1er de la loi du 5 juillet 1985 »[1]. Il faut cependant que le véhicule ne soit pas, au moment de l'accident, dans une fonction autre que de déplacement (v. ss 3233). À l'inverse, l'application de la loi a été exclue dans toutes les hypothèses de compétition sportive et même d'entraînement sur des circuits fermés (v. ss 3231).

§ 2. Les conditions tenant aux véhicules

A. La condition d'un véhicule terrestre à moteur

1) Il s'agit de tout véhicule terrestre à moteur, avec ses remorques ou semi-remorques

3225. Le législateur a utilisé, ici, la terminologie utilisée en matière d'assurance-automobile obligatoire. La notion de VTM (véhicule terrestre à moteur) vise les automobiles, camions, cars, motocyclettes, vélomoteurs mais aussi les tracteurs, grues et les mini-motos (d'enfants)[2], etc.

3226. En effet, selon le droit des assurances, un VTM est « tout véhicule destiné au transport de choses ou de personnes circulant sur le sol et mû par une force motrice quelconque » ainsi que les véhicules « conçus pour être attelés » à un véhicule terrestre à moteur ou seulement attelés à l'un de ces véhicules. La loi s'applique donc, même s'il s'agit d'une remorque de fortune ; attelée à une automobile. Elle s'applique également aux caravanes attelées à une automobile[3]. Mais elle n'a pas été jugée applicable dans le cas d'une bétonnière ni d'une benne à gravats[4] non attelées, en stationnement sur la chaussée.

3227. La loi s'applique même si l'accident a été causé par un tracteur, dans le cadre de l'entraide agricole, régie par les articles L. 325-1 à L. 325-3 du Code rural selon des règles totalement dérogatoires au droit commun. La Cour de cassation estime qu'est *seule* applicable la loi du 5 juillet 1985 « dont les dispositions sont d'ordre public »[5].

3228. Par contre, elle ne s'applique pas aux véhicules à traction animale et le conducteur de l'attelage qui peut malgré tout être victime d'un accident de la circulation

---

1. Civ. 2e, 22 nov. 1995 (trois espèces) : *JCP* 1996. IV. 89 à 91 et *JCP* 1996. II. 22656 (deux espèces), note J. Mouly ; *D.* 1996. 163, 1re esp., note P. Jourdain ; *Bull. civ.* III, n° 285, 286 et 287.

2. Civ. 2e, 22 oct. 2015, n° 14-13.994, *D.* 2016. 43, obs. P. Brun, *RCA* 2016, comm. 7, obs. H. Groutel, *RTD civ.* 2016. 135, obs. P. Jourdain. La mini moto n'a pas été considérée comme un jouet mais bien comme un VTM.

3. Civ. 2e, 19 nov. 1986, rapport Cass. 1986.

4. Civ. 2e, 7 juin 1989, *D.* 1990. 116 (bétonnière) ; Crim. 9 janv. 1991, *Bull. crim.* n° 46.

5. Civ. 2e, 17 nov. 2005, *Gaz. Pal.* 19-20 mai 2006, p. 30, note Ph. Coursier.

si un véhicule terrestre à moteur est impliqué, se voit appliquer l'article 3 de la loi (concernant les victimes non conductrices) et non l'article 4 : il n'est pas « victime-conducteur »[1].

2) Mais la loi ne concerne pas les « chemins de fer et les tramways circulant sur des voies qui leur sont propres »

3229. Les trains, métros, mais aussi funiculaires sont exclus du domaine de la loi de 1985, dès lors qu'ils circulent sur des voies qui leur sont réservées. Toutefois, on peut se demander si la loi ne devrait pas leur être applicable lorsqu'ils partagent une voie avec d'autres véhicules, comme les tramways dont les rails sont fixés sur la chaussée et qui ne sont donc pas sur une voie qui leur est propre[2]. La Cour de cassation dans son rapport pour 2005 demandait déjà, au titre des propositions de réforme que les dispositions de la loi de 1985 soient étendues aux tramways, compte tenu du développement de ce mode de transport urbain et du risque de multiplication des dommages. L'actuel projet de réforme de la responsabilité, supprimerait cette exclusion en ne faisant plus état de l'exception visée actuellement des « chemins de fer et tramways circulant sur des voies qui leurs sont propres » (art. 1285).

3230. La question se pose aussi de savoir si la loi de 1985 peut être applicable dans le cas où un véhicule automobile traverse une voie de chemin de fer ou de tramways et inversement. Or, la Cour de cassation, considérant qu'il suffit d'une voie « séparée » des voies de circulation automobile et piétonnière par quelque aménagement matériel ou simplement visuel[3] que ce soit, pour qu'il s'agisse d'une voie propre, a ainsi jugé que la possibilité pour les usagers de la route de traverser une *voie ferrée* ne faisait pas perdre à celle-ci, pour le train, son caractère de voie de circulation propre[4]. Il en résulte la situation suivante, concernant les accidents de passage à niveau : la SNCF peut se fonder sur la loi de 1985 pour obtenir la réparation de son préjudice matériel mais à l'inverse, les occupants de l'automobile ne peuvent agir contre la SNCF que sur le fondement du droit commun de la responsabilité civile[5].

Toutefois, concernant les tramways, la Cour de cassation a abandonné cette analyse, en décidant qu'« un tramway qui traverse un carrefour ouvert aux autres usagers de la route ne circule pas sur une voie qui lui est propre[6] ».

3) La loi ne concerne pas, non plus, les véhicules évoluant sur un circuit fermé exclusivement dédié à l'activité sportive

3231. Dès la promulgation de la loi, les cours d'appel étaient réticentes à appliquer la loi de 1985 aux accidents survenus sur des circuits fermés, le terme « circulation » semblant, *a priori* exclure les circuits fermés. Il s'agissait, tout d'abord d'accidents

---

1. Crim. 17 juin 1986, *Bull. crim.* n° 211.

2. Civ. 2e, 6 mai 1987, *Bull. civ.* II, n° 92.

3. Civ. 2e, 18 oct. 1995, n° 93-19.146, *Bull. civ.* II, n° 239.

4. Civ. 2e, 19 mars 1997, n° 95-19.314, *Bull. civ.* II, n° 78 ; *RGDA* 1997. 766, note J. Landel.

5. Civ. 17 mars 1986, *DS* 1987. 49, note H. Groutel.

6. Civ. 2e, 16 juin 2011, n° 10.19.491, *Juris-Data* n° 2011-011725 ; *D.* 2011. 1756, obs. I. Gallmeister.

causés à des spectateurs, lors d'un moto-cross, notamment, mais la Cour de cassation avait cassé ces décisions en déclarant applicable la loi de 1985 [1].

Ensuite, la Cour de cassation considéra la loi de 1985 inapplicable « entre concurrents d'une compétition sportive » [2], ce qui laissait supposer qu'elle était applicable au cours des entraînements. Mais, elle a par la suite refusé l'application de la loi de 1985 aux accidents survenus sur un circuit fermé au cours d'un entraînement et aux dommages causés par un concurrent à un autre concurrent [3]. En effet, les conditions matérielles sont souvent très proches lors des entraînements et lors des compétitions.

Depuis, la Cour de cassation a également écarté l'application de la loi de 1985 pour la réparation de dommages causés à des spectateurs à l'occasion de cascades de véhicules pendant le tournage d'un film [4].

B. Véhicule inerte ou en mouvement

3232. Le principe est que la loi s'applique aux véhicules, qu'ils soient en mouvement ou pas, mais avec une distinction selon le lieu où ils se trouvent.

La loi s'applique ainsi aux ***véhicules en mouvement en tous lieux***, même dans une propriété privée, même dans un champ. Ainsi, à propos d'une victime blessée en montant sur une moissonneuse-batteuse travaillant dans une propriété privée, il a été jugé que s'appliquait la loi de 1985 et non l'article 1242, alinéa 1er [5].

Elle s'applique également aux ***véhicules inertes,*** l'immobilité du véhicule n'excluant pas la circulation [6], spécialement lorsque les véhicules sont ***à l'arrêt sur une voie ouverte à la circulation publique*** (v. ss 3245).

3233. Cependant, la loi de 1985 ne s'applique pas aux ***véhicules utilitaires ou véhicules outils*** qui fonctionnent à l'arrêt, tels que la pelle mécanique d'un chariot élévateur [7], ou un engin de terrassement [8], ou une moissonneuse-batteuse fonctionnant en poste fixe [9] : la fonction de déplacement laisse ici place à la fonction d'outil [10]. Cette solution a encore été rappelée par la Cour de cassation dans une décision du 18 mai 2017 [11].

---

1. Civ. 2e, 10 mars 1988, *Bull. civ.* II, n° 59 ; Civ. 2e, 8 mars 1989, pourvoi n° 88-11378, inédit.

2. Civ. 2e, 28 févr. 1996, *Bull. civ.* II, n° 37 ; *RCA* 1996, comm. 168, et chron. 22, H. Groutel ; Civ. 2e, 19 juin 2003, *Bull. civ.* II, n° 197 ; *D.* 2003. Somm. 2540, obs. F. Lagarde ; *RCA* 2003. Chron. 24, H. Groutel ; *RGDA* 2003. 719, note Landel.

3. Civ. 2e, 4 janv. 2006, *LPA* 23 mars 2006, n° 59, p. 8, note C. Boismain.

4. Exclusion de la loi de 1985 pour des dommages subis par des spectateurs lors d'un exercice de cascade de voitures durant le tournage d'un film et par le producteur, victime par ricochet : Civ. 2e, 14 juin 2012, n° 11-13-347 et 11-15.642, *RCA* 2012, comm. 234, note H. Groutel ; *RTD civ.* 2012. 543, obs. P. Jourdain.

5. Civ. 2e, 10 mai 1991, *JCP* 1991, n° 27, tableaux de jurisprudence p. 258, *Bull. civ.* II, n° 137.

6. Jugeant qu'il y avait circulation à propos d'un tracteur de piste à l'arrêt sur le tarmac d'un aéroport, heurté par un avion de ligne : Civ. 2e, 18 avr. 2019, n° 18-15.759, *RCA* 2019, comm. 187 ; *RTD civ.* 2019. 886, obs. P. Jourdain.

7. Civ. 2e, 13 janv. 1988, *Bull. civ.* II, n° 1.

8. Civ. 1re, 31 janv. 1989, *RCA* 1989, comm. n° 175.

9. Civ. 2e, 14 oct. 1992, *RCA* 1992, comm. n° 450 ; v. aussi Civ. 2e, 8 mars 2001 (deux arrêts), *Bull. civ.* II, n° 42 et 43 ; *RCA* 2001, comm. 184-185.

10. V. chron. Amouroux, « Le véhicule et l'outil », *Gaz. Pal.* 1990. Doctr. 21, cité dans la bibliographie.

11. Civ. 2e, 18 mai 2017, n° 16-18.421, *D.* 2017. 1120, *ibid.* 2018. 44, obs. P. Brun.

En revanche, la loi de 1985 redevient applicable lorsque le « véhicule-outil » est appelé à opérer une succession de déplacements et d'arrêts, même pour un déplacement involontaire : ripage dû à un mauvais positionnement d'une pelle mécanique[1]. La même exclusion s'applique aux opérations de chargement ou de déchargement[2].

C. La condition d'implication du véhicule dans l'accident

3234. Expressément, la loi n'exige que l'implication du véhicule dans l'accident et non dans le dommage. La question peut cependant se poser de savoir si, au-delà, il ne faut pas établir un lien entre l'accident et le dommage (question de l'imputabilité du dommage à l'accident).

1) La notion d'implication

3235. L'implication est une condition essentielle d'application de la loi du 5 juillet 1985, révélatrice de la volonté d'ouvrir le plus largement possible l'indemnisation des victimes d'un accident de la circulation. Le choix de cette notion était destiné, en effet, à éviter les discussions, qui avaient eu lieu, en droit commun de la responsabilité du fait des choses (art. 1241, al. 1er), sur le rôle causal de la chose, sur son rôle actif ou passif dans la réalisation du dommage et sur le jeu de la présomption de causalité. Ce terme « implication », s'il figure dans la convention de La Haye du 4 mai 1971 relative à la loi applicable en matière d'accidents de la circulation routière, n'est pas usuel dans la terminologie de la responsabilité civile. On a donc discuté du sens exact qu'il fallait lui donner et la doctrine s'est référée, ici, à une remarque faite par le garde des Sceaux, au cours des travaux parlementaires, où il avait précisé que « s'agissant du terme *impliqué*, il est volontairement très large ». Il ne s'agit donc pas de causalité, au sens de condition *sine qua non*, comme dans les régimes de responsabilité (v. ss 2391 s.), mais d'une notion beaucoup plus lâche.

3236. Il faut souligner, par ailleurs, que l'implication exigée n'est pas *l'implication dans le dommage* dont la victime demande l'indemnisation mais *l'implication dans l'accident*, ce qui n'est pas la même chose. Le lien entre l'intervention du véhicule et le dommage peut donc être très distendu, si bien qu'il y a une réelle rupture avec l'exigence de causalité ordinairement posée dans les régimes de responsabilité.

3237. ► ***L'implication***, consiste dans le fait qu'un véhicule terrestre à moteur est intervenu, à quelque titre que ce soit où à quelque moment que ce soit, dans la réalisation de l'accident. Il suffit qu'il ait eu une incidence sur son déroulement, qu'il en ait modifié le cours, sans pour autant qu'il ait été une condition *sine qua non* de sa réalisation : sans le véhicule l'accident aurait pu se produire, mais il n'aurait pas eu la même configuration. La notion d'implication est donc particulièrement extensive. Cependant, il y davantage une différence de degré entre implication et causalité qu'une différence de nature.

---

1. Civ. 2e, 19 nov. 1998, *JCP* 1999. II. 10113, note Nizard de St Didier.

2. Civ. 2e, 8 mars 2001, cité *supra*.

3238. Cette notion d'implication est si délicate à définir que la jurisprudence n'en a jamais donné une définition générale : elle l'interprète de façon plutôt extensive, au cas par cas, en fonction des situations et les solutions sont fluctuantes et difficiles à systématiser. La Cour de cassation, dès l'origine, a quand même pris parti pour une conception large en interprétant la notion d'implication comme une intervention non causale, qui ne doit par ailleurs, en aucune manière, être reliée au comportement du conducteur. Elle a ainsi relevé que « l'absence de causalité entre la faute du conducteur et le dommage de la victime n'exclut pas l'implication »[1]. Elle a également cassé pour violation de l'article 1er, une décision qui avait considéré qu'un automobiliste qui n'avait commis aucune faute ne pouvait être impliqué[2]. [3]. De même, elle casse les décisions qui énoncent que le véhicule « n'avait joué aucun rôle causal dans la réalisation du dommage »[4] et qui ne recherchent pas la preuve de l'implication, car l'*implication se distingue de la causalité*[5].

La tendance générale consiste donc à étendre très largement la notion d'implication qui découle actuellement d'une simple coïncidence : par exemple, un véhicule est impliqué quand, à sa vue, un piéton a un mouvement de recul, dû à la surprise, ce qui provoque sa chute en arrière[6] ; ou encore un véhicule est impliqué lorsque la victime a été blessée par la projection d'un objet transporté sur le toit d'une voiture à l'arrêt, fixé par un tendeur élastique ![7]

Pour présenter les solutions, il est d'abord possible de distinguer selon qu'il y a eu contact ou absence de contact. Le cas du carambolage a par ailleurs soulevé des difficultés particulières, ainsi que celui du véhicule à l'arrêt.

a) En cas de contact entre la victime (ou son véhicule) et un véhicule terrestre à moteur

3239. Le contact suffit à établir l'implication. La Cour de cassation admet, en effet, une présomption d'implication dès qu'il y a contact. Ainsi, lors d'une collision en chaîne, la Cour constate que le véhicule du défendeur avait heurté celui de la victime « et que par suite », le premier était impliqué dans l'accident. De même, est impliquée dans un accident l'automobile qui, garée sur un parc de stationnement, a été projetée par un véhicule inconnu sur une autre voiture qui y était garée et qui a été endommagée[8].

3240. Qu'il soit à *l'arrêt ou en mouvement*, le véhicule qui a été heurté ou qui a heurté est nécessairement impliqué[9], sous réserve, toutefois, des hésitations qui ont pu naître, un temps, à propos des véhicules à l'arrêt (v. ss 3245 s.).

---

1. Civ. 2e, 11 avr. 1986, *Gaz. Pal.* 1986. 2. 610, note P. Jourdain ; *JCP* 1986. II. 20672, 2e esp., note J. F. Barbieri ; Civ. 2e, 17 mars 1993, *Bull. civ.* II, no 107, obs. G. Viney, *JCP* 1993. I. 3727.

2. Civ. 2e, 26 nov. 1986, *DS* 1987. 128, note H. Groutel.

3. Civ. 2e, 28 mai 1986, *Bull. civ.* II, no 83 ; Civ. 15 mai 1992, *JCP* 1992. IV. 1973.

4. Civ. 19 févr. 1986, *Bull. civ.*, no 19.

5. Civ. 2e, 1er avr. 1987, *RGAT* 1988. 40, note Chapuisat.

6. Civ. 2e, 2 avr. 1997, *Gaz. Pal.* 1997. Pan. 273 ; *RCA* 1997. 226.

7. Civ. 2e, 20 oct. 2005, *Gaz. Pal.* 28-29 déc. 2005. Pan. 9.

8. Civ. 2e, 21 mai 1990, *JCP* 1990. IV. 277, *D.* 1991. 123, note J.-L. Aubert, 1re esp.

9. Civ. 2e, 25 janv. 1995, *Bull. civ.* II, no 27 ; *Gaz. Pal.* 1995. 1. 315, note F. Chabas ; *RTD civ.* 1995. 382, obs. P. Jourdain.

b) Lorsqu'il n'y a pas de contact entre la victime (ou son véhicule) et un véhicule terrestre à moteur en mouvement

3241. Il peut quand même y avoir implication de ce véhicule, mais à la condition que la victime puisse établir qu'il a participé d'une certaine manière à la réalisation de l'accident. De façon générale, la Cour de cassation admet de façon plutôt large l'implication du véhicule en l'absence de contact. Toutefois, certains arrêts considèrent que l'implication ne peut résulter de la seule présence sur les lieux du véhicule ou de la simple concomitance entre la présence du véhicule et l'accident[1] (par exemple dans un cas où un cyclomotoriste avait fait une embardée au passage d'une voiture et heurté un poteau téléphonique[2], alors que d'autres admettent l'implication sans poser de conditions particulières, notamment dans le cas du véhicule dépassé[3]. Les solutions restent donc fluctuantes en fonction des circonstances, sachant que le véhicule peut être à l'arrêt ou en stationnement ; ou bien circuler normalement sur sa voie ou bien encore il s'agit d'un véhicule dépassé ; ces différentes circonstances peuvent expliquer des variations dans les solutions adoptées.

3242. On a pu se demander, un temps, si une condition spécifique, celle du *rôle perturbateur* du véhicule ou d'une *« perturbation de la circulation »*, n'allait pas être exigée pour admettre l'implication[4]. Elle se retrouvait, en effet, dans un certain nombre d'arrêts qui concernaient, toutefois, le cas particulier des *véhicules en stationnement ou à l'arrêt.* Cette condition a été abandonnée, depuis, dans cette hypothèse spécifique (v. ss 3245 s.) mais on la retrouve parfois dans certains arrêts et dans d'autres hypothèses que celle du véhicule à l'arrêt. Ainsi, concernant le cas du véhicule dépassé, dans une décision du 5 février 2015, la deuxième chambre civile a écarté l'implication en l'absence de rôle perturbateur du véhicule[5]. Toutefois, un arrêt à peine antérieur, du 15 janvier 2015, de la même deuxième chambre civile, reprochait à la cour d'appel d'avoir subordonné l'implication à un fait perturbateur de la circulation[6] et avait confirmé cette position dans un arrêt du 2 mars 2017, concernant toujours le cas de l'implication du véhicule dépassé, la deuxième chambre civile reprochant, ici, à la Cour d'appel d'avoir ajouté une condition à la loi. On pouvait donc en conclure que le véhicule est impliqué du seul fait qu'il a été dépassé[7]. Pourtant, par un arrêt du 18 avril 2019, la deuxième chambre civile semble poser une exigence supplémentaire en considérant le véhicule comme impliqué dans l'accident, dans la mesure où, par sa présence, il contraint à une manœuvre de dépassement (tracteur occupé à faucher le bas-côté d'une route)[8].

---

1. Civ. 25 mai 1994, n° 92-19.200, *Bull. civ.* II, n° 133 ; Civ. 2e, 18 mars 1999, n° 97-14.306, *Bull. civ.* II, n° 51 ; *RCA* 1999, comm. 173 ; Civ. 2e, 8 juill. 2004, n° 03-12.323, *Bull. civ.* II, n° 345 ; Civ. 2e, 13 déc. 2013, n° 11-19. 696, *RTD civ.* 2013. 390, obs. P. Jourdain ; Civ. 2e, 5 févr. 2015, n° 13-27.376, *D.* 2016. 44, obs. P. Brun.

2. Civ. 2e, 18 mars 1999, *Bull. civ.* II, n° 51 ; *JCP* 1999. IV. 1908.

3. Civ. 2e, 18 mars 1998, n° 96-13.726, II, n° 88 ; 1998. Chron. 14, par H. Groutel ; Civ. 2e, 15 janv. 2015, n° 13-27.448, *RCA* 2015, comm. 118, obs. H. Groutel.

4. Civ. 2e, 5 janv. 1994, *Époux Zemmour, Bull. civ.* II, n° 2, *JCP* 1994. IV. 606 et obs. Viney ; *JCP* 1994. I. 3773. VI.

5. Civ. 2e, 5 févr. 2015, n° 13-27.376, *D.* 2016. 44, obs. P. Brun.

6. Civ. 2e, 15 janv. 2015, n° 13-27.4448, *RCA* 2015, comm. 118, obs. H. Groutel.

7. Civ. 2e, mars 2017, n° 16-15.562, *D.* 2017. 902, note D. Mazeaud ; *RCA* 2017, comm. 165, obs. H. Groutel ; *RTD civ.* 2017. 671, obs. P. Jourdain ; *D.* 2018. 45, obs. P. Brun.

8. Civ. 2e, 18 avr. 2019, n° 18-14.948 ; *RTD civ.* 2019. 600, obs. P. Jourdain.

c) En cas de carambolage (collisions en chaîne)

3243. Dans l'hypothèse de collisions en chaîne, le recours à la notion large d'implication doit conduire à admettre que tous les véhicules sont impliqués sans avoir à rechercher le rôle joué par chacun et la victime doit donc pouvoir s'adresser indifféremment à l'un ou l'autre des assureurs des véhicules impliqués. C'est la solution actuellement retenue. Pourtant, la deuxième chambre civile de la Cour de cassation, a été tentée, à plusieurs reprises, d'opérer un retour à une notion d'implication plus réductrice et plus proche de la notion de causalité. D'abord en autorisant les conducteurs des véhicules impliqués *dans l'accident*, à démontrer qu'en réalité leur véhicule n'était pas impliqué *dans le dommage*[1]. Ensuite, et notamment dans un arrêt du 16 mars 1994[2], en considérant chaque collision comme un accident distinct, nécessitant l'appréciation de l'implication des véhicules dans chacun des cas, au lieu d'analyser les collisions en chaîne comme un événement global.

Dans un nouvel arrêt du 28 juin 1995[3], la deuxième chambre civile a ensuite reconnu le caractère unique de l'accident qualifié de « collision en chaîne » et après de nouvelles hésitations, une décision du 24 février 2000, a confirmé le retour à la notion de globalisation de l'accident complexe[4].

3244. *Toutefois, pour qu'il y ait accident complexe unique* et que l'on évite le fractionnement en une série d'accidents particuliers distincts, la Cour de cassation a posé des conditions. Elle exige en effet un « enchaînement continu des différents épisodes »[5] qui suggère une unité d'action, l'épisode précédent expliquant le suivant[6]. Cela n'impose pas cependant que l'accident complexe se soit déroulé en un seul trait de temps et la Cour de cassation a pu retenir un accident unique alors que plus de vingt minutes s'étaient écoulées entre la première et la dernière phase de l'accident[7]. Ces décisions confirment en tout cas, la thèse de la globalisation de l'accident complexe : la Cour de cassation admet en ce cas que tous les véhicules sont impliqués à l'égard de la victime.

d) Cas des véhicules en stationnement ou à l'arrêt

3245. Un *véhicule en stationnement*, même régulier, peut-il être considéré comme « impliqué » ?

Certains auteurs l'ont pensé, admettant ainsi la conception la plus large de l'implication, applicable à tout véhicule présent, même fortuitement au lieu et au moment d'un

---

1. Civ. 2e, 24 oct. 1990, *Bull. civ.* II, 211 ; *RTD civ.* 1991. 131, obs. P. Jourdain.

2. *Bull. civ.* II, n° 90, *JCP* 1994. IV. 1329.

3. *Bull. civ.* II, n° 203 ; *JCP* 1995. IV. 2129 ; *JCP* 1995. I. 3944, obs. G. Viney.

4. Civ. 2e, 24 févr. 2000 (deux arrêts), *JCP* 2000. I. 243, obs. G. Viney ; *RTD civ.* 2000. 348, obs. P. Jourdain.

5. Civ. 2e, 21 nov. 2013, n° 12-26. 401, *RCA* 2004, comm. 369 ; Civ. 2e, 2 oct. 2008, *Juris-Data* n° 2008-045215 ; *RCA* 2008, comm. 323, note H. Groutel ; *RTD civ.* 2002. 335, obs. P. Jourdain ; Civ. 2e, 22 févr. 2007, *Juris-Data* n° 2007-037588 ; Civ. 2e, 21 oct. 2004, *Juris-Data* n° 2004-025349 ; *RCA* 2004, comm. 369, note H. Groutel.

6. F. Leduc, « Le cœur et la raison en matière d'accidents de la circulation », *RCA* 2009, dossier, *Les vingt ans de la revue*, p. 18, n° 10.

7. Civ. 2e, 25 oct. 2007, *Juris-Data* n° 2007-041033.

accident. C'est la solution la plus simple mais qui peut paraître parfois choquante. La Cour de cassation a d'abord contredit cette interprétation par trois arrêts de principe le 21 juillet 1986[1] selon lesquels un véhicule en stationnement ne pouvait être impliqué que si « les conditions de son stationnement avaient perturbé ou étaient de nature à perturber la circulation de la victime ». Cependant, deux arrêts de la deuxième chambre civile ont réalisé, le 23 mars 1994, un important revirement de jurisprudence, en affirmant que « le fait qu'un véhicule terrestre à moteur soit *en stationnement sans perturber la circulation n'exclut pas son implication* dans un accident au sens de la loi du 5 juillet 1985 »[2].

Cette conception de l'implication concerne toutes les hypothèses de stationnement, qu'il y ait ou non contact entre la victime et le véhicule, qu'il soit en position normale ou anormale, que le stationnement soit licite ou illicite.

3246. La question s'est également posée pour un *véhicule arrêté ou immobilisé* (mais pas en stationnement), comme par exemple, un autobus momentanément arrêté sur la chaussée pendant que descendaient les passagers ou encore un véhicule ou sa remorque en cours de chargement ou de déchargement[3]. La Cour de cassation a admis l'implication dès lors qu'il y avait eu une intervention matérielle du véhicule[4].

Une question plus délicate est celle où le dommage est causé par l'*incendie d'un véhicule à l'arrêt* : la loi de 1985 s'applique si le véhicule circulait lorsque l'incendie s'est déclaré et l'a contraint à s'arrêter[5] ; elle s'applique aussi, même si le véhicule est en stationnement, parfois depuis longtemps[6], même s'il s'agit de l'explosion d'un véhicule en stationnement[7] et même s'il s'agit de l'incendie d'un véhicule stationné dans un parking privé[8]. Cette extension du domaine de la loi de 1985 semble exagérée, elle ne semble exclue que dans deux cas : si le véhicule est garé dans un lieu non prévu à cet effet[9] ou si l'incendie est volontaire[10].

2) La condition implicite d'imputabilité du dommage à l'accident

3247. La question se pose de savoir s'il faut établir, au-delà du fait que le véhicule est impliqué *dans l'accident*, que celui-ci est également *impliqué dans le dommage* subi par la victime ? Si l'on exigeait cette preuve de l'implication du véhicule dans le dommage, on réintroduirait indirectement l'exigence de la preuve d'un rapport de causalité entre le fait du véhicule et le dommage et une démarche de type « responsabilité ». Aussi n'est-ce pas la solution retenue par la jurisprudence, qui exige

---

1. *Bull. civ.* II, n° 113-114-115, *Gaz. Pal.* 18 oct. 1986, note F. Chabas.

2. Civ. 2e, 23 mars 1994, obs. Viney, *JCP* 1994. I. 3773, VI, 1° ; *JCP* 1994. II. 22292, note Ph. Conte.

3. Civ. 2e, 19 févr. 1997, *RCA* 1997. 197.

4. Civ. 2e, 7 juin 1989, *Bull. civ.* II, n° 122 ; *D.* 1989. IR 193.

5. Civ. 2e, 20 janv. 1993, *Bull. civ.* II, n° 18, et Civ. 2e, 3 mars 1993, *Bull. civ.* II, n° 79.

6. Civ. 2e, 22 nov. 1995, cité au n° 1217-13.

7. Civ. 2e, 22 nov. 1995, préc., 3e et 2e esp.

8. Civ. 2e, 18 mars 2004, *Gaz. Pal.* 31 oct.-4 nov. 2004, note Y. Dagorne-Labbe.

9. Civ. 2e, 26 juin 2003, *Gaz. Pal.* 10-12 août 2003, et la note.

10. Civ. 2e, 15 mars 2001, *Bull. civ.* II, n° 50 ; *RCA* 2001, comm. 186, obs. H. Groutel ; *RTD civ.* 2001. 606, obs. P. Jourdain ; *LPA* 2001, n° 178, obs. Leroy.

simplement la condition d'imputabilité du dommage, non pas directement au véhicule impliqué, mais seulement à l'accident.

La Cour de cassation a posé par ailleurs, en la matière, une présomption d'imputabilité. Après quelques hésitations, la deuxième chambre civile a affirmé que « le conducteur d'un véhicule terrestre à moteur impliqué dans un accident de la circulation ne peut se dégager de son obligation d'indemnisation que s'il établit que cet accident est sans relation avec le dommage », notamment lorsque la victime invoque un préjudice apparu ultérieurement.

Des arrêts ultérieurs ont ensuite restreint la portée de la présomption du 16 octobre 1991 [1] voire même l'ont remis en cause [2], mais finalement, par un arrêt du 19 février 1997, la deuxième chambre civile a réaffirmé le principe d'une *présomption d'imputabilité du dommage à l'accident* : « le conducteur d'un véhicule terrestre à moteur impliqué dans un accident de la circulation ne peut se dégager de son obligation d'indemnisation que s'il établit que cet accident est sans relation avec le dommage ».

Il s'agit, sinon d'une présomption légale puisque la loi de 1985 ne précise rien de tel, du moins d'une *présomption de droit*, d'une présomption « quasi légale [3] ». Cette présomption ne se justifie cependant que quand le lien entre l'accident et le dommage est suffisamment vraisemblable, ce qui suppose que le dommage se manifeste rapidement et peut apparaître comme la suite prévisible de l'accident. Ainsi, si le dommage est apparu plusieurs mois après l'accident, la présomption ne jouera pas [4].

§ 3. Les conditions tenant aux victimes

A. Absence de distinction selon que la victime est transportée ou pas en vertu d'un contrat

3248. Il s'agit de toute personne victime d'un accident de circulation, qu'il s'agisse de personnes étrangères au véhicule : piéton, cycliste..., du conducteur d'un véhicule ou d'une personne transportée, même en vertu d'un contrat. Comme nous l'avons déjà souligné (v. ss 3220), la loi de 1985, contrairement au droit commun de la responsabilité civile qui établit une distinction entre la victime selon qu'elle est lié ou pas par contrat à l'auteur du dommage, impose un système uniforme d'indemnisation. L'article premier ne concerne pas uniquement le contrat de transport de personnes, mais aussi tout contrat en vertu duquel les victimes d'un accident de circulation sont transportées : contrat de travail, de prêt ou de location, voire une convention d'assistance bénévole ; ainsi, la loi de 1985 est-elle applicable dans des rapports contractuels entre bailleur et preneur du fait d'un accident causé par un tracteur en location [5].

---

1. Civ. 2e, 16 oct. 1991 ; *JCP* 1992. II. 21934, note Ph. Conte sur les sérieux doutes sur l'interprétation à lui donner.

2. Civ. 2e, 24 janv. 1996, *Bull. civ.* I, n° 15 ; *JCP* 1996. I. 3944, n° 25, obs. G. Viney ; *RTD civ.* 1996. 406, obs. Ph. Jourdain ; *D.* 1997. Somm. 30, note D. Mazeaud.

3. Selon une formule utilisée par le président Dimin : *JCP* 1946. I. 578.

4. Civ. 2e, 22 févr. 2002, n° 0011684 : dépression un an après l'accident ; 9 janv. 2003, n° 0015906 : décès de la victime plusieurs années après l'accident.

5. Civ. 2e, 21 juin 2001, *Bull. civ.* II, n° 122 ; *RTD civ.* 2001. 901, obs. P. Jourdain.

B. Victimes directes ou par ricochet

3249. L'article 6 de la loi assimile à la victime directe les victimes dites « par ricochet », c'est-à-dire les tiers qui subi*ssent* un préjudice *« du fait* des dommages causés à la victime directe », notamment les héritiers en cas de décès de la victime directe. Ces victimes indirectes voient leur préjudice réparé, mais en tenant compte des limitations ou exclusions applicables à l'indemnisation des dommages subis par la victime directe (v. ss 3279).

Section 2

L'étendue de l'indemnisation des victimes

3250. Lorsque les conditions d'application de la loi sont remplies, le droit à indemnisation est ouvert. Cependant, quelle est l'étendue de l'indemnisation ? La victime n'a pas toujours droit à une indemnisation intégrale et surtout, sa situation est très différente selon qu'elle est conductrice ou non conductrice.

La loi du 5 juillet 1985 fait la distinction selon qu'il s'agit de dommages corporels (§ 1) ou matériels (§ 2) et s'agissant des dommages corporels, elle traite différemment la victime selon que la victime était ou non conductrice.

§ 1. L'indemnisation des dommages corporels : le principe d'une distinction entre les victimes conductrices et non conductrices

3251. Les articles 2 à 5 de la loi du 5 juillet 1985 prévoient et précisent des causes de *limitation* ou *d'exclusion* d'indemnisation opposables, ou non, à la victime par le conducteur ou le gardien du véhicule terrestre à moteur impliqué.

L'article 2 élimine tout de suite deux des trois causes d'exonération classiques : la *force majeure* et le *fait d'un tiers*. Ces causes d'exonération ne pourront jamais être opposées à la victime, qu'elle soit conductrice ou non conductrice.

La seule cause d'exclusion d'indemnisation possible est donc la ***faute de la victime***, mais à des conditions tout à fait particulières : la loi de 1985 fait en effet une différence essentielle entre deux catégories de victimes : *les victimes conductrices et les victimes non conductrices*, lorsqu'il s'agit de l'indemnisation des dommages corporels tout au moins.

A. Protection particulière des victimes non conductrices pour les dommages corporels

3252. Il s'agit des piétons, cyclistes, utilisateurs de rollers ou de trottinettes actuellement assimilés à des piétons, passagers, conducteurs d'un véhicule à traction animale, cavalier... et de tous ceux qui, au moment de l'accident, n'avaient plus la qualité de conducteurs (v. ss 3261).

Ces victimes non conductrices peuvent seulement se voir priver de toute indemnisation. Cette indemnisation ne peut jamais être réduite quelle que soit la nature de la faute qu'elles ont pu commettre. C'est la loi du « tout ou rien ».

Par ailleurs, l'exclusion d'indemnisation n'intervient que dans des cas exceptionnels, si la faute présente certains caractères, différents selon les catégories de victimes non conductrices.

En effet, la loi de 1985 opère, à l'intérieur de la catégorie des victimes non conductrices, une autre distinction : celle des victimes dites « simplement privilégiées » (art. 3, al. 1er) et celle des victimes « superprivilégiées » (art. 3, al. 2) particulièrement vulnérables en raison de leur âge ou de leur état de santé et qui méritent, à ce titre, une protection renforcée.

1) La situation des victimes « simplement privilégiées »

3253. Ce sont les victimes non conductrices, âgées de plus de 16 ans et de moins de 70 ans et n'étant pas atteintes d'un taux d'incapacité permanente ou d'invalidité égal à 80 %. Ces victimes se trouvent dans une situation très favorable puisqu'il n'est pas possible de limiter leur droit à indemnisation. Il ne peut qu'être exclu dans des conditions particulièrement difficiles à établir :

♦ Le droit à indemnisation ne peut être exclu qu'en cas de faute inexcusable, cause exclusive de l'accident

3254. Les deux conditions sont cumulatives. Si l'on ne peut rapporter la preuve du *double caractère* de la faute : inexcusable et cause exclusive, la réparation doit être intégrale.

3255. Les tribunaux et les cours d'appel ont eu tendance, dans un premier temps, à appliquer très largement ces deux conditions, retirant ainsi tout intérêt à ce régime que le législateur avait voulu favorable à la victime et la Cour de cassation a dû intervenir, en cassant nombre de ces décisions des juridictions inférieures et surtout en donnant sa propre définition de la faute inexcusable, dans le cadre de la loi du 5 juillet 1985, par dix arrêts rendus le 20 juillet 1987 [1]. La solution a ensuite été reprise le 10 novembre 1995, par l'assemblée plénière [2].

La faute inexcusable de la victime, est, désormais, « *une faute volontaire, d'une exceptionnelle gravité, exposant sans raison valable, son auteur à un danger dont il aurait dû avoir conscience* ».

La faute inexcusable ainsi définie est constituée :

– d'un *élément objectif :* un fait d'une exceptionnelle gravité ;

– d'un *élément subjectif* apprécié *in abstracto* : la conscience qu'aurait dû avoir la victime du danger auquel elle s'exposait, ces éléments pouvant être neutralisés par l'existence d'une *raison valable* appréciée *in concreto.*

Par exemple : est inexcusable le fait de traverser une large chaussée à circulation intense près de la sortie d'un tunnel [3] ; constitue aussi une faute inexcusable le comportement de la victime qui « escalade un talus herbeux en bordure de route puis enjambe une glissière de sécurité pour accéder à une route nationale, puis se couche sur l'axe

---

1. Civ. 2e, *Bull. civ.* II, n° 160 (dix arrêts).

2. Ass. plén. 10 nov. 1995, *D.* 1995. 633, rapp. Chartier ; *JCP* 1996. II. 22564, concl. M. Jéol, note G. Viney ; *Defrénois* 1996. 762, obs. D. Mazeaud ; *RTD civ.* 1996. 187, obs. P. Jourdain.

3. Civ. 2e, 15 juin 1988 (deux arrêts), *Bull. civ.* II, n° 138.

médian de la chaussée la tête et le tronc reposant sur l'unique couloir de circulation des véhicules »[1]. Citons également le cas où la victime avait commis trois fautes successives : la première en circulant à bicyclette, en sens interdit, sur un boulevard ; la deuxième en abordant une intersection alors que la signalisation lumineuse au rouge prohibait cette manœuvre ; la troisième en s'engageant ensuite sur une autre voie, à nouveau à contresens. La Cour de cassation relève que ces fautes avaient été commises de manière délibérée et en connaissance de cause par la victime, habituée des lieux, pour s'épargner un détour et que la prudence la plus élémentaire lui commandait, si elle voulait éviter de traverser l'intersection, de mettre pied à terre et d'emprunter les trottoirs. L'arrêt a pu en déduire qu'elle avait commis une faute inexcusable « sans avoir à rechercher si elle avait volontairement recherché le dommage qu'elle avait subi »[2] ; commet également une faute inexcusable la victime, ivre et agressive à l'égard du conducteur, qui ouvre de manière imprévisible et brusque la portière du véhicule en mouvement et se met en danger, sans que le conducteur ait pu matériellement intervenir pour faire cesser ce risque[3] ou celle qui s'allonge, ivre au milieu d'une voie de circulation fréquentée et sans éclairage public[4].

2) La situation des victimes « super-privilégiées »

♦ ***Définition des victimes super-privilégiées***

3256. Il s'agit des victimes non conductrices spécialement protégées par l'article 3, alinéa 2, de la loi, pour lesquelles les risques de la circulation sont les plus importants :
– soit en raison de leur *âge* : elles doivent être âgées de moins de 16 ans ou de plus de 70 ans à la date de l'accident ;
– soit en raison de leur *état de santé* : il s'agit des personnes qui, quel que soit leur âge, sont titulaires au moment de l'accident d'un titre leur reconnaissant un taux d'incapacité permanente ou d'invalidité au moins égal à 80 %.

Ces victimes bénéficient d'un droit quasi absolu à l'indemnisation.

♦ ***La recherche volontaire du dommage, faute intentionnelle, est la seule cause d'exclusion d'indemnisation (art. 3, al. 3).***

3257. Cela équivaut pratiquement à une tentative de suicide et se produit très rarement. Un exemple : « après une tentative de suicide, la veille de l'accident, la victime [un piéton] se trouvant sur le couloir de circulation du véhicule qui arrivait, continue d'avancer tout en regardant le véhicule jusqu'à l'impact ». La Cour suprême approuve la cour d'appel d'avoir « retenu que la victime avait volontairement recherché le dommage qu'elle avait subi »[5].

---

1. Civ. 2e, 29 nov. 1997, *Gaz. Pal.* 1998. I. Pan. 33 ; *D.* 1998. IR 15 ; *Argus* 26 déc. 1997, *RCA* 1998, comm. 87, note H. Groutel.

2. Civ. 2e, 7 juin 1990, *Gaz. Pal.* 5-6 oct. 1990, résumés d'arrêts.

3. Crim. 12 mars 2013, n° 12-82. 420 ; *RCA* 2013, n° 184.

4. Civ. 2e, 28 mars 2013, n° 12-14.522, *Juris-Data* n° 2013-005524 ; *RCA* 2013, n° 184, 2e esp.

5. Civ. 2e, 31 mai 2000, *JCP* 2001. II. 10577, note C. Butruille-Cardew.

B. Situation défavorisée de la victime conductrice

3258. Lorsque la loi du 5 juillet 1985 a été adoptée, il n'a pas été jugé opportun que les conducteurs, moins exposés que les non conducteurs, bénéficient d'une protection particulière. L'article 4 de la loi, qui concerne l'indemnisation des conducteurs-victimes ne fait, pour eux, aucune distinction. ***Les victimes conductrices peuvent non seulement se voir priver de toute indemnisation, mais encore subir une limitation d'indemnisation, en considération de leur faute.*** Il ne s'agit pas cependant d'en revenir aux causes d'exonération du droit commun de la responsabilité, puisque la force majeure est exclue, ainsi que le fait d'un tiers.

3259. On rappellera que cette discrimination entre les victimes conductrices et non conductrices est aujourd'hui très contestée. *L'avant-projet de réforme du droit de la responsabilité* (avril 2016), s'alignant sur les projets et propositions antérieurs, comme la Cour de cassation elle-même, préconisait l'abandon de cette distinction, qui, pour l'instant, est encore de droit positif[1]. L'article 1287 de l'avant-projet, sans faire aucune distinction entre les victimes conductrices ou non conductrices, prévoyait ainsi qu'en cas de dommage corporel, la faute de la victime est sans incidence sur son droit à réparation, à moins qu'il ne s'agisse d'une faute inexcusable, cause exclusive de l'accident. Par ailleurs, les victimes particulièrement vulnérables, là encore sans distinction entre les conducteurs et les non conducteurs (âgées de moins de 16 ans, de plus de 70 ans ou ayant un taux d'invalidité de plus de 80 %, comme dans le droit actuel) sont indemnisées dans tous les cas (art. 1286, al. 2).

Le *projet du 13 mars 2017 est en retrait par rapport à ces propositions*. En effet, il réintègre la faute du conducteur comme cause de limitation d'indemnisation, lorsqu'elle est inexcusable (sans être la cause exclusive de l'accident) ; d'autre part, le conducteur n'est jamais considéré comme une victime particulièrement vulnérable et donc ne bénéficie pas, comme ces dernières, de l'indemnisation « dans tous les cas » des dommages corporels (art. 1287, al. 3).

Compte tenu du sort actuellement défavorable du conducteur, la qualification de conducteur représente un enjeu important. Or cette qualification n'est pas toujours évidente.

Il faut donc tout d'abord déterminer qui peut être conducteur, puisque cette qualification est essentielle et commande le régime de l'indemnisation, puis on verra comment se fait cette indemnisation.

a) La notion de conducteur

3260. Il est essentiel de distinguer le conducteur du non-conducteur puisque seul ce dernier bénéficie d'un régime de faveur[2].

---

1. V. F. Leduc, « La sanction de la faute du conducteur victime en question », *RCA*, oct. 2011, étude 11.

2. Toutefois, il faut préciser que la victime conductrice, si elle n'est pas elle-même gardien du véhicule impliqué peut se retourner contre ce dernier et son assureur, sur le fondement de la loi de 1985 (Civ. 2e, 8 mars 1995, *Bull. civ.* II, no 72, p. 42 ; *JCP* 1995. I. 3893, no 33, obs. crit. Viney, ou Civ. 2e, 24 janv. 1996, *JCP* 1996. IV. 617 ; *Bull. civ.* II, no 7, p. 4 ; *RTD civ.* 1996. 409, obs. crit. P. Jourdain). Dans un premier temps, la la deuxième chambre civile subordonnait l'action du conducteur contre le gardien à la preuve d'une faute de ce dernier, mais elle a ensuite effectué un revirement de jurisprudence en renonçant

3261. La jurisprudence a mis en place une *présomption au bénéfice de la victime*, celle de « non conducteur » et c'est au conducteur du véhicule impliqué qu'il appartient d'apporter la preuve que la victime était aussi conductrice au moment de l'accident[1]. Or, cette preuve n'est pas toujours facile à rapporter, notamment quand tous les occupants d'un véhicule ont été éjectés à la suite d'une collision et qu'ils sont décédés[2]. La Cour de cassation a déjà eu à trancher dans un certain nombre de cas et, selon sa jurisprudence, on peut définir qui a ou non la qualité de conducteur.

Une difficulté apparaît ainsi pour les véhicules d'auto-école à doubles commandes. L'élève est-il conducteur ? S'il est victime, la réponse conditionne l'étendue de l'indemnisation. Dans un arrêt du 29 juin 2000[3], la Cour de cassation a considéré, que ne disposant pas des pouvoirs de commandement, l'élève ne pouvait être considéré comme conducteur ; toutefois, dans ce cas, le moniteur est-il gardien ou conducteur ? En toute hypothèse, la solution est favorable à l'élève blessé qui demandait réparation aux héritiers du moniteur, tué dans l'accident, et qui s'était vu opposer l'article 4.

♦ ***Non-conducteurs***

3262. La qualification de conducteur a été écartée par la Cour de cassation à propos de :

– l'automobiliste heurté alors qu'il était descendu de son véhicule, dont il dirigeait la manœuvre de remorquage[4],

– l'automobiliste heurté alors qu'il changeait un pneu[5],

– le motocycliste qui a fait une chute et est heurté par une voiture lorsqu'il se relevait[6],

– le cyclomotoriste conduisant son cyclomoteur à la main[7],

– l'automobiliste descendu de voiture pour séparer deux automobilistes qui se disputaient[8], ou pour une altercation avec le conducteur d'un autre véhicule et qui regagnait son propre véhicule,[9]

– le cyclomotoriste gisant sur la chaussée à 15 mètres de son cyclomoteur[10],

– l'automobiliste blessé hors de son véhicule[11], ou qui y montait, ou en descendait après avoir coupé le contact[12],

---

à cette exigence dans un arrêt remarqué du 2 juillet 1997 (*D.* 1997. 448, note H. Groutel ; *RTD civ.* 1997. 959, obs. P. Jourdain.) : « attendu que lorsqu'un véhicule terrestre à moteur est seul impliqué dans un accident de la circulation, le conducteur s'il n'en est pas le gardien, a droit, de la part de celui-ci, à l'indemnisation des dommages qu'il a subis, directement ou par ricochet, sauf s'il a commis une faute ayant contribué à la réalisation de son préjudice ».

1. Crim. 30 mai 1989, *RCA* 1989. 307 ; Civ. 2e, 16 mai 1994, *Bull. civ.* II, n° 129 (deux arrêts).

2. Civ. 2e, 5 mars 1986.

3. Civ. 2e, 29 juin 2000, *D.* 2001. 12, obs. D. Martin ; *JCP* 2001. II. 10571, note D. Bailleil.

4. Civ. 2e, 12 févr. 1986, *Bull. civ.* II, n° 12.

5. Civ. 2e, 12 févr. 1986, *Bull. civ.* II, n° 13.

6. Civ. 2e, 28 mai 1986, *Bull. civ.* II, n° 82.

7. Civ. 2e, 14 janv. 1987, *JCP* 1987. IV. 95.

8. Civ. 2e, 19 févr. 1986, *Bull. civ.* II, n° 19.

9. Crim. 26 nov. 2013, n° 13-80.204, *RCA* 2014, comm. 52

10. Civ. 2e, 2 déc. 1987, *JCP* 1988. IV. 57.

11. Civ. 2e, 20 avr. 1988, *Bull. civ.* II, n° 90.

12. Civ. 2e, 10 mars 1988, *Bull. civ.* II, n° 60.

– l'automobiliste immobilisé sur la partie gauche de la chaussée, après une perte de contrôle de celui-ci et à qui on était en train de porter secours [1],

– le passager d'une voiture à l'arrêt qui actionne la clé de contact pour mettre en marche l'autoradio [2],

– l'élève d'une auto-école, lorsque le moniteur dispose de doubles commandes [3].

Toutefois, il semble que la jurisprudence ait modifié sa jurisprudence dans le cas d'un accident complexe en considérant que la qualité de conducteur ou de piéton de la victime ne pouvait changer au cours de l'accident reconnu comme un accident unique. Ainsi, alors qu'auparavant l'automobiliste blessé, alors qu'il venait de descendre de son véhicule, dans une collision en chaîne perdait la qualité de conducteur [4], la deuxième chambre civile vient de décider le contraire : la victime reste conductrice [5].

♦ ***Conducteurs***

3263. La Cour de cassation a considéré comme tels :

– le cyclomotoriste qui se tient sur son cyclomoteur, à l'arrêt ou non [6] ;

– l'automobiliste au volant de son véhicule remorqué, dès lors qu'il avait conservé une certaine maîtrise dans la conduite de son véhicule [7].

En résumé, et pour résoudre les difficultés, on pourrait admettre avec P. Jourdain [8] qu'*est conducteur* celui qui est aux commandes d'un véhicule, moteur en marche, en mouvement ou non ; *n'est plus conducteur* celui qui n'est plus aux commandes, en raison d'une chute ou d'une éjection ; *n'est pas conducteur* celui qui est aux commandes d'un véhicule dont le moteur ne fonctionne pas, est en panne ou en stationnement.

Toutefois, la question reste plus complexe dans le cas du conducteur éjecté, qu'il s'agisse d'un automobiliste ou d'un cyclomotoriste. Le partage est actuellement le suivant : si, au moment du choc avec le véhicule, le conducteur éjecté était déjà au sol depuis quelques instants et immobile, il est considéré comme non conducteur [9]. Mais si, au moment du choc, le processus d'éjection n'est pas achevé parce que conducteur glisse encore au sol et va heurter une voiture [10] ou est heurté alors qu'il n'est pas encore retombé au sol ou juste au moment où il s'immobilise [11], il conserve la qualité de conducteur.

b) L'indemnisation du conducteur-victime :
la faute, cause d'exclusion ou de limitation d'indemnisation

3264. Comme on l'a déjà souligné (v. ss 3258), les conducteurs sont des victimes défavorisées par rapport aux victimes non conductrices, puisque, bien qu'on ne puisse

---

1. Civ. 2e, 24 nov. 1993, *Bull. civ.* II, n° 336, *JCP* 1994. IV. 283.

2. Bordeaux, 20 janv. 1994, *BICC* 1er avr. 1994, n° 397.

3. Civ. 2e, 29 juin 2000, *JCP* 2001. II. 10571, note D. Baillœil.

4. Civ. 2e, 4 déc. 1985, *Bull. civ.* II, n° 186.

5. Civ. 2e, 1er juill. 2010, n° 09-67627, *RTD civ.* 2010. 792, obs. P. Jourdain.

6. Civ. 2e, 28 avr. 1986, *Bull. civ.* II, n° 63, ou Civ. 2e, 13 janv. 1988.

7. Civ. 2e, 14 janv. 1987, *JCP* 1987. II. 20768, note F. Chabas.

8. Obs. *RTD civ.* 1990. 150.

9. Civ. 2e, 24 mai 1991, et 11 déc. 1991, *JCP* 1993. II. 21987, note Y. Dagorne-Labbé.

10. Civ. 2e, 4 oct. 1989, *JCP* 1991. II. 21600, note Y. Dagorne-Labbé.

11. Civ. 2e, 8 oct. 2009, *Juris-Data* 2009-049783 ; *RCA* 2009, comm. 351, obs. H. Groutel ; 21 déc. 2006, *Juris-Data* n° 2006-036706, *RCA* 2007, comm. 87, note H. Groutel.

leur opposer la force majeure ou le fait d'un tiers, leur faute va être prise en considération, dans tous les cas, quelle qu'en soit la gravité, et sans tenir compte de leur âge, ni de leur état de santé.

Cette disparité entre le sort des victimes, selon qu'il s'agit de conducteurs ou de non-conducteurs, a été vivement critiquée par la doctrine qui la considère comme très inéquitable ; elle a été justifiée, d'une part, par le fait que ce sont généralement les conducteurs qui font courir des risques aux non-conducteurs, piétons ou passagers ; d'autre part, par une intervention des compagnies d'assurances, dans le but d'éviter une augmentation excessive des primes. La cour d'appel de Paris a, d'ailleurs, eu l'occasion de préciser que « la différence instaurée par les articles 3 et 4 de la loi du 5 juillet 1985 entre les fautes des conducteurs et celles des non-conducteurs se justifie pleinement par le fait que les premiers constituent une catégorie de personnes ayant le contrôle, l'usage et la direction de leurs véhicules dont ils sont par conséquent responsables de la conduite, au contraire des seconds ; elle n'est donc pas discriminatoire »[1]. Cela n'est d'ailleurs pas toujours vrai, notamment en cas d'éjection !

♦ Nécessité d'une faute du conducteur en relation avec son dommage

3265. Le principe reste bien l'indemnisation intégrale du conducteur pour ses dommages à sa personne ou à ses biens mais *ici* le défendeur est autorisé à lui opposer sa faute. Selon la Cour de cassation « l'indemnisation des dommages subis par le conducteur d'un véhicule terrestre à moteur n'est limitée ou exclue *que* s'il a commis une faute »[2] et si cette faute est en relation de causalité avec son préjudice[3]. Deux situations peuvent donc se présenter selon que le conducteur a commis une faute ou n'a pas commis de faute.

– Si le conducteur n'a pas commis de faute « ayant contribué à la réalisation de son préjudice » ou si aucune faute ne peut être prouvée à la charge du conducteur-victime, notamment quand les causes de l'accident sont restées inconnues, le propriétaire ou le gardien du véhicule impliqué doit indemniser entièrement le conducteur-victime[4].

– S'il a commis une faute en relation avec son préjudice, alors son indemnisation peut être limitée ou exclue, sans que les règles soient toujours parfaitement claires.

♦ Principe de l'appréciation souveraine des juges du fond pour limiter ou exclure l'indemnisation

3266. Dans le cas où le conducteur a commis une faute ayant contribué à la réalisation de son préjudice, son indemnisation peut être soit exclue, soit limitée et la chambre mixte de la Cour de cassation a reconnu un pouvoir souverain aux juges du fond, pour en décider, dans une décision 28 mars 1997[5]. Les juges du fond ont donc un large pouvoir d'appréciation de la faute et de son incidence sur l'indemnisation, même si la Cour de cassation se réserve le droit d'exercer son contrôle sur la qualification de la faute en elle-même.

---

1. Paris, 4 mars 2002, *RG* n° 2000/03243.

2. Civ. 2e, 1er mars 1986 et 12 mai 1986.

3. Civ. 2e, 2 déc. 1987.

4. Civ. 2e, 7 nov. 1985, 12 mai 1986 et Civ. 2e, 24 juin 1987, *Bull. civ.* II, n° 136 ; 9 déc. 1992, *Bull. civ.* II, n° 300.

5. Ch. mixte 28 mars 1997, *D.* 1997. 294, note H. Groutel et Somm. 291, obs. D. Mazeaud ; *JCP* 1997. I. 4025, n° 25, obs. G. Viney ; *RTD civ.* 1997681, obs. P. Jourdain.

Quelle faute peut alors entraîner l'exclusion de l'indemnisation ? Est-ce une faute imprévisible et irrésistible selon la conception de la force majeure ? [1] Ou bien une faute cause exclusive de l'accident ? Ou encore une faute inexcusable, par assimilation avec l'article 3 ? [2]

3267. Il apparaît que l'indemnisation peut être exclue sans que le conducteur impliqué ait à faire obligatoirement la preuve que la faute du conducteur victime était imprévisible et irrésistible ou qu'elle était la cause exclusive de l'accident[3]. À cet égard, la Cour de cassation a été souvent amenée à requalifier les termes utilisés, en précisant que la faute de la victime doit avoir « contribué à la réalisation de son dommage », peu important que cette faute ait été ou non la *cause exclusive de l'accident*[4] ou même à casser, en précisant que la cour d'appel « n'avait pas à rechercher si la faute du conducteur-victime était la cause exclusive de l'accident »[5]. Il est donc concevable que le conducteur soit privé d'indemnisation alors même que sa faute aurait simplement contribué à la réalisation du dommage, sans en être la cause exclusive.

Il ne faut pas confondre en effet la faute de l'article 4 de la loi de 1985 avec la faute exonératoire sur le fondement du droit commun de la responsabilité, ni même avec la faute exclusive d'indemnisation opposable aux victimes non conductrice (faute inexcusable, cause exclusive de l'accident). Il s'agit d'une faute spécifique.

3268. Dans cette appréciation de la faute, cause de limitation ou d'exclusion d'indemnisation, le pouvoir souverain des juges du fond est encadré de quelques indications, importantes, mais limitées.

♦ ***L'indication donnée par la Cour de cassation que la faute du conducteur-victime s'apprécie en faisant abstraction du comportement de l'autre conducteur***

3269. Cela signifie qu'à la limite, il est possible d'exclure totalement l'indemnisation alors même qu'il y aurait un concours de faute. Mais cela signifie aussi que la faute du conducteur victime doit être prouvée et non, par exemple, simplement déduite de l'absence de faute du défendeur[6]. Cela signifie enfin, et ce point a soulevé des difficultés et une divergence de jurisprudence pendant un temps, que la seule constatation d'une absence de faute du défendeur ne peut exclure l'indemnisation du conducteur victime.

3270. *Le droit à indemnisation du conducteur n'est pas subordonné à l'absence de faute du défendeur.* Cette solution est désormais acquise et régulièrement rappelée aux juges du fond. Elle a mis fin à une période au cours de laquelle, la seconde chambre civile avait posé la solution inverse. Elle a en effet, un temps, affirmé qu'en cas de collision, dès lors que la cour d'appel a relevé la faute de l'un des conducteurs et l'absence de faute de l'autre, l'indemnisation du conducteur fautif est totalement exclue sans que

---

1. Civ. 2e, 17 févr. 1993, *Bull. civ.* II, n° 63 ; *RTD civ.* 1993. 600, obs. P. Jourdain.
2. Civ. 2e, 28 juin 1995, *Bull. civ.* II, n° 201.
3. Civ. 2e, 18 mars 2004, *Bull. civ.* II, n° 127 ; *JCP* 2004. IV. 1995
4. Civ. 2e, 9 janv. 2003, *Gaz. Pal.* 30 avr.-4 mai 2004, jurispr. 17.
5. Civ. 2e, 9 oct. 2003, *Gaz. Pal.* 30 avr.-4 mai 2004, jurispr. 14, note J. Landel.
6. Civ. 2e, 14 janv. 1987, *Gaz. Pal.* Pan. jur. 49 ; Civ. 2e, 20 juill. 1987, *Kahn, Gaz. Pal.* Somm. ann. 148, obs. F. Chabas ; Civ. 2e, 13 janv. 1988.

les juges aient à rechercher si le défendeur « pouvait éviter l'accident »[1], « ni si la faute du conducteur victime était imprévisible et irrésistible »[2].

Cette position de la deuxième chambre, très sévère pour le conducteur-victime et pour ses ayants cause, rendait la situation du conducteur victime encore plus défavorable que sur le fondement du droit commun. Elle était allée encore plus loin, en faisant de la faute du conducteur-victime une véritable fin de non-recevoir à son action en réparation car « le conducteur… qui a commis une faute n'a pas d'action contre un autre conducteur qui n'a pas commis de faute »[3]. Pour être indemnisé le conducteur-victime devait donc : soit prouver la faute du défendeur ; soit établir son absence de faute ce qui aboutissait à un renversement de la charge de la preuve.

Enfin, certains arrêts utilisaient le recours à la faute de la victime conductrice pour écarter l'implication du véhicule du défendeur, ce qui, là aussi, est paradoxal : il faut d'abord déterminer s'il y a implication du véhicule avant de rechercher la faute éventuelle de la victime et son caractère exclusif ![4]

3271. La *chambre criminelle* qui avait admis cette thèse pendant un certain temps, a modifié sa position et admis que, même en l'absence de faute d'un des conducteurs relaxé, les juges d'appel avaient, à bon droit, seulement *limité* l'indemnisation du conducteur condamné,[5] car la faute « qui ne s'apprécie qu'en la personne du conducteur auquel on l'oppose ne revêt un caractère exclusif que lorsqu'elle est seule à l'origine de ce dommage »[6]. Cette position avait été reprise par la deuxième chambre civile le 15 janvier 1997[7].

3272. C'est dans cet état de la jurisprudence qu'est intervenu l'arrêt en *chambre mixte* de la Cour de cassation du 28 mars 1997 qui a posé dans un attendu de principe que « lorsque plusieurs véhicules sont impliqués dans un accident de la circulation, chaque conducteur a droit à l'indemnisation des dommages qu'il a subis, directement ou par ricochet sauf s'il a commis une faute ayant contribué à la réalisation de son préjudice. Il appartient alors au juge d'apprécier souverainement si cette faute a pour effet *de limiter l'indemnisation ou de l'exclure* »[8]. On peut déduire de cet arrêt qu'il ne convient pas de comparer le comportement de chaque conducteur par rapport à celui de l'autre, et que la chambre mixte s'est ralliée à la position de la chambre criminelle en précisant que c'est le comportement de chaque conducteur, *indépendamment de celui de l'autre,* qui doit être analysé pour déterminer si son indemnisation doit être exclue ou seulement limitée.

---

1. Civ. 2e, 7 juill. 1993, *Brazier, JCP* 1993. IV. 2324 ; 17 juill. 1993, *Vve Faucillon* ; 20 juill. 1993, *Goulay* ; *JCP* 1993. IV. 2418 ; 20 juill. 1993, *Lenoble* ; *JCP* 1993. IV. 2417, et obs. G. Viney, *JCP* 1993. I. 3727.

2. Civ. 2e, 17 févr. 1993, *Bull. civ.* II, n° 63 ; *RTD civ.* 1993. 600, obs. P. Jourdain.

3. Civ. 2e, 24 nov. 1993 (deux arrêts), *Bull. civ.* II, n° 333 et 334 ; *RTD civ.* 1994. 367, obs. P. Jourdain et Civ. 2e, 6 juill. 1994, *D.* 1995. 603, note Fillion-Dufouleur.

4. Civ. 2e, 22 avr. 1992, *Bull. civ.* II, n° 123.

5. Crim. 15 mars 1995.

6. Crim. 22 mai 1996, *Bull. crim.* n° 211 ; *D.* 1997. 138, note F. Chabas ; *RCA* 1996, n° 17 ; *RTD civ.* 1997. 153, obs. P. Jourdain ; chron. H. Groutel, *D.* 1997. I. 18.

7. *JCP* 1997. II. 22883, note F. Chabas.

8. Ch. mixte 28 mars 1997, *Gaz. Pal.* 1997. J. 7 ; *D.* 1997. 294, note H. Groutel ; *JCP* 1997. I. 4025, n° 25 s., obs. G. Viney, et J. Appietto, chron. citée dans la bibliographie ; v. depuis Civ. 2e, 14 janv. 1998, *JCP* 1998. IV. 1478 ; *JCP* 1998. I. 144, n° 24, obs. G. Viney.

3273. Dans une nouvelle décision de principe du 14 novembre 2002, la *deuxième chambre civile* s'est rangée à cette solution et a précisé que « la faute de la victime ayant contribué à son préjudice doit être appréciée en faisant abstraction du comportement de l'autre conducteur... » [1]. Elle l'a rappelé dans des décisions postérieures [2].

À condition de respecter cette règle, il appartient donc aux juges du fond d'apprécier souverainement la gravité de la faute du conducteur victime, pour limiter ou même exclure toute indemnisation, sans qu'il soit nécessaire de « rechercher si la faute de ce dernier était la cause exclusive de l'accident » [3]. Mais cela rend l'indemnisation du conducteur victime extrêmement aléatoire : le même fait pouvant être considéré comme exclusif d'indemnisation, ou limitatif, ou ne pas être pris en considération, selon la juridiction saisie et sans que la Cour suprême puisse exercer son influence régulatrice. Il serait souhaitable que la Haute juridiction détermine au moins un critère de la faute du conducteur victime, par référence à la faute inexcusable, par exemple.

La doctrine critique, de plus, la tendance au maintien d'une conception moralisatrice de la faute du conducteur par les juges du fond : la consommation de cannabis n'est pas moins grave que celle d'alcool, mais cela conduit à « fonder la prise en compte de la faute du conducteur sur des conceptions plus moralistes qu'adéquatement causales » [4].

♦ ***L'indication de l'assemblée plénière***

3274. Sur cette question délicate et controversée, l'*assemblée plénière* a donné une indication dans deux décisions rendues le 6 avril 2007 [5] : elle a considéré que si la preuve du lien de causalité entre la faute du conducteur et le préjudice qu'il subit n'est pas faite, l'indemnisation doit être totale. Il semblerait donc que ce ne soit pas la gravité de la faute qui devrait être prise en compte, ni le comportement de l'autre protagoniste, mais uniquement son caractère causal même si, logiquement, plus une faute est grave et plus on peut penser qu'elle aura joué un rôle causal, ce qui facilitera la preuve du lien de causalité.

3275. Rappelons que ***l'actuel projet de réforme de la responsabilité civile*** du 13 mars 2017 propose d'améliorer la situation du conducteur, mais sans aligner sa situation sur celle des victimes non conductrices, comme le proposait l'avant-projet d'avril 2016 (v. ss 3259).

---

1. Civ. 2e, 14 nov. 2002, *Bull. civ.* II, n° 251 ; *Dr. et patr.* 2003. 104, obs. F. Chabas ; *Gaz. Pal.* 2003. Somm. 1110.

2. Civ. 2e, 3 mars 2016, n° 15-14.285, *D.* 2017. 35, obs. C. Quézel Ambrunaz ; Civ. 2e, 3 oct. 2013, n° 12-24. 758, *RCA* 2014, comm. 13, note H. Groutel ; Civ. 2e, 2 déc. 2008, *RCA* 2009, comm. 49, obs. H. Groutel.

3. Civ. 2e, 30 juin 2005, *LPA* 27 déc. 2005, n° 257, p. 7, note E. Pierroux.

4. Obs. Ph. Stoffel-Munck à propos de Civ. 2e, 13 oct. 2005, *JCP* 2006. I. 111 ; *JCP* 2006. II. 10004, note G. Kessler.

5. Ass. plén. 6 avr. 2007, *Duboust c/ Pipon* et *Macif/Provence-Méditerranée c/ Devos, JCP* 2007. II, n° 10078, note P. Jourdain, *D.* 2007. 1199, obs. I. Gallmeister ; *RLDC* 2007, comm. 2597, note F. G'Sell-Macrez.

C. Les dommages aux biens

3276. C'est l'article 5 qui régit l'indemnisation des dommages aux biens dans des termes pratiquement identiques à ceux utilisés dans l'article 4 pour prévoir l'indemnisation des dommages à la personne du conducteur-victime.

Ici, nous retombons dans un régime général applicable *à toutes les victimes*, qu'elles soient conductrices ou non, quel que soit leur âge ou leur état de santé et il s'agit d'un régime rigoureux puisque, là aussi, « la faute commise par la victime a pour effet de limiter ou d'exclure l'indemnisation des dommages aux biens qu'elle a subis ». Ainsi, une victime non-conductrice ayant commis une faute, qui n'est toutefois pas qualifiée d'inexcusable, peut-elle voir limiter, ou même exclue, l'indemnisation de son dommage aux biens, alors qu'elle bénéficiera d'une indemnisation totale pour les dommages résultant des atteintes à sa personne [1].

Là aussi, il appartient au juge d'apprécier la gravité de la faute de la victime [2].

1) Définition des biens

3277. La loi n'a pas donné cette définition, mais a seulement exclu de cette catégorie, nous l'avons vu, « les fournitures et appareils délivrés sur prescription médicale [qui] donnent lieu à indemnisation selon les règles applicables à la réparation des atteintes à la personne » (art. 5).

L'intention du législateur est de ne faire entrer dans cette catégorie que les biens endommagés lors de l'accident (véhicules, vêtements, objets personnels, animaux, marchandises transportées...), ainsi que ceux qui « seraient rendus inutilisables ou perdus en raison de l'accident alors qu'ils n'auraient pas été endommagés par le choc, mais parce que la perte serait la conséquence de l'accident » [3], *à l'exclusion du préjudice économique* rattaché aux atteintes à la personne.

C'est ce que confirme un arrêt de la Cour de cassation selon lequel, au sens de l'article 5 de la loi du 5 juillet 1985, « le dommage aux biens s'entend du dommage causé à des biens matériels et non du préjudice économique résultant d'une atteinte à la personne de la victime directe d'un accident de la circulation ; que ce préjudice économique ne connaît d'autres limitations que celles applicables à cette victime ». [4] De même, « le préjudice moral et économique des victimes n'est pas un dommage aux biens au sens de l'article 5 de la loi du 5 juillet 1985 » [5].

2) Cas où le conducteur du véhicule impliqué n'en est pas le propriétaire

3278. L'alinéa 2 de l'article 5 apporte une précision pour le cas où « le conducteur d'un véhicule terrestre à moteur n'en est pas le propriétaire ». Dans cette hypothèse, et par dérogation à l'article 2 qui interdit d'opposer à la victime le fait d'un tiers, ce propriétaire victime qui réclame la réparation des dommages causés à son véhicule,

---

1. Crim. 14 avr. 1986, *Bull. crim.* n° 126.

2. Civ. 2e, 25 mars 1998, *JCP* 1998. IV. 2154, et 21 oct. 1999, *Dr. et patr.* 3/2000. 79, obs. F. Chabas.

3. *JO déb. Ass. nat.* 22 mai 1985, p. 861.

4. Civ. 2e, 24 janv. 1990, *JCP* 1990. II. 21581.

5. Civ. 2e, 24 oct. 1990, *JCP* 1991. II. 21769, note J.- F. Barbieri.

peut se voir opposer la faute du conducteur pour limiter ou exclure son indemnisation, selon que cette faute est, ou non, considérée comme cause exclusive de l'accident [1].

L'article 5 ajoute que « le propriétaire dispose d'un recours contre le conducteur » [2].

De même, le conducteur non gardien a un recours, selon la loi de 1985, contre le gardien du véhicule impliqué (v. ss 3260).

§ 2. L'indemnisation des victimes « par ricochet »

3279. L'article 6 de la loi du 5 juillet 1985 envisage leur cas en consacrant une jurisprudence antérieure : selon ce texte « le préjudice subi par un tiers du fait des dommages causés à la victime directe... est réparé en tenant compte des limites ou exclusions applicables à l'indemnisation de ces dommages ». Le tiers, victime par ricochet, est donc mis à la place de la victime directe et se voit opposer les mêmes limitations ou exclusions que celle-ci. Plusieurs situations peuvent donc se présenter.

A. Si aucune cause d'exclusion n'est opposable à la victime directe, la victime par ricochet a droit à une indemnisation intégrale

3280. Ainsi, dans un cas où il s'agissait d'un père qui demandait réparation du préjudice moral subi du fait du décès de son fils mineur, passager de sa voiture, victime directe, n'ayant lui, commis aucune faute, a-t-il été jugé que l'automobiliste, père de la victime, bien que conducteur fautif, avait bien la qualité de tiers au sens de l'article 6 et devait donc être intégralement indemnisé [3]. Il en est de même, nous l'avons vu, pour les victimes privilégiées.

3281. Il faut, toutefois, qu'il existe bien un lien de causalité entre l'accident et le préjudice allégué. Ainsi, la Cour de cassation refuse-t-elle l'indemnisation du préjudice moral réclamée par les enfants de la victime d'un accident de la circulation qui avait conservé un handicap tel que ses enfants n'avaient jamais pu établir des relations ludiques et affectives normales avec leur père dont ils vivaient au quotidien la souffrance. Elle considère qu'il n'existait pas de lien de causalité entre l'accident et le préjudice allégué [4].

B. Toute cause de limitation ou d'exclusion opposable à la victime directe l'est aussi à la victime par ricochet

3282. Si le conducteur-victime directe a commis une faute excluant l'indemnisation, ses ayants droit en sont également privés. Et si sa faute a seulement concouru à la production du dommage et entraîne une limitation de l'indemnisation, celle des ayants cause est également limitée.

---

1. Civ. 2e, 19 févr. 1986, *Bull. civ.* II, n° 17.
2. Civ. 2e, 3 oct. 1990, *Bull. civ.* II, n° 174 ; *RTD civ.* 1991. 129, obs. P. Jourdain.
3. Civ. 2e, 6 déc. 1989, *D.* 1991. 295, note Durnerin ; *RTD civ.* 1990. 296, obs. P. Jourdain.
4. Civ. 2e, 24 févr. 2005, *Juris-Data* n° 2005-027094 ; *JCP* 2005. Actu. 129.

Il ne peut y avoir d'autres exclusions que celles qui auraient pu être opposées à la victime[1]. La chambre criminelle a, tout d'abord, suivi les mêmes règles[2], mais, par la suite, elle a affirmé que la faute personnelle de la victime par ricochet, si elle est elle-même conductrice d'un véhicule terrestre à moteur impliqué dans l'accident et convaincue d'une faute en relation avec celui-ci, lui est opposable et la prive de son droit à réparation, comme si elle était la victime directe[3].

C'est cette position qu'a adoptée, ici aussi, la chambre mixte dans son arrêt du 28 mars 1997 (préc., v. ss 3272) en précisant que « lorsque plusieurs véhicules sont impliqués dans un accident de la circulation, chaque conducteur a droit à l'indemnisation des dommages qu'il a subis directement *ou par ricochet*, sauf s'il a commis une faute ayant contribué à la réalisation de son préjudice [...] ».

C. Si l'ayant droit se présente également comme victime directe

3283. S'il s'agit, par exemple, d'une femme, passagère du véhicule conduit par son mari, qui a été blessée dans l'accident où son mari a trouvé la mort :

– en tant qu'ayant cause, elle se verra opposer la faute commise par son mari conducteur,

– mais, en ce qui concerne son propre dommage, elle redevient victime directe et ne peut se voir opposer la faute de son mari, qui redevient un tiers pour elle, en application de l'article 2 de la loi[4].

Section 3
La charge de l'indemnisation

3284. Devant le silence de l'article 1er de la loi sur ce point, la doctrine s'était demandée qui pouvait être appelé à supporter la charge de l'indemnisation. Certains auteurs avaient une vue très extensive[5]. La majorité de la doctrine, tenant compte de l'esprit de la loi fondée sur les risques de la circulation, de l'existence d'une assurance obligatoire des véhicules terrestres à moteur et de l'article 2 de la loi qui précise que les victimes ne peuvent se voir opposer la force majeure ou le fait d'un tiers « par le *conducteur* ou le *gardien* d'un véhicule mentionné à l'article premier », a considéré qu'il s'agissait du conducteur ou gardien du véhicule, mais en réalité, pour atteindre l'assureur. C'est donc bien *contre les conducteurs ou gardiens* des véhicules terrestres à moteur impliqués que l'action est exercée car il faut passer par eux pour leur imputer la dette d'indemnisation ; néanmoins, ce sont les assureurs qui supportent la charge de cette dette.

La question de la charge de l'indemnisation peut aussi se poser lorsqu'il y a plusieurs conducteurs ou gardiens impliqués. Dans la mesure où le fait du tiers n'est pas opposable aux victimes, la question ne peut se poser que dans le cadre de recours récursoires entre coobligés que nous étudierons ultérieurement (v. ss 3302 s.).

---

1. Civ. 2e, 4 nov. 1987, *Bull. civ.* II, n° 217 ; Civ. 2e, 13 janv. 1988, *D.* 1988. 293, 2e esp., note H. Groutel.

2. Crim. 15 déc. 1987, *Bull. crim.* n° 459 ; *RTD civ.* 1988. 883, obs. P. Jourdain.

3. Crim. 15 mars 1995, *Bull. crim.* n° 103, et J.-P. Clavier, cité en bibliographie.

4. Civ. 2e, 14 janv. 1987.

5. F. Chabas, « Le droit des accidents de la circulation après la réforme du 5 juillet 1985 », Litec, 1985, n° 162.

§ 1. Le principe : l'assureur du conducteur-gardien

3285. *C'est l'assureur du conducteur,* qui est la plupart du temps en même temps le gardien, qui devra indemniser. Le conducteur est en principe celui qui était aux commandes du véhicule au moment de l'accident. Cependant, il existe des situations plus complexes et, notamment, lorsque le véhicule était en stationnement au moment de l'accident ou lorsque les occupants du véhicule ont été éjectés, sont décédés et que l'on ne sait qui conduisait. La question de la détermination de la qualité de conducteur se pose surtout, en réalité, pour déterminer la qualité de la victime, conductrice ou non conductrice et elle sera plus précisément étudiée dans ce cadre (v. ss 3261 s.).

§ 2. L'exception : l'assureur du gardien distingué du conducteur

3286. Dans des hypothèses exceptionnelles, la Cour de cassation désigne le gardien lorsqu'il est différent du conducteur, dans les rares cas où il est possible de distinguer les deux, notamment lorsque c'est un préposé qui conduit le véhicule. La Cour de cassation a conservé les caractères de la garde de droit commun : l'usage, la direction et le contrôle du véhicule, et les hypothèses de transfert de garde, pour identifier le gardien, notamment à propos d'une voiture prêtée[1] ; mais aussi la présomption de garde pesant sur le propriétaire et l'incompatibilité des fonctions de gardien et de préposé. La Cour de cassation a, de même, recours à l'interprétation de l'article 1242, alinéa 5, pour déterminer si un préposé a agi, ou non, à l'insu du commettant et si ce dernier doit être considéré, ou non, comme gardien[2]. Jusqu'à récemment, cette distinction n'avait d'intérêt que dans le cas particulier où le conducteur n'est pas assuré. Car sinon, lorsque le conducteur et le gardien sont différents, la victime doit pouvoir s'adresser indifféremment à l'assureur de l'un ou de l'autre, les deux étant solidairement tenus à indemnisation.

Un second intérêt est récemment apparu lorsque c'est un préposé qui a la qualité de conducteur, compte tenu de la transposition par la Cour de cassation de la jurisprudence *Costedoat*, instaurant une immunité du préposé sur le fondement de l'article 1242, alinéa 5, du Code civil. Cette situation mérite une attention particulière.

§ 3. Le cas du préposé : l'immunité du préposé transposée sur le fondement du régime d'indemnisation des accidents de la circulation

3287. Dans une décision du 28 mai 2009[3], la seconde chambre civile de la Cour de cassation a transposé dans le cadre de la loi de 1985, la solution retenue dans le cadre de la responsabilité des commettants du fait des préposés, depuis l'arrêt *Costedoat* du 25 février 2000 (v. ss 2869, 2870). L'assemblée plénière a instauré, en effet, avec l'arrêt *Costedoat*, une immunité du préposé qui cause un dommage alors qu'il

---

1. Civ. 2e, 13 janv. 1988.

2. Civ. 2e, 18 nov. 1987, *Bull. civ.* II, n° 235, p. 130.

3. Civ. 2e, 28 mai 2009, *Société Jacques terrassements location*, *JCP* 2009. 18, n° 28, note J. Mouly ; *D.* 2009. 1606, obs. I. Gallmeister ; *RTD civ.* 2009. 541, n° 5, obs. P. Jourdain.

agit dans les limites de sa mission ; ce dernier ne peut plus engager sa responsabilité personnelle envers la victime, laquelle ne peut agir en responsabilité que contre le commettant. Sur le fondement de la loi du 5 juillet 1985, la deuxième chambre civile de la Cour de cassation, dans la décision du 28 mai 2009 en reprenant les termes mêmes de l'arrêt *Costedoat*, sous réserve de la substitution du terme d'indemnisation au terme de responsabilité que « n'est pas tenu à indemnisation à l'égard de la victime le préposé conducteur d'un véhicule de son commettant impliqué dans, qui agit dans les limites de la mission qui lui a été impartie ». Ainsi, quand le préposé est resté dans les limites de sa mission, la victime de l'accident de la circulation dans lequel est impliqué le véhicule conduit par ce préposé, ne pourra se tourner que vers le commettant, resté gardien du véhicule.

La Cour de cassation fait donc application d'une règle tirée du droit commun de la responsabilité dans le cadre de la loi de 1985, ce qui consacre certes une entorse importante à l'autonomie de celle-ci par rapport au droit commun de la responsabilité civile et à son caractère exclusif[1]. Pour autant, la solution de l'immunité a une certaine logique puisque le préposé qui agit dans l'intérêt du commettant et lui est subordonné n'est pas libre de ses moyens. En outre, et comme le relève Patrice Jourdain, cette immunité sera sans incidence véritable sur l'indemnisation de la victime. Elle dispose d'un autre débiteur en la personne de l'assureur du commettant-gardien. Et si celui-ci n'est pas assuré et est insolvable, c'est le fonds de garantie qui interviendra pour indemniser la victime[2].

§ 4. La charge de l'indemnisation supportée par le Fonds de garantie

3288. Sans le développer ici, on signalera aussi que lorsque le conducteur ou le gardien est inconnu ou non assuré, l'indemnisation peut être assurée par le Fonds de garantie contre les accidents des assurances obligatoires de dommage, dont l'intervention est seulement subsidiaire (sur les modalités de son intervention, v. ss 3320 s.).

Section 4
La procédure d'indemnisation

3289. La loi du 5 juillet 1985 est essentiellement une loi relative à l'assurance des dommages résultant des accidents de la circulation qui met en place une procédure destinée à permettre l'indemnisation la plus rapide possible des victimes, en évitant le procès et le recours au juge.

Ainsi, l'assureur doit :

– présenter une offre d'indemnité à la victime qui a subi une atteinte à sa personne,

– centraliser les créances des différents organismes assurant des prestations à ces victimes (v. C. assur., art. L. 211-9 à L. 211-24).

1. V. en ce sens, H. Groutel, « L'exclusivité de la loi du 5 juillet 1985, entre hauts et bas », *RCA* 2009, étude n° 11 ; et également : P. Jourdain, *RTD civ.* 2009. 541, n° 5.

2. P. Jourdain, *RTD civ.* 2009. 541, n° 5.

§ 1. La procédure transactionnelle

A. L'obligation de respecter certains délais pour faire une offre d'indemnité

3290. L'assureur de responsabilité du véhicule terrestre à moteur impliqué « est tenu de présenter dans un délai maximum de huit mois à compter de l'accident, une *offre d'indemnité* à la victime », mais seulement en cas d'atteinte à sa personne et non au cas où l'accident « n'a occasionné que des dommages aux biens » (art. 2, al. 1er et 6, devenus C. assur., art. L. 211-9). En cas de décès de la victime, cette offre est faite à ses héritiers et, s'il y a lieu, à son conjoint. S'il y a d'autres victimes, une offre doit également leur être faite dans les huit mois de leur demande d'indemnisation.

3291. En cas de pluralité de véhicules, l'offre est faite par l'un des assureurs, mandaté par les autres.

3292. En l'absence d'offre dans les délais légaux, l'assureur encourt une double sanction : doublement du taux des intérêts dus sur l'indemnité finalement offerte par l'assureur ou allouée par le juge, à partir de l'expiration du délai et jusqu'au jour de l'offre ou du jugement sanctionnant l'offre tardive (C. assur., art. L. 211-17) et paiement d'une pénalité au Fonds de garantie sanctionnant l'offre insuffisante prévue par l'article L. 211-14 du Code des assurances car la Cour de cassation assimile l'offre tardive à une offre insuffisante [1].

Le doublement des intérêts porte, de plus, sur la totalité des indemnités et non sur le solde restant dû après la déduction de provisions déjà versées après l'expiration du délai légal [2]. Ces dispositions, jugées sévères par la doctrine, sont justifiées par le souci d'inciter les assureurs à respecter leurs obligations.

B. La transaction

3293. Cette offre peut aboutir à une *transaction* entre l'assureur et la victime qui n'est toutefois pas tenue de l'accepter et dispose d'un délai de 15 jours pour la dénoncer par lettre recommandée avec demande d'avis de réception (art. L. 211-16). Le paiement des sommes convenues doit intervenir dans un délai d'un mois après l'expiration de ce délai de dénonciation (art. L. 211-17).

3294. Si la réparation prend la forme d'une rente viagère allouée, soit conventionnellement, soit judiciairement, l'indexation est automatique, en fonction des coefficients de revalorisation prévus par l'article 434-17 du Code de la sécurité sociale : le juge n'a pas à mentionner l'indexation et ne peut choisir un autre indice.

---

1. Civ. 2e, 18 mars 1999, *RCA* 1999, chron. H. Groutel, no 15, 2e arrêt ; obs. G. Viney ; *JCP* 2000. I. 199, no 8, confirmant la position déjà prise par Civ. 2e, 3 déc. 1997, *RCA* 1998, chron. no 2 ; *JCP* 1998. I. 144, no 7, obs. G. Viney.

2. Civ. 2e, 10 juin 1999, *D.* 1999. IR 179 ; *JCP* 2000. I. 199, no 8, obs. G. Viney.

3295. Une protection particulière est accordée aux victimes incapables, mineures ou majeures. Le projet de transaction les concernant doit être autorisé, à peine de nullité par le juge des tutelles ou le conseil de famille (art. L. 211-15).

3296. L'article 26 de la loi du 5 juillet 1985 a ajouté un article L. 211-23 au Code des assurances qui prévoit que « sous le contrôle de l'autorité publique une publication périodique rend compte des indemnités fixées par les jugements et les transactions ».

§ 2. Le recours des tiers payeurs

3297. L'assureur est également chargé de centraliser les créances des différents organismes ayant payé à la victime des prestations de nature sociale notamment : organismes sociaux, État ou autres personnes publiques, employeurs pour les salaires maintenus pendant une période d'inactivité, groupements mutualistes, etc. En effet, ils doivent être associés à la procédure transactionnelle pour y faire valoir leurs droits. Lorsque l'assureur a connaissance de l'existence de ces tiers payeurs, il doit leur demander de produire leur créance dans un délai de quatre mois à peine de déchéance de leur droit. Mais, si l'assureur n'a pas eu connaissance de l'existence de certains tiers payeurs, sans faute de sa part, ceux-ci sont également déchus de leurs droits et perdent tous droits contre lui et l'auteur du dommage. Toutefois, l'assureur ne peut invoquer une telle ignorance à l'égard des organismes versant des prestations de Sécurité sociale (art. L. 211-11).

3298. Selon l'article 29 de la loi du 5 juillet 1985, seules certaines prestations limitativement énumérées par le texte, « versées à la victime d'un dommage résultant des atteintes à sa personne ouvrent droit à un recours contre la personne tenue à réparation ou son assureur ». Le texte exclut, notamment, le recours subrogatoire du département qui a versé une prestation de compensation du handicap. À la suite d'une question prioritaire de constitutionalité renvoyée par le Conseil d'État, le Conseil constitutionnel a admis la conformité de cette disposition à la Constitution [1].

3299. La jurisprudence a précisé que seules, doivent être imputées sur l'indemnité réparant l'atteinte à l'intégrité physique de la victime, les prestations leur ouvrant droit à un recours subrogatoire contre la personne tenue à réparation [2]. Cette décision consacre une solution déjà affirmée par la chambre criminelle. La jurisprudence de la Cour de cassation est désormais constante en ce qui concerne le recours exercé par ces tiers payeurs, notamment la sécurité sociale, contre l'auteur de l'accident lorsqu'il se trouve être en même temps le conjoint de la victime. Ainsi : « la Sécurité sociale ne peut priver la victime directement ou indirectement des prestations auxquelles elle est légalement tenue, alors qu'en raison des droits et devoirs respectifs des époux et de leur communauté de vie, il en serait ainsi si l'auteur de l'accident devait rembourser à la caisse les prestations servies à son conjoint » [3].

---

1. Cons. const. 24 févr. 2017, n° 2016-613 QPC, *AJDA* 2017. 442 ; *AJ fam.* 2017. 162 ; *RTD civ.* 2017. 408, obs. P. Jourdain.

2. Civ. 2e, 14 oct. 1992, *JCP* 1992. IV. 3050 et obs. G. Viney, *JCP* 1993. I. 3664.

3. Ass. plén. 3 juin 1983 (deux arrêts), *D.* 1985. 537, concl. X. Cabannes ; *JCP* 1983. II. 20121, note Y. Chartier.

Toutefois, cette immunité consentie au responsable, personnellement, ne doit pas profiter à son assureur qui reste assujetti au recours[1].

3300. Par contre, selon l'article 31 de la loi du 5 juillet 1985, avant que la loi du 23 décembre ne vienne le modifier, ce recours ne s'exerçait que sur « la part d'indemnité de *caractère personnel correspondant aux souffrances physiques ou morales par elle endurées et au préjudice esthétique et d'agrément* ou, s'il y a lieu, de la part d'indemnité correspondant au préjudice moral des ayants droit ».

Dans la mesure où ce texte ne visait que les souffrances physiques et morales endurées et le préjudice esthétique et d'agrément, la Cour de cassation avait développé une jurisprudence contestable soumettant au recours des tiers payeurs des indemnités réparant les préjudices physiologiques ou fonctionnels au bénéfice du maintien d'une distinction problématique entre le « préjudice d'agrément » et le « préjudice fonctionnel ».., le *préjudice fonctionnel* correspondant à des « troubles physiologiques affectant les conditions de travail et d'existence » alors que le *préjudice d'agrément* est défini comme la « privation des agréments d'une vie normale ». Seul ce dernier échappait au recours.

3301. La loi du 21 décembre 2006, de financement de la sécurité sociale a supprimé la référence aux souffrances physiques ou morales endurées et au préjudice esthétique et d'agrément, en ne laissant que la référence à la part d'indemnité « de caractère personnel » et impose désormais aux tiers payeurs d'exercer les recours subrogatoires « poste par poste, sur les seules indemnités qui réparent des préjudices qu'elles ont pris en charge, à l'exclusion des préjudices à caractère personnel ». La Cour de cassation a par ailleurs considéré que le préjudice fonctionnel était un préjudice personnel et est revenue à une conception stricte du préjudice d'agrément sans que pour autant, le problème soit totalement et définitivement résolu (pour un examen plus complet, concernant la distinction du préjudice fonctionnel et d'agrément v. ss 2322 s. ; concernant les recours des tiers payeurs, v. ss 2354 s.).

Section 5

La question des recours récursoires

3302. La question se pose d'abord, lorsque plusieurs véhicules sont impliqués dans l'accident, de savoir si un recours récursoire est possible entre conducteurs impliqués et selon quelles modalités (§ 1). La situation peut encore se compliquer dans les cas particuliers où il existe à la fois des conducteurs impliqués sur le fondement de la loi de 1985 et d'autres personnes responsables sur le fondement du droit commun de la responsabilité (§ 2)). La question centrale reste, cependant, celle de la répartition de la charge définitive de l'indemnisation, assez clairement résolue par la jurisprudence (§ 3). Enfin, on verra que le recours récursoire est exclu lorsqu'il aurait pour effet de priver la victime de tout ou partie de son indemnisation, ce qui limite le recours contre les proches de la victime (§ 4).

---

1. Civ. 2e, 8 janv. 1992, *Bull. civ.* II, n° 2, et 2 févr. 1994, *JCP* 1994. IV. 913, obs. G. Viney ; *JCP* 1994. I. 3773.

§ 1. Les recours entre co-impliqués

A. Le principe d'un recours sur le fondement initial du droit commun de la responsabilité

3303. Si le principe d'un recours destiné à répartir la charge définitive de l'indemnisation en cas de pluralité de véhicules impliqués dans l'accident n'a pas soulevé de problème, le fondement de ce recours a été plus délicat à déterminer. Après quelques hésitations doctrinales et jurisprudentielles, les cours d'appel se sont d'abord montrées favorables au retour au droit commun de la responsabilité. Notons, par exemple, en ce sens, un arrêt de la cour d'appel de Paris du 4 décembre 1985 [1]. La Cour de cassation, à son tour, a admis qu'en cas de dommage causé à un tiers par la collision de deux véhicules, celui des deux gardiens qui a intégralement dédommagé la victime a, par l'effet de la subrogation légale, un recours contre l'autre coauteur sur le fondement de l'article 1242, alinéa 1er [2], et, dans un autre cas, par un motif de principe, la deuxième chambre civile se réfère bien aux deux articles concernés : « Vu les articles 1251 et 1242, alinéa 1er, du Code civil, attendu qu'en cas de dommage causé à un tiers par la collision de deux véhicules, celui des conducteurs qui a été condamné en cette qualité a, par l'effet de la subrogation légale, un recours contre le coauteur sur le fondement du second de ces textes » [3]. On peut également citer, pour un recours fondé sur l'article 1240, deux arrêts du 14 février 1990 [4].

Dans un domaine voisin, celui de l'*appel en garantie d'un coauteur avant tout paiement à la victime*, la Cour de cassation a, de même, estimé que la partie assignée en réparation du préjudice subi par la victime, n'est pas recevable à se prévaloir des articles 1er ou 2 de la loi du 5 juillet 1985 contre le coauteur [5].

B. Un revirement de jurisprudence en faveur d'une option entre le droit commun et la loi du 5 juillet 1985

3304. Le 6 mars 1991, la deuxième chambre civile de la Cour de cassation a admis de nouveau que l'action récursoire était possible sur le fondement de la loi du 5 juillet 1985 et non plus uniquement en application du droit commun. Le conducteur d'un véhicule terrestre à moteur impliqué dans un accident de la circulation assigné par la victime, s'il peut exercer contre les autres coauteurs une action récursoire sur le fondement des articles 1240 et 1242, alinéa 1er, du Code civil, peut également, en tant que subrogé dans les droits de la victime, se prévaloir des dispositions des articles 1er à 6 de la loi du 5 juillet 1985 à l'encontre des autres coauteurs [6].

---

1. Paris, 4 déc. 1985, *Gaz. Pal.* 21 déc. 1985 ; Dijon, 11 déc. 1985, *Gaz. Pal.* 4 févr. 1986.
2. Civ. 2e, 11 juill. 1988, *Bull. civ.* II, n° 164.
3. Civ. 2e, 4 oct. 1989, *Gaz. Pal.* 1990. 1, pan. jur. 14.
4. *Bull. civ.*, nos 26 et 27.
5. Civ. 2e, 20 juill. 1987, *Bull. civ.* II, n° 163-164 et *D.* 1987. 469, note H. Groutel ; Civ. 13 janv. et 17 févr. 1988, *D.* 1988. 293, note H. Groutel et obs. P. Jourdain, *RTD civ.* 1988. 785.
6. Civ. 2e, 6 mars 1991, *D.* 1991. 257, note H. Groutel ; *RTD civ.* 1991. 552, obs. P. Jourdain.

C. Suppression de la possibilité d'option ?

3305. Par une décision du 14 janvier 1998, la seconde chambre civile de la Cour de cassation a supprimé l'option en précisant que le conducteur « impliqué dans un accident de la circulation et condamné à réparer les dommages causés à un tiers, ne peut exercer un recours contre un autre conducteur impliqué que sur le fondement des articles 1240 et 1251 du Code civil »[1].

Cette solution a pu être critiquée. Pourquoi, en effet, limiter le fondement au seul article 1240 et exclure l'article 1242, alinéa 1er ? Et surtout, comment le subrogeant, qui ne peut, lui, invoquer le droit commun de la responsabilité en raison du caractère exclusif de la loi du 5 juillet 1985, peut-il subroger un tiers dans des droits qu'il n'a pas ?

§ 2. Les recours entre co-impliqués et coresponsables

3306. La question des recours récursoires se complique encore du fait que parfois, le jeu des recours récursoire concerne non seulement un conducteur impliqué sur le fondement de la loi de 1985 mais encore un responsable condamné sur le fondement du droit commun de la responsabilité. Ainsi, dans un arrêt remarqué, la Cour de cassation a admis le recours récursoire de l'Établissement français du sang contre le conducteur impliqué dans l'accident sur le fondement de la loi de 1985. La responsabilité délictuelle du fournisseur de sang pour manquement à son obligation de sécurité-résultat de fournir des produits exempts de vices avait été reconnue à la suite de la transfusion contaminante subie par une victime d'accident de la circulation. La Cour de cassation admet le recours récursoire du fournisseur de sang contre le conducteur *fautif* d'un véhicule impliqué dans l'accident de la circulation qui avait rendu nécessaire la transfusion contaminante[2] : le conducteur condamné sur le fondement de la loi de 1985 se retrouve confronté à un l'établissement français du sang responsable pour faute.

La question centrale qui se pose, cependant, au-delà de celle du fondement textuel du recours récursoire, est celle des règles utilisées par la jurisprudence pour effectuer la répartition de la charge définitive de l'indemnisation entre co-impliqués ou entre co-impliqués et coresponsables. On va voir qu'elles tiennent largement compte de l'existence d'une faute en relation avec le dommage.

§ 3. La question de la répartition de la charge définitive de l'indemnisation

3307. Les solutions sont aujourd'hui plutôt clarifiées et prennent en compte l'existence ou l'inexistence de fautes.

– Le conducteur ou gardien fautif n'a pas de recours contre un co-impliqué ou un coresponsable non fautif.

---

1. Civ. 2e, 14 janv. 1998, *D.* 1998. 174, note H. Groutel ; *RTD civ.* 1998. 393, obs. P. Jourdain ; *JCP* 1998. II. 10045, note P. Jourdain.

2. Civ. 2e, 25 janv. 2007, *RCA* 2007, comm. 116, note H. Groutel ; *JCP* 2007. II. 10035, note C. Radé.

– Le conducteur ou gardien non fautif peut recourir pour le tout contre un co-impliqué ou un coresponsable fautif.

– En cas de fautes respectives, la répartition de la charge de la réparation se fait en tenant compte de la gravité des fautes commises. La Cour de cassation avait un temps remis en cause cette solution dans le cas de la répartition de la charge finale de l'indemnisation entre le conducteur impliqué et l'Établissement du sang responsable sur le fondement de l'obligation de sécurité-résultat, en cas de contamination transfusionnelle consécutive à un accident de la circulation (v. ss 3306, et la référence citée) ; elle est revenue à cette solution par un arrêt postérieur du 28 mai 2009 [1]. Toutefois, un nouvel arrêt du 19 novembre 2009 vient réintroduire une incertitude car la seconde chambre semble vouloir s'en remettre finalement aux juges du fond et à leur pouvoir souverain pour apprécier au cas par cas l'incidence des fautes respectives, sans imposer une règle de répartition. Ils pourraient alors tenir compte plus directement de la causalité. La décision devra cependant être confirmée [2].

– Lorsqu'il n'y a aucune faute, la répartition se fait par parts égales.

§ 4. L'irrecevabilité de toute action récursoire du « *solvens* » contre les proches de la victime

3308. La question s'est posée, lorsqu'il s'agissait de jeunes enfants victimes d'accidents de la circulation, de savoir si le conducteur du véhicule impliqué pouvait intenter une action récursoire contre les parents, pour défaut de surveillance, par exemple.

Les juridictions du fond ont, d'abord, été un peu hésitantes mais la cour d'appel de Toulouse [3] a repoussé cette action dès 1986 car, si elle était admise, elle « aurait pour effet de vider la loi susvisée d'une grande partie de sa substance et constituerait un moyen détourné pour mettre à néant certaines de ses dispositions favorables aux ayants droit » [4]. La Cour de cassation a confirmé cette position et, dans un cas voisin, a décidé que « dès lors qu'aucune faute n'a été établie à l'encontre des victimes directes d'un accident, doit être annulé… l'arrêt qui, en attribuant à un coauteur une action subrogatoire contre la succession de la victime ou son assureur, priverait de l'intégralité de l'indemnité leur revenant les victimes d'un préjudice subi du fait des dommages causés aux victimes directes » [5].

Il est, désormais, acquis qu'une telle action subrogatoire est irrecevable, qu'il s'agisse des parents d'un mineur victime [6] ou du conjoint de la victime coauteur du dommage [7], au motif qu'un tel recours aurait pour effet de priver directement, ou indirectement, la victime de la réparation intégrale de son préjudice, du fait de la communauté

1. Civ. 2e, 28 mai 2009, *Juris Data* n° 2009-048357, *RCA* 2009, comm. 242, obs. H. Groutel ; 14 févr. 2008, *JCP* 2008. II. 10080, note C. Radé ; *RCA* 2007, comm. 137, obs. H. Groutel.

2. Civ. 2e, 19 nov. 2009, n° 08.11-622, *RTD civ.* 2010. 125 n° 8, obs. P. Jourdain.

3. Toulouse, 17 mars 1986, *DS* 1986. 440, note H. Groutel.

4. Dans le même sens, Civ. 2e, 20 avr. 1988, *D.* 1998. 580, note Y. Lambert-Faivre (deux arrêts) ; *RTD civ.* 1998. 790, obs. P. Jourdain.

5. Civ. 2e, 13 janv. 1988, *Bull. civ.* II, n° 13, *D.* 1988. 293, obs. H. Groutel ; *RTD civ.* 1998. 788, obs.P. Jourdain.

6. Civ. 2e, 20 juill. 1988, deux arrêts commentés à la *RTD civ.* 1988. 335, et Civ. 2e, 1er févr. 1989, *Gaz. Pal.* 1989. I, Pan. jur. 77.

7. Civ. 2e, 28 juin 1989, *Bull. civ.* II, n° 140.

de vie existant entre parents et enfants ou entre conjoints. Cependant, le recours est admis si le risque de priver la victime du bénéfice de l'indemnisation est exclu : soit parce qu'il n'y a pas communauté de vie, soit parce que le responsable est assuré, soit parce que le recours est exercé directement contre l'assureur [1]. L'action est également possible s'il s'agit d'une demande de réparation d'un préjudice propre et non d'une action en garantie [2].

Section 6
Relations entre le régime spécial de la loi du 5 juillet 1985 et le régime de droit commun

3309. Dès la promulgation de la loi du 5 juillet 1985, la doctrine s'est interrogée sur le sens de la loi, les effets de la notion nouvelle d'implication et s'est demandée s'il s'agissait d'une loi autonome et quels rapports allaient s'instaurer entre ce régime nouveau et le régime de droit commun.

§ 1. L'autonomie de la loi du 5 juillet 1985

A. Discussion doctrinale

3310. La doctrine s'est, tout d'abord, divisée sur les effets de l'implication et le rôle de la loi. Pour de nombreux auteurs, notamment G. Viney [3], l'implication n'avait qu'un seul but : déterminer le domaine d'application de la *loi qui ne concernait que les causes d'exonération* de la responsabilité. Selon cette thèse, adoptée au début par de nombreuses juridictions du fond, il fallait continuer à se référer aux textes de droit commun pour découvrir le responsable et fixer les conditions de sa responsabilité, la loi de 1985 n'intervenant qu'après coup dans les rapports : responsable/victime.

Pour d'autres auteurs comme H. Groutel, F. Wiederkehr, G. Durry, la notion d'implication n'avait pas pour seul effet de définir le domaine d'application de la loi, elle devait, aussi, permettre de désigner la personne tenue de l'indemnisation : le conducteur ou le gardien du véhicule terrestre à moteur impliqué. L'implication est donc une condition, non seulement nécessaire, mais encore suffisante, et la loi du 5 juillet 1985 se suffit à elle-même sans recours aux textes de droit commun : *la loi est bien autonome.*

B. Position jurisprudentielle

3311. La Cour de cassation s'est très vite orientée vers une application exclusive de la loi de 1985, tout au moins dans les rapports entre la victime directe (ou ses ayants droit) et le conducteur ou le gardien du véhicule impliqué.

---

1. Civ. 2e, 8 janv. 1992, *Bull. civ.* II, n° 242 ; Civ. 2e, 18 mars 1992, *D.* 1992. IR 135.
2. Civ. 2e, 6 juill. 1994, *JCP* 1995. II. 22457, note Y. Dagorne-Labbé.
3. *DS* 1986. Chron. 216.

Dans un arrêt du 19 novembre 1986[1] répondant à un moyen qui reprochait à la décision attaquée de ne pas avoir précisé si elle était fondée sur l'article 1240 ou sur l'article 1242, alinéa 1er, du Code civil, la deuxième chambre civile de la Cour de cassation énonçait que l'article 4 de la loi du 5 juillet 1985 est « seul applicable en cas de collision de véhicules terrestres à moteur ».

Par un autre arrêt du 4 mai 1987[2], la deuxième chambre civile énonçait d'une façon encore plus précise que « l'indemnisation d'une victime d'un accident de la circulation dans lequel est impliqué un véhicule terrestre à moteur, ne peut être fondée que sur les dispositions de la loi n° 85-677 du 5 juillet 1985, à l'exclusion de celles des articles 1240 et suivants du Code civil ». Enfin, dans une décision du 4 décembre 2008, la Cour de cassation a affirmé le « caractère d'ordre public de la loi du 5 juillet 1985 » qui « exclut tout autre fondement juridique[3] ».

Dès lors, on peut se demander quel rôle jouent encore les textes de droit commun.

§ 2. Les domaines où les textes de droit commun sont encore applicables

3312. Même lorsqu'un VTM est appliqué dans un accident de la circulation, la question de l'application du droit commun de la responsabilité a pu se poser.

A. Cas où un seul véhicule terrestre à moteur est impliqué

3313. Quel texte invoquer lorsqu'un seul véhicule terrestre à moteur est impliqué dans l'accident et que la victime est le conducteur du véhicule ?

La Cour de cassation a répondu à cette question en précisant que « le conducteur d'un véhicule terrestre à moteur victime d'un accident de la circulation ne saurait invoquer la loi du 5 juillet 1985 lorsque seul son véhicule est impliqué dans l'accident »[4].

Toutefois, quand le conducteur-victime n'est pas le gardien du véhicule impliqué la Cour de cassation avait fini par admettre, après quelques hésitations, la possibilité pour la victime d'invoquer la loi de 1985 contre le gardien du véhicule impliqué[5], et inversement, elle avait autorisé un gardien victime à agir contre le conducteur[6].

Deux décisions postérieures du 7 décembre 2006, de la seconde chambre civile[7], ont ensuite rappelé que la loi de 1985 ne peut être invoquée par le conducteur d'un véhicule terrestre à moteur lorsque son véhicule est seul impliqué, mais en précisant « dont il est aussi le gardien ». *A contrario,* donc, s'il n'en est pas le gardien, la loi de 1985 est applicable.

---

1. *Bull. civ.* II, n° 165.

2. *Bull. civ.* II, n° 87 ; *Gaz. Pal.* 1987. 2. 428, note F. Chabas.

3. Civ. 2e, 4 déc. 2008, *Juris-Data* n° 2008-046150, *RCA* 2009, comm. 50, obs. H. Groutel.

4. Civ. 2e, 19 nov. 1986, *Bull. civ.* II, n° 166, *Gaz. Pal.* 1987. I. 140, note F. Chabas ; Civ. 2e, 18 mars 1987, *Bull. civ.* II, n° 362.

5. Civ. 2e, 2 juill. 1997, *RTD civ.* 1997. 959, obs. P. Jourdain ; v. aussi Civ. 2e, 24 juin 1998, *Bull. civ.* II, n° 203 ; *RCA* 1998, n° 231, 1er arrêt, obs. H. Groutel.

6. Civ. 2e, 3 oct. 1990, *RTD civ.* 1991. 129, obs. P. Jourdain.

7. Civ. 2e, 7 déc. 2006, *RCA* 2007, comm. 85.

B. Cumul entre la loi de 1985 et le droit commun de la responsabilité

3314. *Dans le même accident, le fondement de la loi de 1985 et celui de la responsabilité civile de droit commun peuvent être invoqués,* par des victimes différentes :

– Le piéton ou le cycliste, victime d'un dommage invoquera la loi de 1985 contre le conducteur ou le gardien du véhicule terrestre à moteur impliqué. Mais le conducteur de ce véhicule, s'il a lui aussi subi un dommage, ne pourra agir contre le piéton ou le cycliste qu'en se fondant sur les articles 1240 et suivants du Code civil[1] (arrêt concernant la SNCF préc., v. ss 3230) et ce, que le piéton « ait été ou non blessé dans l'accident »[2].

– De même, le conducteur d'un véhicule automobile, condamné, sur le fondement de la loi du 5 juillet 1985 à indemniser le conducteur d'une motocyclette et son passager propriétaire du véhicule, s'est vu reconnaître le droit d'assigner le passager et la compagnie d'assurance de ce dernier sur le fondement de l'article 1240, en invoquant la faute du conducteur de la motocyclette pour avoir accepté de transporter un passager dépourvu de casque protecteur imposé par l'article R. 431-1 du Code de la route, Ce fait constitue, de sa part, une faute de nature à concourir au dommage subi par ce passager et pouvant lui être opposée dans le cadre de l'action récursoire du conducteur d'un autre véhicule impliqué[3].

3315. *Dans le cadre des recours récursoires entre co-impliqués,* par ailleurs, nous l'avons vu (v. ss 3303), la Cour de cassation a admis le retour au droit commun de la responsabilité. Ainsi, en cas de dommage causé par la collision de deux véhicules, dans un premier temps elle a considéré que celui des deux conducteurs ou gardiens qui a été condamné en cette qualité à indemniser la victime avait, par l'effet de la subrogation légale, un recours contre le coauteur sur le fondement de *l'article 1242, alinéa 1er*[4], aussi bien que sur le fondement des articles 1er à 6 de la loi de 1985[5]. Toutefois, la Cour de cassation a durci sa position et n'admet plus que le recours subrogatoire du droit commun « le conducteur d'un véhicule terrestre à moteur impliqué dans un accident de la circulation et condamné à réparer les dommages causés à un tiers, *ne peut exercer un recours* contre un autre conducteur impliqué *que sur le fondement des articles 1240 et 1251 du Code civil* »[6]. Après un arrêt isolé en sens inverse qui abandonnait la référence à l'article 1251[7], la Cour de cassation réintroduit, dans un nouvel arrêt, l'article 1251 et la subrogation de droit commun. Cette position est d'ailleurs critiquée par P. Jourdain car elle « conduit à subroger un tiers dans un droit que le subrogeant n'a pas : celui d'invoquer le droit commun »[8].

On rappellera que la répartition entre les codébiteurs se fait à proportion des fautes respectives, s'ils en ont commis, sinon par parts égales (v. ss 3307).

---

1. Civ. 2e, 29 oct. 1986, *Bull. civ.* II, n° 166.

2. Civ. 2e, 17 févr. 1993, *RTD civ.* 1993. 598, obs. P. Jourdain.

3. Civ. 2e, 18 sept. 2003, *JCP* 2003, Actualités, n° 470 ; *Bull. civ.* II, n° 288 ; *RTD civ.* janv.-mars 2004, chron. P Jourdain, p. 110 ; *D.* 2003. IR 2413, et les observations.

4. Civ. 2e, 11 juill. 1988, *Bull. civ.* II, n° 164 ; Civ. 2e, 4 oct. 1989, *Gaz. Pal.* 1990. I. Pan. jur. 14.

5. Civ. 2e, 6 mars 1991, *D.* 1991. 257, note H. Groutel ; *RTD civ.* 1991. 552, obs. P. Jourdain.

6. Civ. 2e, 14 janv. 1998, *D.* 1998. 174, note H. Groutel ; *JCP* 1998. II. 10045, note P. Jourdain ; *RTD civ.* 1998. 393, obs. crit. P. Jourdain.

7. Civ. 2e, 13 juill. 2000, *RTD civ.* 2000. 855, obs. P. Jourdain.

8. Civ. 2e, 1er mars 2001, *Bull. civ.* II, n° 31 ; *RCA* 2001, comm. 219 ; *RTD civ.* 2001. 609, obs. crit. P. Jourdain.

C. Cumul entre la loi de 1985 et la loi sur les accidents du travail

3316. Enfin, il peut également y avoir cumul entre la loi de 1985 et la loi sur les accidents du travail. La loi du 27 janvier 1993 « portant diverses mesures d'ordre social »[1] a d'ailleurs ajouté, dans son article 15, une nouvelle exception au principe d'exclusion de toute action en responsabilité civile émanant de la victime d'un accident du travail ou de ses ayants droit.

Alors que l'article L. 451-1 du Code de la Sécurité sociale dispose « qu'aucune action en réparation des accidents du travail ne peut être exercée conformément au droit commun par la victime et ses ayants droit » et que la jurisprudence confirme que, sauf en cas de faute intentionnelle de l'employeur, le tiers qui a indemnisé la victime d'un accident du travail de son entier dommage « n'a pas de recours contre l'employeur de la victime ou ses préposés, ni contre leur assureur »[2], une exception a été apportée.

Désormais, la loi nouvelle dispose que la victime et la caisse peuvent, si l'accident survient sur une voie ouverte à la circulation publique et implique un véhicule terrestre à moteur conduit par l'employeur, un préposé ou une personne appartenant à la même entreprise que la victime, demander une réparation complémentaire en se fondant sur la loi du 5 juillet 1985 (v. CSS, art. L. 455-1-1, issu de la L. n° 93-121 du 27 janv. 1993, art. 15, et L. n° 94-43 du 18 janv. 1994, art. 69).

Ce n'est, d'ailleurs, pas la seule exception à l'article L. 451-1, la législation des accidents du travail ne s'applique seule que s'il s'agit d'un accident du travail ordinaire[3].

Conclusion.
L'avenir de la loi du 5 juillet 1985 dans l'actuel projet de réforme (d'avril 2016)

3317. *L'actuel projet de réforme de la Chancellerie* envisage de modifier assez profondément le système mis en place par la loi du 5 juillet. Il intègre d'abord les dommages causés par le fait d'un véhicule terrestre à moteur dans les régimes de responsabilité, et non dans les systèmes d'indemnisation, au titre des « principaux régimes spéciaux », avec le régime de responsabilité du fait des produits défectueux.

Le fait du VTM est présenté comme le fait générateur d'une responsabilité de plein droit qui pèse sur le conducteur ou gardien. Pour autant il s'agit d'un régime spécial et non d'un régime de droit commun notamment parce qu'il n'y a pas à distinguer selon que la victime est transportée ou non en vertu d'un contrat. Comme dans le régime actuel, donc, la distinction cardinale entre la responsabilité contractuelle et extra-contractuelle, préservée par la règle de l'interdiction de l'option, n'est ici pas applicable, de la même façon, au demeurant que dans le cas de la responsabilité du fait des produits défectueux, elle aussi qualifiée par le projet de régime spécial.

Par ailleurs, et comme dans le régime de responsabilité du fait des produits défectueux, les causes d'exonération sont spécifiques. Le projet va dans le sens de l'égalité des victimes, conductrices et non conductrices mais il ne va pas jusqu'au bout de la logique et maintient un traitement défavorable des victimes conductrices, contrairement

---

1. *JCP* 1993. III. 65956 et 66197.

2. Ass. plén. 31 oct. 1991 (trois arrêts), *JCP* 1992. II. 21800, note Y. Saint-Jours ; plus récemment : Civ. 2e, 12 juill. 2012, n° 11-20. 123, *RCA* 2012, comm. 225.

3. V. chronique G. Viney dans la bibliographie, et Civ. 2e, 8 juill. 1992, *JCP* 1993. I. 3664, obs. G. Viney.

à l'option prise dans l'avant-projet d'avril 2016, qui assurait une égalité parfaite. Ainsi, concernant les « causes d'exonération », les victimes, qu'elles soient conductrices ou non conductrices, ne peuvent se voir opposer le cas fortuit ou le fait d'un tiers, même lorsqu'ils présentent les caractères de la force majeure ; elles n'ont pas droit à réparation lorsqu'elles ont volontairement recherché le dommage subi. Ici, l'égalité est réalisée.

Il n'en va pas de même pour les dispositions spécifiques concernent les dommages corporels. En effet, en cas de dommage corporel : la faute de la victime est sans incidence sur son droit à réparation, sauf en cas de faute inexcusable, cause exclusive de l'accident, qui la prive de tout droit à réparation ; mais le conducteur peut se voir opposer sa faute inexcusable (lorsqu'elle n'est pas cause exclusive de l'accident) pour limiter son droit à réparation (art. 1287, al. 2). Par ailleurs, si les victimes de moins de 16 ans, de plus de 70 ans ou titulaires d'un titre leur reconnaissant un taux d'incapacité de 80 % sont, dans tous les cas, indemnisées des dommages corporels ; le conducteur est, là encore, exclu de cette disposition protectrice (art. 1287, al. 3).

DOCUMENTS

BIBLIOGRAPHIE

Amouroux (H.-V.), « Le véhicule et l'outil », *Gaz. Pal.* 1990. Doctr. 21.

Appietto (J.), « La loi Badinter : l'indemnisation du conducteur-victime directe ou par ricochet », *Gaz. Pal.* 1997. Chron. 3.

Bloch (F.), « La faute inexcusable du piéton (deux ans de jurisprudence et le coup d'arrêt de la Cour de cassation le 20 juillet 1987) », *JCP* 1988. I. 3332.

Carval (S.), L'implication et la causalité, *RCA* 2015, dossier, art. 15.

Chabas (F.), « La situation faite au conducteur fautif de véhicule terrestre à moteur », *Gaz. Pal.* 2 févr. 1994.

– « L'interprétation des articles 2 à 6 de la loi du 5 juillet 1985 et la question des recours », *Gaz. Pal.* 18-20 juin 1996, n° 169 à 171, p. 17.

Clavier (J.-P.), « La réparation du préjudice par ricochet sur le fondement de la loi du 5 juillet 1985 », *LPA* 6 août 1997, n° 94, p. 4.

Conte (Ph.), « Le législateur, le juge, la faute et l'implication (la fable édifiante de l'autonomie de la loi du 5 juillet 1985) », *JCP* 1990. I. 3471.

Groutel (H.), « L'extension du rôle de l'implication du véhicule », *D.* 1990. Chron. 263.

– « Le conducteur victime rétabli dans ses droits », *D.* 1997. Chron. 18.

– « La loi du 5 juillet 1985 : vingt ans déjà, et encore des incertitudes », *RCA* 2005. Chron. 10.

– « L'exclusivité de la loi du 5 juillet 1985, entre hauts et bas », *RCA* 2009, étude 11.

G'Sell-Macrez (F.), « La faute du conducteur victime et la causalité », *RLDC*, n° 4, 2007. 17.

Jourdain (P.), « Implication et causalité dans la loi du 5 juillet 1985 », *JCP* 1994. I. 3794.

– « Domaine et conditions d'application de la loi du 5 juillet 1985 », *Gaz. Pal.* 16-20 juin 1995, n° 169 à 171, p. 3.

Leduc (F.), « D'un piège à l'autre (à propos de l'indemnisation de la victime conductrice fautive) », *RCA* 2006, étude 19.

– « Le cœur et la raison en droit des accidents de la circulation », *RCA* 2009, dossier, *Les vingt ans de la revue*, étude 4.

– « La sanction de la faute du conducteur victime en question », *RCA* 2010, étude 11.

Le Cae (Y.), « Rollers : nouveau point sur le statut juridique du patineur et le droit de la responsabilité », *Gaz. Pal.* 9-10 avr. 2004, p. 6.

Pillet (G.), L'implication du véhicule dans un accident complexe de la circulation, in *Mélanges Chabas, Bruylant*, 2011

Rovinski (J.), « La faute inexcusable et exclusive du passager dans la loi du 5 juillet 1985 », *Gaz. Pal.* 1999, n° 43-44, p. 2.

Solletty (B.), « Loi du 5 juillet 1985 et contrat de transport », *JCP* 1991. I. 3508.

Viney (G.), « De l'application de la loi du 5 juillet 1985 à l'accident de la circulation qui est en même temps un accident du travail », *D.* 1989. 231.

Viney (G.), Jourdain (P.), Carval (S.), *Les régimes spéciaux et l'assurance de responsabilité*, 4e éd., LGDJ, 2017.

ARRÊT À COMMENTER

La recherche volontaire du dommage, cause d'exclusion d'indemnisation

Civ. 2e, 31 mai 2000, *Mme Ducollet c/ Bette, JCP* 2001. II. 10577, note C. Butruille-Cardew

LA COUR. – [...] *Sur le moyen unique :*

– Attendu, selon l'arrêt attaqué (Amiens, 31 mars 1998), que, le 21 novembre 1992, vers 19 heures 30, sur une route nationale, hors agglomération, M. Ducollet, piéton, a été heurté par le véhicule automobile conduit par M. Bette, appartenant à son employeur, la société SFPI ; que la victime étant décédée, Mme Ducollet agissant en son nom personnel et ès qualités d'administratrice légale de ses enfants mineurs, a assigné devant le tribunal de grande instance M. Bette et l'Union des assurances de Paris, assureur du véhicule, aux droits de laquelle se trouve désormais la société Axa assurances, en réparation de leurs préjudices ; que la Caisse des dépôts et consignations et la caisse primaire d'assurance-maladie de Beauvais ont été appelées dans l'instance ;

– Attendu que Mme Ducollet fait grief à l'arrêt de l'avoir déboutée de ses demandes alors, selon le moyen, 1° que, seule la faute volontaire exclut toute indemnisation pour les victimes autres que les conducteurs ; qu'en l'espèce, en se bornant à relever que M. Ducollet titubait, marchait comme s'il était ivre, doucement vers la voiture sans réagir, circonstances insusceptibles à elles seules de traduire un comportement suicidaire, la cour d'appel n'a pas caractérisé la recherche volontaire de son dommage par la victime et, partant, a privé sa décision de base légale au regard de l'article 3, alinéa 3, de la loi du 5 juillet 1985 ; 2° que, en toute hypothèse, la recherche volontaire du dommage doit traduire un comportement conscient, une volonté réfléchie ; qu'en retenant que le piéton titubait, marchait comme s'il avait bu, les bras ballants et avançait sans aucune réaction « comme une personne qui n'était pas dans son état normal », sans rechercher si ce comportement ne révélait pas l'absence de toute faculté de discernement de sorte que l'acte de M. Ducollet ne pouvait être retenu pour volontaire, la cour d'appel a derechef privé sa décision de base légale au regard de l'article 3, alinéa 3, de la loi du 5 juillet 1985 ;

– Mais attendu que c'est dans l'exercice de son pouvoir souverain d'appréciation des éléments de preuve que la cour d'appel, ayant analysé les déclarations de la veuve de la victime et des témoins et relevé qu'après une tentative de suicide la veille de l'accident, M. Ducollet, se trouvant sur le couloir de circulation du véhicule qui arrivait, continuait d'avancer tout en regardant la voiture jusqu'à l'impact, a retenu, justifiant légalement sa décision, que M. Ducollet avait volontairement recherché le dommage qu'il avait subi ;

D'où il suit que le moyen n'est pas fondé.

Par ces motifs,

Rejette le pourvoi [...]

Directives

Noter que cette décision présente un double intérêt : d'une part, c'est une des rares décisions sur la faute intentionnelle, d'autre part, elle traduit la volonté de la Cour de cassation de s'en remettre au pouvoir souverain des juges du fond pour l'appréciation du caractère intentionnel ou non de la faute, et de ne pas exercer son pouvoir de contrôle de qualification en la matière, ce que la doctrine considère comme critiquable.

La place de la faute de la victime comme cause d'exclusion d'indemnisation dans la loi du 5 juillet 1985

NATURE DES DOMMAGES ET QUALITÉ DE LA VICTIME	NATURE DE LA FAUTE DE LA VICTIME COMME CAUSE D'EXCLUSION D'INDEMNISATION
Un véhicule impliqué dans un accident cause	
un préjudice matériel	– Faute quelconque (art. 5)
ou un préjudice corporel à une	
victime conductrice	– Faute quelconque (art. 4)
ou victime non conductrice âgée de	
plus de 16 ans ou de moins de 70 ans ou atteinte d'un taux d'incapacité permanente ou d'invalidité inférieur à 80 %	– Faute inexcusable, cause exclusive de l'accident (art. 3, al. 1) – Faute intentionnelle (art. 3, al. 3)
ou âgée de moins de 16 ans ou de plus de 70 ans ou atteinte d'un taux d'incapacité permanente ou d'invalidité supérieur à 80 %	– Faute intentionnelle seulement (art. 3, al. 2 et 3)

Chapitre 3

Les systèmes d'indemnisation

3318. On quitte ici, encore plus nettement qu'avec la loi de 1985, la question des régimes de responsabilité pour aborder, avec les systèmes d'indemnisation la question de la socialisation du risque, de la prise en charge du risque et de l'indemnisation des dommages par la collectivité, dans une démarche qui n'est plus sanctionnatrice, ni fondée sur l'imputation personnelle d'un dommage, comme en matière de responsabilité. Elle repose sur la prise en compte de certains dommages qui doivent être indemnisés, lorsqu'ils répondent à certaines caractéristiques, soit par des fonds de garantie, soit par l'assurance, mais sans que l'on recherche la responsabilité préalable d'une personne.

Contrairement au droit de la responsabilité, le droit de l'indemnisation ne postule pas la réparation intégrale du préjudice. Il est donc possible de prévoir que tous les chefs de préjudices ne seront pas réparés, ou de prévoir des systèmes de forfait.

Il existe aujourd'hui différents systèmes d'indemnisation, qui reposent sur des fonds de garantie, alimentés par la collectivité. Nous signalerons les principaux.

Section 1

Le Fonds de garantie contre les accidents de circulation et de chasse devenu Fonds de garantie des assurances obligatoires de dommages

3319. Créé par une loi du 31 décembre 1951 [1] et complété par la loi du 5 juillet 1985 et ses décrets [2], le « Fonds de garantie automobile », était à l'origine limité aux *accidents causés par un véhicule automobile* avec comme mission de prendre en charge le préjudice, matériel ou moral, subi par les victimes lorsque les auteurs sont inconnus ou ne sont pas assurés ou quand l'assureur est lui-même insolvable. Ensuite, son domaine n'a pas cessé de s'accroître.

– Il a ainsi été étendu aux *accidents de chasse* par une loi du 11 juillet 1966 (pour les « dommages causés par tous actes de chasse ou de destruction d'animaux nuisibles dans les parties du territoire où l'obligation d'assurance instituée par l'article L. 223-13 du Code rural est obligatoire ») et il est devenu « le Fonds de garantie contre les accidents de circulation et de chasse ».

1. Mod. par Ord. du 7 janv. 1959 et Décr. du 16 juill. 1976.
2. 14 mars 1986, 18 mars 1988 et 1er mars 1994 ; C. assur., art. L. 421-1 s., et art. R. 421-1 s.

– Depuis une loi du 7 juin 1977 et, son décret d'application du 14 janvier 1981 il intervient pour tous les *dommages causés « par des personnes circulant sur le sol dans des lieux ouverts à la circulation publique* » (C. assur., art. L. 421-1). Il importe peu, au regard de ce texte, que l'accident de circulation ait ou non été causé par un véhicule terrestre à moteur. C'est pourquoi il a été jugé que ce texte était applicable aux accidents de ski, en cas de collision entre deux skieurs, dont l'un a pris la fuite sans laisser d'adresse ou de nom d'assureur[1]. Mais, dans d'autres cas d'accident de ski, l'article 421-1 du Code des assurances n'étant pas applicable il y a lieu de recourir à la commission d'indemnisation des victimes d'infraction (CIVI) (v. ss 3327 s.).

– Depuis la loi du 5 juillet 1985 et ses décrets du 14 mars 1986 et 18 mars 1988, il est devenu compétent pour tous les accidents corporels survenus sur les voies ouvertes à la circulation publique « dans lequel est impliqué un véhicule terrestre à moteur en circulation ainsi que ses remorques ou semi-remorques ».

– Puis la loi du 30 juillet 2003 (n° 2003-699) a ajouté à son domaine d'intervention l'indemnisation des victimes de dommages causés par une catastrophe technologique.

– Enfin, la loi du 1er août 2003 (n° 2003699) prévoit désormais son intervention, de façon générale, en cas de défaillance des assurances obligatoires de dommages, et il est devenu le *« Fonds de garantie des assurances obligatoires de dommage* ». On notera que la loi du 1er août 2003 a donné compétence au Fonds pour les « *dommages causés accidentellement par des animaux* qui n'ont pas de propriétaire ou dont le propriétaire demeure inconnu ou n'est pas assuré, dans les lieux ouverts à la circulation publique et lorsqu'ils résultent d'un accident de circulation sur le sol » (C. assur, art. L. 421-1, al. 4). Il prend donc en charge les dommages causés par les animaux dans des circonstances excluant la possibilité de mettre en cause la responsabilité du propriétaire ou gardien (v. ss 2744 s.).

Ce fonds est alimenté par une portion des sommes versées par les assurés et par une cotisation des assureurs.

3320. La spécificité de l'intervention de ce fonds est qu'il n'*intervient qu'à titre subsidiaire*, l'action en indemnisation est intentée directement contre le Fonds de garantie quand l'auteur du dommage est inconnu. Dans les autres cas, c'est-à-dire lorsque l'auteur du dommage est connu mais n'est pas assuré ou que son assureur est insolvable, la victime doit d'abord agir contre le responsable, et le Fonds n'intervient qu'après la fixation de la responsabilité et la constatation de l'insolvabilité du responsable. S'il y a des coresponsables et qu'un d'eux est solvable, le Fonds de garantie n'intervient pas (aff. *Compère et les sept provinces*)[2]. Le caractère subsidiaire de la réparation de Fonds de garantie est un principe désormais parfaitement acquis en jurisprudence[3]. Lorsque le Fonds de garantie a payé, il est subrogé dans tous les droits dont disposait la victime contre le responsable ou contre son assureur. Le caractère subsidiaire de son intervention exclut que le responsable du dommage ou même l'assureur puisse se retourner contre le fonds.

Il existe par ailleurs quelques conditions spécifiques variant selon le titre auquel intervient le Fonds, Ainsi par exemple, concernant l'indemnisation des victimes d'accident de la circulation impliquant un véhicule terrestre à moteur, les dommages aux biens ne sont pas pris en charge par le fonds lorsque l'auteur est non identifié mais seulement s'il est non assuré ou que son assureur est insolvable.

---

1. Paris, 29 nov. 1996, *Gaz. Pal.* 21 déc. 1996, p. 479, I, n° 256.
2. Civ. 2e, 21 oct. 1971.
3. Civ. 2e, 19 mai 1976, *Gaz. Pal.* 1976. 2. Somm. 193.

Section 2

Le Fonds de garantie des victimes d'acte de terrorisme et d'autres infractions (FGVAT)

3321. Une loi du 3 janvier 1977 et ses décrets d'application, avait prévu l'indemnisation de certaines victimes de dommages corporels résultant d'une infraction causée par des auteurs inconnus ou insolvables. L'indemnisation devant être assurée par l'État. Mais cette indemnisation s'avérait insuffisante car elle était subsidiaire et plafonnée, bien qu'elle ait été complétée par les lois du 2 février 1981, dite Sécurité et Liberté, la loi du 8 juillet 1983 et la loi du 30 décembre 1985.

Entre-temps, un mouvement international s'était développé : le 24 novembre 1983 fut signée à Strasbourg une Convention européenne relative au dédommagement des victimes d'infractions violentes, qui fut approuvée par la France par la loi du 30 décembre 1988 et publiée par le décret du 29 mai 1990. Ces principes furent confirmés le 11 décembre 1985 par l'Assemblée générale des Nations unies par l'adoption d'une Déclaration des principes fondamentaux de justice relatifs aux victimes de la criminalité et d'abus de pouvoirs.

3322. C'est dans ce contexte et devant la multiplication des catastrophes collectives et la montée de la violence et du terrorisme avec la vague d'attentats des années 1985 à 1990 que le « Fonds de garantie des victimes des actes de terrorisme » a été créé par *l'article 9 de la loi du 9 septembre 1986 relative à la lutte contre le terrorisme et aux atteintes à la sûreté de l'État.* Son rôle s'est étendu, ensuite, avec la loi n° 90-589 du 6 juillet 1990, à l'indemnisation des « autres infractions » jugées par les Commissions d'indemnisation des victimes d'infraction ou CIVI, mais il a conservé son rôle initial en matière de terrorisme. Il a alors pris le nom de « Fonds de garantie des victimes des actes de terrorisme et d'autres infractions ».

Ce fonds, doté de la personnalité civile, est alimenté par « un prélèvement sur les contrats d'assurance de biens ». Il est l'organisme payeur dans deux sortes de situations : en matière d'indemnisation d'actes de terrorisme, et, d'une manière plus générale, pour verser les sommes allouées aux victimes de diverses infractions par l'intermédiaire des CIVI ou directement dans le cadre de la procédure obligatoire d'offre transactionnelle créée depuis 2004. Bien que l'organisme payeur soit le même dans les deux cas, le dispositif n'est pas le même selon qu'il s'agit d'indemniser les victimes d'actes de terrorisme ou d'infractions.

§ 1. L'indemnisation des victimes d'actes de terrorisme

3323. Le Fonds de garantie des victimes des actes de terrorisme créé à l'origine par l'article 9 de la loi du 9 septembre 1986 relative à la lutte contre le terrorisme et aux atteintes à la sûreté de l'État, tient son appellation et sa physionomie actuelle de la loi n° 90-589 du 6 juillet 1990, modifiant le code de procédure pénale et le code des assurances et relative aux victimes d'infractions) (C. assur., art. L. 422-1 à L. 422-3).

Selon l'article L. 126-1 du Code des assurances, ce fonds est destiné à indemniser « les victimes d'actes de terrorisme commis sur le territoire national et les personnes de nationalité française victimes à l'étranger de ces mêmes actes, ainsi que leurs ayants droit, quelle que soit leur nationalité ». La victime a *droit à la réparation intégrale* des dommages résultant d'une atteinte à la personne[1] ; toutefois, « la réparation peut être refusée, ou son montant réduit, à raison de la faute de la victime » (C. assur., art. L. 126-1).

Il prend donc en charge tous les chefs de préjudice corporel, patrimoniaux et extrapatrimoniaux, notamment les troubles psychiques découlant des situations d'attentats terroristes. Le préjudice spécifique *d'angoisse de mort imminente* est réparable (sur ce préjudice, v. ss 2335), ainsi que le *préjudice d'attente*, concernant les victimes par ricochet : ce préjudice d'attente consiste dans « l'attente s'écoulant entre la connaissance de l'événement et la confirmation de proches sur le lieu de l'attaque ou les circonstances éprouvantes dans lesquelles les victimes par ricochet ont été informées de l'état de santé et /ou du décès de la victime principale.

3324. La procédure d'indemnisation par le FGTI est précisée par les articles R. 422-6 à 9 du Code des assurances. L'article R. 422-6 prévoit la saisine du Fonds par le procureur de la République en cas de survenance d'un acte de terrorisme. La victime peut également saisir directement le Fonds.

Une procédure d'offre d'indemnisation est prévue par les textes : l'article L. 422-2 prévoit que « le Fonds de garantie est tenu de présenter à toute victime une offre d'indemnisation dans un délai de trois mois à compter du jour où il reçoit de celle-ci la justification de ses préjudices ». Cette offre, précise l'article R. 422-8, tient compte de tous les chefs de préjudice, déduction faite des prestations indemnitaires déjà reçues des organismes sociaux énumérés à l'article 29 de la loi du 5 juillet 1985. Les sommes sont versées dans un délai d'un mois à compter de la décision. En amont, l'article L. 422-2 prévoit en outre le versement obligatoire d'une ou plusieurs provisions à la victime ou ses ayants droit, dans un délai d'un mois à compter de la demande.

L'offre débouche sur une transaction identique à celle prévue par la procédure d'offre en matière d'accident de la circulation. La transaction peut être dénoncée par la victime dans un délai de quinze jours. Si c'est le cas, ou si la transaction échoue, la procédure devient juridictionnelle et c'est un juge civil qui statuera au contentieux sur les dommages-intérêts dus à la victime. L'article L. 422-1, alinéa 3, du code des assurances prévoit par ailleurs que le FGTI « *est subrogé dans les droits que possède la victime contre la personne responsable du dommage* ».

3325. Le fonds est alimenté par un prélèvement annuel sur l'ensemble des contrats d'assurances de biens conclus en France (C. assur., art. L. 422-1, al. 2).

3326. Outre l'indemnisation proprement dite des préjudices corporels, le FGTI constitue un dispositif global comportant des mesures d'aide et d'accès au statut de victime de guerre.

Dès qu'un attentat est commis, ce dispositif complet d'aide aux victimes est mis en œuvre, tout au moins à Paris, avec des psychiatres intégrés aux équipes médicales et des consultations spécialisées dans les troubles psychiques post-traumatiques. Une prise en charge globale des victimes est assurée, tant dans l'urgence que dans la durée, avec la création préconisée d'une cellule spécialisée regroupant l'ensemble

---

1. C. assur., art. L. 126-1 et L. 422-1, art. R. 422-1 à 10, depuis Décr. du 18 mars 1988 et L. du 6 juill. 1990.

des intervenants concernés sous l'égide du procureur de la République. Elle est destinée à éviter la multiplication des interventions.

Selon l'article 26 de la loi du 23 janvier 1990, les victimes d'actes de terrorisme bénéficient des dispositions du Code des pensions militaires d'invalidité et des victimes de guerre applicables aux victimes civiles : droit aux soins gratuits, à l'appareillage, au bénéfice de certaines dispositions de sécurité sociale, accès aux emplois réservés, certains avantages fiscaux. Elles ont également la qualité de ressortissant de l'ONAC (Office national des anciens combattants) et, peuvent, par conséquent, accéder à des aides financières diverses.

§ 2. L'indemnisation des victimes d'infraction

3327. Le régime spécial d'indemnisation des victimes d'infraction qui figure dans les articles 706-3 et suivants du Code de procédure pénale résulte, dans sa physionomie actuelle[1], de la loi n° 90-589 du 6 juillet 1990, qui a étendu l'intervention du Fonds d'indemnisation des victimes d'actes de terrorisme à l'indemnisation des « autres infractions » jugées par les Commissions d'indemnisation des victimes d'infraction ou CIVI. Il consiste dans la prise en charge par le FGTI des indemnités allouées à la victime par les CIVI (Commissions d'indemnisation des victimes d'infraction) au terme d'une procédure juridictionnelle, si la phase transactionnelle obligatoire a échoué. Le dispositif est double, en fonction de la nature de l'infraction, et certaines exclusions sont à signaler.

A. Double dispositif selon la nature de l'infraction visée par les textes

1) Système d'indemnisation non subsidiaire et automatique pour certaines infractions

3328. Le dispositif dépend de la nature de l'infraction. Seuls certains faits visés à l'article 706-3 du Code de procédure pénale sont susceptibles d'ouvrir droit à réparation intégrale. Les exclusions sont précisément visées par le texte (v. ss 3333).

3329. Concernant les préjudices couverts, les articles 706-3 et suivants du Code de procédure pénale organisent, d'abord, la « réparation intégrale des atteintes graves à la personne, subies par les victimes de faits, volontaires ou non, présentant le caractère matériel d'une infraction ». Il s'agit donc de dommages corporels graves : il faut que la victime ait subi une invalidité temporaire égale ou supérieure à un mois ou une invalidité permanente ou qu'elle soit décédée en entraînant un préjudice économique à ses proches. La victime peut également prétendre à indemnisation sans avoir à justifier d'un

---

1. Le dispositif existait antérieurement sous une autre forme. La loi n° 77-5 garantissant l'indemnisation de certaines victimes de dommages corporels résultant d'une infraction, du 3 janvier 1977, avait posé le principe selon lequel « *toute personne ayant subi un préjudice résultat de faits volontaires ou non et présentant le caractère matériel d'une infraction peut obtenir de l'État une indemnité* ». Ce texte posait cependant une série de conditions très restrictives (dommages corporels graves, préjudice économique, intervention subsidiaire, grave situation matérielle…) et plafonnait l'indemnité, qui était accordée à titre de secours par une « Commission d'indemnisation des victimes d'infractions » (CIVI) siégeant auprès de chaque cour d'appel.

taux d'incapacité pour certaines infractions énumérées par l'article 706-3-2° du Code de procédure pénale qui sont essentiellement à caractère sexuel et notamment le viol.

La réparation intégrale du dommage est décidée par les Commissions d'indemnisation des victimes d'infraction (CIVI) qui sont des commissions juridictionnelles, selon une procédure spécifique qui comprend désormais une procédure transactionnelle préalable (v. ss 3334). L'indemnisation est faite ensuite par le Fonds d'indemnisation (FIVAT).

Concernant ces atteintes graves, depuis la loi du 6 juillet 1990, l'indemnisation par le Fonds intervient à titre principal c'est-à-dire que la victime n'a pas à tenter préalablement d'engager la responsabilité civile de l'auteur de l'infraction ou à chercher à autre responsable. L'intervention du Fonds n'est plus subsidiaire.

2) Indemnisation subsidiaire et conditionnée pour d'autres infractions

3330. En revanche, ce caractère subsidiaire est maintenu concernant un second volet d'infractions. Il s'agit d'abord de la réparation de certains dommages aux biens et des atteintes légères à la personne. La loi du 8 février 1981(n° 81-82, renforçant la sécurité et protégeant la liberté des personnes°, puis celle du 15 juin 2000 (n° 2000-516), renforçant la protection de la présomption d'innocence et les droits des victimes ont étendu, ensuite le domaine de l'indemnisation. La première a étendu le dispositif prévu pour les *dommages corporels* à toute personne victime « d'un vol, d'une escroquerie ou d'un abus de confiance, d'une extorsion de fonds ou d'une destruction, d'une dégradation ou d'une détérioration d'un bien lui appartenant » qui « ne peut obtenir à un titre quelconque une réparation ou une indemnisation effective et suffisante de son préjudice et se trouve de ce fait dans une situation matérielle ou psychologique grave ». La situation est la même pour les victimes d'atteintes légères à la personne (C. pr. pén., art. 706-14). La seconde a étendu le régime d'indemnisation aux extorsions de Fonds et aux destructions, dégradations ou détériorations *d'un bien*.

Dans ces diverses hypothèses, il faut donc que la victime ne puisse obtenir à un titre quelconque une réparation ou une indemnisation effective. Il faut ensuite que la victime prouve devant la CIVI, l'existence d'une situation matérielle ou psychologique grave, qui est appréciée souverainement par la Commission. Cette situation est prise en compte au jour de la demande.

3331. Enfin, la loi du 1er juillet 2008 (n° 2008-644) a ajouté un autre cas : les victimes de la destruction par incendie d'un véhicule terrestre à moteur lui appartenant (drame des banlieues oblige !) mais dans ce dernier cas la victime n'a pas à fournir la preuve qu'elle se trouve dans une situation matérielle ou psychologique grave.

La liste fournie par les textes est limitative, ainsi que la Cour de cassation l'a précisé et doit être interprétée strictement[1].

On notera cependant que la jurisprudence étend également le domaine de l'indemnisation en affirmant que « toutes les personnes qui subissent un préjudice personnel en lien avec les faits peuvent en réclamer indemnisation auprès de la CIVI. Il en est ainsi, par exemple, de l'enfant né du viol de sa mère, son préjudice moral, constitué par le caractère nécessairement douloureux que prendra l'évocation de sa conception et de

---

1. Civ. 2e, 6 juin 2002, *Bull. civ.* II, 119 ; *RCA* 2002, comm. n° 293.

sa naissance, étant personnel, certain, et en lien avec les faits »[1]. Certains auteurs ont cependant critiqué cette jurisprudence en constatant, comme dans l'arrêt *Perruche* (v. ss 2406), un relâchement du lien de causalité. Elle a par ailleurs précisé que l'action offerte aux victimes d'infractions se transmet à leurs héritiers conformément au droit commun[2].

3) Incidence de la faute de la victime

3332. Quelle que soit la nature de l'infraction et donc qu'il s'agisse d'indemnisation à titre principal ou subsidiaire, en application de l'article 706-3 du Code de procédure pénale, « la réparation peut être refusée ou son montant réduit à raison de la faute de la victime »[3]. Les CIVI se montrent cependant, à cet égard, généralement plus indulgentes que les tribunaux en matière de responsabilité civile et considèrent qu'une imprudence de la victime est insuffisante à réduire son indemnisation. La Cour de cassation n'a pas censuré ces décisions[4].

4) Exclusion de certaines infractions

3333. Le dispositif prévu pour les victimes d'infraction ne s'applique, ni aux atteintes subies à l'occasion d'actes de terrorisme qui sont spécialement régies on l'a vu, ni aux victimes de l'amiante (concernées par un Fonds spécial) ni aux dommages à la personne qui donnent lieu à l'application de la loi du 5 juillet 1985 sur les accidents de la circulation. Toutefois, il faut relever que la loi en 1985 ne s'applique pas aux faits intentionnels commis à l'aide d'un véhicule car dans ce cas, la qualification d'accident est exclue.

Par ailleurs, la Cour de cassation avait admis dans un premier temps que les victimes d'un accident du travail puissent bénéficier du régime d'indemnisation organisé par la loi du 6 juillet 1990 au profit des victimes d'infraction, bien qu'elles puissent ainsi obtenir un supplément d'indemnisation leur permettant d'échapper au caractère forfaitaire des prestations servies au titre de la législation sur les accidents du travail[5]. Elle a ensuite consacré la solution inverse et considéré que les dispositions d'ordre public sur la réparation des accidents du travail excluaient les dispositions concernant l'indemnisation des victimes d'infraction[6] avec une incertitude cependant en cas de faute intentionnelle de l'employeur ou du préposé[7].

---

1. Caen, 7 nov. 2000, *JCP* 2002. II. 10001, note crit. A. Sériaux.

2. Avis des chambres civiles de la Cour de cassation rendu le 29 septembre 1998, *Bull. civ. avis* 1998, n° 11, p. 13 ; Civ. 2e, 6 janv. 2000, *RJPF* 4/42, obs. F. Chabas.

3. Civ. 2e, 13 déc. 2001, *Bull. civ.* II, n° 193 ; *RTD civ.* 2002, n° 3, obs. P. Jourdain.

4. Civ. 2e, 2 et 16 févr. 1994, *Bull. civ.* II, n° 45 et 63 ; *JCP* 1994. I. 3809, obs. G. Viney.

5. Civ. 2e, 25 juin 1997, *JCP* 1997. IV. 1757 ; *JCP* 1997. I. 4070, obs. G. Viney ; Chron. H. Groutel, *RCA* 1997, comm. 21.

6. Civ. 2e, 23 oct. 2003, *D.* 2004. 834, note Y. Saint-Jours. 25 oct. 2007, *RCA* 2008, comm. n° 23.

7. Pour l'exclusion du dispositif d'indemnisation des victimes d'infraction : Civ. 2e, 7 févr. 2008, *RCA* 2008, comm. n° 139, obs. H. Groutel et en sens contraire, Civ. 2e, 7 mai 2009, *Dr. soc.* 2009. 1001, obs. P. Chaumette.

B. Rôle subsidiaire des Commissions d'indemnisation des victimes d'infraction (CIVI) depuis l'instauration d'une procédure transactionnelle

3334. Les commissions d'indemnisation des victimes d'infraction ont été instaurées par une loi du 3 janvier 1977 (C. pr. pén., art. 706-3 s.). Instituées dans le ressort de chaque cour d'appel, elles sont aujourd'hui, délocalisées au siège du tribunal de grande instance depuis la loi du 8 juillet 1983. Elles ont le caractère de juridictions civiles qui se prononcent, désormais, en premier ressort sur les demandes d'indemnisation faites par les victimes.

Depuis la loi du 16 juillet 1992, le Fonds de garantie peut interjeter appel des décisions rendues par les CIVI, si elles sont trop favorables aux victimes, notamment, de même que les victimes dans le cas inverse : les CIVI ont donc cessé de statuer en premier et dernier ressort (C. assur., art. L. 422-5). L'appel est possible quel que soit le montant des sommes en jeu [1].

L'intervention des CIVI n'est cependant aujourd'hui plus que subsidiaire, compte tenu de l'instauration par d'une *procédure d'offre transactionnelle* instauré par la loi no 2004-204 du 9 mars 2004 et figurant dans l'article 706-5-1 du Code de procédure pénale. La victime doit désormais saisir le Fonds de garantie des victimes d'actes de terrorisme et autres infractions directement. Le Fonds a deux mois à compter de la réception de la demande d'indemnisation pour faire une offre motivée. Si la victime accepte l'offre, elle est transmise à la CIVI pour homologation. SI la victime refuse la procédure se poursuivra alors devant la CIVI.

Section 3
Le Fonds d'indemnisation des victimes de l'amiante (FIVA)

§ 1. L'historique de la contamination par l'amiante

3335. L'amiante était connue et utilisée dès l'Antiquité pour sa propriété de résistance au feu. Jusqu'au XIXe siècle, son utilisation était modérée, mais s'est beaucoup développée par la suite. Dès 1906 les premières affections respiratoires ont été constatées dans les ateliers de tissage. Les premiers cas de cancer du poumon apparurent en 1935 et en 1955 ce furent les premiers cas de cancer broncho-pulmonaires primitifs. En 1973, puis en 1977, le Centre international de recherche contre le cancer affirma le caractère cancérigène de l'amiante. C'est très lentement que les réglementations nationales ont pris ce risque en compte et que l'indemnisation des dommages a été envisagée : en France, c'est en 1945 avec la réparation des maladies professionnelles (MP). En 1950-1951 puis en 1976 la réparation s'est étendue à de nouvelles manifestations pulmonaires, puis cardiaques et cancéreuses.

1. Civ. 2e, 1er avr. 1998, trois arrêts inédits cités dans chron. Ph. Melin, *JCP* 1999. I. 127.

§ 2. L'indemnisation des préjudices avant la création du Fonds d'indemnisation

3336. La réparation des maladies professionnelles est forfaitaire, mais systématique sans besoin d'avoir à recourir aux tribunaux. Toutefois, en cas de faute inexcusable de l'employeur, le tribunal des affaires de sécurité sociale (TASS) peut allouer une majoration de la rente initiale, mais c'est au salarié d'apporter la preuve de cette faute inexcusable.

La réparation des dommages consécutifs à l'exposition à l'amiante pouvait également et peut encore être obtenue par la voie de la responsabilité civile. On peut ainsi citer le cas d'une épouse contaminée [1] pour avoir de 1961 à 1977 nettoyé les vêtements de travail de son mari, employé de la société considérée comme gardienne des fibres et poudres d'amiante et condamnée, de ce fait, à l'indemniser sur le fondement de la responsabilité délictuelle de droit commun de l'article 1242, alinéa 1er.

Cette réparation pouvait aussi être obtenue en ayant recours aux commissions d'indemnisation des victimes d'infraction avant la création du fonds d'indemnisation des victimes de l'amiante. Ce recours est désormais exclu (v. ss 3333).

§ 3. Mise en place d'un système d'indemnisation spécifique

3337. La loi n° 2000-1257 du 23 décembre 2000, relative au financement de la sécurité sociale, modifiée par la loi du 20 décembre 2002, a mis en place un système d'indemnisation et créé un Fonds d'indemnisation des victimes de l'amiante, le FIVA.

A. Organisation du Fonds d'indemnisation des victimes de l'amiante

3338. Le FIVA est un établissement public national à caractère administratif, disposant de la personnalité juridique et de l'autonomie financière, placé sous la tutelle des ministres chargés de la Sécurité sociale et du Budget. Le Fonds est alimenté, pour l'essentiel par la branche AT/MP du régime général de la sécurité sociale et pour le surplus par l'État. L'indemnisation des victimes ne reste pas complètement à sa charge car il est subrogé, à due concurrence des sommes versées, dans les droits que le demandeur possède contre la personne responsable du dommage, ainsi que contre les personnes ou organismes tenus, à un titre quelconque, d'en assurer la réparation totale ou partielle.

Les demandes d'indemnisation qui étaient en cours d'instruction devant les CIVI au moment de la création du FIVA ont été transmises au Fonds d'indemnisation des victimes de l'amiante et les provisions allouées aux victimes par le Fonds de garantie des victimes des actes de terrorisme et autres infractions, lui ont été remboursées par le Fonds d'indemnisation des victimes de l'amiante [2].

---

1. Caen, 20 nov. 2001, *JCP* 2003. II. 10045, note G. Trébulle.

2. Article 53, II, complété par la loi n° 2001-1246 du 21 décembre 2001, et article 53, IX de la loi du 23 décembre 2000.

B. Fonctionnement du Fonds d'indemnisation des victimes de l'amiante

3339. Les victimes de l'amiante, à la suite d'une maladie professionnelle ou d'une exposition, même non professionnelle, à l'amiante, et leurs ayants droit, ont droit à une réparation intégrale de leurs préjudices en s'adressant au FIVA.

Elles bénéficient cependant toujours d'une option : elles peuvent, soit intenter une action en justice, soit saisir directement le Fonds d'indemnisation.

Si elles saisissent le Fonds, celui-ci doit, dans les six mois de la demande, présenter au demandeur une offre d'indemnisation et, si elle est acceptée, il doit dans les deux mois, verser les indemnités. Si la demande d'indemnisation a été rejetée, ou si aucune offre n'a été présentée dans le délai prévu, ou s'il a rejeté l'offre qui lui avait été faite, le demandeur dispose d'un droit d'action en justice contre le Fonds d'indemnisation. Cette action est intentée devant les juridictions judiciaires, plus spécialement, la cour d'appel du domicile du demandeur. Le refus de l'offre permet à la victime de conserver la possibilité d'agir, selon sa situation, soit devant la cour d'appel contre le Fonds, soit contre la personne qu'elle estime responsable, en reconnaissance de faute inexcusable, en application du Code de la sécurité sociale, soit en responsabilité civile selon le droit commun, soit devant le juge administratif à la recherche d'une responsabilité de l'État. C'est ainsi que la responsabilité de l'État a été mise en cause dans quatre décisions, rendues en première instance le 30 mai 2000 par le tribunal administratif de Marseille[1] et confirmées par la cour administrative d'appel de Marseille le 18 octobre 2001[2]. Il est conclu que l'État « ne justifie pas ainsi avoir satisfait à ses obligations en matière de protection de la santé publique et notamment en ce qui concerne la sécurité des travailleurs » et « que la responsabilité de l'État pouvait être engagée du fait de ses carences dans la prévention des risques liés à l'exposition professionnelle aux poussières d'amiante ». Ces arrêts ont fait l'objet d'un recours devant le Conseil d'État qui a confirmé, le 3 mars 2004, la négligence fautive de l'État[3]. Il s'agit d'une décision purement symbolique, de la part du Conseil d'État, faute de sanction contre l'État.

Section 4
L'indemnisation des victimes de transfusions contaminantes par l'ONIAM

3340. Parallèlement à la possibilité d'agir en responsabilité, qui existe toujours, le législateur a voulu faciliter l'indemnisation des victimes de contaminations post-transfusionnelles, et a mis en place un système d'indemnisation concernant les victimes du sida (VIH) et de l'hépatite C. Créé par la loi du 4 mars 2002 sur les droits des malades et l'amélioration du système de santé, l'*Office national des accidents médicaux, des affections iatrogènes et des infections nosocomiales (ONIAM)* est depuis venu compétent pour l'indemnisation de ces deux catégories de victimes. La loi du 9 août 2004 a en effet transféré à l'ONIAM les attributions du FITH, l'ancien fonds d'indemnisation des victimes

1. TA Marseille, 30 mai 2000, 4 décisions, *Gaz. Pal.* 2001, n° 40-41, p. 14.
2. CAA Marseille, 18 oct. 2001, *Gaz. Pal.* 5-7 mai 2002, p. 35, note B. Pauvert.
3. CE 3 mars 2004, *Gaz. Pal.* 13 janv. 2005, note D. Linotte ; *D.* 2004, n° 14, p. 973-7, note H. Arbousset.

du sida (la loi est entrée en vigueur en 2006) qui intervenait depuis 1991. Par ailleurs, le législateur, par une loi du 17 décembre 2008 (CSP, art. L. 1221-14), entrée en vigueur le 1er juin 2010 a également donné compétence à l'ONIAM pour l'indemnisation des dommages subi du fait d'une contamination par le virus de l'hépatite C.

§ 1. L'indemnisation des victimes de contamination par le virus du sida

3341. Afin de faciliter l'indemnisation des victimes, dans le cadre d'une prise en charge des dommages au titre de la solidarité nationale, le législateur, par une loi n° 91-1406 du 31 décembre 1991, avait créé un fonds d'indemnisation des transfusés et hémophiles, le FITH, devenu par la suite Fonds d'indemnisation des victimes contaminées, qui était chargé d'indemniser les victimes, lorsqu'elles ne choisissaient pas d'engager une action en responsabilité et précisé la procédure et les conditions de l'indemnisation.

Après la réorganisation administrative de la transfusion sanguine, par la loi du 1er juillet 1998, l'Établissement français du sang (EFS) est devenu l'interlocuteur unique depuis le 1er janvier 2000. Les centres de transfusion sanguine sont devenus des parties composantes de cet établissement et l'EFS est, depuis, seul responsable des contaminations transfusionnelles. Ensuite, depuis la loi du 9 août 2004 en vigueur depuis le décret d'application du 30 décembre 2005, l'ONIAM, établissement public à caractère administratif, placé sous la tutelle du ministère de la Santé, a été substitué au FITH. Cependant la procédure et les conditions de l'indemnisation sont identiques et l'option de responsabilité toujours possible.

A. L'indemnisation par le fonds d'indemnisation des transfusés et hémophiles et le transfert de compétence à l'ONIAM

3342. Le dispositif, qui n'a donc pas été modifié depuis le transfert du Fonds d'indemnisation des transfusés et hémophiles à l'ONIAM est ouvert à toutes les « victimes de préjudices résultant de la contamination par le virus d'immunodéficience humaine (VIH), causée par une transfusion de produits sanguins ou une injection de produits dérivés du sang » (CSP, art. L. 3122-1). Elles n'ont pas cependant à prouver le lien de causalité entre la contamination et la transfusion puisque, selon le texte, elles doivent seulement justifier de l'atteinte par le virus et des transfusions de produits sanguins ou des injections de produits dérivés du sang. Elles font par ailleurs connaître à l'Office, tous les éléments d'information dont elles disposent. Dans un délai de trois mois à compter de la réception de la demande, l'Office, après avoir recherché les circonstances de la contamination et procédé à toutes investigations utilisées, donne sa réponse. S'il accepte la demande d'indemnisation, il fait une offre d'indemnisation et l'acceptation de l'offre par la victime vaut transaction.

3343. Le principe est celui de la réparation *intégrale* du préjudice subi (CSP, art. L. 3122-1, al. 3), ce qui inclut les préjudices tant patrimoniaux que personnels et le préjudice de contamination.

► ***Le préjudice spécifique de contamination*** « qui n'inclut pas l'atteinte à l'intégrité physique », a été défini comme comprenant « l'ensemble des préjudices de caractère personnel tant physiques que psychiques résultant du seul fait de la contamination virale ; il inclut notamment les perturbations et craintes éprouvées, toujours latentes, concernant l'espérance de vie ainsi que la crainte des souffrances ; il comprend aussi le risque de toutes les affections opportunistes consécutives à la découverte de la contamination ; il comprend également les perturbations de la vie sociale, familiale et sexuelle ; il comprend enfin les souffrances, le préjudice esthétique et le préjudice d'agrément provoqué par les soins et traitements subis pour combattre la contamination ou en réduire les effets »[1] (v. ss 2330).

La Cour de cassation a admis par ailleurs que l'indemnisation doit couvrir, non seulement les personnes auxquelles le virus a été directement inoculé par transfusion, mais *aussi les victimes par ricochet*, celles qui ont été infectées par l'intermédiaire des transfusés, qu'il s'agisse du conjoint ou de l'enfant contaminé avant sa naissance, du concubin s'il y a une « vie commune stable »[2], ou, du chirurgien accidentellement contaminé en opérant deux patientes contaminées directement par transfusion[3].

3344. Si l'office rejette la demande d'indemnisation ou ne présente pas d'offre dans le délai ou si la victime n'accepte pas l'offre, un appel peut être formé devant la cour d'appel de Paris qui a compétence exclusive et centralise donc tous les recours. La décision qu'elle rendra vaudra désistement de toute autre action en cours (par exemple si une action en responsabilité avait été exercée en parallèle) et rendra irrecevable toute autre action juridictionnelle visant à la réparation des mêmes préjudices. Ainsi, alors que la compétence pour toutes les actions en responsabilité fondées sur la transfusion relève désormais des juridictions administratives (v. ss 3346) les juridictions judiciaires, en l'occurrence la cour d'appel de Paris, restent compétence pour les recours dans le cadre de la procédure spéciale d'indemnisation.

B. L'option possible avec la responsabilité

1) De la dualité de juridiction à la compétence exclusive des juridictions administratives

3345. En cas de refus par la victime de l'offre du Fonds ou du refus de celui-ci d'accorder une indemnisation, rien n'empêche la victime de saisir le juge de droit commun[4] d'une action en responsabilité qui sera désormais toujours exercée contre l'Établissement français du sang et devant le juge administratif.

Option ou cumul ? Avant la réorganisation administrative de la transfusion (v. ss 3341) il était possible pour la victime de choisir entre les deux voies, celle de la responsabilité ou celle de l'indemnisation, mais la compétence pour connaître de l'action

---

1. Civ. 2e, 24 sept. 2009, n° 08-17.241, *RTD civ.* 2010. 117, obs. P. Jourdain ; Civ. 2e, 22 nov. 2012, n° 11-21.031, *D.* 2013. 346, note S. Porchy-Simon et pan. 2665 ; *RCA* 2013, comm. 40, note S. Hoquet-Berg et étude 1 ; *RTD civ.* 2013. 123, obs. P. Jourdain ; v. déjà pour une définition similaire, mais moins précise : Civ. 2e, 2 avr. 1996, *Bull. civ.* II, n° 88 ; *JCP* 1996. I. 3985, n° 12, obs. G. Viney.

2. Paris, 23 sept. 1999, *JCP* 2000. II. 10339, note E. Verny.

3. Civ. 2e, 18 juin 1997, *Juris-Data* n° 2888, *JCP* 1997. I. 4070, obs. G. Viney.

4. Civ. 1re, 9 juill. 1996, préc. ; Civ. 1re, 27 mai 1997, *Bull. civ.* I, n° 175 et 28 avr. 1998, *JCP* 1998. II. 10088, rapp. P. Sargos.

en responsabilité pouvait être selon le cas de la compétence des juridictions ou de la compétence des juridictions judiciaires selon que le centre de transfusion ou l'établissement de soin dont la responsabilité était recherchée était privé ou public.

Le Conseil d'État pour sa part avait même admis le cumul de l'action en responsabilité et de la demande en indemnisation, mais ce cumul de voies de droit ne peut aboutir à une sur-indemnisation : le juge saisi de l'action en responsabilité doit donc déduire de l'indemnisation qu'il alloue à la victime les sommes qu'elle a déjà reçues du fonds, si cette indemnité s'avère supérieure à celle allouée par le fonds, ainsi que l'indique un avis du Conseil d'État, rendu le 15 octobre 1993 [1] et confirmé par un arrêt du 16 juin 1997 [2].

Pour la Cour de cassation, au contraire, l'option était possible, mais pas le cumul. Dans un arrêt du 26 janvier 1994 elle a estimé que l'acceptation de l'offre faite par le fonds de l'indemnisation du « préjudice spécifique de contamination » prive le transfusé de tout intérêt à solliciter une autre indemnité de ce chef [3]. Cette opposition entre le Conseil d'État et la Cour de cassation a été réaffirmée en assemblée plénière par la Cour de cassation le 6 juin 1997 [4] et cela, malgré les objections doctrinales approuvant le Conseil d'État. Pour sa part, la Cour européenne des droits de l'Homme (CEDH) dans l'arrêt *Bellet* [5], et ensuite dans l'arrêt *F.E. c/ France* du 30 octobre 1998 [6] a, à deux reprises, condamné la France et donc la position intransigeante de la Cour de cassation. Malgré tout, la Cour de cassation n'a pas voulu modifier sa position [7].

3346. Depuis le 1er janvier 2000, ce ne sont plus les centres de transfusion sanguine (qui pouvaient être publics ou privés) qui sont responsables des dommages causés par des contaminations virales, mais l'Établissement français du sang (EFS) et sa responsabilité relèvent de la compétence exclusive des juridictions administratives depuis l'article 15 de l'ordonnance n° 2005-1087 du 1er septembre 2005.

L'ordonnance du 1er septembre 2005 relative aux établissements publics nationaux à caractère sanitaire et aux contentieux en matière de transfusion sanguine, a achevé le transfert à l'Établissement français du sang des derniers Centres de transfusion sanguine qui n'avaient pas encore fait l'objet d'une reprise.

2) Responsabilité sans faute à l'égard des victimes de transfusion

3347. La responsabilité administrative à l'égard des transfusés victimes d'une contamination est une responsabilité sans faute [8], le Conseil d'État ayant été, à cet égard,

---

1. *D.* 1994. 539, obs. Ph. Terneyre et P. Bon.

2. CE 1997, *D.* 1997. IR 177 ; *JCP* 1997. I. 4070, n° 36, obs. G. Viney.

3. Civ. 1re, 26 janv. 1994, *RDSS* 1994. 420, note J.-S. Cayla, et Civ. 1re, 9 juill. 1996, *JCP* 1996. I. 3985, chron. G. Viney.

4. Ass. plén. 6 juin 1997, *D.* 1998. 255, concl. P. Tatu ; *D.* 1998. Somm. 204, obs. D. Mazeaud ; *JCP* 1997. I. 4070, n° 36, obs. G. Viney.

5. CEDH 4 déc. 1995, *JCP* 1996. II. 22648, note M. Harichaux ; *D.* 1996. 357, note Collin-Demunieux.

6. Recours contre l'arrêt du 6 juin 1997 de l'assemblée plénière de la Cour de cassation : CEDH 30 oct. 1998, *JCP* 1998, Act. n° 47, p. 1990, et obs. E. Savatier, *JCP* 1999. I. 125.

7. Civ. 1re, 6 juin 2000, *Bull. civ.* I, n° 179 ; *JCP* 2000. IV. 2309 ; *JCP* 2000. I. 280, obs. G. Viney.

8. CE, ass., 26 mai 1995 (trois arrêts), et Civ. 1re, 12 avr. 1995 (deux arrêts), *JCP* 1995, n° 23 et *JCP* 1995. II. 22467, 1re esp., note P. Jourdain.

influencé par la jurisprudence civile favorable aux victimes. La Cour de cassation avait en effet imposé aux centres de transfusion privés une obligation de sécurité-résultat définie comme « l'obligation de fournir aux receveurs des produits exempts de vice », et admis leur responsabilité contractuelle à l'égard des victimes, bien que la victime soit tiers au contrat passé entre les centres de transfusion et l'établissement de soins ayant pratiqué la transfusion (notamment, v. ss 3154). Elle avait également posé une présomption d'imputabilité de la contamination à la transfusion déduite de l'absence d'autres modes possibles de contamination (sur cette question notamment, v. ss 3193) que le législateur a d'ailleurs inscrite dans la loi de mars 2002, à propos des victimes de contamination par le virus de l'hépatite C (v. ss 3194).

§ 2. L'indemnisation des victimes de contamination par le virus de l'hépatite C

A. L'indemnisation par l'ONIAM

3348. *S'agissant de l'indemnisation*, il n'existait pas, jusqu'à la loi du 17 décembre 2008, de procédure d'indemnisation spécifique pour les victimes de contamination par le virus de l'hépatite C semblable à celui mis en place par la loi de 1991 pour les victimes de contamination par le VIH de 2008 à la suite de ce que l'on a appelé le « scandale » du sang contaminé. Depuis cette loi de 2008, le système d'indemnisation prévu pour les victimes contaminées par le VIH a été étendu aux victimes contaminées par le virus de l'hépatite C (mais pas aux victimes de la maladie de Kreutzfeld-Jacob) et l'indemnisation a été également confiée à l'ONIAM selon une procédure pratiquement calquée sur celle qui concerne l'indemnisation des victimes de contaminations par le VIH, avec d'ailleurs des renvois aux textes concernant cette procédure. Comme lorsqu'il y a contamination par le VIH, l'ONIAM est saisie par les victimes et dans la demande d'indemnisation, elles doivent justifier de l'atteinte par le virus de l'hépatite C et des transfusions de produits sanguins ou des injections de médicaments dérivés du sang. L'Office doit rechercher les circonstances de la contamination (notamment dans les conditions prévues par l'article 102 de la loi du 4 mars 2002, c'est-à-dire en se référant à l'absence d'autre cause possible de contamination). L'offre d'indemnisation doit tendre à la réparation intégrale du préjudice et la victime dispose du droit d'action en justice contre l'office si sa demande d'indemnisation a été rejetée, si l'offre n'a pas été faire dans le délai ou si cette offre est jugée insuffisante. Toutefois ici, le contentieux n'est pas confié à la cour d'appel de Paris comme dans le cas du VIH. Dans une décision critiquée, la Cour de cassation a précisé par ailleurs que le refus de l'offre de l'ONIAM par la victime rend celle-ci caduque. La proposition de l'ONIAM ne peut donc faire l'objet d'aucune discussion [1] !

B. L'option de la responsabilité

3349. *S'agissant de la responsabilité*, on rappellera que l'article 15 de l'ordonnance no 2005-1087 du 1er septembre 2005 qui a unifié le contentieux des contaminations

---

1. Civ. 6 janv. 2011, n° 09-71.201 *D.* 2011. 238, obs. I. Gallmeister et 2565, obs. A. Laude, *D.* 2012. 57, obs. O. Gout.

post-transfusionnelles en le confiant au seul juge administratif, concerne, aussi les cas de contamination post-transfusionnelle par le virus de l'hépatite C (VHC). Cette situation a été critiquée par la doctrine du fait, notamment, de la modicité de l'indemnisation des victimes du VHC post-transfusionnel car le Conseil d'État n'avait pas reconnu l'existence d'un préjudice spécifique de contamination en matière de VHC alors que la Cour de cassation l'a fait depuis longtemps (v. ss 2330). En réalité, le Conseil d'État retient le même type de préjudice, même s'il n'emploie pas le terme de préjudice spécifique de contamination[1].

Par ailleurs, prenant en compte la difficulté représentée par les victimes par la preuve du lien de causalité entre la transfusion et la contamination, l'article 102 de la loi du 4 mars 2002 a posé une présomption d'imputabilité de la contamination à la transfusion semblable à celle développée par la Cour de cassation à propos de la contamination par le VIH et de la responsabilité fondée sur l'obligation de sécurité-résultat. Selon l'article 102, si « la victime apporte des éléments qui permettent de présumer que cette contamination a pour origine une transfusion de produits sanguins ou une injection de médicaments dérivés du sang, il incombe à la partie défenderesse de prouver que cette transfusion ou cette injection n'est pas à l'origine de la contamination ». L'article 102 ajoute que « le doute profite au demandeur ». Un arrêt de la Cour de cassation du 5 mars 2009 (statuant sur une instance engagée avant le transfert de compétence aux juridictions administratives) consacre à cet égard une interprétation large, favorable à la victime, puisqu'il est venu préciser que dès lors qu'il existe une possibilité de contamination par les produits sanguins, même s'il existe d'autres causes possibles de contamination, il existe un doute qui doit bénéficier au demandeur[2].

Section 5

L'indemnisation des victimes d'accidents médicaux

3350. À la suite d'un colloque tenu à l'Assemblée nationale le 16 novembre 1999 sur le thème « Droits des victimes et responsabilité médicale : vers une solution législative ? », il avait été proposé d'élargir la loi *Badinter* sur les accidents de la circulation aux accidents médicaux (à l'exception des accidents sériels comme ceux du sang contaminé).

Diverses études ont finalement abouti à la promulgation de la loi n° 2002-303 du 4 mars 2002 relative aux droits des malades et à la qualité du système de santé, dite « loi *Kouchner* ». Cette loi est venue compléter des textes antérieurs dont la loi du 27 juillet 1999 relative à la création de la couverture maladie universelle. L'intérêt de la loi du 4 mars 2002 a été d'accomplir une véritable refonte du droit de la santé, pour prendre en considération les données actuelles de la santé et de la relation médecin-patient. Nous envisagerons seulement ici la question de l'indemnisation.

---

1. CE 25 juin 2008, *Mme B.*, *Rec.* 922.
2. Civ. 5 mars 2009, *Juris-Data* n° 2009-0472413, *RCA* 2009, comm. 102, note C. Radé.

§ 1. L'esprit de la loi du 4 mars 2002 : partage entre la responsabilité et l'indemnisation

3351. La loi du 4 mars 2002 est un texte très important mais touffu, voté dans l'urgence, qui comporte de multiples renvois à plus de huit codes distincts ! Nous ne l'envisagerons donc pas dans son ensemble mais uniquement sous l'angle du Titre IV intitulé « Réparation des conséquences des risques sanitaires » et, plus particulièrement, du chapitre II relatif aux « Risques sanitaires résultant du fonctionnement du système de santé », c'est-à-dire les articles L. 1142-1 à L. 1143-1 du Code de la santé publique. Cette loi a été précisée et complétée par la loi n° 2002-1577 du 30 décembre 2002, relative à la responsabilité civile médicale, le décret n° 2003-314 du 4 avril 2003 relatif au caractère de gravité des accidents médicaux, des affections iatrogènes et des infections nosocomiales et la loi n° 2004-806 du 9 août 2004 relative à la politique de santé publique.

3352. La loi du 4 mars 2002 commence par imposer, sous peine de sanctions pénales et disciplinaires, une obligation générale d'assurance à tous les professionnels de santé exerçant à titre libéral et à toutes les personnes morales, excepté l'État, intervenant dans le domaine de la santé (CSP, art. L. 1142-2). Mais, devant le malaise du monde des assurances qui refusent d'assurer les professionnels de santé ou augmentent fortement les primes, des aménagements ont été apportés en la matière par la loi du 30 décembre 2002.

3353. *L'apport principal de la loi du 4 mars 2002* a été de créer un système original de prise en charge des risques sanitaires résultant du fonctionnement du système de santé, dans le but d'unifier les règles de réparation entre les médecins et les établissements de soins publics ou privés, notamment au regard de l'aléa thérapeutique. Ce système a la particularité d'allier la responsabilité d'un côté et l'indemnisation, au titre de la solidarité nationale, de l'autre et d'assurer leur complémentarité en organisant l'articulation entre les deux. Les principes généraux de la réparation des risques sanitaires reposent, désormais, sur une distinction entre ce qui relève de la responsabilité médicale classique, prise en charge par les assurances, et ce qui relève de la solidarité nationale prise en charge au titre de l'indemnisation par l'ONIAM (Office national d'indemnisation des accidents médicaux, maladies iatrogènes et infections nosocomiales).

A. La responsabilité médicale

3354. Posant des principes communs à la responsabilité médicale privé et publique, la loi de 2002 fait reposer la responsabilité médicale *sauf deux exceptions, exclusivement sur la faute* : selon l'article 1142-1, § I, alinéa 1er, du Code de la santé publique, tous les professionnels de santé, établissements, services ou organismes, « ne sont responsables des conséquences dommageables d'actes de prévention, de diagnostic ou de soins *qu'en cas de faute* ». La faute médicale reste donc le fondement de cette responsabilité.

Dans une décision qualifiée d'historique, rendue le 28 janvier 2010, confirmée depuis (v. ss 2944 s., et les références), la première chambre civile de la Cour de cassation a marqué une volonté de modifier le fondement jusque-là contractuel de la responsabilité médicale (depuis l'arrêt *Mercier* de 1936), en visant directement les textes du Code de la santé publique et non l'article 1147 (devenu art. 1231-1) du Code civil (et la responsabilité contractuelle applicable depuis 1936), qui était invoqué. Elle a consacré ainsi l'interprétation selon laquelle la loi de 2002 aurait créé un régime de responsabilité spécifique, qui permettrait de transcender la distinction entre la responsabilité médicale privée et la responsabilité médicale publique, comme la loi de 1998 concernant les produits défectueux a transcendé la distinction responsabilité contractuelle et délictuelle.

La responsabilité échappe à la preuve d'une faute dans deux cas.

– Le premier cas est celui où les dommages résultent d'un défaut d'un produit de santé, auquel cas c'est la responsabilité objective prévue par la loi du 19 mai 1998 relative à la responsabilité du fait des produits défectueux qui s'applique (v. ss 3148 s.).

– Le second cas est celui des infections nosocomiales. Les établissements, services et organismes précités sont déclarés « responsables des dommages résultant d'infections nosocomiales, *sauf s'ils rapportent la preuve d'une cause étrangère* ». Il s'agit donc, là, d'une responsabilité objective, présumée mais qui peut tomber devant la preuve de la cause étrangère : l'aléa nosocomial est alors réparé dans le cadre de la solidarité nationale, à condition qu'il présente un caractère de gravité suffisant (v. ss 3355). Cependant, en toute hypothèse, pour les infections aux conséquences les plus graves, la victime a droit à l'indemnisation par l'ONIAM. Dans un premier temps, la Cour de cassation avait exclu, dans ce cas, que la victime puisse agir contre l'établissement de soins ou le professionnel de santé. Elle devait se tourner vers l'ONIAM, à charge pour cette dernière de se retourner ensuite vers l'établissement de santé si elle estime qu'il y a matière à responsabilité. Toutefois, depuis, elle a modifié sa position en admettant que la prise en charge du dommage par l'ONIAM n'exclut pas la possibilité pour la victime d'agir en responsabilité contre l'établissement de santé, dès lors qu'elle peut établir une faute de celui-ci (v. ss 3360, et les références).

Corrélativement, la loi du 4 mars 2002 a posé le principe de l'assurance obligatoire.

B. La solidarité nationale

1) Prise en charge des dommages ne donnant pas lieu à responsabilité : l'aléa thérapeutique

3355. L'indemnisation va prendre le relais de la responsabilité en prenant en charge d'abord, *les cas où il n'y a pas matière à responsabilité médicale*, bien que le dommage soit en rapport avec l'acte médical, et sous la condition cependant que ce dommage soit d'une certaine importance. L'indemnisation par l'ONIAM intervient en effet dans les cas où le dommage relève de l'*aléa thérapeutique* :

– *accidents médicaux* (cas où il n'y a aucune faute à l'origine du dommage imputable pourtant à un acte médical),

– *affections iatrogènes*,

– *infections nosocomiales* ne donnant pas lieu à responsabilité.

► ***Une affection iatrogène*** est une maladie dont le médecin est la cause involontaire. On la définit comme « tout dommage subi par un patient directement lié aux soins délivrés ».

► ***Une infection nosocomiale*** est définie par une circulaire du 29 décembre 2000 (qui a abrogé la circulaire du 13 octobre 1988 qui en avait donné une définition plus complexe). Selon ce dernier texte, « les infections nosocomiales sont des infections contractées dans un établissement de santé ». Cela englobe les infections bactériennes, parasitaires, fongique, par prions. D'une façon générale, une infection est considérée comme nosocomiale « si elle apparaît au cours ou à la suite d'une hospitalisation et si elle était absente à l'admission à l'hôpital ». La définition de la circulaire n'est pas des plus précises. Malgré des propositions de définition faites au cours des débats parlementaires, le ministre de la Santé, M. Kouchner s'était opposé à une définition par les textes (et la commission mixte paritaire ne les avait pas adoptées) car elles risquaient d'être trop restrictives et donc défavorables, tant aux victimes qu'aux médecins. « Il s'agit d'une définition médicale qui n'a pas sa place ici, dans une logique contentieuse, où la jurisprudence devra statuer compte tenu des cas concrets »[1]. De fait, la jurisprudence judiciaire et la jurisprudence administrative sont restées opposées un moment sur la question. La Cour de cassation n'exigeait pas, contrairement au Conseil d'État que la victime, qui doit démontrer le caractère nosocomial de l'infection, fasse la preuve de son caractère exogène, c'est-à-dire qu'elle n'en était pas porteuse au moment de son admission. Elle admettait que l'infection nosocomiale couvre les affections endogènes alors que le Conseil d'État avait restreint la responsabilité liée aux infections nosocomiales aux infections exogènes[2]. Toutefois, le Conseil d'État vient de procéder à un revirement de jurisprudence, par une décision du 10 octobre 2011. Alors que le CHU soutenait que la victime était porteuse saine du pneumocoque qui avait causé son décès après une opération, pour écarter sa responsabilité, le Conseil d'État considère que cela n'exclut pas le caractère nosocomial de l'infection car c'est à l'occasion de l'intervention chirurgicale que le germe a pénétré dans les méninges et est devenu pathogène[3].

Pour que la victime (ou en cas de décès, ses ayants droit) ait droit à réparation au titre de la solidarité nationale, il faut cependant :

– que l'accident ou l'affection soit directement imputable à un acte de prévention, de diagnostic ou de soins et ait eu pour le patient des « conséquences anormales au regard de son état de santé comme de l'évolution prévisible de celui-ci » (CSP, art. L. 1142-1, § II). La Cour de cassation s'est prononcée pour la première fois sur cette question dans un arrêt du 30 mars 2011, qui figure au Rapport annuel de la Cour de cassation, où elle adopte une conception plutôt restrictive de l'anormalité. Alors même que les experts n'avaient pu établir une casualité certaine entre les antécédents vasculaires connus du patient et la complication hémorragique survenue, elle considère en effet que selon certains éléments de l'expertise, la victime était particulièrement exposée à la complication hémorragique survenue dont les conséquences n'étaient donc pas anormales[4].

– que le dommage présente un certain caractère de gravité : la victime doit présenter un « taux d'atteinte permanente à l'intégrité physique ou psychique » supérieur à un

---

1. Doc. AN, rapp. n° 3587 et Doc. Sénat, n° 220, p. 48.

2. Civ. 1re, 4 avr. 2006, *D.* 2006. 1187 ; *RTD civ.* 2006. 567, obs. P. Jourdain ; comp. CE 27 sept. 2002, n° 211370 ; *AJDA* 2003. 72, étude J. Saison.

3. CE 10 oct. 2011, n° 328500, *Centre hospitalier unviersitaire d'Angers*, *AJDA* 2011. 1926, *D.* 2012. 55, obs. O. Gout.

4. Civ. 1re, 31 mars 2011, n° 09-17.135, *D.* 2011. 1075, obs. I. Gallmeister et 2565, obs. A. Laude ; *RDSS* 2011. 761, obs. F. Arhab-Grardin ; *RTD civ.* 2011. 553, obs. P. Jourdain ; *RCA* 2011, comm. 188, obs. C. Radé.

pourcentage d'un barème fixé par décret ; ce pourcentage, au plus égal à 25 %, est déterminé par le décret (CSP, art. L. 1142-1, § II). Le décret n° 2003-314 du 4 avril 2003 a fixé ce pourcentage à 24 %.

2) L'indemnisation malgré la responsabilité

a) Dans le cas des infections nosocomiales

3356. Concernant les infections nosocomiales, le système est un peu plus complexe, sachant que même s'il y a matière à responsabilité, la victime peut avoir droit, malgré tout, à l'indemnisation au titre de la solidarité nationale.

3357. Les infections nosocomiales sont en effet, on l'a vu, l'une des deux exceptions au principe de la responsabilité médicale pour faute (v. ss 3354), lorsque la victime a contracté l'infection dans un établissement de *soins. La responsabilité de l'établissement de soins* est engagée de plein droit, sauf preuve de la cause étrangère (art. L. 1142-1, I, al. 2). À *l'inverse la responsabilité d'un médecin, à titre individuel* ne peut être engagé que sur la base d'une faute prouvée. À cet égard, le Conseil constitutionnel, saisi d'une question prioritaire de constitutionnalité a admis la constitutionnalité de la restriction de la responsabilité sans faute aux seuls établissements de santé, en considérant qu'il n'y avait pas rupture d'égalité [1].

3358. Si le dommage n'est pas suffisamment important car le seuil d'incapacité fixé par décret n'est pas atteint, la victime n'a que la possibilité d'utiliser la voie judiciaire et d'exercer une action en responsabilité, soit contre l'établissement qui engage sa responsabilité sans faute, sauf preuve de la cause étrangère, soit contre le médecin, dont la responsabilité ne peut être engagée que pour faute.

3359. Néanmoins, pour les infections aux conséquences les plus graves, c'est-à-dire correspondant à un « taux d'atteinte permanente à l'intégrité physique ou psychique » supérieur à 25 %, ou au décès la victime (ou ses ayants droit), la victime, *en toute hypothèse*, a droit à réparation au titre de la solidarité nationale. Si l'ONIAM qui a assuré l'indemnisation, estime qu'il y a matière à responsabilité, il dispose d'une action subrogatoire, qui lui permettra d'agir contre l'établissement (CSP, art. L. 1152-17, al. 7).

3360. ***La question de l'articulation entre la responsabilité de l'établissement de soins (ou le médecin) et l'intervention de l'ONIAM, dans le cas des infections nosocomiales graves, s'est alors posée.*** La victime, conserve-t-elle un droit d'action contre l'établissement de soins ou le médecin à l'origine de l'infection sur le fondement de la responsabilité ? De même, les tiers payeurs (assurances, sécurité sociale) peuvent-ils intenter un recours subrogatoire contre ces mêmes personnes ?

Dans un premier temps, la Cour de cassation a exclu l'action de la victime contre l'établissement ou le médecin. Elle a considéré, en effet, que seul l'ONIAM était tenu

---

1. Cons. const. 1er avr. 2016, n° 2016-531 QPC, *D.* 2016. 1064, note J.-P. Vauthier et F. Vialla ; *RCA* 2016, Focus, par l. Bloch ; *RTD civ.* 2016. 643, obs. P. Jourdain.

à indemnisation pour les infections graves atteignant le seuil fixé par décret[1] Elle a ensuite exclu tout recours du tiers payeur (caisses de sécurité sociale) contre l'établissement de soins, celui-ci ne pouvant être subrogé dans les droits de la victime, dépourvue d'action[2].

Cependant, par deux décisions rendues le 1er juin 2016 et le 28 septembre 2016, la Cour de cassation a opéré un revirement important. Dans la première décision[3], elle a admis le recours subrogatoire de la caisse contre l'établissement de soins, à condition qu'une faute à l'origine du dommage, au sens des articles 1142-17, al. 7 et 1142-21, I, alinéa 1er, soit prouvée. Dans la seconde décision[4], elle a affirmé qu' »en matière d'infections nosocomiales, les *victimes et les tiers payeurs* gardent la possibilité d'agir à l'encontre de l'établissement de santé ou du professionnel de santé, en cas de faute, sur le fondement de l'article L. 1142-I, alinéa 1er, du Code de la santé publique », citant, en l'occurrence, le manquement caractérisé aux obligations posées par la règlementation en matière de lutte contre les infections nosocomiales (faute prévue par les articles L. 1142-17 et 1142-21 du Code de la santé publique).

Ainsi, concernant les infections nosocomiales graves, prises en charge par l'ONIAM, la victime conserve la possibilité d'agir en responsabilité contre l'établissement de santé ou le professionnel de santé, *à condition qu'une faute soit établie* : la Cour de cassation réintroduit donc la responsabilité pour faute des établissements de santé dans le cadre des infections nosocomiales. Mais cette nouvelle hypothèse de responsabilité pour faute n'exclut évidemment pas la responsabilité sans faute des établissements de soins, qui continue à jouer lorsque l'infection nosocomiale n'est pas assez grave pour être prise en charge par l'ONIAM. De même, l'ONIAM peut toujours se retourner vers l'établissement de soins, si elle a indemnisé la victime, en se fondant sur cette responsabilité de plein droit.

3361. Lorsque l'ONIAM intervient, le système de règlement de ces risques sanitaires est basé sur une procédure de règlement amiable. La victime s'adresse à une Commission régionale de conciliation et d'indemnisation. Celle-ci instruit l'affaire, en ayant, éventuellement, recours à une expertise puis émet un avis relativement au régime d'indemnisation applicable. On notera qu'un décret du 2 mars 2012, entré en vigueur le 4 mars (décret n° 2012-298 du 2 mars 2012, *JO* 3 mars 2012, pris en application de la loi n° 2009-526 du 12 mai 2009 de simplification et de clarification du droit), est venu modifier le dispositif de règlement amiable des accidents médicaux, des affections iatrogènes et des infections nosocomiales, essentiellement concernant le fonctionnement des commissions administratives qui interviennent dans le processus de règlement[5]

---

1. Civ. 1re, 19 juin 2013, n° 12-20.433, *D.* 2013. 1620, obs. I. Gallmeister, 2658, obs. M. Bacache ; *ibid.* 2014. 2021, obs. A. Laude ; *RDSS* 2013. 1131, obs. F. Arhab-Girardin.

2. Civ. 1re, 9 avr. 2014, n° 13-16.165, *D.* 2014. 928 et 2021, obs. A. Laude ; *RDSS* 2014. 768, obs. T. Tauran.

3. Civ. 1re, 1er juin 2016, n° 15-17.472, *D.* 2016. 1203, 2196, obs. S. Porchy-Simon.

4. Civ. 1re, 28 sept. 2016, n° 15-16.117, *D.* 2016. 1999, obs. I. Gallmeister, 2196, obs. S. Porchy-Simon, 2437, note M. Bacache ; *RTD civ.* 2016. 875, obs. P. Jourdain.

5. B. Rajot, « Modification du dispositif de règlement amiable des accidents médicaux, des affections iatrogènes et des infections nosocomiales », Focus, *RCA* avr. 2012. Alerte 7.

b) Dans le cas des transfusions avec contamination par le VIH et l'hépatite C

3362. On a vu que l'ONIAM avait reçu compétence pour indemniser les victimes, alors qu'elles ont aussi en parallèle la possibilité d'agir en responsabilité (développements, v. ss 3345).

3) La complémentarité possible de l'indemnisation et de la responsabilité

3363. La Cour de cassation a admis la possibilité de combiner la responsabilité d'un médecin et la solidarité nationale et de répartir la charge de la réparation entre l'ONIAM et le médecin. Dans la décision considérée, la responsabilité du médecin tenait au manquement à son obligation d'information et non à une faute technique [1].

Le Conseil d'État a lui-même admis cette possibilité en affirmant que les dispositions du Code de la santé publique n'excluent toute indemnisation par l'Office que si le dommage est entièrement la conséquence directe d'un fait engageant la responsabilité des personnes visées par l'article L. 1142-1, I [2]. En l'espèce, le Conseil d'État a estimé que le dommage devait être indemnisé à 80 % par le CHU la prise en charge postopératoire de la victime lui ayant fait perdre une chance de se soustraire aux conséquences d'un accident vasculaire cérébral et à hauteur de 20 % par l'ONIAM, les séquelles étant une complication connue de l'endartériectomie de la carotide pratiquée. Il semble donc que la répartition soit possible, à condition toutefois que cela corresponde à des préjudices ou chefs de préjudices distincts.

Concernant les infections nosocomiales, on a vu que la Cour de cassation avait également modifié sa position et admis la possibilité pour la victime d'agir contre l'établissement de soins ou le professionnel de santé, alors même que l'ONIAM est appelée à prendre en charge les dommages (v. ss 3360.).

§ 2. Instances administratives issues de la loi du 4 mars 2002

3364. La loi du 4 mars 2002 a mis en place plusieurs organismes : CRCI, ONIAM et CNAM, qui vont intervenir pour orienter les victimes vers la voie de l'indemnisation ou de la responsabilité et prendre en charge l'indemnisation.

A. Les commissions régionales de conciliation et d'indemnisation (CRCI)

3365. Elles sont chargées « de faciliter le règlement amiable des litiges relatifs aux accidents médicaux, affections iatrogènes et infections nosocomiales, ainsi que des autres litiges entre usagers et professionnels de santé, établissements de santé, services de santé ou organismes ou producteurs de produits de santé... ». Il en existe, en principe, une dans chaque région mais, selon la loi du 30 décembre 2002, des commissions interrégionales peuvent être instituées sur arrêté du ministre de la Santé et du ministre de la Sécurité sociale. La commission siège en formation de règlement amiable et en formation

---

1. Civ. 1re, 11 mars 2010, n° 327669, *D.* 2011. 119, note M. Bacache, 2011. 35, obs. O. Gout et 2565, obs. A. Laude.

2. CE 30 mars 2011, n° 327669 ; *D.* 2011. 1074, obs. R. Grand ; *AJDA* 2011. 709 ; *RFDA* 2011. 329, étude C. Alonzo ; *RTD civ.* 2011. 550, obs. P. Jourdain.

de conciliation. Dans le cadre de sa mission de conciliation, la commission peut déléguer tout ou partie de ses compétences à un ou plusieurs médiateurs.

Les commissions sont présidées par un magistrat de l'ordre administratif ou de l'ordre judiciaire, en activité ou honoraire. Elles comprennent des représentants des malades, des professionnels de santé et des responsables d'établissements et services de santé ainsi que des représentants de l'ONIAM et des compagnies d'assurance. Ils sont tenus au secret professionnel (art. L. 1142-5 et 1142-6). Les commissions régionales sont tenues d'informer le directeur de l'Agence régionale de l'hospitalisation compétent ainsi que l'ONIAM des infections nosocomiales dont elles ont connaissance et qui présentent le caractère de gravité entraînant le transfert de responsabilité à l'ONIAM (art. L. 1142-8, al. 5).

B. L'Office national d'indemnisation des accidents médicaux, des affections iatrogènes et des infections nosocomiales (ONIAM)

3366. L'ONIAM est un établissement public à caractère administratif de l'État, placé sous la tutelle du ministre de la Santé, qui est chargé de l'indemnisation, au titre de la solidarité nationale, des dommages causés par ces divers risques sanitaires. La loi du 30 décembre 2002 lui a, de plus, transféré les obligations de l'association France-Hypophyse nées du traitement de certains patients par l'hormone de croissance entre 1973 et 1988, qui permet d'indemniser, notamment, les victimes de la maladie de *Creuzfeldt-Jakob*. Il a également repris les attributions du Fonds d'indemnisation des victimes de contamination transfusionnelles par le virus du sida (v. ss 3342) et intervient également pour l'indemnisation des victimes de contaminations transfusionnelles par le virus de l'hépatite C (v. ss 3348).

L'Office est administré par un conseil d'administration comprenant, outre son président, pour moitié, des représentants de l'État et, pour moitié, des personnalités qualifiées ainsi que des représentants des usagers, des professionnels et établissements de santé, des organismes d'assurance-maladie et du personnel de l'Office. Le président du conseil d'administration et le directeur de l'Office sont nommés par décret. Ils sont tous tenus au secret professionnel (art. L. 1142-22).

3367. L'Office est financé pour partie par les organismes d'assurance-maladie, pour partie par une dotation versée par l'État pour couvrir l'indemnisation des dommages imputables directement à une vaccination obligatoire, (également prise en charge par l'ONIAM selon l'article L. 3111-9), et pour le reste par le produit des remboursements des frais d'expertise, le produit des pénalités, le produit des recours subrogatoires.

L'Office doit adresser au Parlement et à la Commission nationale des accidents médicaux, placée auprès des ministres chargés de la santé et de la justice, un rapport semestriel sur les infections nosocomiales dont il a eu connaissance. Ce rapport est rendu public (art. L. 1142-22-1).

C. La Commission nationale des accidents médicaux (CNAM)

3368. Placée auprès des ministres de la Justice et de la santé, la CNAM est composée de professionnels de santé, de représentants d'usagers et de personnels qualifiés. Son président est désigné par les deux ministres.

Elle est chargée de prononcer l'inscription des experts en accidents médicaux sur une liste nationale après avoir procédé à une évaluation de leurs connaissances. Elle est également chargée d'assurer la formation de ces experts en matière de responsabilité médicale. Son rôle consiste aussi à établir des recommandations sur la conduite des expertises et de veiller à une application homogène des textes par les différentes commissions régionales. Elle doit, enfin, évaluer l'ensemble du dispositif dans le cadre d'un rapport remis, chaque année, avant le 15 octobre, au Gouvernement et au Parlement (art. L. 1142-10).

§ 3. Fonctionnement du système d'indemnisation des risques sanitaires et articulation avec la responsabilité

3369. Lorsqu'il s'estime victime d'un dommage dans le cadre des risques sanitaires, le patient peut choisir, nous l'avons vu, entre la voie judiciaire et la voie amiable (y compris désormais concernant les infections nosocomiales graves, prises en charge en toute hypothèse par l'ONIAM). S'il opte pour la voie amiable, il s'adresse à la commission régionale de conciliation et d'indemnisation. Celle-ci commence par vérifier que le dommage présente le caractère de gravité prévu par les textes, (sinon elle renvoie la victime vers la voie judiciaire). Elle recherche ensuite, éventuellement en ayant recours à des experts en accident médicaux, quelle est la cause du dommage, s'il y a eu une faute ou non, et elle « émet un avis sur les circonstances les causes, la nature et l'étendue des dommages, ainsi que sur le régime d'indemnisation applicable ». Cet avis doit être émis dans les *six mois* de la saisine de la commission. Deux situations peuvent se présenter.

A. S'il y a matière à responsabilité

3370. Si la responsabilité d'un professionnel ou d'un service de santé ou d'un producteur d'un produit de santé se trouve engagée, la victime est renvoyée vers l'assureur de l'auteur du dommage.

Celui-ci adresse alors à la victime ou à ses ayants droit, dans un délai de *quatre mois* suivant la réception de l'avis, « une offre d'indemnisation visant à la réparation intégrale des préjudices subis dans la limite des plafonds de garantie des contrats d'assurance ». Il est tenu de rembourser à l'office les frais d'expertise. L'acceptation de l'offre vaut transaction. Le paiement doit intervenir dans un délai d'*un mois* à compter de la réception de l'acceptation de l'offre. L'affaire doit donc être réglée dans un délai de onze mois.

L'assureur qui a transigé, mais qui estime que le dommage n'engage pas la responsabilité de son assuré, dispose d'une action subrogatoire, soit contre le tiers responsable, soit contre l'office national d'indemnisation.

Si la victime trouve l'offre de l'assureur insuffisante elle peut la refuser et saisir le juge compétent. Si celui-ci considère que cette offre était manifestement insuffisante, il condamne l'assureur à verser à l'Office une somme égale à 15 % de l'indemnité qu'il alloue, sans préjudice d'éventuels dommages et intérêts à la victime.

Dans le cas où le plafond de garantie du contrat d'assurance de la personne considérée comme responsable est atteint, l'assureur doit en aviser son assuré ainsi que l'Office. En effet, en cas de silence ou de refus de l'assureur, ou lorsque le responsable du dommage n'est pas assuré (désormais cette assurance est, nous l'avons vu, obligatoire) ou si la couverture d'assurance est épuisée, l'Office est substitué à l'assurance (art. L. 1142-14 et L. 1142-15, al. 1er).

B. S'il n'y a pas matière à responsabilité ou pas d'assureur ou absence d'offre de l'assureur

3371. Dans ce cas, l'Office national d'indemnisation des accidents médicaux (ONIAM) est substitué à l'assureur. Cela concerne deux situations différentes.

– Une personne physique ou morale est considérée comme responsable du dommage mais l'assureur est défaillant pour diverses raisons, l'Office lui est substitué.

Dans ces différentes hypothèses : en cas de silence ou de refus de l'assureur de faire une offre, si le responsable des dommages n'est pas assuré ou si la couverture d'assurance est épuisée, l'Office est seulement substitué à l'assureur. La procédure prévue dans le cadre de l'assurance s'applique à l'office c'est-à-dire qu'une offre doit être faite à la victime, qu'en cas d'acceptation de cette offre cela vaut transaction. Sauf si le délai de validité de l'assurance était expiré, l'Office se trouve subrogé, à concurrence des sommes versées, dans les droits de la victime contre la personne responsable du dommage ou son assureur et peut obtenir le remboursement des frais d'expertise. De plus, en cas de silence ou de refus explicite de l'assureur ou lorsque le responsable n'est pas assuré, le juge saisi dans le cadre de la subrogation condamne, le cas échéant, l'assureur ou le responsable à verser à l'Office une somme au plus égale à 15 % de l'indemnité qu'il alloue.

Lorsque l'Office transige avec la victime ou ses ayants droit, « cette transaction est opposable à l'assureur ou au responsable du dommage, sauf le droit pour ceux-ci de contester devant le juge le principe de la responsabilité ou le montant des sommes réclamées », mais, quelle que soit la décision du juge, les sommes allouées à la victime lui restent acquises (art. L. 1142-15).

La Cour de cassation a précisé par ailleurs que la même procédure s'appliquait au cas où l'assureur fait une offre mais où elle est dérisoire (offre en l'occurrence de 270 à 570 euros alors que l'ONIAM qui s'était substituée à l'assureur offrait des indemnités comprises entre 6 000 et 21 000 euros)[1].

– Lorsqu'aucune responsabilité n'est engagée, et dans les cas d'infections nosocomiales graves, même si elles donnent lieu à responsabilité, la réparation du préjudice du patient est assurée au titre de la solidarité nationale.

3372. Il peut s'agir de trois cas différents, il convient de réparer :

– Les accidents médicaux, affections iatrogènes ou infections nosocomiales ne donnant pas matière à responsabilité et ayant entraîné des dommages correspondant à un taux d'incapacité permanente supérieur à un pourcentage fixé par décret mais inférieur à 25 % selon l'article L. 1442, II, alinéa 2. Selon le décret du 4 avril 2003 ce taux est de 24 %. C'est à partir de ce seuil du taux d'incapacité permanente que la solidarité nationale va intervenir. Le décret assimile à cette situation deux autres cas : lorsque la durée de l'incapacité temporaire de travail résultant de ce risque sanitaire est au moins égale à six mois consécutifs ou à six mois non consécutifs sur une période de douze

---

1. Civ. 1re, 7 juill. 2011, no 10-19.766, *D.* 2011. 1968, obs. I. Gallmeister, et 2565, ob. A. Laude.

mois et, à titre exceptionnel le caractère de gravité peut être reconnu lorsque la victime est déclarée définitivement inapte à exercer l'activité professionnelle qu'elle exerçait auparavant ou lorsque l'accident médical, l'affection iatrogène ou l'infection nosocomiale occasionnent des troubles particulièrement graves, y compris d'ordre économique, dans ses conditions d'existence.

– Les infections nosocomiales ayant entraîné des dommages correspondant à un taux d'incapacité permanente supérieur à 25 % ou ayant entraîné la mort du patient, selon l'article L. 1442-1-1, 1°. Ceci est un apport de la loi du 30 décembre 2002 (v. ss 3355).

– Les dommages résultant de l'intervention, en cas de circonstances exceptionnelles, d'un professionnel, d'un établissement, service ou organisme en dehors du champ de son activité de prévention, de diagnostic ou de soins, selon l'article L. 1442-1-1, 2°, ajouté par la loi du 30 décembre 2002 pour rassurer les médecins.

Si la commission régionale estime que le dommage est indemnisable, l'Office adresse à la victime ou à ses ayants droit, dans un délai de quatre mois suivant la réception de l'avis de celle-ci, une offre d'indemnisation visant la réparation intégrale des préjudices subis. L'acceptation de l'offre de l'Office vaut transaction. Le paiement doit intervenir dans un délai d'un mois à compter de la réception de l'acceptation. Le décret du 4 avril 2003 comporte, en annexe, un volumineux barème d'évaluation des taux d'incapacité des victimes d'accidents médicaux, d'affections iatrogènes ou d'infections nosocomiales. Ce barème devrait constituer la référence des experts et des commissions afin d'assurer une homogénéité de l'évaluation des taux d'IPP.

Si l'Office qui a transigé avec la victime estime que la responsabilité d'un professionnel ou d'un établissement de santé est engagée, il dispose d'une action subrogatoire contre celui-ci. Cette action ne peut toutefois pas être exercée par l'Office lorsque les dommages sont indemnisés au titre de l'article 1142-1-1, c'est-à-dire en cas de dommages ayant entraîné une incapacité permanente supérieure à 25 % ou la mort du patient, « sauf en cas de faute établie de l'assuré à l'origine du dommage, notamment le manquement caractérisé aux obligations posées par la réglementation en matière de lutte contre les infections nosocomiales » (art. L. 1442-17, al. 7).

En cas d'aggravation des dommages résultant d'une infection nosocomiale, si la commission régionale estime que cela entraîne pour la victime un taux d'incapacité permanente supérieur à 25 % ou son décès, l'Office adresse à celle-ci ou à ses ayants droit, une offre d'indemnisation et rembourse à l'assureur les indemnités initialement versées à la victime (art. L. 1142-17-1).

La victime, ou ses ayants droit, dispose du droit d'action en justice contre l'Office si aucune offre ne lui a été présentée ou si elle n'a pas accepté l'offre qui lui a été faite. L'action en indemnisation est intentée devant la juridiction compétente selon la nature du fait générateur du dommage.

3373. Lorsqu'une juridiction compétente, qui a été directement saisie d'une demande d'indemnisation des conséquences dommageables d'actes de prévention, de diagnostic ou de soins dans un établissement de santé, estime que ces dommages sont indemnisables au titre du II de l'article 1142-1 ou de l'article 1142-1-1, l'Office est appelé en la cause et, lorsqu'il résulte de la décision que c'est l'Office qui doit indemniser la victime, celui-ci ne peut exercer d'action récursoire contre le professionnel ou l'établissement de soins *qu'en cas de faute établie à l'origine du dommage,* notamment de manquement caractérisé aux obligations posées par la réglementation en matière de lutte contre les infections nosocomiales. Il en est de même lorsque la juridiction compétente est saisie d'un cas d'aggravation d'une infection nosocomiale (art. L. 1142-21).

On rappellera aussi que dans une décision critiquée, la Cour de cassation a précisé que le refus de l'offre de l'ONIAM par la victime rend celle-ci caduque. La proposition de l'ONIAM ne peut donc faire l'objet d'aucune discussion [1] !

Quant à la prescription, les actions tendant à mettre en cause la responsabilité des professionnels de santé ou des établissements de soins publics ou privés à l'occasion d'actes de prévention, de diagnostic ou de soins se prescrivent par dix ans, à compter de la consolidation du dommage (art. L. 1142-28). Cette disposition a fait l'objet de vives critiques, dans la mesure où la consolidation ne peut servir de point de repère car elle est « inconnue, instable et fuyante », « Les suites pathologiques ou traumatiques d'un accident médical peuvent évoluer pendant des années, voire des décennies sans consolidation. Un délai assorti d'un point de départ aussi fuyant ne peut plus jouer aucun rôle ».

Quant à l'application dans le temps du dispositif : la loi du 4 mars 2002 s'applique à tous les actes médicaux dommageables réalisés au plus tôt le 5 septembre 2001, même s'ils font l'objet d'une instance en cours, à moins qu'une décision de justice irrévocable n'ait été prononcée. Par ailleurs, à compter du 1er janvier 2003, l'ONIAM assure l'indemnisation des infections nosocomiales ayant entraîné un dommage supérieur à 25 % d'incapacité, même s'il y a matière à responsabilité et sauf à exercer ensuite un recours récursoire contre l'établissement ou le professionnel de santé responsable.

Section 6
Distinction entre les systèmes d'indemnisation et l'assurance

3374. L'assurance responsabilité protège la victime et le patrimoine du responsable, mais elle n'assure pas la collectivisation directe des risques, seulement une collectivisation indirecte. En effet, si au bout du compte, le coût de la réparation des dommages va peser sur l'assureur et donc sur la collectivité, le mécanisme de l'assurance suppose cependant le détour préalable par la responsabilité. L'assureur ne doit sa garantie que parce que l'assuré est responsable du dommage.

3375. Les contrats d'assurance responsabilité ont pour effet de renforcer le droit de la victime qui est sûre que le dommage sera réparé si le responsable est assuré.

D'ailleurs, pour être certaine d'être indemnisée sans risquer d'être impayée par l'assuré ou d'être en concours avec ses créanciers, la victime dispose d'une *action directe* contre l'assureur. Cette action directe de la victime contre l'assureur a tendance à devenir une action autonome par rapport à celle de la victime contre l'assuré. En effet, la première chambre civile de la Cour de cassation a affirmé le 26 mai 1993 [2] que « la clause de renonciation à tout recours contre la personne responsable d'un dommage n'emporte pas, sauf stipulation contraire, renonciation à recourir contre l'assureur de responsabilité de cette personne ».

---

1. Civ. 6 janv. 2011, n° 09-71.201, *D.* 2011. 238, obs. I. Gallmeister et 2565, obs. A. Laude, *D.* 2012. 57, obs. O. Gout.

2. *JCP* 1993. IV. 1847 et obs. G. Viney, *JCP* 1993. I. 3727.

Pour le responsable lui-même, l'assurance constitue également une importante garantie puisqu'il est sûr qu'en cas d'accident très grave, les sommes souvent énormes qui pourraient être mises à sa charge seront payées par l'assurance et non par lui.

C'est pourquoi le législateur a, finalement, rendu l'assurance obligatoire dans différentes matières : accidents de chasse, épreuves sportives, transports routiers, depuis la loi du 27 février 1958, pour tout véhicule terrestre à moteur. Depuis la loi du 4 mars 2002, les professionnels de santé exerçant à titre libéral, les établissements de santé, services de santé, organismes exerçant des activités de prévention, de diagnostic ou de soins, ainsi que les producteurs et fournisseurs de produits de santé, sont également tenus de souscrire une assurance destinée à les garantir pour leur responsabilité civile ou administrative en raison de dommages subis par des tiers et résultant d'atteintes à la personne (CSP, art. L. 1142-2).

L'assurance « responsabilité du chef de famille » n'est pas encore obligatoire et reste conventionnelle ce qui expose la victime à se heurter à des clauses d'exonération de responsabilité en cas de faute volontaire de l'assuré ou même des personnes dont il doit répondre. Toutefois, la Cour de cassation est venue bouleverser ce principe de liberté contractuelle en limitant l'application d'une telle clause à l'assuré seulement en application de l'article L. 121-2 selon lequel « l'assureur est garant des pertes et dommages causés par des personnes dont l'assuré est civilement responsable en vertu de l'article 1384 (art. 1242 actuel) du Code civil, quelles que soient la nature et la gravité des fautes de ces personnes » [1]. Peut-être est-ce un premier pas vers l'assurance obligatoire de responsabilité du fait d'autrui. Cependant, le régime actuel des assurances ne donne pas entière satisfaction et il est constamment question de remanier les textes le concernant.

Conclusion. La responsabilité civile a toujours eu trois fonctions : sanctionnatrice, préventive et réparatrice. La fonction réparatrice a progressivement été mise au premier plan et s'est affirmée comme le rôle principal conféré à la responsabilité. Toutefois, la fonction sanctionnatrice, ou encore normative de la responsabilité et la fonction préventive n'ont jamais été perdues de vue et elles retrouvent aujourd'hui un regain de vigueur. C'est ce dont témoignent les différents projets et propositions de réforme du droit de la responsabilité et notamment, l'actuel projet de réforme de la responsabilité civile, porté par la Chancellerie, du 13 mars 2017.

La responsabilité civile ne tend pas seulement à la réparation du dommage, mais aussi, très clairement aujourd'hui à sa prévention, en faisant cesser l'illicite, ce qui est une proposition très novatrice, permettant juge, à la demande de la victime, de prescrire toute mesures raisonnables propre à prévenir le dommage ou à faire cesser le trouble illicite (art. 1266).

Mais la fonction normative et sanctionnatrice de la responsabilité est également réaffirmée par différentes règles dont l'une des plus remarquable est l'instauration, en matière extracontractuelle, de l'amende civile, qui sanctionne une faute lucrative. Si elle est préférée à la notion de dommages-intérêts punitifs, elle est de même nature car la condamnation a une portée punitive indéniable (art. 1266-1).

Enfin, la fonction réparatrice s'exprime de façon toujours plus forte dans le traitement de la réparation des dommages corporels. La victime ne peut se voir opposer sa faute comme cause d'exonération que si elle est dotée de discernement (art. 1255),

---

1. Civ. 1re, 12 mars 1991, *JCP* 1992. II. 21732, note J. Bigot, *Bull. civ.* I, n° 87.

à moins qu'elle ne présente les caractères de la force majeure, et seule une faute lourde peut entraîner une exonération partielle (art. 1254) en matière de dommages corporels. Surtout, l'unification du régime de la réparation des dommages corporels est poursuivie et, parmi les règles les plus novatrices, figure celle de l'éviction impérative de la responsabilité contractuelle en cas de dommage corporel au profit des règles de la responsabilité extracontractuelle, sauf si la victimes peut invoquer les stipulations expresses du contrat, qui seraient plus favorables (art. 1233-1) ; d'autres dispositions relatives à la réparation du préjudice corporel vont aussi dans le sens d'une meilleure indemnisation, et l'affirmation que les règles particulières à la réparation des préjudices résultant d'un dommage corporel sont applicables aux décisions des juridictions administratives devrait permettre d'assurer une meilleure égalité de traitement. L'objectif de protection des victimes s'exprime aussi par d'autres mesures, qui tendent, notamment à l'amélioration du système d'évaluation des préjudices, comme la mise en place, par voie réglementaire, d'une nomenclature des préjudices et d'un barème médical unique indicatif.

L'articulation entre la voie de la responsabilité et la voie de l'indemnisation, au titre de la solidarité, sera aussi certainement poursuivie. Maintenir la responsabilité tout en favorisant l'indemnisation au moins pour les dommages corporels constitue une solution raisonnable et conforme aux attentes du corps social. Il reste que l'équilibre entre les deux est délicat à trouver.

DOCUMENTS

BIBLIOGRAPHIE

ALT-MAES (F.), « Les deux faces de l'information médicale : vers un nouvel équilibre des relations médecin – clause de conscience et le droit médical », *Gaz. Pal.* 19-20 juin 2002, p. 23.

BACACHE (M.), « La réparation des accidents médicaux : une conciliation délicate entre les intérêts des patients et ceux des médecins », *D.* 2008. 816.

– « Réparation de l'accident médical : la solidarité nationale au secours de la responsabilité civile », *D.* 2010. 1119.

BERGES (N.), « La sécurité des produits sanguins labiles », *Gaz. Pal.* 9-10 juin 2006, p. 14.

BOYER (F.-L.), « La simplification du contentieux de l'hépatite C : les victimes oubliées », *Gaz. Pal.* 27-29 nov. 2005, p. 15.

CHABAS (F.), « L'obligation médicale d'information en danger », *JCP* 2000. I. 212.

– « Les infections nosocomiales. Responsabilité en droit privé et en droit public », *Gaz. Pal.* 21-23 avr. 2002, p. 2.

CHABAS (F.), « L'information en matière de pédiatrie », *Gaz. Pal.* 5-6 mai 2004.

CORJAS-BERNARD (C.), « Nouvelle approche de l'obligation d'information du médecin », *RLDC* 2008. 19, n° 3016.

DORSNER-DOLIVET (A.), « Sida et responsabilité des cliniques », *JCP* 1995. I. 3824.

DREIFUSS-NETTER (F.), « Feue la responsabilité civile contractuelle du médecin ? » *RCA*, oct. 2002, étude n° 17.

FABRE (H.), « Chirurgie esthétique : le patient devient un consommateur averti et responsable », *Gaz. Pal.* 24-25 oct. 1997. Doctr. 22.

FABRE-MAGNAN (M.), *De l'obligation d'information dans les contrats. Essai d'une théorie*, thèse Droit, Bibl. de droit privé, t. 221, LGDJ, 1996.

FLOUR (Y.), « Sommes-nous propriétaires de notre santé ? Aspects juridiques et éthiques de la volonté dans les rapports médecin/malade », rapport de synthèse du colloque de l'Association nationale des droits des patients – Sénat – Paris, 12 avr. 2002, *Gaz. Pal.* 16-17 oct. 2002, p. 47.

HARICHAUX (M.), « Relativité des données de la science et responsabilité médicale », in *Clés pour le siècle*, Paris, Dalloz, 2000.

HOCQUET-BERG (S.), « Responsabilité civile et solidarité nationale en matière d'indemnisation des accidents médicaux : d'un rapport de subsidiarité à une logique de substitution », in *Mélanges F. Chabas*, Bruylant, 2011.

KNETSCH (J.), « Le nouveau dispositif d'indemnisation des victimes du Mediator issu de la loi du 29 juillet 2011 », *RCA* 2011, étude 14.

LAMBERT-FAIVRE (Y.), « la responsabilité médicale : la loi du 30 décembre 2002, modifiant la loi du 4 mars 2002 », *D.* 2003. Chron. 361.

LARROUMET (C.), « L'indemnisation de l'aléa thérapeutique », colloque sur la responsabilité médicale, 26 mai 1998, *LPA* 1999, n° 189, 22 sept. 1999.

LASBORDES DE VIRVILLE (V.), « Les préjudices indemnisables par le FGVAT au titre de la solidarité nationale : exclusion partielle des accidents du travail », *RLDC* n° 8, sept. 2004.

Laude (A.) (dir.), « La loi du 4 mars 2002 relative aux droits des malades et à la qualité du système de santé », *LPA*, n° spécial, 19 juin 2002.

Manaouil (C.) et Graser (M.), « L'indemnisation des victimes de l'amiante », *Gaz. Pal.* 22-23 mars 2006, p. 2.

Maugüé (C.) et Thiellay (J.-Ph.) *La responsabilité du service public hospitalier*, LGDJ, juin 2010, Lextenso, Systèmes – Droit.

Mistretta (P.), « La loi n° 2002-303 du 4 mars 2002 relative aux droits des malades et à la qualité du système de santé. Réflexions critiques sur un droit en pleine mutation », *JCP* 2002. I. 141.

Putman (E.), « Les droits fondamentaux de la personne dans la loi du 4 mars 2002 relative aux droits des malades », *RJPF* n° 5, 2002. 13.

Reveau (R.), « L'évolution du droit relatif à l'information médicale : L'élaboration d'un régime commun de responsabilité civile et administrative », *Droit administratif* juin 2002. Chron. 11, p. 5.

Radé (C.), « Causalité juridique et causalité scientifique : de la distinction à la dialectique » *D.* 2012. 112.

Rajot (B.), « Indemnisation du préjudice résultant de la contamination par le virus de l'hépatite C par l'ONIAM : un accroissement du rôle de l'ONIAM », *RCA* févr. 2009, Focus, n° 4.

Sargos (P.), « Approche judiciaire du principe de précaution en matière de relation médecin/patient », *JCP* 2000. I. 226.

– « Deux arrêts “historiques” en matière de responsabilité médicale générale et de responsabilité particulière liée au manquement d'un médecin à son devoir d'information » *D.* 2010. 1522 (à propos de Civ. 1re, 28 janv. et 3 juin 2010).

Consultations et cas pratiques
Solutions

▶ Les obligations conditionnelles ou à terme (v. ss 387)

1. Terme suspensif, conventionnel, certain, dans l'intérêt du débiteur.
2. Condition suspensive, simplement potestative, possible, licite.
3. Terme suspensif, conventionnel, certain.
4. Condition suspensive, casuelle, possible, licite.
5. Condition résolutoire, mixte.

▶ Les garanties des créanciers chirographaires (v. ss 494)

1. Une action en déclaration de simulation est possible pour faire reconnaître le caractère fictif de la vente de l'immeuble à Barnaud et la rendre inopposable aux créanciers : la somme rentrera donc dans le patrimoine de Pernet. Preuve par tous moyens (v. ss 1436 s.).

2. Une action paulienne peut être exercée contre la donation faite à ses enfants en fraude des droits des créanciers. Toutefois, la constitution de dot est considérée comme un acte à titre onéreux : il sera nécessaire de prouver la mauvaise foi de la fille et même du gendre.

3. L'action oblique est envisageable contre l'auteur de l'accident pour obtenir les dommages et intérêts dus à condition qu'il s'agisse des dommages matériels seulement et non de la réparation d'un préjudice moral.
Il faut que Pernet soit insolvable et que les créances soient certaines, liquides et exigibles pour l'action oblique.

▶ L'exécution volontaire des obligations (v. ss 727)

1. Il faut indexer sur le prix du vin, en relation directe avec l'activité de l'emprunteur et non sur le salaire de l'ouvrier maçon qui est sans rapport, ici, puisque la villa est déjà construite.

2. Il s'agit d'une dation en paiement.

Le créancier doit l'accepter (v. ss 628, art. 1342-4, al. 2).

L'objet donné valant plus on peut convenir que l'*accipiens* devra la différence soit 45 euros en application de l'article 1895.

S'il accepte, le créancier devient propriétaire du bijou et le débiteur est libéré.

▶ Le consentement dans le contrat (v. ss 1110)

Voici les sommaires des arrêts cités que vous pourrez lire avec profit.

1. Il y a lieu de prononcer la résolution d'une vente de tableaux pour erreur de l'acheteur sur la valeur, alors que celui-ci, sans connaissances spéciales, a été contraint de s'en remettre aux affirmations du marchand, lequel a usé de ses titres et de sa qualité de spécialiste averti pour déterminer, dolosivement par des mensonges, l'acheteur à acquérir les tableaux à un prix excessif.

2. Le défaut de contenance d'un immeuble vendu, bien que ne donnant lieu, en principe, qu'à une diminution de prix (C. civ., art. 1619), peut devenir, s'il rend l'immeuble impropre à la destination en vue de laquelle il a été acquis, une erreur sur une qualité essentielle de la prestation (C. civ., art. 1132 à 1136).

Et cette erreur entraîne la nullité de la vente (C. civ., art. 1130 à 1136 nouveaux) ;

[...] Du moins si la destination de l'immeuble était connue du vendeur (qualité convenue) ;

[...] Et surtout si celui-ci a volontairement, de mauvaise foi, induit l'acheteur en erreur (auquel cas, d'ailleurs, le dol peut également être invoqué. Il en est ainsi, spécialement, en cas de vente d'un terrain qui a été livré avec un déficit de contenance de près d'un tiers, alors que l'acquisition avait été faite, au su du vendeur, en vue d'un lotissement.

▶ Les remèdes à l'inexécution des obligations (v. ss 1981)

1. Oui. Oui car il n'y a pas exécution de son obligation par R.

2. Le commerçant peut demander la résolution mais le juge ne l'accordera pas nécessairement car l'inexécution est minime. Il pourra accorder un délai au débiteur (art. 1228).

3. Oui. Toutefois, on peut également leur proposer de modifier la date de leur billet pour leur permettre d'assister à une représentation ultérieure, une fois le chanteur guéri, mais ils ne sont pas tenus d'accepter.

4. Il s'agit d'un cheval déterminé : corps certain. M. B. alléguera qu'il n'a pas été livré et que les risques sont donc à la charge des époux F. vendeurs, car il y a eu convention retardant le transfert de propriété.

Les époux F. contesteront cette argumentation : il y a bien eu transfert de propriété et seulement une convention instituant un terme de livraison, dans l'intérêt de l'acquéreur, qui est bien devenu propriétaire dès la réalisation de la vente et que les risques sont bien à sa charge selon l'article 1196. M. B. doit payer le prix du cheval.

▶ Les quasi-contrats (v. ss 2045)

Concernant le cas de M. Raymond, il y a bien un paiement de l'indu et les articles 1302 à 1302-3 sont bien applicables concernant des dettes de prestations sociales, notamment en cas d'erreur sur le taux de cotisation applicable (Civ. 2e, 14 janv. 1965, D 1965. 239) ; il s'agit d'une hypothèse d'indu objectif visé par l'article 1302, alinéa 2, où la dette était inexistante (ici partiellement inexistante puisque M. Raymond a payé au-delà de ce qui était dû. M. Raymond n'aura pas à rapporter la preuve d'une erreur (v. ss 2033) contrairement à l'hypothèse d'indu subjectif où le *solvens* a payé une dette qui existait mais pas entre l'*accipiens* et lui (art. 1302-2).

▶ Le fait générateur dans la responsabilité du fait personnel (v. ss 2668)

Le voisin peut demander la réparation du préjudice qu'il a subi en invoquant les articles 1240 et 1383.

Mais M. Fabri objectera son droit de propriété et invoquera les articles 642 et 552, alinéas 1er et 3.

Le tribunal fondera sa décision sur la théorie de l'abus du droit selon laquelle « si le propriétaire a le droit de jouir et disposer de sa chose de la manière la plus absolue, c'est à la condition toutefois de ne pas porter atteinte à la propriété d'autrui… » Et de ne pas causer aux voisins un préjudice excédant la mesure des obligations ordinaires de voisinage en négligeant de prendre les précautions nécessaires pour prévenir ces inconvénients et qu'il n'agisse pas par malveillance ou sans utilité pour lui-même (Civ. 4 déc. 1935, *DH* 1936. 70, et Civ. 3e, 26 nov. 1974, *Bull. civ.* III, n° 441).

▶ Le fait générateur dans la responsabilité du fait d'autrui (v. ss 2928)

Responsabilité des commettants

Denis est majeur, on ne peut donc envisager la responsabilité de son père, M. Mathieu. Denis a passé un contrat de travail avec M. Lucas. Celui-ci est donc son commettant et il est en principe responsable de ses faits dommageables, commis pendant l'exercice de ses fonctions.

Mais, ce jour-là, Denis travaillait chez les Bardeau ; on peut donc se demander s'il y a eu transport de la qualité de commettant ? On admet généralement que non en matière d'entraide agricole (art. 20, L. du 8 août 1962) c'est donc M. Lucas qui était resté commettant. Le fait dommageable est-il fautif ? Oui à l'évidence. A-t-il été accompli dans l'exercice des fonctions de Denis ? On peut discuter ce point mais par application du critère du but (finalité de l'acte) il semble que oui car c'était sur le trajet du retour et il s'agissait d'une discussion à propos du travail.

C'est donc à M. Lucas qu'il faudra s'adresser. La responsabilité pour faute de Denis peut-elle être engagée en parallèle ? Question de l'immunité du préposé qui a agi dans les limites de sa mission, depuis l'arrêt *Costedoat*, de l'assemblée plénière. On peut douter qu'en blessant son camarade Denis ait agi dans les limites de sa mission ; par ailleurs, dans ses dernières décisions, la Cour de cassation a exclu l'immunité du préposé non plus seulement en cas de faute pénale intentionnelle mais plus largement de faute intentionnelle. Or ici, les blessures sont semblent-elles intentionnelles. Il y aurait donc cumul de la responsabilité du commettant sur le fondement de l'article 1242, alinéa 6, et de la responsabilité personnelle de Denis sur le fondement de l'article 1240.

Index alphabétique

Les chiffres renvoient aux numéros des paragraphes.

P

Q

R

Table des matières

TITRE 1

NOTION D'OBLIGATION ET DIFFÉRENTES SORTES D'OBLIGATIONS

SOUS-TITRE 1

LA NAISSANCE DES OBLIGATIONS

TITRE 2

LES ÉLÉMENTS D'UN RÉGIME COMMUN À TOUTES LES OBLIGATIONS INDÉPENDAMMENT DE LEUR SOURCE

SOUS-TITRE 1

LA NAISSANCE DES OBLIGATIONS

SOUS-TITRE 2

LA VIE DE L'OBLIGATION

SOUS-TITRE 3

L'EXTINCTION DE L'OBLIGATION

DEUXIÈME PARTIE

LES ACTES JURIDIQUES : LES CONTRATS

TITRE 1

LA FORMATION DU CONTRAT

TITRE 2

LES EFFETS DU CONTRAT

TROISIÈME PARTIE

LES FAITS JURIDIQUES

TITRE 1

LES QUASI-CONTRATS

SOUS-TITRE 2

LES RÉGIMES DE DROIT COMMUN DE RESPONSABILITÉ EXTRACONTRACTUELLE

SOUS-TITRE 3

LA RESPONSABILITÉ CONTRACTUELLE DANS SES RAPPORTS AVEC LA RESPONSABILITÉ EXTRACONTRACTUELLE

SOUS-TITRE 4

LES RÉGIMES SPÉCIAUX DE RESPONSABILITÉ ET LES SYSTÈMES D'INDEMNISATION

PEFC™
10-31-3068

Certifié PEFC
Ce produit est issu de forêts gérées durablement et de sources contrôlées.
pefc-france.org

719917-720361 (I) CSB - G 80 - JOU - HCH
Achevé d'imprimer en septembre 2020 par CPI Bussière
18200 Saint-Amand-Montrond
Dépôt légal : octobre 2020 - N° d'impression : 2053373
Imprimé en France